WANDER GARCIA E RENAN FLUMIAN
Coordenadores

CONCURSOS DE MINISTÉRIO PÚBLICO

ESTADUAL e FEDERAL

5.200 QUESTÕES COMENTADAS

2017
3ª EDIÇÃO

EM COMO PASSAR

2017 © Editora Foco

Coordenadores: Wander Garcia e Renan Flumian

Autores: Wander Garcia, Alice Satin Calareso, Ana Paula Garcia, André Barros, Anna Carolina Bontempo, Ariane Wady, Arthur Trigueiros, Cíntia Martins Rodrigues, Denis Skorkowski, Eduardo Dompieri, Fabiano Melo, Fábio Tavares, Fernanda Camargo Penteado, Fernando Castellani, Gabriela Rodrigues Pinheiro, Gustavo Nicolau, Henrique Subi, Hermes Cramacon, Jose Antonio Apparecido Junior, José Augusto Marcondes Bernardes Gil, Leni Mouzinho Soares, Levy Emanuel Magno, Luiz Dellore, Marcos Destefenni, Renan Flumian, Roberta Densa, Robinson Sakiyama Barreirinhas, Savio Chalita, Teresa Melo e Vanessa Tonolli Trigueiros

Diretor Acadêmico: Leonardo Pereira
Editor: Roberta Densa
Assistente Editorial: Paula Morishita
Revisora Sênior: Georgia Renata Dias
Capa Criação: R2 Editorial
Diagramação: Ladislau Lima
Impressão miolo e capa: Gráfica EDELBRA

Dados Internacionais de Catalogação na Publicação (CIP)
(Câmara Brasileira do Livro, SP, Brasil)

Como passar em concursos de Ministério Público : promotor de justiça / Wander Garcia e Renan Flumian, coordenadores. – 3. ed. – Indaiatuba, SP : Editora Foco Jurídico, 2017. – (Coleção como passar)

Vários autores.
ISBN: 978-85-8242-194-9

1. Ministério Público – Concursos – Exames, questões etc.
2. Ministério Público – Concursos – Exames, questões etc. – Comentários   I. Garcia, Wander.   II. Flumian, Renan.   III. Série.

17-06195   CDU-347.963(81)(079.1)

Índices para Catálogo Sistemático:

1. Brasil : Ministério Público : Promotores de justiça : Concursos : Questões comentadas : Direito 347.963(81)(079.1)

2. Brasil : Promotores de justiça : Ministério Público : Concursos : Questões comentadas : Direito 347.963(81)(079.1)

DIREITOS AUTORAIS: É proibida a reprodução parcial ou total desta publicação, por qualquer forma ou meio, sem a prévia autorização da Editora FOCO, com exceção do teor das questões de concursos públicos que, por serem atos oficiais, não são protegidas como Direitos Autorais, na forma do Artigo 8º, IV, da Lei 9.610/1998. Referida vedação se estende às características gráficas da obra e sua editoração. A punição para a violação dos Direitos Autorais é crime previsto no Artigo 184 do Código Penal e as sanções civis às violações dos Direitos Autorais estão previstas nos Artigos 101 a 110 da Lei 9.610/1998. Os comentários das questões são de responsabilidade dos autores.

NOTAS DA EDITORA:

Atualizações e erratas: A presente obra é vendida como está, atualizada até a data do seu fechamento, informação que consta na página II do livro. Havendo a publicação de legislação de suma relevância, a editora, de forma discricionária, se empenhará em disponibilizar atualização futura.

Bônus ou Capítulo On-line: Excepcionalmente, algumas obras da editora trazem conteúdo no *on-line*, que é parte integrante do livro, cujo acesso será disponibilizado durante a vigência da edição da obra.

Erratas: A Editora se compromete a disponibilizar no site www.editorafoco.com.br, na seção Atualizações, eventuais erratas por razões de erros técnicos ou de conteúdo. Solicitamos, outrossim, que o leitor faça a gentileza de colaborar com a perfeição da obra, comunicando eventual erro encontrado por meio de mensagem para contato@editorafoco.com.br. O acesso será disponibilizado durante a vigência da edição da obra.

Impresso no Brasil (08.2017) – Data de Fechamento (07.2017)

2017
Todos os direitos reservados à
Editora Foco Jurídico Ltda.
Al. Júpiter 542 – American Park Distrito Industrial
CEP 13347-653 – Indaiatuba – SP
E-mail: contato@editorafoco.com.br
www.editorafoco.com.br

Apresentação

A experiência diz que aquele que quer ser aprovado deve fazer três coisas: a) entender a teoria; b) ler a letra da lei, e c) treinar. A teoria é vista em cursos e livros à disposição no mercado. O problema é que ela, sozinha, não é suficiente. É fundamental "ler a letra da lei" e "treinar". E a presente obra possibilita que você faça esses dois tipos de estudo. Aliás, você sabia que mais de 90% das questões de Concursos de MINISTÉRIO PÚBLICO ESTADUAL E FEDERAL são resolvidas apenas com o conhecimento da lei, e que as questões das provas se repetem muito?

Cada questão deste livro vem comentada com o dispositivo legal em que você encontrará a resposta. E isso é feito não só em relação à alternativa correta. Todas as alternativas são comentadas. Com isso você terá acesso aos principais dispositivos legais que aparecem nas provas e também às orientações doutrinárias e jurisprudenciais.

Estudando pelo livro você começará a perceber as técnicas dos examinadores e as "pegadinhas" típicas de prova, e ganhará bastante segurança para o momento decisivo, que é o dia do seu exame.

É por isso que podemos afirmar, com uma exclamação, que esta obra vai lhe demonstrar COMO PASSAR EM CONCURSOS DE MINISTÉRIO PÚBLICO ESTADUAL E FEDERAL!

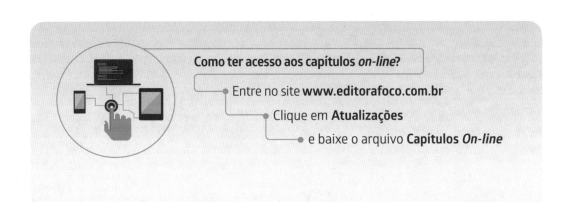

Autores

Wander Garcia – @wander_garcia
Doutor e Mestre em Direito pela PUC/SP. Professor e coordenador do IEDI. Procurador do Município de São Paulo.

Alice Satin Calareso
Mestre em Direitos Difusos pela PUC/SP. Especialista em Direito Processual Civil pela PUC/SP. Palestrante e Professora Assistente na Graduação e Pós-Graduação em Direito da PUC/SP. Advogada.

Ana Paula Garcia
Pós-graduada em Direito. Professora do IEDI. Procuradora do Estado de São Paulo.

André Barros – @ProfAndreBarros
Mestre em Direito Civil Comparado pela PUC/SP. Professor de Direito Civil e de Direito do Consumidor exclusivo da Rede LFG. Membro do IBDFAM. Advogado.

Anna Carolina Bontempo
Pós-graduada em Direito Público pela Faculdade de Direito Professor Damásio de Jesus. Professora e gerente de ensino à distância no curso IEDI. Advogada.

Ariane Wady
Graduada em Direito pela Pontifícia Universidade Católica de São Paulo (2000). Especialista em Direito Processual Civil (PUC-SP). Advogada, professora de pós-graduação e Curso Preparatório para Concursos PROORDEM UNITÁ Educacional e Professora/Tutora de Direito Administrativo e Constitucional Rede de Ensino Luiz Flávio Gomes e IOB/Marcato.

Arthur Trigueiros – @proftrigueiros
Pós-graduado em Direito. Professor da Rede LFG, do IEDI e do PROORDEM. Autor de diversas obras de preparação para o Exame de Ordem e Concursos Públicos. Procurador do Estado de São Paulo.

Cíntia Martins Rodrigues
Advogada. Professora Assistente IEDI.

Denis Skorkowski
Professor Corretor do IEDI. Assessor Jurídico de Desembargador (TJ/SP).

Eduardo Dompieri – @eduardodompieri
Pós-graduado em Direito. Professor do IEDI. Autor de diversas obras de preparação para Concursos Públicos e Exame de Ordem.

Fabiano Melo
Professor dos cursos de graduação e pós-graduação em Direito e Administração da Pontifícia Universidade Católica de Minas Gerais (PUC/Minas). Professor da Rede LFG.

Fábio Tavares – @fabiottavares
Professor de Direito Constitucional exclusivo da Rede LFG/Praetorium. Advogado.

Fernanda Camargo Penteado
Professora de Direito Ambiental da Faculdade de Direito do Instituto Machadense de Ensino Superior Machado-MG (FUMESC). Mestre em Desenvolvimento Sustentável e Qualidade de Vida (Unifae).

Fernando Castellani – @ffcastellani
Coordenador do LLM do IBMEC. Professor de Direito Tributário e Empresarial. Professor do COGEAE/PUCSP, do IBET, da Rede LFG e Praetorium. Advogado.

Gabriela Rodrigues Pinheiro

Advogada. Professora Universitária e do IEDI Cursos *On-line* e preparatórios para concursos públicos exame de ordem. Graduada em Direito pela Faculdade de Direito Prof. Damásio de Jesus. Pós-Graduada em Direito Civil e Processual Civil pela Escola Paulista de Direito. Autora de diversas obras jurídicas para concursos públicos e exame de ordem.

Gustavo Nicolau – @gustavo_nicolau

Doutor e Mestre pela Faculdade de Direito da USP. Professor de Direito Civil da Rede LFG/Praetorium. Advogado.

Henrique Subi – @henriquesubi

Agente da Fiscalização Financeira do Tribunal de Contas do Estado de São Paulo. Mestrando em Direito Político e Econômico pela Universidade Presbiteriana Mackenzie. Especialista em Direito Empresarial pela Fundação Getúlio Vargas e em Direito Tributário pela UNISUL. Professor de cursos preparatórios para concursos desde 2006. Coautor de mais de 20 obras voltadas para concursos, todas pela Editora Foco.

Hermes Cramacon – @hermescramacon

Pós-graduado em Direito. Professor do Complexo Damásio de Jesus e do IEDI. Advogado.

Jose Antonio Apparecido Junior

Procurador do Município de São Paulo. Consultor em Direito Urbanístico. Especialista em Direito Público pela Escola Superior do Ministério Público do Estado de São Paulo. Mestre em Direito Urbanístico pela PUC/SP. Doutorando em Direito do Estado pela USP.

José Augusto Marcondes Bernardes Gil

Promotor de Justiça do Estado do Paraná Pós--Graduado em Direito pela Faculdade Professor Damásio de Jesus.

Leni Mouzinho Soares

Assistente Jurídico do Tribunal de Justiça do Estado de São Paulo.

Levy Emanuel Magno

Mestre em Direito Processual Penal pela PUC/SP. Professor de Direito Processual Penal e Legislação Penal Especial da Rede LFG. Autor e coordenador de diversas obras jurídicas. Promotor de Justiça em São Paulo.

Luiz Dellore

Doutor e Mestre em Direito Processual Civil pela USP. Mestre em Direito Constitucional pela PUC/SP. Professor do Mackenzie, EPD, IEDI, IOB/Marcato e outras instituições. Advogado concursado da Caixa Econômica Federal. Ex--assessor de Ministro do STJ. Membro da Comissão de Processo Civil da OAB/SP, do IBDP (Instituto Brasileiro de Direito Processual), do IPDP (Instituto Panamericano de DerechoProcesal) e diretor do CEAPRO (Centro de Estudos Avançados de Processo). Colunista do portal jota.info.Facebook e LinkedIn: Luiz Dellore (Twitter: @dellore)

Marcos Destefenni – @destefenni

Doutor e Mestre pela PUC/SP. Mestre pela PUC de Campinas e Mestre em Direito Penal pela UNIP. Professor da Rede LFG. Promotor de Justiça em São Paulo.

Renan Flumian – @renanflumian

Mestre em Filosofia do Direito pela *Universidad de Alicante*. Cursou a *Session Annuelle D'enseignement do Institut International des Droits de L'Homme*, a Escola de Governo da USP e a Escola de Formação da Sociedade Brasileira de Direito Público. Professor e Coordenador Acadêmico do IEDI. Autor e coordenador de diversas obras de preparação para Concursos Públicos e o Exame de Ordem. Advogado.

Roberta Densa

Doutora em Direitos Difusos e Coletivos. Professora universitária e em cursos preparatórios para concursos públicos e OAB. Autora da obra "Direito do Consumidor", 9ª edição publicada pela Editora Atlas.

Robinson Sakiyama Barreirinhas – robinson.barreirinhas@gmail.com

Professor do IEDI. Autor e coautor de mais de 20 obras de preparação para concursos e OAB. Procurador do Município de São Paulo. Ex-Assessor de Ministro do STJ.

Savio Chalita

Advogado. Mestre em Direitos Sociais, Difusos e Coletivos. Professor universitário, Professor de cursos preparatórios para concurso público e Exame de Ordem (CPJUR e Editora Foco). Autor de diversas obras (Editora Foco). Editor do blog Como Passar Na OAB!

Teresa Melo

Professora do IEDI. Procuradora Federal e Assessora de Ministro do STJ.

Vanessa Tonolli Trigueiros

Pós-graduada em Direito Processual Civil pela UNISUL e em Direito Processual Civil e Civil pela UCDB. Graduada em Direto pela PUC-Campinas. Analista de Promotoria. Assistente Jurídico do Ministério Público do Estado de São Paulo.

Sumário

APRESENTAÇÃO	III
AUTORES	V
COMO USAR O LIVRO?	XVII

1. DIREITO CIVIL

1. LINDB 1
2. GERAL 5
3. OBRIGAÇÕES 20
4. CONTRATOS 23
5. RESPONSABILIDADE CIVIL 30
6. COISAS 34
7. FAMÍLIA 47
8. SUCESSÕES 61
9. REGISTROS PÚBLICOS 69
10. QUESTÕES COMBINADAS E OUTROS TEMAS 70

2. DIREITO PROCESSUAL CIVIL

I – PARTE GERAL 81
1. PRINCÍPIOS DO PROCESSO CIVIL 81
2. JURISDIÇÃO E COMPETÊNCIA 81
3. PARTES, PROCURADORES, SUCUMBÊNCIA, MINISTÉRIO PÚBLICO E JUIZ 82
4. PRAZOS PROCESSUAIS E ATOS PROCESSUAIS 83
5. LITISCONSÓRCIO E INTERVENÇÃO DE TERCEIROS 84
6. PRESSUPOSTOS PROCESSUAIS, ELEMENTOS DA AÇÃO E CONDIÇÕES DA AÇÃO 85
7. FORMAÇÃO, SUSPENSÃO E EXTINÇÃO DO PROCESSO. NULIDADES 85
8. TUTELA PROVISÓRIA 86
9. TEMAS COMBINADOS DA PARTE GERAL 86

II – PROCESSO DE CONHECIMENTO 87
10. PETIÇÃO INICIAL 87
11. CONTESTAÇÃO E REVELIA 87
12. PROVAS 88
13. JULGAMENTO CONFORME O ESTADO DO PROCESSO E PROVIDÊNCIAS PRELIMINARES ...89
14. SENTENÇA, COISA JULGADA E AÇÃO RESCISÓRIA 89

---

www. Acesse o conteúdo on-line. Siga as orientações disponíveis na página III.

III – CUMPRIMENTO DE SENTENÇA E EXECUÇÃO 90
15. CUMPRIMENTO DE SENTENÇA E IMPUGNAÇÃO AO CUMPRIMENTO DE SENTENÇA 90
16. PROCESSO DE EXECUÇÃO E EMBARGOS 90

IV – RECURSOS 91
17. TEORIA GERAL DOS RECURSOS 91
18. RECURSOS EM ESPÉCIE 91
19. PROCEDIMENTOS ESPECIAIS 94
20. TEMAS COMBINADOS 100

3. DIREITO PENAL — 103

1. CONCEITO, FONTES E PRINCÍPIOS 103
2. APLICAÇÃO DA LEI NO TEMPO 108
3. APLICAÇÃO DA LEI NO ESPAÇO 109
4. CONCEITO E CLASSIFICAÇÃO DOS CRIMES 109
5. FATO TÍPICO E TIPO PENAL 112
6. CRIMES DOLOSOS, CULPOSOS E PRETERDOLOSOS 114
7. ERRO DE TIPO, DE PROIBIÇÃO E DEMAIS ERROS 115
8. TENTATIVA, CONSUMAÇÃO, DESISTÊNCIA, ARREPENDIMENTO E CRIME IMPOSSÍVEL 116
9. ANTIJURIDICIDADE E CAUSAS EXCLUDENTES 119
10. CONCURSO DE PESSOAS 122
11. CULPABILIDADE E CAUSAS EXCLUDENTES 127
12. PENAS E EFEITOS DAS PENAS 128
13. APLICAÇÃO DA PENA 131
14. *SURSIS*, LIVRAMENTO CONDICIONAL, REABILITAÇÃO E MEDIDAS DE SEGURANÇA 135
15. AÇÃO PENAL 138
16. EXTINÇÃO DA PUNIBILIDADE EM GERAL 138
17. PRESCRIÇÃO 140
18. CRIMES CONTRA A PESSOA 143
19. CRIMES CONTRA O PATRIMÔNIO 147
20. CRIMES CONTRA A DIGNIDADE SEXUAL 153
21. CRIMES CONTRA A FÉ PÚBLICA 155
22. CRIMES CONTRA A ADMINISTRAÇÃO PÚBLICA 156
23. OUTROS CRIMES E CRIMES COMBINADOS DO CÓDIGO PENAL 160
24. CRIMES DA LEI ANTIDROGAS 163
25. CRIMES CONTRA O MEIO AMBIENTE 166
26. CRIMES CONTRA A ORDEM TRIBUTÁRIA 167
27. CRIMES DE TRÂNSITO 167
28. ESTATUTO DO DESARMAMENTO 169
29. CRIMES RELATIVOS À LICITAÇÃO 170
30. CRIME DE TORTURA 171
31. CONTRAVENÇÕES PENAIS 171
32. VIOLÊNCIA DOMÉSTICA 172

33.	OUTROS CRIMES E CRIMES COMBINADOS DA LEGISLAÇÃO EXTRAVAGANTE	172
34.	EXECUÇÃO PENAL	180
35.	TEMAS COMBINADOS DE DIREITO PENAL	181

4. DIREITO PROCESSUAL PENAL — 197

1.	FONTES, PRINCÍPIOS GERAIS, EFICÁCIA DA LEI PROCESSUAL NO TEMPO E NO ESPAÇO	197
2.	INQUÉRITO POLICIAL E OUTRAS FORMAS DE INVESTIGAÇÃO CRIMINAL	199
3.	AÇÃO PENAL	204
4.	SUSPENSÃO CONDICIONAL DO PROCESSO	210
5.	AÇÃO CIVIL	210
6.	JURISDIÇÃO E COMPETÊNCIA. CONEXÃO E CONTINÊNCIA	211
7.	QUESTÕES E PROCESSOS INCIDENTES	216
8.	PRERROGATIVAS DO ACUSADO	218
9.	PROVAS	219
10.	SUJEITOS PROCESSUAIS	228
11.	CITAÇÃO, INTIMAÇÃO E PRAZOS	229
12.	PRISÃO, MEDIDAS CAUTELARES E LIBERDADE PROVISÓRIA	229
13.	PROCESSO E PROCEDIMENTOS	237
14.	PROCESSO DE COMPETÊNCIA DO JÚRI	239
15.	JUIZADOS ESPECIAIS	244
16.	SENTENÇA, PRECLUSÃO E COISA JULGADA	246
17.	NULIDADES	249
18.	RECURSOS	251
19.	*HABEAS CORPUS*, MANDADO DE SEGURANÇA E REVISÃO CRIMINAL	255
20.	LEGISLAÇÃO EXTRAVAGANTE	257
21.	TEMAS COMBINADOS E OUTROS TEMAS	269

5. DIREITO CONSTITUCIONAL — 275

1.	PODER CONSTITUINTE	275
2.	TEORIA DA CONSTITUIÇÃO E PRINCÍPIOS FUNDAMENTAIS	277
3.	HERMENÊUTICA CONSTITUCIONAL E EFICÁCIA DAS NORMAS CONSTITUCIONAIS	283
4.	CONTROLE DE CONSTITUCIONALIDADE	287
5.	DIREITOS E GARANTIAS FUNDAMENTAIS	302
6.	DIREITOS SOCIAIS	319
7.	NACIONALIDADE	320
8.	DIREITOS POLÍTICOS	321
9.	ORGANIZAÇÃO DO ESTADO	323
10.	ORGANIZAÇÃO DO PODER EXECUTIVO	335
11.	ORGANIZAÇÃO DO PODER LEGISLATIVO. PROCESSO LEGISLATIVO	338
12.	DA ORGANIZAÇÃO DO PODER JUDICIÁRIO	350
13.	DAS FUNÇÕES ESSENCIAIS À JUSTIÇA	355
14.	DEFESA DO ESTADO	363
15.	TRIBUTAÇÃO E ORÇAMENTO	365
16.	ORDEM ECONÔMICA E FINANCEIRA	366

17. ORDEM SOCIAL 367
18. TEMAS COMBINADOS..371

6. DIREITO ADMINISTRATIVO — 375

1. REGIME JURÍDICO ADMINISTRATIVO E PRINCÍPIOS DO DIREITO ADMINISTRATIVO..........375
2. PODERES DA ADMINISTRAÇÃO PÚBLICA 377
3. ATOS ADMINISTRATIVOS 378
4. ORGANIZAÇÃO ADMINISTRATIVA 381
5. SERVIDORES PÚBLICOS 387
6. IMPROBIDADE ADMINISTRATIVA 393
7. BENS PÚBLICOS...408
8. INTERVENÇÃO DO ESTADO NA PROPRIEDADE 410
9. RESPONSABILIDADE DO ESTADO 414
10. LICITAÇÃO 417
11. CONTRATOS ADMINISTRATIVOS 423
12. SERVIÇOS PÚBLICOS...426
13. CONTROLE DA ADMINISTRAÇÃO PÚBLICA 428
14. LEI DE ACESSO À INFORMAÇÃO...430
15. LEI ANTICORRUPÇÃO..430
16. OUTROS TEMAS E QUESTÕES DE CONTEÚDO VARIADO..431

7. DIREITO TRIBUTÁRIO — 433

1. COMPETÊNCIA TRIBUTÁRIA..433
2. PRINCÍPIOS 433
3. IMUNIDADES 438
4. DEFINIÇÃO DE TRIBUTO E ESPÉCIES TRIBUTÁRIAS...439
5. LEGISLAÇÃO TRIBUTÁRIA – FONTES 442
6. VIGÊNCIA, APLICAÇÃO, INTERPRETAÇÃO E INTEGRAÇÃO 442
7. FATO GERADOR E OBRIGAÇÃO TRIBUTÁRIA 443
8. LANÇAMENTO E CRÉDITO TRIBUTÁRIO 444
9. SUJEIÇÃO PASSIVA, CAPACIDADE E DOMICÍLIO...444
10. SUSPENSÃO, EXTINÇÃO E EXCLUSÃO DO CRÉDITO 447
11. IMPOSTOS E CONTRIBUIÇÕES EM ESPÉCIE...451
12. ADMINISTRAÇÃO TRIBUTÁRIA, FISCALIZAÇÃO 457
13. DÍVIDA ATIVA, INSCRIÇÃO, CERTIDÕES 457
14. REPARTIÇÃO DE RECEITAS 457
15. AÇÕES TRIBUTÁRIAS...458
16. PROCESSO ADMINISTRATIVO FISCAL...459
17. MICROEMPRESAS – ME E EMPRESAS DE PEQUENO PORTE – EPP................................460
18. CRIMES TRIBUTÁRIOS...460
19. TEMAS COMBINADOS E OUTRAS MATÉRIAS 461

8. DIREITO EMPRESARIAL — 465

1. TEORIA GERAL...465
2. DIREITO SOCIETÁRIO 470

3.	DIREITO CAMBIÁRIO	472
4.	DIREITO CONCURSAL – FALÊNCIA E RECUPERAÇÃO	478
5.	CONTRATOS EMPRESARIAIS	484
6.	OUTROS TEMAS E COMBINADOS	484

9. DIREITO ELEITORAL — 487

1.	DIREITOS POLÍTICOS E ELEGIBILIDADE	487
2.	INELEGIBILIDADE	492
3.	SISTEMA ELEITORAL	496
4.	ALISTAMENTO ELEITORAL, DOMICÍLIO	496
5.	PARTIDOS POLÍTICOS, CANDIDATOS	496
6.	ELEIÇÕES, VOTOS, APURAÇÃO, QUOCIENTES ELEITORAL E PARTIDÁRIO	500
7.	PROPAGANDA ELEITORAL E RESTRIÇÕES NO PERÍODO ELEITORAL	501
8.	PRESTAÇÃO DE CONTAS, DESPESAS, ARRECADAÇÃO, FINANCIAMENTO DE CAMPANHA	504
9.	JUSTIÇA ELEITORAL E MINISTÉRIO PÚBLICO ELEITORAL	505
10.	AÇÕES, RECURSOS, IMPUGNAÇÕES	508
11.	DAS CONDUTAS VEDADAS AOS AGENTES PÚBLICOS	511
12.	CRIMES ELEITORAIS	512
13.	COMBINADAS E OUTRAS MATÉRIAS	516

10. PROCESSO COLETIVO — 523

1.	INTERESSES DIFUSOS, COLETIVOS E INDIVIDUAIS HOMOGÊNEOS E PRINCÍPIOS	523
2.	COMPETÊNCIA, CONEXÃO, CONTINÊNCIA E LITISPENDÊNCIA	526
3.	LEGITIMAÇÃO, LEGITIMADOS, MINISTÉRIO PÚBLICO E LITISCONSÓRCIO	528
4.	OBJETO	536
5.	COMPROMISSO DE AJUSTAMENTO	536
6.	INQUÉRITO CIVIL E RECOMENDAÇÃO	538
7.	AÇÃO, PROCEDIMENTO, TUTELA ANTECIPADA, MULTA, SENTENÇA, COISA JULGADA, RECURSOS, CUSTAS E QUESTÕES MISTAS	545
8.	EXECUÇÃO	550
9.	AÇÃO POPULAR E IMPROBIDADE ADMINISTRATIVA	552
10.	MANDADO DE SEGURANÇA COLETIVO	557
11.	OUTROS TEMAS E TEMAS COMBINADOS	559

11. DIREITO DO CONSUMIDOR — 563

1.	CONCEITO DE CONSUMIDOR E RELAÇÃO DE CONSUMO	563
2.	PRINCÍPIOS E DIREITOS BÁSICOS DO CONSUMIDOR	565
3.	RESPONSABILIDADE PELO FATO DO PRODUTO OU DO SERVIÇO E PRESCRIÇÃO	568
4.	RESPONSABILIDADE PELO VÍCIO DO PRODUTO E DO SERVIÇO E DECADÊNCIA	569
5.	DESCONSIDERAÇÃO DA PERSONALIDADE JURÍDICA	572
6.	PRÁTICAS COMERCIAIS	573
7.	PROTEÇÃO CONTRATUAL	577
8.	RESPONSABILIDADE ADMINISTRATIVA	581
9.	RESPONSABILIDADE CRIMINAL	582
10.	DEFESA DO CONSUMIDOR EM JUÍZO	583
11.	CONVENÇÃO COLETIVA DE CONSUMO	587

12. TEMAS COMBINADOS 588
13. OUTROS TEMAS 594

12. DIREITO AMBIENTAL   www.   597

1. CONCEITOS BÁSICOS 597
2. PATRIMÔNIO CULTURAL BRASILEIRO 597
3. DIREITO AMBIENTAL CONSTITUCIONAL 600
4. PRINCÍPIOS DO DIREITO AMBIENTAL 603
5. COMPETÊNCIA EM MATÉRIA AMBIENTAL 605
6. LEI DE POLÍTICA NACIONAL DO MEIO AMBIENTE 608
7. INSTRUMENTOS DA POLÍTICA NACIONAL DO MEIO AMBIENTE 612
8. PROTEÇÃO DA FLORA. CÓDIGO FLORESTAL 618
9. RESPONSABILIDADE CIVIL AMBIENTAL 624
10. RESPONSABILIDADE ADMINISTRATIVA AMBIENTAL 628
11. RESPONSABILIDADE PENAL AMBIENTAL 628
12. BIOSSEGURANÇA E PROTEÇÃO DA SAÚDE HUMANA 629
13. RESÍDUOS SÓLIDOS 629
14. LEI 7.802/1989 – LEI DOS AGROTÓXICOS 630
15. QUESTÕES PROCESSUAIS, OUTROS TEMAS E TEMAS COMBINADOS DE DIREITO AMBIENTAL 630

13. DIREITO DA CRIANÇA E DO ADOLESCENTE   www.   639

1. CONCEITOS BÁSICOS E PRINCÍPIOS 639
2. DIREITOS FUNDAMENTAIS 639
3. POLÍTICA E ENTIDADES DE ATENDIMENTO 649
4. MEDIDAS DE PROTEÇÃO 650
5. MEDIDAS SOCIOEDUCATIVAS E ATO INFRACIONAL – DIREITO MATERIAL 651
6. ATO INFRACIONAL – DIREITO PROCESSUAL 658
7. CONSELHO TUTELAR 662
8. CONSELHO MUNICIPAL DA CRIANÇA E DO ADOLESCENTE 664
9. MINISTÉRIO PÚBLICO 664
10. ACESSO À JUSTIÇA 666
11. INFRAÇÕES ADMINISTRATIVAS 669
12. CRIMES 670
13. TEMAS COMBINADOS E OUTROS TEMAS 670

14. DIREITO DO IDOSO   www.   677

1. DIREITOS FUNDAMENTAIS 677
2. MEDIDAS DE PROTEÇÃO 680
3. POLÍTICA DE ATENDIMENTO AO IDOSO 681
4. ACESSO À JUSTIÇA 682
5. TEMAS VARIADOS 682

15. DIREITO DA PESSOA COM DEFICIÊNCIA   www.   687

1. ESTATUTO DA PESSOA COM DEFICIÊNCIA 687
2. ACESSIBILIDADE 687

3.	ACESSO À JUSTIÇA	688
4.	APOSENTADORIA DA PESSOA COM DEFICIÊNCIA	689
5.	CONVENÇÃO SOBRE OS DIREITOS DAS PESSOAS COM DEFICIÊNCIA	689
6.	DIREITOS DAS PESSOAS ACOMETIDAS DE TRANSTORNOS MENTAIS	689
7.	TEMAS VARIADOS	690

16. DIREITO SANITÁRIO — 693

17. DIREITO EDUCACIONAL — 699

1.	NORMAS CONSTITUCIONAIS	699
2.	LEI DE DIRETRIZES E BASES DA EDUCAÇÃO	699
3.	FUNDEB	701
4.	OUTROS TEMAS	701

18. DIREITO URBANÍSTICO — 703

1.	NORMAS CONSTITUCIONAIS	703
2.	PARCELAMENTO DO SOLO URBANO	703
3.	ESTATUTO DA CIDADE E INSTRUMENTOS DA POLÍTICA URBANA	707
4.	USUCAPIÃO ESPECIAL URBANA E USUCAPIÃO COLETIVA	713
5.	TEMAS COMBINADOS	713

19. DIREITO AGRÁRIO — 715

1.	ASPECTOS HISTÓRICOS	715
2.	CONTRATOS AGRÁRIOS	715
3.	USUCAPIÃO ESPECIAL RURAL	716
4.	AQUISIÇÃO E USO DA PROPRIEDADE E DA POSSE RURAL	716
5.	DESAPROPRIAÇÃO PARA A REFORMA AGRÁRIA	716
6.	TEMAS COMBINADOS	717

20. RECURSOS HÍDRICOS E SANEAMENTO BÁSICO — 719

21. DIREITOS HUMANOS — 721

1.	TEORIA GERAL DOS DIREITOS HUMANOS	721
2.	GERAÇÕES DOS DIREITOS HUMANOS	722
3.	SISTEMA GLOBAL DE PROTEÇÃO DOS DIREITOS HUMANOS	722
4.	SISTEMA GLOBAL DE PROTEÇÃO ESPECÍFICA DOS DIREITOS HUMANOS	726
5.	SISTEMA INTERAMERICANO DE PROTEÇÃO	729
6.	DIREITOS HUMANOS NO BRASIL	734
7.	DIREITO HUMANITÁRIO	744
8.	DIREITOS DOS REFUGIADOS	745
9.	QUESTÕES COMBINADAS E OUTROS TEMAS	746

22. MEDICINA LEGAL — 753

1.	TANATOLOGIA	753
2.	TRAUMATOLOGIA	753

23. LEGISLAÇÃO INSTITUCIONAL MP — 755

24. DIREITO DO TRABALHO — 771
1. INTRODUÇÃO, FONTES E PRINCÍPIOS 771
2. CONTRATO INDIVIDUAL DE TRABALHO 771
3. ALTERAÇÃO, INTERRUPÇÃO E SUSPENSÃO DO CONTRATO DE TRABALHO 771
4. REMUNERAÇÃO E SALÁRIO 771
5. AVISO-PRÉVIO, EXTINÇÃO DO CONTRATO DE TRABALHO E HAVERES RESCISÓRIOS 772
6. ACIDENTE E DOENÇA DO TRABALHO 772

25. DIREITO PREVIDENCIÁRIO — 775
1. SEGURADOS DA PREVIDÊNCIA 775
2. BENEFÍCIOS PREVIDENCIÁRIOS 775
3. TEMAS COMBINADOS 777

26. DIREITO ECONÔMICO — 779
1. ORDEM ECONÔMICA NA CONSTITUIÇÃO. MODELOS ECONÔMICOS 779
2. INTERVENÇÃO DO ESTADO NO DOMÍNIO ECONÔMICO 779
3. ATIVIDADE ECONÔMICA E SERVIÇO PÚBLICO 780
4. SISTEMA BRASILEIRO DE DEFESA DA CONCORRÊNCIA – SBDC. LEI ANTITRUSTE 780
5. DIREITO ECONÔMICO INTERNACIONAL. MERCOSUL 783
6. AGÊNCIAS REGULADORAS 783
7. QUESTÕES COMBINADAS E OUTROS TEMAS 784

27. DIREITO FINANCEIRO — 787
1. PRINCÍPIOS E NORMAS GERAIS 787
2. PLANO PLURIANUAL – PPA, LEI DE DIRETRIZES ORÇAMENTÁRIAS – LDO E LEI ORÇAMENTÁRIA ANUAL – LOA 788
3. RECEITAS 788
4. DESPESAS 789
5. LEI DE RESPONSABILIDADE FISCAL 790
6. FISCALIZAÇÃO E CONTROLE 791
7. OUTROS TEMAS E COMBINADOS 793

28. DIREITO INTERNACIONAL — 795
1. DIREITO INTERNACIONAL PÚBLICO 795
2. DIREITO INTERNACIONAL PRIVADO 803

Como usar o livro?

Para que você consiga um ótimo aproveitamento deste livro, atente para as seguintes orientações:

1º Tenha em mãos um **vademecum** ou **um computador** no qual você possa acessar os textos de lei citados.

Neste ponto, recomendamos o **Vade Mecum de Legislação FOCO** – confira em www.editorafoco.com.br.

2º Se você estiver estudando a teoria (fazendo um curso preparatório ou lendo resumos, livros ou apostilas), faça as questões correspondentes deste livro na medida em que for avançando no estudo da parte teórica.

3º Se você já avançou bem no estudo da teoria, leia cada capítulo deste livro até o final, e só passe para o novo capítulo quando acabar o anterior; vai mais uma dica: alterne capítulos de acordo com suas preferências; leia um capítulo de uma disciplina que você gosta e, depois, de uma que você não gosta ou não sabe muito, e assim sucessivamente.

4º Iniciada a resolução das questões, tome o cuidado de ler cada uma delas **sem olhar para o gabarito e para os comentários**; se a curiosidade for muito grande e você não conseguir controlar os olhos, tampe os comentários e os gabaritos com uma régua ou um papel; na primeira tentativa, é fundamental que resolva a questão sozinho; só assim você vai identificar suas deficiências e "pegar o jeito" de resolver as questões; marque com um lápis a resposta que entender correta, e só depois olhe o gabarito e os comentários.

5º <u>Leia com muita atenção o enunciado das questões</u>. Ele deve ser lido, no mínimo, duas vezes. Da segunda leitura em diante, começam a aparecer os detalhes, os pontos que não percebemos na primeira leitura.

6º <u>Grife</u> **as palavras-chave, as afirmações e a pergunta formulada.** Ao grifar as palavras importantes e as afirmações você fixará mais os pontos-chave e não se perderá no enunciado como um todo. Tenha atenção especial com as palavras "correto", "incorreto", "certo", "errado", "prescindível" e "imprescindível".

7º Leia os comentários e **leia também cada dispositivo legal** neles mencionados; não tenha preguiça; abra o *vademecum* e leia os textos de leis citados, tanto os que explicam as alternativas corretas, como os que explicam o porquê de ser incorreta dada alternativa; você tem que conhecer bem a letra da lei, já que mais de 90% das respostas estão nela; mesmo que você já tenha entendido determinada questão, reforce sua memória e leia o texto legal indicado nos comentários.

8º Leia também os **textos legais que estão em volta** do dispositivo; por exemplo, se aparecer, em Direito Penal, uma questão cujo comentário remete ao dispositivo que trata de falsidade ideológica, aproveite para ler também os dispositivos que tratam dos outros crimes de falsidade; outro exemplo: se aparecer uma questão, em Direito Constitucional, que trate da composição do Conselho Nacional de Justiça, leia também as outras regras que regulamentam esse conselho.

9º Depois de resolver sozinho a questão e de ler cada comentário, você deve fazer uma **anotação ao lado da questão**, deixando claro o motivo de eventual erro que você tenha cometido; conheça os motivos mais comuns de erros na resolução das questões:

DL – "desconhecimento da lei"; quando a questão puder ser resolvida apenas com o conhecimento do texto de lei;

DD – "desconhecimento da doutrina"; quando a questão só puder ser resolvida com o conhecimento da doutrina;

DJ – "desconhecimento da jurisprudência"; quando a questão só puder ser resolvida com o conhecimento da jurisprudência;

FA – "falta de atenção"; quando você tiver errado a questão por não ter lido com cuidado o enunciado e as alternativas;

NUT – "não uso das técnicas"; quando você tiver se esquecido de usar as técnicas de resolução de questões objetivas, tais como as da **repetição de elementos** ("quanto mais elementos repetidos existirem, maior a chance de a alternativa ser correta"), das **afirmações generalizantes** ("afirmações generalizantes tendem a ser incorretas" - reconhece-se afirmações generalizantes pelas palavras *sempre, nunca, qualquer, absolutamente, apenas, só, somente exclusivamente* etc.), dos **conceitos compridos** ("os conceitos de maior extensão tendem a ser corretos"), entre outras.

obs: se você tiver interesse em fazer um Curso de "Técnicas de Resolução de Questões Objetivas", recomendamos o curso criado a esse respeito pelo IEDI Cursos On-line: www.iedi.com.br.

10º Confie no **bom-senso**. Normalmente, a resposta correta é a que tem mais a ver com o bom-senso e com a ética. Não ache que todas as perguntas contêm uma pegadinha. Se aparecer um instituto que você não conhece, repare bem no seu nome e tente imaginar o seu significado.

11º Faça um levantamento do **percentual de acertos de cada disciplina** e dos **principais motivos que levaram aos erros cometidos**; de posse da primeira informação, verifique quais disciplinas merecem um reforço no estudo; e de posse da segunda informação, fique atento aos erros que você mais comete, para que eles não se repitam.

12º Uma semana antes da prova, faça uma **leitura dinâmica** de todas as anotações que você fez e leia de novo os dispositivos legais (e seu entorno) das questões em que você marcar "DL", ou seja, desconhecimento da lei.

13º Para que você consiga ler o livro inteiro, faça um bom **planejamento**. Por exemplo, se você tiver 30 dias para ler a obra, divida o número de páginas do livro pelo número de dias que você tem, e cumpra, diariamente, o número de páginas necessárias para chegar até o fim. Se tiver sono ou preguiça, levante um pouco, beba água, masque chiclete ou leia em voz alta por algum tempo.

14º Desejo a você, também, muita **energia, disposição, foco, organização, disciplina, perseverança, amor** e **ética**!

Wander Garcia e Renan Flumian

Coordenadores

1. DIREITO CIVIL

Ana Paula Garcia, Gustavo Nicolau e Wander Garcia*

1. LINDB

(Ministério Público/MG – 2014) Assinale a alternativa INCORRETA:

Em relação ao Decreto-Lei 4.657/42 (com a redação da Lei 12.376/2010) pode-se dizer que:

(A) Estabelece regras quanto á vigência das leis.
(B) Dispõe sobre a aplicação da norma jurídica no tempo e no espaço.
(C) Aponta as fontes do direito privado em complemento à própria lei.
(D) Integra implicitamente o Código Civil.

A: assertiva correta, pois a Lei de Introdução às Normas do Direito brasileiro (Lei de Introdução) versam sobre a vigência das normas, em especial os artigos 1º e 2º; **B:** assertiva correta, pois a aplicação da lei no tempo é tratada pelos artigos 1º, 2º e 6º, ao passo que a aplicação da lei no espaço é tratada nos artigos 7º a 16; **C:** assertiva correta, pois a Lei de Introdução aponta formas de interpretação e integração da lei nacional, bem como situações nas quais o Poder Judiciário brasileiro aplicará leis estrangeiras; **D:** assertiva incorreta, devendo ser assinalada, pois a Lei de Introdução é uma lei autônoma e específica, não fazendo parte integrante de nenhuma outra lei, explícita ou implicitamente. Trata-se, sim, de uma *lex legum*, ou seja, uma lei cujo objeto é a própria lei.
Gabarito "D".

1.1. EFICÁCIA DA LEI NO TEMPO

(Promotor de Justiça – MPE/MS – FAPEC – 2015) Segundo a Lei de Introdução às Normas do Direito Brasileiro (Decreto-Lei 4.657/1942):

(A) em caso de lacuna normativa, a revogação de uma lei opera efeito repristinatório automático.
(B) o desuso é causa de revogação da lei.
(C) nos Estados estrangeiros, a obrigatoriedade da lei brasileira, quando admitida, se inicia em 4 (quatro) meses depois de publicada.
(D) aplica-se o princípio da vigência sincrônica quando a lei for omissa quanto ao período de *vacatio legis*.
(E) na aplicação da lei, o juiz atenderá aos fins sociais a que ela se dirige e às exigências do bem comum, sendo certo que ao interpretá-la decidirá o caso de acordo com a analogia, os costumes e os princípios gerais de direito.

A: incorreta, pois em nosso sistema (Lei de Introdução, art. 2º § 3º) a repristinação só se opera quando a terceira lei na cadeia revogatória determina a volta da vigência da primeira (aquela que fora revogada pela lei revogadora); **B:** incorreta, pois somente uma lei é apta a revogar outra lei (Lei de Introdução, art. 2º); **C:** incorreta, pois o prazo é de três meses (Lei de Introdução, art. 1º, § 1º); **D:** correta, pois a lei entra em vigor de uma só vez no prazo de quarenta e cinco dias (Lei de Introdução, art. 1º); **E:** incorreta, pois analogia, costumes e princípios gerais são sistemas utilizados no caso de lacuna da lei e não como vetores interpretativos (Lei de Introdução, art. 4º).
Gabarito "D".

(Promotor de Justiça – MPE/BA – CEFET – 2015) Assinale a alternativa INCORRETA sobre as regras de vigência das leis, segundo a Lei de Introdução às Normas do Direito Brasileiro:

(A) Não se destinando à vigência temporária, a lei terá vigor até que outra a modifique ou revogue.
(B) A lei posterior revoga a anterior quando expressamente o declare ou quando seja com ela incompatível.
(C) A lei posterior revoga a anterior quando regule inteiramente a matéria de que tratava a lei anterior.
(D) A lei nova, que estabeleça disposições gerais ou especiais a par das já existentes, revoga a lei anterior.
(E) Salvo disposição em contrário, a lei revogada não se restaura por ter a lei revogadora perdido a vigência.

A: correta, pois de acordo com a previsão do art. 2º da Lei de Introdução; **B e C:** corretas, pois as assertivas reproduzem as três formas pelas quais uma nova lei pode revogar a anterior (Lei de Introdução, art. 2º, § 1º); **D:** incorreta, pois as regras "a par das já existentes" não revogam a lei anterior (Lei de Introdução, art. 2º, § 2º); **E:** correta, pois de acordo com o art. 2º, § 3º da Lei de Introdução.
Gabarito "D".

(Procurador da República – 26º) Assinale a alternativa correta:

(A) Denomina-se lei temporária aquela que surge para regular de modo contrário ao estabelecido na lei geral, fatos ou relações jurídicas que, por sua natureza, estariam nela compreendidos;
(B) As Ordenações portuguesas, adaptadas do direito romano clássico, tiveram mais vigência no Brasil do que em Portugal, pois mantiveram-se em vigor até o advento do Código Civil de 1916;
(C) À *Equity* do direito inglês corresponde a mesma definição da equidade do direito brasileiro, sendo certo afirmar que, como fonte do direito inglês moderno, é aplicada da mesma maneira;
(D) A seguradora se exime do dever de indenizar quando houver transferência do veículo a terceiros sem a sua prévia comunicação.

A: incorreta, pois o conceito não coincide com o mérito da lei temporária, que simplesmente é aquela criada para regular situações dentro de um específico lapso temporal e normalmente devido a excepcionais

---

* **Gustavo Nicolau** comentou as questões dos seguintes concursos: MP/MG/14, MP/PI/14, MP/DF/13, MP/ES/13, MP/GO/13, MP/MG/13, MPU/13, MP/AC/08, MP/BA/08, MP/CE/11, MP/GO/10, MP/GO/12, MP/ MG/06, MP/MG/11, MP/MG/12, MP/MS/09, MP/MT/12, MP/PB/10, MP/PI/09, MP/PI/ 12, MP/RJ/11, MP/RN/09, MP/RR/12, MP/RS/08, MP/RS/09, MP/SC/08, MP/SC/12, MP/SP/12, MP/TO/12, MP/MS/13, MP/PR/13, MP/RO/13, MPE/MS – FAPEC – 2015, MPE/BA – CEFET – 2015, MPE/AM – FMP – 2015, Promotor de Justiça/SC – 2015, 28º Concurso – 2015 – MPF, Promotor de Justiça/GO – 2016, Promotor de Justiça/SC – 2016, Procurador do Estado/AM – 2016 – Cespe quando houver. **Wander Garcia** comentou as questões do concurso de MP/SP/2013; **Wander Garcia** e **Ana Paula Garcia** comentaram as demais questões. **Gustavo Nicolau** atualizou todas as questões desse capítulo.

situações; **B:** correta, pois as Ordenações Filipinas vigoraram em Portugal até 1867, quando entrou em vigor o Código Civil Português, ao passo que no Brasil elas vigoraram até 1916, quando o Congresso finalmente aprovou o Código redigido pelo cearense Clóvis Beviláqua; **C:** incorreta, pois a equidade prevista em nosso ordenamento é uma regra que estabelece a justiça no caso concreto; **D:** incorreta, pois contrária à Súmula 465 do STJ, segundo a qual: "Ressalvada a hipótese de efetivo agravamento do risco, a seguradora não se exime do dever de indenizar em razão da transferência do veículo sem a sua prévia comunicação".
Gabarito "B".

(Ministério Público/ES – 2013 – VUNESP) Assinale a alternativa correta, de acordo com a Lei de Introdução às Normas do Direito Brasileiro.

(A) O começo e o fim da personalidade, o nome e a capacidade são regidos pelas leis do país onde nasceu a pessoa.
(B) Realizando-se o casamento no Brasil, será aplicada a lei brasileira quanto aos impedimentos dirimentes e quanto às formalidades de celebração.
(C) Para ser executada no Brasil, a sentença estrangeira deve ser homologada pelo Supremo Tribunal Federal.
(D) A sucessão de bens estrangeiros situados no Brasil será regulada pela lei brasileira, desconsiderando-se eventual lei pessoal do *de cujus*.
(E) Sendo um dos nubentes brasileiro, o regime de bens obedece à lei brasileira.

A: incorreta, pois a norma legal que será aplicada nesse caso é a lei "*do país em que domiciliada a pessoa*" (Lei de Introdução, art. 7º); **B:** correta, pois a assertiva reproduz a regra estabelecida pelo art. 7º, § 1º, da Lei de Introdução; **C:** incorreta, pois tal homologação ocorre perante o Superior Tribunal de Justiça (CF, art. 105, I, *i*); **D:** incorreta, pois a lei que será aplicada será a lei do país em que for domiciliado o (Lei de Introdução, art. 10); **E:** incorreta, pois a Lei de Introdução usa como critério o domicílio dos nubentes (Lei de Introdução, art. 7º, § 3º, e 4º).
Gabarito "B".

(Ministério Público/MG – 2013) Quanto ao casamento de estrangeiros de mesma nacionalidade, domiciliados no exterior, e realizado no Brasil, analise as seguintes alternativas e assinale a assertiva *INCORRETA*:

(A) Será aplicada a lei material do domicílio dos nubentes quanto aos impedimentos dirimentes e às formalidades da celebração.
(B) Tendo os nubentes domicílio em diferentes países estrangeiros, regerá os casos de invalidade do matrimônio a lei material do primeiro domicílio conjugal.
(C) Poderá celebrar-se perante autoridades diplomáticas ou consulares do país de ambos os nubentes.
(D) Sendo os nubentes domiciliados no mesmo país estrangeiro, o regime de bens, legal ou convencional, obedece à lei material desse país.

A: assertiva incorreta, devendo ser assinalada. O § 1º do artigo 7º da LINDB assim dispõe: "Realizando-se o casamento no Brasil, será aplicada a lei brasileira quanto aos impedimentos dirimentes e às formalidades da celebração". A regra de conexão é a *lex loci celebrationis*. Assim, o casamento é regido, no que tange às suas formalidades, pela lei do local de sua celebração (no presente caso será aplicada a legislação brasileira); **B:** correta (artigo 7º, § 3º, da LINDB); **C:** assertiva correta (artigo 7º, § 2º, da LINDB); **D:** assertiva correta (artigo 7º, § 4º, da LINDB).
Gabarito "A".

1.1.1. VACATIO LEGIS

(Ministério Público/MS – 2013 – FADEMS) Segundo a Lei de Introdução às Normas do Direito Brasileiro – LINDB, é correto afirmar:

(A) salvo disposição contrária, a lei começa a vigorar em todo o país quarenta e cinco dias depois de oficialmente promulgada.
(B) se antes de entrar a lei em vigor, ocorrer nova publicação de seu texto destinada a correção, ainda que mantida a *vacatio legis*, o início de sua vigência ocorrerá no dia da nova publicação.
(C) a correção a texto de lei em vigor não é considerada lei nova.
(D) quando a lei for omissa, o juiz decidirá o caso de acordo com a analogia, os costumes, a equidade e os princípios gerais de direito.
(E) a obrigatoriedade da lei brasileira, quando admitida, se inicia nos Estados estrangeiros três meses depois de sua publicação oficial.

A: incorreta, pois o prazo de quarenta e cinco dias previsto no art. 1º da LINDB começa a fluir após a publicação e não após promulgação; **B:** incorreta, pois a nova publicação marcará o início de nova *vacatio legis* (art. 1º, § 3º, da LINDB); **C:** incorreta, pois a correção a texto em vigor considera-se lei nova (art. 1º, § 4º, da LINDB); **D:** incorreta, pois a equidade não está prevista na LINDB como sistema integrador (art. 4º, LINDB); **E:** correta. A assertiva versa sobre a hipótese de leis brasileiras que – por alguma razão – têm aplicação em Estados estrangeiros, como é o caso de leis que regulamentam o funcionamento de embaixadas brasileiras ou ainda que regulamentam o voto do cidadão brasileiro que mora no exterior. Nesses casos, tendo em vista a distância e a natural limitação da comunicação, o prazo de *vacatio legis* não é de 45 dias, mas sim de 3 meses (art. 1º, § 1º, da LINDB).
Gabarito "E".

(Ministério Público/SP – 82º) A Lei de Introdução ao Código Civil, ao dispor que "salvo disposição contrária, a lei passa a vigorar em todo o país 45 dias depois de oficialmente publicada" (art. 1º, *caput*), consagra o princípio ou sistema da obrigatoriedade:

(A) progressiva.
(B) condicional.
(C) simultânea.
(D) fracionada.
(E) temporal.

A lei entra em vigor, simultaneamente, em todo o País. No entanto, no exterior, a obrigatoriedade se inicia apenas três meses após a publicação da lei (art. 1º, § 1º, da Lei de Introdução às normas do Direito Brasileiro – LINDB).
Gabarito "C".

(Ministério Público/SC – 2012) Analise as seguintes assertivas:

I. Salvo disposição em contrário, a lei começa a vigorar em todo o país quarenta e cinco dias depois de oficialmente publicada. No cômputo da *vacatio legis* inclui-se o dia da publicação oficial (*dies a quo*) e exclui-se o dia em que se vence o prazo (*dies ad quem*). Contudo, na hipótese do *dies ad quem* cair em domingo ou feriado nacional, considera-se prorrogado o prazo da *vacatio legis* até o dia útil seguinte.

II. Nos Estados estrangeiros, a obrigatoriedade da lei brasileira, quando admitida, se inicia seis meses depois de oficialmente publicada. Neste contexto, a lei brasileira, independentemente de conter expressa estipulação de prazo superior a seis meses para sua entrada em vigor no Brasil, passará a ter vigência no estrangeiro logo após o decurso deste prazo, contado da sua publicação no Diário Oficial.

III. A lei do país em que domiciliada a pessoa determina as regras sobre o começo e o fim da personalidade, o nome, a capacidade e os direitos de família. Trata-se de disposição contida no Decreto Lei n. 4.657/42 que reflete a inserção do princípio domiciliar como elemento de conexão para determinar a lei aplicável, em especial ao estrangeiro aqui domiciliado.

IV. Segundo o disposto na Lei de Introdução às Normas do Direito Brasileiro, o estrangeiro casado, que se naturalizar brasileiro, pode, mediante expressa anuência de seu cônjuge, requerer ao juiz, no ato de entrega do decreto de naturalização, se apostile ao mesmo a adoção do regime de comunhão parcial de bens, respeitados os direitos de terceiros e dada esta adoção ao competente registro.

V. Segundo o Decreto Lei n. 4.657/42, os Governos estrangeiros, bem como as organizações de qualquer natureza, que eles tenham constituído, dirijam ou hajam investido de funções públicas, não poderão adquirir no Brasil bens imóveis ou suscetíveis de desapropriação. Excepcionalmente, poderão adquirir a propriedade dos prédios necessários à sede dos representantes diplomáticos ou dos agentes consulares.

(A) Apenas as assertivas I, II, III e IV estão corretas.
(B) Apenas as assertivas III, IV e V estão corretas.
(C) Apenas as assertivas II e V estão corretas.
(D) Apenas as assertivas III e IV estão corretas.
(E) Todas as assertivas estão corretas.

I: incorreta, pois o art. 8°, § 1° da Lei Complementar n° 95/98 determina outra regra para contagem de prazos de *vacatio legis*. Referida norma determina que se inclua a data da publicação e do último dia do prazo, entrando em vigor no dia subsequente à sua consumação integral, não importando se dia útil ou não; II: incorreta, pois a Lei de Introdução prevê uma *vacatio* de 3 meses para as leis brasileiras aplicáveis no exterior (LINDB, art. 1° § 1°). A hipótese é rara e costuma ocorrer quando – por exemplo – uma lei regulamenta os direitos e obrigações de servidores públicos de embaixadas no exterior; III: correta, pois de pleno acordo com o art. 7° da LINDB; IV: correta, pois de pleno acordo com o art. 7°, § 5° da LINDB; V: correta, pois de pleno acordo com o art. 11, § 2° da LINDB.
Gabarito "B".

(Ministério Público/SP – 81°) Alterada uma lei, durante o prazo de *vacatio legis* da lei nova, aplica-se:

(A) a lei nova.
(B) a lei alterada.
(C) a lei que for escolhida pelo Magistrado de acordo com seu livre convencimento e poder de arbítrio.
(D) o Código Civil.
(E) a lei mais benéfica.

Art. 1°, § 3°, da LINDB.
Gabarito "B".

(Ministério Público/TO – 2012 – CESPE) Considerando a importância das leis para a manutenção da ordem jurídica, assinale a opção correta.

(A) No que se refere aos bens, a Lei de Introdução às Normas do Direito Brasileiro estabelece que a regra para aplicação da norma em relação a bens móveis transportados é a relativa à situação dos bens.
(B) No ordenamento brasileiro, uma lei revogada pode ser repristinada, caso a lei que a tenha revogado seja declarada inconstitucional.
(C) São lacunas do direito: a normativa, a ontológica, a axiológica e a antinômica.
(D) Contrato celebrado em território ficto não será regulado pela norma jurídica brasileira, mas pela lei do país onde o contrato tenha sido realizado.
(E) Em caso de conflito de norma especial anterior e norma geral posterior, prevalecerá, pelo critério hierárquico, a primeira norma.

A: incorreta, pois para esse caso a LINDB (art. 8° § 1°) determina que se aplique a lei em que domiciliado o proprietário; B: correta, pois nada impede a repristinação expressa de uma norma. A LINDB veda apenas a repristinação automática (art. 2°, § 3°); C: incorreta, pois apenas as três primeiras refletem espécies de lacunas, não sendo espécie de lacuna a antinômica. A lacuna normativa é a típica lacuna, hipótese na qual não há lei para regular o caso concreto; a ontológica reflete a situação na qual existe norma, mas dissociada dos fatos sociais; a axiológica representa situação na qual existe lei, mas cuja aplicação seria injusta; D: incorreta, pois o contrato celebrado em território ficto (território que não corresponde às fronteiras, mas que apesar disso corresponde juridicamente ao território) será regulado pela norma brasileira; E: incorreta, pois nesse caso prevalecerá a segunda norma. O Código Civil, lei geral, por exemplo, revogou, total ou parcialmente, diversas leis especiais.
Gabarito "B".

1.1.2. VIGÊNCIA DA LEI NO TEMPO

(Ministério Público/SP – 85°) A Lei A, de vigência temporária, revoga expressamente a Lei B. Tendo a lei revogadora perdido a vigência, é certo que:

(A) a lei revogada é automaticamente restaurada, já que a lei revogadora é temporária, e, os seus efeitos estavam apenas suspensos.
(B) a lei revogada é automaticamente restaurada, já que não se pode ficar sem lei.
(C) a lei revogada não se restaura por ter a lei revogadora perdido a vigência, porque não é admitido o princípio da comoriência.
(D) a lei revogada não se restaura por ter a lei revogadora perdido a vigência, salvo disposição expressa neste sentido.
(E) como não existe lei de vigência temporária, a revogação da anterior nunca teria acontecido.

Art. 2°, § 3°, da LINDB.
Gabarito "D".

(Ministério Público/SP – 2012 – VUNESP) No que tange às normas do Direito Brasileiro:

I. Salvo disposição contrária, a lei começa a vigorar em todo o país trinta dias depois de oficialmente publicada.
II. As correções a texto de lei já em vigor consideram-se lei nova.
III. A lei do país em que domiciliada a pessoa determina as regras sobre o começo e o fim da personalidade, o nome, a capacidade e os direitos de família.
IV. Só à autoridade judiciária brasileira compete conhecer das ações relativas a imóveis de estrangeiros situados no Brasil.

V. As leis, atos e sentenças de outro país, bem como quaisquer declarações de vontade, não terão eficácia no Brasil enquanto não homologadas pelo Superior Tribunal de Justiça.

Está correto o que se afirma APENAS em

(A) I, II, III e V.
(B) II, III e IV.
(C) III, IV e V.
(D) I, II, IV e V.
(E) I, II e III.

I: incorreta, pois a *vacatio* na omissão da lei é de 45 dias; II: correta, pois de acordo com a regra estabelecida pelo art. 1º, § 4º da LINDB; III: correta, pois de acordo com o art. 7º da LINDB; IV: correta, pois de acordo com o art. 12, § 1º da referida lei; V: incorreta, pois o STJ homologa apenas sentenças estrangeiras. No que se refere às leis estrangeiras, elas só terão eficácia no Brasil se não ofenderem a soberania nacional, a ordem pública e os bons costumes.

Gabarito "B".

1.1.3. IRRETROATIVIDADE DAS LEIS

(Ministério Público/SP – 79º) Do princípio da retroatividade das leis decorre:

(A) que a lei nova não preservará aquelas situações já consolidadas em que o interesse individual prevalece.
(B) impossibilidade de aplicação imediata da lei nova.
(C) que a lei velha continuará regrando os casos ainda não julgados.
(D) respeito ao direito adquirido, ao ato jurídico perfeito e à coisa julgada.
(E) repristinação dos efeitos da lei velha para alcançar negócios de execução já iniciada, mas ainda não concluída.

Artigos 6º da LINDB e 5º, XXXVI, da CF.

Gabarito "D".

1.2. EFICÁCIA DA LEI NO ESPAÇO

(Ministério Público/CE – 2011 – FCC) Constitui, dentre outros, requisito para execução no Brasil de sentença proferida no estrangeiro:

(A) ter passado em julgado e estar revestida das formalidades necessárias para a execução de acordo com a lei brasileira, ainda que assim não esteja no lugar em que foi proferida.
(B) terem sido as partes citadas e não ter ocorrido revelia.
(C) ter sido homologada pelo Supremo Tribunal Federal, após parecer favorável do Procurador-Geral da República.
(D) haver sido proferida por juiz competente.
(E) estar traduzida por intérprete do país de origem ou pelo advogado que representar o requerente.

A: incorreta, pois a sentença deve conter formalidades necessárias para execução no lugar em que foi proferida; B: incorreta, pois admite-se a homologação no caso de revelia, desde que esta tenha sido legalmente verificada; C: incorreta, pois a homologação compete ao Superior Tribunal de Justiça (CF, art. 105); D: correta, pois de acordo com a exigência da LINDB, art. 15, *a*; E: incorreta, pois a LINDB exige apenas intérprete autorizado (art. 15, *d*).

Gabarito "D".

1.3. INTERPRETAÇÃO DA LEI

(Ministério Público/RR – 2012 – CESPE) Considerando o que dispõe a Lei de Introdução às Normas do Direito Brasileiro bem como a interpretação de seus dispositivos, assinale a opção correta.

(A) Denomina-se conflito aparente o conflito normativo passível de solução mediante critérios hierárquicos, cronológicos e embasados na especialidade.
(B) A lei nova que estabeleça disposições gerais ou especiais, a par das já existentes, revoga a lei anterior.
(C) A possibilidade de repristinação da norma é a regra geral no ordenamento jurídico pátrio.
(D) A ab-rogação corresponde à supressão parcial de norma anterior; a derrogação, à supressão total da norma.
(E) A declaração privada da vontade oriunda de outro país terá eficácia no Brasil, ainda que ofenda a ordem pública e os bons costumes locais.

A: correta, pois estabelece a definição do conflito aparente; B: incorreta, pois a lei nova – nessas circunstâncias – não revoga nem modifica a anterior (LINDB, art. 2º, § 2º); C: incorreta, pois a possibilidade de repristinação é a exceção no sistema e só ocorrerá caso a lei que revogou a revogadora expressamente determina a repristinação da primeira lei revogada; D: incorreta, pois a assertiva traz conceitos invertidos, definindo como ab-rogação o que é derrogação e vice-versa; E: incorreta, pois a ofensa à ordem pública e aos bons costumes retiram eficácia das leis, atos e sentenças de outro país (LINDB, art. 17).

Gabarito "A".

1.4. LACUNAS E INTEGRAÇÃO DA LEI

(Ministério Público/RN – 2009 – CESPE) Acerca da Lei de Introdução ao Código Civil, no que se refere a analogia, costumes, jurisprudência, interpretação das normas jurídicas e princípios gerais de direito, assinale a opção correta.

(A) Não é absoluto o princípio que postula que ninguém deve escusar-se cumprir a lei alegando que não a conhece, pois há casos em que a lei admite a existência do erro de direito como causa determinante da invalidade de um negócio jurídico.
(B) A função social da posse, prevista no Código Civil brasileiro – Lei nº 10.406/2002 –, tipifica o princípio da eticidade, o qual proclama a compatibilização dos valores técnicos com os valores éticos, como mecanismo não só de imposição de limites, mas também de estabelecimento de deveres implícitos nas relações jurídicas patrimoniais.
(C) Na interpretação de normas jurídicas, ao se tomar como parâmetro a sua finalidade objetivamente declarada, de modo a adaptá-la continuamente às novas exigências sociais, aplica-se exclusivamente o método lógico.
(D) A integração extensiva da norma pressupõe a ausência de lei disciplinadora da matéria, de modo que o juiz deverá aplicar ao caso concreto a norma jurídica prevista para situação semelhante, dada a identidade de razões ou de finalidade.
(E) A derrogação é a revogação total da lei em vigor.

A: correta, pois o art. 139, III do Código Civil admite que se anule um negócio jurídico celebrado que teve como fundamento um erro de direito, uma falsa percepção da lei. Ademais, o art. 8º da

Lei de Contravenções Penais também admite o erro de direito ao determinar que "*No caso de ignorância ou de errada compreensão da lei, quando escusáveis, a pena pode deixar de ser aplicada*"; **B:** incorreta, pois a função social da posse (implicando inclusive reduções de prazos de usucapião) deriva do princípio da socialidade e não da eticidade; **C:** incorreta, pois a interpretação que leva em conta os fins leva o nome de teleológica; **D:** incorreta, pois na hipótese de ausência de lei e aplicação de outra que regule caso semelhante, tem-se a utilização do sistema integrador denominado analogia; **E:** incorreta, pois derrogação representa a revogação parcial.

Gabarito "A".

(Ministério Público/RO – 2010 – CESPE) Assinale a opção correta com referência à Lei de Introdução ao Código Civil (LICC).

(A) A equidade, uma das formas de colmatação de lacunas, está expressa na LICC.
(B) Os fatos sociais são disciplinados pela LICC, haja vista que se referem ao direito internacional privado.
(C) A LICC prevê o procedimento de integração do direito como recurso técnico para a interpretação das normas jurídicas.
(D) Segundo a LICC, a autointegração do direito, como espécie de integração, ocorre quando se utilizam recursos do próprio sistema.
(E) A LICC foi criada originariamente mediante lei ordinária.

A: incorreta, pois a equidade não está expressa na LINDB como forma de colmatação de lacunas. A equidade está expressa em outros diplomas legais, como no CDC (art. 7º, *caput*); **B:** incorreta, pois os fatos sociais, segundo a LINDB, devem ser observados pelo juiz ao aplicar a lei toda e qualquer lei (art. 5º), de modo que o juiz deverá levar em conta os acontecimentos do mundo fenomênico, não se limitando a aplicar a lei como um fim em si mesmo; **C:** incorreta, pois o procedimento de integração do direito é utilizado para solucionar os casos de lacuna de lei; **D:** correta, pois a alternativa traz o conceito correto de autointegração, técnica utilizada pela LINDB no caso da analogia e dos princípios gerais do direito (art. 4º); **E:** incorreta, pois a LINDB foi criada como decreto-lei.

Gabarito "D".

2. GERAL

2.1. PESSOAS NATURAIS

2.1.1. INÍCIO DA PERSONALIDADE E NASCITURO

(Promotor de Justiça – MPE/BA – CEFET – 2015) Interprete o caso hipotético abaixo considerando o marco legal de início da personalidade civil da pessoa humana, disposto no artigo 2º do Código Civil Brasileiro, e assinale a alternativa CORRETA:

"Uma mulher grávida sofre com seu marido um acidente automobilístico no qual o feto vem a falecer. Após o fato, os pais vêm a juízo pleitear indenização perante o DPVAT pelo feto morto no acidente."

(A) Pela teoria concepcionista, o direito brasileiro permite o acolhimento da pretensão deduzida em juízo.
(B) A personalidade civil da pessoa começa a partir da sua concepção.
(C) O feto não poderá ser titular do direito pleiteado por faltar-lhe a personalidade civil.
(D) Todas as assertivas estão incorretas.
(E) As assertivas "a" e "b" estão corretas.

Em caso idêntico ao narrado, o STJ concluiu que: "*é procedente o pedido de indenização referente ao seguro DPVAT, com base no que dispõe o art. 3º da Lei 6.194/1974. Se o preceito legal garante indenização por morte, o aborto causado pelo acidente subsume-se à perfeição ao comando normativo, haja vista que outra coisa não ocorreu, senão a morte do nascituro, ou o perecimento de uma vida intrauterina*" (REsp 1415727/SC, Rel. Ministro Luis Felipe Salomão, Quarta Turma, julgado em 04/09/2014, DJe 29/09/2014).

Gabarito Oficial: "C". Gabarito Nosso: "A".

(Procurador da República – 26º) Quanto ao nascituro, é correto dizer que:

I. Pode ser objeto de reconhecimento voluntário de filiação;
II. A proteção legal atinge ao próprio embrião:
III. Os pais podem efetuar doação em seu benefício;
IV. Já detêm os requisitos legais da personalidade.

Das proposições acima:

(A) I e III estão corretas;
(B) II e IV estão corretas;
(C) II e III estão corretas;
(D) I e IV estão corretas.

I: correta, pois o reconhecimento de filiação pode ocorrer desde a concepção; **II:** incorreta, pois há diferença técnica entra o nascituro e o embrião, cada qual merecendo tratamento legal próprio e com regras específicas; **III:** correta, pois admite-se a doação em favor do nascituro (CC, art. 542); **IV:** incorreta, pois o Código Civil adotou a teoria natalista, segundo a qual: "A personalidade civil da pessoa começa do nascimento com vida" (CC, art. 2º).

Gabarito "A".

(Ministério Público/MG – 2014) Assinale a alternativa CORRETA: No Direito Civil brasileiro, o início da personalidade do ser humano é marcado:

(A) Pela concepção.
(B) Pela ruptura do cordão umbilical.
(C) Pela docimasia hidrostática de Galeno.
(D) Pela nomeação de curador ao nascituro.

O início da personalidade ocorre com o nascimento com vida (CC, art. 2º). Tal nascimento com vida se dá com a respiração, ainda que por uma fração de segundo. Nossa lei não exige ruptura de cordão umbilical, nem nomeação de curador. Nos casos em que há dúvida se o recém-nascido nasceu e depois morreu ou se já nasceu morto, realiza-se o teste denominado "*docimasia hidrostática de Galeno*". De forma sucinta, o pulmão é submerso numa tina de água. Caso ele flutue, significa que ali houve oxigênio e, portanto, vida. Caso ele permaneça submerso, significa que não houve entrada de oxigênio e, portanto, trata-se mesmo de um natimorto. A resposta pode gerar imensa repercussão no campo sucessório.

Gabarito "C".

(Ministério Público/PI – 2012 – CESPE) Considerando as regras de introdução às normas do direito brasileiro e os direitos do nascituro, assinale a opção correta.

(A) Segundo as regras legais brasileiras, permite-se ao julgador o *non liquet*, nos casos de lacunas ou obscuridade da norma.
(B) O Código Civil não admite a doação feita ao nascituro, apesar de lhe assegurar o *status* de pessoa humana.

(C) Como o Código Civil exige o nascimento com vida para a aquisição da personalidade civil, o nascituro não tem direito a indenização por danos morais pela morte do pai.
(D) O efeito repristinatório não é automático. Apenas excepcionalmente a lei revogada voltará a viger quando a lei revogadora for declarada inconstitucional ou quando for concedida a suspensão cautelar da eficácia da norma impugnada.
(E) De acordo com a lei brasileira, o itinerante tem como domicílio presumido o local de moradia de seus pais ou de seu curador ou tutor.

A: incorreta, pois no caso de lacuna da lei o juiz deve buscar integrar o ordenamento através da utilização de analogia, costumes e princípios gerais do Direito (LINDB, art. 4º); B: incorreta, pois o art. 542 do CC permite a doação ao nascituro; C: incorreta, pois o STJ já pacificou o entendimento segundo o qual o nascituro ostenta direitos da personalidade atinentes à sua natureza, tais como a integridade psíquica, física, dignidade e até mesmo imagem. A violação a tais direitos gera um dano moral indenizável. Neste sentido decidiu o STJ: II – O nascituro também tem direito aos danos morais pela morte do pai, mas a circunstância de não tê-lo conhecido em vida tem influência na fixação do *quantum*. (REsp 399.028/SP, Rel. Ministro Sálvio de Figueiredo Teixeira, 4ª Turma, julgado em 26/02/2002, DJ 15/04/2002, p. 232); D: correta. Por um lado, a LINDB afirma que a revogação da lei revogadora não restaura a lei revogada (art. 2º § 3º). Por outro lado, a Lei nº 9.868/99, art. 11, § 2º prevê o chamado "efeito repristinatório" na decisão da ADIN. Significa que – se a lei revogadora for declarada inconstitucional pelo Supremo Tribunal Federal – volta a valer a lei revogada, pois a norma constitucional simplesmente não é válida perante o ordenamento desde o momento de sua criação (ressalva-se apenas a possibilidade de modulação de efeitos); E: incorreta, pois o itinerante tem como domicílio o local onde for encontrado (CC, art. 73). Sobre domicílio do itinerante, interessante arresto do Primeiro Tribunal de Alçada Cível de São Paulo: "Citação de empresa circense. Não se confundam as personalidades jurídicas da empresa com as dos seus sócios individualmente. Correto o ajuizamento da ação e a citação do circo no lugar onde foi encontrado, independentemente de seu sócio responsável ser domiciliado em outro lugar" (1º TACIV-SP, 7ª Câm., AG 652.776-4, Rel. Juiz Carlos Renato, j. 06.02.1996).
Gabarito "D".

(Ministério Público/PR – 2011) Assinale a alternativa correta:

(A) a capacidade de direito não é atribuída àqueles que, por enfermidade ou deficiência mental, não tiverem o necessário discernimento para os atos da vida civil.
(B) a incapacidade de exercício não afeta a capacidade de direito, que é atributo de todo aquele dotado de personalidade jurídica.
(C) a antecipação da maioridade derivada do casamento gera a atribuição de plena capacidade de direito àquele menor de 18 anos que contrai núpcias, embora nada afete a sua capacidade de fato.
(D) o reconhecimento da personalidade jurídica da pessoa natural a partir do nascimento com vida significa afirmar que, antes do nascimento, a pessoa é dotada de capacidade de fato, mas não tem capacidade de direito.
(E) a interdição derivada de incapacidade absoluta enseja a suspensão da personalidade jurídica da pessoa natural, uma vez que a capacidade é a medida da personalidade.

A: incorreta, pois todas as pessoas têm capacidade de direito, que consiste na *aptidão genérica conferida pela ordem jurídica para adquirir direitos e contrair deveres*; B: correta, conforme justificativa da alternativa A; C: incorreta, pois a emancipação afeta diretamente a capacidade de fato, eis que a pessoa emancipada passa a ter total capacidade de fato; D: incorreta, pois o nascituro não tem personalidade jurídica, mas a lei põe a salvo, desde a concepção, os direitos que ele possa ter (art. 2º do CC), ou seja, o nascituro é um sujeito de direito despersonificado, de modo que não há como falar que ele tem capacidade, que é uma aptidão genérica para contrair direitos e obrigações, visto que não existe essa aptidão GENÉRICA, mas apenas proteção de alguns direitos específicos; com o nascimento com vida a pessoa adquire personalidade jurídica e, por consequência, capacidade de direito; E: incorreta, pois a interdição não retira a personalidade jurídica da pessoa, que só termina com a morte.
Gabarito "B".

2.1.2. CAPACIDADE

(Promotor de Justiça – MPE/MS – FAPEC – 2015) Em relação à capacidade civil, personalidade jurídica e emancipação, analise as alternativas abaixo, assinalando a **correta**:

(A) O nascituro, também denominado concepturo, não possui personalidade jurídica, em razão do art. 2º do Código Civil, motivo pelo qual, segundo a jurisprudência do STJ, não pode gozar de qualquer forma de direito, seja patrimonial ou não.
(B) São absolutamente incapazes os ébrios habituais, os viciados em tóxicos, e os que, por deficiência mental, tenham o discernimento reduzido.
(C) Na hipótese de emancipação legal pelo casamento, em havendo divórcio, o emancipado perde tal condição, retornando ao seu *status quo ante*, isto é, torna-se novamente incapaz.
(D) A emancipação voluntária do menor, observados e preenchidos todos os requisitos legais, afasta, de plano, a responsabilidade civil de seus genitores pelos atos cometidos após o processo emancipatório, razão pela qual, havendo acidente de trânsito causado por emancipado, os genitores deste não podem ser compelidos a indenizar civilmente a suposta vítima em razão da ausência de liame jurídico (*haftung*).
(E) Havendo emancipação do menor, ainda que não inexista qualquer vício no ato, o emancipado não poderá retirar a Carteira Nacional de Habilitação – CNH, segundo a legislação vigente.

A: incorreta. A despeito da literalidade do art. 2º do Código Civil indicar que a personalidade só é adquirida após o nascimento com vida, ele mesmo faz a ressalva de que haverá direitos garantidos ao nascituro. A lei traz diversos exemplos de direitos expressamente assegurados ao nascituro (CC, arts. 542, 1.779; 1.798, além da própria Lei 11.804/2008). O STJ já se posicionou no sentido de assegurar direitos ao nascituro. (Vide, por todos, REsp 1415727/SC, Rel. Ministro Luis Felipe Salomão, Quarta Turma, julgado em

04/09/2014, DJe 29/09/2014); **B:** incorreta, pois – após a edição da Lei 13.146/2015, apenas os menores de dezesseis anos são considerados absolutamente incapazes; **C:** incorreta, pois doutrina e jurisprudência são uníssonos ao afirmar que uma vez emancipada pelo casamento, o futuro e eventual divórcio não retroage para fins de tornar a pessoa incapaz, sob pena de grave insegurança jurídica; **D:** incorreta, pois: "*A emancipação voluntária, diversamente da operada por força de lei, não exclui a responsabilidade civil dos pais pelos atos praticados por seus filhos menores*" (AgRg no Ag 1239557/RJ, Rel. Ministra Maria Isabel Gallotti, Quarta Turma, julgado em 09/10/2012, DJe 17/10/2012); **E:** correta. A emancipação traz apenas capacidade de exercício para os atos da vida em geral. Quando a lei exigir idade, essa deverá ser respeitada, como é o caso da idade mínima para obtenção de CNH ou ainda a capacidade eleitoral passiva, ou seja, o direito de ser votado para determinados cargos (CF, art. 14, § 3º, VI, *a, b, c*). Nesses casos, a emancipação é irrelevante.

Gabarito "E".

(Promotor de Justiça – MPE/RS – 2017) Considerando a parte geral do Código Civil, assinale com **V** (verdadeiro) ou com **F** (falso) as seguintes afirmações.

( ) Todas as pessoas têm a capacidade de direito, o que pressupõe a capacidade de fato, em regra, pois a incapacidade é a exceção.
( ) Se houver alguma restrição, os ébrios habituais e os viciados em tóxicos serão sempre relativamente incapazes.
( ) A ausência significa morte presumida da pessoa natural, após processo judicial, que ocorre em duas fases: curadoria dos bens e sucessão definitiva.
( ) O estatuto da fundação não é imutável; possível a alteração mediante deliberação de dois terços das pessoas responsáveis pela sua gerência, desde que não contrarie ou desvirtue a sua finalidade, sem necessidade que seja aprovada pelo Ministério Público.

A sequência correta de preenchimento dos parênteses, de cima para baixo, é

(A) V – V – F – F.
(B) F – F – F – V.
(C) V – V – F – V.
(D) F – F – V – V.
(E) V – F – V – F.

I: Verdadeira, especialmente após a edição do Estatuto da Pessoa com Deficiência (Lei 13.146/2015). A capacidade de direito é atribuída a toda e qualquer pessoa. No que se refere à capacidade de fato, as pessoas indicadas nos artigos 3º e 4º do Código Civil não a possuem de forma plena; **II:** Verdadeira. Com a vigência da Lei 13.146/2015, apenas os menores de dezesseis anos são considerados absolutamente incapazes (CC, art. 3º). Os ébrios habituais e os viciados em tóxicos permanecem com o tratamento de relativamente incapazes (CC, art. 4º, II); **III:** Falsa, pois ainda existe uma fase intermediária, que é chamada de sucessão provisória. Nesta fase, que dura dez anos, apenas a posse dos bens é transferida aos herdeiros do ausente (CC, art. 26 *et seq*); **IV:** Falsa, pois além do quorum de dois terços, é preciso também a aprovação do Ministério Público.

Gabarito "A".

(Promotor de Justiça/GO – 2016 – MPE) Sobre as incapacidades no Direito Civil Brasileiro, podemos afirmar:

(A) são absolutamente incapazes os menores de dezesseis anos e aqueles que, por enfermidade física perene e deficiência mental, não possam expressar livre e conscientemente a sua vontade;
(B) a senilidade, por si só, é motivo de incapacidade, independentemente da idade do agente que pratica o ato da vida civil;
(C) a pessoa com deficiência não terá sua plena capacidade civil afetada, podendo, inclusive, exercer o direito à família, o direito de decidir o número de filhos e o direito à guarda, à tutela, à curatela e à adoção, como adotante ou adotando;
(D) a incapacidade, relativamente a certos atos ou à maneira de os exercer, decorre da deficiência mental, da ebriedade, da surdo-mudez e da prodigalidade, pois são causas que tornam reduzido o discernimento do agente, sendo irrelevante a possibilidade de manifestação da vontade.

A: incorreta, pois após a entrada em vigor da Lei 13.146/2015, apenas o menor de dezesseis anos é considerado absolutamente incapaz; **B:** incorreta, pois a senilidade não é causa de incapacidade; **C:** correta, pois o art. 6º da Lei 13.146/2015 – dentre outros direitos – permitiu expressamente que a pessoa com deficiência pudesse "*se casar, constituir união estável, exercer o direito à família e à convivência familiar e comunitária, exercer o direito à guarda, à tutela, à curatela e à adoção, como adotante ou adotando*"; **D:** incorreta, pois a surdo-mudez não é causa automática de incapacidade da pessoa. O Código estabelece que serão considerados relativamente incapazes: "*aqueles que, por causa transitória ou permanente, não puderem exprimir sua vontade*" (CC, art. 4º).

Gabarito "C".

2.1.3. EMANCIPAÇÃO

(Ministério Público/SP – 82º) A emancipação do menor dependerá de sentença na hipótese de:

(A) colação de grau científico em curso de ensino superior.
(B) casamento.
(C) estar o menor sob tutela.
(D) concessão pela mãe, se morto o pai.
(E) concessão pela mãe, se interditado o pai.

Art. 5º, parágrafo único, I, do CC.

Gabarito "C".

2.1.4. FIM DA PERSONALIDADE. COMORIÊNCIA

(Procurador da República – 24º) Considerando as seguintes assertivas:

I. Na comoriência existe presunção legal do momento da morte, que admite prova contrária de premoriência, sendo o *onus probandi* do interessado que pretende provar que a morte não foi simultânea.
II. Pelo princípio do consenso afirmativo, toda a pessoa capaz deve manifestar sua vontade de submeter-se a tratamento médico ou a intervenção cirúrgica, quando haja risco de vida.
III. Poderá ser requerida pelos interessados a abertura da sucessão provisória do ausente, se ele deixou representante ou procurador, em se passando três anos da arrecadação de seus bens.

Pode-se afirmar que:
(A) Todas estão corretas;
(B) Apenas I não está correta;
(C) Apenas II não está correta;
(D) Apenas III não está correta.

I: correta, pois a comoriência é uma presunção *juris tantum* de morte simultânea. Admite-se a prova no sentido contrário, bastando que se demonstre cabalmente a sequência das mortes; II: incorreta, pois referido princípio diz respeito à disposição do próprio corpo após a morte para fins científicos ou terapêuticos; III: correta, pois a primeira fase do longo processo de ausência é a chamada "Curadoria dos Bens do Ausente" e ela normalmente dura um ano. Porém, quando o ausente deixa representante ou procurador, este prazo é de três anos.
Gabarito "C".

2.2. PESSOAS JURÍDICAS

(Ministério Público/MPU – 2013) Sobre as associações e as fundações, é correto afirmar que:
(A) Nenhum associado poderá ser impedido de exercer direito ou função que lhe tenha sido legitimamente conferido, mesmo que o estatuto disponha o contrário.
(B) A fundação poderá constituir-se para quaisquer fins, inclusive religiosos, morais, culturais ou de assistência.
(C) Constituem-se as associações pela união de pessoas que se organizem para fins não econômicos.
(D) Quando insuficientes para constituir a fundação, os bens a ela destinados serão, obrigatoriamente, incorporados em outra fundação que se proponha a fim igual ou semelhante.

A: incorreta, pois o estatuto poderá impedir o associado de exercer direito ou função que lhe tenha sido legitimamente conferido (CC, art. 58); B: incorreta, pois a fundação "*somente poderá constituir-se para fins religiosos, morais, culturais ou de assistência*" (CC, art. 62 parágrafo único); C: correta, pois a assertiva reproduz a definição de Associação, estabelecida pelo art. 53 do CC; D: incorreta, pois o instituidor da fundação poderá prever tal hipótese e dispor de modo contrário (CC, art. 63).
Gabarito "C".

(Ministério Público/PR – 2013) Assinale a alternativa incorreta:
(A) As associações são pessoas jurídicas de direito privado;
(B) As organizações religiosas são pessoas jurídicas de direito privado;
(C) Os partidos políticos são pessoas jurídicas de direito público;
(D) As empresas individuais de responsabilidade limitada são pessoas jurídicas de direito privado;
(E) As autarquias são pessoas jurídicas de direito público.

A questão versa sobre a classificação das pessoas jurídicas segundo o regime jurídico a que estão subordinadas. O art. 44 do CC estipula que associações (inc. I), organizações religiosas (inc. IV), empresas individuais de responsabilidade limitada (inc. VI) e partidos políticos (inc. V) são pessoas jurídicas de direito privado, ao passo que o art. 41 classifica as autarquias como sendo pessoas jurídicas de direito público (inc. IV). Desta forma, apenas a alternativa "C" não se coaduna com os ditames legais.
Gabarito "C".

(Ministério Público/RO – 2013 – CESPE) A respeito das pessoas jurídicas, assinale a opção correta.
(A) A pessoa jurídica não responderá por atos que apenas aparentemente tiverem seus integrantes praticado em seu nome.
(B) A mera demonstração de insolvência da pessoa jurídica enseja a desconsideração da personalidade jurídica para atingir o patrimônio dos sócios.
(C) De acordo com o STJ, não encontra amparo legal a presunção de dissolução irregular de pessoa jurídica.
(D) Antes de registrar os atos constitutivos no cartório competente, a pessoa jurídica não será dotada de personalidade jurídica.
(E) Em se tratando de prática de ato danoso, a pessoa jurídica deve ser demandada no estabelecimento em que tiver sido praticado o ato, e não no domicílio da agência.

A: incorreta, pois a pessoa jurídica responde pelos atos de seus integrantes ou administradores (art. 47 do CC), aplicando-lhe também a denominada teoria da aparência, segundo a qual se protege o terceiro que confiou na aparência de uma situação fática, desde que não tenha havido negligência de sua parte; B: incorreta, pois a desconsideração da personalidade jurídica é medida excepcional e a mera insolvência não é causa suficiente para sua aplicação (art. 50 do CC); C: incorreta, pois contrária aos termos da Súmula 435 do STJ, segundo a qual: "Presume-se dissolvida irregularmente a empresa que deixar de funcionar no seu domicílio fiscal, sem comunicação aos órgãos competentes, legitimando o redirecionamento da execução fiscal para o sócio-gerente"; D: correta, pois a existência legal das pessoas jurídicas de direito privado só começa a partir da inscrição do ato constitutivo no respectivo registro (art. 45 do CC); E: incorreta, pois o art. 75, § 1º, do CC estabelece que: "*Tendo a pessoa jurídica diversos estabelecimentos em lugares diferentes, cada um deles será considerado domicílio para os atos nele praticados*".
Gabarito "D".

(Ministério Público/MG – 2011) Quanto à possibilidade de alteração do estatuto de uma fundação de direito privado, é CORRETO afirmar que
(A) deverá ser deliberada por, no mínimo, três quintos dos competentes para gerir e representar a fundação.
(B) não poderá contrariar ou desvirtuar a finalidade para a qual foi constituída.
(C) deverá ser homologada pelo Poder Judiciário, ouvido o órgão do Ministério Público.
(D) quando não houver sido aprovada por votação unânime, os administradores da fundação, ao submeterem o estatuto à homologação pelo Poder Judiciário, requererão que se dê ciência à minoria vencida para impugná-la, se quiser, em 10 (dez) dias.

A: incorreta, pois o quórum para tal aprovação é de dois terços dos competentes para gerir e representar a fundação (CC, art. 67, I); B: correta, pois a finalidade da fundação – tendo em vista seu viés público – não pode ser alterada; C: incorreta, pois não há necessidade de homologação judicial, mas apenas aprovação pelo Ministério Público; D: incorreta, pois a homologação ocorre perante o MP e não perante o Poder Judiciário (CC, art. 67).
Gabarito "B".

2.2.1. FUNDAÇÕES

(Promotor de Justiça – MPE/BA – CEFET – 2015) Assinale a alternativa CORRETA acerca das Fundações, constante do Código Civil Brasileiro:
(A) A fundação poderá ser criada para qualquer objetivo estabelecido pelo seu instituidor no ato de sua criação.
(B) Para criar uma fundação, o seu instituidor fará, exclusivamente por escritura pública, dotação especial de

bens livres, especificando o fim a que se destina, e declarando, se quiser, a maneira de administrá-la.
(C) Velará pelas fundações o Ministério Público do Estado, onde situadas.
(D) O Ministério Público deve ser ouvido nos casos em que houver alteração do estatuto da fundação, sendo vinculante sua opinião em caso de denegação.
(E) Tornando-se ilícita, impossível ou inútil a finalidade a que visa a fundação, ou vencido o prazo de sua existência, o órgão do Ministério Público, ou qualquer interessado, lhe promoverá a extinção, revertendo seu patrimônio em favor do Estado onde situada.

A: incorreta, pois as finalidades da fundação estão previstas no art. 62 parágrafo único; **B:** incorreta, pois o testamento também é forma adequada para a criação de uma fundação (CC, art. 62); **C:** correta, pois de acordo com a previsão do art. 66 do CC; **D:** incorreta, pois o juiz poderá reverter tal denegação (CC, art. 67, III); **E:** incorreta, pois nesse caso, seu patrimônio será incorporando, "*salvo disposição em contrário no ato constitutivo, ou no estatuto, em outra fundação, designada pelo juiz, que se proponha a fim igual ou semelhante*" (CC, art. 69).
Gabarito "C".

(Promotor de Justiça – MPE/BA – CEFET – 2015) Conforme o artigo 62 do Código Civil Brasileiro, para criar uma fundação far-lhe-á o seu instituidor, por escritura pública ou testamento, dotação especial de bens livres, especificando o fim a que se destina, e declarando, se quiser, a maneira de administrá-la. Sobre o papel do Ministério Público em relação às fundações, é CORRETO afirmar que:

(A) Como se trata de ato vontade, com base no princípio que assegura a todo cidadão maior e capaz autonomia para a prática de ato jurídico, não cabe qualquer intervenção do Ministério Público.
(B) Quando a criação da fundação decorre de lei, cabe a intervenção do Ministério Público.
(C) Para criação de uma fundação é obrigatória a intervenção do Ministério Público.
(D) Para a criação de uma fundação de direito privado não é imprescindível a intervenção do Ministério Público.
(E) Caberá a intervenção do Ministério se o instituidor criar a fundação através de escritura pública.

A fundação é a reunião de bens com um objetivo de cunho social. Mesmo as fundações de Direito Privado dependem – para sua criação – da intervenção do Ministério Público (CC, art. 66).
Gabarito "C".

(Promotor de Justiça/SC – 2016 – MPE)
(1) Para criar uma fundação, o seu instituidor, fará, por escritura pública ou testamento, dotação especial de bens livres, especificando o fim a que se destina, e devendo declarar, no ato de instituição, a maneira de administra-la.

1: incorreta, pois o instituidor não precisa, necessariamente, indicar a maneira de administrar a fundação (CC, art. 62).
Gabarito 1E.

(Ministério Público/GO – 2013) Assinale a alternativa correta:
(A) para criar uma fundação, o seu instituidor fará, por escritura pública ou testamento, dotação especial de bens livres, especificando o fim a que se destina e o modo de administrá-la.

(B) para que se possa alterar o estatuto da fundação é mister que a reforma seja deliberada por dois terços dos competentes para gerir e representar a fundação, não contrarie ou desvirtue o fim desta e seja aprovada pelo órgão do Ministério Público e, caso este a denegue, poderá o juiz supri-la, a requerimento do interessado.
(C) o Ministério Público velará pelas fundações, fiscalizando se a vontade do instituidor da fundação está sendo respeitada e se a destinação e administração do patrimônio está voltada para a realização de seus fins, sendo-lhe vedado, contudo, promover a extinção da fundação. Por disposição expressa, apenas os membros da própria fundação (administradores e gestores) podem promover a extinção da fundação.
(D) elaborado o estatuto da fundação, será submetido ao Ministério Público, que verificará se foram observadas as bases da fundação e se os bens são suficientes ao fim a que ela se destina. Não sendo o estatuto elaborado por quem indicara o instituidor, no prazo por este determinado, ou, não havendo prazo, em seis meses, a incumbência caberá ao Ministério Público.

A: incorreta, pois o modo de administrar a fundação é opcional e não obrigatório; **B:** correta, pois a assertiva reproduz as regras estabelecidas pelo art. 67 do Código Civil para alteração do estatuto da fundação; **C:** incorreta, pois o Ministério Público pode pedir a extinção judicial da Fundação (CC, art. 69); **D:** incorreta, pois a lei dá o prazo de 180 dias para o Ministério Público suprir esta omissão. Ademais, quando insuficientes para constituir a fundação, os bens a ela destinados serão incorporados em outra fundação que se proponha a fim igual ou semelhante.
Gabarito "B".

(Ministério Público/PR – 2011) Acerca das fundações, assinale a alternativa correta:
(A) tratando-se de fundação instituída mediante testamento, a incumbência de elaborar os estatutos respectivos será sempre do Ministério Público, salvo se o próprio instituidor já os tiver elaborado.
(B) o veto do Ministério Público a uma alteração que tenha sido realizada no estatuto de uma fundação somente admitirá suprimento judicial se a decisão houver sido tomada pela unanimidade dos administradores da fundação.
(C) ao Ministério Público Federal cabe, com exclusividade, velar por todas as fundações que funcionarem no Distrito Federal ou em mais de um Estado-membro.
(D) constatando o desvio de finalidade por parte da fundação, deverá o Ministério Público promover sua extinção, sendo que o patrimônio da fundação extinta será sempre atribuído ao Estado-membro em que ela tiver sua sede.
(E) a fundação pode ser constituída por prazo determinado, sendo que, vencido tal prazo, terá o Ministério Público a legitimidade para lhe promover a extinção.

A: incorreta, pois o estatuto será elaborado por aquele a quem o instituidor cometer a aplicação do patrimônio. Se o estatuto não for elaborado no prazo assinado pelo instituidor, ou, não havendo prazo, em cento e oitenta dias, a incumbência caberá ao Ministério Público (art. 65 do CC); **B:** incorreta, pois caso o Ministério Público denegue a alteração, poderá o juiz supri-la, a requerimento do interessado mesmo que a alteração não tenha sido aprovada por unanimidade (art. 67, III, do CC); **C:** incorreta, pois se a fundação estender a atividade por mais de um Estado, caberá o encargo, em cada um deles, ao respectivo Ministério Público (art. 66, § 2º, do CC);

D: incorreta, pois caso se torne ilícita, impossível ou inútil a finalidade a que visa a fundação, ou vencido o prazo de sua existência, o órgão do Ministério Público, ou qualquer interessado, lhe promoverá a extinção, *incorporando-se o seu patrimônio, salvo disposição em contrário no ato constitutivo, ou no estatuto, em outra fundação, designada pelo juiz, que se proponha a fim igual ou semelhante* (art. 69 do CC); **E:** correta, conforme justificativa à alternativa anterior.

Gabarito "E".

2.2.2. TEMAS COMBINADOS DE PESSOA JURÍDICA

(Promotor de Justiça – MPE/AM – FMP – 2015) Quanto à disciplina legal das pessoas jurídicas, considere as seguintes assertivas:

I. As associações são constituídas pela união de pessoas que se organizem para fins econômicos.
II. Para que se possa alterar o estatuto de uma fundação, é necessário que a reforma seja deliberada por dois terços dos competentes para gerir e representar a fundação.
III. O direito de anular a constituição das pessoas jurídicas de direito privado, por defeito do ato respectivo, decai em cinco anos, contado o prazo da publicação de sua inscrição no registro.

Quais das assertivas acima estão corretas?

(A) Apenas a II.
(B) Apenas a III.
(C) Apenas a I e III.
(D) Apenas a II e III.
(E) I, II e III.

I: incorreta, pois as associações não têm finalidade lucrativa; **II:** correta, pois de acordo com a previsão do Código Civil, art. 67, I; **III:** incorreta, pois o prazo é de três anos (CC, art. 45, parágrafo único)

Gabarito "A".

(Promotor de Justiça – MPE/BA – CEFET – 2015) Assinale a alternativa INCORRETA sobre as disposições gerais acerca das pessoas jurídicas, constante do Código Civil Brasileiro:

(A) A desconsideração da personalidade jurídica poderá ser decretada em duas hipóteses: abuso da personalidade jurídica, caracterizada pelo desvio de finalidade, ou confusão patrimonial.
(B) O Ministério Público, quando lhe couber intervir no processo, poderá requerer a desconsideração da personalidade jurídica.
(C) A desconsideração da personalidade jurídica pode acarretar que os efeitos de certas e determinadas relações de obrigações sejam estendidos aos bens particulares dos administradores ou sócios da pessoa jurídica.
(D) Começa a existência legal das pessoas jurídicas de direito privado com a inscrição do ato constitutivo no respectivo registro, precedida, quando necessário, de autorização ou aprovação do Poder Executivo, averbando-se no registro todas as alterações por que passar o ato constitutivo.
(E) A proteção dos direitos da personalidade não se aplica às pessoas jurídicas.

A, B e C: corretas, pois as três assertivas reunidas limitam-se a reproduzir o teor do art. 50 do Código Civil; **D:** correta, pois de acordo com a previsão do art. 45 do Código Civil; **E:** incorreta, pois *"Aplica-se às pessoas jurídicas, no que couber, a proteção dos direitos da personalidade"* (CC, art. 52).

Gabarito "E".

(Ministério Público/DF – 2013) A respeito das pessoas jurídicas, assinale a opção CORRETA.

(A) A desconsideração da personalidade jurídica tem como consequência imediata a dissolução da pessoa jurídica, pois ao se desconsiderar a autonomia patrimonial, princípio basilar às pessoas jurídicas, que consiste na separação entre o patrimônio pertencente à instituição e os bens particulares de seus membros, não há como subsistir a personalização da sociedade empresária.
(B) Para a validade da alienação do patrimônio da fundação é imprescindível a autorização judicial com a participação do órgão do Ministério Público com atribuição para o velamento das fundações, formalidade que, se suprimida, acarreta a nulidade do ato negocial.
(C) Somente o órgão do Ministério Público com atribuição para o velamento das fundações poderá promover a extinção judicial ou administrativa da fundação, se vencido o prazo de sua existência ou se tornar ilícita, impossível ou inútil a sua finalidade.
(D) Após a aquisição da personalidade jurídica pela fundação de direito privado, que ocorre com o registro do estatuto, o instituidor assume a sua administração provisória, podendo exercer qualquer atribuição que o estatuto outorgar a um dos seus órgãos internos.
(E) A associação é uma pessoa jurídica de direito privado voltada à realização de interesses de seus associados ou de uma finalidade de interesse social, cuja existência legal surge com o registro de seu estatuto, em forma pública, aprovado pelo Ministério Público, como condição prévia ao seu registro em cartório.

A: incorreta, pois a desconsideração da personalidade jurídica não dissolve a pessoa jurídica, apenas retira o véu patrimonial da pessoa jurídica para possibilitar que se atinja ao patrimônio pessoal dos sócios; **B:** correta, pois reflete o pensamento da maioria da jurisprudência. Nesse sentido, decidiu o STJ no RESP 303707; **C:** incorreta, pois a extinção da Fundação é feita de forma judicial; **D:** incorreta, pois inexiste permissão legal nesse sentido; **E:** incorreta, pois não há necessidade de aprovação do Ministério Público para a criação de associação.

Gabarito "B".

2.3. DIREITOS DA PERSONALIDADE E NOME

(Promotor de Justiça – MPE/BA – CEFET – 2015) Assinale a alternativa CORRETA acerca dos direitos da personalidade:

(A) Os direitos da personalidade são sempre intransmissíveis e irrenunciáveis, não podendo seu exercício sofrer limitação voluntária, sem exceções.
(B) O cônjuge sobrevivente ou qualquer parente do morto, em linha reta, ou colateral até o quarto grau, pode exigir que cesse a ameaça, ou a lesão, a direito da personalidade, e reclamar perdas e danos, sem prejuízo de outras sanções previstas em lei.
(C) É inválida, com objetivo científico, ou altruístico, a disposição gratuita do próprio corpo, no todo ou em parte, para depois da morte.
(D) A pessoa humana pode ser constrangida a submeter-se, com risco de vida, a tratamento médico ou intervenção cirúrgica.
(E) Todas as assertivas estão incorretas.

A: incorreta, pois o Código admite que haja exceções previstas em lei (CC, art. 11); **B:** correta, pois de acordo com a previsão do art. 12

parágrafo único do Código Civil; **C:** incorreta, pois tal disposição é válida (CC, art. 14); **D:** incorreta, pois: "*Ninguém pode ser constrangido a submeter-se, com risco de vida, a tratamento médico ou a intervenção cirúrgica*" (CC, art. 15).

Gabarito "B".

(Procurador da República – PGR – 2013) QUANTO AO DIREITO DE IMAGEM, É CORRETO DIZER:

I. A imunidade profissional, indispensável ao desempenho independente e seguro da advocacia (função essencial à Justiça), tendo por desiderato garantir a inviolabilidade do advogado por seus atos e manifestações no exercício profissional, exclui a responsabilização civil por dano à imagem.

II. A obrigação de reparação por dano à imagem decorre do próprio uso indevido do direito personalíssimo, não sendo devido exigir-se a prova da existência de prejuízo ou dano.

III. A honra e imagem dos cidadãos podem ser violados, mesmo quando se divulgam informações fidedignas a seu respeito e que são do interesse público, quando não houver sido concedida autorização prévia para tanto.

IV. A publicação de notícia jornalística de agressão e homicídio, motivados por homofobia, praticados por "*skinheads*", é concernente à vida privada, não autorizando a publicação do nome e foto do acompanhante da vítima.

Das proposições acima:

(A) I e II estão corretas;
(B) I e III estão corretas;
(C) II e IV estão corretas;
(D) I e IV estão corretas.

I: incorreta, pois o STJ entende que o advogado pode "*manifestar-se, quando no exercício profissional, sobre decisões judiciais, mesmo que seja para criticá-las. O que não se permite, até porque nenhum proveito advém para as partes representadas pelo advogado, é crítica pessoal ao Juiz*" (REsp 531.335/MT, Rel. Ministra Nancy Andrighi, Rel. p/ Acórdão Ministro João Otávio de Noronha, Terceira Turma, julgado em 02/09/2008, DJe 19/12/2008); **II:** correta, pois o STJ concluiu que: "*os danos morais por violação ao direito de imagem decorrem diretamente do seu próprio uso indevido, sendo prescindível a comprovação da existência de outros prejuízos por se tratar de modalidade de dano "in re ipsa*" (AgInt nos EDcl no AREsp 943.039/RS, Rel. Ministro Luis Felipe Salomão, Quarta Turma, julgado em 01/12/2016, DJe 07/12/2016); **III:** incorreta, pois a imagem pode ser divulgada no caso de interesse público, mas a honra não pode ser violada, sob nenhum pretexto; **IV:** correta, pois de acordo com o entendimento do Superior Tribunal de Justiça (REsp 1235926/SP, Rel. Ministro Sidnei Beneti, Terceira Turma, julgado em 15/03/2012, DJe 14/11/2012).

Gabarito "C".

(Procurador da República – 25º) Em relação às afirmativas abaixo:

I. O direito ao nome não decorre do fato de estar ligado ao registro da pessoa natural, mas de ser o sinal exterior que individualiza e reconhece a pessoa na sociedade;

II. O agnome, termo atualmente em desuso, designa os títulos nobiliárquicos ou honoríficos, apostos antes do prenome;

III. O pseudônimo, em qualquer circunstância, goza da mesma proteção legal conferida juridicamente ao nome;

IV. Na adoção, o filho adotivo pode conservar o sobrenome de seus pais de sangue, acrescentando, porém, o do adotante.

Das proposições acima:

(A) I e II estão corretas;
(B) II e III estão corretas;
(C) III e IV estão corretas;
(D) Nenhuma está correta.

I: incorreta, pois o registro da pessoa natural faz nascer a proteção dada ao nome; **II:** incorreta, pois é o sinal posto no final do nome para distinguir membros da mesma família; **III:** incorreta, pois o Código Civil protege o pseudônimo desde que adotado para atividades lícitas (CC, art. 19); **IV:** incorreta, pois a Lei de Registros Públicos estipula que apenas os nomes dos pais adotivos é que serão registrados, cancelando-se o assento de nascimento original do menor (Lei 6.015/1973, arts. 95 e 96).

Gabarito "D".

(Procurador da República – 25º) Quanto aos direitos da personalidade, pode-se afirmar que:

(A) A personalidade é sujeito de direito e os seus caracteres são a intransmissibilidade, a irrenunciabilidade e a indisponibilidade;
(B) São direitos que se destinam a resguardar a dignidade da pessoa humana, mediante sanções, que podem ser suscitadas pelo ofendido;
(C) O lesado indireto, na indenização por morte de outrem, quando age contra o responsável, procede em nome da vítima;
(D) No dano moral, os lesados indiretos são aqueles que têm um interesse relacionado a um valor de afeição que lhes representa o bem jurídico da vítima.

A: incorreta, pois o enunciado não apresenta rigor técnico em sua afirmação. Afinal, não é a personalidade que é sujeito de direito e sim a pessoa humana; **B:** incorreta, pois não se trata de sanção e sim de compensação, atenuação pela dor sofrida. Ademais, não somente o próprio ofendido, como seus parentes podem pleitear o dano moral; **C:** incorreta, pois nessa hipótese o lesado indireto age em nome próprio (CC, art. 12, parágrafo único e art. 20, parágrafo único); **D:** correta, pois conceitua de forma correta o aspecto dos lesados indiretos.

Gabarito "D".

(Ministério Público/MPU – 2013) Sobre os direitos da personalidade, é correto afirmar que:

(A) Não se admite, nem mesmo excepcional e motivadamente, após apreciação judicial, a retificação de registro civil do filho para inclusão de patronímico paterno em ordem diversa do nome do pai.
(B) A prática conhecida como "*adoção à brasileira*" equipara-se à adoção regular, de tal modo que a filiação socioafetiva desenvolvida com os pais registrais afasta os direitos do filho resultante da filiação biológica.
(C) Em respeito ao princípio da verdade real, é possível a averbação do nome de solteira da genitora no assento de nascimento do filho, excluindo o patronímico do ex-padrasto.
(D) À mulher é facultada a averbação do patronímico do companheiro, independentemente de sua anuência, na constância de uma união estável.

A: incorreta, pois há decisões do STJ possibilitando tal alteração. Nesse sentido: "*A lei não faz nenhuma exigência de observância de uma determinada ordem no que tange aos apelidos de família, seja no momento do registro do nome do indivíduo, seja por ocasião da sua posterior retificação. Também não proíbe que a ordem do sobrenome dos filhos seja distinta daquela presente no sobrenome dos pais*" (RESP 1323677/MA, Rel. Ministra Nancy Andrighi, 3ª Turma, julgado em 05.02.2013, DJe 15.02.2013); **B:** incorreta, pois a se adotar tal entendimento, estaria se estimulando a referida "*adoção à brasileira*", e prejudicando a própria criança; **C:** correta, pois não há exigência legal de manutenção de patronímico de ex-padrasto no nome da pessoa; **D:** incorreta, pois tal adoção depende de consentimento do companheiro.

Gabarito "C".

(Ministério Público/MG – 2011) Quanto aos Direitos da Personalidade, é **INCORRETO** afirmar:

(A) É válida, com objetivo científico, ou altruístico, a disposição gratuita do próprio corpo, no todo ou em parte, para depois da morte. Tal ato de disposição pode ser livremente revogado a qualquer tempo.
(B) Ninguém pode ser constrangido a submeter-se, com risco de vida, a tratamento médico ou a intervenção cirúrgica.
(C) O pseudônimo adotado para atividades lícitas não goza da proteção que se dá ao nome.
(D) O nome da pessoa não pode ser empregado por outrem em publicações ou representações que a exponham ao desprezo público, ainda quando não haja intenção difamatória.

A: correta, em virtude da plena adequação ao disposto no art. 14 do Código Civil; **B:** correta, em virtude da obediência ao disposto no art. 15 do Código Civil; **C:** incorreta (e deve ser assinalada), pois o pseudônimo goza da mesma proteção atribuída ao nome da pessoa (CC, art. 19); **D:** correta, pois em perfeita consonância com o art. 17 do Código Civil.

Gabarito "C".

(Ministério Público/MT – 2012 – UFMT) Se uma empresa é objeto de publicidade ofensiva realizada por seu concorrente ao ponto de afetar sua receita naquele domínio de mercado, ela poderá

(A) ser reparada em relação aos prejuízos materiais e morais, porque as pessoas jurídicas também possuem direitos fundamentais que precisam ser tutelados pela ordem constitucional e pela ordem jurídica civil.
(B) propor a reparação judicial dos danos patrimoniais e extrapatrimoniais porque, em relação a estes últimos, eles são efeitos reflexos dos prejuízos econômicos.
(C) ser reparada dos prejuízos patrimoniais, mas não poderá obter a reparação de danos morais porque estes somente podem ser experimentados pelas pessoas físicas.
(D) ser reparada dos prejuízos patrimoniais, mas não assim dos prejuízos extrapatrimoniais porque as pessoas jurídicas não detêm personalidade e direitos fundamentais que possam ser lesados.
(E) ser reparada em relação aos prejuízos materiais e morais, porque, em relação a estes últimos, seus acionistas possuem interesses morais tutelados.

A questão envolve a polêmica a respeito da Pessoa Jurídica titularizar ou não os direitos da personalidade, bem como a possibilidade de sofrer dano moral. Por um lado, a Súmula 227 do STJ enfatiza que "*A pessoa jurídica pode sofrer dano moral*", enquanto que o Enunciado nº 286 do CJF prega que "*Os direitos da personalidade são direitos inerentes e essenciais à pessoa humana, decorrentes de sua dignidade, não sendo as pessoas jurídicas titulares de tais direitos*". A solução eclética parece mesmo estar na assertiva "A", reconhecendo-se que as pessoas jurídicas ostentam importantes direitos inerentes à sua peculiar natureza, ainda que não propriamente ligados a uma dimensão psicológica a qual evidentemente não possuem.

Gabarito "A".

(Ministério Público/PI – 2012 – CESPE) Com relação aos direitos da personalidade, assinale a opção correta.

(A) Ainda que provoque excepcional angústia em algum dos contratantes, o inadimplemento contratual não constitui argumento justificador de violação de direitos da personalidade.
(B) Segundo entendimento do STJ, havendo violação de direito da personalidade por meio de tortura em período de exceção, configura-se hipótese de pretensão indenizatória imprescritível.
(C) No Código Civil, adota-se a tese de que os direitos da personalidade são absolutamente indisponíveis.
(D) Conforme jurisprudência do STJ, a indenização por dano moral está sujeita à tarifação prevista na Lei de Imprensa.
(E) É vedada a cumulação, na mesma condenação, de indenizações por dano estético e dano moral.

A: incorreta, pois não importa a origem, mas sim a angustia, o sofrimento causado à vítima para que se afigure a possibilidade de condenação por danos morais; **B:** correta, pois de acordo com o entendimento jurisprudencial do STJ, o qual afirma que "*em face do caráter imprescritível das pretensões indenizatórias decorrentes dos danos a direitos da personalidade ocorridos durante o regime militar, não há que se falar em aplicação do prazo prescricional do decreto 20.910/32*" (Agrg no AG 1428635/BA, Rel. Ministro Mauro Campbell Marques, Segunda Turma, Julgado em 02.08.2012, DJE 09.08.2012); **C:** incorreta, pois há hipóteses de disponibilidade previstas no CC; **D:** incorreta, pois contrária à Súmula 281 do STJ e também por conta de o STF ter declarado que a Lei de Imprensa não foi recepcionada pela Constituição Federal de 1988; **E:** incorreta, pois contrária à Súmula 387 do Superior Tribunal de Justiça.

Gabarito "B".

(Ministério Público/PI – 2012 – CESPE) O nome é um dos atributos da personalidade, mediante o qual é reconhecido o seu portador, tanto em sua intimidade quanto nos desdobramentos de suas relações sociais, ou seja, é por meio do nome que se personifica, se individua e se identifica exteriormente uma pessoa, de forma a impor-lhe direitos e obrigações. A partir desse conceito jurídico, assinale a opção correta.

(A) A viuvez e a mudança de sexo pela via cirúrgica não são motivos suficientes para se autorizar a mudança no nome de pessoa.
(B) Em razão do princípio da imutabilidade, não se mostra possível a adição do patronímico de família do padrasto.
(C) Para o caso de filho que não conheça e nunca tenha visto a figura do pai e deste não tenha recebido nenhuma assistência moral ou econômica, será lícita a exclusão do patronímico paterno.
(D) O pseudônimo não goza de proteção jurídica, mesmo que utilizado para fins lícitos.
(E) Dissolvido o casamento pelo divórcio litigioso, é obrigação do juiz, na sentença, decidir se o cônjuge mantém, ou não, o nome de casado.

A: incorreta, pois contrário ao entendimento remansoso da jurisprudência pátria (Sendo a morte do cônjuge a causa de extinção do vínculo conjugal, é razoável que se permita à viúva, suprimir do seu o patronímico do falecido cônjuge para incluir o do futuro marido. Inexiste qualquer vedação legal para que a viúva busque excluir o patronímico do marido, em face de seu falecimento – AC 200830074619 TJPA 2008300-74619); **B:** incorreta, pois contrária ao art. 57 § 8º da LRP; **C:**

correta, pois de acordo com a orientação jurisprudencial pátria, como por exemplo na Apelação Cível nº 1.0024.09.737734-5/001, julgada pelo Tribunal de Justiça de Minas Gerais: Registro público – Retificação de nome – Exclusão de um dos patronímicos paternos – Ausência de Prejuízo à designação da linhagem familiar – Ausência de prejuízo a Terceiro, à ordem pública e à identificação da pessoa. Possibilidade; **D:** incorreta, pois contrária ao disposto no art. 19 do Código Civil; **E:** incorreta, pois tal questão não deve ser decidida de ofício pelo Juiz (art. 1.578, *caput*, do CC).
Gabarito "C".

(Ministério Público/SP – 2011) É (são) legitimado(s) para exigir a cessação de ameaça ou lesão a direitos de personalidade de uma pessoa já falecida:

(A) apenas o cônjuge sobrevivente e descendentes em linha reta.
(B) qualquer parente colateral até o quinto grau.
(C) somente parente em linha reta até o quarto grau.
(D) todos os parentes sem limitação de grau.
(E) todos os parentes colaterais até o quarto grau.

Art. 12, parágrafo único, do CC.
Gabarito "E".

(Ministério Público/SP – 2012 – VUNESP) Por se tratar de direito da personalidade, é defeso o ato de disposição do próprio corpo, quando importar diminuição permanente da integridade física, ou contrariar os bons costumes, salvo na seguinte hipótese:

(A) Em vida, com objetivo científico ou altruístico e de forma gratuita.
(B) Para se submeter, mediante exigência da família e com risco de vida, a tratamento médico ou a intervenção cirúrgica.
(C) Mediante escritura pública irrevogável.
(D) Independentemente de exigência médica, visando salvar a vida de ascendente, descendente, cônjuge ou irmão.
(E) Para fins de transplante, na forma estabelecida em lei especial.

A: incorreta, pois tal hipótese de disposição é permitida apenas para após a morte (CC, art. 14); **B:** incorreta, pois ninguém é obrigado a submeter-se, com risco de vida, a tratamento médico ou a intervenção cirúrgica (CC, art. 15); **C:** incorreta, pois a mera escritura pública não é suficiente – por si só – a possibilitar a diminuição permanente da integridade física; **D:** incorreta, pois tal exceção não vem contemplada no Código Civil; **E:** correta, pois o transplante – na forma da Lei nº 9.434/97 – é uma hipótese válida de diminuição permanente da integridade física (art. 13, parágrafo único CC).
Gabarito "E".

2.4. AUSÊNCIA

(Ministério Público/GO – 2012) Sobre a ausência, marque a alternativa incorreta.

(A) Nos termos da lei, será legítimo curador do ausente o seu cônjuge, sempre que não esteja separado judicialmente, ou de fato por mais de dois anos antes da declaração da ausência.
(B) Aquele herdeiro que tiver direito à posse provisória, mas não puder prestar a garantia exigida por lei, será, em regra, excluído, mantendo-se os bens que lhe deviam caber sob a administração do curador ou de outro herdeiro designado pelo juiz, que preste a garantia.
(C) A sentença que determinar a abertura da sucessão provisória só produzirá efeito cento e oitenta dias depois de publicada pela imprensa, quando, então, estará autorizada a abertura do testamento, se houver, e o inventário dos bens, como se o ausente fosse falecido.
(D) Poderão os interessados, dez anos após passada em julgado a sentença que concedeu a abertura da sucessão provisória, requerer a definitiva; também poderá ser requerida a sucessão definitiva provando-se que o ausente conta com 85 anos e já decorreram 5 anos de suas últimas notícias.

A: correta, pois de acordo com o art. 25 do Código Civil; **B:** correta, pois o art. 30 do Código Civil de fato exige a prestação da caução pelo herdeiro que pretenda tomar posse dos bens deixados pelo ausente. Tal exigência é afastada, porém, quando o herdeiro é descendente, ascendente ou cônjuge do ausente (art. 30, § 2º); **C:** incorreta (e deve ser assinalada), pois a abertura do testamento pode ocorrer no dia do trânsito em julgado, não se exigindo o transcurso do lapso de 180 dias; **D:** correta, pois de acordo com a previsão dos artigos 37 e 38 do Código Civil.
Gabarito "C".

2.5. BENS

(Procurador da República – 26º) Relativamente aos bens ou coisas, é correto afirmar que:

(A) As *Res Divini Iuris* do Direito Romano eram as coisas consagradas aos deuses superiores.
(B) O termo bem, no nosso direito atual, refere-se a uma espécie de coisa, embora, usualmente, possa designar toda e qualquer coisa.
(C) As pertenças, tanto no Código Civil de 1916 como no atual, foram definidas no capítulo que trata dos bens principais e acessórios.
(D) A denominação coisa fungível e infungível surgiu apenas na Idade Moderna.

A: incorreta, pois a *Res Divini Iuris* é o gênero e o conceito dado pela assertiva refere-se a uma de suas três espécies (*Res sacrae*); **B:** correta, pois esta é a posição dominante a respeito da expressão *bem*. Frise-se, todavia, que boa parte da doutrina civilista entende justamente o contrário, defendendo a tese de que bem é gênero e coisa é espécie; **C:** incorreta, pois as pertenças não foram definidas no Código Civil de 1916, apenas no atual (CC, art. 93); **D:** incorreta, pois a noção de bens fungíveis e infungíveis é muito anterior à Idade Moderna (1453 – 1789).
Gabarito "B".

(Ministério Público/PR – 2013) A impenhorabilidade do bem de família legal (Lei 8.009/1990) não é oponível:

I. Em razão dos créditos de trabalhadores da própria residência e das respectivas contribuições previdenciárias;
II. Pelo titular do crédito decorrente do financiamento destinado à construção ou à aquisição do imóvel, no limite dos créditos e acréscimos constituídos em função do respectivo contrato;
III. Pelo credor de pensão alimentícia;
IV. Para cobrança de impostos, predial ou territorial, taxas e contribuições devidas em função do imóvel familiar.

(A) Todas estão corretas;
(B) Nenhuma está correta;
(C) Estão corretas apenas as assertivas I e II;
(D) Está correta apenas a assertiva III;

(E) Estão corretas apenas as assertivas III e IV.

A Lei 8.009/1990 consagrou o princípio do patrimônio mínimo, assegurando que o imóvel residencial próprio do devedor ou de sua entidade familiar não responderá por qualquer tipo de dívida civil, comercial, fiscal, previdenciária ou de outra natureza. Todavia, o art. 3º da referida lei enumerou diversas exceções a esta regra e todas as assertivas da questão encontram-se previstas no mencionado art. 3º, respectivamente, nos incisos I, II, III, IV.

Gabarito "A".

(Ministério Público/SP – 82º) É um bem móvel:

(A) a enfiteuse.
(B) o penhor agrícola.
(C) a servidão predial.
(D) o direito de autor.
(E) o direito à sucessão aberta.

Art. 3º da Lei 9.610/98.

Gabarito "D".

2.6. FATOS JURÍDICOS

2.6.1. ESPÉCIES, FORMAÇÃO E DISPOSIÇÕES GERAIS

(Ministério Público/MPU – 2013) Sobre os negócios jurídicos, é correto afirmar que:

(A) É irrelevante aos negócios jurídicos a boa-fé e os usos do lugar de sua celebração.
(B) O silêncio importa anuência, quando as circunstâncias ou os usos o autorizarem, e não for necessária a declaração de vontade expressa.
(C) Os negócios jurídicos benéficos interpretam-se de forma ampliativa e a renúncia interpreta-se estritamente.
(D) Nas declarações de vontade se atenderá menos à intenção nelas consubstanciada e mais ao sentido literal da linguagem.

A: incorreta, pois o art. 113 do Código Civil determina que se utilize a boa-fé e os usos do lugar da celebração do negócio como critério interpretativo dos negócios jurídicos; B: correta, pois a assertiva reproduz a importante regra a respeito do efeito do silêncio nos negócios jurídicos estabelecida pelo art. 112 do Código Civil; C: incorreta, pois os negócios jurídicos benéficos e a renúncia interpretam-se estritamente (CC, art. 114); D: incorreta, pois nas declarações de vontade deve-se buscar mais a intenção do que o sentido literal da linguagem (CC, art. 112).

Gabarito "B".

(Ministério Público/GO – 2012) Analisando os itens abaixo, pode-se afirmar que:

I. A validade da declaração de vontade, em regra, não depende de forma especial, mas se o negócio jurídico for celebrado com a cláusula de não valer sem instrumento público, este se torna substância do ato.
II. Ao termo inicial e final aplicam-se, no que couber, as disposições relativas à condição suspensiva e à resolutiva; logo, se for estipulado como termo final de um negócio jurídico dia 31/02/2013, tal estipulação será havida por inexistente.
III. O abuso de direito enseja reparação pelo regime da responsabilidade objetiva, sendo desnecessária a demonstração da conduta do agente (dolo ou culpa), de sorte que são requisitos necessários para haja o

dever de indenizar: o ato; o dano; e o nexo de causalidade entre o ato e o dano.

(A) todos são corretos.
(B) apenas o I e o II são corretos.
(C) apenas o II e o III são corretos.
(D) todos são incorretos.

I: correta, em virtude da plena correlação com o art. 109 do Código Civil; II: correta, pois a condição resolutiva impossível tem-se por inexistente (CC, art. 124), mantendo-se válido e eficaz o negócio jurídico em si mesmo; III: correta, pois de acordo com o entendimento majoritário da doutrina e também em consonância com o Enunciado nº 37 do Conselho da Justiça Federal, segundo o qual: "A responsabilidade civil decorrente do abuso de direito independe da culpa, e fundamenta-se somente no critério objetivo-finalístico".

Gabarito "A".

2.6.2. CONDIÇÃO, TERMO E ENCARGO

(Ministério Público/PR – 2011) Acerca dos negócios jurídicos, assinale a alternativa correta:

(A) subordinar a eficácia de um negócio jurídico a uma condição suspensiva significa afirmar que, enquanto esta não se realizar, não se terá adquirido o direito subjetivo a que visa o negócio.
(B) o termo sempre suspende a aquisição do direito subjetivo, de modo que, enquanto o evento futuro e certo ali previsto não se realizar, não se aperfeiçoa o direito a que visa o negócio.
(C) a regra que impõe a interpretação dos negócios jurídicos à luz da boa-fé significa que se deve perscrutar a vontade real do declarante, uma vez que a norma está a tratar da boa-fé subjetiva.
(D) a reserva mental é uma modalidade de simulação e, como tal, é hipótese de anulabilidade dos negócios jurídicos.
(E) somente os negócios jurídicos comutativos podem ser anulados por coação, não sendo viável pretender, sob esse fundamento, obter a anulação de negócios jurídicos benéficos.

A: correta (art. 121 do CC); B: incorreta, pois o termo inicial suspende o exercício, mas não a aquisição do direito (art. 131 do CC); C: incorreta, pois a regra prescrita no art. 113 do CC trata da boa-fé objetiva; D: incorreta, pois a reserva mental não é espécie de simulação e só será causa de anulabilidade do negócio se o destinatário tiver conhecimento dela (art. 110 do CC); E: incorreta, pois a coação é causa de anulação de qualquer espécie de negócio jurídico.

Gabarito "A".

(Ministério Público/RJ – 2011) Acerca da condição, do termo e do encargo, é correto afirmar que:

(A) termo essencial é a cláusula acessória inserida no negócio jurídico em que não se permite o seu cumprimento fora do advento do termo fixado, por não mais interessar ao credor;
(B) o negócio jurídico condicional voluntário existe quando o evento futuro e incerto, que influi na eficácia do negócio, é determinado pelo próprio legislador, visto que decorre necessariamente da natureza do direito que a acede;
(C) condição juridicamente impossível e condição ilícita são sinônimos, gerando a nulidade do negócio;
(D) condição simplesmente potestativa é aquela em que o evento futuro e incerto fica na dependência da von-

tade, do mero arbítrio de uma das partes do negócio jurídico, sem a influência de qualquer fator externo;
(E) no legado com encargo, se o herdeiro ou legatário descumprirem o encargo, não será possível a revogação da liberalidade, em razão da falta de previsão legal.

A: correta a definição do instituto do termo essencial; **B:** incorreta, pois o negócio condicional voluntário é aquele no qual o evento futuro e incerto decorre de manifestação das partes; **C:** incorreta, pois há clara distinção entre condição impossível e condição ilícita; **D:** incorreta, pois a condição simplesmente potestativa é aquela cuja ocorrência depende da vontade de uma das partes somada ainda a fatores externos; **E:** incorreta, pois o art. 1.938 do Código Civil manda aplicar ao legado com encargo as disposições da doação com encargo, a qual admite revogação pela sua inexecução.
Gabarito "A".

(Ministério Público/SP – 82º) A expressão "doo o meu terreno situado à rua X, n. 30, bairro Bela Vista, nesta cidade, à Municipalidade, a fim de que nele seja construído um hospital" encerra uma liberalidade gravada com:
(A) condição resolutiva.
(B) condição suspensiva.
(C) termo certo.
(D) condição potestativa.
(E) encargo.

Normalmente, as expressões "a fim de que" (presente no enunciado), "para o fim de que", "para que", "com a obrigação de", dentre outras, indica a presença de encargo. Já quando aparece a palavra "se", normalmente tem-se uma condição.
Gabarito "E".

2.6.3. DEFEITOS DO NEGÓCIO JURÍDICO

(Procurador da República – PGR – 2013) ASSINALE A ALTERNATIVA CORRETA:
(A) O Código Civil atual mantém os mesmos princípios do Código de 1916 em relação aos vícios de vontade contratual, à exceção da simulação, que não aparecia no anterior.
(B) O Código Civil atual mantém os mesmos princípios do Código de 1916 em relação aos vícios de vontade contratual, à exceção da lesão e da simulação, que não apareciam no anterior.
(C) O Código Civil atual mantém os mesmos princípios do Código de 1916 em relação aos vícios de vontade contratual, à exceção da lesão, que não aparecia no anterior.
(D) Nenhuma resposta está correta.

A: incorreta, pois o Código Civil atual (arts. 156 e 157) criou dois novos vícios do consentimento (estado de perigo e lesão). A simulação já aparecia no sistema anterior, apenas não era tratada como hipótese de nulidade absoluta; **B:** incorreta, pois a simulação já aparecia no sistema anterior; **C:** correta, a despeito de incompleta. Além da lesão, o estado de perigo também não aparecia no sistema anterior.
Gabarito "C".

(Procurador da República – 25º) No que tange aos negócios jurídicos:
(A) O erro de cálculo, quando viciar o consentimento, pode gerar a anulação do negócio jurídico;
(B) O dolo positivo ocorre quando uma das partes ocultar algo que, se a outra fosse sabedora, não efetivaria o negócio;
(C) O negócio jurídico é anulável tanto em virtude de vícios sociais quanto em virtude de vícios de consentimento;
(D) O erro de direito, para gerar a anulação do negócio, tanto pode recair sobre normas cogentes quanto sobre normas dispositivas.

A: incorreta, pois o erro de cálculo "apenas autoriza a retificação da declaração de vontade" (CC, art. 143); **B:** incorreta, pois a assertiva define o dolo negativo (CC, art. 147); **C:** incorreta, pois a simulação gera nulidade absoluta em nosso sistema (CC, art. 167); **D:** correta, pois é possível (e até comum) que o equívoco quanto à disposição da lei (*desde que não seja visando descumpri-la*) recaia sobre norma cogente. Assim ocorre, por exemplo, quando José contrata serviço de importação de Caio, imaginando que a alíquota de importação é 2%, quando na verdade foi alterada recentemente para 20%.
Gabarito "D".

(Ministério Público/RO – 2013 – CESPE) A respeito dos negócios jurídicos, assinale a opção correta.
(A) Embora o negócio nulo não seja suscetível de confirmação, podendo o vício ser conhecido de ofício pelo juiz, é suscetível de prescrição.
(B) Não é possível, em face da caracterização de abuso de direito, que situação de vantagem para alguém surja em razão do não exercício de determinado direito por outrem.
(C) Após a entrada em vigor do Código Civil de 2002, que atribuiu ao princípio da boa-fé objetiva condição de regra interpretativa, o silêncio passou a ser interpretado, em qualquer situação, como concordância com o negócio.
(D) O Código Civil veda a realização, pelo representante, de contrato consigo mesmo, haja vista o patente conflito de interesses entre a vontade do representante e a do representado.
(E) De acordo com a teoria da confiança, nas declarações de vontade, importa a vontade real, e não a vontade declarada.

A: incorreta, pois não há prazo para se pleitear a declaração de nulidade absoluta de um negócio jurídico. O negócio nulo é nulo para sempre (art. 169 do CC); **B:** incorreta, pois tal possibilidade existe. Trata-se da *surrectio*, instituto que cria uma vantagem ou prerrogativa para uma parte diante da inércia da outra parte ao exercer um direito. Um ótimo exemplo disso vem previsto no art. 330 do CC; **C:** incorreta, pois a par da regra geral do art. 111 do CC, o efeito do silêncio dependerá da hipótese específica. Por exemplo, na hipótese do art. 299, parágrafo único, do CC, o silêncio é tido como recusa; ao passo que na hipótese do art. 303 do CC, o silêncio é uma forma de anuência; **D:** incorreta, pois o art. 117 faz a ressalva de a lei permitir tal negócio consigo mesmo. Ademais, o art. 685 do CC prevê o mandato em causa própria, no qual o mandatário age como representante de uma das partes sendo – ao mesmo tempo – a "outra parte" contratante; **E:** correta, pois o que mais importa é a intenção das partes e não o sentido literal da linguagem (art. 112 do CC).
Gabarito "E".

(Ministério Público/CE – 2011 – FCC) Os negócios de transmissão gratuita de bens ou remissão de dívida, se os praticar o devedor já insolvente, ou por eles reduzido à insolvência, ainda quando o ignore, poderão ser anulados pelos credores quirografários, como lesivos dos seus direitos. A situação descrita refere-se a

(A) fraude à lei imperativa.
(B) fraude à execução.

(C) fraude contra credores.
(D) ato emulativo.
(E) abuso de direito.

O enunciado da questão traz a redação do art. 158 do Código Civil, o qual prevê a fraude contra credores nos negócios gratuitos, como é o caso da doação, por exemplo. Para tais casos, basta que a doação prejudique o credor em virtude de o devedor não mais possuir bens para satisfazer sua dívida. Nesses casos a lei dispensa o *consilium fraudis*, que é o conluio fraudulento entre o alienante do bem e o terceiro adquirente, de resto exigido para a hipótese de fraude contra credores nos negócios onerosos, como é o caso da compra e venda.
Gabarito "C".

(Ministério Público/RJ – 2011) Sobre a Parte Geral do Código Civil, é correto afirmar que:

(A) o atual Código Civil, modificando a legislação de 1916, trata a simulação como causa de anulabilidade, sendo um dos defeitos do negócio jurídico;
(B) o direito brasileiro expressamente exclui a possibilidade de confirmação do ato nulo, sendo a ratificação do ato uma maneira de afastar apenas a sua anulabilidade;
(C) a simulação relativa, também chamada de dissimulação, ocorre quando as partes fingem um ato que é mera aparência, que na verdade não existe e, portanto, é vazio de conteúdo. Um exemplo: O devedor simula vender seus bens a pessoa de sua confiança, em data pretérita, a fim de escapar de cobranças movidas por seus credores;
(D) na coação física o sujeito é pressionado a adotar uma conduta, mas ele tem a opção de não seguir a orientação e suportar as consequências, por mais duras que sejam. A doutrina também a chama de violência relativa;
(E) o instituto da lesão está vinculado à ideia de equidade e de justiça contratual. Os efeitos da lesão podem surgir no curso do contrato ou na sua execução. A desproporção pode surgir no momento da celebração do negócio jurídico ou durante a sua execução, sendo desnecessária a sua identificação no momento da sua formação, ensejando a nulidade do negócio celebrado.

A: incorreta, pois o artigo 167 trata o ato simulado como nulo de pleno direito e não como causa de mera anulabilidade; **B:** correta, pois ato nulo não pode ser confirmado, ao contrário do ato anulável que contempla a hipótese de confirmação (CC, arts. 169 e 172); **C:** incorreta, pois a definição dada pela assertiva refere-se à simulação absoluta e não à simulação relativa; **D:** incorreta, pois quando o sujeito tem opção por, mais drástica que seja, ocorre a coação moral e não a coação física; **E:** incorreta, pois o instituto da lesão tem como ideia principal o fato de o contrato nascer desequilibrado, em virtude de inexperiência ou premente necessidade da parte. Para as hipóteses de o contrato se tornar desequilibrado ao longo do tempo, adota-se a solução dos artigos 317 e 478 do Código Civil (onerosidade excessiva).
Gabarito "B".

2.6.4. INVALIDADE DO NEGÓCIO JURÍDICO

(Promotor de Justiça – MPE/BA – CEFET – 2015) Analise as assertivas abaixo e assinale a alternativa <u>CORRETA</u> sobre o fato e negócio jurídico, segundo o Código Civil Brasileiro:

I. A validade do negócio jurídico requer agente capaz, objeto lícito, possível e determinado ou determinável, além de forma prescrita ou não defesa em lei.
II. No negócio jurídico celebrado com a cláusula de não valer sem instrumento público, este é da substância do ato.
III. É nulo o negócio jurídico quando celebrado por pessoa absolutamente incapaz.
IV. O negócio jurídico nulo é suscetível de confirmação, convalescendo pelo decurso do tempo, pelo princípio da conservação dos negócios jurídicos.
V. O estado de perigo consiste na situação em que alguém, por inexperiência, se obriga a prestação manifestamente desproporcional ao valor da prestação oposta.

Estão corretas as assertivas:

(A) I, II, III, IV e V.
(B) I, II, III e IV.
(C) I, II, III e V.
(D) I, III e V.
(E) I, II e III.

I: correta, pois de acordo com os requisitos genéricos de validade, estabelecidos pelo art. 104 do CC; **II:** correta, pois de pleno acordo com a regra prevista no art. 109 do CC; **III:** correta, pois de acordo com a previsão de nulidade absoluta do art. 166, I do CC; **IV:** incorreta, pois o negócio nulo não pode ser confirmado, nem convalesce pelo decurso do tempo (CC, art. 169); **V:** incorreta, pois tal hipótese gera o vício de consentimento denominado lesão (CC, art. 157).
Gabarito "E".

(Promotor de Justiça/SC – 2016 – MPE)

(1) No que se refere à invalidade do negócio Jurídico, a anulabilidade não tem efeito antes de julgada por sentença, nem se pronuncia de ofício; só os interessados a podem alegar, e aproveita exclusivamente aos que a alegarem, salvo o caso de solidariedade ou indivisibilidade.

1: correta, pois a assertiva reproduz com fidelidade o disposto no art. 177, o qual traz o regime jurídico da anulabilidade.
Gabarito 1C

(Promotor de Justiça/SC – 2016 – MPE)

(1) Tendo em vista a previsão no Código Civil de prazo decadencial para pleitear a anulação do negócio jurídico, uma vez transcorrido o prazo é possível afirmar que a nulidade relativa se convalesce com o decurso do tempo.

1: correta, não somente por esse argumento, mas também por interpretação *contrario sensu* do CC, art.169.
Gabarito 1C

(Procurador da República – 24º) São atos negociais anuláveis:

I. Os praticados por incapaz sem a assistência de seu representante legal.
II. Os viciados por lesão ou fraude contra credores.
III. Aqueles que a lei assim o declarar expressamente.
IV. Se preterida alguma formalidade que a lei considere essencial para a sua validade.

Das proposições acima:

(A) I e II estão corretas;
(B) II e III estão corretas;
(C) III e IV estão corretas;
(D) II e IV estão corretas.

I: incorreta, pois os atos praticados pelos absolutamente incapazes são nulos e não anuláveis; **II:** correta, pois tais vícios do consentimento produzem como consequência a anulabilidade do negócio jurídico (CC, art. 171); **III:** correta, pois a lei é meio adequado para estabelecer a anulabilidade do negócio jurídico (Exemplo: CC, art. 496); **IV:** incorreta, pois nesse caso a consequência legal é a nulidade absoluta e não a mera anulabilidade (CC, art. 166, V).

Gabarito "B".

(Procurador da República – 24º) Leia com atenção as proposições abaixo:

I. A confissão é sempre irrevogável, mas pode ser anulada por erro de fato, coação ou erro de direito.
II. Quando há erro sobre as qualidades essenciais da pessoa, atingindo sua identidade física ou moral, o ato poderá ser anulável, desde que tal seja condição seja primordial para a sua efetivação.
III. Se a impossibilidade absoluta do objeto for aferida imediatamente à conclusão negocial, nulo será o negócio.

Das proposições acima:

(A) I e II estão corretas;
(B) II e III estão corretas;
(C) I e III estão corretas;
(D) Todas estão corretas.

I: incorreta, pois o art. 214 do Código Civil não prevê a possibilidade de anulação da confissão por erro direito; **II:** correta, pois o art. 139, II do Código prevê como substancial e, portanto, apto a anular o negócio jurídico o erro "que concerne à identidade ou à qualidade essencial da pessoa a quem se refira a declaração de vontade, desde que tenha influído nesta de modo relevante"; **III:** correta, pois a impossibilidade do objeto é causa de nulidade absoluta do negócio jurídico (CC, art. 166, II).

Gabarito "B".

(Ministério Público/SP – 2011) É hipótese de anulabilidade de negócio jurídico:

(A) contrato de mútuo cujo devedor à época contava com 17 (dezessete) anos e intencionalmente omitiu idade.
(B) casamento de menor em idade núbil não autorizado por representantes legais tendo resultado gravidez do cônjuge mulher.
(C) contrato de locação que contém erro no cálculo do valor do aluguel constatado pelo locatário após o pagamento dos três primeiros meses de locação.
(D) legado deixado por testamento a pessoa que ameaçou testador de ajuizar ação de despejo por falta de pagamento.
(E) escritura de hipoteca de devedor em favor de credor não possuindo outros bens e com notório estado de insolvência.

A: incorreta, pois o CC não protege o menor entre 16 e 18 anos nesse caso (art. 180 do CC); **B:** incorreta, pois não se anulará o casamento, por motivo de idade, se dele resultou gravidez (art. 1.551 do CC); **C:** incorreta, pois o erro de cálculo não torna o negócio anulável, mas apenas autoriza a retificação da declaração de vontade (art. 143 do CC); **D:** incorreta, pois esse não é um caso de anulabilidade do negócio jurídico testamento; **E:** correta, pois esse caso é de fraude contra credores, que gera a anulabilidade do negócio (art. 163 do CC).

Gabarito "E".

2.7. PROVA

(Ministério Público/MG – 2011) Quanto à prova no Código Civil, não podem ser admitidos como testemunhas, **EXCETO**:

(A) aqueles que, por enfermidade ou retardamento mental, não tiverem discernimento para a prática dos atos da vida civil.
(B) menores de dezesseis anos.
(C) os cegos e surdos, quando a ciência do fato que se quer provar dependa dos sentidos que lhes faltam.
(D) os cônjuges, os ascendentes, os descendentes e os colaterais, até o quarto grau de alguma das partes, por consanguinidade, ou afinidade.

A, B, C: incorretas, pois as pessoas enumeradas nas referidas assertivas não podem ser admitidas como testemunhas, em virtude do art. 228, II, I e III respectivamente; **D:** correta, pois a regra do Código Civil (art. 228, V) afirma que apenas os colaterais até o terceiro grau é que não poderão ser admitidos como testemunhas, ao passo que a assertiva refere-se a colaterais até o quarto grau.

Gabarito "D".

2.8. ATOS ILÍCITOS

(Ministério Público/DF – 2013) A respeito do abuso de direito no direito civil e nas relações de consumo, assinale a opção INCORRETA.

(A) Ocorre o abuso de direito quando a pessoa, ao exercer um determinado direito, excede intencionalmente os limites impostos pela função social e econômica de um instituto, pela boa-fé objetiva e pelos bons costumes. A responsabilidade civil decorrente do ato abusivo tem natureza subjetiva.
(B) Quando o ato ou o negócio jurídico é praticado com abuso de direito, se reconhecido e declarado como tal, enseja-se a declaração de nulidade do referido ato e surge a obrigação de indenizar os danos, morais e patrimoniais, por ele causados.
(C) Práticas abusivas são ações ou condutas que se caracterizam como ilícitas, independentemente de se encontrar ou não algum consumidor lesado ou que se sinta lesado.
(D) Constitui abuso de direito a situação em que o proprietário excede o exercício do direito de propriedade, principalmente imóvel, e que cause prejuízo a outros, gerando o dever de ressarcir os danos causados.
(E) Nas relações de consumo, o abuso de direito poderá manifestar-se também por omissão, o que afronta os princípios da finalidade social e econômica da relação de consumo, da equidade e da proporcionalidade, mas especialmente da boa-fé.

A: assertiva incorreta, devendo ser assinalada, pois para configurar o abuso do direito não se exige o dolo (intencionalidade) do agente que ultrapassa os limites impostos pelo art. 187 do CC. Ademais, a responsabilidade civil daí decorrente é objetiva, conforme enunciado 37 do Conselho da Justiça Federal, que estabeleceu: "*A responsabilidade civil decorrente do abuso do direito independe de culpa e fundamenta-se somente no critério objetivo-finalístico*"; **B:** assertiva correta, pois o ato praticado com abuso de direito equipara-se a ato ilícito e como tal enseja a obrigação de indenizar (CC, art. 927); **C:** assertiva correta, pois no âmbito do Direito do Consumidor não é necessário que um específico consumidor sofra danos em decorrência do ato abusivo praticado pelo fornecedor, mormente pelas diversas definições de consumidor que o CDC estabelece nos artigos 2º parágrafo único e 29; **D:** assertiva correta. O exercício abusivo de direito encontra solo fértil no direito de propriedade imóvel. Nas relações de vizinhança é muito comum que um dos proprietários exerça seu direito de propriedade de forma abusiva, causando assim danos ao outro. Exemplo: abusa do direito o proprietário que cava poço desnecessariamente profundo, a ponto de esvaziar manancial alheio; **E:** assertiva correta, pois a conduta daquele que abusa de seu direito não se restringe ao campo da atitude, mas pode decorrer também de sua omissão.

Gabarito "A".

(Ministério Público/RO – 2013 – CESPE) A respeito do ato jurídico, assinale a opção correta.

(A) O exercício de um direito não constitui ato ilícito, ainda que exceda manifestamente os limites impostos pelos bons costumes.
(B) O mero fato de dirigir em alta velocidade, com visível negligência, caracteriza ilícito civil, ainda que não haja dano ou violação de direito alheio.
(C) Destruição de coisa alheia para remover perigo iminente não constitui ato ilícito, mas pode gerar o dever de indenizar.
(D) Aquele que, ao agir em legítima defesa, pratica ato ilícito será obrigado a indenizar.
(E) O agente que cause dano a terceiro, ainda que em decorrência de ato praticado no exercício regular de um direito, deverá repará-lo.

A: incorreta, pois configura ato ilícito o direito exercido de forma abusiva e que ultrapassa os limites da boa-fé, bons costumes, fim social ou fim econômico (art. 187 do CC); **B:** incorreta, pois a própria definição de ato ilícito (art. 186 do CC) exige o dano como requisito; **C:** correta, pois o art. 188, II, do CC estabelece que tal comportamento não configura ato ilícito; **D:** incorreta, pois a legítima defesa é ato lícito (art. 188, I, do CC); **E:** incorreta, pois não se configura ato ilícito aquele praticado no exercício regular de um direito (art. 188, I, do CC).
Gabarito "C".

2.9. PRESCRIÇÃO E DECADÊNCIA

(Promotor de Justiça – MPE/MS – FAPEC – 2015) Assinale a alternativa **correta** acerca de prescrição e decadência:

(A) Na hipótese em que o Tribunal de Justiça suspenda, por força de ato normativo local, os atos processuais durante o recesso forense, o termo final do prazo decadencial que coincidir com a data abrangida pelo referido recesso não se prorroga para o primeiro dia útil posterior ao término deste.
(B) O termo inicial do prazo de prescrição para o ajuizamento da ação de indenização por danos decorrentes de crime – ação civil ex delicto – é a data do trânsito em julgado da sentença penal condenatória, não se aplicando na hipótese a noção de independência entre as instâncias civil e penal.
(C) É trienal o prazo prescricional da pretensão de ressarcimento de valores despendidos, pelo segurado, com procedimento cirúrgico não custeado, pela seguradora, por suposta falta de cobertura da apólice.
(D) Segundo o Supremo Tribunal Federal, a ação para anular venda de ascendente a descendente, sem consentimento dos demais, prescreve em quatro anos a contar da abertura da sucessão.
(E) A imprescritibilidade da ação de investigação de paternidade é estendida aos direitos patrimoniais que decorrem da filiação.

A: incorreta, pois a Corte Especial do Superior Tribunal de Justiça "*uniformizou o entendimento de que o prazo decadencial para o ajuizamento da ação rescisória se prorroga para o primeiro dia útil seguinte, caso venha a findar no recesso forense*" (Agravo em Recurso Especial Nº 750.374 – RS (2015/0180915-3), Relator: Ministro Paulo de Tarso Sanseverino; **B:** correta. O art. 200 do Código Civil determina que: "*Quando a ação se originar de fato que deva ser apurado no juízo criminal, não correrá a prescrição antes da respectiva sentença definitiva*"; **C:** incorreta, pois a referida hipótese, o STJ adotou o prazo de dez anos (REsp 11763220/RS), declarando que: "não havendo previsão específica quanto ao prazo prescricional, incide o prazo geral de 10 (dez) anos, previsto no art. 205 do Código Civil, o qual começa a fluir a partir da data de sua vigência (11.01.2013)"; **D:** incorreta, pois tal prazo é de dois anos, a contar do ato praticado (CC, art. 496 combinado com 179); **E:** incorreta, pois a imprescritibilidade da investigação de paternidade não implica necessariamente o mesmo efeito aos direitos patrimoniais (REsp 807.849/RJ, Rel. Ministra Nancy Andrighi, Segunda Seção, julgado em 24/03/2010, DJe 06/08/2010).
Gabarito "B".

(Procurador da República – PGR – 2013) Em tema de prescrição:

I. Nas ações de indenização ajuizadas contra a Fazenda Pública, deve ser aplicado o prazo prescricional quinquenal previsto no art. 1º do Decreto 20.910/1932 em detrimento do prazo trienal previsto no Código Civil.
II. A pretensão de cobrança de cotas condominiais, por serem líquidas desde sua definição em assembleia geral de condôminos, bem como lastreadas em documentos físicos, não se adéqua à previsão do art. 206, § 5º, I, do CC/2002.
III. Em execução fiscal, a prescrição ocorrida antes da propositura da ação, para ser decretada, depende da prévia ouvida da Fazenda Pública, assim como a prescrição intercorrente indicada no § 4º do art. 40 da Lei 6.830/1980.
IV. O termo a quo do prazo prescricional para ajuizar ação de indenização contra ato do Estado é regido pelo princípio da actio nata, ou seja, o curso do prazo prescricional apenas tem início com a efetiva lesão do direito tutelado.

Das proposições acima:

(A) I e II estão corretas;
(B) II e IV estão corretas:
(C) I e IV estão corretas;
(D) II e III estão corretas.

I: correta, pois de acordo com entendimento consolidado pelo STJ (REsp 1251993/PR, Rel. Ministro Mauro Campbell Marques, Primeira Seção, julgado em 12/12/2012, DJe 19/12/2012); **II:** incorreta, pois o STJ entendeu que existe adequação ao referido dispositivo legal (REsp 1483930/DF, Rel. Ministro Luis Felipe Salomão, Segunda Seção, julgado em 23/11/2016, DJe 01/02/2017); **III:** incorreta, pois o STJ definiu que: "*Em execução fiscal, a prescrição ocorrida antes da propositura da ação pode ser decretada de ofício, com base no art. 219, § 5º do CPC[1973] (redação da Lei 11.2004), independentemente da prévia ouvida da Fazenda Pública*" (REsp 1100156/RJ, Rel. Ministro Teori Albino Zavascki, Primeira Seção, julgado em 10/06/2009, DJe 18/06/2009); **IV:** correta, pois de acordo com entendimento consolidado pelo STJ. Nesse sentido: "*Termo inicial da prescrição na data da ciência inequívoca da violação ao direito subjetivo e da extensão de suas consequências (Actio nata)*" (AgInt no REsp 1610661/SC, Rel. Ministra Assusete Magalhães, Segunda Turma, julgado em 15/12/2016, DJe 19/12/2016).
Gabarito "C".

(Procurador da República – 24º) Em relação à prescrição:

I. A exceção, ou defesa, prescreve no mesmo prazo previsto para a pretensão.
II. As partes, de comum acordo, podem alterar os prazos de prescrição.
III. A prescrição iniciada contra o de cujus continua a correr contra o seu herdeiro universal.
IV. Suspensa em favor de um dos credores solidários, a prescrição a todos outros aproveita.

Das proposições acima:

(A) Todas estão corretas;
(B) I e III estão corretas;
(C) I e IV estão corretas;
(D) I e II estão corretas.

I: correta. No momento em que o prazo de prescrição se consuma, extingue-se de uma só vez a pretensão do credor em cobrar o seu devedor e também a possibilidade de o credor se defender com base naquele direito prescrito (CC, art. 190); **II:** incorreta, pois os prazos de prescrição não podem ser alterados pelas partes, nem para aumentá-los, nem para diminuí-los (CC, art. 192); **III:** correta, pois a morte do credor não é causa interruptiva de prescrição e o prazo continua então fluindo normalmente agora em face de seu sucessor; **IV:** incorreta, pois a extensão da suspensão da prescrição para os demais credores solidários somente ocorre se o objeto era indivisível (CC, art. 201).
Gabarito "B".

(Ministério Público/RO – 2013 – CESPE) A respeito da prescrição e da decadência, assinale a opção correta.

(A) A prescrição, como fato jurídico, extingue a pretensão positiva, mas não a negativa.
(B) O prazo geral de prescrição nunca se aplica às ações reais.
(C) Protesto cambiário não interrompe a prescrição.
(D) O mero pagamento dos juros da dívida não interrompe a prescrição.
(E) É decadencial o prazo para anular venda realizada pelo ascendente ao descendente.

A: incorreta, pois a verificação da prescrição fulmina qualquer espécie de pretensão (art. 189 do CC) e até mesmo a exceção, ou seja, a possibilidade de se defender utilizando um direito prescrito (art. 190 do CC); **B:** incorreta, pois para se aplicar o prazo geral de prescrição (art. 205 do CC), basta que a lei não preveja prazo específico para o exercício do direito; **C:** incorreta, pois – alterando a regra do Direito anterior – o protesto cambial interrompe a prescrição (art. 202, III, do CC); **D:** incorreta, pois o pagamento dos juros é um "ato inequívoco, que importa reconhecimento do direito pelo devedor", o que configura a causa interruptiva prevista no art. 202, VI, do CC; **E:** correta, pois o direito potestativo de anular a venda que o ascendente fez ao descendente está sujeito a prazo decadencial de dois anos (art. 496 combinado com o art. 179, ambos do CC).
Gabarito "E".

(Ministério Público/SP – 2013 – PGMP) Sobre as regras dispostas no Código Civil a respeito da interrupção da prescrição, assinale a proposição que está INCORRETA.

(A) A prescrição pode ser interrompida por qualquer interessado.
(B) A interrupção da prescrição por um credor não aproveita aos outros.
(C) A interrupção operada contra um dos herdeiros do devedor solidário não prejudica os outros herdeiros ou devedores, senão quando se trate de obrigações e direitos indivisíveis.
(D) A interrupção produzida contra o principal devedor não prejudica o fiador.
(E) A interrupção efetuada contra o devedor solidário envolve os demais e seus herdeiros.

A: assertiva correta (art. 203 do CC), **B:** assertiva correta (art. 204, *caput*, do CC); **C:** assertiva correta (art. 204, § 2º, do CC); **D:** assertiva incorreta, devendo ser assinalada; a interrupção produzida contra o principal devedor prejudica, sim, o fiador (art. 204, p. 3º, do CC); **E:** assertiva correta (art. 204, p. 1º, do CC).
Gabarito "D".

(Ministério Público/GO – 2012) Sobre a prescrição, marque a alternativa incorreta.

(A) É válida a renúncia à prescrição antes de sua consumação, se não houver prejuízo a terceiros.
(B) Prescreve a execução no mesmo prazo de prescrição da ação.
(C) É prescricional o prazo previsto para a dedução de pretensão de direito material em juízo por meio de ação de natureza condenatória.
(D) Suspensa a prescrição em favor de um dos credores solidários, só aproveitam os outros se a obrigação for indivisível.

A: incorreta (e deve ser assinalada), pois a renúncia à prescrição só é permitida após a consumação (CC, art. 191); **B:** correta, pois no momento em que se verifica a prescrição, extinguem-se de uma só vez a pretensão e também a possibilidade de se defender com base no direito (CC, art. 190); **C:** correta, pois o direito a uma prestação exercido judicialmente produze sentença condenatória e está sempre sujeito à prescrição; **D:** correta, pois de acordo com o art. 201 do Código Civil.
Gabarito "A".

(Ministério Público/MG – 2011) Quanto à prescrição, é **INCORRETO** afirmar:

(A) Os prazos de prescrição, via de regra, podem ser alterados por acordo das partes.
(B) Pode ser alegada, em qualquer grau de jurisdição, pela parte a quem aproveita.
(C) A prescrição iniciada contra uma pessoa continua a correr contra o seu sucessor.
(D) Quando a ação se originar de fato que deva ser apurado no juízo criminal, não correrá a prescrição antes da respectiva sentença definitiva.

A: incorreta (e deve ser assinalada), em virtude da vedação legal do art. 192 do Código Civil; **B:** correta, em virtude da regra disposta no art. 194 do Código Civil; **C:** correta, em virtude da regra estabelecida no art. 196 do Código Civil; **D:** correta, em virtude da causa legal de impedimento de prescrição prevista no art. 200 do Código Civil.
Gabarito "A".

(Ministério Público/PI – 2012 – CESPE) Acerca dos institutos da prescrição e decadência, assinale a opção correta.

(A) Mesmo que haja ação de evicção pendente, a contagem do prazo de prescrição corre normalmente.
(B) A renúncia da prescrição pode ser expressa ou tácita.
(C) Prescrição corresponde ao prazo estabelecido em lei ou pela vontade das partes para o exercício de um direito potestativo.
(D) De acordo com o Código Civil, os prazos de prescrição podem ser alterados por acordo das partes.
(E) A prescrição corre normalmente entre companheiros, na constância da união estável.

A: incorreta, pois a pendência de ação de evicção é hipótese de suspensão/impedimento da prescrição (CC, art. 199, III); **B:** correta, pois o Código Civil admite as duas formas de renúncia à prescrição, bastando que ela ocorra quando a prescrição já houver se consumado (CC, art. 191); **C:** incorreta, pois a assertiva refere-se à decadência e não à prescrição; **D:** incorreta, pois contrária à regra estabelecida pelo art. 192 do CC; **E:** incorreta, pois a norma (CC, art. 197, I) que prevê a suspensão/impedimento de prazo prescricional entre cônjuges durante a constância da sociedade conjugal deve ser aplicada aos companheiros, por força da analogia (Enunciado nº 296 do Conselho da Justiça Federal: *"Não corre prescrição entre os companheiros, na constância da união estável"*).
Gabarito "B".

(Ministério Público/SP – 2011) A respeito dos prazos de prescrição, pode-se afirmar que:

(A) os prazos do Código de 2002 (Lei n. 10.406/02) são aplicados na hipótese de haver transcorrido menos da metade do tempo estabelecido na lei revogada.
(B) os prazos do Código de 2002 (Lei n. 10.406102) são aplicados na hipótese de haver transcorrido mais da metade do tempo estabelecido na lei revogada.
(C) até janeiro de 2005, o prazo da usucapião do artigo 1238 do Código Civil era de 15 (quinze) anos.
(D) o prazo para cobrança de alugueres de prédios urbanos é de 4 (quatro) anos.
(E) o prazo para a cobrança de honorários de árbitros é de 5 (cinco) anos.

A alternativa "b" está correta, nos termos do art. 2.028 do CC.
Gabarito "B".

(Ministério Público/SP – 2012 – VUNESP) Violado o direito, nasce para o titular a pretensão, a qual se extingue, pela prescrição, nos prazos do Código Civil. NÃO corre a prescrição

(A) entre tutelados e curatelados e seus tutores e curadores; entre ascendentes e descendentes, na linha reta e colateral e contra ausentes do País em razão de trabalho.
(B) contra os que se acharem servindo nas Forças Armadas; entre os cônjuges e companheiros de união estável e entre os tutelados e seus tutores durante a menoridade civil.
(C) entre os cônjuges, na constância da sociedade conjugal; entre ascendentes e descendentes, durante o poder familiar e contra os absolutamente incapazes.
(D) pendendo condição suspensiva, não estando vencido o prazo e entre os curatelados e seus curadores durante a menoridade civil do curatelado.
(E) por acordo das partes maiores e capazes; contra os sucessores da pessoa contra qual corria a prescrição enquanto não aberta a sucessão e entre os cônjuges.

A: incorreta, pois não há previsão legal de suspensão/impedimento de prazo prescricional entre parentes de linha colateral, fluindo normalmente o prazo entre eles (CC, art. 198); **B:** incorreta pois o impedimento/suspensão da prescrição entre tutelados e tutores se estende por toda tutela; **C:** correta, pois de acordo com os artigos 197 e 198 do Código Civil; **D:** incorreta, pois o impedimento/suspensão da prescrição entre curatelados e curadores se estende por toda curatela; **E:** incorreta, pois o falecimento do credor não é hipótese de suspensão de prazo prescricional, fluindo o prazo normalmente contra o sucessor (CC, art. 196).
Gabarito "C".

3. OBRIGAÇÕES

3.1. INTRODUÇÃO, CLASSIFICAÇÃO E MODALIDADES DAS OBRIGAÇÕES

(Promotor de Justiça – MPE/MS – FAPEC – 2015) Tendo em vista o Livro das Obrigações, assinale a alternativa **correta**:

(A) A Teoria Dualista, referente ao vínculo obrigacional, dispõe que a obrigação é composta por *Schuld* (responsabilidade) e *Haftung* (débito). Contudo, a doutrina entende que é possível haver situações em que há o débito sem responsabilidade, no caso das obrigações naturais, mas não se admite responsabilidade sem a existência do débito por ferir o elemento subjetivo da relação obrigacional.

(B) O instituto do *duty to mitigate the loss* se refere à necessidade de mitigar o agravamento da situação do devedor quando instado a cumprir determinada obrigação, entretanto sua aplicação foi rechaçada totalmente pelo Superior Tribunal de Justiça em razão de subtrair as chances reais do credor de satisfazer o crédito existente em seu favor.
(C) A teoria do adimplemento substancial relativiza o direito do credor de, havendo inadimplemento, pleitear a resolução do vínculo obrigacional, motivo pelo qual o STJ concluiu pela sua inaplicabilidade no Brasil.
(D) A novação pode ser subjetiva ativa – em que há mudança de credores – ou subjetiva passiva – em que há mudança de devedores –, sendo imprescindível a criação de nova obrigação. Na novação subjetiva passiva, ainda há a possibilidade de se mudar o devedor original, contando com a participação dele, o que configura a novação subjetiva passiva por delegação, ou então ocorrer a mudança de devedor sem a participação do antigo devedor, o que é denominado de novação subjetiva passiva por expromissão.
(E) Nas obrigações solidárias, há uma pluralidade de devedores e credores, cada um obrigado ou com direito ao todo da dívida. A solidariedade resulta apenas da lei, sendo os exemplos mais expressivos daquela as obrigações *in solidum*.

A: incorreta. É possível haver responsabilidade sem o débito. É o que ocorre, por exemplo, com o fiador, que responde por dívida do afiançado ou ainda com o patrão, que responde pelo ato ilícito do seu funcionário (CC, art. 932); **B:** incorreta, pois tal teoria vem sendo aplicada pelo STJ de forma reiterada. É o caso, por exemplo, do credor que – já beneficiado pela fixação de astreintes – não toma mais nenhuma medida para efetivar seu direito, deixando que as astreintes se acumulem para receber valor maior no futuro. O STJ vem aplicando a referida teoria para diminuir tal montante (AgInt no REsp 1478193/RN, Rel. Ministro Luis Felipe Salomão, Quarta Turma, julgado em 21/02/2017, DJe 01/03/2017); **C:** a definição da teoria do adimplemento substancial está correta, ainda que sucinta. A assertiva está incorreta, pois o STJ vem aplicando tal teoria de forma reiterada (REsp 877.965/SP, Rel. Ministro Luis Felipe Salomão, Quarta Turma, julgado em 22/11/2011, DJe 01/02/2012); **D:** correta, pois a assertiva reproduz com fidelidade as diversas espécies de novação subjetiva; **E:** incorreta, pois a solidariedade pode também decorrer de vontade das partes (CC, art. 265).
Gabarito "D".

(Promotor de Justiça/SC – 2016 – MPE)

(1) Para o Código Civil, a solidariedade não se presume, resulta de lei ou da vontade das partes. Há solidariedade, quando na mesma obrigação concorre mais de um credor, ou mais de um devedor, cada um com seu direito, ou obrigação, à dívida toda.

1: correta, pois nosso Código Civil estabeleceu a presunção de divisibilidade (CC, art. 257). As regras da solidariedade só serão aplicadas quando houver previsão expressa na lei ou no contrato (CC, art. 265) e daí sim permitirão a um ou alguns dos credores a cobrança integral da dívida (solidariedade ativa), bem como poderão responsabilizar um ou alguns dos devedores pela dívida toda (solidariedade passiva).
Gabarito 1C.

(Procurador da República –28º Concurso – 2015 – MPF) De acordo com a jurisprudência do Superior Tribunal de Justiça:

I. A dívida condominial constitui uma obrigação *propter rem*, cuja prestação não deriva da vontade do devedor, mas de sua condição de titular do direito real.

II. O dever de pagar pelo serviço de fornecimento de água tem a natureza jurídica de obrigação *propter rem*, uma vez que se vincula à titularidade do bem.
III. A necessidade de reparação integral da lesão causada ao meio ambiente permite a cumulação de obrigações de fazer, não fazer e indenizar, que têm natureza *propter rem*.
IV. As contribuições criadas por Associações de Moradores podem ser equiparadas, para fins de direito, a despesas condominiais, tendo a dívida natureza *propter rem*.
Das proposições acima:
(A) I e II são corretas;
(B) I e III são corretas;
(C) I e IV são corretas;
(D) Todas são corretas.

I: correta. A dívida condominial e o imposto predial são dois ótimos exemplos de obrigações propter rem. Tais dívidas nascem da titularidade de um direito real e tem a característica de acompanhar o titular da ocasião. Ou seja, o devedor será sempre o atual titular do direito real. Assim, por exemplo, o dono de um apartamento é o devedor jurídico das dívidas de condomínio, mesmo que elas se refiram a momento anterior à aquisição. Daí porque as obrigações propter rem são também chamadas de obrigações ambulatórias; II: incorreta, pois a dívida de fornecimento de água não se enquadra na classificação de obrigação propter rem. O devedor dessa obrigação é a pessoa que se utilizou do serviço de fornecimento de água; III: correta. O STJ firmou orientação no sentido de que – em decorrência dos danos causados ao meio ambiente – emerge: "obrigação propter rem de restaurar na sua plenitude e indenizar o meio ambiente degradado e terceiros afetados, sob regime de responsabilidade civil objetiva" (REsp 1454281/MG, Rel. Ministro Herman Benjamin, Segunda Turma, julgado em 16/08/2016, DJe 09/09/2016). Veja também: AgRg no REsp 1.494.988/MS, Rel. Ministro Humberto Martins, Segunda Turma, DJe 9.10.2015; REsp 1.247.140/PR, Rel. Ministro Mauro Campbell Marques, Segunda Turma, 22.11.2011; REsp 1.307.938/GO, Rel. Ministro Benedito Gonçalves, Primeira Turma, DJe 16.9.2014; IV: incorreta, pois o STJ firmou entendimento no sentido de que: "*As taxas de manutenção criadas por associações de moradores não obrigam os não associados ou que a elas não anuíram*" (REsp 1439163/SP, Rel. Ministro Ricardo Villas Bôas Cueva, Rel. p/ Acórdão Ministro Marco Buzzi, Segunda Seção, julgado em 11/03/2015, DJe 22/05/2015).
Gabarito "B".

(Procurador da República – 26º) Em tema de obrigações:
(A) Tratando-se de cessão de crédito, os créditos impenhoráveis, por si sós, impedem que haja a transferência;
(B) A cessão de contrato é também conhecida como novação subjetiva, porque o novo devedor – ou o novo credor – sucede o antigo;
(C) A ação de *in rem verso* visa compensar as perdas e danos sofridos em razão do enriquecimento sem causa;
(D) O pagamento de dívida prescrita constitui-se em verdadeira renúncia do favor da prescrição pelo devedor.

A: incorreta, pois não se pode ceder o crédito quando a isso se opuser a natureza da obrigação, a lei, ou a convenção com o devedor (CC, art. 286). O fato de o crédito ser impenhorável – por si só – não impede a cessão; B: incorreta. A cessão de contrato transfere a terceiro toda a posição contratual do cedente, transferindo seus direitos e obrigações. A novação subjetiva mantém a obrigação original (que pode não ter tido origem em contrato) alterando apenas a pessoa do credor (novação subjetiva ativa) ou do devedor (novação subjetiva passiva); C: incorreta, pois o objeto da ação *in rem verso* é mais amplo do que a definição dada na assertiva; D: correta, pois a renúncia pode ser tácita (CC, art. 191) e isso ocorre quando o devedor de uma dívida já prescrita se comporta como quem não quer se servir deste benefício. Pagar uma dívida prescrita revela exatamente esse intuito.
Gabarito "D".

(Ministério Público/PR – 2013) Assinale a alternativa incorreta:
(A) A obrigação de dar coisa certa sempre abrange os acessórios dela;
(B) Nas obrigações de dar coisa incerta, a coisa será indicada, ao menos, pelo gênero e quantidade;
(C) O pagamento feito a um dos credores solidários extingue a dívida até o montante do que foi pago;
(D) Nas obrigações solidárias passivas, o credor pode renunciar à solidariedade em favor de um, de alguns ou de todos os devedores;
(E) Se a dívida solidária interessar exclusivamente a um dos devedores, este responderá por toda ela para com aquele que pagou.

A: incorreta (devendo ser assinalada), pois a referida regra pode ser afastada pelas circunstâncias do caso ou pela vontade das partes (art. 233 do CC); B: correta, pois de pleno acordo com a definição dada pelo art. 243 do CC; C: correta, pois de pleno acordo com o disposto no art. 269 do CC; D: correta, pois tal prerrogativa do credor encontra amparo no art. 282 do CC; E: correta, pois de pleno acordo com a regra estatuída no art. 285 do CC. É o que ocorre, por exemplo, quando fiador e devedor principal são solidários na obrigação. O pagamento integral feito pelo fiador obriga o devedor principal a restituí-lo na sua integralidade.
Gabarito "A".

(Ministério Público/CE – 2011 – FCC) É correto afirmar:
(A) A obrigação é divisível quando a prestação tem por objeto uma coisa ou um fato suscetíveis de divisão, por sua natureza, por motivo de ordem econômica, ou dada a razão determinante do negócio jurídico.
(B) Se para o melhoramento, ou aumento, empregou o devedor trabalho ou dispêndio, o caso se regulará pelas normas do Código Civil brasileiro atinentes às benfeitorias realizadas pelo possuidor de boa-fé, apenas.
(C) Nas coisas determinadas pelo gênero e pela quantidade, a escolha pertence ao credor, se o contrário não resultar do título da obrigação; mas não poderá dar a coisa pior, nem será obrigado a prestar a melhor.
(D) Há solidariedade, quando na mesma obrigação concorre mais de um credor, ou mais de um devedor, cada um com direito, ou obrigado, à dívida toda, devendo ser presumida sua ocorrência desde que não haja proibição legal ou acordo das partes em sentido diverso.
(E) A obrigação de dar coisa certa abrange os acessórios dela embora não mencionados, mesmo se o contrário resultar do título ou das circunstâncias do caso.

A: correta, pois de acordo com a regra do art. 258 do Código Civil; B: incorreta, pois as regras do possuidor de má-fé também se aplicam ao caso (CC, art. 242); C: incorreta, pois a escolha cabe – como regra – ao devedor (CC, art. 244); D: incorreta, pois a solidariedade não se presume, decorre da lei ou da vontade das partes (CC, art. 265); E: incorreta, pois o título ou as circunstâncias do caso podem afastar a regra da gravitação jurídica, segundo a qual o acessório segue o principal (CC, art. 233).
Gabarito "A".

(Ministério Público/RJ – 2011) De acordo com o instituto da solidariedade, é INCORRETO afirmar que:

(A) a interrupção da prescrição efetuada contra o devedor solidário estende-se aos demais, havendo, assim, comunicação dos efeitos interruptivos;
(B) o credor pode renunciar à solidariedade passiva em favor de todos os devedores. A legislação pátria não admitiu a chamada renúncia relativa, operada em proveito de um ou alguns devedores;
(C) é da essência da solidariedade ativa que o pagamento feito a um dos credores, por modo direto ou pelos indiretos equivalentes, produz a extinção do crédito para todos;
(D) na solidariedade ativa, extinta a obrigação, quer pelo meio direto do pagamento, quer pelos indiretos, como novação, compensação, transação e remissão, responde o credor favorecido, perante os demais, pelas quotas que lhes couberem;
(E) na solidariedade passiva, se houver o pagamento integral da dívida por um dos devedores, operar-se-á a extinção da relação obrigacional, exonerando-se todos os codevedores.

A: correta, pois a interrupção da prescrição contra um devedor solidário atinge aos demais (CC, art. 204); **B:** incorreta (e deve ser assinalada), pois o credor pode renunciar à prescrição contra alguns dos devedores (CC, art. 282); **C:** correta, pois esta é a principal consequência da solidariedade ativa, ou seja, o fato de que o pagamento total feito a um dos credores extingue a obrigação para todos; **D:** correta, pois de pleno acordo com o CC, art. 272; **E:** correta, pois o pagamento efetuado por um dos devedores solidários extingue a obrigação até o montante que houver sido pago.
Gabarito "B".

(Ministério Público/GO – 2012) Analise os itens abaixo, assinalando em seguida a alternativa correta.

I. O credor pode consentir em receber prestação diversa da que lhe é devida, ainda que menos valiosa.
II. A novação por substituição do devedor (expromissão) somente pode ser efetuada com o seu consentimento.
III. As dívidas alimentares podem ser objeto de transação, extinguindo-se a execução de alimentos.
IV. A remissão concedida a um dos codevedores extingue a dívida na parte a ele correspondente.

(A) As assertivas II e IV estão corretas.
(B) As assertivas I, II e III estão corretas.
(C) As assertivas I, III e IV estão corretas.
(D) As assertivas III e IV estão corretas.

I: correta, em virtude da inexistência de proibição nesse sentido. O credor não é obrigado, mas pode aceitar coisa menos valiosa; **II:** incorreta, pois referida novação subjetiva passiva ocorre sem o consentimento do devedor; **III:** correta, pois o valor da prestação alimentar já definido em sentença tem natureza patrimonial (CC, art. 841); **IV:** correta, pois o perdão dado a um dos devedores não extingue a obrigação para os demais.
Gabarito "C".

(Ministério Público/MG – 2011) É **INCORRETO** afirmar quanto ao objeto do pagamento e sua prova no Código Civil:

(A) O credor não é obrigado a receber prestação diversa da que lhe é devida, ainda que mais valiosa.
(B) Ainda que a obrigação tenha por objeto prestação divisível, não pode o credor ser obrigado a receber, nem o devedor a pagar, por partes, se assim não se ajustou.
(C) É ilícito convencionar o aumento progressivo de prestações sucessivas.
(D) Quando, por motivos imprevisíveis, sobrevier desproporção manifesta entre o valor da prestação devida e o do momento de sua execução, poderá o juiz corrigi-lo, a pedido da parte, de modo que assegure, quanto possível, o valor real da prestação.

A: correta, pois de acordo com a antiga regra de Direito das Obrigações, hoje prevista no art. 313 do CC; **B:** correta, pois de acordo com o art. 314 do CC; **C:** incorreta (e deve ser assinalada), pois não há ilicitude no referido comportamento (CC, art. 316); **D:** correta, pois de acordo com a importante regra de onerosidade excessiva prevista no art. 317 do Código Civil.
Gabarito "C".

3.2. TRANSMISSÃO, ADIMPLEMENTO E EXTINÇÃO DAS OBRIGAÇÕES

(Ministério Público/Acre – 2014 – CESPE) Assinale a opção correta no que se refere ao pagamento indevido.

(A) De acordo com o Código Civil, no qual é adotada, em relação ao tema, a teoria subjetiva, a demonstração do erro cabe àquele que voluntariamente tenha pago o indevido.
(B) No Código Civil, a disposição normativa referente ao pagamento indevido tem a mesma natureza da disciplinada no CDC, segundo a qual o fornecedor deve restituir em dobro ao consumidor, com correção monetária e juros de mora, aquilo que este tenha pago indevidamente.
(C) A repetição do indébito é devida ainda que o objeto da prestação não cumprida seja ilícito, imoral ou proibido por lei.
(D) Cabe o ajuizamento de ação fundada no enriquecimento sem causa ainda que a lei confira ao lesado outros meios para ressarcir-se do prejuízo sofrido, visto que, sendo esta ação mais ampla, as demais serão por ela absorvidas.
(E) Não há possibilidade de pagamento indevido com relação a obrigações de fazer e não fazer, não cabendo, portanto, a repetição do indébito.

A: correta, pois de acordo com a regra estabelecida pelo art. 877 do CC, segundo o qual: *"Àquele que voluntariamente pagou o indevido incumbe a prova de tê-lo feito por erro"*; **B:** incorreta, pois a disposição do CDC e do CC nesse sentido é de que apenas a cobrança de quantia indevida é que gera tal direito de restituição em dobro. O mero pagamento indevido não acarreta tal obrigação; **C:** incorreta, pois tal repetição é vedada pelos arts. 882 e 883 do CC; **D:** incorreta, pois *"Não caberá a restituição por enriquecimento, se a lei conferir ao lesado outros meios para se ressarcir do prejuízo sofrido"* (CC, art. 886); **E:** incorreta, pois tal vedação não encontra amparo na lei.
Gabarito "A".

(Ministério Público/MG – 2013) Quanto ao direito das obrigações, analise as seguintes alternativas e assinale a assertiva INCORRETA:

(A) Salvo assentimento expresso do devedor primitivo, consideram-se extintas, a partir da assunção da dívida, as garantias especiais por ele originariamente dadas ao credor.
(B) Na sub-rogação legal o sub-rogado poderá exercer integralmente todos os direitos e ações do credor.
(C) Não vale o pagamento cientemente feito ao credor incapaz de quitar a obrigação, se o devedor não provar que em benefício dele efetivamente reverteu.

(D) Quando, por motivos imprevisíveis, sobrevier desproporção manifesta entre o valor da prestação devida e o do momento de sua execução, poderá o juiz corrigi-lo, a pedido da parte, de modo que assegure, quanto possível, o valor real da prestação.

A: assertiva correta, pois a assertiva reproduz a regra estabelecida pelo art. 300 do Código Civil; **B:** assertiva incorreta, devendo ser assinalada, pois "*na sub-rogação legal o sub-rogado não poderá exercer os direitos e as ações do credor, senão até à soma que tiver desembolsado para desobrigar o devedor*" (CC, art. 350); **C:** assertiva correta, pois não se pode pagar diretamente ao credor que é incapaz. Tal pagamento será inválido, salvo se ficar provado que o pagamento reverteu em favor do incapaz (CC, art. 310); **D:** assertiva correta, pois a regra que busca o equilíbrio das prestações encontra respaldo no art. 317 do CC.
Gabarito "B".

(Ministério Público/RO – 2013 – CESPE) João assinou nota promissória em garantia a empréstimo tomado de Carlos, no valor de R$ 5.000,00. Não tendo conseguido pagar a dívida no prazo acordado, João solicitou a sua irmã, Cláudia, que assinasse nova nota promissória, comprometendo-se a realizar o pagamento do débito em sessenta dias. Carlos concordou com o negócio e o título assinado por João foi inutilizado.

Nessa situação, houve

(A) assunção de dívida.
(B) cessão de crédito.
(C) novação.
(D) imputação do pagamento.
(E) pagamento com sub-rogação.

A hipótese mencionada revela a extinção de uma obrigação visando criar uma nova obrigação, no mesmo valor, mas com novo devedor. Tal hipótese encaixa-se no conceito de novação subjetiva passiva.
Gabarito "C".

3.3. INADIMPLEMENTO DAS OBRIGAÇÕES

(Promotor de Justiça/SC – 2016 – MPE)

(1) A parte lesada pelo inadimplemento pode pedir a resolução do Contrato, se não preferir exigir-lhe o cumprimento, cabendo, em qualquer dos casos, indenização por perdas e danos. Verifica-se o inadimplemento quando o devedor não cumpre a obrigação, voluntária ou involuntariamente. Porém, a involuntariedade, se provocada pelas consequências advindas de caso fortuito ou de força maior, via de regra, isenta de responsabilidade o devedor.

1: correta, pois a configuração da mora solvendi (mora do devedor) depende de comprovação da culpa do devedor. Assim, "*não havendo fato ou omissão imputável ao devedor, não incorre este em mora*" (CC, art. 396). É importante ressaltar que tal regra não se aplica a mora do credor, a qual independe de culpa.
Gabarito 1C.

(Ministério Público/Acre – 2014 – CESPE) Considerando os conceitos de adimplemento e inadimplemento de uma obrigação, assinale a opção correta.

(A) O devedor pode responder pelos prejuízos resultantes de caso fortuito ou força maior desde que, expressamente, tenha-se por eles responsabilizado.
(B) O juiz pode conceder ao credor indenização suplementar se os juros da mora e a pena convencional não cobrirem o prejuízo suportado.

(C) A invalidade da cláusula penal implica a invalidade da obrigação principal, visto que nesta está inserida.
(D) Considera-se em mora o devedor que não efetue o pagamento no tempo ajustado, mas não o que cumpra a obrigação de forma imperfeita.
(E) Não se admite que o credor recuse a prestação, ainda que o devedor a cumpra em mora, devendo aquele socorrer-se das perdas e danos para ver mitigado seu prejuízo.

A: correta, pois o Código Civil admite a chamada "*cláusula de assunção*", pela qual o devedor assume os prejuízos decorrentes de fortuito ou força maior (CC, art. 393); **B:** incorreta, pois tal possibilidade somente é disponibilizada ao juiz caso não haja pena convencional (CC, art. 404, parágrafo único); **C:** incorreta, pois tal afirmação contraria o princípio segundo o qual o acessório segue o principal. O que poderia se afirmar é que a invalidade da obrigação principal implica na invalidade da cláusula penal; **D:** incorreta, pois a mora não se refere apenas ao tempo do pagamento, mas também ao seu modo e lugar. Assim, estaria em mora o devedor que paga no tempo correto, mas em local ou forma diversa da combinada (CC, art. 394); **E:** incorreta, pois "*se a prestação, devido à mora, se tornar inútil ao credor, este poderá rejeitá-la, e exigir a satisfação das perdas e danos*" (CC, art. 395, parágrafo único).
Gabarito "A".

(Ministério Público/RR – 2012 – CESPE) Em relação ao direito das obrigações, assinale a opção correta.

(A) Não tendo sido ajustada época para o pagamento, deve o credor notificar o devedor, dando-lhe prazo de trinta dias para efetuar o pagamento.
(B) A mora *ex re* deriva de inadimplemento de obrigação líquida para cujo pagamento se tenha estabelecido prazo certo.
(C) A redução do valor da cláusula penal não pode ser determinada de ofício pelo magistrado.
(D) Nas obrigações *propter rem*, o abandono da coisa extingue a obrigação.
(E) O cessionário de crédito hipotecário não detém direito de fazer averbar a cessão no registro do imóvel.

A: incorreta, pois nesse caso o credor poderá exigir o pagamento imediatamente (CC, art. 331); **B:** correta, pois a mora *ex re* é automática, não dependendo da interpelação ou notificação humana. Aplica-se para o caso a regra "Dies interpellat pro homine"; **C:** incorreta, pois tal redução pode ocorrer de ofício (CC, art. 413); **D:** incorreta, pois é a renúncia ao direito real sobre a coisa que extingue a obrigação e não o mero abandono. Nesse sentido: nas obrigações *propter rem*, o que faz o sujeito devedor "*é a circunstância de ser titular do direito real, e tanto isso é verdade que ele se libera da obrigação se renunciar a esse direito*" (RODRIGUES, Sílvio. Direito Civil. Obrigações: São Paulo, Saraiva, 2003, p. 79); **E:** incorreta, pois contrária ao disposto no art. 289, regra protetiva do novo credor hipotecário.
Gabarito "B".

4. CONTRATOS

4.1. CONCEITO, PRESSUPOSTOS, FORMAÇÃO E PRINCÍPIOS DOS CONTRATOS

(Promotor de Justiça/SC – 2016 – MPE)

(1) Existindo, sendo válido e eficaz, o Contrato ainda deve ser abordado sob o prisma da extensão dos seus efeitos quanto às pessoas, onde vigora o princípio da relatividade destes. De acordo com tal proposição, somente estão submissos ao Negócio Jurídico os que a ele anuíram, vez que o pacto não pode beneficiar nem prejudicar terceiros.

1: incorreta, pois há exceções ao princípio da relatividade dos efeitos do negócio. Assim, por exemplo, num contrato de seguro de vida cuja beneficiária é a esposa, a viúva se tornará credora de um negócio do qual ela não participou e talvez nem soubesse da existência. É um exemplo de estipulação em favor de terceiro (CC, art. 436). A doutrina ainda aponta como exceção ao princípio da relatividade a promessa de fato de terceiro (CC, art. 439) e o contrato com pessoa a declarar (CC, art. 467).
Gabarito 1E

(Promotor de Justiça/SC – 2016 – MPE)

(1) O Código Civil ao tratar da interpretação dos negócios jurídicos, dos efeitos do casamento putativo e os que regulam a posse, dentre outros, estabelece a utilização do princípio da boa-fé objetiva.

1: incorreta, pois no caso da posse de boa-fé (CC, art. 1.201) e no caso de casamento putativo (CC, art. 1.561), a lei está se referindo à boa-fé subjetiva, que significa apenas e tão somente a ignorância de um vício que macula o ato. A boa-fé objetiva (CC, art. 422) é um princípio contratual que impõe um comportamento ético, leal e probo entre as partes.
Gabarito 1E

(Ministério Público/GO – 2013) Assinale a alternativa incorreta:

(A) a liberdade de contratar será exercida em razão e nos limites da função social do contrato.
(B) nos contratos de adesão, são nulas as cláusulas que estipulem a renúncia antecipada do aderente a direito resultante da natureza do negócio.
(C) é lícito às partes estipular contratos atípicos, observadas as normas gerais fixadas no Código Civil.
(D) pode ser objeto de contrato a herança de pessoa viva.

A: assertiva correta, pois a assertiva reproduz o disposto no art. 421 do CC; **B:** assertiva correta, pois de pleno acordo com a regra estabelecida pelo art. 424 do CC; **C:** assertiva correta, pois de pleno acordo com a regra estabelecida pelo art. 425 do CC; **D:** assertiva incorreta, devendo ser assinalada, pois tal contrato configura *pacta corvina* e encontra proibição no art. 426 do CC, acarretando sua nulidade absoluta (CC, art. 166, VII).
Gabarito "D".

(Ministério Público/ES – 2013 – VUNESP) Acerca dos contratos por adesão e de acordo com o Código Civil de 2002, é correto afirmar que

(A) cláusulas ambíguas ou contraditórias são nulas de pleno direito.
(B) não são permitidos no âmbito de relação civil diversa da relação de consumo.
(C) são admitidos pelo Código Civil de 2002 apenas para determinadas espécies de contratos.
(D) é nula a cláusula que estipule renúncia antecipada a direito resultante da natureza do negócio.
(E) em que pese sua natureza, não se admite o reconhecimento de abusividade de determinada cláusula.

A: incorreta, pois tais cláusulas não são nulas, apenas produzem o efeito de gerar interpretação mais favorável ao aderente (CC, art. 423); **B:** incorreta, pois há muitos contratos civis que tem a natureza de adesão. É o que ocorre, por exemplo, com o contrato de locação redigido pela administradora de imóveis; **C:** incorreta, pois não existe esta limitação material alegada pela assertiva; **D:** correta, pois a assertiva reproduz a vedação indicada no art. 424 do CC; **E:** incorreta, pois tal abusividade pode ser reconhecida no caso concreto.
Gabarito "D".

(Ministério Público/CE – 2011 – FCC) A proposta de contrato obriga o proponente, se o contrário não resultar dos termos dela, da natureza do negócio, ou das circunstâncias do caso. Deixa, entretanto, de ser obrigatória a proposta

(A) se, com prazo, por telefone, não foi imediatamente aceita.
(B) se, feita com prazo a pessoa ausente, tiver decorrido tempo suficiente para chegar a resposta ao conhecimento do proponente, independentemente do termo final.
(C) se o negócio for daqueles em que não seja costume a aceitação expressa e chegar a tempo a recusa.
(D) se, antes dela, ou simultaneamente, chegar ao conhecimento da outra parte a confirmação do proponente.
(E) se, feita com prazo a pessoa presente, não foi imediatamente aceita.

A: incorreta, pois nesse caso a aceitação pode ocorrer dentro do prazo dado pelo proponente; **B:** incorreta, pois nesse caso deve se observar o prazo dado pelo proponente para a aceitação da proposta; **C:** correta, pois a recusa que chega a tempo desvincula o proponente (CC, art. 432); **D:** incorreta, pois é a retratação do proponente que – nesses casos – retira o caráter obrigatório da proposta (CC, art. 428, IV); **E:** incorreta, pois nesse caso deve ser observar o prazo dado.
Gabarito "C".

(Ministério Público/MG – 2012 – CONSULPLAN) Quanto à formação dos contratos, é **INCORRETO** afirmar que:

(A) a proposta de contrato obriga o proponente, se o contrário não resultar dos termos dela, da natureza do negócio, ou das circunstâncias do caso.
(B) deixa de ser obrigatória proposta se, feita sem prazo a pessoa presente, não foi imediatamente aceita. Considera-se também presente a pessoa que contrata por telefone ou por meio de comunicação semelhante.
(C) reputar-se-á celebrado o contrato no lugar de sua execução.
(D) considera-se inexistente a aceitação, se antes dela ou com ela chegar ao proponente a retratação do aceitante.

A: correta, pois de pleno acordo com a regra estabelecida no art. 427 do CC; **B:** correta, pois de pleno acordo com a regra do art. 428, I; **C:** incorreta (e deve ser assinalada), pois reputa-se celebrado o contrato no lugar em que foi proposto (CC, art. 435); **D:** correta, pois de acordo com o disposto no art. 433 do CC.
Gabarito "C".

(Ministério Público/MT – 2012 – UFMT) Sobre o princípio de proteção da boa-fé objetiva no Código Civil brasileiro, é correto afirmar:

(A) Não foi contemplado pelo Código Civil vigente como cláusula geral para os contratos, mas pode ser identificado em cláusulas específicas nas relações jurídicas reguladas pela codificação.
(B) Possui previsão expressa como cláusula geral, mas não possui previsão em cláusulas específicas.
(C) Não foi contemplado pelo Código Civil de forma expressa sendo possível, entretanto, reconhecê-lo por meio do recurso à interpretação integrativa e da consideração do princípio da proteção da confiança.
(D) Possui previsão expressa como cláusula geral na forma da boa-fé contratual, além de também ser possível reconhecer seus efeitos em manifestações específicas nas relações jurídicas reguladas pela codificação.

(E) Possui previsão expressa como cláusula geral para os contratos, uma vez que se vincula ao controle dos vícios sobre a condição pessoal dos contratantes, mas não possui previsão em cláusulas específicas.

A: incorreta, pois existe previsão expressa sobre a boa-fé objetiva no art. 422 do Código Civil; **B:** incorreta, pois há normas específicas que exigem a boa-fé objetiva dos contratantes, como é o caso do art. 765, segundo o qual: "O segurado e o segurador são obrigados a guardar na conclusão e na execução do contrato, a mais estrita boa-fé e veracidade, tanto a respeito do objeto como das circunstâncias e declarações a ele concernentes"; **C:** incorreta, pois o princípio foi previsto de forma expressa (CC, art. 422); **D:** correta, pois o Código prevê a boa-fé objetiva tanto em cláusula geral quanto em cláusulas específicas; **E:** incorreta, pois o Código prevê a boa-fé objetiva em cláusulas específicas.
Gabarito "D".

(Ministério Público/MT – 2012 – UFMT) Os efeitos do princípio *nemo venire contra factum proprio*

(A) possuem expresso reconhecimento pelo Código Civil brasileiro de 2002 por meio de uma cláusula geral.
(B) não podem ser identificados no Código Civil brasileiro de 2002, assim como também não podiam no Código Civil de 1916.
(C) possuem reconhecimento pelo Código Civil brasileiro de 2002, mas não assim no Código Civil de 1916.
(D) podem ser identificados no Código Civil brasileiro de 2002 e no Código Civil de 1916 por meio de interpretação d e algumas regras específicas, entre outras reguladoras dos contratos e dos negócios jurídicos.
(E) foram contemplados pelo Código Civil brasileiro de 2002 na forma de cláusulas específicas, mas não o foram do mesmo modo pelo Código Civil de 1916.

A: incorreta, pois não há cláusula geral expressa a respeito do princípio; **B e C:** incorreta, pois podem ser identificadas no CC de 2002 (vide, por exemplo, art. 174) e também no CC de 1916 (vide, por exemplo, o art. 150); **D:** correta, pois o referido princípio – que veda comportamentos contraditórios das partes – já possuía previsões esparsas no Código Civil de 1916, bem como as possui no Código Civil de 2002; **E:** incorreta, pois o Código Civil de 1916 já previa tal hipótese em cláusulas específicas.
Gabarito "D".

(Ministério Público/PR – 2011) A respeito dos contratos, assinale a alternativa correta.

(A) a responsabilidade por vícios redibitórios é característica de todo e qualquer contrato translativo do domínio, seja ele comutativo ou aleatório, oneroso ou benéfico.
(B) a violação de deveres laterais derivados da boa-fé objetiva pode caracterizar a denominada violação positiva do contrato.
(C) conforme expressa disposição legal, a resolução do contrato por fatos supervenientes, extraordinários e imprevisíveis que tornem a prestação de uma das partes excessivamente onerosa somente é admitida em favor do devedor que não estiver em mora.
(D) O direito de arrependimento é ínsito à natureza do contrato preliminar, que não pode, assim, ser objeto de execução específica.
(E) são nulos os contratos onerosos do devedor insolvente, quando a insolvência for notória, ou houver motivo para ser conhecida do outro contratante

A: incorreta, pois é característica dos contratos comutativos e onerosos (art. 441 do CC); **B:** correta, pois a doutrina denomina de violação positiva do contrato a violação dos deveres anexos aos contratos (ou laterais), que decorrem do princípio da boa-fé objetiva; por conta desse princípio, que está no art. 422 do CC, cada contrato será regido não só pelas cláusulas acertadas pelas partes, mas também pelos deveres de lealdade, probidade e respeito, que decorrem do princípio da boa-fé objetiva; segundo a doutrina, a violação desses deveres anexos aos contratos constitui espécie de inadimplemento, independentemente de culpa (Enunciado CJF 24); **C:** incorreta, pois a lei não traz disposição nesse sentido; aliás, o art. 399 do CC vem sendo usando para justificar justamente o contrário, ou seja, que o devedor em mora não tem direito de se beneficiar pela regra da imprevisão, prevista nos arts. 478 e 480 do CC; **D:** incorreta, pois o contrato preliminar é um CONTRATO e, como tal, impõe que as partes celebrem o contrato definitivo; somente quando há cláusula expressa que admite o arrependimento, é que este poderá se dar, sem qualquer consequência, por parte de qualquer dos contratantes (art. 463 do CC); **E:** incorreta, pois esses contratos caracterizam a fraude contra credores e são anuláveis (art. 159 do CC), e não nulos.
Gabarito "B".

(Ministério Público/RJ – 2011) Sobre a Teoria Geral dos Contratos, é correto afirmar que:

(A) nos contratos de adesão, as cláusulas que estipulem a renúncia antecipada do aderente são válidas, em conformidade com o disposto no Código Civil;
(B) a aplicação do princípio da boa fé objetiva na fase pré--contratual é admitida pela doutrina pátria, não sendo cabível sua incidência após o término do contrato (boa fé pós-contratual), salvo nas relações de consumo, em que tem aplicação em todas as fases;
(C) o dogma da função social do contrato somente tem aplicabilidade aos negócios jurídicos celebrados após a edição do Novo Código Civil, sob pena de violar o princípio da irretroatividade;
(D) contratos simplesmente consensuais são aqueles que se perfazem com a tradição efetiva ou simbólica do objeto material do contrato;
(E) na sistemática do Código Civil, a oferta ao público equivale a proposta quando encerra os requisitos essenciais ao contrato.

A: incorreta, pois contrária à regra prevista no art. 424 do CC; **B:** incorreta, pois a boa-fé objetiva deve ser aplicada antes, durante e após a execução do contrato. Nesse sentido, o Enunciado nº 25 do CJF preconiza: "*O art. 422 do Código Civil* não inviabiliza a aplicação, pelo julgador, do princípio da boa-fé nas fases pré e pós-contratual"; **C:** incorreta, pois a função social da propriedade já era prevista na Constituição Federal de 1988 e o contrato não deixa de ser a propriedade circulante. Logo, sua aplicação é anterior ao Código Civil de 2002; **D:** incorreta, pois os contratos consensuais são aqueles nos quais o mero consenso entre as partes é suficiente para formá--lo, não dependendo da tradição do bem; **E:** correta, pois de pleno acordo com a regra estabelecida no art. 429 do Código Civil.
Gabarito "E".

(Ministério Público/RR – 2012 – CESPE) No que se refere aos princípios contratuais, assinale a opção correta.

(A) O instituto da *pacta corvina* é admitido pelo ordenamento jurídico pátrio.
(B) O princípio da função social dos contratos limita a liberdade de A contratar com B.
(C) Determinada pessoa pode exercer um direito contrariando um comportamento anterior próprio, sem necessidade de observância dos elementos constitutivos da boa-fé objetiva.

(D) Dados os predicados do princípio da boa-fé objetiva, a violação dos deveres anexos tipifica a incidência do inadimplemento.
(E) O princípio da boa-fé objetiva se relaciona com o ânimo das pessoas envolvidas nos polos ativo e passivo da relação jurídica de direito material.

A: incorreta, pois é vedado o contrato cujo objeto seja a herança de pessoa viva (CC, art. 426). Tendo em vista que o Código proíbe a prática e não comina sanção, a solução da nulidade absoluta é dada pelo art. 166, VII; **B:** incorreta, pois a função social não limita a liberdade de contratar, apenas a regulamenta de forma mais adequada para a sociedade; **C:** incorreta, pois tal comportamento viola o princípio *nemo venire contra factum proprio*, cuja previsão encontra-se implícita ou expressa no Código, como, por exemplo, no art. 174; **D:** correta, pois o descumprimento de deveres anexos corresponde a inadimplemento contratual, conforme enunciado nº 24 do Conselho da Justiça Federal: "*Em virtude do princípio da boa-fé, positivado no art. 422 do novo Código Civil, a violação dos deveres anexos constitui espécie de inadimplemento, independentemente de culpa*"; **E:** incorreta, pois o princípio da boa-fé objetiva relaciona-se com o comportamento efetivo e concreto das partes.

Gabarito "D".

4.2. EVIÇÃO

(Ministério Público/PI – 2012 – CESPE) Assinale a opção correta a respeito da evicção.

(A) As partes podem, por cláusula expressa, maximizar a responsabilidade pela evicção, mas não podem diminuí-la.
(B) As benfeitorias necessárias ou úteis que não tenham sido reembolsadas ao que sofreu a evicção terão de ser pagas pelo alienante.
(C) Será legítima a demanda pela evicção por parte do adquirente que, assumindo o risco, tenha conhecimento de que a coisa é alheia ou litigiosa.
(D) De acordo com a lei civil, para poder exercitar o direito que da evicção lhe resulte, o adquirente poderá notificar do litígio apenas o alienante imediato, sendo-lhe defeso fazer a denominada denunciação por saltos.
(E) Havendo cláusula excludente da garantia da evicção, se esta ocorrer, o evicto não terá nenhum direito a reclamar.

A: incorreta, pois as partes podem diminuir, reforçar ou até mesmo excluir as garantias decorrentes da evicção (CC, art. 448); **B:** correta, pois de acordo com a regra estabelecida no art. 453 do CC; **C:** incorreta, pois nesse caso o contrato assumiu caráter aleatório, não coberto pelas garantias contra a evicção (CC, art. 457); **D:** incorreta, pois de acordo com a letra do Código Civil, o adquirente pode denunciar a lide tanto ao alienante imediato quanto qualquer dos anteriores (art. 456); **E:** incorreta, pois para que o evicto não tenha qualquer direito, além da cláusula que afasta as garantias contra a evicção, deverá o adquirente – no próprio contrato – conhecer do risco e assumi-lo expressamente (CC, art. 449).

Gabarito "B".

4.3 VÍCIOS REDIBITÓRIOS

(Ministério Público/MS – 2011 – FADEMS) Assinale a alternativa **incorreta**.

(A) Na venda *ad corpus* o vendedor aliena o imóvel como corpo certo e determinado; logo, o comprador não poderá exigir o implemento da área, pois o adquiriu pelo conjunto e não em atenção à área declarada, que assume caráter meramente enunciativo;
(B) A prescrição iniciada contra o *de cujus* continuará a correr contra seus sucessores, sem distinção entre singulares e universais; logo, continuará a correr contra o herdeiro, o cessionário ou o legatário, salvo se for absolutamente incapaz;
(C) A ação redibitória e a estimatória devem ser propostas dentro do prazo de 01 (um) ano, contados da tradição da coisa móvel, ou de 02 (dois) anos, se se tratar de bem imóvel, computado da data da sua efetiva entrega, mas se já se encontrava na posse do adquirente, tal prazo contar-se-á da alienação, reduzido à metade;
(D) A anulabilidade não tem efeito antes de julgada por sentença, nem se pronuncia de ofício; só os interessados a podem alegar, e aproveita exclusivamente aos que a alegarem, salvo o caso de solidariedade ou indivisibilidade;
(E) A validade dos atos e negócios jurídicos celebrados antes de 11.1.2003, data da entrada em vigor do CC, obedece ao disposto nas leis anteriores – CC/1916 e parte primeira do CCom –, mas os seus efeitos, produzidos depois da vigência do CC, aos preceitos dele se subordinam, salvo se houver sido prevista pelas partes determinada forma de execução.

A: correta (art. 500 do CC); **B:** correta (art. 196 do CC c.c 198, I); **C:** incorreta (e deve ser assinalada), pois o prazo é de 30 dias, se a coisa for móvel, e de 1 ano, se for imóvel (art. 445 do CC); **D:** correta (art. 177 do CC); **E:** correta (art. 2.035 do CC).

Gabarito "C".

4.4. EXTINÇÃO DOS CONTRATOS

(Promotor de Justiça/SC – 2016 – MPE)

(1) Nas relações contratuais tuteladas pelo Código Civil vigora o princípio da *exceção do contrato inadimplido* que consiste na possibilidade da parte lesada requerer a resilição contratual em decorrência do inadimplemento contratual da outra parte.

1: incorreta, pois a definição de exceção do contrato não cumprido está imprecisa. A rigor, é preciso antes observar a definição de cláusula resolutiva tácita (CC, art. 474), a qual possibilita a extinção do contrato quando uma das partes não cumpre com sua obrigação contratual. A exceção do contrato não cumprido é a forma defensiva de se alegar tal cláusula resolutiva tácita. A parte inocente pode se utilizar dessa defesa caso a parte inadimplente efetue cobrança pelo cumprimento de obrigação contratual.

Gabarito 1E.

4.5. COMPRA E VENDA E TROCA

(Procurador da República) A venda de ascendente a descendente sem o consentimento dos demais descendentes:

(A) É ato nulo;
(B) É ato anulável;
(C) Sujeita-se à prescrição de 4 anos a contar do ato;
(D) Sujeita-se à prescrição de 4 anos a contar da abertura da sucessão.

O art. 496 do CC estabelece que referida venda é anulável, mas não estabelece prazo para se pleitear referida desconstituição. Para esse tipo de situação existe o art. 179 do CC, o qual determina ser de dois anos o prazo para anulação do contrato quando a lei prever a anulabilidade, mas não estabelecer prazo para seu exercício.

Gabarito "B".

(Ministério Público/MG – 2013) Quanto ao direito dos contratos, analise as seguintes alternativas e assinale a assertiva INCORRETA:

(A) O vendedor de coisa imóvel pode reservar-se o direito de recobrá-la no prazo máximo de decadência de três anos, restituindo o preço recebido e reembolsando as despesas do comprador, inclusive as que, durante o período de resgate, se efetuaram com a sua autorização escrita, ou para a realização de benfeitorias necessárias.
(B) Na retrovenda, o direito de retrato não poderá ser exercido contra o terceiro adquirente.
(C) A preempção, ou preferência, impõe ao comprador a obrigação de oferecer ao vendedor a coisa que aquele vai vender, ou dar em pagamento, para que este use de seu direito de prelação na compra, tanto por tanto. O prazo para exercer o direito de preferência não poderá exceder a cento e oitenta dias, se a coisa for móvel, ou a dois anos, se imóvel.
(D) A tradição da coisa vendida, na falta de estipulação expressa, dar-se-á no lugar onde ela se encontrava, ao tempo da venda. Se a coisa for expedida para lugar diverso, por ordem do comprador, por sua conta correrão os riscos, uma vez entregue a quem haja de transportá-la, salvo se das instruções dele se afastar o vendedor.

A: assertiva correta, pois a assertiva reproduz com fidelidade a previsão legal da cláusula de Retrovenda, prevista no art. 505 do CC; **B:** assertiva incorreta, devendo ser assinalada, pois o art. 507 do Código Civil permite ao vendedor originário exercer seu direito de recompra em face do terceiro adquirente; **C:** assertiva correta, pois a assertiva conceitua a cláusula contratual de preferência, bem como seus respectivos prazos (CC, art. 513); **D:** assertiva correta, pois a assertiva reproduz as regras a respeito da entrega do local do bem (CC, arts. 493 e 494).
Gabarito "B".

4.6. DOAÇÃO

(Promotor de Justiça/SC – 2016 – MPE)
(1) De acordo com o Código Civil, o direito de revogar a doação não se transmite aos herdeiros do doador, nem prejudica os do donatário. Mas aqueles podem prosseguir na ação iniciada pelo doador, continuando-a contra os herdeiros do donatário, se este falecer depois de ajuizada a lide.

1: correta, pois a assertiva limita-se a reproduzir o texto do art. 560 do Código Civil. Os herdeiros têm o direito de prosseguir na ação que já foi ajuizada pelo doador. Há, contudo, uma exceção a esta regra, prevista no artigo subseqüente. Trata-se da hipótese na qual o donatário matou o doador e – por razões óbvias – a lei permite que os herdeiros da vítima ajuízem ação de revogação da doação por indignidade do donatário.
Gabarito 1C

(Ministério Público/SP – 2013 – PGMP) Relativamente à revogação de doação, assinale abaixo a assertiva INCORRETA.

(A) O direito de revogar a doação não se transmite aos herdeiros do doador, nem prejudica os do donatário, mas os herdeiros podem prosseguir na ação iniciada pelo doador, continuando-a contra os herdeiros do donatário, se este falecer depois de ajuizada a lide.
(B) A doação pura poderá ser revogada se o donatário cometeu ofensa física contra o doador.
(C) A doação pura poderá ser revogada se o donatário recusou os alimentos que poderia ministrar ao doador, que deles necessitava.
(D) Se o donatário cometeu ofensa física contra a esposa do doador, sendo a doação onerada com encargo e se este já tiver sido cumprido, a doação não é passível de revogação por ingratidão.
(E) Se o donatário cometeu ofensa física contra ascendente do doador, tratando-se de doação puramente remuneratória, pode ser revogada por ingratidão.

A: assertiva correta (art. 560 do CC), **B:** assertiva correta (art. 557, II, do CC); **C:** assertiva correta (art. 557, IV, do CC); **D:** assertiva correta (art. 564, II, do CC); **E:** assertiva incorreta, devendo ser assinalada; não é possível revogação por ingratidão de doação puramente remuneratória (art. 564, I, do CC).
Gabarito "E".

(Ministério Público/MG – 2011) Quanto à doação, é **INCORRETO** afirmar que:

(A) Feita em contemplação do merecimento do donatário, não perde o caráter de liberalidade, como não o perde a doação remuneratória, ou a gravada, no excedente ao valor dos serviços remunerados ou ao encargo imposto.
(B) Feita em contemplação de casamento futuro com certa e determinada pessoa, quer pelos nubentes entre si, quer por terceiro a um deles, a ambos, ou aos filhos que, de futuro, houverem um do outro, não pode ser impugnada por falta de aceitação, e só ficará sem efeito se o casamento não se realizar.
(C) Feita ao nascituro, valerá, sendo aceita pelo seu representante legal.
(D) A doação de ascendentes a descendentes, ou de um cônjuge a outro, não importa em adiantamento do que lhes cabe por herança.

A: correta, pois de acordo com o art. 540 do Código Civil; **B:** correta, pois de acordo com o art. 546 do CC; **C:** correta, pois de acordo com o art. 542 do CC; **D:** incorreta (e deve ser assinalada), pois a doação do ascendente ao descendente implica adiantamento da legítima (CC, art. 544);
Gabarito "D".

(Ministério Público/RJ – 2011) Sobre o contrato de doação, é INCORRETO afirmar que:

(A) o Código Civil admite a doação feita ao nascituro, que deverá ser aceita pelo seu representante legal;
(B) a dispensa de aceitação, na hipótese de donatário absolutamente incapaz, só é admitida na doação pura, ou seja, desprovida de encargos ou submetida à condição;
(C) na doação *mortis causa*, admitida expressamente no Novo Código Civil, o doador dispõe que seus efeitos só se produzirão após a sua morte, ressalvando o direito de revogá-la *ad nutum*;
(D) a doação verbal é considerada válida pelo Código Civil, sendo necessário o preenchimento de dois requisitos: versar sobre bens móveis de pequeno valor e lhe seguir incontinenti a tradição;
(E) a doação remuneratória é aquela que se destina a recompensar serviços prestados, aferíveis economicamente, mas que não traduzem dívidas exigíveis, impossibilitando a revogação por ingratidão.

A: correta, em função da previsão do art. 542 do Código Civil; **B:** correta, pois de acordo com a regra do art. 543 do CC; **C:** incorreta (e deve ser assinalada), pois a doação *mortis causa* é matéria tratada na sucessão testamentária com requisitos de forma e substância próprios daquele negócio; **D:** correta, pois de acordo com o art. 541, parágrafo único, do Código Civil; **E:** correta, pois de acordo com os artigos 540 e 564 do Código Civil.

Gabarito "C".

4.7. MANDATO

(Ministério Público/ES – 2013 – VUNESP) Assinale a alternativa correta sobre o contrato de mandato.

(A) O menor púbere pode ser mandatário, ainda que não seja emancipado.
(B) O mandato por instrumento público não pode ser substabelecido por instrumento particular.
(C) A interdição do mandante não provoca a cessação do mandato, dependendo de expressa revogação por parte do curador.
(D) O mandato com a cláusula *"em causa própria"* pode ser revogado a qualquer tempo pelo mandante.
(E) O mandatário só poderá substabelecer seus poderes se houver expressa autorização do mandante.

A: correta, pois o Código permite que o maior de dezesseis anos seja mandatário (CC, art. 666); **B:** incorreta, pois o que determina a forma do mandato é o negócio principal que será praticado pelo mandatário. Caso o negócio principal não exija escritura pública, as partes poderão livremente escolher a forma pública ou particular, tanto para o mandato quanto para o substabelecimento (CC, art. 655); **C:** incorreta, pois a interdição de qualquer uma das partes acarreta na extinção do mandato (CC, art. 682); **D:** incorreta, pois a assertiva viola o disposto no art. 685 do Código Civil. Esta cláusula *"em causa própria"* permite ao mandatário representar o mandante, realizando negócio com terceiros ou consigo mesmo. Sua natureza não comporta a possibilidade de revogação por parte do mandante; **E:** incorreta, pois presume-se a permissão para o substabelecimento (CC, art. 667).

Gabarito "A".

(Ministério Público/MG – 2011) Quanto à cessação do mandato, é INCORRETO afirmar que ela ocorre pelo(a):

(A) desídia do mandatário.
(B) revogação ou renúncia.
(C) morte ou interdição de uma das partes.
(D) término do prazo ou conclusão do negócio.

O art. 682 do Código Civil prevê as hipóteses de extinção do contrato de mandato e apenas a assertiva A é a única que contempla uma hipótese não prevista no referido dispositivo. As demais estão previstas expressamente no texto da lei.

Gabarito "A".

4.8. FIANÇA

(Ministério Público/MG – 2013) Quanto à fiança, analise as seguintes alternativas e assinale a assertiva INCORRETA:

(A) As dívidas futuras não podem ser objeto de fiança, ainda que certa e líquida a obrigação do principal devedor.
(B) A fiança pode ser de valor inferior ao da obrigação principal e contraída em condições menos onerosas, e, quando exceder o valor da dívida, ou for mais onerosa que ela, não valerá senão até o limite da obrigação afiançada.
(C) Pode-se estipular a fiança, ainda que sem consentimento do devedor ou contra a sua vontade.
(D) Quando o credor, sem justa causa, demorar a execução iniciada contra o devedor, poderá o fiador promover-lhe o andamento.

A: assertiva incorreta, devendo ser assinalada, pois as dívidas futuras podem ser objeto de fiança (CC, art. 821); **B:** assertiva correta, pois a assertiva reproduz a norma permissiva contida no art. 823 do CC; **C:** assertiva correta, pois o devedor (também chamado de afiançado) não é parte no contrato de fiança. Logo, nada impede que credor e fiador estipulem tal contrato livremente sem anuência do devedor (CC, art. 820); **D:** assertiva correta, pois a assertiva reproduz a norma permissiva contida no art. 834 do CC.

Gabarito "A".

(Ministério Público/MG – 2012 – CONSULPLAN) Quanto à fiança, é **INCORRETO** afirmar que:

(A) pode ser de valor inferior ao da obrigação principal e contraída em condições menos onerosas, e, quando exceder o valor da dívida, ou for mais onerosa que ela, não valerá senão até ao limite da obrigação afiançada.
(B) dar-se-á por escrito e admite interpretação extensiva.
(C) se o fiador se tornar insolvente ou incapaz, poderá o credor exigir que seja substituído.
(D) pode-se estipular a fiança, ainda que sem consentimento do devedor ou contra a sua vontade.

A: correta, pois de acordo com o permissivo do art. 823 do Código Civil; **B:** incorreta (e deve ser assinalada), pois o contrato de fiança não admite interpretação extensiva (CC, art. 819); **C:** correta, pois de acordo com a previsão do art. 826 do CC; **D:** correta, pois o devedor não é parte no contrato de fiança, podendo a mesma realizar-se mesmo contra sua vontade (CC, art. 820).

Gabarito "B".

(Ministério Público/SP – 2011) Um cônjuge, casado sob o regime de comunhão parcial de bens e em estado de solvência, firma contrato de fiança em favor de terceiro, sem a necessária outorga uxória. Pode(m) pedir a decretação de anulabilidade:

(A) ambos os cônjuges e o afiançado.
(B) o cônjuge que não firmou o contrato.
(C) o cônjuge que firmou o contrato.
(D) o cônjuge que firmou o contrato e o afiançado.
(E) os credores do cônjuge que firmou o contrato.

A alternativa "b" está correta, pois conforme o art. 1.650 do CC.

Gabarito "B".

4.9. LOCAÇÃO

(Ministério Público/TO – 2012 – CESPE) A respeito da locação de imóveis urbanos, que obedece à Lei Geral dos Contratos e às regras específicas relacionadas à matéria, assinale a opção correta.

(A) A tutela em relação à locação urbana reconhece ao locador o direito de reaver o imóvel durante a vigência do contrato de locação.
(B) O direito de uso e o de gozo da coisa, assegurados pelo contrato de locação, autorizam ao locatário os atos de cessão, sublocação ou empréstimo, desde que por prazo determinado, independentemente de conhecimento prévio do locador.
(C) Com relação ao contrato de locação por temporada, destinado a atender necessidades transitórias, a lei

permite o recebimento de aluguel antecipado, o estabelecimento de garantias locatícias, além da responsabilização do locatário sobre o imóvel alugado.
(D) No caso de contrato de locação de imóvel não residencial, dissolvida a sociedade locatária por morte de um dos sócios, não há previsão legal para o exercício do direito de renovação do contrato de locação do imóvel para os sócios restantes.
(E) São dois os elementos essenciais do contrato de locação: o consentimento das partes e a coisa, objeto do contrato.

A: incorreta, pois tal direito não é concedido ao locador, salvo nas hipóteses do art. 9º da Lei nº 8.245/91; B: incorreta, pois para tais atos o locatário precisaria da anuência do locador (Lei nº 8245/91, art. 13); C: correta, em virtude do art. 42 da Lei nº 8.245/91; D: incorreta, pois contrária aos termos do art. 51 § 3º, o qual disciplina que "*dissolvida a sociedade comercial por morte de um dos sócios, o sócio sobrevivente fica sub – rogado no direito a renovação, desde que continue no mesmo ramo*"; E: incorreta, pois o valor do aluguel também é elemento essencial do referido contrato.
Gabarito "C".

4.10. PRESTAÇÃO DE SERVIÇO

(Ministério Público/SP – 2011) Considere as assertivas a seguir:

I. decorridos 4 (quatro) anos, o Contrato de Prestação de Serviços é considerado findo, independentemente da conclusão dos serviços;
II. o mandato outorgado por meio de instrumento público somente admite substabelecimento por instrumento público;
III. na doação sujeita a encargo, o silêncio do donatário, no prazo fixado pelo doador, não implica aceitação da doação.

É verdadeiro o que se afirma em
(A) I apenas.
(B) I e II apenas.
(C) I e III apenas.
(D) II e III apenas.
(E) I, II e III.

I: correta (art. 598 do CC); II: incorreta, pois ainda quando se outorgue mandato por instrumento público, pode substabelecer-se mediante instrumento particular (art. 655 do CC); III: correta (art. 539 do CC).
Gabarito "C".

4.11. OUTROS CONTRATOS E TEMAS COMBINADOS

(Promotor de Justiça – MPE/RS – 2017) Assinale a alternativa INCORRETA quanto aos Contratos.
(A) A boa-fé objetiva deve estar presente tanto na conclusão como na execução do contrato, ou seja, em todas as fases do negócio jurídico. Na fase negocial, a proposta vincula o proponente, deixando de ser obrigatória, se, feita sem prazo à pessoa presente, não for imediatamente aceita.
(B) O contrato de compra e venda será anulável no caso de a venda recair sobre bem de família instituído de forma convencional ou voluntária.
(C) Os contratos de transação e doação somente admitem interpretação restritiva.
(D) Para a configuração de sua legitimação, os curadores não poderão dar em comodato bens confiados à sua guarda, sem antes obterem autorização judicial, com a prévia oitiva do Ministério Público.
(E) Os fiadores exoneram-se da garantia prestada no contrato de locação, bem como da solidariedade em relação ao locatário, se não houve anuência em relação ao pacto moratório.

A: correta. O princípio da boa-fé objetiva (CC, art. 422) deve estar presente antes, durante e depois do contrato. Nessa esteira, segue o Enunciado 25 do CJF. Quanto à proposta feita a pessoa presente, de fato ela deixa de ser obrigatória se não foi imediatamente aceita (CC, art. 428, I); B: incorreta, pois a instituição do bem de família não impede a venda do bem. A grande consequência jurídica da instituição é torná-lo "*isento de execução por dívidas posteriores à sua instituição*" (CC, art. 1.715); C: correta, pois "*Os negócios jurídicos benéficos e a renúncia interpretam-se estritamente*" (CC, art. 114), ao passo que a transação "*interpreta-se restritivamente, e por ela não se transmitem, apenas se declaram ou reconhecem direitos*" (CC, art. 843); D: correta, pois a assertiva reproduz a proibição constante do art. 580 do Código Civil; E: correta, pois "*O fiador, ainda que solidário, ficará desobrigado: se, sem consentimento seu, o credor conceder moratória ao devedor*" (CC, art. 838, I).
Gabarito "B".

(Ministério Público/DF – 2013) A respeito dos contratos regidos pelo Código Civil, assinale a opção CORRETA.
(A) Os contratos bilaterais contêm, implicitamente, em seus termos, uma cláusula resolutiva tácita a possibilitar ao contratante o desfazimento do negócio em virtude do inadimplemento absoluto da outra parte. Por esse motivo, caso uma das partes venha a descumprir a sua obrigação, o contrato se resolve de pleno direito, independentemente de interpelação judicial.
(B) Quando a gestão de negócio tiver sido empreendida para evitar prejuízo iminente, a desaprovação da gestão pelo dono do negócio, desobriga-o de cumprir as obrigações contraídas em seu nome, bem como de reembolsar o gestor pelas despesas realizadas, cabendo, nesse caso, a responsabilidade do gestor pelos danos causados ao dono do negócio.
(C) Apenas as coisas móveis que estejam no comércio podem ser objeto de contrato estimatório. Nesse contrato, o consignatário assume a obrigação de pagar o preço estimado. Facultando-lhe, porém, no prazo assinalado, a restituição da coisa consignada. A restituição é direito subjetivo do consignatário, não podendo o consignante impedi-la ou limitá-la, pois violaria a natureza do negócio.
(D) A doação com cláusula de reversão é aquela em que, se o doador sobrevive ao donatário, o patrimônio retorna ao doador. Podendo essa cláusula de reversão ser estipulada em favor de terceiros, ou seja, o doador pode prever que, caso ele faleça, a doação será revertida a pessoa diversa do doador.
(E) O desequilíbrio econômico do contrato comutativo é motivo suficiente para ensejar a sua resolução ou mesmo a sua revisão objetivando o reajuste de suas prestações em bases razoáveis, independentemente da ocorrência, no curso da relação, de acontecimentos extraordinário e imprevisível, que venha a tornar excessivamente onerosa a obrigação contraída por um dos contraentes.

A: incorreta. De fato, todos os contratos bilaterais de nosso sistema apresentam uma cláusula resolutiva tácita, ou seja, um evento futuro e incerto apto a resolver qualquer contrato bilateral. Tal evento futuro

e incerto é o descumprimento do contrato por uma das partes. O único erro da assertiva é o de que tal cláusula resolutiva tácita depende de interpelação, nos termos do art. 474 do Código Civil; **B:** incorreta, pois nesse caso "*responderá o gestor até pelos casos fortuitos, não provando que teriam sobrevindo, ainda quando se houvesse abatido*". Se os prejuízos da gestão excederem o seu proveito, poderá o dono do negócio exigir que o gestor restitua as coisas ao estado anterior, ou o indenize da diferença (CC, arts. 874, combinado com 862 e 863); **C:** correta. O contrato estimatório é popularmente conhecido como contrato de venda em consignação. O consignante deixa o bem móvel com o consignatário para que este realize a venda do mesmo. A obrigação do consignatário é entregar o valor estimado do bem ao consignante. Contudo, na hora de cumprir a obrigação, abre-se ao consignatário a faculdade de devolver o bem. Trata-se mesmo de um direito do consignante; **D:** incorreta. A assertiva define adequadamente a doação com cláusula de reversão. Contudo, a lei não admite que a reversão ocorra em favor de terceiro (CC, arts. 547); **E:** incorreta, pois o Código Civil adotou a teoria da imprevisão, exigindo que a desproporção fosse gerada por "*acontecimentos extraordinários e imprevisíveis*" (CC, art. 478). A outra teoria, não adotada pelo Código Civil é a teoria da pressuposição. Segundo ela, o contratante anui com as disposições de um contrato sob um determinado conjunto de pressuposições que, se mantidas, conservam o negócio incólume. Se alteradas, sujeitam-no à revisão.
Gabarito "C".

(Ministério Público/RO – 2013 – CESPE) No que se refere aos contratos, assinale a opção correta.

(A) O objeto do contrato de comissão, regulado como típico no Código Civil, são negócios determinados, negociando o comissário em nome do comitente, o qual será parte do negócio ajustado com o terceiro.
(B) Em se tratando de contrato de agência, a coisa a ser negociada fica à disposição do agente, a quem cabe promover negócios do agenciado em zona determinada, mediante retribuição, em caráter não eventual e sem vínculo de dependência.
(C) O mandante tem o dever de satisfazer as obrigações assumidas pelo mandatário, considerando-se os poderes a ele conferidos pelo contrato celebrado, ainda que o mandatário tenha desatendido a alguma instrução.
(D) Em caso de morte do proponente de obrigação não personalíssima séria e consciente, os herdeiros não estarão obrigados em relação às consequências do ato praticado.
(E) A resolução unilateral do contrato é um direito de ambas as partes em caso de inadimplemento, de forma que o adimplemento substancial por parte do devedor não obsta o exercício de tal faculdade pelo credor.

A: incorreta, pois o contrato de comissão tem por objeto a aquisição ou a venda de bens pelo comissário, em seu próprio nome, à conta do comitente (art. 693 do CC); **B:** incorreta, pois, quando o agente tiver à sua disposição a coisa a ser negociada, o contrato é de distribuição (art. 710 do CC); **C:** correta, pois o principal efeito do contrato de mandato é a vinculação do mandante às obrigações assumidas pelo mandatário (art. 675 do CC); **D:** incorreta, pois os herdeiros assumem créditos e débitos do falecido, na medida das forças da herança; **E:** incorreta, pois a teoria do adimplemento substancial mitiga o direito de resolução do contrato pela parte credora, tendo em vista a busca pelo equilíbrio contratual e pelo atendimento de sua função social.
Gabarito "C".

(Ministério Público/PR – 2013) Está incorreta a alternativa:

(A) A revogação do mandato "em causa própria" é ineficaz;
(B) Pode-se estipular fiança mesmo sem consentimento do devedor;
(C) A responsabilidade por evicção existe mesmo no caso de aquisição por hasta pública;
(D) A doação pode ser revogada por ingratidão do donatário, entre outras hipóteses, no caso de homicídio culposo praticado pelo donatário contra o doador;
(E) É anulável a venda de ascendente para descendente, salvo se houver assentimento dos demais descendentes e do cônjuge do alienante.

A: correta, pois a revogação da referida cláusula não tem eficácia (art. 685 do CC); **B:** correta, pois o contrato de fiança apresenta como partes o fiador e o credor. Logo, o consentimento do devedor é irrelevante (art. 820 do CC); **C:** correta, pois de acordo com a nova orientação estabelecida pelo art. 447 do CC; **D:** incorreta (devendo ser assinalada), pois o homicídio culposo do doador não é causa de revogação da doação (art. 557, I, do CC); **E:** correta, pois de pleno acordo com o art. 496 do CC.
Gabarito "D".

5. RESPONSABILIDADE CIVIL
5.1. OBRIGAÇÃO DE INDENIZAR

(Promotor de Justiça – MPE/AM – FMP – 2015) Com relação ao tema da responsabilidade civil, conforme disciplinado no âmbito do Código Civil, é CORRETO afirmar que

(A) o incapaz não responde pelos prejuízos que causar, mesmo que as pessoas por ele responsáveis não tenham obrigação de fazê-lo ou não dispuserem de meios suficientes.
(B) os pais são sempre responsáveis pela reparação civil dos danos causados por seus filhos menores.
(C) a responsabilidade civil é independente da criminal, não se podendo questionar mais sobre a existência do fato, ou sobre quem seja o seu autor, quando estas questões se acharem decididas no juízo criminal.
(D) como regra geral, o direito de exigir reparação e a obrigação de prestá-la não são transmitidos com a herança.
(E) a obrigação de reparar o dano sempre dependerá da prova da culpa do causador do dano.

A: incorreta, pois nessas duas hipóteses existe a previsão legal de responsabilização direta do incapaz (CC, art. 928); **B:** incorreta, pois – ao menos pela letra fria da lei – os pais respondem apenas pelos atos daqueles filhos menores que "*estiverem sob sua autoridade e em sua companhia*" (CC, art. 932); **C:** correta, pois a assertiva reproduz a previsão do art. 935 do Código Civil, que trata da independência das instâncias; **D:** incorreta, pois contrária a regra estabelecida pelo art. 934 do Código Civil; **E:** incorreta, pois tal prova não será necessária nos casos de responsabilização objetiva, como, por exemplo, ocorre no art. 927, parágrafo único.
Gabarito "C".

(Promotor de Justiça – MPE/BA – CEFET – 2015) Assinale a alternativa INCORRETA sobre a responsabilidade civil, segundo o Código Civil Brasileiro:

(A) Aquele que, por ato ilícito, causar dano a outrem fica obrigado a repará-lo.
(B) O incapaz pode ser responsabilizado pelos prejuízos que causar se as pessoas por ele responsáveis não tiverem obrigação de fazê-lo ou não dispuserem de meios suficientes.
(C) A responsabilidade civil é independente da criminal, não se podendo questionar mais sobre a existência do fato, ou sobre quem seja o seu autor, quando estas questões se acharem decididas no juízo criminal.

(D) O direito de exigir a reparação se transmite com a herança, mas não a obrigação de prestá-la.
(E) Aquele que ressarcir o dano causado por outrem pode reaver o que houver pago daquele por quem pagou, salvo se o causador do dano for descendente seu, absoluta ou relativamente incapaz.

A: correta, pois de acordo com a regra prevista no art. 927 do Código Civil; **B:** correta, pois de acordo com a regra estabelecida pelo art. 928 do Código Civil; **C:** correta, pois de acordo com a regra que prevê a independência das instâncias, estabelecida no art. 935 do CC; **D:** incorreta, pois ambos se transmitem com a herança (CC, art. 943); **E:** correta, pois de acordo com o art. 934 do Código Civil, que – em péssima redação – assegura direito de regresso aos que responderam pelo ato ilícito alheio.
Gabarito "D".

(Promotor de Justiça–/SC – 2016 – MPE)

(1) A responsabilidade civil do dono do prédio ou construção por sua ruína é subjetiva.

1: incorreta, pois a responsabilidade civil do dono do prédio ou construção pela sua ruína é de natureza objetiva, conforme doutrina e jurisprudência predominantes.
Gabarito 1E

(Promotor de Justiça–/SC – 2016 – MPE)

(1) A empresa locadora de veículos responde, civil e solidariamente, com o locatário, pelos danos por este causados a terceiro, no uso do carro locado.

1: correta, pois a assertiva reproduz com fidelidade o disposto na Súmula 492 do STF.
Gabarito 1C

(Promotor de Justiça–/SC – 2016 – MPE)

(1) A responsabilidade civil pela perda de chance não se limita à categoria de danos extrapatrimoniais, pois, conforme as circunstâncias do caso concreto, a chance perdida pode apresentar também a natureza jurídica de dano patrimonial.

1: correta, pois a perda de uma chance pode referir-se a danos patrimoniais. Nessa hipótese, não existe ainda um dano concreto e caracterizado, mas apenas a perda de uma oportunidade, uma probabilidade de ganhar algo no futuro. O exemplo clássico é o do advogado que perde um prazo para ajuizar ação de alta probabilidade de ganho em favor de seu cliente.
Gabarito 1C

(Procurador da República –28º Concurso – 2015 – MPF) Mesmo sabendo que Paulo encontrava-se alcoolizado, Gabriela pediu-lhe que conduzisse sua irmã à farmácia, emprestando-lhe, para tanto, o seu carro. No trajeto, Paulo veio a colidir com outro veículo, causando danos materiais de monta. A conduta de Gabriela configurou:

(A) Culpa *in vigilando*.
(B) Culpa *in eligendo*.
(C) Culpa *in omittendo*.
(D) Não configurou culpa porque havia um justo motivo.

No caso mencionado, Gabriela agiu de forma imprudente ao escolher uma pessoa alcoolizada para dirigir o seu carro. Logo, fica caracterizada a culpa *in eligendo*. Não há que se falar em culpa *in omittendo*, porque a conduta foi comissiva e não omissiva. Por fim, não há obrigação legal de vigiar a conduta de Paulo, não havendo a culpa *in vigilando*.
Gabarito "B".

(Ministério Público/ES – 2013 – VUNESP) Os pais de Gabriel, por decisão judicial transitada em julgado, perderam o poder familiar sobre o menor. Assim, foi judicialmente designado tutor para garantir os interesses de Gabriel e representá-lo civilmente, nos termos da legislação vigente. Aos 16 anos, Gabriel já possui renda própria, fruto de sua atividade profissional como ator, possuindo condições financeiras melhores que de seu próprio tutor, pessoa humilde e com receita limitada à subsistência. O menor púbere furtou um veículo e, acidentalmente, atropelou uma pessoa, que veio a falecer dias depois. Diante do caso concreto apresentado, assinale a alternativa correta acerca da responsabilidade civil dos envolvidos.

(A) O tutor tem responsabilidade pelos danos causados pelo menor, desde que comprovada a ocorrência da culpa *in vigilando*.
(B) O tutor não responde pelos danos causados pelo menor, na medida em que sua atuação limita-se à gestão de patrimônio e assistência para os atos da vida civil.
(C) Considerando a existência de condições financeiras do menor, há responsabilidade solidária entre ele, seus pais e seu tutor.
(D) O menor responderá pessoalmente pelos prejuízos, devendo indenizar a família da vítima pelos danos decorrentes do homicídio.
(E) Os pais do menor, apesar de terem perdido o poder familiar, respondem objetivamente pela reparação do dano causado à família da vítima.

O art. 928 do Código Civil estabelece uma regra excepcional de responsabilização civil que recai sobre o próprio incapaz, desde que este tenha condições financeiras de arcar com tal indenização e desde que o responsável não tenha tal capacidade. O Código ainda estabelece que tal indenização não será devida se privar do necessário o incapaz.
Gabarito "D".

(Ministério Público/MS – 2013 – FADEMS) Aponte se as frases a seguir são verdadeiras (V) ou falsas (F) e assinale a alternativa correta:

I. São civilmente responsáveis pelo ressarcimento de dano, decorrente de publicação pela imprensa, tanto o autor do escrito quanto o proprietário do veículo de comunicação.
II. Os donos de hotéis, independentemente de culpa, são responsáveis civilmente pelos atos ilícitos praticados pelos seus hóspedes.
III. O Código Civil adota o regime de responsabilidade subsidiária e equitativa dos incapazes.
IV. Em caso de acidente automobilístico, a responsabilidade da transportadora ficará afastada se comprovado que os danos sofridos pelo passageiro decorreram de falha mecânica do veículo.

(A) V, V, V, V.
(B) V, V, V, F.
(C) V, F, V, V.
(D) F, V, F, F.
(E) V, V, F, F.

I: Verdadeira, pois em consonância com a Súmula 221 do STJ, segundo a qual: "*São civilmente responsáveis pelo ressarcimento de dano, decorrente de publicação pela imprensa, tanto o autor do escrito quanto o proprietário do veículo de divulgação*", bem como com o art. 186 do CC e o art. 49, § 2º, da Lei nº 5.250/1967 (a chamada Lei de

Imprensa); **II:** Verdadeira, pois existe previsão nesse sentido nos arts. 932, IV, e 933 do CC. Uma vez paga a indenização, contudo, o dono de hotel terá ação regressiva contra o hóspede (art. 934 do CC); **III:** Verdadeira, pois em hipóteses específicas, o Código Civil permite que a responsabilidade recaia sobre o próprio incapaz, ressalvando-se sempre a fixação equitativa da indenização (art. 928, CC); **IV:** Falsa, pois referida falha mecânica não se considera excludente do dever de indenizar.

Gabarito "B".

(Ministério Público/SP – 2013 – PGMP) Em tema de responsabilidade civil, assinale a assertiva INCORRETA.

(A) A empresa locadora de veículos não responde civilmente pelos prejuízos causados pelo locatário a terceiros, no uso do carro locado.
(B) São responsáveis pela reparação civil o empregador ou comitente, por conduta de seus empregados, serviçais e prepostos, no exercício do trabalho que lhes competir ©em razão dele.
(C) São responsáveis pela reparação civil o tutor e o curador, pelos pupilos e curatelados que estiverem sob sua autoridade ou em sua companhia.
(D) O dono, ou detentor, do animal ressarcirá o dano por este causado, se não provar culpa da vítima ou força maior.
(E) São responsáveis pela reparação civil os pais, pelos atos de filhos menores que estiverem sob sua autoridade e em sua companhia.

A: assertiva incorreta, devendo ser assinalada; de acordo com a Súmula STF n. 492, a empresa locadora de veículos responde civil e solidariamente com o locatário pelos danos por este causados a terceiros, no uso do carro locado; **B:** assertiva correta (art. 932, III, do CC); **C:** assertiva correta (art. 932, II, do CC); **D:** assertiva correta (art. 936 do CC); **E:** assertiva correta (art. 932, I, do CC).

Gabarito "A".

(Ministério Público/RO – 2013 – CESPE) No que concerne à responsabilidade civil, assinale a opção correta.

(A) O antigo proprietário de veículo alienado somente será solidariamente responsável por dano resultante de acidente que envolva o veículo no caso de ausência de registro da transferência.
(B) Sendo objetiva a responsabilidade dos pais em relação aos filhos menores, caso um adolescente menor de dezesseis anos de idade cause, no período de aulas, dano a aluno da escola onde estuda, têm os pais o dever de indenizá-lo, isentando-se de responsabilidade a escola.
(C) Para a vítima de acidente de carro provocado por motorista menor de dezoito anos de idade sem habilitação haver a indenização dos pais do motorista, basta a comprovação da culpa *in vigilando* dos pais.
(D) Não havendo, entre locadora e locatário, relação de preposição, uma locadora de veículos não responde pelos danos causados pelo locatário quando da utilização de um veículo.
(E) A responsabilidade do proprietário de veículo automotor é solidária à do indivíduo que tome o veículo emprestado e, conduzindo-o, cause danos a terceiros.

A: incorreta, pois segundo a Súmula 132 do STJ: "A ausência de registro da transferência não implica a responsabilidade do antigo proprietário por dano resultante de acidente que envolva o veículo alienado"; **B:** incorreta, pois nessa hipótese a escola não se ausenta de responsabilidade (art. 932, CC); **C:** incorreta, pois a responsabilidade dos pais pelos atos dos filhos menores é objetiva, ou seja, não há que se demonstrar a culpa dos pais; **D:** incorreta, pois a empresa locadora de veículos responde, civil e solidariamente, com o locatário, pelos danos por este causados a terceiro, no uso do carro locado (Súmula 492 do STF); **E:** correta, pois pode-se concluir que nesse caso há culpa *in eligendo* e também *in vigilando*. Assim posicionou-se o STJ: "Contra o proprietário de veiculo dirigido por terceiro considerado culpado pelo acidente conspira a presunção *iuris tantum* de culpa *in eligendo* e *in vigilando*, não importando que o motorista seja ou não seu preposto, no sentido de assalariado ou remunerado, em razão do que sobre ele recai a responsabilidade pelo ressarcimento do dano que a outrem possa ter sido causado" (REsp 5.756/RJ, Rel. Ministro Cesar Asfor Rocha, 4.ª T., julgado em 08.10.1997, *DJ* 30.03.1998, p. 65).

Gabarito "E".

(Ministério Público/MT – 2012 – UFMT) Sobre a responsabilidade pela perda de uma chance, é correto afirmar:

(A) Não se encontra contemplada pela ordem jurídica brasileira.
(B) O Código Civil em vigor permite o seu reconhecimento por meio de uma cláusula geral de reparação dos danos e de um dever geral de indenizar os prejuízos.
(C) O Código Civil vigente permite o seu reconhecimento, mas não o propõe por meio de uma regra expressa.
(D) Não é compatível com a ordem jurídica civil em razão de que esta exige como pressuposto um dano certo para o fim de sua compensação.
(E) Refere-se a danos hipotéticos e que, por essa razão, não podem ser compensados por meio do regime jurídico previsto pelo Código Civil vigente.

A: incorreta, pois há muito tempo a jurisprudência aceita a teoria da perda de uma chance, inclusive com decisões do STJ Recurso Especial. Indenização. Impropriedade de pergunta formulada em programa de televisão. Perda da oportunidade. (RESP 788.459/Ba, Rel. Ministro Fernando Gonçalves, 4ª Turma, julgado em 08.11.2005); **B:** incorreta, pois não existe tal cláusula no âmbito do Código Civil; **C:** correta, pois a despeito da ausência de artigo de lei sobre o assunto, há permissão de seu reconhecimento; **D:** incorreta, pois há compatibilidade com a ordem jurídica em virtude do fato de que a chance pode ser economicamente calculada e tutelada; **E:** incorreta, pois não se trata de um dano hipotético, mas sim de uma chance, uma oportunidade efetivamente perdida.

Gabarito "C".

(Ministério Público/PI – 2012 – CESPE) Assinale a opção correta no que diz respeito à responsabilidade civil.

(A) De acordo com a teoria *perte d'une chance*, o agente que frustrar expectativas fluidas e hipotéticas deverá responder por danos emergentes.
(B) A indenização pela publicação não autorizada, com fins econômicos ou comerciais, de imagem de pessoa dependerá de prova do prejuízo causado à pessoa.
(C) Como os direitos da personalidade são inerentes à pessoa humana, não é juridicamente possível a pretensão de dano moral em relação à pessoa jurídica.
(D) A correção monetária do valor da indenização do dano moral incide desde a data do arbitramento.
(E) No ordenamento jurídico brasileiro, para que haja responsabilidade civil, é preciso que haja conduta ilícita.

A: incorreta, pois não se trata de expectativas fluidas, mas sim de uma efetiva chance, oportunidade, ostentada pelo titular e que agora desapareceu em virtude do ato ilícito alheio; **B:** incorreta, pois contrária aos ditames da súmula nº 403 do STJ, segundo a qual: "Independe de prova do prejuízo a indenização pela publicação não autorizada da imagem de pessoa com fins econômicos ou comerciais"; **C:** incorreta, pois contrária aos termos da súmula 227, segundo a qual: *"A pessoa jurídica pode sofrer dano moral"*; **D:** correta, pois de acordo com a súmula 362 do STJ, segundo a qual: "A correção monetária do valor da indenização do dano moral incide desde a data do arbitramento"; **E:** incorreta, pois é possível a responsabilidade civil em virtude de atos lícitos, como é o caso das hipóteses previstas no artigo 188, I e II, combinado com o artigo 930 do Código Civil.

Gabarito "D".

(Ministério Público/PR – 2011) Assinale a alternativa correta:

(A) é subjetiva, por culpa presumida *in eligendo*, a responsabilidade civil do empregador pelos atos praticados pelo empregado no exercício de suas funções.
(B) é possível impor a um incapaz o dever, ainda que subsidiário, de indenizar pelos danos que ele causar a outrem.
(C) a responsabilidade civil do empregador e do empregado pelos danos que este último causar a outrem é solidária e, por isso mesmo, a obrigação de indenizar será indivisível.
(D) a responsabilidade objetiva somente ocorre nas hipóteses taxativamente descritas no Código Civil e na legislação especial, em rol exauriente.
(E) a responsabilidade civil derivada do abuso de direito deverá, necessariamente, advir de conduta culposa ou dolosa.

A: incorreta, pois a responsabilidade pelo fato de terceiro é objetiva (art. 933 do CC); **B:** correta (art. 928 do CC); **C:** incorreta, pois a solidariedade não gera a indivisibilidade; aliás, como a obrigação de indenizar envolve dinheiro, e o dinheiro é divisível, não há que se falar em indivisibilidade no caso; **D:** incorreta, pois há também casos de responsabilidade objetiva na Constituição Federal, como é o caso da responsabilidade patrimonial do Estado por danos causados por seus agentes, nessa qualidade, a terceiros (art. 37, § 6º, da CF); **E:** incorreta, pois a responsabilidade civil advinda de abuso de direito é objetiva, ou seja, independe de culpa (art. 187 do CC), conforme entendimento doutrinário (Enunciado CJF 37: "A responsabilidade civil decorrente do abuso do direito independe de culpa e fundamenta-se somente no critério objetivo-finalístico").

Gabarito "B".

(Ministério Público/RJ – 2011) Fabiano Bronson, com 17 anos de idade, vítima de acidente automobilístico e devidamente assistido, propõe ação de responsabilidade civil em face dos nacionais Roberto e Geisa, pais do causador do evento, Pedro Paulo, que tem atualmente 15 anos de idade. Na peça de bloqueio, entre outros argumentos, Roberto alega que não tem o dever de reparar o dano em razão de prévia perda do poder familiar, decretada por sentença já transitada em julgada na época do acidente. Geisa, por sua vez, alega em sua defesa que não tem culpa pela conduta de seu filho que, de forma sorrateira, subtraiu seu veículo sem sua autorização, vindo a colidir com a bicicleta da vítima Fabiano Bronson. Os autos são encaminhados ao Ministério Público. O parecer ministerial deve levar em conta que:

(A) o adolescente não está mais sob a responsabilidade e autoridade do seu genitor, em razão da destituição do poder familiar; a alegação do réu Roberto deve ser acolhida;
(B) a ação de responsabilidade civil deveria ser intentada somente em face do adolescente; os pais são meros representantes legais do absolutamente incapaz, o qual deverá responder com o seu patrimônio próprio;
(C) os pais passaram a possuir responsabilidade civil subjetiva com culpa presumida, com o advento do Novo Código Civil. Diante de tal modificação, a inclusão dos pais no polo passivo da relação processual foi acertada. Em razão da culpa presumida, incumbe aos genitores comprovarem que não atuaram de forma descuidada, descumprindo o dever objetivo de cuidado;
(D) a ré Geisa, detentora do poder familiar, tinha o dever de elidir a presunção de culpa e não logrou êxito, pois não atuou de forma diligente na guarda de seu veículo; a hipótese é de responsabilidade civil subjetiva, com culpa presumida no tocante à responsabilidade de Geisa pelos atos praticados pelo seu filho Pedro Paulo, em razão do seu dever de vigilância por ser proprietária do veículo;
(E) os pais também têm responsabilidade civil objetiva pelos atos dos seus filhos menores, Roberto e Geisa devem ser condenados a reparar o dano causado ao menor Fabiano; deve ser aplicado o parágrafo único, do artigo 927, do Código Civil. A potencialidade lesiva do trânsito enseja a responsabilização objetiva do causador.

A: correta, pois o pai não mais possui a responsabilidade civil em face do filho, tendo em vista que o mesmo não se encontra mais sob sua autoridade em virtude da excepcional hipótese da perda do poder familiar; **B:** incorreta, pois a responsabilidade pessoal do incapaz só ocorre na hipótese do art. 928 do Código Civil. Como regra geral a ação deve mesmo ser intentada em face dos representantes legais; **C:** incorreta, pois o novo Código Civil adotou a responsabilidade objetiva dos pais em relação aos filhos menores, o que significa dizer que não se analisará a culpa dos pais no que se refere à conduta do filho (CC, art. 933); **D:** incorreta, pois não há que se falar em afastamento de presunção de culpa, tendo em vista que não se avalia a culpa da genitora; **E:** incorreta, pois não cabe para a hipótese a aplicação da teoria do risco da atividade.

Gabarito "A".

(Ministério Público/RR – 2012 – CESPE) A respeito da responsabilidade civil, assinale a opção correta.

(A) Em caso de publicação não autorizada da imagem de pessoa com fins econômicos ou comerciais, o dano moral decorrente deste fato dependerá de prova.
(B) O assalto à mão armada no interior de ônibus coletivo não constitui caso fortuito apto a excluir a responsabilidade da empresa transportadora.
(C) Segundo a jurisprudência do STJ, não é possível a responsabilidade civil por dano incerto.
(D) O contrato de seguro por danos pessoais compreende os danos morais, não sendo admitida cláusula expressa que os exclua.
(E) O dano moral se caracteriza ainda que haja mero aborrecimento inerente a prejuízo material.

A: incorreta, pois contrária aos ditames da súmula nº 403 do STJ, segundo a qual: "Independe de prova do prejuízo a indenização pela publicação não autorizada de imagem de pessoa com fins econômicos ou comerciais"; **B:** incorreta, pois no caso de transporte coletivo urbano, trata-se de fortuito externo, que é o fato inevitável que não guarda relação com a atividade desenvolvida pelo agente, apto, portanto a afastar a responsabilidade civil pela quebra do nexo causal; **C:** correta, pois deve existir um dano determinado ou pelo menos determinável a fim de se apurar a responsabilidade civil; **D:** incorreta, pois contrária à súmula

402 do STJ, segundo a qual: O contrato de seguro por danos pessoais compreende os danos morais, salvo cláusula expressa de exclusão; **E**: incorreta, a jurisprudência já assentou que o mero aborrecimento, o mero dissabor da vida em coletividade não equivale a dano moral.

Gabarito "C".

5.2. INDENIZAÇÃO

(Promotor de Justiça – MPE/MS – FAPEC – 2015) Tratando-se de indenização, é **correto** afirmar que:

(A) A indenização é mensurada pela extensão do dano, inexistindo a possibilidade de sua redução pela via da equidade.
(B) O acidente que cause morte de filho menor, caso este não exerça trabalho remunerado, não é indenizável.
(C) A teoria da causalidade adequada é aplicável na fixação da indenização.
(D) Não se cumulam as indenizações por dano moral e dano material oriundos do mesmo fato.
(E) Não se deduz o valor do seguro obrigatório da indenização judicialmente fixada.

A: incorreta. Como regra, a indenização mede-se pela extensão do dano (CC, art. 944, *caput*). Contudo, o próprio Código Civil prevê hipóteses nas quais a indenização pode ser fixada com valor menor do que o dano, com base na equidade. É o caso da indenização fixada contra o incapaz e no caso de desproporção entre a gravidade da culpa e o dano (CC, art. 928, parágrafo único e 944, parágrafo único); **B:** incorreta, pois caberá danos materiais e morais nessa hipótese; **C:** correta, pois de acordo com o entendimento consolidado pelo STJ. Nesse sentido: *A doutrina endossada pela jurisprudência desta Corte é a de que o nexo de causalidade deve ser aferido com base na teoria da causalidade adequada, adotada explicitamente pela legislação civil brasileira (CC/1916, art. 1.060 e CC/2002, art. 403), segundo a qual somente se considera existente o nexo causal quando a ação ou omissão do agente for determinante e diretamente ligada ao prejuízo* (REsp 1615971/DF, Rel. Ministro Marco Aurélio Bellizze, Terceira Turma, julgado em 27/09/2016, DJe 07/10/2016); **D:** incorreta, pois tal cumulação é perfeitamente possível; **E:** incorreta, pois: "*O valor do seguro obrigatório deve ser deduzido da indenização judicialmente fixada*" (Súmula 246 do STJ).

Gabarito "C".

6. COISAS

6.1. POSSE

6.1.1. POSSE E SUA CLASSIFICAÇÃO

Tendo em vista existência de elementos doutrinários no que concerne ao conceito de posse e à sua classificação, seguem algumas definições, que poderão colaborar na resolução de questões:

1. Conceito de posse: é o exercício, pleno ou não, de algum dos poderes inerentes à propriedade (art. 1.196, CC). É a exteriorização da propriedade, ou seja, a visibilidade da propriedade. Os poderes inerentes à propriedade são usar, gozar e dispor da coisa, bem como reavê-la (art. 1.228). Assim, se alguém estiver, por exemplo, usando uma coisa, como o locatário e o comodatário, pode-se dizer que está exercendo posse sobre o bem.

2. Teoria adotada: há duas teorias sobre a posse. A primeira é a **Teoria Objetiva** (de Ihering), para a qual a posse se configura com a mera conduta de dono, pouco importando a apreensão física da coisa e a vontade de ser dono dela. Já a segunda, a **Teoria Subjetiva** (de Savigny), entende que a posse só se configura se houver a apreensão física da coisa (corpus), mais a vontade de tê-la como própria *(animus domini)*. Nosso CC adotou a Teoria Objetiva de Ihering, pois não trouxe como requisito para a configuração da posse a apreensão física da coisa ou a vontade de ser dono dela. Exige tão somente a conduta de proprietário.

3. Detenção: é aquela situação em que alguém conserva a posse em nome de outro e em cumprimento às suas ordens e instruções. Ex: caseiro, em relação ao imóvel de que cuida, e funcionário público, em relação aos móveis da repartição. A detenção não é posse, portanto não confere ao detentor direitos decorrentes desta.

4. Classificação da posse.

4.1. Posse direta e indireta: quanto ao campo de seu exercício (art. 1.197, CC).

(A) posse indireta: é aquela exercida por quem cedeu, temporariamente, o uso ou o gozo da coisa a outra pessoa. São exemplos: a posse exercida pelo locador, nu-proprietário, comodante e depositante. O possuidor indireto ou mediato pode se valer da proteção possessória.

(B) posse direta: é aquela exercida por quem recebeu o bem, temporariamente, para usá-lo ou gozá-lo, em virtude de direito pessoal ou real.

4.2. Posse individual e composse: quanto à simultaneidade de seu exercício (art. 1.199, CC).

(A) posse individual: é aquela exercida por apenas uma pessoa.

(B) composse: é a posse exercida por duas ou mais pessoas sobre coisa indivisa. Exemplos: a posse dos cônjuges sobre o patrimônio comum e a posse dos herdeiros antes da partilha. Na composse *pro diviso* há uma divisão de fato da coisa.

4.3. Posse justa e injusta: quanto à existência de vícios objetivos (art. 1.200, CC).

(A) posse justa: é aquela que não obtida de forma violenta, clandestina ou precária. Assim, é justa a posse não adquirida pela força física ou moral (não violenta), não estabelecida às ocultas (não clandestina) e não originada com abuso de confiança por parte de quem recebe a coisa com o dever de restituí-la (não precária). Perceba que os vícios equivalem, no Direito Penal, aos crimes de roubo, furto e apropriação indébita.

(B) posse injusta: é aquela originada do esbulho. Em caso de violência ou clandestinidade, a posse só passa a existir após a cessação da violência ou da clandestinidade (art. 1.208, CC). Já em caso de precariedade (ex.: um comodatário passa a se comportar como dono da coisa), a posse deixa de ser justa e passa a ser injusta diretamente. É importante ressaltar que, cessada a violência ou a clandestinidade, a posse passa a existir, mas o vício que a inquina faz com que o Direito a considere injusta. E, mesmo depois de um ano e dia, a posse continua injusta, só deixando de ter essa característica se houver aquisição da coisa, o que pode acontecer pela usucapião, por exemplo. A qualificação de posse injusta é relativa, valendo apenas em relação ao anterior possuidor da coisa. Em relação a todas as outras pessoas, o possuidor injusto pode defender a sua posse.

4.4. Posse de boa-fé e de má-fé: quanto à existência de vício subjetivo (art. 1.201, CC):

(A) posse de boa-fé: é aquela em que o possuidor ignora o vício ou o obstáculo que impede a aquisição da coisa. É de boa-fé a posse daquele que crê que a adquiriu de quem legitimamente a possuía. Presume-se de boa-fé o possuidor com **justo título**, ou seja, aquele título que seria hábil para transferir o direito à posse, caso proviesse do verdadeiro possuidor ou proprietário da coisa.

(B) posse de má-fé: é aquela em que o possuidor tem ciência do vício ou do obstáculo que impede a aquisição da coisa. A posse de boa-fé pode se transmudar em posse de má-fé em caso de ciência posterior do vício. A citação para a demanda que visa à retomada da coisa tem o condão de alterar o caráter da posse.

Obs.: saber se a posse de alguém é de boa-fé ou de má-fé interfere no direito à indenização pelas benfeitorias feitas, no direito de retenção, no direito aos frutos, no prazo de prescrição aquisitiva (usucapião), na responsabilidade por deterioração da coisa etc.

4.5. Posse natural e jurídica: quanto à origem:

(A) posse natural: é a que decorre do exercício do poder de fato sobre a coisa.

(B) posse civil ou jurídica: é a que decorre de um título, não requerendo atos físicos ou materiais.

(Ministério Público/Acre – 2014 – CESPE) Com base no que dispõe o Código Civil sobre posse, assinale a opção correta.

(A) Caracteriza-se como clandestina a posse adquirida via processo de ocultamento em relação àquele contra quem é praticado o apossamento, embora possa ser ele público para os demais. Por tal razão, a clandestinidade da posse é considerada defeito relativo.

(B) Na posse precária, o vício se inicia no momento em que o possuidor recebe a coisa com a obrigação de restituí-la ao proprietário ou ao possuidor legítimo.

(C) A ocupação de área pública, mesmo quando irregular, pode ser reconhecida como posse, podendo-se admitir desta o surgimento dos direitos de retenção e de indenização pelas acessões realizadas.

(D) É possível reconhecer a posse a quem não possa ser proprietário ou não possa gozar dos poderes inerentes à propriedade.

(E) É injusta a posse violenta, por meio da qual o usurpado seja obrigado a entregar a coisa para não ver concretizado o mal prometido, incluindo-se entre os atos de violência que tornam a posse injusta o temor reverencial e o exercício regular de um direito.

A: correta, pois o vício da clandestinidade mede-se justamente pela ocultação em relação à vítima. Enquanto durar a clandestinidade, o poder de fato do sujeito que detém a coisa será considerado pela lei como mera detenção (CC, art. 1.208); **B:** incorreta, pois a precariedade ocorre quando o possuidor de posse justa não devolve o bem no prazo estipulado. É o que ocorre com o comodatário, por exemplo, que se recusa a devolver o bem no prazo assinalado; **C:** incorreta, pois segundo a jurisprudência do STJ, "*A ocupação de área pública, quando irregular, não pode ser reconhecida como posse, mas como mera detenção*" (RESP 863939/RJ – Relatora: Ministra Eliana Calmon – Órgão Julgador: 2ª Turma: 04.11.2008); **D:** incorreta, pois o nosso sistema seguiu a teoria de Ihering, considerando como possuidor "*todo aquele que tem de fato o exercício, pleno ou não, de algum dos poderes inerentes à propriedade*" (CC, art. 1.196); **E:** incorreta, pois tanto o temor reverencial quanto o exercício regular de um direito não podem ser considerados como ameaça (CC, art. 153).
Gabarito "A".

(Ministério Público/RO – 2013 – CESPE) Considere que Camila more em apartamento que tenha alugado de Caio.

Nessa situação,

(A) Caio continua sendo proprietário do imóvel, mas a posse sobre o bem foi transferida a Camila.

(B) se, por determinação do poder público, Caio tiver de realizar reparações urgentes e de grande monta no imóvel, o contrato de locação deverá ser desfeito.

(C) estipulado o contrato por prazo determinado, Camila poderá devolver o imóvel a Caio antes do término do contrato, sem pagamento de multa, caso tenha de se mudar de cidade por ter sido aprovada em concurso público.

(D) Camila adquiriu uma posse derivada e poderá, em nome próprio, defendê-la contra terceiro que venha a esbulhá-la.

(E) a locação não afasta a responsabilidade de Caio quanto a coisas que caírem da janela do imóvel e causarem dano a terceiros.

A: incorreta, pois apenas a posse direta foi transferida à Camila, remanescendo a posse indireta nas mãos de Caio; **B:** incorreta, pois não há previsão legal para referida extinção contratual; **C:** incorreta, pois a aprovação em concurso público não é hipótese legal de dispensa de pagamento de multa; **D:** correta, pois o desmembramento da posse que se verifica na hipótese de locação, empréstimo, usufruto traz como consequência justamente a possibilidade de ambos possuidores (direto e indireto) defenderem a posse em relação a terceiros; **E:** incorreta, pois tal responsabilidade não é essencialmente do proprietário, mas "daquele que habitar prédio, ou parte dele". É a chamada responsabilidade *effusis et dejectis* (art. 938 do CC).
Gabarito "D".

(Ministério Público/PR – 2013) Assinale a alternativa incorreta:

(A) A bipartição da posse em posse direta e indireta pode ter origem em direito real ou pessoal;

(B) A posse adquirida por violência é considerada detenção enquanto não cessar a violência;

(C) No direito brasileiro, a aquisição da propriedade imóvel por sucessão exige a transcrição ou registro do título (formal de partilha) no Registro de Imóveis;

(D) A construção existente em um terreno presume-se feita pelo proprietário e à sua custa, mas esta presunção é relativa;

(E) A usucapião de bem móvel pressupõe posse contínua e inconteste por três anos, desde que haja justo título e boa-fé.

A: correta, pois a bipartição decorre tanto de direitos pessoais quanto reais. No campo dos direitos pessoais, por exemplo, o locatário, o sublocatário e o comodatário ostentam a posse direta; já no campo dos direitos reais, o usufrutuário, o usuário, o habitante são bons exemplos de possuidores diretos; **B:** correta, pois segundo o art. 1.208 do CC os atos violentos não autorizam a aquisição da posse, senão quando cessada a violência. É possível, portanto, afirmar que posse violenta não é posse, mas mera detenção; **C:** incorreta (devendo ser assinalada), pois o Código Civil adotou o princípio de *saisine*, segundo o qual "aberta a sucessão, a herança transmite-se, desde logo, aos herdeiros legítimos e testamentários" (art. 1.784 do CC). Nesse caso, a partilha

e o registro terão efeitos meramente declaratórios; **D:** correta, pois a assertiva reproduz integralmente a regra contida no art. 1.253 do Código Civil; **E:** correta, pois há duas espécies de usucapião de bem móvel. A usucapião ordinária (art. 1.260 do CC) apresenta o prazo trienal e exige justo título e boa-fé; Já a usucapião extraordinária (que não demanda justo título e boa-fé) exige um prazo de cinco anos (art. 1.261 do CC).
„Gabarito "C".

(Ministério Público/CE – 2011 – FCC) O possuidor

(A) de má-fé responde por todos os frutos colhidos e percebidos, não tendo direito às despesas da produção e custeio.
(B) de má-fé responde sempre pela perda, ou deterioração da coisa, ainda que acidentais, mesmo provando que de igual modo se teriam dado, estando na posse do reivindicante.
(C) de boa-fé tem direito à indenização de todas as benfeitorias, sendo certo que, quanto às voluptuárias, se não lhe forem pagas, poderá levantá-las, quando o puder sem detrimento da coisa, e poderá exercer o direito de retenção pelo valor das benfeitorias necessárias e úteis.
(D) de má-fé terá direito ao ressarcimento das benfeitorias necessárias, lhe assistindo o direito de retenção pela importância destas, bem como o direito de levantar as benfeitorias voluptuárias.
(E) de boa-fé não responde pela perda ou deterioração da coisa, ainda que der causa.

A: incorreta, pois o possuidor de má-fé não tem direito aos frutos percebidos ou pendentes, devendo inclusive restituir os que colheu por antecipação (CC, arts. 1.214 e 1.216); **B:** incorreta, pois o possuidor de má-fé responde por dolo, culpa e até pelo fortuito, mas cabe o afastamento da responsabilidade civil se provar que o dano ocorreria de qualquer maneira (CC, art. 1.218); **C:** correta, pois de acordo com a regra do art. 1.219 do CC; **D:** incorreta, pois o possuidor de má-fé tem direito a indenização pelas benfeitorias necessárias, mas a lei não lhe garante o direito de retenção, além de não poder levantar as benfeitorias voluptuárias; **E:** incorreta, pois o possuidor de boa-fé responde pela perda dolosa ou culposa (CC, art. 1.217).
„Gabarito "C".

6.1.2. AQUISIÇÃO E PERDA DA POSSE
Aquisição e perda da posse.

(1) Aquisição da posse:

1.(1) Conceito: *adquire-se a posse desde o momento em que se torna possível o exercício, em nome próprio, de qualquer dos poderes inerentes à propriedade* (art. 1.204, CC).

1.(2) Aquisição originária: *é aquela que não guarda vínculo com a posse anterior.* Ocorre nos casos de: **a) apreensão,** *que consiste na apropriação unilateral da coisa sem dono* (abandonada – res derelicta, ou de ninguém – res nullius) *ou na retirada da coisa de outrem sem sua permissão* (cessada a violência ou a clandestinidade); **b) exercício do direito,** *como no caso da servidão constituída pela passagem de um aqueduto em terreno alheio;* **c) disposição,** *que consiste em alguém dar uma coisa ou um direito, situação que revela o exercício de um poder de fato (posse) sobre a coisa.*

1.(3) Aquisição derivada: *é aquela que guarda vínculo com a posse anterior.* Nesse caso, a posse vem gravada dos eventuais vícios da posse anterior. Essa regra vale para a sucessão a título universal (art. 1.206, CC), mas é abrandada na sucessão a título singular (art. 1.207, CC). Ocorre nos casos de **tradição**, *que consiste na transferência da posse de uma pessoa para outra, pressupondo acordo de vontades.* A tradição pode ser de três tipos:

(A) tradição real: *é aquela em que há a entrega efetiva, material da coisa.* Ex.: entrega de um eletrodoméstico para o comprador. No caso de aquisição de grandes imóveis, não há a necessidade de se colocar fisicamente a mão sobre toda a propriedade, bastando a referência a ela no título. Trata-se da chamada traditio longa manu.

(B) tradição simbólica: *é aquela representada por ato que traduz a entrega da coisa.* Exemplo: entrega das chaves de uma casa.

(C) tradição consensual: *é aquela decorrente de contrato, de acordo de vontades.* Aqui temos duas possibilidades. A primeira é a traditio brevi manu, que *é aquela situação em que um possuidor, em nome alheio, passa a possuir a coisa em nome próprio.* É o caso do locatário que adquire a coisa. Já a segunda é o **constituto possessório**, *que é aquela situação em que um possuidor em nome próprio passa a possuí-la em nome de outro, adquirindo a posse indireta da coisa.* É o caso do dono que vende a coisa e nela permanece como locatário ou comodatário.

(2) Perda da posse:

2.(1) Conceito: *perde-se a posse quando cessa, embora contra a vontade do possuidor, o poder sobre o bem.* É importante ressaltar, quanto ao ausente (no sentido de não ter presenciado o esbulho), que este só perde a posse quando, tendo notícia desta, abstém-se de retomar a coisa ou, tentando recuperá-la, é violentamente repelido (art. 1.224).

2.(2) Hipóteses de perda de posse: a) abandono: *é a situação em que o possuidor renuncia à posse, manifestando voluntariamente a intenção de largar o que lhe pertence;* ex.: quando alguém atira um objeto na rua; **b) tradição com intenção definitiva:** *é a entrega da coisa com o ânimo de transferi-la definitivamente a outrem;* se a entrega é transitória, não haverá perda total da posse, mas apenas perda temporária da posse direta, remanescendo a posse indireta; **c) destruição da coisa e sua colocação fora do comércio; d) pela posse de outrem:** nesse caso a perda da posse se dá por esbulho, podendo a posse perdida ser retomada.

6.1.3. EFEITOS DA POSSE
Efeitos da posse.

(1) Percepção dos frutos. Quando o legítimo possuidor retoma a coisa de outro possuidor, há de se resolver a questão dos frutos percebidos ou pendentes ao tempo da retomada. De acordo com o caráter da posse (de boa ou de má-fé), haverá ou não direitos para aquele que teve de entregar a posse da coisa. Antes de verificarmos essas regras, vale trazer algumas definições:

1.1. Conceito de frutos: *são utilidades da coisa que se reproduzem* (frutas, verduras, filhotes de animais, juros etc.). Diferem dos **produtos**, que *são as utilidades da coisa que não se reproduzem* (minerais, por exemplo).

1.2. Espécies de frutos quanto à sua natureza: a) civis (como os alugueres e os juros); **b)** naturais (como as maçãs de um pomar); e **c)** industriais (como as utilidades fabricadas por uma máquina).

1.3. Espécies de frutos quanto ao seu estado: a) pendentes (são os ainda unidos à coisa que os produziu); **b)** percebidos ou colhidos (são os já separados da coisa que os produziu); **c)** percebidos por antecipação (são os separados antes do momento certo); **d)** percepiendos (são os que deveriam ser colhidos e não foram); **e)** estantes (são os já separados e armazenados para venda); **f)** consumidos (são os que não existem mais porque foram utilizados).

1.4. Direitos do possuidor de boa-fé: tem direito aos frutos que tiver percebido enquanto estiver de boa-fé (art. 1.214, CC).

1.5. Inexistência de direitos ao possuidor de boa-fé: não tem direito às seguintes utilidades: **a)** aos frutos pendentes quando cessar a sua boa-fé; **b)** aos frutos percebidos antecipadamente, estando já de má-fé no momento em que deveriam ser colhidos; **c)** aos produtos, pois a lei não lhe confere esse direito, como faz com os frutos. De qualquer forma, é importante ressaltar que nos casos dos itens "a" e "b", apesar de ter de restituir os frutos colhidos ou o seu equivalente em dinheiro, terá direito de deduzir do que deve as despesas com a produção e o custeio.

1.6. Situação do possuidor de má-fé: este responde por todos os frutos colhidos e percebidos, bem como pelos que, por sua culpa, deixou de perceber, desde o momento em que se constituiu de má-fé. Todavia, tem direito às despesas de produção e custeio (art. 1.216, CC), em virtude do princípio do não enriquecimento sem causa.

(2) Responsabilidade por perda ou deterioração da coisa. Quando o legítimo possuidor retoma a coisa de outro possuidor, também há de se resolver a questão referente à eventual perda ou destruição da coisa.

2.1. Responsabilidade do possuidor de boa-fé: não responde pela perda ou deterioração à qual não der causa.

2.2. Responsabilidade do possuidor de má-fé: como regra, responde pela perda ou deterioração da coisa, só se eximindo de tal responsabilidade se provar que de igual modo esse acontecimento se daria, caso a coisa estivesse com o reivindicante dela. Um exemplo de exoneração da responsabilidade é a deterioração da coisa em virtude de um raio que cai sobre a casa.

(3) Indenização por benfeitorias e direito de retenção. Outra questão importante a ser verificada quando da retomada da coisa pelo legítimo possuidor é a atinente a eventual benfeitoria feita pelo possuidor que o antecedeu. De acordo com o caráter da posse (de boa ou de má-fé), haverá ou não direitos para aquele que teve de entregar a posse da coisa. Antes de verificarmos essas regras, é imperativo trazer algumas definições.

3.1. Conceito de benfeitorias: *são os melhoramentos feitos em coisa já existente*. São bens acessórios. Diferem da **acessão**, que *é a criação de coisa nova*. Uma casa construída no solo é acessão, pois é coisa nova; já uma garagem construída numa casa pronta é benfeitoria, pois é um melhoramento em coisa já existente.

3.2. Espécies de benfeitorias: a) benfeitorias necessárias *são as que se destinam à conservação da coisa* (ex.: troca do forro da casa, em virtude do risco de cair); **b)** benfeitorias úteis *são as que aumentam ou facilitam o uso de uma coisa* (ex.: construção de mais um quarto numa casa pronta); **c)** benfeitorias voluptuárias *são as de mero deleite ou recreio* (ex.: construção de uma fonte luminosa na entrada de uma casa).

3.3. Direitos do possuidor de boa-fé: tem direito à **indenização** pelas benfeitorias necessárias e úteis que tiver feito, podendo, ainda, levantar as voluptuárias, desde que não deteriore a coisa. A indenização se dará pelo valor atual da benfeitoria. Outro direito do possuidor de boa-fé é o de retenção da coisa, enquanto não for indenizado. Significa que o possuidor não é obrigado a entregar a coisa enquanto não for ressarcido. O direito deve ser exercido no momento da contestação da ação que visa à retomada da coisa, devendo o juiz se pronunciar sobre a sua existência. Trata-se de um excelente meio de coerção para recebimento da indenização devida. Constitui verdadeiro direito real, pois não se converte em perdas e danos.

3.4. Direitos do possuidor de má-fé: tem direito apenas ao ressarcimento das benfeitorias necessárias que tiver feito, não podendo retirar as voluptuárias. Trata-se de uma punição a ele imposta, que só é ressarcido pelas benfeitorias necessárias, pois são despesas que até o possuidor legítimo teria de fazer. O retomante escolherá se pretende indenizar pelo valor atual ou pelo custo da benfeitoria. O possuidor de má-fé não tem direito de retenção da coisa enquanto não indenizado pelas benfeitorias necessárias que eventualmente tiver realizado.

(4) Usucapião. A posse prolongada, desde que preenchidos outros requisitos legais, dá ensejo a outro efeito da posse, que é a aquisição da coisa pela usucapião.

(5) Proteção possessória. A posse também tem efeito de gerar o direito de o possuidor defendê-la contra a perturbação e a privação de seu exercício, provocadas por terceiro. Existem dois tipos de proteção possessória previstos em lei, a autoproteção e a heteroproteção.

5.1. Autoproteção da posse. A lei confere ao possuidor o direito de, por si só, proteger a sua posse, daí porque falar-se em autoproteção. Essa proteção não pode ir além do indispensável à restituição (art. 1.210, CC). Há duas situações em que isso ocorre:

(A) legítima defesa da posse: consiste no direito de autoproteção da posse no caso do possuidor, apesar de presente na coisa, estar sendo perturbado. Repare que não chegou a haver perda da coisa.

(B) desforço imediato: consiste no direito de autoproteção da posse no caso de esbulho, de perda da coisa. Repare que a vítima chega a perder a coisa. A lei só permite o desforço imediato se a vítima do esbulho "agir logo", ou seja, agir imediatamente após a agressão ("no calor dos acontecimentos") ou logo que possa agir. Aquele que está ausente (não presenciou o esbulho) só perderá esse direito se não agir logo após tomar conhecimento da agressão à sua posse (art. 1.224, CC).

5.2. Heteroproteção da posse. Trata-se da proteção feita pelo Estado Juiz, provocado por quem sofre a agressão na sua posse. Essa proteção tem o nome de interdito possessório e pode ser de três espécies: interdito proibitório, manutenção de posse e reintegração de posse. Antes de analisarmos cada um deles, é importante verificar suas características comuns.

5.2.1. Características dos interditos possessórios:

(A) fungibilidade: o juiz, ao conhecer de pedido possessório, pode outorgar proteção legal ainda que o pedido originário não corresponda à situação de fato provada em juízo. Assim, caso se ingresse com ação de manutenção de posse e os fatos comprovam que a ação adequada é a de reintegração de posse, o juiz pode determinar a reintegração, conhecendo um pedido pelo outro (art. 554, NCPC).

(B) cumulação de pedidos: nas ações de reintegração e de manutenção de posse, a vítima pode reunir, além do pedido de *correção* da agressão (pedido possessório propriamente dito), os pedidos de condenação em *perdas e danos*, de cominação de *pena para o caso de descumprimento* da ordem judicial e de *desfazimento* da construção ou plantação feita na coisa (art. 555, NCPC).

(C) caráter dúplice: o réu também pode pedir a proteção possessória desde que, na contestação, alegue que foi ofendido na sua posse (art. 556, NCPC).

(D) impossibilidade de discussão do domínio: não se admite discussão de domínio em demanda possessória (arts. 1.210, § 2º, do CC, e 557 do NCPC), ou seja, ganha a ação quem provar que detinha previamente posse legítima da coisa.

5.2.2. Interdito proibitório:

(A) conceito: *é a ação de preceito cominatório utilizada para impedir agressões iminentes que ameaçam a posse de alguém*. Trata-se de ação de caráter *preventivo*, manejada quando há justo receio de que a coisa esteja na iminência de ser turbada ou esbulhada, apesar de não ter ocorrido ainda ato material nesses dois sentidos, havendo apenas uma *ameaça* implícita ou expressa.

(B) ordem judicial: acolhendo o pedido, o juiz fixará uma pena pecuniária para incidir caso o réu descumpra a proibição de turbar ou esbulhar a área, daí o nome de interdito "proibitório". Segundo a Súmula 228 do STJ, não é admissível o interdito proibitório para a proteção de direito autoral.

5.2.3. Manutenção de posse:

(A) conceito: *é a ação utilizada para corrigir agressões que turbam a posse*. Trata-se de ação de caráter repressivo, manejada quando ocorre **turbação**, que é todo ato ou conduta que *embaraça* o livre exercício da posse. Vizinho que colhe frutos ou que implementa marcos na área de outro está cometendo turbação. Se a turbação é passada, ou seja, não está mais acontecendo, cabe apenas pedido indenizatório.

(B) ordem judicial: acolhendo pedido, o juiz expedirá mandado de manutenção de posse. As demais condenações (em perdas e danos, em pena para o caso de nova turbação e para desfazimento de construção ou plantação) dependem de pedido específico da parte interessada. A utilização do rito especial, que prevê liminar, depende se se trata de ação de força nova (promovida dentro de ano e dia da turbação).

5.2.4. Reintegração de posse:

(A) conceito: *é a ação utilizada para corrigir agressões que fazem cessar a posse de alguém*. Trata-se de ação de caráter repressivo, manejada quando ocorre **esbulho**, que é a privação de alguém da posse da coisa, contra a sua vontade. A ação também é chamada de *ação de força espoliativa*.

(B) requisitos: o autor deve provar a sua posse, o esbulho praticado ©o réu, a data do esbulho e a perda da posse.

(C) legitimidade ativa: é parte legítima para propor a ação o possuidor esbulhado, seja ele possuidor direto ou indireto. O mero detentor não tem legitimidade. Os sucessores a título universal continuam, de direito, a posse de seu antecessor, podendo ingressar com ação, ainda que o esbulho tenha ocorrido antes do falecimento do *de cujus*. Já ao sucessor singular é facultado unir sua posse à do seu antecessor, para efeitos legais (art. 1.207, CC). Como regra, a lei não exige vênia conjugal para a propositura de demanda possessória (art. 73, § 2º, NCPC). Em caso de condomínio de pessoas não casadas, a lei permite que cada um ingresse com ação isoladamente (art. 1.314, CC).

(D) legitimidade passiva: é parte legítima para sofrer a ação o autor do esbulho. Cabe também reintegração de posse contra terceiro que recebe a coisa sabendo que fora objeto de esbulho. Já contra terceiro que não sabia que a coisa fora objeto de esbulho, a ação adequada é a reivindicatória, em que se discutirá o domínio.

(E) ordem judicial: acolhendo o pedido, o juiz expedirá mandado de reintegração de posse. As demais condenações (em perdas e danos, em pena para o caso de nova turbação e para desfazimento de construção ou plantação) dependem de pedido específico da parte interessada. A utilização do rito especial, que prevê liminar, depende se se trata de ação de força nova (promovida dentro de ano e dia do esbulho). Após ano e dia do esbulho, deve-se promover a ação pelo rito ordinário, no qual poderá ser acolhido pedido de tutela antecipada, preenchidos seus requisitos, conforme entendimento do STJ e Enunciado CJF 238.

(Promotor de Justiça – MPE/AM – FMP – 2015) Considere as seguintes afirmações sobre o tema da posse:

I. A posse direta, de pessoa que tem a coisa em seu poder, temporariamente, em virtude de direito pessoal, ou real, não anula a indireta, de quem aquela foi havida, podendo o possuidor direto defender a sua posse contra o indireto.

II. O possuidor turbado, ou esbulhado, poderá manter-se ou restituir-se por sua própria força, contanto que o faça logo; os atos de defesa, ou de desforço, não podem ir além do indispensável à manutenção, ou restituição da posse.

III. Ao possuidor de má-fé serão ressarcidas somente as benfeitorias necessárias, assistindo-lhe o direito de retenção pela importância destas.

Quais das assertivas acima estão corretas?

(A) Apenas a II.
(B) Apenas a III.
(C) Apenas a I e III.

(D) Apenas a II e III.
(E) Apenas a I e II.

I: correta, pois essa é a principal consequência do desmembramento da posse em direta e indireta. Existe a possibilidade de o possuidor direto defender a posse contra o possuidor indireto e vice-versa, além de ambos poderem defender a posse perante terceiros; **II:** correta, pois de pleno acordo com a previsão estabelecida pelo art. 1.210, § 1º, do Código Civil; **III:** incorreta, pois não há direito de retenção nesse caso (CC, art. 1.220).
Gabarito "E".

(Ministério Público/MG – 2012 – CONSULPLAN) Quanto aos efeitos da posse, é **INCORRETO** afirmar que:

(A) ao possuidor de má-fé, não serão ressarcidas quaisquer benfeitorias, nem mesmo as necessárias.
(B) o possuidor de boa-fé tem direito, enquanto ela durar, aos frutos percebidos.
(C) quando mais de uma pessoa se disser possuidora, manter-se-á provisoriamente a que tiver a coisa, se não estiver manifesto que a obteve de alguma das outras por modo vicioso.
(D) o possuidor de boa-fé tem direito à indenização das benfeitorias necessárias e úteis, bem como, quanto às voluptuárias, se não lhe forem pagas, a levantá-las, quando o puder sem detrimento da coisa, e poderá exercer o direito de retenção pelo valor das benfeitorias necessárias e úteis.

A: incorreta (e deve ser assinalada), pois o possuidor de má-fé tem direito a indenização quanto às necessárias, mas sem retenção (CC, art. 1.220); **B:** correta, em virtude da regra estabelecida no art. 1.214 do CC; **C:** correta, em virtude da regra estabelecida no art. 1.211; **D:** correta, pois de pleno acordo com a regra prevista no art. 1.219.
Gabarito "A".

(Ministério Público/RJ – 2011) Sobre o direito possessório, é correto afirmar que:

(A) a proteção conferida ao possuidor é o principal efeito da posse. Ela pode se dar de dois modos: pela legítima defesa e pelo desforço imediato. Nessa última hipótese, pode ocorrer pelos próprios recursos ou pelas ações possessórias preconizadas em lei;
(B) a tradição no caso da *traditio brevi manu* e do constituto possessório é considerada forma de tradição real e simbólica, respectivamente;
(C) a sucessão *mortis causa* da posse se dá a título universal e não a título singular, em razão da aplicação do princípio do direito de *saisine*;
(D) a turbação da posse consiste no ato pelo qual o possuidor se vê privado da posse mediante violência, clandestinidade ou abuso de confiança. Acarreta a perda da posse, contra a vontade do possuidor;
(E) a composse, também conhecida como posses paralelas (múltiplas) ocorre diante de posses de naturezas diversas sobre a mesma coisa, ou seja, uma concorrência ou sobreposição de posses, ensejando sempre seu desdobramento.

A: correta. O principal efeito jurídico atribuído ao poder legítimo de fato sobre a *res* é mesmo a proteção possessória. O simples fato de alguém exercer tal poder sobre a coisa já lhe confere o direito de ajuizar ações possessórias ou de defender – com suas próprias forças – a posse que titularizada. Poder-se-ia argumentar também que outro grande efeito da posse é a possibilidade de adquirir a propriedade através da usucapião; **B:** incorreta, pois na *traditio brevi manus* ocorre uma tradição simbólica, tendo em vista que a pessoa já possuía em nome alheio e passa a possuir em nome próprio como, por exemplo, o comodatário que compra o bem e torna-se dono. Já no *constituto possessório* aquele que possuía em nome próprio passa a possuir em nome alheio, como no caso da doação com reserva de usufruto, ocorrendo uma tradição ficta; **C:** incorreta, pois o art. 1.923 § 1º afasta a aplicação irrestrita do princípio de *saisine* para a transmissão da posse; **D:** incorreta, pois a turbação é um grau elevado de ameaça, uma situação na qual a perda da posse parece iminente, como ocorre quando invasores cercam a propriedade da vítima; **E:** incorreta, pois a composse não enseja necessariamente o desdobramento da posse.
Gabarito "A".

6.2. DIREITOS REAIS E PESSOAIS

1. Conceito de Direito Real: *é o poder, direto e imediato, do titular sobre a coisa, com exclusividade e contra todos*. O direito real difere do direito pessoal, pois este gera uma relação entre pessoas determinadas (princípio da relatividade) e, em caso de violação, converte-se em perdas e danos. No direito real, ao contrário, seu titular pode perseguir a coisa sobre a qual tem poder, não tendo que se contentar com a conversão da situação em perdas e danos. O ponto em comum entre os direitos pessoais e os direitos reais é o fato de que integram a categoria dos direitos patrimoniais, diferente dos direitos da personalidade.

2. Princípios do direito real:

2.1. Princípio da aderência: *aquele pelo qual se estabelece um vínculo entre o sujeito e a coisa, independentemente da colaboração do sujeito passivo.*

2.2. Princípio do absolutismo: *aquele pelo qual os direitos reais são exercidos contra todos* (erga omnes). Por exemplo: quando alguém é proprietário de um imóvel, todos têm de respeitar esse direito. Daí surge o *direito de sequela* ou o *jus persequendi*, pelo qual, violado o direito real, a vítima pode perseguir a coisa, ao invés de ter de se contentar com uma indenização por perdas e danos.

2.3. Princípio da publicidade (ou visibilidade): *aquele pelo qual os direitos reais só se adquirem depois do registro do título na matrícula (no caso de imóvel) ou da tradição (no caso de móvel)*. Por ser o direito real oponível *erga omnes*, é necessária essa publicidade para que sejam constituídos.

2.4. Princípio da taxatividade: *aquele pelo qual o número de direitos reais é limitado pela lei*. Assim, por acordo de vontades não é possível criar uma nova modalidade de direito real, que são *numerus clausus*. Assim, está certa a afirmativa de que só são direitos reais aqueles que a lei, taxativamente, denominar como tal, enquanto que os direitos pessoais podem ser livremente criados pelas partes envolvidas (desde que não seja violada a lei, a moral ou os bons costumes), sendo, portanto, o seu número ilimitado.

2.5. Princípio da tipificação: *aquele pelo qual os direitos reais devem respeitar os tipos existentes em lei*. Assim, o acordo de vontades não tem o condão de modificar o regime jurídico básico dos direitos reais.

2.6. Princípio da perpetuidade: *aquele pelo qual os direitos reais não se perdem pelo decurso do tempo, salvo as exceções legais*. Esse princípio se aplica ao direito de propriedade. Os direitos pessoais, por sua vez, têm a marca da *transitoriedade*.

2.7. Princípio da exclusividade: aquele pelo qual não pode haver direitos reais, de igual conteúdo, sobre a mesma coisa. Exemplo: o nu-proprietário e o usufrutuário não têm direitos iguais quanto ao bem objeto do usufruto.

2.8. Princípio do desmembramento: aquele que permite o desmembramento do direito matriz (propriedade), constituindo-se direitos reais sobre coisas alheias. Ou seja, pelo princípio é possível desmembrar um direito real (propriedade, por exemplo) em outros direitos reais (uso, por exemplo).

(Ministério Público/RO – 2013 – CESPE) Considerando o disposto no Código Civil sobre direitos reais, assinale a opção correta.

(A) A servidão predial é ônus imposto coativamente ao proprietário do prédio serviente, que perderá o exercício de algum dos direitos dominicais sobre o seu prédio.
(B) Sendo o direito de habitação concedido a mais de uma pessoa, a que habitar o imóvel deverá pagar à outra aluguel proporcional.
(C) A aluvião, mesmo sendo fenômeno da natureza, obriga o favorecido a pagar indenização ao prejudicado, ante a vedação do enriquecimento sem causa.
(D) Como a superfície é direito diverso do direito de propriedade, a sua aquisição não depende de registro de escritura pública.
(E) Assim como o proprietário, o usufrutuário possui direito de sequela, podendo perseguir o imóvel nas mãos de quem quer que injustamente o detenha.

A: incorreta, pois a servidão não é coercitiva, mas decorre de ato jurídico (que poderá ser entre vivos ou *causa mortis*), de sentença judicial quando for indispensável em ações de divisão (art. 596, II, NCPC), e de usucapião (nas servidões aparentes); **B:** incorreta, pois o direito real de habitação é gratuito; **C:** incorreta, pois não há indenização no acréscimo territorial decorrente da aluvião (art. 1.250 do CC); **D:** incorreta, pois o registro da superfície no Cartório de Registro de Imóveis é essencial à validade do ato (art. 1.369 do CC); **E:** correta, pois o direito de sequela é inerente aos direitos reais, verificando-se tanto na propriedade, quanto nos direitos reais sobre coisas alheias.
Gabarito "E".

(Ministério Público/CE – 2011 – FCC) De acordo com a Lei de Parcelamento do Solo Urbano (Lei nº 6.766/79),

(A) será anulável a cláusula de rescisão de contrato por inadimplemento do adquirente, quando o loteamento não estiver regularmente inscrito.
(B) é vedado vender ou prometer vender parcela de loteamento ou desmembramento registrado se não houver expressa aprovação da Prefeitura Municipal em loteamentos com mais de 150 hectares.
(C) aprovado o projeto de loteamento ou de desmembramento, o loteador deverá submetê-lo ao Registro Imobiliário dentro de 6 (seis) meses, sob pena de caducidade da aprovação.
(D) à União caberá disciplinar a aprovação pelos Municípios de loteamentos e desmembramentos.
(E) a legislação municipal definirá, para cada zona em que se divida o território do Município, os usos permitidos e os índices urbanísticos de parcelamento e ocupação do solo, que incluirão, obrigatoriamente, as áreas mínimas e máximas de lotes e os coeficientes máximos de aproveitamento.

A: incorreta, pois a lei trata a hipótese como nulidade absoluta e não relativa (Lei 6.766/79, art. 39); **B:** incorreta, pois a vedação não alcança apenas loteamentos com mais de 150 hectares; **C:** incorreta, pois a lei concede o prazo de 180 dias para o exercício de tal obrigação; **D:** incorreta, pois tal atribuição é dos Estados e não da União (art. 13 da referida Lei); **E:** correta, pois de pleno acordo com o art. 4º, § 1º da Lei.
Gabarito "E".

(Ministério Público/MG – 2011) Pelo Código Civil, **NÃO** é considerado direito real:

(A) concessão de uso especial para fins de moradia.
(B) energia que tenha valor econômico.
(C) direito do promitente comprador do imóvel.
(D) hipoteca.

Uma característica peculiar dos direitos reais é sua previsão expressa na lei. No Código Civil, por exemplo, os direitos reais estão enumerados no art. 1.225, estando ali previstos a concessão de uso especial para fins de moradia (inciso XI); o direito do promitente comprador do imóvel (inciso VII) e a hipoteca (inciso IX). A assertiva B, portanto, é a única que enumera bem móvel, não se constituindo em direito real (CC, art. 83, I).
Gabarito "B".

(Ministério Público/RJ – 2011) As Promotorias de Justiça de Tutela Coletiva do Estado do Rio de Janeiro possuem diversos inquéritos civis públicos apurando a existência de loteamentos irregulares e clandestinos. Sobre o tema, é correto afirmar que:

(A) o parcelamento de solo urbano clandestino é aquele que teve o seu projeto urbanístico aprovado pelo Município, porém, após ou mesmo antes de sua inscrição no ofício predial (registro de imóveis), é executado de maneira diversa do estatuído no seu projeto;
(B) o parcelamento de solo urbano irregular é aquele não aprovado pelo Município, seja porque não foi submetido à aprovação, seja porque foi submetido, mas a autorização foi negada;
(C) o desmembramento é a subdivisão da gleba em lotes destinados à edificação, com aproveitamento do sistema viário existente, desde que não implique a abertura de novas vias e logradouros públicos, nem prolongamento, modificação ou ampliação dos já existentes;
(D) o loteamento é uma forma de realização do parcelamento do solo urbano, em conformidade com o previsto na Lei nº 6. 766/79. O desmembramento, apesar de preconizado no citado ato normativo, não é considerado pela lei uma forma de parcelamento do solo urbano;
(E) os requisitos necessários para a implantação de um loteamento em área urbana são o seu registro no ofício predial competente (registro de imóveis) e a sua realização fora de áreas de preservação permanente.

A: incorreta, pois a lei traz outros fatos que configuram um loteamento como clandestino, como por exemplo, aquele realizado apesar do indeferimento administrativo; **B:** incorreta, pois o art. 50 da Lei de Parcelamento do Solo traz outros fatos que caracterizam o parcelamento irregular; **C:** correta, pois de acordo com a definição dada pela Lei 6.766/79, art. 2º, § 2º; **D:** incorreta, pois o desmembramento é também forma de parcelamento; **E:** incorreta, pois há outros requisitos previstos na referida lei, especialmente no art. 3º.
Gabarito "C".

6.3. PROPRIEDADE IMÓVEL

(Promotor de Justiça – MPE/AM – FMP – 2015) Sobre a temática dos direitos reais no Código Civil, é CORRETO dizer que

(A) a propriedade do solo abrange a do espaço aéreo e subsolo correspondentes, em altura e profundidade úteis ao seu exercício, não podendo o proprietário opor-se a atividades que sejam realizadas, por terceiros, a uma altura ou profundidade tais, que não tenha ele interesse legítimo em impedi-las.
(B) os direitos reais sobre coisas móveis, quando constituídos, ou transmitidos por a© entre vivos, só se adquirem com o registro no respectivo cartório.
(C) aquele que, mesmo sendo proprietário de outro imóvel rural ou urbano, possua como sua, por cinco anos ininterruptos, sem oposição, área de terra em zona rural não superior a cinquenta hectares, tornando-a produtiva por seu trabalho ou de sua família, tendo nela sua moradia, adquirir-lhe-á a propriedade.
(D) o imóvel urbano que o proprietário abandonar, com a intenção de não mais o conservar em seu patrimônio, e que se não encontrar na posse de outrem poderá ser arrecadado, como bem vago, e passar, dez (10) anos depois, à propriedade do Município ou à do Distrito Federal, se se achar nas respectivas circunscrições.
(E) o registro do título translativo da propriedade somente é eficaz a partir da sua inscrição definitiva no Álbum Imobiliário, não bastando a simples apresentação ao oficial do registro, nem o ato de prenotar no protocolo.

A: correta. A assertiva reproduz fielmente os termos do art. 1.229 do Código Civil; **B:** incorreta, pois tal aquisição se faz pela tradição (CC, art. 1.226); **C:** incorreta, pois nessa espécie de usucapião, o requisito essencial é que o possuidor não seja proprietário de imóvel rural ou urbano (CC, art. 1.239); **D:** incorreta, pois o prazo é de três anos (CC, art. 1.276); **E:** incorreta, pois o registro é *"eficaz desde o momento em que se apresentar o título ao oficial do registro, e este o prenotar no protocolo"* (CC, art. 1.246).
Gabarito "A".

(Promotor de Justiça/SC – 2016 – MPE)
(1) A passagem forçada é direito de vizinhança que não exige registro, enquanto que a servidão é um direito real sobre coisa alheia e tem sua constituição com o registro no Cartório de Registro de Imóveis. Enquanto a passagem forçada decorre da lei e é uma limitação ao direito de propriedade, a servidão limita o domínio e constitui-se mediante declaração expressa dos proprietários, ou por testamento, e subsequente registro no Cartório de Registro de Imóveis.

1: correta. A passagem forçada é um direito concedido ao proprietário de prédio sem acesso a via pública. Normalmente pela via judicial, tal proprietário irá pleitear essa passagem, mediante pagamento de indenização (CC, art. 1.285). Já na servidão de passagem, um prédio (dominante) deseja maior facilidade ou rapidez no acesso a uma via e – por isso – adquire o direito de passar por imóvel alheio (serviente). Uma vez registrado no Cartório de Registro de Imóveis, esse direito torna-se direito real. A servidão também pode ser concedida por testamento redigido pelo dono do prédio serviente em favor do prédio dominante.
Gabarito 1C.

(Promotor de Justiça/SC – 2016 – MPE)
(1) O direito à adjudicação compulsória quando exercido em face do promitente vendedor, se condiciona ao registro da promessa de compra e venda no cartório de registro imobiliário.

1: incorreta, o registro no cartório de registro imobiliário serve para dar publicidade ao ato e, portanto, possibilitar ao promitente comprador o exercício do direito de real à aquisição do imóvel perante terceiros (CC, art. 1.417 e 1.418). Não seria justo prejudicar o terceiro de boa-fé, que não sabia ou não poderia saber da anterior promessa de compra e venda. No que se refere ao exercício desse direito perante o promitente vendedor, que celebrou o negócio jurídico, não há necessidade de registro. Nesse sentido, a Súmula 239 do STJ definiu que: *"O direito à adjudicação compulsória não se condiciona ao registro do compromisso de compra e venda no cartório de imóveis"*.
Gabarito 1E.

(Procurador da República –28º Concurso – 2015 – MPF) Assinale a alternativa correta:

(A) O direito de passagem forçada não comporta oposição do vizinho, cabendo ao juiz fixar o rumo da passagem de forma mais cômoda e menos onerosa para as partes.
(B) O proprietário do prédio inferior é obrigado a receber as águas naturais e as impróprias provenientes de nascente existente no prédio superior.
(C) O proprietário de prédio urbano ou rural não pode levantar edificações nem abrir janelas a menos de um metro e meio da propriedade vizinha.
(D) O vizinho sempre deve contribuir para as despesas de construção de muro divisório entre as propriedades, independentemente de sua necessidade.

A: correta, pois o direito de passagem forçada surge quando o titular de um prédio não tem acesso à via pública, ou seja, tem o seu prédio encravado. Nesses casos, o dono do prédio encravado poderá *"constranger o vizinho a lhe dar passagem"*, mediante pagamento de indenização (CC, art. 1.285); **B:** incorreta, pois *"o possuidor do imóvel superior não poderá poluir as águas indispensáveis às primeiras necessidades da vida dos possuidores dos imóveis inferiores; as demais, que poluir, deverá recuperar, ressarcindo os danos que estes sofrerem, se não for possível a recuperação ou o desvio do curso artificial das águas"* (CC, art. 1.291); **C:** incorreta, pois – no que se refere à zona rural – *"não será permitido levantar edificações a menos de três metros do terreno vizinho"* (CC, art. 1.303); **D:** incorreta, pois a construção de *"tapumes especiais para impedir a passagem de animais de pequeno porte [...] pode ser exigida de quem provocou a necessidade deles, pelo proprietário, que não está obrigado a concorrer para as despesas"* (CC, art. 1.297, § 3º).
Gabarito "A".

(Procurador da República – 25º) Em relação às afirmativas abaixo:

I. A acessão é chamada de industrial ou artificial quando a incorporação de uma coisa a outra resultar do trabalho humano, processando-se de móvel a imóvel;
II. As ilhas que se formarem em correntes comuns ou particulares pertencem aos proprietários ribeirinhos fronteiros, mesmo se o rio for público;
III. A acessão natural por abandono de álveo de uma corrente ocorre quando um rio seca ou se desvia em decorrência de um fenômeno da natureza;
IV. O construtor de má-fé em zona lindeira, que exceder a vigésima parte do solo alheio, é obrigado a demolir a construção, indenizando a desvalorização da área perdida.

Das proposições acima:
(A) I e II estão corretas;
(B) I e III estão corretas;
(C) I e IV estão corretas;
(D) Todas estão corretas.

I: correta, pois a acessão artificial é justamente aquilo que se une ao imóvel em decorrência de uma atividade humana, como por exemplo,

uma construção; **II**: incorreta, pois se o rio for público não se aplicam as regras da aquisição das ilhas previstas no CC, art. 1.249; **III**: correta. Álveo é o percurso, o leito natural de um rio. Forças da natureza podem fazer com que o rio se desvie de seu curso natural, abandonando seu leito original. As terras onde outrora passava o rio e agora estão descobertas passam a ser de propriedade dos terrenos ribeirinhos, na proporção de suas testadas; **IV**: incorreta, pois a consequência desta construção vem prevista no art. 1.258 do CC e remonta a dez vezes o valor da área perdida e da desvalorização da área remanescente.
Gabarito "B".

(Procurador da República – 24º) Tesouro é:

(A) Coisa sem dono, porque foi intencionalmente abandonada pelo seu proprietário;
(B) **Coisa de ninguém, porque nunca foi apropriada, oculta, mas antiga e preciosa;**
(C) Depósito de coisa preciosa, que nunca teve dono ou da qual o dono não tem memória;
(D) Depósito antigo de coisas preciosas, oculto, de cujo dono não haja memória.

O art. 1.264 do CC estabelece que tesouro é: "o depósito antigo de coisas preciosas, oculto e de cujo dono não haja memória". Na hipótese de sua descoberta, o tesouro será dividido por igual entre o proprietário do prédio e o que achar o tesouro casualmente.
Gabarito "D".

(Ministério Público/TO – 2012 – CESPE) Com relação ao direito de propriedade e seus efeitos, assinale a opção correta.

(A) O usufruto por retenção caracteriza-se pela concessão realizada pelo proprietário de usufruto a terceiro, conservando o proprietário a nua propriedade.
(B) De acordo com a legislação civil, a alienação fiduciária é empregada especialmente em relação a bens imóveis, e, em caso de alienação fiduciária em garantia de bens móveis, havendo inadimplemento da dívida, não cabe a ação de busca e apreensão.
(C) Usucapião é uma forma derivada de aquisição de bem imóvel.
(D) **O direito de superfície constitui instituto real por meio do qual o proprietário cede a outrem, por tempo determinado ou não, de forma gratuita ou onerosa, o direito de construir ou plantar em seu terreno, recaindo o direito sobre bens imóveis, mediante escritura pública, devidamente registrada em cartório de registro de imóveis.**
(E) Uma servidão construída para a passagem de carros inclui a passagem de pessoas, assim como uma servidão para pastagem de gado inclui a cultura agrícola no mesmo campo rural.

A: incorreta, pois o usufruto por retenção ocorre quando o proprietário transfere a nua propriedade a terceiro, conservando, todavia, o direito real de usufruto; **B**: incorreta, pois o art. 3º do Decreto-Lei nº 911/69 permite a busca e apreensão para a hipótese de inadimplemento; **C**: incorreta, pois a usucapião é forma originária de aquisição e propriedade; **D**: correta, pois de acordo com a regulamentação do art. 1.369 do Código Civil e do art. 21 da Lei 10.257/01; **E**: incorreta, pois a servidão deve ser usada dentro dos limites de sua destinação específica (CC, art. 1.385 § 1º).
Gabarito "D".

6.4. USUCAPIÃO

(Promotor de Justiça/SC – 2016 – MPE)

(1) É considerada como usucapião familiar a concedida para aquele que exercer, por 2 (dois) anos ininterruptamente e sem oposição, posse direta, com exclusividade, sobre imóvel urbano de até 250m² (duzentos e cinquenta metros quadrados) cuja propriedade divida com ex-cônjuge ou ex-companheiro que abandonou o lar, utilizando-o para sua moradia ou de sua família, desde que não seja proprietário de outro imóvel urbano ou rural.

1: correta, pois a assertiva traz o chamado "Usucapião por abandono de lar conjugal", introduzido no ordenamento pela Lei 12.424/2011, a qual criou o art. 1.240-A do Código Civil.
Gabarito 1C.

(Ministério Público/Acre – 2014 – CESPE) Assinale a opção correta acerca da usucapião.

(A) Não havendo registro de propriedade de terras, existe, em favor do Estado, a presunção *iuris tantum* de que sejam terras devolutas, sendo, então, desnecessária a prova da titularidade pública do bem, o que torna tais imóveis inalcançáveis pela usucapião.
(B) O imóvel público é insuscetível de usucapião, devendo-se, entretanto, reconhecer como possuidor o particular que ocupa, de boa-fé, aquela área, ao ©l é devido o pagamento de indenização por acessões ou benfeitorias ali realizadas.
(C) O direito do usucapiente funda-se sobre o direito do titular precedente e, constituindo este o pressuposto daquele, determina-lhe a existência, as qualidades e sua extensão.
(D) Por ser a usucapião forma de aquisição originária, dispensa-se o recolhimento do imposto de transmissão quando do registro da sentença, não obstante os direitos reais limitados e eventuais defeitos que gravam ou viciam a propriedade serem transmitidos ao usucapiente.
(E) **Dois elementos estão normalmente presentes nas modalidades de usucapião: o tempo e a posse, exigindo-se desta a característica *ad usucapionem*, referente à visibilidade do domínio e a requisitos especiais, como a continuidade e a pacificidade.**

A: incorreta, pois "*Não havendo registro de propriedade do imóvel, inexiste, em favor do Estado, presunção iuris tantum de que sejam terras devolutas, cabendo a este provar a titularidade pública do bem. Caso contrário, o terreno pode ser usucapido*" (STJ – REsp 674558 RS); **B**: incorreta. Existe uma preocupação da lei em proibir a usucapião de bens públicos. Isso fica evidenciado quando se constata que a Constituição Federal estabelece tal vedação em dois dispositivos (arts. 183, § 3º e 191, parágrafo único) e o Código Civil ainda proíbe uma vez mais no art. 102. No que se refere ao direito de indenização por eventuais benfeitorias, o STJ já firmou posição no sentido de sua inadmissibilidade, como demonstra o aresto: "*A ocupação de área pública, quando irregular, não pode ser reconhecida como posse, mas como mera detenção. Se o direito de retenção ou de indenização pelas acessões realizadas depende da configuração da posse, não se pode, ante a consideração da inexistência desta, admitir o surgimento daqueles direitos, do que resulta na inexistência do dever de se indenizar as benfeitorias úteis e necessárias*". (REsp 863939/RJ – Relatora: Ministra Eliana Calmon); **C**: incorreta, pois o direito do usucapiente funda-se no exercício da sua posse com o preenchimento dos requisitos legais, bem como na lei; **D**: incorreta, pois a "*usucapião é forma originária de adquirir. O usucapiente não adquire de outrem; simplesmente adquire. Assim, são irrelevantes vícios de vontade ou defeitos inerentes a eventuais atos causais de transferência da posse. No usucapião ordinário, bastam o tempo e a boa-fé, aliados ao justo título, hábil em tese a transferência do domínio*" (STJ – REsp 23-PR 1989/0008158-6); **E**: correta, pois não é qualquer posse que é apta a gerar usucapião. Apenas a posse que ostenta tais qualidades é que possibilita a aquisição da propriedade.
Gabarito "E".

1. DIREITO CIVIL

(Ministério Público/MS – 2013 – FADEMS) Conforme a doutrina e jurisprudência dominantes, são pressupostos da usucapião: a coisa hábil ou suscetível de ser usucapida; a posse mansa e prolongada; o decurso do tempo; o justo título e a boa-fé. Diante desses pressupostos, marque a alternativa correta:

(A) A usucapião extraordinária exige apenas que o possuidor tenha justo título e boa-fé.
(B) Toda e qualquer espécie de posse mansa é capaz de conduzir à obtenção da usucapião, desde que presentes o decurso do tempo, a coisa hábil ou suscetível de ser usucapida e o justo título.
(C) Presentes os pressupostos elencados no enunciado da questão, é possível, à luz do Código Civil, que os bens dominicais possam ser usucapidos.
(D) O título anulável não é óbice para obtenção da usucapião, porquanto enquanto não for decretada sua anulação é válido, sendo eficaz e capaz de produzir efeitos.
(E) A coisa hábil ou suscetível de ser usucapida, a posse mansa e prolongada e o decurso do tempo não são absolutamente indispensáveis, podendo ser exigidos apenas em algumas situações de usucapião.

A: incorreta, pois a usucapião extraordinária dispensa justo título e boa-fé, exigindo, todavia, lapso temporal mais prolongado; B: incorreta, pois a posse precisa se verificar com "*animus domini*", ser contínua, ininterrupta, pacífica e pública; C: incorreta, pois os bens públicos não se sujeitam à usucapião (art. 102, CC; e arts. 183, § 3º, e 191, parágrafo único, da CF); D: correta, pois o justo título é justamente aquele que tem aparência de documento hábil a transferir a propriedade; E: incorreta, pois os referidos requisitos são indispensáveis à usucapião.
Gabarito "D".

(Ministério Público/SP – 2011) É correto afirmar que a aquisição por usucapião de imóvel urbano, por pessoa que seja proprietária de imóvel rural, se dá:

(A) após 5 (cinco) anos, independentemente de justo título e boa-fé, limitada a área a 250 m2.
(B) após 15 (quinze) anos, independentemente de justo título e boa-fé, sem limite de tamanho da área.
(C) após 5 (cinco) anos, independentemente de justo título e boa-fé, limitada a área a 350 m2.
(D) após 10 (dez) anos, independentemente de justo título, limitada a área a 01 alqueire.
(E) após 10 (dez) anos, independentemente de boa-fé, desde que não utilizado o imóvel para moradia.

A alternativa "b" está correta, pois se trata da usucapião extraordinária, prevista no art. 1.238 do CC.
Gabarito "B".

6.5. LEI DE REGISTROS PÚBLICOS

(Promotor de Justiça – MPE/RS – 2017) Considerando a Lei dos Registros Públicos, assinale com **V** (verdadeiro) e com **F** (falso) as seguintes afirmações.

( ) Mesmo em procedimento de jurisdição voluntária, é necessária a intervenção do Ministério Público, em especial nas ações que visem, respectivamente, a alteração do nome e a retificação de registro civil. Todavia, falta-lhe interesse recursal.
( ) O princípio da verdade real norteia o registro público e tem por finalidade a segurança jurídica. Assim, o registro civil necessita espelhar a verdade existente e atual, e não apenas aquela que passou. Portanto, é admissível a alteração no registro de nascimento do filho para a averbação do nome de sua mãe que, após a separação judicial, voltou a usar o nome de solteira.
( ) A retificação administrativa deve ser feita diretamente no cartório de registro de imóveis, quando buscar a alteração de denominação de logradouro público, bem como alteração ou inserção que resulte de mero cálculo matemático feito a partir das medidas perimetrais constantes do registro.
( ) Filhos de mãe paraguaia e pai brasileiro, registrados no Paraguai, não no consulado brasileiro, que retornarem ao Brasil podem ter suas certidões de nascimento registradas no livro E. Este registro é provisório e será cancelado se não optarem pela nacionalidade brasileira no prazo de três anos, após atingirem a maioridade.

A sequência correta de preenchimento dos parênteses, de cima para baixo, é

(A) F – V – V – F.
(B) V – F – F – F.
(C) F – F – V – V.
(D) V – V – F – V.
(E) V – F – V – V.

I: Falso, pois o STJ já se pronunciou no sentido de que há interesse recursal do Ministério Público nesses casos (REsp 1323677/MA, Rel. Ministra Nancy Andrighi, Terceira Turma, julgado em 05/02/2013, DJe 15/02/2013); II: Verdadeira, pois o STJ já consolidou o entendimento segundo o qual: "*O ordenamento jurídico prevê expressamente a possibilidade de averbação, no termo de nascimento do filho, da alteração do patronímico materno em decorrência do casamento, o que enseja a aplicação da mesma norma à hipótese inversa – princípio da simetria –, ou seja, quando a genitora, em decorrência de divórcio ou separação, deixa de utilizar o nome de casada*" (REsp 1072402/MG, Rel. Ministro Luis Felipe Salomão, Quarta Turma, julgado em 04/12/2012, DJe 01/02/2013) III: Verdadeira, pois de acordo com a Lei 6.015/1973, art. 213, c; IV: Falsa, pois os filhos de pais brasileiros que sejam nascidos no exterior e que não foram registrados no consulado brasileiro podem vir a residir no Brasil e optar a "*qualquer tempo, depois de atingida a maioridade, pela nacionalidade brasileira*" (CF, art. 12, I c).
Gabarito "A".

(Promotor de Justiça/SC – 2016 – MPE)

(1) De acordo com a Lei de Registros Públicos, o prenome será definitivo, admitindo-se, todavia, a sua substituição por apelidos públicos notórios. A substituição do prenome será ainda admitida em razão de fundada coação ou ameaça decorrente da colaboração com a apuração de crime, por determinação, em sentença, de juiz competente, ouvido o Ministério Público.

1: correta, pois a assertiva reproduz com fidelidade o disposto no art. 58, parágrafo único, da Lei 6.015/1973.
Gabarito 1C.

(Promotor de Justiça/SC – 2016 – MPE)

(1) Segundo a Lei de Registros Públicos, os erros que não exijam qualquer indagação para a constatação imediata de necessidade de sua correção poderão ser corrigidos de ofício pelo oficial de registro no próprio cartório onde se encontrar o assentamento, mediante petição assinada pelo interessado, representante legal ou procurador, independentemente de pagamento de selos e taxas e de manifestação do Ministério Público.

1: incorreta, pois o art. 110 da Lei de Registros Públicos permite tal correção, desde que haja manifestação conclusiva do Ministério Público".

Gabarito 1E

(Ministério Público/CE – 2011 – FCC) Far-se-á a averbação em registro público

(A) dos nascimentos, casamentos e óbitos.
(B) da interdição por incapacidade absoluta.
(C) da sentença declaratória de ausência.
(D) dos atos judiciais ou extrajudiciais que declararem, anularem ou reconhecerem a filiação.
(E) das sentenças que decretarem anulação do casamento, o divórcio, a separação judicial e o restabelecimento da sociedade conjugal.

A, B, C: incorretas, pois o *caput* do art. 29 da Lei nº 6.015/1977 disciplina os atos que serão registrados no registro civil, enquanto o parágrafo primeiro enumera os atos que serão averbados. As alternativas A, B e C apresentam hipóteses nas quais ocorrerá registro. **D:** incorreta, pois apenas o ato judicial que reconhece ou anula filiação é que sofrerá averbação. **E:** correta, pois de acordo com o art. 29, § 1º, alínea *a*.

Gabarito "E".

(Ministério Público/PI – 2012 – CESPE) Com base na legislação que regula o registro de imóveis, assinale a opção correta.

(A) Na remição de hipoteca legal, havendo interesse de incapaz ou de pessoa portadora de deficiência, é obrigatória a intervenção do MP.
(B) É vedada a instituição do bem de família juntamente com a transmissão da propriedade.
(C) Enquanto não cancelado, o registro produz todos os efeitos legais, salvo se por outra maneira se provar que o título está extinto ou anulado.
(D) A averbação, no registro de imóveis, dos nomes dos logradouros decretados pelo poder público condiciona-se a requerimento a ser apresentado pelo ente público interessado.
(E) Em qualquer hipótese relacionada a registro torrens, deverá ser ouvido o órgão do MP, que poderá impugnar o registro tanto por falta de prova completa do domínio quanto por preterição de outra formalidade legal.

A: incorreta, pois a intervenção do MP na remição de hipoteca legal restringe-se a hipótese de interesse de incapaz, mas não de pessoa portadora de deficiência (Lei 6.015/73, art. 274); **B:** incorreta, pois o art. 265 da referida Lei permite tal procedimento; **C:** incorreta, pois o registro, enquanto não cancelado, produz todos os efeitos legais ainda que, por outra maneira, se prove que o título está desfeito, anulado, extinto ou rescindido (Lei de Registros Públicos, art. 252); **D:** incorreta, pois tal obrigação deve ser desempenhada *ex officio*, conforme art. 167, II, nº 13; **E:** correta, pois de pleno acordo com o art. 284 da mencionada Lei.

Gabarito "E".

(Ministério Público/MT – 2012 – UFMT) Em relação ao cancelamento de registro público, é correto afirmar:

(A) O Ministério Público, as partes e a Fazenda Pública poderão requerê-lo administrativamente após a confirmação em processo administrativo dos motivos que justificaram a nulidade do título.
(B) Somente poderá ser obtido por meio de declaração judicial em pretensão deduzida pela Fazenda Pública, pelas partes interessadas ou pelo Ministério Público.
(C) Somente poderá ser obtido por meio de declaração judicial após o requerimento das partes interessadas.
(D) Poderá ser realizado por iniciativa das partes, da Fazenda Pública e do Ministério Público, os quais poderão fazer uso de processo administrativo ou de procedimento judicial.
(E) A Fazenda Pública poderá obter a rescisão do título, após a confirmação em processo administrativo, independente de decisão judicial.

A: incorreta, pois o Ministério Público não é legitimado a pleitear o cancelamento (Lei de Registros Públicos, art. 250); **B:** incorreta, pois há outras formas de se obter o cancelamento do registro previstas pelo art. 250; **C:** incorreta pois o processo administrativo seguido por pedido da Fazenda Pública também é meio hábil a se obter o cancelamento (art. 250, IV); **D:** incorreta, pois o Ministério Público não é legitimado a pleitear o cancelamento do registro; **E:** correta, pois é de pleno acordo com o art. 250, IV da mencionada Lei.

Gabarito "E".

(Ministério Público/SC – 2012) Analise as seguintes assertivas:

I. Consideram-se gratuitos, dentre outros, nos termos da Lei n. 9.265/96, os seguintes atos necessários ao exercício da cidadania: a) as ações de impugnação de mandato eletivo por abuso do poder econômico, corrupção ou fraude; b) os pedidos de informações ao poder público, em todos os seus âmbitos, objetivando a instrução de defesa ou a denúncia de irregularidades administrativas na órbita pública.

II. Os serviços concernentes aos Registros Públicos, estabelecidos pela legislação civil para autenticidade, segurança e eficácia dos atos jurídicos, ficam sujeitos ao regime estabelecido na Lei n. 6.015/73. Segundo disposto na referida norma, além dos casos expressamente consignados, os oficiais são civilmente responsáveis por todos os prejuízos que, pessoalmente, ou pelos prepostos ou substitutos que indicarem, causarem, por culpa ou dolo, aos interessados no registro. Registra-se que a responsabilidade civil independe da criminal pelos delitos que cometerem.

III. Segundo dispõe a Lei n. 6.015/73, a cremação de cadáver somente será feita daquele que houver manifestado a vontade de ser incinerado ou no interesse da saúde pública e se o atestado de óbito houver sido firmado por dois médicos ou por um médico legista e, no caso de morte violenta, depois de autorizada pela autoridade judiciária.

IV. Na habilitação para o casamento, nos termos do disposto pela Lei 6.015/73, logo que autuada a petição com os documentos, o oficial mandará afixar proclamas de casamento em lugar ostensivo de seu cartório e fará publicá-los na imprensa local, se houver, em seguida, abrirá vista dos autos ao órgão do Ministério Público, para manifestar-se sobre o pedido e requerer o que for necessário à sua regularidade, podendo exigir a apresentação de atestado de residência, firmado por autoridade policial, ou qualquer outro elemento de convicção admitido em direito.

V. Diversas são as modalidades de atos levados a registro no Registro Civil de Pessoas Naturais, dentre elas pode-se citar: a) as emancipações; b) as interdições; c) as sentenças declaratórias de ausência.

(A) Apenas as assertivas I e III estão corretas.
(B) Apenas as assertivas II, IV e V estão corretas.
(C) Apenas as assertivas I, III e V estão corretas.
(D) Apenas as assertivas II e IV estão corretas.

(E) Todas as assertivas estão corretas.

I: correta, pois de acordo com o art. 1º, IV e III da Lei nº 9.265/1996; **II:** correta, pois de acordo com o art. 28 da LRP; **III:** correta, pois de acordo com o art. 77 § 2º da LRP; **IV:** correta, pois de acordo com o art. 67 § 1º da referida Lei; **V:** correta, pois de acordo com o art. 29 da mencionada Lei.
Gabarito "E".

(Ministério Público/SP – 2012 – VUNESP) A Lei de Registros Públicos (Lei nº 6.015/73) estabelece que, apresentado o título ao registro imobiliário, o oficial, havendo exigência a ser satisfeita, a indicará por escrito. O apresentante do título, não se conformando com a exigência do oficial ou não a podendo satisfazer, requererá que o oficial suscite a dúvida imobiliária para o juiz dirimi-la, obedecendo-se o seguinte:

I. No Protocolo, anotará o oficial, à margem da prenotação, a ocorrência da dúvida.
II. O oficial dará ciência dos termos da dúvida ao apresentante, fornecendo-lhe cópia da suscitação e notificando-o para impugná-la no próprio cartório de registro de imóveis, no prazo de 15 (quinze) dias, remetendo-se, em seguida, os autos ao juiz.
III. Impugnada a dúvida com os documentos que o interessado apresentar, será ouvido o Ministério Público, no prazo de 10 (dez) dias.
IV. Da sentença, poderão interpor apelação, com os efeitos devolutivo e suspensivo, o oficial do cartório de registro, o interessado, o Ministério Público e o terceiro prejudicado.
V. Transitada em julgado a decisão da dúvida, se for julgada procedente, os documentos serão devolvidos ao apresentante, dando-se ciência da decisão ao oficial, para que a consigne no Protocolo e cancele a Prenotação; se for julgada improcedente, o interessado apresentará, de novo, o título, com o respectivo mandado judicial, para que o oficial proceda ao registro anteriormente negado.

Está correto o que se afirma APENAS em

(A) II, IV e V.
(B) I, III, IV e V.
(C) I, II e III.
(D) I, III e V.
(E) III, IV e V.

I: correta, pois de pleno acordo com o art. 198, I da Lei 6.015/73; **II:** incorreta, pois a impugnação deve ocorrer perante o juízo competente e não perante o próprio cartório (LRP, art. 198, III); **III:** correta, pois de acordo com o art. 200 da Lei de Registros Públicos; **IV:** incorreta, pois o oficial do cartório de registro não tem legitimidade para interpor apelação (LRP, art. 202); **V:** correta, em função do disposto no art. 203, da LRP.
Gabarito "D".

6.6. CONDOMÍNIO

(Ministério Público/MG – 2013) Quanto ao condomínio, analise as seguintes alternativas e assinale a assertiva INCORRETA:

(A) Quando a dívida houver sido contraída por todos os condôminos, sem se discriminar a parte de cada um na obrigação, nem estipular solidariedade, entende-se que cada qual se obrigou proporcionalmente ao seu quinhão na coisa comum.
(B) Aplicam-se à divisão do condomínio, no que couber, as regras de partilha de herança.
(C) Cada condômino responde aos outros pelos frutos que percebeu da coisa e pelo dano que lhe causou.
(D) As dívidas contraídas por um dos condôminos em proveito da comunhão, e durante ela, obrigam o contratante, não tendo este direito a ação regressiva contra os demais.

A e B: assertivas corretas, pois as assertivas apenas reproduzem os mandamentos contidos nos arts. 1.317 e 1.321 do Código Civil; **C:** assertiva correta, pois de acordo com a regra estabelecida pelo art. 1.319 do CC; **D:** assertiva incorreta, devendo ser assinalada, pois tais dívidas obrigam o contratante, mas este tem ação regressiva contra os demais condôminos.
Gabarito "D".

(Ministério Público/SP – 2011) Em um condomínio edilício, Antonio é proprietário e possuidor de uma unidade condominial. Ele proporciona festas em sua unidade, com frequência, além do horário permitido; não trata com urbanidade seus vizinhos e os funcionários do condomínio. Em decorrência de tais circunstâncias, recebeu convocação para Assembleia Geral a fim de deliberar sobre aplicação de multa por descumprimento de deveres perante o condomínio e comportamento antissocial. A respeito da deliberação da Assembleia em questão, é correto afirmar que deverá ser tomada:

(A) por dois terços dos condôminos restantes, aplicando-se multa de até o sêxtuplo do valor atribuído à contribuição para as despesas condominiais.
(B) por maioria simples dos condôminos, aplicando-se multa de até cem salários mínimos.
(C) por três quartos dos condôminos restantes, aplicando-se multa de até o quíntuplo do valor atribuído à contribuição para as despesas condominiais.
(D) pela unanimidade dos condôminos, limitada ao valor atribuído à contribuição para as despesas condominiais.
(E) por maioria qualificada dos condôminos, limitada ao dobro do valor atribuído à contribuição para as despesas condominiais.

Art. 1.337 do CC.
Gabarito "C".

6.7. DIREITOS REAIS NA COISA ALHEIA – FRUIÇÃO

(Promotor de Justiça/SC – 2016 – MPE)

(1) O exercício do usufruto é concedido apenas a título gratuito, sendo vedado a título oneroso.

1: incorreta, pois a lei não veda o usufruto remunerado. Assim, o proprietário de um bem pode ceder onerosamente o direito real de usufruto a outrem, por tempo determinado. Nesse caso, haverá também desmembramento da posse. O nu-proprietário ficará com a posse indireta enquanto o usufrutuário terá a posse direta do bem. Isso possibilita que ambos ajuízem ações possessórias um contra o outro ou ainda contra terceiros.
Gabarito 1E.

(Ministério Público/DF – 2013) Com referência aos direitos sobre coisa alheia, sob a ótica do Código Civil, assinale a opção CORRETA.

(A) Direito real de habitação assegura moradia vitalícia ao cônjuge sobrevivente, casado sob regime da comunhão universal de bens, no imóvel em que residia o casal, desde que seja o único dessa natureza e que integre o patrimônio comum ou o particular de cada cônjuge no momento da abertura da sucessão.

(B) A servidão, que consiste na obrigação de possibilitar a utilização mais cômoda do prédio dominante, tem como pressuposto a existência de prédios contíguos, pertencentes ao mesmo dono e constitui-se mediante declaração expressa dos proprietários ou por testamento.

(C) No usufruto os poderes de uso e fruição da coisa são transferidos ao usufrutuário, surgindo um direito real, oponível *erga omnes*. Assim, ocorrendo a alienação da nua-propriedade, o usufrutuário manterá a posse direta sobre o bem até o advento do termo ou condição ajustados com o proprietário primitivo.

(D) O usufrutuário tem o direito de administrar a coisa, podendo alterar a sua substância ou a sua destinação econômica, bem como perceber os frutos naturais, industriais ou civis da coisa, e os produtos, ou seja, as utilidades que diminuem a quantidade da coisa, à medida que são retiradas.

(E) Constituído o usufruto simultâneo e sucessivo em favor de dois ou mais usufrutuários, aos usufrutuários sobreviventes serão acrescidas as parcelas dos que vierem a falecer, só retornando a propriedade desonerada ao nu-proprietário no instante que todos os beneficiários falecerem.

A: incorreta, pois o direito real de habitação é conferido ao cônjuge sobrevivente, qualquer que seja o regime de bens e "*sem prejuízo da participação que lhe caiba na herança*" (CC, art. 1.831); B: incorreta, pois é possível a servidão de prédios não contíguos, como ocorre na servidão de aqueduto; C: correta, pois o usufrutuário mantém seus direitos, pouco importando quem seja o nu-proprietário. Esta, aliás, a principal característica de um direito real; D: incorreta, pois o usufrutuário não pode mudar a destinação econômica do bem "*sem expressa autorização do proprietário*" (CC, art. 1.399); E: incorreta, pois este direito de acrescer aos usufrutuários sobreviventes somente ocorre com expressa previsão no ato constitutivo do usufruto (CC, art. 1.411).
Gabarito "C".

(Ministério Público/MS – 2011 – FADEMS) Assinale a alternativa **incorreta**.

(A) No regime de participação final nos aquestos, cada cônjuge possui patrimônio próprio, consoante disposto na lei, e lhe cabe, à época da dissolução da sociedade conjugal, direito à metade dos bens adquiridos pelo casal, a título oneroso, na constância do casamento;

(B) Se o casamento dos nubentes menores de idade se der por suprimento judicial de vontade, o regime de bens entre os cônjuges será, necessariamente, o de separação obrigatória de bens;

(C) Não podem casar o adotante com quem foi cônjuge do adotado e o adotado com quem o foi do adotante;

(D) Se o devedor da obrigação garantida pela primeira hipoteca não se oferecer, no vencimento, para pagá-la, o credor da segunda pode promover-lhe a extinção, consignando a importância e citando o primeiro credor para recebê-la e o devedor para pagá-la;

(E) O usufrutuário tem direito a posse, uso, administração e percepção dos frutos, todavia, não pode exercer o direito de retomada do imóvel para uso de descendente, pois, para tal, não é ele equiparado ao proprietário.

A: correta (art. 1.672 do CC); B: correta (art. 1.641, III, do CC); C: correta (art. 1.521, III, do CC); D: correta (art. 1.478, *caput*, do CC); E: incorreta (e deve ser assinalada), pois o usufrutuário pode exercer o direito de retomada do imóvel para uso de descendente, conforme previsto na Lei de Locação (art. 47, III, da Lei 8.245/91 e art. 1.394 do CC).
Gabarito "E".

6.8. DIREITOS REAIS NA COISA ALHEIA – GARANTIA

(Ministério Público/RO – 2013 – CESPE) A respeito dos direitos reais de garantia, assinale a opção correta.

(A) Antes de vencida a dívida, o devedor hipotecário continua explorando o bem e pode constituir sobre ele outros ônus reais, como o usufruto.

(B) Ao contrário da hipoteca, o penhor não se reveste de forma solene, porquanto a posse do bem penhorado será transferida ao credor.

(C) O credor pignoratício detém posse *sui generis*, de forma que não pode pretender ressarcimento pelo vício da coisa dada em garantia.

(D) A hipoteca não retira do proprietário do imóvel hipotecado o direito de usar e gozar da coisa; apenas causa restrições quanto à disposição.

(E) O direito do credor hipotecário não fica suspenso até a data fixada para adimplemento da obrigação principal, podendo ele praticar atos que visem à conservação do bem.

A: correta, pois a constituição da hipoteca sobre um bem imóvel não afasta a possibilidade de nele se constituir outro direito real de gozo, como é o caso do usufruto; B: incorreta, pois "o instrumento do penhor deverá ser levado a registro, por qualquer dos contratantes; o do penhor comum será registrado no Cartório de Títulos e Documentos" (art. 1.432 do CC); C: incorreta, pois o credor tem direito ao ressarcimento do prejuízo que houver sofrido por vício da coisa empenhada (art. 1.433, III, do CC); D: incorreta, pois não há restrição ao dono do imóvel hipotecado aliená-lo. Ao contrário, é nula a cláusula que proíbe ao proprietário alienar imóvel hipotecado (art. 1.475 do CC). O que a lei admite é o vencimento antecipado da dívida no caso de alienação do imóvel hipotecado (art. 1.475, parágrafo único, do CC); E: incorreta, pois não há tal previsão no ordenamento jurídico.
Gabarito "A".

(Ministério Público/PI – 2012 – CESPE) No que se refere aos direitos das coisas e aos direitos reais de garantia, assinale a opção correta.

(A) As normas previstas no Código Civil sobre direito de superfície revogaram as do Estatuto da Cidade relativas ao mesmo tema.

(B) Não é lícito que, sobre um mesmo bem imóvel, incidam simultaneamente uma anticrese e uma hipoteca.

(C) O compossuidor que receba a posse em razão do princípio da saisine não terá direito à proteção possessória contra outro compossuidor.

(D) O direito de passagem forçada não é garantido nos casos em que o acesso à via pública seja insuficiente ou inadequado para fins de exploração econômica.

(E) O conteúdo do usufruto é mais amplo que o da servidão, pois esta só se estabelece sobre imóvel, enquanto aquele não tem essa limitação.

A: incorreta, pois os dispositivos legais convivem nos seus respectivos âmbitos de atuação; B: incorreta, pois não há vedação legal a tal hipótese; C: incorreta, pois a proteção possessória não está afastada nesta hipótese; D: incorreta, pois a jurisprudência já fixou o

entendimento no sentido de que não é apenas o imóvel fisicamente encravado e sem qualquer acesso à via pública que merece a proteção do instituto. Neste sentido: "Numa era em que a técnica da engenharia dominou a natureza, a noção de imóvel encravado já não existe em termos absolutos e deve ser inspirada pela motivação do instituto da passagem forçada, que deita raízes na supremacia do interesse público; juridicamente, encravado é o imóvel cujo acesso por meios terrestres exige do respectivo proprietário despesas excessivas para que cumpra a função social sem inutilizar o terreno do vizinho, que em qualquer caso será indenizado pela só limitação do domínio. (REsp 316.336/MS, Rel. Ministro ARI PARGENDLER, TERCEIRA TURMA, julgado em 18/08/2005, DJ 19/09/2005, p. 316); **E:** correta, pois a despeito da raridade da hipótese, ela não é afastada pela lei.
Gabarito "E".

(Ministério Público/CE – 2011 – FCC) A respeito do penhor, da hipoteca e da anticrese, considere:

I. É válida a cláusula que autoriza o credor pignoratício, anticrético ou hipotecário a ficar com o objeto da garantia, se a dívida não for paga no vencimento.
II. Só aquele que pode alienar poderá empenhar, hipotecar ou dar em anticrese e só os bens que se podem alienar poderão ser dados em penhor, anticrese ou hipoteca.
III. Os sucessores do devedor podem remir parcialmente o penhor ou a hipoteca na proporção dos seus quinhões.

Está correto o que se afirma SOMENTE em

(A) I.
(B) II.
(C) I e II.
(D) I e III.
(E) II e III.

I: incorreta, pois o pacto comissório é nulo de pleno direito no sistema (CC, art. 1.428); **II:** correta, pois a concessão direito real de garantia sobre o bem é um início de alienação. Daí a exigência da lei (CC, art. 1.420); **III:** incorreta, pois os sucessores do devedor não podem remir parcialmente tais direitos reais. Qualquer deles, porém, poderá fazê-lo no todo (CC, art. 1.429).
Gabarito "B".

(Ministério Público/SP – 2011) A respeito de direitos reais, é correto afirmar:

(A) o direito real não se adquire pela ocupação.
(B) o direito de superfície sobre imóveis rurais pode ser concedido por prazo indeterminado.
(C) o exercício do usufruto não é transferível a título oneroso.
(D) o prazo máximo do contrato de penhor de veículos é de 4 (quatro) anos.
(E) o adquirente de imóvel hipotecado não pode se exonerar da hipoteca.

A: incorreta, pois a ocupação é *modo de aquisição originário da propriedade de coisa móvel e sem dono, por não ter sido ainda apropriada ("res nullius") ou por ter sido abandonada ("res derelicta")* (art. 1.263 do CC); **B:** incorreta, pois o direito real de superfície sobre imóveis rurais apenas pode ser concedido por prazo determinado, nos termos do art. 1369 CC; entretanto, vale registrar que no caso de imóveis urbanos, tais direitos podem ser concedidos por prazo determinado ou indeterminado, nos termos do art. 21, da Lei 10257/01; **C:** incorreta, pois o exercício do usufruto é transferível a título gratuito ou oneroso (art. 1.393 do CC); **D:** correta (art. 1.466 do CC); **E:** incorreta, pois o adquirente do imóvel hipotecado, desde que não se tenha obrigado pessoalmente a pagar as dívidas aos credores hipotecários, poderá exonerar-se da hipoteca, abandonando-lhes o imóvel (art. 1.479 do CC).
Gabarito "D".

7. FAMÍLIA
7.1. CASAMENTO
7.1.1. DISPOSIÇÕES GERAIS, CAPACIDADE, IMPEDIMENTOS, CAUSAS SUSPENSIVAS, HABILITAÇÃO, CELEBRAÇÃO E PROVA DO CASAMENTO

(Promotor de Justiça – MPE/AM – FMP – 2015) Considere as seguintes afirmações sobre o tema do casamento:

I. O casamento se realiza no momento em que o homem e a mulher manifestam, perante o juiz, a sua vontade de estabelecer vínculo conjugal, e o juiz os declara casados.
II. Excepcionalmente, será permitido o casamento de quem ainda não alcançou a idade núbil, para evitar a imposição ou o cumprimento de pena criminal, ou em caso de gravidez.
III. Não podem casar o adotado com o filho do adotante.
IV. A habilitação para o casamento será feita pessoalmente perante o oficial do Registro Civil, com a audiência do Ministério Público.

Quais das assertivas acima estão corretas?

(A) Apenas a I e II.
(B) Apenas a II e III.
(C) Apenas a I, II e III.
(D) Apenas a II, III e IV.
(E) I, II, III e IV.

I: correta, pois de acordo com a previsão do art. 1.535 do Código Civil; **II:** correta, pois de acordo com a previsão do art. 1.520 do Código Civil; **III:** correta, pois trata-se de impedimento matrimonial previsto no art. 1.521, III e que torna o casamento nulo (CC, art. 1.548, II); **IV:** correta, pois de acordo com a previsão do Código Civil, art. 1.526.
Gabarito "E".

(Promotor de Justiça – MPE/MS – FAPEC – 2015) Considerando que Jorge possui 17 anos e deseja se casar com Fátima, a qual possui 15 anos e está grávida, assinale a assertiva **correta**:

(A) Tendo em vista que ambos não alcançaram a idade núbil atualmente, mostra-se nulo eventual casamento celebrado entre Jorge e Fátima, pouco importando a autorização materna, paterna ou judicial.
(B) É possível o casamento de Jorge e Fátima, desde que ambos obtenham apenas a autorização de seus pais, independente de autorização judicial.
(C) É possível o casamento de Jorge e Fátima, contudo, deverá ser com autorização judicial, tendo em vista que a última está aquém da idade núbil, sendo aplicável, na hipótese, o regime de comunhão parcial de bens se outro regime não for escolhido pelos nubentes.
(D) Como regra, Jorge e Fátima podem casar no regime de participação final dos aquestos se obtiverem a autorização de seus genitores, independentemente de a última estar grávida.
(E) Jorge e Fátima podem se casar, mediante autorização judicial, sendo aplicável o regime de separação de bens.

A idade núbil no Brasil é de 16 anos, sendo necessária autorização dos pais enquanto os nubentes não alcançarem a maioridade civil (CC, art. 1.517). Contudo, na hipótese ventilada existe um fato relevante, que é a gravidez de Fátima, o que permite o casamento mediante autorização judicial (CC, art. 1.520). Sempre que alguém se casar com autorização judicial, incidirá o regime de separação obrigatória de bens no casamento (CC, art. 1.641, III). Não custa acrescentar que isso produzirá uma nova consequência, que é o afastamento do direito de a viúva herdar quando concorrendo com descendentes (CC, art. 1.829, I).

Gabarito "E".

(Promotor de Justiça/GO – 2016 – MPE) A respeito do casamento, assinale a alternativa correta:

(A) a eficácia da habilitação será de cento e vinte dias, a contar da data em que foi extraído o certificado.
(B) o nubente que não estiver em iminente risco de vida não poderá fazer-se representar no casamento nuncupativo.
(C) há impedimento para o casamento entre os afins em linha reta, permanecendo-se a afinidade ainda que ocorra a dissolução do casamento ou da união estável.
(D) é nulo o casamento contraído pelo enfermo mental sem o necessário discernimento para os atos da vida civil.

A: incorreta, pois o prazo é de 90 dias (CC, art. 1.532); **B:** incorreta, pois nada impede a representação nesse caso (CC, art. 1.542); **C:** correta, pois o parentesco por afinidade na linha reta (que liga, por exemplo, a sogra e o genro) não se dissolve com a dissolução do casamento (CC, art. 1.595 § 2º); **D:** incorreta, pois essa hipótese de nulidade de casamento foi revogada com a Lei 13.146/2015. Atualmente, somente a presença de impedimento matrimonial é que pode gerar a nulidade absoluta do casamento (CC, art. 1.548, II).

Gabarito "C".

(Procurador da República – 24º) Em relação ao poder familiar, é correto dizer que:

I. Consiste num conjunto de direitos e obrigações, quanto à pessoa e bens do filho menor não emancipado, exercido em igualdade de condições por ambos os pais, tendo em vista o interesse e a proteção dos filhos.
II. A sua suspensão é uma sanção, que visa preservar os interesses do filho menor, privando o genitor de seu exercício, decretada mediante requerimento do Ministério Público ou dos ascendentes.
III. A destituição, por ato judicial, se dará pelo castigo imoderado; pelo abandono, que priva o menor de meios de subsistência, e pela prática de atos contrários aos bons costumes.

Das proposições acima:

(A) Todas estão corretas;
(B) Apenas I está correta;
(C) Apenas II está correta;
(D) Apenas III está correta.

I: correta. Trata-se de uma definição adequada do instituto, criado precipuamente com o objetivo de zelo e cuidado com o filho menor. Daí decorre o fato de ele produzir mais obrigações do que direitos (CC, art. 1.634); **II:** incorreta, pois além do Ministério Público, qualquer parente pode pedir ao Juiz a suspensão do poder familiar (CC, art. 1.637); **III:** incorreta, pois a reiteração das causas de suspensão do poder familiar, previstas no art. 1.637 (abuso de autoridade, falta com os deveres inerentes ao poder familiar, condução dos bens do filho à ruína), também pode gerar a destituição do poder familiar (CC, art. 1.638).

Gabarito "B".

(Ministério Público/Acre – 2014 – CESPE) No que se refere aos impedimentos ao casamento e às circunstâncias que o tornam nulo ou anulável, assinale a opção correta.

(A) Não podem casar-se os já casados, devendo-se observar que o casamento religioso, ainda que não inscrito em livro no registro civil de pessoas naturais, também caracteriza o referido impedimento.
(B) O MP tem legitimidade para promover ação direta requerendo a decretação de nulidade do casamento.
(C) É nulo o casamento contraído por pessoa com reduzida ou parcial capacidade de discernimento.
(D) O casamento anulável, diferentemente do nulo, se celebrado de boa-fé pelos contraentes, produzirá os efeitos do casamento válido até a data da sentença que decretar a sua invalidação, de forma a resguardar a família e, em especial, os filhos havidos desse negócio jurídico.
(E) Os impedimentos ao casamento previstos no art. 1.521 do Código Civil, por se basearem no interesse público e estarem relacionados à instituição da família e à estabilidade social, têm caráter absoluto, o que torna anulável o casamento realizado por desrespeito a qualquer um deles.

A: incorreta, pois o casamento religioso demanda registro civil (CC, art. 1.515); **B:** correta, pois tal legitimidade encontra respaldo no art. 1.549 do Código Civil; **C:** incorreta, pois a nulidade somente se verificará se o enfermo mental não tiver discernimento para os atos da vida civil; **D:** incorreta, pois a proteção ao cônjuge de boa-fé (com a atribuição de efeitos) se dá tanto no casamento nulo, quanto no anulável (CC, art. 1.561); **E:** incorreta, pois o casamento celebrado sob impedimento matrimonial enseja sua nulidade absoluta (CC, art. 1.548, II).

Gabarito "B".

(Ministério Público/ES – 2013 – VUNESP) Com relação à capacidade para o casamento, assinale a alternativa correta.

(A) A idade núbil é de 16 (dezesseis) anos, podendo-se contrair casamento com idade inferior para evitar imposição ou cumprimento de pena criminal.
(B) A ausência de regular autorização para celebração do casamento é causa de nulidade absoluta.
(C) Celebrado o casamento mediante autorização judicial, os cônjuges podem eleger o regime de bens que julgarem mais conveniente.
(D) A idade núbil é de 16 (dezesseis) anos, prescindindo de autorização de um dos pais, sob pena de anulação.
(E) O casamento do menor, regularmente celebrado, é hipótese de cessação da incapacidade.

A: incorreta, pois o casamento antes dos dezesseis anos também é permitido para a hipótese de gravidez (CC, art. 1.520); **B:** incorreta, pois tal hipótese gera nulidade relativa e não absoluta (CC, art. 1.550, II); **C:** incorreta, pois nessa hipótese a lei impõe o regime de separação obrigatória (CC, art. 1.641); **D:** incorreta, pois até os dezoito anos exige-se autorização de ambos os pais (CC, art. 1.517); **E:** correta, pois o casamento é causa legal de emancipação, conforme previsto no art. 5º, II.

Gabarito "E".

(Ministério Público /DF – 2013) Ainda a respeito do direito de família, julgue os itens a seguir:

I. O casamento válido se dissolve pela morte de um dos cônjuges, pelo divórcio ou pela nulidade ou anulação do casamento.
II. Os cônjuges podem validamente constituir empresa entre si desde que não sejam casados pelo regime da separação obrigatória de bens.
III. Os nubentes com idade entre dezesseis e dezoito anos podem casar-se por qualquer dos regimes disponíveis ou de pacto antenupcial, desde que obtenham a autorização de seus representantes legais.
IV. A administração do bem de família compete a ambos os cônjuges e, em sua falta, ao filho mais velho, se for

maior, ou a seu tutor, se menor, salvo disposição em contrário do ato de instituição.

V. A obrigação alimentar é recíproca e a sua extensão indefinida entre os parentes de linha reta, os mais próximos em primazia aos mais remotos. Na falta destes parentes, a obrigação transfere-se aos colaterais até o quarto grau. Podendo-se, no entanto, pleitear alimentos complementares ao parente de outra classe se o mais próximo não tiver condições de suportar o encargo. Estão CORRETOS os itens:

(A) I e II
(B) I, II e III
(C) II e IV
(D) III e IV
(E) III, IV e V

I: incorreta, pois as hipóteses de dissolução do casamento restringem-se à morte ou divórcio (CC, art. 1.571 § 1º); II: incorreta, pois a vedação à constituição de empresa aplica-se aos cônjuges casados sob o regime da comunhão universal ou separação obrigatória (CC, art. 977); III: correta, pois o que implicaria no regime de separação obrigatória seria a autorização judicial para casar. Com a autorização dos pais, fica afastada a necessidade de autorização judicial e, portanto, permite-se a escolha do regime; IV: correta, pois de acordo com a previsão estabelecida pelo art. 1.720 do Código Civil; V: incorreta, pois: "*na falta dos ascendentes cabe a obrigação aos descendentes, guardada a ordem de sucessão e, faltando estes, aos irmãos, assim germanos como unilaterais*" (CC, art. 1.697).
Gabarito "D".

(Ministério Público/SP – 2013 – PGMP) O Código Civil Brasileiro estabelece como idade núbil

(A) doze anos.
(B) quatorze anos.
(C) dezesseis anos.
(D) dezoito anos.
(E) vinte e um anos.

De acordo com o art. 1.517 do CC, o homem e a mulher podem casar a partir dos 16 anos, tratando-se, assim, da idade núbil. Vale lembrar que, excepcionalmente, será permitido o casamento de quem ainda não tenha alcançado a idade mínima em estado de gravidez (art. 1.520 do CC).
Gabarito "C".

(Ministério Público/GO – 2012) Sobre o casamento, marque a alternativa incorreta.

(A) o casamento religioso, que atender às exigências legais para a validade do civil, produzirá efeitos após seu regular registro.
(B) os impedimentos podem ser opostos, até o momento da celebração do casamento, por qualquer pessoa capaz.
(C) até a celebração do casamento, podem os pais, tutores ou curadores revogar a autorização, quando esta se fizer necessária.
(D) a solenidade do casamento realizar-se-á na presença de duas testemunhas, mas este número chegará a seis, estando um ou os dois nubentes em situação de iminente risco de vida.

A: incorreta (e deve ser assinalada), pois os efeitos do casamento religioso devidamente registrado retroagem à data da celebração; B: correta, pois de acordo com o disposto no CC, art. 1.522; C: correta, pois o Código Civil permite tal revogação até o momento da celebração do casamento (art. 1.518); D: correta, pois de acordo com os artigos 1.534 e 1.540 do Código Civil.
Gabarito "A".

(Ministério Público/MG – 2012 – CONSULPLAN) Quanto ao processo de habilitação para o casamento, é **INCORRETO** afirmar que:

(A) a habilitação será feita pessoalmente perante o oficial do Registro Civil, com a audiência do Ministério Público. Caso haja impugnação do oficial, do Ministério Público ou de terceiro, a habilitação será submetida ao juiz.
(B) é dever do oficial do registro esclarecer os nubentes a respeito dos fatos que podem ocasionar a invalidade do casamento, bem como sobre os diversos regimes de bens.
(C) tanto os impedimentos quanto as causas suspensivas serão opostos em declaração escrita e assinada, instruída com as provas do fato alegado, ou com a indicação do lugar onde possam ser obtidas.
(D) a eficácia da habilitação será de cento e vinte dias, a contar da data em que foi extraído o certificado.

A: correta, pois de acordo com o art. 1.526 do Código Civil; B: correta, pois de acordo com o mandamento previsto no CC, art. 1.528; C: correta, pois de acordo com o art. 1.529 do CC; D: incorreta (e deve ser assinalada), pois a eficácia da habilitação para casar será de noventa dias, a contar da data em que foi extraído o certificado (CC, art. 1.532).
Gabarito "D".

(Ministério Público/SP – 2012 – VUNESP) Pelo casamento, homem e mulher assumem mutuamente a condição de consortes, companheiros e responsáveis pelos encargos da família. Em relação à eficácia do casamento, é correto afirmar:

(A) Qualquer dos nubentes, com a autorização expressa do outro, poderá acrescer ao seu o sobrenome do outro.
(B) A direção da sociedade conjugal será exercida pelo marido, com a colaboração da mulher, sempre no interesse do casal e dos filhos.
(C) São deveres do cônjuge virago: o planejamento familiar, a escolha do domicílio do casal, a educação dos filhos e a administração dos bens do casal.
(D) Se qualquer dos cônjuges estiver encarcerado por mais de 180 (cento e oitenta) dias, o outro requererá ao juiz alvará para exercer, com exclusividade, a direção da família e a administração dos bens do casal.
(E) Os cônjuges são obrigados a concorrer, na proporção de seus bens e dos rendimentos do trabalho, para o sustento da família e a educação dos filhos, qualquer que seja o regime patrimonial.

A: incorreta, pois não há necessidade de autorização do outro para tal acréscimo; B: Incorreta, pois a direção da sociedade conjugal é exercida em conjunto por marido e mulher (CC, art. 1.567); C: incorreta, pois tais deveres devem ser exercidos em conjunto pelo casal; D: incorreta, pois nesse caso não há necessidade de alvará judicial; E: correta, pois de acordo com o CC, art. 1.568.
Gabarito "E".

(Ministério Público/TO – 2012 – CESPE) Com referência ao direito de família, assinale a opção correta.

(A) Entre as inúmeras semelhanças apresentadas entre união estável e concubinato inclui-se a de serem ambos os institutos discutidos, no caso de dissolução, no âmbito do direito de família.
(B) Um imóvel instituído convencionalmente como bem de família isenta o prédio da execução de qualquer dívida posterior ao ato da instituição do bem.

(C) Com a edição da Emenda Constitucional nº 66, na qual são alteradas as formas de dissolução do casamento, o conceito de sociedade conjugal não encontra mais amparo no direito de família brasileiro.
(D) Só se admite o prolongamento dos efeitos do casamento putativo, após a publicação da sentença anulatória, quando as partes o celebrarem de boa-fé e existir pacto antenupcial, independentemente da existência de filhos; no caso de má-fé, os efeitos se mantêm apenas para justificar a concessão de alimentos.
(E) Considere que Carlos, casado com Amanda sob o regime de comunhão parcial de bens, seja avalista do irmão em empréstimo bancário de alta monta. Nesse caso, para que o ato seja considerado válido, é necessário que Amanda conceda outorga uxória.

A: incorreta, pois não se pode comparar união estável e concubinato, tendo em vista que este último envolve a manutenção de relações não eventuais entre pessoas impedidas de casar; **B:** incorreta, pois há exceções à impenhorabilidade do bem de família previstas no art. 1.715; **C:** incorreta, pois a sociedade conjugal continua existindo, especialmente para as consequências patrimoniais. A dúvida permanece apenas no que se refere à recepção ou não do instituto da separação judicial; **D:** incorreta, pois não há exigência de pacto antenupcial para se dar efeitos ao casamento putativo (CC, art. 1.561); **E:** correta, pois a concessão do aval é uma das hipóteses de atos jurídicos para os quais se exige vênia conjugal. A solução dada pela lei para o não atendimento desta exigência é a anulabilidade do ato, conforme os artigos 1.642, IV e 1.647 do Código Civil.
Gabarito "E".

7.1.2. INVALIDADE

(Ministério Público/PR – 2013) É hipótese de nulidade do casamento:

(A) O casamento do menor de 16 anos;
(B) O casamento com infringência de impedimento;
(C) O casamento contraído com erro sobre a pessoa do outro nubente;
(D) O casamento do menor entre 16 e 18 anos não autorizado por seu representante legal;
(E) O casamento do menor emancipado, sem autorização de seu representante legal.

A: incorreta, pois o casamento de quem não atingiu a idade núbil é anulável, segundo o disposto no art. 1.550, I, do CC; **B:** correta, pois trata-se de uma das duas hipóteses de nulidade absoluta de casamento (art. 1.548, II, do CC); **C:** incorreta, pois o erro essencial sobre a pessoa do cônjuge é hipótese de anulabilidade de casamento (art. 1.550, III, do CC); **D:** incorreta, pois essa hipótese gera anulabilidade e não nulidade absoluta do matrimônio (art. 1.550, II, do CC); **E:** incorreta, pois nesse caso o casamento não é nulo.
Gabarito "B".

7.1.3. EFEITOS E DISSOLUÇÃO DO CASAMENTO

Observação importante: mesmo com a edição da EC 66/10, mantivemos as questões sobre separação judicial, pois ainda há controvérsia sobre a existência ou não desse instituto após a entrada em vigor da Emenda. O próprio CNJ, chamado a se manifestar sobre assunto, preferiu apenas alterar sua Resolução nº 35, para admitir o divórcio extrajudicial mesmo que não cumpridos os prazos de 2 anos de separação de fato (antigo divórcio-direto) e de 1 ano de separação judicial (antigo divórcio-conversão), não entrando no mérito se ainda existe a possibilidade de alguém preferir, antes do divórcio, promover separação judicial. O fato é que a EC 66/10 vem sendo aplicada normalmente pelos Cartórios Extrajudiciais, para permitir o divórcio direto, sem necessidade de cumprir os prazos mencionados, tudo indicando que o instituto da separação judicial venha, no mínimo, a cair em desuso. De qualquer maneira, como não houve ainda revogação do Código Civil no ponto que trata desse instituto, mantivemos as questões sobre o assunto, que, quem sabe, podem ainda aparecer em alguns concursos públicos. Segue, para conhecimento, a decisão do CNJ sobre o assunto:

"EMENTA: PEDIDO DE PROVIDÊNCIAS. PROPOSTA DE ALTERAÇÃO DA RESOLUÇÃO Nº 35 DO CNJ EM RAZÃO DO ADVENTO DA EMENDA CONSTITUCIONAL Nº 66/2010. SUPRESSÃO DAS EXPRESSÕES "SEPARAÇÃO CONSENSUAL" E "DISSOLUÇÃO DA SOCIEDADE CONJUGAL". IMPOSSIBILIDADE. PARCIAL PROCEDÊNCIA DO PEDIDO.

– A Emenda Constitucional nº 66, que conferiu nova redação ao § 6º do art. 226 da Constituição Federal, dispõe sobre a dissolubilidade do casamento civil pelo divórcio, para suprimir o requisito de prévia separação judicial por mais de 01 (um) ano ou de comprovada separação de fato por mais de 02 (dois) anos.

– Divergem as interpretações doutrinárias quanto à supressão do instituto da separação judicial no Brasil. Há quem se manifeste no sentido de que o divórcio passa a ser o único meio de dissolução do vínculo e da sociedade conjugal, outros tantos, entendem que a nova disposição constitucional não revogou a possibilidade da separação, somente suprimiu o requisito temporal para o divórcio.

– Nesse passo, acatar a proposição feita, em sua integralidade, caracterizaria avanço maior que o recomendado, superando até mesmo possível alteração da legislação ordinária, que até o presente momento não foi definida.

– Pedido julgado parcialmente procedente para propor a modificação da redação da Resolução nº 35 do Conselho Nacional de Justiça, de 24 de abril de 2007, que disciplina a aplicação da Lei nº 11.441/07 pelos serviços notariais e de registro, nos seguintes termos: a) seja retirado o artigo 53, que versa acerca do lapso temporal de dois anos para o divórcio direto e; b) seja conferida nova redação ao artigo 52, passando o mesmo a prever: "Os cônjuges separados judicialmente, podem, mediante escritura pública, converter a separação judicial ou extrajudicial em divórcio, mantendo as mesmas condições ou alterando-as. Nesse caso, é dispensável a apresentação de certidão atualizada do processo judicial, bastando a certidão da averbação da separação no assento do casamento." (CNJ, Pedido de Providências nº 0005060-32.2010.2.00.0000, j. 12.08.2010)"

(Promotor de Justiça/SC – 2016 – MPE)

(1) É requisito para a concessão do divórcio a definição quanto à partilha dos bens entre os cônjuges.

1: incorreta, pois o Código Civil afirma que: "*O divórcio pode ser concedido sem que haja prévia partilha de bens*" (CC, art. 1.581).
Gabarito 1E

1. DIREITO CIVIL

(Ministério Público/PR – 2011) Arnaldo e Beatriz se casaram em 12 de fevereiro de 2001, pelo regime da comunhão parcial de bens. Do casamento resultou o nascimento de gêmeos, Cesar e Denise, ambos, hoje, com sete anos de idade. Arnaldo e Beatriz decidem dissolver a sociedade e o vínculo conjugal pelo divórcio, ante a insuportabilidade da vida em comum. Por ocasião do divórcio, optam por realizar a partilha dos bens. Diante desses fatos, assinale a alternativa correta:

(A) a guarda dos filhos do casal será necessariamente compartilhada se os pais não entrarem em acordo sobre o tema.
(B) caso não cheguem a um acordo sobre o divórcio, somente será possível a Arnaldo e Beatriz obterem a dissolução do vínculo conjugal se estiverem separados de fato há, pelo menos, um ano.
(C) o divórcio do casal poderá ser realizado mediante escritura pública, em que deverá constar, necessariamente, a definição sobre a guarda e a visitação dos filhos, bem como a fixação da prestação alimentar a eles devida.
(D) integrarão a comunhão e, portanto, deverão ser partilhados entre os divorciandos, os frutos advindos dos bens particulares de cada cônjuge, bem como os bens que em lugar de tais frutos tenham se sub-rogado.
(E) supondo que seja fixada a guarda compartilhada, as crianças residirão, necessariamente, parte do tempo na residência do pai e parte do tempo na residência da mãe, não havendo necessidade, nesse caso, de fixação de verba alimentar a ser paga por qualquer dos pais.

A: incorreta, à época em que a questão foi elaborada, pois se não houvesse consenso entre os pais, era aplicada, sempre que possível, a guarda compartilhada. Com o advento da Lei 13.058/2014, o § 2º do art. 1.584 do CC passou a prever: "Quando não houver acordo entre a mãe e o pai quanto à guarda do filho, encontrando-se ambos os genitores aptos a exercer o poder familiar, será aplicada a guarda compartilhada, salvo se um dos genitores declarar ao magistrado que não deseja a guarda do menor"; **B:** incorreta, pois, com o advento da EC 66/10 permite-se o divórcio direto, sem necessidade de cumprir s prazo mencionado; **C:** incorreta, pois não caberá divórcio mediante escritura pública em caso de casal com filhos menores (art. 3º da Lei 11.441/2007); **D:** correta (art. 1.660, V, do CC); **E:** incorreta, pois a guarda compartilha não pressupõe, necessariamente, que resida parte do tempo na residência da mãe e parte do tempo na residência do pai. Da mesma forma, a guarda compartilhada não pressupõe, necessariamente, ausência de fixação de pensão alimentícia.
Gabarito "D".

(Ministério Público/SP – 2011) Quando os cônjuges decidem por fim à sociedade conjugal, pretendendo divorciar-se consensualmente, eles devem levar em consideração:

(A) o prazo de 2 (dois) anos a contar da separação judicial por mútuo consentimento.
(B) a possibilidade de o divórcio ser formalizado perante o Cartório de Registro Civil, inclusive com relação aos filhos menores de 16 (dezesseis) anos.
(C) a guarda compartilhada, com previsão de visita do pai em dias e horários alternados e opção de a mãe decidir sobre a educação.
(D) o fato de as novas núpcias de um dos cônjuges não lhe retirar o direito de guarda antes fixado.
(E) a prestação de alimentos aos filhos, que poderá ser compensada com a proximidade e visitação do cônjuge.

A: incorreta, pois o advento da EC 66/10 permite o divórcio direto, sem necessidade de cumprir prazos; **B:** incorreta, pois o divórcio não poderá ser realizado no Cartório de Registro Civil se houver filhos menores (art. 3º, da Lei 11.441/2007); **C:** incorreta, pois a guarda compartilhada pressupõe a responsabilização conjunta e o exercício de direitos e deveres do pai e da mãe que não vivem sob o mesmo teto (art. 1.583 do CC); **D:** correta (art. 1.588 do CC); **E:** incorreta, pois a prestação de alimentos não pode ser objeto de compensação (art. 1.707 do CC).
Gabarito "D".

7.1.4. REGIME DE BENS

(Ministério Público/DF – 2013) Julgue os itens subsequentes, a respeito do direito de família, sob a ótica do Código Civil e a jurisprudência do STJ:

I. A regra de separação obrigatória de bens prevista para casamentos se estende às uniões estáveis e deve ser aplicada em uniões com pessoas maiores de 70 anos.
II. O cônjuge casado pelo regime da separação convencional de bens, por meio de pacto antenupcial, não é herdeiro necessário. Por isso, não tem direito à meação, tampouco à concorrência sucessória.
III. É admissível a alteração do regime de bens entre os cônjuges, para os casamentos celebrados sob a égide do Código Civil atual, desde que o pedido seja acompanhado de provas concretas do prejuízo na manutenção do regime de bens originário.
IV. Ocorre a curatela compartilhada quando for nomeado, por disposição testamentária, mais de um curador a uma pessoa incapaz, devendo, nesse caso, os curadores exercerem conjuntamente o múnus público de forma mais vantajosa para o curatelado.
V. O regime de bens aplicável na união estável é o da comunhão parcial, pelo qual há comunicabilidade ou meação dos bens adquiridos a título oneroso na constância da união. No entanto, exige-se, para tanto, prova de que a aquisição decorreu do esforço comum de ambos os companheiros.

Estão CORRETOS os itens:

(A) I e II
(B) I, II e III
(C) II e III
(D) I, III e IV
(E) IV e V

I: correta, pois o STJ entende que nesse caso o regime é o da separação obrigatória (RESP 646.259-RS). Contudo, incide a súmula 377 do STF, segundo a qual, "No regime de separação legal de bens, comunicam-se os adquiridos na constância do casamento"; **II:** correta, tendo em vista que a questão indicou precisamente que deveria o candidato se pautar pela visão do STJ. De fato, este Tribunal entendeu que "não remanesce, para o cônjuge casado mediante separação de bens, direito à meação, tampouco à concorrência sucessória, respeitando-se o regime de bens estipulado, que obriga as partes na vida e na morte. Nos dois casos, portanto, o cônjuge sobrevivente não é herdeiro necessário" (RESP 992749 / MS). Vale o registro, contudo, que a maioria da doutrina discorda dessa posição do STJ, entendendo que o cônjuge casado sob separação convencional deve herdar, justamente porque não meou; **III:** incorreta, pois o art. 1.639 § 2º do Código Civil permite tal alteração bastando para tanto o "pedido motivado de ambos os cônjuges, apurada a procedência das razões invocadas e ressalvados os direitos de terceiros"; **IV:** incorreta, pois a curatela compartilhada (exercício do cargo de curador por mais de uma pessoa) não necessariamente decorre de indicação testamentária; **V:** incorreta, pois o art. 1.725 do

Código Civil determina, salvo disposição em contrário, o regime de comunhão parcial de bens aos companheiros de uma união estável. Este regime implica (CC, art. 1.660, I) na comunicação dos bens adquiridos onerosamente na constância da relação, independentemente de prova de esforço financeiro comum, tendo-se em vista que há uma presunção absoluta deste esforço, em virtude da convivência e do afeto recíprocos.

Gabarito "A".

(Ministério Público/MS – 2013 – FADEMS) A propósito do regime de bens, analise as seguintes proposições:

I. Na união estável, salvo contrato escrito entre os companheiros, aplica-se, quanto ao regime de bens, a comunhão parcial.
II. É admissível a alteração do regime de bens do casamento, mediante autorização judicial, em pedido motivado deduzido por ambos os cônjuges, ressalvados eventuais direitos de terceiros.
III. Independentemente do regime de bens do casamento, a pessoa casada que for empresária poderá, sem necessidade de outorga conjugal, alienar os imóveis que integrem o patrimônio da empresa.
IV. No regime de separação de bens, os cônjuges são obrigados a contribuir para as despesas do casal, na proporção dos rendimentos do seu trabalho e de seus bens vedada a estipulação em contrário no pacto antenupcial.

São corretas:

(A) Somente as assertivas I, II e III.
(B) Todas as assertivas.
(C) Somente as assertivas II e IV.
(D) Somente as assertivas II, III e IV.
(E) Somente as assertivas I e II.

I: correta, pois de pleno acordo com o disposto no art. 1.725 do CC; **II:** correta, pois em consonância com o art. 1.639, § 2°, do CC; **III:** correta, no mesmo sentido do disposto no art. 978 do CC; **IV:** incorreta, pois a despeito de esta ser a regra, admite-se a estipulação em contrário no pacto antenupcial (art. 1.688, CC). Estão, portanto, corretas as assertivas I, II e III.

Gabarito "A".

(Ministério Público/MG – 2012 – CONSULPLAN) No regime de comunhão parcial, comunicam-se, via de regra, os bens que sobrevierem ao casal, na constância do casamento. Entram na comunhão, **EXCETO**:

(A) os bens de uso pessoal, os livros e instrumentos de profissão.
(B) os bens adquiridos por fato eventual, com ou sem o concurso de trabalho ou despesa anterior.
(C) as benfeitorias em bens particulares de cada cônjuge.
(D) os frutos dos bens comuns, ou dos particulares de cada cônjuge, percebidos na constância do casamento, ou pendentes ao tempo de cessar a comunhão.

A: correta, pois tais bens estão excluídos da comunhão em face do disposto no art. 1.659, V; **B, C, D:** incorretas, pois tais bens entram na comunhão, segundo o art. 1.660, II, IV e V.

Gabarito "A".

7.2. UNIÃO ESTÁVEL

(Ministério Público/ES – 2013 – VUNESP) Considerando as normas que regem o instituto da união estável e o entendimento jurisprudencial dominante, assinale a alternativa correta.

(A) A pessoa casada, mas separada de fato, está impedida de constituir união estável até que se divorcie de seu cônjuge.
(B) A união estável constituída quando um dos companheiros é maior de 70 (setenta) anos não prejudica a comunicação dos bens adquiridos na constância da união.
(C) Ao contrário do casamento, os companheiros não podem pedir uns aos outros alimentos de que necessitem.
(D) Na união estável, aplica-se às relações patrimoniais o regime de comunhão universal de bens, salvo contrato escrito.
(E) As causas suspensivas para contrair casamento impedem a constituição de união estável.

A: incorreta, pois a pessoa casada, mas separada de fato, pode constituir união estável. É a única hipótese de impedimento matrimonial que não impede a união estável (CC, art. 1.723 § 1°); **B:** correta. O STJ entende que nesse caso o regime é o da separação obrigatória (RESP 646.259-RS). Contudo, incide a Súmula 377 do STF, segundo a qual, "*No regime de separação legal de bens, comunicam-se os adquiridos na constância do casamento*"; **C:** incorreta, pois o art. 1.694 do Código Civil permite aos companheiros da união estável pedir alimentos uns aos outros; **D:** incorreta, pois "*salvo contrato escrito entre os companheiros, aplica-se às relações patrimoniais, no que couber, o regime da comunhão parcial de bens*" (CC, art. 1.725); **E:** incorreta, pois apenas os impedimentos matrimoniais é que impedem a constituição da união estável (CC, art. 1.723 § 1°).

Gabarito "B".

(Ministério Público/MT – 2012 – UFMT) Considerando o regime jurídico que regula as entidades familiares, e a jurisprudência dos tribunais superiores, pode-se afirmar que a união homoafetiva

(A) não é reconhecida pela ordem jurídica brasileira em razão do que dispõe o artigo 1.726, do Código Civil.
(B) é reconhecida em igualdade de condição em relação às formas de entidade familiar que já se encontram reguladas pela lei civil.
(C) em razão do que dispõe a Constituição brasileira, as entidades familiares não podem ser limitadas pela definição realizada pelo Código Civil, mas não é possível, neste momento, atribuir a estas outras, os mesmos efeitos civis já regulados pela codificação.
(D) é merecedora da proteção atribuída às uniões estáveis apenas para fins patrimoniais.
(E) é protegida pela ordem jurídica por meio das mesmas garantias atribuídas pela lei civil à união estável, não sendo permitido, entretanto, o casamento.

Em maio de 2011, o Supremo Tribunal Federal julgou conjuntamente a Ação Direta de Inconstitucionalidade n° 4.277 e a Arguição de Descumprimento de Preceito Fundamental 132, reconhecendo a união estável para casais do mesmo sexo. Entendeu a Corte que "*A Constituição não interdita a formação de família por pessoas do mesmo sexo. Consagração do juízo de que não se proíbe nada a ninguém senão em face de um direito ou de proteção de um legítimo interesse de outrem, ou de toda a sociedade, o que não se dá na hipótese sub judice. [...] Aplicabilidade do § 2° do art. 5° da Constituição Federal, a evidenciar que outros direitos e garantias, não expressamente listados na Constituição, emergem "do regime e dos princípios por ela adotados*". A assertiva B é a única que contempla tal ideia de proteção da união homoafetiva.

Gabarito "B".

7.3. PARENTESCO E FILIAÇÃO

(Promotor de Justiça/SC – 2016 – MPE)

(1) Segundo entendimento majoritário do STJ, os netos só possuem legitimidade para propor o reconhecimento do vínculo de parentesco em face dos avós ou de qualquer ascendente de grau superior, se o pai ou mãe já tenha iniciado a ação de prova da filiação em vida.

1: incorreta, pois o STJ entendeu que trata-se do direito à busca da ancestralidade e, portanto, personalíssimo. Nesse sentido: "*Os netos, assim como os filhos, possuem direito de agir, próprio e personalíssimo, de pleitear declaratória de relação de parentesco em face do avô, ou dos herdeiros se pré-morto aquele, porque o direito ao nome, à identidade e à origem genética estão intimamente ligados ao conceito de dignidade da pessoa humana*" (REsp 807.849/RJ, Rel. Ministra NANCY ANDRIGHI, SEGUNDA SEÇÃO, julgado em 24/03/2010, DJe 06/08/2010).
Gabarito 1E

(Promotor de Justiça/SC – 2016 – MPE)

(1) Conforme estipula a Lei 8.560/1992, que regula a investigação de paternidade de filhos havidos fora do casamento, sempre que na sentença de primeiro grau se reconhecer a paternidade, nela se fixarão os alimentos provisionais ou definitivos do reconhecido que deles necessite.

1: correta, pois a assertiva reproduz na íntegra o disposto no art. 7º da Lei 8.560/1992, a qual regulamenta a investigação de paternidade.
Gabarito 1C

(Promotor de Justiça/GO – 2016 – MPE) A respeito da filiação e do reconhecimento de filhos, é incorreto afirmar:

(A) No confronto entre a paternidade biológica, atestada em exame de DNA, e a paternidade socioafetiva, decorrente da chamada "adoção à brasileira", há de prevalecer a solução que melhor tutele a dignidade da pessoa humana.
(B) O reconhecimento de filho é ato personalíssimo e, em se tratando de reconhecimento de filho nascido fora do matrimônio, é imprescindível para a validade do ato, o consentimento do cônjuge do reconhecente.
(C) Como ninguém por vindicar estado contrário ao que resulta do registro de nascimento, salvo provando-se erro ou falsidade do ato, havendo um registro anterior, a lavratura de novo assento é ineficaz, até que seja desconstituído judicialmente o registro primitivo.
(D) O ato de reconhecimento voluntário produz efeitos *erga omnes*, pode se dar antes mesmo do nascimento do filho e, embora seja considerado personalíssimo e unilateral, a eficácia do reconhecimento do filho maior e capaz estará condicionada ao seu consentimento.

A: correta, pois de acordo com o entendimento consolidado pelo STJ, segundo o qual: "*o reconhecimento do estado de filiação é direito personalíssimo, indisponível e imprescritível, assentado no princípio da dignidade da pessoa humana, podendo ser exercitado sem qualquer restrição em face dos pais ou de seus herdeiros, não se havendo falar que a existência de paternidade socioafetiva tenha o condão de obstar a busca pela verdade biológica da pessoa*" (REsp 1312972/RJ, Rel. Ministro Ricardo Villas Bôas Cueva, Terceira Turma, julgado em 18/09/2012, DJe 01/10/2012); **B:** incorreta, pois não há necessidade de consentimento do cônjuge do reconhecente (Lei 8.560/1992); **C:** correta. O registro de nascimento é documento basilar e de suprema importância para a estabilidade das relações familiares e jurídicas. Assim, a assertiva guarda correspondência com os arts. 1.603 e 1.604 do Código Civil e também com precedentes do STJ. Vide, por todos, REsp 1128539/RN, Rel. Ministro Marco Buzzi, Quarta Turma, julgado em 18/08/2015, DJe 26/08/2015; **D:** correta, pois de pleno acordo com as regras e limitações previstas nos arts. 1º e 4º da Lei 8.560/1992.
Gabarito "B"

(Ministério Público/PR – 2013) Assinale a alternativa incorreta:

(A) Pai e filho são parentes em linha reta, 1º grau;
(B) Tio e sobrinho são parentes em linha colateral, 3º grau;
(C) Irmãos são parentes em linha colateral, 1º grau;
(D) Cunhados são parentes por afinidade, em linha colateral, 2º grau;
(E) Genro e sogro são parentes por afinidade, em linha reta, 1º grau.

A: correta, pois há apenas um grau de distância entre pais e filhos; **B:** correta, pois a maneira adequada para se identificar o grau entre parentes colaterais é partir de um deles, chegar até o ascendente comum e descer até o outro. Com isso, partindo-se do sobrinho até a avó e daí para o tio, tem-se três graus de distância; **C:** incorreta (devendo ser assinalada), pois não existe parentesco colateral de 1º grau. Irmãos são parentes colaterais de 2º grau; **D e E:** corretas, pois um cônjuge guarda com os parentes do outro o mesmo parentesco, apenas adjetivando-se de "*por afinidade*". Vale, todavia, lembrar que o parentesco por afinidade limita-se aos ascendentes, aos descendentes e aos irmãos do cônjuge ou companheiro (art. 1.595, § 1º, do CC).
Gabarito "C"

(Ministério Público/MG – 2012 – CONSULPLAN) Quanto ao reconhecimento dos filhos, é **INCORRETO** afirmar que:

(A) são ineficazes a condição e o termo apostos ao ato de reconhecimento do filho.
(B) qualquer pessoa, que justo interesse tenha, pode contestar a ação de investigação de paternidade, ou maternidade.
(C) o filho maior pode ser reconhecido sem o seu consentimento, e o menor pode impugnar o reconhecimento, em até cinco anos que se seguirem à maioridade, ou à emancipação.
(D) quando a maternidade constar do termo do nascimento do filho, a mãe só poderá contestá-la, provando a falsidade do termo, ou das declarações nele contidas.

A: correta, pois de acordo com a regra estabelecida pelo Código no art. 1.613; **B:** correta, pois de acordo com a regra prevista no art. 1.615 do CC; **C:** incorreta (e deve ser assinalada), pois o filho maior só pode ser reconhecido com o seu consentimento, ao passo que o filho menor tem o prazo decadencial de quatro anos para impugnar o reconhecimento, contados a partir da maioridade ou da emancipação (art. 1.614 do CC); **D:** correta, pois reflete o disposto no art. 1.608.
Gabarito "C"

(Ministério Público/MT – 2012 – UFMT) Sobre a proteção civil especial que é conferida aos idosos pela ordem jurídica brasileira, analise as seguintes afirmativas:

I. Não lhes permite o acesso gratuito no sistema de transporte coletivo interestadual.
II. Assegura o acesso gratuito aos meios públicos e regulares de transporte coletivo urbano.
III. Garante a prioridade na aquisição de imóvel em programas públicos de habitação.
IV. Assegura o acesso gratuito no sistema de transporte coletivo interestadual e não permite o acesso a tarifas diferenciadas.
V. Assegura o atendimento domiciliar por meio do Sistema Único de Saúde.

Estão corretas as afirmativas:

(A) II, III e V, apenas.
(B) I, II, III, IV e V.
(C) I, II e IV, apenas.
(D) II, IV e V, apenas.
(E) I, III e V, apenas.

I: incorreta, pois o art. 39 do Estatuto do Idoso confere ao maior de 65 anos de idade gratuidade no transporte coletivo urbano e semiurbano; **II:** correta, pois de acordo com o art. 39 do Estatuto do Idoso; **III:** correta, pois de acordo com o disposto no art. 38 do referido Estatuto; **IV:** incorreta, pois a referida lei especial (art. 40) estabelece apenas a reserva de duas vagas gratuitas por veículo para idosos com renda igual ou inferior a dois salários mínimos e desconto de 50% (cinquenta por cento), no mínimo, no valor das passagens, para os idosos que excederem as vagas gratuitas, com renda igual ou inferior a dois salários mínimos; **V:** correta, pois o art. 15 da Lei assegura atenção integral à saúde do idoso, por intermédio do Sistema Único de Saúde – SUS, garantindo-lhe o acesso universal e igualitário.
Gabarito "A".

7.4. PODER FAMILIAR, ADOÇÃO, TUTELA E GUARDA

(Promotor de Justiça – MPE/AM – FMP – 2015) Considere as seguintes afirmações sobre o tema do poder familiar:

I. Os filhos permanecem sujeitos ao poder familiar, mesmo após a maioridade.
II. Compete a ambos os pais, qualquer que seja a sua situação conjugal, o pleno exercício do poder familiar, podendo exigir de seus filhos que lhes prestem obediência, respeito e os serviços próprios de sua idade e condição.
III. Extingue-se o poder familiar pela emancipação do filho.
IV. Perderá por ato judicial o poder familiar o pai ou a mãe que castigar imoderadamente o filho.

Quais das assertivas acima estão corretas?

(A) Apenas a I e II.
(B) Apenas a II e III.
(C) Apenas a I, II e III.
(D) Apenas a II, III e IV.
(E) I, II, III e IV.

I: incorreta, pois a maioridade civil extingue o poder familiar (CC, art. 1.635, III); **II:** correta, pois o divórcio e mesmo a guarda unilateral não alteram o pleno exercício do poder familiar; **III:** correta, pois a emancipação extingue o poder familiar (CC, art. 1.635, II); **IV:** correta pois os castigos imoderados podem causar a perda do poder familiar (CC, art. 1.638, I).
Gabarito "D".

(Ministério Público/Acre – 2014 – CESPE) Assinale a opção correta a respeito da tutela.

(A) Aquele que, não sendo parente do menor, seja nomeado, por sentença, tutor, é obrigado a aceitar a tutela, sob pena de crime de desobediência, ainda que haja parentes idôneos, consanguíneos ou afins, em condições de exercê-la.
(B) Os tutores são obrigados a prestar contas de sua administração, podendo ser dispensados desse dever pelos pais do tutelado, em testamento, ou pelo juiz, por decisão judicial.
(C) O tutor poderá delegar a outra pessoa, física ou jurídica, o exercício total da tutela.
(D) Se o patrimônio do menor for de valor considerável, poderá o juiz condicionar o exercício da tutela à prestação de caução bastante ou dispensá-la se for o tutor de reconhecida idoneidade.
(E) A tutela testamentária é válida ainda que o nomeante, no momento de sua morte, não tenha pleno exercício do poder familiar.

A: incorreta, pois *"quem não for parente do menor não poderá ser obrigado a aceitar a tutela, se houver no lugar parente idôneo, consangüíneo ou afim, em condições de exercê-la"* (CC, art. 1.737); **B:** incorreta, pois os tutores apresentam tal obrigação, ainda que os pais os tenham dispensado de tal encargo (CC, art. 1.755); **C:** incorreta, pois o exercício da tutela é indelegável; **D:** correta, pois a assertiva reproduz a regra estabelecida pelo art. 1.745, parágrafo único do CC; **E:** incorreta, pois é nula a nomeação de tutor pelo pai ou pela mãe que, ao tempo de sua morte, não tinha o poder familiar (CC, art. 1.730).
Gabarito "D".

(Ministério Público/MG – 2014) Assinale a alternativa CORRETA:

(A) A falta ou a carência de recursos materiais pode ensejar a suspensão do poder familiar e o abrigamento de criança ou adolescente segundo o princípio da proteção integral.
(B) O órgão de execução do Ministério Público oficiante no juízo da infância e da juventude pode rever, de ofício, as decisões do Conselho Tutelar.
(C) A colocação em família substituta estrangeira constitui medida excepcional, somente admissível na modalidade de adoção.
(D) A guarda não se compatibiliza com o instituto jurídico da tutela.

A: incorreta, pois *"a falta ou a carência de recursos materiais não constitui motivo suficiente para a perda ou a suspensão do poder familiar"* (ECA, art. 23); **B:** incorreta, pois *"as decisões do Conselho Tutelar somente poderão ser revistas pela autoridade judiciária a pedido de quem tenha legítimo interesse"* (ECA, art. 137); **C:** correta, pois a assertiva reproduz o disposto no art. 31 do ECA; **D:** incorreta, pois o exercício da tutela implica necessariamente no dever de guarda (ECA, art. 36, parágrafo único).
Gabarito "C".

(Ministério Público/MS – 2013 – FADEMS) A respeito da tutela, considere:

I. O tutor poderá alienar bem imóvel de propriedade de menor de 16 anos, utilizando o fruto apurado na sua educação e sustento, mediante prestação de contas no final do termo da tutela.
II. Para a fiscalização dos atos do tutor, é possível a nomeação de um protutor pelo juiz.
III. Não podem ser tutores aqueles que não detiverem a livre administração dos seus bens
IV. O tutor representa e assiste o tutelado nos atos da vida civil e penal

São corretas:

(A) Somente as assertivas I, II e III.
(B) Somente as assertivas I, III e IV.
(C) Somente as assertivas II e IV.
(D) Somente as assertivas II e III.
(E) Somente as assertivas I e IV.

I: incorreta, pois *"os imóveis pertencentes aos menores sob tutela somente podem ser vendidos quando houver manifesta vantagem, mediante prévia avaliação judicial e aprovação do juiz"* (art. 1.750, CC); **II:** correta, pois a figura do protutor é prevista no art. 1.742 do CC; **III:**

1. DIREITO CIVIL

correta, pois a referida vedação vem estabelecida no art. 1.735, I, do CC; **IV:** incorreta, pois o tutor tem sua atuação limitada ao âmbito civil.

Gabarito "D".

(Ministério Público/SP – 2013 – PGMP) Dentre as situações abaixo, assinale aquela que não extingue o poder familiar.

(A) Morte dos pais.
(B) Emancipação.
(C) Adoção.
(D) Morte do filho.
(E) Deserção.

De acordo com o art. 1.635 do CC a deserção, diferentemente das demais hipóteses previstas nas outras alternativas da questão, não extingue o poder familiar, devendo a alternativa correspondente ser assinalada.

Gabarito "E".

(Ministério Público/SP – 2013 – PGMP) Dentre as incumbências estabelecidas pelo Código Civil ao tutor, assinale aquela que depende de autorização do juiz para ser exercida.

(A) Pagar as dívidas do menor.
(B) Fazer as despesas de subsistência e educação do menor, bem como as de administração, conservação e melhoramentos de seus bens.
(C) Alienar os bens do menor destinados à venda.
(D) Receber as rendas e pensões do menor, e as quantias a ele devidas.
(E) Promover, mediante preço conveniente, o arrendamento de bens de raiz pertencentes ao menor.

A: correta, pois o art. 1.748, I, exige autorização do juiz; **B** a **E:** incorretas, pois o art. 1.747 do CC permite ao tutor praticar tais atos sem prévia autorização judicial.

Gabarito "A".

(Ministério Público/GO – 2012) O pai e a mãe, nos termos da lei civil, perderão o poder familiar, por ato judicial, exceto se:

(A) castigar imoderadamente o filho.
(B) deixar o filho em abandono.
(C) for condenado por sentença irrecorrível, em virtude da prática de crime cuja pena exceda 2 anos.
(D) praticar atos contrários à moral e aos bons costumes.

A e **B:** incorretas, pois são hipóteses de perda de poder familiar, previstas no art. 1.638 do Código Civil, respectivamente nos incisos I e II; **C:** correta, pois tal hipótese enseja suspensão e não perda do poder familiar, conforme art. 1.637 parágrafo único; **D:** incorreta, pois a hipótese acarreta mesmo a perda do poder familiar, como previsto no art. 1.638, III.

Gabarito "C".

(Ministério Público/RJ – 2011) O Conselho Tutelar do Município de Nova Iguaçu é procurado por Maria Moura da Graça Silva, mãe da criança Maicon, de 04 anos de idade, a qual solicita a atuação do órgão para colocar seu filho na entidade acolhedora (abrigo) municipal situada ao lado de sua residência, pois precisa trabalhar e não tem com quem deixar o filho durante o dia. O Conselho Tutelar, constatando a situação de penúria da genitora, aplica medida protetiva de acolhimento institucional à criança e comunica o fato imediatamente ao Ministério Público e ao Poder Judiciário, que elabora a respectiva guia de acolhimento. Sob a égide da legislação em vigor, como Promotor de Justiça da Infância e Juventude, você deveria adotar a seguinte medida:

(A) arquivar o expediente, submetendo o seu ato a controle pelo Conselho Superior do Ministério Público; o Conselho Tutelar é um órgão democrático, eleito pelo povo, possuindo ele legitimidade para atuar no caso. Não cabe ao Ministério Público contestar a atuação do conselheiro;
(B) ajuizar revisão judicial da medida protetiva de acolhimento institucional, com fulcro no artigo 137 da Lei nº 8. 069/90. O caso é de inserção da criança, que não se encontra em situação de risco, em creche, durante o horário em que a genitora se encontra em seu trabalho;
(C) determinar diretamente a revisão da decisão do Conselho Tutelar, com fulcro no artigo137 da Lei nº 8.069/90. Para isso, deverá ser expedido um ofício ao Conselho Tutelar determinando a inserção da criança, que não se encontra em situação de risco, em creche, durante o horário em que a genitora se encontra em seu trabalho;
(D) arquivar o expediente; a atuação do Conselho Tutelar foi acertada. A criança encontra-se em situação de risco e a medida protetiva de acolhimento institucional é a única possível para preservar o melhor interesse de Maicon, com fundamento no Estatuto da Criança e do Adolescente. Além disso, o Conselho Tutelar possui legitimidade, conferida pela lei, para aplicar medidas protetivas;
(E) opinar favoravelmente a homologação da medida protetiva aplicada junto ao Juízo da Infância e Juventude; a medida protetiva de acolhimento institucional foi corretamente aplicada pelo Conselho Tutelar.

Descabida, na hipótese, a medida adotada pelo Conselho Tutelar, tendo em vista que a penúria da mãe – por si só – não pode ser causa de acolhimento institucional. A hipótese, sem dúvida, enquadra-se melhor no provimento à criança de creche onde possa ficar enquanto sua genitora trabalha. O art. 137 do Estatuto da Criança e do Adolescente confere ao Ministério Público a legitimidade para pleitear a revisão das decisões do Conselho Tutelar. Ademais, há que se chamar a atenção para a falta de legitimidade do Conselho Tutelar para aplicar a medida. Isso porque a inclusão em programa de acolhimento familiar promovida pelo Conselho apenas pode ocorrer em hipóteses excepcionais (art. 101, § 2º, ECA), daí a razão pela qual o art. 101, VII, do ECA deve ser visto com ressalvas. Considerando que Maicon não está em situação de risco, a hipótese, portanto, é totalmente descabida.

Gabarito "B".

(Ministério Público/SC – 2012) Analise as seguintes assertivas:

I. Segundo o disposto na Lei n. 8.560/92, o reconhecimento dos filhos havidos fora do casamento é irrevogável e será feito: a) no registro de nascimento; b) por escritura pública ou escrito particular, a ser arquivado em cartório; c) por testamento, ainda que incidentalmente manifestado; d) por ata de casamento; e) por manifestação expressa e direta perante o juiz, ainda que o reconhecimento não haja sido o objeto único e principal do ato que o contém.
II. Na hipótese de suposto pai que notificado judicialmente negue a alegada paternidade e a criança já tenha sido encaminhada para adoção, considerando disposto na lei que regula a investigação de paternidade dos filhos havidos fora do casamento (Lei n. 8.560/92), deverá o representante do Ministério Público intentar ação de investigação de paternidade

III. Fixados os alimentos gravídicos, estes perdurarão até o nascimento da criança, sopesando-se as necessidades da parte autora e as possibilidades da parte ré. Após o nascimento com vida, os alimentos gravídicos ficam convertidos em pensão alimentícia em favor do menor até que uma das partes solicite a sua revisão.
IV. A prática de ato de alienação parental fere direito fundamental da criança ou do adolescente de convivência familiar saudável, prejudica a realização de afeto nas relações com genitor e com o grupo familiar, constitui abuso moral contra a criança ou o adolescente e descumprimento dos deveres inerentes à autoridade parental ou decorrentes de tutela ou guarda.
V. Determinada a perícia psicológica ou biopsicossocial tendente a verificar a prática de ato de alienação parental, o perito ou equipe multidisciplinar designada para tal atividade terá, nos termos da Lei n. 12.318/10, o prazo de 90 (noventa) dias para apresentação do laudo, prorrogável exclusivamente por autorização judicial baseada em justificativa circunstanciada.

(A) Apenas as assertivas I, III e IV estão corretas.
(B) Apenas as assertivas I, II e V estão corretas.
(C) Apenas as assertivas III, IV e V estão corretas.
(D) Apenas a assertiva II está correta.
(E) Todas as assertivas estão corretas.

I: incorreta, pois não se admite reconhecimento de paternidade na ata de casamento (Lei nº 8.560/92, art. 3º); II: incorreta, pois o art. 2º, § 5º da Lei 8.560/92 determina ser dispensável o ajuizamento de ação de investigação de paternidade pelo Ministério Público se, após o não comparecimento ou a recusa do suposto pai em assumir a paternidade a ele atribuída, a criança for encaminhada para adoção; III: correta, pois de acordo com o art. 6º da Lei de Alimentos Gravídicos (Lei nº 11.804/2008); IV e V: corretas, pois de acordo com o estabelecido respectivamente pelos artigos 3º e 5º da Lei nº 12.318/2010.
Gabarito "C".

(Ministério Público/SP – 2012 – VUNESP) As medidas específicas de proteção são aplicáveis sempre que os direitos reconhecidos no Estatuto do Idoso (Lei nº 10.741/2003) forem ameaçados ou violados:

I. Por ação ou omissão da sociedade ou do Estado.
II. Em razão da aplicação das medidas socioeducativas.
III. Por falta, omissão ou abuso da família, curador ou entidade de atendimento.
IV. Em razão de sentença penal condenatória.
V. Em razão da condição pessoal do idoso.
Está correto o que se afirma APENAS em

(A) II, III e IV.
(B) I, II e IV.
(C) III, IV e V.
(D) I, II e V.
(E) I, III e V.

I: correta, pois de acordo com a previsão estabelecida pela Lei nº 10.741/2003, art. 43, I; II: incorreta, pois tal hipótese não é contemplada na referida Lei como causa de medida de proteção; III: correta, pois de acordo com a previsão estabelecida pela Lei nº 10.741/2003, art. 43, II; IV: incorreta, pois tal hipótese não é contemplada na referida Lei como causa de medida de proteção; V: correta, pois de acordo com a previsão estabelecida pela Lei nº 10.741/2003, art. 43, III.
Gabarito "E".

(Ministério Público/TO – 2012 – CESPE) A respeito da tutela e da curatela, institutos destinados à proteção pessoal e patrimonial de pessoas, assinale a opção correta.

(A) Adulto portador de deficiência mental relativa não pode responder civilmente por prejuízos causados a terceiros, sendo a responsabilidade exclusiva do curador, em razão da quebra objetiva do dever de vigilância.
(B) Não há amparo legal para o menor que sofra prejuízos em decorrência da ausência de nomeação de tutor, ou de nomeação realizada a destempo, arguir responsabilidade patrimonial direta contra o Estado, sendo-lhe, contudo, possível fazê-lo contra parente vivo de até segundo grau, em face de seu legítimo interesse jurídico moral.
(C) A legislação brasileira admite a nomeação conjunta de tutor, para filhos menores, pelo casal, em cédula testamentária única.
(D) Em geral, a tutela e a curatela representam múnus público para a defesa de interesses de incapazes, diferindo esses institutos do direito civil, exclusivamente, no que diz respeito às restrições da condição de tutor ou curador.
(E) O juízo competente para proceder à interdição de incapaz para fins de aposentadoria pelo INSS é o foro do interditando junto à justiça comum estadual.

A: incorreta, pois o art. 928 prevê – ainda que de forma excepcional – a responsabilização direta do incapaz; B: incorreta, pois o art. 1.744 prevê a responsabilidade direta e pessoal do Juiz para as hipóteses mencionadas na assertiva; C: incorreta, pois não se admite o testamento conjunto no Brasil (CC, art. 1.863); D: incorreta, pois a tutela é destinada a menores incapazes, ao passo que a curatela é destinada aos maiores incapazes; E: correta, pois de acordo com as normas ordinárias de competência.
Gabarito "E".

(Ministério Público/MG – 2011) São formas de extinção do poder familiar, **EXCETO**:

(A) morte dos pais ou do filho.
(B) adoção.
(C) maioridade.
(D) estabelecimento de união estável ou casamento, quanto aos filhos do relacionamento anterior.

A, B, C: incorretas, pois as três assertivas estão previstas no art. 1.635 do Código Civil como causas de extinção do poder familiar, respectivamente nos incisos I, IV e III. D: correta, pois a nova união estável ou o novo casamento do genitor não extingue o poder familiar deste para com seus filhos.
Gabarito "D".

7.5. ALIMENTOS

(Promotor de Justiça – MPE/BA – CEFET – 2015) João Paulo, solteiro, com 30 (trinta) anos, vivia em união estável com Maria de Fátima há 08 (oito) anos, e dessa união nasceram 03 (três) filhos. Maria de Fátima não trabalhava porque João Paulo a proibira. João Paulo conheceu Maria Isis e resolveu abandonar Maria de Fátima para assumir seu novo relacionamento. Deixou, então, a companheira e os filhos, no imóvel alugado, e não se preocupou em lhes dar qualquer assistência. Maria de Fátima foi notificada de uma ação de despejo ajuizada contra si. Nestas circunstâncias, é CORRETO afirmar que o promotor de Justiça está legitimado a:

1. DIREITO CIVIL

(A) Ajuizar uma ação de alimentos em favor de Maria de Fátima e dos filhos.
(B) Ajuizar uma ação de alimentos em favor de Maria de Fátima e dos filhos com um pedido cumulativo para permanência no imóvel da residência, cujo pagamento continuará a ser feito por João Paulo.
(C) Ajuizar uma ação de alimentos em favor de Maria de Fátima, apenas, por entender desnecessária a presença dos menores no polo ativo do processo e porque o pensionamento beneficiará os filhos menores.
(D) Ajuizar uma ação de alimentos em favor dos menores, apenas.
(E) Não ajuizar qualquer ação, pois os menores têm representação legal.

De acordo com as funções asseguradas ao Ministério Público (NCPC, art. 176 et seq), este deverá agir no interesse do incapaz, podendo, por exemplo, ajuizar ação de alimentos. Não cabe, todavia, ao Ministério Público intervir na ação de despejo.
Gabarito "D".

(Promotor de Justiça – MPE/RS – 2017) Assinale a alternativa **INCORRETA** quanto à obrigação alimentar.
(A) Julgada procedente a investigação de paternidade, os alimentos são devidos a partir da citação, isso se os alimentos não forem fixados provisoriamente, por meio de tutela antecipada ou em cautelar de alimentos provisionais.
(B) Se o alimentando for absolutamente incapaz, contra ele não corre a prescrição. Os alimentos fixados na sentença e vencidos só terão a prescrição iniciada quando o alimentando se tornar relativamente capaz. Todavia, sendo o pai ou a mãe os devedores dos alimentos, a prescrição, de dois anos, só se inicia quando o menor se tornar capaz, salvo se emancipado.
(C) Paulo, com 52 anos de idade e necessitando de alimentos para viver, ingressou em juízo buscando alimentos de seus irmãos Maria e Sérgio. Não demandou contra seu outro irmão Marcos. Todavia, a cota de Marcos deve ser distribuída entre os outros dois irmãos. A cota de Sérgio pode ser superior à de Maria, se este dispuser de melhores condições econômicas para suportá-la.
(D) Considerando as modalidades de alimentos, cabe ser dito que nem todas ensejam a prisão civil, todavia, somente as três últimas prestações inadimplidas antes da execução e as que por ventura venham a vencer ensejam a decretação de prisão do devedor de alimentos.
(E) A cessação da obrigação alimentar no procedimento indigno do credor não se limita unicamente às relações entre cônjuges e companheiros.

A: correta, pois de acordo com a previsão do art. 7º da Lei 8.560/1992; **B:** correta, pois a assertiva reproduz com precisão as regras de prescrição de alimentos e também as regras sobre impedimento/suspensão de prescrição. Primeiramente é importante mencionar que o prazo geral de prescrição de alimentos é de dois anos a contar do vencimento de cada prestação (CC, art. 206, § 2º). Contudo, a prescrição não corre contra o absolutamente incapaz (CC, art. 198, I) nem corre entre ascendente e descendente durante o poder familiar (CC, art. 197, II), o qual se extingue com a emancipação (CC, art. 1.635, II); **C:** incorreta no que se refere à quota de Marcos. Isso porque, os irmãos que foram acionados podem forçar Marcos a integrar a lide (CC, art. 1.698); **D:** correta, pois de acordo com o entendimento firmado pelo STJ na Súmula 309; **E:** correta, pois a Lei não limita a hipótese de indignidade aos alimentos devidos entre cônjuges (CC, art. 1.708, parágrafo único).
Gabarito "C".

(Promotor de Justiça/SC – 2015 – MPE)
(1) Segundo entendimento majoritário do STJ, caso exista obrigação alimentar preestabelecida por acordo ou sentença, por ocasião do falecimento do alimentante, transmite-se aos herdeiros o dever jurídico de continuar prestando alimentos até decisão judicial em sentido contrário.

1: incorreta, pois o STJ concluiu que "*O falecimento do pai do alimentante não implica a automática transmissão do dever alimentar aos avós*" (REsp 1249133/SC, Rel. Ministro Antonio Carlos Ferreira, Rel. p/ Acórdão Ministro Raul Araújo, Quarta Turma, julgado em 16/06/2016, DJe 02/08/2016). No mesmo sentido, AgRg no REsp 1311564/MS, Rel. Ministro Raul Araújo, Quarta Turma, julgado em 21/05/2015, DJe 22/06/2015.
Gabarito 1E.

(Promotor de Justiça/SC – 2016 – MPE)
(1) O cancelamento de pensão alimentícia de filho que atingiu a maioridade está sujeito à decisão judicial, mediante contraditório, ainda que nos próprios autos.

1: correta, pois o STJ entende que a maioridade, por si só, não é critério de cessação automática dos alimentos (HC 77.839/SP, Rel. Ministro Hélio Quaglia Barbosa, Quarta Turma, julgado em 09/10/2007, DJe 17/03/2008). Assim, será preciso uma decisão judicial nesse sentido, a qual pode ser concedida nos próprios autos da ação original de alimentos.
Gabarito 1C.

(Promotor de Justiça/GO – 2016 – MPE) Sobre os alimentos, é incorreto afirmar:
(A) Presentes os requisitos legais ínsitos à espécie, o direito de obter, judicialmente, o estabelecimento de pensão alimentícia não está sujeito a prazo prescricional.
(B) Em se tratando de filho menor, ainda sob o poder familiar do genitor alimentante, fixados judicialmente os alimentos em seu favor, não haverá fluência do prazo prescricional para execução de parcelas vencidas e não pagas.
(C) Como os alimentos destinam-se à manutenção do alimentando no tempo presente e futuro, não são exigíveis quanto ao passado.
(D) Face a vedação constitucional do uso do salário-mínimo como fator de indexação obrigacional, a pensão alimentícia não pode ser fixada pelo juiz com base no salário-mínimo, seguindo à orientação da Súmula Vinculante 4 do STF.

A: correta, pois o direito abstrato de pedir alimentos não está sujeito a prazo prescricional. Isso significa que se uma pessoa com 95 anos precisar de alimentos ela poderá pedir, a despeito de nunca ter utilizado tal direito. Contudo, é importante lembrar que – uma vez fixada a pensão alimentícia – começa a correr um prazo prescricional de dois anos para cobrar cada prestação (CC, art. 206, § 2º). Este prazo somente não correrá nos casos de impedimento e suspensão da prescrição (CC, arts. 197 a 200); **B:** correta, pois "*não corre prescrição entre ascendente e descendente durante o poder familiar*" (CC, art. 197, II). Trata-se, portanto, de causa de impedimento prescricional; **C:** correta. O pedido de alimentos tem – por natureza – característica *ex nunc*. Isso significa que o alimentado deve pedir alimentos daquele momento em diante. Isso não se confunde com a execução das prestações anteriormente fixadas por sentença, o que é perfeitamente admitido, observando-se os prazos prescricionais; **D:** incorreta, pois a Súmula Vinculante 4 do Supremo Tribunal Federal não se dirige aos casos de pedido de alimentos. A vedação da Súmula dirige-se à utilização do salário mínimo como: "*base de cálculo de vantagem de servidor público ou de empregado*".
Gabarito "D".

(Ministério Público/GO – 2013) Assinale a alternativa correta:

(A) em conformidade com determinação expressa da Lei n. 11.804/08, os alimentos gravídicos serão fixados com a mera existência de indícios de paternidade e vigorarão a partir da citação.
(B) a obrigação alimentar é recíproca entre pais e filhos e extensiva a todos os ascendentes. Na falta de ascendentes, cabe a obrigação aos descendentes e, faltando estes, aos parentes colaterais de terceiro grau.
(C) tanto o dever de sustento (art. 1.634, do CC), como a obrigação alimentar (art. 1.694, do CC) são transmissíveis aos herdeiros do alimentante nos limites da herança (art. 1.700, do CC) e divisíveis, não havendo solidariedade entre os obrigados ao cumprimento (art. 1.698, CC). Contudo, com relação ao idoso, a obrigação alimentar passou a ser solidária, nos termos da Lei n. 10.741/03.
(D) o STJ, por meio de Súmula, cristalizou o entendimento segundo o qual a mulher que renunciou aos alimentos na separação judicial não tem direito à pensão previdenciária por morte do ex-marido.

A: incorreta, pois segundo o art. 6º da referida lei, o juiz só fixará tais alimentos "*se estiver convencido da existência de indícios da paternidade*"; **B:** incorreta, pois: "*na falta dos ascendentes cabe a obrigação aos descendentes, guardada a ordem de sucessão e, faltando estes, aos irmãos, assim germanos como unilaterais*" (CC, art. 1.697); C: correta, pois a assertiva reproduz com precisão as regras contidas nos artigos por ela mencionados; **D:** incorreta, pois a Súmula 336 do STJ preconiza: "*A mulher que renunciou aos alimentos na separação judicial tem direito à pensão previdenciária por morte do ex-marido, comprovada a necessidade econômica superveniente*".
Gabarito "C".

(Ministério Público/RO – 2013 – CESPE) No que concerne à obrigação alimentícia, assinale a opção correta.

(A) O fato de o ex-cônjuge ter renunciado aos alimentos na separação homologada, por dispor de meios próprios para o seu sustento, não o impede de pretender receber alimentos do outro no futuro.
(B) Em caso de separação do casal, se o filho menor possuir patrimônio e rendimentos próprios, os pais ficam desobrigados de contribuir com alimentos necessários ao seu sustento.
(C) Sendo solidária a obrigação alimentar, caso o pai e o avô do alimentando sejam obrigados à prestação de alimentos, o credor poderá cobrar o valor integral de um só deles.
(D) Entre parentes, o dever de prestar alimentos àquele que comprovar a necessidade pode durar por toda a vida do alimentando.
(E) Os alimentos pagos deverão ser restituídos se for desconstituído judicialmente o título que serviu de base para o pagamento.

A: incorreta, pois segundo o Enunciado 263 do CJF: "O art. 1.707 do CC não impede seja reconhecida válida e eficaz a renúncia manifestada por ocasião do divórcio (direto ou indireto) ou da dissolução da união estável. A irrenunciabilidade do direito a alimentos somente é admitida enquanto subsista vínculo de Direito de Família"; **B:** incorreta, pois no caso de alimentos devidos pelo poder familiar, a necessidade é presumida; **C:** incorreta, pois nesse caso a obrigação recai nos mais próximos em grau, uns em falta de outros. (art. 1.696 do CC); **D:** correta, pois não há termo final para a necessidade de uma pessoa se manter; **E:** incorreta, pois não há restituição de alimentos.
Gabarito "D".

(Ministério Público/MS – 2013 – FADEMS) Em relação ao Direito Alimentar, assinale a alternativa incorreta:

(A) O direito a alimentos pode ser cobrado pelos filhos, na falta dos pais, preferencialmente aos avós.
(B) Ao cônjuge é possível em acordo de separação judicial renunciar aos alimentos, não mais podendo aquele que renunciou pleitear o encargo.
(C) São devidos os alimentos quando quem os pretende possui bens suficientes, ou pode prover, pelo seu trabalho, à própria mantença, mas aquele, de quem se reclamam, pode fornecê-los, em montante mais adequado.
(D) Os parentes, cônjuges ou companheiros tem o dever de se sustentar uns aos outros quando necessário.
(E) O espólio tem a obrigação de prestar alimentos àquele a quem o *de cujus* devia, mesmo vencidos após a sua morte, enquanto não encerrado o inventário e pagas as quotas devidas aos sucessores.

A: correta, pois de pleno acordo com o art. 1.696 do CC; **B:** correta, pois de acordo com o entendimento predominante do STJ, conforme decidido em 22/06/2010, no AgRg no AgIn 1.044.922/SP (rel. Ministro Raul Araújo): "*Consoante entendimento pacificado desta Corte, após a homologação do divórcio, não pode o ex-cônjuge pleitear alimentos se deles desistiu expressamente por ocasião do acordo de separação consensual. Precedentes da 2ª Seção*"; **C:** incorreta, devendo esta alternativa ser assinalada, pois não há direito a alimentos para aqueles que o podem prover pelo seu trabalho; **D:** correta, pois de acordo com o art. 1.694 do CC; **E:** correta, pois de acordo com o art. 1.700 do CC.
Gabarito "C".

(Ministério Público/SP – 2013 – PGMP) Em matéria de alimentos, é CORRETO afirmar:

(A) a fixação de alimentos em favor de mulher gestante depende de prova pré-constituída da paternidade.
(B) após o nascimento da criança com vida, os alimentos gravídicos se extinguem, independentemente de sentença, devendo ser proposta ação de alimentos pelo recém-nascido contra o pai.
(C) os alimentos gravídicos compreenderão os valores suficientes para cobrir as despesas com o parto, vedada pelo legislador a cobertura de outras despesas.
(D) na ação de alimentos gravídicos, o prazo para o réu apresentar resposta é de 15 (quinze) dias.
(E) na ação de alimentos gravídicos, é admitida a fixação de alimentos provisórios pelo juiz.

A: incorreta, pois basta o convencimento da existência de indícios de paternidade (art. 6º, *caput*, da Lei 11.804/2008); **B:** incorreta, pois, após o nascimento com vida, os alimentos gravídicos ficam convertidos em pensão alimentícia para o menor, até que uma das partes solicite sua revisão (art. 6º, parágrafo único, da Lei 11.804/2008); **C:** incorreta, pois tais alimentos devem cobrir as despesas com o parto e também qualquer outra despesa adicional do período da gravidez, da concepção ao parto, inclusive alimentação especial, assistência médica e psicológica, exames complementares, internações, medicamentos, dentre outras (art. 2º, *caput*, da Lei 11.804/2008); **D:** incorreta, pois o prazo para resposta é de 5 dias (art. 7º da Lei 11.804/2008); **E:** correta (art. 6º, *caput*, da Lei 11.804/2008).
Gabarito "E".

(Ministério Público/RJ – 2011) A obrigação alimentar é um dos mais importantes temas do Direito de Família. O advento do Código Civil e de micros sistemas legislativos ensejou grandes mudanças na normatização da matéria. Diante disso, é correto afirmar que:

(A) a obrigação alimentar avoenga fundamenta-se no poder familiar e necessita da presença do binômio possibilidade/necessidade. Para alguns autores, não se deve falar mais em binômio, e sim em trinômio, incluindo a proporcionalidade como novo requisito para a obrigação alimentar;
(B) segundo entendimento pacificado e sumulado do Egrégio Superior Tribunal de Justiça, julgada procedente a ação de investigação de paternidade, os alimentos são devidos a partir da prolação da sentença;
(C) em conformidade com determinação expressa da Lei nº 11.804/08, os alimentos gravídicos serão fixados a partir da citação;
(D) a doutrina é uníssona, sob o prisma do Código Civil, em afirmar que o dever de prestar alimentos recíprocos entre pais e filhos não tem natureza solidária, porque é conjunto. Já o Estatuto do Idoso atribuiu natureza solidária à obrigação de prestar alimentos quando os credores forem idosos e, por força da sua natureza especial, o Estatuto prevalece sobre as disposições específicas do Código Civil;
(E) as parcelas fixadas e convencionadas da verba alimentar não prescrevem, sendo uma decorrência lógica da característica da imprescritibilidade do direito subjetivo relativo aos alimentos.

A: incorreta, pois o fundamento da obrigação alimentar avoenga não é o poder familiar, reservado este apenas aos pais; **B:** incorreta, pois a Súmula 277 do STJ já pacificou o entendimento segundo o qual "Julgada procedente a investigação de paternidade, os alimentos são devidos a partir da citação"; **C:** incorreta, pois não há previsão nesse sentido na Lei 11.804/08. Ao contrário, a lei prevê que "*Convencido da existência de indícios da paternidade, o juiz fixará alimentos gravídicos que perdurarão até o nascimento da criança, sopesando as necessidades da parte autora e as possibilidades da parte ré*" (art. 6º); **D:** correta, até por conta da secular regra de nosso sistema obrigacional no sentido de que a solidariedade não se presume (CC, art. 265). O Código Civil não prevê solidariedade entre os vários ascendentes do alimentado. Porém, o Estatuto do Idoso (Lei nº 10.741/2003) estabelece expressamente em seu art. 12 tal modalidade obrigacional em face dos devedores de alimentos; **E:** incorreta, pois o Código Civil estabelece a prescrição bienal para as prestações alimentícias (CC, art. 206, § 2º). O que não prescreve é o direito da personalidade abstratamente considerado, o direito de pleitear os alimentos.
Gabarito "D".

7.6. BEM DE FAMÍLIA

(Ministério Público/MG – 2012 – CONSULPLAN) Quanto ao bem de família, é **INCORRETO** afirmar que:

(A) o bem de família consistirá em prédio residencial urbano ou rural, com suas pertenças e acessórios, destinando-se em ambos os casos a domicílio familiar, e poderá abranger valores mobiliários, cuja renda será aplicada na conservação do imóvel e no sustento da família.
(B) o bem de família, quer instituído pelos cônjuges ou por terceiro, constitui-se pelo registro de seu título no Registro de Imóveis.
(C) comprovada a impossibilidade da manutenção do bem de família nas condições em que foi instituído, poderá o juiz, a requerimento dos interessados, extingui-lo ou autorizar a sub-rogação dos bens que o constituem em outros, ouvidos o instituidor e o Ministério Público.
(D) a dissolução da sociedade conjugal pelo divórcio extingue o bem de família.

A, B, C: corretas, pois de acordo com as regras estabelecidas respectivamente pelos arts. 1.712, 1.714 e 1.719 do Código Civil; **D:** incorreta, devendo ser assinalada, pois a dissolução da sociedade conjugal não extingue o bem de família (art. 1.721 do CC).
Gabarito "D".

7.7. CURATELA

(Promotor de Justiça/SC – 2016 – MPE)

(1) O Código Civil ao tratar do exercício da curatela determina que a interdição do pródigo só o privará de, sem curador, emprestar, transigir, dar quitação, alienar, hipotecar, demandar ou ser demandado, e praticar, em geral, os atos que não sejam de mera administração. Também estipula que quando o curador for o cônjuge e o regime de bens do casamento for de comunhão universal, não será obrigado à prestação de contas, salvo determinação judicial.

1: correta. O pródigo é aquela pessoa que dilapida seu patrimônio de forma desordenada. A preocupação da lei é com o patrimônio do pródigo e sua manutenção digna. Por conta disso, as privações legais ao pródigo que foi interditado limitam-se às questões patrimoniais, conforme determinam os artigos 1.782 e 1.783 do Código Civil.
Gabarito 1C.

(Promotor de Justiça/SC – 2016 – MPE)

(1) Nos casos em que a interdição for promovida pelo Ministério Público, o juiz nomeará defensor ao suposto incapaz; nos demais casos o Ministério Público será o defensor, visto que a regra é que a pessoa natural tenha capacidade civil plena para exercer os atos da vida civil. Nada obsta a que o interditando constitua, por livre escolha, advogado para a sua defesa.

1: correta, pois de acordo com a nova sistemática trazida pelo Estatuto da Pessoa com Deficiência (Lei 13.146/2015), que alterou a regulamentação do instituto, em especial os artigos 1.769 e seguintes do Código Civil.
Gabarito 1C.

(Ministério Público/PR – 2011) Acerca da tutela e da curatela, assinale a alternativa correta:

(A) caso ocorram danos ao patrimônio do tutelado causados por tutor do qual não se exigiu garantia legal, haverá responsabilidade civil direta e imediata do juiz que se omitiu na exigência da garantia.
(B) a responsabilidade do tutor pelos danos causados ao tutelado é, em regra, objetiva.
(C) o Ministério Público somente terá legitimidade para propor a interdição de alguém em hipótese de doença mental grave.
(D) nos casos em que a interdição for promovida pelo Ministério Público, o juiz nomeará defensor ao suposto incapaz; nos demais casos o Ministério Público será o defensor.
(E) a legitimidade de um cônjuge para o exercício da curatela do outro depende do regime de bens instituído entre eles.

A: incorreta (art. 1.744, II do CC); **B:** incorreta, pois o tutor responde em caso de dolo ou culpa (art. 1.752 do CC); **C:** incorreta (art. 1.769 do CC); **D:** correta (art. 1.770 do CC); **E:** incorreta (art. 1.775, *caput*, do CC).
Gabarito "D".

7.8. TEMAS COMBINADOS DE FAMÍLIA

(Promotor de Justiça – MPE/BA – CEFET – 2015) Assinale a alternativa INCORRETA sobre alimentos e poder familiar, segundo o Código Civil Brasileiro:

(A) Divergindo os pais quanto ao exercício do poder familiar, é assegurado a qualquer deles recorrer ao juiz para solução do desacordo.
(B) O Ministério Público pode intervir adotando medida que lhe pareça reclamada pela segurança do menor e seus haveres, até suspendendo o poder familiar, quando convenha, se o pai ou a mãe abusar de sua autoridade, faltando aos deveres a eles inerentes ou arruinando os bens dos filhos.
(C) O poder familiar pode ser perdido judicialmente se o pai ou a mãe castigar imoderadamente o filho ou deixá-lo em abandono, dentre outras hipóteses.
(D) Os alimentos devem ser fixados na proporção das necessidades do reclamante, independentemente dos recursos da pessoa obrigada.
(E) Na falta dos ascendentes cabe obrigação aos descendentes, guardada a ordem de sucessão e, faltando estes, aos irmãos, assim germanos como unilaterais.

A: correta, pois de acordo com a previsão estabelecida pelo art. 1.631, parágrafo único do CC; **B:** correta, pois de acordo com a previsão do art. 1.637 do CC; **C:** correta, pois tais hipóteses estão previstas no art. 1.638 do CC; **D:** incorreta, pois o binômio necessidade x possibilidade é um princípio norteador da fixação de alimentos (CC, art. 1.694, § 1º); **E:** correta, pois de pleno acordo com a previsão estabelecida pelo art. 1.697 do CC.
Gabarito "D".

(Promotor de Justiça – MPE/BA – CEFET – 2015) Assinale a alternativa INCORRETA acerca das relações de parentesco e adoção, segundo o Código Civil Brasileiro:

(A) Os filhos, havidos ou não da relação de casamento ou por adoção, terão os mesmos direitos e qualificações, proibidas quaisquer designações discriminatórias relativas à filiação.
(B) A filiação prova-se pela certidão do termo de nascimento no Registro Civil.
(C) O reconhecimento dos filhos havidos fora do casamento é irrevogável e será feito no registro do nascimento, por escritura pública ou escrito particular, a ser arquivado em cartório, por testamento, ainda que incidentalmente manifestado, dentre outros.
(D) Só a pessoa maior de 18 (dezoito) anos pode adotar.
(E) A adoção dispensa processo judicial.

A: correta, pois de acordo com o mandamento previsto no art. 227, § 6º da CF. Vale lembrar que esta é uma regra para o legislador brasileiro. Nada impede, portanto, que – respeitados os parâmetros legais – os pais possam dar tratamento diferenciado (inclusive patrimonial) aos filhos. É por isso que o Código Civil permite a doação a um só dos filhos, com dispensa de colação e também o testamento da parte disponível (50%) a um dos filhos; **B:** correta, pois de acordo com a regra prevista no art. 1.603 do Código Civil; **C:** correta, pois de acordo com a previsão a Lei 8.560/1992, art. 1º; **D:** correta, pois de acordo com o art. 42 do ECA; **E:** incorreta, pois a adoção exige processo judicial (ECA, art. 47).
Gabarito "E".

(Procurador da República – PGR – 2013) Em matéria de direito de família:

(A) A pessoa impedida de casar, como regra geral, está incapacitada isoladamente para a realização do casamento.
(B) A concubina, que manteve relacionamento com homem casado, faz jus à indenização por serviços domésticos prestados na constância da união.
(C) A autoria da ação negatória de paternidade compete exclusivamente ao pai registral, por ser ação de estado, que protege direito personalíssimo e indisponível do genitor.
(D) A doação realizada a um dos cônjuges, na relação matrimonial regida pelo regime de comunhão parcial de bens, será comunicável, mesmo quando o doador não se manifestar neste sentido.

A: incorreta, pois a pessoa impedida de casar também não pode constituir união estável (CC, art. 1.727); **B:** incorreta, pois tal entendimento jurisprudencial já foi superado; **C:** correta, pois de acordo com a previsão do CC, art. 1.601; **D:** incorreta, pois no regime de comunhão parcial não há comunicação de doações (CC, art. 1.659, I).
Gabarito "C".

(Promotor de Justiça – MPE/RS – 2017) Assinale a alternativa correta quanto ao Direito de Família.

(A) As causas suspensivas do casamento, quando violadas, geram nulidade absoluta ou relativa, conforme o caso, e ainda impõem sanções patrimoniais aos cônjuges.
(B) O prazo decadencial para a ação anulatória por erro essencial do nubente é de dois anos, contados da celebração do casamento. Esta ação somente cabe ao cônjuge que incidiu em erro, sendo uma ação personalíssima.
(C) No regime da comunhão universal de bens, a comunicação dos bens é plena, mas não absoluta, pois existem bens incomunicáveis. Os frutos que forem retirados de bens incomunicáveis, que vençam ou sejam percebidos na constância do casamento, são também incomunicáveis.
(D) Haverá a suspensão do poder familiar da mãe condenada por sentença transitada em julgado a pena de três anos de reclusão por tráfico de entorpecentes. A perda do poder familiar ocorrerá se o pai adotivo deixar o filho adotado em abandono ou reiteradamente abusar de sua autoridade.
(E) A prática de ato de alienação parental, somente praticada pelo pai ou pela mãe, fere direito fundamental da criança ou do adolescente de convivência familiar saudável e prejudica a realização de afeto nas relações.

A: incorreta, pois o casamento que se verifica com violação de causa suspensiva (CC, art. 1.523) não é nulo, nem anulável. A única consequência é a imposição do regime de separação obrigatória de bens (CC, art. 1.641, I); **B:** incorreta, pois o prazo para anulação do casamento nessa hipótese é de três anos (CC, art. 1.560, III); **C:** incorreta, pois há comunicação dos frutos dos bens incomunicáveis, vencidos ou percebidos durante o casamento (CC, art. 1.669); **D:** correta, pois de acordo com a previsão dos artigos 1.637 e 1.638 do Código Civil; **E:** incorreta, pois a prática de alienação parental pode ser praticada "*por um dos genitores, pelos avós ou pelos que tenham a criança ou adolescente sob a sua autoridade, guarda ou vigilância*" (Lei 12.318/2010, art. 2º).
Gabarito "D".

(Ministério Público/MG – 2014) Assinale a alternativa INCORRETA:

(A) A fiel observância da sistemática imposta pelo art. 50 do Estatuto da Criança e do Adolescente, somente se deferindo a adoção a pessoas previamente cadastradas e habilitadas, pode ser relativizada excepcionalmente.

(B) A família natural é a comunidade formada pelos pais ou qualquer deles e seus descendentes.
(C) Nos termos do Código Civil de 2002, a união estável se equipara ao casamento para o efeito de cessação da incapacidade para os menores.
(D) A separação de fato cessa o regime de bens entre os cônjuges.

A: assertiva correta. No que se refere a questões envolvendo criança e adolescente, poucas regras são absolutas. A grande maioria deve ser aferida no caso concreto, sempre à luz do melhor interesse da criança, que tem prioridade absoluta no sistema (CF, art. 227). Entre seguir a letra fria da lei e atender ao calor da necessidade do menor, o juiz deve se pautar pelo último, sempre. Daí porque, "*a observância da preferência das pessoas cronologicamente cadastradas para adotar criança não é absoluta, pois há de prevalecer o princípio do melhor interesse do menor, norteador do sistema protecionista da criança*" (STJ – HC 279.059/RS, Rel. Ministro Luis Felipe Salomão, 4ª Turma, julgado em 10.12.2013, *DJe* 28.02.2014); **B:** assertiva correta, pois a assertiva encontra plena identificação com o disposto no art. 25 do ECA; **C:** assertiva incorreta, devendo ser assinalada, pois o Código Civil não previu expressamente a união estável como causa de emancipação legal (CC, art. 5º, parágrafo único, II); **D:** assertiva correta, pois tal separação fática permite até mesmo a constituição de nova união estável, além de possibilitar o divórcio.
Gabarito "C".

8. SUCESSÕES

8.1. SUCESSÃO EM GERAL

(Procurador da República – PGR – 2013) Relativamente à herança, é correto dizer que:

I. O ato de renúncia deve constar expressamente de instrumento público ou de termo nos autos, sob pena de invalidade, embora a constituição de mandatário para tal fim possa ser feita por instrumento particular.
II. A ação de deserdação só será procedente se houver comprovação de que as manifestações do herdeiro ensejaram investigação policial ou processo judicial, instaurados em desfavor do testador.
III. O art. 1.973 do CC somente tem incidência se, à época da disposição testamentária, o falecido não tivesse prole ou não a conhecesse, mostrando-se inaplicável na hipótese de o falecido já possuir descendente e sobrevier outro depois da lavratura do testamento.
IV. Em se tratando de renúncia translativa da herança, e não propriamente abdicação, se o herdeiro prejudicar seus credores, renunciando à herança, o ato será ineficaz perante aqueles com quem litiga.

Das proposições acima:

(A) I e II estão corretas;
(B) I e III estão corretas;
(C) II e IV estão corretas;
(D) III e IV estão corretas.

I: incorreta, pois a forma exigida para o mandato é a forma exigida para o ato principal. Como a renúncia a herança exige escritura pública, a procuração deve obedecer a mesma forma (CC, arts. 657 e 1.806); II: incorreta, pois há diversas hipóteses de deserdação (CC, arts. 1.962 e 1.963) que nem sempre dependem de investigação policial ou processo judicial; III: correta. O art. 1.973 trata das duas principais hipóteses de rompimento do testamento: a) nascimento do primeiro descendente do testador ou b) a descoberta de um descendente que o testador – ao testar – não conhecia. Não seria razoável romper o testamento após o nascimento de cada novo descendente do testador. A *mens legis* é no sentido de que, após a paternidade, o testador jamais testaria da forma como anteriormente fez; **IV:** correta. Quando o herdeiro tem dívidas e – renunciando à sua parte na herança – prejudica os seus credores, o art. 1.813 Código Civil afirma que o credor do herdeiro poderá "*aceitá-la em nome do renunciante*". Tal disposição legal não é tecnicamente precisa. Doutrina e jurisprudência concluíram que tal renúncia será válida, porém ineficaz perante os credores. Isso gera a seguinte consequência: após satisfazer o credor, eventual "saldo de herança" deverá ser destinado aos outros herdeiros, tendo em vista que a renúncia foi considerada válida, mas apenas ineficaz em relação aos credores.
Gabarito "D".

(Promotor de Justiça – MPE/RS – 2017) Considerando o Direito das Sucessões, assinale com **V** (verdadeiro) ou com **F** (falso) as seguintes afirmações.

( ) O coerdeiro tomou ciência da cessão de direito hereditário efetuado por outro coerdeiro quando foi apresentada nos autos do processo de inventário na data de 27/04/2015. Intentou ação declaratória de nulidade de ato jurídico em 10/11/2015 e efetuou o depósito necessário; no entanto, o ajuizamento da demanda ultrapassou o prazo legal para o reconhecimento do direito de preferência.
( ) O direito à sucessão aberta e o direito à herança constituem bens móveis por determinação legal, isso ocorre mesmo se a herança for composta apenas de bens imóveis.
( ) Os atos de aceitação ou de renúncia da herança são irrevogáveis, todavia, viável alegação de erro, dolo e demais vícios do ato ou negócio jurídico visando sua invalidade.
( ) Pedro falece e tem um único filho, Marco, que renuncia a herança expressamente, por termo judicial. Este possui três filhos: Mário, Maria e Marlon, que poderão vir à sucessão, por direito próprio, não por representação, e receberão um terço da herança.

A sequência correta de preenchimento dos parênteses, de cima para baixo, é

(A) V – F – V – V.
(B) F – F – F – V.
(C) V – V – F – F.
(D) F – V – V – F.
(E) V – F – V – F.

I – Verdadeira, pois o prazo para ajuizamento desta ação é de 180 dias após a transmissão (CC, art. 1.795); II – Falsa, pois o direito à sucessão aberta é considerado bem imóvel (CC, art. 80, II), não importando os bens que compõe a herança; III – Verdadeira, pois a irrevogabilidade (CC, art. 1.812) não afasta a regra geral de anulação de atos jurídicos prevista na parte geral do Código Civil; IV – Verdadeira, pois a hipótese tem previsão e solução no art. 1.811 do Código Civil, o qual determina que os filhos do renunciante poderão vir à sucessão "direito próprio, e por cabeça".
Gabarito "A".

(Promotor de Justiça/SC – 2016 – MPE)

(1) Herança vacante consiste em um acervo de bens, administrado por um curador, sob fiscalização da autoridade judiciária, até que se habilitem os herdeiros, incertos ou desconhecidos, ou se declare por sentença que a transmita ao patrimônio do Estado.

1: incorreta, pois a assertiva traz o conceito de herança jacente. Após a publicações dos editais e após ter sido prolatada a sentença, a herança

torna-se vacante e a propriedade resolúvel dos bens é entregue ao Município (CC, art. 1.822). A propriedade ainda é resolúvel porque – no prazo de cinco anos a contar da morte – pode aparecer algum herdeiro necessário que reclame para si a herança.
Gabarito 1E

(Promotor de Justiça/SC – 2016 – MPE)

( ) Segundo entendimento majoritário do STJ, o herdeiro que cede seus direitos hereditários não possui legitimidade para pleitear a declaração de nulidade de doação inoficiosa realizada pelo autor da herança em benefício de terceiros.

1: incorreta, pois o STJ posiciona-se em sentido contrário. Segundo a Corte, ainda que um herdeiro ceda seus direitos hereditários, ele mantém a qualidade de herdeiro, a qual é personalíssima e, portanto, mantém a legitimidade para ajuizar ação de nulidade de doação inoficiosa (REsp 1361983/SC, Rel. Ministra Nancy Andrighi, Terceira Turma, julgado em 18/03/2014, DJe 26/03/2014).
Gabarito 1E

(Promotor de Justiça/GO – 2016 – MPE) O ato do herdeiro renunciar a herança prejudicando os seus credores é considerado:

(A) Inexistente e ineficaz em relação aos credores.
(B) Válido, mas será considerado ineficaz em relação aos credores.
(C) Nulo por fraudar os direitos dos credores.
(D) Anulável por fraudar os direitos dos credores.

Quando o herdeiro tem dívidas e – renunciando à sua parte na herança – prejudica os seus credores, o art. 1.813 Código Civil afirma que o credor do herdeiro poderá: "*aceitá-la em nome do renunciante*". Tal disposição legal não é precisa tecnicamente. A doutrina e a jurisprudência concluíram que tal renúncia será válida, porém ineficaz perante os credores. Isso gera a seguinte consequência: após satisfazer o credor, eventual "saldo de herança" deverá ser destinado aos outros herdeiros, tendo em vista que a renúncia foi considerada válida, mas apenas ineficaz.
Gabarito "B".

(Promotor de Justiça/GO – 2016 – MPE) No tocante à indignidade sucessória e deserdação, assinale a alternativa correta:

(A) o direito de demandar a exclusão do herdeiro ou legatário indigno extingue-se em dois anos, contados da abertura da sucessão.
(B) são pessoais os efeitos da exclusão por indignidade, de forma que os descendentes do herdeiro excluído sucedem, como se ele morto fosse antes da abertura da sucessão.
(C) a indignidade sucessória e a deserdação alcançam qualquer classe de herdeiro (necessário ou facultativo).
(D) a deserdação não necessita de um testamento.

A: incorreta, pois o prazo decadencial é de quatro anos (CC, art. 1815, parágrafo único); B: correta, pois a assertiva reproduz o disposto no art. 1.816, permitindo que os filhos do indigno o representem na sucessão. Assim, por exemplo, a herança que iria ao indigno (assim declarado por sentença) deve ser entregue ao seu filho por representação (desde que, obviamente, esse filho já houvesse sido concebido no momento do falecimento do *de cujus*); C: incorreta, pois a deserdação é um instituto que somente se aplica para privar os herdeiros necessários de sua parte legítima na herança (CC, art. 1.961). Caso o testador queira afastar outros herdeiros, basta testar e não contemplá-los; D: incorreta, pois o testamento é a única forma possível de estabelecer a deserdação (CC, art. 1.964).
Gabarito "B".

(Procurador da República – 23º) O art. 1.572, do Código Civil de 1916, assim estava concebido: "*Aberta a sucessão, o domínio e a posse da herança transmitem-se, desde logo, aos herdeiros legítimos e testamentários*". O Código Civil de 2002 evitou em seu art. 1.784, aludir à expressão posse, concebendo da seguinte forma o preceito: "*Aberta a sucessão, a herança transmite-se, desde logo, aos herdeiros legítimos e testamentários*". À luz da redação atual, está o intérprete autorizado, pela melhor doutrina, a concluir:

I. que a posse dos herdeiros, legítimos e testamentários, não precisaria ser especialmente regrada no art. 1.784, do Código, por emergir da expressão "*exercício dos poderes inerentes à propriedade*", que a qualidade de "*legitimados à herança*" àqueles (herdeiros) confere.
II. que os herdeiros, legítimos ou testamentários, tendo em vista a redação do art. 1.784 do Código Civil, não podem ser havidos por continuadores do falecido, tanto no seu *ius possessionis* quanto no seu *ius possidendi*;
III. que, no sistema do direito positivo brasileiro, os herdeiros, legítimos e testamentários, não são, imediatamente, continuadores da posse do falecido mas o são da herança, com efeitos *ex tunc*;
IV. que o princípio da *saisine*, embora traduza a *posse*, tal como definida no art. 1.196, do Código Civil, informa a denominada *possessio naturalis*, ante a ausência da *possessio corporalis*.

Do exame dos enunciados acima,

(A) apenas são verdadeiros o I e o II;
(B) apenas são verdadeiros o I e o III;
(C) apenas são verdadeiros o II e o III;
(D) apenas são verdadeiros o II e o IV.

I: incorreta, pois a posse dos herdeiros precisa sim ser regulamentada de forma especial e paralela à propriedade. Aliás, o Código Civil regulamentou a relação entre o princípio de *saisine* e a posse, no art. 1.923, § 1º: "Não se defere de imediato a posse da coisa, nem nela pode o legatário entrar por autoridade própria"; II: correta, pois no que se refere à posse o princípio de *saisine* não é aplicado de forma integral e irrestrita; III: correta, pois reflete a posição do Código Civil no que diz respeito à transferência da posse e propriedade da herança; IV: incorreta, pois o princípio de *saisine* não tem aplicação idêntica para a posse e para a propriedade.
Gabarito "C".

(Procurador da República – 26º) Em matéria de sucessões:

(A) Ao cônjuge supérstite cabe sempre, em primeiro lugar, a investidura na inventariança;
(B) Havendo testamento contemplando o primeiro filho, o Código Civil dispõe que, nascendo gêmeos, serão estes considerados de igual idade para tal fim,
(C) A declaração de vacância, quando não aparecerem herdeiros, incorpora a herança definitivamente ao patrimônio público;
(D) A indignidade do herdeiro é uma pena e, se ele falecer antes da sua declaração por sentença, seu direito hereditário passa aos sucessores

A: incorreta, pois tal primazia não encontra amparo na lei; B: incorreta, pois não há regra desta natureza no Código Civil; C: incorreta, pois a declaração de vacância transmite a propriedade resolúvel ao Município. O evento futuro e incerto que pode resolver a propriedade é a chegada de um herdeiro (que não seja colateral) no prazo de cinco anos a contar

1. DIREITO CIVIL

da morte; **D:** correta, em função do princípio segundo o qual "o filho inocente não paga pelo pai culpado". E ainda que o herdeiro indigno não faleça, mas tenha filhos concebidos antes da morte do *de cujus*, estes o representarão na herança, por força do art. 1.816 do CC.
Gabarito "D".

(Procurador da República – 24º) Em relação à sucessão, é correto dizer:

I. Os efeitos da exclusão do herdeiro indigno transmitem-se aos seus descendentes.
II. Falecendo o herdeiro, antes de declarar se aceita a herança, o direito de aceitar transmite-se aos seus herdeiros.
III. Se o testamento caducar ou for considerado nulo, subsistirá a sucessão legítima.
IV. Até o compromisso do inventariante, o administrador provisório da herança será a pessoa de confiança do juiz.

Das proposições acima:

(A) I e II estão corretas;
(B) I e III estão corretas;
(C) II e III estão corretas;
(D) II e IV estão corretas.

I: incorreta. O princípio romano segundo o qual: "o filho inocente não paga pelo pai culpado" ilumina a regra estabelecida no art. 1.816 do CC. Desta forma, sendo o herdeiro declarado indigno, os seus descendentes (nascidos ou concebidos no momento da abertura da sucessão) terão o direito de herdar por representação. Ainda nessa hipótese, o herdeiro indigno perde o usufruto legal sobre os bens herdados pelo filho menor e perde também a sucessão eventual desses bens (CC, art. 1.816, parágrafo único). A doutrina denomina esses bens que escapam do indigno de *bens ereptícios*; **II:** correta, pois o art. 1.809 do CC estipula regra nesse sentido. A norma transfere o direito de aceitar ou renunciar a uma herança aos herdeiros do herdeiro falecido. Assim, por exemplo, falecendo João, este dá vida João Junior teria direito a aceitar ou renunciar à herança. Caso Junior faleça antes de se manifestar, seu filho, João Neto, terá essa prerrogativa; **III:** correta. Por evidente, na hipótese de a sucessão testamentária não prosperar, subsiste para todos os efeitos a sucessão legítima e a ordem de vocação hereditária determinada na lei; **IV:** incorreta, pois até o compromisso do inventariante a administração somente caberá à pessoa de confiança do juiz na hipótese de falta ou escusa das pessoas listadas no art. 1.797, I a III do CC.
Gabarito "C".

(Ministério Público/GO – 2013) Assinale a alternativa correta:

(A) o cônjuge sobrevivente, embora permaneça na terceira classe da ordem de vocação hereditária, atrás dos descendentes e ascendentes, pode concorrer com os descendentes dependendo do regime de bens e concorrerá sempre com os ascendentes.
(B) o renunciante é considerado não existente em face da herança renunciada, de modo que seus descendentes herdam por direito de representação, nas hipóteses em que a lei prevê esse direito. Já o indigno é considerado herdeiro pré-morto, como se tivesse morrido antes do autor da herança portanto, nos casos previstos em lei, os herdeiros do indigno herdam por direito próprio.
(C) sendo a herança uma universalidade, sem que possa, antes da partilha, individualizar o direito de cada herdeiro sobre cada um dos bens que a compõem, não se pode cogitar do herdeiro alienar determinado bem, singularmente considerado, pois não se sabe se a ele pertencerá por ocasião da partilha. Essa impossibilidade tem caráter absoluto.
(D) o direito real de habitação é assegurado ao cônjuge sobrevivente casado pela comunhão universal de bens, em caráter vitalício e enquanto permanecer viúvo, tendo por objeto o imóvel residencial da família, desde que o único dessa natureza

A: correta, pois o cônjuge sobrevivente concorrerá (independentemente do regime de bens no qual era casado) com os ascendentes do falecido (CC, art. 1.829, II) e concorrerá (a depender do regime de bens) com os descendentes do falecido (CC, art. 1.829, I); **B:** incorreta, pois não há direito de representação em favor dos herdeiros do renunciante (CC, art. 1.811). Já quanto à pessoa declarada indigna, caso ela tenha deixado descendentes (que já eram nascidos ou concebidos no momento do falecimento do cujus), esses terão direito de representação, herdando por estirpe e não por cabeça (CC, art. 1.816); **C:** incorreta, pois tal impossibilidade não tem caráter absoluto. Isso porque o art. 1.793, § 3º, do Código Civil indica ser "*ineficaz a disposição, sem prévia autorização do juiz da sucessão, por qualquer herdeiro, de bem componente do acervo hereditário, pendente a indivisibilidade*"; **D:** incorreta, pois o direito real de habitação é concedido à viúva independentemente do regime de bens (CC, art. 1.831). Ademais, a lei não prevê que a cessação da viuvez implicaria em extinção do referido direito real.
Gabarito "A".

(Ministério Público/DF – 2013) A respeito do direito de sucessão, assinale a opção CORRETA.

(A) Herdeiros necessários são os descendentes, ascendentes, cônjuge, companheiro e os colaterais até o quarto grau. Pertence a esses herdeiros a metade dos bens da herança, todavia, podem ser afastados da sucessão por deserdação ou indignidade.
(B) Pode o herdeiro retratar-se da aceitação da herança por declaração unilateral, como a própria aceitação, desde que não resulte prejuízos a credores.
(C) Configura-se o instituto da representação quando a lei chama certos parentes do falecido a suceder em todos os direitos em que ele sucederia, se fosse vivo, e ocorre na linha reta dos descendentes e na linha colateral, para que os filhos do falecido venham concorrer com irmãos do autor da herança.
(D) Os descendentes de graus diversos do herdeiro excluído por indignidade sucedem por direito próprio, e por cabeça, como se o herdeiro excluído fosse morto.
(E) Poderá o co-herdeiro dispor livremente de parte ou de todo o seu quinhão na herança, ceder sua cota hereditária a terceiro, sobre um bem considerado individualmente, desde que obedecida a preferência dos demais herdeiros.

A: incorreta, pois o art. 1.845 do CC não contempla companheiro, nem colateral na condição de herdeiro necessário; **B:** incorreta, pois os atos de aceitação e renúncia de herança são irrevogáveis (CC, art. 1.812); **C:** correta, pois o enunciado trata de forma precisa a respeito das regras de representação previstas no CC (arts. 1.851 e seq); **D:** incorreta, pois quando uma pessoa é declarada indigna, mas tem descendentes (que já eram nascidos ou concebidos no momento do falecimento de cujus), esses terão direito de representação, herdando por estirpe e não por cabeça (CC, art. 1.816); **E:** incorreta, pois é ineficaz a cessão, pelo coerdeiro, de seu direito hereditário sobre qualquer bem da herança considerado singularmente (CC, art. 1.793 § 2º).
Gabarito "C".

(Ministério Público/MS – 2013 – FADEMS) Em relação ao Direito das Sucessões, assinale a alternativa incorreta:

(A) A morte, a abertura da sucessão e a transmissão da herança ocorrem num só momento.

(B) Podem ser considerados indignos e, desse modo, excluídos da sucessão os autores de homicídio doloso ou culposo, tentado ou consumado, contra a pessoa de cuja sucessão se tratar, seu cônjuge, companheiro, ascendente e descendente.
(C) A herança não poderá ser renunciada em parte.
(D) Os herdeiros poderão ceder seus direitos hereditários por escritura pública, seja a herança por bens móveis ou imóveis.
(E) Ao cônjuge sobrevivente somente é reconhecido direto sucessório se, ao tempo da morte do outro, não estavam separados judicialmente, nem separados de fato há mais de dois anos, salvo prova, neste caso, de que essa convivência se tornara impossível sem culpa do sobrevivente.

A: correta, pois morte e abertura da sucessão são sinônimos para o Direito Civil. A transmissão da herança, por sua vez, ocorre juridicamente no mesmo instante da morte, consoante o princípio de *saisine* (art. 1.784 do CC); **B:** incorreta, devendo esta alternativa ser assinalada, pois a ocorrência de homicídio culposo não autoriza a declaração de indignidade do herdeiro (art. 1.814, I, do CC); **C:** correta, pois de pleno acordo com a vedação do art. 1.808 do CC; **D:** correta, pois o que está se cedendo é o direito à sucessão aberta, o qual é considerado um bem imóvel por força da lei (art. 80, II, do CC), pouco importando qual a natureza dos bens que compõem a herança; **E:** correta, pois a assertiva reproduz integralmente o disposto no art. 1.830 do CC.
Gabarito "B".

(Ministério Público/RO – 2013 – CESPE) Acerca da sucessão, assinale a opção correta.

(A) Somente será eficaz a cessão, pelo coerdeiro, de seu direito hereditário sobre um bem específico da herança se houver, no acervo, mais de um bem de mesmo valor para cada herdeiro.
(B) A regra de que concubina do testador casado não pode ser beneficiada em testamento é afastada quando o bem deixado em herança não estiver englobado pelos cinquenta por cento dos bens particulares do testador.
(C) Embora a aceitação da herança não seja ato formal, ela deve ser expressa, já que os herdeiros devem suportar, até o total da herança, as dívidas do falecido.
(D) A abertura da sucessão ocorre no momento da morte do titular do patrimônio, sendo a propriedade dos bens transferida com a partilha.
(E) A doação pura e simples de bem hereditário feita por herdeiro aparente será inválida, ainda que o donatário tenha agido de boa-fé.

A: incorreta, pois "é ineficaz a cessão, pelo coerdeiro, de seu direito hereditário sobre qualquer bem da herança considerado singularmente" (art. 1.793, § 2º, do CC); **B:** incorreta, pois a única ressalva legal para tal vedação é a hipótese de o testador já ser separado de fato do cônjuge (art. 1.801, III, do CC); **C:** incorreta, pois a aceitação da herança pode ser tácita (art. 1.805 do CC); **D:** incorreta, pois o Código adotou o princípio de *saisine*, segundo o qual "aberta a sucessão, a herança transmite-se, desde logo, aos herdeiros legítimos e testamentários" (art. 1.784 do CC); **E:** incorreta, pois, nesse caso, apenas as alienações feitas, a título oneroso, é que são eficazes (art. 1.827, parágrafo único, do CC).
Gabarito "E".

(Ministério Público/PR – 2013) Assinale a alternativa incorreta:

(A) O direito brasileiro adota o princípio da *saisine* em matéria sucessória;
(B) Em um caso de ultra-atividade da lei, as regras de direito sucessório do Código Civil de 1916 devem ser aplicadas à sucessão aberta durante sua vigência, mesmo que o inventário seja processado após o início da vigência do Código Civil de 2002;
(C) Os descendentes e os ascendentes e o cônjuge são considerados herdeiros necessários;
(D) São vedados o testamento simultâneo, recíproco e correspectivo;
(E) O testamento realizado por menor de 16 anos é nulo e o testamento realizado por menor entre 16 e 18 anos é anulável.

A: correta, pois, de fato, o Código Civil adotou o princípio de *saisine*, segundo o qual "aberta a sucessão, a herança transmite-se, desde logo, aos herdeiros legítimos e testamentários" (art. 1.784 do CC); **B:** correta, pois às mortes ocorridas na vigência da lei anterior, aplicam-se as regras do Código Civil de 1916, sendo irrelevante o momento do processamento do inventário (art. 2.041 do CC); **C:** correta, pois o art. 1.845 do CC enumerou apenas descendentes, ascendentes e cônjuge como herdeiros necessários; **D:** correta, pois de acordo com a vedação estabelecida pelo art. 1.863 do CC; **E:** incorreta (devendo ser assinalada), pois a capacidade plena para realizar testamento é adquirida aos dezesseis anos (art. 1.860, parágrafo único, do CC). Logo, eventual testamento redigido após essa idade é plenamente válido.
Gabarito "E".

8.2. SUCESSÃO LEGÍTIMA

(Promotor de Justiça – MPE/MS – FAPEC – 2015) Assinale a alternativa **correta**:

(A) Quando casado no regime de comunhão universal de bens, na hipótese da existência de descendentes, o cônjuge sobrevivente não terá o direito a herança, uma vez que não é herdeiro concorrente com os descendentes.
(B) Ao cônjuge sobrevivente, qualquer que seja o regime de bens, será assegurado o usufruto do imóvel destinado à residência da família, desde que seja o único daquela natureza a inventariar.
(C) Concorrendo com o pai e a mãe do falecido, o cônjuge terá direito a metade da herança.
(D) Somente é reconhecido o direito sucessório ao cônjuge sobrevivente durante a constância do casamento.
(E) Se não houver cônjuge sobrevivente, serão chamados a suceder os colaterais até o terceiro grau.

A: correta. O Código Civil entendeu que a meação atribuída ao cônjuge que fora casado no regime da comunhão universal já seria suficiente para a manutenção de uma vida digna durante a viuvez. Assim, não concedeu direito sucessório na concorrência com descendentes do *de cujus* (CC, art. 1.829, I); **B:** incorreta, pois o direito real que o Código Civil concedeu à viúva foi o direito real de habitação (CC, art. 1.831); **C:** incorreta, pois nessa hipótese caberá 1/3 para cada (CC, art. 1.837); **D:** incorreta, pois mesmo separados de fato (há menos de dois anos) há possibilidade de a viúva herdar (CC, art. 1.830); **E:** incorreta, pois os colaterais (até o quarto grau) só serão chamados quando não houver descendentes, ascendentes, nem cônjuge (CC, arts. 1.838 e 1.839).
Gabarito "A".

(Ministério Público/MG – 2013) Quanto ao direito das sucessões, analise as seguintes alternativas e assinale a assertiva INCORRETA:

(A) O renunciante à herança de uma pessoa poderá representá-la na sucessão de outra, estando na ordem de chamamento.
(B) A lei pode chamar certos parentes do falecido a suceder em todos os direitos, como se ele vivo fosse, representando-o.

(C) O direito de representação dá-se na linha reta descendente, uma exceção entre os colaterais, mas nunca na ascendente.
(D) Na linha colateral, os filhos e netos de irmão do falecido representam-no quando com irmãos deste concorrerem.

A: assertiva correta, pois nesse caso há dois patrimônios a distribuir. Assim, por exemplo, o neto pode renunciar à herança do seu pai, mas poderá representar o seu pai na distribuição da herança do seu avô (CC, art. 1.856); **B:** assertiva correta, pois a assertiva traz a definição básica do direito de representação. Uma pessoa falece, deixando herdeiros vivos e, por exemplo, um herdeiro pré-morto. Este último tem herdeiros que sucederá em todos os direitos que o pré-morto sucederia caso estivesse vivo (CC, art. 1.851); **C:** assertiva correta, pois o direito de representação sempre ocorre na linha descendente, nunca ocorre na linha ascendente e só ocorre numa hipótese na linha colateral, a saber, para beneficiar o sobrinho do *de cujus*, quando concorrer com irmãos do morto (CC, art. 1.853); **D:** assertiva incorreta, devendo ser assinalada, pois apenas os filhos de irmãos terão esse direito quando a sucessão for colateral (CC, art. 1.853).
Gabarito "D".

(Ministério Público/MS – 2013 – FADEMS) Analise as assertivas abaixo acerca da união estável, apontando se são verdadeiras (V) ou falsas (F) e assinalando a opção correta:

I. Os conviventes estão incluídos na ordem de vocação hereditária, com todos os direitos e garantias deferidos aos cônjuges.
II. Na sucessão testamentária, o companheiro falecido, deixando herdeiros colaterais, não poderá dispor além da metade dos seus bens exclusivos em favor do companheiro supérstite.
III. Ao companheiro daquele que faleceu é assegurado o direito real de habitação, de acordo com o atual Código Civil.
IV. Há presunção *juris et de jure* de que os bens adquiridos de forma onerosa na constância da união são frutos do esforço comum.

(A) V, F, F, V.
(B) F, V, F, V.
(C) V,V, V, F.
(D) F, F, V, F.
(E) F, F, F, V.

I: Falsa, pois o art. 1.790 do CC regulamenta os direitos sucessórios do convivente de união estável de forma diferente do que o art. 1.829 do CC, que versa sobre direitos sucessórios do cônjuge; **II:** Falsa, pois o herdeiro colateral não é herdeiro necessário, não ocorrendo limitação em relação à parte que seja possível dispor em testamento (art. 1.845, CC); **III:** Falsa, pois o Código Civil não traz previsão expressa de direito real de habitação ao companheiro de união estável. Doutrina e jurisprudência, contudo, opinam que tal direito deve ser atribuído ao companheiro. No mesmo sentido definiu o Enunciado nº 117 do Conselho da Justiça Federal ("Art. 1.831: o direito real de habitação deve ser estendido ao companheiro, seja por não ter sido revogada a previsão da Lei nº 9.278/96, seja em razão da interpretação analógica do art. 1.831, informado pelo art. 6º, *caput*, da CF/88"); **IV:** Verdadeira, pois o regime de comunhão parcial de bens aplicado à união estável (art. 1.725 do CC) acarreta mesmo tal presunção absoluta.
Gabarito "E".

(Ministério Público/SP – 2013 – PGMP) Em tema de sucessão legítima, assinale abaixo a assertiva INCORRETA.

(A) São herdeiros necessários os descendentes, os ascendentes e o cônjuge.
(B) Ao cônjuge sobrevivente, qualquer que seja o regime de bens, será assegurado, sem prejuízo da participação que lhe caiba na herança, o direito real de habitação.
(C) Entre os descendentes, os em grau mais próximo, excluem os mais remotos, salvo o direito de representação.
(D) Na falta de descendentes, são chamados à sucessão os ascendentes em concorrência com o cônjuge sobrevivente.
(E) O herdeiro necessário, a quem o testador deixar a sua parte disponível, ou algum legado, terá excluído seu direito à legítima.

A: assertiva correta (art. 1.845 do CC), **B:** assertiva correta (art. 1.831 do CC); **C:** assertiva correta (art. 1.833 do CC); **D:** assertiva correta (art. 1.836, *caput*, do CC); **E:** assertiva incorreta, devendo a alternativa ser assinalada; o herdeiro necessário não perderá, no caso, direito à legítima (art. 1.849 do CC).
Gabarito "E".

(Ministério Público/CE – 2011 – FCC) São excluídos da sucessão os herdeiros ou legatários que

(A) houverem acusado em juízo o autor da herança, seu cônjuge ou companheiro.
(B) houverem sido autores, coautores ou partícipes de homicídio culposo ou doloso, ou tentativa deste, contra a pessoa de cuja sucessão se tratar, seu cônjuge, companheiro, ascendente ou descendente.
(C) praticarem lesão corporal grave em detrimento do autor da herança, ainda que culposa.
(D) cometerem crime de difamação contra o autor da herança, seu cônjuge ou seu companheiro.
(E) por qualquer meio, inibirem ou obstarem o autor da herança de dispor livremente de seus bens por ato de última vontade.

A: incorreta, pois apenas a acusação caluniosa e em juízo é que permite a exclusão do herdeiro ou legatário (art. 1.814, II, do CC); **B:** incorreta, pois o homicídio culposo não é causa de indignidade (art. 1.814, I, do CC); **C:** incorreta, pois da mesma forma o Código Civil não contempla a lesão culposa como causa de exclusão do direito de herdar; **D:** correta, pois a ocorrência de crime contra a honra do autor da herança é causa de indignidade (art. 1.814, II, do CC); **E:** incorreta, pois apenas a violência ou meios fraudulentos visando inibir o autor da herança de testar é que justificam a exclusão (art. 1.814, III, do CC).
Gabarito "D".

(Ministério Público/MG – 2011) Quanto ao Direito das Sucessões, é **INCORRETO** afirmar:

(A) Os herdeiros capazes, bem como os incapazes, mediante representação por instrumento público, poderão fazer partilha amigável, por escritura pública, termo nos autos do inventário, ou escrito particular, homologado pelo juiz.
(B) Os herdeiros em posse dos bens da herança, o cônjuge sobrevivente e o inventariante são obrigados a trazer ao acervo os frutos que perceberam, desde a abertura da sucessão; têm direito ao reembolso das despesas necessárias e úteis que fizeram, e respondem pelo dano a que, por dolo ou culpa, deram causa.
(C) Ficam sujeitos a sobrepartilha os bens sonegados e quaisquer outros bens da herança de que se tiver ciência após a partilha.
(D) A partilha, uma vez feita e julgada, só é anulável pelos vícios e defeitos que invalidam, em geral, os negócios jurídicos.

A: assertiva incorreta, devendo ser assinalada, pois o art. 610 do NCPC determina que "*Havendo testamento ou interessado incapaz, proceder--se-á ao inventário judicial*"; **B:** assertiva correta, pois a alternativa repete a redação do art. 2.020 do Código Civil; **C:** assertiva correta, pois nos exatos termos do art. 2.022 do CC; **D:** assertiva correta, pois de acordo com o disposto no art. 2.027 do CC.

„Gabarito "A".

(Ministério Público/MS – 2011 – FADEMS) Assinale a alternativa falsa.

(A) Ao valor patrimonial da herança deve ser adicionado o valor das doações que os descendentes receberam em vida dos ascendentes e que o sobrevivente recebeu em vida de seu consorte;
(B) O testamento público pode ser escrito manualmente ou mecanicamente, bem como ser feito pela inserção da declaração de vontade em partes impressas de livro de notas, desde que rubricadas todas as páginas pelo testador, se mais de uma;
(C) De acordo com o CC/2002, caso o morto não deixe descendentes, herdam concorrentemente, em igualdade de condições, seus ascendentes e o cônjuge sobrevivente, independentemente do regime de bens do casamento, desde que preenchidos por ele os requisitos fixados na lei;
(D) A sucessão legítima do companheiro se dá da mesma forma daquela reservada ao cônjuge sobrevivente. Assim, na ordem da vocação hereditária o companheiro sobrevivente terá o mesmo tratamento dispensado aos parentes sucessível ou aos colaterais;
(E) Legitimam-se a suceder as pessoas nascidas ou já concebidas no momento da abertura da sucessão.

A: verdadeira (art. 2002 do CC); **B:** verdadeira (art. 1.864, par. único, do CC); **C:** verdadeira (art. 1.829, II, do CC); **D:** falsa (art. 1.790 do CC); **E:** verdadeira (art. 1.798 do CC).

„Gabarito "D".

(Ministério Público/PI – 2012 – CESPE) Com referência a partilha, ordem de vocação hereditária e demais regras de sucessão, assinale a opção correta.

(A) A aptidão para ser sucessor regula-se pela lei vigente ao tempo da abertura da sucessão.
(B) É ilícita a deixa ao filho do concubino, quando também o for do testador.
(C) Por força do princípio de *saisine*, a herança se transfere imediatamente aos herdeiros. Assim, mesmo antes da partilha, cada herdeiro já tem sua fração precisa e delimitada.
(D) No direito brasileiro, não há o chamado benefício de inventário.
(E) É vedada a sucessão testamentária em favor do *concepturo*.

A: correta, pois o instante da morte da pessoa de cuja sucessão se trata é o momento adequado para se verificar quem são os herdeiros aptos a receber seus respectivos quinhões hereditários (CC, art. 1.787); **B:** incorreta, pois o art. 1.803 prescreve pela licitude desta deixa. Vale afirmar que o artigo seria inútil, tendo em vista que a igualdade constitucional entre filhos já seria suficiente para que se permita ao pai deixar bens para o seu filho, pouco importando quem é a mãe; **C:** incorreta, pois a despeito da previsão de *saisine* (segundo a qual a herança transmite-se desde o instante da morte aos herdeiros – art. 1.784), o exato quinhão de cada herdeiro só é conhecido após a partilha; **D:** incorreta, pois o benefício de inventário é uma regra expressamente prevista no art. 1.792 que preconiza: "O herdeiro não responde por encargos superiores às forças da herança"; **E:** incorreta, pois a prole eventual pode ser beneficiária de testamento (CC, art. 1.799, I).

„Gabarito "A".

(Ministério Público/PR – 2011) Antônio foi casado com Cecília por 10 anos, sendo que do casamento adveio o nascimento de três filhos, Daniel, Elisa e Fabio. Cecília faleceu no último dia 30 de novembro de 2009. Sem ter feito o inventário dos bens da sua falecida esposa e, por conseguinte, sem ter dado partilha aos herdeiros desta, Antônio se casou com Bruna no 1º de janeiro de 2010, subordinando-se ao regime de bens daí decorrente. No dia 10 de outubro de 2010, nasce Helena, filha de Antônio com Bruna. No dia de hoje, Antônio vem a falecer. Diante dos fatos narrados, assinale a alternativa correta:

(A) a herança de Antônio será dividida, em partes iguais, apenas entre os seus quatro filhos.
(B) a quarta parte da herança de Antônio caberá a Bruna, sendo que os outros três quartos serão divididos igualmente entre os quatro filhos de Antônio.
(C) a herança de Antônio será dividida, em cinco partes iguais, ou seja, entre os seus quatro filhos e a viúva.
(D) metade da herança de Antônio caberá a Helena, e a outra metade será dividida entre os três filhos advindos do primeiro casamento.
(E) Bruna terá direito à meação dos bens deixados por Antônio, cabendo aos quatro filhos a divisão do remanescente em partes iguais.

De fato, como Antônio casou com Bruna antes de fazer o inventário de Cecília, havia causa suspensiva (art. 1.523, I, do CC), razão pela qual o regime de bens foi o da separação de bens (art. 1.641, I, do CC). Desta forma, com o falecimento de Antônio, a sua herança será dividida entre os descendentes (art. 1.829, I, do CC).

„Gabarito "A".

(Ministério Público/RJ – 2011) O Código Civil de 2002 trouxe para o ordenamento jurídico pátrio profundas modificações no direito sucessório decorrente do casamento e da união estável. O novo diploma legal, editado após a Constituição Federal de 1988, preconiza que o cônjuge sobrevivente:

(A) possui os mesmos direitos sucessórios que o companheiro sobrevivente, em razão da isonomia constitucional entre o casamento e a união estável. O novo código estipulou a mesma ordem de vocação hereditária para o companheiro e o cônjuge sobrevivente;
(B) concorrerá com todos os demais herdeiros, que são os descendentes, ascendentes e colaterais, aplicando-se os princípios da sucessão legítima e a forma de participação preconizada nos artigos 1829 e seguintes do citado diploma legal;
(C) não concorrerá com os ascendentes, caso o seu casamento tenha sido celebrado pelo regime da comunhão universal de bens; entretanto, será assegurado a ele o direito real de habitação previsto no artigo 1831 do Código Civil;
(D) concorrerá com os descendentes existentes, na hipótese de ser casado como falecido pelo regime da separação convencional de bens, na forma do artigo 1829, inciso I, do Novo Código Civil, e também terá assegurado o direito real de habitação previsto no artigo 1831 do mesmo diploma;

(E) participará no regime da separação obrigatória de bens da sucessão do outro somente quanto aos bens adquiridos onerosamente na vigência do casamento.

A: incorreta, pois não há igualdade de direitos sucessórios entre cônjuge e companheiro. A ordem de vocação hereditária da companheira está prevista no art. 1.790, a do cônjuge, no 1.829. Sobre o tema: NICOLAU, Gustavo Rene. Casamento e União Estável. Diferenças práticas. São Paulo: Atlas; **B:** incorreta, pois havendo apenas cônjuge e colaterais, este nada herdará na via da sucessão legítima; **C:** incorreta, pois na concorrência do cônjuge com ascendentes, o Código não insere o regime de bens como requisito para o direito sucessório; **D:** correta, pois no regime de separação convencional de bens a viúva herdará, tendo em vista que não meou e não poderia ficar desamparada no instante do falecimento do marido. Ademais, terá direito real de habitação independentemente da parte que lhe couber na herança; **E:** incorreta, pois no regime de separação obrigatória não há direito de o cônjuge herdar quando concorrer com descendentes.
Gabarito "D".

(Ministério Público/SP – 2012 – VUNESP) Em direito das sucessões, constitui a legítima:

(A) Na metade dos bens da herança pertencente aos herdeiros necessários.
(B) No legado recebido, pelo herdeiro necessário, da parte disponível dos bens do testador.
(C) Na ordem ocupada pelo cônjuge sobrevivente na sucessão legítima.
(D) No direito do herdeiro, em ação de petição de herança, demandar o reconhecimento de seu direito sucessório.
(E) Na exclusão da sucessão do herdeiro ou legatário declarado, por sentença, indigno.

A: correta, pois define com precisão o significado de parte legítima, prevista no Código Civil no art. 1.846; **B:** incorreta, pois o legado é uma deixa testamentária singular realizada pelo de cujus em favor de algum herdeiro (CC, art. 1.912); **C:** incorreta, pois a ordem ocupada pela cônjuge na sucessão legítima não leva esse nome jurídico; **D:** incorreta, pois não é este o nome do direito que o herdeiro tem de demandar em petição de herança o seu direito sucessório; **E:** incorreta, pois não se confunde a indignidade (CC, art. 1.814) com a parte legítima.
Gabarito "A".

(Ministério Público/TO – 2012 – CESPE) Assinale a opção correta acerca do direito das sucessões, regulado no ordenamento jurídico brasileiro.

(A) No direito brasileiro, a delação ocorre após a partilha da herança.
(B) Em uma sucessão, sobrevindo cônjuge, a ele será conferido direito real de habitação relativo ao imóvel destinado à residência da família, desde que seja o único bens dessa natureza, em qualquer situação de regime de bens.
(C) Existindo testamento e sobrevindo descendente que, sucessível ao testador, lhe seja desconhecido, o testamento pode ser invalidado por meio de ação rescisória.
(D) Considere que uma fazenda deixada por *de cujus* ocupe uma extensão que envolva três municípios de determinado estado da Federação. Considere, ainda, que a família tenha ingressado com ação no município do domicílio, comarca A, e que, no domicílio vizinho, comarca B, exista um inventário em processamento aberto pelo herdeiro primogênito. Nesse caso, o MP estadual deverá solicitar ao juiz da comarca B a nulidade do inventário, dada a aplicabilidade da regra da territorialidade para o caso.
(E) Duas pessoas podem, com amparo na lei, estabelecer acordo no qual seja prevista transferência de herança futura.

A: incorreta, pois a delação ocorre desde o momento do falecimento. A delação significa o deferimento, o oferecimento por assim dizer da herança aos herdeiros do falecido que dali em diante poderão aceitá-la, renunciá-la ou até ceder seus direitos hereditários a terceiros. Não teria sentido, portanto, que a delação ocorresse após a partilha; **B:** correta, pois o direito real de habitação independe do regime de bens adotado no casamento do falecido com sua viúva. A alternativa repete a regra prevista no art. 1.831 do CC. Talvez valha, porém, a ressalva de que o referido artigo legal contém uma imprecisão, pois ao invés de mencionar a expressão "desde que seja o único desta natureza a inventariar", deveria ter usado a expressão: "ainda que seja o único desta natureza a inventariar"; **C:** incorreta, pois a hipótese não é de rescisória e sim rompimento do testamento, hipótese na qual um relevante fato previsto em lei é capaz de – por si só – romper todas as disposições testamentárias (CC, art. 1.973); **D:** incorreta, pois a hipótese não é de nulidade do inventário (NCPC, art. 47); **E:** incorreta, pois é nulo de pleno direito qualquer convenção que tenha por objeto a herança de pessoa viva (CC, art. 426).
Gabarito "B".

8.3. SUCESSÃO TESTAMENTÁRIA

(Promotor de Justiça/SC – 2016 – MPE)

(1) O fideicomisso somente se permite em favor dos não concebidos ao tempo da morte do testador e somente pode ser instituído por testamento.

1: correta. O Código Civil de 2002 limitou bastante o instituto do fideicomisso, determinando que o testador somente poderia instituir o fideicomissário não concebido ao tempo da morte do testador. Assim, por exemplo, seria lícita a deixa se João testasse para seu filho João Júnior (fiduciário) e determinando que, com a morte deste, o bem iria para João Neto (fideicomissário, o qual não foi nem concebido). Caso João Neto já tenha sido concebido no momento da morte do testador, o instituto se converte em usufruto. Assim, a propriedade do bem iria para João Neto, enquanto João Júnior seria usufrutuário (CC, arts. 1.951 e seguintes).
Gabarito 1C.

(Procurador da República –28º Concurso – 2015 – MPF) Artemis faleceu deixando testamento público, no qual fez inserir, como única disposição, que todos os bens imóveis deixados aos filhos deveriam ser gravados com cláusula de incomunicabilidade. Com o advento do novo Código Civil, passou a ser exigida declaração de existência de justa causa para a eficácia da aludida restrição, no prazo de 1 (um) ano, a contar da vigência do código. O testador veio a falecer em 2004, não tendo realizado qualquer aditamento as disposições de última vontade. Neste caso, entende o STJ:

(A) O testamento tornou-se inválido e o testamenteiro não fará jus ao pagamento do prêmio.
(B) O testamento e válido, mesmo que Artemis não o tenha aditado no prazo previsto.
(C) O testamento tornou-se inválido, mas o testamenteiro deve receber o prêmio.
(D) O testamento e válido, mas a cláusula de incomunicabilidade tornou-se ineficaz.

A questão envolve um caso que chegou ao Superior Tribunal de Justiça nessa exata situação. Entendeu a Corte que: "*A despeito de a ineficácia da referida cláusula afetar todo o testamento, não há que se falar em afastamento do pagamento do prêmio ao testamenteiro [...] a execução da disposição testamentária foi obstada pela própria inação do disponente ante a exigência da lei, razão pela qual não pode ser atribuída ao testamenteiro nenhuma responsabilidade por seu descumprimento, sendo de se ressaltar que a perda do direito ao prêmio só é admitida, excepcionalmente, em caso de sua remoção, nas situações previstas em lei*" (CC, art. 1.989 e CPC[1973], art. 1.140, I e II). Entendeu a Corte, contudo, ser possível utilizar a situação como causa de gradação do valor devido ao testamenteiro (de 1% a 5%), de acordo com o art. 1.987 do CC. (REsp 1207103/SP, Rel. Ministro Marco Aurélio Bellizze, Terceira Turma, julgado em 02/12/2014, DJe 11/12/2014).
Gabarito "C".

(Procurador da República –28° Concurso – 2015 – MPF) Relativamente às restrições que pode sofrer a legítima:

(A) O testador, segundo o Código Civil de 2002, não pode estabelecer cláusula de impenhorabilidade, incomunicabilidade e inalienabilidade.
(B) Em relação à cláusula de inalienabilidade, não são ineficazes o penhor e a hipoteca, uma vez que não implicam na alienação do bem, mas apenas em garantia ao credor.
(C) A cláusula da inalienabilidade implica necessariamente na incomunicabilidade, não se podendo presumi-la se não vier expressa em testamento.
(D) Havendo justa causa, o testador pode estabelecer cláusula de inalienabilidade se considerar que o herdeiro é um perdulário e que poderá dissipar seus bens.

A: incorreta, pois o Código Civil (art. 1.848) admite tais cláusulas, desde que haja "justa causa" declarada no testamento; **B:** incorreta, pois a penhora e a hipoteca são consideradas um "início de venda", dado que o devedor poderá perder o bem caso não pague a dívida; **C:** correta, pois o art. 1.911 do Código Civil determina que: "*A cláusula de inalienabilidade, imposta aos bens por ato de liberalidade, implica impenhorabilidade e incomunicabilidade*"; **D:** incorreta, pois o Código Civil não especificou (e também não excluiu) tal hipótese, limitando-se a mencionar a cláusula genérica da necessidade de "*justa causa*".
Gabarito "C".

(Ministério Público/ES – 2013 – VUNESP) Entende-se por testamento conjuntivo aquele

(A) realizado por duas ou mais pessoas, em instrumentos distintos, cada qual beneficiando o outro.
(B) realizado por pessoa sem capacidade de testar.
(C) que dispõe da totalidade dos bens do testador.
(D) que contenha disposições testamentárias eivadas de erro, dolo ou coação.
(E) feito por duas ou mais pessoas, no mesmo instrumento, em benefício recíproco ou de terceiro.

O sistema brasileiro não admite que duas pessoas façam suas disposições de última vontade no mesmo instrumento, ou seja, no mesmo testamento. Tal disposição chama-se testamento conjuntivo e sua proibição vem estabelecida no art. 1.863 do CC.
Gabarito "E".

(Ministério Público/DF – 2013) Ainda a respeito do direito de sucessão, julgue os itens a seguir:

I. O direito de acrescer ocorre quando os co-herdeiros, nomeados conjuntamente, pela mesma disposição testamentária, em quinhões não determinados, ficam com a parte que caberia ao outro co-herdeiro que não quis ou não pôde aceitá-la.
II. Se o testador não tiver herdeiros necessários, poderá dispor livremente de todos os seus bens, impondo as cláusulas que entender e, mesmo que tenha esses herdeiros, pode, sem limitação alguma, gravar os bens que integram a sua metade disponível. No entanto, o herdeiro necessário, a quem o testador deixar sua parte disponível, perderá o direito à legítima.
III. Os maiores de dezesseis anos têm capacidade testamentária ativa e outorgarão o testamento sem assistência do representante legal, no caso, age direta e pessoalmente, pois não pode o testador ficar sujeito à assistência, autorização ou anuência de quem quer que seja.
IV. A substituição fideicomissária somente se permite em favor dos não concebidos ao tempo da morte do testador e pode ser estabelecida até o herdeiro de segundo grau.
V. A liberalidade feita a descendente que, ao tempo do ato, não seria chamado à sucessão, ainda que da parte disponível, impõe ao beneficiado a obrigação de colacionar o bem anteriormente recebido em vida do de cujus, por doação.

Estão CORRETOS os itens:

(A) I, II e IV
(B) I, III e IV
(C) I, III e V
(D) II, IV e V
(E) III, IV e V

I: correta, pois a assertiva reflete a regra estabelecida pelo art. 1.941 do Código Civil; II: incorreta, pois o herdeiro necessário a quem se testou a parte disponível não perde o direito à legítima (CC, art. 1.849); III: correta, pois a capacidade plena para testar é adquirida aos dezesseis anos (CC, art. 1.860 parágrafo único); IV: correta, pois de pleno acordo com a limitação estabelecida pelo art. 1.952 do Código Civil; V: incorreta, pois nesse caso ocorre uma dispensa da colação (CC, art. 2.005, parágrafo único).
Gabarito "B".

(Ministério Público/MG – 2012 – CONSULPLAN) Quanto ao testamento particular, é **INCORRETO** afirmar que:

(A) pode ser escrito de próprio punho ou mediante processo mecânico. Se escrito de próprio punho, são requisitos essenciais à sua validade seja lido e assinado por quem o escreveu, na presença de pelo menos duas testemunhas, que o devem subscrever.
(B) se as testemunhas forem contestes sobre o fato da disposição, ou, ao menos, sobre a sua leitura perante elas, e se reconhecerem as próprias assinaturas, assim como a do testador, o testamento será confirmado.
(C) em circunstâncias excepcionais declaradas na cédula, o testamento particular de próprio punho e assinado pelo testador, sem testemunhas, poderá ser confirmado, a critério do juiz.
(D) pode ser escrito em língua estrangeira, contanto que as testemunhas a compreendam.

A: incorreta (e deve ser assinalada), pois nesse caso a lei exige três testemunhas (CC, art. 1.876, § 1°); **B:** correta, pois a concordância das testemunhas nesse caso é requisito de confirmação do testamento particular (CC, art. 1.878). A expressão "contestes" costuma gerar confusões, pois não significa discordância entre as testemunhas, mas

sim "que diz o mesmo que o outro" ; **C:** correta, pois de acordo com o art. 1.879 que possibilita a ausência de testemunhas nessa hipótese; **D:** correta, pois não há previsão legal proibindo a utilização de idioma estrangeiro para o testamento particular. O relevante mesmo é que as testemunhas compreendam o disposto na declaração de vontade.
Gabarito "A".

(Ministério Público/RJ – 2011) A Deliberação nº 30/11, do Órgão Especial do Ministério Público do Estado do Rio de Janeiro, em seu art. 3º, inciso III, cumprindo o disposto no art. 1.126 do Código de Processo Civil, determina a atuação do Ministério Público quando existir testamento. Sobre a sucessão testamentária, é correto afirmar que:

(A) o concepturo possui capacidade testamentária sucessória passiva em razão de ter personalidade jurídica;
(B) o testador não pode nomear mais de um testamenteiro, o qual tem a função de dar fiel cumprimento às disposições de última vontade;
(C) a inclusão de cláusulas restritivas que oneram a legítima do herdeiro necessário não é admitida no ordenamento jurídico pátrio, somente sendo permitida a inclusão de tais cláusulas em relação aos herdeiros facultativos;
(D) a sanção de sonegados prevista no Código Civil consiste na remoção do herdeiro da função de inventariante, permanecendo este com direitos sobre todos os bens que lhe cabiam;
(E) a dispensa de colação é permitida no direito pátrio e ocorre quando estipulada pelo doador no ato da liberalidade ou em testamento.

A: incorreta. A prole eventual pode ser beneficiária de testamento (CC, art. 1.799, I), mas isso não se deve ao fato de ele ter personalidade jurídica, a qual só é deferida ao nascido com vida (CC, art. 2º) e – para os que se filiam à teoria concepcionista – ao nascituro; **B:** incorreta, pois o art. 1.976 permite ao testador instituir mais de um testamenteiro; **C:** incorreta, pois o art. 1.848 permite a cláusula restritiva da legítima exigindo-se apenas a justa causa estabelecida no testamento; **D:** incorreta, pois a pena de sonegados corresponde à perda do direito hereditário sobre os bens sonegados; **E:** correta. Aquele que doou ou testou um bem a um de seus descendentes pode dispensar o beneficiário da colação de bens. Na prática isso significa que o descendente receberá o bem doado ou testado sem perder nenhum direito sucessório que normalmente teria. Tal dispensa da colação pode ocorrer tanto na própria escritura de doação quanto em testamento futuro (CC, art. 2.006).
Gabarito "E".

8.4. INVENTÁRIO E PARTILHA

(Promotor de Justiça – MPE/BA – CEFET – 2015) Considerando que em um acidente automobilístico faleceram João e Maria, deixando 03 (três) filhos, sendo um menor impúbere, um púbere e um maior de 18 (dezoito) anos, e que eram casados pelo regime de comunhão parcial de bens e não tinham bens comuns, apenas bens particulares. Aberta a sucessão dos falecidos, é CORRETO afirmar, neste caso, que:

(A) Se houver a comoriência, os 03 (três) filhos do casal recebem a herança e não é obrigatória a intervenção do Ministério Público.
(B) Apesar da comoriência, o inventário pode se processar perante o tabelião.
(C) A comoriência é irrelevante e o Ministério Público deve intervir em virtude da presença de incapaz.
(D) O inventário é judicial e o Ministério Público não é obrigado a intervir.
(E) O inventário é judicial e a intervenção do Ministério Público é obrigatória.

A: incorreta, pois – havendo herdeiros incapazes – a intervenção do MP é obrigatória no inventário (NCPC, art. 610 et seq); **B:** incorreta, pois havendo herdeiros incapazes, o inventário deve se processar judicialmente (NCPC, art. 610); **C:** incorreta, pois a comoriência é relevante, inclusive para fins tributários; **D:** incorreta, pois a intervenção do MP é obrigatória; **E:** correta, pois – em virtude da existência de herdeiro incapaz – o inventário deve ser judicial, com intervenção do Ministério Público.
Gabarito "E".

9. REGISTROS PÚBLICOS

(Ministério Público/DF – 2013) Acerca da Lei dos Registros Públicos, julgue os itens a seguir:

I. É possível que, vários imóveis, pertencentes a mesmo dono e sendo contíguos, mas situados em duas comarcas/circunscrições imobiliárias distintas sejam objeto de fusão, passando a formar um único imóvel que será matriculado em apenas uma delas.
II. O procedimento inerente à dúvida registrária tem seu fundamento no aspecto formal e material do título apresentado para registro na matrícula do imóvel. Portanto, tem por finalidade apurar a existência do direito material ou declarar a inexistência de ônus que recai sobre o objeto do título apresentado para registro, bem como aferir se o título reúne os elementos formais exigidos por lei.
III. O princípio da especialidade impõe que o imóvel, para efeito de registro público, seja plenamente identificado, a partir de indicações exatas de suas medidas, características e confrontações.
IV. A sentença declaratória de ausência, que nomeou curador, será registrada no Registro Civil de Pessoas Naturais, no cartório do último domicílio do ausente, com as mesmas cautelas e efeitos do registro de interdição, indicando informações sobre o ausente, a sentença, o curador nomeado, o promotor do processo e o tempo da ausência.
V. Considere que foram lavrados dois assentos de nascimento em relação à mesma pessoa; no primeiro, constando na filiação apenas o nome da mãe, e no segundo, o nome desta e do pai biológico, bem como a averbação do casamento e do divórcio da registranda. Nessa situação, diante da duplicidade de registro, deve o julgador, em regra, fazer prevalecer o segundo, em face do princípio da segurança, autenticidade e eficácia dos registros públicos.

Estão CORRETOS os itens:

(A) I e II
(B) III e IV
(C) III e V
(D) II e IV
(E) I e IV

I: incorreta, pois "os registros relativos a imóveis situados em comarcas ou circunscrições limítrofes, que serão feitos em todas elas, devendo os Registros de Imóveis fazer constar dos registros tal ocorrência" (Lei 6.015/73, art. 169, II); **II:** incorreta, pois o procedimento de dúvida, que tem "natureza administrativa e não impede o uso do processo contencioso competente" não se presta a apurar existência de direito material (Lei 6.015/73, art. 204); **III:** correta, pois a assertiva reproduz com fidelidade o conceito de especialidade; **IV:** correta, pois a assertiva reproduz a regra constante do art. 94 da Lei 6.015/73; **V:** incorreta, pois o que deve prevalecer não é necessariamente o mais recente, mas o que reflete a realidade fática.

Gabarito "B".

10. QUESTÕES COMBINADAS E OUTROS TEMAS

(Promotor de Justiça – MPE/MS – FAPEC – 2015) Em relação à Parte Geral do Código Civil, analise os seguintes enunciados:

I. As fundações, conhecidas como *universitas bonorum*, resultam da afetação de um patrimônio para a realização de uma finalidade ideal, sendo que ao Ministério Público Federal, no âmbito do Distrito Federal e Territórios, e, em relação aos demais Estados, ao respectivo Ministério Público do Estado, onde situadas, cabe o papel de fiscalizá-las e, inclusive, poderá a instituição ministerial formular o estatuto em havendo omissão do instituidor.

II. O bem de família pode ser: a) voluntário, decorrente da manifestação da vontade dos interessados e observados os requisitos legais do Código Civil; b) legal, oriundo da própria força da Lei 8.009/1990, sem qualquer ato voluntário do interessado. Contudo, quanto ao bem de família legal, mostra-se impossível a aplicação de tal proteção jurídica, proveniente da Lei 8.009/1990, em relação às penhoras realizadas anteriormente à vigência da lei especial, sob pena de se ofender o ato jurídico perfeito.

III. Sendo a simulação causa de nulidade do negócio jurídico, pode ser alegada por uma das partes contra a outra, razão pela qual, comprovado o vício, é nulo o contrato "vaca-papel".

IV. A condição perplexa pode ser definida como sendo contraditória em seus próprios termos, culminando por privar o negócio jurídico de seus efeitos; enquanto a condição simplesmente potestativa é aquela subordinada ao exclusivo arbítrio de uma das partes, sendo que tanto a condição perplexa quanto a simplesmente potestativa são ilícitas.

Assinale a alternativa correta:

(A) Somente o enunciado III está correto.
(B) Somente o enunciado IV está correto.
(C) Somente os enunciados I e III estão corretos.
(D) Somente o enunciado II está correto.
(E) Somente os enunciados I, II e IV estão corretos.

I: incorreto, pois "*Se funcionarem no Distrito Federal ou em Território, caberá o encargo ao Ministério Público do Distrito Federal e Territórios*" (CC, art. 66, § 1º, de acordo com a Redação da Lei 13.151/2015; **II:** incorreta, pois o STJ pacificou entendimento no sentido de que as penhoras anteriores ao advento da Lei 8.009/1990 não deveriam ser mantidas (REsp 70.350/SP, Rel. Ministro Fontes De Alencar, Quarta Turma, julgado em 27/02/1996, DJ 08/04/1996, p. 10474); **III:** correta. O contrato "vaca-papel" é um exemplo de simulação, pelo qual as partes fingem a prática de uma parceria pecuária, visando esconder um mútuo com juros; **IV:** incorreta, pois a condição que se subordina ao exclusivo arbítrio de uma das partes é chamada de "puramente potestativa", não se confundindo com a simplesmente potestativa.

Gabarito "A".

(Promotor de Justiça – MPE/MS – FAPEC – 2015) Analise as proposições abaixo:

I. É possível a alteração do assento registral de nascimento para inclusão do patronímico do companheiro na constância de uma união estável.

II. Aos cônjuges é permitido incluir ao seu nome o sobrenome do outro, ainda que após a data da celebração do casamento, mas somente por intermédio da ação de retificação de registros públicos.

III. O registro espontâneo e consciente da paternidade – mesmo havendo sérias dúvidas sobre a ascendência genética – gera a paternidade socioafetiva, que somente pode ser desconstituída em razão de comprovada inexistência de vínculo genético, em razão do primado da verdade biológica.

IV. Ao transexual submetido à cirurgia de redesignação sexual é possível ser concedida autorização judicial para alteração de seu prenome, substituindo-o por apelido público e notório pelo qual é conhecido no meio em que vive.

Consoante a jurisprudência do Superior Tribunal de Justiça, assinale a alternativa correta:

(A) Apenas as assertivas II e III estão corretas.
(B) Apenas a assertiva IV está correta.
(C) Apenas as assertivas I, II e IV estão corretas.
(D) Apenas as assertivas I, III e IV estão corretas.
(E) Apenas as assertivas I e III estão corretas.

I: correta, pois de acordo com a orientação do Superior Tribunal de Justiça (vide, por todos, REsp 1306196/MG, Rel. Ministra Nancy Andrighi, Terceira Turma, julgado em 22/10/2013, DJe 28/10/2013); **II:** correta, pois o STJ concluiu que: "*a opção conferida pela legislação de inclusão do sobrenome do outro cônjuge não pode ser limitada, de forma peremptória, à data da celebração do casamento. Podem surgir situações em que a mudança se faça conveniente ou necessária em período posterior, enquanto perdura o vínculo conjugal. Nesses casos, já não poderá a alteração de nome ser procedida diretamente pelo oficial de registro de pessoas naturais, que atua sempre limitado aos termos das autorizações legais, devendo ser motivada e requerida perante o Judiciário*" (REsp 910.094/SC, Rel. Ministro Raul Araújo, Quarta Turma, julgado em 04/09/2012, DJe 19/06/2013); **III:** incorreta, pois a paternidade socioafetiva surge com a relação cotidiana afetiva que se estabelece entre duas pessoas que se tratam como pai e filho. Tal relação é – no mais das vezes – mais forte que a verdade biológica; **IV:** correta, pois a "*interpretação conjugada dos arts. 55 e 58 da Lei 6.015/1973 confere amparo legal para que transexual operado obtenha autorização judicial para a alteração de seu prenome, substituindo-o por apelido público e notório pelo qual é conhecido no meio em que vive*" (REsp 737.993/MG, Rel. Ministro João Otávio De Noronha, Quarta Turma, julgado em 10/11/2009, DJe 18/12/2009).

Gabarito "C".

(Procurador da República – PGR – 2013) Dentre as proposições abaixo, algumas são falsas, outras verdadeiras:

I. A atribuição de encargo ao comodatário, consistente na construção de casa de alvenaria, a fim de evitar a "favelização" do local, não desnatura o contrato de comodato modal.

II. As acessões artificiais são modos de aquisição originária da propriedade imóvel, consistentes em obras com a formação de coisas novas que se aderem à propriedade preexistente (superficies solo cedit), aumentando-a qualitativa ou quantitativamente.

III. Embora o contrato de comodato não tenha conteúdo econômico imediato, o benefício patrimonial consubstancia-se no valor do aluguel que o proprietário está deixando de receber enquanto o comodatário permanece na posse do bem.

IV. A perda do bem por vício anterior ao negócio jurídico oneroso é fator determinante da evicção, desde que haja a efetiva ou iminente perda da posse ou da propriedade, e não uma mera cogitação da perda ou limitação desse direito.

Das assertivas acima:

(A) I e II estão corretas.
(B) III e IV estão corretas.
(C) I e III estão corretas.
(D) Todas estão corretas.

I: correta, pois de acordo com o entendimento do STJ, segundo o qual: "*A atribuição de encargo ao comodatário, consistente na construção de casa de alvenaria, a fim de evitar a "favelização" do local, não desnatura o contrato de comodato modal*" (REsp 1316895/SP, Rel. Ministra Nancy Andrighi, Rel. p/ Acórdão Ministro Ricardo Villas Bôas Cueva, Terceira Turma, julgado em 11/06/2013, DJe 28/06/2013); **II:** correta, pois tudo o que se soma ao imóvel é considerado bem imóvel por acessão (CC, art. 79). Tal acessão pode ser natural (ex: avulsão, do art. 1.251) ou artificial (ex: construção de um prédio sobre o terreno); **III:** correta, pois não pode haver remuneração do comodatário pela posse da coisa (CC, art. 579); **IV:** correta. A evicção é a perda do bem, em virtude de decisão judicial que confere sua titularidade a outrem, por motivo jurídico anterior à aquisição (CC, art. 447).
Gabarito "D".

(Procurador da República – PGR – 2013) Em matéria de danos materiais e/ou morais, o Superior Tribunal de Justiça vem entendendo que:

I. O mero descumprimento contratual, em princípio, não enseja responsabilização ao pagamento de indenização por danos morais, visto não passar de incômodo da vida em sociedade.

II. O roubo ou furto perpetrado contra a instituição financeira, com repercussão negativa ao cofre locado, constitui risco assumido pelo fornecedor do serviço, haja vista compreender-se na própria atividade empresarial, configurando, assim, hipótese de fortuito interno.

III. O endossatário que recebe, por endosso translativo, título de crédito contendo vício formal, sendo inexistente a causa para conferir lastro à emissão de duplicata, não responde pelos danos causados diante de protesto indevido.

IV. Legitimamente protestado o título de crédito, não cabe ao devedor, que paga posteriormente a dívida, o ônus de providenciar a baixa do protesto em cartório, pois trata-se de relação de consumo, havendo dano moral pela manutenção do apontamento.

Das proposições acima:

(A) I e IV estão corretas;
(B) II e III estão corretas;
(C) III e IV estão corretas;
(D) I e II estão corretas.

I: correta, pois o STJ tem posição no sentido de que: "*o mero descumprimento contratual, [...] embora possa ensejar reparação por danos materiais, não acarreta, por si só, danos morais*" (AgInt no AREsp 906.599/SP, Rel. Ministro Marco Buzzi, Quarta Turma, julgado em 16/03/2017, DJe 22/03/2017); **II:** correta, pois o STJ concluiu nesse sentido, especialmente no REsp 1155395/PR, Rel. Ministro Raul Araújo, Quarta Turma, julgado em 01/10/2013, DJe 29/10/2013; **III:** incorreta, pois o STJ entende que há responsabilidade nesse caso (REsp 1213256/RS, Rel. Ministro Luis Felipe Salomão, Segunda Seção, julgado em 28/09/2011, DJe 14/11/2011); **IV:** incorreta, pois tal incumbência cabe ao devedor. Nessa esteira decidiu o STJ: "*no regime próprio da Lei 9.492/1997, legitimamente protestado o título de crédito ou outro documento de dívida, salvo inequívoca pactuação em sentido contrário, incumbe ao devedor, após a quitação da dívida, providenciar o cancelamento do protesto*" (AgRg no REsp 1143023/MG, Rel. Ministra Maria Isabel Gallotti, Quarta Turma, julgado em 20/11/2014, DJe 01/12/2014).
Gabarito "D".

(Procurador da República – PGR – 2013) Relativamente às expressões *ius cogens* e *ius dispositivum*:

(A) Referem-se a uma distinção já superada nos tempos atuais.
(B) Dizem respeito às regras imperativas e às permissivas.
(C) As partes sempre podem convencionar em contrário.
(D) A maioria das normas jurídicas não se enquadra nesses conceitos.

A: incorreta, pois a distinção entre norma cogente e norma dispositiva é largamente utilizada, especialmente pelo Código Civil. Assim, por exemplo, o art. 1.566 do Código Civil (que trata dos deveres conjugais) é uma norma cogente, ao passo que o art. 94 do Código Civil (que diz que as pertenças não seguem o principal) é uma norma dispositiva; **B:** correta, pois as normas cogentes não podem ser afastadas pela vontade das partes, ao passo que as normas dispositivas, podem, **C:** incorreta, pois há dezenas de exemplos nos quais as partes não podem dispor em contrário, tais como impedimentos e deveres matrimoniais, ordem de vocação hereditária etc.; **D:** incorreta, pois é possível utilizar tal critério para classificar normas jurídicas.
Gabarito "B".

(Promotor de Justiça – MPE/RS – 2017) Assinale a alternativa **INCORRETA** quanto ao Direito das Coisas.

(A) As leis extravagantes podem criar novos direitos reais, sem a sua descrição expressa no dispositivo civil que os prevê.
(B) João estaciona seu carro em um estacionamento e entrega a chave ao manobrista. A empresa de estacionamento nesta situação é a possuidora do veículo, o manobrista é mero detentor do mesmo, podendo defender a posse alheia do automotor por meio da autotutela.
(C) Posse injusta para efeito possessório é aquela que tem vícios de origem na violência, clandestinidade e precariedade. Mas para ação reivindicatória, posse injusta é aquela sem causa jurídica que possa justificá-la.
(D) O fideicomisso, a propriedade fiduciária e a doação com cláusula de reversão são casos de propriedade resolúvel, que produz efeitos *ex tunc*.
(E) Luís tem a posse de um terreno de 830 m² (oitocentos e trinta metros quadrados). Certo dia, a área de 310 m² (trezentos e dez metros quadrados) desse terreno foi invadida. A ação cabível no caso é a de manutenção de posse.

A: correta, pois a lei especial possui tal autonomia. Foi o que aconteceu, por exemplo, com a Medida Provisória 759/2016, que criou o direito real da laje (CC, art. 1.510-A); **B:** correta, pois os atos de autotutela podem ser exercidos pelo fâmulo da posse; **C:** correta, pois a jurisprudência entende que: "*A posse injusta a que se refere o art. 524 do Código Civil [1916] é a*

que se insurge contra o exercício do domínio. Não se resume na posse violenta, clandestina ou precária. Tem acepção mais ampla e abrangente" (TJRS AC 645112 PR 0064511-2, 5ª Câmara Cível); **D:** correta, pois a propriedade resolúvel é a propriedade que pode se resolver com a ocorrência de um evento futuro e incerto. Os três casos mencionados pela assertiva são exemplos desse fenômeno (CC, art. 1.359). A herança vacante é outro bom exemplo, pois a chegada do herdeiro necessário dentro do prazo de cinco anos resolve a propriedade entregue ao Município (CC, art. 1.822); **E:** incorreta, pois nesse caso já ocorreu perda de uma parte da posse do terreno, o que configura turbação e não mera ameaça.
Gabarito "E".

(Promotor de Justiça – MPE/RS – 2017) Assinale a alternativa **INCORRETA** quanto ao Direito das Obrigações.

(A) Se o imóvel for alienado a título gratuito, em qualquer caso, ou a título oneroso, agindo de má-fé o terceiro adquirente, caberá ao que pagou por erro o direito de reivindicação por meio de ação petitória.
(B) A entrega de objeto empenhado dado em penhor, como garantia real, pelo credor ao devedor presume o perdão da dívida.
(C) A cláusula de venda com reserva de domínio, como formalidade, exige que sua estipulação seja por escrito e que o registro ocorra no Cartório de Títulos e Documentos do domicílio do comprador, como condição de validade perante terceiros de boa-fé.
(D) A doação inoficiosa é nula quando existirem herdeiros necessários e a doação ultrapassar o limite disponível, no momento da liberalidade.
(E) O mandatário que exceder os poderes outorgados, ou proceder contra eles, será considerado mero gestor de negócios, enquanto o mandante não ratificar ou confirmar o ato. A ratificação produz efeitos *ex tunc*.

A: correta, pois de acordo com a previsão do art. 879, parágrafo único do Código Civil, o qual regulamenta o pagamento indevido; **B:** incorreta, pois tal conduta prova apenas a renúncia do credor à garantia real, mas não o perdão da dívida (CC, art. 387); **C:** correta, pois de pleno acordo com a previsão do art. 522 do Código Civil; **D:** correta, pois a assertiva define com precisão a doação inoficiosa (CC, art. 549); **E:** correta, pois de pleno acordo com a previsão estabelecida pelo art. 665 do Código Civil.
Gabarito "B".

(Promotor de Justiça/SC – 2016 – MPE)

(1) Segundo a Lei 6.766/1979, que disciplina o parcelamento do solo urbano, considera-se desmembramento a subdivisão de gleba em lotes destinados a edificação, com abertura de novas vias de circulação, de logradouros públicos ou prolongamento, modificação ou ampliação das vias existentes.

1: incorreta, pois contrário ao disposto no texto da referida lei, segundo a qual, considera-se desmembramento: "*a subdivisão de gleba em lotes destinados a edificação, com aproveitamento do sistema viário existente, desde que não implique na abertura de novas vias e logradouros públicos, nem no prolongamento, modificação ou ampliação dos já existentes*" (Lei 6.766, art. 2º, § 2º).
Gabarito 1E.

(Procurador do Estado/AM – 2016 – CESPE) Acerca de contrato de penhor, direito de herança e registros públicos, julgue os seguintes itens.

(1) O herdeiro excluído da herança poderá, a qualquer tempo, demandar o reconhecimento do seu direito sucessório por intermédio da ação de petição de herança.

(2) Qualquer pessoa pode requerer certidão de registros públicos firmados pelos serviços notariais concernentes a registro de imóveis, casamento, nascimento, óbito e outros que sejam de responsabilidade da serventia, não havendo a necessidade de se informar o motivo ou o interesse do pedido.

(3) É legítimo o contrato de penhor de veículo firmado mediante instrumento público ou particular, cujo prazo máximo de vigência é de dois anos, prorrogável até o limite de igual período.

1: incorreta, pois o direito de petição de herança não é concedido ao "excluído da herança", mas apenas ao herdeiro legítimo, o qual foi – por alguma razão – preterido na distribuição da herança. Um exemplo de excluído da herança é o herdeiro que matou o pai, portanto, indigno; **2:** correta, pois a publicidade é característica essencial e determinante dos registros públicos. Ademais, o art. 17 da Lei 6.015/1973 é expresso ao determinar que: "Qualquer pessoa pode requerer certidão do registro sem informar ao oficial ou ao funcionário o motivo ou interesse do pedido"; **3:** correta, pois a assertiva reproduz regras, formalidades e limitações do penhor de veículos previstas nos artigos 1.462 e 1.466 do Código Civil.
Gabarito 1E, 2C, 3C.

(Procurador do Estado/AM – 2016 – CESPE) Em cada um dos próximos itens, é apresentada uma situação hipotética a respeito de extinção dos contratos, direito de posse e aquisição da propriedade, seguida de uma assertiva a ser julgada.

(1) Determinada empresa adquiriu de Paulo a posse de um imóvel urbano particular que, havia alguns anos, ele ocupava de forma mansa, pacífica e com justo título. Nessa situação, para efeito de tempo exigido para a aquisição por usucapião, a empresa poderá contar com o tempo da posse exercida por Paulo.

(2) Mauro firmou contrato com determinada empresa, por meio do qual assumiu obrigações futuras a serem cumpridas mediante prestações periódicas. No decurso do contrato, em virtude de acontecimento extraordinário e imprevisível, as prestações se tornaram excessivamente onerosas para Mauro e extremamente vantajosas para a referida empresa. Nessa situação, Mauro poderá pedir a resolução do contrato, a redução da prestação ou a alteração do modo de executá-lo.

(3) Por meio de esbulho, Ronaldo obteve a posse de lote urbano pertencente ao estado do Amazonas. Nesse lote, ele construiu sua residência, na qual edificou uma série de benfeitorias, tais como piscina e churrasqueira. O estado do Amazonas, por intermédio de sua procuradoria, ingressou em juízo para reaver o imóvel. Nessa situação, Ronaldo poderá exigir indenização por todas as benfeitorias realizadas e exercer o direito de retenção enquanto não for pago o valor da indenização.

1: correta, pois o possuidor pode – para o fim de contar o tempo para usucapião – "acrescentar à sua posse a dos seus antecessores, contanto que todas sejam contínuas, pacíficas e, nos casos do art. 1.242, com justo título e de boa-fé". (CC, art. 1.243); **2:** correta, pois a assertiva reproduz hipótese de onerosidade excessiva em virtude de acontecimento imprevisível, a qual está prevista no art. 478 do Código Civil; **3:** incorreta, pois enquanto permanecer a violência, Ronaldo é mero detentor, sem qualquer direito. Uma vez que cessa a violência (CC, art. 1.208), Ronaldo passa a ser possuidor de má-fé, o qual não tem direito à indenização pelas benfeitorias úteis ou voluptuárias.

Quanto às benfeitorias necessárias, o possuidor de má-fé tem direito à indenização, mas sem retenção (CC, art. 1.220).
Gabarito 1C, 2C, 3E

(Procurador do Estado/AM – 2016 – CESPE) A respeito de prescrição e obrigações, julgue os itens subsecutivos.

(1) Situação hipotética: Isabel firmou com Davi contrato em que se comprometia a dar-lhe coisa certa em data aprazada. Em função da mora no recebimento, ocasionada por Davi, a coisa estragou-se, sem que Isabel tenha concorrido para tal. Assertiva: Nesse caso, Davi poderá exigir indenização equivalente à metade do dano suportado.
(2) Será nula de pleno direito cláusula de contrato de seguro firmado entre pessoa física e determinada empresa que preveja prazo prescricional de um ano, contado do infortúnio, para o beneficiário reclamar da seguradora o valor de eventuais danos sofridos.

1: incorreta, pois nesse caso existe culpa do credor, também chamada de mora accipiendi. Quando isso ocorre, o devedor só responderá pela perda da coisa se tiver agido com dolo (CC, art. 400); **2:** correta, pois o STJ já decidiu que o termo inicial é a data da ciência da lesão ou seus efeitos (nesse sentido, a Súmula 278 do STJ, que trata sobre o tema específico do seguro obrigatório).
Gabarito 1E, 2C

(Procurador do Estado/AM – 2016 – CESPE) Julgue os itens subsequentes, relativos a atos jurídicos e negócios jurídicos.

(1) Situação hipotética: Para se eximir de obrigações contraídas com o poder público, Aroldo alienou todos os seus bens, tendo ficado insolvente. Assertiva: Nesse caso, o poder público terá o prazo decadencial de quatro anos, contados da data em que Aroldo realizou os negócios jurídicos, para requerer a anulação destes.
(2) Constitui ato lícito a ação de destruir o vidro lateral de veículo alheio, de alto valor comercial, a fim de removê-lo das proximidades de local onde se alastrem chamas de incêndio.

1: correta. A situação hipotética se enquadra, com precisão, na hipótese de fraude contra credores. Uma pessoa que já é devedora e que aliena seus bens até o ponto de ficar insolvente. Nesse caso, o credor tem o prazo de quatro anos para pleitear a anulabilidade da transmissão, a contar da data do negócio (CC, art. 178, II); **2:** correta. A hipótese é o clássico exemplo de ato praticado em estado de necessidade (CC art. 188, II), o qual não configura ato ilícito. Ocorre quando uma pessoa destrói ou deteriora coisa alheia a fim de remover perigo iminente. Vale, contudo, a ressalva de que – mesmo nesses casos – se a vítima do dano não foi culpada pelo perigo, ela tem direito à indenização. Exemplo: para desviar de fechada de caminhão, motorista joga seu carro dentro de uma loja. O dono da loja terá direito à indenização, porque não foi culpado pelo perigo (CC, art. 929). O motorista do carro, por sua vez, terá direito de regresso contra o motorista do caminhão.
Gabarito 1C, 2C

(Procurador do Estado/AM – 2016 – CESPE) Com relação a pessoas jurídicas de direito privado e bens públicos, julgue os itens a seguir.

(1) Consideram-se bens públicos dominicais aqueles que constituem o patrimônio das pessoas jurídicas de direito público como objeto de direito pessoal ou real, tais como os edifícios destinados a sediar a administração pública.
(2) As fundações privadas são de livre criação, organização e estruturação, cabendo aos seus instituidores definir os seus fins, que podem consistir na exploração de entidades com fins lucrativos nas áreas de saúde, educação ou pesquisa tecnológica, e outras de cunho social.

1: incorreta. Em que pese a definição de bem público dominical estar correta, o exemplo que foi dado está errado. Um edifício destinado a sediar a administração pública é um bem público de uso especial (CC, art. 99, II); **2:** incorreta, pois as fundações não podem ter finalidade lucrativa.
Gabarito 1E, 2E

(Procurador do Estado/AM – 2016 – CESPE) Acerca de direitos da personalidade, responsabilidade civil objetiva e prova de fato jurídico, julgue os itens seguintes.

(1) A teoria da responsabilidade civil objetiva aplica-se a atos ilícitos praticados por agentes de autarquias estaduais.
(2) A confissão como instrumento de prova de fato jurídico pode ser firmada pela parte ou por seu representante ou pode, ainda, ser obtida por intermédio de testemunha.
(3) Uma pessoa poderá firmar contrato que limite seus direitos da personalidade caso o acordo seja-lhe economicamente vantajoso.

1: correta, pois eles se enquadram na previsão do art. 37, § 6°, da Constituição Federal; **2:** incorreta, pois admite-se a confissão por representante, mas não por intermédio de testemunha (CC, art. 213, parágrafo único); **3:** errada, pois o exercício dos direitos da personalidade: *"não podem sofrer limitação voluntária"* (CC, art. 11).
Gabarito 1C, 2E,3E

(Procurador da República –28º Concurso – 2015 – MPF) Em relação a arbitragem, e correto afirmar que:

(A) Há possibilidade de controle judicial, inclusive para rediscutir o decidido;
(B) Os árbitros são equiparados aos servidores públicos para efeitos penais;
(C) A sentença arbitral trata-se de um título executivo extrajudicial;
(D) É possível ser imposta compulsoriamente em qualquer contrato.

A: incorreta, pois a Lei 9.307/1996 não prevê a possibilidade de controle judicial, mas apenas o pedido de nulidade da sentença arbitral, nos casos previstos em lei; **B:** correta, pois de acordo com o estabelecido pelo art. 17 da Lei 9.307/1996; **C:** incorreta, pois a sentença arbitral é considerada um título executivo judicial, conforme o art. 515, VII do NCPC; **D:** incorreta, pois a arbitragem não pode ser imposta compulsoriamente.
Gabarito "B".

(Procurador da República –28º Concurso – 2015 – MPF) Assinale a alternativa correta:

(A) O pai, na administração dos bens do filho incapaz, não pode aliená-los sem autorização judicial, podendo, entretanto, gravá-los.
(B) O erro *in substancia* exige que a quantidade pretendida seja o motivo determinante do ato praticado.
(C) Nos direitos de personalidade puros e nas relações de família não se admite a aposição de termo.
(D) É possível a renúncia antecipada à prescrição sempre que o titular puder desistir antecipadamente do direito.

A: incorreta, pois os pais não podem *"alienar, ou gravar de ônus real os imóveis dos filhos"* (CC, art. 1.691); **B:** incorreta. O erro é substancial quando diz respeito a uma qualidade essencial do objeto, natureza

do negócio, identidade da pessoa ou quanto à lei (CC, art. 139). O erro quanto à quantidade não se configura como erro substancial; **C:** correta. O termo e a condição são elementos acidentais do negócio jurídico e não se aplicam aos direitos de família, nem tampouco aos direitos da personalidade. A ameaça de sua ocorrência não se coaduna com a estabilidade necessária aos campos do Direito de família ou aos direitos da personalidade; **D:** incorreta, pois a renúncia ao benefício da prescrição só é admitida quando a prescrição já tiver sido consumada (CC, art. 191). Trata-se de uma regra protetora do devedor, o qual só poderá renunciar à prescrição quando tiver à sua disposição o benefício consumado. Não fosse assim, a cláusula de renúncia da prescrição seria imposta pelo credor em todo e qualquer contrato, ameaçando gravemente a paz social.
Gabarito "C".

(Procurador da República –28º Concurso – 2015 – MPF) Assinale a alternativa correta:

(A) A ordem legal de nomeação do curador de interdito tem caráter absoluto.
(B) O mútuo feneratício não é mais contemplado no sistema jurídico brasileiro.
(C) Os bens acessórios são objetos corpóreos que podem ou não seguir o bem principal.
(D) A reserva mental ilícita, conhecida do declaratário, equipara-se, quanto aos efeitos, à simulação.

A: incorreta, pois "*para a escolha do curador, o juiz levará em conta a vontade e as preferências do interditando, a ausência de conflito de interesses e de influência indevida, a proporcionalidade e a adequação às circunstâncias da pessoa*" (CC, art. 1.772, parágrafo único); **B:** incorreta, pois o mútuo feneratício (mútuo com pagamento de juros) tem previsão legal (CC, art. 591); **C:** incorreta, pois – como regra geral – aplica-se o princípio da gravitação, segundo o qual o bem acessório segue o principal. Tal regra é dispositiva e pode ser afastada pela vontade das partes; **D:** correta. A reserva mental ocorre quando o declarante "*não quer o que manifestou*". Nesse caso, se o destinatário ignorava tal reserva, subsiste a manifestação de vontade. Se, porém, o destinatário sabia da reserva mental, a situação se aproxima muitíssimo da simulação e, assim, terá os mesmos efeitos (CC, art. 110).
Gabarito "D".

(Procurador da República – 26º) Em relação às afirmativas abaixo:

I. A autocontratação no atual Código Civil, é nula e não produz efeitos jurídicos;
II. Os atos ou negócios puros são exceção no ordenamento pátrio porque não comportam condição;
III. O impedimento e a suspensão da prescrição, embora não sejam conceitos sinônimos, estão previstos nos mesmos artigos do Código Civil;
IV. O temor reverencial, que exclui a coação, é o receio de desgostar pessoas a quem se deve respeito hierárquico.

Das proposições acima:

(A) I e II estão corretas;
(B) II e III estão corretas;
(C) III e IV estão corretas;
(D) I e IV estão corretas.

I: incorreta, pois o mandato celebrado com a cláusula "em causa própria" permite ao mandatário realizar negócios com terceiros ou "consigo mesmo", figurando como mandatário vendedor e ao mesmo tempo como comprador do bem (CC, art. 685); **II:** correta. Negócios jurídicos puros são os que não comportam elementos acidentais, como a condição e o termo. De fato, constituem exceção no ordenamento, já que a regra é que os negócios jurídicos possam sofrer condição ou termo; **III:** correta. Os institutos são praticamente idênticos, havendo em ambos um fato previsto em lei que não permite a fluência do prazo prescricional. O único elemento que os diferencia é o momento no qual o fato ocorre. Se o fato ocorre com o prazo em andamento tem-se a suspensão, se ocorre antes de o prazo ter iniciado, tem-se o impedimento (CC, arts. 197 a 201); **IV:** incorreta, pois o temor reverencial é o respeito exagerado que se tem a uma pessoa.
Gabarito "B".

(Procurador da República – 25º) Assinale a alternativa correta:

(A) O ato ilícito produz efeitos jurídicos, que não são desejados pelo agente, mas impostos por lei.
(B) A certidão de escritura pública tem a mesma força probante do documento original, desde que concertada por outro escrivão.
(C) A remissão do penhor, pela entrega do bem empenhado, presume que houve a extinção da dívida.
(D) Se a situação de necessidade resultar de culpa de quem pleiteia alimentos, estes não serão devidos.

A: correta. O ato ilícito traz consequências não desejadas por quem praticou o ato. Assim, por exemplo, a vontade do indivíduo era dirigir a 180 quilômetros por hora e não pagar indenização pelo acidente que daí decorreu; **B:** incorreta, pois referida disposição legal era prevista apenas pelo Código Civil de 1916, tendo sido revogada em 2002; **C:** incorreta, pois "A restituição voluntária do objeto empenhado prova a renúncia do credor à garantia real, não a extinção da dívida" (CC, art. 387); **D:** incorreta, pois nessa hipótese a obrigação subsiste, mas limitada à necessidade de quem os pleiteia (CC, art. 1.694, § 2º).
Gabarito "A".

(Procurador da República – 25º) Dentre as proposições abaixo, algumas são falsas, outras verdadeiras:

I. Na locação de prédio urbano, morrendo o locador, o cônjuge sobrevivente, o companheiro e os herdeiros sub-rogam-se nos seus direitos e deveres.
II. Na doação remuneratória, não há perda do caráter de liberalidade na parte excedente ao valor dos serviços prestados.
III. A mudança de estado, acarretando a consequente mudança de domicílio, autoriza a extinção do mandato.
IV. Quando o risco for assumido em contrato de cosseguro, não há solidariedade do cossegurador perante o segurado.

Das proposições acima:

(A) I e II estão corretas;
(B) II e IV estão corretas;
(C) II e III estão corretas;
(D) I e IV estão corretas.

I: incorreta, pois o art. 10 da Lei 8.245/1991 estipula que "Morrendo o locador, a locação transmite-se aos herdeiros"; **II:** correta, pois referida doação "não perde o caráter de liberalidade [...] no excedente ao valor dos serviços remunerados" (CC, art. 540); **III:** incorreta, pois apenas a mudança do estado civil, que inabilite o mandante a conferir os poderes, ou o mandatário para os exercer, é que acarreta a extinção do mandato (CC, art. 682, III); **IV:** correta, pois o art. 761 do CC que disciplina o cosseguro, não prevê a solidariedade que só existe mediante previsão legal (CC, art. 265).
Gabarito "B".

(Ministério Público/MG – 2014) Assinale a alternativa CORRETA:

(A) A fundação pode, excepcionalmente, ter fins econômicos desde que instituída por escritura pública ou testamento.
(B) O domicílio da pessoa natural que não tenha residência habitual é o lugar onde for encontrada.

(C) O sobrinho, com fundamento no parentesco consanguíneo, pode exigir alimentos do tio, que serão fixados para o atendimento apenas das necessidades essenciais.
(D) É absoluta a presunção que supre a prova objetivada com a perícia médica recusada.

A: incorreta, pois a fundação não pode ter fins econômicos e "*somente poderá constituir-se para fins religiosos, morais, culturais ou de assistência*" (CC, art. 62, parágrafo único); **B:** correta, pois a assertiva reproduz a regra estabelecida pelo art. 73 do Código Civil; **C:** incorreta, pois "*na falta dos ascendentes cabe a obrigação aos descendentes, guardada a ordem de sucessão e, faltando estes, aos irmãos, assim germanos como unilaterais*" (CC, art. 1.697); **D:** incorreta, pois a presunção estabelecida pelos arts. 231 e 232 é relativa.

Gabarito "B".

(Ministério Público/MG – 2014) Assinale a alternativa INCORRETA:

(A) A prescrição pode ser alegada a qualquer tempo pela parte a quem aproveita.
(B) Entre associados, não há direitos e obrigações recíprocos.
(C) A inviolabilidade da vida privada da pessoa natural é garantia absoluta amparável judicialmente.
(D) A morte presumida na ausência não dissolve o casamento.

A: assertiva correta, pois de acordo com a regra estipulada pelo art. 190 do CC; **B:** assertiva correta, pois não há, entre associados, direitos e obrigações recíprocos (CC, art. 53, parágrafo único); **C:** assertiva correta, pois de acordo com a previsão estabelecida pelo art. 21 do CC; **D:** assertiva incorreta, devendo ser assinalada, pois "*o casamento válido se dissolve pela morte de um dos cônjuges, aplicando-se a presunção estabelecida no Código quanto ao ausente*" (CC, art. 1.571 § 1º).

Gabarito "D".

(Ministério Público/MG – 2014) Assinale a alternativa CORRETA:

(A) A curatela é medida de proteção do menor absolutamente incapaz portador de deficiência mental.
(B) A proteção legal do direito da personalidade cessa com a morte da pessoa natural.
(C) Na ordem de vocação hereditária o cônjuge sobrevivente precede os colaterais.
(D) A usucapião trienal de coisa móvel independe de justo título e boa-fé.

A: incorreta, pois a curatela destina-se ao maior de idade que é incapaz; **B:** incorreta, pois mesmo após a morte ainda há direitos da personalidade que são tuteláveis, protegidos e que – se violados – possibilitam pedido dos herdeiros de reparação por danos morais (CC, arts. 12 parágrafo único e 20 parágrafo único); **C:** correta, pois o cônjuge sobrevivente concorre com descendentes (dependendo do regime de bens), concorre com ascendentes (independentemente do regime de bens) e não havendo descendentes ou ascendentes, ainda prevalece em relação ao colateral; **D:** incorreta, pois a usucapião de bem móvel que se dá no prazo de três anos é da espécie ordinária, a qual exige justo título e boa-fé (CC, art. 1.260).

Gabarito "C".

(Ministério Público/MG – 2014) Assinale a alternativa INCORRETA:

(A) A petição de herança é ação real e o termo inicial da prescrição é a abertura da sucessão.
(B) O regime de bens pode ser modificado mediante pedido fundamentado de ambos os cônjuges mediante autorização judicial que acolha a procedência das razões invocadas, ressalvados os direitos de terceiros.
(C) Os atos emulativos praticados pelo proprietário caracterizam os direitos de usar (*ius utendi*), gozar (*ius fruendi*) e dispor (*ius abutendi*), salvo quando ofensivos à função socioambiental da propriedade.
(D) A incapacidade superveniente do testador não invalida o testamento.

A: assertiva correta, pois trata-se de uma ação que visa proteger o direito real de propriedade que é conferido pela sucessão do *de cujus*. A maioria da doutrina defende que ela tem prazo, cujo termo inicial é mesmo a abertura da sucessão (Súmula 149 do STF: "*É imprescritível a ação de investigação de paternidade, mas não o é a de petição de herança*"; **B:** assertiva correta, pois o art. 1.639 § 2º, do Código Civil permite tal alteração bastando para tanto o "*pedido motivado de ambos os cônjuges, apurada a procedência das razões invocadas e ressalvados os direitos de terceiros*"; **C:** assertiva incorreta, devendo ser assinalada, pois os atos emulativos são os que "*não trazem ao proprietário qualquer comodidade, ou utilidade, e sejam animados pela intenção de prejudicar outrem*" (CC, art. 1.228 § 2º). Tais atos são proibidos pela lei; **D:** assertiva correta, pois a capacidade do testador afere-se no momento em que ele realiza o testamento. Logo, caso ele se torne incapaz após a realização do testamento, suas disposições permanecem válidas (CC, art. 1.861).

Gabarito "C".

(Ministério Público/MG – 2014) É CORRETO afirmar que:

(A) A validade do negócio jurídico é sempre anulável por iniciativa das partes.
(B) A representação legal resultante do poder familiar valida os atos de disposição praticados em nome do representado.
(C) A renúncia da prescrição pode ser suprida pelo juiz, de ofício, quando favorecer o incapaz.
(D) A impotência *coeundi* ou instrumental não é causa elisiva absoluta da presunção de paternidade.

A: incorreta, pois o negócio jurídico pode ser anulado por iniciativa do terceiro interessado. É o que ocorre, por exemplo, na hipótese do devedor insolvente alienar bens, fraudando os credores. Nesse caso, a venda é anulável (CC, art. 159 e 178) e o terceiro (credor) poderá pleitear sua anulação; **B:** incorreta, pois "*Não podem os pais alienar, ou gravar de ônus real os imóveis dos filhos, nem contrair, em nome deles, obrigações que ultrapassem os limites da simples administração, salvo por necessidade ou evidente interesse da prole, mediante prévia autorização do juiz*" (CC, art. 1.691); **C:** incorreta, pois o Código Civil não contempla esta previsão; **D:** correta, pois apenas a prova da impotência para gerar filhos é que afasta a presunção da paternidade (CC, art. 1.599).

Gabarito "D".

(Ministério Público/MG – 2014) Assinale a alternativa CORRETA:

É possível afirmar que a adoção do sistema de cláusulas gerais no Código Civil de 2002 reverencia:

(A) O princípio da boa-fé objetiva.
(B) O princípio da eticidade.
(C) O princípio da sociabilidade.
(D) O princípio da operabilidade.

Quando a lei estabelece cláusulas gerais, ela concede ao julgador uma ampla margem de flexibilidade, a fim de que este consiga – diante do caso concreto – estabelecer uma melhor solução para a lide, levando-se em conta fato, valor e norma. Nesse sentido, prestigia-se o princípio da operabilidade, segundo o qual, o Código Civil é um instrumento efetivo e eficiente para encontrar soluções viáveis e sem grandes dificuldades.

Gabarito "D".

(Ministério Público/DF – 2013) A respeito do direito das obrigações e dos negócios jurídicos, sob a ótica do Código Civil, julgue os itens a seguir:

I. Ocorre a solidariedade passiva quando na mesma obrigação concorre mais de um devedor, cada um obrigado pela dívida toda. Tornando-se impossível a prestação por culpa de um dos devedores solidários, os devedores não culpados respondem solidariamente pelo encargo de pagar o equivalente em dinheiro pela prestação que se impossibilitou e pelos juros de mora.
II. A cessão de crédito consiste em um negócio jurídico por meio do qual um sujeito ativo de uma obrigação transfere, com todos os acessórios e garantias, a terceiro a relação obrigacional, excluindo-se o vínculo originário. Para que o negócio produza os efeitos desejados, exige-se o consentimento prévio do devedor.
III. A ocorrência de fraude contra credores depende da prova do conluio fraudulento entre aquele que dispõe o bem e aquele que o adquire, do prejuízo causado ao credor e da anterioridade do crédito em relação ao ato impugnado. Entretanto, para os casos de disposição gratuita de bens, ou de remissão de dívidas, basta o evento danoso ao credor.
IV. Verificando-se que o negócio jurídico está viciado em razão de dolo de terceiro, sem conhecimento da parte a quem aproveite o dolo, impõe-se a anulação do negócio, respondendo o terceiro pela integralidade dos prejuízos causados a quem, induzido por erro, celebrou o ato negocial.
V. Se um terceiro não interessado quitar um débito alheio, em nome próprio, sem consentimento do devedor ou com a sua oposição, ele se sub-roga nos direitos do credor, pois não poderá requerer o reembolso do que voluntariamente pagou.

Estão CORRETOS os itens:

(A) I, II e IV
(B) I e III
(C) I, III e V
(D) II e IV
(E) III, IV e V

I: correta, pois a assertiva reproduz a regra disposta no art. 279 do CC; II: incorreta, pois a cessão de crédito apenas altera o credor da relação obrigacional original, a qual fica mantida em todas as demais características; III: correta. Há duas regras distintas para que se configure a fraude contra credores. Quando o devedor insolvente vende seus bens, a lei exige que se prove a má-fé do adquirente, ou seja, o conluio fraudulento. Quando, todavia, o devedor insolvente doa os seus bens, a lei dispensa tal prova, adotando o princípio segundo o qual, "*é preferível evitar um prejuízo ao credor do que assegurar um lucro sem causa ao terceiro*" (respectivamente arts. 159 e 158 do CC); IV: incorreta, pois havendo dolo de terceiro a lei só admite a anulação se a parte favorecida pelo dolo soubesse ou devesse saber de sua ocorrência (CC, art. 148); V: incorreta, pois o pagamento feito pelo terceiro não interessado em seu próprio nome não gera sub-rogação, mas apenas o direito de o terceiro cobrar do devedor o valor desembolsado (CC, art. 305).
Gabarito "B".

(Ministério Público/DF – 2013) A respeito da pessoa natural, assinale a opção CORRETA.

(A) A emancipação voluntária pode ser concedida por ambos os pais, que declaram, por instrumento público ou particular, que o filho maior de dezesseis anos e menor de dezoito anos de idade é apto para exercer todo e qualquer ato da vida civil. Para a eficácia da emancipação voluntária parental é necessária a homologação judicial do ato, ouvindo-se o Ministério Público.
(B) O cônjuge não separado judicialmente ou de fato, os herdeiros e o Ministério Público possuem legitimidade para requerer a declaração judicial de ausência de uma pessoa que desapareceu de seu domicílio, sem que haja notícias de seu paradeiro, e sem deixar procurador para administrar seus bens.
(C) A prodigalidade retira o necessário discernimento da pessoa para a prática dos atos de sua vida civil. Por isso, a lei impõe ao pródigo a abstenção de todos os atos que possam comprometer seu patrimônio e a interdição do pródigo deve ser requerida para declará-lo absolutamente incapaz.
(D) Quanto ao nome da pessoa natural, a lei não faz nenhuma exigência de observância de uma determinada ordem no que tange aos apelidos de família, seja no momento do registro do nome do indivíduo, seja por ocasião da sua posterior retificação.
(E) O direito à imagem qualifica-se como direito de personalidade, extrapatrimonial, de caráter personalíssimo. No entanto, quando ocorrer lesão à imagem de pessoa falecida, terão legitimidade para promover a ação indenizatória os descendentes, ascendentes, o cônjuge, o companheiro e os colaterais até quarto grau.

A: incorreta, pois não há necessidade de ambos os pais emanciparem, pois um pode emancipar na falta do outro. Ademais, a emancipação voluntária não tem participação do MP, nem do Juiz (CC, art. 5º, parágrafo único, I); **B:** incorreta, pois qualquer interessado e o Ministério Público possuem legitimidade para requerer a ausência (CC, art. 22); **C:** incorreta, pois a prodigalidade é causa de incapacidade relativa (CC, art. 4º, IV); **D:** correta, pois não existe ordem ou sequência determinada pela lei quanto aos apelidos de família; **E:** incorreta, pois o Código não insere o colateral como legitimado para tal pretensão (CC, art. 20, parágrafo único).
Gabarito "D".

(Ministério Público/MPU – 2013) SOBRE O DIREITO CIVIL, É CORRETO AFIRMAR QUE:

(A) A aquisição de veículo zero-quilômetro para uso profissional como táxi não afasta a responsabilidade solidária da concessionária e do fabricante.
(B) Quando débito de serviços de energia elétrica originar-se de suposta fraude apurada unilateralmente no medidor de consumo, é legítimo o corte de fornecimento sem aviso prévio.
(C) É possível presumir a existência de dano moral da pessoa jurídica, com base, exclusivamente, na interrupção do fornecimento de energia elétrica.
(D) Aplica-se às pessoas jurídicas, no que couber, a proteção dos direitos da personalidade, de tal modo que o dano moral da pessoa jurídica é o mesmo que se pode imputar à pessoa natural.

A: correta, pois a destinação do veículo para fins profissionais não afasta os direitos de consumidor que o adquirente titulariza; **B:** incorreta, pois o STJ tem posição formada no sentido de que é "ilegítima a suspensão do fornecimento de energia elétrica, quando o débito decorrer de suposta fraude no medidor de consumo de energia, apurada unilateralmente pela concessionária" (AgRg no AREsp 189.780/SP, Rel. Ministra Assusete Magalhães, 2ª Turma, julgado em 09/09/2014, DJe 16.09.2014); **C:** incorreta. A mera "interrupção" pode durar poucos

1. DIREITO CIVIL

segundos ou minutos. Tendo em vista que a questão não menciona o lapso desta interrupção, não é possível concluir pelo dano presumido; **D:** incorreta, pois "*os direitos da personalidade são direitos inerentes e essenciais à pessoa humana, decorrentes de sua dignidade, não sendo as pessoas jurídicas titulares de tais direitos*" (Enunciado 286 do Conselho da Justiça Federal).

Gabarito "A".

(Ministério Público/RO – 2013 – CESPE) Em relação às provas no direito civil, assinale a opção correta.

(A) Não tem eficácia a confissão feita por menor de dezesseis anos de idade.
(B) A vedação à admissão de prova exclusivamente testemunhal em determinado caso não impede que o juiz se utilize da presunção simples.
(C) Ao contrário da testemunha impedida, a testemunha suspeita pode ser ouvida como informante do juízo.
(D) Arquivos eletrônicos não são aceitos como provas documentais.
(E) À confissão não se aplica a proibição de comportamento contraditório.

A: correta, pois "não tem eficácia a confissão se provém de quem não é capaz de dispor do direito a que se referem os fatos confessados" (art. 213 do CC); **B:** incorreta, pois "as presunções, que não as legais, não se admitem nos casos em que a lei exclui a prova testemunhal" (art. 230 do CC); **C:** incorreta, tanto as testemunhas impedidas quanto as suspeitas poderão ser ouvidas pelo Juiz, quando necessário, conforme preceitua o § 4º do art. 447 do NCPC; **D:** incorreta, pois a reprodução eletrônica é admitida pelo art. 225 do CC; **E:** incorreta, pois referida proibição é princípio aplicável a qualquer ato jurídico.

Gabarito "A".

(Ministério Público/SP – 2013 – PGMP) Em tema de prioridade concedida ao idoso na tramitação de procedimentos, judiciais ou administrativos, assinale a afirmação INCORRETA.

(A) A obtenção da prioridade depende da comprovação, nos autos do processo judicial, de que a parte ou interessado tenha idade igual ou superior a 60 anos, devendo o interessado requerê-la ao juiz competente para julgar o feito.
(B) A prioridade de tramitação de processo judicial, em que figure como parte ou interessado pessoa com idade igual ou superior a 60 anos, tem lugar em todas as instâncias.
(C) A prioridade se estende aos processos e procedimentos na administração pública, empresas prestadoras de serviços públicos e instituições financeiras, ao atendimento preferencial junto à Defensoria Pública da União, dos Estados e do Distrito Federal em relação aos Serviços de Assistência Judiciária.
(D) Concedida a prioridade, o benefício cessa se ocorrer a morte do beneficiado, mas pode ser estendido ao herdeiro filho, independentemente de sua idade.
(E) A prioridade da tramitação, em qualquer órgão ou instância, abrange os processos administrativos no âmbito da Administração Pública.

A: assertiva correta (art. 71, § 1º, da Lei 10.741/2003), **B:** assertiva correta (art. 71, *caput*, da Lei 10.741/2003); **C:** assertiva correta (art. 71, § 3º, da Lei 10.741/2003); **D:** assertiva incorreta, devendo a alternativa ser assinalada; segundo o art. 71, § 2º, da Lei 10.741/2003, "a prioridade não cessará com a morte do beneficiado, estendendo-se em favor do cônjuge supérstite, companheiro ou companheira, com união estável, maior de 60 (sessenta) anos"; **E:** assertiva correta (art. 71, § 3º, da Lei 10.741/2003).

Gabarito "D".

(Ministério Público/SC – 2012) Analise as seguintes assertivas:

I. Segundo a Lei n. 10.406/02 (Código Civil), o poder familiar é extinto nas seguintes hipóteses: a) pela morte dos pais ou do filho; b) pela emancipação; c) pela maioridade; d) pela adoção; e) por decisão judicial.
II. Incumbe ao Ministério Público, respeitando a decorrência de eventual prazo assinado pelo instituidor, ou, não havendo prazo, em cento e oitenta dias, a elaboração de estatuto da fundação projetada quando o seu instituidor assim não proceder, bem como não tenha sido elaborado por aqueles a quem o instituidor cometeu a aplicação do patrimônio.
III. Na simulação relativa, o negócio simulado (aparente) é nulo, mas o dissimulado será válido se não ofender a lei nem causar prejuízo a terceiros.
IV. O donatário é obrigado a cumprir os encargos da doação, caso forem a benefício do doador, de terceiro, ou do interesse geral. Se desta última espécie for o encargo, o Ministério Público, não terá legitimidade para exigir sua execução, porquanto não é titular da relação jurídica de direito material ou dos interesses em conflito, ainda que haja a morte do doador e este não tenha realizado o referido encargo.
V. As hipotecas serão registradas no cartório do lugar do imóvel, ou no de cada um deles, se o título se referir a mais de um. Tal competência é dos interessados que deverão exibir o título e requerer o registro da hipoteca. As hipotecas legais, em razão de sua natureza, dispensam o registro e especialização.

(A) Apenas as assertivas I e III estão corretas.
(B) Apenas as assertivas I e V estão corretas.
(C) Apenas as assertivas IV e V estão corretas.
(D) Apenas as assertivas I, II e III estão corretas.
(E) Todas as assertivas estão corretas.

I: correta, pois a assertiva reproduz o artigo 1.635 do Código Civil que prevê as hipóteses de extinção do poder familiar; **II:** correta, pois tal encargo é atribuído ao Ministério Público pelo art. 65 parágrafo único; **III:** correta, pois o negócio simulado é sempre nulo, mas o negócio que se escondeu deverá ser analisado isoladamente, podendo ser até mesmo válido (CC, art. 167); **IV:** incorreta, pois a atuação do Ministério Público faz-se possível desde que o encargo beneficie a coletividade de um modo geral e o doador não possa revogá-la, por exemplo, por ter falecido; **V:** incorreta, pois *as hipotecas legais, de qualquer natureza, deverão ser registradas e especializadas* (CC, art. 1.497).

Gabarito "D".

(Ministério Público/SC – 2012) Analise as seguintes assertivas:

I. O pacto antenupcial realizado por instrumento particular, nos termos do disposto no Código Civil, é anulável. Contudo, será ineficaz se não lhe seguir o casamento.
II. No regime de participação final nos aquestos, cada cônjuge possui patrimônio próprio, ou seja, os bens que cada um possuía ao casar e os por ele adquiridos, a qualquer título, na constância do casamento. Neste regime, quando da dissolução da sociedade conjugal, caberá a cada um deles direito à metade dos bens adquiridos pelo casal, a título oneroso, na constância do casamento.

III. A tutela é um conjunto de direitos e obrigações conferidos pela lei a um terceiro, para que proteja a pessoa de um menor não emancipado que não se acha sob o poder familiar, administrando seus bens, representando-o e assistindo-o nos atos da vida civil. Citam-se como exemplos, nos termos do disposto no Código Civil, algumas hipóteses em que a tutela não poderá ser exercida: a) por aqueles que, no momento de lhes ser deferida a tutela, se acharem constituídos em obrigação para com o menor, ou tiverem que fazer valer direitos contra este, e aqueles cujos pais, filhos ou cônjuges tiverem demanda contra o menor; b) os inimigos do menor, ou de seus pais, ou que tiverem sido por estes expressamente excluídos da tutela.

IV. A Legitimação para suceder das pessoas já concebidas no momento da abertura da sucessão é estendida aos embriões formados mediante o uso de técnicas de reprodução assistida, abrangendo assim, a vocação hereditária da pessoa humana a nascer, cujos efeitos patrimoniais se submetem às regras previstas para a petição de herança.

V. O testamento público, segundo o Código Civil, apresenta requisitos essenciais, dentre eles pode-se citar: a) ser escrito por tabelião ou por seu substituto legal em seu livro de notas, de acordo com as declarações do testador, podendo este servir-se de minuta, notas ou apontamentos; b) que o tabelião lavre, desde logo, o auto de aprovação, na presença de duas testemunhas, e o leia, em seguida, ao testador e testemunhas; c) ser o instrumento, em seguida à leitura, assinado pelo testador, pelas testemunhas e pelo tabelião.

(A) Apenas as assertivas II, III e IV estão corretas.
(B) Apenas as assertivas II e IV estão corretas.
(C) Apenas as assertivas III e V estão corretas.
(D) Apenas as assertivas I, II e V estão corretas.
(E) Todas as assertivas estão corretas.

I: incorreta, pois o pacto que não obedecer a forma prescrita em lei será nulo de pleno direito, conforme art. 166, IV, do Código Civil; II: correta, pois exata a correspondência com o art. 1.672 do Código Civil; III: correta, pois as hipóteses de incapacidade de exercer a tutela mencionadas estão previstas no art. 1.735 do Código Civil; IV: correta, pois atende-se assim o direito dos nascituros de herdar, contemplado no art. 1.798; V: incorreta, pois o auto de aprovação é solenidade reservada ao testamento cerrado e não ao público (CC, art. 1.868, III).
Gabarito "A".

(Ministério Público/RR – 2012 – CESPE) Com base no posicionamento do STJ no tocante a atos jurídicos lícitos e ilícitos, negócios jurídicos e contratos em geral, assinale a opção correta.

(A) É abusiva a cláusula de renúncia à indenização das benfeitorias nos contratos de locação.
(B) A fiança prestada sem a autorização de um dos cônjuges implica a invalidade parcial da garantia.
(C) O cancelamento de pensão alimentícia de filho que atinja a maioridade é automático.
(D) A correção monetária do valor da indenização do dano moral incide desde a data de seu arbitramento.
(E) A eficácia da convenção de condomínio entre os condôminos perfaz-se somente após o seu registro no cartório de títulos e documentos.

A: incorreta, pois o entendimento sumulado pelo STJ é no sentido de que "Nos contratos de locação, é válida a cláusula de renúncia à indenização das benfeitorias e ao direito de retenção" (Súmula 335 do STJ); B: incorreta, pois a solução dada pela lei nesse caso é de anulabilidade integral da garantia prestada; C: incorreta, pois contrária aos termos da Súmula 358 do STJ: *"O cancelamento de pensão alimentícia de filho que atingiu a maioridade está sujeito à decisão judicial, mediante contraditório,* ainda que nos próprios autos"; D: correta, pois de acordo com a súmula 362 do STJ, segundo a qual: *"A correção monetária do valor da indenização do dano moral incide desde a data do arbitramento"*; E: incorreta, pois a convenção torna-se obrigatória entre os condôminos desde o momento de sua subscrição por dois terços das frações ideais (CC, art. 1.333).
Gabarito "D".

(Ministério Público/SP – 2012 – VUNESP) Nos termos do Código de Defesa do Consumidor (Lei no 8.078/90), são direitos básicos do consumidor:

(A) A proteção da personalidade, da honra, da saúde e da segurança contra os riscos provocados por práticas no fornecimento de produtos e serviços considerados perigosos ou nocivos.
(B) A informação adequada e clara sobre os produtos e serviços, com especificação do fornecedor e do produtor da matéria-prima, inclusive do prazo de validade do bem perecível industrializado.
(C) A proteção contra a publicidade enganosa e abusiva, métodos comerciais coercitivos ou desleais, bem como contra práticas e cláusulas abusivas ou impostas no fornecimento de produtos e serviços.
(D) A adequada e eficaz prestação dos serviços públicos em geral, a identificação do agente ou servidor público, a obtenção de habeas data e o direito de ingresso em todos os edifícios públicos que prestam serviços.
(E) A facilitação da defesa de seus direitos, com a inversão do ônus da prova, a seu favor, no processo judicial e a assistência da Defensoria Pública, pois presumida a sua hipossuficiência.

A: incorreta, pois a proteção da personalidade e da honra do consumidor – a despeito de merecer tutela jurídica – não está previsto no art. 6º, dentro da categoria de direitos básicos do consumidor; B: incorreta, pois o CDC não prevê a especificação do produtor da matéria prima como direito básico do consumidor; C: correta, pois a assertiva encontra respaldo no art. 6º, IV; D: incorreta, pois a identificação do agente ou servidor público e o direito de ingresso em todos os edifícios públicos – a despeito de merecer tutela jurídica – não estão previstos no art. 6º, dentro da categoria de direitos básicos do consumidor; E: incorreta, pois a hipossuficiência do Consumidor no Processo Civil não é presumida, devendo ser constatada pelo juiz no caso concreto.
Gabarito "C".

(Ministério Público/TO – 2012 – CESPE) O mundo jurídico confina com o mundo dos fatos (materiais, ou enérgicos, econômicos, políticos, de costumes, morais, artísticos, religiosos, científicos), daí as múltiplas interferências de um no outro. O mundo jurídico não é mais que o mundo dos fatos jurídicos, isto é, daqueles suportes fáticos que logram entrar no mundo jurídico.

F. C. Pontes de Miranda. **Tratado de direito privado**.
4ª ed., São Paulo: RT, 1974, T. II, p. 183
(com adaptações).

Tendo como referência inicial o texto acima, assinale a opção correta a respeito do assunto nele abordado.

(A) Contrato de prestação de serviço celebrado entre partes tem eficácia no mundo jurídico, ainda que presentes os requisitos de relação de emprego tutelada pela Consolidação das Leis do Trabalho.
(B) O reconhecimento de um filho fora do casamento constitui exemplo de ato-fato jurídico qualificado como uma atuação humana motivada pela vontade, que não tem relevância jurídica.
(C) A promessa de recompensa representa negócio jurídico bilateral, oneroso e bifronte.
(D) O fato de constar, em testamento redigido de próprio punho, cláusula que estipule que o herdeiro só receberá o benefício se permanecer uma hora embaixo da água, sem qualquer equipamento ou proteção, caracteriza condição impossível, que, sendo resolutiva, deve ser considerada não escrita.
(E) Pode o comprador de fundo de comércio solicitar e obter a anulação de seu negócio mediante alegação de o faturamento da empresa não ter correspondido ao que lhe tenha sido informado, visto que o motivo constitui razão determinante para o negócio.

A: incorreta, pois nesse caso tem-se o contrato de trabalho com regras, direitos e obrigações previamente estabelecidos na lei especial; **B:** incorreta, pois o exemplo dado é de ato jurídico em sentido estrito, ou seja, aquele ato no qual a vontade do agente é considerada, mas os principais e predominantes efeitos daí decorrentes estão previstos na lei, tal qual ocorre também com o casamento; **C:** incorreta, pois a promessa de recompensa exige apenas uma vontade para se formar no mundo jurídico, sendo, portanto, unilateral; **D:** correta, pois a condição resolutiva impossível tem-se por inexistente (CC, art. 124), mantendo-se válido e eficaz o negócio jurídico em si mesmo, no caso o testamento; **E:** incorreta, pois somente o motivo expresso no negócio como sua causa determinante é que pode ensejar a anulação do negócio jurídico (CC, art. 140).
Gabarito "D".

(Ministério Público/TO – 2012 – CESPE) Em relação aos negócios jurídicos e aos direitos deles decorrentes, assinale a opção correta.

(A) Ao magistrado é possível o reconhecimento, de ofício, da prescrição, assim como da decadência, seja ela legal ou convencional.
(B) Em caso de venda de imóvel de ascendente a descendente, a ausência de autorização dos outros descendentes gera direito potestativo, aplicando-se o prazo geral de prescrição de dez anos para o ajuizamento de ação anulatória.
(C) Em situação de *truck system*, caso o empregador coloque à disposição do empregado mercadorias com preços superiores ao praticado no mercado, identificam-se dois elementos caracterizadores de lesão em relação ao empregado: o subjetivo e o objetivo.
(D) De acordo com o ordenamento jurídico brasileiro, é válido o negócio jurídico realizado por mandatário na venda de imóvel para o próprio mandatário, independentemente de autorização expressa do representado.
(E) O Código Civil brasileiro em vigor expressa claramente o caráter *ex tunc* dos efeitos do implemento do evento condicional.

A: incorreta, pois o juiz só pode conhecer de ofício a prescrição e a decadência legal, não podendo reconhecer de ofício a decadência convencional (CC, art. 210 e NCPC, art. 240); **B:** incorreta, pois nesse caso previsto no art. 476, deve-se aplicar a regra estabelecida no art. 179 do Código Civil, que estipula em dois anos o prazo para as hipóteses de anulabilidade nas quais não se estabeleceu prazo; **C:** correta, pois nesse caso além do preço abusivo exigido, verifica-se também a relação de servidão do empregado em razão das dívidas contraídas com o patrão; **D:** incorreta, pois o mandato com a cláusula em causa própria exige autorização do mandante; **E:** incorreta, pois nesse caso operam-se efeitos ex nunc. Isso em decorrência do art. 127 do Código Civil, segundo o qual: "*Se for resolutiva a condição, enquanto esta se não realizar, vigorará o negócio jurídico, podendo exercer-se desde a conclusão deste o direito por ele estabelecido*".
Gabarito "C".

2. DIREITO PROCESSUAL CIVIL

Luiz Dellore, Cíntia Martins Rodrigues e Denis Skorkowski*

I – PARTE GERAL

1. PRINCÍPIOS DO PROCESSO CIVIL

(Ministério Público/MS – 2013 – FADEMS) Considere as seguintes proposições:

I. O princípio processual da congruência ou adstrição está diretamente ligado ao princípio do contraditório.
II. O princípio processual do duplo grau de jurisdição não é previsto expressamente na Constituição Federal, sendo princípio implícito do texto constitucional e limitável por lei infraconstitucional.
III. A competência para as ações fundadas em direito real sobre bem imóvel é relativa e portanto, permite a aplicação do princípio da *perpetuatio jurisdictionis*.
IV. Em qualquer caso, pelo princípio da impugnação específica, o réu deve impugnar um a um os fatos narrados na petição inicial, sob pena de presumir-se a sua veracidade.

São corretas:

(A) Somente as proposições I e II.
(B) Somente as proposições III e IV.
(C) Somente as proposições I, III e IV.
(D) Somente as proposições I e IV.
(E) Somente as proposições II e III.

I: correta, porque de acordo com o princípio da congruência, ou da adstrição, cabe ao juiz decidir o mérito nos limites propostos pelas partes (arts. 141 e 492 do NCPC). Isso decorre do contraditório, uma vez que haveria ofensa a tal princípio se o juiz pudesse decidir questões sobre as quais não tenha havida oportunidade de debate entre as partes; II: correta, de acordo com entendimento doutrinário. Não há esse princípio explícito na CF, mas ele decorre da existência de tribunais e previsão de recursos. III: incorreta, porque prevalece o entendimento de que a competência do foro da situação do imóvel nas ações que versam sobre direito real imobiliário (art. 47 do NCPC), é absoluta (STF, 1.ª T., RE 108.596-7/SC, rel. Min. Oscar Corrêa); IV: incorreta. A regra geral é mesmo a de que os fatos não impugnados especificadamente pelo réu sejam presumidos verdadeiros (art. 341 do NCPC). Há, no entanto, exceções a tal regra nos incisos do art. 341 do NCPC. **LD/DS**
Gabarito "A".

2. JURISDIÇÃO E COMPETÊNCIA

(Promotor de Justiça – MPE/MS – FAPEC – 2015) Conforme o entendimento jurisprudencial consolidado, é **incorreto** afirmar que:

(A) Compete à justiça estadual julgar as causas em que for parte o Banco do Brasil S.A.
(B) A competência para processar e julgar as ações conexas de interesse de menor é, em princípio, do foro do domicílio do detentor de sua guarda.
(C) Compete à Justiça Federal processar e julgar os pedidos de retificação de dados cadastrais da Justiça Eleitoral.
(D) O foro do domicílio ou da residência do alimentando é competente para a ação de investigação de paternidade, quando cumulada com a de alimentos.
(E) Reconhecida a continência, devem ser reunidas na Justiça Federal as ações civis públicas propostas nesta e na Justiça Estadual.

A: Correta. Conforme art. 109 da CF, a competência da JF é para o julgamento da União, autarquias, empresas públicas e fundações. Há um "silêncio eloquente" em relação às sociedades de economia mista (caso do BB), de modo que competência é da Estadual (nesse sentido, também, a Súmula 508/STF). **B:** Correta. A Súmula 383 do STJ dispõe sobre a competência do foro do domicílio do detentor da guarda do menor. **C:** Incorreta, devendo esta ser assinalada. A competência para processar e julgar os pedidos de retificação de dados cadastrais na Justiça Eleitoral é da Justiça Estadual comum (Súmula 368 do STJ). **D:** Correta. Trata-se da Súmula nº 1 do STJ, que determina que quando cumulada ação de investigação de paternidade com a de alimentos, o foro da residência do alimentando é o competente. **E:** Correta. A questão está na Súmula 489/STJ, que determina a reunião das ações civis públicas na Justiça Federal. **LD/C**
Gabarito "C".

(Procurador de Justiça – MPE/GO – 2016) A respeito das regras de competência, é incorreto afirmar:

(A) Para a ação de divórcio, separação, anulação de casamento e reconhecimento ou dissolução da união estável, é competente o domicílio do guardião do filho incapaz;
(B) Ainda que não haja conexão entre eles, poderão ser reunidos para julgamento conjunto os processos que possam gerar risco de prolação de decisões conflitantes ou contraditórias;
(C) A competência determina-se no momento do registro ou da distribuição da petição inicial, sendo irrelevantes as modificações do estado de fato ou de direito ocorridas posteriormente, salvo quando suprimirem órgão judiciário ou alterarem a competência absoluta;
(D) A competência determinada em razão da matéria, da pessoa ou da função poderá ser derrogada por acordo entre as partes, homologado pelo juiz.

A: Correta (NCPC, art. 53, I, "a"); **B:** Correta (NCPC, art. 55, § 3º); **C:** Correta, sendo esse o princípio da *perpetuatio jurisdictionis* (NCPC, art. 43). **D:** Incorreta, pois essa competência é absoluta, de modo que não pode ser afastada por vontade das partes (NCPC, art. 63). **LD**
Gabarito "D".

---

* Luiz Dellore e Denis Skorkowski comentaram as questões dos seguintes concursos: MP/GO – 2010, MP/BA – 2010, MP/SE – 2010 – CESPE, MP/SP – 2011, MP/PR – 2011, MP/CE – 2011 – FCC, MP/TO – 2012 – CESPE, MP/GO – 2012, MP/MS – 2013 – FADEMS Luiz Dellore e Cintia Martins Rodrigues comentaram as questões dos seguintes concursos: MPE/MS – FAPEC – 2015, MPE/AM – FMP – 2015, MPE/BA – CEFET – 2015, MPE/GO – 2016, MPE/RS – 2017; Luiz Dellore comentou demais questões.

3. PARTES, PROCURADORES, SUCUMBÊNCIA, MINISTÉRIO PÚBLICO E JUIZ

(Promotor de Justiça – MPE/RS – 2017) Assinale com **V** (verdadeiro) ou com **F** (falso) as seguintes afirmações sobre os temas dos impedimentos e da suspeição, segundo o disposto no Código de Processo Civil.

( ) Há impedimento do juiz, sendo-lhe vedado exercer suas funções no processo em que figure como parte cliente do escritório de advocacia de seu cônjuge, companheiro ou parente, consanguíneo ou afim, em linha reta ou colateral, até o terceiro grau, inclusive, exceto se patrocinado por advogado de outro escritório.

( ) Há suspeição do juiz que receber presentes de pessoas que tiverem interesse na causa antes ou depois de iniciado o processo, que aconselhar alguma das partes acerca do objeto da causa ou que subministrar meios para atender às despesas do litígio.

( ) No prazo de 10 (dez) dias, a contar do conhecimento do fato, a parte alegará o impedimento ou a suspeição, em petição específica dirigida ao juiz do processo, na qual indicará o fundamento da recusa, podendo instruí-la com documentos em que se fundar a alegação e com rol de testemunhas.

( ) Considerar-se-á legítima a alegação de suspeição mesmo quando a parte que a alega houver praticado ato que signifique manifesta aceitação do arguido.

A sequência correta de preenchimento dos parênteses, de cima para baixo, é

(A) F – V – F – F.
(B) F – V – F – V.
(C) V – V – F – F.
(D) F – F – V – V.
(E) V – F – V – F.

1: A afirmativa é falsa, pois não há a total reprodução do art. 144, VIII, do NCPC, o qual prevê que "*mesmo* que patrocinado por advogado de outro escritório". **2:** A afirmativa é verdadeira, vez que reproduz o NCPC, art. 145, II. **3:** A afirmativa é falsa, pois o prazo legal para alegação de impedimento ou suspeição é de 15 dias conforme art. 146 do NCPC. **4:** A afirmativa é falsa, por prever exatamente o oposto do que consta do art. 145, § 2º, II do NCPC. **LD/C**

Gabarito "A".

(Procurador da República – PGR – 2013) Dentre as proposições abaixo, algumas são falsas, outras verdadeiras:

I. Segundo entende o Supremo Tribunal Federal, o Ministério Público não possui legitimidade para propor ação civil coletiva em defesa de interesses individuais homogêneos, ainda que de relevante caráter social, porque o objeto da demanda é referente a direitos disponíveis.

II. Consoante entendimento reiterado e pacífico da jurisprudência do STJ, o Ministério Público Estadual e Distrital não têm legitimidade para oficiar perante os Tribunais Superiores, atribuição exclusiva do Ministério Público Federal.

III. Em respeito ao princípio da instrumentalidade das formas, considera-se sanada a nulidade decorrente da falta de intervenção, em primeiro grau, do Ministério Público, se posteriormente o Parquet intervém no feito em segundo grau de jurisdição, sem ocorrência de prejuízo à parte.

IV. O Ministério Público não detém legitimidade ativa para a defesa, em juízo, do direito de petição e do direito de obtenção de certidão em repartições públicas, por se tratar de direitos individuais disponíveis.

Das proposições acima:

(A) I e II estão corretas;
(B) II e III estão corretas;
(C) I e IV estão corretas;
(D) II e IV estão corretas.

I: incorreta, pois o STF admite a legitimidade do MP nesses casos de relevante caráter social – por exemplo, envolvendo aumento de mensalidade escolar. **II:** correta para o MPF, mas os Ministérios Públicos dos Estados têm pleiteado a possibilidade de manifestação pera os tribunais superiores e algumas decisões do STF estão admitindo isso (a questão não é pacífica como consta do enunciado). **III:** correta para *parte* da jurisprudência formada à luz do CPC/1973; por sua vez, isso foi expressamente incorporado ao NCPC (art. 279, § 2º: A nulidade só pode ser decretada após a intimação do Ministério Público, que se manifestará sobre a existência ou a inexistência de prejuízo). **IV:** incorreta para a banca – cabendo lembrar que o concurso foi do MP, de modo que natural se defender uma ampla legitimidade da própria instituição. Especificamente quanto ao tema "certidão em repartições públicas", há precedente do STJ admitindo a legitimidade do MP nesses casos (REsp 554960, com a seguinte ementa: Ação civil pública. Obtenção de certidões de tempo de serviço. Legitimidade do ministério público. Direitos fundamentais. Art. 5º, XXXIV, da CF). **LD/C**

Gabarito "B".

(Promotor de Justiça – MPE/BA – CEFET – 2015) Sobre representação das partes, é CORRETO afirmar que:

(A) Em qualquer caso, o Ministério Público pode atuar como substituto processual.
(B) O Ministério Público pode atuar como substituto processual apenas nas hipóteses que a lei autoriza.
(C) O incapaz sempre deve ser representado ou assistido por quem legalmente deva representá-lo ou lhe prestar assistência, nunca pelo Ministério Público.
(D) O direito de ação é personalíssimo e por isto o Ministério Público nunca atua como substituto processual.
(E) O Ministério Público pode, excepcionalmente, ajuizar ação de investigação de paternidade em favor de menor, porque este não possui legitimidade ativa.

A: Incorreta, o Ministério Público atuará como substituto processual apenas nos casos em que haja previsão legal para sua atuação, conforme determina o artigo 18 do NCPC. **B:** Correta, considerando o exposto em "A". **C:** Incorreta, em regra, o incapaz será representado ou assistido por seus representantes legais, nos termos da lei civil. Contudo, sempre defende o MP que, no caso de incapaz que não tenha representante legal, poderá não só atuar como fiscal da ordem jurídica (NCPC, art. 178), mas sim *como parte* – e, no caso, será *substituto processual*. **D:** Incorreta, considerando o exposto nas respostas anteriores. **E:** Incorreta. Em casos excepcionais, de fato é possível se cogitar do ajuizamento (conforme exposto na alternativa "C"). Porém, a hipótese não se refere a legitimidade, mas sim a representação / capacidade processual / capacidade postulatória. **LD/C**

Gabarito "B".

(Procurador de Justiça – MPE/GO – 2016) Sobre o Ministério Público, de acordo com as disposições do Código de Processo Civil de 2015, é correto afirmar:

(A) Nas causas em que atuar, mesmo que na condição de fiscal da ordem jurídica, o Ministério Público somente pode alegar a incompetência absoluta, cabendo-lhe

emitir parecer caso a incompetência relativa seja suscitada por uma das partes.
(B) O Ministério Público terá prazo em dobro para manifestar-se nos autos, a partir de sua intimação pessoal, mas não gozará do prazo dilatado quando a lei estabelecer, de forma expressa, prazo próprio para o órgão ministerial.
(C) Como fiscal da ordem jurídica, o Ministério Público será intimado para intervir, além das hipóteses previstas na Constituição Federal ou na lei, nos processos que envolvam interesse público ou social, interesse de incapaz e em todos os processos de interesse das Fazendas Públicas Estadual e Municipal.
(D) No incidente de resolução de demandas repetitivas, o Ministério Público intervirá se o Incidente versar sobre processos que contenham repetidamente controvérsia relativa a questão inserida no rol das hipóteses legais de intervenção do órgão.

A: Incorreta, pois não há vedação ou limitação legal à atuação odo MP como fiscal da ordem jurídica. **B:** Correta (NCPC, art. 180 e § 2º). **C:** Incorreta, conforme art. 178, p.u. do NCPC: *A participação da Fazenda Pública não configura, por si só, hipótese de intervenção do Ministério Público.* **D:** Incorreta. No IRDR sempre haverá manifestação do MP (NCPC, art. 976, § 2º). **LD/C**
Gabarito "B".

(Ministério Público/TO – 2012 – CESPE) Tendo em vista que o membro do MP está sujeito às mesmas regras de impedimento e suspeição dos juízes, assinale a opção correta.
(A) Na ação rescisória, estará impedido de intervir o membro do MP que tiver atuado no processo do acórdão rescindendo.
(B) A participação de membro do MP em inquérito civil não impede a sua atuação na ACP.
(C) As causas de impedimento e suspeição somente se aplicam ao MP quando este atua como parte.
(D) A suspeição de membro do MP pode ser alegada mesmo por quem não é parte no processo.
(E) O rol de hipóteses de suspeição de membro do MP previsto no CPC não é taxativo, admitindo-se sua extensão.

A: incorreta, porque não há, na lei, tal vedação; **B:** correta, pois não há vedação legal nesse sentido; **C:** incorreta, porque também são aplicáveis quando atua como fiscal da lei (art. 148, II, NCPC) – fiscal da ordem jurídica, no NCPC; **D:** incorreta, por faltar legitimidade; **E:** incorreta, pois se há um rol previsto na legislação que impede a atuação dos magistrados e membros do MP, descabe sua extensão, sob pena de insegurança quanto a quem pode ou não julgar ou aturar perante as causas. **LD/DS**
Gabarito "B".

(Ministério Público/SP – 2012 –VUNESP) A propósito do Ministério Público no Direito Processual Civil, é correto afirmar
(A) Cabe ao Ministério Público exercer o direito de ação nos casos previstos em lei, militando em seu favor a inversão do ônus da prova.
(B) Nas causas em que a intervenção do Ministério Público se dá como fiscal da lei, não lhe é permitido aditar a inicial ou produzir prova em audiência, em razão do princípio dispositivo do processo.
(C) Quando a lei considerar obrigatória a intervenção do Ministério Público, deixando de se manifestar, quando intimado, haverá nulidade do processo.
(D) Cabe ao Ministério Público intervir nas causas que envolvam litígios coletivos pela posse da terra rural, como nas causas em que haja interesse público demonstrado pela qualidade da parte.
(E) Intervindo como fiscal da lei, o órgão do Ministério Público terá vista dos autos depois das partes não sendo necessária sua intimação dos atos das partes.

A: incorreta, porque não há previsão legal de inversão do ônus da prova em favor do MP. Sobre o tema, interessante é a leitura do art. 373, § 3º, do NCPC acerca da distribuição dinâmica do ônus da prova. Vale dizer ainda que a referida modalidade não era prevista no anterior Código de Processo Civil; **B:** incorreta, porque o MP, ainda que atue como fiscal da lei, poderá produzir provas em audiência, bem como requerer as medidas processuais pertinentes e recorrer (art. 179, II, NCPC); **C:** incorreta, porque a nulidade decorre da falta de intimação do MP, e não da ausência de sua manifestação; **D:** correta. No NCPC, há menção a litígio coletivo pela posse (art. 178, III) e interesse público (art. 178, I), sem a menção a "demonstrado pela qualidade da parte" (que existia no CPC/1973) **E:** incorreta, porque a intimação é obrigatória para todos os atos do processo (art. 179 do NCPC). **LD**
Gabarito "D".

4. PRAZOS PROCESSUAIS E ATOS PROCESSUAIS

(Promotor de Justiça – MPE/RS – 2017) Assinale a alternativa **INCORRETA** sobre o tema dos atos processuais, segundo disposto no Código de Processo Civil.
(A) O terceiro que demonstrar interesse jurídico pode requerer ao juiz certidão do dispositivo da sentença, bem como de inventário e de partilha resultantes de divórcio ou separação.
(B) O registro de ato processual eletrônico deverá ser feito em padrões abertos, que atenderão aos requisitos de autenticidade, integridade, temporalidade, não repúdio, conservação e, nos casos que tramitem em segredo de justiça, confidencialidade, observada a infraestrutura de chaves públicas unificada nacionalmente, nos termos da lei.
(C) O juiz proferirá os despachos no prazo de 5 (cinco) dias, as decisões interlocutórias no prazo de 15 (quinze) dias e as sentenças no prazo de 30 (trinta) dias.
(D) Salvo para evitar o perecimento do direito, não se fará a citação de noivos nos 3 (três) primeiros dias seguintes ao casamento.
(E) Feita a citação com hora certa, o escrivão ou chefe de secretaria enviará ao réu, executado ou interessado, no prazo de 10 (dez) dias, contado da data da juntada do mandado aos autos, carta, telegrama ou correspondência eletrônica, dando-lhe de tudo ciência.

A: correta (NCPC, art. 189, § 2º). **B:** correta (NCPC, art. 195). **C:** incorreta, devendo esta ser assinalada. De acordo com o art. 226 do NCPC, o juiz proferirá decisões interlocutórias no prazo de 10 dias. **D:** correta, art. 244, III, do NCPC. **E:** correta (NCPC, art. 254). Questão que, infelizmente, basicamente avalia a capacidade que o examinando tem de decorar o Código. **LD/C**
Gabarito "C".

(Procurador da República – PGR – 2013) Segundo o entendimento do Superior Tribunal de Justiça:
(A) A greve dos servidores e dos advogados públicos constitui motivo de força maior a ensejar a suspensão ou a devolução dos prazos processuais.

(B) Em caso de litisconsortes representados pelos mesmos advogados, a contagem dos prazos processuais será feita de forma singela, sem a aplicação do disposto no art. 191 do CPC.
(C) Para os efeitos da fluência dos prazos processuais, a Lei 11.419, de 2006, não distingue a informação no Diário da Justiça eletrônico da publicação do que nela se contém.
(D) Não é permitida, em momento posterior à interposição do recurso na origem, a comprovação de feriado local ou suspensão dos prazos processuais não certificada nos autos.

A: Incorreta. O STJ já firmou entendimento no sentido de que a greve de *advogados* não constitui motivo de força maior para fins de prazos (diferentemente de greve de servidores do Judiciário). B: Correta. O STJ já firmou entendimento no sentido de que não se conta prazo em dobro quando os litisconsortes são representados pelos *mesmos* advogados (AgRg no RE nº .1372.707/AM) – regra de prazo em dobros reproduzida no art. 229 do NCPC, mas agora aplicável somente no caso de processos físicos. C: Incorreta. Há distinção entre disponibilização e publicação (agora também prevista no NCPC, art. 224). D: Incorreto no CPC/1973 (considerando o AREsp 137.141/SE) – mas correta no âmbito do NCPC, tendo em vista a previsão do art. 1,003, § 6º, que determina essa prova no momento da interposição do recurso. **LD/C**
Gabarito "B" no CPC/1973, "B" e "D" no NCPC

(Promotor de Justiça – MPE/BA – CEFET – 2015) Analise as seguintes proposições e indique a assertiva CORRETA.
I. Em relação às nulidades absolutas e relativas, os juízes e tribunais devem pronunciá-las em qualquer instância ou grau de jurisdição, ainda que não provocados.
II. A sentença fundada em erro ou prova equivocada, após o prazo de ajuizamento da ação rescisória, está apta a produzir os efeitos jurídicos dela decorrentes.
III. É nulo o processo sentenciado em que o Ministério Público devia intervir e não o fez por falta de intimação.
(A) Apenas a proposição I está correta.
(B) As proposições II e III estão corretas.
(C) Apenas a proposição II está correta.
(D) Todas as proposições estão corretas.
(E) Todas as proposições estão incorretas.

I: Incorreta, as nulidades relativas devem ser arguidas na primeira oportunidade sob pena de preclusão (art. 278 do NCPC). II: Correta. Transitada em julgado sentença, qualquer que seja o seu eventual vício, se não houver o ajuizamento de ação rescisória (NCPC, art. 966), a sentença produzirá seus efeitos e não poderá ser rescindida. III: Correta. O artigo 279 do NCPC dispõe que será o nulo o processo quando o MP não for intimado em causas que deveria intervir (mas o MP terá de ser ouvido antes da decretação nulidade – § 2º). **LD/C**
Gabarito "B".

(Ministério Público/SP – 2013 – PGMP) A citação válida torna prevento o juízo, induz litispendência e faz litigiosa a coisa. Por isso, é CORRETO afirmar:
(A) a estabilidade subjetiva não permite que o adquirente de coisa litigiosa, por ato de alienação, substitua o alienante, parte no processo.
(B) haverá substituição compulsória com o ingresso na ação do adquirente originário da coisa litigiosa.
(C) a aquisição da coisa litigiosa por alienação atribui ao adquirente interesse meramente econômico e, por isso, não admite a assistência litisconsorcial dele ao alienante.
(D) a recusa da parte em consentir com a substituição do alienante da coisa litigiosa pelo adquirente impede o juiz de deferir a substituição subjetiva.
(E) a venda da coisa litigiosa no curso do processo é inválida e ineficaz em relação ao processo.

Cabe destacar que a sucessão processual é a assunção da posição processual por alguém, no curso no processo. Já a substituição processual é pleitear direito alheio em nome próprio (NCPC, art. 18). Muitas vezes, as bancas avaliam essa distinção; nesta pergunta, o examinador não usou a terminologia mais técnica.
A: incorreta, pois a legislação permite a sucessão processual pelo adquirente, desde que a parte contrária consinta (NCPC, art. 109); B: incorreta, nos termos do comentário anterior; C: incorreta; se a parte contrária não concordar com a modificação do polo, poderá o adquirente atuar como assistente (NCPC, art. 109, § 2º); D: correta (NCPC, art. 109, § 1º); E: incorreta, considerando o exposto nas alternativas anteriores. **LD**
Gabarito "D".

5. LITISCONSÓRCIO E INTERVENÇÃO DE TERCEIROS

(Procurador da República – PGR – 2013) Em caso de evicção:
I. O exercício do direito independe da denunciação da lide ao alienante na ação em que terceiro reivindica a coisa.
II. Mesmo não havendo denunciação da lide do alienante, o réu não perde o direito à pretensão regressiva.
III. No exercício do direito oriundo da evicção, o título executivo contra o obrigado regressivamente depende da denunciação da lide.
IV. Não havendo denunciação da lide do alienante, descabe o ajuizamento de demanda autônoma contra aquele.
Das proposições acima:
(A) I e II estão corretas;
(B) I e III estão corretas;
(C) I e IV estão corretas;
(D) Nenhuma está correta.

I: Correta, pois a denunciação nunca é obrigatória, sempre sendo possível ação autônoma (NCPC, art. 125, § 1º) – mesmo em se tratando de evicção (ademais, o art. 1.072, II do NCPC revogou o art. 456 do CC). II: Incorreta no CPC/1973, correta no NCPC, considerando a revogação mencionada no item I. III: Correta, pois somente se houver título se pode acionar terceiro – que, na verdade, passou a ser parte com a denunciação (NCPC, art. 125, I). IV: Incorreta, sempre sendo possível a ação autônoma (NCPC, art. 125, § 1º do CPC). **LD/C**
Gabarito "B" no CPC/1973, sem resposta no NCPC.

(Promotor de Justiça – MPE/MS – FAPEC – 2015) Assinale a alternativa **correta**:
(A) Existindo litisconsórcio necessário unitário, é possível ao Juiz limitá-lo, a pedido, quanto ao número de litigantes, quando houver prejuízo à defesa ou à célere solução do litígio.
(B) Todo litisconsórcio necessário é simples.
(C) Em ação de investigação de paternidade movida por menor (representado por sua mãe) em face de seu suposto pai biológico, torna-se desnecessária a citação do pai registral para integrar a lide.
(D) O recurso produz efeito somente ao litisconsorte que recorre, ressalvadas as hipóteses de litisconsórcio unitário, pois nestas os efeitos do recurso interposto por um dos litisconsortes se estenderão aos demais.

(E) O litisconsórcio unitário decorre do fato dos direitos e obrigações derivarem do mesmo fundamento fático.

A: Incorreta. Há amparo legal para desmembramento do litisconsórcio multitudinário (art. 113, § 1º, do NCPC), que é o litisconsorte ativo facultativo. Nunca poderá haver limitação do litisconsórcio necessário. **B:** Incorreta. Em regra, o litisconsórcio é necessário (precisa existir) e unitário (a decisão, para os litisconsortes, deve ser a mesma). Mas há casos em que o litisconsórcio pode ser necessário e simples (a decisão não precisa ser a mesma para os litisconsortes). **C:** Correta para a banca, no sentido de não haver litisconsórcio passivo entre pai registral e suposta pai biológico. Porém, vale destacar que há precedente do STJ no sentido de que o pai registral deverá integrar a lide como litisconsorte passivo necessário (Informativo nº 372 do STJ). **D:** Incorreta para a banca. Porém, o art. 1.005 do NCPC dispõe que o recurso aproveita a *todos* os litisconsortes, salvo se seus interesses forem opostos ou distintos. Assim, no NCPC, a alternativa estaria correta. **E:** Incorreta. O litisconsórcio unitário deriva da natureza da relação jurídica existente entre as partes (art. 116 do NCPC). **LD/C**

Gabarito "C" no CPC/1973 e "D" no NCPC.

6. PRESSUPOSTOS PROCESSUAIS, ELEMENTOS DA AÇÃO E CONDIÇÕES DA AÇÃO

(Ministério Público/TO – 2012 – CESPE) Assinale a opção correta com referência à capacidade processual.

(A) A incapacidade processual superveniente implica a imediata extinção do processo.
(B) A incapacidade processual não sanada pelo autor após a oportunidade para fazê-lo é caso de nulidade do processo.
(C) Para se ter legitimidade como parte é necessário ter capacidade processual.
(D) Para se ter capacidade processual é necessário ter capacidade postulatória.
(E) O membro do MP poderá ingressar com ação em nome do interdito a quem tenha sido nomeado curador.

A: incorreta, porque cabe ao juiz, nesse caso, conceder prazo razoável para que o vício seja sanado (art. 76 do NCPC); **B:** correta no CPC/1973 No NCPC, nos termos do art. 76, § 1º, I, o processo será extinto se a providência couber ao autor; **C:** incorreta, porque legitimidade e capacidade são institutos que não se confundem; **D:** incorreta, porque também se trata de fenômenos distintos. A capacidade processual é a aptidão para a prática de atos processuais, e que equivale à ideia de capacidade civil. A capacidade postulatória é a aptidão para formular pedidos e apresentar defesas em juízo; **E:** incorreta, porque caberá ao curador representar o interdito em juízo e fora dele. **LD/DS**

Gabarito "B" no CPC/1973, sem resposta no NCPC

(Ministério Público/SC – 2012) Consoante o Código de Processo Civil:

I. Serão representados em juízo, ativa e passivamente: as pessoas jurídicas, por quem os estatutos designarem, ou, não os designando, pela pessoa a quem couber a administração de seus bens; o Município, por seu Prefeito ou Procurador; a massa falida, pelo síndico; a herança jacente ou vacante, por seu curador; e o espólio, pelo seu inventariante.
II. Quando o inventariante for dativo, todos os herdeiros e sucessores do falecido serão autores ou réus nas ações em que o espólio for parte.
III. Quando a parte arguir o impedimento ou a suspeição, o juiz, suspendendo a causa, mandará processar o incidente em separado, ouvindo o arguido no prazo de 5 dias, facultando a prova quando necessária e julgando o feito.
IV. Nas ações fundadas em direito real sobre imóveis é competente o foro da situação da coisa. Pode o autor, entretanto, optar pelo foro do domicílio ou de eleição, não recaindo o litígio sobre direito de propriedade, vizinhança, servidão, posse, divisão e demarcação de terras e nunciação de obra nova.
V. A alegação de litispendência, perempção, coisa julgada, decadência e prescrição, quando acolhidas e declaradas pelo juiz, são causas de extinção do processo sem resolução de mérito.

(A) Apenas as assertivas II, III, e V estão corretas.
(B) Apenas as assertivas I, II, III e V estão corretas.
(C) Apenas as assertivas I, II, e IV estão corretas.
(D) Apenas as assertivas II e IV estão corretas.
(E) Todas as assertivas estão corretas.

I: incorreta, porque, nos termos do art. 75, VIII, quem representa a pessoa jurídica, no caso de omissão no estatuto, são os seus diretores; **II:** correta para o CPC/1973. Entretanto, de acordo com a nova redação do art. 75, § 1º, do NCPC, os sucessores do falecido serão intimados no processo no qual o espólio seja parte; **III:** incorreta, porque o prazo em questão é de 15 dias; **IV:** correta (art. 47, *caput* e § 1º, do NCPC); **V:** incorreta, porque decadência e prescrição acarretam a extinção do processo com resolução do mérito (art. 487, II, NCPC). **LD**

Gabarito "D" no CPC/1973, sem resposta correta no NCPC

7. FORMAÇÃO, SUSPENSÃO E EXTINÇÃO DO PROCESSO. NULIDADES

(Procurador de Justiça – MPE/GO – 2016) Proposta a ação, o Juiz, ao analisar a inicial, verifica, desde logo, a ocorrência da decadência do direito do autor. Neste caso e de acordo com o NCPC:

(A) cabe ao juiz indeferir liminarmente a petição inicial através de sentença a qual estará sujeita a recurso de apelação, havendo possibilidade do exercício do juízo de retratação.
(B) cabe ao Juiz indeferir liminarmente a petição inicial através de sentença a qual estará sujeita a recurso de apelação, não havendo possibilidade do exercício do juízo de retratação.
(C) cabe ao juiz julgar liminarmente improcedente o pedido através de sentença a qual estará sujeita a recurso de apelação, havendo possibilidade do exercício do juízo de retratação.
(D) cabe ao juiz julgar liminarmente improcedente o pedido através de sentença a qual estará sujeita a recurso de apelação, não havendo possibilidade do exercício do juízo de retratação.

A: Incorreta. Não se trata de indeferimento liminar da petição inicial e sim de improcedência liminar do pedido ante a decadência do direito do autor (art. 332, § 1º do NCPC). **B:** Incorreta. Além de não se tratar de indeferimento liminar da petição inicial e sim improcedência liminar, há a possibilidade de juízo de retratação nestes casos (art. 332, § 3º do NCPC). **C:** Correta, assim prevê o artigo 332, §§ 1º e 3º do NCPC. **D:** Incorreta. Há a possibilidade juízo de retratação (art. 332, § 3º do CPC). **LD/C**

Gabarito "C".

(Procurador de Justiça – MPE/GO – 2016) Em relação a formação e a suspensão do processo, é incorreto afirmar:

(A) O protocolo da petição inicial é pressuposto de existência do processo, independentemente da citação válida do réu.
(B) A morte ou a perda da capacidade processual de qualquer das partes acarreta a suspensão imediata do processo, mesmo que a causa da suspensão seja comunicada ao juízo posteriormente.
(C) A arguição de impedimento ou de suspeição, interrompe os prazos processuais, e, com o restabelecimento posterior da marcha processual, são restituídos integralmente os prazos para a prática dos atos do processo.
(D) A suspensão do processo por convenção das partes só poderá perdurar por no máximo seis meses e o juiz determinará o prosseguimento do processo assim que esgotar o referido prazo.

A: Correta. Para existir o processo, necessária petição inicial. E para o processo ser válido, necessária citação válida. B: Correta (art. 313, § 1º, I do NCPC); C: Incorreta, devendo ser assinalada. A suspensão de prazo acarreta a retomada do processo de onde parou, não o reinício (art. 313, § 2º do NCPC); D: Correta (art. 313, II e § 4º do NCPC). LD/C
Gabarito "C".

(Ministério Público/SP – 2013 – PGMP) Sobre a suspensão do processo, é CORRETO afirmar:

(A) é uma exceção ao processamento normal do processo de cognição e de execução.
(B) a extinção da pessoa jurídica pelo decurso do prazo de sua existência, previsto no contrato social, não suspende o processo em que é ré.
(C) durante a suspensão do processo, os prazos processuais se interrompem.
(D) as partes devem indicar o motivo do pedido de suspensão por elas acordado, devendo o juiz aferi-lo e, conforme o seu livre convencimento, deferi-lo ou não.
(E) a morte da pessoa que seria réu, antes da sua citação na ação já ajuizada, suspende o processo.

A: correta (NCPC, arts. 313 e 921); B: incorreta. Nesse caso, tem-se uma situação em que ou o processo será de plano extinto (se não for possível correção) ou haverá suspensão do processo (NCPC, arts. 75, IX e 313, I); C: incorreta, porque durante a suspensão, não fluem prazos; D: incorreta, por ausência de previsão legal quanto à possibilidade de o juiz indeferir a suspensão diante de umas das causas legais para tanto; E: incorreta, pois a suspensão em virtude de morte ocorre apenas se o processo já foi ajuizado e não antes de seu ajuizamento (NCPC, art. 313, I). LD
Gabarito "A".

8. TUTELA PROVISÓRIA

(Promotor de Justiça – MPE/MS – FAPEC – 2015) Assinale a alternativa correta:

(A) Não há possibilidade de antecipação de tutela no processo civil brasileiro, sem alegação e comprovação de urgência.
(B) O Código de Processo Civil não permite a aplicação do princípio da fungibilidade entre a medida satisfativa e a medida cautelar.
(C) As *astreintes* não podem ser fixadas em decisão concessiva de tutela antecipada, uma vez que visam punir a parte que desrespeita a sentença de mérito, podendo ser executada provisoriamente desde que o recurso eventualmente interposto não seja recebido com efeito suspensivo.
(D) A tutela antecipada não pode ser requerida em procedimento sumário.
(E) Em ação de improbidade administrativa cabe a concessão de tutela antecipada *inaudita altera pars*.

A: Incorreta. No NCPC, a medida liminar sem urgência é a tutela de evidência (art. 311). B: Incorreta, pois há previsão de fungibilidade entre a tutela cautelar e antecipada (NCPC, art. 305, p.u.). C: Incorreta, pois astreintes podem ser fixadas a qualquer momento, seja na decisão liminar, final ou em sede de execução (NCPC, art. 139, IV e 536); D: Incorreta. Não existe mais rito sumário (ou ordinário) no NCPC, mas somente o procedimento comum (e os especiais). E: Correta, tanto pela aplicação de regra especial (art. 16 da Lei 8.429/1992) quanto da regra geral do NCPC (art. 294, p.u.) – que se aplica a todos os processos e procedimentos. LD/C
Gabarito "E".

9. TEMAS COMBINADOS DA PARTE GERAL

(Ministério Público/RO – 2010 – CESPE) Acerca de jurisdição, competência, processo e ação, assinale a opção correta.

(A) O princípio da indelegabilidade estabelece que a autoridade dos órgãos jurisdicionais, considerados emanação do próprio poder estatal soberano, impõe-se por si mesma, independentemente da vontade das partes ou de eventual pacto para aceitarem os resultados do processo.
(B) A nulidade da cláusula de eleição de foro, em contrato de adesão, não pode ser declarada de ofício pelo juiz, o qual, somente quando provocado, pode declinar de competência para o juízo de domicílio do réu.
(C) O direito brasileiro adota, quanto à causa de pedir, a chamada doutrina da substanciação.
(D) O princípio da inércia, um dos princípios basilares da jurisdição, não admite exceção.
(E) A competência é determinada no momento em que a ação é proposta; portanto, segundo o princípio da perpetuação da jurisdição ("perpetuatio jurisdictionis"), não há alteração da competência quando ocorrem modificações irrelevantes do estado de fato ou de direito efetuadas posteriormente à propositura da ação.

A: incorreta, porque o enunciado trata do princípio a inevitabilidade, e não da indelegabilidade da jurisdição; B: incorreta (§ 3º do art. 63 do NCPC); C: correta, pois essa é a doutrina adotada; D: incorreta, porque há casos em que o juízo pode agir de ofício (inventário, por exemplo); E: incorreta, porque há casos em que fica afastada a perpetuação (art. 43 do NCPC), embora a redação do enunciado não tenha sido muito feliz. LD
Gabarito "C".

(Ministério Público/RO – 2010 – CESPE) A assistência judiciária gratuita

(A) independe de decisão judicial.
(B) não isenta a parte do pagamento de custas cabíveis nos recursos.
(C) é definida em razão do valor da causa, que não pode ultrapassar vinte salários mínimos.
(D) não isenta a parte assistida do pagamento de honorários advocatícios sucumbenciais em caso de derrota.
(E) pode ser requerida no curso da ação.

A: incorreta, pois depende de concessão do juiz (art. 98, §§ 2º e 4º, NCPC); **B:** incorreta, porque o benefício abrange todas e quaisquer custas, inclusive o preparo– salvo decisão do juiz em sentido inverso (art. 98, § 5º); **C:** incorreta, pois o critério é a necessidade da parte, não o valor da causa (art. 98, NCPC); **D:** incorreta, porque a justiça gratuita não isenta a parte assistida de condenação nos honorários de advogado, mas o pagamento deles é inexigível enquanto perdurar a situação de necessidade (art. 98, § 2º, NCPC); **E:** correta, pois pode ser requerida a qualquer momento – mas não abrangerá os atos anteriores (art. 99 do NCPC). **LD**
Gabarito "E".

(Ministério Público/RO – 2010 – CESPE) Assinale a opção correta quanto à litispendência e à coisa julgada; à competência; aos prazos; à atuação do MP no processo civil e aos requisitos de admissibilidade dos recursos.

(A) É cabível a pretensão de revisão de contrato findo, mesmo que as partes tenham celebrado, em juízo, termo aditivo de renegociação da dívida, o qual tenha sido homologado por sentença da qual não caiba mais recurso.
(B) A autoridade judiciária brasileira será incompetente para processar e julgar o divórcio se os cônjuges atualmente residirem no exterior, mesmo que o casamento tenha sido celebrado em território nacional.
(C) A ação reivindicatória movida por condômino de condomínio edilício, em caso de assenhoreamento por terceiro de área comum de uso exclusivo seu, induzirá litispendência ou fará coisa julgada em relação a outra, com idêntico pedido e causa de pedir, movida pelo condomínio.
(D) A competência para processar e julgar as ações conexas de interesse de menor é, em princípio, do foro do domicílio do detentor de sua guarda.
(E) É inaplicável a contagem em dobro do prazo recursal quando o MP oficia no processo na qualidade de fiscal da lei.

A: incorreta, porque nesse caso, prevalece a coisa julgada; **B:** incorreta (art. 21, III, NCPC); **C:** incorreta, porque não há identidade dos elementos identificadores das demandas (as causas de pedir e os pedidos são distintos); **D:** correta (Súmula 383 do STJ); **E:** incorreta (art. 180 do NCPC). **LD**
Gabarito "D".

II – PROCESSO DE CONHECIMENTO

10. PETIÇÃO INICIAL

(Ministério Público/SP – 2012 – VUNESP) É correto afirmar:

(A) O pedido será alternativo quando o juiz não podendo acolher o pedido principal possa conhecer do posterior.
(B) É lícito formular pedido genérico na ação civil pública que tenha por objeto indenização por danos ambientais.
(C) Não cabe ação cominatória para compelir-se o réu a cumprir obrigação de dar.
(D) Não é permitida a cumulação de vários pedidos, num único processo, contra o mesmo réu se o tipo de procedimento não for adequado para todos eles.
(E) É lícito formular pedido genérico quando, pela natureza da obrigação, o devedor puder cumprir a prestação de mais de um modo.

A: incorreta, porque esse é o conceito de pedido subsidiário ou "em ordem subsidiária" (art. 326 do NCPC); **B:** correta, porque a extensão dos danos pode ficar relegada para a fase de liquidação, **C:** incorreta (art. 498 do NCPC); **D:** incorreta (art. 327 do NCPC); **E:** incorreta, porque essa é a hipótese de pedido alternativo (art. 325 do NCPC). **LD**
Gabarito "B".

(Ministério Público/PR – 2011) Acerca da propositura da demanda e da petição inicial no processo civil, assinale a alternativa correta:

(A) É defeso ao autor formular pedidos incompatíveis entre si;
(B) Integram a causa de pedir a qualificação jurídica dada pelo autor ao fato em que se apoia sua pretensão e a norma jurídica aplicável à espécie;
(C) É defeso ao juiz corrigir de ofício o valor atribuído pelo autor à causa;
(D) Contra o despacho liminar negativo (indeferimento total da inicial), cabe recurso de apelação com a possibilidade de juízo de retratação;
(E) É nula a sentença que condenar o réu ao pagamento de juros, correção monetária e honorários advocatícios de sucumbência, sem que tais pedidos constem expressamente da petição inicial.

A: incorreta, porque é possível que o autor formule pedidos alternativos (art. 325 do NCPC) ou subsidiários (art. 326 do NCPC), mesmo que sejam eles incompatíveis entre si; **B:** incorreta, porque a norma jurídica aplicável à espécie não faz parte da causa de pedir; **C:** incorreta, porque o juiz pode corrigir de ofício o valor da causa; **D:** correta (art. 331 do NCPC); **E:** incorreta, porque se trata de pedidos implícitos. **LD/DS**
Gabarito "D".

11. CONTESTAÇÃO E REVELIA

(Promotor de Justiça – MPE/MS – FAPEC – 2015) Assinale a alternativa **correta**:

(A) O curador especial do réu revel citado por edital está sujeito, na contestação, à observância da regra de impugnação específica.
(B) A participação do cônjuge do autor ou do réu nas ações possessórias somente é indispensável nas hipóteses de composse ou de ato por ambos praticado.
(C) Quando acolhidas e declaradas pelo juiz, as alegações de litispendência, peremção, coisa julgada, decadência ou prescrição acarretarão a extinção do processo sem resolução de mérito.
(D) A ausência de ajuizamento da ação principal no prazo de trinta dias acarreta, obrigatoriamente, a extinção do processo cautelar.
(E) Ao vencedor da demanda não pode ser imputada condenação por litigância de má-fé.

A: Incorreta. Ao curador especial não se aplica à regra da impugnação específica (art. 341, p.ú. do NCPC) sendo possível a contestação por negativa geral. **B:** Correta. A determinação legal (art. 73, § 2º do NCPC) é, exatamente, a participação indispensável do cônjuge apenas em caso de composse ou por ato praticado por ambos. **C:** Incorreta, O artigo 487, II do NCPC prevê que se for reconhecida a decadência ou prescrição a extinção do processo se dará *com* julgamento do mérito (as demais situações são sem mérito). **D:** Incorreta. No CPC/1973 havia processo cautelar separado do principal. No NCPC, tudo é apresentado nos mesmos (pedido cautelar antecedente e pedido principal), conforme art. 308 do NCPC. **E:** Incorreta. Estabelece o artigo 142 do NCPC que a litigância de má-fé poderá ser aplicada a autor e réu quando se utilizarem do processo para praticar ato simulado ou conseguir fim vedado por lei, e em complemento o artigo 81 do NCPC não diferencia se vencido ou vencedor, apenas dispõe sobre a condenação do litigante de má-fé. **LD/C**

Gabarito "B".

(Procurador de Justiça – MPE/GO – 2016) Em relação a reconvenção no NCPC, pode-se afirmar que:

(A) Na reconvenção, o polo ativo deverá ser o réu, não sendo permitido incluir terceiro como reconvinte.
(B) A ação e a reconvenção necessariamente deverão ser julgadas na mesma sentença para evitar decisões conflitantes.
(C) Na reconvenção, o reconvindo deverá ser o autor da ação, não admitindo a existência de litisconsórcio deste com terceiro.
(D) O réu poderá propor reconvenção independentemente do oferecimento da contestação.

A: Incorreta. O réu poderá reconvir contra autor e terceiro (art. 343, § 3º do NCPC). **B:** Incorreta, vez que poderá ocorrer a desistência da ação ou extinção sem resolução de mérito por causa extintiva, e a reconvenção não estará prejudicada (art. 343, § 2º do NCPC). **C:** Incorreta. Poderá o réu ofertar reconvenção em litisconsórcio com terceiro (art. 343, § 4º do NCPC). **D:** Correta, pela lei (art. 343, § 6º do NCPC) – ainda que dificilmente isso ocorrerá no cotidiano forense. **LD/C**

Gabarito "D".

(Ministério Público/PR – 2011) Acerca das exceções no processo civil, analise as assertivas abaixo e assinale a alternativa correta:

I. a alegação de prescrição é exemplo de exceção substancial indireta;
II. a alegação de pagamento é exemplo de exceção substancial indireta;
III. a alegação de compensação é exemplo de exceção substancial indireta;
IV. a alegação de coisa julgada é exemplo de exceção substancial direta;
V. a alegação de exceção de contrato não cumprido é exemplo de exceção substancial direta.

(A) apenas as assertivas I, II e III estão corretas;
(B) apenas as assertivas III, IV e V estão corretas;
(C) apenas as assertivas I, III e V estão corretas;
(D) apenas as assertivas I, II, IV estão corretas;
(E) todas as alternativas estão corretas.

Em linguagem antiga, a doutrina aponta a distinção entre exceção substancial (de mérito) e processual (preliminar – NCPC, art. 337). Dentro da exceção substancial, é possível diferenciar entre defesa direta de mérito (negar o fato constitutivo do autor) e indireta (apresentar fato extintivo, impeditivo ou modificativo do direito do autor – NCPC, art. 350). **I, II e III:** corretas, pois são exemplos de exceção substancial indireta; **IV:** incorreta, porque coisa julgada é objeção processual (e não exceção substancial), prevista no art. 337, VII, do NCPC; **V:** incorreta, porque se trata de exceção substancial indireta. **LD/DS**

Gabarito "A".

(Ministério Público/SP – 2011) Não constando do mandado de citação a advertência de presunção de aceitação pelo réu de veracidade dos fatos articulados pelo autor, se não contestada a ação, versando a lide sobre direitos disponíveis,

(A) o réu não está obrigado, em sua resposta, a contestar especificadamente os fatos narrados na petição inicial.
(B) desatendido pelo réu o ônus da impugnação especificada dos fatos, não ocorrerá o efeito da revelia.
(C) a falta de impugnação precisa sobre os fatos afirmados na petição inicial induz à revelia e a seus efeitos.
(D) decretada a revelia, por falta de contestação precisa dos fatos narrados na petição inicial, o Juiz julgará antecipadamente a lide, conhecendo diretamente do pedido.
(E) reconhecida a revelia, pela confissão ficta, o autor poderá alterar o pedido ou a causa de pedir sem promover nova citação do réu.

A: incorreta, porque o ônus da impugnação especificada, previsto no art. 341 do NCPC, não depende de advertência constante do ato citatório; **B:** correta, porque a falta de impugnação precisa não caracteriza a revelia, uma vez que esta é a falta de contestação; **C:** incorreta, porque o réu não pode sofrer os efeitos da revelia, se não deles previamente advertido; **D:** incorreta (reler o comentário sobre a assertiva B); **E:** incorreta, porque ainda que houvesse revelia, o autor deveria promover nova citação para alterar o pedido ou a causa de pedir (art. 329, II, do NCPC). **LD/DS**

Gabarito "B".

12. PROVAS

(Ministério Público/MS – 2013 – FADEMS) Marque se as proposições a seguir são falsas (F) ou verdadeiras (V) e assinale a opção **correta**:

I. Incumbe o ônus da prova à parte que contestar a autenticidade da assinatura lançada em documento apresentado pela parte contrária.
II. A expedição de carta precatória suspende o processo até a colheita da prova somente se sua expedição tiver sido requerida antes da decisão de saneamento, e a prova nela solicitada for considerada imprescindível.
III. Na formação do conjunto probatório, a iniciativa do juiz é admitida por expressa disposição legal e implica limitação ao princípio dispositivo.
IV. O ônus probatório não pode ser objeto de convenção que o distribua de maneira diversa à legal.

(A) F, F, V, F.
(B) F, V, V, V.
(C) V, F, V, F.
(D) F, V, V, F.
(E) V, V, V, F.

I: falsa ("Art. 429: Incumbe o ônus da prova quando: (...) II – se tratar de impugnação de autenticidade, à parte que produziu o documento"); **II:** verdadeira, porque se trata de reprodução do "*caput*" do art. 377 do NCPC; **III:** verdadeira, porque vigora, em matéria de iniciativa probatória, o princípio inquisitivo ou inquisitório (que se opõe ao princípio dispositivo). De acordo com o art. 370 do NCPC, "caberá ao juiz, de ofício ou a requerimento da parte, determinar as provas necessárias ao julgamento do processo (...)"; **IV:** falsa, porque a possibilidade de convenção que distribua o ônus da prova de maneira diversa daquela que está prevista pela lei, decorre da leitura *a contrario sensu* do § 3º do art. 373 do NCPC ("A distribuição diversa do ônus da prova também pode ocorrer por convenção das partes, salvo quando: I – recair sobre direito indisponível da parte; II – tornar excessivamente difícil a uma parte o exercício do direito"). Como se vê, não presentes tais circunstâncias, a inversão convencional do ônus pode ser admitida. **LD/DS**

Gabarito "D".

(Ministério Público/MG – 2011) De acordo com o Código de Processo Civil, na parte que trata dos meios de prova, marque a alternativa **INCORRETA**.

(A) A confissão espontânea pode ser feita por mandatário com poderes especiais.

(B) Na confissão, quando judicial, espontânea e efetiva, ocorre o reconhecimento do pedido.
(C) Nas ações que versarem sobre bens imóveis ou direitos sobre imóveis alheios, a confissão de um cônjuge não valerá sem a do outro.
(D) A confissão, quando emanada de erro, pode ser revogada por ação anulatória, se pendente o processo em que foi feita.

A: correta (art. 390, §1º, NCPC); **B:** incorreta (devendo esta ser assinalada), a confissão não se confunde com o reconhecimento do pedido, uma vez que ela diz respeito aos fatos tão somente, não importando, por si só, no reconhecimento, pelo confitente, de que o seu adversário tem razão naquilo que pede; **C:** correta (art. 391, parágrafo único, NCPC); **D:** correta (art. 393 do NCPC). **LD**
Gabarito "B".

13. JULGAMENTO CONFORME O ESTADO DO PROCESSO E PROVIDÊNCIAS PRELIMINARES

(Procurador de Justiça – MPE/GO – 2016) Sobre o julgamento conforme o estado do processo, assinale a alternativa correta:

(A) no julgamento antecipado parcial do mérito, por envolver julgamento de pedido que se mostra incontroverso, ainda assim a decisão pode reconhecer a existência de obrigação ilíquida.
(B) realizado o saneamento do processo, as partes têm o direito de pedir esclarecimentos ou solicitar ajustes, no prazo sucessivo de 5 (cinco) dias, findo o qual a decisão se torna estável.
(C) a decisão proferida no julgamento antecipado parcial do mérito, por julgar o mérito, desafia o recurso de apelação.
(D) a liquidação e o cumprimento de decisão que julgar parcialmente o mérito deverão ser processados em autos suplementares.

A: Correta. O NCPC traz a previsão legal de julgamento parcial de mérito ainda que exista obrigação ilíquida (art. 356, § 1º, do NCPC). **B:** Incorreta. O prazo concedido às partes é comum e não sucessivo (art. 357, § 1º do NCPC). **C:** Incorreta. A decisão que julgar parcialmente o mérito é impugnável por meio de agravo de instrumento (art. 356, § 5º do NCPC). **D:** Incorreta. A liquidação e o cumprimento poderão ser processados em autos suplementares, a pedido da parte ou a critério do juiz (art. 356, § 4º do CPC). **LD/C**
Gabarito "A".

14. SENTENÇA, COISA JULGADA E AÇÃO RESCISÓRIA

(Promotor de Justiça – MPE/MS – FAPEC – 2015) Analise as proposições abaixo:

I. Tratando-se de cumulação própria simples de pedidos, é nula a decisão que deixar de analisar o pedido principal e somente julgar o pedido subsidiário.
II. O STF e o STJ admitem que o magistrado utilize na sentença a fundamentação *per relationem*, que se caracteriza pela remissão a outras manifestações ou peças processuais existentes nos autos, mesmo que produzidas pelas partes ou pelo Ministério Público.
III. A resolução de questão prejudicial não faz coisa julgada, ainda que decidida no âmbito de ação declaratória incidental.

IV. O reexame necessário não é aplicável quando a sentença estiver fundada em jurisprudência do Plenário do Supremo Tribunal Federal ou do Superior Tribunal de Justiça.

Assinale a alternativa correta:

(A) Somente as proposições I e III estão corretas.
(B) Somente as proposições II e IV estão corretas.
(C) Somente as proposições I, II e III estão corretas.
(D) Somente a proposição II está correta.
(E) Somente a proposição IV está correta.

I: Incorreta. Sendo cumulação própria simples, os pedidos são independentes entre si. **II:** Correta para a banca. Ademais, os Tribunais Superiores admitem a fundamentação *per relationem* (Informativo nº517 do STJ e AI 791292 QO-RG – STF), com base no CPC/1973. Porém, considerando a redação art. 489, § 1º do NCPC, seria a rigor vedada essa forma de fundamentação – a confirmar como a jurisprudência se firma. **III:** Incorreta. O artigo 503, §1º do NCPC prevê exatamente que há coisa julgada acerca da prejudicial, se ela for decidida (*Atenção: não há mais previsão legal de ação declaratória incidental no NCPC). **IV:** Correta, o artigo 496, § 4º, do NCPC estabelece que não se aplica o duplo grau de jurisdição quando a sentença tiver como fundamento acórdão proferido em julgamento de recursos repetitivos pelos Tribunais Superiores. **LD/C**
Gabarito "B".

(Ministério Público/GO – 2012) Sobre a sentença é incorreto afirmar:

(A) são requisitos essenciais da sentença: o relatório, a fundamentação e o dispositivo;
(B) sendo a fundamentação da sentença obrigação prevista no artigo 93, IX da Constituição Federal, deve o juiz ao proferir sentença responder a todos os argumentos das partes;
(C) o STF admite a motivação *per relationem* que se caracteriza pela remissão que o ato judicial expressamente faz a outras manifestações ou peças processuais existentes nos autos, mesmo que produzidas pelas partes ou pelo Ministério Público;
(D) o dispositivo da sentença é a parte em que o juiz afirma se acolhe ou rejeita o pedido do autor, sendo a única parte que logra autoridade de coisa julgada.

A: correta (art. 489 do NCPC); **B:** incorreta no CPC/1973, considerando a jurisprudência que se formou. Correta no NCPC (art. 489, § 1º); **C:** correta, considerando a jurisprudência formada no sistema anterior (STF, 1ª T., HC 86533/SP, rel. Min. Eros Grau). Incorreta no NCPC, considerando o art. 489, § 1º; **D:** correta no CPC/1973. Incorreta no NCPC, pois a coisa julgada também abrange a questão prejudicial (NCPC, art. 503, § 1º). **LD/DS**
Gabarito "B", no NCPC/1973, "C" e "D", no NCPC.

(Ministério Público/CE – 2011 – FCC) Em relação à sentença, o juiz

(A) proferirá sua decisão de forma concisa, se estiver extinguindo o processo com julgamento de mérito.
(B) sempre poderá proferi-la de modo ilíquido.
(C) poderá proferi-la em quantidade superior, mas não em natureza diversa da pedida.
(D) proferirá a jurisdição correspondente acolhendo ou rejeitando, total ou parcialmente, o pedido formulado pelo autor.
(E) pode deixar de fundamentá-la se proferida de modo conciso.

A: incorreta, porque o juiz sempre deve proferir sentença fundamentada de acordo com o art. 489, § 1º do NCPC; **B:** incorreta, porque "quando o autor tiver formulado pedido certo, é vedado ao juiz proferir sentença ilíquida" (art. 491 do NCPC); **C:** incorreta (art. 492); **D:** correta (art. 490 do NCPC); **E:** incorreta, porque a fundamentação deve estar sempre presente (art.489, § 1°, do NCPC). **LD/DS**

Gabarito "D".

III – CUMPRIMENTO DE SENTENÇA E EXECUÇÃO

15. CUMPRIMENTO DE SENTENÇA E IMPUGNAÇÃO AO CUMPRIMENTO DE SENTENÇA

(Promotor de Justiça – MPE/RS – 2017) Assinale com **V** (verdadeiro) ou com **F** (falso) as seguintes afirmações sobre o tema da liquidação de sentença, segundo o disposto no Código de Processo Civil.

( ) Quando a sentença condenar ao pagamento de quantia ilíquida, proceder-se-á à sua liquidação, a requerimento do credor ou do devedor: por arbitramento, quando determinado pela sentença, convencionado pelas partes ou exigido pela natureza do objeto da liquidação; ou pelo procedimento comum, quando houver necessidade de alegar e provar fato novo.

( ) Na liquidação por arbitramento, o juiz intimará as partes para a apresentação de pareceres ou documentos elucidativos, no prazo máximo de 15 (quinze) dias, e, caso não possa decidir de plano, nomeará perito, observando-se, no que couber, o procedimento da prova pericial.

( ) A liquidação poderá ser realizada na pendência de recurso, processando-se em autos apartados no juízo de origem, cumprindo ao liquidante instruir o pedido com cópias das peças processuais pertinentes.

( ) Quando na sentença houver uma parte líquida e outra ilíquida, não é lícito ao credor promover simultaneamente a execução daquela e a liquidação desta.

A sequência correta de preenchimento dos parênteses, de cima para baixo, é

(A) F – V – F – F.
(B) F – V – F – V.
(C) V – V – F – F.
(D) F – F – V – V.
(E) V – F – V – F.

1: A afirmativa é verdadeira, pois reproduz o previsto no NCPC a respeito de liquidação (art. 509, I e II). **2:** A segunda alternativa é falsa, vez que a previsão legal (art. 510 do NCPC) determina que o *juiz fixará o prazo* para as providências previstas. **3:** A alternativa é verdadeira, pois existe previsão legal nesse sentido (art. 512 do NCPC). **4:** A última alternativa é falsa, em virtude da inserção da palavra "não": o Código *permite* ao credor a execução e liquidação simultâneas (NCPC, art. 509, §1°). **LD/C**

Gabarito "E".

16. PROCESSO DE EXECUÇÃO E EMBARGOS

(Promotor de Justiça – MPE/RS – 2017) Assinale a alternativa **INCORRETA** sobre o tema da execução, segundo disposto no Código de Processo Civil.

(A) Considera-se atentatória à dignidade da justiça a conduta comissiva ou omissiva do executado que, intimado, não indica ao juiz quais são e onde estão os bens sujeitos à penhora e os respectivos valores, nem exibe prova de sua propriedade e, se for o caso, certidão negativa de ônus.

(B) A execução pode ser promovida contra o responsável titular do bem vinculado por garantia real ao pagamento do débito.

(C) Se a execução tiver por objeto obrigação de que seja sujeito passivo o proprietário de terreno submetido ao regime do direito de superfície, ou o superficiário, responderá pela dívida, exclusivamente, o direito real do qual é titular o executado, recaindo a penhora ou outros atos de constrição exclusivamente sobre o terreno, no primeiro caso, ou sobre a construção ou a plantação, no segundo caso.

(D) Na execução de obrigação de fazer ou de não fazer fundada em título extrajudicial, ao despachar a inicial, o juiz fixará multa por período de atraso no cumprimento da obrigação e a data a partir da qual será devida.

(E) A cobrança de multas ou de indenizações decorrentes de litigância de má-fé ou de prática de ato atentatório à dignidade da justiça será promovida em autos apartados.

A: Correta (NCPC, art. 774, V – o artigo prevê os atos que praticados pelo executado são considerados atentatórios à dignidade da justiça). **B:** Correta, o titular do bem dado em garantia responde legalmente pelo débito (NCPC, art. 779, V). **C:** Correta, o devedor responderá a execução com os bens que possui, quando estamos diante de um devedor que possui direitos sobre imóvel, tais direitos serão objeto de penhora (NCPC, art. 791). **D:** Correta, o artigo 814 do NCPC prevê a possibilidade de fixação de multa na execução de obrigação de fazer e não fazer. **E:** Incorreta, devendo esta ser assinalada. A cobrança decorrente de litigância de má-fé deverá ser promovida nos autos do processo que houver a condenação (art. 777 do NCPC). **LD/C**

Gabarito "E".

(Ministério Público/CE – 2011 – FCC) É INCORRETO afirmar:

(A) O Ministério Público pode promover a execução forçada, nos casos legalmente previstos.

(B) São sujeitos passivos da execução, entre outros, o fiador judicial e o responsável tributário, como tal definido na legislação própria.

(C) Se fundadas em títulos diferentes, o credor não poderá cumular várias execuções, ainda que o devedor seja o mesmo.

(D) Observados os requisitos legais, o credor tem a faculdade de desistir de toda a execução ou de apenas algumas medidas executivas.

(E) Quando o juiz decidir relação jurídica sujeita a condição ou termo, o credor não poderá executar a sentença sem provar que se realizou a condição ou que ocorreu o termo.

A: correta (art. 778, § 1°, I, NCPC); **B:** correta (art. 779 do NCPC); **C:** incorreta, devendo esta ser assinalada. Cabe a execução nesse caso, desde que o executado seja o mesmo (art. 780 do NCPC); **D:** correta (art. 775 do NCPC); **E:** correta (art. 514 do NCPC). **LD/DS**

Gabarito "C".

(Ministério Público/RR – 2012 – CESPE) Em relação ao processo de execução, assinale a opção correta.

(A) Após a penhora, eventual alienação ou oneração do bem é nula de pleno direito.

(B) O seguro de vida é penhorável.

(C) Segundo a jurisprudência do STJ, ultimada a arrematação, não há possibilidade de alegação da impenhorabilidade do bem de família.
(D) A responsabilidade civil do exequente será subjetiva, quando a sentença passada em julgado declarar inexistente, no todo ou em parte, a obrigação que deu lugar à execução.
(E) É excepcionalmente possível a execução sem o título executivo.

A: incorreta, porque é possível a alienação de bem litigioso ou penhorado (havendo riscos para o terceiro que adquirir, por certo); **B:** incorreta (art. 833, VI, NCPC); **C:** correta para parcela da jurisprudência, pois "arrematado o bem penhorado, impossível a invocação do benefício da Lei 8.009/1990" (STJ, REsp 468.176); **D:** incorreta, porque se trata de responsabilidade civil objetiva, ou seja, independe de culpa (art. 776 do NCPC); **E:** incorreta, porque, em matéria de execução vigora o princípio do *nulla executio sine titulo*, ou seja, não há execução sem título executivo. **LD**
Gabarito "C".

IV – RECURSOS
17. TEORIA GERAL DOS RECURSOS

(Promotor de Justiça – MPE/MS – FAPEC – 2015) É **correto** afirmar em matéria de recursos que:

(A) O recurso interposto pode ser aditado, desde que não tenha findado o prazo recursal.
(B) É subsidiária a legitimidade recursal do Ministério Público quando atua como *custos legis*.
(C) Os embargos de declaração e a apelação são recursos de fundamentação livre.
(D) O agravo de instrumento e o agravo retido são interpostos perante o juiz da causa.
(E) O princípio da *non reformatio in pejus* é aplicável ao julgamento do reexame necessário, mesmo que não se trate de uma espécie recursal.

A: Incorreta por força da preclusão consumativa – sendo esta a visão clássica processual. *Atenção: há um debate doutrinário se, à luz do NCPC, segue existindo ou não a preclusão consumativa, considerando a redação do art. 223, a menção a "emendar o ato": "*Decorrido o prazo, extingue-se o direito de praticar ou de emendar* o ato processual, independentemente de declaração judicial, ficando assegurado, porém, à parte provar que não o realizou por justa causa". Resta verificar como a jurisprudência se fixará. **B:** Incorreta. O artigo 996 do NCPC não restringe a legitimidade do MP à omissão das partes. **C:** Incorreta. Os embargos de declaração necessitam de fundamentação vinculada – ou seja, omissão, contradição, obscuridade ou erro material. **D:** Incorreta. O agravo de instrumento é interposto diretamente no Tribunal (NCPC, art. 1016 – único recurso interposto diretamente no órgão *ad quem*). E, no NCPC, não há mais a modalidade de agravo retido. **E:** Correta. Remessa necessária (na terminologia do art. 496 do NCPC) não é recurso, mas entende a jurisprudência que em sua análise não pode haver a piora da situação da Fazenda Pública (Súmula 45/STJ). **LD/C**
Gabarito "E".

(Promotor de Justiça – MPE/AM – FMP – 2015) Considere as seguintes assertivas sobre a disciplina dos recursos no Código de Processo Civil:

I. O recurso pode ser interposto pelo terceiro prejudicado, cumprindo ao terceiro demonstrar o nexo de interdependência entre o seu interesse de intervir e a relação jurídica submetida à apreciação judicial.

II. A parte que aceitar expressa ou tacitamente a sentença ou a decisão não poderá recorrer, considerando-se aceitação tácita a prática, sem reserva alguma, de um ato incompatível com a vontade de recorrer.
III. Quando o pedido ou a defesa tiver mais de um fundamento e o juiz acolher apenas um deles, a apelação devolverá ao tribunal o conhecimento dos demais.
IV. A apelação será recebida em seu efeito devolutivo e suspensivo em todos os processos, sem exceções.

Quais das assertivas acima estão corretas?

(A) Apenas a I e II.
(B) Apenas a I, II e III.
(C) Apenas a I, II e IV.
(D) Apenas a II, III e IV.
(E) Apenas a I, III e IV.

I: Correta. O terceiro prejudicado poderá interpor recurso (art. 996 do NCPC). **II:** Correta. Quando a parte concordar com a decisão judicial, não poderá recorrer, pois aceitou tacitamente a decisão (art. 1.000 do NCPC). **III:** Correta. Diante do efeito devolutivo, o Tribunal conhecerá de todos os pedidos que a parte requerer (art. 1.013, § 2º do NCPC). **IV:** Incorreta. Existem exceções previstas na lei que não concedem o efeito suspensivo, sendo necessário a parte requerê-lo (art. 1.012 do NCPC). **LD/C**
Gabarito "B".

(Procurador de Justiça – MPE/GO – 2016) A técnica de julgamento substitutiva dos embargos infringentes tem aplicação no julgamento não unânime de:

(A) incidente de assunção de competência.
(B) remessa necessária.
(C) ação rescisória, quando o resultado for a manutenção da sentença.
(D) agravo de Instrumento, quando houver reforma da decisão que julgar parcialmente o mérito.

A: Incorreta. O NCPC não prevê o julgamento estendido no IAC (art. 942, § 4º, I do NCPC). **B:** Incorreta. O Código não prevê o julgamento estendido na remessa necessária (art. 942, § 4º, II do NCPC). **C:** Incorreta, aplica-se o julgamento estendido à rescisória quando da procedência (art. 942, § 3º, I do NCPC). **D:** Correta. Quando houver reforma da decisão que julgou parcialmente o mérito com votação não unânime serão convocados outros julgadores a comporem a sessão (art. 942, § 3º, II do NCPC). **LD/C**
Gabarito "D".

18. RECURSOS EM ESPÉCIE

(Promotor de Justiça – MPE/RS – 2017) Assinale com **V** (verdadeiro) ou com **F** (falso) as seguintes afirmações sobre o tema dos embargos de declaração, segundo o disposto no Código de Processo Civil.

( ) Os embargos serão opostos, no prazo de 5 (cinco) dias, em petição dirigida ao juiz, com indicação do erro, obscuridade, contradição ou omissão, e não se sujeitam a preparo.
( ) Caso o acolhimento dos embargos de declaração implique modificação da decisão embargada, o embargado que já tiver interposto outro recurso contra a decisão originária tem o direito de complementar ou alterar suas razões, nos exatos limites da modificação, no prazo de 30 (trinta) dias, contado da intimação da decisão dos embargos de declaração.
( ) Quando manifestamente protelatórios os embargos

de declaração, o juiz ou o tribunal, em decisão fundamentada, condenará o embargante a pagar ao embargado multa não excedente a dez por cento sobre o valor atualizado da causa.

( ) Consideram-se incluídos no acórdão os elementos que o embargante suscitou, para fins de pré-questionamento, apenas quando os embargos de declaração sejam expressamente admitidos, e o tribunal superior considere existentes erro, omissão, contradição ou obscuridade.

A sequência correta de preenchimento dos parênteses, de cima para baixo, é

(A) F – V – F – F.
(B) V – F – F – F.
(C) V – V – F – F.
(D) F – F – V – V.
(E) V – F – V – V.

1: A alternativa é verdadeira, pois o prazo para oposição de embargos de declaração é de 5 dias (único recurso com esse prazo – NCPC, arts. 1.003, § 5° e 1.023). **2:** A alternativa é falsa, pois o prazo da parte para complementação ou alteração das razões do recurso é de *15 dias*, e não 30 conforme descrito (art. 1.024, § 4° do NCPC). **3:** A alternativa é falsa, tendo em vista que o limite legal para a multa pelos *primeiros embargos de declaração protelatórios* é de 2% por cento do valor da causa (art. 1.026, § 2° do NCPC). **4:** A quarta alternativa é falsa, pois os elementos suscitados pelo embargante são considerados para fins de pré-questionamento, *mesmo quando inadmitidos ou rejeitados* (art. 1.025 do NCPC). **LD**

Gabarito "B".

(Procurador da República – PGR – 2013) Dentre as proposições abaixo, algumas são falsas, outras verdadeiras:

I. Os princípios contidos na Lei de Introdução ao Código Civil, direito adquirido, ato jurídico perfeito e coisa julgada, apesar de previstos em norma infraconstitucional, não podem ser analisados em recurso especial, pois são institutos de natureza eminentemente constitucional.

II. A valoração da prova, no âmbito do recurso especial, pressupõe contrariedade a um princípio ou a uma regra jurídica no campo probatório, ou mesmo à negativa de norma legal nessa área, não se confundindo com o livre convencimento do Juiz.

III. O pedido de uniformização de jurisprudência é um incidente processual de caráter preventivo, podendo ser suscitado nas razões recursais, ou mesmo até o julgamento do agravo regimental.

IV. Se as instâncias ordinárias concluíram pela ocorrência de litigância de má-fé, este entendimento pode ser superado pelas instâncias extraordinárias, pois não depende do reexame do quadro fático probatório.

Das proposições acima:

(A) I e II estão corretas;
(B) II e III estão corretas;
(C) III e IV estão corretas;
(D) II e IV estão corretas.

I: Correta, a jurisprudência do STJ é firme no sentido de que tais princípios não podem ser analisados em recurso especial (AgRg no AREsp 320.751) – e isso motiva, no NCPC, a fungibilidade entre os recursos especial e extraordinário (art. 1.032). **II:** Correta. O STJ diferencia a valoração da prova (que é permitida, conforme AgRg no AREsp n° 160.862/PE e tantos outros julgados) da reapreciação de prova (que é vedada, conforme Súmula 7/STJ). **III:** Incorreta, pois o STJ entende não ser possível o incidente de uniformização no âmbito do agravo regimental (AgRg no AREsp n° 254.658/MS) – hoje agravo interno. * Atenção, no NCPC deixa de existir o incidente de uniformização e, no lugar dele, entram o IRDR (incidente de resolução de demandas repetitivas) e, especialmente, IAC (incidente de assunção de competência – arts. 976 e 946, respectivamente). **IV:** Incorreta. Entende o STJ que para tal análise haveria reexame fático-probatório, o que é vedado pela Súmula 7/ STJ (AgRg no AREsp n° 331.545/SE). **LD**

Gabarito "A".

(Procurador da República – PGR – 2013) Relativamente ao recurso extraordinário, é correto dizer:

(A) É admissível, desde que e a questão constitucional suscitada não tenha sido apreciada no acórdão recorrido.
(B) O não preenchimento do requisito de regularidade formal expresso no artigo 317, § 1°, do RISTF não impede o seu conhecimento.
(C) Deixando-se de aludir, em capítulo próprio, à repercussão geral do tema controvertido, a sua sequência deve ser obstaculizada.
(D) A alegada violação dos postulados do devido processo legal e da ampla defesa resulta, em regra, em violação direta à Constituição Federal.

A: Incorreta, pois há necessidade de prequestionamento – que é, exatamente a apreciação da questão constitucional pelo acórdão recorrido (Súmula 282/STF). **B:** Incorreta, pois sendo vício sanável e não previsto em lei, cabe correção (NCPC, art. 1.029, § 3°); **C:** Correta. O NCPC aponta a necessidade de se indicar a repercussão geral no RE (NCPC, art. 1.035, § 2°. O recorrente deverá demonstrar a existência de repercussão geral para apreciação exclusiva pelo Supremo Tribunal Federal), sob pena de seu não conhecimento – o NCPC apenas não diz que deve ser na preliminar (como dizia no CPC/1973), mas aponta que deve haver essa indicação. **D:** Incorreta. A jurisprudência do STF é firme no sentido de que suposta alegação de violação dos princípios processuais, trata-se de ofensa constitucional *reflexa*, a qual não enseja recurso extraordinário (ARE 738.109 RG/RS). Tanto é assim que o NCPC prevê diversos princípios processuais entre o art. 1° e 11. **LD**

Gabarito "C".

(Procurador da República – 25°) Em relação aos recursos, no sistema jurídico brasileiro:

(A) São meios de impugnação de decisões judiciais, inseridos no mesmo processo e nos mesmos autos;
(B) Em determinadas hipóteses, o mesmo ato judicial pode ser impugnado, simultânea e cumulativamente, por mais de um recurso;
(C) A fungibilidade recursal exige dúvida objetiva e inexistência de erro grosseiro na interposição do recurso;
(D) O recurso adesivo é admissível apenas na apelação e nos chamados recursos extraordinários.

A: incorreta, porque há ao menos um recurso, que embora – como todos os demais – desenvolva-se no mesmo processo, tramita em autos apartados, que é o agravo de instrumento, o que, por si só, invalida a afirmação contida na alternativa; **B:** incorreta, considerando o princípio da unirrecorribilidade. Contudo, há discussão doutrinária se a possibilidade de interposição de REsp e RE de um mesmo acórdão importaria em exceção ao princípio – e o enunciado fala em "determinadas hipóteses", induzindo o candidato em erro; **C:** correta, de acordo com a doutrina majoritária.; **D:** incorreta no CPC/1973, porque também cabia recurso infringente nos embargos infringentes, que deixou de existir no NCPC. Assim, correta no NCPC (art. 997, § 2°, II, do NCPC). **LD**

Gabarito "C" no CPC/1973 e "C" e "D" no NCPC.

(Ministério Público/SP – 2010) A apelação contra sentença que decreta a improcedência de ação declaratória de título e improcedência dos embargos à execução tem os seguintes efeitos, quanto aos recursos:

(A) Suspensivo e devolutivo para ambos os recursos.
(B) Efeito apenas devolutivo quanto à declaratória e devolutivo/suspensivo quanto aos embargos.
(C) Apenas efeito devolutivo quanto aos dois recursos.
(D) Efeito devolutivo/suspensivo quanto à declaratória e apenas devolutivo quanto aos embargos.
(E) Apenas efeito suspensivo quanto aos dois recursos.

Em regra, a apelação terá duplo efeito. Só se afasta o efeito suspensivo quando houver expressa previsão legal. No caso da apelação contra a sentença proferida em ação declaratória de título, como não há regra especial, conclui-se pelo duplo efeito do recurso. Como no caso da extinção sem resolução do mérito dos embargos existe a regra do art. 1.012, § 1º, III, do NCPC, a apelação será recebida apenas no efeito devolutivo, motivo pelo qual é correta a alternativa "D". **LD**
Gabarito "D".

(Ministério Público/CE – 2011 – FCC) A interposição do agravo de instrumento

(A) não admite juízo de retratação.
(B) não obsta o andamento do processo, ressalva feita à possibilidade de concessão de efeito suspensivo ao recurso.
(C) é regra geral do ordenamento processual civil, com hipóteses excepcionais de interposição de agravo retido.
(D) dirigir-se-á ao juiz da causa, a quem caberá o encaminhamento dos autos ao tribunal competente.
(E) dá-se em face de atos processuais ordinatórios e de decisões interlocutórias.

A: incorreta, porque o juiz pode se retratar quando interposto o agravo (NCPC, art. 1.018, § 1º); **B:** correta, porque não há efeito suspensivo para o recurso de agravo, exceto se expressamente concedido pelo relator (NCPC, arts. 995, parágrafo único e 1.019, I); **C:** incorreta. No NCPC, há o agravo de instrumento para um rol taxativo (art. 1.015) ou, então, recorre-se da interlocutória na própria sentença, já que deixa de existir o agravo retido (NCPC, art. 1.009, § 1º), não mais existindo preclusão logo após a prolação da decisão; **D:** incorreta, porque o agravo de instrumento é interposto diretamente no tribunal competente (NCPC, art. 1.016); **E:** incorreta, porque atos processuais ordinatórios (despachos) são irrecorríveis, já que não possuem natureza decisória (NCPC, art. 1.001). **LD/DS**
Gabarito "B".

(Ministério Público/SP – 2011) Da decisão que julgar a liquidação de sentença caberá

(A) embargos do devedor, seguro o Juízo.
(B) recurso de apelação.
(C) exceção de executividade.
(C) objeção de executividade.
(E) recurso de agravo de instrumento.

Embora o NCPC não tenha reproduzido o texto legal do art. 475-H, que previa agravo de instrumento da decisão que aprecia a liquidação, segue sendo esse o recurso cabível no novo sistema. isso porque a decisão de liquidação não põe fim ao procedimento e considerando a previsão do NCPC, art. 1.015, parágrafo único). **LD/DS**
Gabarito "E".

(Ministério Público/MG – 2012 – CONSULPLAN) São legitimados a propor a edição, a revisão ou o cancelamento de enunciado de Súmula Vinculante, **EXCETO**:

(A) o Procurador-Geral da República.
(B) a Mesa da Assembleia Legislativa ou da Câmara Legislativa do Distrito Federal.
(C) o Defensor Público-Geral da União.
(D) o Procurador-Geral de Justiça.

Nos termos do § 2º do art. 103-A da Constituição da República, a aprovação, revisão ou cancelamento de súmula vinculante pode ser provocada por quem tem legitimidade para propor ação direta de inconstitucionalidade, ou seja, as pessoas apontadas pelo 2º da Lei 9.868/1999. Dentre elas, não se encontra o Procurador-Geral de Justiça, motivo pelo qual deve ser assinalada a alternativa "D". **LD**
Gabarito "D".

(Ministério Público/MG – 2011) Concedida a ordem no mandado de segurança – em cujo feito foi considerada inválida lei local contestada em face de lei federal – e interposto recurso de apelação, o Tribunal de Justiça, por maioria, reformou a sentença. Indaga-se: qual o meio processual adequado para a impugnação do respectivo acórdão?

(A) Embargos infringentes.
(B) Recurso ordinário.
(C) Recurso especial.
(D) Recurso extraordinário.

A: incorreta, porque "não cabem, no processo de mandado de segurança, a interposição de embargos infringentes" (art. 25 da Lei 12.016/2009) **Atenção:** além disso, no NCPC não mais existem embargos infringentes; **B:** incorreta, porque o recurso ordinário em mandado de segurança só é cabível quando se tratar de decisão denegatória proferida nos casos de competência originária do Tribunal; **C:** incorreta, porque não se trata de hipótese de cabimento de recurso especial; **D:** correta (art. 102, III, "d", CF). **LD**
Gabarito "D".

(Ministério Público/MS – 2013 – FADEMS) A respeito dos recursos, assinale a alternativa **correta**:

(A) O recurso de apelação, cujo prazo de interposição, de regra, é de quinze dias, somente é cabível da sentença que corporifica julgamento do processo com resolução de mérito, isto é, daquela tida como definitiva.
(B) Os embargos de declaração são cabíveis contra qualquer decisão judicial e, uma vez interpostos, interrompem o prazo recursal.
(C) A insuficiência do valor do preparo do recurso implicará em deserção independentemente de intimação.
(D) Após apresentado o recurso voluntário pela parte sucumbente para modificar a sentença proferida com julgamento de mérito, é incabível a desistência do recurso sem a anuência da parte contrária.
(E) O Ministério Público não tem legitimidade para recorrer nas causas que atua como fiscal da lei quando se trate de discussão a respeito de direitos individuais indisponíveis e as partes estejam assistidas por advogados ou Defensoria Pública.

A: incorreta, porque o art. 1.009 do NCPC prevê que "da sentença caberá apelação", seja de mérito ou sem mérito (sentença definitiva ou terminativa, respectivamente); **B:** correta (NCPC, arts. 1022 e 1.026); **C:** incorreta, porque na hipótese de insuficiência do preparo, o recorrente terá direito à complementação, em 5 dias, sendo obrigatória sua intimação para tanto (art. 1.007, § 2º, do NCPC); **D:** incorreta, porque "o recorrente poderá, a qualquer tempo, sem a anuência do recorrido ou dos litisconsortes, desistir do recurso" (art. 998 do NCPC); **E:** incorreta. À luz do CPC/1973 firmou-se entendimento em sentido contrário ("Interesse individual (...) Ministério Público Estadual. Interesse de recorrer. Precedentes. Nos termos da Súmula n. 99 deste Superior Tribunal de Justiça, o 'Ministério Público tem legitimidade para recorrer no processo em que oficiou como fiscal da lei, ainda que não haja recurso da parte'. Por outro lado, esta Corte pacificou o entendimento segundo o qual 'o Ministério Público detém legitimidade para recorrer nas causas em que atua como *custos legis*, ainda que se trate de discussão a respeito de direitos individuais disponíveis e mesmo que as partes estejam bem representadas' (REsp 460.425/DF, Rel. Min. Salvio de Figueiredo Teixeira, *DJ* 24.05.1999) REsp 434.535/SC, Rel. Ministro Franciulli Netto, 2.ª T., julgado em 16/12/2004, *DJ* 02/05/2005, p. 263)". Vale lembrar que, no NCPC, o MP atua como fiscal da ordem jurídica, e tem legitimidade recursal nessa hipótese (NCPC, art. 996). **LD/DS**

Gabarito "B".

(Ministério Público/RR – 2012 – CESPE) Em relação ao juízo de admissibilidade dos recursos, assinale a opção correta.

(A) A legitimidade recursal do MP, dada a sua qualidade de custos *legis*, é subsidiária, ou seja, depende do comportamento das partes.

(B) Nos casos em que a coisa julgada é *secundum eventum probationis* fundada no reconhecimento da ausência de provas, em nenhuma hipótese o réu tem interesse recursal para impugnar o fundamento da decisão.

(C) De acordo com a Lei Federal n.º 9.800/1999, é possível a prática de qualquer ato processual escrito por meio de sistema de transmissão de dados e imagens do tipo fac-símile ou outro similar, entendendo o STJ que o prazo de juntada dos originais em juízo deve ser contínuo, não se interrompendo nos sábados, domingos e feriados.

(D) Caso o recurso extraordinário ou especial seja interposto sem procuração nos autos, deve-se intimar o advogado para que regularize a representação, sob pena de não ser admitido o recurso.

(E) O princípio da unirrecorribilidade não comporta exceções.

A: incorreta, porque o MP, na qualidade de fiscal da lei, pode recorrer (v. Súmulas 99 e 226 do STJ e NCPC, art. 996); **B:** incorreta, porque nos casos em que a coisa julgada é *secundum eventum probationis* (conforme a prova produzida)", a improcedência do pedido por ausência de provas autoriza que a demanda venha a ser novamente proposta, caso surja a prova (como nos processos coletivos). Por isso, o réu, embora vitorioso, pode, ao apelar, buscar a alteração do fundamento da sentença, a fim de que se reconheça a efetiva inexistência do direito pleiteado, a fim de, com isso, garantir que seja formada a coisa julgada material sobre a improcedência; **C:** correta, sendo essa a posição jurisprudencial do STJ; **D:** incorreta no CPC/1973, porque a jurisprudência do STJ se fixou no sentido de que a ausência de procuração faz com que o recurso especial seja considerado como inexistente (Súmula n. 115 do STJ), No NCPC, contudo, há regra exatamente no sentido do enunciado (art. 76, § 2º); **E:** incorreta para a banca. Isso porque, para parte da doutrina, há exceções ao princípio da unirrecorribilidade, como, por exemplo, o cabimento simultâneo de recurso especial e extraordinário contra a mesma decisão (parte da doutrina aponta que, mesmo nesse caso não há exceção ao princípio, pois capítulos distintos do acórdão são impugnados). **LD**

Gabarito "C". no CPC/1973, "C." e "D." no NCPC

19. PROCEDIMENTOS ESPECIAIS

(Promotor de Justiça – MPE/RS – 2017) Assinale a alternativa **INCORRETA** sobre o tema da partilha, segundo disposto no Código de Processo Civil.

(A) Os bens insuscetíveis de divisão cômoda que não couberem na parte do cônjuge ou companheiro supérstite ou no quinhão de um só herdeiro serão licitados entre os interessados ou vendidos judicialmente, partilhando-se o valor apurado, sendo vedado acordo para adjudicação a todos.

(B) O juiz poderá, em decisão fundamentada, deferir antecipadamente a qualquer dos herdeiros o exercício dos direitos de usar e de fruir de determinado bem, com a condição de que, ao término do inventário, tal bem integre a cota desse herdeiro, cabendo a este, desde o deferimento, todos os ônus e bônus decorrentes do exercício daqueles direitos.

(C) A partilha, mesmo depois de transitada em julgado a sentença, pode ser emendada nos mesmos autos do inventário, convindo todas as partes, quando tenha havido erro de fato na descrição dos bens, podendo o juiz, de ofício ou a requerimento da parte, a qualquer tempo, corrigir-lhe as inexatidões materiais.

(D) É rescindível a partilha julgada por sentença se preteriu herdeiro ou incluiu quem não o seja.

(E) O formal de partilha poderá ser substituído por certidão de pagamento do quinhão hereditário quando esse não exceder a 5 (cinco) vezes o salário-mínimo, caso em que se transcreverá nela a sentença de partilha transitada em julgado.

A: incorreta, devendo esta ser assinalada. O art. 649 do NCPC permite acordo para adjudicação dos bens. **B:** correta, pois há previsão legal nesse sentido (NCPC, art. 647, p.u.) para antecipação de direitos sobre determinado bem que compõe a herança. **C:** correta, pois o at. 656 do NCPC prevê a possibilidade de emenda da partilha nos autos do inventário por erro de fato na descrição dos bens. **D:** correta, pois há previsão legal nesse sentido (NCPC, art. 658, III); **E:** correta, vez que é possível a substituição do formal de partilha pela certidão de pagamento do quinhão, desde que dentro do limite estabelecido no parágrafo único do art. 655 do NCPC. **LD/C**

Gabarito "A".

(Promotor de Justiça – MPE/RS – 2017) Assinale com **V** (verdadeiro) ou com **F** (falso) as seguintes afirmações sobre o tema das ações de família, segundo o disposto no Código de Processo Civil.

( ) Nas ações de família, todos os esforços serão empreendidos para a solução consensual da controvérsia, devendo o juiz dispor do auxílio de profissionais de outras áreas de conhecimento para a mediação e conciliação.

( ) A citação ocorrerá com antecedência mínima de 30 (trinta) dias da data designada para a audiência.

( ) A citação será feita na pessoa do réu ou de seu advogado.

( ) Nas ações de família, o Ministério Público somente intervirá quando houver interesse de incapaz e deverá ser ouvido previamente à homologação de acordo.

A sequência correta de preenchimento dos parênteses, de cima para baixo, é

(A) F – V – F – F.
(B) V – F – F – V.
(C) V – V – F – F.
(D) F – F – V – V.
(E) V – F – V – F.

1: A afirmativa é verdadeira, pois o juiz dispõe do auxílio de outros profissionais para a tentativa de autocomposição nas ações de família (NCPC, art. 694). **2:** A segunda afirmativa é falsa, vez que o prazo mínimo

para citação é de 15 dias antes da audiência (art. 695, § 2º do NCPC). **3:** A terceira afirmativa é falsa, pois a citação não é feita na pessoa do advogado do réu (NCPC, art. 695, § 3º). **4:** A última afirmativa é verdadeira, pois o MP não mais atua como fiscal da lei em qualquer causa de família – mas sim quando houver incapaz (NCPC, art. 178, II). **LD/C**
Gabarito "B".

(Promotor de Justiça – MPE/RS – 2017) Assinale a alternativa **INCORRETA** sobre o tema das ações possessórias, segundo disposto no Código de Processo Civil.

(A) Na pendência de ação possessória é vedado, tanto ao autor quanto ao réu, propor ação de reconhecimento do domínio, exceto se a pretensão for deduzida em face de terceira pessoa.
(B) A propositura de uma ação possessória em vez de outra não obstará a que o juiz conheça do pedido e outorgue a proteção legal correspondente àquela cujos pressupostos estejam provados.
(C) O possuidor direto ou indireto que tenha justo receio de ser molestado na posse poderá requerer ao juiz que o segure da turbação ou esbulho iminente, mediante mandado proibitório em que se comine ao réu determinada pena pecuniária caso transgrida o preceito.
(D) Se o réu provar, em qualquer tempo, que o autor provisoriamente mantido ou reintegrado na posse carece de idoneidade financeira para, no caso de sucumbência, responder por perdas e danos, o juiz designar-lhe-á o prazo de 15 (quinze) dias para requerer caução, real ou fidejussória, sob pena de ser depositada a coisa litigiosa, ressalvada a impossibilidade da parte economicamente hipossuficiente.
(E) Concedido ou não o mandado liminar de manutenção ou de reintegração, o autor promoverá, nos 5 (cinco) dias subsequentes, a citação do réu para, querendo, contestar a ação no prazo de 15 (quinze) dias.

A: Correta (NCPC, art. 557, que repete o Código anterior). **B:** Correta, sendo essa a fungibilidade das possessórias (NCPC, art. 554, que repete o Código anterior). **C:** Correta, sendo essa a previsão do interdito proibitório (NCPC, art. 567). **D:** Incorreta, devendo essa ser assinalada, pois o prazo para requerer a caução é de *5 dias*, e não 15 dias (NCPC, art. 559). **E:** Correta. Tratando-se de manutenção e reintegração de posse, o autor terá que promover a citação do réu em 5 dias, que terá 15 para contestar (NCPC, art. 564). **LD/C**
Gabarito "D".

(Promotor de Justiça – MPE/MS – FAPEC – 2015) Quanto ao mandado de segurança, é **correto** afirmar que:

(A) É cabível contra ato praticado em licitação promovida por sociedade de economia mista ou empresa pública.
(B) Os efeitos da medida liminar, salvo se revogada ou cassada, persistirão até o trânsito em julgado da sentença ou do acórdão que o decidirem.
(C) Pode ser impetrado coletivamente, induzindo litispendência para as ações individuais.
(D) Em determinadas situações, pode substituir a ação popular.
(E) O pedido de reconsideração do ato ilegal protocolado na via administrativa interrompe o prazo decadencial para impetração do mandado de segurança.

A: Correta. A Súmula 333 do STJ reconhece o cabimento do Mandado de Segurança contra ato praticado em licitação promovida por sociedade de economia mista ou empresa pública. **B:** Incorreta. Os efeitos da medida liminar persistirão até a prolação da sentença, salvo se revogada ou cassada (art. 7º, § 3º da Lei 12.016/2009). **C:** Incorreta. O MS coletivo não induz litispendência às ações individuais, mas caso não se requeira a desistência do MS individual após 30 dias da impetração do MS coletivo, os efeitos da coisa julgada deste não beneficiarão o impetrante individual (art. 22, § 1º da Lei 12.016/2009). **D:** Incorreta. O MS não substitui a ação popular (Súmula 101 do STF). **E:** Incorreta. O pedido de reconsideração na via administrativa não interrompe o prazo para o mandado de segurança (Súmula 430 do STF). **LD/C**
Gabarito "A".

19.1. MANDADO DE SEGURANÇA

(Promotor de Justiça – MPE/AM – FMP – 2015) Considere as seguintes assertivas sobre a disciplina da ação civil pública, nos termos da Lei 7.347/1985, com as modificações posteriores:

I. Em caso de desistência fundamentada da ação civil pública por associação legitimada, o Ministério Público ou outro legitimado assumirá a titularidade ativa.
II. Admite-se o litisconsórcio facultativo entre os Ministérios Públicos da União, do Distrito Federal e dos Estados na defesa dos interesses e direitos tutelados pela via da ação civil pública.
III. Decorridos sessenta dias do trânsito em julgado da sentença condenatória proferida nos autos de ação civil pública, sem que a associação autora lhe promova a execução, deverá fazê-lo o Ministério Público, sendo facultada igual iniciativa aos demais legitimados.
IV. Os recursos interpostos em ação civil pública devem ser recebidos apenas no efeito devolutivo, não sendo possível ao juiz conferir efeito suspensivo.

Quais das assertivas acima estão corretas?

(A) Apenas a I e II.
(B) Apenas a II e IV.
(C) Apenas a II e III.
(D) Apenas a III e IV.
(E) Apenas a I, III e IV.

I: Incorreta. O MP ou outro legitimado somente assumirá a titularidade ativa da ação civil pública em caso de desistência infundada (art.5, § 3º da Lei 7.347/1985). **II:** Correta. Há permissão legal para litisconsórcio entre os MPs (art. 5º, § 5º da Lei 7.347/1985). **III:** Correta. Tanto o MP quando os demais legitimados poderão promover a execução da sentença proferida nos autos da ação civil pública após 60 dias de seu trânsito em julgado, caso a associação não o faça (art. 15 da Lei 7.347/1985). **IV:** Incorreta. Ainda que a regra seja a apelação apenas no efeito devolutivo, a legislação permite a concessão de efeito suspensivo aos recursos para evitar dano irreparável à parte (art. 14 da Lei 7.347/1985). **LD/C**
Gabarito "C".

19.2 ACP / PROCEDIMENTOS ESPECIAIS

(Promotor de Justiça – MPE/AM – FMP – 2015) Considere as seguintes assertivas sobre o tema da defesa do consumidor em juízo, nos termos da Lei 8.078/1990, com as modificações posteriores:

I. Por interesses ou direitos difusos entendem-se os transindividuais, de natureza indivisível, de que sejam titulares pessoas indeterminadas e ligadas por circunstâncias de fato.
II. Na ação que tenha por objeto o cumprimento da obrigação de fazer ou não fazer, o juiz concederá a tutela

específica da obrigação ou determinará providências que assegurem o resultado prático equivalente ao do adimplemento.

III. Nas ações coletivas para a defesa de interesses individuais homogêneos, ressalvada a competência da Justiça Federal, é competente para a causa a justiça local, no foro do lugar onde ocorreu ou deva ocorrer o dano, quando de âmbito regional.

IV. Proposta a ação coletiva para a defesa de interesses individuais homogêneos, será publicado edital no órgão oficial, a fim de que os interessados possam intervir no processo como litisconsortes, sem prejuízo de ampla divulgação pelos meios de comunicação social por parte dos órgãos de defesa do consumidor.

Quais das assertivas acima estão corretas?

(A) Apenas a I e II.
(B) Apenas a I, II e III.
(C) Apenas a II, III e IV.
(D) Apenas a I, II e IV.
(E) Apenas a I, III e IV.

I: Correta. O artigo 81, p.u., I do CDC define os interesses ou direitos difusos como aqueles transindividuais de natureza indivisível. II: Correta. Tal qual no Código de Processo, há previsão de tutela específica no CDC (art. 84 do CDC). III: Incorreta. A justiça local é competente para julgamento quando o dano ocorrido seja local (art. 93, I do CDC). IV: Correta. Será publicado edital permitindo que os interessados possam intervir no processo (art. 94 do CDC). **LD/C**

Gabarito "D".

19.3 COLETIVO / PROCEDIMENTOS ESPECIAIS

(Promotor de Justiça – MPE/AM – FMP – 2015) Considere as seguintes assertivas sobre a atuação extrajudicial do Ministério Público, nos termos da Lei 7.347/1985, com as modificações posteriores:

I. O Ministério Público poderá requisitar, de qualquer organismo público ou particular, certidões, informações, exames ou perícias, no prazo que assinalar, o qual não poderá ser inferior a 10 (dez) dias úteis.

II. Os autos do inquérito civil arquivados serão remetidos, sob pena de se incorrer em falta grave, no prazo de 10 (dez) dias, ao Conselho Superior do Ministério Público.

III. Antes da sessão do Conselho Superior do Ministério Público que homologue ou rejeite a promoção de arquivamento, é vedado às associações legitimadas apresentar razões escritas ou documentos para inclusão nos autos do inquérito civil.

IV. Se o Conselho Superior do Ministério Público deixar de homologar a promoção de arquivamento, o Conselho Superior designará, desde logo, outro órgão do Ministério Público para o ajuizamento da ação civil pública.

Quais das assertivas acima estão corretas?

(A) Apenas a I e II.
(B) Apenas a II e III.
(C) Apenas a I e III.
(D) Apenas a II e IV.
(E) Apenas a I e IV.

I: Correta. Para instruir a inicial o MP poderá instaurar inquérito civil ou requisitar os documentos que necessita (Art. 8º, § 1º, da Lei 7.347/1985). II: Incorreta. O prazo para remessa dos autos do inquérito civil é de 3 dias (art. 9º, § 1º, da Lei 7.347/1985). III: Incorreta. As associações terão até a sessão do Conselho Superior do Ministério Público para apresentar razões escritas ou documentos para juntada nos autos do inquérito civil (art. 9º da Lei 7.347/1985). IV: Correta. O artigo 9º, § 4º da Lei 7.347/1985 estabelece a designação de outro órgão do MP para o ajuizamento da ação civil pública caso não haja homologação do arquivamento. **LD/C**

Gabarito "E".

19.4. COLETIVO / PROCEDIMENTOS ESPECIAIS

(Procurador da República – 25º) Os juizados especiais cíveis federais, nos termos da legislação de regência:

I. Devem observar os prazos diferenciados de que gozam as pessoas jurídicas de direito público;

II. Podem julgar disputas sobre direitos indígenas, desde que a causa tenha valor de até 60 salários mínimos;

III. Admitem como legitimados ativos as pessoas físicas e as microempresas e como réus a União, autarquias e empresas públicas federais;

IV. Facultam às partes designar, oralmente ou por escrito, representantes para a causa, advogado ou não.

Quanto às proposições acima:

(A) Apenas uma está correta;
(B) Duas estão corretas;
(C) Todas estão corretas;
(D) Todas estão incorretas.

I: incorreta (art. 9º da Lei 10.259/2001); II: incorreta (art. 3º, § 1º, I, da Lei 10.259/2001 c/c art. 109, XI, da CF); III: incorreta para a banca, embora todos os sujeitos apontados na proposição possam ser partes. Ocorre que o art. 6º da Lei 10.259/2001, também prevê que podem ser autoras as empresas de pequeno porte (o que foi omitido no item III) e como rés as fundações (também não mencionadas). Ora, o fato de existirem outros legitimados, além daqueles que o item III aponta, não significa que o seu enunciado esteja incorreto, como considerou o examinador– mas sim omisso; IV: incorreta, porque pela previsão legal, a indicação só pode ser feita por escrito (art. 10 da Lei 10.259/2001). **LD**

Gabarito "D".

(Ministério Público/MG – 2012 – CONSULPLAN) Assinale a alternativa **INCORRETA**:

A ação monitória compete a quem pretender, com base em prova escrita sem eficácia de título executivo:

(A) Pagamento de soma em dinheiro.
(B) Entrega de coisa fungível.
(C) Determinado bem móvel.
(D) Restituição de imóvel divisível.

A: correta, (art. 700, I do NCPC); B: correta (art. 700, II do NCPC); C: correta (art. 700, II do NCPC); D: incorreta para a banca, pois não há essa situação específica nos incisos do art.700 do NCPC. Assim, deve esta ser assinalada. **LD**

Gabarito "D".

(Ministério Público/MS – 2013 – FADEMS) Sobre a matéria de inventário e partilha, assinale a alternativa **correta**:

(A) O inventário e a partilha deverão ser requeridos dentro de um prazo máximo de trinta dias a contar da abertura da sucessão, sob pena de imposição de multa sobre o imposto a recolher.

(B) No arrolamento de bens do espólio, a existência de credores impede a homologação da partilha.

(C) O legatário é parte ilegítima para manifestar-se sobre as dívidas do espólio quando o reconhecimento das dívidas importar em mera redução dos legados.

(D) O incidente de remoção de inventariante correrá apenso aos autos do inventário.
(E) Não incumbe ao inventariante trazer à colação os bens recebidos pelo herdeiro ausente, renunciante ou excluído.

A: incorreta, porque o prazo para a abertura do processo de inventário é de 2 meses, contado do óbito (art. 611 do NCPC); **B:** incorreta, porque "a existência de credores do espólio não impedirá a homologação da partilha ou da adjudicação, se forem reservados bens suficientes para o pagamento da dívida" (art. 663, do NCPC); **C:** incorreta, porque "o legatário é parte legítima para manifestar-se sobre as dívidas do espólio: (...) II – quando o reconhecimento das dívidas importar redução do legado" (art. 645, II, do NCPC); **D:** correta (art. 623, parágrafo único, do NCPC); **E:** incorreta, porque "o herdeiro que renunciou à herança ou o que dela foi excluído não se exime, pelo fato da renúncia ou da exclusão, de conferir, para o efeito de repor a parte inoficiosa, as liberalidades que houve do doador" (art. 640, "*caput*", do NCPC). Logo, cabe ao inventariante apontar, nas primeiras declarações, as liberalidades recebidas por tais herdeiros. **LD/DS**

Gabarito "D"

(Procurador da República – 25º) Quanto às ações coletivas:

(A) A arguição incidental de constitucionalidade só pode ser admitida com fundamento do pedido, nunca como objeto da ação principal;
(B) No mandado de segurança coletivo, a improcedência do pedido por falta de provas faz coisa julgada em relação aos interesses individuais dos substituídos;
(C) A ação popular, cuja legitimidade é atribuída aos cidadãos, só pode ser ajuizada em caso de atos ilegais e lesivos ao patrimônio público;
(D) O que difere os direitos individuais homogêneos dos direitos difusos é o fato de que estes últimos têm indeterminação quanto aos titulares.

A: correta, porque "não é possível ação civil pública com o objetivo do exercício do controle concentrado de constitucionalidade de leis ou atos normativos do poder público. Todavia, admite-se a ação civil pública com a finalidade de exercício do controle incidental de constitucionalidade, pela via difusa (...)" (STF, Rcl 600/SP, Rel. Ministro NÉRI DA SILVEIRA, TRIBUNAL PLENO, julgado em 03/09/1997, DJ 05/12/2003 – e RTJ 186/690); **B:** incorreta, porque também nesse caso vigora o sistema da coisa julgada *secundum eventum litis*; **C:** incorreta, porque também é cabível quando se tratar de ato lesivo aos bens e direitos de valor econômico, artístico, estético, histórico ou turístico (art. 1º, § 1º, da Lei 4.717/1965); **D:** incorreta, porque nos interesses difusos há ainda a natureza indivisível, o que não está presente nos interesses individuais homogêneos. **LD**

Gabarito "A"

(Procurador da República – 26º) Quanto às ações coletivas:

I. No mandado de segurança coletivo, haverá interesse dos membros ou associados sempre que houver correspondência entre os interesses que se pretende tutelar e os fins institucionais da associação, sindicato ou entidade de classe;
II. Em ação civil pública, proposta pelo Ministério Público é possível que a inconstitucionalidade determinada norma seja declarada incidentalmente, tendo em vista o caso concreto;
III. Os direitos individuais homogêneos diferem dos direitos difusos e coletivos porque estes últimos não têm titular individualizado, mas um grupo identificado, e sua natureza é indivisível;
IV. Segundo o STF, o Ministério Público tem legitimidade para propor ação civil pública em defesa dos direitos individuais homogêneos sempre que estes, tomados em seu conjunto, ostentem grande relevo social.

Quanto às proposições acima:
(A) Apenas uma está correta:
(B) Duas estão corretas:
(C) Três estão corretas:
(D) Todas estão corretas.

I: correta, porque nesse caso, exige-se a chamada pertinência temática (art. 21, *caput*, da Lei 12.016/2009); **II:** correta ("(...) admite-se a ação civil pública com a finalidade de exercício do controle incidental de constitucionalidade, pela via difusa (...)" (STF, Rcl 600/SP, Rel. Ministro Néri da Silveira, Pleno, julgado em 03/09/1997, *DJ* 05/12/2003 e RTJ 186/690); **III:** incorreta, porque o item não indica o motivo pelo qual os interesses individuais homogêneos diferem dos difusos, e também limita os coletivos como sendo aqueles pertencentes a um grupo, sem se referir à categoria ou à classe de pessoas ligadas entre si ou com a parte contrária por uma relação jurídica base (art. 81 do CDC); **IV:** correta, porque "em ações civis públicas em que se discutem interesses individuais homogêneos dotados de grande relevância social, reconhece-se a legitimidade ativa do Ministério Público para seu ajuizamento. Pacífica jurisprudência do Supremo Tribunal Federal nesse sentido" (STF, AgRg no AgIn 813.045/RJ, Rel. Ministro Dias Toffoli, 1ªT., julgado em 26/02/2013, processo eletrônico DJe-080 divulg 29/04/2013, public 30/04/2013). **LD**

Gabarito "C"

(Ministério Público/MS – 2013 – FADEMS) Considere as seguintes proposições:

I. A denegação de mandado de segurança pela sentença não implica cessação da eficácia da liminar concedida.
II. Na hipótese de o juiz proferir decisão denegatória de mandado de segurança, entendendo inexistente o direito pleiteado pelo impetrante, este poderá, ulteriormente, intentar o reconhecimento do direito pela via ordinária por meio de ação própria.
III. No mandado de segurança é garantida a tutela jurisdicional a direito líquido e certo, entendido este como aquele que, mesmo para o seu reconhecimento, exija deslinde de tese jurídica complexa e controvertida.
IV. No mandado de segurança a pretensão mandamental deve ser dirigida contra a autoridade delegante quando o ato impugnado tiver sido praticado por autoridade no exercício de competência delegada.

São corretas:
(A) Somente as proposições I, II e III.
(B) Somente as proposições II e III.
(C) Somente as proposições I e IV.
(D) Somente as proposições II, III e IV.
(E) Somente as proposições III e IV.

I: incorreta, porque "os efeitos da medida liminar, salvo se revogada ou cassada, persistirão até a prolação da sentença" (art. 7º, § 3º, da Lei 12.016/2009). Assim, proferida a sentença que denega a segurança, a medida liminar perde imediatamente sua eficácia; **II:** correta para a banca. Possivelmente porque o examinador tenha se fundado na Súmula 304 do STF, segundo a qual, "decisão denegatória de mandado de segurança, não fazendo coisa julgada contra o impetrante, não impede o uso da ação própria". Ocorre, no entanto, que o art. 19 da Lei 12.016/2009 restringe o cabimento da ação própria se, e desde que, a denegação do mandado de segurança tenha se dado sem resolução do mérito. Logo, a decisão que denega a segurança, "se aprecia o mérito do pedido e entende que o impetrante não tem direito algum (e não que lhe falta direito líquido e certo), é coberta pela coisa julgada material, impedindo a reapreciação da controvérsia em ação ordinária" (*RTJ* 38/184); **III:** correta, porque, de acordo com a Súmula n. 625 do STF, "controvérsia sobre matéria de direito não impede concessão de mandado de segurança"; **IV:** incorreta, porque "praticado o ato por autoridade, no exercício de competência delegada, contra ela cabe o mandado de segurança ou a medida judicial" (Súmula n. 510 do STF). **LD/DS**

Gabarito "B".

(Ministério Público/SP – 2013 – PGMP) Sobre o mandado de segurança, é CORRETO afirmar:

(A) pode ser impetrado, para a defesa de direito líquido e certo próprio violado por ato de autoridade, por quem não tem capacidade postulatória.

(B) o ingresso do litisconsorte ativo necessário não é admitido após o despacho da petição inicial.

(C) o rol dos legitimados para impetrar o mandado de segurança coletivo é taxativo e, portanto, o Ministério Público não poderá impetrá-lo para a defesa dos direitos difusos e coletivos.

(D) a apelação interposta contra a sentença que denega a ordem e revoga a liminar é processada no efeito devolutivo e excepcionalmente no suspensivo também.

(E) denegada a ordem de segurança sem apreciação do mérito, o pedido de mandado de segurança poderá ser renovado no prazo de 120 (cento e vinte) dias, contados do trânsito em julgado da decisão denegatória.

A: incorreta, pois a própria parte não é dotada de capacidade postulatória no MS (não há qualquer dispositivo legal nesse sentido); **B:** incorreta. Apesar de o art.10, § 2º apontar como vedado o ingresso de litisconsorte ativo após o despacho inicial, se a hipótese é de litisconsórcio necessário, isso é de ser admitido, sob pena de extinção do processo; **C:** incorreta. Além dos partidos políticos (mencionados no art. 21 da Lei 12.016/2009), cabe o ajuizamento por outros legitimados para o processo coletivo, como o MP; **D:** correta, especialmente por exclusão das demais alternativas. Além disso, no caso de concessão de liminar e da ordem, cabe execução provisória (art. 14, § 3º da Lei 12.016/2009); por isonomia, pode-se afirmar que correta a alternativa. **E:** incorreta, tendo em vista que o prazo de 120 é contado da ciência do ato impugnado (art. 23 da Lei 12.016/2009). **LD**

Gabarito "D".

(Ministério Público/SC – 2012) Analise as assertivas a seguir.

I. As entidades autárquicas jamais poderão ser sujeitos passivos em Mandado de Segurança, porque excluídos, pela Lei n. 12.016/2009.

II. Não cabe mandado de segurança contra os atos de gestão comercial praticados pelos administradores de empresas públicas, de sociedade de economia mista e de concessionárias de serviço público.

III. Em caso de urgência, é permitido, observados os requisitos legais, impetrar mandado de segurança por telegrama.

IV. O pedido de mandado de segurança poderá ser renovado dentro do prazo decadencial, se a decisão denegatória não lhe houver apreciado o mérito.

V. Segundo a Lei n. 12.016/2009, poderá ser concedida medida liminar que tenha por objeto a reclassificação ou equiparação de servidores públicos e a concessão de aumento ou a extensão de vantagens ou pagamento de qualquer natureza.

(A) Apenas as assertivas I, II e III estão corretas.
(B) Apenas as assertivas II, III e IV estão corretas.
(C) Apenas as assertivas III, IV e V estão corretas.
(D) Apenas as assertivas II, III e V estão corretas.
(E) Todas as assertivas estão corretas.

I: incorreta (art. 1º, § 1º, da Lei 12.016/2009) **II:** correta, nos termos do § 2º do art. 1º da Lei 12.016/2009; **III:** correta (art. 4º da Lei 12.016/2009); **IV:** correta (art. 6º, § 6º, da Lei 12.016/2009); **V:** incorreta (art. 7º, § 2º, da Lei 12.016/2009). **LD**

Gabarito "B".

(Ministério Público/SC – 2012) Analise as seguintes assertivas:

I. Na Lei 12.016/2009, há previsão de impetração de mandado de segurança através de telegrama, radiograma, fax ou outro meio eletrônico de autenticidade comprovada, desde que o texto original da petição seja apresentado nas 48 (quarenta e oito) horas seguintes.

II. Consoante a Lei 12.016/2009, em mandado de segurança é vedada a concessão de medida liminar que tenha por objeto a compensação de créditos tributários, a reclassificação ou equiparação de servidores públicos e a concessão de aumento ou a extensão de vantagens ou pagamento de qualquer natureza.

III. Prevê a Lei 12.016/2009, que no mandado de segurança, terá o Ministério Público 10 (dez) dias para opinar, sendo que após tal prazo, os autos deverão ir conclusos ao juiz, que terá 15 (quinze) dias para decidir.

IV. Ainda de acordo com a Lei 12.016/2009, o mandado de segurança coletivo poderá ser impetrado para proteger direitos individuais homogêneos, assim entendidos, para efeitos da Lei, os decorrentes de origem comum e da atividade ou situação específica da totalidade ou de parte dos associados ou membros do impetrante.

V. Extrai-se da Lei 8.009/1990, que a impenhorabilidade do bem de família é oponível em qualquer processo de execução civil, fiscal, previdenciária, trabalhista ou de outra natureza, salvo se movido pelo credor de pensão alimentícia, ou em razão dos créditos de trabalhadores da própria residência e das respectivas contribuições previdenciárias, além de outras hipóteses previstas na referida Lei.

(A) Apenas as assertivas II, III e IV estão corretas.
(B) Apenas as assertivas I, II, III e V estão corretas.
(C) Apenas as assertivas II, III, IV e V estão corretas.
(D) Apenas as assertivas I, II, IV e V estão corretas.
(E) Todas as assertivas estão corretas.

I: incorreta, porque o prazo a apresentação do original da petição é de 5 dias (art. 4º, § 2º, da Lei 12.016/2009); **II:** correta (§ 2º do art. 7º da Lei 12.016/2009); **III:** correta, de acordo com o gabarito oficial. Porém, a alternativa contém um equívoco: o prazo para o juiz proferir decisão é de 30 dias, e não de 15 como constou (art. 12, parágrafo único da Lei 12.016/2009). Por essa razão, a questão foi anulada; **IV:** correta (art. 21, parágrafo único, II); **V:** correta no momento da aplicação da questão, pois essa era uma exceção à impenhorabilidade (art. 3º da Lei 8.009/1990).Porém, esse inciso foi revogado pela LC 150/2015, de modo que atualmente há a impenhorabilidade mesmo nessa situação. **LD**

Gabarito "Anulada".

(Ministério Público/SC – 2012) Analise as seguintes assertivas:

I. Não cabe mandado de segurança contra os atos de gestão comercial praticados pelos administradores de empresas públicas, de sociedade de economia mista e de concessionárias de serviço público.

II. Quando o direito ameaçado ou violado couber a várias pessoas, qualquer delas poderá requerer o mandado de segurança.
III. Da sentença denegatória ou concessiva de mandado de segurança cabe apelação.
IV. A sentença que, julgando procedente a ação popular, decretar a invalidade do ato impugnado, condenará ao pagamento de perdas e danos os responsáveis por sua prática e os beneficiários dele, ressalvada a ação regressiva contra os funcionários causadores do dano, quando incorrerem em culpa.
V. Conceder-se-á mandado de segurança sempre que inviável o exercício de liberdades constitucionais por ausência de norma regulamentadora da Constituição Federal.
(A) Apenas as assertivas I, II, III e IV estão corretas.
(B) Apenas as assertivas II, III, IV e V estão corretas.
(C) Apenas as assertivas II, III e IV estão corretas.
(D) Apenas as assertivas I e V estão corretas.
(E) Todas as assertivas estão corretas.

I: correta (art. 1º, § 2º da Lei 12.016/2009); II: correta (§ 3º do art. 1º da Lei 12.016/2009); III: correta (art. 14 da Lei 12.016/2009); IV: correta (art. 11 da Lei 4.717/1965); V: incorreta, porque essa é a hipótese de cabimento de mandado de injunção (art. 5º, inciso LXXI, CF). **LD**
Gabarito "A".

(Ministério Público/SP – 2012 – VUNESP) Quanto ao mandado de segurança, é correto afirmar:

(A) Quando a matéria de direito for controvertida não cabe mandado de segurança, pois não há direito líquido e certo.
(B) Quando o direito ameaçado ou violado couber a várias pessoas, será caso de mandado de segurança coletivo.
(C) No mandado de segurança coletivo, a sentença fará coisa julgada *erga omnes*.
(D) Não se aplica ao mandado de segurança coletivo o prazo decadencial de 120 dias.
(E) É cabível mandado de segurança coletivo para proteção de direitos individuais homogêneos.

A: incorreta (Súmula n. 625 do STF); B: incorreta, porque, nesse caso, poderá haver litisconsórcio entre os vários titulares, mas ainda assim o mandado de segurança será individual, porque os direitos tutelados terão natureza individual, e não coletiva; C: incorreta, porque "no mandado de segurança coletivo, a sentença fará coisa julgada limitadamente aos membros do grupo ou categoria substituída pelo impetrante" (art. 22 da Lei 12.016/2009); D: incorreta, porque o prazo também é aplicável ao mandado de segurança coletivo (art. 23 da Lei 12.016/2009); E: correta (art. 21, parágrafo único, II, Lei 12.016/2009). **LD**
Gabarito "E".

(Ministério Público/MG – 2011) Marque a alternativa **INCORRETA**.

(A) Se intempestivo o recurso administrativo com efeito suspensivo, o prazo decadencial para a impetração do mandado de segurança começa a fluir desde o momento em que se encerrou o prazo recursal.
(B) Tratando-se de mandado de segurança preventivo, não se computa prazo decadencial para a sua impetração.
(C) Findando o prazo decadencial em dia que não haja expediente forense, o mandado de segurança poderá ser impetrado no primeiro dia útil subsequente.
(D) A decisão que extingue a ação mandamental, fundada na superação do prazo decadencial ou no reconhecimento de que não houve violação do direito reclamado, não impede a renovação da controvérsia nas vias ordinárias.

A: correta (nesse sentido, STJ, REsp 109.882); B: correta (STJ, REsp 46.174-0); C: correta (STJ, MS 10.220, mas deve ser registrada a existência de decisões no sentido de que o prazo, por ser decadencial, não se prorroga); D: incorreta, devendo esta ser assinalada, porque a decisão que denega a segurança, se aprecia o mérito do pedido e entende que o impetrante não tem direito algum, é coberta pela coisa julgada material, impedindo a reapreciação da controvérsia em ação ordinária; por outro lado, o simples reconhecimento da decadência da ação mandamental não compromete o acesso às vias ordinárias. **LD**
Gabarito "D".

(Ministério Público/SP – 2011) É correto afirmar que, na ação civil constitucional de mandado de segurança,

(A) pode ser impetrado coletivamente, por entidade de classe ou associação legalmente constituída e em funcionamento há menos de 1 (um) ano, em defesa dos interesses de seus membros ou associados.
(B) a controvérsia sobre matéria de direito não impede a sua concessão.
(C) a ação mandamental coletiva induz litispendência para as impetrações individuais.
(D) a controvérsia sobre matéria de fato não impede a sua concessão.
(E) no mandado de segurança coletivo, a medida liminar pode ser concedida *inaudita altera pars*.

A: incorreta, porque a lei fala em "funcionamento há pelo menos um ano", e não há menos de um ano (art. 21 da Lei 12.016/2009); B: correta (Súmula 625 do STF); C: incorreta (art. 22, § 1º, da Lei 12.016/2009); D: incorreta, porque no mandado de segurança, por ser exigida a demonstração do direito líquido e certo do impetrante, não se admite a produção de provas acerca dos fatos alegados; E: incorreta (art. 22, § 2º, da Lei 12.016/2009). **LD/DS**
Gabarito "B".

(Ministério Público/CE – 2011 – FCC) No tocante ao mandado de segurança, é correto afirmar:

(A) Da decisão do juiz de primeiro grau que conceder ou negar a liminar caberá recurso de apelação.
(B) Para efeito de sua concessão, equiparam-se às autoridades, entre outros, os dirigentes de pessoas jurídicas ou as pessoas naturais no exercício de atribuições do poder público, apenas no que disser respeito a essas atribuições.
(C) Concedida medida liminar, seus efeitos persistirão até o trânsito em julgado da decisão concessiva da segurança.
(D) Não se concederá mandado de segurança de decisão judicial da qual caiba recurso com efeito meramente devolutivo.
(E) A autoridade coatora pode informar e defender a licitude de seu ato, mas não recorrer da concessão da segurança.

A: incorreta, porque o recurso cabível, nesses casos, é o agravo de instrumento (art. 7º, § 1º, da Lei 12.016/2009– no NCPC, a previsão do agravo nessa hipótese está prevista no art. 1.015, I); B: correta (art. 1º, § 1º, da Lei. 12.016/2009); C: incorreta, porque "os efeitos da liminar, salvo se revogada ou cassada, persistirão até a prolação da sentença" (art. 7º, § 3º, da Lei 12.016/2009); D: incorreta, porque a lei afasta o cabimento do mandado de segurança quando se tratar de decisão judicial da qual caiba recurso com efeito suspensivo (art. 5º,

II, Lei 12.016/2009); **E:** incorreta, porque a autoridade coatora também tem legitimidade recursal em matéria de mandado de segurança (art. 14, § 2º, da Lei 12.016/2009). **LD/DS**

Gabarito "B".

20. TEMAS COMBINADOS

(Procurador da República – PGR – 2013) Em matéria de prova:

(A) O fato de o beneficiário da justiça gratuita não ostentar, momentaneamente, capacidade econômica de arcar com o adiantamento das despesas da perícia por ele requerida autoriza, por si só, a inversão do ônus de seu pagamento, que será realizado pelo Estado.
(B) O princípio da persuasão racional ou da livre convicção motivada do juiz, positivado no art. 131 do Código de Processo Civil, possibilita ao magistrado apreciar livremente a prova, atendendo aos fatos e circunstâncias dos autos, sem necessidade de fundamentar a dispensa de perícia.
(C) Não configura cerceamento de defesa a decisão que, a um só tempo, deixa de reconhecer alegação por falta de prova, por entender o juiz que não era caso de dilação probatória, e julga antecipadamente a lide.
(D) Por não se enquadrar nas hipóteses de proteção constitucional do sigilo das comunicações, tampouco estar disciplinada no campo infraconstitucional, a gravação unilateral feita por um dos interlocutores com o desconhecimento do outro deve ser admitida.

A: Incorreta, pois a inversão do ônus da prova não se confunde com a inversão do ônus do pagamento da prova – que significa que a parte contrária teria de pagar. **B:** Incorreta. No NCPC, o tema é regulado no art. 371 – que *sempre* demanda a decisão fundamentada. **C:** Incorreta, pois são situações incompatíveis. Afinal, a falta de prova ocorre exatamente porque a produção de prova não foi permitida (nesse sentido, decisão do STJ no AgRg no AREsp 617.856/RJ). **D:** Correta, pois quem participa de uma conversa pode gravá-la sem conhecimento do outro (nesse sentido, Informativo 568/STF, RE 583.937 QO/RJ). **LD**

Gabarito "D".

(Procurador da República – PGR – 2013) Dentre as proposições abaixo, algumas são falsas, outras verdadeiras:

I. Em demandas possessórias, o autor pode cumular o pedido de condenação em perdas e danos e o de desfazimento de construção, feita em detrimento de sua posse, bem como pode, não sendo possível determinar as consequências do ato ou fato ilícito, formular pedido genérico.
II. O recurso especial, cuja fundamentação se insurge contra decisão interlocutória em processo de conhecimento que trata de perícia judicial, ficará retido nos autos, mas seu processamento deverá ocorrer juntamente com o do recurso contra a decisão final, ou das contrarrazões.
III. Segundo decidiu unanimemente o Plenário do STF, no julgamento da ADI 4264, é inconstitucional o art. 11 do Decreto-lei 9.760/1946, com a redação dada pelo art. 5º da Lei 11.481/2007, que autoriza o Serviço de Patrimônio da União a notificar por edital os interessados no procedimento de demarcação de terrenos de marinha.
IV. A determinação da indisponibilidade de bens, em ação civil pública por improbidade administrativa, pode recair sobre aqueles adquiridos antes ou depois dos fatos narrados na inicial, inclusive bem de família, já que tal medida não implica em expropriação do bem.

Das proposições acima:

(A) I e II estão corretas;
(B) II e III estão corretas;
(C) I e IV estão corretas;
(D) III e IV estão corretas.

I: Correta, a cumulação de pedidos em demanda possessória encontra amparo legal no artigo 555 do NCPC. **II:** Incorreta, não mais existindo, no NCPC, a figura do recurso especial retido. **III:** Incorreta, o Plenário do STF decidiu, nesse julgado, pelo restabelecimento da obrigatoriedade de convite pessoal dos ocupantes conhecidos das áreas da marinha. **IV:** Correta, é pacífica a jurisprudência no STJ da indisponibilidade de bens mesmo quando adquiridos antes do ato ilícito de improbidade administrativa (REsp 1.477.939-SP). **LD**

Gabarito "C".

(Promotor de Justiça – MPE/MS – FAPEC – 2015) Considerando a atual jurisprudência do Superior Tribunal de Justiça, assinale a alternativa **incorreta**:

(A) Não é admissível, mesmo sendo assegurado o contraditório, prova emprestada de processo do qual não participaram as partes do processo para o qual a prova será trasladada.
(B) Quando a matéria controvertida for unicamente de direito e no juízo já houver sido proferida sentença de total improcedência em outros casos idênticos, poderá ser dispensada a citação e proferida sentença, reproduzindo-se o teor da anteriormente prolatada, desde que condicionada à dupla conformidade.
(C) A parte não pode deixar para arguir a suspeição de perito apenas após a apresentação de laudo pericial que lhe foi desfavorável.
(D) O revel, em processo cível, pode produzir provas, desde que compareça em tempo oportuno.
(E) A citação postal, quando autorizada por lei, exige o aviso de recebimento.

A: Incorreta, devendo esta ser assinalada. O artigo 372 do NCPC permite a prova emprestada, desde que haja o contraditório. **B:** Correta no CPC/1973, mas incorreta no NCPC. No NCPC, para a improcedência liminar não basta decisão do próprio juízo, mas sim decisão vinculante de tribunal (art. 332 do NCPC). **C:** Correta, por força da preclusão. Nesse sentido, ainda, já decidiu o STJ (Informativo 532), não podendo a parte manifestar-se à cerca da suspeição do perito após o laudo pericial desfavorável. **D:** Correta conforme a jurisprudência anterior e, agora, devidamente constante do Código (NCPC, art. 349). **E:** Correta (súmula 429/STJ). **LD**

Gabarito "A" no CPC/1973 e "A" e "B" no NCPC.

(Promotor de Justiça – MPE/BA – CEFET – 2015) Sobre a pretensão deduzida na ação mandamental, é <u>POSSÍVEL</u> afirmar que:

(A) A perda do objeto enseja a extinção do processo sem resolução do mérito.
(B) Em qualquer hipótese, deve haver um pronunciamento de mérito por se tratar de ação constitucional.
(C) Não é obrigatória a intervenção do Ministério Público se a pretensão deduzida versar sobre direito patrimonial.
(D) A intervenção do Ministério Público não é obrigatória se as partes forem legítimas e estiverem corretamente representadas.
(E) A perda do objeto não interfere no julgamento do processo por se tratar de ação constitucional.

A "ação mandamental" é uma demanda em que o pedido formulado (ou a tutela pretendida) é uma ordem para que alguém faça alguma coisa. O exemplo típico é o mandado de segurança – mas não só via MS pode se chegar a uma tutela mandamental. Já a ação constitucional é aquela que tem base constitucional (como o MS, HC, ADI etc.). **A:** Correta. A "perda de objeto" é a falta superveniente de interesse de agir (NCPC, art. 485, VI). **B:** Incorreta, pois a tutela mandamental não se limita ao mandado de segurança, mas pode ser formulada em demandas pelo procedimento comum. **C:** Incorreta. O artigo 178 do NCPC determina que o MP deverá como fiscal da lei nas hipóteses ali indicadas – podendo ser ou não questões patrimoniais (como quando envolver interesse público ou social). **D:** Incorreta, nos termos da resposta ao item "C" – sendo hipótese do art. 178, não importa a tutela pretendida (declaratória ou mandamental, por exemplo) ou se as partes são legítimas ou não. **E:** Incorreta, se não há mais interesse de agir, extingue-se o processo em mérito, de modo que não se analise o pedido, qualquer que seja ele. **LD/C**
Gabarito "A"

(Procurador de Justiça – MPE/GO – 2016) Segundo o Código de Processo Civil, assinale a alternativa incorreta:

(A) a primeira lista de processos para julgamento em ordem cronológica observará a antiguidade da distribuição entre os já conclusos na data da entrada em vigor do Código de Processo Civil.

(B) as disposições de direito probatório adotadas pelo Código de Processo Civil aplicam-se apenas às provas requeridas ou determinadas de ofício a partir da data de início de sua vigência.

(C) o incidente de desconsideração da personalidade jurídica não se aplica ao processo de competência dos juizados especiais, tendo em vista o princípio da celeridade processual.

(D) havendo mais de um intimado, o prazo para cada um é contado individualmente, ou seja, para cada parte a fluência do prazo ocorre com a juntada de seu aviso de recebimento ou de seu mandado aos autos, ainda que haja mais de um réu.

A: Correta. Conforme disposto no art. 1.046 do NCPC. **B:** Correta. As normas do NCPC com relação às provas serão aplicadas apenas as que foram requeridas ou determinadas a partir da vigência do novo Código (art. 1.047 do NCPC) **C:** Incorreta, devendo esta ser assinalada. O IRDR também se aplica aos juizados especiais (art. 1.062 do NCPC). **D:** Correta. O prazo de cada parte é contado a partir do momento da juntada de aviso de recebimento da sua citação (art. 231, §2º do NCPC). **LD/C**
Gabarito "C"

(Procurador de Justiça – MPE/GO – 2016) Assinale a alternativa incorreta:

(A) O Ministério Público, quando autor da ação, deverá, na petição inicial, expor todos os fatos e fundamentos jurídicos de seu pedido, demonstrando como os fatos narrados autorizam a produção do efeito jurídico pretendido, bem como formulando pedido ou pedidos, certos, determinados, claros, coerentes e com suas especificações completas.

(B) A cumulação de pedidos será lícita, desde que os pedidos sejam compatíveis entre si; seja competente para deles conhecer o mesmo juízo; seja adequado para todos os pedidos o tipo de procedimento.

(C) Encerrada a fase do saneamento do processo, não será permitido ao autor, ainda que haja concordância do réu, alterar o pedido e a causa de pedir constantes da petição inicial.

(D) Oferecida a contestação, o autor somente pode desistir do processo, com o consentimento do réu. Na desistência do recurso, a concordância da parte adversa é, de igual forma, exigida, se já ofertadas as contrarrazões.

A: Correta, pois se trata de uma atuação esperada de qualquer autor, inclusive por força da boa-fé. **B:** Correta (NCPC, art. 327). **C:** Correta, pois há a estabilização objetiva da demanda (NCPC, art. 329, II). **D:** Incorreta, devendo esta ser assinalada. Ainda que correta quanto ao processo em 1º grau, incorreta quanto ao recurso – cabe a desistência sem anuência da parte contrária (art. 999). **LD/C**
Gabarito "D"

(Procurador da República – 26º) Leia atentamente as seguintes proposições:

I. Não cabe agravo regimental contra decisão do Relator que concede ou indefere liminar em mandado de segurança;

II. O Supremo Tribunal Federal é competente para conhecer originariamente de mandado de segurança contra atos de outros tribunais;

III. A entidade de classe não está legitimada para impetração de segurança quando a pretensão interesse apenas a uma parte da respectiva categoria:

IV. Não cabem embargos infringentes de acórdão que, em mandado de segurança, decidiu, por maioria de votos, a apelação.

Das proposições acima:

(A) I e II estão corretas;
(B) I e III estão corretas;
(C) I e IV estão corretas:
(D) Todas as proposições estão corretas.

I: correta para a banca, porque nos exatos termos da Súmula 622 do STF: "Não cabe agravo regimental contra decisão do relator que concede ou indefere liminar em mandado de segurança" (**Atenção:** não há base legal para isso no NCPC – que prevê, no art. 1.021, amplamente o uso do agravo interno contra decisão monocrática; a conferir o que prevalecerá com o Novo Código); **II:** incorreta, porque não há previsão constitucional nessa linha e orientação firmada é no sentido de que "O Supremo Tribunal Federal não é competente para conhecer de mandado de segurança contra atos dos Tribunais de Justiça dos Estados" (Súmula 330 do STF); **III:** incorreta (art. 21, "*caput*", da Lei 12.016/2009); **IV:** correta (art. 25 da Lei 12.016/2009). **LD**
Gabarito "C"

3. DIREITO PENAL

Arthur Trigueiros e Eduardo Dompieri*

1. CONCEITO, FONTES E PRINCÍPIOS

(Ministério Público/Acre – 2014 – CESPE) No tocante aos princípios constitucionais penais, assinale a opção correta.

(A) No que se refere à aplicação do princípio da insignificância, o STF tem afastado a tipicidade material dos fatos em que a lesão jurídica seja inexpressiva, sem levar em consideração os antecedentes penais do agente.

(B) O direito penal constitui um sistema exaustivo de proteção de todos os bens jurídicos do indivíduo, de modo a tipificar o conjunto das condutas que outros ramos do direito consideram antijurídicas.

(C) Uma das vertentes do princípio da proporcionalidade é a proibição de proteção deficiente, por meio do qual se busca impedir um direito fundamental de ser deficientemente protegido, seja mediante a eliminação de figuras típicas, seja pela cominação de penas inferiores à importância exigida pelo bem que se quer proteger.

(D) Segundo entendimento consolidado do STF, a imposição de regime disciplinar diferenciado ao executando ofende o princípio da individualização da pena, visto que extrapola o regime de cumprimento da reprimenda imposta na sentença condenatória.

(E) Prevalece na doutrina o entendimento de que constitui ofensa ao princípio da legalidade a existência de leis penais em branco heterogêneas, ou seja, daquelas cujos complementos provenham de fonte diversa da que tenha editado a norma que deva ser complementada.

A: incorreta, pois, muito embora o STF não analise os antecedentes, não basta que a lesão ao bem jurídico seja inexpressiva, sendo necessário o preenchimento dos seguintes requisitos: 1) a mínima ofensividade da conduta do agente; 2) a ausência de periculosidade social da ação; 3) o reduzido grau de reprovabilidade do comportamento; e 4) a inexpressividade da lesão jurídica causada (STF, 102550, 1ª Turma, *DJ* 08/.11/.2011 e STJ, HC 145.397, *DJ* 19/.12/.2011). Frise-se, por sua vez, que o STJ analisa também a reincidência e os maus antecedentes para a aplicação do princípio da insignificância (HC 173.01, 5ª Turma, *DJ* 28/.11/.2011); **B:** incorreta. Como é sabido e ressabido, o Direito Penal é ramo que tutela os bens jurídicos mais relevantes, e somente quando os demais ramos do Direito são incapazes de, adequadamente, protegê-los. Lembre-se que o Direito Penal é de *ultima ratio* e que nem toda conduta antijurídica é penalmente relevante; **C:** correta. O princípio da proporcionalidade é, em verdade, um limite ao legislador, que deve proteger o bem jurídico de forma eficaz e intervir apenas quando necessário, bem como ao aplicador do direito. Assim, pode-se dizer que modernamente o princípio da proporcionalidade possui dois enfoques: a) proibição do excesso, impedindo um tratamento penal exagerado e desnecessário por parte do Estado; b) proibição de proteção insuficiente de direitos fundamentais, não se admitindo que condutas que ofendam bens jurídicos deixem de merecer a tutela penal; **D:** incorreta. Embora haja controvérsia doutrinária acerca da (in)constitucionalidade do regime disciplinar diferenciado (RDD), até o presente momento o STF não se manifestou, de forma conclusiva, acerca da eventual violação ao princípio da individualização da pena. Nada obstante o art. 52 da LEP, que trata de referida sanção disciplinar no curso da execução penal, traga, de fato, uma série de restrições à liberdade do preso (definitivo ou provisório), não se pode, de antemão, afirmá-lo inconstitucional. Afinal, o referido princípio constitucional (art. 5º, XLVI) dispõe que "a lei regulará a individualização da pena". E, no caso, a LEP regulou adequadamente a individualização da reprimenda, impondo-se o RDD apenas em situações excepcionais, assegurados o contraditório e a ampla defesa; **E:** incorreta, pois o entendimento majoritário é no sentido de que a norma penal em branco é constitucional, não ofendendo o princípio da legalidade. Neste sentido: "*As normas em branco não ofendem a legalidade porque se pode encontrar o complemento da lei penal em outra fonte legislativa, embora diversa do Direito Penal, previamente determinada e conhecida*" (NUCCI, Guilherme de Souza. Manual de Direito Penal).

„Gabarito "C".

(Ministério Público/Acre – 2014 – CESPE) Considerando o entendimento da doutrina majoritária e do STJ, assinale a opção correta quanto ao princípio da insignificância.

(A) Conforme o entendimento da doutrina majoritária, o princípio da insignificância afeta a tipicidade formal.

(B) Em se tratando do crime de contrabando, é possível a aplicação do princípio da insignificância.

(C) Independentemente do valor do tributo sonegado em decorrência de crime de descaminho, é possível a aplicação do princípio da insignificância.

(D) A reiteração delitiva impede a aplicação do princípio da insignificância em razão do alto grau de reprovabilidade do comportamento do agente.

(E) Para a aplicação do princípio da insignificância, exige-se a satisfação de um único requisito: ausência de periculosidade social da ação.

A: incorreta, pois o princípio da insignificância afeta a tipicidade material e não formal, devendo ser analisado pelo aplicador do direito se a conduta do agente lesou ou causou perigo de lesão de forma relevante ao bem jurídico tutelado; **B:** incorreta. Muito embora haja entendimento em sentido contrário, o STJ já decidiu no sentido de que é incabível a aplicação do princípio da insignificância ao delito de contrabando, em razão do alto grau de reprovabilidade da conduta delituosa, ainda que a mercadoria proibida não possa ser aferida economicamente, já que não se trata de um crime puramente fiscal. *Ao contrário do que ocorre com o delito de descaminho, o bem juridicamente tutelado no crime de contrabando não se limita ao mero valor pecuniário do imposto elidido, pois também visa à proteção do interesse estatal de impedir a entrada e a comercialização de produtos proibidos em território nacional* (STJ,

---

* Arthur Trigueiros comentou as questões dos seguintes concursos: MP/MG/14, MP/PI/14, MP/DF/13, MP/ES/2013, MP/GO/13, MP/MG/13, MP/MS/13 ,MP/SP/13, MP/GO/12, MP/MG/12, MP/MT/12, MP/SC/12, MP/PI/12, MP/RR/12, MP/SP/12, MP/TO/12, MP/CE/11, MP/RJ/11, MP/MG/11, MP/GO/10, MP/PB/10, MP/MS/09, MP/RS/09, MP/RN/09, MP/AC/08, MP/SC/08, MP/RS/08, MP/BA/08, MP/PI/08, MP/MG/06, quando houver. **Eduardo Dompieri** comentou as demais questões.

HC 45099/AC, 5ª Turma, *DJ* 04/.09/.2006 e STJ – RHC: 30026 RJ 2011/0073758-1, Relator: Ministra Laurita Vaz, Data de Julgamento: 20/.08/.2013, T5 – Quinta Turma); **C:** incorreta, pois o STJ entende que é possível a aplicação do princípio da insignificância quando o tributo iludido pelo delito de descaminho for de valor inferior a R$ 10.000,00, ante o disposto no artigo 20 da Lei n. 10.522/2002, que dispensa a União de executar os créditos fiscais em valor inferior a esse patamar (STJ, HC 180.993, 5ª Turma, *DJ* 19/.12/.2011). Por sua vez, o STF entende que é possível a aplicação do princípio da insignificância quando o valor for inferior a R$ 20.000,00, levando-se em consideração a atualização pelas Portarias 75 e 130/2012 do Ministério da Fazenda (STF, HC 123479/RS, *DJ* 07/.10/.2014); **D:** correta, pois, de fato, segundo o entendimento majoritário do STJ, deve-se analisar a reincidência e os maus antecedentes para a aplicação do princípio da insignificância. *"Com efeito, a reiteração delitiva impede o reconhecimento da insignificância penal, uma vez ser imprescindível não só a análise do dano causado pela ação, mas também o desvalor da culpabilidade do agente, sob pena de se aceitar, ou mesmo incentivar, a prática repetida de pequenos delitos".* (HC 173.01, 5ª Turma, *DJ* 28/.11/.2011); **E:** incorreta, pois para a aplicação do princípio da insignificância, além de ser irrelevante o valor do bem subtraído, necessário o preenchimento dos seguintes requisitos: 1) a mínima ofensividade da conduta do agente; 2) a ausência de periculosidade social da ação; 3) o reduzido grau de reprovabilidade do comportamento; e 4) a inexpressividade da lesão jurídica causada (STF, 102550, 1ª Turma, *DJ* 08/.11/.2011 e STJ, HC 145.397, *DJ* 19/.12/.2011). Conforme já explicitado acima, para o STJ, deve-se analisar também a reincidência e os maus antecedentes para a aplicação do princípio da insignificância(HC 173.01, 5ª Turma, *DJ* 28/.11/.2011).

Gabarito "D".

(Ministério Público/DF - 2013) Examine os itens seguintes, indicando o **CORRETO**:

(A) O princípio da culpabilidade limita-se à impossibilidade de declaração de culpa sem o trânsito em julgado de sentença penal condenatória.
(B) O princípio da legalidade impede a aplicação de lei penal ao fato ocorrido antes do início de sua vigência.
(C) Integram o núcleo do princípio da estrita legalidade os seguintes postulados: reserva legal, proibição de aplicação de pena em hipótese de lesões irrelevantes, proibição de analogia *in malam partem*.
(D) A aplicação de pena aos inimputáveis, dada a sua incapacidade de sensibilização pela norma penal, viola o princípio da culpabilidade.
(E) Os princípios da insignificância penal e da adequação social se identificam, ambos caracterizados pela ausência de preenchimento formal do tipo penal.

A: incorreta. De acordo com o princípio da culpabilidade, ao Estado somente será lícito impor uma sanção penal "(...) *ao agente imputável, com potencial consciência da ilicitude (possibilidade de conhecer o caráter ilícito do seu comportamento), quando dele exigível conduta diversa (podendo agir de outra forma)*" (Rogério Sanches Cunha – Manual de Direito Penal – Parte Geral, Juspodivm, 2013, p. 91-92). Diz-se, ainda, que o princípio em comento age sob três aspectos: i) elemento constitutivo do conceito analítico de crime (para os adeptos da concepção tripartida ou tripartite); ii) valoração da pena (a culpabilidade é uma das circunstâncias judiciais previstas no art. 59 do CP); e iii) impossibilidade de punição de agente que tenha agido sem dolo ou culpa (responsabilidade penal subjetiva); **B:** incorreta. O princípio da legalidade, como sabido e ressabido, enuncia não haver crime sem lei que o defina, nem pena sem cominação legal (art. 5º, XXXIX, CF e art. 1º, CP), expressão máxima da denominada "reserva legal" (somente a lei pode definir crimes e cominar penas). Não se confunde com o princípio da anterioridade, que, para alguns, é subprincípio do princípio da legalidade, donde se extrai não ser possível o reconhecimento da criminalidade de determinado fato se este não tiver sido praticado sob a égide de uma lei penal. Em outras palavras, não haverá crime sem *lei anterior* que assim o defina, nem pena sem a *prévia* cominação legal; **C:** incorreta. Para Rogério Sanches Cunha, o princípio da legalidade desdobra-se em seis postulados, a saber: 1º – não há crime (ou contravenção penal), nem pena (ou medida de segurança) sem lei (princípio da reserva legal); 2º – não há crime (ou contravenção penal), nem pena (ou medida de segurança) sem lei anterior (princípio da anterioridade); 3º – não há crime (ou contravenção penal), nem pena (ou medida de segurança) sem lei escrita (só a lei escrita pode criar infrações penais e cominar as respectivas sanções, não se admitindo, por exemplo, que costumes o façam); 4º – não há crime (ou contravenção penal), nem pena (ou medida de segurança) sem lei estrita (inviável que a analogia crie um tipo penal incriminador); 5º – não há crime (ou contravenção penal), nem pena (ou medida de segurança) sem lei certa (princípio da taxatividade – os tipos penais devem ser claros, certos, precisos); 6º – não há crime (ou contravenção penal), nem pena (ou medida de segurança) sem lei necessária (não se pode criar uma infração penal sem necessidade – desdobramento do princípio da intervenção mínima) (*Manual de Direito Penal – Parte Geral*, Juspodivm, 2013, p. 79-83); **D:** correta. Tal como analisado no comentário à assertiva "A", é decorrência do princípio da culpabilidade a possibilidade de aplicação de pena somente aos imputáveis, vale dizer, àqueles que, ao tempo da ação ou da omissão, sejam plenamente capazes de entenderem o caráter ilícito do fato ou de se determinarem de acordo com esse entendimento. Assim, a se admitir a imposição de pena aos inimputáveis, estar-se-ia violando o referido princípio da culpabilidade; **E:** incorreta. Primeiramente, a insignificância penal não afasta a tipicidade formal (mera relação de adequação do fato praticado pelo agente à norma penal incriminadora), mas, sim, a tipicidade material (o comportamento formalmente típico não é capaz de causar lesão significativa ao bem jurídico penalmente tutelado). Ainda, no tocante ao princípio da adequação social, este se expressa quando o comportamento humano, embora tipificado em lei (tipicidade formal), não seja capaz de afrontar o sentimento social de Justiça.

Gabarito "D".

(Ministério Público/DF - 2013) Indique a alternativa **CORRETA**:

(A) São fontes formais diretas ou imediatas do Direito Penal: costumes, princípios gerais de direito e analogia *in bonam partem*.
(B) A revogação do complemento da lei penal em branco, em sentido estrito, importa a revogação do tipo penal incriminador.
(C) O Código Penal e o Código Penal Militar brasileiros acolheram, em relação ao tempo do crime, a teoria da ubiquidade.
(D) A lei penal brasileira não se aplica a fatos ocorridos no exterior, pois o Código Penal pátrio acolheu os princípios da territorialidade e da soberania.
(E) O princípio da territorialidade regula a aplicação da lei penal brasileira ao crime praticado no interior de navio de guerra de bandeira pátria, quando em porto estrangeiro.

A: incorreta. São fontes formais diretas ou imediatas do Direito Penal, também denominadas de fontes de revelação ou de cognição, apenas as leis, assim consideradas os únicos instrumentos normativos capazes de criar as infrações penais e as respectivas sanções. Os costumes e os princípios gerais de direito, assim como os atos administrativos, são considerados, de acordo com a doutrina tradicional, fontes formais indiretas, mediatas ou secundárias do Direito Penal. A analogia, como se sabe, não é fonte do direito, sequer mediata, mas, sim, forma de integração (complementação) quando se verifica uma lacuna na lei. Em matéria penal, não se admite, como amplamente difundido no cenário jurídico, a analogia *in malam partem*, lembrando-se que a fonte formal direta do Direito Penal é a lei. Caso se admitisse o emprego da analogia para a criação de tipos incriminadores, estar-se-ia vulnerando frontalmente o princípio da legalidade (subprincípio da reserva legal). Todavia, admite-se a analogia *in bonam partem* em caso de lacuna normativa, ampliando-se a uma situação sem definição legal a previsão normativa benéfica ao réu de outra situação expressamente definida; **B:** incorreta. A lei penal em branco em sentido estrito (ou heterogênea) é aquela cujo preceito primário, por ser incompleto, será complementado por fonte normativa diversa (ou seja, não emanará do legislador). Pelo fato de o complemento não integrar propriamente o tipo penal, sua revogação não irá acarretar, propriamente, a revogação do tipo penal, que, por óbvio, dependeria da edição de uma lei federal. Todavia, é certo, a revogação do complemento poderá inviabilizar a aplicação da lei penal incriminadora, podendo, inclusive, retroagir, se se inserir em um contexto de normalidade (ex.: determinada substância deixa de integrar o ato administrativo definidor do rol das "substâncias entorpecentes", caso que irá repercutir beneficamente para o agente que tenha praticado tráfico de drogas); **C:** incorreta. Como sabido e ressabido, o Código Penal Brasileiro adotou, em matéria de tempo do crime, a teoria da atividade (art. 4º, CP), segundo a qual se considera praticado o crime no momento da ação ou da omissão, ainda que outro seja o do resultado. Não se confunde com o lugar do crime (art. 6º, CP), assim considerado o lugar em que ocorreu a ação ou omissão, bem como o lugar em que se produziu ou deveria produzir-se o resultado. Aqui, sim, adotou-se a teoria da ubiquidade. O mesmo se pode dizer no tocante ao Código Penal Militar, que, em seu art. 6º, igualmente adotou a referida teoria; **D:** incorreta. O art. 7º do CP prevê, expressamente, a possibilidade de aplicação da lei penal brasileira aos crimes cometidos no estrangeiro (extraterritorialidade), nada obstante, de fato, a regra seja a territorialidade (art. 5º, CP – aplicação da lei brasileira aos crimes cometidos em território nacional); **E:** correta. De fato, consideram-se extensão do território nacional, para fins de aplicação da lei penal brasileira, as embarcações e aeronaves brasileiras, de natureza pública ou a serviço do governo brasileiro, onde quer que se encontrem (art. 5º, § 1º, CP).

Gabarito "E".

(Ministério Público/MS – 2013 – FADEMS) Relativamente ao princípio da insignificância, assinale a alternativa *correta*:

(A) O princípio da insignificância pode ser aplicado no plano abstrato.
(B) Possuindo o réu antecedente criminal não é possível a aplicação do princípio da insignificância.
(C) O princípio da insignificância atua como instrumento de interpretação restritiva do tipo penal.
(D) Pode se dizer que o fundamento teórico do princípio da insignificância reside no caráter retributivo.
(E) Segundo o Superior Tribunal de Justiça, em caso de apreensão de quantidade ínfima de cocaína é possível o trancamento da ação penal, com base no princípio da insignificância.

A: incorreta. De acordo com Cleber Masson, "o cabimento do princípio deve ser analisado no caso concreto, de acordo com as suas especificidades, e não no plano abstrato" (*Direito Penal Esquematizado – parte geral*, 7. ed. São Paulo: Método, 2013. p. 31). Nessa esteira, o STF, no julgamento do HC 109.183/RS, 1ª Turma, j. 12.06.2012, rel. Min. Luiz Fux, *DJe* 10.09.2012, assim decidiu: "(...) o princípio da insignificância não há de ter como parâmetro tão só o valor da *res furtiva*, devendo ser analisadas as circunstâncias do fato e o reflexo da conduta do agente no âmbito da sociedade, para decidir sobre seu efetivo enquadramento na hipótese de crime de bagatela." Essa é, também, a posição do STJ (REsp 1.224.795/RS, 5ª Turma, j. 13.03.2012, rel. Min. Gilson Dipp, *DJe* 20.03.2012): "(...) a verificação da lesividade mínima da conduta, apta a torná-la atípica, deve levar em consideração a importância do objeto material subtraído, a condição econômica do sujeito passivo, assim como as circunstâncias e o resultado do crime, a fim de se determinar, subjetivamente, se houve ou não relevante lesão ao bem jurídico tutelado"; **B:** incorreta. Embora exista divergência jurisprudencial acerca do tema, há inúmeros precedentes do STJ pela admissibilidade da aplicação do princípio da insignificância a réu reincidente ou portador de maus antecedentes, tendo em vista que referido postulado diz respeito à tipicidade (material) do fato e não à dosimetria da pena. No HC 104.468/MS (exatamente o Estado em que se aplicou a prova ora comentada!), o STF posicionou-se no sentido de que as condições pessoas desfavoráveis do agente não constituem óbice à incidência do princípio da insignificância. No mesmo sentido, o STJ (HC 163.004/MG, 6.ª Turma, j. 05.08.2010, rel. Min. Og Fernandes, *DJe* 29.11.2010): "(...) condições pessoas desfavoráveis, maus antecedentes, reincidência e ações penais em curso não impedem a aplicação desse princípio". Porém, é importante destacar, há precedentes, das mesmas Cortes, desfavoráveis à aplicação do princípio da insignificância aos réus portadores de antecedentes criminais e reincidência (STF: HC 100.367/RS, 1ª Turma, j. 09.08.2011, rel. Min. Luiz Fux, *DJe* 08.09.2011; STJ: HC 195.178/MS, 6ª Turma, j. 07.06.2011, rel. Min. Haroldo Rodrigues – desembargador convocado, *DJe* 01.07.2011); **C:** correta. De fato, o princípio da insignificância constitui instrumento de interpretação restritiva do tipo penal, visto que somente haverá tipicidade penal se a conduta perpetrada pelo agente for revestida de periculosidade social, com grau de reprovabilidade efetivo e expressiva lesão ao bem jurídico tutelado pela norma incriminadora. Assim, à luz do princípio em comento, não bastará que o agente pratique a conduta descrita no tipo penal para que se reconheça a tipicidade penal, sendo de rigor que seu comportamento se revista de tipicidade material (lesividade ao bem jurídico); **D:** incorreta. O princípio da insignificância funda-se em valores de política criminal, atuando como causa excludente da tipicidade (material) do fato, constituindo-se em instrumento de interpretação restritiva do tipo penal. Não diz respeito ao caráter retributivo do Direito Penal, atinente às penas; **E:** incorreta. O STJ não admite, para os crimes previstos na Lei 11.343/2006, a aplicação do princípio da insignificância. Confira-se: "Segundo precedentes do STF e do STJ, o delito de tráfico de drogas não comporta incidência do princípio da insignificância, visto que se cuida de delito de perigo abstrato praticado contra a saúde pública. Dessa forma, para esse específico fim, é irrelevante a pequena quantidade da substância apreendida (no caso, 0,2 decigramas de crack)" (HC 155.391/ES, 6.ª Turma, j. 02.09.2010, rel. Min. Maria Thereza de Assis Moura, *DJe* 27.09.2010). O mesmo se pode dizer a respeito do crime do art. 28 da aludida lei (porte de drogas para consumo pessoal), tendo em vista que tal medida "seria equivalente a liberar o porte de pequenas quantidades de droga *contra legem*" (HC 130.677/MG, 6ª Turma, j. 04.02.2010, rel. Min. Celso Limongi – desembargador convocado, *DJe* 22.02.2010).

Gabarito "C".

(Ministério Público/SP – 2013 – PGMP) É exemplo típico do chamado Direito Penal do Inimigo:

(A) a caça, o sequestro e a condução do oficial nazista (Executor Chefe do III Reich) Adolf Eichmann para Israel em 1960, onde ele foi preso, julgado, condenado e executado por haver contribuído para a "solução final", que vitimou mais de cinco milhões de judeus, durante a II Guerra Mundial.
(B) a prisão e o julgamento (ainda não encerrado) por Tribunal instalado no Camboja, do dirigente do Khmer Vermelho Khieu Samphan (ex-presidente do conselho de estado do Kampuchea Democrático) – que é filho de um juiz e que estudou economia e ciências políticas em Paris, pela prática de crimes de guerra e contra a humanidade, assassinato, tortura e perseguição por razões religiosas e de raça contra a minoria muçulmana cham, a população vietnamita e o monacato, cujo resultado foi a morte de cerca de um quarto da população daquele país (mais de

um milhão e meio de pessoas), entre os anos de 1975 e 1979.
(C) a perseguição, prisão e submissão a julgamento (está em curso) do psiquiatra e poeta Radovan Karadzic, de origem sérvia e cristã, que presidiu a Bósnia-Herzegovina durante a Guerra dos Bálcãs, em 1992, acusado perante o Tribunal Internacional da ONU para a ex-Iugoslávia, instalado em Haia, de ter contribuído para o genocídio, a "limpeza étnica" e a prática de crimes contra a humanidade que resultaram na morte de dezenas de milhares mulçumanos bósnios e croatas.
(D) a prisão, o julgamento e a condenação à prisão perpétua (pena máxima permitida), por genocídio e crimes contra a humanidade, em dezembro de 2008, pelo Tribunal Penal Internacional para Ruanda, instalado na Tanzânia, dos três principais dirigentes – Theoneste Bagosora, Aloys Ntabakuze e Anatole Nsengiyumva – do governo daquele país à época, pertencentes à etnia Hutu, que instigaram, colaboraram, permitiram e foram responsabilizados pelo massacre de cerca de oitocentas mil pessoas da etnia Tutsi, ocorrido em 1994.
(E) a procura, localização e a posterior execução (por tropa militar norte-americana – SEALs) do árabe saudita e muçulmano Osama Bin Laden, líder da Al-Qaeda (A Base), ocorrida no Paquistão, em maio de 2011, por ter sido a ele atribuída a prática de crimes contra a humanidade, assassinatos em massa e terrorismo (inclusive o planejamento do ataque aéreo às chamadas "Torres Gêmeas" em Nova Iorque, EUA, em que mais de três mil pessoas morreram).

A teoria do Direito Penal do Inimigo foi professada por Günther Jakobs, professor de Direito Penal e Filosofia do Direito na Alemanha, cujas primeiras linhas foram lançadas nos anos 80, concluída apenas no fim de 1990. Por tais razões, desde logo, as alternativas "A" e "B", de plano, podem ser excluídas, visto que os fatos nelas descritos ocorreram em períodos anteriores à criação da teoria em comento. Quanto às alternativas "C" e "D", igualmente podemos excluí-las, tendo em vista que a submissão de criminosos a julgamento perante Tribunais internacionais legitimamente constituídos não parece coadunar com a noção de "inimigo" que doravante traçaremos. Correta, pois, a alternativa "E". Vejamos. Nas palavras de Cleber Masson, Promotor de Justiça no Estado de São Paulo, "o termo inimigo representa aquele que, em situação de confronto, deve ser enfrentado e a qualquer custo vencido". Explicando didaticamente a Teoria encabeçada por Jakobs, acerca do conceito de inimigo, prossegue afirmando que se trata "de um indivíduo que, não apenas de maneira incidental, em seu comportamento ou em sua ocupação profissional, ou principalmente, por meio de vinculação com organização criminosa, vale dizer, em qualquer caso de forma presumivelmente permanente, abandonou o direito e, por conseguinte, não garante o mínimo de segurança cognitiva do comportamento pessoal e o manifesta por meio de sua conduta". E prossegue, mencionando a obra de Jakobs: "Como exemplos de pessoas identificadas como inimigas, após citar o ataque às torres gêmeas de Nova York, em 11 de setembro de 2001, como conduta inequívoca de indivíduos de tal estirpe, aponta os integrantes de organizações criminosas, delinquentes econômicos, terroristas, autores de crimes contra a liberdade sexual e, residualmente, os responsáveis pela prática de infrações penais graves e perigosas". Nessa esteira, conclui que é "possível, assim, a eliminação de direitos e garantias individuais, uma vez que não paira necessidade de obediência ao devido processo legal, mas um procedimento de guerra, de intolerância e repúdio ao inimigo" (**Direito Penal Esquematizado**, Parte Geral – 2ª edição, 2009, Ed. Método, p. 85). Pelas explicações ora trazidas, vê-se que à pessoa enquadrada como "inimiga" será possível a supressão de direitos e garantias individuais básicas, dentre elas, o devido processo legal. Foi o que ocorreu com o terrorista Osama Bin Laden, "sentenciado" à morte pelos Estados Unidos sem direito a contraditório e ampla defesa. Criticável ou não o evento, o fato é que, a ele – Osama – não se permitiu chance alguma de defesa.
Gabarito "E".

(Ministério Público/PR – 2013 – X) Dos crimes abaixo mencionados, qual não fica sujeito à lei brasileira pela aplicação do princípio da extraterritorialidade incondicionada:
(A) De homicídio cometido no estrangeiro contra o Presidente da República;
(B) De latrocínio cometido no estrangeiro contra o Presidente da República;
(C) De constrangimento ilegal cometido no estrangeiro contra o Presidente da República;
(D) De ameaça cometido no estrangeiro contra o Presidente da República;
(E) De sequestro praticado no estrangeiro contra o Presidente da República.

A: incorreta. O crime contra a vida (ex.: homicídio) ou a liberdade do Presidente da República, ainda que cometido no estrangeiro, sujeitará o agente à lei brasileira, em aplicação do princípio da extraterritorialidade incondicionada (art. 7º, I, "a", do CP); **B:** correta. O latrocínio (art. 157, § 3º, parte final, do CP), ainda que se trate de crime complexo, está inserido no capítulo dos crimes contra o patrimônio, razão pela qual não incidirá a lei brasileira caso o Presidente da República seja vítima de referido crime no estrangeiro, não se aplicando qualquer das hipóteses de extraterritorialidade incondicionada (art. 7º, I, "a" a "d", do CP); **C:** incorreta, pois o constrangimento ilegal é crime contra a liberdade individual (art. 146 do CP), motivo pelo qual, se o Presidente da República for vítima de referido delito no estrangeiro, ao agente será aplicável a extraterritorialidade incondicionada (art. 7º, I, "a", do CP); **D:** incorreta, pois a ameaça é crime contra a liberdade individual (art. 147 do CP), incidindo, portanto, o art. 7º, I, "a", do CP (extraterritorialidade incondicionada); **E:** incorreta, pois o sequestro do Presidente da República é crime contra a liberdade individual (art. 148 do CP), motivo suficiente à aplicação da legislação penal brasileira ainda que tenha sido praticado no estrangeiro (art. 7º, I, "a", do CP).
Gabarito "B".

(Ministério Público/SC – 2012) Analise as seguintes assertivas:
I. O Direito Penal subjetivo, o direito de punir do Estado, tem limites no próprio Direito Penal objetivo.
II. A integração da norma penal, visando suprir lacunas da lei, apenas é possível em relação às normas penais não incriminadoras.
III. Normas penais em branco são disposições cuja sanção é determinada, porém, com indeterminação de seu conteúdo.
IV. Com previsão constitucional, o princípio da reserva legal para normas penais incriminadoras é fundamental do Direito Penal, não admitindo exceções.
V. Ainda que decididos por coisa julgada, a lei penal posterior aplica-se aos fatos anteriores quando, de qualquer modo, favorecer o agente.
(A) Apenas as assertivas I, III, IV e V estão corretas.
(B) Apenas as assertivas I, II, IV e V estão corretas.
(C) Apenas as assertivas II e III estão corretas.
(D) Apenas as assertivas I, II, III e IV estão corretas.
(E) Todas as assertivas estão corretas.

I: correta. De fato, o Direito Penal subjetivo, que nada mais é do que o poder-dever de punir do Estado (*jus puniendi*), somente entrará em cena

se o Direito Penal objetivo (conjunto de regras e princípios) admitir determinada conduta como criminosa ou contravencional; **II:** correta. Suprir lacunas mediante a integração da norma penal far-se-á, de regra, pela analogia, que, como se sabe, somente é admissível, no campo penal, no tocante às normas não incriminadoras, em respeito ao princípio da reserva legal; **III:** correta. As normas penais em branco, também denominadas de cegas ou abertas, são aquelas cujo preceito primário é incompleto, exigindo, portanto, complementação (por lei ou ato infralegal). Porém, no tocante à sanção (preceito secundário), esta será determinada. Fala-se na doutrina em norma penal em branco inversa ou ao avesso, assim caracterizada aquela cujo preceito primário é completo e o secundário, incompleto, exigindo complemento. Porém, sob pena de violação do princípio da reserva legal, referido complemento, obrigatoriamente, terá que ser uma lei; **IV:** correta. De fato, de acordo com o art. 5º, XXXIX, da CF, não há crime sem lei anterior que o defina, nem pena sem prévia cominação legal. Quanto às normas não incriminadoras, não haverá um "absolutismo" na aplicação do princípio da reserva legal; **V:** correta. De acordo com o art. 5º, XL, da CF, a lei penal não retroagirá, salvo para beneficiar o réu (princípio da retroatividade benéfica). E o art. 2º, parágrafo único, do CP esclarece que a lei que de qualquer modo favorecer o agente será aplicada aos fatos anteriores, ainda que decididos por sentença condenatória transitada em julgado. Portanto, a coisa julgada não constitui óbice à aplicação da lei penal mais favorável.
Gabarito "E".

(Ministério Público/GO – 2012) Os princípios constitucionais servem de orientação para a produção legislativa ordinária, atuando como garantias diretas e imediatas aos cidadãos, funcionando como critério de interpretação e integração do texto constitucional. Nesse sentido podemos destacar como princípios constitucionais explícitos os seguintes:

(A) legalidade, anterioridade, taxatividade e humanidade;
(B) anterioridade, proporcionalidade, individualização da pena e humanidade;
(C) retroatividade da lei penal benéfica, individualização da pena, humanidade e proporcionalidade;
(D) responsabilidade pessoal, legalidade, anterioridade e individualização da pena

A: incorreta, pois o princípio da taxatividade não tem sede constitucional explícita, sendo uma decorrência do princípio da legalidade; **B:** incorreta, pois o princípio da proporcionalidade é considerado um princípio implícito; **C:** incorreta, pois, como visto na alternativa anterior, a proporcionalidade não é princípio constitucional explícito; **D:** correta, pois, de fato, a CF prevê os princípios da responsabilidade pessoal (art. 5º, XLV), da legalidade e anterioridade (art. 5º, XXXIX) e da individualização da pena (art. 5º, XLVI).
Gabarito "D".

(Ministério Público/GO – 2012) Em relação às causas de exclusão da tipicidade penal, em especial o princípio da insignificância, assinale a alternativa correta:

(A) O princípio da insignificância não conta com reconhecimento normativo explícito da nossa legislação penal, seja comum ou especial;
(B) Mesmo sem lei expressa o princípio da insignificância tem sido reconhecido pelos nossos Tribunais Superiores, em especial o STF, posto que deriva dos valores, regras e princípios constitucionais, que são normas cogentes do ordenamento jurídico;
(C) Infração bagatelar imprópria é a que já nasce sem nenhuma relevância penal, ou porque não há desvalor da ação (não há periculosidade na conduta, isto é, idoneidade ofensiva relevante; ou porque não há desvalor do resultado (não se trata de ataque intolerável ao bem jurídico);
(D) O princípio da insignificância confunde-se com o princípio da irrelevância penal do fato. O primeiro não afasta a tipicidade material, uma vez que o fato será típico (formal e materialmente), ilícito e culpável. O segundo possibilita o arquivamento ou o não recebimento da ação ou a absolvição penal nas imputações de fatos bagatelares próprios, ou seja, os que não possuem tipicidade material.

A: correta. De fato, inexiste regra posta (leia-se: explícita) que reconheça o princípio da insignificância. Este decorre do sistema jurídico-penal, especialmente dos princípios da legalidade e ofensividade; **B:** incorreta, pois os princípios são valores fundamentais que orientam o legislador e, portanto, limitam o poder punitivo estatal; **C:** incorreta. De acordo com Luiz Flávio Gomes (*Direito penal: parte geral*. São Paulo: Ed. RT, 2007. vol. 2, p. 534), "infração bagatelar imprópria é a que nasce relevante para o Direito penal (porque há desvalor da conduta e desvalor do resultado), mas depois se verifica (pelas circunstâncias do caso concreto e pelas condições do autor, também bagatelar) que a incidência de qualquer pena no caso concreto apresenta-se como totalmente desnecessária (princípio da desnecessidade da pena conjugado com o princípio da irrelevância penal do fato)"; **D:** incorreta. Como se sabe, o princípio da insignificância afasta a tipicidade material do fato, que, contudo, será formalmente típico, daí sendo possível ao Ministério Público que, de plano, requeira o arquivamento do inquérito policial ou, se instaurada a ação penal, postule pela absolvição. Por infração bagatelar própria, também nas palavras do mestre Luiz Flávio Gomes (*Direito penal: parte geral* São Paulo: Ed. RT, 2007. vol. 2, p. 534.), entende-se aquela "*que já nasce sem nenhuma relevância penal, ou porque não há desvalor da ação (não há periculosidade na conduta, isto é, idoneidade ofensiva relevante; exemplo: atirar uma bola de papel contra transporte coletivo) ou porque não há desvalor do resultado (não se trata de ataque intolerável ao bem jurídico; exemplo: furtar um alfinete ou um palito de fósforo). A infração bagatelar própria está regida pelo princípio da insignificância (fato atípico – não há tipicidade material).*"
Gabarito "A".

(Procurador da República –28º Concurso – 2015 – MPF) Na discussão sobre concurso aparente de normas penais assinale a alternativa correta:

(A) O concurso de normas penais se confunde com a sucessão de leis ou normas penais;
(B) A teoria da consunção por uma relação de meio a fim não se compatibiliza com a agravante do art. 61, II, *b*, do Cód. Penal;
(C) É indispensável para o tipo do art. 89 da Lei de Licitações que o agente se utilize de documento ideologicamente falso;
(D) São requisitos da consunção a unidade de agente e a pluralidade de normas aparentemente incidentes sobre uma determinada situação de fato, abranja ou não essa situação pluralidade de condutas.

A: incorreta. Inexiste confusão entre os fenômenos do concurso de normas penais e da sucessão de leis ou normas penais. Com efeito, o chamado *concurso* ou *conflito aparente de normas penais* se estabelece quando várias normas são *aparentemente* aplicáveis ao mesmo fato criminoso. Diz-se que o conflito é aparente porque, na realidade, apenas uma das normas, dentre as aparentemente aplicáveis, deverá disciplinar o fato. Para tanto, é necessário lançar mão dos princípios (regras) que visam solucionar esse conflito, a saber: princípio da *consunção*; princípio da *especialidade*; princípio da *subsidiariedade* e princípio da *alternatividade*. Já na sucessão de leis ou normas penais, que diz respeito à incidência da lei penal no tempo, temos que o advento de várias normas penais que disciplinam um mesmo comportamento faz incidir aquela considerada mais favorável ao acusado, ainda que intermediária. Exemplo: na data em que foi praticado o crime, vigorava a Lei "A", que posteriormente foi revogada pela Lei "B", que conferiu um tratamento mais benéfico em relação à lei que vigorava ao tempo da conduta (Lei "B"); depois disso, o legislador achou por bem substituir a Lei "B" pela Lei "C", considerada, em relação àquela, mais severa. Percebam que, no curso do julgamento do acusado, ou até depois disso, houve a edição de três leis que disciplinavam, cada qual de uma forma, o mesmo comportamento. Neste caso, deverá prevalecer a lei intermediária, dado que mais benéfica ao agente. Em suma, no concurso ou conflito aparente de normas penais, todas estão em vigor, mas somente uma delas deve ser aplicada; na sucessão de leis, somente uma delas está em vigor, que pode ou não ser aplicada; **B:** incorreta, na medida em que há, sim, compatibilidade entre a teoria da consunção, que constitui um dos instrumentos para a solução do conflito aparente de normas, e a agravante presente no art. 61, II, b, do CP; **C:** incorreta, na medida em que a configuração do crime do art. 89 da Lei 8.666/1993 não está condicionada à utilização, pelo agente, documento ideologicamente falso; **D:** correta, já que contempla os requisitos do princípio da consunção ou absorção.

Gabarito "D".

(Procurador da República – 26.º) No tema do princípio da proteção deficiente, assinale a alternativa incorreta:

(A) autoriza o afastamento do princípio da legalidade;
(B) autoriza o controle de constitucionalidade da norma penal incriminadora;
(C) está associado à teoria da função do direito penal de proteção dos bens jurídicos fundamentais;
(D) atende a uma exigência de justiça material e não somente de prevenção.

A: incorreta. Inicialmente, cumpre ressaltar que o princípio da proteção deficiente foi invocado pelo Procurador-Geral da República como causa de pedir no ajuizamento da ADI (4.301) contra o art. 225 do CP, que trata da ação penal nos crimes contra a dignidade sexual, em trâmite no STF. Por aludido princípio, nem a lei, nem o Estado, podem tutelar bens jurídicos fundamentais de forma deficiente (insuficiente). No entanto, eventual proteção deficiente de determinado direito fundamental não poderá conduzir ao afastamento do princípio da legalidade, primado basilar do Direito Penal (art. 5.º, XXXIX, da CF e art. 1º do CP). Lembre-se que, em matéria penal, o que não está na lei, não pode ser aplicado, ainda mais contra o réu; **B:** correta. Como visto, na ADI 4.301, invocou-se exatamente o princípio da proteção deficiente, intimamente ligado ao princípio da proporcionalidade, como fundamento para ser declarada a inconstitucionalidade do art. 225 do CP, que, alterado pela Lei 12.015/2009, passou a prever que a ação penal para os crimes sexuais será, em regra, pública condicionada à representação, sendo pública incondicionada apenas se a vítima for vulnerável ou menor de 18 (dezoito) anos (art. 225, parágrafo único, do CP). Assim, para os casos em que houver lesão corporal grave ou morte, pondera o MPF, a ação penal não pode ser pública condicionada à representação do ofendido, sob pena de grave violação à proteção de bens jurídicos tão relevantes (integridade sexual, física e vida); **C:** correta. O princípio da proteção deficiente prega que bens jurídicos fundamentais, que devem ser tutelados pelo Direito Penal (função deste ramo do Direito), não podem ter rebaixamento em sua salvaguarda, sob pena de inconstitucionalidade. Afinal, é dever do Estado – e das leis – proteger direitos fundamentais de forma eficiente; **D:** correta. De acordo com Lenio Streck: "Trata-se de entender, assim, que a proporcionalidade possui uma dupla face: de proteção positiva e de proteção de omissões estatais. Ou seja, uma inconstitucionalidade pode ser decorrente de excesso do Estado, caso em que determinado ato é desarrazoado, resultando desproporcional o resultado do sopesamento (Abwägung) entre fins e meios; de outro, a inconstitucionalidade pode advir de proteção insuficiente de um direito fundamental-social, como ocorre quando o Estado abre mão do uso de determinadas sanções penais ou administrativas para proteger determinados bens jurídicos.

Este duplo viés do princípio da proporcionalidade decorre da necessária vinculação de todos os atos estatais à materialidade da Constituição, e que tem como consequência a sensível diminuição da discricionariedade (liberdade de conformação) do legislador." (A dupla face do princípio da proporcionalidade: da proibição de excesso (Übermassverbot) à proibição de proteção deficiente (Untermassverbot) ou de como não há blindagem contra normas penais inconstitucionais. *Revista da Ajuris*, Ano XXXII, n. 97, março/2005, p.180).

Gabarito "A".

2. APLICAÇÃO DA LEI NO TEMPO

(Ministério Público/MS – 2013 – FADEMS) Considere as assertivas abaixo,

I. O princípio da legalidade, que se desdobra nos princípios da reserva legal e da anterioridade, não é aplicável às medidas de segurança, pois elas não possuem natureza de pena, uma vez que o Código Penal apenas se refere aos crimes e contravenção penal.
II. A *abolitio criminis*, que possui natureza jurídica de causa de extinção da punibilidade, acarreta a extinção dos efeitos penais e extrapenais da sentença condenatória.
III. Aplicável é a lei penal do tempo da libertação da vítima de sequestro, mesmo que mais gravosa do que aquela vigente ao tempo da ação que levou a vítima para o cativeiro.
IV. Em caso de relevância e urgência, é possível a edição de Medida Provisória em matéria penal, unicamente para beneficiar o réu.

São *incorretas*:

(A) Somente as assertivas I e II.
(B) Somente as assertivas II, III e IV.
(C) Somente as assertivas II e IV.
(D) Somente as assertivas I, III e IV.
(E) Somente as assertivas I e IV.

I: incorreta. A despeito de as medidas de segurança não serem penas, mas, sim, espécie de sanção penal, não há dúvidas de que, a elas, aplica-se o princípio da legalidade (art. 5º, XXXIX, da CF/1988). Há entendimento minoritário que sustenta que referida sanção penal tem caráter estritamente curativo, razão pela qual não estaria submetida aos subprincípios da reserva legal e anterioridade (TOLEDO, Francisco de Assis. **Princípios básicos de direito penal**. 5. ed. São Paulo: Saraiva, 2007. p. 40/42). Assim, pode-se concluir que, muito embora as medidas de segurança não se confundam com as penas, têm elas um conteúdo penoso, nas palavras da Min. Laurita Vaz, no julgamento do HC 226.014/SP, de 19.04.2012. Logo, os postulados fundamentais do Direito Penal, dentre eles o da legalidade, são perfeitamente aplicáveis às medidas de segurança; **II:** correta, de acordo com a banca examinadora. De fato, a *abolitio criminis*, que é causa extintiva da punibilidade (art. 107, III, do CP), opera o afastamento dos efeitos penais principal (pena ou medida de segurança) e secundários de natureza penal. Tal é o que se extrai do art. 2º, *caput*, do CP: "ninguém pode ser punido por fato que lei posterior deixa de considerar crime, cessando em virtude dela a execução e os efeitos penais da sentença condenatória". Assim, a lei supressiva de incriminação afasta apenas os efeitos principal e secundários de *natureza penal*, subsistindo, porém, os de *natureza civil* (considerados, sem prejuízo de outros previstos nos arts. 91 e 92 do CP, de natureza extrapenal). Consideramos, portanto, incorreta a assertiva; **III:** incorreta, de acordo com a banca examinadora. Porém, discordarmos. Nos termos da Súmula 711 do STF, "A lei penal mais grave aplica-se ao crime continuado ou ao crime permanente, se a sua vigência é anterior à cessação da

continuidade ou da permanência". Tratando-se o sequestro (art. 148 do CP) de crime permanente, assim considerado aquele cuja consumação se protrai no tempo, sobrevindo à conduta inicial (sequestro da vítima) lei mais gravosa, esta será aplicada ao agente; **IV:** incorreta, pois, de acordo com o art. 62, § 1º, "b", da CF/1988, é vedada a edição de medida provisória em matéria penal.
Gabarito "D".

(Ministério Público/PR – 2013 – X) Quanto ao tempo do crime, é *correto* afirmar:

(A) Para nosso Código Penal, considera-se praticado o crime quando o agente atinge o resultado, ainda que seja outro o momento da ação ou omissão, vez que adotamos a teoria da atividade;
(B) Para nosso Código Penal, vez que adotada a teoria da ubiquidade ou mista, considera-se praticado o crime quando o agente atinge o resultado nos crimes materiais, ou no caso dos delitos de mera conduta, no momento da ação ou omissão;
(C) O adolescente Semprônio, um dia antes de completar 18 anos, querendo ainda aproveitar-se de sua inimputabilidade, desfere tiros contra a vítima Heráclito, que somente vem a falecer uma semana após. Neste caso, graças à adoção da teoria do resultado pelo nosso Código Penal, Semprônio não se verá livre de responder pelo crime de homicídio;
(D) No caso dos crimes permanentes – exceções que são à teoria do resultado adotada pelo Código Penal – considera-se praticado o delito no momento do início da execução;
(E) Para nosso Código Penal, considera-se praticado o crime no momento da ação ou omissão, mesmo que ainda seja outro o momento do resultado, vez que adotada a teoria da atividade.

A: incorreta. De acordo com o art. 4º do CP, considera-se praticado o crime no momento da ação ou da omissão, ainda que outro seja o do resultado. Adotou-se, de fato, a teoria da atividade, que, como o próprio nome sugere, afirma que o tempo do crime é o da atividade (ação ou omissão), e não quando o agente atinge o resultado, como afirmado na assertiva; **B:** incorreta. Como visto na alternativa anterior, em matéria de "tempo do crime", que é o objeto da questão, nosso CP adotou a teoria da atividade (art. 4º), importando aferir o momento da ação ou da omissão, seja nos crimes materiais, formais ou de mera conduta; **C:** incorreta. Dado que o tempo do crime é o da ação ou omissão, Semprônio responderá de acordo com a legislação especial (ECA), visto que a ação foi perpetrada antes de completar a maioridade penal, nada obstante o resultado (falecimento da vítima) tenha ocorrido quando já havia alcançado os 18 (dezoito) anos de idade. Lembre-se que o art. 4º do CP adotou a teoria da atividade e não a do resultado; **D:** incorreta. Nos crimes permanentes, que são aqueles cuja consumação se protrai no tempo, considera-se a sua prática enquanto não cessar a permanência. Prova disso é o teor da Súmula 711 do STF, que dispõe que a superveniência de lei mais gravosa, cuja vigência seja anterior à cessação da permanência, incidirá aos agentes; **E:** correta. Nos exatos termos do art. 4º do CP, "considera-se praticado o crime no momento da ação ou omissão, ainda que outro seja o momento do resultado". Adotou-se, claramente, a teoria da atividade.
Gabarito "E".

(Ministério Público/MT – 2012 – UFMT) Relativamente à lei aplicável em matéria penal, analise as assertivas abaixo.

I. Em caso de relevância e urgência, é possível a edição de Medida Provisória em matéria penal, desde que em benefício do réu.

II. Na sucessão de leis penais no tempo, aplica-se a lei mais favorável ao réu, seja ela contemporânea ao fato delituoso ou aquela vigente na data da sentença.
III. Aplica-se a lei penal mais grave ao crime continuado, se a sua vigência é anterior à cessação da continuidade.
IV. Segundo o princípio da territorialidade, aplica-se a lei brasileira ao crime cometido no território nacional brasileiro, salvo se convenção ou tratado firmado pelo Brasil dispuser de forma diversa.

Está correto o que se afirma em:

(A) I, apenas.
(B) I e II, apenas.
(C) II e III, apenas.
(D) II e IV, apenas.
(E) II, III e IV, apenas.

I: incorreta, pois, de acordo com o art. 62, § 1º, "b", da CF, é vedada a edição de medida provisória sobre direito penal, pouco importando a natureza da norma (se benéfica ou prejudicial ao réu); **II:** correta. Como é sabido e ressabido, na sucessão de leis penais no tempo, existente, pois, um conflito acerca de qual lei deverá ser aplicada, prevalecerá a mais benéfica ao réu, nos termos do art. 5º, XL, da CF e art. 2º, parágrafo único, do CP. Trata-se, aqui, da adoção do princípio da retroatividade benéfica (ou irretroatividade prejudicial); **III:** correta (Súmula 711 do STF); **IV:** correta (art. 5º, *caput*, do CP). Lembre-se de que, em matéria de aplicação da lei penal no espaço, o CP adotou o princípio da territorialidade temperada. Em simples palavras, aos crimes praticados em território nacional será aplicada a lei brasileira, salvo tratados, convenções ou regras de direito internacional que disponham de modo contrário.
Gabarito "E".

3. APLICAÇÃO DA LEI NO ESPAÇO

(Ministério Público/SE – 2010 – CESPE) De acordo com a lei penal brasileira, o território nacional estende-se a

(A) embarcações e aeronaves brasileiras de natureza pública ou a serviço do governo brasileiro, onde quer que se encontrem.
(B) embarcações e aeronaves brasileiras de natureza pública, desde que se encontrem no espaço aéreo brasileiro ou em alto-mar.
(C) aeronaves e embarcações brasileiras, mercantes ou de propriedade privada, onde quer que se encontrem.
(D) embarcações e aeronaves brasileiras de natureza pública, desde que se encontrem a serviço do governo brasileiro.
(E) aeronaves e embarcações brasileiras, mercantes ou de propriedade privada, desde que estejam a serviço do governo do Brasil e se encontrem no espaço aéreo brasileiro ou em alto-mar.

Art. 5º do CP. Aplica-se, neste caso, o *princípio da territorialidade*, segundo o qual a lei penal terá incidência no território do Estado que a editou.
Gabarito "A".

4. CONCEITO E CLASSIFICAÇÃO DOS CRIMES

(Promotor de Justiça – MPE/RS – 2017) Assinale com **V** (verdadeiro) ou com **F** (falso) os enunciados abaixo.

( ) Pelo exame dos tipos incriminadores do Código Penal, verifica-se hipótese em que a corrupção é crime bilateral, ativa e passiva, quando a existência de uma modalidade depende da existência da outra.

( ) Nos crimes materiais, há distinção típica lógica e cronológica entre a conduta e o resultado, mas o mesmo não ocorre nos crimes formais, em que essa mesma distinção é somente lógica.

( ) No crime progressivo, o tipo penal, abstratamente considerado, contém explicitamente outro, o qual deve ser necessariamente realizado para alcançar o resultado.

( ) No crime putativo, a atipicidade é objetiva e subjetiva. No crime impossível, há atipicidade objetiva e tipicidade subjetiva. Já no erro de tipo, há tipicidade objetiva e atipicidade subjetiva.

A sequência correta de preenchimento dos parênteses, de cima para baixo, é

(A) V – F – F – F.
(B) V – F – V – V.
(C) V – V – F – V.
(D) F – V – V – F.
(E) F – F – V – F.

1ª assertiva: verdadeira. A bilateralidade, no contexto da corrupção, não é obrigatória (é, isto sim, ocasional). Isso porque o crime de corrupção (ativa ou passiva) não pressupõe, necessariamente, a existência de um crime bilateral (corrupção passiva de um lado e corrupção ativa de outro). Imaginemos a situação em que o funcionário solicita vantagem indevida de um particular. Neste caso, o crime funcional (corrupção passiva), porque formal, já restará consumado, pouco importando que o particular atenda ou não ao pleito formulado pelo *intraneus*. Temos, neste caso, tão somente o crime de corrupção passiva. De outro lado, se o particular oferece ao funcionário vantagem indevida e este a recusa, há somente o cometimento do crime de corrupção ativa por parte do particular. Agora, se o funcionário aceitar a promessa formulada pelo particular, haverá dois crimes: corrupção ativa pelo particular e passiva pelo funcionário (hipótese de bilateralidade); **2ª assertiva:** verdadeira. No crime material, a produção do resultado previsto no tipo penal é pressuposto para consumação do delito; sem isso, o crime fica na esfera da tentativa. Diz-se, assim, que o resultado, neste tipo de crime, se destaca de forma lógica e cronológica da conduta; já no caso do crime formal, o resultado, embora previsto no tipo penal, não constitui imperativo à consumação do delito, que ocorre de forma contemporânea à produção do resultado jurídico. Não há, portanto, neste caso, separação cronológica, mas somente lógica; **3ª assertiva:** falsa. No crime progressivo, que constitui uma das hipóteses de incidência da regra (ou princípio) da consunção, o crime que o agente, desde o início, deseja praticar contém, de forma *implícita*, outro crime, que representa uma violação menor ao bem jurídico; 4ª assertiva: verdadeira.

Gabarito "C".

(Promotor de Justiça – MPE/RS – 2017) A respeito dos crimes omissivos impróprios, ou comissivos por omissão, assinale a alternativa **INCORRETA**.

(A) São de estrutura típica aberta e de adequação típica de subordinação mediata. Só podem ser praticados por determinadas pessoas, embora qualquer pessoa possa, eventualmente, estar no papel de garante. Neles, descumpre-se tão somente a norma preceptiva e não a norma proibitiva do tipo legal de crime ao qual corresponda o resultado não evitado.

(B) Se o médico se obriga a realizar determinado procedimento em um paciente, mas resolve viajar e deixa seu compromisso nas mãos de um colega, que assume esse tratamento, ele responde penalmente pelas lesões que resultem de erro de diagnóstico deste outro médico.

(C) Quem, sabendo nadar, por brincadeira de mau gosto, empurra o amigo para dentro da piscina, por sua ingerência, estará obrigado a salvá-lo, se necessário, para que o fato não se transforme em crime de homicídio, no caso de eventual morte por afogamento.

(D) Na forma dolosa, os crimes omissivos impróprios não exigem que o garante deseje o resultado típico.

(E) Se o garante, apesar de não haver conseguido impedir o resultado, seriamente esforçou-se para evitá-lo, não haverá fato típico, doloso e culposo. Nos omissivos impróprios, a relação de causalidade é normativa.

A: correta. *Crime omissivo impróprio* (*comissivo por omissão* ou *impuro*), *grosso modo*, é aquele em que o sujeito ativo, por uma omissão inicial, gera um resultado posterior, que ele tinha o dever de evitar (art. 13, § 2º, do CP). Os chamados crimes comissivos, que pressupõem uma conduta positiva, encerram normas proibitivas dirigidas, na maioria das vezes, à população em geral. Já nos crimes comissivos por omissão, a situação é bem outra. A existência do crime comissivo por omissão pressupõe a conjugação de duas normas: uma norma proibitiva, que encerra um tipo penal comissivo e a todos é dirigido, e uma norma mandamental, que é endereçada a determinadas pessoas sobre as quais recai o dever de agir. Assim, a título de exemplo, a violação à regra contida no art. 121 do CP (não matar) pressupõe, via de regra, uma conduta positiva (um agir, um fazer); agora, a depender da qualidade do sujeito ativo (art. 13, § 2º), essa mesma norma pode ser violada por meio de uma omissão, o que se dá quando o agente, por força do que dispõe o art. 13, § 2º, do CP, tem o dever de agir para evitar o resultado. Exemplo sempre lembrado pela doutrina é o da mãe que propositadamente deixa de amamentar seu filho, que, em razão disso, vem a morrer. Será ela responsabilizada por homicídio doloso, na medida em que seu dever de agir está contemplado na regra inserta no art. 13, § 2º, do CP. No mais, esta modalidade de crime omissivo não deve ser confundida com o *crime omissivo próprio* ou *puro*. Neste, o tipo penal cuidou de descrever a omissão. É o caso do crime de omissão de socorro (art. 135, CP). Esta modalidade de crime se perfaz pela mera abstenção do agente, independente de qualquer resultado posterior. Não é admitida, ademais, a tentativa; o crime omissivo impróprio, ao contrário, comporta o *conatus*; **B:** incorreta. Não há qualquer relevância penal na conduta do médico que, depois de comprometer-se a realizar determinado procedimento em um paciente, vê-se obrigado a viajar e deixa no seu lugar outro profissional para realizar o procedimento em seu lugar. Não houve, por parte do médico, nenhuma conduta omissiva; **C:** correta. A responsabilidade neste caso incide porque o agente, com o seu comportamento, criou o risco da ocorrência do resultado (afogamento), nos termos do art. 13, § 2º, *c*, do CP; **D:** correta. É o caso do agente que joga a vítima na piscina por brincadeira; **E:** correta. Diz-se normativa porque prevista em lei (art. 13, § 2º, CP). Ademais, não se deve exigir uma atuação heroica por parte do agente.

Gabarito "B".

(Ministério Público/GO – 2013) No que concerne à teoria geral do crime, assinale a alternativa correta:

(A) no crime instantâneo, a consumação se protrai no tempo, como no caso do sequestro.

(B) o crime habitual impróprio seria aquele em que o tipo penal descreve um fato que manifesta um estilo de vida do agente, mas para a consumação basta a prática de apenas um ato, sendo os demais apenas reiteração do mesmo crime.

(C) o crime de ímpeto é aquele no qual o agente pratica o delito com premeditação, em momento de extrema frieza e ausência de emoção.

(D) no crime omissivo impróprio, o tipo penal descreve uma conduta omissiva e sua consumação dispensa qualquer resultado naturalístico.

A: incorreta. No crime instantâneo, como o próprio nome sugere, a consumação se verifica em um dado momento, diversamente do que ocorre no crime permanente, cuja consumação se protrai (prolonga) no tempo, tal como se vê no crime de sequestro (art. 148, CP); **B**: correta. Nas palavras de Guilherme de Souza Nucci, "*deve-se distinguir, ainda, o crime habitual próprio do habitual impróprio. Próprio é o delito habitual autêntico (cuida-se da denominada habitualidade constitutiva), que somente se tipifica apurando-se a reiteração de condutas do agente, de modo a configurar um estilo próprio de vida, enquanto o impróprio (a chamada habitualidade delitiva) é a reiteração na prática de crimes instantâneos ou permanentes (ex.: pessoa que vive do cometimento de furtos repetidamente realizados)*" (*Manual de Direito Penal*, 10ª edição, Forense, p. 135). Assim, o crime habitual impróprio não é, verdadeiramente, um crime habitual, revelando, apenas, uma habitualidade delitiva do agente, que faz do crime um meio de vida; **C**: incorreta. Considera-se crime de ímpeto aquele cometido sem premeditação, em decorrência de forte reação emocional, tal como se vê nos denominados delitos passionais. Clássico exemplo de crime de ímpeto é o homicídio privilegiado cometido sob o domínio de violenta emoção, logo em seguida a injusta provocação da vítima (art. 121, § 1º, CP); **D**: incorreta. Os crimes omissivos impróprios (ou impuros, ou comissivos por omissão) decorrem da inobservância, pelo agente, do dever jurídico de agir para impedir determinado resultado, na forma estabelecida pelo art. 13, § 2º, CP. Assim, o tipo penal descreve uma conduta comissiva, que, em verdade, é cometida por omissão penalmente relevante. Daí denominar-se de crime comissivo por omissão. Demais disso, referida espécie de crime exige resultado naturalístico (modificação do mundo exterior provocada pela conduta).

Gabarito "B".

(Ministério Público/PR – 2013 – X) Assinale a alternativa *correta*:

(A) No crime comissivo por omissão ou omissivo impróprio inexiste o dever jurídico de agir, não respondendo o omitente pelo resultado, mas pela própria prática da conduta omissiva, podendo ser citado, como exemplo, o crime de omissão de socorro. Já no crime omissivo próprio o omitente devia e podia agir para evitar o resultado;
(B) No crime omissivo próprio o agente responde pelo resultado que deu causa. Já no caso do crime omissivo impróprio este se aperfeiçoa com a simples omissão;
(C) Os denominados delitos omissivos próprios, como os omissivos impróprios ou comissivos por omissão, são considerados crimes de mera conduta, posto que a omissão não pode dar causa a qualquer resultado;
(D) Os denominados crimes omissivos próprios admitem tentativa;
(E) No crime omissivo próprio o omitente não responde pelo resultado, perfazendo-se o crime com a simples omissão do agente, podendo ser citado, como exemplo, o crime de omissão de socorro. Já no crime comissivo por omissão ou omissivo impróprio o omitente devia e podia agir para evitar o resultado.

A: incorreta. O crime comissivo por omissão ou omissivo impróprio (ou omissivo espúrio) caracteriza-se pelo fato de o agente, tendo o dever jurídico de agir e podendo fazê-lo para impedir o resultado, nada faz. Neste caso, nos termos do art. 13, § 2º, do CP, o omitente responderá pelo resultado que deixou de evitar. Ademais, o exemplo dado pela assertiva (crime de omissão de socorro – art. 135 do CP) corresponde a uma *omissão própria*, que se caracteriza pela pura e simples inatividade definida em lei. Diferentemente da omissão imprópria, que, como dito, exige a inobservância de um dever jurídico de agir do agente para impedir o resultado, a omissão própria é descrita no próprio tipo penal, consumando-se com a simples inércia do agente. Há um dever genérico de agir a todos imposto; **B**: incorreta. A assertiva embaralha os conceitos de omissão própria e imprópria. Naquela, o crime se aperfeiçoará com a simples omissão descrita no tipo penal,

ao passo que nessa última o agente responderá pelo resultado não evitado pela sua omissão (lembrando que deverá existir o dever jurídico de agir e a possibilidade de agir para que a omissão seja penalmente relevante); **C**: incorreta. Os crimes omissivos próprios ou puros são de mera conduta, ou seja, não se exigirá um resultado naturalístico, bastando a inércia do agente e, portanto, sua desobediência ao "dever genérico" de agir previsto no próprio tipo penal incriminador. Já os crimes omissivos impróprios ou impuros são materiais, exigindo-se, para sua caracterização, que o agente deixe de observar o dever jurídico de agir para evitar o resultado. Ora, se se fala em "resultado" é porque se está diante de um crime material; **D**: incorreta. Os crimes omissivos próprios, por pressuporem apenas uma inércia do agente, que descumpre um dever genérico de agir, não admitem tentativa. Lembre-se de que referidos crimes são de mera conduta, os quais, como sabido, não são compatíveis com o *conatus*; **E**: correta. De fato, no crime omissivo próprio, o omitente responde pura e simplesmente por sua inércia, mas não pelo resultado naturalístico eventualmente produzido. É o caso da omissão de socorro (art. 135 do CP), bastando que o agente deixe de prestar socorro nas hipóteses previstas no tipo penal. Aqui, o crime já estará aperfeiçoado, independentemente de a pessoa cujo socorro não se prestou sofrer alguma consequência mais grave. Nos crimes comissivos por omissão (ou omissivos impróprios), diferentemente, o agente responderá pelo resultado que deveria e poderia ter evitado. É o caso da mãe, que, tendo o dever jurídico de agir para impedir a morte do filho recém-nascido, decorrente do próprio poder familiar, deixa de alimentá-lo, causando sua morte. Responderá por referido resultado, tratando-se, pois, de crime material.

Gabarito "E".

(Ministério Público/PR – 2013 – X) Assinale a alternativa *incorreta*:

(A) Crime unissubsistente é aquele que se consuma com a prática de um único ato, como, por exemplo, a injúria verbal;
(B) Crime unissubjetivo é aquele que possui um único verbo núcleo na descrição típica da conduta, como, por exemplo, o homicídio;
(C) Crime plurissubsistente é aquele que se consuma com a prática de mais de um ato, como, por exemplo, o estelionato;
(D) Crime pluriofensivo é aquele que atinge mais de um bem jurídico, como, por exemplo, o latrocínio;
(E) Crime não transeunte é aquele que deixa vestígios, como, por exemplo, o homicídio.

A: correta. De fato, os crimes unissubsistentes, como o próprio nome sugere, são aqueles que se aperfeiçoam com a prática de um só ato. Portanto, o *iter criminis* não é fracionável, não se admitindo, pois, a tentativa. Clássico exemplo é a injúria verbal; **B**: incorreta. Os crimes unissubjetivos (ou monossubjetivos, ou unilaterais) são aqueles que podem ser cometidos por uma só pessoa. São também conhecidos como crimes de concurso eventual, admitindo-se, pois, a coautoria e/ou a participação. Não se confundem com os crimes de ação simples ou ação única, que são aqueles cujos tipos penais possuem um único verbo núcleo (ex.: homicídio – art. 121 do CP – verbo *matar*), que se contrapõem aos crimes de ação múltipla, cujos tipos penais contemplam duas ou mais ações nucleares (ex.: receptação – art. 180 do CP – *adquirir, receber, ocultar, transportar ou conduzir*); **C**: correta. Crime plurissubsistente é aquele cuja conduta do agente se exterioriza pela prática de dois ou mais atos, contrapondo-se aos crimes unissubsistentes, cuja explicação já foi dada no comentário à alternativa "A"; **D**: correta, pois o crime pluriofensivo, como sugere o nome, é aquele que atinge mais de um bem jurídico, tal como se vê no latrocínio (atinge-se o patrimônio e a vida). Já os crimes uniofensivos (ou mono-ofensivos) são aqueles que atingem um único bem jurídico. É o caso do furto, que ofende apenas o patrimônio da vítima; **E**: correta. Diz-se crime não transeunte (ou de fato permanente) aquele que deixa vestígios materiais (tal como o homicídio), em contraposição aos crimes transeuntes (ou de fato transitório), que não deixam vestígios materiais (ex.: injúria verbal).

Gabarito "B".

(Ministério Público/SP – 2012 – VUNESP) Em relação aos crimes, é INCORRETO afirmar:

(A) Nos crimes materiais, o tipo penal descreve a conduta e o resultado naturalístico exigido.
(B) Preterdoloso se diz o crime em que a totalidade do resultado representa um excesso de fim (isto é o agente quis um *minus* e ocorreu um *majus*), de modo que há uma conjugação de dolo (no antecedente) e de culpa (no subsequente).
(C) Crimes de mera conduta são de consumação antecipada.
(D) Crime progressivo ocorre quando, da conduta inicial que realiza um tipo de crime, o agente passa a ulterior atividade, realizando outro tipo de crime, de que aquele é etapa necessária ou elemento constitutivo.
(E) Nos crimes unissubsistentes, o processo executivo da ação ou a omissão prevista no verbo núcleo do tipo consiste num só ato, coincidindo este, temporalmente com a consumação.

A: correta. Os crimes materiais são também denominados de "crimes de ação e resultado". Sem o resultado naturalístico, não se fala em consumação do crime material; **B:** correta. De fato, fala-se em crime preterdoloso (ou preterintencional) quando o agente, agindo com dolo na conduta inicial (antecedente), excede-se, produzindo um resultado agravador não querido (culpa no consequente); **C:** incorreta, devendo ser assinalada. Os crimes de mera conduta são aqueles em que o resultado naturalístico, além de não estar descrito no tipo penal, é impossível de ocorrer. Já os crimes formais (ou de consumação antecipada) são aqueles em que o resultado naturalístico é até possível de ser verificado, mas não é exigido para a consumação; **D:** correta. O crime progressivo, estudado quando da análise do princípio da consunção (ou absorção), constitui situação em que o agente, querendo produzir um determinado resultado, pratica determinada conduta inicialmente, mas intensifica o grau de violação ao bem jurídico, até alcançar o resultado pretendido; **E:** correta. De fato, os crimes unissubsistentes são aqueles cuja conduta será perpetrada mediante o cometimento de um único ato, que coincidirá com o próprio momento consumativo.

Gabarito "C".

5. FATO TÍPICO E TIPO PENAL

(Ministério Público/DF – 2013) Assinale a alternativa **CORRETA**:

(A) Como exceção à teoria da equivalência dos antecedentes causais, para o Código Penal a imputação do resultado ao agente somente pode ser afastada por causa preexistente.
(B) Para o Código Penal, causas preexistentes e concomitantes relativamente independentes, adentrando a esfera de consciência do agente, não excluem a imputação do resultado.
(C) É exemplo de causa superveniente absolutamente independente a situação do passageiro de ônibus colidido com poste de eletricidade, o qual, ileso e no exterior do veículo, morre atingido por fio energizado.
(D) Na omissão própria, o nexo de causalidade normativo é estabelecido pelo legislador penal a partir da posição de garante.
(E) Não caracteriza homicídio, ainda que sobrevenha o resultado morte, a conduta de quem dolosamente

interrompe eficaz ação de salvamento da vítima por outrem.

Antes de ingressarmos na análise de cada uma das assertivas, cumpre-nos tratar, ainda que brevemente, do tema "relação de causalidade". Pois bem. Em matéria de nexo causal, o CP adotou a teoria da equivalência dos antecedentes (ou *conditio sine qua non*), para a qual será considerada causa toda ação ou omissão sem a qual o resultado não teria ocorrido (da forma e como ocorreu). Assim, será considerado *causa* todo comportamento humano, positivo (ação) ou negativo (omissão), que tenha efetivamente concorrido para a produção de determinado resultado. Chamam-se de *concausas* aquelas que, externas à vontade do agente delitivo, tenham, de algum modo, influenciado no resultado. São consideradas *causas dependentes* aquelas que se originam, diretamente, da conduta do agente, motivo pelo qual o resultado a ele será atribuído. Já as causas independentes são aquelas que refogem à normalidade do desdobramento da conduta, ou seja, não se incluem na chamada "linha de desdobramento causal". Podem ser *absolutamente independentes*, vale dizer, sem qualquer relação com a conduta perpetrada pelo agente, não se podendo, nesse caso, a ele ser imputado o resultado, ou *relativamente independentes*, tendo, assim, origem, na conduta delituosa. Neste caso, em regra, o resultado será imputado ao agente. Tanto as causas absolutamente independentes quanto as relativamente independentes, de acordo com a doutrina, podem ser preexistentes (anteriores à prática da conduta praticada pelo agente), concomitantes (simultâneas ao comportamento criminoso) ou supervenientes (posteriores ao comportamento delituoso). Em se tratando de causas absolutamente independentes, sejam elas preexistentes, concomitantes ou supervenientes, o resultado não poderá ser imputado ao agente, visto que ocorreria independentemente da conduta delitiva. Já no tocante às causas relativamente independentes, visto guardarem relação direta com o comportamento delituoso, o resultado será imputado ao agente, desde que tenha ciência das causas preexistentes ou concomitantes. Com relação às causas relativamente independentes supervenientes, o CP, em seu art. 13, § 1º, adotou a teoria da causalidade adequada. Assim, somente haverá imputação do resultado se a causa superveniente não tiver produzido, por si só, o resultado. No entanto, se a causa superveniente relativamente independente houver produzido, por si só, o resultado, haverá exclusão da imputação do resultado ao agente. Aqui, como dito, não será adotada a teoria da equivalência dos antecedentes, mas sim a da causalidade adequada. Apenas a conduta que seja idônea à provocação do resultado é que ensejará sua imputação ao agente. Porém, se a concausa for a única e exclusiva causadora do resultado, não se encontrando no mesmo curso causal do comportamento delitivo, não se poderá imputá-lo ao agente. Agora sim podemos analisar as alternativas! **A:** incorreta, pois, como visto, as causas preexistentes, quando absolutamente independentes da conduta do agente, não permitirão a imputação do resultado. Todavia, em se tratando de causas relativamente independentes, estas gerarão a imputação do resultado ao agente, sejam elas preexistentes ou concomitantes, desde que delas ele tenha ciência; **B:** correta. De fato, as causas relativamente independentes, sejam preexistentes ou concomitantes, desde que ingressem na esfera de conhecimento do agente, não excluirão a imputação do resultado; **C:** incorreta. No exemplo dado na assertiva, temos uma causa relativamente independente, visto que a colisão do ônibus com o poste de eletricidade foi decisiva para a morte do passageiro. Todavia, o resultado "morte" não poderia, por exemplo, ser imputado ao motorista do transporte coletivo, visto que a descarga elétrica, já no meio externo ao veículo, causada por fio energizado, não se encontra na linha normal de desdobramento do comportamento, tratando-se de causa superveniente relativamente independente que, por si só, produziu o resultado, aplicando-se, pois, o art. 13, § 1º, do CP; **D:** incorreta. O nexo de causalidade nos crimes omissivos próprios (ou puros) decorre simplesmente da inatividade do agente, que, frente a um imperativo de comando ("faça algo!"), permanece inerte. A lei tipifica a conduta omissiva e o agente se abstém de qualquer comportamento positivo, incidindo, portanto, na figura delituosa. Já

nos crimes omissivos impróprios (ou impuros, ou crimes comissivos por omissão), o nexo de causalidade, que é normativo, é estabelecido pelo legislador, que pune o comportamento negativo do agente quando este tinha o dever de agir e podia agir para evitar o resultado (art. 13, § 2º, CP). As situações de "omissão penalmente relevante" decorrem da inobservância de um dever jurídico de agir (dever legal, obrigacional e por ingerência na norma – alíneas "a", "b", e "c", do referido art. 13, § 2º, CP); **E:** incorreta. Responderá pelo resultado morte o agente que, dolosamente, inviabilizar a concretização do salvamento, por terceiro, de determinada pessoa. Exemplo disso se verifica quando o pai, ao ver o filho menor se afogando em piscina, corre para o local e inicia o salvamento, mas, dolosamente, é contido pela mãe, que, querendo a morte do infante, interrompe o comportamento do genitor da vítima, que, de fato, morre.
Gabarito "B".

(Ministério Público/ES – 2013 – VUNESP) A conduta para a teoria

(A) social constitui um comportamento humano voluntário no mundo exterior, consistente num fazer ou não fazer, sendo estranha a qualquer valoração.

(B) naturalista constitui um comportamento humano voluntário no mundo exterior, consistente num fazer ou não fazer, sendo estranha a qualquer valoração.

(C) naturalista é o comportamento humano, voluntário e consciente (doloso ou culposo) dirigido a uma finalidade.

(D) social é tratada como simples exteriorização de movimento ou abstenção de comportamento, desprovida de qualquer finalidade.

(E) finalista é concebida com um simples comportamento, sem apreciação sobre a sua ilicitude ou reprovabilidade.

A: incorreta, pois a alternativa traz o conceito de conduta para a teoria clássica, naturalista ou causal. Por sua vez, conduta para a teoria social é todo comportamento humano, que tenha por finalidade produzir um resultado socialmente relevante; **B:** correta, pois a conduta para a teoria clássica, naturalista ou causal, idealizada no século XIX por *Liszt*, *Beling* e *Radbruch*, é todo comportamento humano voluntário, que produz uma modificação no mundo exterior, independentemente de dolo ou culpa, sendo a intenção do agente analisada como um dos elementos da culpabilidade; **C:** incorreta, pois a alternativa traz o conceito de conduta para a teoria finalista e não naturalista; **D:** incorreta, pois a alternativa traz o conceito de conduta para a teoria clássica, naturalista ou causal e não social; **E:** incorreta, pois para a teoria final ou finalista, criada por *Hans Welzel* no início da década de 30, a conduta é todo comportamento humano, consciente e voluntário, dirigido a um fim. Assim, deve haver uma valoração da conduta, já que o dolo e a culpa foram deslocados da culpabilidade para o seu interior.
Gabarito "B".

(Ministério Público/GO – 2013) Sobre o consentimento do ofendido, é incorreto dizer que:

(A) na doutrina nacional, prospera o entendimento de que o consentimento do ofendido pode excluir a tipicidade do fato ou a ilicitude.

(B) de acordo com a teoria da imputação objetiva, mesmo quando na redação do tipo penal não contiver o dissenso da vítima, como elementar, o consentimento desta é encarado como forma de exclusão da tipicidade.

(C) para que o consentimento do ofendido possa funcionar como causa supralegal de exclusão de ilicitude bastam que o bem jurídico seja disponível e que o consentimento esteja livre de vícios.

(D) o consentimento do ofendido pode ensejar atipicidade relativa (desclassificação) da conduta.

A: assertiva correta. De fato, o consentimento do ofendido atuará como causa de exclusão da tipicidade do fato quando o elemento "vontade" do sujeito passivo se revele como requisito expresso ou tácito da conduta penalmente típica. É o que se verifica, por exemplo, no estupro (art. 213 do CP), que tem, como pressuposto, o dissenso da vítima no tocante à conjunção carnal ou à prática de atos libidinosos diversos. De outra borda, o consentimento do ofendido poderá atuar como causa de exclusão da ilicitude (causa supralegal), desde que satisfeitos alguns requisitos, que serão melhor analisados logo a seguir; **B:** assertiva correta. Para a teoria da imputação objetiva, ainda que o dissenso da vítima não seja elementar típica, poderá funcionar como causa de exclusão da tipicidade quando a própria vítima se colocar (aceitar) a situação de perigo, colocando-se, pois, em tal situação (ex.: relação sexual desprotegida com parceiro portador de HIV, ciente da existência de tal doença); **C:** assertiva incorreta, devendo ser assinalada. O consentimento do ofendido somente funcionará como causa supralegal de exclusão da ilicitude se preenchidos alguns requisitos cumulativos, quais sejam: i) que tenha sido expresso; ii) que tenha sido concedido de forma livre (sem vícios); iii) que seja moral e respeito aos bons costumes; iv) que seja manifestado previamente à consumação da infração penal; v) que o ofendido seja plenamente capaz; **D:** assertiva correta. Se a vontade for elemento típico (implícito ou explícito), o consentimento do ofendido poderá gerar atipicidade parcial (relativa), daí advindo a desclassificação do crime. É o que se verifica, por exemplo, com o consentimento emanado da vítima para realizar determinado ato sexual com o agente. Embora não se possa cogitar de estupro, poderá configurar-se o crime de perigo de contágio venéreo (art. 130, CP) caso o agente esteja contaminado por alguma moléstia venérea.
Gabarito "C".

(Ministério Público/GO – 2012) Em relação à imputação objetiva é correto afirmar:

(A) imputação objetiva ou responsabilidade penal objetiva significa atribuir a alguém a realização de uma conduta criadora de um relevante risco juridicamente proibido e a produção de um resultado jurídico;

(B) o comportamento e o resultado normativo só podem ser atribuídos ao sujeito quando a conduta criou ao bem (jurídico) um risco juridicamente desaprovado e relevante;

(C) para fins de responsabilização do agente, a análise do estado anímico (dolo) precede à análise da imputação objetiva do resultado;

(D) a teoria da imputação objetiva surgiu com a finalidade de limitar o alcance da teoria da equivalência dos antecedentes causais. Por meio dela deixa-se de lado a observação de uma relação de causalidade puramente normativa (jurídica) para se valorar outra de natureza puramente material

A: incorreta, e de plano! A teoria da imputação objetiva, como se sabe, não se confunde com a responsabilidade penal objetiva. Aquela funciona como um limitador ao nexo de causalidade, ao passo que esta última preconiza a punição criminal independentemente de dolo ou culpa; **B:** correta. De fato, um dos requisitos para a imputação objetiva do resultado é que o comportamento praticado pelo agente crie ao bem jurídico tutelado pela norma um risco relevante e proibido; **C:** incorreta. Adotada a teoria da imputação objetiva, a relação de causalidade somente estaria devidamente caracterizada, e, portanto, admitida a imputação do resultado ao agente, se ultrapassadas as seguintes etapas, *nessa ordem*: i) análise do *tipo objetivo* (causalidade, criação de um risco proibido e realização do risco no resultado); ii) análise do *tipo subjetivo* (dolo ou culpa). Portanto, a análise do estado anímico

do agente será feita posteriormente à análise da imputação objetiva do resultado; **D**: incorreta. Em verdade, é da teoria da imputação objetiva (e não da teoria da equivalência dos antecedentes) que se extrai o conceito de causalidade normativa (ou jurídica), não bastando a mera causalidade natural ou material, presente na teoria da equivalência dos antecedentes, para a imputação do resultado ao agente.
Gabarito "B".

6. CRIMES DOLOSOS, CULPOSOS E PRETERDOLOSOS

(Ministério Público/DF – 2013) Em face das seguintes assertivas, indique a que se apresenta CORRETA:

(A) O ordenamento jurídico brasileiro adotou a teoria psicológica do dolo, segundo a qual dolo é a consciência e a vontade de concretizar os elementos do tipo penal.
(B) No conceito finalista de delito, dolo e culpabilidade têm como característica comum a sua natureza normativa.
(C) Para punição do agente, a título de culpa, segundo a teoria finalista da ação, é suficiente a demonstração de conduta realizada com imprudência, negligência ou imperícia.
(D) O "dolo geral" é gênero do qual são espécies o "dolo direto" e o "dolo eventual", responsabilizando-se o agente tanto diante da vontade de produção do resultado quanto da simples aceitação de sua ocorrência.
(E) A teoria normativa do dolo, ínsita à doutrina finalista da ação e acolhida no Código Penal Brasileiro, exige do agente a consciência da ilicitude de sua conduta.

A: correta. Com a criação do finalismo penal, o dolo, que até então estava alojado na culpabilidade – que continha três elementos, quais sejam, a imputabilidade, o dolo ou a culpa e a exigibilidade de conduta diversa (teoria clássica, causal ou mecanicista) – passou a integrar o fato típico, sendo dotado de dois elementos: a consciência e a vontade. Aqui, diz-se que o dolo é natural, em contraposição àquele dolo na teoria clássica, que, integrando a culpabilidade, continha a consciência da ilicitude; **B**: incorreta. Para a teoria finalista, como dito, o dolo é natural, contendo apenas elementos cognitivo (consciência) e volitivo (vontade). Já para a teoria clássica, o dolo integrava a culpabilidade, continha, também, um terceiro elemento, qual seja, a consciência da ilicitude (o dolo era dito normativo); **C**: incorreta. À luz da teoria finalista da ação, que pressupõe, como o nome sugere, que todo comportamento humano, para ser considerado penalmente relevante, seja dirigido a uma finalidade, não basta, para a punição por um crime culposo, tenha o agente agido com imprudência, negligência ou imperícia (modalidades de culpa). Será indispensável que sua *conduta* tenha sido *voluntária* (não voltada à produção do resultado ou sua aceitação, mas, sim, à prática de uma conduta perigosa, por ele aceita e desejada), que tenha *violado dever objetivo de cuidado* (por imprudência, negligência ou imperícia), daí advindo um *resultado naturalístico involuntário* (se voluntário fosse, estaríamos diante de dolo). Também, será indispensável ao reconhecimento do crime culposo, o nexo de causalidade (entre a conduta voluntária e o resultado involuntário) e a tipicidade (expressa previsão legal da forma culposa do crime), bem como a previsibilidade objetiva (possibilidade de pessoa de mediana prudência e discernimento conseguir prever o resultado); **D**: incorreta. Dolo geral, também chamado de erro sucessivo ou *aberratio causae*, verifica-se quando o agente, por erro nos meios de execução, acredita ter alcançado determinado resultado com um comportamento inicial, quando, em verdade, somente com um comportamento subsequente, dissociado da finalidade inicial, é que consegue alcançá-lo. Trata-se de um erro irrelevante para o Direito penal, devendo o agente ser responsabilizado pelo resultado pretendido de início; **E**: incorreta. Como visto anteriormente, à luz da teoria finalista da ação, o dolo deixou de ser normativo (vale dizer, de Integrar a culpabilidade e de conter a consciência da ilicitude), tornando-se natural, tendo como elementos apenas a consciência e a vontade.
Gabarito "A".

(Ministério Público/GO – 2013) Com relação ao tipo culposo, assinale a alternativa correta:

(A) a culpa gravíssima é chamada na doutrina de culpa temerária.
(B) para fins de tipicidade, discute-se unicamente se a previsibilidade deve ser aferida de acordo com a capacidade individual do agente (previsibilidade subjetiva).
(C) na hipótese em que Mélvio, ao limpar sua arma de fogo, de forma imprudente, vem a efetuar um disparo acidental e atinge mortalmente Tício, que acabara de entrar no recinto, estaria configurada a espécie de culpa denominada "culpa consciente", pois que previsível o disparo da arma.
(D) no crime culposo a conduta é dirigida para um fim ilícito. Ela é sempre bem dirigida para uma finalidade relevante sob o aspecto penal.

A: correta. De fato, de acordo com a doutrina, a culpa pode ser classificada, quanto aos graus, em leve, grave ou gravíssima, esta última denominada de "culpa temerária"; **B**: incorreta. O reconhecimento de um crime culposo exigirá, dentre outros requisitos, a *previsibilidade objetiva*, vale dizer, a possibilidade que uma "pessoa comum" (que se convencionou chamar de "homem médio"), com prudência e inteligência ordinárias, tem de prever o resultado. A capacidade individual do agente em prever o resultado, denominada de previsibilidade subjetiva, será levada em consideração não no momento da tipificação do delito culposo, mas, sim, quando da verificação da culpabilidade. Assim, a depender do caso concreto, a eventual falta de potencial consciência da ilicitude por parte do agente poderá redundar em exclusão da culpabilidade (isenção da pena); **C**: incorreta. Diz-se consciente a culpa quando o agente, embora prevendo um resultado objetivamente previsível, acredita sinceramente em sua inocorrência. O fato de alguém limpar uma arma de fogo, ainda mais se estiver carregada, embora possa trazer uma previsibilidade objetiva do resultado (eventual disparo), não induz pensar tenha este sido previsto pelo agente. No caso relatado na assertiva, a vítima havia acabado de adentrar o recinto, motivo por que não se pode cogitar de culpa consciente (ou culpa com previsão). Estivesse a vítima, desde o início, no recinto em que o agente efetuava a limpeza da arma, aí sim seria possível cogitar da previsão do resultado pelo autor do disparo; **D**: incorreta. À luz da teoria finalista da ação, desenvolvida por Hans Welzel, todo comportamento humano somente será penalmente relevante se dirigido a determinada finalidade. No caso dos crimes culposos, geralmente a finalidade do comportamento é lícita, e não dirigida à causação do resultado. É o que se verifica, por exemplo, em um homicídio culposo de trânsito, no qual o condutor do veículo, querendo chegar rapidamente para um jantar de noivado (finalidade lícita), acaba, por imprudência (excesso de velocidade), atropelando e matando um pedestre. Perceba que a finalidade do comportamento é irrelevante para o Direito Penal (chegar rapidamente a um compromisso), mas o resultado advindo da conduta imprudente, negligente ou imperita é ilícito.
Gabarito "A".

(Ministério Público/MG – 2013) Aquele que, culposamente, deteriora uma pinacoteca particular sabidamente tombada poderá ser responsabilizado:

(A) Por crime de dano, previsto no Código Penal, por atentar contra o patrimônio alheio.
(B) Por crime contra o meio ambiente artificial e cultural.

(C) Por se tratar de fato atípico, não poderá ser responsabilizado criminalmente.

(D) Por crime específico, de dano em coisa de valor artístico, arqueológico ou histórico, tal como previsto no Código Penal.

Nos termos do art. 62, II, da Lei dos Crimes Ambientais (Lei 9.605/1998), incorrerá nas penas de reclusão, de um a três anos, e multa, aquele que destruir, deteriorar ou inutilizar arquivo, registro, museu, biblioteca, *pinacoteca*, instalação científica ou similar protegido por lei, ato administrativo ou decisão judicial. Se o crime for culposo, a pena será de seis meses a um ano de detenção, sem prejuízo da multa (art. 62, parágrafo único). Assim, pelo princípio da especialidade, o agente responderá por crime ambiental, e não por crimes "comuns" definidos no Código Penal.

Gabarito "B".

7. ERRO DE TIPO, DE PROIBIÇÃO E DEMAIS ERROS

(Ministério Público/MG – 2014) A queria matar B. Quando este passou próximo ao local em que se postara, disparou um tiro de revólver, errando o alvo e atingindo C, ferindo-o levemente no braço. Deverá responder por:

(A) Lesões corporais culposas contra C.
(B) Homicídio tentado contra C.
(C) Lesões corporais leves contra C.
(D) Homicídio tentado contra B.

O enunciado retrata típico exemplo de *aberratio ictus* (erro na execução), que, nos termos do art. 73 do CP, impõe ao agente que responda como se tivesse praticado o crime contra aquela vítima inicialmente visada ("vítima B"). Por se tratar de erro meramente acidental, nada obstante tenha produzido apenas lesões corporais leves na vítima efetiva ("vítima C"), deverá ser responsabilizado por tentativa de homicídio contra "B", visto que esta sua intenção ao efetuar o disparo de arma.

Gabarito "D".

(Ministério Público/DF – 2013) Examine os itens que se seguem e assinale a alternativa **CORRETA**:

(A) Nos termos da legislação penal brasileira, a *aberratio ictus* com resultado duplo conduz à aplicação da regra da continuidade delitiva.
(B) O erro de proibição invencível por parte de um dos coautores do delito impede a aplicação de pena aos demais concorrentes.
(C) Na omissão, o erro de mandamento se caracteriza quando o omitente se abstém da ação ordenada pelo direito, na justificável crença de inexistir o dever de agir.
(D) Segundo o Código Penal, atua em erro de proibição o agente que, diante da aproximação de pessoa que acredita tratar-se de um ladrão, desfere-lhe golpes com pedaço de madeira.
(E) Para o finalismo, é erro de tipo o que incide sobre a consciência da ilicitude, que pode ser meramente potencial.

A: incorreta. Havendo *aberratio ictus* (que é espécie de erro de tipo acidental, na qual o agente, por erro na execução, atinge pessoa diversa da pretendida) com duplo resultado (ou com unidade complexa), vale dizer, atingindo o agente pessoa diversa da pretendida e, também, a própria vítima inicialmente visada, responderá em concurso formal de crimes (art. 73, segunda parte, do CP). Afinal, mediante uma única ação ou omissão, terá praticado dois ou mais crimes, incidindo, portanto, a regra do concurso formal (art. 70 do CP); **B:** incorreta. O erro de proibição (erro sobre a ilicitude do fato), quando invencível (ou inevitável, ou escusável), é causa de exclusão da culpabilidade. Assim, se o crime for praticado em concurso de agentes, caso um deles incida em erro de proibição invencível, tal causa não se estenderá aos demais concorrentes, sendo incomunicável (art. 30, CP). Ainda, que não se tratasse de coautora, mas, apenas, de participação, se adotada a teoria da acessoriedade limitada (que é a mais aceita pela doutrina nacional), os demais concorrentes responderiam criminalmente se o agente houvesse praticado um *fato típico* e *ilícito*. Ainda que tenha ele incidido em erro de proibição invencível, por se tratar de causa excludente da culpabilidade, os demais concorrentes não seriam atingidos por referida dirimente; **C:** correta. Verifica-se o erro mandamental (ou erro de mandamento) nos crimes omissivos próprios ou impróprios, desde que o agente tenha uma falsa percepção da realidade quanto ao mandamento implícito contido na norma penal incriminadora (ex.: na omissão de socorro, prevista no art. 135, CP, existe um mandamento implícito, qual seja, "preste socorro"), o que configura verdadeiro erro de tipo, ou, no caso da omissão imprópria, no caso de o agente acreditar não ter o dever jurídico de impedir o resultado, fato caracterizador de verdadeiro erro de proibição.

Gabarito "C".

(Ministério Público/PR – 2013 – X) Segundo a sistemática do Código Penal, assinale a alternativa ***incorreta***:

(A) É isento de pena quem, por erro plenamente justificado pelas circunstâncias, supõe situação de fato que, se existisse, tornaria a ação legítima;
(B) O erro sobre a ilicitude do fato, se inevitável, isenta de pena;
(C) O erro sobre a ilicitude do fato se evitável, diminui a pena em um sexto;
(D) Se o fato é cometido sob coação irresistível ou em estrita obediência a ordem, não manifestamente ilegal, de superior hierárquico, só é punível o autor da coação ou da ordem;
(E) O erro sobre elemento constitutivo do tipo legal de crime exclui o dolo, mas permite a punição por crime culposo, se previsto em lei.

A: correta. A assertiva trata das descriminantes putativas (art. 20, § 1º, do CP); **B:** correta, visto que, de fato, o erro sobre a ilicitude do fato, quando inevitável, isenta o réu de pena (art. 21, *caput*, do CP). Estamos a tratar do erro de proibição escusável, que é causa excludente da culpabilidade; **C:** incorreta, devendo ser assinalada. Se o erro sobre a ilicitude do fato (erro de proibição) for evitável (ou inescusável), a pena do agente será reduzida de *um sexto a um terço* (art. 21, *caput*, parte final, do CP). Assim, a diminuição prevista em lei é variável, e não fixa, como apontado na assertiva; **D:** correta, nos termos do art. 22 do CP, que trata da coação moral irresistível e da obediência hierárquica, ambas as causas excludentes da culpabilidade (por afastar a exigibilidade de conduta diversa); **E:** correta, nos termos do art. 20, *caput*, do CP, que trata do erro de tipo. Lembre-se de que haverá, aqui, a exclusão do dolo e da culpa quando o erro for invencível (ou inevitável, ou escusável), remanescendo, porém, a culpa, se o erro for vencível (ou evitável, ou inescusável), desde que prevista a modalidade culposa em lei.

Gabarito "C".

(Ministério Público/PR – 2013 – X) Assinale a alternativa ***incorreta***:

(A) Semprônio pretendendo matar seu pai Tício, desfere disparos de arma de fogo contra este, enquanto Tício conversava com seu vizinho Esmenio. Entretanto por erro na execução, Semprônio acaba apenas por atingir e matar Esmenio. Neste caso Semprônio responderá pelo crime de homicídio doloso, com a incidência da agravante genérica prevista no art. 61, II, letra "a" do CP (ter praticado o crime contra ascendente);

(B) Semprônio pretendendo matar seu vizinho Esmenio, desfere disparos de arma de fogo contra Esmenio enquanto ele conversava com Tício pai de Semprônio. Entretanto por erro na execução, Semprônio acaba apenas por atingir e matar Tício. Neste caso Semprônio responderá pelo crime de homicídio doloso, sem a incidência da agravante genérica prevista no art. 61, II, letra "a" do CP (ter praticado o crime contra ascendente);

(C) Semprônio pretendendo matar seu vizinho Esmenio, desfere contra ele disparos de arma de fogo, enquanto Esmenio conversava com Tício, pai de Semprônio. Entretanto por erro na execução, além de atingir e matar Esmenio, também atinge e mata seu pai Tício. Neste caso Semprônio responderá por crime de homicídio doloso, com a aplicação da regra prevista para o concurso formal de crimes;

(D) Semprônio pretendendo lesionar seu vizinho Esmenio, e visualizando que este se encontrava na sala distraído, arremessa uma pedra através da vidraça da residência de Esmenio. Entretanto por erro na execução do crime, a pedra acaba por atingir o aparelho de televisão da sala, danificando-o. Neste caso Semprônio responderá por crime de dano;

(E) Semprônio pretendendo lesionar seu vizinho Esmenio, e visualizando que este se encontrava na sala distraído, arremessa uma pedra através da vidraça da residência de Esmenio. Entretanto por erro na execução do crime, além da pedra atingir e lesionar superficialmente Esmenio, acaba também por acertar e danificar o aparelho de televisão da sala. Neste caso Semprônio responderá apenas por crime de lesões corporais leves.

A: correta. A assertiva trata de homicídio doloso praticado com erro na execução (*aberratio ictus*), tendo Semprônio, que tencionava matar o pai, atingido Tício. Neste caso, o agente responderá como se houvesse atingido a pessoa pretendida, levando-se, inclusive, em conta as características dela e não da vítima efetiva (art. 73 do CP); **B:** correta. Considerando que Semprônio pretendia matar seu vizinho Esmenio, mas, por erro na execução (*aberratio ictus*), atingiu o próprio pai (Tício), responderá por homicídio doloso, mas sem incidir a agravante genérica prevista no art. 61, II, "a", do CP (crime praticado contra ascendente). É que, nos termos do art. 73 do CP, verificado o erro na execução, o agente responderá como se houvesse atingido a vítima pretendida (vítima virtual), levando-se em consideração as características desta e não da vítima efetiva. Por isso, nada obstante tenha matado o próprio pai, a Semprônio não incidirá a agravante; **C:** correta. A assertiva contempla o que se denomina de *aberratio ictus* com duplo resultado (ou com unidade complexa). Assim, por erro na execução, Semprônio, além de atingir a vítima visada (o vizinho Esmenio), atingiu pessoa diversa da pretendida (o próprio pai). Portanto, mediante uma única ação, praticou dois crimes, incidindo, na espécie, a regra do concurso formal, nos termos preconizados no art. 73, parte final, do CP; **D:** incorreta, devendo ser assinalada. A assertiva trata, em princípio, da *aberratio criminis* (ou *aberratio delicti*), que se caracteriza pelo fato de o agente, por erro ou acidente na execução, dar causa a resultado diverso do inicialmente pretendido, caso em que, nos termos do art. 74 do CP, deveria responder na forma culposa, se prevista em lei, deste último resultado. Ocorre que, de acordo com a doutrina, inaplicável a regra prevista em referido dispositivo legal na seguinte situação: "se o resultado previsto como crime culposo for menos grave ou se o crime não tiver modalidade culposa, deve-se desprezar a regra delineada pelo art. 74 do Código Penal" (Cleber Masson. *Direito Penal Esquematizado – Parte Geral*. 2. ed. São Paulo: Método. p. 293). É que, se assim não fosse, a tentativa de lesões corporais perpetrada por Semprônio, que arremessou a pedra na vidraça da residência de Esmenio, querendo atingi-lo, seria absorvida pelo dano culposo, que, como é sabido, não é admitido (previsto) no art. 163 do CP. Logo, o agente ficaria sem punição qualquer. Destarte, no caso relatado no enunciado, o agente deverá responder por tentativa de lesões corporais dolosas; **E:** correta. Em complementação ao comentário à alternativa anterior, vê-se que na assertiva em comento ocorreu *aberratio criminis* com duplo resultado, o que ensejaria, em tese, a aplicação da regra do concurso formal de crimes (art. 74, parte final, do CP). Ocorre que Semprônio, além de produzir o resultado almejado (lesões corporais em Esmenio), também, por erro na execução, causou danos no aparelho de televisão de seu vizinho. Dado que este foi um resultado diverso do pretendido, a punição, nos termos do precitado art. 74 do CP, seria a título de culpa. No entanto, inexistente dano culposo, o agente responderá apenas pela lesão corporal leve (art. 129, *caput*, do CP).

Gabarito "D".

(Ministério Público/SP – 2012 – VUNESP) Motorista que, em estacionamento, se apodera de veículo pertencente a terceiro supondo-o seu, em decorrência de absoluta semelhança entre os automóveis, incide em

(A) erro de proibição.
(B) erro de tipo.
(C) crime impossível.
(D) erro determinado por terceiro.
(E) erro na execução.

Nitidamente, o enunciado proposto demonstra que o motorista incidiu em erro de tipo. A absoluta semelhança entre os automóveis fez com que o agente tivesse uma falsa percepção da realidade, vale dizer, da elementar "coisa alheia móvel". Ainda que, no caso, o erro fosse vencível (ou inescusável), haveria a exclusão do dolo, tornando o fato atípico (art. 20, *caput*, do CP).

Gabarito "B".

(Procurador da República – 25.º) Sobre elementos normativos:

I. Elementos normativos do tipo são sinônimos de elementos normativos especiais da ilicitude;
II. O erro sobre as expressões como "indevidamente", "sem licença da autoridade" é unanimemente tratado pela doutrina como erro de proibição;
III. O erro sobre pressuposto fático de uma causa de justificação tem regra específica no CP brasileiro.

Dentre as proposições acima:

(A) apenas são corretas as dos incisos I e III;
(B) apenas são corretas as dos incisos II e III;
(C) apenas é correta a do inciso III;
(D) todas as proposições são incorretas.

I: incorreta. Elementos normativos do tipo são aqueles que exigem, para sua correta aplicação, a emissão de um juízo de valor, que pode ser jurídico ou extrajurídico; **II:** incorreta, pois tais expressões, consideradas elementos normativos do tipo, vale dizer, integrantes da estrutura típica, darão azo ao reconhecimento de erro de tipo pelo agente que incidir em uma falsa percepção sobre referidos elementos; **III:** correta. De fato, o erro sobre os pressupostos fáticos de uma causa de justificação vem albergado pelo art. 20, § 1º, do CP, que trata das descriminantes putativas.

Gabarito "C".

8. TENTATIVA, CONSUMAÇÃO, DESISTÊNCIA, ARREPENDIMENTO E CRIME IMPOSSÍVEL

(Promotor de Justiça/GO – 2016 – MPE) Sobre a etapas de realização da infração penal, marque a alternativa correta:

(A) Em determinadas infrações penais o exaurimento constitui etapa do *iter criminis*.

(B) Os atos executórios precisam ser idôneos e inequívocos, não se exigindo, porém, sua simultaneidade.
(C) A resolução do agente, no que diz respeito ao dolo, não são coincidentes na tentativa e na consumação.
(D) O arrependimento eficaz é incompatível com crimes formais ou de mera conduta.

A: incorreta, já que o *exaurimento*, que constitui um desdobramento posterior à prática criminosa, não integra o *iter criminis*, que é composto por *cogitação* (fase interna), *preparação*, *execução* e *consumação*. Típico exemplo de exaurimento é o pagamento do resgate no delito de extorsão mediante sequestro, que já atingira a consumação em momento anterior: com a privação da liberdade da vítima; **B:** incorreta, já que as características do ato de execução (idôneo e inequívoco) devem existir de forma simultânea, ao mesmo tempo; **C:** incorreta. A resolução da agente, que diz respeito à sua decisão de praticar o crime, não difere na tentativa e na consumação; **D:** correta. Isso porque o arrependimento eficaz (art. 15, segunda parte, do CP) constitui um fenômeno voltado exclusivamente para os crimes materiais, uma vez que, nos formais e nos de mera conduta, a prática dos atos de execução implica, automaticamente, a consumação do delito.
Gabarito "D".

(Ministério Público/MS – 2013 – FADEMS) Assinale a alternativa *correta*:
(A) Relativamente à tentativa, o Código Penal Brasileiro adotou, como regra, a teoria objetiva.
(B) Não admitem a forma tentada, entre outros: crimes culposos, contravenções penais, crimes instantâneos, crimes omissivos próprios e crimes formais.
(C) O critério para a fixação do percentual previsto no art. 14, II, do CP (que trata da tentativa), inclusive quanto ao homicídio, não se baseia somente no *quantum* percorrido do *iter criminis*, de forma que a diminuição da pena não será necessariamente menor pelo simples fato do agente ter ficado próximo da consumação do delito.
(D) O crime de cárcere privado é um exemplo de crime que não admite a tentativa.
(E) Segundo entendimento do STF há crime de latrocínio tentado quando o homicídio se consuma, ainda que não realize o agente a subtração de bens da vítima.

A: correta. De fato, o Código Penal, no tocante à tentativa (art. 14, II e parágrafo único), adotou, como regra, a teoria objetiva (ou realística ou dualista), segundo a qual a sua punibilidade decorre do risco que a conduta do agente proporcionou ao bem jurídico tutelado pela norma penal incriminadora, impondo-se pena mais branda em razão do menor desvalor do resultado. Tanto é que, para o crime tentado, aplicar-se-á a mesma pena do consumado, porém, reduzida de um a dois terços. Contrapõe-se à teoria subjetiva (ou voluntarística, ou monista), que preconiza que a tentativa será punida única e exclusivamente em razão da vontade criminosa do agente, analisando-se apenas o desvalor da ação, em nada importando o desvalor do resultado. Frise-se, porém, que, nos chamados crimes de atentado ou empreendimento, assim considerados aqueles cuja punição às formas consumada e tentada é a mesma (tal como ocorre, por exemplo, nos crimes do art. 3º da Lei 4.898/1965 – Lei de Abuso de Autoridade, ou no crime do art. 352 do CP – evasão mediante violência contra a pessoa), inexistindo, pois, punição mais branda da tentativa; **B:** incorreta. De fato, a rigor, os crimes culposos não admitem tentativa. Porém, na chamada "culpa imprópria" (art. 20, § 1º, do CP), decorrente da incidência de descriminantes putativas, o agente poderá, se o erro for vencível (ou evitável, ou inescusável), ser punido pela forma culposa do crime, se houver, inclusive na forma tentada. É o clássico exemplo doutrinário do pai que, acreditando tratar-se de um bandido, que está forçando a porta da sala de sua casa, efetua disparo, atingindo o próprio filho, que se esquecera das chaves. Se a vítima não morrer, o pai responderá por tentativa de homicídio culposo (por culpa imprópria). Ainda, com relação aos crimes instantâneos, que são aqueles cuja consumação se verifica em um só dado momento, se praticados mediante conduta plurissubsistente (comportamento fracionável em diversos atos), será perfeitamente admissível a tentativa. Quanto às contravenções penais, de fato, o art. 4º do Decreto-lei 3.688/1941 prevê a impunibilidade da tentativa. Também não se admite a tentativa nos crimes omissivos próprios ou puros, pois bastará, para sua consumação, que o agente deixe de realizar a conduta prescrita no tipo incriminador, não coadunando com o *conatus*. Por fim, inverídica a afirmação de que os crimes formais não admitem a tentativa. Basta verificar a extorsão mediante sequestro (art. 159 do CP), que será punido na forma tentada se o agente não conseguir arrebatar a vítima do seu meio normal de circulação, apesar de já iniciados os atos executórios (ex.: mediante grave ameaça, consistente na exibição de arma de fogo, o agente anuncia o sequestro, dizendo que a libertação da vítima só ocorrerá mediante pagamento de resgate, mas o sequestro não se efetiva em razão de fuga do sujeito passivo); **C:** incorreta. De início, a redação da alternativa está um pouco truncada. De toda forma, é sabido e ressabido que o critério adotado pela doutrina e jurisprudência para a diminuição pela tentativa (variável de um terço a dois terços, nos termos do art. 14, parágrafo único, do CP) é a distância percorrida pelo agente no *iter criminis*. No HC 95.960/PR, por exemplo, o então Min. Carlos Britto, da 1ª Turma do STF, assim entendeu: "(...) a definição do percentual da redução da pena levará em conta apenas e tão somente o *iter criminis* percorrido, ou seja, tanto maior será a diminuição quanto mais distante ficar o agente da consumação, bem como tanto menor será a diminuição quanto mais se aproximar o agente da consumação do delito"; **D:** incorreta. O crime de cárcere privado ou sequestro (art. 148 do CP), a despeito de ser considerado formal (ou de consumação antecipada), admite o *conatus*, especialmente quando praticado de forma comissiva. Assim, se o agente não conseguir privar a vítima de sua liberdade de locomoção, apesar de ter envidado esforços para tanto, estar-se-á diante de tentativa; **E:** incorreta. Nos exatos termos da Súmula 610 do STF, "Há crime de latrocínio, quando o homicídio se consuma, ainda que não se realize o agente a subtração de bens da vítima".
Gabarito "A".

(Ministério Público/PR – 2013 – X) Assinale a alternativa *incorreta*:
(A) Diz-se "tentativa imperfeita" ou "propriamente dita", quando o processo executório do crime é interrompido por circunstâncias alheias à vontade do agente;
(B) No dito "crime falho" ou "tentativa perfeita", apesar do agente realizar toda a fase de execução do crime, o resultado não ocorre por circunstâncias independentes de sua vontade;
(C) Os crimes *culposos*, os *omissivos próprios*, *omissivos impróprios*, e os *preterdolosos* não admitem tentativa;
(D) O dolo no crime tentado é o mesmo do crime consumado;
(E) A denominada "tentativa inidônea", ocorre quando, por ineficácia absoluta do meio ou por absoluta impropriedade do objeto, é impossível consumar-se o crime.

A: correta, de acordo com a banca examinadora. A tentativa imperfeita ou inacabada é aquela em que o agente dá início à execução do crime, mas não consegue esgotar todos os atos executórios ao seu alcance por circunstâncias alheias à sua vontade. Assim, entendemos que faltou mais especificidade na assertiva, pois, como visto, a característica marcante da tentativa imperfeita é de o agente não conseguir esgotar todos os meios de que dispunha para alcançar o resultado almejado; **B:** correta. De fato, na tentativa perfeita, também conhecida como tentativa acabada ou crime falho, o agente, mesmo esgotando todos os meios

executórios ao seu alcance, não consegue produzir o resultado almejado por circunstâncias alheias à sua vontade; **C**: incorreta, devendo ser assinalada. Realmente, a rigor, os crimes culposos – exceto a culpa imprópria (art. 20, 1º, do CP) –, os preterdolosos (por serem um "misto" de dolo e culpa) e os omissivos próprios (por serem unissubsistentes, bastando a inatividade do agente para a consumação) não admitem tentativa. Já os crimes omissivos impróprios (ou impuros, ou espúrios, ou comissivos por omissão) admitem a tentativa. Exemplo clássico é o da mãe que, dolosamente, deixa de alimentar o filho recém-nascido, tencionando sua morte, mas o pai, percebendo a situação, passa a alimentar a criança, impedindo sua morte. Aqui, a mãe responderia por tentativa de homicídio doloso por omissão imprópria; **D**: correta. De fato, não há diferença no dolo do crime tentado para o do consumado. O que ocorre é que, na tentativa, nada obstante tencione o agente alcançar determinado resultado, não logra êxito por fatores externos à sua vontade; **E**: correta. O crime impossível é também conhecido por "tentativa impossível", "tentativa inidônea", "tentativa inadequada" ou "quase-crime", verificando-se em duas situações: i) se o agente utiliza meio executório absolutamente ineficaz para a obtenção do resultado ou; ii) se o objeto material do crime é absolutamente impróprio ou inidôneo. Perceba o candidato que o examinador testou o conhecimento sobre as expressões sinônimas para definir o crime impossível.
Gabarito "C".

(Ministério Público/PR – 2013 – X) Assinale a alternativa *incorreta*:

(A) Segundo a sistemática do Código Penal, a desistência voluntária é compatível com a tentativa perfeita ou crime falho;
(B) O chamado arrependimento posterior, nos moldes previstos no Código Penal, é causa de redução de pena;
(C) Para que o agente somente responda pelos atos já praticados, o chamado arrependimento eficaz deve ser suficiente para impedir a ocorrência do resultado, pouco importando, a voluntariedade do arrependimento do agente ou a reparação posterior do dano, caso o resultado venha a ocorrer;
(D) Segundo a doutrina, para a que ocorra a desistência voluntária ou o arrependimento eficaz, basta voluntariedade por parte do agente, não sendo exigida espontaneidade em sua decisão de abandonar a trajetória criminosa ou de impedir a ocorrência do resultado;
(E) Pode-se afirmar que a desistência voluntária é incabível nos chamados crimes unissubsistentes.

A: incorreta, devendo ser assinalada. Considerando que na tentativa perfeita (ou acabada, ou crime falho) o agente esgota todos os meios de que dispunha para alcançar o resultado, mas este não ocorre por circunstâncias alheias à sua vontade, tal instituto é *incompatível* com a desistência voluntária, visto que nesta o agente, ainda dispondo de mais meios para continuar a execução do crime (ou seja, sem que tenha esgotado toda a sua potencialidade ofensiva), desiste de prosseguir. Assim, vê-se que a tentativa perfeita é compatível com o arrependimento eficaz (que pressupõe o esgotamento dos atos executórios pelo agente), mas não com a desistência voluntária; **B**: correta. De fato, nos termos do art. 16 do CP, a pena será reduzida de um a dois terços se o agente, voluntariamente, nos crimes cometidos sem violência ou grave ameaça à pessoa, reparar o dano ou restituir a coisa até o recebimento da denúncia ou queixa; **C**: correta, de acordo com a banca examinadora. Todavia, discordamos. É que o arrependimento eficaz, assim como a desistência voluntária, ambas espécies de tentativa abandonada ou qualificada, exigirá voluntariedade do agente, vale dizer, que não tenha sido coagido física ou moralmente a praticar conduta impeditiva da consumação. O que não se exige é a espontaneidade, mas, como dito, a voluntariedade, sim. Portanto, entendemos incorreta a assertiva quando consta "pouco importando a voluntariedade do arrependimento do agente"; **D**: correta. De fato, tanto na desistência voluntária, quanto no arrependimento eficaz, exigir-se-á do agente a voluntariedade, sendo desnecessária, contudo, a espontaneidade, vale dizer, que a ideia de não prosseguir na execução do crime ou impedir sua consumação tenha sido originada na mente do sujeito ativo. Tal assertiva comprova o equívoco terminológico empregado na alternativa anterior; **E**: correta. Crimes unissubsistentes são aqueles cuja conduta não pode ser fracionada, aperfeiçoando-se por um único ato perpetrado pelo agente. Assim, não haverá como ele desistir de prosseguir na execução, visto que com a prática de um só ato o crime já estará consumado.
Gabarito "A".

(Ministério Público/RO – 2013 – CESPE) No que se refere ao crime consumado e ao tentado, ao crime impossível, ao arrependimento posterior, à desistência voluntária e ao arrependimento eficaz, assinale a opção correta.

(A) Para a configuração do arrependimento posterior, o agente deve agir espontaneamente, e a reparação do dano ou a restituição do bem devem ser integrais.
(B) No quase crime, segundo a teoria objetiva temperada, absoluta ou relativa, inexiste objeto jurídico em perigo de lesão, não havendo conduta punível.
(C) A pena imposta ao *conatus*, de acordo com a teoria subjetiva, é motivada pelo perigo a que é exposto o bem jurídico.
(D) Ocorre tentativa qualificada na desistência voluntária, no arrependimento eficaz e no arrependimento posterior.
(E) Segundo a teoria sintomática, examina-se, no que se refere à punibilidade da tentativa inidônea, se a realização da conduta do agente é a revelação de sua periculosidade.

A: incorreta. O arrependimento posterior (art. 16 do CP) precisa ser voluntário, ou seja, o agente deve restituir a coisa ou reparar integralmente o dano sem que seja forçado a tanto. No entanto, inexigível a espontaneidade, bastando a voluntariedade, como dito; **B**: incorreta. O quase crime (ou crime impossível, ou tentativa impossível, inidônea ou inadequada), previsto no art. 17 do CP, adotou a teoria objetiva temperada (ou intermediária), segundo a qual apenas a inidoneidade absoluta do meio empregado ou a impropriedade absoluta do objeto material afastam a tentativa. Em se tratando de inidoneidade relativa do meio ou do objeto, caracterizada estará a tentativa. Já para a teoria objetiva pura, independentemente do grau de inidoneidade da ação, se nenhum bem jurídico houver sido lesado, não subsistirá a tentativa. Aqui reside o equívoco da assertiva, que apresenta como sinônimo da teoria objetiva temperada (adotada pelo art. 17 do CP) a teoria objetiva absoluta (ou pura); **C**: incorreta. Como regra, o CP (art. 14, II) adotou a teoria objetiva (também chamada de realística ou dualista), segundo a qual a tentativa será punida em face do perigo gerado ao bem jurídico pela conduta praticada pelo agente, diversamente do que preconiza a teoria subjetiva (ou voluntarística, ou monista), para a qual a tentativa é punida de acordo com a vontade criminosa do agente (punição pela intenção, e não pela exposição do bem jurídico a lesão ou perigo de lesão); **D**: incorreta. São espécies de tentativa abandonada (ou qualificada) a desistência voluntária e o arrependimento eficaz (art. 15 do CP), assim denominada pelo fato de o agente não responder propriamente pela tentativa, mas, sim, pelos atos praticados. Já o arrependimento posterior (art. 16 do CP) é causa de diminuição de pena; **E**: correta. Para a teoria sintomática, que se preocupa com a periculosidade do autor, tanto a tentativa quanto o crime impossível (tentativa inidônea), por materializarem uma personalidade perigosa do agente, são passíveis de punição. No entanto, é bom frisar que não foi a teoria adotada pelo art. 17 do CP. Como visto, adotou-se a teoria objetiva temperada.
Gabarito "E".

(Ministério Público/MT – 2012 – UFMT) Fábio, homem ciumento, depois de três anos juntos, vê rompido seu namoro com Aline. Aline, mulher bela e atraente, após o ocorrido começa a namorar Juliano. Certo dia, Fábio, ao avistar Aline e Juliano andando em uma praça, investe contra este desferindo-lhe uma facada com a intenção de matar a vítima, mas atinge-a apenas no braço, causando-lhe uma lesão corporal. Fábio, tendo a possibilidade de prosseguir golpeando a vítima, desiste de fazê-lo ante a súplica de Aline. Considerando os fatos descritos, assinale a afirmativa correta.

(A) Fábio incorreu no crime de homicídio em sua forma tentada.
(B) Fábio responde por lesão corporal, incorrendo no que, em doutrina, denomina-se "tentativa qualificada".
(C) Fábio está acobertado pelo arrependimento posterior.
(D) Fábio responde por homicídio atenuado em razão da injusta provocação da vítima.
(E) Fábio responde por lesões em concurso formal com tentativa de homicídio.

Considerando o enunciado proposto, vê-se, claramente, que Fábio, podendo prosseguir em seu intento criminoso (eliminação da vida de Juliano), desistiu voluntariamente de nele prosseguir. Frise-se que a desistência de que trata o art. 15 do CP não precisa ser espontânea, bastando que seja voluntária, tal como ocorreu no histórico da questão. Por tais razões, o agente deverá responder apenas pelos atos praticados, quais sejam, lesões corporais por haver esfaqueado o braço da vítima. Doutrinariamente, a desistência voluntária é denominada de "tentativa abandonada" ou "tentativa qualificada", assim como o é o arrependimento eficaz. Não se cogita, aqui, de homicídio tentado, haja vista que o reconhecimento da desistência voluntária afasta o *conatus*. Afinal, podendo prosseguir na execução do crime inicialmente visado (homicídio), Fábio abandonou a prática de atos executórios por sua vontade, caracterizando, repita-se, a desistência voluntária, que constitui aquilo que a doutrina chama de "direito premial" (em razão do abandono da execução do crime, o agente é "premiado" com punição mais leve, qual seja, a correspondente apenas aos atos praticados e não pela tentativa).
Gabarito "B".

(Ministério Público/GO – 2012) Em relação ao arrependimento posterior é correto afirmar:
(A) Considerando que a voluntariedade prevista no artigo 16 do CP não pressupõe espontaneidade, poderá ser beneficiado o autor do delito de furto mesmo que já tenha sido descoberto pela autoridade policial ser beneficiado com a causa geral de aumento de pena caso restitua a coisa ou repare o dano por ele causado à vítima no prazo previsto em lei;
(B) Mesmo depois de encerrado o inquérito policial, com a consequente remessa à justiça, pode o agente, ainda, valer-se do arrependimento posterior, desde que restitua a coisa ou repare o dano por ele causado à vítima até o oferecimento da denúncia;
(C) O agente do crime previsto no artigo 155, § 4º, inciso I (furto qualificado mediante rompimento de obstáculo) não pode ser beneficiado pela causa geral de diminuição de pena, posto que a reparação do dano ou a restituição da coisa só pode se feita nas hipóteses da não ocorrência de violência ou grave ameaça;
(D) O pagamento do cheque antes do recebimento da denúncia, nos termos da súmula 554 do STF, tem força para obstruir a ação penal.

A: incorreta. Primeiramente, cumpre-nos registrar que a redação da alternativa é péssima, de difícil compreensão, parecendo ter havido erro ou falha na digitação pela banca examinadora. De toda forma, se a autoridade policial descobrir quem foi o autor do crime e, por exemplo, ocorrer a apreensão dos bens subtraídos, por óbvio estará afastada a voluntariedade; **B:** incorreta, pois a reparação do dano ou a restituição da coisa, para fins de reconhecimento do arrependimento posterior, poderão ocorrer até o recebimento (e não oferecimento!) da denúncia ou queixa (art. 16 do CP); **C:** incorreta, pois o arrependimento posterior é perfeitamente compatível com o furto qualificado mediante rompimento de obstáculo. Frise-se que a natureza do crime é, sim, decisiva para o reconhecimento da minorante em comento. No tocante à violência, meio de execução impeditivo da concessão do arrependimento posterior, esta deverá ser dirigida à pessoa (a violência contra a coisa não exclui a benesse em tela!); **D:** correta. De fato, o pagamento do cheque emitido sem suficiente provisão de fundos antes do recebimento da denúncia obstará o início da ação penal (Súmula 554 do STF).
Gabarito "D".

9. ANTIJURIDICIDADE E CAUSAS EXCLUDENTES
(Promotor de Justiça/SC – 2016 – MPE)

(1) Segundo a doutrina majoritária, em apenas uma das causas de exclusão de ilicitude previstas no artigo 23 do Código Penal Brasileiro, a legítima defesa, pode ocorrer excesso doloso.

1: assertiva falsa, na medida em que, por expressa disposição do art. 23, parágrafo único, do CP, o excesso doloso (e também o culposo) poderá ocorrer em qualquer das causas de exclusão da ilicitude previstas no art. 23 do CP: além da legítima defesa, também o estado de necessidade, o escrito cumprimento de dever legal e o exercício regular de direito.
Gabarito 1E.

(Ministério Público/DF – 2013) Indique a alternativa CORRETA:
(A) A antijuridicidade formal da conduta típica demanda avaliação concreta do grau de lesão ao bem jurídico.
(B) O aborto praticado pelo médico para salvar a vida da gestante caracteriza hipótese de legítima defesa de terceiro.
(C) Entre outros aspectos, diferenciam-se o exercício regular de direito e o estrito cumprimento do dever legal pelo fato de que, enquanto no primeiro é facultativo o exercício do direito assegurado, neste o agente deve cumprir o comando legal.
(D) A possibilidade de fuga não impede o agente de praticar conduta amparada pelo estado de necessidade justificante.
(E) Atua em legítima defesa a pessoa que, para escapar de ataque de animal feroz ordenado por seu desafeto, invade propriedade de terceiro sem autorização do morador.

A: incorreta. Denomina-se de antijuridicidade (ou ilicitude) formal a pura e simples contradição entre o comportamento praticado pelo agente delitivo e aquilo que nosso ordenamento jurídico prescreve ou permite, diversamente da antijuridicidade material, que é aquela em que se avalia se o comportamento antissocial do agente foi capaz de ofender aos valores tutelados pelo Direito Penal; **B:** incorreta. O aborto praticado pelo médico para salvar a vida da gestante, nos termos do art. 128, I, do CP, é causa excludente da ilicitude que se amolda ao estado de necessidade de terceiro. Afinal, se levar a gestação a cabo poderá causar a morte da gestante, permite o ordenamento jurídico, diante desse impasse (vida da gestante x vida do feto ou produto da concepção), o sacrifício de direito alheio para a preservação de direito de terceiro (*in casu*, da gestante); **C:** correta. Tal como bem explicado na assertiva, o exercício regular de direito, que é causa excludente da ilicitude (art. 23, III, do CP), tornará lícito o comportamento, ainda que típico, daquele que agir de acordo com um direito que lhe seja assegurado, ainda que tal exercício seja facultativo. Já no estrito cumprimento de um dever legal, que também exclui a ilicitude do comportamento (art. 23, III, do CP), caberá àquele cujo dever seja imposto pelo ordenamento jurídico, cumpri-lo, não se tratando, pois, de um exercício "facultativo" de um direito, mas, sim, de uma determinação legal; **D:** incorreta. Embora não se tenha compreendido perfeitamente o conteúdo da assertiva em comento, é certo que se o examinador se referiu ao detento, a fuga não constitui uma causa, ainda que supralegal, de exclusão da ilicitude; **E:** incorreta. Ao praticar violação de domicílio, o agente não repeliu, diretamente, a agressão injusta perpetrada por seu desafeto (incitação de animal ao ataque), acabando por lesionar direito alheio (a inviolabilidade do domicílio). Nada obstante, não será razoável que a vítima da agressão injusta sofra reprimenda por seu comportamento. Pode-se, aqui, sustentar a existência de causa excludente da culpabilidade (inexigibilidade de conduta diversa), apta a afastar a imposição de pena.

Gabarito "C".

(Ministério Público/GO – 2013) A relação de causalidade sempre foi um tema assaz debatido na doutrina. Em sua obra imortal, o mestre Nélson Hungria destacou mais de uma dezena de teorias sobre o ponto. Nesse mote, analise os itens abaixo e marque a alternativa incorreta:

(A) "Dizia Binding, ironicamente, que a teoria da equivalência, a coberto de limites, levaria a punir-se como partícipe de adultério o carpinteiro que fabricou o leito em que se deita o par amoroso" (HUNGRIA, Nélson. *Comentários ao Código Penal*. Vol. I, Tomo 11, 53 ed., Rio de Janeiro: Forense, 1978, p. 66). Com o escopo de obstar esse *regressus ad infinitum*, deve-se interromper a cadeia causal no instante em que não houver dolo ou culpa por parte daquelas pessoas que tiveram alguma importância na produção do resultado.

(B) durante um assalto, a vítima, apavorada com a arma de fogo que lhe é apontada, morre de ataque cardíaco. Por sua vez, o autor apodera-se do bem e foge. Estando-se diante de uma causa relativamente independente concomitante, que mantém íntegra a relação de causalidade, deve o agente responder pelo latrocínio.

(C) o Código Penal acolheu, como regra, a teoria da *conditio sine que non*, que se vale do critério da eliminação hipotética. No entanto, existem situações que não são adequadamente solucionadas pelo emprego da mencionada teoria, sendo o que ocorre, por exemplo, com a dupla causalidade.

(D) as causas absolutamente independentes – preexistentes, concomitantes e supervenientes – não se originam da conduta do agente e, por isso, são aptas ao rompimento do nexo causal.

A: assertiva correta. De fato, de acordo com a teoria da equivalência dos antecedentes (ou *conditio sine qua non*), causa é toda ação ou omissão sem a qual o resultado não teria ocorrido. A tomar como "verdade absoluta" esse conceito, diz-se na doutrina que o crime cometido por um homem atingiria, logicamente, seus pais. Afinal, não fosse a concepção, o agente delitivo não teria cometido aquele determinado crime. Assim, para evitar-se o regresso ao infinito (*regressus ad infinitum*), a cadeia causal seria rompida pela ausência de dolo ou culpa da(s) pessoa(s) que tenha(m) alguma relevância, ainda que física, para a produção do resultado; **B:** assertiva incorreta, devendo ser assinalada. Não sendo previsível ao agente delitivo o resultado morte advindo de seu comportamento (anúncio do assalto e exibição de arma de fogo), haverá rompimento do nexo causal, respondendo, no caso relatado na assertiva, por roubo com emprego de arma, mas não por latrocínio. Ainda que a causa (do resultado) seja relativamente independente (da conduta do agente), o fator externo à vontade do autor do crime (no caso, o ataque cardíaco, quiçá motivado por doença preexistente) deverá ingressar na sua esfera de conhecimento, sob pena de admitir-se a responsabilidade penal objetiva; **C:** assertiva correta. A aplicação pura e simples da teoria da *conditio sine qua non* (ou teoria da equivalência dos antecedentes) não é capaz de solucionar, por exemplo, a questão da dupla causalidade, que se verifica quando duas ou mais causas concorrem para um mesmo resultado, sendo que cada uma delas, por si sós, é capaz de produzi-lo (ex.: "A" e "B", sem que um saiba da existência do outro, ministram veneno no suco de "C", em doses que, isoladamente, seriam suficientes à morte). Assim, no exemplo que acabamos de indicar, utilizado o critério hipotético de eliminação para a verificação de qual comportamento é considerado "causa do resultado", se afastarmos o comportamento de "A", ainda assim o resultado teria ocorrido, em razão da dose de veneno ministrada por "B". Perceba que, nesse caso, a teoria em comento é insuficiente, nada obstante a imputação do resultado, no caso em análise, seja feita àquele cuja dose tenha efetivamente causado a morte da vítima. Se não for possível tal constatação, a solução será a condenação de "A" e "B" por tentativa de homicídio; **D:** assertiva correta. As causas absolutamente independentes são aquelas que, como o próprio nome sugere, não guardam qualquer relação com a conduta praticada pelo agente, sendo capazes de, por si sós, produzirem o resultado. Nesse caso, haverá, evidentemente, rompimento do nexo causal, não se podendo imputar o resultado ao agente.

Gabarito "B".

(Ministério Público/PR – 2013 – X) Assinale a alternativa ***incorreta***:

(A) Cabe legítima defesa real contra legítima defesa putativa;
(B) Cabe legítima defesa real contra quem age sob coação moral irresistível;
(C) Cabe legítima defesa real contra estado de necessidade real;
(D) Cabe legítima defesa real contra agente inimputável;
(E) Cabe legítima defesa real contra quem age com excesso derivado de legítima defesa real.

A: assertiva correta. Na legítima defesa putativa, o agente supõe erroneamente encontrar-se diante de situação que ensejaria reação legítima. Contudo, referida reação, dirigida a terceiro, poderá gerar, de sua parte, a invocação da legítima defesa real (art. 25 do CP), visto que, neste caso, existirá uma injusta agressão, circunstância fática essencial ao reconhecimento da causa de justificação em comento; **B:** assertiva correta. Quem age sob coação moral irresistível, embora fique isento de pena (art. 22 do CP), age injustamente. Tanto que referida espécie de coação não afasta a ilicitude do fato, mas, sim, a culpabilidade. Logo, poderá invocar legítima defesa real quem for injustamente agredido por alguém que atue sob coação moral irresistível; **C:** assertiva incorreta, devendo ser assinalada. Dado que a legítima defesa tem por pressuposto uma *injusta agressão* (art. 25 do CP), não estará amparado pela causa de justificação em tela quem estiver sendo ou na iminência de ser agredido por quem atue em estado de necessidade real (art. 24 do CP). Afinal, aquele que assim se encontrar estará agindo *justamente*, vale dizer, de acordo com o direito; **D:** assertiva correta. O agente inimputável apenas terá excluída a sua culpabilidade, nada obstante cometa um fato típico e ilícito. Portanto, caberá legítima defesa real nesse caso, já que agressão oriunda de inimputável poderá afigurar-se injusta; **E:** assertiva correta. Caberá legítima defesa real contra quem age com excesso derivado de legítima defesa real. É o que se denomina de legítima defesa sucessiva: o agressor original, em razão do excesso na reação do ofendido, torna-se vítima de injusta agressão, podendo, pois, invocar legítima defesa.

Gabarito "C".

(Ministério Público/RO – 2013 – CESPE) No que tange a ilicitude, causas de exclusão e excesso punível, assinale a opção correta.

(A) Segundo a teoria diferenciadora, o estado de necessidade é causa de exclusão de ilicitude em face da razoabilidade da situação fática.
(B) É cabível a legítima defesa real contra a legítima defesa real decorrente de excesso por erro de tipo escusável.
(C) Age no estrito cumprimento de dever legal o motorista de ambulância que, para salvar a vida de paciente conduzido ao hospital, ultrapassa a velocidade permitida na via e colide o veículo, causando lesão a bem jurídico de terceiro.
(D) De acordo com a visão finalista do tipo, a concepção material de ilicitude permite a construção de causas supralegais de justificação.
(E) Age em estado de necessidade agressivo o indivíduo que, ao caminhar em via pública, mata um cachorro que o ataca ao se soltar da coleira de seu dono.

A: incorreta. De acordo com a teoria diferenciadora, se o bem jurídico sacrificado for de menor ou igual valor àquele salvaguardado, caracterizado estará o estado de necessidade (art. 24 do CP). Ainda para a referida teoria, se o bem sacrificado for de maior valor que aquele protegido, haverá estado de necessidade exculpante, que não é causa excludente da ilicitude, mas, sim, da culpabilidade. Já para a teoria unitária, não se cogita de estado de necessidade exculpante, mas, apenas, o justificante (que é causa excludente da ilicitude). Assim, se o agente, para a proteção de determinado bem jurídico, sacrificar outro de igual ou menor valor, poderá beneficiar-se da excludente em comento. Já se não houver razoabilidade no sacrifício do direito ameaçado (vale dizer, o bem protegido é de menor valor do que aquele sacrificado), ficará afastada a causa justificadora, incidindo, apenas, redução da reprimenda; **B:** incorreta. Como é sabido, não se admite legítima defesa real contra legítima defesa real, visto que a causa excludente da ilicitude em questão, prevista no art. 25 do CP, pressupõe a ocorrência de uma agressão injusta, atual ou iminente, a direito próprio ou alheio. Logo, se, de um lado, houver uma injusta agressão, do outro lado haverá aquele que se defende. Tal situação não se confunde com a legítima defesa sucessiva (e não recíproca, que, como visto, é inadmissível), autorizada quando, inicialmente, alguém agir em legítima defesa, mas, em razão do excesso (doloso ou culposo), começar a praticar injusta agressão em face do agressor original. Neste caso, este, inicialmente agressor, torna-se agredido, podendo invocar a legítima defesa contra a vítima inicial; **C:** incorreta. O caso relatado na assertiva retrata situação caracterizadora de estado de necessidade de terceiro, e não estrito cumprimento de dever legal. Afinal, o motorista de uma ambulância não tem o dever imposto por lei de dirigir acima da velocidade para salvar pacientes. No entanto, caso o faça, e venha a lesionar bem jurídico alheio, poderá invocar, como dito, o estado de necessidade de terceiro (art. 24 do CP). Afinal, estando a vida do paciente em perigo, poderá sacrificar direito alheio para proteger o direito de terceiro ameaçado; **D:** correta. Nas palavras de Cleber Masson, "(...) em sede doutrinária, prevalece o entendimento de que a ilicitude é formal, pois consiste no exame da presença ou ausência das suas causas de exclusão. Nesses termos, o aspecto material se reserva ao terreno da tipicidade. Cumpre ressaltar, porém, que somente a concepção material autoriza a criação de causas supralegais de exclusão da ilicitude. De fato, em tais casos há relação de contrariedade entre o fato típico e o ordenamento jurídico, sem, contudo, revelar o caráter antissocial da conduta" (*Direito Penal Esquematizado*, p. 346, 2ª edição, São Paulo: 2009, Editora Método); **E:** incorreta. Age em estado de necessidade agressivo o agente que, tencionando proteger bem jurídico próprio ou alheio, agride bem jurídico de terceiro inocente, vale dizer, que não tenha provocado a situação de perigo. Neste caso, terá o dever de indenizar o dano suportado pelo terceiro, cabendo-lhe, porém, caso queira, demandar regressivamente o causador do perigo (arts. 929 e 930, ambos do CC). Não se confunde com o estado de necessidade defensivo, assim caracterizado pelo fato de o agente, pretendendo proteger bem jurídico próprio ou alheio, investa contra bem jurídico pertencente ao causador da situação de perigo. Na assertiva em análise, vislumbra-se estado de necessidade defensivo, e não o agressivo, como quer a alternativa.

Gabarito "D".

(Ministério Público/MG – 2012 – CONSULPLAN) Analise as seguintes afirmativas sobre o **estado de necessidade** e, de acordo com a parte geral do Código Penal, assinale com **V** as **verdadeiras** e com **F** as **falsas**:

( ) embora o código fale apenas em perigo atual, admite-se, doutrinariamente (princípio da *razoabilidade da exigência de sacrifício*), estado de necessidade justificante em face de perigo iminente, não provocado pela vontade do agente, ainda que possível, de outro modo, evitá-lo.
( ) nos casos em que seja razoável exigir-se o sacrifício do direito ameaçado, embora a ação não se justifique pelo estado de necessidade, o agente condenado terá sua pena reduzida na terceira fase de sua aplicação.
( ) o agente responderá pelo excesso doloso ou culposo, aplicando-se a mesma regra prevista para o excesso na legítima defesa.
( ) no estado de necessidade putativo, tratando-se de erro inescusável, a consequência jurídica será a mesma do estado de necessidade exculpante, desde que este resulte de ponderação metafísica de bens jurídicos transcendentes.

Assinale a alternativa que apresenta a sequência de letras **CORRETA**:

(A) (V) (F) (F) (V)
(B) (F) (V) (V) (F)
(C) (F) (V) (F) (V)
(D) (V) (F) (V) (F)

A primeira assertiva é falsa, pois, de acordo com o Código Penal (art. 24), o estado de necessidade somente é admissível diante da existência de um perigo atual, que não tenha sido provocado pela vontade do agente, nem podia de outro modo evitar, sendo possível que destrua direito alheio para salvaguardar direito próprio ou alheio, cujo sacrifício, nas circunstâncias, não era razoável exigir-se. A arguição do estado de necessidade diante de um perigo iminente decorre de construção doutrinária. Todavia, não poderá ser alegada a excludente de ilicitude em comento se o caso concreto permitir que se afaste a situação de perigo de outro modo. Em outras palavras, é requisito para o reconhecimento do estado de necessidade a inevitabilidade do perigo por outro modo; a segunda assertiva é verdadeira. De fato, se afastada a inevitabilidade do perigo por outro modo, afastado estará o estado de necessidade. No entanto, a pena do agente será reduzida de um a dois terços (art. 24, § 2º, do CP); a terceira assertiva é verdadeira. (art. 23, parágrafo único, do CP); a quarta assertiva é falsa. No estado de necessidade putativo (art. 20, § 1º, do CP), estaremos diante de um erro de tipo permissivo, que poderá constituir erro de tipo (se o erro disser respeito aos pressupostos fáticos da causa de justificação) ou erro de proibição (se o erro disser respeito aos limites ou à existência da causa justificante), ao passo que, no estado de necessidade exculpante, que se caracteriza pelo fato de o bem sacrificado ser de valor superior àquele que foi preservado, restará afastada a culpabilidade. Vê-se que são institutos distintos (o estado de necessidade putativo e exculpante). Outrossim, no primeiro caso, somente restará afastada a punição do agente caso se trate de erro escusável ou inevitável. Em se tratando de erro inescusável ou evitável, a consequência será a punição do agente pela modalidade culposa da infração, se houver.

Gabarito "B".

10. CONCURSO DE PESSOAS

(Promotor de Justiça/SC – 2016 – MPE)

(1) Quem, de qualquer modo, concorre para o crime incide nas penas a este cominadas, na medida de sua culpabilidade. Entretanto, se algum dos concorrentes quis participar de crime menos grave, ser-lhe-á aplicada a pena deste, não cabendo qualquer espécie de aumento.

1: a primeira parte da assertiva está correta, pois retrata o disposto no art. 29, *caput*, do CP. Está incorreto, entretanto, o que se afirma na sua segunda parte. É que, segundo estabelece o art. 29, § 2º, do CP, se algum dos agentes quis participar de crime menos grave, a ele será aplicada a pena deste; essa pena, no entanto, será aumentada até metade, no caso de o resultado mais grave ser previsível. É a chamada *cooperação dolosamente distinta*.
Gabarito 1E

(Promotor de Justiça – MPE/MS – FAPEC – 2015) Em relação ao concurso de pessoas, é **correto** afirmar que:

(A) O Direito Penal brasileiro adotou a teoria unitária ou monista, com exceções pluralistas que provocam a punição dos agentes que concorreram para o mesmo fato de acordo com dispositivos legais diversos.
(B) Aquele que colabora para a conduta típica do autor, praticando uma ação que, em si mesma, é irrelevante para o âmbito penal, não pode ser considerado partícipe.
(C) A reforma penal de 1984 da parte geral do Código Penal tornou incompatível a aplicação da teoria do domínio do fato.
(D) É descaracterizado o concurso de pessoas, para fins penais, mesmo havendo pluralidade de pessoas e condutas, se um dos agentes for inimputável.
(E) É possível a participação nos tipos culposos, quando presente o liame subjetivo na cooperação consciente de alguém na conduta culposa de outrem.

A: correta. Para a teoria monista (unitária ou monística), acolhida, como regra, pelo Código Penal, há, no concurso de pessoas, um só crime; já para a teoria dualística, há um crime para os autores e outro para os partícipes. Temos ainda a teoria pluralista, em que cada um dos agentes envolvidos na empreitada deverá responder por delito autônomo. De fato, há, no Código Penal, tanto na parte geral quanto na especial, várias exceções à teoria monista ou unitária. Exemplo disso, além dos previstos nos parágrafos do art. 29 do CP, é o crime de aborto, em que há um crime para a gestante que permite que nela seja praticado o aborto (art. 124 do CP) e outro para aquele que pratica os atos materiais necessários ao abortamento (art. 126 do CP). Outro exemplo é o crime de corrupção: aquele que oferece a vantagem responde pelo crime do art. 333 do CP (corrupção ativa), ao passo que o agente que recebe a vantagem daquele que a oferece responde pelo crime do art. 317 do CP (corrupção passiva); **B:** incorreta. Para a chamada *teoria formal-objetiva* (ou restritiva), por nós adotada, *autor* é o que executa o comportamento contido no tipo (realiza a ação/omissão representada pelo verbo-núcleo); todos aqueles que, de alguma forma, contribuem para o crime sem realizar a conduta típica devem ser considerados *partícipe*. Assim, é perfeitamente possível que a colaboração do partícipe não constitua, em si mesma, uma infração penal. Imaginemos a hipótese do partícipe ao qual foi incumbida a missão de vigiar, do lado de fora da residência onde se realiza um assalto, a aproximação da polícia. Perceba que a ação de vigiar não configura crime; **C:** incorreta. Concebida por Hans Welzel, a chamada teoria da *normativa-objetiva*, mais conhecida como *teoria do domínio do fato*, prescreve que *autor*, grosso modo, é o que tem pleno domínio da empreitada criminosa. Para esta teoria, é

autor tanto o que realiza a conduta prevista no tipo quanto aquele que, sem concretizar o comportamento típico, atua como mandante. Esta teoria, como se pode ver, amplia o alcance do conceito de autor. Não há incompatibilidade entre ela e a Reforma Penal ocorrida em 1984 na Parte Geral do CP; **D:** incorreta. A presença de agente inimputável não tem o condão de descaracterizar o concurso de pessoas; **E:** incorreta. Nos crimes culposos não é admitida a participação, somente a coautoria. Isso porque o crime culposo tem o seu tipo aberto, razão pela qual não se afigura razoável afirmar-se que alguém auxiliou, instigou ou induziu uma pessoa a ser imprudente, sem também sê-lo. Conferir o magistério de Cleber Masson, ao tratar da coautoria no crime culposo: "A doutrina nacional é tranquila ao admitir a coautoria em crimes culposos, quando duas ou mais pessoas, conjuntamente, agindo por imprudência, negligência ou imperícia, violam o dever objetivo de cuidado a todos imposto, produzindo um resultado naturalístico". No que toca à participação no contexto dos crimes culposos, ensina que "firmou-se a doutrina pátria no sentido de rejeitar a possibilidade de participação em crimes culposos" (***Direito Penal esquematizado*** – parte geral. 8. ed. São Paulo: Método, 2014. v. 1, p. 559). Na jurisprudência: "É perfeitamente admissível, segundo o entendimento doutrinário e jurisprudencial, a possibilidade de concurso de pessoas em crime culposo, que ocorre quando há um vínculo psicológico na cooperação consciente de alguém na conduta culposa de outrem. O que não se admite nos tipos culposos, ressalve-se, é a participação" (HC 40.474/PR, Rel. Ministra LAURITA VAZ, QUINTA TURMA, julgado em 06.12.2005, *DJ* 13.02.2006).
Gabarito "A".

(Ministério Público/GO – 2013) Sobre as nuances que circundam o tema "concurso de pessoas", analise as proposições abaixo e indique a alternativa correta:

(A) o funcionalismo penal moderado não se compraz com a teoria do domínio do fato.
(B) o conceito extensivo de autor encontra o seu complemento na teoria subjetiva da participação.
(C) o domínio do fato que se operacionaliza por meio dos chamados "aparatos organizados de poder" é identificado por Roxin como uma espécie de autoria imediata. Em tal hipótese, tanto o agente (hierarquicamente superior dentro do aparato) que ordena o cometimento de determinada conduta delituosa como quem a executa diretamente hão de ser responsabilizados.
(D) a participação de menor importância e a cooperação dolosamente distinta são institutos adstritos aos casos de participação, não tendo incidência em se tratando de coautoria.

A: incorreta. O funcionalismo penal moderado, liderado por Claus Roxin, preconiza, em apertada síntese, que o Direito Penal se ocupe de priorizar valores e princípios garantistas, figurando a política criminal como um critério capaz de solucionar conflitos dogmáticos. Assim, o funcionalismo moderado preocupa-se com os fins do Direito Penal, e não somente com os fins da pena, tal como no funcionalismo radical ou sistêmico capitaneado por Gunther Jakobs. No tocante à teoria do domínio do fato, criada originalmente por Hans Welzel, esta é perfeitamente compatível com o funcionalismo moderado de Roxin, que sustenta ser aludida teoria aplicável aos crimes comuns, comissivos e dolosos; **B:** correta. Para a teoria extensiva, não há distinção entre autor e partícipe, nada obstante seja possível distinguir diversos "graus" de autoria, admitindo, inclusive, a incidência de causas de diminuição de pena. Calcada na teoria da equivalência dos antecedentes, todo aquele que contribui para determinado resultado será considerado autor. O partícipe, à luz da teoria subjetiva, é aquele que, embora contribuindo para o mesmo fato, age com "vontade de partícipe", com comportamento acessório ao autor, que age com "vontade de autor"; **C:** incorreta.

3. DIREITO PENAL

Na teoria do domínio do fato, originalmente criada por Hans Welzel, na década de 1930, na Alemanha, e posteriormente desenvolvida por Claus Roxin em sua obra *Täterschaft und Tatherrschaft*, publicada em 1963, também na Alemanha, embora o autor seja aquele que detenha um controle final sobre o fato delituoso, tendo um poder de decisão sobre ele, não bastando a mera "posição de hierarquia superior", sendo indispensável que se comprove que determinou a prática da ação, sob pena de ser restaurada a responsabilidade penal objetiva. Para a teoria em comento, responderão criminalmente tanto o executor do fato (autor imediato), quando o "homem de trás" (autor mediato), desde que, valendo-se de sua posição de superioridade hierárquica, tenha o controle final sobre a ação perpetrada pelo autor mediato; **D:** incorreta. A participação de menor importância, como o nome sugere, somente se aplica aos partícipes (art. 29, § 1°, CP). Já a cooperação dolosamente distinta (art. 29, § 2°, CP), por não fazer distinção, é aplicável a qualquer "concorrente" do crime, vale dizer, autor, coautor ou partícipe.

Gabarito "B".

(Ministério Público/MS – 2013 – FADEMS) Mélvio e Tício ajustam entre si a prática de um furto na residência de Joana, pois acreditavam que ela estava viajando, estando o imóvel deserto. Dividem as atividades criminosas da seguinte maneira: Mélvio deveria permanecer nas imediações para observar e vigiar a aproximação de alguém, enquanto Tício ingressaria no imóvel, mediante arrombamento de uma das janelas. Após adentrar, Tício é surpreendido com a presença de Joana, pois ela não havia viajado. Desse modo, Tício domina Joana, utilizando-se de ameaças de morte, ante sua evidente superioridade física e de uma faca que trazia consigo. Com Joana subjugada, Tício a submete à prática de conjunção carnal. Depois de consumar o ato, ainda com Joana rendida, Tício subtrai vários objetos de valor do local. Após se retirar, Tício partilha com Mélvio o produto do crime, contando-lhe dos fatos ocorridos no interior da residência.

Assinale a alternativa *correta* quanto aos crimes cometidos:

(A) Tício responde por roubo qualificado e estupro, enquanto Mélvio responde por furto qualificado, aumentando-se a pena até a metade em razão do resultado ocorrido.

(B) Tício e Mélvio respondem por roubo qualificado e estupro.

(C) Tício e Mélvio respondem por roubo qualificado, enquanto Tício também responde pelo estupro.

(D) Tício responde por roubo qualificado e estupro, enquanto Mélvio responde pelo furto qualificado.

(E) Tício responde por roubo qualificado e estupro, enquanto Mélvio responde pelo furto qualificado e estupro.

A situação retratada no enunciado configura o clássico exemplo de cooperação dolosamente distinta, nos termos do art. 29, § 2°, do CP. Como é sabido, quem, de qualquer modo, concorrer para o crime, por este responderá, na medida de sua culpabilidade (art. 29, caput, do CP). Para o reconhecimento do concurso de agentes, indispensável que haja a conjugação dos seguintes requisitos: i) pluralidade de agentes (pelo menos dois); ii) unidade de fato (prática de um mesmo crime); iii) liame subjetivo ou vínculo psicológico (adesão de vontades); e iv) relevância causal (o comportamento de cada agente deve ser decisivo para o resultado pretendido). Pois bem. Na questão, Mélvio e Tício ajustaram a prática de furto em uma residência, o que daria margem ao reconhecimento, caso assim tivesse ocorrido, do furto qualificado pelo concurso de pessoas (art. 155, § 4°, IV, do CP). Dado que os agentes não combinaram a prática de estupro, até pelo fato de acreditarem que a vítima estaria viajando, impossível que tal crime fosse imputado a Mélvio, cuja conduta foi a de permanecer nas imediações do imóvel e observar a aproximação de alguém. Logo, de plano, podemos excluir as alternativas "B" e "E". O só fato de Mélvio, após a empreitada criminosa, ter tomado conhecimento dos fatos ocorridos no interior da residência de Joana, não induz pensar ser possível a imputação de referido crime contra a dignidade sexual. No tocante ao roubo, apenas Tício deverá por ele responder, tendo em vista ser aplicável ao caso o já citado art. 29, § 2°, do CP, segundo o qual: "*Se algum dos concorrentes quis participar de crime menos grave, ser-lhe-á aplicada a pena deste*; essa pena será aumentada até metade, na hipótese de ter sido previsível o resultado mais grave". Logo, Mélvio, tendo ajustado a prática de crime menos grave (furto qualificado), deverá por este responder. Assim, também se pode excluir a alternativa "C". Resta-nos as alternativas "A" e "D". Na cooperação dolosamente distinta (art. 29, § 2°, do CP), aquele que quis participar de crime menos grave somente terá sua pena majorada até a metade se o resultado mais grave (no caso do enunciado, o roubo) fosse previsível. Na hipótese narrada, não há qualquer possibilidade de Mélvio ter previsto o resultado mais grave, tendo em vista que desconhecia que a vítima se encontrava no interior da residência. Logo, não será possível majorar-lhe a pena. Correta, pois, a alternativa "D", sendo certo que Tício, por haver praticado dois crimes (roubo e estupro), por eles responderá, imputando-se a Mélvio apenas o furto qualificado.

Gabarito "D".

(Ministério Público/SP – 2013 – PGMP) Consta de voto do eminente Ministro Ayres Britto proferido em uma das fases do julgamento da Ação Penal 470/MG:

"O núcleo político tachado pelo Ministério Público como intelectual ou mentor da empreitada criminosa, claro que, dentro dele, com gradações de protagonizações, a legitimar a aplicação da teoria do domínio do fato para responsabilizar, de modo pessoal, porém graduado, os respectivos agentes.

E dois núcleos operacionais a serviço do núcleo político: um núcleo operacional financeiro em torno dos bancos já nominados e um núcleo publicitário operacional serviente do núcleo político…"

Sobre a acima referida Teoria do Domínio do Fato, é CORRETO afirmar:

(A) que ela trata de autoria e coautoria do crime e, aplicada ao Direito pátrio, define que o autor mediato deve ser tido como partícipe porque sua conduta realística não executa o verbo núcleo do tipo.

(B) que é aplicável ao Direito pátrio, em que foi adotada a chamada teoria restritiva, e define o autor como aquele que detém o controle total da empreitada criminosa, com poderes sobre as ações de todos os partícipes e com o próprio controle funcional do fato.

(C) como o Código Penal adotou a teoria restritiva ("na medida de sua culpabilidade"), a adoção da teoria do domínio do fato importa em responsabilização objetiva.

(D) que ela foi adotada de forma explícita na reforma da parte geral do Código Penal (1984) e desde então tem sido aplicada, até de forma exagerada, pela Suprema Corte.

(E) que o mencionado julgamento da Suprema Corte ficou famoso por ter, pela primeira vez, aplicado no Direito pátrio (em que predominava o finalismo) a teoria do domínio do fato.

A: incorreta. Para a teoria do domínio do fato, criada por Hans Welzel no fim da década de 1930, autor é aquele que tem o controle final do

fato (empreitada criminosa), decidindo e controlando, desde o início, a forma de execução e demais atos. Distingue autor, que, como dito, é aquele que controla finalisticamente a atividade delituosa, do partícipe, que, acessoriamente, colabora para a empreitada criminosa, mas sem ter o domínio final do fato. O autor mediato, que é aquele que se vale de agente não culpável ou de pessoa que atue sem dolo ou culpa para a execução de tipo incriminador, à luz da teoria em comento, é tido como autor, e não como partícipe. Afinal, o autor mediato domina finalisticamente a ação executada pelo terceiro; **B:** correta. De fato, o CP adotou a teoria restritiva de autor, segundo a qual assim será considerado aquele que praticar a ação nuclear do tipo penal incriminador, restando ao partícipe a prática de atos acessórios, mas colaboradores da empreitada criminosa (induzimento, instigação ou auxílio); **C:** incorreta. A despeito de ter sido adotada pelo CP a teoria restritiva, a expressão prevista no at. 29, *caput*, do CP ("na medida de sua culpabilidade") não diz respeito ao conceito de autor, mas, sim, ao fato de, em matéria de concurso de agentes, muito embora todos os que concorrem para um mesmo fato criminoso ou contravencional por ele respondam (teoria monista ou unitária), cada qual responderá na medida de sua culpabilidade, ou seja, no tocante às penas, deverá haver a adequada individualização para cada um dos agentes (por exemplo, se um deles for primário e o outro reincidente, ainda que ambos respondam pelo mesmo crime, suas condições pessoais serão levadas em consideração quando da dosimetria da pena); **D:** incorreta. Como visto, o CP não adotou a teoria do domínio do fato, mas, sim, a teoria restritiva; **E:** incorreta. Existe tendência das Cortes Superiores de aplicar a teoria do domínio do fato, utilizada não apenas no julgamento do "Mensalão" (AP 470/STF), mas também em outros casos, especialmente naqueles decorrentes da atuação de criminosos encarcerados no sistema penitenciário, mas que, mesmo nessa condição, continuam a controlar, "do lado de fora", a prática de crimes. É o que se verifica, por exemplo, com narcotraficantes que, mesmo presos, continuam a "chefiar" o tráfico, dando ordens e determinando a forma de organização e execução dos crimes.
Gabarito "B".

(Ministério Público/PR – 2013 – X) Assinale a alternativa ***incorreta***:

(A) Esmenio conduz seu irmão Tício até uma loja de cristais a pretexto de comprar um presente para a mãe de ambos. No interior da loja, que pertence a um desafeto de Esmenio, percebendo que seu irmão Tício encontrava-se bem em frente a uma prateleira repleta de vasos de cristal valiosos, Esmenio repentinamente empurra Tício que, pego de surpresa, desequilibra-se e acaba por cair sobre a prateleira, derrubando os vasos de cristal que se arrebentam no piso. Neste caso, é ***correto*** afirmar que Esmenio agiu como autor direto do delito;

(B) O médico Esmenio pretendendo matar seu pai Tício, que se encontra internado no hospital em que trabalha, antes de sair do hospital, deixa no posto da enfermaria um frasco de remédio antitérmico e a prescrição para as enfermeiras aplicarem via intravenosa o seu conteúdo no paciente do quarto 15, local onde Tício se encontra internado. A enfermeira Venília, sem desconfiar que o médico Esmenio havia anteriormente substituído o líquido do frasco de antitérmico por poderosa substância venenosa, dirige-se até o quarto do paciente para ministrar-lhe o que pensa ser o medicamento prescrito. Entretanto, a enfermeira Venília, não compreendendo a caligrafia do médico Esmenio, confunde o número 15 com 19, e se dirige ao quarto 19 do paciente Josefo, ministrando-lhe a substância venenosa contida no frasco, o que vem a ser a causa de sua morte. Neste caso, podemos afirmar que Esmenio atuou como autor mediato, respondendo pela morte de Josefo, com a incidência da agravante genérica do cometimento do delito contra ascendente;

(C) Esmenio criminoso de alta periculosidade dirige-se até a residência de Tício, gerente do "Banco Mais", onde rende, sob a mira de arma de fogo, Tício, sua esposa e o bebezinho recém-nascido do casal. Esmenio então determina a Tício que se dirija até o banco e traga a ele em uma mala a quantia de cem mil reais, ao tempo em que Esmenio ficará na residência vigiando, sob a mira de arma de fogo, a esposa e o filho de Tício. Caso não traga o dinheiro, ou se Tício noticiar o fato às autoridades policiais, Esmenio promete-lhe que matará sua esposa e o bebê. Tal qual ordenado, Tício se dirige ao banco e retorna com a vultosa quantia que entrega a Esmenio, o qual foge imediatamente do local. Neste caso é ***correto*** afirmar que Esmenio agiu como autor direto em relação ao crime cometido contra Tício e como autor mediato em relação ao crime cometido contra o banco;

(D) Esmenio filho do poderoso empresário Tício, pretendendo o mais brevemente possível receber vultosa herança, contrata o atirador profissional Caronte e encomenda a morte de Tício. Esmenio esclarece a Caronte que Tício, como de costume, se dirigirá no final de semana para sua casa no bosque, local propício para o cometimento do homicídio. No fim de semana Caronte se dirige até o local determinado por Esmenio e de tocaia, ao chegar um homem ao local, atira contra ele. Entretanto, ao se aproximar do corpo, percebe que em razão da pouca claridade vespertina, acabou por atingir Fídio, amigo de Tício, que com ele lá iria se encontrar. Caronte, rapidamente esconde o corpo de Fídio, e se posiciona mais uma vez de tocaia, até a chegada de Tício, o qual Caronte acaba por alvejar mortalmente. Neste caso é correto afirmar que Esmenio responderá pelos crimes praticados contra Tício e Fídio, com a incidência da agravante genérica do cometimento do delito contra ascendente;

(E) Esmenio procurando obter para si o cargo de gerência de Tício, na empresa em que trabalham, ministra-lhe veneno no café. Tício, sentindo-se mal, se dirige até o estacionamento onde havia parado seu veículo, e ao ligá-lo, em razão de carga explosiva anteriormente colocada por Licínio (que também almejava o cargo de Tício), o veículo explode e mata Tício, bem como assusta a todos do escritório, inclusive Esmenio, que de nada desconfiava. Neste caso podemos afirmar que este é um exemplo de autoria colateral, respondendo Esmenio na forma tentada, e Licínio na forma consumada, quanto ao crime cometido contra Tício.

A: correta. A assertiva contempla conduta caracterizadora de autoria direta de Esmenio. Este, simplesmente, se valeu do corpo de seu irmão Tício para projetá-lo sobre prateleira repleta de valiosos vasos de cristal. Assim, não restam dúvidas de que Esmenio foi autor direto ou imediato do crime de dano. Se substituirmos o "corpo" de seu irmão Tício por uma arma de fogo ou um taco de beisebol, teríamos a mesma resposta: o agente teria sido autor direto do crime. Perceba o candidato que a alternativa quis tentar levá-lo a acreditar que ocorreu autoria mediata (ou indireta). Porém, como visto, Esmenio não se valeu de seu irmão para o cometimento do crime. Na autoria mediata, o agente se vale de terceiro inculpável ou que atua sem dolo ou culpa, tratando-se de mero instru-

mento do delito. Não se enxerga autoria mediata na situação exposta na assertiva, mas, sim, autoria direta ou imediata; **B**: correta. A situação narrada no enunciado constitui clássico exemplo de autoria indireta ou mediata, pela qual o agente se vale de terceira pessoa inculpável ou que atue sem dolo ou culpa como "instrumento de ataque". No caso, Esmenio quis se valer da enfermeira Venilia para matar o próprio pai, o que caracterizaria a provocação de erro em terceiro (art. 20, §2º, do CP). É que a enfermeira, acreditando que ministrava antitérmino, em verdade ministrava veneno. No entanto, por erro, Venilia acabou matando (em erro de tipo determinado por terceiro) pessoa diversa daquela visada pelo autor mediato (Esmenio), razão pela qual responderá o agente como se o fato tivesse sido cometido contra a vítima pretendida (no caso, o próprio pai), incidindo, pois, a circunstância agravante do art. 61, II, "e", do CP; **C**: correta. A narrativa contida na assertiva contempla situação caracterizadora de coação moral irresistível, visto que Esmenio se valeu de Tício, gerente do "Banco Mais", para a subtração de cem mil reais de referida instituição financeira. Assim, com relação ao banco, vislumbra-se autoria mediata (Esmenio se valeu de Tício para a prática do furto). Ainda, inegavelmente, o agente também praticou crime de extorsão em detrimento da vítima, que se viu compelida, em razão da grave ameaça, a praticar um crime de furto. Quanto a este segundo delito (extorsão), Esmenio foi autor direto ou imediato; **D**: incorreta, devendo ser assinalada. Considerando que Caronte foi o executor material do crime de homicídio "encomendado" por Esmenio, responderá pelas mortes que produziu, mas sem a incidência da agravante genérica (crime cometido em detrimento de ascendente). É que referida circunstância é de caráter pessoal (subjetiva), não se comunicando a terceiros. Apenas Esmenio deverá responder com a incidência de referida agravante; **E**: correta. A assertiva contempla, de fato, exemplo de autoria colateral (ou coautoria lateral), visto que Esmenio e Licinio, um desconhecendo a conduta do outro, tencionavam produzir o mesmo resultado (a morte de Tício). Neste caso, como o veneno ministrado por Esmenio não foi capaz de causar a morte da vítima, responderá por tentativa de homicídio, sendo que Licinio responderá pela forma consumada, visto que a sua conduta foi a efetiva causadora do resultado lesivo.
Gabarito "D".

(Ministério Público/RO – 2013 – CESPE) A respeito do concurso de pessoas e do erro sobre a ilicitude do fato e sobre os elementos do tipo, assinale a opção correta.

(A) Considera-se partícipe de crime comissivo, com ação omissiva, o gerente de estabelecimento comercial, detentor das chaves do local, que, ao sair do estabelecimento, deixa a porta aberta a fim de facilitar a prática de furto.
(B) Considera-se partícipe o passageiro que em ônibus coletivo, instigue o motorista a empregar velocidade excessiva, o que ocasione atropelamento culposo de vítima que faleça em razão do acidente.
(C) Configura erro de tipo essencial a conduta de um indivíduo que, após estrangular outro, crendo que ele esteja morto, enforque-o para simular suicídio, com comprovação posterior de que a vítima tenha morrido em decorrência do enforcamento.
(D) Considere que um servidor público receba, por escrito, séria ameaça a fim de não realizar ato de ofício e se omita, e verifique, posteriormente, que a carta tenha sido endereçada a outro servidor público em idêntica situação funcional. Nesse caso, a conduta do servidor que recebe a carta configura erro de tipo essencial invencível.
(E) Considere que um médico, de forma negligente, entregue a um enfermeiro substância venenosa imaginando tratar-se de substância medicinal, para ser ministrada a paciente, e que o enfermeiro, mesmo percebendo o equívoco, ministre ao paciente a substância fatal, com a intenção de matá-lo. Nesse caso, ocorre participação culposa em crime doloso.

A: correta. A assertiva trata da participação por omissão, admitida apenas se o omitente tinha o dever jurídico de agir – e podia agir – para impedir o resultado (omissão imprópria – art. 13, § 2º, do CP). No caso em tela, o gerente do estabelecimento comercial, detentor das chaves do local, decerto tem o dever obrigacional de zelar pela sua segurança, na medida em que detém as chaves para trancar as entradas do estabelecimento. Se não o faz, querendo, com isso, facilitar a prática de furto, responderá como partícipe de referido crime; **B**: incorreta. É sabido e ressabido que os crimes culposos não admitem participação, mas, apenas, coautoria. É que todo e qualquer comportamento que contribua para um resultado involuntário previsível caracteriza quebra ou inobservância de um dever objetivo de cuidado, gerando, com isso, a responsabilização do agente como coautor; **C**: incorreta. A assertiva traz hipótese de erro de tipo acidental, mais precisamente, *aberratio causae* (erro sobre o nexo causal), que se caracteriza pelo fato de o agente acreditar que seu comportamento inicial foi capaz de atingir o resultado almejado, e, ato seguinte, ao praticar nova conduta, provoca, efetivamente, o resultado. Responderá, no caso, por homicídio com emprego de asfixia; **D**: incorreta. Ao que tudo indica, o servidor poderia ter sido mais diligente em constatar que a carta fora dirigida a outro colega com idêntica função. Assim, cremos que a assertiva faz alusão a uma situação não de erro de tipo essencial (falsa percepção do agente sobre elemento constitutivo do tipo legal), mas, sim, de coação moral resistível. E resistível pelo fato de o agente poder resistir à ameaça visto que esta não lhe foi direcionada, mas, sim, a terceiro; **E**: incorreta. Não se admite participação culposa em crime doloso, nem participação dolosa em crime culposo. O concurso de agentes exige que cada um dos concorrentes esteja vinculado ao outro com uma vontade homogênea (princípio da convergência). Assim, no caso apresentado, não há vínculo subjetivo entre os agentes, afastando o concurso de pessoas. Responderá pelo crime o enfermeiro.
Gabarito "A".

(Ministério Público/TO – 2012 – CESPE) À luz do entendimento dos tribunais superiores acerca do concurso de pessoas, assinale a opção correta.

(A) Admite-se a participação nos tipos culposos ante a existência de vínculo psicológico na cooperação consciente de alguém na conduta culposa de outrem.
(B) De acordo com a teoria monista, havendo pluralidade de agentes e convergência de vontades para a prática da mesma infração penal, é possível o reconhecimento de que um agente teria praticado o delito na forma tentada e o outro, na forma consumada.
(C) O agente que, previamente, na divisão de trabalho de intento criminoso, tenha o domínio funcional do fato e fuja do local do crime é considerado partícipe.
(D) A participação de somenos corresponde à mera participação menos importante, uma vez que, embora dentro da relação de causalidade, é praticamente dispensável.
(E) Não há obrigatoriedade de redução de pena para o partícipe, em relação à pena do autor, considerada a participação em si mesma, como forma de concorrência diferente da autoria.

A: incorreta. É de conhecimento básico que os crimes culposos não admitem a participação, mas, apenas, a coautoria. Qualquer contribuição de alguém para a produção de um resultado ilícito involuntário, causado em razão da inobservância de um dever objetivo de cuidado, constituirá conduta principal, não se podendo falar em participação (conduta acessória); **B**: incorreta. No concurso de pessoas, a despeito

de ser exigida pluralidade de condutas relevantes no plano causal, haverá uma identidade de fato (unidade de infração penal para todos os concorrentes). Logo, todos devem responder pelo mesmo fato; **C:** incorreta. Se o agente tiver o domínio final do fato, responderá como autor, ainda que não execute diretamente a conduta típica; **D:** incorreta. Confira-se a distinção de participação de somenos e participação menos importante no excerto extraído de julgamento no STJ: "*A participação de somenos (§ 1º do art. 29 do CP) não se confunde com a mera participação menos importante (caput do art. 29 do CP). Não se trata, no § 1º, de "menos importante", decorrente de simples comparação, mas, isto sim, de "menor importância" ou, como dizem, "apoucada relevância". (Precedente do STJ). IV – O motorista que, combinando a prática do roubo com arma de fogo contra caminhoneiro, leva os coautores ao local do delito e, ali, os aguarda para fazer as vezes de batedor ou, então, para auxiliar na eventual fuga, realiza com a sua conduta o quadro que, na dicção da doutrina hodierna, se denomina de coautoria funcional. (5ª Turma, Habeas Corpus 20.819/MS, rel. Min. Felix Fischer, decisão unânime, julgado em 02.05.2002, DJ 03.06.2002, p. 230)*"; **E:** correta. O fato de um dos concorrentes do crime ser autor e o outro, partícipe, não induz pensar que este último deva ser punido com pena reduzida, se comparada com aquela imposta ao autor. Afinal, o art. 29 do CP, consagrando a teoria monista ou unitária, enuncia que todos os que concorrem para a prática do crime por ele responderão, na medida de sua culpabilidade. A pena do partícipe somente deverá ser reduzida se considerada de menor importância (art. 29, § 1º, do CP). Caso contrário, autor e partícipe poderão sofrer a mesma pena.
Gabarito "E".

(Ministério Público/MT – 2012 – UFMT) Em matéria de participação no concurso de pessoas, segundo o entendimento amplamente reiterado da doutrina penal brasileira, adota-se a teoria da

(A) Acessoriedade mínima.
(B) Acessoriedade máxima.
(C) Acessoriedade limitada.
(D) Hiperacessoriedade.
(E) Ultracessoriedade.

De fato, em matéria de participação no concurso de pessoas, o CP adotou a denominada "*teoria da acessoriedade limitada*". Segundo referida teoria, para a punição do partícipe, que pratica conduta acessória, visto não realizar o núcleo do tipo penal, bastará que o autor tenha praticado um *fato típico* e *ilícito*, não sendo exigida a demonstração da culpabilidade (teoria da acessoriedade máxima ou extrema). Assim, existem as seguintes teorias acerca da participação no concurso de agentes: a) teoria da acessoriedade mínima (preconiza que o partícipe será punido desde que o autor cometa um fato típico); b) teoria da acessoriedade limitada (como visto, preconiza que o partícipe será punido desde que o autor tenha cometido um fato típico e ilícito); c) teoria da acessoriedade máxima ou extrema (a punição do partícipe reclama que o autor tenha praticado um fato típico e ilícito, e desde que o agente seja culpável); d) teoria da hiperacessoriedade (para a punição do partícipe, o autor culpável deverá ter cometido um fato típico e ilícito pelo qual seja efetivamente punido). Como visto, a teoria mais aceita é a da acessoriedade limitada.
Gabarito "C".

(Ministério Público/GO – 2012) Com relação ao concurso de pessoas, analise os seguintes itens:

I. Coautoria sucessiva é aquela que se daria quando, consumada a infração, ingressaria o coautor, por adesão à conduta criminosa, antes do exaurimento;
II. Nos crimes de mão própria (falso testemunho, v.g.) em regra não se pode falar em coautoria porque o verbo núcleo do tipo exige atuação pessoal do agente;
III. A coautoria exige que todos os coautores tenham o mesmo comportamento;
IV. Não se comunicam as circunstâncias e as condições de caráter pessoal, inclusive quando elementares do crime;
V. Por força do art. 30 do CP, o particular pode ser coautor nos crimes próprios (que exigem uma qualidade especial do agente – peculato, v.g.), desde que tenha ciência dessa elementar.

Está correto apenas o que se afirma em:

(A) I, II e V
(B) I, II e III
(C) II, III e IV
(D) II, III e V

I: correta. De acordo com Cleber Masson, a coautoria sucessiva "*é espécie de coautoria que ocorre quando a conduta, iniciada em autoria única, se consuma com a colaboração de outra pessoa, com forças concentradas, mas sem prévio e determinado ajuste*" (Direito Penal Esquematizado – Parte Geral. 2. ed. Editora Método, p. 486); **II:** correta. De fato, os crimes de mão própria, que são aqueles que exigem uma atuação pessoal (e personalíssima) do agente, que deve ostentar determinada qualidade especial, não admitem a coautoria, mas, apenas, a participação. É o caso do crime de falso testemunho (art. 342 do CP), que, como dito, não admite coautoria; **III:** incorreta. Os coautores não precisam, necessariamente, praticar a mesma conduta. Importante é que o coautor, juntamente com o autor, realize a conduta típica, total ou parcialmente. É o caso de um roubo perpetrado por duas pessoas. Se uma delas anunciar o roubo e empregar uma arma de fogo para ameaçar as vítimas e o comparsa subtrair o patrimônio delas, ambos terão cometido o mesmo crime (roubo majorado pelo emprego de arma), em coautoria. Daí poder-se dizer que a coautoria poderá ser total (quando todos os coautores realizarem a mesma conduta – ex.: "A" e "B" esfaqueiam, simultaneamente, "C", sendo condenados por homicídio) ou parcial (quando cada um dos coautores executar determinada conduta, mas que, agregada à do outro, resultar na totalidade da figura típica – ex.: "A" anuncia o roubo enquanto "B" subtrai das vítimas os seus pertences. Neste caso, ambos responderão por roubo, em coautoria); **IV:** incorreta, pois, se elementares do crime, as circunstâncias e condições de caráter pessoal se comunicam (art. 30 do CP); **V:** correta. Poderá um particular ser coautor de um crime próprio (ex.: crimes funcionais – arts. 312 a 326 do CP), desde que tenha ciência da qualidade especial do seu comparsa. Tal decorre do art. 30 do CP (circunstâncias ou condições de caráter pessoal não se comunicam a coautores ou partícipes, salvo se elementares do crime).
Gabarito "A".

(Procurador da República – 26.º) Quanto ao concurso de agentes, é correta a afirmação:

(A) consoante a teoria objetivo-formal autor é aquele que realiza, totalmente, os atos descritos na norma incriminadora;
(B) consoante a teoria objetivo-material autor é aquele que realiza a contribuição objetivamente mais importante para o resultado;
(C) consoante a teoria concebida por Claus Roxin autor é aquele que detém o domínio do fato pelo critério exclusivo do domínio da vontade;
(D) o Código Penal Brasileiro não é compatível com a teoria do domínio do fato.

A: incorreta. Segundo a teoria objetivo-formal, autor é aquele que realiza o núcleo (verbo) do tipo penal, mas não, necessariamente, a totalidade dos atos descritos na norma incriminadora; **B:** correta. De fato, para a teoria objetivo-material, autor é aquele que presta a contribuição objetiva mais importante para a produção do resultado, e não, exclusivamente, o núcleo do tipo. Logo, partícipe seria aquele que, de forma menos relevante, contribui para a prática do crime, ainda que realizando a ação nuclear (verbo do tipo); **C:** incorreta, pois a teoria do domínio do fato foi concebida por Hans Welzel, e não por Claus Roxin; **D:** incorreta. A despeito de a doutrina preferir a teoria objetivo-formal, a autoria mediata, prevista no CP, por exemplo, no caso de coação moral irresistível (art. 22 do CP), se ajusta à teoria do domínio do fato.

Gabarito "B".

11. CULPABILIDADE E CAUSAS EXCLUDENTES

(Promotor de Justiça – MPE/BA – CEFET – 2015) Analise as seguintes assertivas acerca da culpabilidade e punibilidade:

I. O Código Penal Brasileiro adotou o critério biológico em relação à inimputabilidade em razão da idade e o critério biopsicológico em relação à inimputabilidade em razão de doença mental.

II. A desobediência civil e a cláusula de consciência são exemplos de causas de exclusão de culpabilidade.

III. A decadência é causa de exclusão de punibilidade e, no seu cômputo temporal, deve ser computado o dia inicial e excluído o dia final.

IV. No cálculo do prazo de prescrição, em relação às causas de aumento ou diminuição variável de pena, devem ser considerados o menor valor de aumento e o maior valor de diminuição, enquanto que, na hipótese de continuidade delitiva, a prescrição deve ser regulada sem o cômputo do acréscimo decorrente da continuação.

V. Segundo a teoria psicológica normativa da culpabilidade, o erro de proibição, ainda que evitável, isenta o agente de pena.

Estão CORRETAS as assertivas:

(A) I e II.
(B) I e V.
(C) II e III.
(D) III e IV.
(E) IV e V.

I: correta, dado que o art. 27 do CP, ao tratar da inimputabilidade por menoridade, adotou o chamado critério *biológico*, segundo o qual se levará em conta tão somente o desenvolvimento mental da pessoa (considerado, no caso do menor de 18 anos, incompleto). De outro lado, em matéria de inimputabilidade por doença mental ou por desenvolvimento mental incompleto ou retardado, adotou-se, como regra, o denominado *critério biopsicológico (art. 26, caput, do CP)*. Neste caso, somente será considerado inimputável aquele que, em virtude de problemas mentais (desenvolvimento mental incompleto ou retardado – fator biológico), for, ao tempo da ação ou omissão, inteiramente incapaz de entender o caráter ilícito do fato ou de determinar-se de acordo com esse entendimento (fator psicológico). Assim, somente será considerada inimputável aquela pessoa que, em razão de *fatores biológicos*, tiver afetada, por completo, sua *capacidade psicológica* (discernimento ou autocontrole). Daí o nome: *critério biopsicológico, que nada mais é, pois, do que a conjugação dos critérios biológico e psicológico*; **II:** correta. Tanto a cláusula de consciência (prática criminosa por motivo de consciência ou crença) quanto a desobediência civil (ato de insubordinação) constituem causa supralegal de exclusão da culpabilidade por inexigibilidade de conduta diversa; **III:** correta. A decadência constitui causa de extinção (e não exclusão) da punibilidade. Embora se trate de instituto de direito processual penal, a contagem do prazo decadencial deve obedecer à regra do art. 10 do CP, segundo a qual o dia do começo é incluído no cômputo do prazo e o derradeiro é excluído; **IV:** *incorreta*, já que devem ser considerados, na hipótese em questão, o maior valor de aumento e o menor de diminuição. Já a segunda parte da proposição está correta, pois em conformidade com o entendimento presente na Súmula 497, do STF; **V:** incorreta pelo gabarito oficial, mas correta a nosso ver.

Gabarito "A".

(Ministério Público/DF – 2013) Assinale a alternativa **CORRETA**:

(A) Integram o conceito de culpabilidade no sistema finalista ou normativo puro: imputabilidade, dolo ou culpa, consciência da ilicitude, exigibilidade de conduta diversa.

(B) O critério psicológico adotado pelo Código Penal brasileiro para definição da imputabilidade considera unicamente a capacidade do agente para conhecer o caráter ilícito do fato e comportar-se conforme esse entendimento.

(C) É suficiente à exculpação pela embriaguez completa a demonstração da total incapacidade do agente de compreender o caráter ilícito do fato e/ou determinar--se conforme esse entendimento.

(D) Em razão do sistema vicariante acolhido pelo Código Penal brasileiro para o semi-imputável, a este poderá ser imposta medida de segurança quando necessitar de tratamento curativo.

(E) Coação física irresistível e obediência hierárquica são causas de exclusão da culpabilidade relacionadas à inexigibilidade de conduta diversa.

A: incorreta. No sistema finalista, a culpabilidade é composta de imputabilidade, potencial consciência da ilicitude e exigibilidade de conduta diversa, tendo o dolo ou a culpa migrado para o fato típico; **B:** incorreta. O CP adotou, no tocante à inimputabilidade, o critério biopsicológico, não bastando, para seu reconhecimento, que o agente, ao tempo da ação ou da omissão, estivesse acometido por doente mental ou tivesse desenvolvimento mental incompleto ou retardado (fator biológico), sendo indispensável que, em virtude disso, fosse inteiramente incapaz de entender o caráter ilícito do fato ou determinar-se de acordo com esse entendimento (fator psicológico); **C:** incorreta. A embriaguez, que, em regra, não exclui a imputabilidade (art. 28, II, do CP – teoria da *actio libera in causa*), somente irá isentar o réu de pena se *completa* e *decorrente de caso fortuito ou força maior*; **D:** correta. Com a reforma da Parte Geral do Código Penal pela Lei 7.209/1984, passou-se a adotar o sistema vicariante, segundo o qual, no tocante ao semi-imputável, somente se poderá impor medida de segurança quando recomendado especial tratamento curativo (art. 98, CP). Assim, em regra, 26, parágrafo único, CP. Somente, como dito, se, em perícia, for recomendado especial tratamento curativo, o juiz substituirá a pena medida de segurança; **E:** incorreta. A coação *moral* irresistível (e não a *física*, que afasta a própria conduta e, portanto, o *fato típico*), bem como a obediência hierárquica, são causas excludentes da culpabilidade previstas no art. 22 do CP, relacionadas à inexigibilidade de conduta diversa.

Gabarito "D".

(Ministério Público/PR – 2013 – X) Pode excluir a imputabilidade penal:

(A) A embriaguez voluntária;
(B) A embriaguez acidental completa proveniente de caso fortuito;
(C) A paixão;
(D) A emoção;
(E) A embriaguez culposa.

A: incorreta. A embriaguez voluntária não é causa excludente da imputabilidade penal, nos termos do art. 28, II, do CP. Lembre-se de que, em matéria de embriaguez, o CP adotou a teoria da *actio libera in causa*, segundo a qual quem livremente (por dolo ou culpa) ingeriu álcool ou substâncias de efeitos análogos responderá pelo resultado lesivo que venha, nessa condição, a causar; **B:** correta. Somente a embriaguez involuntária (e completa), decorrente de caso fortuito ou força maior, exclui a imputabilidade penal (art. 28, § 1º, do CP); **C e D:** incorretas. Tanto a emoção, quanto a paixão, não excluem a imputabilidade penal (art. 28, I, do CP), podendo, porém, atenuar a pena (art. 65, III, "c", do

CP); **E:** incorreta, pois, como visto anteriormente, apenas a embriaguez involuntária, desde que completa, isentará o agente de pena (art. 28, § 1º, do CP). A embriaguez, seja voluntária, seja culposa, não excluirá a imputabilidade penal (art. 28, II, do CP).
Gabarito "B".

(Ministério Público/PR – 2013 – X) Assinale a alternativa *incorreta*:

(A) Para a teoria extrema da culpabilidade, a falta de consciência da antijuridicidade não tem influência sobre a existência do dolo;
(B) Para a teoria extrema da culpabilidade todo erro sobre a antijuridicidade é considerado como erro de proibição;
(C) Para a teoria limitada da culpabilidade há diferença entre o erro que recai sobre os pressupostos fáticos de uma causa de justificação e o erro que recai sobre a existência de uma causa de justificação;
(D) Esmenio acreditando sinceramente como ainda vigente o delito de adultério, pratica relações sexuais com Nícinia, mulher que sabe ser casada. Neste caso podemos afirmar que se trata de um exemplo de delito putativo ou do também chamado erro de proibição às avessas;
(E) Para a teoria limitada da culpabilidade adotada pelo Código Penal, o erro que recai sobre pressupostos fáticos de uma causa de justificação, sendo inevitável, isenta o agente de pena. Mas se o erro for derivado de culpa poderá diminuir a pena de um sexto a um terço.

A: assertiva correta. Para a teoria extrema da culpabilidade (ou teoria normativa pura), inspirada no finalismo de Hans Welzel, a falta de consciência da ilicitude não influencia a existência do dolo, visto que este é natural, integrante da conduta (e, portanto, do fato típico). Difere da teoria psicológico-normativa, proposta por Reinhart Frank, na qual o dolo era normativo, vale dizer, alojava a consciência do caráter ilícito do fato. Daí o dolo integrar a culpabilidade e não o fato típico); **B:** assertiva correta. De fato, para a teoria extrema da culpabilidade, no estudo das teorias do erro, as descriminantes putativas recebem o mesmo tratamento do erro de proibição, diversamente do que ocorre para a teoria limitada, que diferencia o erro de fato, que é aquele que recai sobre os pressupostos fáticos de uma causa de justificação (tratado como erro de tipo) e o erro de direito, que recai sobre a existência ou sobre os limites de uma causa de exclusão da antijuridicidade (tratado como erro de proibição); **C:** assertiva correta. De acordo com a teoria limitada da culpabilidade, trata-se como erro de tipo aquele que recai sobre os pressupostos fáticos de uma causa de justificação (descriminante putativa por erro de tipo), ao passo que será tratado como erro de proibição aquele que recair sobre a existência ou os limites de causas justificantes (descriminante putativa por erro de proibição); **D:** assertiva correta. Quando o agente pratica determinada conduta que crê ser penalmente relevante, mas que, em verdade, é um indiferente penal, comete o que se denominada de crime putativo, que, segundo alguns juristas, configura um erro de proibição às avessas, visto que o agente acredita sinceramente estar cometendo um crime quando, em verdade, não está; **E:** assertiva incorreta, devendo ser assinalada. Quando o erro recair sobre os pressupostos fáticos de uma causa de justificação, o agente ficará isento de pena (art. 20, § 1º, primeira parte, do CP), tratando-se, aqui, de descriminante putativa por erro de tipo (à luz da teoria limitada da culpabilidade, adotada pelo CP). Contudo, se o erro derivar de culpa, o agente será punido pela forma culposa do crime, se prevista em lei (art. 20, § 1º, segunda parte, do CP), e não com a pena reduzida, tal como consta na assertiva.
Gabarito "E".

12. PENAS E EFEITOS DAS PENAS

(Promotor de Justiça/GO – 2016 – MPE) "Tício" foi condenado pela prática de crime de estupro de vulnerável (art. 217-A, do CP), cuja vítima foi a sua filha de 12 (doze) anos, a uma pena definitiva de 09 (nove) anos de reclusão. "Tício" também reside com outras duas filhas menores, ainda crianças, respectivamente de 08 (oito) e 10 (dez) anos de idade. O Juiz fixou o regime inicial fechado. Na Sentença penal condenatória, o Magistrado também deverá:

(A) De forma fundamentada, por se tratar de crime cometido com abuso do poder familiar, decretar a incapacidade para o exercício do pátrio poder em relação às três filhas, com o intuito de preservá-las de futuras ações do autor delituoso. Trata-se de efeito secundário da sentença penal condenatória.
(B) De forma fundamentada, por se tratar de crime cometido com abuso do poder familiar, decretar a incapacidade para o exercício do pátrio poder em relação à filha de 12 (doze) anos, vítima do delito em questão, não podendo fazê-lo em relação às demais, que não foram vítimas do crime. Trata-se de efeito secundário da sentença penal condenatória.
(C) Determinar que se oficie ao Juizado da Infância e Juventude, cientificando-o da Sentença Penal Condenatória em relação à vítima do crime, adolescente de 12 (doze) anos, a fim de que fique registrada a incapacidade para o exercício do pátrio poder, devido ao fato de se tratar de efeito automático da sentença penal condenatória, não sendo necessário constar tal incapacidade para o exercício do pátrio poder no *decisium condenatório*.
(D) Determinar que se oficie ao Juizado da Infância e Juventude, cientificando-o da Sentença em relação às três irmãs, a fim de que fique registrada a incapacidade para o exercício do pátrio poder em relação a todas elas, vez que não é necessário que conste da sentença penal condenatória, devido ao fato de se tratar de efeito automático.

A assertiva correta é a "B", uma vez que corresponde ao que estabelece o art. 92, II e parágrafo único, do CP.
Gabarito "B".

(Promotor de Justiça/SC – 2016 – MPE)

(1) Os efeitos específicos da condenação, segundo regula o Código Penal Brasileiro, são automáticos, não havendo necessidade de serem explicitados na sentença.

1: assertiva falsa. Os chamados efeitos específicos da condenação, contemplados no rol do art. 92 do CP, não são, ao contrário do que se afirma acima, *automáticos*; somente podem incidir, por essa razão, se o juiz, na sentença condenatória, declará-los de forma motivada, justificando-os. São considerados *automáticos* (ou genéricos), de outro lado, os efeitos da condenação elencados no art. 91 do CP. Neste caso, é desnecessário o pronunciamento do juiz, a esse respeito, na sentença.
Gabarito 1F.

(Ministério Público/MG – 2014) Dispõe o artigo 44 do Código Penal que "as penas restritivas de direitos são autônomas e *substituem as privativas de liberdade*". São situações previstas em lei que excepcionam o caráter substitutivo das penas restritivas de direito, seja por constituírem penas autônomas, seja por poderem ser aplicadas cumulativamente à pena privativa de liberdade, EXCETO:

(A) No caso do "Código de Trânsito Brasileiro", a suspensão ou a proibição de se obter a permissão ou a habilitação para dirigir veículo automotor.
(B) No caso do "Código do Consumidor", a prestação de serviços à comunidade.
(C) No caso do "Estatuto do Torcedor", a proibição de frequentar locais em que se realize evento esportivo.
(D) No caso da "Lei de Drogas", em caso de compra desautorizada de substância entorpecente para uso pessoal.

A: incorreta. Nos termos do art. 292 do CTB (Lei 9.503/1997), "a suspensão ou a proibição de se obter a permissão ou a habilitação para dirigir veículo automotor pode ser imposta isolada ou cumulativamente com outras penalidades"; **B:** incorreta, pois, nos termos do art. 78 do CDC, *"além das penas privativas de liberdade e de multa, podem ser impostas, cumulativa ou alternadamente, observado o disposto nos arts. 44 a 47, do Código Penal: I – a interdição temporária de direitos; II – a publicação em órgãos de comunicação de grande circulação ou audiência, às expensas do condenado, de notícia sobre os fatos e a condenação; III – a prestação de serviços à comunidade"*. Portanto, as penas restritivas de direitos, em matéria de crimes previstos no CDC, podem ter caráter cumulativo ou alternativo, fugindo à regra da substitutividade prevista no art. 44 do CP; **C:** correta. Nos termos do art. 41-B, § 2º, do Estatuto do Torcedor (Lei 10.671/2003), *"na sentença penal condenatória, o juiz deverá converter a pena de reclusão em pena impeditiva de comparecimento às proximidades do estádio, bem como a qualquer local em que se realize evento esportivo, pelo prazo de 3 (três) meses a 3 (três) anos, de acordo com a gravidade da conduta, na hipótese de o agente ser primário, ter bons antecedentes e não ter sido punido anteriormente pela prática de condutas previstas neste artigo"*. Assim, a pena privativa de liberdade, no caso do crime definido no caput de referido dispositivo legal, será convertida em pena restritiva de direitos (proibição de frequentar locais em que se realize evento esportivo ou de comparecimento às proximidades do estádio) se o agente for primário, de bons antecedentes e não ostentar punição pelo mesmo crime (reincidência específica). Aqui, tem-se a manutenção da natureza "clássica" das penas restritivas de direitos, qual seja, a de ser substitutiva à pena de prisão; **D:** incorreta, pois o art. 28 da Lei de Drogas (Lei 11.343/2006) prevê, autonomamente, penas restritivas de direitos pela prática do crime de porte de drogas para consumo pessoal, inexistindo punição com pena de prisão (privativa de liberdade).

Gabarito "C".

(Ministério Público/GO – 2013) Para Haroldo Caetano da Silva, pela remição *"(...) é oferecido um estímulo ao preso para que, desenvolvendo atividade laboral, não apenas veja abreviada a expiação da pena (o que seria de Interesse exclusivo do condenado), mas também para que o trabalho sirva de instrumento para a efetiva e harmoniosa reinclusão à sociedade (o que é de interesse geral). O trabalho e, por consequência, a remição, constituem instrumento que buscam alcançar a finalidade preventiva da pena criminal."* (SILVA, Haroldo Caetano da. *Manual de Execução Penal*, 2. edição, Campinas: Ed. Bookseller, 2002). A respeito da remição, hoje garantida pelo trabalho e pelo estudo (Lei de Execução Penal alterada pela Lei 12.433/2011), analise as proposições abaixo e assinale a alternativa correta:

I. o condenado que cumpre pena em regime aberto ou semiaberto e o que usufrui liberdade condicional poderão remir, pela frequência a curso de ensino regular ou de educação profissional, ou pelo trabalho, parte do tempo de execução da pena ou do período de prova.
II. o tempo a remir em função das horas de estudo será acrescido de metade no caso de conclusão do ensino fundamental, médio ou superior durante o cumprimento da pena, desde que certificada pelo órgão competente do sistema de educação.
III. o preso impossibilitado, por acidente, de prosseguir no trabalho ou nos estudos, continuará a beneficiar-se com a remição.
IV. em caso de falta grave, o juiz poderá revogar até metade do tempo remido, observado o disposto no art. 57 da Lei Execução Penal, recomeçando a contagem a partir da data da infração disciplinar.

(A) somente a alternativa III está certa.
(B) somente a alternativa II está errada.
(C) somente as alternativas I e IV estão erradas.
(D) somente as alternativas III e IV estão certas.

I: incorreta. Nos termos do art. 126, § 6º, da LEP (Lei 7.210/1984), a remição pelo *estudo* será admissível também aos condenados que estejam cumprindo pena em regime semiaberto ou aberto, ou em gozo de livramento condicional, não se falando em remição pelo trabalho aos condenados que cumpram sua reprimenda em regime aberto. Confira-se: *"o condenado que cumpre pena em regime aberto ou semiaberto e o que usufrui liberdade condicional poderão remir, pela frequência a curso de ensino regular ou de educação profissional, parte do tempo de execução da pena ou do período de prova, observado o disposto no inciso I do § 1o deste artigo"*; **II:** incorreta. Nos exatos termos do art. 126, § 5º, da LEP, *"o tempo a remir em função das horas de estudo será acrescido de 1/3 (um terço) no caso de conclusão do ensino fundamental, médio ou superior durante o cumprimento da pena, desde que certificado pelo órgão competente do sistema de educação"*; **III:** correta, nos termos previstos no art. 126, § 4º, da LEP, que autoriza o benefício da remição pelo preso impossibilitado, por acidente, de prosseguir trabalhando ou estudando; **IV:** incorreta, pois, nos termos do art. 127 da LEP, em caso de falta grave, o juiz poderá revogar *até 1/3 (um terço) do tempo remido*.

Gabarito "A".

(Ministério Público/MS – 2013 – FADEMS) Considere as assertivas abaixo,

I. As denominadas teorias absolutas da pena consideram que a pena se esgota na ideia de pura retribuição, tem como fim a reação punitiva, ou seja, responde ao mal constitutivo do delito com outro mal que se impõe ao autor do delito. Kant, um dos seus principais defensores, considerava que a exigência da pena derivava da ideia de justiça.
II. As teorias ecléticas veiculam a dúplice finalidade da pena: presta-se tanto a reprimir o criminoso como a prevenir a prática do crime.
III. Para as teorias relativas a pena tem um fim prático e imediato de prevenção geral ou especial do crime, não se justificando por si mesma, mas apenas na medida em que se cumprem os fins legitimadores do controle de delinquência.
IV. A teoria da prevenção especial negativa da pena busca a segregação do criminoso, com o fim de neutralizar a possível novação delitiva, tendo em Von Liszt um dos seus adeptos.

São *corretas*:

(A) Somente as assertivas I e II.
(B) Somente as assertivas I, II e III.

(C) Somente as assertivas I, III e IV.
(D) Somente as assertivas III e IV.
(E) Todas as assertivas estão corretas.

I: correta. De fato, para as denominadas teorias absolutas da pena, a finalidade maior desta é a retribuição estatal pelo mal injusto provocado pelo agente delitivo, não se importando com sua (re)adaptação social. Os expoentes de referida teoria foram Georg Wilhelm Friedrich Hegel e Emmanuel Kant. Para este último, "o que se deve acrescer é que se a sociedade civil chega a dissolver-se por consentimento de todos os seus membros, como se, por exemplo, um povo que habitasse uma ilha se decidisse a abandoná-la e se dispersar, o último assassino preso deveria ser morto antes da dissolução a fim de que cada um sofresse a pena de seu crime e para que o crime de homicídio não recaísse sobre o povo que descuidasse da imposição dessa punição; porque então poderia ser considerada como cúmplice de tal violação pública da Justiça" (**Doutrina do direito.** trad. Edson Bini. São Paulo: Ícone, 1993. p. 178/179); **II: correta.** Para as teorias ecléticas, mistas ou unificadoras, ambas são as finalidades da pena, quais sejam, a prevenção (geral e especial) e a retribuição; **III: correta.** De acordo com as teorias relativas, a finalidade maior da pena é a prevenção geral (destinada ao controle da violência) e especial (destinada à pessoa do condenado). O aspecto retributivo não tem relevância, pois o que importa é, efetivamente, o controle da delinquência; **IV: correta.** A prevenção especial negativa, vertente do aspecto preventivo propalado pelas teorias relativas, consiste na intimidação do condenado com a aplicação da pena, desestimulando-o a praticar novas infrações penais.
Gabarito "E".

(Ministério Público/MS – 2013 – FADEMS) Analise as assertivas abaixo, considerando o entendimento do Superior Tribunal de Justiça:

I. Não é adequada a utilização de inquéritos policiais e ações penais em curso para agravar a pena-base.
II. Diante do disposto no Código Penal acerca do regime de cumprimento da pena, é inadmissível a adoção do regime semiaberto aos reincidentes condenados a pena igual ou inferior a quatro anos.
III. Havendo previsão em lei especial da cominação cumulativa de pena privativa de liberdade e pecuniária, é vedada a substituição da prisão por multa.
IV. O aumento na terceira fase de aplicação da pena no crime de roubo circunstanciado é justificável pelo número de majorantes.

São *corretas*:
(A) Somente as assertivas I, III e IV.
(B) Somente as assertivas I e III.
(C) Somente as assertivas II, III e IV.
(D) Somente as assertivas I, II e IV.
(E) Todas as assertivas.

I: correta, nos termos da Súmula 444 do STJ, *in verbis*: "É vedada a utilização de inquéritos policiais e ações penais em curso para agravar a pena-base"; **II: incorreta,** pois, nos termos da Súmula 269 do STJ, "É admissível a adoção do regime prisional semiaberto aos reincidentes condenados a pena igual ou inferior a quatro anos se favoráveis as circunstâncias judiciais"; **III: correta.** Nos termos da Súmula 171 do STJ, "cominadas cumulativamente, em lei especial, penas privativas de liberdade e pecuniária, é defeso a substituição da prisão por multa"; **IV: incorreta,** pois, nos termos da Súmula 443 do STJ, "O aumento na terceira fase de aplicação da pena no crime de roubo circunstanciado exige fundamentação concreta, não sendo suficiente para a sua exasperação a mera indicação do número de majorantes".
Gabarito "B".

(Ministério Público/MT – 2012 – UFMT) Consoante entendimento do Supremo Tribunal Federal, analise as assertivas.

I. Não se admite a suspensão condicional do processo por crime continuado, se a soma da pena mínima da infração mais grave com o aumento mínimo de um sexto for superior a um ano.
II. A imposição do regime de cumprimento mais severo do que a pena aplicada dá-se de forma automática, sem qualquer outra exigência, se o juiz assim entender.
III. A pena unificada para atender ao limite de trinta anos de cumprimento, determinado pelo art. 75 do Código Penal, é considerada para a concessão de outros benefícios, como o livramento condicional ou regime mais favorável de execução.
IV. É vedada a progressão de regime de cumprimento da pena ou a aplicação imediata de regime menos severo nela determinada, antes do trânsito em julgado da sentença condenatória.
V. O fato de o réu se encontrar em prisão especial impede a progressão de regime de execução da pena, fixada em sentença não transitada em julgado.

Está correto o que se afirma em:
(A) II, apenas.
(B) I e III, apenas.
(C) II e IV, apenas.
(D) I, apenas.
(E) II e V, apenas.

I: correta (Súmula 723 do STF); **II: incorreta** (Súmulas 718 e 719, ambas do STF); **III: incorreta** (Súmula 715 do STF); **IV: incorreta** (Súmula 716 do STF); **V: incorreta** (Súmula 717 do STF).
Gabarito "D".

(Ministério Público/GO – 2012) Alternativa à pena de prisão, a interdição temporária de direitos, prevista no Código Penal Brasileiro, consiste a proibição dada ao condenado, de em tempo igual ao da pena restritiva de liberdade decretada em sentença, ser privado de exercer determinadas atividades. Nesse sentido, identifique o tipo de interdição incorreta:

(A) proibição do exercício de cargo, função ou atividade pública, bem como de mandato eletivo;
(B) proibição de frequentar determinados lugares;
(C) limitação de fim de semana consistente na obrigação de permanecer, aos sábados e domingos, por 5 (cinco) horas diárias, em casa de albergado ou outro estabelecimento adequado;
(D) proibição de inscrever-se em concurso, avaliação ou exames públicos.

A: correta (art. 47, I, do CP); **B: correta** (art. 47, IV, do CP); **C: incorreta,** devendo ser assinalada. A limitação de fim de semana não constitui subespécie de interdição temporária de direitos (espécie de pena restritiva de direitos), mas, sim, espécie autônoma de pena restritiva de direitos (art. 48 do CP). Em síntese, a interdição temporária de direitos é espécie de pena restritiva de direitos (art. 47 do CP) que, por sua vez, tem subespécies (I – proibição do exercício de cargo, função ou atividade pública, bem como de mandato eletivo; II – proibição do exercício de profissão, atividade ou ofício que dependam de habilitação especial, de licença ou autorização do poder público; III – suspensão de autorização ou de habilitação para dirigir veículo; IV – proibição de frequentar determinados lugares; V – proibição de inscrever-se em concurso, avaliação ou

exame públicos). Vê-se que a limitação de fim de semana não é subespécie de interdição temporária de direitos, mas, como dito, espécie autônoma de pena restritiva de direitos (art. 48 do CP); **D:** correta (art. 47, V, do CP).
Gabarito "C".

(Ministério Público/GO – 2012) Mévio de Tal, cumprindo pena na Penitenciária Odenir Guimarães (POG), para cumprimento do restante de uma pena de 24 anos e dois meses de reclusão, formulou pedido de unificação de penas com base no artigo 71 do Código Penal, alegando, em suma, o seguinte: Os delitos praticados foram separados em vários inquéritos, resultando em vários processos e condenações, mas são crimes continuados. O primeiro deles foi praticado em 01.09.2002, sobrevindo-lhe uma condenação de 05 anos e 04 meses; o segundo em 10.09.2002, que foi condenado a 05 anos e 10 meses; o terceiro em 24.09.2004, com condenação de 06 anos, e o quarto também em 24.09.2004, que foi condenado a 07 anos, todos pelo tipo do artigo 157 do Código Penal. Depois de afirmar que são delitos da mesma espécie, praticados mediante mais de uma ação e que, pelas circunstâncias de tempo, lugar e modo de agir, são crimes continuados, Mévio pediu a unificação das penas na forma do artigo 71 do Código Penal. Atento às diretrizes do instituto da continuidade delitiva e do artigo 59 do Estatuto Penal Repressivo, o magistrado aplicou, pelos dois delitos cometidos em 2002 pena de 09 anos; e pelos outros dois delitos 11 anos. Unificadas as penas no total de 20 anos de reclusão, sobreveio nova condenação em desfavor de Mévio a 8 anos de reclusão por crime cometido em 25.09.2002.

A propósito da situação hipotética escolha a alternativa correta:

(A) em face da nova condenação (25.09.2002) seria necessária nova unificação das penas, desprezando-se para esse fim o período de pena cumprido;
(B) considerando hipoteticamente que a última condenação não existisse, e que o réu fosse condenado por fato posterior ao início do cumprimento da pena, poderia, o réu, em tese, cumprir pena superior a 30 anos;
(C) no caso hipotético ou em qualquer outro caso, não haveria possibilidade legal do réu cumprir pena superior a 30 anos;
(D) a concessão de benefícios como o livramento condicional ou regime mais favorável de execução, atenderá, em qualquer caso, ao limite pelo art. 75 do Código Penal.

A: incorreta, pois a nova unificação, desprezando-se o período de pena já cumprido por Mévio, ocorreria apenas se se tratasse de nova condenação por fato posterior à execução já em andamento (art. 75, § 2º, do CP); **B:** correta. De fato, em caso de condenação por fato posterior ao início do cumprimento da pena, nova unificação é feita, desprezado o período anteriormente cumprido (art. 75, § 2º, do CP). Assim, é possível que o réu cumpra, na prática, mais de 30 (trinta) anos de pena caso, durante a execução penal, seja condenado, repita-se, por fato posterior. Neste caso, frise-se uma vez mais, todo o período de pena já cumprido será desprezado, somando-se a nova pena até o limite de 30 (trinta) anos (nova unificação); **C:** incorreta, pelas razões já expostas nos comentários às alternativas antecedentes; **D:** incorreta (Súmula 715 do STF). Leva-se em conta a pena aplicada (ainda que superior a 30 anos), e não a unificada.
Gabarito "B".

(Ministério Público/GO – 2012) São considerados efeitos da reincidência:

(A) impedimento ao livramento condicional, nos casos de crimes hediondos, tortura, tráfico de entorpecentes e terrorismo, tratando-se de reincidência específica;
(B) aumento do prazo da prescrição da pretensão punitiva em um terço;
(C) causa de suspensão do curso da prescrição;
(D) impedimento à obtenção do *sursis* nos casos de reincidência em crime culposo.

A: correta (art. 83, V, do CP); **B:** incorreta. A reincidência tem o condão de aumentar em um terço a prescrição da pretensão executória (art. 110, *caput*, do CP e Súmula 220 do STJ); **C:** incorreta, pois a reincidência é causa interruptiva da prescrição (art. 117, VI, do CP); **D:** incorreta, pois a reincidência impede a obtenção do *sursis* nos casos de crimes *dolosos* (art. 77, I, do CP).
Gabarito "A".

(Ministério Público/GO – 2012) No que diz respeito às penas restritivas de direito previstas no Código Penal é incorreto afirmar:

(A) é vedada a aplicação, nos casos de violência doméstica e familiar contra a mulher, de prestação pecuniária, bem como a substituição de pena que implique o pagamento isolado de multa;
(B) em qualquer fase da execução, poderá o Juiz, motivadamente, alterar, a forma de cumprimento das penas de prestação de serviços à comunidade e de limitação de fim de semana, ajustando-as às condições pessoais do condenado e às características do estabelecimento, da entidade ou do programa comunitário ou estatal;
(C) em relação à prestação de serviços à comunidade, o trabalho terá a duração de 6 (seis) horas semanais e será realizado aos sábados, domingos e feriados, ou em dias úteis, de modo a não prejudicar a jornada normal de trabalho, nos horários estabelecidos pelo Juiz;
(D) as penas restritivas de direitos são autônomas e substituem as privativas de liberdade, quando aplicada pena privativa de liberdade não superior a quatro anos e o crime não for cometido com violência ou grave ameaça à pessoa ou, qualquer que seja a pena aplicada, se o crime for culposo.

A: correta (art. 17 da Lei 11.340/2006 – Lei Maria da Penha); **B:** correta (art. 148 da Lei 7.210/1984 – LEP); **C:** incorreta, devendo ser assinalada. A prestação de serviços à comunidade dar-se-á de forma que as tarefas serão atribuídas conforme as aptidões do condenado, devendo ser cumpridas à razão de uma hora de tarefa por dia de condenação, fixadas de modo a não prejudicar a jornada normal de trabalho (art. 46, § 3º, do CP); **D:** correta (art. 44, I, do CP).
Gabarito "C".

13. APLICAÇÃO DA PENA

(Promotor de Justiça – MPE/RS – 2017) Darlan, apaixonado por outra, decidiu matar sua mulher, Amélia. Mesmo sabendo que ela estava grávida de seis meses, não se deixou dissuadir do intuito homicida, até porque também não queria o nascimento do filho desta união. Com o uso de uma faca de churrasco, golpeou-a por várias vezes em seu abdômen. Pensando que a tivesse matado, imediatamente fugiu do local, o que permitiu aos vizinhos, alertados pelos gritos de Amélia, socorrê-la e levá-la a um hospital, pois, em que pese a violência do ataque, a mulher sobreviveu. Mas, infelizmente, ela não resistiu aos ferimentos e morreu pouco depois de ter entrado na sala de atendimento hospitalar. O médico que a atendeu, Dr. José, percebeu que o feto ainda vivia, apesar da morte da mãe, e imediatamente realizou cesariana. A criança foi retirada do claustro materno com vida, mas também não sobreviveu mais de cinco minutos.

Com base no caso descrito acima, assinale com V (verdadeiro) ou com F (falso) as seguintes afirmações.

( ) Ocorreram dois crimes dolosos contra a vida, homicídio e aborto consumados, aplicando-se as respectivas penas conforme a regra estabelecida pelo Código Penal para o concurso material de crimes.
( ) Ocorreram dois crimes dolosos contra a vida, homicídio consumado e aborto tentado, uma vez que o feto não foi expulso do ventre materno, aplicando-se as respectivas penas cumulativamente.
( ) Caso constatada a inobservância culposa de regra técnica da profissão pelo Dr. José, na realização da cesariana, que tivesse contribuído para a eliminação da vida do nascente, Darlan responderia por homicídio consumado, contra Amélia, e por aborto tentado, em relação ao feto, com a aplicação da mais grave das penas cabíveis, aumentada de um sexto até metade. O Dr. José seria responsabilizado por homicídio culposo, com aumento de um terço da pena.
( ) Se a gestante não tivesse morrido e o parto se desse a termo, vindo, porém, a criança a falecer dez dias depois, em consequência de também ter sido atingida pelas facadas, quando já titular de vida extrauterina, Darlan responderia por tentativa de homicídio, contra Amélia, e por homicídio consumado, contra a criança, aplicando-se a mais grave das penas cabíveis, aumentada de um sexto até metade.

A sequência correta de preenchimento dos parênteses, de cima para baixo, é

(A) V – F – F – F.
(B) V – F – V – V.
(C) F – V – F – V.
(D) F – V – V – F.
(E) V – F – V – F.

1ª assertiva: verdadeira. O enunciado retrata hipótese de concurso formal *impróprio* ou *imperfeito* (art. 70, *caput*, segunda parte, do CP), na medida em que Darlan, sabendo da gravidez de sua esposa e desejando tanto a sua morte quanto a do produto da concepção (desígnios autônomos), pratica, para tanto, mediante conduta única (facadas), dois crimes: homicídio contra a sua esposa e aborto contra o feto. Neste caso, aplicar-se-á o critério do cúmulo material, somando-se as penas dos crimes de homicídio e aborto, tal como estabelece o dispositivo acima referido; **2ª assertiva:** falsa. Pouco importa, para a configuração do crime de aborto, se o feto foi ou não expulso do ventre materno. A consumação se dá com a morte do produto da concepção, interrompendo a gravidez; **3ª assertiva:** falsa. Ainda que se considere que a inobservância culposa de regra técnica da profissão pelo Dr. José tenha dado causa à morte do produto da concepção e tal tenha o condão de romper o nexo causal (art. 13, § 1º, do CP), as penas, de qualquer forma, devem ser somadas; **4ª assertiva:** falsa. Ainda que o resultado morte do produto da concepção tenha se dado dias depois da conduta do agente, mesmo assim o crime por ele praticado é de aborto consumado, e não homicídio.

Gabarito "A".

(Promotor de Justiça/GO – 2016 – MPE) O Juiz ao condenar o agente delituoso pela prática de um crime de roubo simples (art. 157, "caput", do CP), fixou a pena no mínimo legal de 04 (quatro) anos de reclusão, após análise das circunstâncias judiciais que foram todas favoráveis ao acusado, se tratando de réu primário, possuindo endereço certo e trabalho lícito. Ao fixar o regime prisional, o Magistrado determinou o cumprimento da pena em regime inicial fechado, fundamentando sua decisão na gravidade do crime de roubo, cometido com violência ou grave ameaça à pessoa, o que demonstra a periculosidade do agente. A defesa recorreu da sentença, somente se opondo quanto ao regime prisional estabelecido na sentença penal condenatória, requerendo a fixação do regime aberto. Os autos foram enviados com vista ao Ministério Público para ofertar suas Contrarrazões. O órgão de primeiro grau deverá se manifestar, posicionando-se, no sentido de que:

(A) Veda-se o estabelecimento de regime prisional mais gravoso do que o cabível em razão da sanção imposta, com base apenas na gravidade abstrata do delito, nos termos do entendimento sumulado tanto pelo STJ quanto pelo STF.
(B) É permitido o estabelecimento de regime prisional mais gravoso, com base na gravidade do delito, notoriamente quando atinge bens individuais indisponíveis e que são cometidos mediante violência ou grave ameaça à pessoa, nos termos do entendimento sumulado tanto pelo STJ quanto pelo STF.
(C) Veda-se o estabelecimento de regime prisional mais gravoso do que o cabível em razão da sanção imposta, com base apenas na gravidade abstrata do delito, nos termos do entendimento sumulado pelo STF e majoritário no STJ, embora, neste último caso, não sumulado.
(D) É permitido o estabelecimento de regime prisional mais gravoso, com base na gravidade do delito, notoriamente quando atinge bens individuais indisponíveis e que são cometidos mediante violência ou grave ameaça à pessoa, nos termos do entendimento sumulado pelo STJ e majoritário no STF, embora, neste último caso, não sumulado.

A: correta, pois retrata o entendimento firmado nas Súmulas 440, do STJ: *Fixada a pena-base no mínimo legal, é vedado o estabelecimento de regime prisional mais gravoso do que o cabível em razão da sanção imposta, com base apenas na gravidade abstrata do delito*; 718, do STF: *A opinião do julgador sobre a gravidade em abstrato do crime não constitui motivação idônea para a imposição de regime mais severo do que o permitido segundo a pena aplicada*; e 719, também do STF: *A imposição do regime de cumprimento mais severo do que a pena aplicada permitir exige motivação idônea*; **B:** incorreta, pois contraria as Súmulas acima transcritas; **C:** incorreta. Cuida-se de matéria sumulada tanto no STF quanto no STJ; **D:** incorreta, pois contraria o entendimento firmado nas Súmulas acima transcritas.

Gabarito "A".

(Promotor de Justiça/SC – 2016 – MPE)

(1) Para a doutrina dominante, o Código Penal Brasileiro, ao disciplinar o cálculo da pena, adotou o sistema trifásico, sendo observado na primeira fase da individualização as agravantes e atenuantes legais, circunstâncias estas inseridas nos artigos 61 a 66 daquele diploma legal.

1: assertiva falsa. Tal como se afirma no enunciado, o Código Penal, no que toca ao processo de fixação da pena, adotou o sistema *trifásico*, em que o magistrado, num primeiro momento, valendo-se dos critérios estabelecidos no art. 59 do CP, fixará a pena-base (e não as agravantes e atenuantes legais, como acima é afirmado); em seguida, já na segunda etapa, aí sim considerará as circunstâncias atenuantes e agravantes e, ao final, na última fase, passará à análise das causas de diminuição e de aumento.
Gabarito 1E

(Promotor de Justiça/SC – 2016 – MPE)

(1) Trata-se de concurso material quando o agente, mediante uma só ação ou omissão, pratica dois ou mais crimes, idênticos ou não, incidindo, assim, a exasperação da pena.

1: assertiva falsa, uma vez que o enunciado descreve o fenômeno do *concurso formal*, que pressupõe, ao contrário do concurso material, a prática, pelo agente, de uma só ação ou omissão (um só comportamento), nos termos do que dispõe o art. 70 do CP. Já o *concurso material*, que está previsto no art. 69 do CP, se dá nas hipóteses em que "o agente, mediante mais de uma ação ou omissão, pratica dois ou mais crimes, idênticos ou não". Nesse caso, as penas correspondentes a cada crime são somadas (sistema do *cúmulo material*). Voltando ao concurso formal, este poderá ser *próprio* (perfeito) ou *impróprio* (imperfeito). No primeiro caso (primeira parte do *caput*), temos que o agente, por meio de uma única ação ou omissão (um só comportamento), pratica dois ou mais crimes, idênticos ou não (sob *unidade de desígnio*); já no *concurso formal impróprio* ou *imperfeito* (segunda parte do *caput*), a situação é diferente. Aqui, a conduta única decorre de desígnios autônomos, vale dizer, o agente, no seu atuar, deseja os resultados produzidos. Como consequência, as penas serão somadas, aplicando-se o critério ou sistema do *cúmulo material*. No concurso formal perfeito, diferentemente, se as penas previstas forem idênticas, aplica-se somente uma; se diferentes, aplica-se a maior, acrescida, em qualquer caso, de um sexto até metade (sistema da exasperação).
Gabarito 1E

(Ministério Público/DF – 2013) Indique a assertiva **CORRETA** entre os itens seguintes:

(A) A teoria da prevenção especial negativa tem por finalidade essencial evitar a reincidência do agente.
(B) Para efeito de reincidência, não prevalece a condenação anterior se, entre a data do trânsito em julgado e a infração posterior, tiver decorrido período de tempo superior a 05 (cinco) anos.
(C) A teor do artigo 68 do Código Penal, que estabelece o sistema trifásico de aplicação da pena, é possível a compensação de circunstâncias judiciais com circunstâncias legais.
(D) A detração de que trata o Código Penal não se aplica à medida de segurança, sendo inviável o cômputo de internação provisória para antecipação da liberação ou da realização do exame de averiguação de periculosidade.
(E) O critério para dosar-se o aumento de pena no crime continuado é o do maior ou menor grau de reprovação da conduta ao agente.

A: correta. De fato, a teoria da prevenção especial negativa, dirigida à pessoa do agente delitivo, almeja, com a imposição da pena, evitar a reincidência, desestimulando-se o condenado a incorrer em novas infrações penais; **B:** incorreta. Não prevalecerá a condenação anterior, para fins de reincidência, se entre a data do *cumprimento ou extinção da pena* (e não a *data do trânsito em julgado*) e a infração posterior, tiver decorrido período de tempo superior a 05 (cinco) anos, nos termos do art. 64, I, CP; **C:** incorreta. O art. 68 do CP não autoriza, em momento algum, a compensação de circunstâncias judiciais (art. 59, CP) com circunstâncias legais (ex.: atenuantes e agravantes); **D:** incorreta. Nos termos do art. 42 do CP, serão computados na pena privativa de liberdade e na medida de segurança o tempo de prisão provisória e o de internação (inclusive a provisória, que, à luz do art. 319, VII, do CPP, é medida cautelar diversa da prisão). É assente na doutrina e jurisprudência que o tempo de prisão cautelar e, também, o de internação provisória, serão levados em conta, por exemplo, para a antecipação do exame de cessação de periculosidade, que, em regra, será feito ao término do prazo mínimo de duração da medida de segurança, que é de um a três anos (art. 97, § 1º, CP); **E:** incorreta. Adota-se como critério para a dosagem do aumento de pena decorrente do reconhecimento do crime continuado (art. 71 do CP) a quantidade de crimes ou delitos parcelares. Assim, dado que a exasperação por referida espécie de concurso de crimes é de 1/6 a 2/3, a dosagem da pena será feita da seguinte forma: i) dois crimes = aumento de 1/6; ii) três crimes = aumento de 1/5; iii) quatro crimes = aumento de 1/4; iv) cinco crimes = aumento de 1/3; vi) seis crimes = aumento de 1/2; vii) sete ou mais crimes = aumento de 2/3.
Gabarito "A"

(Ministério Público/DF – 2013) Indique o item **CORRETO**, nos termos da legislação aplicável e da jurisprudência dos Tribunais Superiores:

(A) Para fins de livramento condicional, não poderá o sentenciado valer-se da soma de penas que, isoladamente, não alcancem o patamar de 02 (dois) anos.
(B) O condenado por crimes comuns a penas cujo somatório for superior a 30 (trinta) anos preenche requisito objetivo para progressão ao regime semiaberto ao cumprir 05 (cinco) anos de sua reprimenda em regime fechado.
(C) A aplicação de lei penal superveniente mais benigna ao agente, após o trânsito em julgado da sentença que o condenou, demanda ajuizamento de revisão criminal.
(D) O condenado por crime hediondo praticado no ano de 2006 preenche o requisito objetivo para a progressão, após cumprir, no regime anterior, 1/6 (um sexto) da pena imposta.
(E) Após progredir do regime fechado, deverá o sentenciado não reincidente cumprir ao menos 1/6 (um sexto) de pena no regime semiaberto para obter o direito à saída temporária.

A: incorreta. Para fins de livramento condicional, nos termos do art. 84 do CP, as penas decorrentes de infrações diversas deverão ser somadas. Confira-se, nesse sentido, o posicionamento já pacificado no STJ (AgRg no RHC 43743 / SP – Agravo Regimental no Recurso Ordinário *em Habeas Corpus* 2013/0413084-0, rel. Min. Jorge Mussi, 5ª Turma, 06.11.2014): "Agravo Regimental no Recurso Ordinário *em Habeas Corpus*. Execução criminal. Livramento condicional. Cálculo do tempo necessário ao benefício. Somatório das penas. Art. 84 do CP. Decisão monocrática confirmada. Recurso improvido. 1. É assente neste Tribunal o entendimento de que havendo pluralidade de condenações deve se proceder a soma das penas, realizando-se o cálculo do requisito objetivo exigido à concessão do livramento condicional sobre o montante obtido (art. 84 do Código Penal). 2. Agravo Regimental improvido"; **B:** incorreta. Em caso de concurso de crimes, se o somatório das penas superar 30 (trinta) anos, que é o limite estabelecido no art. 75 do CP, a progressão de regime, nos termos da Súmula 715 do STF, levará em conta a quantidade de *pena aplicada*, e não a unificada. Portanto, para crimes "comuns" (leia-se: não hediondos ou equiparados), o decurso de 1/6 (um sexto) da pena terá como base de cálculo a quantidade aplicada na decisão (ex.: réu condenado à pena

de 60 anos de reclusão, em razão de diversos homicídios), e não a pena unificada para atender ao limite de 30 (trinta) anos; **C:** incorreta. A superveniência ao trânsito em julgado de lei penal benéfica não exige o ajuizamento de revisão criminal pelo condenado, bastando que o juízo das execuções penais aplique a *lex mitior*, nos termos do art. 66, I, da LEP (Lei 7.210/1984); **D:** correta. Nos termos da Súmula vinculante 26, "para efeito de progressão de regime no cumprimento de pena por crime hediondo, ou equiparado, o juízo da execução observará a inconstitucionalidade do art. 2º da Lei nº 8.072, de 25 de julho de 1990, sem prejuízo de avaliar se o condenado preenche, ou não, os requisitos objetivos e subjetivos do benefício, podendo determinar, para tal fim, de modo fundamentado, a realização de exame criminológico". Assim, considerando que o STF, no julgamento do HC 82.959-SP, em 2006, declarou a inconstitucionalidade incidental do regime integralmente fechado imposto pela Lei dos Crimes Hediondos, passou-se a considerar o art. 112 da LEP como o dispositivo aplicável aos condenados por crimes hediondos ou equiparados que tenham praticado o fato até a entrada em vigor da Lei 11.464/2007, que impõe o cumprimento de 2/5 ou 3/5 da pena, em se tratando, respectivamente, de condenado primário ou reincidente. O STJ, ao editar a Súmula 471, assim assentou: "Os condenados por crimes hediondos ou assemelhados cometidos antes da vigência da Lei n. 11.464/2007 sujeitam-se ao disposto no art. 112 da Lei n. 7.210/1984 (Lei de Execução Penal) para a progressão de regime prisional."; **E:** incorreta. Nos termos da Súmula 40 do STJ, "para obtenção dos benefícios da saída temporária e trabalho externo, considera-se o tempo de cumprimento da pena no regime fechado". Assim, se iniciada a pena no regime fechado, o cumprimento de 1/6 dela, exigido para a progressão ao regime intermediário, já será levado em consideração para a obtenção do direito à saída temporária.
Gabarito "D".

(Ministério Público/PR – 2013 – X) Segundo entendimentos sumulados do Superior Tribunal de Justiça, assinale a alternativa **incorreta**:

(A) A reincidência não influi no prazo da prescrição da pretensão punitiva;
(B) Em caso de desclassificação do crime de homicídio para o de lesões corporais pelo Tribunal do Júri, a decisão de pronúncia deixa de ser considerada causa interruptiva da prescrição;
(C) É vedada a utilização de inquéritos policiais e ações penais em curso para agravar a pena-base;
(D) A sentença concessiva do perdão judicial é declaratória da extinção da punibilidade, não subsistindo qualquer efeito condenatório;
(E) É inadmissível a fixação de pena substitutiva (art. 44 do CP) como condição especial ao regime aberto.

A: correta (Súmula 220 do STJ); **B:** incorreta, devendo ser assinalada. É que, mesmo se houver a desclassificação do homicídio para o crime de lesões corporais na segunda fase do rito escalonado do Júri, a decisão de pronúncia continua a ser considerada causa interruptiva da prescrição (Súmula 191 do STJ); **C:** correta (Súmula 444 do STJ); **D:** correta (Súmula 18 do STJ); **E:** correta (Súmula 493 do STJ).
Gabarito "B".

(Ministério Público/MG – 2012 – CONSULPLAN) Em relação ao seguinte enunciado, assinale a alternativa INCORRETA. No concurso de agravantes e atenuantes, a pena deve aproximar-se do limite indicado pelas circunstâncias preponderantes, entendendo-se como tais as que resultam:

(A) dos motivos determinantes do crime.
(B) da reincidência.
(C) da conduta social do agente.
(D) da personalidade do agente.

De acordo com o art. 67 do CP, no concurso de agravantes e atenuantes, a pena deve aproximar-se do limite indicado pelas circunstâncias preponderantes, assim entendidas aquelas que decorrem dos motivos determinantes do crime, da personalidade do agente e da reincidência. Logo, a alternativa "C" está incorreta, pois a conduta social do agente não é considerada circunstância preponderante.
Gabarito "C".

(Ministério Público/MG – 2012 – CONSULPLAN) No que se refere à *fase de aplicação da pena* em que incidem, assinale a alternativa que apresenta circunstâncias de natureza jurídica distinta:

(A) Desconhecimento da lei e coação moral resistível.
(B) Erro de tipo evitável e erro de proibição inescusável.
(C) Tentativa e arrependimento posterior.
(D) Reincidência e violência contra a mulher.

A: incorreta. O desconhecimento da lei e a coação moral resistível têm a mesma natureza, qual seja, de circunstâncias atenuantes (art. 65, II e III, "c", do CP), incidentes na segunda fase da dosimetria da pena; **B:** correta. O erro de tipo evitável (ou inescusável), embora afaste o dolo, redundará na condenação do agente pela forma culposa do crime, se previsto em lei. Não se confunde com o erro de proibição inescusável (ou evitável), que, de acordo com o art. 21, *caput*, parte final, propiciará a redução da pena do agente de um sexto a um terço; **C:** incorreta. A tentativa (art. 14, II, do CP) e o arrependimento posterior (art. 16 do CP) são causas de diminuição de pena, incidentes na terceira fase da dosimetria da pena; **D:** incorreta. A reincidência é circunstância agravante genérica (art. 61, I, do CP). A violência contra a mulher é, também, circunstância agravante genérica (art. 61, II, "f", do CP), ambas incidentes na segunda fase da dosimetria da pena.
Gabarito "B".

(Ministério Público/GO – 2012) Com relação à individualização da pena é incorreto afirmar que:

(A) o princípio da individualização da pena consiste na exigência entre uma estreita correspondência entre a responsabilização da conduta do agente e a sanção a ser aplicada, de maneira que a pena atinja as suas finalidades de repressão e prevenção. Assim, a imposição da pena dependeria do juízo individualizado da culpabilidade do agente (censurabilidade de sua conduta);
(B) a culpabilidade prevista no artigo 59 do Código Penal não se confunde com aquela necessária para a caracterização do crime; na verdade, ela diz respeito maior reprovação que o fato ou o autor ensejam no fato concreto;
(C) conduta social diz respeito ao histórico criminal do autor. Pelo princípio constitucional da presunção de inocência, somente condenações anteriores com trânsito em julgado, que não sirva para forjar reincidência é que poderão ser consideradas em seu desfavor;
(D) na fixação da pena de multa o juiz deve atender, principalmente, à situação econômica do réu.

A: correta. De fato, deve existir uma correlação entre a censurabilidade da conduta perpetrada pelo agente e a sanção que lhe será aplicada. Inexistente referida correlação, restará afrontado o princípio da individualização da pena; **B:** correta. A culpabilidade prevista como uma das circunstâncias judiciais (art. 59 do CP) diz respeito à "intensidade de dolo" do agente, ou seja, a uma maior reprovação de sua conduta. Já a culpabilidade necessária à caracterização do crime (para os adeptos da concepção tripartida) diz respeito à somatória da imputabilidade, da potencial consciência da ilicitude e da exigibilidade de conduta diversa, que são os seus requisitos caracterizadores; **C:** incorreta, devendo ser assinalada. A conduta social do autor de um crime não se confunde com

os maus antecedentes, assim reconhecidas as condenações criminais transitadas em julgado que não configurem reincidência; **D:** correta (art. 60, *caput*, do CP).
Gabarito "C."

(Procurador da República –28º Concurso – 2015 – MPF) Em tema de sanções penais assinale a alternativa incorreta, consoante jurisprudência sumulada do STF:

(A) Admite-se a progressão de regime de cumprimento de pena ou a aplicação imediata de regime menos severo nela determinada, antes do trânsito em julgado da sentença condenatória;
(B) Impede a progressão de regime de execução da pena, fixada em sentença não transitada em julgado, o fato de o réu se encontrar em prisão especial;
(C) A opinião do julgador sobre a gravidade em abstrato do crime não constitui motivação idônea para a imposição de regime mais severo do que o permitido segundo a pena aplicada;
(D) A imposição de regime de cumprimento mais severo do que a pena aplicada permitir exige motivação idônea.

A: correta, uma vez que corresponde ao teor da Súmula 716, do STF: *Admite-se a progressão de regime de cumprimento da pena ou a aplicação imediata de regime menos severo nela determinada, antes do trânsito em julgado da sentença condenatória*; **B:** incorreta, uma vez que não reflete o entendimento consolidado na Súmula 717, do STF: *Não impede a progressão de regime de execução da pena, fixada em sentença não transitada em julgado, o fato de o réu se encontrar em prisão especial*; **C:** correta, uma vez que corresponde ao teor doa Súmula 718, do STF: *A opinião do julgador sobre a gravidade em abstrato do crime não constitui motivação idônea para a imposição de regime mais severo do que o permitido segundo a pena aplicada*; **D:** correta, já que reflete o entendimento firmado na Súmula 719, do STF: *A imposição do regime de cumprimento mais severo do que a pena aplicada permitir exige motivação idônea.*
Gabarito "B".

(Procurador da República –28º Concurso – 2015 – MPF) Em tema de sanções penais assinale a alternativa incorreta, consoante jurisprudência sumulada do STJ:

(A) É admissível a adoção do regime prisional semiaberto aos reincidentes condenados a pena igual ou inferior a quatro anos se favoráveis as circunstâncias judiciais.
(B) Fixada a pena-base no mínimo legal, é vedado o estabelecimento de regime prisional mais gravoso do que o cabível em razão da sanção imposta, com base apenas na gravidade abstrata do delito.
(C) É inadmissível a fixação de pena substitutiva (art. 44 do CP) como condição especial ao regime aberto.
(D) A falta grave interrompe o prazo para a obtenção de livramento condicional.

A: correta, uma vez que corresponde à redação da Súmula 269, do STJ: *É admissível a adoção do regime prisional semiaberto aos reincidentes condenados a pena igual ou inferior a quatro anos se favoráveis as circunstâncias judiciais*; **B:** correta, na medida em que reflete o entendimento contido na Súmula 440, do STJ: *Fixada a pena-base no mínimo legal, é vedado o estabelecimento de regime prisional mais gravoso do que o cabível em razão da sanção imposta, com base apenas na gravidade abstrata do delito*; **C:** correta. Conferir o teor da Súmula 493, do STJ: *É inadmissível a fixação de pena substitutiva (art. 44 do CP) como condição especial ao regime aberto*; **D:** incorreta, pois em desconformidade com o entendimento sufragado na Súmula 441, do STJ, que assim dispõe: *A falta grave não interrompe o prazo para a obtenção de livramento condicional.*
Gabarito "D".

14. *SURSIS*, LIVRAMENTO CONDICIONAL, REABILITAÇÃO E MEDIDAS DE SEGURANÇA

(Promotor de Justiça – MPE/MS – FAPEC – 2015) Em relação ao instituto da medida de segurança, é **correto** afirmar que:

(A) Para sua aplicação, é considerada a totalidade dos pressupostos jurídico-penais utilizados para a aplicação de uma pena.
(B) Não pode ser executada por prazo superior a trinta anos.
(C) Por não se configurar espécie de sanção penal, a medida de segurança não se submete às causas extintivas da punibilidade.
(D) A desinternação do agente submetido à medida de segurança será sempre definitiva, extinguindo-se a medida de segurança, sendo precedida de laudo que ateste a cessação da periculosidade.
(E) É aplicada por tempo indeterminado, especificando-se na sentença o prazo mínimo de sua duração, proibindo-se a realização do exame de cessação da periculosidade antes do decurso do prazo mínimo de internação.

A: incorreta. Um dos pressupostos para a aplicação da medida de segurança, que é espécie do gênero *sanção penal*, é a *periculosidade* do agente, que não tem relevância no contexto da *pena*, em que é analisada a *culpabilidade*; **B:** correta. Se levássemos em conta tão somente a redação do art. 97, § 1º, do CP, chegaríamos à conclusão de que a medida de segurança poderia ser eterna. Em vista da regra que veda as penas de caráter perpétuo, esta não é a melhor interpretação do dispositivo. Tanto que o STF firmou posicionamento no sentido de que o prazo máximo de duração da medida de segurança não pode ser superior a 30 anos (analogia ao art. 75 do CP). O STJ, por seu turno, entende que a medida de segurança deve ter por limite o máximo da pena em abstrato cominada para o crime (STJ, HC 125.342-RS, 6ª T., rel. Min. Maria Thereza de Assis Moura, j. 19.11.09). Consolidando tal entendimento, o STJ editou a Súmula 527, segundo a qual "o tempo de duração da medida de segurança não deve ultrapassar o limite máximo da pena abstratamente cominada ao delito praticado"; **C:** incorreta, na medida em que a medida de segurança, porque constitui, sim, espécie do gênero sanção penal, submete-se às causas extintivas da punibilidade (art. 96, parágrafo único, do CP); **D:** incorreta, pois não corresponde ao que estabelece o art. 97, § 3º, do CP. Com efeito, se a perícia médica, ao término do prazo mínimo estabelecido na sentença de absolvição imprópria, concluir pela cessação da periculosidade do inimputável, caberá ao juiz da execução determinar a sua *desinternação*, sempre em caráter condicional. Significa que, se o agente, no período de um ano, praticar fato indicativo de persistência de sua periculosidade, deverá retornar à situação anterior, ou seja, será, mais uma vez, internado; de outro lado, caso o agente, dentro do período de prova, nenhum fato pratique que seja indicativo de persistência de sua periculosidade, a medida de segurança será extinta em definitivo; **E:** incorreta, pois não reflete a regra presente nos arts. 97, § 2º, do CP e 176 da LEP.
Gabarito "B".

(Ministério Público/PI – 2014 – CESPE) A respeito da execução das penas e das medidas de segurança, assinale a opção correta.

(A) O cometimento de falta disciplinar de natureza grave pelo executando interrompe tanto o prazo para a obtenção da progressão de regime, quanto para fins de concessão de livramento condicional.
(B) O agente inimputável desinternado poderá ser novamente internado antes do decurso de um ano, desde que pratique conduta típica e antijurídica.

(C) Atualmente, a remissão de parte do tempo de execução da pena sob regime fechado ou semiaberto, em razão de frequência a curso de ensino formal, só é possível em virtude de construção jurisprudencial, dada a falta de expressa previsão legal acerca da matéria.

(D) A Lei de Execuções Penais autoriza o trabalho externo ao preso provisório somente em serviço ou obras públicas realizadas por órgãos da administração direta ou indireta.

(E) Segundo o STJ, é inadmissível a fixação de pena restritiva de direitos substitutiva da privativa de liberdade como condição especial ao regime aberto.

A: incorreta, pois a prática de falta disciplinar não acarreta a interrupção do prazo do livramento condicional, nem mesmo a sua revogação, a qual se dará nas hipóteses previstas nos artigos 86 e 87 do Código Penal (art. 140, da LEP). Por sua vez, o cometimento da falta grave, além de implicar a regressão do regime prisional, interrompe o prazo para a obtenção da progressão, iniciando-se um novo período aquisitivo (art. 118, I, da LEP); **B:** incorreta, pois nos termos do art. 97, § 3°, do CP, a desinternação ou a liberação serão sempre condicionais, devendo ser restabelecida a situação anterior se o agente, antes do decurso de 1 (um) ano, pratica *fato indicativo de persistência de sua periculosidade*, não sendo necessário que ele pratique novo fato típico e antijurídico; **C:** incorreta, pois com o advento da Lei n. 12.433/2011, a LEP passou a prever expressamente em seus artigos 126 e seguintes a possibilidade de o condenado remir por estudo, além do trabalho, parte do tempo de execução da pena; **D:** incorreta, pois segundo o art. 36, da LEP, o trabalho externo será admissível em serviço ou obras públicas realizadas por órgãos da Administração Direta ou Indireta, bem como em *entidades privadas*, desde que tomadas as cautelas contra a fuga e em favor da disciplina; **E:** correta, pois a alternativa está de acordo com a Súmula n. 493, do STJ, a qual dirimiu a controvérsia existente acerca da impossibilidade de o juiz fixar como condição especial ao regime aberto o cumprimento de pena restritiva de direitos, o que implicaria em permitir que o sentenciado cumprisse duas modalidades de pena pela prática de uma mesma infração penal.
Gabarito "E".

(Ministério Público/ES – 2013 – VUNESP) Com relação à medida de segurança, é correto afirmar que

(A) a decisão que decretar a internação deverá fixar o tempo determinado.

(B) no caso de réu inimputável, sendo o crime apenado com detenção, o juiz deverá aplicar o tratamento ambulatorial.

(C) tem como pressuposto o reconhecimento da prática de fato previsto como infração penal.

(D) há possibilidade de aplicar, mesmo estando extinta a punibilidade.

(E) a espécie detentiva consiste na sujeição a tratamento ambulatorial.

A: incorreta, pois a medida de segurança não possui um prazo certo de duração, persistindo até que haja necessidade do tratamento destinado à cura ou a saúde mental do inimputável. A medida de segurança apenas possui um prazo mínimo de 1 a 3 anos de internação ou tratamento ambulatorial, o qual se destina à realização do exame de cessação de periculosidade (art. 97, § 1°, do CP). Oportuno registrar que, muito embora não haja previsão legal de prazo máximo, a medida de segurança não pode ser uma sanção de caráter perpétuo, ainda que tenha por finalidade a recuperação do agente e o seu tratamento curativo. Daí haver divergência na doutrina e jurisprudência a respeito. O próprio STF entendeu que o limite máximo é o de 30 anos (STF, HC 97621/RS, 2ª Turma, Rel. Ministro Cézar Peluso, j. 02.06.2009). Por sua vez, o STJ decidiu que a duração da medida de segurança não pode ultrapassar o limite máximo da pena privativa de liberdade cominada abstratamente ao delito praticado pelo agente (STJ, HC 147.343/MG, Rel. Ministra Laurita Vaz, 5ª Turma, j. 05/.04/.2011, Inf. 468). Consolidando tal entendimento, o STJ editou a Súmula 527, segundo a qual "o tempo de duração da medida de segurança não deve ultrapassar o limite máximo da pena abstratamente cominada ao delito praticado"; **B:** incorreta, pois se o fato é punido com reclusão, o juiz deverá aplicar a medida de segurança detentiva, que consiste na internação do agente em hospital de custódia e tratamento psiquiátrico (art. 96, I, do CP). Todavia, se o fato é punido com detenção, o juiz poderá optar entre a medida de segurança detentiva (internação) ou a restritiva (tratamento ambulatorial), dependendo a escolha do grau de periculosidade do agente (art. 96, II, do CP); **C:** correta, pois a medida de segurança, por ser uma espécie de sanção penal, pressupõe a prática pelo agente de um fato típico e ilícito; **D:** incorreta, pois extinta a punibilidade, não se impõe medida de segurança, nem subsiste a que tenha sido imposta (art. 96, parágrafo único, do CP); **E:** incorreta, pois a medida de segurança detentiva consiste na internação do agente em hospital de custódia e tratamento psiquiátrico (art. 96, I, do CP).
Gabarito "C".

(Ministério Público/MT – 2012 – UFMT) Relativamente à imputabilidade penal e à aplicação de medida de segurança, de acordo com o Código Penal brasileiro, assinale a assertiva correta.

(A) A inimputabilidade constitui pressuposto do comportamento delituoso.

(B) A medida de segurança é consequência inafastável ao agente que tenha praticado fato típico penal sob o manto da inimputabilidade.

(C) O prazo máximo da medida de segurança será estipulado em consonância com o máximo da pena cominada para o crime.

(D) O agente que tenha praticado fato típico penal, mesmo sendo semi-imputável, poderá, em certos casos, ser submetido à medida de segurança.

(E) A inimputabilidade deve ser demonstrada pelo órgão acusador.

A: incorreta. A imputabilidade é requisito para o reconhecimento da culpabilidade. Ao reverso, a inimputabilidade é causa excludente da culpabilidade. Ainda, para os adeptos da concepção tripartida, a inimputabilidade afastará a própria caracterização do crime, visto que a culpabilidade é elemento que o integra; **B:** incorreta. A medida de segurança somente será aplicada para os réus declarados inimputáveis por doença mental ou desenvolvimento mental incompleto ou retardado, na forma do art. 26, *caput*, do CP, ou, ainda, para os semi-imputáveis (art. 26, parágrafo único, do CP), desde que, após perícia, seja recomendado especial tratamento curativo. Com isso, afirma-se que nem toda causa de inimputabilidade conduz à imposição de medida de segurança (ex.: inimputabilidade por menoridade – art. 27 do CP; inimputabilidade por embriaguez acidental e completa – art. 28, § 1°, do CP); **C:** incorreta. De acordo com o art. 97, § 1°, 1ª parte, do CP, o prazo da medida de segurança é indeterminado, perdurando enquanto não for averiguada, por perícia, a cessação da periculosidade. Porém, importa registrar que a posição do STF é no sentido de que o prazo máximo de duração é de 30 (trinta) anos, fazendo-se uma interpretação sistemática entre o precitado art. 97 e o art. 75, ambos do CP; **D:** correta. Como regra, a semi-imputabilidade conduzirá à redução da pena do agente de um a dois terços (art. 26, parágrafo único, do CP). Porém, se, após a perícia, constatar-se que o condenado necessita de especial tratamento curativo, a pena privativa de liberdade poderá ser substituída pela internação ou tratamento ambulatorial, conforme dispõe o art. 98 do CP; **E:** incorreta. A inimputabilidade, por ser matéria que poderá conduzir à absolvição do acusado em razão da exclusão da culpabilidade, deverá ser comprovada

pela defesa, caso alegada. Ao órgão acusatório caberá a demonstração da tipicidade e ilicitude do fato cometido pelo agente.
Gabarito "D".

(Ministério Público/MG – 2012 – CONSULPLAN) Sobre a disciplina das **medidas de segurança**, na parte geral do Código Penal, analise as seguintes afirmativas e assinale com **V** as **verdadeiras** e com **F** as **falsas**:

( ) Tratando-se de crime apenado com reclusão, cometido com violência, uma vez comprovada, pericialmente, a periculosidade do agente, impõe-se medida de segurança ainda que constatado o decurso do prazo prescricional.
( ) A desinternação, ou a liberação, possui caráter definitivo, análogo ao cumprimento da pena, devendo ser fundamentada em laudo pericial que ateste a cessação da periculosidade.
( ) Tanto para os inimputáveis quanto para os semi-imputáveis, a internação, ou tratamento ambulatorial, será por tempo indeterminado, com prazo mínimo de 1 (um) a 3 (três) anos, perdurando enquanto não for averiguada, mediante perícia médica, a cessação de periculosidade.
( ) Nos crimes apenados com reclusão, praticados por inimputável, a fixação de prazo mínimo para internação, embora não determinada pela lei, está consagrada na prática forense com base nas circunstâncias judiciais, como forma de compatibilizar a disciplina das medidas de segurança com o princípio da individualização da pena.

Assinale a alternativa que apresenta a sequência de letras **CORRETA**:

(A) (V) (V) (F) (V)
(B) (F) (F) (V) (F)
(C) (F) (V) (F) (F)
(D) (V) (F) (V) (V)

A primeira assertiva é falsa, uma vez que a imposição de medida de segurança, que é espécie de sanção penal, pressupõe que o crime cometido não tenha sido alcançado pela prescrição; a segunda assertiva é igualmente falsa, uma vez que a desinternação ou a liberação, em matéria de medida de segurança, será sempre condicional, vale dizer, deverá ser restabelecida se o agente, antes do decurso de 1 (um) ano, praticar fato indicativo da persistência de sua periculosidade (art. 97, § 3º, do CP); a terceira assertiva é verdadeira, pois, de fato, a medida de segurança é por prazo indeterminado, tendo, porém, duração mínima de 1 (um) a 3 (três) anos, mas perdurando até a cessação da periculosidade (art. 97, § 1º, do CP). Porém, é bom deixar registrado, essa não é a orientação do STF, que sustenta que a medida de segurança fica jungida ao período máximo de 30 (trinta) anos, adotando-se a mesma sistemática do art. 75 do CP (HC 84.219/SP, rel. Min. Marco Aurélio, 1ª Turma, j. 16.08.2005). Observe o candidato, porém, que o enunciado da questão foi claro, remetendo as alternativas ao regime previsto no Código Penal; a quarta assertiva é falsa, pois, como visto anteriormente, a medida de segurança terá duração mínima de 1 (um) a 3 (três) anos, devendo ser fixada pelo juiz (art. 97, § 1º, parte final, do CP).
Gabarito "B".

(Ministério Público/GO – 2012) A propósito da suspensão condicional da pena é incorreto afirmar:

(A) É incabível afirmar que o *sursis* seja pena, pois estas são claramente enumeradas no Código Penal e a suspensão é medida destinada justamente a evitar a aplicação das pena privativa de liberdade;
(B) Doutrinariamente *sursis* humanitário, também conhecido como simples, é aquele consistente na aplicação das condições de prestação de serviços à comunidade ou limitação de fim de semana, além da proibição de ausentar-se da comarca onde reside;
(C) O *habeas corpus* não é meio idôneo, em regra, para discutir a concessão de *sursis*, nem para a análise das condições estipuladas pelo juiz. Excepcionalmente poderá ser manejado o remédio constitucional, visando corrigir a imperfeição de uma decisão de forma eficaz e célere;
(D) A condenação, em sentença irrecorrível, por crime doloso é causa de revogação obrigatória da suspensão condicional da pena.

A: correta. De fato, o *sursis* não é pena, mas, ao contrário, benefício que será concedido, desde que satisfeitos os requisitos legais (arts. 77 e seguintes do CP), evitando, assim, o início da execução da pena privativa de liberdade; **B**: incorreta, devendo ser assinalada. O *sursis* humanitário (ou profilático) será aquele concedido a condenados portadores de problemas de saúde (art. 77, § 2º, do CP). Não se trata, aqui, de sinônimo de *sursis simples*, ao qual se imporá, como condições, a prestação de serviços à comunidade ou limitação de fim de semana, durante o primeiro ano do período de suspensão (art. 78, § 1º, do CP). Apenas ao *sursis especial*, cabível quando o condenado houver reparado o dano, salvo impossibilidade de fazê-lo, e se as circunstâncias judiciais lhe forem favoráveis, é que o juiz poderá substituir as condições adrede referidas por proibição de frequentar determinados lugares, *proibição de ausentar-se da comarca onde reside* e comparecimento pessoal e obrigatório a juízo, mensalmente, para informar e justificar suas atividades (art. 78, § 2º, do CP); **C**: correta. Entende-se que o *habeas corpus* é remédio constitucional que não pode se prestar para impugnar decisão judicial que não tenha concedido o *sursis*, ou, ainda, para discutir as condições legais ou judiciais impostas, pois tal demandaria análise de requisitos subjetivos que não podem ser discutidos na via estreita do *writ*. A correção de "imperfeição" de uma decisão que tenha como objeto o *sursis* deverá dar-se pela via recursal; **D**: correta (art. 81, I, do CP).
Gabarito "B".

(Ministério Público/GO – 2012) Sobre o livramento condicional é incorreto afirmar:

(A) A pena unificada para atender ao limite de trinta anos de cumprimento, determinado pelo art. 75 do Código Penal, não é considerada para a concessão do livramento condicional;
(B) É facultativa a revogação se o liberado vem a ser condenado a pena privativa de liberdade, em sentença irrecorrível por crime cometido durante a vigência do benefício;
(C) O Juiz não poderá declarar extinta a pena, enquanto não passar em julgado a sentença em processo a que responde o liberado, por crime cometido na vigência do livramento;
(D) Insubsistente é o livramento condicional em que o condenado foge do presídio após a concessão do benefício mas antes da cerimônia obrigatória determinada pelo artigo 137 da Lei de Execução Penal.

A: correta (Súmula 715 do STF). O que importa para a concessão do livramento condicional é a quantidade de pena aplicada, mesmo que superior a 30 (trinta) anos, não sendo observada, pois, a regra do art. 75 do CP; **B**: incorreta, devendo ser assinalada. Em caso de condenação a pena privativa de liberdade, em sentença irrecorrível, por crime cometido durante a vigência do benefício, o livramento condicional será obrigatoriamente revogado (art. 86, I, do CP); **C**: correta (art. 89 do CP); **D**: correta. De fato, denomina-se de insubsistente o livramento condicional concedido a condenado que foge do estabelecimento prisional depois da concessão da benesse, mas antes da aceitação das condições da cerimônia solene de que trata o art. 137 da LEP (Lei 7.210/1984).

Gabarito "B".

15. AÇÃO PENAL

(Ministério Público/PR – 2011) Sobre ação penal, assinale a alternativa correta:

(A) o princípio da obrigatoriedade, informador da modalidade de ação penal pública incondicionada, não comporta exceções em sua aplicação;
(B) a ação penal do crime de estupro, em sua forma simples (CP, art. 213, *caput*), é de natureza privada;
(C) a jurisprudência atualmente dominante do Superior Tribunal de Justiça considera a lesão corporal de natureza leve, praticada mediante violência doméstica, como delito de ação penal pública condicionada, admitindo retratação ou renúncia ao direito de representação em audiência perante o Juiz (art. 16 da Lei 11.340/2006), anteriormente ao recebimento da denúncia;
(D) os crimes previstos na Lei 10.741/2003 (Estatuto do Idoso) admitem modalidades de ação penal pública incondicionada e condicionada à representação;
(E) a renúncia expressa ao direito de queixa, manifestada pelo ofendido em relação a um dos ofensores, não impede o exercício do direito de queixa, por parte do mesmo ofendido contra os outros ofensores, relativamente ao fato comum.

A: incorreta. O princípio da obrigatoriedade (legalidade), que tem incidência na ação penal pública (condicionada ou incondicionada), prescreve que, preenchidos os requisitos legais, o Ministério Público está obrigado a propor a ação penal. Diz-se que este postulado comporta exceção (sofre mitigação) porque, no âmbito do Juizado Especial Criminal, preenchidos os requisitos contidos no art. 76 da Lei 9.099/1995, o membro do MP, no lugar de oferecer denúncia, deve propor a transação penal; **B:** incorreta. Atualmente, dadas as modificações implementadas no âmbito dos crimes sexuais pela Lei 12.015/2009, a ação penal, nesses delitos, é pública condicionada à representação, nos moldes da nova redação conferida ao art. 225, *caput*, do CP. As exceções ficam por conta dos crimes cuja vítima seja pessoa vulnerável ou menor de 18 anos, em que a ação será pública incondicionada (art. 225, parágrafo único, do CP). Aboliu-se, pois, para esses crimes, a ação penal de iniciativa privada (exclusiva); **C:** Ao tempo em que esta prova foi elaborada, o art. 16 da Lei 11.340/2006 admitia que a ofendida renunciasse a representação, desde que perante o juiz e em audiência especialmente designada para tal fim. Sucede que o STF, ao julgar procedente a ADIN 4.424, de 9/02/2012, entendeu ser incondicionada a ação penal em caso de crime de lesão corporal praticado contra a mulher no ambiente doméstico. A atuação do MP, por essa razão, prescinde da anuência da vítima. Tal entendimento encontra-se consagrado na Súmula 542, do STJ; **D:** incorreta, nos termos do art. 95 do Estatuto do Idoso; **E:** incorreta, nos termos do art. 49 do CPP.

Gabarito "C".

16. EXTINÇÃO DA PUNIBILIDADE EM GERAL

(Promotor de Justiça/SC – 2016 – MPE)

(1) As causas extintivas da punibilidade relacionadas no artigo 107 do Código Penal Brasileiro são exemplificativas, podendo serem encontradas diversas outras, tanto no mesmo ordenamento jurídico, como na legislação especial esparsa.

1: assertiva verdadeira. Com efeito, é unânime na doutrina o entendimento segundo o qual o rol contido no art. 107 do CP é exemplificativo, podendo ser encontradas, além dessas (art. 107), outras causas extintivas da punibilidade tanto no Código Penal quanto na legislação penal especial. Alguns exemplos: reparação do dano no peculato culposo (art. 312, § 3º, do CP); decurso do prazo do *sursis*, sem revogação (art. 82, CP); pagamento do tributo antes do oferecimento da denúncia (art. 34 da Lei 9.249/1995); falta de representação da vítima na Lei 9.099/1995, entre outras hipóteses.

Gabarito 1C.

(Ministério Público/MG – 2014) Não se pode deduzir o seguinte efeito da anistia:

(A) Pode ser revogada.
(B) Por não ser pessoal, a anistia do delito cometido pelo autor beneficia também os eventuais partícipes.
(C) A parte da pena cumprida até a descriminalização é considerada ao abrigo do direito vigente à época de sua execução, de modo que não se pode pedir a restituição da multa paga.
(D) Não pode ser repudiada pelo beneficiário.

A: assertiva incorreta, devendo ser assinalada. De acordo com a doutrina, considerando que a anistia é causa extintiva da punibilidade, concedida por lei federal, capaz de excluir fatos criminosos do campo de incidência do Direito Penal, inviável sua revogação. Se o Estado pratica um ato de verdadeira "clemência", não pode, posteriormente, retratar-se, revogando a lei anistiadora; **B:** assertiva correta. De fato, a anistia abrange "fatos" e não "pessoas". Logo, já que há a própria exclusão do fato criminoso, todos os eventuais autores serão beneficiados; **C:** assertiva correta. Se a anistia for concedida apenas após o trânsito em julgado da condenação, o eventual pagamento de pena de multa terá ocorrido sob a égide da legislação anterior, não sendo possível pedir-se a restituição do que se pagou. Cessará, apenas, a continuidade da execução penal; **D:** assertiva correta. A rigor, a anistia, por atingir "fatos" e não "pessoas", não poderá ser rechaçada pelo beneficiário. Contudo, em se tratando da chamada "anistia condicionada", cujos efeitos extintivos da punibilidade somente incidirão se cumpridas determinadas condições. Estas, porém, poderão ser recusadas pelo seu destinatário.

Gabarito "A".

(Ministério Público/ES – 2013 – VUNESP) No tocante à extinção da punibilidade, assinale a alternativa correta.

(A) A retratação é admitida nos crimes de calúnia, injúria e difamação.
(B) O perdão do ofendido é um ato pelo qual o querelado desiste do prosseguimento da ação penal privada.
(C) Na receptação culposa, sendo o criminoso primário, será cabível o perdão judicial.
(D) A renúncia é instituto exclusivo da ação penal privada.
(E) A prescrição não incidirá sobre os crimes de terrorismo e tortura.

A: incorreta, pois a retratação não é admitida no crime de injúria. Assim, o querelado que, antes da sentença, se retrata cabalmente da calúnia ou da difamação, fica isento de pena (art. 143, do CP), extinguindo-se a punibilidade (art. 107, VI, do CP). Todavia, se a retratação ocorrer em fase recursal, após a prolação da sentença condenatória, poderá ser aplicada uma circunstância atenuante (art. 65, III, "b", do CP); **B:** incorreta, pois o perdão do ofendido é o ato pelo qual o querelante desiste do prosseguimento da ação penal privada (art. 105, do CP). Cumpre salientar que o perdão judicial é um ato bilateral, depende da aceitação do querelado, sendo que se concedido a um dos querelados, aproveitará a todos, sem que produza, todavia, efeito em relação ao que o recusar (art. 51, do CPP); **C:** correta, pois, de fato, nos termos do art. 180, § 5º, 1ª parte, do CP, sendo o réu primário, o juiz poderá, levando em consideração as circunstâncias, deixar de aplicar a pena. Oportuno frisar que o perdão judicial está previsto no art. 107, IX, do CP como uma das formas de extinção da punibilidade; **D:** incorreta. De fato, em regra, a renúncia – ato unilateral pelo qual se efetua a desistência do direito de ação pela vítima – ocorre na ação penal exclusivamente privada e na ação penal privada personalíssima, mas não na subsidiária da pública. Todavia, excepcionalmente, admite-se a renúncia tácita na ação penal pública condicionada à representação, de competência do Juizado Especial Criminal, quando houver composição civil entre o autor do fato e a vítima, extinguindo-se a punibilidade do agente (art. 74, parágrafo único, da Lei n. 9.099/1995); **E:** incorreta, pois os únicos crimes imprescritíveis são: 1) racismo (art. 5º, XLII, CF e Lei n. 7.716/1989); e 2) ação de grupos armados, civis e militares, contra a ordem constitucional e o Estado Democrático (art. 5º, XLIV). Ressalte-se que, muito embora prevaleça o entendimento doutrinário de que a legislação ordinária não pode criar outras hipóteses de imprescritibilidade, o STF já decidiu em sentido contrário (RE 460.971/RS, Rel. Ministro Sepúlveda Pertence, 1ª Turma, j. 13.02.2007).

Gabarito "C".

(Ministério Público/MG – 2013) São situações especificamente previstas em lei que permitem o perdão judicial, **EXCETO**:

(A) "Lavagem" ou ocultação de bens, direitos e valores, caso o autor, coautor ou partícipe colaborar espontaneamente com as autoridades, prestando esclarecimentos que conduzam à apuração das infrações penais e de sua autoria ou à localização dos bens, direitos ou valores objeto do crime.
(B) Guarda doméstica de espécie silvestre não considerada ameaçada de extinção, considerando as circunstâncias do caso.
(C) Receptação imprópria, caso seja o autor primário e conforme as circunstâncias do caso.
(D) Injúria, quando o ofendido, de forma reprovável, provocou-a diretamente.

A: incorreta. Na Lei 9.613/1998, admite-se o perdão judicial, nos termos de seu art. 1º, § 5º (*"A pena poderá ser reduzida de um a dois terços e ser cumprida em regime aberto ou semiaberto, facultando-se ao juiz deixar de aplicá-la ou substituí-la, a qualquer tempo, por pena restritiva de direitos, se o autor, coautor ou partícipe colaborar espontaneamente com as autoridades, prestando esclarecimentos que conduzam à apuração das infrações penais, à identificação dos autores, coautores e partícipes, ou à localização dos bens, direitos ou valores objeto do crime"*); **B:** incorreta, pois será admissível o perdão judicial pelo art. 29, § 2º, da Lei 9.605/1998, no caso de guarda doméstica de espécie silvestre não considerada ameaçada de extinção, levadas em consideração as circunstâncias do caso; **C:** correta. De fato, para a receptação imprópria (art. 180, *caput*, do CP – influir para que terceiro de boa-fé adquira, receba ou oculta coisa que sabe ser produto de crime), não há previsão de perdão judicial, admissível apenas no caso de receptação culposa, e desde que o criminoso seja primário, levadas em consideração as circunstâncias do caso (art. 180, § 5º, CP); **D:** incorreta, pois será admissível o perdão judicial caso o ofendido, de forma reprovável, tiver provocado diretamente a injúria (art. 140, § 1º, I, CP).

Gabarito "C".

(Ministério Público/SP – 2013 – PGMP) Anistia decorre de lei e é causa de extinção da punibilidade pela renúncia ao direito de punir por parte do Estado que, assim, promove o "esquecimento" da prática da infração penal, em prol da pacificação social ou política. Qual dos itens abaixo NÃO representa classificação de anistia para a doutrina?

(A) Própria ou imprópria.
(B) Geral ou parcial.
(C) Condicional ou incondicional.
(D) Restrita ou irrestrita.

(E) Obrigatória ou facultativa.

De acordo com a doutrina, a anistia, causa de extinção da punibilidade prevista no art. 107, II, primeira figura, do CP, é classificada da seguinte forma: a) anistia *especial* (atinge crimes políticos) ou *comum* (incidente sobre os crimes não políticos); b) anistia *própria* (concedida antes do trânsito em julgado) ou *imprópria* (concedida após o trânsito em julgado da sentença); c) anistia *condicionada* (quando a lei anistiadora impuser algum encargo ao agente) ou *incondicionada* (quando nada exigir do criminoso para produzir efeitos); d) anistia *geral*, ou absoluta, ou *irrestrita* (quando concedida em termos gerais, atingindo indistintamente todos os criminosos) ou *parcial*, ou relativa, ou *restrita* (quando houver exceções entre crimes ou pessoas, exigindo-se determinadas condições, como, por exemplo, a primariedade). Portanto, apenas a alternativa "E" não traz espécies de anistia de acordo com a doutrina.

Gabarito "E".

(Ministério Público/RR – 2012 – CESPE) No que tange à punibilidade, às causas de extinção da punibilidade e às escusas absolutórias, assinale a opção correta à luz da legislação, da doutrina e da jurisprudência.

(A) As condições objetivas de punibilidade, acontecimentos futuros e incertos, são estruturadas de forma positiva, e a sua ausência não exclui a punibilidade do delito em relação aos demais coautores.
(B) As escusas absolutórias excluem a imposição de pena, são estruturadas de modo negativo e não se comunicam aos eventuais partícipes que não apresentem as características personalíssimas exigidas na lei penal.
(C) As escusas absolutórias estão previstas em rol exemplificativo tanto na parte geral quanto na parte especial do CP, ficando o seu reconhecimento e aplicação, assim como ocorre com o perdão judicial, ao prudente critério do juiz ao decidir o caso concreto.
(D) Admite-se a incidência das escusas absolutórias nos delitos contra o patrimônio e contra a pessoa, desde que praticados, sem violência ou grave ameaça, em prejuízo dos sujeitos consignados na norma penal.
(E) As escusas absolutórias são causas expressas de extinção da punibilidade previstas no CP.

A: incorreta. As condições objetivas de punibilidade, de acordo com a doutrina, são, de fato, acontecimentos futuros e incertos, cujo implemento possibilitará a punibilidade do delito. Ausentes as condições, excluída estará a punibilidade para todos os supostos concorrentes do crime. Afinal, trata-se de elementos objetivos, que a todos se estendem; **B:** correta. As escusas absolutórias são causas de imunidade penal absoluta, de caráter subjetivo, razão pela qual não se comunicam aos eventuais concorrentes (coautores ou partícipes) que não ostentem as condições pessoais exigidas na lei. São, de fato, de caráter negativo, ou seja, somente haverá punibilidade pelo fato se as situações descritas na lei não estiverem presentes (ex.: somente responderá por furto o agente que não houver subtraído dinheiro de seu pai, desde que este não seja idoso – art. 181, II, c.c. art. 183, III, do CP); **C:** incorreta. As escusas absolutórias não podem ser aplicadas ao prudente arbítrio do juiz, que somente poderá reconhecê-las diante de expressa previsão legal (tal como ocorre com o perdão judicial, que é causa de extinção da punibilidade – art. 107, IX, do CP); **D:** incorreta. As escusas absolutórias, definidas no art. 181 do CP, são aplicáveis apenas aos crimes contra o patrimônio (arts. 155 a 180 do CP), e não aos crimes contra a pessoa (arts. 121 a 154, todos do CP); **E:** incorreta. As escusas absolutórias não são causas de extinção da punibilidade, mas, sim, imunidades penais absolutas de caráter pessoal.

Gabarito "B".

(Ministério Público/MT – 2012 – UFMT) Consoante entendimento do Superior Tribunal de Justiça, a sentença concessiva do perdão judicial é:

(A) Condenatória, com todas as consequências secundárias.
(B) Absolutória.
(C) Condenatória, mas livra o réu das consequências secundárias.
(D) Declaratória da extinção da punibilidade, não subsistindo qualquer efeito condenatório.
(E) Absolutória, mas sem excluir os efeitos civis.

De fato, a sentença concessiva do perdão judicial, consoante a Súmula 18 do STJ, é declaratória de extinção da punibilidade, não subsistindo qualquer efeito condenatório.
Gabarito "D".

(Ministério Público/MG – 2012 – CONSULPLAN) NÃO admite perdão judicial:

(A) a lesão corporal culposa causada na direção de veículo automotor.
(B) a utilização de meio de transporte sem recursos para efetuar o pagamento.
(C) a guarda doméstica de pássaro silvestre cuja espécie não é considerada ameaçada de extinção.
(D) a retorsão imediata à difamação, que consista em outra difamação.

A: incorreta. A despeito de o art. 303 do CTB (Lei 9.503/1997) não tratar, especificamente, do perdão judicial em caso de lesão corporal culposa, o art. 291 do referido diploma legal preconiza que aos crimes cometidos na direção de veículo automotor aplicam-se as normas gerais do Código Penal caso não haja disposição em sentido contrário. Muito embora o perdão judicial tratado no art. 107, IX, do CP exija previsão legal que o admita, é bem verdade que o precitado art. 303 do CTB é verdadeiro "tipo remetido", já que traz a seguinte redação típica: "*praticar homicídio culposo na direção de veículo automotor*". Assim, se o "homicídio culposo" é aquele tratado no art. 121, § 3º, do CP, que permite o perdão judicial, pela mesma razão a causa extintiva da punibilidade em comento será admissível para o homicídio culposo de trânsito; **B:** incorreta (art. 176, parágrafo único, do CP); **C:** incorreta (art. 29, § 2º, da Lei 9.605/1998); **D:** correta, pois, de fato, não se admite o perdão judicial na retorsão imediata à difamação que consista em outra difamação, mas, sim, a retorsão imediata à injúria, que consista em outra injúria (art. 140, § 1º, II, do CP).
Gabarito "D".

17. PRESCRIÇÃO

(Promotor de Justiça/SC – 2016 – MPE)

(1) Segundo entendimento do Superior Tribunal de Justiça, é correto afirmar que a pronúncia é causa interruptiva da prescrição, ainda que o Tribunal do Júri venha a desclassificar o crime de homicídio qualificado para homicídio culposo.

1: assertiva verdadeira, pois em conformidade com o entendimento consolidado na Súmula 191, do STJ: *A pronúncia é causa interruptiva da prescrição, ainda que o Tribunal do Júri venha a desclassificar o crime*.
Gabarito 1C

(Procurador de Justiça – MPE/GO – 2016) A prescrição da pretensão punitiva com fundamento em pena hipotética, independentemente da existência ou sorte do processo penal é:

(A) Inadmissível conforme entendimento sumulado do STF.
(B) Admissível conforme entendimento majoritário do STJ, embora não sumulado.
(C) Inadmissível conforme entendimento sumulado do STJ.
(D) Admissível conforme entendimento majoritário do STF, embora não sumulado.

A questão trata da chamada prescrição *antecipada* ou *virtual*, que é aquela baseada na pena que seria, em tese, aplicada ao réu em caso de condenação. Grande parte da jurisprudência rechaça tal modalidade de prescrição, na medida em que implica verdadeiro prejulgamento (o juiz estaria utilizando-se de uma pena ainda não aplicada). O STJ, consagrando tal entendimento, editou a Súmula 438: *É inadmissível a extinção da punibilidade pela prescrição da pretensão punitiva com fundamento em pena hipotética, independentemente da existência ou sorte do processo penal*.
Gabarito "C".

(Ministério Público/GO – 2013) Ensina Damásio de Jesus, citado por Rogério Greco, que "a prescrição, em face de nossa legislação penal, tem tríplice fundamento: 1º) o decurso do tempo (teoria do esquecimento do fato); 2º) a correção do condenado; e 3º) a negligência da autoridade" (*Código Penal Comentado*, 6ª edição). Sobre a prescrição, é correto dizer que:

(A) nos Tribunais Superiores admite-se, pacificamente, a extinção da punibilidade em virtude de prescrição da pretensão punitiva com base em previsão da pena que hipoteticamente seria aplicada, independentemente da existência ou sorte do processo criminal.
(B) não é passível de prescrição a pretensão punitiva ou executória se derivada da prática de crimes de racismo, de redução à condição análoga à de escravo, ou de crimes consistentes em ação de grupos armados, civis ou militares, contra a ordem constitucional e o Estado Democrático.
(C) a prescrição superveniente ou intercorrente atinge a pretensão punitiva do Estado, é contada a partir da publicação da sentença ou acórdão condenatórios recorríveis, tomando por base o trânsito em julgado para a acusação ou o improvimento do seu recurso, e regula-se pela pena aplicada.
(D) a prescrição no caso de evasão do condenado ou de revogação do livramento condicional é regulada pelo tempo total da pena imposta.

A: incorreta. Ao contrário do contido na assertiva, a Súmula 438 do STJ dispõe que "*é inadmissível a extinção da punibilidade pela prescrição da pretensão punitiva com fundamento em pena hipotética, independentemente da existência ou sorte do processo penal*". Trata-se da vedação ao reconhecimento da prescrição virtual, também conhecida como prescrição em perspectiva; **B:** incorreta. De acordo com a CF, são imprescritíveis apenas o racismo (art. 5º, XLII) e a ação de grupos armados, civis ou militares, contra a ordem constitucional e o Estado Democrático (art. 5º, XLIV). Já o crime definido no art. 149 do CP (redução à condição análoga à de escravo) não é considerado imprescritível; **C:** correta. De fato, a prescrição superveniente ou intercorrente, que é aquela que se verifica após a publicação da sentença ou acórdão condenatório recorríveis, baseia-se na pena aplicada, tendo como pressuposto o trânsito em julgado da acusação ou o improvimento de seu recurso (art. 110, § 1º, CP); **D:** incorreta. Em caso de evasão do condenado ou de revogação do livramento condicional, a prescrição é regulada pelo tempo que resta da pena (art. 113, CP).
Gabarito "C".

3. DIREITO PENAL

(Ministério Público/MG – 2013) Considere a seguinte situação: Um jovem nascido em 1985, reincidente na prática delitiva, foi denunciado por furto, em sua figura básica, no dia 8 de outubro de 2007, por fato cometido em 15 de agosto de 2005. A denúncia foi recebida em 22 de outubro de 2007 e, em 18 de agosto de 2009, foi publicada decisão condenatória, que aplicou ao acusado a pena de 1 (um) ano de reclusão e 10 (dez) dias-multa, na fração diária mínima, sem que recurso houvesse por qualquer das partes. Levando-se em conta que, logo após a intimação da decisão condenatória, ocorrida em 20 de agosto de 2009, o sentenciado empreendeu fuga, assinale a alternativa *correta*. Para tanto, o candidato deverá levar em conta que o trânsito em julgado para a acusação ocorreu em 9 de setembro de 2009 e na data de 23 de abril de 2013 o acusado foi capturado em razão da existência de mandado de prisão em aberto.

(A) Deverá ser reconhecida a prescrição retroativa, considerando-se o lapso temporal transcorrido entre a data do fato e a do recebimento da denúncia.
(B) Uma vez não ocorrida a prescrição da pretensão punitiva do Estado, deverá ser reconhecida a prescrição da pretensão executória estatal.
(C) Uma vez não ocorrida qualquer prescrição, deverá o sentenciado cumprir a pena que lhe foi imposta.
(D) Deverá ser reconhecida a prescrição intercorrente.

Para a resposta à questão, bastaria ao candidato atentar-se para o seguinte: o fato foi praticado pelo agente em 15.08.2005, ocasião em que ainda era menor de 21 (vinte e um) anos, visto que nascido em 1985. Portanto, aplicável o disposto no art. 115 do CP (a prescrição é reduzida pela metade se o fato é praticado por menor de 21 anos e maior de 70 anos). Pois bem. A condenação foi à pena de 1 (um) ano de reclusão, que, nos termos do art. 109, V, do CP, prescreverá em 4 (quatro) anos. Entre a data do fato (15.08.2005) e o recebimento da denúncia (22.10.2007), transcorreu prazo superior a 2 (dois) anos. Considerando que o agente, ao tempo do crime, era menor de 21 anos, o prazo prescricional deve ser computado pela metade. Logo, no caso apresentado no enunciado, operou-se a prescrição retroativa. Importante destacar ao candidato que, com o advento da Lei 12.234/2010, referida espécie de prescrição da pretensão punitiva não mais pode ser reconhecida em momento anterior à denúncia ou queixa (art. 110, § 1º, CP). Todavia, tal disposição penal, por ser prejudicial, tem caráter irretroativo, não podendo alcançar o fato praticado pelo agente, que ocorreu antes do início de vigência de referida lei alteradora.
Gabarito "A".

(Ministério Público/SP – 2013 – PGMP) Assinale a alternativa que segue a Jurisprudência da Suprema Corte sobre a prescrição.

(A) É inadmissível a prescrição em perspectiva ou virtual, fundada na futura e incerta pena a ser aplicada, à míngua de previsão legal.
(B) Se o sentenciado está evadido, suspende-se o curso da prescrição da pretensão executória, a qual é calculada pelo tempo que resta da pena a cumprir e deve ter seu curso reiniciado quando da captura.
(C) A prescrição intercorrente é calculada com base no montante imposto na sentença e extingue a pena aplicada em concreto, remanescendo os demais efeitos da condenação.
(D) É irrelevante para a contagem da prescrição da pretensão punitiva o fato de o delito ter sido tentado, em face da teoria subjetiva ou voluntarística.
(E) No crime continuado, a prescrição retroativa é calculada com base em cada pena concreta para cada delito, observado o acréscimo pela continuidade, devendo os períodos ser medidos, dentre os seguintes marcos: data do fato, data do oferecimento da denúncia e data da publicação da sentença condenatória.

A: correta. De fato, o STF, assim como o STJ, rechaçam a prescrição virtual ou em perspectiva, à míngua de previsão legal. Confira-se a ementa de julgamento do HC 102.439/MT, da relatoria do Min. Gilmar Mendes (j. em 11/12/2012): "1. Habeas corpus. 2. *Redução à condição análoga à de escravo – CP 149, caput e § 2º, I. 3. Alegações de falta de justa causa e reconhecimento da prescrição antecipada. Não ocorrência e inadmissibilidade. 4. Satisfeitos os requisitos do CPP 41 e não comprovadas, de plano, atipicidade, incidência de causa extintiva de punibilidade ou ausência de indícios de autoria e materialidade, inviável trancar-se a ação penal. Inadmissível a prescrição punitiva em perspectiva, projetada, virtual ou antecipada à míngua de previsão legal. Jurisprudência reafirmada no RE 602.527/RS. 5. Precedentes. 6. Ordem denegada*"; **B:** incorreta, pois a evasão de sentenciado pela prática de infração penal não constitui causa suspensiva ou impeditiva da prescrição (art. 116 do CP). Contudo, frise-se, a recaptura do sentenciado caracteriza causa interruptiva da prescrição executória, nos termos do art. 117, V, do CP; **C:** incorreta, pois a prescrição intercorrente, modalidade de prescrição da pretensão punitiva, afasta todos os efeitos da condenação, tendo o condão de, na prática, "rescindir" a condenação e, por conseguinte, todos os seus efeitos (penais e extrapenais); **D:** incorreta. A tentativa (art. 14, II e parágrafo único, do CP), por se tratar de causa obrigatória de diminuição de pena, deverá, sim, ser levada em consideração para a contagem da prescrição da pretensão punitiva, utilizando-se a menor redução (um terço, no caso); **E:** incorreta. De fato, no concurso de crimes (material, formal ou continuado), a prescrição atingirá a pena de cada crime, isoladamente, nos termos do art. 119 do CP, não se levando em consideração o aumento imposto nos artigos 70 (concurso formal) e 71 (continuidade delitiva), ambos do CP. É o que enuncia, inclusive, a Súmula 497 do STF ("*quando se tratar de crime continuado, a prescrição regula-se pela pena imposta na sentença, não se computando o acréscimo decorrente da continuação*").
Gabarito "A".

(Ministério Público/MG – 2012 – CONSULPLAN) Considerando a atual disciplina legal da **prescrição**, analise as seguintes proposições e assinale com **V** as **verdadeiras** e com **F** as **falsas**.

( ) Em relação à infração do art. 28 da Lei n. 11.343/2006 (posse, para consumo pessoal, de droga proibida), para a qual não se comina pena privativa de liberdade, o prazo prescricional é de 02 (dois) anos.
( ) É impossível requerer o arquivamento de inquérito policial com base na prescrição da pretensão punitiva pela pena em perspectiva.
( ) Diversamente do que ocorre com as circunstâncias que reduzem o prazo prescricional, a hipótese de aumento se aplica apenas à prescrição que ocorre depois de sentença condenatória definitiva.
( ) Nos crimes conexos, a extinção da punibilidade pela prescrição de um deles impede, quanto aos outros, a agravação da pena resultante da conexão.

Assinale a alternativa que apresenta a sequência de letras **CORRETA**:

(A) (V) (V) (V) (F)
(B) (F) (F) (F) (V)
(C) (F) (V) (V) (F)
(D) (V) (F) (F) (V)

A primeira assertiva é verdadeira, pois, de fato, a prescrição do crime de porte de drogas para consumo pessoal, definido no art. 28 da Lei 11.343/2006, é de dois anos, consoante art. 30 do mesmo diploma legal; a segunda assertiva é, também, verdadeira. De acordo com a Súmula 438 do STJ, é inadmissível o reconhecimento da prescrição com base em pena hipotética (prescrição virtual ou prescrição em perspectiva). Logo, não se pode requerer o arquivamento do inquérito policial sob o pretexto de que o indicado é primário e, decerto, condenado à pena mínima, o decurso do tempo entre o crime até a presente data redundaria, fatalmente, no reconhecimento da prescrição retroativa. A vedação contida na súmula referida ganhou força com o advento da nova redação que foi dada ao art. 110, § 1º, do CP pela Lei 12.234/2010, que vedou o reconhecimento da prescrição em data anterior à denúncia ou queixa; a terceira assertiva é verdadeira, pois está de acordo com o art. 110, *caput*, parte final (a reincidência tem o condão de aumentar o prazo da prescrição executória em um terço); a quarta assertiva é falsa, pois em descompasso com o disposto no art. 108, segunda parte, do CP.

Gabarito "A".

(Ministério Público/GO – 2012) Analise as seguintes assertivas a propósito da prescrição da pretensão punitiva:

I. A prescrição é interrompida na data do oferecimento da denúncia ou da queixa;

II. prescrição retroativa é a perda do direito de punir do Estado, considerando-se a pena concreta estabelecida pelo juiz, com trânsito em julgado para a acusação, bem como levando-se em conta a própria sentença;

III. prescrição intercorrente (subsequente ou superveniente) é a perda do direito de punir do Estado, levando-se em consideração pena concreta, com trânsito em julgado para a acusação, ou improvido seu recurso, cujo lapso temporal para a contagem tem início na data da sentença e segue até o trânsito em julgado desta para a defesa;

IV. A suspensão condicional do processo, previsto na Lei dos Juizados Especiais, é causa interruptiva da prescrição da pretensão punitiva;

V. os prazos para efeito de cálculo da prescrição em relação às penas restritivas de direitos são reduzidos à metade em relação aos previstos para as penas privativas de liberdade.

Está correto apenas o que se afirma em:

(A) I e III.
(B) II e IIII.
(C) II e IV.
(D) III e IV.

I: incorreta. O que interrompe a prescrição é o recebimento da denúncia ou queixa (art. 117, I, do CP); II: correta, pois, de fato, a prescrição retroativa é aquela que se baseia em uma pena concretamente fixada, desde que já tenha havido o trânsito em julgado para a acusação ou o improvimento de eventual recurso dirigido contra a dosimetria da pena (art. 110, § 1º, do CP). A contagem da prescrição retroativa faz-se, como o nome sugere, "da sentença para trás", tendo, lembre-se, como pressuposto, o trânsito em julgado para a acusação; III: correta. A prescrição superveniente ou intercorrente é espécie de prescrição da pretensão punitiva estatal, tendo por pressuposto uma pena concretamente fixada, cuja contagem será feita "da sentença para a frente", sendo, porém, indispensável trânsito em julgado para a acusação; IV: incorreta. A suspensão condicional do processo (*sursis* processual) terá o condão de suspender o curso da prescrição (art. 89, § 6º, da Lei 9.099/1995); V: incorreta, pois a prescrição das penas restritivas de direitos ocorrerá no mesmo prazo previsto para as privativas de liberdade (art. 109, parágrafo único, do CP).

Gabarito "B".

(Procurador da República –28º Concurso – 2015 – MPF) Tendo em vista decisão recente do STF em matéria de prescrição, assinale a alternativa incorreta:

(A) É constitucional o art. 110, § 1º, do CP na redação dada pela Lei n. 12.234, de 2010;
(B) A diferença entre a prescrição retroativa e a intercorrente reside no fato de esta ocorrer entre a publicação da sentença condenatória e o trânsito em julgado para a defesa; e aquela é contada da publicação da decisão condenatória para trás;
(C) A prescrição, depois da sentença condenatória com trânsito em julgado para a acusação ou depois de improvido seu recurso, é regulada pela pena aplicada, e não pode ter por termo inicial data anterior à da denúncia ou queixa;
(D) Só podem ser considerados imprescritíveis os crimes assim declarados na Constituição de 1988.

A: correta. Nesse sentido: "(...) É constitucional, portanto, o art. 110, § 1º, do Código Penal, com a redação dada pela Lei nº 12.234/2010" (HC 122694, Relator(a): Min. DIAS TOFFOLI, Tribunal Pleno, julgado em 10.12.2014, PROCESSO ELETRÔNICO DJe-032 DIVULG 18.02.2015 PUBLIC 19.02.2015); **B:** correta. *Prescrição intercorrente* (subsequente ou superveniente) é a perda do direito de punir do Estado, com base na pena concreta, com trânsito em julgado para a acusação, ou improvido seu recurso, cujo interregno para a contagem tem como marco inicial a publicação da sentença condenatória recorrível e vai até o trânsito em julgado desta para a defesa; a *prescrição retroativa*, por sua vez, conforme a denominação sugere, é contada da sentença ou acórdão condenatório para trás; **C:** correta, pois reflete a regra presente no art. 110, § 1º, do CP; **D:** incorreta. A questão é polêmica. De fato, já entendeu o STF, por meio de sua 1ª Turma, que o rol presente no art. 5º, XLII e XLIV, da CF, que estabelece as hipóteses de imprescritibilidade, é exemplificativo, podendo o legislador ordinário, bem por isso, criar novas hipóteses de imprescritibilidade. Conferir: "(...) Ademais, a Constituição Federal se limita, no art. 5º, XLII e XLIV, a excluir os crimes que enumera da incidência material das regras da prescrição, sem proibir, em tese, que a legislação ordinária criasse outras hipóteses" (RE 460971, Relator(a): Min. SEPÚLVEDA PERTENCE, Primeira Turma, julgado em 13.02.2007, DJ 30.03). Já o STJ e também a maior parte da doutrina não compartilham desse entendimento. Tanto é assim que esta Corte Superior de Justiça, com o propósito de evitar a criação de uma nova modalidade de imprescritibilidade, editou a Súmula 415, segundo a qual "O período de suspensão do prazo prescricional é regulado pelo máximo da pena cominada".

Gabarito "D".

(Procurador da República – 26.º) Assinale a alternativa incorreta:

(A) o art. 110 do CP permite a prescrição em perspectiva;
(B) no estelionato de rendas o termo inicial da prescrição da pretensão punitiva pode ser diferente para o despachante e para o(a) segurado(a);
(C) consoante alguns autores a lei permite a prescrição retroativa entre a data do recebimento da denúncia ou queixa e da publicação da sentença ou acórdão condenatório recorrível;
(D) consoante interpretação literal do art. 112 do CP, o termo inicial da prescrição da pretensão executória tem início com o trânsito em julgado da sentença para a acusação ainda que a defesa tenha interposto apelação.

A: incorreta (devendo ser assinalada). O art. 110 do CP permite a prescrição da pretensão punitiva retroativa e superveniente, mas não a virtual (ou antecipada, ou em perspectiva). Inclusive, o STJ, ao editar

a Súmula 438, consolidando sua jurisprudência (e também a do STF), vedou o reconhecimento da prescrição com fundamento em pena hipotética; **B:** correta. De fato, no estelionato previdenciário (art. 171, § 3.º, do CP), também chamado de "estelionato de rendas", a consumação dependerá do sujeito ativo, influenciando, portanto, o termo inicial de contagem da prescrição. Se praticado por funcionário público, no exercício das funções, entende-se ser um crime instantâneo de efeitos permanentes, consumando-se no momento do recebimento da primeira prestação do benefício indevido, fluindo, a partir daí, a prescrição (STF, HC 107.854-SP). Já se o crime em comento for perpetrado por particular (beneficiário), o crime será permanente, consumando-se com a cessação da permanência, ou seja, com o término do recebimento das prestações do benefício (STJ, HC 216.986/AC). A partir daí começará a fluir o prazo prescricional; **C:** correta. De fato, a prescrição retroativa, a despeito das alterações promovidas ao art. 110 do CP pela Lei 12.234/2010, continua a existir, mas somente poderá ser reconhecida entre o recebimento da denúncia ou queixa e a publicação da sentença ou acórdão condenatório recorríveis. É o que se dessume do art. 110, § 1.º, do CP. Não se admite, a partir de referida lei, o reconhecimento da prescrição retroativa em data anterior à denúncia ou queixa (leia-se: recebimento); **D:** correta. De fato, é essa a interpretação literal que se extrai do art. 112, I, do CP. Todavia, a regra, apesar de benéfica ao réu, se interpretada literalmente, afigura-se contraditória. Como será possível iniciar a fluência da prescrição da pretensão executória, que pressupõe o trânsito em julgado da sentença penal condenatória, se tiver havido recurso da defesa? No entanto, predomina o entendimento de que, embora o pressuposto da referida espécie de prescrição seja o trânsito em julgado para ambas as partes (acusação e defesa), o termo inicial retroagirá ao trânsito em julgado para a acusação.
Gabarito "A".

18. CRIMES CONTRA A PESSOA

(Promotor de Justiça/SC – 2016 – MPE)

(1) Se o homicídio é cometido com emprego de asfixia ele é considerado qualificado. Entretanto, a doutrina e jurisprudência predominante em nosso país entendem que somente se aplica nos casos de asfixia mecânica, não incidindo tal regra (majorante legal) nos casos de asfixia tóxica.

1: incorreta. Isso porque, segundo entendimento doutrinário e jurisprudencial pacífico, a *asfixia*, como meio de execução do crime de homicídio, então prevista no art. 121, § 2º, III, do CP, tanto pode ser *mecânica* quanto *tóxica*. Nesse sentido, conferir o magistério de Guilherme de Souza Nucci, ao discorrer sobre conceito de asfixia: *trata-se da supressão da respiração, que se origina de um processo mecânico ou tóxico. São exemplos: o estrangulamento (compressão do pescoço por um laço conduzido por força que pode ser a do agente agressor ou de outra fonte, exceto o peso do corpo do ofendido), o enforcamento (compressão do pescoço por um laço, causada pelo peso do próprio corpo da vítima), a esganadura (é o aperto do pescoço provocado pelo agente agressor diretamente, valendo-se das mãos, perna ou antebraço), o afogamento (trata-se da inspiração de líquido, estando ou não imerso) e o uso de gases ou drogas asfixiantes, entre outros (Código Penal Comentado, 13ª ed. São Paulo: RT, 2013. p. 649).*
Gabarito 1E

(Promotor de Justiça/SC – 2016 – MPE)

(1) Responde pela prática do crime de injúria racial, disposto no § 3º do artigo 140 do Código Penal Brasileiro e não pelo artigo 20 da Lei 7.716/1989 (Discriminação Racial) pessoa que ofende uma só pessoa, chamando-lhe de macaco e negro sujo.

1: correta. De fato, ao xingar alguém de "macaco e negro sujo", aquele que o fizer deverá ser responsabilizado pelo crime de injúria racial, na medida em que a ofensa proferida à honra subjetiva da vítima fez referência à cor de sua pele. Cuida-se do crime capitulado no art. 140, § 3º, do CP, que não deve ser confundido com o crime de racismo, este previsto no art. 20 da Lei 7.716/1989. Tal como ocorre com o crime de injúria simples, a injúria qualificada em razão da utilização de elementos relativos à cor da pele pressupõe que a ofensa seja dirigida a pessoa determinada ou, ao menos, a um grupo determinado de pessoas. Já no delito de racismo, diferentemente, a ofensa não é só dirigida à vítima concreta, mas também e sobretudo a todas as pessoas negras. Pressupõe, assim, uma espécie de segregação social em razão da cor da pele. A ação penal no crime do art. 140, § 3º, do CP, é importante que se diga, é pública condicionada à representação. Antes, a ação penal, neste crime, era de iniciativa privativa do ofendido. Esta mudança se deu por força da Lei 12.033/2009, que modificou a redação do parágrafo único do art. 145 do CP.
Gabarito 1C

(Promotor de Justiça/SC – 2016 – MPE)

(1) As circunstâncias que qualificam o crime de homicídio são classificadas doutrinariamente de forma majoritária em objetivas, descritas nos incisos III e IV, e subjetivas, estas inseridas nos incisos I, II e V do tipo penal.

1: correta. *Subjetivas*, no contexto do crime de homicídio, são as qualificadoras jungidas ao *motivo* do crime. Estão previstas, tal como acima afirmado, no art. 121, § 2º, I (motivo torpe), II (motivo fútil) e V (qualificadora por conexão), do CP; as demais modalidades de qualificadora do homicídio, que são de ordem *objetiva* (porque não ligadas à motivação do crime) e estão previstas no art. 121,§ 2º, III e IV, dizem respeito, respectivamente, aos *meios* empregados no cometimento do crime (veneno, fogo, asfixia, entre outros) e ao *modo* de executá-lo (traição, emboscada etc.).
Gabarito 1C

(Promotor de Justiça – MPE/BA – CEFET – 2015) Miquelino Boa Morte, em razão de motivo abjeto, praticou delito de homicídio contra Angelino Boa Vida. Para tanto, Miquelino misturou, na presença e sob a ciência de Angelino, em um recipiente, água e substância venenosa, obrigando, sem possibilidade de reação, sua vítima a ingerir tal substância, conduta que ocasionou, após sofrimento do envenenado, o seu óbito.

Miquelino Boa Morte praticou:

(A) Homicídio duplamente qualificado por motivo torpe e com emprego de veneno.

(B) Homicídio duplamente qualificado por motivo torpe e mediante recurso que tornou impossível a defesa do ofendido.

(C) Homicídio duplamente qualificado por motivo fútil e com emprego de veneno.

(D) Homicídio duplamente qualificado por motivo fútil e mediante recurso que tornou impossível a defesa do ofendido.

(E) As alternativas, "a", "b", "c" e "d" são incorretas.

Prevalece na doutrina e também na jurisprudência o entendimento segundo o qual a qualificadora do emprego de veneno (art. 121, § 2º, III, do CP), que a doutrina convencionou chamar de *veneficio*, somente incide quando a substância é introduzida no organismo da vítima de forma dissimulada, sem que ela perceba. Se a substância venenosa for inoculada, na vítima, mediante violência, tal como retratado no enunciado, o agente incorrerá na qualificadora do *meio cruel* (art. 121, § 2º, III, do CP). Além disso, tendo em conta que o agente agiu movido por motivo *abjeto*, também deverá incidir a qualificadora do motivo *torpe* (art. 121, § 2º, I, do CP).
Gabarito "E".

(Promotor de Justiça – MPE/MS – FAPEC – 2015) Assinale a alternativa **correta**, segundo a orientação jurisprudencial dominante:

(A) A qualificadora do motivo fútil é compatível com o homicídio praticado com o dolo eventual.
(B) A qualificadora do homicídio praticado mediante recompensa é simples circunstância, com aplicação restrita ao executor do crime, pois é quem executa a ação motivado pela remuneração.
(C) O reconhecimento do homicídio privilegiado é incompatível com a qualificadora da utilização do meio cruel.
(D) O homicídio admite o perdão judicial, se privilegiado.

A: correta. Nessa ótica: "O fato de o Recorrente ter assumido o risco de produzir o resultado morte, aspecto caracterizador do dolo eventual, não exclui a possibilidade de o crime ter sido praticado por motivo fútil, uma vez que o dolo do agente, direto ou indireto, não se confunde com o motivo que ensejou a conduta, mostrando-se, em princípio, compatíveis entre si. Divergência jurisprudencial devidamente demonstrada" (STJ, REsp 912.904/SP, Rel. Ministra Laurita Vaz, Quinta Turma, julgado em 06.03.2012, *DJe* 15.03.2012); **B:** incorreta. Conferir: "Não obstante a paga ou a promessa de recompensa seja circunstância acidental do delito de homicídio, de caráter pessoal e, portanto, incomunicável automaticamente a coautores do homicídio, não há óbice a que tal circunstância se comunique entre o mandante e o executor do crime, caso o motivo que levou o mandante a empreitar o óbito alheio seja torpe, desprezível ou repugnante. Na espécie, o recorrido teria prometido recompensa ao executor, a fim de, com a morte da vítima, poder usufruir vantagens no cargo que exercia na Prefeitura Municipal de Fênix. Recurso especial provido, para reconhecer as apontadas violações dos arts. 30 e 121, § 2º, I, ambos do Código Penal, e restaurar a decisão de pronúncia, restabelecendo a qualificadora do motivo torpe, a fim de que o réu seja submetido a julgamento pelo Tribunal do Júri, pela prática do delito previsto no art. 121, § 2º, I e IV, do Código Penal" (STJ, REsp 1209852/PR, Rel. Ministro Rogerio Schietti Cruz, Sexta Turma, julgado em 15.12.2015, *DJe* 02.02.2016); **C:** incorreta. Haverá compatibilidade desde que a qualificadora seja de caráter objetivo, como é o caso da utilização de meio cruel. Isso se dá porque as hipóteses legais de privilégio são de caráter subjetivo, incompatíveis, portanto, com as qualificadoras de caráter subjetivo, aquelas ligadas ao motivo do crime (motivo torpe e fútil). É o que a doutrina convencionou chamar de homicídio qualificado-privilegiado ou híbrido; **D:** incorreta, já que o perdão judicial não cabe no homicídio doloso, só no culposo (art. 121, § 5º, do CP).
Gabarito "A".

(Ministério Público/DF – 2013) Assinale o item **CORRETO**:

(A) Há homicídio privilegiado quando o agente atua sob influência de violenta emoção, provocada por ato injusto da vítima.
(B) Responde por induzimento ao suicídio o agente que se vale da insanidade da vítima para convencê-la a tirar a própria vida.
(C) Verifica-se infanticídio putativo quando a mãe, sob influência de estado puerperal e logo após o parto, mata o neonato de outrem, supondo ser o próprio filho.
(D) A constatação de areia no interior das vias respiratórias da vítima fatal é incompatível com o homicídio qualificado pela asfixia.
(E) No autoaborto, o estado puerperal absorve a situação de perturbação de saúde mental que retira parcialmente à mãe a capacidade de culpabilidade.

A: incorreta. Haverá homicídio privilegiado quando o agente atuar sob o domínio de violenta emoção (homicídio emocional), provocada por injusta provocação da vítima (art. 121, § 1º, CP). Não se confunde o agente que age "sob o domínio de violenta emoção", que, como visto, é causa de diminuição de pena (privilégio), com aquele que age "sob influência de violenta emoção", que, nos termos do art. 65, III, "c", do CP, é circunstância atenuante genérica; **B:** incorreta. Se o agente, tendo conhecimento da incapacidade mental da vítima, convencê-la a tirar a própria vida, responderá por homicídio, como autor mediato. De acordo com a doutrina, o crime do art. 122 do CP exige que a vítima tenha um mínimo de capacidade de resistência ao induzimento, instigação ou auxílio ao suicídio. Se referida "capacidade de resistência" não existir, terá o agente se utilizado de pessoa inculpável para a execução de verdadeiro homicídio. Confira-se o exemplo didático apresentado por Cleber Masson: "*caracteriza o crime tipificado pelo art. 121 do Código Penal a conduta de induzir uma criança de tenra idade ou um débil mental a pular do alto de um edifício, argumentando que assim agindo poderia voar*" (*Direito Penal Esquematizado – Parte Especial*, vol. 2, Método, 5ª edição, p. 58); **C:** correta. O sujeito passivo do infanticídio é o nascente ou o recém-nascido, a depender de o crime ter sido praticado durante ou logo após o parto, e pela própria mãe, desde que sob a influência do estado puerperal (art. 123, CP). Nas exatas palavras de Cleber Masson, "*se a mãe, influenciada pelo estado puerperal e logo após o parto, mata outra criança, que acreditava ser seu filho, responde por infanticídio. É o chamado infanticídio putativo*" (op. cit., p. 65). Nesse caso, acrescentamos, ocorre verdadeiro erro sobre a pessoa contra a vítima visada, pouco importando as características da vítima efetiva. Por essa razão, ainda que a autora tenha matado filho alheio, responderá como se houvesse matado o próprio filho; **D:** incorreta. Considera-se asfixia, que é considerada qualificadora do homicídio (art. 121, § 2º, III, CP), a eliminação criminosa da atividade respiratória da vítima, seja pelo emprego de meios mecânicos, tais como o estrangulamento, a esganadura, o enforcamento ou o soterramento (aqui reside a situação revelada pela assertiva), ou pelo emprego de meios tóxicos (gás asfixiante e confinamento, por exemplo). Assim, a submersão da vítima em meio sólido (ex.: enterrar pessoa viva) se subsume à qualificadora em comento; **E:** incorreta. O autoaborto (art. 124 do CP) é crime que atenta contra a vida humana intrauterina (ou seja, da nidação – implantação do óvulo fecundado no útero materno – até o momento imediatamente antecedente ao início do parto), não se confundindo com o infanticídio (art. 123, CP), que é crime que atenta contra a vida humana extrauterina (do parto em diante). Estar a mulher sob a influência do estado puerperal é elementar típica do infanticídio, opção legislativa que afastou a possível confusão da "perturbação fisiopsíquica" do sujeito ativo com a inimputabilidade ou semi-imputabilidade. Em outras palavras, a eventual perturbação da saúde mental da parturiente não será considerada causa de exclusão da culpabilidade (inimputabilidade) ou de redução de pena (semi-imputabilidade), mas, sim, condição especial para a caracterização do infanticídio.
Gabarito "C".

(Ministério Público/ES – 2013 – VUNESP) Assinale a alternativa correta.

(A) O médico que pratica manobra abortiva, desconhecendo que o feto já está morto, responderá por tentativa de aborto criminoso.
(B) O crime de violação de direito autoral não admite ação penal pública incondicionada.
(C) Incorrerá nas mesmas penas do crime de moeda falsa quem desviar e fizer circular moeda cuja circulação não estava ainda autorizada.
(D) Para a tipificação do crime de quadrilha ou bando, há necessidade de associação, estável ou momentânea, de pelo menos quatro pessoas com o fim de cometer crime ou contravenção.
(E) Os crimes de incêndio e explosão não admitem modalidade culposa.

A: incorreta, pois a hipótese descrita na alternativa configura crime impossível, não se punindo a tentativa, por absoluta impropriedade do objeto (art.

17, do CP); **B**: incorreta, pois o art. 186, II e III, do CP prevê hipóteses em que o crime de violação de direito autoral se procede mediante ação penal pública incondicionada; **C**: correta, pois a alternativa está de acordo com o disposto no art. 289, § 4º, do CP; **D**: incorreta, pois com a alteração do art. 288, do CP pela Lei n. 12.850/2013, o crime de quadrilha passou a ser denominado de associação criminosa, o qual se configura com a associação de 3 (três) ou mais pessoas, para o fim específico de cometer crimes; **E**: incorreta, pois se admite o crime de incêndio e de explosão na modalidade culposa (art. 250, § 2º e art. 251, § 3º, ambos do CP).
Gabarito "C".

(Ministério Público/SP – 2013 – PGMP) A Suprema Corte tratou do tema antecipação do parto ou interrupção da gravidez na ADPF 54 em que foi postulada a interpretação dos arts. 124 e 126 do Código Penal – autoaborto e aborto com o consentimento da gestante – em conformidade com a Constituição Federal, quando fosse caso de feto anencéfalo. Após julgar procedente a ação, o Colendo Tribunal declarou que a ocorrência de anencefalia nos dispositivos invocados provoca a

(A) exclusão da antijuridicidade.
(B) exclusão da tipicidade.
(C) exclusão do concurso de crimes.
(D) aplicação de perdão judicial.
(E) inexigibilidade de conduta diversa.

A ADPF 54, ajuizada pela CNTS (Confederação Nacional dos Trabalhadores na Saúde), patrocinada pelo então advogado (e Procurador do Estado do Rio de Janeiro) Luís Roberto Barroso, atualmente Ministro do STF, foi julgada procedente por aquela Corte, contando com a seguinte ementa: "*ESTADO – LAICIDADE. O Brasil é uma república laica, surgindo absolutamente neutro quanto às religiões. Considerações. FETO ANENCÉFALO – INTERRUPÇÃO DA GRAVIDEZ – MULHER – LIBERDADE SEXUAL E REPRODUTIVA – SAÚDE – DIGNIDADE – AUTODETERMINAÇÃO – DIREITOS FUNDAMENTAIS – CRIME – INEXISTÊNCIA. Mostra-se inconstitucional interpretação de a interrupção da gravidez de feto anencéfalo ser conduta tipificada nos artigos 124, 126 e 128, incisos I e II, do Código Penal*". Assentou-se o entendimento de que o feto anencéfalo, por não dispor de vida própria, sequer potencial, não pode ser tido como sujeito passivo do crime de aborto, já que não goza do direito à vida, assim considerada em consonância com a Lei 9.434/1997 (Lei de Remoção de Órgãos), que considera morte a cessação de atividade cerebral. Destarte, inexistindo vida em seu sentido jurídico, a antecipação do parto em caso de feto anencéfalo é fato atípico visto inexistir ofensa ao bem jurídico tutela pelas normas incriminadoras (arts. 124 e 126, ambos do CP)".
Gabarito "B".

(Ministério Público/MS – 2013 – FADEMS) Assinale a opção *incorreta*:

(A) É punível a calúnia contra os mortos.
(B) Resultando da injúria real ou qualificada lesão corporal, a ação penal passa a ser pública incondicionada.
(C) Quem, de modo preconceituoso, afirma que alguém é velho caquético, ciente da idade e deficiência auditiva da pessoa, comete uma das modalidades de crime de racismo.
(D) Caracterizado crime contra a honra de servidor público, em razão do exercício de suas funções, será concorrente a legitimidade do ofendido, mediante queixa, e do Ministério Público, condicionada à representação do ofendido.
(E) Considere que Paulo pratique crime contra a honra de Cezar, imputando-lhe, falsamente, fato definido como crime e que Adalberto, sabendo falsa a imputação, a propale e divulgue. Nessa hipótese, Adalberto incorre na mesma pena de Paulo.

A: correta, nos exatos termos do art. 138, § 2º, do CP; **B**: correta, nos termos do art. 145, *caput*, parte final, do CP. Em regra, os crimes contra a honra são de ação penal privada. No entanto, a ação será pública incondicionada se, da violência praticada no caso do art. 140, § 2º, do CP (injúria real), resultar lesão corporal, e pública condicionada à requisição do Ministro da Justiça nos crimes contra a honra do Presidente da República ou chefe de governo estrangeiro (art. 145, parágrafo único, primeira parte, do CP); **C**: incorreta, devendo ser assinalada. A assertiva contém conduta caracterizadora do crime de injúria racial ou preconceituosa (art. 140, § 3º, do CP – se a injúria consiste na utilização de elementos referentes à raça, cor, etnia, religião, origem ou a *condição de pessoa idosa ou portadora de deficiência*). Os crimes da Lei de Racismo (Lei 7.716/1989) pressupõem que o agente pratique preconceito ou discriminação referente à raça, cor, etnia, religião ou procedência nacional, aqui não incluídos outros elementos, como, por exemplo, sexo (masculino ou feminino), idade ou orientação sexual; **D**: correta, nos exatos termos da Súmula 714 do STF ("É concorrente a legitimidade do ofendido, mediante queixa, e do Ministério Público, condicionada à representação do ofendido, para a ação penal por crime contra a honra de servidor público em razão do exercício de suas funções.); **E**: correta. Quem propala ou divulga a calúnia (art. 138, § 1º, do CP) incorre nas mesmas penas de quem a pratica (art. 138, *caput*, do CP).
Gabarito "C".

(Ministério Público/RO – 2013 – CESPE) Em relação aos crimes contra a pessoa, assinale a opção correta de acordo com o entendimento dos tribunais superiores.

(A) A forma privilegiada do homicídio é compatível com a qualificadora da motivação torpe, em face da ausência de contradição lógica.
(B) Comete o crime de homicídio a mulher que, iniciado o trabalho de parto, não estando sob o estado puerperal, mata o nascituro, ainda que este não tenha respirado.
(C) A consumação dos crimes de calúnia, difamação e injúria ocorre quando terceiro, que não o sujeito passivo, toma conhecimento do fato.
(D) A prática do crime de homicídio sob o estado de embriaguez afasta o reconhecimento da motivação fútil, haja vista que a embriaguez pode reduzir a capacidade do autor de entender o caráter ilícito de sua conduta.
(E) No ato de se desferir, no ímpeto, golpes reiterados com instrumento perfurocortante em indivíduo, com a intenção de matá-lo, causando-lhe a morte por hemorragia, incide a qualificadora do meio cruel.

A: incorreta. O homicídio qualificado pelo motivo torpe (qualificadora de natureza subjetiva) é incompatível com a forma privilegiada, haja vista que todas as "privilegiadoras" previstas no art. 121, § 1º, do CP são de natureza subjetiva (relativas à motivação do crime). Assim, como é sabido e ressabido, somente podem coexistir as qualificadoras de caráter objetivo e qualquer das privilegiadoras. Nesse sentido é o STJ (RT 680/406); **B**: correta. De acordo com o STJ, "(...) iniciado o trabalho de parto, não há falar mais em aborto, mas em homicídio ou infanticídio, conforme o caso, pois não se mostra necessário que o nascituro tenha respirado para configurar o crime de homicídio, notadamente quando existem nos autos outros elementos para demonstrar a vida do ser nascente, razão pela qual não se vislumbra a existência do alegado constrangimento ilegal que justifique o encerramento prematuro da persecução penal (...)" (HC 228998/MG, 5ª Turma, Min. Marco Aurélio Bellizze, *DJe* 30.10.2012, RT 928/727); **C**: incorreta. Por óbvio, o crime de injúria, por atingir a honra subjetiva da vítima, somente se consuma quando ela tenha tomado conhecimento do fato. Situação diversa ocorre no tocante aos crimes de difamação e calúnia, eis que, por afetarem a honra objetiva da vítima, somente se consumam quando terceiros tomarem conhecimento do fato. Nesse sentido o STJ (6ª Turma, RHC 5134/MG, Rel. Min. Luiz Vicente Cernicchiaro, j. 11.03.1996): "RHC – Penal – Processual Penal – Calúnia – Difamação – Injúria – Decadência – Os crimes de calúnia e difamação ofendem a chamada honra objetiva. A consumação ocorre quando terceiro (excluídos autor e vítima) tomam conhecimento do feito. A injúria, ao contrário, porque relativa a – honra subjetiva – quando a irrogação for conhecida do sujeito passivo. A decadência, relativa à injúria, tem o termo *a quo* no dia de seu conhecimento."; **D:** incorreta. O STJ, no julgamento do REsp 908396/MG, 5ª Turma, Min. Arnaldo Esteves Lima, assim entendeu: "Penal e Processo Penal. Recurso Especial. Homicídio Qualificado. Motivo Fútil. Embriaguez. Compatibilidade. Recurso Especial Não Provido. 1. Pela adoção da teoria da *actio libera in causa* (embriaguez preordenada), somente nas hipóteses de ebriez decorrente de "caso fortuito" ou "forma maior" é que haverá a possibilidade de redução da responsabilidade penal do agente (culpabilidade), nos termos dos §§ 1º e 2º do art. 28 do Código Penal. 2. Em que pese o estado de embriaguez possa, em tese, reduzir ou eliminar a capacidade do autor de entender o caráter ilícito ou determinar-se de acordo com esse entendimento, tal circunstância não afasta o reconhecimento da eventual futilidade de sua conduta. Precedentes do STJ."; **E:** incorreta. A reiteração de golpes pode, sim, caracterizar o meio cruel que qualificado o homicídio. Nesse sentido: "Recurso Especial. Penal e Processo Penal. Pronúncia. Reiteração de Golpes. Indícios de Meio Cruel. Decote de Qualificadora. Limites da Competência do Juiz da Pronúncia. 1. Esta Corte Superior de Justiça possui entendimento consolidado No sentido de que o decote de qualificadoras por ocasião da decisão de pronúncia só estará autorizado quando forem manifestamente improcedentes, isto é, quando completamente destituídas de amparo nos elementos cognitivos dos autos. 2. A reiteração de golpes na vítima, ao menos em princípio e para fins de pronúncia, é circunstância indiciária do 'meio cruel' previsto no inciso III do parágrafo 2º do artigo 121 do Código Penal, não se tratando, pois, de qualificadora manifestamente improcedente que autorize o excepcional decote pelo juiz da pronúncia, pena de usurpação da competência constitucionalmente atribuída ao Tribunal do Júri. 3. Recurso provido." (STJ, REsp 1241987/PR, Rel. Maria Thereza de Assis Moura, 6ª Turma, *DJe* 24.02.2014).

Gabarito "B".

(Ministério Público/SP – 2012 – VUNESP) Agente que, mediante paga, fazendo uso de revólver mata a vítima e, após, para assegurar a ocultação e impunidade do crime, com uma faca esquarteja o cadáver e espalha as diversas partes do corpo por locais ermos variados pratica homicídio

(A) triplamente qualificado: art. 121, § 2º, inc. I (mediante paga), inc. III (com emprego de meio cruel) e inc. V (para assegurar a ocultação e impunidade de outro crime), do Código Penal.

(B) duplamente qualificado: art. 121, § 2º, inc. I (mediante paga) e inc. V (para assegurar a ocultação e impunidade de outro crime), do Código Penal.

(C) qualificado: art. 121, § 2º, inc. I (mediante paga) em concurso material com o delito de destruição, subtração ou ocultação de cadáver (art. 211), do Código Penal.

(D) duplamente qualificado: art. 121, § 2º, Inc. I (mediante paga) e inc. III (com emprego de meio cruel) em concurso material com o delito de vilipêndio a cadáver (art. 212), do Código Penal.

(E) duplamente qualificado: art. 121, § 2º, inc. III (com emprego de meio cruel) e inc. V (para assegurar a ocultação e impunidade de outro crime) em concurso material com o crime de destruição, subtração ou ocultação de cadáver (art. 211), do Código Penal.

A: incorreta. Ainda que a qualificadora da "paga", de fato, esteja presente (art. 121, § 2º, I, do CP), não se pode falar em "meio cruel" (art. 121, § 2º, III, do CP), pois matar a vítima com disparo de arma de fogo não produz, desnecessariamente, sofrimento a ela. Frise-se que o esquartejamento ocorreu posteriormente à morte, não se tratando, portanto, de crueldade praticada "em vida" da vítima. Por fim, o esquartejamento do cadáver e sua "distribuição" por locais ermos variados não constitui a qualificadora do art. 121, § 2º, V, do CP (conexão), tendo em vista que esta pressupõe que o homicídio seja praticado para assegurar a execução de outro crime futuro (conexão teleológica) ou para assegurar a ocultação, impunidade ou vantagem de outro crime passado (conexão consequencial). No caso relatado, a ocultação de cadáver não constitui a hipótese de conexão consequencial, que, frise-se, pressupõe que o agente mate a vítima para garantir a ocultação de crime *passado*; **B:** incorreta no tocante à qualificadora da conexão, conforme explicações dadas na alternativa anterior; **C:** correta. De fato, o agente que mata a vítima mediante paga deverá responder por homicídio qualificado (art. 121, § 2º, I, do CP) e, por esquartejar e ocultar o cadáver, pelo crime do art. 211 do CP, em concurso material (art. 69 do CP), visto que duas foram as condutas (morte + ocultação), com ofensa a bens jurídicos distintos (vida e respeito aos mortos); **D:** incorreta no tocante à qualificadora do meio cruel, pelas razões indicadas nos comentários à alternativa "A"; **E:** incorreta, uma vez que as qualificadoras do meio cruel e da conexão, pelas razões expendidas anteriormente, não restaram caracterizadas.

Gabarito "C".

(Ministério Público/RR – 2012 – CESPE) Com base no que dispõe o CP e no entendimento doutrinário e jurisprudencial acerca do crime de constrangimento ilegal, assinale a opção correta.

(A) O sujeito passivo do crime de constrangimento ilegal pode ser qualquer pessoa, independentemente de sua capacidade de autodeterminação.

(B) Por ser o delito de constrangimento ilegal tipicamente subsidiário, a violência nela empregada, em qualquer modalidade, absorve sempre o crime.

(C) O constrangimento ilegal é delito de mera atividade, consumando-se mediante grave ameaça ou violência perpetrada pelo sujeito ativo.

(D) No crime de constrangimento ilegal, admite-se a autoria mediata caso a violência ou grave ameaça sejam exercidas contra pessoa diversa da que se pretenda constranger, sendo o agente responsabilizado, em concurso material, pelo constrangimento ilegal e por outra infração que o executor venha a praticar.

(E) O fato de funcionário público ser sujeito ativo do crime de constrangimento ilegal qualifica a infração, aplicando-se a ele a pena em dobro.

A: incorreta. De acordo com a doutrina, somente pode ser sujeito passivo do crime de constrangimento ilegal (art. 146 do CP) a pessoa que possuir capacidades de discernimento e de autodeterminação (de decisão sobre seus atos). Logo, os menores de tenra idade, as pessoas portadoras de doenças psiquiátricas que lhes retirem a capacidade de discernimento, as pessoas em estado avançado de embriaguez, não podem ser vítimas de constrangimento ilegal; **B:** incorreta. A violência empregada para a prática do constrangimento ilegal gerará a imposição das penas a ela correspondentes (art. 146, § 2º, do CP), inexistindo absorção. Ao contrário, haverá, em verdade, concurso de crimes. Alguns discutem se será um concurso material (tendo em vista que o dispositivo legal deixa claro que as penas serão somadas) ou concurso formal impróprio ou imperfeito. Entendemos mais técnico o segundo

entendimento. Afinal, o agente, mediante uma única conduta, terá perpetrado dois crimes (constrangimento ilegal e lesão corporal); **C:** incorreta, pois o constrangimento ilegal é doutrinariamente classificado como crime material, visto que sua consumação exige que a vítima não faça o que a lei permite ou faça aquilo que ela não determina; **D:** correta. Embora um pouco truncada a redação da assertiva, pode-se afirmar que, de fato, é admissível o reconhecimento da autoria mediata (ou indireta) no crime de constrangimento ilegal, desde que, por óbvio, o agente se valha de terceira pessoa como "instrumento" para a prática do crime, respondendo pelo constrangimento ilegal contra a vítima do executor material do delito, bem como, por exemplo, pelas eventuais lesões corporais por este praticadas; **E:** incorreta. Se o sujeito ativo for funcionário público, restará caracterizado o crime do art. 350 do CP (exercício arbitrário ou abuso de poder) ou de abuso de autoridade (Lei 4.898/1965).
„Gabarito "D".

(Ministério Público/RR – 2012 – CESPE) Em relação aos crimes contra a honra, assinale a opção correta com base no que dispõe a legislação de regência e no entendimento jurisprudencial.

(A) A causa de exclusão de crime abrange a calúnia, a difamação e a injúria irrogadas em juízo, na discussão da causa, pela parte ou seu procurador, incluindo-se órgão do MP.
(B) Havendo concurso de crimes e concurso de agentes, a retratação feita por um dos agentes, por ser circunstância de natureza pessoal, não aproveita aos demais, tampouco se admite retração a alguns dos fatos imputados.
(C) A retratação nos crimes contra a honra, cujos efeitos se restringem à esfera criminal, pode ser feita por escrito ou oralmente, exigindo-se, entretanto, que seja completa, inequívoca e incondicional.
(D) Nos crimes contra a honra perpetrados contra pessoa maior de sessenta anos incidirá a agravante de um terço da pena, exceto no caso de injúria.
(E) Constitui crime de ação penal pública incondicionada a injúria praticada mediante a utilização de elementos referentes a raça, cor, etnia, religião ou origem.

A: incorreta. Primeiramente, o art. 142 do CP, cuja natureza jurídica é de causa de exclusão dos crimes de injúria e difamação, não abarca a calúnia. Outrossim, no tocante ao inciso I do referido dispositivo legal, tem-se que haverá a exclusão dos crimes de injúria e difamação em caso de ofensa irrogada em juízo, na discussão da causa, pela parte ou por seu procurador. Trata-se de uma imunidade judiciária. Frise-se que a expressão "parte" abrangerá, evidentemente, o órgão do Ministério Público, evidentemente quando este for autor da ação. No entanto, mesmo quando ocupar a função de *custos legis*, também estará o órgão ministerial abrangido pela imunidade judiciária, inclusive por força do art. 41, V, da Lei Orgânica Nacional do Ministério Público (Lei 8.625/1993); **B:** incorreta. A retratação é admitida, de acordo com o art. 143 do CP, aos crimes de calúnia e difamação, que, exatamente, se caracterizam pela imputação de fatos violadores à honra da vítima, não havendo qualquer restrição na lei. No mais, de fato, a retratação tem caráter subjetivo, não se estendendo aos querelados que não se retratarem; **C:** incorreta. Considerando que a retratação nos crimes contra a honra deve ser cabal, completa, inequívoca, não haverá como se demonstrar referida "certeza" se ela ocorrer, simplesmente, de forma oral. A precisão e clareza exigidas para o reconhecimento da retratação são incompatíveis com a forma oral, motivo pelo qual a causa extintiva da punibilidade em comento deverá ser deduzida de forma expressa, no bojo do processo (e antes da sentença); **D:** correta. De fato, nos crimes contra a honra, a pena será majorada em um terço caso sejam praticados em detrimento de pessoa maior de 60 (sessenta) anos, exceto no caso de injúria (art. 141, IV, do CP). Isto porque haverá injúria qualificada quando a ofensa à dignidade ou decoro da vítima consistir na utilização de elementos referentes a raça, cor, etnia, religião, origem ou condição de *pessoa idosa* ou portadora de deficiência (art. 140, § 3º, do CP); **E:** incorreta. A injúria discriminatória, definida no art. 140, § 3º, do CP, é crime de ação penal pública condicionada à representação (art. 145, parágrafo único, do CP, com a redação que lhe foi dada pela Lei 12.033/2009).
„Gabarito "D".

19. CRIMES CONTRA O PATRIMÔNIO

(Promotor de Justiça – MPE/RS – 2017) Assinale a alternativa **INCORRETA**.

(A) De acordo com o noticiado pela mídia, recentemente a Força Tarefa de Combate ao Abigeato e Crimes Rurais da Polícia Civil do RS prendeu no interior do município de Cacequi o suspeito de ser um dos maiores abigeatários daquela cidade, quando localizou 11(onze) vacas furtadas em sua propriedade. No município de Ipê, a Força Tarefa apreendeu 13 (treze) bovinos subtraídos de uma fazenda local. E, numa operação em Vacaria, recuperou três ovelhas vivas e uma outra já carneada no local do furto, quando o ladrão preparava-se para consumi-la num churrasco. A subtração de animal semovente domesticável de produção é uma das hipóteses legais de furto qualificado, apenado com reclusão de dois a cinco anos, ainda que o animal tenha sido abatido ou dividido em partes no local da subtração.
(B) Tem sido frequente a subtração de dinheiro de caixas eletrônicos de agências bancárias com a utilização de dinamites ou explosivos de efeitos análogos. Sob o ponto de vista penal, a explosão de grandes proporções, que não raro destrói, além dos caixas, parte das instalações das agências, expondo a perigo concreto a integridade física e o patrimônio das pessoas dos prédios vizinhos, não pode ser considerada simples rompimento de obstáculo à subtração dos valores, mas crime autônomo de explosão em concurso formal com o delito patrimonial.
(C) Caracteriza concurso de roubo e extorsão, a conduta do agente que, após subtrair bens de propriedade da vítima no estacionamento do supermercado, obrigou-a, também mediante grave ameaça, a efetuar compras de outros bens em lojas do mesmo shopping, visando a obtenção indevida de vantagem econômica.
(D) É hediondo o crime de homicídio do soldado da Brigada Militar cometido em decorrência da sua função policial.
(E) O prefeito municipal que leva para sua casa de praia dois refrigeradores da prefeitura com o fito de usá-los na festa de seu aniversário, e o delegado de polícia que comparece nesta festa usando o relógio de pulso em ouro apreendido de um receptador, ambos sem a intenção de incorporarem tais bens ao patrimônio pessoal ou de terceiro, não cometem fato típico de peculato, diversamente do que ocorre com o estagiário do Departamento Estadual de Estradas que se apropria do combustível colocado à disposição da autarquia pela empresa contratada para o abastecimento exclusivo dos veículos de acompanhamento e fiscalização das obras na rodovia.

A: correta, pois corresponde à modalidade qualificada do crime de furto prevista no art. 155, § 6º, do CP, introduzido pela Lei 13.330/2016; **B:** correta. Embora se trate de tema em relação ao qual há divergência doutrinária, tem-se entendido que a subtração de valores de caixas eletrônicos por meio da utilização de explosivos, muitas vezes com a consequente destruição parcial da agência, configura concurso formal entre os crimes de furto e explosão. Para alguns, tratar-se-ia de hipótese de concurso formal próprio; para outros, concurso formal impróprio. Conferir: "Igualmente descabida a absorção porquanto os delitos cometidos apresentam objetividades jurídicas e sujeitos passivos diversos, visto que o furto é delito contra o patrimônio e o de explosão contra a incolumidade pública, e com vítimas diversas, ou seja, a instituição bancária e os moradores dos arredores. O mesmo se diga pelo fato de que é necessário que o crime-meio seja menos grave que o crime-fim, o que se verifica através da comparação das sanções respectivas. Ora, o crime de explosão tem apenação inicial de três anos, além de haver causa de aumento de 1/3 em seu § 2º, enquanto que a do furto qualificado inicia-se em dois anos. Cabe asseverar que o § 2º do artigo 251 traz causa de aumento, que penaliza a prática do delito, dentre outras situações, com a finalidade de obter vantagem pecuniária. Isso demonstra que o legislador, mesmo sabendo que existem tipos penais específicos para delitos contra o patrimônio, preocupou-se em punir mais severamente aquele que, ao menos objetivando ganho patrimonial, vale-se de meio que expõe a perigo a vida ou bens alheios". (TJSP, Apelação Criminal nº 0011705.91-2011.8.26.0201, julgado em 10/10/2013, DJe 21/10/2013). Vide a Tese Institucional n. 383, do Ministério Público do Estado de São Paulo; **C:** correta. A assertiva, tal como afirmado, narra hipótese de concurso material, em que o agente, depois de subtrair, mediante violência ou grave ameaça, bens da vítima, a obriga a efetuar compras com o seu cartão do banco ou ainda a entregá-lo com a respectiva senha para que o agente o faça. Conferir: "*A jurisprudência desta Corte Superior e do Supremo Tribunal Federal é firme em assinalar que se configuram os crimes de roubo e extorsão, em concurso material, se o agente, após subtrair, mediante emprego de violência ou grave ameaça, bens da vítima, a constrange a entregar o cartão bancário e a respectiva senha, para sacar dinheiro de sua conta corrente*" (AgRg no AREsp 323.029/DF, Rel. Ministro Rogerio Schietti Cruz, Sexta Turma, julgado em 01.09.2016, DJe 12.09.2016); **D:** correta, já que reflete o disposto no art. 121, § 2º, VII, do CP (introduzido pela Lei 13.142/2015); **E:** incorreta. Predomina o entendimento segundo o qual não existe peculato de uso de bem fungível. O peculato de uso, portanto, pressupõe que a coisa seja infungível. Se o agente, por exemplo, usa dinheiro público para adquirir um veículo para si, responderá por peculato, uma vez que se trata de bem fungível. Agora, se se tratar de prefeito, seja o bem fungível ou infungível, ainda assim estará configurado o crime de peculato do art. 1º, II, do Decreto-Lei 201/1967.

Gabarito "E".

(Promotor de Justiça/GO – 2016 – MPE) Caio entrega a Tício, seu amigo e funcionário do Detran, uma quantia em dinheiro para que este último pague uma multa naquele órgão público. Tício, no entanto, apropria-se do dinheiro. Nesse caso, Tício deverá ser responsabilizado pelo crime de:

(A) apropriação indébita
(B) peculato furto
(C) peculato apropriação
(D) peculato mediante o erro de outrem

Deve-se afastar a prática do crime de peculato em qualquer de suas modalidades. Isso porque, embora Tício seja funcionário público, ele não se valeu dessa condição para apropriar-se do numerário que lhe foi entregue por Caio. Houve, por parte de Tício, abuso de confiança, que é a principal característica do crime de apropriação indébita (art. 168, CP). O agente, neste caso Tício, ingressou na posse do bem de forma legítima (foi-lhe entregue por Caio) e, após, abusando da confiança nele depositada, passou a agir como se dono fosse do dinheiro, dele se apropriando.

Gabarito "A".

(Promotor de Justiça/GO – 2016 – MPE) Sobre os crimes contra o patrimônio, indique a alternativa correta:

(A) A interpretação da majorante do repouso noturno no crime de furto é aquela que indica sua coincidência com o conceito de noite.
(B) Os crimes de roubo e de extorsão não são considerados crimes da mesma espécie, de modo que é não possível o reconhecimento da continuidade delitiva entre eles.
(C) Para o reconhecimento da qualificadora da destreza no crime de furto, a conduta do agente pode recair sobre vítima ou sobre a coisa objeto da subtração.
(D) Tratando-se de crime acessório, porquanto imprescindível a prática de um anterior crime, a receptação fica dependente da punibilidade deste último.

A: incorreta. Para o fim de caracterizar a majorante do *furto noturno* (art. 155, § 1º, do CP), não basta que o fato se dê à noite, sendo necessário, segundo a doutrina, que a subtração ocorra durante o período em que os moradores estejam repousando, dormindo, quando então a vigilância tende a ser menor. Como se pode ver, o critério é variável, dependendo da análise dos costumes de cada localidade; **B:** correta. Na jurisprudência do STJ: "O Superior Tribunal de Justiça adota o entendimento de não ser possível o reconhecimento de continuidade delitiva entre os crimes de roubo e extorsão, tendo em vista que não são delitos da mesma espécie" (AgRg no REsp 1196889/MG, Rel. Ministro Ericson Maranho (Desembargador Convocado do TJ/SP), Sexta Turma, julgado em 07.04.2015, REPDJe 02.06.2015, *DJ*e 17.04.2015); **C:** incorreta. Na qualificadora da destreza, no contexto do crime de furto, a conduta deverá recair, necessariamente, sobre a vítima, e não sobre a *res*, uma vez que, se o ofendido perceber a investida do agente, restará afastada a incidência desta qualificadora; **D:** incorreta, pois contraria a regra presente no art. 108 do CP, segundo o qual *a extinção da punibilidade de crime que é pressuposto, elemento constitutivo ou circunstância agravante de outro não se estende a este.*

Gabarito "B".

(Promotor de Justiça/SC – 2016 – MPE)

(1) No caso de roubo de veículo automotor no Estado de Santa Catarina, em sendo a *res furtiva* transportada pelo assaltante para o Estado do Rio Grande do Sul, onde vem a guardá-la; tal conduta gerará uma causa de aumento de pena, expressamente prevista no tipo penal.

1: a assertiva, que é verdadeira, refere-se à causa de aumento de pena prevista no art. 157, § 2º, IV, do CP, segundo a qual, no crime de roubo, *se a subtração for de veículo automotor que venha a ser transportado para outro Estado ou para o exterior.* Esta mesma circunstância, vale dizer, constitui qualificadora no crime de furto, tal como previsto no art. 155, § 5º, do CP.

Gabarito 1C.

(Promotor de Justiça/SC – 2016 – MPE)

(1) No crime de apropriação indébita exige-se uma quebra de confiança por parte do agente, eis que a vítima voluntariamente entrega bem móvel de sua propriedade ou posse, perpetuando-se o crime no momento que autor do delito se nega em devolver o objeto ao seu legítimo dono. Entretanto, se o agente, de forma premeditada, pega o bem já consciente que não irá devolvê-lo, cometerá a conduta de estelionato, e não a acima mencionada.

1: a questão exige que o candidato saiba a distinção entre os crimes de estelionato e apropriação indébita, que, a depender do caso concreto, é bastante tênue. No crime capitulado no art. 171 do CP (estelionato),

3. DIREITO PENAL

a vítima, ludibriada, induzida em erro pelo agente, a este entrega o objeto material do delito. Caso clássico e sempre lembrado pela doutrina é aquele em que o proprietário entrega seu veículo a pessoa que acredita ser o manobrista do estacionamento e, depois, vem a saber que se tratava de um larápio. Neste caso, a vítima somente entregou seu veículo porque foi induzida a erro pelo agente, que se passou por manobrista do estacionamento. Perceba que, no estelionato, o dolo é anterior à entrega do bem (como afirmado no enunciado, é a hipótese em que o *agente, de forma premeditada, pega o bem já consciente que não irá devolvê-lo*). Já no crime apropriação indébita – art. 168, CP a situação é bem outra. Neste caso, diferentemente do estelionato, o dolo é subsequente à posse; no estelionato, como já dissemos, é antecedente. Em outras palavras, o agente, na apropriação indébita, tem, sempre de forma legítima, a posse ou a detenção da *res* e, em determinado momento, inverte essa posse e passa a portar-se como se dono fosse, negando-se a restitui-la a quem de direito.
Gabarito 1C

(Promotor de Justiça/SC – 2016 – MPE)

(1) É correto afirmar que é isento de pena a esposa que pratica crime de furto qualificado com emprego de chave falsa contra seu marido na constância do casamento, gozando esta de imunidade penal absoluta.

1: de fato, é isento de pena, nos termos do art. 181 do CP, aquele que comete delito contra o patrimônio, aqui incluído o furto qualificado, em detrimento, entre outros, do cônjuge na constância da sociedade conjugal, não se aplicando tal imunidade, é importante que se diga, se o crime é de roubo ou de extorsão ou, em geral, quando houver emprego de grave ameaça ou violência à pessoa, conforme estabelece o art. 183 do CP.
Gabarito 1C

(Promotor de Justiça/SC – 2016 – MPE)

(1) No crime de extorsão mediante sequestro, havendo delação eficaz de um dos coautores do delito, que contribui para o esclarecimento do caso, mesmo não sendo liberado o sequestrado, por circunstâncias alheias ao delator, terá o acusado ao final do processo uma redução de 1/3 de sua pena, nos moldes que dispõe a Lei dos Crimes Hediondos.

1: assertiva falsa, na medida em que a libertação do sequestrado constitui requisito fundamental e indispensável ao reconhecimento da delação, sem o que o coautor não poderá ser agraciado pela redução de pena da ordem de um a dois terços (e não de um terço), tal como estabelece o art. 159, § 4º, do CP.
Gabarito 1E

(Promotor de Justiça – MPE/BA – CEFET – 2015) Analise as seguintes assertivas acerca dos crimes contra o patrimônio:

I. O delito de furto tem sua pena aumentada se praticado durante o repouso noturno, sempre assim considerado o período entre as 22h e as 06h do dia posterior.
II. No que diz respeito ao momento da consumação do crime de furto, o Supremo Tribunal Federal adota a corrente da amotio, segundo a qual o furto se mostra consumado quando a coisa subtraída passa para o poder do agente, mesmo que em curto lapso temporal, independentemente de deslocamento ou posse mansa e pacífica.
III. Os delitos de supressão ou alteração de marca de animais e de introdução ou abandono de animais em propriedade alheia não necessitam, para caracterização de sua consumação, do efetivo prejuízo da vítima, e são de ação penal privada.
IV. A pessoa jurídica pode ser vítima dos crimes de extorsão e de extorsão mediante sequestro.
V. A ação penal nos crimes contra o patrimônio praticados contra irmão depende da iniciativa do ofendido.

Estão CORRETAS as assertivas:

(A) I e II.
(B) I e III.
(C) II e IV.
(D) III e V.
(E) IV e IV.

I: incorreta. O período de repouso noturno, no crime de furto, não deve ser entendido como sinônimo de *noite*, mas aquele em que, de acordo com os costumes locais, as pessoas repousam, se recolhem, o que faz com que a vigilância sobre o seu patrimônio diminua. Assim, como se vê, não há, para o fim de configurar a causa de diminuição prevista no art. 155, § 1º, do CP, padronização de horário, ficando a depender da análise dos costumes de cada localidade; **II:** correta. Os Tribunais superiores consolidaram o entendimento segundo o qual o momento consumativo do crime de furto (e também o de roubo) é o do apossamento do bem, independentemente da inversão tranquila da posse. A esse respeito: STF, 1ª T., HC 92.450-DF, Rel. Min. Ricardo Lewandowski, j. 16.9.08. Tal entendimento encontra-se consolidado na Súmula 582, do STJ; **III:** incorreta. O crime de supressão ou alteração de marca de animais, capitulado no art. 162 do CP, é, de fato, *formal*, já que não exige, para a sua consumação, resultado naturalístico consistente no efetivo prejuízo à vítima. A ação penal, aqui, é pública incondicionada (e não privativa do ofendido); já o delito de introdução ou abandono de animais em propriedade alheia (art. 164, CP) é *material*, ou seja, exige, para que atinja a sua consumação, a produção de resultado naturalístico consistente na lesão patrimonial experimentada pela vítima; a ação penal é privativa do ofendido (art. 167, CP), salvo na hipótese de a vítima ser a União, Estado ou Município (art. 24, § 2º, do CPP); **IV:** correta, já que são considerados sujeitos passivos (vítima), nos crimes em questão, tanto aquele contra o qual é impingida a violência ou grave ameaça, quanto o que sofre desfalque patrimonial, o que alcança tanto a pessoa física quanto a jurídica; **V:** incorreta, pois contraria o disposto no art. 182, II, do CP, segundo o qual a ação penal será, nesses casos, pública condicionada a representação.
Gabarito "C"

(Promotor de Justiça – MPE/MS – FAPEC – 2015) Analise as proposições abaixo:

I. O crime de roubo próprio, previsto no art. 157, *caput*, do Código Penal, consuma-se com a subtração da coisa sem grave ameaça ou violência, vindo o agente a empregá-las posteriormente contra a vítima, com o fim de assegurar a impunidade do crime ou a detenção da coisa para si ou terceira pessoa.
II. O emprego de "gazuas", "mixas", ou qualquer outro instrumento sem a forma de chave, mesmo que apto a abrir fechadura, não qualifica o delito de furto.
III. A incidência da majorante do emprego de arma de fogo no roubo não prescinde da apreensão e da perícia para verificação de seu potencial lesivo.
IV. Responde por tentativa de latrocínio o agente que não consegue subtrair a coisa alheia móvel, mas elimina a vida da vítima.

Assinale a alternativa correta:

(A) Todas as proposições estão corretas.
(B) Todas as proposições estão incorretas.
(C) Somente a proposição II está correta.
(D) Somente a assertiva III está incorreta.
(E) Somente as assertivas I e III estão corretas.

I: incorreta, uma vez que a assertiva contém a descrição típica do crime de roubo *impróprio* (e não *próprio*), em que o agente, logo em seguida à subtração da coisa, é levado, para assegurar a sua impunidade ou a detenção da *res*, a empregar violência ou grave ameaça (art. 157, § 1º, do CP); o roubo próprio, que é a modalidade mais comum desse crime, se dá quando a violência ou grave ameaça é empregada com o fim de retirar os bens da vítima. Em outras palavras, a violência ou a grave ameaça, no roubo próprio, constitui meio para o agente chegar ao seu objetivo, que é o de efetuar a subtração. O roubo impróprio se consuma com o emprego da violência ou grave ameaça; já o roubo próprio alcança a sua consumação com a inversão da posse do bem mediante violência ou grave ameaça (Súmula 582, STJ); **II:** incorreta. Isso porque o uso de qualquer instrumento, com ou sem a forma de chave, destinado a abrir fechadura, entre eles a *mixa* e a *gazua*, configura a qualificadora prevista no art. 155, § 4º, III, do CP; **III:** incorreta. Segundo entendimento jurisprudencial hoje prevalente, não há necessidade, à incidência da majorante prevista no art. 157, § 2º, I, do CP, de apreensão da arma e submissão desta a exame pericial, quando a sua utilização resultar comprovada por outros meios de prova. Dito de outro modo, a não apreensão da arma de fogo empregada no crime de roubo não é motivo bastante a afastar a incidência da causa de aumento do art. 157, § 2º, I, do CP. Conferir, nesse sentido: *Roubo circunstanciado pelo emprego de arma de fogo. Prescindibilidade da apreensão e perícia da arma para caracterizar a majorante prevista no art. 157, § 2º, I, do CP, se por outros meios de prova restar comprovado o seu emprego na prática criminosa. 3. Precedente do Plenário. 4. Ordem denegada* (STF, HC 104984, Relator(a): Min. Gilmar Mendes, Segunda Turma, julgado em 19.10.2010, DJe-230 DIVULG 29.11.2010 PUBLIC 30.11.2010); **IV:** incorreta, pois em desconformidade com o entendimento sufragado na Súmula 610, do STF: *Há crime de latrocínio, quando o homicídio se consuma, ainda que não realize o agente a subtração de bens da vítima.*
Gabarito "B".

(Ministério Público/ES – 2013 – VUNESP) O roubo

(A) qualificado pela morte (latrocínio) é considerado hediondo apenas quando consumado.
(B) será qualificado pela morte (latrocínio), se a violência for intencional provocando a morte (dolosa ou culposamente).
(C) poderá ser qualificado pela morte, se a violência não for intencional e o resultado for culposo.
(D) impróprio admite que a violência seja praticada durante a subtração.
(E) qualificado por lesões graves é considerado hediondo.

A: incorreta, pois tanto o latrocínio tentado quanto o consumado são considerados hediondos, já que o art. 1º, II, da Lei 8.072/1990 não faz qualquer distinção a respeito; **B:** correta, pois o latrocínio é o crime de roubo qualificado pela morte, que pode ocorrer de forma dolosa ou culposa, previsto no art. 157, § 3º, do CP. Muito embora esta alternativa tenha sido assinalada como correta, há entendimento minoritário em sentido contrário, defendido por *Israel Domingos Jorio*, segundo o qual "*o resultado morte somente pode ser atribuído ao agente a título de culpa, cuidando-se, portanto, de um crime preterdoloso. Caso o agente, segundo o renomado autor, mesmo que com a finalidade de levar a efeito a subtração, viesse a causar, dolosamente, a morte da vítima, deveria ser aplicado o raciocínio correspondente ao concurso de crimes*" (GRECO, Rogério. Código Penal Comentado, 7ª edição, 2013, Ed. *Impetus*; **C:** incorreta, pois o roubo somente poderá ser qualificado pela morte, se a violência for intencional, podendo o resultado ser doloso ou culposo, já que em hipótese alguma se admite que o agente seja responsabilizado pela ocorrência de um resultado que não lhe era ao menos previsível; **D:** incorreta, pois o roubo impróprio se caracteriza pela conduta do agente que realiza a subtração patrimonial não violenta mas que, durante a execução do delito, emprega violência contra pessoa ou grave ameaça, a fim de assegurar a impunidade do crime ou a detenção da coisa para si ou para terceiro (art. 157, § 1º, do CP);

E: incorreta, pois somente é considerado crime hediondo o latrocínio, que é o roubo qualificado pela morte (art. 1º, II, da Lei 8.072/1990) e não pela lesão corporal de natureza grave.
Gabarito "B".

(Ministério Público/SP – 2013 – PGMP) O Superior Tribunal de Justiça pacificou entendimento no sentido de que a conduta dos agentes que, mediante grave ameaça exercida com emprego de arma, depois de subtrair os pertences da vítima, na mesma circunstância fática, exigem a entrega do cartão bancário e respectiva senha, os quais são por eles utilizados para saque de dinheiro da conta corrente dessa vítima, configura

(A) roubo com dupla majorante somente, porque há crime único.
(B) roubo com dupla majorante em concurso com extorsão simples (para evitar o *bis in idem* do concurso de agentes e do uso de arma).
(C) roubo com dupla majorante e extorsão majorada em continuidade.
(D) roubo com dupla majorante e extorsão majorada em concurso material.
(E) extorsão com dupla majorante somente, em face da consunção.

De acordo com o entendimento do Superior Tribunal de Justiça, configura hipótese de concurso material entre os crimes de roubo e extorsão a conduta do autor que, após subtrair bens de propriedade da vítima, a obriga, também mediante ameaça, a efetuar compras de outros bens, visando à obtenção de indevida vantagem econômica (REsp 437.157/SP, Rel. Min. Arnaldo Esteves Lima, 5ª Turma, j. 05/02/2009). Assim, é do enunciado que os agentes, após subtraírem, com emprego de arma, os pertences da vítima – fato este caracterizador do crime de roubo majorado pelo concurso de agentes e emprego de arma (art. 157, § 2º, I e II, do CP) -, exigiram dela o cartão magnético e senha para o saque de dinheiro de sua conta corrente – fato que se subsume ao tipo penal de extorsão majorada pelo concurso de agentes e emprego de arma (art. 158, § 1º, do CP). Portanto, os agentes, de acordo com o STJ, devem responder por ambos os crimes (roubo duplamente majorado e extorsão majorada), em concurso material.
Gabarito "D".

(Ministério Público/SP – 2012 – VUNESP) Considere:

I. No crime de extorsão mediante sequestro (art. 159, CP), a consumação do crime ocorre com o recebimento do preço do resgate.
II. O consentimento válido do ofendido exclui o delito de sequestro e cárcere privado (art. 148, CP).
III. O crime de extorsão (art. 158, CP) consuma-se independentemente da obtenção da vantagem indevida.
IV. O crime de sequestro e cárcere privado (art. 148, CP) consuma-se quando o sujeito passivo fica privado de sua liberdade de locomoção.
V. O delito de extorsão mediante sequestro (art. 159, CP) é delito continuado, prolongando-se no tempo o seu momento consumativo.

Está correto o que se afirma APENAS em

(A) I e II.
(B) II, IV e V.
(C) I, III e V.
(D) II, III e V.
(E) II, III e IV.

I: incorreta. O crime de extorsão mediante sequestro (art. 159 do CP) é formal, consumando-se no momento em que a vítima é sequestrada,

tendo, portanto, sua liberdade de locomoção retirada. O recebimento do preço do resgate é mero exaurimento; **II:** correta. No crime de sequestro ou cárcere privado (art. 148 do CP), o consentimento do ofendido excluirá a ilicitude do fato, desde que, é claro, o consentimento seja válido, expresso, e praticado por pessoa com capacidade; **III:** correta (Súmula 96 do STJ). Trata-se de crime formal; **IV:** correta. De fato, o crime de sequestro ou cárcere privado (art. 148 do CP) consuma-se com a privação da liberdade de locomoção da vítima, que ficará impedida de ir, vir ou permanecer onde quiser; **V:** incorreta. O crime de extorsão mediante sequestro é permanente (e não continuado, como consta na assertiva!), prolongando-se a consumação no tempo pela vontade do agente. Assim, a despeito de o gabarito indicado pela banca examinadora ser a letra "D", em verdade, correta a letra "E".
Gabarito "D".

(Ministério Público/SP – 2012 – VUNESP) Considere:

I. Pratica delito de furto qualificado pela destreza (art. 155, § 4º, inc. II) sujeito que ingressa em casa alheia pelo telhado e de lá subtrai bens de seu proprietário.
II. O crime de roubo próprio previsto no *caput*, do art. 157, do Código Penal, se configura com a subtração da coisa sem grave ameaça ou violência, vindo o agente a empregá-las posteriormente contra a pessoa, com o fim de assegurar a impunidade do crime ou a detenção da coisa para si ou para terceiro.
III. O delito de quadrilha ou bando constitui crime de concurso necessário, pois o tipo penal exige no mínimo 3 (três) pessoas associadas com a finalidade de cometerem crimes.
IV. Pratica o crime de furto qualificado por fraude, o agente que se prontificando a ajudar a vítima a efetuar operação em caixa eletrônico subtrai o seu telefone celular sem que esta perceba.
V. O elemento subjetivo do delito de extorsão é o dolo, sendo prescindível o fim especial de agir.

Está correto o que se afirma APENAS em

(A) I.
(B) IV.
(C) I, II, IV e V.
(D) I e III.
(E) V.

I: incorreta. A qualificadora da destreza (art. 155, § 4º, II, do CP) somente se caracteriza por uma habilidade extraordinária, fazendo, com isso, que a vítima não perceba a subtração de seus bens. Não se confunde a destreza com a escalada, que é qualificadora que pressupõe que o agente ingresse no local em que praticará a subtração por uma via anormal (ex.: telhado ou túnel); **II:** incorreta. O roubo próprio, definido no art. 157, *caput*, do CP, pressupõe que o agente subtraia, para si ou para outrem, mediante agrave ameaça ou violência à pessoa, coisa alheia móvel, ou que pratique a subtração após haver reduzido a vítima à impossibilidade de resistência. Já o roubo impróprio é aquele em que o agente, inicialmente, não emprega a violência ou grave ameaça à pessoa, subtraindo coisa alheia móvel à semelhança do que ocorre no furto. Porém, após a subtração, emprega a grave ameaça ou violência à pessoa, a fim de garantir a impunidade ou a detenção da *res* (art. 157, § 1º, do CP); **III:** incorreta. A despeito de o crime de quadrilha ou bando (atualmente denominado *associação criminosa*) ser, de fato, crime de concurso necessário (ou plurissubjetivo), para sua ocorrência será necessária a associação de no mínimo quatro pessoas (com o advento da Lei 12.850/2013, esse número mínimo foi reduzido para três), para o fim de praticarem crimes (art. 288 do CP); **IV:** correta. De fato, o agente que se prontifica a auxiliar a vítima em caixa eletrônico a efetuar determinada operação, e se aproveita desse momento de "menor vigilância" para subtrair-lhe o celular, cometerá furto qualificado

mediante fraude. Fica nítido que o emprego da fraude (auxiliar a vítima a operações bancárias em caixa eletrônico) se deu para distrair a vítima, reduzindo-se, assim, a vigilância sobre seus pertences; **V:** incorreta. O crime de extorsão, além do dolo, exige um especial fim de agir do agente, qual seja, o de obter indevida vantagem econômica (art. 158 do CP). Trata-se de crime formal, que se consuma com a prática do verbo "constranger", pouco importando se a vantagem indevida será – ou não – obtida (Súmula 96 do STJ).
Gabarito "B".

(Ministério Público/SP – 2012 – VUNESP) É correto afirmar:

(A) O crime de receptação é chamado de crime acessório ou parasitário, porque o seu reconhecimento depende da ocorrência de um crime anterior.
(B) Não configura crime impossível, por absoluta impropriedade do objeto, a hipótese de furto em que a vítima não tem consigo qualquer bem ou valor a ser subtraído pelo agente.
(C) O agente que, voluntariamente, desiste de prosseguir na execução do crime ou impede que o resultado se produza, só responde pelos atos já praticados, ocorrendo a hipótese de arrependimento posterior.
(D) Não se admite a aplicação do arrependimento posterior (art. 16, CP) no crime de furto qualificado pela destruição ou rompimento de obstáculo, em razão da violência empregada pelo agente na subtração.
(E) No tocante ao crime culposo, a culpa concorrente da vítima exclui a do acusado.

A: correta. De fato, da simples leitura do art. 180 do CP, verifica-se que a receptação está atrelada ao cometimento de um crime anterior. Daí ser denominada de "crime acessório" ou "crime parasitário"; **B:** incorreta. Configura, sim, crime impossível o fato de a vítima não ter qualquer bem ou valor a ser subtraído pelo agente. Se, de antemão, a vítima não traz consigo qualquer coisa móvel passível de apreciação econômica, não poderá ser vítima de furto (crime patrimonial). Aplicável, portanto, o art. 17 do CP; **C:** incorreta. A assertiva descreve os institutos da desistência voluntária e arrependimento eficaz (art. 15 do CP), que não se confundem com o arrependimento posterior (art. 16 do CP), que é causa de diminuição de pena; **D:** incorreta. O arrependimento posterior será admissível se o agente reparar integralmente o dano ou restituir a coisa, até o recebimento da denúncia ou queixa, desde que o crime por ele praticado não tenha sido cometido com grave ameaça ou *violência à pessoa* (art. 16 do CP). A violência dirigida a *coisas* não afasta o arrependimento posterior; **E:** incorreta. Nos crimes culposos, se agente e vítima agirem com culpa, cada qual responderá pelo resultado lesivo praticado. Inexiste a possibilidade de compensação de culpas.
Gabarito "A".

(Ministério Público/RR – 2012 – CESPE) Em relação aos crimes contra o patrimônio, assinale a opção correta com base no disposto no CP e no entendimento doutrinário e jurisprudencial.

(A) As circunstâncias majorantes estabelecidas no CP para o roubo próprio e impróprio são aplicadas integralmente aos crimes de latrocínio.
(B) Configurada a tentativa de morte da vítima pela violência perpetrada pelo agente na tentativa de subtração patrimonial, não sendo consumado, por circunstâncias alheias à vontade do agente, nenhum dos delitos que compõem o crime complexo, o agente será responsabilizado, em concurso formal, por roubo ou homicídio tentados.
(C) Caso um dos comparsas de crime de roubo efetue disparos que atinjam a vítima e esta venha a falecer em

decorrência dos ferimentos, todos os agentes envolvidos no delito serão responsabilizados pelo delito de latrocínio, independentemente da identificação do coautor que desferiu os tiros.

(D) O roubo qualificado pela privação da liberdade da vítima, a extorsão comum e a extorsão mediante sequestro, crimes contra o patrimônio com elementar comum de restrição da liberdade da vítima para obtenção da coisa alheia móvel, são considerados crimes hediondos, independentemente de lesão grave ou morte da vítima.

(E) Para a consumação do crime de extorsão, incluído entre os delitos patrimoniais, é imprescindível a obtenção, pelo agente, de indevida vantagem econômica para si ou para outrem.

A: incorreta. De acordo com Rogério Sanches, "deve ser lembrado que as circunstâncias majorantes do § 2º têm exclusiva aplicação aos crimes de roubo próprio (*caput*) e impróprio (§ 1º), não se estendendo às hipóteses tratadas no § 3º, seja por uma questão topográfica – onde não se aplica preceito antecedente ao subsequente, salvo expressa disposição a respeito –, seja porque tal majoração não corresponde ao real anseio do legislador na repressão do delito em questão, posto que já tratado com toda severidade (RT 780/583)" (*Curso de Direito Penal – Parte Especial*. 4. Ed. Editora JusPODIVM, p. 271); **B:** incorreta. Em caso de subtração tentada e morte tentada, não há dúvidas de que o agente deverá responder por tentativa de latrocínio. Tal se extrai, inclusive, da Súmula 610 do STF, que enuncia haver latrocínio quando o homicídio se consuma, ainda que não realize o agente a subtração de bens da vítima. Ora, a consumação, como se vê, está atrelada ao resultado morte, ainda que a subtração não se tenha ultimado. Logo, se subtração e morte são tentadas, o crime a ser imputado ao agente é o latrocínio, na forma tentada (art. 157, § 3º, parte final, c/c o art. 14, II, todos do CP). Não se fala em desclassificação de latrocínio para homicídio quando comprovada a intenção do agente em subtrair coisa alheia móvel mediante violência à pessoa; **C:** correta. Se o latrocínio for perpetrado em concurso de pessoas, todos os que contribuíram para a execução do tipo penal responderão pelo resultado morte, ainda que não tenham agido diretamente para a sua produção. Afinal, no mínimo, assumiram o risco pelo evento mais gravoso (STJ, HC 37583/SP, 5ª T., *DJ* 01.07.2005); **D:** incorreta. O roubo majorado pela restrição da liberdade da vítima (art. 157, § 2º, V, do CP), bem como a extorsão comum (art. 158, *caput*, do CP), não figuram no rol dos crimes hediondos (art. 1º da Lei 8.072/1990). Com relação ao roubo, apenas se presente a qualificadora do § 3º, parte final, do art. 157 do CP, qual seja, a morte (latrocínio), estaremos diante de crime hediondo. Já no tocante à extorsão, apenas a modalidade qualificada pela morte (art. 158, § 2º, do CP) é considerada hedionda. Por fim, de fato, a extorsão mediante sequestro (art. 159 do CP), seja simples, seja qualificada, é considerada crime hediondo; **E:** incorreta (Súmula 96 do STJ). O crime de extorsão se consuma independentemente da obtenção da vantagem econômica indevida pelo agente. Trata-se de crime formal, que se consuma no momento em que o agente pratica o verbo do tipo (constranger), compelindo a vítima, mediante grave ameaça ou violência, que faça, tolere que se faça ou deixar de fazer alguma coisa.

Gabarito "C".

(Ministério Público/GO – 2012) Com relação ao crime de furto praticado durante o repouso noturno (art. 155, § 1º, do Código Penal), é correto afirmar que:

(A) A causa de aumento de pena somente incide no tocante ao furto simples

(B) Obrigatoriamente deve ser praticado em concurso de agentes

(C) Trata-se de hipótese de delito agravado em razão de se referir a período em que normalmente as pessoas encontram-se em descanso, tornando-se mais vulneráveis

(D) Para se definir o conceito de "repouso noturno", é totalmente irrelevante levar em consideração os costumes de uma determinada localidade

A: a banca examinadora considerou incorreta a alternativa. Porém, os Tribunais Superiores, majoritariamente, orientam-se no sentido de que a majorante prevista no art. 155, § 1º, do CP aplica-se apenas ao furto simples. Confira-se a ementa extraída do julgamento do REsp 940245/RS, da relatoria do Min. Felix Fischer: "*Penal. Recurso especial. Furto qualificado. Causa especial de aumento. Repouso noturno. Estabelecimento comercial. Impossibilidade.* I – Incide a majorante prevista no art. 155, § 1º, do Código Penal se o delito é praticado durante o repouso noturno, período de maior vulnerabilidade inclusive para estabelecimentos comerciais, como ocorreu *in casu* (Precedentes). II – Entretanto, a causa especial de aumento de pena do repouso noturno é aplicável somente às hipóteses de furto simples, sendo incabível no caso do delito qualificado (Precedente). Recurso desprovido." Ainda, se um furto qualificado for praticado durante o repouso noturno, tal condição deverá ser sopesado quando da fixação da pena-base (circunstâncias judiciais desfavoráveis); **B:** incorreta. Não há qualquer correlação entre a majorante do repouso noturno e a qualificadora do concurso de pessoas, vale dizer, uma não depende do reconhecimento da outra; **C:** correta. De fato, a *ratio* de ser majorada a pena pela prática de furto durante o repouso noturno é a maior censurabilidade da conduta ser perpetrada durante o período de descanso das pessoas, período este em que o patrimônio está sob menor vigilância; **D:** incorreta. De acordo com a doutrina, o critério definidor do "repouso noturno" é variável, dependendo da análise dos costumes de determinada localidade no tocante ao recolhimento das pessoas para seu repouso. Decerto, no meio rural, especialmente naquelas regiões menos favorecidas, inclusive sem energia elétrica, o repouso noturno inicia-se anteriormente ao das cidades.

Gabarito "C".

(Procurador da República –28º Concurso – 2015 – MPF) Tratando-se de estelionato contra a previdência social, assinale a alternativa correta:

(A) Decisões recentes do Supremo Tribunal Federal tem afirmado que o estelionato contra a previdência, quando praticado em proveito próprio, é crime permanente;

(B) O termo inicial do prazo prescricional no estelionato contra a previdência cometido em proveito próprio é o dia do protocolo do requerimento do benefício;

(C) O estelionato contra a previdência é crime contra a administração pública;

(D) No estelionato contra a previdência, sujeito passivo é, sempre, o beneficiário, mesmo que conhecendo ilicitudes cometidas pelo intermediário.

A: correta. Conferir: "(...) O crime de estelionato previdenciário, quando praticado pelo próprio favorecido pelas prestações, tem caráter permanente, cessando a atividade delitiva apenas com o fim de sua percepção, termo *a quo* do prazo prescricional. Precedentes. 3. Iniciado o prazo prescricional com a cessação da atividade delitiva, não é cabível o reconhecimento da extinção da punibilidade no caso concreto. Inocorrência da prescrição. 4. *Habeas corpus* extinto sem resolução de mérito" (HC 121390, Relator(a): Min. Rosa Weber, Primeira Turma, julgado em 24.02.2015, Processo Eletrônico *DJe*-049 divulg 12.03.2015 public 13.03.2015); **B:** incorreta. *Vide* ementa acima transcrita; **C:** incorreta. Cuida-se de crime contra o patrimônio (art. 171, § 3º, do CP); **D:** incorreta. *Vide* Súmula 24, do STJ.

Gabarito "A".

20. CRIMES CONTRA A DIGNIDADE SEXUAL

(Promotor de Justiça – MPE/MS – FAPEC – 2015) Assinale a alternativa **correta**:

(A) A contravenção penal de importunação ofensiva ao pudor foi revogada pelo tipo penal previsto no art. 216-A do Código Penal (Assédio Sexual), com as alterações da Lei nº 12.015/2009.
(B) O estupro com violência ficta, tentado e consumado, não é crime hediondo.
(C) No crime de favorecimento da prostituição ou outra forma de exploração sexual de vulnerável, constitui efeito obrigatório da condenação a cassação da licença de localização e de funcionamento do estabelecimento.
(D) Nos crimes contra a liberdade sexual, constitui causa de aumento da pena a circunstância do agente ser casado.
(E) Tratando-se de vítima maior de quatorze e menor de dezoito anos, a ação penal no caso de estupro é pública condicionada.

A: incorreta. A assertiva contém dois erros. Em primeiro lugar, o crime de assédio sexual, previsto no art. 216-A do CP, foi introduzido por meio da Lei 10.224/2001; o que fez a Lei 12.015/2009 foi tão somente acrescentar o parágrafo segundo nesse dispositivo, que previu uma causa de aumento de pena na hipótese de a vítima ser menor de 18 anos. Além disso, é incorreto afirmar que a introdução do tipo penal do art. 216-A do CP, pela Lei 10.224/2001, revogou a contravenção de importunação ofensiva ao pudor, que permanece em vigor no art. 61 do Decreto-Lei 3.688/1941; **B:** incorreta, já que, atualmente, toda forma de estupro é considerada crime hediondo, tal como estabelece o art. 1º, V e VI, da Lei 8.072/1990 (Crimes Hediondos); **C:** correta, porque em conformidade com o que estabelece o art. 218-B, § 3º, do CP; **D:** incorreta. A causa de aumento prevista no art. 226, II, do CP, que se aplica aos crimes contra a liberdade sexual, somente terá incidência se o agente for casado com a vítima, e não simplesmente casado; **E:** incorreta. Com o advento da Lei 12.015/2009, a ação penal, nos crimes sexuais, que antes era privativa do ofendido, passou a ser, a partir de então, pública condicionada à representação, nos termos do art. 225, *caput*, do CP. Agora, se se tratar de vítima menor de 18 anos (é este o caso da alternativa) ou de pessoa vulnerável, a ação penal será pública *incondicionada*, nos termos do parágrafo único do art. 225 do CP.

Gabarito "C".

(Promotor de Justiça/GO – 2016 – MPE) Sobre os crimes contra a dignidade sexual, marque a alternativa correta:

(A) O crime de assédio sexual (art. 216-A, CP) é crime cujo conteúdo típico exige uma relação de hierarquia entre o agente e a vítima, tal qual aquela existente entre aluno e professor.
(B) A violação sexual mediante fraude (art. 215, CP) é crime formal, vez que para sua configuração basta o emprego da fraude, capaz de afastar a resistência da vítima, independentemente da efetiva conjunção carnal.
(C) No crime de estupro de vulnerável (art. 217-A, CP), caso o agente se valha de violência ou grave ameaça contra a vítima para ter conjunção carnal, responderá pelo crime de estupro, nos termos do art. 213 do CP.
(D) A configuração do crime descrito no art. 218-B do CP (Favorecimento da prostituição ou outra forma de exploração sexual de vulnerável) se configura quando a pessoa induzida passa a se dedicar com habitualidade ao comércio carnal.

A: incorreta, uma vez que o art. 216-A do CP, que define o crime de assédio sexual, exige que a relação entre agente e vítima seja laboral, não sendo este o caso da relação existente entre aluno e professor; **B:** incorreta. Como se infere da própria descrição típica do crime previsto o art. 215 do CP (violação sexual mediante fraude), a sua consumação está condicionada à produção de resultado naturalístico consistente na conjunção carnal ou na prática de outro ato libidinoso. Cuida-se de crime, pois, *material*, e não *formal*; **C:** incorreta. Ainda que o agente se valha de violência ou grave ameaça no estupro de pessoa considerada vulnerável, o crime em que incorrerá é o do art. 217-A do CP, e não o do art. 213 do CP; **D:** correta. Trata-se, de fato, de crime material, cuja consumação, bem por isso, somente é alcançada com a efetiva prática da prostituição ou outra forma de exploração sexual.

Gabarito "D".

(Promotor de Justiça/SC – 2016 – MPE)

(1) São considerados vulneráveis, para fins sexuais, apenas menores de 14 anos, conforme expressamente dispõe o Código Penal Brasileiro.

1: no contexto dos crimes sexuais, são considerados vulneráveis, a teor do art. 217-A do CP, além dos menores de 14 anos, também os enfermos e deficientes mentais, quando não tiverem o necessário discernimento para a prática do ato, e aqueles que, por qualquer causa, estão impossibilitados de oferecer resistência à prática do ato sexual.

Gabarito 1E

(Ministério Público/SP – 2013 – PGMP) A Lei nº 12.015/2009 trouxe alterações nos chamados "crimes sexuais" do Código Penal e buscou, além modernizar algumas tutelas, agravar a situação do agente em vários crimes. É possível concluir assim que NÃO era desejado pelo legislador:

(A) a revogação da posse sexual mediante fraude e sua substituição pela violação sexual mediante fraude.
(B) a introdução da ótica da "dignidade sexual" no lugar da dos "costumes".
(C) o desdobramento do art. 218 em três crimes, dois deles referentes à satisfação da lascívia com o envolvimento de menores de catorze anos.
(D) o afastamento do concurso material entre os antigos estupro e atentado violento ao pudor (arts. 213 e 214), realizados no mesmo contexto fático (*lex in melius*).
(E) a inclusão do favorecimento da prostituição e exploração sexual do vulnerável.

A: incorreta. Com o advento da Lei 12.015/2009, a posse sexual mediante fraude, prevista no art. 215 do CP, passou a ter novo *nomen juris*, qual seja, o de violação sexual mediante fraude, abrangendo não apenas a mulher, mas, sim, qualquer pessoa (homem ou mulher), que com o agente manterá qualquer tipo de ato libidinoso (conjunção carnal ou outros), mediante fraude; **B:** incorreta, pois foi, sim, desejo do legislador trazer uma nova conotação aos crimes sexuais, que deixaram de ter uma ótica moralista (crimes contra os costumes), passando a violar a dignidade sexual da vítima, espectro da própria dignidade da pessoa humana; **C:** incorreta, pois o "antigo" art. 218 do CP, que tinha o nome jurídico de "corrupção de menores", desdobrou-se em três crimes (art. 218, *caput* – corrupção de menores; art. 218-A – satisfação de lascívia mediante a presença de criança ou adolescente; art. 218-B – favorecimento da prostituição ou outra forma de exploração sexual de vulnerável), sendo que, em dois deles (art. 218, *caput*, e art. 218-A, ambos do CP), a vítima é menor de catorze anos; **D:** correta. A despeito de existir polêmica doutrinária e jurisprudencial sobre a questão, o fato é que a Lei 12.015/2009, ao promover a fusão de dois tipos penais (antigos arts. 213 e 214 do CP) em um só (atual art. 213 do CP), deu azo ao reconhecimento de um único crime, qual seja, o de estupro, quando o agente, no mesmo contexto fático, mantiver conjunção carnal com a vítima e, após, com ela praticar atos libidinosos diversos. É essa a posição da 6ª Turma do STJ (HC 144.870/DF; HC 129.398/RJ). Porém, importante registrar que o tema não é pacífico nem mesmo na referida Corte, eis que sua 5ª Turma já decidiu que o art. 213 do CP é tipo misto cumulativo, sendo admissível o concurso de crimes, ainda que os diversos atos libidinosos (conjunção carnal e outros) sejam praticados no mesmo contexto fático, contra a mesma vítima (HC 105.533/PR; HC 78.667/SP); **E:** incorreta, pois a Lei 12.015/2009 promoveu a inclusão de tipo penal específico (art. 218-B do CP), que trata do favorecimento da prostituição ou outra forma de exploração sexual de vulnerável.

Gabarito "D".

(Ministério Público/RR – 2012 – CESPE) Durante operação conjunta das polícias civil e militar, do conselho tutelar e do juizado da infância e juventude de determinada cidade do interior, foram encontrados, em uma boate, dez adolescentes, com idades entre dezesseis e dezessete anos, de ambos os sexos, trabalhando, em trajes minúsculos, como garçons e garçonetes no estabelecimento. Havia, ainda, adolescentes se exibindo em espetáculo de *striptease*.

Considerando a situação hipotética acima apresentada e o que dispõe o CP acerca dos crimes contra a dignidade sexual, assinale a opção correta.

(A) Suponha que algum adulto tenha praticado, com outro adulto, conjunção carnal ou qualquer outro ato libidinoso na presença dos adolescentes, ou que os tenha induzido a presenciar os referidos atos, a fim de satisfazer lascívia própria ou de outrem. Nessa situação, esse adulto deve ser responsabilizado pelo delito de satisfação de lascívia na presença de criança ou adolescente.

(B) O proprietário ou o gerente do estabelecimento deve ser responsabilizado tão somente pelo delito de manutenção de estabelecimento para exploração sexual, haja ou não mediação direta na exploração sexual.

(C) Devem responder penalmente pela prática do delito de favorecimento à exploração sexual de vulnerável o proprietário, o gerente ou o responsável pela boate e, de igual modo, os clientes encontrados no local.

(D) Se algum dos clientes da boate for encontrado mantendo conjunção carnal ou qualquer outro ato libidinoso com algum adolescente, será responsabilizado por estupro de vulnerável, se restar demonstrado o pleno conhecimento da menoridade da vítima, ainda que esta tenha assentido em realizar a conduta.

(E) Caso os adolescentes tenham ingressado voluntariamente no estabelecimento para o exercício das atividades descritas e, ao tentarem deixar o local e cessar as práticas, tenham sido impedidos pelo proprietário e gerente, restará consumado o delito de exploração sexual de vulnerável na forma de impedimento ou dificultação do abandono da atividade, cuja pena será agravada da quarta parte pelo concurso de pessoas, com aplicação de pena de multa, tendo como efeito obrigatório da condenação a cassação da licença de localização e funcionamento da boate.

A: incorreta. O art. 218-A do CP pressupõe que o agente pratique conjunção carnal ou qualquer outro ato libidinoso, para a satisfação da própria lascívia ou de outrem, na presença de menor de 14 (quatorze) anos. Considerando que na boate havia adolescentes com idade entre dezesseis e dezessete anos, não se tipifica a conduta descrita no dispositivo mencionado; **B:** incorreta, pois o proprietário ou gerente da boate em que os adolescentes foram encontrados não responderão, simplesmente, pelo crime do art. 229 do CP (casa de prostituição), mas, sim, em virtude do princípio da especialidade, pelo crime do art. 218-B do CP; **C:** incorreta. O art. 218-B, § 2º, II, do CP é dirigido ao proprietário, gerente ou responsável pelo local em que se realiza a prática da prostituição ou da exploração sexual de vulnerável, e não aos clientes da boate; **D:** incorreta, pois o estupro de vulnerável, descrito no art. 217-A do CP, pressupõe, por óbvio, que a vítima se enquadre em uma das situações de vulnerabilidade. No tocante ao fator "idade", a vulnerabilidade somente será reconhecida se a vítima for menor de quatorze anos. Considerando que os adolescentes encontrados na boate tinham entre dezesseis e dezessete anos, não se pode cogitar de estupro de vulnerável, ainda mais diante do consentimento deles com a prática dos atos libidinosos; **E:** correta (art. 218-B, *caput*, parte final, do CP). Dificultar o abandono da atividade de prostituição ou de qualquer outra forma de exploração sexual, ainda que inicialmente tenha havido consentimento do menor de dezoito anos, caracteriza o crime de favorecimento de prostituição ou outra forma de exploração sexual de criança ou adolescente ou de vulnerável.

Gabarito "E".

(Ministério Público/MG – 2012 – CONSULPLAN) Dr. José, médico "aposentado" do Hospital Naval, mudou-se para Leopoldina/MG: vendeu sua cobertura em Ipanema (Rio de Janeiro/RJ) e adquiriu uma fazenda com gado leiteiro, na "bucólica" região da zona da mata mineira. Indo à cidade para a missa que mandou rezar em memória de um ano da morte de sua esposa, Dr. José conheceu Mariazinha, que, apesar de contar apenas 16 (dezesseis) anos de idade, celebrava, no mesmo culto religioso, sua prodigiosa aprovação em primeiro lugar no vestibular de Medicina da UFJF. Dr. José se apaixonou por Mariazinha e, naquela noite, após uma festa no clube da cidade, manteve com ela conjunção carnal consentida. Hoje, às vésperas da esperada mudança da adolescente para Juiz de Fora/MG, o pai de Mariazinha recebeu a notícia de que a adolescente está no quinto mês de gravidez. Mariazinha manteve relação sexual exclusivamente com Dr. José – e apenas uma vez! Quanto ao enquadramento jurídico-penal da conduta de Dr. José, que nega ser o pai do nascituro, é **CORRETO** afirmar que se trata de:

(A) assédio sexual.
(B) violação sexual de vulnerável.
(C) corrupção de menor.
(D) indiferente penal.

A conduta perpetrada por Dr. José é atípica. Vejamos, porém, cada uma das alternativas. **A:** incorreta. O crime de assédio sexual, definido no art. 216-A do CP, pressupõe que entre vítima e sujeito ativo exista uma relação de superioridade hierárquica ou ascendência, o que não se vê no caso relatado no enunciado; **B:** incorreta, pois sequer existe o crime de violação sexual de vulnerável. Outrossim, Mariazinha, com 16 (dezesseis) anos de idade, não se enquadra no conceito de vulnerabilidade trazido no art. 217-A, *caput* e § 1º, do CP; **C:** incorreta, pois o crime de corrupção de menores pressupõe que a vítima seja menor de 14 (quatorze) anos e satisfaça a lascívia de outrem (e não a própria, tal como ocorreu no enunciado); **D:** correta. Não se vislumbra que Dr. José tenha cometido crime contra a dignidade sexual de Mariazinha. Esta somente seria considerada vulnerável, e, portanto, seu consentimento seria absolutamente inválido, caso contasse com menos de 14 (quatorze) anos, caso em que restaria caracterizado o estupro de vulnerável.

Gabarito "D".

21. CRIMES CONTRA A FÉ PÚBLICA

(Promotor de Justiça/SC – 2016 – MPE)

(1) A modificação do numerário do chassi contido no documento de um veículo caracterizará a prática do delito de falsificação de documento público e não de adulteração de sinal identificador de veículo automotor.

1: a prática do crime de *adulteração de sinal identificador de veículo automotor*, previsto no art. 311 do CP, deve ser afastada de plano, uma vez que esse delito tem como objeto material o número do chassi ou outro sinal identificador, componente ou equipamento que pertença ao veículo (parte integrante dele), o que não inclui, por óbvio, a sua documentação, cuja falsificação implica o cometimento do crime de *falsificação de documento público* (art. 297, CP).
Gabarito 1C

(Promotor de Justiça – MPE/MS – FAPEC – 2015) Assinale a alternativa **correta**:

(A) Comete o crime de falsificação de documento particular, o agente que altera, em parte, testamento particular.
(B) Constitui o crime de fraude processual inovar artificiosamente, na pendência de processo civil ou administrativo, o estado de lugar, de coisa ou pessoa, com o fim de induzir a erro o juiz ou o perito, sendo que as penas se aplicam em dobro se a inovação se destina a produzir efeito em processo penal, desde que já iniciado.
(C) O crime de falsidade ideológica não se admite quando o documento é particular.
(D) O crime de fraude em certame de interesse público é consumado com a efetiva utilização ou divulgação da informação sigilosa, ainda que o destinatário já tenha conhecimento do objeto sob sigilo e não obtenha êxito no certame.
(E) No crime de falsificação de documento público, a forma do documento é verdadeira, mas seu conteúdo é falso.

A: incorreta, na medida em que o *testamento particular*, que também é chamado de *hológrafo*, é considerado, para efeitos penais, documento público por equiparação, nos termos do que estabelece o art. 297, § 2º, do CP, razão pela qual o agente que altera testamento particular responderá pelo cometimento do crime de falsificação de documento *público*, e não *particular*, como constou da assertiva. E assim é porque o legislador achou por bem, dada a relevância de determinados documentos particulares, equipará-los, somente para fins penais, a documento público, uma vez que a pena cominada à falsificação de documento público é superior àquela prevista para o crime de falsificação de documento particular (art. 298, CP); **B:** incorreta. O erro da assertiva está em afirmar, ao seu final, que as penas se aplicam em dobro se a inovação se destina a produzir efeito em processo penal, *desde que já iniciado*. Na verdade, segundo previsão contida no art. 347, parágrafo único, do CP, a causa de aumento ali prevista incidirá ainda que o processo penal *não tenha iniciado*; **C:** incorreta. Isso porque a conduta, no crime de falsidade ideológica, previsto no art. 299 do CP, pode recair tanto no documento público quanto no particular; **D:** correta. O crime do art. 311-A do CP é, tal como se afirma, *formal*, já que a sua consumação se dá com a mera prática das condutas previstas no tipo penal (utilizar ou divulgar); **E:** incorreta. Ao contrário do que se afirma, a conduta consistente em falsificar documento público (art. 297, CP) recai sobre a forma do documento. O agente, neste caso, constrói um novo ou alterara o verdadeiro; nisso difere da falsidade ideológica (art. 299, CP), em que a conduta recai sobre o conteúdo, sobre a ideia contida no documento, que formalmente é perfeito.
Gabarito "D"

(Ministério Público/SP – 2012 – VUNESP) É INCORRETO afirmar:

(A) O crime de uso de documento falso (art. 304, CP) trata-se de delito unissubsistente, que não admite a forma tentada (art. 14, II, CP).
(B) O crime de falsidade ideológica (art. 299, do CP) comporta as modalidades comissiva e omissiva.
(C) No crime de falsificação de documento público (art. 297, CP), a forma do documento é verdadeira, mas seu conteúdo é falso.
(D) A substituição de fotografia em documento de identidade verdadeiro (cédula de identidade) pertencente a outrem, com intenção de falsificá-lo, configura o crime de falsificação de documento público (art. 297, CP).
(E) Quem, tendo recebido de boa-fé, como verdadeira, moeda falsa ou alterada, a restitui à circulação, depois de conhecer a falsidade, pratica o crime de moeda falsa na forma privilegiada (art. 289, § 2º, CP).

A: correta. De fato, o crime de uso de documento falso consuma-se no exato momento em que o agente faz uso (emprega) do documento falso, tratando-se de conduta praticada com um só ato. Logo, inadmissível a tentativa (ou o agente faz uso do documento e o crime estará consumado, ou não o faz); **B:** correta. A falsidade ideológica poderá ser praticada por ação (*inserir* ou *fazer inserir*) ou por omissão (*omitir*), bastando a leitura dos verbos do tipo para tal constatação (art. 299 do CP); **C:** incorreta, devendo ser assinalada. A falsificação de documento público insere-se naquilo que se denomina de "falso material", vale dizer, a falsidade repousará sobre o próprio documento, extrinsecamente considerado, ainda que seu conteúdo seja verdadeiro (art. 297 do CP); **D:** correta. Como a fotografia é parte integrante da cédula de identidade, a sua substituição produz um falso material (RT 603/335); **E:** correta (art. 289, § 2º, do CP).
Gabarito "C"

(Procurador da República –28º Concurso – 2015 – MPF) Tratando-se de moeda falsa, assinale a alternativa incorreta:

(A) A utilização de papel-moeda grosseiramente falsificado configura, em tese, o crime de estelionato;
(B) Fabricar petrechos para falsificação de moeda é crime mais grave do que fabricar papel-moeda falso;
(C) A emissão de título ao portador sem permissão legal constitui infração de menor potencial ofensivo;
(D) Ambas as Turmas do Supremo Tribunal Federal já consolidaram o entendimento de que é inaplicável o princípio da insignificância aos crimes de moeda falsa, em que objeto de tutela da norma a fé pública e a credibilidade do sistema financeiro, não sendo determinante para a tipicidade o valor posto em circulação.

A: correta. De fato, conforme entendimento jurisprudencial já consolidado (Súmula 73, STJ), a falsificação grosseira, incapaz, por essa razão, de enganar o homem médio, configura, em princípio, o crime de estelionato, previsto no art. 171 do CP; **B:** incorreta. Isso porque a pena cominada ao crime de fabricação de petrechos para falsificação de moeda (art. 291, CP) é significativamente inferior (reclusão de 2 a 6 anos e multa) àquela prevista para o delito de fabricação de papel--moeda falso (art. 289, CP), que é de 3 a 12 anos de reclusão e multa; **C:** correta. O art. 292 do CP, que define o delito de *emissão de título ao portador sem permissão legal*, estabelece, em seu preceito secundário, pena máxima cominada de 6 meses de detenção, inferior, portanto, ao limite previsto no art. 61 da Lei 9.099/1995, que é de 2 anos, para que o crime seja considerado de menor potencial ofensivo; **D:** correta. Consultar RHC 107.959, no qual restou negada a incidência do princípio da insignificância aos delitos de moeda falsa.

Gabarito "B".

(Procurador da República –28º Concurso – 2015 – MPF) No tema de falsidade ideológica, assinale a alternativa correta:

(A) A não ocorrência de prejuízo descaracteriza a conduta típica de falsidade ideológica;
(B) O candidato que, ao prestar contas à Justiça Eleitoral, declara ter recebido doação que de fato não ocorreu incide em tese no art. 299 do Cód. Penal;
(C) O contrato social é equiparado a documento público;
(D) Excepcionalmente, a ausência de anotação na carteira de trabalho não configura o crime do art. 297, § 4º, do Cód. Penal.

A: incorreta. A configuração da falsidade ideológica, delito previsto no art. 299 do CP, prescinde da produção de resultado naturalístico, consistente na efetiva ocorrência de prejuízo a alguém. É delito, portanto, formal. Sua consumação, dessa forma, se dá com a omissão ou inserção da declaração com conteúdo falso; **B:** incorreta. O candidato que proceder na forma descrita na assertiva incorrerá no crime do art. 350 da Lei 4.737/1965 (Código Eleitoral), e não no delito de falsidade ideológica do Código Penal. Na jurisprudência: "O candidato que, ao prestar contas à Justiça Eleitoral, declara ter recebido doação que de fato não ocorreu incide, em tese, no tipo do art. 350 do Código Eleitoral" (STF, Inq 3676, Relator(a): Min. Rosa Weber, Primeira Turma, julgado em 30.09.2014, acórdão eletrônico DJe-201 divulg 14.10.2014 public 15.10.2014); **C:** incorreta, na medida em que o contrato social não foi contemplado no rol dos documentos públicos por equiparação (art. 297, § 2º, do CP); **D:** correta. Na jurisprudência: "(...) 2. Prevalece no STJ que a simples omissão de anotação de contrato na CTPS já preenche o tipo penal descrito no § 4º do art. 297 do Código Penal. Contudo, é imprescindível que a conduta preencha não apenas a tipicidade formal, mas antes e principalmente a tipicidade material. Indispensável, portanto, a demonstração do dolo de falso e da efetiva possibilidade de vulneração à fé pública. 3. O Direito Penal só deve ser invocado quando os demais ramos do Direito forem insuficientes para proteger os bens considerados importantes para a vida em sociedade. A controvérsia foi efetivamente resolvida na Justiça Trabalhista – que reconheceu não ser possível se falar em contrato de prestação de serviço autônomo, reconhecendo o vínculo empregatício, matéria, aliás, que pode assumir contornos de alta complexidade. Dessarte, simples omissão pode revelar, no máximo, típico ilícito trabalhista – art. 47 da CLT – sem nenhuma nuance que demande a intervenção automática do Direito Penal. 4. O tipo penal de falso, quer por ação quer por omissão, deve ser apto a iludir a percepção de outrem. A conduta imputada à recorrida não se mostrou suficiente a gerar consequências outras além de um processo trabalhista. Não se verifica, assim, a efetiva vulneração ao bem jurídico tutelado, qual seja, a fé pública, haja vista a CTPS não ter perdido sua autenticidade. De igual modo, não havendo a anotação de quaisquer dados não há como se afirmar, peremptoriamente, que se pretendia alterar ideologicamente a realidade. 5. A melhor interpretação a ser dada ao art. 297, § 4º, do Código Penal, deveria passar necessariamente pela efetiva inserção de dados na Carteira de Trabalho, com a omissão de informação juridicamente relevante, demonstrando-se, da mesma forma, o dolo do agente em falsear a verdade, configurando efetiva hipótese de falsidade ideológica, o que a tutela penal visa coibir. 6. Recurso especial a que se nega provimento" (REsp 1252635/SP, Rel. Ministro Marco Aurélio Bellizze, Quinta Turma, julgado em 24.04.2014, DJe 02.05.2014).

Gabarito "D".

(Procurador da República – 26.º) Leia as proposições abaixo:

I. o crime de moeda falsa, previsto no art. 289, *caput*, do CP, consuma-se no lugar e no momento em que se conclui a falsificação, em qualquer de suas modalidades, independentemente de ser colocada de modo efetivo em circulação;

II. a falsificação de várias moedas, na mesma ocasião, configura crime continuado:
III. se o autor da falsificação da moeda no estrangeiro a trouxer para o Brasil responderá pelos crimes de falsificação e de circulação de moeda falsa, em concurso;
IV. guardar moeda falsa, sem ser o proprietário, ciente da falsidade, constitui crime independentemente de sua intenção de colocá-la em circulação.

Dentre as proposições acima:

(A) apenas são corretas as dos itens I e IV;
(B) apenas são corretas as dos itens I e III;
(C) apenas são corretas as dos itens II e III;
(D) todas são incorretas.

I: correta. De fato, o crime de moeda falsa (art. 289, *caput*, do CP) consuma-se no exato momento em que o agente falsifica moeda metálica ou papel moeda de curso legal no país ou no estrangeiro, quer fabricando-o, quer alterando-o. Tratando-se de crime formal (ou de consumação antecipada), não se exige a produção de qualquer resultado, aqui incluída a colocação da moeda falsificada em circulação; **II:** incorreta. A falsificação de diversas moedas, no mesmo contexto fático, constitui crime único (*RF*, 216:293). Apenas se o falso ocorresse em ocasiões distintas é que se poderia falar em concurso de crimes (*RF*, 168:350); **III:** incorreta, pois se o autor da falsificação de moeda a introduzir no Brasil, colocando-a em circulação, responderá apenas pelo crime antecedendo, constituindo a circulação um *post factum* impunível (nesse sentido, Damásio de Jesus – *Código Penal Anotado*, 21.ª ed., Ed. Saraiva, p. 1040); **IV:** correta. De fato, nos termos do art. 289, § 1.º, do CP, comete crime autônomo aquele que, por conta própria ou alheia, importa ou exporta, adquire, vende, troca, cede, empresta, *guarda* ou introduz na circulação moeda falsa. Na modalidade "guardar", o crime estará consumado com tal prática pelo agente, independentemente de tencionar colocar a moeda falsa em circulação.

Gabarito "A".

(Procurador da República – 25.º) Sobre o crime de supressão de documento assinale a alternativa correta:

(A) absorve o crime de dano;
(B) se consuma independentemente de eventual prejuízo ou benefício decorrente;
(C) pode incidir em documento público ou particular falso se este constituir meio de prova;
(D) abrange o extravio.

A: incorreta, pois o crime de dano é patrimonial (art. 163 do CP), tutelando bem jurídico absolutamente diverso do crime de supressão de documento (art. 305 do CP), que se volta contra a fé pública; **B:** correta. De fato, o crime do art. 305 do CP (supressão de documento) consuma-se com a destruição, a supressão ou a ocultação do documento público ou particular de que o sujeito não podia dispor (crime formal). Logo, independerá de efetiva obtenção de benefício próprio ou alheio, ou da produção de resultado lesivo (prejuízo) a outrem; **C:** incorreta, pois a supressão de documento, tal como consta na redação típica (art. 305 do CP), volta-se a documento público ou particular *verdadeiro*; **D:** incorreta, não constando o extravio como conduta típica do art. 305 do CP.

Gabarito "B".

22. CRIMES CONTRA A ADMINISTRAÇÃO PÚBLICA

(Promotor de Justiça/SC – 2016 – MPE)

(1) É possível, segundo entendimento doutrinário predominante, a ocorrência do crime de corrupção ativa sem que exista simultaneamente o cometimento da corrupção passiva, pois as condutas são independentes.

1: o delito de corrupção (ativa ou passiva) não pressupõe, necessariamente, a existência de um crime bilateral (corrupção passiva de um lado e corrupção ativa de outro). Imaginemos a situação em que o funcionário solicita vantagem indevida de um particular. Neste caso, o crime funcional (corrupção passiva), porque formal, já restará consumado, pouco importando que o particular atenda ou não ao pleito formulado pelo *intraneus*. Temos, neste caso, tão somente o crime de corrupção passiva. De outro lado, se o particular oferece ao funcionário vantagem indevida e este a recusa, há somente o cometimento do crime de corrupção ativa por parte do particular. É claro que, se o funcionário aceitar a promessa formulada pelo particular, haverá dois crimes: corrupção ativa pelo particular e passiva pelo funcionário.
Gabarito 1C

(Promotor de Justiça/SC – 2016 – MPE)

(1) O crime de peculato, disposto no Código Penal Brasileiro, possui apenas modalidades dolosas. Não há em nenhuma das modalidades previsão para extinção da punibilidade em caso de ocorrer a reparação do dano pelo funcionário público antes do recebimento da denúncia, entretanto, cabe-lhe, em tendo reparado o prejuízo de forma voluntária, o direito ao instituto do arrependimento posterior.

1: além de contemplar modalidades dolosas, que são o *peculato-apropriação* (art. 312, *caput*, 1ª parte, do CP), o *peculato-desvio* (art. 312, *caput*, 2ª parte, do CP) e o *peculato-furto* ou *peculato impróprio* (art. 312, § 1º, do CP), o art. 312, em seu § 2º, prevê a forma culposa de peculato, cuja conduta consiste em o funcionário público concorrer, de forma culposa, para o delito de terceiro, que pode ou não ser funcionário público e age sempre de forma dolosa, praticando crimes como, por exemplo, furto, peculato, apropriação indébita etc. A previsão para a extinção da punibilidade como consequência da reparação do dano, realizada pelo funcionário, até a sentença irrecorrível, está no art. 312, § 3º, do CP, e somente tem incidência no contexto do peculato culposo, sobre o qual falamos acima. De ver-se que, no peculato doloso, em relação ao qual, insisto, não se aplica a hipótese de extinção de punibilidade prevista no art. 312, § 3º, do CP, é cabível, em princípio, o arrependimento posterior (art. 16, CP), desde que o funcionário, até o recebimento da denúncia, promova, de forma voluntária, a reparação do dano ou a restituição da *res*, hipótese em que a sua pena será reduzida de um a dois terços.
Gabarito 1E

(Ministério Público/PI – 2014 – CESPE) Miguel, Abel e Laerte, ocupantes de cargos de direção em determinada câmara municipal, previamente ajustados e em união de esforços com Pires, empresário, todos agindo consciente e voluntariamente, associaram-se permanentemente com vistas à apropriação de verbas públicas, simulando operações comerciais entre a referida casa legislativa e empresa de fachada. Para tanto, os referidos servidores públicos determinavam que seus subordinados emitissem ordens de pagamento em valores superiores aos efetivamente contratados. O grupo foi objeto de investigação, que resultou em denúncia pela prática dos crimes de peculato doloso e de quadrilha, recebida por juízo criminal. Antes da prolação da sentença, os acusados efetuaram a reparação do dano ao erário. Em relação à situação hipotética apresentada acima, assinale a opção correta.

(A) Dada a manifesta ilegalidade da determinação dada aos subordinados para a expedição de ordens de pagamento em valores superiores aos efetivamente contratados, o fato de os ocupantes de cargo de direção se valerem de seus subordinados como instrumentos para a prática da infração penal caracteriza caso de autoria mediata.
(B) Na hipótese de impossibilidade de conhecimento da ilicitude do fato pelos subordinados que cumpriram a ordem manifestamente ilegal, ficaria afastado o dolo da conduta, consoante a teoria normativa pura da culpabilidade.
(C) O crime de peculato é delito próprio de agente na função de servidor público, de modo que Pires, por ser empresário, deve responder por delito diverso do praticado pelos servidores da câmara municipal.
(D) A reparação do dano ao erário antes da sentença extingue a punibilidade dos agentes apenas em relação ao delito de peculato doloso, devendo o processo prosseguir quanto ao crime de quadrilha.
(E) É possível ao magistrado fixar a pena-base em conjunto para os corréus servidores públicos, na hipótese em que todos eles sejam funcionários da mesma entidade pública e as circunstâncias judiciais se mostrem equivalentes, sem que isso importe em ofensa ao princípio constitucional da individualização da pena, segundo entendimento do STJ.

A: incorreta, pois se a ordem for manifestamente ilegal, mandante e executor respondem pela infração penal, em razão do concurso de pessoas, sendo que a pena do superior hierárquico será agravada (art. 62, II, do CP) e a do subalterno será atenuada (art. 65, III, "c", 1ª parte, do CP). Portanto, não há que se falar em autoria mediata, caso em que não há concurso de pessoas, por inexistir o vínculo subjetivo, já que o agente se utiliza de um inculpável ou de alguém de atua sem dolo ou culpa, como por exemplo, no caso da obediência hierárquica pelo subalterno a uma ordem não manifestamente ilegal emitida pelo superior hierárquico; **B:** incorreta, pois na impossibilidade de conhecimento da ilicitude do fato pelos subordinados que cumpriram a ordem, haverá inexigibilidade de conduta diversa, afastando a culpabilidade (art. 22, do CP). Se, entretanto, a ordem for manifestamente ilegal, mandante e executor respondem pela infração penal, em razão do concurso de pessoas, sendo que a pena do superior hierárquico será agravada (art. 62, II, do CP) e a do subalterno será atenuada (art. 65, III, "c", 1ª parte, do CP); **C:** incorreta, pois como o fato de ser "funcionário público" é uma elementar do crime de peculato, ainda que de caráter subjetiva, comunica-se aos demais agentes, de modo que todos respondem pela prática do mesmo crime, consoante o disposto no art. 30, do CP; **D:** incorreta, pois a reparação do dano ao erário como causa extintiva da punibilidade está prevista apenas no peculato culposo, nos termos do art. 312, § 3º, do CP; **E:** correta, pois, de fato, apesar de não se mostrar recomendável, a fixação das reprimendas dos corréus em conjunto não fere a garantia constitucional da individualização das penas quando os fatores pessoais de cada um são levados em consideração, notadamente quando a maioria deles é idêntica (STJ – HC: 92291 RJ 2007/0238767-1, Data de Julgamento: 15.05.2008, T6 – Sexta Turma).
Gabarito "E"

(Ministério Público/MS – 2013 – FADEMS) Para fins penais, é *correto* afirmar que o conceito de funcionário público:

(A) Não abrange aquele que trabalha para uma empresa particular que mantém convênio com o Poder Público, e para este presta serviço.
(B) Não atinge os titulares e os auxiliares do tabelionato, conforme previsão da Constituição Federal.
(C) Não atinge quem trabalha para empresa prestadora de serviço contratada pela administração pública.
(D) Não abrange quem exerce cargo, emprego ou função pública, ainda que transitoriamente ou sem remuneração.

(E) Não abrange o funcionário comissionado.

A: incorreta, pois, para efeitos penais, também se considera funcionário público aquele que trabalha para empresa prestadora de serviço contratada ou conveniada para a execução de atividade típica da Administração Pública (art. 327, § 1º, do CP). Trata-se, aqui, do que se denomina de funcionário público por equiparação; **B:** incorreta. A despeito de os titulares e auxiliares de tabelionato exercerem atividades de caráter privado, o fazem por delegação do Poder Público, nos termos do art. 236, *caput*, da CF/1988, exigindo-se, inclusive, concurso público para o provimento de serventias vagas. Logo, inserem-se referidas pessoas no conceito de funcionário público, podendo, inclusive, praticar crimes funcionais, tais como corrupção passiva (art. 317 do CP) e excesso de exação (art. 316, § 1º, do CP); **C:** correta. De fato, simplesmente alguém trabalhar para empresa contratada pela Administração Pública não o transforma, para efeitos penais, em funcionário público, salvo se referida contratação ocorresse para a execução de atividade típica da Administração Pública (art. 327, § 1º, do CP); **D:** incorreta. Nos termos do art. 327, *caput*, do CP, considera-se funcionário público, para efeitos penais, aquele que, embora transitoriamente ou sem remuneração, exerce cargo, emprego ou função pública; **E:** incorreta, pois o funcionário comissionado exerce cargo ou função pública, ainda que não seja concursado. Repare que o art. 327, *caput*, do CP não considera funcionário público somente o titular de cargo ou emprego público efetivo, abrangendo, portanto, os funcionários efetivos ou comissionados, mesmo que seus vínculos com a Administração Pública sejam transitórios e sem remuneração.

Gabarito "C".

(Ministério Público/SP – 2012 – VUNESP) É INCORRETO afirmar:

(A) São incompossíveis os crimes de corrupção ativa (art. 333, CP) praticados pelo particular e os de concussão (art. 316, CP) praticados pelo funcionário público, em face do mesmo contexto fático.
(B) Não há crime de corrupção ativa, na hipótese de motorista de veículo automotor que dirige sem habilitação e, após liberada irregularmente da fiscalização de trânsito, oferece a policial rodoviário vantagem indevida referente a prestação de ato de natureza sexual.
(C) O excesso de exação não é forma privilegiada do crime de concussão.
(D) O particular, estranho ao serviço público, pode ser responsabilizado como partícipe no crime de peculato.
(E) Para a configuração do crime de corrupção passiva (art. 317, CP) é necessário que a solicitação do funcionário público seja correspondida pelo *extraneus*.

A: correta. De fato, se houver a prática de concussão (art. 316 do CP) pelo funcionário público, a exigência dirigida ao particular, se cumprida por ele, em virtude do temor de represália, não constituirá corrupção ativa (art. 333 do CP); **B:** correta. A corrupção ativa pressupõe que particular ofereça ou prometa a funcionário público vantagem indevida, para determiná-lo a retardar, omitir ou praticar ato de ofício. Logo, a oferta de vantagem após a prática do ato de ofício pelo funcionário público desnatura o crime em tela, tratando-se de fato atípico. Em simples palavras, a oferta ou promessa da vantagem indevida ao funcionário deve ocorrer antes ou durante a prática do ato de ofício; **C:** correta. O excesso de exação, figura prevista no art. 316, § 1º, do CP, é, em verdade, forma qualificada de concussão, pois prevê pena de reclusão de três a oito anos, ao passo que o tipo básico é punido com reclusão, de dois a oito anos; **D:** correta. A despeito de o peculato ser crime próprio, visto exigir a condição de funcionário público do agente delitivo, admite o concurso de pessoas (coautoria ou participação), ainda que com particular (*extraneus*).Tal é possível em razão do art. 30 do CP (comunicabilidade de elementares e circunstâncias); **E:** incorreta. O crime de corrupção passiva é formal, sendo desnecessária que a solicitação de vantagem indevida formulada pelo funcionário seja correspondida pelo particular (*extraneus*). Bastará a solicitação para que o crime se consume.

Gabarito "E".

(Ministério Público/MT – 2012 – UFMT) Sobre o crime de peculato culposo tipificado no Código Penal, assinale a afirmativa correta.

(A) A reparação do dano sempre extingue a punibilidade.
(B) A reparação do dano somente extingue a punibilidade se precede à sentença irrecorrível.
(C) A reparação do dano somente extingue a punibilidade se precede à sentença recorrível.
(D) A reparação do dano antes da prolação da sentença reduz a pena pela metade.
(E) A reparação do dano antes ou após a prolação da sentença reduz a pena pela metade.

A: incorreta. A reparação do dano, no peculato culposo, somente extinguirá a punibilidade se anteceder a sentença condenatória irrecorrível (leia-se: até o trânsito em julgado), conforme art. 312, § 3º, do CP; **B:** correta (art. 312, § 3 º, do CP). Se a reparação do dano for posterior à formação da coisa julgada, a pena será reduzida de metade; **C:** incorreta. Como visto, a reparação do dano, se precede a sentença irrecorrível (e não recorrível!), extingue a punibilidade; **D:** incorreta. A reparação do dano no peculato culposo, repita-se, poderá gerar duas consequências, quais sejam, a extinção da punibilidade (se precede a sentença irrecorrível) ou a redução da pena pela metade (se posterior à sentença irrecorrível); **E:** incorreta, pelas razões já expendidas nos comentários às alternativas anteriores.

Gabarito "B".

(Procurador da República –28º Concurso – 2015 – MPF) Sobre denunciação caluniosa assinale a alternativa correta:

(A) A jurisprudência do STF é no sentido de que a configuração do tipo incriminador em causa exige dolo direto quanto ao conhecimento, por parte do(a) acusado(a), da inocência do representado(a), de modo que a presença de dolo eventual é insuficiente;
(B) O art. 19 da Lei 8.429, de 1992, é incompatível com a redação do art. 339 do Cód. Penal determinada pela Lei 10.028, de 2000;
(C) Denúncia anônima e denúncia apócrifa são sinônimos;
(D) A denunciação caluniosa admite exceção da verdade.

A: correta. De fato, tal como afirmado na alternativa, o elemento subjetivo, no crime de denunciação caluniosa (art. 339, CP), é representado tão somente pelo dolo *direto* (não é suficiente o dolo *eventual*), já que o tipo penal impõe que o sujeito ativo saiba da inocência do sujeito passivo. Nesse sentido o STF, "O crime de denunciação caluniosa (art. 339 do CP) exige, para sua configuração, que o agente tenha dolo direto de imputar a outrem, que efetivamente sabe ser inocente, a prática de fato definido como crime, não se adequando ao tipo penal a conduta daquele que vivencia uma situação conflituosa e reporta-se à autoridade competente para dar o seu relato sobre os acontecimentos. Precedente (Inq 1547, Relator(a): Min. Carlos Velloso, Relator(a) p/ Acórdão: Min. Marco Aurélio, Tribunal Pleno, julgado em 21/10/2004). 2. A doutrina sobre o tema assenta que, *verbis*: "Para perfeição do crime não basta que o conteúdo da denúncia seja desconforme com a realidade; é mister o dolo. (…) Se ele [o agente] tem convicção sincera de que aquele realmente é autor de certo delito, não cometerá o crime definido" (NORONHA, Edgard Magalhães. Direito Penal. 4º volume. 8ª ed. São Paulo: Saraiva, 1976. p. 376-378)" (Inq 3133, Relator(a): Min. Luiz Fux, Primeira Turma, julgado em 05.08.2014, acórdão eletrônico DJe-176 divulg 10.09.2014); **B:** incorreta. Para boa parte dos autores,

entre os quais Damásio de Jesus, há, sim, compatibilidade entre o art. 19 da Lei 8.429/1992 (improbidade administrativa) e o art. 339 do CP, com a redação conferida pela Lei 10.028/2000, uma vez que, diante da falsa imputação de ato de improbidade que não constitui crime, terá incidência o art. 19 da Lei 8.429/1992; agora, se a imputação falsa consiste tanto em crime e quanto em ato de improbidade administrativa, aplicar-se-á o art. 339 do CP; **C:** incorreta, de acordo com a organizadora. Segundo pensamos, denúncia anônima e apócrifa constituem expressões sinônimas, o que torna a assertiva correta; **D:** incorreta. A exceção de verdade somente é admitida nos crimes de calúnia e difamação, ambos delitos contra a honra, de acordo com o que estabelecem, respectivamente, os arts. 138, § 3º, e 139, parágrafo único, do CP.
Gabarito "A".

(Procurador da República –28º Concurso – 2015 – MPF) Em matéria de crimes de descaminho e de contrabando assinale a alternativa correta:

(A) O crime de descaminho tem a mesma gravidade do crime de contrabando;
(B) O crime de contrabando praticado em transporte aéreo tem pena máxima de 10 anos;
(C) O crime de descaminho não tem aumento de pena por tráfico marítimo ou fluvial;
(D) A saída de mercadorias de Zona Franca sem autorização é crime de descaminho.

A: incorreta, já que os preceitos secundários dos crimes em questão estabelecem penas diversas. Para o *descaminho*, cuja conduta está prevista no art. 334 do CP, o legislador estabeleceu a pena de 1 a 4 anos de reclusão; já o crime de *contrabando*, que está previsto no art. 334-A do CP e pressupõe que a mercadoria importada ou exportada seja proibida, tem pena superior, ou seja, de 2 a 5 anos de reclusão; **B:** correta. Trata-se da causa de aumento de pena prevista no art. 334-A, § 3º, do CP, que estabelece que a pena será aplicada em dobro na hipótese de o contrabando ser praticado por meio de transporte aéreo; **C:** incorreta, um vez que o tráfico marítimo ou fluvial (e também do aéreo), no crime de descaminho, configura a causa de aumento de pena do art. 334, § 3º, do CP; **D:** incorreta. Cuida-se de *contrabando* (art. 334-A, § 1º, I, do CP), e não de *descaminho*. Vide art. 39 do Decreto-Lei 288/1967.
Gabarito "B".

(Procurador da República –28º Concurso – 2015 – MPF) Quanto ao tráfico de influência, assinale a alternativa correta:

(A) A capacidade para influenciar o funcionário público é irrelevante;
(B) A pena é aumentada de metade se o funcionário público cede à influência de outrem;
(C) Sujeito ativo é qualquer pessoa, inclusive um funcionário público;
(D) É crime menos grave do que o de exploração de prestígio.

A: incorreta. A capacidade para influenciar o funcionário público, no contexto do crime de tráfico de influência (art. 332, CP), tem, sim, relevância. Isso porque, se o agente de fato detiver poder de influência sobre o ato a ser praticado pelo funcionário e disso fizer uso, o crime em que incorrerá será outro (corrupção ativa – art. 333, CP), e não o do art. 332 do CP (tráfico de influência), já que este delito pressupõe que o agente alegue, de forma fraudulenta e mentirosa, que goza de influência que, na verdade, não tem. É o que a doutrina convencionou chamar de *venda de fumaça*, que nada mais é do que uma modalidade especial do crime de estelionato; **B:** incorreta. A única hipótese que configura causa de aumento de pena é a prevista no parágrafo único do art. 332 do CP: *A pena é aumentada da metade, se o agente alega ou insinua que a vantagem é também destinada ao funcionário.* Caso o funcionário ceda à influência do agente e com ele aja mancomunado, ambos serão responsabilizados pelo crime de corrupção (ativa para que oferta e passiva para aquele que recebe); **C:** correta. De fato, o crime em questão pode ser praticado por qualquer pessoa (delito comum), aqui incluído o funcionário público que alardeia influência sobre outro; **D:** incorreta, dado que a pena mínima cominada ao crime de tráfico de influência (2 anos) é superior à cominada ao delito de exploração de prestígio (art. 357, CP), que corresponde a 1 ano; a pena máxima cominada é de 5 anos para os dois crimes.
Gabarito "C".

(Procurador da República –28º Concurso – 2015 – MPF) No tema de corrupção ativa a alternativa correta é:

(A) Pouco importa se o ato a ser praticado pelo funcionário público seja legal ou ilegal;
(B) A tentativa ocorrerá se, por circunstâncias alheias à vontade do agente, não chegar ao conhecimento do funcionário;
(C) Tentativa ocorrerá se o funcionário não retardar ou omitir ato de ofício ou não praticá-lo infringindo dever funcional;
(D) Incide o aumento mesmo se, por causa da promessa, o funcionário praticar o ato de acordo com as normas incidentes.

A: incorreta. É necessário, à caracterização do crime de corrupção ativa, que o ato a ser omitido, retardado ou praticado pelo funcionário seja *ato de ofício* e esteja compreendido nas específicas atribuições funcionais do *intraneus*. Não se configura o crime em questão, dessa forma, se a oferta ou promessa visa a impedir ou retardar ato ilegal; **B:** correta. A consumação do crime de corrupção ativa se dá com a simples oferta ou promessa de vantagem indevida por parte do *extraneus*, sendo desnecessária a aquiescência do *intraneus*. Cuida-se, portanto, de crime formal. A tentativa é possível somente na hipótese de a oferta ou promessa, embora efetuada, não chegar ao conhecimento do funcionário, como se dá na forma escrita, em que a conduta pode ser fracionada em diversos atos (conduta plurissubsistente); **C:** incorreta, tendo em vista o comentário anterior. Ainda que o funcionário não retarde ou deixe de omitir ato de ofício ou mesmo não o pratique com infração de dever funcional, ainda assim o crime estará consumado, tendo em conta que tal se dá com a mera oferta ou promessa de vantagem; **D:** incorreta, na medida em que somente estará configurada a causa de aumento prevista no parágrafo único do art. 333 do CP se, em razão da vantagem ou promessa, o *intraneus* retarda ou omite ato de ofício, ou o pratica com infração a dever funcional.
Gabarito "B".

(Procurador da República – 26.º) Tratando-se de peculato, é correto afirmar que:

(A) a preexistente posse deve ter-se operado em razão do exercício de função;
(B) o uso irregular da coisa pública configura peculato-desvio;
(C) a energia de valor econômico pode ser objeto material do crime de peculato;
(D) a prestação de serviço de um funcionário a outro equipara-se a coisa móvel.

A: incorreta, pois a posse, para caracterizar o peculato, deve operar-se não apenas em razão do ofício do funcionário público, mas, sim, por mandamento legal. Caso contrário, estaremos diante de apropriação indébita. É a posição de Damásio de Jesus (*Código Penal Anotado*, 21.ª ed., Ed. Saraiva, p. 112); **B:** incorreta, pois o peculato-desvio pressupõe que o agente desencaminhe o bem de que tem a posse, e não, simplesmente, o utilize de forma irregular. O art. 312, *caput*, do CP, na modalidade "desvio", traduz-se pela conduta do funcionário público que confere à coisa destinação diversa da inicialmente prevista.

Outrossim, o beneficiário do desvio deverá ser o próprio funcionário ou terceiro, mas não a Administração, sob pena de restar caracterizado o crime do art. 315 do CP; **C:** correta. Tal como no furto (art. 155, § 3.º, do CP), a energia de valor econômico pode constituir objeto material do peculato (nesse sentido, Damásio de Jesus, na mesma obra acima citada, p. 1111); **D:** incorreta, pois o peculato tem como objetos materiais: i) dinheiro; ii) valor; ou iii) bem móvel público ou particular. A prestação de serviços de um funcionário não se equipara a "coisa" (*RT*, 506:326, 541:342).

Gabarito "C".

(Procurador da República – 26.º) Acerca da corrupção, é correto afirmar que:

(A) a Convenção das Nações Unidas contra a Corrupção (Decreto 5.687, de 2006), adota uma definição ampla de corrupção, abrangendo nesse conceito, entre outros crimes, o tráfico de influência;
(B) apenas a corrupção passiva configura crime antecedente da lavagem de dinheiro;
(C) a corrupção subsequente pode se dar, tanto na corrupção passiva como na ativa;
(D) constitui figura privilegiada quando o funcionário pratica, deixa de praticar ou retarda ato de ofício, cedendo a pedido ou influência de outrem.

A: correta. Nos termos do art. 18 da Convenção das Nações Unidas Contra a Corrupção (Decreto 5.687/2006), temos que "Cada Estado--Parte considerará a possibilidade de adotar as medidas legislativas e de outras índoles que sejam necessárias para qualificar como delito, quando cometido intencionalmente: a) A promessa, o oferecimento ou a concessão a um funcionário público ou a qualquer outra pessoa, de forma direta ou indireta, de um benefício indevido com o fim de que o funcionário público ou a pessoa abuse de sua influência real ou suposta para obter de uma administração ou autoridade do Estado--Parte um benefício indevido que redunde em proveito do instigador original do ato ou de qualquer outra pessoa; b) A solicitação ou aceitação por um funcionário público ou qualquer outra pessoa, de forma direta ou indireta, de um benefício indevido que redunde em seu proveito próprio ou no de outra pessoa com o fim de que o funcionário público ou a pessoa abuse de sua influência real ou suposta para obter de uma administração ou autoridade do Estado-Parte um benefício indevido". Logo, encontra-se no espectro de incidência da Convenção o tráfico de influência (art. 332 do CP); **B:** incorreta, seja pelo fato de a redação original do art. 1.º da Lei 9.613/1998 contemplar, como crimes antecedentes à lavagem de dinheiro, os crimes contra a Administração Pública (e não apenas a corrupção passiva), seja pela atual conformação de referido diploma legal, que, alterado pela Lei 12.683/2012, prevê como crime a ocultação ou dissimulação da natureza, origem, localização, disposição, movimentação ou propriedade de bens, direitos ou valores provenientes, direta ou indiretamente, de infração penal (leia-se: qualquer infração penal!); **C:** incorreta. Fala-se em corrupção subsequente apenas na corrupção passiva (art. 317 do CP), assim denominada quando a recompensa (vantagem indevida) se referir a um comportamento já praticado pelo funcionário público (ex.: para que um policial não investigue uma infração penal cometida, recebe dinheiro para tanto). Veja que a vantagem é anterior à omissão do agente público, que se "vende" para deixar de fazer algo devido em razão de suas funções (ato de ofício); **D:** incorreta, pois a corrupção passiva privilegiada, prevista no art. 317, § 2.º, do CP, pressupõe que o funcionário pratique, deixe de praticar ou retarde a prática de um ato de ofício, *com infração de dever funcional*, cedendo a pedido ou influência de outrem. Portanto, nem sempre haverá corrupção do funcionário que incorre em um dos verbos do tipo em comento, sendo indispensável que infrinja dever funcional.

Gabarito "A".

23. OUTROS CRIMES E CRIMES COMBINADOS DO CÓDIGO PENAL

(Promotor de Justiça/SC – 2016 – MPE)

(1) Constitui causa de aumento da pena do crime de incêndio, previsto no Código Penal Brasileiro, ação de colocar fogo em balsa que transporta veículos na travessia de um rio que liga dois municípios do mesmo Estado.

1: de fato, a hipótese acima narrada constitui causa de aumento de pena, incidente sobre o crime de incêndio doloso, previsto no art. 250, § 1º, II, c, do CP.

Gabarito 1C

(Ministério Público/Acre – 2014 – CESPE) No que concerne ao crime de falso testemunho, assinale a opção correta.

(A) De acordo com o entendimento firmado pelo STJ, mostra-se imprescindível, para a configuração do delito de falso testemunho, o compromisso de dizer a verdade.
(B) Não se aplica a causa especial de aumento de pena prevista no CP para o crime de falso testemunho praticado em processo judicial destinado a apurar a prática de contravenção penal.
(C) O STF e o STJ já se posicionaram no sentido de que, em tese, é possível atribuir a advogado a coautoria pelo crime de falso testemunho.
(D) Para a consumação do delito de falso testemunho, é essencial que o depoimento falso seja determinante para o resultado do processo.
(E) A prolação da sentença no processo em que ocorra afirmação falsa é condição de procedibilidade da ação penal pelo crime de falso testemunho.

A: incorreta, pois o compromisso de dizer a verdade não é elementar do crime de falso testemunho. Porém, é possível que, analisando o caso concreto, não se possa exigir da testemunha que fale a verdade, em razão de fortes laços afetivos com o réu (Informativo n. 432, do STJ); **B:** incorreta, pois o art. 342, § 1º, do CP não faz distinção entre as espécies de infração penal, estabelecendo a causa de aumento se o crime de falso testemunho for cometido com o fim de obter prova destinada a produzir efeito em processo penal; **C:** correta, pois o advogado que instrui testemunha a apresentar falsa versão favorável à causa que patrocina responde pelo crime de falso testemunho (STF, HC/SP, 75037, Rel. Marco Aurélio, *DJ* 20.04.2001; STJ REsp, 200.785/SP, Rel. Min. Felix Fischer, *DJ* 21.08.2000). Todavia, a doutrina critica tais julgados por entender que o advogado responde como partícipe e não como coautor, tendo em vista que o crime de falso testemunho é de mão própria, ou seja, de atuação personalíssima do agente; **D:** incorreta, pois o crime de falso testemunho se consuma no momento em que o juiz encerra o depoimento da testemunha. Assim, por se tratar de crime formal, consuma-se com a simples prestação do depoimento falso, sendo irrelevante a sua influência ou não para o resultado do processo; **E:** incorreta, pois, como já explicitado acima, o crime de falso testemunhado é formal, consumando-se com o encerramento do depoimento prestado pela testemunha. Oportuno frisar que, muito embora não haja condição de procedibilidade da ação penal pelo crime de falso testemunho, é certo que se o agente se retrata ou fala a verdade antes da prolação da sentença no processo em que ocorreu a afirmação falsa, o fato deixa de ser punível, nos termos do artigo 342, § 2º, do CP.

Gabarito "C".

(Ministério Público/SP – 2013 – PGMP) Sujeito, casado havia quinze anos, disse para a esposa e aos filhos que saía de casa para viver com Parceiro (indivíduo também do sexo masculino), em uma praia deserta do litoral norte do país, onde o camarada possuía uma pousada. Afirmou, na ocasião, que descobrira ser Parceiro o amor de sua vida. Dez meses depois do início dessa união homoafetiva estável (sem que Sujeito houvesse regularizado a situação da sua condição familiar anterior), foi expedida a Resolução CNJ nº 175, de maio de 2013 – vedando às autoridades a recusa da celebração de casamento civil entre pessoas do mesmo sexo –, e Sujeito vem a aceitar o pedido de Parceiro, com ele contraindo casamento no cartório de registros civis local, em 12 de junho de 2013.

Observado o teor da hipótese acima elaborada, a conduta de Sujeito

(A) será atípica porque a bigamia se encontra no Código Penal, no Capítulo dos crimes contra o casamento, pertencente ao Título dos crimes contra a família, e a hipótese de delito somente ocorreria se Sujeito casasse novamente com outra mulher, já que a união homoafetiva não é considerada entidade familiar pela jurisprudência.

(B) será atípica porquanto embora haja no art. 235 do Código Penal o termo "alguém", o alcance da palavra, que configura norma penal em branco, necessita da complementação do Código Civil, em cujo art. 1.723 descreve a "união estável entre o homem e a mulher".

(C) será típica (preenche todos os elementos do tipo penal) e a de Parceiro será atípica porque, mesmo conhecendo o estado de casado de Sujeito, ele era solteiro ao tempo da ação, circunstância que impede, por coerência, que o solteiro responda por bigamia.

(D) será típica (preenche todos os elementos do tipo incriminador) e a de Parceiro será atípica somente se este último não soubesse que Sujeito era legalmente casado quando eles contraíram as núpcias.

(E) assim como a de Parceiro são irrelevantes para o Direito Penal, que não deve se preocupar com assuntos da vida privada e da intimidade dos dois.

A: incorreta, pois a conduta praticada por Sujeito amolda-se ao crime de bigamia (art. 235 do CP), mormente com o reconhecimento, pela jurisprudência, da possibilidade de casamento entre pessoas do mesmo sexo (casamento homoafetivo), admitido, inclusive, pela Resolução 175 do CNJ. A despeito de o art. 1.514 do CC estabelecer que o casamento se realiza entre homem e mulher, a jurisprudência dos Tribunais Superiores passou a admitir, inicialmente, a união estável homoafetiva (ADPF 132-RJ/STF e ADI 4.277/DF), evoluindo para a admissibilidade do próprio casamento. Confira-se a ementa de julgamento no STJ, REsp 1183378/RS, 4ª T., j. 25/10/2011: *"DIREITO DE FAMÍLIA. CASAMENTO CIVIL ENTRE PESSOAS DO MESMO SEXO (HOMOAFETIVO). INTERPRETAÇÃO DOS ARTS. 1.514, 1.521, 1.523, 1.535 e 1.565 DO CÓDIGO CIVIL DE 2002. INEXISTÊNCIA DE VEDAÇÃO EXPRESSA A QUE SE HABILITEM PARA O CASAMENTO PESSOAS DO MESMO SEXO. VEDAÇÃO IMPLÍCITA CONSTITUCIONALMENTE INACEITÁVEL. ORIENTAÇÃO PRINCIPIOLÓGICA CONFERIDA PELO STF NO JULGAMENTO DA ADPF N. 132/RJ E DA ADI N. 4.277/DF"*; **B:** incorreta, pois, pelas razões trazidas no comentário anterior, tanto STF, quanto STJ, passaram a admitir a união homoafetiva. Portanto, a expressão "casamento" contida como elementar típica no art. 235 do CP abrange, também, o matrimônio entre pessoas do mesmo sexo; **C:** incorreta, pois se Parceiro, que se casou com Sujeito, que já era casado, conhecia o estado deste último, responderá, também, por bigamia (art. 235 do CP), independentemente de, à época do fato, ser solteiro. Tal situação é irrelevante para a caracterização do crime, visto que se trata de crime plurilateral (ou plurisubjetivo, ou de concurso necessário). Assim, bastará que um dos agentes seja casado para que o crime reste caracterizado (desde que, é claro, o outro nubente tenha a ciência do *status* de casado de seu consorte); **D:** correta. Evidente que Sujeito, ciente de sua condição de casado, praticou bigamia ao contrair novo casamento com Parceiro. Este apenas não poderia ser punido pelo crime em comento se desconhecesse a condição de casado de Sujeito, sob pena de responsabilização objetiva; **E:** incorreta, pois o Direito Penal, no crime de bigamia, tutela a família e, também, o caráter monogâmico do matrimônio.

Gabarito "D".

(Ministério Público/RO – 2013 – CESPE) No que se refere aos crimes contra o patrimônio e a propriedade imaterial, assinale a opção correta.

(A) Caso um indivíduo emita fatura não correspondente à mercadoria vendida, a consumação da conduta por ele praticada perfaz-se pela oposição do aceite do sacado, em face da efetividade do proveito econômico.

(B) A compra de um bem com o cartão de crédito pertencente a outrem, sem autorização, ainda que o comprador ressarça, antes do recebimento da denúncia, o proprietário do cartão pelos danos provocados, não constitui causa de extinção da punibilidade.

(C) A conduta de portar grande quantidade de CDs piratas, ainda que o infrator afirme tê-los pegado por engano, imaginando tratar-se de exemplares originais, admite a modalidade de dolo eventual e a culposa.

(D) Considere que João e seu primo José, ambos maiores e capazes, furtem o computador portátil do pai de João enquanto ele dormia, a fim de o trocarem por drogas. Nesse caso, o furto praticado pelos dois agentes está acobertado por escusa absolutória.

(E) Suponha que Genésio adquira veículo furtado por Eustáquio, sabendo da origem ilícita da coisa. Suponha, ainda, que ambos sejam processados e que Eustáquio seja absolvido por ausência de provas. Nessa situação, Genésio também deverá ser absolvido.

A: incorreta. O crime do art. 172 do CP (duplicata simulada) se aperfeiçoa com a colocação do título em circulação, sendo irrelevante, para a consumação do delito, o aceite do sacado; **B:** correta. De fato, a utilização de cartão de crédito alheio, sem autorização, para a aquisição de um bem, ainda que o agente proceda ao ressarcimento da vítima antes do recebimento da denúncia, não afasta a punibilidade do comportamento, caracterizando, se tanto, arrependimento posterior (art. 16 do CP); **C:** incorreta, pois o crime do art. 184 do CP (violação de direito autoral) não admite a forma culposa, por absoluta falta de previsão legal (excepcionalidade do crime culposo); **D:** incorreta. A escusa absolutória prevista no art. 181, II, do CP somente alcança o ascendente ou descendente que haja cometido crime patrimonial sem grave ameaça ou violência, não alcançando o terceiro que participa do crime (art. 183, II, do CP); **E:** incorreta. Apesar de o crime de receptação (art. 180 do CP) ser considerado acessório, visto pressupor a existência de outro crime, para a punição do receptador não se faz necessária a comprovação da autoria do crime precedente, ou mesmo a condenação deste. Bastará a ocorrência do fato precedente, pouco importando, repita-se, tenha o autor do crime anterior sido condenado ou mesmo conhecido. É o que se extrai do art. 180, § 4º, do CP: "A receptação é punível, ainda que desconhecido ou isento de pena o autor do crime de que proveio a coisa".

Gabarito "B".

(Ministério Público/RO – 2013 – CESPE) No que concerne aos crimes contra a organização do trabalho, contra o sentimento religioso e contra o respeito aos mortos, assinale a opção correta.

(A) A violação de túmulos com a consequente retirada dos crânios e de próteses de cadáver ali sepultado configura o crime de violação de sepultura em concurso material com furto.
(B) O crime de atentado contra a liberdade de associação submete-se à ação penal de iniciativa pública, sujeita à representação daquele que pretenda associar-se.
(C) É objeto do crime de destruição, subtração ou ocultação de cadáver a múmia embalsamada, admitindo-se a modalidade tentada.
(D) O cadáver sepultado não é considerado objeto do delito de furto.
(E) A retirada do cadáver do local do crime para outro em que não seja reconhecido caracteriza o crime de vilipêndio a cadáver.

A: incorreta. O crime do art. 210 do CP se aperfeiçoa quando o agente violar (abrir, quebrar, devassar) ou profanar (ofender, desrespeitar) sepultura ou urna funerária. Caso o faça para subtrair objetos enterrados junto ao cadáver (próteses, por exemplo), restará absorvido pelo crime-fim, qual seja, o furto (RT 598/313). Já se o agente profanar ou violar a sepultura com a intenção de subtrair o próprio cadáver, ou parte dele (crânio, por exemplo), o crime não será o do art. 210 do CP, mas, sim, o previsto no art. 211 (destruição, subtração ou ocultação de cadáver); **B:** incorreta, pois o crime do art. 199 do CP (atentado contra a liberdade de associação) é de ação penal pública incondicionada; **C:** incorreta. Nas palavras de Rogério Sanches Cunha, "para que seja considerado cadáver, não basta ao corpo humano estar sem vida, sendo imprescindível que mantenha os traços mínimos identificadores da aparência humana, ou seja, que não tenha sido atingido pela decomposição cadavérica. Assim, não são objetos do crime em estudo [referindo-se ao art. 211 do CP] o esqueleto, as cinzas, as múmias e as partes do corpo incapazes de se reconhecer como tal" (*Manual de Direito Penal – Parte Especial*, 6ª ed., Ed. Juspodivm, p. 461); **D:** correta. O cadáver sepultado, caso seja objeto de subtração, redundará na imputação ao agente do crime do art. 211 do CP (destruição, subtração ou ocultação de cadáver); **E:** incorreta. A retirada do cadáver do local do crime para outro em que não seja reconhecido caracteriza a figura prevista no art. 211 do CP (destruição, subtração ou ocultação de cadáver), não se confundindo com o vilipêndio a cadáver, definido no art. 212 do CP (*vilipendiar cadáver ou suas cinzas*).
Gabarito "D".

(Ministério Público/RO – 2013 – CESPE) A respeito dos crimes contra a dignidade sexual e contra a família, assinale a opção correta com fundamento no disposto no CP e na jurisprudência dos tribunais superiores.

(A) Nos crimes de estupro, é dispensável a existência de lesões corporais para a caracterização da violência real.
(B) O emprego da falsidade ideológica com a finalidade de praticar o crime de bigamia constitui concurso de crimes, haja vista que são delitos do mesmo gênero.
(C) O proxenetismo mercenário não está sujeito à pena de multa.
(D) Em se tratando de crime de violação sexual mediante fraude, caso o ofensor seja padrinho da vítima, ainda que se intitule como um segundo pai para ela, não incide a causa especial de aumento de pena prevista no CP para os casos de relações de autoridade do agente sobre a vítima.
(E) Não há crime de favorecimento da prostituição se a vítima, de quinze anos de idade, revelar já ter percorrido diversos lugares na condição de prostituída.

A: correta. De fato, nos crimes de estupro, especialmente as figuras previstas no art. 213 do CP, a violência real (violência física) se caracterizará não somente pela produção de lesões corporais (de natureza leve, grave ou gravíssima) na vítima, mas, também, qualquer espécie de força física capaz de impedir o ofendido de reagir. Nesse sentido, o STJ, no julgamento do AgRg no REsp 1111919/RS, 5ª Turma, Min. Laurita Vaz, *DJe* 15.12.2009: "(...) O crime de estupro praticado com violência real ou grave ameaça é de ação penal pública incondicionada. Essa violência consistiu na utilização de força física para, contra a vontade da vítima de 14 (cartorze) anos, agarrá-la pelos braços, arrastá-la para seu quarto, jogá-la com violência sobre a cama, despi-la à força e imobilizá-la. Apesar de a conduta do Agravante não ter gerado lesões corporais na vítima, é certo que a impossibilitou de opor resistência à prática criminosa. Inteligência da Súmula nº 608 do Supremo Tribunal Federal. (...)"; **B:** incorreta. Para a compreensão do desacerto da assertiva, basta analisar a ementa a seguir: "*HABEAS CORPUS*. DIREITO PENAL. CRIME DE BIGAMIA E FALSIDADE IDEOLÓGICA. TRANCAMENTO DA AÇÃO PENAL QUANTO AO DELITO DE BIGAMIA DETERMINADO PELO TRIBUNAL *A QUO* POR AUSÊNCIA DE JUSTA CAUSA. IMPOSSIBILIDADE DE SEGUIMENTO DO PROCESSO-CRIME QUANTO À FIGURA DO CRIME DE FALSIDADE. APLICAÇÃO DO PRINCÍPIO DA CONSUNÇÃO. 1. O delito de bigamia exige para se consumar a precedente falsidade, isto é: a declaração falsa, no processo preliminar de habilitação do segundo casamento, de que inexiste impedimento legal. 2. Constituindo-se a falsidade ideológica (crime-meio) etapa da realização da prática do crime de bigamia (crime-fim), não há concurso do crime entre estes delitos. 3. Assim, declarada anteriormente a atipicidade da conduta do crime de bigamia pela Corte de origem, não há como, na espécie, subsistir a figura delitiva da falsidade ideológica, em razão do princípio da consunção. 4. Ordem concedida para determinar a extensão dos efeitos quanto ao trancamento da ação penal do crime de bigamia, anteriormente deferido pelo Tribunal *a quo*, à figura delitiva precedente da falsidade ideológica." (STJ, HC 39583/MS, 5ª Turma, Min. Laurita Vaz, *DJ* 11.04.2005); **C:** incorreta. Tanto o crime do art. 218-B do CP (favorecimento da prostituição ou outra forma de exploração sexual de criança ou adolescente ou de vulnerável), quanto o do art. 228, também do CP (favorecimento da prostituição ou outra forma de exploração sexual), são praticados pelo denominado "proxeneta", que é aquele que favorece o ingresso da vítima à prostituição. Em um caso ou outro, quando o crime for praticado com o fim de obter vantagem econômica (proxenetismo mercenário), às penas privativas de liberdade cominadas haverá o acréscimo da multa (art. 218-B, § 1º e art. 228, § 3º, ambos do CP); **D:** incorreta. Nos termos do art. 226, II, do CP, a pena do agente será aumentada de metade se for ascendente, padrasto ou madrasta, tio, irmão, cônjuge, companheiro, tutor, curador, preceptor ou empregador da vítima ou por qualquer outro título tem autoridade sobre ela. Assim, se o ofensor for padrinho da vítima, um "segundo pai para ela", como anunciado na assertiva, incidirá a majorante, haja vista a relação de intimidade ou mesmo eventual autoridade que exerça sobre ela; **E:** incorreta. O crime do art. 218-B do CP (favorecimento da prostituição ou outra forma de exploração sexual de criança ou adolescente ou de vulnerável) se caracteriza pelo fato de o agente submeter, induzir ou atrair à prostituição ou outra forma de exploração sexual alguém menor de 18 (dezoito) anos, ou, ainda, que *facilitar, impedir ou dificultar que a abandone*. Assim, mesmo se a vítima já estiver inserida na prostituição, o crime em comento se configurará quando o agente impedir ou dificultar o abandono da prostituição pelo menor de idade.
Gabarito "A".

(Ministério Público/RO – 2013 – CESPE) No que se refere aos crimes contra a paz pública, a fé pública e a administração pública, assinale a opção correta.

(A) Caracteriza *bis in idem* a condenação por crime de quadrilha armada e roubo qualificado pelo uso de armas e concurso de pessoas.

(B) Para a caracterização do crime de falsificação parcial de documento público, exige-se a produção de dano a terceiro.
(C) Não cometerá o crime de falsidade ideológica o indivíduo que deixar de declarar a verdade para a formação de documento, se o servidor público que receber a declaração estiver adstrito a averiguar, *propiis sensibus*, a veracidade desta.
(D) Ocorre a continuidade delitiva entre os crimes de estelionato, de receptação e de adulteração de sinal identificador de veículo automotor praticados pelo mesmo agente, no mesmo contexto fático.
(E) Para a configuração do crime de favorecimento real, a pessoa a quem o agente auxiliar já deverá ter consumado o crime anterior, sendo-lhe assegurada a fuga.

A: incorreta. A "antiga" quadrilha armada (art. 288, parágrafo único, do CP), atual "associação criminosa" armada (com a redação conferida ao tipo penal pela Lei 12.850/2013), por se tratar de crime contra a paz pública, remanesce íntegra, admitindo punição autônoma, frente ao crime de roubo majorado pelo concurso de agentes e emprego de arma. É que, neste último caso, o que se tutela é o patrimônio. Logo, estamos diante de crimes que atingem a bens jurídicos distintos, não se configurando *bis in idem* a condenação dos agentes por ambos os crimes. Confira-se excerto extraído no julgamento, pelo STJ, do HC 157862/SP, Quinta Turma, Min. Jorge Mussi, *DJe* de 25.11.2011: "(...) É pacífico o entendimento no Superior Tribunal de Justiça acerca da independência dos delitos de quadrilha ou bando qualificado e roubo circunstanciado pelo concurso de pessoas e emprego de arma de fogo, em face da existência de objetos jurídicos distintos. Constituem, ademais, crimes de natureza diversas, pois o tipo penal do art. 288 do CP é delito de perigo abstrato, enquanto que o do art. 157, § 2º, I e II, do CP é de perigo concreto. (...)"; **B:** incorreta. O crime do art. 297 do CP (falsificação de documento público) exige, apenas, que uma das ações nucleares típicas (falsificação ou alteração) tenha potencialidade lesiva, vale dizer, seja capaz de iludir, pouco importando, para sua caracterização, e eventual e posterior uso do documento falsificado ou alterado; **C:** correta. O STJ, a respeito do assunto, manifestou-se, por diversas vezes, no sentido de que "a declaração prestada por particulares deve valer, por si mesma, para a formação do documento, a fim de configurar-se a falsidade mediata. Se o oficial ou o funcionário público que a recebe está adstrito a averiguar, *propiis sensibus*, a fidelidade da declaração, o declarante, ainda quando falte à verdade, não comete ilícito penal" (RT 483/263, 541/341, 564/309-10, 691/342, 731/560; JTJ 183/294); **D:** incorreta. Como é sabido e ressabido, a continuidade delitiva (art. 71 do CP) somente poderá ser reconhecida se o agente praticar, mediante mais de uma ação ou omissão, crimes da mesma espécie. Assim, inviável o reconhecimento de referida espécie de concurso de crimes quando estes forem os de estelionato, receptação e adulteração de sinal identificador de veículo. Afinal, não se trata de crimes da mesma espécie; **E:** incorreta. No favorecimento real (art. 349 do CP), o agente delitivo busca prestar a criminoso auxílio destinado a tornar seguro o proveito do crime, não se confundindo com o favorecimento pessoal (art. 348 do CP), este sim destinado a auxiliar autor de crime a subtrair-se à ação de autoridade pública (fuga, por exemplo).
Gabarito "C".

(Ministério Público/GO – 2012) Analisando o tipo penal incriminador descrito no art. 311-A (Fraudes em certames de interesse público), é correto afirmar que:
(A) Não incide aumento de pena se o fato é cometido por funcionário público
(B) A conduta punível e descrita no tipo penal é somente aquela de "utilizar", indevidamente, com o fim de beneficiar a si ou a outrem, ou de comprometer a credibilidade do certame, conteúdo sigiloso de concurso público, processo seletivo para ingresso no ensino superior ou exame ou processo seletivo previsto em lei
(C) Embora o entendimento predominante no STF seja no sentido de que a "cola eletrônica" não constitui estelionato nem falsidade ideológica, tem preponderado na doutrina mais moderna, a tese de que tal comportamento enquadra-se no tipo penal do art. 311-A do Código Penal
(D) A modalidade culposa somente poderá se configurar quando o sujeito ativo agir com negligência

A: incorreta (art. 311-A, § 3º, do CP); **B:** incorreta, pois, também, o tipo penal abarca a conduta de "divulgar" o conteúdo do certame (art. 311-A, *caput*, do CP); **C:** correta. De acordo com Rogério Sanches, se terceiro que tiver acesso privilegiado ao gabarito da prova revelar ao candidato de um concurso público o conteúdo das respostas às questões, terá praticado, juntamente com o beneficiário da revelação, o crime em comento (*Curso de Direito Penal – Parte Especial*. 4. ed. Editora JusPODIVM, p. 724-725); **D:** incorreta, pois o crime em tela não admite a forma culposa dada a ausência de previsão legal. Portanto, se por culpa o agente divulgar o conteúdo sigiloso de um certame, a conduta será atípica.
Gabarito "C".

(Ministério Público/GO – 2012) No tocante ao delito de destruição, subtração ou ocultação de cadáver (art. 211 do Código Penal), assinale o enunciado incorreto:
(A) Trata-se de crime compatível com o benefício da suspensão condicional do processo (Lei n. 9.099/1995, art. 89), vez que a pena prevista é de reclusão, de um a três anos, e multa.
(B) Segundo consolidada jurisprudência do STF, na modalidade "ocultar", o crime é permanente
(C) Sua consumação dá-se somente com a destruição total do cadáver
(D) A "múmia" não ingressa no conceito de cadáver, vez que o interesse é meramente histórico ou arqueológico, não havendo ofensa ao sentimento de respeito aos mortos

A: correta, visto que a pena mínima cominada ao crime é de um ano de reclusão, admitindo-se, pois, a concessão do *sursis* processual (art. 89 da Lei 9.099/1995); **B:** correta. De fato, a ocultação de cadáver é considerada crime permanente, visto que sua consumação produzirá efeitos enquanto assim se mantiver, vale dizer, enquanto o agente sonegá-lo. Registre-se que será cabível o flagrante enquanto a ocultação perdurar, bem como o prazo prescricional somente começará a fluir a partir da descoberta do cadáver (art. 111, I, do CP); **C:** incorreta, devendo ser assinalada, pois o art. 211 do CP é considerado de ação múltipla, podendo ser praticado por três formas (*destruir, subtrair ou ocultar* cadáver ou parte dele*). Em caso de destruição, ainda que parcial do cadáver, o crime já estará consumado; **D:** correta. De fato, o crime em comento pressupõe que o objeto material seja considerado *cadáver*, sendo, portanto, de rigor, que se constatem elementos de identificação da aparência humana. Destaca Rogério Sanches que "... não são objetos do crime em estudo o esqueleto, as cinzas, as múmias e as partes do corpo incapazes de se reconhecer como tal" (*Curso de Direito Penal – Parte Especial*. 4. ed. Ed. JusPODIVM, p. 446).
Gabarito "C".

24. CRIMES DA LEI ANTIDROGAS

(Promotor de Justiça/SC – 2016 – MPE)

(1) No delito de tráfico ilícito de drogas, artigo 33, *caput* e § 1º, as penas poderão ser reduzidas de um sexto a dois terços, desde que o agente somente não se dedique às atividades criminosas e nem integre organização criminosa.

1: assertiva falsa, na medida em que, além de o agente não se dedicar a atividades criminosas e não integrar organizações criminosas, a benesse contida no art. 33, § 4º, da Lei 11.343/2006 somente será concedida ao traficante, levando, com isso, à redução de sua pena de um sexto a dois terços, se o mesmo ostentar primariedade e bons antecedentes.
Gabarito 1E

(Promotor de Justiça – MPE/AM – FMP – 2015) Sobre o crime de tráfico de drogas (artigo 33 da Lei 11.343/2006), considere as seguintes assertivas:

I. Segundo o entendimento do Supremo Tribunal Federal, o crime de tráfico de drogas, conforme o caso concreto, enseja a possibilidade de fixação de regime inicial diferente do fechado, devendo o magistrado atentar à regra do artigo 33 do Código Penal.
II. No crime de associação para o tráfico, em razão do seu caráter não hediondo, a progressão de regime segue o mesmo critério temporal dos crimes comuns.
III. A modalidade privilegiada prevista no artigo 33, § 4º, da Lei 11.343/2006 somente incide se o acusado comprovar o exercício de atividade lícita.
IV. A distinção entre traficante e usuário está vinculada estritamente aos maus antecedentes do agente, em razão do Direito Penal do autor.
V. Não é possível a substituição da pena privativa de liberdade por pena restritiva de direitos, pois se trata de crime equiparado a hediondo, segundo a orientação do Supremo Tribunal Federal.

Quais das assertivas acima estão corretas?

(A) Apenas a II.
(B) Apenas a III.
(C) Apenas a I e V.
(D) Apenas a II e IV.
(E) Apenas a I e II.

I: correta. Apesar de o art. 2º, § 1º, da Lei 8.072/1990 estabelecer, para os crimes hediondos e assemelhados (aqui incluído o tráfico de drogas), o regime inicial fechado, o STF, por seu Pleno, decidiu, por maioria, no julgamento do HC 111.840, pela inconstitucionalidade incidental deste dispositivo legal, afastando-se, com isso, a obrigatoriedade de o juiz fixar, aos condenados por crimes hediondos e assemelhados, o regime inicial fechado; **II:** correta. De fato, o crime de associação para o tráfico, capitulado no art. 35 da Lei 11.343/2006, porque não contemplado, de forma expressa, no rol do art. 2.º da Lei n.º 8.072/1990, não é equiparado a hediondo, razão pela qual a progressão de regime obedecerá à disciplina contida no art. 112 da LEP. No STJ: O crime de associação para o tráfico não é equiparado a hediondo, uma vez que não está expressamente elencado no rol do artigo 2.º da Lei n.º 8.072/1990. Por conseguinte, para fins de progressão de regime incide a regra prevista no art. 112 da LEP, ou seja, o requisito objetivo a ser observado é o cumprimento de 1/6 (um sexto) da pena privativa de liberdade imposta" (HC 371.361/SP, Rel. Ministro REYNALDO SOARES DA FONSECA, QUINTA TURMA, julgado em 17.11.2016, DJe 25.11.2016); **III:** incorreta, uma vez que o art. 33, § 4º, da Lei de Drogas não contempla tal exigência; **IV:** incorreta, na medida em que os critérios a serem empregados para estabelecer se o agente é usuário ou traficante, que devem ser extraídos do art. 28, § 2º, da Lei 11.343/2006, não se limitam aos seus antecedentes; **V:** incorreta. A substituição da pena privativa de liberdade por restritiva de direitos era vedada, a teor do art. 33, § 4º, da Lei de Drogas, para o crime de tráfico. Sucede que o STF, no julgamento do HC 97.256/RS, declarou, incidentalmente, a inconstitucionalidade dessa vedação. Posteriormente, o Senado Federal, por meio da Resolução nº 5/2012, suspendeu a execução da expressão "vedada a conversão em penas restritivas de direito", presente no art. 33, § 4º, da Lei 11.343/2006. Portanto, nada impede, atualmente, que o juiz autorize a substituição da pena privativa de liberdade por restritiva de direitos no crime de tráfico bem assim a fixação de regime aberto, desde que preenchidos os requisitos legais. Nesse sentido, conferir a ementa a seguir, em que se reconheceu a inconstitucionalidade da vedação em questão, sob o pretexto de que tal implicaria violação ao postulado da individualização da pena: "*Habeas corpus*. Tráfico de drogas. Art. 44 da Lei 11.343/2006: Impossibilidade de conversão da pena privativa de liberdade em pena restritiva de direitos. Declaração incidental de inconstitucionalidade. Ofensa à garantia constitucional da individualização da pena (inciso XLVI do art. 5º da CF/1988). Ordem parcialmente concedida. 1. O processo de individualização da pena é um caminhar no rumo da personalização da resposta punitiva do Estado, desenvolvendo-se em três momentos individuados e complementares: o legislativo, o judicial e o executivo. Logo, a lei comum não tem a força de subtrair do juiz sentenciante o poder-dever de impor ao delinquente a sanção criminal que a ele, juiz, afigurar-se como expressão de um concreto balanceamento ou de uma empírica ponderação de circunstâncias objetivas com protagonizações subjetivas do fato-tipo. Implicando essa ponderação em concreto a opção jurídico-positiva pela prevalência do razoável sobre o racional; ditada pelo permanente esforço do julgador para conciliar segurança jurídica e justiça material. 2. No momento sentencial da dosimetria da pena, o juiz sentenciante se movimenta com inelminável discricionariedade entre aplicar a pena de privação ou de restrição da liberdade do condenado e uma outra que já não tenha por objeto esse bem jurídico maior da liberdade física do sentenciado. Pelo que é vedado subtrair da instância julgadora a possibilidade de se movimentar com certa discricionariedade nos quadrantes da alternatividade sancionatória. 3. As penas restritivas de direitos são, em essência, uma alternativa aos efeitos certamente traumáticos, estigmatizantes e onerosos do cárcere. Não é à toa que todas elas são comumente chamadas de penas alternativas, pois essa é mesmo a sua natureza: constituir-se num substitutivo ao encarceramento e suas sequelas. E o fato é que a pena privativa de liberdade corporal não é a única a cumprir a função retributivo-ressocializadora ou restritivo-preventiva da sanção penal. As demais penas também são vocacionadas para esse geminado papel da retribuição-prevenção--ressocialização, e ninguém melhor do que o juiz natural da causa para saber, no caso concreto, qual o tipo alternativo de reprimenda é suficiente para castigar e, ao mesmo tempo, recuperar socialmente o apenado, prevenindo comportamentos do gênero. 4. No plano dos tratados e convenções internacionais, aprovados e promulgados pelo Estado brasileiro, é conferido tratamento diferenciado ao tráfico ilícito de entorpecentes que se caracterize pelo seu menor potencial ofensivo. Tratamento diferenciado, esse, para possibilitar alternativas ao encarceramento. É o caso da Convenção Contra o Tráfico Ilícito de Entorpecentes e de Substâncias Psicotrópicas, incorporada ao direito interno pelo Decreto 154, de 26 de junho de 1991. Norma supralegal de hierarquia intermediária, portanto, que autoriza cada Estado soberano a adotar norma comum interna que viabilize a aplicação da pena substitutiva (a restritiva de direitos) no aludido crime de tráfico ilícito de entorpecentes. 5. Ordem parcialmente concedida tão-somente para remover o óbice da parte final do art. 44 da Lei 11.343/2006, assim como da expressão análoga "vedada a conversão em penas restritivas de direitos", constante do § 4º do art. 33 do mesmo diploma legal. Declaração incidental de inconstitucionalidade, com efeito *ex nunc*, da proibição de substituição da pena privativa de liberdade pela pena restritiva de direitos; determinando-se ao Juízo da execução penal que faça a avaliação das condições objetivas e subjetivas da convolação em causa, na concreta situação do paciente" (HC 97256, Ayres Britto, STF).

Gabarito "E".

(Ministério Público//MS – 2013 – FADEMS) Acerca da Lei 11.343/2006 (Lei Antidrogas), considere as assertivas abaixo:

I. Há distinção entre o traficante e o fornecedor eventual de drogas, tendo a legislação abrandado a punição deste em relação àquele, tratando a questão como crime de menor potencial ofensivo, desde que presentes, além da eventualidade no fornecimento da droga, a ausência de objetivo de lucro, a intenção de consumir droga em conjunto e o oferecimento da diga a pessoa de relacionamento do agente.

II. Quem, depois de consumir cocaína e sob efeito dessa substância, pilota pequena aeronave de sua propriedade, colocando em risco a incolumidade de outrem, com manobras perigosas que fazia, comete ilícito previsto na Lei Antidrogas.

III. Comete o crime de tráfico em concurso formal impróprio (ou imperfeito) o agente que, em um mesmo contexto fático, prepara e mantém em depósito para vender algumas porções de cocaína, sem autorização legal ou em desacordo com determinação legal ou regulamentar, sendo preso em flagrante antes da prática do ato de comércio da substância entorpecente preparada.

IV. Quem, para consumo pessoal, semeia plantas destinadas à preparação de pequena quantidade de substância capaz de causar dependência psíquica pode ser submetido à medida educativa de comparecimento à programa ou curso educativo.

São *corretas*:

(A) Somente as assertivas I, II e IV.
(B) Somente as assertivas I, II e III.
(C) Somente as assertivas II, III e IV.
(D) Somente as assertivas II e III.
(E) Somente as assertivas I e IV.

I: correta. De fato, a Lei 11.343/2006, inovando, tratou de maneira diferenciada – e proporcional – as figuras do traficante e do fornecedor eventual de drogas, assim considerado aquele que oferecê-las, em caráter eventual, sem intenção de lucro, a pessoa de seu relacionamento, para consumo conjunto (art. 33, § 3º). Trata-se de crime de menor potencial ofensivo (pena de detenção, de seis meses a um ano, além de multa); **II:** correta, pois, nos termos do art. 39 da Lei 11.343/2006, pratica crime quem "Conduzir embarcação ou aeronave após o consumo de drogas, expondo a dano potencial a incolumidade de outrem"; **III:** incorreta. Se, no mesmo contexto fático, o agente prepara e mantém em depósito algumas porções de cocaína, responderá por crime único, sendo o art. 33 da Lei Antidrogas um clássico exemplo de crime de ação múltipla (tipo misto alternativo ou de conteúdo variado); **IV:** correta, nos termos do art. 28, § 1º, da Lei 11.343/2006. Trata-se de crime que não se confunde com o tráfico de drogas (art. 33), visto que a intenção do agente com a semeadura de plantas é a futura preparação de substância estupefaciente para o próprio consumo.

Gabarito "A".

(Ministério Público/RO – 2013 – CESPE) Assinale a opção correta acerca do que dispõe a Lei Antidrogas (Lei nº 11.343/2006) e do entendimento dos tribunais superiores a respeito do assunto.

(A) Prescinde da efetiva transposição das fronteiras estaduais a incidência da causa legal de aumento de pena prevista para o tráfico de droga entre estados da Federação.

(B) Configura crime de associação para o tráfico o ato de se associar esporadicamente para a traficância, dada a gravidade da conduta.

(C) Dado o caráter hediondo do crime de tráfico de drogas, é vedada a fixação de regime menos gravoso a condenado, com sentença definitiva, por esse tipo de crime.

(D) No momento da fixação da pena-base prevista para o crime de tráfico de droga, a quantidade de substância entorpecente não é valorada com preponderância nas circunstâncias judiciais.

(E) Ao condenado por tráfico não se aplica a conversão de pena privativa de liberdade por pena restritiva de direitos.

A: correta. A transcrição parcial da ementa do AgRg no REsp 1415170/PR, cuja relatoria foi cometida à Ministra Regina Helena Costa, da Quinta Turma do STJ, bem explana a questão: "AGRAVO REGIMENTAL NO RECURSO ESPECIAL. PENAL. TRÁFICO INTERESTADUAL DE ENTORPECENTES. CAUSA DE AUMENTO DE PENA PREVISTA NO ART. 40, V, LEI N. 11.343/2006. EFETIVA TRANSPOSIÇÃO DE DIVISAS. DESNECESSIDADE. TESE DE INDEVIDA APLICAÇÃO DO PERCENTUAL DE 1/4 NA MAJORAÇÃO DA PENA. INOVAÇÃO RECURSAL. IMPOSSIBILIDADE. I – A incidência da causa de aumento prevista no art. 40, V, da Lei n. 11.343/2006 não exige a efetiva transposição da divisa interestadual, sendo suficiente que fique demonstrado, que a substância entorpecente apreendida teria como destino localidade de outro estado da Federação. Precedentes. (...)"; **B:** incorreta. A associação para o tráfico (art. 35 da Lei 11.343/2006), à semelhança da associação criminosa (art. 288 do CP), exige, por parte dos agentes, ânimo associativo estável e permanente dos agentes para a narcotraficância. Nesse sentido: STJ, HC 254177/SP, Rel. Min. Jorge Mussi, Quinta Turma, DJe de 06/08/2013; **C:** incorreta. Primeiramente, o tráfico de drogas não é crime hediondo, mas equiparado a tal. Demais disso, no julgamento do HC 111.840/ES, o STF declarou a inconstitucionalidade do regime inicial fechado obrigatório previsto no art. 2º, § 1º, da Lei 8.072/1990, admitindo-se a fixação de regime inicial semiaberto (no caso específico de referido *writ*) para condenado por tráfico de drogas. Assim, à luz do princípio da individualização da pena, caberá ao juiz, no caso concreto, verificar qual o regime inicial adequado para o desconto da reprimenda penal, não se falando em obrigatoriedade de fixação de regime inicial fechado para os condenados por crimes hediondos e equiparados; **D:** incorreta. Nos exatos termos do art. 42 da Lei 11.343/2006, o juiz, na fixação das penas, considerará, com preponderância sobre o previsto no art. 59 do Código Penal, a natureza e a quantidade da substância ou do produto, a personalidade e a conduta social do agente; **E:** incorreta. O STF, no julgamento do HC 97.256/RS, declarou, *incidenter tantum*, a inconstitucionalidade do art. 33, § 4º, parte final, da Lei 11.343/2006, que trata da inadmissibilidade de conversão da pena privativa de liberdade em restritiva de direitos em caso do denominado "tráfico privilegiado" (réu primário, com bons antecedentes, que não se dedique a atividades criminosas nem integre organização criminosa, cuja pena pode (leia-se: deve) ser reduzida de um sexto a dois terços. Nessa situação, o precitado art. 33, § 4º, da Lei de Drogas vedava, nada obstante a redução da pena privativa de liberdade, a conversão em pena restritiva de direitos. Como dito, o STF, ao reconhecer a inconstitucionalidade incidental de referida vedação, permitiu a análise de casos concretos pelos magistrados, que poderão, se o caso, admitir a conversão. Inclusive, por força do julgamento, o Senado Federal editou a Resolução nº 5/2012, suspendendo a execução da expressão "*vedada a conversão em penas restritivas de direitos*" do adrede mencionado art. 33, § 4º.

Gabarito "A".

(Ministério Público/MT – 2012 – UFMT) Consoante dispõe a Lei de Drogas (Lei n. 11.343/2006), quanto aos crimes de tráfico ilícito de drogas (art. 33, *caput*), analise as assertivas abaixo.

I. As penas sempre serão reduzidas se o agente for primário e com bons antecedentes.

II. As penas poderão ser reduzidas de um sexto a dois terços, desde que o agente seja primário, de bons antecedentes, não se dedique às atividades criminosas nem integre organização criminosa.
III. É vedada a conversão das penas em penas restritivas de direitos.
IV. As penas poderão ser convertidas em pena restritiva de direito, ainda que o agente seja reincidente.

Está correto o que se afirma em:

(A) II, apenas.
(B) I e III, apenas.
(C) III, apenas.
(D) III e IV, apenas.
(E) IV, apenas.

I: incorreta. No tocante ao tráfico de drogas, se o condenado for primário, de bons antecedentes, não se dedicar a atividades criminosas nem integrar organizações criminosas, sua pena será reduzida de um sexto a dois terços (art. 33, § 4°, da Lei 11.343/2006); II: correta (art. 33, § 4°, da Lei 11.343/2006); III: incorreta. De acordo com o entendimento do STF no julgamento do HC 97.256/RS, é inconstitucional a vedação contida na "Lei de Drogas" de conversão da pena privativa de liberdade em restritiva de direitos no tocante ao tráfico de drogas. Por tal razão, foi editada a Resolução 5/2012 pelo Senado Federal, no exercício de sua competência definida no art. 52, X, da CF, suspendendo, portanto, a execução da expressão "vedada a conversão em penas restritivas de direitos" prevista no art. 33, § 4°, da Lei 11.343/2006; IV: incorreta. A Lei 11.343/2006, a despeito de ter sido declarada inconstitucional no que tange à vedação abstrata de conversão da pena privativa de liberdade fixada para réu condenado por tráfico de drogas em restritiva de direitos, é certo que o mesmo diploma legal não autoriza a conversão referida para agentes reincidentes. Nesse caso, pelo próprio CP, art. 44, II, seria vedada a conversão.

Gabarito "A".

25. CRIMES CONTRA O MEIO AMBIENTE

(Promotor de Justiça/SC – 2016 – MPE)

(1) Segundo dispõe a Lei 9.605/1998, o baixo grau de instrução ou escolaridade do agente não é circunstância que atenua a pena do infrator ambiental, não podendo ser levada em consideração quando da condenação.

1: errada, baixo grau de instrução ou escolaridade do agente é, sim, circunstância atenuante genérica (art. 14, I, da Lei 9.605/1998), que deverá, ao contrário do que afirma o enunciado, ser levada em conta quando da condenação.

Gabarito 1E

(Promotor de Justiça – MPE/AM – FMP – 2015) Considere as seguintes assertivas em relação à responsabilidade penal da pessoa jurídica:

I. O sistema penal brasileiro admite a responsabilidade penal das pessoas jurídicas para os crimes ambientais e contra a ordem tributária.
II. A responsabilidade penal da pessoa jurídica segue a teoria do concurso necessário, segundo a jurisprudência do Supremo Tribunal Federal, devendo o Ministério Público denunciar a pessoa natural e a pessoa jurídica, sob pena de inépcia da peça acusatória.
III. A responsabilização penal da pessoa jurídica, na esteira do entendimento jurisprudencial do Supremo Tribunal Federal, é autônoma e independe da responsabilização da pessoa natural, em uma quebra de paradigma em relação à anterior interpretação sobre o artigo 3° da Lei 9.605/1998.
IV. A responsabilidade penal das pessoas jurídicas é inconstitucional, pois viola o princípio da culpabilidade, segundo a jurisprudência do Supremo Tribunal Federal.
V. A culpabilidade da pessoa jurídica está fundada no descumprimento dos deveres e obrigações de organização e funcionamento da empresa.

Quais das assertivas acima estão corretas?

(A) Apenas a I e II.
(B) Apenas a III e V.
(C) Apenas a II e IV.
(D) Apenas a I e III.
(E) Apenas a II e V.

I: incorreta. Somente é admitida a responsabilização criminal da pessoa jurídica pela prática dos crimes contra meio ambiente (art. 225, § 3°) e contra a ordem econômica e financeira e contra a economia popular (art. 173, § 5°). Entretanto, somente o dispositivo constitucional atinente ao meio ambiente foi regulamentado, o que se deu por meio da Lei 9.605/1998; II (incorreta) e III (correta): No STF: "1. O art. 225, § 3°, da Constituição Federal não condiciona a responsabilização penal da pessoa jurídica por crimes ambientais à simultânea persecução penal da pessoa física em tese responsável no âmbito da empresa. A norma constitucional não impõe a necessária dupla imputação. 2. As organizações corporativas complexas da atualidade se caracterizam pela descentralização e distribuição de atribuições e responsabilidades, sendo inerentes, a esta realidade, as dificuldades para imputar o fato ilícito a uma pessoa concreta. 3. Condicionar a aplicação do art. 225, § 3°, da Carta Política a uma concreta imputação também a pessoa física implica indevida restrição da norma constitucional, expressa a intenção do constituinte originário não apenas de ampliar o alcance das sanções penais, mas também de evitar a impunidade pelos crimes ambientais frente às imensas dificuldades de individualização dos responsáveis internamente às corporações, além de reforçar a tutela do bem jurídico ambiental. 4. A identificação dos setores e agentes internos da empresa determinantes da produção do fato ilícito tem relevância e deve ser buscada no caso concreto como forma de esclarecer se esses indivíduos ou órgãos atuaram ou deliberaram no exercício regular de suas atribuições internas à sociedade, e ainda para verificar se a atuação se deu no interesse ou em benefício da entidade coletiva. Tal esclarecimento, relevante para fins de imputar determinado delito à pessoa jurídica, não se confunde, todavia, com subordinar a responsabilização da pessoa jurídica à responsabilização conjunta e cumulativa das pessoas físicas envolvidas. Em não raras oportunidades, as responsabilidades internas pelo fato estarão diluídas ou parcializadas de tal modo que não permitirão a imputação de responsabilidade penal individual. 5. Recurso Extraordinário parcialmente conhecido e, na parte conhecida, provido" (RE 548181, Relator(a): Min. Rosa Weber, Primeira Turma, julgado em 06/08/2013, acórdão eletrônico DJe-213 divulg 29-10-2014 public 30-10-2014). Na mesma esteira, o STJ: "1. Conforme orientação da 1ª Turma do STF, "O art. 225, § 3°, da Constituição Federal não condiciona a responsabilização penal da pessoa jurídica por crimes ambientais à simultânea persecução penal da pessoa física em tese responsável no âmbito da empresa. A norma constitucional não impõe a necessária dupla imputação." (RE 548181, Relatora Min. Rosa Weber, Primeira Turma, julgado em 06.08.2013, acórdão eletrônico DJe-213, divulg. 29/10/2014, public. 30.10.2014). 2. Tem-se, assim, que é possível a responsabilização penal da pessoa jurídica por delitos ambientais independentemente da responsabilização concomitante da pessoa física que agia em seu nome. Precedentes desta Corte. 3. A personalidade fictícia atribuída à pessoa jurídica não pode servir de artifício para a prática de condutas espúrias por parte das pessoas naturais responsáveis pela sua condução. 4. Recurso ordinário a que se nega provimento" (RMS 39.173/BA, Rel. Ministro Reynaldo Soares Da Fonseca, Quinta Turma, julgado em 06.08.2015,

DJe 13.08.2015); **IV:** incorreta. O STF (e também o STJ), em diversos julgados, reconheceu a constitucionalidade da responsabilização criminal da pessoa jurídica; **V:** correta.
Gabarito "B".

(Ministério Público/SP – 2013 – PGMP) Dentre as circunstâncias que agravam a pena nos crimes ambientais, NÃO se encontra

(A) a conduta ser perpetrada em área urbana, de assentamento humano, ou sujeita a regime especial de uso.
(B) a conduta ser perpetrada em época de seca, inundação ou período de defeso à fauna.
(C) a conduta ser perpetrada em domingos, feriados ou à noite.
(D) a conduta ser perpetrada por biólogo ou por funcionário de empresa de transporte de carga.
(E) a conduta ser perpetrada com o fim de vantagem pecuniária ou no interesse de pessoa jurídica beneficiada por incentivos fiscais.

À exceção da alternativa "D" (conduta perpetrada por biólogo ou por funcionário de empresa de transporte de carga), todas as demais trazem circunstâncias agravantes previstas no art. 15 da Lei 9.605/1998, quais sejam: I – reincidência nos crimes de natureza ambiental; II – ter o agente cometido a infração: a) para obter vantagem pecuniária; b) coagindo outrem para a execução material da infração; c) afetando ou expondo a perigo, de maneira grave, a saúde pública ou o meio ambiente; d) concorrendo para danos à propriedade alheia; e) atingindo áreas de unidades de conservação ou áreas sujeitas, por ato do Poder Público, a regime especial de uso; f) atingindo áreas urbanas ou quaisquer assentamentos humanos; g) em período de defeso à fauna; h) em domingos ou feriados; i) à noite; j) em épocas de seca ou inundações; l) no interior do espaço territorial especialmente protegido; m) com o emprego de métodos cruéis para abate ou captura de animais; n) mediante fraude ou abuso de confiança; o) mediante abuso do direito de licença, permissão ou autorização ambiental; p) no interesse de pessoa jurídica mantida, total ou parcialmente, por verbas públicas ou beneficiada por incentivos fiscais; q) atingindo espécies ameaçadas, listadas em relatórios oficiais das autoridades competentes; r) facilitada por funcionário público no exercício de suas funções.
Gabarito "D".

26. CRIMES CONTRA A ORDEM TRIBUTÁRIA

(Promotor de Justiça/SC – 2016 – MPE)

(1) Vender ou expor à venda mercadoria cuja embalagem, tipo, especificação, peso ou composição esteja em desacordo com as prescrições legais, ou que não corresponda à respectiva classificação oficial, não constitui crime contra as relações de consumo, mas, sim, infração administrativa, punida com multa de 10 a 200 salários mínimos, aplicada pelo órgão fiscalizador competente.

1: assertiva falsa. Isso porque o enunciado corresponde, com exatidão, à redação do art. 7º, II, da Lei 8.137/1990, que constitui crime contra as relações de consumo cuja pena cominada é de detenção de 2 a 5 anos ou multa.
Gabarito 1E.

(Ministério Público/MG – 2013) Segundo orientação do Supremo Tribunal Federal, não se tipifica crime material contra a ordem tributária antes do lançamento definitivo do tributo, a supressão ou redução deste, ou contribuição social e qualquer acessório, mediante as seguintes condutas, **EXCETO:**

(A) Negar ou deixar de fornecer, quando obrigatório, nota fiscal ou documento equivalente, relativa à venda de mercadoria ou prestação de serviço, efetivamente realizada, ou fornecê-la em desacordo com a legislação.
(B) Fraudar a fiscalização tributária, inserindo elementos inexatos, ou omitindo operação de qualquer natureza, em documento ou livro exigido pela lei fiscal.
(C) Falsificar ou alterar nota fiscal, fatura, duplicata, nota de venda, ou qualquer outro documento relativo à operação tributável.
(D) Elaborar, distribuir, fornecer, emitir ou utilizar documento que saiba ou deva saber falso ou inexato.

À exceção do art. 1º, V, da Lei 8.137/1990, todos os demais crimes materiais contra a ordem tributária, definidos no mesmo dispositivo legal, exigem o prévio esgotamento da esfera administrativa (processo administrativo fiscal), que, diga-se de passagem, é condição objetiva de punibilidade, na forma do que dispõe a Súmula vinculante 24. Confira-se julgado do STF: "Crime contra a ordem tributária – Negativa em fornecer documento obrigatório – Prescindibilidade de processo administrativo. O crime previsto no inciso V do artigo 1º da Lei nº 8.137/1990 – "negar ou deixar de fornecer, quando obrigatório, nota fiscal ou documento equivalente, relativa a venda de mercadoria ou prestação de serviço, efetivamente realizada, ou fornecê-la em desacordo com a legislação" – prescinde do processo administrativo-fiscal e a instauração deste não afasta a possibilidade de imediata persecução criminal." (HC 96200 / PR – Paraná – *Habeas Corpus* – Relator(a): Min. Marco Aurélio – Julgamento: 04.05.2010 – Órgão Julgador: Primeira Turma).
Gabarito "A".

27. CRIMES DE TRÂNSITO

(Promotor de Justiça/SC – 2016 – MPE)

(1) Violar a suspensão ou a proibição de se obter a permissão ou a habilitação para dirigir veículo automotor imposta com fundamento no Código de Trânsito Brasileiro (Lei 9.503/1997) é conduta atípica, punível exclusivamente na esfera administrativa, com multa, aplicada pelo órgão de trânsito competente.

1: a conduta consistente em violar a suspensão ou a proibição de se obter a permissão ou a habilitação para dirigir veículo automotor imposta com fundamento no Código de Trânsito Brasileiro (Lei 9.503/1997) constitui, ao contrário do afirmado, o crime previsto no art. 307 do CTB, sujeitando o agente em que nele incorrer à pena de detenção de seis meses a um ano, e multa, com nova imposição adicional de idêntico prazo de suspensão ou de proibição.
Gabarito 1E.

(Ministério Público/SP – 2013 – PGMP) Sujeito foi abordado pela polícia quando se encontrava na direção de veículo automotor, em plena via pública, apresentando sinais de alteração da capacidade psicomotora por embriaguez completa, de acordo com os procedimentos previstos na Resolução nº 432/2013 – CONTRAN, a saber: exame clínico conclusivo firmado por médicos e constatação pelo agente de trânsito. No flagrante, Sujeito admitiu que, embora o uso de bebida alcoólica tivesse sido fruto de vontade livre, ele pensou que a ingestão de meia taça de vinho não iria causar mal, não cuidando assim de perguntar ao médico que receitara o remédio por ele ingerido uma hora antes do fato, conforme sugerido na bula que lera, se tal medicamento podia interagir com álcool. Restou evidenciado na investigação que o medicamento utilizado por Sujeito, embora não fosse do tipo de causar dependência, podia potencializar os efeitos do álcool, produzindo resultado idêntico ao de embriaguez completa; e que o exame de sangue a que ele se submetera ao sair da delegacia, em laboratório particular de renome, mostrou ser a quantidade de álcool por litro de sangue de Sujeito bem inferior ao limite mínimo (seis decigramas) legal.

De acordo com os dados fornecidos, assinale a alternativa que mais bem reveste a conduta perpetrada por Sujeito.

(A) Inimputabilidade decorrente da ignorância.
(B) Erro de tipo (ele devia ter consultado o médico) e, assim, ele só poderia responder pelo crime a título de culpa.
(C) Erro de proibição por não ter consultado o médico.
(D) Isenção de pena por perdão judicial.
(E) Está acobertada por obstáculo invencível à condenação porque a ingestão do medicamento afastou a chamada *actio libera in causa*.

A: incorreta, pois, como é sabido e ressabido, a ignorância (ao que parece, da lei) não é causa de exclusão da imputabilidade penal (art. 21, *caput*, do CP); **B:** correta. Se Sujeito ingeriu bebida alcoólica em patamares inferiores àqueles descritos no art. 306, *caput*, da Lei 9.503/1997 (CTB), e que a constatação da embriaguez decorreu da ingestão de remédio potencializador dos efeitos do álcool, parece-nos que incidiu em erro de tipo, ou seja, passou a conduzir veículo automotor com a capacidade psicomotora alterada em razão da influência de álcool, desconhecendo tal situação. Porém, pelo que se vê do enunciado, a embriaguez decorreu de ato culposo, visto que poderia ter consultado o médico sobre a interação do fármaco anteriormente ingerido e a posterior ingestão de álcool, optando por não fazê-lo. Destarte, tratando-se de erro de tipo vencível (ou evitável, ou inescusável), caberia a punição apenas a título de culpa (art. 20, *caput*, do CP). Contudo, inexistindo a modalidade culposa para o crime em comento, o fato é atípico; **C:** incorreta, pois deixar de consultar o médico sobre a interação entre um medicamento e a ingestão de álcool não caracteriza erro de proibição (art. 21 do CP), não se vislumbrando tenha Sujeito praticado o crime desconhecendo a ilicitude do fato; **D:** incorreta, inexistindo, para o caso, expressa previsão de perdão judicial, que é causa extintiva da punibilidade (art. 107, IX, do CP); **E:** incorreta. Se o agente somente dirigiu seu veículo automotor em estado de embriaguez porque, voluntariamente, ingeriu álcool, inviável o reconhecimento da embriaguez decorrente de caso fortuito ou força maior, que, nos termos do art. 28, § 1º, do CP, isenta o réu de pena, desde que completa. No caso relatado no enunciado, poderia Sujeito ter evitado a embriaguez, tivesse consultado o médico, conforme lera na própria bula do medicamento. Portanto, aqui, vislumbra-se uma embriaguez culposa, e, logo, punível (art. 28, II, do CP).
„Gabarito „B".

(Ministério Público/SP – 2012 – VUNESP) Configura o crime do art. 306 do Código de Trânsito Brasileiro conduzir veículo automotor, na via pública, estando

(A) com a concentração de álcool por litro de sangue igual ou superior a 1 (um) grama e 6 (seis) decigramas, ou sob a influência de qualquer outra substância psicoativa que determine dependência.
(B) sob a influência de álcool ou substância de efeitos análogos, expondo a dano potencial a incolumidade de outrem.
(C) com a concentração de álcool por litro de sangue igual ou superior a 6 (seis) decigramas, ou sob a influência de qualquer outra substância psicoativa que determine dependência, expondo a dano potencial a incolumidade de outrem.
(D) com a concentração de álcool por litro de sangue igual ou superior a 1 (um) grama, ou sob a influência de qualquer outra substância psicoativa que determine dependência, expondo a dano potencial a incolumidade de outrem.
(E) com a concentração de álcool por litro de sangue igual ou superior a 6 (seis) decigramas, ou sob a influência de qualquer outra substância psicoativa que determine dependência.

Quando da formulação da questão, vigorava a seguinte redação do art. 306 do CTB: "*Conduzir veículo automotor, na via pública, estando com concentração de álcool por litro de sangue igual ou superior a 6 (seis) decigramas, ou sob a influência de qualquer outra substância psicoativa que determine dependência*". Assim, correta estaria a alternativa "E". Porém, com o advento da Lei 12.760, de 20 de dezembro de 2012, nova redação foi conferida ao crime de embriaguez ao volante. Confira-se: "*Conduzir veículo automotor com capacidade psicomotora alterada em razão da influência de álcool ou de outra substância psicoativa que determine dependência*". Para a constatação da embriaguez, será necessária uma das seguintes situações (§ 1º): § 1º As condutas previstas *no caput* serão constatadas por: I – concentração igual ou superior a 6 decigramas de álcool por litro de sangue ou igual ou superior a 0,3 miligrama de álcool por litro de ar alveolar; ou II – sinais que indiquem, na forma disciplinada pelo Contran, alteração da capacidade psicomotora.
„Gabarito „E".

(Ministério Público/MG – 2012 – CONSULPLAN) Os crimes previstos no Código de Trânsito Brasileiro (Lei n. 9.503/1997) terão a pena elevada, na segunda fase de sua aplicação, quando o condutor do veículo tiver cometido a infração:

(A) com Carteira de Habilitação de categoria diferente da do veículo.
(B) sob a influência de substância entorpecente de efeitos análogos ao álcool.
(C) participando de corrida, disputa ou competição automobilística não autorizada.
(D) violando suspensão da habilitação para dirigir veículo automotor imposta com fundamento no próprio Código de Trânsito.

A: correta (art. 298, IV, do CTB); **B:** incorreta, pois não consta como circunstância agravante prevista no rol do art. 298 do CTB. Porém, caso o crime de lesão corporal culposa de trânsito seja cometido enquanto o condutor estiver sob a influência de álcool ou outra substância psicoativa que determine dependência, serão incabíveis a composição civil dos danos, a transação penal e a necessidade de representação do ofendido (arts. 74, 76 e 88, todos da Lei 9.099/1995), consoante dispõe o art. 291, § 1º, I, do CTB; **C:** incorreta, pois não consta como circunstância agravante prevista no rol do art. 298 do CTB. Porém, caso o crime de lesão corporal culposa de trânsito seja cometido enquanto o condutor estiver participando de corrida, disputa ou competição automobilística não autorizada, serão incabíveis a composição civil dos danos, a transação penal e a necessidade de representação do ofendido (arts. 74, 76 e 88, todos da Lei 9.099/1995), consoante dispõe o art. 291, § 1º, II, do CTB; **D:** incorreta, pois não consta como circunstância agravante prevista no rol do art. 298 do CTB. Porém, violar a suspensão ou a proibição de se obter a permissão ou a habilitação para dirigir veículo automotor imposta com fundamento no CTB constitui o crime definido em seu art. 307.
„Gabarito „A".

(Ministério Público/GO – 2012) São recorrentes na mídia notícias a respeito do trânsito brasileiro, que se destaca como um dos mais violentos do mundo. Diversas medidas, tais como a edição da "Lei Seca", propuseram-se a diminuir o número de mortos e feridos no trânsito, contudo, sem efeitos práticos significativos. A respeito dos crimes de trânsito e procedimentos correlatos, é incorreto dizer que:

(A) poderá o juiz, em qualquer fase da investigação ou da ação penal, havendo necessidade para a garantia da ordem pública, de ofício, decretar, em decisão motivada, a suspensão da permissão ou da habilitação para dirigir veículo automotor, ou a proibição de sua obtenção;
(B) aos crimes de trânsito de lesão corporal culposa aplica-se o disposto nos artigos 74 (composição civil de danos como causa extintiva da punibilidade nas ações penais privadas e condicionadas à representação em razão de renúncia ao direito de queixa e de representação, respectivamente), 76 (aplicação imediata da pena – transação penal) e 88 (dependerá de representação a ação penal relativa aos crimes de lesões corporais leves e lesões culposas), todos da Lei 9.099, de 26 de setembro de 1995, se o agente estiver transitando em velocidade superior à máxima permitida para a via em 50 km/h (cinquenta quilômetros por hora);
(C) a prova da embriaguez poderá ser feita por exame de sangue ou teste em aparelho de ar alveolar pulmonar (etilômetro), ocorrendo o crime de embriaguez ao volante quando o agente estiver, respectivamente, com 6 decigramas de álcool por litro de sangue ou com concentração de álcool igual ou superior a três décimos de miligrama por litro de ar expelido pelos pulmões;
(D) ao condutor de veículo, nos casos de acidente de trânsito de que resulte vítima, não se imporá a prisão em flagrante, nem se exigirá fiança, se prestar pronto e integral socorro àquela.

A: correta (art. 294 do CTB – Lei 9.503/1997). Apenas para registro, da decisão que decretar a suspensão da permissão ou da habilitação para dirigir veículo automotor, ou que proibir sua obtenção, será cabível recurso em sentido estrito (art. 294, parágrafo único, do CTB); B: incorreta, devendo ser assinalada. Se o agente transitar em velocidade superior à máxima permitida para a via em 50 km/h *não* será aplicado o disposto nos arts. 74, 76 e 88 da Lei 9.099/1995 (art. 291, § 1º, III, do CTB); C: à época em que formulada a questão, vigorava a redação do art. 306 do CTB, conferida pela "Lei Seca" (Lei 11.705/2008), o que a tornava correta. De fato, a prova da embriaguez, inclusive com respaldo em decisões do STJ, seria possível apenas mediante exame de sangue ou teste de alcoolemia por etilômetro (vulgarmente conhecido por bafômetro). Ainda, para a tipificação da conduta, exigia-se que a quantidade de álcool por litro de sangue fosse equivalente a seis decigramas ou mais, ou a três décimos de miligrama por litro de ar pulmonar (conforme art. 2º do Decreto federal 6.488/2008). Porém, com o advento da Lei 12.760/2012, nova redação foi dada ao precitado art. 306 do CTB, admitindo-se, para a prova da embriaguez, o teste de alcoolemia ou toxicológico, bem como exame clínico, perícia, vídeo, prova testemunhal ou outros meios de prova em direito admitidos, observado o direito à contraprova (§ 2º do referido dispositivo legal, que teve a sua redação alterada por força da Lei 12.971/2014); D: correta (art. 301 do CTB).
Gabarito "B".

28. ESTATUTO DO DESARMAMENTO

(Promotor de Justiça/SC – 2016 – MPE)
(1) Comete crime de posse irregular de arma de fogo de uso permitido cidadão que é pego mantendo sob sua guarda, no interior do quarto de sua residência, embaixo da cama, uma pistola .40, de uso restrito e com numeração suprimida.

1: a hipótese descrita no enunciado corresponde ao crime do art. 16, parágrafo único, IV, da Lei 10.826/2003 (Estatuto do Desarmamento), que consiste na conduta, entre outras, do agente que possui arma de fogo com numeração suprimida, pouco importando, neste caso, se a arma de fogo é de uso restrito, proibido ou permitido. O crime de posse irregular de arma de fogo de uso permitido, a que faz referência o enunciado, está previsto no art. 12 da mesma Lei.
Gabarito 1E

(Ministério Público/RO – 2013 – CESPE) Com fundamento na Lei nº 10.826/2003 e no entendimento do STJ a respeito da matéria, assinale a opção correta.
(A) Para a configuração do crime de porte ilegal de arma de fogo de uso permitido, é necessária a comprovação pericial da potencialidade lesiva da arma.
(B) Segundo a jurisprudência do STJ, desde 2005, não é possível conceder o benefício da extinção da punibilidade aos detentores de arma com numeração raspada ou suprimida, mesmo que voluntariamente façam a entrega do artefato.
(C) Para a configuração do crime de posse ilegal de arma de fogo de uso restrito, é suficiente o porte de arma de fogo com numeração raspada, independentemente de ser a arma de uso restrito ou proibido.
(D) É atípica a conduta de porte ilegal de munição de uso permitido, em razão de ausência de ofensividade a bem jurídico tutelado.
(E) Conforme jurisprudência sedimentada no STJ, a posse e o porte ilegal de arma de fogo foram abarcados, temporariamente, pela *abolitio criminis*.

A: incorreta. A jurisprudência do STJ é no sentido da desnecessidade da comprovação pericial da potencialidade lesiva da arma para fins de configuração do crime de porte ilegal previsto no art. 14 da Lei 10.826/2003. Confira-se a ementa do AgRg no HC 223043/MS, 5ª Turma, Min. Relator Marco Aurélio Bellizze, *DJe* de 28.06.2012: "AGRAVO REGIMENTAL EM *HABEAS CORPUS*. ART. 14 DA LEI N. 10.826/2003. CRIME DE PERIGO ABSTRATO. POTENCIALIDADE LESIVA DO INSTRUMENTO VULNERANTE. IRRELEVÂNCIA. RECURSO A QUE SE NEGA PROVIMENTO. 1. De acordo com a jurisprudência do Superior Tribunal de Justiça, o tipo penal do art. 14 da Lei n. 10.826/2003 incrimina o mero porte de arma de fogo, de uso permitido, sem autorização ou em desacordo com determinação legal, não fazendo registro quanto à necessidade de se aferir a potencialidade lesiva do artefato. Precedentes. 2. Desse modo, existindo outras provas nos autos capazes de demonstrar a materialidade do crime de porte ilegal de arma de fogo, mostra-se irrelevante a presença de laudo pericial atestando sua inaptidão para realizar disparos, tendo em vista que a consumação do delito, repita-se, não depende da potencialidade lesiva do instrumento vulnerante, razão pela qual não há constrangimento ilegal a ser sanado na espécie. 3. Agravo regimental a que se nega provimento."; B: incorreta. O entendimento consolidado do STJ acerca da denominada "abolitio criminis temporalis" operada pelos arts. 30 e 32 do Estatuto do Desarmamento é no sentido seguinte: " (...) 3. Entretanto, a Sexta Turma, a partir do julgamento do HC n. 188.278/RJ, passou a entender que a *abolitio criminis*, para a posse de armas e munições de uso permitido, restrito, proibido ou com numeração raspada, tem como data final o dia 23 de outubro de

2005. 4. Dessa data até 31 de dezembro de 2009, somente as armas/munições de uso permitido (com numeração hígida) e, pois, registráveis, é que estiveram abarcadas pela *abolitio criminis*. 5. Desde 24 de outubro de 2005, as pessoas que possuam munições e/ou armas de uso restrito, proibido ou com numeração raspada, podem se beneficiar de extinção da punibilidade, desde que, voluntariamente, façam a entrega do artefato. 6. Na espécie, o fato ocorrido data de 09.09.2011, não podendo, portanto, se beneficiar da exclusão do crime (*abolitio criminis* temporária) e nem da específica extinção da punibilidade." (HC 267520/RS, Rel. Min. Maria Thereza de Assis Moura, *DJe* de 09.04.2014); **C:** correta. De fato, polêmica havia acerca da correta tipificação do comportamento do agente que mantinha em sua posse uma arma de fogo com numeração raspada, mas de uso permitido, haja vista que o art. 16, parágrafo único, IV, da Lei 10.826/2003 não menciona a espécie de arma de fogo – se de uso permitido ou restrito -, nada obstante o *caput* do dispositivo trate das armas, acessórios ou munições de uso proibido ou restrito. A questão restou assim assentada pelo STJ: "A supressão ou adulteração do número de série, sendo a arma de uso permitido, restrito ou proibido, implica o juízo de tipicidade do crime previsto no artigo 16, parágrafo único, inciso IV, da Lei 10.826/2003." (AgRg no REsp 1281117/SP, 6ª Turma, Min. Maria Thereza de Assis Moura, *DJe* de 28.11.2013); **D:** incorreta. Tanto o porte ilegal de arma de fogo, quanto o de munição, caracterizam crime de perigo abstrato. No caso do só porte de munição, de qualquer espécie que seja (uso permitido ou proibido), haverá incriminação de tal conduta. Confira-se o entendimento do STJ, já consagrado naquela Corte: "Pacificou-se neste Superior Tribunal de Justiça o entendimento de que não se aplica o princípio da insignificância, não havendo falar em ausência de lesividade, aos crimes previstos na Lei n. 10.826/2003, nos quais o objeto jurídico tutelado é a segurança pública e a paz social" (AgRg no REsp 1252964/PR, 6ª Turma, Min. Maria Thereza de Assis Moura, *DJe* de 28.11,2013); **E:** incorreta. A *abolitio criminis* temporária no Estatuto do Desarmamento atingiu apenas a posse irregular de arma de fogo. Nesse sentido: "AGRAVO REGIMENTAL NO AGRAVO EM RECURSO ESPECIAL. PENAL. PORTE ILEGAL DE ARMA DE FOGO DE USO RESTRITO. *ABOLITIO CRIMINIS*. INOCORRÊNCIA. PRECEDENTES DESTA CORTE. I- A *abolitio criminis* temporária, prevista nos arts. 5°, § 3°, e 30 da Lei n. 10.826/2003 e nos diplomas legais que prorrogaram os prazos previstos nesses dispositivos, abrangeu apenas a posse ilegal de arma de fogo, mas não o seu porte. Precedentes. II- Agravo Regimental improvido." (AgRg no AREsp 19219/DF, 5ª Turma, Min. Regina Helena Costa, *DJe* 13.02.2014)."
Gabarito "C".

(Ministério Público/PI – 2012 – CESPE) Considerando o Estatuto do Desarmamento, a lei que trata dos crimes contra o meio ambiente, a que dispõe sobre os crimes hediondos e o entendimento dos tribunais superiores acerca dos institutos de direito penal, assinale a opção correta.

(A) O cidadão que possui, em sua residência, para defesa pessoal e de seus familiares, revólver de calibre 38 com numeração raspada e sem registro pratica o crime de posse ilegal de arma de fogo de uso permitido.
(B) O agente de segurança cuja arma seja furtada dentro do banco privado onde trabalhe e que não registre ocorrência policial no prazo de vinte quatro horas estará incurso no crime de omissão de cautela, previsto na Lei n. 10.826/2003.
(C) Superado o prazo da suspensão condicional do processo por crime contra o meio ambiente e comprovado, pelo laudo de constatação de reparação do dano ambiental, não ter sido completa a reparação, o benefício da suspensão condicional do processo será revogado.
(D) A lei posterior que, de qualquer modo, favoreça o agente aplica-se aos fatos anteriores, ainda que decididos por sentença condenatória transitada em julgado. Por essa razão, o agente condenado por crime hediondo em 1998, que não teria direito a progredir de regime por vedação expressa da lei, faria jus à progressão de regime caso tal vedação fosse declarada inconstitucional pelo STF e adviesse lei prevendo progressão de regimes para os crimes hediondos, desde que o agente fosse réu primário e tivesse cumprido dois quintos da pena.
(E) Suponha que João seja preso por porte ilegal de arma de fogo de uso permitido e que, no relatório apresentado pelo delegado de polícia, conste a informação de João ter sido, ao tempo do crime, empregado de empresa de segurança privada e de transporte de valores. Nessa situação, a pena imposta a João deverá ser aumentada da metade.

A: incorreta. Para a conduta do agente que possui em sua residência uma arma de fogo calibre 38 (de uso permitido) com numeração raspada aplicar-se-á o disposto no art. 16, parágrafo único, IV, do Estatuto do Desarmamento (Lei 10.826/2003), que é conduta mais grave do que a constante do art. 12 do mesmo diploma legal (posse irregular de arma de fogo de uso permitido). Pelo princípio da especialidade, ainda que a arma seja encontrada no interior da residência do agente, e seja de uso permitido, por ter sua numeração raspada, observará a regra especial, qual seja, a do precitado art. 16, parágrafo único, IV; **B:** incorreta, pois a omissão de cautela de que trata o art. 13, parágrafo único, do Estatuto do Desarmamento é considerada crime próprio, somente podendo ser cometido pelo proprietário ou diretor responsável por empresa de segurança e transporte de valores que deixarem de comunicar à polícia federal e de registrar ocorrência de perda, furto, roubo ou extravio de armas de fogo, acessórios ou munições que estejam sob sua guarda, nas primeiras vinte e quatro horas depois de ocorrido o fato; **C:** incorreta, pois, findo o prazo de duração da suspensão condicional do processo, e comprovado, por laudo de constatação, não ter sido completa a reparação do dano ambiental, o prazo de suspensão poderá ser prorrogado pelo prazo máximo definido no art. 89 da Lei 9.099/1995, acrescido de mais um ano, suspendendo-se o curso da prescrição (art. 28, II, da Lei 9.605/1998). Findo o prazo de prorrogação, novo prazo poderá ser concedido para a prorrogação da suspensão do processo (art. 28, IV, da Lei 9.605/1998); **D:** incorreta. Se o crime hediondo foi praticado em 1998, época em que não se admitia, por força da redação original do art. 2°, § 2°, da Lei 8.072/1990, a progressão de regime, uma vez declarada pelo STF sua inconstitucionalidade (o que, de fato, ocorreu no ano de 2006, no julgamento do HC 82.959-SP), caberá a concessão de referido benefício com o cumprimento de 1/6 (um sexto) da pena, incidindo a regra geral contida no art. 112 da LEP. Esse é o entendimento materializado na Súmula 471 do STJ, não se podendo aplicar os novos patamares para a progressão de regime inseridos no art. 2° da Lei dos Crimes Hediondos pela Lei 11.464/2007 (dois quintos da pena para réu primário ou três quintos da pena para réu reincidente); **E:** correta (art. 20 c/c art. 7°, ambos do Estatuto do Desarmamento).
Gabarito "E".

29. CRIMES RELATIVOS À LICITAÇÃO

(Ministério Público/MS – 2013 – FADEMS) Nos casos de sentença condenatória por prática de crime envolvendo licitação (Lei n° 8.666/1993), quando o réu é servidor público está sujeito à perda

(A) do emprego na hipótese exclusiva do delito ter sido consumado.
(B) do cargo, da função ou do emprego, mesmo que se trate de delito tentado.
(C) da função, mas não do mandato eletivo, mesmo que a hipótese seja delito tentado.

(D) do cargo, somente se consumado o delito.
(E) do cargo, mas não da função, ainda que se trate de delito tentado.

Nos termos do art. 83 da Lei 8.666/1993 (Lei Geral das Licitações), nos crimes nela definidos, *ainda que simplesmente tentados*, os seus autores, quando servidores públicos, além das sanções penais, ficarão sujeitos à perda do *cargo, emprego, função ou mandato eletivo*.
Gabarito "B".

(Procurador da República – 25.º) Assinale a alternativa correta acerca da equiparação a servidor público para os crimes previstos na lei de licitações.

(A) quem exerce cargo, emprego ou função em entidade paraestatal, e quem trabalha para empresa prestadora de serviço contratada ou conveniada para a execução de atividade típica da Administração Pública;
(B) quem exerce mandato, cargo, emprego ou função em entidade privada que receba subvenção, benefício ou incentivo, fiscal ou creditício, de órgão público;
(C) quem exerce cargo, emprego ou função em entidade paraestatal, assim consideradas, além das fundações, empresas públicas e sociedades de economia mista, as demais entidades sob controle direto ou indireto do Poder Público;
(D) quem exerce cargo, emprego ou função em empresas controladas, direta ou indiretamente, em organização pública internacional.

A: incorreta, pois a definição contida na assertiva em comento trata dos funcionários públicos por equiparação definidos no art. 327, § 1.º, do CP, e não na Lei Geral das Licitações; **B:** incorreta, pois a definição contida na alternativa em comento diz respeito ao conceito de agente público para fins de caracterização de atos de improbidade administrativa (arts. 1.º e 2.º da Lei 8.429/1992); **C:** correta. Nos termos do art. 84 da Lei 8.666/1993 temos que: "Considera-se servidor público, para os fins desta Lei, aquele que exerce, mesmo que transitoriamente ou sem remuneração, cargo, função ou emprego público. § 1º Equipara-se a servidor público, para os fins desta Lei, quem exerce cargo, emprego ou função em entidade paraestatal, assim consideradas, além das fundações, empresas públicas e sociedades de economia mista, as demais entidades sob controle, direto ou indireto, do Poder Público"; **D:** incorreta, tratando a alternativa ao conceito de funcionário público estrangeiro por equiparação, nos termos do art. 337-D, parágrafo único, do CP.
Gabarito "C".

30. CRIME DE TORTURA

(Promotor de Justiça/GO – 2016 – MPE) De acordo com a Lei de Tortura, assinale a alternativa correta:

(A) Há crime de tortura quando o constrangimento, exercido mediante violência que causa intenso sofrimento físico, se opera em razão de discriminação pela orientação sexual (art. 1º, inc. I, alínea c).
(B) Movido por instinto de vingança e sadismo, Josef K., funcionário de um banco, constrangeu, com o emprego de violência, o juiz que outrora havia decretado sua injusta prisão e causou-lhe intenso sofrimento físico. A conduta de Josef K. não constitui crime de tortura.
(C) Conforme o § 5º do art. 1º da Lei de Tortura, a condenação criminal transitada em julgado, acarretará, automaticamente, a perda do cargo, função ou emprego público, a cassação da aposentadoria e a interdição para seu exercício pelo dobro do prazo da pena aplicada.
(D) Compete à Justiça Castrense o processo e o julgamento do crime de tortura praticado por policial militar em serviço.

A: incorreta, já que o dispositivo a que faz referência a assertiva não contemplou a discriminação em razão da orientação sexual; **B:** correta, já que a conduta levada a efeito por Josef K. não se enquadra em nenhum dos tipos penais de tortura previstos na Lei 9.455/1997; **C:** incorreta. É que a cassação da aposentadoria não foi incluída no rol do dispositivo citado na assertiva; **D:** incorreta. A competência é da Justiça Comum. Conferir: "Configurado o crime de tortura, não há que se falar em nulidade do feito por incompetência da Justiça comum, pois a jurisprudência do Superior Tribunal de Justiça já firmou o entendimento de que "o crime de tortura é crime comum, sem correspondência no Código Penal Militar. Portanto, não cabe ser julgado perante a Justiça especializada, mas sim na Justiça Comum" (STJ, AgRg no AREsp 17.620/DF, Rel. Ministro Rogerio Schietti Cruz, Sexta Turma, julgado em 24.05.2016, *DJe* 06.06.2016).
Gabarito "B".

(Promotor de Justiça/SC – 2016 – MPE)

(1) Conforme doutrina majoritária, a tortura qualificada pelo resultado morte, prevista no artigo 1º, § 3º, da Lei 9.455/97, é classificada como de resultado preterdoloso. Entretanto, se o agressor, em sua ação, deseja ou assume o risco de produzir o resultado morte, não responde pelo tipo acima, mas por homicídio qualificado.

1: Temos que podem ocorrer, no contexto da tortura com morte, duas situações: homicídio qualificado pela tortura (art. 121, § 2º, III, do CP). Neste caso, a tortura é empregada como meio para causar a morte, que é desejada, querida ou, ao menos, embora não seja o objetivo do agente, ele, com a sua conduta, assume o risco de ela, morte, ocorrer; pode acontecer, entretanto, de o agente, ao torturar a vítima, exceder-se e causar, de forma culposa, sua morte (art. 1º, § 3º, da Lei 9.455/1997). Trata-se de figura preterdolosa, tal como afirmado no enunciado. Este é o entendimento doutrinário e jurisprudencial prevalente.
Gabarito 1C.

31. CONTRAVENÇÕES PENAIS

(Ministério Público/MA – 2009) Consideram-se infrações de menor potencial ofensivo:

(A) as contravenções penais e os crimes a que a lei comine pena máxima não superior a um ano, excetuados os casos em que a lei preveja procedimento especial;
(B) as contravenções penais e os crimes a que a lei comine pena máxima não superior a dois anos, excetuados os casos em que a lei preveja procedimento especial;
(C) as contravenções penais e os crimes a que a lei comine pena máxima não superior a um ano, não se excetuando os casos em que a lei preveja procedimento especial;
(D) as contravenções penais e os crimes a que a lei comine pena máxima não superior a dois anos, cumulada ou não com multa;
(E) as contravenções penais e os crimes a que a lei comine a pena máxima não superior a quatro anos, cumulada ou não com multa.

Com o advento da Lei 10.259/2001, que instituiu o Juizado Especial Federal, alterou-se o conceito de infração de menor potencial ofensivo (todas as contravenções penais, os crimes a que a lei comine pena máxima igual ou inferior a dois anos, bem como os crimes a que a lei comine exclusivamente pena de multa, qualquer que seja o procedimento previsto para eles), aplicável tanto para a Justiça Federal quanto para a Estadual. Ainda, com a edição da Lei 11.313/2006, afastou-se qualquer dúvida a respeito da unificação do conceito de infração de menor potencial ofensivo, alterando-se a redação do art. 61 da Lei 9.099/1995.

Gabarito "D".

32. VIOLÊNCIA DOMÉSTICA

(Promotor de Justiça – MPE/AM – FMP – 2015) Considere as seguintes assertivas em relação à violência doméstica e familiar:

I. De acordo com a jurisprudência do Supremo Tribunal Federal, os crimes de ameaça e de lesões corporais leves admitem a aplicação dos institutos despenalizadores da Lei 9.099/1995.
II. O crime de ameaça admite a concessão de transação penal pelo Ministério Público.
III. A violência doméstica e familiar pode ser de natureza psicológica.
IV. Aplica-se a Lei Maria da Penha ao homem na condição de sujeito passivo do crime em atenção ao princípio constitucional da igualdade.
V. Não é cabível a concessão da transação penal e da suspensão condicional do processo aos crimes de ameaça e de lesões corporais leves no âmbito da violência doméstica, conforme o entendimento do Supremo Tribunal Federal.

Quais das assertivas acima estão corretas?

(A) Apenas a I e II.
(B) Apenas a II e III.
(C) Apenas a III e IV.
(D) Apenas a III e V.
(E) Apenas a IV e V.

I (incorreta), II (incorreta) e V (correta): descabe, no âmbito da Lei Maria da Penha, a suspensão condicional do processo e também a transação penal, institutos previstos na Lei 9.099/1995. Na jurisprudência: "Criminal. *Habeas corpus*. Violência doméstica. Suspensão condicional do processo. Lei Maria da Penha. Inaplicabilidade da Lei 9.099/1995. Constrangimento ilegal não evidenciado. Exaurimento de todos os argumentos da defesa. Não obrigatoriedade. Ordem denegada. I – O art. 41 da Lei 11.340/2006 – Lei Maria da Penha – dispõe que, aos crimes praticados com violência doméstica e familiar contra a mulher, independentemente da pena prevista, não se aplica a Lei 9.099/1995, o que acarreta a impossibilidade de aplicação dos institutos despenalizadores nesta previstos, quais sejam, acordo civil, transação penal e suspensão condicional do processo (...)" (HC 180.821/MS, Rel. Ministro Gilson Dipp, Quinta Turma, julgado em 22/03/2011, DJe 04/04/2011). Consagrando esse entendimento, o STJ editou a Súmula n. 536: "A suspensão condicional do processo e a transação penal não se aplicam na hipótese de delitos sujeitos ao rito da Lei Maria da Penha". Ademais disso, a própria Lei Maria da Penha, em seu art. 41, estabelece que, *aos crimes praticados com violência doméstica e familiar contra a mulher, independentemente da pena prevista, não se aplica a Lei 9.099/1995, de 26 de setembro de 1995*; **III:** correta (art. 7º, II, da Lei 11.340/2006); **IV:** incorreta, dado que a Lei Maria da Penha foi concebida com o propósito de assegurar proteção e coibir atos de violência que tenham como vítima a mulher (art. 1º da Lei 11.340/2006).

Gabarito "D".

(Ministério Público/MS – 2013 – FADEMS) Considere as seguintes assertivas em relação à Lei nº 11.340/2006 (Lei Maria da Penha):

I. O Superior Tribunal de Justiça entende que não há a necessidade de coabitação para a aplicação da lei, bastando que se configure relação íntima de afeto entre agressor e vítima para atrair o rigor maior da lei.
II. Conforme entendimento do Superior Tribunal de Justiça, não se pode afirmar que a pena mais grave atribuída ao delito de lesões corporais praticado no âmbito das relações domésticas seja aplicável apenas nos casos em que a vítima é mulher, pelo simples fato de essa alteração ter-se dado pela Lei nº 11.340/2006.
III. Enquanto não estruturados os juizados de violência doméstica e familiar contra a mulher, as varas criminais acumularão as competências cível e criminal para conhecer e julgar as causas decorrentes da prática de violência doméstica e familiar contra a mulher.
IV. Ao tomar conhecimento da violência doméstica e familiar contra a mulher, deve a autoridade policial ouvir a ofendida, tomar a representação a termo, colher provas, determinar que se proceda a exame de corpo de delito, ouvir o agressor e testemunhas e remeter, no prazo de 48 horas, expediente apartado ao juiz com o pedido da ofendida, para a concessão de medidas protetivas de urgência.

São *corretas*:

(A) Somente as assertivas I e II.
(B) Somente as assertivas II, III e IV.
(C) Somente as assertivas III e IV.
(D) Somente as assertivas I, II e III.
(E) Todas as assertivas.

I: correta. De fato, de acordo com o STJ, a aplicação da Lei Maria da Penha (Lei 11.340/2006) será possível independentemente de coabitação entre agressor e vítima, bastando que estejam presentes as hipóteses de seu art. 5º, dentre os quais não se insere a coabitação. Nesse sentido: STJ, HC 115857/MG, 6ª Turma, j. 16.12.2008, rel. Min. Jane Silva (desembargadora convocada do TJ/MG, *DJe* 02.02.2009); **II:** correta, pois o art. 129, § 9º, do CP, a este introduzido pela Lei 10.886/2004, com pena originariamente cominada de seis meses a um ano de detenção, alterada para três meses a três anos, também de detenção, pela Lei 11.340/2006, é aplicável não somente à vítima mulher, visto que referido tipo penal trata da lesão praticada contra ascendente, descendente, irmão, cônjuge ou companheiro, ou com quem o agente conviva ou tenha convivido, ou, ainda, prevalecendo-se das relações domésticas, de coabitação ou de hospitalidade, em nenhum momento indicando que o sujeito passivo somente poderá ser a mulher; **III:** correta, pois, nos termos do art. 33 da Lei 11.340/2006, enquanto não estruturados os Juizados de Violência Doméstica e Familiar contra a Mulher, as varas criminais acumularão as competências cível e criminal para conhecer e julgar as causas decorrentes da prática de violência doméstica e familiar contra a mulher, observadas as previsões do Título IV desta Lei, subsidiada pela legislação processual pertinente; **IV:** correta, nos exatos termos do art. 12 e incisos da Lei Maria da Penha.

Gabarito "E".

33. OUTROS CRIMES E CRIMES COMBINADOS DA LEGISLAÇÃO EXTRAVAGANTE

(Promotor de Justiça – MPE/RS – 2017) Relativamente à Lei Federal 12.846, de 1º de agosto de 2013, chamada de Lei Anticorrupção, assinale a alternativa correta.

(A) Aquele que transitoriamente e sem remuneração exerça função pública em representação diplomática de país estrangeiro não é considerado agente público estrangeiro, para fins de aplicação da Lei Anticorrupção.

(B) A personalidade jurídica poderá ser desconsiderada sempre que utilizada com abuso do direito para facilitar, encobrir ou dissimular a prática dos atos ilícitos previstos na Lei Anticorrupção, dispensada a defesa em casos considerados gravíssimos.
(C) Na aplicação das sanções será levada em consideração a existência de mecanismos e procedimentos internos de integridade, auditoria e incentivo à denúncia de irregularidades e a aplicação efetiva de códigos de ética e de conduta no âmbito da pessoa jurídica.
(D) A celebração de acordo de leniência não exime a pessoa jurídica de reparar integralmente o dano causado, mas afasta integralmente a multa que seria imputada caso o referido acordo não fosse firmado.
(E) A celebração do acordo de leniência interrompe o prazo prescricional dos atos ilícitos previstos na Lei Anticorrupção e, se descumprido, impede a nova celebração de acordo pelo prazo de 1 (um) ano, contado do conhecimento pela Administração Pública do descumprimento.

A: incorreta, na medida em que não reflete o disposto no art. 5º, § 3º, da Lei 12.846/2013, que estabelece que, nas condições mencionadas nesta proposição, será, sim, considerado agente público estrangeiro; **B:** incorreta, pois não corresponde ao teor do art. 14 da Lei 12.846/2013, segundo o qual serão assegurados, em qualquer caso, ainda que considerado gravíssimo, o contraditório e a ampla defesa; **C:** correta, pois em consonância com a regra presente no art. art. 7º, VIII, da Lei 12.846/2013; **D:** incorreta, pois em desconformidade com o teor do art. 16, §§ 2º e 3º, da Lei 12.846/2013, que estabelece que, no caso de celebração de acordo de leniência, não haverá isenção integral da multa, mas redução do seu valor em até dois terços; **E:** incorreta. A primeira parte da assertiva, que diz respeito à interrupção do prazo prescricional quando da celebração do acordo de leniência, está correta, uma vez que em conformidade com a regra contida no art. art. 16, § 9º, da Lei 12.846/2013; o erro da proposição está na sua segunda parte, em que se afirma que o descumprimento do acordo de leniência impede nova celebração do acordo pelo prazo de um ano, quando, na realidade, por força do que dispõe o art. 16, § 8º, da Lei 12.846/2013, esse prazo corresponde a 3 anos.
Gabarito "C".

(Promotor de Justiça – MPE/RS – 2017) Assinale a alternativa **INCORRETA**.
(A) A lei penal brasileira, com o objetivo de proteger a pessoa idosa, erigiu em crimes, dentre outras, as condutas de (1) negar o acolhimento ou a permanência do idoso, como abrigado, por recusa deste em outorgar procuração à entidade de atendimento, e de (2) reter o cartão magnético de conta bancária relativa a benefícios, proventos ou pensão do idoso, ou qualquer outro documento com objetivo de assegurar recebimento ou ressarcimento de dívida. Com o mesmo objetivo protetivo, estabeleceu uma causa especial de aumento da pena, em dobro, ao agente de estelionato contra pessoa idosa.
(B) Independentemente da ocorrência de lesão ou de perigo de dano concreto na condução do veículo, constitui crime a conduta de entregar a direção de um automóvel à pessoa com o direito de dirigir suspenso.
(C) A aplicação da causa de diminuição da pena de um sexto a dois terços, prevista na Lei de Drogas, em favor do traficante primário, de bons antecedentes e que não se dedique a atividades criminosas nem integre organização criminosa, afasta a hediondez ou a equiparação à hediondez do crime de tráfico de entorpecentes.
(D) Do art. 1º, da Lei 9.455/1997, que incrimina a tortura, extraem-se, as espécies delitivas doutrinariamente designadas tortura-prova, tortura-crime, tortura-discriminação, tortura-castigo, tortura-própria e tortura omissão, equiparadas aos crimes hediondos, previstas na modalidade dolosa e com apenamento carcerário para cumprimento inicial em regime fechado.
(E) Configura crime ambiental a conduta de destruir ou danificar vegetação primária ou secundária, em estágio avançado ou médio de regeneração, do Bioma Mata Atlântica, ou de simplesmente utilizá-la com infringência das normas de proteção.

A: correta, pois em consonância com as figuras típicas previstas, respectivamente, nos arts. 103 e 104 da Lei 10.741/2003 – Estatuto do Idoso, e com a causa de aumento contida no art. 171, § 4º, do CP; **B:** correta, uma vez que se trata de delito formal, cuja consumação, bem por isso, não está condicionada à produção de resultado naturalístico consistente na existência de lesão a alguém. Nesse sentido a Súmula 575 do STJ: *Constitui crime a conduta de permitir, confiar ou entregar a direção de veículo automotor a pessoa que não seja habilitada, que se encontre em qualquer das situações previstas no art. 310 do CTB, independentemente da ocorrência de lesão ou de perigo de dano concreto na condução do veículo*; **C:** correta. Segundo entendimento firmado na Súmula n. 512, do STJ, não mais em vigor, "A aplicação da causa de diminuição de pena prevista no art. 33, § 4º, da Lei 11.343/2006 não afasta a hediondez do crime de tráfico de drogas". O Plenário do STF, ao julgar o HC 118.533/MS, em 23.06.2016, cuja relatoria foi da Min. Cármen Lúcia, entendeu, em dissonância com o posicionamento então adotado pelo STJ, que o crime de tráfico de drogas privilegiado não tem natureza hedionda. Pois bem. Sucede que a Terceira Seção do STJ, na sessão realizada em 23 de novembro de 2016, ao julgar a QO na Pet 11.796-DF, determinou o cancelamento da referida Súmula n. 512, alinhando-se ao entendimento adotado pelo STF no sentido de que o delito de tráfico privilegiado não pode ser equiparado a crime hediondo; **D:** incorreta. É errado afirmar-se que o condenado por crime de tortura, em qualquer modalidade, deverá iniciar o cumprimento da pena em regime fechado. Isso porque o art. 1º, § 7º, da Lei 9.455/1997 faz uma ressalva. Dessa forma, não estará sujeito ao regime mais rígido de cumprimento da reprimenda aquele que incorrer nas penas do crime omissivo previsto no art. 1º, § 2º, desta Lei (tortura imprópria), visto que o preceito secundário da norma incriminadora estabelece a pena de 1 a 4 anos de detenção, bem inferior às outras penas previstas para o crime de tortura na forma comissiva; **E:** correta (crime previsto no art. 38-A da Lei 9.605/1998).
Gabarito "D".

(Promotor de Justiça/GO – 2016 – MPE) Sobre a infiltração de agentes, é correto dizer:
(A) A Lei 12.850/2013 previu expressamente o *plano operacional da infiltração* como *conditio sine qua non* para o deferimento da medida.
(B) Faz-se necessário, para que ocorra a chamada *flexibilização operativa da infiltração policial*, que o Ministério Público obtenha em juízo, em caráter de extrema urgência, autorização judicial para a sustação da operação, sempre que existirem indícios seguros de que o agente infiltrado sofre risco iminente.
(C) A Lei 12.850/2013, no afã de aumentar os mecanismos de repressão à criminalidade organizada, alargou o rol dos sujeitos que podem atuar na qualidade de *agente infiltrado* e, com isso, legalizou a infiltração por meio dos chamados *gansos* ou *informantes*.

(D) Doutrinariamente, chama-se *deep cover* a espécie de infiltração que tem duração superior a seis meses e reclama do agente imersão profunda no seio da organização criminosa, utilização de identidade falsa e perda de contato significativo com a família.

A: incorreta, já que a Lei 12.850/2013 não previu tal exigência. O conteúdo do requerimento ou representação para a infiltração de agentes está previsto no art. 11 da Lei 12.850/2013; **B:** incorreta. Em conformidade com o que dispõe o art. 12, § 3º da Lei 12.850/2013, havendo indícios seguros de que o agente infiltrado corre risco iminente, a operação será sustada mediante requisição do MP ou pelo delegado de polícia, dando-se imediata ciência ao MP e à autoridade judicial. É desnecessária, portanto, a autorização judicial para que se promova a sustação da operação, sempre que existirem indícios seguros de risco ao agente infiltrado; **C:** incorreta. Somente poderá atuar como infiltrado o agente *policial*, *ex vi* do art. 10, *caput*, da Lei 12.850/2013; **D:** correta. A doutrina aponta duas modalidades de infiltração de agentes: *light cover* (infiltração leve), que, como o próprio nome sugere, é aquela que não passa do prazo de seis meses e não exige do agente um engajamento tão profundo e intenso; *deep cover* (imersão profunda), que corresponde à modalidade de infiltração em que o agente, por prazo superior a 6 meses, ingressa de forma mais profunda no seio da organização.

Gabarito "D".

(Promotor de Justiça/GO – 2016 – MPE) Em relação à Lei Federal 12.846/2013, conhecida como "Lei Anticorrupção", é correto afirmar que:

(A) nas hipóteses de fusão e incorporação, a responsabilidade da sucessora será restrita à obrigação de pagamento de multa e reparação integral do dano causado, até o limite do patrimônio transferido, não lhe sendo aplicáveis, em hipótese alguma, as demais sanções previstas nesta Lei decorrentes de atos e fatos ocorridos antes da data da fusão ou incorporação.
(B) na esfera administrativa, será aplicada à pessoa jurídica considerada responsável pelo ato lesivo previsto a sanção de multa, no valor de 0,1% (um décimo por cento) a 20% (vinte por cento) do faturamento líquido do último exercício anterior ao da instauração do processo administrativo, excluídos os tributos, a qual nunca será inferior à vantagem auferida, quando for possível sua estimação.
(C) em caso de descumprimento do acordo de leniência, a pessoa jurídica ficará impedida de celebrar novo acordo pelo prazo de 2 (dois) anos contados do conhecimento pela administração pública do referido descumprimento.
(D) a competência para a instauração e o julgamento do processo administrativo de apuração de responsabilidade da pessoa jurídica poderá ser delegada. (art. 8º, § 1º)

A: incorreta, uma vez que o art. 4º, § 1º, da Lei 12.846/2013 estabelece uma exceção à não aplicação das demais sanções previstas nesta Lei decorrentes de atos e fatos ocorridos antes da data da fusão ou incorporação, que é a hipótese de simulação ou evidente intuito de fraude, devidamente comprovados; **B:** incorreta. É que a sanção de multa a ser aplicada, na hipótese descrita, deverá incidir sobre o faturamento *bruto*, e não *líquido*, tal como afirmado na alternativa. É o que estabelece o art. 6º, I, da Lei 12.846/2013; **C:** incorreta, na medida em que o prazo durante o qual a pessoa jurídica que descumpriu o acordo de leniência firmado ficará impedida de celebrar o acordo corresponde a 3 anos, e não a 2, a teor do art. 16, § 8º, da Lei 12.846/2013; **D:** correta, pois reflete o disposto no art. 8º, § 1º, da Lei 12.846/2013.

Gabarito "D".

(Promotor de Justiça/GO – 2016 – MPE) Em conformidade com a Lei do Terrorismo (Lei 13.260/2016), marque a alternativa incorreta:

(A) É ato de terrorismo a conduta de apenas uma pessoa que, movida por preconceito religioso, ameaça usar gases tóxicos capazes de promover destruição em massa com a finalidade de provocar terror generalizado mediante a exposição da paz pública a perigo.
(B) A prisão temporária daquele que pratica qualquer dos crimes previstos na Lei do Terrorismo terá o prazo de 30 (trinta) dias, prorrogável por igual período em caso de extrema e comprovada necessidade.
(C) É penalmente típica a conduta de realizar atos preparatórios de terrorismo com o propósito inequívoco de consumar tal delito. Essa hipótese configura um crime obstáculo que não se compraz, segundo a Lei 13.260/2016, com a resipiscência.
(D) A Lei do Terrorismo considerou que os crimes nela previstos são praticados contra o interesse da União, cabendo à Polícia Federal a investigação criminal, em sede de inquérito policial, e à Justiça Federal o seu processamento e julgamento, nos termos do inciso IV do art. 109 da Constituição da República.

A: correta (conduta prevista no art. 2º, I, da Lei 13.260/2016); **B:** correta, pois corresponde ao que estabelecem os arts. 17 da Lei 13.260/2016 e 2º, § 4º, da Lei 8.072/1990 (Crimes Hediondos); **C:** incorreta, já que não reflete o que dispõe o art. 10 da Lei 13.260/2016; **D:** correta, pois em consonância com o disposto no art. 11 da Lei 13.260/2016.

Gabarito "C".

(Promotor de Justiça/SC – 2016 – MPE)

(1) A Lei n. 10.741/2003 (Estatuto do Idoso) possui tipo penal específico para punir tabelião que lavrar ato notarial que envolva pessoa idosa sem discernimento de seus atos e sem a devida representação legal.

1: o enunciado se refere ao crime capitulado no art. 108 da Lei 10.741/2003 (Estatuto do Idoso), que assim dispõe: *Lavrar ato notarial que envolva pessoa idosa sem discernimento de seus atos, sem a devida representação legal*. A pena é de reclusão de 2 a 4 anos.

Gabarito 1C.

(Promotor de Justiça/SC – 2016 – MPE)

(1) Prometer ou efetivar a entrega de filho ou pupilo a terceiro, mediante paga ou recompensa, é crime previsto no artigo 238 do Estatuto da Criança e do Adolescente – ECA, classificado como próprio, sendo admissível a suspensão condicional do processo, prevista no artigo 89 Lei 9.099/95.

1: De fato, a conduta acima descrita corresponde ao crime do art. 238 da Lei 8.069/1990 (Estatuto da Criança e do Adolescente), que é considerado, tal como acima se afirma, *próprio*, na medida em que o sujeito ativo somente pode ser o pai, a mãe, o tutor ou ainda o guardião. Ademais, é também correto afirmar-se que é admitida a suspensão condicional do processo (*sursis* processual), já que a pena mínima cominada a este crime não é superior a um ano (o preceito secundário do tipo penal estabelece a pena de 1 a 4 anos de reclusão), dentro, portanto, do limite estabelecido no art. 89, *caput*, da Lei 9.099/1995, que assim dispõe: *Nos crimes em que a pena mínima cominada for igual ou inferior a um ano (...)*. Como se pode ver, o âmbito de incidência do *sursis* processual é mais amplo do que a competência do Jecrim (art. 61 da Lei 9.099/1995), podendo, dessa forma, ser aplicado, também, a crimes de médio potencial ofensivo.

Gabarito 1C.

3. DIREITO PENAL

(Promotor de Justiça/SC – 2016 – MPE)

(1) Conforme expressamente determina a Lei 9.296/1996, quando todos os fatos investigados constituem infração penal punida com pena de detenção, não será admitida a interceptação de comunicações telefônicas.

1: assertiva verdadeira, haja vista que, a teor do art. 2º, III, da Lei 9.296/1996, somente será autorizada a interceptação de comunicações telefônicas na hipótese de o fato objetivo da investigação constituir infração penal punida com reclusão. Em outras palavras, não será admitida a interceptação de comunicações telefônicas se a pena cominada ao crime sob investigação for de detenção.
Gabarito "C"

(Promotor de Justiça/SC – 2016 – MPE)

(1) A Lei n. 4.898/1965, que prevê os crimes de abuso de autoridade, é aplicável inclusive aos que exercem cargo, emprego ou função pública de natureza civil, ainda que transitoriamente e sem remuneração.

1: assertiva verdadeira, visto que corresponde ao que estabelece o art. 5º da Lei 4.898/1965 (abuso de autoridade): *Considera-se autoridade, para os efeitos desta Lei, quem exerce cargo, emprego ou função pública, de natureza civil, ou militar, ainda que transitoriamente e sem remuneração.*
Gabarito "C"

(Promotor de Justiça – MPE/BA – CEFET – 2015) Analise as seguintes assertivas acerca das leis penais extravagantes:

I. A integralidade dos delitos previstos na Lei 8.666/1993 – Lei de Licitações abrange licitações de empresas públicas; é de ação penal pública incondicionada, sendo incabível ação penal privada subsidiária da ação penal pública; e segue o trâmite do procedimento comum previsto no Código de Processo Penal.

II. Nos termos da Lei 9.605/1998 – Lei do Meio Ambiente, são circunstâncias que agravam a pena, quando não são constitutivas ou qualificadoras dos delitos ambientais, a prática do crime: mediante abuso do direito de licença, permissão ou autorização ambiental; para obter vantagem pecuniária; em período de defeso à fauna; com comunicação prévia pelo agente do perigo iminente de degradação ambiental; e afetando ou expondo a perigo, de maneira grave, a saúde pública ou o meio ambiente.

III. Nos termos da Lei 9.605/1998 – Lei do Meio Ambiente, a pena privativa de liberdade pode ser substituída por pena restritiva de direitos, dentre as quais, o recolhimento domiciliar, na hipótese de crime culposo ou na hipótese de aplicação de pena privativa de liberdade inferior a 4 (quatro) anos.

IV. As contravenções penais, em sua integralidade, são de ação penal pública incondicionada, não são admitidas em forma tentada e seguem, de forma exclusiva, o princípio da territorialidade.

V. O delito de pichardismo distingue-se do delito do estelionato pelo fato de atingir um número indeterminado de pessoas, sendo necessário, para sua consumação, o efetivo recebimento da vantagem perseguida.

Estão CORRETAS as assertivas:

(A) I e II.
(B) I e III.
(C) II e V.
(D) III e IV.
(E) IV e V.

I: incorreta. A primeira parte da assertiva está incorreta porque contraria o disposto no art. 85 da Lei 8.666/1993. Melhor sorte não tem a segunda parte da proposição. É que, embora a ação penal, nos crimes definidos na Lei 8.666/1993, seja pública incondicionada (art. 100 da Lei 8.666/1993), cabe, sim, ao contrário do afirmado, ação penal privada subsidiária da pública sempre que esta não for ajuizada no prazo legal (art. 103 da Lei 8.666/1993); **II**: incorreta. Isso porque a *comunicação prévia pelo agente do perigo iminente de degradação ambiental*, a que faz referência a assertiva, não foi contemplada, como circunstância agravante, no rol do art. 15 da Lei 9.605/1998 (Meio Ambiente); as demais circunstâncias mencionadas na proposição estão contidas no rol do dispositivo a que fizemos referência; **III**: correta, porque em consonância com o que estabelecem os arts. 7º, I, e 8º, V, da Lei 9.605/1998; **IV**: correta, pois reflete o disposto nos arts. 2º (territorialidade), 4º (não admissão da modalidade tentada) e 17 (ação penal pública) do Decreto-lei 3.688/1941 (Lei das Contravenções Penais); **V**: incorreta. O chamado *pichardismo* (*cadeias*, *bola de neve*) constitui crime contra a economia popular previsto no art. 2º, IX, da Lei 1.521/1951. É delito cuja prática atinge um número indeterminado de pessoas e, para a sua consumação, não é necessário o recebimento da vantagem perseguida.
Gabarito "D"

(Promotor de Justiça – MPE/BA – CEFET – 2015) Analise as seguintes assertivas acerca das leis penais extravagantes:

I. Para a decretação de perda do cargo de Prefeito Municipal é indispensável que o mesmo seja condenado, de forma definitiva, pela prática de um dos delitos previstos no artigo 1º do Decreto-Lei 201/1967, sendo que o afastamento do exercício do cargo pode ser determinado antes mesmo da primeira decisão condenatória ainda passível de recurso.

II. A Lei 4.898/1965 –Lei de Abuso de Autoridade pode ser aplicada a pessoa que exerce função pública, ainda que de natureza civil e sem remuneração, e prevê sanções administrativas e penais, que podem ser aplicadas de forma autônoma ou cumulativa.

III. Consoante o princípio da reserva legal, não pratica o crime de abuso de autoridade o delegado de polícia que não comunica imediatamente ao juiz de direito a prisão de determinada pessoa.

IV. A promoção de publicidade de bens ou serviços que explore o medo ou a superstição constitui tipo penal previsto na Lei 8.078/1990 – Código de Defesa do Consumidor.

V. As penas restritivas de direito previstas na Lei 8.078/1990 – Código de Defesa do Consumidor não podem ser cumulativamente aplicadas com pena privativa de liberdade.

Estão CORRETAS as assertivas:

(A) I, II e IV.
(B) I, III e IV.
(C) I, III e V.
(D) II, III e V.
(E) II, IV e V.

I: correta (arts. 1º, § 2º, e 2º, II, do Decreto-Lei 201/1967); **II**: correta (arts. 5º e 6º, § 4º, da Lei 4.898/1965); **III**: incorreta, já que a conduta narrada na assertiva se amolda ao crime de abuso de autoridade previsto no art. 4º, *c*, da Lei 4.898/1965, não havendo que se falar, portanto, em violação ao princípio da reserva legal; **IV**: correta (arts. 37, § 2º, e 67 do CDC); **V**: incorreta, pois contraria o que estabelece o art. 78 do CDC.
Gabarito "A"

(Promotor de Justiça – MPE/BA – CEFET – 2015) Analise as seguintes assertivas acerca das leis penais extravagantes:

I. Configura crime de tortura a conduta de constranger criança, com emprego de grave ameaça, causando-lhe sofrimento mental, em razão de discriminação racial.

II. No tocante à suspensão condicional do processo, prevista na Lei 9.099/1995 – Lei dos Juizados Especiais Cíveis e Criminais, é entendimento sumulado pelo Supremo Tribunal Federal que o acréscimo de pena referente à continuidade delitiva não deve ser considerado para obtenção da pena efetivamente mínima autorizadora da concessão do benefício.

III. A Lei 7.716/1989 tipifica e estabelece punição de crimes resultantes de discriminação ou preconceito de raça, cor, etnia, religião ou procedência nacional, estando excluída a discriminação ou preconceito relativo à orientação sexual.

IV. Em relação ao procedimento ditado na Lei 9.099/1995 –Lei dos Juizados Especiais Cíveis e Criminais, na hipótese de crime de ação penal pública incondicionada, a ocorrência da composição civil entre autor do fato e vítima impede a ocorrência de tentativa de transação penal.

V. Nos termos da Lei 9.503/1997 – Código de Trânsito Brasileiro, a pena de suspensão da habilitação para dirigir veículo automotor deve durar duas vezes o período da pena privativa de liberdade aplicada, e não é iniciada enquanto o sentenciado, por efeito de condenação penal, estiver recolhido a estabelecimento prisional.

Estão CORRETAS as assertivas:

(A) I e III.
(B) I e V.
(C) II e IV.
(D) II e V.
(E) III e IV.

I: correta, pois corresponde ao crime previsto no art. 1º, I, *c*, da Lei 9.455/1997, com a incidência da causa de aumento contida no art. 1º, § 4º, II, do mesmo diploma; II: incorreta, pois contraria o entendimento sufragado nas Súmulas 723, do STF, e 243, do STJ; III: correta. A Lei de Racismo (Lei 7.716/1989) estabelece como crime a conduta do agente que praticar preconceito ou discriminação referente à raça, cor, etnia, religião ou procedência nacional; não foi aqui incluído, como se pode ver, o elemento referente à *orientação sexual*; IV: incorreta. Nos termos do art. 74, parágrafo único, da Lei 9.099/1995, não acarreta a extinção da punibilidade a celebração da composição civil em crimes de ação penal pública incondicionada, sendo possível, assim, o oferecimento de proposta de transação penal e, em último caso, até mesmo de denúncia; V: incorreta, pois não reflete o disposto no art. 293, *caput* e § 2º, do CTB.

Gabarito "A".

(Promotor de Justiça – MPE/BA – CEFET – 2015) Analise as seguintes assertivas acerca das leis penais extravagantes:

I. Nos termos da Lei 11.343/2006, a ocorrência do delito de associação para o tráfico ocorre quando duas pessoas se associem para a prática, ainda que não reiterada, do delito de tráfico de drogas, devendo ocorrer aumento de pena em caso de tráfico realizado entre Estados da Federação, ou se praticado por agente que se prevaleça de desempenho de missão de educação.

II. Nos termos da Lei 8.072/1990 –Lei dos Crimes Hediondos, o latrocínio, a extorsão mediante sequestro, a epidemia com resultado morte, a tortura, o estupro e o homicídio qualificado são considerados crimes hediondos, sendo estabelecido, na referida Lei, que a progressão de regime de cumprimento de penas dos mesmos poderá ocorrer após o cumprimento de 2/5 (dois quintos) da pena, sendo o apenado primário; e de 3/5 (três quintos) da pena, sendo o apenado reincidente.

III. A Lei 11.340/2006 –Lei Maria da Penha estabelece que configura violência doméstica e familiar contra a mulher qualquer ação ou omissão baseada no gênero que lhe cause: morte; lesão; sofrimento físico, sexual ou psicológico; e dano moral ou patrimonial, no âmbito da unidade doméstica, ainda que inexistente qualquer vínculo familiar ou relação afetiva íntima.

IV. Nos termos da Lei 10.826/2003 –Estatuto do Desarmamento, o fato da arma ser de uso proibido ou restrito não configura causa especial do aumento de pena do crime de porte ilegal de arma de fogo.

V. A impossibilidade da conversão da pena privativa de liberdade em pena restritiva de direitos ditada pela Lei 11.343/2006 –Lei Antidrogas encontra guarida em reiteradas decisões do Supremo Tribunal Federal.

Estão CORRETAS as assertivas:

(A) I, II e III.
(B) I, III e IV.
(C) I, IV e V.
(D) II, III e V.
(E) II, IV e V.

I: correta, pois retrata o que estabelecem os arts. 35 e 40, II e V, da Lei 11.343/2006; II: incorreta. Os delitos listados na assertiva são considerados hediondos, já que integram o rol do art. 1º da Lei 8.072/1990, exceção feita ao delito de tortura, que, na verdade, não é hediondo, mas equiparado (ou assemelhado) a tal (art. 5º, XLIII, da CF). O restante da assertiva está correto, dado que a progressão de regime nos crimes hediondos e equiparados obedece à regra especial contida no art. 2º, § 2º, da Lei 8.072/1990, introduzido pela Lei 11.464/2007; III: correta, pois reflete o disposto no art. 5º, I, II, e III, da Lei 11.340/2006 (Maria da Penha); IV: correta (art. 16 da Lei 10.826/2003); V: incorreta. A substituição da pena privativa de liberdade por restritiva de direitos era vedada, a teor do art. 33, § 4º, da Lei de Drogas, para o crime de tráfico. Sucede que o STF, no julgamento do HC 97.256/RS, declarou, incidentalmente, a inconstitucionalidade dessa vedação. Posteriormente, o Senado Federal, por meio da Resolução nº 5/2012, suspendeu a execução da expressão "vedada a conversão em penas restritivas de direito", presente no art. 33, § 4º, da Lei 11.343/2006. Portanto, nada impede, atualmente, que o juiz autorize a substituição da pena privativa de liberdade por restritiva de direitos no crime de tráfico.

Gabarito "B".

(Promotor de Justiça – MPE/MS – FAPEC – 2015) Assinale a alternativa **correta**:

(A) Considerando-se a Lei 10.826/2013 (Estatuto do Desarmamento), não comete qualquer crime a pessoa que, possuindo autorização para o porte de arma de fogo permitido, adentra em local público com a arma municiada, podendo, entretanto, ser sancionada administrativamente.

(B) Em relação aos crimes previstos na Lei 11.340/2006 (Lei Maria da Penha), as medidas protetivas de urgência poderão ser concedidas de imediato, observada a prévia manifestação, no prazo de 24 (vinte e quatro) horas, do representante do Ministério Público.

(C) Aquele que oferece droga, eventualmente e sem objetivo de lucro, à pessoa de seu relacionamento, para juntos consumirem, deve ser considerado usuário, nos termos do que dispõe a Lei 11.343/2006 (Lei de Tóxicos).
(D) Conforme a Lei 12.850/2013 (Crime Organizado), os condenados por integrar, pessoalmente ou por interposta pessoa, organização criminosa iniciarão o cumprimento da pena em regime fechado.
(E) Tratando-se de crime ambiental previsto na Lei 9.605/1998, não é necessário que a infração, para ser passível de responsabilização penal a pessoa jurídica, deva ser cometida no interesse ou benefício da entidade.

A: correta. De fato, a conduta descrita na assertiva não tem relevância penal. Entretanto, constitui infração administrativa que sujeita o titular à cassação do porte de arma e à sua apreensão, conforme estabelece o art. 26 do Decreto 5.123, de 1º de julho de 2004, que regulamentou o Estatuto do Desarmamento e assim dispõe: *O titular de porte de arma de fogo para defesa pessoal concedido nos termos do art. 10 da Lei 10.826, de 2003, não poderá conduzi-la ostensivamente ou com ela adentrar ou permanecer em locais públicos, tais como igrejas, escolas, estádios desportivos, clubes, agências bancárias ou outros locais onde haja aglomeração de pessoas em virtude de eventos de qualquer natureza. (Redação dada pelo Decreto 6.715, de 2008). § 1º A inobservância do disposto neste artigo implicará na cassação do Porte de Arma de Fogo e na apreensão da arma, pela autoridade competente, que adotará as medidas legais pertinentes*; **B:** incorreta, pois contraria a regra disposta no art. 19, § 1º, da Lei 11.340/2006, que estabelece que, uma vez concedida, pelo juiz, a medida protetiva de urgência, o MP será prontamente comunicado. É dizer, não há obrigatoriedade de comunicação prévia; **C:** incorreta. A conduta descrita na assertiva corresponde à modalidade privilegiada de tráfico prevista no art. 33, § 3º, da Lei de Drogas, cuja configuração depende dos seguintes requisitos: oferta de droga sem objetivo de lucro; oferta em caráter eventual; a droga deve ser oferecida à pessoa do relacionamento do agente; o agente deve ter o propósito de consumir a droga em conjunto com a pessoa de seu relacionamento. Cuida-se, portanto, de crime de tráfico; **D:** incorreta, já que a Lei 12.850/2013 não impõe essa exigência. A propósito, o STF, por várias vezes, reconheceu a inconstitucionalidade do regime inicial obrigatoriamente fechado, por violação ao postulado da individualização da pena; **E:** incorreta, pois não reflete o disposto no art. 3º da Lei 9.605/1998 (Crimes Ambientais).
Gabarito "A".

(Promotor de Justiça – MPE/MS – FAPEC – 2015) Assinale a alternativa **correta**:

(A) No tocante aos crimes contra a ordem tributária (Lei 8.137/1990), somente a supressão ou redução de imposto constitui crime.
(B) A Lei 8.078/1990 (Código de Defesa do Consumidor) permite nos crimes por ela previstos a exasperação da pena, na segunda fase de sua aplicação, quando cometidos em detrimento de pessoa analfabeta.
(C) O Prefeito Municipal, ainda que não seja ordenador de despesas, pode ser criminalmente processado pelos crimes previstos na Lei 8.666/1993 (Lei das Licitações).
(D) Nos Juizados Especiais Criminais, conforme previsão da Lei 9.099/1995, a homologação do acordo civil acarreta o perdão do ofendido ao autor da infração, extinguindo-se a punibilidade.
(E) Aquele que se omite em face das condutas tipificadas como tortura (Lei nº 9.455/1997), quando tinha o dever de evitá-las ou apurá-las, incide nas mesmas penas a ele cominadas.

A: incorreta, uma vez que o art. 1º da Lei 8.137/1990 estabelece que constitui crime contra a ordem tributária a supressão ou redução de tributo (que é gênero, sendo o imposto uma de suas espécies), além da contribuição social. Ademais, o art. 2º da mesma lei prevê uma série de condutas criminosas que não têm como pressuposto a supressão ou redução de tributo ou contribuição social; **B:** incorreta. Hipótese de exasperação da pena não contemplada na Lei 8.078/1990 (Código de Defesa do Consumidor). As circunstâncias agravantes estão elencadas no art. 76 do CDC; **C:** correta. Nesse sentido, conferir: "O Prefeito Municipal, ainda que não seja ordenador de despesas, pode ser processado criminalmente pelos crimes previstos na Lei 8666/1993 – Lei das Licitações, se a acusação o enquadrar como mentor intelectual dos crimes" (STF, Inq 2578, Relator(a): Min. Ricardo Lewandowski, Tribunal Pleno, julgado em 06.08.2009, DJe-176 DIVULG 17.09.2009 PUBLIC 18.09.2009); **D:** incorreta, uma vez que não reflete o que estabelece o art. 74, parágrafo único, da Lei 9.099/1995; **E:** incorreta. É que a pena prevista para a hipótese de omissão descrita na assertiva é de 1 a 4 anos de detenção (art. 1º, § 2º, da Lei 9.455/1997), inferior, portanto, à pena cominada ao autor da tortura, que é de 2 a 8 anos de reclusão.
Gabarito "C".

(Promotor de Justiça – MPE/AM – FMP – 2015) Em relação ao bem jurídico tutelado no crime de lavagem de dinheiro, de acordo com o entendimento predominante no cenário jurídico brasileiro, à luz da doutrina e da jurisprudência, considere as seguintes assertivas:

I. O bem jurídico tutelado é a administração da justiça.
II. O bem jurídico tutelado é a ordem socioeconômica.
III. A objetividade jurídica é a mesma do crime antecedente.

Quais das assertivas acima estão corretas?

(A) Apenas a I.
(B) Apenas a II.
(C) Apenas a III.
(D) Apenas a II e III.
(E) Apenas a I e III.

Cuida-se de tema sobremaneira controverso na doutrina, que concebeu três correntes a esse respeito. Para alguns autores, o bem jurídico a ser tutelado é a administração da justiça, já que os comportamentos típicos contidos na Lei de Lavagem, para esta corrente, compromete a capacidade de a Justiça exercer, de forma eficaz, a investigação, o processamento e a recuperação do produto do crime; há uma segunda corrente que defende que o delito de lavagem de dinheiro é *pluriofensivo*, uma vez que tutela, a um só tempo, a administração da justiça, a ordem socioeconômica e também os bens tutelados pelo crime antecedente; há, por fim, a corrente que sustenta que o bem jurídico tutelado é a ordem socioeconômica, sob o argumento de que a inserção de capital ilícito com aparência de lícito compromete o bom desenvolvimento da ordem econômica. Esta corrente é a que prevalece.
Gabarito "B".

(Ministério Público/DF – 2013) Indique a alternativa **CORRETA**:

(A) O Estatuto da Criança e do Adolescente excluiu expressamente do conceito de ato infracional a prática, por criança, de conduta tipificada como crime ou contravenção penal.
(B) A prática de contravenção penal, pelo agente, após o trânsito em julgado de sentença que o condenou no estrangeiro por motivo de contravenção caracteriza a reincidência.

(C) A punição do agente por crime qualificado pelo resultado está autorizada no ordenamento jurídico brasileiro pela figura do *versari in re illicita*.
(D) Delito pluriofensivo é aquele cujo processo executivo desdobra-se em vários atos.
(E) O delito de lesão corporal seguida de morte tipificado no Código Penal é preterdoloso, não se admitindo o dolo, direto ou eventual, na produção do resultado qualificador.

A: incorreta. O Estatuto da Criança e do Adolescente (ECA), em seu art. 103, sem fazer qualquer distinção, afirma que se considera ato infracional a conduta descrita como crime ou contravenção penal. Em nenhum momento limita a *prática* do ato infracional apenas aos adolescentes. Todavia, o art. 105, do mesmo diploma legal, prescreve que ao ato infracional praticado por crianças, aplicar-se-ão as medidas do art. 101, quais sejam, as *medidas protetivas*. Apenas aos adolescentes é que se poderão aplicar as medidas socioeducativas (art. 112 do ECA). Em suma, crianças e adolescentes podem praticar atos infracionais. Contudo, às crianças, não se imporão medidas socioeducativas, mas, repita-se, apenas as protetivas; **B**: incorreta. Somente gerará reincidência, sem prejuízo do art. 63 do CP, a prática de nova contravenção por agente que já tenha sido irrecorrivelmente condenado por outra contravenção no Brasil, ou por crime no Brasil ou estrangeiro (art. 7º da LCP). Assim, contravenção transitada em julgado no estrangeiro não gera reincidência no Brasil; **C**: incorreta. A punição do agente por crime qualificado pelo resultado (ex.: crimes preterdolosos) é admitida em nosso ordenamento jurídico quando houver expressa previsão legal (art. 19, CP). Assim, não bastará que o agente pratique determinado comportamento ilícito para que lhe seja imputado resultado mais gravoso. Este deverá decorrer de dolo ou culpa. No Direito Canônico, os delitos qualificados pelo resultado geravam a imputação do resultado ao agente, ainda que este não lhe fosse sequer previsível. Decorria do brocardo *versari in re illicita*, segundo o qual a responsabilização penal ocorria como consequência da ação ou omissão delituosa, pelo só "envolvimento no fato ilícito". À luz do princípio da culpabilidade, inviável a adoção desse posicionamento em nosso ordenamento jurídico, nada obstante existam alguns traços que o mantém vivos (ex.: punição do rixoso com pena mais elevada quando se envolver em rixa com resultado morte – art. 137, parágrafo único, do CP); **D**: incorreta. Delito pluriofensivo é aquele que ofende, a um só tempo, mais de um bem jurídico (ex.: extorsão mediante sequestro – art. 159 do CP – viola-se o patrimônio e a liberdade pessoal). Não se confunde com delito plurissubsistente, cujo processo executivo se desdobra em vários atos (ex.: homicídio praticado mediante diversas facadas no corpo da vítima); **E**: correta. De fato, o crime de lesão corporal seguida de morte (art. 129, § 3º, CP) é o clássico exemplo de delito preterdoloso, no qual o agente age com dolo na produção das lesões, mas com culpa no resultado morte. Este, por razões óbvias, não poderá decorrer de dolo (direto ou eventual) do agente, sob pena de este vir a ser responsabilizado por homicídio.
Gabarito "E".

(Ministério Público/GO – 2013) Segundo o texto da Lei 12.850/2013, assinale a alternativa correta:

(A) a infiltração de agentes de polícia ou de inteligência em tarefas de investigação, representada pelo delegado de polícia ou requerida pelo Ministério Público, após manifestação técnica do delegado de polícia quando solicitada no curso de inquérito policial, será precedida de circunstanciada, motivada e sigilosa autorização judicial, que estabelecerá seus limites.
(B) não é punível, no âmbito da infiltração, a prática de crime pelo agente infiltrado no curso da investigação, quando amparada sua conduta na causa de exclusão da ilicitude denominada ""estrito cumprimento do dever legal"".
(C) o juiz poderá, atendendo a requerimento exclusivo do Ministério Público, conceder o perdão judicial, reduzir em até 2/3 (dois terços) a pena privativa de liberdade ou substituí-la por restritiva de direitos daquele que tenha colaborado efetiva e voluntariamente com a investigação e com o processo criminal.
(D) se a ação controlada envolver transposição de fronteiras, o retardamento da intervenção policial ou administrativa somente poderá ocorrer com a cooperação das autoridades dos países que figurem como provável itinerário ou destino do investigado, de modo a reduzir os riscos de fuga e extravio do produto, objeto, instrumento ou proveito do crime.

A: incorreta. Com o advento da Lei 12.850/2013, não mais de fala em infiltração de agentes de polícia ou de inteligência, mas, apenas, em *agentes de polícia*. Confira-se a redação do art. 10 da referida lei federal: "*A infiltração de agentes de polícia em tarefas de investigação, representada pelo delegado de polícia ou requerida pelo Ministério Público, após manifestação técnica do delegado de polícia quando solicitada no curso de inquérito policial, será precedida de circunstanciada, motivada e sigilosa autorização judicial, que estabelecerá seus limites*"; **B**: incorreta. Nos termos do art. 13, parágrafo único, da Lei 12.850/2013, "*não é punível, no âmbito da infiltração, a prática de crime pelo agente infiltrado no curso da investigação, quando inexigível conduta diversa*". Assim, não será punível o crime cometido pelo agente infiltrado apenas quando não lhe for exigível outra conduta que não a de haver praticado o delito; **C**: incorreta. Nos exatos termos do art. 4º da Lei 12.850/2013, "*o juiz poderá, a requerimento das partes, conceder o perdão judicial, reduzir em até 2/3 (dois terços) a pena privativa de liberdade ou substituí-la por restritiva de direitos daquele que tenha colaborado efetiva e voluntariamente com a investigação e com o processo criminal (...)*". Assim, a concessão de referidas benesses poderá advir não apenas de requerimento do Ministério Público, mas de qualquer das partes; **D**: correta, nos precisos termos delineados pelo art. 9º da Lei 12.850/2013: "*Se a ação controlada envolver transposição de fronteiras, o retardamento da intervenção policial ou administrativa somente poderá ocorrer com a cooperação das autoridades dos países que figurem como provável itinerário ou destino do investigado, de modo a reduzir os riscos de fuga e extravio do produto, objeto, instrumento ou proveito do crime.*"
Gabarito "D".

(Ministério Público/PR – 2013 – X) Quanto aos crimes previstos no Código do Consumidor, assinale a alternativa que não corresponde a uma circunstância agravante:

(A) Ter sido o crime cometido contra pessoa analfabeta;
(B) Ter sido o crime cometido por ocasião de calamidade;
(C) Ter o crime ocasionado grave dano individual;
(D) Ter sido o crime cometido por servidor público;
(E) Ter sido o crime cometido em detrimento de rurícola.

As circunstâncias agravantes aplicáveis aos crimes previstos no CDC vêm previstas em seu art. 76. Vejamos: "São circunstâncias agravantes dos crimes tipificados neste código: I – serem cometidos em época de grave crise econômica ou por ocasião de calamidade; II – ocasionarem grave dano individual ou coletivo; III – dissimular-se a natureza ilícita do procedimento; IV – quando cometidos: a) por servidor público, ou por pessoa cuja condição econômico-social seja manifestamente superior à da vítima; b) em detrimento de operário ou rurícola; de menor de dezoito ou maior de sessenta anos ou de pessoas portadoras de deficiência mental interditadas ou não; V – serem praticados em operações que envolvam alimentos, medicamentos ou quaisquer outros produtos ou serviços essenciais". Assim, as alternativas B, C, D e E correspondem,

respectivamente, ao art. 76, incisos I, II, IV, "a" e IV, "b". Apenas a alternativa A não encontra correspondência a qualquer das hipóteses caracterizadoras de circunstância agravante dos crimes contra as relações de consumo definidas no CDC (Lei 8.078/1990).
Gabarito "A".

(Ministério Público/RO – 2013 – CESPE) Acerca dos crimes contra as relações de consumo, previstos no CDC, assinale a opção correta.

(A) O fornecedor que, por falta de atenção, utilizar, sem anuência do consumidor, peça recondicionada no reparo de produto cometerá crime contra as relações de consumo.
(B) A condição de hipossuficiência do consumidor na relação de consumo é circunstância agravante prevista no CDC.
(C) A omissão de informações sobre riscos conhecidos posteriormente à introdução do produto no mercado caracteriza-se como crime omissivo puro, não se admitindo a modalidade culposa, e unissubsistente.
(D) Não se aplica o princípio da solidariedade na persecução penal ao crime de fazer afirmação falsa sobre o desempenho de produto ou serviço.
(E) Constitui crime de dano a ação de promover publicidade sabidamente abusiva, sendo tipos subjetivos tanto a conduta dolosa quanto a culposa.

A: incorreta. Comete o crime do art. 70 do CDC o fornecedor que empregar, na reparação de produtos, peça ou componentes de reposição usados, sem autorização do consumidor. Trata-se de crime doloso, razão por que a falta de atenção do agente no emprego de peças usadas para o conserto de produtos caracterizaria culpa. E, repita-se, o crime referido não prevê a forma culposa; **B:** incorreta. O art. 76 do CDC traz rol taxativo das circunstâncias agravantes dos crimes nele definidos, não tratando da hipossuficiência do consumidor como causa modificativa da reprimenda penal; **C:** correta. O art. 64 do CDC dispõe ser crime o fato de o agente "deixar de comunicar à autoridade competente e aos consumidores a nocividade ou periculosidade de produtos cujo conhecimento seja posterior à sua colocação no mercado". Da só leitura do tipo penal, verifica-se tratar-se de crime omissivo puro, que se caracteriza por comportamento negativo do agente ("deixar de comunicar"). Será alcançada a consumação com a pura e simples omissão do sujeito ativo (crime unissubsistente), não se admitindo a modalidade culposa por ausência de previsão legal; **D:** incorreta. Comete crime contra as relações de consumo, definido no art. 66 do CDC, aquele que fizer "afirmação falsa ou enganosa, ou omitir informação relevante sobre a natureza, característica, qualidade, quantidade, segurança, desempenho, durabilidade, preço ou garantia de produtos ou serviços", incorrendo nas mesmas penas quem patrocinar a oferta (§1º do precitado dispositivo legal). Aqui, patente a aplicação do princípio da solidariedade, visto que será atingido pela norma penal incriminadora não apenas aquele que fizer a afirmação falsa ou enganosa, mas, também, aquele que patrocinar a oferta, ampliando-se, com isso, a tutela penal do consumidor; **E:** incorreta. O art. 67 do CDC dispõe: "Fazer ou promover publicidade que sabe ou deveria saber ser enganosa ou abusiva". Trata-se de crime doloso, sendo de rigor, para a imputação da infração penal ao agente, que ele saiba (dolo direto) ou deva saber (dolo eventual) que a publicidade promovida ou feita é enganosa ou abusiva. Não se admite, aqui, a forma culposa.
Gabarito "C".

(Ministério Público/TO – 2012 – CESPE) Com relação aos crimes de abuso de autoridade, previstos na Lei n. 4.898/1965, e à responsabilidade dos prefeitos, de que trata o Decreto-Lei n. 201/1967, assinale a opção correta.

(A) Conforme disposto no Decreto-Lei n. 201/1967, somente os entes municipais, interessados na apuração de crime de responsabilidade praticado pelo prefeito do município, podem intervir no processo como assistentes da acusação.
(B) Os crimes de abuso de autoridade sujeitam-se a ação pública condicionada à representação do ofendido.
(C) Os crimes de abuso de autoridade são de dupla subjetividade passiva: o sujeito passivo imediato, direto e eventual, e o sujeito passivo mediato, indireto ou permanente.
(D) Cometerá abuso de autoridade o guarda municipal que, com a intenção de adentrar em determinado imóvel a fim de procurar documentos de seu interesse pessoal, se fizer passar por delegado de polícia e invada casa alheia.
(E) Considere que um prefeito municipal tenha sido condenado definitivamente, após o trâmite regular da ação contra ele ajuizada, pelo desvio, em proveito próprio, de receitas públicas do município. Nesse caso, de acordo com o Decreto-Lei n. 201/1967, o prefeito não só perderá o cargo, como também estará inabilitado para o exercício de cargo ou função pública, eletivo ou de nomeação, pelo prazo de oito anos.

A: incorreta (art. 2º, § 1º, do Decreto-lei 201/1967). Os órgãos federais, estaduais ou municipais, interessados na apuração da responsabilidade do Prefeito, podem requerer a abertura do inquérito policial ou a instauração da ação penal pelo Ministério Público, bem como intervir, em qualquer fase do processo, como assistente da acusação; **B:** incorreta. A representação de que trata o art. 2º da Lei 4.898/1965 não diz respeito à condição de procedibilidade denominada de "representação", mas, sim, ao exercício do direito de petição (art. 5º, XXXIV, "a", da CF). Portanto, podemos afirmar que os crimes de abuso de autoridade definidos nos arts. 3º e 4º do referido diploma legal são de ação penal pública incondicionada; **C:** correta. De fato, os crimes de abuso de autoridade têm como sujeito passivo imediato o Estado, titular da Administração Pública, e sujeito passivo mediato o cidadão diretamente afetado com a conduta ilícita perpetrada pela autoridade; **D:** incorreta. O guarda municipal que invadir residência para buscar documentos de seu interesse pessoal terá agido "despido" de sua condição de agente público, razão pela qual deverá responder por "crime comum", qual seja, violação de domicílio. Ainda, por se fazer passar por funcionário público que não é (no caso, Delegado de Polícia), poderá responder pela contravenção do art. 45 da LCP (Decreto-lei 3.688/1941); **E:** incorreta (art. 1º, § 2º, do Decreto-lei 201/1967). Em razão da condenação por qualquer dos crimes definidos no art. 1º de referido diploma legal, o agente, ainda, sofrerá a perda de cargo e a inabilitação, pelo *prazo de cinco anos*, para o exercício de cargo ou função pública, eletivo ou de nomeação, sem prejuízo da reparação civil do dano causado ao patrimônio público ou particular.
Gabarito "C".

(Ministério Público/PI – 2012 – CESPE) Considerando as disposições contidas no CP e na doutrina, bem como nas Leis n. 11.340/2006 – Lei Maria da Penha – e n. 7.716/1989, que trata dos crimes resultantes de preconceitos de raça ou de cor, etnia, religião ou procedência nacional, assinale a opção correta.

(A) Considere que Mauro, irritado com a demora no andamento da fila do caixa de um supermercado, tenha proferido xingamentos direcionados à atendente do caixa, atribuindo a demora no atendimento à inferioridade intelectual que, segundo ele, era característica intrínseca da raça a que a moça pertencia.

Nessa situação, Mauro deve ser acusado de crime de racismo, previsto na legislação específica, por ter negado à funcionária, por motivo racial, o direito de trabalho no comércio.

(B) Ficará isento de pena o querelado que, antes do trânsito em julgado da sentença condenatória, ainda que após a sentença de primeiro grau, se retrate cabalmente de calúnia ou difamação.

(C) O MP não deve intervir nas causas cíveis decorrentes de violência doméstica e familiar contra a mulher, salvo quando for parte, sendo, contudo, obrigatória sua intervenção nas causas criminais que envolvam violência contra a mulher.

(D) Suponha que, durante uma discussão, Josefa agrida fisicamente Joana, com quem mantenha relacionamento amoroso durante longo tempo. Suponha, ainda, que Joana sofra lesões leves e que Josefa seja processada e condenada pelo crime, com base no CP, a pena privativa de liberdade de dois anos. Nessa situação, sendo a pena inferior a quatro anos e presentes os demais requisitos legais, cabe, a critério do juiz, a substituição da pena privativa de liberdade por pena de doações mensais de cestas básicas, se o entender suficiente para a reprovação da conduta.

(E) Pratica o denominado crime exaurido o agente que, mesmo após atingir o resultado pretendido, continua a agredir o bem jurídico protegido pela norma penal.

A: incorreta. A conduta de Mauro pode caracterizar o crime de injúria racial (art. 140, § 3º, do CP), mas, não, o de racismo (Lei 7.716/1989), que, em apertada síntese, exige a prática de atos segregacionistas, violadores de direitos básicos do cidadão; **B:** incorreta (art. 143 do CP). A retratação nos crimes de calúnia ou difamação somente será admissível se o agente (querelado) o fizer antes da sentença (leia-se: decisão de primeira instância); **C:** incorreta. De acordo com a Lei 11.340/2006 (Lei Maria da Penha), nas causas cíveis, quando não for parte, e também nas criminais, o Ministério Público sempre intervirá (art. 25); **D:** incorreta. Considerando que a lesão corporal praticada por Josefa em face de Joana tem a conotação de "violência doméstica e familiar contra a mulher", aplicando-se, portanto, a Lei Maria da Penha, cuja incidência independe da orientação sexual do casal (art. 5º, parágrafo único), inviável que a pena privativa de liberdade seja substituída por doações mensais de cesta básica, tendo em vista a vedação contida no art. 17 do mesmo diploma legal; **E:** correta. A assertiva contida na alternativa ora analisada corresponde, exatamente, ao conceito de crime exaurido (ou de exaurimento do crime).

Gabarito "E".

(Ministério Público/PI – 2012 – CESPE) Com base no que dispõe o CP sobre a relevância da omissão, no que determina a LEP bem como no que estabelece a lei que trata das organizações criminosas, assinale a opção correta.

(A) Crime vago é aquele cujo resultado naturalístico não é apenas irrelevante, mas, também, impossível, visto que não existe absolutamente resultado que provoque modificação no mundo concreto.

(B) Aquele que deixar de prestar assistência quando dever e puder agir para evitar o crime deverá responder por omissão de socorro.

(C) Os condenados por crimes decorrentes de organização criminosa devem iniciar o cumprimento da pena em regime fechado.

(D) O preso provisório, sujeito a regime prisional análogo ao fechado, deve ser recolhido em penitenciária.

(E) O agente que, na execução do crime, impede que o resultado se produza só responde pelos atos praticados, visto que, no caso, é configurado o arrependimento posterior.

A: incorreta. Crime vago é aquele cujo sujeito passivo é um ente destituído de personalidade jurídica. Não se confunde com crime de mera conduta, que é aquele cujo resultado naturalístico é impossível, tendo em vista que a conduta perpetrada pelo agente não será capaz, jamais, de alterar o mundo concreto (ou mundo exterior); **B:** incorreta. Aquele que deixar de prestar assistência, quando possível fazê-lo sem risco pessoal, nas hipóteses delineadas no art. 135 do CP, cometerá o crime de omissão de socorro (considerado um crime omissivo próprio). Não se confunde tal situação com a omissão imprópria, segundo a qual o agente responderá pelo crime quando, devendo e podendo agir para impedir determinado resultado, nada fizer. Trata-se da aplicação da regra contida no art. 13, § 2º, do CP (omissão penalmente relevante); **C:** correta (art. 10 da Lei 9.034/1995). Vale o registro de que essa lei, posteriormente à elaboração desta questão, foi revogada, na íntegra e de forma expressa, pela Lei 12.850/2013, que conferiu nova conformação jurídica ao tema "organização criminosa"; **D:** incorreta, pois a penitenciária é o estabelecimento penal destinado a receber condenados à pena de reclusão, em regime fechado (art. 87 da LEP). Os presos provisórios não poderão permanecer junto com os condenados por sentença transitada em julgado (art. 84 da LEP). Deverão permanecer, de acordo com o art. 102 da LEP, em cadeias públicas (em alguns Estados, os presos provisórios permanecem nos chamados "Centros de Detenção Provisória"); **E:** incorreta. O agente que, após esgotar todos os atos executórios, impedir a consumação do crime por ele iniciado responderá apenas pelos atos praticados, incidindo, aqui, o arrependimento eficaz (art. 15 do CP), e não o arrependimento posterior, causa de diminuição de pena prevista no art. 16 do CP.

Gabarito "C".

34. EXECUÇÃO PENAL

(Ministério Público/SP – 2013 – PGMP) No âmbito da Execução Penal, a falta disciplinar de natureza grave

I. sujeita o condenado à transferência para qualquer dos regimes mais rigorosos;

II. é prevista na lei como causa interruptiva do prazo para obtenção do livramento condicional;

III. configura-se pelo descumprimento, no regime aberto, das condições impostas.

Está correto o que se afirma

(A) apenas em I e III.
(B) apenas em II e III.
(C) apenas em I e II.
(D) apenas em I.
(E) em I, II e III.

I: correta, nos termos do art. 118, I, da LEP; **II:** incorreta, pois não corresponde ao entendimento firmado na Súmula n. 441 do STJ, in verbis: "A falta grave não interrompe o prazo para obtenção de livramento condicional"; **III:** correta, pois reflete o disposto no art. 50, V, da LEP (Lei 7.210/1984).

Gabarito "A".

(Ministério Público/MS – 2013 – FADEMS) Assinale a alternativa **correta**:

(A) A falta grave interrompe o prazo para obtenção do livramento condicional.

(B) A frequência a curso de ensino formal é causa de remição de parte do tempo de execução de pena sob regime fechado ou semiaberto.

(C) A posse de componentes de aparelho celular não caracteriza falta grave, uma vez que a Lei de Execu-

ção Penal somente prevê como típica a conduta de portar aparelho telefônico, de rádio ou similar, não havendo a possibilidade de ser equiparada a posse de componentes de aparelho celular com o próprio aparelho.
(D) Não se admite exame criminológico pela mera peculiaridade do caso concreto.
(E) Ainda que transitada em julgada a sentença condenatória, compete ao juízo da condenação a aplicação da lei penal mais benigna.

A: incorreta, pois não reflete o entendimento consolidado na Súmula n. 441 do STJ: "A falta grave não interrompe o prazo para obtenção do livramento condicional"; **B:** correta, pois corresponde ao entendimento consolidado na Súmula n. 341 do STJ. A propósito, a remição pelo estudo, antes reconhecida somente pela jurisprudência, atualmente encontra-se contemplada no art. 126 da LEP, dispositivo inserido por meio da Lei 12.433/2011; **C:** incorreta. Nesse sentido: "Com a edição da Lei 11.466, de 29 de março de 2007, passou-se a considerar falta grave tanto a posse de aparelho celular, como a de seus componentes (trata-se de posse de baterias), tendo em vista que a *ratio essendi* da norma é proibir a comunicação entre os presos ou destes com o meio externo. Entender em sentido contrário, permitindo a entrada fracionada do celular, seria estimular uma burla às medidas disciplinares da Lei de Execução Penal" (STJ, HC 226.745-RS, 5ª T., rel. Min. Laurita Vaz, 06.03.2012); **D:** incorreta. A nova redação conferida ao art. 112 da LEP deixou de exigir a realização do exame criminológico. Entretanto, a jurisprudência firmou entendimento no sentido de que o Juízo da Execução, em face das peculiaridades do caso concreto, se assim entender necessário, pode determinar a sua realização. Nesse sentido, a Súmula 439 do STJ e Súmula Vinculante nº 26; **E:** incorreta, pois em desconformidade com o teor da Súmula n. 611 do STF: "Transitada em julgado a sentença condenatória, compete ao juízo das execuções a aplicação de lei mais benigna".
Gabarito "B".

(Ministério Público/SP – 2013 – PGMP) Assinale a alternativa que está em desacordo com disposições previstas na Lei de Execução Penal.
(A) O benefício da saída temporária, sem vigilância direta, para frequência a curso supletivo profissionalizante, não se estende a condenados que cumprem pena no regime fechado.
(B) O direito de remir, pelo trabalho, parte do tempo de execução da pena, é deferido apenas aos condenados que cumprem pena no regime fechado ou semiaberto.
(C) Não se computa o tempo remido para a concessão do livramento condicional.
(D) O preso provisório sujeita-se ao regime disciplinar diferenciado introduzido pela Lei nº 10.792/2003.
(E) O juiz da execução poderá definir a fiscalização por monitoração eletrônica quando autorizar saída temporária no regime semiaberto ou quando determinar a prisão domiciliar.

A: correta, já que descabe a saída temporária para o condenado que cumpre a pena no regime fechado (art. 122, LEP); **B:** correta, porque em conformidade com o que estabelece o art. 126, *caput*, da LEP; **C:** incorreta, devendo ser assinalada, pois contraria o que dispõe o art. 128 da LEP, segundo o qual o tempo remido será computado como pena cumprida para todos os efeitos; **D:** correta. A este regime sujeitam-se tanto presos provisórios quanto condenados (art. 52, *caput*, da LEP); **E:** correta, nos termos do art. 146-B da LEP.
Gabarito "C".

35. TEMAS COMBINADOS DE DIREITO PENAL

(Promotor de Justiça – MPE/BA – CEFFT – 2015) Analise as seguintes assertivas acerca dos crimes contra a dignidade sexual e contra a Administração Pública:

I. O crime de estupro é um crime biprópio e prevê aumento de pena se praticado contra pessoa do sexo masculino com idade de 15 (quinze) anos.
II. O Código Penal estabelece como regra para os contra a liberdade sexual a ação penal pública condicionada.
III. Os crimes de concussão, corrupção passiva e prevaricação são crimes formais e podem ser praticados por funcionário público, mesmo antes da assunção em sua função.
IV. A consumação do crime de ato obsceno está caracterizada independentemente da presença de outras pessoas no local da prática do ato.
V. O crime de tráfico de influência pode ser praticado por funcionário público ou particular, não sendo coautor ou partícipe o sujeito que "comprou" o prestígio anunciado.

Estão CORRETAS as assertivas:
(A) I, II e III.
(B) I, III e IV.
(C) I, IV e V.
(D) II, III e V.
(E) II, IV e V.

I: incorreta. *Biprópio* é o crime que exige que tanto o sujeito ativo quanto o passivo ostentem qualidade especial. Exemplo é o crime de infanticídio, cujo sujeito ativo só pode ser a mãe em estado puerperal e o passivo, o seu próprio filho, nascente ou neonato. Com a reforma implementada nos crimes sexuais pela Lei 12.015/2009, o crime de estupro, que até então era considerado biprópio, porque exigia qualidade especial tanto do agente (só o homem) quanto do ofendido (só a mulher), deixou de sê-lo, passando a admitir que qualquer pessoa seja sujeito ativo e passivo; **II:** correta. Também como consequência da reforma introduzida pela Lei 12.015/2009, a ação penal nos crimes sexuais, que até então era, em regra, privativa do ofendido, passou a ser pública condicionada a representação, nos termos da nova redação conferida ao art. 225, *caput*, do CP; será, todavia, pública incondicionada quando se tratar de vítima vulnerável ou menor de 18 anos (art. 225, parágrafo único, do CP); **III:** incorreta. De fato, tal como se afirma na alternativa, diz-se que são formais porque prescindem, para a sua consumação, de resultado naturalístico, ou seja, esses delitos se aperfeiçoam independentemente da obtenção da vantagem indevida, no caso da concussão e da corrupção passiva, e da satisfação do interesse ou sentimento pessoal, no caso da prevaricação. Embora seja verdadeira a afirmação de que os delitos de concussão e corrupção passiva podem ser praticados por funcionário público, *ainda que fora da função ou antes de assumi-la*, mas em razão dela, tal regra não se aplica à prevaricação, que pressupõe que o agente esteja no exercício da função pública; **IV:** correta. Para que o crime de ato obsceno (art. 233 do CP) atinja a sua consumação, não é necessário que seja presenciado ou visto por outras pessoas; é imprescindível, todavia, que exista a possibilidade de isso ocorrer (ser visto por terceiro), caso contrário tratar-se-á de crime impossível; **V:** correta. O crime de tráfico de influência (art. 332 do CP), é fato, pode ser praticado por qualquer pessoa, aqui incluído o funcionário público que alardeia influência sobre outro. Cuida-se, pois, de crime comum. Também é verdade que aquele que é ludibriado pela conduta do agente e "compra" a oferta de influência não incorrerá no crime em questão. Ele é, na verdade, vítima do delito.
Gabarito "E".

(Promotor de Justiça – MPE/BA – CEFET – 2015) Analise as seguintes assertivas acerca dos tipos penais, no tocante às suas classificações:

I. Não é possível a coexistência do dolo eventual e do crime preterdoloso.
II. Nos crimes de mão própria é possível a participação, no tocante ao concurso de agentes.
III. A extorsão, a ameaça e a injúria verbal são exemplos de crimes de consumação antecipada.
IV. Todos os crimes plurissubjetivos pressupõem concurso de agentes necessário. Como exemplo de crime plurissubjetivo, em sua modalidade paralela, temos a associação criminosa.
V. No crime instantâneo, a obtenção da vantagem pelo sujeito ativo tem momento certo e determinado.

Estão CORRETAS as assertivas:

(A) I, II e IV.
(B) I, III e V.
(C) I, IV e V.
(D) II, III e IV.
(E) III, IV e V.

I: incorreta. No dolo eventual, o agente, embora não queira o resultado, age com indiferença e assume o risco de produzi-lo, ou seja, mesmo antevendo o resultado que pode advir da sua conduta, o sujeito o aceita, pouco se importando com a sua produção. Já o crime preterdoloso pressupõe um antecedente doloso e um consequente culposo. É dizer, agindo com dolo na conduta antecedente, o agente vai além e acaba por produzir um resultado agravador não desejado (culpa). A questão que se coloca é saber se eles, dolo eventual e preterdolo, são compatíveis. A resposta deve ser afirmativa. Basta imaginar a hipótese de o agente, no delito preterdoloso, atuar com dolo eventual em relação ao elemento antecedente e culpa no consequente. Ficaria assim: dolo eventual no antecedente e culpa no consequente; **II:** correta. De fato, ainda que se trate de *crime de mão própria*, que, por isso mesmo, exige atuação pessoal do agente, é perfeitamente plausível o concurso de pessoas na modalidade *participação*. Exemplo ao qual a doutrina normalmente recorre é aquele em que o advogado induz ou instiga a testemunha a mentir em juízo ou na polícia (falso testemunho – art. 342, CP). A esse respeito: STF, RHC 81.327-SP, 1ª T., Rel. Min. Ellen Gracie, DJ 5.4.2002; **III:** correta. *Formais, de resultado cortado* ou *de consumação antecipada* são os crimes em que o resultado, embora previsto no tipo penal, não é imprescindível à consumação do delito. A consumação, no caso da extorsão (art. 158, CP), se opera no momento em que a vítima, constrangida, faz o que lhe foi imposto pelo agente ou ainda deixa de fazer o que este determinou que ela não fizesse. A obtenção, por parte do sujeito ativo, da vantagem exigida constitui mero exaurimento, isto é, desdobramento típico do delito previsto no art. 158 do CP. Este é o teor da Súmula nº 96 do STJ, que preceitua que "o crime de extorsão consuma-se independentemente da obtenção da vantagem indevida"; no delito de ameaça, previsto no art. 147 do CP, a consumação ocorre no exato instante em que a vítima dela tem conhecimento, pouco importando se vai ou não se sentir amedrontada, intimidada; no crime de injúria verbal, a consumação se dá no momento em que a vítima toma conhecimento da ofensa, não importando se vai ou não se sentir injuriada. Outro exemplo sempre lembrado pela doutrina é o do crime de *extorsão mediante sequestro* (art. 159 do CP), cujo momento consumativo é atingido com a privação de liberdade da vítima. A obtenção do resgate, resultado previsto no tipo penal, se ocorrer, constituirá mero exaurimento do delito (desdobramento típico); **IV:** correta. *Plurissubjetivos* (de concurso necessário ou coletivos) são os crimes que só podem ser praticados por um número mínimo de agentes. A pluralidade de sujeitos, neste caso, faz parte do tipo penal. É o caso do delito de associação criminosa (art. 288, CP), cuja configuração somente se dará com o número mínimo de três componentes. Diz-se de condutas paralelas porque, no crime de associação criminosa, os agentes se auxiliam mutuamente com o propósito de alcançarem o mesmo resultado; **V:** incorreta. No crime instantâneo, a consumação se dá em um momento determinado. A obtenção da vantagem, pelo agente, nem sempre integra o tipo penal.

Gabarito "D".

(Ministério Público/MG – 2014) São entendimentos sumulados pelo Supremo Tribunal Federal e/ou Superior Tribunal de Justiça (3ª Seção-Competência Criminal), ou decididos em recurso extraordinário com repercussão geral ou em recurso especial repetitivo, EXCETO:

(A) A caracterização da majorante prevista no art. 157, § 2º, inciso I, do Código Penal, prescinde-se da apreensão e realização de perícia em arma utilizada na prática do crime de roubo, se por outros meios de prova restar evidenciado o seu emprego.
(B) A circunstância atenuante genérica não pode conduzir à redução da pena abaixo do mínimo legal.
(C) No crime de falsa identidade (artigo 307 do CPB), a arguição do princípio da autodefesa torna atípica a conduta, com o intento de ocultação de maus antecedentes.
(D) Para a configuração do crime de corrupção de menores, atual artigo 244-B do Estatuto da Criança e do Adolescente, não se faz necessária a prova da efetiva corrupção do menor, uma vez que se trata de delito formal.

A: incorreta. De fato, a Terceira Seção do Superior Tribunal de Justiça, no julgamento, em 13.12.2010, do EREsp 961.863/RS (Rel. originário Min. Celso Limongi, Desembargador convocado do TJ/SP, Rel. para acórdão Min. Gilson Dipp, maioria, *DJe* de 05.04.2011), pacificou o entendimento de que, para a incidência da majorante, prevista no art. 157, § 2º, I, do Código Penal, é prescindível a apreensão e perícia da arma, desde que evidenciada a sua utilização por outros meios de prova, tais como a palavra da vítima, ou mesmo pelo depoimento de testemunhas; **B:** incorreta. A impossibilidade de circunstâncias atenuantes conduzirem a fixação da pena aquém do mínimo legalmente previsto está pacificada na Súmula 231 do STJ ("A incidência da circunstância atenuante não pode conduzir à redução da pena abaixo do mínimo legal"); **C:** correta. O STJ, em julgamento da Reclamação 15920/MG, *DJe* de 20.05.2014, da relatoria da Min. Laurita Vaz, por sua 3ª Seção, reafirmou o entendimento exarado na decisão monocrática prolatada no REsp n.º 1.365.155/MG, transitada em julgado em 23.04.2013, no qual foi expressamente afastada a atipicidade da conduta do acusado que utiliza identidade falsa para ocultar maus antecedentes, bem como foi determinado o prosseguimento do feito em relação ao crime de identidade falsa previsto no art. 307 do Código Penal; **D:** incorreta, pois a Súmula 500 do STJ enuncia que "a configuração do crime previsto no artigo 244-B do Estatuto da Criança e do adolescente independe da prova da efetiva corrupção do menor, por se tratar de delito formal".

Gabarito "C".

(Ministério Público/DF – 2013) Examine os itens abaixo e assinale a alternativa **CORRETA**:

(A) Em sede de concurso de pessoas, é admissível a coautoria mediata, caracterizada, por exemplo, quando cada um dos coautores se vale de instrumento distinto.
(B) Atos de tentativa são aqueles compreendidos entre a cogitação da ação ou omissão, pelo autor, e o momento de consumação do delito.
(C) A caracterização de crime impossível impede a aplicação da pena, mas autoriza a imposição de medida de segurança se o agente se encontrava sob influência de transtorno mental que lhe suprimiu a culpabilidade.

(D) A tentativa inidônea é figura que corresponde, no ordenamento jurídico pátrio, ao arrependimento posterior, tratado como circunstância atenuante da pena.
(E) No concurso de pessoas, são exceções à teoria dualista: previsão expressa de conduta de cada concorrente em tipo penal autônomo; cooperação dolosamente distinta.

A: correta. Nas palavras de Cleber Masson, tratando da *autoria mediata*, que se verifica quando alguém se vale de terceiro inculpável (leia-se: sem culpabilidade) ou que atue sem dolo ou culpa, para o cometimento de uma infração penal, *"nada impede, todavia, a coautoria mediata e participação na autoria mediata. Exemplos: 'A' e 'B' pedem a 'C', inimputável, que mate alguém (coautoria mediata)..."* (*Direito Penal Esquematizado*, 2ª edição, Método, p. 488); **B:** incorreta. Somente se pode falar em tentativa se já tiver sido iniciada a execução do crime, mas, antes de sua consumação, o comportamento delituoso for interrompido por circunstâncias alheias à vontade do agente. A cogitação, que é etapa intelectiva do *iter criminis*, é penalmente irrelevante, razão por que os atos de tentativa, que pressupõem, como dito, o início da execução (etapa externa do *iter criminis*), estão situados entre esta e a consumação; **C:** incorreta. Nos termos do art. 17 do CP, não se pude sequer a tentativa quando, pela impropriedade absoluta do objeto, ou pela ineficácia absoluta do meio, a consumação seria impossível. Assim, mesmo que o agente fosse inimputável, a ele não se imporia medida de segurança, visto que esta pressupõe a prática de um fato típico e ilícito. O crime impossível afasta a tipicidade da tentativa do crime inicialmente visado; **D:** incorreta. Tentativa inidônea, tentativa inadequada, tentativa impossível ou quase- crime são expressões sinônimas ao crime impossível (art. 17 do CP), e não ao arrependimento posterior (art. 16, CP); **E:** incorreta. Em matéria de concurso de pessoas, são exceções à teoria unitária (ou monista), e não à teoria dualista, que não é a adotada pelo art. 29 do CP, a previsão expressa de conduta de cada concorrente em tipo penal autônomo (exceção pluralística à teoria monista – ex.: aborto consentido pela gestante – art. 124 do CP e aborto praticado por terceiro com o consentimento da gestante – art. 126 do CP), bem como a cooperação dolosamente distinta (art. 29, § 2°, CP).
Gabarito "A".

(Ministério Público/DF – 2013) Examine os itens que se seguem, assinalando a alternativa **CORRETA**:

(A) As causas de extinção de punibilidade previstas na Parte Geral do Código Penal brasileiro não se comunicam entre coautores ou partícipes do delito, dado o acolhimento da teoria da acessoriedade limitada.
(B) As condições negativas de punibilidade, como condições objetivas exteriores à conduta delituosa, devem ser abrangidas pelo dolo do agente.
(C) Os prazos prescricionais têm natureza processual, não se incluindo o dia do começo no seu cômputo.
(D) O Superior Tribunal de Justiça admite o reconhecimento da prescrição da pretensão punitiva com fundamento na pena hipotética, podendo ser declarada antes do oferecimento da peça de acusação ou ao longo da ação penal.
(E) A reincidência futura, posterior ou subsequente, é a forma interruptiva da reincidência, incidente sobre a prescrição executória já em curso, sem o potencial de dilatar o seu prazo.

A: incorreta. Algumas das causas extintivas da punibilidade, por sua natureza personalíssima, jamais poderiam se estender aos coautores ou partícipes. É o que se verifica, por exemplo, com a morte do agente (art. 107, I, do CP). Por razões óbvias, a morte de um dos concorrentes da infração penal não irá obstar o exercício do *jus puniendi* estatal, que poderá prosseguir com relação aos demais agentes. Porém, outras causas são comunicáveis, tais como a renúncia ao direito de queixa (art. 107, V, CP), que, se dirigida a um dos agentes, a todos se estenderá (art. 49 do CPP), bem como a *abolitio criminis* (art. 107, III, CP), visto que se o fato deixar de ser considerado criminoso, todos os agentes irão, evidentemente, se beneficiar; **B:** incorreta. Não se confundem as condições negativas de punibilidade com as condições objetivas de punibilidade. Estas, como o nome sugere, são causas extrínsecas ao fato tido como delituoso, não abrangidas, portanto, pelo dolo (que alcança os elementos do tipo penal). É o que se verifica, por exemplo, com a sentença que decreta a falência, considerada condição objetiva de punibilidade para alguns crimes falimentares (art. 180 da Lei 11.101/2005). Já as condições negativas de punibilidade são as escusas absolutórias, causas pessoais que não afetam o reconhecimento do crime (tal como se vê com a condição objetiva de punibilidade), mas, sim, inviabilizam a punição. É o que se verifica, por exemplo, no caso de um furto praticado por um descendente contra um ascendente, incidindo o art. 181, II, do CP; **C:** incorreta. O prazo prescricional é, nitidamente, de natureza penal, visto que interfere diretamente no exercício do *jus puniendi* estatal, não tendo mera relevância na relação processual. Por tal motivo, aplica-se o art. 10 do CP (inclusão do dia do começo e exclusão do dia do vencimento). Já os prazos processuais desconsideram o dia do começo, incluindo-se o do vencimento (art. 798, § 1°, CPP); **D:** incorreta. Nos termos da Súmula 438, o STJ pacificou o entendimento de que é inadmissível o reconhecimento da prescrição com base em pena hipotética (prescrição virtual ou em perspectiva), posicionamento reforçado pela Lei 12.234/2010, que, ao alterar a redação do art. 110, § 1°, do CP, não mais permite o reconhecimento da prescrição em data anterior à denúncia ou queixa; **E:** correta. A denominada "reincidência antecedente", vale dizer, aquela que já existia à época da condenação, tem o condão de aumentar em 1/3 o prazo de prescrição da pretensão executória, diversamente do que ocorre com a "reincidência futura" ou "reincidência subsequente", ou seja, aquela que se verifica posteriormente ao trânsito em julgado da sentença penal condenatória, que irá interromper o prazo prescricional já iniciado.
Gabarito "E".

(Ministério Público/DF – 2013) Examine os itens seguintes e assinale a alternativa **CORRETA**:

(A) O crime de injúria discriminatória, consistente na utilização de elementos referentes à raça da vítima, processa-se mediante ação penal pública incondicionada.
(B) Para os Tribunais Superiores, o tipo penal da corrupção de menor previsto no Estatuto da Criança e do Adolescente demanda prova da degeneração moral do jovem.
(C) O estupro somente se consuma se há o contato físico entre a vítima e o agente.
(D) Responde pelos crimes de registro de nascimento inexistente e falsidade ideológica, em concurso formal, aquele que promove, no registro civil, a inscrição de nascimento não existente.
(E) A entrega de filho menor à pessoa sabidamente inidônea se caracteriza ainda quando o agente não tenha intuito de lucro.

A: incorreta. Nos termos do art. 145, parágrafo único, parte final, do CP, a injúria discriminatória, também conhecida como injúria racial, processar-se-á mediante ação penal pública condicionada à representação do ofendido; **B:** incorreta. Confira-se a ementa do julgado a seguir: "Recurso especial representativo da controvérsia. Penal. Corrupção de menores. Prova da efetiva corrupção do inimputável. Desnecessidade. Delito formal. Prescrição da pretensão punitiva declarada de ofício, nos termos do artigo 61 do CPP. 1. Para a configuração do crime de corrupção de menores, atual artigo 244-B do Estatuto da Criança e do Adolescente, não se faz necessária a prova da efetiva corrupção do menor, uma vez que se trata de delito formal, cujo bem jurídico tutelado pela norma visa, sobretudo, a impedir que o maior imputável induza ou facilite a inserção ou a manutenção do menor na esfera criminal. 2. Recurso especial provido para firmar o entendimento no sentido de que, para a configuração do crime de corrupção de menores (art. 244-B do ECA), não se faz necessária a prova da efetiva corrupção do menor, uma vez que se trata de delito formal; e, com fundamento no artigo 61 do CPP, declarar extinta a punibilidade dos recorridos Célio Adriano de Oliveira e Anderson Luiz de Oliveira Rocha, tão somente no que concerne à pena aplicada ao crime de corrupção de menores. (REsp 1127954/DF, Rel. Ministro Marco Aurélio Bellizze, Terceira Seção, julgado em 14.12.2011, *DJe* 01.02.2012)". Ainda, de acordo com a Súmula 500 do STJ, que pôs fim à discussão sobre a natureza da corrupção de menores definida no ECA, "a configuração do crime do art. 244-B do ECA independe da prova da efetiva corrupção do menor, por se tratar de delito forma"; **C:** incorreta. O crime de estupro não exige um efetivo contato físico entre a vítima e o agente. Basta verificar a redação do art. 213 do CP: "Constranger alguém, mediante violência ou grave ameaça, a ter conjunção carnal ou a praticar ou permitir que com ele se pratique outro ato libidinoso". O delito em questão irá consumar-se no momento em que um ato de libidinagem (conjunção carnal ou qualquer outro ato com conotação sexual) for praticado pela vítima nela própria ou em terceiro (*"constranger alguém, mediante violência ou grave ameaça, a praticar outro ato libidinoso"*), ou quando a vítima for constrangida a ter conjunção carnal ou a permitir que nela se pratique um ato libidinoso. Assim, terá sido estuprada a mulher que, mediante violência ou grave ameaça, for constrangida a masturbar terceira pessoa, inexistindo, aqui, contato entre ela e o agente delitivo; **D:** incorreta. Responderá apenas pelo crime do art. 241 do CP aquele que promover no registro civil a inscrição de nascimento inexistente, que, por força do princípio da especialidade, contém, ínsita, a falsidade ideológica; **E:** correta. Nos termos do art. 245, *caput*, do CP, comete crime aquele que "entregar filho menor de 18 (dezoito) anos a pessoa em cuja companhia saiba ou deva saber que o menor fica moral ou materialmente em perigo", havendo a forma qualificada se o agente pratica delito para obter lucro, ou se o menor é enviado para o exterior (art. 245, § 1º).

Gabarito "E".

(Ministério Público/GO – 2013) Marque a alternativa errada:

(A) Zaffaroni, Alagia, Slokar e Nilo Batista aduzem que "a inevitável seletividade operacional da criminalização secundária e sua preferente orientação burocrática (sobre pessoas sem poder e por fatos grosseiros e até insignificantes) provocam uma distribuição seletiva em forma de epidemia, que atinge apenas aqueles que têm baixas defesas perante o poder punitivo". De acordo com essa concepção, o Direito Penal estaria mais vocacionado ao combate dos crimes do colarinho azul.

(B) a diferença apresentada entre a criminalidade real e a criminalidade conhecida e enfrentada pelos órgãos formais de repressão (Ministério Público, Judiciário e Policia), nos crimes socioeconômicos, é chamada de cifra dourada.

(C) a outra face da teoria da coculpabilidade pode ser identificada como a coculpabilidade às avessas, por meio da qual defende-se a possibilidade de reprovação penal mais severa no tocante aos crimes praticados por pessoas dotadas de elevado poder econômico, e que abusam desta vantagem para a execução de delitos.

(D) a práxis tem demonstrado o quão corriqueiras e de difícil elucidação são as condutas consistentes em dispensar ou inexigir licitação, fora das hipóteses previstas em lei, e frustrar ou fraudar, mediante ajuste, combinação ou qualquer outro expediente, o caráter competitivo do procedimento licitatório, com o intuito de obter, para si ou para outrem, vantagem decorrente da adjudicação do objeto da licitação. Assim, com vistas a conferir maior efetividade às investigações desses delitos previstos na Lei 8.666/1993, sem prejuízo de outras medidas cautelares menos gravosas, a prisão temporária dos investigados poderia ser utilizada com mais frequência, desde que necessária e adequada a cada caso.

A: assertiva correta. Nada obstante, em tese, o Direito Penal devesse ser "igual para todos", em prol, inclusive, do princípio da igualdade consagrado constitucionalmente, o fato é que a tutela penal dos bens jurídicos, na prática, se revela de maneira bastante desigual. Aqui surge a seletividade do sistema penal, que acaba incidindo mais gravosamente sobre a parcela menos favorecida da sociedade. As desigualdades sociais, por vezes, forçam ou contribuem para que pessoas de classes "mais baixas" cometam crimes de colarinho azul (alusão à cor azul dos macacões dos trabalhadores, em contraposição aos crimes de colarinho branco, cometidos por pessoas de classe social mais abastada). Assim, a crítica constante na assertiva em comento, realmente, procede. Como visto, a seletividade do sistema criminal, que, pragmaticamente, se direciona muito mais à "ala pobre" (menos favorecida) do que à "ala rica", demonstra que o Direito Penal é muito mais vocacionado ao combate aos crimes de colarinho azul (furto, roubo, tráfico de drogas, estelionato) do que aos crimes de colarinho branco (crimes contra o sistema financeiro, relações de consumo, ordem tributária e econômica etc.); **B:** assertiva correta. Em complementação ao comentário antecedente, denomina-se de cifra dourada a parcela dos crimes de colarinho branco que não chega a ser apurada pelo aparato institucionalizado de repressão penal, enquanto que, para os crimes de colarinho azul, fala-se em cifra negra; **C:** assertiva correta. Inicialmente, denomina-se de coculpabilidade a possibilidade de atenuação da pena, ou até mesmo sua isenção, quando reconhecida a prática de um crime por agente que viva à margem da sociedade, em situação de franca vulnerabilidade socioeconômica e cultural. Fala-se em coculpabilidade às avessas a situação diametralmente oposta àquela preconizada pela coculpabilidade: aos agentes com maior poder econômico e penetração social, a reprovabilidade do comportamento criminoso é mais elevada, merecendo, por isso, maior repressão. Por tal razão, se à população marginalizada impõe-se, pela coculpabilidade, a atenuação da pena, aos agentes com maior e melhor instrução, de mais alto poder aquisitivo, impor-se-ia reprimenda agravada; **D:** assertiva incorreta, devendo ser assinalada. Para os crimes definidos na Lei de Licitações (Lei 8.666/1993), não se impõe a prisão temporária, modalidade de prisão cautelar prevista na Lei 7.960/1989. Isto porque referida modalidade de segregação somente é admissível para os crimes previstos em seu art. 1º, III, dentre eles não se enquadrando os crimes de licitação.

Gabarito "D".

(Ministério Público/SP – 2013 – PGMP) Sobre a configuração de alguns dos chamados delitos plurisubjetivos, inclusive com respeito ao número legal de agentes exigidos no tipo, assinale a alternativa INCORRETA.

(A) Quadrilha ("fim de cometer crimes" – art. 288 do CP) – é preciso o mínimo de quatro integrantes e, para a Suprema Corte, que ao menos um deles seja maior de idade.

(B) Milícia privada ("finalidade de praticar qualquer dos crimes previstos neste Código" – art. 288-A do CP) – não há previsão da quantidade mínima de integrantes.

(C) Organização criminosa (estruturada com divisão de tarefas, com o objetivo de obter vantagem e com a prática de crimes cuja pena máxima seja igual ou superior a quatro anos – art. 2º da Lei nº 12.694/2012) – três ou mais pessoas.

(D) Homicídio em atividade típica de grupo de extermínio (art. 1º, inciso I, da Lei nº 8.072/1990) – não está definida a quantidade necessária de integrantes.
(E) Associação para o tráfico de entorpecentes (fim de praticar, reiteradamente ou não, qualquer dos crimes previstos nos arts. 33, *caput* e § 1º, 34 e 35 da Lei nº 11.343/2006) – é imprescindível a presença de ao menos duas pessoas.

A: correta. O crime de quadrilha, à época em que formulada a questão, tipificado no art. 288 do CP, exigia, de fato, o mínimo de quatro integrantes, visto que referido tipo penal mencionava a associação de *mais de três pessoas*. Para o STF, o reconhecimento do crime em tela é possível bastando que um dos integrantes seja imputável, visto que o legislador falou em "pessoas" e não "imputáveis". Assim, o menor é contado para fins de cômputo do número mínimo de agentes exigidos pelo legislador (HC 110.425/ES). Impende destacar, por oportuno, que, com o advento da Lei 12.850, de 2 de agosto de 2013, com *vacatio legis* de 45 (quarenta e cinco) dias, seu art. 24 promoveu alteração no já citado art. 288 do CP, cujo nome jurídico passou a ser o de "associação criminosa", exigindo-se, doravante, *três ou mais* pessoas (portanto, bastam três!), para o fim específico de cometer crimes, para que se configure a infração em tela; **B:** correta. De fato, o art. 288-A do CP, introduzido pela Lei 12.720/2012, não previu quantidade mínima de integrantes para a caracterização do crime de constituição de milícia privada. Confira: "Constituir, organizar, integrar, manter ou custear organização paramilitar, milícia particular, grupo ou esquadrão com a finalidade de praticar qualquer dos crimes previstos neste Código"; **C:** correta. De fato, com o advento da Lei 12.694/2012, colocou-se fim à discussão sobre a existência – ou não – de definição legal sobre organização criminosa, passando-se a defini-la da seguinte forma: "*Para os efeitos desta Lei, considera-se organização criminosa a associação, de 3 (três) ou mais pessoas, estruturalmente ordenada e caracterizada pela divisão de tarefas, ainda que informalmente, com objetivo de obter, direta ou indiretamente, vantagem de qualquer natureza, mediante a prática de crimes cuja pena máxima seja igual ou superior a 4 (quatro) anos ou que sejam de caráter transnacional*". Até então, ante a inexistência de um conceito legal, no Brasil, de crime organizado, utilizava-se a definição contida na Convenção de Palermo, que tratava do crime organizado transnacional. Nesse sentido, o STJ (5.ª Turma), no julgamento do HC 77.771-SP, cuja ementa assim se resume: "*Habeas corpus*. Lavagem de dinheiro. Inciso VII do art. 1º da Lei 9.613/98. Aplicabilidade. Organização criminosa. Convenção de Palermo aprovada pelo Decreto Legislativo 231, de 29 de maio de 2003 e promulgada pelo Decreto 5.015, de 12 de março de 2004. Ação penal. Trancamento. Impossibilidade. Existência de elementos suficientes para a persecução penal". Ocorre que novo diploma legal passou a regular as questões atinentes às organizações criminosas no Brasil, qual seja, a Lei 12.850/2013, que, em seu art. 1º, § 1º, assim definiu: "*Considera-se organização criminosa a associação de 4 (quatro) ou mais pessoas estruturalmente ordenada e caracterizada pela divisão de tarefas, ainda que informalmente, com objetivo de obter, direta ou indiretamente, vantagem de qualquer natureza, mediante a prática de infrações penais cujas penas máximas sejam superiores a 4 (quatro) anos, ou que sejam de caráter transnacional*". Diferentemente da Lei 12.694/2012, o aludido diploma passou a exigir, pelo menos, *4 (quatro) pessoas* para a caracterização de uma organização criminosa; **D:** incorreta (devendo ser assinalada). O homicídio simples, quando praticado em atividade típica de grupo de extermínio, *ainda que por uma só pessoa*, é considerado crime hediondo (art. 1º, I, primeira parte, da Lei 8.072/1990). Perceba que o legislador, para a caracterização da forma hedionda do homicídio simples, fez constar que bastará o seu cometimento por um só agente; **E:** correta. De fato, nos termos do art. 35 da Lei 11.343/2006, a associação para o tráfico restará caracterizada quando se associarem *duas ou mais pessoas* para o fim de praticar, reiteradamente ou não, qualquer dos crimes previstos nos arts. 33, *caput* e § 1º, e 34 de referida lei.

Gabarito "D".

(Ministério Público/SP – 2013 – PGMP) Segundo a Lei da Lavagem de Dinheiro e Ocultação de Bens, Direitos e Valores, a delação premiada nos crimes nela descritos NÃO possui o efeito de

(A) diminuir a pena do autor na fração de um a dois terços.
(B) permitir que o juiz deixe de aplicar a pena ou possa substituí-la por restritiva de direitos.
(C) permitir que o partícipe repatrie o dinheiro enviado ao exterior, pagando as multas e os impostos devidos.
(D) diminuir a pena do partícipe na fração de um a dois terços.
(E) permitir que o juiz determine o cumprimento da pena em regime aberto.

Nos termos do art. 1º, § 5º, da Lei 9.613/1998, alterado pela Lei 12.683/2012, a pena poderá ser *reduzida de um a dois terços* e ser cumprida em *regime aberto ou semiaberto*, facultando-se ao juiz *deixar de aplicá-la ou substituí-la*, a qualquer tempo, por *pena restritiva de direitos*, se o autor, coautor ou partícipe colaborar espontaneamente com as autoridades, prestando esclarecimentos que conduzam à apuração das infrações penais, à identificação dos autores, coautores e partícipes, ou à localização dos bens, direitos ou valores objeto do crime. Assim, à exceção do disposto na alternativa "C", todas as demais contemplam hipóteses admissíveis em caso de delação premiada por agentes que concorram para a prática de lavagem de dinheiro.

Gabarito "C".

(Ministério Público/RO – 2013 – CESPE) Em relação ao entendimento dos tribunais superiores acerca dos institutos aplicáveis ao direito penal, assinale a opção correta.

(A) O instituto da detração penal não pode ser aplicado em processos distintos, ainda que os crimes praticados pelo réu sejam de mesma natureza.
(B) Não se aplica o princípio da insignificância ao furto de objeto de pequeno valor, considerando-se a lesividade a bem jurídico tutelado.
(C) Configura crime de desobediência o fato de várias notificações do responsável pelo cumprimento da ordem terem sido encaminhadas, por via postal, ao endereço por ele fornecido, tendo os recebimentos sido subscritos por terceiros.
(D) Aplica-se o princípio da adequação social ao crime tipificado como expor à venda CDs falsificados, considerando-se a tolerância das autoridades públicas.
(E) Afasta-se a majorante da ameaça exercida com o emprego de arma de fogo na prática de roubo, ao se constatar, posteriormente, a inaptidão da arma para efetuar disparos, caso em que a conduta deve ser tipificada como furto.

A: incorreta. A detração penal (art. 42 do CP) poderá incidir mesmo diante de processos distintos. Assim, se o agente houver sido submetido a prisão provisória (leia-se: cautelar) em determinado processo, com prolação de sentença absolutória, poderá ver descontados os dias em que permaneceu sob custódia cautelar em outro processo em que haja sido condenado, desde que, neste último caso, a infração penal tenha sido praticada anteriormente àquela que ensejou o processo em que prolatada a sentença absolutória. Nesse sentido: "Não é possível creditar-se ao réu, para fins de detração, tempo de encarceramento anterior à prática do crime que deu origem à condenação atual. Com base nessa jurisprudência, a Turma indeferiu habeas corpus em que se pretendia abater da pena aplicada ao paciente período em que estivera anteriormente custodiado. Asseverou-se que, se acolhida a tese da defesa, considerando esse período como 'crédito' em relação ao Estado, estar-se-ia concedendo ao paciente um 'bill' de indenidade" (HC 93.979/RS, j. 22/04/2008, Informativo 503 do STF). Essa é, também, a posição do STJ (REsp 848.531/RS, 5ª Turma, j. 26/06/2007); **B**: correta. De fato, a insignificância penal somente será reconhecida se a lesão ao bem jurídico for ínfima, incapaz, portanto, de afetar negativamente o objeto jurídico tutelado pela norma penal incriminadora. O furto privilegiado (art. 155, § 2º, do CP) merece reprovabilidade estatal, reconhecido quando o agente for primário e a coisa subtraída for de pequeno valor. O prejuízo, quando pequeno, admite repressão estatal; já quando insignificante, afastada a tipicidade material do fato perpetrado pelo agente (*RT* 834/477); **C**: incorreta. A desobediência (art. 330 do CP) pressupõe que o agente com atribuição ou competência para atender a ordem legal emanada de funcionário público tenha recebido, efetivamente, as notificações. Caso estas tenham sido encaminhadas pela via postal e recebidas por terceiro, não se saberá precisar se chegaram, efetivamente, ao conhecimento do destinatário, inviabilizando, com isso, o reconhecimento da própria ação nuclear (*desobedecer*). Nesse sentido, o STJ, no julgamento do HC 226512/RJ, 6ª Turma, DJe de 30/11/2012: "Penal. Prefeito municipal. Proposta de transação penal. Art. 330 do CP (desobediência). Ciência pessoal da requisição efetivada pelo Ministério Público do Trabalho. Inexistência. Intenção deliberada de descumprir. Falta de demonstração. Responsabilização objetiva. Ausência de justa causa configurada"; **D**: incorreta. O STJ, quando do julgamento do REsp n. 1.193.196/MG (DJe 4/12/2012), por meio de sua Terceira Seção, confirmou ser típica, formal e materialmente, a conduta prevista no art. 184, § 2º, do Código Penal, afastando, assim, a aplicação do princípio da adequação social. Entendeu-se ser intolerável socialmente a conduta de piratear CD´s e DVD´s, comportamento este que causa violação aos direitos autorais, causando prejuízos à indústria fonográfica e ao Fisco, que deixa de arrecadar os tributos incidentes sobre a fabricação e venda de referidos produtos; **E**: incorreta, de acordo com a banca examinadora. Não há dúvidas de que a majorante do emprego de arma de fogo cairá por terra se demonstrada a inaptidão da arma para disparar projéteis. Neste caso, não haveria que incidir maior reprovabilidade ao comportamento do agente, visto que não teria exposto a risco, mais gravemente, a integridade da vítima. Nada obstante, a desclassificação do crime de roubo para o de furto, pelo só fato de a arma empregada para ameaçar a vítima ser inapta, não encontra ressonância na jurisprudência do STJ, que admite, repita-se, apenas o afastamento da majorante, mas não do crime de roubo. Confira-se: "Penal. *Habeas corpus* substitutivo de recurso especial. Decreto condenatório transitado em julgado. Impetração que deve ser compreendida dentro dos limites recursais. Roubo majorado. Dosimetria. Emprego de arma de fogo. Causa de aumento de pena. Arma desmuniciada. Constatação por perícia. Ausência de potencialidade lesiva. Majorante não caracterizada. Constrangimento ilegal. Pena base fixada acima do mínimo legal. Circunstâncias concretas. Regime mais gravoso justificado. Ordem parcialmente concedida. [...] IV. Diante da comprovada ausência de potencialidade lesiva da arma empregada no roubo, atestada em laudo pericial, mostra-se indevida a imposição da causa de aumento de pena prevista no inciso I do § 2º, do art. 157 do CP. V. A utilização de arma desmuniciada, como forma de intimidar a vítima do delito de roubo, caracteriza o emprego de violência, porém, não permite o reconhecimento da majorante de pena, já que esta está vinculada ao potencial lesivo do instrumento, pericialmente comprovado como ausente no caso, dada a sua ineficácia para a realização de disparos. [...] IX. Ordem parcialmente concedida, nos termos do voto do Relator. (HC n. 190.067/MS, Ministro Gilson Dipp, Quinta Turma, *DJe* 01.08.2012)".

Gabarito "B".

(Ministério Público/RO – 2013 – CESPE) No que se refere à classificação dos crimes de acordo com o CP, é correto afirmar que

(A) o crime de extorsão mediante sequestro configura crime de ímpeto.

(B) o crime de evasão mediante violência contra a pessoa é classificado como crime de resultado cortado.

(C) o crime de simulação de autoridade para celebração de casamento caracteriza-se como crime de empreendimento.

(D) o crime de homicídio em sua forma simples classifica-se como crime subsidiário.

(E) o crime de apropriação de coisa achada caracteriza-se como crime a prazo.

A: incorreta. Crime de ímpeto é aquele cometido sem premeditação, vale dizer, de maneira irrefletida pelo agente, relacionando-se, no mais das vezes, aos denominados "crimes passionais". A extorsão mediante sequestro nada tem que ver com crime de ímpeto; **B**: incorreta. São chamados de crimes de resultado cortado aqueles cuja consumação é alcançada com a mera prática da conduta pelo agente. Nada mais são do que os crimes formais ou de consumação antecipada. O crime de evasão mediante violência contra a pessoa, previsto no art. 352 do CP, é considerado um crime de atentado, haja vista que sua consumação ocorrerá com a fuga do agente ou com o mero emprego dos meios necessários para tanto, desde que haja violência; **C**: incorreta, pois o crime de simulação de autoridade para celebração de casamento (art. 238 do CP), que se consuma com o só fato de o agente atribuir-se autoridade para celebrar o matrimônio, nada tem que ver com os crimes de atentado ou de empreendimento, que se verificam quando a lei punir as formas tentada e consumada da mesma maneira, tal como se verifica no já referido crime de evasão mediante violência contra pessoa (art. 352 do CP); **D**: incorreta. Considera-se crime subsidiário aquele cujo fato não constitua um crime mais grave, atuando, nas palavras de Nelson Hungria, como um "soldado de reserva". É o que se verifica, por exemplo, com o crime de dano (art. 163 do CP), subsidiário ao de incêndio (art. 250 do CP); **E**: correta. De fato, a apropriação de coisa achada (art. 169, II, do CP) é denominado doutrinariamente de crime a prazo, haja vista que sua configuração exige a fluência de determinado prazo, sob pena de atipicidade. Confira a redação do tipo: "quem acha coisa alheia perdida e dela se apropria, total ou parcialmente, deixando de restituí-la ao dono ou legítimo possuidor ou de entregá-la à autoridade competente, dentro no prazo de 15 (quinze) dias". Perceba que somente haverá crime se o agente deixar de restituir a coisa achada ao dono ou possuidor legítimo, ou à autoridade competente, após escoados quinze dias.

Gabarito "E".

(Ministério Público/TO – 2012 – CESPE) Considerando as disposições constitucionais aplicáveis ao direito penal, assinale a opção correta.

(A) Assegura-se à instituição do júri o sigilo dos veredictos.

(B) É inafiançável e insuscetível de anistia a prática de racismo.

(C) Deverá responder por tráfico ilícito de entorpecente o agente que, podendo evitar o crime, se omita de fazê-lo.

(D) É imprescritível e insuscetível de graça a prática de tortura.

(E) Às presidiárias serão asseguradas condições para que possam permanecer com seus filhos até que estes completem dois anos de idade.

A: incorreta. Ao júri garantem-se a plenitude de defesa, o *sigilo das votações*, a *soberania dos veredictos* e a competência – mínima – para o julgamento dos crimes dolosos contra a vida (art. 5º, XXXVIII, da CF); **B**: incorreta. A prática do racismo constitui crime inafiançável e imprescritível, sujeito a pena de reclusão, nos termos da lei (art. 5º, XLII, da CF); **C**: correta (art. 5º, XLIII, da CF); **D**: incorreta. A tortura, crime equiparado a hediondo, é inafiançável e insuscetível de graça ou anistia, nos termos do art. 5º, XLIII, da CF, mas não é imprescritível; **E**: incorreta. Às presidiárias serão asseguradas condições para que possam permanecer com seus filhos durante o período de amamentação (art. 5º, L, da CF).

Gabarito "C".

(Ministério Público/TO – 2012 – CESPE) Com relação a aspectos diversos referentes a crimes, ao concurso de pessoas e às teorias a respeito do lugar do crime, assinale a opção correta conforme as disposições do CP e da doutrina pertinente.

(A) Crime de perigo é aquele cujo tipo descreve um resultado que, contudo, não tem de se verificar para que ocorra a consumação. Bastam a ação do agente e a vontade de concretizá-lo, configuradoras do dano potencial, isto é, do *eventus periculi*.
(B) A superveniência de causa relativamente independente excluirá a imputação quando, por si só, essa causa produzir o resultado. Os fatos anteriores, entretanto, imputar-se-ão a quem os praticar.
(C) Crime próprio é aquele que, de acordo com o tipo penal, só pode ser praticado pelo agente pessoalmente, ou seja, sem a utilização de interposta pessoa.
(D) Na participação de menor importância, ocorre o chamado desvio subjetivo de condutas. Isso se dá quando a conduta executada difere daquela idealizada a que aderiu o partícipe, isto é, o conteúdo do elemento subjetivo do partícipe é diferente daquele do crime praticado pelo autor.
(E) De acordo com a teoria da ação ou atividade, lugar do delito é aquele em que, segundo a intenção do agente, deveria ocorrer o resultado.

A: incorreta. A assertiva inicia a descrição dos crimes formais (ou de consumação antecipada), que são aqueles cujo tipo penal prevê o resultado, mas este não é exigido para que se alcance a consumação; **B:** correta (art. 13, § 1º, do CP); **C:** incorreta. A alternativa não trata de crime próprio, mas sim de crime de *mão própria*, que é aquele que, além de exigir uma condição ou qualidade especial do sujeito ativo, não admite a sua prática por interposta pessoa, sendo imprescindível uma atuação pessoal. Daí ser denominado, também, de crime de conduta infungível; **D:** incorreta. O conteúdo da assertiva diz respeito à cooperação dolosamente distinta (art. 29, § 2º, do CP), e não à participação de menor importância (art. 29, § 1º, do CP); **E:** incorreta. A teoria da atividade é aquela segundo a qual o lugar do delito é aquele em que se verificou a ação ou omissão do agente (atividade), pouco importando o local do resultado. Frise-se que não é a teoria adotada por nosso CP, que, em seu art. 6º, em verdade, adotou a teoria mista (ou da ubiquidade). Para esta, lugar do crime será o lugar da ação ou omissão, bem como o lugar em que se verificar o resultado. Somente será aplicável aos crimes à distância ou de espaço máximo.
Gabarito "B".

(Ministério Público/TO – 2012 – CESPE) Assinale a opção correta conforme as disposições do CP e da doutrina penal.

(A) Autor do crime, de acordo com a teoria restritiva, é todo aquele que concorre para o crime. Conforme essa teoria, para se caracterizar a autoria do crime são suficientes a relevância causal e o vínculo psicológico.
(B) No delito putativo, o agente crê haver efetuado uma ação delituosa que existe somente em sua imaginação, ou seja, ele julga punível um fato que não merece castigo. No delito impossível, o agente crê atuar de modo a ocasionar um resultado que, pelo contrário, não pode ocorrer, ou porque falta o objeto, ou porque a conduta não foi de todo idônea.
(C) Conforme a teoria da vontade, haverá dolo quando o sujeito realizar sua ação ou omissão prevendo o resultado como certo ou provável, ainda que não o deseje. Segundo essa teoria, não haveria distinção entre dolo eventual ou culpa consciente.
(D) Segundo a teoria finalista, ação é a atividade neuromuscular que, produzida por energias de um impulso cerebral, provoca modificações no mundo exterior; ou seja, para se afirmar que existe uma ação, basta que se tenha a certeza de que o sujeito atuou voluntariamente.
(E) Culpabilidade, segundo a teoria psicológico-normativa, é o mero vínculo psicológico entre o autor e o fato, por meio do dolo e da culpa.

A: incorreta. Para a teoria restritiva, autor do crime é aquele que realiza o verbo-núcleo do tipo; **B:** correta. O conteúdo da assertiva explica adequadamente o conceito de crime putativo (ou crime imaginário), bem como o conceito de crime impossível (ou tentativa impossível, inidônea, inadequada ou quase crime); **C:** incorreta. A teoria da vontade preconiza que o agente, como o próprio nome sugere, além de antever o resultado, tenha vontade de produzi-lo. Não se confunde com a teoria da representação, segundo a qual o dolo exige, tão somente, a previsão (ou antevisão) do resultado, pouco importando se o agente quis ou assumiu o risco de produzi-lo. Nesse caso, inexiste diferenciação entre o dolo eventual e a culpa consciente, razão pela qual referida teoria não deve ser aceita; **D:** incorreta. Para a teoria finalista, a conduta é todo comportamento humano, positivo ou negativo, consciente e voluntário, dirigido a uma finalidade. Não se confunde com o conceito de conduta dado pela teoria clássica, natural ou mecanicista, segundo a qual a ação é a atividade neuromuscular que, produzida por energias de impulso cerebral, provoca alterações do mundo exterior. Aqui, pouco importa a consciência e vontade de produzir o resultado; **E:** incorreta, pois o conteúdo da assertiva retrata a teoria psicológica da culpabilidade. Já a teoria psicológico-normativa, proposta por Reinhart Frank, relacionou a culpabilidade a exigibilidade de conduta diversa, que passa a ser seu elemento. Trata-se de teoria aplicável no âmbito da teoria clássica ou naturalista, visto que o dolo e a culpa integram a culpabilidade. Apenas com a teoria normativa pura, surgida com o finalismo de Welzel, a culpabilidade deixou de conter dolo e culpa, que migraram para a conduta, sediada no fato típico.
Gabarito "B".

(Ministério Público/TO – 2012 – CESPE) Com base no entendimento dos tribunais superiores acerca dos institutos de direito penal, assinale a opção correta.

(A) Considere que João, maior e capaz, pretendendo subtrair as bolsas de Ana e Paula, em uma parada de ônibus, ante a resistência de Paula em entregar-lhe a coisa, atire em ambas, matando-as. Nessa situação, João responderá por tentativa de latrocínio apenas em relação a Paula.
(B) Há flagrante ilegalidade do juízo sentenciante que considere, na fixação da pena, condenações pretéritas ante o decurso do lapso temporal superior de cinco anos entre o efetivo cumprimento das penas e a infração posterior.
(C) O período de suspensão do prazo prescricional é regulado pelo máximo da pena *in abstrato*.
(D) Se ocorrer o concurso entre causa da circunstância agravante da reincidência e a circunstância atenuante da confissão espontânea, aquela será circunstância preponderante sobre esta.
(E) A cláusula tutelar da inviolabilidade do sigilo epistolar é relativa.

A: incorreta. Se João, para subtrair a bolsa de Paula, atira nela, matando-a, deverá responder por latrocínio consumado (Súmula 610 do STF). Com relação a Ana, podemos sustentar que deverá responder por homicídio, pois a morte não ocorreu para a subtração de sua bolsa; **B:** incorreta. Age corretamente o magistrado que considera como maus

antecedentes as condenações pretéritas cujo lapso temporal supere cinco anos entre o efetivo cumprimento e a infração penal posterior. Assim agindo, o magistrado não reconhecerá condenações trânsitas, simultaneamente, como maus antecedentes e reincidência, o que seria vedado; **C:** incorreta (art. 116 do CP); **D:** incorreta, a despeito do que prescreve o art. 67 do CP, que considera a reincidência como uma das circunstâncias preponderantes em caso de concurso de atenuantes e agravantes. Porém, o STJ, no julgamento dos EREsp n. 1.154.752/RS, proclamou, por sua Terceira Seção, o entendimento de que é possível, na segunda fase do cálculo da pena, a compensação da agravante da reincidência com a atenuante da confissão espontânea, por serem igualmente preponderantes, de acordo com o art. 67 do Código Penal; **E:** correta. Segundo Alexandre de Moraes, "*os direitos humanos fundamentais, dentre eles os direitos e garantias individuais e coletivos consagrados no art. 5º da Constituição Federal, não podem ser utilizados como um* verdadeiro escudo protetivo *da prática de atividades ilícitas, tampouco como argumento para afastamento ou diminuição da responsabilidade civil ou penal por atos criminosos, sob pena de total consagração ao desrespeito a um verdadeiro Estado de Direito" (Direito Constitucional.* 18. ed. São Paulo: Atlas, 2005. p. 27). Com base nesse entendimento, o STF, no julgamento do HC n. 70.814-5/SP, entendeu pela excepcional validade de prova constituída de correspondência de presidiário interceptada pela administração penitenciária, observada a aplicação do art. 41, parágrafo único, da Lei 7.210/1984.
Gabarito "E".

(Ministério Público/TO – 2012 – CESPE) De acordo com as disposições do CP e da doutrina pertinente, assinale a opção correta a respeito da aplicação da lei penal e de aspectos diversos relacionados ao crime.

(A) Sucintamente, pode-se definir imputação objetiva como um conjunto de pressupostos jurídicos que condicionam a relação de imputação de um resultado jurídico a um determinado comportamento penalmente relevante.
(B) Crimes omissivos impróprios, comissivos por omissão ou omissivos qualificados são os que objetivamente são descritos como uma conduta negativa, de não fazer o que a lei determina, consistindo a omissão na transgressão da norma jurídica sem que haja necessidade de qualquer resultado naturalístico. Para a existência do crime, basta que o autor se omita quando deva agir.
(C) Diz-se agressivo o estado de necessidade quando a conduta do agente dirige-se diretamente ao produtor da situação de perigo, a fim de eliminá-la.
(D) Leis temporárias são aquelas que, por expressa previsão, vigem durante situações de emergência.
(E) Conforme o princípio da territorialidade, a lei penal deve ser aplicada a todos os homens, onde quer que se encontrem, aplicando-se a lei nacional a todos os fatos puníveis, sem se levar em conta o lugar do delito, a nacionalidade de seu autor ou do bem jurídico lesado.

A: correta. De fato, a assertiva contém sucintamente uma descrição da teoria da imputação objetiva; **B:** incorreta. Os crimes omissivos impróprios, impuros, espúrios, ou comissivos por omissão, são aqueles em que a omissão deriva de pessoa que tem o dever jurídico de agir, e podendo agir, não evita o resultado (art. 13, § 2º, do CP); **C:** incorreta. Diz-se agressivo o estado de necessidade que se dirige a terceiro inocente, vale dizer, o agente, para preservar bem jurídico próprio ou alheio, sacrifica bem jurídico de terceiro que não provocou a situação de perigo. Nesse caso, caberá ao agente indenizar esse terceiro, admitida, porém, ação regressiva contra o efetivo causador do perigo (arts. 929 e 930, ambos do CC); **D:** incorreta. As leis são ditas temporárias quando, nelas próprias, houver prévio estabelecimento de seu período de vigência. Já as leis excepcionais são aquelas que vigem apenas durante situações excepcionais (emergenciais). Frise-se que ambas têm efeitos ultrativos, ou seja, serão aplicadas mesmo após suas autorrevogações; **E:** incorreta. Pelo princípio da territorialidade, a lei brasileira será aplicada aos crimes cometidos no território nacional (art. 5º, *caput*, do CP), sem prejuízo, contudo, das convenções, tratados e regras de direito internacional, dando azo ao reconhecimento de uma *territorialidade temperada* ou *mitigada*.
Gabarito "A".

(Ministério Público/TO – 2012 – CESPE) Assinale a opção correta de acordo com as disposições do CP e da doutrina penal.

(A) No âmbito do princípio da acessoriedade da participação, a teoria da acessoriedade limitada defende a suficiência da tipicidade da ação principal, em detrimento da juridicidade dessa ação.
(B) A doutrina brasileira, à unanimidade, admite a coautoria e a participação em crime culposo, por considerar que possa existir, em verdade, um vínculo subjetivo na realização da conduta, que é voluntária, inexistindo, contudo, tal vínculo em relação ao resultado, que não é desejado.
(C) Crime a distância ou de espaço máximo é aquele cujo *iter criminis* atinge o território de dois ou mais países.
(D) Conforme o princípio da subsidiariedade, a norma definidora de um crime constitui meio necessário ou fase normal de preparação ou execução de outro crime, ou seja, na relação os fatos não se apresentam em relação a gênero e espécie, mas de *minus e plus*, de continente e conteúdo, de todo e parte, de inteiro e fração.
(E) No que diz respeito à punibilidade da tentativa, de acordo com a teoria objetiva, fundamenta-se a punibilidade na vontade do autor, contrária ao direito. Para essa teoria, o elemento moral – a vontade do agente – é decisivo, porque está completo, perfeito. Imperfeito é o delito sob o aspecto objetivo, que não chega a consumar-se.

A: incorreta. A teoria da acessoriedade limitada, adotada no tocante à participação, preconiza que a punição do partícipe dependerá de haver contribuído com o autor para a prática de um fato típico e ilícito. Contrapõe-se à teoria da acessoriedade mínima, que pressupõe que o partícipe colabore com o autor apenas para a prática de um fato típico; **B:** incorreta. Admite-se, apenas, a coautoria nos crimes culposos, visto que não se cogita de conduta acessória tendente à consecução de um resultado culposo. Qualquer contribuição para o resultado constituirá a própria inobservância do dever objetivo de cuidado, tratando-se, pois, de coautoria; **C:** correta. De fato, os crimes à distância ou de espaço máximo são aqueles cuja ação ou omissão acontece em um país, mas o resultado é verificado no exterior. Nesses casos, no tocante à aplicação da lei penal no espaço, adota-se a teoria mista ou da ubiquidade (art. 6º do CP); **D:** incorreta. O conteúdo da assertiva diz respeito ao princípio da consunção ou da absorção; **E:** incorreta. Para a teoria objetiva, também chamada de realística ou dualista, a punição da tentativa decorre do fato de a conduta do agente proporcionar um perigo ao bem juridicamente tutelado pela norma penal incriminadora. Já para a teoria subjetiva, conhecida como voluntarística ou monista, a punição da tentativa repousa no elemento "vontade". O que importa para a teoria em apreço é o desvalor da ação, pouco importando o resultado.
Gabarito "C".

(Ministério Público/TO – 2012 – CESPE) À luz das disposições do CP e da doutrina penal, assinale a opção correta com referência ao agravamento do crime pelo resultado, ao erro sobre elementos do tipo, à imputabilidade penal, ao concurso de pessoas e a aspectos associados às penas.

(A) Será isento de pena o agente que, por embriaguez completa voluntária, era, ao tempo da ação ou da omissão, inteiramente incapaz de entender o caráter ilícito do fato ou de determinar-se de acordo com tal entendimento.
(B) Pelo resultado que agrave especialmente a pena, só responderá o agente que o houver causado ao menos dolosamente.
(C) O erro sobre a ilicitude do fato, se evitável, isenta o agente de pena. Considera-se evitável o erro se o agente atua ou se omite sem a consciência da ilicitude do fato, quando lhe era possível, nas circunstâncias, ter ou atingir essa consciência.
(D) Na medida de segurança, a desinternação, ou a liberação, será sempre condicional, devendo ser restabelecida a situação anterior se o agente, antes do decurso de um ano, praticar fato indicativo de persistência de sua periculosidade.
(E) Não se comunicam as circunstâncias e as condições de caráter pessoal, ainda que elas sejam elementares do crime.

A: incorreta. Somente haverá isenção de pena em caso de embriaguez completa involuntária (ou seja, decorrente de caso fortuito ou força maior), nos termos do art. 28, § 1º, do CP; **B:** incorreta (art. 19 do CP); **C:** incorreta. O erro sobre a ilicitude do fato, se *inevitável* (ou escusável), isenta o agente de pena (art. 21, *caput*, do CP); **D:** correta (art. 97, § 3º, do CP); **E:** incorreta (art. 30 do CP). As circunstâncias ou condições de caráter pessoal somente serão incomunicáveis se não forem elementares do crime.
Gabarito "D".

(Ministério Público/TO – 2012 – CESPE) A respeito de aspectos diversos dos crimes bem como dos princípios aplicáveis ao direito penal, assinale a opção correta de acordo com as disposições do CP e da doutrina penal.

(A) Caracteriza situação de arrependimento eficaz o caso do agente que, durante a ação, diz para si "posso prosseguir, mas não quero" e encerra sua empreitada criminosa.
(B) Chama-se de dolo direto de segundo grau aquele que se dirige em relação ao fim proposto e aos meios escolhidos.
(C) Norma penal em branco homogênea, ou em sentido amplo, é aquela cujo complemento é oriundo da mesma fonte legislativa que editou a norma que necessita desse complemento.
(D) Negligente é o agente que pratica um ato perigoso sem os cuidados que o caso requer.
(E) No erro de tipo essencial incriminador, o erro recai sobre os pressupostos fáticos de uma causa de justificação, isto é, excludente de ilicitude, que se encontra em tipos penais permissivos.

A: incorreta. Se o agente, durante a execução do crime, por ato voluntário, abandoná-la, ainda que pudesse prosseguir, responderá apenas pelos atos praticados, tratando-se de situação correspondente à desistência voluntária (art. 15, 1ª parte, do CP). O arrependimento eficaz pressupõe que o agente, após executar todos os atos tendentes à consumação do crime, arrepende-se e pratica novo ato, mas, desta feita, impeditivo da consumação (art. 15, 2ª parte, do CP); **B:** incorreta. Dolo direto (ou dolo direto de 1º grau) é, exatamente, aquele dirigido ao resultado almejado pelo agente. Já o dolo direto de segundo grau (ou de consequências necessárias) é aquele em que o agente almeja determinado resultado, mas que, para ser alcançado, inclui "efeitos colaterais", ainda que não desejados; **C:** correta. De fato, o conteúdo da assertiva corresponde ao conceito de norma penal em branco homogênea; **D:** incorreta. A negligência pressupõe uma abstenção de comportamento do agente. Ou seja, devendo agir, deixa de fazê-lo. Já a imprudência corresponde à prática de um ato perigoso, sem os cuidados necessários; **E:** incorreta. O erro que recai sobre os pressupostos fáticos de uma causa de justificação é o erro de tipo permissivo. Já o erro sobre os elementos constitutivos do tipo penal é o erro que recai sobre o tipo penal incriminador, que exclui o dolo e a culpa, quando invencível (ou inevitável, ou escusável).
Gabarito "C".

(Ministério Público/TO – 2012 – CESPE) Com relação aos princípios aplicáveis ao direito penal, à distinção entre os crimes tentado e consumado, ao erro sobre elementos do tipo e a aspectos diversos sobre as penas, assinale a opção correta à luz das disposições do CP e da doutrina pertinente.

(A) O ajuste, a determinação ou instigação e o auxílio, salvo disposição expressa em contrário, serão punidos a título de crime tentado.
(B) O erro quanto à pessoa contra a qual o crime é praticado não isenta de pena o agente. No entanto, se considerarem, nesse caso, as condições ou qualidades da vítima e não as da pessoa contra quem o agente queria praticar o crime.
(C) A lei, como fonte de cognição imediata, pode ser definida como uma regra de conduta praticada de modo geral, constante e uniforme, com a consciência de sua obrigatoriedade.
(D) As penas restritivas de direito são autônomas e substituem as privativas de liberdade seja qual for a pena aplicada, se o crime for culposo e estiverem presentes os demais requisitos.
(E) Revogado o livramento condicional por crime anterior, não poderá o livramento ser novamente concedido e não se descontará na pena o tempo em que o condenado esteve solto.

A: incorreta. O ajuste, a determinação ou instigação e o auxílio, salvo disposição expressa em contrário, não são puníveis, se o crime não chegar a ser tentado (art. 31 do CP); **B:** incorreta. No erro sobre a pessoa (art. 20, § 3º, do CP), serão levadas em consideração as qualidades da vítima contra quem o agente queria praticar o crime (vítima virtual ou visada), e não as da vítima real (ou efetiva); **C:** incorreta. A assertiva contém o conceito de costumes, que, no Direito Penal, são fontes mediatas (ou indiretas, ou secundárias). Somente a lei é a fonte formal direta ou imediata do Direito Penal; **D:** correta (art. 44, I, do CP). A quantidade de pena privativa de liberdade aplicada, para fins de substituição por restritiva de direitos, somente interessará aos crimes dolosos (lembre-se: até quatro anos!); **E:** incorreta (art. 88 do CP). Revogado o livramento, não poderá ser novamente concedido, e, *salvo quando a revogação resulta de condenação por outro crime anterior àquele benefício*, não se desconta na pena o tempo em que esteve solto o condenado.
Gabarito "D".

(Ministério Público/SP – 2012 – VUNESP) É INCORRETO afirmar:

(A) O Código Penal Brasileiro adotou a teoria da *actio libera in causa*.
(B) As leis temporárias e excepcionais são ultra-ativas.
(C) No crime de apropriação indébita, o dolo do agente é subsequente à posse do bem.
(D) O delito de lesão corporal seguida de morte, previsto no art. 129, § 3º, do Código Penal, contempla hipótese de crime preterdoloso.

(E) A imprudência, a negligência e a imperícia são modalidades da culpa consciente.

A: correta. De fato, em matéria de embriaguez, o CP adotou a teoria da *actio libera in causa*, não havendo exclusão da imputabilidade penal no fato de o agente cometer crime embriagado (desde que estejamos falando de embriaguez voluntária ou culposa – art. 28, II, do CP); **B:** correta (art. 3º do CP); **C:** correta. Na apropriação indébita (art. 168 do CP), o agente recebe o bem de boa-fé, mas, posteriormente, altera o seu ânimo sobre a coisa, dela se apropriando, passando a se comportar como se dono fosse; **D:** correta. De fato, a lesão corporal seguida de morte (art. 129, § 3º, do CP) é o clássico exemplo de crime preterdoloso; **E:** incorreta. Imprudência, negligência e imperícia são modalidades de culpa (pouco importando se consciente ou inconsciente). Apenas para frisar, fala-se em culpa consciente quando o agente, embora preveja o resultado, acredita sinceramente em sua inocorrência.
Gabarito "E".

(Ministério Público/SP – 2012 – VUNESP) É INCORRETO afirmar:

(A) Configura erro sobre a pessoa, a hipótese em que o agente, por erro de pontaria, ao invés de atingir a pessoa que pretendia ofender, atinge pessoa diversa.
(B) Nos termos do art. 21, do Código Penal, o desconhecimento da lei é inescusável. O erro sobre a ilicitude do fato, se evitável, pode diminuir a pena de um sexto a um terço.
(C) Na legítima defesa putativa, o agente supõe, por erro, situação de fato que se existisse tornaria a sua ação legítima.
(D) O excesso culposo na legítima defesa tanto pode verificar-se na escolha dos meios, quanto na moderação de seu uso.
(E) Os crimes de rixa (art. 137, *caput*, CP), formação de quadrilha (art. 288, *caput*, CP) e associação ao tráfico de drogas (art. 35 da Lei n. 11.343/2006) constituem crimes de concurso necessário.

A: incorreta. Quando um agente, por erro de pontaria, atinge pessoa diversa da pretendida, incorre em erro na execução (ou *aberratio ictus*), modalidade de erro de tipo acidental. No erro sobre a pessoa (art. 20, § 3º, do CP), o agente, por uma falsa percepção da realidade, se equivoca quanto à própria vítima do crime, atingindo pessoa diversa da pretendida, mas não por erro de pontaria; **B:** correta (art. 21, *caput*, do CP); **C:** correta (art. 20, § 1º, do CP). Trata-se de situação de descriminante putativa; **D:** correta. O excesso na legítima defesa, que será punível por dolo ou culpa (art. 23, parágrafo único, do CP), irá verificar-se em razão da escolha de meios mais gravosos para repelir a agressão injusta, ou se houver imoderação no uso dos meios, ainda que necessários; **E:** correta. De fato, o crime de rixa somente se tipifica se, pelo menos, três pessoas cometerem a conduta descrita no tipo penal (art. 137 do CP). Já a quadrilha ou bando (atualmente *associação criminosa*) pressupõe a associação de mais de três pessoas (atualmente, dada a modificação operada no art. 288 do CP pela Lei 12.850/2013, bastam, à configuração deste crime, *três* pessoas). Finalmente, a associação para o tráfico de drogas exige a reunião de duas ou mais pessoas (art. 35 da Lei 11.343/2006).
Gabarito "A".

(Ministério Público/SP – 2012 – VUNESP) É correto afirmar:

(A) O crime tipificado como de assédio sexual (art. 216-A, CP) não pode ter como vítima o homem.
(B) O convivente que deixou, sem justa causa, de prover a subsistência do companheiro com quem viveu em união estável, não lhe proporcionando os recursos necessários, pratica o crime de abandono material (art. 244, CP).
(C) Não se pune o incêndio culposo (art. 250, § 2º, CP), salvo se é em edifício público.
(D) No crime de explosão (art. 251, CP), é dispensável para a consumação do crime a efetiva explosão, bastando que da ação do agente ocorra perigo concreto à incolumidade pública.
(E) O estelionato (art. 171, *caput*, CP) é crime formal, que se consuma independentemente da efetiva obtenção de vantagem ilícita, bastando à sua consumação o emprego de artifício, ardil ou qualquer outro meio fraudulento.

A: incorreta. O crime de assédio sexual (art. 216-A do CP) pode ser praticado contra homem ou mulher (a redação típica traz a expressão "constranger alguém", abrangendo, portanto, ambos os sexos); **B:** incorreta, pois o art. 244 do CP fala em deixar de prover a subsistência de "cônjuge" ou filho menor de dezoito anos. Portanto, se o convivente deixou, sem justa causa, de prover a subsistência do companheiro com quem viveu em união estável, não responderá por abandono material, sob pena de ser empregada a analogia *in malan partem*; **C:** incorreta. O art. 250, § 2º, que tipifica o incêndio culposo, não faz distinção se o prédio é público ou privado; **D:** correta, pois, de fato, o crime do art. 251 do CP restará consumado quando o agente expuser a perigo a vida, a integridade física ou o patrimônio alheio, mediante explosão, *arremesso ou simples colocação de engenho de dinamite* ou de substância de efeitos análogos; **E:** incorreta. Sabidamente, o crime de estelionato é material, consumando-se com a obtenção ilícita do agente em prejuízo alheio.
Gabarito "D".

(Ministério Público/SP – 2012 – VUNESP) Considere:

I. O agente que por meio de expiação se autolesiona pratica o crime de lesão corporal previsto no art. 129, do Código Penal.
II. O consumo de maconha em ambiente privado constitui crime, pois o comportamento põe em risco o bem protegido pelo art. 28 da Lei de Drogas (Lei n. 11.343/2006).
III. A contravenção penal de exploração da credulidade pública mediante sortilégios, predição do futuro ou práticas congêneres não admite a punição pela tentativa.
IV. O sujeito ativo no delito de estupro, quando a finalidade for a conjunção carnal, poderá ser tanto o homem quanto a mulher. No entanto, nesse caso, o sujeito passivo, obrigatoriamente, deverá ser do sexo oposto, pressupondo uma relação heterossexual.
V. No furto mediante fraude (art. 155, § 2º, inc. II, CP) o agente emprega ardil, buscando retirar o bem da esfera de vigilância do possuidor.

Está correto o que se afirma APENAS em

(A) I e II.
(B) III e IV.
(C) III, IV e V.
(D) I, IV e V.
(E) II, III, IV e V.

I: incorreta, pois, como é sabido, a autolesão, sem que a intenção do agente seja fraudar uma seguradora (art. 171, § 2º, V, do CP), constitui fato atípico, em virtude do princípio da alteridade ou transcendentalidade; **II:** incorreta. O crime do art. 28 da Lei 11.343/2006 tutela a saúde pública. Portanto, consumir maconha em um "ambiente privado", vale dizer, ocupado somente pelo usuário, não ofende o bem jurídico penalmente tutelado pelo tipo incriminador. Porém, registre-se, se, para tanto, o usuário adquiriu a droga em uma "boca de tráfico", trazendo-a consigo até chegar em sua residência, terá incorrido na figura típica em

comento; **III:** correta. O candidato sequer precisaria ter conhecimento da contravenção referida na assertiva. Bastaria recordar da regra segundo a qual é impunível a tentativa de contravenção (art. 4º da LCP); **IV:** correta. Com as alterações promovidas no art. 213 do CP pela Lei 12.015/2009, tanto homem quanto mulher podem ser sujeitos ativos e passivos do crime. Na modalidade "conjunção carnal", homens ou mulheres poderão cometê-los, mas desde que a vítima seja do sexo oposto. Afinal, a "conjunção carnal" é ato libidinoso que exige dualidade de sexos, tratando-se da cópula vaginal "normal"; **V:** incorreta. No crime de furto mediante fraude, o agente emprega qualquer artifício, ardil ou outro meio fraudulento, com a intenção de reduzir a vigilância da vítima sobre o bem, aproveitando-se, então, para subtraí-lo.
Gabarito "B".

(Ministério Público/SP – 2012 – VUNESP) Considere:

I. Há crime de latrocínio, quando o homicídio se consuma, ainda que não realize o agente a subtração de bens da vítima.
II. O agente que toma conhecimento do estupro de sua filha e, sob a influência de violenta emoção, no dia seguinte encomenda a terceiro, a morte do estuprador – fato que se concretiza posteriormente –, pratica o denominado homicídio privilegiado, previsto no § 1º do art. 121 do Código Penal.
III. O médico que, diante de iminente perigo de vida, efetua uma intervenção cirúrgica no paciente sem o seu consentimento ou de seu representante legal, pratica o crime de constrangimento ilegal.
IV. O policial que depara com um desconhecido empunhando uma faca na iminência de agredir mortalmente a um menor, que acabou de praticar ato infracional, podendo evitar o resultado resolve se omitir, permitindo que o crime se consume, não é partícipe do crime de homicídio, mas pratica o delito de perigo para a vida ou saúde de outrem (art. 132, CP).
V. Configura hipótese de crime de homicídio privilegiado-qualificado o homicídio eutanásico praticado com emprego de veneno.

Está correto o que se afirma APENAS em
(A) II e IV.
(B) I, II e III.
(C) II e V.
(D) I e V.
(E) I, III e V.

I: correta (Súmula 610 do STF); **II:** incorreta, pois o homicídio praticado pelo agente sob o domínio de violenta emoção, para ser considerado privilegiado (art. 121, § 1º, do CP), deve ser cometido logo em seguida a injusta provocação da vítima; **III:** incorreta (art. 146, § 3º, I, do CP). Nesse caso, o médico não poderá ser punido; **IV:** incorreta. O policial, no caso, tem o dever de prestar a segurança pública, e, no caso, de impedir a prática de um crime. Nada fazendo, ou seja, omitindo-se, responderá por omissão penalmente relevante (art. 13, § 2º, do CP), e, portanto, pelo resultado que não impediu; **V:** correta. Admite-se a coexistência do privilégio com as qualificadoras de natureza objetiva do homicídio, vale dizer, aquelas relativas aos meios e modo de execução do crime. Portanto, possível a conjugação do homicídio eutanásico (praticado por motivo de relevante valor moral) e o emprego de veneno (meio de execução).
Gabarito "D".

(Ministério Público/SP – 2012 – VUNESP) É INCORRETO afirmar:

(A) Na hipótese de crime punível com detenção, o tratamento ambulatorial será por tempo indeterminado, perdurando enquanto não for averiguada, mediante perícia médica, a cessação de periculosidade.
(B) A prescrição da pena de multa ocorrerá em 2 (dois) anos, quando a multa for alternativa ou cumulativamente cominada ou cumulativamente aplicada.
(C) No caso de revogação do livramento condicional, a prescrição da pretensão executória é regulada pelo tempo que resta da pena, nos termos do art. 113, do Código Penal.
(D) A reincidência aumenta em um terço o prazo da prescrição da pretensão executória, não tendo qualquer efeito sobre a pretensão punitiva.
(E) A Lei penal mais grave aplica-se ao crime permanente, se a sua vigência é anterior à cessação da permanência.

A: correta (art. 97, § 1º, do CP). Tanto a medida de segurança detentiva (imposta aos inimputáveis ou semi-imputáveis com periculosidade reconhecida que tenham cometido crimes punidos com reclusão), quanto a restritiva (imposta em caso de crimes punidos com detenção), cumpridas, respectivamente, em internação e tratamento ambulatorial, serão por prazo indeterminado, somente cessando após averiguada, em exame pericial, a cessação da periculosidade; **B:** incorreta, devendo ser assinalada (art. 114, I, do CP). A prescrição da pena de multa será de 2 (dois) anos quando for a única cominada ou aplicada; **C:** correta (art. 113 do CP); **D:** correta (art. 110, *caput*, do CP e Súmula 220 do STJ); E: correta (Súmula 711 do STF).
Gabarito "B".

(Ministério Público/SC – 2012) Analise as seguintes assertivas:

I. O Código Penal prevê a delação premiada para o crime de extorsão mediante sequestro, prevendo a redução obrigatória da pena se um dos concorrentes denunciar o fato à autoridade, facilitando a libertação do sequestrado.
II. O crime de apropriação indébita consuma-se com a posse ou detenção da coisa alheia móvel, sendo impunível sua inversão em domínio.
III. Por força de expressa previsão do Código Penal, o crime de lesão corporal leve depende de representação para a instauração de inquérito policial e para a deflagração da ação penal respectiva.
IV. Responde por furto aquele que subtrai para si coisa alheia móvel para se pagar ou se ressarcir de prejuízo legítimo.
V. A direção de veículos automotores sem habilitação, nas vias terrestres, tipificada no artigo 309 do Código de Trânsito Brasileiro, é crime de perigo concreto.

(A) Apenas as assertivas II e V estão corretas.
(B) Apenas as assertivas I, II, III e V estão corretas.
(C) Apenas as assertivas III e IV estão corretas.
(D) Apenas as assertivas I e V estão corretas.
(E) Todas as assertivas estão corretas.

I: correta (art. 159, § 4º, do CP); **II:** incorreta. O crime de apropriação indébita (art. 168 do CP) consuma-se exatamente no momento em que o agente inverte o título da posse, passando a agir como dono, recusando-se a devolver a coisa ou praticando algum ato externo típico de domínio, com o ânimo de se apropriar da *res* (STJ, RHC 1216/SP, 5ª Turma, RT 675); **III:** incorreta. A necessidade de representação (condição de procedibilidade para a persecução penal extrajudicial e judicial) para o crime de lesão corporal leve não consta no CP, mas, sim, na Lei 9.099/1995 (art. 88); **IV:** incorreta. A subtração de coisa alheia móvel por alguém que quer se pagar ou se ressarcir de prejuízo legítimo configura o crime de exercício arbitrário das próprias razões (art. 345 do CP); **V:** correta. De fato, pela própria redação típica do crime de direção inabilitada, será necessário que a conduta do agente

gere perigo de dano (art. 309 do CTB). Portanto, estamos diante de um crime de perigo concreto, que é aquele que exige a comprovação do perigo de dano, sob pena de atipicidade do fato.
Gabarito "D".

(Ministério Público/SC – 2012) Analise as seguintes assertivas:

I. O crime de associação para o tráfico, previsto no artigo 35 da Lei 11.343/2006, exige para sua configuração, a exemplo do crime de formação de quadrilha, a participação de mais de três pessoas.

II. A ocultação ou dissimulação da natureza, origem, localização, disposição, movimentação ou propriedade de bens, direitos ou valores provenientes, direta ou indiretamente, de crimes de roubo, apenas quando praticados mediante organização criminosa, podem tipificar a prática de crime de lavagem de dinheiro previsto na Lei n. 9.613/1998.

III. Sempre que o Código Eleitoral não indicar qual a pena mínima, entende-se que será ela de quinze dias para os crimes apenados com detenção e de um ano para os apenados com reclusão.

IV. Todos os crimes contra a ordem tributária previstos na Lei 8.137/1990 apenas admitem a modalidade dolosa.

V. Previsão legal expressa impede a aplicação do princípio da insignificância aos crimes contra a ordem tributária, cujo bem jurídico protegido é o patrimônio público.

(A) Apenas as assertivas III, IV e V estão corretas.
(B) Apenas as assertivas I e III estão corretas.
(C) Apenas as assertivas I, II e V estão corretas.
(D) Apenas as assertivas II, III e IV estão corretas.
(E) Todas as assertivas estão corretas.

I: incorreta. O crime de associação para o tráfico, previsto no art. 35 da Lei 11.343/2006, exige a participação de, pelo menos, duas pessoas, diversamente do que ocorre no crime de quadrilha ou bando (atualmente denominado associação criminosa, art. 288 do CP), que, exige a concorrência de mais de duas pessoas (três no mínimo); **II:** quando da formulação da questão, decerto a Lei 12.683, de 9 de julho de 2012, ainda não havia sido publicada. Desde então, o crime de lavagem de dinheiro deixa de exigir um crime antecedente específico, tal como ocorria nos incisos I a VIII, do art. 1º, da Lei 9.613/1998. Atualmente, bastará que o agente oculte ou dissimule a natureza, origem, localização, disposição, movimentação ou propriedade de bens, direitos ou valores provenientes, direta ou indiretamente, de infração penal, para que se caracterize a lavagem. Perceba que qualquer *infração penal* (crimes ou contravenções) pode ser a base do crime de lavagem de dinheiro; **III:** correta (art. 284 do Código Eleitoral – Lei 4.737/1965); **IV:** correta. Não há forma culposa nos crimes contra a ordem tributária previstos na Lei 8.137/1990; **V:** incorreta. Não há previsão legal obstativa da aplicação do princípio da insignificância aos crimes contra a ordem tributária. Ao contrário, há farta jurisprudência dos Tribunais Superiores admitindo o reconhecimento da insignificância, especialmente quando a lesão ao Fisco é inferior a R$ 10.000,00 (dez mil reais), no caso de descaminho, por exemplo (art. 334 do CP).
Gabarito "D".

(Ministério Público/SC – 2012) Analise as seguintes assertivas:

I. Ao contrário do que ocorre no Processo Penal, na contagem dos prazos previstos no Código Penal computa-se o dia do começo e exclui-se o do vencimento. Esta regra deve ser observada para os prazos prescricionais, de decadência e os de duração das penas.

II. O crime preterdoloso é um misto de dolo e culpa, com culpa na conduta antecedente e dolo no resultado consequente.

III. O princípio da consunção é uma forma de solução do conflito aparente de normas a ser aplicado quando um fato definido por uma norma incriminadora constitui meio necessário ou fase normal de preparação ou execução de outro crime.

IV. A identificação do dolo ou da culpa na conduta do agente é uma maneira de limitar o alcance da Teoria da Equivalência dos Antecedentes Causais ("conditio sine qua non").

V. Para configuração do crime impossível exige-se a impropriedade absoluta do objeto e também a ineficácia absoluta do meio.

(A) Apenas as assertivas I, III, IV e V estão corretas.
(B) Apenas as assertivas II, IV e V estão corretas.
(C) Apenas as assertivas I, III e IV estão corretas.
(D) Apenas as assertivas I e II estão corretas.
(E) Todas as assertivas estão corretas.

I: correta (art. 10 do CP). Considerando que os prazos prescricionais, decadenciais e o de duração das penas têm nítido conteúdo material (penal), aplicar-se-á a regra contida no referido art. 10 do CP (inclusão do dia do começo e exclusão do dia do vencimento); **II:** incorreta. O crime preterdoloso é um misto de dolo e culpa. Assim, haverá conduta inicial dolosa (antecedente) e resultado agravador culposo (consequente); **III:** correta. De fato, pelo princípio da consunção, que é um dos princípios solucionadores do concurso (ou conflito) aparente de normas, se uma norma for meio necessário ou fase normal de preparação ou execução de outro crime, ficará absorvida por este. Assim, a norma consuntiva prevalece (leia-se: absorve) sobre a consumida; **IV:** correta. A teoria da *conditio sine qua non* (ou teoria da equivalência dos antecedentes causais) foi adotada, como regra, em matéria de relação de causalidade, pelo art. 13, *caput*, do CP. Destarte, considera-se causa *toda ação ou omissão sem a qual o resultado não teria sido produzido*. A fim de que não haja o que se denomina de "regresso ao infinito", reconhecendo haver nexo de causalidade em acontecimentos muito remotos, haverá a limitação de referido elemento do fato típico pelo dolo ou culpa. Como exemplo clássico, não se pode punir o fabricante da arma de fogo pelo homicídio praticado pelo agente que a adquiriu e a empregou no crime. Afinal, o fabricante não agiu com "dolo" ou "culpa" ao produzir aquela determinada arma, que foi utilizada para aquele determinado crime; **V:** incorreta. O crime impossível poderá decorrer de duas situações distintas: a) em razão da ineficácia absoluta do meio; ou b) em razão da impropriedade absoluta do objeto. Frise-se: são duas hipóteses de caracterização de crime impossível (art. 17 do CP), não precisando estar conjugadas para a sua ocorrência.
Gabarito "C".

(Ministério Público/SC – 2012) Analise as seguintes assertivas:

I. A consumação dos crimes materiais ocorre com o evento natural, enquanto nos formais o resultado naturalístico é dispensável. Os crimes culposos são sempre materiais, apenas havendo consumação com o resultado lesivo típico, sendo, portanto inadmissível a tentativa.

II. O erro de tipo, incidente sobre elementares e circunstâncias, exclui a culpa, mas não o dolo, quando vencível.

III. Para a caracterização do concurso de agentes exige-se que a pessoa concorra com uma causa para o resultado, admitindo-se a participação por omissão em crimes comissivos.

IV. Para caracterização da legítima defesa é imperioso que a agressão seja injusta, atual ou iminente e decorra de uma conduta dolosa.

V. Na fixação da pena de multa o magistrado deve atender exclusivamente à situação econômica do réu, em observância ao princípio da individualização da pena.

(A) Apenas as assertivas III, IV e V estão corretas.
(B) Apenas as assertivas I e III estão corretas.
(C) Apenas as assertivas I, II e IV estão corretas.
(D) Apenas as assertivas II e V estão corretas.
(E) Todas as assertivas estão corretas.

I: correta. De fato, os crimes materiais (ou de ação e resultado) exigem, para o implemento da consumação, a ocorrência do resultado naturalístico (modificação do mundo exterior provocada pela conduta), ao passo que, nos crimes formais (ou de consumação antecipada), aquele é dispensável. Porém, caso ocorra, estaremos diante do exaurimento do crime. Ainda, com relação aos crimes culposos, de fato, são eles materiais, somente se cogitando de consumação com a ocorrência do resultado lesivo previsto em lei, não se admitindo, portanto, a tentativa; **II:** incorreta. O erro sobre elementos constitutivos do tipo legal do crime sempre excluirá o dolo, seja vencível, seja invencível. Porém, remanescerá a culpa, desde que haja previsão legal, se o erro for vencível (ou inescusável); **III:** correta. O concurso de pessoas exige, de fato, que cada um dos concorrentes contribua para o resultado (é a denominada "relevância causal"). Como se sabe, o concurso de agentes (ou de pessoas) admite duas formas: a) coautoria; e b) participação. Com relação à participação (que pressupõe uma conduta acessória praticada pelo agente, que não realizará diretamente o núcleo do tipo penal incriminador), será admissível que se dê por omissão, desde que o omitente possa e tenha o dever de agir para impedir o resultado (art. 13, § 2º, do CP). A assertiva ora analisada está, portanto, incompleta nos dados fornecidos, visto que se limita a afirmar ser possível a participação por omissão em crimes comissivos (por omissão); **IV:** incorreta. A legítima defesa pressupõe, de fato, uma agressão *injusta*, atual ou iminente (art. 25 do CP), seja ela dolosa ou culposa. Embora o CP seja omisso a respeito disso, o fato é que a excludente de ilicitude em comento, repita-se, exige uma agressão *injusta*, ou seja, contrária ao Direito, pouco importando ter sido ela dolosa ou culposa; **V:** incorreta. Na fixação da pena de multa, o juiz atenderá, *principalmente* – e não exclusivamente –, à situação econômica do réu (art. 60, *caput*, do CP).
Gabarito "B".

(Ministério Público/SC – 2012) Analise as seguintes assertivas:

I. No crime continuado, em decorrência da teoria da ficção jurídica, presume-se a existência de um só crime para efeito de sanção penal, todavia, a extinção de punibilidade incidirá sobre a pena de cada um dos crimes isoladamente.
II. A reincidência sempre impede a substituição das penas privativas de liberdade pelas restritivas de direito.
III. Diferentemente do que ocorre no arrependimento eficaz, na desistência voluntária o agente responderá tão somente pelos atos já praticados.
IV. Depois de passada em julgado a sentença condenatória são reduzidos de metade os prazos de prescrição durante o tempo que o condenado está preso por outro motivo.
V. A lei penal mais grave aplica-se ao crime continuado ou ao crime permanente, se a sua vigência é anterior à cessação da continuidade ou da permanência.
(A) Apenas as assertivas I e V estão corretas.
(B) Apenas as assertivas III, IV e V estão corretas.
(C) Apenas as assertivas II, III e IV estão corretas.
(D) Apenas as assertivas I e II estão corretas.
(E) Todas as assertivas estão corretas.

I: correta. Em verdade, na continuidade delitiva, o agente comete dois ou mais crimes da mesma espécie (art. 71 do CP). Porém, por ficção legal, presume-se ter sido praticado um só crime, desde que os crimes parcelares tenham sido cometidos em circunstâncias de tempo, lugar e modo de execução semelhantes, reputando-se que os crimes subsequentes são uma continuação do primeiro. Porém, em caso de reconhecimento de extinção da punibilidade, esta incidirá sobre cada um dos crimes, isoladamente (art. 119 do CP); **II:** incorreta. A rigor, a reincidência em *crime doloso* impede a substituição da pena (art. 44, II, do CP). Porém, se a reincidência não tiver se operado pela prática do mesmo crime (reincidência específica) e se a medida for socialmente recomendável, poderá o juiz substituir a pena privativa de liberdade por restritiva de direitos (art. 44, § 3º, do CP); **III:** incorreta. Desistência voluntária e arrependimento eficaz, espécies do gênero "tentativa abandonada ou qualificada", trazem a mesma consequência ao agente, qual seja, a de responder pelos atos já praticados (art. 15 do CP). Assim, não responderão pela tentativa do crime inicialmente executado, mas, como um "prêmio", serão punidos, repita-se, apenas pelos atos já praticados; **IV:** incorreta. Depois de passada em julgado a sentença condenatória, a prescrição não corre durante o tempo em que o condenado está preso por outro motivo (art. 116, parágrafo único, do CP); **V:** correta (Súmula 711 do STF).
Gabarito "A".

(Ministério Público/SC – 2012) Analise as seguintes assertivas:

I. No caso de prática do crime de homicídio qualificado, a ocultação do cadáver é mero exaurimento daquele, não se tratando de concurso material de crimes.
II. Atualmente, tanto o homem quanto a mulher podem ser sujeitos ativos do crime de estupro, mesmo na conduta de constrangimento à conjunção carnal.
III. O peculato impróprio ou peculato-furto ocorre quando o funcionário público, embora não tendo a posse do dinheiro, valor ou bem, o subtrai, ou concorre para que seja subtraído, em proveito próprio ou alheio, valendo-se da facilidade que lhe proporciona a qualidade de funcionário.
IV. Caracteriza a prática do crime de denunciação caluniosa dar causa à instauração de inquérito civil ou ação de improbidade administrativa contra alguém, imputando-lhe qualquer fato relevante de que o sabe inocente.
V. Mesmo no roubo impróprio, o crime é qualificado quando o agente mantém a vítima em seu poder, restringindo sua liberdade.
(A) Apenas as assertivas I, II, III e IV estão corretas.
(B) Apenas as assertivas I e IV estão corretas.
(C) Apenas as assertivas II III e V estão corretas.
(D) Apenas as assertivas I, III, IV e V estão corretas.
(E) Todas as assertivas estão corretas.

I: incorreta. Homicídio (art. 121 do CP) e ocultação de cadáver (art. 211 do CP) são crimes autônomos, violadores de bens jurídicos distintos. Outrossim, são praticados mediante condutas distintas, motivo pelo qual, se praticados, deverão sê-lo em concurso material; **II:** correta. O crime de estupro, com a redação que lhe foi conferida pela Lei 12.015/2009, pode ter como sujeitos ativos e passivo tanto homens, quanto mulheres. No tocante à sujeição ativa, mesmo a mulher poderá ser coautora do crime na modalidade "conjunção carnal", bastando que empregue a grave ameaça ou a violência, a fim de que um homem constranja a vítima (mulher) à referida espécie de ato libidinoso. Aqui, haveria uma coautoria parcial (ou funcional), na qual ocorre a distribuição ou divisão dos atos executórios. Também é possível que mulher seja partícipe do estupro, induzindo, instigando ou auxiliando um homem à conjunção carnal com a vítima; **III:** correta. Denomina-se de peculato impróprio a figura constante no art. 312, § 1º, do CP, também chamada de peculato-furto. Nessa espécie de peculato, o funcionário público, embora não tenha a posse do dinheiro ou bem móvel, irá subtraí-lo, valendo-se das facilidades que a sua condição especial lhe proporciona; **IV:** incorreta. A denunciação caluniosa pressupõe que o agente impute à vítima um *crime* ou *contravenção penal* de que o sabe inocente (art. 339, *caput*, e § 2°, do CP); **V:** correta. A majorante prevista no art. 157, § 2°, V, do CP aplica-se ao roubo simples (art. 157, *caput*) e ao roubo impróprio (art. 157, § 1°), até mesmo em razão de sua disposição topográfica.

Gabarito "C".

(Ministério Público/RR – 2012 – CESPE) A respeito do concurso de pessoas, do concurso de crimes e do concurso aparente de normas penais, assinale a opção correta com base na doutrina e no entendimento dos tribunais superiores.

(A) Há crime continuado mesmo na circunstância em que haja uma única conduta desdobrada em vários atos.
(B) A pluralidade de fatos e de normas é indispensável à existência de concurso aparente de normas penais.
(C) O concurso de crimes, o concurso aparente de normas e o concurso de pessoas são disciplinados, de forma expressa, no CP.
(D) Caracteriza o concurso de pessoas, para os efeitos penais, a pluralidade de pessoas e condutas, mesmo que um dos agentes seja inimputável.
(E) Na consunção, há indispensável diferença de bens jurídicos tutelados, e a pena cominada na norma consunta deve ser maior e abranger a da norma consuntiva.

A: incorreta, pois o crime continuado, espécie de concurso de crimes definida no art. 71 do CP, pressupõe que o agente, *mediante mais de uma ação ou omissão*, pratique *dois ou mais crimes* da mesma espécie, nas circunstâncias definidas em referido dispositivo legal. Logo, o que se exige para a configuração da continuidade delitiva é a pluralidade de condutas (ações ou omissões), não bastando a realização de uma única conduta, ainda que plurissubsistente (vários atos); **B:** incorreta. No concurso (ou conflito) aparente de normas, serão exigidos os seguintes pressupostos: i) unidade de fato; ii) pluralidade de leis penais; e iii) vigência simultânea de todas as leis penais supostamente aplicáveis sobre o mesmo fato; **C:** incorreta, pois o concurso aparente de normas não é disciplinado expressamente no CP, ao passo que o concurso de crimes (arts. 69 a 71) e o concurso de pessoas (arts. 29 a 31), sim. Em verdade, diz-se que o concurso aparente de normas é tema solucionado pela interpretação da lei penal, valendo-se de alguns princípios solucionadores do conflito (especialidade, subsidiariedade e consunção); **D:** correta. O concurso de pessoas pressupõe, por óbvio, pluralidade de pessoas, e, também, pluralidade de condutas perpetradas por cada um dos concorrentes do crime (desde que haja relevância causal de cada uma delas). Frise-se, porém, que essas diversas condutas praticadas por cada um dos agentes deve ser voltada à prática de uma mesma infração penal. Afinal, de acordo com a teoria monista, adotada pelo art. 29 do CP, quem, de qualquer modo, concorrer para a prática de um (mesmo) crime, incidirá nas penas a este (mesmo crime) cominadas; **E:** incorreta. Pelo princípio da consunção (ou da absorção), um fato mais amplo (e grave) consome (absorve) os demais fatos menos amplos e graves. Em suma, a lei consuntiva prefere a lei consumida, vale dizer, a lei penal mais ampla (consunta ou consuntiva) terá preferência sobre a lei menos ampla (consumida), ainda que ambas tutelem o mesmo bem jurídico.

Gabarito "D".

(Ministério Público/PI – 2012 – CESPE) Considerando o disposto no CP, na legislação de regência e no entendimento do STF acerca da caracterização do crime, assinale a opção correta.

(A) Caracteriza-se como crime de bigamia o fato de o agente, sendo casado, contrair novo casamento; anulado, por qualquer motivo, o primeiro casamento, ou o outro por motivo que não a bigamia, considera-se inexistente o crime.
(B) Suponha que João, funcionário de uma funerária, ao preparar o corpo de uma mulher para sepultamento no dia seguinte, tenha percebido que o corpo era de uma atriz famosa por quem sempre fora apaixonado e, tomado de êxtase, tenha mantido conjunção carnal com o cadáver. Nessa hipótese, João deve ser acusado de crime de estupro de vulnerável, dado que a atriz não tinha capacidade de oferecer resistência.
(C) Aquele que constrange alguém com o emprego de violência ou grave ameaça, causando-lhe sofrimento físico ou mental em razão de discriminação racial ou religiosa deve responder pelo crime de racismo.
(D) O agente que mantiver conjunção carnal com menor de quatorze anos mediante fraude ou outro meio que impeça ou dificulte a livre manifestação de vontade da vítima deve responder pelo crime de violação sexual mediante fraude.
(E) O agente que atribui falsa identidade, quando preso em flagrante, para ocultar o fato de estar sendo procurado pela justiça não deve ser acusado, no entendimento do STF, de crime de falsa identidade, dada a aplicação, no caso concreto, do princípio constitucional do exercício da autodefesa.

A: correta (art. 235, *caput* e § 2°, do CP); **B:** incorreta. A conduta de João amolda-se ao crime do art. 212 do CP (vilipêndio de cadáver). Obviamente, o fato de alguém manter conjunção carnal com um cadáver não é capaz de afetar a sua dignidade sexual. Afinal, cadáver não tem vida! Porém, o fato narrado na assertiva constitui inegável desprezo ao morto, dando azo, portanto, à caracterização do crime do já citado art. 212 do CP; **C:** incorreta. Condutas caracterizadoras de crime de racismo vêm definidas na Lei 7.716/1989, que, em suma, somente terá aplicação para os fatos em que se constate o preconceito ou a discriminação referente a raça, cor, etnia, religião ou procedência nacional, e desde que haja, de qualquer modo, em maior ou menor grau, a segregação da vítima por intolerância do agente. Destarte, aquele que constranger alguém, mediante grave ameaça ou violência, causando-lhe sofrimento físico ou mental em razão de discriminação racial ou religiosa, comete o crime de tortura definido no art. 1°, I, "c", da Lei 9.455/1997 (Lei de Tortura); **D:** incorreta. Se o agente mantiver com vítima menor de quatorze anos conjunção carnal ou atos libidinosos diversos, incorrerá nas penas do art. 217-A do CP (estupro de vulnerável), pouco importando o meio executório praticado (grave ameaça, violência, fraude etc.); **E:** incorreta. O STF tem o entendimento segundo o qual a apresentação de identidade falsa perante a autoridade com o objetivo de ocultar maus antecedentes é crime previsto no art. 307 do CP, não estando tal conduta protegida pelo princípio constitucional da autodefesa (RE 640139).

Gabarito "A".

(Ministério Público/PI – 2012 – CESPE) Considerando as disposições contidas no CP e na doutrina sobre crimes, imputabilidade penal e penas, assinale a opção correta.

(A) A pena imposta para crime de homicídio simples será aumentada em um terço se o agente não procurar diminuir as consequências do seu ato.
(B) Considere que João, no intuito de auxiliar José a ceifar a própria vida, o ajude a colocar a corda ao redor do pescoço, a subir em um banco e, ao final, chute o banco. Nessa situação, João deve responder pelo crime de auxílio ao suicídio, de acordo com o que dispõe o CP, desde que José faleça ou, se sobreviver, sofra lesões corporais de natureza grave.
(C) O crime de mão própria, também chamado de atuação pessoal ou de conduta infungível, só pode ser cometido pelo sujeito em pessoa.

(D) Estará isento de pena o agente que, por embriaguez culposa, seja, ao tempo da ação ou omissão, inteiramente incapaz de entender o caráter ilícito do fato ou de determinar-se de acordo com esse entendimento.

(E) As penas restritivas de direitos são autônomas e substituem as privativas de liberdade quando a pena aplicada não for superior a quatro anos, o crime não for cometido com violência e grave ameaça à pessoa ou, qualquer que seja a pena aplicada, for o crime culposo, bem como a culpabilidade, os antecedentes, a conduta social, a personalidade do condenado, os motivos e as circunstâncias indicarem que a substituição seja suficiente e desde que o réu não seja reincidente em crime doloso, sendo, no último caso, absoluto o impedimento.

A: incorreta. A pena será aumentada em um terço, no caso de homicídio culposo, se o agente, dentre outras hipóteses, não procurar diminuir as consequências de seu ato (art. 121, § 4º, do CP); **B:** incorreta. Considerando que João praticou diretamente atos de execução para a morte de José, deverá responder pelo crime de homicídio (art. 121 do CP), e não pelo induzimento, instigação ou auxílio ao suicídio (art. 122 do CP), que pressupõe que o agente pratique conduta "acessória" à do suicida, sem incidir em qualquer ato executório tendente diretamente à morte da vítima; **C:** correta. De fato, considera-se crime de mão própria (de atuação pessoal ou de conduta infungível), como o próprio nome sugere, aquele que somente poderá ser cometido por pessoa que ostente determinada condição pessoal, exigindo-se uma atuação personalíssima. Daí ser inviável a coautoria nessa espécie de crime, mas, apenas, a participação; **D:** incorreta. A embriaguez é causa excludente da culpabilidade apenas se for involuntária (caso fortuito ou força maior) e completa (art. 28, § 1º, do CP). A embriaguez voluntária ou culposa não exclui a imputabilidade penal (art. 28, II, do CP); **E:** incorreta. A despeito de a regra ser a de que o réu reincidente em crime doloso não faz jus à substituição da pena privativa de liberdade por restritiva de direitos (art. 44, II, do CP), se a reincidência não for específica e se a medida for socialmente recomendável, admitir-se-á, sim, a substituição da pena de prisão pela alternativa (art. 44, § 3º, do CP).

Gabarito "C".

(Ministério Público/PI – 2012 – CESPE) Com base no que dispõe o CP sobre os crimes contra a administração pública, contra a pessoa e contra o patrimônio, bem como sobre as penas, assinale a opção correta.

(A) O agente que comete crime de homicídio sob a influência de violenta emoção provocada por ato injusto da vítima faz jus à redução de um sexto a um terço da pena.

(B) O agente que subtrai, para si ou para outrem, coisa alheia móvel durante o período noturno responde pelo crime de furto qualificado, estando sujeito a pena de reclusão de dois e oito anos e multa.

(C) A exceção da verdade nos crimes de calúnia só será cabível se o ofendido for funcionário público e a ofensa, relativa ao exercício de suas funções.

(D) A reabilitação do preso poderá ser requerida após dois anos contados do dia em que for extinta, de qualquer modo, a pena ou terminar a sua execução, não se computando o período de prova da suspensão ou do livramento condicional.

(E) Considere a seguinte situação hipotética: Júlio foi preso em flagrante pela prática de crime contra o patrimônio, acusado de obter, em seu negócio, vantagem ilícita em prejuízo alheio mediante meio fraudulento. Durante a lavratura do auto de prisão em flagrante, Júlio ofereceu ao delegado de polícia a quantia de cinquenta mil reais para que fosse liberado. Nessa situação hipotética, o delegado de polícia deve lavrar o auto de prisão em flagrante de Júlio pelo crime anterior e também pelo crime de corrupção ativa consumado.

A: incorreta (art. 121, § 1º, do CP). A redução pelo reconhecimento do homicídio privilegiado será de um sexto a um terço, desde que o crime tenha sido praticado pelo fato de o agente estar sob o domínio (e não influência!) de violenta emoção, logo em seguida a injusta provocação da vítima; **B:** incorreta. O furto praticado durante o repouso noturno conduz à imputação, ao agente, da conduta definida no art. 155, § 1º, do CP, não se falando, aqui, em qualificadoras (§§ 4º e 5º, do precitado artigo), mas, sim, em causa de aumento de pena (um terço); **C:** incorreta. A exceção da verdade será cabível no crime de calúnia como regra geral, ressalvadas as hipóteses definidas no art. 138, § 3º, I a III, do CP. Situação diversa ocorre com a difamação, que somente admitirá a exceção da verdade se a imputação de fato desonroso for dirigida a funcionário público, e desde que a ofensa seja relativa ao exercício de suas funções (art. 139, parágrafo único, do CP); **D:** incorreta (art. 94 do CP). A reabilitação poderá ser requerida após dois anos do cumprimento ou extinção da pena, por qualquer modo, computando-se em referido lapso temporal o período de prova do *sursis* ou do livramento condicional, desde que não tenham sido revogados; **E:** correta. O fato de o autuado por estelionato oferecer ao delegado de polícia responsável pela lavratura da prisão em flagrante dinheiro para que ele deixe de cumprir seu ofício, constitui, inegavelmente, o crime de corrupção ativa consumado (art. 333 do CP).

Gabarito "E".

(Ministério Público/PI – 2012 – CESPE) Assinale a opção correta no que se refere ao falso testemunho, à pena e ao entendimento dos tribunais superiores a respeito dos institutos do direito penal.

(A) A sentença que conceder perdão judicial extinguirá a pena e não será considerada para efeitos da reincidência, em que pese a natureza condenatória da sentença concessiva.

(B) O agente que faça afirmação falsa quando inquirido na fase de instrução de processo de crime de homicídio e se retrate quando reinquirido na fase de julgamento pelo plenário do júri não pode ser punido.

(C) Atenua-se a pena imposta ao agente que, na data do fato, seja menor de vinte e um anos de idade ou, na data da sentença, seja maior de sessenta e cinco anos de idade.

(D) Quando o agente for condenado a penas privativas de liberdade cuja soma seja superior a trinta anos, estas devem ser unificadas para atender ao limite máximo previsto em lei, ou seja, o agente cumprirá pena de, no máximo, trinta anos, devendo ser considerado tal prazo para efeitos dos benefícios concedidos na execução da pena.

(E) O agente que, condenado a pena privativa de liberdade, não tenha sido beneficiado com a substituição por penas restritivas de direitos faz jus, desde que preenchidos os requisitos legais, à suspensão da pena privativa de liberdade e da multa, ou seja, ser-lhe-á concedido o *sursis* penal.

A: incorreta. A sentença concessiva do perdão judicial, nos termos da Súmula 18 do STJ, tem natureza declaratória de extinção da punibilidade (e não condenatória, como referido na assertiva); **B:** correta. A retratação do agente no crime de falso testemunho é admissível até a

prolação da sentença no processo em que ocorreu o ilícito (art. 342, § 2º, do CP). Considerando que o rito do Júri é escalonado, sendo composto de duas fases, ainda que o falso testemunho tenha ocorrido na fase do "sumário da culpa", se a retratação ocorrer em plenário (antes, portanto, da prolação da sentença pelo Juiz Presidente do Tribunal do Júri), restará extinta a punibilidade; **C:** incorreta (art. 65, I, do CP). A pena será atenuada se o agente, na data do fato, for menor de vinte e um anos de idade, ou, na data da sentença, maior de setenta anos; **D:** incorreta (Súmula 715 do STF). A pena unificada não será considerada para efeito de concessão de benefícios penais, tais como o livramento condicional e a progressão de regime. Para estes, será utilizada a quantidade de pena aplicada (e não a unificada para fins de execução); **E:** incorreta, pois a suspensão condicional da pena (*sursis*) será concedida ao condenado, desde que preenchidos os requisitos legais (art. 77 do CP), ficando suspensa a execução da pena privativa de liberdade (e não a de multa).
Gabarito "B".

(Ministério Público/PI – 2012 – CESPE) Ainda considerando as disposições contidas no CP e na LEP, assinale a opção correta.

(A) Tratando-se de crime de induzimento, instigação ou auxílio ao suicídio, a pena será duplicada se a vítima for menor de quatorze anos ou incapaz, por qualquer causa, de impor resistência ao agente.

(B) A saída temporária é destinada aos presos em regime semiaberto, e a ausência de vigilância direta não impede a utilização de equipamento de monitoração eletrônica pelo condenado quando assim determinar o juiz da execução.

(C) Tratando-se de crimes para os quais a lei exija a representação do ofendido, esta será retratável depois de recebida a denúncia.

(D) Não se comunicam as circunstâncias e condições de caráter pessoal, ainda que elementares do crime.

(E) Em caso de prática de crimes sem violência ou sem grave ameaça à pessoa, reparado o dano ou restituída a coisa até o oferecimento da denúncia ou da queixa, por ato voluntário do agente, a pena será reduzida de um a dois terços.

A: incorreta. A pena do crime de induzimento, instigação ou auxílio ao suicídio, variável de dois a seis anos de reclusão, se o crime se consumar, ou de um a três anos se da tentativa de suicídio resultar lesão corporal de natureza grave, será duplicada se a vítima for menor (leia-se: até dezoito anos incompletos), ou tiver diminuída, por qualquer causa, a capacidade de resistência (art. 122, parágrafo único, II, do CP); **B:** correta (art. 122, *caput* e parágrafo único, da LEP); **C:** incorreta (art. 102 do CP e art. 25 do CPP). Como é sabido, a representação será irretratável após o oferecimento da denúncia. A *contrario sensu*, somente será admissível a retratação da representação até o oferecimento da denúncia; **D:** incorreta (art. 30 do CP). As circunstâncias e as condições de caráter pessoal, quando elementares do crime, comunicam-se a coautores ou partícipes; **E:** incorreta (art. 16 do CP). Será cabível o arrependimento posterior (causa de diminuição de pena) desde que a reparação integral do dano ou a restituição da coisa, por ato voluntário do agente, apenas para os crimes cometidos sem violência ou grave ameaça à pessoa, ocorram até o recebimento da denúncia ou queixa.
Gabarito "B".

(Ministério Público/PI – 2012 – CESPE) Assinale a opção correta com base no que dispõe o CP.

(A) O funcionário público que, por imprudência, deixar aberta a porta do setor em que trabalha, facilitando, assim, a entrada de terceiros que furtem bens da administração pública, deverá responder pelo crime de peculato furto, pois, consoante o CP, terá concorrido de qualquer forma para o crime.

(B) Pelo resultado que agrava especialmente a pena só responde o agente que o houver causado dolosamente.

(C) Revogado o livramento condicional em razão de crime cometido antes ou durante o período de prova, não poderá ele ser novamente concedido e não se descontará na pena o tempo em que o condenado esteve solto.

(D) São reduzidos da metade os prazos de prescrição caso o criminoso seja, ao tempo do cometimento do crime, menor de vinte e um anos de idade, ou, na data da sentença, maior de sessenta e cinco anos de idade.

(E) Considera-se evitável o erro quando o agente atua ou se omite sem a consciência da ilicitude do fato, sendo-lhe possível, nas circunstâncias, ter ou atingir essa consciência.

A: incorreta. Se tanto, a conduta do funcionário público faltoso de diligência se subsume ao art. 312, § 2º, do CP (peculato culposo), visto ter concorrido culposamente para o crime de outrem; **B:** incorreta, pois, de acordo com o art. 19 do CP, o agente só responderá pelo resultado que especialmente agrava a pena se o houver causado, ao menos, *culposamente*; **C:** incorreta (art. 88 do CP). Revogado o livramento condicional, não poderá ser novamente concedido, e, *salvo quando a revogação resulta de condenação por outro crime anterior àquele benefício*, não se desconta na pena o tempo em que esteve solto o condenado; **D:** incorreta (art. 115 do CP). A prescrição será reduzida pela metade caso o agente, ao tempo do crime, seja menor de vinte e um anos ou, à época da sentença, seja maior de *setenta anos*; **E:** correta (art. 21, parágrafo único, do CP). A assertiva trata do erro de proibição (erro sobre a ilicitude do fato) evitável ou inescusável, que não excluirá a culpabilidade, mas atenuará a pena (de um sexto a um terço).
Gabarito "E".

(Ministério Público/MT – 2012 – UFMT) Consoante entendimento do Superior Tribunal de Justiça, analise as assertivas abaixo.

I. Não se admite a adoção do regime prisional semiaberto aos reincidentes condenados à pena igual ou inferior a quatro anos ainda que favoráveis as circunstâncias judiciais.

II. Não é cabível a suspensão condicional do processo na desclassificação do crime e na procedência parcial da pretensão punitiva.

III. A frequência a curso de ensino formal é causa de remição de parte do tempo de execução de pena sob regime fechado ou semiaberto.

IV. É admissível a extinção da punibilidade pela prescrição da pretensão punitiva com fundamento em pena hipotética, independentemente da existência ou sorte do processo penal.

V. A falta grave interrompe o prazo para obtenção de livramento condicional.

Está correto o que se afirma em:

(A) I e II, apenas.
(B) II e III, apenas.
(C) I e IV, apenas.
(D) V, apenas.
(E) III, apenas.

I: incorreta (Súmula 269 do STJ); **II:** incorreta (Súmula 337 do STJ); **III:** correta (Súmula 341 do STJ); **IV:** incorreta (Súmula 438 do STJ); **V:** incorreta (Súmula 441 do STJ).
Gabarito "E".

4. DIREITO PROCESSUAL PENAL

Eduardo Dompieri e Levy Emanuel Magno*

1. FONTES, PRINCÍPIOS GERAIS, EFICÁCIA DA LEI PROCESSUAL NO TEMPO E NO ESPAÇO

(Ministério Público/DF – 2013) Assinale a opção que **NÃO CORRESPONDE** à história do Direito Processual Penal brasileiro:

(A) A Constituição do Império, de 1824, previu inúmeros direitos ao acusado, tais como o direito a não ser conduzido à prisão ou a não ser mantido preso, se prestada fiança idônea.
(B) Durante boa parte do Império, sobretudo a partir de 1841, a polícia assumiu algumas funções judiciais, sendo tal período conhecido como *policialismo judiciário*.
(C) Em razão do federalismo implementado com a Constituição republicana de 1891, vários estados federados passaram a ter um código de processo penal próprio.
(D) A prisão preventiva obrigatória, instituto introduzido em nosso sistema pelo Código de Processo Penal de 1941, perdurou até a Constituição de 1988.
(E) O Tribunal do Júri, no Brasil, já teve outras competências além do julgamento de crimes dolosos contra a vida.

A: assertiva correta. Segundo estabelecia o art. 179, IX, da Constituição do Império, outorgada, em 25.03.1824, pelo imperador Dom Pedro I, "Ainda com culpa formada, ninguém será conduzido à prisão, ou nela conservado estando já preso, se prestar fiança idônea, nos casos, que a Lei a admite (...)"; **B:** assertiva correta. A partir de 1841, ainda sob a égide da Constituição do Império, algumas mudanças, no processo, foram introduzidas. Uma delas se refere ao chamado *policialismo judiciário*, que deve ser entendido como o sistema em que à polícia eram cometidas as funções de prender, investigar, acusar e pronunciar acusados de determinados crimes de menor importância; **C:** assertiva correta. Com a promulgação, em 1891, da segunda Constituição do Brasil (a primeira republicana), inspirada na Constituição norte-americana, o Estado, até então unitário, passou a ser federal, caracterizado pela autonomia e pela descentralização do poder. Com isso, cada estado passou a legislar determinadas matérias, entre as quais direito penal e processo penal. Importante, aqui, observar que esta Constituição instituiu o Supremo Tribunal Federal e o primeiro sistema judicial de controle de constitucionalidade; **D:** assertiva incorreta, devendo ser assinalada. Isso porque os dispositivos que previam, no Código de Processo Penal de 1941, a chamada prisão preventiva *obrigatória* foram revogados pela Lei 5.349/1967, antes, portanto, da CF/1988; **E:** assertiva correta. Assim que surgiu, em 1822, o tribunal do júri tinha competência para o julgamento dos crimes de imprensa. Com o passar dos anos, a depender da ordem constitucional em vigor, o tribunal do júri ganhou diferentes contornos, até que, em 1988, com a promulgação da Constituição Cidadã, adquiriu *status* de garantia fundamental, com reconhecimento de quatro princípios basilares.
Gabarito "D".

(Ministério Público/DF – 2013) Assinale a alternativa **INCORRETA:**

(A) Na interpretação dos fatos e do direito, e compromissado com a realização da justiça, o magistrado deve empenhar-se na busca da verdade real, que apenas sofre limitações de ordem científica, relacionadas a aspectos internos do processo.
(B) Observa-se, na dinâmica das reformas legislativas levadas a cabo nas últimas décadas, uma preocupação com a criação e o aperfeiçoamento de mecanismos mais severos de combate à macrocriminalidade, ao mesmo tempo em que se introduzem instrumentos de simplificação e de diversificação no enfrentamento da criminalidade de menor complexidade e gravidade.
(C) A possibilidade de acordos processuais penais abrange tanto a criminalidade de menor potencial ofensivo quanto alguns crimes de elevada gravidade, inclusive os hediondos e aqueles a eles assemelhados.
(D) Em um sistema de viés acusatório, cumpre ao juiz manter-se como sujeito suprapartes, conceder ao acusador e ao acusado as mesmas oportunidades processuais, e conduzir o feito assegurando a bilateralidade de audiência e a predominância da oralidade e da publicidade dos atos processuais.
(E) No sistema processual penal brasileiro, o Ministério Público ocupa o polo ativo da relação processual e age comprometido com a verdade processual, o que o autoriza a postular a favor da defesa, se necessário.

A: assertiva incorreta, devendo ser assinalada. É certo que, no processo penal, diferentemente do que se dá no âmbito do processo civil, deve-se buscar a verdade real, assim entendida aquela que mais se aproxima da verdade absoluta (realidade); não deve o magistrado, assim, conformar-se com a verdade formal. Acontece que esta busca pela verdade real, que deve, necessariamente, dar-se por intermédio de um processo judicial, não pode ser ilimitada; é dizer, o juiz não está autorizado a sobrepor-se à lei com o propósito de alcançar a justiça. Embora disponha o juiz de instrumentos para o exercício desta atividade (busca da verdade real), é-lhe vedado sobrepor-se aos limites impostos pelo ordenamento jurídico. Como exemplo podemos citar a vedação da prova ilícita, que constitui garantia de índole constitucional (art. 5º, LVI, da CF). Assim, forçoso concluir que as limitações aqui tratadas não são apenas de ordem científica; **B:** assertiva correta. A alternativa, na sua primeira parte, refere-se ao fenômeno denominado *expansão do direito penal*, tema muito bem abordado por Jesús-María Silva Sánches, em sua célebre obra "A Expansão do Direito Penal – Aspectos da política criminal nas sociedades pós-industriais". Em resumo, argumenta-se que as autoridades, atônitas e pressionadas pelo recrudescimento da criminalidade, sobretudo verificada nas últimas décadas, adotam, como solução para esse mal que acomete a sociedade, a exacerbação do direito penal. Acreditam que, assim, o combate ao flagelo da criminalidade será efetivo. A experiência mostra que não é bem assim. O uso indiscriminado e abusivo do direito penal, com a edição de leis que, muitas das vezes, representam grave violação aos direitos fundamentais, não surte o efeito de diminuir a prática de crimes. Exemplo disso, sempre lembrado pela doutrina, é a famigerada Lei

---

* O autor Levy Emanuel Magno comentou as questões dos itens 8 em diante do concurso de Procurador da República. As demais questões foram comentadas pelo autor Eduardo Dompieri.

de Crimes Hediondos, editada no final da década de 90, que conferiu tratamento mais severo aos autores de determinados crimes, com diversas violações, conforme já reconheceu, por diversas ocasiões, o STF, a direitos fundamentais. Já a criminalidade de menor gravidade e complexidade tem ganhado, também nas últimas décadas, mecanismos mais simplificados e céleres de combate. Exemplo é a Lei 9.099/1995, que introduziu, em relação às infrações penais de menor potencial ofensivo, medidas *despenalizadoras*; **C**: assertiva correta. Quanto à criminalidade de menor potencial ofensivo, temos, como instrumento de acordo processual, a composição dos danos civis e a transação penal, mecanismos *despenalizadores* previstos na Lei 9.099/1995. No que pertine aos crimes de maior gravidade, podemos citar, como exemplo, a *colaboração* premiada (art. 4º da Lei 12.850/2013); **D**: assertiva correta. São características do *sistema acusatório*: nítida separação nas funções de acusar, julgar e defender, o que torna imprescindível que essas funções sejam desempenhadas por pessoas distintas; o processo é público e contraditório; há imparcialidade do órgão julgador, que detém a gestão da prova (na qualidade de juiz-espectador), e a ampla defesa é assegurada. No *sistema inquisitivo*, que deve ser entendido como a antítese do acusatório, as funções de acusar, defender e julgar reúnem-se em uma única pessoa. É possível, nesse sistema, portanto, que o juiz investigue, acuse e julgue. Além disso, o processo é sigiloso e nele não vige o contraditório. No *sistema misto*, por fim, há uma fase inicial inquisitiva, ao final da qual tem início uma etapa em que são asseguradas todas as garantias inerentes ao acusatório. Embora não haja previsão expressa nesse sentido, acolhemos, segundo doutrina e jurisprudências majoritárias, o sistema acusatório. Alguns doutrinadores, no entanto, sustentam que o sistema adotado é o misto; **E**: assertiva correta. *Vide* art. 385 do CPP.

Gabarito "A".

(Promotor de Justiça/SC – 2016 - MPE)

(1) São efeitos do princípio *tempus regit actum*, previsto no Código de Processo Penal: a) os atos processuais realizados sob a égide da lei anterior são considerados válidos; b) as normas processuais têm aplicação imediata, pouco importando se o fato que deu origem ao processo é anterior à sua entrada em vigor.

1: A lei processual penal será aplicada desde logo (*princípio da aplicação imediata* ou *da imediatidade*), sem prejuízo dos atos realizados sob o império da lei anterior. É o que estabelece o art. 2º do CPP. A exceção a essa regra – é importante que se diga – fica por conta da lei processual penal dotada de carga material, em que deverá ser aplicado o que estabelece o art. 2º, parágrafo único, do CP. Nesse caso, a exemplo do que se dá com as leis penais, a norma processual nova, se favorável ao réu, deverá retroagir; se prejudicial, aplica-se a lei já revogada (*lex mitior*).

Gabarito 1C

(Promotor de Justiça/SC – 2016 - MPE)

(1) Segundo o Código de Processo Penal, a lei processual penal admitirá interpretação extensiva e aplicação analógica.

1: correta, uma vez que corresponde ao que estabelece o art. 3º do CPP: A lei processual penal admitirá interpretação extensiva e aplicação analógica, bem como o suplemento dos princípios gerais de direito.

Gabarito 1C

(Ministério Público/TO – 2012 – CESPE) Com referência à aplicação da lei processual no tempo e no espaço, aos princípios aplicáveis ao direito processual penal e aos prazos processuais, assinale a opção correta.

(A) O prazo para interposição de apelação começa a correr a partir da juntada da carta precatória ou do mandado ao processo.

(B) No processo penal, incluem-se na contagem dos prazos o dia do início e o dia do final do prazo.

(C) Compete ao tribunal de apelação, em sede de *habeas corpus*, a aplicação de lei mais benigna editada após o trânsito em julgado de sentença que tiver condenado determinado réu.

(D) Se, após decisão que tiver concedido liberdade provisória a determinado preso, entrar em vigor nova lei que proíba a concessão do benefício para condenados por crime da espécie do cometido por esse preso, deverá o juiz da causa revogar a liberdade provisória, em razão da superveniente proibição legal.

(E) Nas ações penais privadas subsidiárias das ações públicas, o prazo decadencial para o oferecimento da queixa-crime inicia-se a partir do encerramento do prazo para o promotor de justiça oferecer a denúncia.

A: incorreta, visto que contraria o entendimento esposado na Súmula 710 do STF, segundo a qual os prazos, no processo penal, contam-se da data da intimação, e não da juntada aos autos do mandado ou da carta precatória ou de ordem; **B:** incorreta, pois não reflete o disposto no art. 798, § 1º, do CPP, que estabelece que o dia do começo não será computado no prazo processual, no qual será incluído, no entanto, o do vencimento; **C:** incorreta. A competência para aplicar a lei penal mais benigna editada após o trânsito em julgado de sentença que condenou o réu será do juiz das execuções, conforme entendimento firmado na Súmula nº 611 do STF. Se o processo ainda estiver em primeira instância, tal competência recairá sobre o juiz de primeiro grau a quem incumbe proferir a sentença; se estiver em grau de recurso, competente será o tribunal com atribuição para o julgamento deste recurso; **D:** incorreta, pois as leis processuais que possuem aspectos processuais e penais, assim chamadas *mistas* ou *híbridas*, não retroagirão para prejudicar o réu. Submetem-se, pois, ao regramento estabelecido pelo art. 5º, XL, da CF; **E:** correta. No âmbito da ação penal privada subsidiária, o ofendido ou seu representante legal dispõe do prazo de seis meses para oferecer a queixa subsidiária, a contar do dia em que tem fim o prazo para o oferecimento da denúncia pelo MP (art. 38, parte final, do CPP).

Gabarito "E".

(Procurador da República – 25º) Em tema de cooperação internacional em matéria penal, é correto afirmar que, em havendo compromisso internacional do qual o Brasil é signatário:

(A) os pedidos de assistência direta formulados por autoridades estrangeiras podem ser dirigidos diretamente a autoridades centrais do Poder Executivo no Brasil, desde que não importem em medidas constritivas que, pela lei brasileira, dependam de decisão judicial, o que determina sejam veiculados pela via da Carta Rogatória.

(B) os pedidos de assistência direta formulados por autoridades estrangeiras podem ser dirigidos diretamente a autoridades centrais do Poder Executivo no Brasil, desde que não importem em medidas constritivas que, pela lei brasileira, dependam de decisão judicial, o que determina sejam veiculados pela via da homologação de sentença estrangeira, já que exigem exame de mérito incabível nas Cartas Rogatórias.

(C) os pedidos de assistência direta formulados por autoridades estrangeiras podem ser dirigidos diretamente a autoridades centrais do Poder Executivo no Brasil, mas quando importarem em medidas constritivas que, pela lei brasileira, dependam de decisão judicial, deverão ser ajuizadas pelo Procurador da República com atribuição, perante um juízo federal de primeiro grau.

(D) os pedidos de assistência direta formulados por autoridades estrangeiras podem ser dirigidos diretamente a autoridades centrais do Poder Executivo no Brasil, e por estas executados, mesmo quando importarem em medidas constritivas que, pela lei brasileira dependam de decisão judicial.

A: incorreta, pois não há necessidade de o pedido ser veiculado por meio de carta rogatória; **B:** incorreta, pois não há exame de mérito quando da homologação de sentença estrangeira; **C:** correta. Os pedidos de assistência direta serão dirigidos às autoridades centrais do Poder Executivo, que procederá conforme solicitado ou, em se tratando de medidas constritivas que imponham autorização judicial, encaminhará o pedido ao Procurador da República, que, por sua vez, oficiará perante a Justiça Federal de primeiro grau; **D:** incorreta, conforme acima exposto.
Gabarito "C".

2. INQUÉRITO POLICIAL E OUTRAS FORMAS DE INVESTIGAÇÃO CRIMINAL

(Promotor de Justiça – MPE/AM – FMP – 2015) Em relação ao inquérito policial, assinale a alternativa correta.

(A) O inquérito policial somente poderá ser avocado ou redistribuído, mediante decisão fundamentada de superior hierárquico, por motivo de interesse público ou por inobservância dos procedimentos previstos em regulamento da corporação que prejudique a eficácia da investigação.
(B) Em razão de o Poder Judiciário não poder ordenar o Ministério Público a acusar, o processo penal brasileiro não admite recurso contra a decisão que determina o arquivamento do inquérito.
(C) Qualquer pessoa do povo que tiver conhecimento da existência de infração penal em que caiba ação pública poderá, verbalmente ou por escrito, comunicá-la a autoridade policial, e esta, de imediato, deverá mandar instaurar inquérito.
(D) Ao tomar conhecimento da prática de infração penal de iniciativa pública incondicionada submetida ao procedimento comum, a autoridade policial deverá instaurar inquérito policial de ofício, a fim de obter elementos que apontem a autoria e comprovem a materialidade das infrações.
(E) O inquérito deverá terminar no prazo de 10 dias, se o indiciado tiver sido preso em flagrante, ou estiver preso preventivamente, contado o prazo, nesta hipótese, a partir do dia em que o juízo houver expedido a ordem de prisão, ou no prazo de 30 dias, quando estiver solto, mediante fiança ou sem ela.

A: correta, pois reflete o que estabelece o art. 2º, § 4º, da Lei 12.830/2013; **B:** incorreta. No regime do Código de Processo Penal, a decisão que determina o arquivamento do inquérito policial não desafia, de fato, a interposição de recurso. Sucede que algumas leis preveem essa possibilidade, tal como se dá nos crimes contra a economia popular (art. 7º, Lei 1.521/1951); **C:** incorreta. Diante da comunição feita por qualquer pessoa do povo da ocorrência de crime de ação penal pública, a autoridade policial somente procederá à instauração de inquérito policial depois de verificar a procedência das informações, tal como estabelece o art. 5º, § 3º, do CPP; **D:** incorreta. Ao tomar conhecimento de fato com aparência de crime, a autoridade policial, antes de determinar a instauração de inquérito, pode, por cautela, promover uma apuração preliminar a fim de verificar a veracidade dos fatos para, somente depois, proceder a inquérito; **E:** incorreta. O prazo para conclusão do inquérito policial terá por termo inicial, no caso de prisão preventiva, o dia em que esta foi realizada. É o que estabelece o art. 10 do CPP, que também dispõe que, no caso de o investigado encontrar-se solto, o prazo em que o inquérito deverá ser concluído é de 30 dias.
Gabarito "A".

(Promotor de Justiça – MPE/BA – CEFET – 2015) No dia 12 de janeiro de 2015, o promotor de Justiça de determinada comarca da Bahia recebeu um inquérito policial em que constavam Josélio e Perênio como indiciados pela prática dos crimes de estupro de vulnerável e tentativa de homicídio qualificado. No último dia do prazo, o referido promotor de Justiça ofereceu denúncia contra Josélio e lhe imputou aqueles crimes, mas, sem expressa justificativa, não incluiu em sua denúncia o indiciado Perênio. Por sua vez, o juiz, ao receber a peça acusatória, manteve-se silente quanto à omissão do promotor de Justiça.

Em relação à situação acima descrita, assinale a alternativa CORRETA:

(A) Quanto ao indiciado Perênio, houve o arquivamento implícito do inquérito policial, o que tem sido aceito pela jurisprudência do Superior Tribunal de Justiça e do Supremo Tribunal Federal.
(B) Trata-se de hipótese de arquivamento indireto do inquérito policial, conforme a jurisprudência do Supremo Tribunal Federal.
(C) A atuação do promotor de Justiça ensejou o denominado arquivamento implícito objetivo do inquérito policial.
(D) O artigo 28 do Código de Processo Penal autoriza a figura do arquivamento implícito do inquérito policial, que, diferentemente do requerimento expresso de arquivamento, permite o aditamento à denúncia pelo promotor de Justiça nos crimes de ação penal pública.
(E) Todas as alternativas anteriores estão incorretas.

Não se confundem as figuras do arquivamento *implícito* e *indireto*. Neste último caso, o titular da ação penal deixa de promovê-la por entender que o juízo não detém competência para o seu processamento e julgamento. A assertiva contempla o chamado *arquivamento implícito*, que não é acolhido pela comunidade jurídica, inclusive pelo STF. Se o órgão acusador, sem expressa fundamentação, deixar de incluir na peça acusatória indiciado contra o qual há indícios de participação, deve o juiz, porque o sistema não admite o arquivamento implícito, cuidar para que a inicial seja aditada, recorrendo, se o caso, ao art. 28 do CPP. Além disso, poderá a vítima, ante a omissão do MP, ajuizar ação penal privada subsidiária em face do investigado não denunciado.
Gabarito "E".

(Ministério Público/DF – 2013) Acerca do inquérito policial, assinale a alternativa **CORRETA**:

(A) O ato de instauração de inquérito policial é inerente à Polícia Judiciária, podendo o Ministério Público, excepcionalmente, lavrar a portaria inicial.
(B) A verificação da procedência das informações, providência cabível em seguida ao recebimento da notícia do crime, condiciona a instauração do inquérito policial à plena comprovação da ocorrência da infração penal.
(C) A autoridade policial não poderá instaurar inquérito policial se o crime for de ação penal pública condicionada à representação e esta não estiver formalmente assinada pelo ofendido ou seu representante legal.

(D) O requerimento do ofendido, dirigido à autoridade policial, é bastante para, posteriormente, dar início à ação penal privada.
(E) A autoridade judiciária, ao ler notícia da prática de um crime de ação penal pública incondicionada em um jornal, pode determinar a instauração de inquérito policial.

A: incorreta. A providência consistente em baixar *portaria*, com vistas a dar início a investigação por meio de inquérito policial em crime de ação penal pública incondicionada, constitui atribuição exclusiva da autoridade policial (art. 5º, I, do CPP), a quem cabe, inclusive, a partir daí, a presidência do inquérito policial. Tal providência, portanto, não pode ser tomada pelo MP; deverá o órgão acusatório, se entender que determinado fato é merecedor de apuração, requisitar a instauração de inquérito à autoridade policial (art. 5º, II, do CPP). Neste caso, dispensa-se a portaria, sendo a requisição ministerial a peça inicial do inquérito policial. *Vide* Lei 12.830/2013. Cuidado: estamos a falar do inquérito *policial*. Assim, nada impede que o MP baixe portaria em inquérito *criminal* (e não policial!) para apurar a ocorrência de infração penal, a despeito de parte da doutrina sustentar a inviabilidade de tal providência; **B:** incorreta. A instauração de inquérito policial não está condicionada à plena comprovação da ocorrência da infração penal; mesmo porque o inquérito se presta a reunir informações (prova do crime e indícios de autoria) para o ulterior exercício da ação penal, por meio de denúncia ou queixa; **C:** incorreta, já que a representação, que, conforme doutrina e jurisprudência sedimentadas, não exige rigor sacramental, dispensa a assinatura formal do ofendido ou de seu representante legal. Basta, aqui, que a vítima manifeste de forma inequívoca sua vontade de ver processado seu ofensor; **D:** incorreta, uma vez que o requerimento formulado pelo ofendido presta tão somente a autorizar a autoridade policial a instaurar o inquérito policial; já para dar início à ação penal, é necessário que o ofendido, depois de concluídas as investigações, ajuíze queixa-crime (dentro do prazo decadencial); **E:** correta, nos termos do art. 5º, II, do CPP.
Gabarito "E".

(Ministério Público/DF – 2013) Assinale a alternativa **CORRETA**:
(A) A promoção de arquivamento do inquérito policial, em crime de ação penal pública, não é ato privativo do Ministério Público.
(B) A decisão judicial de remessa do inquérito policial à chefia do Ministério Público deve ser fundamentada, cumprindo ao magistrado apontar as provas constantes da investigação que autorizam sua discordância em relação à promoção do titular da ação penal.
(C) A independência funcional do membro do Ministério Público impede a submissão do ato de arquivamento ao Procurador-Geral.
(D) Nos crimes de competência originária de tribunais não se aplica o disposto no artigo 28 do CPP.

A: incorreta, uma vez que tal iniciativa (promoção de arquivamento de IP) incumbe com exclusividade ao representante do MP, titular que é da ação penal pública. Assim, é vedado ao delegado de polícia, ao concluir as investigações do inquérito policial, promover o seu arquivamento (art. 17, CPP); deverá, isto sim, fazê-lo chegar ao MP, a quem incumbirá, se o caso, requerer o arquivamento do feito (art. 28, CPP). Tampouco é dado ao juiz tomar a iniciativa de arquivar autos de inquérito; dependerá, para tanto, de requerimento do MP; **B:** incorreta, pois a fundamentação, neste caso, é dispensável. Assim, na hipótese de o magistrado discordar do pleito do MP, e isso é perfeitamente possível, remeterá os autos, independente de fundamentação e na forma estatuída no art. 28 do CPP, ao procurador-geral, a quem incumbirá apreciar se a razão está com o promotor ou com o magistrado. Se entender o chefe do Ministério Público que razão assiste ao promotor, o juiz então estará obrigado a determinar o arquivamento

dos autos de inquérito. Outra opção, neste caso, não lhe resta. Se, de outro lado, o procurador-geral entender que é caso de denúncia, poderá ele mesmo oferecê-la, ou ainda designar outro membro da instituição para fazê-lo, o que é mais comum; **C:** incorreta. O procurador-geral, ao se convencer que é caso de denúncia, poderá, ele mesmo, oferecê-la ou ainda designar outro membro da instituição para fazê-lo. Não há que se falar, neste último caso, em desrespeito à independência funcional do membro ao qual foi incumbida tal providência. É que, aqui, ele age em nome do procurador-geral, que lhe delegou tal incumbência, não podendo de ela declinar; **D:** correta, uma vez que, neste caso, tendo em conta que o pedido de arquivamento é dirigido diretamente ao tribunal, não lhe é dado recusar o pleito do procurador-geral, não tendo incidência, bem por isso, o art. 28 do CPP.
Gabarito "D".

(Ministério Público/ES – 2013 – VUNESP) Considerando o teor da Súmula vinculante 14 do Supremo Tribunal Federal, no que diz respeito ao sigilo do inquérito policial, é correto afirmar que a autoridade policial
(A) não poderá, em hipótese alguma, negar vista ao advogado, com procuração com poderes específicos, dos dados probatórios formalmente anexados nos autos.
(B) não poderá negar vista dos autos de inquérito policial ao advogado, entretanto a extração de cópias reprográficas fica vedada.
(C) poderá negar vista dos autos ao advogado caso os elementos de prova do procedimento investigatório sejam sigilosos para a defesa.
(D) poderá negar vista dos autos ao advogado caso haja no procedimento investigatório quebra de sigilo bancário ou degravação de conversas decorrentes de interceptação telefônica.
(E) poderá negar vista dos autos ao advogado sempre que entender pertinente para o bom andamento das investigações.

O inquérito policial é, em vista do que dispõe o art. 20 do CPP, *sigiloso*. Ocorre que, a teor do art. 7º, XIV, da Lei 8.906/1994 (Estatuto da Advocacia), constitui direito do advogado, entre outros: "examinar, em qualquer instituição responsável por conduzir investigação, mesmo sem procuração, autos de flagrante e de investigações de qualquer natureza, findos ou em andamento, ainda que conclusos à autoridade, podendo copiar peças e tomar apontamentos, em meio físico ou digital". Sobre este tema, a propósito, o STF editou a Súmula Vinculante 14, a seguir transcrita: "É direito do defensor, no interesse do representado, ter acesso amplo aos elementos de prova que, já documentados em procedimento investigatório realizado por órgão com competência de polícia judiciária, digam respeito ao exercício do direito de defesa".
Gabarito "A".

(Ministério Público/GO – 2013) Sobre o inquérito policial, assinale a alternativa correta:
(A) ainda existe, em casos excepcionais e previstos em lei, a figura do curador para indiciados menores de vinte e um anos.
(B) o sigilo possui dupla função: garantista no sentido de preservar o investigado e utilitarista de assegurar a eficácia da investigação.
(C) nos crimes relacionados ao tráfico de drogas (Lei 11.343/2006), fixou-se o prazo de conclusão do inquérito em 30 dias para o réu preso e 60 dias para réus soltos, podendo haver duplicação pelo juiz mediante pedido justificado.
(D) a Polícia Civil não exerce funções de polícia administrativa.

A: incorreta. Ante a redação do art. 5º do Código Civil de 2002, que estabeleceu que a maioridade civil é alcançada aos dezoito anos, a norma contida no art. 262 do CPP, que impunha que se desse curador ao acusado menor de vinte e um anos, foi tacitamente revogada. Aboliu-se, portanto, no âmbito do processo penal, a figura do curador ao menor de 21 anos; remanesce tal exigência, no entanto, não em razão da idade, mas, sim, quando o acusado for absolutamente incapaz, nos termos do art. 26, *caput*, do CP; **B:** correta. É verdade que o sigilo, no âmbito do inquérito policial, previsto no art. 20 do CPP, se presta a assegurar o sucesso das investigações; se assim não fosse, o inquérito estaria fadado ao fracasso. Além disso, tem como finalidade preservar o investigado; **C:** incorreta. No crime de tráfico de drogas, o inquérito deverá ser ultimado no prazo de 30 dias, se preso estiver o indiciado; e em 90 dias (e não 60), no caso de o indiciado encontrar-se solto. De uma forma ou de outra, pode haver duplicação do prazo mediante pedido justificado da autoridade policial. É o teor do art. 51 da Lei 11.343/2006; **D:** incorreta, dado que, embora a Polícia Civil exerça, em regra, funções de polícia judiciária, também exerce funções de polícia administrativa, atuando na prevenção de crimes.

Gabarito "B".

(Ministério Público/GO – 2013) Na formação da *opinio delicti*, ao receber os autos de inquérito policial que trata de crime cuja ação penal é pública, poderá o Promotor de Justiça requerer novas diligências, requerer o arquivamento ou oferecer denúncia. Acerca do exercício destas atribuições, é incorreto dizer:

(A) da decisão judicial que, acolhendo requerimento do Ministério Público, determina o arquivamento de inquérito policial, não cabe recurso, salvo nos casos de crime contra a economia popular (Lei 1.521/1951), que prevê "recurso de ofício".
(B) no procedimento comum ordinário, admite-se recurso em sentido estrito da decisão que recebe a denúncia; e da decisão que a rejeita cabe recurso de apelação.
(C) é viável a interposição de correição parcial se o juiz indeferir o requerimento do Ministério Público de retorno dos autos à Delegacia de Polícia para novas diligências.
(D) não se admite ação penal privada subsidiária da pública se o Ministério Público formulou pedido de arquivamento do inquérito.

A: assertiva correta. É fato que a decisão judicial que determina, a pedido do MP, o arquivamento dos autos de inquérito policial não comporta recurso algum; a exceção a tal regra fica por conta do recurso de ofício a ser interposto da decisão que manda arquivar o IP em casos de crime contra a economia popular (art. 7º da Lei 1.521/1951); **B:** assertiva incorreta, devendo ser assinalada. Da decisão que recebe a denúncia ou queixa não cabe qualquer recurso. Registre-se que, neste caso, é possível, no entanto, a impetração de *habeas corpus*. Também é incorreto dizer que da decisão que rejeita (não recebe) a inicial acusatória cabe recurso de apelação, uma vez que, neste caso, deverá ser manejado recurso em sentido estrito (art. 581, I, do CPP). Atenção: tal regra não se aplica no âmbito do procedimento comum sumaríssimo, que tem incidência nas infrações penais de menor potencial ofensivo, em que da decisão que rejeita a inicial cabe apelação, e não recurso em sentido estrito (art. 82, *caput* e § 1º, da Lei 9.099/1995); **C:** assertiva correta. É de fato cabível a correição parcial em face da decisão que não remeter os autos de inquérito à polícia para a realização de diligências requeridas pelo MP; **D:** assertiva correta. A *ação penal privada subsidiária da pública*, que encontra previsão nos arts. 5º, LIX, da CF, 100, § 3º, do CP e 29 do CPP, somente terá lugar na hipótese de inércia, desídia do membro do Ministério Público. É unânime a jurisprudência ao afirmar que pedido de arquivamento de inquérito policial ou mesmo de peças de informação não pode ser interpretado como inércia.

Gabarito "B".

(Ministério Público/GO – 2013) Quando nos referimos ao encontro de corpo de delito ou a um noticiário da mídia, estamos nos referindo a qual espécie de notícia crime:

(A) provocada ou mediata
(B) coercitiva
(C) espontânea ou imediata
(D) qualificada

A: incorreta. Diz-se que a *notitia criminis* é provocada ou mediata (ou de cognição indireta) quando a autoridade policial toma conhecimento da infração penal por meio de terceiro. São exemplos: requisição do MP ou do juiz (art. 5º, II, 1ª parte, do CPP); requerimento ou representação do ofendido etc. Em casos assim, a requisição (ou requerimento ou representação) servirá de peça inaugural do MP, dispensando-se a portaria; **B:** incorreta. *Coercitiva* é a modalidade de *notitia criminis* que decorre de prisão em flagrante, em que a autoridade policial dela toma conhecimento por meio da apresentação do autor da infração pelo condutor (art. 302, CPP). Da mesma forma, a peça inicial do inquérito é o auto de prisão em flagrante, e não a portaria; **C:** correta. Espontânea ou imediata é a notícia de crime que chega ao conhecimento da autoridade policial por meio de suas atividades de rotina (jornais e revistas, encontro de cadáver, comunicação da PM etc.). Inicia-se o inquérito, neste caso, por meio de portaria; **D:** incorreta. *Notícia criminis* qualificada é o mesmo que provocada.

Gabarito "C".

(Ministério Público/MG – 2013) Em relação ao inquérito policial, assinale a alternativa **FALSA**:

(A) A requisição judicial de instauração é entendida como *delatio criminis*, em função do sistema acusatório.
(B) A autoridade policial deverá negar-se a instaurar o inquérito, se for condicionada a ação penal e ausente a condição de procedibilidade.
(C) A requisição ministerial é inviável, se confirmado o indeferimento de instauração em recurso administrativo ao Chefe de Polícia.
(D) O defensor constituído tem acesso amplo ao documentado no inquérito e que diz respeito ao exercício do direito de defesa.

A: assertiva correta, conforme gabarito oficial mas incorreta a nosso ver. É que requisição judicial não se confunde com *delatio criminis*, que é a denúncia, formulada por qualquer pessoa do povo (e não por juiz de direito no exercício de suas funções) e dirigida à autoridade policial, que dá conta da prática de infração penal. Está prevista no art. 5º, § 3º, do CPP e comporta a forma verbal e a escrita; **B:** correta. Segundo estabelece o art. 5º, § 4º, do CPP, é indispensável, para que o inquérito possa ser instaurado nos crimes de ação penal pública condicionada, o oferecimento de *representação* por parte do ofendido ou de seu representante legal; **C:** incorreta. Nada impede que o MP, diante da notícia de infração penal, requisite a instauração de inquérito policial, cuja abertura foi indeferida por recurso administrativo interposto junto ao chefe de Polícia (art. 5º, § 2º, do CPP); **D:** correta, pois em conformidade com o disposto no art. 7º, XIV, da Lei 8.906/1994 (Estatuto da Advocacia), segundo o qual constitui direito do advogado, entre outros: "examinar, em qualquer instituição responsável por conduzir investigação, mesmo sem procuração, autos de flagrante e de investigações de qualquer natureza, findos ou em andamento, ainda que conclusos à autoridade, podendo copiar peças e tomar apontamentos, em meio físico ou digital". Sobre este tema, a propósito, o STF editou a Súmula Vinculante 14, a seguir transcrita: "É direito do defensor, no interesse do representado, ter acesso amplo aos elementos de prova que, já documentados em procedimento investigatório realizado por órgão com competência de polícia judiciária, digam respeito ao exercício do direito de defesa".

Gabarito "C".

(Ministério Público/MG – 2013) Sobre a regulamentação da investigação criminal do Ministério Público, assinale a alternativa FALSA:

(A) O procedimento investigatório criminal deverá ser concluído no prazo de 90 (noventa) dias, permitidas, por igual período, prorrogações sucessivas, por decisão fundamentada do Procurador-Geral de Justiça.
(B) O procedimento deverá ser instaurado sempre que houver determinação do Procurador-Geral de Justiça, diretamente ou por delegação, nos moldes da lei, em caso de discordância da promoção de arquivamento de peças de informação.
(C) O membro do Ministério Público, no exercício de suas atribuições criminais, deverá dar andamento, no prazo de 30 (trinta) dias a contar de seu recebimento, às representações, requerimentos, petições e peças de informação que lhe sejam encaminhadas.
(D) As notificações e requisições para instrução de procedimento investigatório criminal, quando tiverem como destinatários o Governador do Estado, os membros do Poder Legislativo e os desembargadores, serão encaminhadas pelo Procurador-Geral de Justiça.

A: assertiva incorreta, devendo ser assinalada, pois contraria a regra presente no art. 12 da Resolução 13 do CNMP, que estabelece que a prorrogação do prazo de 90 dias fixado para a conclusão do procedimento investigatório criminal deverá se dar por decisão fundamentada do próprio membro do MP que conduz as investigações (e não pelo procurador-geral); **B:** assertiva correta (art. 3°, § 1°, da Resolução 13/CNMP); **C:** assertiva correta (art. 3°, § 5°, da Resolução 13/CNMP, alterado pela Resolução 111/2014); **D:** assertiva correta (art. 6°, § 6°, da Resolução n. 13/CNMP).
Gabarito "A".

(Ministério Público/SP – 2013 – PGMP) Assinale a alternativa que está em desacordo com disposições do Código de Processo Penal relacionadas com o inquérito policial.

(A) Diante de comunicação anônima, noticiando crime de ação penal pública incondicionada, a Autoridade Policial poderá instaurar inquérito policial se constatar a procedência das informações.
(B) Nos casos em que a propositura da ação penal pública está condicionada à representação do ofendido, esta também é indispensável para a instauração do inquérito policial.
(C) A juízo da Autoridade Policial, diligências que o indiciado e o ofendido reputem úteis ao esclarecimento de fatos apurados no inquérito podem deixar de ser realizadas, a menos que se trate de exame de corpo de delito.
(D) A decisão de arquivamento do inquérito policial, fundamentada na atipicidade de conduta, pode ser impugnada pelo ofendido por meio de recurso em sentido estrito.
(E) Nos casos de ação penal pública incondicionada, o inquérito policial é dispensável para instruir denúncia, se o Ministério Público dispõe de outros elementos informativos.

A: é majoritário o posicionamento segundo o qual a *denúncia apócrifa*, por si só, não autoriza a instauração de inquérito policial. O delegado de polícia, em casos assim, deverá, antes de proceder a inquérito, promover diligências com o propósito de verificar se os fatos denunciados anonimamente são verossímeis. Apurada a existência do fato, aí sim, instaura-se o inquérito para estabelecer a autoria do crime. *Vide*, a esse respeito, Informativo STF 387. Está correta, portanto, a assertiva; **B:** correta. É do art. 5°, § 4°, do CPP que a instauração de inquérito policial, sendo a ação penal pública condicionada, depende da iniciativa do ofendido, que deverá, por meio de representação, manifestar seu desejo em ver processado o seu ofensor. Perceba que, a despeito dessa condição imposta pela lei, a ação penal permanece pública, cabendo sua promoção ao Ministério Público, seu titular; **C:** correta, pois em conformidade com a regra estampada no art. 14 do CPP; **D:** a decisão que determina o arquivamento dos autos de inquérito não comporta nenhum tipo de recurso. Mesmo porque a decisão que manda arquivar autos de inquérito com fundamento na atipicidade da conduta é definitiva (produz coisa julgada material). Conferir: "Nos crimes de ação pública incondicionada, quando o próprio Ministério Público promover o arquivamento do procedimento investigatório, é irrecorrível a decisão do Juiz que defere o pedido. Precedentes. 2. A pretensa vítima não possui legitimidade para recorrer dessa decisão, buscando compelir o Ministério Público a promover a ação penal. 3. Agravo regimental desprovido." (STJ, Ag. de Inst. 753.890/RJ, 5ª Turma, rel. Min. LAURITA VAZ, D.J. 02/06/2008); **E:** correta, pois reflete uma das características imanentes ao inquérito policial: a dispensabilidade.
Gabarito "D".

(Ministério Público/SP – 2013 – PGMP) Tendo em vista as disposições legais relacionadas com recursos, é unicamente CORRETO afirmar que

(A) o duplo grau de jurisdição obrigatório é previsto na lei para a hipótese de decisão concessiva de reabilitação.
(B) nos processos por crimes de competência do Tribunal do Júri, a apelação do ofendido só é permitida quando já efetivada sua habilitação como assistente da acusação.
(C) no caso de concurso de agentes, aproveita aos demais a decisão de recurso interposto por um dos réus, fundada em motivos de caráter exclusivamente pessoal.
(D) interposto recurso em sentido estrito contra decisão que julgou procedente exceção de litispendência, se o Magistrado, em juízo de retratação, reformar a decisão atacada julgando improcedente a exceção, pode a parte contrária impugnar essa nova decisão com idêntico recurso, por simples petição e independentemente de novos arrazoados.
(E) o provimento de apelação interposta contra decisão do Tribunal do Júri, fundada unicamente na divergência entre a sentença do Juiz-Presidente com as respostas dos jurados aos quesitos, sujeitará o réu a novo julgamento.

A: correta, pois em conformidade com o que estabelece o art. 746 do CPP; **B:** incorreta, pois contraria o disposto no art. 598 do CPP; **C:** incorreta, pois em desconformidade com o art. 580 do CPP; **D:** incorreta, pois não reflete o disposto no art. 589, parágrafo único, do CPP; **E:** incorreta, pois, neste caso, deverá o tribunal *ad quem* proceder à retificação, sem necessidade de novo julgamento - art. 593, § 1°, do CPP.
Gabarito "A".

(Ministério Público/MG – 2012 – CONSULPLAN) Assinale a alternativa **CORRETA**. Sobre o inquérito policial, é possível dizer que:

(A) O interrogatório deve ser feito na presença de advogado, sendo possível a condução do investigado que não comparece.
(B) A confissão mediante tortura obtida no inquérito é nula e invalida a ratificação da confissão obtida em juízo.

(C) É obrigatório o exame de corpo de delito quando houver vestígios, admitindo-se o assistente técnico a partir de sua admissão pelo juiz.
(D) A autoridade policial poderá declarar-se suspeita de ofício, sendo inadmissível a oposição de exceção.

A: incorreta. A lei não impõe a obrigação de o investigado, no ato do interrogatório, fazer-se acompanhar de seu advogado. Trate-se, portanto, de uma faculdade sua. No mais, na dicção do art. 260, *caput*, do CPP, que tem aplicação no âmbito do inquérito, se o investigado deixar de atender a intimação para que seja interrogado, a autoridade policial poderá determinar a sua condução coercitiva. Como se pode notar, a proposição, nesta parte, está correta; **B:** incorreta; embora se trate de prova ilícita, a confissão mediante tortura, ocorrida no inquérito, não tem o condão de contaminar o processo respectivo e invalidar a confissão porventura obtida em juízo; **C:** incorreta. É fato que o exame de corpo de delito, nas infrações que deixam vestígios, é indispensável. É o que prescreve o art. 158 do CPP. Até aqui, a assertiva está correta. Está incorreta, no entanto, quando afirma que o assistente começará a atuar com a sua admissão pelo juiz, dado que sua atuação também está condicionada à conclusão dos exames e elaboração do laudo pelo perito oficial – art. 159, § 4º, CPP; **D:** correta, pois corresponde ao que estabelece o art. 107 do CPP.
Gabarito "D".

(Ministério Público/MT – 2012 – UFMT) Quanto ao prazo para a conclusão do inquérito policial, analise as assertivas abaixo.

I. Segundo o Código de Processo Penal, o inquérito policial deverá terminar no prazo de 15 (quinze) dias, se o indiciado tiver sido preso em flagrante, ou estiver preso preventivamente, ou no prazo de 30 (trinta) dias, quando estiver solto, mediante fiança ou sem ela.
II. Conforme o Código de Processo Penal, se o indiciado tiver sido preso em flagrante, ou se estiver preso preventivamente, o prazo para terminar o inquérito policial será contado a partir do dia em que se executar a ordem de prisão.
III. No rito da Lei de Drogas (Lei nº 11.343/2006), o inquérito policial será concluído no prazo de 30 (trinta) dias, se o indiciado estiver preso, e de 90 (noventa) dias, quando solto.
IV. Os prazos para a conclusão do inquérito policial no rito da Lei de Drogas (Lei nº 11.343/2006) podem ser triplicados pelo juiz, ouvido o Ministério Público, mediante pedido justificado da autoridade de polícia judiciária.
V. Os prazos para a conclusão do inquérito policial no rito da Lei de Drogas (Lei nº 11.343/2006) podem ser triplicados pelo juiz, dispensada a oitiva do Ministério Público, mediante pedido justificado da autoridade de polícia judiciária.

Estão corretas as assertivas:

(A) I e II, apenas.
(B) III e IV, apenas.
(C) II, III e IV, apenas.
(D) II, IV e V, apenas.
(E) II e III, apenas.

I: incorreta. O art. 10, *caput*, do CPP estabelece o prazo geral de 30 dias para a conclusão do inquérito, quando o indiciado não estiver preso; se preso estiver, o inquérito deve terminar em dez dias, e não em quinze, como afirmado na assertiva. Na Justiça Federal, estando o indiciado preso, o prazo para conclusão do inquérito é de quinze dias, podendo haver uma prorrogação por igual período, conforme dispõe o art. 66 da Lei 5.010/1966; se solto, o prazo será de 30 dias, aplicando-se aqui o prazo do CPP; **II:** correta. O mesmo art. 10, *caput*, do CPP estabelece que o prazo de dez dias, na hipótese de o indiciado encontrar-se preso em flagrante ou por força de mandado de prisão preventiva, terá como termo inicial o dia em que a prisão for executada; **III, IV e V:** pela disciplina estabelecida no art. 51, *caput*, da Lei 11.343/2006 (Lei de Tóxicos), o inquérito, estando o indiciado preso, será concluído no prazo de 30 dias; se solto estiver, o prazo será de 90 dias. O parágrafo único do mesmo artigo dispõe que os prazos aludidos no *caput* podem ser duplicados mediante pedido justificado da autoridade policial, sempre ouvido o MP.
Gabarito "E".

(Promotor de Justiça/SC – 2016 – MPE)

(1) Trata-se de Súmula Vinculante do STF: É direito do defensor, no interesse do representado, ter acesso amplo aos elementos de prova que, já documentados em procedimento investigatório realizado por órgão com competência de polícia judiciária, digam respeito ao exercício do direito de defesa.

1: assertiva, que está correta, refere-se à Súmula Vinculante 14.
Gabarito 1C.

(Promotor de Justiça/SC – 2016 – MPE)

(1) De acordo com Súmula do Superior Tribunal de Justiça, a participação de membro do Ministério Público na fase investigatória criminal não acarreta o seu impedimento ou suspeição para o oferecimento da denúncia.

1: A assertiva – correta - corresponde à Súmula 234 do STJ.
Gabarito 1C.

(Procurador da República – 25º) O Promotor de Justiça da comarca de São João do Meriti requereu e obteve decisão judicial de arquivamento de inquérito policial, onde se investigou crime de roubo perpetrado contra uma agência dos correios da localidade, por insuficiência de provas da autoria. Dois anos depois desta decisão, o Procurador da República lotado na localidade, de posse dos dados apurados naquele inquérito, decide denunciar os investigados perante o juiz federal respectivo, pelo crime do artigo 157 do Código Penal. Sobre a questão, verifiquem-se as seguintes assertivas:

I. trata-se de violação ao princípio que veda a revisão *pro societate*, previsto no Pacto de São Jose da Costa Rica, cuja força normativa advém do artigo 5º, § 3º da Constituição, mesma fonte normativa que dispõe sobre a competência da justiça federal.
II. por se tratar, o pedido de arquivamento e sua determinação, de atos praticados por agentes aos quais falecem, respectivamente, atribuição e competência de forma absoluta, por força de norma constitucional, não há que se falar em violação ao princípio da vedação à revisão *pro societate*.
III. a denúncia ofertada desconsidera, indevidamente, a extensão da coisa julgada material produzida com a decisão judicial que homologou o arquivamento, afrontando, assim, princípio constitucional.
IV. a denúncia poderia ser ofertada não havendo que se falar em violação da coisa julgada material, ou da vedação à revisão *pro societate*, mas apenas se o Procurador da República obtivesse novas provas, na forma do artigo 18 do CPP, uma vez que a decisão

de arquivamento, embora emanada de juízo absolutamente incompetente, gera direito subjetivo para o investigado, especialmente derivado do princípio da confiança e da segurança jurídica.
V. a instauração da ação penal não viola o Pacto de São Jose da Costa Rica, uma vez que a decisão judicial que determina o arquivamento não configura sentença absolutória, nem extintiva da punibilidade.

(A) II e V estão corretas
(B) I e III estão corretas
(C) Apenas a IV está correta
(D) Apenas a II está correta

I: incorreta, pois, exceção feita às hipóteses em que o arquivamento do inquérito produz coisa julgada material, as investigações podem ser retomadas e a ação penal promovida diante do surgimento de provas novas (art. 18 do CPP), sem que isso implique violação ao princípio que veda a revisão *pro societate*; **II:** correta. A competência (absoluta), neste caso, é da Justiça Federal, cabendo ao Procurador da República, que é quem detém aqui atribuição, promover a ação penal, podendo, para tanto, se valer das informações produzidas no inquérito cujo arquivamento foi determinado pelo juiz estadual; **III:** incorreta, tendo em conta que, uma vez ordenado o arquivamento do inquérito policial pelo juiz de direito, por falta de base para a denúncia, nada obsta que a autoridade policial proceda a novas pesquisas, desde que de outras provas tenha conhecimento, independente de autorização judicial – art. 18 do CPP. Isso porque a decisão que determina o arquivamento do inquérito policial não gera, em regra, coisa julgada material. Registre-se que as "outras provas" a que faz alusão o art. 18 do CPP devem ser entendidas como provas substancialmente novas, ou seja, aquelas que até então não eram de conhecimento das autoridades. Conferir, nesse sentido, a Súmula 524 do STF: "Arquivado o inquérito policial, por despacho do juiz, a requerimento do Promotor de Justiça, não pode a ação penal ser iniciada, sem novas provas". Agora, se o arquivamento do inquérito se deu por ausência de tipicidade a decisão, neste caso, tem efeito preclusivo, é dizer, produz coisa julgada material, impedindo, dessa forma, o desarquivamento do inquérito. A esse respeito, ver Informativo STF 375 (HC 84.156/MT, rel. Min. Celso de Mello, 2.ª T., julgado em 26/10/2004, DJ 11/02/2005); **IV:** é desnecessária, neste caso, dada a incompetência absoluta do juiz que determinou o arquivamento do inquérito, a produção de provas novas, podendo o Procurador da República, como dissemos, se valer daquelas produzidas no inquérito que serviu de base para a denúncia do promotor; **V:** correta, dado que a garantia contemplada no art. 8º, Item 4, do Pacto de São Jose da Costa Rica não tem incidência no âmbito do inquérito policial, uma vez que "o acusado absolvido por *sentença transitada em julgado* não poderá ser submetido a *novo processo* pelos mesmos fatos".

Gabarito "A".

3. AÇÃO PENAL

(Promotor de Justiça – MPE/AM – FMP – 2015) Assinale a alternativa correta.

(A) A competência será determinada pelo lugar da ação ou omissão, independentemente do procedimento a ser adotado no processo.
(B) De acordo com os termos da Lei 11.340/2006, nas ações penais públicas condicionadas à representação por ela tratadas, só será admitida a retratação da representação até o oferecimento da denúncia pelo Ministério Público.
(C) A nulidade, quando decorrente de ilegitimidade do representante da parte, poderá ser sanada até a sentença de primeiro grau, mediante ratificação dos atos processuais.
(D) Nos crimes em que a pena mínima cominada for igual ou inferior a um ano, o Ministério Público, ao oferecer a denúncia, poderá propor a suspensão do processo, por dois a quatro anos, desde que o acusado não esteja sendo processado ou não tenha sido condenado por outra infração penal, presentes os demais requisitos que autorizariam a suspensão condicional da pena.
(E) Nos crimes contra a propriedade imaterial que procedem mediante ação penal privativa do ofendido, não será admitida queixa com fundamento em apreensão e em perícia, se decorrido o prazo de 30 dias, após a homologação do laudo.

A: incorreta. Por força do disposto no art. 70 do CPP, a competência será determinada, em regra, pelo local em que se deu a consumação do delito; no caso de crime tentado, a competência firmar-se-á em razão do local em que foi praticado o derradeiro ato de execução; **B:** incorreta. No contexto da Lei Maria da Penha, a retratação da representação, nas ações penais que a ela são condicionadas, poderá se dar, perante o juiz e em audiência especialmente designada para esse fim, antes do *recebimento* da denúncia (e não até o seu *oferecimento*); **C:** incorreta, pois não corresponde ao que estabelece o art. 568 do CPP; **D:** incorreta. Para fazer jus ao benefício da suspensão condicional do processo, sem prejuízo de outros requisitos, o acusado não pode estar sendo processado nem pode ter sido condenado por outro *crime* (e não *infração penal*, que é gênero do qual são espécies crime e contravenção penal), tal como estabelece o art. 89, *caput*, da Lei 9.099/1995; **E:** correta, pois reflete a regra presente no art. 529, *caput*, do CPP.

Gabarito "E".

(Promotor de Justiça – MPE/RS – 2017) Deoclécio foi vítima de furto de um par de tênis, em 15 de janeiro de 2016, data em que tomou conhecimento que o autor do crime era Hermenegildo. O Promotor de Justiça teve vista do inquérito policial em 1º de março de 2016, uma terça-feira. Tratando-se de indiciado solto, o prazo para o Promotor de Justiça manifestar-se encerrou em 16 de março de 2016, uma quarta-feira. Como o Promotor de Justiça permanecia sem manifestar-se nos autos do inquérito, em 08 de setembro de 2016, 6 meses e sete dias após o fato, Deoclécio ajuíza Queixa-Crime (ação penal privada subsidiária da pública) contra Hermenegildo, imputando-lhe a prática de furto. No curso da instrução são indiscutivelmente provadas a materialidade e a autoria do crime que recai sobre Hermenegildo. Em alegações finais, Deoclécio, por seu advogado munido de procuração com poderes especiais para tanto, concede perdão ao querelado, invocando o art. 58 do Código de Processo Penal que diz: "Concedido o perdão, mediante declaração expressa nos autos, o querelado será intimado a dizer, dentro de três dias, se o aceita, devendo, ao mesmo tempo, ser cientificado de que o seu silêncio importará aceitação.". Também em alegações finais, Hermenegildo aceita o perdão oferecido.

Com base nesses dados fáticos, assinale a alternativa correta.

(A) Hermenegildo decaiu do direito de queixa, eis que entre a data do fato, momento que tomou conhecimento da autoria, e o oferecimento da queixa-crime transcorreram mais de 6 meses.
(B) Hermenegildo decaiu do direito de queixa, eis que entre a data da vista ao Promotor de Justiça e o oferecimento da queixa-crime transcorreram mais de 6 meses.

(C) Como a ação é privada, aceito o perdão o juiz julgará extinta a punibilidade.
(D) Não é admissível o perdão dada a natureza do crime.
(E) O perdão é ato personalíssimo e, portanto, não pode ser concedido através de advogado, mesmo com procuração.

Dada a ocorrência de omissão do membro do MP, que deixou de manifestar-se no prazo estabelecido em lei, Deoclécio, vítima de crime de furto, valendo-se do direito que lhe confere os arts. 5º, LIX, da CF, 100, § 3º, do CP e 29 do CPP, ajuizou ação penal privada subsidiária da pública. Sucede que essa modalidade de ação privada, diferentemente da ação penal privada exclusiva, não comporta o instituto do *perdão*, isso em razão da natureza do crime de furto, cuja ação penal, originalmente, é pública. Dessa forma, na hipótese de o querelante, neste caso Deoclécio, desistir de prosseguir na ação, deverá o MP retomar a sua condução. De todo modo, é importante a observação de que Deoclécio não mais poderia se valer da ação penal privada subsidiária, na medida em que deixou escoar o prazo de seis meses, a contar do término do interregno para o MP oferecer denúncia. Este prazo não atinge do Estado-acusação, que poderá oferecer denúncia a qualquer tempo enquanto não operada a prescrição.
Gabarito "D".

(Ministério Público/DF – 2013) Assinale a alternativa **CORRETA**:
(A) O prazo decadencial excepcionalmente se aplica ao Ministério Público na ação penal privada subsidiária da pública.
(B) É pública condicionada à representação a ação penal por crime contra a dignidade sexual cometido sem violência real, desde que demonstrada a miserabilidade da vítima ou de seu representante legal.
(C) Em sede de juízo de admissibilidade da acusação, a verificação das condições da ação penal e dos pressupostos processuais implica cognição judicial exauriente e ampla.
(D) O aditamento decorrente de mudança da imputação (*mutatio libelli*) serve para corrigir a equivocada classificação dada ao fato criminoso, corretamente descrito na denúncia.
(E) Mantida a descrição do fato contida na denúncia ou queixa, o juiz pode atribuir-lhe definição jurídica diversa e, por conseguinte, aplicar pena mais grave ao acusado, mesmo sem aditamento do Ministério Público.

A: incorreta. No âmbito da ação penal privada subsidiária, o ofendido ou seu represente legal dispõe do prazo decadencial de seis meses para oferecer a queixa-crime, a contar do dia em que tem fim o prazo para o oferecimento da denúncia pelo MP (art. 38, parte final, do CPP), ao qual não se submete o órgão acusatório, que poderá, a qualquer tempo, desde que antes da prescrição, recobrar a ação e oferecer a denúncia; **B**: incorreta. Com o advento da Lei 12.015/2009, a ação penal, nos crimes sexuais, que antes era privativa do ofendido, passou a ser, a partir de então, pública condicionada à representação, nos termos do art. 225, *caput*, do CP. Se se tratar, entretanto, de vítima menor de 18 anos ou de pessoa vulnerável, a ação penal será pública incondicionada, nos termos do parágrafo único do art. 225 do CP. Veja que, neste novo panorama, nenhuma menção foi feita às condições econômicas da vítima ou seu representante legal; **C**: incorreta, na medida em que a cognição, nesta fase, deve ser *superficial*; **D**: incorreta, já que o aditamento, no campo da *mutatio libelli*, decorre de alteração havida, no curso da instrução, na descrição do fato feita na denúncia (art. 384, CPP). Se os fatos permanecerem os mesmos, mas a capitulação, feita na denúncia, estiver equivocada, desnecessário proceder-se ao aditamento, podendo o juiz, neste caso, quando da sentença, atribuir nova definição jurídica (art. 383, CPP – *emendatio libelli*); **E**: correta. A alternativa se refere à *emendatio libelli* (art. 383, CPP), em que o aditamento é dispensável, na medida em que os fatos descritos na inicial acusatória não sofreram modificação.
Gabarito "E".

(Ministério Público/ES – 2013 – VUNESP) X foi indiciado por crime de sonegação fiscal em inquérito policial instaurado na Delegacia de Polícia Fazendária de Vila Velha. No entanto, X havia sido condenado por sentença, não transitada em julgado, proferida pelo juiz da 1.ª Vara Criminal de Vitória pelo mesmo delito.
Considerando esse caso, assinale a medida processual adequada para a defesa dos direitos de X.
(A) Exceção de coisa julgada.
(B) Mandado de segurança pugnando pelo reconhecimento da coisa julgada.
(C) Mandado de segurança pugnando pelo reconhecimento da litispendência.
(D) Exceção de litispendência.
(E) *Habeas corpus* pugnando pelo reconhecimento da ausência de justa causa.

A: incorreta, pois a exceção de *coisa julgada* somente será reconhecida na hipótese de haver, em relação a uma das ações, sentença passada em julgado e, em relação à outra, processo em curso; no caso narrado no enunciado, não há uma coisa nem outra: o que há é uma ação em que a sentença ainda não transitou em julgado (lide pendente). Não há uma segunda demanda em curso; **B**: incorreta, como dito, não há coisa julgada. De mais a mais, o mandado de segurança, no âmbito penal, deve ser manejado em caráter residual; **C**: incorreta, da mesma forma que não há coisa julgada, não há como reconhecer a exceção de *litispendência*. É que esta modalidade de exceção pressupõe a existência simultânea de duas demandadas idênticas em curso. O enunciado retrata a existência de somente uma ação ainda em curso, em que a sentença ainda não transitou em julgado. De ver-se que a exceção em comento somente poderá ser reconhecida a partir do recebimento da denúncia ou queixa na segunda demanda; D: incorreta, pelas razões que já expusemos, não é caso de litispendência; **E**: correta, resta, portanto, a impetração de *habeas corpus* com o propósito de trancar o inquérito policial em curso.
Gabarito "E".

(Ministério Público/MG – 2013) Considerando a formalização da ação penal pública, assinale a alternativa **FALSA**:
(A) Nos crimes de autoria coletiva, aos sócios com poder de gerência e administração podem ser imputados fatos correlatos, não individualizados, desde que sem prejuízo ao exercício da defesa.
(B) A peça acusatória deve delimitar, com precisão, as ações praticadas pelos autores, distinguindo-as das condutas dos partícipes.
(C) É insuficiente, nos crimes societários, a denúncia atribuir responsabilidade penal à pessoa física, considerando apenas o cargo ou função desempenhados na empresa.
(D) A inicial acusatória deve trazer pedido de condenação e de imposição da suspensão dos direitos políticos, viabilizando o contraditório imediato.

A: assertiva correta. Embora se trate de questão polêmica e objeto de acalorados debates na doutrina, a jurisprudência dos tribunais superiores inclinam-se em admitir a possibilidade de o titular da ação penal, nos crimes de autoria coletiva (como o delito societário), desde que não se consiga identificar com exatidão a conduta de cada coautor ou partícipe que tomou parte na empreitada criminosa, oferecer denúncia genérica.

Conferir: "*Habeas corpus*. Estelionato. Art. 171, *caput*, do Código Penal. 1 – O inquérito policial não é procedimento indispensável à propositura da ação penal (RHC 58.743/ES, Min. Moreira Alves, *DJ* 08.05.1981 e RHC 62.300/RJ, Min. Aldir Passarinho). 2 – Denúncia que não é inepta, pois descreve de forma clara a conduta atribuída aos pacientes, que, induzindo a vítima em erro, venderam a ela um falso seguro, omitindo a existência de cláusulas que lhe eram prejudiciais visando à obtenção de vantagem ilícita, fato que incide na hipótese do art. 171, *caput*, do Código Penal. Alegações que dependem de análise fático-probatória, que não se coaduna com o rito angusto do *habeas corpus*. 3 – Esta Corte já firmou o entendimento de que, em se tratando de crimes societários ou de autoria coletiva, é suficiente, na denúncia, a descrição genérica dos fatos, reservando-se à instrução processual a individualização da conduta de cada acusado (HC 80.204/GO, Min. Maurício Corrêa, *DJ* 06.10.2000 e HC 73.419/RJ, Min. Ilmar Galvão, *DJ* 26.04.1996. 4 – *Habeas corpus* indeferido" (STF, HC 82246, rel. Min. Ellen Gracie, 15.10.2002); **B:** assertiva correta. Exigência que decorre do art. 41 do CPP; **C:** assertiva correta. Nesse sentido: "*Habeas corpus*. Crime de descaminho. Crime societário. Denúncia. Inépcia. Responsabilidade objetiva. Ação penal já trancada quanto aos corréus. Não atende às exigências jurisprudenciais e legais (art. 41 do CPP) a peça de denúncia que extrai a responsabilidade penal do simples exercício do cargo em determinada empresa, sem nenhuma descrição mínima de participação do acusado em eventuais ilícitos societários. Se a responsabilidade de todos os denunciados foi extraída exclusivamente dos cargos por eles ocupados na empresa, então o vício da peça acusatória é de ser alegado em prol de todos os acusados, devendo-se aplicar a regra do art. 580 do CPP. Ordem concedida para fins de trancamento da ação penal." (STF, HC 85618, rel. Min. Carlos Britto, 17.05.2005); **D:** assertiva incorreta, devendo ser assinalada (art. 41, CPP).

Gabarito "D".

(Ministério Público/MS – 2013 – FADEMS) Assinale a alternativa **incorreta**:

(A) Tratando-se de lesões corporais, mesmo que de natureza leve ou culposa, praticadas contra a mulher em âmbito doméstico, a ação penal cabível é a pública incondicionada, permanecendo, entretanto, a necessidade de representação para crimes previstos em leis diversas da Lei n 9.099/95.
(B) Em relação ao princípio da obrigatoriedade, o Ministério Público forma sua *opinio delicti* de modo independente, pelo que não cabe ao Poder Judiciário impor ao *parquet* que compartilhe entendimento acerca da necessidade de inclusão de outras pessoas no polo passivo da ação.
(C) A ação penal será pública sempre, seja qual for o crime, quando cometido em detrimento do patrimônio ou interesse da União, Estado e Município.
(D) Nos crimes contra a dignidade sexual a regra é a ação penal pública condicionada à representação da vítima, comportando como única exceção os casos em que a vítima é pessoa vulnerável, o que torna a ação penal pública incondicionada.
(E) É pública, condicionada à representação, a ação penal por crime de sonegação fiscal.

A: correta. O STF, no julgamento da ADIn nº 4.424, de 09.02.2012, estabeleceu a natureza *incondicionada* da ação penal nos crimes de lesão corporal, independente de sua extensão, praticados contra a mulher no ambiente doméstico. Tal entendimento encontra-se consagrado na Súmula 542, do STJ; **B:** pelo princípio da obrigatoriedade, o MP, na ação penal pública, tem o dever de promovê-la em face de todos os autores do crime. Se o órgão do MP, ao receber os autos de inquérito, entender que não há elementos suficientes a justificar o ajuizamento da ação penal e pleitear, por isso, o arquivamento dos autos de inquérito policial, não é dado ao juiz impor ao representante do *parquet*, por entender que é caso de denúncia, o seu oferecimento. Neste caso, a teor do que estabelece o art. 28 do CPP, deverá o juiz fazer a remessa dos autos ao procurador-geral de Justiça a fim de que este decida se é caso de denúncia ou de arquivamento. Nesta última hipótese, outra alternativa não restará ao juiz senão acatar a promoção de arquivamento do inquérito; se o chefe do MP entender, no entanto, que é caso de denúncia, promoverá, ele mesmo, a ação penal ou designará outro membro da instituição para fazê-lo. O que não se admite, à luz da independência que deve nortear a atuação do membro do MP, é tal atribuição recair sobre o mesmo promotor que requereu o arquivamento das investigações; **C:** correta, pois retrata a regra presente no art. 24, § 2º, do CPP; **D:** correta. Dadas as modificações implementadas no âmbito dos crimes sexuais pela Lei 12.015/2009, a ação penal, nesses delitos, é, em regra, pública condicionada à representação, nos moldes da nova redação conferida ao art. 225, *caput*, do CP. As exceções ficam por conta dos crimes cuja vítima seja pessoa vulnerável ou menor de 18 anos, em que a ação será pública incondicionada (art. 225, parágrafo único, do CP). Aboliu-se, pois, para os crimes contra a dignidade sexual, a ação penal de iniciativa privada (exclusiva); **E:** incorreta, pois, na dicção do art. 15 da Lei 8.137/1990, a ação penal, nos crimes contra a ordem tributária, é pública incondicionada.

Gabarito "E".

(Promotor de Justiça – MPE/BA – CEFET – 2015) Quanto ao aditamento à peça acusatória, é CORRETO afirmar que:

(A) Nas ações penais públicas, o aditamento próprio, expressamente previsto no Código de Processo Penal, quando admitido pelo magistrado, não resulta em alteração substancial da imputação originária e tampouco implica ampliação subjetiva do polo passivo da demanda penal.
(B) No aditamento impróprio, são corrigidas falhas na denúncia ou queixa mediante a retificação, ratificação ou esclarecimento de alguma informação contida inicialmente na peça acusatória, podendo ser acrescido fato novo ou outro acusado, desde que antes da sentença final.
(C) De acordo com o Código de Processo Penal, caberá recurso em sentido estrito da decisão judicial que admitir o aditamento.
(D) Nas ações penais públicas, o aditamento próprio real material, cuja essência está associada ao princípio da correlação entre acusação e sentença, permite que seja acrescentado fato novo à peça acusatória, qualificando ou agravando a imputação originária.
(E) Em razão de sua inércia para intentar a ação penal no prazo legal, o Ministério Público não poderá, nas ações penais acidentalmente privadas, aditar a queixa subsidiária.

A: incorreta. O chamado aditamento *próprio* refere-se à inclusão de fatos criminosos novos ou acusados desconhecidos quando do oferecimento da peça acusatória. Conferir o esclarecedor magistério de Aury Lopes Júnior: "O aditamento próprio pode ser real ou pessoal, conforme sejam acrescentados fatos (real) ou acusados (pessoal), cuja existência era desconhecida quando do oferecimento da denúncia. Em geral, as informações surgem na instrução, em que a prova demonstra que existiram mais fatos criminosos não contidos na acusação ou mais pessoas envolvidas (e que também não haviam sido acusadas)" (*Direito Processual Penal*, 9ª ed, p. 419); **B:** incorreta. É que a inclusão de fato novo ou outro acusado, como acima dissemos, configura o chamado aditamento *próprio*; o *impróprio*, por sua vez, nas palavras de Aury Lopes Júnior, fazendo referência a Paulo Rangel, "(...) ocorre quando, explica Rangel, embora não se acrescente fato novo ou sujeito, corrige-se alguma falha na denúncia, retificando dados relativos ao fato

(...)" (*Direito Processual Penal*, 9ª ed, p. 420); **C**: incorreta, já que não cabe qualquer recurso da decisão que admitir o aditamento da inicial acusatória; todavia, a depender do caso, é possível a impetração de *habeas corpus*; **D**: correta. *Vide* comentário à assertiva "A"; **E**: incorreta, na medida em que, na ação penal privada subsidiária, é lícito ao Ministério Público, entre outras coisas, aditar a queixa, nos termos do art. 29 do CPP.
Gabarito "D".

(Promotor de Justiça – MPE/BA – CEFET – 2015) Em relação à ação penal e seus desdobramentos processuais, assinale a alternativa CORRETA:

(A) Com base no princípio da suficiência da ação penal, o Código de Processo Penal determina que o juiz, nas ações penais públicas, deverá resolver questões heterogêneas de prejudicialidade obrigatória e, ao proferir sentença condenatória, fixar valor mínimo para reparação dos danos causados pela infração penal.
(B) A imputação alternativa originária, enquanto técnica acusatória estabelecida em algumas leis processuais penais especiais, é uma das características da ação penal secundária.
(C) Segundo o princípio da intranscendência da ação penal, a acusação, formalizada via denúncia ou queixa, somente poderá recair sobre o provável autor, coautor ou partícipe do fato delituoso apurado na investigação preliminar.
(D) Conceitualmente, as condições da ação penal também podem ser denominadas de condições de prosseguibilidade.
(E) De acordo com a jurisprudência do Superior Tribunal de Justiça, nas ações penais públicas condicionadas à representação denomina-se eficácia objetiva da representação a desnecessidade de formalismo para a manifestação de vontade do ofendido quanto ao início da persecução penal.

A: incorreta, uma vez que o princípio da *suficiência* da ação penal somente tem incidência no campo das questões prejudiciais *facultativas* (art. 93, CPP). No mais, a fixação de valor indenizatório na sentença penal condenatória sujeita-se à existência de pedido formulado, pela parte, nesse sentido; **B**: incorreta. Na *denúncia alternativa*, confere-se ao titular da ação penal a possibilidade de atribuir, em face de dúvida decorrente das provas coligidas em inquérito policial, duas condutas ao réu de forma alternada. Exemplo: o MP, sem dispor de elementos suficientes para saber se a subtração foi efetuada com ou sem emprego de grave ameaça, oferece a denúncia, alternativamente, por furto ou roubo. É hipótese de imputação alternativa originária. Desnecessário dizer que tal procedimento inviabiliza a ampla defesa pelo denunciado. Não é, portanto, acolhida pela comunidade jurídica. Já a chamada imputação alternativa superveniente se dá nas hipóteses de *mutatio libelli*; **C**: correta. Segundo enuncia o **princípio da** *intranscendência*, a ação penal, tanto a pública quanto a privativa do ofendido, só será proposta contra quem praticou a infração penal; **D**: incorreta, já que a chamada condição de prosseguibilidade refere-se a determinada condição que deve ser implementada para que o processo tenha continuidade. Não deve ser confundida com a condição de procedibilidade, que diz respeito a condição necessária para dar início à ação penal; **E**: incorreta. A eficácia objetiva da representação não tem relação com a desnecessidade de formalismo que deve revestir esta condição de procedibilidade. Tem relação, isto sim, com a necessidade de o titular da ação penal condicionada, que é o MP, oferecer a denúncia contra todos os autores do crime, mesmo aqueles contra os quais não foi formulado representação por parte do ofendido. Relaciona-se, portanto, com o princípio da indivisibilidade da ação penal pública, tema objeto de controvérsia na doutrina e jurisprudência.
Gabarito "C".

(Ministério Público/MG – 2012 – CONSULPLAN) Assinale a alternativa **CORRETA**.

(A) A representação é condição objetiva de punibilidade exigida do ofendido ou de quem tiver qualidade para representá-lo e, no caso de morte, pode ser exercida pelo cônjuge, ascendente, descendente ou irmão.
(B) A representação não depende de fórmula sacramental prescrita em lei, podendo ser oral ou escrita, dirigida ao juiz, Ministério Público ou autoridade policial e será irretratável, depois de recebida a denúncia.
(C) Tanto o ofendido quanto o Ministério Público, este mediante representação, têm legitimidade para a ação penal no caso de crime contra a honra de servidor público em razão do exercício de suas funções.
(D) Salvo disposição em contrário, o ofendido, ou seu representante, decairá do direito de representar, se não o exercer no prazo de seis meses, contado do dia em que o fato aconteceu.

A: incorreta. A representação constitui uma *condição específica de procedibilidade*, visto que impõe uma condição ao exercício da ação penal. Na sua ausência não há processo; **B**: incorreta. É verdade que a representação, segundo doutrina e jurisprudência pacíficas, não depende de fórmula sacramental prescrita em lei, sendo suficiente que o ofendido manifeste, de forma inequívoca, seu desejo em ver processado seu ofensor. Também é fato que a representação comporta as formas *escrita* e *verbal*, conforme prescreve o art. 39 do CPP, que também estabelece que esta condição de procedibilidade pode ser dirigida ao magistrado, ao promotor ou à autoridade policial. Até aqui, a proposição está correta. Está incorreta, no entanto, quando afirma que a retratação pode se dar até o *recebimento* da denúncia. Isso porque, a teor do que estabelece o art. 25 do CPP, terá lugar a retratação até o *oferecimento* da denúncia; depois disso, portanto, ela passa a ser irretratável, o que inclui a fase de recebimento da inicial; **C**: proposição correta, pois em conformidade com a Súmula 714 do STF; **D**: incorreta. O termo inicial, neste caso, é representado pelo dia em que o ofendido ou sem representante vem a saber quem foi o autor da infração penal. É o que estabelece o art. 38 do CPP.
Gabarito "C".

(Ministério Público/MG – 2012 – CONSULPLAN) Assinale a alternativa **CORRETA**.

(A) A perempção é causa de extinção da punibilidade decorrente da perda do prazo para a realização de ato processual.
(B) A perempção acontece quando o autor da ação for pessoa jurídica e esta se extinguir sem deixar sucessor.
(C) A perempção fica caracterizada na ausência do autor da ação em audiência conciliatória, ainda que presente seu procurador.
(D) A perempção ocorre quando o Ministério Público deixa de promover o andamento do processo durante trinta dias seguidos.

A: incorreta. A perempção, que tem como natureza jurídica *causa extintiva da punibilidade*, deve ser entendida como o castigo aplicado ao querelante que, mostrando-se desidioso, deixa de promover o bom andamento processual. Suas hipóteses estão listadas no art. 60 do CPP. Não deve ser confundida com a preclusão, esta sim a perda do prazo para a realização de determinado ato processual; **B**: a proposição – correta – contempla uma das hipóteses de perempção (art. 60, IV, do CPP); **C**: incorreta. A presença do procurador supre a ausência do

querelado, mormente quando se tratar de audiência conciliatória; **D:** incorreta. A perempção, como dito antes, constitui uma sanção aplicada ao *querelante* que se mostra desidioso, omisso.
Gabarito "B".

(Ministério Público/MT – 2012 – UFMT) Relativamente ao prazo para o oferecimento de denúncia, analise as assertivas abaixo.

I. Segundo o Código de Processo Penal, no caso de dispensa do inquérito policial pelo órgão do Ministério Público, se com a representação forem oferecidos elementos que habilitem a promoção da ação penal, a denúncia será oferecida no prazo de 30 (trinta dias).
II. Segundo o Código de Processo Penal, a denúncia deverá ser oferecida no prazo de 5 (cinco) dias, estando o réu preso, contado da data em que o órgão do Ministério Público receber os autos do inquérito policial, e de 15 (quinze) dias, se o réu estiver solto ou afiançado.
III. Segundo a Lei nº 4.898/1965 (Abuso de Autoridade), apresentada ao Ministério Público a representação da vítima, aquele, no prazo de 48 (quarenta e oito) horas, denunciará o réu, desde que o fato narrado constitua abuso de autoridade, e requererá ao Juiz a sua citação, e, bem assim, a designação de audiência de instrução e julgamento.
IV. Segundo o Código Eleitoral (Lei nº 4.737/1965), verificada a infração penal, o Ministério Público oferecerá denúncia dentro do prazo de 10 (dez) dias.
V. Segundo a Lei nº 8.038/1990 e a Lei nº 8.658/1993, tratando-se de ação penal de competência originária do Supremo Tribunal Federal, do Superior Tribunal de Justiça, dos Tribunais Regionais Federais e dos Tribunais de Justiça, nos crimes de ação penal pública, o Ministério Público terá o prazo de 10 (dez) dias para oferecer denúncia se o indiciado estiver preso, cujas diligências complementares não interromperão o prazo, salvo se o relator, ao deferi-las, determinar o relaxamento da prisão.

Estão corretas as assertivas:

(A) I, II e III, apenas.
(B) I, III e IV, apenas.
(C) II, III e IV, apenas.
(D) III, IV e V, apenas.
(E) I, II, IV e V, apenas.

I: incorreta. Neste caso, o Ministério Público disporá do prazo de 15 dias para o oferecimento da denúncia (art. 39, § 5º, CPP); **II:** proposição correta, pois reflete o disposto no art. 46, *caput*, do CPP; **III:** correta, pois corresponde à redação do art. 13 da Lei 4.898/1965; **IV:** correta, pois em consonância com o que estabelece o art. 357 do Código Eleitoral; **V:** incorreta, pois contraria o disposto no art. 1º da Lei 8.038/1990 e art. 1º da Lei 8.658/1993.
Gabarito "C".

(Promotor de Justiça/SC – 2016 - MPE)

(1) Conforme Súmula do Supremo Tribunal Federal, é concorrente a legitimidade do ofendido, mediante queixa, e do Ministério Público, condicionada à representação do ofendido, para a ação penal por crime contra a honra de servidor público em razão do exercício de suas funções.

1: Nos termos do disposto no art. 145, p. único, do CP, se se tratar de crime perpetrado contra a honra de funcionário público em razão de suas funções, a ação penal será *pública condicionada à representação do ofendido*. Ocorre, no entanto, que o STF, por meio da Súmula 714, firmou entendimento segundo o qual nesses casos a legitimidade é concorrente entre o ofendido (mediante queixa) e o Ministério Público (ação pública condicionada à representação do ofendido). Assertiva, portanto, correta.
Gabarito 1C

(Ministério Público/SP - 2012 - VUNESP) É correto afirmar:

(A) O prazo para o oferecimento da denúncia, como regra geral, é de 5 (cinco) dias se o réu estiver preso e de 15 (quinze) dias se estiver solto ou afiançado; tratando-se de crime de tráfico de entorpecentes descrito na Lei nº 11.343/2006, o prazo é de 10 (dez) dias se o réu estiver preso e de 30 (trinta) dias se estiver solto.
(B) O prazo para o aditamento pelo Ministério Público da queixa oferecida na ação penal privada subsidiária é de 5 (cinco) dias.
(C) O número máximo de testemunhas a serem arroladas na denúncia é 8 (oito) no procedimento ordinário e no procedimento relativo aos processos de competência do Tribunal do Júri e 3 (três) no procedimento sumário.
(D) A descrição na denúncia de um fato típico acobertado por uma causa de exclusão da antijuridicidade constitui razão suficiente para sua rejeição.
(E) A ausência de representação do ofendido, nas ações públicas condicionadas, não impede o oferecimento da denúncia, admitindo-se que a omissão seja suprida a qualquer tempo, antes da sentença final.

A: incorreta. Está correto afirmar que o prazo de que dispõe o MP para oferecer a denúncia, se preso estiver o réu, é de cinco dias, e se solto, de quinze. São esses os prazos fixados no art. 46 do CPP. A Lei de Drogas, por sua vez, estabelece prazos diferenciados, o que também ocorre em relação a outras leis especiais. O art. 54 da Lei 11.343/2006 estabelece que, preso ou solto o indiciado, o prazo será de dez dias; **B:** incorreta. A queixa substitutiva deverá ser aditada pelo MP no prazo de três dias, e não de cinco, como constou da assertiva. É o prazo fixado no art. 46, § 2º, do CPP; **C:** incorreta. No procedimento sumário, o legislador limitou em cinco o número de testemunhas que poderá arrolar a acusação. O mesmo número vale para a defesa. É o que estabelece o art. 532 do CPP. O restante da proposição está correto; **D:** correta. A denúncia por fato típico acobertado por uma causa excludente de ilicitude não deve ser recebida, visto que se trata de conduta não criminosa (art. 395, II, do CPP); **E:** incorreta. A representação, na ação penal pública a ela condicionada, constitui condição indispensável ao oferecimento da denúncia (art. 24, *caput*, do CPP).
Gabarito "D".

(Ministério Público/SP – 2012 – VUNESP) É correto afirmar:

(A) O direito de queixa na ação penal privada subsidiária não se sujeita à decadência.
(B) O princípio da indivisibilidade não se aplica à ação penal privada exclusiva.
(C) A retratação da renúncia ao direito de queixa é possível se ainda em curso o prazo decadencial.
(D) A atuação do órgão do Ministério Público, nas ações penais públicas condicionadas à representação do ofendido, não é regida pelo princípio da obrigatoriedade.
(E) A extinção da pessoa jurídica querelante em ação penal privada exclusiva, na ausência de sucessor, é causa de perempção.

A: incorreta. No âmbito da ação penal privada subsidiária, o ofendido ou seu represente legal dispõe do prazo decadencial de seis meses para oferecer a queixa-crime, a contar do dia em que tem fim o prazo para o oferecimento da denúncia pelo MP (art. 38, parte final, do CPP), ao qual, é importante que se diga, não se submete o MP, que poderá, a qualquer tempo, desde que antes da prescrição, recobrar a ação e oferecer a denúncia; **B**: incorreta. Por expressa previsão do art. 48 do CPP, o princípio da indivisibilidade tem incidência, sim, no âmbito da ação penal privada. Embora não haja disposição expressa de lei, o *postulado da indivisibilidade*, em princípio, seria também aplicável à ação penal pública. No que se refere a esta modalidade de ação, seria inconcebível imaginar que o MP pudesse escolher contra quem iria propor a ação penal. O STF, entretanto, sustenta o descabimento deste postulado na ação penal pública. Para o STF, a divisibilidade da ação penal pública reside no fato de o MP ter a liberdade de não ofertar a denúncia contra alguns autores de crime contra os quais ainda não há elementos suficientes e, assim que esses elementos forem reunidos, aditar a denúncia. Assim, a ação deixa de ser indivisível pelo simples fato de a denúncia comportar aditamento posterior; **C**: incorreta. Uma vez renunciado ao direito de dar início à ação penal, o ofendido não poderá mais voltar atrás; **D**: incorreta. O princípio da obrigatoriedade (ou legalidade) é aplicado indistintamente na ação penal pública incondicionada e na condicionada à representação do ofendido ou à requisição do Ministro da Justiça; **E**: correta. A proposição se amolda à perfeição à regra contemplada no art. 60, IV, do CPP.

Gabarito "E".

(Procurador da República – PGR – 2013) A ação penal privada subsidiária:

I. é um direito do ofendido tão só pelo não oferecimento da denúncia, pelo Ministério Público, no prazo legal;
II. só pode ser instaurada pelo ofendido maior de 18 anos e, no caso de sua morte ou ausência judicialmente reconhecida, por cônjuge, ascendente, descendente ou irmão;
III. é uma garantia fundamental para proteção de interesse privado na persecução penal, constituindo mecanismo de controle interno do Ministério Público;
IV. pode ser proposta, em crime contra relações de consumo, pela Agência Nacional de Vigilância Sanitária.

Analisando as assertivas acima, pode-se afirma que:

(A) são corretos os itens I e III;
(B) são corretos os itens II e IV;
(C) apenas é correto o item IV;
(D) todos os itens são corretos.

I: incorreta. A *ação penal privada subsidiária da pública* (art. 29 do CPP), que será intentada pelo ofendido ou seu representante legal, somente terá lugar na hipótese de o membro do Ministério Público revelar-se desidioso, omisso, o que poderá ocorrer não só quando o MP deixa de oferecer a denúncia no prazo legal, mas também quando não formula pedido de arquivamento de autos de inquérito ou ainda deixa de requerer a realização de diligências complementares indispensáveis ao oferecimento da denúncia; **II**: incorreta. Findo o prazo de que dispõe o MP para o oferecimento da denúncia sem a adoção de qualquer providência (desídia), poderá o ofendido, se já contar com 18 anos e não for mentalmente enfermo, oferecer queixa; se ainda não atingiu a maioridade ou se for mentalmente enfermo, o direito de queixa deverá ser exercido por seu representante legal (art. 30, CPP). É incorreto, portanto, afirmar que a ação penal subsidiária da pública somente pode ser instaurada pelo maior de 18 anos; no mais, está correto dizer que, no caso de querelante morrer ou ser declarado ausente por decisão judicial, o direito de oferecer queixa ou nela prosseguir será exercido pelo cônjuge, ascendente, descendente ou irmão, tal como estabelece o art. 31 do CPP; **III**: incorreta. Além de tutelar o interesse privado da vítima, viabilizando em seu favor indenização por eventual dano patrimonial decorrente da prática criminosa, a ação penal privada subsidiária também se presta a assegurar uma resposta penal ao crime praticado, que, nunca devemos esquecer, é, na sua origem, de ação penal pública. É incorreto afirmar-se, ademais, que essa modalidade de ação privada constitui mecanismo de controle interno do MP; **IV**: correta (art. 80 da Lei 8.078/1990).

Gabarito "C".

(Procurador da República – 26º) Relativamente à persecução penal dos delitos que integram o assim chamado direito penal tributário, analise as seguintes assertivas:

I. Embora não condicionada a denúncia à representação da autoridade fiscal, falta justa causa para a ação penal pela prática do crime tipificado no art. 1º, inc. I, da Lei 8.137/1990, enquanto não houver decisão definitiva do processo administrativo, quer se considere o lançamento definitivo COMO condição objetiva de punibilidade ou COMO elemento normativo do tipo;
II. Havendo lançamento definitivo do tributo, a propositura de ação anulatória de débito fiscal não impede o prosseguimento do processo-crime referente aos delitos contra a ordem tributária;
III. Diante da recusa da empresa em fornecer documentos indispensáveis à fiscalização fazendária, não há impedimento à instauração de inquérito policial para apuração de delito contra a ordem tributária antes do encerramento do processo administrativo-fiscal, quando for imprescindível para viabilizar a citada fiscalização;
IV. Consoante as inovações trazidas pela Lei 12.382/2011, quando o agente promover o pagamento do tributo ou contribuição social, inclusive acessórios, até o recebimento da denúncia, é extinta a punibilidade dos delitos previstos nos arts. 1º e 2º, da Lei 8.137/1990, e nos arts. 168-A e 337-A, do Código Penal.

Assinale a alternativa correta:

(A) Há apenas uma afirmação falsa;
(B) Existem duas afirmações falsas;
(C) Existem três afirmações falsas;
(D) Não existem afirmações falsas.

I: correta, porque em conformidade com a Súmula Vinculante 24: "Não se tipifica crime material contra a ordem tributária, previsto no art. 1º, incisos I a IV, da Lei 8.137/1990, antes do lançamento definitivo do tributo"; **II**: correta. Segundo entendimento majoritário firmado no STJ, o ajuizamento de ação anulatória de débito fiscal não tem o condão de impedir o prosseguimento da ação penal nos casos em que o procedimento administrativo instaurado para o fim de apurar o débito fiscal haja sido concluído: *"Habeas corpus. Crime contra a ordem tributária. Ação anulatória de débito fiscal julgada procedente. Crédito tributário insubsistente. Ordem concedida. 1. Havendo lançamento definitivo do tributo, a propositura de ação anulatória de débito fiscal não impede o prosseguimento do processo-crime referente aos delitos contra a ordem tributária, independentes que são as instâncias administrativa e penal. 2. Julgado procedente o pedido para anular o auto de infração que serviu de base à deflagração da ação penal, decisão que transitou em julgado, não há que falar em crédito tributário definitivamente constituído, impondo-se, de rigor, o trancamento da ação penal. 3. Habeas corpus concedido"* (STJ, HC 78.428/RS, rel. Min. Paulo Gallotti, 6.ª T., julgado em 05/03/2009, DJe 23/03/2009); **III**: correta. Nesse sentido, conferir: STF, HC 95.443-SC, 2ª T., rel. Min. Ellen Gracie, j. 02.02.2010; **IV**: correta; art. 83, § 4º, da Lei 9.430/1996, inserido pela Lei 12.382/2011.

Gabarito "D".

4. SUSPENSÃO CONDICIONAL DO PROCESSO

(Promotor de Justiça – MPE/RS – 2017) Petrônio, réu em processo por furto simples, reúne todos os pressupostos legais permissivos da suspensão condicional do processo. Ainda assim, fundamentadamente, o Promotor de Justiça deixa de oferecer-lhe o benefício. Nesse caso, dissentindo do membro do Ministério público, deve o Juiz

(A) remeter os autos ao Procurador-Geral de Justiça aplicando-se por analogia o art. 28 do Código de Processo Penal.
(B) conceder o benefício de ofício, já que se trata de direito subjetivo público do réu.
(C) comunicar a Corregedoria-Geral do Ministério Público face o comportamento do Promotor de Justiça.
(D) solicitar ao Procurador-Geral de Justiça que designe outro membro do Ministério Público para reexaminar os autos.
(E) remeter os autos para as Turmas Recursais do Juizado Especial Criminal.

De fato, deverá o juiz, neste caso, no lugar de ele próprio oferecer o *sursis* processual, valendo-se, por analogia, do que estabelece o art. 28 do CPP, remeter os autos para apreciação do Procurador-geral de Justiça. É esse o entendimento firmado por meio da Súmula 696 do STF: "Reunidos os pressupostos legais permissivos da suspensão condicional do processo, mas se recusando o Promotor de Justiça a propô-la, o juiz, dissentindo, remeterá a questão ao Procurador-Geral, aplicando-se por analogia o art. 28 do Código de Processo Penal".
Gabarito "A".

(Ministério Público/MG – 2014) Sobre a Suspensão Condicional do Processo, é **INCORRETO** afirmar que:

(A) Ela é possível, no caso de ação penal de iniciativa privada, cabendo ao querelante o seu oferecimento, já que é titular do *ius ut procedatur*. Caso, no entanto, o juiz discorde de eventual não oferecimento do benefício, ele poderá valer-se da regra do artigo 28 do Código de Processo Penal.
(B) Ela é cabível na desclassificação do crime e na procedência parcial da pretensão punitiva.
(C) É incabível, por lei, que um mesmo acusado possa, concomitantemente, ser beneficiado com a suspensão condicional do processo em dois processos distintos.
(D) A Lei 9.605/1998 permite, visando à reparação do dano ambiental, que o prazo máximo de Suspensão Condicional do Processo previsto na Lei 9.099/1995 possa ser extrapolado.

A: assertiva incorreta, devendo ser assinalada, dado que a proposta de suspensão condicional do processo somente pode ser formulada, pelo representante do MP, no âmbito da ação penal pública (art. 89, *caput*, da Lei 9.099/1995). Oportuno que se diga que parte significativa da doutrina entende que este benefício pode incidir na ação penal de natureza privada. De qualquer forma, preenchidos os requisitos autorizadores do *sursis* processual e recusando-se a acusação a formular a proposta, aplica-se, por analogia, o art. 28 do CPP, com a remessa do feito ao chefe do MP. É esse o entendimento firmado por meio da Súmula 696 do STF: "Reunidos os pressupostos legais permissivos da suspensão condicional do processo, mas se recusando o Promotor de Justiça a propô-la, o juiz, dissentindo, remeterá a questão ao Procurador-Geral, aplicando-se por analogia o art. 28 do Código de Processo Penal"; **B:** assertiva correta, porque corresponde ao entendimento firmado na Súmula 337 do STJ: "É cabível a suspensão condicional do processo na desclassificação do crime e na procedência parcial da pretensão punitiva"; **C:** assertiva correta. Veda-se a concessão do *sursis* processual ao acusado que esteja respondendo a outro processo (art. 89, *caput*, da Lei 9.099/1995); **D:** assertiva correta, nos termos do art. 28, II, da Lei 9.605/1998 (crimes contra o meio ambiente).
Gabarito "A".

(Ministério Público/MG – 2013) Sobre a suspensão condicional do processo, assinale a alternativa **FALSA**:

(A) O direito à proposta é possível para aquele que já foi beneficiado por transação penal nos 5 (cinco) anos anteriores.
(B) A formulação de proposta é viável para fatos submetidos ao rito especial do tribunal do júri.
(C) O juiz, ao perceber diversa definição jurídica para o fato descrito na denúncia e a presença dos requisitos legais, deve ensejar a manifestação do Ministério Público.
(D) A causa de aumento de pena e a agravante podem ser consideradas para fins de formulação da proposta, desde que a pena mínima cominada não ultrapasse um ano.

A: assertiva correta, uma vez que nada obsta, neste caso, a formulação de proposta de suspensão condicional do processo; **B:** assertiva correta. Desde que presentes os requisitos autorizadores do art. 89 da Lei 9.099/1995, nada impede que se formule proposta nesse sentido. É o caso do crime de aborto provocado pela gestante ou com o consentimento desta (art. 124, CP), cuja pena mínima cominada é de um ano de detenção, dentro, portanto, do patamar estabelecido no art. 89, *caput*, da Lei 9.099/1995; **C:** correta (art. 383, § 1º, do CPP). *Vide* Súmula 337 do STJ; **D:** assertiva incorreta, devendo ser assinalada, uma vez que as circunstâncias agravantes não são consideradas para o fim de formular proposta de suspensão condicional do processo.
Gabarito "D".

(Promotor de Justiça/SC – 2016 - MPE)

(1) Sólida jurisprudência do Superior Tribunal de Justiça, inclusive sumulada, destaca que o benefício da suspensão do processo pode ser aplicado às infrações penais cometidas, em concurso material, concurso formal ou continuidade delitiva, mesmo quando a pena mínima cominada, seja pelo somatório, seja pela incidência da majorante, ultrapassar o limite de 1 (um) ano.

1: A proposição contraria o entendimento firmado nas Súmulas 243, do STJ, e 723, do STF.
Gabarito 1E

5. AÇÃO CIVIL

(Ministério Público/SP – 2013 – PGMP) Assinale a alternativa que está em desacordo com disposições legais relacionadas com reparação de danos causados pelo delito.

(A) É permitido ao juiz, na sentença condenatória criminal, estabelecer valor mínimo para a reparação de danos, considerando os prejuízos sofridos pelo ofendido.
(B) A sentença absolutória criminal, fundamentada no reconhecimento categórico da inexistência material do fato, obsta a propositura da ação civil.
(C) A ação civil para reparação do dano pode ser proposta pelo ofendido ainda que arquivado o inquérito policial instaurado para a apuração do delito.

(D) Tratando-se de ação penal privada ou de ação penal pública condicionada, a homologação do acordo para a reparação do dano decorrente de infração penal de menor potencial ofensivo acarreta para o ofendido a renúncia ao direito de queixa ou de representação.
(E) Impede a propositura da ação civil a sentença absolutória no juízo criminal que decidir que o fato imputado não constitui crime.

A: correta, pois em conformidade com o disposto no art. 387, IV, do CPP; **B:** correta, nos moldes do que estabelece o art. 66 do CPP; **C:** correta, pois reflete o disposto no art. 67, I, do CPP; **D:** correta (art. 74, parágrafo único, da Lei 9.099/1995); **E:** incorreta, pois não reflete o disposto no art. 67, III, do CPP.
Gabarito "E".

(Ministério Público/TO – 2012 – CESPE) Assinale a opção correta a respeito da ação civil.
(A) A responsabilidade civil decorrente da prática de um crime depende da conclusão da ação penal, de modo a afastar o risco de decisões contraditórias, possível se ocorressem paralelamente uma ação penal e uma ação civil sobre o mesmo fato.
(B) Diante de uma causa de excludente de ilicitude reconhecida pela sentença criminal, como, por exemplo, a legítima defesa, afasta-se a possibilidade de ressarcimento, mesmo que o terceiro lesado não tenha sido o causador do perigo.
(C) Não são causas impeditivas da reparação civil as decisões do juízo penal que determinem o arquivamento do inquérito policial, que declarem extinta a punibilidade do réu ou que absolvam o réu por não ser o fato infração penal.
(D) A reparação do dano causado pelo crime pode ser proposta contra o réu do processo criminal, ou contra o seu responsável civil, no caso da impossibilidade de o réu arcar financeiramente com o prejuízo causado.
(E) Poderá o ofendido promover a execução da sentença penal condenatória perante o juízo cível tomando como base, exclusivamente, o valor mínimo fixado na sentença criminal, não cabendo a liquidação da sentença para a apuração do dano efetivamente sofrido.

A: incorreta. Pelo sistema que adotamos (independência das esferas penal e cível), nada impede que aquele que sofreu o dano causado pela prática criminosa persiga a correspondente reparação, em ação de conhecimento instaurada no juízo cível, independente do destino da ação penal e antes do término desta. Bem por isso, as ações podem, sim, tramitar paralelamente. Nada obsta, de outro lado, que o ofendido, se assim preferir, opte por aguardar o desfecho da ação penal para, depois disso, buscar a reparação do dano no juízo cível. Nesta última hipótese, a sentença penal condenatória com trânsito em julgado no juízo cível faz coisa julgada no âmbito civil, encerrando, assim, qualquer discussão atinente à existência do fato e sua respectiva autoria. A discussão, a partir daí, envolverá tão somente o montante devido; **B:** incorreta. Pela regra estabelecida no art. 65 do CPP, é vedada a discussão, no juízo cível, da sentença penal que absolveu o agente com fulcro em uma das causas excludentes de ilicitude. A obrigação de indenizar se impõe, no entanto, na hipótese de o terceiro lesado não ter sido o causador do perigo (art. 929 do CC); **C:** correta, visto que a assertiva corresponde ao que estabelece o art. 67 do CPP; **D:** pode o ofendido voltar-se contra o responsável civil independente de o réu no processo penal estar impossibilitado de fazer frente ao valor a ser indenizado. Registre-se que doutrina e jurisprudência rechaçam a regra trazida pelo art. 64 do CPP. Sustentam a impossibilidade de se impor ao responsável civil a obrigação de reparar o dano apurado em processo do qual não tomou parte; **E:** incorreta, pois não reflete o disposto no art. 63, parágrafo único, do CPP, que confere ao ofendido a prerrogativa de perseguir valor superior ao mínimo fixado nos termos do art. 387, IV, do CPP.
Gabarito "C".

6. JURISDIÇÃO E COMPETÊNCIA. CONEXÃO E CONTINÊNCIA

(Promotor de Justiça – MPE/RS – 2017) Cacilda, mulher policial rodoviária federal, e Posidônio, homem policial rodoviário federal, são casados e trabalham no mesmo posto da Polícia Rodoviária Federal de Porto Alegre. Ambos fardados, em horário de expediente e em seu local de trabalho iniciam acalorada discussão acerca de assuntos domésticos e familiares. Exaltada, Cacilda agride Posidônio causando-lhe lesões corporais de natureza leve, consistente em duas equimoses de 2x2cm de área.

Considerando os dados apresentados, a competência para apreciar o delito de lesões corporais deverá ocorrer
(A) no Juizado da Violência Doméstica.
(B) na Vara Criminal da Justiça Estadual.
(C) no Juizado Especial Criminal Estadual.
(D) na Vara Criminal da Justiça Federal.
(E) no Juizado Especial Criminal Federal.

Antes de mais nada, deve-se afastar a competência da Justiça Federal para o julgamento do caso acima narrado. É que os crimes praticados contra funcionário público federal somente são julgados pela Justiça Federal quando relacionados ao exercício da função (Súmula 147 do STJ), não sendo este o caso em questão, já que se trata, isto sim, de uma discussão envolvendo assuntos domésticos e familiares. No mais, sendo certo que o crime em que incorreu Cacilda é o do art. 129, § 9º, do CP, cuja pena máxima cominada corresponde a 3 anos (o que extrapola a competência do Juizado Especial Criminal: 2 anos), o caso deverá ser julgado por uma vara criminal da Justiça Estadual.
Gabarito "B".

(Ministério Público/MG – 2014) Assinale a alternativa que, **CORRETAMENTE**, completa a lacuna existente na afirmativa abaixo:

Compete ao _____ dirimir conflito de atribuições entre Ministérios Públicos de dois diferentes Estados da Federação que, diante de inquérito policial já relatado, entendem pertencer ao outro a atribuição para nele funcionar.

(A) Conselho Nacional do Ministério Público.
(B) Supremo Tribunal Federal.
(C) Procurador-Geral da República
(D) Superior Tribunal de Justiça.

Conferir: "Direito processual penal. Conflito negativo de atribuições. Caracterização. Ausência de decisões do poder judiciário. Competência do STF. Local da consumação do crime. Possível prática de extorsão (e não de estelionato). Art. 102, I, f, CF. Art. 70, CPP. 1. Trata-se de conflito negativo de atribuições entre órgãos de atuação do Ministério Público de Estados-membros a respeito dos fatos constantes de inquérito policial. 2. O conflito negativo de atribuição se instaurou entre Ministérios Públicos de Estados-membros diversos. 3. Com fundamento no art. 102, I, f, da Constituição da República, deve ser conhecido o presente conflito de atribuição entre os membros do Ministério Público dos Estados de São Paulo e do Rio de Janeiro diante da competência do Supremo Tribunal Federal para julgar conflito entre órgãos de Estados-membros diversos. 4. Os fatos indicados no inquérito apontam para possível configuração do crime de extorsão, cabendo a formação da opinio delicti e eventual oferecimento da denúncia por parte do órgão de atuação do Ministério Público do Estado de São Paulo. 5. Conflito de atribuições conhecido, com declaração de atribuição ao órgão de atuação do Ministério Público onde houve a consumação do crime de extorsão" (STF, ACO 889, Tribunal Pleno, rel. Min. Ellen Gracie, j. 11.09.2008).

Gabarito "B".

(Ministério Público /MG – 2014) Assinale a alternativa correta: a competência criminal funcional pode estar prevista:

(A) Somente na Constituição Federal.
(B) Na Constituição Federal e em leis ordinárias discutidas e aprovadas no Congresso Nacional.
(C) Na Constituição Federal e nas Constituições Estaduais.
(D) Na Constituição Federal, na Constituição dos Estados e em leis ordinárias federais e estaduais, respeitado o âmbito de aplicabilidade.

A competência funcional refere-se à delimitação de competência, feita pela lei, entre juízes da mesma instância ou de instâncias diferentes, levando-se em conta, para tanto, a etapa de desenvolvimento do processo, o objeto do juízo ou ainda o grau de jurisdição. A lei de organização judiciária pode estabelecer, por exemplo, que as fases de conhecimento e de execução do processo-crime sejam atribuídas a juízos diversos, o que é bem comum nas comarcas maiores (delimitação entre fases do processo). Outro exemplo é a delimitação imposta aos julgamentos perante o tribunal do júri, em que é atribuída ao juiz togado, entre outras, a presidência e condução do julgamento, enquanto que aos jurados caberá o julgamento de mérito (delimitação em razão do objeto do juízo).

Gabarito "D".

(Ministério Público/ES – 2013 – VUNESP) X desferiu três tiros em Y na cidade de Foz do Iguaçu. Ocorre que Y, em razão dos ferimentos, faleceu em um hospital na cidade de Punta del Leste, no Paraguai. Nesse caso, a competência para julgamento do caso será determinada

(A) pelo domicílio ou residência do réu.
(B) pelo lugar em que foi praticado o último ato de execução no território nacional, ou seja, Foz do Iguaçu.
(C) pelo lugar da consumação do delito, ou seja, em Punta del Leste.
(D) pelo lugar em que foi praticado o último ato de execução, ou seja, Punta del Leste.
(E) pela jurisdição que primeiro tomar conhecimento do caso, podendo ser a brasileira ou a paraguaia.

O crime cuja conduta (ação ou omissão) é praticada em território nacional, mas o resultado é produzido no estrangeiro, é denominado "crime à distância" ou "de espaço máximo". Neste caso, será aplicável a teoria da ubiquidade (ou mista), segundo a qual se considera praticado o crime tanto no lugar em que foi praticada a ação ou omissão, quanto no local em que se verificou ou que poderia ter se verificado o resultado (art. 6º do CP). Nesta modalidade de crime (à distância), a competência para julgá-lo é a do local, no Brasil, em que foi praticado o último ato executório, ou seja, Foz do Iguaçu, conforme estabelece o art. 70, § 1º, do CPP.

Gabarito "B".

(Promotor de Justiça/GO – 2016 - MPE) Sobre a competência penal, marque a alternativa correta:

(A) A competência do Tribunal de Justiça para julgar prefeitos restringe-se aos crimes de competência da Justiça comum estadual; nos demais casos, a competência originária caberá ao respectivo tribunal de segundo grau.
(B) A conexão e a continência importarão unidade de processo e julgamento, salvo no concurso entre a jurisdição comum e a especial.
(C) Instaurados processos diferentes, não obstante a conexão ou continência, a autoridade de jurisdição prevalente deverá avocar os processos que corram perante os outros juízes, inclusive os que já estiverem com sentença definitiva.
(D) A conexão e a continência não consubstanciam formas de alteração da competência, mas de fixação, sendo que sempre resultam na unidade de julgamentos.

A: correta. De acordo com a Súmula 702 do STF, "a competência do Tribunal de Justiça para julgar Prefeitos restringe-se aos crimes de competência da Justiça comum estadual; nos demais casos, a competência originária caberá ao respectivo tribunal de segundo grau". Desse modo, se o crime praticado por prefeito municipal for eleitoral, a competência para julgá-lo será do Tribunal Regional Eleitoral do respectivo Estado; B: incorreta, uma vez que contraria o disposto nos arts. 78, IV, e 79 do CPP (não constitui hipótese de separação de processos); C: incorreta, uma vez que não reflete o disposto no art. 82 do CPP, que estabelece que não será avocado o processo que estiver julgado com sentença definitiva; D: incorreta, pois não corresponde ao que estabelecem os arts. 79, § 2º, e 80 do CPP.

Gabarito "A".

(Ministério Público/GO – 2013) É correto dizer, sobre o incidente de deslocamento de competência para a Justiça Federal, previsto no § 5º do art. 109 da Constituição Federal, introduzido pela Emenda Constitucional 45/2004, que:

(A) fundamenta-se, essencialmente, nos seguintes pressupostos: existência de grave violação a direitos humanos, risco de responsabilização internacional do Brasil decorrente do descumprimento de obrigações jurídicas assumidas em tratados internacionais; e a incapacidade das instâncias e autoridades locais em oferecer respostas efetivas.
(B) é suscitado pelo Procurador-Geral de Justiça dos respectivos Ministérios Públicos estaduais, perante o Supremo Tribunal Federal.
(C) é suscitado pelo Procurador-Geral de Justiça dos Ministérios Públicos estaduais e o juízo de admissibilidade é feito pelo respectivo Tribunal de Justiça que, admitido o incidente, o remete ao Superior Tribunal de Justiça para julgamento.
(D) tem por requisito a ocorrência de crimes tipificados em normas internacionais de direitos humanos, desde que o Brasil seja signatário do respectivo tratado ou convenção; pode ser suscitado na fase de inquérito ou no curso do processo criminal; e é julgado pelo Supremo Tribunal Federal.

A: correta. Conferir: "1. A teor do § 5.º do art. 109 da Constituição Federal, introduzido pela Emenda Constitucional 45/2004, o incidente de deslocamento de competência para a Justiça Federal fundamenta-se, essencialmente, em três pressupostos: a existência de grave violação a direitos humanos; *o risco de responsabilização internacional decorrente do descumprimento de obrigações jurídicas assumidas em tratados internacionais*; e a incapacidade das instâncias e autoridades locais em oferecer respostas efetivas" e, no ponto específico, decidiu-se que: "4. O risco de responsabilização internacional pelo descumprimento de obrigações derivadas de tratados internacionais aos quais o Brasil anuiu (dentre eles, vale destacar, a Convenção Americana de Direitos Humanos, mais conhecido como 'Pacto de San Jose da Costa Rica') é bastante considerável, mormente pelo fato de já ter havido pronunciamentos da Comissão Interamericana de Direitos Humanos, com expressa recomendação ao Brasil para adoção de medidas cautelares de proteção a pessoas ameaçadas pelo tão propalado grupo de extermínio atuante na divisa dos Estados da Paraíba e Pernambuco, as quais, no entanto, ou deixaram

de ser cumpridas ou não foram efetivas. Além do homicídio de Manoel Mattos, outras três testemunhas da CPI da Câmara dos Deputados foram mortos, dentre eles Luiz Tomé da Silva Filho, ex-pistoleiro, que decidiu denunciar e testemunhar contra os outros delinquentes. Também Flávio Manoel da Silva, testemunha da CPI da Pistolagem e do Narcotráfico da Assembleia Legislativa do Estado da Paraíba, foi assassinado a tiros em Pedra de Fogo, Paraíba, quatro dias após ter prestado depoimento à Relatora Especial da ONU sobre Execuções Sumárias, Arbitrárias ou Extrajudiciais. E, mais recentemente, uma das testemunhas do caso Manoel Mattos, o Maximiano Rodrigues Alves, sofreu um atentado a bala no município de Itambé, Pernambuco, e escapou por pouco. Há conhecidas ameaças de morte contra Promotores e Juízes do Estado da Paraíba, que exercem suas funções no local do crime, bem assim contra a família da vítima Manoel Mattos e contra dois Deputados Federais" (STJ, IDC 2/DF, 3.ª Seção, Rel. Min. Laurita Vaz, j. 27.10.2010); **B:** incorreta. Conforme estabelece o art. 109, § 5º, da CF, introduzido pela EC 45/2004, o incidente de deslocamento de competência para a Justiça Federal será suscitado pelo procurador-geral da República (e não pelos procuradores-gerais de Justiça dos MPs estaduais) ao Superior Tribunal de Justiça; **C:** incorreta, tendo em conta o comentário lançado na alternativa anterior; **D:** incorreta. Embora o incidente possa ser suscitado tanto no inquérito quanto no processo, tal deverá ser feito perante o Superior Tribunal de Justiça, e não o Supremo Tribunal Federal, conforme estabelece o art. 109, § 5º, da CF.
Gabarito "A".

(Ministério Público/GO – 2013) Sobre a competência em matéria processual penal é correto afirmar que:

(A) compete ao juízo da infância e da juventude, em razão do princípio da proteção integral, o processamento e julgamento de réu, maior de 18 (dezoito) anos, que pratique crime de estupro de vulnerável (art. 217-A, do Código Penal).
(B) no crime de peculato-desvio, compete ao foro do local para o qual foram destinados os recursos desviados, e não ao foro do local onde efetivamente ocorreu o desvio de recursos públicos, o processamento e julgamento da respectiva ação penal.
(C) tanto pelo Supremo Tribunal Federal, como também pelo Superior Tribunal de Justiça, constitui jurisprudência sumulada que o foro competente para o processo e o julgamento dos crimes de estelionato, sob a modalidade da emissão dolosa de cheque sem provisão de fundos, é o do local onde o agente aufere a vantagem indevida.
(D) nos processos por crime contra a honra, em que for querelante pessoa detentora de foro especial por prerrogativa de função, quando oposta e admitida a exceção da verdade, será esta última julgada pelo juízo especial, que teria competência para julgar a suposta vítima do crime contra honra (querelante).

A: incorreta, uma vez que o Estatuto da Criança e do Adolescente somente terá incidência, no que toca à apuração e processamento de ato infracional, ao adolescente (a partir de 12 anos e menos de 18 anos – arts. 2º e 104, ECA); assim, se o sujeito contar com 18 anos ou mais, o julgamento caberá à Justiça comum, pouco importando a idade da vítima. Cuidado: leva-se em conta, para determinar a incidência das normas do ECA, a idade do sujeito na data do fato (conduta), ainda que a consumação do ato infracional tenha se operado quando ele já atingiu a maioridade. Neste caso, o ECA terá incidência sobre pessoas com idade entre 18 e 21 anos (incompletos), no que concerne às medidas socioeducativas de *semiliberdade* e de *internação* do adolescente, cujo cumprimento deverá, necessariamente, findar até os 21 anos da pessoa, respeitado o período máximo de 3 anos. *Vide*, a esse respeito, Informativo STF 547; **B:** incorreta. Tendo em vista que o *peculato-desvio* (art. 312, *caput*, 2ª parte, do CP) consuma-se no momento em que se dá o efetivo desvio, pouco importando se a vantagem visada é auferida, a competência para o julgamento será do foro do local em que isso ocorreu (desvio), nos termos do art. 70 do CPP; **C:** incorreta, já que não corresponde ao teor das Súmulas 244 do STJ, e 521, do STF, que estabelecem que o foro competente, neste caso, é o do local da *recusa do pagamento*; **D:** correta, nos termos doa art. 85 do CPP.
Gabarito "D".

(Promotor de Justiça/SC – 2016 - MPE)

(1) Para o Código de Processo Penal, verificar-se-á a competência por prevenção toda vez que, concorrendo dois ou mais juízes igualmente competentes ou com jurisdição cumulativa, um deles tiver antecedido aos outros na prática de algum ato do processo ou de medida a este relativa, exceto quando anterior ao oferecimento da denúncia ou da queixa.

1: O erro está na parte final da assertiva: *exceto quando anterior ao oferecimento da denúncia ou da queixa*, quando o correto, segundo estabelece o art. 83 do CPP, seria *ainda que anterior ao oferecimento da denúncia ou da queixa*.
Gabarito 1E

(Promotor de Justiça/SC – 2016 - MPE)

(1) Súmulas do Superior Tribunal de Justiça estabelecem: a) Compete à Justiça Comum Estadual processar e julgar crime praticado contra sociedade de economia mista; b) Compete à Justiça Federal processar e julgar crime em que indígena figure como autor ou vítima.

1: Está correta a parte da proposição em que se afirma que o processamento e julgamento dos crimes praticados contra sociedade de economia mista cabem à Justiça Comum Estadual (Súmula 42, STJ); está incorreta, no entanto, o que se afirma no item "b", já que a competência para julgar crime em que indígena figure como autor ou vítima é da Justiça Comum Estadual (Súmula 140, STJ).
Gabarito 1E

(Promotor de Justiça/SC – 2016 - MPE)

(1) Nos crimes comuns, ao Superior Tribunal de Justiça compete processar e julgar os governadores dos Estados, desembargadores dos Tribunais de Justiça, Procuradores de Justiça, membros do Ministério Público da União e Deputados Estaduais.

1: O Superior Tribunal de Justiça é competente para o julgamento, entre outros, dos governadores dos Estados, desembargadores dos Tribunais de Justiça e procuradores de Justiça (art. 105, I, *a*, da CF); o julgamento dos membros do Ministério Público da União cabe aos Tribunais Regionais Federais (art. 108, I, *a*, da CF); já os deputados estaduais serão processados e julgados pelos Tribunais de Justiça.
Gabarito 1E

(Ministério Público/SP – 2013 – PGMP) Assinale a alternativa INCORRETA.

(A) No julgamento pelo Júri, operada a desclassificação do crime doloso contra a vida para outro, de competência do juiz singular, a este o Juiz-Presidente remeterá o processo para o julgamento do delito resultante da nova tipificação.
(B) Transitada em julgado a sentença condenatória, compete ao Juízo das Execuções a aplicação da lei posterior mais benigna.
(C) Tratando-se de crime permanente, praticado em territórios de duas ou mais comarcas, a competência firma-se pela prevenção.

(D) É do Tribunal do Júri a competência para julgar crimes dolosos contra a vida cometidos por policial militar contra civil.

(E) Nos casos de ação penal exclusivamente privada, o querelante pode optar pelo foro do domicílio ou da residência do querelado, ainda que conhecido o local da infração.

A: incorreta, devendo ser assinalada, dado que, a teor do que estabelece o art. 492, § 1º, do CPP, incumbirá ao juiz, neste caso, proferir sentença, aplicando-se, se da desclassificação operada resultar na prática de infração de menor potencial ofensivo, as regras atinentes ao procedimento sumaríssimo (JECRIM); **B:** correta, pois em conformidade com o entendimento sufragado na Súmula n. 611 do STF, a seguir transcrita: "Transitada em julgado a sentença condenatória, compete ao juízo das execuções a aplicação da lei mais benigna"; **C:** correta, pois reflete o que dispõe o art. 71 do CPP; **D:** correta, pois em conformidade com o que dispõe o art. 9º, parágrafo único, do Código Penal Militar; **E:** correta, pois reflete o disposto no art. 73 do CPP.
Gabarito "A".

(Promotor de Justiça – MPE/BA – CEFET – 2015) Quanto à competência no processo penal, é INCORRETO afirmar que:

(A) Se em qualquer fase do processo o juiz reconhecer motivo que o torne incompetente, declará-lo-á nos autos, haja ou não alegação da parte.

(B) Segundo dispõe o Código de Processo Penal, a incompetência do juízo anula somente os atos decisórios.

(C) De acordo com o Código de Processo Penal, nos casos de conexão e continência, será obrigatória a separação dos processos quando, pelo excessivo número de acusados, houver risco de que seja prolongada a prisão provisória de um deles.

(D) Há conexão intersubjetiva por reciprocidade quando, ocorrendo duas ou mais infrações penais, houverem sido praticadas por várias pessoas umas contra as outras.

(E) O Superior Tribunal de Justiça tem reconhecido que o Tribunal de Justiça Estadual, ao estabelecer a organização e divisão judiciária, pode atribuir a competência para o julgamento de crimes sexuais contra crianças e adolescentes ao Juízo da Vara da Infância e Juventude.

A: correta, pois reflete o que estabelece o art. 109 do CPP; **B:** correta (art. 567, CPP); **C:** incorreta, pois contraria a disposição do art. 80 do CPP; **D:** correta. Na chamada *conexão intersubjetiva por reciprocidade* (art. 76, I, *in fine*, do CPP), como a própria denominação sugere, temos que os agentes cometem os crimes uns contra os outros, o que torna conveniente que a apuração seja conjunta. Como exemplo, podemos imaginar o cenário em que torcedores rivais, antes ou após o jogo de seus times, se agridem de forma recíproca. Perceba que, aqui, todos os envolvidos são vítimas e réus ao mesmo tempo: agrediram e foram agredidos; **E:** correta. Na jurisprudência do STJ: "(...) O Supremo Tribunal Federal, em hipótese idêntica, se posicionou no sentido de que Tribunal de Justiça estadual, ao estabelecer a organização e divisão judiciária, pode atribuir a competência para o julgamento de crimes sexuais contra crianças e adolescentes ao Juízo da Vara da Infância e Juventude, por agregação, ou a qualquer outro Juízo que entender adequado (...)" (RHC 33.531/RS, Rel. Ministra Laurita Vaz, Quinta Turma, julgado em 25.02.2014, *DJe* 12.03.2014).
Gabarito "C".

(Ministério Público/MG – 2012 – CONSULPLAN) De acordo com o Código de Processo Penal, assinale a alternativa **CORRETA**, considerando como Verdadeiras ou Falsas as proposições abaixo:

( ) Determinarão a competência jurisdicional: o lugar da ação, o domicílio ou residência do réu, a natureza da infração, a distribuição, a conexão ou continência, a prevenção, a prerrogativa de função.

( ) Quando incerta a jurisdição por ter sido a infração consumada ou tentada nas divisas de duas ou mais jurisdições, a competência firmar-se-á pela prevenção.

( ) Se o tribunal do júri desclassificar a infração para outra atribuída à competência do juiz singular, a este serão remetidos os autos para julgamento.

( ) A competência será determinada pela continência no caso de concurso formal, erro na execução e resultado diverso do pretendido.

(A) F, V, F, V.
(B) F, F, F, V.
(C) V, F, V, F.
(D) V, V, V, F.

1ª afirmativa: exceção ao "lugar da ação", os demais critérios fazem parte do rol do art. 69 do CPP. Incorreta, portanto; 2ª afirmativa: correta, pois reflete o que estabelece o art. 70, § 3º, do CPP; 3ª afirmativa: incorreta. Neste caso, a sentença ficará a cargo do juiz-presidente do Tribunal do Júri, que a proferirá de imediato. É o teor do art. 492, § 1º, do CPP; 4ª assertiva: correta, visto que reflete o disposto no art. 77, II, do CPP.
Gabarito "A".

(Ministério Público/MT – 2012 – UFMT) Consoante entendimento do Superior Tribunal de Justiça, analise as assertivas abaixo.

I. Compete ao juízo do local da obtenção da vantagem ilícita processar e julgar crime de estelionato cometido mediante falsificação de cheque.

II. Compete à Justiça Estadual comum, na vigência da Constituição de 1988, o processo por contravenção penal, exceto se praticada em detrimento de bens, serviços ou interesse da União ou de suas entidades.

III. Compete ao foro do local da recusa processar e julgar o crime de estelionato mediante cheque sem provisão de fundos.

IV. Excluído do feito o ente federal, cuja presença levara o juiz estadual a declinar da competência, deve o juiz federal suscitar o conflito.

V. Compete à Justiça Comum estadual processar e julgar delito decorrente de acidente de trânsito envolvendo viatura de polícia militar, salvo se autor e vítima forem policiais militares em situação de atividade.

Está correto o que se afirma em:

(A) I, III e V, apenas.
(B) I e III, apenas.
(C) I, II e III, apenas.
(D) II, IV e V, apenas.
(E) I, III, IV e V, apenas.

I: correta, pois em consonância com o entendimento firmado na Súmula 48 do STJ; **II:** incorreta. Ainda que praticada em detrimento de bens, serviços ou interesse da União ou de suas entidades, a contravenção penal, em qualquer caso, deve ser processada e julgada perante a Justiça Estadual comum (Súmula 38 do STJ); **III:** correta, já que corresponde ao teor das Súmulas 244, do STJ, e 521, do STF; **IV:** incorreta, pois contraria o entendimento firmado na Súmula 224, STJ; **V:** correta, porquanto em conformidade com o teor da Súmula 6 do STJ.
Gabarito "A".

(Ministério Público/SP – 2012 – VUNESP) A respeito das normas relativas à fixação da competência, contidas no Código de Processo Penal, considere:

I. A competência territorial será, de regra, determinada pelo lugar em que se consumar a infração ou, no caso de tentativa, pelo lugar em que for praticado o último ato de execução; não sendo este conhecido, regular-se-á pelo domicílio ou residência do réu e se este tiver mais de uma residência pela prevenção.
II. É relativa a nulidade decorrente da inobservância da competência firmada pela prevenção.
III. Excetuados os casos de competência do Tribunal do Júri, verificada a reunião dos processos por conexão ou continência, se o juiz, no processo de sua competência, proferir sentença absolutória ou desclassificatória da infração para outra que não se inclua na sua competência, cessará a competência em relação aos demais processos, impondo-se a remessa dos autos ao juiz competente.
IV. Entre outras hipóteses, a competência será determinada pela continência quando duas ou mais pessoas forem acusadas da mesma infração e nos casos de concurso formal e crime continuado.

Está correto o que se afirma APENAS em

(A) I e II.
(B) I e III.
(C) II e III.
(D) II e IV.
(E) III e IV.

I: correta, visto que em conformidade com o que estabelecem os arts. 70, *caput*, e 72, *caput* e § 1º, ambos do CPP; **II**: correta, já que em consonância com o posicionamento sufragado na Súmula 706, STF: "É relativa a nulidade decorrente da inobservância da competência penal por prevenção."; **III**: incorreta, pois contraria o que estabelece o art. 81 do CPP; **IV**: incorreta, pois o crime continuado não foi contemplado no art. 77 do CPP, que estabelece que a competência será determinada pela continência tão somente nos casos de concurso de pessoas e concurso formal de delitos.
Gabarito "A".

(Ministério Público/TO – 2012 – CESPE) A respeito de jurisdição e competência, assinale a opção correta.

(A) Será do tribunal do júri a competência para o processo e o julgamento de membro do MP acusado de praticar crime doloso contra a vida.
(B) No caso de ação penal privada, prevalece, no processo penal, a competência de foro, sendo preponderante o interesse do querelante quando se trata da distribuição territorial da competência.
(C) Não consubstanciam transgressão ao princípio do juiz natural as regras que estabelecem a competência originária dos tribunais para o processo e o julgamento de determinadas pessoas em razão de prerrogativa de função.
(D) A incompetência absoluta do juízo anula somente os atos decisórios, devendo o processo, quando declarada sua nulidade, ser remetido ao juiz competente.

A: incorreta. Magistrados e membros do Ministério Público acusados de crime doloso contra a vida serão processados e julgados perante o tribunal ao qual estão vinculados. É que a jurisprudência consolidou o entendimento segundo o qual, na hipótese de ambas as competências (no caso, Júri e prerrogativa de função) estarem contempladas na Constituição Federal, deverá prevalecer a competência em razão da prerrogativa de função. É o que se infere da leitura da Súmula 721, do STF; **B**: incorreta. Neste caso, a ação poderá ser proposta no foro do domicílio ou residência do réu, mesmo que conhecido o lugar em que ocorreu a infração (art. 73 do CPP); **C**: correta. Não há que se falar em violação ao princípio do juiz natural se as regras que estabelecem a competência originária dos tribunais para o processo e julgamento de determinadas pessoas em razão de prerrogativa de função estiverem baseadas em critérios objetivos. Consultar Súmula 704 do STF; **D**: incorreta. A regra contida no art. 567 do CPP não tem incidência no âmbito da incompetência absoluta.
Gabarito "C".

(Procurador da República – PGR – 2013) Assinale a alternativa correta:

(A) Não obstante evidente conexão entre crimes de competência da Justiça Federal e contravenções penais, compete à Justiça Estadual julgar acusado da contravenção penal, devendo haver desmembramento da persecução penal;
(B) Pessoa condenada na Justiça Estadual é transferida de presídio estadual para presídio federal. A competência para a execução penal permanece na Justiça Estadual;
(C) A competência para julgamento de crimes ambientais é, em regra, da Justiça Federal, com exceção daqueles cometidos em terras indígenas;
(D) Segundo a Lei 9.613/1998, os crimes de lavagem de capitais não têm persecução penal na Justiça Estadual.

A: correta. De fato, ainda que haja conexão entre crimes de competência da Justiça Federal e contravenções penais, o julgamento destas caberá à Justiça Estadual, não se aplicando o teor da Súmula 122 do STJ, que impõe o julgamento conjunto pela Justiça Federal. De acordo com a Súmula 38, STJ: "Compete à Justiça Estadual Comum, na vigência da Constituição de 1988, o processo por contravenção penal, ainda que praticada em detrimento de bens, serviços ou interesse da União ou de suas entidades". Conferir: "Agravo regimental no conflito negativo de competência. Contravenções penais. Ilícitos que devem ser processados e julgados perante o juízo comum estadual, ainda que ocorridos em face de bens, serviços ou interesse da união ou de suas entidades. Súmula 38 desta corte. Configuração de conexão probatória entre contravenção e crime, este de competência da justiça comum federal. Impossibilidade, até nesse caso, de atração da jurisdição federal. Regras processuais infraconstitucionais que não se sobrepõem ao dispositivo de extração constitucional que veda o julgamento de contravenções pela justiça federal (art. 109, IV, da Constituição da República). Declaração da competência do juízo de direito do juizado especial cível da comarca de Florianópolis/SC para o julgamento da contravenção penal prevista no art. 68, do Decreto-lei 3.688, de 3 de outubro de 1941. Agravo desprovido. 1. É entendimento pacificado por esta Corte o de que as contravenções penais são julgadas pela Justiça Comum Estadual, mesmo se cometidas em detrimento de bens, serviços ou interesses da União ou de suas entidades. Súmula 38 desta Corte. 2. Até mesmo no caso de conexão probatória entre contravenção penal e crime de competência da Justiça Comum Federal, aquela deverá ser julgada na Justiça Comum Estadual. Nessa hipótese, não incide o entendimento de que compete à Justiça Federal processar e julgar, unificadamente, os crimes conexos de competência federal e estadual (súmula 122 desta Corte), pois tal determinação, de índole legal, não pode se sobrepor ao dispositivo de extração constitucional que veda o julgamento de contravenções por Juiz Federal (art. 109, IV, da Constituição da República). Precedentes. 3. Agravo regimental desprovido. Mantida a decisão em que declarada a competência do Juízo de Direito do Juizado Especial Cível da Comarca de Florianópolis/SC para o julgamento da contravenção penal prevista no art. 68, do Decreto-Lei 3.688, de 3 de outubro de 1941" (AGRCC 201102172177, Laurita Vaz, STJ, 3ª Seção, *DJE*

07.03.2012); **B:** incorreta. Nos termos do art. 2º da Lei 11.671/2008, *a atividade jurisdicional de execução penal nos estabelecimentos penais federais será desenvolvida pelo juízo federal da seção ou subseção judiciária em que estiver localizado o estabelecimento penal federal de segurança máxima ao qual for recolhido o preso*. Na jurisprudência "A execução da pena privativa de liberdade, no período em que durar a permanência do preso no estabelecimento penal federal de segurança máxima, ficará a cargo do Juízo Federal, conforme dispõe o art. 4º, § 1º, da Lei 11.671/2008, sendo possível, portanto, ao Juízo se valer de quaisquer das medidas previstas no art. 66 da Lei de Execução Penal, inclusive, em tese, a concessão do benefício da progressão de regime, ocasião em que o Departamento Penitenciário Nacional providenciará o retorno do apenado ao local de origem (art. 11 do Decreto 6.877/2009)" (STJ, CC 125.871/RJ, Rel. Min. Marco Aurélio Bellizze, 3ª Seção, julgado em 08.05.2013); **C:** incorreta. Ao contrário do que se afirma, é tranquilo o entendimento jurisprudencial segundo o qual a competência para o julgamento dos crimes contra o meio ambiente é, em regra, da Justiça Estadual, pois, na proteção ambiental, não há, em princípio, interesse direto da União, de autarquias ou empresas públicas federais. Agora, se os crimes contra o meio ambiente forem perpetrados em prejuízo de bens, serviços ou interesses da União, suas autarquias ou empresas públicas, a competência, neste caso, será da Justiça Federal (art. 109, IV, da CF); **D:** incorreta. A competência para o julgamento dos crimes previstos na Lei 9.613/1998, tal como ocorre nos crimes ambientais, é, em regra, da Justiça Estadual, salvo nas hipóteses elencadas no art. 2º, III, *a* e *b*, da Lei 9.613/1998.

Gabarito "A".

(Procurador da República – 26º) Assinale a alternativa falsa:

(A) Para que se afirme a competência federal para processar e julgar os crimes previstos em tratados ou convenções internacionais não basta a mera previsão do delito em tais diplomas, sendo necessária a presença de uma relação de transnacionalidade;

(B) A Emenda Constitucional 45/2004, comumente chamada de Reforma do Judiciário, estabeleceu a competência exclusiva da Justiça Federal para processar e julgar os crimes contra as direitos humanos;

(C) A Justiça Federal é competente para processar e julgar, ressalvada a competência da Justiça Militar, os crimes cometidos a bordo de navios ou aeronaves, entendendo-se por navio apenas as embarcações de grande porte, aptas a realizar viagens marítimas. No que se refere às aeronaves, a jurisprudência tende a incluir na competência federal quaisquer delitos cometidos a bordo de aviões que estejam realizando transporte aéreo entre aeroportos;

(D) Compete à Justiça Federal processar e julgar os crimes contra a organização do trabalho nos quais tenham sido afetadas as instituições do trabalho ou os direitos dos trabalhadores coletivamente considerados;

A: correta, nos termos do art. 109, V, da CF; **B:** incorreta, devendo ser assinalada, pois não corresponde ao que estabelece o art. 109, § 5º, da CF, dado que o julgamento pela Justiça Federal está condicionado à atuação do Procurador-geral da República, a quem cabe suscitar, perante o STJ, incidente de deslocamento de competência; **C:** correta, nos termos do art. 109, IX, da CF. Também é verdade que a jurisprudência firmou entendimento no sentido de que "navio", neste caso, deve ser entendido como embarcação de grande porte. No mais, procede também a afirmação, feita na última parte da assertiva, de que, de acordo com a jurisprudência, é da competência da Justiça Federal os delitos cometidos a bordo de aviões que estejam realizando transporte aéreo entre aeroportos; **D:** correta, pois corresponde a entendimento firmado na jurisprudência, que estabelece que os crimes contra a organização do trabalho (arts. 197 a 207 do CP) serão processados e julgados pela Justiça Federal na hipótese de a conduta ofender, além da individualidade do trabalhador, a organização geral do trabalho ou os direitos dos trabalhadores coletivamente considerados (art. 109, VI, 1ª parte, da CF).

Gabarito "B".

(Procurador da República – 25º) Sobre matéria de competência derivada da prerrogativa da função, vejam-se as seguintes assertivas:

I. O foro por prerrogativa de função fixado em Constituição Estadual, em favor de vereador, não deve prevalecer sobre a competência do tribunal do júri, consoante entendimento sedimentado pelo STF.

II. Prefeitos e Deputados Estaduais têm foro junto ao TRF respectivo, no caso de crimes da competência da justiça federal, consoante entendimento sumulado pelo STF.

III. Prefeitos têm foro por prerrogativa de função fixado no Tribunal de Justiça, mesmo para crimes da competência da justiça federal, por força do disposto no artigo 29, X da Constituição, consoante entendimento sedimentado no STF.

IV. Consoante entendimento sedimentado pelo STF, Prefeitos têm foro perante o TRF nos casos de crimes da competência da justiça federal, embora o princípio da simetria venha sendo também estendido aos Deputados Estaduais, pela jurisprudência.

V. Pelo princípio da simetria, Promotores de Justiça têm foro por prerrogativa de função perante o Tribunal de Justiça e Procuradores de Justiça, perante o STJ.

(A) III está correta
(B) I e IV estão corretas
(C) I, IV e V estão corretas
(D) I e II estão corretas

I: assertiva correta, pois corresponde ao entendimento firmado na Súmula 721 do STF: "A competência constitucional do Tribunal do Júri prevalece sobre o foro por prerrogativa de função estabelecido exclusivamente pela Constituição estadual"; **II:** prefeitos e deputados estaduais serão julgados, pela prática de crime de competência da Justiça Federal, pelo Tribunal Regional Federal respectivo. Até aqui a assertiva está correta. Sucede que somente é objeto de entendimento sumular a previsão de julgamento dos prefeitos pelo TRF (Súmula 702 do STF: "A competência do Tribunal de Justiça para julgar prefeitos restringe-se aos crimes de competência da Justiça Comum Estadual; nos demais casos, a competência originária caberá ao respectivo Tribunal de segundo grau"); embora correto, o julgamento, pelo TRF, dos deputados estaduais autores de crime federal não se encontra contemplado em súmula; **III:** incorreta, pois contraria a Súmula 702 do STF, que estabelece que, se o crime praticado por prefeito for da competência da Justiça Federal, o seu julgamento caberá ao TRF respectivo; **IV:** correta, em vista dos comentários acima; **V:** a competência, neste caso, é do TJ.

Gabarito "B".

7. QUESTÕES E PROCESSOS INCIDENTES

(Ministério Público /MG – 2014) Acerca dos sistemas teóricos de resolução da competência jurisdicional das questões prejudiciais, assinale a alternativa **INCORRETA**:

(A) Denomina-se sistema de cognição incidental aquele em que o juiz que conhece da ação deva conhecer da exceção.

(B) No sistema da prejudicialidade obrigatória, o juiz criminal deve conhecer da exceção.

(C) Prepondera o Juízo de acordo com a natureza da exceção, no sistema da prejudicialidade facultativa.
(D) Na legislação brasileira, prevalece o modelo eclético, implicando soluções da prejudicial tanto pelo juiz penal como extrapenal.

A: assertiva correta. No chamado sistema de *cognição incidental* (ou do predomínio da jurisdição penal), a competência do juízo penal se estende ao exame das questões prejudiciais, mesmo em relação àquelas pertencentes a outro ramo do direito (questão heterogênea); **B:** assertiva incorreta, devendo ser assinalada. Pelo sistema da *prejudicialidade obrigatória* (ou sistema da separação jurisdicional absoluta), ao juiz criminal, diferente do que se afirma na assertiva, é vedado conhecer da questão prejudicial, que será, por essa razão, remetida ao juízo competente; **C:** assertiva correta. No sistema da *prejudicialidade facultativa*, como o próprio nome sugere, é facultado ao juiz decidir sobre a questão prejudicial heterogênea; **D:** assertiva correta. Pelo sistema adotado no Brasil (misto ou eclético), coexistem os sistemas obrigatório (art. 92, CPP) e facultativo (art. 93, CPP).
Gabarito "B".

(Ministério Público /MG – 2014) Sobre as medidas assecuratórias, assinale a alternativa **INCORRETA**:

(A) A hipoteca legal sobre os imóveis do indiciado poderá ser requerida pelo ofendido em qualquer fase do processo, desde que haja certeza da infração e indícios suficientes da autoria.
(B) Caberá ao Ministério Público promover a hipoteca legal e o arresto se o ofendido for pobre e o requerer.
(C) A medida assecuratória de sequestro não é cabível em bens móveis.
(D) O juiz determinará a alienação antecipada dos bens quando houver dificuldade para sua manutenção.

A: assertiva correta, pois corresponde ao disposto no art. 134 do CPP, que estabelece que, para ser decretada a hipoteca legal, são necessários *certeza da infração penal* (prova da materialidade) e *indícios suficientes de autoria*; **B:** assertiva correta, nos termos do art. 142 do CPP; **C:** assertiva incorreta, devendo ser assinalada (art. 132, CPP); **D:** assertiva correta (art. 144-A, *caput*, do CPP).
Gabarito "C".

(Ministério Público/ES – 2013 – VUNESP) De acordo com o Código de Processo Penal, a arguição de suspeição do promotor de justiça suscitada em primeira instância será decidia pelo

(A) procurador-geral de justiça, com direito a recurso.
(B) Tribunal de Justiça, sem a possibilidade de recurso.
(C) juiz de direito, com direito a recurso.
(D) juiz de direito, sem direito a recurso.
(E) procurador-geral de justiça, sem direito a recurso.

Conferir a redação do art. 104 do CPP: "Se for arguida a suspeição do órgão do Ministério Público, o juiz, depois de ouvi-lo, decidirá, sem recurso, podendo antes admitir a produção de provas no prazo de 3 (três) dias".
Gabarito "D".

(Ministério Público /MG – 2013) Assinale a alternativa **FALSA**:

(A) Insatisfeita a parte com a solução do incidente de restituição, ela deverá procurar o juízo cível para provar o seu direito.
(B) Duvidoso ou não o direito existente sobre o objeto apreendido, haverá a prévia manifestação do Ministério Público.
(C) Independentemente do direito do possuidor, deixarão de ser devolvidos os instrumentos do crime cujo porte constitua crime por si.

(D) A coisa apreendida em decorrência da prática criminosa pode ser devolvida ao proprietário pela autoridade policial ou pelo juiz.

A: assertiva falsa, devendo ser assinalada. Insatisfeita a parte com a solução dada ao incidente de restituição, deverá, em vista do que dispõe o art. 593, II, do CPP, interpor recurso de *apelação*; a remessa das partes ao juízo cível será a providência a ser adotada diante da ocorrência de dúvida sobre quem seja o verdadeiro dono da coisa apreendida (art. 120, § 4º, do CPP); **B:** assertiva correta, pois reflete a regra disposta no art. 120, § 3º, do CPP; **C:** assertiva correta (art. 91, II, *a*, do CP); **D:** assertiva correta (art. 120, *caput*, do CPP).
Gabarito "A".

(Ministério Público /MG – 2013) Assinale a alternativa **FALSA**:

(A) O juiz que afirmar sua suspeição deverá fazê-lo por escrito e fundamentadamente, anulando os atos decisórios eventualmente praticados e remetendo os autos ao substituto legal.
(B) Sujeitam-se também à arguição de suspeição os peritos, intérpretes, serventuários da justiça e as autoridades policiais, decidindo o juiz de plano, diante da prova imediata.
(C) Se for arguida a suspeição do membro do Ministério Público, este será ouvido, encaminhando-se os autos ao juiz para decisão, podendo antes determinar a produção de prova.
(D) No tribunal do júri, a suspeição de jurado é suscitada oralmente e o juiz decidirá depois de ouvi-lo e, se for o caso, avaliar a comprovação a ser imediatamente apresentada.

A: assertiva correta (arts. 97 e 564, I, do CPP); **B:** assertiva incorreta, devendo ser assinalada, o erro da assertiva está na afirmação de que as autoridades policiais se sujeitam à arguição de suspeição (art. 107, CPP); **C:** assertiva correta (art. 104, CPP); **D:** assertiva correta (art. 106, CPP).
Gabarito "B".

(Ministério Público/MT – 2012 – UFMT) Relativamente ao impedimento do Juiz previsto no Código de Processo Penal, analise as assertivas abaixo.

I. O Juiz não poderá exercer jurisdição no processo em que tiver funcionado seu cônjuge ou parente, consanguíneo ou afim, em linha reta ou colateral até o segundo grau, inclusive, como defensor ou advogado, órgão do Ministério Público, autoridade policial, auxiliar da justiça ou perito.
II. O Juiz não poderá exercer jurisdição no processo em que ele próprio houver desempenhado as funções de defensor ou advogado, órgão do Ministério Público, autoridade policial, auxiliar da justiça, perito ou servido como testemunha.
III. O Juiz não poderá exercer jurisdição no processo em que tiver funcionado como Juiz de outra instância, pronunciando-se, de fato ou de direito, sobre a questão.
IV. O Juiz não poderá exercer jurisdição no processo em que ele próprio ou seu cônjuge ou parente, consanguíneo ou afim em linha reta ou colateral até o segundo grau, inclusive, for parte ou diretamente interessado no feito.

Estão corretas as assertivas:

(A) I e II, apenas.
(B) II e III, apenas.

(C) I e III, apenas.
(D) II, III e IV, apenas.
(E) I, II, III e IV.

I: assertiva incorreta, pois não corresponde à redação do art. 252, I, do CPP; **II:** correta, pois em consonância com o disposto no art. 252, II, do CPP; **III:** correta, pois em conformidade com o que estabelece o art. 252, III, do CPP; **IV:** incorreta, visto que não reflete o disposto no art. 252, IV, do CPP.
Gabarito "B".

(Ministério Público/RR – 2012 – CESPE) Assinale a opção correta com referência a questões e processos incidentes.

(A) Considera-se questão prejudicial homogênea a exceção da verdade no crime de calúnia.
(B) A medida assecuratória de sequestro tem como finalidade precípua a garantia de ressarcimento dos danos causados pela infração penal à vítima, do pagamento das penas pecuniárias e das despesas do processo, recaindo sobre qualquer bem do réu, móveis ou imóveis.
(C) O incidente de falsidade tem por escopo exclusivo o exame de falsidade material e, qualquer que seja a decisão, não fará coisa julgada em prejuízo de ulterior processo penal ou civil.
(D) Constitui requisito essencial de admissibilidade de incidente de insanidade mental a dúvida manifesta acerca da integridade mental do acusado ou réu, podendo ser instaurado em qualquer fase da persecução penal, ensejando a suspensão do processo e do prazo prescricional.
(E) As questões prejudiciais, controvérsias que se apresentam tanto na fase investigativa quanto na etapa processual e das quais depende a existência do crime, demandam solução antecipada.

A: correta. Diz-se homogênea porquanto a questão prejudicial (exceção da verdade) tem natureza penal; **B:** incorreta. No sequestro, é imprescindível que a medida recaia sobre bens móveis ou imóveis adquiridos com o produto do lucro do crime (proventos da infração). É o teor dos arts. 125 e 132 do CPP. No mais, o sequestro se presta ao ressarcimento ou a reparação civil do dano causado pela infração penal; **C:** incorreta. No incidente de falsidade, esta poderá recair sobre o aspecto material do documento ou ainda sobre o seu conteúdo ideológico. A segunda parte da assertiva, que trata do efeito do reconhecimento da falsidade, está correta, pois de acordo com o que estabelece o art. 148 do CPP; **D:** incorreta. Basta, à admissibilidade do incidente de insanidade mental do acusado, que poderá ser determinado pelo juiz tanto na fase de inquérito quanto no curso da ação penal, a dúvida razoável acerca da imputabilidade do réu. Ademais, a despeito de o processo permanecer suspenso, o prazo prescricional não sofre solução de continuidade; **E:** incorreta. O inquérito policial não comporta a incidência de questão prejudicial.
Gabarito "A".

(Promotor de Justiça/SC – 2016 - MPE)

(1) Se a decisão sobre a existência da infração depender da solução de controvérsia, que o juiz repute séria e fundada, sobre o estado civil das pessoas, o curso da ação penal ficará suspenso pelo prazo de 90 (noventa) dias, que poderá ser prorrogado uma única vez, se a demora não for imputável à parte. Expirado o prazo, sem que o juiz cível tenha proferido decisão, o juiz criminal fará prosseguir o processo, retomando sua competência para resolver toda a matéria da acusação ou da defesa.

1: O enunciado descreve hipótese de questão prejudicial *obrigatória*. Prevista no art. 92 do CPP, é aquela que necessariamente enseja a suspensão do processo, sendo tão somente suficiente que o magistrado do juízo criminal a repute séria e fundada. Aqui, o juiz deverá determinar a paralisação do feito até que o juízo cível emita sua manifestação. O legislador não estabeleceu prazo durante o qual o curso da ação penal permanecerá suspenso. Envolve questões atinentes à própria existência do crime. É importante que se diga que, segundo preleciona o art. 116, I, do CP, o curso da prescrição ficará suspenso. Já na questão prejudicial *facultativa*, contida no art. 93 do CPP, o magistrado tem a faculdade, não a obrigação, de suspender o processo. São questões que não envolvem o estado das pessoas. Somente neste caso (prejudicial facultativa) o juiz, depois de transcorrido o prazo por ele estabelecido, poderá fazer prosseguir o processo, retomando sua competência para resolver a matéria da acusação ou da defesa.
Gabarito 1E

(Promotor de Justiça/SC – 2016 - MPE)

(1) Conforme prevê o Código de Processo Penal, ao tratar do incidente de falsidade, arguida, por escrito, a falsidade de documento constante dos autos, o juiz observará o seguinte processo: a) mandará autuar em apartado a impugnação e, em seguida, ouvirá a parte contrária, que, no prazo de 2 (dois) dias, oferecerá resposta; b) assinará o prazo de 5 (cinco) dias, sucessivamente, a cada uma das partes, para prova de suas alegações; c) conclusos os autos, poderá ordenar as diligências que entender necessárias; d) se reconhecida a falsidade, mandará desentranhar o documento e remetê-lo, com os autos do processo incidente, ao Ministério Público. Desta decisão é cabível recurso em sentido estrito.

1: Depois de mandar autuar em apartado a impugnação, o juiz ouvirá a parte contrária, que, dentro do prazo de 48 horas (e não 2 dias), oferecerá resposta, tal como estabelece o art. 145, I, do CPP; após, assinará o prazo de 3 dias (e não de 5), sucessivamente, a cada uma das partes, para prova de suas alegações (art. 145, II, do CPP); conclusos os autos, poderá ordenar as diligências que reputar necessárias (art. 145, III, do CPP); reconhecida a falsidade, o juiz determinará, por decisão contra a qual não cabe recurso, o desentranhamento do documento e o remeterá ao MP (art. 145, IV, do CPP).
Gabarito 1E

8. PRERROGATIVAS DO ACUSADO

(Ministério Público/DF – 2013) **NÃO INTEGRA** o ordenamento processual penal brasileiro:

(A) O direito do preso a ser conduzido sem demora à presença de autoridade judiciária.
(B) O direito do acusado a receber comunicação prévia e pormenorizada da acusação formulada em seu desfavor.
(C) O direito a recorrer da sentença monocrática condenatória.
(D) O direito a que, quando realizada por defensor público ou dativo, a defesa técnica seja exercida por meio de manifestação fundamentada.
(E) O direito a ser pessoalmente ouvido pela autoridade judiciária competente antes do recebimento da denúncia.

A: assertiva correta, embora tal garantia não esteja contemplada, de forma expressa, na CF/1988, a Convenção Americana sobre Direitos Humanos (Pacto de San José da Costa Rica), incorporada ao ordenamento jurídico brasileiro, em seu art. 7º (5), assim estabelece: "Toda pessoa presa, detida ou retida deve ser conduzida, sem demora, à presença de um juiz ou outra autoridade autorizada por lei a exercer funções judiciais (...)"; **B:** assertiva correta, garantia contemplada no art. 8º, 2, *b*, da Convenção Americana sobre Direitos Humanos; **C:** assertiva correta, garantia contemplada no art. 8º, 2, *h*, da Convenção Americana sobre Direitos Humanos; **D:** assertiva correta, direito previsto no art. 261, parágrafo único, do CPP; **E:** assertiva incorreta, devendo ser assinalada, garantia não contemplada no ordenamento processual penal brasileiro.

Gabarito "E".

9. PROVAS

(Promotor de Justiça – MPE/AM – FMP – 2015) A respeito das provas no processo penal, assinale a alternativa incorreta.

(A) A confissão será divisível e retratável, sem prejuízo do livre convencimento do juiz, fundado no exame das provas em conjunto.

(B) Se o juiz verificar que a presença do réu poderá causar humilhação, temor ou sério constrangimento à testemunha ou ao ofendido, de modo que prejudique a verdade do depoimento, determinará a pronta retirada do réu da sala de audiência, prosseguindo na inquirição, com a presença do seu defensor.

(C) À exceção do exame de corpo de delito, o juiz ou a autoridade policial negará a perícia requerida pelas partes, quando não for necessária ao esclarecimento da verdade.

(D) Se qualquer testemunha houver de ausentar-se, ou, por enfermidade ou por velhice, inspirar receio de que, ao tempo da instrução criminal, já não exista, o juiz poderá, de ofício ou a requerimento de qualquer das partes, tomar-lhe antecipadamente o depoimento.

(E) Os documentos originais, juntos a processo findo, quando não exista motivo relevante que justifique a sua conservação nos autos, poderão, mediante requerimento, e ouvido o Ministério Público, ser entregues à parte que os produziu, ficando traslado nos autos.

A: correta. A confissão, de fato, é *retratável* e *divisível*, devendo o juiz, ao apreciá-la, fazê-lo em conjunto com as demais provas reunidas no processo (art. 200, CPP); **B:** incorreta, visto que, neste caso, caberá ao juiz, antes de determinar a retirada do réu da sala de audiências, procurar proceder à inquirição por videoconferência; não sendo isso possível, aí sim o juiz providenciará a retirada do acusado. Além disso, estas providências e suas justificativas devem constar do termo de audiência. É o que estabelece o art. 217 do CPP; **C:** correta, nos termos do art. 184 do CPP; **D:** correta (art. 225, CPP); **E:** correta (art. 238, CPP).

Gabarito "B".

(Promotor de Justiça – MPE/RS – 2017) Em uma ação penal o Ministério Público, durante a instrução, junta documento em língua estrangeira. Intimada a defesa especificamente sobre o documento, esta silencia. No momento de requerer diligências do art. 402 do Código de Processo Penal, Ministério Público e defesa nada requerem. Oferecidas alegações finais orais, o Ministério Público vale-se do documento em língua estrangeira para pedir a condenação. A defesa, por sua vez, produz eficiente defesa sem fazer referência ao documento em língua estrangeira. Concluso para sentença, considerando o documento em língua estrangeira, o juiz deverá

(A) determinar a conversão do julgamento em diligência para que seja providenciada a tradução do documento por tradutor público, ou, na falta, por pessoa idônea a ser nomeada pelo juízo, independentemente da solução ser condenatória ou absolutória, ou ainda do uso do documento nesta solução.

(B) ordenar o desentranhamento do documento já que em todos os atos e termos do processo é obrigatório o uso da língua portuguesa e não foi providenciada a sua tradução em momento oportuno.

(C) decidir pela conversão do julgamento em diligência para que seja providenciada a tradução do documento por tradutor público, ou, na falta, por pessoa idônea a ser nomeada pelo juízo, apenas se for condenar o acusado e valer-se do documento para tanto.

(D) apreciar livremente a prova produzida, inclusive quanto ao documento em língua estrangeira, uma vez que a sua tradução não é obrigatória.

(E) resolver pela conversão do julgamento em diligência para que o Ministério Público e a defesa juntem cada um a sua versão em língua portuguesa do documento em língua estrangeira.

Tal como estabelece o art. 236 do CPP, a tradução dos documentos em idioma estrangeiro somente será realizada quando se revelar *necessária*.

Gabarito "D".

(Ministério Público/DF – 2013) Assinale a alternativa **INCORRETA:**

(A) O ônus da prova, na ação penal condenatória, recai sobre a acusação.

(B) O Código de Processo Penal faz distinção entre provas e elementos informativos.

(C) A prova oral pode, em dadas situações, prevalecer sobre a prova pericial, na avaliação judicial dos fatos que são o objeto da imputação.

(D) O Código de Processo Penal considera a "fonte independente" como exceção à proibição de utilização das provas ilícitas por derivação.

(E) Nos termos do Código de Processo Penal, o juiz não pode determinar, de ofício, a produção antecipada de provas urgentes e relevantes, no curso do inquérito policial.

A: assertiva correta. É fato que o *ônus da prova* deve, conforme estabelece o art. 156 do CPP, ser atribuído às partes, que compartilham, portanto, a incumbência de demonstrar o quanto alegado. Sucede que esta regra deve ser compatibilizada com o princípio da presunção de inocência (art. 5º, LVII, da CF). Em assim sendo, pode-se dizer que o ônus da prova, na ação penal condenatória, no que toca à apresentação da imputação em juízo, cabe à acusação. De outro lado, cabe à defesa do acusado demonstrar qualquer circunstância que tenha o condão de refutar a acusação, visto que não pode ser imposta ao autor da ação penal a obrigação de provar fato negativo; **B:** assertiva correta. Os chamados *elementos de informação* são colhidos durante a fase de investigação (art. 155, CPP), em que não vigoram contraditório nem ampla defesa; não há, neste caso, participação das "partes"; já as *provas* são produzidas em processo judicial, sob o crivo do contraditório e com a participação da acusação e da defesa; **C:** assertiva correta. O sistema de valoração de provas que adotamos, o da *livre convicção* ou *persuasão racional* (art. 155, CPP), estabelece que o convencimento do juiz não deve subordinar-se a critérios predeterminados de valoração da prova, nada impedindo, bem por isso, que uma prova oral prevaleça sobre uma prova pericial; **D:** assertiva correta. O art. 157, § 1º, do CPP, cuja redação foi conferida pela Lei 11.690/2008, fez, em relação às provas ilícitas por derivação, a seguinte ressalva: "(...) *salvo quando não evidenciado o nexo de causalidade entre umas e outras, ou quando as derivadas puderem ser obtidas por uma fonte independente das primeiras*"; **E:**

assertiva incorreta, devendo ser assinalada, pois não reflete o teor do art. 156, I, do CPP, que confere ao juiz a prerrogativa de ordenar, de ofício, mesmo antes de iniciada a ação penal, a produção antecipada de provas consideradas urgentes e relevantes, sempre observando a necessidade, adequação e proporcionalidade da medida.

Gabarito "E".

(Ministério Público/DF – 2013) Na colheita da prova oral é **INCORRETO** afirmar que:

(A) O juiz exerce papel complementar à atividade das partes, haja vista o sistema do exame direto e cruzado adotado pelo Código de Processo Penal.
(B) Algumas autoridades podem prestar depoimento por escrito.
(C) O juiz que presidiu a instrução será inexoravelmente o mesmo a julgar, salvo na hipótese de declarar-se suspeito ou impedido.
(D) Em julgamento de Repercussão Geral, o STF entendeu, por maioria, que não é nula a audiência de oitiva de testemunha, por carta precatória, de réu preso que não manifestou expressamente intenção de participar da audiência.
(E) Não se estabelece restrição quanto à idade para poder testemunhar em processo penal.

A: assertiva correta. Antes de o Código de Processo Penal ser alterado pela Lei de Reforma 11.690/2008, vigia, entre nós, o *sistema presidencialista*, pelo qual a testemunha, depois de inquirida pelo juiz, respondia, por intermédio deste, às perguntas formuladas pelas partes. Por este sistema, não podiam acusação e defesa formular seus questionamentos diretamente à testemunha, o que somente era feito por meio do juiz. Com a alteração promovida pela Lei 11.690/2006 na redação do art. 212 do CPP, o *sistema presidencialista*, até então em vigor, deu lugar ao chamado sistema *cross examination*, segundo o qual as partes passam a dirigir suas indagações às testemunhas sem a intermediação do magistrado, de forma direta, vedados os questionamentos que puderem induzir a resposta, não tiverem relação com a causa ou importarem na resposta de outra já respondida. Ao final da inquirição, se ainda restar algum ponto não esclarecido, poderá o juiz complementá-la, formulando à testemunha novas perguntas (art. 212, parágrafo único, do CPP). É por essa razão que se diz que a atividade do juiz é complementar à das partes. No mais, diz-se que o sistema é *direto* porque cabe à parte que arrolou a testemunha perquiri-la em primeiro lugar; depois, as perguntas serão formuladas pela outra parte (*cruzado*); **B:** assertiva correta. Tal prerrogativa é conferida às pessoas enumeradas no art. 221, § 1º, do CPP; **C:** assertiva incorreta, devendo ser assinalada. O *princípio da identidade física do juiz*, introduzido pela Lei 11.719/2008 no art. 399, § 2º, do CPP, não tem caráter *absoluto*, uma vez que comporta as exceções impostas pelo art. 132 do Código de Processo Civil: "O juiz, titular ou substituto, que concluir a audiência, julgará a lide, salvo se estiver convocado, licenciado, afastado por qualquer motivo, promovido ou aposentado, caso em que passará os autos ao seu sucessor"; **D:** assertiva correta. Conferir: "Oitiva de Testemunhas por Carta Precatória: Ausência do Réu e Inexistência de Nulidade. O Tribunal, por maioria, reconheceu a existência de repercussão geral no tema objeto de recurso extraordinário interposto contra acórdão de Turma Recursal Criminal de Comarca do Estado do Rio Grande do Sul, reafirmou a jurisprudência da Corte acerca da inexistência de nulidade pela ausência, em oitiva de testemunha por meio de carta precatória, de réu preso que não manifestou expressamente intenção de participar da audiência, e negou provimento ao apelo extremo. Esclareceu-se que, no caso, o defensor fora intimado da data da expedição da precatória e da data da audiência realizada no juízo deprecado, não havendo sequer indício de que o réu desejasse comparecer. Vencidos os Ministros Marco Aurélio e Celso de Mello, que, ao se reportarem ao que decidido no HC 93503/SP (*DJE* 07.08.2009) e no HC 86634/RJ (*DJE* 23.02.2007),

proviam o recurso por vislumbrar transgressão ao devido processo legal, asseverando que a presença do acusado na audiência constituiria prerrogativa irrevogável, indisponível, sendo irrelevante o fato de ter sido ele requisitado, ou não, ou, ainda, manifestado, ou não, a vontade de nela comparecer" (RE 602543 QO/RS, rel. Min. Cezar Peluso, 19.11.2009); **E:** assertiva correta, pois reflete a regra disposta no art. 202 do CPP.

Gabarito "C".

(Ministério Público/ES – 2013 – VUNESP) No processo penal, as testemunhas de acusação

(A) responderão às perguntas formuladas pelas partes e reperguntadas pelo juiz diretamente a este.
(B) poderão trazer pequenas anotações por escrito para consulta durante a audiência.
(C) serão inquiridas na presença das outras testemunhas do processo.
(D) não poderão ser contraditadas pela defesa.
(E) caso se sintam ameaçadas pelo réu, poderão deixar de prestar depoimento.

A: incorreta. Não mais se impõe a necessidade de o juiz refazer à testemunha (de acusação ou de defesa) a pergunta formulada pela parte, que poderá dirigi-la diretamente àquela. Como é sabido, antes de o Código de Processo Penal ser alterado pela Lei de Reforma 11.690/2008, vigia, entre nós, o *sistema presidencialista*, pelo qual a testemunha, depois de inquirida pelo juiz, respondia, por intermédio deste, às perguntas formuladas pelas partes. Por este sistema, não podiam acusação e defesa formular seus questionamentos diretamente à testemunha, o que somente era feito por meio do juiz. Com a alteração promovida pela Lei 11.690/2008 na redação do art. 212 do CPP, o *sistema presidencialista*, até então em vigor, deu lugar ao chamado sistema *cross examination*, segundo o qual as partes passam a dirigir suas indagações às testemunhas sem a intermediação do magistrado, de forma direta, vedados os questionamentos que puderem induzir a resposta, não tiverem relação com a causa ou importarem na resposta de outra já respondida; **B:** correta. Embora seja vedado à testemunha trazer seu depoimento por escrito, é-lhe permitido fazer breve consulta a apontamentos (art. 204, CPP); **C:** incorreta, na medida em que o art. 210 do CPP estabelece que as testemunhas serão inquiridas cada uma *de per si* (separadamente); **D:** incorreta (art. 214, CPP). Contradita é o instrumento, colocado à disposição das partes, que se presta a questionar a parcialidade da testemunha que será ouvida. Terá lugar logo em seguida à qualificação da testemunha e antes do início do seu depoimento; **E:** incorreta. Neste caso, o juiz cuidará para que a inquirição seja feita por meio de videoconferência; não sendo isso possível, determinará a retirada do acusado da sala de audiência (art. 217, CPP).

Gabarito "B".

(Ministério Público/ES – 2013 – VUNESP) X, funcionário público, foi denunciado por prevaricação. Durante o curso da instrução processual, recebe uma carta confidencial de Y, suposta vítima do crime, que comprova sua inocência. X junta aos autos o referido documento, que deverá ser considerado

(A) prova ilícita, tendo em vista que o sigilo de correspondência é inviolável nos termos da Constituição Federal.
(B) prova ilícita, porque fere o princípio do contraditório.
(C) prova lícita, apesar de violar o princípio do contraditório.
(D) prova lícita, tendo em vista que não viola normas constitucionais ou legais.
(E) prova ilícita porque sua utilização fere o princípio constitucional que garante privacidade à vida privada da vítima do crime de prevaricação.

A questão está mal elaborada. Não é possível, pelo enunciado, saber se a carta que chegou às mãos de X era a ele endereçada. Além disso, segundo pensamos, se houver, ainda que para beneficiar o réu, violação da intimidade e vida privada, a prova não deixa de ser ilícita; é verdade que, neste caso, pode ser usada, segundo doutrina e jurisprudência majoritárias, mas não deixa de ser ilícita. Oportunas, sobre este tema, as palavras de Aury Lopes Jr., ao se referir à admissibilidade da prova ilícita a partir da proporcionalidade *pro reo*: "Nesse caso, a prova ilícita poderia ser admitida e valorada apenas quando se revelasse a favor do réu. Trata-se da proporcionalidade *pro reo*, em que a ponderação entre o direito de liberdade de um inocente prevalece sobre um eventual direito sacrificado na obtenção da prova (dessa inocência). Situação típica é aquela em que o réu, injustamente acusado de um delito que não cometeu, viola o direito à intimidade, imagem, inviolabilidade de domicílio, das comunicações etc. de alguém para obter uma prova de sua inocência" (*Direito Processual Penal*, 9. ed. São Paulo: Saraiva, 2012. p. 597).

Gabarito "D".

(Promotor de Justiça/GO – 2016 - MPE) Acerca dos meios de obtenção da prova no processo penal, assinale a alternativa incorreta:

(A) Diante de grave suspeita da prática de crime por advogado, em seu escritório, sob pretexto de exercício da profissão, é juridicamente válida a invasão de domicílio por autoridade policial em escritório de advocacia para instalação de equipamento destinado à captação de sinais óticos e acústicos, mediante prévia autorização judicial. Todavia, em caso como o presente, o STF decidiu que a exploração de local realizada em período noturno macularia o produto das escutas ambientais judicialmente autorizadas, por malferir o direito individual estatuído pelo art. 5º, XI, da CR/88 ("a casa é asilo inviolável do indivíduo, ninguém nela podendo penetrar sem consentimento do morador, salvo em caso de flagrante delito ou desastre, ou para prestar socorro, ou, durante o dia, por determinação judicial").

(B) Nos depoimentos que prestar, o colaborador renunciará, na presença de seu defensor, ao direito constitucional ao silêncio e se sujeitará ao compromisso legal de dizer a verdade.

(C) Não é legalmente defeso que a vítima figure como sujeito passivo da medida de interceptação das comunicações telefônicas.

(D) Se o acordo de colaboração premiada for posterior à sentença, não poderão incidir os seguintes prêmios legais: perdão judicial; redução da pena privativa de liberdade em até dois terços; substituição da pena privativa de liberdade por restritiva de direitos; não oferecimento de denúncia.

A: incorreta. Conferir: *Escuta ambiental e exploração de local. Captação de sinais óticos e acústicos. Escritório de advocacia. Ingresso da autoridade policial, no período noturno, para instalação de equipamento. Medidas autorizadas por decisão judicial. Invasão de domicílio. Não caracterização. (...) Inteligência do art. 5º, X e XI, da CF; art. 150, § 4º, III, do CP; e art. 7º, II, da Lei 8.906/1994. (...) Não opera a inviolabilidade do escritório de advocacia, quando o próprio advogado seja suspeito da prática de crime, sobretudo concebido e consumado no âmbito desse local de trabalho, sob pretexto de exercício da profissão.* (Inq. 2.424, rel. min. Cezar Peluso, j. 26.11.2008, P, DJE de 26.3.2010); **B:** correta, pois em conformidade com o que estabelece o art. 4º, § 14, da Lei 12.850/2013; **C:** correta (não há vedação imposta pela lei); **D:** correta, uma vez que reflete o disposto no art. 4º, § 5º, da Lei 12.850/2013.

Gabarito "A".

(Promotor de Justiça/GO – 2016 - MPE) A prova testemunhal, decerto, ainda é o meio de prova utilizado mais frequentemente no processo penal brasileiro. Com efeito, sobre a prova testemunhal é correto afirmar:

(A) Não será computada como testemunha a pessoa que nada souber que interesse à decisão da causa.
(B) Não se admite a contradita no processo penal, tendo em conta que sua acolhida não traz repercussão na valoração pelo juiz do depoimento da testemunha contraditada.
(C) As hipóteses legais em que as testemunhas estão proibidas de depor em razão do conhecimento do fato criminoso associado à função, profissão ou ministério, é absoluta, de modo que não se exige que este conhecimento advenha a partir do exercício das funções desempenhadas pela testemunha.
(D) O fato da pessoa prestar depoimento em determinado procedimento administrativo, qualificada ou na qualidade de declarante, não autoriza, caso falseie a verdade, a atração do tipo penal do art. 342 do CP, como sujeito ativo do crime de falso testemunho, vez que o tipo penal exige a presença da elementar "testemunha" para seu aperfeiçoamento.

A: correta, pois corresponde à redação do art. 209, § 2º, do CPP; **B:** incorreta. *Contradita*, que encontra previsão no art. 214 do CPP, é o instrumento, colocado à disposição das partes, que se presta a questionar a parcialidade da testemunha que será ouvida. Terá lugar logo em seguida à qualificação da testemunha e antes do início do seu depoimento; **C:** incorreta. Por força do que dispõe o art. 207 do CPP, estão proibidas de depor as pessoas que, em razão da função, ministério, ofício ou profissão, devam guardar segredo. Trata-se, como se pode ver, de uma imposição legal; poderão, todavia, fazê-lo, e aqui está a incorreção da assertiva, se a parte que lhe confiou o segredo desobrigá-la e a autorizar a depor; **D:** incorreta. Cuida-se de tema objeto de divergência tanto na doutrina quanto na jurisprudência. Há quem sustente que o declarante ou informante pode ser sujeito ativo do crime de falso testemunho (art. 342, CP). Para quem assim pensa, o compromisso não é elementar do tipo penal. Para uma outra corrente, o declarante ou o informante não pode figurar como autor do crime de falso testemunho. De toda forma, por expressa previsão contida no art. 342 do CP, o falso testemunho pode se dar em processo administrativo, inclusive.

Gabarito "A".

(Ministério Público/GO – 2013) Com relação ao tema das provas no processo penal, assinale a alternativa correta:

(A) as intervenções corporais no Brasil, ao contrário da classificação feita pela doutrina estrangeira, são tratadas como invasivas e não invasivas.
(B) atualmente, de acordo com a lei brasileira, somente duas medidas podem ser classificadas como intervenções corporais, a busca pessoal (revista) e o uso do bafômetro.
(C) segundo a jurisprudência já pacificada no STF e no STJ, a prova emprestada possui validade, independentemente de observação de qualquer requisito, vez que se trata de nítida prova documental.
(D) o registro de uma reconstituição do crime, para fins de sua validade processual, somente poderá será feita na fase do inquérito policial e obrigatoriamente instruído por fotos ou desenhos, não se admitindo outra forma de registro.

A: correta. De fato, as intervenções corporais, segundo classificação operada pela doutrina brasileira, podem ser *invasivas*, assim consideradas aquelas que dizem respeito à prova cuja obtenção pressupõe a utilização ou extração de parte do corpo humano, e *não invasivas*, que, ao contrário, são as que não implicam a utilização ou extração de parte do corpo humano; **B:** incorreta. Também constitui hipótese de intervenção corporal, por exemplo, a identificação do perfil genético a que devem se submeter os "condenados por crime praticado, dolosamente, com violência de natureza grave contra pessoa, ou por qualquer dos crimes previstos no art. 1º da Lei 8.072/1990 (...)". É o que estabelece o art. 9º-A da Lei 7.210/1984 (Lei de Execução Penal), com redação dada pela Lei 12.654/2012; **C:** incorreta. A utilização da chamada prova emprestada (ou trasladada), que é o emprego no processo de prova produzida em outro, pressupõe que as partes envolvidas no processo onde se deu a produção da prova sejam as mesmas do processo para o qual foi a prova trasladada. Se as partes envolvidas não forem as mesmas, é imperioso que haja, em relação à parte que não participou da formação da prova no processo de origem, a oportunidade de contraditório. Conferir: "*Habeas corpus*. Processo penal. Substitutivo do recurso constitucional. Inadequação da via eleita. Prova emprestada. Nulidade. inocorrência. Tráfico de drogas. Dosimetria da pena. Causa de diminuição do art. 33, § 4º, da Lei 11.343/2006. Substituição da pena. Impossibilidade. 1. O *habeas corpus* tem uma rica história, constituindo garantia fundamental do cidadão. Ação constitucional que é, não pode ser o *writ* amesquinhado, mas também não é passível de vulgarização, sob pena de restar descaracterizado como remédio heroico. Contra a denegação de *habeas corpus* por Tribunal Superior prevê a Constituição Federal remédio jurídico expresso, o recurso ordinário. Diante da dicção do art. 102, II, a, da Constituição da República, a impetração de novo habeas corpus em caráter substitutivo escamoteia o instituto recursal próprio, em manifesta burla ao preceito constitucional. Precedentes da Primeira Turma desta Suprema Corte. 2. Não há, em princípio, óbice à utilização de prova emprestada de interceptação telefônica realizada no bojo de outra investigação, desde que franqueado à Defesa o acesso a essa prova, garantindo-se o contraditório, como no caso dos autos. 3. Consoante o art. 563 do Código de Processo Penal, não se decreta nulidade sem prejuízo, prejuízo este não demonstrado na hipótese. 4. A dosimetria da pena é matéria sujeita a certa discricionariedade judicial. O Código Penal não estabelece rígidos esquemas matemáticos ou regras absolutamente objetivas para a fixação da pena. Cabe às instâncias ordinárias, mais próximas dos fatos e das provas, fixar as penas. Às Cortes Superiores, no exame da dosimetria das penas em grau recursal, compete apenas o controle da legalidade e da constitucionalidade dos critérios empregados, com a correção de eventuais discrepâncias, se gritantes e arbitrárias, nas frações de aumento ou diminuição adotadas pelas instâncias anteriores. Pertinente à dosimetria da pena, encontra-se a aplicação da causa de diminuição da pena objeto do § 4º do art. 33 da Lei 11.343/2006. Cabe às instâncias inferiores decidir sobre a aplicação ou não do benefício e, se aplicável, a fração pertinente, não se mostrando hábil o habeas corpus para revisão, salvo se presente manifesta ilegalidade ou arbitrariedade. 5. O Plenário do Supremo Tribunal Federal, no HC 111.840/ES, Rel. Min. Dias Toffoli, julgado em 27.06.2012, reputou inválida, por inconstitucionalidade, a imposição compulsória do regime inicial fechado para crimes de tráfico de drogas. Não reconhecido, contudo, direito automático ao regime menos gravoso, ponto a ser apreciado pelo juiz do processo à luz das regras gerais do arts. 33 do Código Penal, não limitada a fixação ao *quantum* da reprimenda, mas também ao exame das circunstâncias judiciais do artigo 59 do Código Penal, conforme remissão do § 3º do mencionado art. 33. 6. *Habeas corpus* extinto sem resolução do mérito, mas com concessão de ofício da ordem para determinar, afastada a vedação legal do § 1º do artigo 2º da Lei 8.072/1990, ao Juízo da execução que avalie a possibilidade de fixação de regime mais brando de cumprimento da pena para o paciente. (HC 114074, 1ª T., rel. Min. Rosa Weber, julgado em 07.05.2013); **D:** incorreta, na medida em que a reprodução simulada dos fatos (art. 7º, CPP) pode ser realizada em qualquer fase da persecução penal, tanto na fase de inquérito quanto no curso da ação penal, devendo ser determinada, neste último caso, pelo juiz de direito. Gabarito "A".

(Ministério Público/GO – 2013) A respeito do reconhecimento de pessoas, espécie de prova, Aury Lopes Jr. adverte que é "elementar que a confiabilidade do reconhecimento também deve considerar a pressão policial ou judicial (até mesmo manipulação) e a inconsciente necessidade das pessoas de corresponder à expectativa criada, principalmente quando o nível sociocultural da vítima ou testemunha não lhe dá suficiente autonomia psíquica para descolar-se do desejo inconsciente de atender (ou de não frustrar) o pedido da "autoridade" (pal-censor)" (*Direito processual penal*. 9. ed. São Paulo: Saraiva, 2012. p. 688). Com esses dizeres, o professor da PUC-RS defende a fiel observância do procedimento estatuído no art. 226 e seguintes do CPP. Considerando os dispositivos legais pertinentes a este tipo de prova, bem como as lições da doutrina e a jurisprudência predominante nos Tribunais Superiores, é inexato dizer que:

(A) há duas formas de reconhecimento pessoal: o simultâneo e o sequencial, tendo nosso Código de Processo Penal optado pelo sistema simultâneo.
(B) é firme e harmônica a jurisprudência do Superior Tribunal de Justiça no sentido de que a eventual inobservância do art. 226, II, do Código de Processo Penal, constitui nulidade relativa, sendo necessária a demonstração de prejuízo.
(C) na fase da instrução criminal ou em plenário de julgamento, se houver razão para recear que a pessoa chamada para o reconhecimento, por efeito de intimidação ou outra influência, não diga a verdade em face da pessoa que deve ser reconhecida, a autoridade providenciará para que esta não veja aquela.
(D) no procedimento de reconhecimento, se forem várias as pessoas chamadas a efetuar o reconhecimento de pessoa, cada um fará a prova em separado, evitando-se qualquer comunicação entre elas.

A: assertiva correta. De fato, nosso Código de Processo Penal, quanto ao reconhecimento pessoal, adotou o chamado *sistema simultâneo* (art. 226, II, do CPP), em que todos são exibidos de forma simultânea (ao mesmo tempo) a quem tiver de fazer o reconhecimento. Pelo *sistema sequencial*, que não acolhemos, os suspeitos são exibidos um a um, em separado, devendo aquele que tiver de fazer o reconhecimento manifestar-se quanto ao sujeito que lhe é apresentado, dizendo se foi ele o autor do crime, para, somente depois, ser-lhe mostrado o próximo; **B:** assertiva correta. Segundo estabelece o art. 226, II, do CPP, a pessoa a ser reconhecida somente será colocada ao lado de outras que com ela tenham semelhança *se for possível*; não sendo isso possível, o ato não será invalidado, salvo se restar demonstrado prejuízo; **C:** assertiva incorreta, devendo ser assinalada, pois não reflete o disposto no art. 226, parágrafo único, do CPP. Oportuno o registro de que alguns doutrinadores que se opõem à impossibilidade, estabelecida em lei, de aplicar-se o art. 226, II, do CPP no âmbito do reconhecimento em juízo; **D:** assertiva correta, pois retrata a regra presente no art. 228 do CPP. Gabarito "C".

(Ministério Público/GO – 2013) Sobre a realização de busca e apreensão em advogado e no respectivo escritório, é correto dizer que:

(A) o escritório de advocacia é inviolável e, assim, não pode, sem exceção, ser local de cumprimento de mandado de busca e apreensão.
(B) de acordo com a Lei 12.850/2013, que define organização criminosa e dá outras providências, é dispensável a presença de representante da OAB no

cumprimento de mandado de busca e apreensão em escritório de advocacia, se investigados crimes tipificados nesta Lei.
(C) no cumprimento do mandado de busca e apreensão em escritório de advocacia podem ser apreendidos documentos que se referem a clientes do advogado investigado que estejam sendo formalmente investigados como seus partícipes ou coautores pela prática do crime que deu causa à diligência.
(D) o mandado de busca e apreensão em escritório de advocacia, conquanto possa ser genérico, deve conter estes requisitos: indicar o local de cumprimento e a pessoa em será realizada a diligência; os motivos e fins da diligência; e ser subscrito pelo escrivão e assinado pela autoridade que o fizer expedir.

A: incorreta, na medida em que a busca e apreensão pode, sim, realizar-se em escritório de advocacia. É o que estabelece o art. 7°, § 6°, da Lei 8.906/1994 (Estatuto da Advocacia): "Presentes indícios de autoria e materialidade da prática de crime por parte de advogado, a autoridade judiciária competente poderá decretar a quebra da inviolabilidade de que trata o inciso II do *caput* deste artigo, em decisão motivada, expedindo mandado de busca e apreensão, específico e pormenorizado, a ser cumprido na presença de representante da OAB (...)"; **B:** incorreta, uma vez que a Lei 12.850/2013 não traz tal previsão, de tal sorte que é imprescindível, ainda que se trate de organização criminosa, a presença de representante da OAB; **C:** correta, pois corresponde ao que estabelece o art. 7°, § 7°, da Lei 8.906/1994 (Estatuto da Advocacia): "A ressalva constante do § 6° deste artigo não se estende a clientes do advogado averiguado que estejam sendo formalmente investigados como seus partícipes ou coautores pela prática do mesmo crime que deu causa à quebra da inviolabilidade"; **D:** incorreta, já que o mandado de busca e apreensão, segundo a regra presente no 7°, § 6°, da Lei 8.906/1994 (Estatuto da Advocacia), deve ser "específico e pormenorizado".
Gabarito "C"

(Ministério Público/GO – 2013) Com relação ao procedimento de acareação, é correto afirmar que:
(A) a acareação somente poderá ser realizada na fase de investigação preliminar.
(B) o investigado, por força de lei, deverá compulsoriamente ser submetido a acareação, sob pena de responder por crime de desobediência (art. 330 do Código Penal).
(C) a lei processual penal brasileira prevê a possibilidade de acareação até entre o acusado e as testemunhas.
(D) não se admite no processo penal brasileiro a acareação por precatória de testemunhas.

A: incorreta, dado que a acareação pode ser realizada tanto na fase *inquisitiva* quanto na *judicial*, neste último caso determinada pelo magistrado do feito, de ofício ou a requerimento das partes. De igual modo, a autoridade policial, se entender pertinente e útil às investigações do inquérito policial, poderá determinar tal providência (art. 6°, VI, do CPP); **B:** incorreta, na medida em que o investigado/acusado, fazendo uso de seu direito à não incriminação e ao silêncio, pode recusar-se a tomar parte na acareação, segundo jurisprudência e doutrina pacíficas; poderá, portanto, calar ou até mesmo dela recusar-se a participar; **C:** correta. Com efeito, a acareação pode ser promovida, segundo se infere da redação do art. 229 do CPP, entre todos os sujeitos que fazem parte do processo, inclusive entre acusado e testemunha; **D:** incorreta, pois tal possibilidade está contemplada no art. 230 do CPP.
Gabarito "C"

(Ministério Público/MG – 2013) Levando-se em conta os princípios orientadores do Processo Penal e a realização de interrogatório por sistema de videoconferência, identifique a alternativa **FALSA**:
(A) A videoconferência ocorre por fundada suspeita de que o interrogando integre organização criminosa ou que possa fugir durante o deslocamento para ser ouvido perante o juízo deprecado.
(B) A videoconferência é exceção à regra e se realiza quando há dificuldade de comparecimento do réu em juízo, em virtude de circunstância pessoal como a residência temporária fora do país.
(C) A videoconferência é medida que protege a vítima ou testemunha em seu ânimo, de possível influência a ser exercida pelo réu, que poderia trazer um temor com a sua presença.
(D) A videoconferência se justifica por necessidade de resposta às gravíssimas questões de ordem pública, como aquelas que justificam o decreto de prisão preventiva.

A: assertiva correta (art. 185, § 2°, I, do CPP); **B:** assertiva incorreta, devendo ser assinalada, embora seja correto dizer-se que o interrogatório por videoconferência constitui exceção à regra (só deve realizar-se em caráter excepcional), não procede o que se afirma em seguida, haja vista que a dificuldade de comparecimento do réu há de ser *relevante*, ou seja, não se pode considerar como tal qualquer dificuldade (art. 185, § 2°, II, do CPP); além do que, estando o réu fora do país, ainda que temporariamente, desde que em local conhecido, seu interrogatório será feito por meio de carta rogatória (art. 368, CPP); **C:** assertiva correta (art. 185, § 2°, III, do CPP); **D:** correta (art. 185, § 2°, IV, do CPP).
Gabarito "B"

(Ministério Público/MG – 2013) Sobre as provas no Processo Penal, assinale a alternativa **FALSA**:
(A) É possível o uso de prova obtida fortuitamente através de interceptação telefônica licitamente conduzida, ainda que o crime descoberto, conexo ao que foi objeto da interceptação, seja punido com detenção.
(B) Para a busca e apreensão, o conceito normativo de "casa" revela-se abrangente e pode estender-se a qualquer compartimento privado não aberto ao público, onde alguém exerce profissão ou atividade e compreende os escritórios profissionais, inclusive os de contabilidade.
(C) Se o órgão da persecução penal demonstrar que obteve novos elementos de informação a partir de uma fonte autônoma de prova, que guarde relação de dependência ou decorra da prova originariamente ilegítima, tais dados probatórios revelar-se-ão plenamente admissíveis.
(D) As provas colhidas no bojo de instrução processual penal, desde que obtidas mediante interceptação telefônica devidamente autorizada por Juízo competente, admitem compartilhamento para fins de instruir procedimento criminal ou mesmo procedimento administrativo disciplinar contra outros agentes.

A: assertiva correta. Conferir: "Recurso ordinário em *habeas corpus*. Processual Penal. Interposição contra julgado em que colegiado do Superior Tribunal de Justiça não conheceu da impetração, ao fundamento de ser substitutivo de recurso ordinário cabível. Constrangimento ilegal não evidenciado. Entendimento que encampa a jurisprudência da Primeira Turma da Corte. Precedente. Julgado em que, ademais, se analisou o mérito da impetração. Processual penal. Crimes de estelionato, formação de quadrilha e lavagem de dinheiro. Interceptação telefônica deferida para investigação de crimes diversos em que, fortuitamente, se obteve comprovação da prática de outros delitos. Inexistência de nulidade. Aventada ilegalidade da decisão que autorizou a interceptação telefônica e suas prorrogações. Não ocorrência. Possibilidade de se prorrogar o prazo de autorização para a interceptação telefônica por períodos sucessivos quando a intensidade e a complexidade das condutas delitivas investigadas assim o demandarem. Precedentes. Decisão proferida com a observância das exigências previstas na lei de regência (Lei 9.296/1996, art. 5º). Recurso não provido. 1. O Superior Tribunal de Justiça, quanto ao cabimento do *habeas corpus*, encampou a jurisprudência da Primeira Turma da Corte no sentido da inadmissibilidade do *habeas corpus* que tenha por objetivo substituir o recurso ordinário (HC 109.956/PR, Relator o Ministro Marco Aurélio, DJe 11.09.2012). Entretanto, acabou por analisar o seu mérito, concluindo pela licitude das interceptações telefônicas anteriormente deferidas. 2. Embora as interceptações inicialmente realizadas também pudessem estar visando à constatação da ocorrência de crimes tributários (cujos créditos ainda não estavam definitivamente constituídos), as instâncias ordinárias fazem menção à apuração simultânea de crimes de contrabando e descaminho (que permitiriam o afastamento do sigilo constitucional), cuja prática a prova indiciária afastou, porém indicou o cometimento de outros delitos, fortuitamente descobertos, não havendo qualquer ilegalidade no aproveitamento das interceptações realizadas. Precedentes. 3. É da jurisprudência desta Corte o entendimento de ser possível a prorrogação do prazo de autorização para a interceptação telefônica, mesmo que sucessiva, especialmente quando o fato é complexo, a exigir investigação diferenciada e contínua (HC 83.515/RS, Tribunal Pleno, Relator o Ministro Nelson Jobim, DJ 04.03.2005). 4. Nesse contexto, considerando o entendimento jurisprudencial e doutrinário acerca da possibilidade de se prorrogar o prazo de autorização para a interceptação telefônica por períodos sucessivos quando a intensidade e a complexidade das condutas delitivas investigadas assim o demandarem, não há que se falar, na espécie, em nulidade da referida escuta e de suas prorrogações, uma vez que autorizada pelo Juízo de piso com a observância das exigências previstas na lei de regência (Lei 9.296/1996, art. 5º). 5. Recurso ordinário a que se nega provimento" (STF, 1ª T., RHC 120.111, rel. Min. Dias Toffoli, j. 11.03.2014); **B**: assertiva correta (art. 150, § 4º, do CP); **C**: assertiva incorreta, devendo ser assinalada. Conferir: "(...) Revelam-se inadmissíveis, desse modo, em decorrência da ilicitude por derivação, os elementos probatórios a que os órgãos da persecução penal somente tiveram acesso em razão da prova originariamente ilícita, obtida como resultado da transgressão, por agentes estatais, de direitos e garantias constitucionais e legais, cuja eficácia condicionante, no plano do ordenamento positivo brasileiro, traduz significativa limitação de ordem jurídica ao poder do Estado em face dos cidadãos. – Se, no entanto, o órgão da persecução penal demonstrar que obteve, legitimamente, novos elementos de informação a partir de uma fonte autônoma de prova – que não guarde qualquer relação de dependência nem decorra da prova originariamente ilícita, com esta não mantendo vinculação causal –, tais dados probatórios revelar-se-ão plenamente admissíveis, porque não contaminados pela mácula da ilicitude originária. – A questão da fonte autônoma de prova ("an independent source") e a sua desvinculação causal da prova ilicitamente obtida – doutrina – precedentes do Supremo Tribunal Federal – jurisprudência comparada (A experiência da suprema corte americana): casos "silverthorne lumber Co. v. United States (1920); segura v. United states (1984); Nix v. Williams (1984); murray v. United states (1988)" (STF, RHC 90376, Celso De Mello); **D**: assertiva correta. Desde que a interceptação tenha se realizado por meio de ordem judicial, é perfeitamente possível que haja o empréstimo dessa prova para fins administrativos, em especial para lastrear procedimento administrativo disciplinar. Nesse sentido, conferir: MS 14.140 (STJ, 3ª Seção, rel. Min. Laurita Vaz, j. 26.09.2012), cuja ementa foi assim publicada: "Administrativo. Processual civil. Processo administrativo disciplinar. Nulidades. Não caracterizadas. Controle jurisdicional. Possibilidade. Utilização de prova emprestada. Precedentes. Arguição quanto a eventuais ilegalidades na obtenção da interceptação telefônica. Sede adequada: Ação penal. Demissão decorrente de ato de improbidade administrativa não expressamente tipificado na Lei 8.492/1992. Processo judicial prévio para aplicação da pena de demissão. Desnecessidade. Preponderância da Lei 8.112/1990. Princípios da proporcionalidade e razoabilidade. Ofensa a esses postulados. Inexistente. Supostas nulidades no processo administrativo disciplinar. Princípio do *pas de nullité sans grief*. Alegação de inocência quanto às condutas imputadas. Dilação probatória. Impossibilidade na via do *writ of mandamus*. 1. No caso de demissão imposta a servidor público submetido a processo administrativo disciplinar, não há falar em juízo de conveniência e oportunidade da Administração, visando restringir a atuação do Poder Judiciário à análise dos aspectos formais do processo disciplinar. Nessas circunstâncias, o controle jurisdicional é amplo, no sentido de verificar se há motivação para o ato demissório, pois trata-se de providência necessária à correta observância dos aludidos postulados. 2. É cabível a chamada "prova emprestada" no processo administrativo disciplinar, desde que devidamente autorizada pelo Juízo Criminal. Assim, não há impedimento da utilização da interceptação telefônica produzida no ação penal, no processo administrativo disciplinar, desde que observadas as diretrizes da Lei 9.296/1996. Precedentes. 3. Eventuais irregularidades atinentes à obtenção propriamente dita das "interceptações telefônicas" – atendimento, ou não, aos pressupostos previstos na Lei 9.296/1996 – não podem ser dirimidas em sede de mandado de segurança, porquanto deverão ser avaliadas de acordo com os elementos constantes dos autos em que a prova foi produzida e, por conseguinte, deverão ser arguidas, examinadas e decididas na instrução da ação penal movida em desfavor da Impetrante. 4. A pena disciplinar aplicada à ex-servidora não está calcada tão somente no conteúdo das degravações das "interceptações telefônicas" impugnadas, mas também em farto material probante produzido durante o curso do Processo Administrativo Disciplinar. 5. O fato de o ato demissório não defluir de condenação do servidor, exarada essa no bojo de processo judicial, não implica ofensa aos ditames da Lei 8.492/1992, nos casos em que a citada sanção disciplinar é aplicada como punição a ato que pode ser classificado como de improbidade administrativa, mas não está expressamente tipificado no citado diploma legal, devendo, nesses casos, preponderar a regra prevista na Lei 8.112/1990. 6. Os comportamentos imputados à Impetrante são aptos a alicerçar a decisão de demissão, porquanto passíveis de subsunção aos tipos previstos nos arts. 117, inciso IX, e 132, incisos IV, IX e XIII, da Lei 8.112/1990 e, portanto, mostra-se perfeitamente razoável e proporcional a pena aplicada à ex-servidora. 7. O processo administrativo disciplinar em questão teve regular processamento, com a estrita observância aos princípios do devido processo legal, do contraditório e da ampla defesa, sem qualquer evidência de efetivo prejuízo à defesa da ex-servidora. Assim, aplicável à espécie o princípio do *pas de nullité sans grief*. 8. Não foram trazidas aos autos provas hábeis a descaracterizar as conclusões do Processo Administrativo Disciplinar, as quais firmaram-se no sentido de que as condutas reprováveis da ex-servidora eram aptas a fundamentar a pena de demissão que lhe foi aplicada. Portanto, *in casu*, verificar, se não existiram as condutas imputadas, dependeria do reexame do material fático colhido no bojo do Processo Administrativo Disciplinar, o que é matéria carecedora de dilação probatória impossível de ser realizada na via estreita do *mandamus*. 9. Segurança denegada."

Gabarito "C".

(Promotor de Justiça – MPE/MS – FAPEC – 2015) Com relação às regras de provas do Código de Processo Penal, é **correto** afirmar que:

(A) A circunstância conhecida e provada que, tendo relação com o fato, autorize, por indução, concluir-se a existência de outra ou outras circunstâncias, no âmbito do processo penal, não possui valor legal, uma vez que decorre do princípio da não culpabilidade a proibição de presunção.

(B) São características da confissão no processo penal a retratabilidade, a indivisibilidade e a relatividade do valor.
(C) As pessoas proibidas de depor em razão da profissão poderão fazê-lo se, desobrigadas pela parte interessada, quiserem dar o seu testemunho, neste caso, porém, não deverão prestar compromisso.
(D) Somente quanto ao estado das pessoas serão observadas as restrições à prova estabelecidas na lei civil.
(E) Na falta de perito oficial, o exame de corpo delito deverá ser realizado por um profissional idôneo, nomeado pelo juiz, que tenha habilitação técnica relacionada com a natureza do exame.

A: incorreta. A assertiva contém o conceito legal de *indício* (art. 239, CPP), que é meio de prova indireto, tem valor legal e pode, cotejada com as demais provas produzidas em juízo, servir de suporte à condenação; **B**: incorreta. É verdade que a confissão é *retratável* e é *relativo* o seu valor, mas é incorreto afirmar-se que ela é *indivisível* (art. 200, CPP); **C**: incorreta, já que, uma vez desobrigada pela pessoa em favor de quem o segredo é guardado, a testemunha poderá prestar seu depoimento, firmando, neste caso, compromisso de dizer a verdade (art. 207, CPP); **D**: correta (art. 155, parágrafo único, do CPP); **E**: incorreta. Ante o que estabelece o art. 159, *caput*, do CPP, a perícia será levada a efeito por *um* perito oficial portador de diploma de curso superior. À falta deste, determina o § 1º do art. 159 que o exame seja feito por *duas* pessoas idôneas (e não *uma*), detentoras de diploma de curso superior preferencialmente na área específica, dentre aquelas que tiverem habilitação técnica relacionada com a natureza do exame.
Gabarito "D."

(Ministério Público/MS – 2013 – FADEMS) Analise as seguintes proposições:

I. O princípio *nemo tenetur se detegere* tem aplicação apenas em relação ao mérito do interrogatório, pois o réu tem o dever de informar seu nome e endereço, não sendo aplicável o direito ao silêncio, até porque o direito penal é dos fatos e não do autor.
II. Segundo o Supremo Tribunal Federal, não é vedada a gravação clandestina, inexistindo ferimento ao princípio da proibição de utilização de prova ilícita, pois a despeito de ser reprovável no campo ético, não o é no jurídico, pois as garantias estabelecidas na Constituição em forma de direitos fundamentais, em rigor, estão previstas como forma de proteção à intervenção de terceiros, de modo que, quando um dos interlocutores cuida de registrar a sua conversa com outrem, ainda que sem o consentimento deste, não há que se falar em ofensa ao direito à intimidade.
III. O princípio da proibição de proteção insuficiente pode ser entendido como uma espécie de garantismo positivo, ao contrário do garantismo negativo (que se consubstancia na proteção contra os excessos do Estado) já consagrado pelo princípio da proporcionalidade.
IV. O princípio do *in dubio pro societate* somente é aplicável na fase pronúncia, uma vez que ele não se mostra compatível com o Estado Democrático de Direito.

São **corretas**:
(A) Todas as assertivas.
(B) Somente as assertivas I e IV.
(C) Somente as assertivas I, II e III.
(D) Somente as assertivas II, III e IV.
(E) Somente as assertivas II e III.

I: correta. É nesse sentido o magistério de Guilherme de Souza Nucci: "(...) A modificação no art. 187, *caput*, propicia a introdução, na realidade, de três espécies de interrogatório, ou pelo menos de fases para a oitiva do acusado pela autoridade competente. A primeira etapa é denominada interrogatório de qualificação, como expusemos na nota 13 ao art. 186, cuja finalidade é obter os dados de identificação do réu. Essa colheita deveria ser feita pelo juiz, embora, por prática forense, termine transferida ao funcionário da sala de audiências. De toda forma, nesse ato, o acusado não poderá valer-se do direito ao silêncio, nem poderá mentir sem consequência alguma (...)" (*Código de Processo Penal Comentado*, 12ªed, p. 444); **II**: conferir: "EMENTA: PROVA. Criminal. Conversa telefônica. Gravação clandestina, feita por um dos interlocutores, sem conhecimento do outro. Juntada da transcrição em inquérito policial, onde o interlocutor requerente era investigado ou tido por suspeito. Admissibilidade. Fonte lícita de prova. Inexistência de interceptação, objeto de vedação constitucional. Ausência de causa legal de sigilo ou de reserva da conversação. Meio, ademais, de prova da alegada inocência de quem a gravou. Improvimento ao recurso. Inexistência de ofensa ao art. 5º, incs. X, XII e LVI, da CF. Precedentes. Como gravação meramente clandestina, que se não confunde com interceptação, objeto de vedação constitucional, é lícita a prova consistente no teor de gravação de conversa telefônica realizada por um dos interlocutores, sem conhecimento do outro, se não há causa legal específica de sigilo nem de reserva da conversação, sobretudo quando se predestine a fazer prova, em juízo ou inquérito, a favor de quem agravou" (RE 402717, CEZAR PELUSO, STF); **III**: correta. O princípio da proibição da proteção insuficiente representa, ao lado da proibição de excesso, uma das facetas do princípio da proporcionalidade. O Estado é considerado omisso, para esse postulado, quando deixa de adotar medidas necessárias à proteção de direitos fundamentais. *Vide*: ADC nº 19/DF, rel. Min. Marco Aurélio, 09.02.2012; **IV**: incorreta, visto que o princípio do *in dubio pro societate* é, sim, compatível com o Estado Democrático de Direito. O juiz, na fase de pronúncia (art. 413, CPP), se restringe a realizar um juízo de admissibilidade da acusação, sendo-lhe vedado, nesta etapa, ingressar, de forma aprofundada, no mérito. Havendo dúvida quanto à presença de indícios suficientes de autoria, no lugar de absolver, como se imporia no procedimento comum, encaminha-se o feito para julgamento ao juiz natural (Tribunal Popular).
Gabarito "C."

(Ministério Público/SP – 2013 – PGMP) Tendo em vista as disposições do Código de Processo Penal relacionadas com a prova oral, é unicamente CORRETO afirmar que

(A) descabe condução coercitiva do ofendido quando, intimado para prestar declarações, deixar de comparecer injustificadamente.
(B) ao juiz é facultado ordenar, de ofício, produção antecipada da prova testemunhal urgente, antes mesmo de iniciada a ação penal.
(C) magistrados e membros do Ministério Público estão incluídos entre as autoridades para as quais a lei faculta a opção de, como testemunhas, prestarem depoimento por escrito.
(D) a contradita fundada no fato de a testemunha ser ascendente do ofendido impede o juiz de tomar seu depoimento.
(E) prescinde de motivação a determinação do juiz de retirar o réu da sala de audiência nos casos em que sua presença possa causar temor ou sério constrangimento à testemunha.

A: incorreta, pois o art. 201, § 1º, do CPP permite que, no caso de recalcitrância do ofendido em atender à convocação judicial, o mesmo seja conduzido coercitivamente; **B**: correta, pois reflete o art. 156, I, do CPP; **C:** incorreta, dado que tal prerrogativa somente é deferida às pessoas listadas no art. 221, parágrafo primeiro, do CPP, no qual não estão contemplados juízes e promotores, que poderão, no entanto, conforme estabelece o *caput* deste dispositivo, ajustar, com o juiz da causa, local, dia e hora para que lhes seja tomado o depoimento; **D:** incorreta. Contradita é o instrumento, colocado à disposição das partes, que se presta a questionar a parcialidade da testemunha que será ouvida (art. 214 do CPP). Terá lugar logo em seguida à qualificação da testemunha e antes do início do seu depoimento, que, ainda assim, será tomado; **E:** incorreta, pois o art. 217, parágrafo único, do CPP impõe o dever de o juiz motivar sua decisão de retirar o réu da sala de audiência.

Gabarito "B".

(Promotor de Justiça – MPE/BA – CEFET – 2015) Quanto à produção probatória e à coisa julgada no processo penal, assinale a alternativa INCORRETA:

(A) O juiz formará sua convicção pela livre apreciação da prova produzida em contraditório judicial, não podendo fundamentar sua decisão exclusivamente nos elementos informativos colhidos na investigação, ressalvadas as provas cautelares, não repetíveis e antecipadas.

(B) Segundo o Código de Processo Penal, a iniciativa probatória do juiz, em respeito ao sistema acusatório e ao princípio da presunção de inocência, limitar-se-á à introdução de novas fontes de prova à persecução penal em juízo, desde que não caracterize atividade probatória supletiva do ônus processual da acusação.

(C) No processo de incidente de falsidade documental, qualquer que seja a decisão, não fará coisa julgada em prejuízo de ulterior processo penal ou civil.

(D) De acordo com a doutrina, no Código de Processo Penal, o vocábulo "indício" aparece ora no sentido de prova indireta, ora no sentido de prova semiplena.

A: correta, já que corresponde à redação do art. 155, *caput*, do CPP. Significa que as provas reunidas no inquérito policial não podem, de forma exclusiva, servir de suporte para fundamentar uma sentença penal condenatória. Em outras palavras, é vedado ao magistrado fundamentar sua decisão exclusivamente nos elementos informativos produzidos na investigação; **B:** incorreta. O juiz, no processo penal, não deve conformar-se com a verdade trazida pelas partes; se restar ponto não esclarecido, é imperioso, em homenagem ao postulado da busca da verdade real, que ele atue nessa busca incessante; afinal, ao contrário do que se dá no âmbito do processo civil, está aqui em jogo a liberdade do acusado. De toda sorte, tal atividade do juiz deve ser supletiva em relação à das partes, vedada a sua atuação, neste campo, como protagonista; **C:** correta, nos termos do art. 148 do CPP; **D:** correta. A assertiva faz referência a uma das classificações operadas em relação aos indícios, que, segundo o art. 239 do CPP, são "a circunstância conhecida e provada, que, tendo relação com o fato, autoriza, por indução, concluir-se a existência de outra ou outras circunstâncias".

Gabarito "B".

(Ministério Público/GO – 2012) Com relação a Lei nº 11.900/2009 (que alterou o texto do art. 185 do Código de Processo Penal), que possibilita o uso da videoconferência, assinale a alternativa correta:

(A) Da decisão que determinar a realização de interrogatório por videoconferência, as partes serão intimadas com 05 (cinco) dias de antecedência.

(B) A única finalidade prevista pelo legislador para utilização da videoconferência diz respeito a prevenir risco à segurança pública, quando exista fundada suspeita de que o preso integre organização criminosa ou de que, por outra razão, possa fugir durante o deslocamento.

(C) Em nenhuma hipótese o Juiz poderá de ofício realizar o interrogatório do réu preso por sistema de videoconferência ou outro recurso tecnológico de transmissão de sons e imagens em tempo real, dependendo obrigatoriamente de provocação do Ministério Público ou de uma das partes.

(D) Em qualquer modalidade de interrogatório, o Juiz garantirá ao réu o direito de entrevista prévia e reservada com o seu defensor; se realizado por videoconferência, fica também garantido o acesso a canais telefônicos reservados para comunicação entre o defensor que esteja no presídio e o advogado presente na sala de audiência do Fórum, e entre este e o preso.

A: incorreta. O art. 185, § 3º, do CPP estabelece que as partes serão intimadas, dentro do prazo de *dez* dias – em não de *cinco*, da decisão do juiz que determinar a realização de interrogatório por meio de videoconferência; **B:** incorreta. O art. 185 do CPP, em seu parágrafo segundo, estabeleceu, além da mencionada na assertiva, outras hipóteses em que o interrogatório do réu preso pelo sistema de videoconferência é de rigor; **C:** incorreta. A decisão que determinar a realização do interrogatório por meio de videoconferência pode ser tomada de ofício pelo juiz (art. 185, § 2º, do CPP); **D:** correta, pois reflete o disposto no art. 185, § 5º, do CPP.

Gabarito "D".

(Ministério Público/RR – 2012 – CESPE) Em relação à prova no processo penal, assinale a opção correta.

(A) As justificações, disciplinadas no estatuto processual penal, incluem-se entre as provas documentais produzidas na esfera civil e apresentadas ao juízo criminal por meio dos documentos juntados aos autos.

(B) O CPP, atualmente, dá especial relevância à participação do ofendido na formação do convencimento do julgador, elencando-o entre os meios de provas; entretanto, conforme dispõe o referido código, o ofendido não prestará compromisso nem se sujeitará a processo por falso testemunho, podendo, contudo, ser conduzido à presença da autoridade, caso, intimado para esse fim, deixe de comparecer sem motivo justo.

(C) Entre os meios de prova, que consistem em tudo que possa ser útil para a elucidação dos fatos no processo, destaca-se a denúncia.

(D) A prova emprestada é admitida no processo penal desde que, quando de sua produção, tenham sido observados os princípios indisponíveis do contraditório e da ampla defesa, o que torna prescindível a renovação destes no feito para o qual tenha sido transladada.

(E) No sistema processual brasileiro, é adotada a regra da liberdade probatória, admitindo-se todos os meios de prova legais e moralmente legítimos, ainda que não especificados no CPP, sendo a única restrição probatória o estado das pessoas, salvo a obtenção dessa prova por fonte independente.

A: incorreta. Não prevista no CPP, constitui instrumento apto a produzir, no juízo que proferiu a condenação, a justificação para instruir futuro pedido de revisão criminal. Presta-se, por exemplo, a produzir prova pericial, que servirá de suporte para que o condenado possa ingressar com pedido revisional no tribunal; **B:** correta. O ofendido, por não ser testemunha, não se sujeita a processo por crime de falso testemunho.

De outra forma não poderia ser. É que a vítima, dado o seu interesse na condenação do acusado, não pode ser tida como figura imparcial, como deve ser a testemunha, presumidamente desinteressada no deslinde da causa. Assim sendo, não se deve, ao menos em princípio, conferir o mesmo valor probatório às declarações do ofendido e ao depoimento da testemunha. Por fim, estabelece o art. 201, § 1º, do CPP que o ofendido que, depois de intimado, deixar de comparecer sem motivo justo poderá ser conduzido coercitivamente à presença da autoridade; **C:** incorreta. A denúncia não pode ser considerada meio de prova; cuida-se, sim, de fonte de prova; **D:** incorreta. O magistrado somente levará em conta a chamada prova emprestada (ou trasladada), que é a utilização no processo de prova produzida em outro, se as partes envolvidas no processo onde se deu a produção da prova forem as mesmas do processo para o qual foi a prova trasladada; **E:** incorreta. O art. 157, *caput*, do CPP, por exemplo, impõe outra restrição probatória: provas obtidas por meios ilícitos.
Gabarito "B".

(Promotor de Justiça/SC – 2016 - MPE)

(1) São inadmissíveis, devendo ser desentranhadas do processo, as provas ilícitas, assim entendidas as obtidas em violação a normas constitucionais ou legais. São também inadmissíveis as provas derivadas das ilícitas, salvo quando não evidenciado o nexo de causalidade entre umas e outras, ou quando as derivadas puderem ser obtidas por uma fonte independente das primeiras. É o que estabelece o Código de Processo Penal.

1: A proposição, que está correta, corresponde ao que estabelece o art. 157, *caput* e § 1º, do CPP.
Gabarito 1C

(Ministério Público/SP – 2012 –VUNESP) Considerando as normas do Código de Processo Penal que regulam a produção das provas pericial e testemunhal, é INCORRETO afirmar:

(A) A faculdade de formular quesitos e indicar assistente técnico, na produção da prova pericial, é conferida ao Ministério Público, ao assistente de acusação, ao ofendido, ao querelante e ao acusado.

(B) A nomeação dos peritos, no exame pericial realizado por carta precatória, far-se-á no juízo deprecante; havendo, porém, no caso de ação privada, acordo entre as partes, essa nomeação poderá ser feita pelo juiz deprecado.

(C) A inquirição da testemunha ou do ofendido que esteja preso pode ser realizada pelo sistema de videoconferência.

(D) O ascendente, o descendente, o afim em linha reta, o cônjuge, o irmão e o pai, a mãe, ou o filho adotivo do acusado podem se recusar a depor como testemunhas.

(E) O defensor do acusado formulará as perguntas antes do Ministério Público na inquirição das testemunhas arroladas pela defesa no plenário do Tribunal do Júri.

A: proposição correta, visto que corresponde ao que dispõe o art. 159, § 3º, do CPP; **B:** incorreta (devendo esta ser assinalada), pois em desconformidade com o disposto no art. 177, *caput*, do CPP; **C:** correta, nos termos dos arts. 185, § 8º, e 222, § 3º, ambos do CPP; **D:** correta, visto que corresponde ao que estabelece o art. 206, CPP; **E:** correta, pois em conformidade com o teor do art. 473, § 1º, do CPP.
Gabarito "B".

(Ministério Público/TO – 2012 – CESPE) No que se refere à prova no processo penal, assinale a opção correta.

(A) É absoluta a isenção do dever de depor estabelecida em razão do parentesco da testemunha com o acusado.

(B) Se o acusado, por ocasião de seu interrogatório, assumir a imputação a ele atribuída pela acusação, bem como concordar integralmente com a classificação dos fatos narrados na denúncia, poderá o juiz, por economia processual, antecipar o julgamento da lide.

(C) Como o réu não pode intervir nem formular quesitos na fase inquisitorial, é improcedente pedido da defesa – sob o argumento de desrespeito ao contraditório – para que, em juízo, seja repetido exame pericial, por perito particular por ela indicado, realizado durante o inquérito policial.

(D) Vigora, no Brasil, o sistema de valoração de provas vinculatório em relação ao laudo pericial que instrui os autos.

(E) O arrolamento, por exemplo, de onze testemunhas na denúncia e a oitiva, a critério do juiz da causa, dessas testemunhas na fase de instrução acarretarão a nulidade do processo se a lei processual penal fixar um número inferior de testemunhas para o procedimento.

A: incorreta. Estão dispensadas de depor as pessoas mencionadas no art. 206 do CPP. Cuidado: não se trata de *proibição*, como ocorre no art. 207 do CPP, e sim de *dispensa*. Todavia, impõe-se o dever de depor a essas pessoas se a prova não puder ser obtida por outro meio. Por tal razão, não há que se falar em isenção absoluta do dever de depor, já que o legislador, como vimos, estabeleceu uma exceção; **B:** incorreta. É vedado ao juiz, mesmo diante da confissão do acusado, proceder à antecipação do julgamento, como se verifica no processo civil. Isso porque, no processo penal, busca-se a verdade real dos fatos, com obediência ao procedimento estabelecido em lei; **C:** correta. O exame pericial realizado na fase inquisitiva constitui prova *não repetível* (art. 155, *caput*, do CPP), pois a sua reprodução em juízo é inviável. A submissão dessa modalidade de prova ao contraditório ocorrerá somente no âmbito do processo, chamado, por isso, de *contraditório diferido* ou *postergado*; **D:** incorreta. O juiz, fazendo uso da prerrogativa que lhe confere o art. 182 do CPP, poderá aceitar ou rejeitar o laudo, no todo ou em parte; em outras palavras: o magistrado não está vinculado ao documento elaborado pelo perito. Deverá, todavia, justificar as razões que o levaram a rechaçar o laudo; **E:** incorreta. A inquirição de testemunhas além do número máximo estabelecido em lei é possível, desde que o juiz analise a real necessidade de se proceder à oitiva dessas testemunhas, consideradas "do juízo".
Gabarito "C".

(Procurador da República – PGR – 2013) Assinale a alternativa correta. O livre convencimento motivado:

(A) é incompatível com as restrições em relação ao meio da obtenção da prova;

(B) é aplicável às decisões do juiz singular e aos jurados;

(C) é aplicável às decisões do juiz singular;

(D) não se confunde com persuasão racional.

Adotamos, como regra, o sistema da *persuasão racional* ou *livre convencimento motivado* (expressões sinônimas), em que o magistrado decidirá com base no seu livre convencimento, devendo, todavia, fundamentar sua decisão (art. 93, IX, da CF/1988). Não há incompatibilidade entre esse sistema e as restrições em relação ao meio de obtenção da prova. A *persuasão racional* não tem incidência no âmbito do tribunal do júri, onde vigora o sistema da *íntima convicção*, no qual o jurado não motiva seu voto. Nem poderia.
Gabarito "C".

(Procurador da República – 26º) Considere as hipóteses seguintes:

I. O direito norte-americano, de onde importamos a vedação constitucional de admissibilidade das provas ilícitas, apesar da reconhecida tecnologia de provas que lhe é peculiar, exibe como regra quase absoluta a vedação à prova ilícita, se e quando produzida pelos agentes do estado;

II. A prova da inocência do réu deve ser sempre aproveitada, em quaisquer circunstâncias;

III. As provas obtidas ilicitamente podem ser utilizadas no processo em razão do princípio da proporcionalidade, punindo-se, porém, os responsáveis pela sua produção.

(A) As assertivas I e II estão corretas;
(B) As assertivas I e III estão corretas;
(C) As assertivas II e III estão corretas;
(D) As assertivas I, II e III estão corretas.

A primeira colocação está correta. A importação da discussão sobre a validade da prova ilícita se deu do direito norte-americano, expressamente inserida na CF 88, art. 5º, LVI. São inadmissíveis, no processo, as provas produzidas por meios ilícitos. Trata-se de garantia não absoluta, podendo ser aceita em benefício da defesa, ou para sustentar uma postura acusatória, no último caso apenas em caráter excepcional (STF, HC 70841/SP e HC 84301/SP). **A segunda assertiva está correta.** A proibição da produção da prova ilícita prevista na CF não impede que seja utilizada em favor do acusado. Trata-se de garantia que visa impedir o Estado, na persecução, que se utilize de material probatório obtido de forma ilícita. **A terceira assertiva está incorreta**, pois nem sempre haverá punição dos responsáveis por sua produção. A título de exemplo, se alguém, auxiliando o réu na sua defesa, produz prova ilícita para demonstrar a inocência, não será punido, pois sua ação se deu ao amparo da excludente de ilicitude do estado de necessidade.

Gabarito "A".

10. SUJEITOS PROCESSUAIS

(Promotor de Justiça – MPE/BA – CEFET – 2015) Sobre o assistente da acusação no processo penal, após analisar as proposições abaixo destacadas, assinale a alternativa CORRETA:

I. Em razão dos princípios da oralidade e concentração dos atos instrutórios, os quais regem o sistema acusatório, o Código de Processo Penal estabelece que do despacho que admitir, ou não, o assistente da acusação, não caberá recurso, não havendo necessidade que conste dos autos o pedido e a decisão sobre a admissibilidade do assistente.

II. Após sucessivas e tópicas reformas legislativas, o Código de Processo Penal passou a estabelecer que o assistente da acusação tem legitimidade para requerer a decretação de prisão preventiva.

III. No procedimento do júri, o assistente da acusação, apesar de poder participar dos debates orais em plenário, não tem legitimidade para requerer o desaforamento do julgamento, resguardando-se, assim, a legitimidade principal do Ministério Público quanto à ação penal pública.

IV. No processo penal atinente aos crimes previstos no Código de Defesa do Consumidor, bem como a outros crimes e contravenções que envolvam relações de consumo, poderão intervir, como assistentes do Ministério Público, as entidades e órgãos da administração pública, direta ou indireta, ainda que sem personalidade jurídica, especificamente destinados à defesa dos interesses e direitos protegidos por aquele Código.

V. Nos crimes de ação penal pública, o assistente de acusação poderá intervir em todos os termos da persecução penal, desde o início do procedimento administrativo pré-processual policial até o trânsito em julgado da sentença penal.

(A) Somente as alternativas II e III estão corretas.
(B) As alternativas I e V estão corretas.
(C) Somente a alternativa V está correta.
(D) Somente a alternativa III está correta.
(E) Somente as alternativas II e IV estão corretas.

I: incorreta. Isso porque, a despeito de a decisão de admissão ou não do assistente não comportar recurso, o pedido e a respectiva decisão deverão, por força do que estabelece o art. 273 do CPP, constar dos autos; **II:** correta. Com a edição da Lei 12.403/2011, que promoveu diversas mudanças no campo da prisão processual, passou-se a admitir que o pedido de prisão preventiva seja formulado pelo assistente de acusação (art. 311, CPP); **III:** incorreta. Têm iniciativa para formular pedido de desaforamento o MP, o *assistente*, o querelante, o próprio acusado e também o juiz, mediante representação – art. 427, *caput*, do CPP; **IV:** correta, pois corresponde ao que estabelece o art. 80 da Lei 8.078/1990 (Código de Defesa do Consumidor); **V:** incorreta, na medida em que o ingresso do assistente, que receberá a causa no estado em que se achar, somente será admitido a partir do recebimento da denúncia e até o trânsito em julgado da decisão (art. 269, CPP). Não tem lugar, portanto, no curso das investigações do inquérito policial ou qualquer outra espécie de apuração criminal, na qual, é importante que se diga, não há ainda acusação, mas mera apuração.

Gabarito "E".

(Ministério Público/ES – 2013 – VUNESP) Na ação penal pública, o assistente do Ministério Público poderá

(A) substituir o promotor de justiça no plenário do júri.
(B) habilitar-se para atuar no plenário do júri no momento da sessão de julgamento.
(C) propor meios de prova, perguntar às testemunhas, participar do debate oral e até mesmo arrazoar recursos.
(D) intervir desde o inquérito policial.
(E) ser admitido na causa enquanto não passar em julgado a sentença, podendo manifestar-se inclusive sobre atos anteriores da instrução processual, que poderão ser repetidos se necessário.

A: incorreta, uma vez que o art. 271 do CPP, que estabelece as hipóteses em que pode atuar o assistente de acusação, não contempla a *substituição do promotor de justiça no plenário do júri*; **B:** incorreta, pois o ofendido ou seu representante legal já habilitado não precisará uma vez mais habilitar-se para atuar no plenário do júri; **C:** correta, nos termos do art. 271 do CPP; **D:** incorreta, não há que se falar em assistência no curso do inquérito policial, procedimento inquisitivo em que não há sequer acusação. A admissão do assistente somente poderá se dar a partir do recebimento da denúncia e enquanto não passar em julgado a sentença (art. 269, CPP); **E:** incorreta, na medida em que o assistente somente poderá atuar em relação aos atos praticados a partir de seu ingresso no processo. É claro o art. 269 do CPP ao afirmar que "o assistente receberá a causa no estado em que se achar".

Gabarito "C".

(Promotor de Justiça/SC – 2016 - MPE)

(1) O Estatuto Processual Penal prevê que o juiz não poderá exercer jurisdição no processo em que: a) tiver funcionado seu cônjuge ou parente, consanguíneo ou afim, em linha reta ou colateral até o terceiro grau, inclusive, como defensor ou advogado, órgão do Ministério Público, autoridade policial, auxiliar da justiça ou perito; b) ele próprio houver desempenhado qualquer dessas funções ou servido como testemunha; c) tiver funcionado como juiz de outra instância, pronunciando-se, de fato ou de direito, sobre a questão; d) ele próprio ou seu cônjuge ou parente, consanguíneo ou afim em linha reta ou colateral até o terceiro grau, inclusive, for parte ou diretamente interessado no feito. Nos juízos coletivos, não poderão servir no mesmo processo os juízes que forem entre si parentes, consanguíneos ou afins, em linha reta ou colateral até o terceiro grau, inclusive.

1: A proposição, que é verdadeira, contempla as hipóteses de impedimento do magistrado (art. 252, CPP).
Gabarito 1C

11. CITAÇÃO, INTIMAÇÃO E PRAZOS

(Ministério Público/GO – 2012) Analise as proposições abaixo, todas relativas à citação e à intimação no processo penal, e assinale a alternativa correta:

I. em se tratando de processos criminais que tramitam em meio eletrônico, conforme previsto na Lei 11.419, de 19 de dezembro de 2006, é possível a citação por meio eletrônico *(e-mail* e etc.), desde que a íntegra dos autos seja acessível ao citando;
II. dar-se-á a citação por edital quando o réu não for encontrado ou quando se verificar que o réu se oculta para não ser citado;
III. nos procedimentos comum, sumário e sumaríssimo (artigo 394, §1º, incisos I, II e III do Código de Processo Penal), se, citado pessoalmente, deixar o réu de apresentar resposta à acusação, ser-lhe-á nomeado defensor para apresentar resposta, ficando suspensos o processo e o curso do prazo de prescrição;
IV. a intimação da sentença será feita ao defensor constituído pelo réu, se este, afiançável, ou não, a infração, expedido o mandado de prisão, não tiver sido encontrado, e assim o certificar o oficial de justiça.

(A) somente as alternativas I e IV estão corretas;
(B) somente as alternativas II e III estão incorretas;
(C) somente as alternativas IV e III estão incorretas;
(D) apenas a alternativa IV é correta.

I: estabelece o art. 6º da Lei 11.419/2006 que a citação por meio eletrônico não terá incidência no âmbito do processo criminal. Assertiva, portanto, incorreta; **II:** de fato, o acusado não localizado será citado por edital (art. 361 do CPP). Agora, se se tratar de réu que se oculta com o propósito de inviabilizar a sua citação, procede-se, neste caso, à citação com hora certa (362 do CPP); **III:** incorreta, pois não reflete o disposto no art. 396-A, § 2º, do CPP; **IV:** correta, pois de acordo com o disposto no art. 392, III, do CPP.
Gabarito "D".

(Ministério Público/RR – 2012 – CESPE) Em relação às citações e às intimações, assinale a opção correta à luz da legislação de regência e do entendimento doutrinário e jurisprudencial.

(A) Considere que, em determinado dia, um oficial de justiça tenha tomado conhecimento de que o acusado que procurava, havia dias, para citação, assistiria a cerimônia religiosa de casamento no período noturno daquele mesmo dia. Nessa situação, ainda que o acusado esteja em local aberto ao público, o oficial de justiça não poderá efetivar a citação durante o período noturno, sem expressa autorização do juiz.
(B) De acordo com a legislação processual vigente, a intimação da decisão de pronúncia deve ser feita pessoalmente ao réu, ao defensor constituído e ao assistente do MP.
(C) Nas intimações, admite-se, como regra geral estabelecida no CPP, a aplicação das normas processuais atinentes às citações, tanto no que diz respeito à realizada por edital quanto a por hora certa.
(D) A citação de acusado que se encontre em local sabido no exterior deve ser feita por intermédio de carta rogatória, legitimando o juiz, de acordo com o que dispõe o CPP, a ordenar a suspensão do processo e do prazo prescricional, bem como a determinar a produção antecipada de provas.

A: incorreta. Neste caso, nada impede que o oficial de Justiça proceda à citação, independente de autorização do juiz; **B:** incorreta, pois contraria o disposto no art. 420 do CPP; **C:** correta, pois reflete o que estabelece o art. 370 do CPP; **D:** incorreta, já que contraria o disposto no art. 368 do CPP.
Gabarito "C".

(Ministério Público/TO – 2012 – CESPE) Assinale a opção correta acerca das citações e intimações no processo penal.

(A) Quando não houver órgão de publicação dos atos judiciais no distrito da culpa, a intimação do MP e do defensor constituído será pessoal.
(B) A omissão, no mandado de citação, do teor da acusação constitui irregularidade a ser sanada na primeira oportunidade de comparecimento do réu ou seu advogado em juízo.
(C) Se o acusado estiver fora do território do juízo processante, a citação se dará por edital, com prazo de quinze dias.
(D) Se o acusado, citado por edital, não comparecer em juízo nem constituir advogado, ficarão suspensos o processo e o curso do prazo prescricional.
(E) O réu com menos de vinte e um anos e mais de dezoito anos de idade poderá ser citado pessoalmente ou por meio do seu curador.

A: incorreta, pois não reflete o disposto no art. 370, § 2º, do CPP; **B:** incorreta. O mandado citatório deverá contemplar, sob pena de nulidade, o fim para que é feita a citação, com o resumo da acusação; **C:** incorreta. Neste caso, proceder-se-á à citação por precatória - art. 353 do CPP; **D:** correta. Não encontrado o réu, deve o juiz determinar sua *citação por edital,* o que constitui providência de natureza excepcional, dado que o magistrado somente poderá recorrer a esse recurso depois de esgotados todos os meios para localizar o acusado. Essa tem sido a posição consagrada na jurisprudência. Se, ainda assim, o réu, citado por edital, não comparecer tampouco constituir defensor, ficarão suspensos, nos termos do art. 366 do CPP, o processo e o curso do prazo prescricional, podendo o juiz determinar a produção antecipada das provas que repute urgentes e, presentes os requisitos do art. 312 do CPP, decretar a prisão preventiva. *Vide*, a esse respeito, Súmulas 415 e 455 do STJ. Assertiva correta, portanto; **E:** incorreta. Exigência não contemplada em lei.
Gabarito "D".

12. PRISÃO, MEDIDAS CAUTELARES E LIBERDADE PROVISÓRIA

(Promotor de Justiça – MPE/RS – 2017) Assinale a alternativa **INCORRETA**.

(A) É vedado ao delegado de polícia arbitrar fiança em crimes cuja pena máxima ultrapasse 4 anos.
(B) Admite-se prisão preventiva quando há dúvida sobre a identidade civil da pessoa.

(C) Admite-se prisão preventiva em crimes apenados com detenção.
(D) Admite-se concessão de liberdade provisória mediante fiança consistente em hipoteca.
(E) A prisão preventiva pode ser substituída pela prisão domiciliar quando o agente for maior de 70 anos.

A: correta. A Lei 12.403/2011 mudou sobremaneira o panorama da fiança. Antes da reforma por ela implementada, a autoridade policial, em vista da revogada redação do art. 322 do CPP, somente estava credenciada a concedê-la nas hipóteses de infração punida com *detenção* ou *prisão simples*. Bem por isso, não podia o delegado de polícia arbitrar fiança nos crimes punidos com *reclusão*, tarefa exclusiva do magistrado. Pela nova redação dada ao art. 322 do CPP, a autoridade policial passou a conceder fiança nos casos de infração cuja pena privativa de liberdade máxima não seja superior a quatro anos, independentemente de ser o crime apenado com reclusão ou detenção (qualidade da pena). Naqueles casos em que a pena máxima superar os quatro anos, somente o magistrado poderá estabelecer a fiança; **B:** correta, pois reflete a regra presente no art. 313, parágrafo único, do CPP; **C:** correta. De fato, nada impede que se decrete a custódia preventiva em crimes apenados com detenção; **D:** correta (art. 330, *caput*, do CPP); **E:** incorreta, dado que o art. 318, I, do CPP estabelece como idade mínima à obtenção deste benefício oitenta anos, e não setenta, tal como constou da assertiva. Além dessa hipótese, o juiz poderá substituir a prisão preventiva pela domiciliar nos seguintes casos: agente extremamente debilitado por motivo de doença grave (inciso II); quando o agente for imprescindível aos cuidados de pessoa com menos de 6 (seis) anos ou com deficiência (inciso III); quando se tratar de gestante (inciso IV – cuja redação foi alterada pela Lei 13.257/2016); quando se tratar de mulher com filho de até 12 anos de idade incompletos (inciso V – cuja redação foi determinada pela Lei 13.257/2016); homem, caso seja o único responsável pelos cuidados do filho de até 12 anos de idade incompletos (inciso VI – cuja redação foi determinada pela Lei 13.257/2016).
Gabarito "E".

(Ministério Público/DF – 2013) A reforma do sistema de medidas cautelares de 2011 trouxe diversas inovações. Entre elas:
(A) Manteve a fiança como medida de contracautela, destinada a permitir a soltura de pessoa presa em flagrante, desde que o crime perpetrado seja punido com pena privativa de até quatro anos de reclusão.
(B) Previu a possibilidade de intimação do indiciado ou acusado antes da decretação de medida cautelar.
(C) Retirou da autoridade policial a atribuição de fixar fiança em crimes punidos com reclusão.
(D) Proibiu o juiz de decretar de ofício a prisão preventiva, no curso da ação penal.
(E) Eliminou a possibilidade de decretação da prisão preventiva diante de dúvida sobre a identidade civil do preso.

A: incorreta, uma vez que a concessão de fiança não está condicionada à quantidade de pena cominada ao delito praticado (arts. 323 e 324 do CPP); **B:** correta, nos termos do art. 282, § 3°, do CPP, que estabelece, como regra, que o juiz, antes de decretar a medida cautelar, deverá ouvir a parte contrária (indiciado ou acusado), dando-lhe oportunidade de se defender, ressalvada, aqui, a hipótese de urgência e perigo de ineficácia da medida, que, a bem da verdade, constitui a maior parte dos casos; **C:** incorreta. A Lei 12.403/2011 mudou sobremaneira o panorama da fiança. Antes da reforma por ela implementada, a autoridade policial, em vista da revogada redação do art. 322 do CPP, somente estava credenciada a concedê-la nas hipóteses de infração punida com *detenção* ou *prisão simples*. Bem por isso, não podia o delegado de polícia arbitrar fiança nos crimes punidos com *reclusão*, tarefa exclusiva do magistrado. Pela nova redação dada ao art. 322 do CPP, a autoridade policial passou a conceder fiança nos casos de infração cuja pena privativa de liberdade máxima não seja superior a quatro anos, independentemente de ser o crime apenado com reclusão ou detenção (qualidade da pena). Naqueles casos em que a pena máxima superar os quatro anos, somente o magistrado poderá estabelecer a fiança; **D:** incorreta. Com a edição da Lei 12.403/2011, a redação do art. 311 do CPP foi modificada. A prisão preventiva continua a ser decretada em qualquer fase da investigação policial ou do processo penal, mas o juiz, que antes podia determiná-la de ofício também na fase investigatória, somente poderá fazê-lo, a partir de agora, no curso da ação penal. É dizer, para que a custódia preventiva seja decretada no curso da investigação, somente mediante representação da autoridade policial ou a requerimento do Ministério Público; **E:** incorreta, pois contraria o disposto no art. 313, parágrafo único, do CPP.
Gabarito "B".

(Ministério Público/DF – 2013) Assina a alternativa **INCORRETA**:
(A) Toda e qualquer medida cautelar positivada no Código de Processo Penal deve ajustar-se à gravidade do crime, às circunstâncias do fato e às condições pessoais do indiciado ou acusado.
(B) A decretação de uma prisão preventiva impõe ao juiz analisar se não é suficiente e igualmente eficaz a imposição, ao indiciado ou acusado, de medida cautelar alternativa.
(C) A fiança é uma das cautelares alternativas que podem ser impostas ao acusado mesmo estando ele em liberdade.
(D) A decretação da prisão preventiva contra autor de violência doméstica contra a mulher objetiva garantir a execução das medidas cautelares protetivas de urgência e se condiciona a que o crime praticado seja punido com pena privativa de liberdade máxima superior a quatro anos.
(E) Quebrada a fiança, caberá ao juiz, antes de decretar a prisão preventiva, analisar se é possível e adequado, para os fins cautelares, impor ao acusado outra medida alternativa à cautela extrema.

A: assertiva correta, pois em conformidade com o que estabelece o art. 282, II, do CPP; **B:** assertiva correta. É o que estabelece o art. 282, § 6°, do CPP, cuja redação foi determinada pela Lei de Reforma 12.403/2011. Percebe-se, uma vez mais, o caráter excepcional e subsidiário conferido à custódia preventiva, que somente terá lugar diante da impossibilidade de proceder-se à substituição por medida cautelar diversa (art. 319 do CPP); **C:** assertiva correta (art. 319, VIII, do CPP). A finalidade da fiança, espécie do gênero *medidas cautelares diversas da prisão*, é assegurar o comparecimento aos atos do processo, evitar a obstrução do seu andamento ou ainda na hipótese de resistência imposta ao cumprimento de ordem judicial; **D:** assertiva incorreta, devendo ser assinalada, na medida em que o emprego da custódia preventiva, no contexto da violência doméstica, independe do máximo de pena abstratamente previsto para a infração penal que dá azo à investigação ou processo (art. 313, III, do CPP); **E:** assertiva correta, porque em conformidade com a regra prevista no art. 343 do CPP.
Gabarito "D".

(Promotor de Justiça/GO – 2016 - MPE) Sobre o regime jurídico da prisão provisória e das medidas cautelares pessoais no ordenamento jurídico pátrio, segundo orientação doutrinária e jurisprudencial, é correto afirmar que:
(A) Inquéritos policiais e processos em andamento não têm o condão de exasperar a pena-base no momento da dosimetria da pena e, tampouco, em razão do princípio da presunção de inocência, são elementos

aptos a demonstrar fundamentação suficiente para a decretação da prisão preventiva.
(B) A prisão preventiva se mostra ilegítima nos casos em que a sanção abstratamente prevista ou imposta na sentença condenatória recorrível não resulte em constrição pessoal, por força do princípio da homogeneidade.
(C) O quebramento injustificado da fiança importará na perda de metade do seu valor, cabendo ao juiz decidir sobre a imposição de outras medidas cautelares, não se permitindo a decretação da prisão preventiva.
(D) Em qualquer fase da persecução criminal caberá a prisão preventiva decretada pelo juiz, de ofício, ou a requerimento do Ministério Público, do querelante ou do assistente, ou por representação da autoridade policial, conforme alteração trazida pela Lei 12.403/2011 ao CPP.

A: incorreta. A primeira parte da assertiva está correta, pois em conformidade com o entendimento firmado na Súmula 444 do STJ, segundo a qual é vedada a utilização de inquéritos policiais e ações penais em curso para agravar a pena-base; está incorreto, entretanto, o que se afirma na segunda parte da proposição. Embora a prisão preventiva não possa ser decretada tão somente com base na reincidência e maus antecedentes, é certo que tais circunstâncias podem ser levadas em conta na decretação desta modalidade de custódia provisória, sem que com isso haja ofensa ao postulado da presunção de inocência. Conferir: "A jurisprudência da Suprema Corte é no sentido de que "a periculosidade do agente e o risco de reiteração delitiva demonstram a necessidade de se acautelar o meio social para que seja resguardada a ordem pública, além de constituírem fundamento idôneo para a prisão preventiva." (HC 115462, 2.ª Turma, Rel. Min. Ricardo Lewandowski, DJe de 23/04/2013.). Inquéritos policiais e processos em andamento, embora não tenham o condão de exasperar a pena-base no momento da dosimetria da pena (Súmula 444/STJ), são elementos aptos a demonstrar, cautelarmente, eventual receio concreto de reiteração delitiva, fundamento suficiente para a decretação/manutenção da prisão antecipada" (HC 285.466/PR, Rel. Ministra Laurita Vaz, Quinta Turma, julgado em 05.08.2014, DJe 21.08.2014); **B:** correta. De fato, por força do princípio da homogeneidade, as medidas de natureza cautelar, em especial a prisão preventiva, não podem ser mais aflitivas do que a medida que seria aplicada ao final do processo. É dizer, não se afigura razoável impingir ao investigado/acusado custódia preventiva quando ao final não lhe seria imposta pena privativa de liberdade; **C:** incorreta. É verdade que o quebramento injustificado da fiança, a teor do art. 343 do CP, implicará a perda de metade de seu valor; mas é incorreto afirmar-se que não poderá ser decretada, neste caso, a custódia preventiva. Poderá o juiz, sim, desde que presentes os requisitos contidos no art. 312 do CPP, decretar a prisão preventiva; **D:** incorreta. **Com a alteração promovida pela Lei de Reforma 12.403/2011 na redação do art. 311 do CPP,** o juiz, que antes podia, de ofício, determinar a prisão preventiva no curso do inquérito, agora somente poderá fazê-lo, nesta fase da persecução, quando provocado pela autoridade policial, mediante representação, ou pelo Ministério Público, por meio de requerimento; portanto, de ofício, a partir de agora, somente no decorrer da ação penal. É incorreto, dessa forma, afirmar que o juiz pode decretar a custódia preventiva, de ofício, em qualquer fase da persecução.
Gabarito "B".

(Promotor de Justiça/GO – 2016 - MPE) Em um processo afeto ao Tribunal do Júri, durante a instrução processual, tratando-se de réu preso há 220 (duzentos e vinte) dias, o defensor constituído demonstrou perante o Tribunal de Justiça, por meio de impetração de Habeas Corpus liberatório, que há evidente excesso de prazo, por culpa única e exclusiva do Estado. O Desembargador Relator negou a liminar e solicitou informações ao Juízo a quo. Este prestou informações, aonde demonstrou que foi prolatada Decisão de Pronúncia que manteve o acusado preso de forma fundamentada. Os autos vieram com vista ao Ministério Público de 2º Grau, que neste caso, de forma escorreita se manifestará no sentido de que:

(A) O réu deverá ser liberado, pois a Decisão de Pronúncia não é definitiva, não interrompendo ou suspendendo a contagem do prazo para o término da instrução que já se excedeu.
(B) O réu deverá permanecer preso, pois os 220 (duzentos e vinte) dias não constituem excesso de prazo para o término da instrução processual.
(C) O réu deverá permanecer preso, pois com a Decisão de Pronúncia fica superada a alegação do constrangimento ilegal da prisão por excesso de prazo na instrução.
(D) O réu deverá ser liberado, pois mesmo com a Pronúncia não fica superado o constrangimento ilegal da prisão por excesso de prazo, pois a instrução não se findou, faltando, ainda, a instrução plenária.

O examinador usou como fundamento a Súmula 21, do STJ: *Pronunciado o réu, fica superada a alegação do constrangimento ilegal da prisão por excesso de prazo na instrução.*
Gabarito "C".

(Ministério Público/GO – 2013) Em recente reforma processual, o legislador ordinário, imbuído do espírito garantista do legislador constituinte, assentou a regra segundo a qual "ninguém poderá ser preso senão em flagrante delito ou por ordem escrita e fundamentada da autoridade judiciária competente, em decorrência de sentença condenatória transitada em julgado ou, no curso da investigação ou do processo, em virtude de prisão temporária ou prisão preventiva" (art. 283, CPP). Em outros termos, foi sedimentada a ideia de que o ato prisional deve ser encarado como exceção, não como regra. Dessarte, no que se refere ao tema prisão e liberdade – talvez o mais sensível da seara processual penal –, é correto afirmar que:

(A) pelo entendimento majoritário da doutrina, na atual sistemática processual penal, para além de configurar-se medida cautelar autônoma, a liberdade provisória é uma espécie de contracautelar substitutiva à prisão em flagrante, não podendo, todavia, ser sucedâneo da prisão preventiva.
(B) de acordo com o entendimento do Pretório Excelso, a difusão vermelha (*red notice*) não é suficiente para que se efetive a prisão do foragido internacional no Brasil, sendo imprescindível o prévio pedido de extradição e decretação de prisão cautelar pelo STF.
(C) não pode o delegado de polícia conceder liberdade provisória com fiança nas infrações penais cometidas com violência ou grave ameaça.
(D) a cassação da fiança tem o condão de acarretar a perda da metade de seu valor.

A: incorreta, na medida em que a liberdade provisória constitui sucedâneo tanto da prisão em flagrante quanto da prisão preventiva (art. 321, CPP); **B:** correta, pois reflete posicionamento adotado, a esse respeito, pelo STF. Conferir: "*Habeas Corpus* preventivo. 2. Mandado de prisão expedido por magistrado canadense contra pessoa residente no Brasil, para cuja execução foi solicitada a cooperação da Interpol – Brasil. Inexistência de pedido de extradição. 3. Competência do STF – Art. 102, I, *g*, da Constituição Federal. 4. Em face do mandado de prisão contra a paciente

expedido por magistrado canadense, sob a acusação de haver cometido o ilícito criminal previsto no art. 282, *a*, do Código Penal do Canadá, e solicitada à Interpol sua execução, fica caracterizada situação de ameaça à liberdade de ir e vir. 5. *Habeas corpus* parcialmente conhecido e, nessa parte, concedido, para assegurar à paciente salvo conduto em todo o território nacional. Em se tratando de pessoa residente no Brasil, não há de sofrer constrangimento em sua liberdade de locomoção, em virtude de mandado de prisão expedido por justiça estrangeira, o qual, por si só, não pode lograr qualquer eficácia no país. 6. Comunicação da decisão do STF ao Ministério da Justiça e ao Departamento de Polícia Federal, Divisão da Interpol, para que, diante da ameaça efetiva à liberdade, se adotem providências indispensáveis, em ordem a que a paciente, com residência em Florianópolis, não sofra restrições em sua liberdade de locomoção e permaneça no país enquanto lhe aprouver. 7. *Habeas corpus* não conhecido, no ponto em que se pede a cessação imediata da veiculação dos nomes e fotografias da paciente e de seus filhos menores no portal eletrônico da Organização Internacional de Polícia Criminal (O.I.P.C.) – Interpol, porque fora do alcance e controle da jurisdição nacional, tendo sido a inclusão das difusões vermelha e amarelas, relativas à paciente e seus filhos, respectivamente, solicitadas pela IP/Ottawa à IPSC, em Lyon, França." (HC 80923, Tribunal Pleno, rel. Min. Néri da Silveira, julgado em 15.08.2001, *DJ* 21.06.2002); **C:** incorreta. Não constitui critério a autorizar a concessão de fiança pela autoridade policial o fato de o crime ser praticado mediante violência ou grave ameaça. Por força da reforma implementada, no campo da prisão processual, pela Lei 12.403/2011, que alterou, entre outros, o art. 322, a autoridade policial passou a conceder fiança nos casos de infração cuja pena privativa de liberdade máxima não seja superior a quatro anos, independentemente de ser o crime cometido mediante violência ou grave ameaça; **D:** incorreta. A *cassação* da fiança se dará na hipótese em que for considerada não cabível e também quando reconhecida a existência de delito inafiançável (arts. 338 e 339 do CPP). Não há que se falar, neste caso, em perda do valor da fiança, que será, portanto, restituída integralmente a quem a prestou. O que acarretará a perda de metade do valor da fiança é o seu *quebramento* (art. 343, CPP), cujas hipóteses estão contempladas no art. art. 341, CPP.
Gabarito "B".

(Ministério Público/MG – 2014) Sobre as medidas cautelares instituídas pela Lei 12.403/2011, assinale a alternativa INCORRETA:

(A) Poderá o juiz substituir a prisão preventiva pela domiciliar quando o agente for maior de 70 (setenta) anos.
(B) Na proibição de ausentar-se do País, deve-se intimar o indiciado para entregar o passaporte, no prazo de 24 (vinte e quatro) horas.
(C) Pode ser determinado o recolhimento domiciliar no período noturno e nos dias de folga quando o investigado ou acusado tenha residência e trabalho fixos.
(D) A prisão preventiva poderá ser decretada em caso de descumprimento de qualquer das obrigações impostas por força de outras medidas cautelares.

A: assertiva incorreta, devendo ser assinalada. Isso porque a *prisão preventiva* somente será substituída pela *domiciliar* na hipótese de o agente ser maior de 80 anos, e não de 70 (art. 318, I, do CPP). Além desta, o art. 318 contempla outras situações em que o juiz poderá proceder à substituição; **B:** assertiva correta, nos termos do art. 320 do CPP; **C:** assertiva correta, pois reflete a regra presente no art. 319, VI, do CPP; **D:** assertiva correta (art. 312, parágrafo único, do CPP).
Gabarito "A".

(Promotor de Justiça – MPE/MS – FAPEC – 2015) Analise as proposições abaixo:

I. Presentes os requisitos da Lei 7.960/1989, a prisão temporária poderá ser decretada após o início da ação penal.

II. É incabível a concessão de liberdade provisória com fiança nos crimes punidos com reclusão em que a pena mínima cominada for igual ou superior a dois anos.
III. O auto de prisão em flagrante será lavrado pela autoridade policial que se deu a prisão, mesmo que tenha ocorrido em Unidade da Federação diversa daquela de onde se deu o crime.
IV. O juiz pode revogar ou substituir, de ofício, medida cautelar diversa da prisão aplicada ao réu no curso do processo, quando verificar falta de motivo para mantê-la.

Assinale a alternativa correta:

(A) Somente as proposições I, II e IV estão corretas.
(B) Somente as proposições III e IV estão corretas.
(C) Somente a proposição II está correta.
(D) Somente a proposição IV está correta.
(E) Somente a proposição III está correta.

I: incorreta. Conforme preleciona o art. 1º, I, da Lei 7.960/1989, a custódia temporária constitui modalidade de prisão provisória destinada a viabilizar as investigações acerca de crimes considerados graves durante a fase de inquérito policial, não cabendo a sua manutenção ou decretação, pois, no curso da ação penal; **II:** incorreta. A liberdade provisória com fiança é cabível, em princípio, em todos os crimes, independentemente da qualidade e quantidade da pena cominada, salvo aqueles considerados, por força de lei e da própria CF/1988, inafiançáveis, a exemplo dos delitos hediondos e equiparados; **III:** correta. De fato, na hipótese de a prisão captura se der em local diverso daquele onde foi cometido o delito, o conduzido deverá ser apresentando ao delegado de polícia com circunscrição no local em que se deu a prisão, que terá atribuição para lavratura do respectivo auto de prisão em flagrante (art. 290, CPP). Nessa hipótese, a autoridade policial que presidiu o auto de prisão em flagrante cuidará para que, após, os autos sejam enviados à autoridade policial da circunscrição do local em que foi praticado o crime; **IV:** correta (art. 282, § 5º, do CPP).
Gabarito "B".

(Ministério Público/MS – 2013 – FADEMS) Assinale a opção **correta**:

(A) O Ministério Público deverá ser ouvido nos autos antes da concessão da liberdade provisória vinculada, o que é dispensável em se tratando de hipótese de liberdade provisória com fiança.
(B) Em qualquer fase da investigação policial ou do processo penal, caberá a prisão preventiva decretada pelo juiz, de ofício, ou a requerimento do Ministério Público ou por representação da autoridade policial.
(C) Em face de crime de ação penal privada, é incabível a decretação de prisão preventiva.
(D) Na hipótese de o executor do mandado de prisão verificar, com segurança, que o réu tenha entrado em alguma casa, o morador será intimado a entregá-lo, à vista da ordem de prisão. Se não for atendido imediatamente, o executor convocará duas testemunhas e, ainda que seja noite, entrará à força na casa, arrombando as portas, caso seja necessário.

A: correta, nos termos do art. 333 do CPP; **B:** incorreta. Com a edição da Lei 12.403/11, a redação do art. 311 do CPP foi modificada. Com isso, a prisão preventiva continua a ser decretada (sempre pelo juiz) em qualquer fase da investigação policial ou do processo penal, mas o juiz, que antes podia determiná-la de ofício também na fase investigatória, somente poderá fazê-lo, a partir de agora, no curso da ação penal. É dizer, para que a custódia preventiva seja decretada no curso da investigação, somente mediante representação da autoridade policial ou a requerimento do Ministério Público; **C:** incorreta, já que a custódia preventiva tem lugar tanto no âmbito da ação penal pública (condicionada ou incondicionada) quanto no da ação penal de iniciativa privada. É o que se extrai da leitura do art. 311 do CPP; **D:** incorreta, já que o ingresso à força, na hipótese de recalcitrância do morador, somente se efetivará durante o dia; se à noite, diante da recusa do ocupante, o executor da ordem de prisão fará guardar todas as saídas do imóvel até o amanhecer, quando então poderá ingressar no imóvel onde se encontra a pessoa a ser presa, independente da anuência do morador. É o que estabelece o art. 293 do CPP.

Gabarito "A".

(Ministério Público/SP – 2013 – PGMP) Considere as seguintes proposições.

I. É vedado ao juiz conceder liberdade provisória aplicando concomitantemente medida cautelar diversa da prisão prevista no artigo 319, do Código de Processo Penal.
II. Pode o juiz decretar a prisão preventiva quando constatado o descumprimento de qualquer das obrigações impostas à medida cautelar diversa da prisão (artigo 319, do Código de Processo Penal) e não seja cabível imposição de outra, em substituição ou cumulativamente.
III. A lei que disciplina a prisão temporária não contempla a possibilidade de o juiz decretá-la de ofício.

Está CORRETO o que se afirma

(A) apenas em I e II.
(B) apenas em I e III.
(C) apenas em II e III.
(D) apenas em I.
(E) em I, II e III.

I: incorreta, pois não corresponde à regra prevista no art. 321 do CPP; **II:** correta (art. 282, §§ 4° e 6°, do CPP); **III:** correta, nos termos do art. 2°, *caput*, da Lei 7.960/1989.

Gabarito "C".

(Promotor de Justiça – MPE/BA – CEFET – 2015) No que diz respeito às prisões e medidas cautelares no processo penal, assinale a alternativa CORRETA:

(A) O juiz poderá substituir a prisão preventiva pela domiciliar quando o suposto autor do fato delituoso for maior de 70 (setenta) anos de idade ou estiver extremamente debilitado por motivo de doença grave.
(B) Em respeito ao princípio da proporcionalidade das medidas cautelares, a fiança, segundo as regras do Código de Processo Penal, quando estabelecida em seu valor máximo, não poderá ser cumulada com outras medidas cautelares diversas da prisão preventiva.
(C) Se assim recomendar a situação econômica do preso, a fiança poderá ser aumentada em até 1.000 (mil) vezes.
(D) De acordo com o novo regramento destinado à prisão cautelar, o Código de Processo Penal passou a estabelecer a prisão temporária como uma das hipóteses das denominadas prisões cautelares estritamente processuais.
(E) É pacífico o entendimento da doutrina quanto à natureza jurídica pré-cautelar da prisão em flagrante, o que tem sido confirmado pela jurisprudência do Superior Tribunal de Justiça.

A: incorreta. *Isso porque* a *prisão preventiva* somente será substituída pela *domiciliar* na hipótese de o agente ser maior de 80 anos, e não de 70 (art. 318, I, do CPP). Além desta, o art. 318 contempla outras situações em que o juiz poderá proceder à substituição; **B:** incorreta (art. 319, § 4°, do CPP); **C:** correta (art. 325, § 1°, III, do CPP); **D:** incorreta, já que o novo regramento conferido à prisão cautelar não promoveu esta alteração; **E:** incorreta, já que tal posicionamento, na doutrina, é minoritário. Está a defendê-lo Aury Lopes Jr., que assim ensina: "A doutrina brasileira costuma classificar a prisão em flagrante, prevista nos arts. 301 e seguintes do CPP, como medida cautelar. Trata-se de um equívoco, a nosso ver, que vem sendo repetido sem maior reflexão ao longo dos anos e que agora, com a reforma processual de 2011, precisa ser revisado". Prossegue afirmando que "a prisão em flagrante é uma medida pré-cautelar, de natureza pessoal, cuja precariedade vem marcada pela possibilidade de ser adotada por particulares ou autoridade policial, e que somente está justificada pela brevidade de sua duração e o imperioso dever de análise judicial em até 24h, onde cumprirá ao juiz analisar sua legalidade e decidir sobre a manutenção da prisão (agora como preventiva) ou não" (*Direito Processual Penal*, 9ª ed, p. 796 e 798).

Gabarito "C".

(Ministério Público/GO – 2012) A Lei 12.403, de 4 de maio de 2011, que alterou dispositivos do Código de Processo Penal relativos à prisão processual, fiança, liberdade provisória e demais medidas cautelares, provocou significativas mudanças naquilo que podem os denominar *processo penal cautelar*. A respeito dessas mudanças e sobre a nova sistemática das medidas cautelares no Código de Processo Penal, é correto afirmar que:

(A) apesar dos avanços no que se refere às medidas cautelares pessoais aflitivas, o legislador deixou de positivar no Código de Processo Penal o princípio da homogeneidade das prisões cautelares;
(B) para o cumprimento de mandado de prisão em território diverso do da autoridade judiciária que o expediu, é imprescindível o prévio registro do mandado a ser cumprido em banco de dados mantido pelo Conselho Nacional de Justiça. Caso não haja esse registro, o mandado não poderá ser cumprido, tendo em vista a presunção de incerteza quanto à autenticidade deste;
(C) havendo prisão em flagrante, a prisão e o local onde o preso se encontra serão comunicados imediatamente ao juiz competente, ao Ministério Público e à família do preso ou à pessoa por ele indicada e, em até 24 horas, será encaminhado ao juiz competente o auto de prisão em flagrante e, caso o autuado não informe o nome de seu advogado, cópia integral para a Defensoria Pública;
(D) genericamente, é admitida a prisão preventiva decretada, de ofício, pelo juiz, ainda que no curso do inquérito policial, nos crimes dolosos punidos com reclusão.

A: incorreta. *Vide* art. 283, § 1°, do CPP, introduzido pela Lei de Reforma 12.403/2011; **B:** incorreta, pois não reflete o disposto no art. 289-A, § 2°, do CPP, introduzido pela Lei 12.403/2011; **C:** correta, pois em conformidade com o que estabelece o art. 306, *caput* e § 1°, do CPP, que teve a sua redação alterada pela Lei 12.403/2011; **D:** com a alteração promovida pela Lei de Reforma 12.403/2011 na redação do art. 311 do CPP, o juiz, que antes podia, de ofício, determinar a prisão preventiva no curso do inquérito, agora somente poderá fazê-lo, nesta fase da persecução, quando provocado pela autoridade policial, mediante representação, ou pelo Ministério Público, por meio de requerimento; portanto, de ofício, a partir de agora, somente no decorrer da ação penal.

Gabarito "C".

(Ministério Público/MT – 2012 – UFMT) Quanto à prisão cautelar no sistema jurídico brasileiro, analise as assertivas abaixo.

I. Ninguém poderá ser preso senão em flagrante delito ou por ordem escrita e fundamentada da autoridade judiciária competente, em decorrência de sentença condenatória transitada em julgado ou, no curso da investigação ou do processo, em virtude de prisão temporária ou prisão preventiva.

II. A prisão preventiva poderá ser decretada como garantia da ordem social, da ordem econômica, por conveniência da instrução criminal, ou para assegurar a aplicação da lei penal, quando houver prova da existência do crime e indício suficiente de autoria.

III. Caberá prisão temporária quando imprescindível para as investigações do inquérito policial ou da ação penal.

IV. A prisão temporária será decretada pelo Juiz, em face da representação da autoridade policial ou de requerimento do Ministério Público, e terá o prazo improrrogável de 5 (cinco) dias.

V. Qualquer do povo poderá e as autoridades policiais e seus agentes deverão prender quem quer que seja encontrado em flagrante delito.

Estão corretas as assertivas:

(A) I, II e V, apenas.
(B) II, III e IV, apenas.
(C) III, IV e V, apenas.
(D) II e IV, apenas.
(E) I e V, apenas.

I: correta, visto que reproduz o teor do art. 283, *caput*, do CPP, que teve a sua redação determinada pela Lei 12.403/2011; **II:** incorreta, pois em desconformidade com o que estabelece o art. 312, *caput*, do CPP, que não contemplou, como fundamento para a decretação da custódia preventiva, a *garantia da ordem social*; **III:** incorreta, pois a prisão temporária somente terá lugar no curso das investigações do inquérito policial (art. 1°, I, da Lei 7.960/1989); **IV:** o prazo de cinco dias, estabelecido no art. 2°, *caput*, da Lei 7.960/1989, poderá, sim, ser prorrogado uma única vez e por igual período, desde que comprovada a sua necessidade. Cuidado: se se tratar de crime hediondo ou delito a ele equiparado, o prazo de prisão temporária será de *trinta* dias, prorrogável por mais trinta, também em caso de comprovada e extrema necessidade. É o teor do art. 2°, § 4°, da Lei 8.072/1990 (Crimes Hediondos); **V:** a autoridade policial e seus agentes, a teor do que dispõe o art. 301 do CPP, *devem* prender quem quer que se encontre em situação de flagrante. Este é o chamado *flagrante obrigatório*. Agora, qualquer pessoa do povo *poderá* (caso queira) efetuar a prisão em flagrante. Este é o chamado *flagrante facultativo*. Assertiva correta.
Gabarito "E".

(Promotor de Justiça/SC – 2016 - MPE)

(1) Diante da Lei 12.403/2011, o Estatuto Processual Penal passou a admitir a prisão domiciliar como substitutiva da prisão preventiva. Assim, dispõe que o juiz poderá substituir a prisão preventiva pela domiciliar quando o agente for: a) maior de 70 (setenta) anos; b) extremamente debilitado por motivo de doença grave; c) imprescindível aos cuidados especiais de pessoa menor de 12 (doze) anos de idade ou com deficiência; d) gestante a partir do 7° (sétimo) mês de gravidez ou sendo está de alto risco.

1: Os erros desta proposição, levando-se em consideração a redação original do art. 318 do CPP, estão, em primeiro lugar, na idade a partir da qual a pessoa idosa poderá beneficiar-se da substituição da prisão preventiva pela domiciliar, que é de 80 anos (e não de 70), segundo dispõe o art. 318, I, do CPP, dispositivo esse não alterado e, portanto, atualmente em vigor; o outro erro está no item "b", em que se afirma que fará jus à substituição o agente que for imprescindível aos cuidados especiais de pessoa menor de 12 anos, quando, segundo a redação original e atual do art. 318, III, CPP, que não foi modificada, deve a pessoa ser menor de 6 anos ou portadora de deficiência. Com o advento da Lei 13.257/2016, temos que a substituição da prisão preventiva pela domiciliar poderá ocorrer nos seguintes casos: a) agente que contar com mais de 80 (oitenta) anos (inciso I); b) agente extremamente debilitado por motivo de doença grave (inciso II); c) quando o agente for imprescindível aos cuidados de pessoa com menos de 6 (seis) anos ou com deficiência (inciso III); d) quando se tratar de gestante (inciso IV – cuja redação foi alterada pela Lei 13.257/2016); e) quando se tratar de mulher com filho de até 12 anos de idade incompletos (inciso V – cuja redação foi determinada pela Lei 13.257/2016); f) homem, caso seja o único responsável pelos cuidados do filho de até 12 anos de idade incompletos (inciso VI – cuja redação foi determinada pela Lei 13.257/2016).
Gabarito 1E

(Promotor de Justiça/SC – 2016 - MPE)

(1) O quebrantamento injustificado da fiança importará na perda de todo o seu valor, além da imposição da prisão preventiva.

1: O quebrantamento injustificado da fiança, a teor do art. 343 do CP, implicará a perda de metade de seu valor (e não na sua perda integral); além disso, a prisão preventiva, neste caso, não constitui desdobramento automático do quebrantamento, isto é, somente se decretará a custódia preventiva se esta se revelar necessária ao processo. Antes disso, o juiz deverá analisar a possibilidade de decretação de outras medidas cautelares.
Gabarito 1E

(Promotor de Justiça/SC – 2016 - MPE)

(1) Em face da Lei 12.403/2011, o Código de Processo Penal passou a admitir a prisão preventiva quando houver dúvida sobre a identidade civil da pessoa ou quando esta não fornecer elementos suficientes para esclarecê-la, devendo o preso ser colocado em liberdade no prazo improrrogável de 5 (cinco) dias, salvo se outra hipótese recomendar a manutenção da medida.

1: A hipótese de prisão preventiva prevista do art. 313, parágrafo único, do CPP perdurará pelo tempo necessário para atingir o seu propósito, que é a identificação da pessoa custodiada; assim que isso ocorreu, o preso deverá ser incontinenti colocado em liberdade. A lei, portanto, não estabeleceu prazo de duração desta modalidade de prisão processual.
Gabarito 1E

(Ministério Público/TO – 2012 – CESPE) Assinale a opção correta acerca de custódia cautelar e suas modalidades.

(A) A falta de inquérito policial impede a decretação de prisão preventiva, mesmo que embasada em peças de informação oferecidas pelo MP suficientes para demonstrar a existência do crime e de indícios de autoria.

(B) O agente que mantém em depósito substância entorpecente destinada ao tráfico só pode ser preso em flagrante se for encontrado no local em que a droga estiver armazenada.

(C) O flagrante esperado, também conhecido como delito putativo por obra do agente provocador, é aquele em que a vítima ou terceiro provoca ou induz o sujeito à prática do fato delituoso, de modo a tornar impossível a sua consumação.

(D) Ainda que o autor da infração penal demonstre ter bons antecedentes, residência fixa e trabalho lícito no distrito da culpa, poderá ser decretada a sua prisão preventiva se estiver presente um dos requisitos autorizadores da custódia cautelar e restar comprovada a sua real necessidade.

(E) Em se tratando de homicídio culposo, a prisão temporária é cabível se houver, com base em qualquer meio de prova admitida na legislação penal, fundadas razões de autoria ou participação do indiciado.

A: incorreta. A ausência de prévia instauração de inquérito não afasta a possibilidade de decretar-se a prisão preventiva, na medida em que os elementos de convicção podem ser extraídos, além do inquérito policial, de outras peças de informação. Nesse sentido: STJ, HC 124.378/SP, 6ª T., rel. Min. Og Fernandes; **B:** incorreta. Por se tratar de crime cuja consumação se protrai no tempo por vontade do agente (delito permanente), a prisão deste é viável ainda que ausente do local onde permanece armazenada a droga; **C:** incorreta. Não se deve confundir o flagrante *esperado* com o *preparado*. Este restará configurado sempre que o agente provocador levar alguém a praticar uma infração penal. Está-se aqui diante de uma modalidade de crime impossível (art. 17 do CP), consubstanciada na Súmula 145 do STF; difere, dessa forma, do chamado *flagrante esperado*, em que a polícia não exerce qualquer tipo de controle sobre a ação do agente; uma vez comunicada, aguarda a ocorrência do crime. Inexiste, neste caso, intervenção policial que leve o agente à prática delituosa. É, por isso, hipótese viável de prisão em flagrante; **D:** correta. Com efeito, o fato de o agente ostentar bons antecedentes, residência fixa e trabalho lícito no distrito da culpa não elide a possibilidade de em seu desfavor ser decretada ou mantida a prisão preventiva, modalidade de prisão cautelar, dado que a sua decretação será determinada em razão dos fundamentos contemplados no art. 312 do CPP (situações que demonstram a necessidade na decretação da medida). Se presente um deles, a custódia preventiva se imporá, ainda que o agente, repita-se, ostente bons antecedentes, residência fixa e trabalho lícito no distrito da culpa, fatores que, no entanto, poderão ser levados em conta na determinação da medida. Assertiva correta, portanto; **E:** incorreta. A prisão temporária somente terá cabimento nos crimes previstos no rol do art. 1º, III, da Lei 7.960/1989, entre os quais não está o homicídio culposo.
Gabarito "D".

(Ministério Público/TO – 2012 – CESPE) Com relação ao benefício da liberdade provisória e seus fundamentos, assinale a opção correta.

(A) Não será concedida liberdade provisória mediante fiança ao suspeito da prática de crime punido com pena privativa de liberdade, se ele já tiver sido condenado, em sentença transitada em julgado, por outro crime doloso ou culposo.
(B) O direito de livrar-se solto, assim como a liberdade provisória sem fiança, vincula o agente ao processo e o obriga a cumprir as condições estipuladas pelo juiz, a exemplo do comparecimento em todos os atos processuais.
(C) A afiançabilidade de infração penal, depois de prolatada a sentença condenatória, verifica-se em função da pena aplicada *in concreto*.
(D) A fiança será cassada caso o representante do MP, no oferecimento da denúncia, tipifique como crime inafiançável conduta provisoriamente considerada afiançável, na fase de inquérito policial inaugurado por força de auto de prisão em flagrante.
(E) Conforme a situação econômica do réu, o juiz, ao fixar o valor da fiança, poderá reduzi-lo até o máximo de dois terços e aumentá-lo até a metade do valor fixado em lei.

A: incorreta. A reincidência e a existência de antecedentes negativos não impedem a concessão de liberdade provisória mediante fiança. Tanto é assim que o art. 326 do CPP estabelece que a autoridade levará em consideração, para estabelecer o valor da fiança, dentre outros fatores, a vida pregressa do investigado/acusado, o que abrange os antecedentes negativos e a reincidência; **B:** incorreta. O art. 309 do CPP, cuja redação não foi modificada pela Lei de Reforma 12.403/2011, perdeu sua razão de ser, dado que o art. 321 do CPP, que contemplava as hipóteses em que o indiciado deveria *livrar-se* solto, foi modificado pela Lei 12.403/2011, passando a disciplinar tema diverso; **C:** incorreta. O valor da fiança, que poderá ser prestada até o trânsito em julgado (art. 334 do CPP), levará em conta os critérios contemplados nos arts. 325 e 326 do CPP; **D:** correta, nos termos do art. 339 do CPP; **E:** incorreta, visto que o art. 325, § 1º, III, do CPP estabelece que o valor da fiança, a depender da situação econômica do preso, poderá ser aumentado em até mil vezes.
Gabarito "D".

(Procurador da República – PGR – 2013) Assinale a alternativa correta:

(A) Para o decreto de prisão na sentença de pronúncia e na sentença condenatória recorrível, desnecessários os requisitos da prisão preventiva;
(B) Lojas e consultórios médicos não são considerados domicílio e não são, portanto, invioláveis, significando isso que busca pode ser feita em seu interior sem autorização judicial;
(C) Segundo o Estatuto do Índio, penas de reclusão e detenção do indígena devem ser cumpridas, sempre que possível, em regime de semiliberdade, em órgão federal de assistência aos índios. O Superior Tribunal de Justiça, no HC 124.622, decidiu que a possibilidade se estende, também, à custódia cautelar;
(D) Denomina-se flagrante próprio a situação em que o agente é perseguido logo após cometer a infração penal em situação que faça presumir ser autor do crime.

A: incorreta. A decretação ou manutenção da prisão cautelar (provisória ou processual), assim entendida aquela que antecede a condenação definitiva, deve sempre estar condicionada à demonstração da sua imperiosa necessidade. Bem por isso, deve o magistrado apontar as razões, no seu entender, que a tornam indispensável (art. 312 do CPP). Colocado de outra forma, a prisão provisória ou cautelar somente se justifica dentro do ordenamento jurídico quando necessária ao processo. Deve ser vista, portanto, como um *instrumento* do processo a ser utilizado em situações *excepcionais*. É por essa razão que a prisão decorrente de pronúncia e de sentença penal condenatória recorrível deixou de constituir modalidade de prisão cautelar. Era uma prisão automática, já que, com a prolação da sentença condenatória, o réu era recolhido ao cárcere (independente de a prisão ser necessária). Nesse contexto, o acusado era considerado presumidamente culpado. Com as modificações introduzidas pela Lei 11.719/2008 e também em razão da atuação dos tribunais, esta modalidade de prisão cautelar deixou de existir, consagrando, assim, o *postulado da presunção de inocência*. Em vista dessa nova realidade, se o acusado permanecer preso durante toda a instrução, a manutenção dessa prisão somente terá lugar se indispensável for ao processo, pouco importando se, uma vez condenado em definitivo, permanecerá ou não preso. A prisão desnecessária decretada ou mantida antes de a sentença passar em julgado constitui antecipação da pena que porventura seria aplicada em caso de condenação, o que representa patente violação ao princípio da presunção de inocência, postulado esse de índole constitucional – art.

5º, LVII, da CF/1988. De se ver ainda que, tendo em conta as mudanças implementadas pela Lei 12.403/2011, que instituiu as *medidas cautelares alternativas à prisão provisória*, esta somente terá lugar diante da impossibilidade de se recorrer às medidas cautelares. Dessa forma, a prisão, como medida excepcional que é, deve também ser vista como instrumento subsidiário, supletivo. Pois bem. Essa tônica (de somente dar-se início ao cumprimento da pena depois do trânsito em julgado da sentença penal condenatória) sofreu um revés. Explico. O STF, em julgamento histórico realizado em 17 de fevereiro de 2016, mudou, à revelia de grande parte da comunidade jurídica, seu entendimento acerca da possibilidade de prisão antes do trânsito em julgado da sentença penal condenatória. A Corte, ao julgar o HC n. 126.292, passou a admitir a execução da pena após decisão condenatória proferida em segunda instância. Com isso, passou a ser desnecessário, para dar início ao cumprimento da pena, aguardar o trânsito em julgado da decisão condenatória. Flexibilizou-se, pois, o postulado da presunção de inocência. Naquela ocasião, votaram pela mudança de paradigma sete ministros, enquanto quatro mantiveram o entendimento até então prevalente. Cuidava-se, é bem verdade, de uma decisão tomada em processo subjetivo, sem eficácia vinculante, portanto. Tal decisão, conquanto tomada em processo subjetivo, passou a ser vista como uma mudança de entendimento acerca de tema que há vários anos havia se sedimentado. Mais recentemente, nossa Suprema Corte foi chamada a se manifestar, em ações declaratórias de constitucionalidade impetradas pelo Conselho Federal da OAB e pelo Partido Ecológico Nacional, sobre a constitucionalidade do art. 283 do CPP. Existia a expectativa de que algum ou alguns dos ministros mudassem o posicionamento adotado no julgamento realizado em fevereiro de 2016. Afinal, a decisão, agora, teria uma repercussão muito maior, na medida em que tomada em ADC. Pois bem. Depois de muita especulação e grande expectativa, o STF, em julgamento realizado em 5 de outubro do mesmo ano, desta vez por maioria mais apertada (6 a 5), já que houve mudança de posicionamento do ministro Dias Toffoli, indeferiu as medidas cautelares pleiteadas nessas ADCs (43 e 44), mantendo, assim, o posicionamento que autoriza a prisão depois de decisão condenatória confirmada em segunda instância. É fato que o mérito das ações ainda está pendente de julgamento, mas dificilmente teremos, à essa altura do campeonato, mudança de posicionamento dos ministros; **B**: incorreta. O conceito de *domicílio* deve ser extraído do art. 150, § 4º, do CP, que lhe confere uma conotação bem abrangente. Assim, além da *casa* propriamente dita, também devem ser inseridos nesse contexto e, portanto, objeto de proteção, barracos de favela, quartos de motel e de hotel, bem assim os locais fechados ao público onde se exerce atividade profissional, aqui incluídos os escritórios, lojas, consultórios, entre outros; **C**: correta. Conferir trecho extraído da ementa do julgado acima referido: "As penas de reclusão e de detenção serão cumpridas, se possível, em regime especial de semiliberdade, no local de funcionamento do órgão federal de assistências aos índios mais próximos da habitação do condenado (art. 56, parágrafo Único, da Lei 6.001/73)" (HC 124.622/PE, Rel. Ministro Napoleão Nunes Maia Filho, Quinta Turma, julgado em 08.09.2009, DJe 13.10.2009); **D**: incorreta, já que a assertiva descreve hipótese de *flagrante impróprio, imperfeito* ou *quase flagrante*, em que o sujeito é perseguido, logo em seguida à prática criminosa, em situação que faça presumir ser o autor da infração (art. 302, III). Flagrante *próprio, real* ou *perfeito*, a que faz referência a alternativa, é aquele no qual o agente é surpreendido no momento em que comete o crime ou quando acaba de cometê-lo – art. 302, I e II, do CPP. Há ainda o flagrante *ficto* ou *presumido*, que é a modalidade (art. 302, IV) em que o agente é encontrado, depois do crime, na posse de instrumentos, armas, objetos ou papéis em circunstâncias que revelem ser ele o autor da infração penal.
"Gabarito "C".

(Procurador da República – 26º) A Lei 12.403/2011, que alterou o CPP, empreendeu profunda reforma no instituto da prisão cautelar. Considerando o disciplinado em tal diploma legal, assinale a alternativa verdadeira:

(A) Se a infração for inafiançável, a falta de exibição do mandado obstará a prisão.

(B) Qualquer agente policial poderá efetuar a prisão determinada no mandado de prisão registrado no Conselho Nacional de Justiça, desde que dentro da competência territorial do Juiz que o expediu.

(C) Quando as autoridades locais tiverem fundadas razões para duvidar da legitimidade da pessoa do executor da ordem prisional ou da legalidade do mandado que este apresentar, não poderão pôr em custódia o réu até que fique esclarecida a dúvida.

(D) Se o executor do mandado prisional verificar que o réu entrou ou se encontra em alguma casa, o morador será intimado a entregá-lo, à vista da ordem de prisão. Se não for obedecido imediatamente, o executor convocará duas testemunhas e entrará á força na casa, arrobando as portas, sendo dia, se preciso for.

Questão que exigia o conhecimento de texto expresso de lei. Tratando-se de infração penal inafiançável, a falta de exibição do mandado não obstará à prisão, e o preso, em tal caso, será imediatamente apresentado ao juiz que tiver expedido o mandado (art. 287 do CPP). Estando o mandado de prisão registrado, o agente policial pode cumprir a ordem ainda que fora da competência territorial (art. 289-A, § 1º, do CPP). § 2º Quando as autoridades locais tiverem fundadas razões para duvidar da legitimidade da pessoa do executor ou da legalidade do mandado que apresentar, poderão pôr em custódia o réu, até que fique esclarecida a dúvida (art. 290, § 2º, do CPP). Art. 293. Se o executor do mandado verificar, com segurança, que o réu entrou ou se encontra em alguma casa, o morador será intimado a entregá-lo, à vista da ordem de prisão. Se não for obedecido imediatamente, o executor convocará duas testemunhas e, sendo dia, entrará à força na casa, arrombando as portas, se preciso.
Gabarito "D".

(Procurador da República – 26º) Relativamente às medidas cautelares pessoais atualmente vigentes, é incorreto afirmar que:

(A) são decretadas pelo juiz, de ofício, ou a requerimento das partes, no curso da ação penal, ou, ainda, quando da investigação criminal, somente por representação da autoridade policial ou a requerimento do Ministério Público;

(B) o juiz que a decretar ou a mantiver, deverá reexaminá-la, obrigatoriamente, a cada sessenta dias, ou em prazo menor, quando situação excepcional assim o exigir, para, fundamentadamente, avaliar se subsistem os motivos que a ensejaram,

(C) podem ser aplicadas isolada ou cumulativamente, e na hipótese de descumprimento, poderá o juiz, de oficio ou a requerimento do Ministério Público, de seu assistente cai do querelante, em qualquer fase da persecução, substituir a medida, impor outra em cumulação ou decretar a prisão preventiva, observando, sempre, os pressupostos da necessidade e da adequação;

(D) o juiz, ao receber o pedido, determinará a intimação da parte contrária, anexando cópia do requerimento e das peças necessárias para manifestação no prazo que fixar, salvo os casos de urgência ou de perigo de sua ineficácia.

Questão relativa a medidas cautelares diversas da prisão. Buscava apurar se o candidato tem conhecimento expresso do art. 282 do CPP. Nesse sentido: Art. 282. As medidas cautelares previstas neste Título deverão ser aplicadas observando-se a: I – (...); II – adequação da medida à gravidade do crime, circunstâncias do fato e condições

pessoais do indiciado ou acusado. (Incluído pela Lei 12.403, de 2011). § 1º As medidas cautelares poderão ser aplicadas isolada ou cumulativamente. § 2º As medidas cautelares serão decretadas pelo juiz, de ofício ou a requerimento das partes ou, quando no curso da investigação criminal, por representação da autoridade policial ou mediante requerimento do Ministério Público. § 3º Ressalvados os casos de urgência ou de perigo de ineficácia da medida, o juiz, ao receber o pedido de medida cautelar, determinará a intimação da parte contrária, acompanhada de cópia do requerimento e das peças necessárias, permanecendo os autos em juízo. § 4º No caso de descumprimento de qualquer das obrigações impostas, o juiz, de ofício ou mediante requerimento do Ministério Público, de seu assistente ou do querelante, poderá substituir a medida, impor outra em cumulação, ou, em último caso, decretar a prisão preventiva (art. 312, parágrafo único). (Incluído pela Lei 12.403, de 2011). § 5º O juiz poderá revogar a medida cautelar ou substituí-la quando verificar a falta de motivo para que subsista, bem como voltar a decretá-la, se sobrevierem razões que a justifiquem. (Incluído pela Lei 12.403, de 2011). A alternativa b está incorreta, pois não cabe ao juiz reexaminá-la a cada 60 dias, mas sempre que for identificado motivo que altere o quadro anterior. As medidas cautelares diversas, tal como as prisões cautelares, são movidas pela cláusula "rebus sic stantibus", vale dizer, alterando-se o quadro até então existente, altera-se a decisão adotada.
Gabarito "B".

(Procurador da República – 26º) De acordo com a disciplina legal da fiança, é indiscutível o seu caráter cautelar, sendo igualmente verdadeira a seguinte assertiva:

(A) a fiança somente será concedida aos que, no mesmo processo, não tiverem quebrado fiança anterior ou infringido as obrigações de comparecimento perante a autoridade, de não mudar de residência sem prévia permissão e de não se ausentar por mais de oito dias sem prévia comunicação;
(B) a fiança somente pode ser fixada como contracautela, ou seja, em substituição da prisão em flagrante ou prisão preventiva anteriormente decretada;
(C) a fiança somente pode ser prestada enquanto não transitada em julgado a sentença condenatória. Não sendo possível sua concessão na pendência de recurso extraordinário ou especial;
(D) a fiança somente é cabível nas infrações penais cometidas sem violência ou grave ameaça à pessoa.

Trata de questão sobre fiança – garantia real que recai sobre coisa, podendo ser arbitrada pelo delegado de polícia ou pelo juiz, conforme o caso. A partir da Lei 12.403/2011, o legislador resolveu alterar o critério de afiançabilidade e inafiançabilidade. Com efeito, são **inafiançáveis** os crimes hediondos, o tráfico de drogas, o terrorismo, a tortura, o racismo, a ação de grupos armados contra o Estado democrático de direito. Os demais são objetivamente afiançáveis, permitindo-se, inclusive, a concessão em crimes com violência ou grave ameaça. O juiz deve observar, por outro lado, se as circunstâncias em que se deu a infração penal não identificam circunstâncias para decretação ou manutenção da prisão preventiva. Alternativa d está errada. Enquanto não houver trânsito em julgado se permite o arbitramento da fiança. Logo pendente recurso especial ou extraordinário, é possível o arbitramento. Errada a alternativa c. Nos termos do art. 5º, LXVI, ninguém será levado à prisão, nem mantido nela, quando a lei permitir a liberdade provisória com ou sem fiança. Logo, pode ser deferida a quem esteja preso ou solto. A alternativa a traz o texto expresso de lei: art. 324, I, do CPP – "aos que, no mesmo processo, tiverem quebrado fiança anteriormente concedida ou infringido, sem motivo justo, qualquer das obrigações a que se referem os arts. 327 e 328 deste Código".
Gabarito "A".

13. PROCESSO E PROCEDIMENTOS

(Ministério Público/MG – 2014) Assinale a resposta que, de acordo com previsões legais, contém a sequência **CORRETA** para os itens abaixo:

( ) O prazo legal para oferecimento de denúncia em caso de prática de infração penal eleitoral é de 10 (dez) dias.
( ) No caso de crimes contra a honra, antes da análise do recebimento da queixa-crime em se tratando de ações penais de competência originária dos Tribunais de Justiça dos Estados, será oferecida oportunidade às partes para reconciliação.
( ) Na fase de debates no rito do júri, em se tratando o caso de ação penal de iniciativa privada, falará em primeiro lugar o querelante e, em seguida, o Ministério Público, salvo se este houver retomado a titularidade da ação.
( ) As regras de informatização do processo judicial preveem que quando a petição eletrônica for enviada para atender a prazo processual, serão consideradas tempestivas as transmitidas até as 24 (vinte e quatro) horas do seu último dia.

(A) (V) (F) (V) (V).
(B) (F) (F) (V) (V).
(C) (V) (V) (V) (F).
(D) (V) (V) (F) (V).

1º item: correto, nos termos do art. 357, *caput*, da Lei 4.737/1965 (Código Eleitoral); **2º item:** incorreto, uma vez que o art. 520 do CPP, que trata da audiência de conciliação, não tem incidência neste caso; **3º item:** correto (art. 476, § 2º, do CPP); **4º item:** correto (art. 3º, parágrafo único, da Lei 11.419/2006).
Gabarito "A".

(Ministério Público/MG – 2014) Sobre o procedimento comum sumário, assinale a alternativa **INCORRETA**:

(A) Cabível quando a ação penal tiver objeto crime cuja sanção máxima cominada seja igual ou inferior a 4 (quatro) anos.
(B) A audiência de instrução e julgamento deverá ser realizada em até 30 (trinta) dias.
(C) A testemunha que comparecer será inquirida, independentemente da suspensão da audiência.
(D) Poderá ser aplicado nas infrações penais de menor potencial ofensivo, quando o magistrado do juizado especial criminal encaminhar ao juízo comum as peças existentes.

A: assertiva incorreta, devendo ser assinalada. O critério utilizado para se identificar o rito processual a ser adotado é a *pena máxima* cominada ao crime, conforme estabelece o art. 394 do CPP. O *rito ordinário* terá lugar sempre que se tratar de crime cuja sanção máxima cominada for igual ou superior a quatro anos de pena privativa de liberdade (art. 394, § 1º, I, CPP). O *rito sumário*, por sua vez, será adotado quando se tratar de crime cuja sanção máxima seja inferior a quatro anos (e não igual, conforme consta da assertiva) e superior a dois (art. 394, § 1º, II, CPP). Já o *rito sumaríssimo* terá incidência nas infrações penais de menor potencial ofensivo (crimes cuja pena máxima não seja superior a dois anos bem como as contravenções penais), na forma estatuída no art. 394, § 1º, III, CPP; **B:** assertiva correta, pois em conformidade com o que estabelece o art. 531 do CPP; **C:** assertiva correta, pois em conformidade com o que estabelece o art. 536 do CPP; **D:** assertiva correta, pois em conformidade com o que estabelece o art. 538 do CPP.
Gabarito "A".

(Ministério Público/MS – 2013 – FADEMS) Acerca dos procedimentos criminais, considere as assertivas abaixo:

I. Há violação ao princípio da identidade física do juiz, expressamente previsto no direito processual penal brasileiro, na hipótese de juiz substituto tomar os depoimentos das testemunhas de acusação e, posteriormente, ser sucedido pelo juiz titular que toma os depoimentos das testemunhas de defesa e profere sentença de mérito condenando o réu.
II. No processo comum, o acusado pode ser absolvido sumariamente quando o Ministério Público for parte ilegítima para o exercício da ação penal.
III. No processo e julgamento dos crimes previstos na Lei nº 11.343/2006 (Lei Antidrogas), a ausência de apreensão da droga não torna a conduta atípica se existirem outros elementos aptos a comprovarem o crime de tráfico.
IV. A ação penal pela prática de crime falimentar (Lei nº 11.101/05) será proposta perante o juízo da falência, que é universal, tendo, assim, competência para julgá-la.

São **incorretas**:

(A) Somente as assertivas I, II e IV.
(B) Somente as assertivas II e III.
(C) Somente as assertivas II, III e IV.
(D) Somente as assertivas I e III.
(E) Todas as assertivas.

I: a Lei 11.719/2008 introduziu no art. 399 do CPP o § 2º, conferindo-lhe a seguinte redação: "O juiz que presidiu a instrução deverá proferir a sentença". O *princípio da identidade física do juiz*, antes exclusivo do processo civil, agora será também aplicável ao processo penal. Como as restrições não foram disciplinadas no Código de Processo Penal, deve-se aplicar, quanto a estas, o que dispõe o art. 132 do Código de Processo Civil: "O juiz, titular ou substituto, que concluir a audiência, julgará a lide, salvo se estiver convocado, licenciado, afastado por qualquer motivo, promovido ou aposentado, caso em que passará os autos ao seu sucessor.". Perceba que o dispositivo legal fala em *concluir a audiência*. No caso retratado no enunciado, a instrução foi concluída pelo juiz titular, a quem caberá proferir sentença. Incorreta, portanto, a proposição; **II:** incorreta – hipótese não contemplada no art. 397 do CPP, que trata dos casos em que cabe a absolvição sumária. O caso tratado no enunciado constitui hipótese de rejeição da denúncia (art. 395, II, do CPP); **III:** correta – de fato, a não apreensão não constitui, por si só, motivo para tornar a conduta atípica; **IV:** incorreta – a competência é do juiz criminal do local onde foi decretada a falência, e não do juízo da falência (art. 183 da Lei 11.101/2005).

Gabarito "A".

(Ministério Público/RR – 2012 – CESPE) Assinale a opção correta com referência aos ritos e procedimentos processuais.

(A) No procedimento especial relacionado aos crimes dolosos contra a vida, a lei processual penal afasta, de forma expressa, a incidência do princípio da identidade física do juiz, porque o julgamento de mérito da causa será efetivado pelo conselho de sentença.
(B) De acordo com o disposto no CPP, é necessário o oferecimento de resposta à acusação, em todos os procedimentos, após o recebimento da denúncia ou queixa; se não for apresentada a resposta ou se o acusado, citado, não constituir defensor, o juiz nomeará um para o oferecimento da resposta, sob pena de nulidade do feito, podendo o defensor apresentar a resposta por escrito ou oralmente, até a audiência de instrução.
(C) A unificação de todos os ritos de primeiro grau possibilitou a rejeição liminar da denúncia ou queixa, o oferecimento de resposta à acusação, bem como a possibilidade, após a apresentação desta, da imediata absolvição sumária do réu, restando manifestos os requisitos.
(D) No procedimento de competência originária do STF e do STJ, é assegurado ao réu o direito de apresentar resposta à acusação, no prazo de quinze dias, após o recebimento da peça acusatória, sendo-lhe garantido, também, o direito de ser interrogado ao final da instrução.
(E) No procedimento para os processos de competência originária do STJ e do STF, preconiza a norma de regência, de forma expressa, a possibilidade de o MP ou o querelante manifestar-se após apresentação da resposta, caso sejam apresentados novos documentos.

A: a Lei 11.719/2008 introduziu no art. 399 do CPP o § 2º, conferindo-lhe a seguinte redação: "O juiz que presidiu a instrução deverá proferir a sentença". O *princípio da identidade física do juiz*, antes exclusivo do processo civil, agora também é aplicável ao processo penal. Como as restrições não foram disciplinadas no Código de Processo Penal, deve-se aplicar, quanto a estas, o que dispõe o art. 132 do Código de Processo Civil: "O juiz, titular ou substituto, que concluir a audiência, julgará a lide, salvo se estiver convocado, licenciado, afastado por qualquer motivo, promovido ou aposentado, caso em que passará os autos ao seu sucessor". Em vista disso, somente está obrigado a proferir sentença, ressalvadas as hipóteses acima, o juiz que presenciou a colheita da prova. Inexiste regra expressa que preveja a não aplicação deste postulado no âmbito do julgamento dos crimes dolosos contra a vida; portanto, ao procedimento especial do Júri deve incidir o princípio da identidade física do juiz; **B:** a *resposta à acusação*, diferentemente da revogada *defesa prévia*, constitui um dever imposto à defesa. Bem por isso, se o acusado, citado pessoalmente, deixar de apresentar a resposta no prazo legal, é de rigor a nomeação, pelo juiz, de defensor, que deverá, dentro do prazo de dez dias, oferecer defesa *escrita*; **C:** as mais recentes leis de reforma não unificaram os ritos de primeiro grau; segundo a atual redação do art. 394 do CPP, o procedimento se divide em *comum* e *especial*. O comum é subdividido em *ordinário*, *sumário* e *sumaríssimo*. O procedimento comum sumário será adotado quando se tratar de crime cuja sanção máxima seja inferior a quatro anos e superior a dois (art. 394, § 1º, II, CPP); o rito ordinário, por sua vez, terá lugar sempre que se tratar de crime cuja sanção máxima cominada for igual ou superior a quatro anos de pena privativa de liberdade (art. 394, § 1º, I, CPP); já o sumaríssimo é aplicado ao processamento e julgamento das infrações penais de menor potencial ofensivo (aquelas em que a pena máxima cominada não exceda a dois anos - art. 61, Lei 9.099/1995); **D:** está correta a assertiva quando afirma que, no procedimento de competência originária do STF e do STJ, é assegurado ao réu o direito de apresentar resposta à acusação, no prazo de quinze dias, após o recebimento da peça acusatória (art. 4º da Lei 8.038/1990); é falsa, no entanto, a afirmação de que o interrogatório será feito ao final da instrução, visto que o art. 7º desta mesma Lei estabelece que o interrogatório é o primeiro ato da fase instrutória; **E:** correta, visto que reflete o disposto no art. 5º da Lei 8.038/1990.

Gabarito "E".

(Promotor de Justiça/SC – 2016 - MPE)

(1) No procedimento comum, dispõe o Estatuto Processual Penal, que o juiz deverá absolver sumariamente o acusado quando verificar: a) a existência manifesta de causa excludente da ilicitude do fato; b) a existência manifesta de causa excludente da culpabilidade do agente, salvo inimputabilidade; c) que o fato narrado evidentemente não constitui crime; d) extinta a punibilidade do agente.

1: A proposição, que é verdadeira, aponta as hipóteses em que é cabível a *absolvição sumária* (art. 397, CPP).

Gabarito 1C

(Procurador da República – PGR – 2013) Assinale a alternativa incorreta:

(A) Segundo artigo 366 do Código de Processo Penal, o processo será suspenso se o acusado citado por edital não comparecer ou constituir defensor. Suspender-se-á, também, o prazo prescricional;
(B) Segundo artigo 397 do Código de Processo Penal, depois de resposta à acusação, o juiz pode absolver sumariamente o acusado. Da decisão cabe recurso em sentido escrito;
(C) Após a Lei 11.719/2008, o interrogatório deve acontecer depois de ouvidas as testemunhas. Depois, ainda em audiência, Ministério Público e acusados apresentam alegações orais, por 20 minutos, prorrogáveis por mais 10 minutos. Depois, deve ser proferida sentença. Vige, atualmente, a identidade física do juiz;
(D) O recurso cabível da decisão que não recebe a denúncia ou a queixa é o recurso em sentido estrito. No rito da Lei 9.099/1995, o recurso cabível para a decisão que não recebe a denúncia ou a queixa é apelação.

A: correta. Na hipótese de o réu não ser encontrado, deverá o juiz determinar a sua citação por edital, depois de esgotados os meios disponíveis para a sua localização. Se o acusado, depois de citado por edital, não comparecer tampouco constituir defensor, o processo e o prazo prescricional ficarão, em vista da disciplina estabelecida no art. 366 do CPP, suspensos; **B:** incorreta. Com o advento da Lei de Reforma n.11.689/2008, a sentença de absolvição sumária e também a decisão de impronúncia passarão a ser combatidas por meio de *apelação* – art. 416, CPP, e não por meio de recurso em sentido estrito; **C:** correta. Por força das modificações implementadas pela Lei 11.719/2008, que alterou diversos dispositivos do CPP, entre os quais o art. 400, a instrução, que antes tinha como providência inicial o interrogatório do acusado, passou a ser uma, impondo, além disso, nova sequência de atos, todos realizados em uma única audiência. Nesta (art. 400 do CPP – ordinário; art. 531 do CPP – sumário), deve-se ouvir, em primeiro lugar, o ofendido; depois, ouvem-se as testemunhas de acusação e, em seguida, as de defesa. Após, vêm os esclarecimentos dos peritos e as acareações. Em seguida, procede-se ao reconhecimento de pessoas e coisas. Somente depois se interroga o acusado. Ao final, não havendo requerimento de diligências, serão oferecidas pelas partes alegações finais orais, por vinte minutos, prorrogáveis por mais dez. Também por força da Lei 11.719/2008, que introduziu no art. 399 do CPP o § 2º, o princípio da identidade física do juiz, antes exclusivo do processo civil, passou a ser incorporado também no processo penal: nos seguintes termos "O juiz que presidiu a instrução deverá proferir a sentença"; **D:** correta. Segundo o CPP (art. 581, I), contra a decisão que rejeita a peça acusatória (denúncia ou queixa) cabe a interposição de *recurso em sentido estrito*; agora, no contexto do Juizado Especial Criminal, competente para o julgamento das infrações penais de menor potencial ofensivo, a decisão de rejeição da denúncia ou queixa comporta recurso de *apelação*, nos termos do art. 82, *caput*, da Lei 9.099/1995.
Gabarito "B".

(Procurador da República – 25°) Considere as assertivas a seguir:

I. no processo comum, o juiz, depois de receber a denúncia, designa audiência de instrução devendo determinar a intimação, dentre outros, do ofendido.
II. a jurisprudência consolidada no STF não admite a suspensão condicional do processo em caso de crime continuado.
III. o Ministério Público pode desistir de suas testemunhas sem a anuência prévia da defesa.
IV. se o juiz, após a defesa preliminar, reconhecer a existência de doença mental do acusado, comprovada por sentença judicial de interdição, deverá absolver sumariamente o acusado, embora se trate de absolvição imprópria, tendo em vista a possibilidade de imposição de medida de segurança.
V. no procedimento comum, o ofendido, mesmo que não habilitado como assistente, poderá requerer a admissão de assistentes técnicos.

Pode-se afirmar que:

(A) I, II e III estão incorretas
(B) III e V estão incorretas
(C) II e IV estão incorretas
(D) todas estão incorretas

I: no processo comum, quando referimos que o juiz recebe a denúncia, imediatamente somos levados a responder que o juiz determina que a citação para ofertar resposta à acusação e não designa audiência de instrução. Portanto, em tese, haveria uma tendência de responder que estaria incorreta. Mas o examinador, aqui, utilizou-se do texto expresso da lei. Vejamos. Nos termos do art. 396 do CPP, "*nos procedimentos ordinário e sumário, oferecida a denúncia ou queixa, o juiz, se não a rejeitar liminarmente, recebê-la-á e ordenará a citação do acusado para responder à acusação, por escrito, no prazo de 10 (dez) dias*". No entanto, no art. 399 do CPP, se observa a seguinte redação: "*recebida a denúncia ou queixa, o juiz designará dia e hora para a audiência, ordenando a intimação do acusado, de seu defensor, do Ministério Público e, se for o caso, do querelante e do assistente*". Assim, não podemos dizer que a assertiva está incorreta (correta); **II:** a jurisprudência do STF admite a suspensão condicional do processo na hipótese de crime continuado, desde que, na exasperação, a pena mínima não ultrapasse o patamar de 1 ano. Nesse sentido está redigida a Súmula 723 do STF (incorreto); **III:** o MP pode desistir de suas testemunhas sem a anuência da defesa, e vice-versa (correta); **IV:** detectando doença mental, o juiz não pode absolver sumariamente, devendo prosseguir o feito para apuração da responsabilidade do agente para, só depois, proferir sentença absolutória própria ou imprópria (incorreto); **V:** o ofendido somente tem condições de postular a admissão de assistentes técnicos se estiver habilitado nos autos (art. 159, § 3º: "*Serão facultadas ao Ministério Público, ao assistente de acusação, ao ofendido, ao querelante e ao acusado a formulação de quesitos e indicação de assistente técnico*."). A colocação, tecnicamente está errada (correta).
Gabarito "C".

14. PROCESSO DE COMPETÊNCIA DO JÚRI

(Promotor de Justiça – MPE/BA – CEFET – 2015) Quanto ao procedimento relativo aos processos de competência do Tribunal do Júri, é CORRETO afirmar que:

(A) O procedimento do júri, por abranger crimes dolosos contra a vida, será necessariamente iniciado através de denúncia oferecida pelo Ministério Público, respeitado o princípio da obrigatoriedade da ação penal pública.
(B) O juiz, ao receber a denúncia, ordenará a citação do acusado para responder à acusação, por escrito, no prazo de 15 (quinze) dias.
(C) A fundamentação da pronúncia limitar-se-á à indicação da materialidade do fato e da existência de indícios suficientes de autoria ou de participação, devendo o juiz especificar as circunstâncias qualificadoras, as agravantes e as causas de aumento de pena.
(D) Na primeira fase do procedimento do júri, provado que o acusado não é o autor ou partícipe do fato delituoso, o juiz, fundamentadamente, impronunciará desde logo o acusado, sendo que contra a sentença de impronúncia caberá o recurso de apelação.

(E) O mesmo Conselho de Sentença poderá conhecer de mais de um processo, no mesmo dia, se as partes o aceitarem, hipótese em que seus integrantes deverão prestar novo compromisso.

A: incorreta. Nada obsta que, no procedimento do Júri, verificado que o membro do MP agiu com desídia e deixou de oferecer a denúncia dentro do prazo estabelecido em lei, a vítima ou seu representante ou ainda o seu sucessor (no caso de morte ou declaração de ausência) promova a ação penal privada subsidiária da pública (art. 29, CPP); assim, é incorreto afirmar-se que o procedimento dos crimes dolosos contra a vida será necessariamente iniciado por meio de denúncia; pode, conforme se viu, ser deflagrado por queixa subsidiária. Chamo aqui a atenção para o fato, sempre explorado em provas, de que o ajuizamento desta modalidade de ação privada está condicionado à constatação de que o MP foi inerte, deixando de tomar uma das providências que deveria: denunciar; requerer o arquivamento dos autos de inquérito; ou ainda requisitar diligências imprescindíveis ao oferecimento da denúncia; **B:** incorreta, uma vez que o art. 406, *caput*, do CPP estabelece o prazo de 10 dias (e não de 15) para que o acusado ofereça sua resposta escrita; **C:** incorreta. Isso porque, por força do art. 413, § 1º, do CPP, que fixa o conteúdo da pronúncia, é vedado ao juiz, ao proferi-la, proceder à classificação das agravantes e atenuantes genéricas bem como das causas de diminuição de pena; **D:** incorreta. Embora seja correto afirmar-se que a decisão de impronúncia desafia recurso de apelação (art. 416, CPP), está equivocado falar-se que a hipótese narrada configura caso de impronúncia. É caso, isto sim, de absolvição sumária (art. 415, II, CPP); **E:** correta, pois corresponde à redação do art. 452 do CPP.

Gabarito "E".

(Ministério Público/DF – 2013) Sobre o Tribunal do Júri, é **INCORRETO** afirmar:

(A) Seu procedimento desdobra-se em juízo da acusação, que analisa a admissibilidade da pretensão punitiva, e juízo da causa, que diz respeito ao mérito da acusação.
(B) Se o acusado houver permanecido preso durante a instrução criminal, a pronúncia do juiz importará em automática manutenção da cautela extrema, sendo, por outro lado, necessária a motivação do decreto de prisão na hipótese de o pronunciado encontrar-se solto.
(C) A decisão de impronúncia não faz coisa julgada formal e material.
(D) Se o advogado do acusado, regularmente intimado, não comparecer à sessão de julgamento, e não houver escusa legítima, o julgamento será adiado uma única vez, cabendo ao juiz-presidente intimar a Defensoria Pública para o novo julgamento.
(E) Nos termos da lei, o sistema de colheita de depoimentos em plenário é, para as partes, o do exame direto e cruzado, ao passo que, para os jurados, o sistema é o indireto, ou presidencialista.

A: assertiva correta. De fato, o procedimento do júri, chamado de *bifásico* ou *escalonado*, é constituído pelo *sumário de culpa* (*judicium accusationis*), em que se faz um juízo de admissibilidade da acusação, e pelo *judicium causae*, em que se julga propriamente o mérito da acusação, também chamada, por isso, de fase do *juízo de mérito*; **B:** assertiva incorreta, devendo ser assinalada. Com a reforma promovida pela Lei 11.689/2008 no CPP, a prisão decorrente de pronúncia, que era automática, restou abolida. Com isso, o juiz, ao pronunciar o acusado, deverá manifestar-se quanto à manutenção da sua prisão; é dizer, se ela for mantida, deverá justificar; o mesmo se diga se o pronunciado encontrar-se solto: se o juiz houver por bem decretar-lhe a prisão preventiva, deverá justificar tal providência, à luz dos requisitos contidos no art. 312 do CPP; **C:** assertiva correta, a decisão de pronúncia não faz coisa julgada material, na medida em que, enquanto não ocorrer a extinção da punibilidade, poderá, se houver prova nova, ser formulada nova denúncia (art. 414, parágrafo único, do CPP); **D:** assertiva correta (art. 456, §§ 1º e 2º, do CPP); **E:** assertiva correta (art. 473, *caput* e § 2º, do CPP).

Gabarito "B".

(Ministério Público/GO – 2013) No que importa à competência e ao procedimento do Júri, leia as alternativas abaixo e marque a incorreta:

(A) Fraga, um conhecido professor de ciência política e militante de partido radical, resolveu partir da cidade do Rio de Janeiro a Brasília-DF, a fim de participar de manifestações populares na capital da república. Contagiado pela multidão que tomava conta da Praça dos Três Poderes, ao ver passar em seu carro oficial o presidente do Senado, e em razão de nutrir uma profunda aversão política por Sua Excelência, Fraga sacou a pistola que trazia consigo e disparou contra a mencionada autoridade, que imediatamente foi levada ao Hospital Sírio Libanês, em São Paulo, onde veio a falecer. Nessa situação, Fraga responderá por seu crime, cometido por razões políticas, perante o Tribunal do Júri de Brasília-DF.
(B) cabe ao magistrado singular, por ocasião da sentença condenatória, e não ao Conselho de Sentença, considerar as circunstâncias agravantes e atenuantes que forem objeto dos debates.
(C) operando-se a desclassificação quanto ao crime doloso contra a vida, ao juiz presidente caberá o julgamento da imputação desclassificada, assim como dos crimes conexos. No entanto, se os jurados votarem pela absolvição do acusado no que concerne ao crime doloso contra a vida, caberá ao Conselho de Sentença, também, o julgamento das infrações conexas.
(D) Caio praticou um homicídio qualificado em 1994. Denunciado pelo Ministério Público, o processo penal seguiu à revelia do réu que, citado por edital, não compareceu em juízo para exercitar o seu direito de defesa e tampouco constituiu advogado. Em 1995 Caio foi pronunciado, tendo-se iniciado a chamada crise de instância. Nessa conjuntura, em razão de Caio jamais ter tido ciência da existência do processo contra si instaurado, em conformidade com a jurisprudência do STJ em torno da questão, não poderá o réu ser intimado da pronúncia por edital, consoante preconiza o art. 420, parágrafo único, do Código de Processo Penal.

A: assertiva incorreta, devendo ser assinalada. O crime praticado por Fraga está capitulado no art. 29 da Lei 7.170/1983 (homicídio praticado contra presidente do Senado). O julgamento, neste caso, caberá à Justiça Militar da União, conforme estabelece o art. 30 do mesmo diploma; **B:** assertiva correta (art. 492, I, *b*, do CPP); **C:** assertiva correta, nos termos do art. 492, §§ 1º e 2º, do CPP; **D:** assertiva correta. Conferir: "Intimação. Pronúncia. Citação por Edital. Há a necessidade de intimação pessoal da sentença de pronúncia quando o réu foi citado por edital. No caso, a citação ocorreu antes do art. 366 do CPP ser alterado pela Lei 9.271/1996, o qual não determinava a suspensão do processo se o acusado houvesse sido citado por edital, como hoje dispõe. Seguindo a norma então vigente, o processo prosseguiu à revelia da ré até a pronúncia, quando ficou suspenso por ser, naquele momento, essencial a intimação pessoal da acusada, a qual não foi localizada. Com o advento da Lei 11.689/2008, que permite a intimação da pronúncia por edital, o tribunal *a quo* procedeu, assim, à intimação. No entanto, a Turma, por maioria, entendeu que a intimação editalícia da pronúncia somente pode ocorrer quando o réu tomou conhecimento da ação contra ele promovida, de forma inconteste, seja pela sua citação pessoal, pelo seu comparecimento em cartório ou pela constituição de advogado. Portanto, a nova norma (art. 420, parágrafo único, do CPP) deve ser interpretada em consonância com o art. 366 do mesmo Código, ou seja, há impossibilidade da intimação por edital daquele citado fictamente para defender-se. O Min. Relator ressaltou que tal entendimento está em consonância com o Pacto de San José da Costa Rica, que assegura a todo acusado a comunicação prévia e pormenorizada da acusação formulada. Dessa forma, a ordem foi concedida para declarar a nulidade da intimação por edital da pronúncia, devendo serem obstados os atos processuais até a intimação pessoal da paciente. Precedente citado: HC 172.382-RJ, *DJe* 15.06.2011" (HC 152.527-MG, rel. Min. Og Fernandes, julgado em 17.04.2012).

Gabarito "A".

(Ministério Público/MG – 2014) O jurado, integrando o Conselho de Sentença, impôs como obrigação e recebeu do réu polpuda soma para absolver o homicida.

Cometeu crime de:

(A) Extorsão.
(B) Prevaricação.
(C) Concussão.
(D) Corrupção passiva.

É importante que fique claro, de antemão, que o jurado é considerado, para efeitos penais, funcionário público, já que exerce *função* pública (art. 327, *caput*, do CP). Dito isso, cabe, agora, estabelecer em que tipo penal se enquadra a conduta do jurado que impõe ao réu, como condição para votar pela sua absolvição, o pagamento de determinada quantia em dinheiro. Note que o enunciado fala em *imposição*, e não em *solicitação*. Sendo assim, deve ficar afastada a prática do crime de *corrupção passiva* (art. 317, CP), cujo núcleo do tipo é representado pelo verbo *solicitar*, que tem o sentido de *pedir*. Não foi isso que ocorreu: o jurado não solicitou, mas exigiu, impôs, ordenou, como condição para votar a favor do réu, o pagamento de dinheiro, razão por que deve ser-lhe imputado o crime de *concussão*, previsto no art. 316, *caput*, do CP. Veja que a exigência formulada pelo jurado traz ínsita uma ameaça ao réu (vítima, neste caso), que, sentindo-se intimidado, acuado, acaba por ceder, entregando ao agente a vantagem indevida por ele perseguida.

Gabarito "C".

(Ministério Público/MS – 2013 – FADEMS) A respeito do procedimento relativo aos processos da competência do tribunal do júri, assinale a opção **incorreta**:

(A) Pronunciado o réu pelo delito doloso contra vida, de regra, deve o juiz remeter a julgamento pelo Tribunal do Júri os crimes conexos, sem proceder qualquer análise de mérito ou de admissibilidade quanto a eles.
(B) A situação de a vítima, ou o agressor, ou ambos, serem pessoas conhecidas no local da infração, o que, certamente, provocaria o debate prévio na comunidade a respeito do fato, não é suficiente para o desaforamento.
(C) O assistente somente será admitido se tiver requerido sua habilitação até cinco dias antes da data da sessão na qual pretende atuar.
(D) Conforme entendimento do Supremo Tribunal Federal, é nulo o julgamento ulterior pelo júri com a participação de jurado que funcionou em julgamento anterior.
(E) Na elaboração dos quesitos o Juiz de Direito poderá redigi-los livremente, vedada a admissão de teses que não constem expressamente da denúncia ou dos debates orais no Plenário.

A: correta. Acerca dos crimes conexos àqueles de competência do Tribunal do Júri, a lição de Guilherme de Souza Nucci: "Devem ser incluídos na decisão de pronúncia, sem qualquer avaliação de mérito por parte do juiz. Quando se vislumbra a competência do Tribunal do Júri para o delito principal – crime doloso contra a vida – as infrações penais conexas devem ser analisadas, na integralidade, pelos jurados. Não cabe ao magistrado togado qualquer avaliação acerca da tipicidade, ilicitude e culpabilidade no tocante aos conexos" (*Código de Processo Penal Comentado*, 12. ed. São Paulo: Revista dos Tribunais, 2013. p. 820); **B:** correta. Nesse sentido o magistério de Guilherme de Souza Nucci: "Notoriedade da vítima ou do agressor: não é motivo suficiente para o desaforamento. Em muitos casos, homicídios ganham notoriedade porque a vítima ou o agressor – ou ambos – são pessoas conhecidas no local da infração, certamente provocando o debate prévio na comunidade a respeito do fato. Tal situação deve ser considerada normal, pois é impossível evitar que pessoas famosas ou muito conhecidas, quando sofrem ou praticam crimes, deixem de despertar a curiosidade geral em relação ao julgamento (...)" (*Código de Processo Penal Comentado*, 12. ed. São Paulo: Revista dos Tribunais, 2013. p. 838); **C:** correta, pois corresponde à redação do art. 430 do CPP; **D:** correta. Conferir o teor da Súmula 206 do STF: "É nulo o julgamento ulterior pelo júri com a participação de jurado que funcionou em julgamento anterior do mesmo processo"; **E:** incorreta, devendo ser assinalada, pois não corresponde ao que estabelece o art. 482 do CPP.

Gabarito "E".

(Ministério Público/MS – 2013 – FADEMS) Analise as assertivas referentes aos processos de competência do júri:

I. A impronúncia, uma decisão que encerra a primeira fase do *judicium acusationis* sem inaugurar a segunda, deve ser impugnada através de recurso em sentido estrito.
II. O juiz, ao pronunciar o réu, constatando seus péssimos antecedentes criminais, deverá manter sua prisão ou, tratando-se de réu solto, deverá ordenar sua prisão.
III. Provada nos autos a inexistência do fato, deve o juiz impronunciar o acusado.
IV. Segundo o entendimento atual do Supremo Tribunal Federal, é vedada a *reformatio in pejus* no direito processual penal brasileiro, de modo que decisões posteriores, mesmo que oriundas do Tribunal do Júri, não poderiam impor valores superiores aos da primeira condenação que tenha transitado em julgado para a acusação.

São **corretas:**

(A) Somente as assertivas II e III.
(B) Somente as assertivas III e IV.
(C) Somente as assertivas I, II e IV.
(D) Somente a assertiva IV
(E) Somente as assertivas I e II.

I: incorreta, pois não reflete o disposto no art. 416 do CPP, que estabelece que a impronúncia e a absolvição sumária desafiam recurso de apelação; **II:** a decretação ou manutenção da prisão cautelar (provisória ou processual), assim entendida aquela que antecede a condenação definitiva, deve sempre estar condicionada à demonstração de sua imperiosa necessidade. Bem por isso, deve o magistrado apontar as razões, no seu entender, que a tornam indispensável (art. 312 do CPP). Colocado de outra forma, a prisão provisória ou cautelar somente se justifica dentro do ordenamento jurídico quando necessária ao processo. Deve ser vista, portanto, como um instrumento do processo a ser utilizado em situações excepcionais. É por essa razão que as prisões decorrentes de pronúncia e de sentença penal condenatória recorrível deixaram de constituir modalidade de prisão cautelar. Eram prisões automáticas, já que, com a prolação da sentença condenatória ou com a prolação da decisão de pronúncia, o réu era recolhido ao cárcere (independente de a prisão ser necessária). Nesse contexto, o acusado era considerado presumidamente culpado. A presença de péssimos antecedentes criminais não pode, por si só, autorizar o decreto de prisão preventiva. Com as modificações introduzidas pelas Leis 11.689/2008 e 11.719/2008 e também em razão da atuação dos tribunais, esta modalidade de prisão cautelar deixou de existir, consagrando, assim, o postulado da presunção de inocência. Em vista dessa nova realidade, se o acusado permanecer preso durante toda a instrução, a manutenção dessa prisão somente terá lugar se indispensável for ao processo, pouco importando se, uma vez condenado em definitivo, permanecerá ou não preso. A prisão desnecessária decretada ou mantida antes de a sentença passar em julgado constitui antecipação da pena que porventura seria aplicada em caso de condenação, o que representa patente violação ao princípio da presunção de inocência, postulado esse de índole constitucional – art. 5º, LVII. De se ver ainda que, tendo em conta as mudanças implementadas pela Lei 12.403/11, que instituiu as medidas cautelares alternativas à prisão provisória, esta somente terá lugar diante da impossibilidade de se recorrer às medidas cautelares. Dessa forma, a prisão, como medida excepcional que é, deve também ser vista como instrumento subsidiário, supletivo. Pois bem. Essa tônica (de somente dar-se início ao cumprimento da pena depois do trânsito em julgado da sentença penal condenatória) sofreu um revés. Explico. O STF, em julgamento histórico realizado em 17 de fevereiro de 2016, mudou, à revelia de grande parte da comunidade jurídica, seu entendimento acerca da possibilidade de prisão antes do trânsito em julgado da sentença penal condenatória. A Corte, ao julgar o HC n. 126.292, passou a admitir a execução da pena após decisão condenatória proferida em segunda instância. Com isso, passou a ser desnecessário, para dar início ao cumprimento da pena, aguardar o trânsito em julgado da decisão condenatória. Flexibilizou-se, pois, o postulado da presunção de inocência. Naquela ocasião, votaram pela mudança de paradigma sete ministros, enquanto quatro mantiveram o entendimento até então prevalente. Cuidava-se, é bem verdade, de uma decisão tomada em processo subjetivo, sem eficácia vinculante, portanto. Tal decisão, conquanto tomada em processo subjetivo, passou a ser vista como uma mudança de entendimento acerca de tema que há vários anos havia se sedimentado. Mais recentemente, nossa Suprema Corte foi chamada a se manifestar, em ações declaratórias de constitucionalidade impetradas pelo Conselho Federal da OAB e pelo Partido Ecológico Nacional, sobre a constitucionalidade do art. 283 do CPP. Existia a expectativa de que algum ou alguns dos ministros mudassem o posicionamento adotado no julgamento realizado em fevereiro de 2016. Afinal, a decisão, agora, teria uma repercussão muito maior, na medida em que tomada em ADC. Pois bem. Depois de muita especulação e grande expectativa, o STF, em julgamento realizado em 5 de outubro do mesmo ano, desta vez por maioria mais apertada (6 a 5), já que houve mudança de posicionamento do ministro Dias Toffoli, indeferiu as medidas cautelares pleiteadas nessas ADCs (43 e 44), mantendo, assim, o posicionamento que autoriza a prisão depois de decisão condenatória confirmada em segunda instância. É fato que o mérito das ações ainda está pendente de julgamento, mas dificilmente teremos, a essa altura do campeonato, mudança de posicionamento dos ministros; **III:** provada a inexistência do fato, deverá o juiz absolver o acusado sumariamente (art. 415, CPP). A impronúncia terá lugar diante da inexistência de prova da materialidade do fato ou da não presença de indícios suficientes de autoria (art. 414, CPP); **IV:** correta. Conferir: STF, HC 89.544-RN, Min. Cezar Peluso, 14.04.2009.

Gabarito "D".

(Ministério Público/SP – 2013 – PGMP) Assinale a alternativa que está em desacordo com disposições legais vigentes relacionadas com a decisão de pronúncia.

(A) Da decisão de pronúncia cabe recurso em sentido estrito.
(B) Na decisão de pronúncia, é dispensável motivação para a manutenção da prisão provisória anteriormente decretada.
(C) A decisão confirmatória de pronúncia constitui causa interruptiva de prescrição.
(D) A intimação da decisão de pronúncia ao acusado solto será procedida por edital, se não encontrado para intimação pessoal.
(E) Ainda que preclusa a decisão de pronúncia, a classificação do crime pode ser alterada ante o advento de circunstância superveniente.

A: correta, nos termos do art. 581, IV, do CPP; **B:** incorreta, devendo ser assinalada, pois contraria a regra estampada no art. 413, § 3º, do CPP; **C:** correta (art. 117, III, do CP); **D:** correta (art. 420, parágrafo único, do CPP); **E:** correta (art. 421, § 1º, do CPP).

Gabarito "B".

(Ministério Público/SP – 2013 – PGMP) Assinale a alternativa que está em desacordo com disposições do Código de Processo Penal relacionadas com procedimentos de competência do Tribunal do Júri.

(A) Não se admite pedido de desaforamento do julgamento pelo Tribunal do Júri estando pendente recurso contra a decisão de pronúncia.
(B) O assistente de acusação tem legitimidade para requerer o desaforamento.
(C) Os jurados excluídos por suspeição ou impedimento não serão computados na formação do *quorum* para instalação da sessão de julgamento do Tribunal do Júri.
(D) Está impedido de servir o jurado que, em caso de concurso de agentes, integrou Conselho de Sentença que julgou anteriormente outro dos acusados no processo.
(E) Na instrução em plenário do Júri, é permitido aos jurados formular perguntas ao ofendido, testemunhas e acusado, desde que por intermédio do Juiz-Presidente.

A: correta, pois em conformidade com o art. 427, § 4º, do CPP; **B:** correta, pois reflete o disposto no art. 427, *caput*, do CPP; **C:** incorreta, devendo ser assinalada, nos termos do art. 463, § 2º, do CPP; **D:** correta (art. 449, II, do CPP); **E:** correta, nos termos dos arts. 473, § 2º, e 474, § 2º, do CPP. Cuidado: tal regra não se aplica no âmbito do procedimento comum, em relação ao qual, dado o que dispõe o art. 212, *caput*, do CPP, as partes formularão suas perguntas diretamente às testemunhas. Antes de o Código de Processo Penal ser alterado pela Lei de Reforma nº 11.690/2008, vigia, entre nós, o *sistema presidencialista*, pelo qual a testemunha, depois de inquirida pelo juiz, respondia, por intermédio deste, às perguntas formuladas pelas partes. Por este sistema, não podiam acusação e defesa formular seus questionamentos diretamente à testemunha, o que somente era feito por meio do juiz. Pois bem. Com a alteração promovida pela Lei 11.690/2006 na redação do art. 212 do CPP, o *sistema presidencialista*, até então em vigor, deu lugar ao chamado sistema *cross examination*, segundo o qual as partes passam a dirigir suas indagações às testemunhas sem a intermediação do magistrado, de forma direta.

Gabarito "C".

(Ministério Público/GO – 2012) Com relação ao procedimento relativo aos processos da competência do Tribunal do Júri, é acertado dizer que:

(A) poderá ser determinado o desaforamento, em razão de comprovado excesso de serviço, se o julgamento

não puder ser realizado no prazo de 6 (seis) meses, contado do trânsito em julgado da decisão de pronúncia;
(B) a leitura de jornais ou qualquer outro escrito, bem como a exibição de vídeos, gravações, fotografias, laudos, croquis ou qualquer outro meio assemelhado, cujo conteúdo versar sobre matéria de fato submetida à apreciação e julgamento dos jurados, poderão ser feitos durante o julgamento, desde de que a juntada aos autos do documento ou objeto a ser exibido ocorra com a antecedência mínima de 3 (três) dias corridos, dando-se ciência à parte contrária.
(C) a fundamentação da decisão de pronúncia limitar-se-á à indicação da materialidade e da existência de indícios suficientes de autoria ou de participação em crime doloso contra a vida, podendo as partes fazer referências à decisão de pronúncia como argumento de autoridade que beneficie o acusado, como corolário do princípio da plenitude de defesa;
(D) durante os debates, a acusação poderá replicar e a defesa treplicar, vedada a reinquirição de testemunhas já ouvidas em plenário;

A: proposição correta, já que em conformidade com o que prescreve o art. 428, *caput*, do CPP; **B:** incorreta, pois o art. 479, *caput*, do CPP estabelece o prazo em dias úteis, e não em dias corridos; **C:** incorreta, pois em desconformidade com o disposto no art. 478, I, do CPP; **D:** incorreta, pois em desacordo com o estabelecido no art. 476, § 4º, do CPP.
Gabarito "A".

(Promotor de Justiça – MPE/MS – FAPEC – 2015) Em relação ao processo referente ao Tribunal do Júri, é **correto** afirmar que:

(A) Quando houver pedido de desaforamento por uma das partes, obrigatoriamente deverá ser ouvido o juiz presidente antes do julgamento na Câmara competente.
(B) Deve ser impronunciado o acusado se restar provado, ao final da instrução, não ter sido ele o autor do crime doloso contra a vida.
(C) O Tribunal do Júri é composto por um juiz togado, que é seu presidente, bem como por vinte e um jurados.
(D) As nulidades relativas posteriores à pronúncia devem ser arguidas logo depois de realizada a leitura e explicação dos quesitos.
(E) Em caso de crime doloso contra a vida apurado em ação penal privada subsidiária da pública, durante o julgamento na Sessão do Tribunal do Júri, o Ministério Público faz uso da palavra antes do querelante.

A: correta (art. 427, § 3º, do CPP); **B:** incorreta. A assertiva contempla hipótese de absolvição sumária (art. 415, II, do CPP). Será o caso de impronunciar o acusado se, ao final da instrução da primeira fase do procedimento do Júri, o magistrado verificar a ausência de indícios suficientes de autoria (o que é diferente de ficar provado que o réu não foi o autor do delito pelo qual está sendo processado) ou ainda quando ausente a materialidade do fato (art. 414, CPP); **C:** incorreta. Segundo estabelece o art. 447 do CPP, *o Tribunal do Júri é composto por 1 (um) juiz togado, seu presidente, e por 25 (vinte e cinco) jurados que serão sorteados dentre os alistados, 7 (sete) dos quais constituirão o Conselho de Sentença em cada sessão de julgamento*; **D:** incorreta, pois não reflete o teor do art. 571, V, do CPP; **E:** incorreta, uma vez que não corresponde ao que estabelece o art. 476, § 2º, do CPP.
Gabarito "A".

(Promotor de Justiça/SC – 2016 - MPE)

(1) A fundamentação da pronúncia limitar-se-á à indicação da materialidade do fato e da existência de indícios suficientes de autoria ou de participação, devendo o juiz declarar o dispositivo legal em que julgar incurso o acusado e especificar as circunstâncias agravantes, qualificadoras, bem como causas de aumento e diminuição de pena.

1: Ao pronunciar o acusado, levando-o a julgamento perante o Tribunal do Júri, não deve o juiz aprofundar-se na prova; limitar-se-á, isto sim, ao exame, sempre em linguagem moderada e prudente, quanto à *existência do crime* (materialidade) e dos *indícios suficientes de autoria*, apontando, ainda, o dispositivo legal em que se acha incurso o acusado, bem assim as circunstâncias qualificadoras e as causas de aumento de pena. É o que estabelece o art. 413, § 1º, do CPP. É vedado ao juiz, portanto, proceder à classificação das agravantes e atenuantes genéricas bem como das causas de diminuição de pena (aqui está o erro da assertiva).
Gabarito 1E.

(Promotor de Justiça/SC – 2016 - MPE)

(1) Estabelece o Código de Processo Penal em relação ao processo de competência do Tribunal do Júri, que, durante os debates, as partes não poderão, sob pena de nulidade, fazer referências: a) à decisão de pronúncia, às decisões posteriores que julgaram admissível a acusação ou à determinação do uso de algemas como argumento de autoridade que beneficiem ou prejudiquem o acusado; b) ao silêncio do acusado ou à ausência de interrogatório por falta de requerimento, em seu prejuízo.

1: A proposição, que está correta, corresponde à redação do art. 478 do CPP.
Gabarito 1C.

(Promotor de Justiça/SC – 2016 - MPE)

(1) Nos crimes da competência do Tribunal do Júri, ou do juiz singular, se da sentença não for interposta apelação pelo Ministério Público no prazo legal, o ofendido, ainda que não se tenha habilitado como assistente, poderá interpor apelação, que terá efeito suspensivo. O prazo para interposição desse recurso será de 10 (dez) dias, e correrá do dia em que terminar o prazo do Ministério Público.

1: A assertiva contém dois erros, a saber: em primeiro lugar, a apelação, neste caso, não terá efeito suspensivo, conforme estabelece o art. 598, *caput*, do CPP; além disso e em segundo lugar, o prazo para interposição desse recurso é de 15 dias (e não de 10), tal como prevê o art. 598, parágrafo único, do CPP.
Gabarito 1E.

(Promotor de Justiça/SC – 2016 - MPE)

(1) Quanto à organização da pauta nos processos de competência do Tribunal do Júri, dispõe o Código de Processo Penal que, salvo motivo relevante que autorize alteração na ordem dos julgamentos, terão preferência: a) os acusados presos; b) dentre os acusados presos, aqueles que estiverem há mais tempo na prisão; c) em igualdade de condições, os precedentemente pronunciados.

1: A assertiva, que está correta, corresponde ao que estabelece o art. 429, I, II e III, do CPP, que trata dos critérios que devem ser observados na organização da pauta de julgamento.
Gabarito 1C.

15. JUIZADOS ESPECIAIS

(Promotor de Justiça – MPE/RS – 2017) Assinale a alternativa **INCORRETA**.

(A) Não se admite oferta de proposta de transação se ficar comprovado ter sido o autor da infração condenado, pela prática de crime, à pena restritiva de direitos, por sentença definitiva.
(B) Os conciliadores no Juizado Especial Criminal são recrutados preferencialmente entre bacharéis em Direito (art. 73, parágrafo único, da Lei 9099/1995).
(C) Da decisão que homologa proposta de transação (art. 76 da Lei 9099/1995) oferecida pelo Ministério Público e aceita pelo autor do fato, cabe recurso de apelação.
(D) Da decisão que rejeita a denúncia no Juizado Especial Criminal, cabe recurso de apelação.
(E) A não reparação do dano causado pelo crime, injustificada, é causa de revogação da suspensão condicional do processo.

A: incorreta, uma vez que contraria o disposto no art. 76, § 2º, I, da Lei 9.099/1995 (Juizados Especiais), que estabelece que será vedada a transação penal somente na hipótese de o autor da infração haver sido condenado, definitivamente, pela prática de crime, à pena *privativa de liberdade*; ou seja, a condenação definitiva pelo cometimento de crime à pena *restritiva de direitos* não impede a formulação de oferta de transação penal; **B:** correta, pois reflete o que estabelece o dispositivo a que faz referência a alternativa; **C:** correta, nos termos do art. 76, § 5º, da Lei 9.099/1995; **D:** correta, na medida em que a decisão que rejeita a denúncia (e também a queixa), no âmbito do juizado especial criminal, desafia recurso de *apelação*, na forma prevista no art. 82, *caput*, da Lei 9.099/1995, a ser interposto, por petição escrita, no prazo de dez dias, da qual deverão constar as razões e o pedido. O julgamento deste recurso caberá a uma turma composta de três juízes em exercício no primeiro grau de jurisdição, reunidos na sede do Juizado; **E:** correta (art. 89, § 3º, da Lei 9.099/1995).
Gabarito "A".

(Ministério Público/DF – 2013) Em processos da competência dos Juizados Especiais Criminais, é **INCORRETO** afirmar:

(A) Nos termos da Lei 9.099/1995, cabe apelação da decisão que recebe a denúncia ou queixa.
(B) O foro competente para o processo por crime de menor potencial ofensivo é o do lugar da prática ilícita.
(C) As intimações de testemunhas se realizam por qualquer meio idôneo de comunicação, mas a citação do acusado é pessoal.
(D) Admite-se, por construção doutrinário-jurisprudencial, a aplicação da transação penal às ações penais privadas.
(E) A Lei 9.099/1995 determina que a competência para julgamento de crime de menor potencial ofensivo é deslocada para o juízo criminal comum, ante a complexidade ou circunstância da causa e ante a não localização do réu para ser pessoalmente citado.

A: assertiva incorreta, devendo ser assinalada. O examinador quis, nesta alternativa, induzir o candidato a erro. É que, como bem sabemos, a decisão que comporta, no âmbito do procedimento sumaríssimo, apelação é a *rejeição* da denúncia ou queixa (e também da sentença), conforme estabelece o art. 82, *caput*, da Lei 9.099/1995; da decisão que *recebe* a denúncia ou queixa não cabe recurso, tanto no procedimento sumaríssimo quanto no ordinário/ sumário. Admite-se, quando muito, a impetração de *habeas corpus*; **B:** assertiva correta. O art. 63 da Lei 9.099/1995 estabelece que a competência do Juizado Especial Criminal será determinada em razão do lugar em que foi *praticada* a infração penal. Vale o registro de que, a partir daí, surgiram três teorias a respeito do juiz competente para o julgamento da causa: teoria da atividade: é competente o juiz do local onde se verificou a ação ou omissão; teoria do resultado: a ação deve ser julgada no local onde se produziu o resultado; e teoria da ubiquidade: é considerado competente tanto o juiz do local em que se deu a ação ou omissão quanto aquele do lugar em que se produziu o resultado. Na doutrina e na jurisprudência, predominam as teorias da atividade e da ubiquidade; **C:** assertiva correta, nos termos dos arts. 66 e 67 da Lei 9.099/1995; **D:** assertiva correta. Entre outros consagrados doutrinadores, admitem o emprego da transação penal (art. 76, Lei 9.099/1995) no âmbito dos crimes de ação privada Antonio Scarance Ferandes e Guilherme de Souza Nucci. Segundo este, ao se referir aos crimes de ação privada: "não vemos nenhum sentido em terem eles sido excluídos do contexto da transação. Possivelmente, inspirou-se o legislador na ultrapassada concepção de que a vítima do crime não teria interesse na pena, mas somente na reparação do dano (...)" (*Código de Processo Penal Comentado*, 12ª ed., p. 451). Também nesse sentido tem se inclinado a jurisprudência; **E:** assertiva correta, nos termos do art. 60, parágrafo único, da Lei 9.099/1995.
Gabarito "A".

(Ministério Público/GO – 2013) A Lei dos Juizados Especiais Criminais inaugurou uma nova forma de aplicação do direito penal objetivo por meio da chamada "jurisdição de consenso". Sobre esse diploma tão usual no dia a dia forense, julgue as alternativas abaixo e assinale a correta:

(A) nem todas as infrações penais liliputianas admitem, em tese, a incidência dos institutos despenalizadores previstos na Lei 9.099/1995.
(B) o Supremo Tribunal Federal assentou a inconstitucionalidade sem redução de texto do art. 41 da Lei 11.340/2006, que afastava, em todos os casos, a aplicação da Lei 9.099/1995 aos processos referentes a crimes de violência de gênero contra a mulher.
(C) não acarreta a extinção da punibilidade a celebração da composição civil em crimes de ação penal pública incondicionada, sendo possível, assim, o oferecimento de proposta de transação penal e, em último caso, até mesmo de denúncia.
(D) para além dos institutos despenalizadores, a Lei 9.099/1995 criou uma medida descarcerizadora, por meio da qual foi vedada, em qualquer caso, a lavratura de auto de prisão em flagrante contra o autor de infração penal de menor potencial ofensivo.

A: incorreta conforme gabarito oficial, mas correta, a nosso ver. Infração penal *liliputiana* corresponde à *contravenção penal*. A questão que aqui se coloca é saber se a prática de contravenção penal pode afastar a incidência dos institutos despenalizadores previstos na Lei 9.099/1995. A resposta deve ser afirmativa. Isso porque a contravenção penal praticada contra a mulher no âmbito doméstico (vias de fato, por exemplo) elide a aplicação da Lei 9.099/1995 e, por conseguinte, de seus institutos despenalizadores. É isso que estabelece o art. 41 da Lei 11.340/2006 (Maria da Penha). Assim, forçoso concluir que nem todas as infrações liliputianas (contravenção penal) sujeitam-se aos institutos despenalizadores previstos na Lei 9.099/1995. A esse respeito, conferir: "Violência doméstica – artigo 41 da Lei 11.340/2006 – Alcance. O preceito do artigo 41 da Lei 11.340/2006 alcança toda e qualquer prática delituosa contra a mulher, até mesmo quando consubstancia contravenção penal, como é a relativa a vias de fato (...)" (STF, Pleno, HC 106.212, rel. Min. Marco Aurélio, j. 24.03.2011); **B:** incorreta. O Supremo Tribunal Federal julgou pro-

cedente, por unanimidade, a ADC 19, de 09.02.2012, para declarar a constitucionalidade do art. 41 da Lei 11.340/2006; **C:** correta, na medida em que a extinção da punibilidade, como decorrência da renúncia ao direito de queixa ou representação, na composição civil do art. 74 da Lei 9.099/1995, somente se verifica no âmbito da ação penal de natureza privada ou pública condicionada à representação; **D:** incorreta. Na verdade, a medida descarcerizadora consistente na vedação de se impor a prisão em flagrante somente terá lugar se o autor da infração penal de menor potencial ofensivo comparecer à sede do juizado ou firmar compromisso nesse sentido (art. 69, parágrafo único, da Lei 9.099/1995). A contrário senso, será preso em flagrante, pela prática de infração de menor potencial ofensivo, o autor que se recusar a ser encaminhado ao Juizado ou, não sendo isso possível, assumir o compromisso de ali comparecer.
Gabarito "C".

(Ministério Público/SP – 2013 – PGMP) Assinale a alternativa INCORRETA.

(A) Oferecida a denúncia ou a queixa por infração penal de menor potencial ofensivo, o procedimento não prosseguirá perante o Juizado Especial Criminal se o acusado não for encontrado para citação pessoal.
(B) Nas infrações penais ambientais de menor potencial ofensivo, a proposta de transação penal só pode ser formulada desde que tenha havido prévia composição do dano ambiental, ressalvada comprovada impossibilidade.
(C) O artigo 89, § 6º, da Lei nº 9.099/95, estabelece causa interruptiva da prescrição quando dispõe que "não correrá a prescrição" durante o prazo da suspensão condicional do processo.
(D) A lei vigente veda a aplicação dos benefícios da transação penal e suspensão condicional do processo no âmbito da Justiça Militar.
(E) Na ação penal pública, a proposta de transação penal pressupõe o não arquivamento do termo circunstanciado ou peças de informação pelo Ministério Público.

A: correta, pois reflete o teor do art. 66, parágrafo único, da Lei 9.099/1995, que estabelece que, não localizado o acusado para ser citado, as peças serão encaminhadas ao juízo comum para prosseguimento, no qual se procederá, se necessário for, à citação por edital; **B:** correta, pois em conformidade com o que dispõe o art. 27 da Lei 9.605/1998 (Crimes contra do Meio Ambiente); **C:** incorreta, devendo ser assinalada, já que o art. 89, § 6º, da Lei 9.099/1995 contempla hipótese de *suspensão* do prazo prescricional, e não de *interrupção* desse prazo; **D:** correta, pois em consonância com a regra estampada no art. 90-A da Lei 9.099/1995; **E:** correta, nos termos do art. 76, *caput*, da Lei 9.099/1995.
Gabarito "C".

(Promotor de Justiça/SC – 2016 - MPE)

(1) No âmbito dos Juizados Especiais Criminais, segundo dispõe a Lei 9.099/1995, da decisão de rejeição da denúncia ou queixa e da sentença caberá apelação, que deverá ser interposta no prazo de 15 (quinze) dias, contados da ciência da sentença pelo Ministério Público, pelo réu e seu defensor, devendo ser aviada por petição escrita, da qual constarão as razões e o pedido do recorrente.

1: Proposição falsa, na medida em que a sentença e também a decisão que rejeita a denúncia ou a queixa, no âmbito do juizado especial criminal, desafiam recurso de *apelação*, na forma prevista no art. 82, *caput*, da Lei 9.099/1995, a ser interposto, por petição escrita, no prazo de *dez dias* (e não de *quinze*, tal como afirmado na assertiva), da qual deverão constar as razões e o pedido. O julgamento deste recurso caberá a uma turma composta de três juízes em exercício no primeiro grau de jurisdição, reunidos na sede do Juizado.
Gabarito 1E

(Promotor de Justiça/SC – 2016 - MPE)

(1) Segundo a Lei 9.099/1995, as suas disposições não se aplicam no âmbito da Justiça Militar.

1: Proposição correta, pois em conformidade com o que dispõe o art. 90-A da Lei 9.099/1995: *As disposições desta Lei não se aplicam no âmbito da Justiça Militar.*
Gabarito 1C

(Ministério Público/TO – 2012 – CESPE) Jair, dirigindo de maneira imprudente, causou a colisão de seu veículo com o de Maria, que sofreu lesão corporal grave, consistente na amputação de membro inferior, conforme comprovado por laudo produzido pelo perito que realizou seu exame de corpo de delito.

Com base nessa situação hipotética, assinale a opção correta no que concerne à ação penal.

(A) Em razão da gravidade das lesões sofridas por Maria, o titular da ação penal, nesse caso, é o MP, que deve oferecer denúncia independentemente de manifestação da ofendida.
(B) Maria ou seu representante legal têm o prazo de até seis meses, contado da data do acidente, para oferecer queixa-crime contra Jair, podendo dela se retratar a qualquer tempo.
(C) A ação penal, nessa situação, só pode ser proposta por Maria, não se admitindo a propositura por representante legal nem por seus sucessores, no caso de sua morte ou ausência.
(D) Maria poderá representar criminalmente contra Jair se o MP deixar de oferecer a denúncia no prazo decadencial, caso em que poderá ingressar na relação processual como assistente de acusação.
(E) Nesse caso, a ação penal é pública condicionada à representação da vítima, tendo Maria o prazo decadencial de seis meses, contado da data em que tomou conhecimento de que o autor da lesão foi Jair, para contra ele representar.

A classificação da lesão corporal em *leve* (art. 129, *caput*), *grave* (art. 129, § 1º) e *gravíssima* (art. 129, § 2º) corresponde tão somente à lesão dolosa do Código Penal; a lesão culposa, do CP ou do CTB, não comporta essa classificação, razão por que, em qualquer dessas hipóteses, a ação será pública condicionada à representação do ofendido ou de seu representante legal, conforme expressa previsão do art. 88 da Lei 9.099/1995. No caso de o ofendido falecer ou ser declarado, por decisão judicial, ausente, poderão oferecer a representação, nesta ordem, o cônjuge, o ascendente, o descendente e o irmão. É o que estabelece o art. 24, § 1º, do CPP.
Gabarito "E".

(Ministério Público/TO – 2012 – CESPE) Com base no disposto na Lei nº 9.099/1995 e em suas alterações, assinale a opção correta.

(A) O juiz pode propor a suspensão do processo ainda que o promotor de justiça entenda ser essa medida, em determinado processo, incabível.
(B) No caso, por exemplo, de tentativa de furto qualificado, não é possível a suspensão condicional do processo, pois considera-se, para a concessão do

benefício, a redução mínima de um terço em relação ao mínimo da pena cominada, o qual, para a prática de furto qualificado, é de dois anos de reclusão.

(C) O descumprimento de acordo firmado em transação penal já homologado pelo juiz possibilita o oferecimento da denúncia por parte do MP.

(D) O benefício da suspensão condicional é aplicável aos processos de julgamento de infrações penais cometidas em concurso material, visto que as penas mínimas previstas para cada uma dessas infrações não são somadas.

(E) Vencido o prazo da suspensão do processo e não havendo revogação, caberá ao juiz declarar extinta a punibilidade.

A: incorreta. Se o membro do MP se recusar a propor a suspensão condicional do processo, cabe ao magistrado, se discordar, aplicar, por analogia, o comando contido no art. 28 do CPP, remetendo a questão para apreciação do Procurador-Geral de Justiça. É esse o entendimento firmado na Súmula 696 do STF; B: incorreta. O art. 89 da Lei 9.099/1995 estabeleceu, como critério para a concessão do *sursis* processual, a pena mínima em abstrato prevista para o crime. Se assim é, no crime tentado, só se alcançará a pena mínima se aplicado o redutor do art. 14, parágrafo único, do CP no seu patamar máximo (dois terços), o que levará a pena, no caso da tentativa de furto, a 8 meses de reclusão, dentro, pois, do limite estabelecido no art. 89, *caput*, da Lei 9.099/1995. Nesse sentido: TJ/SC, HC 48823, 2ª Câmara Criminal, rel. Jaime Ramos, j. 24.03.2004. *Vide* Súmula 723 do STF; C: incorreta. A Lei dos Juizados Especiais não previu nenhum tipo de sanção pelo não cumprimento do acordo firmado na transação penal. Na hipótese de a multa não ser paga, cabe ao MP promover a sua execução, nos termos do que prescreve o art. 164 e seguintes da LEP. Em hipótese alguma poderá a multa ser convertida em prisão. No caso de a pena restritiva de direitos imposta não ser cumprida, à míngua de previsão legal, nada há a ser feito; D: incorreta, pois contraria o teor das Súmulas 243, do STJ, e 723, do STF; E: correta, pois corresponde ao que estabelece o art. 89, § 5º, da Lei 9.099/1995.

Gabarito "E".

(Procurador da República – PGR – 2013) Em relação aos juizados especiais criminais assinale a alternativa correta:

(A) Infrações penais de menor potencial ofensivo admitem suspensão condicional do processo, mas não transação penal;

(B) Quando o representante do Ministério Público verificar, no termo circunstanciado, que não há informações do fato suficientes ao oferecimento da denúncia, deve propor transação penal;

(C) Compete ao Tribunal Regional Federal julgamento de *habeas corpus* impetrado contra decisão singular do juiz do Juizado especial criminal;

(D) A Lei 9.099/1995 prevê recurso de apelação para a decisão que rejeitar a denúncia.

A: incorreta. As infrações penais de menor potencial ofensivo admitem tanto a *suspensão condicional do processo* (*sursis* processual) quanto a *transação penal*. O que ocorre é que a transação penal (art. 76, Lei 9.099/1995) tem aplicação exclusiva no contexto das infrações penais de menor potencial ofensivo; já a incidência da suspensão condicional do processo vai além dessas infrações, já que terá ela lugar nos crimes em que a pena mínima cominada é igual ou inferior a um ano (art. 89, Lei 9.099/1995); B: incorreta. Se o promotor, ao analisar o termo circunstanciado, constatar a ausência de informações necessárias ao oferecimento da denúncia, poderá requisitar à autoridade policial a realização de diligências complementares; C: incorreta. A competência, neste caso, é da Turma Recursal; D: correta, na medida em que a decisão que rejeita a denúncia (e também a queixa), no âmbito do juizado especial criminal, desafia recurso de *apelação*, na forma prevista no art. 82, *caput*, da Lei 9.099/1995, a ser interposto, por petição escrita, no prazo de dez dias, da qual deverão constar as razões e o pedido. O julgamento deste recurso caberá a uma turma composta de três juízes em exercício no primeiro grau de jurisdição, reunidos na sede do Juizado.

Gabarito "D".

(Procurador da República – PGR – 2013) Assinale a alternativa incorreta:

(A) A Lei 9.099/1995 estabeleceu, como medidas despenalizadoras: composição de danos civis, transação penal, representação nos crimes de lesões corporais leves e lesões culposas, suspensão condicional do processo;

(B) O recurso especial é cabível quando a decisão da turma recursal, no Juizado especial criminal, contrariar lei federal ou tratado, ou negar-lhes vigência;

(C) Consideram-se infrações penais de menor potencial ofensivo contravenções penais ou crime a que a lei comine pena máxima não superior a dois anos, cumulada ou não com multa, ainda que procedimentos previstos para persecução penal sejam especiais;

(D) O artigo 89 da Lei 9.099/95 prevê a suspensão condicional do processo para os crimes cuja pena mínima cominada seja igual ou inferior a um ano. Porém, infrações penais concretizadas por violência doméstica, familiar ou contra a mulher, não admitem a suspensão condicional do processo.

A: correta, pois contempla as medidas despenalizadoras previstas na Lei 9.099/1995; B: incorreta, pois contraria o entendimento firmado na Súmula 203, do STJ: "Não cabe recurso especial contra decisão proferida por órgão de segundo grau dos Juizados Especiais"; C: correta, pois reflete o disposto no art. 61 da Lei 9.099/1995; D: correta, dado que o art. 41 da Lei Maria da Penha, cuja constitucionalidade foi reconhecida pelo STF (ADC 19, de 09.02.2012), veda a aplicação, no contexto dos crimes praticados com violência doméstica e familiar contra a mulher, das medidas despenalizadoras contempladas na Lei 9.099/1995, entre as quais a *suspensão condicional do processo* e a *transação penal*. Consolidando tal entendimento, editou-se a Súmula 536, do STJ: "A suspensão condicional do processo e a transação penal não se aplicam na hipótese de delitos sujeitos ao rito da Lei Maria da Penha".

Gabarito "B".

16. SENTENÇA, PRECLUSÃO E COISA JULGADA

(Ministério Público/ES – 2013 – VUNESP) X foi denunciado pelas práticas dos crimes de estelionato e falsificação de documento público. Nos memoriais, o Ministério Público requereu a condenação de X nos termos da denúncia, enquanto a defesa requereu a absolvição de X por falta de provas. O juiz da causa, entretanto, por entender que a prova existente nos autos trouxe elementos novos aos fatos narrados na inicial acusatória, condenou X por extorsão. Considerando os fatos apresentados, assinale a alternativa correta.

(A) Tendo em vista o desrespeito ao princípio da *ne reformatio in pejus*, a sentença é nula.

(B) Trata-se de sentença válida, pois o juiz pode decidir livremente, desde que o faça de maneira motivada.

(C) A sentença está perfeita tecnicamente por existirem elementos nos autos que autorizam a condenação por

crime mais grave; assim, estão devidamente respeitadas as garantias processuais, em especial o princípio do *nemo tenetur se detegere*.
(D) Trata-se de hipótese de *emendatio libeli*; por esse fundamento, o juiz pode atribuir definição jurídica diversa ao fato, ainda que tenha que aplicar pena mais grave.
(E) Trata-se de hipótese de *mutatio libeli*, e por não ter sido aditada a denúncia nem tampouco ouvida a defesa a sentença é nula.

É hipótese de *mutatio libelli*, já que a prova colhida na instrução aponta para uma nova definição jurídica do fato, diversa daquela contida na inicial. Com o advento da Lei 11.719/2008, que modificou a redação do art. 384 do CPP, se o magistrado entender cabível nova definição jurídica do fato em consequência de prova de elementar ou circunstância não contida na inicial, o aditamento pelo Ministério Público passa a ser obrigatório, ainda que a nova capitulação jurídica implique aplicação de pena igual ou menos grave. No panorama anterior, a participação do Ministério Público não era necessária, ou seja, bastava que o processo baixasse para manifestação da defesa e oitiva de testemunhas. No caso narrado no enunciado, o réu foi denunciado pelos crimes de estelionato e falsificação de documento público e, concluída a instrução, chegou-se à conclusão de que o crime em que ele incorreu foi o de extorsão. É de rigor, neste caso, o aditamento pelo MP. Afasta-se, dessa forma, a ocorrência de *emendatio libelli* (art. 383 do CPP), em que o fato permanece inalterado, sem prejuízo, por isso mesmo, para a defesa. A mudança, aqui (*emendatio libelli*), incide na classificação da conduta, levada a efeito pela acusação, no ato da propositura da ação, e retificada pelo juiz, de ofício, no momento da sentença, sendo desnecessário, em vista disso, ouvir a esse respeito o defensor.
Gabarito "E".

(Promotor de Justiça/GO – 2016 - MPE) A sentença autofágica ou de efeito autofágico, como podemos observar em uma das Súmulas do STJ é:
(A) Aquela em que o juiz reconhece que o fato é típico e antijurídico, porém não culpável, ou seja, o crime existe, mas não pode ser reprovado, não se aplicando pena ao réu.
(B) Aquela em que o juiz reconhece a tipicidade formal do delito, mas observa a existência de excludente(s) de antijuridicidade, absolvendo o réu, não existindo o crime.
(C) Aquela em que o juiz reconhece o crime e a culpabilidade do réu, mas julga extinta a punibilidade concreta.
(D) Aquela em que o juiz reconhece a nulidade do processo sem julgamento do mérito, anulando os atos processuais, determinando que se reinicie a instrução processual.

Classificam-se como *autofágicas* as sentenças em que o juiz, a despeito de reconhecer a imputação, declara extinta a punibilidade, tal como se dá com o perdão judicial (Súmula 18, STJ).
Gabarito "C".

(Ministério Público/RR – 2012 – CESPE) A respeito da sentença penal, da coisa julgada e dos recursos em geral, assinale a opção correta.
(A) De acordo com a atual sistemática recursal, as decisões que extinguem a punibilidade, incluídas entre as decisões interlocutórias mistas, ensejam o manejo do recurso de apelação.
(B) Dos efeitos penais da sentença absolutória com trânsito em julgado, por quaisquer dos motivos ou causas arroladas na parte dispositiva, infere-se o exame das alegações das partes, o que impede nova *persecutio criminis* em juízo sob o mesmo fundamento fático, restando preclusa qualquer via impugnativa de seu conteúdo para a acusação.
(C) Na sentença absolutória imprópria, poderá o juiz fixar valor mínimo para reparação dos danos causados pela infração, considerando os prejuízos sofridos pelo ofendido, independentemente de pedido expresso na peça acusatória.
(D) Caso o juiz, antes de proferir sentença, verifique a possibilidade de atribuir ao fato nova definição jurídica, diversa da capitulação encetada pelo órgão de acusação, sem, contudo, modificar a descrição fática contida na denúncia, ainda que, em consequência, tenha de aplicar pena mais grave, deverá ele baixar os autos para manifestação das partes, por expressa disposição legal, devendo haver produção probatória somente nos casos de *mutatio libelli*.
(E) A decisão concessiva de habeas corpus prolatada pelo juízo de primeiro grau com fundamento na atipicidade do fato investigado ou em razão do reconhecimento de causa extintiva de punibilidade desafia o recurso de apelação pelo órgão acusatório.

A: incorreta, pois a decisão que julga extinta a punibilidade desafia recurso em sentido estrito (art. 581, VIII, CPP), e não recurso de apelação; **B:** correta. Se o mérito da causa já foi decidido em favor do acusado, com o trânsito em julgado da sentença penal absolutória, não poderá o julgado, por óbvio, ser objeto de nova avaliação, visto que a decisão se tornou, porque passou em julgado, imutável. Não poderá o acusado, portanto, pelos mesmos fatos, ser de novo processado. É o que chamamos de coisa julgada material. Cuidado: a mesma sorte não tem a sentença condenatória, que, mesmo depois do trânsito em julgado, poderá ser reavaliada por meio da revisão criminal; **C:** a sentença absolutória imprópria é a que, a despeito de impingir ao acusado medida de segurança, julga improcedente a acusação. Não cabe, neste caso, a fixação de valor mínimo para a reparação dos danos, visto que se trata, como dito, de sentença absolutória; **D:** a proposição corresponde ao fenômeno da *emendatio libelli*, presente no art. 383 do CPP. Neste caso, deverá o juiz, em obediência à regra contida neste dispositivo, atribuir ao fato a capitulação jurídica que entender mais adequada. Somente seria o caso de baixar os autos para manifestação das partes se a nova capitulação decorresse de modificação dos fatos descritos na exordial. É a hipótese prevista no art. 384 do CPP, que trata da *mutatio libelli*; **E:** neste caso, deverá ser manejado o recurso em sentido estrito - art. 581, X, do CPP. Ademais, dado o que dispõe o art. 574, I, do CPP, é hipótese de recurso de ofício.
Gabarito "B".

(Promotor de Justiça/SC – 2016 - MPE)
(1) Ao tratar da sentença criminal, prescreve o Código de Processo Penal que, encerrada a instrução probatória, se entender cabível nova definição jurídica do fato, em consequência de prova existente nos autos de elemento ou circunstância da infração penal não contida na acusação, o Ministério Público deverá aditar a denúncia ou queixa, no prazo de 5 (cinco) dias, se em virtude desta houver sido instaurado o processo em crime de ação pública, reduzindo-se a termo o aditamento, quando feito oralmente. Ouvido o defensor do acusado no prazo de 5 (cinco) dias e admitido o aditamento, o juiz, a requerimento

de qualquer das partes, designará dia e hora para continuação da audiência, com inquirição de testemunhas, novo interrogatório do acusado, realização de debates e julgamento. Havendo aditamento, cada parte poderá arrolar até 3 (três) testemunhas, no prazo de 5 (cinco) dias.

1: A assertiva, que é verdadeira, descreve o fenômeno da *mutatio libelli*, que é a hipótese em que a prova colhida na instrução aponta para uma nova definição jurídica do fato, diversa daquela contida na inicial. Com o advento da Lei 11.719/2008, que modificou a redação do art. 384 do CPP, se o magistrado entender cabível nova definição jurídica do fato em consequência de prova de elementar ou circunstância não contida na inicial, o aditamento pelo Ministério Público passa a ser obrigatório, ainda que a nova capitulação jurídica implique aplicação de pena igual ou menos grave. No panorama anterior, a participação do Ministério Público não era necessária, ou seja, bastava que o processo baixasse para manifestação da defesa e oitiva de testemunhas. Não devemos confundir a *mutatio libelli* com a *emendatio libelli* (art. 383 do CPP), em que o fato permanece inalterado, sem prejuízo, por isso mesmo, para a defesa. A mudança, aqui (*emendatio libelli*), incide na classificação da conduta, levada a efeito pela acusação, no ato da propositura da ação, e retificada pelo juiz, de ofício, no momento da sentença, sendo desnecessário, em vista disso, ouvir a esse respeito o defensor.
Gabarito "C"

(Ministério Público/TO – 2012 – CESPE) Com relação a sentença e coisa julgada, assinale a opção correta.

(A) São requisitos mínimos para a sentença de pronúncia a certeza da autoria e a prova da existência do crime.
(B) A coisa julgada formal impede, no âmbito processual penal, que qualquer outro juízo ou tribunal reexamine a causa já decidida.
(C) A sentença absolutória imprópria é assim conceituada pela doutrina porque o juiz, ao prolatá-la, apesar de absolver o réu, impõe-lhe o cumprimento de medida de segurança, que é, em sentido amplo, uma sanção penal.
(D) O relatório, requisito formal da sentença, seja qual for o procedimento processual penal, deverá conter, resumidamente, as teses desenvolvidas pelas partes, sob pena de nulidade do ato decisório.
(E) A sentença absolutória que reconheça ter o réu agido com amparo em qualquer uma das causas excludentes de ilicitude faz coisa julgada no juízo cível, afastando a obrigação de reparação do dano eventualmente causado.

A: incorreta. O juiz, na pronúncia, decisão interlocutória mista, deverá indicar, fundamentadamente, a existência do crime (materialidade) e os indícios suficientes de autoria (art. 413, "*caput*" e § 1º, do CPP). O legislador não exigiu, portanto, a certeza de autoria, necessária somente à condenação; **B:** incorreta. Impedirá o reexame da causa, ao menos em regra, a coisa julgada material, não a formal; **C:** correta, visto que corresponde ao conceito de medida de segurança; **D:** incorreta. Ainda que sucinto, o relatório deverá conter todas as teses desenvolvidas pelas partes, acusação e defesa, sob pena de nulidade. Sucede que o relatório, requisito formal da sentença, é dispensável nas sentenças proferidas no âmbito dos Juizados Especiais, conforme expressa previsão do art. 81, § 3º, da Lei 9.099/1995; **E:** proposição, a nosso ver, correta, visto que em conformidade com o teor do art. 65 do CPP.
Gabarito "C"

(Procurador da República – 25º) Josué Sálvia, servidor público, foi condenado à pena de 6 anos de reclusão por violação do art. 317 do Código Penal. Recorre a defesa, pleiteando a absolvição, e também o Ministério Público, requerendo o reconhecimento de circunstância agravante não contemplada na sentença. O tribunal, ao examinar os recursos, decide, *ex officio*, pela nulidade absoluta da sentença, decorrente de insuficiente fundamentação. Retornando os autos ao juízo de origem, a nova sentença, se condenatória:

(A) deverá ater-se ao limite de 06 anos imposto na primeira sentença, em virtude do princípio da *non reformatio in pejus* expresso no art. 617 do CPP.
(B) deverá ater-se ao limite de 06 anos imposto na primeira sentença, em virtude do princípio da *non reforrnatio in pejus* indireta consagrado em matéria sumulada pelo STF, interpretado extensivamente.
(C) não poderá ultrapassar o limite de 06 anos, o que somente seria possível se a nulidade reconhecida decorresse de incompetência absoluta.
(D) nenhuma das respostas acima.

O MPF nutre simpatia pelo tema da "*reformatio in pejus*". No caso, observa-se que o Tribunal anulou a sentença "*ex officio*", até porque não havia pedido expresso das partes nesse sentido. Assim, sem dúvida alguma, a situação descrita autoriza o juiz que for proferir a nova sentença, com fundamentação adequada, a impor situação mais gravosa, e não há jurisprudência em sentido contrário. Veja-se que, aqui, o Tribunal não acolheu a tese sustentada por qualquer das partes, deixando o magistrado livre para proferir nova sentença.
Gabarito "D".

(Procurador da República – 26º) Assinale a alternativa falsa, a respeito da *mutatio libelli*:

(A) Enquanto na *emendatio* a definição jurídica refere-se unicamente à classificação dada ao fato, na *mutatio libelli* a nova definição será do próprio fato. Sendo assim, não se altera simplesmente a capitulação feita na inicial, mas a própria imputação do fato:
(B) Conforme o CPP, não procedendo o órgão do Ministério Público ao aditamento, o assistente de acusação poderá fazê-lo, no prazo de cinco dias, desde que previamente habilitado nos autos;
(C) Na ordem anterior à Lei 11.719/2008, cabia ao próprio magistrado a alteração (*mutatio*) da acusação (*libelli*) quando da nova definição jurídica surgisse crime cuja pena fosse igual ou inferior àquela do delito imputado inicialmente ao réu. Conforme a legislação atual, que corrigiu o antigo defeito, independentemente da pena, o novo delito só pode ser julgado se promovido o aditamento da acusação pelo órgão cio Ministério Público, ficando o magistrado, na sentença, adstrito aos termos do aditamento;
(D) Há casos em que o elemento (ou circunstância) está contido implicitamente na peça acusatória. É o que ocorre, por exemplo, nas desclassificações operadas pela alteração feita no elemento subjetivo da conduta (dolo e culpa). Neste sentido, já se pronunciou o STF. Quando desclassificou o peculato doloso para peculato culposo, entendendo que a modificação do dolo para culpa não implicaria *rnutatio libelli*, tendo o acusado se defendido amplamente dos fatos a ele imputados.

O instituto da "mutatio libelli" (art. 384 do CPP), com o necessário **aditamento**, somente pode ser avaliado e feito pelo titular da ação penal. Logo, ninguém, nem mesmo o assistente, poderá proceder ao aditamento. Errada alternativa b. Na *emendatio libelli*, o equívoco não está na descrição, e sim na classificação. Na legislação anterior à Lei 11.719/2008, o magistrado, vislumbrando crime diverso daquele contido na denúncia, poderia conceder vista à defesa, proferindo sentença em seguida, sem necessidade de aditamento, situação completamente diversa da atual por conta da reforma inserida pelo referido diploma legal. Por fim, O **STF** assim decidiu em caso de peculato doloso: Ementa: Recurso ordinário em *habeas corpus*. Alegação de nulidade da condenação pela não abertura de prazo para a manifestação da defesa sobre suposta *mutatio libelli*. Denunciada pelo crime de peculato doloso, a paciente foi condenada pela prática de peculato culposo. Inocorrência de *mutatio libelli* em face da simples desclassificação de delito. Condenação reformada pelo Tribunal local, que reenquadrou a conduta no *caput* do art. 312 (peculato doloso), nos exatos termos da denúncia. Inexistência de constrangimento ilegal. Recurso a que se nega provimento. (**STF - RHC 85623**, Rel. Min. CARLOS BRITTO, 1ª T., julgado em 07.06.2005).
„Gabarito "B".

17. NULIDADES

(Promotor de Justiça/GO – 2016 - MPE) "Fenício" foi denunciado pela prática de furto simples e o Juiz rejeitou de plano a peça inaugural da *persecutio criminis*, entendendo, *in casu*, que se aplica o princípio da insignificância. Houve interposição de recurso pelo Ministério Público. O Juiz de primeiro grau nomeou defensor dativo ao recorrido para contrarrazoar o recurso. O réu não foi citado da ação penal interposta, devido ao fato de ter sido a Denúncia rejeitada. Diante do texto e do que dispõe o entendimento sumulado pelo STF:

(A) Mesmo não tendo sido o réu intimado pessoalmente para oferecer Contrarrazões, havendo nomeação de advogado dativo que ofereça a peça apropriada, refutando os termos do recurso do Ministério Publico, não há prejuízo ao recorrido e, portanto, não há nulidade absoluta ou relativa.
(B) A nulidade existe, mas é relativa, somente se configurando se houver desídia do defensor dativo, se mostrando ineficiente na defesa do recorrido.
(C) Constitui nulidade a falta de intimação do Denunciado para oferecer contrarrazões ao recurso interposto da rejeição da Denúncia, não a suprindo a nomeação de defensor dativo.
(D) Constitui nulidade a falta de citação do Denunciado para apresentar defesa à Denúncia ofertada. Restará suprida tal nulidade com a nomeação de defensor dativo se a atuação do causídico no feito for sem desídia. Caso contrário, havendo desídia do defensor, a nulidade será absoluta e não relativa.

A solução da questão deve ser extraída da Súmula 707, STF: "Constitui nulidade a falta de intimação do denunciado para oferecer contrarrazões ao recurso interposto da rejeição da denúncia, não a suprimindo a nomeação de defensor dativo".
„Gabarito "C".

(Ministério Público/MG – 2014) Segundo os Tribunais Superiores e posição doutrinária dominante, uma denúncia, sabidamente autêntica, que não contém a assinatura do Promotor de Justiça, é:

(A) Absolutamente nula.
(B) Formalmente correta.
(C) Inexistente.
(D) Meramente irregular.

É necessário que a denúncia contenha a identificação do membro do Ministério Público e sua assinatura, sob pena de inexistência do ato, que, entretanto, somente será reconhecida na hipótese de ser impossível a identificação do autor da peça. A mera ausência de assinatura, se identificável seu autor, não pode levar à inexistência do ato, sendo considerada mera irregularidade. A propósito, a opinião de Guilherme de Souza Nucci: "Falta de assinatura na denúncia ou na queixa: quanto à denúncia, tendo em vista que o representante do Ministério Público é órgão oficial, conhecido – ou passível de sê-lo – dos serventuários, e, consequentemente, terá vista aberta para sua manifestação, a falta de assinatura é mera irregularidade, não impedindo o seu recebimento, especialmente se for imprescindível para evitar a prescrição (...)" (*Código de Processo Penal Comentado*, 12. ed., p. 172).
„Gabarito "D".

(Ministério Público/MG – 2013) São casos de nulidade absoluta. Assinale a alternativa **FALSA**:

(A) O recebimento de denúncia pelo Tribunal de Justiça de crime de homicídio praticado em concurso de agentes, sendo um deles diplomado como prefeito municipal.
(B) A publicação de condenação proferida pelo Tribunal de Justiça, depois de processar e julgar deputado estadual que teve o mandato extinto, em caso de crime contra a liberdade sexual.
(C) A ratificação do recebimento da denúncia e dos atos decisórios proferidos no âmbito da Justiça Estadual, decorrentes da remessa de feito originário da Justiça Federal, incompetente em razão da matéria.
(D) A instauração de novo processo com denúncia sobre fato julgado em sentença absolutória transitada em julgado, mas proferida por juiz incompetente em razão da matéria.

A: assertiva correta. É caso de nulidade absoluta. É que tanto a competência para o julgamento de prefeito (pelo TJ) quanto a competência para o julgamento dos crimes dolosos contra a vida estão contempladas na Constituição Federal. O coautor que tem foro especial, neste caso o prefeito, será julgado pelo tribunal competente (TJ); já o agente que não dispõe dessa prerrogativa será julgado pelo seu juiz natural, o Tribunal do Júri. Não se aplicam, neste caso, o art. 78, III, do CPP e a Súmula 704 do STF; **B:** assertiva correta, também é caso de nulidade absoluta, uma vez que, cessado o cargo/função/mandato, a autoridade deixa de ter foro privilegiado, devendo a ação ser julgada pelas instâncias ordinárias; **C:** assertiva incorreta, devendo ser assinalada. Segundo o STF, não é causa de nulidade. Conferir: "*Habeas corpus*. Denúncia. Ministério público estadual. Ratificação. Procuradoria-geral da república. Inquérito no âmbito do STF. Lei 8.038/1990. 1. "Tanto a denúncia quanto o seu recebimento emanados de autoridades incompetentes *rationae materiae* são ratificáveis no juízo competente". Precedentes. 2. Caso em que a notificação para a apresentação de resposta (art. 4º da Lei 8.038/1990, fase anterior ao julgamento em que o Tribunal deliberará pelo recebimento ou rejeição da denúncia (art. 6º da Lei 8.038/1990), não permite se inferir que tenha o relator do inquérito ratificado o ato de recebimento da denúncia, exarado pelo juízo de origem. 3. Alegações formuladas a respeito da inépcia da denúncia que, além de demandarem o exame de provas, insuscetível de realização em sede de *habeas corpus*, inserem-se no âmbito da deliberação a ser realizado oportunamente pelo Tribunal em julgamento que está previsto no art. 6º da Lei 8.038/1990. Ordem indeferida" (HC 83.006,

Ellen Gracie); **D:** assertiva correta, é caso de nulidade absoluta. Nesse sentido: "*Habeas corpus*. Processual penal. Sentença absolutória proferida por juiz da infância e da juventude. Ocorrência de trânsito em julgado. Representado maior de idade. Remessa à justiça comum. Constrangimento ilegal. Ordem concedida. 1. A sentença absolutória transitada em julgado, ainda que emanada de juiz absolutamente incompetente não pode ser anulada e dar ensejo a novo processo pelos mesmos fatos. 2. Incide, na espécie, o princípio do *ne bis in idem*, impedindo a instauração de processo-crime pelos mesmos fatos porque foi o paciente absolvido perante Juízo absolutamente incompetente. 3. Não havendo no ordenamento jurídico brasileiro revisão criminal *pro societate*, impõe-se acatar a autoridade da coisa julgada material, para garantir-se a segurança e a estabilidade que o ordenamento jurídico demanda. 4. Ordem concedida" (STJ, HC 36.091, 6ª T., rel. Min. Hélio Quaglia Barbosa, *DJ* 14.03.2005).
Gabarito "C."

(Ministério Público/MS – 2013 – FADEMS) Analise as assertivas, apontando se são verdadeiras (V) ou falsas (F) e assinalando a alternativa **correta**:

I. O Ministério Público não pode arguir a invalidade da citação, em razão da regra de que nenhuma das partes poderá arguir nulidade de formalidade cuja observância só à parte contrária interesse.
II. Conforme entendimento alicerçado pelo Superior Tribunal de Justiça, a defesa preliminar do funcionário público nos crimes de sua responsabilidade, prevista no artigo 514 do Código de Processo Penal, é desnecessária quando a ação penal vem instruída por inquérito policial.
III. É nula a citação por edital que indica o dispositivo da lei penal, embora não transcreva a denúncia ou queixa, ou não resuma os fatos em que se baseia
IV. É relativa a nulidade do processo criminal por falta de intimação da expedição de precatória para inquirição de testemunha

(A) F, F, V, V.
(B) F, V, F, V.
(C) V, F, V, F.
(D) V, V, F, V.
(E) F, V, V, V.

I: falsa. A ausência de citação ou a sua realização em desacordo com as normas processuais constitui *nulidade absoluta*, razão pela qual deve o MP contra ela insurgir-se; a assertiva contempla regra aplicável tão somente no âmbito das *nulidades relativas* (art. 565, CPP); **II:** correta. Em face do que enuncia a Súmula 330 do STJ, a formalidade imposta pelo art. 514 do CPP somente se fará necessária quando a denúncia se basear em outras peças de informação que não o inquérito policial. Sempre bom lembrar que a *defesa preliminar* somente terá incidência nos crimes afiançáveis praticados por funcionário público contra a Administração Pública, chamados, bem por isso, de delitos funcionais, como é o caso do peculato. Ademais disso, a *notificação* para apresentação da defesa preliminar não se estende ao particular que haja concorrido com o *intraneus* na prática criminosa; **III:** falsa, pois não corresponde ao entendimento firmado na Súmula 366 do STF, *in verbis*: "Não é nula a citação por edital que indica o dispositivo da lei penal, embora não transcreva a denúncia ou queixa, ou não resuma os fatos em que se baseia"; **IV:** correta, pois em conformidade com o entendimento firmado na Súmula n. 155 do STF, a seguir transcrita: "É relativa a nulidade do processo criminal por falta de intimação da expedição de precatória para inquirição de testemunha".
Gabarito "B."

(Ministério Público/SP – 2012 – VUNESP) Considerando a disciplina das nulidades processuais, contida no Código de Processo Penal, é INCORRETO afirmar:

(A) A nulidade por ilegitimidade do representante da parte poderá ser a todo tempo sanada, independentemente da ratificação dos atos processuais.
(B) Nenhum ato será declarado nulo, se da nulidade não resultar prejuízo para a acusação ou para a defesa.
(C) Os atos, cuja nulidade não tiver sido sanada, serão renovados ou retificados.
(D) É causa de nulidade a falta do recurso de ofício, nos casos em que a lei o tenha estabelecido.
(E) A falta ou a nulidade da citação, da intimação ou notificação estará sanada, desde que o interessado compareça, antes de o ato consumar-se, embora declare que o faz para o único fim de argui-la.

A: incorreta, pois não reflete o que estabelece o art. 568 do CPP, que impõe, nesta hipótese, a ratificação dos atos processuais; **B:** correta. Em se tratando de *nulidade relativa*, em que o prejuízo não é presumido, é necessário, para se decretar a nulidade do ato, verificar se o mesmo gerou efeitos prejudiciais. É o *princípio do prejuízo*, consagrado no art. 563 do CPP; **C:** correta, nos termos do art. 573, *caput*, do CPP; **D:** correta, nos termos do art. 564, III, *n*, do CPP; **E:** correta, já que reflete o disposto no art. 570, CPP.
Gabarito "A."

(Ministério Público/TO – 2012 – CESPE) Assinale a opção correta no que se refere às nulidades no processo penal.

(A) De acordo com a CF, o juiz, sob pena de nulidade, deverá motivar o despacho que receba a denúncia, porquanto sua decisão, nessa fase preliminar da ação penal, reveste-se de conteúdo decisório.
(B) A competência determinada pelo lugar em que se consumar a infração penal é relativa, devendo ser arguida em tempo oportuno, sob pena de preclusão.
(C) Tanto a nulidade absoluta quanto a relativa podem ser reconhecidas de ofício, independentemente de requerimento das partes, já que o ato eivado de vício não se convalida no processo e não há prazo para alegá-lo.
(D) A citação de réu preso no distrito da culpa realizada por requisição, caracterizada como mera irregularidade, supre a citação por mandado, desde que convalidada na primeira oportunidade de comparecimento do réu em juízo.
(E) As nulidades da instrução criminal dos processos comuns deverão ser arguidas ao final da audiência de inquirição das testemunhas, ou, de imediato, tão logo ocorram, sob pena de preclusão.

A: segundo jurisprudência dominante, o pronunciamento judicial que analisa a viabilidade da peça acusatória, denúncia ou queixa, deve ser classificado como *despacho*, razão por que não se impõe qualquer forma de motivação. Registre-se que parte significativa da doutrina se insurge contra esse posicionamento, visto que o ato de recebimento da acusação contém evidente carga decisória; **B:** o art. 70 do CPP estabelece que será competente o juízo do lugar onde ocorreu a consumação do crime, ou, na hipótese de delito tentado, no local em que se deu o derradeiro ato de execução. O desrespeito à regra estampada neste dispositivo acarreta *nulidade relativa*, que poderá, portanto, ser sanada; acarretará *nulidade absoluta*, de outro lado, a violação a regra que cuida da competência em razão da matéria e atinente ao foro por prerrogativa de função (art. 564, I, do CPP); **C:** somente a nulidade absoluta pode ser reconhecida pelo juiz de ofício; o reconhecimento da nulidade relativa está condicionado à iniciativa da parte, que deverá provar o prejuízo experimentado; **D:** o Código de Processo Penal, no seu art. 360, determina que o réu preso seja citado pessoalmente (por mandado); **E:** art. 571, II, do CPP.

Gabarito "B".

(Procurador da República – 25º) Sujeito preso em flagrante como incurso nas penas do art. 289 do CP, identifica-se com o nome de Adélio Pimenta, apresentando documento, sendo colhidas suas impressões digitais. Denunciado pelo Procurador da República, é citado pessoalmente, apresenta defesa preliminar e comparece à audiência de instrução e julgamento, quando lhe é concedida a liberdade provisória. Na sentença condenatória, proferida na forma do art. 403, § 3º, do CPP, o juiz decreta a sua prisão preventiva, tendo em vista a notícia de que o réu se envolvera em nova fraude. Ao ser cumprido o mandado de prisão, verifica-se que o nome Adélio Pimenta pertence a pessoa diversa que, em tempos passados, perdera parte de seus documentos. O processo correra em nome de pessoa falsamente identificada e o verdadeiro nome do acusado é desconhecido. Estando os autos para julgamento da apelação, o tribunal deverá:

(A) anular todo o processo, já que desde a denúncia a ação se desenvolveu em face de parte ilegítima, o que configura nulidade absoluta.
(B) anular somente a sentença, uma vez que o erro na identificação do réu não invalida o processo, tendo em vista sua citação pessoal e sua presença nos atos processuais.
(C) considerar como mero erro material e efetuar a correção no nome da parte, em grau de apelação.
(D) reformar a sentença e absolver Adélio, já que verdadeiramente não foi ele o autor do crime.

Veja-se, pelo enunciado que, embora a qualificação esteja incorreta, por conta e culpa do próprio acusado, o réu, fisicamente e pessoalmente, teve toda possibilidade de se defender. Não se trata, aqui, de processamento de pessoa diversa. O réu efetivo participou de todas as etapas do processo, com a ressalva de ter se utilizado de documento falso. Assim, nos termos do art. Art. 259 do CPP "a impossibilidade de identificação do acusado com o seu verdadeiro nome ou outros qualificativos não retardará a ação penal, quando certa a identidade física. A qualquer tempo, no curso do processo, do julgamento ou da execução da sentença, se for descoberta a sua qualificação, far-se-á a retificação, por termo, nos autos, sem prejuízo da validade dos atos precedentes." Trata-se apenas de erro material, razão pela qual haveria necessidade de correção a título de erro material. No entanto, segundo entendeu o examinador (no meu modo de ver desnecessariamente), a sentença deveria ser anulada para efeito de correção. Não vejo necessidade de anulação, pois o réu sempre foi o mesmo. Assim, mereceria mera retificação do verdadeiro nome.

Gabarito "B".

(Procurador da República – 26º) Analise os enunciados seguintes:

I. tratando-se de recursos contra sentença absolutória, mesmo as nulidades absolutas não poderão ser reconhecidas *ex officio* quando em prejuízo da defesa. Tal se dá, inclusive, se houver vício de incompetência absoluta, não alegado pelo recorrente, em recurso que objetive a reforma da sentença absolutória;
II. as nulidades absolutas dizem respeito à violação a regras e princípios fundamentais do processo configurando verdadeiro interesse público. EM FUNÇÃO DISSO, não precluem e, como regra, não se submetem aos efeitos da coisa julgada:
III. é relativa a nulidade decorrente da inobservância da competência penal por prevenção;
IV. salvo quando nula a decisão de primeiro grau, o acórdão que provê o recurso contra a rejeição da denúncia vale, desde logo, pelo recebimento dela;
V. é nula a decisão que determina o desaforamento de processo da competência do júri sem prévia audiência da defesa.

Assinale a alternativa correta:

(A) Todos os enunciados são verdadeiros;
(B) Há um enunciado falso;
(C) Existem dois enunciados falsos;
(E) Existem três enunciados falsos.

Todas as colocações estão corretas. Questão que deve ser lida com toda atenção. Veja-se, a propósito, a quantidade de **vírgulas** existentes nos enunciados, o que exige do candidato maior atenção. A Súmula 706 do STF assim proclama: "*é relativa a nulidade decorrente da inobservância da competência penal por prevenção.*"

Gabarito "A".

18. RECURSOS

(Promotor de Justiça – MPE/AM – FMP – 2015) Quanto aos recursos em matéria criminal, assinale a alternativa incorreta.

(A) De acordo com o Código de Processo Penal, no caso de o recurso em sentido estrito ser encaminhado ao juízo "ad quem" por instrumento, a parte recorrente indicará, no respectivo termo, ou em requerimento avulso, as peças dos autos de que pretenda traslado.
(B) O recurso da pronúncia deverá subir em traslado, desde que, havendo dois ou mais réus, qualquer deles se conformar com a decisão ou todos não tiverem sido ainda intimados da pronúncia.
(C) A carta testemunhável será requerida nas quarenta e oito horas seguintes ao despacho que denegar o recurso, indicando o requerente as peças do processo que deverão ser trasladadas.
(D) Da decisão que incluir jurado na lista geral ou desta o excluir, caberá recurso em sentido estrito, no prazo de 05 dias.
(E) No julgamento das apelações, poderá o tribunal, câmara ou turma, de ofício ou mediante requerimento, proceder a novo interrogatório do acusado, reinquirir testemunhas ou determinar outras diligências.

A: correta (art. 587, *caput*, do CPP); **B:** correta (art. 583, parágrafo único, do CPP); **C:** correta (art. 640 do CPP); **D:** incorreta. Neste caso, o prazo para interposição do recurso em sentido estrito é diferenciado: 20 dias, contado da data da publicação definitiva da lista de jurados, nos termos do art. 586, parágrafo único, CPP; **E:** correta (art. 616, CPP).

Gabarito "D".

(Promotor de Justiça – MPE/BA – CEFET – 2015) Acerca dos recursos e ações autônomas de impugnação no processo penal, assinale a alternativa INCORRETA.

(A) A parte não será prejudicada pela interposição de um recurso por outro, salvo a hipótese de má-fé.
(B) Segundo o Código de Processo Penal, será admitida a revisão criminal quando a sentença condenatória se fundar em depoimentos, exames ou documentos supostamente falsos.

(C) A carta testemunhável não terá efeito suspensivo.
(D) No mandado de segurança impetrado pelo Ministério Público contra decisão proferida em processo penal, é obrigatória a citação do réu como litisconsorte passivo.
(E) De acordo com o Supremo Tribunal Federal, não é possível em *habeas corpus* a reapreciação dos critérios subjetivos considerados pelo magistrado para a dosimetria da pena.

A: correta. Com efeito, desde que o recorrente não aja imbuído de má-fé, a interposição de um recurso por outro não obstará o seu processamento (princípio da fungibilidade recursal). É o que estabelece o art. 579 do CPP; **B:** incorreta, uma vez que o dispositivo legal exige que a falsidade das peças seja comprovada, não sendo suficientes, portanto, suposição ou meras alegações acerca do falso (art. 621, II, CPP); **C:** correta (art. 646, CPP); **D:** correta, porque em conformidade com o entendimento firmado na Súmula 701 do STF: "*No mandado de segurança impetrado pelo Ministério Público contra decisão proferida em processo penal, é obrigatória a citação do réu como litisconsorte passivo*"; **E:** correta. Conferir: "(...) Este Supremo Tribunal assentou não ser possível em *habeas corpus* a reapreciação dos critérios subjetivos considerados pelo magistrado para a dosimetria da pena" (RHC 119086, Relator(a): Min. Cármen Lúcia, Segunda Turma, julgado em 04.02.2014).
Gabarito "B".

(Ministério Público/MG – 2014) Sobre o recurso de apelação de sentenças proferidas no Tribunal do Júri, assinale a alternativa INCORRETA:
(A) Em caso de erro na aplicação da pena, deve a sentença ser anulada pelo Tribunal de Justiça, para que outra seja proferida pelo Juiz Presidente.
(B) Poderá ser interposta pelo ofendido, mesmo que não tenha se habilitado nos autos, caso inerte o Ministério Público.
(C) É adstrito aos fundamentos de sua interposição, não se aplicando o princípio da devolução plena.
(D) Não se admite segunda apelação, sob a alegação da decisão dos jurados ser contrária à prova dos autos.

A: assertiva incorreta, devendo ser assinalada, na medida em que, neste caso, o próprio tribunal de justiça, se julgar procedente o recurso, procederá à retificação da pena fixada erroneamente pelo juiz-presidente do Tribunal Popular (art. 593, III, c, e § 2º, do CPP); **B:** assertiva correta (art. 598, CPP); **C:** assertiva correta, conforme se depreende do teor da Súmula 713 do STF: "O efeito devolutivo da apelação contra decisões do júri é adstrito aos fundamentos da sua interposição"; **D:** assertiva correta (art. 593, § 3º, parte final, do CPP).
Gabarito "A".

(Ministério Público/ES – 2013 – VUNESP) Encerrando a discussão sobre a renúncia ao direito de apelação, a matéria foi tratada por uma das súmulas do Supremo Tribunal Federal (Súmula 705). Assinale a alternativa correta com relação ao tema.
(A) A renúncia do réu ao direito de apelação, manifestada sem a assistência do defensor, não impede o conhecimento da apelação por este interposta.
(B) A renúncia do réu ao direito de apelação, manifestada sem a assistência do defensor, impede o conhecimento da apelação por este interposta.
(C) A apelação interposta por defensor dativo será conhecida ainda que dela discorde o réu. Todavia, a mesma hipótese processual não ocorre se se tratar de defensor constituído.
(D) A apelação interposta pelo réu, seu procurador ou defensor será admitida desde que não haja colidência nas teses apresentadas pela defesa.
(E) Com fundamento na ampla defesa, concede-se legitimação especial ao réu para arrazoar pessoalmente recurso de apelação para suprir a omissão de seu advogado.

Súmula 705: "A renúncia do réu ao direito de apelação, manifestada sem a assistência do defensor, não impede o conhecimento da apelação por este interposta".
Gabarito "A".

(Ministério Público/GO – 2013) Sobre os recursos no processo penal, assinale a alternativa correta:
(A) segundo o princípio da dialeticidade, os recursos devem ter previsão legal, não sendo lícito às partes criarem recursos para sanar o seu inconformismo.
(B) o princípio da variabilidade ou suplementação dos recursos no processo penal brasileiro encontra plena aceitação junto ao Supremo Tribunal Federal.
(C) a *reformatio in pejus* indireta tem lugar quando o réu recorre concomitante ao órgão ministerial e tem a sentença anulada pelo Tribunal, devendo o processo ser julgado por este mesmo órgão.
(D) o efeito iterativo do recurso consiste na possibilidade de o próprio juiz *a quo*, prolator da decisão recorrida, ao tomar conhecimento da matéria impugnada, alterá-la ou mantê-la.

A: incorreta, uma vez que a assertiva contempla a descrição do princípio da taxatividade, segundo o qual somente é possível interpor recurso previsto em lei; o chamado princípio da dialeticidade diz respeito à necessidade de contraditório ao recurso interposto pela parte; **B:** incorreta. Variabilidade refere-se à possibilidade de interpor novo recurso em substituição a outro já interposto; já a suplementação diz respeito à complementação de recurso já interposto; **C:** incorreta. Pelo princípio da proibição da *reformatio in pejus* indireta, anulada a condenação proferida em recurso exclusivo da defesa, a nova decisão a ser prolatada não pode ser mais prejudicial ao réu do que aquela que foi anulada (art. 617, CPP); **D:** correta. Também chamado de regressivo, é o efeito em que é dado ao juiz rever sua decisão antes de ela ser submetida ao exame da instância mais elevada. Exemplo é o recurso em sentido estrito (art. 589, CPP).
Gabarito "D".

(Ministério Público/GO – 2013) O mestre Pontes de Miranda, sobre os embargos infringentes, ensina que "*os melhores julgamentos, os mais completamente lastruídos e os mais proficientemente discutidos são os Julgamentos das Câmaras de embargos. (...) muita injustiça se tem afastado com os julgamentos em grau de embargos*" (trecho extraído do voto do Ministro Celso de Mello na ação penal 470/MG, conhecida como Julgamento do "mensalão"). Analise as proposições abaixo, todas relativas aos embargos infringentes e de nulidade, e assinale a alternativa correta:

I. nos termos do Código de Processo Penal, é pressuposto inarredável e absoluto para a interposição de embargos infringentes e de nulidade a existência de decisão plurânime exarada na segunda instância.

II. a decisão colegiada embargável pode resultar de recurso de apelação interposto pela acusação.

4. DIREITO PROCESSUAL PENAL

III. embora o meio impugnativo seja privativo da defesa, pode o Ministério Público opor embargos infringentes ou de nulidade em favor do acusado.
IV. é requisito para a interposição de embargos infringentes ou de nulidade que a decisão embargada seja desfavorável ao réu.

(A) somente as alternativas I, III e IV estão corretas.
(B) somente a alternativa III é incorreta.
(C) somente as alternativas IV e III estão incorretas.
(D) as alternativas I, II, III e IV são corretas.

I: correta. Os embargos infringentes e de nulidade, recursos exclusivos da *defesa*, somente podem ser opostos quando a decisão desfavorável ao réu, em segunda instância, não for unânime (decisão plurânime) – art. 609, parágrafo único, CPP; II: correta. Os embargos infringentes e de nulidade serão opostos tão somente em sede de apelação, recurso em sentido estrito e agravo em execução. De ver-se que não é consenso na doutrina e na jurisprudência o emprego dos embargos no âmbito do agravo em execução; III: correta. Podem os embargos (infringentes e de nulidade) ser manejados tanto pela defesa, uma vez que se trata de recurso privativo do acusado, como pelo Ministério Público, quando de sua atuação como *custos legis*; IV: correta. Vide comentário à assertiva I.
Gabarito "D".

(Promotor de Justiça – MPE/MS – FAPEC – 2015) Assinale a alternativa **incorreta**:

(A) A decisão que concede reabilitação está sujeita ao reexame necessário.
(B) Contra a decisão do juiz que não admitir o assistente de acusação caberá, em tese, mandado de segurança.
(C) O agravo é o recurso subsidiário pelo qual se procede ao reexame da decisão do juiz, em matérias específicas previstas na lei, permitindo-se-lhe novo pronunciamento antes do julgamento pela instância superior.
(D) Não se admitem embargos infringentes contra decisões proferidas pelas Turmas Recursais dos Juizados Especiais Criminais.
(E) Segundo o Supremo Tribunal Federal, o *Habeas Corpus* não pode ser utilizado como sucedâneo de recurso para discutir questões alheias à liberdade individual.

A: correta (art. 746, CPP); B: correta, pois, embora o art. 273 do CPP estabeleça que descabe recurso em face da decisão que não admitir o assistente, doutrina e jurisprudência pacíficas entendem que, dessa decisão, cabe a impetração de mandado de segurança; C: incorreta (art. 1.042 do novo CPC); D: correta. De fato, conforme vem entendendo a jurisprudência, não são admitidos embargos infringentes contra decisões proferidas pelas Turmas Recursais dos Juizados Especiais Criminais; E: correta. Conferir: "1. No art. 5º, inc. LXVIII, da Constituição da República, condiciona-se a concessão *do habeas corpus* às situações nas quais alguém sofra ou esteja ameaçado de sofrer violência ou coação na liberdade de locomoção, por ilegalidade ou abuso de poder. 2. A questão posta a exame na ação restringe-se à apreciação de item processual analisado pela autoridade tida como coatora, revelando-se utilização do *habeas corpus* como sucedâneo recursal, para julgamento de situações estranhas à liberdade de locomoção. Discute-se, na espécie vertente, a decisão do Superior Tribunal de Justiça pela qual se concluiu ausente pressuposto de admissibilidade recursal. Tal matéria não se comporta em sede de *habeas corpus*. Precedentes. 3. O Relator, com fundamento no art. 21, § 1º, do Regimento Interno deste Supremo Tribunal Federal, pode negar seguimento ao *habeas corpus* manifestamente inadmissível, improcedente ou contrário à jurisprudência dominante, embora sujeita a decisão a agravo regimental. 4. Agravo regimental ao qual se nega provimento" (HC 129822 AgR, Relator(a): Min. Cármen Lúcia, Segunda Turma, julgado em 06.10.2015, Processo eletrônico *dje*-209 divulg 19.10.2015 public 20.10.2015).
Gabarito "C".

(Promotor de Justiça – MPE/MS – FAPEC – 2015) Assinale a alternativa **correta**:

(A) Caberá recurso em sentido estrito da decisão que decidir sobre unificação de penas.
(B) A carta testemunhável, como regra, tem efeito suspensivo.
(C) A extensão da apelação mede-se pelas razões, sendo facultado ao apelante, quando da sua apresentação, ampliar o seu âmbito ou alterar a pretensão, desde que respeitado o prazo legal.
(D) Mesmo que fundada em novas provas, não se admite a reiteração do pedido de revisão criminal.
(E) Compete à turma recursal, e não ao Tribunal de Justiça, processar e julgar mandado de segurança contra ato de Juizado Especial.

A: incorreta. O recurso cabível é o *agravo em execução* (art. 197 da LEP); B: incorreta (art. 646, CPP); C: incorreta, segundo entendimento firmado por meio da Súmula 713, do STF, que tem incidência no contexto do Tribunal do Júri; D: incorreta, pois contraria o disposto no art. 622, parágrafo único, do CPP; E: correta, pois reflete o entendimento sedimentado na Súmula 376, do STJ.
Gabarito "E".

(Ministério Público/MS – 2013 – FADEMS) Assinale a alternativa **correta**:

(A) O recurso em sentido estrito interposto contra decisão de rejeição da denúncia somente dispensa as contrarrazões quando a rejeição se der antes da citação do acusado.
(B) No processo penal os prazos são contados da juntada aos autos do mandado ou da carta precatória ou de ordem.
(C) A extensão da apelação contra as decisões do júri é conferida pela petição de interposição.
(D) Da decisão que concede ou denega liberdade provisória cabe recurso em sentido estrito.

A: incorreta, pois, ainda assim, será necessário o oferecimento de contrarrazões pelo denunciado; B: incorreta, pois contraria o entendimento sufragado na Súmula 710 do STF, que estabelece que, no processo penal, os prazos serão contados da data em que ocorreu a intimação, e não do dia em que se deu a juntada do mandado ou da carta precatória aos autos; C: correta, conforme se depreende do teor da Súmula 713 do STF: "O efeito devolutivo da apelação contra decisões do júri é adstrito aos fundamentos da sua interposição"; D: o art. 581 do CPP, que trata do recurso em sentido estrito, não contemplou a decisão de *denegação* da liberdade provisória, podendo a defesa, neste caso, valer-se da ação de *habeas corpus*. Cuidado: embora não caiba em face da decisão que denega a liberdade provisória, poderá o MP, diante da decisão de concessão da liberdade provisória, interpor recurso em sentido estrito (art. 581, V, do CPP). Incorreta, portanto, a proposição.
Gabarito "C".

(Ministério Público/MS – 2013 – FADEMS) A sucumbência reflexa:

(A) Não existe no processo penal pátrio.
(B) Confunde-se com a assistência de acusação.
(C) Prevê enumeração exemplificativa dos legitimados.
(D) Somente é de provocação restrita da instância recursal.
(E) Não permite a interposição do recurso de apelação pelo terceiro que não se habilitou como assistente.

A sucumbência pode ser direta ou reflexa. Será direta quando atingir uma das partes; e será reflexa quando atingir pessoa que não integra a relação jurídica processual.
Gabarito "D".

(Ministério Público/MT – 2012 – UFMT) Relativamente ao recurso em sentido estrito, analise as assertivas abaixo.

I. Caberá recurso em sentido estrito da decisão que receber ou que não receber a denúncia ou a queixa.
II. Caberá recurso em sentido estrito da decisão que conceder, negar, arbitrar, cassar ou julgar inidônea a fiança, indeferir requerimento de prisão preventiva ou revogá-la, conceder liberdade provisória ou relaxar a prisão em flagrante.
III. Caberá recurso em sentido estrito da decisão que julgar quebrada a fiança ou perdido o seu valor.
IV. Caberá recurso em sentido estrito da decisão que deferir ou que indeferir o pedido de reconhecimento da prescrição ou de outra causa extintiva da punibilidade.
V. Caberá recurso em sentido estrito da decisão que conceder ou negar a ordem de *habeas corpus*.

Estão corretas as assertivas:

(A) I, II e V, apenas.
(B) II, III e V, apenas.
(C) III e V, apenas.
(D) II e III, apenas.
(E) II, III e IV, apenas.

I: da decisão que rejeita (não recebe) a inicial acusatória caberá recurso em sentido estrito, conforme expressa previsão contida no art. 581, I, do CPP. Já a decisão que recebe a denúncia ou queixa é irrecorrível. É possível, no entanto, em face da decisão que receber indevidamente a denúncia ou queixa, a impetração de *habeas corpus*; **II:** correta, pois em conformidade com o que prescreve o art. 581, V, do CPP; **III:** correta, porque em consonância com o disposto no art. 581, VII, do CPP; **IV:** incorreta, pois não corresponde ao teor do art. 581, IX, do CPP; **V:** correta, nos termos do art. 581, X, do CPP.
Gabarito "B".

(Promotor de Justiça/SC – 2016 - MPE)

(1) Caberá recurso, no sentido estrito, da decisão que concluir pela competência do juízo. Neste caso, o recurso, que poderá ser interposto no prazo de 5 (cinco) dias, não terá efeito suspensivo.

1: A decisão que concluir pela *competência* do juízo não comporta recurso; no entanto, sendo a decisão flagrantemente ilegal, poderá aquele que se julgar prejudicado impetrar *habeas corpus*. De ver-se que, embora não haja recurso contra a decisão que conclui pela competência do juízo, tal não ocorre em relação àquela que conclui pela *incompetência do juízo*, que pode ser combatida por meio de recurso em sentido estrito (art. 581, II, do CPP).
Gabarito 1E

(Ministério Público/SP – 2012 – VUNESP) É correto afirmar:

(A) O Código de Processo Penal não prevê a possibilidade de impetração de "habeas corpus" pelo Ministério Público.
(B) O direito de recorrer da sentença que concede o mandado de segurança não se estende à autoridade coatora.
(C) Da decisão que denega a apelação cabe recurso em sentido estrito com efeito suspensivo.
(D) A carta testemunhável, como regra, tem efeito suspensivo.
(E) É vedado ao réu renunciar ao direto de apelar e ao Ministério Público desistir do recurso que tenha interposto.

A: incorreta, na medida em que o art. 654, *caput*, do CPP confere, de forma expressa, legitimidade ao MP para a impetração de HC; **B:** incorreta, pois em desconformidade com o art. 14, § 2º, da Lei 12.016/2009, que deu nova conformação ao mandado de segurança, revogando a legislação até então em vigor; **C:** correta, nos termos do art. 581, XV, do CPP; **D:** nos termos do que estabelece o art. 646 do CPP, a carta testemunhável não tem efeito suspensivo. Incorreta, portanto; **E:** é verdade que é defeso ao MP desistir do recurso que houver interposto (art. 576 do CPP); já o réu poderá, se quiser, renunciar ao direito de apelar (voluntariedade dos recursos – art. 574 do CPP).
Gabarito "C".

(Procurador da República – PGR – 2013) B foi preso em flagrante delito por ter praticado roubo cometido contra agência da empresa brasileira de correios e telégrafos. Foi condenado a 5 anos e 4 meses de reclusão em processo que tramitou na justiça estadual. Recorreu e arguiu nulidade do processo, pois a competência para julgamento seria da Justiça Federal. A nulidade do processo foi decretada a partir do recebimento da denúncia. O processo foi encaminhado à Justiça Federal e o Ministério Púbico ofereceu nova denúncia. A instrução criminal foi repetida. O juízo federal condenou B à pena de 6 anos de reclusão. Não obstante, àquela altura, B estivesse solto, pois cumprira integralmente a pena imposta na justiça estadual, o juiz, considerando a conduta muito grave, decretou prisão preventiva e determinou expedição de mandado de prisão. B foi recolhido à prisão. Assinale a alternativa correta:

(A) Há posicionamento doutrinário e jurisprudencial de que a sentença, na Justiça Federal, não poderia ter condenado B a cumprir pena mais grave que aquela imposta no processo anulado;
(B) O processo não deveria ter sido anulado, já que a nulidade era relativa e não absoluta;
(C) O processo não deveria ter sido anulado, já que o roubo não foi praticado contra bens da União, mas de empresa pública;
(D) O Ministério Público Federal não deveria ter oferecido nova denúncia, pois acabou protelando ainda mais a tramitação do processo.

É tranquilo o entendimento doutrinário e jurisprudencial segundo o qual, anulada a condenação proferida em recurso exclusivo da defesa, a nova decisão a ser prolatada não pode ser mais prejudicial ao réu do que aquela que foi anulada (proibição da *reformatio in pejus* indireta – art. 617 do CPP). Nesse sentido: "Justiça Federal: incompetência. A concussão ou a corrupção passiva praticadas por funcionário estadual são graves violações do dever fundamental de probidade, cujo sujeito passivo primário é a entidade estatal à qual a relação funcional vincula o agente: no caso, o Estado-membro; não o converte em delito contra a administração pública da União a circunstância de ser o sujeito passivo secundário da ação delituosa um condenado pela Justiça Federal, que, por força de delegação legal, cumpre pena em estabelecimento penitenciário estadual. II. Prescrição pela pena concreta: condenação por Justiça incompetente: *ne reformatio in pejus* indireta. Declarada a nulidade do processo por incompetência da Justiça de que emanou a condenação, a pena por ela aplicada se considera para efeito de cálculo da condenação – dada a vedação da *reformatio in pejus* indireta – desconsideradas as interrupções do fluxo do prazo prescricional decorrentes do processo nulo, a partir da instauração" (STF, RE 211.941, Sepúlveda Pertence).
Gabarito "A".

19. *HABEAS CORPUS*, MANDADO DE SEGURANÇA E REVISÃO CRIMINAL

(Ministério Público/Acre – 2014 – CESPE) Pedro, que estava preso preventivamente, foi condenado à pena de quinze anos de reclusão pela prática de roubo qualificado, tendo a sentença condenatória mantido sua prisão preventiva. Tendo Pedro apelado, e o tribunal de justiça do estado deu parcial provimento ao recurso, reduzindo o montante da pena privativa de liberdade à qual ele fora condenado. Pedro, então, interpôs recurso especial. Não tendo sido esse recurso admitido na origem, ele impetrou *habeas corpus*, alegando que não havia provas concretas da sua participação no evento criminoso e que a prisão preventiva havia sido decretada em razão da periculosidade abstrata do delito e do clamor público. Pedro é assaltante contumaz e esteve foragido durante parte da instrução. Considerando a situação hipotética acima apresentada, assinale a opção correta conforme a atual jurisprudência do STF a respeito de *habeas corpus*.

(A) Admite-se a utilização do *habeas corpus* para o reexame de pressupostos de admissibilidade de recursos.
(B) Em regra, o estabelecimento da pena-base acima do mínimo legal poder ser revisado em sede de *habeas corpus*, sob a alegação de que a pena é injusta.
(C) As circunstâncias concretas da prática do crime (*modus operandi*) e a fuga de Pedro durante parte da instrução criminal justificam a prisão cautelar para a garantia da ordem pública e salvaguarda da aplicação da lei penal.
(D) O *habeas corpus*, ação autônoma de impugnação, é admissível para aferir a exatidão da dosimetria da pena.
(E) O *habeas corpus* é meio hábil para a verificação da tese de negativa de autoria sustentada por Pedro.

A: incorreta. Conferir: "Agravo regimental. *Habeas corpus*. Cabimento. 1. O *habeas corpus* não pode ser utilizado para o reexame dos pressupostos de admissibilidade de recurso especial. 2. Tratando-se de crime doloso contra a vida, compete ao Tribunal do Júri decidir sobre a existência ou inexistência de circunstâncias qualificadoras, salvo se a imputação for manifestamente improcedente ou incabível. 3. Agravo regimental a que se nega provimento" (STF, HC-AgR 119.548, 1ª T., rel. Min. Roberto Barroso, j. 03.12.2013); **B:** incorreta. Conferir: "*Habeas corpus*. Penal. Processual penal. Pena-base acima do mínimo legal. Observância dos critérios previstos no artigo 59 do Código Penal, tendo em conta as circunstâncias objetivas e subjetivas. Reexame de prova. Impossibilidade. Fixação do regime inicial para cumprimento da pena: CP, art. 33, § 2º, *b*. Ordem denegada. I – Fixação da pena-base. Critérios. O art. 59 do Código Penal permite ao juiz a fixação da pena-base acima do mínimo legal, considerando-se a culpabilidade, a personalidade do agente, as circunstâncias e as consequências do crime. Precedentes: HC 75.983/SP, Redator para o acórdão Min. Nelson Jobim; HC 72.992/SP, Rel. Min. Celso de Mello; HC 73.097/MS, Rel. Min. Maurício Corrêa, *iter alia*. II – O estabelecimento da pena-base acima do mínimo legal, tendo em conta a s circunstâncias objetivas e subjetivas verificadas no processo, somente poderia ser revisado em sede de *habeas corpus* se demonstrada, de plano, a inidoneidade da motivação lançada na decisão penal condenatória. A tanto não equivale a alegação de injustiça ou de falta de razoabilidade, por implicar revolvimento de matéria fático-probatória, incabível no *writ*. III – Fixação do regime inicial semiaberto para o cumprimento da pena a paciente condenado a pena superior a 4 (quatro) anos de reclusão. Aplicação do disposto no art. 33, § 2º, *b*, do Código Penal. IV – Ordem de *habeas corpus* denegada" (STF, 2ª T., HC 115551, rel. Min. Ricardo Lewandowski, j. 03.09.2013); **C:** correta. Conferir: "*Habeas corpus*. Penal. Paciente denunciado pelos crimes de latrocínio tentado e roubo duplamente qualificado. Legitimidade dos fundamentos da prisão preventiva. Garantia da ordem pública. Periculosidade do agente. Réu foragido. Ausência de constrangimento ilegal. Ordem denegada. I – A prisão cautelar mostra-se suficientemente motivada para a preservação da ordem pública, tendo em vista a periculosidade do paciente, verificada pelo *modus operandi* mediante o qual foi praticado o delito. Precedentes. II – A circunstância de o paciente ter se evadido do distrito da culpa logo após a prática do fato delituoso que lhe é imputado mostra-se apta a justificar o decreto de prisão preventiva. Precedentes. III – Ordem denegada." (STF, 2ª T., HC 120.176, rel. Min. Ricardo Lewandowski, j.11.03.2014); **D:** incorreta. Conferir: "Penal. *Habeas corpus* substitutivo de recurso ordinário. Preliminar de não conhecimento. Ausência de situação teratológica a ensejar a substituição da ação autônoma de impugnação pelo recurso cabível. Crime de tráfico de drogas transnacional (art. 33 c/c 40, I, da Lei 11.343/2006). Dosimetria da pena. Pena-base fixada no mínimo legal. Causa especial de diminuição prevista no § 4º do art. 33 da Lei 11.343/2006. Motivação suficiente. Transnacionalidade. Ausência de *bis in idem*. Ausência de ilegalidade ou abuso de poder. Ordem denegada. 1. O *habeas corpus*, ação autônoma de impugnação, não é admissível como substitutivo do recurso próprio, *in casu*, o RHC, tampouco para aferir a exatidão da dosimetria da pena (...)" (STF, 1ª T., HC 99.266, rel. Min. Luiz Fux, j. 25.10.2011); **E:** incorreta. Conferir: "Penal processual penal. *Habeas corpus*. Roubo qualificado (art. 157, § 2º, I, e II, do CP). Negativa de autoria. Análise de fatos e provas. Vedação. Ordem denegada. 1. A negativa de autoria do delito não é aferível na via do *writ*, cuja análise se encontra reservado aos processos de conhecimento, nos quais a dilação probatória tem espaço garantido (...)" (STF, 1ª T., HC: 118.474-SP, rel. Min. Luiz Fux, j. 1.03.2014). *Gabarito "C"*.

(Promotor de Justiça – MPE/AM – FMP – 2015) Em relação às ações autônomas de impugnação, assinale a alternativa incorreta.

(A) O *habeas corpus* poderá ser impetrado por qualquer pessoa, em seu favor ou de outrem, bem como pelo Ministério Público.
(B) A revisão criminal somente poderá ser ajuizada pelo próprio réu ou, no caso de sua morte, pelo cônjuge, ascendente, descendente ou irmão.
(C) Independentemente do grau de jurisdição, os magistrados têm competência para expedir, de ofício, ordem de *habeas corpus* quando, no curso de processo, verificarem que alguém sofre ou está na iminência de sofrer coação ilegal.
(D) Quando, no curso da revisão criminal, falecer a pessoa cuja condenação tiver de ser revista, o Presidente do Tribunal deverá nomear curador para a defesa, de modo a permitir o seguimento do processo.
(E) De acordo com o Código de Processo Penal, os embargos de declaração poderão ser opostos em relação às decisões proferidas no segundo grau de jurisdição, devendo o requerimento apontar a existência de ambiguidade, obscuridade, contradição ou omissão, sob pena de o relator indeferir desde logo o pedido.

A: correta, uma vez que o *habeas corpus*, ação de índole constitucional, pode, de fato, ser impetrado por qualquer pessoa, ainda que sem capacidade postulatória, inclusive pelo Ministério Público, conforme estabelece o art. 654, *caput*, do CPP; **B:** incorreta. Se vivo o réu, a revisão criminal poderá ser pedida por ele próprio ou por procurador legalmente habilitado; se falecido, o pedido deve ser formulado pelo cônjuge, ascendente, descendente ou irmão (art. 623, CPP); **C:** correta (art. 654, § 2º, CPP); **D:** correta (art. 631, CPP); **E:** correta (arts. 619 e 620, § 2º, do CPP). *Gabarito "B"*.

(Ministério Público/MS – 2013 – FADEMS) Em tema de revisão criminal, é **correto** afirmar que:

(A) Em nenhuma hipótese será admitida a reiteração do pedido de revisão criminal.
(B) Caso venha a ocorrer o falecimento do condenado cuja condenação tiver de ser revista, deverá ser extinta a punibilidade pela morte, com o consequente arquivamento do pedido de revisão criminal.
(C) Compete ao Tribunal de Justiça processar e julgar revisão criminal em que o réu condenado pelo juizado especial criminal pugne pela revisão da condenação.
(D) No pedido de revisão criminal, o requerente não poderá pleitear pedido de indenização pelos prejuízos sofridos, pois tal pedido deverá ser objeto de ação própria na esfera cível.
(E) O pleito de reexame probatório constitui fundamentação idônea para o ajuizamento de revisão criminal.

A: incorreta, já que caberá, sim, a reiteração do pedido de revisão criminal, desde que calcado em novas provas - art. 622, parágrafo único, CPP; **B:** incorreta, pois não reflete o disposto no art. 631 do CPP, que estabelece que, em casos assim, caberá ao presidente do tribunal nomear curador para a defesa; **C:** tema polêmico. Para Ada Pellegrini Grinover e Antonio Scarance Fernandes, deve prevalecer, no que toca à competência para o julgamento de revisão criminal de decisão condenatória proferida no âmbito do Juizado Especial Criminal, a regra estampada no art. 624, II, do CPP, segundo a qual tal julgamento cabe ao Tribunal de Justiça respectivo. Guilherme de Souza Nucci, fazendo um contraponto a esse entendimento, sustenta que tal competência deve ser atribuída às Turmas Recursais em funcionamento nos Juizados; **D:** incorreta, pois não reflete o disposto no art. 630 do CPP; **E:** segundo jurisprudência amplamente majoritária, a revisão criminal não se presta a reavaliar a prova já produzida e apreciada na ação originária. Questão, a nosso ver, incorreta.
Gabarito Oficial "E".

(Promotor de Justiça/GO – 2016 - MPE) O Ministério Público impetrou Mandado de Segurança contra decisão de Juiz de primeiro grau, proferida em Processo Penal. O Tribunal deverá garantir, nos termos do entendimento sumulado pelo Supremo Tribunal Federal:

(A) A intimação do advogado de defesa pelo Diário Oficial da Justiça.
(B) A intimação pessoal do advogado de defesa.
(C) A intimação pessoal do réu.
(D) A citação do réu como litisconsorte passivo.

A solução da questão deve ser extraída da Súmula 701 do STF: *"No mandado de segurança impetrado pelo Ministério Público contra decisão proferida em processo penal, é obrigatória a citação do réu como litisconsorte passivo".*
Gabarito "D".

(Ministério Público/GO – 2012) Sobre a revisão criminal, é **correto** dizer que:

(A) poderá ser requerida, em qualquer tempo, mesmo após a extinção da pena;
(B) se morto o réu, não se admite revisão criminal proposta por eventuais herdeiros deste, por evidente carência de interesse processual;
(C) julgando procedente a revisão, o tribunal poderá absolver o réu, modificar a pena ou anular o processo, sendo-lhe defeso, porém, alterar a classificação da infração;
(D) não se admite revisão criminal em face de decisões absolutórias.

A: correta. De fato, inexiste prazo para ingressar com a revisão criminal, que poderá ser ajuizada mesmo depois de extinta a pena (art. 622, *caput*, do CPP); **B:** incorreta. Ainda que morto o interessado, é admissível a propositura da revisão criminal, sendo legitimados, neste caso, o cônjuge, o ascendente, o descendente e o irmão do falecido (art. 623 do CPP); **C:** incorreta, pois em desconformidade com o art. 626, *caput*, do CPP; **D:** incorreta. É admissível, sim, em face de sentença absolutória imprópria.
Gabarito "A".

(Procurador da República – 25º) Considere as seguintes assertivas:

I. o recurso em sentido estrito interposto contra decisão de rejeição de denúncia somente dispensa as contrarrazões, quando a rejeição se der antes da citação do acusado.
II. o réu não precisa integrar a relação processual nos mandados de segurança em matéria penal, quando impetrados pelo Ministério Público, se o ato atacado versa sobre questão meramente procedimental.
III. a jurisprudência consolidada dos tribunais superiores vem admitindo o *habeas corpus* para trancamento de ação penal por infração a que não se comine pena privativa de liberdade, considerando-se os eventuais gravames futuros na liberdade ambulatorial, decorrentes de uma condenação desta espécie:
IV. haverá incompetência do STJ para a revisão criminal, quando a Corte não tiver conhecido do recurso especial interposto contra a decisão rescindenda.

Pode-se afirmar que:

(A) todas estão incorretas.
(B) somente I e III estão corretas.
(C) somente III está correta.
(D) somente IV está correta.

As contrarrazões não são dispensadas. Interposto recurso em sentido estrito da decisão que não recebe a denúncia ou queixa, quem eventualmente figuraria como réu, e não o foi em razão da rejeição, será intimado para apresentação das contrarrazões. Assim, elas não são dispensadas. Nos termos do art. 589, do CPP, caso intimado, não apresente, o juiz poderá encaminhar o recurso sem elas. **Nesse sentido**: *"com a resposta do recorrido ou sem ela, será o recurso concluso ao juiz, que, dentro de 2 (dois) dias, reformará ou sustentará o seu despacho, mandando instruir o recurso com os traslados que lhe parecerem necessários."* A Súmula 701 do STF: *"No mandado de segurança impetrado pelo Ministério Público contra decisão proferida em processo penal, é obrigatória a citação do réu como litisconsorte passivo."* Considerando que de impugnação de índole constitucional específica para tutelar o direito de locomoção, não havendo risco direto ou reflexo de perda desse direito, não é possível a utilização do remédio. Nesse sentido: *"não cabe* habeas corpus *contra decisão condenatória a pena de multa, ou relativo a processo em curso por infração penal a que a pena pecuniária seja a única cominada"* (Súmula 693 do STF). Cada Tribunal tem competência para rever seus próprios julgados. Assim, se não houve conhecimento do recurso especial por parte do STJ, por óbvio ele não julgou. Assim, se não julgou, não tem como rever.
Gabarito "D".

(Procurador da República – 26º) A respeito do instituto do *habeas corpus*, assinale a alternativa falsa:

(A) a jurisprudência do STF veda, de modo genérico, a utilização de *habeas corpus* como sucedâneo da revisão criminal, sem, contudo afastá-la expressamente para questões de direito, de que é exemplo a atipicidade do fato, em função da primazia da tutela da liberdade individual:

(B) não caberá *habeas corpus* para apreciar a conveniência ou a oportunidade da aplicação de medida disciplinar em procedimento disciplinar militar;
(C) em linhas gerais, é cabível a impetração de *habeas corpus* quando se puder cogitar de privação da liberdade de locomoção, salvo no caso de imposição de recolhimento domiciliar;
(D) caberá *habeas corpus* contra ato emanado de autoridade judicial incompetente para futura e eventual ação penal, bem como contra prisão em flagrante realizada sem a observância das formalidades legais.

O *habeas corpus* tem por objetivo tutelar o direito de locomoção de forma direta ou reflexa, por ato de autoridade ou de particular. Evidente que não pode ser substitutivo de recurso regular. Nem pode substituir o requerimento de revisão criminal. Porém, havendo coação demonstrável de plano, como por exemplo, atipicidade, tem-se admitido a impetração. Lembre-se que a cognição é restrita não se admitindo dilação probatória. O art. 142, § 2°, da CF, dispõe que não caberá *habeas corpus* em relação à punição disciplinar militar. No entanto, fixou-se o entendimento de que, levando-se em conta a garantia do devido processo legal, o Poder Judiciário pode intervir no procedimento militar apenas no tocante às formalidades legais, sendo vedada sua interferência no âmbito da conveniência ou oportunidade do ato punitivo. Nesse aspecto, a conveniência é de reserva exclusiva dos militares na apreciação. Qualquer forma de privação ou restrição da liberdade de locomoção autoriza a impetração de ordem de *habeas corpus*, inclusive na hipótese de recolhimento domiciliar, pois de forma mais flexível, também afeta o direito de locomoção. Cabe *habeas corpus* contra ato de juiz incompetente, bem como em razão de auto de prisão em flagrante que contenha eventual ilegalidade demonstrável de plano.
Gabarito "C".

20. LEGISLAÇÃO EXTRAVAGANTE
20.1 LEI DE DROGAS

(Ministério Público/ES – 2013 – VUNESP) No procedimento da Lei de drogas,

(A) a sentença, absolutória ou condenatória, não se fundamentará nos artigos 386 ou 387 do CPP, mas sim em uma das hipóteses específicas descritas na Lei de drogas.
(B) na audiência de instrução e julgamento após a inquirição das testemunhas da defesa e da acusação, as partes terão 30 minutos cada para sustentação oral, sendo que, diante da complexidade da causa, esse prazo poderá ser prorrogado por mais 10 minutos.
(C) o momento oportuno para a acusação requerer as provas é o da denúncia, e o da defesa, a defesa prévia, entretanto, os princípios da verdade real e da ampla defesa permitem, se necessário, que a prova seja determinada a qualquer tempo.
(D) após a audiência de instrução e julgamento, o Ministério Público e o Defensor do acusado terão o prazo de 10 dias para a entrega de memoriais escritos.
(E) encerrados os debates orais, o juiz terá o prazo máximo de 30 dias para proferir a sentença.

A: incorreta (art. 48, *caput*, da Lei 11.343/2006); **B:** incorreta, uma vez que o art. 57 da Lei 11.343/2006 estabelece, para a sustentação oral, o prazo de 20 minutos (e não de 30), que poderá, a critério do juiz, ser prorrogado por mais 10 minutos; **C:** correta, conforme art. 54, III, e art. 55, *caput* e § 1°, da Lei 11.343/2006; **D:** incorreta, já que a Lei de Drogas não contempla tal possibilidade; **E:** incorreta, pois contraria o que estabelece o art. 58, *caput*, da Lei de Drogas.
Gabarito "C".

(Ministério Público/GO – 2013) No campo da Legislação Penal Especial, julgue as alternativas abaixo e assinale a incorreta:

(A) em conformidade com o disposto no § 4°, do art. 33, da Lei 11.343/2006, "nos delitos definidos no *caput* e no § 1° deste artigo, as penas poderão ser reduzidas de um sexto a dois terços, vedada a conversão em penas restritivas de direitos, desde que o agente seja primário, de bons antecedentes, não se dedique às atividades criminosas nem integre organização criminosa". Em razão de ter sido reconhecida pelo Supremo Tribunal Federal a inconstitucionalidade *incidenter tantum* da expressão "vedada a conversão em penas restritivas de direitos", nos autos do *Habeas Corpus* 97.256/RS, o Senado, com esteio no art. 52, inciso X, da Constituição da República, editou a Resolução 5/2012 e suspendeu a execução da expressão retromencionada.
(B) o Supremo Tribunal Federal, no julgamento do *Habeas Corpus* 104.339, pacificou o entendimento no sentido de que a inafiançabilidade constitucional prevista no art. 5°, inciso XLIII, da Constituição da República, tem força suficiente para obstar não apenas a concessão da liberdade provisória com fiança ao sujeito que tiver sido preso por tráfico de drogas, tal como preceituado no art. 44 da Lei 11.343/2006, mas, também, a liberdade provisória sem fiança. Para tanto, o STF fundamentou-se, dentre outros, no seguinte argumento: se couber a liberdade provisória sem fiança para crimes inafiançáveis, haveria manifesta desigualdade no tratamento dos presos provisórios, já que se destinaria um regime de liberdade menos gravoso (liberdade provisória sem fiança) para crimes mais graves (hediondos e equiparados) enquanto, para crimes menos graves, se poderia impor medidas mais onerosas (liberdade provisória com fiança).
(C) o Supremo Tribunal Federal reconheceu, no julgamento do *Habeas Corpus* 111.840/ES, a inconstitucionalidade do § 1° do art. 2° da Lei 8.072/1990, com a redação dada pela Lei 11.464/2007, que instituiu a obrigatoriedade de imposição do regime inicial fechado para o cumprimento da pena de crimes hediondos e equiparados.
(D) é juridicamente possível um acordo de colaboração premiada que contenha cláusula de não denunciar.

A: assertiva correta. De fato, o Senado Federal, atendendo à decisão do STF tomada no HC 97.256/RS, suspendeu, por meio da Resolução 5/2012, a eficácia do dispositivo da Lei 11.343/2006 que impedia a substituição da pena privativa de liberdade por restritiva de direitos; **B:** assertiva incorreta, devendo ser assinalada. Bem ao contrário, o Pleno do STF, em controle difuso, reconheceu a inconstitucionalidade da parte do art. 44 da Lei de Drogas que proibia a concessão de liberdade provisória nos crimes de tráfico (HC 104.339/SP, Pleno, rel. Min. Gilmar Mendes, 10.05.2012). Com isso, pode-se afirmar que aos investigados/acusados de crime de tráfico pode ser concedida liberdade provisória sem fiança; **C:** assertiva correta. Apesar de o art. 2°, § 1°, da Lei 8.072/1990 estabelecer, para os crimes hediondos e assemelhados, o regime inicial fechado, o STF, por seu Pleno, decidiu, por maioria, no

julgamento do HC 111.840, pela inconstitucionalidade incidental deste dispositivo legal, afastando-se, com isso, a obrigatoriedade de o juiz fixar, aos condenados por crimes hediondos e assemelhados, o regime inicial fechado; **D:** assertiva correta, pois reflete o disposto no art. 4º, § 4º, da Lei 12.850/2013.
Gabarito "B".

(Ministério Público/GO – 2012) A respeito das providências e do procedimento relativos aos processos por crimes definidos na Lei 11.343/06 (Lei de Drogas), é incorreto afirmar que:

(A) os prazos para a conclusão do inquérito policial são de 30 (trinta) e 90 (noventa) dias, se o indiciado estiver preso ou solto, respectivamente, podendo tais prazos ser duplicados pelo juiz, ouvido o Ministério Público, mediante pedido justificado da autoridade de polícia judiciária;
(B) o perito que subscreveu o laudo de constatação da natureza e quantidade da droga, elaborado para efeito da lavratura do auto de prisão em flagrante e estabelecimento da materialidade do delito, fica impedido de participar da elaboração do laudo definitivo;
(C) em qualquer fase da persecução penal, são permitidos, mediante autorização judicial e após prévia oitiva do Ministério Público, a infiltração por agentes de polícia, em tarefas de investigação, constituída pelos órgãos especializados pertinentes e a ação controlada;
(D) comprovado o interesse público, os veículos e outros meios de transporte utilizados para a prática dos crimes definidos na Lei 11.343/06, após regular apreensão, poderão ser utilizados pela polícia judiciária, sob sua responsabilidade e com o objetivo de sua conservação, mediante autorização judicial, ouvido o Ministério Público.

A: correta, pois em conformidade com o art. 51 da Lei 11.343/2006; **B:** incorreta, pois em desconformidade com o art. 50, § 2º, da Lei 11.343/2006; **C:** correta, pois em conformidade com o art. 53, I, da Lei 11.343/2006; **D:** correta, pois em conformidade com o art. 62, § 1º, da Lei 11.343/2006.
Gabarito "B".

(Promotor de Justiça/SC – 2016 - MPE)

(1) Segundo a Lei Antitóxicos (Lei 11.343/2006), para os crimes de tráfico, o prazo para conclusão do inquérito policial será de 30 dias, se o indiciado estiver preso, e de 90 dias, se estiver solto. Tais prazos, ademais, poderão ser duplicados pelo juiz mediante pedido justificado da autoridade policial, ouvido o Ministério Público.

1: Conforme reza o art. 51, parágrafo único, da Lei 11.343/2006 (Lei de Drogas), o prazo para conclusão do inquérito – relativo a réu preso, que é de 30 dias, e a réu solto, que é de 90 dias –, pode ser duplicado pelo juiz, desde que ouvido o MP e mediante pedido justificado da autoridade policial.
Gabarito 1C.

20.2 INTERCEPTAÇÃO TELEFÔNICA

(Ministério Público/MS – 2013 – FADEMS) Em tema de interceptação telefônica, é correto afirmar que

(A) A gravação que não interessar à prova será inutilizada, incontinenti, por determinação da autoridade policial, durante o inquérito policial.

(B) Em qualquer hipótese, a interceptação telefônica não será admitida quando não for possível a indicação e qualificação dos investigados.
(C) A interceptação telefônica poderá ser determinada pelo juiz a requerimento da autoridade policial ou do Ministério Público, não podendo ser determinada de ofício.
(D) O pedido de interceptação telefônica poderá ser formulado verbalmente, caso em que a concessão será condicionada à sua redução a termo, devendo a autoridade judiciária sobre ela decidir no prazo de vinte e quatro horas.
(E) O crime de constrangimento ilegal (art. 146 do CP), executado por uma só pessoa e sem emprego de arma de fogo, mas mediante grave ameaça, admite a quebra do sigilo telefônico.

A: incorreta, na medida em que a gravação que não mais interessar à prova será, sempre por decisão judicial (e não por determinação da autoridade policial), inutilizada. É o que estabelece o art. 9º da Lei 9.296/1996; **B:** incorreta, pois não corresponde à regra estampada no art. 2º, parágrafo único, da Lei 9.296/1996; **C:** incorreta. A teor do que dispõe o art. 3º da Lei 9.296/1996, o juiz está credenciado, sim, a determinar, de ofício, a interceptação das comunicações telefônicas, o que também poderá ser feito (sempre por ordem judicial) a requerimento do MP ou por meio de representação formulada pela autoridade policial; **D:** correta, pois reflete o disposto no art. 4º da Lei 9.296/1996; **E:** incorreta. Somente poderá ser determinada a interceptação se a pena cominada ao crime sob investigação for de reclusão (art. 2º, III, da Lei 9.296/1996), não sendo este o caso do crime previsto no art. 146, *caput*, do CP (constrangimento ilegal), em que a pena cominada é de detenção (de três meses a um ano) ou multa.
Gabarito "D".

20.3. CRIMES CONTRA A ORDEM TRIBUTÁRIA

(Ministério Público/GO – 2013) Assinale a alternativa correta.

(A) segundo o STF, não se tipifica crime contra a ordem tributária previsto na Lei 8.137/1990, antes do lançamento definitivo do tributo.
(B) nos termos da legislação vigente, a extinção da punibilidade pelo pagamento do débito tributário tem aplicabilidade apenas aos casos de crime material contra a ordem tributária, quando há efetiva redução ou supressão do tributo.
(C) o prazo prescricional da pretensão punitiva do Estado nos casos de crimes contra a ordem tributária previstos na Lei 8.137/1990 terá por termo inicial a data na qual tomou-se definitiva, no âmbito administrativo, a decisão da autoridade tributária que constituiu o crédito tributário em favor da Fazenda Pública.
(D) a supressão ou redução de tributo mediante negativa em fornecer, quando obrigatório, nota fiscal relativa à venda da mercadoria somente configura crime contra a ordem tributária no caso da operação ter sido, efetivamente, realizada.

A: incorreta, uma vez que o esgotamento da via administrativa somente será considerado condição objetiva de punibilidade, nos termos da Súmula Vinculante 24, quando se tratar de crime material contra a ordem tributária, assim definidos no art. 1º da Lei 8.137/1990; **B:** incorreta, já que a extinção de punibilidade, prevista no art. 34 da Lei 9.249/1995, contempla tanto os crimes materiais (art. 1º da Lei 8.137/1990) quanto os formais (art. 2º da Lei 8.137/1990); **C:** incorreta. Tal somente se aplica no caso do crime material do art.

1º da Lei 8.137/1990. Conferir: "Recurso em *habeas corpus*. Crime contra a ordem tributária. Denúncia. Peça inaugural que atende aos requisitos legais exigidos. Inicial acusatória que descreve crimes em tese. Inépcia não evidenciada. 1. Não pode ser acoimada de inepta a denúncia formulada em obediência aos requisitos traçados no art. 41 do Código de Processo Penal, descrevendo perfeitamente os fatos típicos imputados, crimes em tese, com todas as suas circunstâncias, atribuindo-os ao paciente, terminando por classificá-los, ao indicar os ilícitos supostamente infringidos. 2. Se a vestibular acusatória narra em que consistiu a ação criminosa do réu nos delitos em que lhe incursionou, permitindo o exercício da ampla defesa, é inviável acolher-se a pretensão de invalidade da peça vestibular. Lapso prescricional. Termo *a quo*. Constituição definitiva do crédito tributário. Prescrição não verificada. 1. Consolidou-se nesta Corte Superior de Justiça o entendimento no sentido de que o termo *a quo* para a contagem do prazo prescricional no crime previsto no art. 1º da Lei 8.137/1990 é o momento da constituição do crédito tributário, ocasião em que há o fato a configuração do delito, preenchendo, assim, a condição objetiva de punibilidade necessária à pretensão punitiva (Precedentes). 2. *In casu*, o crédito foi apurado em definitivo em 11.04.2000 – termo inicial da contagem do prazo –, e a denúncia foi recebida em 01.12.2007, portanto, não se constata que tenha transcorrido o lapso temporal de 12 anos necessário à ocorrência da prescrição do delito em questão cuja pena máxima cominada é de 5 anos de reclusão, nos termos do disposto no art. 109, inciso III, do Código Penal. 3. Recurso improvido" (RHC 200900508519, Jorge Mussi, Quinta Turma, *DJE* 28.02.2011); **D:** correta. Por ser crime material, sua consumação está condicionada à ocorrência de prejuízo efetivo para o Estado, o que se dá com a redução ou supressão do valor do tributo devido.
Gabarito "D".

20.4. VIOLÊNCIA DOMÉSTICA

(**Ministério Público/PI – 2012 – CESPE**) Considerando a jurisprudência do STF, no que se refere ao processo penal e à Lei Maria da Penha, assinale a opção correta.

(A) O legislador, ao considerar o gênero da vítima, utilizando o sexo como critério de diferenciação, para criar, à luz do princípio da igualdade, mecanismos para coibir e prevenir a violência doméstica contra a mulher, pautou-se pelo princípio da proibição de proteção insuficiente dos direitos fundamentais.
(B) Nos casos de lesões corporais culposas praticadas contra a mulher em âmbito doméstico, a ação penal cabível é pública condicionada à representação, conforme o disposto na Lei nº 9.099/1995.
(C) Tratando-se de crime de ameaça e dos cometidos contra a dignidade sexual, a ação penal é pública e incondicionada, dado que não seria razoável ou proporcional deixar a atuação estatal a critério da vítima.
(D) A Lei Maria da Penha, ao prever que, enquanto não estruturados os juizados de violência doméstica e familiar contra a mulher, as varas criminais acumulariam as competências cível e criminal para conhecer e julgar as causas decorrentes da prática de violência doméstica e familiar contra a mulher, criou, para o poder público, a obrigação de instituir os referidos juizados.
(E) O STF julgou procedente, com base no princípio explícito da dignidade humana, ação direta proposta pelo procurador-geral da República para assentar a natureza da ação penal como condicionada à representação da vítima, em caso de crime de lesão corporal leve praticado mediante violência doméstica e familiar contra a mulher.

A: correta. O princípio da proibição da proteção insuficiente representa, ao lado da proibição de excesso, uma das facetas do princípio da proporcionalidade. O Estado é considerado omisso, para esse postulado, quando deixa de adotar medidas necessárias à proteção de direitos fundamentais. Vide: ADC nº 19/DF, rel. Min. Marco Aurélio, 09.02.2012; **B:** art. 41 da Lei 11.340/2006; **C:** incorreta. A ação penal, nesses casos, será pública condicionada; **D:** incorreta. Vide: ADC 19/DF, rel. Min. Marco Aurélio, 09.02.2012; **E:** incorreta, visto que o STF, ao julgar procedente a ADIN nº 4.424, de 9/02/2012, entendeu ser incondicionada a ação penal em caso de crime de lesão corporal praticado contra a mulher no ambiente doméstico. A atuação do MP, por essa razão, prescinde de anuência da vítima (Súmula 542, do STJ).
Gabarito "A".

20.5. ESTATUTO DO DESARMAMENTO

(**Ministério Público/MG – 2014**) Assinale a alternativa que contém, segundo a Legislação brasileira em vigor, resposta jurídica adequada para a seguinte situação:

Cidadão que, movido por compaixão, possuidor de licença regular para porte e valendo-se de arma de fogo devidamente registrada, realiza disparo em via pública, matando, deliberadamente, um cachorro de estimação que, há muito, agonizava com um câncer terminal pelo qual muito sofria:

(A) Pratica crime previsto na Lei 10.826/2003.
(B) Pratica, em concurso, crimes previstos nas Leis 10.826/2003 e 9.605/1998.
(C) Pratica crime previsto na Lei 9.605/1998.
(D) Não pratica qualquer crime, em razão da atipicidade dos fatos.

A conduta do agente não se enquadra na Lei de Crimes Ambientais, razão por que deverá responder tão somente pelo crime de disparo de arma de fogo, capitulado no art. 15 da Lei 10.826/2003 (Estatuto do Desarmamento).
Gabarito "A".

(**Ministério Público/Acre – 2014 – CESPE**) A respeito dos crimes previstos no Estatuto do Desarmamento (Lei 10.826/2003), assinale a opção correta com base no entendimento dos tribunais superiores.

(A) Segundo entendimento consolidado do STJ, a potencialidade lesiva da arma é um dado dispensável para a tipificação do delito de porte ilegal de arma de fogo, pois o objeto jurídico tutelado não é a incolumidade física, mas a segurança pública e a paz social, colocados em risco com a posse ou o porte de armas.
(B) Responde pelo crime de porte ilegal de arma de fogo o responsável legal de empresa que mantenha sob sua guarda, sem autorização, no interior de seu local de trabalho, arma de fogo de uso permitido.
(C) Se for possível, mediante o uso de processos físico-químicos, recuperar numeração de arma de fogo que tenha sido raspada, estará desconfigurado o crime de porte ilegal de arma de fogo de uso restrito, devendo a conduta ser classificada como porte ilegal de arma de fogo de uso permitido.
(D) Segundo entendimento do STJ, o porte de arma de fogo desmuniciada configura delito previsto no Estatuto do Desarmamento por ser crime de perigo abstrato,

entretanto, o porte de munição desacompanhada da respectiva arma é fato atípico, visto que não gera perigo à incolumidade pública.

(E) Os crimes de porte de arma de fogo de uso permitido e de disparo de arma de fogo são delitos inafiançáveis, segundo entendimento do STF.

A: correta. Conferir: *"Habeas corpus.* Penal. Porte ilegal de arma de fogo de uso permitido (art. 14, *caput*, da Lei 10.826/2003). Perícia. Desnecessidade. Perigo abstrato configurado. Ordem de *habeas corpus* denegada. 1. A potencialidade lesiva da arma é um dado dispensável para a tipificação do delito de porte ilegal de arma de fogo, pois o objeto jurídico tutelado não é a incolumidade física, e sim a segurança pública e a paz social, colocados em risco com a posse ou o porte de armas à deriva do controle estatal. Por essa razão, eventual nulidade do laudo pericial ou mesmo a sua ausência não impedem o enquadramento da conduta. Precedentes. 2. Ordem de *habeas corpus* denegada" (HC 201201451575, Laurita Vaz, STJ, Quinta Turma, *DJE* 06.03.2013); **B:** incorreta, já que a assertiva contempla a descrição do crime de posse (e não de porte) irregular de arma de fogo de uso permitido (art. 12 da Lei 10.826/2003); **C:** incorreta. O crime do art. 16, parágrafo único, IV, do Estatuto do Desarmamento (portar arma de fogo com numeração raspada), por ser de mera conduta, consuma-se com a prática da ação nuclear consistente em *carregar consigo*, independente da produção de qualquer resultado naturalístico. Assim, ainda que seja possível, por meio de processos físico-químicos, recuperar a numeração da arma de fogo ilegalmente portada, o agente terá praticado o crime em questão; **D:** incorreta. Conferir: "(...) A arma de fogo mercê de desmuniciada mas portada sem autorização e em desacordo com determinação legal ou regulamentar configura o delito de porte ilegal previsto no art. 10, *caput*, da Lei 9.437/1997, crime de mera conduta e de perigo abstrato. 2. Deveras, o delito de porte ilegal de arma de fogo tutela a segurança pública e a paz social, e não a incolumidade física, sendo irrelevante o fato de o armamento estar municiado ou não. Tanto é assim que a lei tipifica até mesmo o porte da munição, isoladamente. Precedentes: HC 104206/RS, rel. Min. Cármen Lúcia, 1ª Turma, *DJ* de 26.08.2010; HC 96072/RJ, rel. Min. Ricardo Lewandowski, 1ª Turma, *DJe* 08.04.2010; RHC 91553/DF, rel. Min. Carlos Britto, 1ª Turma, *DJe* 20.08.2009. 3. In casu, o paciente foi preso em flagrante, em via pública, portando uma pistola 6.35, marca "Brownings Patent Depose", sendo a arma apreendida, periciada e atestada sua potencialidade lesiva. 4. Recurso ordinário em *habeas corpus* desprovido" (RHC 116280, Luiz Fux, STF). A propósito, a conduta consistente em portar munição, ainda que quando desacompanhada da arma, é fato típico e está prevista no art. 14, *caput*, da Lei 10.826/2003; **E:** incorreta, uma vez que os arts. 14, parágrafo único, e 15, parágrafo único, do Estatuto do Desarmamento, que estabelecem ser os crimes de porte e disparo, respectivamente, inafiançáveis, foram considerados pelo STF como inconstitucionais (ADIn 3.112-DF, Pleno, rel. Min. Ricardo Lewandowski, 02.05.2007).
„Gabarito "A".

(Ministério Público/ES – 2013 – VUNESP) Com relação ao Estatuto do Desarmamento, é correto afirmar que

(A) constitui crime a utilização de arma de brinquedo ou simulacro de arma capaz de atemorizar outrem.
(B) para a tipificação do crime de disparo de arma de fogo é necessário provar que determinada pessoa tenha sido exposta a risco.
(C) não poderá ser concedida liberdade provisória ao crime de comércio ilegal de arma de fogo.
(D) para a tipificação do crime de porte ilegal de arma de fogo de uso permitido não é necessário que o armamento esteja municiado.
(E) o crime de tráfico internacional de arma de fogo não admite liberdade provisória.

A: incorreta. A Lei 9.437/1997 (antiga lei de armas) previa, em seu art. 10, § 1º, II, o crime consistente em utilizar arma de brinquedo ou simulacro capaz de aterrorizar outrem, para o fim de cometer crimes. Com o advento da Lei 10.826/2006 (Estatuto do Desarmamento), hoje em vigor, a Lei 9.437/1997 foi revogada na íntegra. Atualmente, portanto, é atípica a conduta de utilizar arma de brinquedo ou simulacro para o fim de aterrorizar outrem; **B:** incorreta. Sendo o crime de disparo de arma de fogo, previsto no art. 15 da Lei 10.826/2006, de perigo abstrato, é desnecessário provar que houve situação de risco. A consumação se dá com o disparo nos locais mencionados no tipo penal; **C:** incorreta. O art. 14, parágrafo único, da Lei 10.826/2006, que vedava a concessão de fiança, foi declarado inconstitucional pelo Pleno do STF, no julgamento da ADIn 3.112-1, de 02.05.07. Atualmente, portanto, este crime é suscetível tanto de fiança quanto de liberdade provisória sem fiança; **D:** correta, na medida em que a jurisprudência atual do STF e do STJ vem entendendo que o porte de arma desmuniciada constitui fato típico. De toda sorte, é importante que se diga que se trata de tema controverso e objeto de divergência, tanto na doutrina quanto na jurisprudência. Conferir: "(...) A arma de fogo mercê de desmuniciada mas portada sem autorização, em desacordo com determinação legal ou regulamentar e com numeração suprimida configura o delito previsto no art. 16, parágrafo único, inciso IV, da Lei 10.826/2003, pois o crime é de mera conduta e de perigo abstrato. 2. O delito de porte ilegal de arma de fogo tutela a segurança pública e a paz social, e não a incolumidade física, sendo irrelevante o fato de o armamento estar municiado ou não. Tanto é assim que a lei tipifica até mesmo o porte da munição, isoladamente (...)" (HC 107957, Luiz Fux, STF); **E:** incorreta, uma vez que o art. 21 do Estatuto do Desarmamento, que vedava a concessão de liberdade provisória, foi declarado inconstitucional pela ADIn 3.112-1 (10.05.2007).
„Gabarito "D".

20.6. CRIMES DO ESTATUTO DA CRIANÇA E DO ADOLESCENTE

(Ministério Público/ES – 2013 – VUNESP) O adolescente, nos termos da Lei 8.069/1990,

(A) tem o direito de solicitar a presença de seus pais ou responsável em qualquer fase do procedimento.
(B) por estar em desigualdade na relação processual em razão de sua idade, não poderá ser confrontado com a vítima, ou com as testemunhas dos fatos.
(C) não poderá ser preso em flagrante, entretanto será ouvido pelo delegado de polícia competente e indiciado pela prática do ato infracional.
(D) poderá ser privado de sua liberdade, inclusive em situações de flagrante delito, desde que seja reincidente na prática de ato infracional grave.
(E) não será necessariamente representado por advogado nos processos por ato infracional, bastando que compareça em juízo acompanhado pelos pais ou por responsável legal.

A: correta. Garantia processual prevista no art. 111, VI, do ECA; **B:** incorreta, pois não reflete o disposto no art. 111, II, do ECA; **C:** incorreta, o adolescente *apreendido* (e não *preso*) em flagrante não poderá ser *indiciado* pela prática de ato infracional; tal providência, tomada no momento da lavratura do auto de prisão em flagrante ou no curso do inquérito, é reservada tão somente aos imputáveis; **D:** incorreta, o adolescente, quando surpreendido em situação de flagrante de ato infracional (e não flagrante em delito), será encaminhado à autoridade policial (art. 172, ECA), podendo, em razão da gravidade do ato infracional e sua repercussão social, permanecer privado de sua liberdade (internação provisória), conforme estabelece o art. 174 do ECA; **E:** incorreta (art. 184, § 1º, do ECA).
„Gabarito "A".

20.7. EXECUÇÃO PENAL

(Ministério Público/MG – 2014) Sobre o regime disciplinar diferenciado, assinale a alternativa INCORRETA:

(A) Poderá abrigar condenados, nacionais ou estrangeiros, que apresentem alto risco para a ordem e a segurança do estabelecimento penal ou da sociedade.
(B) Está sujeito o condenado sob o qual recaiam fundadas suspeitas de envolvimento ou participação, a qualquer título, em organizações criminosas.
(C) É aplicável ao preso provisório que pratique fato previsto como crime doloso e que ocasione subversão da ordem e disciplina internas, sem prejuízo da sanção penal.
(D) Tem duração máxima de 360 (trezentos e sessenta) dias, sem prejuízo de repetição por nova falta grave, até o limite de 1/4 (um quarto) da pena.

A: assertiva correta, pois em conformidade com o que estabelece o art. 52, § 1º, da Lei 7.210/1984 (LEP); **B:** assertiva correta, pois em conformidade com o que estabelece o art. 52, § 2º, da LEP; **C:** assertiva correta, pois em conformidade com o que estabelece o art. 52, caput, LEP; **D:** assertiva incorreta, devendo ser assinalada. O limite previsto em lei é de 1/6 (um sexto), e não de ¼ (um quarto), conforme disposição constante do art. 52, I, da LEP.
Gabarito "D".

(Ministério Público/Acre – 2014 – CESPE) Considerando a jurisprudência do STJ, assinale a opção correta conforme a Lei de Execução Penal.

(A) A concessão da progressão de regime prisional depende da satisfação dos requisitos objetivo – decurso do lapso temporal – e subjetivo – atestado de bom comportamento carcerário – e da existência de exame criminológico favorável ao sentenciado.
(B) A gravidade abstrata do delito praticado e a extensão da pena ainda a ser cumprida não são suficientes, por si sós, para fundamentar a exigência de realização de exame criminológico.
(C) A transferência para regime menos rigoroso poderá ser determinada pelo diretor do estabelecimento prisional se o preso tiver cumprido ao menos um sexto da pena no regime anterior e apresentar bom comportamento carcerário.
(D) A denominada progressão por salto é admitida desde que o condenado tenha cumprido tempo exigido para progredir para o regime aberto.
(E) O sentenciado tem que cumprir 2/3 da pena no regime em que se encontra antes que possa ser concedida a progressão para o regime subsequente.

A: incorreta. O exame criminológico não é obrigatório para o deferimento da progressão de regime, após as alterações promovidas pela Lei 10.792/2003 no art. 112 da LEP. Cabe, no entanto, ressaltar que, em determinados casos, desde que de forma fundamentada, poderá ser determinado pelo juízo da execução (Súmula Vinculante 26, STF; Súmula 439 do STJ); **B:** correta. Conferir: "*Habeas corpus*. Progressão de regime prisional. Progressão por salto. Impossibilidade. Lei 11.464/2007. Delito anterior à publicação da lei. Irretroatividade. Exame criminológico. Prescindibilidade. Ausência de fundamentação idônea. Aplicação do art. 112 da Lei de Execução Penal, com redação dada pela Lei 10.792/2003. 1. O entendimento desta Corte Superior de Justiça é no sentido de que devem ser respeitados os períodos de tempo a serem cumpridos em cada regime prisional, não sendo admitida a progressão "por salto". Nem o fato de paciente ter cumprido tempo suficiente autoriza a progressão direta do fechado para o aberto. 2. Se o paciente cometeu crime hediondo antes do advento da Lei 11.464/2007, deve ser mantida a exigência de cumprimento de 1/6 de pena para a concessão da progressão, nos termos do art. 112 da LEP. 3. O advento da Lei 10.792/2003 tornou prescindíveis os exames periciais antes exigidos para a concessão da progressão de regime prisional. São suficientes agora a satisfação dos requisitos objetivo (decurso do lapso temporal) e subjetivo (atestado de bom comportamento carcerário). 4. A gravidade abstrata do delito praticado e a longevidade da pena a cumprir, por si sós, não constituem fundamentação idônea a exigir a realização de exame criminológico. 5. Ordem parcialmente concedida com o intuito de determinar que se adote, na progressão de regime, os requisitos previstos no art. 112 da Lei de Execuções Penais, sem realização de exame criminológico" (HC 200902066212, Og Fernandes, STJ, Sexta Turma, *DJE* 10.05.2010); **C:** incorreta. A progressão a regime menos rigoroso somente poderá ser deferida pelo juiz (art. 112, caput, da LEP); **D:** incorreta. É inadmissível a chamada progressão *per saltum* de regime prisional (Súmula 491 do STJ); **E:** incorreta. A Súmula 471 do STJ assim estabelece: "os condenados por crimes hediondos ou assemelhados cometidos antes da vigência da Lei 11.464/2007 sujeitam-se ao disposto no art. 112 da Lei 7.210/1984 (Lei de Execução Penal) para a progressão de regime prisional". Por sua vez, dispõe o art. 112 da LEP que "a pena privativa de liberdade será executada em forma progressiva com a transferência a regime menos rigoroso, a ser determinada pelo juiz, quando o preso tiver cumprido ao menos um sexto da pena no regime anterior...". De outra banda, o § 2º do art. 2º da Lei 8.072/1990, com as alterações trazidas pela Lei 11.464/2007, prevê que "a progressão de regime, no caso dos condenados aos crimes previstos neste artigo, dar-se-á após o cumprimento de 2/5 (dois quintos) da pena, se o apenado for primário, e de 3/5 (três quintos), se reincidente". Como é de se notar, nenhum dos dispositivos menciona a fração de 2/3 como lapso exigido para a progressão.
Gabarito "B".

(Ministério Público/MG – 2014) No que tange a permissão de saída, assinale a resposta **INCORRETA**:

(A) Pode ser concedida em caso de falecimento da companheira.
(B) Pode ser concedida em caso de doença grave de ascendente.
(C) Pode ser concedida para tratamento médico.
(D) Pode ser concedida para estudo em estabelecimento fora do presídio.

A, B e C: corretas. O art. 120, I e II, da LEP prevê que "os condenados que cumprem pena em regime fechado ou semiaberto e os presos provisórios poderão obter permissão para sair do estabelecimento, mediante escolta, quando ocorrer um dos seguintes fatos: I – falecimento ou doença grave do cônjuge, companheira, ascendente, descendente ou irmão; II – necessidade de tratamento médico (parágrafo único do art. 14)". Aqui cabe ressaltar que a remissão ao parágrafo único, apesar de constar na própria LEP, está incorreta, pois deveria ser ao § 2º do art. 14; **D:** incorreta, devendo ser assinalada. Não consta da LEP permissão de saída para estudo fora do estabelecimento prisional. As disposições referentes à assistência educacional estão previstas nos arts. 17 a 21 da LEP.
Gabarito "D".

(Ministério Público/MG – 2013) De acordo com a legislação vigente, é CORRETO dizer, sobre o instituto da remição:

(A) Constitui fator de abatimento do total da sanção, mas não é computado como tempo de cumprimento de pena para todos os efeitos.
(B) É permitido por trabalho e estudo, mas, em qualquer hipótese, somente nos regimes fechado ou semiaberto.

(C) É cabível em caso de trabalho externo no regime fechado e, no regime aberto, por estudo fora do estabelecimento.
(D) Para fins de cumulação dos casos de remição, as horas diárias de trabalho e de estudo não poderão ser compatibilizadas.

A: incorreta, pois contraria o que estabelece o art. 128 da LEP, que assim dispõe: "o tempo remido será computado como pena cumprida, para todos os efeitos"; **B:** incorreta. No § 6º do art. 126 da LEP está previsto que "o condenado que cumpre pena em regime aberto ou semiaberto e o que usufrui liberdade condicional poderão remir, pela frequência a curso de ensino regular ou de educação profissional, parte do tempo de execução da pena ou do período de prova, observado o disposto no inciso I do § 1º deste dispositivo"; **C:** correta. A remição, de acordo com o *caput* do art. 126 da LEP, é cabível ao condenado que cumpre pena em regime fechado ou semiaberto, que poderão remir parte do tempo de execução da pena por trabalho ou por estudo. Há, também, como já dito, a previsão do § 6º do mesmo artigo, já transcrita anteriormente, que admite a remição de pena ao apenado que se encontra em regime aberto por meio de frequência a curso de ensino regular ou de educação profissional; **D:** incorreta. Está previsto no art. 126, § 3º, da LEP que "para fins de cumulação dos casos de remição, as horas diárias de trabalho e de estudo serão definidas de forma a se compatibilizarem".
Gabarito "C".

(Ministério Público/MG – 2013) Assinale a alternativa FALSA:
(A) Os incidentes específicos da execução de pena desenvolvem-se perante o juízo da execução, assegurada a ampla defesa e o contraditório.
(B) Das decisões proferidas na execução de pena, cabe recurso de agravo, mas o rito será o previsto para o recurso em sentido estrito.
(C) A impugnação da denegação de trânsito a recurso usado na fase de execução de pena é feita através de carta testemunhável.
(D) O princípio da inércia ou da iniciativa das partes desautoriza que o juiz inicie de ofício o procedimento na execução penal.

A: assertiva correta (art. 66, III, *f*, da LEP); **B:** assertiva correta. É tranquilo o entendimento da jurisprudência no sentido de que o agravo de execução (art. 197, LEP) segue o rito do recurso em sentido estrito. Tanto é assim que o prazo para a sua interposição é de cinco dias (mesmo do RESE), nos termos da Súmula 700 do STF: "É de cinco dias o prazo para interposição de agravo contra decisão do juiz da execução penal"; **C:** assertiva correta (art. 639, I, do CPP); **D:** assertiva incorreta, devendo ser assinalada (art. 195, LEP).
Gabarito "D".

(Ministério Público/MG – 2012 – CONSULPLAN) Assinale a alternativa **CORRETA**.
(A) A progressão de regime prisional observará o cumprimento de 1/6 da pena restante decorrente de condenação por crime hediondo.
(B) A progressão de regime em crime hediondo levará em conta requisito objetivo e subjetivo, sendo possível para sua aferição a realização de exame criminológico.
(C) A progressão de regime na unificação de penas de crimes hediondos considerará o tempo máximo de cumprimento de pena: trinta anos.
(D) A progressão de regime em crime hediondo poderá dar-se por salto, do regime fechado para o aberto, presente o requisito objetivo e subjetivo.

A: se se tratar de crime hediondo ou delito a ele equiparado, a progressão, nos moldes do art. 2º, § 2º, da Lei 8.072/1990, dar-se-á depois de o condenado cumprir 2/5 da pena, se primário; se reincidente, a progressão somente se dará após o cumprimento de 3/5 da pena, com a ressalva de que, se se tratar de crime praticado antes da entrada em vigor da Lei 11.464/2007, que alterou, na Lei de Crimes Hediondos, a disciplina relativa à progressão de pena, deverá prevalecer o entendimento firmado na Súmula 471 do STJ, que estabelece que, neste caso, deve-se obedecer à regência do art. 112 da LEP, que impõe, como condição para progressão de regime, o cumprimento de um sexto da pena no regime anterior, além de bom comportamento carcerário; **B:** a nova redação conferida ao art. 112 da LEP deixou de exigir o exame criminológico. Entretanto, a jurisprudência firmou o entendimento no sentido de que o Juízo da Execução, em face das peculiaridades do caso concreto, se entender necessário, pode determinar a sua realização. Nesse sentido, a Súmula 439 do STJ e Súmula Vinculante 26; **C:** incorreta, pois contraria entendimento firmado na Súmula 715 do STF; **D:** incorreta, pois contraria entendimento firmado na Súmula 491 do STJ.
Gabarito "B".

(Ministério Público/PI – 2012 – CESPE) Considerando o disposto no CP e na LEP, assinale a opção correta.
(A) O membro do MP em atuação no juízo das execuções penais não tem a obrigação de visitar os estabelecimentos penais, visto que, de acordo com o que dispõe a LEP, tal obrigação é do juiz da execução.
(B) O agente que, por circunstâncias alheias à sua vontade, não consegue prosseguir na execução só responde pelos atos já praticados.
(C) Sendo o criminoso primário e a coisa furtada, de pequeno valor, o juiz poderá deixar de aplicar a pena se julgá-la desnecessária em face da pequena gravidade da infração.
(D) Considera-se praticado o crime no momento da ação ou omissão, exceto se outro seja o momento do resultado.
(E) Considera-se praticado o crime no lugar em que tenha ocorrido a ação ou omissão, no todo ou em parte, bem como onde se tenha produzido ou deveria produzir-se o resultado.

A: incorreta (art. 68, parágrafo único, da LEP); **B:** incorreta. Salvo disposição em contrário, pune-se a tentativa com a pena correspondente ao crime consumado, diminuída de um a dois terços (art. 14, parágrafo único, do CP); **C:** incorreta. Estabelece o art. 155, § 2º, do CP que, se o criminoso é primário, e é de pequeno valor a coisa furtada, o juiz pode substituir a pena de reclusão pela de detenção, diminuí-la de um a dois terços, ou aplicar somente a pena de multa; **D:** incorreta. O art. 4º do CP prevê que o crime se considera praticado no momento da ação ou omissão, ainda que outro seja o momento do resultado; **E:** correta (art. 6º do CP).
Gabarito "E".

(Ministério Público/SP – 2012 – VUNESP) É correto afirmar:
(A) Não estão obrigados ao trabalho os presos provisórios, os presos políticos e os presos com mais de 60 (sessenta) anos de idade.
(B) O trabalho externo é admissível somente para os presos em regime semiaberto.
(C) Admite-se a remição da pena pelo trabalho ou pela frequência a curso de ensino regular ou de educação profissional para o condenado em regime aberto ou em livramento condicional.

(D) Compete ao diretor do estabelecimento penal a concessão de permissão de saída ao condenado em regime fechado.

(E) O juiz poderá, em caso de falta grave, revogar até 2/3 (dois terços) do tempo remido.

A: incorreta. O art. 31, parágrafo único, da LEP estabelece que o trabalho, para o preso provisório, não é obrigatório. Já os maiores de 60 anos, que poderão solicitar ocupação adequada à idade, têm, sim, a obrigação de trabalhar (art. 32, § 2°, da LEP). Por fim, o art. 200 da LEP dispõe que o trabalho não é obrigatório para o condenado por crime político; **B:** incorreto, já que os presos que cumprem a pena no regime fechado poderão fazer trabalho externo, desde que em serviços ou obras públicas (art. 34, § 3°, do CP); **C:** reza o art. 126, *caput*, da Lei 7.210/84 (LEP), cuja redação foi modificada pela Lei 12.433/2011, que somente poderá beneficiar-se da remição o preso que cumpre a pena no regime fechado ou no semiaberto; **D:** correta, pois reflete o disposto no art. 120, p. único, da Lei 7.210/1984; **E:** em vista das alterações implementadas na LEP pela Lei 12.433/11, estabeleceu-se, no caso de cometimento de falta grave, uma proporção máxima em relação à qual poderá se dar a perda dos dias remidos. Assim, diante da prática de falta grave, poderá o juiz, em vista da nova redação do art. 127 da LEP, revogar no máximo 1/3 do tempo remido, devendo a contagem recomeçar a partir da data da infração disciplinar. Antes disso, o condenado perdia os dias remidos na sua totalidade.
„Gabarito "D".

(Ministério Público/SP – 2012 – VUNESP) Tratando-se de réu reincidente, condenado pelos crimes de tráfico internacional de pessoa para fim de exploração sexual praticado contra menor de 18 anos (art. 231, § 2°, inciso I, do Código Penal) e roubo qualificado pelo emprego de arma (art. 157, § 2°, inciso I, do Código Penal), o tempo de cumprimento de pena exigido por lei para que possa ele ser promovido ao regime semiaberto e para obter o livramento condicional é de

(A) 1/6 (um sexto) do total das penas para a progressão e 1/3 (um terço) para o livramento condicional.

(B) 1/6 (um sexto) do total das penas para a progressão e 1/2 (metade) do total das penas para o livramento condicional.

(C) 2/5 (dois quintos) da pena relativa ao tráfico internacional e 1/6 (um sexto) da pena relativa ao roubo para a progressão; 1/3 (um terço) da pena relativa ao tráfico internacional e 1/2 (metade) da pena relativa ao roubo para o livramento condicional.

(D) 2/5 (dois quintos) do total das penas para a progressão; 2/3 (dois terços) do total das penas para o livramento condicional.

(E) 3/5 (três quintos) da pena relativa ao tráfico internacional e 1/6 (um sexto) da pena relativa ao roubo para a progressão; 2/3 (dois terços) do total das penas para o livramento condicional.

O apenado, para obter o direito de ir ao regime menos rigoroso, deverá cumprir ao menos 1/6 da pena imposta e ostentar bom comportamento carcerário (art. 112, "caput", da LEP); já se se tratar de delito hediondo ou equiparado, por força do que estabelece o art. 2°, § 2°, da Lei 8.072/1990 (Crimes Hediondos), a progressão dar-se-á depois de cumpridos 2/5 da pena, se primário; se reincidente, deverá o reeducando cumprir 3/5 da reprimenda. Aqui vale uma ressalva. Se a prática do crime hediondo é anterior à entrada em vigor da Lei 11.464/2007, que alterou, na Lei de Crimes Hediondos, a disciplina relativa à progressão de pena, deverá prevalecer o entendimento firmado na Súmula n° 471 do STJ, que estabelece que, neste caso, deve-se obedecer à regência do art. 112 da LEP, que impõe, como condição para progressão de regime, o cumprimento

de um sexto da pena no regime anterior, além de bom comportamento carcerário. No que toca ao livramento condicional, estabelece o art. 83, II, do CP que, se reincidente em crime doloso, o condenado, para fazer jus ao livramento, deverá cumprir, no mínimo, metade da pena imposta.
„Gabarito "B".

20.8. OUTROS TEMAS DA LEGISLAÇÃO EXTRAVAGANTE

(Ministério Público/Acre – 2014 – CESPE) Assinale a opção correta com base no entendimento do STJ a respeito das interceptações telefônicas.

(A) De acordo com a lei que rege as interceptações telefônicas, a competência para deferir esse procedimento no curso do inquérito policial é do promotor de justiça com atribuição para atuar na ação principal.

(B) O investigado possui direito subjetivo não somente ao áudio das escutas telefônicas realizadas, mas também à transcrição, pela justiça, de todas as conversas interceptadas.

(C) A ação penal padecerá de nulidade absoluta, por cerceamento de defesa, caso a defesa não tenha acesso à integralidade do teor das escutas telefônicas antes da colheita da prova oral.

(D) É dispensável que o MP, na condição de fiscal da lei, seja cientificado da necessidade de averiguação da lisura do ato de interceptação telefônica determinada de ofício pelo juiz.

(E) A fim de assegurar a ampla defesa, é necessário apenas que se transcrevam os excertos das escutas telefônicas que tenham servido de substrato para o oferecimento da denúncia.

A: incorreta, na medida em que a interceptação de comunicações telefônicas somente poderá ser determinada, quer no curso do inquérito, quer no da ação penal, pelo juiz de direito competente (arts. 1°, *caput*, e 3° da Lei 9.296/1996); **B:** incorreta. Segundo vem entendendo o STJ, não é necessária a transcrição na íntegra dos diálogos travados entre os interlocutores. Verificar: HC 112.993-ES, 6ª T., rel. Min. Maria Thereza de Assis Moura, 16.03.2010; **C:** incorreta. *Vide*: STJ, RHC 27.997, 6ª T., rel. Min. Maria Thereza de Assis Moura, *DJ* 19.09.2013; **D:** incorreta (art. 6°, *caput*, da Lei 9.296/1996); **E:** correta. Nesse sentido: "Recurso ordinário em *habeas corpus*. Associação para o tráfico. Disponibilização integral das mídias das escutas telefônicas. Alegada ausência de acesso às interceptações telefônicas. Transcrição parcial constante nos autos desde o oferecimento da denúncia. Transcrição integral. Desnecessidade. Constrangimento ilegal. Não ocorrência. Nulidade. Inexistência. Recurso a que se nega provimento. 1. As mídias das interceptações telefônicas foram disponibilizadas, na íntegra, à Defesa, razão pela qual não há falar em nulidade, inexistindo, portanto, constrangimento ilegal a ser sanado. 2. A cópia das transcrições parciais das interceptações telefônicas constantes dos relatórios da autoridade policial foram disponibilizadas à Defesa desde o oferecimento da exordial acusatória. 3. É pacífico o entendimento nos tribunais superiores no sentido de que é prescindível a transcrição integral do conteúdo da quebra do sigilo das comunicações telefônicas, somente sendo necessária, a fim de se assegurar o exercício da garantia constitucional da ampla defesa, a transcrição dos excertos das escutas que serviram de substrato para o oferecimento da denúncia. 4. Recurso ordinário a que se nega provimento" (STJ, RHC 27.997, 6ª T., rel. Min. Maria Thereza de Assis Moura, *DJ* 19.09.2013).
„Gabarito "E".

(Ministério Público/MG – 2014) São resultados previstos na "Lei de Organização Criminosa" como necessários para que aquele que tenha colaborado efetiva e voluntariamente com a investigação e com o processo criminal obtenha o benefício da colaboração premiada, **EXCETO**:

(A) Revelação da estrutura hierárquica e da divisão de tarefas da organização criminosa.
(B) Prevenção de infrações penais decorrentes das atividades de organização criminosa.
(C) Recuperação total ou parcial do produto ou do proveito das infrações penais praticadas pela organização criminosa.
(D) Localização dos instrumentos do crime, desde que consistam em coisas cujo fabrico, alienação, uso, porte ou detenção constitua fato ilícito.

A: assertiva correta (art. 4º, II, da Lei 12.850/2013); **B:** assertiva correta (art. 4º, III, da Lei 12.850/2013); **C:** assertiva correta (art. 4º, IV, da Lei 12.850/2013); **D:** assertiva incorreta, devendo ser assinalada, já que se trata de resultado não contemplado na Lei 12.850/2013.
Gabarito "D".

(Ministério Público/DF – 2013) Assinale a alternativa **INCORRETA**:
(A) A interceptação de comunicações telefônicas não pode ser utilizada para infração penal punida com pena de detenção.
(B) Em processo por crime de lavagem de dinheiro não se aplica, nos termos da lei própria, o disposto no artigo 366 do Código de Processo Penal, devendo o feito seguir até julgamento, com a nomeação de defensor dativo ao acusado citado por edital.
(C) As testemunhas incluídas nos programas de proteção deverão ser ouvidas antecipadamente após a citação do acusado, salvo justificativa judicial que indique a impossibilidade de fazê-lo no caso concreto ou o prejuízo que a oitiva antecipada possa trazer para a instrução criminal.
(D) A jurisprudência recente do Supremo Tribunal Federal, em sua composição plena, passou a entender como ilegal a prorrogação sucessiva da autorização para a interceptação telefônica.
(E) Em processos que tenham por objeto crimes praticados por organizações criminosas, o juiz poderá decidir pela formação de órgão colegiado, integrado por mais dois juízes de primeiro grau, para a prática de qualquer ato processual, entre os quais a decretação de prisão cautelar ou de medidas assecuratórias.

A: assertiva correta. De fato, somente será admitida a interceptação de comunicações telefônicas se o fato sob investigação constituir infração penal punida com reclusão (art. 2º, III, da Lei 9.296/1996); **B:** assertiva correta. Embora a redação do art. 2º, § 2º, da Lei 9.613/1998 tenha sido modificado por força da Lei 12.683/2012, permanece a impossibilidade de aplicar-se, aos crimes de lavagem de dinheiro, o art. 366 do CPP, devendo o processo, por isso, seguir a sua marcha com a nomeação de defensor dativo; **C:** assertiva correta, uma vez que reflete a regra prevista no art. 19-A, parágrafo único, da Lei 9.807/1999; **D:** assertiva incorreta, devendo ser assinalada. Não é verdade que o STF, em sua composição plena, tenha mudado seu entendimento quanto à possibilidade de prorrogar-se de forma sucessiva a autorização para a interceptação telefônica; predomina até hoje o entendimento segundo o qual a intercepção deve perdurar pelo interregno necessário à elucidação do crime sob investigação; comporta, por isso, sucessivos pedidos de renovação; **E:** assertiva correta, conforme art. 1º da Lei 12.694/2012.
Gabarito "D".

(Ministério Público/DF – 2013) Indique a alternativa **CORRETA**:
(A) Na figura privilegiada do tráfico de entorpecentes, em que o agente oferece a substância, para uso compartilhado, à pessoa de seu relacionamento, de forma esporádica e sem intuito de lucro, o crime se consuma ainda que não haja efetivo uso do entorpecente por quem quer que seja.
(B) O agente que conduz veículo automotor com capacidade psicomotora alterada em razão influência de álcool, atingindo e lesionando culposamente pedestre, responde em concurso formal por embriaguez ao volante e lesões corporais culposas, exigindo-se, no último caso, representação do ofendido.
(C) O fornecimento, ainda que gratuito, de "cola de sapateiro" à criança caracteriza o tráfico de entorpecentes.
(D) Para ser sujeito ativo no crime de "lavagem" ou ocultação de bem, direito ou valor, o agente deverá ter concorrido ao menos como partícipe na infração penal da qual proveio referido bem, direito ou valor.
(E) A "promoção de tumulto" prevista pelo Estatuto do Torcedor somente é punida quando havida no interior de local destinado ao evento esportivo.

A: correta. De fato, o crime capitulado no art. 33, § 3º, da Lei 11.343/2006, assim chamado de *cessão gratuita e eventual*, forma privilegiada de tráfico, é considerado *formal*, já que, para a sua consumação, não é necessária a produção de resultado naturalístico consistente no uso efetivo da substância entorpecente; **B:** incorreta (art. 291, § 1º, I, da Lei 9.503/1997); **C:** incorreta, uma vez que a conduta descrita na alternativa se enquadra no tipo penal do art. 243 do ECA; **D:** incorreta, uma vez que as condutas típicas previstas no art. 1º da Lei 9.613/1998 podem ser praticadas por qualquer pessoa, aqui incluídas aquelas que não tenham tomado parte na infração penal antecedente; **E:** incorreta, dado que o crime de promoção de tumulto, na modalidade prevista no art. 41-B, § 1º, I, da Lei 10.671/2003 (Estatuto do Torcedor), pode ser praticado *num raio de 5.000 (cinco mil) metros ao redor do local de realização do evento esportivo*.
Gabarito "A".

(Ministério Público/ES – 2013 – VUNESP) Assinale a alternativa correta.
(A) No caso de abuso de autoridade, a ação penal será iniciada, independentemente de inquérito policial ou justificação por denúncia do Ministério Público, instruída com a representação da vítima do abuso.
(B) Pichardismo constitui crime contra o meio ambiente, no qual a ação penal dependerá de representação da vítima ou de seu representante legal.
(C) Não é crime o abate de animal para proteger lavouras da ação predatória, independentemente de autorização.
(D) Aos crimes previstos no Estatuto do Idoso não se aplica o procedimento previsto na Lei 9.099/1995.
(E) A perda da função pública, nos crimes resultantes de preconceito de raça ou de cor, é efeito automático da condenação.

A: correta (art. 12 da Lei 4.898/1965); **B:** incorreta. O chamado *pichardismo (cadeias, bola de neve)* constitui crime contra a economia popular previsto no art. 2º, IX, da Lei 1.521/1951; **C:** incorreta, uma vez que o art. 37, II, da Lei 9.605/1998 impõe, para afastar a ocorrência de crime, a necessidade de autorização; **D:** incorreta. É que o art. 94 da Lei 10.741/2003 (Estatuto do Idoso) estabelece que, aos crimes ali previstos, adotar-se-á o procedimento da Lei 9.099/1995 (sumaríssimo). Digno de registro é o fato de que o STF, no julgamento da ADIn 3.096-5, de 25.06.2010, fixou entendimento no sentido de que, aos crimes previstos no Estatuto, deve se aplicar tão somente o procedimento sumaríssimo previsto na Lei 9.099/1995, e não os benefícios ali contemplados; **E:** incorreta, pois contraria o disposto no art. 18 da Lei 7.716/1989.
Gabarito "A".

4. DIREITO PROCESSUAL PENAL

(Ministério Público/ES – 2013 – VUNESP) A alienação antecipada de bens é um procedimento admitido expressamente na lei de
(A) Crimes eleitorais.
(B) Crimes contra o consumidor.
(C) Crimes hediondos.
(D) Crimes referentes a licitações e contratos administrativos.
(E) Lavagem de dinheiro.

De fato, dos diplomas acima mencionados, somente a Lei 9.613/1998 (Lavagem de Capitais) contempla, em seu art. 4º, § 1º, a alienação antecipada de bens.
"Gabarito "E".

(Ministério Público/GO – 2013) Acerca da Lei 12.694/2012 (que dispõe sobre o processo e o julgamento colegiado em primeiro grau de jurisdição de crimes praticados por organizações criminosas), assinale a alternativa correta:
(A) o órgão colegiado não pode decidir sobre a transferência de preso para estabelecimento prisional de segurança máxima, por tratar-se de decisão relativa à execução penal.
(B) o juiz determinará a alienação antecipada para preservação do valor dos bens sempre que estiverem sujeitos a qualquer grau de deterioração ou depreciação, ou quando houver dificuldade para sua manutenção
(C) diante de provável situação de risco, não decorrente exclusivamente do exercício da função, das autoridades judiciais ou membros do Ministério Público e de seus familiares, o fato será comunicado à polícia judiciária, que avaliará a necessidade, o alcance e os parâmetros da proteção pessoal.
(D) o colegiado será formado pelo juiz do processo e por 3 (três) outros juízes escolhidos por sorteio eletrônico dentre aqueles de competência criminal em exercício no primeiro grau de jurisdição.

A: incorreta, pois não reflete o disposto no art. 1º, VI, da Lei 12.694/2012; **B:** correta, pois em conformidade com o que estabelece o art. 144-A do CPP, cuja redação foi conferida pela Lei 12.694/2012; **C:** incorreta, uma vez que o art. 9º, *caput*, da Lei 12.694/2012 estabelece que a situação de risco há de decorrer exclusivamente do exercício da função; **D:** incorreta, pois em desconformidade com o disposto no art. 1º, § 2º, da Lei 12.694/2012, segundo o qual o colegiado será formado pelo juiz do processo e por 2 (dois) juízes, e não por 3 (três).
"Gabarito "B".

(Ministério Público/GO – 2013) No que importa aos crimes praticados por prefeito, é correto afirmar que:
(A) o prefeito que se apropria de bens de que tem posse em razão do cargo não responde pelo crime de peculato, previsto no art. 312 do Código Penal.
(B) o STF, ao interpretar a regra do art. 29, X, da Constituição da República, deixou assente que compete aos Tribunais de Justiça o julgamento dos prefeitos pela prática de crimes comuns, ressalvada apenas a competência da Justiça Eleitoral.
(C) compete ao Tribunal de Justiça o julgamento de prefeito pela prática de crime de competência da Justiça Comum Estadual, após o prévio pronunciamento da Câmara dos Vereadores.
(D) compete ao Tribunal Regional Federal o processo e julgamento de prefeito acusado de apropriação, ou desvio, de verbas recebidas de entidades federais e incorporadas ao patrimônio do município.

A: correta, dado que o prefeito que se apropria de bens dos quais tem a posse será responsabilizado pelo crime específico do art. 1º, I, do Decreto-lei 201/1967, e não por peculato (art. 312 do CP); **B:** incorreta. Os prefeitos municipais serão julgados, pela prática de crimes comuns de competência da Justiça Estadual, pelo Tribunal de Justiça (art. 29, X, da CF). Agora, se o chefe do executivo municipal praticar crime eleitoral ou federal, a competência, aqui, será do TRE e TRF, respectivamente. É a conclusão a que se chega pela leitura da Súmula 702, STF: "A competência do Tribunal de Justiça para julgar prefeitos restringe-se aos crimes de competência da Justiça comum estadual; nos demais casos, a competência originária caberá ao respectivo tribunal de segundo grau"; **C:** incorreta, pois a lei não impõe tal formalidade; **D:** incorreta, na medida em que não reflete o entendimento firmado na Súmula 209 do STJ, que estabelece que a competência, neste caso, é do Tribunal de Justiça, e não do TRF.
"Gabarito "A".

(Ministério Público/MG – 2013) Segundo a legislação penal:
(A) O conceito de organização criminosa deve ser extraído da Convenção de Palermo sobre crime organizado transnacional.
(B) Organização criminosa é a associação, de 3 (três) ou mais pessoas, estruturalmente ordenada e caracterizada pela divisão de tarefas, ainda que informalmente, com objetivo de obter, direta ou indiretamente, vantagem de qualquer natureza, mediante a prática de crimes cuja pena máxima seja igual ou superior a 4 (quatro) anos ou que sejam de caráter transnacional.
(C) Organização criminosa é a associação, de mais de 3 (três) pessoas, estruturalmente ordenada e caracterizada pela divisão de tarefas, ainda que informalmente, com objetivo de obter, direta ou indiretamente, vantagem de qualquer natureza, mediante a prática de crimes cuja pena máxima seja igual ou superior a 4 (quatro) anos ou que sejam de caráter transnacional.
(D) Para a caracterização da "associação criminosa" no caso de tráfico de substância entorpecente, exige-se a concorrência de três ou mais pessoas.

A: incorreta, uma vez que, atualmente, o conceito de *organização criminosa* é dado pela Lei 12.850/2013. Bem antes, parte da doutrina e da jurisprudência, à míngua de um conceito legal, sustentava que a definição de organização criminosa deveria ser extraída da chamada Convenção de Palermo. Pondo fim à celeuma até então existente na doutrina e jurisprudência, a Lei 12.694/2012, em seu art. 2º, trouxe o conceito de *organização criminosa*: "(...) associação, de 3 (três) ou mais pessoas, estruturalmente ordenada e caracterizada pela divisão de tarefas, ainda que informalmente, com objetivo de obter, direta ou indiretamente, vantagem de qualquer natureza, mediante a prática de crimes cuja pena máxima seja igual ou superior a 4 (quatro) anos ou que sejam de caráter transnacional". Mais recentemente, a Lei 12.850/2013, que deu nova conformação à organização criminosa e revogou a Lei 9.034/1995 (que disciplinava a matéria), trouxe novo conceito de organização criminosa, que atualmente está em vigor (art. 1º, § 1º), a saber: "Considera-se organização criminosa a associação de 4 (quatro) ou mais pessoas estruturalmente ordenada e caracterizada pela divisão de tarefas, ainda que informalmente, com o objetivo de obter, direta ou indiretamente, vantagem de qualquer natureza, mediante a prática de infrações penais cujas penas máximas sejam superiores a 4 (quatro) anos, ou que sejam de caráter transnacional"; **B:** correta, segundo a Lei 12.694/2012, em vigor à época da elaboração desta questão; **C:** incorreta, pois não corresponde à legislação em vigor ao tempo em que foi aplicada a prova: Lei 12.694/2012; **D:** incorreta, dado que o art.

35 da Lei 11.343/2006, que corresponde ao crime de associação para o tráfico, exige a associação de duas ou mais pessoas.
Gabarito "B".

(Promotor de Justiça/SC – 2016 - MPE)

(1) A Lei 12.850/2013, ao tratar da investigação e dos meios de obtenção da prova, dispõe que a infiltração de agentes de polícia ou de inteligência em tarefas de investigação, representada pelo delegado de polícia ou requerida pelo Ministério Público, após manifestação técnica do delegado de polícia quando solicitada no curso de inquérito policial, será precedida de circunstanciada, motivada e sigilosa autorização judicial, que estabelecerá seus limites.

1: O erro da assertiva está na parte em que afirma que a infiltração pode ser feita por agentes de *inteligência*. Isso porque um dos requisitos deste meio de obtenção de prova é que a infiltração seja feita por agente *policial*, nos termos do art. 10, *caput*, da Lei 12.850/2013. Vale lembrar que a anterior Lei 9.034/1995 permitia que a infiltração fosse feita por agentes de inteligência, além, é claro, de policiais.
Gabarito 1E

(Promotor de Justiça/SC – 2016 - MPE)

(1) Considera-se organização criminosa a associação de 4 (quatro) ou mais pessoas estruturalmente ordenada e caracterizada pela divisão de tarefas, ainda que informalmente, com objetivo de obter, direta ou indiretamente, vantagem de qualquer natureza, mediante a prática de infrações penais cujas penas máximas sejam superiores a 4 (quatro) anos, ou que sejam de caráter transnacional. Esta é a definição prevista na Lei 12.850/2013.

1: Verdadeira, uma vez que corresponde à redação do art. 1º, § 1º, da Lei 12.850/2013.
Gabarito 1C

(Promotor de Justiça/SC – 2016 - MPE)

(1) Ao dispor sobre a investigação criminal conduzida pelo delegado de polícia, a Lei 12.830/2013 determinou que o inquérito policial ou outro procedimento previsto em lei em curso somente poderá ser avocado ou redistribuído por superior hierárquico, mediante despacho fundamentado, por motivo de interesse público ou nas hipóteses de inobservância dos procedimentos previstos em regulamento da corporação que prejudique a eficácia da investigação.

1: A proposição, que está correta, reflete o que estabelece o art. 2º, § 4º, da Lei 12.846/2013.
Gabarito 1C

(Promotor de Justiça/SC – 2016 - MPE)

(1) Prevê a Lei 12.694/2012 que, nos processos ou procedimentos que tenham por objeto crimes praticados por organizações criminosas, o juiz poderá decidir pela formação de colegiado para a prática de qualquer ato processual. Neste caso, o juiz poderá instaurar o colegiado, indicando os motivos e as circunstâncias que acarretam risco à sua integridade física em decisão fundamentada, da qual será dado conhecimento ao órgão correcional. O colegiado será formado pelo juiz do processo e por 3 (três) outros juízes em exercício no primeiro grau de jurisdição, escolhidos por sorteio eletrônico.

1: O enunciado contém um erro, a saber: o colegiado a que se refere o art. 1º, § 2º, da Lei 12.694/2012 será formado pelo juiz cuja integridade física está sob ameaça mais dois (e não três) magistrados com competência criminal em exercício no primeiro grau de jurisdição, escolhidos por sorteio eletrônico.
Gabarito 1E

(Promotor de Justiça – MPE/MS – FAPEC – 2015) Analise as proposições abaixo acerca da colaboração premiada prevista na lei referente às organizações criminosas (Lei 12.850/2013):

I. O juiz poderá conceder perdão judicial ao colaborador, ainda que esse benefício não tenha sido previsto originariamente na proposta inicial, desde que requerido pelo Ministério Público, a qualquer tempo, considerando a relevância da colaboração prestada.

II. Em relação ao colaborador, o Ministério Público poderá deixar de oferecer a denúncia, diante da relevância da colaboração premiada, desde que, em sendo o colaborador líder da organização criminosa, seja a primeira pessoa a prestar a colaboração.

III. O acordo de colaboração premiada deixa de ser sigiloso assim que recebida a denúncia.

IV. O juiz não participará das negociações realizadas entre as partes para a formalização do acordo de colaboração.

Assinale a alternativa correta:

(A) Todas as proposições são corretas.
(B) Somente as proposições I, III e IV são corretas.
(C) Somente as proposições II e III são corretas.
(D) Somente as proposições IV e III são corretas.
(E) Somente as proposições I e II são corretas.

I: correta, pois em conformidade com o art. 4º, § 2º, da Lei 12.850/2013; **II:** incorreta, na medida em que não reflete o disposto no art. 4º, § 4º, I e II, da Lei 12.850/2013; **III:** correta (art. 7º, § 3º, da Lei 12.850/2013); **IV:** correta (art. 4º, § 6º, da Lei 12.850/2013).
Gabarito "B".

(Procurador da República – 26º) Considerando a transferência de presos para estabelecimentos penais federais de segurança máxima, e tendo por lastro o entendimento mais recente do STJ a respeito da matéria, é incorreto afirmar:

(A) A alteração do regime de execução penal estabelecido pela Lei 11.671/2008, permitindo a transferência e inclusão de preso oriundo de outro sistema penitenciário para o sistema penitenciário federal de segurança máxima, constitui exceção e está inspirada em fatos e fundamentos a serem necessariamente considerados por ocasião do pedido e da admissão correspondente;

(B) Não cabe ao Juiz Federal da Seção Judiciária em que se localiza o estabelecimento penal federal exercer qualquer juízo de valor sobre a gravidade ou não das razões do Juízo solicitante, mormente quando se tratar de preso provisório sem condenação, situação em que, de resto, a Lei 11.671/2008 encarrega o Juízo solicitante de dirigir o controle da prisão, fazendo-o por carta precatória;

(C) O período de permanência do preso em estabelecimento penal federal de segurança máxima não poderá exceder a 360 (trezentos e sessenta) dias, admitindo-se, excepcionalmente, a renovação do prazo de permanência, que dar-se-á apenas uma única vez;

(D) O Juízo Federal da Seção Judiciária em que se localiza o estabelecimento penal federal somente pode justificar a recusa em recolher o preso se evidenciadas condições desfavoráveis ou inviáveis da unidade prisional, tais como lotação ou incapacidade de receber novos presos ou apenados.

Nos termos da Lei 11.671/2008, art. 10, *"a inclusão de preso em estabelecimento penal federal de segurança máxima será excepcional e por prazo determinado. § 1º O período de permanência não poderá ser superior a 360 (trezentos e sessenta) dias, renovável, excepcionalmente, quando solicitado motivadamente pelo juízo de origem, observados os requisitos da transferência"*. A lei não restringe a renovação por apenas mais uma vez. Vale a pena transcrever a decisão do STJ sobre o tema (decidido na 3ª Seção): **Conflito de competência. Execução penal.** Transferência de preso para presídio federal de segurança máxima. Decisão fundamentada na acentuada periculosidade do apenado. Pedido de renovação do prazo de permanência pelo juízo estadual. Demonstração da necessidade. Risco premente para segurança pública. Juízo federal que, sem apreciar a renovação, defere o benefício da progressão ao regime semiaberto e determina o retorno do sentenciado ao estado de origem. Impossibilidade. Interpretação sistemática das regras legais que disciplinam a matéria. Caso concreto. Persistência dos motivos ensejadores da transferência originária do sentenciado. Fundamentação suficiente. Manutenção do sentenciado no presídio federal. 1) Nos termos do art. 10, § 5º, da Lei 11.671/2008, rejeitado o pedido de renovação de permanência do preso em estabelecimento penal federal de segurança máxima, o Juízo de origem poderá suscitar conflito de competência. Na hipótese, embora não tenha havido rejeição expressa acerca da renovação da permanência, o deferimento da progressão de regime pelo Juízo Federal, determinando o retorno do apenado ao Estado de origem, revela, implicitamente, uma recusa ao pedido de renovação, razão pela qual o conflito deve ser conhecido. 2) A execução da pena privativa de liberdade, no período em que durar a permanência do preso no estabelecimento penal federal de segurança máxima, **ficará a cargo do Juízo Federal**, conforme dispõe o art. 4º, § 1º, da Lei 11.671/2008, sendo possível, portanto, ao Juízo se valer de quaisquer das medidas previstas no art. 66 da Lei de Execução Penal, inclusive, em tese, a concessão do benefício da progressão de regime, ocasião em que o Departamento Penitenciário Nacional providenciará o retorno do apenado ao local de origem (art. 11 do Decreto 6.877/2009). **3)** Todavia, as regras que disciplinam a transferência e inclusão de presos em estabelecimentos penais federais de segurança máxima, previstas na Lei 11.671/2008 e no Decreto 6.877/2009, devem ser interpretadas de forma sistemática, isto é, deve-se analisar a unidade e a harmonia dos dispositivos legais existentes, sem reduzir ou extinguir a competência e a atuação de nenhum dos Juízos envolvidos, não se perdendo de vista, ainda, a própria finalidade da lei (*mens legis*). **4)** Com efeito, o ordenamento legal que fixa a competência do Juízo Federal para a execução da pena privativa de liberdade de sentenciado em estabelecimento penal federal de segurança máxima - possibilitando, em tese, a concessão da progressão de regime - dispõe também que esse sistema foi viabilizado para receber presos de alta periculosidade (art. 3º, I, IV e VI, do Decreto 6.877/2009). **Permite**, ainda, **ao Juízo Estadual solicitar a renovação do prazo de permanência**, caso persistam os motivos da transferência originária, podendo, inclusive, na hipótese de recusa da renovação, suscitar conflito de competência, ocasião em que o apenado deverá continuar no presídio federal até o julgamento de mérito do conflito (art. 10, §§ 1º a 6º, da Lei 11.671/2008). **5)** Assim, compatibilizando-se os dispositivos legais que regem a matéria, conclui-se que a concessão do benefício da progressão de regime ao preso em presídio federal de segurança máxima fica condicionada à ausência dos motivos que justificaram a transferência originária para esse sistema ou, ainda, à superação de eventual conflito de competência suscitado. **6)** Na hipótese, contudo, persistem as razões e fundamentos que ensejaram a transferência do preso Marcelo Pereira Menigette Paulo, vulgo "Pitbul", ao estabelecimento penal federal de segurança máxima, notadamente em razão da sua periculosidade concreta, tendo em vista que desempenha função de liderança em violenta organização criminosa denominada "Milícia Águia de Mirra", atuante em 23 (vinte e três) comunidades carentes do Rio de Janeiro. Referida organização exige dos moradores contribuição em dinheiro sobre todas as atividades ilegalmente exercidas pelo grupo criminoso - transporte alternativo, TV por assinatura, comércio ilegal de gás, entre outras -, utilizando-se, para tanto, de ações de extrema e absurda violência, conforme narrado em extenso relatório de inteligência elaborado pela Secretaria de Segurança Pública do Estado do Rio de Janeiro. A renovação da permanência revela-se, portanto, providência indeclinável, como medida excepcional e adequada para resguardar a ordem pública, afastando-se, por ora, o benefício da progressão de regime deferido pelo Juízo Federal da Seção Judiciária do Mato Grosso do Sul. **7)** Considerando que o sentenciado foi transferido para a Penitenciária Federal de Porto Velho/RO, em razão da realização de rodízio de presos em estabelecimentos penais federais, os autos deverão ser encaminhados ao Juízo responsável pela execução de sua pena no referido presídio. **8)** Conflito conhecido para declarar a competência do Juízo Federal da Subseção Judiciária de Porto Velho/RO, responsável atualmente pela execução do sentenciado Marcelo Pereira Menigette Paulo, afastando-se, por ora, o benefício da progressão de regime deferido pelo Juízo Federal da 5ª Vara Criminal e Execução Penal da Seção Judiciária do Mato Grosso do Sul, o suscitado. (**CC 125.871**/RJ, Rel. Min. Marco Aurélio Bellizze, 3ª Seção, julgado em 08.05.2013).

Gabarito "C".

20.9. TEMAS COMBINADOS DA LEGISLAÇÃO EXTRAVAGANTE

(Promotor de Justiça – MPE/BA – CEFET – 2015) Quanto às interceptações telefônicas e ao combate à criminalidade organizada, pode-se afirmar que:

(A) A Lei de Interceptações Telefônicas (Lei 9.296/1996) se aplica à interceptação do fluxo de comunicações em sistemas de informática, com exceção dos sistemas de telemática.

(B) Segundo o disposto na Lei 12.850/2013 (Organizações Criminosas), se a ação controlada envolver transposição de fronteiras, o retardamento da intervenção policial ou administrativa não dependerá da cooperação das autoridades dos países que figurem como provável itinerário ou destino do investigado, o que garantirá a efetividade da investigação criminal.

(C) Excepcionalmente, o juiz poderá admitir que o pedido de interceptação telefônica seja formulado verbalmente, desde que estejam presentes os pressupostos que autorizem a interceptação, caso em que a concessão será condicionada à sua redução a termo.

(D) De acordo com a Lei 12.850/2013 (Organizações Criminosas), o juiz participará das negociações realizadas entre as partes para a formalização do acordo de colaboração premiada, que ocorrerá entre o delegado de polícia, o investigado e o defensor, com a manifestação do Ministério Público, ou, conforme o caso, entre o Ministério Público e o investigado ou acusado e seu defensor.

(E) O pedido de interceptação telefônica é um tipo de questão processual incidental do processo penal, e, por esta razão, não ocorrerá, segundo os termos da Lei 9.296/1996, em autos apartados.

A: incorreta, visto que a Lei 9.296/1996 tem incidência tanto na interceptação do fluxo de comunicações em sistemas de informática quanto em sistemas de telemática (art. 1º, parágrafo único); **B:** incorreta, uma vez que contraria a regra presente no art. 9º da Lei 12.850/2013, segundo o qual a ação controlada, em casos assim, estará sujeita à cooperação das autoridades dos países que figurem como provável itinerário ou destino do investigado; **C:** correta, pois reflete a regra contida no art. 4°, § 1°, da Lei 9.296/1996; **D:** incorreta. Por força do que estabelece o art. 4°, § 6°, da Lei 12.850/2013, é defeso ao juiz participar do acordo de colaboração premiada, que deverá ser realizado entre o delegado de polícia e o colaborador ou entre este e o Ministério Público, com a presença, em qualquer caso, do defensor; o papel do magistrado, no cenário da colaboração premiada instituída pela Lei 12.850/2013, se limita a homologar o acordo firmado entre as partes citadas, desde que não eivado de ilegalidade ou irregularidade (art. 4°, § 8°, da Lei 12.850/2013). Entre outras coisas, o juiz analisará se o colaborador agiu, quanto ao acordo firmado, de forma voluntária; **E:** incorreta, pois contraria a regra presente no art. 8°, *caput*, da Lei 9.296/1996.

Gabarito "C".

(Promotor de Justiça – MPE/MS – FAPEC – 2015) Analise as seguintes assertivas acerca dos aspectos processuais e procedimentais previstos em legislações especiais:

I. Tratando-se de crime de abuso de autoridade (Lei 4.898/1965), mesmo existindo vestígios, o exame de corpo de delito é dispensável, podendo ser suprido por prova unicamente testemunhal.
II. Nos crimes previstos na Lei 11.343/2006 (Lei de Tóxicos), o inquérito policial será concluído no prazo de trinta dias, se o indiciado estiver preso, e de noventa dias, quando solto.
III. Nos crimes praticados com violência doméstica e familiar contra a mulher, nos termos da Lei 11.340/2006, é cabível a prisão preventiva do agressor, em qualquer fase do inquérito policial ou da instrução criminal, independentemente da pena prevista para a infração penal.
IV. Conforme preceitua a Lei 9.296/1996 (Interceptação Telefônica), a transcrição das conversas interceptadas deve ser feita por peritos oficiais.

Assinale a alternativa correta:

(A) Somente as proposições I, II e III estão corretas.
(B) Somente as proposições III e IV estão corretas.
(C) Somente as proposições I, II e IV estão corretas.
(D) Somente a proposição III está correta.
(E) Somente a proposição II está correta.

I: correta (art. 14, *a*, da Lei 4.898/1965); **II:** correta. Tal como afirmado, o prazo fixado para a conclusão do inquérito policial, no âmbito da Lei de Drogas, é, se preso estiver o indiciado, de 30 dias, e, quando solto, de 90 dias, podendo haver duplicação desses prazos, providência a ser determinada pelo juiz mediante pedido justificado formulado pela autoridade policial (art. 51 da Lei 11.343/2006 – Lei de Drogas); **III:** correta. O emprego da custódia preventiva, no contexto da violência doméstica, independe do máximo de pena abstratamente previsto para a infração penal (art. 313, III, do CPP) e pode ser decretada em qualquer fase do inquérito ou da ação penal (art. 20, *caput*, da Lei 11.340/2006 – Maria da Penha); **IV:** incorreta, já que não existe tal imposição na lei de regência.

Gabarito "A".

(Ministério Público/MS – 2013 – FADEMS) Analise os temas abaixo e assinale a alternativa **correta**:

(A) Conforme a Lei n° 9.807/97 (Programa de Proteção a Vítimas e as Testemunhas), poderá o juiz, de ofício ou a requerimento das partes, conceder a diminuição de pena ao acusado que, sendo primário, tenha colaborado efetiva e voluntariamente com a investigação e com o processo criminal, desde que dessa colaboração tenha resultado: I – a identificação dos demais coautores ou partícipes da ação criminosa; II – a localização da vítima com a sua integridade física preservada; III – a recuperação total ou parcial do produto do crime.
(B) A lavagem de dinheiro (Lei n° 12.683/2012) continua a ser um crime derivado, mas agora depende de uma infração penal antecedente, que somente pode ser um crime.
(C) Tratando-se de tráfico ilícito de substâncias entorpecentes, a infiltração de agentes de polícia em tarefas de investigação pode ser realizada em qualquer fase da persecução criminal, dependendo, entretanto, de oitiva do Ministério Público e autorização judicial.
(D) Segundo o atual entendimento do Superior Tribunal de Justiça, o condenado punido por falta grave sofre a perda da integralidade dos dias remidos.
(E) Em sede de crime hediondo ou a ele equiparado (Lei n° 8.072/90), o participante ou associado que denunciar a quadrilha ou bando para à autoridade poderá receber o perdão judicial, com a consequente extinção da punibilidade, ou terá a pena reduzida de um a dois terços.

A: incorreta, pois, neste caso, o réu colaborador fará jus ao perdão judicial, conforme estabelece o art. 13 da Lei 9.807/1999; **B:** incorreta, pois a conduta antecedente, a partir da entrada em vigor da Lei 12.683/2012, pode ser tanto criminosa quanto contravencional (art. 1° da Lei 9.613/1998); **C:** correta, pois retrata o que estabelece o art. 53, I, da Lei 11.343/2006 (Lei de Drogas); **D:** incorreta. Em vista das alterações promovidas na LEP pela Lei 12.433/11, estabeleceu-se, no caso de cometimento de falta grave, uma proporção máxima em relação à qual poderá se dar a perda dos dias remidos. Assim, diante da prática de falta grave, poderá o juiz, em vista da nova redação do art. 127 da LEP, revogar no máximo 1/3 do tempo remido, devendo a contagem recomeçar a partir da data da infração disciplinar. Antes disso, o condenado perdia os dias remidos na sua totalidade. *Vide* o teor da Súmula Vinculante 9, que, com a edição da Lei 12.433/11, perdeu sua razão de ser; **E:** incorreta, pois não retrata o disposto no art. 8°, parágrafo único, da Lei 8.072/1990 (Crimes Hediondos).

Gabarito "C".

(Ministério Público/SP – 2013 – PGMP) Considere as seguintes proposições relacionadas com disposições processuais previstas em leis especiais.

I. Diante de crimes que se supõem praticados por organizações criminosas, a lei permite o retardamento da intervenção policial, para que a medida legal se concretize em momento mais eficaz do ponto de vista da formação da prova.
II. Relativamente aos crimes de trânsito, a suspensão da habilitação para dirigir veículo automotor é possível de ser decretada pelo juiz, de ofício, como medida cautelar, antes mesmo do início da ação penal.
III. Constitui causa de rejeição da denúncia formulada por crime de lavagem de capitais o fato de ter sido decretada a extinção de punibilidade da infração penal antecedente.

Está CORRETO o que se afirma

(A) apenas em III.
(B) apenas em I e III.
(C) apenas em II e III.
(D) apenas em I e II.
(E) em I, II e III.

I: a ação controlada, nos casos de organização criminosa, encontra-se atualmente regida pelos arts. 8º e 9º da recente Lei 12.850/2013, que revogou, na íntegra, a Lei 9.034/1995 (art. 26 da Lei 12.850/2013). Mesmo diante de tal mudança na conformação jurídica do instituto, a assertiva permanece correta; II: correta, nos termos do art. 294 da Lei 9.503/1997 (Código de Trânsito Brasileiro); III: art. 2º, § 1º, da Lei 9.613/1998 (modificado pela Lei 12.683/2012).
Gabarito "D".

(Ministério Público/SC – 2012) Analise as seguintes assertivas:

I. Os atos previstos no Código de Processo Penal serão públicos em regra. Todavia, nos casos em que puder resultar escândalo, inconveniente grave ou perigo de perturbação da ordem, o juiz, ou o tribunal, câmara, ou turma, poderá de ofício ou a requerimento da parte ou do Ministério Público, determinar que o ato seja realizado a portas fechadas, limitando o número de pessoas que possam estar presentes.
II. Segundo o Decreto-Lei n. 1.002/69 o Inquérito Policial Militar será sempre presidido por oficial de posto superior ao do indiciado.
III. Atualmente a progressão de regime, no caso dos condenados por crimes hediondos, dar-se-á após o cumprimento de 2/5 (dois quintos) da pena, se o apenado for primário, e de 3/5 (três quintos), se reincidente.
IV. A transação penal é a aplicação imediata de pena restritiva de direitos ou multas, a ser especificada na proposta do Ministério Público, sendo que sua aplicação impedirá que o autor da infração obtenha o mesmo benefício no prazo de 5 (cinco) anos.
V. A Lei n. 9.034/95 estabeleceu que a ação controlada consiste em retardar a interdição policial do que se supõe ação praticada por organizações criminosas ou a ela vinculado, desde que mantida sob observação e acompanhamento para que a medida legal se concretize no momento mais eficaz do ponto de vista da formação de provas e fornecimento de informações.

(A) Apenas as assertivas I, II, III e V estão corretas.
(B) Apenas as assertivas III, IV e V estão corretas.
(C) Apenas as assertivas I, III, IV e V estão corretas.
(D) Apenas as assertivas I, II, III e IV estão corretas.
(E) Todas as assertivas estão corretas.

I: correta, nos termos do art. 792, § 1º, do CPP; II: incorreta, nos termos do art. 7º, § 2º, do Dec.-Lei 1.002/1969; III: correta, pois em conformidade com o que estabelece o art. 2º, § 2º, da Lei 8.072/1990 (Crimes Hediondos); IV: correta, nos moldes do art. 76, *caput* e § 2º, II, da Lei 9.099/1995 (Juizados Especiais); V: correta, porque em conformidade com o disposto no art. 2º, II, da Lei 9.034/1990 (Crime Organizado), em vigor à época em que foi elaborada esta questão. Atualmente, com a recente revogação da Lei 9.034/1995 pela Lei 12.850/2013 (Crime Organizado), a disciplina da ação controlada, nesta novel legislação, está prevista nos arts. 3º, III, 8º e 9º.
Gabarito "C".

(Ministério Público/TO – 2012 – CESPE) Considerando o disposto nas Leis nº 9.807/1999 e nº 9.434/1997, assinale a opção correta.

(A) De acordo com o que dispõe a Lei nº 9.434/1997, constatada a morte encefálica de menor de idade, a remoção *post mortem* de seus órgãos para fins de transplante somente poderá ocorrer após a permissão expressa de um dos pais do menor ou de um de seus responsáveis legais.

(B) A lei brasileira veda à pessoa juridicamente capaz dispor, ainda que gratuitamente, de partes do corpo vivo para fins terapêuticos.
(C) Suponha que Lúcio, condenado a pena privativa de liberdade, seja testemunha de gravíssimo crime, ocorrido antes do início do cumprimento de sua reprimenda. Nessa situação, nos termos da Lei nº 9.807/1999, Lúcio está excluído do programa de proteção especial a testemunhas.
(D) Compete ao MP fiscalizar e supervisionar termos de parceria firmados entre os estados, com vistas à realização de programas de proteção especial a vítimas e testemunhas.
(E) Entre as medidas previstas no programa de proteção especial a testemunhas, destaca-se a mudança do nome da testemunha protegida, podendo a medida abranger, excepcionalmente, filhos menores de idade e cônjuge, mas não ascendentes da mesma.

A: incorreta, visto que o art. 5º da Lei 9.434/1997 estabelece que a permissão, expressa, deve ser dada por ambos os pais ou pelos representantes legais; **B**: incorreta, pois não reflete o disposto no art. 9º da Lei 9.434/1997; **C**: correta (art. 2º, § 2º, da Lei 9.807/1999); **D**: incorreta, pois contraria o que estabelece o art. 1º, § 1º, da Lei 9.807/1999; **E**: incorreta, pois não reflete o disposto no art. 9º, § 1º, da Lei 9.807/1999.
Gabarito "C".

21. TEMAS COMBINADOS E OUTROS TEMAS

(Promotor de Justiça – MPE/RS – 2017) Assinale a alternativa **INCORRETA**.

(A) No processo penal, a falta da defesa constitui nulidade absoluta, mas a sua deficiência só o anulará se houver prova de prejuízo para o réu.
(B) A transação penal prevista no artigo 76 da Lei n. 9.099/1995, homologada e descumprida, não faz coisa julgada material e possibilita ao Ministério Público a continuidade da persecução penal.
(C) No mandado de segurança impetrado pelo Ministério Público contra decisão proferida em processo penal, é obrigatória a citação do réu como litisconsorte passivo.
(D) Não viola as garantias do juiz natural, da ampla defesa e do devido processo legal a atração por continência ou conexão do processo do corréu ao foro por prerrogativa de função de um dos denunciados.
(E) É absoluta a nulidade decorrente da inobservância da competência penal por prevenção.

A: correta, pois reflete o entendimento sufragado na Súmula 523 do STF, *in verbis*: "No processo penal, a falta da defesa constitui nulidade absoluta, mas a sua deficiência só o anulará se houver prova de prejuízo para o réu"; **B**: correta, pois em conformidade com o disposto na Súmula Vinculante 35: "A homologação da transação penal prevista no artigo 76 da Lei 9.099/1995 não faz coisa julgada material e, descumpridas suas cláusulas, retoma-se à situação anterior, possibilitando-se ao Ministério Público a continuidade da persecução penal mediante oferecimento de denúncia ou requisição de inquérito policial"; **C**: correta: Súmula 701 do STF: "No mandado de segurança impetrado pelo Ministério Público contra decisão proferida em processo penal, é obrigatória a citação do réu como litisconsorte passivo"; **D**: correta. É o entendimento firmado na Súmula 704 do STF: "Não viola as garantias do juiz natural, da ampla defesa e do devido processo legal a atração por continência ou conexão do processo do corréu ao foro por prerrogativa de função de um dos denunciados"; **E**: incorreta, pois contraria o entendimento consolidado na Súmula 706 do STF: "É relativa a nulidade decorrente da inobservância da competência penal por prevenção".

Gabarito "E".

(Promotor de Justiça – MPE/RS – 2017) Assinale a alternativa **INCORRETA**.

(A) A carta rogatória para citação de réu que se encontra em lugar sabido, no estrangeiro, suspende o curso do prazo de prescrição até seu cumprimento.
(B) A arguição de suspeição de jurado formulada por advogado exige procuração com poderes especiais.
(C) A arguição de suspeição do juiz formulada por defensor público prescinde de procuração.
(D) Transitada em julgado a sentença condenatória, compete ao juízo das execuções a aplicação de lei mais benigna.
(E) Não cabe *habeas corpus* contra decisão condenatória a pena de multa.

A: correta. De fato, ante o que estabelece o art. 368 do CPP, estando o acusado no estrangeiro, em local conhecido, será citado por carta rogatória, devendo ser suspenso o curso do prazo prescricional até o seu cumprimento; **B:** correta (arts. 98 e 448, § 2º, do CPP); **C:** incorreta. Embora a atuação do defensor público prescinda, em regra, de procuração, tal será imprescindível nos casos em que a lei impuser a necessidade de poderes especiais. Nesse sentido, conferir: "A jurisprudência desta Corte Superior de Justiça é no sentido de que o artigo 98 do CPP exige manifestação da vontade da parte interessada na recusa do magistrado por suspeição por meio da subscrição da petição pela própria parte interessada ou, quando representada em juízo, por meio de procuração com poderes especiais. Com efeito, ainda que independa de mandato para o foro em geral, o defensor público não atua na qualidade de substituto processual, mas de representante processual, devendo juntar procuração sempre que a lei exigir poderes especiais, como no presente caso, não havendo falar em violação qualquer do direito de acesso ao Poder Judiciário" (REsp 1431043/MG, Rel. Ministra Maria Thereza De Assis Moura, Sexta Turma, julgado em 16.4.2015, *DJe* 27.4.2015); **D:** correta, pois em conformidade com o entendimento sufragado na Súmula 611 do STJ, a seguir transcrita: "Transitada em julgado a sentença condenatória, compete ao juízo das execuções a aplicação da lei mais benigna"; **E:** correta. Tendo em conta que o *habeas corpus* é medida autônoma de impugnação de índole constitucional específica para tutelar o direito de locomoção, não havendo risco direto ou reflexo de perda desse direito, não é possível a utilização do remédio. É o entendimento presente na Súmula 693, STF: "Não cabe habeas corpus contra decisão condenatória a pena de multa, ou relativo a processo em curso por infração penal a que a pena pecuniária seja a única cominada".

Gabarito "C".

(Ministério Público/DF – 2013) Assinale a alternativa **CORRETA**:

(A) Para preservação do princípio da individualização da pena, no crime de roubo, o número de majorantes será computado para elevar a sanção na terceira fase de fixação.
(B) Segundo entendimento pacificado no Superior Tribunal de Justiça, o furto privilegiado é compatível com o furto qualificado, máxime quando a qualificadora é de ordem objetiva.
(C) No latrocínio, o resultado morte que qualifica o roubo deve ser resultante de dolo do agente.
(D) A posse ou detenção legítima do bem é desnecessária à caracterização do crime de apropriação indébita.
(E) Caracteriza-se a extorsão mediante sequestro quando o agente, após ameaçar a vítima com arma de fogo e colocá-la no interior do porta-malas do veículo, abandona-a em local ermo e subtrai-lhe o automóvel.

A: incorreta, visto que não corresponde ao entendimento firmado na Súmula 443 do STJ; **B:** correta, pois em conformidade com o entendimento consolidado na Súmula 511 do STJ: "É possível o reconhecimento do privilégio previsto no § 2º do art. 155 do CP nos casos de crime de furto qualificado, se estiverem presentes a primariedade do agente, o pequeno valor da coisa e a qualificadora for de ordem objetiva"; **C:** incorreta. Conforme é sabido, o resultado morte, no crime de latrocínio (art. 157, § 3º, 2ª parte, do CP), pode ocorrer tanto a título de *dolo* quanto a título de *culpa*; **D:** incorreta. No crime de apropriação indébita (art. 168, CP), temos que o agente ingressa na posse da *res* de forma legítima, ou seja, ele está, no momento da tradição da coisa, de boa-fé. Em momento posterior, o agente inverte o ânimo em relação à coisa, passando a agir como se dono fosse; **E:** incorreta, uma vez que o crime de extorsão mediante sequestro pressupõe que o agente exija, como condição para libertar a vítima sequestrada, o pagamento de resgate (art. 159, *caput*, do CP).

Gabarito "B".

(Ministério Público/Acre – 2014 – CESPE) Considerando os entendimentos do STF e do STJ acerca dos princípios processuais penais, do inquérito e das questões e dos processos incidentes, assinale a opção correta.

(A) Ao promotor de justiça é vedado, no curso de processo penal, suscitar o conflito de jurisdição.
(B) A hipoteca legal sobre os imóveis do indiciado poderá ser requerida pelo ofendido em qualquer fase do processo, desde que haja certeza da autoria.
(C) A condenação lastreada em declarações colhidas de testemunhas na fase inquisitorial, bem como em depoimentos prestados em juízo, ainda que garantidos o contraditório e a ampla defesa, resulta em ilegalidade, pois o CPP impede que o juiz, para a formação de sua livre convicção, considere elementos informativos colhidos na fase de investigação criminal.
(D) O CPP prevê que, independentemente da demonstração de boa-fé, o terceiro adquirente tem o direito de opor-se, por meio de embargos, ao sequestro incidente sobre imóvel.
(E) Existindo dúvida razoável quanto à saúde psíquica do acusado, competirá ao juiz da causa averiguar a necessidade de instauração de incidente de insanidade mental.

A: incorreta. Antes de mais nada, valem alguns esclarecimentos sobre o tema. O *conflito de competência* somente se estabelece entre órgãos jurisdicionais integrantes de uma mesma justiça. É qualificado de *positivo* quando dois ou mais juízes se considerem competentes para o julgamento do mesmo caso; diz-se *negativo* na hipótese de dois ou mais juízes recusarem a competência. Já o *conflito de jurisdição* configura-se quando o embate é travado entre órgãos jurisdicionais de justiças distintas. Por fim, *conflito de atribuições* é aquele que se dá entre autoridades administrativas ou entre estas e autoridades judiciárias. É de atribuições o conflito existente entre promotores de Justiça. Neste caso, a divergência será solucionada pelo procurador-geral de Justiça, sem intervenção do órgão jurisdicional. No CPP, o conflito de jurisdição/competência está disciplinado do art. 113 ao 117. Cremos que o examinador se referiu, na verdade, ao conflito de competência (chamado pelo CPP de conflito de jurisdição), que poderá ser suscitado, sim, pelo MP (art. 115, II, do CPP); **B:** incorreta. Segundo estabelece o art. 134 do CPP, para ser decretada a hipoteca legal, são necessários *certeza da infração penal* (prova da materialidade) e *indícios suficientes de autoria*. Não é necessário, portanto, e aqui está a incorreção da assertiva, a presença de *certeza* de autoria; mesmo porque tal somente pode ser exigido na fase de sentença. No mais a proposição está correta; **C:** incorreta. O que se veda é que o juiz forme sua convicção com base exclusiva nas informações colhidas na investigação; disso se infere que é perfeitamente possível que o juiz se baseie, na formação de sua convicção, em provas produzidas em contraditório judicial bem assim em informações colhidas no inquérito policial (art. 155, CPP); **D:** incorreta, pois não reflete o que estabelece o art. 130, II, do CPP; **E:** correta (art. 149, *caput*, do CPP).

Gabarito "E".

(Promotor de Justiça – MPE/BA – CEFET – 2015) Assinale a alternativa CORRETA:

(A) Segundo o entendimento consolidado do Superior Tribunal de Justiça, a decisão que determina a produção antecipada de provas com base no artigo 366 do Código de Processo Penal, isto é, quando o réu citado por edital for revel, pode ter como única justificativa o decurso do tempo, o que prestigia o princípio constitucional da razoável duração do processo.
(B) De acordo com o Código de Processo Penal, toda pessoa poderá ser testemunha.
(C) É admissível a extinção da punibilidade pela prescrição da pretensão punitiva com fundamento em pena hipotética, independentemente da existência ou sorte do processo penal.
(D) Por ser ato personalíssimo, a renúncia do réu ao direito de apelação, manifestada sem assistência do defensor, impede o conhecimento da apelação por este interposta.
(E) Todas as alternativas anteriores estão incorretas.

A: incorreta, já que o mero decurso do tempo não é apto a justificar, por si só, a produção antecipada de provas no âmbito da suspensão condicional do processo (art. 366, CPP), conforme entendimento materializado na Súmula 455, STJ: "A decisão que determina a produção antecipada de provas com base no art. 366 do CPP deve ser concretamente fundamentada, não a justificando unicamente o mero decurso do tempo"; **B:** correta, uma vez que corresponde à regra presente no art. 202 do CPP; **C:** incorreta, já que contraria o entendimento firmado na Súmula n. 438, STJ; **D:** incorreta, visto que não corresponde ao entendimento esposado na Súmula 705, STF: "A renúncia do réu ao direito de apelação, manifestada sem a assistência do defensor, não impede o conhecimento da apelação por este interposta"; **E:** incorreta. *Vide* comentário à alternativa "B".

Gabarito "B".

(Promotor de Justiça – MPE/BA – CEFET – 2015) Assinale a alternativa INCORRETA:

(A) No processo penal, a autodefesa pode ser manifestada pelo réu, entre outros exemplos, através do direito de audiência, do direito de presença e do exercício de capacidade postulatória autônoma em algumas situações específicas previstas na legislação processual penal.
(B) Segundo o Código de Processo Penal, a distribuição e a prevenção são hipóteses de determinação da competência jurisdicional.
(C) No processo penal, a ilegitimidade de parte, por ser matéria de ordem pública, não pode ser oposta via exceção.
(D) A restituição de coisas apreendidas, quando cabível, poderá ser ordenada pela autoridade policial ou juiz, desde que não exista dúvida quanto ao direito do reclamante.

(E) No que diz respeito à detração, esta deverá ser considerada pelo juiz que proferir a sentença condenatória, de maneira que o tempo de prisão provisória, de prisão administrativa ou de internação, no Brasil ou no estrangeiro, será computado para fins de determinação do regime inicial de pena.

A: correta. A assertiva contempla algumas formas de manifestação da chamada *autodefesa*, que, ao contrário da defesa *técnica*, é renunciável. Regra geral, a defesa técnica, promovida por profissional habilitado (advogado), é indispensável (art. 261, CPP), dado o interesse público aqui envolvido. Mais do que isso, deve o magistrado zelar pela qualidade da defesa técnica, declarando o acusado, quando o caso, indefeso e nomeando-lhe outro causídico. Há casos, entretanto, em que o ajuizamento da ação pode ser feito pelo próprio interessado sem a participação de profissional habilitado. Exemplo sempre mencionado pela doutrina é o *habeas corpus*, em que não exige que a causa seja patrocinada por defensor. Conferir: "*Habeas corpus*. Penal. Processual penal. Defesa técnica. Direito indisponível e irrenunciável. Inadmissibilidade de o réu subscrever sua própria defesa. Autodefesa. Direito excepcional do acusado. Possibilidade restrita às hipóteses previstas na constituição e nas leis processuais. Ordem denegada. I – A defesa técnica é aquela exercida por profissional legalmente habilitado, com capacidade postulatória, constituindo direito indisponível e irrenunciável. II – A pretensão do paciente de realizar sua própria defesa mostra-se inadmissível, pois se trata de faculdade excepcional, exercida nas hipóteses estritamente previstas na Constituição e nas leis processuais. III – Ao réu é assegurado o exercício da autodefesa consistente em ser interrogado pelo juízo ou em invocar direito ao silêncio, bem como de poder acompanhar os atos da instrução criminal, além de apresentar ao respectivo advogado a sua versão dos fatos para que este elabore as teses defensivas. IV – Ao acusado, contudo, não é dado apresentar sua própria defesa, quando não possuir capacidade postulatória. V – Ordem denegada" (HC 102019, Ricardo Lewandowski, STF); **B:** correta. Segundo estabelece o art. 69 do CPP, são critérios para a determinação da competência, entre outros, a *distribuição* e a *prevenção*; **C:** incorreta (art. 95, IV, do CPP); **D:** correta, uma vez que corresponde à redação do art. 120, *caput*, do CPP; **E:** correta (art. 387, § 2º, do CPP).

Gabarito "C".

(Promotor de Justiça – MPE/MS – FAPEC – 2015) Assinale a alternativa **incorreta**:

(A) A participação de membro do Ministério Público na fase investigatória criminal não acarreta o seu impedimento ou suspeição para o oferecimento da denúncia.
(B) Considera-se questão prejudicial homogênea a exceção da verdade no crime de calúnia.
(C) Caso o juiz acolha a exceção de incompetência, caberá recurso em sentido estrito.
(D) Os prazos são contados no processo penal da data da juntada aos autos do mandado ou da carta precatória ou de ordem.
(E) Ausente o citado por edital, suspende-se o processo e a prescrição, esta pelo prazo máximo da pena cominada, diante do princípio da prescritibilidade das ações.

A: correta, pois corresponde ao entendimento firmado por meio da Súmula 234, do STJ; **B:** correta. Quanto ao tema *questão prejudicial*, valem alguns esclarecimentos. Prevista no art. 92 do CPP, *obrigatória* é a questão prejudicial que necessariamente enseja a suspensão do processo, sendo tão somente suficiente que o magistrado do juízo criminal a repute séria e fundada. Aqui, o juiz deverá determinar a paralisação do feito até que o juízo cível emita sua manifestação. Envolvem questões atinentes à própria existência do crime. Preleciona o art. 116, I, do CP

que o curso da prescrição ficará suspenso. Já na questão prejudicial *facultativa*, contida no art. 93 do CPP, o magistrado tem a faculdade, não a obrigação, de suspender o processo. Trata-se, aqui, de questões diversas do estado das pessoas. Diz-se *heterogênea* porque diz respeito à matéria de outra área do direito da questão prejudicada; a *homogênea*, ao contrário, integra o mesmo ramo do direito da questão principal ou prejudicada, sendo este o caso da exceção da verdade no crime de calúnia; **C:** correta. É a hipótese de interposição de recurso em sentido estrito prevista no art. 581, II, do CPP; **D:** incorreta. Tal regra somente tem aplicação no âmbito do processo civil. No processo penal, diferentemente, conforme entendimento pacificado por meio da Súmula 710 do STF, os prazos serão contados da data em que ocorreu a intimação, e não do dia em que se deu a juntada do mandado ou da carta precatória aos autos; **E:** correta. De fato, se o réu, citado por edital, não comparece nem nomeia defensor, ficarão suspensos o processo e o prazo de prescrição (art. 366, CPP). Neste caso, tendo em conta o teor da Súmula 415 do STJ, "O período de suspensão do prazo prescricional é regulado pelo máximo da pena cominada".
Gabarito "D".

(Promotor de Justiça – MPE/MS – FAPEC – 2015) Assinale a alternativa **incorreta**:

(A) Segundo o entendimento do Supremo Tribunal Federal, constitui nulidade a falta de intimação do denunciado para oferecer contrarrazões ao recurso interposto contra a rejeição da denúncia.
(B) É possível o oferecimento de nova acusação na hipótese de rejeição da denúncia por inépcia, sem que ocorra violação ao princípio *ne bis in idem*.
(C) A autoridade judiciária, de ofício, não poderá decretar a prisão temporária de suspeito de cometimento de crimes considerados hediondos.
(D) É ilícita a investigação criminal oriunda de elementos de informação produzidos mediante gravação ambiental de conversa não protegida pelo sigilo legal realizada por apenas um dos interlocutores e sem o conhecimento do outro.
(E) O princípio da *lex fori* admite relativização no processo penal.

A: correta, uma vez que reflete o entendimento sufragado na Súmula 707, STF: "Constitui nulidade a falta de intimação do denunciado para oferecer contrarrazões ao recurso interposto da rejeição da denúncia, não a suprimindo a nomeação de defensor dativo"; **B:** correta. De fato, uma vez rejeitada a denúncia porque inepta, nada obsta que seja novamente oferecida; **C:** correta. A decretação da prisão temporária, hediondo ou não o crime investigado, somente poderá ser decretada, conforme rezam os arts. 1º, I, e 2º, *caput*, da Lei 7.960/1989, em face de requerimento do Ministério Público ou mediante representação da autoridade policial. O magistrado, assim, não está credenciado a decretá-la de ofício em nenhum caso; **D:** incorreta. É tranquilo o entendimento dos tribunais superiores no sentido de que a gravação ambiental realizada por um dos interlocutores sem o conhecimento do outro pode ser utilizada como prova no processo penal. Nesse sentido, conferir: "É lícita a prova obtida mediante a gravação ambiental, por um dos interlocutores, de conversa não protegida por sigilo legal. Hipótese não acobertada pela garantia do sigilo das comunicações telefônicas (inciso XII do art. 5º da Constituição Federal). 2. Se qualquer dos interlocutores pode, em depoimento pessoal ou como testemunha, revelar o conteúdo de sua conversa, não há como reconhecer a ilicitude da prova decorrente da gravação ambiental (...)" (STF, Inq 2116 QO, Relator(a): Min. Marco Aurélio, Relator(a) p/ acórdão: Min. Ayres Britto, Tribunal Pleno, julgado em 15.09.2011, acórdão eletrônico *dje*-042 divulg 28.02.2012 public 29.02.2012); **E:** correta. O princípio da *lex fori* corresponde à territorialidade da lei processual penal, segundo a qual a lei será aplicada dentro do território que a editou; tal princípio, no entanto, como é sabido, comporta exceções, como, por exemplo, quando a lei nacional é aplicada em território estrangeiro com a autorização deste.
Gabarito "D".

(Ministério Público/MT – 2012 – UFMT) **NÃO** constitui entendimento do Supremo Tribunal Federal:

(A) A renúncia do réu ao direito de apelação, manifestada sem a assistência do defensor, não ofende o conhecimento da apelação por este interposta.
(B) É nula a decisão que determina o desaforamento de processo da competência do júri sem audiência da defesa.
(C) A falta de intimação do denunciado para oferecer contrarrazões ao recurso interposto da rejeição da denúncia, suprindo a nomeação de defensor dativo, não constitui nulidade.
(D) Só é lícito o uso de algemas em casos de resistência e de fundado receio de fuga ou de perigo à integridade física própria ou alheia, por parte do preso ou de terceiros, justificada a excepcionalidade por escrito, sob pena de responsabilidade disciplinar, civil e penal do agente ou da autoridade e de nulidade da prisão ou do ato processual a que se refere, sem prejuízo da responsabilidade civil do estado.
(E) É direito do defensor, no interesse do representado, ter acesso amplo aos elementos de prova que, já documentados em procedimento investigatório realizado por órgão com competência de polícia judiciária, digam respeito ao exercício do direito de defesa.

A: correta (Súmula 705, STF); **B:** correta (Súmula 712, STF); **C:** incorreta (Súmula 707, STF); **D:** correta (Súmula Vinculante 11); **E:** correta (Súmula Vinculante 14).
Gabarito "C".

(Ministério Público/SC – 2012) Analise as seguintes assertivas:

I. Cabe prisão temporária no crime de concussão.
II. Uma das medidas cautelares diversas da prisão é a suspensão do exercício de função pública ou de atividade de natureza econômica ou financeira quando houver justo receio de sua utilização para a prática de infrações penais.
III. Nos procedimentos ordinário e sumário, após sua resposta, o Juiz deverá absolver sumariamente o acusado quando verificar que o fato narrado evidentemente não constitui crime.
IV. O inquérito policial poderá ser concluído no prazo de 60 (sessenta) dias, se o indiciado estiver preso, e de 180 (cento e oitenta) dias, quando solto, por ordem do Juiz, ouvido o Ministério Público, mediante pedido justificado da autoridade de polícia judiciária.
V. São impedidos de servir no mesmo Conselho de Sentença, entre outros: tios e sobrinhos; irmãos e irmãs; primos e primas.

(A) Apenas as assertivas I, II, III e IV estão corretas.
(B) Apenas as assertivas I, II, IV e V estão corretas.
(C) Apenas as assertivas II, III e V estão corretas.
(D) Apenas as assertivas II, III e IV estão corretas.
(E) Todas as assertivas estão corretas.

I: incorreta. Descabe a prisão temporária para o crime de concussão, visto que este delito não integra o rol do art. 1º, III, da Lei 7.960/1989; **II:** correta, visto que a proposição contempla a medida cautelar diversa da prisão prevista no art. 319, VI, do CPP; **III:** correta, visto que retrata a hipótese de absolvição sumária prevista no art. 397, III, do CPP; **IV:** o art. 10, *caput*, do CPP estabelece o prazo *geral* de 30 dias para conclusão do inquérito, quando o indiciado não estiver preso; se preso, o inquérito deve terminar em 10 dias. Na Justiça Federal, se o indicado estiver preso, o prazo para conclusão do inquérito é de quinze dias, podendo haver uma prorrogação por igual período, conforme dispõe o art. 66 da Lei 5.010/1966; se solto, o inquérito deve ser concluído em 30 dias, em consonância com o disposto no art. 10, *caput*, do CPP. Outro exemplo de lei que estabelece prazos diferenciados é a de tóxico. Pela disciplina estabelecida no art. 51, *caput*, da Lei 11.343/06 (atual Lei de Tóxicos), o inquérito, estando o indiciado preso, será concluído no prazo de 30 dias; se solto estiver, o prazo será de 90 dias. O parágrafo único do mesmo artigo dispõe que os prazos aludidos no *caput* podem ser duplicados mediante pedido justificado da autoridade policial, sempre ouvido o MP, chegando a 60 e 180 dias. Correta, portanto, a assertiva, que como se pode ver, refere-se aos prazos fixados na Lei de Drogas; **V:** incorreta, pois não reflete o disposto no art. 448 do CPP.

Gabarito "D".

(Ministério Público/SC – 2012) Analise as seguintes assertivas:

I. A lei processual penal, em benefício do réu, admitirá interpretação extensiva e aplicação analógica, bem como o suplemento dos princípios gerais de direito.
II. A sentença absolutória que decidir que o fato imputado não constitui crime impedirá a propositura da ação civil de reparação do dano.
III. Na competência pelo lugar da infração, quando o último ato de execução for praticado fora do território nacional, será competente o juiz do lugar em que o crime, embora parcialmente, tenha produzido ou devia produzir seu resultado.
IV. Na determinação da competência por conexão ou continência, uma das regras a ser observada é a que estabelece que no concurso de jurisdições de diversas categorias, predominará aquela cuja pena seja mais gravosa.
V. No caso da competência por conexão ou continência, será facultativa a separação dos processos quando as infrações tiverem sido praticadas em circunstâncias de tempo ou de lugar diferentes, ou, quando pelo excessivo número de acusados e para não lhes prolongar a prisão provisória, ou por outro motivo relevante, o juiz reputar conveniente a separação.

(A) Apenas as assertivas I, III, IV e V estão corretas.
(B) Apenas as assertivas I, II, III e IV estão corretas.
(C) Apenas as assertivas II, III, IV e V estão corretas.
(D) Apenas as assertivas I, II, IV e V estão corretas.
(E) Todas as assertivas estão corretas.

I: correta, pois corresponde ao que estabelece o art. 3º do CPP; **II:** incorreta, pois não reflete o disposto no art. 67, III, do CPP; **III:** correta, visto que reflete o disposto no art. 70, § 2º, do CPP; **IV:** correta (art. 78, II, *a*, do CPP); **V:** correta, pois em conformidade com o que dispõe o art. 80 do CPP.

Gabarito "A".

(Procurador da República – PGR – 2013) *A* foi submetido a busca pessoal durante a noite, quando saía de um bar. Agentes policiais detectaram, em sua carteira, cédulas de 50 reais que pareciam ser falsas, pois com textura diversa daquelas autênticas e em circulação. Foi conduzido à autoridade policial, tendo sido lavrado termo de prisão em flagrante por conduta tipificada no artigo 289, § 1º, do Código Penal. *A* permaneceu em silêncio e não explicou a origem das células. Legalidade do auto de prisão em flagrante foi confirmada e *a* permaneceu preso. Inquérito policial foi instaurado e, passados 16 dias, foi encaminhado ao Ministério Público sem qualquer outra Diligência, com pedido de prazo para continuidade das investigações. Cédulas apreendidas estavam no inquérito e ainda não haviam sido encaminhadas para exame de corpo de delito. Assinale a alternativa correta:

(A) Procurador da República deve propor transação penal, pois a conduta descrita no auto de prisão em flagrante é de menor potencial ofensivo.
(B) Procurador(a) da República deve denunciar *A* pela conduta descrita no artigo 289, § 2º, do Código Penal, pois não houve exame de corpo de delito.
(C) Procurador(a) da República deve manifestar-se pelo relaxamento de prisão, pois, esgotado prazo para conclusão de inquéritos policiais em que indiciados estão presos (15 dias), a prisão perde fundamento. Depois, deve devolver o inquérito à Polícia para que as cédulas sejam periciadas e testemunhas sejam ouvidas.
(D) Procurador(a) da República deve se manifestar pelo arquivamento do inquérito policial, pois não há provas de que as cédulas são falsas.

A: incorreta, pois não cabe, neste caso, *transação penal*, que somente terá lugar nas infrações penais de menor potencial ofensivo, que correspondem àquelas cuja pena máxima cominada não é superior a 2 anos (arts. 61 e 76 da Lei 9.099/1995). A pena máxima cominada ao crime atribuído a "A" é de 12 anos; **B:** incorreta, uma vez que a realização do exame de corpo de delito, nos crimes que deixam vestígios, é de rigor, ainda que se trate da conduta descrita no art. 289, § 2º, do CP, conforme estabelece o art. 158 do CPP; **C:** correta. Findo o prazo para a conclusão do inquérito policial e não tendo sido este encaminhado à Justiça no prazo estabelecido em lei, é de rigor o relaxamento da prisão preventiva, sem prejuízo de outras providências a serem realizadas pela Polícia Judiciária com vistas a concluir a investigação, tais como proceder à perícia nas cédulas e oitiva de testemunhas; **D:** incorreta. A prova de eventual falsidade das cédulas deve ser aferida por meio de exame de corpo de delito; enquanto isso não ocorrer, o inquérito policial, cujo objetivo é justamente reunir elementos de prova acerca da existência do crime (materialidade) e a respectiva autoria, permanece em curso.

Gabarito "C".

5. DIREITO CONSTITUCIONAL

Eduardo Dompieri, Henrique Subi, Fábio Tavares, Teresa Melo*

1. PODER CONSTITUINTE

(Promotor de Justiça – MPE/AM – FMP – 2015) No Estado do Amazonas, a Assembleia Legislativa aprova projeto de Emenda à Constituição estadual e encaminha o projeto para sanção, promulgação e publicação do Governador do Estado; o Chefe do Poder Executivo Estadual veta o texto aprovado por entendê-lo inconstitucional e contrário aos interesses da sociedade. Nesta hipótese

I. o projeto vetado deve ser devolvido à Assembleia Legislativa para que delibere sobre a manutenção ou derrubada do veto.
II. à similitude do que ocorre relativamente às Emendas à Constituição Federal, o projeto de Emenda Constitucional deverá ser promulgado e mandado publicar pela própria Assembleia Legislativa.
III. o poder constituinte decorrente atribuído aos Estados membros da federação brasileira, mesmo quando exercitado na modalidade derivada, considera-se insuscetível de subordinação ao Poder Executivo, por ele constituído, por força de estenderem-se naturalmente aos demais entes federados as normas atinentes ao processo legislativo contempladas na CF para a União Federal.
IV. o veto poderá ser derrubado nos termos do que esteja previsto na Constituição Estadual do Amazonas.

Quais das assertivas acima estão corretas?

(A) Apenas a I e IV.
(B) Apenas a II e III.
(C) Apenas a III.
(D) Apenas a IV.
(E) Nenhuma.

I: incorreta. Os procedimentos de manutenção ou derrubada de veto são previstos para o processo legislativo (art. 66, §§ 4º, 5º, e 6º, CF), não para o processo de emenda à Constituição, já que, no último, o Congresso atua como Poder Constituinte Derivado, não como Poder Legislativo; **II:** correta. A aprovação de projeto de emenda à Constituição do Estado decorre do exercício do Poder Constituinte Derivado Decorrente e a aprovação de emenda à Constituição Federal realiza-se via Poder Constituinte Derivado, ou seja, a aprovação de emendas constitucionais (à CF ou à Constituição estadual) é exercício do Poder Constituinte e, por isso, deve seguir, simetricamente, o rito estabelecido pela CF (art. 60, §§ 3º e 4º, CF); **III:** correta. O Poder Constituinte Derivado, de titularidade dos estados-membros, é o responsável por criar e alterar a constituição estadual, de modo que é ele quem cria os Poderes Legislativo, Executivo e Judiciário do seu próprio estado. Quando há aprovação de emenda à constituição estadual, o poder constituinte derivado decorrente não se submete ao Executivo, como já explicado no item I, porque a Assembleia Legislativa não atua como Poder Legislativo. Os estados alteram as suas constituições aplicando, por simetria, as normas previstas na Constituição Federal para alteração da constituição federal; **IV:** Não há fase de sanção ou veto na aprovação de emendas constitucionais, quando aprovadas são encaminhadas diretamente para publicação, conforme já explicitado no item I. Gabarito "B".

(Ministério Público/MS – 2013 – FADEMS) Sobre o Poder Constituinte é **incorreto** afirmar:

(A) o objetivo fundamental do Poder Constituinte Originário é o de criar um novo Estado.
(B) o Poder Constituinte Originário é inicial, não autônomo (segundo a corrente positivista adotada no Brasil) e ilimitado juridicamente.
(C) o Poder Constituinte Derivado também é denominado de Poder Constituinte Instituído, Constituído, Secundário ou de Segundo Grau.
(D) o Poder Constituinte Derivado Decorrente tem como missão estruturar a Constituição dos Estados-Membros.
(E) o Poder Constituinte Derivado é limitado e condicionado.

A: correta. Em um primeiro momento, o examinando pode achar que a assertiva é incorreta, pois está acostumado a interpretar que o objetivo do Poder Constituinte Originário é de criar uma nova ordem constitucional, todavia, a interpretação nos conduz a concluir que se uma nova ordem constitucional foi elaborada é porque a finalidade do poder constituinte originário é de fato criar um novo Estado, diverso do que vigorava em decorrência da manifestação do poder constituinte precedente; **B:** incorreta, devendo ser assinalada. O Poder Constituinte Originário é inicial, autônomo, ilimitado, incondicionado, permanente e soberano. Sem prejuízo, é oportuno deixar consignado que a titularidade do poder constituinte originário em Estados Democráticos é do *povo*, como, aliás, se pode extrair exemplificadamente do texto preambular de nossa Constituição. O indigitado texto, permita-nos repisar, tem a seguinte redação em início: "Nós, representantes do povo brasileiro...". Neste mesmo sentido o teor do parágrafo único, art. 1º, da CF/1988: "*Todo poder emana do povo, que o exerce por meio de representantes eleitos ou diretamente, nos termos desta Constituição*"; **C:** correta. O Poder Constituinte Derivado também é denominado de Poder Constituinte Instituído, Constituído, Secundário ou de Segundo Grau; **D:** correta. O poder constituinte derivado é o responsável pela criação das novas Constituições dos Estados-membros. A título de curiosidade vale dizer que grande parte da doutrina entende que os Municípios não têm poder constituinte decorrente, o que não acontece no Distrito Federal, conforme orientação do Supremo Tribunal Federal. Vejamos: O Distrito Federal é uma unidade federativa de compostura singular, dado que: a) desfruta de competências que são próprias dos Estados e dos Municípios, cumulativamente (art. 32, § 1º, CF/1988); b) algumas de suas instituições elementares são organizadas e mantidas pela União (art. 21, XIII e XIV, CF/1988); c) os serviços públicos a cuja prestação está jungido são financiados, em parte, pela mesma pessoa

---

* **Eduardo Dompieri** comentou as questões dos seguintes concursos: MP/PI/14, MP/MG/14, MP/ES/13, MP/MG/13; **Henrique Subi** comentou as questões do seguinte concurso: MP/DF/13; **Teresa Melo** comentou as questões dos seguintes concursos: MPE/AM – FMP – 2015, MPE/BA – CEFET – 2015, MPE/MS – FAPEC – 2015, 28º Concurso – 2015 – MPF, MPE/ GO – 2016, MPE/SC – 2016, MPE/RS – 2017; **Fábio Tavares** comentou as demais questões. **Teresa Melo** atualizou todas as questões desse capítulo.

federada central, que é a União (art. 21, XIV, parte final, CF/1988). Conquanto submetido a regime constitucional diferenciado, o Distrito Federal está bem mais próximo da estruturação dos Estados-membros do que da arquitetura constitucional dos Municípios. Isto porque: a) ao tratar da competência concorrente, a Lei Maior colocou o Distrito Federal em pé de igualdade com os Estados e a União (art. 24); b) ao versar o tema da intervenção, a Constituição dispôs que a 'União não intervirá nos Estados nem no Distrito Federal' (art. 34), reservando para os Municípios um artigo em apartado (art. 35); c) o Distrito Federal tem, em plenitude, os três orgânicos Poderes estatais, ao passo que os Municípios somente dois (inciso I do art. 29); d) a Constituição tratou de maneira uniforme os Estados-membros e o Distrito Federal quanto ao número de deputados distritais, à duração dos respectivos mandatos, aos subsídios dos parlamentares etc. (§ 3º do art. 32); e) no tocante à legitimação para propositura de ação direta de inconstitucionalidade perante o STF, a Magna Carta dispensou à Mesa da Câmara Legislativa do Distrito Federal o mesmo tratamento dado às Assembleias Legislativas estaduais (inciso IV do art. 103); f) no modelo constitucional brasileiro, o Distrito Federal se coloca ao lado dos Estados-membros para compor a pessoa jurídica da União; g) tanto os Estados-membros como o Distrito Federal participam da formação da vontade legislativa da União (arts. 45 e 46) (ADI 3.756, Rel. Min. Carlos Britto, julgamento em 21.06.2007, DJ de 19.10.2007)". Se não bastasse, o preâmbulo da Lei Orgânica do DF estabelece que: "Sob a proteção de Deus, nós, Deputados Distritais, legítimos representantes do povo do Distrito Federal, investidos de Poder Constituinte, respeitando os preceitos da Constituição da República Federativa do Brasil, promulgamos a presente Lei Orgânica, que constitui a Lei Fundamental do Distrito Federal, com o objetivo de organizar o exercício do poder, fortalecer as instituições democráticas e os direitos da pessoa humana". (grifo nosso); **E**: correta, pelos mesmos motivos apresentados nas assertivas anteriores.
Gabarito "B".

(Ministério Público/TO – 2012 – CESPE) Com referência à CF e ao poder constituinte, assinale a opção correta.

(A) Os princípios constitucionais sensíveis estão previstos implicitamente na CF; os princípios constitucionais taxativamente estabelecidos limitam a ação do poder constituinte decorrente e os princípios constitucionais extensíveis se referem à estrutura da Federação brasileira.

(B) As normas programáticas são dotadas de eficácia jurídica, pois revogam as leis anteriores com elas incompatíveis; vinculam o legislador, de forma permanente, à sua realização; condicionam a atuação da administração pública e informam a interpretação e aplicação da lei pelo Poder Judiciário.

(C) A proposta de emenda constitucional não pode tratar de temas que formem o núcleo intangível da CF, tradicionalmente denominado como cláusulas pétreas, como, por exemplo, a separação de poderes e os direitos e garantias individuais.

(D) A CF pode ser classificada como promulgada, analítica, histórica e rígida.

(E) Poder constituinte derivado decorrente é o poder que os entes da Federação (estados, DF e municípios) têm de estabelecer sua própria organização fundamental, nos termos impostos pela CF.

A: incorreta, pois os princípios constitucionais sensíveis: são expressamente indicados na Constituição como impeditivos da atuação dos Estados-membros, cuja violação autoriza a intervenção federal para assegurar a prevalência da ordem constitucional (art. 34, inc. VII, alíneas "a" a "e" da CF. Já os princípios constitucionais extensíveis (paralelismo, simetria): São as regras de organização da União, obrigatoriamente estendidas aos Estados. Por fim, temos a classe dos princípios constitucionais estabelecidos: limitam a autonomia dos Estados-membros na organização de suas respectivas estruturas. Podem ser expressos e implícitos. Expressos: são limitações que constam da Constituição. Exemplo: art. 19, incs. I a III da Lei Maior. Implícitos: são limitações decorrentes dos princípios adotados pela Constituição. Exemplo: norma que atribua ao Poder Legislativo Estadual funções típicas de um regime parlamentarista (aprovar os nomes do secretariado estadual) será inconstitucional, uma vez que contrasta com o regime político presidencialista adotado pelo Brasil; **B**: correta, de fato as normas programáticas são dotadas de eficácia jurídica, pois revogam as leis anteriores com elas incompatíveis; vinculam o legislador, de forma permanente, à sua realização; condicionam a atuação da administração pública e informam a interpretação e aplicação da lei pelo Poder Judiciário; **C**: incorreta, já que a proposta de emenda constitucional não pode abolir ou reduzir as cláusulas pétreas, mas pode perfeitamente tratar de tais temas; **D**: incorreta, a CF pode ser classificada como promulgada, analítica, dogmática e rígida (nunca histórica); **E**: incorreta, pois o Poder Constituinte Derivado Decorrente só se manifesta nos estados. É o poder de se criar constituições estaduais.
Gabarito "B".

(Ministério Público/PR – 2011) Relativamente ao Poder Constituinte originário é correto afirmar:

(A) É limitado apenas pelas cláusulas pétreas da Constituição Federal.
(B) É inicial, autônomo e incondicionado.
(C) Pode ser denominado também como poder reformador.
(D) Se corporifica geralmente por meio do instrumento chamado Emenda à Constituição.
(E) É também identificado pela doutrina como Poder Constituinte constituído.

A: incorreta, pois o Poder Constituinte Originário é ilimitado, ainda que se trate de cláusulas pétreas. Numa análise rigorosamente formal, o poder constituinte originário é incondicionado como potência que atua no período de elaboração constitucional, é a forma de todas as formas, antecedendo a todas as criações legais e humanas, pois transcende a todas elas. Não encontra condicionamentos ao seu exercício. É juridicamente ilimitado e livre de toda e qualquer formalidade; **B**: correta, já que o Poder Constituinte Originário é inicial porque inaugura uma nova ordem jurídica; ilimitado, porque não se submete aos limites impostos pela ordem jurídica anterior (nem mesmo pelas cláusulas pétreas); autônomo, porque exercido livremente por seu titular (o povo); e incondicionado, por não se submeter a nenhuma forma preestabelecida para sua manifestação. Importante ressaltar que, para a doutrina jusnaturalista, o direito natural impõe limites ao PCO que, por essa razão, não seria totalmente autônomo. Ao contrário do Poder Constituinte Originário (que é inicial, autônomo, ilimitado e incondicionado), o Poder Constituinte Derivado é secundário, subordinado, limitado, e exercido pelos representantes do povo. Daí resulta que o poder constituinte derivado encontra limites nas regras previstas pelo constituinte originário. Como defendido em doutrina, o poder constituinte derivado pode ser exercido por meio da reforma da Constituição Federal ou da Constituição Estadual (poder constituinte derivado reformador), pela revisão da Constituição Federal (poder constituinte derivado revisor, art. 3º do ADCT) ou por intermédio da elaboração das Constituições estaduais e da lei orgânica do Distrito Federal (poder constituinte derivado decorrente). É também chamado de poder constituinte constituído; **C**: incorreta, já que o poder reformador é aquele que altera, formalmente, a constituição. É também chamado de instituído, de segundo grau ou secundário. Responsável pela função renovadora das constituições, cumpre ao poder derivado modificar a forma plasmada quando da elaboração genuína do texto básico, recriando e inovando a ordem jurídica. Nisso, completa e atualiza a obra do constituinte de primeiro grau; **D**: incorreta. As emendas constitucionais são elaboradas pelo

Poder Constituinte Derivado Reformador; **E:** incorreta, pelos mesmos fundamentos apresentados na alternativa correta que condenou todas as demais assertivas.

Gabarito "B".

2. TEORIA DA CONSTITUIÇÃO E PRINCÍPIOS FUNDAMENTAIS

(Procurador da República – 28º Concurso – 2015 – MPF) Assinale a alternativa incorreta:

(A) Para o pensamento republicano, a liberdade como "não dominação" é o ideal regulador de todas as medidas estatais e decisões políticas, e representa a possibilidade de os cidadãos se motivarem pela ação política exatamente para não sofrerem uma interferência sobre bases arbitrárias;
(B) O republicanismo contemporâneo aposta na confluência entre diversidade e aparato institucional, de tal modo que o consenso não seja uma construção prévia, mas resultado de ideias conflitantes contrastadas no interior das estruturas republicanas;
(C) Mecanismos de dispersão e indelegabilidade de poder, império da lei em sentido estrito e democracia formal são requisitos suficientes para a caracterização do Estado republicano contemporâneo;
(D) O Estado republicano da atualidade convive, permanentemente, com a instabilidade dos conceitos de "público" e "privado", muito em função de lutas emancipatórias vitoriosas, que trazem para o espaço público questões até então confinadas ao âmbito privado.

A: correta. O republicanismo adota, sim, uma visão diferente da liberdade do liberalismo clássico, defendendo a visão de liberdade como "não dominação". A ideia é que, diante de uma sociedade com pluralidade de valores, diversa e multicultural, o Estado deve tentar abarcar minimamente a pluralidade, promovendo a universalidade sem aculturamento. O neorepublicanismo, assim, defende simultaneamente valores neoliberais e igualitários, abarcando bandeiras como multiculturalismo, razão dialógica e diversidade, ao lado da virtude cívica e da participação política. Como afirma Daniel Sarmento, liberdade como "não subordinação" significa que "a dependência de um indivíduo pode comprometer a sua liberdade tanto ou mais do que alguma interferência externa sobre a sua conduta"; **B:** correta. O foco do republicanismo está na participação do cidadão na vida pública, enfatizando a "importância da esfera pública como local de troca de razões, exercendo importante papel de supervisão sobre o funcionamento concreto das instituições políticas formais" (Daniel Sarmento). "Nesse sentido", continua Daniel Sarmento, "uma das maiores bandeiras republicanas é o combate aos privilégios conferidos aos governantes ou à elite. A igualdade é afirmada também como exigência no campo socioeconômico, para que a democracia possa prosperar". Essa premissa não pode ser desconsiderada, sendo um dos consensos prévios no pensamento republicano; **C:** incorreta, devendo ser assinalada. O republicanismo envolve muito mais que a defesa de uma forma de governo, "envolve uma constelação de ideias que tem importantes repercussões práticas na definição de padrões adequados de comportamento para governantes e cidadãos" (Daniel Sarmento). O pensamento republicano, como destacado nas alternativas "a" e "b", assegura a ideia de liberdade como "não dominação" e a de igualdade como reconhecimento intersubjetivo, não havendo falar apenas em lei no sentido formal ou de democracia formalista; **D:** correta. Um exemplo de luta emancipatória que antes permanecia em âmbito privado e que agora é objeto de debates públicos é a violência doméstica.

Gabarito "C".

(Promotor de Justiça – MPE/BA – CEFET – 2015) As diferentes formas de se compreender o direito acabam por produzir diferentes concepções de constituição, conforme o prisma de análise. (...).(NOVELINO, Marcelo. Direito Constitucional,3 ed., Editora Método, 2009, p.101). Tendo como norte conceitual a doutrina do autor acima, observe a seguinte formulação, realizada pelo mesmo, acerca do fundamento de uma constituição: "(...) surge a ideia de constituição total, com aspectos econômicos, sociológicos, jurídicos e filosóficos, a fim de abranger o seu conceito em uma perspectiva unitária (...)". Trata-se da:

(A) Concepção sociológica.
(B) Concepção jurídica.
(C) Concepção política.
(D) Concepção culturalista.
(E) Estão incorretas todas as alternativas anteriores.

A: incorreta. A concepção sociológica de Ferdinand Lassale defende que a constituição deve ser o somatório dos *fatores reais do poder* dentro de uma sociedade, sob pena de terminar como uma simples *folha de papel*; **B:** incorreta. O sentido jurídico de constituição é atribuído a Hans Kelsen, que enxerga a constituição como *norma pura*, "puro dever-ser, sem qualquer pretensão a fundamentação sociológica, política ou filosófica" (José Afonso da Silva); **C:** incorreta. O sentido político de Constituição é atribuído a Carl Schmitt, que diferencia *constituição* de *lei constitucional*. Ainda de acordo com José Afonso da Silva, no sentido político de Carl Schmitt, constituição "só se refere à decisão política fundamental (estrutura e órgãos do Estado, direitos individuais, vida democrática etc.); as leis constitucionais seriam os demais dispositivos inseridos no texto do documento constitucional, mas não contêm matéria de decisão política fundamental"; **D:** correta: Pedro Lenza, refletindo o pensamento de J. H. Meirelles Teixeira, afirma que "a concepção culturalista do direito conduz ao conceito de uma constituição total em uma visão suprema e sintética que '... apresenta, na sua complexidade intrínseca, aspectos econômicos, sociológicos, jurídicos e filosóficos, a fim de abranger o seu conceito em uma perspectiva unitária'. Assim, sob o conceito culturalista de Constituição, '... as Constituições positivas são um conjunto de normas fundamentais, condicionadas pela cultura total, e ao mesmo tempo condicionantes desta, emanadas da vontade existencial da unidade política, e reguladores da existência, estrutura e fins do Estado e do modo de exercício e limites do poder político'".

Gabarito "D".

(Promotor de Justiça – MPE/MS – FAPEC – 2015) Sobre o federalismo na Constituição de 1988, é **correto** afirmar que:

(A) No federalismo simétrico o pressuposto é que existe uma desigualdade regional, a exemplo que prescreve o inciso III, do art. 3º, CF/1988.
(B) O sistema federal simétrico adotado, informa que cada Estado mantenha o mesmo relacionamento para com a autoridade central (União Federal).
(C) Ao ser adotado o federalismo simétrico a CF/1988 reconhece a desigualdade jurídica e de competências entre os entes da Federação.
(D) A Constituição Federal de 1988 rejeita a ideia de federalismo assimétrico em razão do reconhecimento das desigualdades regionais.
(E) O federalismo assimétrico é reconhecido pela Constituição Federal de 1988 quando esta informa a igualdade jurídica e de competências entre os entes federados.

A: incorreta. No federalismo simétrico pressupõe-se a homogeneidade de cultura, desenvolvimento, língua e outros fatores, como no caso dos Estados Unidos. O assimétrico pode decorrer de diversos desses fatores dentro de um mesmo país, como ocorre no Canadá (bilíngue e multicultural); **B:** correta. Assim como a União deve manter o mesmo relacionamento para com os Estados; **C:** incorreta. O federalismo brasileiro é assimétrico, embora haja dispositivos que apontam para o federalismo simétrico; **D:** incorreta. A federação brasileira é assimétrica principalmente em razão das diferenças econômicas e sociais; **E:** incorreta. Esses são exemplos de normas simétricas da Constituição.

Gabarito "B".

(Ministério Público/MG – 2014) Assinale a afirmativa INCORRETA:

(A) O federalismo por agregação surge quando Estados soberanos cedem uma parcela de sua soberania para formar um ente único.
(B) O federalismo dualista caracteriza-se pela sujeição dos Estados federados à União.
(C) O federalismo centrípeto se caracteriza pelo fortalecimento do poder central decorrente da predominância de atribuições conferidas à União.
(D) No federalismo atípico, constata-se a existência de três esferas de competências: União, Estados e Municípios.

A: assertiva correta. É o que se deu com a Federação Americana: os Estados Confederados, até então soberanos, cederam parcela desta soberania para formar a Federação dos Estados Unidos. Trata-se, segundo a doutrina, de uma formação que se deu de fora para dentro, num movimento *centrípeto*. Por isso chamado de federalismo por *agregação*. No Brasil, diferentemente, a formação da federação que hoje conhecemos ocorreu por meio de um movimento *centrífugo* (de dentro para fora). Isso porque, a partir de um estado unitário, houve a descentralização para dar origem a unidades federadas autônomas. Chamado, bem por isso, de federalismo *por desagregação* (ou segregação); **B:** assertiva incorreta, devendo ser assinalada, já que, no chamado federalismo dualista, há uma rígida separação de atribuições entre os entes federados. Não há que se falar, portanto, neste modelo de federalismo, em sujeição de um ente a outro; já no federalismo *cooperativo* não há esta rígida separação entre as atribuições dos entes federados; é marcado pela cooperação e aproximação entre os entes; **C:** assertiva correta. Neste caso (federalismo centrípeto), há uma centralização de atribuições na União; **D:** assertiva correta. É o caso brasileiro, em que a federação é formada por entes típicos, que são a União e os Estados, e por entes atípicos, que são o Distrito Federal e municípios.

Gabarito "B".

(Ministério Público/SP – 2013 – PGMP) A repristinação é a possibilidade de uma norma revogada passar novamente a ter vigência pelo fato de a norma revogadora ser revogada. O efeito repristinatório pode ocorrer nos casos:

I. de entrada em vigor de lei que revogue a lei revogadora expressar o restabelecimento da lei revogada.
II. de entrada em vigor de lei que revogue a lei revogadora, ainda que não expresse o restabelecimento da lei revogada.
III. de concessão da medida cautelar em autos de ação direta de inconstitucionalidade perante o Supremo Tribunal Federal, voltada contra a lei revogadora, salvo expressa manifestação em sentido contrário.
IV. de concessão da medida cautelar em autos de ação direta de inconstitucionalidade perante o Supremo Tribunal Federal voltada contra a lei revogadora, exceto nos casos em que a União for interessada.
V. em que o Tribunal declarar a inconstitucionalidade de lei e, por maioria simples de seus membros, determinar o efeito *ex nunc* da decisão.

Está CORRETO apenas o afirmado nos itens:
(A) I e IV.
(B) II e IV.
(C) I e V.
(D) I e III.
(E) IV e V.

I: correta (art. 2º, § 3º, da Lei de Introdução às normas do Direito Brasileiro); **II:** incorreta. Não existe repristinação automática no direito brasileiro. Esse fenômeno jurídico só é admitido quando feito de forma expressa; **III:** correta. O STF já definiu (Informativo 289, 08.11.2002) que a concessão de medida cautelar em autos de ação direta de inconstitucionalidade torna aplicável a legislação anterior acaso existente, salvo expressa manifestação em sentido contrário; **IV:** incorreta. Não há essa exceção; **V:** incorreta. Nessa hipótese não há repristinação. Além disso, a modulação dos efeitos não pode ser feita por maioria simples. O art. 27 da Lei 9.868/1999 traz requisitos, de modo que o STF, ao declarar a inconstitucionalidade de lei ou ato normativo, e tendo em vista razões de segurança jurídica ou de excepcional interesse social, poderá, por maioria de dois terços de seus membros, restringir os efeitos daquela declaração ou **decidir que ela só tenha eficácia a partir de seu trânsito em julgado** (*ex nunc*) ou de outro momento que venha a ser fixado.

Gabarito "D".

(Ministério Público/PR – 2013 – X) Qual a alternativa que define de modo mais adequado a denominação que o constitucionalismo moderno atribui ao fenômeno pelo qual se opera a alteração do conteúdo e do alcance das normas constitucionais pela via informal, sem alteração do texto normativo, tendo-se em conta a aplicação concreta de seu conteúdo a situações fáticas que se modificam no tempo, à luz de transformações no âmbito da realidade da configuração do poder político, da estrutura social ou do equilíbrio de interesses?

(A) Repristinação constitucional;
(B) Declaração parcial de inconstitucionalidade sem redução de texto;
(C) Recepção constitucional;
(D) Mutação constitucional;
(E) Modulação constitucional.

A: Incorreta. A repristinação ocorre quando uma lei é revogada por outra e posteriormente a própria norma revogadora é revogada por uma terceira lei, que irá fazer com que a primeira tenha sua vigência reestabelecida caso assim determine em seu texto legal. A lei revogada não se restaura apenas por ter a lei revogadora perdido a vigência, pois a repristinação só é admitida se for expressa; **B:** Incorreta. A declaração parcial da nulidade sem redução de texto consiste no reconhecimento da inconstitucionalidade de uma das possíveis hipóteses abrangidas pela norma objeto de controle. Dentro de um grande número de aplicações, uma delas se afigura inconstitucional. E, para esta situação, declara-se a inconstitucionalidade, sem necessidade de reduzir-se o texto da norma, que para as demais hipóteses é compatível com a Constituição. Normalmente, neste tipo de decisão, emprega-se a conjunção "desde que" (soweit), ou seja, a lei será inconstitucional desde que considerada naquela específica hipótese reconhecida como contrária à Lei Fundamental. Pode-se dizer que a declaração de nulidade parcial sem redução de texto é bastante utilizada no Brasil, principalmente, se considerada como gênero da interpretação conforme a Constituição – entendimento predominante na jurisprudência do Supremo Tribunal Federal; **C:** Incorreta. A recepção constitucional ocorre quando a nova ordem Constitucional entra em vigor, revogando tacitamente o ordenamento jurídico que se mostre com ela incompatível e recepciona o ordenamento jurídico infraconstitucional que se mostre compatível. A lei que tenha compatibilidade lógica com a Constituição será recepcionada com a natureza jurídica que a nova norma lhe imprime, ainda que mais rígida. Portanto, a forma com que se reveste o ato não tem a menor importância no fenômeno da recepção. Pode haver uma incompatibilidade formal, mas nunca material. A lei que se mostre incompatível será revogada tacitamente e não considerada como inconstitucional. Não existe inconstitucionalidade superveniente, pois o vício de inconstitucionalidade é congênito (nasce com a norma); **D:** Correta. A reforma constitucional obedece a critérios e limites estabelecidos pelo poder constituinte originário; as mutações constitucionais, por seu turno, não implicam modificações físicas no texto da CF, mas, sim, na interpretação da regra ali contida. Em outras palavras, a mutação constitucional pode ser vista de diversos aspectos, de forma ampla ou restritivamente ou ainda quanto a sua forma e não há consenso na doutrina quanto à sua classificação, assim, faremos uma análise de maneira genérica e nos aprofundaremos nos pontos controvertidos. De maneira mais ampla, a mutação constitucional pode ser entendida como toda e qualquer alteração da constituição seja ela por meio de reforma (atos do poder constituinte derivado) ou alterações interpretativas sem modificação de texto (operadas pelo judiciário). Quanto à mutação em análise estrita, pode ainda ser dividida em mutação formal, que nada mais é do que a alteração formal do texto legal e mutação informal, que se consubstancia na alteração interpretativa sem modificação de texto. Essa última espécie é a utilizada pela maioria dos autores, por vezes a mais polêmica e com amplas ramificações no direito constitucional e como um todo. Passemos então a análise da mutação constitucional (pois mutação pode ocorrer em qualquer espécie normativa) em seu aspecto informal/interpretativo, no âmbito de nossa Corte Constitucional, em que a partir deste momento chamaremos apenas de mutação. Tendo em vista a classificação de nossa constituição como rígida, ou seja, em que seu processo de alteração é mais lento e dificultoso que a alteração de uma legislação ordinária, e a constante evolução da sociedade, não se poderia admitir o engessamento da Constituição frente às necessidades sociais, isso, tendo como base a diferenciação entre texto legal e norma, passou a admitir-se a interpretação das normas constitucionais, possibilitando o dinamismo, mas devendo manter a segurança jurídica. Em relação aos limites da mutação constitucional, tema de várias controvérsias, pode-se entender que não há grandes diferenças entre limites da interpretação e da mutação constitucional se partirmos do pressuposto em que a mutação constitucional seria a alteração do sentido de um texto em decorrência da modificação do contexto. Mas, se considerarmos a mutação como fenômeno complexo, como consequência de diversos fatores sociais, políticos, institucionais etc., seus limites vão além dos limites da interpretação. Neste passo, a interpretação deve buscar no texto legal a vontade do legislador e não a do aplicador do direito e obedecer aos princípios de interpretação, que segundo Manoel Gonçalves Ferreira Filho ao citar Canotilho, exemplifica: *"1) princípio da unidade da Constituição, que exclui contradições, 2) princípio do efeito integrador, ou seja, deve-se preferir a interpretação que dá reforço à unidade política; 3) Princípio da máxima efetividade, quer dizer, deve-se preferir a interpretação que dê maior efetividade à norma; 4) princípio da justeza ou conformidade funcional, que impede a alteração da repartição de funções; 5) princípio da concordância prática ou harmonização, pelo qual se deve evitar o sacrifício (total) de um bem jurídico em favor de outro; 6) princípio da força normativa, em razão do qual se deve procurar dar eficácia óptima à lei constitucional etc."*; **E:** Incorreta. Com a aprovação da Lei n. 9.868/1999, que dispõe sobre processo e julgamento da ação direta de inconstitucionalidade e da ação declaratória de constitucionalidade perante o Supremo Tribunal Federal, no entanto, introduziu-se significativa alteração no cenário brasileiro com relação à técnica de controle de constitucionalidade. Em seu art. 27, a lei prescreve a fórmula segundo a qual "ao declarar a inconstitucionalidade de lei ou ato normativo, e tendo em vista razões de segurança jurídica ou de excepcional interesse social, poderá o Supremo Tribunal Federal, por maioria de dois terços de seus membros, restringir os efeitos daquela declaração ou decidir que ela só tenha eficácia a partir de seu trânsito em julgado ou de outro momento que venha a ser fixado". Eduardo Talamini pondera o seguinte entendimento sobre a modulação de efeitos: "A possibilidade de excepcionalmente restringir os efeitos retroativos ou mesmo atribuir apenas efeitos prospectivos à declaração de inconstitucionalidade – ao contrário do que possa parecer – confere maior operacionalidade ao sistema de controle abstrato. A regra da retroatividade absoluta e sem exceções acaba fazendo com que o tribunal constitucional, naquelas situações de conflito entre os valores acima mencionados, muitas vezes simplesmente deixe de declarar a inconstitucionalidade da norma, para assim evitar gravíssimas consequências que adviriam da eficácia *ex tunc* dessa declaração (2009, p. 439)".

Gabarito "D".

(Ministério Público/GO – 2012) A respeito da estrutura da constituição e seus reflexos na jurisdição constitucional e na práxis constitucional, assinale a alternativa correspondente à jurisprudência do Supremo Tribunal Federal:

(A) dado o caráter normativo do preâmbulo da Constituição da República, é correto invocá-lo como parâmetro de controle em sede de ação direta de inconstitucionalidade;

(B) é juridicamente possível, dada a hierarquia axiológica existente entre normas constitucionais, que ação direta de inconstitucionalidade ostente pedido de declaração de inconstitucionalidade de norma constitucional originária;

(C) quaisquer normas constitucionais contidas no Ato das Disposições Constitucionais Transitórias sujeitam-se ao poder de emenda, não se podendo, no entanto, cogitar, em relação a elas, de limites impostos por cláusulas pétreas, cuja proteção se volta, exclusivamente, a normas da parte permanente da Constituição;

(D) o poder de emenda à Constituição encontra limites nas chamadas cláusulas pétreas, independente de a ação reformadora projetar-se sobre normas constantes da parte permanente ou do Ato das Disposições Constitucionais Transitórias.

A: incorreta, pois o preâmbulo não tem caráter normativo. O preâmbulo de uma Constituição pode ser definido como documento de intenções do diploma, e consiste em uma certidão de origem e legitimidade do novo texto e uma proclamação de princípios, demonstrando a ruptura com o ordenamento constitucional anterior e o surgimento jurídico de um novo Estado. É de tradição em nosso Direito Constitucional e nele deve constar os antecedentes e enquadramento histórico da Constituição, bem como suas justificativas e seus grandes objetivos e finalidades. Jorge Miranda aponta a existência de preâmbulos em alguns dos mais importantes textos constitucionais estrangeiros: Estados Unidos (1787), Suíça (1874), Alemanha de Weimar (1949) e da Alemanha Oriental (1968, com as emendas de 07 de outubro de 1974), da Polônia (1952), Bulgária (1971), Romênia (1975), Cuba (1976), Nicarágua (1987), Moçambique (1978), São Tomé e Príncipe (1975) e Cabo Verde (1981). Apesar de não fazer parte do texto constitucional propriamente dito e, consequentemente, não conter normas constitucionais de valor jurídico autônomo, o preâmbulo não é juridicamente relevante, uma vez que deve ser observado como elemento de interpretação e integração dos diversos artigos que lhe seguem. O preâmbulo, portanto, por não ser norma constitucional, não poderá prevalecer contra texto expresso da Constituição Federal, e tampouco poderá ser paradigma comparativo para declaração de inconstitucionalidade, porém, por traçar as diretrizes políticas, filosóficas e ideológicas da Constituição, será uma de suas linhas mestras interpretativas; **B:** incorreta, já que a corrente majoritária da doutrina e do STF apontam: É juridicamente *impossível*, dada a hierarquia axiológica existente entre normas constitucionais, que ação direta de inconstitucionalidade ostente pedido de declaração de inconstitucionalidade de norma constitucional originária; **C:** incorreta, pois algumas normas constitucionais contidas no Ato das Disposições Constitucionais Transitórias sujeitam-se ao poder de emenda, podendo, no entanto, cogitar, em relação a elas, de limites impostos por cláusulas pétreas, cuja proteção se volta, a todas normas contidas na Constituição; **D:** correta, já que enaltece os fundamentos da alternativa anterior.

Gabarito "D".

(Ministério Público/GO – 2012) Quanto ao constitucionalismo brasileiro e à sua história, assinale a alternativa correta:

(A) a Constituição de 1937 foi a primeira a fazer expressa alusão à garantia do direito adquirido, além de conferir a mais ampla autonomia ao Poder Judiciário, explicitamente aludindo ao caráter definitivo das declarações de inconstitucionalidade proferidas pelo Supremo Tribunal Federal;
(B) com a Constituição Imperial de 1824, nasce o controle jurisdicional da constitucionalidade das leis, o qual, porém, somente na República, ganhou, em razão da teorização de Rui Barbosa, maior destaque institucional;
(C) com a alteração imposta à Constituição da República de 1891, por força da Reforma de 1926, melhor se definiram as hipóteses e os pressupostos da intervenção federal, com o objetivo de evitar os abusos no manejo de referido instituto, atribuídos à má redação originária de seu art. 6º;
(D) tem-se, com a Constituição da República de 1891, o delineamento de um federalismo de cooperação e de um Estado Social, nos moldes da famosa Constituição da República de Weimar.

A: incorreta, pois na ordem jurídica brasileira, desde a Constituição de 1934 os direitos adquiridos vêm assegurados em nível constitucional. Omitidos na Carta de 1937, restaurados na de 1946, eles perduram até hoje. Daí o constituinte de 1988 ter enunciado que "a lei não prejudicará o direito adquirido, o ato jurídico perfeito e a coisa julgada" (art.5º, XXXVI, da CF). Optou, claramente, pela doutrina subjetivista da escola italiana, preconizada por Carlo Francesco Gabba (1835-1920) jurista italiano renomado, referência em Direito Adquirido, do mesmo modo que Lei de Introdução às normas do Direito Brasileiro de 1942 (art. 6º, § 2º). Segundo Gabba (*Teoria della retroatività delle leggi*, 1891, 1897 e 1898), é adquirido o direito consequente a fato idôneo a produzi-lo, em virtude da lei do tempo no qual o fato foi consumado, embora a ocasião de fazê-lo valer não se tenha dado antes da atuação de uma lei nova sobre o mesmo direito, e que nos termos da lei sob cujo império se entabulou o fato do qual se origina, entrou imediatamente a fazer parte do patrimônio de quem o adquiriu; **B:** incorreta, a Constituição imperial de 1824 nada versava sobre a possibilidade de controle de constitucionalidade, tendo sido introduzido expressamente na Constituição de 1891. De acordo com Gilmar Ferreira Mendes, a figura prévia ao Controle de Constitucionalidade, ou como chama o autor, controle abstrato de normas, foi a representação interventiva. Já na Constituinte de 1891, já havia sido discutida a possibilidade de outorgar ao Supremo Tribunal Federal a competência para conhecer da alegação de ofensa pelo Estado-Membro a determinados princípios da ordem federativa. Explica o autor: "O regime republicano inaugura uma nova concepção. A influência do Direito norte-americano sobre personalidades marcantes, como a de Rui Barbosa, parece ter sido decisiva para a consolidação do modelo difuso, consagrado já na chamada Constituição Provisória de 1890 (art. 58, § 1º, *a* e *b*). A Constituição de 1891 incorporou essas disposições, reconhecendo a competência do Supremo Tribunal Federal para rever as sentenças das Justiças dos Estados, em última instância, quando se questionasse a validade ou a aplicação de tratados e leis federais e a decisão do Tribunal fosse contra ela, ou quando se contestasse a validade de leis ou atos federais, em face da Constituição ou das leis federais e a decisão do Tribunal considerasse válidos esses atos ou leis impugnadas (art. 59, § 1º *a* e *b*)", **C:** correta, já que a decretação de intervenção federal ficava subordinada à prévia aferição judicial, ideia esta positiva na Constituição de 1934. Nos conflitos entre União e os Estados foi introduzido processo especial perante o Supremo Tribunal Federal, que deveria ser iniciado mediante iniciativa do Procurador-Geral da República, conforme estabelecia o art. 12, § 2º deste diploma legal. A Constituição de 1946 também adotou, com modificações, o modelo de representação interventiva. Como aponta Gilmar Mendes, em vez da constatação da constitucionalidade da lei, deveria o Tribunal aferir diretamente a compatibilidade do direito estadual com os chamados princípios sensíveis. Mesmo que configurasse forma especial de composição de conflitos federativos, a jurisprudência e a doutrina brasileira caracterizaram esse processo como típico processo de controle abstrato de normas. O controle de constitucionalidade só viria a sofrer inovação radical com a Emenda Constitucional n. 16 de 1965, mas já sob o regime militar, tendo sido instituída a ação genérica de inconstitucionalidade, oferecendo competência ao Supremo Tribunal Federal para declarar a inconstitucionalidade de lei ou ato federal, mediante representação que lhe fosse encaminhada pelo Procurador-Geral da República. Neste ponto, há que se chamar atenção para a dupla função exercida pelo Procurador-Geral da República até a promulgação da Constituição de 1988, exercendo o papel recomendado por Hans Kelsen de um advogado da Constituição (Verfassungsanwalt), como explicita Gilmar Mendes: "Embora o constituinte tenha moldado o controle abstrato de normas segundo o modelo de representação interventiva, confiando a instauração do processo ao Procurador-Geral da República, convém assinalar que apenas na forma a nova modalidade de controle apresentava alguma semelhança com aquele processo de composição de conflitos entre o Estado e a União. Enquanto representação interventiva pressupunha uma alegação de ofensa (efetiva ou aparente) a um princípio sensível e, portanto, um peculiar conflito entre a União e o Estado, destinava-se o novo processo à defesa geral da Constituição contra leis inconstitucionais." O controle abstrato de normas na Constituição de 1988 sofre significativas mudanças, principalmente com a ampliação do direito de propositura da ação direta. Anteriormente à Constituição de 1988, havia monopólio da ação direta de inconstitucionalidade apenas por parte do Procurador-Geral da República. A Constituição de 1988 ampliou o leque de legitimados à propositura da ação no art. 103, dentre eles: o Presidente da República, a Mesa do Senado Federal, a Mesa da Câmara dos Deputados, a Mesa da Assembleia Legislativa ou da Câmara Legislativa, o Governador do Estado ou do Distrito Federal, o Procurador-Geral da República, o Conselho Federal da Ordem dos Advogados do Brasil, partido político com representação no Congresso Nacional, as confederações sindicais ou entidades de classe de âmbito nacional. Com esta modificação radical, segundo Gilmar Mendes, a Constituição de 1988 reduziu o significado do Controle de Constitucionalidade incidental ou difuso, ao ampliar, de forma, marcante, a legitimação para propositura da ação direta de constitucionalidade, permitindo que, praticamente, todas as controvérsias constitucionais relevantes sejam submetidas ao Supremo Tribunal Federal mediante processo de controle abstrato de normas. Acrescenta, nesse mesmo sentido, Fabiana Luci de Oliveira[15] que o sistema de controle de constitucionalidade de leis adotado com a Constituição de 1988 é ainda híbrido porque, embora reserve cada vez mais para o Supremo Tribunal Federal a função de julgar a constitucionalidade das leis (sistema concentrado), permite que os tribunais inferiores julguem casos de constitucionalidade, permanecendo válido o sistema difuso; **D:** incorreta, o Estado Social está assentado em três documentos históricos: Constituição Mexicana, de 1917; Constituição Alemã, de 1919; Declaração dos Direitos do Povo Trabalhador e Explorado, advinda da Rússia revolucionária (socialista) e datada de 1917-1918. O Estado Social, desse modo, é um Estado que já nasceu pautado por pelo menos dois documentos históricos de cunho jurídico, ou seja, teve a garantia legal de duas Constituições (Mexicana e Alemã), além de uma Declaração de direitos proletários e socialistas. Portanto, um importante avanço do Estado Social foi ter conseguido *constitucionalizar* direitos sociais e trabalhistas. O Estado do Bem Estar Social não conheceu documentos propriamente jurídicos, mas sim um programa de recuperação econômica: o Plano Marshall. O que descarta qualquer incidência na Constituição Brasileira de 1891.

Gabarito "C".

(Ministério Público/MT – 2012 – UFMT) Na Constituição brasileira de 1988, a independência nacional constitui:

(A) Objetivo fundamental da República Federativa do Brasil.
(B) Fundamento da República Federativa do Brasil.
(C) Princípio pelo qual a República Federativa do Brasil rege-se nas suas relações internacionais.
(D) Princípio referido no Preâmbulo e reafirmado na disposição atinente à competência do Conselho de Defesa Nacional.
(E) Um dos princípios gerais da atividade econômica.

A: incorreta, já que a independência nacional é um princípio pelo qual a República Federativa do Brasil rege-se nas suas relações internacionais, nos termos do art. 4º, I, da CF. Os objetivos da República Federativa do Brasil estão elencados no art. 3º da CF; **B:** incorreta, pois os fundamentos da República Federativa do Brasil são: a soberania, a cidadania, a dignidade da pessoa humana, os valores sociais do trabalho e da livre-iniciativa e o pluralismo político; **C:** correta, nos termos do art. 4º, I, da CF; **D:** incorreta, pois o preâmbulo dispõe: "Nós, representantes do povo brasileiro, reunidos em Assembleia Nacional Constituinte para instituir um Estado Democrático, destinado a assegurar o exercício dos direitos sociais e individuais, a liberdade, a segurança, o bem-estar, o desenvolvimento, a igualdade e a justiça como valores supremos de uma sociedade fraterna, pluralista e sem preconceitos, fundada na harmonia social e comprometida, na ordem interna e internacional, com a solução pacífica das controvérsias, promulgamos, sob a proteção de Deus, a seguinte *Constituição da República Federativa do Brasil*"; **E:** incorreta, já que a ordem econômica, fundada na valorização do trabalho humano e na livre-iniciativa, tem por fim assegurar a todos existência digna, conforme os ditames da justiça social, observados os seguintes princípios: soberania nacional, propriedade privada, função social da propriedade, livre concorrência, defesa do consumidor, defesa do meio ambiente, redução das desigualdades regionais e sociais, busca do pleno emprego e tratamento favorecido para as empresas de pequeno porte constituídas sob as leis brasileiras e que tenham sua sede e administração no País, segundo o art. 170 da CF.
Gabarito "C".

(Ministério Público/CE – 2011 – FCC) A invocação à proteção de Deus, constante do Preâmbulo da Constituição da República vigente,

(A) é inconstitucional.
(B) é ilícita.
(C) não tem força normativa.
(D) não foi recepcionada pelo texto constitucional.
(E) é expressão de reprodução obrigatória nas Constituições estaduais.

A: incorreta, já que Preâmbulo, do latim *praeambulu*, é a parte introdutória ou preliminar de uma constituição. Na expressão de Peter Häberle, os preâmbulos são "pontes no tempo", exteriorizando as origens, os sentimentos, os desejos e as esperanças que palmilharam o ato constituinte originário. É o documento de intenções que serve para certificar a legitimidade e a origem do novo texto. Trata-se, pois, de uma proclamação de princípios, que não integra o bloco de constitucionalidade da Carta de 1988, logo, não há que se falar em inconstitucionalidade; **B:** incorreta, pelos mesmos motivos delineados na alternativa anterior; **C:** correta, pois o preâmbulo não tem força normativa, embora provenha do mesmo poder constituinte originário que elaborou toda a constituição. Em certa medida, fornece-nos critérios para o entendimento das linhas gerais que inspiraram o ato de feitura das constituições. Normalmente, o preâmbulo proveio da mesma manifestação constituinte originária responsável pela feitura de qualquer outra prescrição constitucional. Mas não é norma jurídica porque não cria direitos nem estabelece deveres; **D:** incorreta, pois há essa previsão no preâmbulo da CF/1988; **E:** incorreta, pois se assim fosse, as Constituições Estaduais estariam obrigadas a fazer constar em seus preâmbulos a invocação à Divindade. Promulgada a Carta de 1988, dos vinte e cinco Estados membros da Federação brasileira, vinte e quatro fizeram o chamamento a Deus. Apenas o Acre não seguiu a tradição. O fato levou o Partido Social Liberal a ajuizar, na Corte Excelsa, ação direta de inconstitucionalidade contra ato da Assembleia Estadual Constituinte acreana ao argumento de que ela omitiu a expressão "sob a proteção de Deus". Segundo os litigantes, a omissão feriu os arts. 11 e 25 do Ato das Disposições Constitucionais Transitórias, sem falar que o nome de Deus estaria presente nas constituições de quase todo o mundo. O Ministro Carlos Velloso, relator da ação, ao julgá-la improcedente, concluiu que o Preâmbulo não constitui norma central da carta de 1988. Invocar o amparo divino, a seu ver, não consigna algo que deva ser levado ao posto de norma de reprodução obrigatória em constituições estaduais, não tendo força normativa (ADIn 2.076/AC, Rel. Min. Carlos Velloso, v.u., decisão de 15.08.2002).
Gabarito "C".

(Ministério Público/CE – 2011 – FCC) A declaração pelo Supremo Tribunal Federal, em sede de controle concentrado, da inconstitucionalidade de determinado diploma legal, provoca, em relação aos atos normativos anteriores que foram revogados pela lei proclamada inconstitucional, a sua

(A) recepção.
(B) repristinação.
(C) revogação.
(D) desconstitucionalização.
(E) deslegalização.

A: incorreta. Pelo princípio da recepção, continuam válidos todos os atos legislativos editados na vigência do ordenamento anterior, sendo recebidos e adaptados à nova ordem jurídica. Logo, não precisam ser reeditados, recriados ou refeitos, mediante outra manifestação legislativa; **B:** correta, pois a repristinação nada mais é que a possibilidade da nova constituição revalidar leis ou atos normativos por constituições antigas. O prefixo "RE" significa fazer de novo, restaurar, refazer. PRISTINUS, por seu turno, computa ideia de anterioridade, antiguidade, retorno ao que era e deixou de ser. Essa prática deve ser repelida, venha de onde vir, porque compromete a certeza e a segurança das relações jurídicas. Todavia, a Lei de Introdução ás Normas do Direito Brasileiro abre a possibilidade de o legislador instituir, expressamente, a repristinação (art. 2º, § 3º, da CF). Apesar da falta de técnica do examinador vamos considerar esta questão como correta, pois sabemos que o instituto da repristinação, aqui abordado, nada tem que ver com os efeitos repristinatórios do controle abstrato de normas, disciplinados pela Lei 9.868/1999 (art. 11, § 2º) que condiz com o enunciado da questão; **C:** incorreta, pois pelo princípio da revogação, atos legislativos incompatíveis com o novo documento supremo são deste expulsos; **D:** incorreta, já que a desconstitucionalização nada mais é, que são normas constitucionais revogadas que podem passar ao nível infraconstitucional. Em outras palavras, a nova constituição recepciona as antigas normas constitucionais, mas na qualidade de leis ordinárias; **E:** incorreta, o fenômeno da deslegalização foi desenvolvido pela doutrina italiana e consiste na possibilidade de o Legislativo rebaixar hierarquicamente determinada matéria para que ela possa vir a ser tratada por regulamento. É, portanto, um instituto que visa a dar uma releitura ao princípio da legalidade, trazendo maior flexibilidade à atuação legiferante, com a alteração do conteúdo normativo, sem necessidade de se percorrer o demorado processo legislativo ordinário. Nesse contexto, o Congresso Nacional estabeleceria os princípios gerais e diretrizes sobre determinada matéria que não esteja sob reserva absoluta de lei, porém, já disposta em lei formal; e, nessa mesma lei deslegalizadora (superveniente), atribuiria competência delimitada ao Executivo para editar decretos regulamentares, o qual acabaria por ab-rogar a lei formal que estava vigente. De acordo, com Canotilho, a deslegalização ocorre quando "uma lei, sem entrar na regulamentação da matéria, rebaixa formalmente o seu grau normativo, permitindo que essa matéria possa vir a ser modificada por regulamento". Não adotamos em nosso ordenamento jurídico tal fenômeno.

Gabarito "B".

(Ministério Público/MS – 2011 – FADEMS) A atual Constituição da República Federativa do Brasil é considerada rígida em razão:

(A) das suas alterações exigirem procedimento para alteração mais qualificado que o das leis ordinárias;
(B) da possibilidade de ser alterada após determinado prazo de sua promulgação;
(C) de não permitir emenda constitucional quando houver violação às denominadas cláusulas pétreas;
(D) da possibilidade de haver modificação da Constituição Federal mediante plebiscito;
(E) Nenhuma das alternativas anteriores.

A: correta, pois são rígidas as constituições em que o mecanismo de alteração das normas constitucionais é mais difícil que aquele previsto para a modificação de normas não constitucionais. A CF/1988 é rígida, pois estabelece em seu texto um procedimento mais qualificado para aprovação de emendas constitucionais que o de alteração das leis em geral (art. 60 da CF); **B:** incorreta, pois as emendas constitucionais podem ser elaboradas a qualquer tempo. Diferentemente do que ocorre com as emendas de revisão, que só puderam ser elaboradas após cinco anos da promulgação da Constituição Federal (art. 3º do ADCT); **C:** incorreta. A CF apresenta um núcleo imutável, nos termos do art. 60, § 4º, mas essa não é a razão da atual Constituição Federal ser considerada rígida. Conforme explicado nos comentários à alternativa "A", a classificação como rígida se dá porque a CF só pode ser modificada por meio de processo mais complexo e dificultoso que o processo de elaboração das leis infraconstitucionais; **D:** incorreta, pois é impossível modificar o texto constitucional mediante plebiscito. **E:** incorreta, porque a alternativa "A" é verdadeira.

Gabarito "A".

(Ministério Público/RJ – 2011) Na evolução político-constitucional brasileira, o voto feminino no Brasil foi expressamente previsto pela primeira vez num texto constitucional na Constituição de

(A) 1891.
(B) 1934
(C) 1937.
(D) 1946.

A: incorreta, pois a Constituição de 1891 inaugurou, em termos constitucionais positivos, o modelo brasileiro de controle jurídico-difuso de constitucionalidade. Ruy Barbosa, inspirado no Direito Constitucional americano, teve especial influência nesse sentido, embora o art. 3º do Decreto 848, de 11 de outubro de 1890, já tivesse previsto a incidental, ao dizer que, "na guarda e aplicação da Constituição e das leis nacionais, a magistratura federal só intervirá em espécie e por provocação da parte". A chamada Constituição Provisória de 1890 também previa a fiscalização judicial (art. 58, 1, a e b. Foi ela também que reconheceu a competência do STF para rever as sentenças das Justiças dos Estados, em última instância, quando se questionasse a validade ou aplicação de tratados federais. Observem que a Carta de 1891 não fazia menção ao sufrágio feminino; **B:** correta. O movimento pelo sufrágio feminino é um movimento social, político e econômico de reforma, com o objetivo de estender o sufrágio (o direito de votar) às mulheres. Participam do sufrágio feminino, mulheres ou homens, denominados sufragistas. Em 1893, a Nova Zelândia se tornou o primeiro país a garantir o sufrágio feminino, graças ao movimento liderado por Kate Sheppard. A luta mundial dos movimentos feministas inclui em seus registros o nome da cidade de Mossoró, no estado do Rio Grande do Norte. Em 1928, esse estado nordestino era governado por Juvenal Lamartine, a quem coube o pioneirismo de autorizar o voto da mulher em eleições, o que não era permitido no Brasil, mesmo a proibição não constando da Constituição Federal. A Inglaterra alguns meses depois regularizou o voto feminino no mesmo ano. No Consultor Jurídico do jornal *O Estado de São Paulo*, encontra-se a informação de que logo após a proclamação da República, o governo provisório convocou eleições para uma Assembleia Constituinte. Na ocasião, uma mulher conseguiu o alistamento eleitoral invocando a legislação imperial, a "Lei Saraiva", promulgada em 1881, que determinava direito de voto a qualquer cidadão que tivesse uma renda mínima de 2 mil réis. Mas a primeira eleitora do país foi a potiguar Celina Guimarães Viana, que invocou o art. 17 da lei eleitoral do Rio Grande do Norte, de 1926: "No Rio Grande do Norte, poderão votar e ser votados, sem distinção de sexos, todos os cidadãos que reunirem as condições exigidas por lei". Em 25 de novembro de 1927 ela deu entrada numa petição requerendo sua inclusão no rol de eleitores do município. O juiz Israel Ferreira Nunes deu parecer favorável e enviou telegrama ao presidente do Senado Federal, pedindo em nome da mulher brasileira, a aprovação do projeto que instituía o voto feminino, amparando seus direitos políticos reconhecidos na Constituição Federal". Após Celina Guimarães Viana ter conseguido seu título eleitoral, um grande movimento nacional levou mulheres de diversas cidades do Rio Grande do Norte, e de mais outros nove estados da Federação, a fazerem a mesma coisa. Com a mulher eleitora, vieram outras conquistas de espaço na sociedade. Veio a primeira mulher a eleger-se deputada estadual no Brasil, e a luta pela emancipação feminina foi ganhando impulso em todo o país, levando o voto feminino a ser regulamentado em 1934 no governo Vargas. O episódio tem importância mundial, pois mais de uma centena de países ainda não permitia à mulher o direito de voto; **C:** incorreta. A Constituição de 1937 tem como marco a estagnação e o retrocesso do controle de constitucionalidade, pois foi mantido o controle difuso e o quórum especial para se decretar a inconstitucionalidade. Permitiu ao Presidente da República submeter ao Parlamento a lei declarada inconstitucional. Se, pelo voto de 2/3 terços de cada uma das Casas Legislativas, fosse confirmada a validade da lei, tornava-se insubsistente a decisão do Poder Judiciário que decretou a inconstitucionalidade. Estava aberta a porta para se cassar em veredictos jurisdicionais; **D:** incorreta, mas foi ela quem restaurou o controle jurisdicional de constitucionalidade no Brasil.

Gabarito "B".

(Ministério Público/SC – 2012) A República Federativa do Brasil, constituída pela união indissolúvel dos Estados-Membros, Distrito Federal e Municípios, constitui-se em Estado Democrático e de Direito e tem como fundamento:

(A) A independência nacional, a soberania, a sociedade livre, a dignidade da pessoa humana e a liberdade individual.
(B) A soberania nacional, a cidadania, a dignidade da pessoa humana, os valores sociais do trabalho e da livre-iniciativa, o pluralismo político.
(C) A cidadania, a dignidade da pessoa humana, os valores sociais do trabalho e econômicos da livre-iniciativa, o pluralismo político.
(D) A soberania, a cidadania, a dignidade da pessoa humana, os valores sociais do trabalho, a livre concorrência, o pluralismo político e a defesa da paz.
(E) A cidadania, a dignidade da pessoa humana, os valores econômicos e sociais do trabalho, da livre-iniciativa, da livre concorrência, o pluralismo político

A: incorreta, pois a independência nacional é um dos princípios internacionais, nos termos do art. 4º, I, da CF; a soberania e a dignidade da pessoa humana são fundamentos da República Federativa do Brasil, nos termos do art. 1º, I e III, da CF; sociedade livre é um dos objetivos, nos termos do art. 3º, I, da CF, e por fim, a liberdade individual é um dos direitos e garantias individuais; **B:** correta, réplica do art. 1°, I a V, da CF; **C:** incorreta, pois o art. 1°, IV, da CF, faz referência aos valores sociais do trabalho e da livre-iniciativa; **D:** incorreta, pois a defesa da paz é um dos princípios internacionais, nos termos do art. 4°, VI, da CF; **E:** incorreta, pelos mesmos fundamentos apresentados exaustivamente nas alternativas anteriores.

Gabarito "B".

(Ministério Público /SC – 2012) Considerando o texto da Constituição da República e a jurisprudência do Supremo Tribunal Federal, assinale a alternativa **correta**:

I. Considerando a supremacia e a força normativa da Constituição, o seu preâmbulo adquire extrema relevância jurídica, criando direitos e obrigações.
II. O poder constituinte originário é inicial, autônomo, ilimitado juridicamente e soberano em suas decisões, sendo certo que poderá, inclusive, estabelecer a pena de morte. Por sua vez, o poder constituinte derivado deve obedecer às regras colocadas e impostas pelo poder constituinte originário, sendo limitado e condicionado aos parâmetros impostos a ele.
III. A desconstitucionalização é o fenômeno por meio do qual as normas da Constituição anterior, desde que compatíveis com a nova ordem constitucional, permanecem em vigor com *status* de lei infraconstitucional. No sistema jurídico pátrio, o fenômeno somente será percebido quando a nova Constituição expressamente o prever.
IV. As normas constitucionais de eficácia contida estão aptas a todos os seus efeitos desde a promulgação da Constituição da República, podendo a norma infraconstitucional reduzir sua abrangência. Porém, enquanto isso não ocorrer, a norma tem eficácia plena.

(A) Somente as proposições I e III estão corretas.
(B) Somente as proposições III e IV estão corretas.
(C) Somente as proposições II, III e IV estão corretas.
(D) Somente as proposições I e II e IV estão corretas.
(E) Todas as proposições estão corretas.

I: incorreta. O STF já decidiu que o preâmbulo não é de reprodução obrigatória e já declarou sua irrelevância jurídica. Ele serve tão somente como norte interpretativo das normas constitucionais, não tendo o condão, dessa forma, de gerar força obrigatória (STF, ADI 2.076-AC, rel. Min. Carlos Velloso); **II:** correta. Como já visto, o Poder Constituinte Originário é inicial porque inaugura uma nova ordem jurídica; ilimitado, porque não se submete aos limites impostos pela ordem jurídica anterior (nem mesmo pelas cláusulas pétreas); autônomo, porque exercido livremente por seu titular (o povo); e incondicionado, por não se submeter a nenhuma forma preestabelecida para sua manifestação. Importante ressaltar que, para a doutrina jusnaturalista, o direito natural impõe limites ao PCO que, por essa razão, não seria totalmente autônomo. Ao contrário do Poder Constituinte Originário (que é inicial, autônomo, ilimitado e incondicionado), o Poder Constituinte Derivado é secundário, subordinado, limitado, e exercido pelos representantes do povo. Daí resulta que o poder constituinte derivado encontra limites nas regras previstas pelo constituinte originário. Como defendido em doutrina, o poder constituinte derivado pode ser exercido por meio da reforma da Constituição Federal ou da Constituição Estadual (poder constituinte derivado reformador), pela revisão da Constituição Federal (poder constituinte derivado revisor, art. 3° do ADCT) ou por intermédio da elaboração das Constituições estaduais e da lei orgânica do Distrito Federal (poder constituinte derivado decorrente); **III:** correta. O ordenamento brasileiro não admite, como regra geral, o fenômeno da *desconstitucionalização*, segundo o qual as normas da constituição anterior, **materialmente** compatíveis com a nova ordem constitucional, permanecem em vigor com *status* de lei ordinária. Só existirá desconstitucionalização se o próprio Poder Constituinte assim determinar, haja vista sua autonomia; **IV:** correta, pois . de outra forma, as normas constitucionais de eficácia contida são aquelas que, muito embora tenham eficácia direta e aplicabilidade imediata, podem vir a ser restringidas pelo legislador infraconstitucional no futuro.

Gabarito "C".

3. HERMENÊUTICA CONSTITUCIONAL E EFICÁCIA DAS NORMAS CONSTITUCIONAIS

(Procurador da República – 28° Concurso – 2015 – MPF) Dentre os enunciados abaixo, estão incorretos:

I. A jurisprudência dos valores, em sua corrente atual, defende a aproximação entre direito e moral, desde que os princípios morais sejam incluídos no ordenamento por uma das fontes jurídicas: a legislação ou a jurisprudência dos tribunais;
II. Para a tópica "pura", assim considerada a metodologia jurídica de Theodor Viewheg, o sistema é apenas mais um *topos* a ser levado em conta na busca da decisão para o caso concreto;
III. Para a "teoria estruturante", de Friedrich Muller, e possível o raciocínio orientado para o problema, desde que não ultrapasse o texto da norma;
IV. A "sociedade aberta dos intérpretes da Constituição", expressão cunhada por Haberle, além de ser um processo de interpretação que permite ao julgador mais elementos para a tomada de decisões, tem pertinência, em matéria de direitos humanos, pelo fato destes também regerem as relações horizontais entre os indivíduos.

(A) apenas I;
(B) apenas IV;
(C) I e IV;
(D) I, III e IV.

I: incorreta. A jurisprudência dos valores defende a aproximação entre a interpretação constitucional e a argumentação moral, mas sem necessidade de positivação da moral. Surgiu na Alemanha do pós-guerra a partir da constatação de que a Constituição não é axiologicamente neutra, mas uma ordem de valores, em cujo centro encontra-se a dignidade da pessoa humana. Critica o modelo de subsunção do fato à norma, reconhece valores supralegais ou pré-positivos e parte da análise do caso concreto, defendendo ainda a teoria da argumentação; **II:** correta. O compromisso central da tópica é a solução do problema, e não o sistema jurídico. Para solucionar o problema, deve-se considerar o sistema, mas é apenas um dos fatores importantes. De acordo com Daniel Sarmento, "o sistema é, para a tópica pura, apenas mais um *topos* a ser levado em conta na busca da decisão do caso concreto. O argumento sistemático é apenas mais um que, ao lado de outros, pode ser usado para a solução do problema". **III:** correta. "Na doutrina constitucional, Friedrich Muller também admite o raciocínio tópico, orientado para o problema, desde que 'não ultrapasse o texto da norma', vedando-se ao intérprete que 'decida contra o texto claro de uma prescrição, sob o motivo de que ela não ofereceu com emprego de apoio para que se alcance uma solução razoável para o problema'". (Daniel Sarmento e Cláudio Pereira de Souza Neto, *Direito constitucional – teoria, história e métodos de trabalho*); **IV:** correta. De acordo com Pedro Lenza, Haberle propõe "que se supere o modelo de interpretação de uma sociedade fechada (nas mãos de juízes e em procedimentos formalizados) para a ideia de uma sociedade aberta dos intérpretes da Constituição, vale dizer, uma interpretação pluralista e democrática".

Gabarito "A".

(Procurador da República – 27° Concurso – 2013 – MPF) Dentre os enunciados abaixo, estão corretos:

I. o pós-positivismo contesta a separação entre Direito, Moral e Política, negando a especificidade do objeto de cada um desses domínios;
II. na concretização constitucional, é preciso delimitar, num primeiro momento, as possibilidades interpretativas a que se abre o texto normativo, e, após, utilizar elementos oriundos da realidade;
III. a abertura pluralista da interpretação constitucional não se limita à ampliação dos participantes no processo constitucional, mas inclui o reconhecimento de que a Constituição é interpretada e concretizada também fora das Cortes, e que o seu sentido é produzido por meio de debates que ocorrem nos mais diferentes campos em que se dá o exercício da cidadania;
IV. o pragmatismo tem como características fundamentais o antifundacionalismo, o contextualismo e o consequencialismo, e este último é um dos principais elementos incorporados pela metodologia constitucional contemporânea.

(A) I, II e III;
(B) I, III e IV;
(C) II, III e IV;
(D) I, II e IV.

I: incorreta. O pós-positivismo busca a *aproximação* entre direito e moral; **II:** correta. "A interpretação é concebida como parte do processo de concretização constitucional, que inclui desde a definição das possibilidades interpretativas do texto até a decisão do caso concreto, a qual demanda consideração da realidade abrangida pela norma a ser concretizada. O processo de concretização parte da interpretação do texto normativo e avança por meio do exame do 'setor da realidade' sobre o qual incide. Por isso, na atividade de concretização normativa, deve-se lançar mão de dados empíricos, colhidos por meio de métodos próprios a áreas como a Sociologia, a Ciência Política e a Economia" (Daniel Sarmento e Cláudio Pereira de Souza Neto, *Direito constitucional – teoria, história e métodos de trabalho*); **III:** correta. Isso porque, como bem apontam Daniel Sarmento e Cláudio de Souza Neto, a dinâmica dos processos judiciais têm limites, pois os interesses em disputa são apenas os das partes representadas nos autos, o que tende a gerar uma "visão de túnel", que exclui elementos importantes da tomada de decisão. O déficit pode ser atenuado com audiências públicas, perícias, *amicus curiae* e, ainda, pela participação popular na interpretação da Constituição. **IV:** correta. A matriz filosófica do pragmatismo corresponde às ideias de (i) antifundacionalismo; (ii) contextualismo e (iii) consequencialismo. Em breve síntese, o antifundacionalismo afasta a utilização de fundações estáticas, imutáveis, abstratas, como um dogma que não pode ser contestado. O contextualismo valoriza o contexto como um todo, ou seja, a experiência social, política, histórica, cultural na investigação filosófica, para libertá-la das verdades abstratas e aprioristicas. Já o consequencialismo, cuja influência se vê mais diretamente na interpretação constitucional, fundamenta-se no empiricismo e no experimentalismo, para tentar prever as consequências futuras dos atos, visando a tomada da melhor decisão. Sobre pragmatismo, ver José Vicente Santos de Mendonça, *Direito constitucional econômico: a intervenção do Estado na economia à luz da razão pública e do pragmatismo*.
Gabarito "C".

(Promotor de Justiça – MPE/BA – CEFET – 2015) A relevância dos problemas envolvidos na interpretação da Constituição tem motivado a proposta de métodos a serem seguidos nesta tarefa. Todos eles tomam a Constituição como um conjunto de normas jurídicas, como uma lei, que se destina a decidir casos concretos. Ocorre que nem todo o problema concreto acha um desate direto e imediato num claro dispositivo da Constituição, exigindo que se descubra ou se crie uma solução, segundo um método que norteie a tarefa. (...).(MENDES, Gilmar Ferreira; BRANCO, Paulo Gustavo Gonet. *Curso de Direito Constitucional*, 9 ed., IDP, 2014, p.91)

Levando-se em consideração a doutrina dos autores acima, bem como a caracterização dos Métodos de Interpretação da Constituição, é possível AFIRMAR que o método jurídico-estruturante:

(A) Toma a Constituição como um conjunto aberto de regras e princípios, dos quais o aplicador deve escolher aquele que seja mais adequado para a promoção de uma solução justa ao caso concreto que analisa. O foco, para este método, é o problema, servindo as normas constitucionais de catálogo de múltiplos e variados princípios, em que se busca argumento para o desate adequado de uma questão prática.
(B) Enxerga a Constituição como um sistema cultural e de valores de um povo, cabendo à interpretação aproximar-se desses valores subjacentes à Carta Maior. Tais valores, contudo, estão sujeitos a flutuações, tornando a interpretação da Constituição fundamentalmente elástica e flexível, submetendo a força de decisões fundamentais às vicissitudes da realidade cambiante.
(C) Enfatiza que a norma não se confunde com o seu texto (programa normativo), mas tem a sua estrutura composta, também, pelo trecho da realidade social em que incide (o domínio normativo), sendo esse elemento indispensável para a extração do significado da norma.
(D) Preconiza que a Constituição seja compreendida com os mesmos recursos interpretativos das demais leis, segundo as fórmulas desenvolvidas por Savigny: a interpretação sistemática, histórica, lógica e gramatical. A interpretação constitucional não fugiria a esses padrões hermenêuticos, não obstante a importância singular que lhe é reconhecida para a ordem jurídica.
(E) Parte do pressuposto de que a interpretação constitucional é concretização, entendida como uma norma preexistente na qual o caso concreto é individualizado. Aqui, o primado não é do problema, mas do texto constitucional. A tarefa hermenêutica é suscitada por um problema, mas, para equacioná-lo, o aplicador está vinculado ao texto constitucional. Para obter o sentido da norma, o intérprete arranca da sua pré-compreensão o significado do enunciado, atuando sob a influência das suas circunstâncias históricas concretas, mas sem perder de vista o problema prático que demanda a sua atenção.

A e B: incorretas. Trata-se da tópica na opção A e do método científico-espiritual, na opção B. "O método da tópica torna a Constituição como um conjunto aberto de regras e princípios, dos quais o aplicador deve escolher aquele que seja mais adequado para a promoção de uma solução justa ao caso concreto que analisa. O foco, para o método, é o problema, servindo as normas constitucionais de catálogo de múltiplos e variados princípios, onde se busca argumento para o desate adequado de uma questão prática. (...) outro método sugerido é conhecido como científico-espiritual. Tem o seu corifeu no jurista alemão Smend. Enxerga-se a Constituição como um sistema cultural e de valores de um povo, cabendo à interpretação aproximar-se desses valores subjacentes

à Constituição. Esses valores, contudo, estão sujeitos a flutuações, tornando a interpretação da Constituição fundamentalmente elástica e flexível, fazendo com que a força de decisões fundamentais submeta-se às vicissitudes da realidade cambiante." (Gilmar Ferreira Mendes e Paulo Gustavo Gonet Branco, *Curso de Direito Constitucional* 6a ed., págs. 104/105); **C:** correta. De acordo com Inocêncio Coelho (*Intepretação constitucional*), "no dizer do próprio Müller, o teor literal de qualquer prescrição de direito positivo é apenas a 'ponta do iceberg'; todo o resto, talvez a parte mais significativa, que o intérprete-aplicador deve levar em conta para realizar o direito, isso é constituído pela situação normada, na feliz expressão de Miguel Reale"; **D:** incorreta. Trata-se do método hermenêutico clássico, majoritariamente entendido como insatisfatório para a interpretação das normas constitucionais; **E:** incorreta. Trata-se da concretização constitucional.
Gabarito "C".

(Ministério Público/GO – 2013) Sobre a sucessão de ordens constitucionais no tempo e o direito constitucional intertemporal, levando-se em conta as relações entre os fenômenos normativos decorrentes, as relações entre espécies normativas e o princípio federativo, revela-se adequado dizer que:

(A) a superveniência de nova Constituição, que subordine, no plano do Poder Legislativo da União, o trato de determinada matéria à forma da lei ordinária, por implicar, ante o princípio da simetria, a necessidade de que, no trato de idêntica matéria, os Estados manejem a mesma espécie legislativa, resulta em inconstitucionalidade de todas as leis complementares estaduais que, nesse âmbito temático, tenham sido precedentemente editadas.

(B) se a superveniência de nova Constituição Originária implica a revogação completa da Constituição anterior, resulta ela, a fortiori, em idêntica consequência no tocante à obra do poder constituinte decorrente, de sorte tal que, enquanto não se ultimem os trabalhos de nova Assembleia Constituinte Estadual, incidem, em ordem a afastar o vácuo normativo, as normas federais centrais de observância compulsória.

(C) consistindo, perante a Constituição da República, em direito infraconstitucional, as normas constitucionais estaduais não deixam automaticamente de vigorar, desde que materialmente compatíveis com o novo sistema constitucional, quando lhes sobrevenha nova Constituição Originária, impondo-se, todavia, aos órgãos e autoridades estaduais, enquanto não sobrevenha nova Constituição Estadual, a aplicação das normas constitucionais centrais, de observância compulsória.

(D) a superveniência de nova Constituição Originária implica, além de a desconstitucionalização das normas da Constituição precedente, a recepção das leis estaduais anteriores, desde que, além de provenientes de processo legislativo essencialmente idêntico ao do rito novidadeiro, sejam materialmente conformes à nova ordem constitucional.

A: incorreta, uma vez que a incompatibilidade da qual resulta a não recepção de norma infraconstitucional precedente à nova ordem constitucional deve dar-se no plano *material*; **B:** incorreta, na medida em que, com o advento da nova ordem constitucional, as normas integrantes das constituições estaduais, porque consideradas, em relação à lei maior, infraconstitucionais, devem ser submetidas ao processo de adequação às normas da nova constituição, recepcionando-se aquelas que se revelem compatíveis, revogando-se as incompatíveis; **C:** correta, tendo em conta o comentário à alternativa anterior. Conforme já dito, somente serão revogadas (não recepcionadas) pela nova Constituição as normas da constituição estadual precedente que, confrontadas no plano material, se mostrem incompatíveis com a nova lei maior; **D:** incorreta. A *desconstitucionalização* consiste no fenômeno segundo o qual as normas da Constituição anterior, sendo compatíveis com a nova ordem constitucional, serão por esta recepcionadas como lei ordinária, permanecendo, pois, em vigor. Tal fenômeno, é importante que se diga, não foi, ao menos em regra, incorporado ao direito brasileiro. Isso porque, segundo se entende, a nova Constituição revoga na íntegra a Constituição anterior.
Gabarito "C".

(Ministério Público/MS – 2013 – FADEMS) Relativamente aos princípios de interpretação especificamente constitucionais, é **incorreto** afirmar:

(A) o princípio da interpretação conforme a Constituição não atua no campo do controle de constitucionalidade das leis, porque, declarando o Judiciário que certas aplicações da lei não são compatíveis com a Constituição, está ele apenas conservando a lei no sistema jurídico, evitando a sua não continuidade, ainda que com características diferentes, podendo-se, em razão disso, sustentar-se a atuação do julgador como legislador positivo.

(B) o princípio da supremacia constitucional é resultado da rigidez normativa que ostentam os preceitos de nossa Constituição, impondo ao Poder Judiciário, qualquer que seja a sede processual, que se recuse a aplicar leis ou atos estatais reputados em conflito com a Carta Federal.

(C) o princípio da presunção de constitucionalidade das leis e dos atos do Poder Público também significa que, não sendo evidente a inconstitucionalidade, havendo dúvida ou possibilidade de razoavelmente se considerar a norma como válida, deve o órgão competente abster-se da declaração de inconstitucionalidade.

(D) o princípio da unidade da Constituição tem o efeito prático de harmonizar as normas constitucionais, na medida em que se tem de produzir um equilíbrio, sem negar por completo a eficácia de qualquer delas.

(E) o princípio da razoabilidade traduz limitação material também às atividades normativas do Estado, controlando o arbítrio do legislador.

A: incorreta, devendo ser assinalada. O princípio da interpretação conforme a Constituição ATUA no campo do controle de constitucionalidade das leis. Em outras palavras, a interpretação conforme a Constituição estabelece ao aplicador de determinado texto legal que, quando se encontrar frente a normas de caráter polissêmico ou plurissignificativo, deve priorizar a interpretação que possua um sentido em conformidade com a Constituição. Assim, existindo duas ou mais interpretações possíveis de uma norma, deve-se sempre adotar aquela interpretação que esteja em conformidade com o texto constitucional. Assim, se uma lei possuir duas interpretações, uma em conformidade com a Constituição e outra desconforme, não poderá ela ser declarada nula quando puder ser interpretada em consonância com o texto constitucional. Neste sentido, a interpretação conforme a Constituição só é utilizável quando a norma impugnada admite, dentre as várias interpretações possíveis, uma que a compatibilize com a Carta Magna, e não quando o sentido da norma é unívoco. Nas palavras de Gilmar Ferreira Mendes, "oportunidade para interpretação conforme à Constituição existe sempre que determinada disposição legal oferece diferentes possibilidades de interpretação, sendo algumas delas incompatíveis com a própria Constituição" (MENDES, Gilmar Ferreira. **Jurisdição Constitucional**,

São Paulo, Saraiva, 1996, pág. 222); **B:** correta. De fato, o princípio da supremacia constitucional é resultado da rigidez normativa que ostentam os preceitos de nossa Constituição, impondo ao Poder Judiciário, qualquer que seja a sede processual, que se recuse a aplicar leis ou atos estatais reputados em conflito com a Carta Federal; **C:** correta. O princípio da presunção de constitucionalidade das leis e dos atos do Poder Público também significa que, não sendo evidente a inconstitucionalidade, havendo dúvida ou possibilidade de razoavelmente se considerar a norma como válida, deve o órgão competente abster-se da declaração de inconstitucionalidade; **D:** correta. Conforme Canotilho, "o princípio da unidade da Constituição ganha relevo autônomo como princípio interpretativo quando com ele se quer significar que o Direito Constitucional deve ser interpretado de forma a evitar contradições (antinomias, antagonismos) entre as suas normas e, sobretudo, entre os princípios jurídicos políticos constitucionalmente estruturantes. Como 'ponto de orientação', 'guia de discussão' e 'factor hermenêutico de decisão' o princípio da unidade obriga o intérprete a considerar a Constituição na sua globalidade e procurar harmonizar os espaços de tensão [...] existentes entre as normas constitucionais a concretizar. Daí que o intérprete deva sempre considerar as normas constitucionais, não como normas isoladas e dispersas, mas sim como preceitos integrados num sistema interno unitário de normas e princípios (CANOTILHO, J. J. Gomes. **Direito Constitucional**, 5. ed, Coimbra: Almedina, 1991, pág. 162)"; **E:** correta. O princípio da razoabilidade como a tradução da limitação material também às atividades normativas do Estado, controlando o arbítrio do legislador.

Gabarito "A".

(Ministério Público/CE – 2011 – FCC) Considera-se de eficácia limitada a norma constitucional segundo a qual

(A) ninguém será obrigado a fazer ou deixar de fazer alguma coisa senão em virtude de lei.
(B) é livre o exercício de qualquer trabalho, ofício ou profissão, atendidas as qualificações profissionais que a lei estabelecer.
(C) a lei não prejudicará o direito adquirido, o ato jurídico perfeito e a coisa julgada.
(D) são gratuitos, na forma da lei, os atos necessários ao exercício da cidadania.
(E) não há crime sem lei anterior que o defina, nem pena sem prévia cominação legal.

A: incorreta, já que o princípio da legalidade estampado no art. 5º, II, da CF, é norma de eficácia contida e aplicabilidade imediata; **B:** incorreta, já que o princípio da liberdade de trabalho, ofício ou profissão estampado no art. 5º, XIII, da CF, é norma de eficácia contida e aplicabilidade imediata; **C:** incorreta, já que o art. 5º, XXXVI, da CF, é norma de eficácia contida e aplicabilidade imediata; **D:** correta, pois a lei delimitará quais atos devem ser considerados para receber o aludido benefício, tratando-se, o inc. LXXVII do art. 5º da CF, de norma de eficácia limitada; **E:** incorreta, já que o princípio da reserva legal, tipificado no art. 5º, XXXIX, da CF, é norma de eficácia contida e aplicabilidade imediata. O examinando deve ter em mente que as normas constitucionais de eficácia contida e aplicabilidade imediata são as que podem ser restringidas ou suspensas pelo legislador ordinário. Sob a ótica da aplicabilidade, as normas contidas aproximam-se das plenas por incidirem de imediato e delas se distanciam pela contenção de sua eficácia. Por outro lado, os preceitos assemelham-se aos de eficácia limitada pela possibilidade de regulamentação legislativa. Contudo, são inconfundíveis: normas de eficácia contida: as leis podem restringir-lhes o alcance; normas de eficácia limitada: as leis podem ampliar-lhes o alcance.

Gabarito "D".

(Ministério Público/MT – 2012 – UFMT) Nos termos da célebre classificação sobre a eficácia e aplicabilidade das normas constitucionais de José Afonso da Silva, assinale a afirmativa **INCORRETA**.

(A) A norma "a segurança pública, dever do Estado, direito e responsabilidade de todos, é exercida para a preservação da ordem pública e da incolumidade das pessoas e do patrimônio [...]" (art. 144, *caput*, CF/1988) é de eficácia plena e aplicabilidade imediata.
(B) A norma "A lei disporá sobre a organização administrativa e judiciária dos territórios" (art. 33, *caput*, CF/1988) é de eficácia limitada de princípio institutivo.
(C) A norma "As taxas não poderão ter base de cálculo própria de impostos" (art. 145, § 2º, CF/1988) é de eficácia plena e aplicabilidade imediata.
(D) A norma "às Forças Armadas compete, na forma da lei, atribuir serviço alternativo aos que, em tempo de paz, após alistados, alegarem imperativo de consciência, entendendo-se como tal o decorrente de crença religiosa e de convicção filosófica ou política, para se eximirem de atividades de caráter essencialmente militar" (art. 143, § 1º, CF/1988) é de eficácia limitada.
(E) A norma "são direitos dos trabalhadores urbanos e rurais, além de outros que visem a melhoria de sua condição social: [...] proteção do mercado de trabalho da mulher, mediante incentivos específicos, nos termos da lei" (art. 7º, XX, CF/1988) é de eficácia limitada de princípio programático.

A: incorreta, devendo ser assinalada, pois é norma de eficácia contida e aplicabilidade imediata; **B:** correta, na exata medida que é norma de eficácia limita de princípio orgânico ou institutivo (toda norma Constitucional que dependa de regulamentação de conteúdo material orgânico é norma institutiva); **C:** correta, por serem normas de aplicabilidade imediata e efeitos imediatos; **D:** correta, pois a norma regulamentadora amplia direitos; **E:** correta, pois os direitos sociais são normas de eficácia limitada de princípios programáticos.

Gabarito "A".

(Ministério Público /MT – 2012) Na hermenêutica constitucional, o processo informal de mudança da Constituição, que permite alterar o sentido da norma constitucional, sem alterar o seu texto, denomina-se

(A) fenômeno da relativização transitória da Constituição.
(B) interpretação constitucional elástica.
(C) mutação constitucional.
(D) método da desconstitucionalização das normas constitucionais.
(E) repristinação constitucional.

A: incorreta, pois na hermenêutica constitucional, o processo de mudança da Constituição denomina-se mutação constitucional. O fenômeno da relativização transitória da Constituição é a possibilidade de se utilizar normas constitucionais já exauridas; **B:** incorreta, já que a interpretação constitucional elástica é uma constituição que apresenta uma mobilidade, projetando a sua força normativa na realidade social, política, econômica e cultural do Estado; **C:** correta, pois a alteração da Constituição pode ocorrer pela via formal (emendas à Constituição) ou pela via informal (mutação constitucional). A mutação permite que o sentido e o alcance da norma constitucional sejam alterados sem que haja qualquer modificação no texto do dispositivo da Constituição. É feita pelos órgãos estatais (precisamente pelos membros do Poder Judiciário) ou pelos costumes sociais; **D:** incorreta, pois a desconstitucionalização das normas constitucionais são vedadas no ordenamento jurídico brasileiro, salvo disposição expressa em contrário. A desconstitucionalização nada mais é que normas constitucionais revogadas que podem passar ao nível infraconstitucional. Em outras palavras, a nova constituição recepciona as antigas normas constitucionais, mas na qualidade de leis ordinárias; **E**: incorreta, pois a repristinação nada mais é que a possibilidade da nova constituição revalidar leis ou atos normativos por constituições antigas. O prefixo "RE" significa fazer de novo, restaurar, refazer. PRISTINUS, por seu turno, computa ideia de anterioridade, antiguidade, retorno ao que era e deixou de ser. Essa prática deve ser repelida, venha de onde vir, porque compromete a certeza e as segurança das relações jurídicas. Todavia, a Lei de Introdução ás Normas do Direito Brasileiro abre a possibilidade de o legislador instituir, expressamente, a repristinação (art. 2°, § 3°, da CF.

Gabarito "C."

4. CONTROLE DE CONSTITUCIONALIDADE

(Procurador da República – 26°) Para o STF:

I. Não cabe arguição de descumprimento de preceito fundamental em face de sentenças transitadas em julgado.
II. É possível modular-se os efeitos da declaração de inconstitucionalidade no controle difuso.
III. A liberdade de expressão protege os discursos racistas e preconceituosos, porque o combate a tais ideias deve se dar através de um debate público esclarecedor que demonstre o equívoco que elas encerram.
IV. A norma que invoca a proteção de Deus, no preâmbulo da Constituição Federal, é de reprodução obrigatória nas Constituições estaduais,

Estão corretas as assertivas:

(A) II e III.
(B) I e II.
(C) I, II e IV.
(D) I e IV.

I: correta. A lei não prejudicará o direito adquirido, o ato jurídico perfeito e a coisa julgada, nos termos do art. 5°, XXXVI, da CF. Vejamos a ADPF na íntegra: A arguição prevista no § 1° do art. 102 da Constituição Federal será proposta perante o Supremo Tribunal Federal, e terá por objeto evitar ou reparar lesão a preceito fundamental, resultante de ato do Poder Público. Caberá também arguição de descumprimento de preceito fundamental: I – quando for relevante o fundamento da controvérsia constitucional sobre lei ou ato normativo federal, estadual ou municipal, incluídos os anteriores à Constituição; (Vide ADIN 2.231-8, de 2000). Podem propor arguição de descumprimento de preceito fundamental os legitimados para a ação direta de inconstitucionalidade. A petição inicial deverá conter: I – a indicação do preceito fundamental que se considera violado; II – a indicação do ato questionado; III – a prova da violação do preceito fundamental; IV – o pedido, com suas especificações; V – se for o caso, a comprovação da existência de controvérsia judicial relevante sobre a aplicação do preceito fundamental que se considera violado. A petição inicial, acompanhada do instrumento de mandato, se for o caso, será apresentada em duas vias, devendo conter cópias do ato questionado e dos documentos necessários para comprovar a impugnação. A petição inicial será indeferida liminarmente, pelo relator, quando não for o caso de arguição de descumprimento de preceito fundamental, faltar algum dos requisitos prescritos nesta Lei ou for inepta. Não será admitida arguição de descumprimento de preceito fundamental quando houver qualquer outro meio eficaz de sanar a lesividade. Da decisão de indeferimento da petição inicial caberá agravo, no prazo de cinco dias. O Supremo Tribunal Federal, por decisão da maioria absoluta de seus membros, poderá deferir pedido de medida liminar na arguição de descumprimento de preceito fundamental. Em caso de extrema urgência ou perigo de lesão grave, ou ainda, em período de recesso, poderá o relator conceder a liminar, *ad referendum* do Tribunal Pleno. O relator poderá ouvir os órgãos ou autoridades responsáveis pelo ato questionado, bem como o Advogado-Geral da União ou o Procurador-Geral da República, no prazo comum de cinco dias. A liminar poderá consistir na determinação de que juízes e tribunais suspendam o andamento de processo ou os efeitos de decisões judiciais, ou de qualquer outra medida que apresente relação com a matéria objeto da arguição de descumprimento de preceito fundamental, salvo se decorrentes da coisa julgada. (Vide ADIn 2.231-8, de 2000). Apreciado o pedido de liminar, o relator solicitará as informações às autoridades responsáveis pela prática do ato questionado, no prazo de dez dias. Se entender necessário, poderá o relator ouvir as partes nos processos que ensejaram a arguição, requisitar informações adicionais, designar perito ou comissão de peritos para que emita parecer sobre a questão, ou ainda, fixar data para declarações, em audiência pública, de pessoas com experiência e autoridade na matéria. Poderão ser autorizadas, a critério do relator, sustentação oral e juntada de memoriais, por requerimento dos interessados no processo. Decorrido o prazo das informações, o relator lançará o relatório, com cópia a todos os ministros, e pedirá dia para julgamento. O Ministério Público, nas arguições que não houver formulado, terá vista do processo, por cinco dias, após o decurso do prazo para informações. A decisão sobre a arguição de descumprimento de preceito fundamental somente será tomada se presentes na sessão pelo menos dois terços dos Ministros. Julgada a ação, far-se-á comunicação às autoridades ou órgãos responsáveis pela prática dos atos questionados, fixando-se as condições e o modo de interpretação e aplicação do preceito fundamental. O presidente do Tribunal determinará o imediato cumprimento da decisão, lavrando-se o acórdão posteriormente. Dentro do prazo de dez dias contado a partir do trânsito em julgado da decisão, sua parte dispositiva será publicada em seção especial do Diário da Justiça e do Diário Oficial da União. A decisão terá eficácia contra todos e efeito vinculante relativamente aos demais órgãos do Poder Público. Ao declarar a inconstitucionalidade de lei ou ato normativo, no processo de arguição de descumprimento de preceito fundamental, e tendo em vista razões de segurança jurídica ou de excepcional interesse social, poderá o Supremo Tribunal Federal, por maioria de dois terços de seus membros, restringir os efeitos daquela declaração ou decidir que ela só tenha eficácia a partir de seu trânsito em julgado ou de outro momento que venha a ser fixado. A decisão que julgar procedente ou improcedente o pedido em arguição de descumprimento de preceito fundamental é irrecorrível, não podendo ser objeto de ação rescisória. Caberá reclamação contra o descumprimento da decisão proferida pelo Supremo Tribunal Federal, na forma do seu Regimento Interno; **II**: correta. Da mesma forma que se modula os efeitos da decisão no controle concentrado se modula no controle difuso (STF, decisão de 2/3 de seus membros); **III**: incorreta. Conforme o STF, ainda que a Constituição Federal assegure a liberdade de expressão, não deve nunca proteger discursos racistas ou preconceituosos, sob pena de ofender Princípios Fundamentais da República Federativa do Brasil; **IV**: incorreta. Para alguns tem eficácia normativa, podendo ser causa de inconstitucionalidade de leis inferiores. Todavia o STF já decidiu que a expressão "sob a proteção de Deus", constante no preâmbulo (e que para alguns é contraditória à liberdade religiosa prevista na parte dogmática), não possui força normativa (*teoria política* ou da *irrelevância*). Por outro lado, é fonte de hermenêutica, condicionando a interpretação de toda a parte dogmática e disposições transitórias (*teoria específica*). É pertinente frisarmos que atualmente somos adeptos das duas teorias, a primeira por força da ADI 2.076-5/AC, Pleno, j. 15.08.2002, rel. Min. Carlos Velloso, *DJ* 08.08.2003: "constitucional. Constituição: preâmbulo. Normas centrais. I. – Constituição do Acre. Normas centrais da Constituição Federal: essas normas são de reprodução obrigatória na Constituição do Estado-membro, mesmo porque, reproduzidas, ou não, incidirão sobre a ordem local. Reclamações 370-MT e 383-SP (*RTJ* 147/404). II. – Preâmbulo da Constituição: não constitui norma central. Invocação da proteção de Deus: não se trata de norma de reprodução obrigatória na Constituição estadual, não tendo força normativa. III. – Ação direta de inconstitucionalidade julgada improcedente" e da segunda, por conceder ao intérprete a noção clara de um sistema de governo (presidencialismo), forma de governo (República), forma de estado (federalismo), regime de governo (Democrático de Direito), Estado teísta (crê em Deus) e não confessional, leigo ou laico (não adota uma religião oficial) em virtude da omissão do preâmbulo.

Gabarito "B."

(Procurador da República – 25º) Leia os enunciados abaixo:

I. O pressuposto da subsidiariedade, na arguição de descumprimento de preceito fundamental de natureza incidental, leva em consideração a existência de outro instrumento no controle abstrato de normas apto a sanar a lesão ao preceito fundamental não apenas para as partes do processo originário, mas para todos os que se encontrarem em situação similar.
II. O princípio da reserva de plenário não se aplica ao próprio STF, no julgamento de recursos extraordinários.
III. Não cabe o controle abstrato de constitucionalidade de decreto expedido pelo Presidente da República.
IV. É incabível a propositura de ADI contra lei formal, dotada de efeitos concretos.

Considerando a jurisprudência atual do STF, quais as respostas corretas?

(A) I e II.
(B) I, II e III.
(C) I, II, III e IV.
(D) III e IV.

I: correta. O pressuposto da subsidiariedade, na arguição de descumprimento de preceito fundamental de natureza incidental, leva em consideração a existência de outro instrumento no controle abstrato de normas apto a sanar a lesão ao preceito fundamental não apenas para as partes do processo originário, mas para todos os que se encontrarem em situação similar. Vejamos: Toda vez que a controvérsia puder ser solucionada por outra modalidade de controle abstrato, não caberá ADPF. É o caso, por exemplo, do direito infraconstitucional preexistente à atual Constituição ou, ainda, do direito municipal em face da Carta da República. Sem esquecer que a arguição pode ter como objeto uma norma elaborada já sob a égide da Constituição da República, mas que já tenha sido revogada ou cujos efeitos já se exauriram. Neste aspecto a ADPF apresenta significativa modificação no sistema de controle nacional. Até o seu advento, não reconhecia o Supremo Tribunal Federal qualquer possibilidade de controle abstrato incidente sobre direito pré-constitucional. Destarte, a demonstração de inexistência de outro meio eficaz (art. 4º, § 1º da Lei 9.882/1999) tem por escopo introduzir no direito brasileiro o princípio da subsidiariedade (ou do exaurimento das instâncias), já admitido pelos direitos germânico (recurso constitucional) e hispânico (recurso de amparo). Convém, por oportuno, salientar que a arguição apenas será cabível *quando não existir qualquer outro meio processual, ou seja ele carente, insuficiente ou ineficaz* (VELOSO, Zeno. *Controle jurisdicional de constitucionalidade*. 2. ed. Del Rey, p. 306). Todavia, a natureza do controle excludente será, necessariamente, objetiva. Sendo assim, a ADPF não rivaliza e nem inviabiliza o sistema difuso de controle, com ele não compete nem concorre. A única interpretação plausível dessa exclusão aponta para as modalidades de controle abstrato disponíveis em nosso sistema constitucional. Antes, manteremos uma convivência sadia e harmônica entre os sistemas difuso e concentrado, e a respeito invocamos, mais uma vez, o dizer de Gilmar Mendes para concluirmos que, assim, "o Tribunal poderá conhecer da arguição de descumprimento toda vez que o princípio da segurança jurídica restar seriamente ameaçado, especialmente em razão de conflitos de interpretação ou de incongruências hermenêuticas causadas pelo modelo pluralista de jurisdição constitucional" (Boletim Informativo da IOB nº 23/2000). Conclui-se, portanto, que esta forma de controle pode ter por escopo fazer cessar o descumprimento de preceito fundamental por ato do Poder Público, posteriormente declarado inconstitucional (nele incluídos leis ou outros atos normativos) ou incompatível com a Constituição, se se tratar de ato administrativo, ou, ainda, ato do Poder Judiciário, desde que se comprove, nesse caso, controvérsia judicial relevante; II: correta. O princípio da reserva de plenário não se aplica ao próprio Supremo Tribunal Federal no julgamento de recursos extraordinários. Esse foi o entendimento da Corte Maior no ED no RE 361.829/RJ, 2ª T., j. 02.03.2010, rel. Min. Ellen Gracie, *DJe* 19.03.2010, dentre outros. Seria um típico pensamento do tipo: "para os outros, ordem, para nós, nem tanto". Assim, no caso de recursos extraordinários, embora não seja isso que diga o art. 97 da CF/1988, este não se aplicaria à Suprema Corte, conforme entendimento dela própria. É que, ainda que não seja suscitado em ação de inconstitucionalidade, o STF acaba sempre entrando em matéria de afronta à Constituição na análise de recursos extraordinários, exercendo, por excelência, controle difuso no julgamento destes. Nesse caso, a continuar a reserva de plenário nos recursos extraordinários, quase todos teriam que ir para o Pleno, sempre que a decisão apontasse inconstitucionalidade. A rigor, o entendimento objetiva não assoberbar a Corte Maior com o acúmulo de casos ao seu plenário. O argumento do STF é o de que, por expressa disposição regimental, as suas turmas detêm competência para julgamento de recurso extraordinário, via apropriada à discussão de violação constitucional. Ademais, nos termos do regimento interno do STF, o recurso extraordinário somente seria julgado pelo plenário da Corte Suprema na hipótese do órgão fracionário entender relevante submeter ao pleno por tratar de importante arguição de inconstitucionalidade ainda não decidida em plenário (art. 11, I, RISTF). Logo, em que pese ser contraditório eventual regimento interno prevalecer sobre norma constitucional, entende o STF que, em recursos extraordinários, a inconstitucionalidade pode ser declarada por seus órgãos fracionários, sem que isso represente violação à cláusula de reserva de plenário disposta no art. 97 da CF/1988. "O STF exerce, por excelência, controle difuso de constitucionalidade quando do julgamento do recurso extraordinário, tendo os seus colegiados fracionários competência regimental para fazê-lo sem ofensa ao art. 97 da CF" (ED no RE 361.829/RJ, 2ª T., j. 02.03.2010, rel. Min. Ellen Gracie, *DJe* 19.03.2010); III: incorreta. Cabe o controle abstrato de constitucionalidade de decreto expedido pelo Presidente da República; IV: incorreta. É cabível a propositura de ADI contra lei formal, dotada de efeitos concretos. Vejamos: É considerada lei de efeitos concretos o ato normativo consignado como lei em sentido formal (espécie normativa primária), porém, não atende aos critérios da generalidade e abstração, ou seja, são Leis Complementares, Ordinárias, Delegadas ou Medidas Provisórias que possuem destinatário certo (não são gerais), sem possibilidade de repetição (não possuem abstração). As leis individuais são marcadas pela falta de generalidade ou impessoalidade. As leis de efeitos concretos e as leis individuais são consideradas pela doutrina como atos administrativos em sentido material dotados de forma de lei porque em essência são atos administrativos que estão na forma de uma lei, no formato de uma lei. As leis de efeitos concretos, embora com conteúdo de ato administrativo, são consideradas leis porque possuem imperatividade (obrigatoriedade) e normatividade (atribuem poder ou dever de fazer ou de não fazer), porém, diferentemente das leis em sentido próprio, possuem concretude e individualização. Leis que criam um Município (art. 18, § 4º, da CF) e leis orçamentárias (art. 165, da CF) são ótimos exemplos constitucionais para ilustrar o conceito de lei de efeitos concretos. Pois não possuem a abstração necessária para se repetirem em infinitas situações. Também podemos citar os Decretos Legislativos e as Resoluções da Câmara ou do Senado como, tipicamente, atos normativos de efeitos concretos, pois, em regra, são emanados não para criar condutas gerais e abstratas e sim para autorizar, aprovar, suspender, fixar. No âmbito infraconstitucional podem ser citadas as leis que estabelecem indenização a determinada pessoa, as leis que concedem anistia, as leis que determinam que tal ou qual imóvel seja área de preservação ambiental, as leis que mudam o nome de um Município.

Gabarito: "A".

(Procurador da República – 25º) Leia os enunciados abaixo:

I. Considerando que a federação é cláusula pétrea, não é possível a edição de emenda que afete a partilha de competências entre os entes federativos.

II. Existe a possibilidade de controle preventivo de constitucionalidade no caso de proposta de emenda constitucional infringente de cláusula pétrea.
III. De acordo com a jurisprudência do STF, uma emenda constitucional não pode instituir novo limite ao poder reformador, pois seria logicamente contraditório que o poder constituinte derivado pudesse limitar o exercício do próprio poder constituinte derivado no futuro.
IV. Para o Supremo Tribunal Federal, as emendas às constituições estaduais não podem criar novos órgãos públicos no Estado-membro.

São corretas as respostas:
(A) I e II.
(B) III e IV.
(C) II e IV.
(D) I e III.

I: incorreta. De fato, a forma federativa de Estado é uma das cláusulas pétreas, como determina o art. 60, § 4º, I, da CF, todavia, isso não quer dizer que é vedado criar emendas constitucionais para alterar a partilha de competências entre os entes federativos. A Vedação está em *abolir* ou *reduzir* a forma de Estado; II: correta. Todos os atos legislativos previstos no art. 59, da CF, se submetem ao Controle Preventivo de Constitucionalidade, exceto, as medidas provisórias e as leis delegadas quando a resolução não determinar a apreciação do projeto pelo Congresso Nacional; III: incorreta. De acordo com a jurisprudência do STF, uma emenda constitucional *pode* instituir novo limite ao Poder Reformador, desde que não viole as regras preestabelecidas do Poder Constituinte Originário; IV: correta. Os cargos públicos apenas podem ser criados e extintos por lei de iniciativa do Presidente da República, logo, por uma questão de simetria, a regra se aplica aos Estados. Todavia, deve-se observar que, no âmbito estadual, só se admitirá a criação de novos órgãos se houver órgão correspondente no âmbito federal.
Gabarito "C".

(Promotor de Justiça/GO – 2016 – MPE) Informe o item que não está de acordo com os aspectos processuais e procedimentais das ações diretas de inconstitucionalidade e das ações declaratórias de constitucionalidade:
(A) Para o ajuizamento dessas ações não existe prazo prescricional ou decadencial.
(B) É possível a apuração de questões fáticas, tanto que se admite, por exemplo, a designação de peritos em caso de necessidade de esclarecimentos de circunstância de fato.
(C) Embora sejam ações de índole objetiva, admite-se a arguição de suspeição. Além disso, pode ocorrer o impedimento de Ministro que tenha atuado previamente no mesmo processo como Advogado-Geral da União ou Procurador-Geral da República, requerente ou requerido.
(D) Restará impossível ao Supremo Tribunal Federal analisar a inconstitucionalidade material, caso o pedido verse apenas sobre a inconstitucionalidade formal de uma lei ou ato normativo.

A: correta. Para a teoria clássica a inconstitucionalidade é ato nulo, não sujeita a prescrição; B: correta, conforme autorização do art. 9º, § 1º, da Lei 9.868/1999: "§ 1º Em caso de necessidade de esclarecimento de matéria ou circunstância de fato ou de notória insuficiência das informações existentes nos autos, poderá o relator requisitar informações adicionais, designar perito ou comissão de peritos para que emita parecer sobre a questão, ou fixar data para, em audiência pública, ouvir depoimentos de pessoas com experiência e autoridade na matéria";

C: incorreta. Não cabe suspeição, por ser procedimento de caráter subjetivo, mas apenas impedimento, que tem natureza objetiva. Ver STF, AS 37, Rel. Min. Gilmar Mendes: "arguição de suspeição revela-se incabível no âmbito do processo objetivo de controle normativo abstrato de constitucionalidade. No tocante ao impedimento, este pode ocorrer se o julgador houver atuado no processo como requerente, requerido, Advogado-Geral da União ou Procurador-Geral da República"; D: correta. Pelo princípio da congruência ou do pedido, o STF deve se limitar ao *pedido* elaborado na petição inicial, ainda que declare a inconstitucionalidade (ou constitucionalidade, a depender do pedido) por fundamentos diversos daqueles listados pelo requerente, haja vista que a *causa de pedir* é aberta. Note-se, porém, a possibilidade de declaração de inconstitucionalidade por arrastamento, que acaba por constituir exceção ao princípio da congruência.
Gabarito "C".

(Promotor de Justiça/GO – 2016 – MPE) Quanto ao objeto do controle abstrato de constitucionalidade, aponte o item incorreto:
(A) Em razão de a ação declaratória de constitucionalidade ter surgido com a Emenda Constitucional 3/1993, estará ela impedida de ter por objeto, por exemplo, lei editada anteriormente à data da promulgação da referida emenda, ainda que posterior ao parâmetro constitucional invocado.
(B) Podem ser objeto de ação direta de inconstitucionalidade as decisões proferidas em processo administrativo, quando a extensão dessas mesmas decisões seja tal que as torne um verdadeiro ato administrativo normativo genérico.
(C) A tese de que há hierarquia entre normas constitucionais originárias, permitindo, assim, a declaração de inconstitucionalidade de umas em face de outras, é rejeitada pela jurisprudência do Supremo Tribunal Federal.
(D) A norma declarada constitucional pelo Plenário do Supremo Tribunal Federal, em controle difuso, não pode ser objeto de ação declaratória de inconstitucionalidade, exceto quando venha a ocorrer modificações significativas de ordem jurídica, social ou econômica, ou se apresentem argumentos supervenientes nitidamente mais relevantes do que aqueles que antes prevaleciam.

A: incorreta. A ADC pode ser proposta na forma prevista no art. 102, I, "a", da CF, que não impõe qualquer limitação temporal quanto ao seu objeto; B: correta. Em regra, será ato de efeito concreto, não podendo ser objeto de ADI por falta de abstração e generalidade. Entretanto, quando a concretude der lugar à normatividade, e se o ato administrativo não tiver efeitos concretos, mas for dotado de autonomia, generalidade e abstração, pode ser questionado em controle concentrado de constitucionalidade. Ver STF, ADI 3202/RN, Rel. Min. Cármen Lúcia: "A extensão da decisão tomada pelo Tribunal de Justiça do Rio Grande do Norte aos servidores em condições idênticas aos agravantes torna-a ato indeterminado. Ato administrativo normativo genérico. Cabimento da ação direta de inconstitucionalidade. 2. A extensão da gratificação contrariou o inc. X do art. 37 da Constituição da República, pela inobservância de lei formal, promovendo equiparação remuneratória entre servidores, contrariando o art. 37, XIII, da Constituição da República"; C: correta. Não há hierarquia formal entre as normas constitucionais, ainda que se possa estabelecer uma hierarquia axiológica, cujo centro seria o princípio da dignidade da pessoa humana; D: correta. Ainda que a declaração de constitucionalidade, em controle difuso, tenha em regra efeitos *inter partes*, vincula o Supremo Tribunal Federal, que só poderá afastar-se de seu próprio precedente se houver posterior modificação jurídica, social ou econômica.
Gabarito "A".

(Promotor de Justiça/GO – 2016 – MPE) A respeito do controle difuso de constitucionalidade, assinale a alternativa incorreta:

(A) Por meio do controle difuso de constitucionalidade é possível aferir a compatibilidade de direito pré-constitucional para com a Constituição Federal de 1988, o que não se mostra possível em sede de controle concentrado, a menos que o instrumento processual seja a Ação de descumprimento de preceito fundamental.
(B) É viável o controle difuso de constitucionalidade sobre lei ou ato normativo municipal que contraria a Constituição da República.
(C) É cabível, no sistema brasileiro, o controle difuso de constitucionalidade sobre normas constitucionais originárias, resultantes da Assembleia Nacional Constituinte de 1988.
(D) Membros do Ministério Público que atuem em processo judicial possuem legitimidade para pleitear, incidentalmente, declaração difusa de inconstitucionalidade.

A: correta. Podem ser objeto de controle *difuso* as leis ou atos normativos anteriores ou posteriores à CF. Já os atos anteriores à CF, o chamado direito pré-constitucional, não podem ser objeto de controle *concentrado*, pois a hipótese seria de revogação. A exceção é o cabimento expresso de ADPF, de acordo com o art. 1º, parágrafo único, I, da Lei 9.882/1999; **B:** correta. Sim, sendo essa a regra. Subsidiariamente, cabe ADPF, que é espécie de controle concentrado; **C:** incorreta. Não cabe controle de constitucionalidade, difuso ou concentrado, sobre normas constitucionais originárias; **D:** correta, desde que a declaração de inconstitucionalidade da lei ou ato normativo seja causa de pedir, e não pedido principal da ação.
Gabarito "C".

(Promotor de Justiça/GO – 2016 – MPE) A propósito da ação declaratória de constitucionalidade e da ação direta de inconstitucionalidade, enquanto instrumentos de controle abstrato de constitucionalidade de atos normativos, segundo a jurisprudência dominante do Supremo Tribunal Federal, é correto afirmar que:

(A) O ajuizamento da ação declaratória de constitucionalidade, que faz instaurar processo objetivo de controle normativo abstrato, supõe a existência de efetiva ou potencial controvérsia judicial em torno da legitimidade constitucional de determinada lei ou ato normativo federal.
(B) O rol de legitimados ativos à propositura da ação declaratória de constitucionalidade comporta interpretação extensiva, de sorte que os conselhos profissionais, para essa finalidade, observada a pertinência temática, consubstanciam entidade de classe de âmbito nacional a que alude o art. 103, IX, da Constituição da República.
(C) Não se há de cogitar a prorrogação da eficácia de liminar concedida em ação direta de constitucionalidade, quando, vencido o prazo, os autos se encontrem, para parecer, na Procuradoria-Geral da República.
(D) O indeferimento de liminar em ação direta de inconstitucionalidade, pouco importando o fundamento, não dá margem à apresentação de reclamação.

A: incorreta. A ADC pressupõe – e não supõe – a "existência de controvérsia judicial relevante sobre a aplicação da disposição objeto da ação declaratória", o que inclusive deve vir comprovado na petição inicial, sob pena de indeferimento (art. 14, III, da Lei 9.868/1999); **B:** incorreta. Os conselhos profissionais são entidades de classe de âmbito nacional e, portanto, legitimados ativos expressamente previstos no art. 103 da CF. Não há falar em interpretação extensiva; **C:** incorreta. A questão de ordem na ADC 11 foi julgada em sentido oposto, ou seja, prorroga-se a eficácia de liminar concedida em ADI quando, vencido o prazo, os autos se encontram na PGR para parecer; **D:** correta. "Uma coisa é admitir-se a reclamação quando a Corte, ainda que no exame precário e efêmero relativo a toda e qualquer medida acauteladora, concede-a, suspendendo a eficácia do ato normativo. Algo diverso diz respeito ao indeferimento que pode ocorrer, consideradas razões diversas, sem que se pronuncie o Tribunal sobre a constitucionalidade da norma" (STF, Rcl 2.810-AgR/MG, Rel. Min. Marco Aurélio).
Gabarito "D".

(Promotor de Justiça/GO – 2016 – MPE) Assinale a alternativa incorreta:

(A) Ocorre a inconstitucionalidade progressiva quando o Supremo Tribunal Federal profere decisão no sentido de que a lei atacada, apesar de ser inconstitucional, possa ser mantida no ordenamento jurídico até que uma condição estabelecida pelo próprio Tribunal seja cumprida. Uma vez cumprida a condição, a lei, então passa a padecer do vício de inconstitucionalidade.
(B) O sistema jurídico brasileiro não contempla a figura da constitucionalidade superveniente, exceto se houver taxativa previsão constitucional.
(C) É possível o controle difuso de constitucionalidade sobre Lei ou ato normativo municipal que contrarie a Constituição Federal.
(D) Quando o parâmetro de controle for a Constituição Estadual, a decisão do Tribunal de Justiça será irrecorrível, ainda que se trate de norma de reprodução obrigatória da Constituição Federal.

A: correta. É a chamada "lei ainda constitucional". Ver STF, RE 135328, em que o STF reconheceu que o art. 68 do CPP, que confere ao MP legitimidade para propor ação civil *ex delicto* em favor de titular de direito hipossuficiente, seria constitucional até a estruturação da defensoria pública. Após a estruturação da defensoria, passaria a ser inconstitucional; **B:** correta. Para o STF uma lei inconstitucional é ato nulo, sendo insanável o vício de origem. Assim, não se constitucionalizaria com a mudança de parâmetro de controle. Ver STF, RE 346084/PR; **C:** correta. O controle difuso de leis ou atos municipais é sempre possível. Já o controle concentrado de leis municipais só é cabível via ADPF; **D:** incorreta. Caberá recurso extraordinário com fundamento no art. 102, III, "a" ou "c", da CF.
Gabarito "D".

(Promotor de Justiça/SC – 2016 – MPE) Conforme a Lei 9.868/1999:

(1) proposta a ação direta de inconstitucionalidade, não se admitirá desistência;
(2) é irrecorrível a decisão que indeferir a petição inicial da ação direta de inconstitucionalidade;
(3) Não se admitirá intervenção de terceiros no processo de ação direta de inconstitucionalidade.

1: correta. Art. 5º da Lei 9.868/1999; **2:** incorreta, cabe agravo (art. 4º, parágrafo único, Lei 9.868/1999); **3:** correta. Art. 7º da Lei 9.868/1999.
Gabarito 1C

(Promotor de Justiça/SC – 2016 – MPE)

(1) O Supremo Tribunal Federal, por decisão de 2/3 (dois terços) dos seus membros, poderá deferir pedido de medida liminar na arguição de descumprimento

de preceito fundamental, conforme previsto na Lei 9.882/1999.

1: incorreta. A concessão de liminar exige maioria absoluta (metade dos membros mais um). Art. 5º da Lei 9.882/1999. Gabarito "F"

(Promotor de Justiça – MPE/BA – CEFET – 2015) Mais séria e complexa revela-se a indagação sobre o cabimento de recurso extraordinário na hipótese de o Tribunal de Justiça, em ação direta de inconstitucionalidade, adotar interpretação de norma estadual de reprodução obrigatória que, por qualquer razão, se revele incompatível com a Constituição Federal (...).(MENDES, Gilmar Ferreira; BRANCO, Paulo Gustavo Gonet. Curso de Direito Constitucional,9 ed., IDP, 2014, p.1350).

Levando-se em consideração a doutrina dos autores acima e o entendimento do Supremo Tribunal Federal – STF, estampado na Rcl. 383/SP, rel. Min. Moreira Alves, dentro da temática que envolve o controle abstrato de constitucionalidade do direito estadual, as famigeradas normas de repetição obrigatória e o recurso extraordinário, analise as assertivas abaixo:

I. A decisão proferida pelo Supremo Tribunal Federal – STF, em sede de recurso extraordinário, será dotada de eficácia *erga omnes*.
II. Não cabe a interposição de recurso extraordinário perante o Supremo Tribunal Federal – STF, porquanto o Tribunal de Justiça é o órgão jurisdicional com competência única e definitiva no controle abstrato de constitucionalidade do direito estadual.
III. Se não houver a interposição de recurso extraordinário, qualquer que seja a decisão tomada pelo Tribunal de Justiça, em sede de ADI estadual, o Supremo Tribunal Federal –STF ficará vinculado ao quanto firmado pela Corte Estadual, sem possibilidade de reanalisar a matéria constitucional ventilada.

Pode-se AFIRMAR:

(A) Apenas o item I é verdadeiro.
(B) Apenas o item II é verdadeiro.
(C) Apenas o item III é verdadeiro.
(D) Somente os itens I e II são verdadeiros.
(E) Somente os itens I eIII são verdadeiros.

I: correta. Porque, nesse caso, se trata de utilização de um recurso típico do controle difuso para uma hipótese de controle abstrato, haja vista que ao STF não cabe analisar a validade da norma com a Constituição do Estado, mas sim com a Constituição Federal. Assim, conforme explica Pedro Lenza "a decisão do STF nesse específico recurso extraordinário produzirá os mesmos efeitos da ADI, ou seja, por regra, *erga omnes*, *ex tunc* e vinculante, podendo o STF, naturalmente, nos termos do art. 27 da Lei 9.868/1999, modular os efeitos da decisão. Portanto, não se aplicará a regra do art. 52, X, da CF, não tendo o Senado Federal qualquer participação"; **II:** incorreta. Em regra, não cabe recurso para o STF, que não é responsável pela análise da lei ou ato normativo em face da Constituição Estadual. Entretanto, quando a norma for de reprodução obrigatória de dispositivo da CF, a violação acaba por ser, também, da Constituição Federal, atraindo a competência do STF para analisar a matéria, via recurso extraordinário; **III:** incorreta. O STF não se vincula por decisões de outros tribunais, sendo o responsável pela guarda da Constituição (ainda que sua atribuição de "dar a última palavra" esteja sendo revisitada pela doutrina dos diálogos constitucionais, o que vale o estudo).
Gabarito "A".

(Promotor de Justiça – MPE/BA – CEFET – 2015) Tomando-se por base o que dispõe a Lei 9.868/1999 e a decisão prolatada pelo Altíssimo Pretório na ADI 2.130, rel. Min. Celso de Mello, no que tange ao processo e julgamento da ação direta de inconstitucionalidade e da ação declaratória de constitucionalidade perante o Supremo Tribunal Federal, tem-se como EQUIVOCADA a seguinte assertiva:

(A) Proposta a ação direta, não se admitirá desistência.
(B) Em tais processos, inexiste prazo recursal em dobro ou diferenciado para contestar.
(C) Afigura-se impraticável a dilação probatória com perícia ou audiência pública, tendo em vista que tais ações têm nítida natureza objetiva, na qual não se discute matéria de fato.
(D) A decisão que declara a constitucionalidade ou a inconstitucionalidade da lei ou do ato normativo em ação direta ou em ação declaratória é irrecorrível, ressalvada a interposição de embargos declaratórios.
(E) Ao declarar a inconstitucionalidade de lei ou ato normativo, e tendo em vista razões de segurança jurídica ou de excepcional interesse social, poderá o Supremo Tribunal Federal, por maioria de 2/3 (dois terços) de seus membros, restringir os efeitos daquela declaração, ou decidir que ela só tenha eficácia a partir de seu trânsito em julgado ou de outro momento que venha a ser fixado.

A: correta. Art. 5º da Lei 9.868/99; **B:** correta. "Não se aplica, ao processo objetivo de controle abstrato de constitucionalidade, a norma inscrita no art. 188 do CPC[1973], cuja incidência restringe-se, unicamente, ao domínio dos processos subjetivos, que se caracterizam pelo fato de admitirem, em seu âmbito, a discussão de situações concretas e individuais" (STF, ADI 2130); **C:** incorreta. Há expressa possibilidade de discussão de matéria de fato, conforme redação do art. 9º § 1º, da Lei 9.868/1999: "1º Em caso de necessidade de esclarecimento de matéria ou circunstância de fato ou de notória insuficiência das informações existentes nos autos, poderá o relator requisitar"; **D:** correta. Redação do art. 26 da Lei 9.868/1999; E: correta. Redação do art. 27 da Lei 9.868/1999.
Gabarito "C".

(Promotor de Justiça – MPE/MS – FAPEC – 2015) As leis municipais que contrariem a Constituição Federal de 1988, podem sofrer controle de constitucionalidade concentrado através de:

(A) Ação direta de inconstitucionalidade por ação.
(B) Recurso especial.
(C) Mandado de Injunção.
(D) Avocação.
(E) Arguição de descumprimento de preceito fundamental.

As leis municipais podem ser objeto de controle difuso de constitucionalidade, como qualquer outra lei ou ato normativo. Em se tratando de controle concentrado, porém, só cabe ADPF para questionar leis ou atos municipais, não sendo possível o ajuizamento de ADI em face de lei municipal.
Gabarito "E".

(Promotor de Justiça – MPE/AM – FMP – 2015) No âmbito da jurisdição constitucional é correto afirmar que

(A) a decisão por órgão fracionário de Tribunal Estadual que atribuir à norma infraconstitucional interpretação conforme a Constituição não dispensa o incidente de inconstitucionalidade em atenção ao art. 97 da CF.

(B) a decisão por órgão fracionário de Tribunal Estadual que atribuir à norma infraconstitucional interpretação conforme a Constituição dispensa o incidente de inconstitucionalidade em atenção ao art. 97 da CF.
(C) a decisão do STF em Recurso Extraordinário interposto de decisão de ADI julgada por Tribunal de Justiça estadual produz efeitos típicos do controle difuso e, como tal, somente alcança as partes do processo.
(D) inexiste possibilidade de controle abstrato de norma municipal em face da Constituição Federal por ausência de previsão expressa dessa hipótese no art. 102, I, a, da Constituição da República.
(E) dentre os legitimados para a ADI perante o STF, as confederações sindicais e as entidades de classe de âmbito nacional detêm capacidade postulatória, necessitando demonstrar a relação de pertinência temática entre as finalidades para as quais foram criadas e o objeto da ação.

A: correta. Pelo princípio da reserva de plenário, previsto no art. 97 da CF, os órgãos fracionários dos tribunais não podem declarar a inconstitucionalidade de lei o ato normativo; **B:** incorreta. A dispensa do art. 97 da CF só ocorre em caso de declaração da constitucionalidade da lei; **C:** incorreta. Só cabe recurso extraordinário contra decisão de tribunal de justiça quando a norma atacada for de reprodução obrigatória de norma da constituição federal. Nesse caso, o parâmetro de controle passa a ser a própria CF, o que atrai a competência do Supremo. Por isso, o recurso extraordinário tem os mesmos efeitos de uma ADI – *erga omnes* e vinculantes, podendo ainda ser objeto de modulação temporal, na forma do art. 27 da Lei 9.868/99; **E:** incorreta. Possuem legitimidade ativa não universal, precisando demonstrar pertinência temática, o que não se confunde com capacidade postulatória.
Gabarito "A".

(Ministério Público/MG – 2014) Analise as seguintes assertivas em relação ao controle de constitucionalidade:

I. A inconstitucionalidade formal ocorre quando o conteúdo das leis ou atos emanados dos poderes públicos contraria uma norma constitucional de fundo, que estabelece direitos e deveres.
II. Os Poderes Executivo e Legislativo exercem o controle de constitucionalidade preventivo e repressivo. Por seu turno, o Poder Judiciário exerce tão-somente o controle repressivo.
III. A inconstitucionalidade reflexa ou por via oblíqua resulta da violação de uma norma infraconstitucional interposta entre o ato questionado e a Constituição.
IV. No âmbito do Estado de Minas Gerais, admite-se a ação direta de inconstitucionalidade por omissão.

Somente está CORRETO o que se afirma em:
(A) I e II;
(B) I e IV;
(C) II e III;
(D) III e IV.

I: incorreta. Formal (ou nomodinâmica) é a inconstitucionalidade que diz respeito ao processo de formação da lei ou ato normativo, e não ao seu conteúdo. Em outras palavras, há afronta ao devido processo legislativo. Agora, se a inconstitucionalidade referir-se ao conteúdo da lei ou ato normativo, está-se diante, então, da chamada inconstitucionalidade material (ou nomoestática). É esta modalidade de inconstitucionalidade que se refere a proposição, que está, portanto, incorreta; **II:** incorreta. Além do controle repressivo de constitucionalidade, exercido, por excelência, pelo Poder Judiciário, é possível, sim, que este também exerça o controle preventivo. É o que se dá quando o parlamentar impetra, no curso do processo legislativo de formação do ato normativo, mandado de segurança; **III:** correta. Neste caso, há incompatibilidade entre o ato normativo e uma lei infraconstitucional, à qual se reporta, e, por via reflexa, à Constituição; **IV:** correta. Os tribunais de justiça dos estados têm legitimidade para exercer o controle de constitucionalidade, por ação ou omissão, de norma estadual ou municipal em face da Constituição Estadual (art. 125, § 2°, da CF).
Gabarito "D".

(Ministério Público/MS – 2013 – FADEMS) Assinale a alternativa **incorreta**, sobre o tema do Controle de Constitucionalidade:

(A) a ação declaratória de constitucionalidade, ajuizada perante o STF, tem como objeto apenas a lei ou ato normativo federal.
(B) as decisões definitivas de mérito, proferidas pelo STF, nas ações diretas de inconstitucionalidade e nas ações declaratórias de constitucionalidade produzirão eficácia contra todos e efeito vinculante, relativamente aos demais órgãos do Poder Judiciário e à administração pública direta e indireta, nas esferas federal, estadual e municipal.
(C) segundo a Constituição, declarada a inconstitucionalidade por omissão de medida para tornar efetiva norma constitucional, será dada ciência ao Poder competente para a adoção das providências necessárias e, em se tratando de órgão administrativo, para fazê-lo em trinta dias.
(D) a ação direta de inconstitucionalidade de lei ou ato normativo, ajuizada perante o STF, tem como objeto a lei ou ato normativo federal ou estadual.
(E) a arguição de descumprimento de preceito fundamental, ajuizada perante o STF, permite o exame apenas da inconstitucionalidade de lei ou ato normativo federal e estadual, incluídos atos anteriores à Constituição.

A: correta. A ação declaratória de constitucionalidade, ajuizada perante o STF, tem como objeto apenas a lei ou ato normativo federal, nos termos do art. 102, I, "a", segunda parte, da CF/1988; **B:** correta. Nos moldes do art. 102, § 2°, da CF/1988 as decisões definitivas de mérito, proferidas pelo STF, nas ações diretas de inconstitucionalidade e nas ações declaratórias de constitucionalidade produzirão eficácia contra todos e efeito vinculante, relativamente aos demais órgãos do Poder Judiciário e à administração pública direta e indireta, nas esferas federal, estadual e municipal; **C:** correta (art. 103, § 2°, da CF/1988); **D:** correta (art. 102, I, "a", da CF/1988); **E:** incorreta. Nos termos do art. 102, § 1°, da CF/1988, a ADPF, decorrente da Constituição Federal, será apreciada pelo Supremo Tribunal Federal, na forma da lei 9.882/1999. Vejamos: A ADPF será proposta perante o Supremo Tribunal Federal, e terá por objeto evitar ou reparar lesão a preceito fundamental, resultante de ato do Poder Público. **Caberá também arguição de descumprimento de preceito fundamental quando for relevante o fundamento da controvérsia constitucional sobre lei ou ato normativo federal, estadual ou municipal, incluídos os anteriores à Constituição.** Podem propor arguição de descumprimento de preceito fundamental os legitimados para a ação direta de inconstitucionalidade (art. 103, da CF/1988). A petição inicial deverá conter: I – a indicação do preceito fundamental que se considera violado; II – a indicação do ato questionado; III – a prova da violação do preceito fundamental; IV – o pedido, com suas especificações e V – se for o caso, a comprovação da existência de controvérsia judicial relevante sobre a aplicação do preceito fundamental que se considera violado. A petição inicial, acompanhada de instrumento de mandato, se for o caso, será apresentada em duas vias, devendo conter cópias do ato questionado e dos documentos necessários para comprovar a impugnação. A petição inicial será indeferida liminarmente, pelo relator, quando não for o caso de arguição de descumprimento de preceito fundamental, faltar algum dos requisitos prescritos nesta Lei ou for inepta. Não será admitida arguição de descumprimento de preceito fundamental quando houver qualquer outro meio eficaz de sanar a lesividade. Da decisão de indeferimento da petição inicial caberá agravo, no prazo de cinco dias. O Supremo Tribunal Federal, por decisão da maioria absoluta de seus membros, poderá deferir pedido de medida liminar na arguição de descumprimento de preceito fundamental. Em caso de extrema urgência ou perigo de lesão grave, ou ainda, em período de recesso, poderá o relator conceder a liminar, *ad referendum* do Tribunal Pleno. O relator poderá ouvir os órgãos ou autoridades responsáveis pelo ato questionado, bem como o Advogado-Geral da União ou o Procurador-Geral da República, no prazo comum de cinco dias. A liminar poderá consistir na determinação de que juízes e tribunais suspendam o andamento de processo ou os efeitos de decisões judiciais, ou de qualquer outra medida que apresente relação com a matéria objeto da arguição de descumprimento de preceito fundamental, salvo se decorrentes da coisa julgada (*Vide* ADIN 2.231-8, de 2000). Apreciado o pedido de liminar, o relator solicitará as informações às autoridades responsáveis pela prática do ato questionado, no prazo de dez dias. Se entender necessário, poderá o relator ouvir as partes nos processos que ensejaram a arguição, requisitar informações adicionais, designar perito ou comissão de peritos para que emita parecer sobre a questão, ou ainda, fixar data para declarações, em audiência pública, de pessoas com experiência e autoridade na matéria. Poderão ser autorizadas, a critério do relator, sustentação oral e juntada de memoriais, por requerimento dos interessados no processo. Decorrido o prazo das informações, o relator lançará o relatório, com cópia a todos os ministros, e pedirá dia para julgamento. O Ministério Público, nas arguições que não houver formulado, terá vista do processo, por cinco dias, após o decurso do prazo para informações. A decisão sobre a arguição de descumprimento de preceito fundamental somente será tomada se presentes na sessão pelo menos dois terços dos Ministros. Julgada a ação, far-se-á comunicação às autoridades ou órgãos responsáveis pela prática dos atos questionados, fixando-se as condições e o modo de interpretação e aplicação do preceito fundamental. O presidente do Tribunal determinará o imediato cumprimento da decisão, lavrando-se o acórdão posteriormente. Dentro do prazo de dez dias contado a partir do trânsito em julgado da decisão, sua parte dispositiva será publicada em seção especial do Diário da Justiça e do Diário Oficial da União. A decisão terá eficácia contra todos e efeito vinculante relativamente aos demais órgãos do Poder Público. Ao declarar a inconstitucionalidade de lei ou ato normativo, no processo de arguição de descumprimento de preceito fundamental, e tendo em vista razões de segurança jurídica ou de excepcional interesse social, poderá o Supremo Tribunal Federal, por maioria de dois terços de seus membros, restringir os efeitos daquela declaração ou decidir que ela só tenha eficácia a partir de seu trânsito em julgado ou de outro momento que venha a ser fixado. A decisão que julgar procedente ou improcedente o pedido em arguição de descumprimento de preceito fundamental é irrecorrível, não podendo ser objeto de ação rescisória. Caberá reclamação contra o descumprimento da decisão proferida pelo Supremo Tribunal Federal, na forma do seu Regimento Interno.

Gabarito "E".

(Ministério Público/PR – 2013 – X) Consoante orientação consolidada no Supremo Tribunal Federal, assinale a alternativa incorreta:

(A) O Supremo Tribunal Federal é competente para conhecer e julgar ação direta de inconstitucionalidade de lei estadual, arguida como incompatível com texto da Constituição Federal, ainda que o invocado dispositivo da Constituição Federal corresponda a idêntico dispositivo da Constituição Estadual;
(B) Os órgãos fracionários dos Tribunais de Justiça dos Estados não têm competência para, em recurso de apelação, reconhecer a constitucionalidade de dispositivo da legislação federal, quando arguida sua incompatibilidade com a Constituição Federal;
(C) O Plenário ou Órgão Especial dos Tribunais de Justiça dos Estados é competente para conhecer e julgar ação direta de inconstitucionalidade de lei estadual, arguida como incompatível com texto da Constituição Estadual, ainda que o invocado dispositivo da Constituição Estadual corresponda a idêntico dispositivo da Constituição Federal;
(D) Os órgãos fracionários dos Tribunais de Justiça dos Estados têm competência para, em recurso de apelação, reconhecer a constitucionalidade de dispositivo da legislação estadual, quando arguida sua incompatibilidade com a Constituição Estadual;
(E) Os órgãos fracionários dos Tribunais de Justiça dos Estados não submeterão ao Plenário, ou ao Órgão Especial, a arguição de inconstitucionalidade, quando já houver pronunciamento destes ou do plenário do Supremo Tribunal Federal sobre a questão.

A: assertiva correta. Nos termos do art. 102, I, "a" da CF "compete ao Supremo Tribunal Federal, precipuamente, a guarda da Constituição, cabendo-lhe: I – processar e julgar, originariamente ação direta de inconstitucionalidade de lei ou ato normativo federal ou estadual e a ação declaratória de constitucionalidade de lei ou ato normativo federal". É importante destacar que a competência do Supremo, presente a prerrogativa de função, é de direito estrito. Não a alteram normas processuais comuns, como são as da continência e da conexão. Como sabemos, no controle concentrado, as decisões têm efeitos "erga omnes" e "ex tunc", contudo, recentemente, o STF decidiu que as decisões proferidas em sede de controle concentrado de constitucionalidade, em regra, passam produzir efeitos a partir da publicação, no veículo oficial, da ata de julgamento (Rcl 6.999-AgR, rel. min. **Teori Zavascki**, julgamento em 17.10.2013, Plenário, *DJE* de 07.11.2013.); **B:** assertiva incorreta, devendo ser assinalada. Nos termos do art. 97 da CF "somente pelo voto da maioria absoluta de seus membros ou dos membros do respectivo órgão especial poderão os tribunais declarar a inconstitucionalidade de lei ou ato normativo do Poder Público". Nesta esteira temos ainda: ""viola a cláusula de reserva de plenário (CF, art. 97) a decisão de órgão fracionário de tribunal que, embora não declare expressamente a inconstitucionalidade de lei ou ato normativo do Poder Público, afasta sua incidência, no todo ou em parte." (**Súmula Vinculante 10**.)". Se não bastasse o STF exerce, por excelência, o controle difuso de constitucionalidade quando do julgamento do recurso extraordinário, tendo os seus colegiados fracionários competência regimental para fazê-lo sem ofensa ao art. 97 da CF (RE 361.829-ED, Rel. Min. Ellen Gracie, julgamento em 02.03.2010,Segunda Turma, *DJE* de 19.03.2010.). Com isso a assertiva está absolutamente equivocada já que os órgãos fracionários dos Tribunais de Justiça dos Estados TÊM competência para, em recurso de apelação, reconhecer a constitucionalidade de dispositivo da legislação federal, quando arguida sua incompatibilidade com a Constituição Federal; **C:** assertiva correta. "Revela-se legítimo invocar, como referência paradigmática, para efeito de controle abstrato de constitucionalidade de leis ou atos normativos estaduais e/ou municipais, cláusula de caráter remissivo, que, inscrita na Constituição estadual, remete, diretamente, às regras normativas constantes da própria CF, assim incorporando-as, formalmente, mediante referida técnica de remissão, ao plano do ordenamento constitucional do Estado-membro. Com a técnica de remissão normativa, o Estado-membro confere parametricidade às normas, que, embora constantes da CF, passam a compor, formalmente, em razão da expressa referência a elas feita, o *corpus* constitucional da unidade política da Federação, o que torna possível erigir-se, como parâmetro de confronto, para os fins a que se refere o art. 125, § 2º, da CRFB (...) cabe aos Estados a instituição de representação de inconstitucionalidade de leis ou atos normativos estaduais ou municipais em face da Constituição Estadual, vedada a atribuição da legitimação para agir a um único órgão) a própria norma constitucional estadual de conteúdo remissivo (Rcl 10.500-MC, Rel. Min. Celso de Mello, decisão monocrática, julgamento em 18.10.2010, *DJE* de 26.10.2010.); **D:** assertiva correta. Os motivos são os mesmos da assertiva "b". Sendo assim, os órgãos fracionários dos Tribunais de Justiça dos Estados têm competência para, em recurso de apelação, reconhecer a constitucionalidade de dispositivo da legislação estadual, quando arguida sua incompatibilidade com a Constituição Estadual; **E:** assertiva correta. O princípio da reserva de plenário assegurado no artigo 97 da CF determina que "somente pelo voto da maioria absoluta de seus membros ou dos membros do respectivo órgão especial poderão os tribunais declarar a inconstitucionalidade de lei ou ato normativo do Poder Público". Assim, a maioria absoluta deve estar presente no Tribunal Pleno ou no órgão especial que lhe fizer as vezes. Essa regra é excepcionada, unicamente, quando se tratar do disposto no artigo 481 do CPC, ou seja, os próprios órgãos fracionários poderão julgar a inconstitucionalidade do ato normativo, não remetendo a questão ao Pleno ou ao órgão especial, quando já houver pronunciamento destes ou do plenário do Supremo Tribunal Federal sobre a questão.

Gabarito "B".

(Ministério Público/PR – 2013 – X) Assinale a alternativa incorreta:

(A) Já pacificada a jurisprudência do STJ no sentido de reconhecer a legitimidade do Ministério Público para propor ação civil pública com o objetivo de tutelar direitos individuais indisponíveis, como no caso do fornecimento de medicamentos à pessoa necessitada, sem que se possa falar em usurpação de competência da defensoria pública ou da advocacia privada, reconheceu o STF a repercussão geral da controvérsia sobre a legitimidade do Ministério Público em tais hipóteses;

(B) Consoante orientação doutrinária que se firmou no Supremo Tribunal Federal, revela-se inviável, em sede de ação civil pública, a pretensão à simples declaração de constitucionalidade de norma ou o controle da constitucionalidade da norma em abstrato, como objetivo essencial da demanda judicial;

(C) Consoante orientação doutrinária que se firmou no Supremo Tribunal Federal, viável, em sede de ação civil pública, a arguição de inconstitucionalidade de norma como fundamento de pedido que recaia sobre uma situação concreta que diz respeito à coletividade e, por isso, resolvido mediante decisão com efeitos *erga omnes*;

(D) Consoante orientação doutrinária que se firmou no Supremo Tribunal Federal, viável a utilização da ação civil pública como instrumento de fiscalização incidental de constitucionalidade, quando a controvérsia constitucional se constitui apenas em questão prejudicial, indispensável à solução do litígio, e não seu pedido único e principal;

(E) Consoante orientação doutrinária que se firmou no Supremo Tribunal Federal, inviável a declaração incidental de inconstitucionalidade, em sede de ação civil pública para a tutela de direitos difusos, ante os efeitos gerais da sentença em tais casos, sob pena de, na prática, equiparar a ação civil pública a verdadeira ação direta de inconstitucionalidade, usurpando competência do STF.

A: assertiva correta. A CF confere relevo ao Ministério Público como instituição permanente, essencial à função jurisdicional do Estado, incumbindo-lhe a defesa da ordem jurídica, do regime democrático e dos interesses sociais e individuais indisponíveis (CF, art. 127). Por isso mesmo detém o Ministério Público capacidade postulatória, não só para a abertura do inquérito civil, da ação penal pública e da ação civil pública para a proteção do patrimônio público e social, do meio ambiente, mas também de outros interesses difusos e coletivos (CF, art. 129, I e III). Interesses difusos são aqueles que abrangem número indeterminado de pessoas unidas pelas mesmas circunstâncias de fato e coletivos aqueles pertencentes a grupos, categorias ou classes de pessoas determináveis, ligadas entre si ou com a parte contrária por uma relação jurídica base. A indeterminidade é a característica fundamental dos interesses difusos e a determinidade a daqueles interesses que envolvem os coletivos. Direitos ou interesses homogêneos são os que têm a mesma origem comum (art. 81, III, da Lei 8.078, de 11.09.1990), constituindo-se em subespécie de direitos coletivos. Quer se afirme interesses coletivos ou particularmente interesses homogêneos, *stricto sensu*, ambos estão cingidos a uma mesma base jurídica, sendo coletivos, explicitamente dizendo, porque são relativos a grupos, categorias ou classes de pessoas, que conquanto digam respeito às pessoas isoladamente, não se classificam como direitos individuais para o fim de ser vedada a sua defesa em ação civil pública, porque sua concepção finalística destina-se à proteção desses grupos, categorias ou classe de pessoas. Assim, no caso do fornecimento de medicamentos à pessoa necessitada, o requerimento do Órgão do Ministério Público é plenamente compatível com a sistemática Constitucional, pois ainda que sejam interesses homogêneos de origem comum, são subespécies de interesses coletivos, tutelados pelo Estado por esse meio processual como dispõe o art. 129, III, da CF. Cuidando-se de tema ligado à saúde, amparada constitucionalmente como dever do Estado e obrigação de todos (CF, art. 196), está o Ministério Público investido da capacidade postulatória, patente a legitimidade *ad causam*, quando o bem que se busca resguardar se insere na órbita dos interesses coletivos, em segmento de extrema delicadeza e de conteúdo social tal que, acima de tudo, recomenda-se o abrigo estatal; **B:** assertiva correta. A jurisprudência do STF tem reconhecido que se pode pleitear a inconstitucionalidade de determinado ato normativo na ação civil pública, desde que *incidenter tantum*, ou seja, somente pela via do CONTROLE DIFUSO (CONTROLE CONCRETO) Veda-se, no entanto, o uso da ação civil pública para alcançar a declaração de inconstitucionalidade com efeitos *erga omnes*, ou seja, pela via do controle abstrato (concentrado). No caso, o pedido de declaração de inconstitucionalidade só pode ser meramente incidental, constituindo-se verdadeira causa de pedir; **C** e **D**: assertivas corretas. O examinador apenas desmembrou a questão, pois os fundamentos são os mesmos da assertiva anterior; **E:** assertiva incorreta, devendo ser assinalada. Consoante orientação doutrinária que se firmou no Supremo Tribunal Federal, É VIÁVEL e não inviável, a declaração incidental de

inconstitucionalidade, em sede de ação civil pública para a tutela de direitos difusos, ante os efeitos gerais da sentença em tais casos, sob pena de, na prática, equiparar a ação civil pública a verdadeira ação direta de inconstitucionalidade, usurpando competência do STF.
Gabarito "E".

(Ministério Público/PR – 2013 – X) Assinale a referência que não se inclui no rol de legitimados pela Constituição do Estado do Paraná a propor ação direta de inconstitucionalidade de lei ou ato normativo estadual ou municipal:

(A) Procurador-Geral do Estado;
(B) Prefeito e Mesa da Câmara de Município paranaense, quando se tratar de lei ou ato normativo local;
(C) Partidos políticos com representação na Assembleia Legislativa;
(D) Federações sindicais e entidades de classe de âmbito estadual ou municipal, quando se tratar de lei ou ato normativo estadual ou municipal, conforme o âmbito de representação;
(E) Deputado Estadual.

A: Incorreta. O Art. 111, II, da Constituição Estadual do Paraná inclui o Procurador-Geral do Estado; **B:** Incorreta. Art. 111, III, da Constituição Estadual do Paraná inclui o Prefeito e Mesa da Câmara de Município paranaense, quando se tratar de lei ou ato normativo local; **C:** Incorreta. Art. 111, V, da CE/PR inclui partidos políticos com representação na Assembleia Legislativa; **D:** Correta. Nos termos do art. 111, VI da CE/PR – as federações sindicais e as entidades de classe de âmbito estadual tem legitimidade, mas o dispositivo supracitado não faz menção as entidades de classe de âmbito municipal; **E:** Incorreta. Deputado Estadual tem legitimidade conforme o art. 111, VII, da CE/PR.
Gabarito "D".

(Ministério Público/PR – 2013 – X) Assinale a alternativa correta:

(A) Não caberá arguição de descumprimento de preceito fundamental, perante o STF, quando for relevante o fundamento da controvérsia constitucional sobre lei municipal;
(B) Somente é inadmissível a arguição de descumprimento de preceito fundamental quando existir meio de tutelar o direito objetivo mediante decisão dotada de efeitos gerais e vinculantes;
(C) É inadmissível a arguição de descumprimento de preceito fundamental, perante o STF, em face de lei ou ato normativo anterior à Constituição;
(D) Qualquer pessoa lesada ou ameaçada por ato do poder público pode propor, perante o STF, arguição de descumprimento de preceito fundamental;
(E) Cabe recurso extraordinário da decisão que julgar procedente ou improcedente o pedido em arguição de descumprimento de preceito fundamental, formulada perante o STF.

A: Incorreta. O art. 1º, I da Lei 9.882/99 dispõe: a arguição prevista no § 1º do art. 102 da Constituição Federal será proposta perante o Supremo Tribunal Federal, e terá por objeto evitar ou reparar lesão a preceito fundamental, resultante de ato do Poder Público. Parágrafo único. Caberá também arguição de descumprimento de preceito fundamental: I – quando for relevante o fundamento da controvérsia constitucional sobre lei ou ato normativo federal, estadual ou municipal, incluídos os anteriores à Constituição; (Vide ADIN 2.231-8, de 2000); **B:** Correta. Nos termos do art. 4º, § 1º da Lei 9.882/99 não será admitida arguição de descumprimento de preceito fundamental quando houver qualquer outro meio eficaz de sanar a lesividade; **C:** Incorreta. A parte final do parágrafo único do inciso I do art. 1º da Lei 9.882/99 determina: caberá também arguição de descumprimento de preceito fundamental quando for relevante o fundamento da controvérsia constitucional sobre lei ou ato normativo federal, estadual ou municipal, incluídos os anteriores à Constituição; **D:** Incorreta. Somente os legitimados do art. 103, da CF; **E:** Incorreta. Conforme o Art. 12 da Lei 9.882/99 a decisão que julgar procedente ou improcedente o pedido em arguição de descumprimento de preceito fundamental é irrecorrível, não podendo ser objeto de ação rescisória.
Gabarito "B".

(Ministério Público/RO – 2013 – CESPE) A respeito do controle de constitucionalidade, assinale a opção correta.

(A) Para fins de parâmetro de controle de constitucionalidade concentrado-abstrato realizado pelos tribunais de justiça, devem ser consideradas as normas previstas na Constituição estadual, ressalvadas as normas de reprodução obrigatória.
(B) Compete aos tribunais de justiça processar e julgar a ADI contra lei municipal, caso em que devem ser considerados parâmetros constantes na lei orgânica municipal.
(C) Demonstrado o requisito da pertinência temática, pode o governador de estado ajuizar, perante o STF, ADI, questionando lei estadual em face da CF.
(D) De acordo com a jurisprudência do STF, é cabível ADI em face de lei federal anterior à CF.
(E) Consoante o STF, o decreto autônomo editado pelo presidente da República não pode ser objeto de ADI visto que se qualifica como ato normativo secundário.

A: Incorreta. Para fins de parâmetro de controle de constitucionalidade concentrado-abstrato realizado pelos tribunais de justiça, devem ser consideradas as normas previstas na Constituição estadual, INCLUSIVE as normas de reprodução obrigatória. **B:** Incorreta. Compete aos tribunais de justiça processar e julgar a ADI contra lei municipal, caso em que devem ser considerados parâmetros constantes na CONSTITUIÇÃO ESTADUAL; **C:** Correta. Demonstrado o requisito da pertinência temática, pode o governador de estado ajuizar, perante o STF, ADI, questionando lei estadual em face da CF. Os Governadores, Mesa das Assembleias, Câmara Legislativa, Entidades de Classe de Âmbito Nacional e as Confederações Sindicais são todos legitimados TEMÁTICOS; **D:** Incorreta. Somente ADPF e se a lei tiver sido recepcionada; **E:** Incorreta. Todas as leis e atos normativos se submetem ao controle constitucional, inclusive o decreto autônomo editado pelo presidente da República.
Gabarito "C".

(Ministério Público/TO – 2012 – CESPE) Acerca do controle de constitucionalidade concentrado, assinale a opção correta à luz da jurisprudência do STF.

(A) A súmula de jurisprudência e a súmula vinculante são considerados atos normativos, sujeitos, portanto, ao controle de constitucionalidade concentrado pelo STF.
(B) Com a regulamentação legal das centrais sindicais e sua equiparação às confederações sindicais, passou-se a reconhecer a legitimidade ativa dessas entidades para ajuizar ADI perante o STF.
(C) Estando presentes os requisitos de admissibilidade da ADI, admite-se a conversão de arguição de descumprimento de preceito fundamental em ADI.
(D) A eficácia geral e o efeito vinculante de decisão proferida pelo STF em ação declaratória de constitucionalidade ou ADI, de lei ou ato normativo federal, atingem os demais órgãos do Poder Judiciário e todos os órgãos dos Poderes Executivo e Legislativo.

(E) O STF não tem competência para realizar controle de constitucionalidade concentrado de lei ou ato normativo municipal em face da CF.

A: incorreta, súmulas convencionais e vinculantes são proposições jurídicas que consolidam a jurisprudência de um tribunal acerca de assuntos controvertidos, logo, não apresentam características de ato normativo (STF, Pleno, Adin 594-MC/DF, Carlos Velloso, decisão de 19.02.1992; **B:** incorreta, a legitimidade neste contexto pertence apenas às Confederação Sindicais (art. 103, IX, da CF), que são organizadas com um mínimo de três federações, estabelecidas em pelo menos três Estados, nos termos do art. 535 da CLT; **C:** correta, em nome da instrumentalidade, da economia e da celeridade processuais, além da certeza jurídica, **admite-se fungibilidade entre a ação direta de inconstitucionalidade e arguição de descumprimento de preceito fundamental** (STF, ADI 4163/SP, rel. Min. Cezar Peluso, 29.02.2012, Plenário, informativo 656); **D:** incorreta, pois não atinge o Poder Legislativo; **E:** incorreta, pois o STF tem competência para realizar o controle de constitucionalidade de lei ou ato normativo municipal em face da CF por meio da ADPF, nos termos do art. 102, § 1º, da CF c/c o art. 1º da Lei 9.882/1999.

Gabarito "C".

(Ministério Público/SP – 2012 – VUNESP) Em relação à legitimidade para propositura de ação direta de inconstitucionalidade, o Supremo Tribunal Federal exige a comprovação da presença de pertinência temática, por parte dos seguintes colegitimados:

(A) Mesa da Assembleia Legislativa ou da Câmara Legislativa do Distrito Federal, Governador do Estado ou do Distrito Federal e Partidos Políticos com representação no Congresso Nacional.
(B) Mesa da Câmara dos Deputados, Mesa do Senado Federal, Mesa da Assembleia Legislativa ou da Câmara Legislativa do Distrito Federal e confederações sindicais ou entidades de classe de âmbito nacional.
(C) Mesa da Assembleia Legislativa ou da Câmara Legislativa do Distrito Federal, Conselho Federal da Ordem dos Advogados do Brasil e confederações sindicais ou entidades de classe de âmbito nacional.
(D) Mesa da Câmara dos Deputados, Mesa do Senado Federal, Mesa da Assembleia Legislativa ou da Câmara Legislativa do Distrito Federal e Partidos Políticos com representação no Congresso Nacional.
(E) Mesa da Assembleia Legislativa ou da Câmara Legislativa do Distrito Federal, Governador do Estado ou do Distrito Federal e confederações sindicais ou entidades de classe de âmbito nacional.

A: incorreta, pois os Partidos Políticos com representação no Congresso Nacional são legitimados neutrais ou universais; **B:** incorreta, já que as Mesas da Câmara dos Deputados e do Senado Federal têm legitimidade neutral; **C:** incorreta, já que a exata medida que o Conselho Federal da Ordem dos Advogados do Brasil tem legitimidade neutral ou universal; **D:** incorreta, já que a pertinência temática pertence apenas a Mesa da Assembleia Legislativa ou da Câmara Legislativa do Distrito Federal; **E:** correta, pois elenca acertadamente os legitimados que precisam demonstrar a pertinência temática para propositura de ADIn.

Gabarito "E".

(Ministério Público/SP – 2012 – VUNESP) A decisão do Supremo Tribunal Federal em relação aos limites temporais dos efeitos da declaração de inconstitucionalidade no controle concentrado ou abstrato brasileiro, em regra, terá efeitos

(A) não retroativos (*ex nunc*), uma vez que necessário garantir-se a segurança jurídica, comportando, porém, a modulação dos efeitos para admitir a prospecção dos efeitos com fixação de prazo para que o Congresso Nacional edite nova norma, que revogará aquela declarada inconstitucional ("apelo ao legislador"), desde que por decisão de dois terços dos membros do STF, presentes razões de segurança jurídica ou de excepcional interesse social.
(B) retroativos (*ex tunc*), uma vez que os atos inconstitucionais são nulos e, portanto, destituídos de qualquer carga de eficácia jurídica, comportando, porém, a modulação dos efeitos da decisão, inclusive para admitir a prospecção dos efeitos com fixação de prazo para que o Congresso Nacional edite nova norma, que revogará aquela declarada inconstitucional ("apelo ao legislador"), desde que por decisão de dois terços dos membros do STF, presentes razões de segurança jurídica ou de excepcional interesse social.
(C) não retroativos (*ex nunc*), uma vez que necessário garantir-se a segurança jurídica, comportando, porém, a modulação dos efeitos da decisão, inclusive para admitir a prospecção dos efeitos com fixação de prazo para que o Congresso Nacional edite nova norma, que revogará aquela declarada inconstitucional ("apelo ao legislador"), desde que por decisão de maioria absoluta dos membros do STF, presentes razões de segurança jurídica ou de excepcional interesse social.
(D) retroativos (*ex tunc*), uma vez que os atos inconstitucionais são nulos e, portanto, destituídos de qualquer carga de eficácia jurídica, comportando, somente, a modulação dos efeitos da decisão para admitir a não retroatividade da decisão da Corte, desde que por maioria absoluta dos membros do STF, presentes razões de segurança jurídica ou de excepcional interesse social.
(E) não retroativos (*ex nunc*) ou retroativos (*ex tunc*), desde que fixados por decisão de dois terços dos membros do STF, presentes razões de segurança jurídica ou de excepcional interesse social, comportando, porém, a modulação dos efeitos da decisão, inclusive para admitir a prospecção dos efeitos com fixação de prazo para que o Congresso Nacional edite nova norma, que revogará aquela declarada inconstitucional ("apelo ao legislador").

A: incorreta, pois os efeitos são retroativos (*ex tunc*), uma vez que os atos inconstitucionais são nulos e, portanto, destituídos de qualquer carga de eficácia jurídica, comportando, porém, a modulação dos efeitos da decisão, inclusive para admitir a prospecção dos efeitos com fixação de prazo para que o Congresso Nacional edite nova norma, que revogará aquela declarada inconstitucional ("apelo ao legislador"), desde que por decisão de dois terços dos membros do STF, presentes razões de segurança jurídica ou de excepcional interesse social; **B:** correta, uma vez que os atos inconstitucionais são nulos e, portanto, destituídos de qualquer carga de eficácia jurídica, comportando, porém, a modulação dos efeitos da decisão, inclusive para admitir a prospecção dos efeitos com fixação de prazo para que o Congresso Nacional edite nova norma, que revogará aquela declarada inconstitucional ("apelo ao legislador"), desde que por decisão de dois terços dos membros do STF, presentes razões de segurança jurídica ou de excepcional interesse social; **C:** incorreta, pois os efeitos não são "ex nunc", mas sim, "ex tunc"; **D:** incorreta, pois o quórum será de 2/3 terços de seus membros e não maioria absoluta; **E:** incorreta, já que não é possível tal alternância.

Gabarito "B".

(Ministério Público/SP – 2012 – VUNESP) Em relação ao controle de constitucionalidade no Brasil, é correto afirmar:

(A) A ideia básica de controle de constitucionalidade está ligada à Supremacia da Constituição sobre todo o ordenamento jurídico interno, excetuando os Tratados Internacionais devidamente incorporados, e, também, à de rigidez constitucional e proteção dos direitos fundamentais.
(B) No controle abstrato de constitucionalidade, o Supremo Tribunal Federal fica condicionado ao pedido, porém não a causa de pedir, ou seja, analisará a constitucionalidade dos dispositivos legais apontados pelo autor, porém poderá declará-los inconstitucionais por fundamentação jurídica diferenciada, não estando adstrito aos fundamentos invocados pelo autor, podendo declarar a inconstitucionalidade por fundamentos diversos dos expedidos na inicial.
(C) O controle preventivo de constitucionalidade exercido pelo Supremo Tribunal Federal, por provocação do Presidente da República, Presidente do Senado Federal ou Presidente da Câmara dos Deputados, pretende impedir que proposta de emenda constitucional ou projeto de lei maculados pela eiva de inconstitucionalidade ingressem no ordenamento jurídico.
(D) A Constituição Federal prevê a possibilidade de edição de súmulas vinculantes pela maioria absoluta dos Ministros do Supremo Tribunal Federal, de ofício ou por provocação de qualquer dos colegitimados para a propositura da ação direta de inconstitucionalidade, sempre tendo por objeto a validade, a interpretação e a eficácia de normas determinadas, desde que exista controvérsia atual entre órgãos judiciários ou entre esses e a administração pública que acarrete grave insegurança jurídica e relevante multiplicidade de processos sobre questão idêntica.
(E) A figura do *amicus curiae* ou "amigo da Corte", cuja função primordial é juntar aos autos parecer ou informações com o intuito de trazer à colação considerações importantes sobre a matéria de direito a ser discutida pelo Supremo Tribunal Federal, bem como acerca dos reflexos de eventual decisão sobre a inconstitucionalidade ou constitucionalidade da espécie normativa impugnada pode ser admitida a qualquer tempo, antes do julgamento final, exigindo a maioria de 2/3 dos membros do STF.

A: incorreta, já que o controle de constitucionalidade relaciona-se com a fiscalização da conformidade das leis e atos normativos frente à Constituição. Assim, o objetivo do controle de constitucionalidade é exatamente verificar a observância das normas constitucionais por parte das demais leis, inclusive, dos tratados internacionais. Trata-se de verificar a compatibilidade das demais normas frente à Constituição. Assim, a princípio, todas as leis são válidas. É dizer: as leis e atos normativos estatais são considerados válidos, constitucionais, até que venham a ser formalmente declarados inconstitucionais. Essa noção relaciona-se com o denominado princípio da presunção de constitucionalidade das leis; **B:** correta, no controle concentrado de constitucionalidade, o Supremo Tribunal Federal fica condicionado ao pedido, porém, não a causa de pedir, ou seja, analisará a constitucionalidade dos dispositivos legais apontados pelo autor, no entanto, poderá declará-los inconstitucionais por fundamentação jurídica diferenciada, não estando adstrito aos fundamentos invocados pelo autor, podendo declarar a inconstitucionalidade por fundamentos diversos dos expedidos na inicial. No controle difuso o raciocínio é totalmente inverso, a causa de pedir deverá trazer a arguição da inconstitucionalidade; **C:** incorreta, já que o Poder Judiciário, excepcionalmente, só poderá atuar no controle preventivo se for provocado por parlamentar por meio de mandado de segurança; **D:** incorreta, já que o Supremo Tribunal Federal poderá, de ofício ou por provocação, mediante decisão de dois terços (2/3) dos seus membros, aprovar súmula vinculante, nos termos do art. 103-A da CF; **E:** incorreta, pois o de acordo o § 2º do art. 7º da Lei 9.868/1999, o relator, considerando a relevância da matéria e a representatividade dos postulantes, poderá admitir a manifestação de outros órgãos ou entidades. Esse é o chamado "amicus curiae" (amigo da corte), entidades ou órgãos cuja manifestação possa contribuir com a qualidade da decisão do Supremo sobre determinado assunto, notadamente quando se tratar de tema técnico, complexo ou altamente controverso. Observe que, a rigor, não é caso de intervenção de terceiros. Aliás, o próprio art. 7º da Lei 9.868/1999 não admite intervenção de terceiros no processo de ação direta de inconstitucionalidade (a intervenção de terceiros é figura existente no direito processual civil, mas que visa a assegurar o direito de terceiros interessados na causa ingressarem na lide). Interessante observar que não há direito subjetivo de associações e entidades interessadas em participar como "amicus curiae" de determinado processo. Essa decisão compete ao relator do processo levando em conta a representatividade da entidade e a relevância da matéria. Segundo o Supremo Tribunal Federal, a admissão da figura do *amicus curiae* não lhe assegura o direito de interpor recursos no âmbito do processo. Afinal, ele não é parte. Cabe registrar que o STF já admitiu sustentação oral por parte do *amicus curiae*; ou seja, admite-se que sua participação ocorra na fase de julgamento e não necessariamente por escrito. Ademais, hoje se admite a participação de *amicus curiae* no exame da repercussão geral, no âmbito do recurso extraordinário, bem como no procedimento de aprovação de súmula vinculante pelo Supremo Tribunal Federal.

Gabarito "B".

(Ministério Público /SP – 2012 – VUNESP) Sobre a arguição de descumprimento de preceito fundamental, assinale a alternativa correta.

(A) Será apreciada pelo Supremo Tribunal Federal, ou pelo Superior Tribunal de Justiça conforme a origem, federal, estadual ou municipal, da apregoada lesão.
(B) Poderá ser proposta pelos legitimados para a ação civil pública.
(C) Quando julgada, sua decisão terá eficácia contra todos e efeito vinculante relativamente aos demais órgãos do Poder Público.
(D) Será admitida mesmo quando houver outro meio eficaz de sanação da lesividade.
(E) Poderá ser decidida em sessão à qual presente a maioria simples dos Ministros.

A: incorreta, pois a competência é exclusiva do STF (art. 102, § 1º, da CF); **B:** incorreta, já que os seus legitimados (art. 103 da CF) são os mesmos da ADIn/ADC (art. 2º, I, da Lei 9.882/1999); **C:** correta, réplica do art. 10, § 3º, da Lei 9.882/1999. Devemos pontuar, que a finalidade da ADPF é preservar as vigas-mestras que solidificam o edifício constitucional, buscando dar coerência, racionalidade e segurança ao ordenamento jurídico. Pelo seu uso, é possível suspender, liminarmente, ações judiciais ou administrativas em curso, as quais deverão acatar a sentença geral e vinculante da Corte Suprema, proferida no fim do processo. Lídimo instrumento do controle concentrado, mas que se esparga sua influência no caso concreto (controle difuso), seu raio de ação se circunscreve ao deslinde de questões constitucionais tidas como de inilludível fundamentalidade para a ordem pública; **D:** incorreta, pois o art. 4º, § 1º, da Lei 9.882/1999 prevê o princípio da subsidiariedade da ADPF, ou seja, só é cabível quando não houver outro meio capaz de sanar a lesividade. O princípio da subsidiariedade, ou cláusula de exaurimento de instâncias, é inspirado nos perfis legislativos do recursos constitucionais alemão e espanhol; **E:** incorreta, pois o art. 5º da Lei 9.882/1999 exige maioria absoluta.

Gabarito "C".

(Ministério Público/MG – 2011) Consoante a Lei 9.868/1999, que dispõe sobre o processo e julgamento da ação direta de inconstitucionalidade e da ação declaratória de constitucionalidade perante o Supremo Tribunal Federal, é **CORRETO** afirmar que

(A) a petição inicial da ação direta de inconstitucionalidade inepta, não fundamentada e a manifestamente improcedente serão liminarmente indeferidas pelo relator, em decisão irrecorrível.
(B) proposta a ação direta de inconstitucionalidade, o proponente poderá, a qualquer tempo, desistir.
(C) no processo de ação direta de inconstitucionalidade, admite-se a intervenção de terceiros.
(D) a decisão sobre a constitucionalidade ou a inconstitucionalidade da lei ou ato normativo somente será tomada se presentes na sessão pelo menos oito Ministros.

A: incorreta, pois da decisão que indeferir a petição inicial cabe agravo, nos termos do art. 4º, parágrafo único, da Lei 9.868/1999; **B:** incorreta, uma vez proposta a ação direta, não se admitirá desistência, como termina o art. 5º da Lei 9.868/1999; **C:** incorreta, já que o art. 7º da Lei 9.868/1999, determina que não se admitirá intervenção de terceiros no processo de ação direta de inconstitucionalidade; **D:** correta, réplica do art. 22 da Lei 9.868/1999, que dispõe que a decisão sobre a constitucionalidade ou a inconstitucionalidade da lei ou do ato normativo somente será tomada se presentes na sessão pelo menos oito Ministros.

Gabarito "D".

(Ministério Público/MG – 2011) Examine as afirmativas abaixo.

I. É inadmissível a propositura de ação direta de inconstitucionalidade que tenha por objeto lei ou ato normativo editado anteriormente à Constituição ou à Emenda Constitucional invocada como paradigma.
II. É admissível a propositura de ação direta de inconstitucionalidade que tenha por objeto atos estatais de efeitos concretos.
III. É inadmissível a propositura de ação direta de inconstitucionalidade que tenha por objeto emenda à Constituição.
IV. É admissível a propositura de arguição de descumprimento de preceito fundamental quando for relevante o fundamento da controvérsia constitucional sobre lei ou ato normativo federal, estadual ou municipal, incluídos os anteriores à Constituição.

Somente está **CORRETO** o que se afirma em:

(A) I e II.
(B) II e IV.
(C) I e IV.
(D) II e III.

I: correta, é inadmissível a propositura de ação direta de inconstitucionalidade que tenha por objeto lei ou ato normativo editado anteriormente à Constituição, já que a medida correta é a ADPF, conforme o art. 1º da Lei 9.882/1999, ou à Emenda Constitucional invocada como paradigma, pois não se admite a inconstitucionalidade superveniente. Em outras palavras, um ato normativo tem inconstitucionalidade originária quando é oposto às normas constitucionais já vigentes no momento de sua criação. Por outro lado, há inconstitucionalidade superveniente quando o ato norma-

tivo era, à princípio, constitucional, mas uma alteração posterior na própria constituição torna ela incompatível com as novas normas da Constituição. Em relação ao contexto brasileiro, o mais importante é ressaltar que a chamada inconstitucionalidade superveniente não é aceita pela jurisprudência do Supremo Tribunal Federal (STF). Para o STF, Emendas Constitucionais ou mesmo uma nova Constituição não tornam inconstitucionais as normas anteriores incompatíveis: o que ocorre é uma revogação dessas normas; **II:** incorreta, pois essas leis, embora se enquadrem na definição genérica do que seja ato normativo, não se enquadravam, segundo posição majoritária do STF, no conceito de leis ou atos normativos para efeito de controle de constitucionalidade por meio de ADI ou de ADC. Falta a elas, em grau mais elevado, a abstração, ou generalidade ou impessoalidade e, portanto, segundo a velha orientação do STF, não havia sentido fazer o controle em abstrato (ADI ou ADC) já que a norma careceria de abstração (ADI 3652 / RR – Roraima; ADI-MC 842 / DF – Distrito Federal; ADI – 2347). O autor entende que a questão em tela está correta, mas nos termos da velha orientação do STF, como dito anteriormente, pois *atualmente* o STF não entende assim. Vejamos: Cabe ressaltar que a antiga posição do STF (inadmissibilidade de controle abstrato por ADI de normas de efeitos concretos) já foi superada em dois temas. Primeiro temos as leis de criação, incorporação, fusão ou desmembramento de municípios porque, embora consideradas em geral como leis de efeitos concretos seriam também dotadas de efeitos abstratos subsequentes que viabilizariam o controle concentrado, contra elas o STF tem admitido, em vários casos, o cabimento de ADI. Veja a decisão abaixo: "Não devemos nos esquecer de que esta Corte, em diversos julgados recentes, declarou a inconstitucionalidade – e, portanto, a nulidade – de leis estaduais, posteriores à EC 15/1996, instituidoras de novos municípios, por ausência da lei complementar federal prevista pelo art. 18, § 4º, da Constituição (ADI-MC 2.381/RS, Rel. Min. Sepúlveda Pertence, DJ 14.12.2001; ADI 3.149/SC, Rel. Min. Joaquim Barbosa, DJ 01.04.2005; ADI 2.702/PR, Rel. Min. Maurício Corrêa, DJ 06.02.2004; ADI 2.967/BA, Rel. Min. Sepúlveda Pertence, DJ 19.03.2004; ADI 2.632/BA, Rel. Min. Sepúlveda Pertence, DJ 12.03.2004)"; **III:** incorreta, já é admissível a propositura de ação direta de inconstitucionalidade que tenha por objeto emenda à Constituição, nos termos do art. 59, I e 60, da CF; **IV:** correta, literalidade do art. 1º, parágrafo único, I, da Lei 9.882/1999, que determina ser admissível a propositura de arguição de descumprimento de preceito fundamental quando for relevante o fundamento da controvérsia constitucional sobre lei ou ato normativo federal, estadual ou municipal, incluídos os anteriores à Constituição.

Gabarito "C".

(Ministério Público/GO – 2012) No que se refere ao procedimento da ação direta de inconstitucionalidade e da ação declaratória de constitucionalidade, é correto afirmar que:

(A) o requisito da pertinência temática relaciona-se apenas à legitimidade ativa para a propositura, não podendo servir de empecilho à admissão de *amicus curiae*.
(B) não se admitirá intervenção de terceiros no processo de ação direta de inconstitucionalidade.
(C) a atuação do *amicus curiae* se limita à manifestação escrita, vedada, pois, a sustentação oral, por ocasião do julgamento da ação direta de inconstitucionalidade.
(D) na hipótese de pedido de concessão de medida cautelar em ação direta de inconstitucionalidade, os órgãos ou autoridades dos quais emanou a lei ou o ato impugnado disporão de cinco dias para se manifestar sobre o pedido de liminar, sendo esta a única ocasião em que poderão, por escrito, exercer a defesa do ato ou da lei impugnados.

A: incorreta. O *amicus curiae* ou "amigo da Corte" é modalidade de intervenção assistencial em processos de controle de constitucionalidade por parte de entidades que tenham representatividade adequada para se manifestar nos autos sobre questão de direito pertinente à controvérsia constitucional. Não são partes dos processos; atuam apenas como interessados na causa. Consequentemente, não se relaciona com a legitimidade ativa para a propositura das ações do controle concentrado, já que os legitimados do art. 103 da CF são partes; **B:** correta, pois nos termos do art. 7º da Lei 9.868/1999, não se admitirá intervenção de terceiros no processo de ação direta de inconstitucionalidade; **C:** incorreta, em caso de necessidade de esclarecimento de matéria ou circunstância de fato ou de notória insuficiência das informações existentes nos autos, poderá o relator requisitar informações adicionais, designar perito ou comissão de peritos para que emita parecer sobre a questão, ou fixar data para, em audiência pública, ouvir depoimentos de pessoas com experiência e autoridade na matéria; **D:** incorreta. Proposta a Adi, O relator pedirá informações aos órgãos ou às autoridades das quais emanou a lei ou o ato normativo impugnado. As informações serão prestadas no prazo de trinta dias contado do recebimento do pedido. Como dito anteriormente, não se admitirá intervenção de terceiros no processo de ação direta de inconstitucionalidade. O relator, considerando a relevância da matéria e a representatividade dos postulantes, poderá, por despacho irrecorrível, admitir, observado o prazo fixado no parágrafo anterior, a manifestação de outros órgãos ou entidades. Decorrido o prazo das informações, serão ouvidos, sucessivamente, o Advogado-Geral da União e o Procurador-Geral da República, que deverão manifestar-se, cada qual, no prazo de quinze dias. Vencidos os prazos do artigo anterior, o relator lançará o relatório, com cópia a todos os Ministros, e pedirá dia para julgamento. Em caso de necessidade de esclarecimento de matéria ou circunstância de fato ou de notória insuficiência das informações existentes nos autos, poderá o relator requisitar informações adicionais, designar perito ou comissão de peritos para que emita parecer sobre a questão, ou fixar data para, em audiência pública, ouvir depoimentos de pessoas com experiência e autoridade na matéria. O relator poderá, ainda, solicitar informações aos Tribunais Superiores, aos Tribunais federais e aos Tribunais estaduais acerca da aplicação da norma impugnada no âmbito de sua jurisdição. As informações, perícias e audiências a que se referem os parágrafos anteriores serão realizadas no prazo de trinta dias, contado da solicitação do relator. Por fim, salvo no período de recesso, a medida cautelar na ação direta será concedida por decisão da maioria absoluta dos membros do Tribunal, observado o disposto no art. 22, após a audiência dos órgãos ou autoridades dos quais emanou a lei ou ato normativo impugnado, que deverão pronunciar-se no prazo de cinco dias. O relator, julgando indispensável, ouvirá o Advogado-Geral da União e o Procurador-Geral da República, no prazo de três dias. No julgamento do pedido de medida cautelar, será facultada sustentação oral aos representantes judiciais do requerente e das autoridades ou órgãos responsáveis pela expedição do ato, na forma estabelecida no Regimento do Tribunal. Em caso de excepcional urgência, o Tribunal poderá deferir a medida cautelar sem a audiência dos órgãos ou das autoridades das quais emanou a lei ou o ato normativo impugnado. Concedida a medida cautelar, o Supremo Tribunal Federal fará publicar em seção especial do Diário Oficial da União e do Diário da Justiça da União a parte dispositiva da decisão, no prazo de dez dias, devendo solicitar as informações à autoridade da qual tiver emanado o ato. A medida cautelar, dotada de eficácia contra todos, será concedida com efeito *ex nunc*, salvo se o Tribunal entender que deva conceder-lhe eficácia retroativa. A concessão da medida cautelar torna aplicável a legislação anterior acaso existente, salvo expressa manifestação em sentido contrário. Havendo pedido de medida cautelar, o relator, em face da relevância da matéria e de seu especial significado para a ordem social e a segurança jurídica, poderá, após a prestação das informações, no prazo de dez dias, e a manifestação do Advogado-Geral da União e do Procurador-Geral da República, sucessivamente, no prazo de cinco dias, submeter o processo diretamente ao Tribunal, que terá a faculdade de julgar definitivamente a ação.

Gabarito "B".

(Ministério Público/CE – 2011 – FCC) Considera-se mecanismo de controle político de constitucionalidade, previsto pela Constituição da República dentro da sistemática de freios e contrapesos da separação de poderes que adota,

(A) o veto do Presidente da República a projeto de lei aprovado pelas casas do Congresso Nacional, por motivo de inconstitucionalidade.
(B) a resolução do Congresso Nacional que suspende a eficácia de lei declarada inconstitucional por decisão definitiva do Supremo Tribunal Federal.
(C) o julgamento do Presidente da República, por crime de responsabilidade, pelo Supremo Tribunal Federal.
(D) a aprovação prévia pelo Senado Federal, por voto secreto, após arguição em sessão pública, da escolha dos chefes de missão diplomática de caráter permanente.
(E) a sustação, pelo Senado Federal, dos atos normativos do Poder Executivo que exorbitem do poder regulamentar ou dos limites de delegação legislativa.

A: correta, pois a deliberação executiva é o ato em que o Presidente da República analisa o projeto de lei, aprovado pelo Congresso Nacional, para vetá-lo ou sancioná-lo. Realiza-se no texto formalmente consubstanciado no autógrafo, que, deve retratar, com fidelidade, o projeto de lei aprovado pelo Congresso Nacional. A existência da deliberação executiva é uma manifestação da cláusula de independência e harmonia entre Poderes (CF, art. 2º). No momento em que se submete um projeto de lei, já aprovado pelo Congresso Nacional, ao crivo do Presidente da República, permite-se um contrabalanço no processo de formação dos atos normativos. Deflagra-se, então, um controle recíproco. Sendo assim, o veto é um poder-dever, pois quando o projeto é rejeitado sob o argumento da inconstitucionalidade, temos o exercício do veto em sentido formal. É o veto jurídico propriamente dito; **B:** incorreta, pois não se trata de resolução do Congresso Nacional, mas sim do Senado Federal, conforme art. 52, X, da CF; **C:** incorreta, já que o Presidente da República será processado e julgado pelo Senado Federal nos crimes de responsabilidade após a autorização de dois terços dos membros da Câmara dos Deputados, conforme art. 51, I e 52, II, da CF. O julgamento do Presidente da República, por crime comum, será realizado pelo Supremo Tribunal Federal, nos termos do art. 102, I, "b", da CF; **D:** incorreta, pois a arguição será em sessão secreta, nos moldes do art. 52, IV, da CF; **E:** incorreta, já que compete exclusivamente ao Congresso Nacional, por meio de decreto legislativo sustar os atos normativos do Poder Executivo que exorbitem do poder regulamentar ou dos limites de delegação legislativa, conforme art. 49, V, da CF.

Gabarito "A".

(Ministério Público/MS – 2011 – FADEMS) Havendo evidente controvérsia constitucional acerca de importante dispositivo de lei estadual anterior à Constituição Federal de 1988, o Governador do Estado é legitimado a ingressar no Supremo Tribunal Federal com:

(A) mandado de segurança;
(B) ação direta de inconstitucionalidade;
(C) ação declaratória de constitucionalidade;
(D) mandado de injunção;
(E) arguição de descumprimento de preceito fundamental.

O único instrumento capaz de verificar a compatibilidade de leis anteriores à Constituição com a Constituição atual, **em controle concentrado**, é a ADPF (art. 1º, parágrafo único, I, da Lei 9.882/1999).

Gabarito "E".

(Ministério Público/MS – 2011 – FADEMS) Analise os itens abaixo e assinale a alternativa **correta**, segundo a orientação do Supremo Tribunal Federal:

I. O Ministério Público Estadual tem legitimidade para ajuizar reclamação no STF.
II. A ação de descumprimento de preceito fundamental somente poderá ser proposta por aqueles legitimados para a propositura da ação direta de inconstitucionalidade.
III. A ação direta de inconstitucionalidade por omissão, pendente de julgamento, deve ser extinta por perda do objeto se a norma que não tinha sido regulamentada é revogada.
IV. As súmulas vinculantes têm a mesma natureza jurídica das demais súmulas do STF.

(A) Existe apenas uma alternativa correta;
(B) Existem duas alternativas corretas;
(C) Existem três alternativas corretas;
(D) Nenhuma das alternativas está correta;
(E) Todas as alternativas estão corretas.

I: certa, V. Informativo 617/STF (Rcl 7358/SP, rel. Min. Ellen Gracie); **II:** certa, art. 2º, I, da Lei 9.882/1999; **III:** certa. Não há omissão em face do "não jurídico"; **IV:** errada. As súmulas vinculantes, ao contrário das súmulas meramente persuasivas, obrigam os demais órgãos do Poder Judiciário e a Administração Pública direta e indireta, nas esferas federal, estadual e municipal à sua observância, cabendo Reclamação para o STF em caso de desrespeito aos seus preceitos.

Gabarito "C".

(Ministério Público/PR – 2011) Examine as afirmações abaixo e após responda:

I. Projeto de lei de iniciativa de deputado federal visando criação de cargos na administração federal padecerá de vício de inconstitucionalidade material.
II. Lei ordinária que estabeleça a desnecessidade de contraditório em processo administrativo visando a imposição de sanções a servidores da administração direta padecerá de vício de inconstitucionalidade formal.
III. Lei ordinária dispondo sobre normas gerais de direito tributário padece de vício de inconstitucionalidade material.
IV. Há inconstitucionalidade material quando a lei é produzida em desconformidade com as normas de competência ou com o procedimento estabelecido para seu ingresso no mundo jurídico.
V. Há inconstitucionalidade formal quando o conteúdo da lei estiver em contrariedade com norma substantiva integrante da Constituição Federal.

(A) todas as afirmativas são corretas.
(B) apenas as afirmativas I e II são corretas.
(C) a afirmativa III é a única incorreta.
(D) as afirmativas IV e V são as únicas incorretas.
(E) todas as afirmativas são incorretas.

I: errada. O vício é formal, pois a iniciativa é do Chefe do Poder Executivo Federal (art. 61, § 1º, II, "a", da CF); **II:** errada. Inconstitucionalidade seria material, pois viola o conteúdo do art. 5º, LV, da CF; **III:** errada. Inconstitucionalidade formal, pois é matéria reservada à lei complementar (art. 146, III, da CF); **IV** e **V:** erradas. Uma lei será materialmente inconstitucional se o conteúdo da proposição legislativa não estiver em consonância com o texto e com os princípios constitucionais. A inconstitucionalidade formal, por sua vez, refere-se ao processo legislativo, ou seja, aos casos de vício de iniciativa, ao modo de elaboração da lei em desacordo com as regras constitucionais.

Gabarito "E".

(Ministério Público/PR – 2011) Relativamente à ação direta de inconstitucionalidade é incorreto afirmar:

(A) O Supremo Tribunal Federal é órgão competente para o seu julgamento;
(B) É possível a representação de inconstitucionalidade de leis ou atos normativos estaduais ou municipais diante da Constituição Estadual perante os Tribunais de Justiça dos Estados.
(C) Emenda à Constituição Federal está sujeita ao controle de constitucionalidade por essa via.
(D) Leis Municipais impugnadas em face Constituição Federal também estão sujeitas ao controle de constitucionalidade por essa via.
(E) No desenrolar do processo perante o Supremo Tribunal Federal deve ser citado o Advogado Geral da União para proceder a defesa do ato ou texto impugnado.

A: correta, réplica do art. 102, I, "a", da CF; **B:** correta, ao TJ cabe o controle concentrado de lei *municipal* ou de lei *estadual* em face da Constituição *Estadual* (art. 125, § 2º, da CF), mas não tem competência para apreciar representação de inconstitucionalidade (ou ADIn estadual) tendo como parâmetro a Constituição *Federal*, que é realizado pelo STF. **C:** correta, pois é pacífico o entendimento pela possibilidade de controle de constitucionalidade de emendas constitucionais ou de normas oriundas de revisão constitucional (fruto do Poder Constituinte Derivado). Só não cabe declaração de inconstitucionalidade de normas originárias (estabelecidas pelo Poder Constituinte Originário); **D:** incorreta, devendo ser assinalada, na exata medida que só cabe ADIn de lei federal ou estadual (art. 102, I, "a", da CF); **E:** correta, art. 103, § 3º, da CF.

Gabarito "D".

(Ministério Público /CE – 2011) No que concerne ao sistema brasileiro de controle da constitucionalidade, assinale a opção correta.

(A) No caso de lesão ou ameaça de lesão, por ato do poder público, a direito relacionado com a soberania, a cidadania, a dignidade da pessoa humana, os valores sociais do trabalho e o pluralismo político, qualquer pessoa atingida estará legitimada a ingressar com arguição de descumprimento de preceito fundamental junto ao STF, desde que faça prova concreta da ofensa, ou de sua iminente concreção.
(B) Mesmo nos tribunais judiciais que dispõem de órgão especial ou órgão fracionário, a inconstitucionalidade de lei ou ato normativo só pode ser declarada pelo tribunal pleno, mediante o voto da maioria absoluta de seus membros.
(C) A doutrina diverge sobre a obrigatoriedade de o Senado Federal suspender a execução de lei declarada inconstitucional pelo STF em um caso concreto e converge no entendimento de que a suspensão total só é cabível em relação a leis federais.
(D) O STF pode conceder medida cautelar em ação direta de inconstitucionalidade por omissão, em caso de excepcional urgência e relevância da matéria, por decisão da maioria absoluta de seus membros, após a audiência dos órgãos ou autoridades responsáveis pela omissão inconstitucional.

(E) Como as ações diretas de inconstitucionalidade têm como objeto leis ou atos normativos federais e estaduais, não é possível, no sistema jurídico brasileiro, a realização do controle de constitucionalidade de lei ou ato normativo municipal em face da CF.

A: incorreta, somente os legitimados do art. 103 da CF podem ingressar com a arguição de descumprimento de preceito fundamental junto ao STF; **B:** incorreta, pois por força da cláusula de reserva de plenário prevista no art. 97 da CF, somente pelo voto da maioria absoluta de seus membros ou dos membros do respectivo órgão especial poderão os tribunais declarar a inconstitucionalidade de lei ou ato normativo do Poder Público (vide Súmula vinculante 10 do STF); **C:** incorreta, pois o art. 52, X, da CF, é expresso: "suspender a execução, no todo em parte, de lei (qualquer lei) declarada inconstitucional por decisão definitiva do Supremo Tribunal Federal". A decisão definitiva do Supremo Tribunal Federal é proveniente do controle difuso, desconcentrado, concreto, incidental, de defesa ou de exceção; **D:** correta, literalidade do art. 12-F, da Lei n. 9.868/1999. Devemos apenas ressaltar que deverão pronunciar-se no prazo de 5 dias; **E:** incorreta, pois com o advento da Lei n. 9.882/1999, toda e qualquer lei ou ato normativo municipal em face da CF pode ser objeto de arguição de descumprimento de preceito fundamental – ADPF, que é uma das ações do controle concentrado.
Gabarito "D".

(Ministério Público /RJ –2011) Considerando o sistema de controle de constitucionalidade das leis e atos normativos no direito brasileiro, é correto a firmar que

(A) para a propositura da ação direta de inconstitucionalidade, incide sobre as agremiações partidárias a restrição jurisprudencial derivada do vínculo de pertinência temática.
(B) em se tratando de ação direta de inconstitucionalidade, o STF firmou o entendimento de que ação dessa natureza não é suscetível de desistência.
(C) a medida cautelar, em ação direta de inconstitucionalidade, reveste-se, ordinariamente, de eficácia *ex tunc*, operando, portanto, desde a edição da lei ou do ato normativo atacado.
(D) quando tramitam paralelamente duas ações diretas de inconstitucionalidade, uma no Tribunal de Justiça local e outra no STF, contra a mesma lei estadual em face de princípios constitucionais estaduais que são reprodução de princípios da CF, a ação direta proposta perante o Tribunal estadual deve ser extinta.

A: incorreta, pois os partidos políticos com representação no Congresso Nacional são legitimados neutrais ou universais, logo, estão dispensados de demonstrarem a pertinência temática, nos termos do art. 103, VIII, da CF; **B:** correta, já que o princípio da indisponibilidade, rege o processo do controle concentrado de constitucionalidade, impede a desistência da ação ajuizada. O art. 169 do RISTF/1980 que veda ao Procurador-Geral da República essa desistência, aplica-se, extensivamente, a todas as autoridades e órgãos legitimados pela Constituição de 1988 para a instauração do controle concentrado de constitucionalidade (art. 103 da CF). Sem prejuízo, o art. 5º da Lei 9.868/1999 veda expressamente; **C:** incorreta, pois uma vez concedida a medida cautelar, o STF fará publicar em seção especial do *Diário Oficial da União* e do *Diário da Justiça da União* a parte dispositiva da decisão, no prazo de dez dias, devendo solicitar as informações á autoridade da qual tiver emanado o ato. Nesse diapasão, a medida cautelar será dotada de eficácia contra todos e será concedida com efeito "ex nunc", salvo se o Tribunal entender que deva conceder-lhe eficácia retroativa; **D:** incorreta, na verdade não se fala em extinção, mas sim em suspensão. Cabe assinalar, neste ponto, por relevante, que esse entendimento acha-se consagrado na jurisprudência do Supremo Tribunal Federal, cuja orientação, no tema, tem sido reafirmada em sucessivas decisões que proclamam a necessidade de suspensão prejudicial do processo de fiscalização normativa abstrata instaurado perante Tribunal de Justiça local, se houver, em tramitação simultânea no Supremo, processo de controle concentrado em que se questione a constitucionalidade do mesmo diploma normativo também contestado na ação direta ajuizada no âmbito local (art. 125, § 2º, da CF). Essa diretriz jurisprudencial acha-se bem sintetizada em decisões emanadas do Plenário deste Supremo Tribunal (RTJ 152/371-373 – RTJ 186/496-497), consubstanciadas em acórdãos assim ementados: Rejeição das preliminares de litispendência e de continência, porquanto, quando tramitam paralelamente duas ações diretas de inconstitucionalidade, uma no Tribunal de Justiça local e outra no Supremo Tribunal Federal, contra a mesma lei estadual impugnada em face de princípios constitucionais estaduais que são reprodução de princípios da Constituição Federal, suspende-se o curso da ação direta proposta perante o Tribunal estadual até o julgamento final da ação direta proposta perante o Supremo Tribunal Federal.
Gabarito "B".

(Ministério Público /RR – 2012) Existindo comprovada controvérsia constitucional sobre dispositivo de lei estadual anterior à Constituição da República, detém o Governador do Estado legitimidade para propor, perante o Supremo Tribunal Federal,

(A) ação direta de inconstitucionalidade.
(B) arguição de descumprimento de preceito fundamental.
(C) ação declaratória de constitucionalidade.
(D) mandado de injunção.
(E) mandado de segurança.

A: incorreta, o Supremo Tribunal Federal possui o poder de decidir sobre a constitucionalidade das normas jurídicas que foram aprovadas antes da entrada em vigor da Constituição de 1988. Note-se que no Brasil adota-se modelo misto de controle de constitucionalidade e, portanto, o tema deve ser analisado nos âmbitos do controle difuso e concentrado. O controle de constitucionalidade de norma pré-constitucional frente à constituição atual é feito por meio do controle concentrado de constitucionalidade. A Constituição de 1988 (art. 102, § 1º, da CF) previu o instrumento da arguição de descumprimento de preceito fundamental (ADPF), que, em acordo ao disposto na Lei Federal de n. 9.882/1999 que a regulamenta, permite que o controle recaia sobre atos normativos editados anteriormente à atual Carta Magna; **B:** correta, é o que dispõe o art. 1º, parágrafo único, I, da Lei n. 9.882/1999, segundo o qual a ADPF é cabível mesmo quando o ato ou lei federal, estadual ou municipal, que seja objeto de controvérsia constitucional, viole a constituição atual (1988): Art. 1º. A arguição prevista no § 1º do art. 102 da Constituição Federal será proposta perante o Supremo Tribunal Federal, e terá por objeto evitar ou reparar lesão a preceito fundamental, resultante de ato do Poder Público. Parágrafo único. Caberá também arguição de descumprimento de preceito fundamental: I – quando for relevante o fundamento da controvérsia constitucional sobre lei ou ato normativo federal, estadual ou municipal,incluídos os anteriores à Constituição; **C:** incorreta, pois compete ao Supremo Tribunal Federal processar e julgar originariamente a ação declaratória de constitucionalidade se comprovada a controvérsia judicial de lei ou ato normativo federal, nos termos do art. 102, I, "a", da CF e da Lei 9.868, de 10 de novembro de 1999; **D:** incorreta, pois o objeto do mandado de injunção é viabilizar o exercício dos direitos, liberdades e prerrogativas constitucionais sempre que faltar norma regulamentadora. Sem prejuízo, o mandado de injunção ataca a omissão daquele que detém o poder dever de regulamentar a norma de eficácia limitada, sendo que, o procedimento se dará exclusivamente na via do controle difuso de constitucionalidade, nos termos do art. 5º, LXXI, da CF; Lei 8.038/1990, art. 24, parágrafo único e Lei 12.016/2009; **E:** incorreta, pois nos termos do art. 5º, LXIX, da CF, o objeto do mandado de segurança é proteger direito líquido e certo não amparado por *habeas corpus* e *habeas data*, exatamente por ser uma garantia constitucional fundamental residual ou supletiva.

5. DIREITOS E GARANTIAS FUNDAMENTAIS

(Procurador da República –28° Concurso – 2015 – MPF) Dentre os enunciados abaixo, estão corretos:

I. O exercício dos direitos fundamentais pode ser facultativo, sujeito, inclusive, a negociação ou mesmo prazo fatal;
II. A proibição de retrocesso é uma proteção contra efeitos retroativos e tem expressa previsão constitucional na proibição de ofensa ao ato jurídico perfeito, à coisa julgada e ao direito adquirido;
III. Salvo em relação às reservas legais, para que a diminuição na proteção de um direito fundamental seja permitida, é preciso que haja justificativa também de estatura fundamental, que se preserve o núcleo do direito envolvido e que se observe o princípio da proporcionalidade;
IV. Pela teoria interna, o conflito entre direitos fundamentais é meramente aparente, na medida em que é superado pela determinação do verdadeiro conteúdo dos direitos envolvidos.

(A) I, II e IV
(B) I, III e IV
(C) I e III
(D) I e IV

I: correta. Ver André de Carvalho Ramos: "apesar de não se admitir a eliminação ou disposição dos direitos humanos em abstrato, seu exercício pode ser facultativo, sujeito inclusive a negociação ou mesmo prazo fatal para seu exercício"; II: incorreta. Canotilho ressalta que a proibição do retrocesso social também pode ser entendida como "contrarrevolução social" ou "evolução reacionária". Segundo o autor, "com isto quer dizer-se que os direitos sociais e econômicos, uma vez alcançados ou conquistados, passam a constituir, simultaneamente, uma garantia institucional e um direito subjetivo". Além disso, André de Carvalho Ramos diferencia a proibição do retrocesso da proteção contra efeitos retroativos "este é proibido por ofensa ao ato jurídico perfeito, da coisa julgada e do direito adquirido. A vedação do retrocesso é distinta: proíbe as medidas de efeitos retrocessivos, que são aquelas que objetivam a supressão ou diminuição da satisfação de um dos direitos humanos. Abrange não somente os direitos sociais (a chamada proibição do retrocesso social), mas todos os direitos humanos, que [...] são indivisíveis"; III: incorreta. Os direitos fundamentais, embora fundamentais, não são absolutos e podem sofrer restrições (i) por força de outras normas constitucionais (art. 5°, IV – vedação ao anonimato), (ii) de normas legais editadas por autorização da Constituição (art. 5°, XI e art. 136, § 1°, CF), (iii) na forma da lei – ou seja, por reserva legal simples, como no art. 5°, XV, CF –, (iv) por reserva legal qualificada (art. 5°, XII e XIII, que além da exigência de lei trazem a exigência do objeto, finalidade ou conteúdo da lei restritiva); (v) por restrições implícitas no texto constitucional. Em todos os casos, porém, é necessário observar o princípio da proporcionalidade para a validade da restrição e a manutenção do núcleo essencial dos direitos fundamentais envolvidos. Ver Jane Reis, *Aspectos gerais sobre as restrições aos direitos fundamentais*, disponível na página da autora na internet; IV: correta. A questão sobre restrições aos direitos fundamentais passa pelas teorias interna e externa. Conferir, mais uma vez, a lição de Jane Reis: "A teoria interna sobre os limites dos direitos fundamentais sustenta, em síntese, que é inadmissível a ideia de restrições ou limitações externas aos direitos fundamentais. Essa vertente teórica – também denominada concepção estrita do conteúdo dos direitos –, considera que os direitos fundamentais cuja restrição não é expressamente autorizada pela Constituição não podem ser objeto de autênticas limitações legislativas, mas apenas de *delimitações*, as quais devem cingir-se a desvelar o conteúdo normativo constitucionalmente previsto. Assim, na ausência de norma da Constituição autorizando o legislador, de forma expressa, a restringir aos direitos, este poderá apenas explicitar os limites já contidos na norma constitucional. Apenas nos casos em que o texto constitucional prevê a possibilidade de interferência do Poder Legislativo, a atuação deste consistirá em verdadeira e autorizada limitação ao direito fundamental. No plano da interpretação judicial, a teoria interna refuta a existência de conflitos entre os direitos e, consequentemente, a ponderação de bens. A tarefa do operador jurídico ao interpretar o direito fundamental deve ater-se a identificar seu conteúdo constitucionalmente estabelecido e a verificar sua adequação à questão de fato apreciada, não lhe competindo estabelecer restrições recíprocas a direitos ou bens supostamente antagônicos".

Gabarito "D".

(Procurador da República –28° Concurso – 2015 – MPF) Assinale a alternativa correta:

(A) Para o Supremo Tribunal Federal, o art. 384 da Consolidação das Leis do Trabalho, que determina, em caso de prorrogação do horário normal de trabalho da mulher, a obrigatoriedade de um descanso mínimo de 15 (quinze) minutos antes do início do período extraordinário, não foi recepcionado pela atual Constituição, por ofensa ao princípio da igualdade e por gerar ônus excessivo às mulheres;
(B) O STF, por meio do exercício da ponderação de interesses, já permitiu o ingresso de policiais, durante a madrugada, em escritório de advocacia para a instalação de escuta ambiental;
(C) O STF decidiu que mostrar as nádegas em público, em reação às vaias da plateia, não está inserido na liberdade de expressão;
(D) No entendimento do STF, as pessoas jurídicas têm direito a assistência jurídica gratuita, bastando-lhes alegar insuficiência de recursos.

A: incorreta. O STF declarou que o art. 384 da CLT foi recepcionado pela Constituição de 1988: "(...) 2. O princípio da igualdade não é absoluto, sendo mister a verificação da correlação lógica entre a situação de discriminação apresentada e a razão do tratamento desigual. 3. A Constituição Federal de 1988 utilizou-se de alguns critérios para um tratamento diferenciado entre homens e mulheres: i) em primeiro lugar, levou em consideração a histórica exclusão da mulher do mercado regular de trabalho e impôs ao Estado a obrigação de implantar políticas públicas, administrativas e/ou legislativas de natureza protetora no âmbito do direito do trabalho; ii) considerou existir um componente orgânico a justificar o tratamento diferenciado, em virtude da menor resistência física da mulher; e iii) observou um componente social, pelo fato de ser comum o acúmulo pela mulher de atividades no lar e no ambiente de trabalho – o que é uma realidade e, portanto, deve ser levado em consideração na interpretação da norma. 4. Esses parâmetros constitucionais são legitimadores de um tratamento diferenciado desde que esse sirva, como na hipótese, para ampliar os direitos fundamentais sociais e que se observe a proporcionalidade na compensação das diferenças. 5. Recurso extraordinário não provido, com a fixação das teses jurídicas de que o art. 384 da CLT foi recepcionado pela Constituição Federal de 1988 e de que a norma se aplica a todas as mulheres trabalhadoras. (RE 658312, Relator(a): Min. Dias Toffoli, Tribunal Pleno, julgado em 27/11/2014); B: correta. A questão foi dirimida pelo STF no Inq :"(...) 8. Prova. Criminal. Escuta ambiental e exploração de local. Captação de sinais óticos e acústicos. Escritório de advocacia. Ingresso da autoridade policial, no período noturno, para instalação de equipamento. Medidas autorizadas por decisão judicial. Invasão de domicílio. Não caracterização. Suspeita grave da prática de crime por advogado, no escritório, sob pretexto de exercício da profissão. Situação não acobertada pela inviolabilidade constitucional. Inteligência do art. 5°, X e XI, da CF, art. 150, § 4°, III, do CP, e art. 7°, II, da Lei 8.906/1994. Preliminar rejeitada. Votos vencidos. Não opera a inviolabilidade do escritório de advocacia, quando o próprio advogado seja suspeito da prática de crime, sobretudo concebido e consumado no âmbito desse local de trabalho, sob pretexto de exercício da profissão (...)". (STF, Inq 2424, Rel. Min. Cezar Peluzo, Tribunal Pleno, j. 26/11/2008, DJe-055, 25-03-2010); **C:** incorreta. Trata-se do famoso caso Gerald Thomas: "(...) 2. Simulação de masturbação e exibição das nádegas, após o término de peça teatral, em reação a vaias do público. 3. Discussão sobre a caracterização da ofensa ao pudor público. Não se pode olvidar o contexto em se verificou o ato incriminado. O exame objetivo do caso concreto demonstra que a discussão está integralmente inserida no contexto da liberdade de expressão, ainda que inadequada e deseducada. 4. A sociedade moderna dispõe de mecanismos próprios e adequados, como a própria crítica, para esse tipo de situação, dispensando-se o enquadramento penal. (...)" (STF, HC 83996, Rel. p/ Acórdão Min. Gilmar Mendes, Segunda Turma, j. 17/08/2004, DJ 26-08-2005); **D:** incorreta. Confira-se: "(...) O benefício da gratuidade – que se qualifica como prerrogativa destinada a viabilizar, dentre outras finalidades, o acesso à tutela jurisdicional do Estado – constitui direito público subjetivo reconhecido tanto à pessoa física quanto à pessoa jurídica de direito privado, independentemente de esta possuir, ou não, fins lucrativos. Precedentes. – Tratando-se de entidade de direito privado – com ou sem fins lucrativos –, impõe-se-lhe, para efeito de acesso ao benefício da gratuidade, o ônus de comprovar a sua alegada incapacidade financeira (...), não sendo suficiente, portanto, ao contrário do que sucede com a pessoa física ou natural (...), a mera afirmação de que não está em condições de pagar as custas do processo e os honorários advocatícios". (STF, RE 192715 AgR, Rel. Min. Celso de Mello, Segunda Turma, j. em 21/11/2006, DJ 09-02-2007).

Gabarito "B".

(Procurador da República –28º Concurso – 2015 – MPF) Dentre os enunciados abaixo, estão corretos:

I. O pluralismo político é princípio fundante da ordem constitucional e deve ser compreendido não apenas em sua acepção político-partidária, mas alcançando todas as concepções e ideias que tenham relevância para o comportamento político coletivo;
II. O direito de resposta, apesar de mecanismo voltado à proteção dos direitos de personalidade, é também um instrumento de mídia colaborativa, em que o público é convidado a colaborar com suas próprias versões de fatos e a apresentar seus próprios pontos de vista;
III. Há, na Constituição, um mandado de otimização implícito no princípio do pluralismo político, na vedação de monopólios e oligopólios nos meios de comunicação social, na consagração do direito de acesso à informação e no aspecto participativo da liberdade de expressão que impõe um dever para o Estado de reconhecimento e promoção de fenômenos como as "rádios comunitárias", cujo papel é dar voz a grupos tradicionalmente alijados do debate público;
IV. As liberdades de expressão e de informação possuem uma dimensão dúplice, apresentando-se simultaneamente como garantias liberais defensivas e como garantias democráticas positivas, razão por que a regulação da imprensa deve preencher as falhas naturais do mercado livre no ramo da comunicação social.

(A) I e II
(B) I, II e III
(C) I, III e IV
(D) todos estão corretos

I: correta. Todas as alternativas trazem transcrições do artigo do Professor Gustavo Binenbojm, *Meios de Comunicação de massa, Pluralismo e Democracia Deliberativa. As liberdades de expressão e de imprensa nos Estados Unidos e no Brasil*, disponível na internet. Em continuação ao trecho do item I da questão, afirma o autor: "Por outro lado, como norma-princípio que é, espraia seus efeitos por toda a Carta, condicionando a interpretação dos demais dispositivos e clamando por concretização, conforme as circunstâncias, no maior grau possível"; **II:** correta. Outra transcrição do mesmo texto de Gustavo Binenbojm: "A meu ver, portanto, o direito de resposta deve ser visto como um instrumento de mídia colaborativa (*collaborative media*) em que o público é convidado a colaborar com suas próprias versões de fatos e a apresentar seus próprios pontos de vista. A autonomia editorial, a seu turno, seria preservada desde que seja consignado que a versão ou comentário é de autoria de um terceiro e não representa a opinião do veículo de comunicação"; **III:** correta: Do mesmo texto de Gustavo Binenbojm, citado nos comentários ao item I: "Há na Constituição um mandado de otimização implícito (I) no princípio do pluralismo político, (II) na vedação de monopólios e oligopólios dos meios de comunicação social, (III) na consagração do direito de acesso à informação e (IV) no aspecto positivo ou participativo da liberdade de expressão, que impõe um dever para Estado de reconhecimento e promoção de fenômenos como as rádios comunitárias, cujo papel é o de dar voz a grupos tradicionalmente alijados do debate público e condenados à invisibilidade social. Seria, de fato, uma contradição que o Estado, além de não prover acesso adequado das comunidades carentes à grande mídia, ainda pretendesse lhes tolher o uso do instrumental expressivo por elas mesmas desenvolvido. Qualquer medida contraria ao reconhecimento da legitimidade e mesmo ao fomento de tais formas expressivas me parece evidentemente inconstitucional"; **IV:** correta. Ainda de acordo com o texto de Gustavo Binenbojm: "Procurou-se demonstrar, ao longo do presente estudo, que as liberdades de expressão e de imprensa possuem uma dimensão dúplice, pois que se apresentam, simultaneamente, como garantias liberais defensivas (liberdades negativas protegidas contra intervenções externas) e como garantias democráticas positivas (liberdades positivas de participação nos processos coletivos de deliberação pública). O Estado cumpre papel decisivo e crucial tanto ao respeitar os limites externos da liberdade de expressão, como ao regular o exercício de atividades expressivas com vistas a fomentar a melhoria da qualidade do debate público e a inclusão do maior número possível de grupos sociais e pontos de vista distintos no mercado de ideias". Notem que as provas do MPF também trazem, muitas vezes, trechos de obras do Professor Daniel Sarmento.

Gabarito "D".

(Procurador da República –28º Concurso – 2015 – MPF) Assinale a alternativa incorreta:

(A) O conceito de "relação especial de sujeição" deve ser entendido como parâmetro interpretativo exclusivo no que diz respeito às restrições de direitos fundamentais dos presos;
(B) Segundo o STF, as pessoas jurídicas de direito público podem ser titulares de direitos fundamentais;
(C) O STF entendeu ser possível a coleta de material biológico da placenta, com o propósito de fazer exame de DNA para averiguar a paternidade do nascituro, mesmo diante da oposição da mãe, ponderando, dentre outros, o direito à intimidade da presa e o direito à honra e à imagem de policiais federais acusados de seu estupro;
(D) O STF afastou a coisa julgada em ação de investigação de paternidade, considerando que o princípio da segurança jurídica não pode prevalecer em detrimento da dignidade da pessoa humana, sob a perspectiva dos direitos à identidade genética e a personalidade do indivíduo.

A: incorreta. Confira a lição de Paulo Gustavo Gonet Branco, "Há pessoas que se vinculam aos poderes estatais de forma marcada pela sujeição,

submetendo-se a uma mais intensa medida de interferência sobre os seus direitos fundamentais. Nota-se nesses casos uma duradora inserção do indivíduo na esfera organizativa da Administração. (...). Notam-se exemplos de relações especiais de sujeição no regime jurídico peculiar que o Estado mantém com os militares, com os funcionários públicos civis, com os internados em estabelecimentos públicos ou com os estudantes em escola pública. O conjunto de circunstâncias singulares em que se encontram essas pessoas induz um tratamento diferenciado com respeito ao gozo dos direitos fundamentais"; **B:** correta. Os direitos fundamentais das pessoas jurídicas de direito público costumam ser identificados com as chamadas "garantias processuais", amplamente aceitas pelo STF, mas com elas não se confundem, como no caso Glória Trevi, em que o STF reconheceu o direito à imagem da Polícia Federal (União); **C:** correta. Trata-se do famoso caso Glória Trevi: "Reclamação. Reclamante submetida ao processo de Extradição 783, à disposição do STF. 2. Coleta de material biológico da placenta, com propósito de se fazer exame de DNA, para averiguação de paternidade do nascituro, embora a oposição da extraditanda. (...) 6. Decisão do Juiz Federal da 10ª Vara do Distrito Federal, no ponto em que autoriza a entrega da placenta, para fins de realização de exame de DNA, suspensa, em parte, na liminar concedida na Reclamação. Mantida a determinação ao Diretor do Hospital Regional da Asa Norte, quanto à realização da coleta da placenta do filho da extraditanda. Suspenso também o despacho do Juiz Federal da 10ª Vara, na parte relativa ao fornecimento de cópia integral do prontuário médico da parturiente. 7. Bens jurídicos constitucionais como "moralidade administrativa", "persecução penal pública" e "segurança pública" que se acrescem, – como bens da comunidade, na expressão de Canotilho, – ao direito fundamental à honra (CF, art. 5º, X), bem assim direito à honra e à imagem de policiais federais acusados de estupro da extraditanda, nas dependências da Polícia Federal, e direito à imagem da própria instituição, em confronto com o alegado direito da reclamante à intimidade e a preservar a identidade do pai de seu filho". (STF, Rcl 2040 QO, Rel. Min. Néri da Silveira, Tribunal Pleno, j. 21/02/2002, DJ 27-06-2003); **D:** correta. O STF já decidiu o tema, com repercussão geral: "(...) Deve ser relativizada a coisa julgada estabelecida em ações de investigação de paternidade em que não foi possível determinar-se a efetiva existência de vínculo genético a unir as partes, em decorrência da não realização do exame de DNA, meio de prova que pode fornecer segurança quase absoluta quanto à existência de tal vínculo. 3. Não devem ser impostos óbices de natureza processual ao exercício do direito fundamental à busca da identidade genética, como natural emanação do direito de personalidade de um ser, de forma a tornar-se igualmente efetivo o direito à igualdade entre os filhos, inclusive de qualificações, bem assim o princípio da paternidade responsável. 4. Hipótese em que não há disputa de paternidade de cunho biológico, em confronto com outra, de cunho afetivo. Busca-se o reconhecimento de paternidade com relação a pessoa identificada. 5. Recursos extraordinários conhecidos e providos. (STF, RE 363889, Rel. Min. Dias Toffoli, Tribunal Pleno, julgado em 02/06/2011, DJe 15-12-2011).
Gabarito "A".

(**Procurador da República –28º Concurso – 2015 – MPF**) Dentre os enunciados abaixo, estão corretos:

I. A interculturalidade significa, em sua forma mais geral, contato e intercâmbio entre culturas em condições de igualdade. Tal contato e intercâmbio não devem ser pensados apenas em termos étnicos, mas também a partir da relação, comunicação e aprendizagem permanente entre pessoas, grupos, conhecimentos, valores, tradições, lógicas e racionalidades distintas;
II. A multiculturalidade é um termo principalmente descritivo e basicamente se refere à multiplicidade de culturas dentro de um determinado espaço;
III. A essencialização de identidades refere-se a uma tendência de ressaltar diferenças étnicas, de gênero, de orientação sexual, entre outras, como se fossem identidades monolíticas, homogêneas, estáticas e com fronteiras sempre definidas;
IV. A noção de tolerância como eixo do problema multicultural oculta a permanência das desigualdades sociais que não permitem aos diversos grupos relacionar-se equitativamente e participar ativamente na sociedade.

(A) I e III;
(B) I e IV;
(C) I, III e IV;
(D) todos estão corretos.

I: correta. Virgílio Alvarado pontua a relação entre os conceitos de interculturalidade e multiculturalismo: "enquanto o multiculturalismo propugna a convivência num mesmo espaço social de culturas diferentes sob o princípio da tolerância e do respeito à diferença, a interculturalidade, ao pressupor como inevitável a interação entre essas culturas, propõe um projeto político que permita estabelecer um diálogo entre elas, como forma de garantir uma real convivência pacífica"; **II:** correta. De acordo com Boaventura de Sousa Santos e João Arriscado Nunes, "A expressão multiculturalismo designa, originariamente, a coexistência de formas culturais ou de grupos caracterizados por culturas diferentes no seio das sociedades modernas. Rapidamente, contudo, o termo se tornou um modo de descrever as diferenças culturais num contexto transnacional e global. Existem diferentes noções de multiculturalismo, nem todas no sentido emancipatório. O termo apresenta as mesmas dificuldades e potencialidades do conceito de "cultura", um conceito central das humanidades e das ciências sociais e que nas últimas décadas, se tornou terreno explícito de lutas políticas"; **III:** correta. Um exemplo recente do fenômeno é o debate sobre apropriação cultural; **IV:** correta. Embora a ideia de tolerância decorra do princípio da igualdade, há casos em que a tolerância se torna um problema, como na aceitação da escravidão, que até hoje gera consequências nefastas para indivíduos negros. Na feliz síntese de Boaventura de Sousa Santos, "...temos o direito a ser iguais quando a nossa diferença nos inferioriza; e temos o direito a ser diferentes quando a nossa igualdade nos descaracteriza. Daí a necessidade de uma igualdade que reconheça as diferenças e de uma diferença que não produza, alimente ou reproduza as desigualdades".
Gabarito "D".

(**Procurador da República – 28º Concurso – 2015 – MPF**) Assinale a alternativa incorreta:

(A) A justaposição entre direitos reprodutivos e sexuais se dá com o propósito de que os direitos sexuais sejam considerados como um subconjunto dos primeiros, validando os processos socialmente construídos que vinculam a heterossexualidade a procriação e ao casamento;
(B) Não é possível falar-se, na atualidade, em justiça sem uma compreensão integrada de suas dimensões culturais, econômicas e políticas;
(C) O § 8º do art. 226 da Constituição Federal rompe com a visão instrumental da mulher como garantidora da família;
(D) Apenas uma relação de igualdade permite a autonomia individual, e esta só é possível se se assegura a cada qual sustentar as suas muitas e diferentes concepções do sentido e da finalidade da vida.

A: incorreta. De acordo com Alice Muller, "a justaposição entre direitos reprodutivos e direitos sexuais serviu, involuntariamente, para que se considerem os direitos sexuais como um subconjunto dos primeiros", o que acaba por ocultar "os processos socialmente construídos que vinculam a heterossexualidade à procriação e ao casamento"; **B:** correta.

Por isso a importância de conceitos como o de multiculturalismo, interculturalidade e respeito à diferença; **C:** correta. "Art. 226, § 8º O Estado assegurará a assistência à família na pessoa de cada um dos que a integram, criando mecanismos para coibir a violência no âmbito de suas relações"; **D:** correta. Noção de igualdade como *reconhecimento intersubjetivo*. Ver, por todos, Daniel Sarmento, *Dignidade da Pessoa humana: conteúdo, trajetórias e metodologia* (cap. 6). Acompanhar julgamentos no STF sobre "pessoas trans".

Gabarito "A".

(Procurador da República – 27º Concurso – 2013 – MPF) Assinale a alternativa incorreta:

(A) o direito à liberdade de crença depende não apenas do direito de exprimir a crença, mas de uma autodeterminação existencial a partir dela;
(B) "deficiência" é um conceito em evolução, resultando da interação entre pessoas com deficiência e as barreiras atitudinais e ambientais que impedem sua plena e efetiva participação na sociedade em igualdade de oportunidades com as demais pessoas;
(C) o STF, a partir da Constituição de 1988, passou a enfrentar a questão de gênero sob perspectivas que ora desestabilizam o enfoque tradicional das relações entre homens e mulheres, abrindo novas possibilidades de conformações familiares, ora consolidando novas demandas das mulheres enquanto direitos fundamentais;
(D) a laicidade do Estado, tal como concebida pela Constituição de 1988, significa a adoção de uma perspectiva refratária à expressão pública da religiosidade por indivíduos e grupos.

A: correta. A escolha da crença faz parte das escolhas essenciais de vida, estando diretamente relacionada à autodeterminação do sujeito; **B:** correta. Conforme redação da alínea "e" do Preâmbulo da Convenção Sobre os Direitos da Pessoa com Deficiência, aprovada com *status* de emenda constitucional (Decreto Legislativo 186/2008 e promulgada pelo Decreto 6.949/2009): "e) Reconhecendo que a deficiência é um conceito em evolução e que a deficiência resulta da interação entre pessoas com deficiência e as barreiras devidas às atitudes e ao ambiente que impedem a plena e efetiva participação dessas pessoas na sociedade em igualdade de oportunidades com as demais pessoas"; **C:** correta. Acompanhar, por exemplo, o julgamento com repercussão geral do tema 761 (possibilidade de alteração de gênero no assento de registro civil de transexual, mesmo sem a realização de procedimento cirúrgico de redesignação de sexo – RE 670422, Rel. Min. Dias Toffoli) e do tema 778 (possibilidade de uma pessoa, considerados os direitos da personalidade e a dignidade da pessoa humana, ser tratada socialmente como se pertencesse a sexo diverso do qual se identifica e se apresenta publicamente – RE 845779, Rel. Min. Roberto Barroso); **D:** incorreta. A noção trazida na questão refere-se a *laicismo*, que difere de *laicidade*. Sobre o tema, conferir a discussão sobre ensino religioso em escolas públicas, levada ao STF por ADI proposta pelo Procurador-Geral da República (ADI 4439, Rel. Min. Roberto Barroso). De acordo com a petição inicial, "a única forma de compatibilizar o caráter laico do Estado brasileiro com o ensino religioso nas escolas públicas é através da adoção do modelo não confessional, em que o conteúdo programático da disciplina consiste na exposição das doutrinas, das práticas, da história e de dimensões sociais das diferentes religiões bem como de posições não religiosas, como o ateísmo e o agnosticismo sem qualquer tomada de partido por parte dos educadores". Conforme relatado, "apenas tal modelo promove, em matéria de ensino religioso, um dos mais nobres objetivos constitucionais subjacentes ao direito à educação: formar cidadãos e pessoas autônomas, capazes de fazerem escolhas e tomarem decisões por si próprias em todos os campos da vida, inclusive no da religiosidade".

Gabarito "D".

(Procurador da República – 27º Concurso – 2013 – MPF) Dentre os enunciados abaixo, estão corretos:

I. o reconhecimento da dimensão objetiva dos direitos fundamentais não significa, necessariamente, a existência de direitos subjetivos que a acompanham, ou mesmo a admissão de que eles sejam justiciáveis;
II. o interesse público secundário desfruta de supremacia a priori e abstrata em face de interesse particular, não se sujeitando, portanto, a ponderação, em caso de colisão entre ambos;
III. a questão das capacidades institucionais foi considerada pelo STF no julgamento envolvendo a constitucionalidade das pesquisas de células-tronco embrionárias, quando aquela Corte recusou decidir a respeito da superioridade de uma corrente científica sobre as demais;
IV. nas relações especiais de sujeição, se a instituição na qual elas se inserem está constitucionalmente legitimada, esse dado é suficiente para justificar o estabelecimento de restrições aos direitos fundamentais dos envolvidos.

(A) I e III;
(B) I, III e IV;
(C) II, III e IV;
(D) III e IV.

I: correta. Pela dimensão subjetiva, os direitos fundamentais geram pretensões exigíveis judicialmente, independentemente de regulamentação, devendo o Poder Público garantir sua proteção e promoção. Ao lado dessa primeira dimensão, desde o caso Lüth se admite que os direitos fundamentais possuem também uma dimensão objetiva, atuando como uma "ordem de valores" de onde decorrem (a) a eficácia irradiante dos direitos fundamentais; (ii) sua eficácia horizontal e (iii) os deveres estatais de proteção – sem que da dimensão objetiva nasçam, necessariamente, direitos subjetivos justiciáveis (como se dá na dimensão subjetiva); **II:** incorreta. A doutrina clássica defende a supremacia do interesse público *primário* (interesse da coletividade) sobre o interesse particular, e não do interesse público *secundário* (que se confunde com o interesse patrimonial da pessoa jurídica de direito público). Entretanto, o "princípio da supremacia do interesse público sobre o particular" está sendo cada vez mais questionado, como fruto de um caráter autoritário do Estado. Daniel Sarmento e Gustavo Binenbojm, por exemplo, refutam veementemente a existência de tal "princípio". Nas palavras de Gustavo Binenbojm: "Veja-se que não se nega, de forma alguma, o conceito de interesse público, mas tão somente a existência de um princípio da supremacia do interesse público. Explica-se: se o interesse público, por ser um conceito jurídico determinado, só é aferível após juízos de ponderação entre direitos individuais e metas ou interesses coletivos, feitos à luz de circunstâncias concretas, qual o sentido em falar-se em um princípio jurídico que apenas afirme que, no final, ao cabo do processo ponderativo, se chegará a uma solução (isto é, ao interesse público concreto) que sempre prevalecerá? Em outras palavras: qualquer que seja o conteúdo deste 'interesse público' obtido em concreto, ele sempre prevalecerá. Ora, isso não é um princípio jurídico. Um princípio que se presta a afirmar que o que há de prevalecer sempre prevalecerá não é um princípio, mas uma tautologia. Daí se propor que é o postulado da proporcionalidade que, na verdade, explica com se define o que é o interesse público, em cada caso. O problema teórico verdadeiro não é a prevalência, mas o conteúdo que deve prevalecer"; **III:** correta. A utilização do argumento das "capacidades institucionais" diz respeito aos limites e possibilidades de uma determinada instituição para solucionar os problemas que lhes são apresentados. No inteiro teor do acórdão da ADI 3510, Rel. Ayres Britto, consta que: "Não cabe ao Supremo Tribunal Federal decidir sobre qual das duas formas de pesquisa básica é a mais promissora: a pesquisa com células-tronco

adultas e aquela incidente sobre células-tronco embrionárias. A certeza científico-tecnológica está em que um tipo de pesquisa não invalida o outro, pois ambos são mutuamente complementares". O mesmo foi dito no voto da Ministra Ellen Gracie: "Afirmo, em síntese, nessas linhas, que a Casa não foi chamada a decidir sobre a correção ou superioridade de uma corrente científica ou tecnológica sobre as demais. Volto a frisar, pois já o disse em outra ocasião, que não somos uma academia de ciências. O que nos cabe fazer, e essa é a província a nós atribuída pela Constituição, é contrastar o artigo da Lei 11.105 com os princípios e normas da Constituição Federal"; **IV:** incorreta. As restrições de direitos fundamentais, embora diante de uma relação de especial sujeição perante o Estado, só podem ser limitadas (i) por força de outras normas constitucionais, (ii) de normas legais editadas por autorização da Constituição, (iii) na forma da lei – ou seja, por reserva legal simples; (iv) por reserva legal qualificada; ou (v) por restrições implícitas no texto constitucional. Em todos os casos, porém, é necessário observar o princípio da proporcionalidade para a validade da restrição e a manutenção do núcleo essencial dos direitos fundamentais envolvidos. Ver Jane Reis, *Aspectos gerais sobre as restrições aos direitos fundamentais*, disponível na página da autora na internet.
Gabarito "A".

(Promotor de Justiça – MPE/BA – CEFET – 2015) No que diz respeito aos direitos sociais, é EQUIVOCADO afirmar que:

(A) Os direitos sociais podem ser considerados direitos fundamentais de segunda geração, realizáveis por meio de políticas públicas estatais, e normalmente descritos em normas programáticas.

(B) Os direitos a prestações possuem um caráter essencialmente positivo, impondo ao Estado o dever de agir. Objetivam a realização de condutas ativas por parte dos poderes públicos, seja para a proteção de certos bens jurídicos contra terceiros, seja para a promoção ou garantia das condições de fruição desses bens.

(C) A implementação das prestações materiais e jurídicas exigíveis para a redução das desigualdades no plano fático, por dependerem em grande medida da disponibilidade orçamentária do Estado, faz com que estes direitos tenham o seu campo de efetividade mais dificultado que os direitos de primeira geração.

(D) O clássico Princípio da Separação dos Poderes e a carência de legitimidade democrática dos juízes faz com que o Supremo Tribunal Federal – STF não admita a judicialização de políticas públicas.

(E) O Ministério Público tem legitimidade para propor Ação Civil Pública em favor de uma única pessoa, a fim de garantir-lhe o fornecimento de medicamento de alto custo.

A: correta. Embora haja críticas a respeito da utilização do termo "geração" para designar os direitos fundamentais, pois todas as categorias convivem simultaneamente, sem que a "geração" posterior supere a anterior; **B:** correta. Os direitos prestacionais são tidos, eminentemente, como direitos a ações positivas do Estado. Entretanto, ainda que os direitos não prestacionais (como os de liberdade) sejam vistos como direitos *negativos*, porque exigiriam "apenas" uma abstenção (e não uma ação) por parte do Estado, hoje entende-se que também demandam alguma atuação por parte dos órgãos estatais, uma vez que ao Estado cumpre garantir que seu exercício não seja frustrado; **C:** correta. Ainda que o argumento da "reserva do possível" não seja oponível a todas as prestações, como aquelas relacionadas ao "mínimo existencial"; **D:** incorreta. A separação de Poderes reconhece ao Judiciário a função de julgar, sendo certo que a judicialização de políticas públicas afirma o princípio da separação de Poderes. Além disso, a ausência de legitimidade democrática dos juízes, por não serem eleitos como os representantes do Executivo e do Legislativo, não pode servir de escusa para a revisão de políticas que não estejam de acordo com a Constituição e com as leis, sobretudo se estiverem em jogo direitos de minorias. A propósito, o argumento da falta de legitimidade democrática do Judiciário vem perdendo peso, principalmente diante do déficit de legitimidade do Parlamento. **E:** incorreta. O Ministério Público não possui legitimidade ativa para a defesa de interesses individuais puros, apenas dos individuais homogêneos. No caso de interesses individuais de hipossuficientes, a legitimidade é da Defensoria Pública.
Gabarito "D".

(Promotor de Justiça – MPE/MS – FAPEC – 2015) Considere as seguintes afirmações sobre o direito fundamental à imagem:

I. A imagem retrato é o direito relativo à reprodução gráfica (retrato, desenho, fotografia, filmagem etc.) da figura humana, mas não envolve o direito às partes do corpo e a voz.

II. A imagem atributo pode ser aplicada à pessoa jurídica, quer através da proteção à marca ou do produto.

III. A imagem atributo é o direito relativo a reprodução gráfica da figura humana.

IV. O direito à imagem envolve o direito identidade, ou seja, de ter a sua imagem como forma de sua identidade.

Estão corretas:

(A) I e IV.
(B) I e II.
(C) II e IV.
(D) II e III.
(E) III e IV.

I: incorreta. Luiz Alberto David Araújo e Vidal Serrano Nunes lecionam que "o direito à imagem possui duas variações. De um lado, deve ser entendido como o direito relativo à produção gráfica (retrato, desenho, fotografia, filmagem etc.) da figura humana. De outro lado, porém, a imagem assume a característica do conjunto de atributos cultivados pelo indivíduo e reconhecidos pelo conjunto social. Chamemos a primeira de imagem-retrato e a segunda de imagem atributo". Entretanto, a imagem retrato não corresponde apenas ao corpo físico, mas a todas as características que individualizam a pessoa, como a voz, os gestos a forma de caminhar etc.; **II:** correta, conforme vários precedentes do STF; **III:** incorreta. Essa é a noção de imagem-retrato, conforme comentários ao item I; **IV:** correta. A imagem é uma forma de exteriorização da identidade da pessoa.
Gabarito "C".

(Promotor de Justiça – MPE/MS – FAPEC – 2015) Sobre o direito de associação é **correto** afirmar que:

(A) Possui base contratual.
(B) Tem caráter provisório.
(C) Necessita de cinco ou mais pessoas para ser exercido.
(D) A associação não pode representar judicialmente seus filiados.
(E) A associação pode sofrer interferências do Estado a qualquer momento.

A: correta. O direito de se associar decorre da autonomia da vontade do indivíduo. De acordo com o art. 5º, XX, CF, "ninguém poderá ser compelido a associar-se ou a permanecer associado"; **B:** incorreta. Subsiste até quando as partes manifestarem vontade, não possuindo limite temporal preestabelecido; **C:** incorreta. Ver art. 53, CC: "Art. 53. Constituem-se as associações pela união de pessoas que se organizem para fins não econômicos"; **D:** incorreta. Se houver previsão no estatuto, não há óbice para a representação; **E:** incorreta. Art. 5º, XVIII, CF: "XVIII – a criação de associações e, na forma da lei, de cooperativas independem de autorização, sendo vedada a interferência estatal em seu funcionamento".
Gabarito "A".

5. DIREITO CONSTITUCIONAL

(Promotor de Justiça – MPE/MS – FAPEC – 2015) O *habeas corpus* pode ser impetrado por:

I. Pessoa física.
II. Pessoa jurídica.
III. Estrangeiro não domiciliado no Brasil.
IV. Analfabeto, bastando que alguém assine por ele.
(A) Apenas I está correta.
(B) I e II estão corretas.
(C) I e III estão corretas.
(D) I e IV estão corretas.
(E) Todas estão corretas.

Conforme jurisprudência consolidada, o *habeas corpus* pode ser impetrado por todas as pessoas listadas na questão, e inclusive de ofício. Importante salientar que o STF irá discutir a possibilidade de impetração de habeas corpus **coletivo** no RE 855810, Rel. Min. Dias Toffoli. O Professor Daniel Sarmento proferiu parecer pelo cabimento do remédio na forma coletiva, sob os seguintes argumentos: "(i) A tendência contemporânea de tutela coletiva de direitos individuais visa a promover economia e celeridade processuais, a igualdade de tratamento entre os jurisdicionados e o pleno acesso à justiça, especialmente para os hipossuficientes. Todas essas preocupações se fazem presentes na esfera penal, em que a seletividade do aparelho repressor do Estado deixa especialmente vulnerável a camada populacional mais pobre. Nesse contexto, o *habeas corpus* coletivo constitui instrumento necessário à tutela da liberdade de locomoção em uma sociedade de massa, marcada pela desigualdade, como a brasileira; (ii) O remédio constitucional do *habeas corpus* revelou, desde os seus primórdios, uma natureza receptiva a inovações e flexibilizações processuais. A ampla aceitação da substituição processual, a desnecessidade de observância de fórmulas processuais e de representação por advogado, e a possibilidade de concessão do *writ* de ofício evidenciam que, dada a essencialidade do interesse em jogo, a ordem jurídica prioriza a efetividade da tutela à liberdade de locomoção em detrimento de preocupações formais. A admissão do *habeas corpus* coletivo se alinha a essa tradição virtuosa e honra os valores liberais, emancipatórios e democráticos da Carta de 88; (iii) O direito a uma tutela constitucional efetiva, que tem sede tanto na Constituição como no Pacto de San Jose da Costa Rica, exige que os instrumentos processuais possuam idoneidade para a proteção dos direitos materiais que objetivam tutelar. Desse modo, a constatação de que violações à liberdade ambulatorial são perpetradas de maneira coletiva, possuindo uma origem comum, impõe também a aceitação da tutela jurisdicional com alcance coletivo na via do *habeas corpus*; (iv) A jurisprudência do Supremo Tribunal Federal consagra a interpretação ampliativa de remédios constitucionais visando ao seu fortalecimento. A Corte Suprema reconheceu, mesmo sem previsão constitucional ou legal expressa, a possibilidade de impetração coletiva de mandado de injunção, em entendimento que pode ser estendido, por razões ainda mais robustas, ao *habeas corpus*". Gabarito "E".

(Promotor de Justiça – MPE/AM – FMP – 2015) Tendo em consideração o sistema de direitos e garantias jusfundamentais estabelecido na Constituição Federal atualmente em vigência,

I. não se exige capacidade postulatória para o ajuizamento da Ação Popular.
II. uma vez eleitoralmente alistados e no pleno gozo dos direitos políticos, os menores de 18 anos de idade podem validamente propor Ação Popular.
III. o *Habeas Corpus* dispensa a capacidade postulatória, podendo ser impetrado sem a necessidade de advogado devidamente habilitado ao exercício da profissão que subscreva a petição inicial.
IV. as ações constitucionais contempladas no art. 5º da CF podem, em algumas circunstâncias, caracterizar hipóteses de controle difuso de constitucionalidade.

Quais das assertivas acima estão corretas?

(A) Apenas a I e IV.
(B) Apenas a IV.
(C) Apenas a II e III.
(D) Apenas a II, III e IV.
(E) I, II, III e IV.

I: incorreta. O cidadão tem legitimidade ativa, mas não possui capacidade postulatória: "A CR estabeleceu que o acesso à justiça e o direito de petição são direitos fundamentais (art. 5º, XXXIV, *a*, e XXXV), porém, estes não garantem a quem não tenha capacidade postulatória litigar em juízo, ou seja, é vedado o exercício do direito de ação sem a presença de um advogado, considerado 'indispensável à administração da justiça' (art. 133 da CR e art. 1º da Lei 8.906/1994), com as ressalvas legais. (...) Incluem-se, ainda, no rol das exceções, as ações protocoladas nos juizados especiais cíveis, nas causas de valor até vinte salários mínimos (art. 9º da Lei 9.099/1995) e as ações trabalhistas (art. 791 da CLT), não fazendo parte dessa situação privilegiada a ação popular." (AO 1.531-AgR, Rel. Min. Carmen Lúcia, j. 3-6-2009, Plenário, *DJE* 1º-7-2009); **II:** correta. Apenas o cidadão pode propor ação popular, ou seja, o indivíduo que possua título de eleitor e que esteja em dia com as obrigações eleitorais. Os indivíduos entre 16 e 18 anos incompletos podem alistar-se, de acordo com o art. 14, § 1º, II, "c", CF; **III:** correta. O *habeas corpus* pode ser impetrado por qualquer pessoa, inclusive pelo beneficiário, que não precisa estar assistido por advogado (não se exige, portanto, capacidade postulatória); **IV:** correta. Qualquer ação, esteja ou não prevista no art. 5º da CF, pode ter por *causa de pedir* a declaração de inconstitucionalidade de lei ou ato normativo. A declaração de inconstitucionalidade como pedido principal da ação, entretanto, só pode ser realizada pelos legitimados e instrumentos próprios do controle concentrado de constitucionalidade. Gabarito "D".

(Ministério Público/Acre – 2014 – CESPE) No que concerne aos denominados remédios constitucionais, assinale a opção correta.

(A) Compete aos juízes estaduais processar e julgar mandado de segurança contra ato de autoridade federal sempre que a causa envolver o INSS e segurados.
(B) No âmbito do mandado de injunção, a atual jurisprudência do STF adota a posição não concretista em defesa apenas do reconhecimento formal da inércia do poder público para materializar a norma constitucional e viabilizar o exercício dos direitos e liberdades constitucionais e das prerrogativas inerentes à nacionalidade, à soberania e à cidadania.
(C) O *habeas corpus* pode ser impetrado contra ato de coação ilegal à liberdade de locomoção, seja ele praticado por particular ou agente público.
(D) São da competência originária do STF o processamento e o julgamento dos habeas corpus quando o coator ou paciente for governador de estado.

A: incorreta (art. 109, VIII, da CF); **B:** incorreta, na medida em que, atualmente, a nossa Corte Suprema adota a posição concretista geral, em que a decisão, proferida em sede de mandado de injunção, ao conferir exequibilidade às normas constitucionais, produz efeitos erga omnes (atinge a todos). Nesse sentido o Mandado de Injunção n. 758/DF, no qual, depois de reconhecer a omissão legislativa consistente em regulamentar o direito constitucional de greve do setor público, determinou-se que a ele (setor público) se aplicasse a Lei 7.783/1989, que disciplina o direito de greve no âmbito do setor privado; **C:** correta. É tranquilo o entendimento no sentido de que o particular, sendo o causador do ato que implique constrangimento ilegal, figure no polo passivo da ação de habeas corpus; **D:** incorreta, já que o julgamento, neste caso, cabe ao STJ (art. 105, I, *c*, da CF). Gabarito "C".

(Ministério Público/Acre – 2014 – CESPE) Acerca das garantias processuais previstas no art. 5.º da CF, assinale a opção correta.

(A) De acordo com o entendimento do STF, é possível a quebra do sigilo das comunicações telefônicas no âmbito de processos administrativos disciplinares, em especial quando a conduta investigada causar dano ao erário.
(B) A CF admite em situações específicas, como as que envolvam ação de grupos armados, civis ou militares, contra a ordem constitucional e o Estado democrático, que alguém possa ser julgado por órgão judicial constituído ex post facto.
(C) Em se tratando de crimes de ação pública, o oferecimento da ação penal é de competência privativa do MP, não se admitindo a ação privada, ainda que aquela não seja proposta no prazo legal.
(D) Consoante o STF, configura expressão do direito de defesa o acesso de advogado, no interesse do representado, aos elementos de prova produzidos por órgão com competência de polícia judiciária, desde que já estejam documentados em procedimento investigativo.
(E) Embora não exista norma expressa acerca da matéria, o sigilo fiscal e bancário, segundo o STF, é protegido constitucionalmente no âmbito do direito à intimidade, portanto, o acesso a dados bancários e fiscais somente pode ser feito por determinação judicial, do MP, de comissão parlamentar de inquérito ou de autoridade policial.

A: incorreta. Embora a jurisprudência admita a possibilidade de utilizar-se, no processo administrativo disciplinar, a prova produzida a partir de interceptação telefônica realizada no âmbito do processo penal (prova emprestada), é incorreto afirmar-se que a quebra do sigilo telefônico pode se dar no bojo do processo administrativo. Isso porque tal providência, conforme estabelecem os arts. 5º, XII, da CF e 1º da Lei 9.296/1996, somente pode ser determinada com o fim de instruir investigação criminal ou processo penal; **B:** incorreta, uma vez que a Constituição Federal não contemplou tal possibilidade (art. 5º, XXXVII, CF); **C:** incorreta. Nos casos em que restar configurada, no âmbito da ação penal pública, desídia do órgão acusador, que deixou de promovê-la no prazo estabelecido em lei, poderá o ofendido ou quem o represente ajuizar *ação penal privada subsidiária da pública* ou *substitutiva*, que encontra previsão nos arts. 5º, LIX, da CF, 100, § 3º, do CP e 29 do CPP. Cuidado: o ofendido somente poderá se valer deste instrumento, de índole constitucional, na hipótese de inércia, desídia do membro do Ministério Público; **D:** correta, pois em conformidade com o teor da Súmula Vinculante 14, a seguir transcrita: "É direito do defensor, no interesse do representado, ter acesso amplo aos elementos de prova que, já documentados em procedimento investigatório realizado por órgão com competência de polícia judiciária, digam respeito ao exercício do direito de defesa"; **E:** incorreta. A autoridade policial não está credenciada a determinar a quebra dos sigilos fiscal e bancário.
Gabarito "D".

(Ministério Público/ES – 2013 – VUNESP) Com relação à liberdade de associação, assinale a alternativa que está expressamente de acordo com o texto constitucional.

(A) As associações só poderão ser compulsoriamente dissolvidas ou ter suas atividades suspensas por decisão judicial, exigindo-se, no primeiro caso, o trânsito em julgado.
(B) É plena a liberdade de associação, para fins lícitos, incluindo a de caráter paramilitar.
(C) A criação de associações e a de cooperativas dependem de autorização, sendo vedada a interferência estatal em seu funcionamento.
(D) Ninguém poderá ser compelido a associar-se ou a permanecer associado, a não ser por meio de convenção coletiva.
(E) As entidades associativas, ainda que não expressamente autorizadas, têm legitimidade para exigir contribuição de trabalhadores não filiados, mas que sejam da categoria por elas representada.

A: correta, uma vez que corresponde à redação do art. 5º, XIX, da CF; **B:** incorreta, na medida em que o art. 5º, XVII, da Constituição da República excepciona, no que toca à liberdade de associação para fins lícitos, a entidade de caráter paramilitar; **C:** incorreta. Independe de autorização a criação de associação e de cooperativa (art. 5º, XVIII, CF); **D:** incorreta. Ainda que por meio de convenção coletiva, ninguém será compelido a associar-se nem a permanecer como tal (art. 5º, XX, da CF); **E:** incorreta, visto que a legitimidade para representação deve ser conferida de forma expressa pelos filiados, na forma estabelecida no art. 5º, XXI, da CF.
Gabarito "A".

(Ministério Público/ES – 2013 – VUNESP) Segundo o regime constitucional do *habeas corpus* e o entendimento do Supremo Tribunal Federal sobre o tema, é correto afirmar que é cabível o *habeas corpus*

(A) com o escopo de obter correção da dosimetria da pena imposta pelo magistrado.
(B) em favor de preso com o objetivo de afastar decisão que o impede de receber visitas de familiares.
(C) para discutir confisco criminal de bens do réu.
(D) com a finalidade de atacar afastamento ou a perda do cargo de juiz federal.
(E) contra decisão condenatória a pena de multa, ou relativo a processo em curso por infração penal a que a pena pecuniária seja a única cominada.

A: incorreta. Nesse sentido: "Penal e processual penal – *Habeas corpus*. Dosimetria da pena. Delito de estelionato. Art. 171, caput, do Código Penal. Presença da agravante da reincidência, no caso, específica. Majoração da pena-base acima de 1/6. Admissibilidade. Impossibilidade, ademais, de ingressar-se, nesta sede, nos critérios empregados para a dosimetria da pena, salvo flagrante ilegalidade. Precedentes. Ordem denegada. I – O *habeas corpus*, ressalvadas hipóteses excepcionais, não pode servir para a correção da dosimetria da pena imposta pelo magistrado, mormente se observadas as determinações legais pertinentes ao sistema trifásico de cálculo. II – Ausência de limitação legal quanto ao aumento da pena acima da fração mínima. III – A reincidência específica é agravante que sempre determina a exacerbação da pena, inclusive em maior grau do que a recidiva genérica, por evidenciar que o réu persiste na senda do crime. IV – Individualização da pena que, no caso, não desbordou dos limites da razoabilidade e proporcionalidade. V – Ordem denegada" (HC 101918, Ricardo Lewandowski, STF); **B:** correta. Nesse sentido: "*Habeas corpus*. 2. Direito do paciente, preso há quase 10 anos, de receber a visita de seus dois filhos e três enteados. 3. Cognoscibilidade. Possibilidade. Liberdade de locomoção entendida de forma ampla, afetando toda e qualquer medida de autoridade que possa em tese acarretar constrangimento da liberdade de ir e vir. Ordem concedida. 1. Cognoscibilidade do *writ*. A jurisprudência prevalente neste Supremo Tribunal Federal é no sentido de que não terá seguimento *habeas corpus* que não afete diretamente a liberdade de locomoção do paciente. Alargamento do campo de abrangência do remédio heroico. Não raro, esta Corte depara-se com a impetração de *habeas corpus* contra instauração de inquérito criminal para tomada de depoimento; indiciamento de determinada pessoa em inquérito policial; recebimento da denúncia; sentença de pronúncia no âmbito do processo do júri; sentença condenatória etc. Liberdade de locomoção entendida de forma ampla, afetando toda e qualquer medida de autoridade que possa, em tese, acarretar constrangimento para a liberdade de ir e vir. Direito de visitas como desdobramento do direito de liberdade. Só há se falar em direito de visitas porque a liberdade do apenado encontra-se tolhida. Decisão do juízo das execuções que, ao indeferir o pedido de visitas formulado, repercute na esfera de liberdade, porquanto agrava, ainda mais, o grau de restrição da liberdade do paciente. Eventuais erros por parte do Estado ao promover a execução da pena podem e devem ser sanados via *habeas corpus*, sob pena de, ao fim do cumprimento da pena, não restar alcançado o objetivo de reinserção eficaz do apenado em seu seio familiar e social. Habeas corpus conhecido. 2. Ressocialização do apenado. A Constituição Federal de 1988 tem como um de seus princípios norteadores o da humanidade, sendo vedadas as penas de morte, salvo em caso de guerra declarada (nos termos do art. 84, XIX), de caráter perpétuo, de trabalhos forçados, de banimento e cruéis (CF, art. 5°, XLVII). Prevê, ainda, ser assegurado aos presos o respeito à integridade física e moral (CF, art. 5°, XLIX). É fato que a pena assume o caráter de prevenção e retribuição ao mal causado. Por outro lado, não se pode olvidar seu necessário caráter ressocializador, devendo o Estado preocupar-se, portanto, em recuperar o apenado. Assim, é que dispõe o art. 10 da Lei de Execução Penal ser dever do Estado a assistência ao preso e ao internado, objetivando prevenir o crime e orientar o retorno à convivência em sociedade. Aliás, o direito do preso receber visitas do cônjuge, da companheira, de parentes e de amigos está assegurado expressamente pela própria Lei (art. 41, X), sobretudo com o escopo de buscar a almejada ressocialização e reeducação do apenado que, cedo ou tarde, retornará ao convívio familiar e social. Nem se diga que o paciente não faz jus à visita dos filhos por se tratar de local impróprio, podendo trazer prejuízos à formação psíquica dos menores. De fato, é público e notório o total desajuste do sistema carcerário brasileiro à programação prevista pela Lei de Execução Penal. Todavia, levando-se em conta a almejada ressocialização e partindo-se da premissa de que o convício familiar é salutar para a perseguição desse fim, cabe ao Poder Público propiciar meios para que o apenado possa receber visitas, inclusive dos filhos e enteados, em ambiente minimamente aceitável, preparado para tanto e que não coloque em risco a integridade física e psíquica dos visitantes. 3. Ordem concedida" (HC 107701, Gilmar Mendes, STF); **C:** incorreta. Conferir: "*Habeas corpus*. Tráfico de drogas. Confisco de bem. Interceptação telefônica. Competência. Fundamentação. Prorrogações. 1. O *habeas corpus*, garantia de liberdade de locomoção, não se presta para discutir confisco criminal de bem. 2. Durante a fase de investigação, quando os crimes em apuração não estão perfeitamente delineados, cumpre ao juiz do processo apreciar os requerimentos sujeitos à reserva judicial levando em consideração as expectativas probatórias da investigação. Se, posteriormente, for constatado que os crimes descobertos e provados são da competência de outro Juízo, não se confirmando a inicial expectativa probatória, o processo deve ser declinado, cabendo ao novo juiz ratificar os atos já praticados. Validade das provas ratificadas. Precedentes (HC 81.260/ ES – Rel. Min. Sepúlveda Pertence – Pleno – por maioria – j. em 14.11.2001 – *DJU* de 19.04.2002). 3. A interceptação telefônica é meio de investigação invasivo que deve ser utilizado com cautela. Entretanto, pode ser necessária e justificada, circunstancialmente, a utilização prolongada de métodos de investigação invasivos, especialmente se a atividade criminal for igualmente duradoura, casos de crimes habituais, permanentes ou continuados. A interceptação telefônica pode, portanto, ser prorrogada para além de trinta dias para a investigação de crimes cuja prática se prolonga no tempo e no espaço, muitas vezes desenvolvidos de forma empresarial ou profissional. Precedentes (Decisão de recebimento da denúncia no Inquérito 2.424/RJ – Rel. Min. Cezar Peluso – j. em 26.11.2008, *DJE* de 26.03.2010). 4. *Habeas corpus* conhecido em parte e, na parte conhecida, denegado" (HC 99619, Marco Aurélio, STF); D: incorreta. Conferir: "(...) O afastamento ou a perda do cargo de juiz federal não são ofensas atacáveis por *habeas corpus*. Precedentes. 4 Exegese do art. 5°, LXVIII, da CF. Não cabe ação de *habeas corpus* contra acórdão que afasta magistrado das funções no curso da ação penal" (HC 99829, Gilmar Mendes, STF); **E:** incorreta, na medida em que não reflete o posicionamento constante da Súmula n. 693, do STF: "Não cabe *habeas corpus* contra decisão condenatória a pena de multa, ou relativo a processo em curso por infração penal a que a pena pecuniária seja a única cominada".

Gabarito "B".

(Ministério Público/ES – 2013 – VUNESP) Assinale a alternativa correta a respeito do mandado de segurança.

(A) É cabível mandado de segurança contra ato judicial ainda que passível de recurso ou correição.
(B) Cabe mandado de segurança contra ato do presidente de Tribunal ainda que dotado de caráter normativo, quando visa disciplinar situações gerais e abstratas.
(C) Por carecer de personalidade jurídica, o Ministério Público não tem legitimidade para propor mandado de segurança, ainda que na defesa de direitos coletivos.
(D) A jurisprudência do STF pacificou entendimento no sentido de que a desistência, no mandado de segurança, não depende de aquiescência do impetrado.
(E) Não cabe mandado de segurança contra lei em tese nem contra ato de particular no exercício de atividade delegada.

A: incorreta, uma vez que contraria o entendimento sufragado na Súmula n. 267, STF: "Não cabe mandado de segurança contra ato judicial passível de recurso ou correição"; **B:** incorreta. Conferir: "agravo Regimental. Mandado de segurança. ato Normativo do presidente do Supremo Tribunal Federal. Portaria n. 177. Não cabimento do *writ*. Agravo improvido. 1. Não cabe mandado de segurança contra ato do Presidente do Supremo Tribunal Federal dotado de caráter normativo, ato que disciplina situações gerais e abstratas. 2. A portaria impugnada neste *writ* produz efeitos análogos ao de uma "lei em tese", contra a qual não cabe mandado de segurança [Súmula n. 266 desta Corte]. Agravo regimental a que se nega provimento" (MS-AgR 28250, Eros Grau, STF); **C:** incorreta, já que o Ministério Público detém, sim, legitimidade para a impetração de mandado de segurança. *Vide* Súmula n. 701 do STF; **D:** correta. Nesse sentido, conferir: "Agravo regimental no recurso extraordinário. Mandado de segurança. Desistência parcial. 1. A jurisprudência do Supremo pacificou entendimento no sentido de que a desistência, no mandado de segurança, não depende de aquiescência do impetrado. 2. Essa regra aplica-se também aos casos em que a desistência é parcial. Precedentes. Agravo regimental a que se nega provimento" (RE-AgR 318281, Eros Grau, STF); **E:** incorreta. Quanto ao descabimento do mandado de segurança contra lei em tese, a assertiva está correta, nos termos da Súmula n. 266, STF; de resto, a proposição está incorreta. Conferir: "Conflito de competência – Mandado de segurança contra ato praticado por agente de instituição particular de ensino superior – Competência da Justiça Federal. 1. Conforme o art. 109, VIII, da Constituição, compete à Justiça Federal processar e julgar os mandados de segurança contra ato de autoridade federal, considerando-se como tal também o agente de entidade particular quanto a atos praticados no exercício de função federal delegada. Nesse sentido também a súmula 15/TFR. 2. No que se refere a entidade particular de ensino superior, seus atos, ou são de mera gestão interna ou são próprios da atividade delegada. Qualquer deles pode ser controlado pela via jurisdicional, mas apenas os da segunda espécie é que podem ser atacados por mandado de segurança. 3. Sendo assim, é logicamente inconcebível hipótese de competência estadual, nestes casos. Com efeito, de duas uma: ou o ato é de autoridade (caso em que se tratará de autoridade federal delegada, sujeita à competência federal), ou o ato é de particular, e não ato de autoridade (caso em que o mandado de segurança será incabível). 4. Ao eleger a via da ação mandamental para tutelar seu direito, o impetrante, ainda que de modo implícito, está afirmando que o ato atacado é ato de autoridade delegada, e não ato de particular. Bem ou mal, portanto, há indicação de que, no polo passivo, figura autoridade federal, o que, por si só, atrai a competência federal. É o princípio que informa as súmulas 60/TFR e 150/STJ. 5. Conflito conhecido para declarar competente o Juízo Federal da 2ª Vara da Seção Judiciária do Estado de Mato Grosso do Sul" (CC 200300074246, Teori Albino Zavascki – Primeira Seção, DJ 04.08.2003).

Gabarito "D".

(Ministério Público/ES – 2013 – VUNESP) Assinale a alternativa correta a respeito do devido processo legal.

(A) Se houve o competente parecer do Tribunal de Contas, por se tratar de ato político, pode ser dispensado o direito de defesa de Prefeito no julgamento de suas contas pela Câmara de Vereadores.
(B) Com base no princípio da autotutela, a anulação de ato administrativo que haja repercutido no campo de interesses individuais pode dispensar a observância do contraditório e da ampla defesa.
(C) A denúncia genérica, que não descreve de maneira adequada os fatos imputados ao denunciado, viola o princípio do contraditório e da ampla defesa.
(D) Não é violadora do devido processo legal a sentença que condena o réu, fundamentada exclusivamente em elementos obtidos no inquérito policial.
(E) A sustentação oral pelo advogado no julgamento do processo, após o voto do relator, não afronta o devido processo legal.

A: incorreta. Conferir: "Medida cautelar. Referendo. Recurso extraordinário. Apreciação das contas do prefeito. Observância do contraditório e da ampla defesa pela Câmara Municipal. Precedentes da Corte. 1. A tese manifestada no recurso extraordinário, relativa à necessidade de observância dos princípios constitucionais do contraditório e da ampla defesa pela Câmara Municipal quando da apreciação das contas do prefeito, após parecer prévio do Tribunal de Contas, encontra harmonia na jurisprudência desta Suprema Corte. Presentes o *fumus boni iuris* e o *periculum in mora*. 2. Decisão concessiva da cautelar referendada pela Turma" (STF, 1ª T., AC 2085 MC/MG, rel. Min. Menezes Direito, j. em 21.10.2008); **B:** incorreta. Nesse sentido, conferir: "Agravo regimental no agravo de instrumento. Administrativo. Complementação de aposentadoria. Impossibilidade da análise da legislação estadual (Súmula 280). Ofensa constitucional indireta. Possibilidade de a administração anular ou revogar seus atos. Agravo regimental ao qual se nega provimento. A jurisprudência predominante do Supremo Tribunal Federal firmou-se no sentido de que a Administração Pública pode anular os seus próprios atos quando ilegais, conforme o disposto na Súmula 473 do Supremo Tribunal, desde que observado o devido processo legal, para desconstituir as situações jurídicas consolidadas que repercutem no âmbito dos interesses individuais dos administrados" (AI-AgR 730928, Cármen Lúcia, STF); **C:** incorreta, embora se trate de questão polêmica e objeto de acalorados debates na doutrina e também na jurisprudência dos tribunais superiores, é admitida a possibilidade de o titular da ação penal, nos crimes de autoria coletiva (como o delito societário), desde que não se consiga identificar com exatidão a conduta de cada coautor ou partícipe que tomou parte na empreitada criminosa, oferecer denúncia genérica. Fora do âmbito dos chamados crimes societários e multitudinários, há uma tendência da jurisprudência em não admitir a formulação da chamada denúncia genérica. Conferir: "*Habeas corpus*. Estelionato. Art. 171, *caput*, do Código Penal. 1 – O inquérito policial não é procedimento indispensável à propositura da ação penal (RHC 58.743/ES, Min. Moreira Alves, DJ 08.05.1981 e RHC 62.300/RJ, Min. Aldir Passarinho). 2 – Denúncia que não é inepta, pois descreve de forma clara a conduta atribuída aos pacientes, que, induzindo a vítima em erro, venderam a ela um falso seguro, omitindo a existência de cláusulas que lhe eram prejudiciais visando à obtenção de vantagem ilícita, fato que incide na hipótese de do art. 171, *caput*, do Código Penal. Alegações que dependem de análise fático-probatória, que não se coaduna com o rito angusto do *habeas corpus*. 3 – Esta Corte já firmou o entendimento de que, em se tratando de crimes societários ou de autoria coletiva, é suficiente, na denúncia, a descrição genérica dos fatos, reservando-se à instrução processual a individualização da conduta de cada acusado (HC 80.204/GO, Min. Maurício Corrêa, DJ 06.10.2000 e HC 73.419/RJ, Min. Ilmar Galvão, DJ 26.04.1996. 4 – "*Habeas corpus*" indeferido" (STF, HC 82246, rel. Min. Ellen Gracie, 15.10.2002); **D:** incorreta. Isso porque as provas reunidas no inquérito policial não podem, de forma exclusiva, servir de suporte para fundamentar uma sentença penal condenatória. Em outras palavras, é vedado ao magistrado fundamentar sua decisão exclusivamente nos elementos informativos produzidos na investigação (art. 155, *caput*, do CPP). Na jurisprudência do STF: "*Habeas corpus*. Penal. Paciente condenado pela prática de atentado violento ao pudor. Alegação de nulidade da condenação por estar baseada exclusivamente em provas colhidas no inquérito policial. Ocorrência. decisão fundada essencialmente em depoimentos prestados na fase pré-judical. Nulidade. Precedentes. Ordem concedida. I – Os depoimentos retratados perante a autoridade judiciária foram decisivos para a condenação, não se indicando nenhuma prova conclusiva que pudesse levar à responsabilidade penal do paciente. II – A tese de que há outras provas que passaram pelo crivo do contraditório, o que afastaria a presente nulidade, não prospera, pois estas nada provam e são apenas indícios. III – O acervo probatório que efetivamente serviu para condenação do paciente foi aquele obtido no inquérito policial. Segundo entendimento pacífico desta Corte não podem subsistir condenações penais fundadas unicamente em prova produzida na fase do inquérito policial, sob pena de grave afronta às garantias constitucionais do contraditório e da plenitude de defesa. Precedentes. IV – Ordem concedida para cassar o acórdão condenatório proferido pelo Tribunal de Justiça do Estado de São Paulo e restabelecer a sentença absolutória de primeiro grau" (HC 103660, Ricardo Lewandowski); **E:** incorreta. Conferir: "Ação direta de inconstitucionalidade. Lei 8.906, de 4 de julho de 1994. Estatuto da Advocacia e a Ordem dos Advogados do Brasil. Dispositivos impugnados pela AMB. Prejudicado o pedido quanto à expressão "juizados especiais", em razão da superveniência da Lei 9.099/1995. Ação direta conhecida em parte e, nessa parte, julgada parcialmente procedente. I – O advogado é indispensável à administração da Justiça. Sua presença, contudo, pode ser dispensada em certos atos jurisdicionais. II – A imunidade profissional é indispensável para que o advogado possa exercer condigna e amplamente seu múnus público. III – A inviolabilidade do escritório ou do local de trabalho é consectário da inviolabilidade assegurada ao advogado no exercício profissional. IV – A presença de representante da OAB em caso de prisão em flagrante de advogado constitui garantia da inviolabilidade da atuação profissional. A cominação de nulidade da prisão, caso não se faça a comunicação, configura sanção para tornar efetiva a norma. V – A prisão do advogado em sala de Estado Maior é garantia suficiente para que fique provisoriamente detido em condições compatíveis com o seu múnus público. VI – A administração de estabelecimentos prisionais e congêneres constitui uma prerrogativa indelegável do Estado. VII – A sustentação oral pelo advogado, após o voto do Relator, afronta o devido processo legal, além de poder causar tumulto processual, uma vez que o contraditório se estabelece entre as partes. VIII – A imunidade profissional do advogado não compreende o desacato, pois conflita com a autoridade do magistrado na condução da atividade jurisdicional. IX – O múnus constitucional exercido pelo advogado justifica a garantia de somente ser preso em flagrante e na hipótese de crime inafiançável. X – O controle das salas especiais para advogados é prerrogativa da Administração forense. XI – A incompatibilidade com o exercício da advocacia não alcança os juízes eleitorais e seus suplentes, em face da composição da Justiça eleitoral estabelecida na Constituição. XII – A requisição de cópias de peças e documentos a qualquer tribunal, magistrado, cartório ou órgão da Administração Pública direta, indireta ou fundacional pelos Presidentes do Conselho da OAB e das Subseções

deve ser motivada, compatível com as finalidades da lei e precedida, ainda, do recolhimento dos respectivos custos, não sendo possível a requisição de documentos cobertos pelo sigilo. XIII – Ação direta de inconstitucionalidade julgada parcialmente procedente" (ADI 1127, Marco Aurélio, STF).
Gabarito "C".

(Ministério Público/ES – 2013 – VUNESP) Considerando a doutrina prevalente no direito brasileiro e a jurisprudência do Supremo Tribunal Federal, assinale a alternativa correta a respeito da inviolabilidade do domicílio.

(A) Não configura violação de domicílio a simples entrada, sem autorização do morador, de funcionários de concessionárias de serviços públicos para leitura de registros de água ou de luz localizados dentro da casa.
(B) A ordem judicial para penetração no domicílio pode ser de cunho geral, para abranger num único mandado ordem para revistar várias casas de um logradouro ou vila.
(C) Será considerada ilícita e contaminada a prova obtida por particular em desafio à inviolabilidade do domicílio, ainda que a invasão não tenha sido praticada por agentes do poder público.
(D) Consideram-se abrangidas pela inviolabilidade domiciliar as partes abertas às pessoas em geral em bares e restaurantes.
(E) A proteção constitucional do domicílio abrange toda habitação privada de uso individual ou familiar, excluindo-se, porém, as habitações de uso coletivo sem caráter definitivo ou habitual.

A: incorreta, na medida em que o ingresso em casa alheira, sem o consentimento do morador, somente poderá dar-se nas hipóteses contempladas no art. 5º, XI, da CF, a saber: flagrante delito; desastre; necessidade de prestar socorro; e, durante o dia, por ordem judicial; **B:** incorreta. Vale conferir, quanto a este tema, o magistério de Guilherme de Souza Nucci: "Mandado judicial certo e determinado: tratando-se de decorrência natural dos princípios constitucionais que protegem tanto o domicílio, quanto a vida privada e a intimidade do indivíduo, torna-se indispensável que o magistrado expeça mandado de busca e apreensão com objetivo certo e contra pessoa determinada. Não é possível admitir-se ordem judicial genérica, conferindo ao agente da autoridade liberdade de escolha e de opções a respeito dos locais a serem invadidos e vasculhados. Trata-se de abuso de autoridade de quem assim concede a ordem e de quem a executa, indiscriminadamente. Note-se que a lei exige *fundadas* razões para que o domicílio de alguém seja violado e para que a revista pessoal seja feita, não se podendo acolher o mandado genérico (...)" (*Código de Processo Penal Comentado*, 12. ed., p. 562); **C:** correta. Com efeito, o art. 5º, LVI, da CF veda, de forma expressa, a utilização, no processo, das provas obtidas por meios ilícitos. No âmbito do processo penal, a Lei 11.690/2008 previu, também de forma expressa, o fato de ser ilícita a prova obtida em violação a normas constitucionais ou legais (art. 157, caput, CPP), reputando inadmissíveis (art. 157, § 1º) aquelas derivadas das ilícitas, salvo quando não evidenciado o nexo de causalidade entre umas e outras, ou quando as derivadas puderem ser obtidas por uma fonte independente das primeiras. Em assim sendo, a prova obtida por particular em violação a direitos fundamentais (inviolabilidade domiciliar e devido processo legal) deve ser considerada ilícita. Não pode, portanto, ser utilizada no processo, conforme estabelecem os dispositivos *supra*; **D:** incorreta, embora seja amplo o conceito que tanto doutrina quanto jurisprudência conferem a *domicílio*, é certo que não se insere neste conceito as partes abertas de estabelecimentos comerciais, tais quais bares e restaurantes; **E:** incorreta, dado que, segundo doutrina e jurisprudência pacífica, o conceito de *domicílio* abrange, sim, aposento de habitação coletiva. Conferir: "(...) Para os fins da proteção jurídica a que se refere o art. 5º, XI, da Constituição da República, o conceito normativo de *casa* revela-se abrangente e, por estender-se a qualquer aposento de habitação coletiva, desde que ocupado (CP, art. 150, § 4º, II), compreende, observada essa específica limitação espacial, os quartos de hotel (...)" (STF, RHC 90.376-RJ, 2ª T., rel. Min. Celso de Mello, *DJe* 18.05.2007).
Gabarito "C".

(Ministério Público/MG – 2013) Sobre o mandado de injunção, analise as questões abaixo:

I. O Supremo Tribunal Federal, em reiterados julgados, a fim de impedir o desprestígio da Constituição, admitiu a concessão de medida cautelar em mandado de injunção.
II. O Supremo Tribunal Federal admite a impetração de mandado de injunção coletivo e, nessa hipótese, aplica, por analogia, as normas atinentes ao mandado de segurança coletivo.
III. A legitimidade passiva é atribuída ao órgão ou autoridade estatal que tenha o dever de elaborar a norma regulamentadora, admitindo-se o litisconsórcio passivo entre particulares e entes estatais.
IV. A legitimidade ativa é atribuída ao titular de um direito constitucionalmente assegurado, cujo exercício esteja inviabilizado pela ausência da norma infraconstitucional regulamentadora.

Somente está *CORRETO* o que se afirma em:
(A) I e II.
(B) I e III.
(C) II e III.
(D) II e IV.

I: incorreta. É tranquilo, no STF, o entendimento segundo o qual descabe, no âmbito do mandado de injunção, concessão de medida liminar. Conferir: STF, MI 342, rel. Min. Celso de Mello, *DJ* de 01.08.1991; **II:** correta. Ainda que não tenha sido, até hoje, editada norma disciplinadora, consolidou-se o entendimento no sentido de que o mandado de injunção pode ser ajuizado coletivamente, aplicando-se, no que couber, o procedimento do mandado de segurança; **III:** incorreta, já que particular não poderá figurar no polo passivo do mandado de injunção, ainda que em litisconsórcio com o ente estatal, já que a ele, particular, não se pode atribuir o dever de regulamentar norma constitucional; tal incumbência recai, isto sim, sobre a pessoa estatal; **IV:** correta. Em princípio, qualquer pessoa cujo direito não puder ser concretizado em razão da falta de regulamentação de preceito da CF dispõe de legitimidade ativa do ajuizamento do mandado de injunção.
Gabarito "D".

(Ministério Público/SP – 2013 – PGMP) Assinale a alternativa INCORRETA.

Na Constituição Federal,

(A) a defesa do consumidor está inserida expressamente no capítulo dedicado aos direitos e garantias fundamentais, e a competência para legislar em matéria de dano ao consumidor é concorrente entre a União, os Estados e o Distrito Federal.
(B) a defesa do consumidor está inserida expressamente no capítulo dedicado aos direitos e garantias fundamentais e também se estabelece expressamente dentre os princípios gerais da atividade econômica.
(C) a defesa do consumidor está inserida no capítulo dedicado aos direitos e garantias fundamentais, e

a competência para legislar em matéria de dano ao consumidor é privativa da União.

(D) a competência para legislar em matéria de dano ao consumidor é concorrente entre a União, Estados e Distrito Federal, e o Ato das Disposições Transitórias da Constituição Federal previu a elaboração do Código de Defesa do Consumidor.

(E) a defesa do consumidor está prevista no Ato das Disposições Transitórias da Constituição Federal e o legislador constitucional também a inseriu de forma expressa dentro dos princípios gerais da atividade econômica.

A: correta. De fato, a defesa do consumidor está inserida expressamente no capítulo dedicado aos direitos e garantias fundamentais, especificamente no art. 5º, XXXII, da CF. Além disso, a competência para legislar sobre dano ao consumidor é concorrente, conforme dispõe o art. 24, VIII, da CF; **B:** correta. De acordo com o art. 170, V, da CF, a defesa da defesa do consumidor também integra os princípios gerais da atividade econômica; **C:** incorreta, devendo ser assinalada. Embora a defesa do consumidor esteja inserida no capítulo dedicado aos direitos e garantias fundamentais, a competência para legislar sobre o assunto, como já mencionado, é concorrente entre a União, Estados e Distrito Federal; **D:** correta. O art. 24, VIII, da CF determina a competência concorrente para a legislação sobre a defesa do consumidor. Além disso, o art. 48 do ADTC, de fato, previu que o Congresso Nacional, dentro de cento e vinte dias da promulgação da Constituição, elaborasse código de defesa do consumidor. Vale lembrar que Lei 8.078/90 criou o Código de Defesa do Consumidor, dando efetividade aos mandamentos constitucionais.
Gabarito "C".

(Ministério Público/SP – 2013 – PGMP) Com relação ao mandado de injunção:

I. É cabível sempre que a falta de norma regulamentadora torne inviável o exercício dos direitos e liberdades constitucionais e das prerrogativas inerentes à nacionalidade, à soberania e à cidadania.

II. É cabível nas hipóteses em que há regra constitucional autoaplicável atinente ao exercício dos direitos e liberdades constitucionais e das prerrogativas inerentes à nacionalidade, à soberania e à cidadania, mas está sendo desrespeitada.

III. É cabível nas hipóteses em que há norma infraconstitucional garantidora ao exercício dos direitos e liberdades constitucionais e das prerrogativas inerentes à nacionalidade, à soberania e à cidadania, mas não está sendo aplicada.

IV. É cabível no âmbito da competência do Superior Tribunal de Justiça, quando a elaboração da norma regulamentadora for atribuição de órgão, entidade ou autoridade federal, da administração direta ou indireta, excetuados os casos de competência do Supremo Tribunal Federal e dos órgãos da Justiça Militar, da Justiça Eleitoral, da Justiça do Trabalho e da Justiça Federal.

V. Não é cabível no âmbito dos Tribunais de Justiça dos Estados.

Está CORRETO apenas o contido nos itens:

(A) I, IV e V.
(B) I, III e IV.
(C) III e V.
(D) III e IV.
(E) I e IV.

I: correta (art. 5º, LXXI, da CF); **II:** incorreta. Se a regra é autoaplicável (plena) não há que se falar em mandado de injunção. Somente a não regulamentação da norma e que inviabiliza o exercício do direito constitucionalmente assegurado é sanada pelo mandado de injunção; **III:** incorreta. Se há norma regulamentadora, ainda que não esteja sendo obedecida, não cabe o mandado de injunção (STF, MI 14-DF, rel. Min. Sydney Sanches); **IV:** correta (art. 105, I, "h", da CF); **V:** incorreta. A justiça estadual tem competência para julgar mandado de injunção, de acordo com o que for determinado nas Constituições Estaduais dos respectivos Estados.
Gabarito "E".

(Ministério Público/SP – 2013 – PGMP) Assinale a alternativa CORRETA.

O Decreto Legislativo 186, de 09 de julho de 2008, aprovou o texto da Convenção sobre os Direitos das Pessoas com Deficiência e de seu Protocolo Facultativo, assinados em Nova Iorque, em 30 de março de 2007. O Decreto 678, de 6 de novembro de 1992, promulgou a Convenção Americana sobre Direitos Humanos (Pacto de São José da Costa Rica), de 22 de novembro de 1969. Tais normas ingressaram no ordenamento jurídico brasileiro com o grau hierárquico de:

(A) norma supralegal e norma constitucional, respectivamente.
(B) norma constitucional e norma supralegal, respectivamente.
(C) ambas com a natureza de norma constitucional.
(D) ambas com a natureza de norma supralegal.
(E) ambas com natureza de lei ordinária.

A: incorreta. É justamente o contrário. **B:** correta. O Decreto Legislativo 186, de 09 de julho de 2008, que aprovou o texto da Convenção sobre os Direitos das Pessoas com Deficiência e de seu Protocolo Facultativo, assinados em Nova Iorque, em 30 de março de 2007, foi incorporado pela forma prevista no art. 5º, § 3º, da CF e, portanto, possui grau hierárquico de norma constitucional. Já o Decreto 678, de 6 de novembro de 1992, que promulgou a Convenção Americana sobre Direitos Humanos (Pacto de São José da Costa Rica), de 22 de novembro de 1969, segundo o STF (RE 466.313-1/SP), tem caráter supralegal, ou seja, está acima das leis e abaixo da CF; **C:** incorreta. Apenas o primeiro tem *status* de norma constitucional; **D:** incorreta. Apenas o segundo tem *status* de norma supralegal; **E:** incorreta. Nenhum possui grau hierárquico de lei ordinária.
Gabarito "B".

(Ministério Público/RO – 2013 – CESPE) Acerca dos direitos sociais, políticos e de nacionalidade, assinale a opção correta.

(A) O direito social à alimentação adequada previsto na CF inclui o dever do Estado de oferecer ao educando, em todas as etapas da educação básica, programas suplementares de alimentação escolar.

(B) Não sendo os direitos sociais dotados de dimensão subjetiva, diferentemente dos direitos civis e políticos, não se exigem do poder público prestações positivas a eles relativas, o que, entretanto, não impede o controle judicial de razoabilidade das políticas públicas sociais.

(C) Compete ao MPE ingressar com ação de cancelamento de naturalização de brasileiro naturalizado que tiver praticado atividade nociva ao interesse nacional.

(D) A suspensão dos direitos políticos decorrente de condenação criminal transitada em julgado somente se encerra com o cumprimento da pena e a prova de reparação dos danos.

(E) Havendo suspeita de corrupção ou fraude durante as eleições para governador de estado, o mandato eletivo do governador poderá ser impugnado judicialmente na justiça eleitoral no prazo de quinze dias contados da diplomação, sendo desnecessária a instrução da ação com provas das condutas ilícitas cometidas.

A: Correta. O Estatuto da Criança e do Adolescente (ECA) diz que é dever da família, da comunidade, da sociedade em geral e do poder público assegurar, com absoluta prioridade, os direitos referentes à vida, à saúde e à alimentação, entre outros (art. 4º do ECA). Além disso, o ECA diz que a criança e o adolescente do ensino em geral devem ter acesso a um programa de alimentação, juntamente com programas de material didático-escolar, transporte e assistência à saúde (art. 54, VII, do ECA); **B:** Incorreta. Os direitos sociais foram incluídos na Constituição de 1988 como direitos fundamentais. Esse fato representou um avanço na busca pela igualdade social, que constitui um dos objetivos fundamentais da República Federativa do Brasil. Entretanto, para que esses direitos sejam efetivados é necessário um esforço simultâneo de variados atores sociais no que diz respeito à interpretação das normas sociais, à definição de seu conteúdo, ao delineamento das necessidades sociais básicas, ao estabelecimento de políticas públicas prioritárias, ao planejamento orçamentário, dentre inúmeros outros aspectos. Essa atuação conjunta de entes políticos faz-se necessária em razão de os direitos sociais demandarem prestações do Estado, que deve fornecer bens e serviços para promoção da saúde, educação, assistência aos desamparados, moradia, dentre outros direitos. Em razão desse caráter prestacional dos direitos sociais, diversos obstáculos são apontados à sua efetivação e geram grande polêmica na doutrina e jurisprudência. Dentre os obstáculos com frequência alegados destacam-se a) o conteúdo indeterminado das normas veiculadoras desses direitos; b) a chamada "reserva do possível", quanto à disponibilidade de recursos orçamentários do Estado; e c) a falta de legitimidade democrática do Judiciário para concretização de políticas públicas. Quanto à definição do conteúdo dos direitos sociais, há quem sustente que são desprovidos de eficácia, de forma que constituiriam normas apenas programáticas, dirigidas ao legislador como um programa de atuação a ser concretizado segundo seu arbítrio e, portanto, não gerariam aos indivíduos direito subjetivo. Outros defendem sua eficácia plena, de que decorre o dever do Estado de implementá-los e, em contrapartida, faz surgir aos destinatários o direito subjetivo de exigir essa implementação. No que toca à disponibilidade de recursos financeiros estatais, destaca-se a doutrina da "reserva do possível", segundo a qual a efetivação dos direitos sociais estaria limitada às possibilidades orçamentárias do Estado. Muitos criticam a aplicação sem restrições dessa teoria, defendendo a possibilidade de intervenção nas escolhas orçamentárias e imposição ao Poder Público de determinadas prestações, em especial aquelas relacionadas ao "mínimo existencial" (MORAES, Daniela Pinto Holtz. *Efetividade dos Direitos Sociais. Reserva do Possível. Mínimo Existencial e Ativismo Judicial*. Monografia de Pós-graduação em Direito Público. Universidade do Sul de Santa Catarina. p. 8, 2009).; **C:** Incorreta. Somente o Ministério Público Federal tem legitimidade; **D:** Incorreta. O art. 15, III, da CF determina: é vedada a cassação de direitos políticos, cuja perda ou suspensão só se dará nos casos de: III – condenação criminal transitada em julgado, enquanto durarem seus efeitos; **E:** Incorreta. Art. 14, § 10, da CF – O mandato eletivo poderá ser impugnado ante a Justiça Eleitoral no prazo de quinze dias contados da diplomação, instruída a ação com provas de abuso de poder econômico, corrupção ou fraude.

Gabarito "A".

(Ministério Público/PI – 2012 – CESPE) Assinale a opção correta com relação ao *habeas corpus*.

(A) Caracteriza-se como repressivo o *habeas corpus* impetrado por alguém que se julgue ameaçado de sofrer violência ou coação em sua liberdade de locomoção por ilegalidade ou abuso de poder.

(B) Denomina-se doutrina brasileira do *habeas corpus* o entendimento atual do STF, reunido em diversas súmulas, acerca da aplicação e cabimento desse instituto.

(C) A jurisprudência do STF não admite impetração de *habeas corpus* em favor de pessoa jurídica, ainda que esta figure como ré em ação de crime contra o meio ambiente.

(D) Considere que um veículo de comunicação seja proibido, por decisão judicial, de divulgar matéria desfavorável ao autor da ação, sendo a proibição estendida a blogues, páginas pessoais, redes sociais e outros sítios da Internet. Considere, ainda, que um cidadão, sentindo-se coagido na sua liberdade de navegar na Internet, impetre *habeas corpus* a fim de garantir sua liberdade de locomoção nessa rede mundial de comunicação. Nessa situação, de acordo com o entendimento do STF, a referida decisão, de fato, viola o livre trânsito do impetrante no mundo virtual, estando a demanda no âmbito de proteção do *habeas corpus*.

(E) Segundo a jurisprudência dominante do STF, é cabível *habeas corpus* contra decisão condenatória à pena de multa.

A: incorreta. Preliminarmente, o *habeas corpus* é uma ação penal popular, de berço constitucional e procedimento sumário. Ora assume o posto de ação cautelar, declaratória ou constitutiva, ora de ação rescisória constitutiva negativa. Não é em todo e qualquer caso que o remédio heroico pode ser usado, visto que somente serve para tutelar a liberdade ambulatória. Sendo assim, o enunciado inverteu as espécies de *habeas corpus*, pois caracteriza-se repressivo o *habeas corpus* impetrado por alguém que já tenha sofrido violência ou coação em sua liberdade de locomoção por ilegalidade ou abuso de poder. Também chamado de *habeas corpus* liberatório; **B:** incorreta, pois as súmulas do STF e do STJ apontam para os casos de descabimento do *habeas corpus* (Exemplos: Súmulas do STF 395, 692, 693, 694); **C:** correta, pessoa jurídica não pode ser beneficiária de *habeas corpus*, porquanto não tem liberdade de locomoção a ser protegida. A medida é privativa do ser humano. O pronome indefinido "alguém", empregado no bojo do art. 5º, LXVIII, da CF, em nada mudou o entendimento de que o instituto só serve para tutelar a liberdade humana. Embora não seja beneficiária do remédio heroico, nada obsta que a pessoa jurídica impetre para a pessoa física (STF, HC 8874 Agr/ES, Rel. Min. Carlos Brito, j. em 15.09.2009); **D:** incorreta, pois a liberdade de locomoção pelos sítios informativos – acesso a sites – existentes no universo virtual não comporta *habeas corpus*, garantia existente para tutelar a liberdade de locomoção física, de todo inconfundível com a liberdade de locomoção irrestrita em sites (STF, HC 100.3231 MC/DF, Rel. Min. Celso de Mello, j. em 07.08.2009); **E:** incorreta, já que não cabe *habeas corpus* contra decisão condenatória a pena de multa, ou relativo a processo em curso por infração penal a que a pena pecuniária seja a única cominada, conforme a Súmula 693 do STF.

Gabarito "C".

(Ministério Público/MT – 2012) De acordo com o que dispõe a Constituição Federal, é crime inafiançável e imprescritível:

(A) o estupro.
(B) a tortura.
(C) o terrorismo.
(D) o racismo.
(E) o crime hediondo.

A: incorreta, pois o estupro é crime inafiançável e prescritível; **B:** incorreta, a tortura é inafiançável e prescritível; **C:** incorreta, o terrorismo é

crime inafiançável e prescritível; **D:** correta, réplica do art. 5º, XLII, da CF; **E:** incorreta, pois todo e qualquer crime hediondo é inafiançável, prescritível e insuscetíveis de graça ou anistia, nos termos do art. 5º, XLIII, da CF.
Gabarito "D".

(Ministério Público/PR – 2011) Assinale a alternativa correta:

(A) A Constituição Federal assegura, tanto no âmbito judicial quanto no administrativo, a razoável duração do processo e os meios que garantam a celeridade de sua tramitação.

(B) Qualquer cidadão é parte legítima para propor ação civil pública que vise a anular ato lesivo ao patrimônio público ou de entidade de que o Estado participe, à moralidade administrativa, à ordem econômica e à economia popular, à ordem urbanística, ficando o autor, salvo comprovada má-fé, isento de custas judiciais e do ônus da sucumbência.

(C) O mandado de segurança coletivo pode ser impetrado por partido político com representação na Câmara de Vereadores

(D) Quando de eficácia plena, as normas definidoras dos direitos e garantias fundamentais têm aplicação restrita à edição de lei complementar.

A: correta, trata-se do princípio da celeridade processual, que enaltecesse o acesso a jurisdição, nos termos do art. 5º, LXXVIII, da CF; **B:** incorreta, pois as expressões "à ordem econômica e à economia popular" e "à ordem urbanística" não estão inseridas no art. 5º, LXXIII, da CF que cuida da ação popular; **C:** incorreta, já que o mandado de segurança coletivo, nos termos do art. 5º, LXX, "a", da CF, será impetrado por partido político com representação no Congresso Nacional; **D:** incorreta, pois as normas de eficácia plena têm aplicação imediata, logo, não dependem de norma regulamentadora.
Gabarito "A".

(Ministério Público/TO – 2012 – CESPE) Assinale a opção correta com relação aos direitos e garantias fundamentais.

(A) O *habeas data* configura remédio jurídico-processual de natureza constitucional que se destina a garantir, em favor da pessoa interessada, o exercício de pretensão jurídica discernível em seu tríplice aspecto: direito de acesso aos registros; direito de retificação dos registros e direito de complementação dos registros, neles incluído o direito de obter vista de processo administrativo.

(B) O *habeas corpus* é o remédio constitucional de mais amplo espectro, podendo ser utilizado contra a imposição da pena de exclusão de militar ou de perda de patente ou de função pública.

(C) Ao estrangeiro residente no exterior não é assegurado o direito de impetrar mandado de segurança.

(D) O parlamentar e o partido político com representação no Congresso Nacional têm legitimidade para impetrar mandado de segurança com a finalidade de garantia do devido processo legislativo, a fim de coibir atos praticados no processo de aprovação de leis e emendas constitucionais que não se compatibilizem com o processo legislativo constitucional.

(E) Para o cabimento do mandado de injunção, é imprescindível a existência de um direito previsto na CF que não esteja sendo exercido por ausência de norma infraconstitucional regulamentadora.

A: incorreta, a ação de *habeas data* é criação brasileira, proposta em 1985 por José Afonso da Silva aos constituintes. Segundo o subprocurador-geral da República Pedro Henrique Niess, inspirou-se em previsões constitucionais da China, Portugal e Espanha. O objetivo dessa ação é evitar que o estado armazene informações privadas incorretas ou excessivas a respeito do cidadão. Ao direito de ter a informação relativa a determinada pessoa, corresponde o dever de tê-la certa e assim passá-la, bem como respeitar o direito ao resguardo, ao segredo. Apesar da efervescência inicial, a ação perdeu interesse desde sua criação. No STJ, nos últimos quatro anos, dos 54 pedidos de *habeas data*, somente um foi concedido, em 2009. Apenas em 2006 o número de processos desse tipo passou o número de 20, ficando na média anual de nove casos. Sendo assim, podemos arrematar a questão afirmando que o enunciado se opõe a jurisprudência do STJ, já que não é cabível o *habeas data* para se obter cópia de processo administrativo. Para o Ministro Teori Zavascki, se o impetrante não busca apenas garantir o conhecimento de informações sobre si ou esclarecimentos sobre arquivos ou bancos de dados governamentais, não é caso para *habeas data*, mas de eventual mandado de segurança (REsp 904.447); **B:** incorreta, já que a Súmula 694 do Supremo Tribunal Federal é taxativa: "Não cabe *habeas corpus* contra a imposição da pena de exclusão de militar ou de perda de patente ou de função pública"; **C:** incorreta, pois qualquer pessoa pode impetrar mandado de segurança, basta ser titular de um direito líquido e certo não amparado por *habeas corpus* e *habeas data*. Em suma, podem impetrar mandado de segurança: a pessoa física ou jurídica residente ou sediada no Brasil ou no exterior, a massa falida, a herança, a sociedade sem personalidade jurídica, o condomínio edilício e a massa do devedor civil insolvente, dentre outras; **D:** incorreta, apenas os Deputados Federais e Senadores têm legitimação para impetrar Mandado de Segurança a fim de impedir a tramitação de projeto de lei ou emenda constitucional em que se alegue uma inconstitucionalidade, seja formal, seja material. Ao decidir a esse respeito, o que foi feito nos autos do MS 23.334-RJ, Rel. Min. Celso de Mello, o STF assentou que é direito público subjetivo do parlamentar não participar de um processo legislativo que culminará numa lei ou emenda inconstitucional. É de se ressaltar, ainda, que o controle de constitucionalidade nesta hipótese, versará, segundo o STF, sobre a inconstitucionalidade material ou formal; neste último caso, quando desrespeitar o trâmite legislativo previsto na Constituição da República, ficando de fora da análise judicial prévia os possíveis desrespeitos aos regimentos internos das casas legislativas; **E:** correta, nos moldes do art. 5º. LXXI, da CF, que reza que conceder-se-á mandado de injunção sempre que a falta de norma regulamentadora torne inviável o exercício dos direitos e liberdades constitucionais e das prerrogativas inerentes à nacionalidade, à soberania e à cidadania.
Gabarito "E".

(Ministério Público/SP – 2012 – VUNESP) Em observância à inviolabilidade das comunicações telefônicas, prevista no inciso XII do artigo 5º da Constituição Federal, a interceptação telefônica dependerá de ordem judicial expedida pelo juiz competente para a ação principal, em decisão devidamente fundamentada que demonstre sua conveniência e indispensabilidade para fins de

(A) investigação criminal, instrução processual penal ou inquérito civil para apuração de ato de improbidade administrativa, indicando o juiz a forma de execução da diligência, que não poderá exceder o prazo de 15 (quinze) dias, renovável por igual tempo, sempre mediante decisões judiciais fundamentadas.

(B) investigação criminal ou instrução processual penal, indicando o juiz a forma de execução da diligência, que não poderá exceder o prazo de 15 (quinze) dias, renovável por igual tempo, sempre mediante decisões judiciais fundamentadas.

(C) investigação criminal, instrução processual penal ou inquérito civil para apuração de ato de improbidade administrativa, indicando o juiz a forma de execução da diligência, que não poderá exceder o prazo de 15 (quinze) dias, improrrogável.
(D) investigação criminal ou instrução processual penal, indicando o juiz a forma de execução da diligência, que não poderá exceder o prazo de 15 (quinze) dias, improrrogável.
(E) inquérito policial, instrução processual penal ou inquérito civil para apuração de ato de improbidade administrativa, indicando o juiz a forma de execução da diligência, que não poderá exceder o prazo de 15 (quinze) dias, renovável por igual tempo, sempre mediante decisões judiciais fundamentadas.

A: incorreta, pois a Lei 9.296, de 24.07.1996, foi editada para regulamentar o inciso XII, parte final do art. 5º da CF, determinando que a interceptação de comunicações telefônicas, de qualquer natureza, para a prova em investigação criminal e em instrução processual penal, dependerá de ordem do juiz competente da ação principal, sob segredo de justiça. Importante ressaltar, ainda, que somente será possível a autorização para a interceptação quando o fato investigado constituir infração penal punida com reclusão; **B:** correta, pelos mesmos motivos delineados na alternativa anterior. Todavia, é oportuno frisar que o juiz terá o prazo máximo de vinte e quatro horas para decidir, indicando a forma de execução da diligência, que não poderá exceder o prazo de quinze dias, renovável por igual tempo, uma vez comprovada a indispensabilidade do meio de prova. Haverá autuação em autos apartados, preservando-se o sigilo das diligências e transcrições respectivas; **C:** incorreta, já que não é possível a quebra do sigilo das comunicações telefônicas em inquéritos civis. Sem prejuízo, o prazo de quinze dias é renovável por igual tempo, uma vez comprovada a indispensabilidade do meio de prova; **D:** incorreta. Como dito anteriormente, o prazo de quinze dias, renovável por igual tempo, uma vez comprovada a indispensabilidade do meio de prova; **E:** incorreta, pois o texto constitucional, como dito anteriormente, não faz menção a inquérito civil. Se não bastasse, o examinador utilizou a expressão "inquérito policial" como se ela estivesse desassociada da expressão utilizada pela Constituição Federal, "investigação criminal", que é o *momento pré-processual da Administração da Justiça Penal, que se insere na persecutio criminis*, no dizer do saudoso mestre José Frederico Marques (*Tratado de Direito Processual Penal*, Saraiva, 1980. vol. 1, p. 181). Então, podemos afirmar ser a investigação criminal um conjunto de atos administrativos (procedimento) antecipados (preliminar) destinado à apuração das infrações penais e respectiva autoria (formação incipiente da culpa), logo, a investigação criminal é formalizada no inquérito policial.
Gabarito "B".

(Ministério Público/SP – 2012 – VUNESP) São inadmissíveis, no processo, as provas obtidas por meios ilícitos. Elas são

(A) nulas e contaminam as demais provas delas decorrentes, de acordo com a teoria dos frutos da árvore envenenada, acarretando a nulidade do processo, em respeito ao princípio constitucional do devido processo legal.
(B) anuláveis e podem ser desentranhadas dos autos, a critério do juiz, porém não contaminam as demais provas delas decorrentes, em virtude da incomunicabilidade da ilicitude.
(C) nulas e contaminam todas as demais provas do processo, de acordo com a teoria dos frutos da árvore envenenada, não tendo, porém, o condão de anular o processo.
(D) anuláveis e podem ser desentranhadas dos autos e contaminar as demais provas delas decorrentes, a critério do juiz, permanecendo válidas as provas lícitas e autônomas.
(E) nulas e contaminam as demais provas delas decorrentes, de acordo com a teoria dos frutos da árvore envenenada, não tendo, porém, o condão de anular o processo, permanecendo válidas as demais provas lícitas e autônomas.

A: incorreta, pois não anulam o processo. Contudo, como as questões são conexas, ao menos no Estado de São Paulo, iremos exaurir o tema. Por força do princípio da verdade processual (também conhecido como verdade real ou material ou substancial), que consiste na verdade (probatória) que se consegue dentro do devido processo legal, o que importa para o processo penal é a descoberta da verdade dos fatos ou seja, o que interessa é a demonstração processual do que efetivamente ocorreu (para que a Justiça possa fazer incidir o direito aplicável e suas consequências jurídicas). Ocorre que nem tudo é válido para a obtenção dessa verdade. Princípio da liberdade de provas: do princípio da verdade processual (ou real, como se dizia antigamente) deriva o princípio da liberdade de provas, que não é (de forma alguma) absoluto. As partes contam com liberdade para a obtenção, apresentação e produção da prova (dentro do processo), mas essa liberdade tem limites. Nem tudo que possa ser útil para a descoberta da verdade está amparado pelo direito vigente. O direito à prova não pode (nem deve) ser exercido a qualquer preço. O que vale então no processo penal, por conseguinte, é a verdade processual, que significa a verdade que pode ser (jurídica e validamente) comprovada e a que fica (efetivamente) demonstrada nos autos. O direito à prova conta, efetivamente, com várias limitações. Não é um direito ilimitado. Com efeito, (a) a prova deve ser pertinente (perícia impertinente: CPP, art. 184; perguntas impertinentes: CPP, art. 212; Lei 9.099/1995, art. 81, § 1º); (b) a prova deve ser lícita (prova obtida por meios ilícitos não vale); (c) devem ser observadas várias restrições legais: art. 207 do CPP (direito ao sigilo), 479 do CPP (proibição de leitura de documentos ou escritos não juntados com três dias de antecedência) etc.; (d) e ainda não se pode esquecer que temos também no nosso ordenamento jurídico várias vedações legais (cartas interceptadas criminosamente: art. 233 do CPP) e constitucionais (provas ilícitas, v.g.). De outro lado, provas cruéis, desumanas ou torturantes, porque inconstitucionais, também não valem. Não é admitida a confissão mediante tortura, por exemplo. Princípio da inadmissibilidade das provas ilícitas: a prova ilícita é uma das provas não permitidas no nosso ordenamento jurídico. A CF, no seu art. 5º, inc. LVI, diz: "são inadmissíveis, no processo, as provas obtidas por meios ilícitos". Provas ilícitas, por força da nova redação dada ao art. 157 do CPP, são "as obtidas em violação a normas constitucionais ou legais". Em outras palavras: prova ilícita é a que viola regra de direito material, seja constitucional ou legal, no momento da sua obtenção (confissão mediante tortura, v.g.). Impõe-se observar que a noção de prova ilícita está diretamente vinculada com o momento da obtenção da prova (não com o momento da sua produção, dentro do processo). O momento da obtenção da prova, como se vê, tem seu *locus* fora do processo (ou seja, é sempre extraprocessual). O art. 32, n. 8, da Constituição portuguesa bem explica o que se entende por prova ilícita: "São nulas todas as provas obtidas mediante tortura, coação, ofensa da integridade física ou moral da pessoa, abusiva intromissão na vida privada, no domicílio, na correspondência ou nas telecomunicações". Uma diferença marcante entre a Constituição portuguesa e a nossa é a seguinte: aquela diz que as provas ilícitas são "nulas". A nossa diz que a prova ilícita é "inadmissível". São dois sistemas distintos: no sistema da nulidade a prova ingressa no processo e o juiz declara sua nulidade; no sistema da inadmissibilidade a prova não pode ingressar no processo (e se ingressar tem que ser desentranhada). De qualquer modo é certo que o tema das provas ilícitas tem total afinidade com o dos direitos fundamentais da pessoa. Destinatários das regras: as regras que disciplinam a obtenção das provas estão, desde logo, voltadas

para os órgãos persecutórios do Estado. Mas não somente para eles: os particulares também não podem obter nenhuma prova violando as limitações constitucionais e legais existentes. Um pessoa (um particular) não pode invadir um escritório ou consultório e daí subtrair provas. Essa forma de obtenção de provas é ilícita; **B**: incorreta, pois são nulas e contaminam as demais provas delas decorrentes, de acordo com a teoria dos frutos da árvore envenenada, não tendo, porém, o condão de anular o processo, permanecendo válidas as demais provas lícitas e autônomas; **C**: incorreta, já que somente as provas decorrentes são nulas, e não todas do processo; **D**: incorreta, pois são nulas e não podem ser desentranhadas dos autos do processo; **E**: correta, pois são inadmissíveis, devendo ser desentranhadas do processo, as provas ilícitas, assim entendidas as obtidas em violação a normas constitucionais ou legais. São também inadmissíveis as provas derivadas das ilícitas, salvo quando não evidenciado o nexo de causalidade entre umas e outras, ou quando as derivadas puderem ser obtidas por uma fonte independente das primeiras. Considera-se fonte independente aquela que por si só, seguindo os trâmites típicos e de praxe, próprios da investigação ou instrução criminal, seria capaz de conduzir ao fato objeto da prova. Preclusa a decisão de desentranhamento da prova declarada inadmissível, esta será inutilizada por decisão judicial, facultado às partes acompanhar o incidente.
Gabarito "E".

(Ministério Público/SP – 2012 – VUNESP) A Constituição Federal, ao consagrar a inviolabilidade de crença religiosa está também assegurando a proteção

(A) plena à liberdade de culto e as suas liturgias, desde que haja prévia autorização estatal para a realização de atividades em público, na forma e nos termos previstos em lei.
(B) à liberdade de culto e as suas liturgias, na forma e nos termos previstos em lei.
(C) plena à liberdade de culto católico e as suas liturgias, permitindo, porém, que todas as demais religiões realizem seus cultos domésticos ou particulares sem necessidade de expressa autorização.
(D) plena à liberdade de culto e as suas liturgias, bem como o direito de não acreditar ou professar nenhuma fé, devendo o Estado respeito ao ateísmo.
(E) à liberdade de culto e as suas liturgias, desde que haja reconhecimento da existência do monoteísmo, na forma e nos termos previstos em lei.

A: incorreta, pois é inviolável a liberdade de consciência e de crença, sendo assegurado o livre exercício dos cultos religiosos e garantida, na forma da lei, a proteção aos locais de culto e de suas liturgias, nos termos do art. 5º, VI, da CF; **B**: incorreta, já que a liberdade de consciência é a que diz respeito ao estado moral interior do indivíduo, ou seja, é o sentimento subjetivo e intangível de aprovação ou remorso pela prática de determinados atos, já a liberdade de crença é o direito de aderir a qualquer ordem religiosa, logo, não existe espaço para lei definir absolutamente nada; **C**: incorreta, já que tal pensamento se opõe aos princípios constitucionais que não adota uma religião oficial (Estado leigo, laico ou não confessional). Tal assertiva ocorria na Constituição do Brasil Império de 25 de março de 1824 que previa, em seu art. 5º, que a "religião Catholica Apostolica Romana continuará a ser a Religião do Império. Todas as outras religiões serão permitidas em culto doméstico, ou particular em casas para isso destinadas, sem forma algum exterior de Templo"; **D**: correta, todavia, o Estado não impõe, mas por força do Preâmbulo Constitucional o Estado é Teísta; **E**: incorreta, pois como dito anteriormente, o Estado Brasileiro está sob a proteção de um Deus, seja ele Buda, Maomé, Zeus ou Oxalá, a denominação dada por cada indivíduo terrestre é totalmente irrelevante.
Gabarito "D".

(Ministério Público/PR – 2011) Examine as afirmações abaixo e após responda:

I. Quando houver conflito entre dois ou mais direitos e garantias fundamentais, o operador do direito deve interpretá-los de forma a coordenar e combinar os bens jurídicos em dissenso, evitando o sacrifício total de uns em relação aos outros, realizando uma redução proporcional do âmbito de alcance de cada qual, de forma a conseguir uma aplicação harmônica do texto constitucional.
II. De acordo com autorizada doutrina, os interesses transindividuais se inscrevem entre os direitos denominados de primeira geração.
III. Em regra, as normas que definem os direitos fundamentais democráticos e individuais são de eficácia e aplicabilidade imediata.
IV. Embora inserido no inciso II do artigo 5º da Constituição Federal, o princípio da legalidade não se insere entre os direitos e garantias fundamentais, pois é apenas uma regra básica para aplicação das normas jurídicas.
V. A inviolabilidade do domicílio durante o período noturno poderá ser quebrada somente mediante prévia autorização judicial no caso de flagrante delito, ou independentemente dessa autorização em hipóteses de desastre ou para prestação de socorro.

(A) todas as afirmativas são corretas.
(B) apenas as afirmativas I e III são corretas.
(C) a afirmativa III é a única incorreta.
(D) as afirmativas IV e V são as únicas incorretas.
(E) todas as afirmativas são incorretas.

I: correta, pois trata-se da aplicação do princípio da concordância prática ou harmonização; **II**: incorreta, pois apesar da crítica da doutrina em relação à categorização dos direitos fundamentais em gerações ou dimensões, há associação entre tais gerações com o lema da Revolução Francesa. Dessa forma, os direitos de primeira geração equivalem à liberdade (direitos de liberdade e direitos políticos); os de segunda geração à igualdade (direitos sociais, culturais e econômicos) e os de terceira geração à fraternidade (direitos coletivos, à proteção ambiental e à defesa do consumidor – transindividuais). Há, ainda, quem defenda direitos de quarta geração, associados, por exemplo, às pesquisas genéticas; **III**: correta, réplica do art. 5º, § 1º, da CF; **IV**: incorreta, pois todos os direitos e garantias estabelecidos do Título II da CF são fundamentais; **V**: incorreta, pois o art. 5º, XI, da CF, determina que a casa é asilo inviolável do indivíduo, ninguém nela podendo penetrar sem consentimento do morador, salvo em caso de flagrante delito ou desastre, ou para prestar socorro, ou, durante o dia, por determinação judicial.
Gabarito "B".

(Ministério Público/RJ – 2011) Em relação aos instrumentos de tutela dos direitos e garantias constitucionais, assinale a opção correta.

(A) A legitimidade ativa para impetrar mandado de injunção restringe-se às pessoas físicas e ao MP, não podendo, portanto, as pessoas jurídicas e as coletividades, como, por exemplo, os sindicatos e as associações, impetrá-lo.
(B) Embora não possa figurar como paciente na ação de *habeas corpus*, a pessoa jurídica dispõe de legitimidade para ajuizá-lo em favor de pessoa física.
(C) Entre as pessoas jurídicas, somente aquelas regidas pelo direito público podem figurar como sujeitos passivos da ação de *habeas data*.

(D) O mandado de segurança pode ser impetrado contra ilegalidade ou abuso de poder apenas no caso de esses atos serem praticados por autoridade pública no exercício de função de natureza estatal.
(E) Tanto o cidadão quanto o MP dispõem de legitimidade para ajuizar ação popular, cuja proposição está condicionada à ocorrência de lesão ao patrimônio público causada por ilegalidade ou imoralidade.

A: incorreta, pois o mandado de injunção poderá se impetrado por qualquer pessoa cujo exercício de um direito, liberdade ou prerrogativa constitucional esteja sendo inviabilizado em virtude de falta de norma regulamentadora da Constituição Federal. Segundo o STF (MI 102 Rel. Min. Carlos Veloso, *DJ* 25.10.2002), a exemplo do mandado de segurança coletivo, admite a utilização do mandado de injunção coletivo, tendo como legitimados as mesmas entidades legitimadas para o exercício daquela ação, nos termos do art. 5º, LXX e LXXI, da CF c/c a Lei 8.038/1990, art. 24, parágrafo único; **B:** correta, nos termos da jurisprudência do STF (HC 92.921 – BA) que dispõe que a pessoa jurídica não pode figurar como paciente de *habeas corpus*, pois jamais estará em jogo a sua liberdade de ir e vir, objeto que essa medida visa proteger, mas pode ser utilizada em favor de pessoa natural, como é comum nos crimes ambientais (Lei 9.605/1998, art. 3º, parágrafo único; **C:** incorreta, na exata medida que o art. 5º, LXXII, "a", da CF, determina que "conceder-se á *habeas data* para assegurar o conhecimento de informações relativas á pessoa do impetrante, constantes de registros ou bancos de dados de entidades governamentais ou de caráter público; **D:** incorreta, pois o mandado de segurança pode ser impetrado quando o responsável pela ilegalidade ou abuso de poder for autoridade pública ou agente de pessoa jurídica no exercício de atribuições do Poder Público. Reafirma-se que a pessoa jurídica de direito público sempre será parte legítima para integrar a lide em qualquer fase, pois suportará o ônus da decisão proferida em sede de mandado de segurança. Sendo assim, poderão ser sujeitos passivos do mandado de segurança os praticantes de atos ou omissões revestidos de força jurídica especial e componentes de qualquer dos Poderes da União, Estados e Municípios, de autarquias, de empresas públicas e sociedades de economia mista exercentes de serviços públicos e, ainda, de pessoas naturais ou jurídicas de direito privado com funções delegadas do Poder Público, como ocorre com relação as concessionárias de serviços de utilidade pública; **E:** incorreta, pois a ação popular tem por finalidade exatamente permitir a todo cidadão (somente)(cidadão é todo nacional detentor e na plena posse de seus direitos civis e políticos) postular a anulação de ato praticado pelo poder público em detrimento do seu patrimônio em geral ou da moralidade pública, nos termos do art. 5º, LXXIII, da CF.

Gabarito "B".

(Ministério Público/RJ – 2011) Analise as seguintes afirmativas:

I. É inviolável o sigilo da correspondência e das comunicações telegráficas, de dados e das comunicações telefônicas, salvo, no primeiro caso, por ordem judicial, nas hipóteses e na forma que a lei estabelecer para fins de investigação criminal ou instrução processual penal.
II. Todos têm direito a receber dos órgãos públicos informações de seu interesse particular, ou de interesse coletivo ou geral, que serão prestadas no prazo da lei, sob pena de responsabilidade, ressalvadas aquelas cujo sigilo seja imprescindível à segurança da sociedade e do Estado.
III. A prática do racismo constitui crime inafiançável e imprescritível, sujeito à pena de detenção, nos termos da lei.
IV. Nenhuma pena passará da pessoa do condenado, podendo a obrigação de reparar o dano e a decretação do perdimento de bens ser, nos termos da lei,

estendidas aos sucessores e contra eles executadas, até o limite do valor do patrimônio transferido.

Está correto somente o que se afirma em
(A) I e II.
(B) I e III.
(C) II e IV.
(D) III e IV.

I: incorreta, pois a quebra do sigilo das comunicações telefônicas só poderá ser decretada por ordem judicial, em homenagem a cláusula de reserva jurisdicional. O art. 5º, XII, da CF, é absolutamente claro e não permite nenhuma interpretação diversa. Salvo as comunicações telefônicas (acesso às conversas) que podem ser restringidas e/ou interceptadas com autorização judicial, conforme regulado pela Lei 9.296/1996, a correspondência de cartas, de comunicações telegráficas e de dados, inclusive modernamente por uso de internet, são bens absolutamente invioláveis, e essa inviolabilidade não pode ser suspensa, extinta ou de alguma forma relativizada nem mesmo por ordem judicial ou previsão infraconstitucional. Contudo, identificamos que esse último pensamento doutrinário não é absoluto, pois temos as CPIs que quebram o sigilo das comunicações de dados; **II:** correta, réplica do art. 5º, XXXIII, da CF. O dispositivo diz respeito ao direito da pessoa em ter acesso a informações de seu interesse ou de interesse coletivo. Não se confunde com os pressupostos do "habeas data", que cuida de dados sobre a própria pessoa; **III:** incorreta, já que a prática do racismo constitui crime sujeito à pena de reclusão e não de detenção, nos termos da lei, conforme o art. 5º, XLII, da CF; **IV:** correta: literalidade do art. 5º, XLV, da CF c/c art. 32 e ss. do Código Penal e arts. 932 e 935, do Código Civil.

Gabarito "C".

(Ministério Público/RJ – 2011 – VUNESP) Assinale a alternativa correta a respeito do mandado de segurança, considerando a jurisprudência dominante do Supremo Tribunal Federal.

(A) Reconhece-se o direito de impetração de mandado de segurança a órgãos públicos despersonalizados desde que tenham prerrogativas ou direitos próprios a defender.
(B) O mandado de segurança coletivo a ser impetrado por entidade de classe em favor dos associados depende de autorização destes.
(C) Não é admitida a impetração do *writ* contra lei ou decreto de efeitos concretos.
(D) O Supremo Tribunal Federal é competente para conhecer de mandado de segurança contra atos dos tribunais de justiça dos Estados.

A: correta, o mandado de segurança pode ser impetrado por pessoas naturais ou jurídicas, privadas ou públicas, em defesa de direitos individuais. Nesse caso, a jurisprudência é bastante estrita, recusando a possibilidade de impetração do mandado de segurança para defesa de interesses outros não caracterizáveis como direito subjetivo. Reconhece-se também o direito de impetração de mandado de segurança a diferentes órgãos públicos despersonalizados que tenham prerrogativas ou direitos próprios a defender, tais como as Chefias dos Executivos e de Ministério Público; as Presidências das Mesas dos Legislativos; as Presidências dos Tribunais; os Fundos Financeiros; as Presidências de Comissões Autônomas; as Superintendências de Serviços e demais órgãos da Administração centralizada ou descentralizada contra atos de outros órgãos públicos. Nesses casos, o mandado de segurança destina-se também a resolver conflitos de atribuições entre órgãos públicos, colmatando lacuna relativa à ausência de efetivo instrumento para solução desse tipo de conflito. Tem-se considerado possível também a impetração do mandado de segurança pelo Ministério Público, que atuará, nesse caso, como substituto processual na defesa de direitos coletivos e individuais homogêneos. Também os estrangeiros

residentes no País, pessoas físicas ou jurídicas, na qualidade de titulares de direitos, como disposto no art. 5º, *caput*, da Constituição, poderão manejar o mandado de segurança para assegurar direito líquido e certo ameaçado ou lesionado por ato de autoridade pública; **B:** incorreta, segundo a orientação dominante, o mandado de segurança coletivo há de ser impetrado na defesa de interesse de uma categoria, classe ou grupo, independentemente da autorização dos associados. Não se trata, dessa forma, de nova modalidade de ação constitucional, ao lado do mandado de segurança tradicional, mas de forma diversa de legitimação processual *ad causam*. Segundo jurisprudência do Supremo Tribunal Federal, "os princípios básicos que regem o mandado de segurança individual informam e condicionam, no plano jurídico-processual, a utilização do *writ* mandamental coletivo (MS 20.936/DF)"; **C:** incorreta, pois o próprio STF reconhece possibilidade de impetrar mandado segurança contra lei ou decreto de efeitos concretos; **D:** incorreta, na verdade compete ao Superior Tribunal de Justiça, processar e julgar em sede de Recurso Ordinário, os mandados de segurança denegados pelos tribunais de justiça dos Estados, nos termos do art. 105, II, "b", da CF. O STF é competente para conhecer de mandado de segurança somente quando a autoridade coatora for o Presidente da República, das Mesas da Câmara dos Deputados e do Senado Federal, do Tribunal de Contas da União, do Procurador-Geral da República do próprio STF, conforme o art. 102, I, "d", da CF.
Gabarito "A".

(Ministério Público/SC – 2012) Qualquer cidadão em pleno gozo de seus direitos políticos pode invalidar atos ou contratos administrativos ilegais ou lesivos ao patrimônio da União, Estados ou Municípios. Esta afirmação refere-se a:

(A) Mandado de segurança.
(B) *Habeas data*.
(C) Ação popular.
(D) Ação de impropriedade administrativa.
(E) Mandado de injunção.

A: incorreta, nos termos do art. 5º, LXIX, da CF; **B:** incorreta, conforme o art. 5º, LXXII, da CF; **C:** correta, nos termos do art. 5º, LXXIII, da CF; **D:** incorreta, nos termos da Lei 8.429/1992; **E:** incorreta, nos moldes do art. 5º, LXXI, da CF.
Gabarito "C".

(Ministério Público/PR – 2011) Tendo em conta as ações constitucionais, marque a assertiva que está de acordo com o ordenamento jurídico vigente:

(A) Os partidos políticos, que são, hoje, pessoas jurídicas de direito público, têm legitimidade para impetrar mandado de segurança coletivo, desde que, logicamente, tenham representação no Congresso Nacional.
(B) O mandado de injunção só pode ser impetrado por pessoa física (pessoa jurídica, portanto, não tem legitimidade) que se veja impossibilitada de exercer um determinado direito constitucional por ausência de norma regulamentadora. Sempre que a falta de norma regulamentadora tornar inviável o exercício dos direitos e liberdades constitucionais e das prerrogativas inerentes à nacionalidade, à soberania e à cidadania, conceder-se-á mandado de injunção.
(C) Em caso de urgência, é permitido, observados os requisitos legais, impetrar mandado de segurança por telegrama, radiograma, "fax" ou outro meio eletrônico de autenticidade comprovada.
(D) Hodiernamente, qualquer um do povo é parte legítima para ajuizar mandado de segurança coletivo, segundo prescreve o ordenamento constitucional de 1988. Em contrapartida, somente o cidadão é parte legítima para propor ação popular.

A: incorreta, pois os partidos políticos podem impetrar mandado de segurança coletivo (art. 5º, LXX, *a*, da CF), mas são pessoas jurídicas de direito privado (art. 17, § 2º, da CF); **B:** incorreta, já que não há óbice para a impetração por pessoa jurídica; **C:** correta, réplica do art. 4º da Lei 12.016/2009; **D:** incorreta, já que os legitimados para o MS coletivo estão previstos no art. 5º, LXX, *a* e *b*, da CF e na Lei 12.016/2009.
Gabarito "C".

(Ministério Público/MG – 2011) Considerando o que dispõe o artigo 5º da Constituição da República, que disciplina os direitos e deveres individuais e coletivos, assinale a alternativa **CORRETA**.

(A) A prática do racismo e as ações de grupos armados, civis ou militares, contra a ordem constitucional e o Estado Democrático de Direito, constituem crimes inafiançáveis e imprescritíveis.
(B) A lei considerará crimes inafiançáveis e imprescritíveis, insuscetíveis de graça ou anistia a prática de tortura, o tráfico ilícito de entorpecentes e drogas afins, o terrorismo e os definidos como crimes hediondos, por eles respondendo os mandantes, os executores e os que, podendo evitá-los, se omitirem.
(C) Em relação à instituição do júri, com a organização que lhe der a lei, são assegurados a plenitude de defesa, o sigilo das votações, a soberania dos veredictos e a competência para o julgamento dos crimes dolosos e culposos contra a vida.
(D) O preso será informado de seus direitos, entre os quais o de permanecer calado, sendo-lhe assegurada, somente após o interrogatório judicial, a assistência da família e de advogado.

A: correta, réplica dos incisos XLII e XLIV do art. 5º da CF; **B:** incorreta, a lei considerará crimes inafiançáveis e *prescritíveis*, insuscetíveis de graça ou anistia a prática de tortura, o tráfico ilícito de entorpecentes e drogas afins, o terrorismo e os definidos como crimes hediondos, por eles respondendo os mandantes, os executores e os que, podendo evitá-los, se omitirem, segundo o art. 5º, XLIII, da CF; **C:** incorreta, pois a instituição do júri não julga crimes culposos contra a vida, nos termos do art. 5º, XXXVIII, "a" a "d", da CF; **D:** incorreta, pois o preso será informado de seus direitos, entre os quais o de permanecer calado, sendo-lhe assegurada, a assistência da família e de advogado, conforme art. 5º, LXIII, da CF e a Súmula Vinculante 14 do STF.
Gabarito "A".

(Ministério Público/CE – 2011 – FCC) Como medida de proteção aos direitos fundamentais do indivíduo, a Constituição da República veda à lei

(A) restringir a publicidade de atos processuais, exceto quando a defesa da intimidade ou o interesse social o exigirem.
(B) prever hipóteses em que o civilmente identificado seja submetido a identificação criminal.
(C) estabelecer casos em que a pena passe da pessoa do condenado.
(D) cominar pena de morte ou de caráter perpétuo, exceto no caso de guerra declarada.
(E) estabelecer a possibilidade de se efetuar prisão senão por ordem escrita e fundamentada de autoridade judiciária competente.

A: correta, a lei só poderá restringir a publicidade dos atos processuais quando a defesa a intimidade ou o interesse social o exigirem, conforme

art. 5º, LX, da CF; **B:** incorreta, pois o art. 5º, LVIII, da CF dispõe que o civilmente identificado não será submetido a identificação criminal, salvo nas hipóteses previstas em lei; **C:** incorreta, já que a própria Constituição Federal determina que nenhuma pena passará da pessoa do condenado, podendo a obrigação de reparar o dano e a decretação do perdimento de bens ser, nos termos da lei, estendidas aos sucessores e contra eles executadas, até o limite do valor do patrimônio transferido, nos termos do art. 5º, XLV, da CF; **D:** incorreta, a penas de morte poderá ser cominada no caso de guerra declarada, nos termos do art. 84, XIX, da CF, mas a pena de caráter perpétuo em nenhuma hipótese é admitida; **E:** incorreta. A CF no art. 5º, LXI, da CF, determina que ninguém será preso em flagrante delito ou por ordem escrita e fundamentada de autoridade judiciária competente, salvo nos casos de transgressão militar ou crime propriamente, definidos em lei.
Gabarito "A".

(Ministério Público/PR – 2011) Relativamente à ação popular constitucional, é correto afirmar:

(A) Somente pode ser proposta por pessoas maiores de 18 anos.
(B) Seu objeto limita-se à anulação ou declaração de nulidade de atos lesivos ao patrimônio público da União, do Distrito Federal, dos Estados e Municípios, de entidades autárquicas, de sociedades de economia mista, de sociedades mútuas de seguro nas quais a União represente os segurados ausentes, de empresas públicas, de serviços sociais autônomos, de instituições ou fundações para cuja criação ou custeio o tesouro público haja concorrido ou concorra com mais de cinquenta por cento do patrimônio ou da receita ânua de empresas incorporadas ao patrimônio da União, do Distrito Federal, dos Estados e dos Municípios, e de quaisquer pessoas jurídicas ou entidades subvencionadas pelos cofres públicos, nos termos do artigo 1º da Lei 4.717/1965.
(C) Nos casos de ação popular movida contra o Presidente da República, a competência originária para o seu julgamento é do Supremo Tribunal Federal.
(D) No caso de ação popular proposta pelo Ministério Público, é desnecessária a sua intervenção na qualidade de fiscal da lei.
(E) Nenhuma das alternativas anteriores é correta.

A e B: incorretas, art. 5º, LXXIII, da CF. Pode ser autor popular todo aquele que estiver no pleno gozo dos direitos políticos, ou seja, aquele que tem título de eleitor válido (art. 1º, § 3º, da Lei 4.717/1965); **C:** incorreta. O art. 102, I, "d", da CF traz a competência originária do STF apenas para o julgamento de *habeas corpus*, mandado de segurança e *habeas data* contra o Presidente da República. O STF não tem competência originária para julgar ação popular. Note-se, porém, que o Supremo já decidiu ser de sua competência originária o julgamento de ação popular de que possa acarretar conflito entre Estado e União (Rcl 424-4/RJ, Rel. Min. Sepúlveda Pertence); **D:** incorreta. A intimação do MP é necessária (art. 7º, I, "a", da Lei 4.717/1965). **E:** correta, pois nenhuma alternativa é verdadeira.
Gabarito "E".

(Ministério Público/PR – 2011) Examine as afirmações abaixo e após responda:

I. O *Habeas Corpus* pode ser proposto em favor de pessoa jurídica.
II. O mandado de segurança pode ser utilizado contra ato de juiz criminal, praticado em processo penal.
III. Segundo posicionamento doutrinário e jurisprudencial consolidado entende-se, em regra, que o direito líquido e certo hábil a fundamentar a concessão de mandado de segurança deve vir demonstrado por prova documental pré-constituída.
IV. São requisitos para o mandado de injunção a falta de norma regulamentadora de uma previsão constitucional, bem como a inviabilização de direitos e liberdades constitucionais e das prerrogativas inerentes à nacionalidade, à soberania e à cidadania.
V. O *habeas data* somente pode ser impetrado contra pessoas jurídicas de direito público.
(A) todas as afirmativas são corretas.
(B) as afirmativas I, II e V são as únicas corretas.
(C) a afirmativa V é a única incorreta.
(D) as afirmativas II, III e IV são corretas.
(E) todas as afirmativas são incorretas.

I: incorreta. O STF já decidiu que "a pessoa jurídica não pode figurar como paciente de *habeas corpus*, pois jamais estará em jogo a sua liberdade de ir e vir, objeto que essa medida visa proteger" (HC 92921/BA, Rel. Min. Ricardo Lewandowski); **II:** correta, de acordo com entendimento do STF. E, ainda nesse caso, é considerado ação de natureza civil; **III:** correta. Segundo Hely Lopes Meirelles, direito líquido e certo "é o que se apresenta manifesto na sua existência, delimitado na sua extensão e apto a ser exercitado no momento da impetração", ou seja, é aquele que não demanda dilação probatória, capaz de ser comprovado de plano; **IV:** correta, art. 5º, LXXI, da CF; **V:** incorreta. Não reflete o disposto no art. 5º, LXXII, "a", da CF.
Gabarito "D".

6. DIREITOS SOCIAIS

(Ministério Público/PR – 2011) Marque a opção que NÃO corresponde ao ordenamento jurídico-constitucional vigente:

(A) A igualdade é a base dos direitos sociais. O "caput" do art. 7º da CF/1988 denota a igualdade estabelecida pelo legislador constituinte entre trabalhadores urbanos e rurais, visando à melhoria de sua condição social. Aos trabalhadores domésticos foram assegurados apenas alguns dos direitos sociais arrolados no art. 7º da CF/1988.
(B) O art. 9º da Constituição Federal de 1988 assegura o direito de greve dos servidores públicos civis e garante a soberania da decisão dos agentes públicos sobre a oportunidade e os interesses que a manifestação visa tutelar. A norma constitucional que trata do direito de greve dos servidores públicos civis é de eficácia plena, não exigindo, portanto, regulamentação pelo legislador ordinário.
(C) O primado do trabalho (direito social) é a base da ordem social, e seus objetivos são o bem-estar e a justiça sociais.
(D) O direito à moradia foi acrescentado ao art. 6º da CF/1988 pela emenda constitucional n. 26/2000. Portanto, no texto originário não havia previsão do "direito à moradia" entre os direitos sociais genéricos.

A: incorreta, já que o art. 7º, *caput* e parágrafo único, da CF, corresponde ao ordenamento jurídico-constitucional vigente; **B:** correta, pois de fato não reflete o disposto no art. 37, VII, da CF. O STF tem reconhecido o direito de greve aos servidores, mesmo sem edição de lei específica, aplicando-lhes, por analogia, a lei de greve da iniciativa privada (Lei 7.783/1989), editada com fundamento no art. 9º, §§ 1º e 2º, da CF. Importante lembrar, ainda, que os militares não possuem direito à greve (art. 142, § 3º, IV, da CF); **C:** incorreta, pois art. 193 da CF, se coaduna ao enunciado; **D:** incorreta, pois o direito à moradia foi incluído pela EC

26/2000 como direito social no art. 6º, *caput*, da CF, assim, corresponde ao ordenamento constitucional vigente. A redação atual do art. 6º, *caput*, foi conferida pela EC 64/2010, que acrescentou, também, o direito à alimentação como direito social: "São direitos sociais a educação, a saúde, a alimentação, o trabalho, a moradia, o lazer, a segurança, a previdência social, a proteção à maternidade e à infância, a assistência aos desamparados, na forma desta Constituição".
Gabarito "B".

7. NACIONALIDADE

(Ministério Público/MG – 2013) O brasileiro naturalizado pode ocupar os seguintes cargos, EXCETO o de:

(A) Presidente do Conselho Nacional de Justiça.
(B) Presidente do Banco Central do Brasil.
(C) Prefeito e Vice-Prefeito.
(D) Governador e Vice-Governador de Estado e do Distrito Federal.

A: correta (a ser assinalada). Tendo em conta que o cargo de presidente do Conselho Nacional de Justiça (CNJ) é ocupado pelo presidente do Supremo Tribunal Federal, conforme estabelece o art. 103-B, § 1º, da CF, que é privativo de brasileiro nato, na forma estatuída no art. 12, § 3º, IV, da CF, o cargo de presidente do CNJ, logo, somente poderá ser ocupado por brasileiro nato; **B:** incorreta, já que o cargo de presidente do Banco Central não foi inserido no rol do art. 12, § 3º, da CF, que estabelece quais os cargos que somente podem ser ocupados por brasileiro nato; **C:** incorreta, já que o cargo de prefeito e vice-prefeito não foi inserido no rol do art. 12, § 3º, da CF, que estabelece quais os cargos que somente podem ser ocupados por brasileiro nato; **D:** incorreta, já que o cargo de governador e vice-governador não foi inserido no rol do art. 12, § 3º, da CF, que estabelece quais os cargos que somente podem ser ocupados por brasileiro nato.
Gabarito "A".

(Ministério Público/MG – 2013) Examine as afirmativas abaixo:

I. Brasileiro naturalizado, com 32 anos de idade, pode se candidatar a Vice-Presidente da República.
II. O Supremo Tribunal Federal decidiu ser inelegível para o cargo de Prefeito de município resultante de desmembramento territorial o irmão do atual chefe do Poder Executivo do "município-mãe".
III. As inelegibilidades legais sujeitam-se à preclusão se não forem arguidas na fase de registro de candidatura, eis que, ultrapassado esse momento, não mais poderão ser discutidas, salvo se supervenientes.
IV. São inelegíveis para qualquer cargo os que forem declarados indignos do oficialato, ou com ele incompatíveis, pelo prazo de 4 (quatro) anos.

Está CORRETO somente o que se afirma em:

(A) I e II.
(B) II e III.
(C) I e III.
(D) III e IV.

I: incorreta. Primeiro porque os cargos de presidente e vice-presidente somente podem ser ocupados por brasileiro *nato*, na forma estatuída no art. 12, § 3º, I, da CF; segundo porque constitui condição de elegibilidade para tais cargos a idade mínima de 35 anos, conforme estabelece o art. 14, § 3º, VI, *a*, da CF; **II:** correta. Conferir: "Matéria eleitoral – Candidato em município desmembrado – Irmão do atual prefeito do município-mãe – Inelegibilidade – Constituição Federal, art. 14, § 7º – Legitimidade da sua interpretação teleológica – Recurso extraordinário não conhecido. É inelegível para o cargo de prefeito de município resultante de desmembramento territorial o irmão do atual chefe do poder executivo do município-mãe. O regime jurídico das inelegibilidades comporta interpretação construtiva dos preceitos que lhe compõem a estrutura normativa. Disso resulta a plena validade da exegese que, norteada por parâmetros axiológicos consagrados pela própria constituição, visa a impedir que se formem grupos hegemônicos nas instâncias políticas locais. O primado da ideia republicana – cujo fundamento ético-político repousa no exercício do regime democrático e no postulado da igualdade – Rejeita qualquer prática que possa monopolizar o acesso aos mandatos eletivos e patrimonializar o poder governamental, comprometendo, desse modo, a legitimidade do processo eleitoral" (RE 158314, Celso de Mello, STF); **III:** correta. Conferir a lição de José Jairo Gomes, ao discorrer acerca das diferenças entre as inelegibilidades constitucionais e legais: "A distinção que se faz entre inelegibilidades constitucionais e legais não é cerebrina, apresentando inegável relevância prática. Basta dizer que não há preclusão quanto às primeiras, as quais podem ser arguidas na fase do registro de candidatura ou posteriormente, antes ou depois das eleições. A arguição posterior pode ser feita no RCED (CE, art. 262, I [referido inciso I foi revogado pela Lei 12.891/2013]). Já as inelegibilidades legais sujeitam-se à preclusão se não forem levantadas na fase de registro de candidatura. Ultrapassado esse momento, não mais poderão ser discutidas, salvo se supervenientes" (Direito Eleitoral. 7. ed. São Paulo: Atlas, 2011); **IV:** incorreta, uma vez que o art. 1º, I, *f*, da Lei Complementar n. 64/1990 estabelece o prazo de 8 anos (e não 4 anos).
Gabarito "B".

(Ministério Público/SP – 2013 – PGMP) No que se refere à Nacionalidade:

I. São brasileiros natos os nascidos no estrangeiro, de pai brasileiro ou mãe brasileira, desde que qualquer deles esteja a serviço da República Federativa do Brasil e se registrados em repartição brasileira competente.
II. São brasileiros natos os nascidos no estrangeiro de pai brasileiro ou de mãe brasileira, que venham os assim nascidos a residir na República Federativa do Brasil e optem, em qualquer tempo, depois de atingida a maioridade, pela nacionalidade brasileira.
III. São brasileiros naturalizados os estrangeiros de qualquer nacionalidade, residentes na República Federativa do Brasil há mais de quinze anos ininterruptos e sem condenação penal, desde que requeiram a nacionalidade brasileira.
IV. Será declarada a perda da nacionalidade do brasileiro no caso de imposição de naturalização, pela norma estrangeira, ao brasileiro residente em estado estrangeiro, como condição para permanência em seu território ou para o exercício de direitos civis.
V. São privativos de brasileiro nato, entre outros, os cargos de Presidente da Câmara dos Deputados; de Presidente do Senado Federal; de Ministro do Supremo Tribunal Federal; Ministro do Superior Tribunal de Justiça; Oficial das Forças Armadas e Ministros de Estado.

Está CORRETO apenas o contido nos itens:

(A) I e II.
(B) II e III.
(C) III e IV.
(D) IV e V.
(E) I e IV.

I: incorreta. Se qualquer dos pais estiver a serviço do Brasil o sujeito já será considerado brasileiro nato, **independentemente de registro** em repartição brasileira competente (art. 12, I, "a", da CF); **II:** correta. Se vierem a residir no Brasil e, após atingirem a maioridade, em qualquer tempo, optarem pela nacionalidade brasileira serão considerados brasileiros natos (art. 12, I, "c", 2.ª parte, da CF); **III:** correta. De fato, os estrangeiros de qualquer nacionalidade, residentes na República

Federativa do Brasil há mais de quinze anos ininterruptos e sem condenação penal, desde que requeiram a nacionalidade brasileira, serão considerados brasileiros naturalizados (art. 12, II, "b", da CF); **IV:** incorreta. Nesse caso **não será declarada a perda** da nacionalidade brasileira (art. 12, § 4º, II, "b", da CF); **V:** incorreta. De acordo com o art. 12, § 3º, da CF, os cargos privativos de nato são os seguintes: I – de Presidente e Vice-Presidente da República, II – de Presidente da Câmara dos Deputados, III – de Presidente do Senado Federal, IV – de Ministro do Supremo Tribunal Federal, V – da carreira diplomática, VI – de oficial das Forças Armadas e VII – de Ministro de Estado da Defesa. Além disso, o art. 89, VII, da CF reserva, dentre a composição do Conselho da República, seis cadeiras a cidadãos brasileiros natos, com mais de trinta e cinco anos de idade, sendo dois nomeados pelo Presidente da República, dois eleitos pelo Senado Federal e dois eleitos pela Câmara dos Deputados, todos com mandato de três anos, vedada a recondução. Desse modo, o **Ministro do Superior Tribunal de Justiça não precisa ser brasileiro nato**.
Gabarito "B".

(Ministério Público/MS – 2013 – FADEMS) Sobre a nacionalidade, aponte a alternativa **incorreta:**

(A) são brasileiros natos os nascidos na República Federativa do Brasil, ainda que de pais estrangeiros, desde que estes não estejam a serviço de seu país.
(B) são brasileiros natos os nascidos no estrangeiro, de pai brasileiro ou mãe brasileira, desde que sejam registrados em repartição brasileira competente ou venham a residir na República Federativa do Brasil e optem, em qualquer tempo, depois de atingida a maioridade, pela nacionalidade brasileira.
(C) aos portugueses com residência permanente no País, se houver reciprocidade em favor de brasileiros, serão atribuídos os direitos inerentes ao brasileiro, salvo os casos previstos na Constituição.
(D) são brasileiros naturalizados os que, na forma da lei, adquiram a nacionalidade brasileira, exigidas aos originários de países de língua portuguesa apenas residência por um ano ininterrupto, idoneidade moral e inexistência de condenação penal.
(E) são brasileiros naturalizados os estrangeiros de qualquer nacionalidade residentes na República Federativa do Brasil há mais de quinze anos ininterruptos e sem condenação penal, desde que requeiram a nacionalidade brasileira.

A: correta. São brasileiros natos os nascidos na República Federativa do Brasil, ainda que de pais estrangeiros, desde que estes não estejam a serviço de seu país, nos termos do art. 12, I, "a", da CF/1988; **B:** correta. São brasileiros natos os nascidos no estrangeiro, de pai brasileiro ou mãe brasileira, desde que sejam registrados em repartição brasileira competente ou venham a residir na República Federativa do Brasil e optem, em qualquer tempo, depois de atingida a maioridade, pela nacionalidade brasileira. O art. 12, I, "c", da CF/1988 apresenta modalidade de NACIONALIDADE POTESTATIVA; **C:** correta. Aos portugueses com residência permanente no País, se houver reciprocidade em favor de brasileiros, serão atribuídos os direitos inerentes ao brasileiro, salvo os casos previstos na Constituição. Inteligência do art. 12, § 1º, da CF/1988. É modalidade de QUASE NACIONALIDADE por força do TRATADO INTERNACIONAL DA AMIZADE; **D:** incorreta, devendo ser assinalada. A NACIONALIDADE ORDINÁRIA prevista no art. 12, II, "a", da CF/1988 dispõe que: São brasileiros naturalizados os que, na forma da lei, adquiram a nacionalidade brasileira, exigidas aos originários de países de língua portuguesa apenas residência por um ano ininterrupto e idoneidade moral. A condição de inexistência de condenação penal pertence à modalidade de NACIONALIDADE EXTRAORDINÁRIA, prevista no art. 12, II, "b", da CF/1988; **E:** correta. São brasileiros naturalizados os estrangeiros de qualquer nacionalidade residentes na República Federativa do Brasil há mais de quinze anos ininterruptos e sem condenação penal, desde que requeiram a nacionalidade brasileira, nos termos do art. 12, II, "b", da CF/1988.
Gabarito "D".

8. DIREITOS POLÍTICOS

(Ministério Público/SP – 2012 – VUNESP) A regra da reeleição no Brasil para chefia do Executivo Municipal estabelece que é

(A) elegível o Prefeito que, após exercer dois mandatos em determinado Município, renuncia seis meses antes da eleição e pretende se candidatar a Vice-Prefeito do mesmo Município.
(B) inelegível, para o mandato subsequente de Prefeito, o vice-prefeito que, durante seus dois mandatos substituiu diversas vezes o titular em suas ausências temporárias.
(C) elegível o Prefeito que, tendo sido eleito como vice-prefeito e assumido o cargo pela morte do titular, foi eleito para um novo mandato subsequente e pretende se candidatar a Prefeito do mesmo Município.
(D) inelegível o Prefeito que, após exercer dois mandatos em determinado Município, renuncia seis meses antes da eleição e pretende se candidatar a Prefeito em outro Município.
(E) elegível o Prefeito que, após exercer dois mandatos em determinado Município, renuncia seis meses antes da eleição e pretende se candidatar a Prefeito no mesmo Município.

A: incorreta, pois a Constituição Federal limitou essa possibilidade a apenas uma reeleição. Dessa maneira, se o titular do cargo executivo concorre e vence, estará ele impedido novamente tentar a eleição para cumprir um terceiro período subsequente, ainda que seja para Vice-Prefeito. A finalidade constitucional é impedir que a máquina administrativa seja utilizada em favor do candidato que já é ocupante de cargo eletivo junto ao Poder Executivo. Isso porque é justamente este Poder que detém a organização da Administração Pública, ou seja, é o Poder que cuida da gestão do dinheiro público; **B:** incorreta, já que o § 5º do art. 14 da CF anuncia que o Presidente da República, os Governadores de Estado e do Distrito Federal, os Prefeitos e quem os houver sucedido ou substituído no curso dos mandatos poderão ser reeleitos para único período subsequente; **C:** incorreta, pelos mesmos motivos delineados nas duas alternativas anteriores; **D:** correta, já que, recentemente, o STF ao analisar o Recurso Extraordinário (RE 637647) interposto por João Félix de Andrade Filho, que pede para voltar ao cargo de prefeito de Campo Maior (PI), o ministro Cezar Peluso aplicou entendimento do Plenário do Supremo Tribunal Federal (STF) em relação ao chamado "prefeito itinerante", conhecido como aquele que exerce mais de dois mandatos consecutivos sendo eleito em municípios distintos. Na sessão do dia 1º de agosto de 2012, os ministros do Supremo decidiram (no julgamento do RE 637485) que cidadão que já exerceu dois mandatos consecutivos de prefeito, ou seja, foi eleito e reeleito, fica inelegível para um terceiro mandato, ainda que seja em município diferente. Na ocasião, o Plenário considerou que a questão tem repercussão geral e, por essa razão, o ministro Cezar Peluso aplicou o entendimento em decisão monocrática. Ainda de acordo com a decisão do Plenário, esse entendimento deve ser aplicado a partir das eleições de 2012 e, portanto, não poderia retroagir para alcançar o mandato de quem foi eleito dessa forma nas últimas eleições municipais; **E:** incorreta, conforme os comentários tecidos anteriormente. É oportuno pontuar que as provas do MP/SP traz alternativas conexas.
Gabarito "D".

(Ministério Público /MT – 2012) Tendo em vista o que reza a Carta Magna a respeito dos direitos políticos, é correto afirmar que

(A) o alistamento eleitoral será obrigatório para os maiores de dezoito anos, vedado aos conscritos e facultativo aos estrangeiros e analfabetos.
(B) é uma condição de elegibilidade a filiação partidária dois anos antes do pleito.
(C) são inalistáveis os inelegíveis.
(D) o mandato eletivo poderá ser impugnado na Justiça Eleitoral no prazo de quinze dias contados da diplomação.
(E) a cassação dos direitos políticos poderá ocorrer, entre outros casos, em decorrência de improbidade administrativa.

A: incorreta, pois, segundo dispõe o art. 14, § 1º, da CF: "O alistamento eleitoral e o voto são: I – obrigatórios para os maiores de dezoito anos; II – facultativos para: a) os analfabetos; b) os maiores de setenta anos; c) os maiores de dezesseis e menores de dezoito anos. § 2º Não podem alistar-se como eleitores os estrangeiros e, durante o período do serviço militar obrigatório, os conscritos". Os conscritos são os convocados para a prestação de serviço militar obrigatório, aí incluídos os médicos, dentistas, farmacêuticos e veterinários (MDFV) que, nos termos da Lei 5.292/1967, prestarão o serviço após o término do curso de graduação. Entretanto, caso os MDFV tenham se alistado e adquirido o direito ao voto antes da conscrição, a inscrição eleitoral será mantida, muito embora não possam exercer o direito de voto até o término do serviço militar; **B:** incorreta, já que o art. 14, § 3º, V, da CF não exige tempo mínimo de filiação partidária; **C:** incorreta, pois são inelegíveis os inalistáveis (art. 14, § 4º, da CF); **D:** correta, réplica do art. 14, § 10, da CF; **E:** incorreta, na exata medida que a cassação de direitos políticos é vedada pelo art. 15 da CF, que só prevê hipóteses de perda ou de suspensão. A prática de atos de improbidade administrativa acarreta suspensão de direitos políticos, na forma do art. 12 da Lei de Improbidade Administrativa (Lei 8.429/1992).
Gabarito "D."

(Ministério Público/CE – 2011 – FCC) Um militar integrante das Forças Armadas e em atividade desde janeiro de 2003, estando com 27 anos de idade, casado com uma Vereadora do Município em que reside, pretende candidatar-se a Prefeito desse Município no pleito de 2012. Nessa hipótese, o interessado

(A) será inelegível para o cargo pretendido, na medida em que não possuirá a idade mínima para tanto exigida constitucionalmente.
(B) será inelegível para o cargo pretendido, pois sua cônjuge é detentora de mandato eletivo na circunscrição para a qual tem a intenção de candidatar-se à chefia do Executivo.
(C) será inelegível para o cargo pretendido, pois os militares são inalistáveis.
(D) preencherá as condições de elegibilidade para o cargo pretendido, desde que seja agregado pela autoridade militar superior e, se eleito, passe para a inatividade.
(E) preencherá as condições de elegibilidade para o cargo pretendido, desde que se afaste da atividade militar.

A: incorreta, pois para ser prefeito a idade mínima exigida é de 21 anos, nos termos do art. 14, § 3º, VI, "c", da CF; **B:** incorreta, já que o interessado deseja concorrer ao cargo de chefe do Poder Executivo Municipal e no caso da inelegibilidade relativa ao parentesco prevista no art. 14, § 7º, da CF, são inelegíveis no território de jurisdição do titular, o cônjuge e os parentes consanguíneos ou afins, até o segundo grau ou por adoção, dos chefes do Poder Executivo, logo, a regra não se aplica inversamente; **C:** incorreta, já que o militar alistável é elegível, nos termos do art. 14, § 8º, da CF; **D:** incorreta, somente será agregado pela autoridade superior se, eleito, contar com mais de 10 anos de serviço, e passará automaticamente, no ato da diplomação, para a inatividade, conforme art. 14, § 8º, II, da CF; **E:** correta, pois o pleito ocorrerá no ano de 2012, logo, o interessado terá apenas 9 (nove) anos de serviço, sendo assim, terá menos de dez anos de serviço e deverá se afastar da atividade, nos termos do art. 14, § 8º, I, da CF.
Gabarito "E."

(Ministério Público /RJ – 2011 – VUNESP) Dentre as condições de elegibilidade previstas na Constituição Federal, encontra-se o requisito da idade para concorrer aos cargos públicos eletivos. Nesse sentido, a idade mínima para a elegibilidade aos cargos de Presidente da República, Governador e Deputado Estadual é, respectivamente, de

(A) trinta anos; vinte e um anos e dezoito anos.
(B) trinta anos; trinta anos e vinte e um anos.
(C) trinta e cinco anos; trinta anos e vinte e um anos.
(D) trinta e cinco anos; trinta e cinco anos e vinte e um anos.

A: incorreta, pois dentre as condições de elegibilidade do art. 14, § 3º, VI, "b", da CF, a idade mínima de trinta anos é para Governador e Vice-Governador de Estado e do Distrito Federal; vinte e um anos para Deputado Federal, Deputado Estadual ou Distrital, Prefeito, Vice-Prefeito e juiz de paz; dezoito anos para Vereador; **B:** incorreta, pelos mesmos fundamentos; **C:** correta, já que o art. 14, § 3º, VI, "a", "b" e "c", da CF, determina que são condições de elegibilidade, na forma da lei, a idade mínima de trinta e cinco anos para Presidente, Vice-Presidente da República e Senador; trinta anos para Governador e Vice-Governador de Estado e do Distrito Federal e vinte e um anos para Deputado Federal, Deputado Estadual ou Distrital, Prefeito, Vice-Prefeito e juiz de paz; **D:** incorreta, pelos fundamentos constitucionais apresentados nas alternativas anteriores.
Gabarito "C."

(Ministério Público/RR – 2012) Nascido em dezembro de 2007, na França, filho de pai brasileiro e mãe argelina, João é registrado em repartição consular brasileira sediada naquele país. Nessa hipótese, nos termos da Constituição da República, João

(A) é considerado brasileiro nato.
(B) será considerado brasileiro nato se vier a residir no Brasil e optar, a qualquer tempo, pela nacionalidade brasileira.
(C) será considerado brasileiro naturalizado, desde que venha a residir por quinze anos ininterruptos no Brasil e não sofra condenação penal.
(D) será considerado brasileiro naturalizado se, na forma da lei, vier a adquirir nacionalidade brasileira.
(E) não será considerado brasileiro.

A: correta, eis que são brasileiros natos os nascidos no estrangeiro de pai brasileiro ou mãe brasileira, desde que sejam registrados em repartição brasileira competente ou venham a residir na República Federativa do Brasil e optem, em qualquer tempo, depois de atingida a maioridade, pela nacionalidade brasileira. Trata-se da Nacionalidade Potestativa prevista no art. 12, I, "c", da CF; **B:** incorreta, já que o mesmo dispositivo exige a maioridade civil; **C:** incorreta, pois como já tido anteriormente não se trata de brasileiro naturalizado, mas sim de brasileiro nato. De toda sorte devemos pontuar o art. 12, II, "b", da CF, que determina, ao Estado Brasileiro, uma obrigação em conceder a nacionalidade brasileira ao estrangeiro, que, residente no Brasil, quinze anos ou mais, a requeira, desde que não tenha incorrido em condenação penal. Dessa forma, as restrições contidas em normas inferiores, como é o caso do art. 21 do Estatuto do Estrangeiro, não se aplicam ao caso em análise; **D:** incorreta, até porque, todo brasileiro nato ou naturalizado,

que por liberalidade decidir se naturalizar irá perder sua nacionalidade originária, nos termos do art. 12, § 4º, II, da CF; **E:** incorreta, pelos mesmos fundamentos apresentados na assertiva "a".
Gabarito "A".

(Ministério Público/PR – 2011) A respeito do que reza a Constituição da República Federativa do Brasil de 1988 e suas atualizações, assinale a alternativa correta.

(A) A Constituição enumera algumas hipóteses de aquisição de nacionalidade originária, podendo o Congresso Nacional, por meio de Lei Complementar, prever, com base no princípio da dignidade da pessoa humana, outras hipóteses de nacionalidade originária.
(B) Segundo a Constituição, são brasileiros natos os nascidos no estrangeiro, de pai brasileiro ou de mãe brasileira, desde que qualquer deles esteja a serviço da República Federativa do Brasil. A expressão "a serviço da República Federativa do Brasil" há de ser entendida não só como atividade diplomática afeta ao Poder Executivo, mas também como qualquer função associada às atividades da União e dos Estados Federados, excluindo-se, no entanto, os Municípios e suas autarquias e fundações públicas.
(C) Segundo a Constituição, são brasileiros natos os nascidos no estrangeiro de pai brasileiro ou mãe brasileira, desde que sejam registrados em repartição brasileira competente ou venham a residir na República Federativa do Brasil e optem, em qualquer tempo, depois de atingida a maioridade, pela nacionalidade brasileira.
(D) Conforme a Constituição, são privativos de brasileiros natos os cargos de Presidente, Vice-Presidente da República; Presidente da Câmara dos Deputados; Presidente do Senado Federal; Presidente de Assembleia Legislativa; Ministros dos Tribunais Superiores; da carreira diplomática; de oficial das Forças Armadas e de Ministro do Estado e da Defesa.
(E) Será declarada a perda da nacionalidade de brasileiro que adquirir outra nacionalidade, mesmo nos casos de reconhecimento de nacionalidade originária por lei estrangeira, pois nacionalidade é o vínculo político e pessoal que se estabelece entre o Estado e o indivíduo, e, ainda, porque a competência para legislar sobre nacionalidade brasileira é exclusiva do Estado brasileiro.

A: incorreta, pois o art. 12, I, da CF traz hipóteses taxativas de nacionalidade primária ou originária; **B:** incorreta, já que o art. 12, I, "*b*", da CF abrange a administração direta e a indireta, de todos os entes da Federação; **C:** correta, réplica do art. 12, I, *c*, da CF, trata-se da nacionalidade potestativa; **D:** incorreta, pois não reflete o disposto no art. 12, § 3º, da CF, que não inclui o Presidente da Assembleia Legislativa e muito menos os Ministros dos Tribunais Superiores (apenas os Ministros do STF têm que ser brasileiros natos); **E:** incorreta, pois não reflete o disposto no art. 12, § 4º, II, *a*, da CF.
Gabarito "C".

9. ORGANIZAÇÃO DO ESTADO

9.1. DA UNIÃO, ESTADOS, MUNICÍPIOS E TERRITÓRIOS

(Procurador da República – 26º) Dentre os enunciados abaixo, estão corretos:

I. Considerando que o pluralismo é um fato da vida social e um valor constitucional da maior relevância, a federação também deve pautar-se pelas diferenças culturais entre as regiões, sem prejuízo da unidade, quando isso for necessário.
II. No âmbito da competência legislativa concorrente, as normas gerais não se prestam a garantir completa uniformidade. As regras absolutamente uniformes só podem ocorrer no domínio da competência privativa da União.
III. A competência legislativa concorrente permite transformar os Estados-membros em verdadeiros laboratórios legislativos, possibilitando que novas e exitosas experiências sejam formuladas e eventualmente adotadas pelos demais entes federados.
IV. Constituições e leis estaduais e municipais vinculam-se apenas às normas de pré-ordenação inscritas na Constituição Federal.
(A) I e II.
(B) I, II e III.
(C) I, III e IV.
(D) I, II, III e IV.

I: correta. Considerando que o pluralismo é um fato da vida social e um valor constitucional da maior relevância, a federação também deve pautar-se pelas diferenças culturais entre as regiões, sem prejuízo da unidade, quando isso for necessário; **II:** correta. No âmbito da competência legislativa concorrente, as normas gerais não se prestam a garantir completa uniformidade. As regras absolutamente uniformes só podem ocorrer no domínio da competência privativa da União, nos termos dos arts. 22 e 24, da CF; **III:** correta. Interpretação do art. 24, §§ 1º a 4º, da CF; **IV:** incorreta. Vinculam-se à todas as normas.
Gabarito "B".

(Promotor de Justiça – MPE/RS – 2017) Nos moldes fixados pelo artigo 24 da Constituição Federal, é **INCORRETO** afirmar que compete à União, aos Estados e ao Distrito Federal legislar concorrentemente sobre:

(A) orçamento.
(B) normas gerais de organização, efetivos, material bélico, garantias, convocação e mobilização das polícias militares e corpos de bombeiros militares.
(C) produção e consumo.
(D) proteção à infância e à juventude.
(E) florestas, caça, pesca, fauna, conservação da natureza, defesa do solo e dos recursos naturais, proteção do meio ambiente e controle da poluição.

A: correta. Art. 24, II, CF; **B:** incorreta. A competência legislativa, nesse caso, é privativa da União. Art. 22, XXI, CF; **C:** correta. Art. 24, V, CF; **D:** correta. Art. 24, XV, CF; **E:** correta. Art. 24, VI, CF.
Gabarito "B".

(Promotor de Justiça/GO – 2016 – MPE) Sobre a organização político-administrativa da República Federativa do Brasil, assinale a alternativa correta:

(A) Os Territórios Federais integram a União, e sua criação, transformação em Estado ou reintegração ao Estado de origem serão reguladas em Lei Ordinária específica.
(B) A criação, a incorporação, a fusão e o desmembramento de Municípios, far-se-ão por lei estadual, dentro do período determinado por Lei Complementar Federal, e dependerão de consulta prévia, mediante plebiscito, às populações dos Municípios envolvidos, após divulgação dos Estudos de Viabilidade Municipal, apresentados e publicados na forma da lei.
(C) Ficam convalidados os atos de criação, fusão, incorporação e desmembramento de Municípios, cuja lei

tenha sido publicada até a promulgação da Constituição da República de 1988, atendidos os requisitos estabelecidos na legislação do respectivo Estado à época de sua criação.

(D) A organização político-administrativa da República Federativa do Brasil compreende a União, os Estados e o Distrito Federal, todos autônomos, nos termos desta Constituição, além dos Municípios, cuja autonomia, relativa apenas à expedição de atos normativos de seu interesse, é prevista em Lei Complementar Federal.

A: incorreta. No caso, o art. 18, § 2º, CF exige lei complementar; **B:** correta. Art. 18, § 4º, CF; **C:** incorreta. Para a convalidação, o prazo de publicação da lei foi de até 31 de dezembro de 2006 (art. 96 ADCT); **D:** incorreta. O município é ente da Federação e autônomo como os demais. Art. 18, *caput*, CF.

Gabarito "B".

(Promotor de Justiça/GO – 2016 – MPE) Assinale a alternativa incorreta:

(A) O mandato eletivo poderá ser impugnado ante a Justiça Eleitoral no prazo de quinze dias contados da diplomação, instruída a ação com provas de abuso do poder econômico, corrupção ou fraude.

(B) São bens pertencentes à União os lagos, rios e quaisquer correntes de água em terrenos de seu domínio, ou que banhem mais de um Estado, sirvam de limites com outros países, ou se estendam a território estrangeiro ou dele provenham, bem como os terrenos marginais e as praias fluviais;

(C) o subsídio dos Vereadores será fixado pelas respectivas Câmaras Municipais em cada legislatura para a subsequente, observado o que dispõe a Constituição da República, sendo que em Municípios com população entre cinquenta mil e um a cem mil habitantes, o subsídio máximo dos Vereadores corresponderá a sessenta por cento do subsídio dos Deputados Federais.

(D) Compete aos Municípios instituir e arrecadar os tributos de sua competência, bem como aplicar suas rendas, sem prejuízo da obrigatoriedade de prestar contas e publicar balancetes nos prazos fixados em lei.

A: correta. Art. 14, § 10, CF; **B:** correta. Art. 20, III, CF; **C:** incorreta. Não corresponde à redação do art. 29, VI, "c", da CF; **D:** correta. Art. 30, III, CF.

Gabarito "C".

(Promotor de Justiça/SC – 2016 – MPE)

(1) Compete à União, aos Estados e ao Distrito Federal legislar concorrentemente sobre procedimentos em matéria processual.

1: correta. Art. 24, XI, CF.

Gabarito 1C.

(Promotor de Justiça/SC – 2016 – MPE)

(1) Segundo a Constituição Federal, para a composição das Câmaras Municipais, será observado o limite máximo de 15 (quinze) vereadores, nos Municípios de mais de 15 (quinze) mil habitantes e de até 30 (trinta) mil habitantes.

1: incorreta. Não reflete o disposto no art. 29, IV, "b", CF (11 vereadores).

Gabarito 1E.

(Promotor de Justiça/SC – 2016 – MPE)

(1) A fiscalização do Município será exercida pelo Poder Legislativo Municipal, mediante controle externo, e pelos sistemas de controle interno do Poder Executivo Municipal, na forma da lei. O controle externo da Câmara Municipal será exercido com o auxílio dos Tribunais de Contas dos Estados ou do Município ou dos Conselhos ou Tribunais de Contas dos Municípios, onde houver. O parecer prévio, emitido pelo órgão competente sobre as contas que o Prefeito deve anualmente prestar, só deixará de prevalecer por decisão da maioria dos membros da Câmara Municipal.

1: incorreta. Ver art. 31, CF: "Art. 31. A fiscalização do Município será exercida pelo Poder Legislativo Municipal, mediante controle externo, e pelos sistemas de controle interno do Poder Executivo Municipal, na forma da lei. § 1º O controle externo da Câmara Municipal será exercido com o auxílio dos Tribunais de Contas dos Estados ou do Município ou dos Conselhos ou Tribunais de Contas dos Municípios, onde houver. § 2º O parecer prévio, emitido pelo órgão competente sobre as contas que o Prefeito deve anualmente prestar, só deixará de prevalecer por decisão de dois terços dos membros da Câmara Municipal".

Gabarito 1E.

(Promotor de Justiça/SC – 2016 – MPE)

(1) O município reger-se-á por lei orgânica, votada em dois turnos, com o interstício mínimo de 30 (trinta) dias, e aprovada pela maioria dos membros da Câmara Municipal, que a promulgará.

1: incorreta. Não reflete a redação do art. 29, CF: "Art. 29. O Município reger-se-á por lei orgânica, votada em dois turnos, com o interstício mínimo de dez dias, e aprovada por dois terços dos membros da Câmara Municipal, que a promulgará, atendidos os princípios estabelecidos nesta Constituição, na Constituição do respectivo Estado e os seguintes preceitos".

Gabarito 1E.

(Promotor de Justiça/SC – 2016 – MPE)

(1) Ao tratar da organização político-administrativa, a Constituição da República prevê que os Estados podem incorporar-se entre si, subdividir-se ou desmembrar-se para se anexarem a outros, ou formarem novos Estados ou Territórios Federais, mediante aprovação da população diretamente interessada, através de plebiscito, e do Congresso Nacional, por lei complementar.

1: correta. Art. 18, § 3º, CF.

Gabarito 1C.

(Promotor de Justiça – MPE/MS – FAPEC – 2015) Sobre a intervenção federal:

I. A Carta de 1988 vedou expressamente toda e qualquer forma de intervenção federal em Municípios.

II. A intervenção federal é ato político-administrativo.

III. Aquele que se achar investido na Vice-Presidência da República terá poder para decretar intervenção federal.

IV. A intervenção federal é de iniciativa *ex officio* do Presidente da República.

V. O Presidente da República está vinculado a opinião dos Conselhos da República e da Defesa Nacional.

Assinale a alternativa com as afirmações corretas:

(A) I e V.

(B) III e V.
(C) II e IV.
(D) I e IV.
(E) II e V.

I: incorreta. A União pode intervir em municípios localizados em territórios federais e os Estados podem intervir em seus municípios. Ver art. 35, CF; II: correta. Pode ser decretada nas hipóteses listadas no art. 34, CF; III: incorreta. O decreto é assinado pelo Presidente da República (art. 84, X, da CF); IV: correta (pelo gabarito oficial). A competência para decretar a intervenção federal é privativa do Presidente da República, mas não se pode dizer que é uma competência de ofício, já que, por exemplo, o ato pode ser provocado pelo Legislativo ou pelo Executivo. Entretanto, o gabarito foi mantido após a análise dos recursos; V: incorreta. São órgãos de consulta do Presidente da República, não sendo vinculantes suas manifestações (ver arts. 89, 90 e 91, CF).
Gabarito "C."

(Promotor de Justiça – MPE/MS – FAPEC – 2015) São característicos do estado-membro da federação brasileira:

(A) A soberania e a delimitação territorial.
(B) O autogoverno e normatização ilimitada.
(C) A autoadministração e soberania.
(D) A auto-organização e normatização ilimitada.
(E) A normatização própria e auto-organização.

A: incorreta. A soberania é atributo da União, os demais entes federativos possuem autonomia; B: incorreta. Os estados possuem autogoverno e auto-organização dentro de seus limites territoriais, não sendo ilimitadas; C: incorreta. Os estados-membros possuem autonomia, não soberania; D: incorreta. Possuem auto-organização, mas não normatização ilimitada; E: correta. Os entes autônomos da Federação possuem autonomia, composta das capacidades de autogoverno (elegerem seus próprios governantes); autoadministração (regerem-se por regras próprias); e auto-organização (capacidade de aprovar suas próprias constituições ou, no caso dos municípios, suas leis orgânicas).
Gabarito "E."

(Ministério Público/Acre – 2014 – CESPE) No que tange à organização político-administrativa brasileira, assinale a opção correta.

(A) Compete à União, aos estados, ao DF e aos municípios legislar concorrentemente sobre educação, saúde, trânsito e transporte, cabendo a cada ente federativo adotar a sua legislação de acordo com as peculiaridades nacional, regional e local.
(B) A aplicação anual de 25% da receita resultante de impostos estaduais na manutenção e desenvolvimento do ensino e a prestação de contas da administração pública são considerados princípios constitucionais sensíveis, cujo descumprimento autoriza a intervenção federal nos estados.
(C) Perderá o mandato o prefeito que assumir o cargo de secretário estadual de educação, exceto nos casos em que houver autorização da câmara municipal.
(D) Segundo o STF, a previsão do instituto da reclamação nas constituições estaduais viola disposição da CF, pois configura invasão da competência privativa da União para legislar sobre direito processual.
(E) O princípio geral que norteia a repartição de competência entre os entes federativos é o da predominância do interesse, em decorrência do qual seria inconstitucional delegação legislativa que autorizasse os estados a legislar sobre questões específicas das matérias de competência privativa da União.

A: incorreta, pois em desconformidade com o art. 22, XI, da CF; B: correta (art. 34, VII, "d" e "e", da CF); C: incorreta (arts. 28, § 1°, e 29, XIV, da CF); D: incorreta. Conferir: "Ação direta de inconstitucionalidade: dispositivo do Regimento Interno do Tribunal de Justiça do Estado da Paraíba (art. 357), que admite e disciplina o processo e julgamento de reclamação para preservação da sua competência ou da autoridade de seus julgados: ausência de violação dos artigos 125, *caput* e § 1° e 22, I, da Constituição Federal. 1. O Supremo Tribunal Federal, ao julgar a ADIn 2.212 (Pl. 2.10.03, Ellen, *DJ* 14.11.2003), alterou o entendimento – firmado em período anterior à ordem constitucional vigente (v.g., Rp 1092, Pleno, Djaci Falcão, *RTJ* 112/504) – do monopólio da reclamação pelo Supremo Tribunal Federal e assentou a adequação do instituto com os preceitos da Constituição de 1988: de acordo com a sua natureza jurídica (situada no âmbito do direito de petição previsto no art. 5°, XXIV, da Constituição Federal) e com os princípios da simetria (art. 125, *caput* e § 1°) e da efetividade das decisões judiciais, é permitida a previsão da reclamação na Constituição Estadual. 2. Questionada a constitucionalidade de norma regimental, é desnecessário indagar se a colocação do instrumento na seara do direito de petição dispensa, ou não, a sua previsão na Constituição estadual, dado que consta do texto da Constituição do Estado da Paraíba a existência de cláusulas de poderes implícitos atribuídos ao Tribunal de Justiça estadual para fazer valer os poderes explicitamente conferidos pela ordem legal – ainda que por instrumento com nomenclatura diversa (Const. Est. (PB), art. 105, I, *e e f*). 3. Inexistente a violação do § 1° do art. 125 da Constituição Federal: a reclamação paraibana não foi criada com a norma regimental impugnada, a qual – na interpretação conferida pelo Tribunal de Justiça do Estado à extensão dos seus poderes implícitos – possibilita a observância das normas de processo e das garantias processuais das partes, como exige a primeira parte da alínea *a* do art. 96, I, da Constituição Federal. 4.Ação direta julgada improcedente" (ADI 2480, Sepúlveda Pertence, STF); E: incorreta (art. 22, parágrafo único, da CF).
Gabarito "B."

(Ministério Público/ES – 2013 – VUNESP) Considerando as regras de repartição de competências constitucionais, pode-se dizer que legislar sobre: (i) trânsito e transporte; e (ii) responsabilidade por dano ao meio ambiente, ao consumidor, a bens e direitos de valor artístico, estético, histórico, turístico e paisagístico; cabe, respectivamente,

(A) à União, aos Estados e ao Distrito Federal, de forma concorrente; e aos Estados, de forma suplementar.
(B) aos Estados, de forma suplementar; e à União, aos Estados e ao Distrito Federal, de forma concorrente.
(C) à União de forma privativa; e à União, aos Estados, ao Distrito Federal e aos Municípios, por competência comum.
(D) aos Municípios, de forma suplementar; e à União de forma privativa.
(E) à União de forma privativa; e à União, aos Estados e ao Distrito Federal, de forma concorrente.

Segundo estabelece o art. 22, XI, da CF, cabe à União, privativamente, legislar acerca de *trânsito e transporte* (item "i"); quanto ao item "ii", a competência para legislar sobre os temas ali contidos é atribuída, concorrentemente, à União, aos Estados e ao Distrito Federal (art. 24, CF).
Gabarito "E."

(Ministério Público/SP – 2013 – PGMP) No título dedicado à Organização do Estado, há temas em que os Estados e o Distrito Federal podem legislar de forma concorrente com a União. Posto isso, considere as seguintes afirmações:

I. Compete aos Estados e ao Distrito Federal legislar de forma concorrente com a União sobre procedimentos em matéria processual.

II. No âmbito da legislação concorrente, a competência da União limitar-se-á a estabelecer normas gerais.
III. Tratando-se de legislação concorrente, a competência da União não se limitará a estabelecer normas gerais.
IV. Ainda que para atender a suas peculiaridades, a ausência de lei federal não concede ao Estado-Membro a competência plena, quando se tratar de competência concorrente.
V. Compete aos Estados e ao Distrito Federal legislar de forma concorrente com a União sobre proteção à infância e à juventude.

Está CORRETO apenas o contido nos itens:

(A) I, II e V.
(B) I, III e IV.
(C) III, IV e V.
(D) II e V.
(E) II e IV.

(A) lei complementar poderá autorizar os Estados a legislar sobre questões específicas das matérias de competência privativa da União.
(B) no âmbito da legislação concorrente, compete à União expedir normas gerais (restritas ao estabelecimento de diretrizes nacionais e uniformes sobre determinados assuntos) e normas específicas ou particularizantes federais.
(C) a competência da União para legislar sobre normas gerais exclui a competência suplementar dos Municípios, mas não a dos Estados.
(D) inexistindo lei federal sobre normas gerais, os Estados exercerão a competência legislativa plena, para atender a suas peculiaridades.
(E) os Municípios, além de editarem suas leis orgânicas, também possuem competência para legislar sobre assuntos de interesse local.

I: correta (art. 24, XI, da CF); **II:** correta (art. 24, § 1º, da CF); **III:** incorreta. É justamente o contrário (art. 24, § 1º, da CF); **IV:** incorreta. Ao contrário, no âmbito da competência concorrente, a ausência de lei federal sobre normas gerais, faz com que os Estados possam exercer a competência legislativa plena, para atender a suas peculiaridades (art. 24, § 3º, da CF); **V:** correta (art. 24, XV, da CF).

Gabarito "A".

(Ministério Público/SP – 2013 – PGMP) É possível a intervenção da União nos Estados, dentre outras hipóteses:

I. Para assegurar o princípio constitucional da observância à prestação de contas da administração pública direta e indireta.
II. Para assegurar o princípio constitucional dos direitos da pessoa humana.
III. Para garantir o livre exercício de qualquer dos Poderes das Unidades da Federação, neste caso agindo de ofício ou mediante solicitação ou requisição do Poder que está sendo embaraçado no exercício de sua competência.
IV. Para pôr termo a grave comprometimento da ordem pública.
V. Para o caso de desobediência de requisição do Supremo Tribunal Federal, do Superior Tribunal de Justiça ou do Tribunal Superior Eleitoral, dependendo, na hipótese, de representação do Procurador-Geral da República.

Está CORRETO apenas o afirmado nos itens:

(A) III, IV e V.
(B) II, III e IV.
(C) I, II e IV.
(D) I e II.
(E) I e V.

I: correta (art. 34, VII, "d", da CF); **II:** correta (art. 34, VII, "b", da CF); **III:** incorreta. A decretação da intervenção com o objetivo de garantir o livre exercício de qualquer dos Poderes das Unidades da Federação depende, conforme o art. 36, I, da CF, de solicitação do Poder Legislativo ou do Poder Executivo coacto ou impedido, ou de requisição do Supremo Tribunal Federal, se a coação for exercida contra o Poder Judiciário; **IV:** correta (art. 34, III, da CF); **V:** incorreta. Não há essa hipótese prevista no texto constitucional.

Gabarito "C".

(Ministério Público/MS – 2013 – FADEMS) Acerca das competências legislativas das unidades da Federação, é **incorreto** afirmar:

A: correta. Nos termos do parágrafo único do art. 22, da CF/1988, a lei complementar poderá autorizar os Estados a legislar sobre questões específicas das matérias relacionadas no próprio dispositivo. A título de exemplo: "A competência legislativa do Estado do Rio de Janeiro para fixar piso salarial decorre da LC federal 103, de 2000, mediante a qual a União, valendo-se do disposto no art. 22, inciso I e parágrafo único, da Carta Maior, delegou aos Estados e ao Distrito Federal a competência para instituir piso salarial para os empregados que não tenham esse mínimo definido em lei federal, convenção ou acordo coletivo de trabalho. Trata-se de lei estadual que consubstancia um exemplo típico de exercício, pelo legislador federado, da figura da competência privativa delegada. A expressão 'que o fixe a maior' contida no *caput* do art. 1º da Lei estadual 5.627/2009 tornou os valores fixados na lei estadual aplicáveis, inclusive, aos trabalhadores com pisos salariais estabelecidos em lei federal, convenção ou acordo coletivo de trabalho inferiores a esse. A inclusão da expressão extrapola os limites da delegação legislativa advinda da LC 103/2000, violando, assim, o art. 22, inciso I e parágrafo único, da CF/1988, por invadir a competência da União para legislar sobre direito do trabalho. (...) Atuar fora dos limites da delegação é legislar sem competência, e a usurpação da competência legislativa qualifica-se como ato de transgressão constitucional." (**ADI 4.391**, Rel. Min. **Dias Toffoli**, julgamento em 02.03.2011, Plenário, *DJE* de 20.06.2011.); **B:** correta. Literalidade do § 1º do art. 24, da CF/1988 – "**no âmbito da legislação concorrente, a competência da União limitar-se-á a estabelecer normas gerais**". Vejamos a jurisprudência do STF: "Nas hipóteses de competência concorrente (CF/1988, art. 24), nas quais se estabelece verdadeira situação de condomínio legislativo entre a União Federal e os Estados-membros (Raul Machado Horta, **Estudos de Direito Constitucional**, p. 366, item 2, 1995, Del Rey), daí resultando clara repartição vertical de competências normativas, a jurisprudência do STF firmou-se no sentido de entender incabível a ação direta de inconstitucionalidade, se, para o específico efeito de examinar-se a ocorrência, ou não, de invasão de competência da União Federal, por parte de qualquer Estado-membro, tornar-se necessário o confronto prévio entre diplomas normativos de caráter infraconstitucional: a legislação nacional de princípios ou de normas gerais, de um lado (CF/1988, art. 24, § 1º), e as leis estaduais de aplicação e execução das diretrizes fixadas pela União Federal, de outro (CF/1988, art. 24, § 2º). Precedentes. É que, tratando-se de controle normativo abstrato, a inconstitucionalidade há de transparecer de modo imediato, derivando, o seu reconhecimento, do confronto direto que se faça entre o ato estatal impugnado e o texto da própria CR" (**ADI 2.344-QO**, Rel. Min. **Celso de Mello**, julgamento em 23-11-2000, Plenário, *DJ* de 02.08.2002). **No mesmo sentido**: ADI 2.876, Rel. Min. **Cármen Lúcia**, julgamento em 21.10.2009, Plenário, *DJE* de 20.11.2009; **C:** incorreta, devendo ser assinalada. A competência da União para legislar sobre normas gerais não exclui a competência suplementar dos Estados, nos termos do 24, § 2º, da CF/1988. O art. 24 da CF/1988 compreende a competência estadual concorrente não cumulativa ou suplementar (art. 24, § 2°) e a competência estadual concorrente cumulativa (art. 24, § 3°). Na primeira hipótese, existente a lei federal de normas gerais (art. 24, § 1°), poderão os Estados e o Distrito Federal, no uso da competência suplementar, preencher os vazios da lei federal de normas gerais, a fim de afeiçoá-la às peculiaridades locais (art. 24, § 2°); na segunda hipótese, poderão os Estados e o Distrito Federal, inexistente a lei federal de normas gerais, exercer a competência legislativa plena 'para atender a suas peculiaridades' (art. 24, § 3°). Sobrevindo a lei federal de normas gerais, suspende esta a eficácia da lei estadual, no que lhe for contrário (art. 24, § 4°); **D:** correta. Réplica do art. 24, § 3°, da CF/1988; **E:** correta. Literalidade do art. 30, I, da CF/1988. Vejamos a jurisprudência do STF: I – "É competente o Município para fixar o horário de funcionamento de estabelecimento comercial." (**Súmula 645**); II – "Não vislumbro, no texto da Carta Política, a existência de obstáculo constitucional que possa inibir o exercício, pelo Município, da típica atribuição institucional que lhe pertence, fundada em título jurídico específico (CF/1988, art. 30, I), para legislar, por autoridade própria, sobre a extensão da gratuidade do transporte público coletivo urbano às pessoas compreendidas na faixa etária entre sessenta e sessenta e cinco anos. Na realidade, o Município, ao assim legislar, apoia-se em competência material – que lhe reservou a própria CR – cuja prática autoriza essa mesma pessoa política a dispor, em sede legal, sobre tema que reflete assunto de interesse eminentemente local. Cabe assinalar, neste ponto, que a autonomia municipal erige-se à condição de princípio estruturante da organização institucional do Estado brasileiro, qualificando-se como prerrogativa política, que, outorgada ao Município pela própria CR, somente por esta pode ser validamente limitada" (**RE 702.848**, Rel. Min. **Celso de Mello**, decisão monocrática, julgamento em 29.04.2013, *DJE* de 14.05.2013.); III – "É incompatível com a Constituição lei municipal que impõe sanção mais gravosa que a prevista no Código de Trânsito Brasileiro, por extrapolar a competência legislativa do Município." (**ARE 639.496-RG**, Rel. Min. Presidente **Cezar Peluso**, julgamento em 16.06.2011, Plenário, *DJE* de 31.08.2011, com repercussão geral.) e IV – "O poder constituinte dos Estados-membros está limitado pelos princípios da Constituição da República, que lhes assegura autonomia com condicionantes, entre as quais se tem o respeito à organização autônoma dos Municípios, também assegurada constitucionalmente. O art. 30, I, da Constituição da República outorga aos Municípios a atribuição de legislar sobre assuntos de interesse local. A vocação sucessória dos cargos de prefeito e vice-prefeito põe-se no âmbito da autonomia política local, em caso de dupla vacância. Ao disciplinar matéria, cuja competência é exclusiva dos Municípios, o art. 75, § 2°, da Constituição de Goiás fere a autonomia desses entes, mitigando-lhes a capacidade de auto-organização e de autogoverno e limitando a sua autonomia política assegurada pela Constituição brasileira. Ação direta de inconstitucionalidade julgada procedente" (**ADI 3.549**, Rel. Min. **Cármen Lúcia**, julgamento em 17.09.2007, Plenário, *DJ* de 31.10.2007).

Gabarito "C".

(**Ministério Público/MS – 2013 – FADEMS**) Aponte a alternativa **incorreta**, sobre o tema da intervenção:

(A) são hipóteses típicas da intervenção da União nos Estados, dentre outras: manter a integridade nacional; deixar de ser paga, sem motivo de força maior, por dois anos consecutivos, a dívida fundada; pôr termo a grave comprometimento da ordem pública; garantir o livre exercício de qualquer dos Poderes nas unidades da Federação; o Tribunal de Justiça der provimento a representação para assegurar a observância de princípios indicados na Constituição Estadual.
(B) segundo a ordem constitucional, sempre em situações excepcionais, a União pode intervir nos Estados e no Distrito Federal; os Estados podem intervir em seus Municípios; a União pode intervir nos Municípios localizados em Territórios Federais.
(C) a decretação da intervenção, no caso de desobediência a ordem ou decisão judiciária, dependerá de requisição do Supremo Tribunal Federal, do Superior Tribunal de Justiça ou do Tribunal Superior Eleitoral.
(D) a decretação da intervenção da União nos Estados, visando assegurar a observância da forma republicana, do sistema representativo e do regime democrático, dependerá do provimento, pelo Supremo Tribunal Federal, de representação do Procurador-Geral da República.
(E) o decreto de intervenção, que especificará a amplitude, o prazo e as condições de execução e que, se couber, nomeará o interventor, será submetido à apreciação do Congresso Nacional ou da Assembleia Legislativa do Estado, no prazo de vinte e quatro horas.

A: incorreta (devendo ser assinalada), pois a decretação da intervenção dependerá de provimento, pelo SUPREMO TRIBUNAL FEDERAL, de representação do Procurador-Geral da República, na hipótese do art. 34, VII, e no caso de recusa à execução de lei federal. Observe que a parte final da assertiva é que está incorreta, nos termos do art. 36, III, da CF/1988; **B:** correta (arts. 34 e 35 da CF/1988); **C:** correta (art. 36, II, da CF/1988); **D:** correta. Redação do art. 36, III, da CF/1988. Vejamos na íntegra o procedimento: A Lei 12.562, de 23 de dezembro de 2011, dispõe sobre o processo e julgamento da representação interventiva prevista no inciso III do art. 36 da Constituição Federal. A representação será proposta pelo Procurador-Geral da República, em caso de violação aos princípios referidos no inciso VII do art. 34 da Constituição Federal, ou de recusa, por parte de Estado-Membro, à execução de lei federal. A petição inicial deverá conter: I – a indicação do princípio constitucional que se considera violado ou, se for o caso de recusa à aplicação de lei federal, das disposições questionadas; II – a indicação do ato normativo, do ato administrativo, do ato concreto ou da omissão questionados; III – a prova da violação do princípio constitucional ou da recusa de execução de lei federal e IV – o pedido, com suas especificações. A petição inicial será apresentada em 2 (duas) vias, devendo conter, se for o caso, cópia do ato questionado e dos documentos necessários para comprovar a impugnação e poderá ser indeferida liminarmente pelo relator, quando não for o caso de representação interventiva, faltar algum dos requisitos estabelecidos nesta Lei ou for inepta. Da decisão de indeferimento da petição inicial caberá agravo, no prazo de 5 (cinco) dias. O Supremo Tribunal Federal, por decisão da maioria absoluta de seus membros, poderá deferir pedido de medida liminar na representação interventiva. O relator poderá ouvir os órgãos ou autoridades responsáveis pelo ato questionado, bem como o Advogado-Geral da União ou o Procurador-Geral da República, no prazo comum de 5 (cinco) dias. A liminar poderá consistir na determinação de que se suspenda o andamento de processo ou os efeitos de decisões judiciais ou administrativas ou de qualquer outra medida que apresente relação com a matéria objeto da representação interventiva. Apreciado o pedido de liminar ou, logo após recebida a petição inicial, se não houver pedido de liminar, o relator solicitará as informações às autoridades responsáveis pela prática do ato questionado, que as prestarão em até 10 (dez) dias. Decorrido o prazo para prestação das informações, serão ouvidos, sucessivamente, o Advogado-Geral da União e o Procurador-Geral da República, que deverão manifestar-se, cada qual, no prazo de 10 (dez) dias. Recebida a inicial, o relator deverá tentar dirimir o conflito que dá causa ao pedido, utilizando-se dos meios que julgar necessários, na forma do regimento interno. Se entender necessário, poderá o relator requisitar informações adicionais, designar perito ou comissão de peritos para que elabore laudo sobre a questão ou, ainda, fixar data para declarações, em audiência pública, de pessoas com experiência e autoridade na matéria. Poderão ser autorizadas, a critério do relator, a manifestação e a juntada de documentos por parte de interessados no processo. A decisão sobre a representação interventiva somente será tomada se presentes na sessão pelo menos 8 (oito) Ministros. Realizado o julgamento, proclamar-se-á a procedência ou improcedência do pedido formulado na representação interventiva se num ou noutro sentido se tiverem manifestado pelo menos 6 (seis) Ministros. Estando ausentes Ministros em número que possa influir na decisão sobre a representação interventiva, o julgamento será suspenso, a fim de se aguardar o comparecimento dos Ministros ausentes, até que se atinja o número necessário para a prolação da decisão. Julgada a ação, far-se-á a comunicação às autoridades ou aos órgãos responsáveis pela prática dos atos questionados, e, se a decisão final for pela procedência do pedido formulado na representação interventiva, o Presidente do Supremo Tribunal Federal, publicado o acórdão, levá-lo-á ao conhecimento do Presidente da República para, no prazo improrrogável de até 15 (quinze) dias, dar cumprimento aos §§ 1º e 3º do art. 36 da Constituição Federal. Dentro do prazo de 10 (dez) dias, contado a partir do trânsito em julgado da decisão, a parte dispositiva será publicada em seção especial do Diário da Justiça e do Diário Oficial da União. A decisão que julgar procedente ou improcedente o pedido da representação interventiva é irrecorrível, sendo insuscetível de impugnação por ação rescisória; **E**: correta, nos moldes do art. 36, § 1º, da CF/1988.

Gabarito "A".

(Ministério Público/SP – 2012 – VUNESP) Em 11 de dezembro de 2011, foram realizados dois plebiscitos no Estado do Pará com consultas para que se decidisse sobre a criação ou não dos novos Estados de Carajás e Tapajós, a serem formados a partir de desmembramento territorial do Estado do Pará. Sobre a previsão constitucional para criação de novos Estados, a consulta prévia às populações diretamente interessadas, por meio de plebiscito, deve ser realizada com os

(A) eleitores diretamente interessados, considerados como tais os eleitores das localidades que pretendam se desmembrar.
(B) habitantes diretamente interessados, considerados como tais os habitantes do Estado.
(C) eleitores diretamente interessados, considerados como tais todos os eleitores do País.
(D) eleitores diretamente interessados, considerados como tais os eleitores do Estado.
(E) habitantes diretamente interessados, considerados como tais os habitantes das localidades que pretendam se desmembrar.

A: incorreta, pois os Estados podem incorporar-se ente si, subdividir-se ou desmembrar-se para se anexarem a outros, ou formarem novos Estados ou Territórios Federais, mediante a aprovação da população diretamente interessada, ou seja, os eleitos do Estado, por meio de plebiscito, e do Congresso Nacional, por lei complementar, nos termos do art. 18, § 3º, da CF; **B**: incorreta, pois a CF/1988 não fala em habitantes do Estado, mas sim, eleitores do Estado; **C**: incorreta, pois não são eleitores do País, mas sim do próprio Estado; **D**: correta, pelos motivos traçados nas alternativas anteriores; **E**: incorreta, pois contradiz a redação do art. 18, § 3º, da CF

Gabarito "D".

(Ministério Público/SP – 2012 – VUNESP) Em relação às imunidades parlamentares, é correto afirmar que a imunidade

(A) material exige relação entre as condutas praticadas pelo parlamentar e o exercício do mandato, tornando-o inviolável pelas palavras, votos e opiniões decorrentes do desempenho das funções parlamentares e possuem eficácia temporal permanente ou perpétua, pois pressupondo a inexistência da infração penal ou ilícito civil, mesmo após o fim da legislatura, o parlamentar não poderá ser investigado, incriminado ou responsabilizado pelos fatos anteriores.
(B) processual parlamentar, a partir da EC 35/2001, determina que recebida à denúncia contra Senador ou Deputado, por crime ocorrido após a diplomação, o Supremo Tribunal Federal dará ciência à Casa respectiva, solicitando prévia licença para dar continuidade ao processo, que poderá ser concedida por maioria absoluta dos membros da Casa Parlamentar.
(C) material exige que as condutas praticadas pelo parlamentar no exercício do mandato sejam realizadas nas comissões ou no plenário do Congresso Nacional, tornando-o inviolável pelas palavras, votos e opiniões decorrentes do desempenho das funções parlamentares e possui eficácia temporal permanente ou perpétua, pois pressupondo a inexistência da infração penal ou ilícito civil, mesmo após o fim da legislatura, o parlamentar não poderá ser investigado, incriminado ou responsabilizado pelos fatos anteriores.
(D) processual parlamentar, a partir da EC 35/2001, determina que recebida à denúncia contra Senador ou Deputado, por crime ocorrido antes da diplomação, o Supremo Tribunal Federal dará ciência à Casa respectiva, que, por iniciativa de partido político nela representado e pelo voto da maioria de seus membros, poderá, até decisão final, sustar o andamento da ação.
(E) material exige relação entre as condutas praticadas pelo parlamentar e o exercício do mandato, tornando-o inviolável pelas palavras, votos e opiniões decorrentes do desempenho das funções parlamentares e possuem eficácia temporal limitada, pois, após o fim da legislatura, o parlamentar poderá ser investigado, incriminado ou responsabilizado pelos fatos anteriores.

A: correta, o "caput" do art. 53 da CF, com redação dada pela EC 35/2001, estabelece que o que a doutrina denomina de inviolabilidade ou imunidade material ou real (*freedom of speech*), segundo a qual a conduta pelo deputado ou pelo Senador dos denominados delitos no exercício da função é constitucionalmente permitida, e os resultados eventualmente produzidos são atípicos, ou seja, o fato típico deixa de constituir crime, porque a norma constitucional afasta, para a hipótese, a incidência da norma penal, exclui a ilicitude, subtrai as responsabilidades penal, civil, disciplinar ou política. Liberdade de expressão, opiniões, palavras e votos os parlamentares só possuem quando estiverem no exercício da função legislativa, dentro ou fora do parlamento. Tais prerrogativas são concedidas para o bom desempenho da função parlamentar, não se tratando de privilégio pessoal, o congressista não tem poder de renúncia da proteção da imunidade, já que não é prerrogativa de caráter subjetivo, mas, sim, de caráter institucional inerente ao Poder Legislativo. Logo, as manifestações do Deputado ou do Senador que não tenham relação alguma com o exercício do mandato não são protegidas pela Constituição; **B**: incorreta, pois o art. 53, § 3º, da CF, dispõem que recebida a denúncia contra Senador ou Deputado, por crime ocorrido após a diplomação, o Supremo Tribunal Federal dará ciência á Casa respectiva, que, por iniciativa de partido político nela representado e pelo voto da maioria de seus membros, poderá, até a decisão final, sustar o andamento da ação, e não, solicitar licença; **C**: incorreta, pelos motivos apontados na alternativa correta; **D**: incorreta, já que vimos que tal hipótese exige que seja após a diplomação; **E**: incorreta, pelos mesmos argumentos tecidos na alternativa "a".

Gabarito "A".

(Ministério Público/SC – 2012) Analise as seguintes assertivas:

I. Os Estados podem incorporar-se entre si, subdividir-se ou desmembrar-se para se anexarem a outros, ou formarem novos Estados ou Territórios Federais, mediante aprovação da população diretamente interessada, através de plebiscito, e do Congresso Nacional, por lei complementar.
II. A criação, a incorporação, a fusão e o desmembramento de Municípios, far-se-ão por lei federal, dentro do período determinado pelo Congresso Nacional, e dependerão de consulta prévia, mediante plebiscito, às populações dos Municípios envolvidos.
III. Compete à União instituir diretrizes para o desenvolvimento urbano, inclusive habitação, saneamento básico e transportes urbanos.
IV. O plano diretor, aprovado pelo Poder Executivo Municipal, obrigatório para cidades com mais de quarenta mil habitantes, é o instrumento básico da política de desenvolvimento e de expansão urbana.
V. O título de domínio e a concessão de uso serão conferidos ao homem ou à mulher, ou a ambos, independentemente do estado civil.

(A) Apenas as assertivas I, II e V estão corretas.
(B) Apenas as assertivas I, III e IV estão corretas.
(C) Apenas as assertivas II e III estão corretas.
(D) Apenas as assertivas I, III e V estão corretas.
(E) Todas as assertivas estão corretas.

I: correta, nos termos do art. 18, § 3º, da CF; II: incorreta, pois criação, a incorporação, a fusão e o desmembramento de Municípios, far-se-ão por lei *estadual*, dentro do período determinado por *lei complementar federal*, e dependerão de consulta prévia, mediante plebiscito, às populações dos Municípios envolvidos, após divulgação dos Estudos de Viabilidade Municipal, apresentados e publicados na forma da lei, nos termos do art. 18, § 4º, da CF; III: correta, literalidade do art. 21, XX, da CF; IV: incorreta, pois se exige que o plano diretor seja aprovado pela Câmara Municipal, obrigatório para cidades com mais de vinte mil habitantes. É o instrumento básico da política de desenvolvimento e de expansão urbana, nos termos do art. 182, § 1º, da CF; V: correta, réplica do art. 183, § 1º, da CF.
Gabarito "D".

(Ministério Público/TO – 2012 – CESPE) Acerca da organização do Estado, assinale a opção correta.

(A) A repartição de competências entre as entidades que compõem o Estado Federal é baseada no princípio geral da predominância do interesse. As matérias objeto da competência legislativa privativa da União podem ser delegadas aos estados e ao DF, desde que a delegação seja feita por lei ordinária federal.
(B) Os estados-membros são autônomos, em razão da capacidade de auto-organização, autogoverno, autoadministração e autolegislação, esta última entendida como a possibilidade de estruturação do Poder Legislativo, do Poder Executivo e do Poder Judiciário.
(C) Os municípios se organizam por lei orgânica, votada em dois turnos – observado o intervalo de, no mínimo, dez dias entre as votações –, sendo necessário, para a sua aprovação, o voto de três quintos dos membros da câmara municipal, que a promulgará.
(D) A República Federativa do Brasil se organiza político-administrativamente pela congregação das comunidades regionais: estados, DF e municípios, todos autônomos entre si.
(E) A União, os estados, o DF e os municípios não podem recusar fé aos documentos públicos, tendo em vista que estes se presumem idôneos.

A: incorreta, A repartição de competências entre as entidades que compõem o Estado Federal é baseada no princípio geral da predominância do interesse, que outra coisa não é senão, à União caberão aquelas matérias e questões de predominante interesse geral, nacional, ao passo que aos Estados e ao DF tocarão as matérias e assuntos de predominante interesse regional, e aos Municípios e ao DF concernem os assuntos de interesse local. Sendo assim, as matérias objeto da competência legislativa privativa da União podem ser delegadas aos estados e ao DF, desde que a delegação seja feita por *Lei Complementar* federal, nos termos do art. 22, parágrafo único, da CF; **B:** incorreta, pois a autolegislação não concede aos Estados soberania, pois devem observar a Constituição Federal, logo não há que se falar em possibilidade estruturação dos Poderes, mas sim, o poder inerente aos Estados de se organizarem e regerem-se pelas Constituições e leis que adotarem, nos termos do art. 25 da CF; **C:** incorreta, os municípios se organizam por lei orgânica, votada em dois turnos, com o interstício mínimo de dez dias, e aprovada por 2/3 (dois terços) dos membros da Câmara Municipal, que a promulgará, atendidos os princípios estabelecidos na Constituição Federal e na Constituição do respectivo Estado, como determina o art. 29 da CF; **D:** incorreta, a organização política-administrativa da Republica Federativa do Brasil compreende a União, Os Estados, o Distrito Federal e os Municípios, todos autônomos, nos termos da Constituição Cidadã, como determina o "caput" do art. 18 da CF; **E:** correta, é vedada à União, aos Estados, ao Distrito Federal e aos Municípios estabelecer cultos religiosos ou igrejas, subvencioná-los, embaraça-lhes o funcionamento ou manter com eles ou seus representantes relações de dependência ou aliança, ressalvada, na forma da lei, a colaboração de interesse público, recusar fé aos documentos públicos e criar distinções entre brasileiros ou preferências entre si, nos termos do art. 19: I a III, da CF.
Gabarito "E".

(Ministério Público/MG – 2011) A teor do que dispõe o artigo 30 da Constituição da República, a competência legislativa dos Municípios caracteriza-se pelo princípio da predominância do interesse local. Assim, é **INCORRETO** afirmar que compete ao Município legislar sobre:

(A) plano diretor.
(B) horário de funcionamento do comércio local.
(C) horário de funcionamento das agências bancárias locais.
(D) tempo máximo de atendimento ao público nas agências bancárias locais.

A: correta, já que o plano diretor será aprovado pela Câmara Municipal, nos termos dos arts. 30, I, c/c 182, § 1º, da CF; **B:** correta, os Municípios têm autonomia para regular o horário do comércio local, desde que não infrinjam leis estaduais ou federais válidas, pois a Constituição lhes confere competência para legislar sobre assuntos de interesse local. (**AI 622.405-AgR**, Rel. Min. **Eros Grau**, julgamento em 22.05.2007, 2ª Turma, *DJ* de 15.06.2007.) No mesmo sentido: **AI 729.307-ED**, Rel. Min. **Cármen Lúcia**, julgamento em 27.10.2009, 1ª Turma, *DJe* de 04.12-2009; **C:** incorreta, devendo ser assinalada, pois a competência é da União, nos termos da Súmula 19 do STJ; **D:** correta, "atendimento ao público e tempo máximo de espera na fila. Matéria que não se confunde com a atinente às atividades fim das instituições bancárias. Matéria de interesse local e de proteção ao consumidor. Competência legislativa do Município" (**RE 432.789**, Rel. Min. **Eros Grau**, julgamento em 14.06.2005, 1ª Turma *DJ* de 07.10.2005.) **No mesmo sentido**: RE 285.492-AgR, rel. Min. **Joaquim Barbosa**, julgamento em 26.06.2012, 2ª Turma, *DJe* de 28.08.2012; RE 357.160-AgR, Rel. Min. **Ayres Britto**, julgamento em 13.12.2011, 2ª Turma, *DJe* de 23.02.2012; RE 610.221-RG, Rel. Min. **Ellen Gracie**, julgamento em 29.04.2010, Plenário, *DJe* de 20.08.2010, com repercussão geral; **AC 1.124-MC**, Rel. Min. **Marco**

Aurélio, julgamento em 09.05.2006, 1ª Turma, DJ de 04.08.2006; **AI 427.373-AgR**, Rel. Min. **Cármen Lúcia**, julgamento em 13.12.2006, 1ª Turma, DJ de 09.02.2007.

Gabarito "C".

(Ministério Público/MG – 2011) Examine as afirmativas abaixo relativas aos Estados Federados.

I. São reservadas aos Estados as competências que não lhes sejam vedadas pela Constituição da República.

II. Os Estados organizam-se e regem-se pelas Constituições e leis que adotarem, observados os princípios da Constituição da República.

III. O número de Deputados à Assembleia Legislativa corresponderá ao dobro da representação do Estado na Câmara dos Deputados e, atingido o número de trinta e seis, será acrescido de tantos quantos forem os Deputados Federais acima de doze.

IV. Os Estados poderão, mediante medida provisória, instituir regiões metropolitanas, aglomerações urbanas e microrregiões, constituídas por agrupamentos de Municípios limítrofes, para integrar a organização, o planejamento e a execução de funções públicas de interesse comum.

A análise permite concluir que estão **CORRETAS** apenas as afirmativas

(A) I e II.
(B) II e IV.
(C) I e III.
(D) II e III.

I: correta, os Estados organizam-se e regem-se pelas Constituições e leis que adotarem, observados os princípios constitucionais. Os Estados são titulares da competência remanescente, ou seja, são reservadas a eles as competências que não lhes sejam vedadas pela Constituição Federa; **II**: correta, literalidade do art. 25 da CF; **III**: incorreta, nos termos do art. 27 da CF, o número de Deputados à Assembleia Legislativa corresponderá ao *triplo* da representação do Estado na Câmara dos Deputados e, atingido o número de trinta e seis, será acrescido de tantos quantos forem os Deputados Federais acima de doze; **IV**: incorreta, já que os Estados poderão, mediante *lei complementar*, instituir regiões metropolitanas, aglomerações urbanas e microrregiões, constituídas por agrupamentos de Municípios limítrofes, para integrar a organização, o planejamento e a execução de funções públicas de interesse comum, como determina o art. 25, § 3º, da CF.

Gabarito "A".

(Ministério Público/GO – 2012) A propósito da estrutura federal brasileira e das competências dos entes federados, assinale a alternativa correta:

(A) a anistia de infrações disciplinares de servidores estaduais é da competência do Estado-membro respectivo, não se confundindo, na dicção do Supremo Tribunal Federal, com a anistia de crimes – que se caracteriza como *abolitio criminis* de efeito temporário e só retroativo –, da competência exclusiva da União, conclusão que se harmoniza com a competência federal privativa para legislar sobre Direito Penal;

(B) por poderes remanescentes se entende aqueles que a ordem constitucional atribui à União quando expressamente não os tenha outorgado aos demais entes federados;

(C) É competente o Município para fixar o horário de funcionamento de estabelecimento comercial, inclusive o de agências bancárias situadas no seu domínio territorial;

(D) no plano da conformação constitucional das competências legislativas concorrentes, a superveniência de lei federal sobre normas gerais revoga a eficácia da lei estadual no que lhe for contrário.

A: correta, já que compete privativamente à União legislar sobre direito penal, nos termos do art. 22, I, da CF. Sendo assim, a anistia de infrações disciplinares de servidores estaduais é da competência do Estado-membro respectivo, por se tratar de questão específica. Se não bastasse, o parágrafo único do art. 22 da CF reza que a lei complementar poderá autorizar os Estados a legislar sobre questões específicas das matérias relacionadas no próprio artigo 22 da CF; **B**: incorreta, pois poderes remanescentes se estende aqueles que a ordem constitucional atribuiu aos Estados, nos termos do art. 25, § 1º, da CF. Necessário ressaltar, por imprescindível, que os Estados-membros, embora possuam, em regra, competências remanescentes ou reservadas, foram presenteados com o estabelecimento de duas competências exclusivas, a saber: (i) a competência para a exploração direta, ou mediante concessão, os serviços locais de gás canalizado, na forma da lei, vedada a edição de medida provisória para a sua regulamentação (CF, art. 25, § 2º) e (ii) a possibilidade de instituição, via lei complementar, de regiões metropolitanas, conglomerados urbanos ou microrregiões, constituídas por agrupamentos de municípios limítrofes, para melhor execução da prestação do serviço público (CF, art. 25, § 3º); **C**: incorreta, em que pese a Súmula 645 do STF dispor que "é competente o município fixar o horário de funcionamento de estabelecimento comercial", os municípios têm autonomia para regular o horário do comércio local desde que não infrinjam leis estaduais ou federais válidas, pois a Constituição lhes confere competência para legislar sobre assuntos de interesse local. (**AI 622.405-AgR**, Rel. Min. **Eros Grau**, julgamento em 22.05.2007, 2ª Turma, DJ de 15.06.2007.) No mesmo sentido: **AI 729.307-ED**, Rel. Min. **Cármen Lúcia**, julgamento em 27.10.2009, 1ª Turma, DJe de 04.12.2009; **RE 189.170**, Rel. p/ o acórdão Min. **Maurício Corrêa**, julgamento em 01.02.2001, Plenário, DJ de 08.08.2003; **RE 321.796-AgR**, Rel. Min. **Sydney Sanches**, julgamento em 08.10.2002, 1ª Turma, DJ de 29.11.2002; **RE 237.965-AgR**, Rel. Min. **Moreira Alves**, julgamento em 10.02.2000, Plenário, DJ de 31.03.2000; **RE 182.976**, Rel. Min. **Carlos Velloso**, julgamento em 12.12.1997, 2ª Turma, DJ de 27.02.1998. Vide: **ADI 3.731-MC**, Rel. Min. **Cezar Peluso**, julgamento em 29.08.2007, Plenário, DJ de 11.10.2007. Contudo, o cerne da questão está na fixação do horário de atendimento de agência bancária que não integra o rol dos chamados assuntos de interesse local, residindo na União a competência para tal estipulação. A União tratou de legislar sobre o assunto, e o fez por meio da Lei 4.595/1964, que delegou ao Banco Central do Brasil, e somente a este, a específica competência para a fixação do horário de atendimento bancário; **D**: incorreta, pois a superveniência de lei federal sobre normas gerais *suspende* a eficácia da lei estadual, no que lhe for contrário, nos termos do § 4º do art. 24 da CF.

Gabarito "A".

(Ministério Público/GO – 2012) Considerando a Constituição do Estado de Goiás e o Código de Organização Judiciária do Estado de Goiás, marque a alternativa incorreta:

(A) São órgãos do Poder Judiciário Estadual de Goiás o Tribunal de Justiça, os Juízes de Direito, o Tribunal de Justiça Militar, os Conselhos de Justiça Militar, os Juizados Especiais e as Turmas Recursais dos Juizados Especiais, a Justiça de Paz e os Tribunais do Júri.

(B) Todo município goiano, ao atingir população estimada em seis mil habitantes, será erigido à condição de sede de comarca, cabendo ao Tribunal de Justiça promover sua instalação no prazo de dois anos, o que dependerá da existência dos edifícios destinados ao Fórum, cadeia e residência do Juiz, de acordo com plantas aprovadas pela Corregedoria-Geral da Justiça.

(C) As funções de Ministério Público do Estado de Goiás só podem ser exercidas por integrantes da carreira, que deverão, obrigatoriamente, residir na comarca da respectiva lotação.

(D) O Plano Diretor, aprovado pela Câmara Municipal, obrigatório para as cidades goianas com mais de vinte mil habitantes, é o instrumento básico da política de desenvolvimento e expansão urbana, sendo que as áreas urbanas com população inferior a vinte mil habitantes deverão elaborar diretrizes gerais de ocupação do território que garantam as funções sociais da cidade e da propriedade, definindo áreas preferenciais para urbanização, regras de uso e ocupação do solo, estrutura e perímetro urbanos.

A: correta, pois o art. 41 da Constituição Estadual dispõe que são órgãos do Poder Judiciário Estadual de Goiás o Tribunal de Justiça, os Juízes de Direito, o Tribunal de Justiça Militar, os Conselhos de Justiça Militar, os Juizados Especiais e as Turmas Recursais dos Juizados Especiais, a Justiça de Paz e os Tribunais do Júri. Os candidatos de Goiás devem tomar cuidado com a Lei 9.129/1981 (Código de Organização Judiciária do Estado de Goiás), já que o art. 12 da lei ora citada *exclui* os Juízes de Paz, Tribunais de Júri e os Conselhos de Justiça Militar da organização do Poder Judiciário do Estado de Goiás (os incisos III, IV e V do art. 12 da Lei 9.129/1981 foram revogados pela Lei 11.029/1989); **B:** correta, redação do art. 42 da Constituição Estadual de Goiás. Contudo, é o art. 7º, da Lei 9.129/1989 que determina que a instalação da comarca dependerá da existência dos edifícios destinados ao Fórum, cadeia e residência do Juiz, de acordo com plantas aprovadas pela Corregedoria da Justiça; **C:** incorreta, devendo ser assinalada, pois a redação do art. 117, § 2º, da CE/GO, determina que os cargos do Ministério Público são assemelhados aos da Magistratura Estadual, suas funções só podem ser exercidas por integrantes da carreira, que deverão, obrigatoriamente, residir na respectiva comarca. Contudo, está suspensa a eficácia deste parágrafo pela ADIN n. 372-1. Aguardando julgamento de mérito; **D:** correta, réplica do art. 85 da Constituição Estadual de Goiás.
Gabarito "C".

(Ministério Público/GO – 2012) Assinale a alternativa incorreta:

(A) São bens da União, dentre outros, os recursos naturais da plataforma continental e da zona econômica exclusiva, o mar territorial, os terrenos de marinha e seus acrescidos, os potenciais de energia hidráulica e os recursos minerais, inclusive os do subsolo.

(B) Compete privativamente à União legislar sobre direito civil, comercial, penal, processual, eleitoral, agrário, marítimo, aeronáutico, espacial e do trabalho, bem como sobre águas, energia, informática, telecomunicações e radiodifusão.

(C) Compete à União, aos Estados e ao Distrito Federal legislar concorrentemente sobre direito tributário, financeiro, penitenciário, econômico e urbanístico, bem como sobre educação, cultura, ensino, desporto, previdência social, proteção e defesa da saúde.

(D) Compete aos Municípios manter, com a cooperação técnica e financeira da União e do Estado, programas de educação infantil ao ensino médio, inclusive.

A: correta, já que a alternativa em questão apresenta a literalidade dos incisos V a IX do art. 20 da CF. O examinando não pode esquecer que o enunciado exige a questão incorreta, logo, a alternativa não pode ser assinalada por estar em consonância com a Constituição Federal. Sem prejuízo, devemos tecer alguns comentários sobe os bens da União. A Constituição da República, por sua vez, arrola os bens da União no art. 20, contudo, tal rol não é exaustivo, mas exemplificativo, pois o inciso I do citado dispositivo constitucional generaliza e ressalva a possibilidade de novos bens serem atribuídos à União. Em um primeiro momento, utilizando-se apenas das normas civilísticas, tais bens poderiam ser considerados em alguns casos bens públicos de uso comum do povo (como, por exemplo, os rios interestaduais, as praias marítimas etc.) e em outros casos bens dominicais (como as terras devolutas, os recursos minerais, os potenciais de energia hidráulica etc.). No entanto, não se pode desconsiderar que os bens da União listados no art. 20 da Carta Magna são elementos que compõem o meio ambiente natural ou artificial, sendo que eventual lesão a qualquer um deles configura dano ambiental passível de responsabilização administrativa, civil e criminal nos termos do art. 225, § 3º, da Constituição Federal. Além disso, a própria Constituição, no "caput" do art. 225, conceitua o meio ambiente como bem de uso comum do povo, abarcando literalmente não apenas a população atual como também as futuras gerações. Desse modo, verifica-se que o meio ambiente não pode ser classificado simplesmente como bem público de uso comum do povo, mas sim como "bem de natureza difusa", em contraposição à tradicional classificação dos bens em públicos e privados. Esta nova categoria de bens, ainda que não prevista expressamente no atual Código Civil, remonta a meados do século passado, originando-se dos chamados direitos metaindividuais decorrentes dos fenômenos de massa. Portanto, pela simples leitura do art.20 combinado com o art. 225, ambos da Constituição Federal, conclui-se que os bens da União integram o patrimônio ambiental, cuja titularidade recai sobre toda a coletividade e cada um de seus membros de modo indeterminado. Com efeito, tais bens classificam-se como "bens de natureza difusa" e, mesmo sob o domínio jurídico da União, são protegidos pelas limitações expressas no ordenamento jurídico ambiental e é justamente esta realidade que acaba por gerar inúmeras controvérsias entre a Justiça Federal e a Justiça Estadual; **B:** correta, pois trata-se de réplica dos incisos I e IV do art. 22 da CF. É oportuno frisar, que a competência legislativa da União é privativa, logo, a União pode autorizar os Estados a legislar sobre questões específicas, nos termos do parágrafo único do art. 22 da CF; **C:** correta, pois de fato compete à União, aos Estados e ao Distrito Federal legislar concorrentemente sobre direito tributário, financeiro, penitenciário, econômico e urbanístico, bem como sobre educação, cultura, ensino, desporto, previdência social, proteção e defesa da saúde, nos termos do art. 24, I, IX e XII, da CF. O candidato não pode esquecer que no âmbito da legislação concorrente, a competência da União limitar-se á a estabelecer normas gerais. Todavia, a competência da União para legislar sobre normas gerais não exclui a competência suplementar dos Estados; **D:** incorreta, devendo ser assinalada, nos termos do enunciado que exige a questão incorreta, pois de fato compete aos Municípios manter, com a cooperação técnica e financeira da União e do Estado, programas de educação infantil e de ensino fundamental, mas *não* a do ensino médio, nos termo do art. 30, VI, da CF.
Gabarito "D".

(Ministério Público/MS – 2011 – FADEMS) Assinale a alternativa **incorreta** no que se refere às causas que autorizam a intervenção do Estado no Município:

(A) quando não tiver sido aplicado o mínimo exigido da receita municipal na manutenção e desenvolvimento do ensino e nas ações e serviços públicos de saúde;

(B) para pôr termo a grave comprometimento da ordem pública;

(C) quando deixar de ser paga, sem motivo de força maior, por 2 (dois) anos consecutivos, a dívida fundada;

(D) quando não forem prestadas contas devidas, na forma da lei;
(E) quando o Tribunal de Justiça der provimento a representação para assegurar a observância de princípios indicados na Constituição Estadual, ou para prover a execução de lei, de ordem ou de decisão judicial.

Art. 35, I a IV, da CF.
Gabarito "B".

9.2. DA ADMINISTRAÇÃO PÚBLICA

(Promotor de Justiça – MPE/RS – 2017) Assinale a alternativa **INCORRETA**, considerando tão somente o que dispõe o artigo 38 da Constituição Federal no que tange ao servidor público da administração direta, autárquica e fundacional, no exercício de mandato eletivo.

(A) Tratando-se de mandato eletivo federal, estadual ou distrital, ficará afastado de seu cargo, emprego ou função, sendo-lhe facultado optar pela remuneração de maior valor.
(B) Investido no mandato de Prefeito, será afastado do cargo, emprego ou função, sendo-lhe facultado optar pela sua remuneração.
(C) Investido no mandato de Vereador, havendo compatibilidade de horários, perceberá as vantagens de seu cargo, emprego ou função, sem prejuízo da remuneração do cargo eletivo, e, não havendo compatibilidade, será aplicada a norma do inciso II do artigo 38.
(D) Em qualquer caso que exija o afastamento para o exercício de mandato eletivo, seu tempo de serviço será contado para todos os efeitos legais, exceto para promoção por merecimento.
(E) Para efeito de benefício previdenciário, no caso de afastamento, os valores serão determinados como se no exercício estivesse.

A: incorreta. O art. 38, I, CF não menciona a opção pela remuneração do cargo público; **B:** correta. Redação do art. 38, II, CF; **C:** correta. Redação do art. 38, III, CF; **D:** correta. Redação do art. 38, IV, CF; **E:** correta. Redação do art. 38, V, CF.
Gabarito "A".

(Promotor de Justiça/GO – 2016 – MPE) Tocante à exigência de prévio requerimento administrativo enquanto condição para postular contra a Fazenda Pública em juízo, segundo a jurisprudência dominante do Supremo Tribunal Federal, é incorreto afirmar que:

(A) A outorga de direitos por parte da autoridade administrativa depende de requerimento do interessado, não se caracterizando ameaça ou lesão a direito antes de sua apreciação e indeferimento, ou se excedido o prazo legal para sua análise.
(B) Considerando expressa disposição da legislação adjetiva, a exigência de prévio requerimento administrativo permanece, ainda que o entendimento da Administração for notória e reiteradamente contrário à postulação do administrado.
(C) Na hipótese de pretensão de revisão, restabelecimento ou manutenção de benefício anteriormente concedido pela Administração Pública, estando firmado o entendimento desta pela não admissão do pleito, o pedido poderá ser formulado diretamente em juízo – salvo se depender da análise de matéria de fato ainda não levada ao conhecimento da Administração.
(D) A exigência de prévio requerimento não se confunde com o exaurimento das vias administrativas, estando o administrado autorizado, em pelo transcurso de instância administrativa, a veicular pretensão judicial com idêntico escopo.

A: correta. A questão do "prévio requerimento administrativo" foi controvertida por anos, contrapondo-se duas principais correntes: a primeira afirmava que não se podia exigir requerimento administrativo do benefício previdenciário previamente à propositura da ação judicial em razão do princípio da inafastabilidade da jurisdição (tese do autor). A segunda corrente afirmava que, salvo exceções, haveria necessidade de comprovação do prévio requerimento administrativo para que o autor comprovasse seu interesse de agir, haja vista que sem a negativa da Administração se estaria provocando o Judiciário sem a certeza de que o benefício seria concedido pela via administrativa (tese da Procuradoria Federal que responde pelo INSS). A segunda corrente foi adotada pelo STF. Se não houve apresentação de pedido administrativo não há falar em lesão ou ameaça de lesão, estando ausente a afronta ao princípio da inafastabilidade de jurisdição – art. 5º, XXXV, CF; **B:** incorreta. Ao julgar o caso com repercussão geral, o STF registrou que, no caso de o INSS tiver notório entendimento contrário à concessão do benefício, o prévio requerimento administrativo não é necessário; **C:** correta. A tese do STF sobre a exigência de prévio requerimento administrativo aplica-se aos pedidos de concessão **inicial** de benefícios. Na revisão de benefícios, o INSS já analisara o caso e concedera o benefício naqueles termos, sendo certo que se houver mudança posterior de entendimento do INSS acerca daquele benefício, o segurado poderá contestar a revisão diretamente no Judiciário; **D:** correta. Confira-se a ementa do julgado: "1. A instituição de condições para o regular exercício do direito de ação é compatível com o art. 5º, XXXV, da Constituição. Para se caracterizar a presença de interesse em agir, é preciso haver necessidade de ir a juízo. 2. A concessão de benefícios previdenciários depende de requerimento do interessado, não se caracterizando ameaça ou lesão a direito antes de sua apreciação e indeferimento pelo INSS, ou se excedido o prazo legal para sua análise. É bem de ver, no entanto, que a exigência de prévio requerimento não se confunde com o exaurimento das vias administrativas. 3. A exigência de prévio requerimento administrativo não deve prevalecer quando o entendimento da Administração for notória e reiteradamente contrário à postulação do segurado. 4. Na hipótese de pretensão de revisão, restabelecimento ou manutenção de benefício anteriormente concedido, considerando que o INSS tem o dever legal de conceder a prestação mais vantajosa possível, o pedido poderá ser formulado diretamente em juízo – salvo se depender da análise de matéria de fato ainda não levada ao conhecimento da Administração –, uma vez que, nesses casos, a conduta do INSS já configura o não acolhimento ao menos tácito da pretensão. 5. Tendo em vista a prolongada oscilação jurisprudencial na matéria, inclusive no Supremo Tribunal Federal, deve-se estabelecer uma fórmula de transição para lidar com as ações em curso, nos termos a seguir expostos. 6. Quanto às ações ajuizadas até a conclusão do presente julgamento (03.09.2014), sem que tenha havido prévio requerimento administrativo nas hipóteses em que exigível, será observado o seguinte: (i) caso a ação tenha sido ajuizada no âmbito de Juizado Itinerante, a ausência de anterior pedido administrativo não deverá implicar a extinção do feito; (ii) caso o INSS já tenha apresentado contestação de mérito, está caracterizado o interesse em agir pela

resistência à pretensão; (iii) as demais ações que não se enquadrem nos itens (i) e (ii) ficarão sobrestadas, observando-se a sistemática a seguir. 7. Nas ações sobrestadas, o autor será intimado a dar entrada no pedido administrativo em 30 dias, sob pena de extinção do processo. Comprovada a postulação administrativa, o INSS será intimado a se manifestar acerca do pedido em até 90 dias, prazo dentro do qual a Autarquia deverá colher todas as provas eventualmente necessárias e proferir decisão. Se o pedido for acolhido administrativamente ou não puder ter o seu mérito analisado devido a razões imputáveis ao próprio requerente, extingue-se a ação. Do contrário, estará caracterizado o interesse em agir e o feito deverá prosseguir. 8. Em todos os casos acima – itens (i), (ii) e (iii) –, tanto a análise administrativa quanto a judicial deverão levar em conta a data do início da ação como data de entrada do requerimento, para todos os efeitos legais. 9. Recurso extraordinário a que se dá parcial provimento, reformando-se o acórdão recorrido para determinar a baixa dos autos ao juiz de primeiro grau, o qual deverá intimar a autora – que alega ser trabalhadora rural informal – a dar entrada no pedido administrativo em 30 dias, sob pena de extinção. Comprovada a postulação administrativa, o INSS será intimado para que, em 90 dias, colha as provas necessárias e profira decisão administrativa, considerando como data de entrada do requerimento a data do início da ação, para todos os efeitos legais. O resultado será comunicado ao juiz, que apreciará a subsistência ou não do interesse em agir". (STF, RE 631240, Rel. Min. Roberto Barroso, Tribunal Pleno, j. 03/09/2014, DJ 07-11-2014).
Gabarito "B".

(Ministério Público/Acre – 2014 – CESPE) Em relação às regras constitucionais aplicáveis à administração pública e ao entendimento do STF sobre a matéria, assinale a opção correta.

(A) De acordo com o entendimento pacificado do STF, a fixação de limite de idade para a inscrição em concurso público viola o princípio constitucional da igualdade, independentemente da justificativa apresentada.
(B) De acordo com a CF, as parcelas de caráter indenizatório devem ser computadas para efeito do cálculo do teto constitucional da remuneração dos servidores públicos.
(C) A exigência constitucional da realização de concurso público não se aplica ao provimento de vagas no cargo de titular de serventias judiciais nem ao ingresso na atividade notarial e de registro, dado o regime jurídico específico aplicável a essas funções.
(D) Ao servidor ocupante, exclusivamente, de cargo em comissão declarado em lei de livre nomeação e exoneração aplica-se o mesmo regime de previdência dos cargos efetivos.
(E) É constitucionalmente permitido o acúmulo de proventos de aposentadoria de servidor aposentado em cargo efetivo estadual com a remuneração percebida em razão de exercício de cargo em comissão, declarado em lei como de livre nomeação e exoneração.

A: incorreta, uma vez que não reflete o entendimento firmado na Súmula n. 683 do STF: "O limite de idade para a inscrição em concurso público só se legitima em face do art. 7º, XXX, da Constituição, quando possa ser justificado pela natureza das atribuições do cargo a ser preenchido"; **B:** incorreta, pois não reflete o disposto no art. 37, § 11, da CF; **C:** incorreta, pois contraria o que estabelece o art. 236, § 3º, da CF; **D:** incorreta, pois contraria o que estabelece o art. 40, § 13, da CF; **E:** correta (art. 37, § 10, da CF).
Gabarito "E".

(Ministério Público/MS – 2013 – FADEMS) Sobre a Administração Pública, é **incorreto** afirmar:

(A) durante o prazo improrrogável previsto no edital de convocação, aquele aprovado em concurso público de provas ou de provas e títulos será convocado com prioridade sobre novos concursados para assumir cargo ou emprego, na carreira.
(B) a administração fazendária e seus servidores fiscais terão, dentro de suas áreas de competência e jurisdição, precedência sobre os demais setores administrativos, na forma da lei.
(C) a remuneração e o subsídio dos ocupantes de cargos, funções e empregos públicos da administração direta, autárquica e fundacional, dos membros de qualquer dos Poderes da União, dos Estados, do Distrito Federal e dos Municípios, dos detentores de mandato eletivo e dos demais agentes políticos e os proventos, pensões ou outra espécie remuneratória ou indenizatória, percebidos cumulativamente ou não, incluídas as vantagens pessoais ou de qualquer outra natureza, não poderão exceder o subsídio mensal, em espécie, dos Ministros do Supremo Tribunal Federal, aplicando-se como limite, nos Municípios, o subsídio do Prefeito, e nos Estados e no Distrito Federal, o subsídio mensal do Governador no âmbito do Poder Executivo, o subsídio dos Deputados Estaduais e Distritais, no âmbito do Poder Legislativo e o subsídio dos Desembargadores do Tribunal de Justiça, limitado a noventa inteiros e vinte e cinco centésimos por cento do subsídio mensal, em espécie, dos Ministros do Supremo Tribunal Federal, no âmbito do Poder Judiciário, aplicável este limite aos membros do Ministério Público, aos Procuradores e Defensores Públicos.
(D) os acréscimos pecuniários percebidos por servidor público não serão computados nem acumulados para fim de concessão de acréscimos ulteriores.
(E) somente por lei específica poderá ser criada autarquia e autorizada a instituição de empresa pública, de sociedade de economia mista e de fundação, cabendo à lei complementar, neste último caso, definir as áreas de sua atuação.

A: correta (art. 37, IV, da CF/1988); **B:** correta (art. 37, XVIII, da CF/1988); **C:** incorreta (devendo ser assinalada), pois o art. 37, XI, da CF/1988 não faz referência a indenizações. Observe: "a remuneração e o subsídio dos ocupantes de cargos, funções e empregos públicos da administração direta, autárquica e fundacional, dos membros de qualquer dos Poderes da União, dos Estados, do Distrito Federal e dos Municípios, dos detentores de mandato eletivo e dos demais agentes políticos e os proventos, pensões ou outra espécie remuneratória **ou indenizatória (...) (a última parte não existe)**"; **D:** correta, nos termos do art. 37, XIV, da CF/1988; **E:** correta (art. 37, XIX, da CF/1988).
Gabarito "C".

(Ministério Público/PR – 2013 – X) Considerando entendimento consolidado no Supremo Tribunal Federal em tema de administração pública, assinale a alternativa incorreta:

(A) O edital do concurso público não pode adotar como critério de desempate o tempo anterior na titularidade

do serviço para o qual o concurso público foi realizado;
(B) Viola a Constituição Federal a nomeação de parente, em linha reta, colateral ou por afinidade, até o 3º grau, inclusive, da autoridade nomeante ou de servidor da mesma pessoa jurídica, investido em cargo de direção, chefia ou assessoramento, para o exercício de cargo em comissão ou de confiança, ou, ainda, de função gratificada na administração pública direta e indireta, em qualquer dos Poderes da União, dos Estados, do Distrito Federal e dos Municípios, compreendido o ajuste mediante designações recíprocas;
(C) Não padece de inconstitucionalidade, perante a Constituição Federal, regra inserida em Constituição Estadual que estabelece o sistema eletivo, mediante voto direto e secreto, para escolha dos dirigentes dos estabelecimentos de ensino, com a participação da comunidade escolar;
(D) O edital do concurso público não pode, por si só, fixar limite mínimo de idade para o ingresso no serviço público, sendo indispensável a existência de previsão legal, além de justificada pela natureza das atribuições do cargo a ser preenchido;
(E) O artigo 37, inc. I da Constituição Federal, ao prever que, "na forma da lei", também são acessíveis aos estrangeiros os cargos, empregos e funções públicas, constitui-se em exemplo de preceito constitucional de eficácia limitada ou reduzida, não sendo autoaplicável.

A: Correta. "A exigência de experiência profissional prevista apenas em edital importa em ofensa constitucional" (**RE 558.833-AgR**, Rel. Min. **Ellen Gracie**, julgamento em 8-9-2009, Segunda Turma, *DJE* de 25-9-2009). Não existem critérios de desempate definidos para todos os concursos, cada concurso tem suas especificidades. Por isso é muito importante ler o edital do concurso público. No entanto, existe um critério que está presente em praticamente todos os concursos, confira: I – **Idade** – Segundo o art. 27 da Lei 10.741/2003 – Estatuto do Idoso –, candidatos acima de sessenta anos tem prioridade para ocupação da vaga. Além disso, em seu parágrafo único está estabelecido que o primeiro critério de desempate a ser usado é a idade, dando-se preferência ao de idade mais elevada. Mesmo que ambos os candidatos tenham idade inferior a sessenta anos, aquele que for mais velho será selecionado. Esse é o único critério presente em todos os concursos públicos. II – **Jurado** – Quem atua como jurado em julgamento pode ser priorizado em caso de empate. Mas isso tem que estar estabelecido no edital do concurso, pois não é regra. III – **Mesário** – Quem participa de eleições como mesário também pode ser priorizado em caso de empate. Mas isso tem que estar estabelecido no edital do concurso; IV – **Doador de sangue** – Está em tramitação na Câmara dos Deputados um projeto de lei que pode estabelecer a doação de órgão como critério de desempate. Se aprovada essa lei, em caso de empate, o candidato doador de sangue fica com a vaga; V – **Já ter exercido cargo público** – Alguns concursos usam como critério de desempate a experiência do candidato em cargos públicos, seja no cargo ofertado ou não. Esse critério é RECHAÇADO PELO STF; **B:** Correta. Literalidade da Súmula Vinculante 13 "A nomeação de cônjuge, companheiro ou parente em linha reta, colateral ou por afinidade, até o terceiro grau, inclusive, da autoridade nomeante ou de servidor da mesma pessoa jurídica investido em cargo de direção, chefia ou assessoramento, para o exercício de cargo em comissão ou de confiança ou, ainda, de função gratificada na administração pública direta e indireta em qualquer dos poderes da união, dos estados, do distrito federal e dos municípios, compreendido o ajuste mediante designações recíprocas, viola a constituição federal". Ao editar a Súmula Vinculante 13, a Corte não pretendeu esgotar todas as possibilidades de configuração de nepotismo na Administração Pública, dada a impossibilidade de se preverem e de se inserirem, na redação do enunciado, todas as molduras fático-jurídicas reveladas na pluralidade de entes da Federação (União, estados, Distrito Federal, territórios e municípios) e das esferas de Poder (Executivo, Legislativo e Judiciário), com as peculiaridades de organização em cada caso. Dessa perspectiva, é certo que a edição de atos regulamentares ou vinculantes por autoridade competente para orientar a atuação dos demais órgãos ou entidades a ela vinculados quanto à configuração do nepotismo não retira a possibilidade de, em cada caso concreto, proceder-se à avaliação das circunstâncias à luz do art. 37, *caput*, da CF/88 (MS 31.697 (DJe 2.4.2014) – Dias Toffoli – Primeira Turma); **C:** Incorreta, devendo ser assinalada. É inconstitucional o dispositivo da Constituição Estadual que estabelece o sistema eletivo, mediante voto direto e secreto, para escolha dos dirigentes dos estabelecimentos de ensino. É que os cargos públicos ou são providos mediante concurso público, ou, tratando-se de cargo em comissão, mediante livre nomeação e exoneração do Chefe do Poder Executivo, se os cargos estão na órbita deste (CF, art. 37, II, art. 84, XXV); **D:** Correta. "O limite de idade para a inscrição em concurso público só se legitima em face do art. 7º, XXX, da Constituição, quando possa ser justificado pela natureza das atribuições do cargo a ser preenchido." (Súmula 683 do STF); **E:** Correta, pois uma vez editada a norma regulamentadora os estrangeiros passarão a ter o exercício daquele direito, ou seja, irá ampliar o campo de atuação da norma constitucional.

Gabarito "C".

(Ministério Público/GO – 2012) A administração pública direta e indireta de qualquer dos Poderes da União, dos Estados, do Distrito Federal e dos Municípios obedecerá aos princípios de legalidade, impessoalidade, moralidade, publicidade e eficiência e, também, ao seguinte:

(A) O prazo de validade do concurso público será de dois anos, prorrogável uma vez, por igual período.
(B) É vedada a vinculação ou equiparação de vencimentos, para o efeito de remuneração de pessoal do serviço público, com a ressalva de que a lei assegurará, aos servidores da administração direta, isonomia de vencimentos para cargos de atribuições iguais ou assemelhados do mesmo Poder ou entre servidores dos Poderes Executivo, Legislativo e Judiciário.
(C) A investidura em cargo ou emprego público depende de aprovação prévia em concurso público de provas ou de provas e títulos, ressalvadas as nomeações para cargo em comissão declarado em lei de livre nomeação e exoneração.
(D) É vedada a acumulação remunerada de cargos públicos, exceto, quando houver compatibilidade de horários, a de dois cargos de professor, a de um cargo de professor com outro técnico ou científico e a de dois cargos privativos de médicos.

A: incorreta, pois o prazo de validade do concurso público será de *até* dois anos, prorrogável uma vez, por igual período, nos termos do art. 37, III, da CF; **B:** incorreta, pois a questão em análise traz uma hipótese em que não será vedada a vinculação, quando na verdade, é vedada a vinculação ou equiparação de *quaisquer espécies* remuneratórias para o efeito de remuneração de pessoal do serviço público, conforme art. 37, XIII, da CF; **C:** correta, literalidade do art. 37, II, da CF, que dispõe: "A investidura em cargo ou emprego público depende de aprovação prévia em concurso público de provas ou de provas e títulos, ressalvadas as nomeações para cargo em comissão declarado em lei de livre nomeação e exoneração"; **D:** incorreta, pois o que se permite é a cumulação de dois cargos ou empregos privativos de profissionais de saúde, com profissões regulamentadas. O enunciado da alternativa

restringiu aos médicos, sendo que se aplica a todos os profissionais da saúde. Observem que apenas a parte final da alternativa está incorreta, nos termo do art. 37, XVI, "a", "b" e "c", da CF.
Gabarito "C".

(Ministério Público/CE – 2011 – FCC) Considere as seguintes afirmações a respeito da disciplina constitucional do controle da Administração Pública:

I. O controle externo da Administração Pública, na esfera federal, compete ao Congresso Nacional, que o exercerá com o auxílio do Tribunal de Contas da União, ao qual a Constituição da República atribui competências próprias de fiscalização, bem como para aplicar aos responsáveis, em caso de ilegalidade de despesa ou irregularidade de contas, as sanções previstas em lei.

II. A ação popular e o direito de petição são instrumentos de que dispõe qualquer cidadão para desencadear o controle de atos da Administração que, respectivamente, sejam ofensivos à moralidade administrativa ou configurem abuso de poder.

III. Compete privativamente ao Senado Federal autorizar operações externas de natureza financeira, de interesse da União, dos Estados, do Distrito Federal, dos Territórios e dos Municípios.

Está correto o que se afirma em

(A) I, apenas.
(B) II, apenas.
(C) I e II, apenas.
(D) I e III, apenas.
(E) I, II e III.

I: correta, literalidade do art. 71, VIII, da CF; **II:** correta, a iniciativa popular pode ser exercida pela apresentação à Câmara dos Deputados de projeto de lei subscrito por, no mínimo, um por cento do eleitorado nacional, distribuído pelo menos por cinco Estados, com não menos de três décimos por cento dos eleitores de cada um deles, e direito de petição será exercido independentemente do pagamento de taxas, sendo que o peticionário irá peticionar aos Poderes Públicos em defesa de direitos ou contra ilegalidade ou abuso de poder; **III:** correta, pois compete privativamente ao Senado Federal autorizar operações externas de natureza financeira, de interesse da União, dos Estados, do Distrito Federal, dos Territórios e dos Municípios, segundo o art. 52, V, da CF.
Gabarito "E".

(Ministério Público/PR – 2011) Relativamente à responsabilidade civil do Estado é incorreto afirmar:

(A) Nos termos do artigo 37, § 6º, da Constituição Federal, a responsabilidade civil do Estado em regra é objetiva.
(B) De acordo com autorizada doutrina e jurisprudência, há entendimento de que nos casos de condutas omissivas do Estado, a sua responsabilidade deve ser apurada subjetivamente.
(C) Sendo responsabilizada a administração pública, poderá promover ação regressiva contra o(s) agente(s) responsável(eis) nos casos de dolo ou culpa.
(D) A responsabilidade objetiva do Estado não pode ser afastada em nenhuma hipótese, havendo apenas possibilidade de repartir-se o valor da indenização no caso de culpa concorrente da vítima.
(E) São requisitos para configuração da responsabilidade civil do Estado a ocorrência do dano e a existência do nexo causal entre o dano e a conduta do agente estatal.

A e E: corretas, pois o art. 37, § 6º, da CF, traz a regra da responsabilidade civil objetiva do Estado, ou seja, é necessário provar a ação do Estado, o dano e o nexo de causalidade entre a ação e o dano, sem perquirir o elemento subjetivo; **B:** correta, já que nas condutas omissivas, a regra passa a ser a responsabilidade subjetiva do Estado, necessitando-se comprovar dolo ou culpa do agente estatal; **C:** correta, pois o direito de regresso encontra-se previsto no art. 37, § 6º, parte final, da CF; **D:** incorreta, devendo ser assinalada, pois pode ser afastada se decorrer de caso fortuito, força maior, ou de culpa exclusiva da vítima.
Gabarito "D".

(Ministério Público/MG – 2011) Em relação à fixação dos subsídios dos agentes políticos, é **CORRETO** afirmar que

(A) os subsídios do Presidente e do Vice-Presidente da República e dos Ministros de Estado serão fixados pela Mesa do Senado Federal, observado o que dispõem os arts. 37, XI, 39, § 4º, 150, II, 153, III, e 153, § 2º, I.
(B) os subsídios dos Deputados Estaduais será fixado por Lei de iniciativa do Governador do Estado, na razão de, no máximo, setenta e cinco por cento daquele estabelecido, em espécie, para os Deputados Federais, observado o que dispõem os arts. 39, § 4º, 57, § 7º, 150, II, 153, III, e 153, § 2º, I.
(C) os subsídios do Governador, do Vice-Governador e dos Secretários de Estado serão fixados por lei de iniciativa do Presidente da República, observado o que dispõem os arts. 37, XI, 39, § 4º, 150, II, 153, III, e 153, § 2º, I.
(D) os subsídios do Prefeito, do Vice-Prefeito e dos Secretários Municipais serão fixados por lei de iniciativa da Câmara Municipal, observado o que dispõem os arts. 37, XI, 39, § 4º, 150, II, 153, III, e 153, § 2º, I.

A: incorreta, já que os subsídios do Presidente e do Vice-Presidente da República e dos Ministros de Estado serão fixados pelo *Congresso Nacional*, nos termos do art. 49, VIII, da CF (a fixação se dará por meio de decreto legislativo); **B:** incorreta, nos termos que os subsídios dos Deputados Estaduais serão fixados por Lei de iniciativa da Assembleia Legislativa, nos termos do art. 27, § 2º, da CF; **C:** incorreta, na exata medida que os subsídios do Governador, do Vice-Governador e dos Secretários de Estado serão fixados por lei de iniciativa da *Assembleia Legislativa*, como determina o art. 28, § 2º, da CF; **D:** correta, réplica do art. 29, V, da CF.
Gabarito "D".

10. ORGANIZAÇÃO DO PODER EXECUTIVO

(Promotor de Justiça/GO – 2016 – MPE) Em relação ao processo de apuração de crime de responsabilidade cometido por Presidente da República, segundo a jurisprudência dominante do Supremo Tribunal Federal, é correto afirmar que:

(A) Apresentada denúncia contra o Presidente da República por crime de responsabilidade, compete à Câmara dos Deputados exercer juízo de prelibação a respeito do conteúdo da acusação, para o escopo de pesquisar a existência de justa causa necessária à abertura de processo de *impeachment*.
(B) Posto que autorizada a instauração de processo de *impeachment* contra o Presidente da República pela Câmara dos Deputados, ao Senado é defeso negar recebimento à denúncia, que deve necessariamente ser levada a julgamento perante o Plenário da Casa.
(C) A instauração do processo de *impeachment* pelo Senado se dá por deliberação da maioria qualificada

de seus membros, a partir de parecer elaborado por Comissão Especial, sendo lícito à própria Mesa do Senado rejeitar sumariamente a denúncia, se manifesta a ausência de justa causa da pretensão punitiva.

(D) A apresentação de defesa prévia não é uma exigência do princípio constitucional da ampla defesa: ela é exceção, e não a regra no processo penal, de tal arte que não é direito subjetivo do Presidente da República o exercício de defesa previamente ao ato do Presidente da Câmara dos Deputados que inicia o rito de *impeachment* naquela Casa.

A: incorreta. Art. 51, I, CF. Ver STF, ADPF 378 MC, Rel. Min. Roberto Barroso" Apresentada denúncia contra o Presidente da República por crime de responsabilidade, compete à Câmara dos Deputados autorizar a instauração de processo (art. 51, I, da CF/1988). A Câmara exerce, assim, um juízo eminentemente político sobre os fatos narrados, que constitui condição para o prosseguimento da denúncia"; B: incorreta. Art. 52, I e art. 86, CF. Consta da ementa da ADPF 378, já citada nos comentários ao item I: "Ao Senado compete, privativamente, "processar e julgar" o Presidente (art. 52, I), locução que abrange a realização de um juízo inicial de instauração ou não do processo, isto é, de recebimento ou não da denúncia autorizada pela Câmara"; C: incorreta. V. ADPF 378, Rel. Min. Roberto Barroso: "Conclui-se, assim, que a instauração do processo pelo Senado se dá por deliberação da maioria simples de seus membros, a partir de parecer elaborado por Comissão Especial, sendo improcedentes as pretensões do autor da ADPF de (i) possibilitar à própria Mesa do Senado, por decisão irrecorrível, rejeitar sumariamente a denúncia; e (ii) aplicar o quórum de 2/3, exigível para o julgamento final pela Casa Legislativa, a esta etapa inicial do processamento"; D: correta. Confira-se, no ponto, a ementa da ADPF 378: "A apresentação de defesa prévia não é uma exigência do princípio constitucional da ampla defesa: ela é exceção, e não a regra no processo penal. Não há, portanto, impedimento para que a primeira oportunidade de apresentação de defesa no processo penal comum se dê após o recebimento da denúncia. No caso dos autos, muito embora não se assegure defesa previamente ao ato do Presidente da Câmara dos Deputados que inicia o rito naquela Casa, colocam-se à disposição do acusado inúmeras oportunidades de manifestação em ampla instrução processual. Não há, assim, violação à garantia da ampla defesa e aos compromissos internacionais assumidos pelo Brasil em tema de direito de defesa. Improcedência do pedido".

Gabarito "D".

(Promotor de Justiça/SC – 2016 – MPE)

(1) Admitida a acusação contra o Presidente da República, por 2/3 (dois terços) da Câmara dos Deputados, será ele submetido a julgamento perante o Supremo Tribunal Federal, nas infrações penais comuns, ou perante o Senado Federal, nos crimes de responsabilidade. O Presidente ficará suspenso de suas funções: a) nas infrações penais comuns, se recebida a denúncia ou queixa-crime pelo Supremo Tribunal Federal; b) nos crimes de responsabilidade, após a instauração do processo pelo Senado Federal. Se, decorrido o prazo de 90 (noventa) dias, o julgamento não estiver concluído, cessará o afastamento do Presidente, sem prejuízo do regular prosseguimento do processo.

1: incorreta. Não reflete o disposto no art. 86, CF (prazo de 180 dias): "Art. 86. Admitida a acusação contra o Presidente da República, por dois terços da Câmara dos Deputados, será ele submetido a julgamento perante o Supremo Tribunal Federal, nas infrações penais comuns, ou perante o Senado Federal, nos crimes de responsabilidade. § 1º O Presidente ficará suspenso de suas funções: I – nas infrações penais comuns, se recebida a denúncia ou queixa-crime pelo Supremo Tribunal Federal; II – nos crimes de responsabilidade, após a instauração do processo pelo Senado Federal. § 2º Se, decorrido o prazo de cento e oitenta dias, o julgamento não estiver concluído, cessará o afastamento do Presidente, sem prejuízo do regular prosseguimento do processo. § 3º Enquanto não sobrevier sentença condenatória, nas infrações comuns, o Presidente da República não estará sujeito a prisão. § 4º O Presidente da República, na vigência de seu mandato, não pode ser responsabilizado por atos estranhos ao exercício de suas funções".

Gabarito 1E

(Procurador de Justiça – MPE/GO – 2016) Em relação às medidas provisórias, aponte o item que corresponde à jurisprudência dominante do Supremo Tribunal Federal:

(A) Em processo legislativo de conversão de medida provisória em lei, não é possível a apresentação de emenda parlamentar sem pertinência lógico-temática com o objeto da mesma medida provisória. Sendo esta última espécie normativa de competência exclusiva do Presidente da República, não é permitido ao Poder Legislativo tratar de temas diversos daqueles fixados como relevantes e urgentes, sob pena de enfraquecimento de sua legitimidade democrática.

(B) Por se tratar a medida provisória de espécie normativa marcada pela excepcionalidade, e, por isso mesmo, submetida a amplo controle do Legislativo, é compatível com a Constituição a realização de emenda parlamentar sem relação de pertinência temática com a medida provisória submetida ao crivo da casa legislativa.

(C) O Supremo Tribunal Federal assentou a necessidade de as emendas parlamentares guardarem pertinência temática com a medida provisória sob análise da casa legislativa, mas apenas quando a matéria versada for uma daquelas que, em tese, reclamariam iniciativa exclusiva do Presidente da República no processo legislativo ordinário.

(D) Segundo o Supremo Tribunal Federal, não há possibilidade de emenda parlamentar no processo legislativo de conversão de medida provisória em lei, sob pena de se consagrar o chamado "oportunismo legislativo". Do contrário, o Parlamento, aproveitando o ensejo criado pela medida provisória, introduziria e aprovaria matérias por meio de um processo legislativo de natureza peculiar e de tramitação mais célere.

A: correta. Entendimento firmado pelo STF ao julgar a ADI 5127, Rel. p/acórdão Min. Edson Fachin; B: incorreta. Consta da ementa da citada ADI: "1. Viola a Constituição da República, notadamente o princípio democrático e o devido processo legislativo (arts. 1º, *caput*, parágrafo único, 2º, *caput*, 5º, caput, e LIV, CRFB), a prática da inserção, mediante emenda parlamentar no processo legislativo de conversão de medida provisória em lei, de matérias de conteúdo temático estranho ao objeto originário da medida provisória. 2. Em atenção ao princípio da segurança jurídica (arts. 1º e 5º, XXXVI, CRFB), mantém-se hígidas todas as leis de conversão fruto dessa prática promulgadas até a data do presente julgamento, inclusive aquela impugnada nesta ação"; C: incorreta. Conforme transcrição nos comentários à letra "b", o Supremo não firmou exceções; D: incorreta. Como visto, há possibilidade de emenda que tenha pertinência temática com a matéria objeto da medida provisória.

Gabarito "A".

(Promotor de Justiça – MPE/MS – FAPEC – 2015) Sobre as medidas provisórias é **correto** afirmar que:

(A) Podem tratar de instituição de impostos, mas não de majoração de impostos.

(B) Perderão eficácia no prazo de 90 dias se não forem convertidas em lei.
(C) Se não for apreciada em até 60 dias contados de sua publicação, entrará em regime de urgência.
(D) É vedada edição de medidas provisórias sobre matéria relativa a direito processual civil e organização do Ministério Público.
(E) É possível a edição de medida provisória sobre direito eleitoral.

A: incorreta. De acordo com a redação do art. 62, § 2º, CF: "§ 2º Medida provisória que implique instituição ou majoração de impostos, exceto os previstos nos arts. 153, I, II, IV, V, e 154, II, só produzirá efeitos no exercício financeiro seguinte se houver sido convertida em lei até o último dia daquele em que foi editada"; **B:** incorreta. O prazo é de 60 dias, prorrogável uma vez por igual período (art. 62, § 3º, CF); **C:** incorreta. O regime de urgência começa após 45 dias contados da sua publicação (art. 62, § 6º, CF); **D:** correta. A matéria eleitoral não consta do rol de vedações à edição de medidas provisórias (art. 62, I, "a" a "d", CF). **E:** incorreta, é vedada (art. 62, § 1º, I, *a*, da CF).
Gabarito "D".

(Ministério Público/SC – 2012) Analise as seguintes assertivas:

I. Na hipótese de impedimento do Presidente da República e do Vice-Presidente, serão chamados ao exercício da Presidência, sucessivamente, o Presidente do Senado Federal, o Presidente da Câmara dos Deputados e o Presidente do Supremo Tribunal Federal.
II. Compete privativamente ao Senado Federal processar e julgar, originariamente, crimes políticos.
III. Perderá o mandato o Senador que perder ou tiver suspensos os direitos políticos.
IV. A ação declaratória de constitucionalidade poderá ser proposta pelo partido político com representação no Congresso Nacional ou por confederação sindical de âmbito nacional.
V. Compete ao Supremo Tribunal Federal processar e julgar, originariamente, a ação declaratória de constitucionalidade de lei ou ato normativo Federal.
(A) Apenas as assertivas I, II e V estão corretas.
(B) Apenas as assertivas II, IV e V estão corretas.
(C) Apenas as assertivas III, IV e V estão corretas.
(D) Apenas as assertivas II e IV estão corretas.
(E) Todas as assertivas estão corretas.

I: incorreta, já que na hipótese de impedimento do Presidente da República e do Vice-Presidente, serão chamados ao exercício da Presidência, sucessivamente, o Presidente da Câmara dos Deputados, o Presidente do Senado Federal e o Presidente do Supremo Tribunal Federal, nos termos do art. 80 da CF; **II:** incorreta, pois compete aos *Juízes Federais* processar e julgar os crimes políticos, nos moldes do art. 109, IV, da CF; **III:** correta, perderá o mandato o Deputado ou Senador que perder ou tiver suspensos os direitos políticos, nos termos do art. 55, IV, da CF; **IV:** correta, réplica do art. 103, VIII e IX, da CF; **V:** correta, réplica do art. 102, I, "a", da CF.
Gabarito "C".

(Ministério Público/TO – 2012 – CESPE) Com referência à organização, às competências e ao exercício dos Poderes Executivo e Legislativo, assinale a opção correta.

(A) O decreto presidencial que concede o indulto configura ato de governo, caracterizado pela ampla discricionariedade, sendo vedada, no entanto, a imposição de condições para tê-lo como aperfeiçoada, ainda que em conformidade com a CF.

(B) A definição das condutas típicas configuradoras do crime de responsabilidade e o estabelecimento de regras que disciplinem o processo e julgamento dos agentes políticos federais, estaduais ou municipais envolvidos são de competência concorrente da União, dos estados e do DF.
(C) Nos termos da CF e da interpretação do STF, a imunidade à prisão cautelar é prerrogativa exclusiva dos chefes do Poder Executivo.
(D) O Conselho da República é órgão superior de consulta do presidente da República nos assuntos relacionados com a soberania nacional e a defesa do Estado democrático.
(E) Segundo a jurisprudência do STF, a competência dos presidentes da Câmara dos Deputados e da Mesa do Senado Federal para o recebimento, ou não, de denúncia no processo de *impeachment* contra o presidente da República não se restringe a uma admissão meramente burocrática, cabendo-lhes, inclusive, a faculdade de rejeitá-la, de plano, acaso entendam-na patentemente inepta ou despida de justa causa.

A: incorreta, pois a concessão do benefício do indulto é uma faculdade atribuída ao Presidente da República. Assim, é possível a imposição de condições para tê-lo como aperfeiçoado, desde que em conformidade com a CF (AI 701.673-AgR, Rel. Min. Ricardo Lewandowski, julgamento em 05.05.2009, 1ª Turma, *DJe* de 05.06.2009) No mesmo sentido: HC 96.475, Rel. Min. Eros Grau, julgamento em 14.04.2009, 2ª Turma, *DJe* de 14.08.2009); **B:** incorreta, trata-se de competência privativa da União, nos termos do art. 22 da CF; **C:** incorreta, pois a própria CF no art. 53, § 2º, determina que, desde a expedição do diploma, os membros do Congresso Nacional não poderão ser presos, salvo em flagrante delito de crime inafiançável. Nesse caso, os autos serão remetidos dentro de vinte e quatro horas à Casa respectiva, para que, pelo voto da maioria de seus membros, resolva sobre a prisão; **D:** incorreta, já que o Conselho da República é órgão superior de consulta do Presidente da República, nos termos do art. 89 da CF. Em contrapartida, o Conselho de Defesa Nacional é órgão de consulta do Presidente da República nos assuntos relacionados com a soberania nacional e a defesa do Estado democrático; **E:** correta, o *impeachment* do presidente da República: apresentação da denúncia à Câmara dos Deputados: competência do presidente desta para o exame liminar da idoneidade da denúncia popular, 'que não se reduz à verificação das formalidades extrínsecas e da legitimidade de denunciantes e denunciados, mas se pode estender (...) à rejeição imediata da acusação patentemente inepta ou despida de justa causa, sujeitando-se ao controle do Plenário da Casa, mediante recurso (...). MS 20.941-DF, Sepúlveda Pertence, *DJ* de 31.08.1992." **(MS 23.885**, Rel. Min. **Carlos Velloso**, julgamento em 28.02.2002, Plenário, *DJ* de 20.09.2002) Vide: MS 30.672-AgR, Rel. Min. **Ricardo Lewandowski**, julgamento em 15.09.2011, Plenário, *DJe* de 18.10.2011.
Gabarito "E".

(Ministério Público/MG – 2012 – CONSULPLAN) Assinale a alternativa **INCORRETA**:

(A) Compete privativamente ao Presidente da República dispor, mediante decreto sobre a organização e funcionamento da administração federal, inclusive para criação ou extinção de órgãos públicos e extinção de funções ou cargos públicos, quando vagos.
(B) Substituirá o Presidente da República, no caso de impedimento, e suceder-lhe-á, no de vaga, o Vice-Presidente, que, além de outras atribuições que lhe forem conferidas por lei complementar, auxiliará o Presidente, sempre que por ele convocado para missões especiais.

(C) Compete ao Conselho da República, órgão superior de consulta do Presidente da República, pronunciar-se sobre intervenção federal, estado de defesa, estado de sítio e sobre as questões relevantes para a estabilidade das instituições democráticas.

(D) Admitida a acusação contra o Presidente da República, por dois terços da Câmara dos Deputados, será ele submetido a julgamento perante o Supremo Tribunal Federal, nas infrações penais comuns, ou perante o Senado Federal, nos crimes de responsabilidade.

A: incorreta, devendo ser assinalada, pois compete privativamente ao Presidente da República dispor, mediante decreto sobre a organização e funcionamento da administração federal, quando *não* implicar aumento de despesa nem criação ou extinção de órgãos públicos, como determina o art. 84, VI, "a", da CF; B: correta, nos termos do art. 79 e seu parágrafo único, da CF, substituirá o Presidente da República, no caso de impedimento, e suceder-lhe-á, no de vaga, o Vice-Presidente, que, além de outras atribuições que lhe forem conferidas por lei complementar, auxiliará o Presidente, sempre que por ele convocado para missões especiais; C: correta, compete ao Conselho da República, órgão superior de consulta do Presidente da República, pronunciar-se sobre intervenção federal, estado de defesa, estado de sítio e sobre as questões relevantes para a estabilidade das instituições democráticas, como determina o art. 90, I e II, da CF; D: correta, réplica do art. 86 da CF.
Gabarito "A".

(Ministério Público/GO – 2012) O Poder Executivo é exercido pelo Presidente da República, auxiliado pelos Ministros de Estado. Acerca do tema, assinale as alternativas abaixo:

I. Compete privativamente ao Presidente da República conceder indulto e comutar penas, com audiência, se necessário, dos órgãos instituídos em lei, sendo-lhe vedado delegar referida atribuição aos Ministros de Estado.

II. São crimes de responsabilidade os atos do Presidente da República que atentem contra a Constituição Federal e, especialmente, contra a probidade na administração.

III. Admitida a acusação contra o Presidente da República, por dois terços da Câmara dos Deputados, será ele submetido a julgamento perante o Supremo Tribunal Federal, nas infrações penais comuns, ou perante o Senado Federal, nos crimes de responsabilidade.

IV. O Presidente ficará suspenso de suas funções nas infrações penais comuns, se recebida a denúncia ou queixa-crime pelo Supremo Tribunal Federal, estando sujeito à prisão apenas com o trânsito em julgado da

(A) Apenas as alternativas I e IV estão incorretas.
(B) Todas as alternativas estão corretas.
(C) Todas as alternativas estão incorretas.
(D) Apenas a alternativa I está incorreta.

I: incorreta, pois o Presidente da República poderá delegar as atribuições mencionadas na CF, art. 84, incisos VI (dispor mediante decreto, sobre: a) organização e funcionamento da administração federal, quando não implicar aumento de despesa nem criação ou extinção de órgãos públicos; b) extinção de funções ou cargos públicos, quando vagos), XII (conceder indulto e comutar penas, com audiência, se necessário, dos órgãos instituídos em lei) e XXV, primeira parte (prover os cargos públicos federais, na forma da lei), aos Ministros de Estado, ao Procurador-Geral da República ou ao Advogado-Geral da União, que observarão os limites traçados nas respectivas delegações; II: correta, nos termos do art. 85, V, da CF, são crimes de responsabilidade os atos do Presidente da República que atentem contra a Constituição Federal e, especialmente, contra a probidade na administração; III: correta, nos termos do art. 86, "caput", da CF, uma vez admitida a acusação contra o Presidente da República, por dois terços da Câmara dos Deputados, será ele submetido a julgamento perante o Supremo Tribunal Federal, nas infrações penais comuns, ou perante o Senado Federal, nos crimes de responsabilidade; IV: incorreta, pois na concepção do autor a questão está incompleta. De toda sorte, enquanto não sobrevier sentença condenatória, nas infrações comuns, o Presidente da República não estará sujeito a prisão, nos termos do § 3º do art. 86 da CF.
Gabarito "A".

(Ministério Público/MG – 2011) Assinale a alternativa **INCORRETA**.

(A) Para concorrerem a outros cargos, o Presidente da República, os Governadores de Estado e do Distrito Federal e os Prefeitos devem renunciar aos respectivos mandatos até seis meses antes do pleito.

(B) O mandato eletivo poderá ser impugnado ante a Justiça Eleitoral no prazo de trinta dias contados da diplomação, instruída a ação com provas de abuso do poder econômico, corrupção ou fraude.

(C) São inelegíveis, no território de jurisdição do titular, o cônjuge e os parentes consanguíneos ou afins, até o segundo grau ou por adoção, do Presidente da República, de Governador de Estado ou Território, do Distrito Federal, de Prefeito ou de quem os haja substituído dentro dos seis meses anteriores ao pleito, salvo se já titular de mandato eletivo e candidato à reeleição.

(D) A ação de impugnação de mandato tramitará em segredo de justiça, respondendo o autor, na forma da lei, se temerária ou de manifesta má-fé.

A: correta, modalidade de inelegibilidade relativa por motivo funcional. Nos termos do art. 14, § 6º, da CF, para concorrerem a outros cargos, o Presidente da República, os Governadores de Estado e do Distrito Federal e os Prefeitos devem renunciar aos respectivos mandatos até seis meses antes do pleito; B: incorreta, devendo ser assinalada, já que o art. 14, § 10º, da CF, determina que o mandato eletivo poderá ser impugnado ante a Justiça Eleitoral no prazo de *15 (quinze) dias* contados da diplomação, instruída a ação com provas de abuso do poder econômico, corrupção ou fraude; C: correta, modalidade de inelegibilidade relativa por parentesco prevista no art. 14, § 7º, da CF. Sem prejuízo, devemos fazer justiça a Súmula Vinculante 18 que determina que a dissolução da sociedade ou do vínculo conjugal, no curso do mandato, não afasta a inelegibilidade prevista no § 7º do artigo 14 da Constituição Federal; D: correta, literalidade do § 11 do art. 14 da CF.
Gabarito "B".

11. ORGANIZAÇÃO DO PODER LEGISLATIVO. PROCESSO LEGISLATIVO

(Promotor de Justiça – MPE/RS – 2017) Atento ao que preceitua o artigo 51 da Constituição Federal, é **INCORRETO** afirmar que compete privativamente à Câmara dos Deputados

(A) proceder à tomada de contas do Presidente da República, quando não apresentadas ao Congresso Nacional dentro de sessenta dias após a abertura da sessão legislativa.

(B) elaborar seu regimento interno.

(C) eleger membros do Conselho da República, nos termos do artigo 89, inciso VII, da Constituição Federal.

(D) dispor sobre sua organização, funcionamento, polícia, criação, transformação ou extinção dos cargos, empregos e funções de seus serviços, e a iniciativa de lei para fixação da respectiva remuneração, observados os parâmetros estabelecidos na lei de diretrizes orçamentárias.

(E) autorizar, por dois terços de seus membros, a instauração de processo contra o Presidente e o Vice-Presidente da República e os Ministros de Estado, julgando-os nos crimes de responsabilidade.

A: correta. Art. 51, II, CF; **B:** correta. Art. 51, III, CF; **C:** correta. Art. 51, V, CF; **D:** correta. Art. 51, IV, CF; **E:** incorreta. A primeira parte está correta (art. 51, I, CF), mas a competência para julgamento do Presidente da República e do Vice-Presidente, por crimes de responsabilidade, é do Senado Federal (art. 52, I, CF).
Gabarito "E".

(Promotor de Justiça/SC – 2016 – MPE)

(1) Compete privativamente ao Senado Federal proceder à tomada de contas do Presidente da República, quando não apresentadas ao Congresso Nacional dentro de sessenta dias após a abertura da sessão legislativa.

1: incorreta. Competência privativa da Câmara dos Deputados (art. 51, II, CF).
Gabarito 1E

(Promotor de Justiça/SC – 2016 – MPE)

(1) Os Ministros do Tribunal de Contas da União serão nomeados dentre brasileiros que satisfaçam os seguintes requisitos: a) mais de trinta e cinco e menos de sessenta e cinco anos de idade; b) idoneidade moral e reputação ilibada: c) notórios conhecimentos jurídicos, contábeis, econômicos e financeiros ou de administração pública; d) mais de dez anos de exercício de função ou de efetiva atividade profissional que exija os conhecimentos mencionados no item anterior.

1: correta. Art. 73, § 1º, I a IV, CF.
Gabarito 1C

(Promotor de Justiça/SC – 2016 – MPE)

(1) As comissões parlamentares de inquérito, que terão poderes de investigação próprios das autoridades judiciais, além de outros previstos nos regimentos das respectivas Casas, serão criadas pela Câmara dos Deputados e pelo Senado Federal, em conjunto ou separadamente, mediante requerimento de 1/3 (um terço) de seus membros, para a apuração de fato determinado e por prazo certo, sendo suas conclusões, se for o caso, encaminhadas ao Ministério Público, para que promova a responsabilidade civil ou criminal dos infratores.

1: correta. Reflete a redação do art. 58, § 3º, CF.
Gabarito 1C

(Promotor de Justiça/SC – 2016 – MPE)

(1) Conforme a Constituição Federal, a convocação extraordinária do Congresso Nacional far-se-á: a) pelo Presidente do Senado Federal, em caso de decretação de estado de defesa ou de intervenção federal, de pedido de autorização para a decretação de estado de sítio e para o compromisso e a posse do Presidente e do Vice-Presidente da República; b) pelo Presidente da República, pelos Presidentes da Câmara dos Deputados e do Senado Federal ou a requerimento da maioria dos membros de ambas as Casas, em caso de urgência ou interesse público relevante, em todas essas hipóteses com a aprovação de 2/3 (dois terços) de cada uma das Casas do Congresso Nacional.

1: incorreta. Não reflete a redação do art. 57, § 6º, I e II, CF: "Art. 57. § 6º A convocação extraordinária do Congresso Nacional far-se-á: I – pelo Presidente do Senado Federal, em caso de decretação de estado de defesa ou de intervenção federal, de pedido de autorização para a decretação de estado de sítio e para o compromisso e a posse do Presidente e do Vice-Presidente da República; II – pelo Presidente da República, pelos Presidentes da Câmara dos Deputados e do Senado Federal ou a requerimento da maioria dos membros de ambas as Casas, em caso de urgência ou interesse público relevante, em todas as hipóteses deste inciso com a aprovação da maioria absoluta de cada uma das Casas do Congresso Nacional".
Gabarito 1E

(Procurador de Justiça – MPE/GO – 2016) Assinale a alternativa incorreta:

(A) Ao servidor ocupante, exclusivamente, de cargo em comissão declarado em lei de livre nomeação e exoneração bem como de outro cargo temporário ou de emprego público, aplica-se o regime geral de previdência social.

(B) O Senado Federal compõe-se de representantes dos Estados e do Distrito Federal, eleitos segundo o princípio majoritário, sendo que cada Estado e o Distrito Federal elegerão três Senadores, com mandato de oito anos.

(C) Salvo disposição constitucional em contrário, as deliberações da Câmara dos Deputados e do Senado Federal, inclusive de suas Comissões, serão tomadas por maioria dos votos, presente a maioria absoluta de seus membros.

(D) Compete ao Congresso Nacional dispor sobre o plano plurianual da União, diretrizes orçamentárias, orçamento anual, operações de crédito, dívida pública da União e dos Estados e Distrito Federal, e emissões de curso forçado, dispensada, nestes casos, a sanção do Presidente da República.

A: correta. Art. 40, § 13, CF; **B:** correta. Art. 46, caput e § 1º, CF; **C:** correta. Art. 47, CF; **D:** incorreta. Não reflete o disposto no art. 48, II, CF: "Art. 48. Cabe ao Congresso Nacional, com a sanção do Presidente da República, não exigida esta para o especificado nos arts. 49, 51 e 52, dispor sobre todas as matérias de competência da União, especialmente sobre: (...) II – plano plurianual, diretrizes orçamentárias, orçamento anual, operações de crédito, dívida pública e emissões de curso forçado".
Gabarito "D".

(Promotor de Justiça – MPE/BA – CEFET – 2015) No que tange à disciplina normativo-constitucional expressa do processo legislativo (artigo 59 e seguintes da Constituição Federal de 1988), pode-se AFIRMAR que:

(A) Existe hierarquia entre lei complementar e lei ordinária, bem como entre lei federal e estadual.

(B) Conforme estabelece a Constituição Federal de 1988, excepcionalmente, a Constituição Federal poderá ser emendada na vigência de intervenção federal.

(C) Conforme estabelece a Constituição Federal de 1988, excepcionalmente, é permitida a edição de medidas provisórias sobre a organização do Ministério Público, a carreira e a garantia de seus membros.

(D) A matéria constante de projeto de lei rejeitado somente poderá constituir objeto de novo projeto, na mesma sessão legislativa, mediante proposta da maioria absoluta dos membros de qualquer das Casas do Congresso Nacional.

(E) Estão incorretas todas as alternativas anteriores.

A: incorreta. O STF já se pronunciou pela inexistência de hierarquia entre lei complementar e ordinária. O caso não é de hierarquia, mas de diferentes competências constitucionais – o que também se observa entre a lei federal e a lei municipal. Sobre o tema, Pedro Lenza afirma: "também nos posicionamos pela inexistência de hierarquia entre as duas espécies normativas, pois admitir isso seria o mesmo que entender que uma lei municipal é hierarquicamente inferior a uma lei federal. Têm-se, na verdade, âmbitos diferenciados de atuação, atribuições diversas, de acordo com as regras definidas na Constituição. Nessa linha (...), a EC 45/2004, modificando a competência do STF e do STJ, estabeleceu, como nova hipótese de cabimento de recurso extraordinário, quando a decisão recorrida 'julgar válida lei local contestada em face de lei federal'. No fundo, conforme se percebe, também aqui, o problema é de competência constitucional, e não de hierarquia de normas"; **B:** incorreta. O art. 60, § 1º, expressamente a proíbe (limitação circunstancial ao poder de reforma da Constituição); **C:** incorreta. É expressamente vedada pelo art. 62, § 1º, I, "c", CF; **D:** correta. Art. 67, CF.

Gabarito "D".

(Promotor de Justiça – MPE/BA – CEFET – 2015) A respeito da sistemática das súmulas vinculantes esposada na Constituição Federal de 1988, analise os itens a seguir:

I. O Supremo Tribunal Federal poderá, de ofício ou por provocação, mediante decisão de 2/3 (dois terços) dos seus membros, após reiteradas decisões sobre matéria constitucional, aprovar súmula que, a partir de sua publicação na imprensa oficial, terá efeito vinculante em relação aos demais órgãos do Poder Judiciário e à Administração Pública direta e indireta, nas esferas federal, estadual e municipal, bem como proceder à sua revisão ou cancelamento, na forma estabelecida em lei.

II. Sem prejuízo do que vier a ser estabelecido em lei, a aprovação, revisão ou cancelamento de súmula poderá ser provocada por aqueles que podem propor a ação direta de inconstitucionalidade.

III. Do ato administrativo ou decisão judicial que contrariar a súmula aplicável ou que indevidamente a aplicar, caberá reclamação ao Supremo Tribunal Federal que, julgando-a procedente, anulará o ato administrativo ou cassará a decisão judicial reclamada, e determinará que outra seja proferida com ou sem a aplicação da súmula, conforme o caso.

Pode-se AFIRMAR:

(A) Todos os itens são corretos.
(B) Somente os itens I e II são verdadeiros.
(C) Somente os itens I e III são verdadeiros.
(D) Somente os itens II e III são verdadeiros.
(E) Somente o item I é verdadeiro.

I: correta. Art. 103-A, *caput*, CF; **II:** correta. Art. 103-A, § 2º, CF; **III:** correta. Art. 103-A, § 3º, CF.

Gabarito "A".

(Promotor de Justiça – MPE/MS – FAPEC – 2015) Nos crimes de responsabilidade, processar e julgar os membros do Conselho Nacional do Ministério Público compete:

(A) Ao Supremo Tribunal Federal.
(B) Ao Superior Tribunal de Justiça.
(C) À Câmara dos Deputados.
(D) Ao Senado Federal.
(E) Ao Congresso Nacional.

Art. 52, II, CF.

Gabarito "D".

(Ministério Público/MG – 2014) Assinale a alternativa CORRETA:

(A) Os Deputados Federais, Estaduais e Distritais, Senadores e Vereadores gozam de imunidade material e imunidade formal.
(B) Os Deputados e Senadores, desde a expedição do diploma, serão submetidos a julgamento perante o Supremo Tribunal Federal. Essa prerrogativa alcança também os suplentes, diplomados ou não, independentemente de terem assumido o cargo, definitiva ou provisoriamente.
(C) As imunidades de Deputados e Senadores subsistirão durante o estado de sítio, só podendo ser suspensas mediante o voto de dois terços dos membros da Casa respectiva, nos casos de atos praticados fora do recinto do Congresso Nacional, que sejam incompatíveis com a execução da medida.
(D) A incorporação às Forças Armadas de Deputados e Senadores, embora militares, dependerá de prévia licença da Casa respectiva, exceto em tempo de guerra.

A: incorreta, na medida em que a imunidade *formal* ou *processual*, assegurada aos parlamentares federais e estaduais, não se estende, por força do art. 29, VIII, da CF, aos vereadores, aos quais somente é garantida a imunidade *material*; **B:** incorreta. Dado que a imunidade decorre do exercício efetivo da função parlamentar, tal prerrogativa não poderá ser estendida aos suplentes. Nesse sentido: STF, Inq. 2.453-Ag-R, rel. Min. Ricardo Lewandowski, j. 17.05.2007; **C:** correta, pois reflete a regra presente no art. 53, § 8º, da CF; **D:** incorreta, pois não corresponde ao que estabelece o art. 53, § 7º, da CF.

Gabarito "C".

(Ministério Público/MG – 2014) Analise as seguintes assertivas relativas ao processo legislativo estabelecido na Constituição da República de 1988:

I. A iniciativa do processo legislativo pode ser concorrente ou geral e reservada ou exclusiva
II. As regras do processo legislativo, em especial as concernentes à iniciativa legislativa, em razão da autonomia dos Estados, Distrito Federal e Municípios, não são de observância obrigatória para esses entes federativos.
III. O processo legislativo previsto no art. 59 compreende a elaboração de decretos legislativos, leis delegadas, resoluções e portarias.
IV. São fases do processo legislativo ordinário: a iniciativa, discussão, votação, sanção ou veto, promulgação e publicação.

Somente está CORRETO o que se afirma em:

(A) I e II;
(B) I e IV;
(C) II e III;
(D) II e IV.

I: correta. É *geral* sempre que o processo legislativo puder ser deflagrado por qualquer das pessoas ou órgãos elencados no art. 61, *caput*, da CF; diz-se *reservada* quando tal iniciativa couber a órgãos específicos, tal qual a Presidência da República (art. 61, § 1º, da CF); *concorrente*, por sua vez, é aquela em que o processo legislativo é deflagrado por mais de

5. DIREITO CONSTITUCIONAL

um legitimado. É o caso da iniciativa contemplada no art. 61, § 1º, II, *d*, c/c o art. 128, § 5º, ambos da CF; por fim, fala-se em iniciativa *exclusiva* quando a legitimidade é conferida a tão somente determinado cargo ou órgão. Exemplo disso é a prerrogativa da Presidência da República (e somente ela) para dar início ao processo legislativo atinente a lei que fixe ou modifique os efetivos das Forças Armadas (art. 61, § 1º, I, CF); **II**: incorreta, dado que, à luz do princípio da simetria, as regras atinentes ao processo legislativo, no âmbito federal, devem ser observadas, no que couber, pelos Estados, Distrito Federal e municípios; **III**: incorreta, uma vez que o art. 59 da CF não contempla, como espécie normativa, a *portaria*; **IV**: correta. De fato, o processo legislativo, que é constituído de atos formais preordenados, compreende: iniciativa para deflagrar o processo legislativo; discussão; votação; sanção ou veto; e, por fim, promulgação e publicação.

Gabarito "B".

(Ministério Público/MG – 2013) É *INCORRETO* afirmar que compete privativamente ao Senado Federal:

(A) Processar e julgar o Presidente e o Vice-Presidente da República nos crimes de responsabilidade, bem como os Ministros de Estado e os Comandantes da Marinha, do Exército e da Aeronáutica nos crimes da mesma natureza conexos com aqueles.

(B) Avaliar periodicamente a funcionalidade do Sistema Tributário Nacional, em sua estrutura e seus componentes, e o desempenho das administrações tributárias da União, dos Estados e do Distrito Federal e dos Municípios.

(C) Dispor sobre limites e condições para concessão de garantia da União em operações de crédito externo e interno e estabelecer limites globais e condições para o montante da dívida mobiliária dos Estados, do Distrito Federal e dos Municípios.

(D) Proceder à tomada de contas do Presidente da República, quando não apresentadas ao Congresso Nacional dentro de sessenta dias após a abertura da sessão legislativa.

A: assertiva correta, já que corresponde ao que estabelece o art. 52, I, da CF; **B**: assertiva correta, já que corresponde ao que estabelece o art. 52, XV, da CF; **C**: correta, já que corresponde ao que estabelece o art. 52, VII e VIII, da CF; **D**: assertiva incorreta, devendo ser assinalada, já que a proposição contempla atribuição da Câmara dos Deputados (art. 51, II, CF), e não do Senado Federal.

Gabarito "D".

(Ministério Público/MG – 2013) Assinale a alternativa *CORRETA*:

(A) Em caso de relevância e urgência, o Presidente da República poderá adotar medidas provisórias, com força de lei, devendo submetê-las, até trinta dias após sua edição, ao Congresso Nacional.

(B) A discussão e votação dos projetos de lei de iniciativa do Presidente da República, do Supremo Tribunal Federal e dos Tribunais Superiores terão início no Senado Federal.

(C) No processo legislativo sumário, a apreciação do projeto de lei deverá ocorrer no prazo máximo de noventa dias, podendo ser ampliado por mais dez, caso haja emenda do Senado Federal.

(D) As leis delegadas serão elaboradas pelo Presidente da República, que deverá solicitar a delegação à Mesa da Câmara dos Deputados.

A: incorreta, uma vez que as medidas provisórias, conforme estabelece o art. 62, *caput*, da CF, devem, assim que adotadas pelo chefe do Executivo, ser submetidas, de imediato, ao Congresso Nacional; **B**: incorreta. É que, nessas hipóteses, a discussão e votação terão início na Câmara dos Deputados (e não no Senado Federal). É o que estabelece o art. 64, *caput*, da CF; **C**: correta (deve ser assinalada), pois em conformidade com o que estabelece o art. 64, §§ 2º e 3º, da CF; **D**: incorreta. Isso porque a delegação deverá ser solicitada ao Congresso Nacional (e não à Mesa da Câmara dos Deputados), conforme impõe o art. 68, *caput*, da CF.

Gabarito "C".

(Ministério Público/MS – 2013 – FADEMS) É **incorreto** afirmar, sobre o Tribunal de Contas da União:

(A) o controle externo, a cargo do Congresso Nacional, será exercido com o auxílio do Tribunal de Contas da União, ao qual compete julgar as contas prestadas anualmente pelo Presidente da República.

(B) o controle externo, a cargo do Congresso Nacional, será exercido com o auxílio do Tribunal de Contas da União, ao qual compete julgar as contas dos administradores e demais responsáveis por dinheiros, bens e valores públicos da administração direta e indireta, incluídas as fundações e sociedades instituídas e mantidas pelo Poder Público federal, e as contas daqueles que deram causa a perda, extravio ou outra irregularidade de que resulte prejuízo ao erário público.

(C) o controle externo, a cargo do Congresso Nacional, será exercido com o auxílio do Tribunal de Contas da União, ao qual compete fiscalizar as contas nacionais das empresas supranacionais de cujo capital a União participe, de forma direta ou indireta, nos termos do tratado constitutivo.

(D) o controle externo, a cargo do Congresso Nacional, será exercido com o auxílio do Tribunal de Contas da União, ao qual compete fiscalizar a aplicação de quaisquer recursos repassados pela União mediante convênio, acordo, ajuste ou outros instrumentos congêneres, a Estado, ao Distrito Federal, ou a Município.

(E) o controle externo, a cargo do Congresso Nacional, será exercido com o auxílio do Tribunal de Contas da União, ao qual compete aplicar aos responsáveis, em casos de ilegalidade de despesa ou irregularidade de contas, as sanções previstas em lei, que estabelecerá, entre outras cominações, multa proporcional ao dano causado ao erário.

A: incorreta, devendo ser assinalada. O controle externo, a cargo do Congresso Nacional, será exercido com o auxílio do Tribunal de Contas da União, ao qual compete APRECIAR as contas prestadas anualmente pelo Presidente da República, mediante parecer prévio de Contas da União. Observe que não é julgar, como determina o art. 71, I, da CF/1988. Contudo, compete privativamente à Câmara dos Deputados PROCEDER à tomada de contas do Presidente da República, quando não apresentadas ao Congresso Nacional dentro de sessenta dias após a abertura da sessão legislativa; **B**: correta (art. 71, II, da CF/1988); **C**: correta (art. 71, V, da CF/1988); **D**: correta (art. 71, VI, da CF/1988); **E**: correta (art. 71, VIII, da CF/1988).

Gabarito "A".

(Ministério Público/MS – 2013 – FADEMS) Sobre o processo legislativo, é **incorreto** afirmar:

(A) a Constituição poderá ser emendada mediante proposta: de um terço, no mínimo, dos membros da Câmara dos Deputados ou do Senado Federal; do Presidente da República; de mais da metade das Assembleias Legislativas das unidades da Federação,

manifestando-se, cada uma delas, pela maioria relativa de seus membros.
(B) a matéria constante de proposta de emenda rejeitada ou havida por prejudicada não pode ser objeto de nova proposta na mesma sessão legislativa.
(C) é vedada a edição de medidas provisórias sobre as seguintes matérias, dentre outras: nacionalidade e cidadania; direito penal e processual penal; organização do Ministério Público; reservada a lei complementar.
(D) a Constituição não admite a iniciativa parlamentar em tema de direito tributário, pois se trata de iniciativa privativa do Presidente da República.
(E) as medidas provisórias terão sua votação iniciada na Câmara dos Deputados.

A: correta (art. 60, I, II e III, da CF/1988); **B:** correta (art. 60, § 5°, da CF/1988); **C:** correta (art. 62, § 1°, I, "a", "b", "c", e III, da CF/1988); **D:** incorreta, devendo ser assinalada. A Constituição ADMITE a iniciativa parlamentar em tema de direito tributário. O que é de iniciativa privativa do Presidente da República são os temas relacionados ao plano plurianual, diretrizes orçamentárias e os orçamentos anuais, nos termos do art. 165, I a III, da CF/1988; **E:** correta (art. 62, § 8°, da CF/1988).
Gabarito "D".

(Ministério Público/MS – 2013 – FADEMS) Sobre o instituto da iniciativa popular de projetos de leis, tido como instrumento da soberania popular, é **incorreto** afirmar:

(A) o instituto significa a possibilidade de o eleitorado nacional deflagrar processo legislativo de lei complementar ou ordinária.
(B) pela real importância do instituto, incluído no rol dos direitos políticos com previsão constitucional, esse tipo de projeto de lei não está submetido a emendas parlamentares, devendo ser apenas aprovado ou rejeitado pelo Parlamento.
(C) havendo alteração, por emendas parlamentares, do projeto de lei de iniciativa popular, não se exige referendo popular, para a lei ser válida.
(D) o projeto de lei de iniciativa popular deve ser subscrito por, no mínimo, um por cento do eleitorado nacional, distribuído pelo menos por cinco Estados, com não menos de três décimos por cento dos eleitores de cada um deles.
(E) os projetos de iniciativa popular sempre iniciarão a tramitação na Câmara dos Deputados.

A: correta. Interpretação gramatical da norma extraída dos arts. 14, III c/c 61, *caput* e seu § 2°, todos da CF/1988; **B:** incorreta, devendo ser assinalada. Todos os projetos de lei oriundos da iniciativa popular serão apresentados à Câmara dos Deputados e poderão sofrer emendas parlamentares (casa revisora), inclusive, podendo ser aprovados ou rejeitados pelo Parlamento; **C:** correta. Se isso ocorrer, o projeto será apenas encaminhado pela casa iniciadora com as respectivas emendas parlamentares, ou não, para a fase deliberativa executiva. Observe que a casa revisora tem o poder de emendar o projeto de lei, mas quem decide se elas serão mantidas ou não no projeto de lei é a Casa iniciadora; **D:** correta. O projeto de lei de iniciativa popular deve ser subscrito por, no mínimo, um por cento do eleitorado nacional, distribuído pelo menos por cinco Estados, com não menos de três décimos por cento dos eleitores de cada um deles, nos termos do art. 61, § 2°, da CF/1988; **E:** correta (art. 61, § 2°, da CF/1988).
Gabarito "B".

(Ministério Público/PR – 2013 – X) Assinale a alternativa incorreta:

(A) A matéria constante de proposta de emenda constitucional rejeitada ou havida por prejudicada não pode ser objeto de nova proposta na mesma sessão legislativa;
(B) A Constituição Federal poderá ser emendada mediante proposta de mais da metade das Assembleias Legislativas das unidades da Federação, manifestando-se, cada uma delas, pela maioria relativa de seus membros;
(C) A proposta de emenda constitucional será discutida e votada em cada Casa do Congresso Nacional, em dois turnos, considerando-se aprovada se obtiver, em ambos, três quintos dos votos dos respectivos membros;
(D) Sem que se possa rotular de interferência do Judiciário sobre a atividade legislativa, é doutrinariamente admissível (e encontra precedentes na jurisprudência do STF) o controle jurisdicional da observância de restrições que o constituinte originário impôs ao poder constituído, no tocante a emendas constitucionais;
(E) Ressalvadas as expressas vedações constitucionais, que proíbem a deliberação sobre propostas de emendas constitucionais que objetivem abolir a forma federativa de Estado, o voto direto, secreto, universal e periódico, a separação de poderes e os direitos e garantias individuais, todos os demais pontos da Constituição podem ser emendados.

A: assertiva correta. Literalidade do art. 60, § 5°, da CF: A matéria constante de proposta de emenda rejeitada ou havida por prejudicada não pode ser objeto de nova proposta na mesma sessão legislativa; **B:** assertiva correta. Réplica do art. 60, III, da CF: a Constituição poderá ser emendada mediante proposta de mais da metade das Assembleias Legislativas das unidades da Federação, manifestando-se, cada uma delas, pela maioria relativa de seus membros; **C:** assertiva correta nos termos do art. 60, § 2°, da CF. O que é crucial o candidato memorizar é que a Constituição Federal de 1988 não fixou um intervalo temporal mínimo entre os dois turnos de votação para fins de aprovação de emendas à Constituição (CF, art. 60, § 2°), de sorte que inexiste parâmetro objetivo que oriente o exame judicial do grau de solidez da vontade política de reformar a Lei Maior. A interferência judicial no âmago do processo político, verdadeiro *locus* da atuação típica dos agentes do Poder Legislativo, tem de gozar de lastro forte e categórico no que prevê o texto da CF. (ADI 4.425, rel. p/ o ac. Min. Luiz Fux, julgamento em 14.03.2013, Plenário, *DJE* de 19.12.2013.); **D:** assertiva correta, tanto é que o STF já assentou o entendimento de que é admissível a ação direta de inconstitucionalidade de emenda constitucional, quando se alega, na inicial, que esta contraria princípios imutáveis ou as chamadas cláusulas pétreas da Constituição originária (art. 60, § 4°, da CF). As cláusulas pétreas não podem ser invocadas para sustentação da tese da inconstitucionalidade de normas constitucionais inferiores em face de normas constitucionais superiores, porquanto a Constituição as prevê apenas como limites ao poder constituinte derivado ao rever ou ao emendar a Constituição elaborada pelo poder constituinte originário, e não como abarcando normas cuja observância se impôs ao próprio poder constituinte originário com relação as outras que não sejam consideradas como cláusulas pétreas, e, portanto, possam ser emendadas (ADI 815, Rel. Min. Moreira Alves, julgamento em 28.03.1996, Plenário, *DJ* de 10.05.1996.); **E:** assertiva incorreta, devendo ser assinalada. Além das cláusulas pétreas explícitas, temos as cláusulas pétreas implícitas, por sua vez, são aquelas que, apesar de não estarem discriminadas no art. 60, § 4°, também não podem ser abolidas da Constituição por questões de lógica. Por exemplo, não se pode editar uma emenda para diminuir o número de deputados e senadores necessário para aprovar uma emenda constitucional. Hoje, esse quórum é de 3/5 dos legisladores, em duas sessões de votação. Essa "dificuldade" imposta pela própria constituição para poder-se modificá-la lhe dá uma maior estabilidade, o que é natural que seja em uma Constituição. Outra cláusula pétrea implícita é o próprio § 4º do art. 60, que institui as cláusulas pétreas explícitas.

Gabarito "E".

(Ministério Público/PR – 2013 – X) Considerando a própria Constituição Federal e a orientação doutrinária que hoje se encontra consolidada no Supremo Tribunal Federal, assinale a alternativa incorreta:

(A) Os tratados e convenções internacionais sobre direitos humanos que tenham sido aprovados, em cada Casa do Congresso Nacional, em dois turnos, por três quintos dos votos dos respectivos membros, serão integrados ao ordenamento jurídico brasileiro e equivalerão a emendas constitucionais;
(B) Os tratados e convenções internacionais sobre direitos humanos que não tenham sido aprovados, em cada Casa do Congresso Nacional, em dois turnos, por três quintos dos votos dos respectivos membros, serão integrados ao ordenamento jurídico brasileiro com hierarquia de normas jurídicas de caráter supralegal;
(C) Os tratados e convenções internacionais sobre direitos humanos que não tenham sido aprovados, em cada Casa do Congresso Nacional, em dois turnos, por três quintos dos votos dos respectivos membros, serão integrados ao ordenamento jurídico brasileiro e equivalerão a leis ordinárias;
(D) Nas causas decididas, em única ou última instância, pelos Tribunais Regionais Federais e pelos Tribunais dos Estados e do Distrito Federal, caberá recurso especial, quando a decisão recorrida contrariar tratado internacional sobre direitos humanos, ou lhe negar vigência;
(E) Os tratados e convenções internacionais sobre direitos humanos que forem aprovados, em cada Casa do Congresso Nacional, em dois turnos, por três quintos dos votos dos respectivos membros, poderão ser declarados inconstitucionais por violação a requisitos formais ou, eventualmente, por violação a "cláusulas pétreas" da Constituição Federal.

A: assertiva correta. Literalidade do art. 5º, § 3º, da CF. Devemos pontuar que **QUANTO AO CONTEÚDO as constituições podem ser FORMAL ou procedimental e MATERIAL – (ou substancial)**. Constituição **FORMAL – (adotada pelo constituinte de 1988)**. Escrevendo sobre essa classificação ensina Pedro Lenza que: "Materialmente constitucional será aquele texto que contiver as normas fundamentais e estruturais do Estado, a organização de seus órgãos, os direitos e garantias fundamentais. Como exemplo podemos citar a Constituição do Império do Brasil, de 1824, que, em seu art. 178, prescrevia ser constitucional somente o que dissesse respeito aos limites e atribuições respectivos aos poderes políticos e aos direitos políticos e individuais dos cidadãos; tudo o que não fosse constitucional poderia ser alterado, sem as formalidades referidas (nos arts. 173 a 177), pelas legislaturas ordinárias. Formal, por seu turno, será aquela Constituição que elege como critério o processo de sua formação, e não o conteúdo de suas normas. Assim, qualquer regra nela contida terá o caráter de constitucional. A brasileira de 1988 é formal! Cabe observar que, com a introdução do § 3º no art. 5º, pela EC n. 45/2004, passamos a ter uma espécie de conceito misto, já que a nova regra só confere a natureza de emenda constitucional (norma formalmente constitucional) aos tratados e convenções internacionais sobre direitos humanos (matéria), desde que observadas as formalidades de aprovação (forma). Como se sabe (e voltaremos a essa análise), nos termos do art. 5º, § 3º, "os tratados e convenções internacionais sobre direitos humanos que forem

aprovados, em cada Casa do Congresso Nacional, em dois turnos, por três quintos dos votos dos respectivos membros, serão equivalentes às emendas constitucionais". Nesse sentido, podemos lembrar o Decreto Legislativo n. 186/2008, que aprova o texto da Convenção sobre os Direitos das Pessoas com Deficiência e de seu Protocolo Facultativo, assinados em Nova York, em 30 de março de 2007, promulgados pelo Decreto n. 6.949, de 25.08.2009, tendo sido, assim, incorporado ao ordenamento jurídico brasileiro com o status de norma constitucional". (LENZA, Pedro. *Direito Constitucional Esquematizado*. 16 ed. São Paulo: Saraiva, 2012. p. 88-89.); **B:** assertiva correta. A teoria da supralegalidade dos tratados sobre direitos humanos firmados pelo Brasil antes da vigência da EC n. 45/2004, ou seja, em um patamar superior à lei, mas inferior à Constituição; **C:** assertiva incorreta, devendo ser assinalada. Como dito anteriormente, serão normas supralegais, ou seja, superiores às leis; **D:** assertiva correta. Réplica do art. 105, III, "a" da CF; **E:** assertiva correta. Todas as leis e atos normativos estão a mercê do grifo do controle de constitucionalidade.

Gabarito "C".

(Ministério Público/PR – 2013 – X) Assinale a alternativa incorreta:

(A) A iniciativa popular pode ser exercida pela apresentação à Câmara dos Deputados de projeto de lei subscrito por, no mínimo, um por cento do eleitorado nacional, distribuído pelo menos por cinco Estados, com não menos de três décimos por cento dos eleitores de cada um deles;
(B) É da competência exclusiva do Congresso Nacional autorizar referendo e convocar plebiscito;
(C) Tanto a Constituição Federal quanto a Constituição do Estado do Paraná preveem a iniciativa popular de projetos de lei de interesse específico do Município, da cidade ou de bairros, por meio da manifestação de, pelo menos cinco por cento do eleitorado;
(D) Mediante referendo, por parte da população diretamente interessada, a lei complementar aprovada pelo Congresso Nacional, os Estados podem incorporar-se entre si, subdividir-se ou desmembrar-se para se anexarem a outros, ou formarem novos Estados ou Territórios Federais;
(E) A criação, a incorporação, a fusão e o desmembramento de Municípios far-se-ão por lei estadual, dentro do período determinado por lei complementar federal, e dependerão de consulta prévia, mediante plebiscito, às populações dos Municípios envolvidos, após divulgação dos estudos de viabilidade municipal, apresentados e publicados na forma da lei.

A: Correta. Literalidade do art. 61, § 2º, da CF. **B:** Correta. Réplica do art. 49, XV, da CF; **C:** Correta. Réplica dos arts. 29, XIII, da CF e 16, XIV da Constituição Estadual do Paraná; **D:** Incorreta, devendo ser assinalada. O art.; 18, § 3º, da CF dispõe: "os Estados podem incorporar-se entre si, subdividir-se ou desmembrar-se para se anexarem a outros, ou formarem novos Estados ou Territórios Federais, mediante aprovação da população diretamente interessada, através de PLEBISCITO (não referendo), e do Congresso Nacional, por lei complementar"; **E:** Correta. Literalidade do art. 18, § 4º, da CF.

Gabarito "D".

(Ministério Público/SC – 2012) Analise as seguintes assertivas:

I. São de iniciativa privativa do Presidente da República as leis que disponham sobre organização do Ministério Público e da Defensoria Pública da União.
II. O afastamento do Presidente e do Vice-Presidente da República há de ser precedido, em qualquer hipótese, da necessária licença do Congresso Nacional.

III. O Presidente da República poderá adotar medida provisória, com força de lei, sobre matéria relativa à nacionalidade, cidadania e direitos políticos, entretanto, deverá submetê-la, de imediato, ao Congresso Nacional.
IV. Compete ao Procurador-Geral da República promover, privativamente, a ação declaratória de constitucionalidade.
V. À União compete planejar e promover a defesa permanente contra as calamidades públicas, especialmente as secas e as inundações.

(A) Apenas as assertivas II e V estão corretas.
(B) Apenas as assertivas I, II e V estão corretas.
(C) Apenas as assertivas I e V estão corretas.
(D) Apenas as assertivas II, III e IV estão corretas.
(E) Todas as assertivas estão corretas.

I: correta, são de iniciativa privativa do Presidente da República as leis que disponham sobre organização do Ministério Público e da Defensoria Pública da União, bem como normas gerais para a organização do Ministério Público e da Defensoria Pública dos Estados, do Distrito Federal e dos Territórios, como determina o art. 61, § 1º, II, "d", da CF; II: incorreta, somente se ausência for superior a quinze dias, nos termos do art. 83 da CF; III: incorreta, é vedada a edição de medidas provisórias sobre matéria relativa à nacionalidade, cidadania e direitos políticos, como determina o art. 62, § 1º, I, "a", da CF; IV: incorreta, pois a competência é do Procurador-Geral da República e de todos os demais do art. 103 da CF; V: correta, literalidade do art. 21, XVIII, da CF.
Gabarito "C".

(Ministério Público/TO – 2012 – CESPE) Acerca da estrutura, do funcionamento e das atribuições do Poder Legislativo, assinale a opção correta.

(A) O Congresso Nacional se reúne, anualmente, na capital federal. Cada legislatura tem a duração de quatro anos, compreendendo oito sessões legislativas, que podem ser interrompidas, ainda que esteja pendente a aprovação do projeto de lei de diretrizes orçamentárias.
(B) Como forma de garantia da independência do Poder Legislativo, a CF estabelece algumas vedações aos parlamentares, denominadas incompatibilidades, entre as quais se insere a impossibilidade de, desde a posse, aceitar ou exercer cargo, função ou emprego remunerado, inclusive os de que sejam demissíveis *ad nutum* em sociedades de economia mista.
(C) As comissões temáticas, criadas em razão da matéria, são permanentes, cabendo-lhes, entre outras atribuições, discutir e votar projeto de lei que dispensar, na forma do regimento, a competência do Plenário, salvo se houver recurso de um décimo dos membros da Casa.
(D) No Congresso Nacional, as decisões são, em regra, tomadas por maioria absoluta de votos, salvo nos casos em que a CF expressamente disponha de forma diversa, para hipóteses específicas.
(E) Para participarem das sessões legislativas extraordinárias do Congresso Nacional, os parlamentares recebem uma parcela indenizatória em valor não superior ao do subsídio mensal.

A: incorreta, pois a sessão legislativa não será interrompida sem a aprovação do projeto de lei de diretrizes orçamentárias, nos termos do art. 57, § 2º, da CF; B: incorreta, já que a hipótese ocorre desde a expedição do diploma e não desde a posse, conforme art. 54, I, b, da CF; C: correta, as comissões temáticas são permanentes e criadas em razão da matéria. Têm por finalidade principal fornecer um parecer técnico ao Plenário. Ex: Comissão de Constituição e Justiça; Comissão da Saúde; Comissão do orçamento. Compete às comissões temáticas: Discutir e votar o projeto de lei que dispensar, na forma do regimento, a competência do Plenário, salvo se houver recurso de 1/10 dos membros da Casa (art. 58, § 2º, I, da CF); D: incorreta, pois salvo disposição constitucional em contrário, as deliberações de cada Casa e de suas Comissões serão tomadas por maioria dos votos, presente a maioria absoluta de seus membros, nos termos do art. 47 da CF; E: incorreta, na exata medida que na sessão legislativa extraordinária, o Congresso Nacional somente deliberará sobre a matéria para a qual foi convocado, vedado o pagamento de parcela indenizatória, em razão da convocação, conforme art. 57, § 7º, da CF.
Gabarito "C".

(Ministério Público/TO – 2012 – CESPE) Assinale a opção correta com referência às CPIs.

(A) A testemunha ou indiciado, quando convocado, não é obrigado a comparecer à CPI e não precisa responder às perguntas que possam incriminá-lo, em razão do seu direito constitucional ao silêncio e a não autoincriminação.
(B) O princípio da colegialidade traduz diretriz de fundamental importância na regência das deliberações tomadas por qualquer CPI, notadamente quando esta, no desempenho de sua competência investigatória, ordena a adoção de medidas restritivas de direitos, como aquelas que impliquem a revelação das operações financeiras ativas e passivas de qualquer pessoa.
(C) Por constituírem exercício da função político-administrativa do Poder Legislativo, as CPIs, mediante decisões fundamentadas, podem impor sanções administrativas aos infratores.
(D) É vedada a ampliação da atuação de CPI para além da finalidade para a qual ela tenha sido criada, ainda que sejam descobertos elementos novos não previstos originariamente no ato de instauração dessa CPI.
(E) Insere-se na competência da CPI a determinação da quebra de sigilo da comunicação telefônica, sendo-lhe vedado, no entanto, requerer a quebra de registros telefônicos pretéritos, isto é, a lista de ligações efetuadas e recebidas pelo investigado durante determinado período de tempo já transcorrido.

A: incorreta. O dever de comparecer ao recinto da comissão parlamentar de inquérito é impostergável, porque ninguém pode escusar-se de comparecer a ela para depor, sob pena de condução coercitiva, ressalvado, sempre, o exercício do privilégio constitucional contra a autoincriminação (STF, HC 80.427-MC, Rel. Min. Celso de Mello, DJ de 13.09.2000). Sem prejuízo, o direito ao silêncio nos depoimentos prestados em comissões parlamentares de inquérito é um corolário da prerrogativa ou privilégio contra a autoincriminação, que impede, inclusive, as CPIs de obrigarem o depoente a assinar termos de compromisso. Trata-se de matéria consubstanciada em convenções ratificadas pelo Brasil e em normas constitucionais – Decreto 678/1992: "Toda pessoa tem o direito de não ser obrigada a depor contra si mesma, nem a declarar-se culpada (art. 8º, § 2º, *g*, do Pacto de San José da Costa Rica). Com efeito, o privilégio contra a autoincriminação é uma manifestação eloquente da dignidade da pessoa humana (CF, art. 1º, III), da cláusula da ampla defesa (CF, art. 5º, LV); do direito de permanecer calado (CF, art. 5º, LXIII) e da presunção de inocência (CF, art. 5º, LVII); B: correta, traduz de forma incontestável a jurisprudência do STF; C: incorreta, as CPIs não podem nunca impor penalidades ou condenações, compete ao

MP promover a responsabilização civil e penal dos infratores; **D:** incorreta, pois as CPIs servem para investigar fatos determinados que impliquem atos de improbidade – é o acontecimento pelo qual torna possível a realização de investigações relacionadas a pessoas ou entidades envolvidas na consumação daquilo que provavelmente aconteceu – que é o ponto culminante da consagração constitucional das CPIs, que não têm poderes ilimitados de investigação. Trata-se de um requisito formal imprescindível para a realização de inquéritos parlamentares. Outros fatos, inicialmente imprevistos, também podem ser aditados aos objetivos da comissão de inquérito, já em ação ou andamento, desde que sejam certos, inconcussos, indiscutíveis, de evidente constatação; **E:** incorreta, pois a quebra do sigilo da comunicação telefônica se submete a cláusula de reserva jurisdicional, nos termos do art. 5°, XII, da CF.

Gabarito "B".

(Ministério Público/MG – 2011) À luz do que dispõe o artigo 60 da Constituição da República, a Constituição pode ser emendada mediante proposta:

I. do Procurador-Geral da República, após colhida a manifestação de todos os Procuradores-Gerais de Justiça dos Estados.
II. do Presidente da República.
III. dos cidadãos, cuja iniciativa poderá ser exercida pela apresentação à Câmara dos Deputados de projeto subscrito por, no mínimo, dez por cento do eleitorado nacional, distribuído pelo menos por quatro Estados, com não menos de três décimos por cento dos eleitores de cada um deles.
IV. de mais da metade das Assembleias Legislativas das unidades da Federação, manifestando-se, cada uma delas, pela maioria relativa de seus membros.

Somente está **CORRETO** o que se afirma em:
(A) I e II.
(B) II e III.
(C) II e IV.
(D) III e IV.

I: incorreta, já que a Constituição não poderá ser emendada mediante proposta do Procurador-Geral da República; **II:** correta, réplica do art. 60, II, da CF; **III:** incorreta, pois a iniciativa popular pode ser exercida pela apresentação à Câmara dos Deputados de projeto de lei complementar e ordinária, subscrito por, no mínimo, um por cento do eleitorado nacional, distribuído pelo menos por cinco Estados, com não menos de três décimos por cento dos eleitores de cada um deles, segundo o art. 61, § 2°, da CF; **IV:** correta, réplica do art. 60, III, da CF.

Gabarito "C".

(Ministério Público/MG – 2012 – CONSULPLAN) Examine as afirmativas abaixo:

I. Lei municipal, de iniciativa parlamentar, que altera a jornada de trabalho de servidores públicos do Poder Executivo padecerá de inconstitucionalidade formal, por desrespeito à prerrogativa de iniciar o processo legislativo.
II. Nos projetos de leis de iniciativa privativa ou reservada do Poder Executivo, o poder de emenda do Poder Legislativo é ilimitado.
III. Lei estadual, de iniciativa parlamentar, que concede isenção de pagamento de taxa de inscrição em concurso público, padecerá de inconstitucionalidade formal, por desrespeito à prerrogativa de iniciar o processo legislativo.
IV. A iniciativa privativa ou reservada para a deflagração do processo legislativo, por ter caráter excepcional, não se presume e nem comporta interpretação extensiva.

A análise permite concluir que:
(A) apenas as afirmativas I e II estão **CORRETAS**.
(B) apenas as afirmativas I e IV estão **CORRETAS**.
(C) apenas as afirmativas II e III estão **CORRETAS**.
(D) apenas as afirmativas III e IV estão **CORRETAS**.

I: correta, os parlamentares não têm competência para alterar a jornada de trabalho de servidores públicos do Poder Executivo. Conforme o Princípio da Simetria ou do Paralelismo a competência pertence ao Chefe do Poder Executivo Municipal, pois o art. 61, § 1°, II, "c", da CF, determina que, são de iniciativa privativa do Presidente da República as leis que disponham sobre servidores públicos da União e Territórios, seu *regime jurídico*, provimento de cargos, estabilidade e aposentadoria; **II:** incorreta, pois o poder de emenda *não* é ilimitado. O poder de emenda de que é detentor o Poder Legislativo, podemos afirmar que é o poder de modificar os interesses, nos limites da matéria do projeto de lei, a que se refere. Em consequência, não será admissível emenda que vise à rejeição pura e simples do texto formulado por quem detém a exclusividade da iniciativa. De igual forma, não poderá ser considerada emenda que pretenda introduzir conceito completamente estranho ao texto do projeto a que se refere. Em assim agindo, o Legislativo usurpa a competência privativamente atribuída ao Executivo e, com tal atitude, afronta o princípio da Tripartição dos Poderes, do qual é corolário a regra da iniciativa legislativa (art. 2° c/c o art. 61, § 1°, da Constituição Federal). A inserção de emendas substanciais que, por sua natureza, descaracterizam e desnaturam a vontade do titular da iniciativa, constitui afronta ao ordenamento jurídico-constitucional. A extrapolação dos limites do poder de emenda, atinge o Texto Constitucional em seus alicerces, em suas vigas mestras representadas pelos princípios constitucionais norteadores de todo o sistema; **III:** incorreta, pois não padece de inconstitucionalidade, conforme preleciona a jurisprudência: " (...) Com efeito, não mais assiste, ao chefe do Poder Executivo, a prerrogativa constitucional de fazer instaurar, com exclusividade, em matéria tributária, o concernente processo legislativo. Esse entendimento – que encontra apoio na jurisprudência que o STF firmou no tema ora em análise (*RTJ* 133/1044 – *RTJ* 176/1066-1067) – consagra a orientação de que, sob a égide da Constituição republicana de 1988, também o membro do Poder Legislativo dispõe de legitimidade ativa para iniciar o processo de formação das leis, quando se tratar de matéria de índole tributária, não mais subsistindo, em consequência, a restrição que prevaleceu ao longo da Carta Federal de 1969 (art. 57, I) (...)." (RE 328.896, Rel. Min. Celso de Mello, decisão monocrática, julgamento em 09.10.2009, *DJe* de 05.11.2009.); "*Ação direta de inconstitucionalidade. Lei municipal de iniciativa do legislativo. Isenção de taxa de inscrição em concurso público.* Lei que dispõe sobre a isenção de taxa de inscrição em concurso público não é de iniciativa privativa do Chefe do Poder Executivo, por isso, não se mostrando inconstitucional. Ressalva, porém, quanto à sua aplicação ao ano orçamentário em execução. Ação julgada improcedente. (TJRS, Tribunal Pleno, Ação Direta de Inconstitucionalidade 70014644082, rel. Leo Lima, j. 04.12.2006); **IV:** incorreta, apesar de o gabarito oficial tê-la considerada correta, pois plenamente possível a interpretação extensiva. Vejam: A iniciativa é restrita quando seu titular somente pode apresentar projetos de lei sobre matérias específicas apontadas na Constituição. É o caso das iniciativas conferidas ao Procurador-Gral da República (que somente pode apresentar projetos de lei relacionados ao MPU). A iniciativa é reservada quando o projeto de lei relativo a certa matéria somente pode ser proposto por uma determinada autoridade ou órgão (por exemplo: As do Presidente da República, dispostas nos arts. 61, § 1°, 165, I a III (leis orçamentárias), da CF; as do Supremo Tribunal Federal, conforme arts. 93, 96, II, e 48, XV, todos da CF).

Nosso gabarito: questão anulada. Gabarito Oficial "B".

(Ministério Público/GO – 2010) Sobre a possibilidade de emenda à Constituição, assinale a alternativa correta:

(A) A Constituição poderá ser emendada mediante proposta de mais da metade das Assembleias Legislativas das unidades da Federação, manifestando-se, cada uma delas, pela maioria relativa de seus membros.
(B) A Constituição não poderá ser emendada nos seis meses anteriores ao término de cada legislatura, a fim de evitar casuísmos e abusos no exercício do poder reformador.
(C) A matéria constante de proposta de emenda rejeitada pela Comissão de Constituição e Justiça poderá ser reapresentada na mesma sessão legislativa caso seja subscrita por pelo menos um terço dos deputados ou senadores.
(D) Não será objeto de deliberação a proposta de emenda tendente a abolir o voto direto, secreto e obrigatório.

A: correta, a Constituição poderá ser emendada mediante proposta de mais da metade das Assembleias Legislativas das unidades da Federação, manifestando-se, cada uma delas, pela maioria relativa de seus membros, nos termos do art. 60, III, da CF; **B:** incorreta, a matéria constante de proposta de emenda rejeitada ou havida por prejudicada não pode ser objeto de nova proposta na mesma sessão legislativa, nos termos do art. 60, § 5º, da CF. Sem prejuízo, não existe qualquer limitação sobre a edição de PECs nos seis meses anteriores ao término de cada legislatura; **C:** incorreta, a matéria constante de proposta de emenda rejeitada ou havida por prejudicada não pode ser objeto de nova proposta na mesma sessão legislativa, nos termos do art. 60, § 5º, da CF; **D:** incorreta, pois a obrigatoriedade do voto não é uma das cláusulas pétreas do art. 60, § 4º, da CF. A maior fonte da obrigatoriedade do voto encontra-se, expressamente, consubstanciada no artigo 14, § 1º, incisos, da Constituição Federal. Nesse dispositivo, consta a obrigatoriedade do voto e do alistamento eleitoral aos maiores de 18 anos; sendo facultativo aos analfabetos, maiores de 70 anos e aos maiores de 16 e menores de 18 anos. Apesar de ser fonte do voto obrigatório, a Constituição não é a única; visto que o próprio Código Eleitoral, em seu art. 6º, *caput*, trata do voto como uma obrigação dos brasileiros. Destarte, o sufrágio obrigatório está amparado tanto no âmbito constitucional como infraconstitucional, não sendo possível a provocação de inconstitucionalidade, pois, em tal caso, não há que se cogitar na declaração de inconstitucionalidade de uma norma constitucional originária e, além disso, responsável ela por recepcionar a norma infraconstitucional. Diante da Constituição Federal e do Código Eleitoral, descortina-se como indubitável caráter do voto como direito-dever. Direito, por permitir ao cidadão brasileiro que saia da plateia e ganhe os palcos da política nacional; podendo ele escolher livremente, a seu próprio alvedrio, o candidato que desejar. Dever, pois, a própria legislação que trata do assunto assim o estabelece; ademais, caso o indivíduo deixe de votar, sem a devida apresentação da justificativa, aquele incorrerá nas sanções do art. 7º, § 1º, do CE. Não se trata, portanto, apenas de um direito subjetivo, *facultas agendi*, uma faculdade de o seu titular agir se assim desejar, mas, também não se enquadra em um dever jurídico propriamente dito. Eis que a natureza jurídica do voto surge na fronteira entre direito e dever.
Gabarito "A".

(Ministério Público/BA – 2008) Sobre o Poder Legislativo e suas atribuições, assinale a alternativa incorreta:

(A) Compete ao Congresso Nacional o controle externo da atividade contábil, financeira e orçamentária da União, apreciando as contas do Presidente da República e fiscalizando seus atos, inclusive de gestores estaduais que aplicarem recursos repassados pela União mediante convênio, acordo, ajuste ou outros instrumentos congêneres.
(B) É inconstitucional a lei sancionada pelo Presidente da República se houve ofensa ao princípio da reserva constitucional, da iniciativa de lei exclusiva do Chefe do Executivo.
(C) Não havendo vedação expressa na Constituição Federal e observados por simetria os seus princípios e limitações, os Estados podem instituir medidas provisórias, desde que previsto expressamente em suas constituições.
(D) As medidas provisórias, embora originária do Poder Executivo, faz parte do processo legislativo brasileiro.
(E) Em caso de relevância e urgência, não poderá o projeto de lei ser vetado pelo Presidente da República.

A: assertiva correta, já que a alternativa está com consonância com o art. 71, I e VI, da CF; **B:** assertiva incorreta, devendo ser assinalada, pois é constitucional a lei sancionada pelo Presidente da República, ainda que se trate de lei de iniciativa exclusiva do Chefe do Executivo (a título de exemplo podemos citar o arts. 61, § 1º, e 165 da CF); **C:** assertiva correta, pois a alternativa está correta por força do princípio da simetria; **D:** assertiva correta, nos termos do arts. 59, V e 62, da CF; **E:** assertiva correta, pois a alternativa é correta, já o art. 62, "caput", da CF, reza que em caso de relevância e urgência, o Presidente da República poderá adotar medidas provisórias, com força de lei, devendo submetê-las de imediato ao Congresso Nacional.
Gabarito "B".

(Ministério Público/CE – 2011) À luz das disposições constitucionais sobre o processo legislativo, assinale a opção correta.

(A) As leis delegadas serão elaboradas pelo presidente da República após a edição pelo Congresso Nacional de decreto legislativo com a especificação do conteúdo e dos termos de exercício da delegação.
(B) Como regra, os projetos de lei, assim como as propostas de emenda à CF, são submetidos a dois turnos de discussão e votação.
(C) As medidas provisórias devem ser votadas em sessão conjunta do Congresso Nacional, no prazo de sessenta dias a contar da sua publicação, sob pena de imediata perda da sua eficácia.
(D) Não se admite, nos projetos que versam sobre a criação e extinção de ministérios e órgãos da administração pública, emenda parlamentar que gere aumento da despesa prevista.
(E) O veto a projeto de lei deverá ser apreciado em cada uma das casas do Congresso Nacional dentro de trinta dias a contar da decisão presidencial, e sua rejeição dependerá do voto de dois terços dos membros de cada uma delas, em votação nominal.

A: incorreta: na exata medida que de fato as leis delegadas serão elaboradas pelo Presidente da República, que deverá solicitar a delegação ao Congresso Nacional. A delegação ao Presidente da República terá a forma de resolução, nos termos do art. 68, § 2º, da CF; **B:** incorreta, pois os únicos atos legislativos que serão submetidos a dois turnos de discussão e votação são as propostas de emendas á CF. Graças a esse procedimento diferenciado destacamos as emendas constitucionais dos demais atos legislativos, o que indica que a Constituição da República é rígida, conforme a doutrina predominante; **C:** incorreta, pois a deliberação em cada uma das casas do Congresso Nacional sobre o mérito das medidas provisórias dependerá de juízo prévio sobre o atendimento de seus pressupostos constitucionais, nos termos do art. 62 e seus parágrafos; **D:** correta, pois o art. 61, § 1º, II, "e", da CF, reza que compete privativamente ao Presidente da República dispor sobre

criação e extinção de ministérios e órgãos da administração pública, observado o dispostos no art. 84, VI, da CF, ou seja, quando não implicar aumento de despesa; **E:** incorreta, pois o veto será apreciado em SESSÃO CONJUNTA, dentro de trinta dias a contar de seu RECEBIMENTO, só podendo ser rejeitado pelo voto da MAIORIA ABSOLUTA dos Deputados e Senadores, nos termos do art. 66, § 4º, da CF.
„Gabarito "D".

(Ministério Público/MT – 2012) À luz do disposto na CF, assinale a opção correta acerca da estrutura, do funcionamento e das atribuições do Poder Legislativo.

(A) Os deputados e senadores dispõem de foro privilegiado desde a expedição do diploma, estando, portanto, uma vez diplomados, ainda que ainda não tenham tomado posse, submetidos a julgamento perante o STF.
(B) Se o presidente da República não apresentar ao Congresso Nacional as contas relativas ao exercício anterior até sessenta dias após a abertura da sessão legislativa, caberá ao Senado Federal proceder à tomada de contas.
(C) O número total de deputados federais deve ser estabelecido por lei complementar, enquanto o número de representantes por estado e pelo DF deve ser estabelecido por lei ordinária, proporcionalmente ao número de eleitores.
(D) Cabe ao Congresso Nacional aprovar o estado de defesa e a intervenção federal; entretanto, a suspensão dessas medidas é competência privativa do presidente da República, dispensada a manifestação do Poder Legislativo.
(E) Compete privativamente ao Senado Federal escolher dois terços dos membros do TCU.

A: correta, pois a diplomação é o ato pelo qual, em solenidade previamente marcada, os tribunais eleitorais entregam os títulos que dão os candidatos como eleitos. É na solenidade que é entregue ao candidato eleito documento oficial que reconhece a validade de sua eleição, logo, ainda que não tenham tomado posse, os Deputados e Senadores, desde a expedição do diploma, serão submetidos a julgamento perante o Supremo Tribunal Federal, nos termos do art. 53, § 1º, da CF; **B:** incorreta, já que o art. 51, II, da CF, reza que compete privativamente à Câmara dos Deputados proceder à tomada de contas do Presidente da República, quando não apresentadas ao Congresso Nacional dentro de sessenta dias após a abertura da sessão legislativa; **C:** incorreta, pois quem estabelece o número mínimo e máximo de representantes do povo, dos Estados e do Distrito Federal é a própria CF, sendo que a Câmara dos Deputados compõe-se de representantes do povo, eleitos pelo sistema proporcional, em cada Estado, em cada Território e no Distrito Federal, nos termos do art. 45 da CF. Já o Senado Federal compõe-se de representantes dos Estados e do Distrito Federal, eleitos segundo o princípio majoritário, conforme art. 46, da CF; **D:** incorreta, pois compete exclusivamente ao Congresso Nacional APROVAR o estado de defesa e a intervenção federal, *autorizar* o estado de sítio, ou *suspender* qualquer uma dessas medidas (inteligência do art. 49, IV, da CF); **E:** incorreta. A competência não é do Senado Federal, mas sim, do Congresso Nacional, conforme art. 49, XIII, da CF. Inclusive, o Decreto Legislativo n. 6, de 22 de abril de 1993, regulamenta a escolha de Ministros do Tribunal de Contas da União pelo Congresso Nacional.
„Gabarito "A".

(Ministério Público/RJ – 2011) Considerando o disposto na Carta Magna a respeito do processo legislativo, assinale a alternativa correta.

(A) O projeto de lei aprovado por uma Casa será revisto pela outra, em dois turnos de discussão e votação, e enviado à sanção ou promulgação, se a Casa revisora o aprovar, ou arquivado, se o rejeitar.
(B) Se o Presidente da República considerar o projeto, no todo ou em parte, inconstitucional ou contrário ao interesse público, vetá-lo-á total ou parcialmente, no prazo de quinze dias corridos, contados da data do recebimento, e comunicará, dentro de quarenta e oito horas, ao Presidente do Senado Federal os motivos do veto.
(C) O veto do Presidente da República será apreciado em sessão conjunta, dentro de quinze dias a contar de seu recebimento, só podendo ser rejeitado pelo voto da maioria absoluta dos Deputados e Senadores, em escrutínio secreto.
(D) Na hipótese de rejeição de veto pelo Congresso Nacional, se a lei não for promulgada dentro de quarenta e oito horas pelo Presidente da República, o Presidente do Senado a promulgará e, se este não o fizer em igual prazo, caberá ao Vice-Presidente do Senado fazê-lo.

A: incorreta, pois o art. 65 da CF exige apenas um turno de discussão e votação; **B:** incorreta, pois o art. 66, § 1º, da CF, indica o prazo de quinze dias úteis e não corridos; **C:** incorreta, pois o veto será apreciado em sessão conjunta, dentro de trinta dias a contar de seu recebimento, só podendo ser rejeitado pelo voto da maioria absoluta dos Deputados e Senadores; **D:** correta, réplica do art. 66, § 7º, da CF.
„Gabarito "D".

(Ministério Público/PR – 2011) A respeito do regramento constitucional das medidas provisórias, assinale a afirmativa incorreta.

(A) É vedada a edição de medidas provisórias sobre matéria já disciplinada em projeto de lei aprovado pelo Congresso Nacional e pendente de sanção ou veto do Presidente da República.
(B) A edição de medida provisória para instituição de tributos só será admitida para atender despesas imprevisíveis e urgentes, como as decorrentes de guerra, comoção interna ou calamidade pública.
(C) Apenas excepcionalmente o Poder Judiciário poderá, no controle de constitucionalidade da medida provisória, examinar a adequação dos requisitos de relevância e urgência, por força da regra de separação de poderes.
(D) A medida provisória não apreciada pelo Congresso Nacional podia, até a Emenda Constitucional 32/2001, ser reeditada dentro do seu prazo de eficácia de trinta dias, mantidos os efeitos de lei desde a primeira edição.
(E) É vedada a reedição, na mesma sessão legislativa, de medida provisória que tenha sido rejeitada ou que tenha perdido sua eficácia por decurso de prazo.

A: correta. Literalidade do art. 62, § 1º, IV, da CF; **B:** incorreta, devendo ser assinalada, pois sobre medida provisória em matéria tributária o art. 62, § 2º, da CF, dispõe apenas que: "Medida provisória que implique instituição ou majoração de impostos, exceto os previstos nos arts. 153, I, II, IV, V, e 154, II, só produzirá efeitos no exercício financeiro seguinte se houver sido convertida em lei até o último dia daquele em que foi editada"; **C:** correta. Para o STF, "os pressupostos da urgência e da relevância, embora conceitos jurídicos relativamente indeterminados e fluidos, mesmo expondo-se, inicialmente, à avaliação discricionária do Presidente da República, estão sujeitos, ainda que excepcionalmente, ao controle do Poder Judiciário, porque compõem a própria estrutura constitucional que disciplina as medidas provisórias, qualificando-se como requisitos legitimadores e juridicamente condicionantes do exercício, pelo Chefe do Poder Executivo, da competência normativa primária que lhe foi outorgada, extraordinariamente, pela Constituição da República. (...) – A possibilidade de controle jurisdicional, mesmo sendo excepcional, apoia-se na necessidade de impedir que o Presidente da República, ao editar medidas provisórias, incida em excesso de poder ou em situação de manifesto abuso institucional, pois o sistema de limitação de poderes não permite que práticas governamentais abusivas venham a prevalecer sobre os postulados constitucionais que informam a concepção democrática de Poder e de Estado, especialmente naquelas hipóteses em que se registrar o exercício anômalo e arbitrário das funções estatais." (STF, ADI 2213 MC, Rel. Min. Celso de Mello); **D:** correta, pois a regra atual prescreve que: "As medidas provisórias, ressalvado o disposto nos §§ 11 e 12 perderão eficácia, desde a edição, se não forem convertidas em lei no prazo de sessenta dias, prorrogável, nos termos do § 7º, uma vez por igual período, devendo o Congresso Nacional disciplinar, por decreto legislativo, as relações jurídicas delas decorrentes" (art. 62, § 3º, da CF; **E:** correta, réplica do art. 62, § 10, da CF.

Gabarito "B".

(Ministério Público/PR – 2011) Com base na Constituição da República Federativa do Brasil de 1988 e suas atualizações, assinale a afirmativa incorreta.

(A) Não é possível a edição de medidas provisórias pelos governadores dos Estados-membros, mesmo que haja previsão expressa na Constituição Estadual.
(B) A Constituição Federal, ao conferir aos Estados--membros a capacidade de auto-organização e autogoverno, impõe a observância de vários princípios, entre os quais o pertinente ao processo legislativo, de modo que o legislador estadual não pode validamente dispor sobre as matérias reservadas à iniciativa privativa do Chefe do Executivo.
(C) A jurisprudência dos tribunais superiores considera as regras básicas de processo legislativo previstas na Constituição Federal como modelos obrigatórios às leis orgânicas dos Municípios.
(D) O Poder Constituinte Estadual é denominado de "derivado decorrente", pois consiste na possibilidade que os Estados membros têm de se auto-organizarem por meio de suas respectivas constituições estaduais, sempre respeitando as regras limitativas estabelecidas pela Constituição Federal.
(E) A autonomia dos Estados da Federação se caracteriza pela tríplice capacidade de auto-organização e normatização própria, autogoverno e autoadministração.

A: incorreta, devendo ser assinalada, pois, em regra, podem ser editadas, desde que haja autorização na CE e sejam observadas as regras da CF sobre medidas provisórias, por simetria. Exceção: art. 25, § 2º, da CF, que trata de gás canalizado, sem prejuízo, é pertinente citar, da ADIn 2391; **B:** correta. Aplicação do art. 61, § 1º, *a*, da CF, por simetria; **C:** correta, por conclusão do próprio STF na ADIn 425/TO, Rel. Min. Maurício Corrêa; **D:** correta, já que o Poder Constituinte pode ser originário (que inaugura a ordem jurídica) ou derivado (decorre do originário). O derivado, por sua vez, pode ser decorrente (Poder Constituinte Estadual) ou reformador; **E:** correta. Auto-organização (cada um dos entes federativos pode elaborar sua própria Constituição). Autogoverno (garantia assegurada ao povo de escolher seus próprios dirigentes e de, por meio deles, editar leis) e autoadministração (capacidade assegurada aos Estados de possuir administração própria, faculdade de dar execução às leis vigentes).

Gabarito "A".

(Ministério Público/CE – 2011) Com relação à organização político-administrativa do Estado brasileiro, assinale a opção correta.

(A) Compete à União, aos estados e ao DF legislar concorrentemente sobre trânsito e transporte, estando na esfera de competência dos estados explorar, diretamente ou mediante autorização, concessão ou permissão, os serviços de transporte rodoviário interestadual de passageiros.
(B) As regiões metropolitanas, as aglomerações urbanas e as microrregiões são constituídas por agrupamentos de municípios limítrofes, podendo ser instituídas por lei complementar estadual.
(C) Cabe às assembleias legislativas fixar, por meio de decreto legislativo, o subsídio dos deputados dos respectivos estados, o que deve ocorrer a cada legislatura, para a subsequente, observado o limite máximo de noventa por cento do subsídio estabelecido, em espécie, para os deputados federais.
(D) Aos vereadores impõem-se, em igual extensão, as regras, aplicáveis aos deputados estaduais, relativas a inviolabilidade, imunidades, remuneração, perda de mandato, licença, impedimentos e incorporação às Forças Armadas.
(E) Lei complementar federal pode autorizar os estados e o DF a legislar sobre as normas gerais que, no âmbito da competência legislativa concorrente, são de responsabilidade da União.

A: incorreta, pois compete privativamente á União legislar sobre diretrizes da política nacional de transporte e trânsito e transporte, nos termos do art. 22, IX e XI, da CF. Contudo, a lei complementar poderá autorizar os Estados a legislar sobre questões específicas, conforme o art. 22, parágrafo único, da CF; **B:** correta, pois reza o art. 25, § 3º, da CF que os Estados poderão, mediante lei complementar, instituir regiões metropolitanas, aglomerações urbanas e microrregiões, constituídas por agrupamentos de Municípios limítrofes, para integrar a organização, o planejamento e a execução de funções públicas de interesse comum; **C:** incorreta, na exata medida que o subsídio dos Deputados Estaduais será fixado por lei de iniciativa da Assembleia Legislativa, na razão de, no máximo 75% (setenta e cinco por cento) daquele estabelecido, em espécie, para os Deputados Federais, observando o que dispõem os arts. 39, § 4º, 57, § 7º, 150, II, 153, III, e 153, § 2º, I e 27, § 2º, da CF; **D:** incorreta, pois aos vereadores impõem-se apenas a inviolabilidade por suas opiniões, palavras e votos no exercício do mandato e na circunscrição do Município, nos termos do art. 29, VIII, da CF. Em outras palavras, os vereadores são titulares apenas da imunidade material; **E:** incorreta, pois no âmbito da legislação concorrente, a competência da União limitar-se á a estabelecer as normas gerais. Contudo, a competência da União para legislar normas gerais não exclui a competência suplementar dos Estados, nos termos do art. 24, §§ 1º e 2º, da CF.

Gabarito "B".

(Ministério Público/PR – 2011) Relativamente ao poder de iniciativa para a proposição de leis, é correto afirmar:

(A) No âmbito dos Estados membros, o poder de iniciativa de leis visando o estabelecimento da organização, atribuições e estatuto de cada Ministério Público é concorrente entre o Procurador-Geral de Justiça e o Governador do Estado.
(B) Os projetos de lei de iniciativa privativa do Presidente da República, em regra, não poderão ser alterados através de emendas apresentadas pelos parlamentares.

(C) A iniciativa popular pode ser exercida pela apresentação à Câmara dos Deputados de projeto de lei subscrito por, no mínimo, um por cento do eleitorado nacional, distribuído pelo menos por cinco Estados, com não menos de três décimos por cento dos eleitores de cada um deles.
(D) É conjunta dos Presidentes da República, da Câmara dos Deputados, do Senado Federal e do Supremo Tribunal Federal, a iniciativa de lei para fixação dos subsídios dos Ministros do Supremo Tribunal Federal e consequente estabelecimento do teto salarial do funcionalismo público, conforme estabelecido pela Emenda Constitucional 19/1998.
(E) todas as alternativas anteriores são incorretas.

A: incorreta. Não reflete o disposto no art. 128, § 5º, da CF; **B:** incorreta. Podem ser alterados por emendas, mas, em regra, não são cabíveis emendas parlamentares que acarretem em aumento de despesa (art. 63, I, da CF); **C:** correta, art. 61, § 2º, da CF; **D:** incorreta. Não reflete o disposto no art. 48, XV, da CF. **E:** incorreta, pois a alternativa "C" é verdadeira.
Gabarito "C".

(Ministério Público/RJ – 2011) Na hipótese de um Deputado Federal e um membro do Tribunal de Contas do Estado serem pacientes do *habeas corpus*, a competência originária para processar e julgar esse remédio constitucional será, respectivamente,

(A) do Supremo Tribunal Federal e do Superior Tribunal de Justiça.
(B) do Superior Tribunal de Justiça e do Tribunal de Justiça do Estado.
(C) do Supremo Tribunal Federal e do Tribunal de Justiça do Estado.
(D) do Tribunal Regional Federal e do Tribunal de Justiça do Estado.

A: correta, pois o art. 102, I, "d", da CF, dispõe que compete ao STF processar e julgar, originariamente o *habeas corpus*, sendo paciente o Presidente da República, o Vice-Presidente, os membros do Congresso Nacional (Deputados e Senadores), seus próprios Ministros, o Procurador-Geral da República, os Ministros de Estado, os Comandantes da Marinha, do Exército e da Aeronáutica, ressalvado o disposto no art. 52, I, da CF, os membros dos Tribunais Superiores, os do Tribunal de Contas da União e os chefes de missão diplomática de caráter permanente No que diz respeito aos membros do Tribunal de Contas do Estado serem pacientes do "habeas corpus", a competência originária é a do Superior do Tribunal de Justiça, nos termos do art. 105, I, "c" e "a", da CF; **B:** incorreta, pois o Superior Tribunal de Justiça irá processar e julgar os Governadores dos Estados e do Distrito Federal, os desembargadores dos Tribunais de Justiça dos Estados e do Distrito Federal, os membros dos Tribunais de Contas dos Estados, do Distrito Federal e dos Municípios, os membros do Ministério Público da União e dos Tribunais Regionais, nos termos do art. 105, I "a" e "c", da CF. A competência dos Tribunais de Justiça será definida na Constituição do Estado, sendo a lei de organização judiciária de iniciativa do tribunal de justiça, conforme art. 125, § 1º, da CF e art. 70, do ADCT; **C:** incorreta, pelos mesmos fundamentos citados nas duas primeiras alternativas; **D:** incorreta, compete aos Tribunais Regionais Federais processar e julgar, originariamente os "habeas corpus", quando a autoridade coatora for juiz federal, nos termos do art. 108, I, "d", da CF.
Gabarito "A".

(Ministério Público /PR – 2011) A Constituição da República Federativa do Brasil apresenta um extenso catálogo de direitos e garantias fundamentais, tanto individuais como coletivos, sendo que tais normas definidoras de direitos e garantias fundamentais têm aplicação imediata, por expressa previsão constitucional. O texto constitucional também é claro ao prever que direitos e garantias expressos na Constituição não excluem outros decorrentes do regime e dos princípios por ela adotados, ou dos tratados internacionais em que a República Federativa do Brasil seja parte. Por ocasião da promulgação da Emenda Constitucional de n. 45, em 2004, a Constituição passou a contar com um § 3º, em seu art. 5º, que apresenta a seguinte redação: "Os tratados e convenções internacionais sobre direitos humanos que forem aprovados, em cada Casa do Congresso Nacional, em dois turnos, por três quintos dos votos dos respectivos membros, serão equivalentes às emendas constitucionais". Logo após a promulgação da Constituição, em 1988, o Brasil ratificou diversos tratados internacionais de direitos humanos, dentre os quais se destaca a Convenção Americana de Direitos Humanos, também chamada de Pacto de San José da Costa Rica (tratado que foi internalizado no ordenamento jurídico brasileiro pelo Decreto n. 678/1992), sendo certo que sua aprovação não observou o quórum qualificado atualmente previsto pelo art. 5º, § 3º, da Constituição (mesmo porque tal previsão legal sequer existia).

Tendo como objeto a Convenção Americana de Direitos Humanos, segundo a recente orientação do Supremo Tribunal Federal, assinale a alternativa correta sobre o *status* jurídico de suas disposições.

(A) *Status* de Lei Ordinária.
(B) *Status* de Lei Complementar.
(C) *Status* de Lei Delegada.
(D) *Status* de Norma Supralegal.
(E) *Status* de Norma Constitucional.

A: incorreta, as normas de *status* de Lei Ordinária são desprovidas de supremacia, logo, são normas infraconstitucionais (art. 59, III, da CF); **B:** incorreta, pois são normas infraconstitucionais que apresentam apenas um quórum de maioria absoluta, nos termos do art. 69 da CF; **C:** incorreta, já que as leis delegadas serão elaboradas pelo Presidente da República, que deverá solicitar a delegação ao Congresso Nacional. A delegação ao Presidente da República terá a forma de resolução do Congresso Nacional, que especificará seu conteúdo e os termos de seu exercício. Se a resolução determinar a apreciação do projeto pelo Congresso Nacional, este a fará em votação única, vedada qualquer emenda; **D:** correta, já que os tratados internacionais *sobre direitos humanos*, conforme expressa previsão do art. 5º, § 3º, da CF, *podem* ter tratamento diferenciado se aprovados na forma prevista na Constituição, adquirindo o *status* de emenda constitucional. Assim, a depender da opção *discricionária* do Congresso Nacional, somente serão equivalentes às emendas constitucionais os tratados que observarem o procedimento do art. 5º, § 3º, da CF. Os demais tratados internacionais sobre direitos humanos, não aprovados na forma do art. 5º, § 3º, da CF terão *status supralegal*. O tema é de extrema importância e sofreu uma "virada jurisprudencial" no final de 2008. Até então, o STF entendia que os tratados internacionais, mesmo sobre direitos humanos tinham, em regra, força de *lei ordinária*. A partir do julgamento do RE 466.343-1/SP, Rel. Min. Cezar Peluso, o Tribunal passou a reconhecer a *supralegalidade* dos tratados internacionais sobre direitos humanos. Ou seja: não equivalem às normas constitucionais, mas se encontram em patamar normativo superior ao das leis ordinárias. Dessa forma, pela orientação atual do STF, poderão conviver em nosso ordenamento três tipos de tratados internacionais, com diferentes forças normativas: a) os tratados internacionais *gerais*, com força de lei ordinária; b) os tratados internacionais *sobre direitos humanos* com *status* de emenda constitucional, pois aprovados na forma do art. 5º, § 3º, da CF, e c) os tratados internacionais *sobre direitos humanos* que não observaram o procedimento previsto no art. 5º, § 3º, da CF, que gozam de supralegalidade; **E:** incorreta, pois as normas de *status* constitucional são todas providas de Supremacia.

Gabarito "D".

12. DA ORGANIZAÇÃO DO PODER JUDICIÁRIO

(Procurador da República – 25º) Analise os itens abaixo e responda em seguida:

I. Consoante a jurisprudência do Supremo Tribunal Federal, as disposições constitucionais que vedam tratamento discriminatório em razão da idade, para efeito de acesso ao serviço público, não são dotadas de valor absoluto, podendo a Administração instituir, com base em lei, limites etários, quando isso puder ser justificado pela natureza das funções inerentes ao cargo público.

II. De acordo com a jurisprudência do Supremo Tribunal Federal, os titulares de registros e ofícios de notas exercem atividade pública em regime de delegação do Estado, razão pela qual estão submetidos à regra constitucional da aposentadoria compulsória aos setenta anos de idade.

III. O livre provimento de cargos em comissão encontra limite constitucional no princípio da moralidade administrativa, razão pela qual, consoante a jurisprudência dominante do STF, é vedada a nomeação de cônjuge ou parente até o terceiro grau, inclusive, da autoridade nomeante para o exercício de cargo em comissão ou função gratificada no âmbito da administração direta e indireta em qualquer dos Poderes da União, dos Estados, do Distrito Federal e dos Municípios.

IV. A vitaliciedade de magistrado de órgão judiciário de segundo grau, que ali ingressa pelo quinto constitucional reservado à advocacia, é adquirida com a posse; a partir daí, a perda do cargo somente pode ocorrer por decisão judicial transitada em julgado ou por decisão da maioria de dois terços do Conselho Nacional de Justiça.

(A) são falsos os itens II e III.
(B) são verdadeiros os itens I, III e IV.
(C) são falsos os itens II e IV.
(D) são falsos os itens I e IV.

I: correta. Consoante a jurisprudência do Supremo Tribunal Federal, as disposições constitucionais que vedam tratamento discriminatório em razão da idade, para efeito de acesso ao serviço público, não são dotadas de valor absoluto, podendo a Administração instituir, com base em lei, limites etários, quando isso puder ser justificado pela natureza das funções inerentes ao cargo público. Vejamos: "Por meio de deliberação no Plenário Virtual, os ministros do Supremo Tribunal Federal (STF) decidiram, por maioria de votos, aplicar a jurisprudência da Corte (Súmula 683) e rejeitar o Recurso Extraordinário com Agravo (ARE 678112) no qual um cidadão que prestou concurso para o cargo de agente da Polícia Civil do Estado de Minas Gerais buscava garantir judicialmente o seu ingresso na corporação apesar de ter idade superior ao máximo previsto no edital (32 anos). A Súmula 683 do STF estabelece que 'o limite de idade para inscrição em concurso público só se legitima em face do art. 7º, XXX, da Constituição, quando possa ser justificado pela natureza das atribuições do cargo a ser preenchido'. No caso analisado pelo Plenário Virtual, de relatoria do ministro Luiz Fux, o recorrente, que tinha 40 anos à época do certame (cujo edital dispunha que o aspirante ao cargo deveria ter entre 18 e 32 anos para efetuar a matrícula em curso oferecido pela Academia de Polícia Civil de Minas Gerais) questionava decisão do Tribunal de Justiça de Minas Gerais (TJ-MG) que, ao julgar recurso de apelação, manteve sentença que julgou improcedente Ação Declaratória de Nulidade de Ato Administrativo, na qual ele apontava a inconstitucionalidade do dispositivo da Lei Estadual 5.406/1969 que fixava tais limites de idade. No Plenário Virtual, a repercussão geral da matéria discutida no recurso foi reconhecida, por maioria de votos, em razão da relevância jurídica do tema (limite etário para ingresso em carreira policial) que, segundo apontou o relator do processo, ministro Fux, 'transcende os interesses subjetivos da causa'. O art. 7º, XXX, da Constituição Federal proíbe a diferença de salários, exercício de funções e de critério de admissão por motivo de sexo, idade, cor ou estado civil. No caso em questão, a lei estadual em vigor à época do concurso público previa que o aspirante ao cargo deveria ter entre 18 e 32 anos. Em 2010, a Lei Complementar Estadual 113 suprimiu a referência à idade máxima, mantendo apenas o mínimo de 18 anos. De acordo com os autos, o recorrente foi aprovado na prova objetiva, avaliação psicológica, exames biomédicos e biofísicos, mas teve sua matrícula indeferida no curso de formação pois contava com 40 anos e a idade máxima permitida era 32 anos. Segundo o ministro Fux, a decisão do TJ-MG está em consonância com a jurisprudência da Corte, razão pela qual não merece reparos. "Insta saber se é razoável ou não limitar idade para ingressar em carreira policial, a par da aprovação em testes médicos e físicos. Com efeito, o Supremo tem entendido, em casos semelhantes, que o estabelecimento de limite de idade para inscrição em concurso público apenas é legítimo quando justificado pela natureza das atribuições do cargo a ser preenchido", concluiu; **II:** incorreta. "1. O art. 40, § 1º, II, da Constituição do Brasil, na redação que lhe foi conferida pela EC 20/1998, está restrito aos cargos efetivos da União, dos Estados-membros, do Distrito Federal e dos Municípios – incluídas as autarquias e fundações. 2. Os serviços de registros públicos, cartorários e notariais são exercidos em caráter privado por delegação do Poder Público – serviço público não privativo. 3. Os notários e os registradores exercem atividade estatal, entretanto não são titulares de cargo público efetivo, tampouco ocupam cargo público. Não são servidores públicos, não lhes alcançando a compulsoriedade imposta pelo mencionado art. 40 da CF/1988 – aposentadoria compulsória aos setenta anos de idade." (STF, ADI 2.602, Plenário, j. 24.11.2005, rel. para o acórdão Min. Eros Grau, *DJ* 31.03.2006). No mesmo sentido: STF, AgRg no AI 494.237/SP, 2ª T., j. 23.11.2010, rel. Min. Joaquim Barbosa, *DJe* 07.12.2010; STF, AgRg no RE 478.392-4/MG, 2ª T., j. 14.10.2008, rel. Min. Cezar Peluso, *DJe* 21.11.2008; STF, AgRg na RCl 5.526-4, Plenário, j. 25.06.2008, rel. Min. Ricardo Lewandowski, *DJe* 15.08.2008; STF, AgRg no AI 655.378-6/PE, 2ª T., j. 26.02.2008, rel. Min. Gilmar Mendes, *DJe* 28.03.2008. Vide: STF, EDcl no RE 556.504/SP, 1ª T., j. 10.08.2010, rel. Min. Dias Toffoli, *DJe* 25.10.2010; **III:** correta. Literalidade da Súmula Vinculante 13 do STF: "A nomeação de cônjuge, companheiro ou parente em linha reta, colateral ou por afinidade, até o terceiro grau, inclusive, da autoridade nomeante ou de servidor da mesma pessoa jurídica investido em cargo de direção, chefia ou assessoramento, para o exercício de cargo em comissão ou de confiança ou, ainda, de função gratificada na administração pública direta e indireta em qualquer dos poderes da União, dos Estados, do Distrito Federal e dos Municípios, compreendido o ajuste mediante designações recíprocas, viola a Constituição Federal"; **IV:** incorreta. A vitaliciedade de magistrado de órgão judiciário de segundo grau, que ali ingressa pelo quinto constitucional reservado à advocacia, é adquirida com a posse; a partir daí, a perda do cargo somente pode ocorrer por decisão judicial transitada em julgado *e não* por decisão da maioria de dois terços do Conselho Nacional de Justiça, nos termos do art. 95, I, da CF.

Gabarito "C".

(Promotor de Justiça/SC – 2016 – MPE)

(1) Junto ao Conselho Nacional de Justiça oficiarão o Procurador-Geral da República e o Presidente do Conselho Federal da Ordem dos Advogados do Brasil.

1: correta. Art. 103-B, parágrafo 6º, CF.

Gabarito 1C

5. DIREITO CONSTITUCIONAL

(Ministério Público/MG – 2014) Assinale a alternativa CORRETA:

(A) As decisões administrativas dos tribunais serão motivadas e em sessão pública, sendo as disciplinares tomadas pelo voto da maioria simples de seus membros.
(B) A atividade jurisdicional será ininterrupta, sendo vedado férias coletivas nos juízos e em todos os tribunais do País, funcionando nos dias em que não houver expediente forense normal, juízes em plantão permanente.
(C) A distribuição de processos será imediata, apenas nos juízos de primeiro grau de jurisdição.
(D) Os servidores receberão delegação para a prática de atos de administração e atos de mero expediente sem caráter decisório.

A: incorreta. As decisões disciplinares, diferentemente do que se afirma na proposição, serão tomadas pelo voto da maioria *absoluta* (e não *simples*) dos membros dos tribunais (art. 93, X, da CF); **B:** incorreta, dado que o art. 93, XII, da CF somente contemplou os juízos e tribunais de *segundo grau*, e não *todos* os tribunais; **C:** incorreta, porquanto a distribuição dos processos será imediata em todos os graus de jurisdição (art. 93, XV, da CF); **D:** correta (art. 93, XIV, da CF).
Gabarito "D".

(Ministério Público/Acre – 2014 – CESPE) Com relação ao Poder Judiciário, assinale a opção correta.

(A) De acordo com a CF, membro do MPE poderá compor o tribunal regional eleitoral, desde que nomeado pelo presidente da República, devendo atuar pelo prazo mínimo de dois anos e nunca por mais de dois biênios consecutivos.
(B) Desde que haja previsão na constituição estadual, é possível a criação da justiça militar estadual, constituída, em primeiro grau, pelos juízes auditores e, em segundo grau, pelas auditorias militares.
(C) Em casos de crimes dolosos contra a vida, o julgamento de prefeito, de competência da justiça comum estadual, será realizado perante o tribunal de justiça respectivo, dada a previsão constitucional específica, que prevalece sobre a competência geral do tribunal do júri.
(D) As decisões administrativas dos tribunais de justiça em matéria disciplinar devem ser motivadas e podem ser realizadas em sessão secreta por decisão da maioria absoluta de seus membros.
(E) Constituição estadual pode prever representação de inconstitucionalidade de leis ou atos normativos estaduais em face de seu texto, desde que estabeleça a legitimidade exclusiva para o seu oferecimento ao procurador-geral de justiça.

A: incorreta, pois em desacordo com o que preceitua o art. 120, § 1º, da CF, que estabelece as regras concernentes à composição dos tribunais regionais eleitorais; **B:** incorreta (art. 125, § 3º, da CF); **C:** correta. De fato, os prefeitos municipais serão julgados, pela prática de crimes comuns e dolosos contra a vida, pelo Tribunal de Justiça (art. 29, X, da CF). Pela prática de crimes da esfera federal, o julgamento caberá aos Tribunais Regionais Federais. Agora, se se tratar de crimes de responsabilidade, previstos no Dec.-lei 201/1967, o chefe do executivo municipal será submetido a julgamento pelo Poder Legislativo local. Nesse sentido: Súmula 702, STF: "A competência do Tribunal de Justiça para julgar prefeitos restringe-se aos crimes de competência da Justiça comum estadual; nos demais casos, a competência originária caberá ao respectivo tribunal de segundo grau"; **D:** incorreta, pois contraria o disposto no art. 93, X, da CF, que impõe que as decisões administrativas dos tribunais, aqui as incluídas as atinentes à matéria disciplinar, serão tomadas em sessão pública; **E:** incorreta, nos termos do art. 125, § 2º, da CF.
Gabarito "C".

(Ministério Público/SP – 2013 – PGMP) Assinale a alternativa CORRETA.

A expressão "cláusula de reserva de plenário" refere-se à disposição constitucional no sentido de que:

(A) compete ao Supremo Tribunal Federal processar e julgar originariamente, nas infrações penais comuns, o Presidente da República, o Vice-Presidente, os membros do Congresso Nacional, seus próprios Ministros e o Procurador-Geral da República.
(B) compete ao Supremo Tribunal Federal aprovar súmula que, a partir de sua publicação na imprensa oficial, terá efeito vinculante em relação aos demais órgãos do Poder Judiciário.
(C) compete, somente pelo voto da maioria absoluta de seus membros ou dos membros do respectivo órgão especial, aos tribunais declarar a inconstitucionalidade de lei ou ato normativo do Poder Público.
(D) compete ao Supremo Tribunal Federal processar e julgar originariamente os conflitos de competência entre o Superior Tribunal de Justiça e quaisquer tribunais, entre Tribunais Superiores, ou entre estes e qualquer outro tribunal.
(E) compete privativamente ao Senado Federal processar e julgar o Presidente e o Vice-Presidente da República nos crimes de responsabilidade, bem como os Ministros de Estado e os Comandantes da Marinha, do Exército e da Aeronáutica nos crimes da mesma natureza conexos com aqueles.

A: incorreta. Embora o assunto trazido pela alternativa esteja previsto na CF (art. 102, I, "b") trata de uma das competências do STF e não tem a ver com a denominada cláusula de reserva de plenário. Esta, por sua vez, encontra fundamento no art. 97 da CF e na Súmula Vinculante 10 do STF e determina que somente pelo voto da maioria absoluta de seus membros ou dos membros do respectivo órgão especial, aos tribunais declarar a inconstitucionalidade de lei ou ato normativo do Poder Público; **B:** incorreta. O tema diz respeito a súmula vinculante, prevista no art. 103-A da CF e na Lei 11.417/2006; **C:** correta (art. 97 da CF); **D:** incorreta. Mais uma vez, a alternativa trata de uma das competências do STF (art. 102, I, "o", da CF); **E:** incorreta. De acordo com o art. 52, I, da CF, de fato, é da competência do Senado Federal o processo e julgamento desses crimes. Vale lembrar que essa atribuição nada tem a ver com a cláusula de reserva de plenário.
Gabarito "C".

(Ministério Público/MS – 2013 – FADEMS) Assinale a alternativa **incorreta**, sobre o Conselho Nacional de Justiça:

(A) ao CNJ compete o controle da atuação administrativa e financeira do Poder Judiciário e do cumprimento dos deveres funcionais dos juízes.
(B) ao CNJ compete zelar pela autonomia do Poder Judiciário e pelo cumprimento do Estatuto da Magistratura, podendo expedir atos regulamentares, no âmbito de sua competência, ou recomendar providências.
(C) ao CNJ compete a instauração de procedimentos disciplinares contra juízes somente após a atuação da Corregedoria do Tribunal.
(D) ao CNJ compete rever, de ofício ou mediante provocação, os processos disciplinares de juízes e membros de tribunais julgados há menos de um ano.

(E) ao CNJ compete representar ao Ministério Público, no caso de crime contra a administração pública ou de abuso de autoridade.

A: correta. Ao CNJ compete o controle da atuação administrativa e financeira do Poder Judiciário e do cumprimento dos deveres funcionais dos juízes, nos termos do art. 103-B, § 4º, da CF/1988; **B:** correta. Ao CNJ compete zelar pela autonomia do Poder Judiciário e pelo cumprimento do Estatuto da Magistratura, podendo expedir atos regulamentares, no âmbito de sua competência, ou recomendar providências, como determina o art. 103-B, § 4º, I, da CF/1988; **C:** incorreta, devendo ser assinalada. Compete ao CNJ receber as reclamações e denúncias, de QUALQUER INTERESSADO, relativas aos magistrados e aos serviços judiciários, como determina o art. 103-B, § 5º, I, da CF/1988; **D:** correta. Compete ao CNJ REVER, de ofício ou mediante provocação, os processos disciplinares de juízes e membros de tribunais julgados há pelo menos um ano, nos termos do art. 103-B, § 4º, V, da CF/1988; **E:** correta. Ao CNJ compete representar ao Ministério Público, no caso de crime contra a administração pública ou de abuso de autoridade. Inteligência do art. 103-B, § 4º, IV, da CF/1988.

Gabarito "C".

(Ministério Público/SP – 2012 – VUNESP) A EC n. 45/2004 estabeleceu o Conselho Nacional de Justiça, sobre a Presidência do Presidente do Supremo Tribunal Federal, com sede na Capital Federal, como órgão

(A) de cúpula administrativa do Poder Judiciário, com funções administrativas e jurisdicionais, composto por 15 membros, cuja maioria é formada por membros do Poder Judiciário.

(B) externo de fiscalização administrativa do Poder Judiciário, com funções administrativas, composto por 15 membros, cuja maioria é formada por membros indicados pelos Poderes Executivo e Legislativo.

(C) de cúpula administrativa do Poder Judiciário, com funções administrativas, composto por 15 membros, cuja maioria é formada por membros do Poder Judiciário.

(D) externo de fiscalização administrativa do Poder Judiciário, com funções administrativas, composto por 15 membros, cuja maioria é formada por membros do Poder Judiciário.

(E) externo de fiscalização administrativa do Poder Judiciário, com funções administrativas e jurisdicionais, composto por 15 membros, cuja maioria é formada por membros do Poder Judiciário.

A: incorreta, pois compete ao Conselho Nacional de Justiça o controle da atuação administrativa e Financeira do Poder Judiciário e do cumprimento dos deveres funcionais dos juízes, cabendo-lhe, além de outras de outras atribuições que lhe forem conferidas pelo Estatuto da Magistratura. Se não bastasse o CNJ não tem funções jurisdicionais, nos termos dos arts. 92, I e 103-B, § 4º, da CF; **B:** incorreta, já que a maioria é formada por membros do Poder Judiciário; **C:** correta, por força do art. 103-B da CF; **D:** incorreta, pois o CNJ é um dos órgãos do Poder Judiciário, logo, é órgão interno de fiscalização, nos termos do art. 92, I-A, da CF; **E:** incorreta, já que o CNJ não em funções jurisdicionais.

Gabarito "C".

(Ministério Público/DF – 2011)

I. Compete ao Superior Tribunal de Justiça processar e julgar originariamente nos crimes comuns os Governadores dos Estados e do Distrito Federal, os membros do Tribunal de Contas da União, os membros dos Tribunais Regionais Federais e dos Tribunais Regionais Eleitorais.

II. Determinado Estado-membro possui 16 Deputados Federais. Em consequência, o número de Deputados Estaduais na respectiva Assembleia Legislativa será de 46 deputados.

III. O Conselho Nacional de Justiça compõe-se de quinze membros contando-se entre estes o Procurador-Geral da República e dois advogados, indicados pelo Conselho Federal da Ordem dos Advogados do Brasil.

Na folha de respostas, atento ao número da questão, responda:

(A) se somente a assertiva I for correta
(B) se somente a assertiva II for correta
(C) se somente a assertiva III for correta
(D) se nenhuma das assertivas for correta

I: incorreta, pois o Superior Tribunal de Justiça não tem competência para processar e julgar nos crimes comuns os membros do Tribunal de Contas da União, mas sim, o Supremo tribunal Federal, nos termos do art. 102, I, "c", da CF; **II:** incorreta, pois se determinado Estado-membro possui 16 Deputados Federais, o número de Deputados à Assembleia Legislativa corresponderá ao triplo da representação do Estado na Câmara dos Deputados, ou seja, nesse caso, 42 deputados, nos termos do art. 27, da CF; **III:** incorreta, pois o Procurador-Geral da República não compõe o Conselho Nacional de Justiça, ele apenas indica um membro do Ministério Púbico da União, nos termos do art. 103-B, X, da CF.

Gabarito "D".

(Ministério Público/DF – 2011)

I. Compete privativamente ao Senado Federal resolver sobre tratados, acordos ou atos internacionais que acarretem encargos ou compromissos gravosos ao patrimônio nacional.

II. Compete exclusivamente ao Tribunal Regional Federal na Capital da República processar e julgar originariamente nos crimes comuns e de responsabilidade os membros do Ministério Público do Distrito Federal e Territórios.

III. Nos termos da Constituição vigente da decisão de juiz federal nas causas em que forem partes organismo internacional, de um lado e, de outro, Município caberá recurso ordinário ao Superior Tribunal de Justiça.

Na folha de respostas, atento ao número da questão, responda:

(A) se somente a assertiva I for correta
(B) se somente a assertiva II for correta
(C) se somente a assertiva III for correta
(D) se nenhuma das assertivas for correta

I: incorreta, pois compete ao Congresso Nacional, nos termos do art. 49, I, da CF; **II:** incorreta, na exata medida que compete ao Tribunal Regional Federal processar e julgar, originariamente os juízes federais da área de sua jurisdição, incluídos os da Justiça Militar e da Justiça do Trabalho, os crimes comuns e de responsabilidade, e os membros do Ministério Público da União, nos termos do art. 108, I, "a", da CF; **III:** correta, literalidade do art. 105, II, " c", da CF.

Gabarito "C".

(Ministério Público/CE – 2011) No que concerne à organização e às competências dos órgãos do Poder Judiciário e do CNJ, assinale a opção correta.

(A) Em se tratando de crimes comuns, compete aos tribunais de justiça julgar os juízes dos estados e os do DF, bem como os membros do MP estadual; nos

casos de crime de responsabilidade, a competência é das assembleias legislativas.
(B) Aos tribunais de justiça é assegurada autonomia para elaborar sua proposta orçamentária, respeitados os limites estipulados na lei de diretrizes orçamentárias, que deve ser encaminhada dentro do prazo convencionado com o Poder Executivo; caso contrário, serão considerados, para fins de consolidação da proposta orçamentária anual, os valores médios dos orçamentos do tribunal nos três últimos anos.
(C) O procurador-geral da República e o advogado-geral da União deverão ser previamente ouvidos em todos os processos de competência do STF, mas apenas aquele é obrigado a se pronunciar nas ações de inconstitucionalidade de competência do tribunal.
(D) O CNJ é presidido pelo presidente do STF e, na ausência ou no impedimento deste, pelo seu vice-presidente; os demais membros do CNJ serão nomeados pelo presidente da República, após aprovação pela maioria absoluta do Senado Federal.
(E) A competência dos tribunais de justiça é definida na Lei Orgânica da Magistratura Nacional, mas sua organização e composição são estabelecidas na lei de organização judiciária estadual, cuja propositura cabe aos governadores, ouvido o tribunal de justiça respectivo.

A: incorreta, pois compete aos tribunais de justiça julgar os juízes estaduais e do Distrito Federal e Territórios, bem como os membros do Ministério Público, nos crimes comuns e de responsabilidade, ressalvada a competência da Justiça Eleitoral, nos termos do art. 96, III, da CF; **B:** incorreta, na exata medida que ao Poder Judiciário é assegurado autonomia administrativa e financeira, assim, os tribunais poderão elaborar suas propostas orçamentárias dentro dos limites estipulados conjuntamente com os demais Poderes na lei de diretrizes orçamentárias. Se os tribunais não encaminharem as propostas orçamentárias dentro do prazo estabelecido na lei de diretrizes orçamentárias, o Poder Executivo considerará, para fins de consolidação da proposta orçamentária anual, os valores aprovados na lei orçamentária vigente, nos termos do art. 99, §§ 1º, 2º, 3º e 4º, da CF; **C:** incorreta: o Procurador-Geral da República deverá ser previamente ouvido nas ações de inconstitucionalidade, salvo quando ele for o autor, e em todos os processos de competência do STF, nos termos do art. 103, § 1º, da CF. Em se tratando da AGU, quando o STF apreciar a inconstitucionalidade, em tese, de norma geral ou ato normativo, citará, previamente, o Advogado-Geral da União, que defenderá o ato ou texto impugnado, salvo se o STF ainda não se pronunciou sobre aquela matéria, ou em se tratando de ação declaratória de constitucionalidade, conforme art. 103, § 3º, da CF; **D:** correta, réplica do art. 103-B, §§ 1º e 2º, da CF; **E:** incorreta, pois a competência dos tribunais será definida na Constituição do Estado, sendo a lei de organização judiciária de iniciativa do Tribunal de Justiça, nos termos do art. 125, § 1º, da CF e o art. 70 do ADCT.
Gabarito "D".

(Ministério Público/SC - 2012) Analise as seguintes assertivas:

I. Ao Superior Tribunal de Justiça compete processar e julgar, originariamente, os mandados de segurança contra ato de Ministro de Estado.
II. Ao Supremo Tribunal Federal cabe processar e julgar, originariamente, o *habeas corpus* quando o coator ou o paciente for funcionário cujos atos estejam sujeitos diretamente à jurisdição do Supremo Tribunal Federal.
III. Recebida a denúncia contra o Senador ou Deputado Federal, por crime ocorrido após a diplomação, o Supremo Tribunal Federal dará ciência à Casa respectiva, que, por iniciativa de partido político nela representado e pelo voto da maioria de seus membros, poderá, até a decisão final, sustar o andamento da ação.
IV. Ao Supremo Tribunal Federal compete processar e julgar, originariamente, o pedido de medida cautelar das ações diretas de inconstitucionalidade.
V. Ao Supremo Tribunal Federal compete julgar em recurso ordinário as causas em que forem partes Estado estrangeiro ou organismo internacional, de um lado, e, do outro, pessoa residente ou domiciliada no País.

(A) Apenas as assertivas I, II, III e IV estão corretas.
(B) Apenas a assertiva V está correta.
(C) Apenas as assertivas II e V estão corretas.
(D) Apenas as assertivas I, III e V estão corretas.
(E) Todas as assertivas estão corretas.

I: correta, ao Superior Tribunal de Justiça compete processar e julgar, originariamente, os mandados de segurança contra ato de Ministro de Estado, como determina o art. 105, I, "b", da CF; **II:** correta, ao Supremo Tribunal Federal cabe processar e julgar, originariamente, o *habeas corpus* quando o coator ou o paciente for funcionário cujos atos estejam sujeitos diretamente à jurisdição do Supremo Tribunal Federal, nos termos do art. 102, I, "d", da CF; **III:** correta, recebida a denúncia contra o Senador ou Deputado Federal, por crime ocorrido após a diplomação, o Supremo Tribunal Federal dará ciência à Casa respectiva, que, por iniciativa de partido político nela representado e pelo voto da maioria de seus membros, poderá, até a decisão final, sustar o andamento da ação, conforme art. 53, § 3º, da CF; **IV:** correta, ao Supremo Tribunal Federal compete processar e julgar, originariamente, o pedido de medida cautelar das ações diretas de inconstitucionalidade, nos termos do art. 102, I, "p", da CF; **V:** incorreta, por compete ao *Superior Tribunal De Justiça* julgar em recurso ordinário as causas em que forem partes Estado estrangeiro ou organismo internacional, de um lado, e, do outro, pessoa residente ou domiciliada no País, conforme art. 105, II, "c", da CF.
Gabarito "A".

(Ministério Público/MG - 2011) Assinale a alternativa **CORRETA**.

(A) Compete ao Supremo Tribunal Federal, precipuamente, a guarda da Constituição, cabendo-lhe processar e julgar, originariamente, entre outras, a ação direta de inconstitucionalidade de lei ou ato normativo federal, estadual ou municipal e a ação declaratória de constitucionalidade de lei ou ato normativo federal.
(B) Declarada a inconstitucionalidade por omissão de medida para tornar efetiva norma constitucional, será dada ciência ao Poder competente para a adoção das providências necessárias e, em se tratando de órgão administrativo, para fazê-lo em noventa dias.
(C) O Procurador-Geral da República deverá ser previamente ouvido nas ações de inconstitucionalidade e em todos os processos de competência do Supremo Tribunal Federal.
(D) As decisões definitivas de mérito, proferidas pelo Supremo Tribunal Federal, nas ações diretas de inconstitucionalidade e nas ações declaratórias de constitucionalidade produzirão eficácia contra todos e efeito vinculante, apenas em relação aos demais órgãos do Poder Executivo.

A: incorreta, compete ao Supremo Tribunal Federal, precipuamente, a guarda da Constituição, cabendo-lhe processar e julgar, originariamente, entre outras, a ação direta de inconstitucionalidade de lei ou ato normativo

federal e estadual e a ação declaratória de constitucionalidade de lei ou ato normativo federal. No controle concentrado a única forma para impugnar uma lei ou ato normativo municipal é por intermédio da Arguição de descumprimento de Preceito Fundamental, nos termos do art. 102, § 1º, da CF, da Lei 9.868/1999 e Lei 9.882/1999; **B:** incorreta, pois o prazo correto são 30 (trinta) dias, como determina o art. 103, § 2º, da CF; **C:** correta, nos termos do art. 103, § 1º, da CF, o Procurador-Geral da República deverá ser previamente ouvido nas ações de inconstitucionalidade e em todos os processos de competência do Supremo Tribunal Federal; **D:** incorreta, pois as decisões definitivas de mérito, proferidas pelo Supremo Tribunal Federal, nas ações diretas de inconstitucionalidade e nas ações declaratórias de constitucionalidade produzirão eficácia contra todos e efeito vinculante, relativamente aos demais órgãos do Poder Judiciário e à administração pública direta e indireta, nas esferas federal, estadual e municipal, nos termos do art. 102, § 2º, da CF.
Gabarito "C".

(Ministério Público/MG – 2012 – CONSULPLAN) Assinale a alternativa CORRETA em relação às Súmulas Vinculantes:

(A) Qualquer cidadão, representado por advogado, poderá pleitear a aprovação, revisão ou cancelamento de Súmula.

(B) O Supremo Tribunal Federal poderá, de ofício ou por provocação, após reiteradas decisões sobre matéria constitucional, mediante decisão de um terço de seus membros, editar Súmula Vinculante.

(C) A Súmula Vinculante, a partir da data da sessão em que for aprovada, terá efeito vinculante em relação aos demais órgãos do Poder Judiciário e à administração pública direta e indireta, nas esferas federal, estadual e municipal.

(D) O Procurador-Geral de Justiça do Estado de Minas Gerais, ao verificar que acórdão do Tribunal de Justiça local contraria determinada Súmula Vinculante, dispõe, ele próprio, de legitimidade para ajuizar reclamação, em sede originária, perante o Supremo Tribunal Federal, independentemente da ratificação do Procurador-Geral da República.

A: incorreta, os únicos legitimados a propor a edição, a revisão ou o cancelamento de enunciado de súmula vinculante são: O Presidente da República; a Mesa do Senado Federal; a Mesa da Câmara dos Deputados; o Procurador-Geral da República; o Conselho Federal da Ordem dos Advogados do Brasil; o Defensor Público-Geral da União; partido político com representação no Congresso Nacional; confederação sindical ou entidade de classe de âmbito nacional; a Mesa de Assembleia Legislativa ou da Câmara Legislativa do Distrito Federal; o Governador de Estado ou do Distrito Federal; os Tribunais Superiores, os Tribunais de Justiça de Estados ou do Distrito Federal e Territórios, os Tribunais Regionais Federais, os Tribunais Regionais do Trabalho, os Tribunais Regionais Eleitorais e os Tribunais Militares. O Município poderá propor, incidentalmente ao curso de processo em que seja parte, a edição, a revisão ou o cancelamento de enunciado de súmula vinculante, o que não autoriza a suspensão do processo, nos termos do art. 3º da Lei 11.417/2006; **B:** incorreta, o Supremo Tribunal Federal poderá, de ofício ou por provocação, mediante decisão de 2/3 (dois terços) dos seus membros, após reiteradas decisões sobre matéria constitucional, aprovar súmula que, a partir de sua publicação na imprensa oficial, terá efeito vinculante em relação aos demais órgãos do Poder Judiciário e à administração pública e indireta, nas esferas federal, estadual e municipal, bem como proceder à sua revisão ou cancelamento, na forma estabelecida em lei, nos termos do art. 103-A da CF; **C:** incorreta, pois como dito anteriormente, a partir de sua publicação na imprensa oficial; **D:** correta, caberá reclamação para assegurar a devida observância de enunciado de súmula vinculante. Isso quer dizer que caberá a reclamação sempre que a súmula deixar de ser aplicada quando seria o caso de aplicá-la, bem como sempre que ela foi aplicada quando for o caso de não se aplicá-la. A reclamação não se serve, porém, para dirimir dúvidas sobre a sua interpretação – sendo resultado de um processo interpretativo que possui efeitos vinculantes, também ela está sujeita a interpretações; assim, não será o caso de reclamação se o ato reclamado adotou razoável interpretação do enunciado. Desse modo, caberá a reclamação para corrigir o desrespeito frontal ao enunciado de súmula vinculante pelos seus destinatários, bem como o desvio desarrazoado de interpretação. Sendo assim, pode ajuizar a reclamação o órgão do Ministério Público, e qualquer interessado, parte, ou terceiro que tenha interesse na causa, como o assistente (Pontes de Miranda, 1974. p. 388). Nos processos subjetivos, de partes, não há maiores problemas.
Gabarito "D".

(Ministério Público/GO – 2012) Sobre o instituto da Súmula Vinculante, assinale a alternativa correta:

(A) revogada ou modificada a lei em que se fundou a edição de enunciado de súmula vinculante, opera-se sua caducidade automática;

(B) o uso da reclamação contra omissão ou ato da administração pública que se mostre contrário ao teor de enunciado de súmula vinculante só será admitido após o esgotamento das vias administrativas;

(C) a todo e qualquer interessado é dado propor a edição, a revisão ou o cancelamento de enunciado de súmula vinculante;

(D) somente os legitimados ativos ao ajuizamento das ações de controle abstrato de constitucionalidade podem propor a edição, a revisão ou o cancelamento de enunciado de súmula vinculante.

A: incorreta, pois não se opera a caducidade automática. Nos termos do art. 5º da Lei 11.417/2006, revogada ou modificada a lei em que se fundou a edição de enunciado de súmula vinculante, o Supremo Tribunal Federal, de ofício ou por provocação, procederá à sua revisão ou cancelamento, conforme o caso; **B:** correta, conforme o art. 7º, § 1º, da Lei 11.417/2006: "da decisão judicial ou do ato administrativo que contrariar enunciado de súmula vinculante, negar-lhe vigência ou aplicá-lo indevidamente caberá reclamação ao Supremo Tribunal Federal, sem prejuízo dos recursos ou outros meios admissíveis de impugnação.Contra omissão ou ato da administração pública, o uso da reclamação só será admitido após esgotamento das vias administrativas"; **C:** incorreta, são legitimados a propor a edição, a revisão ou o cancelamento de enunciado de súmula vinculante somente: o Presidente da República; a Mesa do Senado Federal; a Mesa da Câmara dos Deputados; o Procurador-Geral da República; o Conselho Federal da Ordem dos Advogados do Brasil; o Defensor Público-Geral da União; partido político com representação no Congresso Nacional; confederação sindical ou entidade de classe de âmbito nacional; a Mesa de Assembleia Legislativa ou da Câmara Legislativa do Distrito Federal; o Governador de Estado ou do Distrito Federal; os Tribunais Superiores, os Tribunais de Justiça de Estados ou do Distrito Federal e Territórios, os Tribunais Regionais Federais, os Tribunais Regionais do Trabalho, os Tribunais Regionais Eleitorais e os Tribunais Militares. Os Municípios poderão propor, incidentalmente ao curso de processo em que seja parte, a edição, a revisão ou o cancelamento de enunciado de súmula vinculante, o que não autoriza a suspensão do processo; **D:** incorreta, conforme relatado na alternativa anterior. Fundamentos: art. 103-A, § 2º, da CF e o art. 3º da Lei 11.417/2006.
Gabarito "B".

(Ministério Público/CE – 2011 – FCC) Nos termos da Constituição da República, compete originariamente ao Superior Tribunal de Justiça

(A) processar e julgar os conflitos de competência entre os demais Tribunais Superiores ou entre estes e qualquer outro tribunal.

(B) julgar as causas em que forem partes Estado estrangeiro ou organismo internacional, de um lado, e, do outro, Município ou pessoa residente ou domiciliada no País.
(C) processar e julgar a homologação de sentenças estrangeiras e a concessão de *exequatur* às cartas rogatórias.
(D) julgar as causas em que for contestada a validade de lei local em face de lei federal.
(E) processar e julgar as ações contra o Conselho Nacional de Justiça e contra o Conselho Nacional do Ministério Público.

A: incorreta, já que *compete originariamente ao Supremo Tribunal Federal* os conflitos de competência entre o Superior Tribunal de Justiça e quaisquer tribunais, entre Tribunais Superiores, ou entre estes e qualquer outro tribunal, os termos do art. 102, I, *o*, da CF; **B:** incorreta. *Aos juízes federais compete* processar e julgar as causas entre o Estado estrangeiro ou organismo internacional e Município ou pessoa domiciliada ou residente no País, nos termos do art. 109, II, da CF; **C:** correta, réplica do art. 105, I, *i*, da CF; **D:** incorreta, trata de competência recursal do Supremo Tribunal Federal (art. 102, III, *d*, da CF); **E:** incorreta, pois a competência é do Supremo Tribunal Federal, nos termos do art. 102, I, *r*, da CF.
Gabarito "C."

(Ministério Público/MG – 2012) Assinale a alternativa correta:

(A) Compete ao Superior Tribunal de Justiça julgar as causas e os conflitos entre a União e os Estados-Membros, a União e o Distrito Federal, ou entre uns e outros, incluindo as respectivas entidades indiretas.
(B) Compete ao Supremo Tribunal Federal a homologação de sentença estrangeira e a concessão de *exequatur* às cartas rogatórias.
(C) Compete ao Supremo Tribunal Federal julgar as causas em que forem partes Estado estrangeiro ou organismo internacional de um lado, e do outro, município ou pessoa residente ou domiciliada no país.
(D) Compete ao Superior Tribunal de Justiça julgar mandado de injunção quando a elaboração de norma regulamentadora for atribuição do órgão, entidade ou autoridade federal, da administração direta ou indireta, excetuados os casos de competência do Supremo Tribunal Federal e dos órgãos da Justiça Militar, da Justiça Eleitoral, da Justiça do Trabalho e da Justiça Federal.
(E) Compete ao Conselho Nacional de Justiça, que funciona junto ao Superior Tribunal de Justiça, a supervisão administrativa e orçamentária da Justiça Federal de primeiro e segundo grau, como órgão central do sistema, com poderes correicionais, cujas decisões terão caráter vinculante.

A: incorreta, já que a competência é do STF (art. 102, I, "f", da CF); **B:** incorreta, já que a competência é do STJ (art. 105, I, "i", da CF); **C:** incorreta, pois a competência pertence aos juízes federais (art. 109, II, da CF); **D:** correta, réplica do art. 105, I, "h", da CF; **E:** incorreta, pois o CNJ não funciona junto ao STJ e suas competências estão no art. 103-B, § 4º, da CF.
Gabarito "D."

13. DAS FUNÇÕES ESSENCIAIS À JUSTIÇA

(Procurador da República – 25º) Analise as seguintes assertivas e responda a seguir:

I. O Procurador dos Direitos do Cidadão age em defesa de direitos constitucionais do cidadão, de ofício ou mediante provocação, cabendo-lhe notificar o responsável pela violação para que adote providências tendentes à cessação do desrespeito verificado, sob pena de representar ao poder ou à autoridade competente, a fim de promover a responsabilidade pela ação ou omissão inconstitucionais.
II. De acordo com o regramento constitucional em vigor, a vitaliciedade do membro do Ministério Público Federal é adquirida após três anos de efetivo exercício do cargo de Procurador da República.
III. Durante o estágio probatório, o Procurador da República somente poderá perder o cargo por decisão do Procurador-Geral da República, a qual pode ser revista, no plano administrativo, pelo Conselho Superior do Ministério Público Federal, ou, na via judicial, pelo Supremo Tribunal Federal.
IV. Considerando o papel de *ombudsman* a ser desempenhado, com interlocução direta e permanente com setores da Administração Pública e da sociedade civil, a indicação para o exercício da função de Procurador Federal dos Direitos do Cidadão, feita pelo Procurador-Geral da República, está sujeita à prévia aprovação do Senado Federal.

Pode-se afirmar que:

(A) somente o item I está correto.
(B) somente o item II está incorreto.
(C) somente os itens I e II estão corretos.
(D) todos os itens estão corretos.

I: correta. O Procurador dos Direitos do Cidadão age em defesa de direitos constitucionais do cidadão, de ofício ou mediante provocação, cabendo-lhe notificar o responsável pela violação para que adote providências tendentes à cessação do desrespeito verificado, sob pena de representar ao poder ou à autoridade competente, a fim de promover a responsabilidade pela ação ou omissão inconstitucionais. Em outra palavras, são funções institucionais do Ministério Público: I – promover, privativamente, a ação penal pública, na forma da lei; II – zelar pelo efetivo respeito dos Poderes Públicos e dos serviços de relevância pública aos direitos assegurados na Constituição, promovendo as medidas necessárias a sua garantia; III – promover o inquérito civil e a ação civil pública, para a proteção do patrimônio público e social, do meio ambiente e de outros interesses difusos e coletivos; IV – promover a ação de inconstitucionalidade ou representação para fins de intervenção da União e dos Estados, nos casos previstos nesta Constituição; V – defender judicialmente os direitos e interesses das populações indígenas; VI – expedir notificações nos procedimentos administrativos de sua competência, requisitando informações e documentos para instruí-los, na forma da lei complementar respectiva; VII – exercer o controle externo da atividade policial, na forma da lei complementar mencionada no art. 128 da CF; VIII – requisitar diligências investigatórias e a instauração de inquérito policial, indicados os fundamentos jurídicos de suas manifestações processuais e IX – exercer outras funções que lhe forem conferidas, desde que compatíveis com sua finalidade, sendo-lhe vedada a representação judicial e a consultoria jurídica de entidades públicas; **II:** incorreta, pois as demais assertivas também estão incorretas. Contudo, os membros do Ministério Público são vitalícios após 2 (dois) anos de exercício, não podendo perder o cargo senão por sentença judicial transitada em julgado, nos termos do art. 128, § 5º, I, "a", da CF; **III:** incorreta. A Constituição Federal garante ao procurador aprovado no estágio probatório de dois anos a vitaliciedade, e somente perderá o cargo após sentença judicial condenatória transitada em julgado. Se a ação judicial for proposta pelo Conselho Superior do Ministério Público Federal, o procurador será afastado de suas funções e não terá direito à remuneração do cargo. *Os procuradores que ainda estão em estágio probatório, sem a garantia da vitaliciedade, podem perder o cargo* por decisão da maioria absoluta do Conselho Superior; **IV:** incorreta. Preliminarmente devemos definir o que é *Ombudsman*. *Ombudsman* é um profissional contratado por um órgão, instituição ou empresa que tem a função de receber críticas, sugestões, reclamações e deve agir de forma imparcial no sentido de mediar conflitos entre as partes. A palavra passou às línguas modernas através do sueco (*ombudsman* significa *representante do povo*). De fato, em 1809, surgiram na Suécia normas legais que criaram o cargo de *agente parlamentar de justiça* para limitar os poderes do rei. Atualmente, o termo é usado tanto no âmbito privado como público para designar um elo imparcial entre uma instituição e sua comunidade de usuários. Nos países de língua portuguesa as palavras "ouvidor" e "provedor" (bem como "ouvidoria" e "provedoria") são mais utilizadas como substitutas ao nome estrangeiro (por exemplo, em empresas estatais brasileiras como a Sabesp, instituições financeiras como o Banco do Brasil ou portuguesas como a RTP). Na Espanha usa-se o termo "Defensor do Povo". Desta forma, concluímos que o examinador quis induzir o examinando a erro, pois refere-se ao Procurador Federal como se ele fosse o Procurador-Geral da República, sendo que aquele é advogado da União. Nesta esteira, a Advocacia-Geral da União é a instituição que, diretamente ou através de órgão vinculado, representa a União, judicial e extrajudicialmente, cabendo-lhe, nos termos da lei complementar que dispuser sobre sua organização e funcionamento, as atividades de consultoria e assessoramento jurídico do Poder Executivo. Com isso, a Advocacia-Geral da União tem por chefe o Advogado-Geral da União, de *livre nomeação* pelo Presidente da República dentre cidadãos maiores de trinta e cinco anos, de notável saber jurídico e reputação ilibada, como determina o art. 131, § 1º, da CF.

Gabarito "A".

(Promotor de Justiça – MPE/BA – CEFET – 2015) Considere as assertivas abaixo:

I. Tendo em vista que as atribuições insertas no artigo 129 da Constituição Federal de 1988 podem atingir interesses fundamentais, é correto concluir que o rol das funções institucionais do Ministério Público é exaustivo.

II. Cabe, com exclusividade, ao Ministério Público a promoção da ação penal pública.

III. A relevância jurídica do princípio institucional da indivisibilidade do Ministério Público é tamanha que o seu delineamento é dado pela atual Carta Magna. A aplicação deste princípio permite que integrantes de carreiras distintas possam ser substituídos uns pelos outros.

Pode-se AFIRMAR que:

(A) Apenas o item I está correto.
(B) Somente os itens I e III estão corretos.
(C) Todos os itens estão incorretos.
(D) Apenas os itens II e III estão corretos.
(E) Apenas o item III está correto.

I: incorreta. O rol é exemplificativo. Nos lugares onde a Defensoria Pública não se encontra estruturada, o STF já decidiu que cabe ao MP propor a ação civil "ex delicto", por exemplo; **II:** incorreta. O art. 129, I, CF prevê a competência *privativa* do Ministério Público para propor a ação penal pública; **III:** incorreta. As garantias do Ministério Público são: vitaliciedade, inamovibilidade e irredutibilidade de subsídio (art. 128, § 5º, I, "a" a "c", CF). Não há menção constitucional ao "princípio da indivisibilidade".

Gabarito "C".

(Promotor de Justiça – MPE/AM – FMP – 2015) O Ministério Público Estadual, nos termos do vigente sistema constitucional,

(A) detém legitimidade para propor Ação Popular, desde que tenha por objeto direito indisponível.

(B) não detém legitimidade para propor Mandado de Segurança coletivo tendo por objeto direito difuso.
(C) detém legitimidade para propor Ação Civil pública tendo por objeto direito subjetivo individual indisponível, ainda que titulado por uma única pessoa.
(D) detém legitimidade para propor Ação Civil Pública tendo por objeto direito subjetivo coletivo disponível.
(E) detém legitimidade para propor *Habeas Data* em favor de hipossuficiente.

A: incorreta. A legitimidade ativa da ação popular é exclusiva do cidadão, ou seja, pessoa física portadora de título de eleitor e em dia com suas obrigações eleitorais (art. 5º, LXXIII, CF); **B:** incorreta. A proteção de interesses difusos e coletivos (inclusive por mandado de segurança), é uma das principais atribuições do Ministério Público. Ver art. 6º da LC 75/93: "Art. 6º Compete ao Ministério Público da União: (...) VII – promover o inquérito civil e a ação civil pública para: (...) *c)* a proteção dos interesses individuais indisponíveis, difusos e coletivos, relativos às comunidades indígenas, à família, à criança, ao adolescente, ao idoso, às minorias étnicas e ao consumidor; *d)* outros interesses individuais indisponíveis, homogêneos, sociais, difusos e coletivos; VIII – promover outras ações, nelas incluído o mandado de injunção sempre que a falta de norma regulamentadora torne inviável o exercício dos direitos e liberdades constitucionais e das prerrogativas inerentes à nacionalidade, à soberania e à cidadania, quando difusos os interesses a serem protegidos"; **C:** correta. Ver STF, AI 863852 AgR, Rel. Min. Dias Toffoli, Segunda Turma, j. 07/04/2017: "1. O Supremo Tribunal Federal já firmou a orientação de que o Ministério Público é parte legítima para propor ação civil pública na defesa de direitos individuais indisponíveis, de pessoa individualmente considerada, como ocorre com o direito à saúde"; **D:** incorreta. O Ministério Público não detém competência para a proteção de interesses disponíveis; **E:** incorreta. A proteção de hipossuficientes é competência da Defensoria Pública.

Gabarito "C".

(Ministério Público/MG – 2014) O Conselho Nacional do Ministério Público (CNMP) foi introduzido em nosso ordenamento jurídico pela Emenda Constitucional n. 45, de 8 de dezembro de 2004.

Analise as seguintes assertivas sobre sua composição e atribuições:

I. O Conselho Nacional do Ministério Público é composto por quatorze membros nomeados pelo Presidente da República, depois de aprovada a escolha pela maioria absoluta do Congresso Nacional, para mandato de dois anos, admitida uma recondução.

II. O Conselho Nacional do Ministério Público é presidido pelo Procurador-Geral da República, e o Presidente do Conselho Federal da Ordem dos Advogados oficiará junto ao Conselho.

III. Ao Conselho Nacional do Ministério Público compete rever, de ofício ou mediante provocação, os processos disciplinares de membros do Ministério Público da União ou dos Estados julgados há menos de um ano.

IV. Entre os seus integrantes, estão três membros do Ministério Público dos Estados e três juízes, dois indicados pelo Supremo Tribunal Federal e outro pelo Superior Tribunal de Justiça.

Está INCORRETO o que se afirma em:

(A) I e II;
(B) I e III;
(C) I e IV;
(D) II e IV.

5. DIREITO CONSTITUCIONAL

I: incorreta. Isso porque a *aprovação* a que se refere o art. 130-A, *caput*, da CF, introduzido pela Emenda 45/2004, caberá, depois da nomeação pelo presidente da República, ao *Senado* Federal, e não *Congresso* Federal, como consta da assertiva. Ficou clara, aqui, a intenção do examinador de induzir em erro o candidato que não fizesse uma leitura acurada da alternativa; **II:** correta, pois em conformidade com o disposto no art. 130-A, I, e § 4°, da CF; **III:** correta, pois reflete o que estabelece o art. 130-A, § 2°, IV, da CF; **IV:** incorreta, dado que farão parte do CNMP, segundo estabelece o art. 130-A, IV, da CF, somente dois juízes (e não três), um dos quais indicado pelo STF e o outro, pelo STJ.
Gabarito "C".

(Ministério Público/Acre – 2014 – CESPE) De acordo com as normas constitucionais e o entendimento doutrinário e jurisprudencial referentes ao MP, assinale a opção correta.

(A) Compete ao Conselho Nacional do MP o controle da atuação administrativa, financeira e da independência funcional dos membros do MP, competindo-lhe, entre outras atribuições, a revisão, de ofício ou mediante provocação, de processos disciplinares de membros do MPE julgados há menos de um ano.

(B) Cabe ao STF dirimir conflito negativo de atribuições entre o MPF e o MPE, quando não configurado virtual conflito de jurisdição que, por força da CF, seja da competência do STJ.

(C) Desde que previsto em lei estadual, o membro do MPE pode atuar como procurador do MP junto ao tribunal de contas estadual.

(D) Em decorrência do princípio da simetria, é obrigatória a aprovação, pela assembleia legislativa, de indicado pelo governador, em lista tríplice, ao cargo de procurador-geral de justiça.

(E) Por caber privativamente ao procurador-geral da República o exercício das funções do MP junto ao STF, os membros do MPE não podem propor, de forma autônoma, reclamação perante a suprema corte.

A: incorreta, uma vez que não constitui atribuição do CNMP controlar a independência funcional de seus membros (art. 130-A, CF); **B:** correta. Conferir: "Compete ao Supremo Tribunal Federal dirimir conflito de atribuições entre os Ministérios Públicos Federal e Estadual, quando não configurado virtual conflito de jurisdição que, por força da interpretação analógica do art. 105, I, *d*, da CF, seja da competência do Superior Tribunal de Justiça. Com base nesse entendimento, o Tribunal, resolvendo conflito instaurado entre o MP do Estado da Bahia e o Federal, firmou a competência do primeiro para atuação em inquérito que visa apurar crime de roubo (CP, art. 157, § 2°, I). Considerou-se a orientação fixada pelo Supremo no sentido de ser dele a competência para julgar certa matéria diante da inexistência de previsão específica na Constituição Federal a respeito, e emprestou-se maior alcance à alínea *f* do inciso I do art. 102 da CF, ante o fato de estarem envolvidos no conflito órgãos da União e de Estado-membro. Asseverou-se, ademais, a incompetência do Procurador-Geral da República para a solução do conflito, em face da impossibilidade de sua interferência no parquet da unidade federada. Precedentes citados: CJ 5133/RS (*DJU* de 22.05.1970); CJ 5267/GB (DJU de 4.5.70); MS 22042 QO/RR (*DJU* de 24.03.1995). Leia o inteiro teor do voto do relator na seção Transcrições deste Informativo" (Pet 3528/BA, rel. Min. Marco Aurélio, 28.9.2005); **C:** incorreta. Nesse sentido: "Mandado de segurança. Ato do Conselho Nacional do Ministério Público. Atuação de Procuradores de Justiça nos Tribunais de Contas. Ofensa à Constituição. 1. Está assente na jurisprudência deste Supremo Tribunal Federal que o Ministério Público junto ao Tribunal de Contas possui fisionomia institucional própria, que não se confunde com a do Ministério Público comum, sejam os dos Estados, seja o da União, o que impede a atuação, ainda que transitória, de Procuradores de Justiça nos Tribunais de Contas (cf. ADI 2.884, Relator o Ministro Celso de Mello, DJ de 20/5/05; ADI 3.192, Relator o Ministro Eros Grau, *DJ* de 18.08.2006). 2. Escorreita a decisão do CNMP que determinou o imediato retorno de dois Procuradores de Justiça que oficiavam perante o Tribunal de Contas do Estado do Rio Grande do Sul às suas funções próprias no Ministério Público estadual, não sendo oponíveis os princípios da segurança jurídica e da eficiência, a legislação estadual ou as ditas prerrogativas do Procurador-Geral de Justiça ao modelo institucional definido na própria Constituição 3. Não se pode desqualificar decisão do Conselho Nacional do Ministério Público que, no exercício de suas atribuições constitucionais, identifica situação irregular de atuação de Procuradores de Justiça estaduais junto ao Tribunal de Contas, o que está vedado em julgados desta Corte Suprema. O argumento de que nasceu o exame de representação anônima, considerando a realidade dos autos, não malfere a decisão do colegiado que determinou o retorno dos Procuradores de Justiça às funções próprias do Ministério Público estadual. 4. Denegação da segurança" (MS 27339, Menezes Direito, STF); **D:** incorreta. conferir: "Ação direta de inconstitucionalidade. Constituição do Estado do Mato Grosso. Competência da assembleia legislativa para aprovar a escolha do procurador-geral de justiça. Inconstitucionalidade. 1. A escolha do Procurador-Geral da República deve ser aprovada pelo Senado (CF, artigo 128, § 1°). A nomeação do Procurador-Geral de Justiça dos Estados não está sujeita à aprovação da Assembleia Legislativa. Compete ao Governador nomeá-lo dentre lista tríplice composta de integrantes da carreira (CF, artigo 128, § 3°). Não aplicação do princípio da simetria. Precedentes. 2. Dispositivo da Constituição do Estado de Mato Grosso que restringe o alcance do § 3° do artigo 128 da Constituição Federal, ao exigir a aprovação da escolha do Procurador-Geral de Justiça pela Assembleia Legislativa. Ação julgada procedente e declarada a inconstitucionalidade da alínea "c" do inciso XIX do artigo 26 da Constituição do Estado de Mato Grosso" (ADI 452, Maurício Corrêa, STF); **E:** incorreta. Nesse sentido: "Reclamação. Execução penal. Restabelecimento dos dias remidos. Contrariedade à Súmula Vinculante n. 9 do Supremo Tribunal Federal. Reconhecida, por maioria, a legitimidade do Ministério Público do Estado de São Paulo para propor reclamação, independentemente de ratificação da inicial pelo Procurador-Geral da República. Decisão reclamada contrária à Súmula Vinculante n. 9 e proferida após a sua publicação. 1. O Supremo Tribunal reconheceu a legitimidade ativa autônoma do Ministério Público estadual para ajuizar reclamação no Supremo Tribunal, sem que se exija a ratificação da inicial pelo Procurador-Geral da República. Precedente: Reclamação n. 7.358. 2. A decisão reclamada foi proferida após a publicação da súmula vinculante n. 9 do Supremo Tribunal, pelo que, nos termos do art. 103-A da Constituição da República, está a ela sujeita. 3. Reclamação julgada procedente" (STF, Cármen Lúcia, 7101).
Gabarito "B".

(Ministério Público/MG – 2013) Em relação à atividade funcional dos membros do Ministério Público do Estado de Minas Gerais, assinale a alternativa INCORRETA:

(A) As inspeções extraordinárias serão realizadas pela Corregedoria-Geral do Ministério Público, independentemente de prévia designação.

(B) As inspeções permanentes serão exercidas pelos Procuradores de Justiça e pela Corregedoria-Geral do Ministério Público.

(C) A Corregedoria-Geral do Ministério Público realizará, anualmente, correições ordinárias em 1/3 (um terço) das Promotorias de Justiça, no mínimo.

(D) As inspeções ordinárias em Procuradorias de Justiça serão realizadas pelo Corregedor-Geral do Ministério Público ou pelos Subcorregedores-Gerais, na forma do regimento interno.

A: assertiva correta, pois em conformidade com o teor do art. 204 da LC 34/2004 (Lei Orgânica do MP de Minas Gerais); **B:** assertiva incorreta, devendo ser assinalada, pois não reflete o que estabelecem os arts. 73 e 203 da LC 34/2004 (Lei Orgânica do MP de Minas Gerais); **C:** assertiva correta, nos termos do art. 205, § 1°, da LC 34/2004 (Lei Orgânica do MP de Minas Gerais); **D:** assertiva correta, nos termos do art. 205, § 2°, da LC 34/2004 (Lei Orgânica do MP de Minas Gerais).

Gabarito "B".

(Ministério Público/SP – 2013 – PGMP) Nos termos da Constituição Federal, pode-se afirmar corretamente que cabe ao Conselho Nacional do Ministério Público:

(A) zelar pela autonomia funcional e administrativa do Ministério Público, no âmbito de sua competência, recomendando providências, vedada a expedição de atos regulamentares.
(B) zelar pela observância dos princípios norteadores das atribuições constitucionais do Ministério Público e apreciar, desde que mediante provocação, a legalidade dos atos administrativos praticados por membros ou órgãos do Ministério Público da União e dos Estados, podendo neste caso desconstituí-los, revê-los ou fixar prazo para que se adotem as providências necessárias ao exato cumprimento da lei.
(C) receber e conhecer das reclamações contra membros ou órgãos do Ministério Público da União dos Estados e dos Tribunais de Contas, inclusive contra seus serviços auxiliares, sem prejuízo da competência disciplinar e correicional da instituição, podendo avocar processos disciplinares já em curso.
(D) rever, de ofício ou mediante provocação, os processos disciplinares de membros do Ministério Público da União ou dos Estados julgados há menos de um ano.
(E) eleger dentre quaisquer de seus componentes um Corregedor Nacional com atribuições, dentre outras, de receber reclamações e denúncias de qualquer interessado, relativas aos membros do Ministério Público e de seus serviços auxiliares.

A: incorreta. Cabe ao Conselho zelar pela autonomia funcional e administrativa do Ministério Público, mas, ao contrário do mencionado, **há possibilidade da expedição de atos regulamentares** (art. 130-A, § 2°, I, da CF); **B:** incorreta. De acordo com o art. 130-A, § 2°, II, cabe ao Conselho Nacional do Ministério Público **zelar pela observância do art. 37** (princípios constitucionais da administração pública: legalidade, impessoalidade, moralidade, publicidade e eficiência, além de outras regras) e apreciar, de ofício ou mediante provocação, a legalidade dos atos administrativos praticados por membros ou órgãos do Ministério Público da União e dos Estados, podendo desconstituí-los, revê-los ou fixar prazo para que se adotem as providências necessárias ao exato cumprimento da lei, sem prejuízo da competência dos Tribunais de Contas; **C:** incorreta. O art. art. 130-A, § 2°, III, da CF **não faz menção aos membros ou órgãos do Ministério Público dos Tribunais de Contas**. Pedro Lenza nos ensina que "o Ministério Público junto ao Tribunal de Contas está estruturalmente ligado ao Tribunal de Contas da União ou do Estado, (ou do Município, onde houver) e não ao Ministério Público da União, ou dos Estados, ou do Distrito Federal e Territórios, devendo ser entendido como **instituição autônoma**" (Direito Constitucional Esquematizado, 17.ª ed., 2013, p. 934); **D:** correta (art. 130-A, § 2°, IV, da CF); **E:** incorreta. O **Corregedor** Nacional deve ser **escolhido dentre os membros do Ministério Público que integram o Conselho** Nacional do Ministério Público, vedada a recondução. Uma das atribuições, de fato, é o recebimento de reclamações e denúncias de qualquer interessado, relativas aos membros do Ministério Público e de seus serviços auxiliares (art. 130-A, § 3°, I).

Gabarito "D".

(Ministério Público/SP – 2013 – PGMP) Nos termos da Lei Complementar Estadual 734, de 26 de novembro de 1993, que instituiu a Lei Orgânica do Ministério Público do Estado de São Paulo e deu outras providências, são atribuições do Corregedor-Geral do Ministério Público, dentre outras:

I. Integrar, como membro nato, o Órgão Especial do Colégio de Procuradores de Justiça e o Conselho Superior do Ministério Público.
II. Realizar correições, visitas de inspeção e vistorias nas Procuradorias de Justiça, encaminhando relatório ao Conselho Superior do Ministério Público.
III. Acompanhar o cumprimento das metas estabelecidas pelas Promotorias de Justiça em seus programas de atuação.
IV. Determinar e superintender a organização dos assentamentos relativos às atividades funcionais e à conduta dos membros do Ministério Público e dos estagiários, coligindo todos os elementos necessários à apreciação de seu merecimento.
V. Instaurar processo administrativo disciplinar, precedido ou não de sindicância no caso de falta disciplinar cometida por Membro do Ministério Público, aplicando-lhe a respectiva pena, se consistente em advertência ou censura.

Está CORRETO somente o contido nos itens:

(A) I, II e IV.
(B) I, III e IV.
(C) II, IV e V.
(D) I, III e V.
(E) I, II e V.

I: correta (art. 42, I, da Lei Complementar Estadual 734/1993); **II:** incorreta. De acordo com o art. 36, XIV, da Lei Complementar Estadual 734/1993, solicitar informações ao Corregedor-Geral do Ministério Público sobre a conduta e atuação funcional dos Promotores de Justiça e **sugerir a realização de correições e visitas de inspeção** para a verificação de eventuais irregularidades dos serviços são, além de outras, atribuições do Conselho Superior do Ministério Público; **III:** correta (art. 42, IV, da Lei Complementar Estadual 734/1993); **IV:** correta (art. 42, X, da Lei Complementar Estadual 734/1993); **V:** incorreta. Conforme dispõe o art. 42, V, da Lei Complementar Estadual 734/1993, é atribuição do Corregedor-Geral do Ministério Público instaurar, presidir e decidir o **processo administrativo sumário**, precedido ou não de sindicância, aplicando as sanções cabíveis, de sua atribuição, ou **encaminhando-o ao Procurador-Geral de Justiça**.

Gabarito "B".

(Ministério Público/MS – 2013 – FADEMS) Assinale a alternativa **incorreta**, sobre as funções institucionais do Ministério Público:

(A) promover, privativamente, a ação penal pública, na forma da lei.
(B) zelar pelo efetivo respeito dos Poderes Públicos e dos serviços de relevância pública aos direitos assegurados na Constituição, representando às autoridades competentes para adoção das medidas necessárias a sua garantia.
(C) promover o inquérito civil e a ação civil pública, para a proteção do patrimônio público e social, do meio ambiente e de outros interesses difusos e coletivos.
(D) promover a ação de inconstitucionalidade ou representação para fins de intervenção da União e dos Estados, nos casos previstos na Constituição.

(E) requisitar diligências investigatórias e a instauração de inquérito policial, indicados os fundamentos jurídicos de suas manifestações processuais.

A: correta. São funções institucionais do Ministério Público promover, privativamente, ação penal pública, na forma da lei, nos termos do art. 129, I, da CF/1988; **B:** incorreta, devendo ser assinalada. São funções institucionais do Ministério Público zelar pelo efetivo respeito dos Poderes Públicos e dos serviços de relevância pública aos direitos assegurados na Constituição Federal, PROMOVENDO (e não representando) as medidas necessárias a sua garantia, como determina o art. 129, II, da CF/1988; **C:** correta (art. 129, III, da CF/1988); **D:** correta (art. 129, IV, da CF/1988); **E:** correta (art. 129, VIII, da CF/1988).
Gabarito "B".

(Ministério Público/MS – 2013 – FADEMS) Segundo a Constituição Federal, apenas um dos registros abaixo está **errado**, quanto à composição do Conselho Nacional do Ministério Público:

(A) quatro membros do Ministério Público da União, assegurada a representação de cada uma de suas carreiras.
(B) três membros do Ministério Público dos Estados.
(C) dois juízes, indicados um pelo Supremo Tribunal Federal e outro pelo Superior Tribunal de Justiça.
(D) dois cidadãos de notável saber jurídico e reputação ilibada, indicados pelo Senado Federal.
(E) dois advogados, indicados pelo Conselho Federal da Ordem dos Advogados do Brasil.

A: correta. O Conselho Nacional do Ministério Público (CNMP) atua em prol do cidadão para coibir qualquer tipo de abuso do Ministério Público (MP) no Brasil e de seus membros, respeitando a autonomia da instituição. O órgão de controle externo e de fiscalização do exercício administrativo e financeiro do MP foi criado em 30 de dezembro de 2004, pela Emenda Constitucional n, 45, e tem sede em Brasília (DF). Formado por 14 membros, que representam setores diversos da sociedade, o CNMP tem como objetivo imprimir uma visão nacional ao MP. Ao Conselho cabe orientar e fiscalizar todos os ramos do MP brasileiro: o Ministério Público da União (MPU), que é composto pelo Ministério Público Federal (MPF), Ministério Público Militar (MPM), Ministério Público do Trabalho (MPT) e do Distrito Federal e Territórios (MPDFT); e o Ministério Público dos Estados (MPE). Presidido pelo procurador-geral da República, o Conselho é composto por quatro integrantes do MPU, três membros do MPE, dois juízes, indicados um pelo Supremo Tribunal Federal e outro pelo Superior Tribunal de Justiça, dois advogados, indicados pelo Conselho Federal da Ordem dos Advogados do Brasil e dois cidadãos de notável saber jurídico e reputação ilibada, indicados um pela Câmara dos Deputados e outro pelo Senado Federal. Antes da posse no CNMP, os nomes apresentados são apreciados pela Comissão de Constituição e Justiça e de Cidadania (CCJ), do Senado Federal, depois vão ao plenário do Senado e seguem para a sanção do presidente da República. Pautado pelo controle e transparência administrativa do MP e de seus membros, o CNMP é uma entidade aberta ao cidadão e entidades brasileiras, que podem encaminhar reclamações contra membros ou órgãos do MP, inclusive contra seus serviços auxiliares; **B:** correta (art. 130-A, III, da CF/1988); **C:** correta (art. 130-A, IV, da CF/1988); **D:** incorreta, devendo ser assinalada. Dois cidadãos de notável saber jurídico e reputação ilibada, indicados pela CÂMARA dos DEPUTADOS e outro pelo SENADO FEDERAL, nos termos do art. 130-A, VI, da CF/1988; **E:** correta (art. 130-A, V, da CF/1988).
Gabarito "D".

(Ministério Público/PR – 2013 – X) Considerando o rol de competências do Conselho Nacional do Ministério Público expressamente previstas na Constituição Federal, assinale a alternativa incorreta:

(A) Avocar processos disciplinares ainda em curso perante as Corregedorias dos Ministérios Públicos dos Estados;
(B) Rever, de ofício ou mediante provocação, processos disciplinares de membros do Ministério Público julgados há menos de um ano, não apenas para o controle formal da legalidade, mas para decidir o mérito do processo disciplinar de forma diversa;
(C) Determinar a remoção, a disponibilidade ou a aposentadoria com subsídios proporcionais ao tempo de serviço, bem como aplicar a pena de cassação da aposentadoria ou de disponibilidade, desde que ouvido o Conselho Superior do Ministério Público respectivo e assegurada ampla defesa;
(D) Zelar pela autonomia funcional e administrativa do Ministério Público, podendo expedir atos regulamentares, no âmbito de sua competência, ou recomendar providências;
(E) Zelar pela observância dos princípios constitucionais da administração pública e apreciar, de ofício ou mediante provocação, a legalidade dos atos administrativos praticados por membros ou órgãos do Ministério Público da União e dos Estados, podendo desconstituí-los, revê-los ou fixar prazo para que se adotem as providências necessárias ao exato cumprimento da lei, sem prejuízo da competência dos Tribunais de Contas.

A: Correta. Réplica do art. 130-A, § 2º, III da CF: "receber e conhecer das reclamações contra membros ou órgãos do Ministério Público da União ou dos Estados, inclusive contra seus serviços auxiliares, sem prejuízo da competência disciplinar e correicional da instituição, podendo avocar processos disciplinares em curso, determinar a remoção, a disponibilidade ou a aposentadoria com subsídios ou proventos proporcionais ao tempo de serviço e aplicar outras sanções administrativas, assegurada ampla defesa"; **B: Correta.** Literalidade do art. 130-A, § 2º, IV, da CF. "A competência revisora conferida ao Conselho Nacional do Ministério Público (CNMP) limita-se aos processos disciplinares instaurados contra os membros do Ministério Público da União ou dos Estados (inciso IV do § 2º do art. 130-A da CF), não sendo possível a revisão de processo disciplinar contra servidores. Somente com o esgotamento da atuação correicional do Ministério Público paulista, o ex-servidor apresentou, no CNMP, reclamação contra a pena de demissão aplicada. A CR resguardou o CNMP da possibilidade de se tornar instância revisora dos processos administrativos disciplinares instaurados nos órgãos correicionais competentes contra servidores auxiliares do Ministério Público em situações que não digam respeito à atividade-fim da própria instituição" (MS 28.827, rel. Min. Cármen Lúcia, julgamento em 28-8-2012, Primeira Turma, DJE de 9-10-2012); **C:** Incorreta. O CSMP não tem poderes constitucionais para determinar a remoção, a disponibilidade ou a aposentadoria com subsídios proporcionais ao tempo de serviço, bem como aplicar a pena de cassação da aposentadoria ou de disponibilidade; **D: Correta.** Art. 130-A, § 2º, I da CF- zelar pela autonomia funcional e administrativa do Ministério Público, podendo expedir atos regulamentares, no âmbito de sua competência, ou recomendar providências; **E: Correta.** Art. 130-A, § 2º, II, da CF. "Conselho Nacional do Ministério Público. Anulação de ato do Conselho Superior do Ministério Público do Estado do Espírito Santo em termo de ajustamento de conduta. Atividade-fim do Ministério Público estadual. Interferência na autonomia administrativa e na independência funcional do Conselho Superior do Ministério Público no Espírito Santo. Mandado de segurança concedido" (MS 28.028, rel. Min. Cármen Lúcia, julgamento em 30-10-2012, Segunda Turma, DJE de 7-6-2013).
Gabarito "C".

(Ministério Público/SP – 2012 – VUNESP) É garantia institucional dos Ministérios Públicos estaduais, visando a sua independência de atuação, o modo de nomeação e destituição do Procurador-Geral de Justiça, que será nomeado

(A) pelo Chefe do Poder Executivo, a partir de escolha em lista tríplice composta por integrantes da carreira, na forma da lei respectiva, para mandato de dois anos, permitidas reconduções sucessivas, e que somente poderá ser destituído por deliberação da maioria absoluta do Poder Legislativo, na forma da lei complementar respectiva.

(B) livremente pelo Chefe do Poder Executivo, dentre integrantes da carreira, para mandato de dois anos, permitida uma recondução e que somente poderá ser destituído por deliberação da maioria absoluta do Poder Legislativo, na forma da lei complementar respectiva.

(C) pelo Chefe do Poder Executivo, a partir de escolha em lista tríplice composta por integrantes da carreira, na forma da lei respectiva, para mandato de dois anos, permitida uma recondução, e que somente poderá ser destituído por deliberação da maioria absoluta do Poder Legislativo, na forma da lei complementar respectiva.

(D) livremente pelo Chefe do Poder Executivo, dentre integrantes da carreira, para mandato de dois anos, permitidas reconduções sucessivas, e que somente poderá ser destituído por deliberação de 3/5 (três quintos) do Poder Legislativo, na forma da lei complementar respectiva.

(E) pelo Chefe do Poder Executivo, a partir de escolha em lista tríplice composta por integrantes da carreira, na forma da lei respectiva, para mandato de dois anos, permitida uma recondução, e que somente poderá ser destituído por deliberação de 3/5 (três quintos) do Poder Legislativo, na forma da lei complementar respectiva.

A: incorreta, pois só se admite uma única recondução, nos termos do art. 128, § 3°, da CF; **B:** incorreta, já que o Procurador-Geral de Justiça só poderá ser nomeado ser for membro do Ministério Público, logo, não se trata de livre nomeação; **C:** correta, réplica do art. 128, §§ 1°, 3° e 4°, da CF; **D:** incorreta, pois não se trata de livre nomeação, sem prejuízo, a redação do art. 128, § 3°, da CF faz menção há uma única recondução e a só poderão ser destituídos por deliberação da maioria absoluta do Poder Legislativo, na forma da lei complementar respectiva, nos termos do § 4° do art. 128 da CF; **E:** incorreta, pois o *quórum* será da maioria absoluta conforme delineado anteriormente.
Gabarito "C".

(Ministério Público/SC – 2012) Analise as seguintes assertivas:

I. Os Procuradores-Gerais de Justiça nos Estados e no Distrito Federal e Territórios poderão ser destituídos por deliberação da maioria absoluta do Poder Legislativo, na forma da lei complementar respectiva.

II. São de iniciativa privativa do Presidente da República as leis que disponham sobre organização administrativa e judiciária, matéria tributária e orçamentária, serviços públicos e pessoal da administração dos Territórios.

III. Segundo a Constituição Federal, aos juízes, quando em disponibilidade, é facultado exercer qualquer outro cargo ou função.

IV. A Constituição do Estado de Santa Catarina atribui à Polícia Civil, entre outras funções, a execução dos serviços administrativos de trânsito e o controle da propriedade e uso de armas, munições, explosivos e outros produtos controlados.

V. Compete ao Tribunal de Justiça de Santa Catarina processar e julgar, originariamente, os mandados de segurança contra atos ou omissões do próprio Tribunal ou de alguns de seus órgãos, segundo a Constituição Estadual.

(A) Apenas as assertivas I, II, III e IV estão corretas.
(B) Apenas as assertivas I, II, IV e V estão corretas.
(C) Apenas as assertivas I e V estão corretas.
(D) Apenas as assertivas II, III, IV e V estão corretas.
(E) Todas as assertivas estão corretas.

I: correta, nos termos do art. 128, II, § 4°, da CF, s Procuradores--Gerais de Justiça nos Estados e no Distrito Federal e Territórios poderão ser destituídos por deliberação da maioria absoluta do Poder Legislativo, na forma da lei complementar respectiva; **II:** correta, pois o art. 61, § 1°, II, "b", da CF determina que são de iniciativa privativa do Presidente da República as leis que disponham sobre organização administrativa e judiciária, matéria tributária e orçamentária, serviços públicos e pessoal da administração dos Territórios.; **III:** incorreta, pois é vedado aos juízes exercer, ainda que em disponibilidade, outro cargo ou função, salvo uma de magistério, nos termos do parágrafo único do art. 95 da CF; **IV:** correta, a Constituição do Estado de Santa Catarina no art. 106, III e V, atribui à Polícia Civil, entre outras funções, a execução dos serviços administrativos de trânsito e o controle da propriedade e uso de armas, munições, explosivos e outros produtos controlados; **V:** correta, réplica do art. 83, XI, "c", da Constituição Estadual de Santa Catarina.
Gabarito "B".

(Ministério Público/TO – 2012 – CESPE) A respeito das funções essenciais à justiça, assinale a opção correta.

(A) O MP pode deflagrar o processo legislativo de lei concernente aos planos de carreira de seus membros e servidores, não podendo, no entanto, fixar ou estabelecer a revisão dos respectivos vencimentos, em razão da iniciativa privativa do chefe do Poder Executivo para essa matéria.

(B) A DPU é regulamentada por lei complementar, e as DPs estaduais, assegurada a autonomia funcional e administrativa, são regulamentadas por lei ordinária própria de cada estado da Federação, cabendo ao Poder Executivo estadual elaborar a proposta orçamentária da instituição.

(C) O advogado é indispensável à administração da justiça, sendo absolutamente inviolável por seus atos e manifestações, inclusive em entrevistas aos meios de comunicação.

(D) Ao MP cabe a defesa da ordem jurídica, do regime democrático e dos interesses sociais e coletivos; para isso, ele possui, por exemplo, legitimidade para ajuizar ACP em defesa do patrimônio público e do meio ambiente.

(E) A Advocacia-Geral da União é instituição que representa a União, em juízo e fora dele, e presta consultoria jurídica e assessoramento ao Poder Executivo e ao Poder Legislativo.

A: incorreta, pois leis complementares da União e dos Estados, cuja iniciativa é facultada aos respectivos Procuradores-Gerais, estabelecerão a organização, as atribuições e o estatuto de cada Ministério Público, nos termos do art. 128, § 5º, da CF. É oportuno citarmos o seguinte julgado do STF: "Atribuições do Ministério Público: matéria não sujeita à reserva absoluta de lei complementar: improcedência da alegação de inconstitucionalidade formal do art. 66, caput e § 1º, do CC (Lei 10.406/2002). O art. 128, § 5º, da Constituição, não substantiva reserva absoluta a lei complementar para conferir atribuições ao Ministério Público ou a cada um dos seus ramos, na União ou nos Estados-membros. A tese restritiva é elidida pelo art. 129 da Constituição, que, depois de enumerar uma série de 'funções institucionais do Ministério Público', admite que a elas se acresçam a de 'exercer outras funções que lhe forem conferidas, desde que compatíveis com sua finalidade, sendo-lhe vedada a representação judicial e a consultoria jurídica de entidades públicas'. Trata-se, como acentua a doutrina, de uma 'norma de encerramento', que, à falta de reclamo explícito de legislação complementar, admite que leis ordinárias – qual acontece, de há muito, com as de cunho processual – possam aditar novas funções às diretamente outorgadas ao Ministério Público pela Constituição, desde que compatíveis com as finalidades da instituição e às vedações de que nelas se incluam 'a representação judicial e a consultoria jurídica das entidades públicas'" (**ADI 2.794**, Rel. Min. **Sepúlveda Pertence**, julgamento em 14.12.2006, Plenário, DJ de 30.03.2007.); **B:** incorreta, a Defensoria Pública é instituição essencial à função jurisdicional do Estado, incumbindo-lhe a orientação jurídica e a defesa, em todos os graus, dos necessitados, na forma do art. 5º, LXXIV. Sendo assim, a lei complementar organizará a Defensoria Pública da União e do Distrito Federal e dos Territórios e prescreverá normas gerais para sua organização nos Estados, em cargos de carreira, providos, na classe inicial, mediante concurso público de provas e títulos, assegurada a seus integrantes a garantia da inamovibilidade e vedado o exercício da advocacia fora das atribuições institucionais. Em contrapartida, às Defensorias Públicas Estaduais são asseguradas autonomia funcional e administrativa e a iniciativa de sua proposta orçamentária (e não lei ordinária própria de cada Estado) dentro dos limites estabelecidos na lei de diretrizes orçamentárias e subordinação ao disposto no art. 99, § 2º, da CF; **C:** incorreta, o advogado é indispensável à administração da justiça, sendo inviolável (não absolutamente) por seus atos e manifestações no exercício da profissão, nos limites da Lei 8.906/1994; **D:** correta, ao MP cabe a defesa da ordem jurídica, do regime democrático e dos interesses sociais e coletivos; para isso, ele possui, por exemplo, legitimidade para ajuizar ACP em defesa do patrimônio público e do meio ambiente, nos termos art. 129, III, da CF c/c a Lei 7.347/1985; **E:** incorreta, pois a Advocacia-Geral da União é a instituição que, diretamente ou por meio de órgão vinculado, representa a União, judicial e extrajudicialmente, cabendo-lhe, nos termos da lei complementar que dispuser sobre sua organização e funcionamento, as atividades de consultoria e assessoramento jurídico do Poder Executivo e não do Poder Legislativo. É interessante consignarmos que ao titular do cargo de Procurador de autarquia não se exige a apresentação de instrumento de mandato para representá-la em juízo (**Súmula 644** do STF).

„Gabarito "D".

(**Ministério Público/MG – 2012 – CONSULPLAN**) Assinale a alternativa **CORRETA**:

(A) O Ministério Público da União tem por chefe o Procurador-Geral da República, nomeado pelo Presidente da República dentre integrantes da carreira, maiores de trinta e cinco anos, após a aprovação de seu nome pela maioria do Congresso Nacional, para mandato de dois anos, permitida a recondução.

(B) O Conselho Nacional do Ministério Público, cujo presidente será o Procurador-Geral da República, compõe-se de dezesseis membros nomeados pelo Presidente da República, depois de aprovada a escolha pela maioria absoluta do Senado Federal, para um mandato de dois anos, admitida uma recondução.

(C) Ao Colégio de Procuradores de Justiça compete, segundo a Lei n. 8.625/1993, entre outras funções, a destituição do Corregedor-Geral do Ministério Público, pelo voto de dois terços de seus membros, em caso de abuso de poder, conduta incompatível ou grave omissão nos deveres do cargo, por representação do Procurador-Geral de Justiça ou da maioria de seus integrantes, assegurada ampla defesa.

(D) Os Ministérios Públicos dos Estados e do Distrito Federal e Territórios formarão lista tríplice dentre integrantes da carreira, na forma da lei respectiva, para escolha de seu Procurador-Geral que será nomeado pelo Chefe do Poder Executivo, após a aprovação de seu nome pela maioria absoluta da Assembleia Legislativa, para mandato de dois anos, permitida a recondução.

A: incorreta, o Ministério Público da União tem por chefe o Procurador-Geral da República, nomeado pelo Presidente da República dentre integrantes da carreira, maiores de trinta e cinco anos, após a aprovação de seu nome pela maioria do senado federal, para mandato de dois anos, permitida a recondução, nos termos do art. 128, § 1º, da CF; **B:** incorreta, o Conselho Nacional do Ministério Público, cujo presidente será o Procurador-Geral da República, compõe-se de 14 (quatorze) membros nomeados pelo Presidente da República, depois de aprovada a escolha pela maioria absoluta do Senado Federal, para um mandato de dois anos, admitida uma recondução, nos moldes do art. 130-A, caput, I, da CF; **C:** correta, o Colégio de Procuradores de Justiça, órgão da Administração Superior e de Execução do Ministério Público, é integrado por todos os Procuradores de Justiça em exercício e presidido pelo Procurador-Geral de Justiça (artigo 1º do Regimento Interno do Colégio de Procuradores de Justiça do Ministério Público do Estado de Minas Gerais). Para exercer as atribuições do Colégio de Procuradores de Justiça com número superior a 40 (quarenta) Procuradores de Justiça, poderá ser constituído Órgão Especial, cuja composição e número de integrantes a Lei Orgânica fixar. As atribuições do Colégio de Procuradores estão previstas no artigo 12 da Lei 8.625/1993, e no artigo 3º do Regimento Interno do Colégio de Procuradores de Justiça do Ministério Público do Estado de Minas Gerais. Nos termos do art. 12, VI, da Lei 8.625/1993, o Colégio de Procuradores de Justiça é composto por todos os Procuradores de Justiça, competindo-lhe destituir o Corregedor-Geral do Ministério Público, pelo voto de dois terços de seus membros, em caso de abuso de poder, conduta incompatível ou grave omissão nos deveres do cargo, por representação do Procurador-Geral de Justiça ou da maioria de seus integrantes, asseguradas ampla defesa; **D:** incorreta, pois não se exige a aprovação de seu nome pela maioria absoluta da Assembleia Legislativa, conforme art. 128, § 3º, da CF.

„Gabarito "C".

(**Ministério Público/MS – 2011 – FADEMS**) Assinale a alternativa **correta**.

Segundo a Constituição Federal o Ministério Público abrange:

(A) O Ministério Público dos Estados e o Ministério Público da União, que compreende o Ministério

Público Federal, o Ministério Público do Trabalho, o Ministério Público Militar e o Ministério Público do Distrito Federal e Territórios;

(B) O Ministério Público dos Estados, o Ministério Público do Distrito Federal e Territórios, além do Ministério Público da União, que compreende o Ministério Público Federal, o Ministério Público do Trabalho e o Ministério Público Militar;

(C) O Ministério Público dos Estados, o Ministério Público do Distrito Federal e Territórios, o Ministério Público Militar e o Ministério Público da União, que compreende o Ministério Público Federal e o Ministério Público do Trabalho;

(D) O Ministério Público dos Estados, o Ministério Público Militar e o Ministério Público da União, que compreende o Ministério Público Federal, o Ministério Público do Trabalho e o Ministério Público do Distrito Federal e Territórios;

(E) O Ministério Público dos Estados, o Ministério Público do Trabalho e o Ministério Público da União, que compreende o Ministério Público Federal, o Ministério Público Militar e o Ministério Público do Distrito Federal e Territórios.

Art. 128, I, "a" a "d", e II, da CF.

Gabarito "A".

(Ministério Público/MS – 2011 – FADEMS) Analise os itens abaixo e assinale a alternativa **correta:**

I. Compete ao Superior Tribunal de Justiça julgar conflito de atribuições entre membros do Ministério Público Federal e Estadual.

II. O Conselho Nacional do Ministério Público pode avocar processos disciplinares em curso, determinando, se for o caso, a remoção, a disponibilidade ou a aposentadoria com subsídios ou proventos proporcionais ao tempo de serviço e aplicar outras sanções administrativas, assegurada ampla defesa.

III. O Ministério Público dos Estados, por meio dos Procuradores de Justiça, oficia perante o Tribunal de Contas dos Estados.

IV. O STF reconhece legitimidade ativa *ad causam* para ingressar com reclamação a todos que comprovem ter sofrido prejuízo advindo da decisão judicial, ou ato administrativo, que contrarie decisão anterior em sede de controle abstrato de constitucionalidade.

(A) Existe apenas uma alternativa correta;
(B) Existem duas alternativas corretas;
(C) Existem três alternativas corretas;
(D) Nenhuma das alternativas está correta;
(E) Todas as alternativas estão corretas.

I: incorreta, não há, na Constituição da República, previsão expressa do tribunal competente para julgar conflito de atribuição entre ramos distintos do Ministério Público; **II:** correta, literalidade do art. 130-A, § 2º, III, da CF; **III:** incorreta, pois quem oficia perante os Tribunais de Contas é o Ministério Público junto ao Tribunal de Contas (art. 130 da CF), que não se confunde com o Ministério Público do Estado; **IV:** correta, pois o STF entendia ser cabível a reclamação com fundamento no desrespeito à autoridade de decisão tomada em ADIn apenas quando requerida por um dos legitimados ativos para a propositura da ação direta (art. 103 da CF) e desde que tivesse o mesmo objeto. Entretanto, a orientação atual do STF determina que "nas situações em que a decisão proferida em ação direta de inconstitucionalidade for definitiva, à qual a lei confere efeito vinculante, entende legitimado para a reclamação aquele que tenha contra si provimento diverso do entendimento fixado por este Tribunal, como no caso ocorre, para que seja resguardada a eficácia subordinante dos comandos que derivem do ato descumprido." Dessa forma, "pronunciamentos do Tribunal, especificamente nos casos de inobservância de decisão proferida em ação declaratória de constitucionalidade, com eficácia vinculante, têm admitido a reclamação independentemente da condição de parte no processo, ou mesmo de legitimação concorrente para a sua propositura". Em conclusão, o STF consignou que "a eficácia vinculante legalmente atribuída à decisão de mérito em ação direta de inconstitucionalidade produz, entre outros, reflexos de natureza processual quanto à utilização do instituto previsto no art. 102, I, "l", da Carta da República. O conceito de parte interessada, a que aludem os arts. 13 da Lei 8.038/1990 e 156 do RISTF, ganha abrangência idêntica aos efeitos do julgado a ser preservado, alcançando todos aqueles que comprovem prejuízo em razão do pronunciamento dos demais órgãos do Poder Judiciário, desde que manifestamente contrário ao julgamento da Corte." (STF, Rcl 1880, Rel. Min. Maurício Corrêa).

Gabarito "B".

(Ministério Público/MS – 2011 – FADEMS) A seguinte afirmação não é pertinente ao Ministério Público:

(A) a destituição do Procurador-Geral da República pelo Presidente da República deve ser precedida de autorização da maioria absoluta do Congresso Nacional;
(B) o Poder executivo pode ajustar proposta orçamentária do Ministério Público encaminhada em desarmonia com a Lei de Diretrizes Orçamentárias;
(C) a independência funcional é um princípio institucional do Ministério Público;
(D) o Ministério Público pode propor diretamente ao Poder legislativo a criação de seus cargos;
(E) ressalvado o magistério, ao membro do Ministério Público, ainda que em disponibilidade, é vedado o exercício de qualquer outra função pública.

A: incorreta, devendo ser assinalada. Não reflete o disposto no art. 128, § 2º, da CF; **B:** correta, art. 127, § 5º, da CF; **C:** correta, art. 127, § 1º, da CF; **D:** correta, art. 127, § 2º, da CF; **E:** correta, art. 128, § 5º, II, "d", da CF.

Gabarito "A".

(Ministério Público/MS – 2011 – FADEMS) Analise as assertivas abaixo. É de competência do Colégio de Procuradores de Justiça:

I. julgar recurso, contra decisão que determinou a remoção, disponibilidade e aposentadoria de membro do Ministério Público, por motivo de interesse público;

II. determinar a remoção, disponibilidade e aposentadoria do membro do Ministério Público, por motivo de interesse público, assegurada ampla defesa;

III. homologar ou rejeitar os resultados dos concursos de ingresso na carreira;

IV. rever, pelo voto da maioria absoluta de seus integrantes, nos termos do Regimento Interno, mediante requerimento de legítimo interessado, decisão de arquivamento de inquérito policial ou peças de informação determinada pelo Procurador-Geral de Justiça, nos casos de sua atribuição originária;

V. deliberar, em caso de omissão injustificada do Procurador-Geral de Justiça, pela abertura de ingresso

quando o número de vagas atingir a um quinto dos cargos iniciais da carreira.
(A) todos os itens estão corretos;
(B) somente os itens II e IV estão incorretos;
(C) somente os itens I e II estão incorretos;
(D) somente os itens I e IV estão corretos;
(E) todos os itens estão incorretos.

I: correta, art. 12, VIII, "d", da Lei 8.625/1993; II: incorreta. Essa competência é do Conselho Nacional do Ministério Público, e não há previsão de motivo por interesse público, de acordo com o art. 130-A, § 2º, III, da CF; III e V: incorretas. Não constam do rol de atribuições do Colégio de Procuradores, listadas no art. 12, I a XIII, da Lei 8.625/1993. V., tb., art. 59, § 1º, da Lei 8.625/1993; IV: correta, art. 12, XI, da Lei 8.625/1993.
Gabarito "D".

(Ministério Público/MS – 2011 – FADEMS) Assinale a alternativa correta.
(A) Compete ao Procurador-Geral de Justiça propor a ação civil para a decretação da perda do cargo de membro do Ministério Público vitalício, após autorização do Colégio de Procuradores de Justiça pelo voto de dois terços de seus integrantes;
(B) Cabe ao Corregedor-Geral propor ao Conselho Superior do Ministério Público, fundamentadamente, o não vitaliciamento do membro do Ministério Público que não cumprir as condições do estágio probatório;
(C) É permitido ao Procurador de Justiça, que integra o Conselho Superior do Ministério Público, exercer mandato do Conselho Nacional do Ministério Público ou do Conselho Nacional de Justiça;
(D) O Conselho Superior do Ministério Público será composto pelo Procurador-Geral de Justiça, que o presidirá, pelo Corregedor-Geral do Ministério Público, ambos membros natos, e por nove Procuradores de Justiça eleitos pela primeira instância, permitida uma recondução e observado o mesmo procedimento;
(E) O Plano Estratégico Institucional, com duração mínima de quatro anos, será elaborado pelo Corregedor-Geral do Ministério Público, sendo que o procedimento de sua elaboração e monitoramento será aprovado pelo Colégio de Procuradores de Justiça.

A: incorreta. De acordo com o art. 12, X, da Lei 8.625/1993, compete ao Colégio de Procuradores "deliberar por iniciativa de um quarto de seus integrantes ou do Procurador-Geral de Justiça, que este ajuíze ação cível de decretação de perda do cargo de membro vitalício do Ministério Público nos casos previstos nesta Lei"; B: correta, art. 17, III, da Lei 8.625/1993; C: incorreta. Não podem se afastar (art. 14, II, da Lei 8.625/1993); D: incorreta. Não reflete o disposto no art. 14, I a III, da Lei 8.625/1993; E: incorreta. Cada Ministério Público define seu plano estratégico, como o fez o Estado de Goiás (v. Lei Complementar Estadual 25/1998).
Gabarito "B".

(Ministério Público/MS – 2011 – FADEMS) Assinale a alternativa correta.
(A) O Conselho Nacional do Ministério Público é composto por catorze membros escolhidos pelo Presidente da República, após indicação pelo Ministério Público da União, dos Estados e do Distrito Federal;
(B) Não compete ao Conselho Nacional do Ministério Público interferir na autonomia administrativa e financeira do Ministério Público;
(C) O Conselho Nacional do Ministério Público escolherá em votação secreta, um Corregedor Nacional dentre os seus integrantes, vedada a recondução;
(D) O Conselho Nacional do Ministério Público poderá rever, de ofício ou mediante provocação, os processos disciplinares de membros do Ministério Público da União ou dos Estados julgados há mais de um ano;
(E) O Conselho Nacional do Ministério Público deve zelar pela autonomia funcional e administrativa do Ministério Público, bem como determinar a remoção, a disponibilidade ou aposentadoria com subsídios ou proventos proporcionais ao tempo de serviço e aplicar outras sanções administrativas aos membros do Ministério Público.

A: incorreta. Não reflete o disposto no art. 130-A, caput, da CF; B: incorreta. O art. 130-A, § 2º, da CF, confere essa competência ao CNMP; C: incorreta. Escolherá dentre os membros do Ministério Público que o integram (art. 130-A, § 3º, da CF); D: incorreta. Julgados há menos de um ano (art. 130-A, § 2º, IV, da CF); E: correta, conforme dispõe o art. 130-A, § 2º, I e III da CF.
Gabarito "E".

(Ministério Público/PR – 2011) São garantias constitucionais dos membros do Ministério Público:
(A) Inamovibilidade, vitaliciedade e irredutibilidade de subsídios.
(B) Indivisibilidade, irredutibilidade de subsídios e vitaliciedade.
(C) Vitaliciedade, inviolabilidade e inamovibilidade.
(D) Irredutibilidade de subsídios, inamovibilidade e inviolabilidade.
(E) Inamovibilidade, irredutibilidade de subsídios e indivisibilidade.

Art. 128, § 5º, I, "a" a "c", da CF.
Gabarito "A".

14. DEFESA DO ESTADO

(Promotor de Justiça/GO – 2016 – MPE) No que se refere às funções constitucionalmente conferidas às guardas municipais, indique a assertiva que encontra arrimo na jurisprudência dominante do Supremo Tribunal Federal:
(A) Configura flagrante inconstitucionalidade a previsão, em lei infraconstitucional, de atribuição da guarda municipal para exercer a fiscalização e o controle do trânsito, em qualquer hipótese. A guarda municipal, segundo expressa disposição constitucional, volta-se para a proteção de bens, serviços e equipamentos municipais, não podendo, em razão disso, ter suas atribuições alargadas para questões de trânsito, por absoluta falta de previsão na Constituição Federal.
(B) É constitucional a lei local que confira às guardas municipais o exercício de poder de polícia de trânsito, inclusive com a imposição de sanções administrativas legalmente prevista, observada, sempre, a esfera de atuação do Município, delimitada pelo Código de Trânsito Brasileiro.
(C) Pode a lei local atribuir às aguardas municipais funções de fiscalização do trânsito. O Supremo Tribunal Federal assentou que fiscalizar trânsito constitui ati-

vidade nitidamente voltada para a segurança pública, e a sua realização somente poderia ser concretizada pela guarda municipal desde que observada a finalidade constitucional da instituição de proteger bens, serviços e equipamentos municipais.

(D) Por se tratar de matéria de competência legislativa da União, não poderá a lei local conferir às guardas municipais funções de fiscalização do trânsito, ainda que essa atribuição esteja restrita à proteção de bens, serviços e equipamentos municipais.

A questão sobre exercício de poder de polícia pela guarda municipal foi decidida pelo STF nos termos da seguinte ementa, que deve ser estudada com afinco: DIREITO ADMINISTRATIVO. RECURSO EXTRAORDINÁRIO. PODER DE POLÍCIA. IMPOSIÇÃO DE MULTA DE TRÂNSITO. GUARDA MUNICIPAL. CONSTITUCIONALIDADE. 1. Poder de polícia não se confunde com segurança pública. O exercício do primeiro não é prerrogativa exclusiva das entidades policiais, a quem a Constituição outorgou, com exclusividade, no art. 144, apenas as funções de promoção da segurança pública. 2. A fiscalização do trânsito, com aplicação das sanções administrativas legalmente previstas, embora possa se dar ostensivamente, constitui mero exercício de poder de polícia, não havendo, portanto, óbice ao seu exercício por entidades não policiais. 3. O Código de Trânsito Brasileiro, observando os parâmetros constitucionais, estabeleceu a competência comum dos entes da federação para o exercício da fiscalização de trânsito. 4. Dentro de sua esfera de atuação, delimitada pelo CTB, os Municípios podem determinar que o poder de polícia que lhe compete seja exercido pela guarda municipal. 5. O art. 144, §8°, da CF, não impede que a guarda municipal exerça funções adicionais à de proteção dos bens, serviços e instalações do Município. Até mesmo instituições policiais podem cumular funções típicas de segurança pública com exercício de poder de polícia. Entendimento que não foi alterado pelo advento da EC nº 82/2014. 6. Desprovimento do recurso extraordinário e fixação, em repercussão geral, da seguinte tese: é constitucional a atribuição às guardas municipais do exercício de poder de polícia de trânsito, inclusive para imposição de sanções administrativas legalmente previstas. (RE 658570, Rel. p/ Acórdão Min. Roberto Barroso, Tribunal Pleno, j. 06/08/2015). A: incorreta. Nesse julgado o STF diferenciou poder de polícia das funções de segurança pública, definindo que a polícia de trânsito consiste em poder de polícia e, por isso, pode ser realizada pelas guardas municipais; B: correta. Itens 4 e 6 da ementa acima transcrita; C: incorreta. Ver, especialmente, itens 1 e 4 da ementa acima transcrita; D: incorreta. Ver, especialmente, item 3 da ementa acima.

Gabarito "B".

(Promotor de Justiça/SC – 2016 – MPE)

( ) Compete ao Conselho da República pronunciar-se sobre as questões relevantes para a estabilidade das instituições democráticas; estado de defesa; estado de sítio; intervenção federal.

Correto. Reflete a redação do art. 90, I e II, CF.

Gabarito "V".

(Promotor de Justiça/SC – 2016 – MPE)

( ) O Presidente da República pode, ouvidos o Conselho da República e o Conselho de Defesa Nacional, decretar estado de defesa para preservar ou prontamente restabelecer, em locais restritos e determinados, a ordem pública ou a paz social ameaçadas por grave e iminente instabilidade institucional ou atingidas por calamidades de grandes proporções na natureza. O decreto que instituir o estado de defesa determinará o tempo de sua duração, que não poderá ser superior 10 (dez) dias, podendo ser renovado, por igual período, sempre que persistirem as razões que justificaram a sua decretação.

Incorreta. Não reflete o disposto no art. 136, caput e parágrafo 1°, CF, que não menciona prazo para duração nem possibilidade de renovação do prazo por igual período: "Art. 136. O Presidente da República pode, ouvidos o Conselho da República e o Conselho de Defesa Nacional, decretar estado de defesa para preservar ou prontamente restabelecer, em locais restritos e determinados, a ordem pública ou a paz social ameaçadas por grave e iminente instabilidade institucional ou atingidas por calamidades de grandes proporções na natureza. § 1° O decreto que instituir o estado de defesa **determinará o tempo de sua duração,** especificará as áreas a serem abrangidas e indicará, nos termos e limites da lei, as medidas coercitivas a vigorarem, dentre as seguintes:".

Gabarito "F".

(Promotor de Justiça – MPE/MS – FAPEC – 2015) Por ordem constitucional, a União Federal deverá destinar à Região Centro-Oeste percentuais mínimos dos recursos destinados à irrigação. É **correto** afirmar que:

(A) A União aplicará por 40 (quarenta) anos os recursos, sendo o mínimo de 20% (vinte por cento) na Região Centro-Oeste.

(B) A União aplicará por 25 (vinte e cinco) anos os recursos, sendo o mínimo de 20% (vinte por cento) na Região Centro-Oeste.

(C) A União aplicará por 25 (vinte e cinco) anos os recursos, sendo o mínimo de 50% (cinquenta por cento) na Região Centro-Oeste.

(D) A União aplicará por 30 (trinta) anos os recursos, sendo o mínimo de 50% (cinquenta por cento) na Região Centro-Oeste.

(E) A União aplicará por 40 (quarenta) anos os recursos, sendo o mínimo de 50% (cinquenta por cento) na Região Centro-Oeste.

A questão exige conhecimento sobre o texto do art. 42, caput e inciso I, ADCT: "Art. 42. Durante 40 (quarenta) anos, a União aplicará dos recursos destinados à irrigação: I – 20% (vinte por cento) na Região Centro-Oeste; II – 50% (cinquenta por cento) na Região Nordeste, preferencialmente no Semiárido".

Gabarito "A".

(Ministério Público/TO – 2012 – CESPE) CF estabelece situações em que, excepcionalmente, se admite a intervenção, suprimindo-se, temporariamente, a autonomia de determinados entes da Federação. Sobre esse tema, assinale a opção correta.

(A) A permanência da intervenção federal por prazo superior ao estabelecido no decreto interventivo importa crime de responsabilidade do chefe do Poder Executivo federal, que será julgado pelo STF.

(B) A intervenção federal pode ser espontânea ou provocada; neste último caso, se a provocação for oriunda do Poder Executivo ou do Poder Legislativo, o presidente da República será obrigado a intervir.

(C) A intervenção se exterioriza mediante decreto interventivo de competência do presidente da República ou do governador de estado, conforme o caso. O decreto de intervenção deverá nomear o interventor e terá de ser submetido à apreciação do Congresso Nacional ou da assembleia legislativa do estado, no prazo de quarenta e oito horas.

5. DIREITO CONSTITUCIONAL 365

(D) A decretação da intervenção estadual em município na hipótese de inobservância de princípios indicados na constituição estadual depende de decisão do tribunal de justiça do respectivo estado, sujeita a recurso extraordinário e, portanto, a eventual confirmação pelo STF.
(E) A única hipótese de intervenção da União em municípios prevista na CF se refere aos municípios localizados em território federal. Tendo em vista que, atualmente, não existem territórios federais, uma intervenção federal levada a efeito em um município brasileiro seria inconstitucional.

A: incorreta, pois em se tratando de crime de responsabilidade, será o Presidente da República processado e julgado pelo Senado Federal, após a autorização de 2/3 dos membros da Câmara dos Deputados, nos termos dos arts. 51, I e 52, I, da CF; B: incorreta, na exata medida que a intervenção federal provocada por solicitação é decretada para garantir o livre exercício das funções executiva e legislativa, quando coação ou impedimento recaírem sobre elas. Nesse caso, para o Presidente da República decretar a intervenção, é necessário que os Poderes Executivo e Legislativo coactos ou impedidos solicitem (CF, art. 34, IV, c/c o art. 36, I, 1ª parte). Cumpre asseverar que, na intervenção federal provocada por solicitação, o Presidente da República é árbitro da conveniência e oportunidade de decretar o ato interventivo. Ele não está obrigado a intervir, pois age com discricionariedade; C: incorreta, pois o decreto interventivo poderá nomear um interventor, cujo nome há de ser submetido à apreciação do Congresso Nacional ou da Assembleia Legislativa, no prazo de vinte e quatro horas (CF, art. 36, §§ 1º e 2º). Escolhido pelo Presidente da República, o interventor nada mais é do que um elevado servidor público federal, cujas funções federais devem constar no decreto interventivo; D: incorreta, já que inexiste a possibilidade de interpor recurso para o STF; E: correta, réplica dos artigos 34 e 35, da CF.

Gabarito "E".

(Ministério Público/GO – 2012) A respeito do instituto da Intervenção Federal, marque a alternativa correta:

(A) descabe a propositura de representação interventiva em face de ato normativo de efeito concreto;
(B) na expedição do decreto de intervenção, o Chefe do Poder Executivo, em toda e qualquer hipótese, exerce competência de índole discricionária, subordinada às notas de conveniência e oportunidade;
(C) é da competência exclusiva do Senado Federal, decorrente de sua conformação específica de órgão legislativo de representação dos Estados-membros e do Distrito Federal, aprovar ou suspender a intervenção federal;
(D) segundo a jurisprudência do Supremo Tribunal Federal, o pedido de requisição de intervenção dirigida por Presidente de Tribunal de Justiça ao STF há de ter motivação quanto à necessidade da intervenção.

A: incorreta, pois é plenamente possível a propositura de representação interventiva em face de ato normativo de efeito concreto. É considerada lei de efeitos concretos ou ato normativo de efeito concreto, aquele consignado como lei em sentido formal (espécie normativa primária), porém, não atende aos critérios da generalidade e abstração, ou seja, são Leis Complementares, Ordinárias, Delegadas ou Medidas Provisórias que possuem destinatário certo (não são gerais), sem possibilidade de repetição (não possuem abstração). As leis individuais são marcadas pela falta de generalidade ou impessoalidade. As leis de efeitos concretos e as leis individuais são consideradas pela doutrina como atos administrativos em sentido material dotados de forma de lei porque em essência são atos administrativos que estão na forma de uma lei, no formato de uma lei. As leis de efeitos concretos, embora com conteúdo de ato administrativo, são consideradas leis porque possuem imperatividade (obrigatoriedade) e normatividade (atribuem poder ou dever de fazer ou de não fazer), porém, diferentemente das leis em sentido próprio, possuem concretude e individualização. Leis que criam um Município (art. 18, § 4º) e leis orçamentárias (art. 165) são ótimos exemplos constitucionais para ilustrar o conceito de lei de efeitos concretos, pois não possuem a abstração necessária para se repetirem em infinitas situações. Também podemos citar os Decretos Legislativos e as Resoluções da Câmara ou do Senado como, tipicamente, atos normativos de efeitos concretos, pois, em regra, são emanados não para criar condutas gerais e abstratas e sim para autorizar, aprovar, suspender, fixar. No âmbito infraconstitucional podem ser citadas as leis que estabelecem indenização a determinada pessoa, as leis que concedem anistia, as leis que determinam que tal ou qual imóvel seja área de preservação ambiental, as leis que mudam o nome de um Município. B: incorreta, na expedição do decreto de intervenção, o Chefe do Poder Executivo só exerce competência de índole discricionária, subordinada às notas de conveniência e oportunidade, nas hipóteses de intervenção federal provocada por solicitação Em se tratando de intervenção federal provocada por requisição do Poder Judiciário, via STF, para o Presidente da República estará vinculado à requisição. Ou seja, ele deverá decretar a intervenção; C: incorreta, já que é da competência exclusiva do Congresso Nacional, e não do Senado Federal, aprovar ou suspender a intervenção federal, nos termos do art. 49, IV, c/c art. 36, § 1º, da CF; D: correta, segundo a jurisprudência do Supremo Tribunal Federal, o pedido de requisição de intervenção dirigido por Presidente de Tribunal de Justiça ao STF há de ter motivação quanto à necessidade da intervenção, conforme Informativos 37 e 230 do Supremo Tribunal Federal.

Gabarito "D".

15. TRIBUTAÇÃO E ORÇAMENTO

(Ministério Público/Acre – 2014 – CESPE) Considerando as normas constitucionais aplicáveis ao sistema tributário nacional, às finanças públicas e à ordem econômica, assinale a opção correta.

(A) Incorrerá em inconstitucionalidade a lei estadual que criar taxa incidente sobre o patrimônio, renda ou serviços de municípios, visto que, na CF, é prevista, para esse caso, a limitação constitucional ao poder de tributar denominada imunidade recíproca.
(B) Em razão do regime de livre mercado estabelecido na CF, é vedado ao Estado explorar diretamente atividade econômica.
(C) De acordo com a CF, não se pode vincular a receita de impostos estaduais a despesas com manutenção e desenvolvimento do ensino e ações e serviços públicos de saúde.
(D) Os municípios, os estados e o DF poderão instituir imposto para custeio do serviço de iluminação pública, desde que o façam com observância ao princípio da legalidade, da anterioridade e da irretroatividade.
(E) Viola disposição da CF o convênio firmado entre estado e município com o objetivo de realizar transferência voluntária de recursos financeiros para pagamento de despesas com professores integrantes da rede pública de ensino.

A: incorreta, já que o art. 150, VI, *a*, da CF somente se referiu a imposto; a taxa, também modalidade de tributo, não foi contemplada; B: incorreta, na medida em que o art. 173, *caput*, da CF autoriza o Estado a explorar, diretamente, atividade econômica, desde que necessária aos imperativos da segurança nacional ou a relevante interesse coletivo; **C:** incorreta (art. 167, IV, da CF); **D:** incorreta (art. 149-A, CF); E: correta, pois em conformidade com a regra presente no art. 167, X, da CF.

Gabarito "E".

16. ORDEM ECONÔMICA E FINANCEIRA

(Promotor de Justiça – MPE/RS – 2017) Nos moldes estabelecidos pelo artigo 174 da Constituição Federal, é **INCORRETO** afirmar que

(A) o Estado, como agente normativo e regulador da atividade econômica, exercerá, na forma da lei, as funções de fiscalização, incentivo e planejamento, sendo este determinante para os setores público e privado.
(B) a lei estabelecerá as diretrizes e bases do planejamento do desenvolvimento nacional equilibrado, o qual incorporará e compatibilizará os planos nacionais e regionais de desenvolvimento.
(C) a lei apoiará e estimulará o cooperativismo e outras formas de associativismo.
(D) o Estado favorecerá a organização da atividade garimpeira em cooperativas, levando em conta a proteção do meio ambiente e a promoção econômico-social dos garimpeiros.
(E) as cooperativas a que se refere o parágrafo 3º do artigo 174 da Constituição da República terão prioridade na autorização ou concessão para pesquisa e lavra dos recursos e jazidas de minerais garimpáveis, nas áreas onde estejam atuando, e naquelas fixadas de acordo com o artigo 21, inciso XXV, da Carta Federal, na forma da lei.

A: correta. O planejamento estatal é apenas indicativo (e não determinante) para o setor privado. V. art. 174, *caput*, CF; B: correta. Art. 74, parágrafo 1º, CF; C: correta. Art. 174, parágrafo 2º, CF; D: correta. Art. 174, parágrafo 3º, CF; E: correta. Art. 174, parágrafo 4º, CF.

Gabarito "A".

(Promotor de Justiça/GO – 2016 – MPE) A ordem econômica, fundada na valorização do trabalho humano e na livre iniciativa, tem por fim assegurar a todos existência digna, conforme os ditames da justiça social, sendo pautada pelos seguintes princípios, exceto:

(A) tratamento favorecido para as empresas de pequeno porte instaladas no país, mesmo que tenham sede e administração no exterior.
(B) redução das desigualdades regionais e sociais.
(C) defesa do meio ambiente, inclusive mediante tratamento diferenciado conforme o impacto ambiental dos produtos e serviços e de seus processos de elaboração e prestação.
(D) observância da função social da propriedade.

A questão exige conhecimento sobre o art. 170 da CF: "Art. 170. A ordem econômica, fundada na valorização do trabalho humano e na livre iniciativa, tem por fim assegurar a todos existência digna, conforme os ditames da justiça social, observados os seguintes princípios: I – soberania nacional; II – propriedade privada; III – função social da propriedade; IV – livre concorrência; V – defesa do consumidor; VI – defesa do meio ambiente, inclusive mediante tratamento diferenciado conforme o impacto ambiental dos produtos e serviços e de seus processos de elaboração e prestação; VII – redução das desigualdades regionais e sociais; VIII – busca do pleno emprego; IX – tratamento favorecido para as empresas de pequeno porte constituídas sob as leis brasileiras e que tenham sua sede e administração no País".

Gabarito "A".

(Ministério Público/SP – 2013 – PGMP) Assinale a alternativa INCORRETA.

No que se refere aos princípios gerais da atividade econômica,

(A) as jazidas, em lavra ou não, e demais recursos minerais e os potenciais de energia hidráulica constituem propriedade distinta da do solo, para efeito de exploração ou aproveitamento, e pertencem à União, sendo-lhe garantida a propriedade do produto da lavra.
(B) a empresa pública, a sociedade de economia mista e suas subsidiárias que explorem atividade econômica de produção ou comercialização de bens ou de prestação de serviços sujeitam-se ao regime jurídico próprio das empresas privadas, inclusive quanto aos direitos e obrigações civis, comerciais, trabalhistas e tributários.
(C) as empresas públicas e as sociedades de economia mista não poderão gozar de privilégios fiscais não extensivos às do setor privado.
(D) dentre outros, são princípios gerais da atividade econômica a soberania nacional, a defesa do meio ambiente, a função social da propriedade e a busca do pleno emprego.
(E) não dependerá de autorização ou concessão o aproveitamento do potencial de energia renovável de capacidade reduzida.

A: incorreta, devendo ser assinalada. De acordo com o art. 176 da CF: "As jazidas, em lavra ou não, e demais recursos minerais e os potenciais de energia hidráulica constituem propriedade distinta da do solo, para efeito de exploração ou aproveitamento, e pertencem à União, **garantida ao concessionário a propriedade do produto da lavra**"; B: correta (art. 173, § 1º, II, da CF); C: correta (art. 173, § 2º, da CF); D: correta (art. 170, III, VI e VIII, da CF); E: correta (art. 176, § 4º, da CF).

Gabarito "A".

(Ministério Público/CE – 2011 – FCC) Relativamente à atuação do Estado no domínio econômico, prevê a Constituição da República que

(A) as empresas públicas e sociedades de economia mista poderão gozar de privilégios fiscais não extensivos às do setor privado.
(B) os recursos arrecadados com a contribuição de intervenção no domínio econômico relativa às atividades de importação ou comercialização de petróleo e seus derivados, gás natural e seus derivados e álcool combustível serão destinados, entre outras finalidades, ao financiamento de programas de infraestrutura de transportes.
(C) a exploração direta de atividade econômica pelo Estado somente é permitida quando necessária aos imperativos da segurança nacional, conforme definidos em lei.
(D) o aproveitamento de potenciais de energia hidráulica somente poderá ser efetuado mediante autorização ou concessão da União, o que se aplica inclusive a potenciais de energia renovável de capacidade reduzida.

(E) as atividades a serem exploradas em regime de monopólio pela União não admitem sua contratação com empresas estatais ou privadas.

A: incorreta, as empresas públicas e sociedades de economia mista *não* poderão gozar de privilégios fiscais não extensivos às do setor privado, nos termos do art. 173, § 2º, da CF; **B:** correta, literalidade do art. 177, § 4º, II, "c", da CF; **C:** incorreta, pois, ressalvados os casos previstos na Constituição Federal, a exploração direta de atividade econômica pelo Estado só será permitida quando necessária aos imperativos da segurança nacional ou a relevante interesse coletivo, conforme definidos em lei, como determina o art. 173 da CF; **D:** incorreta, conforme prevê o art. 176 da CF: "as jazidas, em lavra ou não, e demais recursos minerais e os potenciais de energia hidráulica constituem propriedade distinta do solo, para efeito de exploração ou aproveitamento, e pertencem à União, garantida ao concessionário a propriedade do produto da lavra". § 1º "A pesquisa e a lavra de recursos minerais e o aproveitamento dos potenciais a que se refere o *caput* deste artigo somente poderão ser efetuados mediante autorização ou concessão da União, no interesse nacional, por brasileiros ou empresa constituída sob as leis brasileiras e que tenha sua sede e administração no País, na forma da lei, que estabelecerá as condições específicas quando essas atividades se desenvolverem em faixa de fronteira ou terras indígenas"; **E:** incorreta, pois a União poderá contratar com tais empresas. Senão vejamos: "A União poderá contratar com empresas estatais ou privadas a realização das atividades previstas nos incisos I a IV deste artigo observadas as condições estabelecidas em lei", nos termos do art. 177, § 1º, da CF.
Gabarito "B".

(Ministério Público/PR – 2011) Integram os princípios gerais da ordem econômica:

(A) Soberania nacional, propriedade privada e defesa do consumidor.
(B) Livre concorrência, função social da propriedade e tratamento favorecido para as empresas de pequeno porte constituídas sob as leis brasileiras e que tenham sua sede e administração no País.
(C) Busca do pleno emprego, soberania nacional e livre concorrência.
(D) Redução das desigualdades regionais e sociais, defesa do consumidor e defesa do meio ambiente.
(E) Todas as alternativas anteriores estão corretas.

Art. 170, I a IX, da CF.
Gabarito "E".

17. ORDEM SOCIAL

(Procurador da República –28º Concurso – 2015 – MPF) Assinale a alternativa incorreta:

(A) As ações afirmativas têm natureza dúplice, pois se prestam, de um lado, a assegurar igualdade de oportunidades e, de outro, a promover o pluralismo e a diversidade nos ambientes em que se instalam;
(B) Os direitos concedidos aos povos indígenas pela Constituição de 1988 têm em conta as suas respectivas tradições culturais, não alcançando indivíduos e grupos indígenas considerados "aculturados", ou seja, que perderam a sua cultura autêntica;
(C) A demarcação de terras indígenas deve ser precedida de trabalho antropológico, que revele a organização social e espacial desses grupos, bem como projete o seu crescimento, de modo a assegurar os direitos das gerações futuras;
(D) A despeito de situada no art. 68 do ADCT, a norma ali inscrita tem propósitos permanentes, é de natureza prospectiva e alcança comunidades situadas no presente.

A: correta. O fundamento das ações afirmativas é promover a igualdade e a diversidade, sendo certo que o STF entende igualdade, nesse caso, como igualdade *material*. Sobre o tema, importante conferir o acórdão da ADC 41, Rel. Min. Roberto Barroso, em cujo julgamento o STF declarou a constitucionalidade da lei que prevê 20% de cotas para negros em concursos públicos; **B:** incorreta. Sobre o tema, confira-se trecho do artigo de Roberto Lemos dos Santos Filho: "Por vezes é afirmada a inexistência de direito a ser assegurado em razão de o índio estar "aculturado", ou seja, por ele dominar a língua portuguesa e estar amoldado a costumes da sociedade consumista (como uso de telefones celulares, de carros). Isso é um equívoco. A FUNAI estima a existência de 100 a 190 mil índios vivendo fora de aldeias, inclusive em áreas urbanas. Índio não é somente aquele individuo que vive nas selvas e sem roupa. Índio é todo indivíduo de origem e ascendência pré- colombiana que se identifica e é identificado como pertencente a um grupo étnico cujas características culturais o distinguem da sociedade e cultura predominantes"; **C:** correta. Art. 2º do Decreto 1175/96; **D:** correta. Eis a redação do art. 68, ADCT: "Aos remanescentes das comunidades dos quilombos que estejam ocupando suas terras é reconhecida a propriedade definitiva, devendo o Estado emitir-lhes os títulos respectivos".
Gabarito "B".

(Procurador da República – 27º Concurso – 2013 – MPF) ASSINALE A ALTERNATIVA INCORRETA:

(A) o Supremo Tribunal Federal já decidiu que a intimação de indígenas para prestar depoimento, na condição de testemunha, fora de suas terras, constrange a sua liberdade de locomoção, por força de dispositivo constitucional que veda a remoção dos grupos indígenas de suas terras;
(B) a Constituição de 1988 é, a um só tempo, antropocêntrica, antiutilitarista e plural, o que possibilita ao Poder Público, no processo de tomada de decisões, o acolhimento de razões religiosas ou metafísicas;
(C) para o Supremo Tribunal Federal, as políticas de inclusão englobam não só redistribuição de recursos, mas também reconhecimento das diferenças, na perspectiva de uma sociedade plural;
(D) o pluralismo cultural, aos menos no plano normativo interno, demanda a intervenção do Estado no sentido de garantir a sobrevivência de específicas concepções de vida boa.

A: correta. É o que foi decidido pelo STF ao apreciar o HC 80240, Rel. Min. Sepúlveda Pertence: "(...) IV. Comissão Parlamentar de Inquérito: intimação de indígena para prestar depoimento na condição de testemunha, fora do seu habitat: violação às normas constitucionais que conferem proteção específica aos povos indígenas (CF, arts. 215 , 216 e 231). 1. A convocação de um índio para prestar depoimento em local diverso de suas terras constrange a sua liberdade de locomoção, na medida em que é vedada pela Constituição da República a remoção dos grupos indígenas de suas terras, salvo exceções nela previstas (CF/88, artigo 231, § 5º). 2. A tutela constitucional do grupo indígena, que visa a proteger, além da posse e usufruto das terras originariamente dos índios, a respectiva identidade cultural, se estende ao indivíduo que o compõe, quanto à remoção de suas terras, que é sempre ato de opção, de vontade própria, não podendo se apresentar como imposição, salvo hipóteses excepcionais. 3. Ademais, o depoimento do índio, que não incorporou ou compreende as práticas e modos de existência comuns ao "homem branco" pode ocasionar o cometimento pelo silvícola de ato ilícito, passível de comprometimento do seu status libertatis. 4. Donde a necessidade de adoção de cautelas tendentes a assegurar que não haja agressão aos seus usos, costumes e tradições. (...)"; B: incorreta. Ainda que o Estado Brasileiro se paute pela pluralidade, o princípio da laicidade do Estado impede a utilização de argumentos religiosos ou metafísicos. O Estado deve se pautar pelo uso de argumentos de *razão pública* no processo de tomada de decisões; C: correta. A igualdade não é apenas formal, mas também deve ser vista como reconhecimento identitário. Sobre o tema do reconhecimento, ver Daniel Sarmento, *Dignidade da Pessoa Humana, conteúdo, trajetórias e metodologia*; D: correta. O Estado não deve agir para favorecer uma específica concepção de vida boa. Diferentemente, pelo princípio do pluralismo, deve garantir a coexistência das diversas concepções que existirem na sociedade, evitando a perseguição e a extinção de uma determinada visão de mundo somente por ser minoritária.

Gabarito "B".

(Procurador da República – 25º) Assinale a alternativa correta:

(A) A garantia do direito das populações indígenas à posse e usufruto das terras tradicionalmente ocupadas depende do seu reconhecimento, em cada caso, através de procedimento administrativo, cuja decisão final se reveste de caráter discricionário.

(B) As comunidades indígenas têm direito de viver de acordo com os seus valores e tradições, desde que estas não violem a moral e os bons costumes.

(C) A aquisição, pelas comunidades de remanescentes de quilombo, do direito de propriedade das terras por elas ocupadas, pressupõe a posse mansa e pacífica da área a ser titulada entre data da abolição da escravidão e o advento da Constituição de 1988.

(D) A Constituição de 1988 abre-se ao multiculturalismo, ao reconhecer direitos culturais aos povos tradicionais, dentre os quais o respeito e a valorização dos seus modos próprios de criar, fazer e viver.

A: incorreta. As terras tradicionalmente ocupadas pelos índios destinam-se à sua posse permanente, cabendo-lhes o usufruto exclusivo das riquezas do solo, dos rios e dos lagos nelas existentes, nos termos do art. 231, § 2º, da CF; B: incorreta. São terras tradicionalmente ocupadas pelos índios as por eles habitadas em caráter permanente, as utilizadas para suas atividades produtivas, as imprescindíveis à preservação dos recursos ambientais necessários a seu bem-estar e as necessárias a sua reprodução física e cultural, segundo seus usos, costumes e tradições, como determina o art. 231, § 1º, da CF; C: incorreta. A palavra *quilombo* é originária do idioma africano quimbundo, que significa: "sociedade formada por jovens guerreiros que pertenciam a grupos étnicos desenraizados de suas comunidades" (MOURA, G. 2006. *Quilombos contemporâneos no Brasil in Brasil/África: como se o mar fosse mentira*. CHAVES, R., SECCO, C., MACEDO, T.. São Paulo: Ed. Unesp. Luanda/Angola: Chá de Caninde). O território remanescente de comunidade Quilombola é uma concretização das conquistas da comunidade afro descendente no Brasil, fruto das várias e heroicas resistências ao modelo escravagista e opressor instaurado no Brasil colônia e do reconhecimento dessa injustiça histórica. Embora continue presente perpassando as relações socioculturais da sociedade brasileira, enquanto sistema, o escravagista vigorou até 1888 e foi responsável pela entrada de mais de 3,5 milhões de homens e mulheres prisioneiros oriundos do continente africano – embora haja discrepância entre as estimativas apresentadas, Sérgio Buarque de Holanda (HOLANDA, S. B. Africanos no Brasil. *Folha da Manhã*, 02.08.1950) faz uma análise das mesmas considerando este um número sensato. Além de oriundos dos antigos quilombos de escravos refugiados é importante lembrar que muitas das comunidades foram estabelecidas em terras oriundas de heranças, doações, pagamento em troca de serviços prestados ou compra de terras, tanto durante a vigência do sistema escravocrata quanto após sua abolição (Comissão Pró Índio de São Paulo (CPI SP). Acesso ao site em março de 2010). Os remanescentes de quilombo são definidos como grupos étnico-raciais que tenham também uma trajetória histórica própria, dotado de relações territoriais específicas, com presunção de ancestralidade negra relacionada com a resistência à opressão histórica sofrida, e sua caracterização deve ser dada segundo critérios de autoatribuição atestada pelas próprias comunidades, como também adotado pela Convenção da OIT sobre Povos Indígenas e Tribais (VELÁSQUES, C. "Quilombolas". In: RICARDO, B. e CAMPANILI, M. (Ed.). *Almanaque Brasil socioambiental 2008*. Instituto Socioambiental. 2007. p. 234-235). A chamada comunidade remanescente de quilombo é uma categoria social relativamente recente, representa uma força social relevante no meio rural brasileiro, dando nova tradução àquilo que era conhecido como comunidades negras rurais (mais ao centro, sul e sudeste do país) e terras de preto (mais ao norte e nordeste), que também começa a penetrar ao meio urbano, dando nova tradução a um leque variado de situações que vão desde antigas comunidades negras rurais atingidas pela expansão dos perímetros urbanos até bairros no entorno dos terreiros de candomblé (ARRUTI, J.M. P. A. 2006. *Mocambo: antropologia e história do processo de formação quilombola*. Bauru, SP: Edusc. p. 370). Atualmente, há mais de 2 mil comunidades quilombolas no país, lutando pelo direito de propriedade de suas terras consagrado pela Constituição Federal desde 1988. Embora desde 1988 a Constituição Federal do Brasil já conceituasse como patrimônio cultural brasileiro os bens materiais e imateriais dos diferentes grupos formadores da sociedade brasileira, foi no Ato das Disposições Constitucionais Transitórias (art. 68, do ADCT) que foi reconhecido o direito dos remanescentes das comunidades dos quilombos que estivessem ocupando suas terras ter a propriedade definitiva da mesma, devendo o Estado emitir-lhes títulos respectivos; D: correta. Redação do art. 231, da CF.

Gabarito "D".

(Procurador da República – 25º) Marque a resposta correta:

(A) O direito fundamental à saúde não permite a garantia judicial de tratamentos excepcionalmente onerosos não previstos no âmbito do Sistema Único de Saúde, em razão da incidência do princípio da reserva do possível.

(B) O princípio da proteção do retrocesso social veda qualquer restrição de políticas públicas que já tenham concretizado direitos sociais constitucionalmente positivados.

(C) A teoria da eficácia horizontal imediata dos direitos fundamentais sustenta que a vinculação dos particulares a estes direitos é equiparável à vinculação dos poderes públicos.

(D) A teoria relativa do núcleo essencial dos direitos fundamentais funde o conceito de núcleo essencial com o de respeito ao princípio da proporcionalidade nas medidas restritivas de direitos.

A: incorreta. O mínimo existencial deve ser visto como a base e o alicerce da vida humana. Trata-se de um direito fundamental e essencial, vinculado à Constituição Federal, e não necessita de lei para sua obtenção, tendo em vista que é inerente a todo ser humano. Ainda que seja extremamente oneroso o jurisdicionado pode se valer da via judicial para obter sua tutela; B: incorreta. O princípio da proteção do retrocesso social não veda qualquer restrição de políticas públicas que já tenham concretizado direitos sociais constitucionalmente positivados. Vejamos: O reconhecimento do princípio da proibição de retrocesso social no sistema jurídico-constitucional pátrio não está livre de objeções. Listam-se aqui cinco delas: 1ª) centra-se na alegação de inexistência de definição constitucional acerca do conteúdo do objeto dos direitos fundamentais sociais. Logo, esses direitos seriam indetermináveis sem a intervenção do legislador, cuja liberdade encontraria limites apenas no princípio da

confiança e na necessidade de justificação das medidas reducionistas. Contudo, a aceitação dessa concepção outorgaria ao legislador o poder de disposição do conteúdo essencial dos direitos fundamentais sociais, ocasionando fraude à Constituição por violação à própria dignidade humana; 2ª) é a alegada equivalência entre retrocesso social e omissão legislativa. Sucede que, embora correlatas, não há equivalência entre ambas, pois o retrocesso social pressupõe um ato comissivo, formal, do legislador, que venha de encontro aos preceitos constitucionais. Já a omissão, embora censurável do ponto de vista jurídico-constitucional, não se trata de ato sujeito a refutação; 3ª) refere-se ao fato de uma norma constitucional, ao concretizar um direito social prestacional, passar a ter força de norma constitucional, isto é, ocorre a constitucionalização do direto legal. A tese é rebatida ao argumento de que há possibilidade de um processo informal de modificação da Constituição por meio da ação do legislador, que teria como justificativa a evolução da própria Lei Maior; 4ª) suposta maior força, e, portanto, maior proteção, que seria atribuída aos direitos sociais em detrimento dos direitos de liberdade. Contrapõe-se a afirmação com a constatação de que a Constituição brasileira não estabelece diferenciação substancial entre os direitos fundamentais sociais e os direitos de liberdade, conferindo a ambos a mesma proteção; e 5ª) refere-se ao caráter relativo do princípio em face da realidade fática. A concretização legislativa dos direitos fundamentais sociais não pode dissociar-se da realidade. Assim, o princípio da proibição de retrocesso social não é absoluto, podendo ser, inclusive, objeto de ponderação. Dessa ponderação estará excluída, em regra, a possibilidade de integral supressão da regulamentação infraconstitucional de um direito fundamental social ou de uma garantia constitucional relacionada com a manutenção desse direito. Porém, para além desse núcleo essencial do princípio é admitida a alteração do grau de concretização legislativa; C: incorreta. É totalmente o inverso, não existe vinculação; D: correta. A teoria relativa do núcleo essencial dos direitos fundamentais funde o conceito de núcleo essencial com o de respeito ao princípio da proporcionalidade nas medidas restritivas de direitos. De uma forma bem simples, tem-se como consagrada a teoria da proteção ao núcleo essencial dos direitos e garantias individuais, funcionando esta como um "limite do limite" pelo legislador. Igualmente certa a possibilidade de emenda à Constituição modificar as chamadas cláusulas pétreas. Porém, especialmente no que tange aos direitos e garantias individuais, emendas modificativas que atentem contra a substância do direito, fulminando-lhe a efetividade e eficácia, atentando contra os valores resguardados pelo Constituinte originário e ameaçando estruturalmente a Constituição, fatalmente estarão eivadas de inconstitucionalidade. No entanto, esta interpretação deve ser feita de modo equilibrado e proporcional, analisando os fins através de seus meios, discernindo mudança evolutiva de abolição por via transversa.
Gabarito "D".

(Ministério Público/Acre – 2014 – CESPE) No tocante à ordem social, assinale a opção correta.

(A) De acordo com a CF, os municípios devem atuar, no âmbito educacional, prioritariamente, nos ensinos fundamental e médio.
(B) Em razão da proibição constitucional de vinculação de receita de impostos a órgão, fundo ou despesa, não podem os estados vincular a fundo estadual de fomento à cultura percentual de sua receita tributária líquida.
(C) O oferecimento de alimentação escolar no âmbito do ensino médio estadual não constitui dever estatal, estando condicionado à discricionariedade e às prioridades do governo no momento da elaboração da política pública de educação.
(D) É direito público subjetivo das crianças de até cinco anos de idade o atendimento em creches e pré-escolas, exceto nos casos de inexistência de recursos orçamentários.

(E) No âmbito da saúde, existe proibição constitucional para o repasse de recursos públicos para auxílios ou subvenções às instituições privadas com fins lucrativos.

A: incorreta, uma vez que em desconformidade com o que estabelece o art. 211, §§ 2º e 3º, da CF; **B:** incorreta (art. 216, § 6º, da CF); **C:** incorreta, pois contraria a regra presente no art. 208, VII, da CF; **D:** incorreta, visto que o exercício do direito público subjetivo, pelas crianças de até cinco anos, de atendimento em creches e pré-escolas não está condicionado à existência de recursos orçamentários (art. 208, IV, da CF); **E:** correta (art. 199, § 2º, da CF).
Gabarito "E".

(Ministério Público/MG – 2013) Analise as seguintes assertivas, relativas à cultura e ao desporto:

I. O Estado protegerá as manifestações das culturas populares, indígenas e afro-brasileiras, e das de outros grupos participantes do processo civilizatório nacional, e a lei disporá sobre a fixação de datas comemorativas de alta significação para os diferentes segmentos étnicos nacionais.
II. É facultado aos Estados e ao Distrito Federal vincular a fundo estadual de fomento à cultura até dez décimos por cento de sua receita tributária líquida, para o financiamento de programas e projetos culturais, permitindo-se a aplicação desses recursos inclusive para o pagamento de despesas com pessoal e encargos sociais e serviços de dívida.
III. O Poder Judiciário só admitirá ações relativas à disciplina e às competições desportivas após esgotarem-se as instâncias, reguladas em lei, da justiça desportiva, a qual terá o prazo máximo de sessenta dias, contados da instauração do processo, para proferir decisão final.
IV. A Constituição Federal brasileira prevê expressamente que ficam tombados todos os documentos e os sítios paleontológicos e os detentores de reminiscências históricas dos antigos quilombos.

Somente é *CORRETO* o que se afirma em:

(A) I e II.
(B) I e III.
(C) I e IV.
(D) II e IV.

I: correta, pois reflete o disposto no art. 215, §§ 1º e 2º, da CF; **II:** incorreta, já que não corresponde ao disposto no art. 216, § 6º, da CF; **III:** correta, pois reflete o disposto no art. 217, §§ 1º e 2º, da CF; **IV:** incorreta, na medida em que a CF não fez menção expressa aos sítios paleontológicos (art. 216, § 5º, da CF).
Gabarito "B".

(Ministério Público/SP – 2013 – PGMP) No que se refere à Educação:

I. É dever do Estado garantir o acesso aos níveis mais elevados do ensino, da pesquisa e da criação artística, segundo a capacidade de cada um.
II. O Distrito Federal atuará prioritariamente no ensino fundamental e educação infantil.
III. A educação básica, a que se refere a Constituição Federal, é obrigatória e gratuita dos quatro aos dezessete anos de idade, e compreende a pré-escola e o ensino fundamental.
IV. O dever do Estado será efetuado, também, mediante a educação infantil, em creche e pré-escola, às crianças até cinco anos de idade.

V. É dever do Estado atendimento especializado aos portadores de deficiência, preferencialmente em escolas voltadas para as suas necessidades especiais.

Está CORRETO somente o contido nos itens:

(A) I, IV e V.
(B) II e III.
(C) I, II e IV.
(D) I e IV.
(E) I, III e V.

I: correta (art. 208, V, da CF); II: incorreta. De acordo com o art. 211, § 3º, da CF, os Estados e o **Distrito Federal atuarão prioritariamente no ensino fundamental e médio**; III: incorreta. Conforme o art. 208, I, da CF, a educação básica obrigatória e gratuita é garantida dos 4 (quatro) aos 17 (dezessete) anos de idade, assegurada inclusive sua oferta gratuita para todos os que a ela não tiveram acesso na idade própria; IV: correta (art. 208, IV, da CF); V: incorreta. De acordo com o art. 208, III, da CF, deve ser garantido o atendimento educacional especializado aos portadores de deficiência, **preferencialmente na rede regular de ensino**.

Gabarito "D".

(Ministério Público/TO – 2012 – CESPE) De acordo com a jurisprudência do STF relacionada à ordem social, assinale a opção correta.

(A) Caso se reconheça a ilegalidade do pagamento de benefício previdenciário, as importâncias recebidas devem ser devolvidas, ainda que se comprove a boa-fé do beneficiado.
(B) As diferentes formas de comunicação social são regidas pelo princípio da plena inexistência de restrição e pelo princípio da plena liberdade de informação jornalística; nesse sentido, a liberdade de imprensa compreende, entre outras prerrogativas relevantes que lhe são inerentes, o direito de informar, o direito de buscar a informação, o direito de opinar e, inclusive, o direito de crítica jornalística.
(C) O MP não possui legitimidade para ajuizar ACP contra município com o objetivo de compeli-lo a incluir, no orçamento seguinte, percentual que completaria o mínimo de 25% de aplicação da receita resultante de impostos no ensino.
(D) As crianças com até cinco anos de idade têm direito subjetivo público ao atendimento em creches e pré-escolas, mas, em respeito ao princípio da separação dos poderes, não se admite a intervenção do Poder Judiciário para que seja efetivado esse direito constitucional.
(E) Inexiste a possibilidade de compatibilização da preservação do meio ambiente com a proteção das terras indígenas, se estas estiverem em lugares de conservação e preservação ambiental.

A: incorreta, o Supremo Tribunal Federal reconhece que o julgamento pela ilegalidade do pagamento do benefício previdenciário não importa na obrigatoriedade da devolução das importâncias recebidas de boa-fé." (AI 746.442-AgR, Min. **Cármen Lúcia**, julgamento em 25.08.2009, 1ª Turma, *DJe* de 23.10.2009.); B: correta, a manifestação de pensamento, criação, expressão e informação, sob qualquer forma, processo ou veículo não sofrerão qualquer restrição, observado o disposto na Constituição Federal. Nenhuma lei conterá dispositivo que possa contribuir embaraço à plena liberdade de informação jornalística que deve ser interpretada em sentido amplo, tais como, buscar a informação, opinar e criticar. Por fim, e vedada toda e qualquer censura de natureza política, ideológica e artística, nos termos dos arts. 220, §§ 1º e 2º; 5º, IV, V, X, XIII e XIV, todos da Constituição Federal; C: incorreta, nos termos do art. 212 da CF que deve ser interpretado da seguinte maneira: A União aplicará, anualmente, nunca menos de 18 (dezoito), e os Estados, o Distrito Federal e os Municípios 25 (vinte e cinco) por cento, da receita resultante de impostos, compreendida a proveniente de transferências, na manutenção e desenvolvimento do ensino. Nesta esteira, a Instrução Normativa n. 60, de 4 de novembro de 2009, do Tribunal de Contas da União, dispõe sobre os procedimentos para a fiscalização do cumprimento do disposto no art. 212 da CF. Sem prejuízo, temos ainda o art. 127 da CF, que reza que o Ministério Público é instituição permanente, essencial à função jurisdicional do Estado, incumbindo-lhe a defesa da ordem jurídica, do regime democrático e dos *interesses sociais* e individuais indisponíveis, logo, a questão da educação no Brasil é definitivamente de interesse social, e diante de tal omissão por parte do ente federativo, o representante do "parquet" deve propor a ação civil pública para compelir a cumprir aquilo que foi determinado na Carta Constitucional, como determina o art. 129, III, da CF e a Lei 7.347/1985; D: incorreta, pois a educação infantil representa prerrogativa constitucional indisponível, que, deferida às crianças, a estas assegura, para efeito de seu desenvolvimento integral, e como primeira etapa do processo de educação básica, o atendimento em creche e o acesso à pré-escola (CF, art. 208, IV). Essa prerrogativa jurídica, em consequência, impõe, ao Estado, por efeito da alta significação social de que se reveste a educação infantil, a obrigação constitucional de criar condições objetivas que possibilitem, de maneira concreta, em favor das 'crianças até cinco anos de idade' (CF, art. 208, IV), o efetivo acesso e atendimento em creches e unidades de pré-escola, sob pena de configurar-se inaceitável omissão governamental, apta a frustrar, injustamente, por inércia, o integral adimplemento, pelo Poder Público, de prestação estatal que lhe impôs o próprio texto da CF. A educação infantil, por qualificar-se como direito fundamental de toda criança, não se expõe, em seu processo de concretização, a avaliações meramente discricionárias da administração pública nem se subordina a razões de puro pragmatismo governamental." (ARE 639.337-AgR, Rel. Min. **Celso de Mello**, julgamento em 23.08.2011, 2ª Turma, *DJe* de 15.09.2011.) No mesmo sentido: RE 464.143-AgR, Rel. Min. **Ellen Gracie**, julgamento em 15.12.2009, 2ª Turma, *DJe* de 19.02.2010. A jurisprudência do STF firmou-se no sentido da existência de direito subjetivo público de crianças até cinco anos de idade ao atendimento em creches e pré-escolas. (...) também consolidou o entendimento de que é possível a intervenção do Poder Judiciário visando à efetivação daquele direito constitucional." (RE 554.075-AgR, Rel. Min. **Cármen Lúcia**, julgamento em 30.06.2009, 1ª Turma, *DJe* de 21.08.2009.) No mesmo sentido: AI 592.075-AgR, Rel. Min. **Ricardo Lewandowski**, julgamento em 19.05.2009, 1ª Turma, *DJe* de 05.06.2009; RE 384.201-AgR, Rel. Min. **Marco Aurélio**, julgamento em 26.04.2007, Segunda Turma, *DJ* de 03.08.2007; E: incorreta, pois existe a possibilidade de compatibilização da preservação do meio ambiente com a proteção das terras indígenas, se estas estiverem em lugares de conservação e preservação ambiental. Tanto é verdade, que a jurisprudência do STF aponta que somente o 'território' enquanto categoria jurídico-política é que se põe como o preciso âmbito espacial de incidência de uma dada Ordem Jurídica soberana, ou autônoma. O substantivo 'terras' é termo que assume compostura nitidamente sociocultural, e não política. A Constituição teve o cuidado de não falar em territórios indígenas, mas, tão só, em 'terras indígenas'. A traduzir que os 'grupos', 'organizações', 'populações' ou 'comunidades' indígenas não constituem pessoa federada. Não formam circunscrição ou instância espacial que se orne de dimensão política. Daí não se reconhecer a qualquer das organizações sociais indígenas, ao conjunto delas, ou à sua base peculiarmente antropológica a dimensão de instância transnacional. Pelo que nenhuma das comunidades indígenas brasileiras detém estatura normativa para comparecer perante a Ordem Jurídica Internacional como 'Nação', 'País', 'Pátria', 'território nacional' ou 'povo' independente. Sendo de fácil percepção que todas às vezes em que a Constituição de 1988 tratou de 'nacionalidade' e dos demais vocábulos aspeados (País, Pátria, território nacional e povo) foi para se referir ao Brasil por inteiro. (...) Áreas indígenas são demarcadas para servir concretamente de habitação permanente dos índios de uma determinada etnia, de par com as terras utilizadas para suas atividades produtivas, mais as 'imprescindíveis à preservação dos recursos ambientais necessários a seu bem-estar' e ainda aquelas que se revelarem 'necessárias à reprodução física e cultural' de cada qual das comunidades étnico-indígenas, 'segundo seus usos, costumes e tradições' (usos, costumes e tradições deles, indígenas, e não usos, costumes e tradições dos não índios). (...) A Constituição de 1988 faz dos usos, costumes e tradições indígenas o engate lógico para a compreensão, entre outras, das semânticas da posse, da permanência, da habitação, da produção econômica e da reprodução física e cultural das etnias nativas. O próprio conceito do chamado 'princípio da proporcionalidade', quando aplicado ao tema da demarcação das terras indígenas, ganha um conteúdo peculiarmente extensivo. (**Pet 3.388**, Rel. Min. **Ayres Britto**, julgamento em 19.03.2009, Plenário, *DJe* de 01.07.2010).

Gabarito "B".

(Ministério Público/MG – 2012 – CONSULPLAN) Sobre a previdência e a assistência social, assinale a alternativa **CORRETA:**

(A) Para efeito de aposentadoria, é vedada a contagem recíproca do tempo de contribuição na administração pública e na atividade privada, rural ou urbana.
(B) A gratificação natalina dos aposentados e pensionistas terá por base o valor dos proventos do mês de novembro de cada ano.
(C) Os ganhos habituais do empregado, a qualquer título, serão incorporados ao salário para efeito de contribuição previdenciária e consequente repercussão em benefícios, nos casos e na forma da lei.
(D) A assistência social será prestada a quem dela necessitar, observando-se o tempo mínimo de doze meses de contribuição à seguridade social.

A: incorreta, pois não existe vedação alguma. Para efeito de aposentadoria, é assegurada a contagem recíproca do tempo de contribuição na administração pública e na atividade privada, rural e urbana, hipótese em que os diversos regimes de previdência social se compensarão financeiramente, segundo critérios estabelecidos em lei, como determina o art. 201, § 9º, da CF. Devemos pontuar que a Lei 9.796/1999, dispõe sobre a compensação entre o Regime Geral de Previdência Social e os Regimes de Previdência do Servidores da União, dos Estados, do Distrito Federal e dos Municípios nos casos de contagem recíproca de tempo de contribuição para efeito de aposentadoria; **B:** incorreta, já que a gratificação natalina dos aposentados e pensionistas terá por valor dos proventos do mês de *dezembro* (e não novembro) de cada ano, nos termos do art. 201, § 6º, da CF (sobre gratificação de natal (13º salário): Lei 4.090/1962, Lei 4.749/1965, Decreto 57.155/1965, e de Decreto 63.912/1968); **C:** correta, réplica do art. 201, § 11, da CF; **D:** incorreta, nos termos do art. 203 da CF, a assistência social será prestada a quem dela necessitar, independentemente de contribuição à seguridade social, e tem por objetivos: A proteção à família, à maternidade, à infância, à adolescência e à velhice; o amparo às crianças e adolescentes carentes; a promoção da integração ao mercado de trabalho; a habilitação e reabilitação das pessoas portadoras de deficiência e a promoção de sua integração à vida comunitária; a garantia de um salário mínimo de benefício mensal à pessoa portadora de deficiência e ao idoso que comprovem não possuir meios de prover à própria manutenção ou de tê-la provida por sua família, conforme dispuser a lei.

Gabarito "C".

(Ministério Público/MG – 2012 – CONSULPLAN) Examine as afirmativas abaixo, relativas aos municípios:

I. As receitas dos Estados, do Distrito Federal e dos Municípios destinadas à seguridade social constarão dos respectivos orçamentos, não integrando o orçamento da União.
II. O plano diretor, aprovado pela Câmara Municipal, obrigatório para cidades com mais de vinte mil habitantes, é o instrumento básico da política de desenvolvimento e de expansão urbana.
III. Os Municípios atuarão prioritariamente no ensino fundamental e médio.
IV. Apenas os Municípios com população superior a vinte mil habitantes poderão constituir guardas municipais destinadas à proteção de seus bens, serviços e instalações, conforme dispuser a lei.

A análise permite concluir que:

(A) apenas as afirmativas I e II estão **CORRETAS**.
(B) apenas as afirmativas II e IV estão **CORRETAS**.
(C) apenas as afirmativas I e III estão **CORRETAS**.
(D) apenas as afirmativas II e III estão **CORRETAS**.

I: correta, nos moldes do art. 195, § 1º, da CF, as receitas dos Estados, do Distrito Federal e dos Municípios destinadas à seguridade social constarão dos respectivos orçamentos, não integrando o orçamento da União; II: correta, pois o art. 182, § 1º, da CF, dispõe: "O plano diretor, aprovado pela Câmara Municipal, obrigatório para cidades com mais de vinte mil habitantes, é o instrumento básico da política de desenvolvimento e de expansão urbana". A Lei 12.587/2012 (Política Nacional de Mobilidade Urbana), em seu ar. 24, § 1º, determina que, em municípios com mais de 20.000 habitantes e em todos obrigados á elaboração de plano diretor, deverá ser elaborado um Plano de Mobilidade Urbana: **III:** incorreta, já que a União, os Estados, o Distrito Federal e os Municípios organizarão em regime de colaboração seus sistemas de ensino. Os Municípios atuarão prioritariamente no ensino fundamental e na educação infantil, conforme art. 211, § 2º, da CF, e os Estados e o Distrito Federal atuarão prioritariamente no ensino fundamental e médio, nos termos do art. 211, § 3º, da CF; **IV:** incorreta, pois independentemente da população, os Municípios poderão constituir guardas municipais destinadas à proteção de seus bens, serviços e instalações, conforme dispuser a lei, nos termos do art. 144, § 8º, da CF.

Gabarito "A".

(Ministério Público/MS – 2011 – FADEMS) Segundo a Constituição Federal, a ordem social tem como **objetivo**:

(A) a dignidade da pessoa humana;
(B) a prevalência dos direitos humanos;
(C) o bem estar e a justiça sociais;
(D) a consecução do princípio da isonomia;
(E) os valores sociais do trabalho e da livre-iniciativa.

Art. 193 da CF.

Gabarito "C".

18. TEMAS COMBINADOS

(Procurador da República –28º Concurso – 2015 – MPF) Assinale a alternativa incorreta:

(A) O caráter ilimitado e incondicionado do poder constituinte originário precisa ser visto com temperamentos, pois esse poder não pode ser entendido sem referência aos valores éticos e culturais de uma comunidade política e tampouco resultar em decisões caprichosas e totalitárias;
(B) A nova Constituição pode afetar ato praticado no passado, no que respeita aos efeitos produzidos a partir de sua vigência, o que significa dizer que as normas do poder constituinte originário são dotados de eficácia retroativa mínima;
(C) O princípio da identidade ou da não contradição impede que no interior de uma Constituição originária

possam surgir normas inconstitucionais, razão por que o STF não conheceu de ADI em que se impugnava dispositivo constitucional que estabelecia a inelegibilidade do analfabeto;

(D) Por força do disposto no art. 125, § 2°, da CF, os Estados não estão legitimados a instituir ação declaratória de constitucionalidade.

A: correta. De acordo com Pedro Lenza, "afastando-se da ideia de onipotência do poder constituinte (...), posiciona-se Canotilho, o qual, sugerindo ser entendimento da doutrina moderna, observa que o *poder constituinte* '... é estruturado e obedece a padrões e modelos de conduta espirituais, culturais, éticos e sociais radicados na consciência jurídica geral da comunidade e, nesta medida, considerados como 'vontade do povo'. Fala, ainda, na necessidade de observância de princípios de justiça (suprapositivos e supralegais) e, também, dos princípios de direito internacional (princípio da independência, princípio da autodeterminação, princípio da observância de direitos humanos – neste último caso de vinculação jurídica, chegando a doutrina a propor uma juridicização e evolução do poder constituinte)"; B: correta. A eficácia retroativa mínima só é reconhecida às normas constitucionais em razão do exercício do poder constituinte originário. Com as leis em geral, não há falar em retroatividade (nem mesmo mínima), sob pena de ferir a garantia constitucional do ato jurídico perfeito; C: correta. Confira-se a ementa do julgado: "AÇÃO DIRETA DE INCONSTITUCIONALIDADE. ADI. Inadmissibilidade. Art. 14, § 4°, da CF. Norma constitucional originária. Objeto nomológico insuscetível de controle de constitucionalidade. Princípio da unidade hierárquico-normativa e caráter rígido da Constituição brasileira. Doutrina. Precedentes. Carência da ação. Inépcia reconhecida. Indeferimento da petição inicial. Agravo improvido. Não se admite controle concentrado ou difuso de constitucionalidade de normas produzidas pelo poder constituinte originário. (ADI 4097 AgR, Rel. Min. Cezar Peluso, Tribunal Pleno, j. 08/10/2008, DJe 06-11-2008); D: incorreta. De acordo com o magistério de Gilmar Mendes, "tendo a Constituição de 1988 autorizado o constituinte estadual a criar a representação de inconstitucionalidade de lei ou ato normativo estadual ou municipal em face da Carta Magna estadual (CF, art. 125, § 2°), e restando evidente que tanto a representação de inconstitucionalidade, no modelo da Emenda n° 16, de 1965, e da Constituição de 1967/69, quanto a ação declaratória de constitucionalidade prevista na Emenda Constitucional n° 3, de 1993, possuem *caráter dúplice ou ambivalente*, parece legítimo concluir que, independentemente de qualquer autorização expressa do legislador constituinte federal, estão os Estados-membros legitimados a instituir a ação declaratória de constitucionalidade. É que, como afirmado, na autorização para que os Estados instituam a representação de inconstitucionalidade, resta implícita a possibilidade de criação da própria ação declaratória de constitucionalidade".

Gabarito "D".

(Procurador da República – 27° Concurso – 2013 – MPF) Dentre os enunciados abaixo, estão corretos:

I. a possibilidade de mutação constitucional resulta da dissociação entre norma e texto;

II. a mutação constitucional encontra limites nas cláusulas pétreas, as quais não se abrem a processos informais de mudança da Constituição;

III. as decisões do Supremo Tribunal Federal, em matéria constitucional, são passíveis de invalidação pelo Senado Federal;

IV. não é possível a modulação de efeitos da decisão que declara a inconstitucionalidade da lei no controle difuso;

(A) apenas I;
(B) I e III;
(C) I, III e IV;
(D) II e III.

I: correta. Segundo Daniel Sarmento e Claudio de Souza Neto, "A possibilidade de mutação constitucional resulta da dissociação entre norma e texto. Se a norma constitucional não se confunde com o seu texto, abrangendo também o fragmento da realidade sobre a qual esse incide, é evidente que nem toda mudança na Constituição supõe alteração textual. Mudanças significativas na sociedade – seja no quadro fático, seja no universo dos valores compartilhados pelos cidadãos –, podem também provocar câmbios constitucionais, sem que haja qualquer mudança formal no texto magno"; II: incorreta. Novamente, a questão se refere a entendimento de Daniel Sarmento e Cláudio de Souza Neto: "Se nem por emenda formal é possível promover determinadas alterações na ordem constitucional, é natural que tampouco se admita a realização destas mudanças por intermédio de processos informais. Sem embargo, a questão se torna mais complexa, diante da constatação de que as próprias cláusulas pétreas, como as demais normas constitucionais, também estão sujeitas à mutação constitucional – possibilidade potencializada pela sua elevada abertura semântica"; III: incorreta. Ao Senado cabe apenas conferir eficácia erga omnes às decisões tomadas pelo STF em controle difuso de constitucionalidade, que em regra tem eficácia *inter partes* (art. 52, X, CF); IV: incorreta. O STF tem firme entendimento pela aplicação da modulação de efeitos prevista no art. 27 da Lei 9.868/99 também ao controle difuso de constitucionalidade.

Gabarito "A".

(Procurador da República – 27° Concurso – 2013 – MPF) Assinale a alternativa que está em desacordo com o entendimento do Supremo Tribunal Federal:

(A) não é possível a extensão, aos governadores de Estado, das regras que consagram a irresponsabilidade penal relativa e a imunidade à prisão cautelar do Presidente da República;

(B) as normas de ordem pública, especialmente aquelas que alteram a política econômica, incidem imediatamente sobre os contratos em curso, não se lhes aplicando as limitações do direito adquirido e do ato jurídico perfeito;

(C) é possível a modulação dos efeitos das decisões que representam uma guinada em sua jurisprudência;

(D) a irredutibilidade é modalidade qualificada de direito adquirido, pois, apesar de não existir direito adquirido ao regime jurídico remuneratório, o montante pago é irredutível.

A: correta. O STF já decidiu que "Os Estados-membros não podem reproduzir em suas próprias Constituições o conteúdo normativo dos preceitos inscritos no art. 86, § 3° e § 4°, da Carta Federal, pois as prerrogativas contempladas nesses preceitos da Lei Fundamental – por serem unicamente compatíveis com a condição institucional de chefe de Estado – são apenas extensíveis ao presidente da República". (STF, ADI 978, Rel. p/ acórdão Min. Celso de Mello); B: incorreta. Contraria o entendimento do STF firmado na ADI 493, Rel. Min. Moreira Alves: "Se a lei alcançar os efeitos futuros de contratos celebrados anteriormente a ela, será essa lei retroativa (retroatividade mínima) porque vai interferir na causa, que é um ato ou fato ocorrido no passado. – O disposto no artigo 5, XXXVI, da Constituição Federal se aplica a toda e qualquer lei infraconstitucional, sem qualquer distinção entre lei de direito público e lei de direito privado, ou entre lei de ordem pública e lei dispositiva. Precedente do S.T.F.. – Ocorrência, no caso, de violação de direito adquirido. (...)"; C: correta. A modulação de efeitos é possível sempre que houver razões de segurança nacional ou excepcional interesse social (art. 27 da Lei 9.868/99). A aplicação da modulação na hipótese de radical alteração da jurisprudência do tribunal se justifica por razões de segurança jurídica; D: correta. Ao julgar o RE 298.694, Rel. Min. Sepúlveda Pertence, o STF decidiu que a irredutibilidade de vencimentos

é "garantia constitucional que é modalidade qualificada da proteção ao direito adquirido, na medida em que a sua incidência pressupõe a licitude da aquisição do direito a determinada remuneração".
Gabarito "B".

(Procurador da República – 27º Concurso – 2013 – MPF) Assinale a alternativa incorreta:

(A) as normas amparadas por cláusulas pétreas têm importantes repercussões hermenêuticas, mas não superioridade jurídica sobre as demais normas constitucionais editadas pelo poder constituinte originário;
(B) o preâmbulo da Constituição não tem força normativa autônoma, podendo, no entanto, ser utilizado como reforço argumentativo ou diretriz hermenêutica;
(C) é impossível a reforma constitucional das normas transitórias do Ato das Disposições Constitucionais Transitórias, porque incompatível com a provisoriedade que lhes é ínsita;
(D) é entendimento consolidado do STF de que o Estado-membro não pode criar procedimento mais rigoroso do que o previsto na Constituição Federal para a emenda de suas Constituições.

A: correta. As normas constitucionais têm mesma hierarquia jurídica, ainda que se possa fazer em diferentes pesos axiológicos; B: correta. V. ADI 2076, Rel. Min. Carlos Velloso: "Preâmbulo da Constituição: não constitui norma central. Invocação da proteção de Deus: não se trata de norma de reprodução obrigatória na Constituição estadual, não tendo força normativa"; C: incorreta. As normas do ADCT não diferem das normas do texto permanente da CF quanto à possibilidade de reforma. Aliás, várias emendas constitucionais já alteraram normas do ADCT, inclusive para prever novas normas temporárias; D: correta. A Constituição Federal funciona como limite para o exercício do poder constituinte derivado.
Gabarito "C".

(Procurador da República – 27º Concurso – 2013 – MPF) Assinale a alternativa incorreta:

(A) o STF, em tema de violência doméstica contra a mulher, entende que, para o início da ação penal, outros valores constitucionais devem ser ponderados, especialmente a preservação da entidade familiar e o respeito à vontade da mulher;
(B) a concepção deliberativa da democracia vê a política como um empreendimento cooperativo, em que tão importante quanto a decisão é o debate que a precede;
(C) o republicanismo contemporâneo assenta-se principalmente nas seguintes ideias: liberdade como "não dominação"; direito à participação popular na vida pública; e igualdade, inclusive em sua dimensão material;
(D) o tratamento constitucional da atualidade no que se refere à questão indígena tem como seu pressuposto central o pluralismo.

A: incorreta. O STF decidiu que a ação penal pública, no caso de violência doméstica contra a mulher, é pública incondicionada (ADI 4424, Rel. Min. Marco Aurélio); B: correta. De acordo com Daniel Sarmento, a ideia de democracia não deve ser entendida "como uma mera forma de governo da maioria, ou de agregação e cômputo dos interesses individuais de cidadãos egoístas e autocentrados, mas como (democracia deliberativa, ou seja,) um complexo processo político voltado ao entendimento, pelo qual pessoas livres e iguais procuram tomar decisões coletivas que favoreçam ao bem comum, buscando o equacionamento de diferenças e desacordos através do diálogo"; C: correta. O foco do republicanismo está na participação do cidadão na vida pública, enfatizando a "importância da esfera pública como local de troca de razões, exercendo importante papel de supervisão sobre o funcionamento concreto das instituições políticas formais" (Daniel Sarmento). Entretanto, é preciso ter em mente que o republicanismo contemporâneo enfatiza a igualdade perante a coisa pública, de modo que todos devem ser tratados com igual respeito. "Nesse sentido", continua Daniel Sarmento, "uma das maiores bandeiras republicanas é o combate aos privilégios conferidos aos governantes ou à elite. A igualdade é afirmada também como exigência no campo socioeconômico, para que a democracia possa prosperar". Essa premissa não pode ser desconsiderada, sendo um dos consensos prévios no pensamento republicano; D: correta. O pluralismo exige igual respeito aos membros das minorias, sendo ainda fundamento para a teoria do reconhecimento intersubjetivo e ações afirmativas.
Gabarito "A".

(Procurador da República – 27º Concurso – 2013 – MPF) Assinale a alternativa incorreta:

(A) o Supremo Tribunal Federal, superando posição sua já sumulada, teve por constitucional o cômputo, para fins de aposentadoria especial de professores, do tempo de serviço prestado fora de sala de aula;
(B) a Doutrina da Proteção Integral deve ser entendida como proteção especial aos direitos da pessoa em desenvolvimento, representando mudança em relação ao paradigma anterior, que considerava crianças e adolescentes como se objeto fossem;
(C) o Supremo Tribunal Federal, em face do princípio da livre expressão e divulgação de ideias, já se manifestou pela inconstitucionalidade de lei estadual que vedava o proselitismo de qualquer natureza na programação das emissoras de radiodifusão comunitária;
(D) a discriminação negativa é a instrumentalização da alteridade, constituída em fator de exclusão.

A: correta. A redação do item não coincide exatamente com o decidido pelo STF na ADI 3.772, embora possa ser considerada correta por exclusão, porque o STF não considera qualquer "tempo de serviço prestado fora de sala de aula", mas apenas o tempo de serviço que, prestado fora da sala de aula, refere-se ao próprio estabelecimento de ensino. Confira-se: "I – A função de magistério não se circunscreve apenas ao trabalho em sala de aula, abrangendo também a preparação de aulas, a correção de provas, o atendimento aos pais e alunos, a coordenação e o assessoramento pedagógico e, ainda, a direção de unidade escolar. II – As funções de direção, coordenação e assessoramento pedagógico integram a carreira do magistério, desde que exercidos, em estabelecimentos de ensino básico, por professores de carreira, excluídos os especialistas em educação, fazendo jus aqueles que as desempenham ao regime especial de aposentadoria estabelecido nos arts. 40, § 5º, e 201, § 8º, da Constituição Federal. III – Ação direta julgada parcialmente procedente, com interpretação conforme, nos termos supra. (ADI 3772, Rel. p/ Acórdão Min. Ricardo Lewandowski, Tribunal Pleno, j, em 29/10/2008)"; B: correta. Em artigo sobre o tema, os promotores Luiz Antônio Miguel Ferreira e Cristina Teranise Dói explicam que a doutrina da proteção integral "representa um avanço em termos de proteção aos direitos fundamentais, posto que calcada na Declaração Universal dos Direitos do Homem de 1948, tendo, ainda, como referência documentos internacionais, como Declaração Universal dos Direitos da Criança, aprovada pela Assembléia Geral das Nações Unidas, aos 20 de novembro de 1959, as Regras Mínimas das Nações Unidas para a Administração da Justiça da Infância e da Juventude – Regras de Beijing – Res. 40/33 de 29 de novembro de 1985, as Diretrizes das Nações Unidas para a prevenção da delinquência juvenil – Diretrizes de Riad, de 1º de março de 1988 e a Convenção sobre o Direito da Criança, adotada pela Assembléia Geral das Nações Unidas em 20 de novembro de 1989 e aprovada pelo Congresso Nacional Brasileiro em 14 de setembro de 1990. Introduziu-se a Doutrina da Proteção Integral no ordenamento jurídico brasileiro através do artigo 227 da Constituição Federal, que declarou ser dever da família, da sociedade e do Estado assegurar, à criança e ao adolescente, com absoluta prioridade, o direito à vida, à saúde, à alimentação, à educação, ao lazer, à profissionalização, à cultura, à dignidade, ao respeito, à liberdade e à convivência familiar e comunitária, além de colocá-los a salvo de toda forma de negligência, discriminação, exploração, violência, crueldade e opressão. Basicamente, a doutrina jurídica da proteção integral adotada pelo Estatuto da Criança e do Adolescente assenta-se em três princípios, a saber: criança e adolescente como sujeitos de direito – deixam de ser objetos passivos para se tornarem titulares de direitos; destinatários de absoluta prioridade; respeitando a condição peculiar de pessoa em desenvolvimento. Com a nova doutrina as crianças e os adolescentes ganham um novo *"status"*, como sujeitos de direitos e não mais como menores objetos de compaixão e repressão, em situação irregular, abandonados ou delinquentes"; C: incorreta. O STF manteve a proibição do proselitismo nas rádios comunitárias. Ver ADI 2566, Rel. Min. Sydney Sanches; D: correta. Robert Castel diferencia a discriminação positiva da negativa. Segundo o autor, "a discriminação negativa não consiste somente em dar mais àqueles que têm menos; ela, ao contrário, marca seu portador com um defeito quase indelével. Ser discriminado negativamente significa ser associadoa um destino embasado numa característica que não se escolhe, mas que os outros no-la devolvem como uma espécie de estigma. A discriminação negativa é a instrumentalização da alteridade, constituída em favor da exclusão".

Gabarito "C".

(Promotor de Justiça/MG – 2013) Assinale a alternativa *INCORRETA*:

(A) Ao declarar a inconstitucionalidade de lei ou ato normativo, no processo de arguição de descumprimento de preceito fundamental, e tendo em vista razões de segurança jurídica ou de excepcional interesse social, poderá o Supremo Tribunal Federal, por maioria de dois terços de seus membros, restringir os efeitos daquela declaração ou decidir que ela só tenha eficácia a partir de seu trânsito em julgado ou de outro momento que venha a ser fixado.

(B) O direito de reunião poderá sofrer restrição em caso de estado de defesa, ainda que exercido no seio das associações, e poderá ser suspenso, em caso de estado de sítio.

(C) A decisão proferida pelo Tribunal de Justiça que julga procedente ou improcedente o pedido da representação interventiva em Município tem natureza político-administrativa e dela cabe recurso extraordinário ao Supremo Tribunal Federal.

(D) É da competência comum da União, dos Estados, do Distrito Federal e dos Municípios, entre outras, estabelecer e implantar política de educação para a segurança do trânsito.

A: assertiva correta, pois corresponde à redação do art. 11 da Lei 9.882/1999, que disciplina o processo e julgamento da arguição de descumprimento de preceito fundamental; **B:** assertiva correta, visto que em conformidade com o que estabelecem os arts. 136, § 1º, I, *a*, e 139, IV, ambos da CF; **C:** assertiva incorreta, devendo ser assinalada, na medida em que não corresponde ao entendimento firmado na Súmula n. 637 do STF: "Não cabe recurso extraordinário contra acórdão de Tribunal de Justiça que defere pedido de intervenção estadual em município". Nesse mesmo sentido: "Agravo regimental. Intervenção estadual em município. Súmula 637 do STF. De acordo com a jurisprudência deste Tribunal, a decisão de tribunal de justiça que determina a intervenção estadual em município tem natureza político-administrativa, não ensejando, assim, o cabimento do recurso extraordinário. Incidência, no caso, da Súmula 637 deste Tribunal. Agravo regimental a que se nega provimento" (AI-AgR 597327, Joaquim Barbosa, STF); **D:** assertiva correta, pois reflete a regra presente no art. 23, XII, da CF.

Gabarito "C".

(Ministério Público/SP – 2012 – VUNESP) A Constituição Federal define a família como base da sociedade, garantindo ser reconhecida

(A) a união estável entre o homem e a mulher e a união de pessoas do mesmo sexo como entidade familiar apta a merecer proteção estatal como sinônimo de família.

(B) a união estável somente entre o homem e a mulher como entidade familiar apta a merecer proteção estatal, como sinônimo de família.

(C) como entidade familiar a comunidade formada por qualquer dos pais e seus descendentes, excluindo-se uniões de pessoas do mesmo sexo.

(D) a união estável entre pessoas do mesmo sexo, além da união estável entre homem e a mulher, apta a merecer proteção estatal, porém não como entidade familiar, nem como sinônimo de família.

(E) como entidade familiar somente a comunidade formada pelo homem e pela mulher e seus descendentes.

A: correta, já que o Supremo Tribunal Federal, em 5 de maio de 2011, declarou procedente a Ação Direta de Inconstitucionalidade n. 4.277 e a Arguição de Descumprimento de Preceito Fundamental n. 132, com eficácia *erga omnes* e efeito vinculante, conferindo interpretação conforme a Constituição Federal ao art. 1.723 do Código Civil, a fim de declarar a aplicabilidade de regime da união estável às uniões entre pessoas do mesmo sexo. Sem prejuízo, devemos ratificar que o art. 226, § 3º, da CF, reconhece como entidades familiares, a união estável e o casamento, contudo, por força do fenômeno da Mutação Constitucional, a redação se estende às uniões homoafetivas, na exata medida que um dos fundamentos da República Federativa do Brasil é a Dignidade da Pessoa Humana, logo, compete o Estado buscar mecanismos para promover o bem de todos, já que se trata de um dos objetivos, nos termos dos arts. 1º e 3º, IV, da CF; **B:** incorreta, já que o examinador limitou o reconhecimento da união estável somente entre o homem e a mulher; **C:** incorreta, pois a alternativa excluiu as pessoas do mesmo sexo; **D:** incorreta, pois entidade familiar se deve entender toda e qualquer espécie de união capaz de servir de acolhedouro das emoções e das afeições dos seres humanos. O pluralismo das entidades familiares, uma das mais importantes inovações de nossa Constituição Federal, relativa ao direito de família, encontra-se ainda cercada de perplexidades. Ouço a afirmar ainda, que não estamos distantes de reconhecermos as uniões poliafetivas; **E:** incorreta, pelos mesmos motivos expostos anteriormente.

Gabarito "A".

6. DIREITO ADMINISTRATIVO

Ariane Wady e Wander Garcia*

1. REGIME JURÍDICO ADMINISTRATIVO E PRINCÍPIOS DO DIREITO ADMINISTRATIVO

(Promotor de Justiça/SC – 2016 - MPE)

(1) Tocando ao Poder Judiciário atuação precipuamente jurisdicional, não lhe é imposta a observância dos princípios da Administração Pública.

1: errada. O Poder Judiciário atua praticando atos administrativos, ou seja, na função administrativa de forma atípica. E, quando assim age, está submetido integralmente ao Regime Jurídico Administrativo, que se fundamenta nos princípios constitucionais dispostos no art.37, "caput", CF.
Gabarito 1E

(Ministério Público/PR – 2013 – X) Quanto ao direito fundamental ao acesso à informação pública, corolário do princípio da publicidade, é *incorreto* afirmar:

(A) Quando se tratar de informações essenciais à tutela de direitos fundamentais, os órgãos ou entidades públicas estão obrigados a encaminhar ao Ministério Público os pedidos de informação indeferidos acompanhados das razões da denegação;
(B) Subordinam-se à lei de acesso às informações as entidades privadas sem fins lucrativos que recebam recursos públicos mediante contrato de gestão;
(C) A informação em poder dos órgãos e entidades públicas poderá ser classificada em ultrassecreta, secreta ou reservada, sendo de 25 (vinte e cinco) anos o prazo mais longo previsto na referida classificação;
(D) O pedido de acesso às informações de interesse público não precisa ser justificado, devendo conter apenas a identificação do requerente e a especificação da informação solicitada;
(E) As informações que puderem colocar em risco a segurança do Presidente da República, Vice-Presidente e seus cônjuges e filhos serão classificadas no grau reservado e ficarão sob o sigilo até o término do mandato em exercício ou do último mandato, em caso de reeleição.

A: assertiva incorreta, devendo ser assinalada. Nesse caso, a Lei 12.527/2011 proíbe o indeferimento do pedido em se tratando de informação dessa natureza necessária à tutela judicial ou administrativa de direitos fundamentais (art. 21, *caput*); **B:** assertiva correta (art. 2º, *caput*, da Lei 12.527/2011); **C:** assertiva correta (art. 24, *caput* e § 1º, I, da Lei 12.527/2011); **D:** assertiva correta (art. 10, §§ 1º e 3º, da Lei 12.527/2011); **E:** assertiva correta (art. 24, § 2º, da Lei 12.527/2011).
Gabarito "A".

---

* **Ariane Wady** comentou as questões dos seguintes concursos: MPE/BA – CEFET – 2015, MPE/AM – FMP – 2015, MPE/MS – FAPEC – 2015, 28º Concurso – 2015 – MPF, MPE/SC – 2016, MPE/GO – 2016, MPE/RS – 2017; **Wander Garcia** comentou as demais questões. **Ariane Wady** atualizou todas as questões desse capítulo.

1.1. PRINCÍPIOS ADMINISTRATIVOS EXPRESSOS NA CONSTITUIÇÃO

(Promotor de Justiça/SC – 2016 - MPE)

(1) A existência de nomes, símbolos ou imagens de autoridades ou servidores públicos na divulgação dos atos, programas, obras, serviços e campanhas dos órgãos públicos, desde que respeitado o caráter educativo, informativo ou de orientação social, na forma do § 1º do art. 37 da Constituição, atende ao princípio constitucional da publicidade.

1: errada. O art. 37, § 1º, CF veda a divulgação de nomes, símbolos ou imagens de autoridades para caracterizar a promoção pessoal. Portanto, está correto dizer que, desde que essa divulgação vise ou respeite o caráter educativo, informativo ou de orientação pessoal, será possível essa publicidade, mas o princípio atendido, nesse caso, é o da impessoalidade. Assim, a publicidade encontra o limite na impessoalidade.
Gabarito 1E

(Promotor de Justiça/MG – 2014) Segundo dispõe o artigo 37, da Constituição Federal, a administração pública direta e indireta de qualquer dos Poderes da União, dos Estados, do Distrito Federal e dos Municípios obedecerá aos princípios de legalidade, impessoalidade, moralidade, publicidade e eficiência.

Assinale a alternativa **INCORRETA** no que diz respeito às restrições excepcionais ao princípio constitucional da legalidade:

(A) A edição de medidas provisórias.
(B) A expedição de portarias.
(C) A decretação do estado de defesa.
(D) A decretação do estado de sítio.

A: assertiva correta, pois a Constituição admite a edição de medidas provisórias, com força de lei (art. 62); **B:** assertiva incorreta, devendo ser assinalada; a portaria não tem o condão de inovar na ordem jurídica, estabelecendo direitos ou deveres não previstos na lei; **C:** assertiva correta, pois a Constituição admite a decretação de estado de defesa, no qual são admitidas certas medidas restritivas de direito além das previstas nas leis correntes (art. 136); **D:** assertiva correta, pois a Constituição admite a decretação de estado de defesa, no qual são admitidas certas medidas restritivas de direito além das previstas nas leis correntes (art. 138).
Gabarito "B".

1.2. PRINCÍPIOS ADMINISTRATIVOS EXPRESSOS EM OUTRAS LEIS OU IMPLÍCITOS E PRINCÍPIOS COMBINADOS

(Promotor de Justiça/SC – 2016 - MPE)

(1) O Direito Administrativo, disciplinando as atividades da Administração Pública e sua relação com o indivíduo, norteia-se pelo princípio da supremacia do interesse individual sobre o interesse público,

buscando garantir a dignidade da pessoa humana (art. 1º, III, da Constituição) e conter os excessos da atuação estatal frente ao cidadão.

1: errada. O Princípio basilar do Direito Administrativo é o da Supremacia do Interesse Público sobre os interesses dos administrados, estando incorreta a definição, portanto.
Gabarito 1E

(Promotor de Justiça – MPE/BA – CEFET – 2015) Com referência aos princípios administrativos, é CORRETO afirmar:

(A) O princípio da proporcionalidade, expressamente previsto na Constituição Federal de 1988, significa que as competências administrativas só podem ser validamente exercidas na extensão e intensidade correspondentes ao que seja realmente demandado para o cumprimento da finalidade de interesse público a que estão atreladas.
(B) Como decorrência do princípio da motivação, todos os atos administrativos devem ser escritos.
(C) O princípio da reserva legal prescreve que a Administração Pública pode fazer tudo aquilo que não é legalmente proibido.
(D) A publicidade dos atos da Administração Pública é excepcionada apenas pela necessidade de proteção da intimidade dos cidadãos.
(E) A Emenda Constitucional 19/1998, conhecida por implementar a "Reforma Administrativa", acrescentou o princípio da eficiência ao texto constitucional.

A: Incorreta. O princípio da proporcionalidade é princípio implícito, não expresso, portanto; **B:** Incorreta. Os atos administrativos são formais, sendo sua forma escrita, mas o fundamento é o princípio da legalidade e solenidade das formas (arts. 2º, parágrafo único, VIII e IX e 22, da Lei 9.784/1999), e não o da motivação, como consta da assertiva; **C:** Incorreta. Esse é o princípio da autonomia das vontades, que vigora no direito privado. No âmbito administrativo temos o princípio da estrita legalidade, pelo qual a Administração Pública só pode fazer o que a lei determina; **D:** Incorreta. A publicidade dos atos administrativos é excepcionada sempre que houver interesse público, o que será expresso em nosso texto constitucional, conforme disposto no art. 2º, parágrafo único, V, da Lei 9.784/1999; **E:** Correta. O princípio da Eficiência já constava da Constituição do Estado de São Paulo, mesmo antes de nossa Constituição de 1988. Somente após a EC19/1998 é que ele passou a integrar o rol dos princípios expressos constantes do art.37, "caput", CF.
Gabarito "E".

(Ministério Público/MG – 2014) Sobre o princípio da boa-fé, no âmbito da administração pública, é INCORRETO afirmar:

(A) O postulado da boa-fé detém presunção *jures tantum*.
(B) É apropriado dizer que os princípios da boa-fé e da segurança jurídica são excludentes.
(C) Com base nos princípios da confiança, lealdade e verdade, que constituem elementos materiais da boa-fé, é possível temperar o princípio da estrita legalidade.
(D) É admissível afirmar que os postulados da boa-fé e da segurança jurídica visam obstar a desconstituição injustificada de atos ou situações jurídicas.

A: assertiva correta, pois a presunção de boa-fé (presunção que o Direito estabelece em relação à conduta das pessoas) é relativa, admitindo prova em contrário, ou seja, admitindo prova que determinada pessoa age de má-fé; **B:** assertiva incorreta, devendo ser assinalada; isso porque o princípio da segurança jurídica tem dois aspectos, o objetivo (ligado à irretroatividade das leis e das novas interpretações) e o subjetivo (ligado ao princípio da proteção à confiança legítima), sendo que o aspecto subjetivo corresponde ao princípio da boa-fé, que não pode, assim, ser considerado excludente do princípio da segurança jurídica. **C e D:** assertivas corretas; isso porque, de acordo com esses princípios, quando o Estado expede um ato conclusivo capaz de gerar confiança no administrado, levando este a praticar determinada conduta no sentido da expectativa criada pelo Estado, este fica adstrito a manter a sua palavra mesmo se o ato for ilegal, salvo má-fé do administrado, mantendo-se o ato tal como foi expedido, daí porque se tem um temperamento ao princípio da legalidade; um exemplo é a situação em que a Administração outorga ao particular permissão de serviço público por 4 anos, sendo que, 2 anos depois, a permissão vem a ser revogada; nesse caso, mesmo havendo previsão legal de que a permissão de serviço público é precária, podendo, assim, ser revogada a qualquer tempo independentemente de indenização, o fato é que o particular recebeu um ato conclusivo (permissão) que gerou a confiança legítima de que seria mantido até o final do período de 4 anos (por conta do prazo específico no documento, da necessidade de 4 anos para amortizações e lucros e da inexistência de má-fé pelo particular), devendo o Estado manter sua promessa, sua palavra, não revogando a permissão antes do tempo.
Gabarito "B".

(Ministério Público/Acre – 2014 – CESPE) Com relação aos princípios que regem a administração pública, assinale a opção correta.

(A) Constatadas a concessão e a incorporação indevidas de determinada gratificação especial aos proventos de servidor aposentado, deve a administração suprimi-la em respeito ao princípio da autotutela, sendo desnecessária a prévia instauração de procedimento administrativo.
(B) Segundo o entendimento do STF, para que não ocorra violação do princípio da proporcionalidade, devem ser observados três subprincípios: adequação, finalidade e razoabilidade *stricto sensu*.
(C) O princípio da razoabilidade apresenta-se como meio de controle da discricionariedade administrativa, e justifica a possibilidade de correção judicial.
(D) O princípio da segurança jurídica apresenta-se como espécie de limitação ao princípio da legalidade, prescrevendo o ordenamento jurídico o prazo decadencial de cinco anos para a administração anular atos administrativos que favoreçam o administrado, mesmo quando eivado de vício de legalidade e comprovada a má-fé.
(E) Ferem os princípios da isonomia e da irredutibilidade dos vencimentos as alterações na composição dos vencimentos dos servidores públicos, mediante a retirada ou modificação da fórmula de cálculo de vantagens, gratificações e adicionais, ainda que não haja redução do valor total da remuneração.

A: incorreta, pois o STF impõe respeito ao contraditório e à ampla defesa no caso (MS 26.085/DF, DJ 13.06.2008); o STF também expressou esse entendimento ao editar a Súmula Vinculante 3; **B:** incorreta, pois os três subprincípios são adequação, necessidade e proporcionalidade em sentido estrito (STF, RE 466.343-1); **C:** correta, valendo salientar que o Judiciário pode controlar não só a legalidade em sentido estrito, como também moralidade e a razoabilidade; **D:** incorreta, pois o prazo de 5 anos para anulação dos atos existe apenas quando o beneficiário do ato age de boa-fé, sendo que, quando se comprova que o beneficiário age de má-fé, não incide esse prazo (art. 54, *caput*, da Lei 9.784/1999); **E:** incorreta, pois, segundo o STF, desde que mantido montante global da remuneração, não há ofensa aos princípios citados em caso de alterações na composição dos vencimentos dos servidores públicos, não havendo direito adquirido a um determinado regime jurídico-funcional (ARE 678082/DF, *DJ* 14.09.2012).

Gabarito "C".

2. PODERES DA ADMINISTRAÇÃO PÚBLICA

2.1. PODER HIERÁRQUICO

(Promotor de Justiça/SC – 2016 - MPE)

(1) A Administração Pública brasileira baseia-se no princípio da hierarquia, que estabelece uma relação de subordinação entre seus órgãos e agentes. Presta-se como instrumento de organização do serviço e meio de responsabilização dos agentes administrativos, impondo ao subalterno o dever de obediência às determinações superiores.

1: correta, esse é o princípio que fundamenta o Poder Hierárquico, que é o instrumento que o Poder Executivo dispõe para distribuir, escalonar as funções de seus órgãos, ordenar e rever a atuação de seus agentes, estabelecendo a relação de subordinação entre os servidores do seu quadro de pessoal.

Gabarito 1C

2.2. PODER DE POLÍCIA

(Promotor de Justiça/SC – 2016 - MPE)

(1) É atributo do poder de polícia a autoexecutoriedade, fazendo possível à Administração executar suas próprias decisões, sem necessidade de recorrer ao Poder Judiciário.

1: correta. Um dos atributos do Poder de Polícia é a autoexecutoriedade, sem a qual não teria sentido ao administrador frenar, limitar e condicionar os atos dos administrados para adequá-los ao interesse público.

Gabarito 1C

(Ministério Público/RO – 2013 – CESPE) Assinale a opção correta com relação aos poderes da administração pública.

(A) O exercício do poder de polícia pela União exclui o seu exercício pelos estados, mas não pelos municípios, em razão do interesse local.
(B) O exercício do poder disciplinar pelo Estado está sujeito ao prévio encerramento da ação penal que venha a ser instaurada perante órgão competente do Poder Judiciário.
(C) Conforme entendimento do STF, o poder de polícia administrativa pode ser delegado, mediante edição de lei, a pessoa jurídica de direito privado.
(D) Conforme previsão constitucional, o poder hierárquico, que permite à autoridade superior a possibilidade de punição disciplinar independentemente de expressa previsão legal, pode ser qualificado, em determinadas situações, como autônomo e originário.
(E) A licença é um meio de atuação do poder de polícia da administração pública e não pode ser negada se o requerente satisfizer os requisitos legais para a sua obtenção.

A: assertiva incorreta; há casos em que a competência para dado poder de polícia é só da União ou só dos Estados ou só dos Municípios, situação em que só o ente competente poderá exercê-lo; por outro lado, há outros casos em que se tem uma competência comum dos entes políticos, em que todos poderão atuar concomitantemente, prevalecendo a primeira atuação feita, como é o caso de boa parte das competências em matéria ambiental; assim, a afirmação trazida na afirmativa é falsa; **B:** assertiva incorreta, pois a instância administrativa é independente da instância criminal; **C:** assertiva incorreta, pois o STF entende que o poder de polícia não pode ser delegado para uma pessoa jurídica de direito privado (STF, ADI 1.717-6/DF, Pleno, j. 07.11.2002, rel. Min. Sydney Sanches, *DJ* 28.03.2003); **D:** assertiva incorreta, pois o poder hierárquico permite apenas que o superior determine, oriente e revise os atos do subordinado, mas não permite a punição disciplinar; essa competência depende de expressa previsão legal; **E:** assertiva correta, pois a licença é um ato unilateral e vinculado da Administração, não havendo discricionariedade em favor desta, que, diante dos requisitos preenchidos pelo requerente, é obrigada a conceder a licença solicitada por este.

Gabarito "E".

(Ministério Público/SP – 2013 – PGMP) O Poder de Polícia NÃO contém

(A) os atributos de autoexecutoriedade e de coercibilidade.
(B) a faculdade da Administração de restringir o direito constitucional de manifestação do pensamento, limitando o seu exercício.
(C) a possibilidade de agentes administrativos fiscalizarem as medidas de prevenção à dengue, vistoriando residências.
(D) a permissão aos Poderes de restringir o ingresso e a permanência de pessoas em suas sedes.
(E) a possibilidade de ação repressiva quando, extravasados os limites do exercício da garantia constitucional de reunião, houver violência contra prédios ou pessoas.

A: incorreta, pois a doutrina aponta que o poder de polícia contém os atributos da autoexecutoriedade, da coercibilidade e da discricionariedade, de modo que os dois atributos mencionados estão, sim, no rol de atributos desse poder administrativo; **B:** correta, pois esse direito está previsto como cláusula pétrea na Constituição da República e, como tal, não pode sofrer restrição; de qualquer forma, é bom lembrar que o abuso nesse exercício pode ensejar pedido indenizatório futuro, em favor do injustamente lesado; **C:** incorreta, pois os atributos da autoexecutoriedade e da coercibilidade permitem sim esse tipo de fiscalização, que, por sinal, é indispensável para que a fiscalização em tela seja eficaz e atinja seus objetivos; **D:** incorreta, pois há casos em que tal medida será necessária, para garantir, por exemplo, que os serviços públicos possam ser efetivamente executados, sem embaraço ao seu regular desempenho; **E:** incorreta, pois extravasados os limites do exercício de direitos, está-se diante de abuso de direito, que enseja sim atuação repressiva estatal, servindo de exemplo situação em que vândalos estiverem a depredar bens públicos, hipótese em que, com o devido respeito ao princípio da proporcionalidade, podem os agentes estatais competentes atuar no sentido de conter esse tipo de violência.

Gabarito "B".

(Ministério Público/RR – 2012 – CESPE) Com relação aos poderes da administração pública, assinale a opção correta de acordo com o entendimento do STJ e da doutrina.

(A) O exercício do poder de polícia é passível de delegação a pessoa jurídica de direito privado, a qual somente poderá aplicar sanções administrativas ao administrado quando o ato praticado estiver previamente definido por lei como infração administrativa.
(B) O ato administrativo decorrente do exercício do poder de polícia é autoexecutório porque dotado de força coercitiva, razão pela qual a doutrina aponta ser a coercibilidade indissociável da autoexecutoriedade no ato decorrente do poder de polícia.

(C) A administração pública, no exercício do poder de limitar o exercício dos direitos individuais em benefício do interesse público, pode condicionar a renovação de licença de veículo ao pagamento de multa, ainda que o infrator não tenha sido notificado.
(D) O termo inicial do prazo prescricional da ação disciplinar é a data em que o fato foi praticado.
(E) Nas situações em que a conduta do investigado configure hipótese de demissão ou cassação de aposentadoria, a administração pública dispõe de discricionariedade para aplicar penalidade menos gravosa que a de demissão ou de cassação.

A: incorreta, pois não se admite delegação do poder de polícia a pessoa de direito privado; **B:** correta, pois a coercibilidade ou executoriedade (possibilidade de uso da força pela própria Administração) pressupõe autoexecutoriedade (no sentido de a Administração não ter de buscar o Judiciário para executar suas decisões); **C:** incorreta, pois, de acordo com a Súmula STJ n. 127, "é ilegal condicionar a renovação da licença de veículo ao pagamento de multa, da qual o infrator não foi notificado"; **D:** incorreta, pois o prazo de prescrição começa a correr da data em que o fato se tornou conhecido (art. 142, § 1º, da Lei 8.112/1990); **E:** incorreta, pois a Administração está adstrita aos comandos legais, não havendo margem de liberdade fora do que determina a lei.
Gabarito "B".

3. ATOS ADMINISTRATIVOS
3.1. REQUISITOS DO ATO ADMINISTRATIVO (ELEMENTOS, PRESSUPOSTOS)

(Ministério Público/RJ – 2011) Autoridade estadual de trânsito decide emitir autorizações para que menores de dezesseis anos possam dirigir veículos, desde que com o consentimento dos responsáveis legais. Considerando a proibição legal relativa à idade, pode-se afirmar que tais atos administrativos contêm vício no elemento:

(A) competência;
(B) finalidade;
(C) forma;
(D) motivo;
(E) objeto.

De acordo com o art. 2º, parágrafo único, "c", da Lei 4.717/1965, quando o resultado de um ato importa em violação da lei (justamente o que ocorreu no caso narrado no enunciado), tem-se vício no *objeto*.
Gabarito "E".

(Ministério Público/MG – 2011) Assinale a alternativa **INCORRETA**.

(A) Dá-se a revogação quando a Administração pública extingue um ato administrativo válido por razões de conveniência e oportunidade.
(B) Opera-se a convalidação (ou saneamento) quando a Administração pública supre ou corrige o vício existente em um ato administrativo.
(C) Apresenta-se o vício da incompetência quando o resultado do ato administrativo importar em violação de lei, regulamento ou outro ato normativo.
(D) Ambienta-se o vício de forma na omissão ou na observância incompleta ou irregular de formalidades indispensáveis à existência ou seriedade do ato administrativo.

A: assertiva correta, pois a revogação depende de o ato ser válido (pois do contrário é caso de anulação) e o motivo dela são justamente razões de *conveniência e oportunidade* (pois razões relacionadas à *ilegalidade* dão ensejo à anulação); **B:** assertiva correta, valendo salientar que essa providência é possível segundo o art. 55 da Lei 9.784/1999; **C:** assertiva incorreta (devendo ser assinalada); no caso, apresenta-se vício no *objeto* (art. 2º, parágrafo único, "c", da Lei 4.717/1965) e não na *competência*; **D:** assertiva correta (art. 2º, parágrafo único, "b", da Lei 4.717/1965).
Gabarito "C".

3.2. ATRIBUTOS DO ATO ADMINISTRATIVO

(Promotor de Justiça/SC – 2016 - MPE)

(1) É atributo do ato administrativo a presunção de legalidade. Não se exige da Administração, ao editá-lo, a comprovação de que está conforme a lei. A presunção, contudo, é relativa, podendo ser contestada, perante a própria Administração, o Tribunal de Contas, o Poder Judiciário ou o órgão de controle competente.

1: correta. Os atos administrativos gozam, todos, da Presunção de Legitimidade ou Legalidade, pela qual, o ato editado tem presunção relativa de que está em conformidade com o ordenamento jurídico. Isso significa que a prova em contrário sempre é possível e devida, por qualquer pessoa ou órgão de dentro ou de fora da estrutura administrativa.
Gabarito 1C

3.3. VINCULAÇÃO E DISCRICIONARIEDADE

(Promotor de Justiça/SC – 2016 - MPE)

(1) A discricionariedade normalmente localiza-se no motivo ou no conteúdo do ato administrativo. É discricionário o ato que exonera funcionário ocupante de cargo de provimento em comissão, mas é vinculado aquele que concede aposentadoria do servidor público que atinge a idade de 70 anos.

1: correta. No ato discricionário temos como elementos discricionários o motivo e o objeto (conteúdo do ato). O ato de exoneração de titulares de cargos em comissão, realmente é discricionário, eis que é de livre nomeação e exoneração. No caso de aposentadoria compulsória, sendo obrigatória, o ato é vinculado, ou seja, não admite liberdade de escolha ou opção do administrador.
Gabarito 1C

(Promotor de Justiça – MPE/BA – CEFET – 2015) No que se refere aos atos e poderes administrativos, é <u>INCORRETO</u> afirmar:

(A) Os atos vinculados não são passíveis de revogação.
(B) A cassação do ato administrativo pressupõe a prévia declaração da sua nulidade pela Administração Pública.
(C) Os atos administrativos ilegais dos quais decorram efeitos favoráveis ao administrado deverão ser invalidados no prazo de 5 (cinco) anos, contados da data em que forem praticados, salvo comprovada má-fé.
(D) Denomina-se "extroverso" o poder que tem o Estado de constituir, unilateralmente, obrigações para os administrados.
(E) Na discricionariedade técnica, a Administração Pública tem o poder de fixar juízos de ordem técnica, mediante o emprego de noções e métodos específicos das diversas ciências ou artes.

A: Correta. Os atos vinculados não admitem revogação, porque não são emitidos com margem de liberdade, sendo todos os seus elementos (competência, forma, motivo, objeto e finalidade) vinculados. Assim, não admitem a retirada por motivo de inconveniência e inoportunidade; **B:** Incorreta. A cassação do ato administrativo é a sua retirada por

pelo descumprimento de condição imposta para a sua manutenção no ordenamento jurídico, sendo forma de sanção; **C:** Correta. A declaração de nulidade do ato administrativo deve ser feita no prazo de 5 anos a partir de sua prática, conforme disposto no art.55, da Lei 9.784/1999; **D:** Correta. O poder extroverso pode der definido como o poder que o Estado tem de constituir, unilateralmente, obrigações para terceiros, com extravasamento dos seus próprios limites. São serviços em que se exerce o poder extroverso do Estado – o poder de regulamentar, fiscalizar, fomentar. **E:** Correta. A discricionariedade técnica é a exercida pelo administrador quando se utiliza de conhecimentos específicos, técnicos, científicos, que só podem ser emitidos por um especialista no assunto, por isso não pode ser alterada, exceto por outro "parecer" ou outro entendimento técnico, do mesmo "gabarito" que o primeiro.
Gabarito "B".

3.4. EXTINÇÃO DOS ATOS ADMINISTRATIVOS

(Promotor de Justiça/SC – 2016 - MPE)

(1) Segundo jurisprudência consolidada do Supremo Tribunal Federal, a Administração pode anular seus próprios atos, quando maculados por defeitos que os façam ilegais, com eficácia, em geral, *ex tunc*. Pode ainda revogá-los, atenta a pressupostos de conveniência ou oportunidade, sem prejuízo dos direitos adquiridos, com efeitos *ex nunc*.

1: correta. Trata-se do teor da Súmula 473, STF, que assim dispõe: "A administração pode anular seus próprios atos, quando eivados de vícios que os tornam ilegais, porque deles não se originam direitos; ou revogá-los, por motivo de conveniência ou oportunidade, respeitados os direitos adquiridos, e ressalvada, em todos os casos, a apreciação judicial.
Gabarito 1C

(Promotor de Justiça – MPE/AM – FMP – 2015) Bem se observa a trajetória mais recente dos rumos do Direito Administrativo contemporâneo, especialmente mediante a densificação normativa oriunda dos textos constitucionais democráticos. Levando-se em relevo o movimento de constitucionalização pós-1988 no direito brasileiro, manifestam-se variados contextos dos sentidos de vinculação administrativa orientados pelo conteúdo deontológico da juridicidade, dentre os quais não se poderia incluir

(A) a noção de discricionariedade interpretada como um poder administrativo externo ao próprio ordenamento jurídico fundado na autonomia decorrente da personalização da Administração Pública.

(B) a vinculação da atividade administrativa ocorre perante o Direito, ou seja, em relação ao ordenamento jurídico enquanto expressão normativa dinâmica e plural em unidade de coerência argumentativa balizada pelas matrizes estruturantes da Constituição.

(C) a sistematização dos poderes e deveres da Administração Pública resulta traçada com especial ênfase no sistema de direitos fundamentais e nas normas nucleares tributárias do regime democrático.

(D) a convalidação de um ato administrativo ilegal constitui por vezes um método otimizado de eficácia normativa da Constituição, quando se verifica casuisticamente a prevalência do princípio da proteção da confiança legítima em detrimento da salvaguarda formal da legalidade.

(E) a juridicidade contra a lei aponta no sentido da supremacia da Constituição, segundo parte da doutrina administrativista, inclusive com o respaldo de a Administração Pública deixar de aplicar, de forma auto-executória, uma lei havida como violadora do Texto Maior, independentemente de qualquer pronunciamento judicial prévio.

A: Correta. Se a questão se refere à uma concepção de vinculação ao ordenamento jurídico e a seus valores (deontologia), logicamente fica de fora a discricionariedade, que é a descrita na assertiva A; **B:** Incorreta. Essa assertiva vai de encontro com a vinculação (ato e atividade adstrita ao que determina a lei), por isso está correta e não deve ser a escolhida, já que o enunciado pede a exceção ao modelo vinculatório; **C:** Incorreta. A atividade administrativa está vinculada ao que determina a Constituição quanto aos direitos fundamentais e regime constitucional tributário; **D:** Incorreta. A convalidação tenta preservar o ato administrativo no ordenamento jurídico, mesmo que ilegal, de forma que se afasta da vinculação em que todos os elementos do ato administrativo devem ser, exatamente, o que determina a lei; **E:** Incorreta. O Poder Executivo não pode deixar de aplicar uma lei, mesmo que inconstitucional. A exceção se faz em relação ao Chefe do Poder Executivo Federal (Presidente da República), que é o único autorizado pela doutrina e jurisprudência a essa atitude, consistindo num controle posterior ("a posteriori") de constitucionalidade pelo Poder Executivo.
Gabarito "A".

(Promotor de Justiça – MPE/MS – FAPEC – 2015) Assinale a assertiva **correta**. O princípio da autotutela da Administração Pública consiste:

(A) Na necessidade da Administração Pública de recorrer ao Poder Judiciário para proteger seus interesses e direitos.

(B) No poder-dever de retirada de atos administrativos por meio da anulação e da revogação.

(C) No poder de tutela administrativa ou supervisão ministerial exercida pela Administração Direta sobre as entidades da Administração Indireta.

(D) Na observância ao princípio da confiança legítima, eis que se exige uma previsibilidade ou calculabilidade emanadas dos atos estatais.

(E) No exercício do poder de polícia administrativo.

A: Incorreta. A autotutela é exatamente o oposto no afirmado essa assertiva, ou seja, trata-se da possibilidade da própria Administração Pública resolver seus conflitos, sem se socorrer ao Poder Judiciário. **B:** Correta. O Poder Público tem a obrigação (dever) de preservar seus atos e atividades em compatibilidade com o ordenamento jurídico, por isso poderá se autotutelar, revogando e anulando seus atos (poder). **C:** Incorreta. A tutela ou supervisão ministerial é apenas um controle de legalidade que a Administração Direta faz em relação à Administração Indireta, mas se constitui em autotutela, sendo mais um controle, uma fiscalização para evitar a anulação ou revogação. **D:** Incorreta. O princípio da confiança legítima é o que determina que os atos administrativos devem ser mantidos, mesmo que ilegais, desde que não causem prejuízos a terceiros, a fim de manter a previsibilidade e antecipação de resultados em relação ao ordenamento jurídico em geral. Por isso, a autotutela, por ser a aptidão e possibilidade que o Poder Público tem de anular e revogar seus atos traria uma contraposição a esse princípio, eis que o desestabiliza. **E:** Incorreta. O Poder de Polícia administrativo é o de frenar os atos de particulares para adequá-los à finalidade pública, por isso não se relaciona, ao menos não diretamente, com o conceito de autotutela (ele é prático, efetivo, enquanto que a autotutela atua no âmbito formal do ato, corrigindo-o, se possível).
Gabarito "B".

(Ministério Público/SP – 2013 – PGMP) Analise as seguintes assertivas a respeito do ato administrativo:

I. Sua formulação não precisa observar o conteúdo de Súmulas Vinculantes, as quais não obrigam a Administração Pública.
II. A imperatividade, como seu maior atributo, é a ele essencial e inerente, sem exceção.
III. Se apresentar defeito sanável, pode ser convalidado pela própria Administração, evidenciada a ausência de lesão ao interesse público ou de prejuízo a terceiros.
IV. Pode ser revogado, por motivo de conveniência ou oportunidade, respeitados os direitos adquiridos.

Está CORRETO o contido apenas em

(A) I e III.
(B) III e IV.
(C) I e II.
(D) II e III.
(E) II, III e IV.

I: incorreta, pois as súmulas vinculantes não só obrigam aos demais órgãos do Judiciário, como também obrigam à administração pública direta e indireta de todas as esferas federativas (art. 103-A, *caput*, da CF); **II:** incorreta, pois a imperatividade (atributo pelo qual os atos administrativos se impõem a terceiros independentemente de sua concordância) não está presente em todo administrativo, não ocorrendo, por exemplo, em relação aos atos enunciativos; **III:** correta, nos termos do disposto no art. 55 da Lei 9.784/1999; **IV:** correta, nos termos do art. 53, parte final, da Lei 9.784/1999.
Gabarito "B".

(Ministério Público/MT – 2012 – UFMT) NÃO pode ser considerada hipótese de extinção das licenças administrativas:

(A) a revogação.
(B) a invalidação.
(C) a cassação.
(D) a caducidade.
(E) o interesse público superveniente, desde que ocorra prévia e justa indenização.

As licenças são atos vinculados. Dessa forma, não há que se falar em revogação, já que esta só incide sobre atos discricionários.
Gabarito "A".

(Ministério Público/PI – 2012 – CESPE) Acerca dos atos administrativos, assinale a opção correta.

(A) A revogação do ato administrativo tem efeitos *ex tunc*.
(B) É legítima a verificação, pelo Poder Judiciário, da regularidade do ato discricionário da administração, no que se refere às suas causas, motivos e finalidade.
(C) Todos os atos administrativos são exigíveis e executórios.
(D) De acordo com entendimento do STF, opera-se a decadência quando decorrido o prazo de cinco anos entre o período compreendido entre o ato administrativo concessivo de aposentadoria e o julgamento de sua legalidade e registro pelo Tribunal de Contas da União.
(E) Para o fim de anulação do ato administrativo, o conceito de ilegalidade ou ilegitimidade restringe-se à violação frontal da lei.

A: incorreta, pois tem efeito *ex nunc*, ou seja, não retroage; **B:** correta, pois o ato discricionário é, sempre, parcialmente regrado, devendo obedecer aos comandos legais objetivamente definidos na lei que estabelecer a competência, bem como aos princípios da moralidade e da razoabilidade, aspectos esses que adensam os requisitos *causa*, *motivo* e *finalidade* do ato discricionário; **C:** incorreta, pois os atributos da exigibilidade (que permite o uso da coação indireta) e da executoriedade (que permite o uso da coação direta, da força) não estão presentes em todos os atos administrativos, sendo necessário previsão legal, no caso do primeiro atributo, e, quanto ao segundo, previsão legal ou existência de situação em que não haja tempo hábil para buscar o Judiciário; **D:** incorreta, pois o prazo decadencial de 5 anos só se inicia após o registro da aposentadoria no Tribunal de Contas; entre a concessão da aposentadoria e o registro desta não corre o referido prazo; nesse sentido, confira a seguinte decisão do STF: "1. Esta Suprema Corte possui jurisprudência pacífica no sentido de que o Tribunal de Contas da União, no exercício da competência de controle externo da legalidade do ato de concessão inicial de aposentadorias, reformas e pensões (art. 71, inciso III, CF/1988), não se submete ao prazo decadencial da Lei 9.784/1999, iniciando-se o prazo quinquenal somente após a publicação do registro na imprensa oficial. 2. O TCU, em 2008, negou o registro da aposentadoria do ora recorrente, concedida em 1998, por considerar ilegal 'a incorporação de vantagem de natureza trabalhista que não pode subsistir após a passagem do servidor para o regime estatutário'. Como o ato de aposentação do recorrente ainda não havia sido registrado pelo Tribunal de Contas da União, não há que se falar em decadência administrativa, tendo em vista a inexistência do registro do ato de aposentação em questão. 3. Sequer há que se falar em ofensa aos princípios da segurança jurídica, da boa-fé e da confiança, pois foi assegurado ao recorrente o direito ao contraditório e à ampla defesa, fato apresentado na própria inicial, uma vez que ele apresentou embargos de declaração e também pedido de reexame da decisão do TCU. 4. Agravo regimental não provido" (MS 27746 ED, DJ 06.09.2012); **E:** incorreta, pois a ilegitimidade também alcança os atos que ferem princípios e outras normas jurídicas.
Gabarito "B".

(Ministério Público/RR – 2012 – CESPE) Com base na doutrina e na jurisprudência, assinale a opção correta a respeito dos atos administrativos.

(A) Segundo o STJ, a possibilidade de a administração poder anular ou revogar os seus próprios atos quando eivados de irregularidades não se estende ao desfazimento de situações constituídas com aparência de legalidade, sem a necessária observância do devido processo legal e da ampla defesa.
(B) Conforme a classificação dos atos administrativos quanto aos seus efeitos, a anulação do ato administrativo configura exemplo de ato constitutivo, por criar, modificar ou extinguir um direito ou situação do administrado.
(C) A falta da aprovação da autoridade competente para o ato administrativo produzir efeitos configura hipótese de ato administrativo pendente de exequibilidade, visto que está sujeito a condição ou termo para o início da produção de seus efeitos.
(D) Estando o servidor impedido ou sob suspeição ao praticar o ato administrativo, resta configurada hipótese de vício insanável.
(E) De acordo com o entendimento do STJ, o administrador, consoante a teoria dos motivos determinantes, vincula-se aos motivos elencados para a prática do ato administrativo, porém o vício de legalidade resta configurado quando inexistentes ou inverídicos os motivos suscitados pela administração, independentemente da existência de coerência entre as razões explicitadas no ato e o resultado obtido.

A: correta, pois, segundo o STJ, "o princípio de que a administração pode anular (ou revogar) os seus próprios atos, quando eivados de irregularidades, não inclui o desfazimento de situações constituídas com aparência de legalidade, sem observância do devido processo legal e ampla defesa. A desconstituição de ato de nomeação de servidor provido, mediante a realização de concurso público devidamente homologado pela autoridade competente, impõe a formalização de procedimento administrativo, em que se assegure, ao funcionário demitido, o amplo direito de defesa" (AgRg no AREsp 150441, DJe 25.05.2012); **B:** incorreta, pois, em se tratando de um ato nulo, a decisão é meramente declaratória, pois a nulidade se dá de pleno direito; **C:** incorreta, pois a aprovação da autoridade é evento futuro e incerto, tratando-se, assim, de condição e não de termo; **D:** incorreta, pois o vício é sanável; com efeito, a doutrina aponta que tanto o impedimento como a suspensão de alguém para a prática de um ato administrativo tornam este anulável, passível, portanto, de convalidação por autoridade que não esteja na mesma situação de impedimento ou suspeição; **E:** incorreta, pois, segundo o STJ, configura-se vício de legalidade a falta de coerência entre as razões expostas no ato e o resultado nele contido (MS 13948, DJe 07.11.2012).

Gabarito "A".

3.5. CLASSIFICAÇÃO DOS ATOS ADMINISTRATIVOS E ATOS EM ESPÉCIE

(Promotor de Justiça – MPE/MS – FAPEC – 2015) Em relação aos atos da Administração, é **correto** afirmar:

(A) Ao praticar atos de gestão, a Administração Pública utiliza a sua supremacia sobre os destinatários.
(B) Não constitui ato político o praticado por Tribunal de Justiça que seleciona, na lista sêxtupla enviada pelo órgão de representação de classe, integrantes da lista tríplice para compor o quinto constitucional.
(C) É suficiente a alegação de que se trata de ato político para se tolher o controle judicial, posto que é vedado ao Poder Judiciário adentrar no exame do mérito do ato administrativo.
(D) O ato praticado por concessionário de serviço público, ainda que no exercício de prerrogativas públicas, não caracteriza ato administrativo.
(E) Os atos administrativos de gestão são os que a Administração Pública pratica sem usar da sua supremacia sobre os destinatários.

A: Incorreta. Os atos de gestão são praticados sem que a Administração utilize sua supremacia sobre os particulares. São atos típicos de administração, assemelhando-se aos atos praticados pelas pessoas privadas. São exemplos de gestão a alienação ou aquisição de bens pela Administração, o aluguel de imóvel de propriedade de uma autarquia. **B:** Incorreta. Trata-se de um ato discricionário e político, que se fundamenta em motivos internos, de interesse do próprio Tribunal, não podendo ser controlado quanto ao seu mérito. **C:** Incorreta. O controle judicial dos atos políticos não é tolhido, e sim, mitigado, eis que ainda pode ser exercido quanto à legalidade dos atos, ficando de fora do controle apenas o seu mérito no que diz respeito aos critérios de conveniência e oportunidade utilizados. **D:** Incorreta. Se utilizada a prerrogativa pública, o ato de concessionário será equiparado a um ato administrativo, inclusive lhe pode ser delegado esse poder ou atributo, como no caso de delegação de Poder de Polícia ou a possibilidade de desapropriação. **E:** Correto. Os atos de gestão, como dito na alternativa A, são atos de administração em que o administrador atua em igualdade com o particular, por isso não se utiliza da Supremacia ou do Poder de Império sobre este.

Gabarito "E".

(Ministério Público/MS – 2013 – FADEMS) Os atos administrativos de licença, permissão, autorização, admissão, visto, aprovação, homologação, dispensa e renúncia, constituem espécies de:

(A) Atos negociais.
(B) Atos normativos.
(C) Atos ordinatórios.
(D) Atos enunciativos.
(E) Atos punitivos.

Tais atos são negociais, pois reclamam um pedido do particular e uma aceitação pela Administração, caracterizando um tipo de negócio.

Gabarito "A".

4. ORGANIZAÇÃO ADMINISTRATIVA

4.1. TEMAS GERAIS (ADMINISTRAÇÃO PÚBLICA, ÓRGÃOS E ENTIDADES, DESCENTRALIZAÇÃO E DESCONCENTRAÇÃO, CONTROLE E HIERARQUIA, TEORIA DO ÓRGÃO)

(Ministério Público/MG – 2012 – CONSULPLAN) Analise as assertivas abaixo:

I. As sociedades de economia mista são pessoas jurídicas de direito privado e integram a Administração Pública indireta.
II. As empresas públicas são pessoas jurídicas de direito privado, têm capital inteiramente público e podem ser organizadas sob qualquer forma admitida em Direito (civil ou comercial).
III. O poder de polícia não pode ser exercido pelas agências reguladoras por se tratar de prerrogativa indelegável e exclusiva dos entes da Administração Pública direta.
IV. Quarentena é o mecanismo pelo qual o ex-dirigente de uma agência reguladora, seu cônjuge, companheiro ou parente em linha reta, colateral ou por afinidade, até o terceiro grau, inclusive, ficam impedidos de desempenhar funções públicas, pelo período de quarenta dias a contar da data de sua exoneração.

Pode-se afirmar que:

(A) apenas as assertivas I e II estão **CORRETAS**.
(B) apenas as assertivas II e III estão **CORRETAS**.
(C) apenas as assertivas III e IV estão **CORRETAS**.
(D) apenas as assertivas I e IV estão **CORRETAS**.

I: correta (art. 5º, III, do Dec.-lei 200/1967); **II:** correta (art. 5º, II, do Dec.-lei 200/1967); **III:** incorreta, pois as agências reguladoras, por serem pessoas jurídicas de direito público, podem praticar atividades típicas de Estado, tal como é o poder de polícia; basta que a lei atribua tal competência a uma agência reguladora, como é o caso da ANVISA que recebe competência para o exercício do poder de polícia em matéria de vigilância sanitária; **IV:** incorreta, pois a lei faz referência apenas ao ex-dirigente e o prazo não é necessariamente de 40 dias, variando de acordo com o tipo de agência reguladora; na Lei Geral de Agências Reguladoras, que se aplica quando não disposição específica na lei que trata de determinada agência, a quarentena foi fixada em quatro meses (art. 8º, caput, da Lei 9.986/2000).

Gabarito "A".

4.2. ORGANIZAÇÃO E DESCENTRALIZAÇÃO ADMINISTRATIVA

(Promotor de Justiça/SC – 2016 – MPE)

(1) O Ministério Público de Santa Catarina tem seu Procurador-Geral de Justiça nomeado pelo Governador do Estado e integra a Administração Direta. O princípio da independência funcional, que informa a atuação de seus membros, representa exceção ao vínculo de hierarquia que ocorre entre órgãos administrativos.

1: Errada. O Ministério Público não é pessoa jurídica, nem mesmo integra a organização administrativa. Trata-se de uma instituição autônoma, permanente (art.127, CF), mais ainda, não há hierarquia entre os órgãos da Administração e o Ministério Público enquanto instituição.
Gabarito 1E

(Promotor de Justiça/SC – 2016 - MPE)

(1) Tem-se a descentralização administrativa quando atividades são distribuídas de um centro para setores periféricos ou de escalões superiores para escalões inferiores dentro da mesma entidade ou da mesma pessoa jurídica, enquanto na desconcentração administrativa transferem-se atividades a entes dotados de personalidade jurídica própria.

1: errada. A descentralização administrativa realmente ocorre quando há distribuição de atividades, de competência, de poder, do centro para a "periferia", mas para fora da pessoa jurídica que descentraliza, sendo criada ou autorizada a criação de outra pessoa jurídica, que não é subordinada ao Ente centralizado. Isso ocorre com todas as pessoas jurídicas que compõem a Administração Indireta (autarquia, fundações públicas, empresas públicas e sociedades de economia mista, além dos consórcios públicos, quando pessoas jurídicas de direito público).
Gabarito 1E

(Promotor de Justiça – MPE/AM – FMP – 2015) No que se refere à natureza jurídica da Empresa Pública de Correios e Telégrafos (ECT) e às respectivas atividades consentâneas com a legislação em vigor, de acordo com jurisprudência do Supremo Tribunal Federal, assinale a alternativa incorreta.

(A) Reconhece-se a natureza pública dos serviços postais, com o destaque de que tais serviços são exercidos em regime de exclusividade pelos Correios.
(B) Inexiste o comprometimento do *status* de empresa pública prestadora de serviços essenciais em virtude do exercício de atividades paralelas indissociáveis do serviço postal, como o transporte e a entrega de encomendas, por exemplo, estando estas últimas ao abrigo do regime concorrencial.
(C) Há infração aos princípios constitucionais norteadores da atividade administrativa quando não se aproveita a estrutura de bens e pessoas já existente para a prestação do serviço público no sentido de se negligenciar a oportunidade quanto à exploração de outras atividades, incorrendo-se numa espécie de desperdício econômico apto a beneficiar a redução de tarifas.
(D) O regime jurídico dos Correios foi proclamado um serviço público com caráter de privilégio, para alguns administrativistas, com caráter de monopólio, cujas atividades, assim demarcadas pela nota da exclusividade, se beneficiam do regime das imunidades tributárias, o qual não se estende em absoluto para as demais atividades conduzidas mediante concorrência com a iniciativa privada.
(E) A desoneração fiscal ínfima em benefício da ECT, incapaz de prejudicar os interesses das grandes empresas privadas de logística e entrega, além do reduzido espectro de concorrência dos Correios em escala nacional, ao se tomar em consideração a custosa obrigatoriedade de prestar serviços em todo o território brasileiro, foram argumentos desabonados como razões determinantes pela Corte Suprema na definição do *status* desse serviço público.

A: Correta. Os serviços públicos postais são prestados em regime de exclusividade, conforme decidiu o STF na ADPF 46-7: "A atividade econômica em sentido amplo é gênero que compreende duas espécies, o serviço público e a atividade econômica em sentido estrito. Monopólio é de atividade econômica em sentido estrito, empreendida por agentes econômicos privados. A exclusividade da prestação dos serviços públicos é expressão de uma situação de privilégio. Monopólio e privilégio são distintos entre si; não se os deve confundir no âmbito da linguagem jurídica, qual ocorre no vocabulário vulgar. 3. A Constituição do Brasil confere à União, em caráter exclusivo, a exploração do serviço postal e o correio aéreo nacional [artigo 21, inciso X]. 4. O serviço postal é prestado pela Empresa Brasileira de Correios e Telégrafos – ECT, empresa pública, entidade da Administração Indireta da União, criada pelo Decreto-lei 509, de 10 de março de 1969. 5. É imprescindível distinguirmos o regime de privilégio, que diz com a prestação dos serviços públicos, do regime de monopólio sob o qual, algumas vezes, a exploração de atividade econômica em sentido estrito é empreendida pelo Estado. 6. A Empresa Brasileira de Correios e Telégrafos deve atuar em regime de exclusividade na prestação dos serviços que lhe incumbem em situação de privilégio, o privilégio postal. 7. Os regimes jurídicos sob os quais em regra são prestados os serviços públicos importam em que essa atividade seja desenvolvida sob privilégio, inclusive, em regra, o da exclusividade. **B:** Correta. As empresas públicas podem explorar atividade econômica, conforme dispõe o art. 173, § 1º, CF, por isso não há comprometimento a essa atividade pelo fato dos Correios serem uma empresa pública. **C:** Incorreta. Essa assertiva é confusa, e não encontra relação com o enunciado. Realmente, o fato de não se aproveitar a estrutura estatal para a prestação de um serviço público viola o princípio da eficiência, porém, não está claro qual seria esse serviço. Essa seria uma potencial assertiva Incorreta. **D:** Correta. Foi o decidido no RE 601.392 com repercussão geral, sendo atribuída a imunidade recíproca em razão desse privilégio que os Correios possuem: "Imunidade recíproca. Empresa Brasileira de Correios e Telégrafos. 3. Distinção, para fins de tratamento normativo, entre empresas públicas prestadoras de serviço público e empresas públicas exploradoras de atividade. Precedentes. 4. Exercício simultâneo de atividades em regime de exclusividade e em concorrência com a iniciativa privada. Irrelevância. Existência de peculiaridades no serviço postal. Incidência da imunidade prevista no art. 150, VI, "a", da Constituição Federal. 5. Recurso extraordinário conhecido e provido. **E:** Incorreta. Essa assertiva está incorreta porque afirma que há uma desoneração fiscal ínfima em prol dos Correios, o que não é verdade, eis que se beneficia da imunidade recíproca (art.150, VI, "a", CF), além dos seguintes privilégios: art. 12. A ECT gozará de isenção de direitos de importação de materiais e equipamentos destinados aos seus serviços, dos privilégios concedidos à Fazenda Pública, quer em relação a imunidade tributária, direta ou indireta, impenhorabilidade de seus bens, rendas e serviços, quer no concernente a foro, prazos e custas processuais. Havendo duas assertivas incorretas, a questão foi ANULADA.
Gabarito Anulado

6. DIREITO ADMINISTRATIVO

4.3. AUTARQUIAS

(Promotor de Justiça/GO – 2016 - MPE) Por terem personalidade jurídica de direito público e designarem espécie de descentralização por serviços, as autarquias possuem todas as prerrogativas ou poderes decorrentes do regime jurídico administrativo. Feita a afirmação acima, assinale a alternativa incorreta:

(A) A autarquia possui autonomia financeira. Seus recursos, não importa se oriundos de trespasse estatal ou hauridos como produto da atividade que lhe seja afeta, configuram recursos e patrimônio próprios.
(B) a autarquia, como pessoa jurídica pública, usualmente persegue objetivos públicos, sem finalidades lucrativas.
(C) os bens das autarquias são inalienáveis e imprescritíveis, podendo, no entanto, ser adquiridos pela via do usucapião, conforme autoriza o artigo 191 da Constituição da República, bem como o artigo 102 do Código Civil brasileiro.
(D) Os Conselhos de fiscalização profissional, por possuírem natureza jurídica de autarquia corporativa, devem se submeter aos princípios constitucionais concernentes à Administração Pública, inclusive o da exigência de realização de concurso público para contratação de pessoal.

A: Correta. A autarquia é pessoa jurídica independente e autônoma em relação às pessoas jurídicas da Administração Direta que as criou. **B:** Correta, As autarquias, sendo pessoas jurídicas de direito público, somente podem prestar serviços públicos, não lhes sendo possível o exercício de outra atividade, portanto. **C:** Incorreta. Os bens das autarquias são bens públicos e podem ser alienados, desde que desafetados e licitados, após autorização legislativa. Também, por serem públicos, não podem ser adquiridos por meio de usucapião. **D:** Os Conselhos de Fiscalização Profissional são, em regra, autarquias corporativas, havendo exceção em relação à OAB, No entanto, essa assertiva está menos incorreta do que a C, razão pela qual não foi a escolhida pelo gabarito.
Gabarito "C".

(Ministério Público/MT – 2012 – UFMT) A condição de "agência executiva", na administração pública federal, é situação que pode ser concedida pela Presidência da República a que tipo de entes?

(A) Autarquias e órgãos da administração direta.
(B) Apenas autarquias.
(C) Fundações e órgãos da administração direta.
(D) Apenas órgãos da administração direta.
(E) Autarquias e fundações.

De acordo com o art. 51, *caput*, da Lei 9.649/1998 apenas autarquias e fundações podem ser qualificadas como agência executiva.
Gabarito "E".

4.4. AGÊNCIAS REGULADORAS

(Promotor de Justiça – MPE/BA – CEFET – 2015) Leia atentamente as assertivas abaixo sobre as agências reguladoras e executivas, e assinale apenas a alternativa CORRETA:

(A) Os dirigentes das agências reguladoras são demissíveis *ad nutum* pela autoridade máxima do ente da Administração Pública Direta que as instituiu.
(B) As agências reguladoras têm personalidade jurídica própria em decorrência do fenômeno da "desconcentração" dos órgãos da estrutura da União, dos Estados, do Distrito Federal e dos Municípios.
(C) No Brasil, as agências reguladoras surgiram no contexto do Plano Nacional de Desestatização.
(D) Podem ser qualificadas como agências executivas as associações civis que celebrem contrato de gestão com o Ministério supervisor.
(E) No exercício da atividade regulatória, todas as agências reguladoras limitam-se a exigir dos agentes econômicos a estrita observância das leis aprovadas pelo Poder Legislativo.

A: Incorreta. Os dirigentes das Agências Reguladoras são demissíveis, "ad nutum"; porém, pelo Presidente da República, se federais, aplicando-se o art. 52, III, "f", CF por simetria, assim como o art. 5º, da Lei 9.986/2000 (Lei Geral das Agências Reguladoras). **B:** Incorreta. As Agências Reguladoras são pessoas jurídicas de direito público (autarquias de regime especial), sendo autônomas e independentes à Administração Indireta, por isso possuem personalidade própria. São criadas em decorrência da descentralização administrativa, e não a desconcentração, que só diz respeito à órgãos e departamentos. **C:** Correta. Com o Plano Nacional de Desestatização (Lei 9.491/1997) surgiu a necessidade de aumentar a fiscalização e regulamentação dos serviços públicos que estavam sendo delegados ou transferidos à iniciativa privada, razão pela qual surgiram as Agências Reguladoras, inclusive com a Lei 9.986/2000. **D:** Incorreta. Primeiramente, as Agências Reguladoras não se limitam à atuação de fiscalização, pois também podem regulamentar a lei por meio de atos normativos infralegais. Também, não atuam em relação aos agentes econômicos, e sim, em relação a todas as pessoas jurídicas que prestam serviços ou realizam obras públicas, sendo esses os erros da assertiva, portanto. **E:** incorreta. As Agências Reguladoras não se limitam à exigência do cumprimento da lei, cabendo a elas também a edição de atos normativos regulamentares, atividade que se soma ao à fiscalização do seu cumprimento.
Gabarito "C".

(Procurador da República –28º Concurso – 2015 – MPF) É correto afirmar que:

(A) são autarquias especiais as agências reguladoras independentes, as agências de fomento e as universidades.
(B) a OAB é uma autarquia especial, de onde a exigência de concurso público para a admissão dos contratados sob o regime trabalhista, segundo o STF.
(C) a autonomia das autarquias projeta-se no piano financeiro, vedada a transferência de recursos do orçamento do ente que a instituiu.
(D) o Conselho Federal de Medicina exerce poder de polícia.

A: Incorreta. As Universidades são autarquias simplesmente, ou seja, não carregam o adjetivo "especiais", eis que prestam serviços públicos de ensino, sendo regidas por Lei e regime geral aplicável às demais autarquias. **B:** Incorreta. A OAB não é autarquia de regime especial, sendo classificada como um serviço público independente, sendo uma entidade "sui generis", conforme já decidiu o STF na ADI 3026. Os seus servidores não ingressam por concurso público, portanto. **C:** Incorreta. A autonomia das autarquias é administrativa, política e financeira, não havendo vedação para transferência de recursos do orçamento, desde que previsto em lei orçamentária própria. **D:** Correta. Os Conselhos de Classe, como o Conselho Federal de Medicina, são autarquias e, como tais, integram a Administração Pública e possuem Poder de Polícia, como todas as demais pessoas jurídicas que se submetem ao regime jurídico administrativo.
Gabarito "D".

4.5. CONSÓRCIOS PÚBLICOS

(Promotor de Justiça – MPE/RS – 2017) Assinale a alternativa correta, em relação aos consórcios públicos disciplinados pela Lei 11.107, de 06 de abril de 2005.

(A) A emissão de documentos de cobrança e as atividades de arrecadação de tarifas e outros preços públicos não se coadunam com as finalidades estabelecidas em lei para os consórcios públicos, razão pela qual estão expressamente vedadas.
(B) O protocolo de intenções deve definir o número de votos que cada ente da Federação consorciado possui na assembleia geral, sendo assegurado 1 (um) voto a cada ente consorciado.
(C) O consórcio público poderá ser concessionário, permissionário ou autorizatário do serviço público, mas não poderá outorgar concessão, permissão ou autorização do serviço público a terceiros.
(D) O consórcio público adquirirá personalidade jurídica de direito público ou de direito privado, integrando, em qualquer caso, a administração indireta de todos os entes da Federação consorciados.
(E) O consórcio público que tenha personalidade jurídica de direito privado não está sujeito à fiscalização contábil, operacional e patrimonial pelo Tribunal de Contas, a quem cabe fiscalizar apenas cada um dos integrantes do consórcio, nos termos do contrato de rateio.

A: incorreta. A assertiva é contrária ao que dispõe o art. 2º, § 2º, da Lei 11.107/2005 determina que os Consórcios Públicos podem emitir "documentos de cobrança e exercer atividades de arrecadação de tarifas e outros preços públicos pela prestação de serviços ou pelo uso ou outorga de uso de bens públicos por eles administrados ou, mediante autorização específica, pelo ente da Federação consorciado. **B:** Correta. É o que determina o art. 4º, § 2º, da Lei dos Consórcios. O Protocolo de Intenções é um termo em que constará todas as cláusulas do futuro contrato para instituição do Consórcio, sendo nele prevista a forma de funcionamento dessa nova pessoa jurídica. **C:** Incorreta. O Consórcio Público é uma nova pessoa jurídica e, quando de direito público, integra a Administração Pública, podendo delegar a prestação de serviços públicos (art. 2º, §3º, da Lei 11.107/2005). **D:** Incorreta. Somente quando for pessoa jurídica de direito público é que integrará a Administração Indireta (art. 6º e § 1º, da Lei 11.107/2005). **E:** Incorreta. Ambos os Consórcios, sejam eles de direito público ou de direito privado, sofrem controle externo pelo Tribunal de Contas (art. 9º, parágrafo único, da Lei 11.107/2005).
„Gabarito "B".

(Promotor de Justiça – MPE/BA – CEFET – 2015) Os municípios "A", "B" e "C" firmaram um termo de ajustamento de conduta com o Ministério Público se obrigando a implantar e operar um único aterro sanitário para regularizar a destinação dos resíduos sólidos produzidos pelos seus munícipes. Levando-se em conta a atual legislação brasileira sobre a cooperação entre entes federativos, assinale a alternativa que indica o tipo de ajuste que os municípios citados podem firmar entre si:

(A) Termo de parceria.
(B) Contrato de concessão de serviços públicos.
(C) Concessão administrativa.
(D) Contrato de gestão.
(E) Nenhuma das alternativas anteriores.

A: Incorreta. O Termo de Parceria é utilizado entre as OSCIP (Organizações da Sociedade Civil de Interesse Público) e a Administração Indireta, não sendo caso de contrato entre Entes Políticos. **B:** Incorreta. O Contrato de Concessão tem como objeto a delegação de um serviço público e sempre envolve a contratação de um particular (a delegação da prestação do serviço) **C:** Incorreta. A Concessão Administrativa é forma de Parceria Público-Privada, tendo como contratado um particular, que não aparece na questão (o contrato é entre Entes Políticos) **D:** Incorreta. O Contrato de Gestão é o realizado entre as Organizações Sociais e a Administração Direta (art.37, § 8º, CF). **E:** Correta. No caso, temos um Contrato de Consórcio Público, onde os Municípios se reunirão para prestar um serviço público e realizar uma obra pública. (Lei 11.107/2005).
„Gabarito "E".

(Procurador da República – PGR – 2013) Em se tratando de descentralização de serviços públicos e atividades administrativas, é correto afirmar que:

(A) A Administração pode permitir a participação de empresas em regime de consórcio no procedimento licitatório referente à concessão de serviço público; em tal hipótese, desde que haja expressa previsão editalícia, admite-se a presença, na mesma licitação, de empresas consorciadas, por intermédio de mais de um consórcio.
(B) Havendo previsão de participação de empresas em consórcio na licitação referente à concessão de serviço público, a responsabilidade da empresa líder do consórcio perante o poder concedente exclui a responsabilidade das demais consorciadas.
(C) A subconcessão de serviço público viola o caráter personalíssimo do contrato de concessão, sendo, portanto, em qualquer hipótese, vedada por lei.
(D) A concessão patrocinada é modalidade de concessão de serviço público em que ocorre a delegação da execução de um serviço, mediante a conjugação de tarifa paga pelo usuário e a contraprestação pecuniária do concedente ao concessionário.

A: Incorreto. A empresa consorciada não pode participar de mais de um consórcio na mesma licitação, conforme disposto no art. 33, IV, da Lei 8.666/1993. **B:** Incorreta. A responsabilidade é solidária entre as empresas integrantes do consórcio. (art. 33, V, da Lei 8.666/1993). **C:** Incorreta. O contrato de concessão de serviços públicos é personalíssimo, mas admite-se a subconcessão, como exceção a esse caráter, desde que autorizado pelo contrato de concessão e pelo Poder Concedente (art. 26, da Lei 8.987/1995). **D:** Correta. Esse é o conceito de Parcerias Público- Privadas (art. 2º, § 1º, da Lei 11.079/2004).
„Gabarito "D".

(Ministério Público – MPU – 2013) Sobre os consórcios públicos, é correto afirmar que:

(A) Consórcio público será obrigatoriamente constituído por associação pública.
(B) A execução das receitas e despesas do consórcio público deverá obedecer às normas de direito financeiro aplicáveis às entidades públicas.
(C) Consórcio público será constituído por contrato independente de prévia subscrição de protocolo de intenções.
(D) Os entes da Federação consorciados, ou os com eles conveniados, poderão ceder-lhe servidores, na forma e condições da legislação federal.

A: incorreta, pois pode ser tanto uma associação pública, que é uma pessoa de direito público, como um consórcio público de direito privado (art. 1º, § 1º, da Lei 11.107/2005); **B:** correta (art. 9º, *caput*, da Lei 11.107/2005); **C:** incorreta, pois o consórcio público será constituído por contrato, mas que é dependente da prévia subscrição de protocolo de intenções (art. 3º da Lei 11.107/2005); **D:** incorreta, pois essa cessão de servidores se dará na forma e condições da legislação de cada ente consorciado, e não da legislação federal (art. 4º, § 4º, da Lei 11.107/2005).
Gabarito "B".

(Ministério Público/MT – 2012 – UFMT) Segundo a Lei 11.107/2005, a União Federal poderá ser parte integrante de consórcios públicos. Essa participação somente ocorrerá quando

(A) fizerem parte dele apenas Estados, sem a participação de municípios.
(B) fizerem parte dele apenas municípios situados em Estados diferentes.
(C) fizer parte dele mais de um Estado.
(D) fizerem parte dele Estados situados em diferentes regiões da federação.
(E) fizerem parte dele todos os Estados a que pertencerem os municípios consorciados.

Segundo o art. 1º, § 2º, da Lei 11.107/2005, "a União somente participará de consórcios públicos em que também façam parte todos os Estados em cujos territórios estejam situados os Municípios consorciados".
Gabarito "E".

4.6. EMPRESAS ESTATAIS

(Ministério Público/MT – 2012 – UFMT) Qual a natureza jurídica da sociedade de economia mista?

(A) Entidade dotada de personalidade jurídica de direito público.
(B) Entidade dotada de personalidade jurídica de direito privado e de direito público.
(C) Entidade dotada de personalidade específica.
(D) Entidade dotada de personalidade jurídica de direito privado.
(E) Entidade dotada de personalidade jurídica de direito privado de capacidade específica.

As alternativas **A, B, C** e **E** são incorretas, pois a sociedade de economia mista é qualificada expressamente como pessoa jurídica de direito privado (art. 5º, III, do Dec.-lei 200/1967), não havendo na lei, portanto, a qualificação dessas entidades como sendo de direito público ou de capacidade específica.
Gabarito "D".

4.7. ENTES DE COOPERAÇÃO

(Promotor de Justiça – MPE/AM – FMP – 2015) Acerca do contrato de gestão celebrado entre a Administração Pública e as organizações sociais, é possível concluir, em consonância ao entendimento do Supremo Tribunal Federal:

(A) Afigura-se inconstitucional, pela ausência do prévio dever de licitar, a celebração do instrumento de gestão entre a entidade qualificada em concreto, pertencente ao terceiro setor, e o Poder Público.
(B) Por não estarem sujeitas às regras formais do artigo 37 da Constituição da República, de que seria exemplo a exigência da licitação, as organizações sociais, em suas contratações com terceiros fazendo uso de verbas públicas, apenas se submetem aos critérios de finalidade atrelados ao escopo do instrumento celebrado de gestão, com prevalência normativa do regime de direito privado.
(C) As organizações sociais, no seu procedimento de recrutamento e seleção de pessoal, pela sua natureza jurídica de direito privado e por não integrarem os quadros da Administração Pública Indireta, deixam de se submeter aos ditames do Direito Administrativo consubstanciados no texto da Constituição da República.
(D) O convênio do poder público com as organizações sociais deve seguir critérios objetivos, com forte nos princípios constitucionais da publicidade e impessoalidade, afastando-se qualquer interpretação que restrinja o controle de aplicação das verbas públicas pelo Ministério Público e pelo Tribunal de Contas.
(E) O modelo estabelecido pelo texto constitucional para a execução de serviços públicos sociais como saúde, ensino, pesquisa, cultura e preservação do meio ambiente, não prescinde de atuação direta do Estado, com o que se define pela inconstitucionalidade de os serviços sociais serem executados por intermédio de convênios de gestão.

A: Incorreta. O Contrato de Gestão tem o seu fundamento no art.37, § 8º, CF, sendo, portanto, constitucional, sendo as Organizações Sociais, conforme previsão na Lei 9.637/1998, pessoas jurídicas de direito privado sem fins lucrativos, constituídas na forma de fundações ou associações civis para o desenvolvimento de atividade nos setores de ensino, meio ambiente, desenvolvimento tecnológico, pesquisa científica, saúde e cultura. **B:** Incorreta. As Organizações Sociais, uma vez que celebram o Contrato de Gestão com o Poder Público e recebem dinheiro do Estado, inclusive verbas orçamentárias e bens públicos para o desempenho de suas atividades, submetem-se ao regime jurídico administrativo previsto no art.37, e seguintes, da Constituição Federal. **C:** Incorreta. Como explicado acima, por receberem verbas públicas, inclusive servidores públicos podem ser realocados para trabalhar nessas pessoas jurídicas (cessão de servidores), o seu quadro de pessoal possui o regime jurídico administrativo constitucional aplicável, mesmo que de forma mais atenuada. Por exemplo, não é obrigatório o concurso público para a contratação de servidores subalternos, mas o alto escalão é ocupado por agentes públicos estatais, que ingressaram por concurso público em outros órgãos ou pessoas jurídicas, sendo cedidos posteriormente à Organização Social. **D:** Correta. Esse convênio é feito por meio do Contrato de Gestão, que está sujeito ao controle do Tribunal de Contas (art.71, CF), assim como Ministério Público e Congresso Nacional, ou seja, não é exceção à regra do controle dos contratos e atos administrativos em geral, já que se utiliza de orçamento público, servidores, bens públicos, como já explicado acima. **E:** Incorreta. As Organizações Sociais são paraestatais, entes de colaboração e atuam "ao lado do Estado", com autorização constitucional para tanto, não havendo nada de inconstitucional em sua existência e atuação, portanto.
Gabarito "D".

Procurador da República – PGR – 2013) Assinale a alternativa incorreta:

(A) O SENAI, o SENAC e o SEBRAE são entes paraestatais de cooperação com o Poder Público; não prestam serviço público delegado pelo Estado, mas desempenham atividades de interesse público.
(B) As entidades que desempenham serviços sociais autônomos são dotadas de personalidade jurídica de direito privado, podendo ser investidas de com-

petências materialmente administrativas relativas ao exercício do poder de polícia da Administração.
(C) As organizações sociais são entidades de direito privado sem finalidade lucrativa, integrantes do Terceiro Setor, que nascem como associação ou fundação e recebem a qualificação de OS por ato do Poder Público, habilitando-as ao desempenho de serviços públicos de cunho social, tais como ensino, pesquisa científica e desenvolvimento tecnológico.
(D) A organização social difere da organização da sociedade civil de interesse público em razão da possibilidade de a primeira receber delegação para gestão de serviços públicos, ao passo que a OSCIP qualifica-se como tal para o fomento e o desempenho de atividades de interesse público, o que se dará por meio de termos de parceria com o Poder Público.

A: Correta. Tratam-se de Paraestatais, que atuam "ao lado do Estado", por isso não recebem o serviço por delegação, mas sim, por cooperação. **B:** Incorreta. Os Serviços Sociais Autônomos são entidades paraestatais e, por não estarem dentro da estrutura administrativa, não exercem Poder de Polícia originário, exceto se delegado, e ainda, não se estendendo aos atos de execução, sendo esse o limite para a delegabilidade do Poder de Polícia. **C:** Correta. Trata-se do conceito doutrinário das Organizações Sociais. **D:** Correta. A Organização Social celebra um Contrato de Gestão com o Poder Público (art.37, § 8º, CF), enquanto que as OSCIP celebram o Termo de Parceria para a prestação de serviços de interesse público.
Gabarito "B".

(Ministério Público/SC – 2012) De acordo com a Lei 9.790/1999:

I. As instituições hospitalares privadas não gratuitas e suas mantenedoras, desde que sem fins lucrativos, podem qualificar-se como Organizações da Sociedade Civil de Interesse Público.
II. Em termos de OSCIP, considera-se sem fins lucrativos a pessoa jurídica de direito privado que não distribui, entre os seus sócios ou associados, conselheiros, diretores, empregados ou doadores, eventuais excedentes operacionais, brutos ou líquidos, dividendos, bonificações, participações ou parcelas do seu patrimônio, auferidos mediante o exercício de suas atividades, e que os aplica integralmente na consecução do respectivo objeto social.
III. As fundações públicas, as fundações, sociedades civis ou associações de direito privado criadas por órgão público ou por fundações públicas somente poderão constituir uma OSCIP se forem autorizadas pelo Ministério da Justiça, hipótese em que os respectivos Tribunais de Contas tomarão as medidas para fiscalização efetiva do exercício de suas atividades.
IV. Para qualificarem-se como Organizações da Sociedade Civil de Interesse Público, as pessoas jurídicas interessadas devem ser regidas por estatutos cujas normas expressamente disponham sobre a observância dos princípios da legalidade, impessoalidade, moralidade, publicidade, economicidade e da eficiência.
V. Perde-se a qualificação de Organização da Sociedade Civil de Interesse Público, a pedido ou mediante decisão proferida em processo administrativo ou judicial, de iniciativa popular ou do Ministério Público, no qual serão assegurados, ampla defesa e o devido contraditório, ressalvando-se que, vedado o anonimato, e desde que amparado por fundadas evidências de erro ou fraude, qualquer cidadão, respeitadas as prerrogativas do Ministério Público, é parte legítima para requerer, judicial ou administrativamente, a perda da qualificação de OSCIP.

(A) Apenas as assertivas II e IV estão corretas.
(B) Apenas as assertivas I, II, IV e V estão corretas.
(C) Apenas as assertivas I, II, III, e V estão corretas.
(D) Apenas as assertivas II, IV e V estão corretas.
(E) Todas as assertivas estão corretas.

I: incorreta, pois as instituições hospitalares privadas não gratuitas e suas mantenedoras não são passíveis de qualificação como OSCIPs (art. 2º, VII, da Lei 9.790/1999); **II:** correta (art. 1º, § 1º, da Lei 9.790/1999); **III:** incorreta, pois as fundações, sociedades civis ou associações de direito privado criadas por órgão público ou por fundações públicas não são passíveis de qualificação como OSCIPs (art. 2º, XII, da Lei 9.790/1999); **IV:** correta (art. 4º, I, da Lei 9.790/1999); **V:** correta (arts. 7º e 8º da Lei 9.790/1999).
Gabarito "D".

4.8. TEMAS COMBINADOS

(Procurador da República – 26º) No tocante às organizações do chamado "terceiro setor", é correto afirmar que:

(A) As organizações da sociedade civil de interesse público são constituídas por lei de iniciativa do Executivo Federal, vinculando-se ao Ministério com o qual mantêm identidade de atribuições, mas preservando autonomia quanto à gestão administrativa e financeira.
(B) Tendo recebido a qualificação de interesse público, as organizações da sociedade civil, passam a submeter-se a regramentos de direito público, submetendo-se a prestação de contas de recursos repassados pelo Poder Público e formando seu quadro de pessoal apenas mediante concurso de provas ou de provas e títulos.
(C) As organizações sociais possuem personalidade jurídica de direito privado, habilitando-se ao recebimento de recursos públicos a partir da homologação de seus atos constitutivos pelo Ministério Público e da celebração de termo de parceria com órgãos da Administração Pública.
(D) Instituições religiosas ou voltadas para a disseminação de credos, cultos, práticas e visões devocionais e confessionais não podem qualificar-se como organização da sociedade civil de interesse público, ainda que desempenhem atividades de assistência social.

A: incorreta, pois tais entidades não são criadas pelo Poder Público; **B:** incorreta, pois tais entidades continuam pessoas de direito privado após a qualificação, obedecendo, assim, às normas de direito privado e não às normas de direito público, de modo que poderá contratar pessoal sem necessidade de promover concurso público; de qualquer modo, como tais entidades recebem dinheiro público, será necessário cumprir certas normas de ética administrativa, a fim de que se respeite o interesse público, de maneira que a prestação de contas, essa sim, será necessária (art. 4º, VII, "d", da Lei 9.790/1999); **C:** incorreta, pois estarão aptas a receber recursos públicos após a sua qualificação, feita por decisão do Ministério Supervisor (Ministério do Governo Federal, e não Ministério Público) e do Ministério da Administração Federal e Reforma do Estado (art. 2º, II, da Lei 9.637/1998); **D:** correta, nos exatos termos do art. 2º, III, da Lei 9.790/1999.
Gabarito "D".

5. SERVIDORES PÚBLICOS
5.1. VÍNCULOS (CARGO, EMPREGO E FUNÇÃO)

Promotor de Justiça/SC – 2016 - MPE)

(1) O pessoal das empresas públicas rege-se pela Consolidação das Leis do Trabalho, mas a investidura nos cargos depende de concurso público. Tratando-se de cargo de provimento efetivo, é-lhe assegurada a estabilidade.

1: errada. Os agentes públicos integrantes dos quadros das empresas públicas podem ser estatutários, como os ocupantes de altos cargos de direção, assim como podem ser celetistas ou titulares de regime administrativo especial, no caso de temporários (art.37, IX, CF), por isso está incorreta essa assertiva.
Gabarito 1E

(Promotor de Justiça/SC – 2016 - MPE)

(1) Todo o agente público, qualquer que seja sua categoria ou a natureza do cargo, emprego ou função, é obrigado, na posse, exoneração ou aposentadoria, a declarar seus bens, bem como atualizar anualmente a declaração.

1: correta. Trata-se de exigência constante do art.13, § 5º, da Lei 8.112/1990, assim como art.13, "caput" e § 2º, da Lei 8.429/1992.
Gabarito 1C

(Promotor de Justiça/SC – 2016 - MPE)

(1) As funções de confiança, exercidas exclusivamente por servidores ocupantes de cargos efetivos, e os cargos em comissão, a serem preenchidos por servidores de carreira nos casos, condições e percentuais mínimos previstos em lei, destinam-se apenas às atribuições de direção, chefia e assessoramento.

1: correta. Trata-se do disposto no art.37, V, CF, sendo o fundamento das funções públicas, que se encontram dependentes dos cargos (não há cargo sem função), além dos cargos de confiança, que devem ser preenchidos por servidores de carreira, nos casos de direção, chefia e assessoramento, nos casos determinados em lei.
Gabarito 1C

(Promotor de Justiça/GO – 2016 - MPE) Assinale a alternativa incorreta:

(A) Todo cargo público tem função, posto ser inaceitável que alguém ocupe um lugar na Administração que não tenha a predeterminação das atribuições do servidor.
(B) A expressão emprego público é utilizada para identificar a relação funcional trabalhista, ressaltando-se que o empregado público tem função, mas não ocupa cargo.
(C) É possível a instituição de cargo público com funções aleatórias ou indefinidas, desde que legalmente justificado pelo interesse público.
(D) Quadro funcional consiste no conjunto de carreiras, cargos isolados e funções públicas, remuneradas, integrantes de uma mesma pessoa federativa ou de seus órgãos internos.

A: Correta. Todo cargo público, necessariamente, tem uma função, que é uma atribuição de uma responsabilidade ao servidor que o ocupa (art. 2º, da Lei 8.112/1990). **B: Correta.** O empregado público ocupa emprego público. **C: Incorreta.** O cargo tem nome e designações próprias (arts. 2º e 3º, da Lei 8112/90). **D: Correta.** Este é o conceito de Hely Lopes Meirelles, 38ª Ed, pg. 471: "Quadro é o conjunto de carreiras, cargos isolados e funções gratificadas de um mesmo serviço, órgão ou Poder. O "quadro" pode ser permanente ou provisório, mas sempre estanque, não admitindo acesso de um para outro.
Gabarito "C".

(Promotor de Justiça – MPE/BA – CEFET – 2015) Em relação aos agentes públicos, é <u>CORRETO</u> afirmar:

(A) O empregado público sujeito ao regime celetista ocupa cargos do quadro da Administração e contratá-lo depende de prévia aprovação em concurso público.
(B) Ao servidor ocupante, exclusivamente, de cargo em comissão, aplica-se o mesmo regime previdenciário dos servidores públicos estatutários.
(C) Segundo o Supremo Tribunal Federal, o servidor público estatutário tem direito adquirido ao regime jurídico estabelecido na legislação vigente à época da sua nomeação.
(D) De acordo com o Estatuto dos Servidores Públicos do Estado da Bahia (Lei 6.677/1994), a reversão é o retorno do servidor aposentado por invalidez, quando os motivos determinantes da aposentadoria forem declarados insubsistentes por junta médica oficial.
(E) As funções de confiança podem ser exercidas por pessoas estranhas aos quadros da Administração Pública, desde que se destinem apenas às atribuições de direção, chefia e assessoramento e que sejam reservados percentuais mínimos para servidores ocupantes de cargos efetivos.

A: Incorreta. O empregado público ocupa emprego público, e não cargo público, como consta da assertiva. **B: Incorreta,** Aos servidores titulares de cargos em comissão aplica-se o Regime Geral de Previdência Social, conforme disposto no art.40, § 13, CF. **C: Incorreta.** O STF já pacificou seu posicionamento de que não há direito adquirido a regime jurídico dos servidores públicos (Supremo Tribunal Federal consagrou jurisprudência, de natureza quase principiológica, segundo a qual "não há direito adquirido a regime jurídico" (RE 227755 AgR / CE, dentre muitos). **D: Correta.** A Lei 8.112/1990, art.25, I, contém a letra expressa dessa assertiva. Vale ressaltar que, por ser uma lei geral, a Lei 8.112/1990 foi repetida de forma simétrica pela Lei 6.667/1994, bastando o candidato conhecer a lei geral para responder o que a lei especial dispõe a respeito dos servidores públicos quanto aos institutos principais, como é a reversão. **E: Incorreta.** As funções de confiança podem ser exercidas por pessoas estranhas aos quadros da Administração, mas o art.37, V, CF determina que no caso de atribuições de direção, chefia e assessoramento, essas funções devem ser ocupadas tanto por servidores de carreira, quanto por servidores nomeados diretamente, sem cargo anterior, desde que respeitados os percentuais previstos em lei.
Gabarito "D".

5.2. PROVIMENTO

(Promotor de Justiça/GO – 2016 - MPE) A regra do concurso público consubstancia norma jurídica realizadora, entre outros, dos princípios da isonomia e da impessoalidade, assegurando a liberdade de oportunidades iguais de acesso ao serviço público. Nesse domínio, segundo a jurisprudência dominante do Superior Tribunal de Justiça, é correto afirmar que:

(A) Admite-se a exigência de aprovação em exame físico para preenchimento de cargo público, desde que claramente previsto em lei e pautado em critérios objetivos, de sorte que a prova de aptidão física pode

consistir em etapa eliminatória do concurso, representando condição para a matrícula do candidato no curso de formação profissional.
(B) À vista das prementes necessidades de redução da máquina administrativa e de reorganização das finanças públicas, à Administração Pública é lícito providenciar o recrutamento de servidores por meio de contratação precária para exercer as funções do cargo para o qual ainda existam candidatos aprovados aguardando a nomeação, porquanto a contratação temporária não equivale ao reconhecimento da existência de vaga em aberto.
(C) A homologação final do concurso implica perda do objeto da ação proposta com a finalidade de questionar uma das etapas do certame.
(D) A mera desistência de candidato classificado dentro do número de vagas previsto não rende ensejo à nomeação de candidato inicialmente aprovado em colocação além do número de vagas previstas no edital.

A: Correta. A exigência de teste de aptidão física é legítima quando prevista em lei, guarde relação de pertinência com as atividades a serem desenvolvidas, esteja pautada em critérios objetivos e seja passível de recurso. RMS 044406/MA, Rel. Ministro Sérgio Kukina, Primeira Turma, Julgado em 11/02/2014,DJE 18/02/2014. **B:** Incorreta. A jurisprudência entende que se há candidatos aprovados, há direito subjetivo a esses, ainda mais se aprovados dentro do número de vagas. demais, conforme ressaltou o Min. Napoleão Nunes Maia em caso idêntico, "a Administração não pode, i.g., providenciar recrutamento de Servidores através de contratação precária para exercer as mesmas funções do cargo para o qual ainda existam candidatos aprovados aguardando a nomeação", e logo adiante conclui, "tal direito subjetivo tem fundamento na constatação da existência de vaga em aberto e da premente necessidade de pessoal apto a prestar o serviço atinente ao cargo em questão" (RMS 29.145/RS, DJe 1º.2.2011). **C:** Incorreta. Nada, nem nenhum ato administrativo pode evitar o acesso ao Poder Judiciário, que é inafastável (art. 5º, XXXV, CF). **D:** Incorreta. O STJ e STF já pacificaram o entendimento de que os candidatos aprovados dentro do número de vagas previstos no edital possuem direito subjetivo à nomeação. "O direito à nomeação também se estende ao candidato aprovado fora do número de vagas previstas no edital, mas que passe a figurar entre as vagas em decorrência da desistência de candidatos classificados em colocação superior. Precedentes." (RE 946425 AgR, Relator Ministro Roberto Barroso, Primeira Turma, julgamento em 28.6.2016, DJe de 9.8.2016).
Gabarito "A".

5.3. VACÂNCIA

(Ministério Público/RJ – 2011) A perda do cargo de servidores públicos:

(A) não pode resultar de avaliação periódica de desempenho, relativa às funções do cargo;
(B) impõe que a Administração instaure processo administrativo, não sendo, contudo, exigida defesa técnica por advogado;
(C) resulta de sentença judicial transitada em julgado, desde que tenha havido prévio processo administrativo;
(D) aplica-se também a empregados de sociedades de economia mista e empresas públicas;
(E) deve decorrer de processo administrativo, com apuração preliminar por meio de sindicância.

A: incorreta (art. 41, § 1º, III, da CF); **B:** correta, pois o processo administrativo é regra nesse sentido (salvo perda de cargo por decisão judicial), sendo certo que o STF não entende indispensável a presença de advogado para que se tenha um processo disciplinar regular (Súmula Vinculante STF n. 5); **C:** incorreta, pois, em havendo decisão judicial transitada em julgado (em processo penal ou por improbidade, por exemplo), não é necessário processo administrativo (art. 41, § 1º, I, da CF); **D:** incorreta, pois nessas entidades não há "cargo", mas "emprego"; **E:** incorreta, pois a perda do cargo pode se dar por processo judicial também (art. 41, § 1º, I, da CF); ademais, o processo disciplinar não requer, necessariamente, apuração preliminar por meio de sindicância, para que seja válido.
Gabarito "B".

5.4. ACESSIBILIDADE E CONCURSO PÚBLICO

(Promotor de Justiça – MPE/AM – FMP – 2015) Tendo em vista precedente jurisprudencial plenário do Supremo Tribunal Federal e, inclusive, conteúdo em vigor de enunciado de súmula vinculante da Suprema Corte brasileira, considere as seguintes assertivas sobre a prática do nepotismo:

I. A vedação ao nepotismo decorre diretamente do artigo 37, *caput*, da Constituição da República, em especial dos princípios da impessoalidade e da moralidade, os quais informam sobremaneira a conduta retilínea e ética a ser exigida da Administração Pública nacional.
II. A aplicação da súmula vinculante pertinente ao tema coíbe a prática de nepotismo para todas as esferas federativas e igualmente para o âmbito dos três poderes, considerando-se vedada, sob a perspectiva do beneficiário conectado à autoridade nomeante, a nomeação de cônjuge, companheiro ou parente em linha reta, colateral ou por afinidade, até o segundo grau, inclusive.
III. A proibição do nepotismo consubstanciada nos precedentes do Supremo Tribunal Federal, inclusive na súmula vinculante em apreço, deve levar em observância o assento constitucional dos cargos políticos, os quais não resultam em tese abrangidos pela envergadura daquela vedação, salvo modulações casuísticas demonstráveis para efeito de se verificar nepotismo cruzado ou fraude à legislação.

Quais das assertivas acima estão corretas?

(A) Apenas a II e III.
(B) Apenas a II.
(C) Apenas a I e III.
(D) Apenas a I e II.
(E) I, II e III.

A: Incorreta. O item II está incorreto, tendo em vista que a súmula vinculante 13, STF proíbe a contratação de parentes na linha colateral de até 3º grau, inclusive. **B:** Incorreta. O item I está correto, pois o nepotismo nada mais é do que a contratação de parentes, de pessoas já conhecidas pelo administrador, por isso viola o princípio da impessoalidade e moralidade administrativas. **C:** Correta. O item I está correto, conforme já explicado, assim como o item III, sendo que há súmula vinculante 13, STF a respeito do tema. **D:** Incorreta. O item II está incorreto. **E:** Incorreta. Somente I e III estão corretos.
Gabarito "C".

(Procurador da República – PGR – 2013) Consoante a jurisprudência dominante do Supremo Tribunal Federal, é correto afirmar que:

(A) A nomeação de pessoa com vínculo de parentesco, em linha reta ou colateral, limitado ao segundo grau, inclusive, da autoridade nomeante ou de servidor da mesma pessoa jurídica, investido de cargo de direção, chefia ou assessoramento, para exercício de cargo em comissão ou de confiança, configura nepotismo, violando o art. 37, *caput*, da Constituição Federal.

(B) O nepotismo constitui prática atentatória aos princípios da moralidade e da impessoalidade, e sua vedação no âmbito da Administração Pública imprescinde de lei formal para dar-lhe concretude.

(C) Somente a vedação de nepotismo na esfera do Judiciário independe de lei formal, haja vista a autonomia administrativa desse Poder.

(D) Exclui-se da vedação concernente ao nepotismo a nomeação de irmão de Governador para exercício do cargo de Secretário de Estado, por se tratar de agente político.

A: Incorreta. Na linha reta não há limitação e na linha colateral, o limite é o parentesco de 3º grau, inclusive, conforme dispõe a Súmula Vinculante 13, STF. **B:** Incorreta. A vedação ao nepotismo não se encontra disposto em nossa Constituição Federal, sendo corolário da observância dos princípios da moralidade, impessoalidade, certamente. No entanto, foi necessária Súmula Vinculante e leis infraconstitucionais para lhe dar eficácia. sendo exemplos a Lei Federal 9.421/1996 e súmula vinculante 13, STF. **C:** Incorreta. Na assertiva acima temos o fundamento desse erro, ou seja, leis federais dispuseram sobre o tema, além da Súmula Vinculante 13, STF. **D:** Correta. O STF entende que cargos eminentemente políticos estão de fora da aplicação da Súmula Vinculante. Decidiu no Pleno, AgRg na MC na Rcl 6.702-5, Rel. Min. Ricardo Lewandowski, J. em 04/03/2009 ser possível a nomeação de irmão de governador ao cargo conselheiro do Tribunal de Contas.

Gabarito "D".

(Ministério Público/GO – 2013) Em tema de nepotismo, é correto, consoante a jurisprudência dominante do Supremo Tribunal Federal, afirmar que:

(A) resolução emitida por Chefia de Poder ou de órgão integrante do arcabouço constitucional que define hipóteses de nepotismo consubstancia ato administrativo de efeitos concretos, porquanto leva ao desligamento de servidores dos seus cargos ou funções, sendo ipso facto passível de correção por intermédio de mandado de segurança.

(B) levando em consideração que os princípios da moralidade e da impessoalidade contêm textura aberta e conceitos jurídicos indeterminados, necessário é que os casos de nepotismo que devam ser banidos da Administração Pública sejam disciplinados por lei em sentido formal.

(C) o cargo de Secretário Municipal tem natureza essencialmente política, não sendo apanhado pelas normas jurídicas que proíbem a prática de nepotismo. Daí por que é juridicamente acertada a nomeação de irmão do Prefeito para o cargo de Secretário Municipal da Fazenda

(D) não desafia as normas que proíbem a prática de nepotismo a nomeação de servidor público efetivo de Secretaria Estadual para cargo de provimento em comissão de assessoria de Tribunal Regional do Poder Judiciário da União à época em que era parente seu o vice-presidente do Tribunal.

A: incorreta, pois se trata de *ato normativo* e não de *ato concreto*; **B:** incorreta, pois o STF editou a Súmula Vinculante 13 proibindo o nepotismo com fundamento no princípio da moralidade administrativa; **C:** correta (STF, Rcl 6650 MC-AgR, *DJ* 21.11.2008); **D:** incorreta, pois o servidor nomeado não tem cargo efetivo no Tribunal Regional, no qual é nomeado para um cargo em comissão, estando um parente seu (o vice-presidente do Tribunal) em cargo de direção, violando assim a Súmula Vinculante 13.

Gabarito "C".

(Ministério Público/DF – 2013) Assinale a opção INCORRETA:

(A) A vedação do nepotismo não exige a edição de lei formal que o coíba, uma vez que decorre diretamente dos princípios encartados no art. 37 da Constituição do Brasil.

(B) Segundo entendimento do Supremo Tribunal Federal, o ordenamento brasileiro ampara a remoção de servidor para acompanhar cônjuge empregado da administração indireta, não regido pela Lei 8.112, de 1990.

(C) As regras relativas à proibição do nepotismo não são aplicáveis a situações que envolvam cargos de natureza política.

(D) Pela natureza dos direitos normalmente em jogo, a teoria do *venire contra factum proprium non potest* não é aplicável às relações que envolvam a administração pública.

(E) A exigência de experiência profissional prevista apenas em edital de concurso não se compadece com os cânones constitucionais que regem a administração pública.

A: assertiva correta, pois o STF editou a Súmula Vinculante 13 proibindo o nepotismo com fundamento no princípio da moralidade administrativa; **B:** assertiva correta (MS 23.058/DF); **C:** assertiva correta (STF, Rcl 6650 MC-AgR, *DJ* 21.11.2008); **D:** assertiva incorreta, devendo ser assinalada; isso porque a proibição de comportamento contraditório no âmbito da Administração Pública é imperativo face ao reconhecimento jurisprudencial do princípio da proteção da confiança; **E:** assertiva correta, pois somente mediante prévia previsão legal é que se pode fazer qualquer exigência de acessibilidade em edital de concurso público.

Gabarito "D".

(Ministério Público/PI – 2012 – CESPE) Paulo, aprovado em concurso público para provimento de cargo em determinado órgão da administração pública direta, não foi nomeado, apesar da existência de cargo vago e da necessidade administrativa de prove-lo, dada a publicação, pelo citado órgão, de edital de novo certame. Considerando a situação hipotética acima apresentada, assinale a opção correta com base na jurisprudência do STF acerca da matéria.

(A) Se a administração tiver recusado a nomeação do candidato sob o argumento da inexistência de vaga, revelando-se essa motivação factualmente equivocada, em face da constatação da existência de cargo vago, o candidato aprovado terá direito à nomeação, com fundamento na teoria da vinculação do administrador ao motivo determinante do seu ato.

(B) Não havendo vacância do cargo para cujo provimento Paulo foi aprovado no citado concurso público, poderá a administração nomeá-lo para outro cargo, presente a necessidade administrativa após a realização do certame, ainda que sem previsão no edital, desde que haja semelhança entre os cargos e estes sejam oferecidos no mesmo órgão administrativo.

(C) Causaria grave lesão à ordem pública decisão judicial que determinasse a observância da ordem classificatória no concurso público em questão, a fim de evitar a preterição de Paulo pela contratação de temporários em razão da necessidade do serviço.

(D) O não provimento, pela administração pública, do cargo vago em detrimento da aprovação de Paulo no concurso público deve ser motivado; entretanto, tal motivação, por veicular razões de oportunidade e conveniência, não é suscetível de apreciação jurisdicional, sob pena de vulneração do princípio da separação dos poderes.

(E) É incabível, no caso relatado, a impetração de mandado de segurança, visto que a participação e a aprovação em concurso público não geram, em relação à nomeação, direito líquido e certo, mas mera expectativa de direito.

A: correta; diante de alguns abusos da Administração Pública, os tribunais começaram a reconhecer o direito à nomeação em situações em que a Administração Pública, no prazo de validade do concurso, externa de alguma maneira que tem interesse em nomear novos servidores; um exemplo é justamente o citado na alternativa, ou seja, quando se abre novo concurso no prazo de validade de concurso anterior; **B:** incorreta, pois tal conduta viola os princípios da obrigatoriedade de concurso público e da vinculação ao edital; **C:** incorreta, pois é vedada a nomeação de outro servidor para o cargo (inclusive agentes terceirizados temporários – STJ, AgRg no RMS 33.893, *DJ* 30.11.2012) para exercer as mesmas funções do cargo para o qual um candidato fora aprovado, estando em validade o concurso realizado por este; **D:** incorreta, pois no caso se aplica a teoria dos motivos determinantes; como a Administração já externou a necessidade de nomeação de servidor, não há como inventar uma desculpa retroativa para não mais nomeá-lo; cuidado para não confundir essa situação com aquela em que há aprovados nos limites das vagas previstas no edital, mas logo em seguida a Administração, motivada em fato novo idôneo (o que não se coaduna com a publicação de novo edital de concurso), decide que não poderá nomear os aprovados, circunstância excepcionalíssima, que depende de demonstração cabal da possibilidade, com ônus da prova a cargo da Administração; vide, a respeito, decisão do STF proferida no RE 227.480, *DJ* 21.08.2009 em que se traz essa exceção em favor da Administração, mas com a lembrança de que o Judiciário poderá controlar esse ato, verificando detalhadamente se o motivo invocado é verdadeiro e pertinente; **E:** incorreta, nos termos do comentário à alternativa "a"; vale salientar, outrossim, que o mandado de segurança é cabível no caso, pois é possível levar em juízo provas documentais, não sendo necessário dilação probatória.

Gabarito "A".

5.5. EFETIVIDADE, ESTABILIDADE E VITALICIEDADE

(Ministério Público/MG – 2014) No que diz respeito à aquisição de estabilidade e a perda do cargo pelo servidor público, avalie o seguinte:

I. O procedimento de avaliação periódica de desempenho é indispensável, na forma de lei complementar, sendo desnecessária, por isso mesmo, a ampla defesa.
II. A perda do cargo dar-se-á em virtude de sentença judicial, ainda que facultado o aviamento de recursos especial e/ou extraordinário.
III. Invalidada por sentença judicial a demissão do servidor estável, será ele reintegrado, e o eventual ocupante da vaga, se estável, reconduzido ao cargo de origem, sem direito a indenização, aproveitado em outro cargo ou posto em disponibilidade com remuneração proporcional ao tempo de serviço.
IV. Como condição para a obtenção da estabilidade pelo servidor, é obrigatória a avaliação especial de desempenho por comissão instituída para essa finalidade.

É CORRETO o que se afirma em:

(A) I e II
(B) II e III
(C) II
(D) III e IV

I: incorreta, pois esse procedimento requer respeito à ampla defesa (art. 41, § 1º, III, da CF); **II:** incorreta, pois a perda do cargo de servidor estável depende ou de processo administrativo disciplinar com ampla defesa ou de sentença judicial transitada em julgado, não sendo suficiente sentença judicial ainda pendente de confirmação pela pendência de recurso especial ou extraordinário (art. 41, § 1º, I e II, da CF); **III:** correta (art. 41, § 2º, da CF); **IV:** correta (art. 41, § 4º, da CF).

Gabarito "D".

(Ministério Público/SP – 2013 – PGMP) Em quais das formas de provimento (originário ou derivado) de cargo, emprego ou função públicos o agente público investido não terá estabilidade constitucional ou vitaliciedade?

(A) Por eleição e nomeação para cargo em comissão.
(B) Por reversão ou readaptação.
(C) Por promoção ou remoção.
(D) Por recondução ou aproveitamento.
(E) Por nomeação em caráter efetivo ou reintegração.

A: correta, pois tal nomeação é de livre provimento e livre exoneração (art. 37, II, da CF); **B:** incorreta, pois essas formas de provimento são típicas de servidores estáveis; no caso da reversão, como se trata do retorno do aposentado, presume-se tratar-se de aposentadoria pelo regime próprio (específico para quem tem cargo efetivo), já o ocupante de cargo em comissão não tem seu cargo vago pelo simples fato de se aposentar pelo regime geral da previdência (regime ao qual pertence), diferentemente do servidor ocupante de cargo efetivo, que sofre vacância automática de seu cargo, em caso de aposentadoria pelo regime público de previdência; **C:** incorreta, pois a remoção não é forma de provimento; ademais, a promoção depende da existência de cargos estruturados em carreira, o que não é o caso de cargos em comissão, que são isolados, até, porque o vínculo do cargo em comissão é temporário, sendo incompatível com a ideia de carreira; **D:** incorreta, pois a recondução e o aproveitamento são formas de provimento exclusivos de quem é estável; a recondução, por conta do disposto no art. 29, *caput*, da Lei 8.112/1990 e o aproveitamento, por conta desse provimento depender de prévia colocação do servidor em disponibilidade, sendo que esta é direito exclusivo do servidor estável (art. 41, § 3º, da CF); **E:** incorreta, pois a nomeação em caráter efetivo é exclusiva de cargos efetivos (e não de cargos em comissão) e a reintegração é própria do servidor já estável (art. 28, *caput*, da Lei 8.112/1990).

Gabarito "A".

5.6. ACUMULAÇÃO REMUNERADA E AFASTAMENTO

(Promotor de Justiça/SC – 2016 - MPE)

(1) Ao servidor público é vedado o exercício cumulativo e remunerado de cargos públicos, exceto, quando houver compatibilidade de horários, o de dois cargos de professor; o de um cargo de professor com outro, técnico ou científico; e o de dois cargos privativos de profissionais da saúde. A proibição de acumular

é extensiva a empregos e funções e se limita à Administração Direta, às autarquias e às fundações.

1: errada. O erro está na afirmação de que as limitações em relação à cumulatividade de cargos, empregos e funções somente se aplicam à Administração Direta e autarquias e fundações, eis que também incidem às demais pessoas jurídicas integrantes da Administração Pública Indireta, conforme disposto no art.37, XVII, CF.
Gabarito 1E

Procurador da República – PGR – 2013) Analise os itens abaixo e responda em seguida:

I. A proibição concernente à acumulação de cargos públicos estende-se a empregos e funções, abrangendo, também, autarquias, fundações, empresas públicas, sociedades de economia mista, suas subsidiárias e sociedades controladas, diretamente ou indiretamente, pelo Poder Público.
II. O servidor público não possui direito adquirido a regime jurídico, tampouco a regime de vencimentos ou de proventos, razão pela qual é possível à Administração promover alterações na composição remuneratória e nos critérios de cálculo, bem como extinguir, reduzir ou criar vantagens ou gratificações, instituindo, inclusive, o subsídio, desde que não se opere redução no valor nominal global recebido, em obediência ao princípio constitucional da irredutibilidade de vencimentos.
III. De acordo com o entendimento do Supremo Tribunal Federal, a fixação de tetos remuneratórios diferenciados para membros da magistratura federal e estadual contraria o caráter nacional e unitário do Poder Judiciário, não se aplicando aos juízes estaduais o limite remuneratório de 90,25% (noventa vírgula vinte e cinco por cento) dos subsídios dos ministros do STF, previsto no art. 37, XI, da Constituição da República e em Resoluções do Conselho Nacional de Justiça.
IV. A vitaliciedade é atributo exclusivo dos cargos das carreiras do Ministério Público e do Poder Judiciário, significando que a desinvestidura, após o transcurso do estágio probatório, depende de decisão judicial transitada em julgado.

Responda, agora:

(A) Apenas o item IV está errado.
(B) Todos os itens estão corretos.
(C) Apenas os itens I e IV estão corretos.
(D) Apenas os itens I e III estão corretos.

A: Correta. O item I está correto, eis que em conformidade com o art.37, XVII, CF. O item II está Correto, O STF já consagrou o entendimento de que não há que se falar em direito adquirido a regime jurídico (" **(RE 227755 AgR / CE, dentre muitos)**, podendo haver alterações dos direitos e remuneração dos servidores, a qualquer tempo. III. Correta. A ADI 3854 declarou a inconstitucionalidade do subteto da Magistratura, devendo-se fazer interpretação conforme em relação ao art.37, XI, parte final, da Constituição Federal, de forma a unificar o teto dos magistrados, sem diferenciação dos federais e estaduais. IV. Incorreta. O erro está em limitar a existência da vitaliciedade somente aos magistrados e membros do Ministério Público, eis que militares a possuem, assim como outros servidores públicos a podem ter, como também está errado afirmar que a perda do cargo pode acontecer somente por sentença judicial, eis que o processo administrativo também pode gerar a perda do cargo, assegurada a ampla defesa, e mesmo antes de completado o estágio probatório (art. 41, § 1º, CF). **B:** Incorreta. Somente o item IV está incorreto. **C:** Incorreta. O item I está correto. **D:** Incorreta. O item I, II e III estão corretos.
Gabarito "A".

(Ministério Público/MG – 2014) Assinale a alternativa **CORRETA**: Ao servidor público da administração direta, autárquica e fundacional, no exercício de mandato eletivo, aplicam-se as seguintes disposições, a saber:

(A) Em qualquer caso que exija o afastamento para o exercício de mandato eletivo, seu tempo de serviço será contado para todos os efeitos legais, exceto para promoção por merecimento.
(B) Investido no mandato de Vereador, não havendo compatibilidade, perceberá as vantagens de seu cargo, emprego ou função, sem prejuízo da remuneração do cargo eletivo.
(C) Investido no mandato de Prefeito, será afastado do cargo, emprego ou função, sendo-lhe obrigado optar pela sua remuneração.
(D) Tratando-se de mandato eletivo federal, estadual ou distrital, facultar-se-á ao servidor o afastamento de seu cargo, emprego ou função.

A: correta (art. 38, IV, da CF); **B:** incorreta, pois, não havendo compatibilidade de horários, o eleito será afastado do cargo e poderá apenas escolher qual remuneração receberá, se a do cargo de onde se afastou ou a de vereador (art. 38, III, da CF); **C:** incorreta, pois o eleito não é obrigado, mas sim terá faculdade de optar pela remuneração (art. 38, II, da CF); **D:** incorreta, pois o eleito ficará necessariamente afastado de seu cargo, emprego ou função (art. 38, I, da CF).
Gabarito "A".

5.7. REMUNERAÇÃO, SUBSÍDIO E PREVIDÊNCIA

(Ministério Público/MS – 2011 – FADEMS) No tocante às disposições constitucionais e legais pertinentes à Administração Pública, assinale a alternativa **correta**:

(A) os vencimentos dos cargos do Poder Executivo e do Poder Judiciário não poderão ser superiores aos pagos pelo Poder Legislativo;
(B) é admitida a vinculação ou equiparação de quaisquer espécies remuneratórias para o efeito de remuneração de pessoal do serviço público;
(C) lei complementar reservará percentual dos cargos e empregos públicos para as pessoas portadoras de deficiência e definirá os critérios de sua admissão;
(D) consoante previsão inserida na Súmula Vinculante n. 13, não viola a Constituição Federal a nomeação do tio paterno do Presidente da República para o exercício de cargo em comissão no Poder Executivo Federal;
(E) a administração fazendária e seus servidores fiscais terão, dentro de suas áreas de competência e jurisdição, precedência sobre os demais setores administrativos, na forma da lei.

A: incorreta, pois os vencimentos dos cargos do Legislativo e do Judiciário não poderão ser superiores aos pagos pelo *Executivo* (art. 37, XII, da CF); **B:** incorreta, pois a vinculação ou equiparação remuneratória é *vedada* (art. 37, XIII, da CF); **C:** incorreta, pois basta uma lei *ordinária*, para que essa regulamentação se dê, vez que o art. 37, VIII, da CF não exige lei complementar; **D:** incorreta, pois tio paterno é parente de 3º grau, de modo que a nomeação é vedada pela súmula mencionada; o tio do Presidente só poderia ser nomeado caso fosse para cargo político, como é o cargo de Ministro de Estado, já que o acórdão que deu ensejo a essa súmula abre essa exceção; **E:** correta (art. 37, XVIII, da CF).

Gabarito "E".

5.8. DIREITOS, VANTAGENS, DEVERES E PROIBIÇÕES DO SERVIDOR PÚBLICO

(Ministério Público/GO – 2013) Sobre servidores e empregados públicos, é incorreto afirmar, com fundamento na jurisprudência dominante do Supremo Tribunal Federal, que:

(A) o desvio de função ocorrido em data posterior à promulgação da Constituição da República de 1988, embora não enseje reenquadramento, legitima a percepção, como indenização, da diferença das remunerações, sob pena de enriquecimento sem causa do Estado.
(B) os servidores públicos em estágio probatório também titularizam o direito constitucional de greve.
(C) as greves de âmbito local ou municipal serão dirimidas pelo Tribunal de Justiça com jurisdição sobre o local da paralisação quando se trate do seu exercício por servidores municipais ou estaduais.
(D) os empregados das sociedades de economia mista não estão submetidos ao teto salarial previsto no art. 37, XI, da Constituição da República.

A: Assertiva correta (Súmula STJ 378); **B:** assertiva correta, não podendo o servidor ser punido pelo exercício regular de greve só porque ainda não é estável; **C:** assertiva correta, pois os servidores (estatutários) têm sua relação com a administração submetida à jurisdição da justiça estadual, salvo os empregados regidos pela CLT, que têm suas relações profissionais julgadas pela justiça do trabalho; **D:** assertiva incorreta, devendo ser assinalada; os empregados das empresas estatais estão sujeitos sim ao teto previsto no art. 37, XI, da CF, ressalvadas as empresas estatais que não dependem de recursos dos entes políticos para o pagamento de despesas de pessoal ou de custeio em geral (art. 37, § 9º, da CF).

Gabarito "D".

5.9. INFRAÇÕES E PROCESSOS DISCIPLINARES

(Ministério Público/Acre – 2014 – CESPE) Acerca do entendimento do STJ sobre o processo administrativo disciplinar, assinale a opção correta.

(A) Não é obrigatória a intimação do interessado para apresentar alegações finais após o relatório final de processo administrativo disciplinar.
(B) Não é possível a utilização, em processo administrativo disciplinar, de prova emprestada produzida validamente em processo criminal, enquanto não houver o trânsito em julgado da sentença penal condenatória.
(C) No processo administrativo disciplinar, quando o relatório da comissão processante for contrário às provas dos autos, não se admite que a autoridade julgadora decida em sentido diverso do indicado nas conclusões da referida comissão, mesmo que o faça motivadamente.
(D) Considere que se constate que servidor não ocupante de cargo efetivo tenha-se valido do cargo comissionado para indicar o irmão para contratação por empresa recebedora de verbas públicas. Nessa situação, a penalidade de destituição do servidor do cargo em comissão só será cabível caso se comprove dano ao erário ou proveito pecuniário.
(E) Caso seja ajuizada ação penal destinada a apurar criminalmente os mesmos fatos investigados administrativamente, deve haver a imediata paralisação do curso do processo administrativo disciplinar.

A: correta, pois não há previsão legal nesse sentido (MS 18.090-DF, DJ 08.05.2013); **B:** incorreta, pois o STJ admite a utilização dessa prova, em processo disciplinar, na qualidade de "prova emprestada", caso tenha sido produzida em ação penal, e desde que devidamente autorizada pelo juízo criminal e com a observância das diretrizes da Lei 9.296/1996 (MS 16.146, j. 22.05.2013); **C:** incorreta, pois, desde que o faça motivadamente, a autoridade não fica vinculada ao relatório da comissão processante; **D:** incorreta, pois aqui se tem violação aos arts. 117, IX, e 132, XIII, da Lei 8.112/1990, sujeito a demissão no caso de servidor ocupante de cargo público (art. 132, IV, da Lei 8.112/1990) e a destituição do cargo em comissão no caso de servidor ocupante deste (art. 135, caput, da Lei 8.112/1990); **E:** incorreta, pois as instâncias em questão são independentes entre si (art. 125 da Lei 8.112/1990).

Gabarito "A".

(Ministério Público/GO – 2012) O regime disciplinar e o processo administrativo disciplinar são institutos de que dispõe a administração para, diante de ilícitos administrativos cometidos por seus servidores, exercer seu *ius puniendi* com o fim não só de restabelecer a ordem interna afetada pela infração como também com efeito didático-intimidador sobre o corpo funcional vinculado. Acerca do tema e considerando a Lei 8.112/1990, é correto afirmar:

(A) Ao servidor é proibido participar de gerência ou administração de sociedade privada, personificada ou não personificada, exercer o comércio, exceto na qualidade de acionista, cotista ou comanditário, ainda que em gozo de licença para trato de interesses particulares.
(B) O servidor responde civil, penal e administrativamente pelo exercício irregular de suas atribuições, sendo que a obrigação de reparar o dano estende-se aos sucessores e contra eles será executada, sem ressalvas.
(C) A responsabilidade administrativa do servidor será afastada no caso de absolvição criminal por falta de prova da existência do fato e por falta de prova de ter o réu concorrido para a infração penal.
(D) São penalidades disciplinares a advertência, a suspensão, a demissão, a cassação de aposentadoria ou disponibilidade, a destituição de cargo em comissão e a destituição de função comissionada, sendo que na aplicação das penalidades serão consideradas a natureza e a gravidade da infração cometida, os danos que dela provierem para o serviço público, as circunstâncias agravantes ou atenuantes e os antecedentes funcionais.

A: incorreta (art. 117, X e parágrafo único, II, da Lei 8.112/1990); **B:** incorreta, pois a obrigação se estende aos sucessores até o limite do valor da herança recebida (art. 122, § 3º, da Lei 8.112/1990); **C:** incorreta, pois somente a absolvição por negativa de autoria ou de existência do fato é que enseja o afastamento mencionado (art. 126 da Lei 8.112/1990); a absolvição "por falta de prova" não tem esse condão; **D:** correta (arts. 127 e 128 da Lei 8.112/1990).

Gabarito "D".

5.10. TEMAS COMBINADOS DE SERVIDOR PÚBLICO

(Ministério Público/DF – 2013) Assinale a opção IN**CORRETA**:

(A) A eliminação de candidato de concurso público que esteja respondendo a inquérito ou ação penal, sem decisão condenatória transitada em julgado, fere o princípio constitucional da presunção da inocência.
(B) É vedada a vinculação ou equiparação de quaisquer espécies remuneratórias para o efeito de remuneração de pessoal do serviço público.
(C) As exceções à acumulação de cargos, constitucionalmente previstas são (i) a de dois cargos de professor; (ii) a de um cargo de professor com outro técnico científico; (iii) a de dois cargos de médico.
(D) É garantido ao servidor público o direito de greve, mas a fixação de seus vencimentos não pode ser objeto de convenção coletiva.
(E) O direito de greve do servidor público é, até o momento, regulado pela Lei 7.701, de 1988, e Lei 7.783, de 1989, que tiveram seu âmbito de vigência elasticado, por força de decisão do Supremo Tribunal Federal.

A: assertiva correta, pois "na fase de investigação social em concurso público, o fato de haver instauração de inquérito policial ou propositura de ação penal contra candidato, por si só, não pode implicar a sua eliminação" (STJ, AgRg no RMS 39.580-PE, j. 11.02.2014); **B:** assertiva correta (art. 37, XIII, da CF); vale aproveitar e citar a Súmula Vinculante STF 37, pela qual "Não cabe ao Poder Judiciário, que não tem função legislativa, aumentar vencimentos de servidores públicos sob o fundamento de isonomia"; **C:** assertiva incorreta, devendo ser assinalada; essas eram as exceções previstas antes da EC 34/2001, que agora permite a acumulação de dois cargos não só para médicos, mas para qualquer profissional da saúde com profissão regulamentada (art. 37, XVI, "c", da CF); **D:** assertiva correta, pois o direito de greve está previsto na CF para os servidores (art. 37, VII), mas as convenções coletivas para servidores são vedadas pelo STF, fundamentado na ideia de que a Administração Pública está sujeita ao princípio da legalidade, não se autorizando que se conceda por convenção ou acordo coletivo vantagens a servidores públicos, já que essas concessões dependem de lei de iniciativa do Executivo (art. 61, § 1º, II, "a" e "c") e de prévia dotação orçamentária (art. 169, §. 1º, I e II). Vide a respeito a decisão proferida pelo STF na ADI 554/MT; **E:** assertiva correta, pois, em 2007, o STF, rompendo com sua tradição em mandado de injunção, adotou a teoria concretista geral, julgando procedente novos mandados de injunção sobre o assunto (MIs 670/ES, 708/DF e 712/PA), para declarar mora legislativa abusiva e conceder ao servidor o direito de exercer greve, observados os preceitos da Lei 7.783/1989, que trata da greve na iniciativa privada.
Gabarito "C".

6. IMPROBIDADE ADMINISTRATIVA

6.1. CONCEITO, MODALIDADES, TIPIFICAÇÃO E SUJEITOS ATIVO E PASSIVO

(Promotor de Justiça/GO – 2016 - MPE) Com base na Lei de Improbidade Administrativa, assinale a alternativa correta:

(A) A conduta do agente público de retardar, indevidamente, ato de ofício, somente é considerado ato de improbidade administrativa se houver dolo ou causar efetivo prejuízo aos cofres públicos.
(B) Para configuração dos atos de improbidade administrativa que importam enriquecimento ilícito, é indispensável a prova do dolo do agente e independe de lesão ao erário.
(C) A conduta do agente público que deixa de prestar contas quando esteja obrigado a fazê-lo configura ato de improbidade administrativa que importa em enriquecimento ilícito.
(D) O herdeiro do agente que causar lesão ao patrimônio público ou se enriquecer ilicitamente não estará sujeito às cominações da Lei de Improbidade Administrativa, mas responderá integralmente pelo dano causado ao erário.

A: Incorreta, tendo em vista ser ato que viola princípios administrativos (art.11, II, da Lei 8429/1992), que só pode ser punido a título de dolo, mas independe de dano ao erário (art.12, III). **B:** Correta. O art. 9º, da Lei 8.429/1992 só é punido a título de dolo, mas independe de dano ao erário, sendo que esse dano só é ressarcido, quando houver (art.12, I, da Lei 8.429/1992). **C:** Incorreta. Trata-se de ato de improbidade que viola princípios (art. 11, VI, da Lei 8.429/1992). **D:** Incorreta. O ato de improbidade se transmite aos herdeiros quanto ao ressarcimento ao erário, ou seja, quanto ao cumprimento da penalidade de ressarcimento ao erário. (art. 8º, da Lei 8.429/1992).
Gabarito "B".

(Procurador da República –28º Concurso – 2015 – MPF) Um levantamento realizado por Procuradoria Regional Eleitoral em um dos Tribunais Regionais Federais constatou que, nos últimos oito anos, nas condenações por improbidade administrativa (Lei 8.429/1992), não havia sido aplicada a sanção de suspensão dos direitos políticos. Veja as seguintes afirmações e, ao final, assinale a alternativa certa:

I. As sanções previstas na Lei 8.429/1992 não precisam ser aplicadas cumulativamente, todas elas, cabendo ao juiz ou tribunal escolher quais aplicar.
II. A suspensão de direitos políticos prevista na Lei 8.429/1992 corresponde apenas as condutas dolosas.
III. Nem toda condenação por improbidade administrativa acarreta inelegibilidade.
IV. Improbidade administrativa, assim como crime de responsabilidade, estão previstos em situações de descumprimento a preceitos de responsabilidade fiscal (Lei Complementar 101/2000).

(A) Apenas as afirmações I, II e III estão corretas.
(B) Apenas as afirmações II, III e IV estão corretas.
(C) Apenas as afirmações I, III e IV estão corretas.
(D) Apenas as afirmações I, II e IV estão corretas.

A: Incorreta. O item II está INCORRETO, eis que as sanções, todas, podem ser aplicadas a todos os tipos previstos na Lei de Improbidade Administrativa. Assim, a suspensão dos direitos políticos se encontra prevista em todos os incisos do art.12, da Lei 8.429/1992, tanto para condutas dolosas quanto para as culposas. **B:** Incorreta. Mais uma vez, a assertiva II está incorreta, conforme comentário acima. **C:** correta. Estão corretas as assertivas I, III e IV. O item I está correto, porque o art.12, da Lei 8.429/1992 é expresso ao dispor que as penalidades podem ser aplicadas cumulativa ou isoladamente. O item III, porque a pena de suspensão dos direitos políticos, que acarreta a inelegibilidade, pode ou não ser aplicada, a depender do caso a ser avaliado individualmente pelo Poder Judiciário. E o item IV, porque a Lei de Responsabilidade Fiscal prevê diversos atos que também configuram violação da Lei 8.429/1992, principalmente nos atos de irresponsabilidade de gastos, a exemplo da violação do art. 42, da Lei de Responsabilidade Fiscal, que também configura violação de princípios administrativos. **D:** Incorreta. Mais uma vez, a assertiva II está incorreta, conforme comentário acima.

Gabarito "C".

(Ministério Público/PR – 2013 – X) Assinale a alternativa *incorreta*. Caracteriza ato de improbidade administrativa que atenta contra os princípios da administração pública qualquer ação ou omissão que viole os deveres de honestidade, imparcialidade, legalidade, e lealdade às instituições, e notadamente:

(A) Praticar ato visando fim proibido em lei ou regulamento ou diverso daquele previsto, na regra de competência;
(B) Retardar ou deixar de praticar, indevidamente, ato de ofício;
(C) Revelar fato ou circunstância de que tem ciência em razão das atribuições e que deva permanecer em segredo;
(D) Frustrar a licitude de concurso público;
(E) Revelar ou permitir que chegue ao conhecimento de terceiro, antes da respectiva divulgação oficial, teor de medida política ou econômica.

A: assertiva correta (art. 11, I, da Lei 8.429/1992); **B:** assertiva correta (art. 11, II, da Lei 8.429/1992); **C:** assertiva correta (art. 11, III, da Lei 8.429/1992); **D:** assertiva correta (art. 11, V, da Lei 8.429/1992); **E:** assertiva incorreta, devendo ser assinalada, isso porque a assertiva está incompleta vez que a tipicidade somente existirá nesse caso se a medida política ou econômica for "capaz de afetar o preço de mercadoria, bem ou serviço" (art. 11, VII, da Lei 8.429/1992).

Gabarito "E".

(Ministério Público/SP – 2013 – PGMP) Considera-se ato de improbidade administrativa, para cuja caracterização é exigido exclusivamente o dolo do agente, as seguintes condutas:

I. Adquirir, para si ou para outrem, no exercício de mandato, cargo, emprego ou função pública, bens de qualquer natureza cujo valor seja desproporcional à evolução do patrimônio ou à renda do agente público.
II. Permitir ou facilitar a aquisição, permuta ou locação de bem ou serviço por preço superior ao de mercado.
III. Revelar fato ou circunstância de que tem ciência em razão das atribuições e que deva permanecer em segredo.
IV. Celebrar contrato de rateio de consórcio público sem suficiente e prévia dotação orçamentária, ou sem observar as formalidades previstas na lei.
V. Retardar ou deixar de praticar, indevidamente, ato de ofício.

Está CORRETO o que se afirma apenas nos itens

(A) I, IV e V.
(B) II e III.
(C) I e III.
(D) II e IV.
(E) I, III e V.

I: correta, pois se trata de ato de improbidade administrativa importando enriquecimento ilícito, por meio de ação dolosa, previsto no art. 9º, VII, da Lei 8.429/1992; **II:** incorreta, pois se trata de ato de improbidade administrativa que causa lesão ao erário, configurando-se por meio de ação ou omissão, dolosa ou culposa, previsto no art. 10, V, da Lei 8.429/1992; **III:** correta, pois se trata de ato de improbidade administrativa que atenta contra os princípios da administração pública, por meio de ação dolosa, previsto no art. 11, III, da Lei 8.429/1992; **IV:** incorreta, pois se trata de ato de improbidade administrativa que causa lesão ao erário, configurando-se por meio de ação ou omissão, dolosa ou culposa, previsto no art. 10, XV, da Lei 8.429/1992; **V:** correta, pois se trata de ato de improbidade administrativa que atenta contra os princípios da administração pública, por meio de ação dolosa, previsto no art. 11, II, da Lei 8.429/1992.

Gabarito "E".

(Ministério Público/TO – 2012 – CESPE) Constitui ato de improbidade administrativa, importando enriquecimento ilícito

(A) revelar fato de que se tenha conhecimento em função do cargo ou função ocupada, que deveria permanecer em segredo.
(B) receber, para si ou para outrem, bem móvel ou imóvel ou qualquer outra vantagem econômica a título de comissão, percentagem ou gratificações de quem tenha interesse direto ou indireto que possa ser atingido por ação ou omissão decorrente das atribuições de agente público.
(C) retardar ou deixar de praticar, indevidamente, ato de ofício.
(D) deixar de prestar contas quando esteja obrigado a fazê-lo.
(E) deixar de atender o contribuinte de forma célere, cordata e imparcial.

A: incorreta, pois, no caso, trata-se de ato que atenta contra os princípios da administração pública (LIA, art. 11, III); **B:** correta, pois assim estabelece o art. 9º, I, da LIA; **C:** incorreta, pois se trata de ato que atenta contra os princípios da administração pública (LIA, art. 11, II); **D:** incorreta, pois a conduta descrita também configura ato que atenta contra os princípios da administração pública (LIA, art. 11, VI); **E:** incorreta, pois, no caso, não há enriquecimento ilícito por parte do agente público.

Gabarito "B".

(Ministério Público/TO – 2012 – CESPE) A respeito da disciplina jurídica relativa aos atos de improbidade administrativa, assinale a opção correta.

(A) A Lei de Improbidade Administrativa não é aplicável a prefeito, presidente da República, ministros de Estado, ministros do STF e ao procurador-geral da República.
(B) O agente público que prestar falsa declaração de bens estará sujeito à pena de demissão, a bem do serviço público, sem prejuízo de outras sanções cabíveis.
(C) Segundo a jurisprudência do STJ, é indispensável a presença de dolo específico para a configuração de ato de improbidade por atentado aos princípios da administração pública.
(D) Prescreve em dois anos após o término do exercício de mandato, de cargo em comissão ou de função de confiança a ação destinada a levar a efeito as sanções previstas na Lei de Improbidade Administrativa.
(E) Nas ações submetidas ao rito da Lei de Improbidade Administrativa, a falta de notificação do acusado para apresentar defesa prévia constitui motivo para a decretação da nulidade absoluta do feito.

A: incorreta, pois a LIA é aplicável a prefeito. No que diz respeito ao Presidente da República e aos Ministros de Estado, o STF entende que há mecanismo de responsabilização específica, isto é, estão regidos por normas especiais de responsabilidade (CF, art. 102, I, "c"; Lei 1.079/1950), conforme se decidiu na Reclamação 2.138/DF; **B:** correta, pois é o que estabelece o art. 13, § 3º da LIA; **C:** incorreta, pois a jurisprudência fala na suficiência do "dolo genérico": "A caracterização de improbidade censurada pelo art. 11 da Lei 8.429/1992 dispensa a comprovação de intenção específica de violar princípios administrativos, sendo suficiente o dolo genérico. Precedentes do STJ" (REsp 1.229.779/MG, *DJe* 05.09.2011); **D:** incorreta, pois a prescrição ocorre em cinco anos (art. 23, I, da LIA); **E:** incorreta, pois a nulidade, no caso, é relativa. Conforme noticiou o Informativo n. 441 do STJ, "a falta da notificação prevista no art. 17, § 7°, da citada lei não invalida os atos processuais ulteriores, salvo se ocorrer efetivo prejuízo".

Gabarito "B".

(Ministério Público/PI – 2012 – CESPE) De acordo com o que dispõe a Lei 8.429/1992, são atos de improbidade administrativa que atentam contra os princípios da administração pública

(A) perceber o agente público vantagem econômica, direta ou indireta, para facilitar a alienação, permuta ou locação de bem público ou o fornecimento de serviço por ente estatal por preço inferior ao valor de mercado, bem como receber, para si ou para outrem, dinheiro, bem móvel ou imóvel, ou qualquer outra vantagem econômica, direta ou indireta, a título de comissão, porcentagem, gratificação ou presente de quem tenha interesse, direto ou indireto, que possa ser atingido ou amparado por ação ou omissão decorrente das atribuições do agente público.

(B) adquirir o agente público, para si ou para outrem, no exercício de mandato, cargo, emprego ou função pública, bens de qualquer natureza cujo valor seja desproporcional à evolução de seu patrimônio ou renda, bem como aceitar emprego, comissão ou exercer atividade de consultoria ou assessoramento para pessoa física ou jurídica que tenha interesse suscetível de ser atingido ou amparado por ação ou omissão decorrente das atribuições do agente público, durante a atividade.

(C) permitir ou facilitar o agente público a aquisição, permuta ou locação de bem ou serviço por preço superior ao de mercado e realizar operação financeira sem observância das normas legais e regulamentares ou aceitar garantia insuficiente ou inidônea.

(D) conceder o agente público benefício administrativo ou fiscal sem a observância das formalidades legais ou regulamentares aplicáveis à espécie bem como frustrar a licitude de processo licitatório ou dispensá-lo indevidamente.

(E) negar o agente público publicidade aos atos oficiais, frustrar a licitude de concurso público e deixar de prestar contas quando esteja obrigado a fazê-lo.

A: incorreta, pois, no caso, trata-se de ato de improbidade que importa enriquecimento ilícito (LIA, art. 9°, I e III); **B:** incorreta, pois a hipótese também é de ato de improbidade que importa enriquecimento ilícito (LIA, art. 9°, VII); **C:** incorreta, pois a hipótese é de ato de improbidade que causa prejuízo ao erário (LIA, art. 10, IV e VI); **D:** incorreta, pois as condutas mencionadas configuram ato de improbidade que causa prejuízo ao erário (LIA, art. 10, VII e VIII); **E:** correta, pois assim dispõe o art. 11, incisos IV, V e VI, da LIA.

Gabarito "E".

(Ministério Público/SC – 2012) Analise as assertivas a seguir.

I. No desempenho de suas atividades o agente público deve focar-se ao elemento moral de sua conduta e aos fins buscados, porque a moralidade está umbilicalmente ligada com o interesse público não por vontade da norma constitucional, mas por constituir pressuposto intrínseco da validade do ato administrativo.

II. À configuração do ato de improbidade, qualquer que seja o tipo específico de ofensa, será imprescindível penetrar o domínio da vontade do agente público, não bastando o dolo *in re ipsa* ou a culpa, quando cabível.

III. Para os fins da Lei 8.429/1992 é indiferente que a vantagem econômica indevida, que constituiu o fruto do enriquecimento ilícito do agente público ou terceiro, seja obtida por prestação positiva ou negativa.

IV. O conceito de enriquecimento ilícito, nos termos do art. 9° "caput" da LIA, conceitua caracterizar o enriquecimento ilícito o auferimento de vantagem econômica indevida em razão do exercício de qualquer função pública, sendo irrelevante que o agente público pratique ato lícito ou ilícito.

V. O art. 9°, inciso VII (norma residual), da Lei n. 8.429/1992, busca punir o comportamento do agente público que, não possuindo qualquer outra fonte de renda que não aquela de seu vínculo, amealha bens ou valores (mobiliários ou imobiliários) incompatíveis ou desproporcionais com a evolução de seu patrimônio ou renda. A inidoneidade financeira (presumida na norma) gera a ilicitude do enriquecimento, contudo, ajuizada a respectiva ação, inviável será a inversão do ônus da prova.

(A) Apenas as assertivas I, III e IV estão corretas.
(B) Apenas as assertivas II, III e IV estão corretas.
(C) Apenas as assertivas I, IV e V estão corretas.
(D) Apenas as assertivas I e III estão corretas.
(E) Todas as assertivas estão corretas.

I: correta, pois assim impõe o princípio da moralidade administrativa; **II:** incorreta, pois há casos em que o ato de improbidade decorre de culpa no sentido estrito. Com efeito, o ato de improbidade que causa prejuízo ao erário pode ser praticado a título de dolo ou culpa. Além disso, a jurisprudência fala na suficiência do "dolo genérico" para caracterizar o ato de improbidade: "A caracterização de improbidade censurada pelo art. 11 da Lei 8.429/1992 dispensa a comprovação de intenção específica de violar princípios administrativos, sendo suficiente o dolo genérico. Precedentes do STJ" (REsp 1.229.779/MG, *DJe* 05.09.2011); **III:** correta, pois o ato de improbidade que importa enriquecimento pode ser praticado por ação ou por omissão. Por exemplo, o art. 9° da LIA, em seu inciso X, pune a conduta do agente que recebe vantagem econômica de qualquer natureza, direta ou indiretamente, para omitir ato de ofício; **IV:** correta, pois a LIA, especialmente em seu art. 9°, impede que o agente receba qualquer vantagem econômica, direta ou indireta. Também não exige que a vantagem seja decorrente da prática de ato ilícito, pois o fato de receber presente de quem tenha interesse, direto ou indireto, que possa ser atingido ou amparado por ação ou omissão decorrente das atribuições do agente público, já configura a improbidade (art. 9°, I, da LIA); **V:** incorreta, pois a afirmativa II está incorreta.

Gabarito "A".

(Ministério Público/SC – 2012) Analise as assertivas a seguir.

I. À caracterização da conduta do agente público que aceitar emprego ou comissão de pessoa física ou jurídica que tenha interesse suscetível de ser atingido ou amparado por ação ou omissão decorrente das atribuições daquele, durante a atividade, é indispensável que o agente público tenha satisfeito efetivamente o interesse privado, não bastando a potencialidade desse interesse que precisa ser amparado ou atingido.

II. O enriquecimento indevido pela prática de ato de improbidade a que alude o art. 9°, inciso XII, da LIA, já está presumido pela própria norma, uma vez que trata-se de hipótese típica de prestação negativa em razão de o agente público poupar o que normalmente gastaria se utilizasse bens, rendas, verbas ou valores de seu acervo patrimonial.

III. Para a configuração de ato de improbidade administrativa com lesão ao erário a que alude o art. 10, da Lei n. 8.429/1992, por dolo ou culpa, a ilicitude (imoralidade) é traço essencial à lesividade por força de presunção legal absoluta. Combate-se, em regra, o enriquecimento ilícito do particular. Lesão sem repercussão patrimonial não configura essa espécie de improbidade e os incisos do referido artigo refletem hipóteses de lesividade presumida.

IV. Na ação civil pública inviável a cumulação de provimentos típicos e atípicos.

V. O critério da potencialidade para a produção do dano gerado pelo ato pode servir como indicador da presença da improbidade na ilegalidade, desde que por algum meio esteja demonstrado o elemento subjetivo do tipo previsto ano art. 11, da Lei n. 8.429/1992.

(A) Apenas as assertivas I, II e IV estão corretas.
(B) Apenas as assertivas I, IV e V estão corretas.
(C) Apenas as assertivas II, III e V estão corretas.
(D) Apenas as assertivas II e III estão corretas.
(E) Todas as assertivas estão corretas.

I: incorreta, pois, para a caracterização do ato de improbidade, não se exige a satisfação, efetiva, do interesse privado. A simples conduta de aceitar o emprego ou a comissão já é suficiente para a caracterização do ato ilícito; II: correta. Da leitura do art. 12, I, da LIA, que pune o ato de improbidade que importa enriquecimento ilícito, já se constata que não é necessário o efetivo dano ao patrimônio público. Tanto que o legislador determina a aplicação, na hipótese do art. 9º do mesmo diploma legal, de ressarcimento integral do dano, quando houver. Assim, no caso do art. 9º, inciso XII, o legislador presume o enriquecimento pelo simples uso, em proveito próprio, de bens integrantes do acervo patrimonial público configura o ato de improbidade; III: correta, pois, conforme evidencia o art. 12, II, da LIA, na hipótese do art. 10, é aplicável a pena de ressarcimento integral do dano, o que revela que a ocorrência do dano é necessária à configuração desse tipo de ato de improbidade administrativa. Todavia, tal afirmação não afasta a possibilidade de que o dano seja presumido. Como observa Emerson Garcia (*Improbidade administrativa*. 6. ed. Rio de Janeiro: Lumen Juris, 2011. p. 309), "é importante frisar que a noção de dano não se encontra adstrita à necessidade de demonstração da diminuição patrimonial, sendo inúmeras as hipóteses de lesividade presumida previstas na legislação"; IV: incorreta, pois, conforme Marcos Destefenni (*Manual do processo civil individual e coletivo*, 2ª ed., São Paulo: Saraiva, 2013, no prelo), "Embora a ação tenha vocação punitiva, nada impede a formulação de outros pedidos em sede de ação de improbidade, inclusive de anulação do ato impugnado. Nesse sentido o pronunciamento do STJ no julgamento do REsp 757.595/MG: "É cabível a propositura de ação civil pública que tenha como fundamento a prática de ato de improbidade administrativa, tendo em vista a natureza difusa do interesse tutelado. Também se mostra lícita a cumulação de pedidos de natureza condenatória, declaratória e constitutiva nesta ação, porque sustentada nas disposições da Lei n.8.429/1992. A cumulação de pedidos em ação civil pública calcada na Lei de Improbidade é adotada no ordenamento jurídico, nos termos assentados por esta Corte, *verbis*: 1. O Ministério Público é parte legítima para ajuizar ação civil pública que vise aplicar as sanções previstas na Lei de Improbidade Administrativa. 2. A ação civil pública é meio processual adequado para buscar a responsabilização do agente público nos termos da Lei de Improbidade Administrativa, sendo também possível a cumulação de pedidos"; V: correta, pois o ato de improbidade previsto no art. 11 da LIA exige a demonstração do dolo. Trata-se da punição de ato que atenta contra os princípios aplicáveis à administração pública, de tal forma que não há exigência de lesão ao erário.

Gabarito "C".

(Ministério Público/SC – 2012) Analise as assertivas a seguir.

I. Pelos mesmos fatos, a absolvição na esfera criminal não projeta efeitos na área cível da improbidade administrativa, em razão da incomunicabilidade de instâncias.

II. O princípio do não locupletamento indevido repousa na regra de equidade que proíbe que uma pessoa se enriqueça às custas do dano, do trabalho ou atividade de outrem, sem a vontade deste ou do direito. O enriquecimento que atinge a moral pública é o injusto, fruto de uma ilicitude.

III. O art. 10, da Lei n. 8.429/1992 visa proteger o patrimônio (de natureza econômico ou não) das entidades mencionadas no art. 1º da mesma lei. O uso da palavra erário deve-se atribuir a função de elemento designativo dos sujeitos passivos do ato de improbidade e, por sua vez, o vocábulo perda patrimonial, descrito logo a seguir no caput da norma, abarca toda e qualquer lesão ao patrimônio público (sentido amplo).

IV. A prática de ato de improbidade "visando fim proibido em lei ou regulamento ou diverso daquele previsto na regra de competência", prevista no inciso I, do art. 11, da LIA, nítida hipótese de desvio de finalidade, encampa formas de violação ao princípio da eficiência.

V. Tratando-se de ação civil pública que busque sanção para perdimento de bens resultantes de enriquecimento ilícito e reparação dos danos, a medida de indisponibilidade de bens poderá atingir aqueles adquiridos mesmo antes da prática do ato de improbidade, sendo imprescindível a coexistência de causa e efeito entre este e a aquisição do(s) bem(s).

(A) Apenas as assertivas III e IV estão corretas.
(B) Apenas as assertivas II, III e IV estão corretas.
(C) Apenas as assertivas II, IV e V estão corretas.
(D) Apenas as assertivas I e V estão corretas.
(E) Todas as assertivas estão corretas.

I: incorreta, pois a independência entre as instâncias (cível e penal) não é absoluta, tanto que a condenação criminal torna certa a obrigação de reparar o dano. Além disso, a sentença penal condenatória transitada em julgado é título executivo judicial na esfera cível. Nesse contexto, a absolvição criminal pode produzir efeitos na esfera cível, impedindo o ajuizamento da ação de improbidade. Por exemplo, se o réu for absolvido na esfera criminal sob o fundamento de estar provada a inexistência do fato (art. 386, I, do CPP); II: correta. A assertiva reúne trechos das definições de Emerson Garcia (*Improbidade administrativa*. 6. ed. Rio de Janeiro: Lumen Juris, 2011. p. 284 e 287); III: correta, pois o conceito de patrimônio público é bastante amplo, não se restringindo aos bens de valor econômico-financeiro; IV: correta, pois, como ensina Emerson Garcia (*Improbidade administrativa*. 6. ed. Rio de Janeiro: Lumen Juris, 2011. p. 318), "são formas específicas de violação ao princípio da eficiência, a prática de atos visando fim proibido em lei (inc. I) e a indevida omissão na prática de atos que exigiam a atuação de ofício do agente (inc. II)"; V: incorreta. A frase está correta quando afirma a possibilidade de a medida de indisponibilidade recair sobre bens adquiridos antes do ato ilícito. De acordo com a 2ª Turma do STJ (AgRg no REsp 937085/PR, *DJe* 17.09.2012), "a jurisprudência do STJ conclui pela possibilidade de a indisponibilidade recair sobre bens adquiridos antes do fato

descrito na inicial, pois o sequestro ou a indisponibilidade dá-se como garantia de futura execução em caso de constatação do ato ímprobo; assim, irrelevante se a indisponibilidade recaiu sobre bens anteriores ou posteriores ao ato acoimado de ímprobo. Precedentes: AgRg no Ag 1.423.420/BA, Rel. Min. Benedito Gonçalves, 1 Turma, *DJe* 28.10.2011; e REsp 1.078.640/ES, Rel. Min. Luiz Fux, 1 Turma, *DJe* 23.03.2010". Está incorreta, todavia, quando afirma que é indispensável a causa e efeito entre o ato ilícito e a aquisição do(s) bem(s). Afinal, a medida existe para garantir a integral reparação do dano.
Gabarito "B".

6.2. SANÇÕES E PROVIDÊNCIAS CAUTELARES

(Ministério Público/ES – 2013 – VUNESP) A ação de improbidade administrativa

(A) tem como objetivo tão somente proteger a moralidade administrativa.
(B) prevê a possibilidade da concessão de tutela cautelar (de evidência) de indisponibilidade de bens.
(C) possui como legitimados ativos todos aqueles indicados como legítimos para a ação civil pública.
(D) possui natureza preventiva.
(E) tem natureza penal, haja vista que a Lei n.º 8.429/92 traz condutas típicas em seu artigo 12.

A: incorreta, pois a improbidade administrativa é uma imoralidade qualificada, ou seja, objeto de previsão legal, especialmente na Lei n. 8.429/92; **B:** correta, pois a medida de indisponibilidade de bens tem fundamento expresso na Lei n. 8.429/92 (art. 7º) e na Constituição Federal (art. 37, § 4º); **C:** incorreta, pois a ação deve ser proposta pelo MP ou pela pessoa jurídica de direito público interessada (art. 17 da Lei n. 8.429/92); **D:** incorreta, pois a ação é voltada ao passado, isto é, ao sancionamento da conduta pratica por agente público em sentido amplo; **E:** incorreta, pois a ação de improbidade tem por objetivo a responsabilização civil (*lato sensu*). As sanções por improbidade são aplicáveis independentemente das sanções penais (CF, art. 37, § 4º).
Gabarito "B".

(Ministério Público/GO – 2013) Das assertivas abaixo, aponte aquela prevista na Lei 8.429/1992 que dispõe sobre as sanções aplicáveis aos agentes públicos nos casos de enriquecimento ilícito no exercício de mandato, cargo, emprego ou função na administração pública direta, indireta ou fundacional e dá outras providências:

(A) reputa-se agente público, para os efeitos da lei, todo aquele que exerce, ainda que transitoriamente ou sem remuneração, por eleição, nomeação, designação, contratação ou qualquer outra forma de investidura ou vínculo, mandato, cargo, emprego ou função nas entidades mencionadas na lei.
(B) todos os atos de improbidade administrativa importam enriquecimento ilícito e causam prejuízo ao erário.
(C) será punido com a pena de suspensão, a bem do serviço público, sem prejuízo de outras sanções cabíveis, o agente público que se recusar a prestar declaração dos bens exigida por Lei, dentro do prazo determinado, ou que a prestar falsa.
(D) no processo judicial, estando a inicial em devida forma, o juiz mandará autuá-la e ordenará a notificação do requerido, para oferecer manifestação por escrito, que poderá ser instruída com documentos e justificações, dentro do prazo de quinze dias, sendo referida manifestação considerada a contestação para todos os efeitos.

A: correta, pois é o que estabelece o art. 2º da Lei n. 8.429/92; **B:** incorreta, pois também existem atos de improbidade que decorrem da violação dos princípios aplicáveis à administração pública, independentemente de eventual enriquecimento ilícito ou prejuízo (art. 11 da Lei n. 8.429/92); **C:** incorreta, pois a sanção, no caso, é de demissão (art. 13, § 3º, da Lei n. 8.429/92); **D:** incorreta, pois a referida manifestação é anterior ao recebimento da inicial. Assim, não é a contestação, que poderá ser oferecida após o recebimento da inicial e o processamento da ação sob o rito ordinário (art. 17, § 9º, da Lei n. 8.429/92).
Gabarito "A".

(Ministério Público/SP – 2013 – PGMP) Analise as seguintes afirmações, à luz da Lei 8.429/1992 (Lei de Improbidade Administrativa):

I. Dentre outros, estão sujeitos às penalidades previstas na Lei 8.429/1992 os atos de improbidade praticados contra o patrimônio de entidade para cuja criação ou custeio o erário haja concorrido ou concorra com menos de cinquenta por cento do patrimônio ou da receita anual, limitando-se, nestes casos, a sanção patrimonial à repercussão do ilícito sobre a contribuição dos cofres públicos.
II. A condição para a posse e o exercício do cargo do agente público, consistente na entrega de declaração de bens e valores que compõem o seu patrimônio privado, deve compreender imóveis, móveis, semoventes, dinheiro, títulos, ações, e qualquer outra espécie de bens e valores patrimoniais, localizados no País ou no exterior, e, quando for o caso, abrangerá os bens e valores patrimoniais do cônjuge ou companheiro, dos filhos, dispensadas da relação os bens de outras pessoas, ainda que vivam sob a dependência econômica do declarante, bem como os objetos e utensílios de uso doméstico.
III. Apurada em regular inquérito civil a prática de ato de improbidade administrativa consistente em perceber o agente público vantagem econômica direta para facilitar a alienação, permuta ou locação de bem público, em determinadas circunstâncias é possível ao Promotor de Justiça a propositura de ação apenas para postular o ressarcimento do dano.
IV. Independentemente das sanções penais, civis e administrativas previstas na legislação específica, o responsável pelo ato de improbidade administrativa está sujeito às cominações previstas no respectivo diploma, às quais devem ser aplicadas cumulativamente.
V. Quando proposta pelo Ministério Público é imprescindível a instauração de inquérito civil para ulterior propositura de ação por ato de improbidade administrativa.

Está CORRETO o que se afirma somente nos itens:

(A) I, II e III.
(B) I, III e IV.
(C) II, III e V.
(D) I e III.
(E) II e IV.

I: correta (art. 1º, parágrafo único, da Lei 8.429/1992); **II:** incorreta, pois os objetos e utensílios de uso doméstico ficam excluídos da declaração de bens (art. 13, § 1º, da Lei 8.429/1992); **III:** correta, pois o responsável pelo ato de improbidade está sujeito às penalidades previstas no art. 12 da Lei 8.429/1992, dentre elas o ressarcimento integral do dano, que pode estar ou não cumulado com outra sanção; **IV:** incorreta, pois as sanções podem ser aplicadas isolada ou cumulativamente, de acordo com a gravidade do fato (art. 12 da Lei 8.429/1992); **V:** incorreta, pois não é necessária a instauração de inquérito civil para a propositura da ação, desde que a inicial esteja instruída com documentos ou justificação que contenham indícios suficientes da existência do ato de improbidade (art. 17, § 6º, da Lei 8.429/1992).

Gabarito "D".

(Ministério Público/SP – 2013 – PGMP) Considere as seguintes afirmações, à luz da Lei 8.429/1992 (Lei de Improbidade Administrativa):

I. Na ação proposta pelo Ministério Público, quando couber, é facultado a qualquer cidadão habilitar-se como litisconsorte ativo ou assistente do autor.

II. A jurisprudência majoritária no STJ se faz no sentido que não há formação de litisconsórcio passivo necessário entre o agente público réu e pessoas participantes ou beneficiárias de fraudes e irregularidades nas ações civis públicas movidas para o fim de apurar e punir atos de improbidade administrativa.

III. A ação principal, quando precedida de procedimento cautelar de sequestro, terá o rito ordinário, e será proposta pelo Ministério Público ou pela pessoa jurídica interessada, no prazo de trinta dias da efetivação da medida cautelar.

IV. Na Lei de Improbidade Administrativa é vedado, na respectiva ação, que se promova transação, acordo ou conciliação.

V. A aplicação das sanções previstas na Lei de Improbidade Administrativa independe da efetiva ocorrência do dano, salvo quanto à multa civil, e da aprovação ou rejeição das contas pelo órgão de controle interno ou pelo Tribunal ou Conselho de Contas.

Está CORRETO apenas o que se afirma nos itens:

(A) I e III.
(B) II, III e IV.
(C) III, IV e V.
(D) I, III e IV.
(E) I, II, III e IV.

I: incorreta, pois somente é admissível que pessoa jurídica de direito público ou de direito privado, cujo ato seja objeto de impugnação, abstenha-se de contestar o pedido, ou atue ao lado do autor, desde que isso se afigure útil ao interesse público (art. 17, § 3º, da Lei 8.429/1992). Assim, não há previsão legal na lei de improbidade administrativa a respeito da habilitação do cidadão como litisconsorte ou assistente do autor da ação, como ocorre com a lei da ação popular, nos termos do art. 6º, § 5º, da Lei 4.717/1965; **II:** correta, pois, de fato, consoante entendimento consolidado do STJ, não existe litisconsórcio passivo necessário entre o agente público e terceiro que tenha concorrido para a prática do ato tido como ímprobo (STJ, REsp 783.823-GO; REsp 704.757-RS; REsp 737.978-MG; Informativo 384); **III:** correta (art. 17, *caput*, da Lei 8.429/1992); **IV:** correta (art. 17, § 1º, da Lei 8.429/1992); **V:** incorreta, pois a aplicação das sanções previstas na lei de improbidade administrativa independe da efetiva ocorrência de dano ao patrimônio público, salvo quanto à pena de ressarcimento, bem como da aprovação ou rejeição das contas pelo órgão de controle interno ou pelo Tribunal ou Conselho de Contas (art. 21, I e II, da Lei 8.429/1992).

Gabarito "B".

(Ministério Público/SC – 2012) Analise as assertivas a seguir.

I. O prefeito afastado do cargo por medida judicial cautelar em ação de improbidade administrativa, terá seus direitos políticos assegurados (votar e ser votado), estando legitimado a exercer a representatividade popular do cargo que concorreu posteriormente, caso eleito.

II. A multa prevista no art. 12, e seus incisos, da Lei n. 8.429/1992, de caráter inibitório, não está ligada a uma relação de equilíbrio com o dano causado, sendo o montante deste sempre inferior ao da multa.

III. Para a posição doutrinária e jurisprudencial que admite a aplicação não cumulativa das sanções do art. 12, incisos I, II e III da LIA, tal entendimento, longe de ofender o equilíbrio constitucional dos poderes e levar ao arbítrio judicial, viabilizará a interpretação conforme a Constituição Cidadã e minimizará a dissonância existente entre a tutela dos direitos fundamentais e a severidade das sanções cominadas.

IV. A prescrição para o agente detentor de mandato de Prefeito que tenha praticado ato de improbidade no primeiro ano de mandato começará a fluir, mesmo em caso de reeleição, a partir do término do último mandato outorgado ao agente, posto a unicidade à sua atividade e a temporariedade do vínculo a que alude o inciso I, do art. 23, da LIA

V. As condutas do art. 11, da LIA, isoladamente, não geram a perda de bens.

(A) Apenas as assertivas I, II, III e IV estão corretas.
(B) Apenas as assertivas II, III e IV estão corretas.
(C) Apenas as assertivas I, II, IV e V estão corretas.
(D) Apenas as assertivas II, III e V estão corretas.
(E) Todas as assertivas estão corretas.

I: correta, pois a medida cautelar não fulmina os direitos políticos. Nos termos do art. 20 da LIA, *a perda da função pública e a suspensão dos direitos políticos só se efetivam com o trânsito em julgado da sentença condenatória*. O texto retrata lição de Emerson Garcia (*Improbidade administrativa*. 6. ed. Rio de Janeiro: Lumen Juris, 2011. p. 556); **II:** correta, pois conforme à lição de Emerson Garcia (*Improbidade administrativa*. 6. ed. Rio de Janeiro: Lumen Juris, 2011. p. 582): "Considerando a previsão autônoma de ressarcimento do dano, não há que se falar em caráter indenizatório da multa. Ela não se encontra alicerçada em uma relação de equilíbrio com o dano causado, que é valorado unicamente para fins de fixação do montante da multa, a qual sempre atingirá patamares superiores aos do dano". De fato, o valor da multa será de até duas vezes o valor do dano (LIA, art. 12, II); **III:** correta, pois é a exata lição de Emerson Garcia (*Improbidade administrativa*. 6. ed. Rio de Janeiro: Lumen Juris, 2011. p. 601); **IV:** correta, pois o prazo será contado do término do segundo mandato, tendo em vista a continuidade do governo. A segunda Turma do STJ, conforme o Informativo 0406, decidiu que, no caso de reeleição, o prazo prescricional deve ser contado a partir do fim do segundo mandato: "A Lei de Improbidade associa, no art. 23, I, o início da contagem do prazo prescricional ao término de vínculo temporário, entre os quais o exercício de mandato eletivo. De acordo com a justificativa da PEC de que resultou a EC 16/1997, a reeleição, embora não prorrogue simplesmente o mandato, importa em fator de continuidade da gestão administrativa. Portanto, o vínculo com a Administração, sob o ponto de vista material, em caso de reeleição, não se desfaz no dia 31 de dezembro do último ano do primeiro mandato para se refazer no dia 1º de janeiro do ano inicial do segundo mandato. Em razão disso, o prazo prescricional deve ser contado a partir do fim do segundo mandato. O administrador, além de detentor do dever de consecução do interesse público, guiado pela moralidade – e por ela limitado –, é o responsável, perante o povo, pelos atos que, em sua gestão, em um ou dois mandatos, extrapolem tais parâmetros. A estabilidade da estrutura administrativa e a previsão de programas de execução duradoura possibilitam, com a reeleição, a satisfação, de forma mais concisa e eficiente, do interesse público. No entanto, o bem público é de titularidade do povo, a quem o administrador deve prestar contas. E se, por dois mandatos seguidos, pôde usufruir de uma estrutura mais bem planejada e de programas de governo mais consistentes, colhendo frutos ao longo dos dois mandatos – principalmente, no decorrer do segundo, quando os resultados concretos realmente aparecem – deve responder inexoravelmente perante o titular da res publica por todos os atos praticados durante os oito anos de administração, independente da data de sua realização. REsp 1.107.833-SP, Rel. Min. Mauro Campbell Marques, julgado em 08.09.2009"; **V:** correta, pois a sanção mencionada não é prevista pelo art. 12, III, da LIA. Ou seja, não é prevista no caso de ato de improbidade que atenta contra os princípios aplicáveis à administração pública (LIA, art. 11).

Gabarito "E".

(Ministério Público/SC – 2012) Analise as assertivas a seguir.

I. A sanção da perda da função pública decorrente do reconhecimento judicial da prática de ato de improbidade, tem cunho constitutivo negativo e atingirá tanto o cargo efetivo do agente como comissionado por ele ocupado, seja no mesmo ou em outro órgão ou entidade estatal, inclusive em nível de governo diferente daquele em que praticou o ato ímprobo.
II. O Aposentado que vier a praticar ato de improbidade no exercício de nova função pública, após condenação com sanção de perda da função pública, no momento próprio de sua execução, perderá o vínculo desta função e também terá cassada a aposentadoria.
III. A suspensão dos direitos políticos aplicada ao agente por ato ímprobo anterior, mas no momento em que tiver exercendo mandato eletivo vier a transitar em julgado a decisão, será ele (agente) afastado do cargo para o qual foi eleito.
IV. Cuidando-se da prática de atos ímprobos contra bens e interesses estaduais ou municipais, a atribuição para a instauração de Inquérito Civil ou Procedimento Preparatório é do Promotor de Justiça ou do Procurador-Geral de Justiça, conforme o caso concreto.
V. A ação civil pública de responsabilidade por ato de improbidade administrativa (Lei n. 8.429/1992), admite a interposição de medida cautelar de sequestro especial, contudo imprescindível os requisitos do art. 813, do CPC e que sobre o(s) bem(s) haja litigiosidade.

(A) Apenas as assertivas III e V estão corretas.
(B) Apenas as assertivas II, III e IV estão corretas.
(C) Apenas as assertivas I, IV e V estão corretas.
(D) Apenas as assertivas I, III e IV estão corretas.
(E) Todas as assertivas estão corretas.

I: correta. Nesse sentido a lição de Emerson Garcia (*Improbidade administrativa*. 6. ed. Rio de Janeiro: Lumen Juris, 2011. p. 556); **II:** incorreta, pois, como ensina Emerson Garcia (*Improbidade administrativa*. 6. ed. Rio de Janeiro: Lumen Juris, 2011. p. 557-558), "esse entendimento termina por colidir com o caráter contributivo dos benefícios previdenciários, o que confere um *plus* ao seu fundamento existencial que não o mero exercício da função pública, e com a ausência de previsão expressa na Lei 8.429/1992"; **III:** correta, pois, como ensina Emerson Garcia (*Improbidade administrativa*. 6. ed. Rio de Janeiro: Lumen Juris, 2011. p. 556), "ainda que o agente exerça duas ou mais atribuições, de origem eletiva ou contratual, ou uma função distinta daquela que exercia por ocasião do ilícito, o provimento jurisdicional haverá de alcançar todas, determinando a completa extinção das relações existentes entre o agente e o Poder Público"; **IV:** correta, pois a competência é da Justiça Estadual. Assim, a atribuição é do MP Estadual. Por isso, o inquérito será instaurado pelo Promotor de Justiça ou, excepcionalmente, pelo Procurador-Geral de Justiça. Ocorre que determinadas autoridades são investigadas pelo Procurador-Geral de Justiça, de acordo com a previsão na Lei Orgânica do Ministério Público. Por exemplo, quando o ato investigado envolve o Governador do Estado, a atribuição é do chefe da instituição; **V:** incorreta, pois, no caso das medidas de indisponibilidade ou de sequestro de bens, por ato de improbidade administrativa, o *periculum in mora* é presumido: "Administrativo e processual civil. Ação civil pública. Improbidade administrativa. Liminar. Indisponibilidade de bens. *Periculum in mora* presumido. A concessão da medida de indisponibilidade não está condicionada à comprovação de que os réus estejam dilapidando seu patrimônio, ou na iminência de fazê-lo, tendo em vista que o *periculum in mora* está implícito no comando legal. Assim deve ser a interpretação da lei, porque a dilapidação é ato instantâneo que impede a atuação eficaz e acautelatória do Poder Judiciário. Precedentes: Edcl no REsp 1.211.986/MT, Rel. Min. Herman Benjamin, 2ª Turma, *DJe* 09.06.2011; REsp 1.244.028/RS, Rel. Min. Mauro Campbell Marques, Segunda Turma, *DJe* 02.09.2011; Edcl no REsp 1.205.119/MT, Rel. Min. Mauro Campbell Marques, 2ª Turma, *DJe* 08.02.2011; REsp 1.190.846/PI, Rel. Min. Castro Meira, Segunda Turma, *DJe* 10.02.2011; REsp 967.841/PA, Rel. Min. Mauro Campbell Marques, 2ª Turma, *DJe* 08.10.2010; REsp 1.203.133/MT, Rel. Min. Castro Meira, Segunda Turma, *DJe* 28.10.2010; REsp 1.199.329/MT, Rel. Min. Mauro Campbell Marques, Segunda Turma, *DJe* 08.10.2010; REsp 1.177.290/MT, Rel. Min. Herman Benjamin, Segunda Turma, *DJe* 01.07.2010; REsp 1.177.128/MT, Rel. Min. Herman Benjamin, 2ª Turma, *DJe* 16.09.2010; REsp 1.135.548/PR, Rel. Ministra Eliana Calmon, Segunda Turma, *DJe* 22.06.2010; REsp 1.134.638/MT, Relator Ministra Eliana Calmon, 2ª Turma, *DJe* 23.11.2009; REsp 1.098.824/SC, Rel. Ministra Eliana Calmon, Segunda Turma, *DJe* 04.08.2009".

Gabarito "D".

(Ministério Público/SP – 2012 – VUNESP) Com relação à Lei de Improbidade Administrativa (Lei n. 8.429/1992), é correto afirmar:

(A) As ações de improbidade administrativa até o valor de 60 salários mínimos serão processadas nos Juizados Especiais da Fazenda Pública (Lei n. 12.153/2009).
(B) O ressarcimento integral do dano será possível apenas se a lesão ao patrimônio público ocorrer por ação dolosa do agente público.
(C) O sucessor daquele que se enriquecer ilicitamente, por ato de improbidade administrativa, está sujeito às cominações da lei de improbidade pelo total da vantagem patrimonial indevida, ainda que esse ultrapasse o valor da herança.
(D) Caberá à autoridade administrativa responsável pelo inquérito representar ao Ministério Público para indisponibilidade dos bens do indiciado.
(E) As penalidades previstas na Lei n. 8.429/1992 se aplicadas cumulativamente excluirão outras sanções civis ou administrativas previstas em legislação específica.

A: incorreta, pois, nos termos do art. 2º, § 1º, I, da Lei n. 12.153/2009, não se incluem na competência do Juizado Especial da Fazenda Pública as ações de improbidade administrativa; **B:** incorreta, pois o ato de improbidade que causa prejuízo ao erário pode ser punido a título de dolo ou culpa (LIA, art. 10); **C:** incorreta, pois *o sucessor daquele que causar lesão ao patrimônio público ou se enriquecer ilicitamente está sujeito às cominações desta lei até o limite do valor da herança* (art. 8º da LIA); **D:** correta, pois é o que estabelece o art. 16 da LIA; **E:** incorreta, pois as penalidades previstas na LIA não excluem as demais sanções civis ou administrativas (LIA, art. 12, *caput*).

Gabarito "D".

(Ministério Público/GO – 2012) Em relação à tutela da probidade administrativa é incorreto afirmar:

(A) em face do princípio da congruência ficará o Juiz vinculado ao pedido formulado pelo autor da ação de improbidade administrativa, não podendo condenar o agente ímprobo à sanção não contida no pedido inicial;
(B) em face do princípio da congruência, em relação à causa de pedir haverá vinculação entre a inicial e a prestação jurisdicional, não podendo o Juiz aplicar uma sanção por fato não descrito pelo autor da ação de improbidade administrativa;
(C) de acordo com a Súmula 208 do STJ compete à Justiça Federal processar e julgar agente político por desvio de verba sujeita a prestação de contas perante órgão federal;
(D) a multa civil prevista no artigo 12 da Lei 8.429/1992 será destinada ao sujeito passivo do ato de improbidade e não ao Fundo de Defesa dos Direitos Difusos previsto no artigo 13 da Lei 7.347/1985.

A: incorreta, pois a jurisprudência do STJ permite ao juiz dar aos fatos definição jurídica diversa daquela apontada pelo autor, na inicial. O STJ no julgamento do REsp 842.428/ES, afirmou que "não infringe o princípio da congruência a decisão judicial que enquadra o ato de improbidade em dispositivo diverso do indicado na inicial, eis que deve a defesa ater-se aos fatos e não à capitulação legal"; **B:** correta, pois o juiz não pode considerar fato que não tenha sido imputado ao réu; **C:** correta. É o teor da súmula; vale salientar que, apesar de a Súmula 208 do STJ se referir aos prefeitos, a competência também se estende a outros agentes políticos nos casos de verba desviada sujeita a prestação de contas perante a Justiça Federal; **D:** correta, pois há regra específica, no sentido da assertiva, no art. 18 da LIA: *A sentença que julgar procedente ação civil de reparação de dano ou decretar a perda dos bens havidos ilicitamente determinará o pagamento ou a reversão dos bens, conforme o caso, em favor da pessoa jurídica prejudicada pelo ilícito.*
Gabarito "A".

6.3. QUESTÕES PROCESSUAIS

(Promotor de Justiça – MPE/RS – 2017) Com relação às regras da Lei de Improbidade Administrativa (Lei 8.429, de 02 de junho de 1992), assinale a alternativa correta.

(A) Estando a inicial em devida forma, o juiz mandará autuá-la e ordenará a notificação do requerido, para oferecer manifestação por escrito, que poderá ser instruída com documentos e justificações, dentro do prazo de quinze dias.
(B) Tendo em vista a independência das ações, a propositura da ação de improbidade administrativa não traz a prevenção em relação a outras ações intentadas posteriormente, que tenham por fim discutir o mesmo objeto.
(C) Tendo em vista a indisponibilidade do interesse público, o juiz não poderá extinguir o processo, sem resolução de mérito, se reconhecer a inadequação da ação de improbidade administrativa, devendo buscar todas as provas e ultimar o processo com sentença de mérito.
(D) A ação de improbidade administrativa é de autoria exclusiva do Ministério Público, cabendo à pessoa jurídica de direito público ou de direito privado prestadora de serviço público, obrigatoriamente, a contestação do feito.

(E) As ações destinadas a levar a efeito as sanções por ato de improbidade administrativa podem ser propostas em até 5 (cinco) anos, contados da data em que o ato de improbidade administrativa foi praticado.

A: Correta. Trata-se do art.17, § 7º, da Lei 8.429/1992. **B:** Incorreta. Há sim, prevenção da jurisdição para as demais ações com o mesmo objeto, conforme disposto no art.17, § 5º, da Lei de Improbidade. **C:** Incorreta. O juiz poderá extinguir o processo sem julgamento de mérito, conforme disposto no art.17, § 11, da Lei 8.429/1992. **D:** Incorreta. A pessoa jurídica lesada ou interessada poderá também ser autora da ação civil de improbidade administrativa, conforme disposto no art.17, da Lei 8.429/1992. **E:** Incorreta. O prazo é fixo, sendo de 5 anos para os titulares de cargos ou função de confiança e mandato eletivo e o prazo previsto para aplicação das penalidades administrativas (funcionais) para os titulares de cargo efetivo, conforme disposto no art. 23 da Lei 8.429/1992.
Gabarito "A".

(Promotor de Justiça/GO – 2016 - MPE) Assinale a alternativa incorreta:

(A) Será competente a Justiça Comum Estadual para o processamento e julgamento de ação civil por ato de improbidade administrativa que tenha por objeto o mau uso de verbas federais transferidas e incorporadas ao patrimônio público municipal, salvo se a União manifestar interesse na causa.
(B) O agente público condenado pela Justiça Eleitoral ao pagamento de multa não estará sujeito às sanções da Lei 8.429/1992 pelo ato de improbidade decorrente da mesma conduta, uma vez que dentre estas sanções está prevista o pagamento de multa civil.
(C) É cabível a condenação do agente público por ato de improbidade administrativa que importe enriquecimento ilícito, ainda que não reste configurado o dano ao erário, ficando excluída, nessa hipótese, a possibilidade de aplicação da pena de ressarcimento ao erário.
(D) Constitui ato de improbidade administrativa atentatório aos princípios da Administração Pública a tortura de preso custodiado em delegacia.

A: Correta. Há súmula do STJ nesse sentido (Súmula 209), assim como jurisprudência já consolidada a respeito. Súmula 209/STJ: "Compete à Justiça Estadual processar e julgar prefeito por desvio de verba transferida e incorporada ao patrimônio municipal." Sobre o tema, os seguintes precedentes desta Corte Superior: "Processo civil – Conflito de competência – Ação de prestação de contas de verbas recebidas em virtude de acordo firmado entre o Município e o Ministério da Educação – Competência da Justiça Estadual. 1. A ação de prestação de contas de verbas recebidas em virtude de acordo firmado entre o Município e o Ministério da Educação deve ser processada e julgada pela Justiça Comum estadual, haja vista que os recursos já□ se incorporaram ao patrimônio da Municipalidade. Inaplicabilidade da Súmula 208/STJ. 2. Conflito conhecido para declarar competente o Juízo de Direito da 3ª Vara Cível de Palmeira dos Índios – AL, o suscitado. (CC 64.869/AL, 1ª Seção, Rel. Min. Eliana Calmon, DJ de 12.2.2007). **B.** Incorreta. A aplicação da Lei de Improbidade não impede a aplicação de outras normas de outras instâncias. A penalidade por infração à Lei 8.429/1992 é cumulativa à outras penalidades, conforme dispõe o art.12, do mesmo diploma legal, razão pela qual a multa imposta pela Justiça Eleitoral pode ser cumulada ou não com a multa ou outras penalidades previstas na Lei de Improbidade Administrativa ((AgRg no AREsp 606.352-SP, Rel. Min. Assusete Magalhães, julgado em 15/12/2015, DJe 10/2/2016 – **Info 576**). **C.** Correta. O art.12, I, da Lei 8.429/1992 é prova de que o ato de improbidade que causa enriquecimento ilícito pode ou não causar danos ao erário, eis que o ressarcimento do dano é penalidade que só

6. DIREITO ADMINISTRATIVO

deve ser aplicada, se houver o dano (o dano é facultativo). **D.** Correta. A jurisprudência já se posicionou nesse sentido (STJ. 1ª Seção. REsp 1.177.910-SE, Rel. Ministro Herman Benjamin, julgado em 26/8/2015– **Info 577**), de forma que a tortura de preso é ato que atenta contra os princípios da legalidade e moralidade.
Gabarito "B".

(Promotor de Justiça – MPE/BA – CEFET – 2015) Assinale a alternativa CORRETA:

(A) A pretensão de reparação do prejuízo causado ao erário pelo agente ímprobo ocupante de mandato eletivo prescreve em 5 (cinco) anos, contados da data da prática do ato de improbidade.
(B) Segundo a atual jurisprudência do Superior Tribunal de Justiça, a decretação da indisponibilidade de bens em ação de improbidade administrativa depende da comprovação de que o réu esteja dilapidando o próprio patrimônio ou na iminência de fazê-lo.
(C) As sanções legalmente previstas pela prática de atos de improbidade administrativa devem ser sempre aplicadas cumulativamente.
(D) O prazo prescricional da ação de improbidade será o mesmo prazo previsto na lei específica por faltas disciplinares puníveis com demissão a bem do serviço público, nos casos de exercício de cargo efetivo ou emprego.
(E) A prescrição intercorrente nas ações de improbidade decorre de previsão legal expressa.

A: Incorreta. A prescrição tem o marco inicial a partir do término ou perda do cargo ou mandato eletivo, conforme dispõe o art.23, I da Lei 8.429/1992. **B:** Incorreta. A cautelar de indisponibilidade dos bens do réu na Ação de Improbidade tem como fundamento a necessidade de garantir o ressarcimento ao erário, mesmo que não haja efetivo "periculum in mora". Esse é presumido, conforme se verifica na seguinte Ementa: STJ – Agravo regimental no recurso especial AgRg no REsp 1460770 PA 2014/0144543-0 (STJ). Data de publicação: 21/05/2015. Ementa: Administrativo. Improbidade administrativa. Indisponibilidade de bens. Presença do fumus boni iuris. Comprovação de efetiva dilapidação patrimonial. Desnecessidade. Periculum in mora presumido. Agravo não provido. **C:** Incorreta. As sanções previstas na Lei de Improbidade são todas independentes (art. 12), podendo ser aplicadas isoladas ou cumulativamente. **D:** Correta. O art. 23 da Lei 8.429/1992 é a prova de que a Lei infraconstitucional é que prevê essa prescrição, não havendo previsão constitucional para tanto (art. 37, § 5º, CF). **E:** incorreta. Não temos a previsão de prescrição intercorrente na Lei de Improbidade Administrativa (art.23, da Lei 8.429/1992). Gabarito D.

(Promotor de Justiça – MPE/BA – CEFET – 2015) Em uma Ação Civil Pública cujo fundamento é a prática de ato de improbidade figuram no polo passivo 05 (cinco) réus, sendo que apenas 04 (quatro) foram citados e apresentaram defesa, e 01 (um) foi revel. Neste caso:

(A) Contra o revel é possível ao Ministério Público mudar o pedido e a causa de pedir até antes da sentença.
(B) O revel poderá intervir no feito a qualquer tempo, submetendo-se à regra geral da lei processual civil.
(C) O revel não poderá intervir no feito como um dos efeitos legais da revelia.
(D) Em relação ao revel, o processo fica sobrestado em virtude da natureza da pretensão.
(E) Em vista da pluralidade de réus e presença de contestação de 04 (quatro) deles, o revel necessariamente sofrerá todos os efeitos da revelia.

A: Incorreta. O art. 329, II, do NCPC determina que após a citação e até o saneamento, somente, só será possível alterar o pedido com o consentimento do réu. Portanto, a alteração só é possível até o saneamento do processo. Importante ressaltar que são aplicadas as normas do Código de Processo Civil (art. 17, § 6º, da Lei 8.429/1992). **B:** Correta. Trata-se do determinado no art.346, parágrafo único, NCPC. **C:** Incorreta. Como dito acima, o réu revel poderá intervir no feito em qualquer momento, recebendo-o no estado em que se encontrar. **D:** Incorreta. Não existe previsão legal para a suspensão do processo em relação ao réu revel. **E:** Incorreta. O art.345, I, NCPC determina que se um dos réus contestar, em havendo pluralidades de réus, a defesa produz efeitos em relação ao revel também, ou seja, não se aplicam os efeitos da revelia.
Gabarito "B".

(Promotor de Justiça – MPE/MS – FAPEC – 2015) É **correto** afirmar que a ação de improbidade administrativa só pode ser intentada:

(A) Privativamente pelo Ministério Público.
(B) Pela pessoa física em pleno gozo dos direitos políticos (cidadão) e pelo Ministério Público.
(C) Pelo *Parquet* e pela Defensoria Pública.
(D) Pelo Ministério Público e a pessoa jurídica interessada.
(E) Pela Defensoria Pública, pela Procuradoria do Estado e pelo Ministério Público.

A: Incorreta. O art.17 da Lei 8.429/1992 determina que também é legitimado para a propositura da ação civil pública de improbidade a pessoa jurídica interessada. **B:** Incorreta. Pessoas físicas não podem ser autoras na ação de improbidade administrativa. **C:** Incorreta. A Defensória Pública não é legitimada pela Lei de Improbidade. **D:** Correta. Trata-se do disposto no art.17 da Lei 8.429/1992. **E:** Incorreta. Somente a pessoa jurídica interessada e o Ministério Público são legitimados à ação de improbidade.
Gabarito "D".

(Ministério Público/MS – 2013 – FADEMS) A ação civil de improbidade administrativa por infringência aos artigos 9º, 10 e 11, da Lei 8.429/1992, prescreve em:

(A) Até três anos, após o término de mandato, de cargo em comissão, ou de função de confiança.
(B) Até cinco anos, após o término de mandato, de cargo em comissão, ou de função de confiança.
(C) Até oito anos, após o término de mandato, de contrato, de cargo em comissão, ou de função de confiança.
(D) Até dez anos, após o término de mandato, de cargo efetivo ou comissão, ou de função temporária de confiança.
(E) Até vinte anos, após o término de mandatos, exercício de cargos ou funções públicas.

A, C, D e E: incorretas, pois são 5 anos após esse término (art. 23, I, da Lei 8.429/1992); **B:** correta (art. 23, I, da Lei 8.429/1992).
Gabarito "B".

(Procurador da República – PGR – 2013) De acordo com a jurisprudência dominante do superior tribunal de justiça, é correto afirmar que:

(A) Os responsáveis por atos de improbidade praticados antes da entrada em vigor da Lei 8.429/1992 (Lei de Improbidade Administrativa) estão submetidos às sanções previstas nesse diploma legal, tendo em vista o princípio da supremacia do interesse público e a incidência imediata de leis de natureza processual.
(B) A prescrição das penalidades previstas na Lei 8.429/1992 não obsta ao prosseguimento da ação

de improbidade administrativa quanto ao pedido de ressarcimento dos danos causados ao Erário.
(C) São inacumuláveis as cominações de multa civil e ressarcimento ao Erário, em razão da natureza pecuniária de ambas, sob pena de configuração de bis in idem.
(D) Para a decretação da indisponibilidade patrimonial por imputação de improbidade administrativa, é indispensável a demonstração concreta de que o réu está promovendo ou ameaçando promover atos de dispersão de seus bens.

A: Incorreta. O entendimento do STJ é no sentido da irretroatividade da Lei de Improbidade, conforme se verifica da seguinte Ementa: Administrativo. Lei de improbidade administrativa. Aplicação retroativa a fatos posteriores à edição da Constituição Federal de 1988. Impossibilidade. 1. *A Lei de Improbidade Administrativa não pode ser aplicada retroativamente para alcançar fatos anteriores a sua vigência, ainda que ocorridos após a edição da Constituição Federal de 1988*. 2. A observância da garantia constitucional da irretroatividade da lei mais gravosa, esteio da segurança jurídica e das garantias do cidadão, não impede a reparação do dano ao erário, tendo em vista que, de há muito, o princípio da responsabilidade subjetiva se acha incrustado em nosso sistema jurídico. 3. Consoante iterativa jurisprudência desta Corte, a condenação do Parquet ao pagamento de honorários advocatícios no âmbito de ação civil pública está condicionada à demonstração de inequívoca má-fé, o que não ocorreu no caso. 4. Recurso especial provido em parte, apenas para afastar a condenação do recorrente em honorários advocatícios. (STJ, REsp 1.129.121/GO, t2 – Segunda Turma, Rel. Min. Eliana Calmon, Rel. p/ Acórdão Min. Castro Meira, j. 03/05/2012, p. DJe 15/03/2013). **B:** Correta. Como o art. 37, § 5º, CF ressalva a prescritibilidade em relação às ações de ressarcimento ao erário, a doutrina jurisprudência dominantes entendem se tratar de uma Ação imprescritível, por isso não é atingida pela prescrição das penalidades previstas pela Lei de Improbidade. *"...2. O art. 23 da Lei 8.429/1992, que prevê o prazo prescricional de cinco anos para a aplicação das sanções, disciplina apenas a primeira parte do § 5º do art. 37 da Constituição Federal, já que in fine esse mesmo dispositivo teve o cuidado de deixar "ressalvadas as respectivas ações de ressarcimento", o que é o mesmo que declarar a sua imprescritibilidade. 3. A pretensão de ressarcimento pelo prejuízo causado ao Erário é imprescritível"*. (STJ, AgRg no REsp 1.319.757/SP, T2 – Segunda Turma, Rel. Min. Mauro Campbell Marques, j. 18/12/2012, p. DJe 05/02/2013). **C:** Incorreta. O art. 12 da Lei 8429/1992 determina que todas as sanções são cumuláveis. **D:** Incorreta. O art. 7º da Lei de Improbidade é muito claro ao possibilitar a indisponibilidade em caso de o ato de improbidade causar lesão ao patrimônio público ou ensejar enriquecimento ilícito, independentemente de demonstração de risco de dano ou lesão ao erário. Gabarito "B".

(Ministério Público/SC – 2012) Analise as assertivas a seguir.

I. A medida cautelar de protesto poderá ser proposta pelo Órgão do Ministério Público para evitar iminente ocorrência de prescrição.
II. Havendo sido proposta pelo Ministério Público ação civil pública por ato de improbidade administrativa e concorrentemente ajuizada ação popular pelo legitimado, ambas abarcando os mesmos fatos e também com recebimento da inicial, poderá ocorrer a continência e, quando do julgamento, será apreciado por primeiro o(s) pedido(s) da ação popular e, após, o(s) daquela.
III. O procedimento do processo da ação de responsabilidade civil por ato de improbidade administrativa é híbrido, iniciando-se com base nas regras processuais estabelecidas pela legislação especial (Lei 8.429/1992), passando para o rito ordinário estabelecido pelo Código de Processo Civil e, em situações específicas para o ato, a respectiva regra do Código de Processo Penal.
IV. Em ação de improbidade administrativa as partes poderão interpor recurso da sentença independentemente do preparo, nos moldes do art. 18 da Lei 7.347/1985. Julgado procedente o pedido, as sanções de perda da função pública e de suspensão dos direitos políticos do(s) demandado(s) só podem ser executadas após o trânsito em julgado da decisão.
V. A sentença de procedência prolatada em ação civil de responsabilidade por ato de improbidade administrativa poderá conter sanções de cunho declaratório, constitutivo e condenatório. No tocante ao seu cumprimento e preenchidos os requisitos em específico, na parte constitutiva e declaratória, o magistrado determinará o cumprimento mediante expedição de ofícios mandamentais. Contudo, na parte relacionada com a(s) sanção(ões) de cunho condenatório, necessário se faz, para seu cumprimento, a adoção das medidas específicas do Código de Processo Civil.

(A) Apenas as assertivas I, II e IV estão corretas.
(B) Apenas as assertivas II, IV e V estão corretas.
(C) Apenas as assertivas I, III e V estão corretas.
(D) Apenas as assertivas III e V estão corretas.
(E) todas as assertivas estão corretas.

I: correta, pois, como restou consignado pelo STJ, "é possível a interrupção do prazo de prescrição de ação coletiva na hipótese de ajuizamento de ação cautelar de protesto, conforme jurisprudência do STJ" (AgRg no Ag 1.240.680/RS, 6ª Turma, DJe 18.05.2011); **II:** incorreta, pois, configurada a continência, as ações devem ser julgadas simultaneamente (CPC, art. 105); **III:** correta, pois a ação de improbidade apresenta regras procedimentais específicas, especialmente pela previsão de uma fase preliminar, anterior ao recebimento da inicial, quando o réu pode apresentar defesa prévia. Ultrapassada a fase preliminar, o rito será ordinário. Ademais, estabelece o art. 17, § 12, da LIA, que: *Aplica-se aos depoimentos ou inquirições realizadas nos processos regidos por esta Lei o disposto no art. 221, caput e § 1º, do Código de Processo Penal*; **IV:** incorreta, pois o benefício do art. 18 da LACP não é aplicável a ambas as partes, como consta do enunciado. O réu, ao contrário do autor da ação civil pública, não goza do benefício da isenção de custas e honorários. Como proclamou a 1ª Turma do STJ, "a previsão legal contida na primeira parte do artigo 18 da Lei 7.347/1985 ("Nas ações de que trata esta lei, não haverá adiantamento de custas, emolumentos, honorários periciais e qualquer outras despesas") aplica-se exclusivamente à parte autora da ação civil pública. Precedentes" (REsp 885.071/SP); **V:** correta, pois a possibilidade de sentenças declaratória, condenatória e constitutiva decorre da permitida cumulação de pedidos na ação coletiva. Nesse sentido o pronunciamento do STJ no julgamento do REsp 757.595/MG: "É cabível a propositura de ação civil pública que tenha como fundamento a prática de ato de improbidade administrativa, tendo em vista a natureza difusa do interesse tutelado. Também se mostra lícita a cumulação de pedidos de natureza condenatória, declaratória e constitutiva nesta ação, porque sustentada nas disposições da Lei 8.429/1992. A cumulação de pedidos em ação civil pública calcada na Lei de Improbidade é adotada no ordenamento jurídico, nos termos assentados por esta Corte, *verbis*: 1. O Ministério Público é parte legítima para ajuizar ação civil pública que vise aplicar as sanções previstas na Lei de Improbidade Administrativa. 2. A ação civil pública é meio processual adequado para buscar a responsabilização do agente público nos termos da Lei de Improbidade Administrativa, sendo também possível a cumulação de pedidos". O cumprimento dos provimentos declaratório e constitutivo

se faz por aquilo que Dinamarco chama de *execução imprópria*, isto é, execução pela expedição de ofícios. Os provimentos condenatórios são efetivados pelas regras do cumprimento de sentença.
Gabarito "C".

Ministério Público/GO – 2012) Nos termos da Lei 8.429/1992 é correto afirmar:

(A) a ação civil de improbidade administrativa poderá ser proposta pelo Ministério Público, pela pessoa jurídica interessada e por associação civil constituída há pelo menos 1 (um) ano nos termos da lei civil, desde que inclua, entre suas finalidades institucionais, a proteção do patrimônio público;
(B) poderá ser determinado o afastamento do agente público do exercício do cargo, emprego ou função, sem prejuízo da remuneração, pelo prazo máximo de 60 dias;
(C) a perda da função pública e a suspensão dos direitos políticos comportam execução provisória antes do trânsito em julgado da sentença, desde que recebido o recurso de apelação apenas no efeito devolutivo;
(D) de acordo com o artigo 17, § 7º, da Lei 8.429/1992, antes de receber a inicial o juiz ordenará a notificação do requerido para oferecer manifestação por escrito no prazo de 15 dias, caracterizando a exigência legal, verdadeiro juízo de prelibação na ação civil de improbidade administrativa.

A: incorreta, pois predomina o entendimento no sentido de que a legitimidade ativa é restrita ao MP e à pessoa jurídica interessada. As associações não têm legitimidade; **B:** incorreta, pois a lei não fixa prazo máximo para o afastamento. Cabe ao juiz a fixação; **C:** incorreta, pois, nos termos do art. 20 da LIA (Lei 8.429/1992), *a perda da função pública e a suspensão dos direitos políticos só se efetivam com o trânsito em julgado da sentença condenatória*; **D:** correta, pois o rito da ação de improbidade administrativa, que é considerada uma espécie de ação civil pública, prevê uma fase preliminar, de defesa prévia, que antecede o recebimento da inicial. Por isso, a doutrina fala que a ação de improbidade só será deflagrada se houver justa causa: suporte probatório mínimo e indícios da autoria.
Gabarito "D".

(Ministério Público/GO – 2012) Em relação à tutela da probidade administrativa, considere as seguintes proposições:

I. Por intervenção processual móvel entende-se o poder conferido à pessoa jurídica de assumir no processo de improbidade administrativa, a posição que melhor convier ao interesse público, refutando ou concordando com as alegações do Ministério Público;
II. Na defesa preliminar prevista na Lei 8429/1992 poderá o requerido alegar somente questões preliminares, sendo-lhe vedado apresentar defesa de mérito, pois, referida lei não prevê a possibilidade do juiz, de plano, julgar a improcedência do pedido;
III. De acordo com a posição majoritária do STJ, a presença da pessoa jurídica de direito público é essencial para a existência e validade do processo de improbidade administrativa, pois, em caso de procedência do pedido de ressarcimento do dano, este será destinado ao ente de direito público lesado e não o Fundo de Defesa dos Direitos Difusos. Trata-se de hipótese de litisconsórcio ativo obrigatório, motivo pelo qual a falta de cientificação do ente público constitui nulidade insanável;
IV. Embora a doutrina divirja sobre a possibilidade de utilização da interceptação telefônica como prova emprestada em processo de improbidade administrativa, há decisões do STF admitindo sua utilização em processo administrativo disciplinar e no próprio campo da improbidade administrativa desde que observadas certas condições e requisitos.

(A) apenas os itens I e III estão corretos;
(B) todos os itens estão corretos;
(C) apenas o item III está incorreto;
(D) os itens II e III estão incorretos.

I: correta, pois a possibilidade de migrar de polo existe tanto na ação popular, quanto na ação de improbidade administrativa. O art. 17, § 3º, da LIA, assim enuncia: *No caso de a ação principal ter sido proposta pelo Ministério Público, aplica-se, no que couber, o disposto no § 3º do art. 6º da Lei 4.717, de 29 de junho de 1965*; **II:** incorreta, pois, na sua literalidade, o § 8º do art. 17 da LIA prevê o não recebimento da inicial por razões de mérito, como a inexistência do ato de improbidade ou a improcedência da ação; **III:** incorreta, pois o STJ entende que o litisconsórcio, em ação de improbidade, não é necessário, sobretudo no polo ativo. A pessoa jurídica, se não for autora, poderá migrar para o polo ativo. Poderá, todavia, permanecer no polo passivo, contestando a ação; **IV:** correta, pois o STF admite a utilização de prova emprestada, consistente em interceptação telefônica, em sede de procedimento administrativo disciplinar e no campo da improbidade administrativa: "Prova licitamente obtida por meio de interceptação telefônica realizada com autorização judicial para instruir investigação criminal pode ser utilizada em processo administrativo disciplinar. Inexistência de comprovação de cerceamento de defesa em razão do indeferimento de produção de provas avaliadas como prescindíveis pela administração pública em decisão devidamente fundamentada. Punição no âmbito administrativo com fundamento na prática de improbidade administrativa Independe de provimento judicial que reconheça a conduta de improbidade administrativa. Independência entre as instâncias da improbidade administrativa e administrativa. Nego provimento ao recurso ordinário". (RMS 24.194/DF).
Gabarito "D".

(Ministério Público/PI – 2012 – CESPE) A respeito da atuação do MP em matéria de improbidade administrativa, assinale a opção correta com base na jurisprudência.

(A) É absolutamente vedada a condenação do MP ao pagamento de honorários advocatícios em ACP.
(B) Não se admite que o MP utilize a denominada prova emprestada em ACP cujo objeto seja ato de improbidade administrativa.
(C) É imprescritível a ACP que tenha por objeto o ressarcimento de danos causados ao erário por atos de improbidade administrativa.
(D) O critério para fixar a competência para a ACP por ato de improbidade administrativa proposta pelo MP é o do domicílio do réu, e não o do local do dano.
(E) O MP não pode instaurar inquérito civil contra magistrado, com o fim de apurar a prática de ato de improbidade a este atribuída.

A: incorreta, pois o MP poderá ser condenado, segundo o STJ, no caso de má-fé: "Processual civil. Agravo regimental. Ação civil pública. Honorários advocatícios. Ministério Público autor e vencedor. 1. 'Posiciona-se o STJ no sentido de que, em sede de ação civil pública, a condenação do Ministério Público ao pagamento de honorários advocatícios somente é cabível na hipótese de comprovada e inequívoca má-fé do *Parquet*. Dentro de absoluta simetria de tratamento e à luz da interpretação sistemática do ordenamento, não pode o parquet beneficiar-se de honorários, quando for vencedor na ação civil pública'

(EREsp 895.530/PR, Rel. Min. Eliana Calmon, DJe 18.12.2009). 2. Agravo regimental não provido". (AgRg no REsp 1.320.333/RJ, 2ª Turma, DJe 04.02.2013); **B:** incorreta, pois, como se vê do Informativo 440 do STJ, é possível a utilização de prova emprestada em sede de ação de improbidade: "Na ação de responsabilidade por ato de improbidade administrativa, utilizou-se prova emprestada constante de inquérito civil público consistente de laudo pericial produzido administrativamente, sem a observância de contraditório e ampla defesa. Conforme precedentes, essa circunstância, por si só, não é capaz de nulificar a prova, pois se deve contrapô-la às demais postas nos autos. Sucede que esses outros elementos, com ênfase na prova testemunhal (genérica e sem convicção), não conduzem à conclusão de que possa haver prática de ato de improbidade pelos réus, solução também adotada pelo tribunal a quo, que não pode ser revista pelo STJ (Súmula 7 do STJ). Precedentes citados: REsp 849.841-MG, DJ 11.09.2007, e HC 141.249-SP, DJe 03.05.2010. REsp 1.189.192-GO, Rel. Min. Eliana Calmon, julgado em 22.06.2010."; **C:** correta, pois a pretensão de ressarcimento ao erário, decorrente de ato de improbidade administrativa, é imprescritível, nos termos do art. 37, § 5°, da Constituição Federal. Conforme se vê no Informativo 0454, o STJ tem ratificado a conclusão no sentido de que é imprescritível a pretensão de ressarcimento ao erário: "Na espécie, o tribunal a quo entendeu que, remanescendo, em ação civil pública por ato de improbidade administrativa, o pleito ressarcitório, este, por ser imprescritível, pode ser buscado em ação autônoma. É pacífico no STJ que as sanções previstas no art. 12 e incisos da Lei 8.429/1992 prescrevem em cinco anos, o que não ocorre com a reparação do dano ao erário por ser imprescritível a pretensão ressarcitória nos termos do art. 37, § 5°, da CF/1988. Assim, quando autorizada a cumulação do pedido condenatório e do ressarcitório em ação por improbidade administrativa, a rejeição do pedido condenatório abarcado pela prescrição não impede o prosseguimento da demanda quanto ao segundo pedido em razão de sua imprescritibilidade. Com essas considerações, a Turma deu provimento ao recurso do MPF para determinar o prosseguimento da ação civil pública por ato de improbidade no que se refere ao pleito de ressarcimento de danos ao erário. Precedentes citados: AgRg no REsp 1.038.103-SP, DJe 04.05.2009; REsp 1.067.561-AM, DJe 27.02.2009; REsp 801.846-AM, DJe 12.02.2009; REsp 902.166-SP, DJe 04.05.2009, e REsp 1.107.833-SP, DJe 18.09.2009. REsp 1.089.492-RO, Rel. Min. Luiz Fux, julgado em 04.11.2010"; **D:** incorreta, pois a ação de improbidade, por ser ação coletiva, deve ser proposta no foro do local do dano ou onde o ato foi praticado, se não houve dano; **E:** incorreta, pois os magistrados também estão sujeitos à Lei 8.429/1992.

Gabarito "C".

6.4. TEMAS COMBINADOS E OUTRAS QUESTÕES DE IMPROBIDADE ADMINISTRATIVA

(Promotor de Justiça/GO – 2016 - MPE) Segundo entendimento jurisprudencial do Superior Tribunal de Justiça, a respeito da Lei de Improbidade Administrativa (Lei Federal 8.429/1992), assinale a alternativa incorreta:

(A) os bens de família não podem ser objeto de medida de indisponibilidade prevista na Lei de Improbidade Administrativa, uma vez que há apenas a limitação de eventual alienação do bem.
(B) nas ações de improbidade administrativa, não há obrigatoriedade de formação de litisconsórcio passivo necessário entre o agente público e os terceiros beneficiados com o ato ímprobo.
(C) ainda que se trate de ato de improbidade administrativa que implique em violação dos princípios da administração pública, é cabível a medida cautelar de indisponibilidade dos bens do art. 7° da Lei 8.429/1992.

(D) os Agentes Políticos sujeitos a crime de responsabilidade, ressalvados os atos ímprobos cometidos pelo Presidente da República (art. 86 da CF) e pelos Ministros do Supremo Tribunal Federal, não são imunes às sanções por ato de improbidade previstas no art. 37, § 4° da CF.

A: Incorreta. Há jurisprudência do STJ a respeito REsp 1461882/PA, Rel. Ministro Sérgio Kukina, Primeira TURMA, julgado em 05/03/2015, DJe 12/03/2015) no sentido de que o bem de família não impede a cautelar de indisponibilidade para assegurar o ressarcimento ao erário, eis que apenas é vedada a sua alienação, não afetada com a cautelar, portanto. **B:** Correta. O litisconsórcio é facultativo, nesse caso, sendo as responsabilizações independentes (AgRg no REsp 1421144/PB, Rel. Ministro Benedito Gonçalves, Primeira Turma, julgado em 26/05/2015, DJe 10/06/2015); **C:** Correta. A cautelar de indisponibilidade de bens pode ser aplicada a todos os tipos de improbidade administrativa, eis que o ressarcimento do dano pode ser necessário em qualquer das condutas ilícitas, inclusive a violação de princípios conforme previsto no art.12, III, da Lei de Improbidade.(AgRg no REsp 1311013/RO, Rel. Ministro Humberto Martins, Segunda Turma, julgado em 04/12/2012, DJe 13/12/2012; AgRg no REsp 1299936/RJ, Rel. Ministro Mauro Campbell Marques, Segunda Turma, julgado em 18/04/2013, DJe 23/04/2013; REsp 957766/PR, Rel. Ministro Luiz Fux, Primeira Turma, julgado em 09/03/2010, DJe 23/03/2010). **D:** correta. O Entendimento do STF (Reclamação 2138) é de que somente os Ministros de Estado e o Presidente da República, que estão sujeitos a regramento próprio previsto no art.84, CF, é que não se submetem à Lei de Improbidade. Temos também, jurisprudência do STJ a respeito ((REsp 1191613/MG, Rel. Ministro Benedito Gonçalves, Primeira Turma, julgado em 19/03/2015, DJe 17/04/2015).

Gabarito "A".

(Promotor de Justiça/GO – 2016 - MPE) Em relação a Lei de Improbidade Administrativa e a Lei Anticorrupção, analise a alternativa correta:

(A) A lei anticorrupção tem por objeto a responsabilidade civil das pessoas físicas envolvidas em atos de corrupção contra a administração pública nacional ou estrangeira
(B) Para caracterização do ato de improbidade administrativa exige-se o envolvimento da administração pública direta ou indireta, de um lado, e de pelo menos um agente público, de outro, sendo desnecessário a comprovação de culpa tendo em vista que a responsabilidade é objetiva.
(C) A lei anticorrupção inovou ao introduzir a *compliance*, ou seja, mecanismos e procedimentos internos de integridade, auditoria e incentivo à denúncia de irregularidades e aplicação efetiva de códigos de ética e de conduta no âmbito da pessoa jurídica.
(D) A lei de improbidade administrativa prevê expressamente o acordo de leniência para uso no âmbito administrativo para fins de isenção de sanções e multas, exigindo, a participação do Ministério Público.

A: Incorreta. A Lei Anticorrupção tem como sujeito ativo as pessoas jurídicas, somente, conforme dispõe seu art. 1°. **B:** Incorreta. Os atos de improbidade só podem ser dolosos ou culposos, não havendo previsão para responsabilidade objetiva nessa lei. **C:** Correta. O art. 7°, VII, da Lei 12.846/2013, é um grande exemplo da punição do compliance com auxílio da própria pessoa jurídica a que pertence o funcionário para combater os atos de corrupção. **D:** Incorreta. O acordo de Leniência está previsto na Lei 12.846/2013 (Lei Anticorrupção), e não na Lei de Improbidade Administrativa.

Gabarito "C".

(Promotor de Justiça – MPE/MS – FAPEC – 2015) O Prefeito pode incorrer em improbidade administrativa, em face da Lei 8.429/92, quando:

I. Não rever a lei que instituir o Plano Diretor Municipal, pelo menos a cada dez anos, onde a houver.
II. No processo de elaboração do Plano Diretor e na fiscalização de sua implementação, deixar de garantir, juntamente com o Poder Legislativo Municipal, a promoção de audiências públicas e debates com a participação da população e de associações representativas dos vários seguimentos da comunidade.
III. Negar publicidade quanto aos documentos e informações produzidos no processo de elaboração do Plano Diretor Municipal.
IV. Negar acesso de qualquer interessado aos documentos e informações produzidos no referido processo.
V. Expedir licenças ou autorizações de construção sem a elaboração de estudo prévio de impacto de vizinhança (EIV).

Assinale a alternativa correta:
(A) As assertivas contempladas nos itens I, II, III e IV, estão corretas.
(B) Somente as opções I e II estão corretas.
(C) Só a alternativa V está correta.
(D) Todas as afirmações estão corretas.
(E) Somente as opções constantes dos itens II e V estão corretas.

A: Correta. Todas as condutas previstas nos itens I, II, III e IV estão previstas no art. 52 da Lei 10.257/2001 (Estatuto da Cidade) como atos que, se ocorridos, tipificam a conduta de improbidade administrativa do Prefeito. No caso do item V, não há improbidade porque o Estudo de Impacto de Vizinhança não é obrigatório para a expedição de licenças ou autorizações de construção. Na verdade, o art.36, do Estatuto da Cidade determina que lei municipal é que deve determinar quais obras dependem desse estudo, o que demonstra a sua facultatividade. **B:** Incorreta. As assertivas III e IV também estão corretas, conforme explicado acima. **C:** Incorreta. A assertiva V está incorreta, pois o Estudo de Impacto de Vizinhança não é obrigatório para a concessão das licenças para construção (art.36, da Lei 10257/2001). **D:** incorreta. O item V está incorreto, conforme explicado acima. **E:** Incorreta. O item V está incorreto.
Gabarito "A".

(Ministério Público/Acre – 2014 – CESPE) A respeito dos agentes públicos e da improbidade administrativa, assinale a opção correta.
(A) A regra da aposentadoria compulsória por idade aplica-se ao servidor público que ocupe exclusivamente cargo em comissão.
(B) Segundo entendimento do STJ, não configura ato de improbidade administrativa a conduta de professor da rede pública de ensino que, aproveitando-se dessa condição, assedie sexualmente seus alunos.
(C) Os candidatos com a deficiência denominada pé torto congênito bilateral não têm direito a concorrer às vagas em concurso público reservadas às pessoas com deficiência, pois, segundo o STJ, tal anomalia constitui mero problema estético, que não produz dificuldade para o desempenho de funções.
(D) Caso se determine, no edital de concurso, que as comunicações com os candidatos devam ocorrer unicamente por meio da imprensa oficial, é possível exigir que o servidor público acompanhe diariamente, no diário oficial, qualquer referência ao seu nome durante a vigência do concurso.
(E) Ao servidor público é garantido o direito ao recebimento de auxílio-alimentação no período de férias.

A: incorreta, pois, segundo o STJ, "Os servidores comissionados, mesmo no período anterior à EC 20/98, não se submetem à regra da aposentadoria compulsória aos setenta anos de idade." (RMS 36950 / RO); **B:** incorreta, pois, como noticiou o Informativo nº 0523 do STJ: "Direito administrativo. Improbidade administrativa por violação aos princípios da administração pública. Configura ato de improbidade administrativa a conduta de professor da rede pública de ensino que, aproveitando-se dessa condição, assedie sexualmente seus alunos. Isso porque essa conduta atenta contra os princípios da administração pública, subsumindo-se ao disposto no art. 11 da Lei 8.429/1992. REsp 1.255.120-SC, Rel. Min. Humberto Martins, j. 21.05.2013"; **C:** incorreta, pois o STJ já decidiu que pé torto congênito bilateral caracteriza deficiência física nos moldes do Decreto 3.298/99, alterado pelo Decreto nº 5.296/04 (Ag 1420359); **D:** incorreta, pois "a jurisprudência do Superior Tribunal de Justiça compreende que esse procedimento viola o princípio da razoabilidade, sendo inviável exigir que o candidato acompanhe diariamente, com leitura atenta, as publicações oficiais. (RMS 33.077/DF, relator Ministro Mauro Campbell Marques, Segunda Turma, j. 22.02.2011, DJe 04.03.2011)." (AgRg no REsp 1399539 / PB); **E:** correta, pois "A jurisprudência desta Corte firmou entendimento no sentido de que os servidores públicos fazem jus ao recebimento do auxílio-alimentação durante o período de férias e licenças" (AgRg no REsp 1211687 / RJ).
Gabarito "E".

(Ministério Público/MPU – 2013) Sobre improbidade administrativa, é correto afirmar que:
(A) A indisponibilidade de bens em decorrência da apuração de atos de improbidade não deve ser limitada aos bens que bastem ao ressarcimento do dano.
(B) A contratação temporária de servidores e sua prorrogação sem concurso público, amparadas em legislação local, não constitui, por si só, ato de improbidade administrativa.
(C) Emitir laudo médico de sua competência em seu próprio benefício não caracteriza ato de improbidade administrativa.
(D) A petição inicial na ação por ato de improbidade administrativa deve conter elementos que comprovem a existência de indícios da prática de ato ímprobo, dispensada a indicação de sua autoria.

A: incorreta, pois a indisponibilidade deve, sim, ser limitada aos bens que bastem ao ressarcimento (art. 7º, parágrafo único, da Lei n. 8.429/92); **B:** correta, pois, como decidiu o STJ, "A prorrogação da contratação temporária, com fundamento em lei municipal que estava em vigor quando da contratação – gozando tal lei de presunção de constitucionalidade – descaracteriza o elemento subjetivo doloso. Precedentes: REsp 1.231.150/MG, Rel. Min. Herman Benjamin, Segunda Turma, j. 13.03.2012, DJe 12.4.2012; AgRg no Ag 1.324.212/MG, Rel. Min. Mauro Campbell Marques, j. 28.09.2010, DJe 13.10.2010." (EDcl no AgRg no AgRg no AREsp 166766/SE); **C:** incorreta, pois já decidiu o STJ que "O acórdão recorrido, sobre a caracterização do ato ímprobo, está em sintonia com o entendimento jurisprudencial do STJ, porquanto não se exige o dolo específico na prática do ato administrativo para caracterizá-lo como ímprobo. Ademais, não há como afastar o elemento subjetivo daquele que emite laudo médico de sua competência para si mesmo." (AgRg no AREsp 73968 / SP); **D:** incorreta, pois a petição inicial deve apontar o autor do ato de improbidade administrativa (art. 17, § 6º, da Lei n. 8.429/92).
Gabarito "B".

(Ministério Público/ES – 2013 – VUNESP) Assinale a alternativa que corretamente trata de improbidade administrativa.

(A) A Lei de Improbidade Administrativa (Lei Federal 8.429/1992) cuida de reparar atos de improbidade praticados contra a administração pública por uma via específica que não se confunde com a ação penal comum, nem com a ação que apura os crimes de responsabilidade das autoridades mencionadas na Constituição Federal.
(B) Em relação ao Presidente da República, está ele sujeito à perda da função pública e dos direitos políticos em decorrência de improbidade administrativa, pela via da ação civil pública da Lei Federal 8.429/1992, pois a improbidade administrativa, em toda sua extensão típica, é crime de responsabilidade do Chefe maior da Nação.
(C) Senadores, Deputados Federais e Estaduais estão sujeitos a normas constitucionais que disciplinam expressamente a forma de perda das funções, assim, não podem ter cassados seus direitos políticos pela via da Lei Federal n.º 8.429/92. Da mesma forma, Juízes e Promotores de Justiça estão imunes às sanções da referida Lei.
(D) A Lei Federal 8.429/1992 veda, em caráter absoluto, a presença de algumas autoridades públicas no polo passivo de ação civil de improbidade ou prevê foro de prerrogativa de função, não restringindo, no entanto, as sanções cabíveis.
(E) A Lei Federal 8.429/1992 pode ensejar prerrogativa de foro, pois ostenta caráter criminal. A perda da função pública para Prefeitos Municipais submete-se ao tipo penal que tem como objetividade jurídica a tutela da Administração Pública e do patrimônio público, no especial aspecto da garantia da probidade administrativa.

A: correta, pois, como já decidiu o STJ, "é possível a responsabilização do agente público, no âmbito do art. 11 da Lei 8.429/1992, ainda que este responda pelos mesmos fatos nas demais searas, em consideração à autonomia da responsabilidade jurídica por atos de improbidade administrativa em relação as demais esferas" (REsp 1219915/MG). O STJ também proclamou que "a Corte Especial deste Tribunal Superior expressamente reconheceu que a "ação de improbidade administrativa deve ser processada e julgada nas instâncias ordinárias, ainda que proposta contra agente político que tenha foro privilegiado no âmbito penal e nos crimes de responsabilidade." (excerto da ementa do AgRg na Rcl 12.514/MT, Rel. Min. Ari Pargendler, DJe 26.09.2013). No mesmo sentido, os seguintes precedentes: AgRg no AREsp 422.394/DF, 2ª Turma, Rel. Min. Og Fernandes, DJe 14.03.2014; AIA 45/AM, Corte Especial, Rel. Min. Laurita Vaz, DJe 19.03.2014; REsp 1.135.158/SP, 2ª Turma, Rel. Min. Eliana Calmon, DJe 01.07.2013; AgRg no AREsp 322.262/SP, 2ª Turma, Rel. Min. Humberto Martins, DJe 18.06.2013." (MC 22831 / RO); **B:** incorreta, pois o Presidente da República se submete a regime especial. Assim decidiu o STJ: "consoante a jurisprudência do STJ, ressalvada a hipótese dos atos de improbidade cometidos pelo Presidente da República, aos quais se aplica o regime especial previsto no art. 86 da Carta Magna, os agentes políticos sujeitos a crime de responsabilidade não são imunes às sanções por ato de improbidade previstas no art. 37, § 4º, da CF." (REsp 1190244/RJ); **C:** incorreta, pois juízes e promotores não estão imunes à Lei 8.429/92; **D:** incorreta, pois não há vedação absoluta à presença de autoridades públicas no polo passivo, como se depreende dos comentários anteriores, bem como a LIA não prevê foro de prerrogativa de função; E: incorreta, pois, como já decidiu o STJ, "A ação de improbidade administrativa deve ser processada e julgada nas instâncias ordinárias, ainda que proposta contra agente político que tenha foro privilegiado no âmbito penal e nos crimes de responsabilidade" (AgRg na Rcl 12.514/MT, Rel. Ministro Ari Pargendler, Corte Especial, j. 16.09.2013, DJe 26.09.2013)."

Gabarito "A".

(Ministério Público/GO – 2013) A respeito da Lei de improbidade Administrativa é correto afirmar:

(A) de acordo com o art. 23, inciso I, da LIA, a prescrição em relação a Prefeito que tenha praticado ato de improbidade no primeiro ano de mandato começará a fluir, mesmo em caso de reeleição, a partir do término do segundo mandato. Neste caso, as ações podem ser propostas até cinco anos após o término do segundo mandato.
(B) um vereador da comarca de Crixás percebeu vantagem patrimonial de determinado setor econômico interessado na aprovação de um projeto de lei. Tal conduta, em tese, configura ato de improbidade administrativa, nos termos do art. 9º, I, da LIA. Contudo, o vereador não poderá sofrer as sanções da Lei 8.429/1992, em razão da imunidade material garantida aos parlamentares, de acordo com a Constituição Federal.
(C) constitui ato de improbidade administrativa que causa lesão ao erário qualquer ação ou omissão, dolosa ou culposa, que enseje perda patrimonial, desvio, apropriação, malbaratamento ou dilapidação de bens ou haveres. Neste caso, seguindo a jurisprudência majoritária do STJ, a prova da perda patrimonial não é sempre necessária, podendo ser presumida.
(D) o art. 12 da LIA estabelece que o responsável pelo ato de improbidade administrativa está sujeito às seguintes sanções, que podem ser aplicadas isolada ou cumulativamente, de acordo com a gravidade do fato: perda dos bens ou valores acrescidos ilicitamente ao patrimônio, ressarcimento integral do dano, perda dos direitos políticos, multa civil, proibição de contratar com o poder público ou receber benefícios ou incentivos fiscais ou creditícios e perda da função pública.

A: correta, pois, de fato, o prazo será contado do término do segundo mandato, tendo em vista a continuidade do governo. A segunda Turma do STJ, conforme o Informativo nº 0406, decidiu que, no caso de reeleição, o prazo prescricional deve ser contado a partir do fim do segundo mandato: "A Lei de Improbidade associa, no art. 23, I, o início da contagem do prazo prescricional ao término de vínculo temporário, entre os quais o exercício de mandato eletivo. De acordo com a justificativa da PEC de que resultou a EC n. 16/1997, a reeleição, embora não prorrogue simplesmente o mandato, importa em fator de continuidade da gestão administrativa. Portanto, o vínculo com a Administração, sob o ponto de vista material, em caso de reeleição, não se desfaz no dia 31 de dezembro do último ano do primeiro mandato para se refazer no dia 1º de janeiro do ano inicial do segundo mandato. Em razão disso, o prazo prescricional deve ser contado a partir do fim do segundo mandato. O administrador, além de detentor do dever de consecução do interesse público, guiado pela moralidade – e por ele limitado –, é o responsável, perante o povo, pelos atos que, em sua gestão, em um ou dois mandatos, extrapolem tais parâmetros. A estabilidade da estrutura administrativa e a previsão de programas de execução duradoura possibilitam, com a reeleição, a satisfação, de forma mais concisa e eficiente, do interesse público. No entanto, o bem público é de titularidade do povo, a quem o administrador deve prestar contas. E se, por dois mandatos seguidos, pôde usufruir de uma estrutura mais bem planejada e de programas de governo mais consistentes, colhendo frutos ao longo dos dois mandatos – principalmente, no decorrer do segundo, quando os resultados concretos realmente aparecem – deve

responder inexoravelmente perante o titular da *res publica* por todos os atos praticados durante os oito anos de administração, independente da data de sua realização. No que concerne à ação civil pública em que se busca a condenação por dano ao erário e o respectivo ressarcimento, este Superior Tribunal considera que tal pretensão é imprescritível, com base no que dispõe o art. 37, § 5º, da CF/1988. REsp 1.107.833-SP, Rel. Min. Mauro Campbell Marques, j. 08.09.2009"; **B:** incorreta, pois os vereadores e outros agentes políticos não são imunes à Lei n. 8.429/92; **C:** incorreta, pois, como decidiu o STJ, "A configuração do dano ao erário como ato de improbidade administrativa não exige a ocorrência do enriquecimento ilícito por parte do agente ímprobo (modalidade específica de improbidade administrativa prevista no art. 9º da LIA). No caso, fica configurado quando qualquer ação ou omissão, dolosa ou culposa, "causar lesão ao erário (...) que enseje perda patrimonial, desvio, apropriação, malbaratamento ou dilapidação dos bens ou haveres das entidades referidas no art. 1º desta lei" (art. 10, *caput*, LIA)." (AgRg no REsp 1100930 / PR); **D:** incorreta, pois as sanções a serem aplicáveis dependem da natureza do ato de improbidade administrativa. Assim, por exemplo, nem sempre será determinado o ressarcimento do dano.
Gabarito "A".

(Ministério Público/PR – 2013 – X) Em relação aos atos de improbidade administrativa e seu controle jurisdicional, assinale a alternativa *incorreta*:

(A) Não configura ato de improbidade administrativa a exoneração de cargos em comissão, nos três meses que antecedem a realização das eleições até a posse dos eleitos;
(B) As ações destinadas ao ressarcimento de danos causados ao erário, decorrentes de atos de improbidade administrativa, podem ser propostas até 8 (oito) anos após o término do exercício de mandato, de cargo em comissão ou de função de confiança;
(C) O Estatuto da Cidade não prevê a responsabilização do Prefeito Municipal por ato de improbidade administrativa que impedir ou deixar de garantir a participação de comunidades, movimentos e entidades da sociedade civil no controle social da aplicação dos recursos públicos;
(D) Quem for condenado à suspensão dos direitos políticos, em decisão proferida por órgão judicial colegiado, tão somente, por ato doloso de improbidade administrativa, que importe lesão ao patrimônio público e enriquecimento ilícito, desde a condenação, até o transcurso do prazo de 8 (oito) anos após o cumprimento da pena, torna-se inelegível;
(E) Os agentes públicos, ainda que não sejam servidores públicos, nos três meses que antecedem as eleições, cometem ato de improbidade administrativa se autorizam publicidade institucional de atos, programas, obras, serviços e campanhas dos órgãos públicos, salvo em caso de grave e urgente necessidade pública, assim reconhecida pela Justiça Eleitoral, e nas hipóteses de propaganda de produtos e serviços que tenham concorrência no mercado.

A: assertiva correta; de fato não configura ato de improbidade; esse ato restaria configurado apenas no ato de "nomear, contratar ou de qualquer forma admitir, demitir sem justa causa, suprimir ou readaptar vantagens ou por outros meios dificultar ou impedir o exercício funcional e, ainda, *ex officio*, remover, transferir ou exonerar servidor público, na circunscrição do pleito, nos três meses que antecedem e até a posse dos eleitos", não incluída na ilicitude a conduta de "nomeação ou exoneração de cargos em comissão e designação ou dispensa de funções de confiança", tudo nos termos dos art. 73, V, "a", e § 7º, da Lei 9.504/1997; **B:** assertiva incorreta, devendo ser assinalada. O prazo é de até 5 anos (e não 8 anos) do marco assinalado no enunciado (art. 23, I, da Lei 8.429/1992); **C:** assertiva correta (art. 52, VI, da Lei 10.257/2001); **D:** assertiva correta (art. 1º, I, "I", da LC 64/1990 – inclusão feita pela LC 135/2010 – Lei da Ficha Limpa); **E:** assertiva correta (art. 73, VI, "b", da Lei 9.504/1997).
Gabarito "B".

(Ministério Público/GO – 2012) Acerca da disciplina dada pela Lei 8.429/1992 às sanções aplicáveis aos agentes públicos que praticarem atos de improbidade administrativa, é incorreto afirmar:

(A) A ação para aplicação de sanções aos agentes públicos que praticarem atos de improbidade administrativa e a ação de ressarcimento prescrevem em cinco anos após findo o exercício de mandato, de cargo em comissão ou de função de confiança e dentro do prazo prescricional previsto em lei específica para faltas disciplinares puníveis com demissão a bem do serviço público, nos casos de exercício de cargo efetivo ou emprego.
(B) O responsável por ato de improbidade administrativa que importa enriquecimento ilícito está sujeito à perda dos bens ou valores acrescidos ilicitamente ao patrimônio, ressarcimento integral do dano, quando houver, perda da função pública, suspensão dos direitos políticos de oito a dez anos, pagamento de multa civil de até três vezes o valor do acréscimo patrimonial e proibição de contratar com o Poder Público ou receber benefícios ou incentivos fiscais ou creditícios, direta ou indiretamente, ainda que por intermédio de pessoa jurídica da qual seja sócio majoritário, pelo prazo de dez anos.
(C) Constitui ato de improbidade administrativa importando enriquecimento ilícito aceitar promessa de vantagem econômica de qualquer natureza, direta ou indireta, para tolerar a exploração ou a prática de jogos de azar, de lenocínio, de narcotráfico, de contrabando, de usura ou de qualquer outra atividade ilícita.
(D) A ação de responsabilização por prática de ato de improbidade administrativa segue o rito ordinário, com a ressalva de que, autuada a inicial, o requerido será notificado para oferecer manifestação por escrito, dentro do prazo de quinze dias, sendo que somente após cumprida essa formalidade o juiz, em decisão fundamentada, deliberará sobre a rejeição da ação ou recebimento da inicial, para só então, neste último caso, proceder à citação do réu para contestação.

A: incorreta, pois a pretensão de ressarcimento ao erário, decorrente de ato de improbidade administrativa, é imprescritível, nos termos do art. 37, § 5º, da Constituição Federal. Conforme se vê no Informativo 0454, o STJ tem ratificado a conclusão no sentido de que é imprescritível a pretensão de ressarcimento ao erário: "Na espécie, o tribunal *a quo* entendeu que, remanescendo, em ação civil pública por ato de improbidade administrativa, o pleito ressarcitório, este, por ser imprescritível, pode ser buscado em ação autônoma. É pacífico no STJ que as sanções previstas no art. 12 e incisos da Lei 8.429/1992 prescrevem em cinco anos, o que não ocorre com a reparação do dano ao erário por ser imprescritível a pretensão ressarcitória nos termos do art. 37, § 5º, da CF/1988. Assim, quando autorizada a cumulação do pedido condenatório e do ressarcitório em ação por improbidade administrativa, a rejeição do pedido condenatório abarcado pela prescrição não impede o prosseguimento da demanda quanto ao segundo pedido em razão de sua imprescritibilidade. Com essas considerações, a Turma deu

provimento ao recurso do MPF para determinar o prosseguimento da ação civil pública por ato de improbidade no que se refere ao pleito de ressarcimento de danos ao erário. Precedentes citados: AgRg no REsp 1.038.103-SP, *DJe* 04.05.2009; REsp 1.067.561-AM, *DJe* 27.02.2009; REsp 801.846-AM, *DJe* 12.02.2009; REsp 902.166-SP, *DJe* 04.05.2009, e REsp 1.107.833-SP, *DJe* 18.09.2009. REsp 1.089.492-RO, Rel. Min. Luiz Fux, julgado em 04.11.2010"; **B:** correta, pois assim estabelece o art. 12, I, da LIA; **C:** correta, pois é o que dispõe o art. 9º, V, da LIA; **D:** correta, pois a ação de improbidade administrativa, espécie de ação civil pública, tem rito diferenciado. A principal peculiaridade está apontada na assertiva e decorre do previsto no art. 17, § 7º, da LIA.
Gabarito "A".

(Ministério Público/MT – 2012 – UFMT) *Pedro, servidor público estadual, exclusivamente comissionado, praticou ato de improbidade administrativa em 30 de junho de 2000. Em razão desse fato, Pedro foi exonerado, deixando de manter vínculo com o Estado em 30 de março de 2001. Após apuração do fato por meio de inquérito civil público, o Ministério Público Estadual promoveu Ação de Responsabilização por Ato de Improbidade Administrativa em 30 de janeiro de 2006. No entanto, a citação do réu só ocorreu no dia 30 de novembro de 2006, razão pela qual a defesa de Pedro alegou a ocorrência da prescrição quinquenal.*

A respeito da situação acima, pode-se afirmar:

(A) A pretensão do Estado em punir o servidor pela prática de ato de improbidade administrativa foi fulminada pela prescrição, pois entre a data de sua exoneração e a data da efetiva citação transcorreu prazo superior a cinco anos, remanescendo a possibilidade de ressarcimento de eventual dano ao erário.

(B) Não sobreveio a prescrição quinquenal, pois o prazo para sua ocorrência foi interrompido com a propositura da ação, não havendo que se falar em perda da pretensão de punir o ex-servidor em razão do transcurso de prazo superior a cinco anos, pois o prazo é contado da data da exoneração do réu até a data da propositura da ação.

(C) A pretensão do Estado em punir o servidor pela prática de ato de improbidade administrativa foi fulminada pela prescrição, pois entre a data da prática do ato de improbidade e a data da promoção da Ação de Responsabilização por Ato de Improbidade Administrativa transcorreu prazo superior a cinco anos, remanescendo a possibilidade de ressarcimento de eventual dano ao erário.

(D) Não ocorreu a prescrição, pois o ex-servidor era exclusivamente comissionado, razão pela qual não se aplica à sua situação o prazo estipulado no artigo 23 da Lei n. 8.429/1992, mas tão somente o artigo 205 do Código Civil, que estabelece o prazo prescricional geral em 10 anos.

(E) A Ação de Responsabilização por Ato de Improbidade Administrativa foi proposta após o transcurso do prazo decadencial de cinco anos, eis que conta-se tal prazo da data do fato praticado pelo ex-servidor até a data da propositura da ação, remanescendo para o Estado a possibilidade de buscar ressarcimento de eventual dano ao erário.

A: incorreta, pois não ocorreu a prescrição, considerando a interrupção ocorrida com a propositura da ação, conforme exposto na alternativa seguinte; **B:** correta, pois, nos termos do art. 219 do CPC, a citação válida interrompe a prescrição. De lembrar que o § 1º do citado dispositivo legal determina que *a interrupção da prescrição retroagirá à data da propositura da ação*; **C:** incorreta, pelas razões anteriores; **D:** incorreta, pois o prazo prescricional é regido pelo art. 23 da LIA. Sendo comissionado, incide o disposto no inciso I do citado artigo, segundo o qual a prescrição ocorre até cinco anos após o término do exercício da função de confiança; **E:** incorreta, pelas razões expostas nas alternativas anteriores.
Gabarito "B".

7. BENS PÚBLICOS
7.1. CONCEITO E CLASSIFICAÇÃO

(Ministério Público/TO – 2012 – CESPE) O conceito de patrimônio público, segundo a lei, abrange

(A) apenas os bens que atendam a destinação pública relativa a seus atributos, componentes e elementos formadores.

(B) não só os bens materiais e imateriais pertencentes às entidades da administração pública, mas também aqueles bens materiais e imateriais que pertencem a todos, de uma maneira geral, como o patrimônio cultural, o patrimônio ambiental e o patrimônio moral.

(C) os bens públicos pertencentes à administração pública, exclusivamente.

(D) apenas o conjunto de bens e direitos de valor econômico pertencentes aos entes da administração pública direta e indireta.

(E) os bens públicos, excetuando-se os bens do domínio nacional pertencentes às pessoas jurídicas de direito público interno.

O conceito de patrimônio público em sentido amplo abrange os bens pertencentes às pessoas jurídicas de direito público (bens públicos – art. 98 do CC) e os bens materiais e imateriais mencionados na alternativa "b", por força do disposto nos arts. 216, *caput*, e 225, *caput*, da CF.
Gabarito "B".

(Procurador da República – 26º) Assinale o item verdadeiro:

(A) Os bens de uso comum do povo são, por suas características e destinação, titularizados pelas pessoas políticas, não podendo ser geridos por pessoas da administração pública indireta.

(B) As terras tradicionalmente ocupadas por indígenas são bens de uso comum do povo, inalienáveis, imprescritíveis e indisponíveis, só podendo ter sua destinação alterada mediante autorização prévia do Congresso Nacional.

(C) Os terrenos de marinha são bens dominicais, podendo ser, nessa condição, objeto de ocupação por particulares, mediante pagamento de prestação anual calculada com base no valor do domínio pleno do bem.

(D) Os bens públicos de uso especial destinam-se à prestação de serviços públicos ou à satisfação de necessidades internas da Administração, não podendo ser em qualquer hipótese consumidos por particulares.

A: incorreta, pois pessoas jurídicas de direito público da Administração Pública Indireta também podem titularizar esse tipo de bem; **B:** incorreta, pois, apesar de tais terras serem inalienáveis, imprescritíveis e indisponíveis, têm *uso especial*, já que se destinam a sua posse permanente e ao usufruto exclusivo das riquezas dos solos, dos rios e dos lagos nelas existentes, não havendo, assim, que se falar em *bens de uso comum do povo*, que são bens destinados ao uso indistinto de

todos; **C:** correta; de fato, tais bens são considerados dominicais, o que permite a ocupação mencionada; tal situação só não se dará no caso em que um terreno de marinha esteja situado justamente na parte da praia, já que esta, como se sabe, é bem de uso comum do povo; **D:** incorreta, pois eventualmente os particulares irão se beneficiar do uso de tais bens, mormente quanto aos bens de uso especial destinados à prestação de serviços públicos.
Gabarito "C".

(Ministério Público/TO – 2012 – CESPE) A respeito dos bens públicos e do controle da administração pública, assinale a opção correta.

(A) Os bens, da mesma forma que as coisas, se caracterizam pelos mesmos atributos: escassez, valor econômico e livre circularidade.
(B) No caso de sentença judicial transitada em julgado que imponha créditos contra a fazenda pública, o pagamento efetuar-se-á por meio de precatórios, conforme o disposto na CF, uma vez que os bens públicos não estão sujeitos aos efeitos jurídicos do regime da penhora.
(C) Os bens públicos de uso comum do povo e os de uso especial são os únicos imprescritíveis, isto é, insuscetíveis de aquisição da propriedade mediante usucapião.
(D) A transferência do direito real de propriedade dos bens públicos imóveis, em qualquer dos poderes da República, dependerá de autorização do chefe máximo do poder a que estiver submetido o órgão alienante.
(E) Os bens públicos de uso comum do povo e aqueles que tenham natureza jurídica especial serão passíveis de alienação, ainda que se mantenha incólume a sua qualificação, na forma que a lei determinar.

A: incorreta; pois as coisas podem ser *bens* (que tem as características mencionadas) ou não (que não tem essas características); um grão de areia, por exemplo, é uma coisa que não é considerada *bem*; **B:** correta; de fato, os bens públicos, inclusive os dominicais (que são alienáveis), são impenhoráveis; também é verdade que o regime constitucional impede a penhora, impondo o pagamento mediante precatório, salvo pagamentos de pequeno valor, que são feitos independentemente da expedição de precatório (art. 100, *caput* e § 3º, da CF); **C:** incorreta, pois todo e qualquer bem público é imprescritível, por disposição expressa não só do Código Civil (art. 102), como também da Constituição (arts. 183, § 3º, e 191, parágrafo único); **D:** incorreta, pois a alienação de bens imóveis depende de autorização legislativa (art. 17, I, da Lei 8.666/1993); **E:** incorreta, pois um dos requisitos para a alienação desses bens é justamente que deixem de ter essa qualificação (art. 100 do CC).
Gabarito "B".

Procurador da República – 26º) Assinale o item verdadeiro:

(A) Os bens de uso comum do povo são, por suas características e destinação, titularizados pelas pessoas políticas, não podendo ser geridos por pessoas da administração pública indireta.
(B) As terras tradicionalmente ocupadas por indígenas são bens de uso comum do povo, inalienáveis, imprescritíveis e indisponíveis, só podendo ter sua destinação alterada mediante autorização prévia do Congresso Nacional.
(C) Os terrenos de marinha são bens dominicais, podendo ser, nessa condição, objeto de ocupação por particulares, mediante pagamento de prestação anual calculada com base no valor do domínio pleno do bem.
(D) Os bens públicos de uso especial destinam-se à prestação de serviços públicos ou à satisfação de necessidades internas da Administração, não podendo ser em qualquer hipótese consumidos por particulares.

A: incorreta, pois pessoas jurídicas de direito público da Administração Pública Indireta também podem titularizar esse tipo de bem; **B:** incorreta, pois, apesar de tais terras serem inalienáveis, imprescritíveis e indisponíveis, têm *uso especial*, já que se destinam a sua posse permanente e ao usufruto exclusivo das riquezas dos solos, dos rios e dos lagos nelas existentes, não havendo, assim, que se falar em *bens de uso comum do povo*, que são bens destinados ao uso indistinto de todos; C: correta; de fato, tais bens são considerados dominicais, o que permite a ocupação mencionada; tal situação só não se dará no caso em que um terreno de marinha esteja situado justamente na parte da praia, já que esta, como se sabe, é bem de uso comum do povo; D: incorreta, pois eventualmente os particulares irão se beneficiar do uso de tais bens, mormente quanto aos bens de uso especial destinados à prestação de serviços públicos.
Gabarito "C".

7.2. REGIME JURÍDICO (CARACTERÍSTICAS)

(Ministério Público/SP – 2011) Os bens imóveis públicos, rurais ou urbanos,

(A) sujeitam-se à prescrição aquisitiva, qualquer que seja sua área.
(B) não podem ser adquiridos por usucapião.
(C) estão sujeitos à usucapião *pro labore*.
(D) atendida a função social da propriedade, podem ser usucapidos.
(E) se urbanos, até 250 m², e rurais, até 50 ha, atendidos os requisitos temporal, de posse ininterrupta e sem oposição, sujeitam-se à prescrição aquisitiva.

A: incorreta, pois não cabe usucapião em bens públicos (arts. 183, § 3º, e 191, parágrafo único, ambos da CF); **B:** correta, conforme mencionado na afirmativa anterior; C a E: incorretas, pois, conforme já dito, não cabe qualquer tipo de usucapião em bens públicos.
Gabarito "B".

7.3. USO DOS BENS PÚBLICOS

(Ministério Público/Acre – 2014 – CESPE) No que se refere aos bens públicos, assinale a opção correta.

(A) Nas hipóteses em que a alienação de bens públicos imóveis depender da realização de procedimento licitatório, em regra, a modalidade será o leilão.
(B) Admite-se a aquisição, por usucapião, de bem público imóvel submetido a regime de aforamento, desde que a ação seja ajuizada em face de pessoa jurídica de direito público e do foreiro.
(C) A concessão de direito real de uso de bem público pode ser outorgada por prazo indeterminado, não sendo transmissível por ato inter vivos ou causa mortis.
(D) São bens públicos as florestas, naturais ou plantadas, localizadas nos entes públicos e nas entidades da administração indireta, excetuadas as que estejam sob o domínio das sociedades de economia mista.
(E) Como forma de compatibilizar o direito de reunião, previsto na CF, e o direito da coletividade de utilizar livremente dos bens públicos de uso comum, a administração, previamente comunicada a respeito do fato, pode negar autorização para a utilização de

determinado bem público de uso comum, ainda que a finalidade da reunião seja pacífica, desde que o faça por meio de decisão fundamentada e disponibilize aos interessados outros locais públicos.

A: incorreta, pois em matéria de alienação de imóveis públicos, a regra é a realização de concorrência e a exceção é a possibilidade de realização de leilão (arts. 23, § 3º, e 19, III, da Lei 8.666/1993); **B:** incorreta, pois os bens públicos não são passíveis de usucapião (art. 102 do Código Civil); **C:** incorreta, pois pode ser transferida por ato *inter vivos* (art. 7º, § 4º, do Dec.-lei 271/1967); **D:** incorreta, pois bens públicos são os pertencentes às pessoas jurídicas de direito público (art. 98 do CC), sendo que os demais são privados; assim, bens de outras entidades da administração indireta que sejam pessoas jurídicas de direito privado, como é o caso das empresas públicas, são também bens privados; ou seja, são bens privados, ainda que sejam florestas, não só bens das sociedades de economia mista, como também os bens das empresas públicas; **E:** correta; o direito em questão não é absoluto, de modo que é possível, em circunstâncias excepcionais e devidamente motivadas, a providência mencionada na questão; aliás, a própria Constituição já traz uma exceção, ao dispor que esse direito cede se for frustrar outra reunião anteriormente convocada para o mesmo local (art. 5º, XVI, da CF).
Gabarito "E".

7.4. BENS PÚBLICOS EM ESPÉCIE

(Ministério Público/CE – 2011 – FCC) Sobre os bens públicos, é INCORRETO afirmar que sejam bens de titularidade da União por força de mandamento constitucional

(A) quaisquer correntes de água que banhem mais de um Estado.
(B) as terras indígenas de aldeamentos extintos, ocupada sem passado remoto.
(C) os recursos minerais, inclusive os do subsolo.
(D) os potenciais de energia hidráulica, independentemente de onde se localizem os cursos d'água.
(E) as cavidades naturais subterrâneas e os sítios arqueológicos e pré-históricos, mesmo que localizado sem terrenos particulares.

A: assertiva correta (art. 20, III, da CF); **B:** assertiva incorreta (devendo ser assinalada); somente as terras tradicionalmente ocupadas pelos índios é que são da União (art. 20, XI, da CF); **C:** assertiva correta (art. 20, IX, da CF); **D:** assertiva correta (art. 20, VIII, da CF); **E:** assertiva correta (art. 20, X, da CF).
Gabarito "B".

7.5. ALIENAÇÃO DOS BENS PÚBLICOS

(Ministério Público/MS – 2013 – FADEMS) Em se tratando de alienação de imóvel da administração pública, havendo interesse público justificado, serão observadas as seguintes providências e normas:

(A) Será precedida de avaliação, e de autorização do Poder Executivo para órgãos da administração direta e entidades autárquicas e fundacionais.
(B) Se for para todos, inclusive as entidades paraestatais, dependerá de avaliação prévia, e via de regra, de licitação na modalidade de leilão.
(C) Dependerá de avaliação prévia e licitação, na modalidade de tomada de preços, se a venda se dirigir a outro órgão ou entidade da administração pública, de qualquer esfera de governo.
(D) Será dispensável a avaliação prévia e a licitação, na modalidade de leilão, se se tratar de permuta por outro imóvel que atenda aos requisitos do inciso X, do artigo 24 da Lei 8.666/1993.
(E) Será precedida de avaliação, e de autorização do Poder Legislativo para órgãos da administração direta e entidades autárquicas e fundacionais.

A: incorreta, pois é necessário autorização do Poder Legislativo e não do Executivo (art. 17, I, da Lei 8.666/1993); **B:** incorreta, pois, via de regra, a licitação se dará na modalidade concorrência (art. 17, I, da Lei 8.666/1993); **C:** incorreta, pois, se a venda se dirigir a outro órgão ou entidade da administração pública, a licitação é dispensada (art. 17, I, "e", da Lei 8.666/1993); **D:** incorreta, pois será dispensada a concorrência (e não o leilão) no caso mencionado (art. 17, I, "c", da Lei 8.666/1993); **E:** correta (art. 17, I, da Lei 8.666/1993).
Gabarito "E".

8. INTERVENÇÃO DO ESTADO NA PROPRIEDADE

8.1. DESAPROPRIAÇÃO

(Ministério Público/PR – 2011) Relativamente à desapropriação, é incorreto afirmar:

(A) As desapropriações podem se realizar por necessidade pública, utilidade pública ou interesse social.
(B) Somente bens de natureza privada podem ser objeto de desapropriação, tendo em vista que os bens públicos são inalienáveis.
(C) São requisitos constitucionais para proceder-se a desapropriação a prévia e justa indenização em dinheiro, salvo dos casos de expropriação para reforma agrária e para urbanização, hipóteses em que a indenização pode ser paga com títulos da dívida agrária e da dívida pública municipal.
(D) É entendimento predominante na doutrina e jurisprudência que a aquisição de propriedade pela desapropriação é originária.
(E) Parte da doutrina e inúmeros julgados entendem que a retrocessão é um direito pessoal que proporciona ao expropriado tão somente perdas e danos, caso o expropriante não lhe ofereça o bem quando desistir de utilizá-lo num fim de interesse público.

A: assertiva correta (art. 5º, XXIV, da CF); **B:** assertiva incorreta, devendo ser assinalada; os bens públicos, salvo os da União, também podem ser desapropriados (art. 2º, § 2º, do Dec.-lei 3.365/1941); **C:** assertiva correta (art. 5º, XXIV, da CF); **D:** assertiva correta, pois a desapropriação é forma originária de aquisição da propriedade, não se vinculando, portanto, ao título anterior; isso significa, por exemplo, que as dívidas do imóvel ficam sub-rogadas no preço pago pela desapropriação e não mais neste (art. 31 do Decreto-lei 3.356/1941); ademais, mesmo que se tenha desapropriado imóvel de pessoa que não era seu dono, não haverá invalidade (ou seja, não há direito de reivindicação por terceiro – art. 35 do Decreto-lei 3.365/1941), ressalvado o direito de o verdadeiro dono se insurgir contra o que se supunha dono do imóvel; **E:** assertiva correta, valendo salientar, todavia, que outra parte expressiva da doutrina e da jurisprudência entendem que se trata de direito real, podendo o antigo proprietário da coisa persegui-la em caso de não uso desta em finalidade pública decorrido dado tempo previsto na lei, ou no caso de tredestinação ilícita.
Gabarito "B".

Promotor de Justiça/SC – 2016 - MPE)

(1) Denomina-se desapropriação indireta o apossamento total ou parcial de um bem, pelo poder público, sem consentimento do proprietário ou sem o devido processo legal.

1: correta. A desapropriação indireta é uma forma de esbulho possessório causada pelo Poder Público que se apodera de imóvel do particular sem a devida Ação expropriatória, gerando ao mesmo o direito à indenização.
Gabarito 1C

(Promotor de Justiça/GO – 2016 - MPE) Tocante às limitações legais e constitucionais ao direito de propriedade, segundo a jurisprudência do Superior Tribunal de Justiça, é incorreto afirmar que:

(A) A indenização pela cobertura vegetal, de forma destacada da terra nua, está condicionada à efetiva comprovação da exploração econômica lícita dos recursos vegetais.
(B) Não enseja indenização ao proprietário do solo a desapropriação de jazidas de substâncias minerais (areia, pedregulho e 'rachão'), de emprego imediato na construção civil, sem concessão, autorização ou licenciamento para serem exploradas pelo expropriado.
(C) Na desapropriação para instituir servidão administrativa são devidos os juros compensatórios pela limitação de uso da propriedade.
(D) O desvio de finalidade que leva à retrocessão é o simples descumprimento dos objetivos que justificaram a desapropriação, sendo indiferente, para que o expropriado tenha direito à devolução do imóvel, que o Poder Público dê ao bem destinação que não atenda ao interesse público.

A: Incorreta. O item está correto, tendo em vista que não é necessária a prova de produtividade econômica para gerar direito à indenização, conforme a seguinte jurisprudência: Administrativo. Agravo regimental no recurso especial. Desapropriação para fins de reforma agrária. Cobertura vegetal. Indenização em separado. Inexistência de exploração econômica regular. Agravo regimental não provido. 1. Nos termos da jurisprudência do Superior Tribunal de Justiça, "*A indenização pela cobertura vegetal, de forma destacada da terra nua, está condicionada à efetiva comprovação da exploração econômica lícita dos recursos vegetais*" (EREsp 251.315/ SP, Rel. Min. Hamilton Carvalhido, Primeira Seção, DJe 18/6/10). **B:** Incorreta. A assertiva se encontra correta, conforme entendimento do STJ ((REsp 41.122/SP, Rel. Min. Demócrito Reinaldo, 1ª Turma, DJ de 20/2/95). C. Incorreta. A assertiva está correta, conforme Súmula 56, STJ. **D:** Correta. O enunciado pede a incorreta, havendo erro nessa assertiva, eis que somente se houver tredestinação ilícita, que é a em que o Poder Público concede ao bem uma finalidade que não seja pública, haverá a retrocessão, ou seja, o retorno do bem ao patrimônio público ou pagamento da indenização devida. No caso de mudança de destinação do bem, mas que ainda conserve a finalidade pública deste, o entendimento da doutrina e jurisprudência é no sentido de que não há direito a ação de retrocessão. ((STJ, REsp 1025801).
Gabarito "D".

(Promotor de Justiça – MPE/AM – FMP – 2015) Sobre a desapropriação indireta, assinale a alternativa correta.

(A) A jurisprudência dos tribunais superiores consolidou o critério segundo o qual não incidem juros para compensar o que o desapropriado deixou de ganhar com a perda antecipada do imóvel, tampouco para ressarci-lo pelo impedimento do uso e gozo econômico do imóvel.
(B) A ação de desapropriação indireta é de natureza indenizatória, de cunho patrimonial, que a vincula ao denominado interesse público primário, cuja titularidade é atribuída à Fazenda Pública.

(C) Em regra, a ação de indenização por desapropriação indireta não pressupõe automática intervenção do Ministério Público.
(D) É de quinze anos o prazo prescricional aplicável nas ações de desapropriação indireta.
(E) Trata-se de um ato administrativo pelo qual o Estado se apropria de bem particular, sem a observância dos requisitos constitucionais da declaração e da indenização prévia.

A: Incorreta. Há incidência de juros compensatórios, a partir da perda da propriedade, conforme disposto no art.15-A, § 3º, do Decreto-lei 3.365/1941). **B:** Incorreta. O STJ (Súmula 119) entende que a Ação de Desapropriação Indireta tem natureza real. **C:** Correta. O entendimento do STJ é no sentido de não ser obrigatória a intervenção do Ministério Público de forma automática, exceto se se tratar de reforma agrária, danos ao meio ambiente e improbidade administrativa (REsp 652.621-RJ, Rel. Min. Eliana Calmon, julgado em 7/6/2005; AgRg no AREsp 211911/RJ, Rel. Ministro Herman Benjamin, Segunda Turma, Julgado em 11/03/2014,DJE 19/03/2014, REsp 506226/DF, Rel. Ministro Humberto Martins, Primeira Seção, Julgado em 24/04/2013,DJE 05/06/2013). **D:** Incorreta. O prazo prescricional segue a seguinte regra: "20 anos –> aplicável para todas as ações de desapropriação indireta ajuizadas antes da vigência do Código Civil de 2002 (que se deu em 11/01/2003); 10 anos –> aplicável para as ações de desapropriação indireta ajuizadas após a vigência do Código Civil de 2002. Nesse caso, contudo, seria necessário também observar a aplicabilidade da norma de transição do art. 2.028 do CC/02, segundo o qual serão os da lei anterior os prazos, quando reduzidos por este Código, e se, na data de sua entrada em vigor, já houver transcorrido mais da metade do tempo." **E:** Incorreta. Trata-se de um apossamento administrativo, de um esbulho, sendo um fato administrativo, portanto.
Gabarito "C".

(Promotor de Justiça – MPE/BA – CEFET – 2015) Analise a veracidade das seguintes assertivas:

I. A desapropriação de bem público estadual pela União depende de prévia autorização legislativa.
II. O decreto que declara a utilidade pública de bem privado para fins de instituição da servidão administrativa é dotado de autoexecutoriedade.
III. A utilização provisória de imóvel particular pela Administração Pública, como meio de apoio à execução de obras e serviços públicos, denomina-se "ocupação temporária".
IV. A proibição de construir além de determinado número de pavimentos (gabarito), imposta por lei municipal de caráter geral, é um exemplo de servidão administrativa.
V. Em desapropriação, são cumuláveis juros compensatórios e moratórios.

Assinale a alternativa que contém apenas as frases CORRETAS:

(A) I, III e V.
(B) II, III e V.
(C) III e V.
(D) I,II e IV.
(E) II, III, IV.

A: Correta. O item I está correto, tendo em vista o disposto no art. 2º, § 2º, do Decreto –Lei 3365/1941. O item II está Incorreto. As servidões ou são instituídas por lei, por acordo ou por sentença, nunca por decreto. O item III está correto, tendo em vista o disposto no art.36, do Decreto-lei 3365/1941. O item IV está Incorreto, pois temos hipótese de limitação administrativa, e não de servidão. A limitação é geral e instituída por

lei, enquanto a servidão é individual, e sempre se refere a um imóvel dominante e outro serviente. O item V está correto. Há duas súmulas do STJ a respeito, sendo as seguintes: Súmula 12. Em Desapropriação são cumuláveis juros compensatórios e moratórios. Súmula 102. A incidência dos juros moratórios sobre os compensatórios, nas ações expropriatórias, não constitui o anatocismo vedado em lei. **B:** Incorreta. O item II está incorreto, conforme explicado acima. **C:** Incorreta. O item III está incorreto, conforme explicado na alternativa A. **D:** Incorreta, pois o item II está incorreto. **E:** Incorreta. Os itens II e IV estão incorretos.
Gabarito "A".

(Promotor de Justiça – MPE/MS – FAPEC – 2015) É **correto** afirmar em relação à desapropriação de imóveis que:

(A) A desapropriação em nenhuma hipótese pode se dar sem justa indenização.
(B) Os concessionários de serviços públicos poderão promover desapropriações mediante autorização expressa em lei ou contrato.
(C) A desapropriação por utilidade pública deverá efetivar-se mediante acordo ou intentar-se judicialmente, dentro de dois anos, contados da data da expedição do respectivo decreto, e findos os quais este caducará.
(D) A denominada "desapropriação indireta", muito comum em nosso país, é uma espécie de desapropriação de fato, permitida pela legislação brasileira, indenizável em até cinco anos.
(E) Havendo interesse público predominante, os Estados poderão desapropriar bens públicos federais, e os Municípios poderão desapropriar os Estaduais.

A: Incorreta, No caso de expropriação por cultivo de plantas psicotrópicas, não há indenização (art.243, CF). **B:** Correta. Trata-se da permissão constante do art. 31, VI, da Lei 8.987/1995. **C:** Incorreta. O prazo do decreto é de 5 anos, conforme disposto no art. 10, do Decreto-lei 3.365/1941, após o qual, ele caducará. **D:** Incorreta. O prazo para indenização é de 10 anos, seguindo-se a regra da prescrição do Código Civil de 2002. O que aconteceu foi que o STJ (Informativo 523 e Súmula 119) determinou ser aplicável o seguinte raciocínio: 1.o prazo será de **20 anos** –> aplicável para todas as ações de desapropriação indireta ajuizadas antes da vigência do Código Civil de 2002. **10 anos** –> aplicável para as ações de desapropriação indireta ajuizadas após a vigência do Código Civil de 2002. Nesse caso, contudo, seria necessário também observar a aplicabilidade da norma de transição do **art. 2.028 do CC/02**, segundo o qual *serão os da lei anterior os prazos, quando reduzidos por este Código, e se, na data de sua entrada em vigor, já houver transcorrido mais da metade do tempo*. **E:** Incorreta. A regra é de que a União pode desapropriar bens dos Estados e Municípios e os Estados os do Município, sendo a este somente possível desapropriar bens de particulares (art. 2º, § 2º, do Decreto-lei 3.365/1941).
Gabarito "B".

(Ministério Público/Acre – 2014 – CESPE) O prefeito de determinado município realizou a desapropriação de um imóvel para fins de implantação de um parque ecológico, tendo a prefeitura instalado posteriormente, na área expropriada, um conjunto habitacional popular. Nesse caso hipotético,

(A) como a área expropriada não foi utilizada para a implantação do parque ecológico, cabe indenização dos expropriados por perdas e danos sofridos, desde que devidamente comprovados.
(B) não houve desvio de finalidade, dado o atendimento do interesse público, estando configurada a tredestinação lícita.
(C) embora tenha ocorrido desvio de finalidade, o bem expropriado foi incorporado ao patrimônio público, o que torna inviável a retrocessão, cabendo, entretanto, indenização por perdas e danos.
(D) houve desvio de finalidade, dado o descumprimento dos objetivos que justificaram a desapropriação, cabendo a retrocessão.
(E) houve desvio de finalidade, devendo ser decretada a nulidade do ato expropriatório com a reintegração dos expropriados na posse do imóvel e indenização em lucros cessantes.

A: incorreta, pois se a mudança de finalidade da desapropriação se dá para outra finalidade que também é de interesse público, essa mudança é considerada lícita, o que a doutrina e a jurisprudência denominam tredestinação lícita; **B:** correta, pois, preservada a atuação em prol do interesse público, o ato deve ser mantido, configurando o instituto da tredestinação lícita; **C** a **E:** incorretas, pois o ato da Administração é considerado regular (tredestinação lícita) e não cabe qualquer indenização em favor do expropriado ou pedido de anulação do ato.
Gabarito "B".

(Ministério Público/ES – 2013 – VUNESP) A autorização dada ao Poder Público para ingressar em bem imóvel, objeto de desapropriação, para realizar medições, em decorrência da expedição do decreto expropriatório, é um

(A) termo inicial que autoriza a produção de efeitos do ato após evento futuro e certo.
(B) elemento de mérito da relação jurídica principal.
(C) efeito atípico prodrômico do ato administrativo.
(D) efeito típico do ato que desencadeia sua exequibilidade.
(E) aspecto do ato administrativo que diz respeito à conveniência de sua prática.

A: incorreta, pois essa autorização, conferida pelo art. 7º do Dec.-lei 3.365/1941, é um dos *efeitos* do decreto expropriatório, e não *condição* ou *termo*, que são elementos acidentais do ato administrativo; **B:** incorreta, pois, conforme mencionado, a autorização em questão é mero efeito do ato administrativo, no caso, do decreto expropriatório; **C:** correta, pois esse autorização legal (art. 7º do Dec.-lei 3.365/1941) é efeito atípico (secundário) do decreto expropriatório, cujo efeito típico (principal) é, indicando que o poder público tem intenção de adquirir o bem, autorizar que este tome medidas concretas para adquirir o bem, seja tentando acordo extrajudicial com o proprietário deste, seja ingressando com ação de desapropriação; a expressão "prodrômico" indica que se trata de um efeito preliminar do ato, ficando este ainda pendente de outras medidas para aperfeiçoar, o que de fato acontece na desapropriação, pois neste o primeiro ato (decreto expropriatório), que já gera esse efeito atípico prodrômico de permitir que o Poder Público ingresse no imóvel, não é suficiente para aperfeiçoar a desapropriação, sendo necessário um sendo ato, que é o acordo com o proprietário ou o ingressos com ação de desapropriação; **D:** incorreta, pois, como se viu do comentário anterior, é efeito atípico do decreto expropriatório; **E:** incorreta, pois essa autorização não é *aspecto* do ato, mas *efeito atípico* do ato.
Gabarito "C".

(Ministério Público/ES – 2013 – VUNESP) Assinale a alternativa que corretamente trata da desapropriação como forma de intervenção do Estado na propriedade.

(A) A expedição do decreto expropriatório possui como efeito, dentre outros, a fixação do estado da coisa para fins de indenização, devendo as benfeitorias voluptuárias realizadas após a expedição do decreto serem indenizadas.
(B) A desapropriação por interesse social para política urbana tem função sancionatória, pois recai sobre

imóveis que desatendem sua função social, mas a indenização, ainda em títulos da dívida pública, terá valor real, refletindo o valor da base de cálculo do IPTU e computando lucros cessantes e juros compensatórios.
(C) A desapropriação por zona poderá ser realizada em qualquer região do País onde forem encontradas culturas ilegais de plantas psicotrópicas, sendo imediatamente destinadas ao assentamento de colonos para cultivo de produtos alimentícios e medicamentosos.
(D) São isentas de impostos federais, estaduais e municipais as operações de transferência de imóveis desapropriados para fins de reforma agrária e de interesse social para política urbana.
(E) Na hipótese de desapropriação por interesse social, o prazo de caducidade é de 2 (dois) anos, contados da expedição do decreto. Nas desapropriações por necessidade ou interesse público, o prazo é de 5 (cinco) anos.

A: incorreta, pois somente as benfeitorias úteis autorizadas pelo Poder Público e as benfeitorias necessárias é que serão indenizadas pelo Estado (art. 26, § 1º, do Dec.-lei 3.365/1941); B: incorreta, pois só são cabíveis os juros legais, à base de 6% ao ano, não computando expectativas de ganhos, lucros cessantes e juros compensatórios (art. 8º, § 2º, da Lei 10.257/2001); C: incorreta, pois a desapropriação por zona diz respeito à desapropriação de área contígua para uso futuro, pela Administração, dessa área adicional desapropriada ou à desapropriação de área do entorno à que se deseja desapropriar, para revenda dessa área adicional no futuro em caso de extraordinária valorização da área em consequência da realização de serviço (art. 4º do Dec.-lei 3.365/1941); D: incorreta, pois a regra em questão, que está na Constituição, não se aplica à transferência mencionada quando se tratar de desapropriação para política urbana; E: correta (arts. 10 do Dec.-lei 3.365/1941 e 3º da Lei 4.132/1962).
Gabarito "E".

(Procurador da República – 26º) Com relação ao tema desapropriação, analise os itens abaixo e responda em seguida:
I. O princípio do justo preço possui caráter ambivalente, pois, de um lado, assegura ao expropriado a percepção de indenização compatível com o valor do bem objeto da desapropriação, recompondo seu patrimônio; de outro lado, impede que o particular receba, a título de indenização, valor superior aos parâmetros do mercado, impedindo enriquecimento sem causa.
II. Bens públicos municipais e estaduais podem ser desapropriados pela União, desde que haja prévia autorização legislativa.
III. Na desapropriação por interesse social para fins de reforma agrária, a ação deve ser proposta no prazo de dois anos, a contar da publicação do decreto declaratório, sob pena de caducidade do ato.
IV. Configura-se desapropriação indireta mediante a incorporação do bem ao patrimônio público sem o devido processo legal; em tal hipótese, o bem expropriado não pode ser objeto de reivindicação.
(A) Todos os itens são verdadeiros.
(B) Somente o item I é falso.
(C) Somente os itens III e IV são falsos.
(D) Somente os itens I e II são verdadeiros.

I: correta, pois traz o exato sentido da ideia de justo preço; II: correta (art. 2º, § 2º, do Dec.-lei 3.365/1941); III: correta (art. 3º da Lei Complementar 76/1993); V: correta, pois a desapropriação indireta é justamente o irregular apossamento de bem ao patrimônio público com utilização em atividade de interesse público; nesse caso, não se pode reivindicar a área do Poder Público, devendo particular ingressar com ação indenizatória por desapropriação indireta.
Gabarito "A".

8.2. REQUISIÇÃO ADMINISTRATIVA, SERVIDÃO ADMINISTRATIVA, OCUPAÇÃO TEMPORÁRIA, TOMBAMENTO E LIMITAÇÃO ADMINISTRATIVA

(Ministério Público/MT – 2012 – UFMT) Assinale a alternativa que apresenta o instituto com característica de limitação administrativa.
(A) Desapropriação por utilidade pública
(B) Desapropriação por interesse social
(C) Requisição
(D) Ocupação temporária
(E) Área de preservação permanente

A limitação administrativa é uma imposição geral (atinge pessoas indeterminadas) e gratuita (não enseja indenização) que delimita o direito das pessoas. No caso, os institutos mencionados nas alternativas "a" a "d" atingem pessoas determinadas e ensejam indenização, de modo que não são limitações administrativa, diferente da área de preservação permanente, que é instituída de forma geral e gratuita pelo Código Florestal (arts. 4º e 6º da Lei 12.651/2012), atingindo, assim, pessoas indeterminadas.
Gabarito "E".

8.3. TEMAS COMBINADOS DE INTERVENÇÃO NA PROPRIEDADE

(Promotor de Justiça/GO – 2016 - MPE) A respeito da intervenção do Estado na propriedade privada, assinale a alternativa correta:
(A) Os Estados-membros e os Municípios, em situações excepcionais, devidamente justificadas, dispõem do poder de desapropriar imóveis rurais, por interesse social, para efeito de reforma agrária, especialmente quando para fins de implementação de projetos de assentamento rural ou de estabelecimento de colônias agrícolas.
(B) As coisas tombadas, que pertençam à União, aos Estados ou aos Municípios, podem ser alienadas a particulares, desde que autorizado judicialmente.
(C) A coisa tombada não poderá sair do país, senão por curto prazo, sem transferência de domínio e para fim de intercâmbio cultural, a juízo do Conselho Consultivo do Serviço do Patrimônio Histórico e Artístico Nacional.
(D) requisição é a modalidade de intervenção estatal na propriedade, através da qual o Estado utiliza, transitoriamente, imóveis privados, como meio de apoio à execução de obras e serviços públicos.

A: incorreta. A competência para desapropriação para fins de reforma agrária é privativa da União (art.184, CF). B: Incorreta. O tombamento não impede a alienação do bem, desde que persista a restrição quanto à conservação do mesmo, por isso independe de autorização judicial. C: Correta. Há previsão expressa no art.14, da Decreto-lei 25/1937. D: Incorreta. A requisição administrativa tem como fundamento da necessidade urgente de utilização de bens móveis ou imóveis de particulares em razão de catástrofes ou calamidades públicas (emergências), conforme art.5º, XXV, CF.
Gabarito "C".

(Ministério Público/MG – 2014) Relativamente ao tratamento que a Constituição Federal conferiu às restrições do Estado sobre a propriedade privada, é INCORRETO afirmar:

(A) O Poder Público, com a colaboração da comunidade, promoverá e protegerá o patrimônio cultural brasileiro, por meio de inventários, registros, vigilância, tombamento e desapropriação, e de outras formas de acautelamento e preservação.
(B) Estão tombados todos os documentos e os sítios detentores de reminiscências históricas dos antigos quilombos.
(C) O decreto que garantir tratamento especial à propriedade produtiva também fixará normas para o cumprimento dos requisitos relativos à sua função social.
(D) São isentas de impostos federais, estaduais e municipais as operações de transferência de imóveis desapropriados para fins de reforma agrária.

A: assertiva correta (art. 216, § 3º, da CF); **B:** assertiva correta (art. 216, § 5º, da CF); **C:** assertiva incorreta, devendo ser assinalada; tal regulação deve se dar por "lei" e não por "decreto" (art. 185, parágrafo único, da CF); **D:** assertiva correta (art. 184, § 5º, da CF).
Gabarito "C".

(Ministério Público/MG – 2013) Assinale a alternativa que entender *CORRETA* quanto à modalidade de Intervenção do Estado na propriedade privada:

(A) A servidão administrativa constitui ônus real sobre bem imóvel, em prol de uma utilidade pública e caracteriza-se como espécie de restrição parcial da propriedade.
(B) O tombamento transfere a propriedade em razão da utilidade pública ou interesse social, podendo recair sobre bens imóveis ou móveis que tenham valor patrimonial, razão pela qual é passível de indenização.
(C) A desapropriação pode recair sobre bens móveis, imóveis ou serviços, quando caracterizada a existência de perigo público iminente, de natureza transitória, e a indenização será ulterior.
(D) A requisição administrativa tem por finalidade proteger o patrimônio cultural, não gera direito à indenização e representa restrição parcial do bem.

A: correta, pois traz adequada definição de servidão administrativa; **B:** incorreta, pois o tombamento apenas gera restrições ao uso do bem tombado, não transferido a propriedade deste para o bem público; quanto à indenização, nem sempre é cabível, só sendo o caso quando a restrição for de tamanha monta que gere prejuízo econômico ao proprietário da coisa; **C:** incorreta, pois essa definição não é de *desapropriação*, mas de *requisição administrativa*; **D:** incorreta, pois a definição não é de *requisição administrativa*, mas de *tombamento*.
Gabarito "A".

9. RESPONSABILIDADE DO ESTADO

9.1. EVOLUÇÃO HISTÓRICA, TEORIAS MODALIDADES DE RESPONSABILIDADE (OBJETIVA E SUBJETIVA). REQUISITOS DA RESPONSABILIDADE OBJETIVA

(Promotor de Justiça – MPE/AM – FMP – 2015) Em se tratando da responsabilidade civil extracontratual do Estado, assinale a alternativa correta.

(A) O Estado é responsável pelos atos ou omissões de seus agentes, de qualquer nível hierárquico, independentemente de terem agido ou não no âmbito de suas competências.
(B) O dispositivo constitucional pertinente ao tema não demanda que o agente público tenha agido no exercício de suas funções, mas na qualidade de agente público.
(C) Os entes federativos respondem apenas subsidiariamente pelas obrigações das pessoas jurídicas de direito público e de direito privado prestadoras de serviço público que instituírem.
(D) A responsabilidade imputável às pessoas jurídicas de direito privado prestadoras de serviços públicos será objetiva como regra, apenas convertida em modalidade subjetiva se alcançar danos aos terceiros não usuários do serviço contemplado.
(E) Prevalece na jurisprudência do STF o entendimento segundo o qual haverá de se conceder ao lesado a possibilidade de ajuizar ação diretamente contra o Estado, contra o agente causador do dano, ou contra ambos.

A: Incorreta. Só há responsabilidade civil do Estado se houver atividade estatal, ou seja, se o agente público estiver agindo como agente, no exercício de suas competências ou, mesmo que fora delas, representando o Estado. **B:** Correta. Como explicado acima, basta que o agente esteja atuando em nome do Estado para que esse responda. **C:** Incorreta. Os Entes Federativos não respondem subsidiariamente apenas pelas pessoas jurídicas de direito público ou privado que instituírem, mas também, pelas que autorizarem a instituição, que é o que acontece com as pessoas jurídicas de direito privado (art.37, XIX, CF). **D:** Incorreta. O entendimento dominante atual é de que a responsabilidade do Estado é objetiva, seja em relação aos usuários, seja em relação aos não usuários de serviços públicos, não havendo mais que se fazer essa diferenciação (princípio da isonomia). "...No mérito, salientando não ter ficado evidenciado, nas instâncias ordinárias, que o acidente fatal que vitimara o ciclista ocorrera por culpa exclusiva deste ou em razão de força maior, reputou-se comprovado o nexo de causalidade entre o ato administrativo e o dano causado ao terceiro não usuário do serviço público, e julgou-se tal condição suficiente para estabelecer a responsabilidade objetiva da pessoa jurídica de direito privado, nos termos do art. 37, § 6º, da CF ("As pessoas jurídicas de direito público e as de direito privado prestadoras de serviços públicos responderão pelos danos que seus agentes, nessa qualidade, causarem a terceiros, assegurado o direito de regresso contra o responsável nos casos de dolo ou culpa"). Asseverou-se que não se poderia interpretar restritivamente o alcance do art. 37, § 6º, da CF, sobretudo porque a Constituição, interpretada à luz do princípio da isonomia, não permite que se faça qualquer distinção entre os chamados "terceiros", ou seja, entre usuários e não usuários do serviço público, haja vista que todos eles, de igual modo, podem sofrer dano em razão da ação administrativa do Estado, seja ela realizada diretamente, seja por meio de pessoa jurídica de direito privado. Observou-se, ainda, que o entendimento de que apenas os terceiros usuários do serviço gozariam de proteção constitucional decorrente da responsabilidade objetiva do Estado, por terem o direito subjetivo de receber um serviço adequado, contrapor-se-ia à própria natureza do serviço público, que, por definição, tem caráter geral, estendendo-se, indistintamente, a todos os cidadãos, beneficiários diretos ou indiretos da ação estatal. Vencido o Min. Marco Aurélio que dava provimento ao recurso por não vislumbrar o nexo de causalidade entre a atividade administrativa e o dano em questão". Precedentes citados: RE 262651/SP (DJU de 6.5.2005); RE 459749/PE (julgamento não concluído em virtude da superveniência de acordo entre as partes). RE 591874/MS, rel. Min. Ricardo Lewandowski, 26.8.2009. (RE-591874). **E:** Incorreta. O entendimento dominante é de que o servidor não pode ser acionado diretamente, eis que a responsabilidade é do Estado, havendo apenas responsabilidade do servidor ou agente público em sede de ação de regresso. Essa é a chamada "Dupla Garantia", reconhecida no RE 327.904, Relator(a): Min. Carlos Britto, Primeira Turma, julgado em 15/08/2006, DJ 08-09-2006).

Gabarito "B".

(Promotor de Justiça – MPE/BA – CEFET – 2015) Assinale a alternativa CORRETA, após aferir a veracidade das sentenças abaixo acerca da responsabilidade civil do Estado.

I. A atual jurisprudência do Superior Tribunal de Justiça assentou-se no sentido de que o prazo prescricional da pretensão de reparação civil deduzida contra a Fazenda Pública é de 5 (cinco) anos.
II. Segundo a doutrina pátria majoritária, em regra, a responsabilidade civil objetiva do Estado é do tipo "risco integral".
III. Haverá responsabilidade estatal quando o agente público causador do dano indenizável estiver no exercício das suas funções ou, ao menos, se esteja conduzindo a pretexto de exercê-las.
IV. Segundo a teoria da "falta do serviço", a vítima tem o ônus de comprovar a conduta culposa do agente público causador do dano.
V. Os entes da Administração Pública direta são solidariamente responsáveis pelos danos causados pelas concessionárias de serviço público por eles contratadas.

A alternativa que contém a sequência CORRETA, de cima para baixo, considerando V para verdadeiro e F para falso, é:

(A) VVFVV.
(B) VFVFF.
(C) FFVFF.
(D) FVFVV.
(E) VFVFV.

A: Incorreta, eis que o item II é falso, pois a Responsabilidade Civil do Estado é objetiva sob a modalidade do risco administrativo, ou seja, admite excludentes de responsabilidade. **B:** Correta. O item I está correto. O STJ tem entendimento já firmado a respeito. Veja na seguinte Ementa: Administrativo. Recurso especial representativo de controvérsia (artigo 543-C do CPC). Responsabilidade civil do Estado. Ação indenizatória. Prescrição. Prazo quinquenal (ART. 1° do Decreto 20.910/1932) X Prazo Trienal (art. 206, § 3°, V, do CC). Prevalência da lei especial. Orientação pacificada no âmbito do STJ. Recurso especial não provido.(REsp 1251993 / PR – Recurso Especial 2011/0100887-0 – Relator(a) Ministro Mauro Campbell Marques (1141) – Órgão Julgador: S1 – Primeira SeçÃo – Data do Julgamento: 12/12/2012 . O item II é falso, conforme explicado na alternativa A. O item III é correto, eis que a doutrina entende que incide o dever de indenizar do Estado quando o agente atua em seu nome, no exercício da atividade administrativa, não ocorrendo no caso de servidor atuando fora de sua atividade ou representatividade estatal, como no caso de estar de folga. O item IV está incorreto, porque na teoria da "falta do serviço" temos a Responsabilidade do Estado por Omissão, de forma que não há conduta culposa na no "agir", como descrito na assertiva. No item V temos um erro (está Incorreta), porque os concessionários respondem integralmente pelos danos que causarem a terceiros no exercício de suas atividades, sem qualquer responsabilidade subsidiária ou solidária do Poder Concedente (art. 25 da Lei 8.987/1995). **C:** Incorreta. O item I é verdadeiro, conforme já explicado acima sobre todas as assertivas. **D:** Incorreta. O item I é verdadeiro, o II é falso, e assim por diante, como explicado na alternativa B. **E:** Incorreta. O item V é falso, conforme explicação da alternativa B.

Gabarito "B".

(Ministério Público/Acre – 2014 – CESPE) Acerca da responsabilidade civil do Estado, assinale a opção correta.

(A) Para que se configure a responsabilidade civil objetiva do Estado, o dano deve ser causado por agente público, não abrangendo a regra a categoria dos agentes políticos.
(B) Embora seja cabível a responsabilidade do Estado por atos praticados pelo Poder Judiciário, em relação a atos judiciais que não impliquem exercício de função jurisdicional, não é cabível responsabilização estatal.
(C) Segundo a CF, a responsabilidade civil do Estado abrange prejuízos causados pelas pessoas jurídicas de direito público e as de direito privado que integram a administração pública indireta, não abarcando atos danosos praticados pelas concessionárias de serviço público.
(D) Segundo entendimento do STJ, é imprescritível a pretensão de recebimento de indenização por dano moral decorrente de atos de tortura ocorridos durante o regime militar de exceção.
(E) De acordo com a jurisprudência do STJ, é objetiva a responsabilidade civil do Estado nas hipóteses de omissão, devendo-se demonstrar a presença concomitante do dano e do nexo de causalidade entre o evento danoso e o comportamento ilícito do poder público.

A: incorreta, pois a regra inclui os agentes políticos, que são espécies de agentes públicos; **B:** incorreta, pois os atos jurisdicionais geram responsabilidade civil estatal, ainda que em casos excepcionais, como em caso de erro judiciário; **C:** incorreta, pois o texto do art. 37, § 6°, da CF abarca a responsabilidade das pessoas jurídicas prestadoras de serviço público (ou seja, concessionárias de serviço público); **D:** correta (STJ, AgRg no REsp 1.424.680/SP, DJ 09.04.2014); **E:** incorreta, pois a questão da responsabilidade objetiva do Estado por condutas omissivas é ainda controversa, havendo decisões pela responsabilidade subjetiva no caso e também pela responsabilidade objetiva.

Gabarito "D".

(Ministério Público/ES – 2013 – VUNESP) Considerando a responsabilidade objetiva do Estado prevista no art. 37, § 6° da Constituição Federal, assinale a alternativa correta.

(A) É aplicável aos casos de danos causados pela ação ou omissão do Estado, em responsabilidade extracontratual.
(B) Atinge os atos praticados pelo agente público dentro e fora do exercício de suas funções.
(C) É atenuada pela ocorrência de caso fortuito, força maior, ou se caracterizada culpa exclusiva da vítima.
(D) As pessoas jurídicas de direito público responderão pelos danos que seus agentes, nessa qualidade, causarem a terceiros, assegurado o direito de regresso contra o responsável nos casos de dolo ou culpa.
(E) Não se aplica às pessoas jurídicas de direito privado prestadoras de serviços públicos, como fundações governamentais de direito privado.

A: incorreta, pois esse dispositivo constitucional diz respeito à responsabilidade do Estado por condutas comissivas (ação), responsabilidade essa que é objetiva; a responsabilidade por condutas omissivas decorre de outras normas do sistema jurídico; **B:** incorreta, pois só atinge os atos praticados pelos agentes públicos, nessa qualidade (de agente público), nos termos do próprio texto do art. 37, § 6°, da CF; **C:** incorreta, pois esses casos "excluem" a responsabilidade estatal, e não "atenuam" tal responsabilidade; **D:** correta, pois traz o próprio texto do

art. 37, §. 6°, da CF; **E:** incorreta, pois se aplica às pessoas jurídicas de direito privado prestadoras de serviço público (art. 37, § 6°, da CF), seja elas concessionárias de serviço público estatais (como empresas públicas e sociedades de economia mista) ou não estatais (como as concessionárias privadas de telefonia, energia, transporte coletivo etc.).
Gabarito "D".

(Ministério Público/MG – 2013) Sobre Responsabilidade Civil, assinale a alternativa *CORRETA*:

(A) Os atos jurisdicionais típicos não geram responsabilidade civil objetiva do Estado.
(B) O servidor encarregado do controle interno de determinado órgão público que tomar conhecimento de prática de irregularidade deverá comunicá-la ao Tribunal de Contas, sob pena de responsabilidade subsidiária.
(C) Os notários e oficiais de registro responderão pelos danos que eles e seus prepostos causem a terceiros, na prática de atos próprios da serventia, assegurado aos primeiros direito de regresso no caso de dolo ou culpa dos prepostos.
(D) A responsabilidade objetiva estatal não atinge os danos causados a terceiros por agentes das Agências Reguladoras de serviços públicos.

A: incorreta, pois geram responsabilidade civil em casos excepcionais, como quando há erro judiciário; **B:** incorreta, pois, no caso, a responsabilidade do servidor é "solidária" e não "subsidiária" (art. 51, caput, da Lei 8.443/1992); **C:** correta, nos termos do art. 37, § 6°, da CF); **D:** incorreta, pois as agências reguladoras são pessoas jurídicas de direito público e, assim, estão compreendidas no art. 37, § 6°, da CF.
Gabarito "C".

(Ministério Público/SP – 2013 – PGMP) O ingresso da Polícia Militar em um presídio, em face de motim de presos ali existente, faz com que os detentos se desarmem e a retornem para suas celas. A posterior subida de policiais até as celas onde os presos já se encontravam pacificados para executá-los por meio de rajadas aleatórias de metralhadora provoca a

(A) responsabilização objetiva do Estado, desde que o abuso de cada agente público seja comprovado.
(B) não responsabilização do Estado porque houve concorrência de culpa das vítimas e os atos dos agentes decorreram do denominado poder extroverso da Administração.
(C) responsabilização objetiva do Estado em face da chamada teoria do risco.
(D) responsabilização subjetiva do Estado com necessidade de comprovação da culpa do comando da Polícia Militar e responsabilidade subjetiva de cada policial envolvido.
(E) responsabilização subjetiva do Estado, caso haja norma específica do Regimento Interno Padrão das Unidades Prisionais de São Paulo que tenha sido desrespeitada.

A: incorreta, pois a responsabilidade objetiva do Estado independe de demonstração de conduta abusiva (culposa ou dolosa) dos agentes públicos, bastando que haja conduta estatal, dano (certo, anormal e especial) e nexo de causalidade entre a conduta e o dano; **B:** incorreta; como o enunciado da questão deixa claro que os detentos se desarmaram e retornaram para suas celas, não há que se falar em concorrência de culpa das vítimas, muito menos em não responsabilização da Administração; aliás, ainda que houvesse concorrência de culpas, esta não

afasta a responsabilidade da Administração, tendo o efeito apenas de diminuir o *quantum* indenizatório; **C:** correta, nos termos do art. 37, § 6°, da CF; vale lembrar que o caso contém os requisitos da responsabilidade objetiva estatal (conduta, dano e nexo de causalidade) e que adotamos no Brasil a Teoria do Risco Administrativo, pelo qual o Poder Público responde objetivamente, mas com excludentes de responsabilidade, que, no caso, não se configuram, de modo que a responsabilização estatal é de rigor; **D:** incorreta, pois a responsabilidade estatal no caso é objetiva (art. 37, § 6°, da CF) e não subjetiva, sendo desnecessário comprovar a culpa dos agentes públicos; quanto à responsabilidade civil de cada policial envolvido, de fato é subjetiva (sendo necessário comprovar culpa ou dolo de cada um), porém, tais agentes não podem sofrer ação por parte da vítima (que deve ingressar com ação única e exclusivamente em face da pessoa jurídica estatal), ficando sujeito apenas à ação regressiva, para o caso de condenação estatal na ação movida pela vítima; **E:** incorreta, pois a responsabilização estatal no caso (que inclusive envolve conduta comissiva do Estado) é objetiva, e não subjetiva, não sendo necessário averiguar o conteúdo das normas do regimento interno mencionado.
Gabarito "C".

(Ministério Público/GO – 2012) Em tema de responsabilidade civil do Estado é correto afirmar que:

(A) a morte de detento por colegas de carceragem deve ser reparada pelo Estado em razão do dever constitucional de guarda, exonerando-se a Administração da obrigação de indenizar na hipótese de restar inequivocamente demonstrada a ausência de culpa dos agentes carcerários.
(B) A responsabilidade civil do Estado funda-se no risco administrativo, decorrendo, daí a responsabilidade objetiva, que não pode ser invocada em caso de licitude da ação administrativa.
(C) Fundada na teoria do risco integral ou do risco social, a Constituição da República, art. 37, § 6°, averbou que as pessoas jurídicas de direito público e as de direito privado prestadoras de serviços públicos responderão pelos danos que seus agentes, nessa qualidade, causarem a terceiros.
(D) Tratando-se de ato omissivo do poder público, a responsabilidade civil por tal ato converte-se em subjetiva, pelo que exige dolo ou culpa, esta numa de suas três vertentes, a negligência, a imperícia ou a imprudência, não sendo, entretanto, necessário individualizá-la, dado que pode ser atribuída ao serviço público, de forma genérica, a falta do serviço.

A: incorreta; nesse caso, o STF tem reconhecido a responsabilidade objetiva do Estado, que tem por missão zelar pela integridade física do preso(ARE 662.563 AgR/GO, *DJ* 02.04.2012); assim, não há que se falar em necessidade de demonstração do elemento subjetivo para que haja obrigação de indenizar; **B:** incorreta, pois, na responsabilidade objetiva não se discute a licitude ou não do ato, mas apenas se houve conduta estatal comissiva, dano certo e anormal e nexo de causalidade entre a primeira e o segundo; **C:** incorreta, pois a Constituição adotou a teoria do risco administrativo (responsabilidade objetiva + admissão de excludentes de responsabilidade) e não a teoria do risco integral (responsabilidade objetiva + não admissão de excludentes de responsabilidade); **D:** correta, pois, em caso de conduta omissiva estatal, o STF continua entendendo que a responsabilidade é subjetiva (vide, por exemplo, RE 721.996 AgR/PB, *DJ* 18.02.2013), responsabilidade essa que, para se configurar, depende da demonstração da chamada "falta do serviço" ou "culpa genérica do serviço" ou "culpa anônima do serviço", caracterizada quando o serviço não funciona, funciona tarde ou funciona mal.
Gabarito "D".

10. LICITAÇÃO
10.1. CONCEITO, OBJETIVOS E PRINCÍPIOS

(Promotor de Justiça/SC – 2016 - MPE)

(1) É permitida a participação de engenheiro do quadro de pessoal da Administração na execução de obra ou serviço contratado com base na Lei 8.666, de 1993, na qualidade de consultor técnico.

1: errada, O art.9º, III, da Lei 8.666/1993 proíbe a participação de servidor público no processo de concorrência.
Gabarito 1E

(Promotor de Justiça – MPE/MS – FAPEC – 2015) Assinale a alternativa **correta**. O princípio da competitividade é peculiar à licitação, pois a competição favorece a obtenção da melhor proposta. Se à licitação comparecer apenas um interessado, o licitante deverá:

(A) Anular o edital e torná-lo mais claro para que outros interessados apareçam e haja competição.
(B) Republicar o edital, até que novos interessados se habilitem e haja competição.
(C) Cancelar a etapa da habilitação e examinar desde logo a proposta com vistas à contratação imediata do único interessado.
(D) Apurar a habilitação normalmente e, se considerado habilitado o interessado, a proposta deverá ser examinada como se outros disputantes houvesse.
(E) Apurar a habilitação normalmente e, em seguida, considerar automaticamente válida a proposta por ser a única apresentada.

A: Incorreta. Nesse caso temos hipótese de ilegalidade, que enseja a anulação. **B:** Incorreta. Não há previsão para a hipótese de republicação de edital na Lei 8.666/1993. **C:** Incorreta. Não se trata de contratação direta, por isso não é possível "pular" atos do processo licitatório. **D:** Correta. Apesar dessa assertiva ter sido colocada como correta, sendo esse o posicionamento de Celso Antônio Bandeira de Mello, para o qual: "Se à licitação comparecer apenas um interessado deve-se apurar sua habilitação normalmente. Se habilitado, sua proposta será examinada tal como ocorreria se outros disputantes houvesse. Não há óbice algum a que lhe seja adjudicado o objeto da licitação, em sendo regular sua proposta, pelo fato de inexistirem outros interessados. O mesmo ocorrerá se vários comparecerem, mas apenas um for habilitado", há muita controvérsia doutrinária e jurisprudencial a respeito, inclusive o STJ entende que se deve revogar a licitação, eis que não há interesse público para a contratação de um licitante que não pode ser comparado com outros, não sendo o caso de contratação mais vantajosa para o Poder Público.(Falta de competitividade que se vislumbra pela só participação de duas empresas, com ofertas em valor bem aproximado ao limite máximo estabelecido" (RMS 23.402/PR, 2ª Turma, Rel. Min. Eliana Calmon, DJe de 2.4.2008)". (STJ – RMS: 23360 PR 2006/0269845-7, Relator: Ministra Denise Arruda, Data de Julgamento: 18/11/2008, T1 – Primeira Turma, Data de Publicação: DJe 17/12/2008). **E:** Incorreta. Não se poderia, tendo sido escolhido seguir o procedimento, deixar de cumprir um ou outro ato do mesmo. OBS: Acreditamos não existir resposta correta nessa questão, pois o entendimento mais razoável seria o de revogar o processo licitatório, pelos motivos acima expostos.
Gabarito "D".

(Ministério Público/MS – 2013 – FADEMS) "O ajuste administrativo pelo qual a Administração adquire coisas móveis, necessárias à realização das suas obras ou à manutenção dos seus serviços", denomina-se:

(A) Contrato de serviço.
(B) Contrato de obra pública.
(C) Contrato de fornecimento.
(D) Contrato de concessão.
(E) Contrato de servidão.

A: incorreta, pois o serviço é uma atividade e não uma coisa móvel (art. 6º, II, da Lei 8.666/1993); **B:** incorreta, pois a obra é toda construção, reforma, fabricação, recuperação ou ampliação, realizada por execução direta ou indireta (art. 6º, I, da Lei 8.666/1993); **C:** correta, pois o fornecimento se dá em relação a coisas móveis e não a atividades, serviços ou obras; **D:** incorreta, pois na concessão há outorga de um direito de exploração de bem público ou de serviço público, em favor do particular; **E:** incorreta, pois a servidão consiste em um ônus real numa coisa alheia.
Gabarito "C".

10.2. CONTRATAÇÃO DIRETA (LICITAÇÃO DISPENSADA, DISPENSA DE LICITAÇÃO E INEXIGIBILIDADE DE LICITAÇÃO)

(Promotor de Justiça/SC – 2016 - MPE)

(1) É dispensável a licitação para a compra de imóvel destinado ao atendimento das finalidades precípuas da administração, cujas necessidades de instalação e localização condicionem a sua escolha, desde que o preço seja compatível com o valor de mercado, segundo avaliação prévia.

1: correta. Trata-se de hipótese taxativa disposta no art.24, X, da Lei 8.666/1993.
Gabarito 1C

(Promotor de Justiça/SC – 2016 - MPE)

(4) A dispensa de licitação refere-se aos casos em que há ensejo à competitividade, sendo viável efetuar licitação, mas a lei faculta sua não realização. Suas hipóteses são taxativamente previstas pela norma. Na inexigibilidade, a competição é impossível, sendo exemplificativo o rol de situações contido na lei.

1: correta. Na licitação dispensável, temos um rol taxativo disposto no art. 24 da Lei 8.666/1993, sendo a competição possível, mas dispensável, a depender do interesse público, desde que incidente as hipóteses do referido dispositivo. Já na inexigibilidade de licitação, temos um rol exemplificativo (art. 25 da Lei 8.666/1993), havendo hipóteses de inviabilidade de competição pela existência de fornecedor exclusivo, artista único, objeto singular, e assim por diante.
Gabarito 1C

(Procurador da República –28º Concurso – 2015 – MPF) Qual alternativa contém situações de dispensa de licitação?

(A) 1. a Administração Pública adquiriu, pelo preço do dia, frutas para merenda escolar, no tempo necessário para a realização do processo licitatório correspondente; 2. houve necessidade de a Administração Pública estadual regular preços extorsivos.
(B) 1. a Administração Pública municipal, para promover a cultura popular, contratou com empresário exclusivo de consagrado repentista uma apresentação em praça pública; 2. a Administração Pública Federal contratou serviços técnicos especializados para a área de inteligência, quando a revelação da localização, necessidade, característica do objeto, especificação ou quantidade poderia colocar em risco objetivos da segurança nacional, tendo sido consultado o Conselho de Defesa Nacional.

(C) 1. a Administração Pública Federal contratou a Telebrás para os serviços de telecomunicação necessários para a realização das competições da Copa do Mundo de Futebol FIFA 2014; 2. um museu público contratou o restauro de uma peça histórica certificada como autêntica.
(D) 1. a Administração Pública municipal contratou auditor financeiro de notória especialização para um serviço de natureza singular; 2. a Administração Pública municipal comprou equipamento fornecido exclusivamente por determinada empresa, conforme certificado pelo órgão de registro do comércio do local em que se realizaria a licitação.

A: Incorreta. A competência para regulação de preços é da Administração Federal, sendo hipótese de licitação dispensável disposta no art. 24, VI, da Lei 8.666/1993. **B:** Incorreta. A contratação de profissional ou empresário exclusivo ou de setor artístico é hipótese de inexigibilidade (art. 25, I e III, da Lei 8.666/1993. **C:** Correta. A Telebrás é uma sociedade de economia mista, integrante da Administração Pública e foi criada antes de 1993 (art. 24, VIII, da Lei 8.666/1993), assim como a contratação do museu se enquadra na hipótese de aquisição de obras de arte de certificação autenticada (art. 24, XV, da Lei 8.666/1993). **D:** Incorreta. A contratação de profissional especializado é hipótese de inexigibilidade de licitação (art. 25, III , da Lei 8.666/1993).
Gabarito "C".

(Promotor de Justiça – MPE/BA – CEFET– 2015) Sobre as licitações públicas, é CORRETO afirmar:

(A) Nas licitações do tipo "melhor técnica", a classificação dos proponentes far-se-á de acordo com a média ponderada das valorizações das propostas técnicas e de preço, de acordo com os pesos preestabelecidos no instrumento convocatório.
(B) É dispensável a licitação para contratar serviços de publicidade e divulgação, em virtude da impossibilidade de julgamento das propostas com base em critérios objetivos.
(C) É inexigível a licitação na hipótese de não ter havido interessados em participar do procedimento licitatório anterior, desde que a Administração demonstre, justificadamente, a inexistência de prejuízo para os cofres públicos.
(D) A Lei 8.666/1993 proíbe que um ente licitante adote o registro cadastral de fornecedores de uma outra entidade da Administração Pública.
(E) A denominada "equalização das propostas" implica, nas licitações internacionais, que as propostas apresentadas por licitantes estrangeiros serão acrescidas dos gravames consequentes dos mesmos tributos que oneram exclusivamente os licitantes brasileiros quanto à operação final de venda.

A: Incorreta. Não há utilização da média ponderada como critério para nenhum tipo de licitação previsto em lei. O que temos é a utilização do critério "melhor preço" como coadjuvante e subsidiário à "melhor técnica", a fim de selecionar a proposta mais vantajosa ao Poder Público (art. 46, §§ 1º e 2º, da Lei 8.666/1993). **B:** Incorreta. Não temos previsão expressa para dispensa de licitação no art. 24, da Lei 8666/1993, assim como a inexibilidade é vedada pelos serviços de publicidade, conforme disposto no art. 25, II, do mesmo diploma legal. **C:** Incorreta. Trata-se de hipótese de licitação deserta, que é dispensável (art. 24, V, da Lei 8.666/1993), e não inexigível. **D:** Incorreta. É permita a utilização de registros cadastrais de outros órgãos ou entidades (art. 34, § 2º, da Lei 8.666/1993). **E:** Correta. Trata-se do previsto no art. 42, § 4º, da Lei 8.666/1993, como decorrência da igualdade de condições previstas como fundamento da licitação, mesmo que internacional.
Gabarito "E".

(Ministério Público/ES – 2013 – VUNESP) Quanto à contratação pelo Poder Público, verifica-se que

(A) é inexigível a licitação para a concessão de serviços públicos por particulares.
(B) quando se tratar de caso de emergência, sendo caso de dispensa de licitação, pressupõe que essa situação esteja devidamente comprovada e com a formalização adequada do processo de modo a trazer demonstração razoável para a escolha da empresa e dos preços adotados.
(C) é dispensável a licitação na hipótese de alienação direta de bens públicos, especificamente lotes e moradias em áreas públicas de perímetro urbano.
(D) é constitucional disposição estadual, em hipótese de privatização de empresas públicas e sociedades de economia mista, que confira preferência a seus empregados para assumi-las sob forma de cooperativa.
(E) não é possível o reajustamento de preços em casos de prorrogação de prazo, em razão de força maior ou caso fortuito, porque o contrato está adstrito à vigência dos respectivos créditos orçamentários.

A: incorreta, pois a Lei 8.987/1995 exige licitação para a outorga dessa concessão; **B:** correta (art. 24, IV, da Lei 8.666/1993); **C:** incorreta, pois a regra é a realização de licitação para a alienação de imóveis públicos e os casos de *licitação dispensada* previstos no art. 17, I, da Lei 8.666/1993 não contemplam hipótese tão geral como a trazida na alternativa; **D:** incorreta, pois tal regra fere o princípio da igualdade; **E:** incorreta, pois a prorrogação de prazo contratual em caso de força maior ou caso fortuito é legítima e, consequentemente, autoriza o reajustamento dos preços pelo alongamento do prazo.
Gabarito "B".

(Ministério Público/MG – 2013) Em matéria de Licitações, é INCORRETO afirmar-se que:

(A) A realização de audiência pública é exigível sempre que o valor estimado para uma licitação ou conjunto de licitações simultâneas ou sucessivas for superior a R$ 150 milhões, devendo ser realizada com antecedência mínima de 15 dias úteis da data prevista para a publicação do edital.
(B) Caracteriza a dispensa da licitação sempre que houver impossibilidade jurídica de competição.
(C) Em matéria de inexigibilidade de licitação, não há possibilidade de o administrador enquadrar nessa contratação outras situações senão as elencadas pelo legislador pátrio.
(D) O pregão é modalidade licitatória de aquisição de bens e serviços comuns da administração pública, independente do valor.

A: assertiva correta (art. 39, *caput*, c/c art. 23, I, "c", da Lei 8.666/1993); **B:** assertiva incorreta, devendo ser assinalada; esse caso, que representa inviabilidade de licitação, é de *inexigibilidade* de licitação e não de *dispensa* de licitação (art. 25, *caput*, da CF); **C:** assertiva correta, devendo ser realizada licitação para os casos de contratação que não se enquadrarem nas hipóteses de inexigibilidade de licitação; **D:** assertiva correta (art. 1o da Lei 10.520/2002).
Gabarito "B".

(Ministério Público/SP – 2013 – PGMP) Em quais hipóteses NÃO há dispensa e inexigibilidade de licitação?

(A) Inviabilidade de competição para a contratação de serviços técnicos de natureza singular, desde que comprovada a notória especialização do contratado, e compra de materiais fornecidos exclusivamente por uma única empresa.
(B) Contratação de empresa diversa da vencedora do certame original em consequência de rescisão contratual, atendida a ordem e condições aceitas da licitação anterior, e contratação de escritório de arquitetura reconhecido internacionalmente por sua excelência nos projetos de estádios de futebol.
(C) Dação em pagamento de bem imóvel com prévia avaliação e autorização legislativa e contratação de professor universitário, ex-ministro da Suprema Corte, para elaboração de parecer jurídico na sua área específica do Direito.
(D) Contratação de serviços de publicidade e concessão da coleta do lixo escolar.
(E) Concessão de direito real de uso de imóvel para outro órgão da administração pública e contratação de profissional do setor artístico consagrado pela opinião pública.

A: incorreta, pois esses casos são de inexigibilidade de licitação, nos termos do art. 25, II e I, respectivamente, da Lei 8.666/1993; **B:** incorreta, pois esses casos são de dispensa de licitação (art. 24, XI, da Lei 8.666/1993) e de inexigibilidade de licitação (art. 25, II, da Lei 8.666/1993), respectivamente; **C:** incorreta, pois esses casos são de licitação dispensada (art. 17, I, "a", da Lei 8.666/1993) e de inexigibilidade (art. 25, II, da Lei 8.666/1993), respectivamente; **D:** correta, pois a lei é expressa ao impedir a contratação sem licitação de serviços de publicidade e propaganda (art. 25, II, da Lei 8.666/1993); no mais, quanto ao segundo caso (coleta de lixo escolar), também não há autorização geral de não fazer licitação na espécie; **E:** incorreta, pois esses casos são de licitação dispensada (art. 17, § 2º, I, da Lei 8.666/1993) e de inexigibilidade de licitação (art. 25, III, da Lei 8.666/1993), respectivamente.
Gabarito "D".

(Ministério Público/MS – 2013 – FADEMS) No caso de contratação pela Administração Pública de serviço de coleta, processamento e comercialização de resíduos sólidos urbanos recicláveis, em áreas com sistema de coleta seletiva de lixo, efetuados por associações ou cooperativas formadas exclusivamente por pessoas físicas de baixa renda reconhecidas pelo poder público como catadores de materiais recicláveis, com o uso de equipamentos compatíveis com as normas técnicas, ambientais e de saúde, **é correto** afirmar que se trata de hipótese de:

(A) Inexigibilidade de licitação.
(B) Exigibilidade de licitação.
(C) Vedação de licitação.
(D) Dispensa de licitação.
(E) Licitação deserta.

Trata-se de caso de dispensa de licitação (art. 24, XXVII, da Lei 8.666/1993).
Gabarito "D".

10.3. MODALIDADES DE LICITAÇÃO E REGISTRO DE PREÇOS

(Promotor de Justiça/SC – 2016 – MPE)

(1) O pregão é a modalidade de licitação adotada para aquisição de bens e serviços comuns. Entendem-se como tais aqueles que podem ser fornecidos por interessados devidamente cadastrados ou que atenderem a todas as condições exigidas para cadastramento até o terceiro dia anterior à data do recebimento das propostas, observada a necessária qualificação.

1: errada. O pregão realmente é modalidade de licitação adotada para aquisição de bens e serviços comuns, mas independe de cadastramento prévio, sendo esse um requisito da modalidade Convite (art. 22, § 3º, da Lei 8.666/1993).
Gabarito 1E

(Promotor de Justiça/GO – 2016 - MPE) Em relação às modalidades licitatórias e a seus respectivos procedimentos e características, informe o item incorreto:

(A) Embora o art. 22, § 8º, da Lei 8.666/1993 vede a criação de outras modalidades licitatórias ou a combinação daquelas referidas no mesmo artigo, a mesma Lei 8.666/1993 não esgotou a competência da União para legislar sobre normas gerais. Por essa razão, segundo a doutrina, nada impede que o legislador crie novas modalidades licitatórias por meio de outra lei, com natureza de normas gerais.
(B) No pregão, para o julgamento e classificação das propostas, será adotado o critério de menor preço, com exceção das contratações de serviços de engenharia de baixa complexidade, para as quais o pregão deverá observar, obrigatoriamente, o critério "melhor técnica e preço".
(C) Vedou-se expressamente a utilização do pregão para as locações imobiliárias.
(D) Quando o critério para a escolha da modalidade licitatória for a natureza do objeto, sendo, portanto, indiferente o valor, é possível a utilização do pregão, do concurso e do leilão.

A: Incorreta. A assertive está correta. A Lei de Licitações (Lei 8.666/1993) é uma Lei Geral e proíbe que ela mesma crie outras modalidades de licitação. No entanto, outras leis gerais criaram outras modalidades de licitação, como a Lei do Pregão (Lei 10.520/2002) e Lei da Anatel (Lei 8.472/1997), que criou a "consulta". **B:** Correta. A assertiva está incorreta. O pregão somente se destina a contratação de bens e serviços comuns, não sendo possível ter como objeto serviços de engenharia. **C:** Incorreta. A assertiva está correta, conforme art. 1º da Lei 10.520/2002. **D:** Incorreta. A assertiva está correta. Todas essas modalidades de licitação admitem como critério o da natureza do objeto.
Gabarito "B".

(Ministério Público/GO – 2013) As leis gerais de licitação trazem, como modalidades licitatórias, a concorrência, a tomada de preços, o convite, o concurso, o leilão e o pregão, embora alguns autores afirmem a existência da modalidade consulta, prevista apenas para as agências reguladoras. No que pertine às modalidades licitatórias, aponte o item incorreto:

(A) a Lei 8.666/1993 veda o fracionamento de despesas, como forma de escapar de modalidade licitatória mais rigorosa, embora excepcione as parcelas de natureza específica que possam ser executadas por pessoas ou empresas de especialidade diversa daquela do executor da obra ou serviço.
(B) da mesma forma que o fracionamento de despesas, a Lei 8.666/1993 veda o parcelamento do objeto da licitação.

(C) se o gestor, ao assumir a Administração, pretender locar 05 (cinco) caminhões para atender às necessidades do município, poderá lançar mão de uma licitação para cada um dos veículos, embora tenha o dever de observar a modalidade licitatória decorrente da soma de todos eles.
(D) é possível substituir uma modalidade licitatória por outra, desde que a substituição importe naquela mais rigorosa.

A: assertiva correta, nos termos do disposto no arts. 8º, parágrafo único, e 23, § 5º, da Lei 8.666/1993; **B:** assertiva incorreta, devendo ser assinalada; isso porque o parcelamento das contratações, desde que para aproveitar as peculiaridades do mercado e visando à economicidade, não só é admitido, como é obrigatório, sempre que possível (arts. 15, IV, 23, §§ 1º e 2º, da Lei 8.666/1993); **C:** assertiva correta (art. 23, § 2º, da Lei 8.666/1993); **D:** assertiva correta (art. 23, § 4º, da Lei 8.666/1993).
Gabarito "B".

(Ministério Público/PR – 2013 – X) Quanto às modalidades de licitação, assinale a alternativa *correta*:

(A) Concorrência é a modalidade de licitação entre interessados devidamente cadastrados ou que atenderem a todas as condições exigidas para cadastramento até o terceiro dia anterior à data do recebimento das propostas, observada a necessária qualificação;
(B) Tomada de preços é a modalidade de licitação entre quaisquer interessados que, na fase inicial de habilitação preliminar, comprovem possuir os requisitos mínimos de qualificação exigidos no edital para execução de seu objeto;
(C) Pregão é a modalidade de licitação para aquisição de bens e serviços comuns, quais sejam aqueles cujos padrões de desempenho e qualidade possam ser objetivamente definidos pelo edital, por meio de especificações usuais no mercado;
(D) Concurso é a modalidade de licitação entre interessados do ramo pertinente ao seu objeto, cadastrados ou não, escolhidos e convidados em número mínimo de três pela unidade administrativa, a qual fixará, em local apropriado, cópia do instrumento convocatório e o estenderá aos demais cadastrados na correspondente especialidade que manifestarem seu interesse com antecedência de até 24 (vinte e quatro) horas da apresentação das propostas;
(E) Convite é a modalidade de licitação entre quaisquer interessados para escolha de trabalho técnico, científico ou artístico, mediante a instituição de prêmios ou remuneração aos vencedores, conforme critérios constantes de edital publicado na imprensa oficial com antecedência mínima de 45 (quarenta e cinco) dias.

A: assertiva incorreta, pois a definição dada é a de tomada de preços (art. 22, § 2º, da Lei 8.666/1993) e não de concorrência; **B:** assertiva incorreta, pois a definição dada é de concorrência (art. 22, § 1º, da Lei 8.666/1993) e não de tomada de preços; **C:** assertiva correta (art. 1º da Lei 10.520/2002); **D:** incorreta, pois a definição dada é de convite (art. 22, § 3º, da Lei 8.666/1993) e não de concurso; **E:** assertiva incorreta, pois a definição dada é de concurso (art. 22, § 4º da Lei 8.666/1993) e não de convite.
Gabarito "C".

(Ministério Público/SP – 2013 – PGMP) É CORRETO afirmar que, na administração centralizada, são admitidas as seguintes modalidades de licitação:

(A) concorrência, tomada de preços, convite, concurso, leilão, pregão e consulta.
(B) concorrência, convite, tomada de preços, certame, leilão e pregão.
(C) concorrência, tomada de preços, convite, certame, concurso e leilão.
(D) concorrência, tomada de preços, convite, concurso, leilão e pregão.
(E) concorrência, tomada de preços, convite, concurso, consulta, certame, leilão e pregão.

A: incorreta, pois a consulta não está prevista como modalidade admitida na administração centralizada, existindo, todavia, na ANTAL (Administração Indireta), nos termos dos arts. 54 a 57 da Lei 9.472/1997; **B, C e E:** incorretas, pois o certame não é uma modalidade de licitação, mas apenas um sinônimo de licitação e a consulta não está prevista como modalidade admitida na administração centralizada; **D:** correta, pois a cinco primeiras são modalidades previstas no art. 22 da Lei 8.666/1990 e a última, na Lei 10.520/2002.
Gabarito "D".

(Ministério Público/GO – 2012) Considerando as normas que disciplinam as licitações e os contratos da Administração Pública, marque a alternativa incorreta:

(A) Leilão é a modalidade de licitação entre quaisquer interessados para a venda de bens móveis inservíveis para a administração ou de produtos legalmente apreendidos ou penhorados, a quem oferecer o maior lance, igual ou superior ao valor da avaliação.
(B) Será adotada a modalidade de licitação convite para obras e serviços de engenharia de até R$ 150.000,00 (centro e cinquenta mil reais).
(C) É dispensável a licitação para a aquisição, por pessoa jurídica de direito público interno, de bens produzidos ou serviços prestados por órgão ou entidade que integre a Administração Pública e que tenha sido criado para esse fim específico em data anterior à vigência desta Lei, desde que o preço contratado seja compatível com o praticado no mercado.
(D) É inexigível a licitação quando houver inviabilidade de competição, em especial para a contratação de serviços técnicos profissionais especializados, de natureza singular, com profissionais ou empresas de notória especialização, inclusive para serviços de publicidade e divulgação.

A: assertiva correta (art. 22, § 5º, da Lei 8.666/1993); **B:** assertiva correta (art. 23, I, "a", da Lei 8.666/1993); **C:** assertiva correta (art. 24, VIII, da Lei 8.666/1993); **D:** assertiva incorreta (devendo ser assinalada), pois, em relação a "serviços de publicidade e divulgação", há vedação expressa à contratação sem licitação (art. 25, II, da Lei 8.666/1993).
Gabarito "D".

10.4. FASES DA LICITAÇÃO E QUALIFICAÇÃO

(Ministério Público/ES – 2013 – VUNESP) A fim de incrementar a competitividade, o art. 33 da Lei Federal 8.666/1993 permite que o edital admita a oferta de propostas por meio de consórcios. Assim, torna-se possível que empresas diversas, detentoras de atributos específicos, formulem uma proposta unitária para a Administração. Assinale a alternativa correta sobre a participação de consórcios em certames licitatórios.

(A) No consórcio de empresas brasileiras e estrangeiras, a liderança caberá, obrigatoriamente, à empresa estrangeira.
(B) O ato convocatório tem que autorizar expressamente a constituição de consórcios específicos para o objeto licitado, pois a autorização para a participação de consórcio reveste-se de natureza discricionária, cabendo à Administração, em vista das peculiaridades do certame, decidir acerca da matéria.
(C) A apresentação da proposta por meio de um consórcio de empresas não implica a responsabilidade de todas e por todos os atos praticados na licitação e na futura execução do contrato, não sendo solidárias e sim individual e isoladamente responsabilizadas.
(D) Nos casos de consórcios formados, em sua totalidade, por micro e pequenas empresas, em relação à qualificação econômico-financeira, a Lei 8.666/1993 autoriza que a Administração exija, para o consórcio, um acréscimo de até 30% (trinta por cento) dos valores exigidos para licitante individual.
(E) É necessário que haja subordinação entre as empresas que constituem o consórcio, havendo uma hierarquia entre as empresas componentes do consórcio em relação à empresa líder.

A: incorreta, pois nesse caso a liderança cabe à empresa brasileira (art. 33, § 1º, da Lei 8.666/1993); **B:** correta, pois art. 33, *caput*, da Lei 8.666/1993 dispõe que empresas em consórcios só poderão participar de uma licitação "quando permitida" essa hipótese pela Administração; **C:** incorreta, pois é solidária a responsabilidade dos integrantes do consórcio pelos atos praticados neste âmbito (art. 33, V, da Lei 8.666/1993); **D:** incorreta, pois esse acréscimo não poderá ser exigido para consórcios formados, em sua totalidade, por micro e pequenas empresas (art. 33, III, da Lei 8.666/1993); **E:** incorreta, pois a lei não faz essa exigência (art. 33 da Lei 8.666/1993), tratando-se de questão interna do consórcio, sem prejuízo de que a empresa líder assuma os compromissos e condições de liderança a serem previstos no edital que admitir a participação de empresas em consórcio no certame (art. 33, II, da Lei 8.666/1993).
Gabarito "B".

10.5. TEMAS COMBINADOS E OUTROS TEMAS

(Ministério Público/DF – 2013) No que concerne a licitações e contratos administrativos, **NÃO É CORRETO** afirmar:

(A) A participação de Município como um dos patrocinadores de evento esportivo não caracteriza a presença do ente público como contratante de ajuste administrativo sujeito a prévia licitação.
(B) No entendimento do Supremo Tribunal Federal, não cabe transferir à administração pública os encargos trabalhistas, fiscais e comerciais resultantes do contrato, em caso do inadimplemento do outro contratante, ressalvadas as hipóteses de culpa *in vigilando, in eligendo* ou *in omittendo* do ente público contratante.
(C) A lei pode, sem violação do princípio da igualdade, distinguir situações a fim de conferir a uma tratamento diverso do que atribui a outra. Para que possa fazê-lo, contudo, sem que tal violação se manifeste, é necessário que a discriminação guarde compatibilidade com o conteúdo do princípio. A Constituição exclui quaisquer exigências de qualificação técnica e econômica que não sejam indispensáveis à garantia do cumprimento das obrigações.
(D) As modalidades de licitação previstas na lei de regência não excluem a criação de outras modalidades que se façam necessárias em razão da especificidade do objeto a ser licitado.
(E) Em não ocorrendo hipótese de inexigibilidade, a modalidade concorrência é a que deve ser utilizada nos casos de alienação de bens imóveis, qualquer que seja seu valor, ressalvadas as hipóteses em que os bens em questão tenham sido adquiridos em decorrência de procedimentos judiciais ou dação em pagamento.

A: assertiva correta, pois a figura do patrocínio não está prevista nos arts. 37, XXI, da CF e 1º, caput, da Lei 8.666/1993, como hipótese que enseja licitação; nesse sentido, inclusive, confira o entendimento do STF a respeito, no caso em que o Município de São Paulo foi patrocinador da São Silvestre: "Recursos Extraordinários. Constitucional e Administrativo. Alegação de contrariedade aos arts. 5º, inc. II, 37, caput, e inc. XXI, e 93, inc. IX, da Constituição da República. Realização de evento esportivo por entidade privada com múltiplo patrocínio: Descaracterização do patrocínio como contratação administrativa sujeita à licitação. A participação de município como um dos patrocinadores de evento esportivo de repercussão internacional não caracteriza a presença do ente público como contratante de ajuste administrativo sujeito à prévia licitação. Ausência de dever do patrocinador público de fazer licitação para condicionar o evento esportivo: objeto não estatal; Inocorrência de pacto administrativo para prestar serviços ou adquirir bens. Acórdão recorrido contrário à Constituição. Recursos Extraordinários interpostos contra acórdão do Tribunal de Justiça do Estado de São Paulo providos. Recurso Extraordinário contra acórdão do Superior Tribunal de Justiça julgado prejudicado por perda de objeto" (STF, Rel. Min. Cármen Lúcia, RE nº 574636/SP, 1ª T., julgado em 16.08.2011); **B:** assertiva correta, já que o STF, na ADC 16/DF, assim decidiu sobre essa temática: "entendeu-se que a mera inadimplência do contratado não poderia transferir à Administração Pública a responsabilidade pelo pagamento dos encargos, mas reconheceu-se que isso não significaria que eventual **omissão** da Administração Pública, na obrigação de fiscalizar as obrigações do contratado, não viesse a gerar essa responsabilidade" (g.n.); **C:** assertiva correta, pois a traduziu exatamente a essência do princípio da igualdade, qual seja, a de que é possível tratar desigualmente os desiguais desde que a discriminação seja pertinente; quanto a exclusão, na própria CF, de discriminações não pertinentes em matéria de qualificação técnica e econômica em licitação, de fato existe e está no art. 37, XXI, do Texto Maior; **D:** assertiva incorreta, devendo ser assinalada; isso porque o art. 22, § 8º, da Lei 8.666/1993 proíbe expressamente a criação, pela Administração, de outras modalidades de licitação ou a combinação delas; **E:** assertiva correta (art. 23, § 3º, c/c art. 19, III, ambos da Lei 8.666/1993).
Gabarito "D".

(Ministério Público/Acre – 2014 – CESPE) No que concerne à licitação e aos contratos administrativos, assinale a opção correta.

(A) A penalidade de suspensão e a de declaração de inidoneidade, em caso de irregularidades na execução do contrato administrativo, aplicadas pela União não produzem efeitos perante estado da Federação.
(B) Para fim de habilitação nas licitações, a administração pública não deve exigir dos licitantes a apresentação de certidão de quitação de obrigações fiscais, mas a mera prova de sua regularidade.
(C) No que se refere à documentação relativa à qualificação econômico-financeira para compras para entrega futura e execução de obras e serviços, a administração não pode exigir das licitantes capital social mínimo, patrimônio líquido mínimo ou garantias que assegurem o adimplemento do contrato a ser celebrado.

(D) Segundo entendimento do STJ, deve-se reconhecer a nulidade, em processo licitatório, do julgamento de recurso administrativo por autoridade incompetente, ainda que tenha havido posterior homologação do certame pela autoridade competente.

(E) A CF autoriza a gestão associada de serviços públicos por meio de convênios, mas não a transferência total ou parcial de serviços, de pessoal e de bens essenciais à continuidade dos serviços transferidos.

A: incorreta; o art. 6º, XI e XII, da Lei 8.666/1993 traz as definições, para efeito da aplicação dessa lei, de "Administração Pública" (que abrange toda a Administração Direta e Indireta, de todas as esferas federativas) e de "Administração" (que diz respeito ao órgão ou entidade que atua no caso concreto); já o art. 87, III e IV, da Lei 8.666/1993 estabelece que a sanção de suspensão temporária de participação da licitação diz respeito à "Administração" e a sanção de inidoneidade para licitar ou contratar diz respeito à "Administração Pública"; assim, parte da doutrina entende que a penalidade de suspensão produz efeito apenas ao ente concreto que a tiver aplicado (no caso, a União) e a penalidade de declaração de inidoneidade produz efeito em relação à Administração Pública de todos os entes federativos; porém, o STJ tem decidido que as duas sanções se aplicam às diferentes esferas federativas (STJ, MS 19.657/DF, *DJ* 14.08.2013), entendimento com o qual concordamos, considerando a interpretação teleológica dos dispositivos à luz do princípio da moralidade administrativa; **B:** correta, estando de acordo com a Súmula TCU 283 ("Para fim de habilitação, a Administração Pública não deve exigir dos licitantes a apresentação de certidão de quitação de obrigações fiscais, e sim prova de sua regularidade"); **C:** incorreta, pois a Administração pode fazer essas exigências, conforme o art. 31, § 2º, da Lei 8.666/1993); **D:** incorreta, pois o STJ entendeu que "O vício na competência poderá ser convalidado desde que não se trate de competência exclusiva, o que não é o caso dos autos. Logo, não há falar em nulidade do procedimento licitatório ante o saneamento do vício com a homologação" (Resp 1.348.472/RS, *DJ* 28.05.2013); E: incorreta, pois o art. 241 da CF autoriza a gestão associada de serviços públicos por meio de convênios, inclusive com transferência total ou parcial de encargos, serviços, pessoal e bens essenciais à continuidade dos serviços transferidos.
Gabarito "B".

(Ministério Público/PR – 2013 – X) Sobre licitações e contratações públicas é *incorreto* afirmar:

(A) Nas licitações públicas, a comprovação de regularidade fiscal das microempresas e empresas de pequeno porte somente será exigida para efeito de assinatura do contrato;

(B) O objeto dos contratos de serviços de publicidade prestados por intermédio de agências de propaganda (fundamentalmente disciplinados pela Lei 12.232/2010) poderá incluir, a título de atividades complementares, os serviços especializados pertinentes à produção e execução técnica de peças e projetos publicitários, assessoria de imprensa, comunicação e relações públicas;

(C) O Regime Diferenciado de Contratações Públicas (RDC), originariamente criado pela Lei 12.462/2011 para as licitações e contratos necessários à realização de eventos como a Copa das Confederações (2013), a Copa do Mundo de Futebol (2014), Jogos Olímpicos e Paraolímpicos de 2016, hoje é também aplicável às licitações e contratos necessários à realização de obras e serviços de engenharia no âmbito do Sistema Único de Saúde (SUS) e no âmbito dos sistemas públicos de ensino;

(D) Não poderá participar da licitação ou da execução de obra ou serviço e do fornecimento de bens a eles necessários o autor do projeto, básico ou executivo, pessoa física ou jurídica, salvo como consultor ou técnico, nas funções de fiscalização, supervisão ou gerenciamento, exclusivamente a serviço da Administração interessada;

(E) Dispensa-se a licitação na contratação de remanescente de obra, serviço ou fornecimento, em consequência de rescisão contratual, desde que atendida a ordem de classificação da licitação anterior e aceitas as mesmas condições oferecidas pelo licitante vencedor, inclusive quanto ao preço, devidamente corrigido.

A: assertiva correta (art. 42 da LC 123/2006); **B:** assertiva incorreta, devendo ser assinalada. O art. 2º, § 2º, da Lei 12.232/2010 veda a inclusão de outras atividades nos contratos de serviços de publicidade (que não as previstas no *caput* e no § 1º do art. 2º mencionado), em especial as de assessoria de imprensa, comunicação e relações públicas ou realização de eventos festivos; **C:** assertiva correta (art. 1º, I, II e V, e § 3º, da Lei 12.462/2011); **D:** assertiva correta (art. 9º, I e § 1º, da Lei 8.666/1993); **E:** assertiva correta (art. 24, XI, da Lei 8.666/1993).
Gabarito "B".

(Ministério Público/MG – 2012 – CONSULPLAN) Em relação à licitação, à luz da legislação de regência, é **INCORRETO** dizer que:

(A) A alienação de bens da Administração Pública deve ser precedida de avaliação, sendo dispensada a licitação quando se tratar de permuta de bens móveis entre órgãos ou entidades integrantes do próprio Poder Público.

(B) Nos casos em que couber a tomada de preços, a Administração poderá utilizar convite e, em qualquer caso, a concorrência.

(C) A licitação não será sigilosa, sendo públicos e acessíveis ao público os atos de seu procedimento, salvo quanto ao conteúdo das propostas, até a respectiva abertura.

(D) É dispensável a licitação na contratação de associação de portadores de deficiência física, sem fins lucrativos e de comprovada idoneidade, por órgãos ou entidades da Administração Pública, para a prestação de serviços ou fornecimento de mão de obra, desde que o preço contratado seja compatível com o praticado no mercado.

A: assertiva correta (art. 17, II, "b", da Lei 8.666/1993); **B:** assertiva incorreta (devendo ser assinalada), pois, não caberá convite em caso de tomada de preços; neste caso, além da tomada de preços, cabe apenas concorrência, já que esta é mais abrangente, valendo a máxima "quem pode o mais, pode o menos"; **C:** assertiva correta (art. 3º, § 3º, da Lei 8.666/1993); **D:** assertiva correta (art. 24, XX, da Lei 8.666/1993).
Gabarito "B".

(Ministério Público/RR – 2012 – CESPE) Assinale a opção correta relativamente ao instituto da licitação.

(A) Em regra, o procedimento licitatório fica a cargo de comissão cujos membros terão mandato de até um ano, admitida a recondução de todos os membros para a mesma comissão no período subsequente.

(B) No pregão, a fase da habilitação deve preceder a de classificação.

(C) Contra o ato de anulação ou revogação do procedimento licitatório cabe, por força de lei, recurso dotado de efeito suspensivo.
(D) A alienação de bens imóveis em se tratando de dação em pagamento configura situação de dispensa de licitação determinada por lei, razão pela qual não há discricionariedade administrativa quanto ao ato de dispensa.
(E) A legislação de regência admite a dispensa de licitação para a contratação de coleta, processamento e comercialização de resíduos sólidos urbanos recicláveis ou reutilizáveis, em áreas com sistema de coleta seletiva de lixo, efetuados por cooperativas formadas por pessoas físicas de baixa renda ou por empresas de pequeno porte.

A: incorreta, pois a investidura dos membros de comissão permanente é de até 1 ano, **mas** é vedada a recondução da totalidade de seus membros para a mesma comissão no período subsequente (art. 51, § 4°, da Lei 8.666/1993); **B**: incorreta, pois, no pregão, há uma inversão de fases, de modo que a fase de julgamento das propostas e classificação ocorre primeiro que a fase de habilitação (art. 4°, VII e XII, da Lei 10.520/2002); **C**: incorreta, pois o recurso, nesses casos, não está dentre as hipóteses em que lei impõe automaticamente o efeito suspensivo (art. 109, § 2°, da Lei 8.666/1993); **D**: correta (art. 17, I, "a", da Lei 8.666/1993); **E**: incorreta, pois a parte final da alternativa, que faz referência a "empresas de pequeno porte" não se encontra prevista na lei (art. 24, XXVII, da Lei 8.666/1993).
„Gabarito "D"."

(Ministério Público/SC – 2012) Analise as seguintes assertivas:
I. Ao Poder Judiciário compete revogar atos administrativos por razões de mérito, no atendimento do interesse público.
II. É vedada a inclusão no objeto da licitação a obtenção de recursos financeiros para sua execução, qualquer que seja sua origem.
III. O princípio da vinculação ao instrumento convocatório estabelece que o edital e a carta-convite contêm as regras a serem observadas no processo licitatório. Em caso de modificação do edital que afete as propostas, as novas regras valerão apenas para os concorrentes já habilitados.
IV. É dispensável a licitação quando houver inviabilidade de competição, sendo inexigível em algumas situações legalmente previstas em que há competição, mas sua realização é facultada.
V. As autarquias submetem-se ao controle administrativo realizado pelos órgãos da cúpula da Administração direta, denominada de "tutela".
(A) Apenas as assertivas I, III e IV estão corretas.
(B) Apenas a assertiva IV está correta.
(C) Apenas as assertivas II e V estão corretas.
(D) Apenas a assertiva V está correta.
(E) Todas as assertivas estão corretas.

I: incorreta, pois a revogação é da exclusiva alçada da Administração Pública que tiver expedido o ato, não podendo o Judiciário fazê-la em seu lugar; **II**: incorreta, pois tal medida é possível "nos casos de empreendimentos executados e explorados sob o regime de concessão, nos termos da legislação específica" (art. 7°, § 3°, da Lei 8.666/1993); **III**: incorreta, pois a modificação do edital, que afete as propostas, impõe a reabertura do prazo para apresentação destas (art. 21, § 4°, da Lei 8.666/1993), valendo, assim, para todos os concorrentes; **IV**: incorreta, pois a inviabilidade de competição leva à inexigibilidade de licitação (art. 25, *caput*, da Lei 8.666/1993) e não à dispensa desta; no mais, é bom que fique claro que, havendo caso de inexigibilidade, não há possibilidade de se fazer licitação, de modo que esta não é facultada; **V**: correta, pois a autarquia (pessoa jurídica) está, de fato, sujeita a "tutela", também chamada de "controle" ou "supervisão ministerial", diferentemente de um mero órgão estatal, que está sujeito à "hierarquia".
„Gabarito "D"."

11. CONTRATOS ADMINISTRATIVOS

11.1. CONCEITO, CARACTERÍSTICAS PRINCIPAIS, FORMALIZAÇÃO E CLÁUSULAS CONTRATUAIS NECESSÁRIAS

(Promotor de Justiça – MPE/AM – FMP – 2015) Em se tratando das sanções a serem aplicadas pela Administração Pública ao particular motivadas pela inexecução total ou parcial do contrato administrativo, enquanto desdobramento concreto das denominadas cláusulas exorbitantes, considere as afirmativas a seguir:

I. A aplicação das penalidades faculta ao contratado a quem se imputa a inexecução total ou parcial do pacto o exercício de defesa no prazo de cinco dias da abertura de vista no respectivo processo.
II. A penalidade de multa (artigo 87, inciso II, da Lei 8.666/1993), a partir do postulado da proporcionalidade, além da hipótese de poder ser imposta isoladamente, somente poderá ser aplicada na companhia da sanção relativa à suspensão temporária de participação em certames licitatórios e impedimento de contratar com a entidade administrativa (artigo 87, inciso III, da Lei 8.666/1993).
III. As penalidades do artigo 87 da Lei 8.666/1993 relacionadas à suspensão de licitar e à declaração de inidoneidade, de acordo com o critério hermenêutico predominante do Superior Tribunal de Justiça, são de abrangência nacional, não ficando restritas à esfera do ente contratante a quem se atribui a prerrogativa de aplicar tais sanções.
Quais das assertivas acima estão corretas?

(A) Apenas a III.
(B) Apenas a I e II.
(C) Apenas a I e III.
(D) Apenas a II.
(E) Nenhuma.

A: Correta. A assertiva III está correta. A jurisprudência do STJ entende o seguinte: "A punição prevista no inciso III do artigo 87 da Lei 8.666/1993 não produz efeitos somente em relação ao órgão ou ente federativo que determinou a punição, mas a toda a Administração Pública, pois, caso contrário, permitir-se-ia que empresa suspensa contratasse novamente durante o período de suspensão, tirando desta a eficácia necessária." (REsp 174.247/SP, 2° T., rel. Min. Castro Meira, DJ de 22.11.2004). "Não há como o município, órgão da Administração Pública, aceitar a participação em licitação de empresa suspensa temporariamente por órgão funcional estadual." (REsp 151.167/RJ, 2° T., rel. Min. Francisco Peçanha Martins, j. em 25.02.2003, DJ de 14.04.2003). Portanto, a punição e seus efeitos são bem abrangentes, conforme determina a assertiva. **B**: Incorreta. O item I está incorreto, eis que a defesa do interessado é uma faculdade, realmente, mas o prazo é de 5 dias úteis, e não 5 dias, somente. **C**: Incorreta. O item I está incorreto. **D**: Incorreta. O item II está incorreto. A multa pode ser cumulada com as demais penalidades, conforme disposto no art. 87, § 2°, da Lei 8.666/1993.
„Gabarito "A"."

(Promotor de Justiça – MPE/MS – FAPEC – 2015) Em relação aos contratos administrativos é **incorreto** afirmar:

(A) Em situação de normalidade, se a Administração não pagar a parcela vencida em determinado mês, após trinta dias da data, está o contratado autorizado a paralisar o serviço objeto do contrato, alegando em seu favor a exceção de contrato não cumprido.

(B) O instituto previsto na legislação sobre contrato administrativo, referente à formalização da variação do valor contratual, decorrente de reajuste de preços previstos no contrato, que não caracteriza sua alteração, denomina-se "apostila".

(C) De acordo com a legislação pertinente, há situações em que os contratos administrativos podem ser rescindidos unilateralmente, mesmo que o contratado esteja cumprindo fielmente as suas obrigações.

(D) Na hipótese de inexecução de contrato administrativo, a suspensão provisória ou temporária do direito de participar de licitação e impedimento de contratar é aplicada se o contratado prejudicar a execução do contrato dolosamente.

(E) Em caso de se verificar atraso nos pagamentos devidos pela Administração, somente se este superar o prazo de noventa dias, em situação de normalidade, poderá o contratado optar pela suspensão da execução do contrato ou pela sua rescisão.

A: Incorreta. O prazo que o particular tem que esperar para rescindir o contrato ou pedir a sua suspensão é de 90 dias, conforme disposto no art. 78, XV, da Lei 8.666/1993. **B:** Correta. Trata-se do disposto no art.65, § 8º, da Lei 8.666/1993. O apostilamento deriva-se de apostila, que nada mais é do que fazer anotação ou registro administrativo no próprio termo de contrato ou nos demais instrumentos hábeis que o substituem. Assim sendo, podemos conceituar o apostilamento como sendo "a anotação ou registro administrativo, que pode ser realizado no verso do próprio termo de contrato, ou por termo ato separado, juntado aos autos do processo administrativo respectivo". O ato administrativo pelo qual se materializa o apostilamento é a apostila. O apostilamento pode ser utilizado nos seguintes casos: Variação do valor contratual decorrente de reajuste previsto no contrato; Compensações ou penalizações financeiras decorrentes das condições de pagamento; Empenho de dotações orçamentárias suplementares até o limite do seu valor corrigido. (http://www.esaf.fazenda.gov.br/institucional/centros-regionais/sao-paulo/arquivos/apostilamento.pdf). **C.** Correta. O art.58, II, da Lei 8.666/1993 permite a rescisão unilateral do contrato, sendo essa uma cláusula exorbitante que decorre do princípio da Supremacia do Interesse público sobre o Privado. **D:** Correta. O art. 88, I, da Lei 8.666/1993 enfatiza a possibilidade da aplicação dessa pena em caso de dolo nos delitos de fraude ao Fisco. **E:** Correta. Trata-se do disposto no art.78, XV, da Lei 8.666/1993.
Gabarito "A".

(Promotor de Justiça – MPE/BA – CEFET – 2015) Acerca dos contratos administrativos, é CORRETO afirmar:

(A) O contratado é obrigado a aceitar, nas mesmas condições contratuais, os acréscimos que se fizerem no caso particular de reforma de edifício ou de equipamento, até o limite de 50% (cinquenta por cento) do valor inicial atualizado do contrato.

(B) Nos contratos privados da Administração Pública, dos quais são exemplos o contrato de seguro, de financiamento e de locação, não há a incidência de cláusulas de privilégio.

(C) As cláusulas de reajuste dos contratos administrativos podem ser unilateralmente alteradas pela Administração Pública, desde que demonstrado o interesse público.

(D) No exercício do controle externo, o Tribunal de Contas da União poderá determinar a imediata sustação de contrato administrativo ante suspeitas fundadas de irregularidades, comunicando, posteriormente, sua decisão ao Congresso Nacional.

(E) No contrato de concessão de serviço público, a concessionária poderá interromper os serviços contratados, independentemente de autorização judicial, após 90 (noventa) dias de atraso dos pagamentos devidos pelo ente concedente.

A: Correta, sendo o que dispõe o art.65, §1º, da Lei 8.666/1993, quanto à manutenção do equilíbrio econômico-financeiro dos contratos administrativos. **B:** Incorreta. Sendo contratos privados, mas celebrados pelo Poder Público, incidem normas de direito público em conjunto com as de direito privado, por isso há incidência de cláusulas exorbitantes instituindo privilégios ao Poder Público em decorrência do princípio da Supremacia do Interesse Público sobre o Privado (art.62, § 3º, da Lei 8.666/1993). **C:** Incorreta. O reajuste só pode ser feito se houver interesse público e desde que previsto no contrato e, ainda assim, desde que nos limites previstos pela Lei 8666/93 (arts. 55., III e 65), respeitados os direitos do contratado. **D:** Incorreta. Primeiramente é necessário que o Tribunal de Contas dê oportunidade para saneamento das irregularidades e, "se não atendido", conforme determina o art.71, X, CF, é que sustará o contrato com posterior comunicação à Câmara e Senado. **E:** Incorreta. Observação: Essa questão foi considerada incorreta pela Banca Examinadora, mas está correta. Isso porque, os contratos de concessão realmente só podem ser rescindidos pela parte por meio de sentença judicial transitada em julgado (art.39 da Lei 8.987/1995), mas antes de chegar à rescisão, o contratado poderá suspender a prestação dos serviços se houver atraso no pagamento por mais de 90 dias, conforme disposto no art.78, XV, da Lei 8666/93. Portanto, está correta a forma como foi colocada a assertiva!
Gabarito "A".

(Ministério Público/MG – 2014) A respeito dos contratos administrativos, considere as seguintes afirmativas:

I. Admitem a existência ou o estabelecimento de prerrogativas especiais em prol da administração pública.

II. Admitem sua extinção unilateral nos casos admitidos em lei.

III. A garantia do contratado ao equilíbrio econômico-financeiro do contrato administrativo não pode ser afetado nem mesmo por força de lei.

IV. Somente o prazo de entrega do contrato administrativo admite prorrogação e, mesmo assim, quando expressamente justificada e autorizada.

É CORRETO o que se assevera apenas em:

(A) I e IV
(B) II e IV
(C) I, II e III
(D) II, III e IV

I: correta, tratando-se das chamadas cláusulas exorbitantes, exemplificadas no art. 58 da Lei 8.666/1993; **II:** correta (art. 58, II, da Lei 8.666/1993); **III:** correta, pois essa garantia está na própria Constituição, quando dispõe "mantidas as condições efetivas da proposta"; **IV:** incorreta, pois também admitem prorrogação os prazos de início de etapas de execução e de conclusão, sempre condicionados a que ocorra algum dos motivos expressamente previstos no art. 57, § 1º, da Lei 8.666/1993.
Gabarito "C".

(Ministério Público/MG – 2013) O Decreto 7.892/2013 regulamentou o Sistema de Registro de Preços – SRP para as contratações de serviços e a aquisição de bens no âmbito da administração pública federal direta, autárquica e fundacional, fundos especiais, empresas públicas, sociedades de economia mista e demais entidades controladas, direta ou indiretamente pela União. São hipóteses que a norma admite a utilização do SRP, com **EXCEÇÃO** de:

(A) Quando, pelas características do bem ou serviço, houver necessidade de contratações frequentes.
(B) Quando, pela natureza do objeto, for possível definir previamente o quantitativo a ser demandado pela Administração.
(C) Quando for conveniente a aquisição de bens ou a contratação de serviços para atendimento a mais de um órgão ou entidade, ou a programas de governo.
(D) Quando for conveniente a aquisição de bens com previsão de entregas parceladas ou contratação de serviços remunerados por unidade de medida ou em regime de tarefa.

A: incorreta, pois admite a utilização do SRP (art. 3º, I, do Decreto 7.892/2013); **B:** correta, pois NÃO admite a utilização do SRP, que pode ser utilizado justamente na hipótese contrária, ou seja, quando não for possível definir previamente o quantitativo a ser demandado pela Administração (art. 3º, IV, do Decreto 7.892/2013); **C:** incorreta, pois admite a utilização do SRP (art. 3º, III, do Decreto 7.892/2013); **D:** incorreta, pois admite a utilização do SRP (art. 3º, II, do Decreto 7.892/2013).
Gabarito "B".

11.2. ALTERAÇÃO DOS CONTRATOS

(Ministério Público/RJ – 2011) Em contrato administrativo de obra pública, para reforma de edifício, o Estado pode ampliar o objeto e rever o preço, elevando-o até 50 % (cinquenta por cento) do valor inicial atualizado do contrato, obrigando-se, contudo, a ter a anuência do contratado. Em tal cenário, pode afirmar-se que a proposição está:

(A) incorreta, porque o limite de alteração, nessa hipótese, não pode ultrapassar a 25%(vinte e cinco por cento);
(B) correta, não sendo admitida, entretanto, nova ampliação do objeto e revisão do valor inicial;
(C) incorreta, porque a reforma de edifício se caracteriza como serviço, cujo limite de revisão do preço é inferior;
(D) incorreta, porque esse tipo de alteração é prerrogativa da Administração, sendo dispensável a anuência do contratado;
(E) correta, admitindo-se nova elevação do preço inicial se a alteração resultar de acordo entre os pactuantes.

A: incorreta, pois, de fato o limite de alteração para mais é de 50% em caso de reforma (art. 65, § 1º, da Lei 8.666/1993); **B:** incorreta, pois a lei admite a alteração no valor inicial para fazer frente à alteração contratual (art. 65, § 1º, da Lei 8.666/1993); **C:** incorreta, pois o art. 65, § 1º, da Lei 8.666/1993 permite expressamente essa revisão; **D:** correta, pois, de fato, a lei deixa claro que, no caso, "o contratado fica obrigado a aceitar" tal alteração (art. 65, § 1º, da Lei 8.666/1993), ou seja, não é necessária a anuência; **E:** incorreta, pois não é necessária a anuência do contratado (art.65, § 1º da Lei 8.666/1993).
Gabarito "D".

11.3. EXTINÇÃO DO CONTRATO

(Ministério Público/RR – 2012 – CESPE) Assinale a opção correta acerca dos contratos administrativos, conforme a lei, a doutrina e a jurisprudência.

(A) Conforme a legislação de regência, admite-se a exigência de prestação de garantia em diversas modalidades nas contratações de obras, serviços e compras, cabendo ao contratante a escolha da modalidade de garantia.
(B) Segundo a doutrina, a natureza *intuito personae* não se insere, em regra, entre as peculiaridades do contrato administrativo.
(C) De acordo com o STJ, a rescisão de contrato administrativo por ato unilateral da administração, com fundamento no interesse público, impõe ao contratante a obrigação de indenizar o contratado pelos prejuízos decorrentes do ato, entre os quais se incluem os danos emergentes, mas não os lucros cessantes.
(D) A rescisão amigável ou administrativa mediante acordo entre as partes não é cabível nas hipóteses configuradoras dos chamados fatos da administração.
(E) Os contratos administrativos em sentido próprio e restrito são lavrados nas repartições interessadas, com exceção dos contratos relativos a direitos reais sobre imóveis, os quais devem ser formalizados por instrumento lavrado em cartório de notas.

A: incorreta, pois cabe ao contratado essa escolha (art. 56, § 1º, da Lei 8.666/1993); **B:** incorreta, pois o contrato administrativo é considerado *intuito personae*, já que não pode ser cumprido por terceiros que não o contratado, ressalvadas as exceções legais (ex: art. 72 da Lei 8.666/1993); **C:** incorreta, pois, segundo o STJ, "esta Corte Superior já se pronunciou no sentido de que a rescisão do contrato administrativo por ato unilateral da Administração Pública, sob justificativa de interesse público, impõe ao contratante a obrigação de indenizar o contratado pelos prejuízos daí decorrentes, como tais considerados não apenas os danos emergentes, mas também os lucros cessantes. Precedentes. É que, sob a perspectiva do Direito Administrativo Consensual, os particulares que travam contratos com a Administração Pública devem ser vistos como parceiros, devendo o princípio da boa-fé objetiva (e seus corolários relativos à tutela da legítima expectativa) reger as relações entre os contratantes público e privado" (REsp 1240057/AC, DJe 21.09.2011); **D:** incorreta, pois a única condicionante legal a que se faça a rescisão amigável é que "haja conveniência para a Administração" (art. 79, II, da Lei 8.666/1993), situação que não é incompatível com a ocorrência de um fato da administração a justificar resilição bilateral do contrato; **E:** correta (art. 60, *caput*, da Lei 8.666/1993).
Gabarito "E".

(Ministério Público/MG – 2011) Em relação à rescisão do contrato administrativo, é **CORRETO** dizer que:

(A) no caso do contrato derivar de regular processo licitatório, a rescisão não pode ser feita amigável ou administrativamente, mas somente pela via judicial.
(B) pode ser determinada por ato unilateral e escrito da Administração, no caso de atraso injustificado no início da obra, serviço ou fornecimento por parte da empresa contratada.
(C) pode ser determinada por ato unilateral e escrito da empresa contratada no caso da não liberação, por parte da Administração, de área, local ou objeto para execução de obra, serviço ou fornecimento, nos prazos contratuais.

(D) a inexecução apenas parcial do contrato por parte da empresa contratada não enseja a sua rescisão.

A: incorreta, pois essas duas possibilidades (rescisão amigável e administrativa) estão previstas expressamente no art. 79, I e II, da Lei 8.666/1993; **B:** correta (art. 78, IV, da Lei 8.666/1993); **C:** incorreta, pois em caso de culpa da Administração, o contratado precisa ingressar em juízo para que se proceda à rescisão do contrato (art. 79, III, da Lei 8.666/1993); **D:** incorreta, pois enseja, sim, nos termos do art. 77 da Lei 8.666/1993.
Gabarito "B".

12. SERVIÇOS PÚBLICOS

12.1. CONCEITO, CARACTERÍSTICAS PRINCIPAIS, CLASSIFICAÇÃO E PRINCÍPIOS

(Promotor de Justiça/SC – 2016 - MPE)

(1) Ao Poder Público incumbe a prestação dos serviços públicos, diretamente ou sob regime de concessão, sempre através de licitação.

1: errada. O Poder Público pode prestar serviços públicos de forma direta ou indireta, sendo que nesse caso, pode fazer por meio de concessão e permissão de serviços públicos, conforme disposto no art.175, CF.
Gabarito 1E.

(Ministério Público/MG – 2014) De acordo com a Constituição Federal, existem atividades e/ou serviços sobre os quais o Estado não possui titularidade exclusiva; assim, independente de tratarem de um dever do Estado, é permitido que particulares os executem, desde que observada a legislação aplicável, a **EXCEÇÃO** de:

I. Saúde.
II. Previdência social.
III. Educação.
IV. Defesa nacional.

Está(ão) **CORRETO**(S) o(s) inciso(s):

(A) I e II
(B) II e IV
(C) III
(D) IV

A atividade de defesa nacional é privativa do Estado. Já as atividades de saúde, previdência social e educação podem ser executadas pelo particular, que, todavia, devem respeitar regime especial regulado pelo Estado, que inclui inclusive certas autorizações para o exercício dessas atividades.
Gabarito "D".

12.2. AUTORIZAÇÃO E PERMISSÃO DE SERVIÇO PÚBLICO

(Ministério Público/GO – 2012) Concessão e permissão são instrumentos através dos quais se descentraliza a prestação de serviços públicos para particulares. Considerando o disposto na Lei 8.987/1995, que dispõe sobre o regime de concessão e permissão da prestação de serviços públicos, é incorreto afirmar:

(A) Considera-se concessão de serviço público a delegação de sua prestação, feita pelo poder concedente, mediante licitação, na modalidade de concorrência, à pessoa jurídica ou consórcio de empresas que demonstre capacidade para seu desempenho, por sua conta e risco e por prazo determinado.

(B) Toda concessão ou permissão pressupõe a prestação de serviço adequado ao pleno atendimento dos usuários, tomando-se como serviço adequado o que satisfaz as condições de regularidade, continuidade, eficiência, segurança, atualidade, generalidade, cortesia na sua prestação e modicidade das tarifas.

(C) Incumbe à concessionária a execução do serviço concedido, cabendo-lhe responder por todos os prejuízos causados ao poder concedente, aos usuários ou a terceiros, sendo que a fiscalização exercida pelo órgão competente pode atenuar essa responsabilidade.

(D) Toda concessão de serviço público, precedida ou não da execução de obra pública, será objeto de prévia licitação, nos termos da legislação própria e com observância dos princípios da legalidade, moralidade, publicidade, igualdade, do julgamento por critérios objetivos e da vinculação ao instrumento convocatório.

A: assertiva correta (art. 2º, II, da Lei 8.987/1995); **B:** assertiva correta (art. 6º, *caput* e § 1º, da Lei 8.987/1995); **C:** assertiva incorreta (devendo ser assinalada); a fiscalização exercida pelo órgão competente não atenua essa responsabilidade (art. 25, *caput*, da Lei 8.987/1995); **D:** assertiva correta (art. 14 da Lei 8.987/1995).
Gabarito "C".

12.3. CONCESSÃO DE SERVIÇO PÚBLICO

(Ministério Público/RO – 2013 – CESPE) Assinale a opção correta acerca dos serviços públicos.

(A) Apesar da previsão de obrigatoriedade de licitação, a concessão, um dos tipos de delegação da prestação de serviços públicos, não possui natureza contratual, podendo ser realizada se da exploração do serviço não decorrer lucro ao concessionário.

(B) Classifica-se como permissão qualificada a delegação, a título precário, da prestação de serviços públicos feita, mediante licitação, pelo poder concedente a pessoa física ou jurídica que demonstre capacidade para seu desempenho, por sua conta e risco, com fixação de prazo.

(C) Denominam-se consórcio os acordos firmados por entidades públicas de qualquer espécie, ou entre estas e organizações particulares, para a realização de objetivos de interesse comum dos partícipes.

(D) Os serviços públicos podem ser classificados de acordo com os critérios de essencialidade, adequação, finalidade e destinatários, sendo a atividade policial, por exemplo, classificada, quanto à sua essencialidade, como serviço de utilidade pública.

(E) A concessão de serviços públicos somente poderá ser anulada se o concessionário praticar infração contratual que configure violação de dispositivo normativo, o que eiva a relação de vício de ilegalidade.

A: assertiva incorreta, pois a concessão de serviço público tem natureza contratual (art. 4º da Lei 8.987/1995); **B:** assertiva correta; a permissão de uso de bem público, por ser ato discricionário e precário, pode ser revogada a qualquer tempo, independentemente de indenização ao permissionário; todavia, quando a Administração resolve colocar um prazo determinado para a concessão, ela acaba por criar uma expectativa junto ao permissionário, expectativa essa que gera consequências jurídicas, face ao princípio da proteção da confiança. Nesse sentido, a doutrina vem entendendo que se está diante de uma permissão qualificada ou condicionada, que justifica o respeito ao prazo nela estabelecido,

ficando esta equiparada a uma concessão; **C:** assertiva incorreta, pois os consórcios públicos são pessoas jurídicas criadas por entes políticos entre si e não entre estas e organizações particulares (art. 1º, *caput*, da Lei 11.107/2005); **D:** assertiva incorreta, pois os serviços de utilidade pública são os que podem ser delegados ao particular, o que não é caso da atividade policial, que não pode ser delegada; **E:** assertiva incorreta, pois a concessão de serviço público pode ser anulada toda vez que houve alguma ilegalidade na sua concessão, como no caso de ter sido outorgada sem licitação ou com vício insanável no certame licitatório. O caso mencionado na alternativa não é de ilegalidade da concessão, mas de inadimplência do concessionário, que pode levar à extinção da concessão pela caducidade (e não pela anulação), nos termos do art. 38 da Lei 8.987/1995.
Gabarito "B".

(Ministério Público/SP – 2013 – PGMP) Qual alternativa NÃO está de acordo com a Lei Federal n. 8.987, de fevereiro de 1995, que dispõe sobre o regime de concessão e permissão de prestação de serviços públicos?

(A) Serviço público adequado é o que satisfaz as condições de regularidade, continuidade, eficiência, segurança, atualidade, generalidade e cortesia na sua prestação.
(B) Atualidade é um elemento da adequação do serviço público e compreende a modernidade das técnicas, do equipamento, das instalações e também a melhoria e a expansão do serviço.
(C) Não descaracteriza o princípio da continuidade do serviço público a sua interrupção em situação de emergência nem, desde que com prévio aviso, nos casos de interrupção por razões de ordem técnica ou de segurança das instalações.
(D) No atendimento às peculiaridades do serviço, poderá a Administração possibilitar outras fontes de receitas complementares ou acessórias, com vistas a favorecer a modicidade das tarifas.
(E) As tarifas devem ser igualitárias mesmo em face de características técnicas diferenciadas e de custos específicos do atendimento aos distintos grupos de usuários.

A: incorreta, pois tal disposição está na Lei 8.987/1995 (art. 6º, § 1º); **B:** incorreta, pois tal disposição está na Lei 8.987/1995 (art. 6º, § 2º); **C:** incorreta, pois tal disposição está na Lei 8.987/1995 (art. 6º, § 3º); **D:** incorreta, pois tal disposição está na Lei 8.987/1995 (art. 11); **E:** correta, pois as tarifas podem ser diferenciadas (e não igualitárias) em função dessas características e custos (art. 13 da Lei 8.987/1995).
Gabarito "E".

(Ministério Público/MS – 2013 – FADEMS) O serviço público pode ser coativamente retomado pelo poder concedente por motivo de interesse público, tratando-se de direito de:

(A) retrocessão.
(B) rescisão.
(C) reversão.
(D) encampação.
(E) reintegração.

Trata-se de encampação ou resgate, nos termos do art. 37 da Lei 8.987/1995, consistindo na retomada do serviço pelo poder concedente durante o prazo da concessão, por motivo de interesse público, mediante lei autorizativa específica e após prévio pagamento da indenização.
Gabarito "D".

(Ministério Público/MG – 2012 – CONSULPLAN) Nos termos da legislação em vigor, assinale a alternativa **CORRETA**:

(A) Bens reversíveis são aqueles que foram objeto de desapropriação pela União, Estados, Distrito Federal ou Municípios e que anteriormente integravam o patrimônio de outro órgão ou entidade estatal ou paraestatal da administração direta, indireta ou fundacional.
(B) Encampação consiste na estatização da empresa concessionária, após expirado o prazo da concessão, mediante prévia declaração de utilidade ou interesse público, através de decreto específico do poder concedente.
(C) Não se caracteriza como descontinuidade do serviço a sua interrupção em situação de emergência ou após prévio aviso, quando motivada por razões de ordem técnica ou de segurança das instalações; ou, ainda, por inadimplemento do usuário, considerado o interesse da coletividade.
(D) A tarifa do serviço público concedido será fixada pela proposta de menor preço apresentada no processo de licitação, sendo vedada sua diferenciação em função das características técnicas e dos custos específicos provenientes do atendimento aos distintos segmentos de usuários.

A: incorreta, pois são os bens aplicados na execução do serviço público concedido e que o contrato de concessão determina que sua utilização passará a se dar pelo poder concedente (art. 35, § 1º, da Lei 8.987/1995); **B:** incorreta, pois consiste tão somente na extinção da concessão outorgada a concessionária, por motivo de interesse público, não passando a empresa concessionária a ser estatal; **C:** correta (art. 6º, § 3º, da Lei 8.987/1995); **D:** incorreta, pois as tarifas poderão ser diferenciadas em função dos elementos citados na alternativa (art. 13 da Lei 8.987/1995).
Gabarito "C".

12.4. PARCERIAS PÚBLICO-PRIVADAS (PPP)

(Promotor de Justiça – MPE/MS – FAPEC – 2015) É **correto** afirmar que constitui característica própria das parcerias público privadas:

(A) A possibilidade de dispensa de licitação.
(B) A celebração de contrato por prazo indeterminado.
(C) Ausência de compartilhamento de risco do parceiro público com o parceiro privado.
(D) No procedimento licitatório instaurado para selecionar o parceiro privado, o julgamento das propostas poderá anteceder à habilitação, além de se prever a possibilidade de oferecimento de lances em viva voz.
(E) É dispensável a criação de uma "sociedade de propósito específico".

A: Incorreta. Porém, o art. 24, XXXIV, da Lei 8.666/1993 assim dispõe : "... em parcerias que envolvam transferência de tecnologia de produtos estratégicos para o Sistema Único de Saúde – SUS, nos termos do inciso XXXII deste artigo, e que tenha sido criada para esse fim específico em data anterior à vigência desta Lei, desde que o preço contratado seja compatível com o praticado no mercado". Desta forma, as Parcerias Público-Privadas podem, sim, ser objeto de licitação dispensável. **B:** Incorreta. As Parcerias Público-Privadas são modalidades de concessão, sendo contratos administrativos e, por isso, sempre celebrados por prazo determinado (art.5º da Lei 11.079/2004). **C:** Incorreta. É pressuposto de uma Parceria a divisão de riscos entre os parceiros

público e o privado, conforme dispõe o art. 4°, VI, da Lei 11.079/2004.
D: Correta. Trata-se do disposto no art. 13 da Lei 11.079/2004, que prevê essa possibilidade de inversão das fases de habilitação e julgamento e de lances orais, assim como proclamação do resultado oralmente. **E:** Incorreta. A Sociedade de Propósito Específico é constituída para gerir a Parceria Público-Privada, sendo obrigatória (art. 9° da Lei 11.079/2004).
Gabarito "D".

(Ministério Público/MG – 2013) O legislador introduziu a Lei 11.079 no âmbito federal, possibilitando a criação das Parcerias Público-Privadas (PPP's), gerando grande repercussão e significativa mudança no Direito Público devido à interação do capital privado na Administração Pública Brasileira, para execução de serviços públicos. Nessa matéria, assinale a afirmativa *INCORRETA*:

(A) É admitida a celebração de contrato de parceria público-privada somente quando o valor do contrato seja inferior a R$ 20.000.000,00 (vinte milhões de reais).
(B) Na contratação de parceria público-privada, será observada a responsabilidade fiscal na celebração e execução das parcerias.
(C) As cláusulas dos contratos de parceria público-privada devem também prever a repartição de riscos entre as partes, inclusive os referentes a caso fortuito, força maior, fato do príncipe e álea econômica extraordinária.
(D) As obrigações pecuniárias contraídas pela Administração Pública em contrato de parceria público-privada poderão ser garantidas mediante garantia prestada por organismos internacionais ou instituições financeiras que não sejam controladas pelo Poder Público.

A: assertiva incorreta, devendo ser assinalada; pois o valor deve ser igual ou superior a R$ 20 milhões (art. 2°, § 4°, da Lei 11.079/2004); **B:** assertiva correta (art. 4°, IV, da Lei 11.079/2004); **C:** assertiva correta (art. 4°, VI, da Lei 11.079/2004); **D:** assertiva correta (art. 8°, IV, da Lei 11.079/2004).
Gabarito "A".

(Ministério Público/MS – 2013 – FADEMS) É **correto** afirmar que a parceria público-privada (PPP), é um contrato de concessão firmado entre empresa privada e o governo federal, por valor não inferior a:

(A) R$ 5 milhões.
(B) R$ 10 milhões.
(C) R$ 20 milhões.
(D) R$ 30 milhões.
(E) R$ 40 milhões.

Para ser uma parceria público-privada – PPP, o contrato não pode ter valor inferior a R$ 20 milhões (art. 2°, § 4°, I, da Lei 11.079/2004). Vale lembrar que o contrato não pode, também, ter prazo inferior a 5 anos e ter como único objeto o fornecimento de mão de obra, o fornecimento e instalação de equipamentos ou a execução de obra pública.
Gabarito "C".

13. CONTROLE DA ADMINISTRAÇÃO PÚBLICA

13.1. CONTROLE INTERNO – PROCESSO ADMINISTRATIVO

(Promotor de Justiça/GO – 2016 - MPE) A respeito do tema Processo Administrativo, assinale a alternativa correta:

(A) O princípio da razoável duração do processo consiste em expressão que contempla conceito jurídico indeterminado, conferindo, ao administrado, parâmetros subjetivos que identifiquem com clareza os momentos próprios de nascimento e perecimento do direito objetivo.
(B) O Silêncio Administrativo equipara-se a ato administrativo, posto que constitui manifestação implícita de vontade do ente estatal.
(C) Sob o aspecto formal ou orgânico, o conceito de Administração Pública refere-se à natureza da atividade exercida, ou seja, ao complexo de atividades concretas, diretas, imediatas e contínuas desempenhadas precipuamente pelo Poder Executivo.
(D) São características típicas do parecer administrativo a concretude, a tecnicidade, a anterioridade e a imparcialidade.

A: Incorreta. Esse princípio se destina ao legislador, havendo parâmetros objetivos que identificam os momentos de nascimento e perecimento do direito objetivo, eis que temos, a prescrição e decadência, por exemplo, para identificar o perecimento da proteção ou do direito em si. **B:** Incorreta. O silêncio administrativo não é considerado uma manifestação de vontade. Pelo contrário, para o direito administrativo, sendo o mesmo adotado quanto aos atos jurídicos em geral, ainda mais sabendo que somente se pode fazer o que a lei determina (princípio da estrita legalidade), o que exclui de efeitos a ausência de manifestação do Poder Público. **C:** Incorreta. Os conceitos estão trocados. Sob o aspecto formal ou orgânico, a Administração Pública é conceituada como um conjunto de órgãos, entidades e agentes públicos. Já sob o aspecto material ou objetivo, é que temos a Administração como uma atividade.
Gabarito "D".

(Ministério Público/MG – 2013) Nos processos administrativos regidos pela Lei Federal 9.784/1999, há expressa determinação de critérios a serem observados, com **EXCEÇÃO** de:

(A) Divulgação oficial dos atos administrativos, ressalvadas as hipóteses de sigilo previstas na Constituição.
(B) Adoção de formas simples, suficientes para propiciar adequado grau de certeza, segurança e respeito aos direitos dos administrados.
(C) Proibição de cobrança de despesas processuais, ressalvadas as previstas em lei.
(D) Inércia oficial, do processo administrativo, sem prejuízo da atuação dos interessados.

A: incorreta (art. 2°, parágrafo único, V, da Lei 9.784/1999); **B:** incorreta (art. 2°, parágrafo único, IX, da Lei 9.784/1999); **C:** incorreta (art. 2°, parágrafo único, XI, da Lei 9.784/99); **D:** correta (art. 2o, parágrafo único, XII, da Lei 9.784/1999); o texto legal traz a seguinte redação: "impulsão, de ofício, do processo administrativo, sem prejuízo da atuação dos interessados".
Gabarito "D".

(Ministério Público/Acre – 2014 – CESPE) A respeito do processo administrativo e dos institutos da delegação e avocação de competência administrativa, assinale a opção correta.

(A) Não se exige que o ato de delegação, que deve especificar as matérias e poderes transferidos, bem como sua revogação sejam publicados no meio oficial.
(B) Nos processos administrativos, devem-se observar, entre outros, os critérios de atendimento a fins de interesse geral, permitida a renúncia parcial de competências, independentemente de autorização em lei.
(C) A delegação e a avocação de competência são atos ligados ao poder de polícia administrativo.
(D) A delegação de competência administrativa pode ser realizada ainda que não haja subordinação hierárquica.

(E) Inexistindo competência legal específica, o processo administrativo deverá ser iniciado perante a autoridade de maior grau hierárquico de decisão.

A: incorreta, pois o ato de delegação deve sim especificar as matérias e os poderes transferidos (art. 14, § 1º, da Lei 9.784/1999); além disso, sua revogação deve ser publicada em diário oficial (art. 14, *caput*, da Lei 9.784/1999); **B:** incorreta, pois a alternativa repete o texto que está na lei, mas, no final, deveria constar "salvo autorização em lei" e não "independentemente de autorização em lei" (art. 2o, parágrafo único, II, da Lei 9.784/1999); **C:** incorreta, pois a delegação e a avocação de competências são institutos que se aplicam às competências em geral, e não ao determinadas competências específicas, como a citada; uma vez obedecidos os requisitos para a aplicação desses institutos (vide arts. 11 a 15 da Lei 9.784/1999), eles estarão disponíveis, independentemente de se tratarem de atos ligados à polícia administrativa ou não; **D:** correta, pois a delegação da competência pode se dar em favor de órgãos ou titulares, ainda que estes não estejam hierarquicamente subordinados (art. 12, *caput*, da Lei 9.784/1999); **E:** incorreta, pois, nesse caso, o processo administrativo deverá ser iniciado perante a autoridade de "menor" grau hierárquico para decidir (art. 17 da Lei 9.784/1999).
Gabarito "D".

(Ministério Público – MPU – 2013) Sobre o processo administrativo no âmbito da administração federal, é correto afirmar que:

(A) A Administração deve anular seus próprios atos, quando eivados de vício de legalidade, bem como por motivo de conveniência ou oportunidade.
(B) Das decisões administrativas cabe recurso com base em razões de legalidade, mas nunca por razões de mérito.
(C) Caso inexista ofensa ao interesse público ou prejuízo a terceiros, os atos que apresentarem defeitos sanáveis poderão ser convalidados pela própria Administração.
(D) Recurso administrativo tramitará no máximo por duas instâncias administrativas, salvo disposição legal diversa.

A: incorreta, pois de fato os atos *ilegais* devem ser *anulados*, mas os atos que não tenham mais *conveniência ou oportunidade* devem ser *revogados* (art. 53 da Lei 9.784/1999); **B:** incorreta, pois os recursos poderão veicular razões de legalidade e de mérito também (art. 56, *caput*, da Lei 9.784/1999); **C:** correta (art. 55 da Lei 9.784/1999); **D:** incorreta, pois tramitará por no máximo "três" instâncias administrativas (art. 57 da Lei 9.784/1999).
Gabarito "C".

(Ministério Público/PR – 2013 – X) Sobre processo administrativo, é *incorreto* afirmar:

(A) Da decisão administrativa que contrariar enunciado de súmula vinculante, negar-lhe vigência ou aplicá-lo indevidamente caberá reclamação ao Supremo Tribunal Federal, sem prejuízo dos recursos ou outros meios admissíveis de impugnação;
(B) Segundo a Lei 9.784/1999, que regula o processo administrativo no âmbito da administração pública federal, das decisões administrativas cabe recurso, em face de razões de legalidade e de mérito, devendo o recurso ser dirigido à autoridade que proferiu a decisão, a qual, se não a reconsiderar no prazo de cinco dias, o encaminhará à autoridade superior;
(C) O "princípio do formalismo moderado", que alguns também denominam de "princípio do informalismo", consiste, de um lado, na previsão de ritos e formas simples, suficientes para propiciar um grau de certeza, segurança, respeito aos direitos dos sujeitos, o contraditório e a ampla defesa e, de outro lado, na exigência de interpretação flexível e razoável quanto a formas, prestigiando-se o caráter instrumental do processo administrativo. Particularmente por esta última acepção, alguns o denominam de "princípio da utilidade ou efetividade do processo";
(D) Segundo súmula vinculante do STF, a falta de defesa técnica por advogado, no processo administrativo, ofende a Constituição;
(E) Segundo súmula vinculante do STF, nos processos perante o Tribunal de Contas da União asseguram-se o contraditório e a ampla defesa quando da decisão puder resultar anulação ou revogação de ato administrativo que beneficie o interessado, excetuada a apreciação da legalidade do ato de concessão inicial de aposentadoria, reforma e pensão.

A: assertiva correta (art. 7º, *caput*, da Lei 11.417/2006); **B:** assertiva correta (art. 56, *caput* e § 1º, da Lei 9.784/1999); **C:** assertiva correta, pois retrata fielmente o que se entende atualmente sobre o princípio do formalismo moderado, que prestigia, de fato, a ideia de instrumentalidade das formas; **D:** assertiva incorreta, devendo ser assinalada, uma vez que a Súmula Vinculante nº do STF se posiciona em sentido contrário, ou seja, a falta de defesa técnica por advogado no processo administrativo disciplinar não ofende a Constituição Federal; **E:** assertiva correta (Súmula Vinculante nº 3 do STF).
Gabarito "D".

(Ministério Público/SP – 2013 – PGMP) Assinale a alternativa INCORRETA a respeito dos processos e recursos administrativos.

(A) Considerado o princípio da impessoalidade, não podem ser alegados o impedimento ou a suspeição do servidor ou autoridade para atuar no processo administrativo, podendo ele próprio, se assim o entender, afastar-se de ofício.
(B) A Administração tem o dever de resolver os processos administrativos de forma célere e motivada.
(C) Havendo justo receio de prejuízo de difícil reparação, a autoridade recorrida ou a imediatamente superior poderá, de ofício ou a pedido, conceder efeito suspensivo ao recurso.
(D) Salvo disposição legal em contrário, o recurso administrativo não tem efeito suspensivo.
(E) São inadmissíveis no processo administrativo as provas obtidas por meios ilícitos e, quando a matéria envolver assunto de interesse geral, pode ser efetuada consulta pública com a manifestação de terceiros, se não houver prejuízo para a parte interessada.

A: assertiva incorreta, devendo a alternativa ser assinalada; as leis de processo administrativo costumam prever os institutos do impedimento e da suspeição, com regramento também acerca da possibilidade de o interessado que não seja a própria autoridade, possa arguir esse tipo de vício, como se percebe, por exemplo, do art. 20 da Lei 9.784/1999; **B:** assertiva correta, já que os princípios da eficiência e da motivação, que impõem a celeridade e a decisão motivada, são próprios do Direito Administrativo, valendo citar como exemplo, em matéria de processo administrativo, o disposto no art. 2º, *caput*, da Lei 9.784/1999; **C:** assertiva correta; no plano federal essa regra está no art. 61, *caput*, da Lei 9.784/1999; **D:** assertiva correta (arts. 30 e 31 da Lei 9.784/1999).
Gabarito "A".

13.2. CONTROLE EXTERNO
13.2.1. CONTROLE PARLAMENTAR

(Procurador do Estado/AM – 2016 – CESPE) Acerca do controle administrativo interno e externo, julgue os itens a seguir.

(1) As comissões parlamentares de inquérito são instrumentos de controle externo destinados a investigar fato determinado em prazo determinado, mas desprovidos de poder condenatório.

(2) A CF atribui ao TCU a competência para a apreciação dos atos de concessão e renovação de concessão de emissoras de rádio e televisão.

(3) O controle administrativo interno é cabível apenas em relação a atividades de natureza administrativa, mesmo quando exercido no âmbito dos Poderes Legislativo e Judiciário.

(4) O CNJ é órgão externo de controle administrativo, financeiro e disciplinar do Poder Judiciário.

1: Correta. Há previsão expressa dos poderes e competências das CPIs, no art. 58, § 3º, CF. **2:** Errada. A competência é do Congresso Nacional (art. 49, XII, CF). **3:** Correta. O controle interno é feito no âmbito de cada Poder. **4:** Errada. O Conselho Nacional de Justiça é órgão do Poder Judiciário (art. 92, I-A, CF).
Gabarito 1C, 2E, 3C, 4E

13.2.2. CONTROLE PELO TRIBUNAL DE CONTAS

(Promotor de Justiça/ES – 2013 – VUNESP) Assinale a alternativa que corretamente descreve um instrumento de controle da administração previsto na Constituição Federal e que deve ser manejado pelo Poder Legislativo.

(A) Analisar as contas prestadas trimestralmente pelo Presidente da República.

(B) Sustar os atos normativos do Poder Executivo que exorbitem do poder regulamentar ou dos limites de delegação legislativa.

(C) Analisar e dar provimento a recurso hierárquico próprio de atos praticados por servidores públicos do Poder Executivo.

(D) Exercer a supervisão das entidades descentralizadas e o controle hierárquico dos órgãos da Administração Indireta.

(E) Sustar a execução de contrato administrativo, exercendo controle financeiro, sem necessidade de impugnação do contrato no âmbito do Tribunal de Contas.

A: incorreta, pois essa competência é do Tribunal de Contas (art. 71, I, da CF); vale salientar que essa análise é anual e não trimestral; **B:** correta (art. 49, V, da CF); **C e D:** incorretas, pois essa competência não está prevista na Constituição e fere o princípio da independência dos Poderes; **E:** incorreta, pois essa competência se inicia por atuação do Tribunal de Contas (art. 71, X e § 1º, da CF).
Gabarito "B".

14. LEI DE ACESSO À INFORMAÇÃO

(Promotor de Justiça/MG – 2013) Visando regular os procedimentos a serem observados pela União, Estados, Distrito Federal e Municípios, quanto ao acesso a informações previsto no inciso XXXIII do artigo 5º, no inciso II do § 3º do artigo 37 e no § 2º do artigo 216, todos da Constituição da República, foi editada a Lei Federal 12.527/2011, que prevê, **EXCETO**:

(A) As informações ou documentos que versem sobre condutas que impliquem violação dos direitos humanos praticadas por agentes públicos ou a mando de autoridades públicas não poderão ser objeto de restrição de acesso.

(B) A informação em poder dos órgãos e entidades públicas, observado o seu teor e em razão de sua "imprescindibilidade à segurança da sociedade ou do Estado", poderá sofrer restrição de acesso, de acordo com a classificação de ultrassecreta, secreta, confidencial e reservada e nos prazos máximos respectivos de 25, 20, 15 e 5 anos.

(C) O disposto na referida lei não exclui as demais hipóteses legais de sigilo e de segredo de justiça, nem as hipóteses de segredo industrial decorrentes da exploração direta de atividade econômica pelo Estado ou por pessoa física ou entidade privada que tenha qualquer vínculo com o poder público.

(D) Os cinco princípios que regem a Lei de Acesso à Informação são: observância da publicidade como preceito geral e do sigilo como exceção; divulgação de informações de interesse público, independentemente de solicitações; utilização de meios de comunicação viabilizados pela tecnologia da informação; fomento ao desenvolvimento da cultura de transparência na administração pública; e desenvolvimento do controle social da administração pública.

A: incorreta, pois está previsto na Lei 12.527/2011 (art. 21, parágrafo único); **B:** correta, pois não está previsto na Lei 12.527/2011 (art. 24), já que não existe, na classificação prevista no dispositivo, a categoria "confidencial"; **C:** incorreta, pois está previsto na Lei 12.527/2011 (art. 22); **D:** incorreta, pois está previsto na Lei 12.527/2011 (art. 3º).
Gabarito "B".

15. LEI ANTICORRUPÇÃO

(Procurador da República –28º Concurso – 2015 – MPF) A empresa privada brasileira FALKATRU S/A, que tem negócios no exterior, envolveu-se em corrupção, apesar de aplicar efetivamente um rigoroso código de ética e de conduta, e de haver instituído procedimentos internos de integridade, que incentivam a denúncia de irregularidades, além de submeter-se a auditorias periódicas. A empresa, interessada em vender seu principal produto ao governo de outro país, enviou um representante para oferecer propina a servidores do ministério das relações exteriores do Brasil que lá desempenhavam suas funções, a fim de que influenciassem as autoridades locais a fraudar a licitação para a compra do produto. O representante também estava instruído a oferecer dinheiro diretamente as autoridades locais. De acordo com a legislação anticorrupção brasileira, analise as seguintes afirmações:

I. Caso fique comprovado o indevido pagamento pela empresa, mas não se consiga provar a identidade ou a participação da pessoa suspeita de atuar como representante, não será possível a responsabilização administrativa da empresa.

II. A lei brasileira anticorrupção aplica-se aos atos lesivos praticados por pessoa jurídica brasileira, ainda que cometidos no exterior, desde que seja contra a administração pública brasileira.

III. O Ministério Público deve valer-se de ação civil pública para obter a responsabilização na via administrativa pelos atos lesivos, nos termos da lei brasileira anticorrupção.
IV. Se o acordo de leniência for frustrado e restar comprovada a corrupção, e irrelevante, para a responsabilização administrativa da empresa, a existência do código de ética, dos procedimentos internos de integridade e das auditorias.

Assinale a alternativa certa:

(A) estao corretas apenas as afirmativas I e III.
(B) estao corretas apenas as afirmativas II e III.
(C) estao corretas apenas as afirmativas II e IV.
(D) Nenhuma afirmativa está correta.

A: Incorreta. O item I e III são incorretos. Em relação ao item I, temos o art. 1°, Lei 12.846/2013, que determina que a responsabilidade é objetiva da pessoa jurídica, independentemente da comprovação de elemento subjetivo do agente, portanto. Mais ainda, o art. 3°, § 1°, do mesmo diploma legal, é expresso quanto à independência das responsabilidades dos sócios e agentes em relação à pessoa jurídica. Quanto ao item III, não há previsão para uma Ação Civil Pública, e sim, da utilização do rito desta Ação, conforme disposto no art. 21, da Lei 12.846/2013 (Lei Anticorrupção). **B:** Incorreta. A Lei Anticorrupção se aplica às empresas brasileiras, ainda que o ato seja cometido no exterior e contra a Administração estrangeira, estando incorreto o item II. **C:** Incorreto. O item IV também está incorreto, porque os códigos de ética e procedimentos internos, como de auditoria, são relevantes, inclusive, para atenuação da pena, conforme disposto no art. 7°, VIII, da Lei 12.846/2013.
Gabarito "D".

(Promotor de Justiça – MPE/BA – CEFET – 2015) Em relação à Lei 12.846/2013, que dispõe sobre a responsabilização administrativa e civil das pessoas jurídicas pela prática de atos contra a AdministraçãoPública nacional, ou estrangeira, é CORRETO afirmar que:

(A) A responsabilização das pessoas jurídicas por atos de corrupção é objetiva no âmbito administrativo e subjetiva na esfera cível.
(B) As sociedades controladoras, controladas, coligadas ou, no âmbito dorespectivo contrato, as consorciadas serão solidariamente responsáveis pela prática dos atos previstos na Lei 12.846/2013, restringindo-se tal responsabilidade à obrigação de pagamento de multa e à reparação integral do dano causado.
(C) O acordo de leniência poderá ser celebrado entre a autoridade máxima de cada órgão ou entidade pública e as pessoas jurídicas responsáveis pelas práticas dos atos lesivos previstos na Lei 12.846/2013, e não implica reconhecimento da culpa pela pessoa jurídica infratora.
(D) A pena de dissolução da pessoa jurídica poderá ser aplicada no bojo do processo administrativo, desde que imposta pela autoridade máxima dos Poderes Executivo, Legislativo e Judiciário, sendo assegurados os direitos à ampla defesa e ao contraditório.
(E) Apenas o Ministério Público detém a legitimidade para promover a responsabilidade da pessoa jurídica em juízo.

A: Incorreta. Os atos de corrupção punidos pela Lei 12.846/2013 são sempre com fundamento na responsabilidade objetiva, seja na esfera administrativa, seja na esfera cível (art. 2°, da Lei Anticorrupção). **B:** Correta, Trata-se do disposto no art. 4°, § 2°, da Lei 12.846/2013. **C:** Incorreta. O acordo de leniência implica em reconhecimento da culpa, conforme disposto no art. 16, § 1°, III, da Lei 12.846/2013. **D:** Incorreta. O Poder Juciário é que impõe a sanção por meio de sentença (art. 19 da Lei 12.846/2013). **E:** Incorreta. O art.19, da Lei Anticorrupção determina que podem propor a ação as Advocacias Públicas dos Entes Federativos e o Ministério Público.
Gabarito "B".

16. OUTROS TEMAS E QUESTÕES DE CONTEÚDO VARIADO

(Promotor de Justiça/GO – 2016 - MPE) A respeito do Mandado de Segurança, assinale a alternativa incorreta:

(A) Será decretada a perempção ou caducidade da medida liminar ex officio ou a requerimento do Ministério Público quando, negada a medida liminar, o impetrante criar obstáculos à normal tramitação do Mandado de Segurança ou deixar de promover, por mais de 15 (quinze) dias úteis, os atos e as diligências que lhe cumprirem.
(B) A teoria da encampação no mandado de segurança tem aplicabilidade nas hipóteses em que atendidos os seguintes pressupostos: subordinação hierárquica entre a autoridade efetivamente coatora e a apontada na petição inicial, discussão do mérito nas informações e ausência de modificação da competência.
(C) O Mandado de Segurança deve ser extinto, sem resolução do mérito, no caso de ocorrer o falecimento do impetrante, por não ser permitido que os herdeiros se habilitem
(D) Não será concedida medida liminar que tenha por objeto a compensação de créditos tributários, a entrega de mercadorias e bens provenientes do exterior, a reclassificação ou equiparação de servidores públicos e a concessão de aumento ou a extensão de vantagens ou pagamento de qualquer natureza.

A: Correta. A assertiva está incorreta, conforme disposto no art. 8°, da Lei 12.016/2009, sendo o prazo de 3 dias úteis. **B:** Incorreta. A assertiva está correta, cabendo encampação exatamente quando presentes os critérios citados na assertiva. Há jurisprudência a respeito, conforme MS 015114-DF. **C:** Incorreta. Assertiva está correta, pois não se admite sucessão de partes nas Ações Mandamentais, diante seu caráter personalíssimo. **D:** Incorreta, A assertiva está correta, conforme art. 7°, § 2°, da Lei 12.016/2009.
Gabarito "A".

(Ministério Público/RR – 2012 – CESPE) No que concerne à administração pública, ao servidor público e à competência administrativa, assinale a opção correta.

(A) De acordo com a legislação aplicável à matéria, a decisão de recursos administrativos pela autoridade competente não pode ser objeto de delegação.
(B) Os servidores que trabalham em serviços auxiliares da justiça ocupam função pública, não cargo público.
(C) Na classificação dos órgãos públicos segundo a posição estatal, consideram-se autônomos, sem subordinação hierárquica, os órgãos situados na cúpula da administração.
(D) A competência administrativa é derrogável e passível de delegação ou avocação.
(E) A ausência de lei que fixe a competência administrativa impede a prática do ato no âmbito da administração pública.

A: correta (art. 13, II, da Lei 9.784/1999); **B:** incorreta, pois os servidores judiciais possuem cargo público e os servidores dos serviços extrajudiciais (Cartórios) possuem emprego privado regido pela CLT; **C:** incorreta, pois os órgãos da cúpula da administração são órgãos independentes; **D:** incorreta, pois, apesar de a competência ser passível de delegação ou avocação, ela é inderrogável, ou seja, não passível de renúncia (art. 11 da Lei 9.784/1999); **E:** incorreta, pois é possível que um agente público receba parte de competência por delegação (art. 12, *caput*, da Lei 9.784/1999).
Gabarito "A".

(Ministério Público/TO – 2012 – CESPE) Assinale a opção correta a respeito de administração pública e poderes dessa administração, atos administrativos, serviços públicos, contratos administrativos e controle da administração pública, agentes públicos e servidores públicos.

(A) É denominado termo de cooperação o instrumento jurídico formal de natureza administrativa com base no qual se processa a transferência de recursos financeiros por intermédio de instituição ou agente financeiro público federal que atue como mandatário da União.

(B) A criação de novo território federal e a criação da Fundação Instituto Brasileiro de Geografia e Estatística (IBGE), responsável pela prestação de serviços de estatísticas, geologia e cartografia de âmbito nacional, representam, do ponto de vista da organização administrativa brasileira, fenômenos de desconcentração e descentralização, respectivamente.

(C) Devido à obrigatoriedade de observância da exigência constitucional de concurso público, os consórcios e convênios estabelecidos entre os entes da Federação não podem contemplar a cessão de servidor.

(D) Em conformidade com a Lei n. 8.666/1993, para atender à exigência de prestação de garantias para a contratação de obras, serviços e compras, o contratado pode optar por uma das seguintes modalidades: caução em dinheiro ou em títulos da dívida pública, seguro garantia ou fiança bancária.

(E) As informações oficiais do governo federal sobre celebração, liberação de recursos, acompanhamento da execução e prestação de contas de convênios, contratos de repasse e termos de parceria, via Internet, são prestadas na página específica denominada Transparência Brasil.

A: incorreta, pois essa definição é de contrato de repasse (art. 1º, § 1º, II, do Decreto 6.170/2007, redação anterior ao Decreto 8.180/2013); **B:** incorreta, pois a desconcentração constitui a distribuição interna de competências (ou seja, no interior de uma mesma pessoa jurídica, atuando de órgão para órgão), o que não acontece quanto à criação de um território, que consiste na criação de uma nova pessoa jurídica; **C:** incorreta, pois, segundo o art. 4º, § 4º, da Lei 11.107/2005, "os entes da Federação consorciados, ou os com eles conveniados, poderão ceder-lhe servidores, na forma e condições da legislação de cada um"; **D:** correta (art. 56, § 1º, da Lei 8.666/1993); **E:** incorreta, pois os dados devem ser registrados no SICONV (Sistema de Gestão de Convênios e Contratos de Repasse), que será aberto ao público, via rede mundial de computadores – Internet, por meio de página específica denominada Portal dos Convênios (art. 13 do Decreto 6.170/2007).
Gabarito "D".

(Ministério Público/TO – 2012 – CESPE) Com relação à administração pública, a licitações e contratos administrativos, a agentes e servidores públicos e à responsabilidade civil do Estado, assinale a opção correta.

(A) Como medida cautelar, em processo administrativo disciplinar, a autoridade competente, instauradora do processo, poderá, no âmbito de suas atribuições, afastar de suas funções o servidor público implicado, pelo prazo de sessenta dias, sem prejuízo da remuneração, para evitar, dessa maneira, que ele possa influenciar na apuração das irregularidades.

(B) A administração fazendária e seus servidores fiscais não terão, nas suas áreas de competência e jurisdição, definidas por lei, precedência de qualquer natureza sobre os demais setores da administração.

(C) Para garantir o fiel e estrito cumprimento dos contratos de mútuo de longo prazo, particularmente aqueles destinados a investimentos relativos a contratos de concessão, em qualquer de suas modalidades, não se permite que as concessionárias transfiram ou cedam ao mutuante parcelas de seus créditos operacionais futuros em caráter fiduciário.

(D) Diferentemente das empresas públicas, das companhias seguradoras, das cooperativas e das sociedades administradoras de planos de saúde, as sociedades de economia mista subordinam-se às normas da Lei de Recuperação de Empresas.

(E) Os vencimentos dos ocupantes dos cargos do Poder Executivo e do Poder Legislativo não poderão ser superiores aos pagos a ocupantes de cargos do Poder Judiciário.

A: correta (art. 147, *caput*, da Lei 8.112/1990); **B:** incorreta, pois existe essa precedência, na forma da lei (art. 37, XVIII, da CF); **C:** incorreta, pois é permitida tal transferência ou cessão de créditos operacionais futuros em caráter fiduciário (art. 28-A da Lei 8.987/1995); **D:** incorreta, pois, segundo o art. 2º, I, da Lei 11.101/2005, a lei de recuperação judicial, extrajudicial e falência não se aplica a empresas públicas e *sociedades de economia mista*; **E:** incorreta, pois a regra prevista na constituição tem outro teor, qual seja, "os vencimentos dos cargos do poder legislativo e do poder judiciário não poderão ser superiores aos pagos pelo poder executivo" (art. 37, XII, da CF).
Gabarito "A".

7. DIREITO TRIBUTÁRIO

Fernando Castellani e Robinson Sakiyama Barreirinhas*

1. COMPETÊNCIA TRIBUTÁRIA

(Ministério Público/CE – 2011 – FCC) São impostos de competência da União e do Distrito Federal, respectivamente, os impostos

(A) de importação e sobre a propriedade territorial rural.
(B) sobre circulação de mercadorias e sobre a propriedade de veículos automotores.
(C) de exportação e sobre operações de seguro.
(D) sobre a renda e proventos de qualquer natureza e sobre serviços de qualquer natureza.
(E) sobre operações de crédito e câmbio e sobre grandes fortunas.

Nos termos dos art. 153 a 156 da CF, a competência tributária para instituição de impostos é assim distribuída: Impostos Federais (CF, art. 153 e 154): imposto sobre importação, imposto sobre exportação, imposto sobre a renda, imposto sobre produtos industrializados, imposto sobre operações de crédito, câmbio, títulos e valores mobiliários – IOF, imposto territorial rural, imposto sobre grandes fortunas, imposto residual e imposto extraordinário em caso de guerra; Impostos estaduais e do DF (CF, art. 155 cc art. 147): imposto sobre transmissão causa mortis e doação, impostos sobre circulação de mercadorias e serviços e impostos sobre propriedade de veículos automotores; Impostos Municipais e do DF (CF, art. 156 cc art. 147): impostos sobre propriedade predial e territorial urbana, imposto sobre transmissão onerosa de bens imóveis e direitos reais e imposto sobre serviços; **A:** incorreto, pois ambos são federais; **B:** incorreto, pois ambos são estaduais; **C:** incorreto, pois ambos são federais; **D:** correto, pois o IR é de competência federal e o ISS de competência municipal e distrital; **E:** incorreto, pois ambos são federais.
Gabarito "D".

Veja a seguinte tabela com as competências dos entes políticos em relação aos impostos, para estudo e memorização:

Competência em relação aos impostos		
União	Estados e DF	Municípios e DF
– imposto de importação – imposto de exportação – imposto de renda – IPI – IOF – ITR – Imposto sobre grandes fortunas – Impostos extraordinários – Impostos da competência residual	– ITCMD – ICMS – IPVA	– IPTU – ITBI – ISS

---

* **Fernando Castellani** comentou as questões dos seguintes concursos: MP/AC/08, MP/BA/08, MP/CE/11, MP/GO/10, MP/GO/12, MP/MG/06, MP/MG/11, MP/MG/12, MP/MS/09, MP/MT/12, MP/PB/10, MP/PI/08, MP/PI/ 12, MP/RJ/11, MP/RN/09, MP/RR/12, MP/ RS/08, MP/RS/09, MP/SC/08, MP/SC/12, MP/SP/12, MP/TO/12, MP/RO/2013 e MP/PR/2013 quando houver. **Robinson Sakiyama Barreirinhas** comentou as demais questões.

(Ministério Público/MG – 2011) Assinale a assertiva **INCORRETA**.

(A) Aos Municípios compete instituir impostos sobre transmissão inter vivos, a qualquer título, por ato oneroso, de bens imóveis, por natureza ou acessão física, e de direitos reais sobre imóveis, exceto os de garantia, bem como cessão de direitos a sua aquisição.
(B) Aos Municípios compete instituir impostos sobre transmissão causa mortis e doação, de quaisquer bens ou direitos.
(C) Aos Municípios pertence o produto da arrecadação do imposto da União sobre renda e proventos de qualquer natureza, incidente na fonte, sobre rendimentos pagos, a qualquer título, por eles, suas autarquias e pelas fundações que instituírem e mantiverem.
(D) Aos Municípios compete instituir impostos sobre propriedade predial e territorial urbana.

A: correto, pela expressa competência constitucional (CF, art. 155, II); **B:** incorreto, pois o ITCMD, imposto descrito na questão, é de competência dos Estados e DF (CF, art. 155, I); **C:** correto, por expressa previsão constitucional (CF, art. 157, I); **D:** correto, pela expressa competência constitucional (CF, art. 156, I).
Gabarito "B".

2. PRINCÍPIOS

(Promotor de Justiça – MPE/RS – 2017) Considerando o regramento constitucional sobre limitações do poder de tributar, é **INCORRETO** afirmar que é vedado:

(A) à União, aos Estados, ao Distrito Federal e aos Municípios instituir tratamento desigual entre contribuintes que se encontrem em situação equivalente, proibida qualquer distinção em razão de ocupação profissional ou função por eles exercida, independentemente da denominação jurídica dos rendimentos, títulos ou direitos.
(B) à União, aos Estados, ao Distrito Federal e aos Municípios instituir impostos sobre fonogramas e videofonogramas musicais produzidos no Brasil contendo obras musicais ou literomusicais de autores brasileiros e/ou obras em geral interpretadas por artistas brasileiros, bem como os suportes materiais ou arquivos digitais que os contenham, salvo na etapa de replicação industrial de mídias ópticas de leitura a laser.
(C) à União, aos Estados, ao Distrito Federal e aos Municípios estabelecer limitações ao tráfego de pessoas ou bens, por meio de tributos interestaduais ou intermunicipais, ressalvada a cobrança de pedágio pela utilização de vias conservadas pelo Poder Público.
(D) à União tributar a renda das obrigações da dívida pública dos Estados, do Distrito Federal e dos Municípios, bem como a remuneração e os proventos dos respectivos agentes públicos, ainda que em níveis inferiores aos que fixar para suas obrigações e para seus agentes.

(E) aos Estados, ao Distrito Federal e aos Municípios estabelecer diferença tributária entre bens e serviços, de qualquer natureza, em razão de sua procedência ou destino.

A: correta, sendo esse o princípio da isonomia, conforme o art. 150, II, da CF; **B:** correta, conforme a imunidade prevista no art. 150, VI, *e*, da CF; **C:** correta, conforme a limitação constitucional prevista no art. 150, V, da CF; **D:** incorreta, pois a vedação de tributação da renda e dos proventos dos agentes públicos refere-se apenas à cobrança em níveis superiores aos fixados para as obrigações da própria União e para seus agentes, conforme o art. 151, II, da CF; **E:** correta, nos termos do art. 152 da CF.

Gabarito "D".

(Promotor de Justiça/GO – 2016 – MPE) Em relação ao princípio da isonomia tributária, informe o item incorreto:

(A) A legislação tributária brasileira não acolheu os postulados da cláusula *pecunia non olet*.

(B) O princípio da igualdade tributária recebe também a denominação de princípio da proibição dos privilégios odiosos.

(C) Com base no princípio da isonomia tributária, e tendo como fato gerador a propriedade de bem imóvel, seria lícita, por exemplo, a cobrança de tributo de proprietário de bem imóvel localizado ilegalmente em área de preservação ambiental.

(D) Caso o negócio jurídico tenha sua nulidade decretada pelo Poder Judiciário, não haverá obrigação de restituição do tributo quando o mesmo negócio já tiver produzido os seus efeitos.

A: incorreta, pois a análise da incidência tributária restringe-se ao estudo do fato gerador tal como definido à luz da legislação aplicável, nos termos dos arts. 4º e 118 do CTN, sendo irrelevantes aspectos como a denominação, características formais, destinação legal do produto da arrecadação, validade jurídica dos atos praticados, efeitos dos fatos ocorridos, ilícitos anteriores à situação que configura esse fato gerador etc.; **B:** correta, pois o princípio da igualdade refere-se exatamente à impossibilidade de tratamento diferenciado àqueles que se encontrem na mesma situação; **C:** correta, pois o fato gerador do imposto é a propriedade do imóvel, sendo irrelevante a irregularidade ambiental ou urbanística relativa à construção; **D:** correta, pois, tendo o negócio jurídico que configure fato gerador do tributo nos termos da lei correspondente produzido seus efeitos, terá havido a incidência e surgida a obrigação tributária, nos termos do art. 116, I, do CTN.

Gabarito "A".

(Promotor de Justiça/SC – 2016 – MPE)

(1) Pelo princípio da não surpresa do contribuinte, nos termos da Constituição Federal, são adotadas as seguintes fórmulas: a) princípio da anterioridade anual ou anterioridade de exercício, determina que União, Estados, Distrito Federal e Municípios não cobrem tributos no mesmo exercício financeiro em que tenha sido publicada a lei que aumenta ou institui tributo; b) princípio da anualidade, caracterizada pela inclusão da lei tributária material na lei do orçamento ou ânua; e c) princípio da anterioridade nonagesimal, segundo o qual é vedado à União, Estados, Distrito Federal e Municípios cobrar tributos antes de decorridos noventa dias da data em que haja sido publicada a lei que os aumentou ou instituiu.

1: falsa, pois o item "b" é incorreto. Não subsiste no sistema tributário brasileiro atual o princípio da anualidade, pois a validade da tributação e da cobrança do tributo independe da previsão de sua receita na lei orçamentária anual – ver o art. 150 da CF.

Gabarito 1F.

(Promotor de Justiça/SC – 2016 – MPE)

(1) A Constituição Federal permite aos Estados, ao Distrito Federal e aos Municípios, mediante lei complementar, estabelecer diferença tributária entre bens e serviços, de qualquer natureza, em razão de sua procedência ou destino.

1: falsa, pois isso é vedado expressamente pelo art. 152 da CF.

Gabarito 1F.

(Procurador da República – 26º) Produtos importados de países signatários do GATT (acordo geral de tarifas e comércio). Quanto ao imposto sobre circulação de mercadorias e serviços ICMS, é certo afirmar que:

(A) a isenção de tributo estadual prevista em tratado internacional firmado pela União, caracteriza-se como isenção heterônoma vedada pela Constituição Federal;

(B) a isenção de tributo estadual prevista em tratado internacional firmado pela União não se caracteriza como isenção heterônoma.

(C) é cabível a isenção inserida em tratado internacional de ICMS firmado pela União relativa a mercadorias importadas de país signatário do GATT mesmo não sendo isento o similar nacional;

(D) a isenção, no caso, somente prevalece para os impostos de competência da União.

A: incorreta, pois o STF permite que tratados internacionais, apesar de firmados por atos do Chefe do Executivo Federal, versem sobre tributos estaduais e municipais (STF, AgRg no AI 449.469, 1ª T., j. 17.04.2012, rel. Min. Dias Toffoli, *DJe* 11.05.2012). Por outra perspectiva, a isenção é dada pelo ente político competente para legislar acerca do tributo correspondente (União, em relação a tributos federais; Estados, em relação aos estaduais etc.). O que a União normalmente faz por tratado é garantir ao bem importado o mesmo tratamento dado ao similar nacional, caso em que não se infringe o disposto no art. 151, III, da CF – ver ARE 831.170AgR/PE; B: correta, pois a Constituição Federal veda, expressamente, isenções heterônomas, assim consideradas as isenções dadas por ente diferente do competente, contudo, o STF permite tal prática, apenas nos tratados internacionais (STF, AgRg no AI 449.469); C: incorreta, pois isso viola o princípio da isonomia (CF, art. 150, II); D: incorreta, pois isso implicaria em aniquilar o campo dos tratados internacionais.

Gabarito "B".

(Procurador da República – 26º) É correto afirmar quanto ao imposto sobre produtos industrializados (IPI) que:

(A) Submete-se ao princípio da anterioridade mitigada, a nonagesimal;

(B) Sendo um tributo de finalidade destacadamente extrafiscal, a ele não se aplica o princípio da anterioridade tributária;

(C) À vista da seletividade de que se reveste, de forma que suas alíquotas devem ser fixadas de acordo com a essencialidade do produto, está autorizado o Poder Executivo a alterar a sua base de cálculo e as suas alíquotas, atendidas as condições e observados os limites fixados em lei;

(D) Os princípios da não cumulatividade e da seletividade que o informam ensejam direito de crédito presumido de IPI para o contribuinte adquirente de insumos não tributados ou sujeitos à alíquota zero.

A: correta, pois há previsão constitucional expressa de não sujeição ao exercício financeiro (CF, art. 150, § 1º); B: incorreta, pois sujeita-se à anterioridade de 90 dias (CF, art. 150, III, *c* e 150, § 1º); C: incorreta, pois a Constituição Federal somente permite que o Poder Executivo altere as alíquotas do IPI, jamais sua base de cálculo (CF, art. 153, § 1º); D: incorreta, pois para tal situação ocorrer é preciso previsão expressa em lei.
Gabarito "A".

Veja a seguinte tabela, para memorização:

Exceções à anterioridade anual (art. 150, III, *b*, da CF)	Exceções à anterioridade nonagesimal (art. 150, III, *c*, da CF)
– empréstimo compulsório para atender a despesas extraordinárias decorrentes de calamidade pública ou de guerra externa ou sua iminência (art. 148, I, *in fine*, da CF, em sentido contrário); – imposto de importação (art. 150, § 1º, da CF); – imposto de exportação (art. 150, § 1º, da CF); – IPI (art. 150, § 1º, da CF); – IOF (art. 150, § 1º, da CF); – impostos extraordinários na iminência ou no caso de guerra externa (art. 150, § 1º, da CF); – restabelecimento das alíquotas do ICMS sobre combustíveis e lubrificantes (art. 155, § 4º, IV, c, da CF); – restabelecimento da alíquota da CIDE sobre combustíveis (art. 177, § 4º, I, *b*, da CF); – contribuições sociais (art. 195, § 6º, da CF).	– empréstimo compulsório para atender a despesas extraordinárias decorrentes de calamidade pública ou de guerra externa ou sua iminência (art. 148, I, *in fine*, da CF, em sentido contrário – entendimento doutrinário); – imposto de importação (art. 150, § 1º, da CF); – imposto de exportação (art. 150, § 1º, da CF); – IR (art. 150, § 1º, da CF); – IOF (art. 150, § 1º, da CF); – impostos extraordinários na iminência ou no caso de guerra externa (art. 150, § 1º, da CF); – fixação da base de cálculo do IPVA (art. 150, § 1º, da CF); – fixação da base de cálculo do IPTU (art. 150, § 1º, da CF);

(Procurador da República – 25º) Indique a alínea cujo enunciado contempla exceção ao princípio da legalidade:

(A) a delegação, por lei, ao Poder Executivo, da faculdade de imposição de encargos fiscais;
(B) quando o tipo tributário, descrição material da exação, não encerrar um conceito fechado, é facultado ao Poder Executivo, no exercício da competência regulamentar que lhe é própria, agregar-lhe alguns componentes;
(C) atualização do valor monetário da base de cálculo do tributo;
(D) redução do ICMS – monofásico incidente sobre combustíveis definidos em lei complementar por ato do titular do Poder Executivo Estadual.

A: incorreta pois se refere a mera delegação de capacidade tributária ativa (CTN, art. 7º); B: incorreta, pois nessa situação não estaremos tratando de elementos essenciais do tributo; C: correta, pois a mera atualização monetária, dentro dos índices oficiais, não constitui aumento de tributo, podendo ser feito por instrumento infralegal (CTN, art. 97 e Súmula 160 do STJ); D: incorreta, pois não há previsão constitucional para tanto.
Gabarito "C".

(Promotor de Justiça/MG – 2014) Relativamente às limitações constitucionais ao poder de tributar, assinale a alternativa CORRETA:

(A) Sem prejuízo de outras garantias asseguradas ao contribuinte, é vedado à União, e facultado aos Estados, ao Distrito Federal e aos Municípios, estabelecer limitações ao tráfego de pessoas ou bens, por meio de tributos interestaduais ou intermunicipais, ressalvada a cobrança de pedágio pela utilização de vias conservadas pelo Poder Público.
(B) A lei não poderá atribuir a sujeito passivo de obrigação tributária a condição de responsável pelo pagamento de imposto ou contribuição, cujo fato gerador deva ocorrer posteriormente.
(C) É vedado aos Estados, ao Distrito Federal e aos Municípios estabelecer diferença tributária entre bens e serviços, de qualquer natureza, em razão de sua procedência ou destino.
(D) É permitido à União, objetivando reequilibrar a tributação vigente entre os entes federados, instituir tributo que não seja uniforme em todo o território nacional.

A: incorreta, pois essa vedação se aplica a todos os entes políticos, não apenas à União – art. 150, V, da CF; **B:** incorreta, pois é possível a chamada substituição tributária "para frente" – art. 150, § 7º, da CF; **C:** correta, nos termos do art. 152 da CF; **D:** incorreta, pois essa não é exceção admitida ao princípio da uniformidade territorial – art. 151, I, da CF.
Gabarito "C".

(Ministério Público/PR – 2013 – X) Em tema de garantias e limitações constitucionais ao poder de tributar, qual das seguintes alternativas se revela *correta*?

(A) Segundo o princípio da anualidade, consagrado na vigente Constituição Federal, lei que institua ou majore tributos somente pode ter eficácia no exercício financeiro seguinte ao da publicação da lei e desde que previamente autorizado na lei orçamentária anual;
(B) Segundo o princípio da anterioridade, consagrado na vigente Constituição Federal, lei que institua ou majore tributos somente pode ter eficácia no exercício financeiro seguinte ao da publicação da lei e desde que previamente autorizado na lei orçamentária anual;
(C) Segundo o princípio da anualidade, consagrado na vigente Constituição Federal, lei que institua ou majore tributos somente pode ter eficácia no exercício financeiro seguinte ao da publicação da lei, independentemente da data desta publicação;
(D) Segundo o princípio da anterioridade, consagrado na vigente Constituição Federal, lei que institua ou majore tributos somente pode ter eficácia no exercício financeiro seguinte ao da publicação da lei, e ao menos noventa dias após tal publicação, ressalvadas expressas exceções constitucionais;
(E) A consagração do princípio da anterioridade, na vigente Constituição Federal, impede que Estados membros, no exercício de seus poderes constituintes decorrentes, estipulem, em suas Constituições, o princípio da anualidade.

A: incorreta, pois o princípio da anualidade não possui mais previsão na Constituição Federal; **B:** incorreta, pois o princípio da anterioridade exige, para a vigência da lei tributária, apenas o decurso de prazo mínimo previsto na Constituição Federal, independente da previsão na lei orçamentária anterior (art. 150, III, da CF/1988); **C:** incorreta, pois não há previsão do princípio da anualidade na vigente Constituição Federal; **D:** correta, pois trata-se de expressa previsão constitucional (art. 150, III, "b" e "c" da CF/1988); **E:** incorreta, pois a previsão do princípio da anterioridade não é incompatível com o princípio da anualidade, havendo, atualmente, apenas falta de previsão, mas não vedação aos entes. Vale dizer, ainda, que seria uma garantia adicional aos contribuintes.
Gabarito "D".

(Ministério Público/MG – 2012 – CONSULPLAN) Analise as assertivas abaixo:

I. Com base nos princípios da capacidade contributiva, da modicidade tributária e do não confisco, o Supremo Tribunal Federal vem autorizando, independentemente de lei específica, a atualização monetária da tabela progressiva do imposto de renda e das respectivas deduções.

II. A instituição de contribuições de intervenção no domínio econômico é da competência exclusiva da União, não podendo ser delegada aos Estados e Distrito Federal, tampouco aos Municípios.

III. Em relação ao tributo, nos termos da legislação de regência, a destinação legal do produto de sua arrecadação e a sua denominação legal constituem critérios relevantes para determinação de sua natureza jurídica.

IV. A lei tributária aplica-se a ato ou fato pretérito, em qualquer caso, quando seja expressamente interpretativa, excluída a aplicação de penalidade à infração dos dispositivos interpretados.

Pode-se afirmar que:

(A) apenas as assertivas I e III estão **CORRETAS**.
(B) apenas as assertivas I e IV estão **CORRETAS**.
(C) apenas as assertivas II e III estão **CORRETAS**.
(D) apenas as assertivas II e IV estão **CORRETAS**.

I: incorreto, pois o STF tem entendido pela necessidade de lei específica para tal atualização (STF, RE 388312/MG, rel. Min. Marco Aurélio, 23.6.2010); **II:** correto, por definição da CF e pela impossibilidade de delegação de competência tributária (CF, art. 149); **III:** incorreto, pois o CTN estabelece a irrelevância dos critérios da denominação e da destinação para a definição da espécie de tributo (CTN, art. 4º); **IV:** correto, por expressa previsão da legislação, que estabelece, nesse artigo, uma suposta exceção ao princípio da irretroatividade da lei (CTN, art. 106).
Gabarito "D".

(Ministério Público/MG – 2012 – CONSULPLAN) Analise as proposições que complementam a frase abaixo.

"Desconsiderando as discussões envolvendo as medidas provisórias, em relação ao tema princípio da legalidade, depreende-se da legislação tributária em vigor que somente a lei pode estabelecer":

I. a alteração de alíquota tributária.
II. a regulamentação de obrigação tributária acessória.
III. a extinção de tributo permanente.
IV. a instituição de tributo.

A frase em referência fica **CORRETAMENTE** complementada:

(A) apenas pelas proposições I e II.
(B) apenas pelas proposições III e IV.
(C) apenas pelas proposições I e IV.
(D) apenas pelas proposições II e III.

I: incorreto, pois existem tributos, por força de previsão constitucional, que podem ter suas alíquotas alteradas por ato do poder executivo (CF, art. 153, § 1º); **II:** incorreto, pois obrigações acessórias podem ser definidas pela legislação tributária, termo que engloba figuras infralegais (CTN, art. 113 e 96); **III:** correto, pois não há previsão constitucional de exceção a legalidade para a extinção de tributos (CTN, art. 97); **IV:** correto, pois não há previsão constitucional a regra da legalidade na instituição de tributos, mas apenas em sua alteração (CTN, art. 97).
Gabarito "B".

(Ministério Público/RR – 2012 – CESPE) Com relação ao princípio da legalidade, assinale a opção correta.

(A) Para atender a situação de calamidade pública decorrente de enchentes, o Poder Executivo estadual poderá receber delegação legislativa para, mediante resolução, conceder crédito presumido de ICMS às empresas afetadas.
(B) As alíquotas do imposto de exportação podem ser alteradas pelo Poder Executivo federal por decreto, desde que obedecidos os limites e condições estabelecidos por lei.
(C) A remissão poderá ser concedida pela autoridade administrativa por despacho fundamentado, consideradas a equidade da imposição tributária e as condições de penúria do sujeito passivo, independentemente de lei.
(D) Lei delegada poderá estabelecer que o Poder Executivo possa outorgar isenção tributária por meio de decreto, não podendo fazê-lo quando tal exija a edição de lei complementar.
(E) Cabe ao Poder Legislativo municipal editar lei outorgando ao Poder Executivo competência para dispor, mediante decreto, sobre redução de base de cálculo do imposto sobre serviço, em face de benefícios concedidos por outro ente federado.

A: incorreto, pois a concessão de benefícios de ICMS, dentre eles o crédito presumido, depende de lei complementar e deliberação dos Estados (CF, art. 155, § 2º, XII); **B:** correto, por expressa previsão da exceção ao princípio da legalidade (CF, art. 153, § 1º); **C:** incorreto, pois a remissão, por ser causa de extinção do crédito, depende de previsão legal, cabendo a autoridade administrativa, apenas, a verificação da presença dos requisitos para sua concessão no caso concreto (CTN, art. 97 e 172); **D:** incorreto, pois a concessão de isenção depende, também de lei, não cabendo delegação (CTN, art. 176); **E:** incorreto, pois tal competência é de lei complementar (CF, art. 156, § 3º).
Gabarito "B".

(Ministério Público/CE – 2011 – FCC) Sobre os princípios constitucionais tributários é correto afirmar que

(A) a lei que modifica tributos só pode ser aplicada no exercício seguinte ao da sua publicação por força da regra da irretroatividade da lei tributária.
(B) os tributos sempre deverão ser pessoais e atender às condições econômicas dos contribuintes, por força do princípio da capacidade contributiva.
(C) salvo exceções a lei que cria ou majora tributo terá eficácia no exercício financeiro seguinte ao da sua publicação, como expressão da anterioridade tributária.
(D) como exceção à legalidade tributária, pode o Presidente da República instituir, por decreto, impostos de

importação, de exportação, sobre produtos industrializados e sobre operações financeiras.
(E) a instituição de empréstimo compulsório, imposto extraordinário, imposto residual e impostos de natureza extrafiscal são exceções à anterioridade nonagesimal.

A: incorreto, pois nem toda alteração por lei tributária deverá se submeter a determinado prazo para a produção de seus efeitos, além do que o princípio que estabelece tal limitação é o princípio da anterioridade, não da irretroatividade (CF, art. 150, III); **B:** incorreto, pois o princípio da capacidade contributiva deve ser aplicado, nos termos da CF, sempre que possível, que demonstra que o sistema reconhece a impossibilidade, em algumas situações de aplicação da tal regra. Para os chamados impostos indiretos, ou mesmo para as taxas, tal princípio mostra-se inaplicável (CF, art. 145, § 1º); **C:** correto, pois essa é exatamente a definição do princípio da anterioridade ou da não surpresa, que tem por objetivo impedir que o sujeito passivo seja surpreendido com a nova, e maior, carga tributária (CF, art. 150, III); **D:** incorreto, pois a exceção ao princípio da legalidade estabelece a possibilidade de alteração de alíquota por decreto, mas não a instituição do tributo (CF, 153, § 1º); **E:** incorreto, pois as exceções a anterioridade nonagesimal, previstas na CF, não alcançam os impostos residuais, nem mesmo todos os extrafiscais.
Gabarito "C".

(Ministério Público/MS – 2011 – FADEMS) As afirmações abaixo referem-se às limitações dos entes federados no exercício da tributação:

I. os tributos somente poderão ser instituídos e majorados por lei em sentido amplo que respeite o princípio da anterioridade.
II. é proibido o tratamento desigual a contribuintes que se encontrem em situação equivalente.
III. as denominadas Contribuições Sociais não se caracterizam como tributos.
IV. é vedada a cobrança de tributos em relação a fatos geradores ocorridos antes do início da vigência da lei que os houver instituído ou aumentado.

Com base nessas afirmações, assinale a resposta **correta**:
(A) as afirmações I e III estão incorretas;
(B) as afirmações I e III estão corretas;
(C) as afirmações III e IV estão incorretas;
(D) as afirmações I, II e IV estão corretas;
(E) apenas a afirmação I está incorreta.

I: Assertiva correta, lembrando que é possível a utilização de Medida Provisória ou Lei Delegada em substituição à lei ordinária em sentido estrito, para a instituição dos tributos (entretanto, não cabe MP ou LD no caso de tributo que exija lei complementar) – art. 150, I, c/c art. 62, § 2º, da CF e art. 68 da CF; **II:** Correta, pois reflete o princípio da isonomia – art. 150, II, da CF; **III:** Incorreta, pois as contribuições sociais têm natureza tributária – art. 149 da CF e art. 3º do CTN; **IV:** Correta, pois descreve o princípio da irretroatividade – art. 150, III, a, da CF.
Gabarito "D".

(Ministério Público/RJ – 2011) Tem efeito retroativo, aplicando-se a ato ou fato pretérito, a lei tributária que:
(A) estabeleça penalidade menos severa do que a prevista na lei vigente ao tempo da prática do ato;
(B) beneficie o contribuinte tanto em relação à penalidade quanto aos juros de mora, nos casos definitivamente julgados;
(C) disponha sobre suspensão do crédito tributário;
(D) estabeleça hipóteses de redução de alíquota ou de base de cálculo;

(E) defina as obrigações acessórias do contribuinte.

A: correto, pois há previsão expressa no CTN de aplicação retroativa para leis meramente interpretativas e leis que estabeleçam sanção menor, desde que tratando-se de situação ainda não definitivamente julgada (CTN, art. 106, I e II); **B:** incorreto, pois a retroatividade refere-se apenas as multas, não englobando os juros de mora; **C:** incorreto, pois suspensão de crédito tributário depende de previsão legal (CTN, art. 97); **E:** incorreto, pois definição de obrigações acessórias, apesar de não depender de lei, deverá respeitar o princípio da irretroatividade (CF, art. 150, III, a).
Gabarito "A".

Veja a seguinte tabela, com as hipóteses de aplicação da lei tributária a ato ou a fato pretérito, para estudo e memorização:

Aplicação da lei tributária a ato ou a fato pretérito
– lei expressamente interpretativa – art. 106, I, do CTN
– redução ou extinção de sanção (*lex mitior*) – art. 106, II, do CTN
– normas relativas à fiscalização ou ao aumento de garantias e privilégios do crédito tributário, exceto para atribuir responsabilidade tributária a terceiros – art. 144, § 1º, do CTN

(Ministério Público/RJ – 2011) Analise as afirmativas abaixo relativamente às garantias constitucionais em matéria tributária, segundo o entendimento do STF:

I. É inconstitucional a exigência de depósito prévio como requisito de admissibilidade de ação judicial na qual se pretenda discutir a exigibilidade do crédito tributário.
II. A exigência de depósito prévio em dinheiro como condição de admissibilidade de recursos administrativos é inconstitucional, mas não o arrolamento prévio de bens.
III. O princípio da anualidade tributária encontra guarida na Constituição da República.

Está(ão) correta(s) a(s)afirmativa(s):
(A) somente I;
(B) somente I e II;
(C) somente I e III;
(D) somente II e III;
(E) I, II e III.

I: correto, pois o depósito é faculdade do sujeito passivo, que pretenda gozar do benefício da suspensão da exigibilidade do crédito STF, súmula vinculante 28); **II:** incorreto, pois a jurisprudência entende que ambas as medidas violação o princípio da ampla defesa (STF, súmula vinculante 21); **III:** incorreto, pois a CF apenas estabelece o princípio da anterioridade, não mais o da anualidade, que estabelecia a necessidade de prévia definição na lei orçamentária da receita decorrente do novo tributo.
Gabarito "A".

(Ministério Público/PI – 2012 – CESPE) A respeito das limitações do poder de tributar, assinale a opção correta.
(A) O princípio da vedação do confisco é extensível às multas, apesar de estas terem natureza jurídica diversa dos tributos.
(B) Em razão do princípio da imunidade recíproca, é vedado à União, aos estados, ao DF e aos municípios instituir impostos sobre patrimônio, renda ou serviços uns dos outros, inclusive quando houver contraprestação ou pagamento de preços ou tarifas pelo usuário.

(C) O princípio da isonomia não se inclui entre os princípios que limitam o poder de tributar, mas entre os princípios universais de justiça.
(D) O princípio da legalidade, o mais importante no âmbito do direito tributário, não comporta exceções ou mitigações.
(E) É vedada, em razão da aplicação do princípio da anterioridade, a cobrança de tributos em relação a fatos geradores ocorridos antes do início da vigência da lei que os houver instituído ou aumentado.

A: correto, pois apesar da literalidade da norma constitucional, referir-se apenas a tributo, o STF tem entendimento no sentido da ampliação para as multas tributárias (STF, RE 582.461); **B:** incorreto, pois a imunidade recíproca sofre uma regra de limitação de seu alcance, exatamente nas situações em que o ente atua desprovido de sua função típica, ou seja, quando atua na atividade tipicamente privada, mediante remuneração. Nessas situações, afasta-se o benefício da imunidade (CF, art. 150, § 2º); **C:** incorreto, pois há expressa previsão no sistema tributário nacional (CF, art. 150, II); **D:** incorreto, pois há limitações expressa no texto constitucional, para o II, IE, IPI, IOF, ICMS – combustíveis – e CIDE – combustíveis (CF, art. 153, § 1º, art. 155, § 4º e art.177, § 4º); **E:** incorreto, pois tal limitação é imposta pelo princípio da irretroatividade, não da anterioridade (CF, art. 150, III, a).
Gabarito "A".

3. IMUNIDADES

(Procurador do Estado/AM – 2016 – CESPE) Considerando os limites ao exercício do poder de tributar, julgue os itens seguintes.

(1) A imunidade recíproca beneficia sociedades de economia mista que prestem serviços públicos estatais essenciais e exclusivos, como, por exemplo, o serviço de saneamento básico, ainda que tais serviços sejam remunerados por tarifas.
(2) As limitações ao poder de tributar são normas de restrição da competência tributária taxativamente previstas na CF.

1: correta, pois é esse o entendimento do STF, apesar da literalidade do art. 150, VI, *a* e de seu § 2º, da CF, que se referem apenas aos entes políticos e suas entidades de direito público (autarquias e fundações públicas) – ver ACO 2.730AgR/DF; **2:** incorreta, pois as limitações previstas no texto constitucional não excluem outras garantias asseguradas aos contribuintes, como previsto expressamente no art. 150, *caput*, da CF.
Gabarito 1C, 2E

(Promotor de Justiça – MPE/RS – 2017) Relativamente às imunidades tributárias, é **INCORRETO** afirmar que é vedado

(A) aos entes federados cobrar tributos em relação a fatos geradores ocorridos antes do início da vigência da lei que os houver instituído ou aumentado.
(B) à União instituir imposto sobre a renda dos Estados, do Distrito Federal e dos Municípios.
(C) à União instituir isenções de tributos de competência dos Estados, do Distrito Federal e dos Municípios.
(D) à União cobrar imposto sobre produtos industrializados no mesmo exercício financeiro em que haja sido publicada a lei que o instituiu ou aumentou.
(E) aos entes federados estabelecer limitações ao tráfego de pessoas ou bens, por meio de tributos interestaduais ou intermunicipais, ressalvada a cobrança de pedágio pela utilização de vias conservadas pelo Poder Público.

A: correta, pois há essa vedação, apesar de ela se referir ao princípio da irretroatividade, e não da imunidade – art. 150, III, *a*, da CF; **B:** correta, pois é a imunidade recíproca – art. 150, VI, *a*, da CF; **C:** correta, pois a competência tributária é sempre exclusiva do ente político a quem foi deferida pela CF – art. 151, III, da CF; **D:** incorreta, pois o IPI é exceção ao princípio da anterioridade anual, sujeitando-se apenas à anterioridade nonagesimal – art. 150, § 1º, da CF; **E:** correta, conforme o art. 152 da CF.
Gabarito "D".

(Procurador da República – PGR – 2013) A Empresa Brasileira de Correios E Telégrafos (ECT) é prestadora de serviços públicos. No que se refere à imunidade tributária de que trata o art. 150 (inciso VI, "a" e § 2º) da Lei Magna, pode-se asseverar que:

(A) A empresa pública somente é alcançada pelo benefício constitucional quando exerce atividades em regime de exclusividade;
(B) O exercício simultâneo de atividades em regime de exclusividade e em regime de concorrência com a iniciativa privada, a exemplo de atividade bancária conhecida como "banco postal" e venda de títulos de capitalização, não se inserindo no conceito de serviço postal – é irrelevante para a incidência da imunidade tributária;
(C) A empresa pública, mesmo quando presta serviço público essencial não goza de imunidade tributária à míngua de previsão constitucional;
(D) A regra estatuída no citado preceito da Magna Carta, em virtude do método de interpretação teleológico, não impede a incidência da lei ordinária de tributação.

A: incorreta, pois o STF reconheceu a imunidade da ECT mesmo em relação às atividades em que não há monopólio, considerando, entre outros fundamentos, o subsídio cruzado, ou seja, a realização da atividade de entrega de encomendas (afeito ao serviço postal, mas em que não há monopólio) viabiliza a prestação do serviço postal universal em valores módicos – ver RE 627.051/PE; **B:** correta – ver RE 601.392/PR; **C:** incorreta, pois o STF reconhece a imunidade de empresas estatais que prestam serviços públicos essenciais, apesar da literalidade do art. 150, VI, *a* e § 2º, da CF, que se referem apenas ao entes políticos e suas entidades de direito público (autarquias e fundações públicas); **D:** incorreta, pois a imunidade faz exatamente isso, impedindo o exercício de competência tributária pelos entes políticos em relação às situações ou pessoas protegidas pela imunidade.
Gabarito "B".

(Procurador da República – 25º) As imunidades tributárias de que trata o art. 150, inciso VI, da Constituição:

(A) abrangem também propriedades não afetadas ao culto como forma de incentivar as manifestações religiosas, não embaraçar o funcionamento das entidades religiosas e, sobretudo, assegurar a liberdade de culto, direito individual expressamente consagrado na Lei Magna (art. 5º, VI);
(B) abrangem as empresas públicas e sociedades de economia mista prestadoras de serviços públicos de prestação obrigatória e exclusiva do Estado;
(C) para incidirem deve-se levar em conta a natureza da renda;
(D) alcançam não só os impostos, mas também as contribuições, porquanto constituindo garantias não podem ter diminuído o seu alcance.

A: incorreta, pois, a rigor, nos termos da Constituição Federal, a imunidade dos templos somente engloba o patrimônio, rendas e serviços relacionados à atividade essencial (CF, art. 150, § 3º); B: correta, pois se trata do expresso entendimento do STF, ampliando o alcance das imunidades recíprocas para atingir – além das pessoas jurídicas de direito público interno, as autarquias e fundações – também as empresas públicas e as sociedades de economia mista prestadoras de serviço público, em regime de monopólio (STF, AgRg no RE 399.307, 2ª T., j. 16.03.2012, rel. Min. Joaquim Barbosa, DJe 30.04.2010); C: incorreta, pois a natureza da renda pouco importa, desde que vinculada à atividade essencial da entidade (CF, art. 150, § 3º); D: incorreta pois a imunidade recíproca refere-se apenas aos tributos da espécie imposto (CF, art. 150, VI).
Gabarito "B".

(Ministério Público/CE – 2011 – FCC) Sobre a imunidade, analise os itens a seguir:

I. As imunidades tributárias vêm fixadas na Constituição Federal ou em lei complementar federal.
II. As imunidades alcançam apenas os impostos.
III. O patrimônio, a renda e os serviços relacionados às finalidades essenciais dos templos de qualquer culto são imunes de impostos.
IV. A previsão de que o cidadão ficará isento de custas judiciais na ação popular é hipótese de imunidade de taxa.
V. As imunidades somente terão eficácia após regulamentação por lei complementar.

Está correto o que se afirma SOMENTE em

(A) I e II.
(B) III e IV.
(C) IV e V.
(D) I, II e III.
(E) III, IV e V.

I: incorreto, pois as imunidades, necessariamente, decorrem de norma constitucional, podendo, quando necessário, a lei complementar regular as limitações constitucionais ao poder de tributar, ou seja, princípios e imunidades (CF, art. 146, II); II: incorreto, pois as imunidades podem alcançar qualquer espécie tributária, desde que prevista. Importante lembrar que as chamadas imunidades genéricas, especificamente, referem-se apenas a impostos, contudo, há previsão de imunidades para contribuições, por exemplo (CF, art. 150, VI e art. 149, § 2º); III: correto, pois há expressa previsão constitucional de tal benefício (CF, art. 150, VI, b); IV: correto, pois tal benefício tem previsão constitucional, conferindo, portanto, imunidade, apesar da utilização do termo isenção (CF, art. 5º, LXXIII); V: incorreto, pois somente em casos específicos se exige lei complementar para sua regulação, valendo, pois, a regra de eficácia plena.
Gabarito "B".

4. DEFINIÇÃO DE TRIBUTO E ESPÉCIES TRIBUTÁRIAS

(Procurador da República –28º Concurso – 2015 – MPF) Dispõe o art. 149, § 2º, inc. I, da Constituição da República:

"art. 149

(...)

§ 2º as contribuições sociais e de intervenção no domínio econômico de que trata o caput deste artigo:

I. NÃO INCIDIRÃO SOBRE AS RECEITAS DECORRENTES DE EXPORTAÇÃO."

Ante este texto, é exato afirmar no tocante às Contribuições para o Financiamento da Seguridade Social-COFINS e Programa de Integração Social-PIS:

(A) A expressão contida nos dispositivos da Lei Magna referidos "receitas decorrentes de exportação" não autorizaria interpretação extensiva em ordem a alcançar receita decorrente de variação cambial positiva em operação de exportação;
(B) A imunidade prevista no art. 149, § 2º, inc. I, retrotranscritos, somente tutela as receitas decorrentes das operações de exportação de forma a não abranger o lucro das empresas exportadoras, isso porque se trata de imunidade objetiva;
(C) A imunidade de que tratam os preceitos constitucionais referidos ampara as empresas exportadoras no que se refere ao seu lucro, a vista de se tratar de imunidade subjetiva;
(D) Na cláusula "receitas decorrentes de exportação" inserem-se receitas das variações cambiais ativas de sorte a suprimir o alcance da competência impositiva federal.

A: incorreta, pois o STF reconhece a imunidade do art. 149, § 2º, I, da CF em relação à receita decorrente da variação cambial positiva obtida nas operações de exportação de produtos – ver RE 627.815/PR; **B**: discutível, pois o STF de fato afasta a imunidade em relação ao lucro das empresas exportadoras, distinguindo-o das receitas, e o Min. Gilmar Mendes, por exemplo, adota como um dos fundamentos o fato de se tratar de imunidade objetiva – ver o RE 474.132/SC; **C**: incorreta, conforme comentário à alternativa "B"; **D**: correta, conforme comentário à alternativa "A".
Gabarito "D".

(Procurador da República – PGR – 2013) "A União, os Estados, o Distrito Federal e os Municípios poderão instituir os seguintes tributos: II – taxas, em razão do exercício do poder de polícia ou pela utilização, efetiva ou potencial, de serviços públicos específicos e divisíveis, prestados ao contribuinte ou postos à sua disposição" (Constituição Federal, art. 145, II); Ante este inciso, é verdadeiro expressar:

(A) O texto constitucional não diferencia as taxas decorrentes do exercício do poder de polícia daquelas de utilização de serviços específicos e divisíveis quanto à prestação potencial do serviço púbico;
(B) É admissível o exercício potencial do poder de polícia;
(C) Apenas às taxas de utilização de serviços específicos e divisíveis faculta a Constituição Federal a prestação potencial do serviço público;
(D) A existência de órgão administrativo e estrutura competentes para o exercício do poder de polícia não constitui elemento demonstrador para se inferir o seu efetivo exercício qual exigido constitucionalmente.

A: incorreta, pois, nos termos do art. 145, II, da CF, a cobrança por utilização efetiva ou potencial refere-se às taxas relativas a prestação de serviços apenas; **B**: incorreta, pois, no que se refere à tributação, a CF refere-se a potencialidade apenas para a utilização de serviços públicos tributados – art. 145 , II, da CF – ver também o art. 78 do CTN; **C**: correta, conforme comentário à alternativa "A"; **D**: incorreta, pois o STF reconhece que há exercício de poder de polícia e, portanto, viabilidade da tributação, quando existe órgão administrativo que possua estrutura e competência para realizar a fiscalização – ver RE 856.185AgR/PR.
Gabarito "C".

(Procurador da República – 25º) No que se refere às contribuições de seguridade social, impõe-se afirmar:

(A) obedecem ao princípio da anterioridade, não podendo ser cobradas no mesmo exercício em que instituídas;

(B) podem ser criadas pela União, mediante lei ordinária, desde que tenham fato gerador e base de cálculo diversos daqueles definidos para as contribuições já vigentes;
(C) cabendo a órgão da administração direta da União a cobrança de todas as contribuições especiais, perderam elas sua natureza jurídica de contribuição, caracterizando-se como imposto cujo produto tem destinação vinculada;
(D) submetem-se ao princípio da anterioridade mitigada, a nonagesimal, podendo ser cobradas no mesmo exercício em que criadas.

A: incorreta, pois as contribuições para a seguridade sujeitam-se a uma anterioridade parcial, de apenas 90 dias (CF, art. 195, § 6º); B: incorreta, pois no caos de contribuições residuais, exige-se lei complementar (CF, art. 195, § 4º); C: incorreta, pois o INSS é competente para a cobrança das contribuições para a seguridade social, e não todas as contribuições especiais (considerando-se, ainda, as interventivas, as corporativas e de custeio do serviço de iluminação pública); D: correta, nos exatos termos da lei (CF, art. 195, § 6º).
Gabarito "D".

(Procurador da República – 25º) As contribuições interventivas, corporativas e as de seguridade social (CF, art. 149), detendo natureza tributária, deverão observar, para sua instituição, os princípios que informam o regime jurídico tributário. Nessa linha, pode-se afirmar corretamente que a contribuição social sobre lucro liquido (CSLL):

(A) é uma taxa especial qualificada pela finalidade;
(B) constitui *bis in idem* porquanto a hipótese de incidência, em sua materialidade, coincide com a do imposto sobre a renda;
(C) a imunidade prevista no art. 149, § 2º, I, da Lei Maior, não alcança a Contribuição Social sobre Lucro Líquido (CSLL) à vista da destinação ontológica entre os conceitos de lucro e receita;
(D) a sua instituição caracteriza-se como bitributação.

A: incorreta, pois se trata de uma contribuição social especial para a seguridade (CF, art. 195, I, *c* da CF); B: incorreta, pois se trata de espécies distintas, além de possuírem fatos geradores distintos (renda e lucro são conceitos distintos); C: correta, pois se trata do entendimento da jurisprudência(STF, RE 564.413/SC, Pleno, j. 12.08.2010, rel. Min. Marco Aurélio, *DJe* 06.12.2010); D: incorreta, pois se trata de competência expressamente prevista na Constituição Federal (CF, art. 195, I, *c*).
Gabarito "C".

(Procurador da República – 24º) Preconizam os arts. 4º e 5º do Código Tributário Nacional:

"Art. 4º – A natureza jurídica específica do tributo é determinada pelo fato gerador da respectiva obrigação, sendo irrelevante para qualificá-lo: I – a denominação e demais características formais adotadas pela lei; II – a destinação legal do produto da sua arrecadação.

Art. 5º – Os tributos são impostos, taxas e contribuições de melhoria."

Segundo o Sistema Tributário Brasileiro, os transcritos artigos 4º e 5º, acima, são inteiramente aplicáveis quando consideram que:

(A) a natureza jurídica específica de um tributo pode ser determinada exclusivamente pelo exame do seu fato gerador;
(B) são 3 (três) as espécies tributárias: impostos, taxas e contribuições de melhoria;
(C) estar o produto de arrecadação afetado ou não a finalidades específicas é que define a natureza do tributo;
(D) os transcritos artigos 4º e 5º, sob exame, acham-se superados.

A doutrina moderna, assim como a jurisprudência, pacificou-se no sentido de que são cinco diferentes espécies definidas pelo fato gerador e pela destinação (CF, art. 145, 148 e 149); A, B e C: incorretas; D: correta, já que as disposições dos arts. 4º e 5º do CTN são incompatíveis com a posição de cinco diferentes espécies.
Gabarito "D".

(Procurador da República – 24º) Em relação ao empréstimo compulsório é certo afirmar que:

(A) se conceitua como um contrato de empréstimo de direito público, com a nota de que há obrigatoriedade de restituição;
(B) é um tributo posto atende às cláusulas que integram a redação do artigo 3º, do Código Tributário Nacional;
(C) se subordina, em todos os casos, ao princípio da anterioridade da lei que o houver instituído;
(D) é espécie de confisco como ocorreu com a retenção dos saldos de depósitos à vista, cadernetas de poupança e outros ativos financeiros, por determinação da Lei 8.024/1990.

A: incorreta, pois tem natureza jurídica tributária (CF, art. 148); B: correta, pois é obrigação pecuniária, compulsória, instituída em lei, não sancionatória e cobrada mediante atividade administrativa plenamente vinculada (CTN, art. 3º); C: incorreta, pois nos casos de instituição em virtude de guerra ou calamidade, não se sujeita ao princípio da anterioridade (CF, art. 150, § 1º); D: incorreta, pois o empréstimo compulsório exige, por seu regime jurídico, restituição dos valores recolhidos (CF, art. 148 e CTN, art. 110).
Gabarito "B".

(Ministério Público/MG – 2012 – CONSULPLAN) Assinale a assertiva **CORRETA.**

(A) Os Municípios podem cobrar taxas, no âmbito de suas atribuições, tendo como fato gerador o exercício regular do poder de polícia.
(B) A União, os Estados, o Distrito Federal e os Municípios poderão instituir contribuição de melhoria, no âmbito de suas respectivas atribuições, em decorrência dos serviços públicos prestados junto ao Sistema Único de Saúde (SUS).
(C) A taxa não pode ter como fato gerador a utilização apenas potencial de serviço público específico e divisível posto à disposição do contribuinte.
(D) Os serviços públicos são considerados divisíveis quando puderem ser destacados em unidades autônomas de intervenção, de unidade, ou de necessidades públicas.

A: correto, pois a CF estabelece, expressamente, a possibilidade de instituição de taxas de serviço, que tem por fato gerador a prestação de serviços públicos, e taxas de polícia, que tem por fato gerador o exercício regular do poder de polícia. O CTN define e estabelece as regras para a instituição da taxa de polícia (CF, art. 145, II e CTN, art. 78); **B:** incorreto, pois o fato gerador da contribuição de melhoria é a valorização imobiliária decorrente de uma obra pública (CF, art. 145, III e CTN, art. 81); **C:** incorreto, pois a CF estabelece a possibilidade de instituição de taxas pelo uso efetivo ou apenas potencial do serviço público (CF, art. 145, II); **D:** incorreto, pois considera-se o serviço divisível quando suscetíveis de utilização, separadamente, por parte de cada um dos seus usuários (CTN, art. 79).
Gabarito "A".

(Ministério Público/SC – 2012) Analise as seguintes assertivas:

I. A natureza jurídica específica do tributo é determinada pelo fato gerador da respectiva obrigação, sendo irrelevantes para qualificá-la: a denominação e demais características formais adotadas pela lei; e a destinação legal do produto da sua arrecadação.
II. É vedado à União, aos Estados, ao Distrito Federal e aos Municípios, cobrar impostos, de qualquer natureza, sobre o patrimônio, a renda ou os serviços uns dos outros.
III. Segundo o Código Tributário Nacional é permitido à União instituir tributo que não seja uniforme em todo o território nacional, ou que importe distinção ou preferência em favor de determinado Estado ou Município, com o fito de alavancar desigualdades regionais.
IV. Os Estados e o Distrito Federal, em situações excepcionais, podem instituir Empréstimos Compulsórios.
V. Os impostos sobre a importação, sobre a exportação, sobre a propriedade territorial rural, sobre a renda e proventos de qualquer natureza, sobre produtos industrializados, sobre operações de crédito, câmbio e seguro, e sobre operações relativas a títulos e valores mobiliários, sobre serviços de transportes e comunicações, e sobre operações relativas a combustíveis, lubrificantes, energia elétrica e minerais do País, são todos de competência da União.

(A) Apenas as assertivas I e III estão corretas.
(B) Apenas as assertivas II e III estão corretas.
(C) Apenas as assertivas I, IV e V estão corretas.
(D) Apenas as assertivas I e II estão corretas.
(E) Todas as assertivas estão corretas.

I: correto, pois trata-se de expressa previsão legal (CTN, art. 4º); II: correto, pois nos termos literais da CF, é vedada a cobrança de impostos sobre patrimônio, rendas e serviços, um dos outros (CF, art. 150, VI, a); III: incorreto, pois, de fato, permite-se a instituição de impostos federais não uniformes, desde que para promover o equilíbrio socioeconômico entre as regiões, não para alavancar as desigualdades (CF, art. 151, I); IV: incorreto, pois os empréstimos compulsórios são de competência exclusiva da União, em qualquer hipótese (CF, art. 148); V: incorreto, pois impostos sobre serviços de transportes e comunicações, e sobre operações relativas a combustíveis, lubrificantes, energia elétrica e minerais são de competência dos Estados e DF (CF, art. 155).
Gabarito "D".

(Ministério Público/TO – 2012 – CESPE) Para a validade de uma norma, é necessária sua adequação aos princípios constitucionais, o que se tem convencionado chamar Estado de Constituição. Nesse sentido, o Sistema Tributário Nacional tem sua regulamentação constitucional com uma série de princípios, que são utilizados para regular diversas situações de incidência tributária.
Em relação a esse assunto, assinale a opção que corresponde a correta aplicação do princípio constitucional indicado.

(A) Se, em dezembro, for editada lei que aumente a alíquota de imposto de renda, esta não poderá incidir na declaração de ajuste a ser apresentada no ano seguinte, já que incidirá sobre o total da renda do ano de sua edição, vindo a ferir o princípio da anterioridade.
(B) Instituído por lei o prazo para recolhimento do tributo, sua antecipação deverá atender ao princípio da anterioridade.
(C) Em respeito ao princípio da anterioridade nonagesimal, as taxas instituídas pela municipalidade em decorrência do poder de polícia só poderão ser exigidas noventa dias após a publicação da lei que as tiver instituído.
(D) A obrigação imposta ao contribuinte pelo município de apurar o tributo devido, informar ao fisco o montante apurado e recolhê-lo no dia vinte do mês posterior à ocorrência do fato gerador está sujeita ao princípio da legalidade.
(E) Norma estadual que conceda incentivo fiscal a empresa que contratar empregado com idade superior a cinquenta anos vai de encontro ao princípio da isonomia, constituindo discriminação em virtude da idade.

A: incorreto, pois nos termos do entendimento do STF, ao imposto de renda calculado sobre os rendimentos do ano-base, aplica-se a lei vigente no exercício financeiro em que deve ser apresentada a declaração (STF, Súmula 584); B: incorreto, pois nos termos do CTN e da interpretação do STF, a definição de data de pagamento não se sujeita ao princípio da legalidade e da anterioridade (CTN, art. 113); C: correto, pois nos termos da CF, todos os tributos, salvo os expressamente excluídos, devem respeitar a anterioridade dos 90 dias (CF, art. 150, III, c); D: incorreto, pois nos termos do CTN, a definição de obrigações acessórias não se sujeitam ao princípio da legalidade, pois definidas pela legislação tributária (CTN, art. 113 e 96); E: incorreto, pois tal medida visa estimular a contratação e manutenção no mercado de trabalho trabalhadores que, em situações normais, tem mais dificuldade de recolocação profissional, tendo, tal medida, amparo no princípio da isonomia (CF, art. 150, II).
Gabarito "C".

(Ministério Público/PR – 2011) Relativamente às taxas, é incorreto afirmar:

(A) Podem ser cobradas em decorrência do exercício do poder de polícia e da prestação efetiva ou potencial de serviço público, específico e divisível.
(B) As denominadas taxas de serviço decorrem da prestação específica e divisível de um serviço público e pressupõem a mensuração da atividade prestada.
(C) As taxas têm enumeração taxativa e estão todas previstas na Constituição Federal.
(D) As taxas não podem ter a mesma base de cálculo ou fato gerador idênticos aos que correspondam a impostos.
(E) Entende-se haver prestação potencial do serviço, quando, sendo de utilização compulsória, seja posto à disposição do contribuinte mediante atividade administrativa em efetivo funcionamento.

A: Correta, conforme o art. 145, II, da CF e o art. 77 do CTN; B: Assertiva correta, nos termos do art. 79 do CTN; C: Essa é a alternativa incorreta, já que a Constituição Federal apenas indica as duas espécies de taxa (pela prestação de serviço público específico e divisível e pelo exercício do poder de polícia). Cabe à lei de cada ente político instituir efetivamente a taxa, indicando qual o serviço ou qual a fiscalização dá ensejo à exação – art. 145, II, da CF; D: Assertiva correta, nos termos da Súmula Vinculante 29/STF. Ver também o art. 145, § 2º, da CF (que se refere à base de cálculo *própria* de imposto) e o art. 77, parágrafo único, do CTN; E: Correta, nos termos do art. 79, I, b, do CTN.
Gabarito "C".

5. LEGISLAÇÃO TRIBUTÁRIA – FONTES

(Promotor de Justiça/SC – 2016 – MPE)

(1) A Constituição Federal reserva à lei complementar federal aptidão para dispor sobre decadência em matéria tributária, de forma que será inconstitucional a norma Estadual, Distrital ou Municipal, mesmo que trate exclusivamente de espécie de tributo da própria competência tributária, que estabelecer hipótese de decadência do crédito tributário não prevista em lei complementar federal.

1: verdadeira, pois somente lei complementar federal pode tratar de decadência tributária – art. 146, III, *b*, da CF.
Gabarito 1C

(Promotor de Justiça/SC – 2016 – MPE)

(1) A jurisprudência firmada no âmbito do STF e do STJ, no sentido da legitimidade de isenção tributária concedida por meio de Tratado do qual a República Federativa do Brasil é signatária, na hipótese em que contempla com esse favor o similar nacional e subscrito pelo Presidente da República Federativa do Brasil na qualidade de Chefe de Estado, aplica-se inclusive a tributos de competência Estadual e Municipal, o que descaracteriza a existência de uma isenção heterônoma, vedada pelo art. 151, III, da CF.

1: verdadeira. A rigor, a isenção é dada pelo ente político competente para legislar acerca do tributo correspondente (União, em relação a tributos federais; Estados, em relação aos estaduais etc.). O que a União normalmente faz por tratado é garantir ao bem importado o mesmo tratamento dado ao similar nacional, caso em que não se infringe o disposto no art. 151, III, da CF – ver ARE 831.170AgR/PE.
Gabarito 1C

(Procurador da República – PGR – 2013) É correto afirmar que:

(A) Lei ordinária é o diploma legislativo hábil a criar todo e qualquer tributo;
(B) O legislador ordinário, à vista da vaguidade do preceito constitucional (art. 153, III) pode dizer livremente o que significa a expressão "renda e proventos de qualquer natureza";
(C) O legislador ordinário pode determinar a incidência do imposto de renda sobre indenizações, posto constituem acréscimo ao patrimônio;
(D) A liberdade do próprio legislador complementar para alterar definição do conceito de renda encontra limites decorrentes do significado da expressão "renda e proventos de qualquer natureza" utilizada pela Lei Maior para atribuir competência impositiva à União.

A: incorreta, pois há determinados tributos federais que exigem lei complementar federal para sua instituição ou modificação (v.g. empréstimo compulsório, impostos da competência residual, imposto sobre grandes fortunas); **B:** incorreta, pois o legislador ordinário não pode alterar a definição, o conteúdo e o alcance de institutos, conceitos e formas de direito privado, utilizados, expressa ou implicitamente, pela Constituição Federal para delimitar a competência tributária – art. 110 do CTN; **C:** incorreta, pois, conforme entendimento do STJ, há indenizações que não implicam aumento patrimonial e, portanto, não admitem incidência do IR, caso dos decorrentes de danos morais (Súmula 498/STJ), embora seja possível a cobrança de IR no caso de lucros cessantes (ver REsp 1.138.695/SC-repetitivo); **D:** correta, conforme dispõe o art. 110 do CTN.
Gabarito "D".

Veja esta tabela, para memorização:

Dependem de lei – art. 97 do CTN	Não dependem de lei
– a instituição de tributos, ou a sua extinção; – a majoração de tributos, ou sua redução (exceção: alteração das alíquotas do II, IE, IPI, IOF e da CIDE sobre combustíveis). Equipara-se à majoração do tributo a modificação da sua base de cálculo, que importe em torná-lo mais oneroso. Não constitui majoração de tributo a atualização do valor monetário da respectiva base de cálculo; – a definição do fato gerador da obrigação tributária principal, ressalvado o disposto no inciso I do § 3º do artigo 52, e do seu sujeito passivo; – a fixação de alíquota do tributo e da sua base de cálculo, ressalvado o disposto nos artigos 21, 26, 39, 57 e 65; – a cominação de penalidades para as ações ou omissões contrárias a seus dispositivos, ou para outras infrações nela definidas; – as hipóteses de exclusão, suspensão e extinção de créditos tributários, ou de dispensa ou redução de penalidades.	– fixação da data para pagamento do tributo; – regulamentação das obrigações acessórias (forma de declaração, escrituração, recolhimento etc.). Há controvérsia quanto à própria fixação de obrigações acessórias, pois o art. 113, § 2º, do CTN faz referência à legislação tributária (expressão que inclui não apenas as leis, mas também os decretos, portarias etc.); – alteração das alíquotas do II, IE, IPI, IOF e da CIDE sobre combustíveis.

6. VIGÊNCIA, APLICAÇÃO, INTERPRETAÇÃO E INTEGRAÇÃO

(Promotor de Justiça/SC – 2016 – MPE)

(1) Nos termos do Código Tributário Nacional, é correto afirmar que a legislação tributária dos Estados, do Distrito Federal e dos Municípios vigora, no País, fora dos respectivos territórios, nos limites em que lhe reconheçam extraterritorialidade os convênios de que participem, ou do que disponham esta ou outras leis de normas gerais expedidas unicamente pela União.

1: verdadeiro, conforme o art. 102 do CTN.
Gabarito 1C

(Ministério Público/MS – 2011 – FADEMS) Em relação à legislação tributária, a autoridade competente, na falta de disposição expressa, poderá utilizar sucessivamente:

(A) a equidade, os princípios gerais de direito e a analogia;
(B) os princípios gerais de direito, a analogia e a equidade;
(C) a analogia, os princípios gerais de direito tributário, os princípios gerais de direito público e a equidade;

(D) a analogia, os princípios gerais de direito público, os princípios gerais de direito tributário e a equidade;
(E) a analogia, os princípios gerais de direito público, a equidade e os princípios gerais de direito tributário.

O art. 108 do CTN determina a utilização das seguintes ferramentas de integração, nesta ordem, em caso de lacuna legislativa: a analogia, os princípios gerais de direito tributário, os princípios gerais de direito público e a equidade. Por essa razão, a alternativa "C" é a correta.
Gabarito "C".

Veja a seguinte tabela, com as ferramentas de integração, na ordem em que devem ser aplicadas, para estudo e memorização:

Ferramentas de integração – casos de ausência de disposição expressa
1º – analogia (não pode implicar exigência de tributo ao arrepio da lei)
2º – princípios gerais de direito tributário
3º – princípios gerais de direito público
4º – equidade (não pode implicar dispensa de pagamento do tributo devido)

7. FATO GERADOR E OBRIGAÇÃO TRIBUTÁRIA

(Promotor de Justiça – MPE/RS – 2017) Em relação ao fato gerador da obrigação tributária, assinale a alternativa correta.

(A) A definição legal do fato gerador é interpretada levando-se em consideração a validade dos atos jurídicos efetivamente praticados pelos contribuintes, responsáveis ou terceiros.
(B) Os atos e negócios jurídicos praticados sob condição suspensiva ou resolutória não configurarão fato gerador.
(C) Somente autoridade judicial poderá desconsiderar atos ou negócios jurídicos praticados com a finalidade de dissimular a ocorrência do fato gerador do tributo.
(D) A obrigação acessória jamais se converterá em obrigação principal no âmbito tributário.
(E) Salvo disposição de lei em contrário, considera-se ocorrido o fato gerador, em se tratando de situação jurídica, desde o momento em que esteja definitivamente constituída, nos termos de direito aplicável.

A: incorreta, pois é o oposto, sendo irrelevante a validade dos atos efetivamente praticados, conforme o art. 118, I, do CTN; B: incorreta, pois podem configurar fatos geradores de tributos, conforme o art. 117 do CTN; C: incorreta, pois a autoridade administrativa pode fazê-los, nos termos do art. 116, parágrafo único, do CTN; D: imprecisa, pois o descumprimento da obrigação acessória, como ilícito que é, pode fazer surgir uma obrigação principal (obrigação de recolher multa), sendo que o art. 113, § 3º, do CTN utiliza o verbo converter para se referir a isso;
Gabarito "E".

(Procurador do Estado/AM – 2016 – CESPE) Considerando os limites ao exercício do poder de tributar, julgue o item seguinte.

(1) Para fins de cobrança, as penalidades pecuniárias impostas ao contribuinte em virtude do descumprimento de obrigações acessórias são equiparadas à obrigação tributária principal, visto que ambas constituem obrigação de dar.

1: correta, pois toda obrigação tributária que tenha como objeto prestação de dar dinheiro (= prestação pecuniária) é classificada como obrigação principal, como é o caso da multa por descumprimento de obrigação acessória – art. 113, § 3º, do CTN.
Gabarito 1C

(Procurador da República – PGR – 2013) Indique a opção certa:

(A) Na doação sob condição resolutiva não ocorre o fato gerador do tributo;
(B) As convenções particulares, no tocante à responsabilidade pelo pagamento de tributos, desde que efetivadas por escritura pública e levadas a registro no cartório competente, podem ser opostas à Fazenda Pública, em determinadas situações;
(C) A obrigação tributária principal é obrigação de fazer;
(D) A solidariedade tributária não comporta o benefício da ordem.

A: incorreta, pois, no caso de negócio jurídico com condição resolutiva que configure fato gerador de tributo, esse fato será considerado perfeito e acabado desde o momento da celebração do negócio, nos termos do art. 117, II, do CTN; B: incorreta, pois, salvo disposição legal em contrário, as convenções particulares, relativas à responsabilidade pelo pagamento de tributos, não podem ser opostas à Fazenda Pública para modificar a definição legal do sujeito passivo das obrigações tributárias correspondentes – art. 123 do CTN; C: incorreta, pois, dentro dessa clássica classificação das obrigações, a tributária é de dar (dinheiro ao fisco) – art. 113, § 1º, do CTN; D: correta, conforme dispõe o art. 124, parágrafo único, do CTN.
Gabarito "D".

(Ministério Público/RR – 2012 – CESPE) Acerca das obrigações tributárias, assinale a opção correta.

(A) O descumprimento de obrigação acessória pode gerar penalidade pecuniária, que não se confunde com a obrigação principal, não podendo, por conseguinte, converter-se nessa obrigação.
(B) As obrigações acessórias não têm autonomia em relação à obrigação principal.
(C) Ainda que em gozo de imunidade tributária, a pessoa jurídica não está dispensada de cumprir obrigações acessórias e de se submeter à fiscalização tributária.
(D) Após a edição de lei que conceda benefício fiscal às empresas de pequeno porte, não poderá o fisco editar portaria que obrigue o contribuinte a consolidar os resultados mensais para usufruir do benefício.
(E) Pode o fisco baixar instrução normativa exigindo a regularidade fiscal do sócio para deferir a inscrição de sociedade comercial no cadastro fiscal.

A: incorreto, pois apesar das obrigações tributárias serem chamadas de principal e acessória, não apresentam relação de dependência entre si, havendo previsão expressa na lei que o descumprimento de obrigação acessória poderá implicar em aplicação de sanção pecuniária e, portanto, obrigação principal (CTN, art. 113, § 3º); B: incorreto, pois são independentes; C: correto, pois a eventual imunidade e isenção afasta, apenas, a obrigação principal, não dispensando do cumprimentos dos deveres instrumentais (CTN, art. 175, parágrafo único); D: incorreto, pois tal medida configura-se em mero dever instrumental, que não depende de lei, mas de mera legislação tributária (CTN, art. 113 e 96); E: incorreto, pois tal medida configuraria sanção indireta, não prevista em lei.
Gabarito "C".

8. LANÇAMENTO E CRÉDITO TRIBUTÁRIO

(Promotor de Justiça/GO – 2016 – MPE) Com amparo nas lições doutrinárias referentes ao crédito tributário, informe a assertiva incorreta:

(A) É possível afirmar que a obrigação tributária possui autonomia perante o crédito tributário.
(B) O lançamento não é o instrumento correto para se alcançar a exigibilidade das sanções decorrentes do descumprimento da obrigação tributária.
(C) Com o lançamento, permite-se a aferição do *an debeatur* e do *quantum debeatur*.
(D) Não obstante certa dissensão na doutrina, o Código Tributário Nacional dispõe, literalmente, que o lançamento é procedimento administrativo.

A: correta, pois a obrigação tributária nasce automaticamente com a ocorrência do fato gerador, conforme a linha doutrinária adotada pelo legislador do CTN, enquanto o crédito tributário surge somente com o ato que constitui o crédito tributário (= lançamento) – arts. 113 e 142 do CTN; **B:** incorreta, pois o lançamento constitui o crédito tributário, que pode se referir ao tributo ou à penalidade pecuniária (ambos objeto da obrigação tributária principal) – art. 113, § 1º, do CTN; **C:** correta, pois essa é primordialmente a função do lançamento, atestar a ocorrência do fato gerador e o surgimento da obrigação tributária (*an debeatur*) e calcular seu montante (*quantum debeatur*) – art. 142 do CTN; **D:** correta, conforme o art. 142 do CTN.
Gabarito "B".

(Procurador da República –28º Concurso – 2015 – MPF) Aponte a opção VERDADEIRA:

(A) A obrigação tributária acessória é instituída mediante lei ou ato normativo de igual hierarquia à vista do princípio constitucional de que ninguém será obrigado a fazer ou deixar de fazer alguma coisa senão em virtude de lei (CF, art. 5º, II);
(B) O fato gerador de um tributo deve recair necessariamente sobre uma das tradicionais bases econômicas de tributação, tais como renda, patrimônio e consumo;
(C) São tributos lançados por declaração: no âmbito federal, Imposto de Importação sobre Bagagem Acompanhada e, no plano municipal, Imposto sobre a Transmissão de Bens Imóveis – ITBI;
(D) Tributo cujo lançamento se dá por homologação, com o seu pagamento, a extinção definitiva do crédito tributário fica submetida à condição suspensiva.

A: incorreta, pois, embora haja entendimento nesse sentido, majoritariamente se admite a instituição de obrigação acessória por ato normativo infralegal (decreto, por exemplo). Há precedentes em que se admite amplamente essa possibilidade de ato infralegal instituir obrigação acessória (ver RMS 20.587/MG-STJ), há outros em que se admite, desde que haja previsão legal genérica que autorize a instituição por ato infralegal (ver REsp 838.143/PR-STJ), mas há também precedentes em que alguns Ministros adotaram como fundamento de sua decisão a inviabilidade de se instituir tais obrigações por ato normativo infralegal (ver manifestação do Min. Marco Aurélio no julgamento da ACO 1.098AgR/MG-STF – outros acompanharam o resultado, mas por entender que o ato infralegal infringiu os limites da lei autorizadora); **B:** incorreta, embora economicamente seja discutível a afirmação. A rigor, há incidência sobre situações que apenas indiretamente atingem renda, patrimônio ou consumo, caso das contribuições sobre faturamento, por exemplo; **C:** discutível. No caso do II, é defensável o gabarito, pois o viajante apresenta uma declaração ao fisco aduaneiro (declaração eletrônica de bens de viajantes – e-DBV) para posterior cálculo e pagamento do imposto. Entretanto, no caso do ITBI, a resposta depende do Município, já que cada um tem competência para legislar sobre o imposto em seu território, havendo muitos que adotam o lançamento por homologação. De qualquer forma, essa é a melhor alternativa, por exclusão das demais; **D:** incorreta, pois o CTN refere-se à condição resolutória, nos termos do art. 150, § 1º, do CTN.
Gabarito "C".

(Ministério Público/CE – 2011 – FCC) Segundo o Código Tributário Nacional, o lançamento

(A) constitui a obrigação tributária.
(B) não pode ser modificado após a notificação válida ao sujeito passivo.
(C) por homologação ou misto é aquele em que o sujeito passivo declara a prática do fato gerador e o Fisco constitui o crédito para pagamento.
(D) é atividade discricionária quanto à sua realização em situações de calamidade pública.
(E) reporta-se à data da ocorrência do fato gerador da obrigação e rege-se pela lei então vigente, ainda que revogada ou modificada posteriormente.

A: incorreto, pois o lançamento é procedimento constitutivo do crédito tributário, enquanto que a obrigação decorre diretamente do próprio fato gerador (CTN, art. 142); **B:** incorreto, pois a legislação estabelece expressamente a legitimidade para iniciar procedimento de revisão do lançamento (CTN, art. 145); **C:** incorreto, pois no lançamento por homologação o sujeito passivo declara o credito, já calculado e definido, realizando, na sequência, o próprio pagamento e extinção do crédito, o que diferencia tal modalidade do lançamento por declaração, no qual o sujeito passivo declara, apenas, a ocorrência do fato gerador (CTN, art. 150 e 147); D incorreto, pois o lançamento sempre é ato vinculado (CTN, art. 142); **E:** correto, pois o lançamento apenas formaliza obrigação definida no momento do fato gerador, devendo, então, retratar o direito material naquele momento vigente, ainda que posteriormente alterado; o mesmo não valerá para normas que regulem o procedimento do lançamento (CTN, art. 144).
Gabarito "E".

9. SUJEIÇÃO PASSIVA, CAPACIDADE E DOMICÍLIO

(Procurador do Estado/AM – 2016 – CESPE) Considerando os limites ao exercício do poder de tributar, o item seguinte.

(1) A capacidade tributária ativa difere da competência tributária, podendo ser delegada a outras pessoas jurídicas de direito público. Nesse caso, a delegação envolverá a transferência legal dos poderes de cobrança, arrecadação e fiscalização.

1: correta, conforme o art. 7º do CTN.
Gabarito 1C

(Procurador do Estado/AM – 2016 – CESPE) Considerando o desenvolvimento da relação jurídica tributária, julgue o próximo item.

(1) A responsabilização tributária do sócio-administrador que, ao promover a dissolução irregular da pessoa jurídica, cometa ato ilícito no exercício da administração da sociedade dependerá da constatação do momento da ocorrência do fato gerador da obrigação tributária.

1: essa questão foi anulada por conta da discussão no âmbito das duas Turmas de Direito Público do STJ. A "Segunda Turma do STJ entende que, se o motivo da responsabilidade tributária a infração é lei consubstanciada pela dissolução irregular da empresa (art. 135, III, do CTN), é irrelevante para efeito de redirecionamento da Execução Fiscal ao sócio-gerente ou ao administrador a análise da época de ocorrência do fato gerador ou do vencimento da exação" (REsp 1.655.048/RJ) – ver também a Súmula 435/STJ. Já a Primeira Turma tem precedentes no sentido de que "atribuição de responsabilidade pessoal prevista no art. 135, III, do CTN, ainda que em razão da dissolução irregular da sociedade empresária, exige a contemporaneidade da gerência com o momento da ocorrência do fato gerador do tributo não adimplido, visto que a responsabilidade atribuída ao sócio deriva, especificamente, do inadimplemento ocasionado pelos atos de gerência abusivos e/ ou ilegais" (AREsp 838.948/SC). O estudante deve acompanhar os julgamentos do STJ pois, em algum momento, a Primeira Seção deverá pacificar o assunto naquela Corte. Gabarito Anulada

(Promotor de Justiça/SC – 2016 – MPE)

(1) No que se refere à responsabilidade tributária, a lei pode atribuir de modo expresso a responsabilidade pelo crédito tributário a terceira pessoa, vinculada ao fato gerador da respectiva obrigação, excluindo até mesmo a responsabilidade do contribuinte ou atribuindo-a a este em caráter supletivo do cumprimento total ou parcial da referida obrigação; sendo ainda, que ela tanto pode advir da prática de atos ilícitos como também da realização de atos lícitos, nos termos da lei tributária.

1: verdadeiro, nos termos do art. 128 do CTN. É importante destacar que, embora o tributo jamais decorra de fato ilícito (art. 3º do CTN), a responsabilidade tributária pode (por exemplo, no caso do art. 135 do CTN).
Gabarito "C"

(Procurador da República – PGR – 2013) Montadora de veículos automotores, ao vendê-los à concessionária, é compelida a recolher o ICMS sob presunção legal de que serão revendidos. no caso:

(A) Trata-se de substituição tributária regressiva;
(B) Ocorre substituição tributária progressiva;
(C) A exigência tributária é indevida, porquanto sequer o fato gerador ocorreu;
(D) Não podendo o ICMS pago ser calculado sobre o preço praticado nas vendas subsequentes, leva as autoridades fazendárias a calcular o tributo sobre um valor arbitrariamente atribuído, o que é vedado pelo nosso sistema tributário.

A assertiva descreve caso típico de substituição tributária para frente ou progressiva, em que o responsável (montadora) antecipa o imposto que será devido por fato gerador futuro – art. 150, § 7º, da CF. Por essa razão, a alternativa "B" é a correta.
Gabarito "B".

(Ministério Público/GO – 2012) Leia e responda:

I. O civilmente incapaz não possui capacidade tributária, razão pela qual não pode ser sujeito passivo de obrigação tributária.
II. Contribuinte é o sujeito passivo que tem relação direta com o fato gerador da obrigação tributária.
III. Existindo solidariedade entre sujeitos passivos, o que possuir menor capacidade contributiva poderá pleitear benefício de ordem, de modo que a obrigação tributária seja exigida primeiro daquele que possuir maior capacidade contributiva para suportar o ônus econômico.
IV. Ocorrendo solidariedade, o pagamento efetuado por um aproveita aos demais sujeitos passivos da obrigação tributária, exceto nos casos em que houver disposição legal expressa em contrário.

(A) As afirmativas I e IV estão corretas;
(B) As afirmativas II e III estão corretas;
(C) As afirmativas II e IV estão corretas;
(D) As afirmativas I, II, III e IV estão corretas.

I: incorreto, pois a capacidade tributária passiva independe de capacidade civil (CTN, art. 126); II: correto, pois o conceito de contribuinte é dado, exatamente, ao sujeito passivo que tenha relação pessoal e direta com o fato gerador (CTN, art. 121); III: incorreto, pois entre devedores solidários não há benefício de ordem (CTN, art. 124, parágrafo único); IV: correto, pois há expressa previsão legal de tal efeito (CTN, art. 125, I).
Gabarito "C".

(Ministério Público/GO – 2012) João de Deus adquiriu de Maria de Jesus um imóvel urbano (lote) situado no Município de Céu Azul, no ano de 2011, ocasião em que avençaram que Maria de Jesus ficava responsável pelo pagamento do Imposto Territorial Urbano e Contribuição de Melhoria em atraso, referentes a fatos geradores ocorridos nos exercícios de 2008 e 2009, o que restou expressamente consignado na escritura pública de compra e venda. No ano de 2012, o Município de Céu Azul cobrou de João de Deus créditos tributários referentes aos mencionados fatos geradores. Inconformado, João de Deus procurou o Representante do Ministério Público: Ante a situação fática supra- apresentada, na condição de Promotor de Justiça responsável pelo atendimento, o concursando explicaria a João de Deus:

(A) Que no caso houve sub-rogação exclusivamente quanto ao Imposto Territorial Urbano – ITU, por se tratar de imposto sobre a propriedade, razão pela qual é lícito ao Município de Céu Azul exigir os créditos tributários relativos ao ITU da pessoa de João de Deus.
(B) Que em razão dos fatos geradores serem anteriores à compra e venda do imóvel entre João de Deus e Maria de Jesus, não se operou sub-rogação dos créditos tributários, os quais devem ser exigidos da pessoa de Maria de Jesus, sujeito passivo na época da ocorrência dos fatos geradores.
(C) Que em razão do avençado entre Maria de Jesus e João de Deus não houve sub-rogação, sendo sujeito passivo responsável pelo pagamento dos créditos tributários Maria de Jesus.
(D) Que no caso operou-se sub-rogação dos créditos tributários (ITU e Contribuição de Melhoria), pelo que o Município de Céu Azul pode licitamente cobrar de João de Deus, pois a avença celebrada por ocasião da compra e venda não é oponível ao Município.

A: incorreto, pois no caso de aquisição de bens imóveis, há sub-rogação na pessoa do adquirente de todos os impostos sobre a propriedade, assim como taxas e contribuições de melhoria vinculadas ao imóvel (CTN, art. 130); B: incorreto, pela existência da sucessão (CTN, art. 130); C: incorreto, pois as eventuais convenções privadas, decorrentes de contrato, não são oponíveis ao fisco, em matéria de definição de sujeito passivo (CTN, art. 123); D: correto, pois a lei expressamente estabelece a sub-rogação na aquisição do bem (CTN, art. 130 e 123).
Gabarito "D".

(Ministério Público/RR – 2012 – CESPE) Determinado consumidor, ávido por conseguir abatimento no preço de determinado produto, adquiriu a mercadoria de estabelecimento comercial, aceitando nota fiscal emitida, por um dos sócios da sociedade comercial, no valor da metade da venda efetivamente realizada, o que reduziu os tributos incidentes sobre a operação comercial e possibilitou a concessão do desconto.

Com base na situação hipotética acima apresentada, assinale a opção correta.

(A) O consumidor passou a ser substituto tributário da sociedade comercial no pagamento da diferença advinda da sonegação, porquanto foi o principal beneficiário da fraude.
(B) O consumidor é contribuinte de fato do tributo, razão por que é responsável direto pela satisfação do débito tributário, respondendo a sociedade comercial subsidiariamente.
(C) Os sócios cotistas da sociedade comercial responderão solidariamente com a sociedade comercial pelo débito tributário decorrente da sonegação fiscal.
(D) Além de responder pessoalmente pela dívida da sociedade, o sócio que realizou a venda subfaturada responderá pela prática de crime contra a ordem tributária.
(E) A responsabilidade tributária do consumidor prevê o benefício de ordem no cumprimento da obrigação tributária principal.

A: incorreto, pois não há previsão legal de tal responsabilidade; B: incorreto, pois apesar de ser contribuinte de fato, isso não gera qualquer responsabilidade pelo recolhimento do tributo; C: incorreto, pois no caso em tela caracteriza-se responsabilidade pessoal, somente atingindo o sócio responsável pela prática do ato ilícito (CTN, art. 135); D: correto, pois caracteriza-se a responsabilidade pelo ato ilícito, além da configuração da conduta típica prevista na lei (CTN, art. 135 e 137); E: incorreto, pois não há previsão de responsabilidade tributária do consumidor, no caso em tela.
Gabarito "D".

(Ministério Público/GO – 2013) Sobre a sujeição passiva da obrigação tributária, assinale a opção correta.

(A) a solidariedade existente entre pessoas que tenham interesse comum na situação que constitua o fato gerador da obrigação principal comporta benefício de ordem nos casos em que o interessado efetuar o depósito do montante integral do débito.
(B) a lei pode permitir que as convenções particulares, relativas à responsabilidade pelo pagamento de tributos, possam ser opostas à Fazenda Pública, para modificar a definição legal do sujeito passivo das obrigações tributárias correspondentes.
(C) a capacidade tributária passiva exige, dentre outros requisitos, capacidade civil e pleno uso dos direitos de exercer atividades civis, comerciais ou profissionais, no caso de pessoas naturais, e regularidade de constituição, nos casos das pessoas jurídicas.
(D) no caso de haver obrigados solidários, a concessão de isenção ou remissão de crédito aproveita a todos, salvo se outorgada pessoalmente a um deles, caso em que remanesce a solidariedade quanto aos demais pelo total do débito.

A: incorreta, pois a solidariedade tributária não comporta benefício de ordem – art. 124, parágrafo único, do CTN; B: melhor alternativa, conforme a literalidade do art. 123 do CTN, segundo qual "salvo disposição de lei em contrário", as convenções particulares não podem ser opostas ao fisco para modificar a sujeição passiva, mas isso é bastante questionável, pois parece-nos violar o princípio da legalidade (a sujeição passiva é definida por lei, não cabendo alteração por ato de vontade entre particulares); C: incorreta, pois a capacidade tributária passiva não depende disso, conforme o art. 126 do CTN; D: incorreta, pois a solidariedade dos demais restringe-se ao saldo (não ao total).
Gabarito "B".

(Ministério Público/CE – 2011 – FCC) A responsabilidade por infrações à legislação tributária

(A) independe da intenção do agente ou do responsável e da efetividade, natureza e extensão dos efeitos do ato, salvo disposição de lei em contrário.
(B) é pessoal apenas quanto às infrações que decorram direta e exclusivamente de dolo específico.
(C) é pessoal apenas quanto às infrações em cuja definição o dolo específico do agente seja elementar.
(D) não pode ser afastada pela denúncia espontânea da infração se o agente fizer o pagamento do tributo devido.
(E) depende de conceituação legal como crime ou contravenção para que gere a responsabilidade tributária.

A: correto, pois a lei expressamente estabelece a responsabilidade objetiva pelas infrações à legislação tributária (CTN, art. 136); B: incorreto, pois será pessoal em todos os casos previstos na lei, especialmente aos crimes tributários (CTN, art. 137); C: incorreto, pois incorreto, pois será pessoal em todos os casos previstos na lei, especialmente aos crimes tributários (CTN, art. 137); D: incorreto, pois no caso de pagamento anterior ao início de procedimento de fiscalização dá ensejo a aplicação do benefício de exclusão da multa (CTN, art. 138); E: incorreto, pois os casos de responsabilidade previstos no CTN refere-se as infrações à legislação tributária, que não implicam, necessariamente, em crime (CTN, art. 136 e 137).
Gabarito "A".

(Ministério Público/MS – 2011 – FADEMS) Para se fixar a capacidade tributária passiva, é relevante:

(A) a capacidade civil das pessoas naturais;
(B) não estar a pessoa natural sujeita a medidas que impliquem privação ou limitação do exercício de direitos civis;
(C) não estar a pessoa natural privada dos direitos de administração direta de seus bens;
(D) ter a pessoa realizado o fato previsto na norma tributária;
(E) estar a pessoa jurídica constituída regularmente.

A, B, C e E: Incorretas, pois a capacidade civil, eventuais limitações ou a regularidade da pessoa jurídica são irrelevantes para a capacidade tributária – art. 126 do CTN; D: Correta, pois, embora não essencial, a realização do fato gerador é relevante para a capacidade tributária do contribuinte. Perceba que há casos em que há sujeição passiva mesmo sem que a pessoa tenha realizado o fato gerador (caso da responsabilidade tributária).
Gabarito "D".

(Ministério Público/MS – 2011 – FADEMS) De regra, o contribuinte tem domicílio fiscal ou tributário:

(A) no local que estabelecer residência com vontade definitiva ou, caso tenha diversas residências, naquela que fique a maior parte do tempo;
(B) onde é sua residência habitual;
(C) no lugar onde eleger, desde que não recusado pela autoridade administrativa;
(D) no lugar da situação de seus bens;

(E) onde a autoridade administrativa indicar, quando se tratar de pessoa jurídica de direito privado.

A regra é a eleição do domicílio pelo contribuinte, embora possa ser recusada pelo fisco, caso dificulte ou impossibilite a fiscalização ou a cobrança do tributo – art. 127 do CTN. Os incisos desse dispositivo legal, além do § 1º, indicam regras subsidiárias, para o caso de não haver eleição do domicílio, ou se ele for recusado. Por essa razão, a alternativa "C" é a correta.

Gabarito "C".

(Ministério Público/RJ – 2011) José celebrou contrato de locação de imóvel com João no qual, como locatário, responsabilizou-se pelo pagamento de todos os encargos referentes à locação. O locador recebia o valor do aluguel, e as quotas de condomínio e tributos eram supostamente pagos pelo locatário. Algum tempo depois, o locador recebeu a cobrança de valores de IPTU não recolhidos ao fisco municipal, verificando que tais valores referiam-se ao período em que o locatário era José. Buscando o cumprimento do contrato celebrado, José foi informado por seu advogado que o locatário:

(A) seria um devedor solidário, podendo a fazenda pública municipal exigir o imposto de qualquer das partes contratantes;
(B) estaria obrigado a pagar o tributo, tendo em vista que a responsabilidade assumida por contrato lhe transfere a responsabilidade pelo pagamento;
(C) poderia recusar-se a pagar o tributo, alegando que a responsabilidade pelo pagamento do tributo remanesce com o proprietário, apesar do contrato celebrado;
(D) estaria obrigado ao pagamento do tributo, tendo em vista o princípio geral do direito das obrigações, segundo o qual quem paga mal, paga duas vezes;
(E) poderia recusar-se a pagar o tributo, vez que o contrato de locação é absolutamente ineficaz e inválido por conter obrigação nula de pleno direito.

A: incorreto, pois não há previsão de solidariedade no presente caso, podendo, o locador, simplesmente executar o contrato não cumprido (CTN, art. 124); B: incorreto, pois a eventual transferência de responsabilidade pelo recolhimento do tributo, no contrato, não gera qualquer efeito perante a administração (CTN, art. 123); C: correto, pois a obrigação tributária é definida pela lei, elegendo como sujeito passivo, no caso, o proprietário locador, não o locatário (CTN, art. 123); D: incorreto, pois não se aplica aqui tal regra; E: incorreto, pois o contrato é válido e eficaz, somente não gerando efeitos perante o fisco, no que se refere apenas a definição de sujeito passivo.

Gabarito "C".

(Ministério Público/RJ – 2011) Pessoa física A adquire pizzaria de pessoa física B, sendo certo que o adquirente altera a razão social, mas continua a exploração da mesma atividade. No caso de o alienante retomar a atividade empresarial doze meses após a data da alienação:

(A) o alienante terá responsabilidade integral pelo pagamento dos tributos devidos, vez que iniciou outra atividade empresarial doze meses depois da data de alienação;
(B) o alienante terá responsabilidade exclusiva pelos tributos devidos até a data da alienação vez que deu azo à dívida;
(C) o adquirente terá responsabilidade subsidiária pelo pagamento dos tributos devidos, visto que a dívida foi contraída antes da alienação;
(D) o adquirente terá responsabilidade integral pelo pagamento dos tributos devidos até a data da alienação;
(E) o adquirente e o alienante serão solidariamente responsáveis pelo pagamento dos tributos devidos, visto que o adquirente deveria ter exigido o pagamento da dívida para a realização do negócio jurídico.

Nos termos do CTN, a alienação de estabelecimento empresarial implica em sucessão obrigacional, referente ao passivo tributário da atividade. Tal sucessão implicará em responsabilidade subsidiaria do adquirente nos casos de continuação da atividade econômica por parte do alienante, ou mesmo no caso de retomada no prazo de até 6 meses, e implicará em responsabilidade integral, o que implica solidariedade, no caso de não continuação da atividade econômica por parte do alienante, ou sua retomada após o prazo de 6 meses. (CTN, art. 133). A: incorreto, pois a responsabilidade integral refere-se ao adquirente, não ao alienante (CTN, art. 133); B: incorreto, pois há previsão de responsabilidade do adquirente (CTN, art. 133); C: incorreto, pois como o alienante não prosseguiu com a exploração dentro do prazo limite dos 6 meses, aplica-se a regra da não continuação, que implica em responsabilidade integral/solidária pelo adquirente (CTN, art. 133); D: correto, pois como o alienante não prosseguiu com a exploração dentro do prazo limite dos 6 meses, aplica-se a regra da não continuação, que implica em responsabilidade integral/solidária pelo adquirente (CTN, art. 133); E: incorreto, pois não há tal exigência na legislação.

Gabarito "D".

10. SUSPENSÃO, EXTINÇÃO E EXCLUSÃO DO CRÉDITO

Veja a seguinte tabela para estudar e memorizar as causas de suspensão, extinção e exclusão do crédito tributário:

Suspensão	Extinção	Exclusão
– a moratória	– pagamento	– a isenção
– o depósito do seu montante integral	– a compensação	– a anistia
– as reclamações e os recursos, nos termos das leis reguladoras do processo tributário administrativo	– a transação	
– a concessão de medida liminar em mandado de segurança	– remissão	
– a concessão de medida liminar ou de tutela antecipada, em outras espécies de ação judicial	– a prescrição e a decadência	
– o parcelamento	– a conversão de depósito em renda	
	– o pagamento antecipado e a homologação do lançamento nos termos do disposto no artigo 150 e seus §§ 1º e 4º	

10.1. SUSPENSÃO

(Ministério Público/Acre – 2014 – CESPE) Considerando a concessão, por lei, de parcelamento de débitos tributários e a aplicação das regras da moratória à concessão do parcelamento, assinale a opção correta.

(A) Caso o tributo devido seja o ICMS, o parcelamento deve ser autorizado por convênio firmado entre os estados e o Distrito Federal no âmbito do CONFAZ, antes da edição da lei de concessão do parcelamento.
(B) Por estar previsto em lei complementar federal, o parcelamento, causa de suspensão do crédito tributário, não pode ser concedido em âmbito estadual.
(C) O parcelamento poderá ser concedido a contribuinte que tenha praticado conduta fraudulenta contra o fisco, dada a aplicação das regras da moratória.
(D) A moratória, por ser causa de extinção do crédito tributário, não pode servir de base para a concessão do parcelamento.
(E) O parcelamento pode ser concedido por lei específica ordinária estadual, ainda que se contrariem as regras previstas na lei complementar federal, dada a competência tributária exclusiva dos entes da Federação.

A: correta, pois os benefícios fiscais de ICMS dependem de convênio entre os Estados e o Distrito Federal – art. 155, § 2º, XII, g, da CF; **B:** incorreta, pois o parcelamento deve ser concedido por lei do respectivo ente tributante (apenas a descrição dessa modalidade de suspensão do crédito e as normas gerais estão reguladas no CTN, que tem força de lei complementar federal); **C:** incorreta, pois nesses casos o parcelamento não pode ser concedido – art. 154, parágrafo único, c/c art. 155-A, § 2º, do CTN; **D:** incorreta, pois a moratória é modalidade de suspensão do crédito, e o parcelamento é, a rigor, espécie de moratória – art. 151, I e VI, do CTN; **E:** incorreta, pois as leis estaduais de parcelamento devem observar as normas gerais veiculadas pela lei complementar federal (CTN, no caso) – art. 146, III, da CF e art. 155-A, § 4º, do CTN.
Gabarito "A".

(Ministério Público/RR – 2012 – CESPE) Celebrada transação penal em face da prática de crime contra a ordem tributária, o autor do fato, que se comprometera a reparar o dano, procurou a fazenda pública para efetuar o pagamento do débito tributário, tendo solicitado parcelamento da dívida, única forma de poder cumprir a condição imposta.
Em face da situação hipotética acima apresentada, assinale a opção correta.

(A) Concedido o parcelamento do crédito tributário, estará suspensa a pretensão punitiva do estado, cuja extinção está condicionada ao pagamento integral do débito tributário.
(B) Concedido o parcelamento por despacho fundamentado da autoridade administrativa, estará extinto o crédito tributário, caso não tenha sido proposta execução.
(C) Como o pleito se refere a cumprimento de condição imposta em juízo, a administração tributária deve conceder o parcelamento, independentemente da existência de lei autorizadora.
(D) Por ter como finalidade a reparação do dano causado, o parcelamento deve ser concedido, excluindo-se as multas que incidam pela prática da sonegação.
(E) Concedido pela autoridade administrativa, o parcelamento requerido não pode ser revogado, ainda que se apure não ter sido cumprida condição objetiva em face do direito adquirido.

A: correto, pois a lei estabelece tal suspensão como efeito da suspensão pelo parcelamento (Lei 12.382/2011); **B:** incorreto, pois o parcelamento apenas suspende a exigibilidade (CTN art. 151); **C:** incorreto, pois parcelamento, assim como todas as demais causas de suspensão do crédito dependem de previsão legal (CTN, art. 97); **D:** incorreto, pois não há previsão legal de tal exclusão; **E:** incorreto, pois no caso de descumprimento de suas condições, o parcelamento deve ser imediatamente rescindido (CTN, at. 155).
Gabarito "A".

(Ministério Público/RJ – 2011) A suspensão da exigibilidade do crédito tributário é obtida:

(A) por meio do deferimento de medida liminar em mandado de segurança ou tutela antecipada em ação ordinária e possibilita a emissão de certidão positiva de débitos tributários;
(B) em razão da compensação homologada de débitos tributários e possibilita a emissão de certidão positiva com efeitos de negativa de débitos tributários;
(C) em razão da adesão do contribuinte ao parcelamento dos débitos tributários e possibilita a emissão de certidão negativa de débitos tributários;
(D) em razão da interposição de impugnação ou recurso administrativo e possibilita a emissão de certidão positiva com efeitos de negativa de débitos tributários;
(E) em razão da declaração retificadora de tributos e possibilita a emissão da certidão positiva de débitos tributários.

A: incorreto, pois a existência de créditos com exigibilidade suspensa permite a emissão de certidão positiva com efeitos de negativa (CTN, art. 206); **B:** incorreto, pois a homologação de compensação gera extinção do crédito e consequente certidão negativa; **C:** incorreto, pois a existência de créditos com exigibilidade suspensa permite a emissão de certidão positiva com efeitos de negativa (CTN, art. 206); **D:** correto, pois a existência de créditos com exigibilidade suspensa permite a emissão de certidão positiva com efeitos de negativa (CTN, art. 206); **E:** incorreto, pois a certidão retificadora não suspende a exigibilidade do crédito tributário (CTN, art. 151).
Gabarito "D".

10.2. EXTINÇÃO

(Procurador do Estado/AM – 2016 – CESPE) Considerando o desenvolvimento da relação jurídica tributária, julgue os próximos itens.

(1) No caso de tributo sujeito a lançamento por homologação com indicação legal de termo de pagamento, o prazo prescricional para a propositura da execução fiscal conta-se da data estipulada como vencimento para a quitação do crédito declarado e inadimplido.
(2) A compensação é modalidade de extinção do crédito tributário que, se tiver por objeto tributo contestado judicialmente, somente se concretizará após a formação da coisa julgada a favor do contribuinte.

1: correta, considerando que (i) o tributo declarado e não pago já tem seu crédito constituído, conforme a Súmula 436/STJ, e que (ii) o prazo prescricional se inicia a partir do momento em que o Fisco pode exigir o tributo, ou seja, a partir da inadimplência (actio nata); **2:** correta, conforme o art. 170-A do CTN e Súmula 212/STJ.
Gabarito 1C, 5C

(Promotor de Justiça/SC – 2016 – MPE)

(1) O Superior Tribunal de Justiça assentou entendimento de que se tratando de tributos sujeitos ao lançamento por homologação, na hipótese do contribuinte não efetuar a antecipação do pagamento, o poder-dever da Fazenda Pública de efetuar o lançamento de ofício substitutivo deve obedecer ao prazo decadencial previsto no art. 150, § 4º, do CTN, em regra, de cinco anos, a contar da ocorrência do fato gerador. Ainda em relação a tributos sujeitos a lançamento por homologação, para o caso do pagamento (insuficiente ou parcial) do tributo ter sido antecipado pelo contribuinte, o termo inicial do prazo decadencial é o primeiro dia do exercício seguinte àquele em que o lançamento de ofício poderia ter sido efetuado.

1: falsa. No caso de não pagamento, o prazo decadencial para o lançamento de ofício é contado exclusivamente na forma do art. 173, I, do CTN, conforme a Súmula 555/STJ. No caso de pagamento a menor, desde que não haja dolo ou fraude, o prazo é o do art. 150, § 4º, do CTN – ver REsp 1.650.765/PE.
Gabarito "1E"

(Ministério Público/PI – 2012 – CESPE) Com relação ao crédito tributário, assinale a opção correta.

(A) Existindo simultaneamente débitos vencidos referentes à taxa no valor de R$ 700,00 e a imposto sobre propriedade de veículos automotores no valor de R$ 1.000,00 do mesmo contribuinte, ambos devidos ao estado do Piauí, a autoridade administrativa determinará a imputação, em primeiro lugar, da taxa.
(B) Considere que determinado crédito tributário tenha sido anulado por vício da notificação de lançamento. Nesse caso, a obrigação tributária, por estar vinculada ao referido crédito fiscal, é automaticamente declarada nula.
(C) A atividade administrativa de lançamento é balizada pelo juízo de conveniência e oportunidade da autoridade fiscal competente.
(D) Compete privativamente à autoridade administrativa a constituição do crédito tributário pela concretização da hipótese descrita em lei, o que dá origem à obrigação tributária.
(E) Considere que, em janeiro de 2006, determinado contribuinte tenha efetuado pagamento indevido de tributo sujeito a lançamento por homologação. Nessa situação, de acordo com a legislação brasileira vigente, a homologação tácita teria ocorrido cinco anos depois (janeiro de 2011) do pagamento, iniciando-se o prazo prescricional quinquenal para o pedido de repetição do indébito, cujo termo final ocorrerá em janeiro de 2016, regra conhecida como cinco mais cinco.

A: correto, pois a lei estabelece os critérios de prioridades na imputação, prevalecendo, dentre as espécies, a taxa (CTN, art. 163); **B:** incorreto, pois no caso de anulação por vício formal, atinge-se apenas o crédito, mas não a obrigação, de forma que o lançamento poderá ser refeito (CTN, art. 173, II); **C:** incorreto, pois o lançamento é ato administrativo vinculado (CTN, art. 142); **D:** incorreto, pois lançamento tributário tem por efeito a constituição do crédito tributário (CTN, art. 142); **E:** incorreto, pois a legislação vigente determina a contagem do prazo de repetição, inclusive para tributos sujeitos a lançamento por homologação, da data do pagamento, não mais se aplicando a tese dos cinco mais cinco (LC 118/2005, art. 3º).
Gabarito "A".

(Ministério Público/RR – 2012 – CESPE) Determinado estado, por ter débitos constituídos por precatórios pendentes de pagamento e por não conseguir receber dívidas tributárias, instituiu o direito de compensação entre os débitos e os créditos.

Com base nessa situação hipotética, assinale a opção correta.

(A) Sendo o contribuinte credor do estado por precatório não pago, poderá ele efetuar o lançamento de seu crédito na apuração mensal do ICMS.
(B) Sendo negada administrativamente a compensação requerida pelo contribuinte, este poderá ingressar com mandado de segurança para exercer o seu direito, por não envolver dilação probatória.
(C) A compensação, modalidade de suspensão do crédito tributário, depende de lei regulamentadora que a autorize.
(D) A possibilidade de compensação entre débitos e créditos está prevista no Código Tributário Nacional, independentemente de lei que regularize o seu exercício.
(E) Se a compensação fosse estabelecida e regulada pela União, a legislação teria aplicação aos tributos estaduais e municipais.

A: incorreto, pois a apuração mensal do ICMS somente pode ser feita considerando os créditos da sistemática da não cumulatividade (CF, art. 155, § 2º, I); **B:** correta, pois a jurisprudência reconhece a possibilidade de utilização de mandado de segurança como forma de declaração de direito a compensação (STJ, súmula 213); **C:** incorreto, pois a compensação é modalidade de extinção do crédito, não de suspensão; **D:** incorreto, pois o CTN somente estabelece as chamadas normas gerais sobre compensação, dependendo de lei própria para a regulação do procedimento (CTN, art. 170); **E:** incorreto, pois como cada ente tem autonomia administrativa e financeira, somente a lei própria poderia regular o procedimento de compensação, pelo evidente impacto no orçamento do ente.
Gabarito "B".

(Ministério Público/MS – 2011 – FADEMS) São modalidades que extinguem o crédito tributário, **exceto**:

(A) a compensação;
(B) a concessão de liminar em ação cautelar inominada;
(C) a dação em pagamento de bens imóveis, na forma e condições estabelecidas em lei;
(D) a decisão administrativa irreformável, assim entendida a definitiva na órbita administrativa;
(E) a conversão de depósito em renda.

A, C, D e E: Essas alternativas indicam modalidades de extinção do crédito tributário – art. 156, II, VI, IX e XI, do CTN; **B:** Essa é a alternativa a ser indicada, pois a concessão de liminar é modalidade de suspensão do crédito tributário, não de extinção – art. 151, V, do CTN.
Gabarito "B".

(Ministério Público/RJ – 2011) De acordo com o recente julgamento do RE nº 566621/RS, sob a sistemática de repercussão geral no STF, a Lei Complementar nº 118/05, que trata do prazo para restituição de tributos se aplica:

(A) aos pagamentos efetuados a partir da sua entrada em vigor, em 09.06.2005;

(B) às ações ajuizadas a partir da sua entrada em vigor, em 09.06.2005;
(C) às ações ajuizadas a partir do exercício seguinte a sua entrada em vigor, nos termos do princípio da anterioridade;
(D) a nenhuma situação haja vista que a referida norma foi declarada inconstitucional pelo STF;
(E) aos pagamentos efetuados a partir do exercício seguinte a sua entrada em vigor, nos termos do princípio da anterioridade.

Nos termos da decisão citada, pacificou-se o entendimento, tanto para o STJ, quanto para o STF, no sentido de que se aplica o prazo de cinco nãos, disposto na Lei Complementar 118/2005, para todas as ações propostas a partir de sua vigência, ou seja, a partir de 09 de junho de 2005. **A:** incorreto, conforme explicação anterior; **B:** correto, conforme explicação anterior; **C:** incorreto, conforme explicação anterior; **D:** incorreto, conforme explicação anterior; **E:** incorreto, conforme explicação anterior.
Gabarito "B".

10.3. EXCLUSÃO

(Promotor de Justiça/SC – 2016 – MPE)

(1) A isenção é sempre decorrente de lei e exclui o crédito tributário, ou seja, surge a obrigação tributária, mas o respectivo crédito não será exigível. A não incidência decorre da ausência de subsunção do fato à norma tributária impositiva, e por isso, independe de previsão legal, equivalendo a todas as situações de fato não contempladas pela regra jurídica da tributação. A imunidade é uma delimitação negativa da competência tributária, é uma dispensa constitucional ou legal que confere aos beneficiários direito público subjetivo de não serem tributados, caracterizando-se uma hipótese qualificada de não incidência. Já a alíquota zero representa uma solução temporária no sentido de excluir o ônus da tributação sobre certos produtos, porém, sem isentá-los.

1: falsa, por conta de erro no que se refere à imunidade que, de fato, é delimitação negativa da competência tributária, mas sempre veiculada por norma constitucional (até porque somente a Constituição Federal fixa regras de competência tributária), jamais por norma legal. Ademais, há casos de imunidade que beneficiam também sujeitos de direito privado. No mais, a assertiva é verdadeira e bastante didática.
Gabarito 1F.

(Procurador da República – 25º) As isenções, integrando o sistema constitucional tributário brasileiro, se subordinam aos princípios que o informam, e assim é certo asseverar que:

(A) a lei ordinária que reduz uma isenção tem aplicação imediata no mesmo exercício de sua entrada em vigor;
(B) revogada a lei isentiva, a primitiva lei tributária voltará a vigorar porque, na hipótese, ocorre o efeito repristinatório;
(C) os Estados e o Distrito Federal, objetivando criar isenções de ICMS, firmam entre si, por seus executivos, convênios, celebrados no Conselho Nacional de Política Fazendária CONFAZ, a serem ratificados por ato do governador de cada uma das unidades federativas;
(D) lei que institui isenção de todos os tributos federais, se explicitamente não diz que se aplica às taxas e contribuições de melhoria, deve-se entender que a isenção não abrange estas espécies tributárias.

A: incorreta, pois a lei que concede a isenção poderá regular sua vigência de qualquer forma, não sendo obrigatória a vigência imediata (CF, art. 150, III, b); B: incorreta, pois a lei que concede isenção não revoga a lei anterior, mas apenas impede a sua incidência sobre determinado fato, pessoa ou atividade; C: incorreta, pois essas isenções não dependem de ratificação estadual (CF, art. 155, § 2º, XII, *g*); D: correta, pois se trata de expressa previsão legal (CTN, art. 177).
Gabarito "D".

(Ministério Público/MT – 2012 – UFMT) No que tange à legislação tributária e às isenções de tributos, assinale a assertiva correta.

(A) Segundo o STF, não pode um tratado internacional isentar tributos estaduais ou municipais, tendo em vista ser vedado à União instituir isenções de tributos da competência dos Estados, do Distrito Federal e dos Municípios (art. 151, III, CF/88).
(B) Segundo o STF, é possível haver isenção de tributos estaduais ou municipais por meio de tratados internacionais dos quais a República Federativa do Brasil é parte, não se aplicando ao caso a regra do art. 151, III, da Constituição, que veda à União instituir isenções de tributos da competência dos Estados, do Distrito Federal e dos Municípios.
(C) O STF ainda não se posicionou sobre a questão das isenções de tributos estaduais ou municipais pela via dos tratados internacionais, mas há decisões do STJ a respeito, todas no sentido da impossibilidade de tais isenções, por se tratar de violação do art. 151, III, da Constituição.
(D) O STF ainda não se posicionou sobre a questão das isenções de tributos estaduais ou municipais pela via dos tratados internacionais, mas há decisões do STJ a respeito, todas no sentido da possibilidade de tais isenções, por se tratar de exceção à regra do art. 151, III, da Constituição.
(E) O art. 151, III, da Constituição, ao impedir a União de instituir isenções de tributos estaduais, distritais ou municipais, estende-se também às isenções concedidas por meio de tratados bilaterais firmados pela União com outra potência estrangeira.

A: incorreto, pois o STF reconhece a legitimidade de isenção concedida por intermédio de tratados internacionais, nos termos da ADI nº 1.600-8; B: correto, pois o STF reconhece a legitimidade de isenção concedida por intermédio de tratados internacionais, nos termos da ADI nº 1.600-8; C: incorreto, pois o STF reconhece a legitimidade de isenção concedida por intermédio de tratados internacionais, nos termos da ADI nº 1.600-8; D: incorreto, pois o STF reconhece a legitimidade de isenção concedida por intermédio de tratados internacionais; E: incorreto, pois o STF reconhece a legitimidade de isenção concedida por intermédio de tratados internacionais, nos termos da ADI nº 1.600-8.
Gabarito "B".

(Ministério Público/CE – 2011 – FCC) Sobre anistia e remissão é correto afirmar que

(A) a anistia é causa de extinção e a remissão é causa de exclusão do crédito tributário.
(B) a multa só é alcançada pelo perdão concedido na anistia.
(C) enquanto a anistia é perdão da infração, afastando a constituição do crédito tributário relativamente

à multa, a remissão é perdão do crédito tributário, extinguindo-o.
(D) a remissão é o perdão do crédito tributário apenas em relação ao tributo; a anistia é o perdão da multa, exclusivamente.
(E) tanto a anistia como a remissão são causas de extinção do crédito tributário, sendo concedidas por lei, que poderá fazer a concessão em caráter geral ou limitadamente.

A: incorreto, pois a remissão é causa de extinção e a anistia, causa de exclusão (CTN, art. 156 e 175); B: incorreto, pois a remissão poderá atingir a totalidade ou parte do crédito, englobando, obviamente, a mula (CTN, art. 172); C: correto, por definição dos institutos (CTN, at. 172 e 180); D: incorreto, pois a remissão pode atingir a totalidade do crédito, não apenas tributo (CTN, art. 172); E: incorreto, pois a anistia é causa de exclusão do crédito (CTN, art. 175).
Gabarito "C".

(Ministério Público/MS – 2011 – FADEMS) A **anistia** em matéria tributária:
(A) se aplica aos atos qualificados como crimes ou contravenções;
(B) extingue a obrigação tributária;
(C) igualmente às isenções, exclui o crédito tributário, nos termos do Código Tributário Nacional;
(D) não pode ser concedida em caráter geral;
(E) não pode ser limitada a determinada região do território do ente tributante.

A: Incorreta, pois a tipificação da infração tributária também como crime ou contravenção afasta a possibilidade de anistia – art. 180, I, do CTN; B: Incorreta, pois a anistia é modalidade de exclusão do crédito tributário, não de extinção – art. 175, II, do CTN; C: Adequada, pois anistia e isenção são as duas modalidades de exclusão do crédito tributário prevista no CTN – art. 175 do CTN. Entretanto, não parece exato o uso do termo *igualmente*, pois são institutos bastante diversos; D: Incorreta, pois a anistia pode ser concedida em caráter geral ou limitadamente – art. 182 do CTN; E: Incorreta, pois é possível essa delimitação – art. 181, II, *c*, do CTN.
Gabarito "C".

(Ministério Público/RJ – 2011) De acordo com o disposto no Código Tributário Nacional, é correto afirmar a respeito da isenção tributária:
(A) se concedida por prazo certo e em função de determinadas condições, poderá ser revogada ou modificada por lei a qualquer tempo;
(B) é modalidade de extinção parcial ou integral da exigibilidade do crédito tributário;
(C) extingue o crédito tributário de forma integral, quando a legislação tributária não dispuser a respeito;
(D) afasta o cumprimento das obrigações acessórias, vez que não há obrigação principal;
(E) é modalidade de exclusão do crédito tributário.

A: incorreto, pois a livre revogação somente se aplica as isenções concedidas por prazo indeterminado e de forma incondicionada (CTN, art. 78); B: incorreto, pois é definida, pela lei, como causa de exclusão do crédito (CTN, art. 175); C: incorreto, pois é causa de exclusão de crédito (CTN, art. 175); D: incorreto, pois as eventuais causas modificativas do crédito não tem o condão de afastar as obrigações acessórias (CTN, art. 175, parágrafo único); E: correto, pois está expressamente prevista na lei (CTN, art. 175).
Gabarito "E".

11. IMPOSTOS E CONTRIBUIÇÕES EM ESPÉCIE

11.1. IMPOSTOS FEDERAIS

(Procurador da República –28º Concurso – 2015 – MPF) Imposto de renda incidente sobre recebimento, em atraso, de diferença vencimental decorrente de discussão judicial em torno do próprio direito ao pagamento. Dito isto, e certo afirmar que:
(A) O imposto de renda deve ser apurado consoante o regime de competência, sob pena de violação dos princípios da legalidade, da isonomia e da capacidade contributiva;
(B) É lícito à Fazenda Nacional reter o imposto de renda sobre o valor integral, eis que o fato gerador surge com a disponibilidade do recebimento da verba atrasada;
(C) A incidência de imposto de renda sobre verbas recebidas cumuladamente deve observar o regime de caixa, a vista dos rendimentos efetivamente percebidos;
(D) A retenção, pela Fazenda Nacional, do imposto de renda de forma integral somente tem cabimento sobre a parcela dos juros moratórios, que são calculados a final.

A: correta, significando que o pagamento feito hoje deve ser considerado à luz da situação do contribuinte à época em que era originalmente devido, calculando-se eventual imposto de renda dessa forma – ver REsp 1.118.429/SP-repetitivo; B e C: incorretas, conforme comentários à alternativa "A"; D: incorreta, pois (i) quem faz a retenção do IR é a fonte pagadora, que nem sempre é a Fazenda Nacional e (ii) é possível a retenção em relação a todo o pagamento, observado o comentário feito em relação à alternativa "A". Interessante lembrar que o STJ entende que incide IR sobre juros moratórios que tenham natureza de lucros cessantes, desde que não haja norma isentiva – ver REsp 1.138.695/SC.
Gabarito "A".

11.2. IMPOSTOS ESTADUAIS

(Promotor de Justiça/GO – 2016 – MPE) Entre as alternativas abaixo, segundo jurisprudência do Supremo Tribunal Federal, indique a incorreta:
(A) Não bastasse a ordem natural das coisas, o arcabouço jurídico-constitucional inviabiliza a tomada de valor alusivo a certo tributo como base de incidência de outro.
(B) A apropriação de créditos de ICMS na aquisição de mercadorias tem suporte na técnica da não cumulatividade, a fim de evitar que a sua incidência em cascata onere demasiadamente a atividade econômica e gere distorções concorrenciais.
(C) O ICMS incidente na aquisição decorrente de operação interestadual e por meio não presencial (internet, telemarketing, showroom) por consumidor final não contribuinte do tributo não pode ter regime jurídico fixado por Estados-membros não favorecidos.
(D) A Constituição define que o estado destinatário será o sujeito ativo do ICMS nas operações interestaduais aos consumidores finais que não forem contribuintes desse imposto.

A: correta, já que não faria mesmo sentido calcular o valor do tributo com base de cálculo de outro. De qualquer forma, a CF é expressa em relação à impossibilidade de taxa com base de cálculo de imposto, por exemplo (art. 145, § 2º) e de repetição de fatos geradores e bases de cálculo no caso de exercício da competência residual pela

União (art. 154, I). Ver também a Súmula Vinculante 29/STF; **B:** correta, sendo essa a razão para a sistemática da não cumulatividade – ver 155, § 2º, I, da CF; **C:** correta, conforme entendimento do STF – ver ADI 4.628/DF; **D:** incorreta, pois, a partir da EC 87/2015, toda operação interestadual para consumidor final, contribuinte ou não do imposto, localizado em outro Estado, sujeita-se à alíquota interestadual e caberá ao Estado de localização do destinatário o imposto correspondente à diferença entre a alíquota interna do Estado destinatário e a alíquota interestadual. Antes disso havia distinção entre o adquirente que era contribuinte (sujeito à alíquota interestadual) e o que não era contribuinte (sujeito somente à alíquota interna do Estado de origem). É importante também destacar que há uma regra de transição em relação à destinação do produto da arrecadação, nos termos do art. 99 do ADCT.
Gabarito "D".

(Procurador do Estado/AM – 2016 – CESPE) Considerando os limites ao exercício do poder de tributar, julgue o item seguinte.

(1) Os convênios firmados pelos estados para dispor a respeito de isenções do ICMS são qualificados como normas complementares, pois não inovam o ordenamento jurídico.

1: incorreta, pois, embora os convênios sejam normas complementares, nos termos do art. 100, IV, do CTN, inovam no ordenamento jurídico.
Gabarito 1E.

(Procurador do Estado/AM – 2016 – CESPE) Em relação às espécies tributárias e às características dessas espécies, julgue os itens que se seguem.

(1) É inconstitucional a fixação de alíquota progressiva para o ITCMD.
(2) Aplica-se o princípio da tributação na origem e no destino em caso de comercialização de mercadoria por contribuinte do ICMS localizado em estado diverso do estado do consumidor final, o que enseja a repartição do crédito tributário mediante o sistema de alíquotas interestaduais e internas.

1: incorreta, pois o STF fixou o entendimento no sentido de que é possível alíquotas de ITCMD progressivas (conforme o valor, não pelo grau de parentesco) – ver RE 562.045/RS; **2:** correta. A partir da EC 87/2015, toda operação interestadual para consumidor final, contribuinte ou não do imposto, localizado em outro Estado, sujeita-se à alíquota interestadual e caberá ao Estado de localização do destinatário o imposto correspondente à diferença entre a alíquota interna do Estado destinatário e a alíquota interestadual.
Gabarito 1E, 2C.

(Procurador da República –28º Concurso – 2015 – MPF) Lei estadual estabelece progressividade de alíquota do imposto sobre transmissão *causa mortis* e doação de bens e direitos (ITCMD). Neste caso, segundo o Supremo Tribunal Federal:

(A) É incabível a progressividade de alíquotas porquanto é restrita aos tributos taxativamente elencados na vigente Constituição Federal;
(B) A progressividade prevista na cobrança viola o princípio da capacidade contributiva;
(C) É cabível a cobrança do referido imposto de forma progressiva com vistas a assegurar a aferição da capacidade econômica do contribuinte;
(D) A progressividade na cobrança do imposto infringe o constitucional princípio da igualdade material tributária.

O STF fixou o entendimento no sentido de que é possível alíquotas de ITCMD progressivas (conforme o valor, não pelo grau de parentesco) – ver RE 562.045/RS. Por essa razão, a alternativa "C" é a correta.
Gabarito "C".

(Procurador da República –28º Concurso – 2015 – MPF) O ICMS incidente na aquisição decorrente de operação interestadual e por meio não presencial (internet, telemarketing, showroom) por consumidor final não contribuinte do tributo:

(A) Pode ter regime jurídico fixado por Estados-membros não favorecidos, se previsto em Protocolos adotados para regulamentar a prestação de assistência mútua no campo da fiscalização do tributo e permuta de informações, nos termos do art. 199 do Código Tributário Nacional;
(B) Tem sua cobrança sujeita, no caso de consumidor final não contribuinte do tributo, à alíquota interna da unidade federada de origem, sob pena de ocorrência de bitributação;
(C) Em nenhuma hipótese a aplicação da alíquota interestadual é cabível quando presente sujeito passivo da relação tributária, que se afigura como consumidor final;
(D) Os Estados-membros, diante de um cenário que lhes seja desfavorável, detêm competência constitucional para instituir novas regras de cobrança de ICMS, sem confronto com o princípio da repartição constitucional estabelecida.

Atenção: a partir da EC 87/2015, toda operação interestadual para consumidor final, contribuinte ou não do imposto, localizado em outro Estado, sujeita-se à alíquota interestadual e caberá ao Estado de localização do destinatário o imposto correspondente à diferença entre a alíquota interna do Estado destinatário e a alíquota interestadual. Antes disso havia distinção entre o adquirente que era contribuinte (sujeito à alíquota interestadual) e o que não era contribuinte (sujeito somente à alíquota interna do Estado de origem). É importante também destacar que há regra de transição em relação à destinação do produto da arrecadação, nos termos do art. 99 do ADCT.
Gabarito "B".

(Procurador da República – PGR – 2013) Empresa de construção civil fabrica pré-moldados sob medida em sua sede em determinado estado-membro e os utiliza em obra contratada em unidade federativa diversa. Adquirido o material no estado-membro, instituidor de alíquota de ICMS mais favorável, é compelida, no estado-membro destinatário, a satisfação do diferencial de alíquota de ICMS. À vista deste enunciado, aponte a alternativa correta:

(A) A empresa de construção civil é consumidora das mercadorias que adquire e emprega nas obras que executa, sujeitando-se ao recolhimento da diferença de ICMS na aquisição de bens e serviços;
(B) Pré-moldados fabricados pela empresa e usados em obras sob empreitada da mesma, devem ser considerados como mercadoria em sentido estrito, para fins de incidência do ICMS, caracterizada verdadeira circulação de produtos;
(C) As construtoras que adquirem material em Estado-membro instituidor de alíquota de ICMS mais favorável não estão compelidas, ao utilizarem essas mercadorias como insumo em suas obras, à satisfação do diferencial de alíquotas de ICMS do Estado-membro destinatário, uma vez que são, de regra, contribuintes

do Imposto sobre Serviços de Qualquer Natureza – ISSQN, de competência dos Municípios;
(D) Os pré-moldados fabricados pela empresa e utilizados em obras contratadas por ela, não se configurando como bens do ativo fixo imobilizado transferido de localidade, configura fato gerador do ICMS, no caso, só exigível na origem.

O STJ pacificou o entendimento no sentido de que "não incide o ICMS no fornecimento de peças pré-moldadas produzidas, mesmo fora do canteiro de obras, pela empreiteira responsável pela realização da obra contratada, em virtude da ausência de circulação de mercadoria apta a caracterizar o fato gerador desse tributo" (AgRg no AREsp 366.041/RS). Por essa razão, a alternativa "C" é a correta.
Gabarito "C".

Veja a seguinte tabela, para estudo e memorização dos casos de fornecimento de mercadoria com serviços e as incidências do ICMS e do ISS:

Fornecimento de mercadoria com prestação de serviço Art. 1º, § 2º, da LC 116/2003 e art. 2º, IV e V, da LC 87/1996		
Situação	Incidência	Exemplos
Serviço constante da lista da LC 116/2003, sem ressalva em relação à mercadoria	ISS sobre o preço total	Súmula 156/STJ. A prestação do serviço de composição gráfica, personalizada e sob encomenda, ainda que envolva fornecimento de mercadorias, está sujeita, apenas, ao ISS. (Especificamente no caso de embalagens a serem utilizadas como insumo industrial, o STF entende que incide ICMS sobre o valor total) Súmula 274/STJ. O ISS incide sobre o valor dos serviços de assistência médica, incluindo-se neles as refeições, os medicamentos e as diárias hospitalares.
Serviço constante da lista da LC 116/2003, com ressalva em relação à mercadoria	ISS sobre o preço do serviço e ICMS sobre o valor da mercadoria	Item 14.03 – Recondicionamento de motores (exceto peças e partes empregadas, que ficam sujeitas ao ICMS).
Serviço não constante da lista da LC 116/2003	ICMS sobre o valor total da operação	Súmula 163/STJ. O fornecimento de mercadorias com a simultânea prestação de serviços em bares, restaurantes e estabelecimentos similares constitui fato gerador do ICMS a incidir sobre o valor total da operação.

(Ministério Público/Acre – 2014 – CESPE) Depósito clandestino de bebidas encontrado pelo fisco com grande quantidade de mercadorias e sem relação com qualquer outra sociedade comercial, foi lacrado, tendo sido lavrado auto de infração em nome de João, que, responsável pelo depósito e com residência fixa em outro estado, aparecia no depósito uma vez por semana. A partir dessa situação hipotética, assinale a opção correta.

(A) Por ser clandestino, o depósito não possui capacidade tributária passiva, o que se estende a João.
(B) O princípio da autonomia do estabelecimento deve ser aplicado quando há várias filiais de uma mesma empresa, o que ocorre, via de regra, na cobrança de ICMS, cujos domicílios tributários devem ser considerados individualmente, ou seja, cada estabelecimento será considerado unidade autônoma para os fins fiscais.
(C) A modalidade de lançamento realizada pelo fisco foi a de lançamento por homologação, visto que se trata de ICMS.
(D) Do ponto de vista do direito tributário, João é considerado responsável tributário, e não contribuinte.
(E) O domicílio tributário do sujeito passivo é o da residência fixa de João, ou seja, fora do local da entidade tributante.

A: incorreta, pois, embora seja discutível falar em capacidade tributária passiva de depósito (apesar de a legislação do ICMS referir-se à autonomia de cada estabelecimento – art. 11, § 3º, II, da LC 87/1996), sem dúvida João a detém, independentemente da regularidade da pessoa jurídica – art. 126, III, do CTN; **B:** correta, conforme o art. 11, § 3º, II, da LC 87/1996; **C:** incorreta, pois quando há lançamento no bojo de autuação fiscal, trata-se de lançamento de ofício – art. 149, V, VI e VII, do CTN; **D:** discutível. Em princípio, parece que João foi considerado o contribuinte do imposto, mas seria necessário analisar a legislação estadual e o auto de infração para afirmar isso; **E:** incorreta, pois o domicílio tributário é o local em que se encontram as bebidas – art. 127, § 1º, in fine, do CTN.
Gabarito "B".

(Ministério Público/Acre – 2014 – CESPE) Considere que um estado da Federação conceda remissão ao tributo de ICMS de forma autônoma e contrária ao previsto na legislação federal, tendo sido os atos de concessão firmados entre a fazenda local e o contribuinte-empresário. Diante dessa situação hipotética, assinale a opção correta.

(A) Por não ser norma de efeito concreto, a lei editada pelo parlamento local não pode ser objeto de ação direta de inconstitucionalidade.
(B) O ente da Federação detém capacidade tributária para conceder o referido benefício, pois a remissão consiste em perdão de punições.
(C) A remissão é um benefício fiscal e deve, no caso do ICMS, ser autorizada pelo CONFAZ antes de sua concessão por lei estadual, dado que o citado tributo submete-se a regramento nacional.
(D) Para a concessão da remissão, a interpretação da legislação de referência deve ser feita por método integrativo, visto que o objetivo é beneficiar o contribuinte.
(E) Não é possível ao MP o ajuizamento de ACP contra os atos contratuais firmados pelo poder público, pois se trata de matéria vinculada à cobrança de tributos.

A: incorreta, pois o STF entende atualmente que as leis, mesmo as de efeitos concretos, sujeitam-se ao controle concentrado de constitucionalidade – ver ADI 4.048-MC/DF; **B:** incorreta, pois os benefícios fiscais de ICMS devem ser autorizados pelo Confaz – art. 155, § 2º, XII, g, da CF; **C:** correta, conforme comentário à alternativa anterior; **D:** incorreta, pois a interpretação da legislação que concede isenção deve ser estrita, ou literal, na dicção do art. 111, II, do CTN; **E:** incorreta, pois o STF já decidiu que o MP tem legitimidade para propor ACP para anular acordo entre o fisco e contribuinte que possa causar dano ao erário (renúncia indevida de receita tributária) – ver RE 576.155/DF.
Gabarito "C".

(Ministério Público/RO – 2013 – CESPE) No que se refere ao ICMS, assinale a opção correta.

(A) Legislação estadual pode estabelecer tratamento tributário mais benéfico referente ao ICMS, desde que haja acordo nesse sentido entre os estados e o Distrito Federal.
(B) Legislação estadual pode estabelecer a base de cálculo do ICMS, mesmo que contrarie norma geral constante de lei complementar federal.
(C) Em se tratando de imunidade tributária, a legislação ordinária estadual pode estabelecer se o crédito de ICMS deve ou não ser estornado.
(D) Somente por deliberação entre os estados e o Distrito Federal é que se pode fazer uso de crédito no caso de isenção tributária.
(E) Norma estadual não pode estabelecer o não aproveitamento do crédito relativo ao imposto do ICMS, mesmo havendo tratamento diferenciado, como, por exemplo, isenção de tributo.

A: correta, pois a concessão de incentivos fiscais relacionados ao ICMS depende de prévio ajuste entre os Estados (art. 155, § 2º, XII, "g", da CF/1988); **B:** incorreta, pois as normas gerais sobre o ICMS são definidas pela Lei Complementar específica, de natureza vinculativa a todos os Estados (art. 146, III, da CF/1988 e LC 87/1996); **C:** incorreta, pois o tratamento do crédito tributário de ICMS, em casos de imunidade e de isenção, estão definidos na Constituição Federal (art. 155, § 2º, II, da CF/1988); **D:** incorreta, pois o uso do crédito decorrente dos benefícios não é matéria reservada, pela Constituição Federal, para deliberação dos Estados, ou mesmo Lei Complementar; **E:** incorreta, pois o uso do crédito do imposto é matéria que pode ser regulada pela lei estadual específica.
Gabarito "A".

(Ministério Público/PI – 2012 – CESPE) No que se refere ao ICMS, assinale a opção correta.

(A) Não incide ICMS sobre as prestações de serviço de comunicação nas modalidades de radiodifusão sonora e de sons e imagens de recepção livre e gratuita.
(B) A base de cálculo do ICMS compreende o montante do IPI, quando a operação, realizada entre contribuintes e relativa a produto destinado à industrialização ou à comercialização, configure simultaneamente fato gerador de IPI e de ICMS.
(C) Esse imposto é o único tributo incidente sobre operações relativas a energia elétrica, serviços de telecomunicações, derivados de petróleo, combustíveis e minerais do Brasil.
(D) É facultado ao Senado Federal, mediante resolução de iniciativa da maioria absoluta de seus membros e aprovada por dois terços deles, o estabelecimento das alíquotas mínimas nas operações internas.
(E) Incide ICMS sobre as operações de importação e as que destinem mercadorias para o exterior.

A: correto, pois há previsão constitucional de tal imunidade (CF, art. 155, §2º, X, d); B incorreto, pois a CF expressamente exclui da base do ICMS o IPI, nessa situação (CF, at. 155, § 2º, XI); **C:** incorreto, pois a CF veda a incidência de outro imposto, além do ICMS, II e IE, mas nada estabelece sobre outros tributos, como contribuições, por exemplo (CF, art. 155, § 3º); **D:** incorreto, pois essa resolução depende de iniciativa de um terço da casa e aprovação pela maioria absoluta (CF, art. 155, § 2º, V); **E:** incorreto, pois há previsão de imunidade de ICMS na exportação de mercadorias e serviços (CF, art. 155, § 2º, X, a).
Gabarito "A".

(Ministério Público/RR – 2012 – CESPE) Após apurar o ICMS devido em razão das notas fiscais de entrada e saída de mercadoria, determinado contribuinte declarou ao fisco o montante do imposto devido.

Com base nessa situação hipotética, assinale a opção correta.

(A) A única declaração unilateral constitutiva do crédito tributário é a do contribuinte, por força do lançamento compulsório.
(B) O fisco dispõe do prazo de cinco anos para realizar lançamento complementar, se for o caso, sob pena de prescrição.
(C) O débito tributário declarado e não pago poderá ser executado em cinco anos, contados da data da declaração.
(D) Caso não seja recolhido valor devido, o fisco deverá promover o lançamento tributário para viabilizar a execução fiscal.
(E) É decadencial o prazo para o fisco efetuar a cobrança judicial do tributo declarado e não pago pelo contribuinte.

A: incorreto, pois a constituição do crédito pelo lançamento direto ou de ofício também é um ato unilateral (CTN, art. 149); **B:** incorreto, pois no caso de revisão de lançamento anterior, o fisco dispõe de prazo de decadência, de cinco anos (CTN, art. 149, parágrafo único e 173); **C:** correto, pois a declaração apresentada pelo contribuinte tem o condão de constituir o crédito tributário, iniciando-se, com isso, o prazo prescricional (CTN, art. 174); **D:** incorreto, pois a declaração apresentada pelo contribuinte tem o condão de constituir o crédito tributário, podendo, com isso, o valor ser imediatamente inscrito e m dívida e ajuizada a execução fiscal (CTN, art. 174); **E:** incorreto, pois a declaração apresentada pelo contribuinte tem o condão de constituir o crédito tributário, não mais se falando, então, em decadência, mas sim em prescrição para a cobrança do crédito (CTN, art. 174).
Gabarito "C".

(Ministério Público/TO – 2012 – CESPE) Acerca do ICMS, assinale a opção correta.

(A) Lei complementar que imponha, para a concessão de isenção do ICMS, prévia celebração de convênio entre os estados e o DF atenta contra a autonomia dos estados.
(B) É vedado ao comerciante incluir o valor do ICMS na base de cálculo para apurar o ICMS devido.
(C) O valor do ICMS cobrado sobre mercadoria importada cabe ao Estado onde ocorre o desembaraço aduaneiro, independentemente do destino da mercadoria, e, sendo o destino da mercadoria diverso do local do desembaraço, incidirá sobre ela a alíquota interestadual.
(D) O estado não pode exigir o ICMS do comerciante no momento do desembaraço aduaneiro de mercadoria importada, por não ter sido, até então, realizado o fato imponível.
(E) Como o estabelecimento das alíquotas mínimas e máximas aplicáveis às operações de exportação compete ao Senado Federal, é vedado aos estados fixar redutores das alíquotas estabelecidas.

A: incorreto, pois a CF estabelece expressamente essa necessidade (CF, art. 155, § 2º, XII); **B:** incorreto, pois a CF determina tal conduta, chamada de "cálculo por dentro" do ICMS; **C:** incorreto, pois

o imposto é devido ao Estado em que se encontre o destinatário da mercadoria (CF, art. 155, § 2º, IX, a); **D:** incorreto, pois a CF estabelece expressamente essa incidência (CF, art. 155, § 2º, IX, a); **E:** correto, pois tal medida seria uma forma de burlar a regra constitucional (CF, art. 155, § 2º, XII).
Gabarito "E".

(Ministério Público/MS – 2011 – FADEMS) É **incorreto** afirmar, em relação ao imposto de competência estadual sobre a propriedade de veículos automotores, que:

(A) pode ser instituído pelo Distrito Federal, nos termos do artigo 155 da CF;
(B) as alíquotas são fixadas pelo Estado que aprovar a lei instituidora do imposto;
(C) pode ter alíquotas diferenciadas em função do tipo e utilização dos veículos;
(D) as alíquotas mínimas são fixadas pelo Senado Federal;
(E) as bases de cálculo devem ser as mesmas em todos os Estados brasileiros para idênticos veículos.

A: Assertiva correta, pois o Distrito Federal acumula as competências tributárias estadual e municipal – art. 147, *in fine*, da CF; **B:** Correta, pois cada Estado e o Distrito Federal têm a competência legislativa plena em relação ao IPVA, lembrando que compete ao Senado Federal fixar alíquotas mínimas – art. 155, § 6º, I, da CF; **C:** Correta, conforme o art. 155, § 6º, II, da CF; **D:** Correta, conforme o art. 155, § 6º, I, da CF; **E:** incorreta, pois a base de cálculo dos impostos, a exemplo do contribuinte e do fato gerador, deve ser fixada por lei complementar federal (norma nacional, a ser observada por todos os Estado e pelo Distrito Federal) – art. 146, III, *a*, da CF. É interessante ressaltar, entretanto, que até hoje não foi produzida lei complementar federal relativa ao IPVA, e o STF entende que, nesse caso, os Estados e o Distrito Federal exercem a competência legislativa plena, nos termos do art. 24, § 3º, da CF – ver RE 191.703 AgR/SP.
Gabarito "E".

(Ministério Público/MG – 2010.1) Estão corretas as afirmações abaixo relativas ao ICMS, imposto de competência dos Estados, EXCETO

(A) Poderá ser seletivo, em função da essencialidade das mercadorias e dos serviços.
(B) A isenção ou não incidência, salvo determinação legal em contrário, não implicará crédito para compensação com o montante devido nas operações seguintes.
(C) Incidirá sobre o valor total da operação, quando mercadorias forem fornecidas com serviços não compreendidos na competência tributária dos Municípios.
(D) Compreenderá, em sua base de cálculo, o montante [do imposto] sobre produtos industrializados, quando a operação, realizada entre contribuintes e relativa a produto destinado à industrialização ou à comercialização, configure fato gerador dos dois impostos.
(E) Terá alíquotas interestaduais estabelecidas por resolução do Senado Federal.

A: assertiva correta, nos termos do art. 155, § 2º, III, da CF; **B:** correta, conforme o art. 155, § 2º, III, da CF; **C:** assertiva correta, pois reflete o disposto no art. 155, § 2º, IX, *b*, da CF; **D:** essa é a assertiva incorreta, já que o valor do IPI **não** compõe a base de cálculo do ICMS, nessa hipótese – art. 155, § 2º, XI, da CF; **E:** correta, conforme o art. 155, § 2º, IV, da CF.
Gabarito "D".

11.3. IMPOSTOS MUNICIPAIS

(Promotor de Justiça/SC – 2016 – MPE)

(1) Segundo orientação fixada no STF, é constitucional a incidência de ISSQN – Imposto sobre Serviços de Qualquer Natureza, quando devidamente previsto em legislação tributária municipal, sobre os serviços de registros públicos, cartorários e notariais, prestados na forma do art. 236 da CF por delegação do poder público, posto que a atividade em questão não se encontra ao abrigo da imunidade recíproca (art. 150, VI, 'a', da CF), uma vez que o serviço está compreendido em exceção constitucional, que afasta o benefício quanto às atividades desenvolvidas com intuito lucrativo.

1: verdadeiro, conforme ADI 3.089/DF.
Gabarito 1C.

(Ministério Público/PI – 2014 – CESPE) Determinada faculdade particular deixou de recolher ISS por mais de três anos. Notificada pelo fisco a apresentar prova de que poderia não recolher o tributo, a referida entidade alegou que estava amparada por dispositivo constitucional autoaplicável e não apresentou qualquer outra prova. Acerca da situação hipotética apresentada, assinale a opção correta.

(A) Lei ordinária estadual pode dispor sobre os requisitos gerais exigidos na CF para o usufruto da imunidade alegada.
(B) Trata-se de isenção de ISS, prevista na CF, por isso exclui-se a necessidade de apresentação de qualquer outra prova para o exercício do direito à isenção.
(C) Trata-se de imunidade recíproca, uma vez que entidade privada não pode ser cobrada por ente da Federação.
(D) Para usufruir da imunidade constitucional alegada, a faculdade deve demonstrar ao fisco que atende a todos os requisitos dispostos no CTN.
(E) Estando a imunidade prevista na CF, nenhuma outra norma poderá dispor sobre seu usufruto.

A: incorreta, pois a regulamentação da imunidade se dá por lei complementar federal – art. 150, VI, *c*, c/c art. 146, II, da CF. Atualmente, art. 14 do CTN; **B:** incorreta, pois se trata de imunidade, a ser regulada por lei complementar federal, conforme comentário à alternativa anterior; **C:** incorreta, pois a imunidade recíproca refere-se a impossibilidade de cobrança de impostos de outro ente político, autarquias e fundações públicas – art. 150, VI, *a*, da CF; **D:** correta, conforme comentário à alternativa "A"; **E:** incorreta, conforme comentário à alternativa "A".
Gabarito "D".

(Ministério Público/RR – 2012 – CESPE) Preocupado com o alto índice de migração da população do município para a capital do estado, o Poder Executivo municipal revogou toda a legislação que instituía o IPTU.

Em face dessa situação hipotética, assinale a opção correta.

(A) O município poderia isentar da cobrança as pequenas glebas situadas em zonas rurais onde incidisse tributo sobre propriedade, dada a arrecadação do ITR.
(B) Sendo do município a competência para instituir tributo, é legítimo que ele deixe de instituí-lo, não sendo o exercício dessa competência transferível a outra pessoa jurídica de direito público.

(C) O município não poderia revogar a legislação referente ao IPTU, já que a competência para instituí-lo é do estado.
(D) A União, por possuir competência residual, poderá instituir o IPTU, sempre que a sua instituição não seja exercida por quem tenha competência tributária.
(E) O município poderia ter estabelecido progressividade do IPTU para os fins almejados, em vez de revogá-lo, porque este imposto não tem caráter extrafiscal.

A: incorreto, pois no caso de glebas rurais o município nem sequer tem competência para tributar (CF, art. 153, VI); B: correto, pois a competência tributária para o IPTU é expressamente atribuída aos municípios (CF, art. 156); C: incorreto, pois a competência tributário para o IPTU é expressamente atribuída aos municípios (CF, art. 156); D: incorreto, pois a competência residual exige a definição de fato gerador e base de cálculos diferentes dos já previstos na CF, de forma que a propriedade urbana não poderia ser objeto de impostos residual federal (CF, art. 154, I); E: incorreto, pois a progressividade do IPTU deve ser instituída, no âmbito extrafiscal, apenas para coibir a utilização indevida da propriedade urbana, em desrespeito ao plano diretor (CF, art. 182, § 4º, II).
Gabarito "B".

11.4. TEMAS COMBINADOS DE IMPOSTOS E CONTRIBUIÇÕES

(Procurador da República –28º Concurso – 2015 – MPF) Assinale, dentre as opções abaixo, aquela considerada correta:

(A) A imunidade do IPTU deferida as autarquias goza da presunção de que os imóveis se destinam aos seus fins institucionais;
(B) A contribuição destinada ao custeio do serviço de iluminação pública consiste num tributo que, embora sui generis, confunde-se com um imposto pelo seu caráter impositivo;
(C) A contribuição destinada ao custeio do serviço de iluminação pública caracteriza-se como taxa eis que presente a exigibilidade da contraprestação de um serviço ao contribuinte;
(D) Em nenhuma hipótese incide o ICMS sobre operações de importação de mercadorias, sob o regime de arrendamento mercantil internacional.

A: correta, sendo prerrogativa do fisco avaliar essa destinação – art. 150, § 2º, da CF; B: incorreta, pois o imposto tem por fato gerador uma situação desvinculada de qualquer atuação estatal específica voltada ao contribuinte, o que não é o caso da iluminação pública cujo custeio é atendido pela contribuição citada – art. 16 do CTN; C: incorreta, pois o serviço de iluminação pública não é específico e divisível, de modo que não pode ensejar taxa. Ademais, o tributo do art. 149-A da CF é definido por sua destinação, o que é característica das contribuições especiais; D: incorreta, pois o STF admite a incidência do ICMS no caso de antecipação da opção da compra, em que configura a transferência de titularidade do bem – ver RE 540.829/SP.
Gabarito "A".

(Procurador da República –28º Concurso – 2015 – MPF) Indique a opção correta:

(A) A base de cálculo do Imposto Territorial Rural – ITR é o valor da terra nua tributável, que é o valor do imóvel excluídos os valores relativos a construções, instalações e benfeitorias, culturas permanentes e temporárias, pastagens e florestas plantadas;
(B) A tributação do lucro líquido de uma empresa pelo Imposto sobre a Renda das Pessoas Jurídicas – IRPJ e pela Contribuição Social sobre o Lucro Líquido – CSLL, instituída pela União Federal, configura dupla imposição vedada porque decorrente do mesmo fato gerador;
(C) Estabelecimento prestador de serviços está situado em determinado município, mas a efetiva prestação do serviço ocorre em outro município, e ambos se consideram competentes para a cobrança do ISS. Nesse quadro, exsurge um conflito aparente de competência, que se resolve com a interferência do Conselho Nacional de Politica Fazendária CONFAZ.
(D) O art. 150, IV, da Constituição Federal estabelece o não confisco como princípio a ser aplicado aos tributos, vale dizer, a restrição não se aplica às multas tributárias.

A: correta, conforme o art. 29 do CTN e o art. 33 do Regulamento do ITR (Decreto 4.382/2002); B: incorreta, pois não há bis in idem inconstitucional pela incidência do imposto (IR) e da contribuição (CSLL) – ver RE 138.284/CE; C: incorreta, pois o CONFAZ é formado por representantes dos Estados e do DF que deliberam sobre o ICMS – art. 155, § 2º, XII, g, da CF; D: incorreta, pois o STF entende que o princípio do não confisco refere-se também às penalidades pecuniárias – ver RE 523.471AgR/MG.
Gabarito "A".

(Procurador da República – 26º) Cobrança de contribuição sindical rural patronal. Identidade de base de cálculo e sujeição passiva com o imposto territorial rural – ITR. Nesse caso, de simultânea cobrança da contribuição e do ITR, pode-se dizer que:

(A) É inexigível a cobrança da contribuição por incidir o art. 154, I da Carta Magna;
(B) É indevida a cobrança da contribuição porquanto haveria bitributação;
(C) Tratando-se de contribuição, a Constituição não proíbe a coincidência da sua base de cálculo com a do imposto, o que é vedado relativamente às taxas;
(D) Mesmo as contribuições criadas na forma do § 4º, do art. 195, da Constituição Federal, podem ter fato gerador e base de cálculo próprios das contribuições existentes, quando a União obedece à regra da competência residual.

O ITR e a contribuição rural são tributos diferentes, não havendo, com isso, irregularidade na definição das bases similares ou idênticas. Isso ocorre pelo fato da Constituição Federal não definir expressamente os fatos geradores das contribuições especiais, especialmente as corporativas. A: incorreta, pois não se trata de imposto residual, mas contribuição (CF, art. 195); B: incorreta, pois são tributos diversos, tributados pela mesma pessoa jurídica de direito público (União); C: correta, pois se trata do expresso entendimento da doutrina; D: incorreta, pois no caso das contribuições residuais, aplica-se a necessidade de fato gerador distinto (CF, art. 195, § 4º).
Gabarito "C".

(Ministério Público/PI – 2012 – CESPE) Com relação ao fato gerador dos impostos em espécie, assinale a opção correta com base na CF, na legislação específica e na jurisprudência.

(A) O saque em caderneta de poupança não atrai a incidência do imposto sobre operações de crédito, câmbio e seguro, nem sobre operações relativas a títulos e valores mobiliários, visto que a referida operação não se enquadra em seu fato gerador.

(B) O fato gerador do imposto sobre a renda e proventos de qualquer natureza ocorre, entre outras hipóteses, com a expectativa do direito a renda ou proventos pela realização de trabalho ou negócio jurídico remunerado.
(C) O fato gerador do imposto sobre a propriedade territorial rural incide sobre a propriedade do imóvel, não bastando a posse para a incidência do tributo.
(D) Na operação de importação de mercadorias do exterior, somente é devido o ICMS quando da entrada do produto importado no estabelecimento comercial do importador.
(E) Na operação de exportação de mercadorias, o fato gerador do imposto de exportação ocorre com a expedição da guia de exportação, ainda que esta não seja consumada, sendo, nesse caso, indevida a devolução do imposto pago.

A: correto, pois o IOF, como chamado, não incide sobre mera movimentação financeira, mas apenas sobre as operações descritas na CF (CF, art. 153, V); **B:** incorreto, pois a lei exige a efetiva disponibilidade da renda, ainda que jurídica, o que não se confunde com a mera expectativa da renda (CTN, art. 43); **C:** incorreto, pois o CTN estabelece como fato gerador a propriedade, a posse ou o domínio útil do imóvel (CTN, art. 29); **D:** incorreto, pois o ICMS será devido no momento do desembaraço aduaneiro; **E:** incorreto, pois o fato gerador ocorre com a saída do produto, sendo o momento do registro mera definição do momento da ocorrência do fato.
Gabarito "A".

12. ADMINISTRAÇÃO TRIBUTÁRIA, FISCALIZAÇÃO

(Ministério Público/GO – 2013) Assinale a alternativa incorreta.

(A) segundo o Código Tributário Nacional, as autoridades administrativas federais poderão requisitar o auxílio da força pública federal, estadual ou municipal, e reciprocamente, quando vítimas de embaraço ou desacato no exercício de suas funções, ou quando necessário à efetivação de medida prevista na legislação tributária, ainda que não se configure fato definido em lei como crime ou contravenção.
(B) a Fazenda Pública da União, na forma estabelecida em tratados, acordos ou convênios, poderá permutar informações com Estados estrangeiros no interesse da arrecadação e da fiscalização de tributos.
(C) compõem o sigilo fiscal as informações sobre a situação econômica ou financeira do sujeito passivo ou de terceiros e sobre a natureza e o estado de seus negócios ou atividades, o valor das inscrições na Dívida Ativa da Fazenda Pública e o montante de dívidas tributárias eventualmente parceladas.
(D) segundo o CTN, a obrigação dos síndicos, comissários e liquidatários de, mediante intimação escrita, prestar à autoridade administrativa todas as informações de que disponham com relação aos bens, negócios ou atividades de terceiros não abrange a prestação de informações quanto a fatos sobre os quais o informante esteja legalmente obrigado a observar segredo em razão de cargo, ofício, função, ministério, atividade ou profissão.

A: assertiva correta, nos termos do art. 200 do CTN; **B:** assertiva correta, conforme art. 199, parágrafo único, do CTN; **C:** assertiva incorreta, devendo ser assinalada, pois o sigilo fiscal não se aplica às inscrições em dívida ativa ou ao parcelamento e à moratória – art. 198, § 3º, II e III, do CTN; **D:** assertiva correta, nos termos do art. 197, parágrafo único, do CTN.
Gabarito "C".

13. DÍVIDA ATIVA, INSCRIÇÃO, CERTIDÕES

(Ministério Público/ES – 2013 – VUNESP) De acordo com a Lei de Execução Fiscal, à Dívida Ativa da Fazenda Pública, de qualquer natureza, aplicam-se as normas relativas à responsabilidade prevista na legislação tributária,

(A) administrativa e financeira.
(B) civil e penal.
(C) administrativa e penal.
(D) civil e comercial.
(E) financeira e orçamentária.

Nos termos do art. 4º, § 2º, da Lei 6.830/1980, à dívida ativa aplicam-se as normas relativas à responsabilidade prevista na legislação tributária, civil e comercial. Por essa razão, a alternativa "D" é a correta.
Gabarito "D".

(Ministério Público/MS – 2011 – FADEMS) É **incorreto** afirmar:

(A) tem o mesmo efeito de certidão negativa aquela da qual conste a existência de créditos em curso de cobrança executiva em que tenha sido efetivada a penhora;
(B) será responsabilizado pessoalmente pelo crédito tributário o funcionário que expedir certidão negativa, com fraude, contendo erro contra a Fazenda Pública;
(C) a anistia pode ser concedida limitadamente às infrações da legislação tributária concernente a determinado tributo;
(D) a isenção, independentemente de ser concedida por prazo certo e sob certas condições, pode ser revogada a qualquer tempo;
(E) a isenção não geral deve ser efetivada a cada caso por despacho da autoridade administrativa.

A: Correta, conforme o art. 206 do CTN; **B:** Assertiva correta, nos termos do art. 208 do CTN; **C:** Correta, pois a concessão limitada da anistia nesse caso é admitida pelo art. 181, II, *a*, do CTN; **D:** Essa é a alternativa incorreta, pois a isenção concedida por prazo certo e sob certas condições não pode ser revogada livremente – art. 178 do CTN – ver a Súmula 544/STF. É importante salientar que há entendimento no sentido de que a isenção pode ser revogada, mas aqueles que já preenchiam os requisitos para o benefício têm direito adquirido (ou seja, o benefício pode ser revogado, mas continua a ter eficácia em favor desses sujeitos passivos, até o término do prazo inicialmente assinalado); **E:** Correta, nos termos do art. 179 do CTN.
Gabarito "D".

14. REPARTIÇÃO DE RECEITAS

(Ministério Público/PI – 2012 – CESPE) Assinale a opção correta a respeito da repartição das receitas tributárias.

(A) Apesar de constar no texto constitucional a expressão repartição das receitas tributárias, a CF prevê apenas a repartição dos impostos arrecadados, excluídos da repartição os demais tributos.
(B) As receitas tributárias devem ser repartidas sempre, de forma direta, entre as pessoas políticas destinatárias, sendo expressamente vedado na CF o repasse a qualquer fundo de participação vinculado aos entes federativos.

(C) Pertencem aos municípios cinquenta por cento do produto da arrecadação do imposto do estado sobre a propriedade de veículos automotores licenciados em seu território.
(D) A determinação constitucional de repartição das receitas tributárias infirma o pacto federativo.
(E) De acordo com o princípio federativo adotado pela CF, a União, os estados, o DF e os municípios deverão realizar repasses e repartir suas respectivas receitas tributárias.

A: incorreto, pois há expressa previsão constitucional de partilha de receitas decorrentes de contribuições interventivas (CF, art. 159, III); B: incorreto, pois há previsão de formação de fundos de participação, abastecidos com repasses dos tributos indicados no texto constitucional (CF, art. 159); C: correto, pois há expressa previsão constitucional de tal percentual (CF, art. 157); D: incorreto, pois tal repartição afirma e consolida o pacto federativo, na medida em eu garante a autonomia financeira dos entes; E: incorreto, pois não há previsão de partilha das receitas dos municípios para com os demais entes (CF, art.157 a 162).
Gabarito "C".

(Ministério Público/RR – 2012 – CESPE) Com base na CF, assinale a opção correta acerca do Sistema Tributário Nacional, dos impostos e da repartição das receitas tributárias.

(A) Compete à União instituir o imposto sobre renda e proventos de qualquer natureza, mas pertence aos estados e ao DF o produto da arrecadação desse imposto, incidente na fonte, sobre rendimentos pagos, a qualquer título, por tais entes federativos, suas respectivas autarquias e fundações.
(B) A União, os estados, o DF e os municípios podem cobrar taxas em razão do exercício do poder de polícia ou pela utilização de serviços públicos, devendo tais serviços estar sendo efetivamente prestados, pois não se admite a cobrança de taxa em razão de serviços potencialmente postos à disposição do contribuinte.
(C) A vedação constitucional da cobrança de tributos no mesmo exercício financeiro em que haja sido publicada a lei que os tenha instituído ou aumentado alcança, de modo indeterminado, os diversos tributos de todos os entes federativos.
(D) Pertence aos municípios a competência para instituir impostos sobre transmissão *causa mortis* e doação de quaisquer bens ou direitos.
(E) Sempre que possível, os impostos devem ter caráter pessoal e ser graduados segundo a capacidade econômica do contribuinte, mas a administração tributária não pode identificar o patrimônio, os rendimentos e as atividades econômicas do contribuinte sem, antes, dar ciência da investigação correspondente à autoridade judicial.

A: correto, pois há previsão constitucional expressa da repartição das receitas dos impostos federais e, entre eles, consta o IR incidente na fonte sobre os pagamentos realizados aos funcionários públicos (CF, art. 157); B: incorreto, pois há autorização constitucional expressa para a cobrança de taxa pela utilização potencial de serviços públicos, ainda que não efetivamente utilizados pelo sujeito passivo (CF, art. 145, II); C: incorreto, pois o principio da anterioridade sujeita-se a uma série de exceções, o que afasta o seu alcance indeterminado da regra (CF, art. 150, § 1º); D: incorreto, pois o imposto sobre transmissão causa mortis e doação é de competência dos estados (CF, art. 155); E: incorreto, pois apesar da enunciação do princípio da capacidade contributiva estar

correto, a eventual investigação, no âmbito da administração, não precisa ser comunicada à autoridade judicial, salvo para a realização de diligencias que dependam de autorização judicial.
Gabarito "A".

15. AÇÕES TRIBUTÁRIAS

(Procurador do Estado/AM – 2016 – CESPE) Considerando o desenvolvimento da relação jurídica tributária, julgue os próximos itens.

(1) Em decorrência do princípio tributário da autonomia dos estabelecimentos, não se admite a penhora de depósitos de titularidade das filiais de uma pessoa jurídica que possua débitos tributários lançados contra a sua matriz.
(2) A medida cautelar fiscal objetiva a indisponibilidade do patrimônio do sujeito passivo da relação jurídica tributária e tem seu cabimento vinculado à preclusão administrativa da decisão definitiva proferida no processo administrativo fiscal instaurado a requerimento do contribuinte.
(2) A penhora de bem ou de direito que promova a satisfação integral do crédito tributário assegurará ao sujeito passivo da relação jurídica tributária o direito de obter certidão positiva com os mesmos efeitos da certidão negativa.

1: incorreta, pois a filial não tem personalidade jurídica distinta da matriz, sendo que seu patrimônio se confunde com o daquela, admitindo-se a penhora – ver AgRg no REsp 1.469.455/SC; 2: incorreta, pois a cautelar fiscal pode ser anterior ao término do procedimento administrativo fiscal – ver art. 11 da Lei 8.397/1992; 3: correta, nos termos do art. 206 do CTN.
Gabarito 1E, 2E, 3C

(Promotor de Justiça/SC – 2016 – MPE)

(1) O Superior Tribunal de Justiça assentou entendimento de que a execução fiscal pode incidir contra o devedor ou contra o responsável tributário, não sendo necessário que conste o nome deste na certidão de dívida ativa. Contudo, constando o nome do sócio-gerente como corresponsável tributário na CDA – Certidão de Dívida Ativa, cabe a ele o ônus de provar a ausência dos requisitos do art. 135 do CTN, ou seja, que não houve a prática de atos "com excesso de poderes ou infração de lei, contrato social ou estatutos", independentemente se a ação executiva foi proposta contra a pessoa jurídica e contra o sócio ou somente contra aquela, tendo em vista que a CDA goza de presunção relativa de liquidez e certeza.

1: verdadeira, refletindo a jurisprudência pacífica do STJ – ver REsp 1.104.900/ES-repetitivo.
Gabarito 1C

(Ministério Público/ES – 2013 – VUNESP) A medida cautelar fiscal poderá ser requerida contra sujeito passivo de crédito tributário ou não tributário, quando o devedor adota certas condutas previstas na lei que regula a matéria. Assinale a alternativa em que está presente uma dessas situações.

(A) O devedor possui débitos, inscritos ou não da Dívida Ativa, que somados ultrapassem 10% (dez por cento) do seu patrimônio líquido.
(B) O devedor aliena bens ou direitos, ainda que proceda à devida comunicação ao órgão da Fazenda Pública competente, quando exigível em virtude de lei.

(C) O devedor, notificado pela Fazenda Pública para que proceda ao recolhimento do crédito fiscal, deixa de pagá-lo no prazo legal, ainda que suspensa sua exigibilidade.
(D) O devedor possui débitos, inscritos ou não da Dívida Ativa, que somados ultrapassem 20% (vinte por cento) do seu patrimônio conhecido.
(E) O devedor tem sua inscrição no cadastro de contribuintes declarada inapta pelo órgão fazendário.

A: incorreta, pois o limite mínimo é de 30% – art. 2º, VI, da Lei 8.397/1992; **B:** incorreta, pois a comunicação devida à fazenda pública afasta a possibilidade de cautelar – art. 2º, VII, da Lei 8.397/1992; **C:** incorreta, pois a suspensão da exigibilidade do crédito afasta a possibilidade de cautelar – art. 2º, V, a, da Lei 8.397/1992; **D:** incorreta, conforme comentário à alternativa "A"; **E:** correta, conforme o art. 2º, VIII, da Lei 8.397/1992.
Gabarito "D".

(Ministério Público/PI – 2012 – CESPE) Com base no que dispõe a Lei nº 6.830/1980, assinale a opção correta.

(A) O prazo para a substituição da certidão de dívida ativa prescreve na data de citação do executado.
(B) Na execução fiscal, será feita a intimação da penhora ao executado, mediante publicação, no órgão oficial, do ato de juntada do termo ou do auto de penhora, sendo, entretanto, prevista, também, a possibilidade da intimação pessoal da penhora, ou, ainda, pelo correio.
(C) Os embargos na execução fiscal independem da garantia da execução e, em regra, não têm efeito suspensivo, havendo a necessidade de pedido e comprovação, pelo executado, de dano grave de difícil reparação, dada a aplicação subsidiária do CPC.
(D) A citação, na execução fiscal, deve ser feita, obrigatoriamente, por oficial de justiça, não havendo previsão de citação pelo correio.
(E) Na execução fiscal, a dívida executada, definida, exclusivamente, como tributária, abrange atualização monetária, juros e multa de mora; a dívida não tributária não integra a dívida ativa da fazenda pública.

A: incorreto, pois permite-se alterar a certidão da dívida ativa até a prolação da sentença dos embargos (STJ, Súmula 392); **B:** correto, por expressa previsão lega (LEF, art. 12); **C:** incorreto, pois os embargos na execução fiscal têm efeito suspensivo (LEF, art. 18 e 19); **D:** incorreto, pois há previsão de citação pela via postal (LEF, art. 8º); **E:** incorreto, pois integra a dívida ativa todos os créditos passíveis de inscrição, dentre eles, as dívidas não tributárias (LEF, art. 2º).
Gabarito "B".

(Ministério Público/PI – 2012 – CESPE) No que diz respeito ao processo judicial tributário, assinale a opção correta.

(A) Na ação declaratória, o contribuinte requer a anulação do procedimento administrativo de constituição do crédito tributário.
(B) De acordo com o Código Tributário Nacional, as hipóteses que autorizam o ajuizamento da ação de consignação em pagamento limitam-se à consignação judicial da importância do crédito tributário em face de recusa de recebimento, ou subordinação deste ao pagamento de outro tributo ou de penalidade, ou ao cumprimento de obrigação acessória.
(C) O MP tem legitimidade para propor ACP com o objetivo de anular acordo realizado entre o contribuinte e o poder público para pagamento de dívida tributária, na defesa do erário.
(D) A lei permite que a sentença que conceda mandado de segurança para fins de compensação tributária seja executada provisoriamente.
(E) A execução fiscal obsta o ajuizamento de ação declaratória pelo contribuinte.

A: incorreto, pois na ação declaratória ainda não se tem ato administrativo de lançamento produzido, de forma que se requer a declaração de existência ou inexistência da relação jurídica; **B:** incorreto, pois há expressa previsão de cabimento em situação de exigência em duplicidade do crédito, por mais de um sujeito ativo (CTN, art. 164); **C:** correto, nos termos de entendimento da jurisprudência (STF, R Extraordinário 586.089); **D:** incorreto, pois não se admite compensação de créditos litigiosos antes do transito em julgado da decisão (CTN, art. 170A); **E:** incorreto, pois a mera existência da execução não é causa de suspensão da exigibilidade (CTN, art. 151).
Gabarito "C".

(Ministério Público/RR – 2012 – CESPE) No que diz respeito ao processo judicial tributário, assinale a opção correta.

(A) Em ação cautelar que vise à autorização da compensação de créditos tributários, deverá ser concedida medida liminar caso estejam presentes os pressupostos legais.
(B) As sentenças proferidas contra a fazenda pública estão sujeitas ao reexame necessário, podendo o procurador da fazenda, em situações específicas, dispensar o recurso.
(C) Em ação de repetição de indébito tributário, não é necessária a prova documental do recolhimento do tributo, uma vez que a fazenda pública tem o dever de controlar sua arrecadação.
(D) Tratando-se de ação de restituição de indébito do imposto sobre produto industrializado, a concessionária de veículo é contribuinte de fato e a montadora, de direito, tendo, portanto, a montadora a legitimidade ativa na referida ação.
(E) Proposta ação por meio da qual tenha sido requerida declaração de direito a compensação de tributo pago indevidamente, não pode o contribuinte alterar a forma de crédito quando da execução.

A: incorreto, pois não se admite medida liminar para a autorização de compensação de crédito litigioso (CTN, art. 170A); **B:** correto, por expressa previsão legal (NCPC, art. 496); **C:** incorreto, pois faz-se necessária a comprovação do recolhimento para fins de definição do montante a ser repetido; **D:** incorreto, pois no caso de tributos indiretos, como o IPI, o contribuinte de direito é a montadora, por substituição tributária, sendo o contribuinte de fato o consumidor final que adquire o carro, o que gera a legitimidade aquele que suportou o ônus financeiro, ou seja, o consumidor (CTN, art. 166); **E:** incorreto, pois poderá o contribuinte optar por quaisquer das formas (repetição ou compensação).
Gabarito "B".

16. PROCESSO ADMINISTRATIVO FISCAL

(Ministério Público/Acre – 2012 – CESPE) Assinale a opção correta com relação ao processo administrativo tributário.

(A) O depósito prévio é condição de admissibilidade para a interposição de recurso administrativo no âmbito desse processo.
(B) A consulta acerca desse processo consiste na formulação de questionamento de cunho informal, dada a

inexistência de disciplina legal que regule tal procedimento.
(C) O referido processo, embora considerado, sob o ponto de vista formal, de natureza jurisdicional, constitui atividade desenvolvida no âmbito do processo administrativo fiscal.
(D) Tal processo consiste em atividade, sempre vinculada, desenvolvida pela autoridade da administração tributária, conforme determinação extraída do próprio conceito de tributo.
(E) Esse processo administrativo destina-se, em sentido amplo, à criação de tributos, conforme determinação e exigência do crédito tributário.

A: incorreto, pois a exigibilidade prévia de depósito compromete o princípio da ampla defesa (CTF, Súmula Vinculante 21); **B:** incorreto, pois o processo de consulta é procedimento formal (Decreto 70.235/64, art. 46 e CTN, art. 161, § 2º); **C:** incorreto, pois não tem natureza jurisdicional; **D:** correto, pois o processo administrativo fiscal constitui etapa do procedimento constitutivo do crédito, em sentido amplo, devendo ser desenvolvido nos exatos termos da lei; **E:** incorreto, pois o processo administrativo tem por objetivo realizar a revisão de lançamento, seja para mantê-lo, seja para anulá-lo.
Gabarito "D".

17. MICROEMPRESAS – ME E EMPRESAS DE PEQUENO PORTE – EPP

(Procurador do Estado/AM – 2016 – CESPE) Considerando o desenvolvimento da relação jurídica tributária, julgue o próximo item.

(1) Admite-se a extinção de microempresa e de empresa de pequeno porte mediante baixa de seus atos constitutivos, independentemente de comprovação de sua regularidade fiscal; nesse caso, será subsidiária a responsabilidade dos titulares, dos sócios e dos administradores no período da ocorrência dos respectivos fatos geradores.

1: incorreta, pois a responsabilidade dos empresários, titulares, sócios e administradores é solidária, nos termos do art. 9º, § 5º, da LC 123/2006.
Gabarito 1E

(Ministério Público/PI – 2012 – CESPE) Com relação ao que dispõe a Lei Complementar nº 123/2006, que institui o Estatuto Nacional da Microempresa e da Empresa de Pequeno Porte, assinale a opção correta.

(A) O recolhimento mensal, mediante documento único de arrecadação de impostos e contribuições sociais, de empresa de pequeno porte incluída no Simples Nacional não exclui a incidência do imposto sobre serviços nem a do ICMS, que deverão ser pagos separadamente, sendo a possibilidade de unificação restrita a impostos da União.
(B) O ato de desenquadramento de sociedade simples como empresa de pequeno porte implica restrições a contratos que tenham sido anteriormente firmados pela empresa.
(C) A microempresa optante do SIMPLES Nacional poderá utilizar ou destinar qualquer valor a título de incentivo fiscal.
(D) A empresa de pequeno porte que pretenda participar de licitação pública deverá comprovar a regularidade fiscal para efeito de recebimento de sua proposta.
(E) Empresa de pequeno porte que requerer o arquivamento, nos órgãos de registro, de seus atos constitutivos estará dispensada da prova de quitação, de regularidade ou de inexistência de débito referente a tributo de qualquer natureza para a realização do referido arquivamento.

A: incorreto, pois o Simples Nacional engloba os seguintes tributos: IRPJ, IPI, CSSL, COFINS, PIS/PASEP, Contribuição sobre folha, ICMS e ISS (LC 123/2005, art. 13); **B:** incorreto, pois o desenquadramento não gera efeitos retroativos, mantendo-se válidos os contratos anteriormente firmados (LC 123/2005, art. 3º, § 3º); **C:** incorreto, pois há vedação expressa na lei acerca da utilização de recursos a título de incentivo fiscal pelas EPP e ME (LC 123/2005, art. 24); **D:** incorreto, pois há previsão legal de exigência de tal regularidade para as pequenas empresas somente no momento de assinatura do contrato, não como requisito para a participação na licitação, como forma de estímulo a seu desenvolvimento (LC 123/2005, art. 42); **E:** correto, pois há a previsão legal expressa de dispensa de uma série de obrigações formais normalmente exigidas, como forma de facilitar e estimular as pequenas empresas (LC 123/2005, art. 9º, § 1º).
Gabarito "E".

18. CRIMES TRIBUTÁRIOS

(Ministério Público/PI – 2014 – CESPE) Um empresário deixou de emitir nota fiscal ao consumidor e de registrar nos livros fiscais obrigatórios, com o auxílio do contador, que tinha consciência das condutas do contribuinte, as informações referentes às vendas realizadas durante doze meses, o que resultou na supressão do tributo de ICMS devido aos cofres públicos. Nessa situação hipotética,

(A) o empresário e o contador deverão ser considerados pelo fisco responsáveis tributários, e não contribuintes.
(B) para a caracterização da conduta como crime contra a ordem tributária, é necessária a inscrição do empresário em dívida ativa.
(C) o contador não poderá ser responsabilizado na esfera penal, pois não atuou diretamente na infração.
(D) o contador deverá ser considerado pelo fisco responsável tributário pela infração fiscal praticada.
(E) o empresário e o contador praticaram crime contra a ordem tributária.

A e D: incorretas, pois o contador não é, em princípio, responsável pelo débito tributário – arts. 134 e 135 do CTN; **B:** incorreta, pois a inscrição é irrelevante para a caracterização do crime; **C:** incorreta, pois qualquer pessoa que concorre com os crimes contra a ordem tributária incide nas penas cominadas, na medida de sua culpabilidade – art. 11 de Lei 8.137/1990; **E:** correta, nos termos dos arts. 1º, V, e 11 de Lei 8.137/1990.
Gabarito "E".

(Ministério Público/MS – 2011 – FADEMS) As condutas: I) omitir informação à fiscalização tributária da qual decorra redução do tributo e II) deixar de recolher tributo devido:

(A) não constituem crimes contra a ordem tributária;
(B) são tipificados como crimes à ordem tributária;
(C) a primeira conduta constitui crime contra a ordem tributária, a segunda, não;
(D) a primeira conduta não constitui crime contra a ordem tributária, a segunda, sim;
(E) a segunda conduta será sempre tipificada como apropriação indébita.

A omissão de informação à autoridade fazendária que implique suprimir ou reduzir tributo ou qualquer acessório é crime tipificado pelo art. 1°, I, da Lei 8.137/1990. O simples inadimplemento tributário não é crime, entretanto. Por essa razão, a alternativa "C" é a correta.

Gabarito "C".

19. TEMAS COMBINADOS E OUTRAS MATÉRIAS

(Procurador da República – PGR – 2013) É certo afirmar que:

(A) A capacidade contributiva, ao lado da propriedade, como princípio, fundamenta a vedação do confisco;
(B) A multa fiscal insere-se no âmbito conceitual da definição normativa de tributo;
(C) Nas hipóteses, em matéria tributária, das exceções ao princípio da anterioridade, desde que presente o caráter de urgência e relevância, pode ser instituído tributo mediante Medida Provisória;
(D) A exportação para o exterior, assim considerada a saída do produto nacional ou nacionalizado, para fins de incorporação ou não à economia interna de outro país, configura hipótese de incidência do Imposto sobre a Exportação.

A: correta, pois (i) por conta da capacidade contributiva, não se pode exigir mais tributo do que, com a expressão indica, a possibilidade de o contribuinte suportá-lo e, (ii) pelo direito de propriedade, a tributação não pode avançar sobre os bens e direitos do cidadão de modo a esvaziar aquele direito; B: incorreta, pois o tributo jamais decorre de fato ilícito, por definição do art. 3° do CTN, enquanto a multa sempre decorre de ilícito; C: incorreta, pois o empréstimo compulsório em caso de calamidade pública, guerra externa ou sua iminência, por exemplo, exige lei complementar para sua instituição, que não pode ser substituída por medida provisória – ver arts. 62, § 1°, III, e 148, I, da CF. Interessante notar que o art. 62, § 2°, da CF refere-se à instituição ou majoração de impostos por medida provisória, inclusive referindo-se a tributos que são exceção ao princípio da anterioridade; D: discutível. É possível afirmar que a exportação pressupõe a incorporação do bem à economia interna de outro país, mas é discutível porque pode ser um bem utilizado ou destruído antes da incorporação efetiva à economia de outro país ou que por alguma outra razão simplesmente não seja utilizado em outro país – não nos parece razoável analisar o que ocorreu com o produto após a saída do Brasil para aferir a incidência do IE.

Gabarito "A".

(Procurador da República – 26°) Ante a higidez como característica inerente ao sistema tributário nacional é correto asseverar que:

(A) A Constituição é que cria os tributos;
(B) No texto constitucional, dentre as diferentes maneiras por meio das quais o legislador constituinte outorga competência tributária pode-se distinguir aquela exercitada mediante a exclusiva identificação do aspecto material da hipótese de incidência do tributo;
(C) A destinação do produto da arrecadação sempre se encontra presente na outorga da competência, validando o tributo;
(D) A Constituição Federal não menciona expressamente, em hipótese alguma, o contribuinte do tributo,

A: incorreta, pois a Constituição Federal não cria qualquer tributo, limitando-se a distribuir competências tributárias; B: correta, pois a regra geral de atribuição de competências, pela Constituição Federal, se baseia na definição de fatos geradores possíveis (a título de exemplo, CF, arts. 145, 153, 155, 156 etc.); C: incorreta, pois em alguns tributos, como nos impostos, a destinação não faz parte da norma de competência, existindo, inclusive, vedação de destinação específica (CF, art. 167, IV); D: incorreta, pois em diversas oportunidades a Constituição Federal indica o contribuinte natural do tributo pela indicação do fato gerador.

Gabarito "B".

(Procurador da República – 26°) Indique, dentre os enunciados abaixo, a alternativa correta:

(A) Pode ser instituída, por unidade da Federação, contribuição de seus servidores, de modo compulsório, para custeio de serviços assistenciais à saúde porquanto se insere na exceção prevista no art. 149, § 1°, da Constituição Federal;
(B) Não incide o Imposto sobre a Propriedade Predial e Territorial Urbana – IPTU sobre imóvel desapropriado e declarado de utilidade pública pelo Estado, utilizado por sociedade de economia mista prestadora de serviço público por acobertado pela imunidade de que trata a alínea "a", inciso VI, do art. 150, da Lei Magna;
(C) Para caracterização da denúncia espontânea, com o benefício da exclusão de multa, é necessário o recolhimento integral do tributo devido, acrescido dos juros e da correção monetária, antes de constituído definitivamente o crédito tributário;
(D) Para caracterização da denúncia espontânea, com o benefício que esse instituto propicia, basta o recolhimento integral do tributo devido, acrescido dos juros e da correção monetária, a qualquer tempo, mas antes da proposição de execução fiscal.

A: incorreta, pois a exceção refere-se, exclusivamente, às contribuições previdenciárias, cobradas dos funcionários públicos, para custeio do regime previdenciário próprio (CF, art. 149, §1°); B: correta, pois nos termos de entendimento jurisprudencial a imunidade recíproca se estende às empresas públicas e sociedades de economia mista prestadoras de serviços públicos, em regime de monopólio (STF, AgRg no RE 399.307/MG, 2ª T., j. 16.03.2010, rel. Min. Joaquim Barbosa, DJe 30.04.2010); C: incorreta, pois o benefício da denúncia espontânea pode ser usado até o limite do início de procedimento de fiscalização em face do contribuinte, mediante notificação de início de medida de fiscalização (CTN, art. 138, parágrafo único); D: incorreta, pois o momento final para aproveitamento do benefício ocorre com a notificação de medida de fiscalização.

Gabarito "B".

(Procurador da República – 25°) Indique a alternativa correta:

(A) com o pagamento, no lançamento por homologação, pode ser considerado definitivamente extinto o crédito tributário;
(B) se não houver antecipação de pagamento, não há falar-se em lançamento por homologação, mas, sim, falar-se em lançamento de ofício;
(C) o pagamento de débito tributário prescrito não propicia direito à restituição conquanto houvesse perecido a ação, permanece íntegro o direito material subjacente;
(D) é admissível o benefício da denúncia espontânea no caso de tributo sujeito a lançamento por homologação quando o contribuinte, declarada a dívida, efetua o pagamento, embora a destempo.

A: incorreta, pois o pagamento antecipado, no lançamento por homologação, somente extingue o crédito sob condição resolutório de ulterior homologação, o que significa, nos termos da lei, que tal pagamento deve ser confirmado pela análise da Administração (CTN, art. 150, § 1°); B:

correta em termos, pois nesse caso, a Administração deveria realizar o lançamento substitutivo, com a constituição da multa e juros. Contudo, nos termos da interpretação do STJ, para os tributos declarados e não pagos, os valores poderão ser imediatamente inscritos em dívida, sem a necessidade de lançamento formal (Súmula 430 do STJ); C: incorreta, pois prescrição, no Direito Tributário, está prevista como causa de extinção do próprio crédito tributário, implicando na caracterização de pagamento indevido, no caso de pagamento de crédito prescrito (CTN, art. 156, V); D: incorreta, pois nos termos do entendimento da jurisprudência, não será cabível denúncia espontânea nesses casos (Súmula 360 do STJ).

Gabarito "B".

(Ministério Público/PR – 2013 – X) Em decisão de 12.08.2010, o STF, em sua composição plenária, julgou o Recurso Extraordinário nº 576155/DF, em que se discutia a legitimidade do Ministério Público para propor ação civil pública em matéria tributária, em hipótese em que o Ministério Público do Distrito Federal questionava judicialmente Termo de Acordo de Regime Especial (TARE), firmado pelo Governo do Distrito Federal e determinada empresa, estabelecendo regime especial de apuração do ICMS.

Qual das alternativas abaixo corresponde à decisão majoritária do Pleno do STF no aludido caso?

(A) Concluiu pela legitimidade do Ministério Público para propor referida ação civil pública, apoiando-se, basicamente, nas funções institucionais do MP genericamente estabelecidas na Constituição Federal;
(B) Concluiu pela ilegitimidade do Ministério Público para propor referida ação civil pública, por aplicação extensiva da Súmula 470 do STJ, que dispõe que "o Ministério Público não tem legitimidade para pleitear, em ação civil pública, a indenização decorrente do DPVAT em benefício do segurado", sem prejuízo de o Ministério Público do DF arguir ou representar, em sede e via próprias, pela declaração de inconstitucionalidade da lei distrital e consequentes decretos, que estabeleceram e regulamentaram os "TAREs";
(C) Concluiu pela ilegitimidade do Ministério Público para propor referida ação civil pública, realçando que a ação não trata de interesses difusos ou coletivos, mas de questão de índole meramente tributária de interesse individualizado, nem envolve partes vulneráveis, as quais o Ministério Público possa se substituir;
(D) Concluiu pela ilegitimidade do Ministério Público para propor referida ação civil pública, ao argumento de que o acordo contou com a anuência da Procuradoria-Geral do Distrito Federal e Assessoria Técnica da Secretaria de Fazenda do DF, e foi lastreado em decreto regulamentar, por sua vez baseado em então vigente lei do Distrito Federal, aprovada sem qualquer vício formal e no âmbito da competência do DF para instituir o ICMS (artigo 155, II da Constituição Federal) e regulamentar suas formas de tributação, arrecadação e fiscalização, inclusive atendendo às diretrizes da "Lei Kandir" (Lei Complementar nº 87/1996);
(E) Concluiu pela ilegitimidade do Ministério Público, tendo em vista o disposto no artigo 1º, parágrafo único da Lei de Ação Civil Pública (Lei nº 7.347/1985), prevendo que "não será cabível ação civil pública para veicular pretensões que envolvam tributos, contribuições previdenciárias, o Fundo de Garantia do Tempo de Serviço – FGTS – ou outros fundos de natureza institucional cujos beneficiários podem ser individualmente determinados".

Nos termos do RE 576.155/DF, Plenário, j. 12.08.2010, rel. Min. Ricardo Lewandowski, DJe 01.02.2011, decidiu-se, de maneira genérica, pela legitimidade do Ministério Público, com base em suas funções institucionais.

Gabarito "A".

(Ministério Público/SC – 2012) Analise as seguintes assertivas:

I. Para o conceito de Taxa, segundo o explicitado no Código Tributário Nacional, os serviços públicos são específicos quando suscetíveis de utilização, separadamente, por parte de cada um dos seus usuários.
II. A lei federal pode cometer aos Estados, ao Distrito Federal ou aos Municípios o encargo de arrecadar os impostos de competência da União cujo produto lhes seja distribuído no todo ou em parte.
III. a lei pode atribuir de modo expresso a responsabilidade pelo crédito tributário a terceira pessoa, vinculada ao fato gerador da respectiva obrigação, excluindo a responsabilidade do contribuinte ou atribuindo-a a este em caráter supletivo do cumprimento total ou parcial da referida obrigação.
IV. A responsabilidade tributária é excluída pela denúncia espontânea da infração, mesmo a realizada após medida de fiscalização, acompanhada, se for o caso, do pagamento do tributo devido e dos juros de mora, ou do depósito da importância arbitrada pela autoridade administrativa, quando o montante do tributo dependa de apuração.
V. Se a lei não fixar prazo a homologação, será ele de cinco anos, a contar da ocorrência do fato gerador; expirado esse prazo sem que a Fazenda Pública se tenha pronunciado, considera-se homologado o lançamento e definitivamente extinto o crédito, salvo se comprovada a ocorrência de dolo, fraude ou simulação.

(A) Apenas as assertivas I, II, III e V estão corretas.
(B) Apenas as assertivas I, II, III e IV estão corretas.
(C) Apenas as assertivas II, III e V estão corretas.
(D) Apenas as assertivas II, III, IV e V estão corretas.
(E) Todas as assertivas estão corretas.

I: incorreto, pois o aso considerados serviços específicos aqueles que possam ser destacados em unidades autônomas de intervenção, de unidade, ou de necessidades públicas e divisíveis, aqueles que possam ser suscetíveis de utilização, separadamente, por parte de cada um dos seus usuários (CTN, art. 79); II: correto, pois a capacidade tributária ativa é passível de delegação, o que não significa delegação da competência (CTN, art. 7º); III: correto, pois trata-se da definição geral de responsabilidade tributária prevista na lei (CTN, art. 128); IV: incorreto, pois a denúncia espontânea somente pode ser feita anteriormente ao início de qualquer medida de fiscalização por parte da administração (CTN, art. 138); V: correto, pois trata-se do prazo específico previsto na lei para o chamado lançamento por homologação (CTN, art. 150, § 4º).

Gabarito "C".

(Ministério Público/SC – 2012) Analise as seguintes assertivas:

I. O parcelamento é uma das formas de se suspender a exigibilidade do crédito tributário.
II. O crédito tributário prefere a qualquer outro, seja qual for sua natureza ou o tempo de sua constituição, ressalvados os créditos decorrentes da legislação do trabalho ou do acidente de trabalho.

III. Segundo entendimento sumular do Supremo Tribunal Federal a norma legal que altera o prazo de recolhimento da obrigação tributária não se sujeita ao princípio da anterioridade.
IV. Segundo entendimento sumular do Superior Tribunal de Justiça, a Fazenda Pública pode substituir a certidão de dívida ativa (CDA) até a prolação da sentença de embargos, quando se tratar de correção de erro material ou formal, vedada a modificação do sujeito passivo da execução.
V. Compete privativamente à autoridade administrativa constituir o crédito tributário pelo lançamento, assim entendido o procedimento administrativo tendente a verificar a ocorrência do fato gerador da obrigação correspondente, determinar a matéria tributável, calcular o montante do tributo devido, identificar o sujeito passivo e, sendo caso, propor a aplicação da penalidade cabível. O lançamento é ato administrativo vinculado e obrigatório.
(A) Apenas as assertivas I, II, III e V estão corretas.
(B) Apenas as assertivas II, III, IV e V estão corretas.
(C) Apenas as assertivas I, II, III e IV estão corretas.
(D) Apenas as assertivas I, II, IV e V estão corretas.
(E) Todas as assertivas estão corretas.

I: correto, por expressa previsão legal (CTN, art. 151); **II:** correto, por expressa previsão legal, lembrando que, em caso de falência, a ordem de prioridade é alterada (CTN, art. 186); **III:** correto, pois alteração de data de pagamento não implica em aumento ou instituição de tributo (STF, súmula 669); **IV:** correto, conforme expresso entendimento jurisprudencial (STJ, Súmula 392); **V:** correto, pois tratar-se da expressa definição legal (CTN, art. 142).
Gabarito "E."

(Ministério Público/MS – 2011 – FADEMS) Assinale a alternativa **correta**:
(A) a legislação tributária pode ser aplicada a fatos geradores pendentes;
(B) a lei que reduz isenção de impostos que gravam o patrimônio e a renda entra em vigor na data de sua publicação;
(C) não é possível a revisão de ofício do lançamento, em nenhuma circunstância, por ser ato administrativo vinculado;
(D) a subordinação do recebimento de certo tributo ao cumprimento de exigências administrativas previstas em lei, autoriza a consignação judicial;
(E) o prazo prescricional para anular decisão administrativa que denega a restituição é de 05 (cinco) anos.

A: Assertiva correta, conforme o art. 105 do CTN; **B:** Incorreta, pois isso é vedado pelo art. 104, III, do CTN, segundo o qual essas normas entram em vigor apenas no primeiro dia do exercício seguinte ao da publicação; **C:** Incorreta, pois o art. 149 do CTN prevê diversas hipóteses que permitem a revisão de ofício do lançamento – art. 145, III, do CTN; **D:** Incorreta, pois somente a exigência administrativa sem fundamento legal dá ensejo à consignação judicial – art. 164, II, do CTN; **E:** Incorreta, pois o prazo, no caso, é de apenas 2 anos – art. 169 do CTN.
Gabarito "A."

(Ministério Público/PR – 2011) Assinale a alternativa correta:
(A) Fato gerador é a previsão abstrata do nascimento da obrigação tributária.
(B) Imunidade tributária significa a não incidência do tributo em decorrência de norma legal específica.
(C) As isenções tributárias devem sempre ser concedidas sob contraprestação ou obrigação do contribuinte, de acordo com o artigo 176 e seguintes do Código Tributário Nacional.
(D) No sistema tributário nacional previsto no artigo 145 e seguintes da Constituição Federal existem apenas três modalidades de tributos: impostos, taxas e contribuições de melhoria.
(E) Todas as alternativas anteriores são incorretas.

A: Imprecisa, pois fato gerador da obrigação principal, na dicção do CTN, é a situação definida em lei como necessária e suficiente à sua ocorrência – art. 114 do CTN. A assertiva descreve a chamada *hipótese de incidência*, ou *fato gerador em abstrato* (a expressão *fato gerador* é utilizada por parte da doutrina com esse sentido, daí porque a assertiva é imprecisa); **B:** Incorreta, pois imunidade é norma constitucional que afasta a competência tributária; **C:** Incorreta, pois pode haver isenção sem exigência de contraprestação ou obrigação específica do contribuinte – art. 176 do CTN; **D:** Incorreta, pois, embora o art. 145 da CF refira-se apenas a essas três espécies (teoria tripartida), os dispositivos constitucionais seguintes referem-se às demais (empréstimos compulsórios e contribuições especiais); **E:** Essa é a alternativa a ser indicada, já que as anteriores são, de fato, incorretas (com a observação feita em relação à alternativa "A").
Gabarito "E."

8. DIREITO EMPRESARIAL

Fernando Castellani, Robinson Sakiyama Barreirinhas e Henrique Subi*

1. TEORIA GERAL[1]

1.1. EMPRESA, EMPRESÁRIO, CARACTERIZAÇÃO E CAPACIDADE

(Procurador do Estado/AM – 2016 – CESPE) No que concerne ao direito empresarial em sentido amplo, julgue os itens a seguir.

(1) Pessoa física pode exercer a atividade como empresário individual, que é a figura jurídica normatizada como sociedade individual de responsabilidade limitada.

(2) Dado o princípio constitucional de livre-iniciativa, é permitido ao empresário iniciar suas atividades comerciais concomitantemente com o pedido de sua inscrição no registro público de empresas mercantis.

1: incorreta, pois o empresário individual, a que se refere o art. 966 do CC, não se confunde com a empresa individual de responsabilidade limitada atualmente descrita no art. 980-A do mesmo CC. No caso da empresa individual, a personalidade dessa pessoa jurídica não se confunde com a personalidade da pessoa natural (pessoa física); 2: incorreta, pois é obrigatória a inscrição do empresário no Registro Público de Empresas Mercantis da respectiva sede, antes do início de sua atividade, conforme determinação expressa do art. 967 do CC.
Gabarito 1E, 2E

(Ministério Público/Acre – 2014 – CESPE) Considerando a evolução histórica do direito empresarial, assinale a opção correta.

(A) A teoria dos atos de comércio foi adotada, inicialmente, nas feiras medievais da Europa pelas corporações de comerciantes que então se formaram.
(B) A edição do Código Francês de 1807 é considerada o marco inicial do direito comercial no mundo.
(C) Considera-se o marco inicial do direito comercial brasileiro a lei de abertura dos portos, em 1808, por determinação do rei Dom João VI.
(D) É de origem francesa a teoria da empresa, adotada pelo atual Código Civil brasileiro.
(E) O direito romano apresentou um corpo sistematizado de normas sobre atividade comercial.

A: incorreta. A Teoria dos Atos de Comércio nasceu junto com o liberalismo econômico e foi um dos motes da Revolução Francesa; B: incorreta. O Direito Comercial ganha corpo, ainda que dotado de grande subjetividade, na Idade Média, com as corporações de ofício; C: correta. A ela se seguiu a elaboração de nosso Código Comercial em 1850; D: incorreta. A Teoria da Empresa é italiana, de forte conotação fascista; E: incorreta. O Direito Romano nunca se preocupou tanto com o Direito Comercial. Naquela época, as normas aplicáveis ao comércio eram fundadas nos costumes.
Gabarito "C".

(Ministério Público/MG – 2013) No que respeita a função social da empresa, é *INCORRETO* dizer:

(A) No Código Comercial do século XIX, já era possível observar a adoção pela norma de critério de objetivação da mercancia, com destaque aos atos de comércio, caso em que concedia-se maior relevância ao comportamento mercadológico do comerciante do que ao inerente registro ou filiação a alguma corporação de ofício.
(B) A empresa pode ser compreendida como atividade juridicamente organizada, o que expressa grande relevância na aferição do nexo de imputação pelo risco quanto à responsabilidade civil pelos danos causados.
(C) Consoante León Duguit, a noção de função social substitui completamente aquela de direito subjetivo, porque esse último é meramente individualista, possibilitando o exercício ilegítimo e inadmissível de posição jurídica, especialmente no campo da propriedade.
(D) A função social da empresa corresponde à recente etapa de maior conscientização do empresariado no que diz respeito aos problemas sociais e ao seu potencial papel na resolução dos mesmos, principalmente em virtude da crescente falta de capacidade e de credibilidade do Estado.

A: assertiva correta. A Teoria dos Atos de Comércio, que enumerava de forma taxativa as atividades consideradas de mercancia e sua regência, destarte, pelo Direito Comercial, já apresentava a supremacia da atividade realizada sobre a forma. O registro de empresa, apesar de obrigatório, sempre constituiu um dever acessório em relação primeiro ao comerciante e depois ao empresário; B: assertiva correta. A adoção da teoria da responsabilidade objetiva por diversas normas aplicáveis à empresa, principalmente pelo Código de Defesa do Consumidor, expõe a tendência do legislador de atribuir o risco do negócio àquele que explora a atividade de forma organizada e com fins lucrativos; C: assertiva correta. Função social é justamente pensar o exercício de um direito na forma que melhor atenda aos interesses de toda a sociedade. É um limitador dos poderes inerentes ao detentor do direito, principalmente o de propriedade, um dos campos mais individualistas do direito contemporâneo; D: assertiva incorreta, devendo ser assinalada. A função social da empresa não decorre da conscientização do empresariado, mas de disposições legais cogentes que determinam o exercício da atividade econômica visando aos maiores benefícios para a sociedade como um todo e não somente para o empresário.
Gabarito "D".

---

* **Fernando Castellani** comentou as questões dos seguintes concursos: MP/AC/08, MP/BA/08, MP/CE/11, MP/GO/10, MP/GO/12, MP/MG/06, MP/MG/11, MP/MG/12, MP/MS/09, MP/MT/12, MP/PB/10, MP/PI/08, MP/PI/ 12, MP/RJ/11, MP/RN/09, MP/RR/12, MP/RS/08, MP/RS/09, MP/SC/08, MP/SC/12, MP/SP/12 e MP/TO/12, quando houver; **Henrique Subi** comentou as questões dos seguintes concursos: MP/PI/14, MP/DF/13, MP/ES/13, MP/GO/13, MP/MG/13. **Robinson Sakiyama Barreirinhas** comentou as demais questões. **Robinson Sakiyama Barreirinhas** atualizou os comentários desse capítulo

(Ministério Público/SP – 2013 – PGMP) Sobre a capacidade do empresário, é CORRETO afirmar:

(A) A incapacidade absoluta superveniente do empresário extingue a empresa e sujeita ao resultado dela os bens a ele pertencentes anteriormente.
(B) O sócio capaz é o representante legal do sócio relativamente incapaz nos atos de administração que este vier a praticar.
(C) O menor de 18 e maior de 16 anos, casado, pode exercer a atividade de empresário. Mas, se praticar ato tipificado como crime falimentar, submeter-se-á às regras do ECA.
(D) O exercício de fato de atividade empresária que propicia ao seu autor, menor de 18 e maior de 16 anos, estabelecer-se por economia própria não induz a capacidade empresária.
(E) O empresário, casado pelo regime da comunhão universal de bens, precisa da outorga uxória para alienar bens imóveis integrantes do patrimônio da empresa.

A: incorreta, pois a incapacidade absoluta superveniente do empresário não impede a continuidade da atividade empresarial por meio de representante, desde que haja autorização judicial, nos termos do art. 974, *caput* e § 1º, do CC; **B:** incorreta, pois não há previsão dessa representação automática pelo sócio capaz – art. 974 do CC; **C:** correta. O casamento do maior de dezesseis anos faz cessar sua incapacidade civil – art. 5º, parágrafo único, II, do CC. Entretanto, a maioridade penal somente é atingida com os dezoito anos – art. 228 da CF; **D:** incorreta, pois a cessação da incapacidade civil, no caso (art. 5º, parágrafo único, V, do CC), coincide com a capacidade para exercer a atividade empresarial – art. 972 do CC; **E:** incorreta, pois a alienação de bens imóveis que integrem o patrimônio da empresa não depende de outorga conjugal, qualquer que seja o regime de bens do empresário casado – art. 978 do CC.
Gabarito "C".

(Ministério Público/SP – 2013 – PGMP) É INCORRETO afirmar:

(A) A disciplina legal do direito de empresa está assentada nos princípios da socialidade, eticidade e operabilidade.
(B) São atividades negociais não empresárias a do empresário rural não inscrito no Registro de Empresas e a dos que exercem profissão intelectual com concurso de auxiliares, que tenha natureza científica, literária ou artística, desde que o exercício da profissão não constitua elemento da empresa.
(C) No direito de empresa, são cláusulas gerais que informam seu regime jurídico a dignidade da pessoa humana, a livre concorrência, a função social da propriedade, a função social da empresa e a função social do contrato.
(D) O Código Civil de 2002 substituiu a noção de ato de comércio pela de empresa, e a de fundo de comércio pela de estabelecimento.
(E) O Código Civil de 2002 unificou o direito privado.

A: correta. A socialidade refere-se à função social da empresa, da atividade empresarial. A eticidade refere-se à ética, à boa-fé objetiva que deve orientar as relações empresariais. A operabilidade refere-se à razoabilidade na aplicação das normas, de maneira justa e eficaz; **B:** incorreta. O empresário rural será equiparado ao empresário sujeito a registro (ou seja, ao empresário em sentido estrito) somente caso requeira sua inscrição no Registro Público de Empresas Mercantis, nos termos do art. 971 do CC. Conforme o art. 966, parágrafo único, do CC, não se considera empresário quem exerce profissão intelectual, de natureza científica, literária ou artística, ainda com o concurso de auxiliares ou colaboradores, salvo se o exercício da profissão constituir elemento de empresa; **C:** correta. A dignidade da pessoa humana é diretriz a que se submete todo o Direito, não apenas o direito de empresa, sendo fundamento da República – art. 1º, III, da CF. A livre concorrência é princípio geral que orienta a ordem econômica – art. 170, IV, da CF. A função social da propriedade, da empresa e do contrato referem-se ao princípio da socialidade, conforme comentário à alternativa "A"; **D:** correta, nos termos dos arts. 966 e 1.142 do CC; **E:** incorreta, devendo ser assinalada. Embora haja concentração das normas civilistas e empresariais no CC atual, há diretrizes essenciais de outros ramos do direito privado em leis especiais (o CDC, por exemplo, concentra as principais normas consumeristas).
Gabarito "E".

(Ministério Público/PI – 2012 – CESPE) Assinale a opção correta a respeito de empresa, empresário, estabelecimento e locação empresarial.

(A) De acordo com a lei civil, é obrigatória a inscrição, no registro público de empresas mercantis, do empresário que desenvolva atividade rural.
(B) O adquirente do estabelecimento responde pelos débitos anteriores à transferência, estejam, ou não, tais débitos contabilizados na escrituração.
(C) A natureza jurídica do estabelecimento empresarial é de universalidade de direito.
(D) Em relação ao empresário individual, é possível a desconsideração da personalidade jurídica.
(E) Por meio de representação ou assistência, o menor não emancipado pode continuar a atividade empresarial exercida por seus pais.

A: incorreta, pois na exploração de atividade rural, o registro é opcional, tendo, ainda, natureza constitutiva (CC, art. 971); **B:** incorreta, pois a regra para os débitos cíveis e empresariais, regulados pelo CC, somente serão objeto de sucessão se contabilizados, ou seja, se escriturados de alguma forma que o adquirente tenha condições de conhecer tais débitos (CC, art. 1.144); **C:** incorreta, pois nos termos do CC, trata-se de uma universalidade de bens (CC, art. 1.142); **D:** incorreta, pois o empresário individual não possui personalidade jurídica distinta da pessoa física, pois trata-se exatamente da mesma pessoa e o instituto da desconsideração exige a existência de pessoa jurídica para ser desconsiderada (CC, art. 50); **E:** correta, pois nos termos da legislação, como forma de privilegiar o princípio da preservação da empresa, o incapaz poderá dar continuidade à empresa, em casos de sucessão ou incapacidade superveniente (CC, art. 974).
Gabarito "E".

(Ministério Público/RR – 2012 – CESPE) Assinale a opção correta a respeito do registro de empresas.

(A) Incumbe às juntas comerciais solucionar dúvidas decorrentes da interpretação de leis, regulamentos e demais normas relacionadas com o registro de empresas, expedindo instruções para esse fim.
(B) O registro compreende o arquivamento dos atos concernentes a empresas estrangeiras autorizadas a funcionar no Brasil, sendo facultativo o comprovante de pagamento dos serviços correspondentes, a fim de instruir o citado pedido de arquivamento.
(C) Os recursos previstos na legislação dos registros de empresa devem ser interpostos no prazo de dez dias úteis, podendo ter efeitos suspensivos mediante despacho fundamentado da autoridade competente.
(D) Não podem ser arquivados os documentos de constituição ou alteração de empresas mercantis

de qualquer espécie ou modalidade em que figure como titular ou administrador pessoa condenada pela prática de contravenção penal com pena que vede o acesso à atividade mercantil.

(E) Das decisões do plenário das juntas comerciais cabe, como última instância administrativa, recurso ao ministro competente, cuja capacidade decisória pode ser delegada, no todo ou em parte.

A: incorreta, pois tal função compete ao Departamento Nacional de Registros do Comércio (DNRC), órgão federal que regulamenta a atividade dos registros estaduais, que são chamadas de Juntas Comerciais (Lei 8.934/1994, art. 3º); B: incorreta, pois o registro somente se processará com a comprovação dos pagamentos dos serviços correspondentes (Lei 8.934/1994, art. 37, IV); C: incorreta, pois há previsão expressa na lei de ausência de efeito suspensivo dos recursos (Lei 8.934/1994, art. 49); D: incorreta, pois a proibição de arquivamento somente ocorre nos casos de condenação por crime (Lei 8.934/1994, art. 37); E: correta, nos exatos termos da lei (Lei 8.934/1994, art. 47). Gabarito "E".

(Ministério Público/CE – 2011 – FCC) Se o empresário tornar-se incapaz

(A) poderá, por meio de representante ou devidamente assistido, continuar a empresa antes exercida por ele enquanto capaz, independentemente de autorização judicial, que estará implícita nos poderes conferidos ao curador nomeado pelo juiz.

(B) não poderá, ainda que por meio de representante, continuar a empresa, salvo, por intermédio deste, até a liquidação, e os bens que possuir, estranhos à atividade empresarial, não responderão pelas dívidas contraídas para o funcionamento dela.

(C) poderá, por meio de representante ou devidamente assistido, continuar a empresa antes exercida por ele enquanto capaz, devendo, para isso, preceder autorização judicial que é revogável e não ficam sujeitos ao resultado da empresa os bens que o incapaz possuía ao tempo da interdição, desde que estranhos ao acervo daquela.

(D) somente poderá continuar a empresa, se o curador nomeado pelo juiz puder exercer atividade de empresário, respondendo a caução, que este prestar, pelas dívidas que assumir durante o exercício da empresa, se os bens do incapaz vinculados à atividade empresarial forem insuficientes para o pagamento das dívidas caso venha a ser decretada a falência do incapaz.

(E) só poderá continuar a exercer atividade empresária como sócio não administrador e desde que autorizado pelo juiz no processo de interdição, não ficando, porém, outros bens, exceto as cotas societárias, sujeitos ao pagamento das dívidas contraídas no exercício da empresa.

A: incorreta, pois nos termos da legislação, a continuação da empresa pelo incapaz depende, necessariamente, de autorização judicial, em atividade discricionária, na qual o juiz analisará a conveniência para a manutenção na exploração (CC, art. 974); B: incorreta, pois como forma de privilegiar o princípio da preservação da empresa, a legislação permite a continuidade, desde que atendidos determinados requisitos (CC, art. 974); C: correta, pois trata-se da expressa previsão legal, tanto na questão da possibilidade de continuação, quanto na questão da responsabilidade limitada apenas aos bens relacionados a exploração da atividade (CC, art. 974); D: incorreta, pois a continuação será feita mediante representante ou assistente, sem exigência de caução ou garantia (CC, art. 974); E: incorreta, pois na condição de sócio o incapaz não continuaria com a exploração da atividade, já que, nesse caso, a exploração seria feita pela sociedade, não por ele. Gabarito "C".

1.2. DESCONSIDERAÇÃO DA PERSONALIDADE JURÍDICA

(Promotor de Justiça – MPE/MS – FAPEC – 2015) Em relação ao Direito de Empresa e a teoria da desconsideração da personalidade jurídica, analise as seguintes assertivas:

I. O encerramento irregular das atividades empresariais, por si só, é causa para a desconsideração da personalidade jurídica.

II. A desconsideração da personalidade jurídica, como incidente processual, pode ser decretada sem a prévia citação dos sócios atingidos, aos quais se garante o exercício postergado ou diferido do contraditório e da ampla defesa.

III. Nos casos em que se discutem relações jurídicas de natureza civil, excetuadas as relações de consumo e demais ramos específicos, como Direito Ambiental, o legislador pátrio adotou a teoria maior da desconsideração, que exige a demonstração apenas do prejuízo do particular.

IV. Segundo o Código Civil, a empresa individual de responsabilidade limitada será constituída de uma única pessoa titular da totalidade do capital social, devidamente integralizado, que não será inferior a 50 (cinquenta) vezes o maior salário-mínimo vigente no País, podendo ainda a pessoa natural figurar em duas empresas dessa modalidade.

Assinale a alternativa correta:

(A) Somente as assertivas I e II estão corretas.
(B) Somente a assertiva II está correta.
(C) Somente a assertiva IV está correta.
(D) Somente as assertivas III e IV estão corretas.
(E) Somente as assertivas II e III estão corretas.

I: incorreta, pois, para a desconsideração da personalidade jurídica é preciso ter ocorrido, em regra, o abuso da personalidade jurídica, caracterizado pelo desvio de finalidade ou pela confusão patrimonial – art. 50 do CC. Interessante ressaltar que a desconsideração foi positivada também no art. 28 do CDC e no art. 18 da revogada Lei 8.884/1994, além de disposições específicas quanto a atos culposos ou dolosos praticados pelos administradores com efeitos em relação à sua responsabilidade pessoal (por exemplo, art. 1.016 do CC e arts. 134, II e VII, e 135, III, ambos do CTN); II: correta, sendo esse o entendimento do STJ – ver AgInt no AREsp 918.295/SP e art. 133 do CPC; III: incorreta, pois não basta a prova da inadimplência da obrigação e dos prejuízos causados para a desconsideração, sendo necessário, em regra, o abuso da personalidade jurídica, caracterizado pelo desvio de finalidade, ou pela confusão patrimonial, conforme comentários à alternativa "A"; IV: incorreta, pois o capital social da EIRELI não pode ser inferior a 100 vezes o maior salário-mínimo vigente no País, e, ademais, a pessoa natural não poderá figurar em mais de uma empresa dessa modalidade – art. 980-A, *caput* e § 2º, do CC. Gabarito "B".

(Ministério Público/RJ – 2011) Os sócios de uma sociedade limitada praticam atos fraudulentos e em flagrante desvio de finalidade da pessoa jurídica. Diante de tal situação, em ação judicial própria proposta pelos credores, restou decretada a desconsideração da personalidade jurídica da referida sociedade.

Diante da situação apresentada, pode-se afirmar que a desconsideração da personalidade jurídica da sociedade:

(A) é medida severa que importa na ineficácia dos atos ulteriores aos praticados sem desconformidade com os objetivos empresariais;
(B) é decisão judicial que importará na extinção da sociedade, com a posterior liquidação de seus bens materiais e imateriais, vez que é nulificada sua personalidade;
(C) não poderia ter sido decretada, visto que, consoante a disciplina do novo Código Civil, deverá ser precedida do encerramento irregular da pessoa jurídica;
(D) não é aplicável, *in casu*, mas sim a sua dissolução, total ou parcial, em decorrência dos atos fraudulentos praticados pelos sócios;
(E) importará na retirada, no caso *sub judice*, da autonomia patrimonial da sociedade, para estender os efeitos de suas obrigações aos bens particulares de seus sócios.

A: incorreta, pois a desconsideração tem, apenas, efeitos patrimoniais, incidentes sobre a pessoa física dos sócios ou administradores, não implicando em qualquer efeito em relação aos atos praticados (CC, art. 50); **B:** incorreta, pois a desconsideração não afeta a validade ou a regularidade da sociedade, mas apenas estende os efeitos patrimoniais para o patrimônio do sócio ou administrador (CC, art. 50); **C:** incorreta, pois a desconsideração poderá ser definida durante ou posteriormente a ato extintivo da sociedade, não sendo, a desconsideração em si, um ato desconstitutivo da personalidade (CC, art. 50); **D:** incorreta, pois sua aplicação típica se dá, exatamente, nas situações de utilização indevida da personalidade, durante a atividade regular da empresa (CC, art. 50); **E:** correta, pois se trata exatamente da definição do instituto, cujo único grande efeito é apenas a extensão de responsabilidade patrimonial pelas dívidas da sociedade (CC, art. 50).
Gabarito "E".

(Ministério Público/SP – 2011) A teoria da desconsideração da personalidade jurídica vem sendo, nos últimos anos, disciplinada por diversos textos legais. Todavia, é incorreto afirmar que:

(A) a falência é hipótese de incidência da desconsideração da personalidade jurídica, conforme o Código de Defesa do Consumidor.
(B) a desconsideração da personalidade jurídica, nas hipóteses de infração à ordem econômica, é prevista para os casos de abuso de direito.
(C) na disciplina legal da responsabilidade por lesões ao meio ambiente, há expressa previsão de desconsideração da personalidade jurídica para as hipóteses de fraude, erro substancial e violação a estatuto e contrato social.
(D) o desvio de finalidade e a confusão patrimonial são os únicos caracterizadores do abuso da personalidade jurídica, nos termos do art. 50 do Código Civil.
(E) a legitimação do Ministério Público para as hipóteses de abuso da personalidade jurídica está expressamente estabelecida em nossa Lei Civil.

A: correta, conforme o art. 28 do CDC (Lei 8.078/1990); **B:** correta, nos termos do art. 34 da Lei Antitruste – LAT (Lei 12.529/2011); **C:** incorreta (devendo ser assinalada), pois a Lei 9.605/1998 prevê a desconsideração da pessoa jurídica sempre que sua personalidade for obstáculo ao ressarcimento de prejuízos causados à qualidade do meio ambiente – art. 4º; **D:** correta, nos termos do dispositivo legal citado;

E: correta, pois tanto a parte quanto o Ministério Público, quando lhe couber intervir no processo, podem requerer ao juiz a desconsideração, nos termos do art. 50 do CC.
Gabarito "C".

1.3. NOME EMPRESARIAL, INSCRIÇÃO, REGISTROS, ESCRITURAÇÃO E LIVROS, ESTABELECIMENTO

(Procurador do Estado/AM – 2016 – CESPE) Ainda com relação ao direito empresarial em sentido amplo, julgue o item que se segue.

(1) Sociedade empresária poderá ser registrada tanto nos órgãos de registro de comércio quanto nos cartórios de títulos, devendo a sociedade simples ser obrigatoriamente registrada em cartório de registro de pessoas jurídicas.

1: incorreta, pois o empresário e a sociedade empresária vinculam-se ao Registro Público de Empresas Mercantis a cargo das Juntas Comerciais, e a sociedade simples ao Registro Civil das Pessoas Jurídicas, o qual deverá obedecer às normas fixadas para aquele registro, se a sociedade simples adotar um dos tipos de sociedade empresária – art. 1.150 do CC.
Gabarito 1E.

(Promotor de Justiça – MPE/AM – FMP – 2015) A respeito da alienação do estabelecimento é correto afirmar:

I. O contrato que tenha por objeto a alienação, o usufruto ou arrendamento do estabelecimento só produzirá efeitos quanto a terceiros depois de averbado à margem da inscrição do empresário, ou da sociedade empresária, no Registro Público de Empresas Mercantis, e de publicado na imprensa oficial.
II. Se ao alienante não restarem bens suficientes para solver o seu passivo, a eficácia da alienação do estabelecimento depende do pagamento de todos os credores, ou do consentimento destes, de modo expresso ou tácito, em trinta dias a partir de sua notificação.
III. O adquirente do estabelecimento responde pelo pagamento dos débitos anteriores à transferência, desde que regularmente contabilizados, continuando o devedor primitivo solidariamente obrigado pelo prazo de dois anos, a partir, quanto aos créditos vencidos, da publicação, e, quanto aos outros, da data do vencimento.
IV. Não havendo autorização expressa, o alienante do estabelecimento não pode fazer concorrência ao adquirente nos dez anos subsequentes à transferência.

Quais das assertivas acima estão corretas?

(A) Apenas I e II.
(B) Apenas II e III.
(C) Apenas II e IV.
(D) Apenas I, II e III.
(E) I, II, III e IV.

I: correta, pois é o que dispõe o art. 1.144 do CC; **II:** correta, nos termos do art. 1.145 do CC; **III:** incorreta, pois o prazo de duração da responsabilidade solidária do devedor primitivo é de um ano, nos termos do art. 1.146 do CC; **IV:** incorreta, pois o prazo de impedimento de concorrência é de cinco anos, conforme o art. 1.147 do CC.
Gabarito "A".

(Ministério Público/PR – 2011) Acerca da sociedade simples, assinale a alternativa correta.

(A) O Ministério Público pode postular a dissolução da sociedade no caso de cessação de sua autorização de funcionamento.
(B) Cabe ao Ministério Público a fiscalização das atividades da sociedade, participando de suas deliberações.
(C) O Ministério Público tem o dever de postular a extinção da sociedade nos casos de não haver pluralidade de sócios.
(D) Caberá ao Ministério Público postular em juízo a dissolução da sociedade nos casos de desacordo entre os sócios que ponha em risco a sua continuidade.
(E) Nenhuma das alternativas anteriores está correta.

A: correta, conforme o art. 1.037 do CC; **B**, **C** e **D:** incorretas, pois o Ministério Público não tem essas atribuições em relação às sociedades simples; **E:** incorreta, já que a alternativa "A" é verdadeira.
Gabarito "A".

(Ministério Público/RJ – 2011) Marcos, Pedro, Marcela e Letícia constituíram uma sociedade empresária de informática e engenharia, sob a forma de sociedade limitada, para prestação de serviços na área de engenharia elétrica e de computação. No contrato constitutivo consta que o capital social monta em R$ 240.000,00 (duzentos e quarenta mil reais), dividido em 1.200 (mil e duzentas) quotas de R$ 200, 00 (duzentos reais) cada, integralizadas no ato constitutivo, divididas as quotas entre os sócios na seguinte proporção: ao sócio Marcos 22%, à sócia Marcela 22%, à sócia Letícia 32% e ao sócio Pedro 24%.

Com base nessa situação hipotética, é correto afirmar que:

(A) sendo omisso o contrato social quanto à matéria, Letícia não poderá ceder suas quotas a terceiro estranho ao corpo societário, mesmo com a anuência de Marcos e Marcela, caso haja discordância de Pedro;
(B) em razão do caráter *intuitu personae* da sociedade limitada, as quotas não podem ser cedidas, salvo se houver expressa previsão contratual e autorização de todos os sócios;
(C) uma vez integralizado o capital social, os sócios Marcos, Pedro, Marcela e Letícia nada mais devem cada qual individualmente à sociedade, nem solidariamente aos credores da pessoa jurídica;
(D) não permite o novo Código Civil a nomeação de administrador da sociedade não sócio, posto que implicaria a quebra da *affectio societatis;*
(E) caso não estivesse integralizado o capital social, poderia o sócio Marcos contribuir para sua formação com bens móveis ou imóveis, dinheiro ou prestação de serviços.

A: incorreta, pois a legislação estabelece como condição para a circulação a inexistência de oposição de percentual superior a 25%, e Pedro possui apenas 24% (CC, art. 1.057); **B:** incorreta, pois há previsão legal de possibilidade de circulação independente de concordância de todos os sócios (CC, art. 1.057); **C:** correta, pois na sociedade limitada a responsabilidade dos sócios é limitada a sua participação no capital social, de forma que devidamente integralizado o capital, não mais se falará em possibilidade de cobrança dos sócios, salvo se caracterizada a fraude necessária para a desconsideração da personalidade jurídica (CC, art. 1.052); **D:** incorreta, por expressa previsão legal (CC, art. 1.060); **E:** incorreta, pois a legislação não admite a integralização de capital, na sociedade limitada, em forma de prestação de serviços (CC, art. 1.053).
Gabarito "C".

(Ministério Público/RJ – 2011) Com relação aos procedimentos de reorganização societária de uma sociedade limitada, é correto afirmar que:

(A) a transformação é a operação pela qual a sociedade muda seu tipo societário, independentemente, porém, de sua dissolução e liquidação, e dependerá da aprovação de no mínimo 4/5 (quatro quintos) dos sócios cotistas;
(B) a fusão é a operação pela qual se unem duas ou mais sociedades para formar sociedade nova, que lhes sucederá em todos os direitos e obrigações, sendo reservado ao sócio dissidente o direito de recesso;
(C) a cisão inadmite via de regra e por força de lei, em qualquer de suas modalidades, transferência total do patrimônio da empresa cindida, posto que sua concretização importa na extinção da sociedade;
(D) os procedimentos de reorganização societária das sociedades limitadas têm como requisito legal o decurso de um ano do registro das sociedades envolvidas no registro do comércio e após a integralização do capital social;
(E) a incorporação é a operação pela qual uma ou mais sociedades são absorvidas por outra, surgindo daí nova sociedade com personalidade jurídica distinta da incorporadora e incorporada(s).

A: incorreta, pois, como regra geral, a transformação exige unanimidade para sua aprovação (CC, art. 1.114); **B:** correta, pois na fusão as sociedades fundidas deixam de existir, havendo a efetiva sucessão e direito de recesso (CC, art. 1.077); **C:** incorreta, pois na cisão parcial, a sociedade original continua existindo, de forma que admite-se a transferência patrimonial (Lei 6.404/1976, art. 243); **D:** incorreta, pois não há tal exigência na lei; **E:** incorreta, pois na incorporação mantém-se a personalidade da sociedade incorporadora, extinguindo-se apenas as incorporadas (CC, art. 1.116).
Gabarito "B".

(Ministério Público/SP – 2011) A respeito de sociedades, a única alternativa correta é:

(A) as sociedades comuns e em comandita simples são personificadas, sendo ilimitada a responsabilidade dos sócios.
(B) nas sociedades em conta de participação, respondem perante terceiros o sócio ostensivo e o participante, e sua personalidade jurídica tem início com o registro do contrato social.
(C) a dissolução judicial da sociedade simples somente pode ser requerida pelo sócio ou sócios majoritários, sendo que a apuração dos haveres depende de balanço especial.
(D) na sociedade limitada, as deliberações para alteração do contrato social são tomadas pelos votos correspondentes, no mínimo, a três quartos do capital social.
(E) nas sociedades cooperativas, a responsabilidade dos sócios é limitada, sendo que as matérias atinentes ao capital social somente podem ser votadas por votos correspondentes a dois terços do capital social.

A: incorreta, pois as sociedades em comum não têm personalidade jurídica própria – art. 986 do CC. Ademais, nas sociedades em comandita simples, apenas os sócios comanditados (gestores da sociedade) respondem solidária e ilimitadamente pelas obrigações sociais – art. 1.045 do CC; **B:** incorreta, pois somente o sócio ostensivo responde perante terceiros – art. 991, parágrafo único, do CC. Ademais, eventual inscrição do instrumento constitutivo da sociedade em conta de participação não confere personalidade jurídica à sociedade – art. 993, *caput, in fine*, do CC; **C:** incorreta, pois qualquer sócio pode requerer a dissolução judicial da sociedade simples, nos casos previstos no art. 1.034 do CC; **D:** correta, conforme o art. 1.076, I, c/c o art. 1.071, V, do CC; **E:** incorreta, pois a responsabilidade dos sócios da cooperativa pode ser limitada ou ilimitada, na forma do art. 1.095 do CC.

Gabarito "D".

2. DIREITO SOCIETÁRIO

(Promotor de Justiça – MPE/AM – FMP – 2015) A respeito da sociedade em conta de participação, considere as seguintes assertivas:

I. Os sócios, nas relações entre si ou com terceiros, somente por escrito podem provar a existência da sociedade, mas os terceiros podem prová-la de qualquer modo.

II. Sem prejuízo do direito de fiscalizar a gestão dos negócios sociais, o sócio participante não pode tomar parte nas relações do sócio ostensivo com terceiros, sob pena de responder solidariamente com este pelas obrigações em que intervier.

III. A falência do sócio ostensivo acarreta a dissolução da sociedade e a liquidação da respectiva conta, cujo saldo constituirá crédito com privilégio geral.

IV. Falindo o sócio participante, o contrato social fica sujeito às normas que regulam os efeitos da falência nos contratos bilaterais do falido.

Quais das assertivas acima estão corretas?

(A) Apenas a I e II.
(B) Apenas a II e III.
(C) Apenas a II e IV.
(D) Apenas a I, III e IV.
(E) Apenas a II, III e IV

I: incorreta, pois a assertiva se refere à sociedade em comum, nos termos do art. 987 do CC. No caso da sociedade em conta de participação, a constituição da sociedade pode ser provada por todos os meios de direito – art. 992 do CC; **II:** correta, nos termos do art. 993, parágrafo único, do CC; **III:** incorreta, pois, no caso de falência do sócio ostensivo, o saldo da conta liquidada constituirá crédito quirografário – art. 994, § 2°, do CC; **IV:** correta, conforme o art. 994, § 3°, do CC.

Gabarito "C".

(Promotor de Justiça – MPE/AM – FMP – 2015) Sobre a deliberação dos sócios na Sociedade Limitada, é CORRETO afirmar que

I. para a designação dos administradores, quando feita em ato separado, são necessários, no mínimo, votos correspondentes a três quartos do capital social.

II. para a modificação do contrato social são necessários, no mínimo, votos correspondentes a três quartos do capital social.

III. para a incorporação, a fusão, a transformação e a dissolução da sociedade, ou a cessação do estado de liquidação são necessários, no mínimo, votos correspondentes a três quartos do capital social.

Quais das assertivas acima estão corretas?

(A) Apenas a II.
(B) Apenas a III.
(C) Apenas a I e III.
(D) Apenas a II e III.
(E) I, II e III.

I: incorreta, pois se exige votos correspondentes a mais da metade do capital social, conforme o art. 1.076, II, c/c art. 1.071, II, do CC. Importante destacar que quando o administrador não for sócio, exige-se aprovação pela unanimidade, enquanto o capital não estiver integralizado, e de 2/3 dos sócios, no mínimo, após a integralização – art. 1.061 do CC.; **II:** correta, conforme o art. 1.076, I, c/c art. 1.071, V, do CC; **III:** incorreta, pois a transformação da sociedade não exige deliberação por ¾ do capital social, bastando a maioria dos votos presentes – art. 1.076, I e III c/c art. 1.071, VI, do CC.

Gabarito "A".

(Ministério Público/PR – 2013 – X) Em relação à sociedade simples cujos sócios sejam exclusivamente pessoas jurídicas, assinale a alternativa *incorreta*:

(A) O contrato de sociedade deve mencionar a denominação, nacionalidade e sede dos sócios;
(B) O contrato de sociedade pode ter forma pública;
(C) O direito brasileiro não admite sociedade simples exclusivamente com sócios pessoas jurídicas;
(D) O contrato deve mencionar a pessoa natural incumbida de administrar a sociedade;
(E) Mesmo tendo apenas pessoas jurídicas como sócios, o contrato deve mencionar se os sócios respondem, ou não, subsidiariamente pelas obrigações sociais.

A: correta, pois trata-se de requisito legal a informação detalhada da composição societária (art. 997, I e II, do CC/2002); **B:** correta, pois a legislação permite que o contrato seja firmado mediante instrumento público ou privado (art. 997, *caput*, do CC/2002); **C:** incorreta, devendo ser assinalada, pois não há tal exigência na legislação, mas sim, pelo contrário, previsão expressa sobre a possibilidade de sócios pessoas físicas ou jurídicas (art. 997, I, do CC/2002); **D:** correta, pois a identificação do administrador é requisito legal (art. 997, VI, CC/2002); **E:** correta, por expressa previsão legal (art. 1.023 do CC/2002).

Gabarito "C".

(Ministério Público/ES – 2013 – VUNESP) Assinale a alternativa correta acerca da sociedade cooperativa.

(A) Dentre suas características, figura a variabilidade ou a dispensa do capital social.
(B) O quorum para a assembleia geral funcionar e deliberar é fundado no capital social representado.
(C) Independentemente de seu objeto, é considerada empresária por força de lei.
(D) A transferibilidade das quotas do capital a terceiros estranhos à sociedade ocorrerá, exclusivamente, por herança.
(E) A responsabilidade dos sócios somente é admitida na forma limitada.

A: correta, nos termos do art. 1.094, I, do Código Civil; **B:** incorreta. Como o capital social pode até mesmo ser dispensado, as deliberações da assembleia geral são tomadas por maioria de votos contados por cabeça (art. 1.094, V, do Código Civil); **C:** incorreta. A sociedade cooperativa é considerada simples por força de lei, independentemente de seu objeto (art. 982, parágrafo único, do Código Civil); **D:** incorreta. Nem mesmo a herança autoriza a transferência das quotas do capital a terceiros estranhos à sociedade (art. 1.094, IV, do Código Civil); **E:** incorreta. Caberá ao estatuto definir a responsabilidade dos cooperados, que poderá ser limitada ou ilimitada (art. 1.095 do Código Civil).

Gabarito "A".

(Ministério Público/ES – 2013 – VUNESP) A operação pela qual a sociedade passa, independentemente de dissolução e liquidação, de um tipo para outro, é a

(A) cisão total.
(B) incorporação.
(C) cisão parcial.
(D) fusão.
(E) transformação.

A operação societária descrita no *caput* é a transformação. Cisão é a divisão da empresa criando uma ou mais empresas novas, deixando a empresa original de existir (cisão total) ou não (cisão parcial). Incorporação é a operação societária na qual uma sociedade absorve integralmente o patrimônio (bens, direitos e dívidas) de outra, que deixa de existir. Fusão, por fim, é a operação societária resultante da união de duas ou mais empresas, após a qual todas deixam de existir e criam uma nova.
Gabarito "E".

(Ministério Público/SP – 2012 – VUNESP) É INCORRETO afirmar:

(A) Na sociedade em nome coletivo todos os sócios são limitados e solidariamente responsáveis pelas obrigações sociais.
(B) Nas sociedades em comandita simples, os sócios comanditados pessoas físicas, respondem solidária e ilimitadamente pelas obrigações sociais, e os comanditários obrigam-se somente pelo valor de suas cotas.
(C) Na sociedade em comandita simples o sócio comanditário pode ser pessoa jurídica, desde que constituída a sociedade de acordo com o disposto no art. 1045, do Código Civil.
(D) A sociedade em conta de participação não é irregular, muito embora não tenha razão social ou firma; não se revele publicamente em face de terceiro e nem tenha patrimônio próprio.
(E) O contrato societário das denominadas sociedades simples deverá necessariamente conter dentre outros requisitos a participação de cada sócio nos lucros e nas perdas (art. 997, CC).

A: correta, pois a sociedade em nome coletivo é uma sociedade de responsabilidade ilimitada (CC, art. 1.039); **B:** correta, por expressa previsão legal, tendo o sócio comanditado tratamento similar ao sócio da sociedade em nome coletivo, e o comanditário, tratamento similar a um sócio de sociedade limitada (CC, art. 1.045); **C:** correta, pois a sociedade em comandita poderá ter sócio comanditário pessoa jurídica, desde que possua ao menos um sócio comanditado pessoa física (CC, at. 1.045); **D:** correta, pois tal sociedade tem previsão legal, sendo uma sociedade despersonificada (CC, art. 991); **E:** incorreta (devendo ser assinalada), pois a previsão de lucros e perdas posse ser definida de maneira implícita, prevalecendo a participação no capital social (CC, art. 997, VII).
Gabarito "E".

(Ministério Público/SP – 2012 – VUNESP) É INCORRETO afirmar:

(A) Nas sociedades limitadas, o contrato social restringe a responsabilidade dos sócios ao valor de suas contribuições ou à soma do capital social.
(B) Sociedade de capital fixo cujo capital é determinado e estável e só pode ser modificado por alteração do contrato.
(C) A sociedade em conta de participação, em razão de sua estrutura econômica é reputada sociedade de capitais.
(D) As sociedades irregulares, denominadas "em comum" pelo Código Civil, são sociedades não personificadas.
(E) As sociedades ilimitadas são aquelas em que todos os sócios assumem responsabilidade ilimitada e solidária relativamente às obrigações.

A: correta, pois na sociedade limitada a responsabilidade dos sócios é restrita ao capital social, existindo a solidariedade entre todos pela integralização do capital geral (CC, art. 1.052); **B:** correta, pois o capital social nas sociedades personificadas decorre da expressa previsão no contrato social, de forma que somente com eventual modificação contratual se permitirá a alteração no valor do capital; **C:** incorreta (devendo ser assinalada), pois a sociedade em conta de participação nem sequer possui personalidade jurídica (CC, art. 991); **D:** correta, pois as sociedades em comum, nova nomenclatura para as sociedades irregulares ou de fato, por não possuírem registro, não gozam de personalidade jurídica (CC, art. 986); **E:** correta, pois se trata de sua própria definição doutrinária.
Gabarito "C".

(Ministério Público/MG – 2012 – CONSULPLAN) A Lei 7.913, publicada em 1989, tem como um de seus fundamentos o princípio da proteção da transparência de informações concebido como sendo o franqueamento das mesmas informações a todos aqueles que têm interesse em realizar investimentos no mercado de capitais, com o intuito de impedir que poucos sejam beneficiados em prejuízo dos demais. Em matéria de defesa dos investidores no mercado de valores mobiliários, é **INCORRETO** afirmar:

(A) Decairá do direito à habilitação o investidor que não o exercer no prazo de 2 (dois) anos, contado da data da publicação do edital, devendo a quantia correspondente ser recolhida como receita da União.
(B) O Ministério Público, apenas quando solicitado pela Comissão de Valores Mobiliários – CVM, adotará as medidas judiciais necessárias para evitar prejuízos ou obter ressarcimento de danos causados aos titulares de valores mobiliários e aos investidores do mercado.
(C) As importâncias decorrentes da reparação do dano reverterão aos investidores lesados, na proporção de seu prejuízo, e ficarão depositadas em juízo até que o investidor, convocado mediante edital, habilite-se ao recebimento da parcela que lhe couber.
(D) Sem prejuízo da ação de indenização do prejudicado, a defesa dos investidores no mercado de valores mobiliários poderá realizar-se através de ação civil pública.

A: correta, por expressa previsão legal (Lei 7.913/1989, art. 2º); **B:** incorreta (devendo ser assinalada), pois o Ministério Público poderá atuar de ofício (Lei 7.913/1989, art. 1º); **C:** correta, por expressa previsão legal (Lei 7.913/1989, art. 2º); **D:** correta, pois a Lei 7.913/1989 não afasta as eventuais medidas individuais que os lesados poderão intentar.
Gabarito "B".

(Ministério Público/SC – 2012) Analise as seguintes assertivas:

I. Segundo o Código Civil, quando trata da sociedade limitada, não integralizada a quota de sócio remisso os outros sócios podem tomá-la para si ou transferi-la a terceiros, excluindo o primitivo titular e devolvendo-lhe o que houver pago, deduzidos os juros da mora, as prestações estabelecidas no contrato mais as despesas.

II. Segundo o Código Civil, na sociedade anônima, o capital social divide-se em ações, obrigando-se cada sócio ou acionista somente pelo preço de emissão das ações que subscrever ou adquirir.
III. A empresa individual de responsabilidade limitada, prevista no Código Civil, também poderá resultar da concentração das quotas de outra modalidade societária num único sócio, independentemente das razões que motivaram tal concentração.
IV. Nas sociedades cooperativas, segundo o Código Civil, cada sócio tem direito a um só voto nas deliberações, tenha ou não capital a sociedade, e qualquer que seja o valor de sua participação.
V. Na sociedade limitada, de acordo com o Código Civil, é vedada a contribuição de sócio que consista em prestação de serviços.

(A) Apenas as assertivas II e IV estão corretas.
(B) Apenas as assertivas II e V estão corretas.
(C) Apenas as assertivas II, IV e V estão corretas.
(D) Apenas as assertivas I, III e IV estão corretas.
(E) Todas as assertivas estão corretas.

I: correta, por expressa previsão legal (CC, art. 1.058); II: correta, por expressa previsão legal (CC, art. 1.088); III: correta, por expressa previsão legal (CC, art. 980-A, § 3º); IV: correta, por expressa previsão legal (CC, art. 1.094); V: correta, por expressa previsão legal (CC, art. 1.055, § 2º).
Gabarito "E".

3. DIREITO CAMBIÁRIO
3.1. TEORIA GERAL

(Procurador da República –28º Concurso – 2015 – MPF) Pelos princípios que regem os títulos de crédito é correto afirmar que:

(A) Caso comprovada a má-fé do emitente do título, ou de um dos portadores precedentes, pode o devedor opor ao atual portador as exceções fundadas em relação pessoal com qualquer daqueles.
(B) O devedor nada pode opor ao portador do título de crédito relativamente às relações pessoais com os portadores precedentes ou mesmo com o emitente do título, salvo se o portador estiver de má-fé.
(C) O devedor não pode ser forçado a "pagar de novo" o crédito quitado perante o credor, ainda que tenha sido cientificado por terceiro acerca da penhora do crédito ou de sua impugnação.
(D) Se existir vício no negócio jurídico que ensejou a obrigação, é possível sempre investigar-se sua causa subjacente, porque a autonomia e a abstração dos títulos de credito não são absolutas.

A: incorreta, pois as exceções, fundadas em relação do devedor com os portadores precedentes, somente poderão ser por ele opostas ao portador atual, se este, ao adquirir o título, tiver agido de má-fé – art. 916 do CC; B: correta, conforme comentário anterior; C: incorreta, pois se o devedor foi cientificado da penhora, não se exonera da obrigação em relação ao crédito – art. 298 do CC; D: incorreta, pois, pelo princípio da abstração, com a circulação há desvinculação do título em relação ao ato ou ao negócio jurídico que deu ensejo à sua criação.
Gabarito "B".

Veja a seguinte tabela sobre os princípios do direito cambiário e classificação dos títulos de crédito:

Princípios do Direito Cambiário
Cartularidade: o documento (cártula) é necessário para o exercício dos direitos cambiários Caso de relativização da *cartularidade:* protesto da duplicata por indicação – art. 13, § 1º, da Lei das Duplicatas
Literalidade: somente aquilo que está escrito no título produz efeitos jurídicos-cambiais. Caso de relativização da *literalidade:* aceite informado por escrito, previsto no art. 29 da Lei Uniforme.

Autonomia: cada obrigação que deriva do título é autônoma em relação às demais – os vícios que comprometem a validade de uma relação jurídica, documentada em título de crédito, não se estendem às demais relações abrangidas no mesmo documento.	Subprincípio da **Abstração:** com a circulação, há desvinculação do título em relação ao ato ou ao negócio jurídico que deu ensejo à sua criação. Caso de relativização da *abstração:* necessidade de se indicar a origem do crédito para habilitação em falência (– art. 9º, II, da Lei de Falências.
	Subprincípio da **Inoponibilidade:** o executado não pode opor exceções pessoais a terceiro de boa-fé.

Classificações dos Títulos de Crédito	
Critério	Espécies
Modelo	– vinculados – livres
Estrutura	– ordem de pagamento – promessa de pagamento
Hipóteses de emissão	– causais – limitados – não causais
Circulação	– ao portador – nominativos à ordem – nominativos não à ordem (ou ao portador, à ordem e nominativos)

(Ministério Público/CE – 2011 – FCC) Sobre o endosso da letra de câmbio e da nota promissória analise as afirmações abaixo:

I. No endosso pignoratício, os coobrigados não podem invocar contra o portador as exceções fundadas sobre as relações pessoais deles com o endossante, a menos que o portador, ao receber a letra, tenha procedido conscientemente em detrimento do devedor.
II. O endosso, que pode ser parcial, deve ser puro e simples, não se admitindo subordiná-lo a condição.
III. O mandato que resulta de um endosso por procuração não se extingue por morte, ou sobrevinda incapacidade legal do mandatário.
IV. O endossante, salvo cláusula em contrário, não é garante da aceitação ou do pagamento da letra.
V. O endossante pode proibir novo endosso, e neste caso, não garante o pagamento às pessoas a quem a letra for posteriormente endossada.

Está correto o que se afirma em
(A) I, II e III.
(B) I, III e V.
(C) II, III e IV.
(D) II, III e V.
(E) II, IV e V.

I: correta, pois pelo princípio da abstração, com a circulação, o título desliga-se do negócio jurídico original, não sendo, com isso, cabível a alegação de exceção pessoal relacionada a o emitente ou endossante; II: incorreta, pois o endosso parcial é nulo (CC, art. 912, parágrafo único); III: correta, por força do princípio da abstração dos títulos de crédito; IV: incorreta, pois por previsão expressa o endossante é garante da aceitação ou pagamento da letra (Decreto 57.663/1969, art. 15); V: correta, por expressa previsão legal. Nesse caso ele praticará endosso (Decreto 57.663/1969, art. 15).
Gabarito "B".

(Ministério Público/RJ – 2011) Caio emitiu em 29 de abril de 2011 uma nota promissória em favor de Ticio no valor de R$ 100.000,00 (cem mil reais), com vencimento para 29 de setembro de 2011. Na véspera do vencimento Ticio endossou a nota promissória para Griselda, menor impúbere, a qual, ainda na véspera do vencimento, endossou-a parcialmente para Felipe, endosso este no valor de R$ 6.500,00 (seis mil e quinhentos reais). A endossante Griselda foi avalizada por Paulo, maior e capaz. Face às características cambiais dessa nota promissória, é correto afirmar que:

(A) por ser menor impúbere e não possuir o pleno gozo da capacidade civil, o endosso feito por Griselda descaracterizou a nota promissória como título de crédito;
(B) avalista é um responsável cambial da mesma forma que a pessoa por ele avalizada. Assim, como Paulo figurou na cártula como avalista de Griselda, avalizando uma obrigação nula, não poderá ser executado cambiariamente por Felipe;
(C) o endossatário Felipe poderá propor ação cambial em face de Paulo pelo valor do aval por ele prestado;
(D) o endosso firmado por Griselda foi parcial. Segundo a Lei Uniforme de Genebra – LUG – sobre letras de câmbio e notas promissórias, o endosso parcial é proibido, gerando a invalidade do título cambial;
(E) caso Caio não quite o título cambial no seu vencimento, o credor poderá ajuizar contra Caio execução por título extrajudicial, desde que antecedida pelo protesto cambial da cártula em tempo hábil e respeitada a prescrição cambial de três anos a partir do vencimento do título.

A: incorreta, pois o vício do ato, pela incapacidade, não invalida o título, pela autonomia das obrigações cambiais; **B:** incorreta, pois a nulidade da obrigação do avalizado, não se comunica com a obrigação do avalista, sendo, portanto, independentes, por força do princípio da autonomia das obrigações cambiais; **C:** correta, pois a obrigação cambial de Paulo é perfeita e, portanto, o vincula ao título; **D:** incorreta, pois a legislação veda o endosso parcial (CC, art. 912, parágrafo único); **E:** incorreta, pois o protesto não é requisito para a cobrança do devedor principal do título, mas apenas dos coobrigados.
Gabarito "C".

(Procurador do Estado/AM – 2016 – CESPE) No que concerne ao direito empresarial em sentido amplo, julgue os itens a seguir.

(1) A promoção prévia de protesto válido do título é condição para que o credor de título de crédito válido mova uma ação de execução contra o devedor principal.
(2) A doutrina relativa ao direito cambiário trata do princípio da abstração, um subprincípio derivado do princípio da autonomia, que destaca a ligação entre o título de crédito e o fato jurídico que deu origem à obrigação que ele representa.
(3) Se um título com prazo de vencimento definido não for tempestivamente pago, o credor poderá mover ação de execução; todavia, verificada alguma nulidade, o juiz pronunciará nula, de ofício ou a requerimento da parte, a execução.

1: incorreta, pois a falta de protesto não afasta do direito de credor contra o devedor principal e seus avalistas; **2:** correto, pois, segundo o subprincípio da abstração, com a circulação há desvinculação do título em relação ao ato ou ao negócio jurídico que deu ensejo à sua criação; **3:** correta, conforme o art. 803, parágrafo único, do CPC.
Gabarito 1E, 2C, 3C.

Veja a seguinte tabela, para estudo e memorização:

	Prazos prescricionais para letras de câmbio e promissórias – art. 70 da Lei Uniforme	Prazos prescricionais para duplicatas – art. 18 da Lei 5.474/1968
Contra o devedor principal (aceitante, na letra – sacado, na duplicata) e seus avalistas	3 anos a contar do vencimento	3 anos a contar do vencimento
Contra os coobrigados – endossantes e seus avalistas (também o sacador, no caso de letra aceita)	1 ano do protesto tempestivo ou do vencimento (se houve cláusula "sem despesas")	1 ano do protesto tempestivo
Regresso dos coobrigados uns contra os outros	6 meses do dia em que o coobrigado pagou o título ou em que ele próprio foi acionado	1 ano da data de pagamento do título

(Ministério Público/Acre – 2014 – CESPE) Acerca do título de crédito, assinale a opção correta.
(A) Não se considera válido e eficaz o título de crédito em que não conste data de vencimento expressa nele próprio.
(B) Uma das características dos títulos de crédito é a literalidade, ou seja, só são extraídos efeitos do título daquilo que estiver nele escrito.

(C) Em regra, considera-se o lugar da emissão do título, quando não indicado expressamente, o domicílio do emitente, e o lugar do pagamento, quando não estipulado, o domicílio do sacado ou do credor beneficiário.
(D) Ao se criar título de crédito, formaliza-se uma promessa unilateral formulada pelo emitente ou sacador, seu criador, que pode ser dirigida, inicialmente, a um número indeterminado de pessoas.
(E) A omissão de requisito legal exigido ao título de crédito implica a invalidação do negócio jurídico que lhe tenha dado origem.

A: incorreta. A ausência de indicação da data de vencimento apenas implica que esse se dará à vista (art. 889, § 1º, do CC); **B:** correta. Por força do princípio da literalidade, somente produzirá efeitos cambiais aquilo que estiver escrito no corpo do título de crédito; **C:** incorreta. Tanto o local de emissão e de pagamento, quando não indicados no título, são considerados como o do domicílio do emitente (art. 889, § 2º, do CC); **D:** incorreta. A uma, porque o título de crédito não consubstancia necessariamente uma promessa: pode estar estruturado na forma de ordem de pagamento, na qual o sacador determina que um terceiro pague certa quantia ao beneficiário. A duas, porque, em regra, os títulos de crédito devem ser nominais, ou seja, deve ser indicado o credor do direito nele previsto. Apenas excepcionalmente se reconhece o título ao portador (cheque com valor inferior a cem reais ou título circulando mediante endosso em branco); **E:** incorreta. O negócio jurídico original permanece íntegro por força do princípio da abstração dos títulos de crédito e do disposto no art. 888 do CC.
Gabarito "B".

(Ministério Público/GO – 2013) A abstração do título de crédito não se aplica à:

(A) letra de câmbio.
(B) nota promissória.
(C) duplicata.
(D) letra financeira do tesouro.

A princípio da abstração, que estabelece a total autonomia do título de crédito em relação ao negócio jurídico que lhe deu origem e permite sua livre circulação por meio de endosso, é mitigado no caso dos títulos causais, aqueles sacados em decorrência de uma situação específica. Dentre todos os títulos listados, apenas a duplicata é causal (é emitida para representar uma compra e venda mercantil com pagamento a prazo maior que 30 dias ou prestação de serviços), portanto, será nula se essa compra e venda inicial também o for.
Gabarito "C".

(Ministério Público/MG – 2013) Quanto aos títulos de crédito, analise as seguintes alternativas e assinale a assertiva INCORRETA:

(A) Enquanto o título de crédito estiver em circulação, só ele poderá ser dado em garantia, ou ser objeto de medidas judiciais, e não, separadamente, os direitos ou mercadorias que representa.
(B) Aquele que, sem ter poderes, ou excedendo os que tem, lança a sua assinatura em título de crédito, como mandatário ou representante de outrem, fica pessoalmente obrigado, e, pagando o título, tem ele os mesmos direitos que teria o suposto mandante ou representado.
(C) O título de crédito pode ser reivindicado do portador que o adquiriu de boa-fé e na conformidade das normas que disciplinam a sua circulação.
(D) A omissão de qualquer requisito legal, que tire ao escrito a sua validade como título de crédito, não implica a invalidade do negócio jurídico que lhe deu origem.

A: assertiva correta, nos termos do art. 895 do CC; **B:** assertiva correta, nos termos do art. 892 do CC; **C:** assertiva incorreta, devendo ser assinalada. Nesse caso, não é possível reivindicar o título, por força do disposto no art. 896 do CC e do próprio princípio da autonomia das relações cambiais; **D:** assertiva correta, nos termos do art. 888 do CC.
Gabarito "C".

(Ministério Público/SP – 2013 – PGMP) Sobre os títulos de crédito, é CORRETO afirmar:

(A) A cláusula que dispensa a observância de formalidades legais nulifica o título de crédito em que inserta.
(B) O emitente de um título de crédito que não contém data de vencimento considerar-se-á em mora quando for notificado pelo credor para pagar e não o fizer no prazo que for assinalado na notificação.
(C) A não inclusão do lugar de emissão e de pagamento do título constitui preterição de formalidade essencial e, por isso, nulifica-o de pleno direito.
(D) Aval é negócio jurídico unilateral de garantia, celebrado em favor de quaisquer dos obrigados cartulares, informal, pessoal e gerador de obrigação subsidiária.
(E) O credor, no vencimento do título, não pode recusar o pagamento parcial.

A: incorreta, pois a cláusula é que poderá ser, nesse caso, nula, já que a formalidade legal não pode, em princípio, ser dispensada por acordo das partes; **B:** incorreta. O título que não contenha indicação de vencimento é à vista – art. 889, § 1º, do CC. A mora do devedor (emitente), no caso, é comprovada pelo protesto – art. 44 da Lei Uniforme – LU (promulgada pelo Decreto 57.663/1966); **C:** incorreta, pois se considera lugar de emissão e de pagamento, quando não indicado no título, o domicílio do emitente – art. 889, § 2º, do CC; **D:** incorreta, pois o aval não é informal (exige escrita na cártula) e, ademais, gera obrigação do avalista equivalente à do avalizado, garantido o direito de regresso – arts. 898 e 899 do CC; **E:** correta, nos termos do art. 902, § 1º, do CC.
Gabarito "E".

(Ministério Público/MG – 2012 – CONSULPLAN) Quanto aos títulos de crédito, é **INCORRETO** afirmar que:

(A) consideram-se não escritas no título a cláusula de juros, a proibitiva de endosso, a excludente de responsabilidade pelo pagamento ou por despesas, a que dispense a observância de termos e formalidade prescritas, e a que, além dos limites fixados em lei, exclua ou restrinja direitos e obrigações.
(B) aquele que, sem ter poderes, ou excedendo os que tem, lança a sua assinatura em título de crédito, como mandatário ou representante de outrem, fica pessoalmente obrigado, e, pagando o título, tem ele os mesmos direitos que teria o suposto mandante ou representado.
(C) o pagamento de título de crédito, que contenha obrigação de pagar soma determinada, não pode ser garantido por aval.
(D) enquanto o título de crédito estiver em circulação, só ele poderá ser dado em garantia, ou ser objeto de medidas judiciais, e não, separadamente, os direitos ou mercadorias que representa.

A: correta, por expressa previsão da lei (CC, art. 890); **B:** correta, por expressa previsão legal (CC, art. 892); **C:** incorreta (devendo

ser assinalada), pois o aval é a forma típica de garantia nos títulos de crédito (CC, art. 897); **D:** correta, por expressa previsão legal (CC, art. 895).
Gabarito "C".

(Ministério Público/PI – 2012 – CESPE) Com referência aos títulos de crédito, assinale a opção correta.

(A) Em virtude de ser lícito o aval em cheque, é possível a proposição de ação monitória contra avalista de cheque prescrito.
(B) Nenhum dos cônjuges pode, sem autorização do outro, exceto no regime da separação absoluta, prestar fiança ou aval.
(C) A nota promissória vinculada a contrato de abertura de crédito goza de autonomia em razão da liquidez do título que a originou.
(D) Em razão da existência de dispositivo legal que não admite cheque "a data certa" ou "a certo termo de vista", a jurisprudência não acolhe pedido de dano moral em virtude de apresentação antecipada de cheque pré-datado.
(E) A simples devolução indevida do cheque não caracteriza dano moral, pois, para tanto, se exige prova de que o ato tenha causado angústia e aborrecimento sério ao prejudicado pela conduta.

A: incorreta, pois o aval é uma garantia cambial, de forma que com a extinção da característica de título de crédito do documento, não se poderá mais falar na existência da garantia cambial e seus efeitos; **B:** correta, por previsão legal expressa (CC, art. 1.647, III); **C:** incorreta, pois por entendimento jurisprudencial, a vinculação do título o faz perder a característica da abstração (STJ, Súmula 258); **D:** incorreta, pois é pacífico na jurisprudência a configuração de responsabilidade pela apresentação antecipada do título (STJ, Súmula 370); **E:** incorreta, pois é pacífico na jurisprudência a configuração do dano pela simples devolução (STJ, Súmula 388).
Gabarito "B".

(Ministério Público/RR – 2012 – CESPE) Assinale a opção correta com relação às ações cambiárias e os títulos de créditos.

(A) Se um dos coemitentes pagar a soma cambiária, ele só poderá acionar o outro emitente para haver a sua cota, tendo essa ação natureza cambiária.
(B) As pessoas acionadas em virtude de uma letra de câmbio não podem, em nenhuma circunstância, opor ao portador exceções fundadas sobre as relações pessoais delas com o sacador ou com os portadores anteriores.
(C) O ingresso da ação cambiária do portador contra os aceitantes e emitentes de uma letra prescreve em um ano a contar da data do protesto; havendo cláusula sem protesto, a prescrição ocorre a partir da data do vencimento do título.
(D) O que diferencia os títulos de crédito dos demais títulos executivos extrajudiciais é a limitação quanto às matérias que possam ser apresentadas em embargos à execução.
(E) O portador de uma letra de câmbio deve obedecer à ordem de preferência para a propositura da ação de execução contra os legitimados passivos.

A: incorreta, pois tal ação não terá natureza cambial; **B:** incorreta, pois há previsão dessa possibilidade de oposição, nas situações em que o tomador tem conhecimento dos eventuais vícios ou exceções (Decreto 57.663/1966, art. 17); **C:** incorreta, pois a lei prevê prazo prescricional de 3 anos contra o aceitante e 6 meses contra os demais (Decreto 57.663/1966, art. 70); **D:** correta, pois se trata de uma das características próprias dos títulos de crédito decorrente da característica da autonomia e da literalidade; **E:** incorreta, pois o portador da letra, após a frustração do recebimento do devedor principal, comprovada pelo protesto tempestivo, poderá valer-se da cobrança de quaisquer dos coobrigados, em situação de solidariedade.
Gabarito "D".

(Ministério Público/RR – 2012 – CESPE) Com relação ao protesto de títulos e outros documentos de dívida, assinale a opção correta.

(A) O protesto por falta de aceite somente poderá ser efetuado depois do vencimento da obrigação e após o decurso do prazo legal para o aceite ou a devolução.
(B) Revogada a ordem de sustação de protesto, será necessário proceder a nova intimação do devedor, sendo a lavratura e o registro do protesto efetivados até o primeiro dia útil subsequente ao do recebimento da revogação.
(C) O protesto de nota promissória deve ser tirado no lugar onde deva ser efetuado o pagamento do título e, na ausência de indicação de local para pagamento, considera-se o lugar do domicílio do sacado.
(D) A averbação de retificação de erros materiais pelo serviço poderá ser efetuada de ofício ou a requerimento do interessado, sendo devidos os emolumentos pela citada averbação.
(E) Cláusula sem protesto inserida no título pelo sacador produz efeitos em relação a todos os obrigados pela letra; inserida pelo endossante ou avalista somente produzirá efeitos em relação a esse endossante ou avalista.

A: incorreta, pois o protesto por falta de aceite somente poderá ser feito antes do prazo de vencimento (Lei 9.492/1997, art. 21); **B:** incorreta, pois há previsão legal expressa pela desnecessidade de nova intimação (Lei 9.492/1997, art. 17, § 2º); **C:** incorreta, pois na falta de indicação, considera-se o local designado ao lado do nome do sacado (Decreto 57.663/1966, art. 2º); **D:** incorreta, pois na retificação de erros materiais, não são devidos emolumentos (Lei 9.492/1994, art. 25, § 2º); **E:** correta, por expressa previsão legal (Decreto 57.663/1966, art. 46).
Gabarito "E".

3.2. TÍTULOS EM ESPÉCIE

(Promotor de Justiça – MPE/AM – FMP – 2015) Para o exercício do direito de cobrança dos valores constantes da letra de câmbio por meio da ação de execução, a Lei Uniforme fixou os seguintes prazos prescricionais:

I. todas as ações contra o aceitante relativas a letras prescrevem em três anos a contar do seu vencimento.
II. prescrevem em três anos, a contar da data do protesto feito em tempo útil, ou da data do vencimento, se se trata de letra que contenha cláusula "sem despesas", as ações contra o avalista do devedor principal.
III. As ações dos endossantes uns contra os outros e contra o sacador prescrevem em seis meses a contar do dia em que o endossante pagou a letra ou em que ele próprio foi acionado.
IV. A ação do portador contra o sacador prescreve num ano, a contar da data do protesto feito em tempo útil, ou da data do vencimento, se se trata de letra que contenha cláusula "sem despesas".

Quais das assertivas acima estão corretas?
(A) Apenas a I e II.
(B) Apenas a II e III.
(C) Apenas a II e IV.
(D) Apenas a I, III e IV.
(E) I, II, III e IV.

I: correta, conforme o art. 70 da Lei Uniforme – LU (promulgada pelo Decreto 57.663/1966); II: incorreta, pois o prazo prescricional para a ação contra o avalista é o mesmo do avalizado, no caso, o do devedor principal, que é de três anos contados do vencimento – art. 70 da LU; III: correta, conforme o art. 70 da LU; IV: correta, conforme o art. 70 da LU.
Gabarito "D".

Veja a seguinte tabela, para estudo e memorização:

	Prazos prescricionais para letras de câmbio e promissórias – art. 70 da Lei Uniforme	Prazos prescricionais para duplicatas – art. 18 da Lei 5.474/1968
Contra o devedor principal (aceitante, na letra – sacado, na duplicata) e seus avalistas	3 anos a contar do vencimento	3 anos a contar do vencimento
Contra os coobrigados – endossantes e seus avalistas (também o sacador, no caso de letra aceita)	1 ano do protesto tempestivo ou do vencimento (se houve cláusula "sem despesas")	1 ano do protesto tempestivo
Regresso dos coobrigados uns contra os outros	6 meses do dia em que o coobrigado pagou o título ou em que ele próprio foi acionado	1 ano da data de pagamento do título

(**Ministério Público/Acre – 2014 – CESPE**) A respeito do cheque, assinale a opção correta.

(A) Em caso de cheque não pago pelo sacado, é desnecessário o protesto para cobrar de avalista do emitente do cheque.
(B) A revogação da ordem de pagamento consubstanciada no cheque pode ser feita pelo emitente e pelo portador legitimado.
(C) É nulo o cheque em que se insira cláusula de juros compensatórios.
(D) Para se valer de ação monitória contra o emitente, usando como prova da obrigação um cheque prescrito, deve o requerente declinar, na petição inicial, do negócio jurídico subjacente.
(E) Antes de pagar o cheque a endossatário, a instituição bancária deve averiguar a regularidade e autenticidade das assinaturas constantes da cadeia de endossos.

A: correta. Como o emitente do cheque é o seu devedor principal, o protesto contra seu avalista, que ocupa posição equivalente, é facultativo para a cobrança do valor representado pela cártula (art. 47, I, da Lei 7.357/1985); **B**: incorreta. Apenas o emitente pode emitir a contraordem de pagamento (art. 35 da Lei 7.357/1985); **C**: incorreta. O cheque não é nulo, só a cláusula que se considera não escrita (art. 10 da Lei 7.357/1985); **D**: incorreta. O cheque é título de crédito não causal, de forma que, por força do princípio da abstração dos títulos de crédito, desvincula-se totalmente do negócio jurídico que lhe deu origem; **E**: incorreta. Não cabe ao sacado verificar a autenticidade das assinaturas, somente a regularidade da cadeia de endossos (art. 39 da Lei 7.357/1985).
Gabarito "A".

(**Ministério Público/Acre – 2014 – CESPE**) João, durante viagem de Maceió – AL a Rio Branco – AC, perdeu uma pasta que continha títulos ao portador, que seriam apresentados a Paulo, e títulos da dívida pública ao portador, emitidos pelo estado do Acre e cujo valor pretendia resgatar. Ao constatar a perda, João retornou a Maceió – AL, e procurou um advogado. Este resolveu propor duas ações de anulação e substituição dos títulos, elegendo como foro a cidade de Maceió – AL, domicílio do credor. Ao indagar ao advogado se deveria providenciar alguma prova imediata, João foi informado de que Paulo e o estado do Acre seriam citados para apresentar contestação e para não efetuar o pagamento dos referidos títulos e que, só então, seria necessário produzir provas. João perguntou, ainda, se haveria necessidade de citação de terceiros interessados, tendo o advogado respondido que não e que bastaria a citação por edital do detentor do título. Considerando essa situação hipotética, assinale a opção correta.

(A) É procedente a informação de que o procedimento padrão é a citação de Paulo e do estado do Acre para apresentarem contestação.
(B) É procedente a informação do advogado a respeito da citação, por edital, do detentor do título e da desnecessidade de citação de terceiros interessados.
(C) Agiu corretamente o advogado ao eleger a comarca de Maceió – AL, foro do credor, para a propositura das demandas.
(D) Agiu corretamente o advogado ao propor demanda para anular e substituir os títulos ao portador da dívida pública do estado do Acre.
(E) Equivocou-se o advogado ao dispensar João da produção imediata de provas a respeito de suas alegações, dada a necessidade de justificação do alegado.

A: incorreta. São citados para a ação de anulação e substituição de títulos ao portador o detentor do título e eventuais terceiros interessados (art. 908, I, do Código de Processo Civil); **B**: incorreta. O detentor do título será citado conforme as regras usuais do CPC (por correio ou pessoalmente) e os terceiros interessados devem ser citados por edital (art. 908, I, do Código de Processo Civil); **C**: incorreta. A ação de anulação e substituição de títulos ao portador segue a regra geral de competência e deve ser proposta, portanto, no foro do domicílio do réu (art. 94 do Código de Processo Civil); **D**: incorreta. O art. 71 da Lei 4.728/1965, que regula o mercado de capitais, afasta a possibilidade de anulação e substituição de títulos da dívida pública federal, estadual ou municipal; **E**: correta. A justificação das razões alegadas pelo autor da ação de anulação e substituição de títulos ao portador precede à citação do detentor e demais interessados (art. 909 do Código de Processo Civil), a fim de que não se instaure o processo e se perturbe a circulação do título sem um mínimo de comprovação da verossimilhança do alegado.

Gabarito "E".

(Procurador da República – PGR – 2013) EM RELAÇÃO À DUPLICATA, É CORRETO AFIRMAR QUE:

(A) O foro competente para a cobrança judicial é o da praça de pagamento constante do título ou outra do domicílio do vendedor.
(B) A duplicata virtual é representada documentalmente pela emissão do chamado boleto bancário.
(C) O prazo para protesto é de 60 dias e começa a fluir a partir da data de sua apresentação.
(D) A duplicata virtual e o boleto bancário representam título executivo, nos termos exigidos pela lei.

A: incorreta, pois o foro competente para a cobrança judicial da duplicata ou da triplicata é o da praça de pagamento constante do título, ou outra do domicílio do comprador (não do vendedor) e, no caso de ação regressiva, a dos sacadores, dos endossantes e respectivos avalistas – art. 17 da Lei das Duplicatas – LD (Lei 5.474/1968); **B**: correta, conforme o art. 8º, parágrafo único, da Lei 9.492/1997 e art. 13 da LD; **C**: incorreta, pois o prazo para protesto da duplicata é de 30 dias contados do vencimento – art. 13, § 4º, da LD; **D**: incorreta, pois o boleto bancário em si não é título executivo listado no art. 784 do NCPC.

Gabarito "B".

(Ministério Público/ES – 2013 – VUNESP) A duplicata, quando não for à vista, deverá ser devolvida pelo comprador ao apresentante dentro do prazo previsto em lei, contado da data de sua apresentação, devidamente assinada ou acompanhada de declaração, por escrito, contendo as razões da falta de aceite. Referido prazo é de

(A) 2 dias.
(B) 30 dias.
(C) 10 dias.
(D) 15 dias.
(E) 5 dias.

O prazo para aceite do sacado na duplicata não emitida à vista é de 10 dias, nos termos do art. 7º da Lei 5.474/1968.

Gabarito "C".

(Ministério Público/RR – 2012 – CESPE) Com relação aos títulos de crédito comercial, industrial, à exportação, rural e imobiliário, assinale a opção correta.

(A) A cédula e a nota de crédito à exportação são títulos causais resultantes de financiamento à exportação ou à produção de bens destinados à exportação, não constitutivos de meras promessas de pagamento, em razão do caráter especialíssimo de tais cártulas.
(B) A nota promissória e a duplicata rural são títulos de crédito rural fundados em operações de compra e venda de natureza rural, contratadas a prazo, constitutivas de financiamentos no âmbito do crédito rural.
(C) A letra de crédito imobiliário é título causal emitido por instituição financeira como promessa de pagamento, com lastro em crédito imobiliário decorrente de hipoteca ou alienação fiduciária.
(D) A nota de crédito comercial é um título causal resultante do financiamento obtido por empresas no mercado financeiro, com promessa de pagamento e garantia real, incorporada à própria cártula.
(E) A cédula de crédito industrial é um título causal resultante de financiamento obtido por empresas nas bolsas de valores, com promessa de pagamento, mas sem garantia real.

A: incorreta, pois a nota de crédito a exportação é promessa de pagamento em dinheiro, assim como a nota promissória, sem garantia real, que ostenta privilégio especial sobre determinados bens (Lei 6.313/1975, art. 5º); **B**: incorreta, pois são títulos representativos de dívida, não constitutivos de financiamento (Decreto-lei 167/1967, art. 9º); **C**: correta, por expressa definição legal (Lei 10.931/2004, art. 12; **D**: incorreta, pois a nota comercial não possui garantia real, mas apenas privilégio especial em relação a determinados bens (Lei 6.840/1980, art. 5º); **E**: incorreta, pois a cédula de crédito industrial goza de garantia real (Decreto-lei 413/1969, art. 9º).

Gabarito "C".

(Ministério Público/SP – 2012 – VUNESP) Considere:

I. Nota promissória é promessa escrita de pagamento de certa soma em dinheiro; nasce com a assinatura do devedor.
II. O aceite é instituto típico da letra de câmbio; é o ato de vontade materializado pela oposição de assinatura no título, mediante a qual o sacado concorda com a ordem do sacador, tornando-se o principal responsável da quantia expressa na letra de câmbio na data de seu vencimento.
III. O prazo de apresentação do cheque ao banco, para pagamento é 60 dias.
IV. A letra de câmbio é ordem de pagamento à vista ou a prazo de quantia determinada.
V. A duplicata comercial é título de crédito de emissão obrigatória pelo vendedor, representando o crédito decorrente de uma venda mercantil.

Está correto o que se afirma APENAS em:

(A) II e III.
(B) I, II e III.
(C) I.
(D) I, II e IV.
(E) III, IV e V.

I: correta, pois se trata do próprio conceito de nota promissória, configuradora de promessa de pagamento (Decreto 57.663/1966, art. 75); II: correta, pois o aceite nada mais é do que a aceitação formal, pelo sacado, indicado na letra, com a materialização da obrigação indicada no documento (Decreto 57.663/1966, art. 25); III: incorreta, pois o prazo de apresentação pode ser de 30 ou 60 dias, a depender de ser cheque pagável na mesma praça de emissão, ou em praça distinta (Lei 7.357/1985, art. 33); IV: correta, por definição legal (Decreto 57.663/1966, art. 1º); V: incorreta, pois a duplicativa é título de crédito de emissão facultativa, já que o credor a emite apenas se pretender circular seu crédito.

Gabarito "D".

(Ministério Público/SP – 2011) Considere as seguintes assertivas, relacionadas com Títulos de Crédito:

I. o aval dado, na duplicata, após o vencimento produz o mesmo efeito daquele prestado anteriormente ao vencimento;
II. a ação de execução do cheque prescreve em 6 (seis) meses da data do vencimento da cártula;
III. na Nota Promissória, seu subscritor não responde da mesma forma que o aceitante da Letra de Câmbio;

IV. a Cédula de Produto Rural (CPR) é Título de Crédito próprio, sendo exigível o protesto para assegurar o direito de regresso contra avalistas.

Pode-se afirmar que está correto apenas o contido em:

(A) I.
(B) II.
(C) I e II.
(D) II e III.
(E) III e IV.

I: correta, conforme o art. 900 do CC e art. 12, parágrafo único, da LD (Lei 5.474/1968); II: incorreta, pois o prazo prescricional para a ação de execução do cheque é de 6 meses contados da expiração do prazo de apresentação (que é de 30 ou 60 dias contados da emissão, se for emitido no lugar do pagamento ou fora dele, respectivamente) – art. 59 c/c art. 33 da LC (Lei 7.357/1985) – ou seja, o prazo prescricional é de aproximadamente 210 a 240 dias contados da emissão do cheque; III: incorreta, pois o emitente ou subscritor da nota promissória é o devedor principal (quem promete pagar o valor), assim como o aceitante da letra de câmbio (que aceita pagar); IV: incorreta, pois, a exemplo das cédulas de crédito comercial, industrial e rural, é dispensável o protesto da cédula de produto rural para assegurar o direito de regresso contra os avalistas – art. 10, III, da Lei 8.929/1994 – ver também art. 52 do DL 413/1969 e art. 60 do DL 167/1967.

Gabarito "A".

4. DIREITO CONCURSAL – FALÊNCIA E RECUPERAÇÃO

4.1. ASPECTOS GERAIS

(Promotor de Justiça – MPE/BA – CEFET – 2015) Assinale a alternativa INCORRETA sobre a recuperação judicial e falência, conforme a Lei 11.101/2005:

(A) A lei não se aplica a empresas públicas e sociedades de economia mista, dentre outras hipóteses legais.
(B) O Ministério Público pode apresentar ao juiz impugnação contra a relação de credores, apontando a ausência de qualquer crédito ou manifestando-se contra a legitimidade, importância ou classificação de crédito relacionado.
(C) O Ministério Público tem legitimidade para recorrer contra a decisão judicial que conceder a recuperação judicial.
(D) O Ministério Público pode propor ação revocatória no prazo de 3 (três) anos contados da decretação da falência para salvaguardar o interesse de credores e a massa falida.
(E) Na realização do ativo, durante o processo falimentar, é dispensada a oitiva do Ministério Público.

A: correta, nos termos do art. 2º da Lei de Recuperação e Falência – LF (Lei 11.101/2005); **B:** correta, conforme o art. 8º da LF; **C:** correta, cabendo agravo nos termos do art. 59, § 2º, da LF; **D:** correta, nos termos do art. 132 da LF; **E:** incorreta, pois a participação do Ministério Público é obrigatória, sob pena de nulidade – ver art. 142, § 7º, da LF.

Gabarito "E".

(Ministério Público/Acre – 2014 – CESPE) No que se refere à atuação do MP no processo de falência e recuperação judicial, assinale a opção correta.

(A) O MP assume a legitimidade para a propositura da ação revocatória de atos do falido apenas se, no prazo de três anos, não a propuserem a própria massa falida ou os credores.

(B) A lei falimentar não prevê a participação obrigatória do MP na fase pré-falimentar do processo.
(C) É desnecessária a intimação pessoal do MP caso a alienação dos bens do ativo do falido se faça na forma de propostas fechadas, bastando intimação posterior à abertura das propostas.
(D) O MP não pode, a fim de apontar crédito não incluído, apresentar impugnação à primeira relação de credores preparada pelo administrador, visto que, de acordo com previsão legal, a legitimidade é exclusiva do credor.
(E) O MP não tem legitimidade para recorrer da decisão que defira o processamento do pedido de recuperação judicial.

A: incorreta. Três anos é justamente o prazo prescricional para a propositura da ação revocatória. Cabe ao Ministério Público propô-la antes desse interregno (art. 132 da Lei 11.101/2005); **B:** correta. Com efeito, o Ministério Público passa a atuar somente após a decretação da quebra pelo juiz. Antes disso, entende-se que se trata de uma lide individual entre credor e devedor; **C:** incorreta. É obrigatória a intimação pessoal do membro do Ministério Público (art. 142, § 7º, da Lei 11.101/2005); **D:** incorreta. A legitimidade do MP está prevista no art. 8º da Lei 11.101/2005; **E:** incorreta. A legitimidade recursal do MP está prevista no art. 59, § 2º, da Lei 11.101/2005.

Gabarito "B".

(Ministério Público/MG – 2013) Quanto à recuperação judicial, a extrajudicial e a falência do empresário e da sociedade empresária, analise as seguintes alternativas e assinale a assertiva INCORRETA:

(A) O devedor, qualquer credor ou o Ministério Público poderá requerer ao juiz a substituição do administrador judicial ou dos membros do Comitê de Credores nomeados em desobediência aos preceitos legais.
(B) O administrador judicial, o Comitê de Credores, qualquer credor ou o representante do Ministério Público poderá, até o encerramento da recuperação judicial ou da falência, observado, no que couber, o procedimento ordinário previsto no CPC, pedir a exclusão, outra classificação ou a retificação de qualquer crédito, nos casos de descoberta de falsidade, dolo, simulação, fraude, erro essencial ou, ainda, documentos ignorados na época do julgamento do crédito ou da inclusão no quadro-geral de credores.
(C) São revogáveis os atos praticados com a intenção de prejudicar credores, provando-se o conluio fraudulento entre o devedor e o terceiro que com ele contratar e o efetivo prejuízo sofrido pela massa falida, cabendo a interposição de ação revocatória que deverá ser proposta pelo administrador judicial, por qualquer credor ou pelo Ministério Público no prazo de cinco anos contado da decretação da falência.
(D) No prazo e na forma legal, o Comitê de Credores, qualquer credor, o devedor ou seus sócios ou o Ministério Público podem apresentar ao juiz impugnação contra a relação de credores, apontando a ausência de qualquer crédito ou manifestando-se contra a legitimidade, importância ou classificação de crédito relacionado.

A: assertiva correta, nos termos do art. 30, § 2º, da Lei 11.101/2005; **B:** assertiva correta, nos termos do art. 19 da Lei 11.101/2005; **C:** assertiva incorreta, devendo ser assinalada. O prazo prescricional para a propositura da ação revocatória é de **três** anos (art. 132 da Lei 11.101/2005); **D:** assertiva correta, nos termos do art. 8º da Lei 11.101/2005.

Gabarito "C".

(Ministério Público/SC – 2012) Analise as seguintes assertivas:

I. A Lei 11.101/2005, que trata da recuperação e falência da empresa, disciplina que é competente para homologar o plano de recuperação extrajudicial, deferir a recuperação judicial ou decretar a falência o juízo do local do principal estabelecimento do devedor ou da filial de empresa que tenha sede fora do Brasil.

II. De acordo com a Lei 11.101/2005, o administrador judicial, tanto para a recuperação judicial quanto para a falência, será nomeado pelo juiz e deverá ser um profissional idôneo, preferencialmente advogado, economista, administrador de empresas ou contador. Por outro lado, a referida lei admite que, tanto na falência quanto na recuperação judicial, seja nomeada uma pessoa jurídica especializada para exercer as atividades de administrador judicial.

III. Segundo a Lei 11.101/2005, o proprietário de bem arrecadado no processo de falência ou que se encontre em poder do devedor na data da decretação da falência poderá pedir sua restituição. Se a coisa não mais existir ao tempo do pedido de restituição, o requerente receberá o valor da avaliação do bem, ou, no caso de ter ocorrido a venda, o respectivo preço, em ambos os casos o montante será atualizado. Em qualquer das hipóteses acima, a restituição será efetuada com preferência a todos os demais créditos previstos na lei que dispõe sobre a recuperação judicial, extrajudicial e a falência do empresário e da sociedade empresária.

IV. A Lei 11.101/2005 dispõe que o credor empresário, no ato do pedido de falência, apresentará certidão do Registro Público de Empresas Mercantis que comprove a regularidade de suas atividades. Acolhido o pedido de falência, a lei exige que o credor solicitante apresente caução referente às custas e eventual pagamento da indenização. Esta exigência legal de caução independe do domicílio do credor.

V. A decisão que decreta a falência da sociedade com sócios ilimitadamente responsáveis, segundo a Lei 11.101/05, também acarreta a falência destes, que ficam sujeitos aos mesmos efeitos jurídicos produzidos em relação à sociedade falida e, por isso, deverão ser citados para apresentar contestação, se assim o desejarem. Desta forma, estes sócios passam a ser considerados falidos e, portanto, os seus bens tornam-se indisponíveis.

(A) Apenas as assertivas I e III estão corretas.
(B) Apenas as assertivas III, IV e V estão corretas.
(C) Apenas as assertivas I, II e V estão corretas.
(D) Apenas as assertivas II e IV estão corretas.
(E) Todas as assertivas estão corretas.

I: correta, por expressa previsão legal, considerando que o principal estabelecimento, para fins de falência, é aquele em que se encontra o poder da empresa, no aspecto econômico e administrativo (Lei 11.101/2005, art. 3º); II: correta, por expressa previsão legal (Lei 11.101/2005, art. 21); III: incorreta, pois a restituição dos bens ou o pagamento dos valores correspondentes aos bens não passíveis de restituição não tem preferência em relação à antecipação de verbas trabalhistas, salariais, limitada a cinco salários mínimos por empregado (Lei 11.101/2005, art. 151); IV: incorreta, pois a necessidade de prestação de caução somente se aplica aos casos de credor com domicílio no exterior (Lei 11.101/2005, art. 97, § 2º); V: correta, pois a lei estabelece a extensão dos efeitos da falência aos sócios de responsabilidade ilimitada, ou seja, sócios de sociedades em comum, em nome coletivo, em comandita simples e em comandita por ações (Lei 11.101/2005, art. 81).

Gabarito "C".

4.2. FALÊNCIA

(Procurador do Estado/AM – 2016 – CESPE) Ainda com relação ao direito empresarial em sentido amplo, julgue os itens que se seguem.

(1) Se a falência for decretada por sentença em processo de falência, todos os bens do falido tornar-se-ão indisponíveis, mesmo aqueles que façam parte das atividades normais do devedor, se autorizada a continuação provisória destas.

(2) Aberto um processo de falência, as ações em que se demande quantia ilíquida contra o falido permanecerão sendo processadas no juízo original da ação.

(3) Caso, em decisão com trânsito em julgado, o réu tenha sido condenado ao pagamento de determinado valor ao autor, a sentença poderá ser objeto de protesto, se, no prazo legal, o réu não realizar o pagamento.

(4) Sociedade empresária poderá ser registrada tanto nos órgãos de registro de comércio quanto nos cartórios de títulos, devendo a sociedade simples ser obrigatoriamente registrada em cartório de registro de pessoas jurídicas.

1: incorreta, pois a indisponibilidade não impede a alienação dos bens cuja venda faça parte das atividades normais do devedor, se autorizada a continuação provisória – art. 99, VI, da LF; **2:** correta, conforme o art. 6º, § 1º, da LF; **3:** correta, nos termos dos arts. 517 e 528, § 1º, do CPC; **4:** incorreta, pois o empresário e a sociedade empresária vinculam-se ao Registro Público de Empresas Mercantis a cargo das Juntas Comerciais, e a sociedade simples ao Registro Civil das Pessoas Jurídicas – art. 1.150 do CC.

Gabarito 1E, 2C, 3C, 4E.

(Ministério Público/ES – 2013 – VUNESP) Julgadas as contas do administrador judicial, ele apresentará o relatório final da falência, indicando o valor do ativo e o produto de sua realização, o valor do passivo e o dos pagamentos feitos aos credores e especificará justificadamente as responsabilidades com que continuará o falido. O prazo fixado em lei para que o administrador judicial apresente o referido relatório é de

(A) 45 dias.
(B) 15 dias.
(C) 10 dias.
(D) 5 dias.
(E) 60 dias.

O prazo para o administrador judicial entregar seu relatório final é de 10 dias (art. 155 da Lei 11.101/2005).

Gabarito "C".

(Ministério Público/GO – 2013) Caso o falido não apresente, no prazo máximo de 05 dias, relação nominal dos credores, Indicando endereço, importância, natureza e classificação dos respectivos créditos:

(A) terá sua prisão administrativa decretada.
(B) terá sua prisão civil decretada.

(C) estará sujeito à desobediência.
(D) não estará sujeito a qualquer tipo de penalidade.

No caso proposto, incidirá o falido no crime de desobediência (art. 99, III, da Lei 11.101/2005).
Gabarito "C".

(Ministério Público/GO – 2012) Sobre a falência e a recuperação judicial, leia as afirmações abaixo e, em seguida, assinale a alternativa correta.

I. A decretação da falência ou o deferimento do processamento da recuperação judicial suspende o curso da prescrição e de todas as ações e execuções em face do devedor, exceto aquelas dos credores particulares do sócio solidário.
II. Da decisão que decretar a falência cabe agravo, e da sentença que julga a improcedência do pedido cabe apelação.
III. O devedor não poderá desistir do pedido de recuperação judicial após o deferimento de seu processamento, salvo se obtiver aprovação da desistência na assembleia geral de credores.
IV. A sentença de cumprimento de recuperação judicial é declaratória de extinção das obrigações do devedor.
V. A Lei de Recuperação das Empresas estabelece um procedimento para falência calcada na impontualidade e outro, para a falência arrimada nos atos presuntivos de insolvência.

(A) Somente as afirmativas II e III estão corretas.
(B) Somente as afirmativas I, II e V estão corretas.
(C) Somente as afirmativas III, IV e V estão corretas.
(D) Todas as afirmativas estão corretas.

I: incorreta, pois a execução fiscal não será afetada, nem pela falência e nem pela recuperação judicial (Lei 11.101/2005, art. 6º); II: correta, por expressa previsão legal (Lei 11.101/2005, art. 100); III: correta, por expressa previsão legal (Lei 11.101/2005, art. 52, § 4º); IV: incorreta, pois a sentença de extinção da recuperação somente implica na extinção do processo, não significando, necessariamente, que todas as obrigações constantes do plano de recuperação estejam extintas (Lei 11.101/2005, art. 63); V: incorreta, pois os procedimentos do processo de falência são pela legitimidade ativa, não pelo fundamento da insolvência falimentar, ou seja, haverá um procedimento no caso de pedido feito pelo próprio empresário e outro para pedidos feitos por terceiros (Lei 11.101/2005, art. 105).
Gabarito "A".

(Ministério Público/SP – 2012 – VUNESP). Em relação à falência, considere:

I. São excluídas da falência as sociedades de economia mista, as empresas públicas, as câmaras de compensação e de liquidação financeira e as entidades fechadas de previdência complementar.
II. Para se decretar a falência da sociedade empresária exige-se a comprovação da insuficiência do ativo para a solvência do passivo.
III. Na falência requerida com fundamento na tríplice omissão a lei não exige que o título objeto da execução tenha valor mínimo.
IV. Configura ato de falência (art. 94, inc. III, da Lei 11.101/2005) a transferência do estabelecimento comercial a terceiro, credor ou não, com o consentimento de todos os credores.

V. A competência para a apreciação do processo falimentar, quando a empresa possui mais de um estabelecimento comercial situados em locais abrangidos por diferentes foros, é aquele em que se localiza a matriz da sociedade, assim indicada no contrato societário.

Está correto o que se afirma APENAS em:
(A) I e IV.
(B) I e III.
(C) II, III e IV.
(D) IV e V.
(E) V.

I: correta, por expressa previsão legal (Lei 11.101/2005, art. 2º); II: incorreta, pois não há qualquer procedimento de mensuração de ativos e de passivos do empresário na faze pré-falencial, mas somente na fase posterior à decretação da falência, não se podendo falar que tal demonstração seja requisito (Lei 11.101/2005, art. 94); III: correta, pois o valor mínimo de 40 salários mínimos somente se aplica aos casos de impontualidade injustificada (Lei 11.101/2005, art. 94, I); IV: incorreta, pois somente se configura o ato de falência a venda sem o consentimento dos credores (Lei 11.101/2005, at. 94, III); V: incorreta, pois se considera o local do principal estabelecimento, considerado o aspecto econômico, e não necessariamente o jurídico, indicado no contrato (Lei 11.101/2005, art. 3º).
Gabarito "B".

(Ministério Público/CE – 2011 – FCC) Inexistindo, na falência, outros créditos, exceto os mencionados nas alternativas abaixo, classificam-se na seguinte ordem, sucessivamente:

(A) os créditos derivados da legislação do trabalho, limitados a 150 (cento e cinquenta) salários mínimos por credor, e os decorrentes de acidentes de trabalho; créditos tributários, independentemente da sua natureza e tempo de constituição, excetuadas as multas tributárias; créditos com garantia real até o limite do valor do bem gravado; os créditos quirografários; os créditos com privilégio geral; os créditos com privilégio especial.
(B) os créditos derivados da legislação do trabalho, limitados a 150 (cento e cinquenta) salários mínimos por credor, e os decorrentes de acidentes de trabalho; créditos com garantia real até o limite do valor do bem gravado; créditos tributários, independentemente da sua natureza e tempo de constituição, excetuadas as multas tributárias; os créditos com privilégio geral, os créditos com privilégio especial, os créditos quirografários.
(C) créditos tributários, independentemente da sua natureza e tempo de constituição, excetuadas as multas tributárias; créditos com garantia real até o limite do valor do bem gravado; os créditos derivados da legislação do trabalho, limitados a 150 (cento e cinquenta) salários mínimos por credor, e os decorrentes de acidentes de trabalho; os créditos quirografários, os créditos com privilégio especial, os créditos com privilégio geral.
(D) os créditos derivados da legislação do trabalho, limitados a 150 (cento e cinquenta) salários mínimos por credor, e os decorrentes de acidentes de trabalho; créditos com garantia real até o limite do valor do bem gravado; créditos tributários, independentemente da sua natureza e tempo de constituição, excetuadas as multas tributárias; os créditos com privilégio especial; os créditos com privilégio geral; os créditos quirografários.

(E) créditos com garantia real até o limite do valor do bem gravado; os créditos derivados da legislação do trabalho, limitados a 150 (cento e cinquenta) salários mínimos por credor, e os decorrentes de acidentes de trabalho; créditos tributários, independentemente da sua natureza e tempo de constituição, excetuadas as multas tributárias; os créditos com privilégio geral, os créditos com privilégio especial.

Os créditos, na falência, serão pagos conforme a ordem estabelecidas nos artigos 83 e 84 da Lei, demonstrada na tabela abaixo. **A:** incorreta, pois o credo com garantia real tem prioridade sobre o tributário; **B:** incorreta, pois os créditos com privilégio especial têm preferência sobre os créditos com privilégio geral; **C:** incorreta, pois os créditos com garantia têm prioridade sobre os créditos tributários; **D:** correta, pois respeitam a exata disposição legal; **E:** incorreta, pois os créditos trabalhistas têm prioridade sobre os de garantia real.

Gabarito "D".

Ordem de classificação dos créditos na falência (art. 83 da LF)
1º – os créditos derivados da legislação do trabalho, limitados a 150 (cento e cinquenta) salários mínimos por credor, os decorrentes de acidentes de trabalho. Também os créditos equiparados a trabalhistas, como os relativos ao FGTS (art. 2º, § 3º, da Lei 8.844/1994) e os devidos ao representante comercial (art. 44 da Lei 4.886/1965).
2º – créditos com garantia real até o limite do valor do bem gravado (será considerado como valor do bem objeto de garantia real a importância efetivamente arrecadada com sua venda, ou, no caso de alienação em bloco, o valor de avaliação do bem individualmente considerado).
3º – créditos tributários, independentemente da sua natureza e tempo de constituição, excetuadas as multas tributárias.
4º – com privilégio especial (= os previstos no art. 964 do CC; os assim definidos em outras leis civis e comerciais, salvo disposição contrária da LF; aqueles a cujos titulares a lei confira o direito de retenção sobre a coisa dada em garantia e aqueles em favor dos microempreendedores individuais e das microempresas e empresas de pequeno porte de que trata a LC 123/2006).
5º – créditos com privilégio geral (= os previstos no art. 965 do CC; os previstos no parágrafo único do art. 67 da LF; e os assim definidos em outras leis civis e comerciais, salvo disposição contrária da LF).
6º – créditos quirografários (= aqueles não previstos nos demais incisos do art. 83 da LF; os saldos dos créditos não cobertos pelo produto da alienação dos bens vinculados ao seu pagamento; e os saldos dos créditos derivados da legislação do trabalho que excederem o limite estabelecido no inciso I do *caput* do art. 83 da LF). Ademais, os créditos trabalhistas cedidos a terceiros serão considerados quirografários.
7º – as multas contratuais e as penas pecuniárias por infração das leis penais ou administrativas, inclusive as multas tributárias.
8º – créditos subordinados (= os assim previstos em lei ou em contrato; e os créditos dos sócios e dos administradores sem vínculo empregatício).

Ordem de classificação dos créditos na falência (art. 83 da LF)
Lembre-se que os **créditos extraconcursais** (= basicamente os surgidos no curso do processo falimentar, que não entram no concurso de credores) são pagos com precedência sobre todos esses anteriormente mencionados, na ordem prevista no art. 84 da LF: **(i)** remunerações devidas ao administrador judicial e seus auxiliares, e créditos derivados da legislação do trabalho ou decorrentes de acidentes de trabalho relativos a serviços prestados após a decretação da falência; **(ii)** quantias fornecidas à massa pelos credores; **(iii)** despesas com arrecadação, administração, realização do ativo e distribuição do seu produto, bem como custas do processo de falência; **(iv)** custas judiciais relativas às ações e execuções em que a massa falida tenha sido vencida; e **(v)** obrigações resultantes de atos jurídicos válidos praticados durante a recuperação judicial, nos termos do art. 67 da LF, ou após a decretação da falência, e tributos relativos a fatos geradores ocorridos após a decretação da falência, respeitada a ordem estabelecida no art. 83 da LF.

(Ministério Público/CE – 2011 – FCC) A prescrição dos crimes previstos na Lei 11.101, de 09/02/2005, que regula a recuperação judicial, a extrajudicial e a falência do empresário e da sociedade empresária,

(A) começa a fluir somente a partir do dia da decretação da falência, que é a condição objetiva de punibilidade das infrações penais descritas na Lei 11.101, de 09/02/2005.

(B) rege-se exclusivamente pelas disposições da Lei 11.101, de 09/02/2005, porque ela disciplinou integralmente essa matéria.

(C) tem o seu prazo interrompido apenas pelo recebimento da denúncia ou da queixa, ainda que tenha começado a fluir com a concessão da recuperação judicial.

(D) rege-se pelas disposições do Código Penal, começando a correr do dia da decretação da falência, da concessão de recuperação judicial ou da homologação do plano de recuperação extrajudicial.

(E) tem o seu prazo suspenso pela decretação da falência, se houver iniciado com a concessão da recuperação judicial ou com a homologação de plano da recuperação extrajudicial.

Nos termos do art. 182, da LF (Lei 11.101/2005), a prescrição dos crimes previstos nesta Lei reger-se-á pelas disposições do Decreto-Lei 2.848, de 7 de dezembro de 1940 – Código Penal, começando a correr do dia da decretação da falência, da concessão da recuperação judicial ou da homologação do plano de recuperação extrajudicial. Haverá, ainda, interrupção da contagem, com a decretação da falência do devedor cuja contagem tenha iniciado com a concessão da recuperação judicial ou com a homologação do plano de recuperação extrajudicial. **A:** incorreta, pois no caso de concessão de recuperação judicial anterior, a prescrição já terá se iniciado; **B:** incorreta, pois há previsão expressa de aplicação das regras do Código Penal; **C:** incorreta, pois tem seu prazo interrompido pela decretação da falência; **D:** correta, por expressa previsão legal; **E:** incorreta, pois a decretação da falência é causa de interrupção e não de suspensão.

Gabarito "D".

(Ministério Público/RJ – 2011) Em matéria de intervenção nas falências e recuperações judiciais, sob a égide da Lei de Quebras, Lei 11.101/2005, é correto afirmar que o Ministério Público:

(A) não tem legitimidade para a propositura de ação revocatória, após a decretação da falência, posto que o direito imediato a ser tutelado integra a esfera jurídica da massa falida, representada por seu administrador;
(B) não poderá apresentar impugnação contra a relação de credores, apontando ausência de qualquer crédito, ante a inexistência de interesse público a tutelar;
(C) não poderá recorrer da decisão que conceder a recuperação judicial, cabendo tal faculdade aos credores, em vista do interesse patrimonial;
(D) será intimado pessoalmente, sob pena de nulidade, em qualquer modalidade de alienação do ativo da sociedade falida;
(E) poderá interpor o recurso de apelação contra a decisão concessiva da recuperação judicial.

A: incorreta, pois há previsão expressa de legitimidade para o MP (Lei 11.101/2005, art. 132); **B:** incorreta, pois há previsão expressa de legitimidade para o MP (Lei 11.101/2005, art. 8º); **C:** incorreta, pois há previsão expressa de legitimidade para o MP (Lei 11.101/2005, art. 59, § 2º); **D:** correta, por expressa previsão legal (Lei 11.101/2005, art. 142, § 7º); **E:** incorreta, pois contra a decisão concessiva de recuperação é cabível recurso de agravo (Lei 11.101/2005, art. 59).
Gabarito "D".

(Ministério Público/PR – 2011) Acerca da atuação do Ministério Público e a Lei de Recuperação Judicial de Empresas e Falências, assinale a alternativa correta:

(A) o Ministério Público deve participar em todas as fases do processo sob pena de nulidade dos atos praticados;
(B) o Ministério Público nunca atua em qualquer fase dos processos de recuperação judicial ou falências;
(C) o Ministério Público deve ser intimado pessoalmente para opinar sobre a indicação do administrador judicial;
(D) o Ministério Público pode impugnar o quadro geral de credores e promover a ação revocatória dos atos praticados com a intenção de prejudicar credores;
(E) o Ministério Público deve emitir parecer sobre a fixação de remuneração do administrador judicial.

A e B: incorretas, pois o Ministério Público atua em determinadas fases do processo de falência e de recuperação, conforme a LF (Lei 11.101/2005); **C e E:** incorretas, pois não há essa determinação legal – arts. 21 e 24 da LF (Lei 11.101/2005); **D:** correta, nos termos dos arts. 8º e 132 da LF (Lei 11.101/2005).
Gabarito "D".

(Ministério Público/SP – 2011) A atual Lei de Falências, que regula a Recuperação Judicial, a Extrajudicial e a Falência do empresário e da sociedade empresária, instituída por meio da Lei 11.101, de 9 de fevereiro de 2005, trouxe uma profunda reforma no direito falimentar brasileiro. Das alternativas a seguir, a única correta é:

(A) a suspensão das ações de execução contra o devedor, na Recuperação Judicial, não excederá o prazo de 180 (cento e oitenta) dias, contados do deferimento do processamento da Recuperação, prorrogáveis uma única vez por 60 (sessenta) dias, a critério do Juiz.
(B) a remuneração do administrador judicial não pode exceder a 10% (dez por cento) do valor devido aos credores submetidos à Recuperação Judicial.
(C) a constituição do Comitê de Credores é obrigatória, na Falência e na Recuperação Judicial, e, dentre suas responsabilidades, estão a fiscalização e o exame das contas do administrador judicial.
(D) havendo objeção ao Plano de Recuperação Judicial, o Juiz deverá deliberar sobre o assunto, após parecer do Comitê de Credores, administrador judicial e Ministério Público.
(E) a intimação do Ministério Público será realizada, no processo de Recuperação Judicial, após o deferimento do processamento da Recuperação Judicial.

A: incorreta, pois o prazo de 180 dias é improrrogável – art. 6º, § 4º, da LF (Lei 11.101/2005); **B:** incorreta, pois é de 5% o limite para a remuneração do administrador, calculado sobre o valor devido aos credores na recuperação ou sobre o valor de venda dos bens na falência – art. 24, § 1º, da LF (Lei 11.101/2005); **C:** incorreta, pois somente em caso de deliberação de classe de credores na assembleia geral é que se constitui o comitê de credores – art. 26 da LF (Lei 11.101/2005). Inexistindo comitê de credores, caberá ao administrador judicial ou, na incompatibilidade deste, ao juiz exercer suas atribuições – art. 28 da LF (Lei 11.101/2005); **D:** incorreta, pois, havendo objeção de qualquer credor, o juiz convocará a assembleia geral de credores para deliberar sobre o plano de recuperação. Caso a assembleia geral rejeite o plano, o juiz decretará a falência do devedor – art. 56 da LF (Lei 11.101/2005); **E:** correta, conforme os arts. 58 e 59, § 2º, da LF (Lei 11.101/2005).
Gabarito "E".

4.3. RECUPERAÇÃO JUDICIAL E EXTRAJUDICIAL E OUTROS TEMAS DE CONCURSAL

(Promotor de Justiça – MPE/AM – FMP – 2015) A respeito da recuperação judicial é correto afirmar que o devedor, no momento do pedido, deverá atender aos seguintes requisitos legais:

I. exercer regularmente suas atividades há mais de 2 (dois) anos.
II. não ter, há menos de 8 (oito) anos, obtido concessão de recuperação judicial com base no plano de Recuperação Judicial para Microempresas e Empresas de Pequeno Porte.
III. não ter sido condenado ou não ter, como administrador ou sócio controlador, pessoa condenada por qualquer dos crimes previstos nesta Lei.
IV. não ser falido e, se o foi, estejam declaradas extintas, por sentença transitada em julgado, as responsabilidades daí decorrentes.

Quais das assertivas acima estão corretas?

(A) Apenas a I e II.
(B) Apenas a II e III.
(C) Apenas a II e IV.
(D) Apenas a I, III e IV.
(E) I, II, III e IV.

I: correta, nos termos do art. 48 da LF; **II:** incorreta, pois o prazo foi reduzido para cinco anos pela LC 147/2014 – art. 48, III, da LF; **III:** correta, conforme art. 48, IV, da LF; **IV:** correta, conforme art. 48, I, da LF.
Gabarito "D".

(Ministério Público/DF – 2013) A respeito da falência e da recuperação de empresa, assinale a opção **CORRETA**.

(A) O credor do sócio ilimitadamente responsável deve habilitar seu crédito e pode tê-lo impugnado como se credor fosse da própria sociedade. A importância do crédito deve ser avaliada na data do requerimento da recuperação judicial ou decretação da falência e observada a ordem de classificação dos créditos.
(B) O deferimento do pedido de processamento de recuperação judicial à empresa coexecutada autoriza a suspensão da execução em relação a seus avalistas, aos sócios solidários e demais coobrigados do devedor.
(C) O gestor judicial tem amplas atribuições no procedimento de recuperação judicial. Compete-lhe a representação da sociedade em crise para todos os fins e, ainda, gerir os negócios da empresa e administrar a atividade empresarial conjuntamente com o devedor, sob a fiscalização do comitê de credores.
(D) Durante a fase de postulação de recuperação judicial, bem como depois de aprovado o plano pelo juiz, a assembleia geral de credores poderá deliberar pela decretação da falência do devedor, bastando para isso que tal ato encontre apoio de credores que representem mais da metade do valor total dos créditos presentes à assembleia geral.
(E) Os credores com garantia real integram a classe mais elevada na ordem de preferência de classificação dos créditos na falência, por terem créditos com privilégio especial, não serem sujeitos a rateio e o crédito satisfeito integralmente com o produto da venda dos bens sobre os quais recai a garantia real.

A: correta, nos termos dos arts. 18, parágrafo único, e 20 da Lei 11.101/2005; **B:** incorreta. A jurisprudência do STJ é firme no sentido de que o deferimento da recuperação judicial não suspende a execução contra os avalistas, por se tratar de obrigação cambial autônoma (AgRg nos EDiv em REsp 1095352/SP); **C:** incorreta. O gestor judicial é nomeado quando é necessário o afastamento dos sócios ou administradores da empresa em crise, seja por má gestão ou porque tal medida foi prevista no plano de recuperação. Com isso, ele não administra a atividade conjuntamente com o devedor, mas no lugar desse (art. 65 da Lei 11.101/2005); **D:** incorreta. Tendo sido aprovado o plano de recuperação, enquanto o devedor estiver seguindo fielmente suas disposições não poderá ter sua falência decretada. Aceitar o inverso seria deitar por terra todo o sistema de recuperação de empresas em crise trazido pela Lei 11.101/2005 e conferir imenso poder à assembleia geral de credores, maiores, até mesmo, que os do juiz. Por tais razões, o art. 73, I, da Lei de Falências deve ser interpretado restritivamente, pois disse mais do que pretendia dizer; **E:** incorreta. Os credores com garantia real estão abaixo, dentro dos créditos concursais, dos credores trabalhistas até o limite de 150 salários mínimos e os decorrentes de acidente de trabalho (art. 83 da Lei de Falências).
Gabarito "A".

(Ministério Público/SP – 2013 – PGMP) Sobre a falência e a recuperação judicial das empresas, considere as seguintes proposições:

I. A alienação dos ativos do devedor falido é determinada pelo juiz, ouvido o administrador judicial, e será realizada, dentre outras modalidades, via leilão por lances orais, propostas fechadas e pregão.

II. O plano de recuperação judicial aprovado implica em remissão dos créditos anteriores ao pedido e obriga o devedor e todos os credores a ele sujeitos.
III. A decretação da falência ou o deferimento do processamento da recuperação judicial são causas interruptivas da prescrição.
IV. A recuperação judicial tem por objetivo viabilizar a superação da situação de crise econômica do devedor, a fim de permitir a manutenção da fonte produtora, do emprego dos trabalhadores e dos interesses dos credores, promovendo, assim, a preservação da empresa, sua função social e o estímulo à atividade econômica.

Está CORRETO o que se afirma apenas em:
(A) I e II.
(B) II e III.
(C) III e IV.
(D) I e IV.
(E) II e IV.

I: correta, nos termos do art. 142 da LF; **II:** incorreta, pois não há perdão (= remissão), mas sim novação dos créditos anteriores ao pedido de recuperação – art. 59 da LF; **III:** incorreta, pois há suspensão, não interrupção, do prazo prescricional – art. 6º da LF; **IV:** correta, pois reflete o disposto no art. 47 da LF.
Gabarito "D".

(Ministério Público/PR – 2013 – X) A Lei nº 11.101/2005, que regula a recuperação judicial, extrajudicial e falência:

I. Não se aplica às sociedades de economia mista;
II. Não se aplica às instituições financeiras privadas;
III. Não se aplica às sociedades de capitalização;
IV. Não se aplica às cooperativas de crédito.

(A) Estão corretas apenas as assertivas I, II e III;
(B) Está correta apenas a assertiva I;
(C) Está correta apenas a assertiva IV;
(D) Todas as assertivas estão corretas;
(E) Nenhuma assertiva está correta.

A Lei nº 11.101/2005, no seu art. 2º, expressamente determina a exclusão dos processos de falência, recuperação judicial e extrajudicial, de uma série de pessoas ou atividades específicas. Dentre as exclusões, constam as sociedades de econômica mista, empresas públicas, instituições financeiras, públicas e privadas, cooperativas, sociedades de capitalização, dentre outras.
Gabarito "D".

(Ministério Público/RJ – 2011) A instituição financeira XYZ INVESTIMENTOS S/A, por encontrar-se em sérias dificuldades e com patrimônio líquido negativo, resolveu requerer os benefícios da recuperação extrajudicial, buscando seu reequilíbrio econômico e financeiro de modo a salvaguardar os interesses de seus credores.

Diante da situação hipotética exposta, é correto afirmar que a solução encontrada pela instituição financeira XYZ INVESTIMENTOS S/A:

(A) não é viável porque as instituições financeiras não estão autorizadas a requerer a recuperação extrajudicial;
(B) é viável, uma vez que se trata de uma sociedade empresária, uma vez que o prévio ajuste de seus credores atende aos princípios consumeristas;
(C) não é viável porque a Lei de Quebras a ela reserva a via da recuperação judicial;

(D) não é viável porque a Lei de Quebras reserva aos seus credores a possibilidade de requerer recuperação extrajudicial;
(E) é viável porque a recuperação extrajudicial é um instrumento legal que visa à melhor proteção dos credores de qualquer sociedade empresária.

A: correta, pois, por expressa previsão legal, as instituições financeiras são excluídas da falência e da recuperação. Apesar disso, há lei específica que permite a decretação da falência das instituições financeiras em caso de insucesso da liquidação, não existindo qualquer dispositivo que autorize recuperação seja judicial, seja extrajudicial (Lei 11.101/2005, art. 2º); **B, C, D** e **E:** incorretas, por expressa previsão legal (Lei 11.101/2005, art. 2º).
Gabarito "A".

5. CONTRATOS EMPRESARIAIS

(Ministério Público/RR – 2012 – CESPE) Em relação aos contratos mercantis, assinale a opção correta.

(A) O contrato de faturização é consensual, não sendo necessária nenhuma formalidade para ser firmado, senão a própria manifestação das partes; ele pode, inclusive, ser verbal.
(B) Se do contrato de comissão constar a cláusula *del credere*, o comissionário não responderá solidariamente com as pessoas com que houver tratado em nome do comitente.
(C) O contrato-tipo, como o de seguro, é instrumento utilizado por fornecedores de serviços ou produtos destinados a um grande número de pessoas.
(D) O contrato de compra e venda mercantil é comutativo, conhecendo os contratantes, desde o início, exatamente o preço e o bem a ser recebido, razão pela qual não se vislumbra a existência de contrato de compra e venda mercantil aleatório.
(E) As circunstâncias que constituem, de acordo com a lei, motivos justos para a rescisão do contrato de representação comercial são meramente exemplificativas, razão por que as partes podem contratualmente estipular novas cláusulas rescisórias.

A: correta, pois não há forma prevista na lei; **B:** incorreta, pois em caso de presença de tal cláusula, o comissário responderá solidariamente com as pessoas que houver contratado, motivo pelo qual terá comissão mais elevada, em função do maior risco (CC, art. 698); **C:** incorreta, pois o contrato de seguro somente pode ser firmado por pessoas expressamente autorizadas (CC, art. 757); **D:** incorreta, pois há autorização legal para existência de contrato aleatório (CC, art. 483); **E:** incorreta, pois as causas são previstas de maneira taxativa (CC, art. 716 e 717).
Gabarito "A".

(Ministério Público/CE – 2011 – FCC) Descumprida a obrigação pecuniária pelo arrendatário, no contrato de *leasing* financeiro,

(A) o arrendante apenas pode cobrar a dívida, mas não pleitear a rescisão do contrato ou a sua reintegração na posse, dada a existência de opção de compra.
(B) não se admite em nenhuma hipótese a ação de reintegração de posse, se nas parcelas tiver sido incluído o denominado Valor Residual Garantido (VRG), de acordo com a jurisprudência mais recente consolidada em súmula do Superior Tribunal de Justiça.
(C) admite-se a reintegração do arrendante na posse, caso haja no contrato cláusula resolutória expressa e tenha sido o arrendatário devidamente notificado de sua mora.
(D) perde o arrendatário o direito de usar o bem enquanto não purgar a mora, independentemente de notificação do arrendante, mas não fica sujeito à retomada do bem antes do trânsito em julgado da sentença que rescindir o contrato.
(E) a reintegração na posse pelo arrendante prescinde de cláusula resolutória expressa e de notificação prévia do arrendatário, vencendo-se a dívida por inteiro, e será o bem vendido para seu pagamento e o arrendatário ficará pessoalmente responsável pelo saldo devedor se o valor obtido com a venda for insuficiente.

A: incorreta, pois no leasing o bem pertence ao arrendante, podendo, pois, em caso de rescisão, retomar a coisa pela busca a apreensão; **B:** incorreta, pois o recebimento antecipado do VRG não desnatura o contrato, devendo, apenas, tal valor ser restituído; **C:** correta, pois se exige a presença da cláusula resolutória expressa e demonstração da mora, para reintegração em sede, inclusive, de liminar; **D:** incorreta, pois a retomada do bem poderá se dar a partir da constituição da mora; **E:** incorreta, pois a reintegração depende de cláusula resolutória expressa e de notificação
Gabarito "C".

(Ministério Público/CE – 2011 – FCC) Se o bem móvel alienado fiduciariamente a um banco não for encontrado ou não se achar na posse do devedor, poderá o credor fiduciário:

(A) apenas alterar o pedido formulado na ação de busca e apreensão para o de execução por quantia certa.
(B) requerer a conversão do pedido de busca e apreensão, nos mesmos autos, em ação de depósito, e o devedor ficará sujeito a prisão civil, se não restituir o bem ou seu equivalente em dinheiro.
(C) se o fiduciante estiver em mora, somente executar o fiador, que se sub-rogará, de pleno direito, no crédito e na garantia constituída pela alienação fiduciária.
(D) recorrer apenas à execução contra o devedor, penhorando-lhe outros bens suficientes para assegurar a execução.
(E) requerer a conversão do pedido de busca e apreensão, nos mesmos autos, em ação de depósito, mas o devedor não ficará sujeito a prisão civil.

A: incorreta, pois poderá optar pela conversão em ação de depósito (CPC, art. 901); **B:** incorreta, pois nos termos do entendimento da jurisprudência, não será cabível prisão nesse caso (STF, HC 106.975); **C:** incorreta, pois poderá valer-se de ação de busca e apreensão, ação de depósito ou execução; **D:** incorreta, pois poderá se valer de busca e apreensão ou ação de depósito; **E:** correta, pois apesar da previsão legal da prisão, por depositário infiel, a jurisprudência do STF, por reconhecer os termos do Pacto de San Jose da costa Rica, não mais admite essa possibilidade.
Gabarito "E".

6. OUTROS TEMAS E COMBINADOS

(Promotor de Justiça – MPE/RS – 2017) Assinale a alternativa correta quanto ao Direito de Empresa.

(A) Pedro cedeu as quotas que titularizava na sociedade simples que integrava, com a anuência dos demais sócios, em instrumento de alteração contratual datado de 10/05/2015 e averbado na junta comercial em 12/09/2015. No instrumento constou que o

cedente responderia pelas obrigações sociais no prazo legal. Em 14/08/2016, a sociedade ajuizou ação de cobrança contra Pedro, buscando o ressarcimento da quantia de R$10.501,00 (dez mil quinhentos e um reais), relativa a uma dívida trabalhista. Pedro alegou haver decadência, tendo sido acolhida essa preliminar.
(B) O empresário individual casado precisa da outorga conjugal para alienar bens imóveis que integram o patrimônio da empresa.
(C) Podemos dizer que pelo menos duas características fundamentais das sociedades cooperativadas são: o capital social variável ou ausente e a ilimitação de um mínimo e limitação do máximo de membros da administração da pessoa jurídica.
(D) No título à ordem, o endossatário de endosso em branco não pode mudá-lo para endosso em preto. Mantida a omissão da nomeação do novo credor, o documento ganha as características de um título ao portador, transmissível por mera tradição.
(E) A empresa GAH Ltda. foi constituída em 25/05/2002 tendo como sócios G. Galvão, P. Andrade e E. Hamilton. A decretação da falência ocorreu em 23/02/2007. Pela prática dos crimes previstos na Lei de Falências, insculpidos nos artigos 168 e 173, os sócios foram denunciados, sem a instauração de inquérito judicial, tendo a inicial sido recebida em 10/03/2011. A defesa alegou haver prescrição da ação pelo decurso de mais de dois anos, fato que restou afastado.

A: incorreta, em relação especificamente à decadência, pois o alienante das cotas responde solidariamente com o cessionário, perante a sociedade e terceiros, pelas obrigações que tinha como sócio, pelo prazo de dois anos contados da averbação da modificação do contrato (no caso, até setembro de 2017) – art. 1.003, parágrafo único, do CC; B: incorreta, pois a outorga é inexigível, qualquer que seja o regime de bens, conforme o art. 978 do CC; C: incorreta, pois há um mínimo de sócios, que é o número necessário para compor a administração da cooperativa, mas não há número máximo – art. 1.094, I e II, do CC; D: incorreta, pois o endossatário de endosso em branco (i) pode mudá-lo para endosso em preto, completando-o com o seu nome ou de terceiro, (ii) pode endossar novamente o título, em branco ou em preto, ou (iii) pode transferi-lo sem novo endosso – art. 913 do CC; E: correta, pois, nos termos do art. 182 da LF, o prazo prescricional corre a partir do dia da decretação da falência (23/02/2007), sendo ele de 12 anos, no caso do crime previsto no art. 168 da LF (c/c art. 109, III, do CP) e de 8 anos, no caso do crime do art. 173 da LF(c/c art. 109, IV, do CP).
Gabarito "E".

(Procurador da República – PGR – 2013) Assinale a alternativa correta:
(A) As normas que alteram o padrão monetário e estabelecem os critérios para a conversão dos valores em face dessa alteração, por serem de ordem pública, aplicam-se de imediato aos contratos em curso de execução.
(B) O Código Brasileiro de Aeronáutica limita-se a regulamentar o transporte aéreo regular de passageiros, realizado por quem detém a respectiva concessão, não incluindo todo serviço de exploração de aeronave, operado por pessoa física ou jurídica.
(C) Nas Cédulas de Crédito Comercial, a instituição financeira está autorizada a cobrar, após a inadimplência, a taxa de juros remuneratórios, a título de juros de mora, além de multa e correção monetária.
(D) A formação de um novo grupo familiar, com o casamento e a concepção de prole, extingue o primitivo núcleo familiar, excluindo os ascendentes do polo ativo de demanda indenizatória por morte do filho.

A: correta, sendo esse o entendimento do STJ – ver REsp 774.301/ES; B: incorreta, pois o CBA regula também a propriedade e exploração da aeronave (ver art. 115 e seguintes da Lei 7.565/1986 – CBA); C: incorreta, pois, em caso de mora, a taxa de juros constante da cédula será elevável de 1% (um por cento) ao ano – art. 5º, parágrafo único, do DL 413/1969 c/c art. 5º da Lei 6.840/1980; D: incorreta, pois legitimidade ativa se mantém, conforme jurisprudência do STJ – ver REsp 1.095.762/SP.
Gabarito "A".

(Ministério Público/MG – 2012 – CONSULPLAN – adaptada) Os princípios gerais da atividade econômica inseridos na Carta de 1988, no parágrafo 4º do artigo 173 asseveram que: "a lei reprimirá o abuso do poder econômico que vise à dominação dos mercados, à eliminação da concorrência e ao aumento arbitrário dos lucros". Tal dispositivo constitucional foi regulamentado pela Lei 12.529/2011, que estabelece o Sistema Brasileiro de Defesa da Concorrência, a qual tem por escopo prevenir e reprimir as infrações contra a ordem econômica. Assinale a alternativa **INCORRETA**:
(A) Se aplica às pessoas físicas ou jurídicas de direito público ou privado, bem como a quaisquer associações de entidades ou pessoas, constituídas de fato ou de direito, ainda que temporariamente, com ou sem personalidade jurídica, mesmo que exerçam atividade sob regime de monopólio legal.
(B) As diversas formas de infração da ordem econômica implicarão responsabilidade da empresa e responsabilidade individual de seus dirigentes ou administradores, de modo solidário.
(C) A responsabilidade das empresas ou entidades integrantes de grupo econômico, de fato ou de direito, que praticarem infração da ordem econômica, não se opera solidariamente.
(D) A personalidade jurídica do responsável por infração da ordem econômica poderá ser desconsiderada quando houver da parte deste abuso de direito, excesso de poder, infração da lei, fato ou ato ilícito ou violação dos estatutos ou contrato social. A desconsideração também será efetivada quando houver falência, estado de insolvência, encerramento ou inatividade da pessoa jurídica provocados por má administração.

A: correta, nos expressos termos da lei (Lei 12.529/2011, art. 31); B: correta, por expressa previsão legal (Lei 12.529/2011, art. 32); C: incorreta (devendo ser assinalada), pois há previsão de solidariedade na lei (Lei 12.529/2011, art. 33); D: correta, por expressa previsão legal da desconsideração da personalidade (Lei 12.529/2011, art. 34).
Gabarito "C".

(Ministério Público/RR – 2012 – CESPE) Acerca da propriedade industrial, assinale a opção correta.
(A) Os recursos decididos pelo presidente do INPI, considerados finais e irrecorríveis na esfera administrativa, encerram essa instância e serão recebidos, após despacho fundamentado, apenas no efeito devolutivo.

(B) O processo de nulidade da patente pode ser instaurado de ofício ou mediante requerimento de qualquer pessoa com legítimo interesse, no prazo de seis meses contados da concessão da patente, e prosseguirá ainda que extinta a patente.

(C) Somente configura crime contra a patente o fato de a violação atingir todas as reivindicações da patente ou se restringir à utilização de meios equivalentes ao objeto da patente.

(D) Cabe recurso ao presidente do INPI contra decisão que determine o arquivamento definitivo de pedido de patente ou de registro, bem como contra a que defira pedido de patente, de certificado de adição ou de registro de marca.

(E) Todos os atos do INPI nos processos administrativos referentes à propriedade industrial produzem efeitos a partir da sua publicação no respectivo órgão oficial.

A: incorreta, pois nos termos da legislação, os recursos administrativos no Instituto Nacional da Propriedade Industrial – INPI tem como última instância a presidência do órgão (Lei 9.279/1996, art. 212, § 3º); **B:** correta, por expressa previsão legal (Lei 9.279/1996, art. 51); **C:** incorreta, pois se configura crime ainda que a violação não atinja todas as reivindicações (Lei 9.279/1996, art. 186); **D:** incorreta, pois há vedação expressa de recurso administrativo nesse caso (Lei 9.279/1996, art. 212, § 2º); **E:** incorreta, pois há previsão de que o prazo somente se inicia no dia seguinte à intimação, feita pela publicação do ato (Lei 9.279/1996, art. 223).

Gabarito "B".

9. DIREITO ELEITORAL

Robinson Sakiyama Barreirinhas e Savio Chalita*

1. DIREITOS POLÍTICOS E ELEGIBILIDADE

(Procurador da República – PGR – 2015) Nas eleições de 2012, prefeito de certo município foi condenado por conduta vedada a agente público, porque realizou publicidade institucional dentro do período de três meses anteriores a data do pleito. Neste caso:

(A) A condenação implicará, cumulativamente, a aplicação de multa e cassação do registro ou do diploma e, por incidência da Lei Complementar 64/1990, com redação da Lei Complementar 135/2010, o juiz deve declarar na sentença que o prefeito ficará inelegível por oito anos;

(B) A condenação poderá se limitar a aplicação de multa, quando a cassação do registro ou do diploma se revele desproporcional a infração cometida, incidindo, porém, a inelegibilidade prevista na Lei Complementar 64/1990, com redação da Lei Complementar 135/2010;

(C) O processamento da representação por conduta vedada segue o rito do art. 22 da Lei Complementar 64/1990, razão por que só poderá o prefeito ser condenado, caso se comprove a potencialidade lesiva da conduta;

(D) O prefeito poderá ser condenado apenas a sanção de multa e, nessa hipótese, não haverá qualquer repercussão sobre sua elegibilidade.

Considerando as peculiaridades da questão, a explicação será feita de forma conjunta para as alternativas apresentadas. Nesta questão, importante a análise da Lei 9.504/1997 em conjunto com a LC 64/90, que trata das hipóteses infraconstitucionais de inelegibilidades. Quanto ao último diploma mencionado, cabe verificar o disposto no art. 1º, I, j, ou seja, *"j) os que forem condenados, em decisão transitada em julgado ou proferida por órgão colegiado da Justiça Eleitoral, por corrupção eleitoral, por captação ilícita de sufrágio, por doação, captação ou gastos ilícitos de recursos de campanha ou por conduta vedada aos agentes públicos em campanhas eleitorais que impliquem cassação do registro ou do diploma, pelo prazo de 8 (oito) anos a contar da eleição"*. Assim, considerando o trecho em destaque, a inelegibilidade apenas ocorrerá se o juiz decidir por aplicar a cassação do registro do diploma. Se a única pena imposta foi a de caráter pecuniário (multa), não haverá situação ensejadora da inelegibilidade do candidato.

Gabarito "D".

---

* **Savio Chalita** comentou as questões dos seguintes concursos: MP/MG/14, MP/PI/14, MP/ES/13, MP/GO/13, MP/MG/13, MP/AC/08, MP/BA/08, MP/CE/11, MP/GO/10, MP/GO/12, MP/MG/06, MP/MG/11, MP/MG/12, MP/MS/09, MP/MT/12, MP/PB/10, MP/PI/08, MP/PI/ 12, MP/RJ/11, MP/RN/09, MP/RR/12, MP/RS/08, MP/RS/09, MP/SC/08, MP/SC/12, MP/SP/12, MP/TO/12, MP/MS/2013, MP/PR/2013, PGR – 2015, MPE/BA – CEFET – 2015, MPE/MS – FAPEC – 2015, MPE/AM – FMP – 2015, MPE/GO – 2016, MPE/RS – 2017 quando houver. As demais questões foram comentadas por **Robinson Sakiyama Barreirinhas**. **Savio Chalita** atualizou as questões desse capítulo.

(Promotor de Justiça – MPE/BA – CEFET – 2015) Acerca das condições de elegibilidade, marque a alternativa <u>CORRETA:</u>

(A) Nem todo inalistável é inelegível, mas todo inelegível é inalistável.

(B) A dissolução da sociedade ou do vínculo conjugal, no curso do mandato, não afasta a inelegibilidade prevista no § 7º do artigo 14 da Constituição Federal (artigo 14. A soberania popular será exercida pelo sufrágio universal e pelo voto direto e secreto, com valor igual para todos, e, nos termos da lei, mediante: (...). § 7º São inelegíveis, no território de jurisdição do titular, o cônjuge e os parentes consanguíneos ou afins, até o segundo grau ou por adoção, do Presidente da República, de Governador de Estado ou Território, do Distrito Federal, de Prefeito ou de quem os haja substituído dentro dos seis meses anteriores ao pleito, salvo se já titular de mandato eletivo e candidato à reeleição).

(C) A prática de ato de improbidade administrativa é causa de perda dos direitos políticos.

(D) Todos os que tiverem feito alistamento eleitoral serão elegíveis.

(E) A condenação criminal transitada em julgado, enquanto durarem seus efeitos, gera a perda dos direitos políticos.

Questão interessante e versando sobre diversos conhecimentos básicos na disciplina de Eleitoral. **A:** Incorreta. E para melhor compreensão, importante relembrar quem são os inalistáveis e quem são os inelegíveis. Inalistáveis estão elencados no § 2º do art. 14 da CF, que assim dispõe: "Não podem alistar-se como eleitores os estrangeiros e, durante o período do serviço militar obrigatório, os conscritos". Quanto aos estrangeiros, importante lembrar da exceção encontrada no Tratado da Amizade, celebrado entre Brasil e Portugal, de forma que os portugueses, com residência fixa no Brasil (ao menos 3 anos), havendo reciprocidade de tratamento, poderão exercer no Brasil os direitos políticos (com as restrições aplicáveis aos brasileiros naturalizados – art. 12, § 3º, CF). Quanto aos militares conscritos, considerando que o serviço militar obrigatório é imposto tão somente aos homens, apenas a estes se imporá tal condição. Por fim, quanto a este primeiro conceito, aqueles que estiverem durante prestação obrigatória em razão da escusa de consciência, também estará relacionado como "conscrito" para fins de ser considerado inalistável. Por outro lado, quanto ao conceito de INELEGÍVEL, importante lembrar que as hipóteses de inelegibilidades estão elencadas no art. 14, §§ 4º ao 9º, CF. Inaugurando o tema, dispõe o referido § 4º que "são inelegíveis os inalistáveis e os analfabetos". Quanto aos inelegíveis, disposições na própria Constituição (§§ 4º ao 8º, CF – hipóteses constitucionais de inelegibilidade) e na legislação infraconstitucional (§ 9º – norma constitucional de eficácia limitada complementada pela LC 64/90 e LC 135/2010). Importante notar que os ANALFABETOS serão inelegíveis (não poderão candidatar-se a cargos públicos eletivos – restrição aos direitos políticos passivos), mas estão aptos a exercer seus direitos políticos ATIVOS (votar, responder ás consultas populares de plebiscito e referendo, subscrever projeto de lei de iniciativa popular, mover ação popular etc.). Portanto, a assertiva está equivocada, uma vez que todos os inalistáveis são inelegíveis (vide

redação transcrita do § 4º, art. 14, CF). Também, pois nem todo inelegível é inalistável, e como exemplo, os analfabetos (que são alistáveis, pois podem exercer seus direitos políticos ativos, mas são inelegíveis, por expressa redação do § 4º do art. 14 da CF); **B:** Correta, uma vez que consubstancia-se no conteúdo da Súmula Vinculante 18; **C:** Incorreta, uma vez que para que configure a hipóteses de inelegibilidade prevista no art. 1º, I, e, LC 64/1990, é necessário que o ato de improbidade tenha sido cometido com dolo e nas modalidades do art. 9º (enriquecimento ilícito) e 10 (prejuízo ao erário), da Lei de Improbidade Administrativa (Lei 8.429/1992); **D:** Incorreta, uma vez que para ser elegível é necessário cumprir com as condições de elegibilidade e não incorrer em hipótese de inelegibilidade. Ser alistável não significa ser elegível, uma vez que alistabilidade é apenas significado de que há possibilidade de exercício dos direitos políticos ativos, e não passivos; **E:** Incorreta, uma vez que a condenação, nos moldes do quanto apresentado na assertiva, imporá a suspensão (e não perda), dos direitos políticos do cidadão.
Gabarito "B".

(Promotor de Justiça – MPE/MS – FAPEC – 2015) Assinale a alternativa **correta**:

(A) São condições de elegibilidade: o domicílio eleitoral na circunscrição, o pleno exercício dos direitos políticos, a filiação partidária e a idade mínima de 18 anos para Deputado Estadual.
(B) Para que um partido político possa participar das eleições, é preciso que "até seis meses antes do pleito tenha registrado seu estatuto no Tribunal Regional Eleitoral", e ainda, "tenha até a data da convenção órgão de direção constituído na circunscrição, de acordo com o respectivo estatuto".
(C) Cada partido ou coligação deverá reservar o mínimo de 30% e o máximo de 70% para candidatura de cada sexo.
(D) A mulher passou a ter o direito de votar no Brasil pela Constituição Federal de 1946.
(E) A impugnação das inelegibilidades legais absolutas poderá ser feita por qualquer candidato, partido político, e pelo Ministério Público, vedada tal iniciativa a coligação.

A: Incorreta. Uma vez que a idade mínima imposta para os que pretendam concorrer ao cargo de Deputado estadual é possuir 21 anos de idade. Importante mencionar que, com a Lei 13.165/2013 houve alteração no momento de aferição desta condição de elegibilidade (idade), nos seguintes termos: art. 11, § 2º, da Lei 9.504/1997: "A idade mínima constitucionalmente estabelecida como condição de elegibilidade é verificada tendo por referência a data da posse, salvo quando fixada em dezoito anos, hipótese em que será aferida na data-limite para o pedido de registro". Assim, considerando que atualmente o único cargo onde se impõe a idade mínima de 18 anos é a de vereador, para todos os demais a aferição terá como base a data da posse. Para a de vereador, também considerando o atual regramento eleitoral, terá como data de aferição o dia 15.08 do ano eleitoral; **B:** Incorreta, uma vez que para um partido político poder participar do processo eleitoral é necessário o cumprimento dos requisitos elencados no art. 7º, Lei dos Partidos Políticos (Lei 9.096/1995), como dispõe o § 2º do dispositivo indicado. Vejamos: "§ 2º Só o partido que tenha registrado seu estatuto no Tribunal Superior Eleitoral pode participar do processo eleitoral, receber recursos do Fundo Partidário e ter acesso gratuito ao rádio e à televisão, nos termos fixados nesta Lei"; **C:** Correta, em total consonância com o que dispõe o art. 10, § 3º, Lei 9.504/1997; **D:** Incorreta. A Constituição de 1934 trouxe de maneira expressa que seriam considerados eleitores "os brasileiros de um ou de outro sexo, maiores de 18 anos", que se alistassem na forma da lei (art. 108, CF/1934). Não obstante, importante destacar que apenas para os homens o voto era obrigatório, sendo que para as mulheres apenas seria se exercesse

função pública remunerada (art. 109, CF/1934); **E:** Incorreta, já que há legitimidade conferida às coligações partidárias, como bem indica o *caput* do art. 22, LC 64/1990 "Qualquer partido político, coligação, candidato ou Ministério Público Eleitoral poderá representar à Justiça Eleitoral, diretamente ao Corregedor-Geral ou Regional, relatando fatos e indicando provas, indícios e circunstâncias e pedir abertura de investigação judicial para apurar uso indevido, desvio ou abuso do poder econômico ou do poder de autoridade, ou utilização indevida de veículos ou meios de comunicação social, em benefício de candidato ou de partido político, obedecido o seguinte rito".
Gabarito "C".

(Procurador da República – PGR – 2015) Condenação a suspensão dos direitos políticos em razão de improbidade administrativa por ofensa a princípios da administração pública, de acordo com a jurisprudência do Tribunal Superior Eleitoral,

(A) implica inelegibilidade por oito anos;
(B) não gera inelegibilidade, por não se tratar de hipótese de lesão ao patrimônio público e enriquecimento ilícito;
(C) não gera, por si mesma, a inelegibilidade, que pode, todavia, ser apurada em Ação de Impugnação de Mandato Eletivo;
(D) gerará inelegibilidade se houver expressa menção na decisão condenatória.

É unânime na jurisprudência do Tribunal Superior Eleitoral o entendimento de que para que configure hipótese de inelegibilidade é necessário que o ato de improbidade seja DOLOSO e importe ENRIQUECIMENTO ILÍCITO e PREJUÍZO ao erário. Colacionamos, para fins de estudos, decisão acerca da temática. *Eleição 2014. Inelegibilidade. LC 64/1990, art. 1º, I, l. Registro de candidatura. Deferimento. 1. A incidência da cláusula de inelegibilidade prevista no art. 1º, I, l, da LC 64/1990, pressupõe a existência de decisão judicial transitada em julgado ou proferida por órgão colegiado, por ato doloso de improbidade administrativa que importe lesão ao patrimônio público e enriquecimento ilícito. Não compete à Justiça Eleitoral, em processo de registro de candidatura, alterar as premissas fixadas pela Justiça Comum quanto à caracterização do dolo. Precedentes. 2. No caso em exame, o decisum condenatório assentou apenas a culpa in vigilando, razão pela qual está ausente o elemento subjetivo preconizado pela referida hipótese de inelegibilidade. [...]" (Ac. de 17.12.2014 no ED-RO 237384, rel. Min. Luciana Lóssio, red. designado Min. Dias Toffoli.).*
Gabarito "B".

(Procurador de Justiça – MPE/GO – 2016) Em relação aos direitos políticos, aponte a assertiva incorreta:

(A) A jurisprudência do TSE vem se firmando no sentido de que membro do Ministério Público que ingressou na Instituição depois da Constituição Federal de 1988, porém antes da Emenda Constitucional n. 45/2004 (que estendeu ao *parquet* as mesmas regras de inelegibilidade destinadas aos magistrados), possui direito adquirido à candidatura.
(B) Para aqueles que ingressaram na carreira do Ministério Público antes do advento da Constituição Federal de 1988, é permitida a candidatura a cargos eletivos, desde que tenham optado pelo regime anterior, sempre respeitados os prazos de desincompatibilização. A referida opção, quanto aos membros do Ministério Público dos Estados, pode ser feita a qualquer tempo.
(C) A suspensão dos direitos políticos decorrente de condenação criminal transitada em julgado continua válida mesmo que a pena privativa de liberdade seja

substituída por uma pena restritiva de direitos, visto que não é o recolhimento ao cárcere o motivo dessa mesma suspensão, mas sim o juízo de reprovabilidade estampado na condenação.

(D) O término da suspensão dos direitos políticos decorrente de condenação criminal transitada em julgado Independe de reabilitação, ou seja, para cessar essa causa de suspensão, basta o cumprimento ou a extinção da pena.

A: Correta, "Só podem se candidatar os membros do MP que ingressaram antes da CF, respeitados os prazos de desincompatibilização. O membro que ingressou após a CF deverá abandonar definitivamente o cargo" (Ac. de 13.10.2011 na Cta 150889, rel. Min. Gilson Dipp; no mesmo sentido o Ac. de 21.9.2006 no RO 993, rel. Min. Cesar Asfor Rocha.); **B:** Incorreta, já que "A escolha pelo regime anterior, no caso no MP estadual, é formalizável a qualquer tempo (Ac. de 12.12.2006 no ARO 1.070)."; **C:** Incorreta, já que "a pena restritiva de direito e a prestação de serviços à comunidade não afastam a incidência do art. 15, III, da Constituição Federal, enquanto durarem os efeitos da condenação" (AgR-REspe 29.939/SC, PSESS em 13.10.2008, rel. Min. Joaquim Barbosa); no mesmo sentido: RE 601.182; **D:** Incorreta, conforme dispõe a Súmula TSE, 9: "A suspensão de direitos políticos decorrente de condenação criminal transitada em julgado cessa com o cumprimento ou a extinção da pena, independendo de reabilitação ou de prova de reparação de danos."

Gabarito "A".

(Procurador da República – PGR – 2013) Sobre o alistamento eleitoral e o voto, com base na Constituição Federal de 1988, é correto afirmar:

(A) O alistamento eleitoral é obrigatório para os maiores de dezoito anos; é facultativo para os conscritos por estarem prestando o serviço militar.

(B) O alistamento eleitoral é facultativo para os maiores de dezesseis anos e menores de dezoito anos, mas o voto é obrigatório.

(C) O alistamento eleitoral é facultativo para os maiores de setenta anos, mas o voto é obrigatório, sendo cancelada a inscrição eleitoral se o eleitor maior de setenta anos não comparecer em três eleições consecutivas.

(D) O alistamento eleitoral é facultativo para analfabetos; os maiores de setenta anos; os maiores de dezesseis anos e menores de dezoito anos; o voto é facultativo nas três hipóteses citadas.

A: Incorreta, aos conscritos o alistamento é vedado, por força do art. 14, § 2º, CF; **B:** Incorreta, já que a obrigatoriedade e facultatividade é conjunta tanto ao alistamento quanto ao exercício do voto (em realidade, a obrigatoriedade recai ao comparecimento às urnas), como dispõe o art. 14, § 1º, II, CF; **C:** Incorreta, pois se não há obrigatoriedade, não se pode falar em sanções decorrentes do não exercício do voto; **D:** Correta, em consonância com o art. 14, § 1º, I e II, CF.

Gabarito "D".

(Procurador da República – PGR – 2013) Em relação aos direitos políticos, previstos na Constituição Federal de 1988, é correto afirmar:

(A) A soberania popular ser exercida somente pelo sufrágio universal e pelo voto direto e secreto, com valor igual para todos, inclusive na hipótese de ocorrer a vacância para os cargos de Presidente e Vice-Presidente nos últimos dois anos do período presidencial.

(B) A soberania popular ser exercida, inclusive, nos termos da lei complementar, mediante plebiscito, referendo e iniciativa popular, sendo esta admitida somente para elaboração de leis federais.

(C) A soberania popular ser exercida, inclusive, nos termos da lei, mediante plebiscito, referendo e iniciativa popular, sendo esta admitida também para apresentação de projetos de lei de interesse específico do Município, da cidade ou de bairros, através da manifestação de pelo menos, 5% (cinco por cento) do eleitorado.

(D) A soberania popular ser exercida, inclusive, nos termos da lei complementar, mediante plebiscito, referendo e iniciativa popular, sendo da competência exclusiva da Câmara dos Deputados, composta por representantes do povo, autorizar referendo, plebiscito e a iniciativa popular.

A: Incorreta. Sufrágio universal é direito público subjetivo que compreende tanto os direitos políticos ativos (responder às consultas populares, votar, subscrever projeto de lei de iniciativa popular etc.). O enunciado faz referência ao direito de voto em pleito eleitoral suplementar convocado em razão da vacância para os cargos de Presidente e Vice nos últimos dois anos de mandato. No entanto, nesta ocasião (segundo biênio do mandato eletivo) as eleições se darão de forma indireta, ou seja, pelo Congresso Nacional (art. 81, § 1º, CF); **B:** Incorreta. É possível Leis de iniciativa popular em caráter Federal, Estadual e Municipal. No primeiro caso, obedecidos os critérios de ter sido subscrita por eleitores correspondentes a 1% do eleitorado nacional (apurado com base nos votos obtidos para cargos da câmara dos deputados, nas últimas eleições gerais), distribuídos em pelo menos 5 estados, e em cada estado com não menos de 0,3% em cada um deles (e em cada estado, o paradigma será o mesmo, restrito, claro, aos eleitores oriundos do estado respectivo). No caso de Leis estaduais, a Constituição Estadual irá dispor. No caso de leis municipais, 5% do eleitorado (paradigma será o mesmo, considerando os votos oriundos daquele município); **C:** Correta, nos termos do art. 29, XIII, CF c.c. art. 14, I, II, III, CF; **D:** Incorreta, uma vez que não cabe à Câmara dos Deputados autorizar projeto de lei de iniciativa popular, bastando cumprir com os requisitos estabelecidos no art. 61, § 2º, CF.

Gabarito "C".

(Procurador da República – 26.º) A suspensão dos direitos políticos em virtude de condenação criminal transitada em julgado:

(A) só ocorre quando a sentença condenatória expressamente a declarar, não constituindo seu efeito automático;

(B) para cessar depende do cumprimento da pena, da declaração da reabilitação do condenado e, quando for o caso, da comprovação da reparação dos danos causados à vítima;

(C) não ocorre quando a sentença condenatória aplicar exclusivamente pena de multa;

(D) perdura durante o período de prova da suspensão condicional da pena.

O art. 15, III, da CF dispõe que a condenação criminal transitada em julgado determina a suspensão de direitos políticos enquanto perdurarem seus efeitos. A doutrina atenta para o fato da expressão genérica "condenação criminal" contida no dispositivo, de modo que não importa a natureza da pena aplicada, pois em qualquer caso os direitos políticos ficarão suspensos até o findar daqueles efeitos. Desta sorte, irrelevante que o réu seja beneficiado pelo *sursis* (art. 77 do Código Penal), vez que ainda assim estaríamos diante dos efeitos condenatórios, ainda que suspensos em razão do benefício. Assim, a alternativa D é a única correta.

Gabarito "D".

(**Ministério Público/Acre - 2014 - CESPE**) Assinale a opção correta acerca dos princípios constitucionais relativos aos direitos políticos.

(A) O alistamento eleitoral e o voto são facultativos para os analfabetos, os maiores de sessenta e cinco anos e os maiores de dezesseis e menores de dezoito anos de idade.

(B) O alistamento eleitoral e o voto são facultativos para os estrangeiros de qualquer nacionalidade, residentes no Brasil por período superior a quinze anos ininterruptos e sem condenação penal.

(C) O pleno exercício dos direitos políticos e o domicílio eleitoral na circunscrição pelo prazo mínimo de um ano antes do registro da candidatura são condições de elegibilidade.

(D) O militar alistável é elegível e, contando menos de dez anos de serviço, deve ser agregado pela autoridade superior; se eleito, passará, automaticamente, no ato da diplomação, para a inatividade.

(E) A soberania popular é exercida pelo sufrágio universal e pelo voto direto e secreto, com valor igual para todos, e, nos termos da lei, mediante plebiscito, referendo e iniciativa popular.

A: incorreta, pois o voto será facultativo aos maiores de setenta anos, sendo esta a única afirmação errônea na assertiva, conforme se depreende na leitura do art. 14, § 1°, II, *b*, CF; **B:** incorreta, uma vez que os estrangeiros não podem se alistar por determinação expressa do art. 14, § 2°, CF. Destaque especial ao caso dos portugueses residentes há mais de três anos no Brasil, que em razão do Tratado da Amizade (vide Decreto 3.927/2001), ou seja, havendo reciprocidade de tratamento aos brasileiros residentes em Portugal, poderão exercer no Brasil seus direitos políticos ativos e passivos (portanto, poderá se inscrever como eleitor), observadas apenas as restrições de concorrer a cargos privativos de brasileiros natos; **C:** incorreta, pois a exigência de anterioridade anual será contado tendo-se em referência a data das eleições a que se pretende concorrer, e não a do Pedido de Registro de Candidatura; **D:** incorreta, uma vez que o art. 14, § 8°, I, CF, dispõe que o militar alistável é elegível, sendo que, se contar menos de dez anos de serviço, deverá afastar-se da atividade. Apenas será agregado aquele que contar com mais de dez anos de serviço, art. 14, § 8°, II, CF; **E:** correta, conforme dispõe o *caput* do art. 14, CF.
Gabarito "E".

(**Ministério Público/ES - 2013 - VUNESP**) Com relação às condições de elegibilidade, pode-se afirmar:

(A) o candidato deverá possuir domicílio eleitoral na circunscrição que pretende concorrer a determinado cargo eletivo pelo prazo mínimo de seis meses antes do pleito e deve estar com filiação partidária deferida pelo partido e devidamente comunicada à Justiça Eleitoral no mesmo prazo.

(B) a idade mínima exigida constitucionalmente para concorrer a determinado cargo eletivo deve ser verificada na data da diplomação.

(C) a idade mínima para que o nacional possa concorrer a um cargo eletivo é de 35 anos para Presidente, Vice-Presidente da República e Senador; 30 anos para Governador e Vice-Governador de Estado e do Distrito Federal; 21 anos para Deputado Federal, Deputado Estadual ou Distrital, Prefeito, Vice-Prefeito e juiz de paz, e de 18 anos para Vereador.

(D) a idade mínima exigida constitucionalmente para concorrer a determinado cargo eletivo deve ser verificada na data do registro.

(E) o militar alistável pode ser elegível desde que se afaste da atividade, se contar com mais de dez anos de serviço, ou agregue-se pela autoridade superior, se contar com menos de dez anos de serviço, passando automaticamente para a inatividade no ato da posse, se eleito.

A: incorreta, uma vez que o art. 9°, Lei das Eleições, dispõe que para concorrer às eleições, o candidato deverá possuir domicílio eleitoral na respectiva circunscrição pelo prazo de, pelo menos, um ano antes do pleito e estar com a filiação deferida pelo partido no mesmo prazo; **B:** incorreta, uma vez que o § 2°, art. 11, Lei das Eleições, dispõe que a idade mínima constitucionalmente estabelecida como condição de elegibilidade é verificada tendo por referência a data da posse e não da diplomação, que será anterior àquela; **C:** correta, conforme dispõe o art. 14, 3°, VI, CF; **D:** incorreta, pois a idade mínima estabelecida como condição de elegibilidade será aferida na data da posse, § 2°, art. 11, Lei das Eleições; **E:** incorreta, pois o art. 14, § 8°, da CF dispõe que o militar alistável é elegível, atendidas as seguintes condições: I – se contar menos de dez anos de serviço, deverá afastar-se da atividade; II – se contar mais de dez anos de serviço, será agregado pela autoridade superior e, se eleito, passará automaticamente, no ato da diplomação, para a inatividade.
Gabarito "C".

(**Ministério Público/GO - 2013**) Sobre a capacidade eleitoral passiva, é correto, segundo a jurisprudência dominante do Supremo Tribunal Federal, afirmar que:

(A) diversamente do que sucede ao militar com mais de dez anos de serviço, deve afastar-se definitivamente da atividade, é dizer, desligar-se das fileiras, vedado posterior retorno, a não ser pelos modos ordinários de seleção, o servidor militar que, contando com menos de dez anos de serviço, pretenda candidatar-se a cargo eletivo.

(B) as condições de elegibilidade, enquanto requisitos que se devem preencher para que se possa concorrer a eleições, revelam-se insuscetíveis de válida disciplinação senão mediante lei complementar, consoante expressa exigência constitucional.

(C) considerando que a investigação judicial eleitoral e a representação por captação ilícita de sufrágio seguem idêntico rito procedimental, o julgamento de procedência desta última implica necessariamente a declaração de inelegibilidade do representado, por prática de abuso do poder econômico, corrupção ou fraude.

(D) tratando-se de normas restritivas de direitos, as hipóteses de inelegibilidade dependem de taxativa previsão na lei local para serem aplicadas à eleição indireta para Governador e Vice-Governador do Estado, realizada pela Assembleia Legislativa em caso de dupla vacância desses cargos executivos no último biênio do período de governo.

A: correta, conforme art. 14, § 8°, CF; **B:** incorreta, pois as condições de elegibilidade estão dispostas na Constituição Federal, sem possibilidade de inserções por legislação complementar, como sugere a assertiva; **C:** incorreta, em plena consonância com o ordenamento específico quanto com a jurisprudência. A captação ilícita de sufrágio é apurada por meio de representação processada de acordo com o art.

22, incisos I a XIII, da LC 64/1990, que não se confunde com a ação de investigação judicial eleitoral, nem com a ação de impugnação de mandato eletivo, pois não implica a declaração de inelegibilidade, mas apenas a cassação do registro ou do diploma. (STF – ADIn 3592/DF, rel. Gilmar Mendes, j. 26.10.2006, Tribunal Pleno, DJ 02.02.2007); **D:** incorreta, uma vez que as hipóteses de inelegibilidade são taxativas e expressamente previstas no art. 14, §§ 4º ao 9º, CF, e também na LC 64/1990, com as devidas modificações trazidas pela LC 135/2010 (Lei da Ficha Limpa) não competindo às Assembleias Legislativas legislarem sobre o assunto, que apenas será tratado por Lei Complementar ou pela própria Constituição Federal.
Gabarito "A".

(Ministério Público/GO – 2013) Sobre o alcance do princípio constitucional da anterioridade eleitoral, julgue, com base na jurisprudência dominante do Supremo Tribunal Federal, as assertivas seguintes:

I. O princípio da anterioridade eleitoral, previsto no art. 16 da Constituição da República, é direito fundamental e cláusula pétrea, que também abrange, na sua extensão, as emendas constitucionais.
II. Leis complementares veiculadoras de novas hipóteses de inelegibilidade não se submetem ao princípio da anterioridade eleitoral, notadamente quando vocacionada a restrição à capacidade eleitoral passiva, nelas traduzida, à proteção da moralidade para o exercício de mandato;
III. Na interpretação do texto do art. 16 da Constituição da República, a locução "processo eleitoral" aponta para a realidade que se pretende proteger, pelo princípio da anterioridade eleitoral, de deformações oriundas de modificações que, casuisticamente introduzidas pelo Parlamento, culminem por romper a necessária igualdade de chances dos protagonistas – partidos políticos e candidatos – no pleito iminente.
IV. O princípio da anterioridade eleitoral condiciona a vigência da lei eleitoral a que não haja eleição a menos de um ano de sua publicação.

(A) As assertivas I e II estão corretas
(B) As assertivas I e III estão corretas
(C) As assertivas III e IV estão corretas.
(D) As assertivas II e IV estão corretas.

I: correta, uma vez que o art. 16 da CF foi declarado cláusula pétrea pelo STF, na ADI 3685, por representar expressão da segurança jurídica contemplada no art. 5º, *caput*, CF, logo, vedada mera deliberação contrária às suas disposições (art. 60, § 4º, IV, CF), inclusive por emenda constitucional; **II:** incorreta, pois através do princípio da anualidade eleitoral é possível compreender que "toda lei que vier a alterar o processo eleitoral entrará em vigor na data de sua publicação, porém, apenas será aplicada ao pleito que correr até uma ano após a data de sua vigência. Segundo o STF, a concepção de lei abrangeria tanto leis infraconstitucionais quanto as leis constitucionais (Emenda Constitucional)" (CHALITA, Savio. Manual completo de direito eleitoral. São Paulo: Foco: 2014. p. 31); **III:** correta. A interpretação acerca de "processo eleitoral" deve ser guiado na esteira de que "consiste num complexo de atos que visa a receber e transmitir a vontade do povo e que pode ser subdividido em três fases: a fase pré-eleitoral, que vai desde a escolha e apresentação das candidaturas até a realização da propaganda eleitoral; a fase eleitoral propriamente dita, que compreende o início, a realização e o encerramento da votação; e a fase pós-eleitoral, que se inicia com a apuração e a contagem dos votos e finaliza com a diplomação dos eleitos" (Min. Sepúlveda Pertence, RE 129.392-6/DF, In: Chalita, Savio. Manual completo de direito eleitoral. São Paulo: Foco: 2014. p. 32); **IV:** incorreta. O princípio da anualidade eleitoral dispõe

que a lei que alterar o processo eleitoral entrará em vigor na data de sua publicação, não se aplicando à eleição que ocorra até um ano da data de sua vigência, na mesma dicção do disposto pelo art. 16, CF.
Gabarito "B".

(Ministério Público/CE – 2011 – FCC) Segundo a Constituição Federal o alistamento eleitoral e o voto são:

(A) obrigatórios para os maiores de dezesseis anos.
(B) facultativos para os estrangeiros residentes no país há mais de três anos.
(C) facultativos para os analfabetos e os conscritos durante o serviço militar obrigatório.
(D) obrigatório o alistamento e facultativo o voto dos maiores de dezesseis e menores de dezoito anos.
(E) facultativos para os maiores de setenta anos.

De fato, a única alternativa correta é a trazida pela assertiva E, uma vez que o art. 14, § 1º da Constituição Federal dispõe que o alistamento eleitoral e o voto são obrigatórios para os maiores de dezoito anos e facultativos para os analfabetos, maiores de setenta anos e maiores de dezesseis e menores de dezoito anos.
Gabarito "E".

(Ministério Público/CE – 2011 – FCC) São condições de elegibilidade para o cargo de Vice-Governador de Estado:

(A) nacionalidade brasileira, pleno exercício dos direitos políticos, alistamento eleitoral, domicílio eleitoral na circunscrição, filiação partidária e idade mínima de trinta anos.
(B) naturalidade brasileira, pleno exercício dos direitos políticos, domicílio eleitoral na circunscrição, filiação partidária e idade mínima de trinta anos.
(C) nacionalidade brasileira, pleno exercício dos direitos políticos, alistamento eleitoral, domicílio eleitoral no território nacional, filiação partidária e idade mínima de trinta e cinco anos.
(D) nacionalidade brasileira, pleno exercício dos direitos políticos, alistamento eleitoral, domicílio eleitoral na circunscrição e idade mínima de vinte e cinco anos.
(E) naturalidade brasileira, pleno exercício dos direitos políticos, alistamento eleitoral, filiação partidária e idade mínima de trinta e cinco anos.

De fato, em atenção ao que questiona o enunciado, as condições de elegibilidade ao pretendente a concorrer ao cargo de Vice-Governador de Estado são encontradas ao longo do art. 14, § 3º c.c art. 14, § 3º, VI, "b", da CF.
Gabarito "A".

(Ministério Público/MS – 2011 – FADEMS) Assinale a alternativa **incorreta**. É vedada a cassação de direitos políticos,

(A) salvo se for decretada a incapacidade civil absoluta;
(B) salvo escusa de consciência, invocada por quem pretende eximir-se do adimplemento de obrigação legal a todos imposta (art. 5º, VIII, da CF);
(C) salvo se houver condenação criminal transitada em julgado, enquanto durarem seus efeitos;
(D) salvo condenação por improbidade administrativa, nos termos do art. 37, § 4º da CF;
(E) todas as alternativas são corretas.

É vedada a cassação de direitos políticos, cuja perda ou suspensão só se dará nos casos de: (i) cancelamento da naturalização por sentença transitada em julgado, (ii) incapacidade civil absoluta, (iii) condenação criminal transitada em julgado, enquanto durarem seus efeitos, (iv) recusa de cumprir obrigação a todos imposta ou prestação alternativa, nos termos do art. 5º, VIII, da CF, (v) improbidade administrativa, nos termos do art. 37, § 4º, da CF – art. 15 da CF. Como visto, todas as alternativas são corretas, de modo que a "E" deve ser indicada.

Gabarito "E".

(Ministério Público/MS – 2011 – FADEMS) Analise as assertivas abaixo.

I. A perda ou suspensão dos direitos políticos pode acarretar várias consequências jurídicas, e será automática, não cabendo mais recurso visando à manutenção dos direitos políticos do cidadão.
II. Uma das consequências jurídicas da perda ou a suspensão de direitos políticos é o cancelamento do alistamento.
III. Não é automática a exclusão do corpo de eleitores, em caso de perda ou suspensão dos direitos políticos, devendo seguir um procedimento próprio na Justiça Eleitoral.
IV. O eleitor que teve suspenso seus direitos políticos não tem legitimidade para propor ação popular, enquanto perdurar esta situação.
V. O cidadão tem direito a ampla defesa, antes de ser excluído do corpo de eleitores, podendo, se for o caso, requerer produção de prova visando manter os seus direitos políticos.

(A) todos os itens estão corretos;
(B) somente os itens I, III e V estão incorretos;
(C) somente os itens II, III, IV e V estão corretos;
(D) somente os itens I, II e IV estão incorretos;
(E) todos os itens estão incorretos.

I: incorreta, pois da decisão do juiz eleitoral de exclusão do eleitor cabe recurso no prazo de três dias para o Tribunal Regional – art. 80 do CE; II: assertiva correta, conforme o art. 71, II, do CE; III: correta, conforme o art. 77 do CE; IV: assertiva correta, pois a propositura da ação popular depende do pleno exercício da cidadania – art. 1º, § 3º, da Lei 4.717/1965; V: correta, conforme o art. 77, III, do CE.

Gabarito "C".

(Ministério Público/MS – 2011 – FADEMS) Embora eleitores, não podem votar:

(A) os eleitores analfabetos;
(B) os oficiais, aspirantes a oficiais, subtenentes ou suboficiais, sargentos ou alunos das escolas militares de ensino superior para formação de oficiais;
(C) os eleitores conscritos;
(D) os estrangeiros naturalizados;
(E) nenhuma das alternativas anteriores.

A: incorreta, pois os analfabetos podem votar – art. 14, § 1º, II, *a*, da CF; **B:** incorreta, pois, atualmente, qualquer militar é, em princípio, alistável, com exceção dos conscritos (convocados para o serviço militar obrigatório), já que essa é a única vedação prevista na Constituição atual – art. 14, § 2º, da CF, ver o art. 5º, p. único, do CE, que refletia restrições vigentes antes da atual Constituição; **C:** essa é a assertiva correta, pois o conscrito (aquele convocado para o serviço militar obrigatório) que já possuía título de eleitor não pode votar durante o serviço militar obrigatório – ver Resolução 20.165/1998 do TSE. Se o cidadão ainda não possuía o título, não poderá se alistar como eleitor durante o período do serviço militar obrigatório – art. 14, § 2º, da CF; **D:** incorreta, pois o brasileiro naturalizado pode votar e ser votado – arts. 12, § 2º, e 14, § 3º, da CF, embora não para determinados cargos – art. 12, § 3º, da CF. Os estrangeiros, é bom lembrar, não podem se alistar como eleitores nem, muito menos, serem eleitos – art. 14, § 2º, e 3º, I, da CF; **E:** incorreta, pois a alternativa "C" é verdadeira.

Gabarito "C".

(Ministério Público/SP – 2011) Constituem garantias eleitorais:

I. a prioridade postal aos partidos políticos nos 60 (sessenta) dias anteriores à realização das eleições;
II. o exercício do sufrágio;
III. o salvo-conduto em favor do eleitor;
IV. a presença de força pública no edifício em que funcionar mesa receptora;
V. a proibição da prisão em flagrante de candidatos nos 15 (quinze) dias que antecedem a eleição.

Está correto apenas o que se afirma em

(A) I, II e III.
(B) I, IV e V.
(C) II, III e IV.
(D) II, IV e V.
(E) III, IV e V.

I: assertiva correta, conforme o art. 239 do Código Eleitoral – CE (Lei 4.737/1965); II: correta, pois ninguém poderá impedir ou embaraçar o exercício do sufrágio – art. 234 do CE; III: assertiva correta, pois o juiz eleitoral, ou o presidente da mesa receptora, pode expedir salvo-conduto com a cominação de prisão por desobediência de até 5 dias, em favor do eleitor que sofrer violência, moral ou física, na sua liberdade de votar, ou pelo fato de haver votado; IV: incorreta, pois é proibida, durante o ato eleitoral, a presença de força pública no edifício em que funcionar mesa receptora, ou nas imediações – art. 238 do CE. A força armada conservar-se-á a cem metros da seção eleitoral e não poderá aproximar-se do lugar da votação, ou dele penetrar, sem ordem do presidente da mesa – art. 141 do CE; V: incorreta, pois a garantia de impossibilidade de detenção ou prisão em favor dos candidatos, desde 15 dias antes da eleição, não se aplica em caso de flagrante delito – art. 236, § 1º, do CE.

Gabarito "A".

2. INELEGIBILIDADE

(Promotor de Justiça – MPE/AM – FMP – 2015) Assinale a alternativa correta.

(A) O servidor público municipal não necessita afastar-se das funções para concorrer a Deputado Federal.
(B) O senador, por ser eleito pelo sistema majoritário e ter mandato de oito anos, só pode concorrer a uma reeleição.
(C) O militar da ativa, em razão do impedimento constitucional (art. 142, § 3º, V, da CF) de se filiar a partidos políticos, é, por isso, inelegível, por não preencher uma das condições de elegibilidade, qual seja, a filiação partidária.
(D) Na atual Constituição Federal não há qualquer restrição para o alistamento e o voto do militar.
(E) A Constituição Federal não permite que lei ordinária estabeleça casos de inelegibilidade.

A: Incorreta, já que a necessidade de desincompatibilização vem expressamente prevista no art. 1º, II, alínea *l*, LC 64/1990; **B:** Incorreta, pois inexiste limite de reeleição ao cargo de senador da república; **C:** Incorreta. Para os militares na ativa, há disposições específicas a serem analisadas. O militar da ativa com mais de 10 anos de serviço, para que possa disputar uma eleição deve ser escolhido em convenção partidária. A partir deste resultado positivo, será considerado filiado ao partido. O art. 14, § 8º, CF, assim dispõe: *"§ 8º O militar alistável é elegível, atendidas as seguintes condições: I – se contar menos de dez anos de serviço, deverá afastar-se da atividade; II – se contar mais de dez anos de serviço, será agregado pela autoridade superior e, se eleito, passará automaticamente, no ato da diplomação, para a inatividade.";*
D: Incorreta, uma vez que há vedação expressa para o alistamento e

voto do militar durante o período de serviço obrigatório (art. 14, § 2º, CF); **E**: Correta, pois o art. 14, § 9º, CF, norma constitucional de eficácia limitada, impõe a criação de Lei Complementar prevendo hipóteses de inelegibilidades.
„Ǝ„ oʇıɹɐqɐƃ

(Procurador da República – PGR – 2013) O juiz eleitoral indefere o pedido de registro de um candidato, filho do presidente da república, ao cargo de vereador, por se enquadrar em uma das hipóteses de inelegibilidade constitucional. O candidato interpõe recurso. O tribunal regional eleitoral nega provimento ao recurso do candidato. neste caso, com base nos dispositivos da Constituição e do Código Eleitoral sobre os recursos, é correto afirmar que da decisão do Tribunal Regional Eleitoral caberá:

(A) recurso ordinário, dirigido ao TSE, por ter sido proferida contra disposição expressa da Constituição ou de lei.
(B) recurso especial, dirigido ao TSE, se ocorrer divergência na interpretação de lei entre dois ou mais tribunais eleitorais; e, no mesmo momento processual, recurso extraordinário, dirigido ao STF, por contrariar dispositivo da Constituição, devendo o recorrente demonstrar a repercussão geral da questão constitucional discutida no caso.
(C) recurso ordinário, dirigido diretamente ao STF, por versar sobre inelegibilidade constitucional, mesmo que em eleição municipal, não havendo necessidade de demonstrar a repercussão geral da questão constitucional discutida no caso.
(D) recurso especial, dirigido ao TSE, por ter sido proferida contra disposição expressa da Constituição ou de lei; e/ou se ocorrer divergência na interpretação de lei entre dois ou mais tribunais eleitorais.

De fato, apenas a alternativa D traz enunciado correto, pois está em perfeita sintonia com o quanto disposto no art. 276, I, alíneas *a* e *b* do Código Eleitoral: "Art. 276. As decisões dos Tribunais Regionais são terminativas, salvo os casos seguintes em que cabe recurso para o Tribunal Superior: I – especial: *a)* quando forem proferidas contra expressa disposição de lei; *b)* quando ocorrer divergência na interpretação de lei entre dois ou mais tribunais eleitorais".
„ᗡ„ oʇıɹɐqɐƃ

(Procurador da República – PGR – 2013) Sobre as inelegibilidades constitucionais e infraconstitucionais, é correto afirmar:

(A) São requisitos positivos, na forma da lei, a nacionalidade brasileira, o pleno exercício dos direitos políticos; o alistamento eleitoral, entre outros.
(B) São requisitos negativos, pois sua ausência acarreta restrições aos direitos políticos, tais como a falta de domicílio eleitoral na circunscrição; a ausência de filiação partidária um ano antes da eleição; a falta da idade mínima na data da eleição, em relação aos cargos definidos na Constituição.
(C) Para concorrer ao cargo de Governador, o Prefeito deve renunciar ao respectivo mandato até seis meses antes do pleito.
(D) Somente a Constituição pode prever os casos de inelegibilidade por serem restrições aos direitos políticos, cabendo a lei complementar estabelecer somente os prazos de sua cessação, a fim de proteger a probidade administrativa, a moralidade para o exercício de mandato, considerada a vida pregressa do candidato, e a normalidade e legitimidade das eleições contra a influência do poder econômico ou o abuso do exercício de cargo ou emprego na administração direta ou indireta.

A: Incorreta, uma vez que os requisitos positivos, ou condições de elegibilidade, serão estabelecidos pela Constituição Federal, e não pela lei; **B**: Incorreta. Dois aspectos podem ser destacados. O primeiro é quanto ao prazo de filiação, uma vez que após a reforma de 2015, passa a ser de 6 meses anteriores ao pleito (no entanto, considerando a data do concurso de onde se extrai esta questão, não foi a abordada pela banca examinadora). O segundo, a afirmação de que a idade mínima será aferida na data da eleição. A aferição, em regra, deve ser feita considerando a data de POSSE e não da ELEIÇÃO. Destaca-se, por fim, que com a reforma feita pela Lei 13.165/2015, para os cargos onde a idade mínima seja de 18 anos, a aferição terá por paradigma a data limite para o pedido de registro de candidatura, qual seja, 15.08 do ano eleitoral ; **C**: Correta, art. 14, § 6º da CF, "Para concorrerem a outros cargos, o Presidente da República, os Governadores de Estado e do Distrito Federal e os PREFEITOS devem renunciar aos respectivos mandatos até seis meses antes do pleito"; **D**: Incorreta, uma vez que a própria Constituição Federal, no § 9º do art. 14, dispõe que "Lei complementar estabelecerá outros casos de inelegibilidade e os prazos de sua cessação, a fim de proteger a probidade administrativa, a moralidade para exercício de mandato considerada vida pregressa do candidato, e a normalidade e legitimidade das eleições contra a influência do poder econômico ou o abuso do exercício de função, cargo ou emprego na administração direta ou indireta".
„Ɔ„ oʇıɹɐqɐƃ

(Ministério Público/GO – 2012) Considerando o disposto na Lei Complementar nº 64/90, que estabelece, de acordo com a Constituição da República, os casos de inelegibilidade, a qual foi recentemente alterada pela Lei Complementar 135/2010, qual das alternativas abaixo é incorreta:

(A) São inelegíveis, para qualquer cargo, os que tenham contra sua pessoa representação julgada procedente pela Justiça Eleitoral, em decisão transitada em julgado ou proferida por órgão colegiado, em processo de apuração de abuso do poder econômico ou político, para a eleição na qual concorrem ou tenham sido diplomados, bem como para as que se realizarem nos 8 (oito) anos seguintes.
(B) Não poderão se candidatar os que forem condenados, em decisão transitada em julgado ou proferida por órgão judicial colegiado, desde a condenação até o transcurso do prazo de 8 (oito) anos após o cumprimento da pena, pelos crimes, dolosos ou culposos, contra a economia popular, a fé pública, a administração pública e o patrimônio público, contra o patrimônio privado, o sistema financeiro, o mercado de capitais e os previstos na lei que regula a falência e contra o meio ambiente e a saúde pública, os eleitorais, para os quais a lei comine pena privativa de liberdade e os de abuso de autoridade, nos casos em que houver condenação à perda do cargo ou à inabilitação para o exercício de função pública, dentre outros.
(C) São inelegíveis os que, em estabelecimentos de crédito, financiamento ou seguro, que tenham sido ou estejam sendo objeto de processo de liquidação judicial ou extrajudicial, hajam exercido, nos 12 (doze)

meses anteriores à respectiva decretação, cargo ou função de direção, administração ou representação, enquanto não forem exonerados de qualquer responsabilidade.

(D) Não poderão se candidatar os magistrados e os membros do Ministério Público que forem aposentados compulsoriamente por decisão sancionatória, que tenham perdido o cargo por sentença ou que tenham pedido exoneração ou aposentadoria voluntária na pendência de processo administrativo disciplinar, pelo prazo de 8 (oito) anos.

A: correta (art. 1º, I, "d", da LC 64/1990); B: incorreta, uma vez que a correta previsão legal é encontrada no art. 1º, I, "e", itens de 1 a 10 da LC 64/1990. Importantíssimo ressaltar a disposição contida no art. 1º, § 4º, da LC 64/1990 que traz clareza quanto à inelegibilidade prevista neste excerto (art. 1º, I, "e" LC 64/1990) ao dispor que não se aplica aos crimes culposos e àqueles definidos em lei como de menor potencial ofensivo, nem aos crimes de ação penal privada; C: correta, conforme art. 1º, I, "i", da LC 64/1990; D: correta, conforme disposto no art. 1º, I, "q", da LC 64/1990.
Gabarito "B".

(Ministério Público/MS – 2011 – FADEMS) Um eleitor pretende ser candidato a prefeito de uma determinada cidade, porém, ele teve suspenso seus direitos políticos pelo prazo de cinco anos por ter sido condenado por ato doloso de improbidade administrativa, com sentença confirmada por órgão colegiado. Analise as assertivas abaixo.

I. Ele poderá candidatar-se a cargo eletivo se na sentença da ação de improbidade administrativa não tenha constado expressamente a condenação relativa a suspensão dos direitos políticos.
II. Ele somente poderá candidatar-se ao cargo majoritário de prefeito depois de transcorridos cinco anos da data de cumprimento da pena aplicada no processo judicial.
III. Ele não poderá ser candidato a prefeito se ele foi condenado por ter enriquecido ilicitamente e ainda não tenha transcorrido o período de 13 anos da data de cumprimento da pena aplicada no processo judicial.
IV. Ele poderá ser candidato a prefeito se ele foi condenado por ter infringido o disposto no art. 11 da Lei nº 8.429/92.
V. Ele não poderá candidatar-se ao cargo de prefeito se for condenado por ato doloso de improbidade administrativa que importe lesão ao patrimônio público.

(A) todos os itens estão corretos;
(B) somente os itens I e V estão incorretos;
(C) somente os itens II e V estão incorretos;
(D) somente os itens I, IV e V estão corretos;
(E) todos os itens estão incorretos.

São inelegíveis para qualquer cargo os que forem condenados à suspensão dos direitos políticos, em decisão transitada em julgado ou proferida por órgão judicial colegiado, por ato doloso de improbidade administrativa que importe lesão ao patrimônio público (art. 10 da Lei de Improbidade Administrativa – LIA – Lei 8.429/1992) e enriquecimento ilícito (art. 9º da LIA), desde a condenação ou o trânsito em julgado até o transcurso do prazo de 8 anos após o cumprimento da pena – art. 1º, I, *l*, da LI. I: correta, pois a inelegibilidade, no caso, ocorre apenas se houver condenação à suspensão dos direitos políticos; II e III: incorretas, pois o prazo da inelegibilidade vai até 8 anos após o cumprimento da pena; IV: assertiva correta, pois o art. 11 da LIA trata dos atos de improbidade que atentam contra os princípios da administração pública, e não aqueles que importam enriquecimento ilícito (art. 9º da LIA) ou prejuízo ao erário (art. 10 da LIA); V: correta, conforme comentário inicial.
Gabarito "D".

(Ministério Público/MS – 2011 – FADEMS) Assinale a alternativa **incorreta**.

(A) De acordo com a Lei Complementar nº 64/90, os magistrados, se pretenderem concorrer ao cargo de Presidente ou de Vice-Presidente da República, somente são considerados elegíveis se afastarem temporariamente das suas funções até seis meses anteriores ao pleito;
(B) Os membros do Ministério Público que ingressaram na carreira antes de 5 de outubro de 1988 podem exercer a atividade político-partidária, desde que tenham exercido a opção pelo regime anterior;
(C) Os membros do Ministério Público que ingressaram na carreira antes da aprovação da EC nº 45/2004 podem exercer atividade política partidária, em face da interpretação extraída da Resolução nº 5 do Conselho Nacional do Ministério Público;
(D) No regime anterior a CF 88, não eram considerados inelegíveis os membros do Ministério Público;
(E) Os membros do Ministério Público, com a aprovação da EC nº 45/2004, foram equiparados aos magistrados quanto à atividade político-partidária.

A: essa é a assertiva incorreta (devendo esta ser assinalada), pois o magistrado deve se afastar definitivamente (não temporariamente) de seus cargos e funções até 6 meses antes do pleito, conforme o art. 1º, II, *a*, 8, da LI; B: correta, nos termos do art. 29, § 3º, do ADCT; C: correta, pois, nos termos da Resolução 5/2006 do Conselho Nacional do Ministério Público – CNMP, estão proibidos de exercer atividade político-partidária os membros do Ministério Público que ingressaram na carreira após a publicação da EC 45/2004 (art. 1º da Resolução). Ademais, estão proibidos de exercer qualquer outra função pública, salvo uma de magistério, exceto aqueles que integravam o *parquet* em 5.10.1988 e que tenham manifestado a opção pelo regime anterior (art. 2º da Resolução); D: assertiva correta – ver art. 29, § 3º, do ADCT e Resolução 5/2006 do CNMP; E: assertiva correta, pois a EC 45/2004 excluiu a ressalva "salvo exceções previstas em lei" do art. 128, § 5º, II, *e*, da CF, que veda o exercício de atividade político-partidária pelo membro do *parquet*. Atualmente, portanto, vige em relação aos membros do Ministério Público a mesma vedação absoluta imposta aos magistrados (art. 95, p. único, III, da CF).
Gabarito "A".

(Ministério Público/MS – 2011 – FADEMS) Recentemente o Supremo Tribunal Federal decidiu pela não aplicação da Lei da Ficha Limpa, referente aos candidatos considerados fichas sujas, e que foram eleitos no processo eleitoral de 2010. Não obstante tratar-se de decisão judicial recente, qual seria o principal embasamento jurídico para impedir a aplicação da Lei Complementar nº 135/2010, nas eleições para presidente, federal e estadual de 2010?

(A) Por conta do processo eleitoral já ter sido deflagrado, e não haveria tempo de os partidos escolherem outros candidatos, considerados ficha limpa, desrespeitando, assim, o procedimento estabelecido na Lei nº 9.504/97;
(B) Ofensa aos princípios individuais da segurança jurídica (CF, art. 5º, *caput*);
(C) Ofensa ao princípio do devido processo legal (CF, art. 5º, LIV);

(D) Ofensa ao princípio da anterioridade eleitoral, disposto no art. 16 da Constituição Federal;
(E) Nenhuma das alternativas anteriores.

O STF, ao julgar o RE 633.703/MG, afastou a aplicação da LC 135/2010 às eleições gerais de 2010, em face do princípio da anterioridade eleitoral (art. 16 da CF). Por essa razão, a alternativa "D" é a correta.
Gabarito "D".

(Ministério Público/MT – 2012 – UFMT) Está inelegível para concorrer ao cargo de Procurador-Geral de Justiça, de acordo com a Lei Orgânica Estadual do Ministério Público de Mato Grosso, o Promotor de Justiça que tenha ocupado cargo de coordenador em centro de apoio funcional

(A) menos de 60 dias antes da data da eleição.
(B) menos de 90 dias antes da data da eleição.
(C) menos de 180 dias antes da data da eleição.
(D) menos de 30 dias antes da data da eleição.
(E) em qualquer dia do ano em que ocorrer a eleição.

De fato, a alternativa correta é encontrada na assertiva 'D', uma vez que o prazo de 30 dias a que se refere é encontrado no art. 8º, § 4º, VI da Lei Orgânica Estadual do Ministério Público de Mato Grosso.
Gabarito "D".

(Procurador da República – 26.º) Assinale a alternativa correta:

(A) ao contrário do Presidente da República, dos Governadores de Estado e do Distrito Federal e dos Prefeitos, que para concorrerem a outros cargos devem renunciar aos respectivos mandatos até seis meses antes do pleito, o Vice-Presidente, o Vice-Governador e o Vice-Prefeito poderão se candidatar a outros cargos, preservando seus mandatos respectivos, desde que, nos últimos 6 (seis) meses anteriores ao pleito, não tenham sucedido ou substituído o titular;
(B) o sobrinho do Prefeito é inelegível para o cargo de Vereador no mesmo Município, salvo se for candidato à reeleição ou se o Prefeito se afastar definitivamente do seu cargo até seis meses antes da eleição;
(C) aos originários de países de língua portuguesa com residência permanente no país, se houver reciprocidade em favor dos brasileiros no respectivo país de origem, poderá ser atribuído pela lei, independentemente de naturalização, os direitos inerentes ao brasileiro, inclusive o gozo dos direitos políticos, respeitados os cargos reservados pela Constituição aos brasileiros natos;
(D) será declarada a perda da nacionalidade, e a consequente perda dos direitos políticos, do brasileiro que adquirir outra nacionalidade em face de reconhecimento de nacionalidade originária pela lei estrangeira.

A: correta, em atenção ao que dispõe o art. 1.º, § 2.º, da LC 64/1990; **B:** incorreta, uma vez que a hipótese de inelegibilidade disposta no art. 14, § 7.º, é taxativa quanto ao parentesco até 2.º grau, distante do que ilustra a assertiva, vez que o sobrinho do Prefeito encerra parentesco de 3.º grau, consanguíneo, linha colateral. **C:** Incorreta. Não há imposição de que haja tratamento legislativo, bastando que haja reciprocidade e residência, como dispõe o art. 17, do Decreto 3.927/2001 (Tratado da Amizade): "O gozo de direitos políticos por brasileiros em Portugal e por portugueses no Brasil só será reconhecido aos que tiverem três anos de residência habitual e depende de requerimento à autoridade competente" **D:** Incorreta, uma vez que a situação em que lei estrangeira reconheça a nacionalidade brasileira, não haverá perda de nacionalidade, e consequentemente, dos direitos políticos (art. 12, § 4º, II, CF e art. 15, CF).
Gabarito "A".

(Ministério Público/ES – 2013 – VUNESP) São inelegíveis

(A) a pessoa física que realizou doação de 10% de seu rendimento bruto auferido no ano da disputa eleitoral ou os dirigentes da pessoa jurídica que efetivou doação de 2% do faturamento bruto auferido no ano das eleições, mediante constatação em prestação de contas de campanha do partido, coligação ou candidato.
(B) os que forem excluídos ou suspensos pelo prazo de 01 ano do exercício da profissão, mediante decisão sancionatória do órgão profissional competente, em decorrência de infração ético profissional, pelo prazo de 08 anos, salvo se o ato houver sido anulado ou suspenso pelo Poder Judiciário.
(C) os candidatos condenados por decisão de órgão colegiado da Justiça Eleitoral, transitada em julgado ou não, por corrupção eleitoral, por captação ilícita de sufrágio, por doação, captação ou gastos ilícitos de recursos de campanha ou por conduta vedada aos agentes públicos em campanhas eleitorais que impliquem cassação do registro ou do diploma, pelo prazo de 08 anos a contar da eleição.
(D) os condenados criminalmente com trânsito em julgado, desde a condenação até o transcurso de 08 anos após o cumprimento da pena de crimes de tráfico de entorpecentes e drogas afins, quadrilha ou bando, administração pública, contra o meio ambiente e saúde pública, sistema financeiro, o mercado de capitais e os previstos na lei que regula a falência, de lavagens ou ocultação de bens, direitos e valores.
(E) os Delegados de Polícia, ainda que com exercício em outra circunscrição do pleito, que não se desincompatibilizarem dentro de 06 meses anteriores ao pleito para se candidatarem aos cargos de Prefeito e Vice-Prefeito.

A: incorreta, vez que a doação neste patamar é autorizada por lei. No caso de pessoa física, previsto no art. 23, § 1º, I, Lei das Eleições. No caso de pessoas jurídicas, previsto no art. 81, § 1º, Lei das Eleições; **B:** incorreta, vez que o art. 1º, I, *m*, LC 64/1990 não prevê a inelegibilidade àqueles que forem apenados com suspensão. Referido dispositivo disciplina que os que forem excluídos do exercício da profissão, por decisão sancionatória do órgão profissional competente, em decorrência de infração ético-profissional, pelo prazo de 8 (oito) anos, salvo se o ato houver sido anulado ou suspenso pelo Poder Judiciário; **C:** incorreta, uma vez que conforme art. 1º, I, *j*, LC 64/1990, é necessário que haja o trânsito em julgado da decisão; **D:** correta, nos exatos termos do que dispõem as hipóteses trazidas pelo art. 1º, e, 1 a 10, LC 64/1990; **E:** incorreta, uma vez que o prazo de desincompatibilização disposto no art. 1º, IV, *c*, LC 64/1990, é de 4 (quatro) meses.
Gabarito "D".

(Ministério Público/MS – 2013 – FADEMS) É incorreto afirmar sobre as hipóteses de inelegibilidades contidas na Lei Complementar Federal 64/1990, após suas seguidas alterações legislativas:

(A) são inelegíveis para quaisquer cargos os que forem condenados, em decisão transitada em julgado ou proferida por órgão judicial colegiado, desde a condenação até o transcurso do prazo de 8 anos após o cumprimento da pena, pelos crimes (dentre outros) contra o meio ambiente e a saúde pública, eleitorais, para os quais a Lei comine pena privativa de liberdade; de redução à condição análoga à de escravo; contra a vida e a dignidade sexual; praticados por organização criminosa, quadrilha ou bando.

(B) são inelegíveis para quaisquer cargos os que tiverem suas contas relativas ao exercício de cargos ou funções públicas rejeitadas por irregularidade insanável que configure ato de improbidade administrativa, e por decisão irrecorrível do órgão competente, salvo se esta houver sido suspensa ou anulada pelo Poder Judiciário, para as eleições que se realizarem nos 8 anos seguintes, contados a partir da data da decisão.

(C) os detentores de cargo na administração pública direta, indireta ou fundacional, que beneficiarem a si ou a terceiros, pelo abuso do poder econômico ou político, que forem condenados em decisão transitada em julgado ou proferida por órgão judicial colegiado, para a eleição na qual concorrem ou tenham sido diplomados, bem como para as que se realizarem nos 8 anos seguintes.

(D) os que forem condenados, em decisão transitada em julgado ou proferida por órgão colegiado da Justiça Eleitoral, por corrupção eleitoral, por captação ilícita de sufrágio, por doação, captação ou gastos ilícitos de recursos de campanha ou por conduta vedada aos agentes públicos em campanhas eleitorais que impliquem cassação do registro ou do diploma, pelo prazo de 8 anos a contar da eleição.

(E) os que forem excluídos do exercício da profissão, por decisão sancionatória do órgão profissional competente, em decorrência de infração ético-profissional, pelo prazo de 8 anos, salvo se o ato houver sido anulado ou suspenso pelo Poder Judiciário.

A: correta, uma vez que a assertiva faz referência expressamente à hipótese trazida pelo art. 1º, I, e, itens 1, 3, 4, 8, 9 e 10 da LC 64/1990; **B:** incorreta, devendo ser assinalada, uma vez que se trata da hipótese de inelegibilidade trazida pelo art. 1º, I, g, da LC 64/1990, onde em seu texto observa-se a necessidade de que as irregularidades insanáveis ensejadoras da rejeição de contas do candidato configure ato doloso de improbidade administrativa, ou seja, é necessário que haja a presença do dolo. Lembrando que a inexigibilidade se encerra como verdadeira limitação aos direitos políticos do cidadão, não é possível estender interpretativamente a hipótese trazida pelo referido dispositivo, sendo necessário que, para que incorra na hipótese do caso em questão, haja configurado o dolo no ato; **C:** correta, conforme disposto no art. 1º, I, h, da LC 64/1990; **D:** correta, conforme o disposto no art. 1º, I, j, da LC 64/1990; **E:** correta, conforme o disposto no art. 1º, I, m, da LC 64/1990.
Gabarito "B".

3. SISTEMA ELEITORAL

(Ministério Público/RN – 2009 – CESPE) O sistema eleitoral brasileiro, proporcional de listas abertas, contempla o quociente eleitoral e o partidário. Com relação a esse assunto, assinale a opção correta.

(A) O quociente partidário é definido pela divisão do número total de votos válidos pelo número de lugares a preencher.

(B) Somente partido ou coligação que alcançar o quociente eleitoral participa do rateio das sobras, se houver.

(C) São realizadas novas eleições caso nenhum partido ou coligação alcance o quociente eleitoral.

(D) Os votos de legenda conferidos aos partidos são contados apenas para o cálculo do quociente partidário, mas descartados para o cálculo do quociente eleitoral.

(E) Não há distinção entre quociente eleitoral e quociente partidário, em termos práticos.

A: incorreta, uma vez que de acordo com o art. 107 do CE o quociente partidário é obtido a partir da divisão do número de votos válidos dados sob a mesma legenda ou coligação de legenda pelo quociente eleitoral, desprezada a fração; **B:** correta, conforme disposto no art. 109, § 2º, do CE; **C:** incorreta, vez que o art. 111 do CE prevê que se nenhum Partido ou coligação alcançar o quociente eleitoral, considerar-se-ão eleitos, até serem preenchidos todos os lugares, os candidatos mais votados; **D:** incorreta, uma vez que tomada a premissa trazida pelo art. 5º da Lei 9.504/1997 ao dispor que nas eleições proporcionais, contam-se como válidos apenas os votos dados a candidatos regularmente inscritos e às legendas partidárias. Desta forma, de conhecimento que para determinar-se o quociente eleitoral divide-se o número de votos válidos apurados pelo número de lugares a preencher em cada circunscrição eleitoral, depreende-se a imprescindibilidade da contagem dos votos de legenda para o cálculo tanto do quociente partidário como do eleitoral; **E:** incorreta, uma vez que se trata de quocientes distintos, inclusive é de verificar-se que para obtenção do quociente partidário é preciso ter esclarecido o quociente eleitoral, como bem se observa da regra exposta pelo art. 107 do CE.
Gabarito "B".

4. ALISTAMENTO ELEITORAL, DOMICÍLIO

(Ministério Público/RN – 2009 – CESPE) Pedro, com nove anos de serviço, é militar alistável e teve o seu nome aprovado em convenção partidária para ser candidato a deputado estadual. Nessa situação hipotética, Pedro

(A) deve ser afastado do serviço militar.
(B) deve ser agregado, podendo retornar ao serviço militar após a eleição.
(C) perderá o cargo apenas se for eleito e empossado.
(D) deve ser afastado temporariamente, podendo retornar ao cargo após o fim do mandato.
(E) pode permanecer no serviço militar com todos os direitos.

De fato, o art. 98, II, do CE dispõe que nesta situação, uma vez cumprido mais de 5 anos de atividade, o militar será afastado, temporariamente, do serviço ativo, como agregado, para tratar de interesse particular.
Gabarito "A".

5. PARTIDOS POLÍTICOS, CANDIDATOS

(Promotor de Justiça – MPE/BA – CEFET – 2015) Levando-se em consideração a Lei 9.096/1995, notadamente no que dispõe acerca da temática da fidelidade e da disciplina partidárias, assinale a alternativa <u>INCORRETA:</u>

(A) O estatuto do partido poderá estabelecer, além das medidas disciplinares básicas de caráter partidário, normas sobre penalidades, inclusive com desligamento temporário da bancada, suspensão do direito de voto nas reuniões internas ou perda de todas as prerrogativas, cargos e funções que exerça em decorrência da representação e da proporção partidária, na respectiva Casa Legislativa, ao parlamentar que se opuser, pela atitude ou pelo voto, às diretrizes legitimamente estabelecidas pelos órgãos partidários.

(B) Na Casa Legislativa, o integrante da bancada de partido deve subordinar sua ação parlamentar aos

princípios doutrinários e programáticos e às diretrizes estabelecidas pelos órgãos de direção partidários, na forma do estatuto.
(C) A responsabilidade por violação dos deveres partidários deve ser apurada e punida pelo órgão competente, na conformidade do que disponha o estatuto de cada partido.
(D) Filiado algum pode sofrer medida disciplinar ou punição por conduta que não esteja tipificada no estatuto do partido político.
(E) Não perde automaticamente a função ou cargo que exerça, na respectiva Casa Legislativa, em virtude da proporção partidária, o parlamentar que deixar o partido sob cuja legenda tenha sido eleito.

De fato, a única alternativa incorreta é a apresentada pela assertiva E. Isto porque é redação diretamente contrária o que estabelece o art. 26, Lei dos Partidos Políticos (Lei 9.096/1995), vejamos: "Perde automaticamente a função ou cargo que exerça, na respectiva Casa Legislativa, em virtude da proporção partidária, o parlamentar que deixar o partido sob cuja legenda tenha sido eleito".
Gabarito "E".

(Procurador da República – PGR – 2015) O fundo partidário e composto por
(A) recursos exclusivamente públicos, vindos do Tesouro Nacional;
(B) recursos públicos e privados, excluídas multas e penalidades aplicadas pela Justiça Eleitoral;
(C) doações privadas e multas e penalidades aplicadas pela Justiça Eleitoral;
(D) recursos públicos, doações privadas, multas e penalidades aplicadas pela Justiça Eleitoral.

A alternativa D é a única correta, em atenção ao conteúdo normativo do art. 38, Lei dos Partidos Políticos (Lei 9.096/1995), vejamos: Art. 38. O Fundo Especial de Assistência Financeira aos Partidos Políticos (Fundo Partidário) é constituído por: I – multas e penalidades pecuniárias aplicadas nos termos do Código Eleitoral e leis conexas; II – recursos financeiros que lhe forem destinados por lei, em caráter permanente ou eventual; III – doações de pessoa física ou jurídica, efetuadas por intermédio de depósitos bancários diretamente na conta do Fundo Partidário; IV – dotações orçamentárias da União em valor nunca inferior, cada ano, ao número de eleitores inscritos em 31 de dezembro do ano anterior ao da proposta orçamentária, multiplicados por trinta e cinco centavos de real, em valores de agosto de 1995."
Gabarito "D".

(Procurador da República – PGR – 2013) Com fundamento nos dispositivos previstos na Constituição, na legislação eleitoral e partidária sobre os partidos políticos, é correto afirmar:
(A) É livre a criação, a fusão, incorporação, mas as hipóteses de sua extinção, por restringirem os direitos políticos dos seus filiados, devem estar previstas de forma taxativa na própria Constituição.
(B) É assegurada aos partidos políticos autonomia para definir sua estrutura interna, organização e funcionamento, e observado o preceito do caráter nacional, devem adotar os critérios de escolha e o regime de suas coligações eleitoral, com obrigatoriedade, definidos pelos órgãos de Direção Nacional.
(C) Os partidos políticos, após adquirirem personalidade jurídica, na forma da lei civil, registrarão seus estatutos no Tribunal Superior Eleitoral.
(D) Os partidos políticos têm direito a recursos do fundo partidário, administrado e gerido pelo Tesouro Nacional, o qual fará, mensalmente, a distribuição direta dos duodécimos, em conta especial à disposição dos órgãos nacionais dos partidos, obedecendo aos critérios definidos em lei.

A: Incorreta, pois a redação do art. 17, CF, é expressa quanto a "extinção"; **B:** Incorreta, pois também não há obrigatoriedade, mas sim autonomia. Neste sentido, vejamos a redação do § 1º, art. 17, CF:" É assegurada aos partidos políticos autonomia para definir sua estrutura interna, organização e funcionamento e para adotar os critérios de escolha e o regime de suas coligações eleitorais, sem obrigatoriedade de vinculação entre as candidaturas em âmbito nacional, estadual, distrital ou municipal, devendo seus estatutos estabelecer normas de disciplina e fidelidade partidária."; **C:** Correta, conforme art. 7º, Lei dos Partidos Políticos; **D:** Incorreta, uma vez que o Tesouro Nacional não fará a distribuição direta, mas sim depositará, mensalmente, os duodécimos no Banco do Brasil, em conta especial à disposição do Tribunal Superior Eleitoral, tudo conforme § 1º do art. 40 da Lei dos Partidos Políticos.
Gabarito "C".

(Promotor de Justiça – MPE/RS – 2017) Considerando a Lei 9.096/1995, que dispõe sobre partidos políticos, assinale a alternativa correta.
(A) Após registrar seu estatuto no Cartório competente do Registro Civil das Pessoas Jurídicas, na Capital Federal, o partido político está apto a participar do processo eleitoral, receber recursos do Fundo Partidário e ter acesso gratuito ao rádio e à televisão.
(B) É vedado ao partido político estabelecer, em seu estatuto, prazos de filiação partidária superiores aos previstos na Lei 9.096/1995, com vistas à candidatura a cargos eletivos.
(C) Quem se filia a outro partido deve fazer comunicação ao partido ao qual era originalmente filiado e ao juiz de sua respectiva Zona Eleitoral, para cancelar sua filiação anterior; se não o fizer no dia imediato ao da nova filiação, fica configurada dupla filiação, sendo ambas consideradas nulas para todos os efeitos.
(D) A perda dos direitos políticos não implica o cancelamento imediato da filiação partidária.
(E) A desaprovação da prestação anual de contas do partido não enseja sanção alguma que o impeça de participar do processo eleitoral.

A: Incorreta, uma vez que após adquirir personalidade jurídica no cartório competente, é necessário que o estatuto seja levado a registro junto ao TSE. Só então, poderá participar do processo eleitoral, receber recursos do Fundo Partidário e ter acesso gratuito ao rádio e à televisão, conforme art. 7º, *caput* e § 2º, Lei dos Partidos Políticos; **B:** Incorreta. O partido político pode criar prazo superior. A vedação, por via contrária, está para fixação de prazo inferior (art. 20, Lei dos Partidos Políticos); **C:** Incorreta. Após a entrada em vigor da Lei 12.891/2013, havendo coexistência de filiações partidárias, prevalecerá a mais recente, devendo a Justiça Eleitoral determinar o cancelamento das demais; **D:** Incorreta, uma vez que o art. 22, II, Lei dos Partidos Políticos estabelece ser uma das formas de cancelamento da filiação partidária; **E:** Correta, conforme § 5º do art. 32 da Lei dos Partidos Políticos.
Gabarito "E".

(Ministério Público/CE – 2011 – FCC) A Constituição Federal assegura que é livre a criação, fusão, incorporação e extinção de partidos políticos, resguardados a soberania nacional, o regime democrático, o pluripartidarismo, os direitos fundamentais da pessoa humana. No plano de sua estrutura interna é correto afirmar:

(A) As coligações eleitorais poderão dispor sobre a organização e funcionamento dos partidos políticos e adotar os critérios de escolha de candidaturas, com obrigatoriedade de vinculação entre as candidaturas em âmbito nacional, estadual, distrital ou municipal.
(B) É assegurada aos partidos políticos autonomia para definir sua estrutura interna, organização e funcionamento e para adotar os critérios de escolha e o regime de suas coligações eleitorais, sem obrigatoriedade de vinculação entre as candidaturas em âmbito nacional, estadual, distrital ou municipal, devendo seus estatutos estabelecer normas de disciplina e fidelidade partidária.
(C) Os partidos políticos e as coligações partidárias são livres para definir sua organização e funcionamento e para adotar os critérios de escolha de candidaturas avulsas, sem obrigatoriedade de vinculação entre as candidaturas em âmbito nacional, estadual, distrital ou municipal, devendo seus estatutos estabelecer normas de disciplina e fidelidade partidária.
(D) É assegurada aos partidos políticos autonomia para definir as condições de alistamento e elegibilidade, organização e funcionamento e para adotar os critérios de escolha e o regime de suas coligações eleitorais, sem obrigatoriedade de vinculação entre as candidaturas em âmbito nacional, estadual, distrital ou municipal, devendo seus estatutos estabelecer normas de disciplina e fidelidade partidária.
(E) É assegurada aos partidos políticos autonomia para definir sua organização e funcionamento e para adotar os critérios de escolha de filiados e o regime de suas coligações eleitorais, bem como obrigatoriedade de vinculação entre as candidaturas em âmbito nacional, estadual, distrital ou municipal, vedado aos seus estatutos estabelecer normas de disciplina e fidelidade partidária.

A alternativa "B" reproduz o disposto no art. 17, § 1º, da CF, norma que confere autonomia aos partidos políticos, destacando-se a não obrigatoriedade de vinculação entre candidaturas nos diferentes entes federativos, o que impede a chamada "verticalização obrigatória", resultante de interpretação da Resolução 20.993/2002 do TSE. Antes da Emenda Constitucional 52/2006, entendia-se que as coligações estaduais, por exemplo, eram obrigadas a seguir as orientações das coligações nacionais.
Gabarito "B".

(Ministério Público/CE – 2011 – FCC) O registro dos candidatos a vereador

(A) deve ser feito junto ao Tribunal Regional Eleitoral da unidade da Federação respectiva até 4 (quatro) meses antes da eleição.
(B) deve ser feito perante qualquer juízo eleitoral onde o partido ao qual estiver filiado o candidato possua diretório devidamente registrado.
(C) far-se-á sempre em chapa única e indivisível, ainda que resulte a indicação de aliança de partidos.
(D) deve ser feito no juízo eleitoral até 6 (seis) meses antes da eleição, desde que filiado a partido político na circunscrição em que concorrer.
(E) deve ser dirigido ao Tribunal Regional Eleitoral nos casos em que o partido político não possuir diretório devidamente registrado na circunscrição em que se realizar a eleição.

De fato, a única alternativa correta é exposta pela assertiva 'D', uma vez que de acordo com o que dispõe o art. 87, parágrafo único e art. 94, ambos do CE.
Gabarito "D".

(Ministério Público/PI – 2012 – CESPE) Com relação às disposições constitucionais e legais acerca dos partidos políticos, assinale a opção correta.

(A) Organização da sociedade civil constituída como pessoa jurídica de direito público, o partido político destina-se a assegurar, no interesse do regime democrático, a autenticidade do sistema representativo e a defender os direitos fundamentais.
(B) A prestação de contas dos partidos políticos à justiça eleitoral é feita por meio do envio do balanço contábil do exercício findo até 30 de abril do ano seguinte, e, em anos eleitorais, por meio do envio de balancetes mensais durante os quatro meses anteriores e os dois meses posteriores ao pleito.
(C) No Brasil, é livre a criação, a fusão, a incorporação e a extinção de partidos políticos, desde que resguardados os objetivos fundamentais do país e observados preceitos como caráter nacional e cooperação entre os povos para o progresso da humanidade.
(D) O caráter nacional dos partidos políticos é garantido com a vinculação das candidaturas, em âmbito estadual, distrital ou municipal, às escolhas e ao regime das coligações eleitorais estabelecidas pela direção partidária nacional.
(E) Os partidos políticos, após adquirirem personalidade jurídica com o registro de seus estatutos no TSE, possuem autonomia para definir sua estrutura interna, organização e funcionamento na forma da lei civil.

A: incorreta, uma vez que os partidos políticos são considerados pessoas jurídicas de direito privado, como preceitua o art. 44, V Código Civil e também em atenção ao que dispõe o art. 1º da Lei 9.096/1995; **B:** correta, conforme art. 32, § 3º, da Lei 9.096/1995; **C:** incorreta, uma vez que o art. 2º da Lei 9.096/1995 dispõe que é livre a criação, fusão, incorporação e extinção de partidos políticos cujos programas respeitem a soberania nacional, o regime democrático, o pluripartidarismo e os direitos fundamentais da pessoa humana; **D:** incorreta, uma vez que o art. 5º da Lei 9.096/1995 dispõe que a ação do partido tem caráter nacional e é exercida de acordo com seu estatuto e programa, sem subordinação a entidades ou governos estrangeiros; **E:** incorreta, uma vez que o art. 7º da Lei 9.096/1995 dispõe que o partido político adquire a personalidade jurídica com o registro na forma da lei civil, só então deverá registrar seu estatuto junto ao TSE, situação onde passará a ter a autonomia garantida.
Gabarito "B".

(Ministério Público/RR – 2012 – CESPE) A respeito da disciplina constitucional e legal das coligações partidárias, assinale a opção correta.

(A) Partidos coligados nas eleições proporcionais podem apoiar formalmente candidatos diferentes para a chefia do Poder Executivo.

(B) Nas eleições gerais, uma coligação partidária para a eleição do presidente da República impõe coerência nas coligações para a eleição de governador de estado.
(C) São vedadas coligações diferenciadas para prefeito e para vereador.
(D) Partido que lança candidato a prefeito deve repetir a mesma coligação para vereador.
(E) Um partido que lança candidato a prefeito não pode coligar-se, para a eleição de vereador, com outro partido que tenha candidato majoritário nessa eleição.

De fato, a única alternativa correta é apresentada pela assertiva E, uma vez que reproduz o teor da Resolução TSE 23.260 que inteligência que "somente se admite a pluralidade de coligações para a eleição proporcional. Na eleição majoritária, é admissível a formação de uma só coligação. Os partidos que compuserem coligação para a eleição majoritária só poderão formar coligações entre si para a eleição proporcional".
Gabarito "E".

(Procurador da República – 26.ª) Quanto aos partidos políticos correto afirmar que:
(A) apenas tem direito a cotas do fundo partidário e à propaganda partidária gratuita no rádio e na televisão o partido que, em cada eleição para a Câmara dos Deputados obtenha o apoio de, no mínimo, cinco por cento dos votos apurados, não computados os brancos e os nulos, distribuídos em, pelo menos, um terço dos Estados, com um mínimo de dois por cento do total de cada um deles;
(B) não sendo os partidos pessoas jurídicas de direito público não cabe mandado de segurança contra os atos de seus representantes ou de seus órgãos;
(C) na propaganda partidária gratuita no rádio e na televisão os partidos poderão difundir seus programas partidários, divulgar a sua posição em relação a temas político-comunitários, bem como divulgar a propaganda de seus candidatos a cargos eletivos;
(D) poderão estabelecer em seus estatutos, com vista a candidatura a cargos eletivos, prazos de filiação partidária superiores aos previstos na lei.

A: incorreta, pois o art. 7.º, § 2.º, da Lei 9.096/1995 dispõe que somente o partido que tenha registrado seu estatuto no Tribunal Superior Eleitoral pode participar do processo eleitoral, receber recursos do Fundo Partidário e ter acesso gratuito ao rádio e à televisão, sendo esta a única condição prevista na Lei 9.096/1995; B: incorreta, vez que a Lei 12.016/2009 dispõe em seu art.1º que conceder-se-á mandado de segurança para proteger direito líquido e certo, não amparado por *habeas corpus* ou *habeas data*, sempre que, ilegalmente ou com abuso de poder, qualquer pessoa física ou jurídica sofrer violação ou houver justo receio de sofrê-la por parte de autoridade, seja de que categoria for e sejam quais forem as funções que exerça. O § 1.º do referido artigo complementa ao definir que se equiparam às autoridades, para os efeitos da referida Lei, os representantes ou órgãos de partidos políticos; C: incorreta, vez que a veiculação de propaganda de seus candidatos a cargos eletivos encontra expressa vedação no art. 45, § 1º, II, da Lei 9.096/1995, vez que a propaganda partidária não se confunde com a eleitoral, possuindo cada qual um regramento próprio; D: correta, conforme dispõe o art. 20 da Lei 9.096/1995.
Gabarito "D".

(Procurador da República – 25.ª) Relativamente aos partidos políticos, assinale a alternativa correta:
I. possuem personalidade jurídica de direito privado;
II. mesmo sendo-lhes assegurada autonomia para definirem sua estrutura interna, organização e funcionamento, o ordenamento jurídico lhes impõe, entre outros comandos, que seus estatutos estabeleçam normas de disciplina e fidelidade partidária;
III. devem ter caráter nacional, sendo-lhes vedado o caráter regional, mesmo que suas ações se direcionem a um terço, ou mais, dos Estados.
Das proposições acima:
(A) apenas as alternativas I e II estão corretas;
(B) apenas as alternativas I e III estão corretas;
(C) apenas as alternativas II e III estão corretas;
(D) todas as alternativas estão corretas.

I: correta, conforme art. 1º da Lei 9.096/1995; II: correta, conforme art. 15, II, da Lei 9.096/1995; III: correta, art. 17 da CF, bem como arts. 5º e 7º, § 1º, ambos da Lei 9.096/1995.
Gabarito "D".

(Ministério Público/Acre – 2014 – CESPE) Assinale a opção correta com relação aos partidos políticos.
(A) A responsabilidade, inclusive civil e trabalhista, cabe solidariamente ao órgão partidário municipal, estadual ou nacional que tiver dado causa a descumprimento da obrigação, a violação de direito, a dano a outrem ou a qualquer ato ilícito.
(B) A sanção de suspensão do repasse de novas quotas do fundo partidário, por desaprovação total da prestação de contas de partido, não pode ser aplicada por meio de desconto, do valor a ser repassado, da importância apontada como irregular.
(C) É assegurada aos partidos políticos autonomia para adotar os critérios de escolha e o regime de suas coligações eleitorais, sem obrigatoriedade de vinculação entre as candidaturas em âmbito nacional, estadual, distrital ou municipal.
(D) Os órgãos de direção nacional, estadual e municipal do partido político podem receber doações de pessoas físicas e jurídicas, inclusive entidades de classe ou sindicais, para constituição de seus fundos.
(E) A personalidade jurídica é adquirida, nos termos da lei civil, após o registro do estatuto do partido político no TSE.

A: incorreta, uma vez que o art. 15-A da Lei dos Partidos Políticos dispõe que a responsabilidade, inclusive civil e trabalhista, cabe exclusivamente ao órgão partidário municipal, estadual ou nacional que tiver dado causa ao não cumprimento da obrigação, à violação de direito, a dano a outrem ou a qualquer ato ilícito, excluída a solidariedade de outros órgãos de direção partidária; B: incorreta, uma vez que o art. 37, § 3º da Lei dos Partidos Políticos dispõe que a sanção de suspensão do repasse de novas quotas do Fundo Partidário, por desaprovação total ou parcial da prestação de contas de partido, deverá ser aplicada de forma proporcional e razoável, pelo período de 1 (um) mês a 12 (doze) meses, ou por meio do desconto, do valor a ser repassado, da importância apontada como irregular, não podendo ser aplicada a sanção de suspensão, caso a prestação de contas não seja julgada, pelo juízo ou tribunal competente, após 5 (cinco) anos de sua apresentação; C: correta, nos exatos termos do disposto no *caput* e parágrafo único do art. 3º da Lei dos Partidos Políticos; D: incorreta, uma vez que há o proibitivo expresso do art.

31, IV, Lei dos Partidos Políticos que veda ao partido receber, direta ou indiretamente, sob qualquer forma ou pretexto, contribuição ou auxílio pecuniário ou estimável em dinheiro, inclusive através de publicidade de qualquer espécie, procedente, dentre outros, de entidade de classe ou sindical; **E:** incorreta. A personalidade jurídica do partido político é adquirida com o registro junto ao Registro Civil das Pessoas Jurídicas, da Capital Federal, conforme depreende-se da leitura dos arts. 7º e 8º, Lei dos Partidos Políticos.
„Gabarito "C".

(Ministério Público/Acre – 2014 – CESPE) Considere que, no exercício do mandato de senador, Ivo seja escolhido pela coligação integrada por seu partido para disputar o cargo de prefeito no ano de 2016. Em face dessa situação, assinale a opção correta à luz das disposições constitucionais e da legislação eleitoral hoje em vigor.

(A) Se o pedido de registro da candidatura for indeferido e o partido renunciar ao direito de preferência, Ivo poderá ser substituído por filiado a qualquer partido integrante da coligação em até dez dias contados da notificação da decisão judicial.

(B) O pedido de registro da candidatura de Ivo deve ser apresentado pela coligação ao juiz eleitoral até às 18 horas do nonagésimo dia anterior à data marcada para a eleição.

(C) Na hipótese de o partido ou coligação não requerer o registro de Ivo, ele mesmo pode fazê-lo perante o TRE, observado o prazo máximo de 48 horas seguintes à publicação da lista dos candidatos pela justiça eleitoral.

(D) A impugnação ao pedido de registro de candidatura de Ivo pode ser feita por candidato, partido político, coligação, MP, ou qualquer eleitor, em petição fundamentada.

(E) Se o pedido de registro da candidatura for indeferido, Ivo poderá efetuar atos relativos à campanha eleitoral, e seu nome poderá ser mantido na urna eletrônica, ficando a validade dos votos a ele atribuídos condicionada a registro válido de substituto.

A: correta, nos exatos termos do que dispõe o art. 13, §§ 1º e 2º da Lei 9.504/1997, Lei das Eleições; **B:** incorreta, já que o art. 11, Lei das Eleições, dispõe que os partidos e coligações solicitarão à Justiça Eleitoral o registro de seus candidatos até as dezenove horas do dia 5 de julho do ano em que se realizarem as eleições; **C:** incorreta, uma vez que na hipótese de o partido ou coligação não requerer o registro de seus candidatos, estes poderão fazê-lo *perante a Justiça Eleitoral*, observado o prazo máximo de quarenta e oito horas seguintes à publicação da lista dos candidatos pela Justiça Eleitoral, conforme dispõe o art. 11, § 4º, Lei das Eleições; **D:** incorreta, pois o art. 3º, LC 64/1990, dispõe que caberá a qualquer candidato, a partido político, coligação ou ao Ministério Público, no prazo de 5 (cinco) dias, contados da publicação do pedido de registro do candidato, impugná-lo em petição fundamentada; **E:** incorreta, uma vez que Ivo só poderá agir desta forma caso tenha recorrido (Embargos ou Recurso Especial ao Tribunal Superior Eleitoral), estando, portanto, dentro do que dispõe o art. 16-A, Lei das Eleições, ao disciplinar que o candidato cujo registro esteja *sub judice* poderá efetuar todos os atos relativos à campanha eleitoral, inclusive utilizar o horário eleitoral gratuito no rádio e na televisão e ter seu nome mantido na urna eletrônica enquanto estiver sob essa condição, ficando a validade dos votos a ele atribuídos condicionada ao deferimento de seu registro por instância superior.
„Gabarito "A".

6. ELEIÇÕES, VOTOS, APURAÇÃO, QUOCIENTES ELEITORAL E PARTIDÁRIO

(Ministério Público/GO – 2012) Assinale a alternativa correta

(A) O quociente eleitoral indica o número de vagas alcançado pelos partidos, sendo calculado pela divisão do número de votos conferidos ao partido, diretamente, ou a seus candidatos, pelo quociente partidário, desprezando-se a fração.

(B) O quociente partidário corresponde ao índice de votos a ser obtido que determina a distribuição das vagas, por meio da divisão do número de votos válidos pelos lugares a preencher na Câmara dos Deputados, no Senado Federal, nas Assembleias Legislativas ou nas Câmaras de Vereadores.

(C) O quociente eleitoral tem por finalidade estabelecer a distribuição das vagas entre os partidos na Câmara dos Deputados, no Senado Federal, nas Assembleias Legislativas e nas Câmaras de Vereadores.

(D) Acaso nenhum partido atinja o quociente eleitoral, hão de ser considerados eleitos os candidatos mais votados, desconsiderados quaisquer critérios de proporcionalidade.

A: incorreta, uma vez que o quociente eleitoral irá indicar o número mínimo necessário para que o partido eleja um candidato para o respectivo cargo. O art. 106 do CE dispõe que se determina o quociente eleitoral dividindo-se o número de votos válidos apurados pelo de lugares a preencher em cada circunscrição eleitoral, desprezada a fração se igual ou inferior a meio, equivalente a um, se superior; **B:** incorreta, uma vez que o quociente partidário é o índice obtido a partir da divisão do número de votos válidos dados sob a mesma legenda ou coligação pelo quociente eleitoral, conforme dispõe o art. 107 do CE; **C:** incorreta, uma vez que o quociente eleitoral tem a função de estabelecer quantos votos são necessários para que cada partido ou coligação eleja um candidato, por seu turno, o quociente partidário irá estabelecer quantas vagas cada coligação ou partido atingiu; **D:** correta, conforme art. 111 do CE.
„Gabarito "D".

(Ministério Público/MT – 2012 – UFMT) Nos termos do Código Eleitoral, a votação será NULA quando

(A) houver extravio de documento considerado essencial.
(B) viciada de fraude.
(C) viciada de coação.
(D) encerrada antes das 17 horas.
(E) for negado ou sofrer restrição o ato de fiscalização.

A: incorreta, vez que de acordo com o art. 221, I do CE, nestas circunstancias a votação é considerada anulável; **B:** incorreta, pois de acordo com o art. 222 do CE, trata-se de situação onde a votação será considerada anulável; **C:** incorreta, nos exatos termos da assertiva anterior, vez que o art. 222 do CE considera a situação como votação anulável; **D:** correta, em atenção ao art. 220, III do CE, vez que dispõe que a votação será nula quando realizada em dia, hora, ou local diferentes do designado ou encerrada antes das 17 horas; **E:** incorreta, uma vez que o art. 221, II do CE dispõe se tratar de votação anulável.
„Gabarito "D".

(Ministério Público/TO – 2012 – CESPE) Assinale a opção correta a respeito de fiscalização das eleições, material e lugares destinados à eleição, início da votação e apuração nas juntas eleitorais, nos tribunais regionais eleitorais e no Tribunal Superior Eleitoral.

(A) A propriedade particular será obrigatória e gratuitamente cedida para o fim de funcionamento das mesas receptoras, sendo expressamente vedado o uso, para esse fim, de propriedade pertencente a autoridade policial.

(B) Às sete horas do dia da eleição, supridas as possíveis deficiências, deve o presidente declarar iniciados os trabalhos, procedendo-se em seguida à votação, começando-se pelos candidatos e eleitores presentes.

(C) Compete às juntas eleitorais dos locais de votação apurar os votos relativos aos candidatos a deputado estadual.

(D) Um fiscal não pode ser nomeado para fiscalizar mais de uma seção eleitoral no mesmo local de votação.

(E) Tratando-se de seções de zonas eleitorais em que o alistamento se fizer pelo processamento eletrônico de dados, os juízes eleitorais devem enviar ao presidente de cada mesa receptora, pelo menos setenta e duas horas antes da eleição, as folhas individuais de votação dos eleitores da seção, devidamente acondicionadas.

A: correta, conforme art. 135, § § 3º e 4º, do CE; **B:** incorreta, uma vez que o art. 143 do CE dispõe que às 8 (oito) horas, supridas as deficiências declarará o presidente iniciados os trabalhos, procedendo-se em seguida à votação, que começará pelos candidatos e eleitores presentes; **C:** incorreta, uma vez que todos os votos serão apurados pela junta, conforme art. 173 do CE; **D:** incorreta, uma vez que o art. 65, § 1º, da Lei 9.504/1997 autoriza que o fiscal seja nomeado para fiscalizar mais de uma Seção Eleitoral, no mesmo local de votação; **E:** Questão Polêmica: O gabarito indica como errada esta alternativa, muito embora esteja nitidamente em conformidade com o que disciplina o art. 133, III, do CE. Entende-se que o art. 12 da Lei 6.996/1982 trouxe dispositivo especial no tocante ao sistema eleitoral eletrônico, vigente no país.
Gabarito "A".

7. PROPAGANDA ELEITORAL E RESTRIÇÕES NO PERÍODO ELEITORAL

(Promotor de Justiça – MPE/BA – CEFET – 2015) Dez dias antes da data das eleições municipais, um candidato a prefeito pediu a um amigo comerciante que afixasse uma placa com propaganda eleitoral no interior do centro comercial deste último, o mais frequentado pelos eleitores da comuna. Considerando essa situação-problema e a legislação em vigor, assinale a alternativa CORRETA:

(A) A propaganda eleitoral será lícita, desde que as dimensões da placa não ultrapassem 4 (quatro) metros quadrados.

(B) O comerciante poderá cobrar uma remuneração do candidato pela propaganda eleitoral no centro comercial.

(C) Não haverá ilegalidade na propaganda se ela for objeto de um contrato escrito firmado entre o candidato e o comerciante.

(D) A propaganda será lícita, desde que realizada mediante prévia autorização da Justiça Eleitoral.

(E) A propaganda eleitoral nos moldes solicitados pelo candidato é vedada pela legislação.

A: Incorreta, uma vez há proibição expressa no art. 37, Lei das Eleições (Lei 9504/1997), com a devida explicação do quem vem a ser bem de uso comum no § 4º do mesmo dispositivo; **B:** Incorreta, pois além da proibição tratada na justificativa da assertiva anterior, as manifestações de publicidade não podem ser pagas, mas sim espontâneas e gratuitas, tal como dispõe o art. 37, § 8º, Lei das Eleições: " § 8º A veiculação de propaganda eleitoral em bens particulares deve ser espontânea e gratuita, sendo vedado qualquer tipo de pagamento em troca de espaço para esta finalidade."; **C e D:** Incorretas, pois o art. 37, *caput*, §§ 4º e 8º, Lei das Eleições, não trazem exceções quanto a proibição; **E:** Correta, com fundamento na obrigatoriedade de que a propaganda seja espontânea e gratuita em bens particulares, bem como pelo fato da proibição de publicidade de bens de uso comum, art. 37, *caput*, §§ 4º e 8º, Lei das Eleições.
Gabarito "E".

(Promotor de Justiça – MPE/AM – FMP – 2015) Em matéria de propaganda eleitoral, considere as seguintes assertivas:

I. É permitida a veiculação de propaganda paga na imprensa escrita, com limite do número de anúncios por veículo de comunicação.

II. É permitida a propaganda mediante *outdoors*, desde que não excedam a 4m².

III. É permitida a veiculação de propaganda no interior de lojas e ginásios, desde que seja propriedade privada e para a qual não haja qualquer tipo de pagamento.

IV. É proibida a apresentação, mesmo que não remunerada, de artistas com a finalidade de animar comício.

Quais das assertivas acima estão corretas?

(A) Apenas a I e II.
(B) Apenas a I e IV.
(C) Apenas a II e III.
(D) Apenas a I e III.
(E) Apenas a III e IV.

I: Correta, de acordo as regras estabelecidas no art. 43, Lei das Eleições; **II:** Incorreta, por expressa vedação do art. 39, § 8º, Lei das Eleições; **III:** Incorreta, uma vez que há expressa vedação de propaganda eleitoral em locais considerados bens de uso comum, ainda que privados, conforme art. 37, § 4º, Lei das Eleições; **IV:** Correta, conforme art. 39, § 7º, Lei das Eleições.
Gabarito "B".

(Ministério Público/MG – 2011) Analise as seguintes assertivas a respeito da propaganda eleitoral.

I. É permitida, no dia das eleições, a manifestação individual e silenciosa da preferência do eleitor por partido político, coligação ou candidato, revelada exclusivamente pelo uso de bandeiras, broches, dísticos e adesivos.

II. É permitida na campanha eleitoral a confecção, utilização, distribuição por comitê, candidato, ou com a sua autorização, de camisetas, chaveiros, bonés, canetas, brindes, cestas básicas ou quaisquer outros bens ou materiais que possam proporcionar vantagem ao eleitor.

III. É permitida a realização de showmício e de evento assemelhado para promoção de candidatos, bem como a apresentação, remunerada ou não, de artistas com a finalidade de animar comício ou reunião eleitoral.

IV. Serão permitidos, até às vinte e duas horas do dia que antecede a eleição, a distribuição de material gráfico, caminhada, carreata, passeata ou carro de som que transite pela cidade divulgando jingles ou mensagens de candidatos.

Pode-se concluir que somente estão **CORRETAS** as assertivas

(A) I e II.
(B) II e III.

(C) III e IV.
(D) I e IV

I: correta, conforme art. 39-A da Lei 9.504/1997; II: incorreta, uma vez que o art. 39, § 6º, da Lei 9.504/1997 proíbe expressamente este tipo de propaganda eleitoral; III: incorreta, vez que é expressamente proibido pelo art. 39, § 7º, da Lei 9.504/1997; IV: correta, conforme disposição contida no art. 39, § 9º, da Lei 9.504/1997.
„Gabarito "D".

(Ministério Público/RJ – 2011) Em eleições para o cargo eletivo de Prefeito Municipal, o candidato de oposição, durante a propaganda eleitoral gratuita na televisão, faz críticas veementes à administração do Prefeito atual, afirmando que este priorizou a urbanização da cidade e a construção de praças, em vez de aplicar a verba na melhoria dos serviços de saúde e educação. O Prefeito, também candidato ao cargo eletivo, ingressa em juízo com pedido de reconhecimento de direito de resposta. O Promotor Eleitoral deve:

(A) opinar pela concessão do direito de resposta através dos mesmos meios utilizados para a propaganda, uma vez que houve ofensa à honra do atual Prefeito;
(B) opinar pela não concessão do direito de resposta, mas oferecer denúncia pela prática de crime eleitoral pelo candidato que perpetrou as ofensas;
(C) devolver os autos sem manifestação, diante da ausência de atribuição para o feito, por tratar-se de contenda pessoal entre os candidatos, a ser dirimida no juízo cível;
(D) opinar pela concessão do direito de resposta e pela aplicação da exceção da verdade, ajuizando ação de investigação judicial eleitoral em face do Prefeito caso se comprove que este desviou as verbas destinadas à saúde e à educação;
(E) opinar pela não concessão do direito de resposta, eis que a mera crítica ao desempenho do administrador por seus equívocos não caracteriza ofensa à honra, mas atitude aceitável dos opositores políticos num regime democrático.

De fato, a única alternativa correta é encontrada na assertiva E, vez que inerente ao ocupante de cargo de tamanha estirpe que esteja diante de críticas quanto à sua postura administrativa, desta forma, resta evidente não ter sido ultrapassado o direito de crítica e da livre manifestação, no mesmo entender solidificado do TSE (Representações TSE 352.972; RP 348.723; RP 350.459; RP 354.611; RP 354.793).
„Gabarito "E".

(Ministério Público/RR – 2012 – CESPE) Constitui conduta vedada aos agentes públicos durante campanhas eleitorais

(A) ceder imóvel público para a realização de convenção partidária.
(B) ceder servidor público para comitê de campanha eleitoral.
(C) exonerar ocupante de cargo de livre provimento.
(D) nomear assessor de órgãos da Presidência da República.
(E) fazer pronunciamento em cadeia de rádio e televisão, ainda que em caso de necessidade pública.

De fato, a única alternativa, assertiva B, encontra respaldo na disposição contida no art. 73, III da Lei 9.504/1997.
„Gabarito "B".

(Ministério Público/RR – 2012 – CESPE) Assinale a opção correta com base na disciplina legal do direito de resposta durante o processo eleitoral.

(A) O direito de resposta vincula-se a eventuais ofensas proferidas no horário eleitoral gratuito.
(B) Em caso de ofensa veiculada por trinta segundos, em rádio ou TV, a resposta terá de durar um minuto, no mínimo.
(C) Em caso de ofensa à honra de partido ou coligação, o prazo para peticionar direito de resposta é de cinco dias.
(D) O tempo usado para o exercício do direito de resposta será acrescido ao tempo geral da propaganda.
(E) O direito de resposta restringe-se ao caso de a afirmação caluniosa ser veiculada por adversário eleitoral.

De fato, a alternativa correta é representada pela assertiva B, uma vez que em plena consonância com o que dispõe o art. 58, § 3º, II, c, da Lei 9.504/1997, ou seja, independentemente do tempo de veiculação da ofensa veiculada, o direito de resposta concedido nunca será menor do que um minuto.
„Gabarito "B".

(Ministério Público/SP – 2011) Analise as seguintes assertivas com relação ao direito de resposta assegurado pela legislação eleitoral a candidato, partido ou coligação atingidos, ainda que de forma indireta, por conceito, imagem ou afirmação caluniosa, difamatória, injuriosa ou sabidamente inverídica, difundidos por qualquer veículo de comunicação social:

I. o direito de resposta é assegurado a partir do dia 5 de julho do ano eleitoral;
II. quando se tratar da programação normal das emissoras de rádio e televisão, o prazo para pedir o exercício do direito de resposta à Justiça Eleitoral é de 24 horas;
III. o candidato ofendido que usar o tempo concedido sem responder aos fatos veiculados na ofensa terá subtraído tempo idêntico do seu programa eleitoral;
IV. no caso de ofensa veiculada em órgão da imprensa escrita, a resposta deverá ser divulgada no mesmo dia da semana em que ocorreu a ofensa;
V. no horário eleitoral gratuito, o ofendido usará, para a resposta, tempo nunca inferior a um minuto.

Está correto apenas o que se afirma em

(A) I e II.
(B) I e IV.
(C) II e V.
(D) III e IV.
(E) III e V.

I: incorreta, pois o direito de resposta é assegurado a partir da escolha dos candidatos em convenção – art. 58, caput, da LE; II: incorreta, pois é de 48 horas o prazo para o pedido de resposta, no caso de programação normal das emissoras de rádio e televisão – art. 58, § 1º, II, da LE; III: assertiva correta, no caso de direito de resposta relativo ao horário eleitoral gratuito – art. 58, § 3º, III, f, da LE; IV: incorreta, pois a divulgação da resposta ocorrerá em até 48 horas após a decisão, em regra, ou na próxima vez que circular, no caso de veículo com periodicidade superior a 48 horas. A resposta poderá ser feita no mesmo dia da semana em que a ofensa foi divulgada, ainda que fora das 48 horas, por solicitação do ofendido – art. 58, § 3º, I, b e c, da LE; V: correta, pois o ofendido usará, para resposta, tempo igual ao da ofensa, mas nunca inferior a 1 minuto – art. 58, § 3º, III, a, da LE.
„Gabarito "E".

9. DIREITO ELEITORAL

(Ministério Público/SP – 2012 – VUNESP) A legislação estabelece que é vedada a veiculação de propaganda eleitoral, de qualquer natureza, nos bens cujo uso dependa de cessão ou permissão do Poder Público, ou que a ele pertençam e nos de uso comum. Para fins eleitorais, são bens de uso comum:

(A) Aqueles a que a população em geral tem acesso, excluindo-se a propriedade privada que é garantida pela Constituição Federal de 1988.
(B) Os assim definidos no Código Civil e também aqueles a que a população em geral tem acesso, tais como cinemas, clubes, lojas, centros comerciais, templos, ginásios, estádios, ainda que de propriedade privada.
(C) As árvores e os jardins localizados em áreas públicas, bem como os muros, cercas e tapumes divisórios de propriedades privadas.
(D) Os de uso comum do povo e os de uso especial, tais como rios, mares, estradas, ruas, jardins, praças, escolas e demais logradouros previstos no Estatuto da Cidade (Lei Federal 10.257/2001).
(E) Os assim definidos pela Lei Federal 10.406/2002.

De fato, a única alternativa correta é a apresentada pela assertiva B, vez que em consonância com o que disciplina o art. 37, § 4º da Lei 9.504/1997, ao dispor que bens de uso comum, para fins eleitorais, são os assim definidos pela Lei 10.406, de 10 de janeiro de 2002 – Código Civil e também aqueles a que a população em geral tem acesso, tais como cinemas, clubes, lojas, centros comerciais, templos, ginásios, estádios, ainda que de propriedade privada.
Gabarito "B".

(Procurador da República – 26.º) Assinale a alternativa correta:

(A) a propaganda eleitoral somente é permitida após 5 (cinco) de julho do ano da eleição e apenas pode ser veiculada pelos candidatos que já tenham obtido da Justiça Eleitoral o deferimento do registro de suas candidaturas;
(B) a veiculação de propaganda eleitoral em bens particulares deve ser espontânea e gratuita, sendo vedado qualquer tipo de pagamento em troca de espaço para esta finalidade;
(C) a realização de comícios eleitorais em locais públicos depende de licença do poder público municipal, a fim de que este garanta o direito contra quem tencione usar o local no mesmo dia e horário, bem como para que sejam tomadas as providências necessárias à garantia da realização do ato e ao funcionamento do tráfego e dos serviços públicos que o evento possa afetar;
(D) a partir de 10 de julho do ano da eleição é vedado às emissoras de rádio e televisão, em sua programação normal, transmitir programa apresentado ou comentado por candidato escolhido em convenção, exceto se o programa for preexistente.

A: incorreta, uma vez que o art. 36 da Lei 9.504/1997 dispõe que a propaganda eleitoral somente é permitida após o dia 5 de julho do ano da eleição, não havendo qualquer menção à necessidade de deferimento do registro de candidaturas, até porque, a data de 5 de julho (ano de eleições) é o prazo máximo para o pedido de registro das candidaturas daqueles que disputarão as eleições no mesmo ano. No entanto, antes deste prazo, há previsão autorizativa do § 1.º do referido artigo dispondo que ao postulante a candidatura a cargo eletivo é permitida a realização, na quinzena anterior à escolha pelo partido, de propaganda intrapartidária com vista à indicação de seu nome, vedado o uso de rádio, televisão e *outdoor*; **B:** correta, conforme art. 37, § 8.º, da Lei 9.504/1997; **C:** incorreta, vez que independente de licença, conforme art. 39, respeitadas as necessárias diligências previstas no mesmo artigo, a fim de se manter a ordem pública; **D:** incorreta, vez que o art. 45, § 1.º, dispõe que a partir do resultado da convenção, é vedado às emissoras transmitir programa apresentado ou comentado por candidato escolhido em convenção.
Gabarito "B".

(Procurador da República – 26.º) Relativamente à propaganda eleitoral na internet, é correto afirmar que:

(A) é permitida a divulgação paga de propaganda eleitoral em jornais, ficando, entretanto, vedada a reprodução na internet da edição do jornal impresso que conter essas propagandas;
(B) é permitida por meio de *blogs*, redes sociais, sítios de mensagens instantâneas e assemelhados, cujos conteúdo seja gerado ou editado por candidatos, partidos ou coligações ou de iniciativa de qualquer pessoa natural;
(C) é permitida a sua veiculação, desde que gratuitamente, em sítios de pessoas jurídicas sem fim lucrativos;
(D) a lei eleitoral não prevê direito de resposta relativamente à propaganda eleitoral divulgada na internet, devendo os interessados ingressar na Justiça comum para coibir eventuais excessos de liberdade de opinião.

A: incorreta, conforme permissivo contido no art. 43 da Lei 9.504/1997; B: correta, conforme disposto no art. 57-B, IV, da Lei 9.504/1997; C: incorreta, vez que se trata de vedação expressa contida no art. 57-C, § 1.º, I, da Lei 9.504/1997; D: incorreta, vez que o direito de resposta, com relação à propaganda eleitoral realizada pela internet, encontra previsão no art. 57-D da Lei 9.504/1997.
Gabarito "B".

(Procurador da República – 25.º) A veiculação de propaganda eleitoral em lojas e estabelecimentos comerciais, nas quais a população em geral tem acesso:

(A) é permitida, na medida que em bens particulares a propaganda eleitoral independe de obtenção de licença municipal e de autorização da Justiça Eleitoral;
(B) é permitida, por meio da fixação de faixas, placas, cartazes, pinturas ou inscrições, desde que não excedam a quatro metros quadrados;
(C) é permitida, desde que espontânea e gratuita, sendo vedado qualquer tipo de pagamento em troca de espaço para esta finalidade;
(D) é vedada a veiculação de propaganda de qualquer natureza nesses estabelecimentos.

De fato, a alternativa D é a única correta, vez que estabelecimentos comerciais e lojas, ainda que se perfaçam propriedade particular, é considerado bem de uso público, conforme se depreende do § 4.º do art. 37 da Lei 9.504/1997. O *caput* do referido artigo é taxativo quanto à veiculação de propaganda eleitoral de qualquer natureza nestes estabelecimentos.
Gabarito "D".

(Ministério Público/MG – 2014) Com relação às seguintes alternativas:

I. Não serão consideradas propaganda antecipada e poderão ter cobertura dos meios de comunicação social, inclusive via internet, a manifestação e o posicionamento pessoal sobre questões políticas nas redes sociais.

II. Nos bens cujo uso dependa de cessão ou permissão do Poder Público, ou que a ele pertençam, e nos de uso comum, inclusive postes de iluminação pública e sinalização de tráfego, viadutos, passarelas, pontes, paradas de ônibus e outros equipamentos urbanos, é vedada a veiculação de propaganda de qualquer natureza, inclusive pichação, inscrição a tinta, fixação de placas, estandartes, faixas, cavaletes e assemelhados.

III. A veiculação de propaganda eleitoral em bens particulares deve ser espontânea e gratuita, sendo vedado qualquer tipo de pagamento em troca de espaço para esta finalidade.

IV. Sem a prova de que votou na última eleição, pagou a respectiva multa ou de que se justificou devidamente, em regra, não poderá o eleitor obter passaporte ou mesmo a carteira de identidade.

É **CORRETO** somente o que se afirma em:

(A) I e III.
(B) I e II.
(C) I, II e III.
(D) I, II, III e IV.

I: correta, conforme transcrição encontrada no art. 36-A, V, Lei das Eleições; **II**: correta, conforme art. 37, Lei das Eleições; **III**: correta, pois se trata de transcrição do disposto no art. 37, § 8º, Lei das Eleições; **IV**: incorreta, pois a disposição de impossibilidade de obter passaporte e carteira de identidade é expressa, dentre outras hipóteses prevista no art. 7º, § 1º, Código Eleitoral. O termo "em regra", tornou a assertiva incorreta.

Gabarito "C."

(Ministério Público/ES – 2013 – VUNESP) Em relação à propaganda eleitoral partidária e/ou de campanha, assinale a alternativa correta.

(A) É permitida a locação de espaço para veiculação de propaganda eleitoral em bens particulares, desde que os valores afetos à referida locação constem da prestação de contas dos candidatos, mediante a demonstração de competente recibo de aluguel desse gasto de campanha.
(B) A distribuição de material gráfico, caminhada, carreata, passeata ou carro de som que divulguem mensagens de candidatos são permitidas até as vinte horas do dia que antecede a eleição.
(C) Pode ser realizada por partido político em favor de pré-candidato no primeiro semestre das eleições a que este pretende concorrer.
(D) Se o Ministério Público não for o autor da representação por propaganda irregular, deverá intervir no feito como *custos legis* e pronunciar-se nos autos em até 48 horas.
(E) O candidato com registro indeferido e pendente de recurso poderá realizar atos de propaganda, inclusive no horário eleitoral gratuito no rádio e na televisão, enquanto não solucionado o recurso por força do trânsito em julgado.

A: incorreta, por vedação expressa trazida pelo art. 37, § 8º, Lei das Eleições; **B**: incorreta, uma vez que o art. 39, § 9º, Lei das Eleições, dispõe que até as vinte e duas horas do dia que antecede a eleição, serão permitidos distribuição de material gráfico, caminhada, carreata, passeata ou carro de som que transite pela cidade divulgando jingles ou mensagens de candidatos; **C**: incorreta, uma vez que o art. 36, Lei das Eleições, disciplina que a propaganda eleitoral somente é permitida após o dia 5 de julho do ano da eleição; **D**: incorreta, uma vez que o art. 12, Resolução TSE 23.367 dispõe que o Ministério Público Eleitoral terá o prazo de 24 horas; **E**: correta, com fundamento no art. 16-A, Lei das Eleições.

Gabarito "E."

(Ministério Público/GO – 2013) informe o item incorreto quanto à propaganda eleitoral:

(A) nos bens cujo uso dependa de cessão ou permissão do Poder Público, ou que a ele pertençam, e nos de uso comum, é vedada a veiculação de propaganda de qualquer natureza.
(B) bens de uso comum, para fins eleitorais, são os definidos como tais no Código Civil, com exceção daqueles de propriedade privada a que a população em geral tem acesso, tais como cinemas, clubes, lojas, templos etc.
(C) a veiculação de propaganda eleitoral em bens particulares deve ser espontânea e gratuita.
(D) é permitida, em nosso ordenamento jurídico, a veiculação de propaganda eleitoral nas dependências do Poder Legislativo, condicionada ao consentimento da Mesa Diretora.

A: correta, conforme disposto pelo art. 37, Lei das Eleições; **B**: incorreta, vez que a correta redação do art. 37, § 4º, Lei das Eleições, referido na assertiva, dispõe que "Bens de uso comum, para fins eleitorais, são os assim definidos pela Lei no 10.406, de 10 de janeiro de 2002 – Código Civil e também aqueles a que a população em geral tem acesso, tais como cinemas, clubes, lojas, centros comerciais, templos, ginásios, estádios, ainda que de propriedade privada"; **C**: correta, conforme disciplina o art. 37, § 8º, Lei das Eleições; **D**: correta, uma vez que o art. 37, § 3º dispõe que nas dependências do Poder Legislativo, a veiculação de propaganda eleitoral fica a critério da Mesa Diretora.

Gabarito "B."

8. PRESTAÇÃO DE CONTAS, DESPESAS, ARRECADAÇÃO, FINANCIAMENTO DE CAMPANHA

(Procurador da República – PGR – 2015) Rejeitadas as contas de candidato majoritário por irregularidades graves,

(A) ele não poderá ser diplomado;
(B) a diplomação ficará suspensa até que as omissões na prestação de contas sejam supridas;
(C) ser-lhe-á aplicada multa proporcional ao importe das irregularidades;
(D) não haverá aplicação de qualquer medida ou sanção, exceto eventual proposição de representação do artigo 30-A da Lei 9.504/1997.

A rejeição de contas, por si só, não ensejará a perda do mandato eletivo. No entanto a exceção existe na situação da representação do art. 30-A, Lei das Eleições, ao estabelecer que "Qualquer partido político ou coligação poderá representar à Justiça Eleitoral, no prazo de 15 (quinze) dias da diplomação, relatando fatos e indicando provas, e pedir a abertura de investigação judicial para apurar condutas em desacordo com as normas desta Lei, relativas à arrecadação e gastos de recursos. ". No mesmo sentido "Ac.-TSE, de 29.4.2014, no AgR-AI 74432: a só reprovação das contas não implica a aplicação automática das sanções deste artigo. Ac.-TSE, de 23.8.2012, no AgR-REspe 10893: a desaprovação das contas não constitui óbice à quitação eleitoral, mas pode fundamentar representação cuja procedência enseja cassação do diploma e inelegibilidade por oito anos".

Gabarito "D."

9. DIREITO ELEITORAL

(Ministério Público/MS – 2013 – FADEMS) Assinale a alternativa incorreta, relativamente aos temas do registro de candidatura e da prestação de contas, conforme eles são regulados pela Lei Federal 9.504/1997, após suas seguidas alterações legislativas:

(A) o pedido de registro deve ser instruído, dentre outros documentos, com a certidão de quitação eleitoral, que abrangerá exclusivamente: a plenitude do gozo dos direitos políticos, o regular exercício do voto, o atendimento a convocações da Justiça Eleitoral para auxiliar os trabalhos relativos ao pleito, a inexistência de multas aplicadas, em caráter definitivo, pela Justiça Eleitoral e não remitidas, e a aprovação das contas de campanha eleitoral.

(B) o pedido de registro deve ser instruído, dentre outros documentos, com a certidão de quitação eleitoral, que abrangerá exclusivamente: a plenitude do gozo dos direitos políticos, o regular exercício do voto, o atendimento a convocações da Justiça Eleitoral para auxiliar os trabalhos relativos ao pleito, a inexistência de multas aplicadas, em caráter definitivo, pela Justiça Eleitoral e não remitidas, e a apresentação de contas de campanha eleitoral.

(C) a Justiça Eleitoral verificará a regularidade das contas de campanha, decidindo (dentre outras situações) pela aprovação com ressalvas, quando verificadas falhas que não lhes comprometam a regularidade.

(D) a Justiça Eleitoral verificará a regularidade das contas de campanha, decidindo (dentre outras situações) pela desaprovação, quando verificadas falhas que lhes comprometam a regularidade.

(E) a Justiça Eleitoral verificará a regularidade das contas de campanha, decidindo (dentre outras situações) pela não prestação, quando não apresentadas as contas após a notificação emitida pela própria Justiça Eleitoral, na qual constará a obrigação expressa de prestar as suas contas, no prazo de 72 horas.

A: incorreta, devendo ser assinalada. A assertiva apresenta falha ao mencionar "aprovação de contas da campanha eleitoral", pois conforme dispõe o art. 11, § 1º da Lei das Eleições (Lei 9.504/1997) é necessário apenas a apresentação das referidas contas. Importante destacar que com as alterações trazidas pela Minirreforma Eleitoral (Lei 12.891/13), especificamente o § 13, art. 1º da Lei das Eleições, fica dispensada a apresentação pelo partido, coligação ou candidato de documentos produzidos a partir de informações detidas pela justiça Eleitoral, entre eles os indicados nos incisos III, V e VI do art. 11, § 1º, Lei das Eleições. São eles, respectivamente: prova de filiação partidária, cópia do título eleitoral ou certidão, fornecida pelo cartório eleitoral, de que o candidato é eleitor na circunscrição ou requereu sua inscrição ou transferência de domicílio no prazo legal, certidão de quitação eleitoral; B: incorreta, em razão das alterações trazidas pela Minirreforma Eleitoral, analisada na assertiva anterior, não é mais obrigatória a apresentação de alguns documentos (é obrigatório o preenchimento da condição), vez se tratar de documentos produzidos a partir de informações detidas pela própria Justiça Eleitoral, conforme disposto no art. 11, § 1º da Lei das Eleições (Lei 9.504/1997); C: correta, conforme art. 30, II da Lei das Eleições; D: correta, conforme art. 30, III da Lei das Eleições; E: correta, conforme art. 30, IV da Lei das Eleições.
Gabarito "A" e "B".

9. JUSTIÇA ELEITORAL E MINISTÉRIO PÚBLICO ELEITORAL

(Promotor de Justiça – MPE/BA – CEFET – 2015) Analise os itens a seguir, levando-se em consideração a jurisprudência sedimentada do Supremo Tribunal Federal e do Superior Tribunal de Justiça:

I. A competência do Tribunal de Justiça para julgar prefeitos restringe-se aos crimes de competência da Justiça Comum Estadual.

II. Nos crimes eleitorais, os prefeitos, no exercício do mandato, serão julgados pelos Tribunais Regionais Eleitorais de seus respectivos estados.

III. Compete à Justiça Federal processar e julgar prefeito municipal por desvio de verba sujeita a prestação de contas perante órgão federal.

Pode-se AFIRMAR:

(A) Somente o item I é verdadeiro.
(B) Somente o item II é verdadeiro.
(C) Somente o item III é verdadeiro.
(D) Somente os itens I e III são verdadeiros.
(E) Todos os itens são corretos.

A: Correta, Súmula 702 do STF; B: Correta, também pela aplicação da Súmula 702 do STF; C: Correta, Súmula 208, STJ.
Gabarito "E".

(Procurador da República – PGR – 2015) O candidato a deputado federal que, ao longo da campanha, praticou captação ilícita de sufrágio, em sendo eleito, será, em matéria criminal, processado e julgado por essa prática

(A) no juízo eleitoral, por não se aplicar, no ambiente eleitoral, a competência por prerrogativa de função;
(B) no Tribunal Regional Eleitoral do Estado onde ocorreu o registro da candidatura;
(C) no Tribunal Superior Eleitoral;
(D) no Supremo Tribunal Federal.

Muito embora o enunciado tenha sido omisso quanto à diplomação, mas tão somente tratou de informar que o candidato foi eleito, trata-se de crime eleitoral (ou seja, crime comum), e, portanto, a reflexão aponta para o art. 102, I, b, CF, que estabelece ser de competência do STF processar e julgar originariamente membros do Congresso Nacional nas infrações penais comuns. Como endosso, "Cabe ao Supremo Tribunal Federal processar e julgar membros do Congresso Nacional por crimes comuns, os quais alcançam os crimes eleitorais" (STF, Inquérito nº 1872, publicado em 20/04/2007).
Gabarito "D".

(Procurador da República – PGR – 2013) Sobre o Ministério Público Eleitoral, com base na Lei Complementar 75, de 20 de maio de 1993, que dispõe sobre a organização, as atribuições e o Estatuto do Ministério Público da União, é correto afirmar:

(A) O Procurador-Geral Eleitoral é o Procurador-Geral da República, cabendo-lhe designar dentre quaisquer membros do Ministério Público Federal, o Vice-Procurador-Geral da República, que será automaticamente o Vice- Procurador-Geral Eleitoral, sendo vedadas outras designações para oficiarem perante o Tribunal Superior Eleitoral.

(B) O Procurador-Geral Eleitoral é o Procurador-Geral da República, o qual designará, dentre os Subprocuradores-Gerais da República, o Vice-Procurador-Geral

Eleitoral, que o substituirá em seus impedimentos e exercerá o cargo em caso de vacância, até o provimento definitivo.

(C) O Procurador-Geral Eleitoral designará o Procurador Regional Eleitoral, dentre os Procuradores da República nos Estados ou no Distrito Federal, ou onde não houver, dentre os membros do Ministério Público local, para oficiar perante o Tribunal Regional Eleitoral para um mandato de dois anos.

(D) Na inexistência de Promotor que oficie perante a Zona Eleitoral, ou havendo impedimento ou recusa justificada, o Corregedor-Geral de Justiça indicará o substituto e ao Procurador-Geral de Justiça caberá fazer a designação do substituto para um período de seis meses, pelo sistema de rodízio.

De fato, a única alternativa correta vem tratada na assertiva B. Isto porque reproduz o conteúdo do art. 27, LC 75/1993.

Gabarito "B".

(Promotor de Justiça – MPE/MS – FAPEC – 2015) Dispõe o artigo 219, *caput*, do Código Eleitoral que: "Na aplicação da lei eleitoral, o Juiz atenderá sempre aos fins e resultados a que ela se dirige, abstendo-se de pronunciar nulidade sem demonstração de prejuízo". Assim, em determinado pleito eletivo municipal, o Ministério Público Eleitoral, não foi intimado pessoalmente para intervir em procedimento de recontagem de votos julgado e homologado pelo juízo eleitoral. Qual a solução **correta**, em caso de recurso?

(A) Enviam-se os autos para a comarca de origem, intimando-se o Ministério Público Eleitoral "a posteriori", sanando-se a irregularidade, eis que não houve prejuízo à recontagem dos votos, tendo o pleito eleitoral atingido plenamente a sua finalidade.

(B) Por se tratar de órgão eleitoral, a não intervenção do Ministério Público, torna anulável a decisão da primeira instância, pela qual se deu a recontagem dos votos, sem a participação do *Parquet*, na qualidade de "custos legis".

(C) É nulo o processo no qual o Ministério Público Eleitoral não tenha sido intimado pessoalmente, na qualidade de fiscal da lei, devendo os autos ser enviados à origem para o novo julgamento.

(D) Não há falar-se em nulidade do processo de recontagem dos votos, se as partes interessadas aceitaram o novo resultado, que não causou qualquer prejuízo às candidaturas concorrentes, posto que dirimidas todas as controvérsias suscitadas em regular contraditório.

(E) A atuação do *Parquet* Eleitoral constitui ato administrativo discricionário, restando certo que a não intimação do órgão Ministerial, não acarreta nulidade, em procedimento desta natureza, visto que cabe ao Juiz Eleitoral determinar ou não, de ofício, a intervenção do Ministério Público.

Em recente julgado do TSE acerca do tema, explicações objetivas, as quais colacionamos: Recurso eleitoral. Execução fiscal. Exceção de pré-executividade. Cabimento. Matérias cognoscíveis de ofício e que não demandem dilação probatória. Falta de intimação do Ministério Público Eleitoral. Nulidade. Ausência de trânsito em julgado. Inexigibilidade dos títulos executivos. Condenação da união em honorários advocatícios. Possibilidade. Recurso eleitoral conhecido e desprovido. Reconhecimento de ofício da ausência do trânsito em julgado. 1. É matéria pacífica na doutrina e na jurisprudência o cabimento da objeção (exceção) de pré-executividade em execução fiscal como meio de defesa, desde que sejam arguidas matérias cognoscíveis de ofício ou haja prova pré-constituída (Súmula 393 do STJ), observando, contudo, que a sentença que decide o incidente, jamais pode ter o condão de alcançar as decisões lançadas nos autos das representações de origem, como se pudesse a exceção de pré-executividade assumir as vestes de ação rescisória. 2. Uma das missões institucionais do Ministério Público é a proteção da normalidade e da legitimidade de todo o processo eleitoral para a salvaguarda do regime democrático, de forma que a sua intervenção nos feitos eleitorais é indispensável. Deve-se dar, ao menos, a oportunidade de se manifestar. 3. A falta de intimação do Ministério Público Eleitoral, nos termos do art. 14, § 3º, da Resolução TSE 23.367, importa no reconhecimento da ausência do trânsito em julgado nos autos das representações, devendo os respectivos processos retornarem ao status quo ante à nulidade reconhecida. 4. É pacífico no STJ o cabimento do arbitramento de honorários advocatícios contra a Fazenda Pública quando acolhida exceção de pré-executividade e extinta a execução fiscal por ela manejada. (Precedentes: Resp 201001742416, Min. Castro Meira, 14/02/2011; Resp 200701015288, Min. Luiz Fux, 03/11/2010; AgReg 201000820833, Min. Hamilton Carvalhido, 04/10/2010) 5. Recurso Eleitoral conhecido e desprovido. Reconhecimento de ofício da ausência do trânsito em julgado das representações. (06/11/2015 – TSE – Agravo de Instrumento : AI 3927220136090050 Uruaçu/GO 144582015).

Gabarito "C".

(Promotor de Justiça – MPE/AM – FMP – 2015) Sobre o Ministério Público Eleitoral, considere as seguintes assertivas:

I. A filiação a partido político impede o exercício de funções eleitorais por membro do Ministério Público, cessando tal impedimento com o cancelamento da filiação.

II. O Procurador-Geral Eleitoral pode designar membros do Ministério Público dos Estados para oficiar perante os Tribunais Regionais Eleitorais naqueles Estados onde não há Procuradores Regionais da República.

III. O Ministério Público Eleitoral tem legitimidade para impugnar pedido de registro de candidatura e, para tanto, dispõe do mesmo prazo previsto para os candidatos, partidos políticos e coligações.

IV. O Ministério Público Eleitoral não pode requisitar a instauração de inquérito policial por infração penal eleitoral; somente a Justiça pode fazê-lo.

Quais das assertivas acima estão corretas?

(A) Apenas a III.
(B) Apenas a I e III.
(C) Apenas a I e II.
(D) Apenas a III e IV.
(E) Apenas a II, III e IV.

I. Incorreta. Assim dispõe o art. 3º, § 2º, LC 64/1990 "Não poderá impugnar o registro de candidato o representante do Ministério Público que, nos 4 (quatro) anos anteriores, tenha disputado cargo eletivo, integrado diretório de partido ou exercido atividade político-partidária."; II. Incorreta, por força do parágrafo único, art. 18, Código Eleitoral. "O Procurador Geral poderá designar outros membros do Ministério Público da União, com exercício no Distrito Federal, e sem prejuízo das respectivas funções, para auxiliá-lo junto ao Tribunal Superior Eleitoral, onde não poderão ter assento". Também, o art. 27, § 4º, mesmo diploma, "Mediante prévia autorização do Procurador Geral, podendo os Procuradores Regionais requisitar, para auxiliá-los nas suas funções, membros do Ministério Público local, não tendo estes, porém, assento nas sessões do Tribunal"; III. Correta, por força do art. 3º, LC 64/1990; IV. Incorreta. O TSE, através da Resolução 23.396/2013, estabeleceu sobre o inquérito policial para apurar crimes eleitorais somente poderá ser instaurado se houver uma determinação da Justiça Eleitoral (art. 8º). O STF, ao apreciar medida cautelar, decidiu que esse dispositivo é INCONSTITUCIONAL por dispor sobre norma de direito processual e por violar prerrogativa constitucional do Ministério Público prevista no art. 129, VIII, da CF/88. STF. Plenário. ADI 5104 MC/DF, Rel. Min. Roberto Barroso, julgado em 21/5/2014 (Info 747).

Gabarito "A".

(Promotor de Justiça – MPE/AM – FMP – 2015) Sobre a Justiça Eleitoral, considere as seguintes assertivas:

I. A Ordem dos Advogados do Brasil participa do procedimento de indicação de advogados para composição do Tribunal Superior Eleitoral e dos Tribunais Regionais Eleitorais.
II. A jurisdição eleitoral de primeiro grau não pode ser exercida por juízes federais.
III. Por ser inerente à Justiça Eleitoral, a função consultiva pode ser exercida pelos Juízes Eleitorais.
IV. Conquanto investido de poder de polícia, não tem legitimidade o Juiz Eleitoral para, de ofício, instaurar procedimento com a finalidade de impor multa pela veiculação de propaganda eleitoral em desacordo com a Lei 9.504/1997.

Quais das assertivas acima estão corretas?

(A) Apenas a II.
(B) Apenas a I e II.
(C) Apenas a III e IV.
(D) Apenas a II e IV.
(E) Apenas a I, II e IV.

I: Incorreta, pois conforme art. 119, II, CF, a escolha de advogados (dois) para compor o TSE se dará por nomeação do Presidente da República dentre seis advogados de notável saber jurídico e idoneidade moral, indicados pelo Supremo Tribunal Federal; II: Correta, uma vez que funcionará como juiz eleitoral o juiz da comarca local; III: Incorreta, pois a função consultiva apenas será exercida pelos Tribunais (art. 23, XII, e art. 30, VIII, Código Eleitoral); IV: Correta, conforme redação da Súmula 18, TSE.

Gabarito "D".

(Procurador da República – PGR – 2013) É correto afirmar que a circunscrição eleitoral será:

(A) nas eleições presidenciais, o País; nas eleições federais e estaduais, o Estado; e, nas municipais, o respectivo Município.
(B) organizada à medida em que forem sendo deferidos os pedidos de inscrição e não terão mais de 400 eleitores nas capitais e de 300 nas demais localidades.
(C) o âmbito da competência territorial dos Juízes Eleitoral de primeira instância.
(D) o local da residência ou moradia do eleitor.

A única alternativa Correta vem representada pela assertiva A. Isto porque reproduz com integralidade o dispositivo do art. 86 do Código Eleitoral.

Gabarito "A".

(Procurador da República – 25.º) A representação por captação de sufrágio, com base no ilícito previsto no artigo 41-A da Lei das Eleições (Lei 9.504/1997), que objetive cassar nas eleições gerais o registro ou o diploma de candidato à reeleição ao governo do estado, deve ser ajuizada perante:

(A) o Juiz Eleitoral do Município onde ocorreram os fatos, haja vista que nesse caso não há prerrogativa de foro;
(B) o Tribunal Regional Eleitoral;
(C) o Tribunal Superior Eleitoral;
(D) o Superior Tribunal de Justiça, haja vista a prerrogativa de foro dos Governadores prevista na Constituição.

A única alternativa correta é apresentada pela assertiva B, uma vez que se trata de competência do Tribunal Regional Eleitoral, conforme art. 29, I, *a*, do Código Eleitoral.

Gabarito "B".

(Procurador da República – 25.º) Sobre o Ministério Público Eleitoral, é correto afirmar que:

I. a função de Promotor Eleitoral em primeiro grau perante os Juízes e Juntas Eleitorais será exercida por Promotor de Justiça, membro do Ministério Público Estadual ou do Ministério Público do Distrito Federal, exceto nas cidades onde tiver sede a Procuradoria da República, hipótese em que a referida função será exercida por Procurador da República, membro do Ministério Público Federal em primeiro grau;
II. a vaga de Juiz relativa ao quinto constitucional do Ministério Público no Tribunal Superior Eleitoral e nos Tribunais Regionais Eleitorais será ocupada por membro vitalício do Ministério Público Federal, indicado pelo Procurador-Geral Eleitoral e nomeado pelo Presidente da República, para um mandato de dois anos, admitida uma recondução;
III. a atuação do Ministério Público Eleitoral em primeiro grau, perante os Juízes e Juntas Eleitorais, em matéria não criminal, ocorre somente no período eleitoral, ou seja, no ano das eleições, do início do prazo para a realização das convenções partidárias de escolha dos candidatos até a diplomação dos eleitos.

Das proposições acima:

(A) apenas a alternativa I está correta;
(B) apenas a alternativa II está correta;
(C) apenas a alternativa III está correta;
(D) todas as alternativas estão erradas.

I: incorreta, conforme art. 72 da LC 75/1993; II: incorreta, uma vez que na Justiça Eleitoral não há previsão do quinto constitucional para membro do Ministério Público; III: incorreta, vez que não há limitação temporal, mas sim de competência para a atuação perante a Justiça Eleitoral, obedecidas as funções trazidas pelo art. 72 da LC 75/1993.

Gabarito "D".

(Ministério Público/MS – 2013 – FADEMS) Assinale a alternativa incorreta, sobre a forma de escolha e sobre os profissionais que integram os Tribunais Regionais Eleitorais, na condição de juízes, segundo previsão constitucional:

(A) os TRE's compor-se-ão (dentre outros) de dois juízes dentre os Desembargadores do Tribunal de Justiça.
(B) os TRE's compor-se-ão (dentre outros) de um juiz do Tribunal Regional Federal com sede na Capital do Estado ou no Distrito Federal, ou, não havendo, de juiz federal, escolhido, em qualquer caso, pelo Tribunal Regional Federal respectivo.
(C) os TRE's compor-se-ão (dentre outros) de dois juízes, dentre juízes de direito, escolhidos pelo Tribunal de Justiça.
(D) os TRE's compor-se-ão (dentre outros), por nomeação, pelo Presidente da República, após listas tríplices encaminhadas pela OAB e aprovadas pelo Tribunal de Justiça, de dois juízes dentre seis advogados de notável saber jurídico e idoneidade moral.

(E) deverá haver eleição, pelo voto secreto, quanto à indicação dos juízes da classe dos desembargadores do Tribunal de Justiça, bem como quanto aos juízes da classe dos juízes de direito escolhidos pelo Tribunal de Justiça.

A: correta, conforme art. 120, § 1º, I, *a*, CF/1988; **B:** correta, conforme art. 120, § 1º, II, CF/1988; **C:** correta, conforme art. 120, § 1º, I, *b*, CF/1988; **D:** incorreta, devendo ser assinalada, uma vez que o art. 120, § 1º, III, CF/1988 dispõe que a lista sêxtupla será composta por advogados indicados pelo Tribunal de Justiça do Estado correspondente; **E:** correta, conforme art. 120, § 1º, I, *a* e *b*, CF/1988.
Gabarito "D".

(Ministério Público/MG – 2012 – CONSULPLAN) O Ministério Público Eleitoral exerce suas funções perante os órgãos da Justiça Eleitoral, incumbindo-lhe atuar nas causas de sua competência, velar pela fiel observância da legislação eleitoral e partidária e promover a ação penal nos casos de crimes eleitorais. Assim, assinale a alternativa **INCORRETA:**

(A) O Promotor de Justiça, no exercício de suas funções eleitorais, atua na primeira instância e perante o Tribunal Regional Eleitoral e poderá, ainda, ser designado pelo Procurador-Geral Eleitoral, por necessidade de serviço, para oficiar, sob sua coordenação, perante o Tribunal Superior Eleitoral.
(B) O Promotor de Justiça, no exercício de suas funções eleitorais, tem atribuição para propor ação de investigação judicial eleitoral (AIJE), a qual poderá ser ajuizada até a data da diplomação dos eleitos e intervirá como autor ou *custos legis* nas representações por propaganda eleitoral ilícita.
(C) O Promotor de Justiça, no exercício de suas funções eleitorais, tem atribuição para propor, no prazo de quinze dias contados da diplomação, a ação de impugnação ao mandato eletivo, que tramitará em segredo de justiça e será instruída com provas do abuso do poder econômico, corrupção ou fraude.
(D) O Promotor de Justiça, no exercício de suas funções eleitorais, tem atribuição para propor ação de impugnação de registro de candidatura no prazo de cinco dias, contados da publicação do pedido do registro.

De fato, apenas a alternativa A apresente resposta incorreta, uma vez que perante o Tribunal Regional Eleitoral atuará o Procurador Regional, conforme disciplina o art. 27 do CE.
Gabarito "A".

(Ministério Público/MT – 2012 – UFMT) Segundo a Constituição Federal de 1988, antes do final do seu mandato, o Procurador-Geral da República pode ser destituído pelo Presidente da República. Para que isso ocorra, o Senado Federal precisa emitir autorização

(A) por maioria simples.
(B) por maioria de dois terços de seus componentes.
(C) por maioria de três quintos de seus componentes.
(D) por maioria absoluta.
(E) por maioria de três quartos de seus integrantes.

De fato, a única alternativa correta é encontrada na assertiva D, vez que em acordo com o que dispõe o art. 52, XI Constituição Federal.
Gabarito "D".

(Ministério Público/SP – 2012 – VUNESP) Nos termos da Constituição Federal de 1988, são órgãos da Justiça Eleitoral:

(A) O Tribunal Superior Eleitoral, os Tribunais Regionais Eleitorais, os Juízes e Promotores Eleitorais e as Seções Eleitorais.
(B) O Tribunal Superior Eleitoral, os Tribunais Regionais Eleitorais, os Juízes Eleitorais, os Cartórios Eleitorais e as Seções Eleitorais.
(C) O Supremo Tribunal Federal, o Tribunal Superior Eleitoral, os Tribunais Regionais Eleitorais, as Zonas Eleitorais e as Juntas Eleitorais.
(D) O Tribunal Superior Eleitoral, os Tribunais Regionais Eleitorais, as Zonas Eleitorais e as Juntas Eleitorais.
(E) O Tribunal Superior Eleitoral, os Tribunais Regionais Eleitorais, os Juízes Eleitorais e as Juntas Eleitorais.

De fato, a única alternativa correta é apresenta pela assertiva E, pois, descreve os órgãos componentes da Justiça Eleitoral conforme se verifica na leitura do disposto no art. 118 incisos I a IV da Constituição Federal.
Gabarito "E".

10. AÇÕES, RECURSOS, IMPUGNAÇÕES

(Promotor de Justiça – MPE/MS – FAPEC – 2015) É **correto** afirmar que os recursos eleitorais, segundo o Código Eleitoral:

(A) Possuem efeito suspensivo.
(B) Possuem efeitos devolutivo e suspensivo.
(C) Não possuem efeitos devolutivo, nem suspensivo, porque ocorre a preclusão do prazo recursal, em regra, em dois dias.
(D) Não possuem efeito suspensivo.
(E) Os recursos parciais entre os quais não se incluam os que versam sobre matéria referente aos registros de candidatos, interpostos para os Tribunais Regionais Eleitorais e para o Tribunal Superior Eleitoral não produzem efeitos, se ocorrida a diplomação dos candidatos eleitos, ainda que houver recurso pendente de decisão em outra instância.

Com todo respeito à banca, questão mal formulada e que pode ter prejudicado inúmeros candidatos. O gabarito oficial indica como resposta correta a alternativa B. No entanto, a alternativa D também se mostra correta. Vejamos: o art. 257, CE, indica expressamente que os recursos eleitorais não terão efeitos suspensivos (o que torna a alternativa D correta). No entanto, o §2º do mesmo dispositivo indica que "O recurso ordinário interposto contra decisão proferida por juiz eleitoral ou por Tribunal Regional Eleitoral que resulte em cassação de registro, afastamento do titular ou perda de mandato eletivo será recebido pelo Tribunal competente com efeito suspensivo." Portanto, considerando o texto seco do enunciado, duas são as respostas que poderiam ser consideradas corretas neste caso.
Gabarito "B".

(Procurador da República – PGR – 2015) O ministério público eleitoral propôs ação de investigação judicial eleitoral em que imputou prática de abuso de poder econômico a candidato a deputado federal, nas eleições de 2014. Julgado improcedente o pedido formulado na inicial,

(A) caberá recurso especial para o Tribunal Superior Eleitoral, porque não houve cassação do registro ou do diploma; negado seguimento ao recurso, caberá agravo para o Tribunal Superior Eleitoral;
(B) cabe recurso ordinário, mas o presidente do tribunal de origem deverá exercer o juízo de admissibilidade,

caso em que, negado seguimento ao recurso, caberá agravo para o Tribunal Superior Eleitoral:
(C) cabe recurso ordinário, mas o presidente do tribunal de origem deverá encaminhar diretamente o recurso ao Tribunal Superior Eleitoral, sem exercer juízo de admissibilidade;
(D) nenhuma das respostas anteriores.

O art. 121, § 4º, CF, dispõe que das decisões dos Tribunais Regionais Eleitorais somente caberá recurso quando "III – versarem sobre inelegibilidade ou expedição de diplomas nas eleições federais ou estaduais". Em complemento, nossa jurisprudência assim acena: "Representação. Art. 30-A da Lei 9.504/1997. Candidato. Ilegitimidade ativa. 1. Se o feito versa sobre inelegibilidade, ou envolve eventual possibilidade de cassação de diploma ou mandato atinente a eleições federais ou estaduais, a hipótese recursal contra a decisão dos Tribunais Regionais Eleitorais é sempre de recurso ordinário, seja o acórdão regional pela procedência ou improcedência do pedido, ou mesmo que se tenha acolhido preliminar com a consequente extinção do processo. [...]"(Ac. de 19.3.2009 no RO 1.498, rel. Min. Arnaldo Versiani).
Gabarito "C".

(Procurador da República – PGR – 2013) Assinalar a alternativa correta. A ação de impugnação de mandato eletivo:
(A) poderá ser proposta perante o Tribunal Regional Eleitoral, no prazo de quinze dias contados da diplomação, contra o candidato eleito para o cargo de Prefeito, em face do foro por prerrogativa de função, instruída a ação com provas de abuso do poder econômico, corrupção ou fraude.
(B) poderá ser proposta perante o Juiz Eleitoral competente, no prazo de quinze dias contados da diplomação, contra o candidato, mesmo que este seja Deputado Federal, eleito para o cargo de Prefeito, instruída a ação com provas de abuso do poder econômico, corrupção ou fraude.
(C) poderá ser proposta perante o Tribunal Superior Eleitoral, no prazo de quinze dias contados da diplomação dos eleitos, contra o candidato eleito para o cargo de Presidente da República, instruída a ação com provas de abuso do poder econômico; no caso de corrupção ou fraude, poderá ser proposta perante o Supremo Tribunal Federal, no caso de o candidato ser Deputado Federal no período da campanha eleitoral.
(D) poderá ser proposta perante o Tribunal Superior Eleitoral, no prazo de quinze dias contados da eleição, contra o candidato eleito para o cargo de Presidente da República, exigida a "liquidez e certeza", vale dizer, instruída previamente a ação somente com provas robustas e documentais de abuso do poder econômico, corrupção ou fraude, não sendo admitida a instrução probatória.

De fato, a alternativa B é a única correta, vez que reproduz o conteúdo normativo do art. 14, §§ 10 e 11 da Constituição Federal. "§ 10. O mandato eletivo poderá ser impugnado ante a Justiça Eleitoral no prazo de quinze dias contados da diplomação, instruída a ação com provas de abuso do poder econômico, corrupção ou fraude. § 11. A ação de impugnação de mandato tramitará em segredo de justiça, respondendo o autor, na forma da lei, se temerária ou de manifesta má-fé".
Gabarito "B".

(Promotor de Justiça – MPE/RS – 2017) Relativamente à ação de investigação judicial eleitoral (AIJE), prevista no art. 22 da Lei Complementar 64/1990, assinale a alternativa correta.
(A) O diretório municipal de um partido político não possui legitimidade ativa para a representação visando à abertura da AIJE de candidato a prefeito, quando não está participando da eleição.
(B) Candidato a vereador possui legitimidade para ajuizar AIJE contra candidato a prefeito, desde que ambos pertençam à mesma circunscrição eleitoral.
(C) Pessoas jurídicas podem figurar no polo passivo da demanda, nos casos em que tiverem contribuído para a prática do ato.
(D) Na demanda em que se postula a cassação do registro ou diploma, não há litisconsórcio passivo necessário entre os integrantes da chapa majoritária, quando o ato ilícito foi praticado apenas pelo titular, sem a participação do candidato a vice.
(E) O prazo final para ajuizamento da AIJE é de 15 (quinze) dias contados da diplomação do eleito, conforme jurisprudência majoritária do Tribunal Superior Eleitoral.

A: Incorreta, uma vez que o caput do art. 22 não faz esta ressalva, bastando que o partido político esteja regularmente registrado junto ao cartório competente e TSE; B: Correta, pois está autorizado pelo caput do art. 22; C: Incorreta, "Ac.-TSE 373/2005, 782/2004 e 717/2003: ilegitimidade de pessoa jurídica para figurar no polo passivo da investigação judicial eleitoral.; D: Incorreta, Súmula TSE 38: "Nas ações que visem à cassação de registro, diploma ou mandato, há litisconsórcio passivo necessário entre o titular e o respectivo vice da chapa majoritária."; E: Incorreta, "Ação de investigação judicial. Prazo para a propositura. Ação proposta após a diplomação do candidato eleito. Decadência consumada. Extinção do processo. A ação de investigação judicial do art. 22 da Lei Complementar 64/1990 pode ser ajuizada até a data da diplomação." (Acórdão 628, proferido nos autos da Representação 628, Relator o e. Ministro Sálvio de Figueiredo Teixeira, julgado em 17/12/02).
Gabarito "B".

(Ministério Público/CE – 2011 – FCC) O candidato a prefeito eleito, assim como o seu vice, receberá diploma assinado pela autoridade judiciária competente. Sobre a expedição do diploma é correto afirmar:
(A) Para os prefeitos das capitais será expedido pelo Presidente do Tribunal Superior Eleitoral.
(B) Enquanto o Tribunal Superior não decidir o recurso interposto contra a expedição do diploma, poderá o diplomado exercer o mandato em toda a sua plenitude.
(C) Para os prefeitos das capitais será expedido pelo Presidente do Tribunal Regional Eleitoral, não havendo previsão de recurso contra sua expedição.
(D) Admite recurso com efeito suspensivo se demonstrado abuso de poder econômico no curso da campanha ou em prestação de contas.
(E) Pode ter sua expedição suspensa pela propositura de ação penal por crime doloso cometido anteriormente ao registro da candidatura.

A: incorreta, uma vez que o art. 215 do CE disciplina que os candidatos eleitos, assim como os suplentes, receberão diploma assinado pelo Presidente do Tribunal Regional ou da Junta Eleitoral, conforme o caso; B: correta, conforme art. 216 do CE; C: incorreta, uma vez que a diplomação é regida pelos dispositivos contidos no art. 215 do CE; D: incorreta, uma vez que se admite efeito suspensivo ao recurso do candidato face à impugnação contra sua diplomação e não à própria impugnação, vez que o art. 216 garante o diploma, posse e exercício do mandato eletivo até que seja provida definitivamente a demanda; **E:** incorreta, apenas se julgada procedente a ação penal poderá ter cassado seu diploma bem como declarada sua inelegibilidade pelo prazo 8 anos, conforme art. 22, XIV, da LC 64/1990.

Gabarito "B".

(Ministério Público/PR – 2011) Sobre elegibilidade e inelegibilidade e ações judiciais eleitorais, assinale a alternativa correta:

(A) a Lei Complementar 135/10 (Lei da Ficha Limpa) – não aplicável às eleições de 2010, conforme precedentes do STF – estabeleceu que são inelegíveis para qualquer cargo os que forem condenados, em decisão transitada em julgado ou proferida por órgão judicial colegiado, por prática, dentre outros, de crimes contra a economia popular, a fé pública, a administração pública e o patrimônio público, não se aplicando tal regra, entretanto, aos crimes ambientais;
(B) as ações de impugnação de registro de candidatura aos cargos de Prefeito Municipal e Vereador deverão ser dirigidas ao Tribunal Regional Eleitoral e, ao cargo de Senador, por exemplo, deverão ser dirigidas ao Superior Tribunal Eleitoral;
(C) qualquer eleitor possui legitimidade ativa para ingressar em juízo com ação de impugnação de registro de candidatura, desde que esteja em situação regular perante a justiça eleitoral;
(D) a ação de impugnação de mandato eletivo possui previsão na Lei Complementar 064/90, e deve ser ajuizada no prazo de até 3 (três) meses, contados da diplomação, com fundamento em provas de abuso do poder econômico, corrupção ou fraude;
(E) o recurso contra a diplomação possui previsão no Código Eleitoral, e também pode ter por fundamento, dentre outras hipóteses, inelegibilidade ou incompatibilidade de candidato.

A: incorreta, pois a condenação por crime contra o meio ambiente é também causa de inelegibilidade, conforme o art. 1º, I, e, 3, da LI (incluído pela LC 135/2010); **B:** incorreta, pois a competência em relação ao candidato a prefeito ou vereador é do juiz eleitoral, e a competência em relação ao candidato a Senador é do TRF – art. 2º, p. único, II e III, da LI; **C:** incorreta, pois a legitimidade ativa para a Ação de Impugnação de Registro de Candidatura – AIRC – é de candidato, partido político, coligação ou Ministério Público – art. 3º da LI; **D:** incorreta, pois o prazo para ajuizamento da Ação de Impugnação de Mandato Eletivo – AIME – é de até 15 dias contados da diplomação – art. 14, § 10, da CF; **E:** essa é a assertiva correta, pois o Recurso contra a Expedição de Diploma – RCED – é previsto no art. 262 do CE, incluindo a hipótese indicada (inelegibilidade ou incompatibilidade do candidato – inciso I do dispositivo). A Lei 12.891/2013 modificou o art. 262, excluindo seus incisos, assim dispondo o *caput*: "O recurso contra expedição de diploma caberá somente nos casos de inelegibilidade superveniente ou de natureza constitucional e de falta de condição de elegibilidade".

Gabarito "E".

(Ministério Público/RJ – 2011) Com relação às ações, aos recursos e a outras medidas judiciais eleitorais, analise as seguintes afirmações:

I. A ação de impugnação de pedido de registro de candidatura se fundamenta na ausência de condições de elegibilidade com relação àquele que pretende o registro, ou na presença de causas que o tornem inelegível.

II. A prática de atos que configurem abuso de poder econômico em benefício de candidato pode ensejar o ajuizamento de investigação judicial eleitoral, bem como de ação de impugnação de mandato eletivo, cada qual em seu momento oportuno.

III. As causas de inelegibilidade não suscitadas em sede de ação de impugnação de pedido de registro de candidatura sujeitam-se, como regra, à preclusão, ressalvadas aquelas que versem sobre matéria de ordem constitucional, as quais ainda podem ser suscitadas, juntamente com as causas de inelegibilidade supervenientes, em sede de recurso contra a diplomação.

IV. As ações de impugnação de pedido de registro de candidatura e de investigação judicial eleitoral podem ser propostas por quaisquer candidatos, eleitores, partidos políticos ou coligações, bem como pelo Ministério Público Eleitoral.

V. Ao Tribunal Superior Eleitoral e aos Tribunais Regionais Eleitorais compete o processo e julgamento de ação rescisória de seus próprios julgados, nos casos de inelegibilidade, desde que intentada no prazo de cento e vinte dias da decisão irrecorrível.

Estão corretas somente as afirmações:

(A) I, II e III;
(B) I, II e IV;
(C) I, III e IV;
(D) II, III e V;
(E) III, IV e V.

I: correta, uma vez que a Constituição Federal dispõe em seu art. 14, § 3º as condições necessárias a coexistirem àquele cidadão que se pretende candidatar-se a um cargo eletivo. Dentre as condicionantes é possível encontrar o pleno exercício dos direitos políticos. A Constituição também cuidou de elencar as principais causas de inelegibilidade, certamente por se tratarem das mais perversas ao ordenamento que se inaugurava nos idos de 1988, porém cuidou de dispor no art. 14, § 9º que Lei Complementar disporia sobre outras situações de inelegibilidade, o que abriu azo à edição da LC 64/1990 e suas alterações, em especial a 135/2010 (Lei do Ficha Limpa). Desta forma, a LC 64/1990 trouxe procedimento próprio à impugnação ao pedido de registro de candidatura, inclusive enumerando tantas outras hipóteses não trazidas pela Constituição Federal, visando, tal procedimento de impugnação, excluir do pleito eleitoral todos aqueles que não possuam as condições de elegibilidade e aqueles que tragam ao seu desabono causas de inelegibilidades; II: correta, vez que se consubstancia no objetivo da Constituição Federal, sendo esta complementada pelos procedimentos da LC 64/1990. A depender do momento do processo eleitoral que se encontre o candidato, a medida será a impugnação ou a cassação do diploma do candidato averiguado; III: correta, pois o prazo para a impugnação será o de 5 dias após o registro de candidatura ou de 15 após a diplomação, a depender do caso. Em ambas as situações, tratando-se das causas elencadas pela legislação. Caso não impugnada no tempo estabelecido, o direito precluirá, salvo na hipótese de a matéria versar sobre matéria de ordem constitucional; IV: incorreta, vez que os legitimados estão elencados no art. 3º da LC 64/1990, sendo eles qualquer candidato, partido político, coligação ou ao Ministério Público; V: incorreta, pois a competência será do Tribunal Superior Eleitoral, conforme art. 22, "j", do CE.

Gabarito "A".

(Procurador da República – 25.ª) Relativamente à ação de impugnação de registro de candidatura, assinale a alternativa errada:

(A) uma de suas hipóteses de cabimento é atacar a incidência de causa de inelegibilidade de candidato;
(B) a competência para processar e julgar impugnação contra registro de candidatura ao Senado Federal pertence ao Tribunal Regional Eleitoral onde foi requerida o referido registro;
(C) a impugnação, por parte do candidato, partido político ou coligação, não impede a ação do Ministério Público Eleitoral no mesmo sentido;
(D) pode ser ajuizada desde a publicação do registro da candidatura do candidato até o dia da eleição.

De fato, a alternativa D é a única errada, vez que o art. 3.º da LC 64/1990 dispõe que caberá a qualquer candidato, a partido político, coligação ou ao Ministério Público, no prazo de 5 (cinco) dias, contados da publicação do pedido de registro do candidato, impugná-lo em petição fundamentada.
Gabarito "D".

(Procurador da República – 26.ª) Assinale a ação eleitoral que pode ser ajuizada após a data da diplomação dos eleitos:

(A) ação de investigação judicial eleitoral por uso indevido dos meios de comunicação;
(B) ação por captação ou gasto ilícito de recurso para fins eleitorais;
(C) ação por captação ilícita de sufrágio;
(D) ação por conduta vedada a agentes públicos.

De fato, a alternativa B é a única correta, pois se consubstancia ao que dispõe o art. 14, §§ 10 e 11, da CF, por se tratar, as condutas descritas, como abuso do poder econômico pelo candidato.
Gabarito "B".

(Ministério Público/GO – 2013) A respeito de temas de Direito Processual afetos à Justiça Eleitoral, é correto, à luz da jurisprudência dominante do Tribunal Superior Eleitoral, afirmar que:

(A) decisão interlocutória prolatada no curso de ação de investigação judicial eleitoral deve ser impugnada, em três dias, por meio de agravo de instrumento, não se podendo, sob pena de preclusão, deixar para suscitar a matéria apenas no recurso contra a sentença.
(B) em devoção à estabilidade das relações sociais e ao princípio constitucional da segurança jurídica, a ação rescisória, no âmbito da Justiça Eleitoral, tem serventia apenas para desconstituir julgados que versem sobre causa de inelegibilidade, não se prestando, verbi gratia, para desconstituir decisão de desaprovação de contas de campanha.
(C) o princípio da fungibilidade recursal autoriza o Tribunal Superior Eleitoral a imprimir cognoscibilidade a recurso extraordinário interposto contra acórdão de Tribunal Regional Eleitoral cujos fundamentos enfrentam temas de natureza constitucional.
(D) a intimação do Parquet nos processos que tramitam na Justiça Eleitoral deve ser feita, em todos os casos, por mandado, iniciando-se o prazo com o recebimento do feito na Secretaria do Ministério Público Eleitoral, e não com a aposição de ciente, nos autos, pelo membro do Ministério Público.

A questão exigia que o candidato tivesse conhecimento de contexto jurisprudencial do TSE. Vejamos o julgado seguinte com teor explicativo à opção da alternativa B como correta: "Ação Rescisória. Decadência. Configuração. Cabimento. Hipótese de inelegibilidade. 1. Conforme prevê o art. 22, inciso I, alínea j, do Código Eleitoral, a ação rescisória, no âmbito da Justiça Eleitoral, deve ser proposta no prazo de 120 dias da decisão irrecorrível, não tendo sido respeitado tal prazo, no caso. 2. A rescisória somente é admissível para desconstituir julgados que versem sobre causa de inelegibilidade, não se prestando para desconstituir decisão de desaprovação de contas de campanha. Agravo regimental a que se nega provimento." (Ac. de 2.10.2013 no AgR-AR 59017, rel. Min. Henrique Neves."
Gabarito "B".

(Ministério Público/PR – 2013 – X) Quanto à matéria eleitoral, assinale a alternativa incorreta:

(A) Sempre que a lei não fixar prazo especial, o recurso deverá ser interposto em cinco dias da publicação do ato, resolução ou despacho;
(B) Por disposição expressa de lei, os recursos eleitorais não têm efeito suspensivo;
(C) Cabe recurso contra a expedição de diploma no caso de inelegibilidade ou incompatibilidade de candidato;
(D) Dos atos, resoluções ou despachos dos juízes ou juntas eleitorais caberá recurso ao Tribunal Regional Eleitoral;
(E) O recurso contra a expedição de diploma deve ser interposto no prazo de três dias.

A: Incorreta, uma vez que o art. 258 do Código Eleitoral dispõe que sempre que a lei não fixar prazo especial, o recurso deverá ser interposto em três dias da publicação do ato, resolução ou despacho; **B:** Correta, conforme art. 257 do Código Eleitoral; **C:** Incorreta, pois em razão da minirreforma eleitoral (Lei 12.891/2013) o art. 262 do Código Eleitoral passou a dispor que o Recurso contra a Expedição de Diploma caberá somente nos casos de inelegibilidade superveniente ou de natureza constitucional e de falta de condição de elegibilidade; **D:** Correta, conforme art. 29, II, a, b, do Código Eleitoral; **E:** Correta, conforme art. 264 do Código Eleitoral.
Gabarito "A e C". (Questão com duas respostas em razão das alterações trazidas pela minirreforma).

11. DAS CONDUTAS VEDADAS AOS AGENTES PÚBLICOS

(Promotor de Justiça – MPE/AM – FMP – 2015) Em relação às condutas vedadas previstas no art. 73 da Lei 9.504/1997, é correto afirmar que

(A) só respondem pela violação os candidatos que sejam agentes políticos.
(B) o bem jurídico tutelado é o princípio da igualdade entre os candidatos.
(C) tutelam a normalidade e legitimidade das eleições. Por isso é necessário prova de que a conduta desequilibrou o pleito.
(D) podem levar à cassação do registro, mas não do diploma do candidato beneficiado.
(E) a legitimidade para propositura da representação, nas eleições municipais, é do Ministério Público Eleitoral, dos candidatos, dos partidos políticos ou coligações e de qualquer eleitor da circunscrição eleitoral.

A: As vedações alcançam todos os agentes públicos, servidores ou não, como estabelece o *caput* do art. 73, Lei das Eleições; **B:** Correta. O *caput* do art. 73 dispõe que o objetivo das vedações é justamente afastar condutas "tendentes a afetar a igualdade de oportunidades entre candidatos

nos pleitos eleitorais; **C:** incorreta, bastando que sejam tendentes a afetar a normalidade do pleito (Art. 73); **D:** Incorreta, uma vez que é aplicável o procedimento do art. 22, LC 64/1990, sujeitando-se a cassação do registro ou do diploma; **E:** Incorreta, pois ao aplicar o procedimento do art. 22 LC 64/1990, a legitimidade estará estabelecida para "Qualquer partido político, coligação, candidato ou Ministério Público Eleitoral".
Gabarito "B".

(Procurador da República – 25.º) Dirigente de órgão público municipal, atendendo a pedido de candidato à vereança, faz com que os servidores a ele subordinados, no mês que antecede às eleições e durante o horário de trabalho, usem as linhas telefônicas do órgão para fazer ligações telefônicas a inúmeros eleitores, pedindo o voto para o referido candidato. Com esses elementos, assinale qual das medidas judiciais abaixo deverá o Ministério Público Eleitoral ajuizar para buscar tanto a cassação do registro ou do diploma do candidato como a aplicação de pena de multa ao agente público responsável:

(A) representação por captação ilícita de sufrágio, de que trata o artigo 41-A da Lei das Eleições (Lei 9.504/1997);
(B) representação por arrecadação ou gastos ilícitos de campanha, de que trata o artigo 30-A, § 2º, da Lei das Eleições (Lei 9.504/1997);
(C) representação por conduta vedada, de que trata o artigo 73 da Lei das Eleições (Lei 9.504/1997);
(D) ação de investigação judicial eleitoral para apurar o uso indevido de meio de comunicação social, de que trata o artigo 22 da Lei Complementar 64/1990.

A alternativa C é a única correta, pois em consonância com o previsto no art. 73, § 12, da Lei 9.504/1997, devendo ser obedecido o rito do art. 22 da LC 64/1990, podendo ser ajuizada até a data da diplomação.
Gabarito "C".

(Ministério Público/Acre – 2014 – CESPE) Assinale a opção correta com base no que dispõe a legislação eleitoral acerca das condutas dos agentes públicos durante a campanha.

(A) É permitido o uso, pelo candidato a reeleição de prefeito da residência oficial para a realização de contatos, encontros e reuniões pertinentes à própria campanha, desde que tenham caráter de ato público.
(B) É proibido ceder ou usar, em benefício de candidato, partido político ou coligação, bens móveis ou imóveis pertencentes à administração direta ou indireta da União, dos estados, do DF e dos municípios para a realização de convenção partidária.
(C) É proibida a cessão de servidor público licenciado da administração direta ou indireta federal, estadual ou municipal do Poder Executivo a comitês de campanha eleitoral de candidato, partido político ou coligação.
(D) São permitidas, até três meses antes do pleito, a nomeação ou exoneração de cargos em comissão, a nomeação para cargos do Poder Judiciário, do MP e dos órgãos da Presidência da República e a nomeação dos aprovados em concursos públicos homologados.
(E) É proibido fazer pronunciamento em cadeia de rádio e televisão, fora do horário eleitoral gratuito, nos três meses antes do pleito, salvo quando, a critério da Presidência da República, tratar-se de matéria urgente, relevante e característica das funções de governo.

A: incorreta, já que a ressalva da parte final do § 2º do art. 73, Lei das Eleições, é de que desde a realização de contatos, encontros e reuniões pertinentes à própria campanha não tenham caráter de ato público; **B:** incorreta, já que o art. 73, I, Lei das Eleições, traz a ressalva de cessão ou uso de bens pertencentes à administração pública, qual seja, justamente para a utilização em convenções partidárias; **C:** incorreta, já que o art. 73, III, Lei das Eleições, prevê expressamente a exceção aos casos em que o servidor ou empregado estiver licenciado; **D:** correta, conforme art. 73, V, c, Lei das Eleições; **E:** incorreta, já que o art. 73, VI, c, Lei das Eleições, dispõe que *a critério da Justiça Eleitoral* haverá exceção à proibição quando tratar-se de matéria urgente, relevante e característica das funções de governo;
Gabarito "D".

12. CRIMES ELEITORAIS

(Procurador da República – PGR – 2015) Professor que concorreu a vereador no ano de 2012, no mês de maio da eleição, realiza reunião com seus alunos do último ano do ensino médio e lhes promete financiar a formatura, desde que lhe deem o voto. A conduta do professor caracteriza:

(A) Crime de corrupção eleitoral e captação ilícita de sufrágio;
(B) Captação ilícita de sufrágio, sem prejuízo de configurar abuso de poder econômico;
(C) Crime de corrupção eleitoral;
(D) Captação ilícita de sufrágio.

A descrição do enunciado está condita no art. 299, Código Eleitoral "Art. 299. Dar, oferecer, prometer, solicitar ou receber, para si ou para outrem, dinheiro, dádiva, ou qualquer outra vantagem, para obter ou dar voto e para conseguir ou prometer abstenção, ainda que a oferta não seja aceita: Pena – reclusão até quatro anos e pagamento de cinco a quinze dias-multa".
Gabarito "C".

(Promotor de Justiça – MPE/AM – FMP – 2015) Considere as seguintes alternativas sobre crimes eleitorais:

I. É incabível ação penal privada subsidiária no âmbito da Justiça Eleitoral.
II. Prefeito Municipal acusado da prática de crime eleitoral é julgado pelo Tribunal Regional Eleitoral.
III. A contratação e o fornecimento de transporte para comparecimento em comício configura o crime de transporte irregular de eleitores previsto na Lei 6.091/1974.
IV. O crime de corrupção eleitoral (art. 299 do Cód. Eleitoral), na sua modalidade ativa, pode ser praticado por pessoa que não seja candidato.

Quais das assertivas acima estão corretas?

(A) Apenas a I e II.
(B) Apenas a II e III.
(C) Apenas a II e IV.
(D) Apenas a I, III e IV.
(E) Apenas a II, III e IV.

I: Incorreta, pois diante da inércia do Ministério Público (titular das ações penais públicas incondicionadas), haverá possibilidade de oferta subsidiária pelo ofendido; **II:** Correta, o prefeito municipal deverá ser julgado pelo TRE, por se tratar de crime eleitoral e pela prerrogativa de foro prevista no art. 84, Código de Processo Penal. Neste sentido, a jurisprudência do TSE: "Competência. Crime eleitoral praticado por prefeito. Nexo de causalidade. A existência de nexo de causalidade, considerado o exercício de mandato e o crime, é conducente, de início, à atuação do Tribunal Regional Eleitoral. Competência. Crime eleitoral praticado por prefeito. Nexo de causalidade. Cassação do mandato. Com a cassação do mandato, tem-se o afastamento da prerrogativa de foro no que voltada à proteção do cargo, e não do cidadão. Inconstitucionalidade do § 1º do art. 84 do Código de Processo Penal, com a redação imprimida pela Lei 10.628/2002 – ADI 2.797, relator Ministro Sepúlveda Pertence, julgamento de 15.9.2005" (Ac. nº 519, de 15.9.2005, rel. Min. Marco Aurélio)"; **III:** Incorreta, uma vez que o crime de transporte irregular tem como foco o fornecimento gratuito de transporte, em dias de eleição, a eleitores residentes nas zonas rurais, não os comícios. Impossibilidade de alargar o tipo penal, **IV:** Correta. O preceito primário da norma indica "Dar, oferecer, prometer, solicitar ou receber, para si ou para outrem". Assim, o benefício não necessariamente precisa ser ao próprio candidato, podendo ser a "outrem" (terceira pessoa). Gabarito "C".

(Procurador da República – 25.º) Assinale a alternativa correta:

(A) verificada a conexão entre crime comum e crime eleitoral, a competência para processar e julgar ambos os delitos é da Justiça comum;
(B) os crimes previstos no Código Eleitoral admitem, em regra, tanto a forma dolosa quanto a culposa;
(C) como a legislação eleitoral não prevê delitos específicos contra a honra, os crimes de calúnia, difamação, e injúria praticados na propaganda eleitoral devem ser denunciados com base nos tipos e penas respectivamente previstos no Código Penal para aquelas condutas (artigos 138, 139 e 140 do Código Penal), agindo nesse caso o Ministério Público mediante representação do ofendido e sendo competente a Justiça comum;
(D) os crimes eleitorais são de ação penal pública incondicionada.

A: incorreta, conforme art. 35, II, do Código Eleitoral; **B:** incorreta, vez que segundo o parágrafo único do art. 18 do Código Penal, salvo os casos expressos em lei, ninguém pode ser punido por fato previsto como crime, senão quando o pratica dolosamente. Neste caso, aplica-se a parte geral do Código Penal, visto que ela é de observância obrigatória à parte especial deste e a todas as leis penais extravagantes, se nestas não houver disposição em contrário; **C:** incorreta, vez que referidas condutas se encontram capituladas nos arts. 324, 325 e 326 do Código Eleitoral. Os crimes eleitorais são de ação pública incondicionada, mesmo aqueles definidos pelos citados arts. 324 a 326 do Código Eleitoral, sendo todos crimes dolosos (não há crimes culposos). Insta notar que apenas existirá, além da prevista no art. 355 do Código Eleitoral, a ação penal privada subsidiária da pública, por força do art. 5.º, LIX, da CF (Acórdão TSE 21.295/2003: cabimento de ação penal privada subsidiária no âmbito da Justiça Eleitoral, por tratar-se de garantia constitucional, prevista no art. 5.º, LIX, da CF. Inadmissibilidade da ação penal pública condicionada à representação do ofendido, em virtude do interesse público que envolve a matéria eleitoral". **D:** correta, conforme art. 355 do Código Eleitoral. Gabarito "D".

(Procurador da República – 25.º) Candidato a Prefeito Municipal, em Município com aproximadamente dois mil eleitores, que não ocupa cargo público e se utilizando de recursos privados, em data anterior ao pedido de registro de sua candidatura, distribui dinheiro durante o ano eleitoral à metade do referido eleitorado, mediante pedido expresso de voto. Com esses elementos de prova e confirmada a candidatura, em qual dos ilícitos abaixo sua conduta deverá ser enquadrada com o objetivo de ser processado e cassado o registro de sua candidatura:

(A) conduta vedada, de que trata o artigo 73 da Lei das Eleições (Lei 9.504/1997);
(B) captação ilícita de sufrágio, de que trata o artigo 41-A da Lei das Eleições (Lei 9.504/1997);
(C) abuso de poder econômico, de que tratam o artigo 14, § 10, da Constituição Federal, e os artigos 19 e 22 da Lei Complementar 64/1990;
(D) em nenhum dos ilícitos eleitorais acima, pois a cassação do registro de candidato só poderá ocorrer em face de ilícitos eleitorais praticados após o requerimento de registro da respectiva candidatura ser protocolado perante a Justiça Eleitoral.

De fato, a alternativa C é a única correta. O enunciado elucida o clássico exemplo de abuso do poder econômico, repudiado pelo nosso ordenamento e reprimido pelos procedimentos previstos nos arts. 19 e 22 da LC 64/1990, bem como com previsão de ação de impugnação de mandato eletivo estampado no art. 14, §§ 10 e 11, da CF. Gabarito "C".

(Ministério Público/Acre – 2014 – CESPE) Diva, prefeita candidata à reeleição, foi denunciada por ter difamado e injuriado Helen, candidata opositora, durante a propaganda eleitoral gratuita veiculada na mídia, tendo-lhe imputado fato ofensivo à sua reputação de servidora pública. Em face dessa situação hipotética, assinale a opção correta à luz das disposições constitucionais e da legislação eleitoral.

(A) O juiz pode deixar de aplicar pena caso Helen, de forma reprovável, tenha provocado diretamente os crimes, assim como no caso de extorsão imediata que consista em outros crimes da mesma espécie.
(B) Se o promotor de justiça eleitoral promover o arquivamento, o juiz poderá encaminhar os autos ao procurador regional eleitoral, que deverá designar outro promotor para oferecer a denúncia.
(C) Se a denúncia for recebida por juiz eleitoral, Diva poderá invocar, em seu favor, como matéria de defesa, a incompetência do juízo, tese que tem sido acolhida pela justiça eleitoral, ao fundamento de que crime cometido por prefeito deve ser julgado pelo tribunal de justiça.
(D) A exceção da verdade é admitida para ambos os fatos, na medida em que Helen é servidora pública e a ofensa foi relativa ao exercício das funções de agente público.
(E) Verificadas as infrações penais, o MP tem prazo de dez dias para oferecer denúncia, independentemente de representação, uma vez que os crimes eleitorais são de ação pública.

A: incorreta, uma vez que as circunstâncias apresentadas pela alternativa não se enquadram no permissivo para este mesmo sentido, só se aplica ao crime de injúria, e não ao de difamação, conforme se verifica na leitura dos incisos I e II, § 1º, art. 326, Código Eleitoral; **B:** incorreta, uma vez que o art. 357, § 1º, Código Eleitoral, dispõe que neste caso o Procurador Regional Eleitoral oferecerá a denúncia, designará outro Promotor para oferecê-la, ou insistirá no pedido de arquivamento, ao qual só então estará o juiz obrigado a atender; **C:** incorreta, pois Diva deverá ser julgada pelo TRE, por se tratar de crime eleitoral e pela prerrogativa de foro prevista no art. 84, Código de Processo Penal. Neste sentido, a jurisprudência do TSE: "Competência. Crime eleitoral praticado por prefeito. Nexo de causalidade. A existência de nexo de causalidade, considerado o exercício de mandato e o crime, é conducente, de início, à atuação do Tribunal Regional Eleitoral. Competência. Crime eleitoral praticado por prefeito. Nexo de causalidade. Cassação do mandato. Com a cassação do mandato, tem-se o afastamento da prerrogativa de foro no que voltada à proteção do cargo, e não do cidadão. Inconstitucionalidade do § 1º do art. 84 do Código de Processo Penal, com a redação imprimida pela

Lei 10.628/2002 – ADI 2.797, relator Ministro Sepúlveda Pertence, julgamento de 15.9.2005." (Ac. nº 519, de 15.9.2005, rel. Min. Marco Aurélio.)"; **D**: incorreta, uma vez que a exceção de verdade apenas é admitida no crime de difamação. Expressamente, dispõe o art. 325, parágrafo único, Código Eleitoral, que a exceção da verdade somente se admite se ofendido é funcionário público e a ofensa é relativa ao exercício de suas funções; **E**: Correta, vez que assim disciplinado pelo art. 357 do Código Eleitoral.

Gabarito "E".

(Ministério Público/GO – 2013) Em tema de captação ilícita de sufrágio, é correto, consoante a jurisprudência dominante do Tribunal Superior Eleitoral, afirmar que:

(A) a exposição de plano de governo e a promessa de campanha feita pelo candidato a eleitor individualmente considerado, relativamente ao problema de moradia, a ser cumprida após as eleições, não configura a prática de captação ilícita de sufrágio.

(B) para a caracterização de captação ilícita de sufrágio é necessária a prova de pedido explícito, ainda que por gestos ou por códigos, de votos, não bastando somente a anuência do candidato e a evidência do especial fim de agir de remover a liberdade de voto.

(C) a realização de churrasco, com a oferta gratuita de comida e bebida, no qual esteja presente o candidato, que aproveita o evento para discursar e pedir votos, caracteriza, desenganadamente, captação ilícita de sufrágio, pois que é vedada a realização de propaganda eleitoral por meio de oferecimento de dádiva ou vantagem de qualquer natureza.

(D) os princípios da economia processual e pás de *nullité sans grief* permitem que a condenação por abuso de poder, com subsequência declaração de inelegibilidade, seja reconhecida pela Justiça Eleitoral não só por meio de investigação judicial eleitoral como também por meio de impugnação de mandato eletivo.

A questão exige do candidato um prévio conhecimento do posicionamento do TSE acerca da captação ilícita de Sufrágio. O entendimento pacificado acena que a exposição de plano de governo e a mera promessa de campanha feita pelo candidato relativamente ao problema de moradia, a ser cumprida após as eleições, não configura a prática de captação ilícita de sufrágio. Vide Ac. de 30.11.2010 no AgR-AI 196558, rel. Min. Arnaldo Versiani.

Gabarito "A".

(Ministério Público/PR – 2013 – X) Assinale a alternativa correta:

(A) Sempre que Código Eleitoral não indicar o grau mínimo da pena abstratamente prevista, entende-se que será ele de seis meses para a pena de detenção e de um ano para a de reclusão. Quando determinada a agravação ou atenuação da pena sem mencionar o "quantum", deve o juiz fixá-lo entre um quinto e um terço, guardados os limites da pena cominada ao crime;

(B) Sempre que Código Eleitoral não indicar o grau mínimo da pena abstratamente prevista, entende-se que será ele de seis meses para a pena de detenção e de um ano para a de reclusão. Quando determinada a agravação ou atenuação da pena sem mencionar o "quantum", deve o juiz fixá-lo entre um terço e um sexto, guardados os limites da pena cominada ao crime;

(C) Sempre que Código Eleitoral não indicar o grau mínimo da pena abstratamente prevista, entende-se que será ele de quinze dias para a pena de detenção e de um ano para a de reclusão. Quando determinada a agravação ou atenuação da pena sem mencionar o "quantum", deve o juiz fixá-lo entre um terço até a metade, guardados os limites da pena cominada ao crime;

(D) Sempre que Código Eleitoral não indicar o grau mínimo da pena abstratamente prevista, entende-se que será ele de quinze dias para a pena de detenção e de um ano para a de reclusão. Quando determinada a agravação ou atenuação da pena sem mencionar o "quantum", deve o juiz fixá-lo entre um quinto e um terço, guardados os limites da pena cominada ao crime;

(E) Sempre que Código Eleitoral não indicar o grau mínimo da pena abstratamente prevista, entende-se que será ele de seis meses. Quando determinada a agravação ou atenuação da pena sem mencionar o "quantum", deve o juiz fixá-lo entre um terço e um sexto, guardados os limites da pena cominada ao crime.

A alternativa D é a única correta, uma vez que o art. 284 do Código Eleitoral dispõe que sempre que não for indicado o grau mínimo, entende-se que será ele de quinze dias para a pena de detenção e de um ano para a de reclusão. No mesmo sentido, o art. 285 dispõe que quando a lei determina a agravação ou atenuação da pena sem mencionar o "quantum", deve o juiz fixá-lo entre um quinto e um terço, guardados os limites da pena cominada ao crime.

Gabarito "D".

(Ministério Público/PR – 2013 – X) Em matéria eleitoral, assinale a alternativa incorreta:

(A) Cabe ação penal subsidiária da pública em crime eleitoral;

(B) Segundo entendimento do Tribunal Superior Eleitoral, para a configuração do crime de corrupção eleitoral previsto no art. 299 do Código Eleitoral, não se exige pedido expresso de voto, bastando a comprovação da finalidade de obter o voto;

(C) Não existem crimes eleitorais de ação penal pública condicionada à representação;

(D) A improcedência da ação de investigação judicial eleitoral obsta a propositura de ação penal quando tratarem dos mesmos fatos;

(E) Em matéria de crimes eleitorais há possibilidade de aplicação dos institutos da transação penal e da suspensão condicional do processo.

A: assertiva correta. A ação penal privada subsidiária à ação penal pública foi elevada à condição de garantia constitucional, prevista no art. 5º, LIX, da Constituição Federal. Desta forma, como a própria Constituição não dispôs sobre qualquer restrição quanto à aplicação da ação penal privada subsidiária à pública, nos casos previstos na legislação eleitoral (crimes eleitorais), é admitida a intervenção particular em consonância com o art. 29 do CPP e art. 364 do Código Eleitoral; **B**: assertiva correta, segundo o entendimento do TSE a corrupção eleitoral é crime formal e não depende do alcance do resultado para que se consuma. Descabe, assim, perquirir o momento em que se efetivou o pagamento pelo voto, ou se o voto efetivamente beneficiou o candidato corruptor. Essa é a mensagem do legislador, ao enumerar a promessa entre as ações vedadas ao candidato ou a outrem, que atue em seu nome (art. 299, *caput*, do Código Eleitoral); **C**: assertiva correta, uma

vez que o art. 355 do Código Eleitoral dispõe que as infrações penais definidas neste Código são de ação pública; **D:** assertiva incorreta, devendo ser assinalada, conforme o parágrafo único do art. 358, Código Eleitoral, ao dispor que a rejeição da denúncia não obstará ao exercício da ação penal, desde que promovida por parte legítima ou satisfeita a condição; **E:** assertiva correta, conforme art. 76 e 89 da Lei 9.099/1995 e art. 77 do CP.
Gabarito "D".

(Ministério Público/MG – 2012 – CONSULPLAN) Analise as seguintes assertivas em relação aos crimes eleitorais, previstos no Código Eleitoral, e assinale a alternativa **CORRETA:**

(A) Os crimes eleitorais são de ação penal pública condicionada à representação do ofendido.
(B) Os crimes eleitorais praticados por Governadores de Estado e do Distrito Federal são de competência do Tribunal Superior Eleitoral.
(C) Os crimes eleitorais praticados por prefeitos municipais são processados e julgados pelo Tribunal Regional Federal.
(D) Os crimes eleitorais praticados por juízes eleitorais são processados e julgados pelo Tribunal Regional Eleitoral.

De fato, a única alternativa correta é encontrada na assertiva D, vez que todas as autoridades que possuem foro por prerrogativa de função no Tribunal de Justiça, serão processadas e julgadas pelo Tribunal Regional Eleitoral quando praticarem crimes eleitorais. Esse é o caso, por exemplo, dos Juízes, Promotores e Prefeitos.
Gabarito "D".

(Ministério Público/MS – 2011 – FADEMS) Analise as assertivas a seguir.

I. É cabível a ação penal privada subsidiária no âmbito da Justiça Eleitoral, por tratar-se de garantia constitucional, prevista na CF/88, art. 5º, LIX.
II. A denúncia nos crimes eleitorais deve ser oferecida no prazo de quinze dias, aplicando-se na hipótese o disposto no art. 46 do CPP.
III. Não apresentar o órgão do Ministério Público, no prazo legal, denúncia ou deixar de promover a execução de sentença condenatória, será punido com detenção até 2 meses ou pagamento de 60 a 90 dias-multa.
IV. No processo-crime eleitoral, o juiz, ao receber a denúncia, designará dia e hora para o depoimento pessoal do acusado, ordenando a citação deste a notificação do Ministério Público.
V. Discordando o juiz eleitoral do pedido de arquivamento formulado pelo Ministério Público Eleitoral, o inquérito deverá ser remetido ao Procurador-Geral de Justiça, que designará outro Promotor para oferecer denúncia, ou insistirá no arquivamento, ao qual só então estará o magistrado obrigado a atender (art. 357, § 1º, CE).

(A) todos os itens estão corretos;
(B) somente os itens I, III e IV estão incorretos;
(C) somente os itens II, IV e V estão incorretos;
(D) somente os itens I, III e IV estão corretos;
(E) todos os itens estão incorretos.

I: assertiva correta, conforme o art. 5º, LIX, da CF; II: incorreta, pois o prazo para denúncia por crime eleitoral é de 10 dias – art. 357 do CE; III: assertiva correta, pois a omissão é tipificada e apenada na forma do art. 342 do CE; IV: correta, conforme o art. 359 do CE; V:

incorreta, pois, ao discordar do arquivamento, o juiz fará remessa de comunicação ao procurador regional (não ao procurador-geral) – art. 357, § 1º, do CE.
Gabarito "D".

(Ministério Público/MS – 2011 – FADEMS) Assinale a alternativa **correta**.

(A) O Deputado Estadual, condenado pelo cometimento de crime, com sentença transitada em julgado, perderá automaticamente o seu mandato, desde que o juiz suspenda seus direitos políticos;
(B) Condenado pela prática de crime, com sentença transitada em julgado, o deputado federal não perderá automaticamente seu mandato, que dependerá de decisão da Câmara Federal, por votação secreta e com quórum da maioria absoluta de seus integrantes;
(C) O Deputado Distrital, condenado pelo cometimento de crime inafiançável, com sentença transitada em julgado, perderá automaticamente seu mandato;
(D) Os vereadores e os prefeitos, com exceção dos governadores, serão cassados automaticamente, após serem condenados por sentença transitada em julgado;
(E) Os prefeitos, com exceção dos governadores, perderão seus mandatos automaticamente, após serem condenados pela prática de crime contra a administração pública, com sentença transitada em julgado.

A: assertiva incorreta, pois a perda de mandato de deputado ou senador por condenação criminal em sentença transitada em julgado será decidida pela Câmara dos Deputados ou pelo Senado Federal, por voto secreto e maioria absoluta, mediante provocação da respectiva mesa ou do partido político representado no Congresso Nacional, assegurada a ampla defesa – art. 55, VI, e § 2º, da CF; **B:** essa é a assertiva correta, conforme comentário à alternativa anterior; **C, D e E:** incorretas, pois a perda de mandato eletivo, como efeito da condenação criminal, ocorre (i) quando aplicada pena privativa de liberdade por tempo igual ou superior a um ano, nos crimes praticados com abuso de poder ou violação de dever para com a administração pública ou (ii) quando for aplicada pena privativa de liberdade por tempo superior a 4 anos nos demais casos – art. 92, I, do Código Penal – CP, ver também o art. 1º, § 2º, do DL 201/1967 e os arts. 2º e 78 da Lei 1.079/1950.
Gabarito "B".

(Ministério Público/PR – 2011) Sobre crimes eleitorais, assinale a alternativa incorreta:

(A) os crimes previstos na Lei 4.737/65 (Código Eleitoral) e na Lei 9.504/1997 (Lei das Eleições) são todos de ação penal pública incondicionada;
(B) a transação penal e a suspensão condicional do processo, como institutos despenalizadores previstos na Lei 9.099/1995, possuem restrições para sua aplicação relativamente aos crimes eleitorais;
(C) a Lei 4.737/65 (Código Eleitoral) prevê figura típica criminal que pode ser praticada exclusivamente por membros do Ministério Público;
(D) as penas privativas de liberdade cominadas aos crimes previstos na Lei 4.737/65 (Código Eleitoral) e na Lei 9.504/1997 (Lei das Eleições) aparecem, em cada um dos diplomas legais, sob as formas de detenção e reclusão;
(E) a divulgação de pesquisa pré-eleitoral sem o prévio registro perante a Justiça Eleitoral constitui infração eleitoral punível com multa, e a divulgação de pes-

quisa pré-eleitoral fraudulenta constitui crime punível com pena privativa de liberdade e multa.

A: assertiva correta, conforme o art. 355 do CE e o art. 90 da LE; **B:** essa é a assertiva incorreta, pois não há essa restrição; **C:** assertiva correta – ver art. 342 do CE; **D:** assertiva correta, conforme os arts. 289 a 354 do CE e os arts. 33, § 4º, 34, § 2º, 39, § 5º da LE, entre outros; **E:** correta, conforme o art. 33, §§ 3º e 4º, da LE.

Gabarito "B".

(Ministério Público/SP – 2012 – VUNESP) Em relação ao Ministério Público Eleitoral, é correto afirmar:

(A) Se o órgão do Ministério Público, ao invés de apresentar a denúncia, requerer o arquivamento da investigação de infração penal eleitoral, o juiz, no caso de considerar improcedentes as razões invocadas, fará remessa do pedido ao Procurador-Geral de Justiça.

(B) Ouvidas as testemunhas da acusação e da defesa e praticadas as diligências requeridas pelo Ministério Público, o Juiz Eleitoral encerrará a instrução e abrirá vista ao Promotor Eleitoral para que, no prazo de 48 (quarenta e oito) horas, apresente as alegações finais.

(C) Verificada a infração penal eleitoral, o Ministério Público oferecerá a denúncia dentro de 10 (dez) dias.

(D) As funções de Procurador-Geral Eleitoral, perante o Tribunal Superior Eleitoral, serão exercidas pelo Procurador Geral da República e, perante os Tribunais Regionais Eleitorais dos Estados, pelos Procuradores-Gerais de Justiça.

(E) O Promotor Eleitoral será o membro do Ministério Público Federal que oficie junto ao Juízo incumbido do serviço eleitoral de cada Zona.

A: incorreta, pois o art. 357, § 1º, do CE dispõe que se o órgão do Ministério Público, ao invés de apresentar a denúncia, requerer o arquivamento da comunicação, o juiz, no caso de considerar improcedentes as razões invocadas, fará remessa da comunicação ao Procurador Regional, e este oferecerá a denúncia, designará outro Promotor para oferecê-la, ou insistirá no pedido de arquivamento, ao qual só então estará o juiz obrigado a atender; **B:** incorreta, uma vez que a disposição correta do art. 360 do CE é no sentido de que ouvidas as testemunhas da acusação e da defesa e praticadas as diligências requeridas pelo Ministério Público e deferidas ou ordenadas pelo juiz, abrir-se-á o prazo de 5 (cinco) dias a cada uma das partes – acusação e defesa – para alegações finais; **C:** correta, conforme art. 357 do CE; **D:** incorreta, vez que dispõe o art. 27 do CE que servirá como Procurador Regional junto a cada Tribunal Regional Eleitoral o Procurador da República no respectivo Estado e, onde houver mais de um, aquele que for designado pelo Procurador Geral da República; **E:** incorreta, uma vez que funcionará como membro do ministério público eleitoral o promotor de justiça local (membro do ministério público estadual), conforme art. 79 da LC 75/1993 ao dispor que o Promotor Eleitoral será o membro do Ministério Público local que oficie junto ao Juízo incumbido do serviço eleitoral de cada Zona.

Gabarito "C".

13. COMBINADAS E OUTRAS MATÉRIAS

Promotor de Justiça – MPE/AM – FMP – 2015) Em relação à infração de captação ilícita de sufrágio (art. 41-A da Lei 9.504/1997), é correto afirmar que

(A) a representação pela prática da conduta pode ser proposta antes do pedido de registro da candidatura.

(B) a representação só pode ser proposta após o pedido de registro da candidatura, mas referir-se a fatos praticados antes do pedido de registro.

(C) a representação pode buscar a cassação do registro, mas não do diploma, uma vez que para este há o Recurso Contra a Expedição de Diploma.

(D) para sua caracterização é necessário que haja pedido explícito de votos e que a conduta seja levada a efeito pelo próprio candidato.

(E) como tutela à liberdade de voto, à vontade do eleitor, não se exige, para sua configuração, que o fato imputado cause desequilíbrio nas eleições.

A e B: Incorretas, em atenção ao que dispõe o art. 41-A, § 3º, Lei das eleições, a representação poderá ser proposta até a data da diplomação, e não do pedido de registro de candidatura; **C:** Incorreta. O *caput* do art. 41-A, Lei das Eleições, dispõe sobre a cassação do registro ou do diploma; **D:** Incorreta, vez que o § 1º, art. 41-A, Lei das Eleições estabelece que " Para a caracterização da conduta ilícita, é desnecessário o pedido explícito de votos, bastando a evidência do dolo, consistente no especial fim de agir."; **E:** Correta, conforme §1º, art. 41-A, Lei das Eleições.

Gabarito "E".

(Procurador da República – 26.º) Assinale a alternativa correta:

(A) as Instruções expedidas pelo Tribunal Superior Eleitoral regulamentadoras da lei eleitoral só poderão ser aplicadas à eleição que ocorra após um ano da data da publicação da Resolução que as veicular;

(B) a resposta dada pelo Tribunal Superior Eleitoral à consulta formulada por órgão nacional de partido político relativamente a caso concreto vincula as decisões de todas as instâncias da Justiça Eleitoral;

(C) nos processos judiciais eleitorais não são cobradas custas judiciais e é incabível a condenação em honorários de sucumbência;

(D) no processo judicial eleitoral o princípio dispositivo é atenuado em virtude do poder de polícia atribuído aos juízes eleitorais pelo qual lhes é facultado instaurar de ofício determinadas ações, tais como a ação de investigação judicial eleitoral e a ação por captação ilícita de sufrágio, cabendo ao Ministério Público Eleitoral assumir o polo ativo desses feitos.

De fato, a única alternativa correta é encontrada na assertiva C, vez que em consonância com a jurisprudência pacificada neste sentido "Recurso especial. Honorários advocatícios. A condenação em honorários advocatícios, em razão de sucumbência, apresenta-se incabível em feitos eleitorais. Precedente: Acórdão 13.101, de 06.03.1997. Recurso especial conhecido e provido. (Recurso especial eleitoral 12.783, Acórdão 12783 de 25.03.1997, Rel. Min. Paulo Roberto Saraiva da Costa Leite)".

Gabarito "C".

(Procurador da República – 26.º) Assinale a alternativa correta:

(A) o partido político que em eleição municipal integre coligação para a eleição majoritária não poderá, na mesma eleição e Município, celebrar coligação na eleição proporcional com partido que não integre a referida coligação majoritária;

(B) cabe ao Procurador-Geral de Justiça designar os promotores de justiça que atuarão como promotores eleitorais, bem como dirigir as atividades do Ministério Público Eleitoral no Estado, ficando, no entanto, reservada ao Ministério Público Federal a representação perante o respectivo Tribunal Regional Eleitoral:

(C) nos processos eleitorais aplica-se a regra do Código de Processo Civil que duplica o prazo para o Ministério Público recorrer;
(D) na data em que requerer o registro de sua candidatura o candidato já deverá ter completado a idade mínima constitucionalmente estabelecida como condição de elegibilidade, sob pena de indeferimento.

A: correta, conforme art. 6.º da Lei 9.504/1997 além da Resolução TSE 23.260, de 11.05.2010: "os partidos que compuserem coligação para a eleição majoritária só poderão formar coligações entre si para a eleição proporcional"; **B:** incorreta, vez que o art. 79 da LC 75/1993 dispõe que o Promotor Eleitoral será o membro do Ministério Público local que oficie junto ao Juízo incumbido do serviço eleitoral de cada Zona; **C:** incorreta, pois o prazo será o previsto no art. 96, § 8.º, da Lei 9.504/1997 (TSE, AI 1945, Rel. Min. José Eduardo Rangel de Alckmin); **D:** incorreta, vez que o art. 11, § 2.º, da Lei 9.504/1997 dispõe que a idade mínima constitucionalmente estabelecida como condição de elegibilidade é verificada tendo por referência a data da posse.
Gabarito "A".

(Ministério Público/MG – 2014) Quanto às afirmações que se seguem:

I. O Presidente da República, os Governadores de Estado e do Distrito Federal, os Prefeitos e quem os houver sucedido ou substituído no curso dos mandatos poderão ser reeleitos para um único período subsequente.
II. O Tribunal Superior Eleitoral elegerá seu Presidente, o Vice-Presidente e o Corregedor Eleitoral dentre os Ministros do Supremo Tribunal Federal.
III. São inelegíveis, para qualquer cargo, os que forem condenados, em decisão transitada em julgado ou proferida por órgão judicial colegiado, desde a condenação até o transcurso do prazo de 8 (oito) anos após o cumprimento da pena, por crimes de ação penal privada.
IV. Nas árvores e nos jardins localizados em áreas públicas, bem como em muros, cercas e tapumes divisórios, não é permitida a colocação de propaganda eleitoral de qualquer natureza, mesmo que não lhes cause dano.

É **INCORRETO** o que se afirma em:
(A) I e II.
(B) II e III.
(C) II e IV.
(D) III e IV.

I: correta, nos termos do art. 14, § 5º, CF; **II:** incorreta, já que o art. 17 do Código Eleitoral dispõe que o Tribunal Superior Eleitoral elegerá para seu presidente um dos ministros do Supremo Tribunal Federal, cabendo ao outro a vice-presidência, e para Corregedor Geral da Justiça Eleitoral um dos seus membros; **III:** incorreta, já que o rol do art. 1º, I, e, LC 64/1990 é exaustivo, não contemplando a hipótese trazida pela assertiva (crimes de ação penal privada). **IV:** correta, conforme art. 37, § 5º, Lei das Eleições.
Gabarito "B".

(Ministério Público/ES – 2013 – VUNESP) Assinale a alternativa correta.

(A) O TSE é competente originariamente para julgar os processos de perda de cargo eletivo por infidelidade partidária de mandatos federais, cabendo aos TRE's a competência originária para julgar os processos de perda de cargo eletivo por infidelidade partidária de mandatos estaduais e, por fim, às Zonas Eleitorais originariamente para julgar os processos de perda de cargo eletivo por infidelidade partidária de mandatos municipais.
(B) São pressupostos autorizadores para decretação da perda de cargo eletivo por infidelidade: a efetiva desfiliação partidária e a ausência de justa causa para a desfiliação.
(C) Consideram-se "justa causa" para o não reconhecimento da perda do cargo eletivo por infidelidade partidária: a incorporação ou fusão do partido; a grave discriminação pessoal; a criação de novo partido; a mudança substancial ou desvio reiterado do programa partidário e a assiduidade nas reuniões partidárias.
(D) O prazo para ajuizamento da ação de perda de cargo eletivo por infidelidade partidária deve ser exercido em até 90 dias contados da desfiliação; decorrido esse prazo, ocorrerá a decadência.
(E) O Ministério Público Eleitoral possui competência exclusiva para propor a representação para perda de cargo eletivo por infidelidade partidária.

A: incorreta, uma vez que a competência, no caso dos mandatos municipais, também será dos Tribunais Regionais Eleitorais, em atenção ao que dispõe o art. 2º, Resolução TSE 22.610, ao disciplinar que o Tribunal Superior Eleitoral é competente para processar e julgar pedido relativo a mandato federal; nos demais casos, é competente o tribunal eleitoral do respectivo estado; **B:** correta, conforme apresentado pelo art. 1º, Resolução TSE 22.610, ao dispor que o partido político interessado pode pedir, perante a Justiça Eleitoral, a decretação da perda de cargo eletivo em decorrência de desfiliação partidária sem justa causa; **C:** incorreta, vez que não consta no rol taxativo apresentado pelo art. 1º, § 1º, Resolução TSE 22.610 a assiduidade nas reuniões partidárias; **D:** incorreta, pois o art. 1º, § 2º, Resolução TSE 22.610, dispõe acerca do prazo de 60 dias (30 dias + 30 dias), ao disciplinar que quando o partido político não formular o pedido dentro de 30 (trinta) dias da desfiliação, pode fazê-lo, em nome próprio, nos 30 (trinta) subsequentes, quem tenha interesse jurídico ou o Ministério Público Eleitoral; **E:** incorreta, já que o dispositivo invocado na alternativa anterior (art. 1º, § 2º, Resolução TSE 22.610) é claro ao colocar a titularidade do Ministério Público em segundo plano, conjuntamente com demais interessados (em tese, o candidato suplente), após a não manifestação, neste sentido, pelo partido político.
Gabarito "B".

(Ministério Público/MG – 2013) Assinale a alternativa INCORRETA:

(A) Ao postulante a candidatura a cargo eletivo é permitida a realização, na quinzena anterior à escolha pelo partido, de propaganda intrapartidária com vista à indicação de seu nome, vedado o uso de rádio, televisão e *outdoor*.
(B) Na seara eleitoral, são inaplicáveis as regras dos artigos 188 e 191 do Código de Processo Civil, que duplicam ou quadruplicam os prazos do Ministério Público, da Fazenda Pública e de litisconsortes com diferentes procuradores.
(C) Os feitos eleitorais, no período entre o registro das candidaturas até cinco dias após a realização do segundo turno das eleições, terão prioridade para a participação do Ministério Público e dos Juízes de todas as Justiças e instâncias, ressalvados os processos de *habeas corpus* e mandado de segurança.
(D) Depende da obtenção de licença municipal e de autorização da Justiça Eleitoral a veiculação de propa-

ganda eleitoral para distribuição de folhetos, volantes e outros impressos, os quais devem ser editados sob a responsabilidade do partido, coligação ou candidato.

A: assertiva correta, nos termos do que dispõe o art. 36, § 1º, Lei das Eleições, tratando-se da propaganda intrapartidária com vistas à escolha em convenção partidária, onde a agremiação escolherá os candidatos/coligações para o pleito sequente; **B:** assertiva correta. Não há na legislação eleitoral a previsão contida nos artigos 188, 191 do CPC. Ao contrário, existe previsão geral quanto aos prazos a serem obedecidos pelas partes. Neste sentido, a jurisprudência do TSE já se manifestou: "Agravo de instrumento. Representação. Propaganda irregular. Recurso contra sentença interposto pelo Ministério Público. Prazo de 24 horas. § 8º do art. 96 da Lei 9.504/1997. Não aplicação do art. 188 do CPC". (TSE – AgIn 1945/MG); **C:** assertiva correta, conforme dispõe o art. 94 da Lei da Eleições; **D:** assertiva incorreta, devendo ser assinalada, uma vez que o art. 38, Lei das Eleições dispõe o contrário, ao dizer que independe da obtenção de licença municipal e de autorização da Justiça Eleitoral a veiculação de propaganda eleitoral pela distribuição de folhetos, adesivos, volantes e outros impressos, os quais devem ser editados sob a responsabilidade do partido, coligação ou candidato.
"Gabarito "D".

(Ministério Público/PI – 2012 – CESPE) O presidente do TRE do Piauí autorizou a cessão de urnas eletrônicas e determinou o fornecimento de listagem impressa com os nomes de todos os cidadãos com domicílio eleitoral na capital – Teresina – divididos por seção eleitoral (folhas de votação), para utilização nas eleições dos conselheiros tutelares do município.

Com referência à situação hipotética acima apresentada, assinale a opção correta.

(A) Segundo resolução específica do TSE, para o conselheiro tutelar se candidatar a outro cargo eletivo, ele deverá desincompatibilizar-se no prazo mínimo de seis meses da realização das eleições.

(B) Conforme o disposto no Código Eleitoral, são considerados de relevância os serviços prestados pelos mesários e componentes das juntas apuradoras nas eleições para conselheiros tutelares.

(C) A fiscalização das referidas eleições não é exclusiva do promotor com atribuições para infância e juventude ainda que não haja previsão legal nesse sentido.

(D) Apesar de não serem oficiais, as referidas eleições regulam-se por resolução específica aprovada pelo TSE para participação obrigatória da justiça eleitoral.

(E) De acordo com o Código Eleitoral, as citadas eleições serão realizadas sob a presidência de juiz eleitoral e fiscalização do MP.

A: incorreta, vez que os membros de Conselhos Tutelares, de acordo com o TSE (Ac. 16.878/2000), deverão se desincompatibilizar no prazo de três meses antes das eleições; **B:** incorreta, uma vez que o art. 139 da Lei 8.069/90, "o processo de escolha dos membros do Conselho Tutelar será estabelecido por lei municipal e realizado sob a responsabilidade do Conselho Municipal dos Direitos da Criança e do Adolescente, e a fiscalização do Ministério Público". Importante ponderar que, sobre o assunto, o Código Eleitoral não possui dispositivos específicos; **C:** correta, vez que o art. 139 da Lei 8.069/90 dispõe que o processo para a escolha dos membros do Conselho Tutelar será estabelecido em lei municipal e realizado sob a responsabilidade do Conselho Municipal dos Direitos da Criança e do Adolescente, e a fiscalização do Ministério Público; **D:** incorreta, pois as eleições são oficiais, porém não reguladas pelo CE tampouco pelo TSE, obedecendo a legislação própria de caráter municipal; **E:** incorreta, uma vez que o art. 139 da Lei 8.069/1990, "o processo de escolha dos membros do Conselho Tutelar será estabelecido por lei municipal e realizado sob a responsabilidade do Conselho Municipal dos Direitos da Criança e do Adolescente, e a fiscalização do Ministério Público". Importante reiterar que sobre o assunto, o código eleitoral não possui dispositivos específicos.
Gabarito "C".

(Ministério Público/PI – 2012 – CESPE) Acerca de eleições, assinale a opção correta.

(A) É permitida a veiculação gratuita de propaganda eleitoral na Internet, em sítios de pessoas jurídicas sem fins lucrativos.

(B) O não julgamento das prestações de contas dos candidatos no prazo de até oito dias antes da diplomação não acarreta aprovação tácita das contas.

(C) É proibida a divulgação de pesquisas eleitorais por qualquer meio de comunicação, a partir do décimo quinto dia anterior ao pleito até as dezoito horas do dia do pleito.

(D) Não se considera propaganda eleitoral antecipada a divulgação de prévias partidárias por meio de página na Internet.

(E) É permitida a veiculação de propaganda eleitoral por meio da fixação de faixas em bens de propriedade privada, tais como lojas e centros comerciais.

A: incorreta, uma vez que tal conduta é expressamente vedada pelo art. 57-C, § 1º, I, da Lei 9.504/1997; **B:** correta, conforme posicionamento do TSE: Ac.-TSE, de 6.6.2006, no Ag nº 4.523: o não julgamento das prestações de contas dos candidatos oito dias antes da diplomação não acarreta aprovação tácita das contas. O prazo fixado neste dispositivo tem por objetivo harmonizar o julgamento do exame das contas com a diplomação dos candidatos, à vista do que dispõe o art. 29 desta lei; **C:** incorreta, ainda que o art. 35-A da Lei 9.504/1997 disponha que é vedada a divulgação de pesquisas eleitorais por qualquer meio de comunicação, a partir do décimo quinto dia anterior até as 18 (dezoito) horas do dia do pleito, é importante notar que tal dispositivo fora considerado inconstitucional pelo STF nos autos da ADIn 3.471, de 06.09.2006; **D:** incorreta, uma vez que de acordo com o art. 36-A da Lei nº. 9.504/97 não será considerada propaganda eleitoral antecipada: "(...) III – a realização de prévias partidárias e sua divulgação pelos instrumentos de comunicação intrapartidária". No entanto, cabe salientar que a minirreforma eleitoral inaugurou o parágrafo único deste referido art. 36-A dispondo ser vedada a transmissão ao vivo por emissoras de rádio e de televisão das prévias partidárias; **E:** incorreta, conforme proibição expressa pelo art. 37 da Lei 9.504/1997. Importante notar que o mesmo dispositivo, em seu § 4º, disciplina que lojas e centros comerciais trata-se de bens de uso comum, ainda sejam propriedades privadas.
Gabarito "B".

(Ministério Público/RR – 2012 – CESPE) Considerando a disciplina constitucional e complementar de elegibilidade e inelegibilidades, assinale a opção correta.

(A) O condenado por calúnia e difamação permanece inelegível pelo prazo de oito anos.

(B) Advogado excluído, pela OAB, do exercício da profissão, por infração ético-profissional, é inelegível pelo prazo de oito anos.

(C) A Lei da Ficha Limpa admite a candidatura de pessoa condenada por crime contra a administração pública, desde que o acórdão respectivo penda de recurso.

(D) É elegível o militar conscrito, desde que ele se afaste da atividade.

(E) Ocupante do cargo de prefeito pode ser candidato a deputado estadual sem se afastar do exercício do cargo.

A: incorreta, uma vez que não há previsão na LC 64/1990; **B:** correta, em plena consonância com o que dispõe o art. 1º, I, "m", da LC 64/1990; **C:** incorreta, uma vez que a Lei da Ficha Limpa, como ficou conhecida (LC 135/2010) inseriu no art. 1º da LC 64/1990 a alínea "e", dispondo que os que forem condenados, em decisão transitada em julgado ou proferida por órgão judicial colegiado, desde a condenação até o transcurso do prazo de 8 (oito) anos após o cumprimento da pena, pelos crimes arrolados nos incisos subsequentes, entre eles, os crimes contra a administração pública. Desta forma, de posse do que disciplina a legislação, não prescinde que inexista possibilidade recurso, basta que a condenação tenha sido proferida por órgão judicial colegiado ou que tenha simplesmente transitado em julgado; **D:** incorreta, uma vez que o art. 98 do CE disciplina a situação ilustrada ao dispor que os militares alistáveis são elegíveis, atendidas as seguintes condições: I – o militar que tiver menos de 5 (cinco) anos de serviço, será, ao se candidatar a cargo eletivo, excluído do serviço ativo; II – o militar em atividade com 5 (cinco) ou mais anos de serviço ao se candidatar a cargo eletivo, será afastado, temporariamente, do serviço ativo, como agregado, para tratar de interesse particular; III – o militar não excluído e que vier a ser eleito será, no ato da diplomação, transferido para a reserva ou reformado; **E:** incorreta, o art. 1º, VI, da LC 64/1990 dispõe, quanto a inelegibilidade, que para a Câmara dos Deputados, Assembleia Legislativa e Câmara Legislativa, no que lhes for aplicável, por identidade de situações, consideram-se os mesmos inelegíveis para o Senado Federal, nas mesmas condições estabelecidas, observados os mesmos prazos. As regras de inelegibilidade para os candidatos a cargo no Senado Federal, previstas no art. 1º, V, fazem, por seu turno, remitência às mesmas causas de inelegibilidades aos candidatos à presidência da República. Deste modo, importante notar o art. 1º, II, item 13, de forma a deixar clarividente que no caso hipotético seria necessário que o candidato a deputado estadual, ocupante do cargo majoritário municipal deveria se afastar de suas funções até 6 meses antes do pleito.

Gabarito "B".

(Ministério Público/SC – 2012) Analise as seguintes assertivas:

I. Na propaganda dos candidatos a cargo majoritário, deverão constar, também, o nome dos candidatos a vice ou a suplentes de Senador, de modo claro e legível, em tamanho não inferior a 10% (dez por cento) do nome do titular.

II. Definiu o Tribunal Superior Eleitoral que o prazo final para o ajuizamento de representação, por propaganda eleitoral antecipada ou irregular, é a data da eleição.

III. Nas árvores e nos jardins localizados em áreas públicas é permitida a colocação de propaganda eleitoral de qualquer natureza.

IV. É permitida a realização de showmício e de evento assemelhado para promoção de candidatos, bem como a apresentação, remunerada ou não, de artistas com a finalidade de animar comício e reunião eleitoral.

V. Conquanto investido de poder de polícia, não tem legitimidade o juiz eleitoral para, de ofício, instaurar procedimento com a finalidade de impor multa pela veiculação de propaganda eleitoral em desacordo com a Lei nº 9.504/1997.

(A) Apenas as assertivas I, II e III estão corretas.
(B) Apenas as assertivas III e IV estão corretas.
(C) Apenas as assertivas I, II e V estão corretas.
(D) Apenas as assertivas II, IV e V estão corretas.
(E) Todas as assertivas estão corretas.

I: correta (art. 36, § 4 º, da Lei 9.504/1997); II: correta, conforme se denota da observância de julgados notáveis do Tribunal Superior Eleitoral, tais como: Ac. de 25.4.2012 na Rp nº 125198, rel. Min. Nancy Andrighi, red. designado Min. Marcelo Ribeiro; no mesmo sentido os Ac. de 5.4.2011 no R-Rp 189711, rel. Min. Joelson Dias, o Ac. de 22.4.2008 no AgRgREspe 27763, rel. Min. Carlos Britto, o Ac. de 23.8.2007 no AgRgREspe 25.893, rel. Min. Gerardo Grossi e o Ac. de 30.11.2006 na Rp 1.346, rel. Min. Menezes Direito); III: incorreta, já que a permissão inferida pela assertiva é na verdade expressamente proibida pela legislação pertinente, qual seja art. 37, § 5º, da Lei 9.504/1997; IV: incorreta, vez que a proibição é expressa inequivocamente pelo art. 39, § 7º, da Lei 9.504/1997; V: correta, conforme disposto no art. 41, §§ 1º e 2º, da Lei 9.504/1997.

Gabarito "C".

(Ministério Público/SC – 2012) Analise as seguintes assertivas:

I. Cabe privativamente ao Ministério Público, no prazo de 5 (cinco) dias, contados da publicação do pedido de registro de candidato, impugná-lo em petição fundamentada.

II. O eleitor não reúne legitimidade para impugnar registro de candidatura, mas nada impede que apresente notícia de inelegibilidade à autoridade competente.

III. A declaração de inelegibilidade do candidato a Prefeito Municipal atingirá, por extensão, o candidato a Vice-Prefeito, assim como a destes atingirá aqueles.

IV. Somente partido político e o Ministério Público eleitoral poderão representar à Justiça Eleitoral requerendo abertura de investigação judicial para apurar uso indevido, desvio ou abuso do poder econômico ou do poder de autoridade, em benefício de candidato ou de partido político.

V. Constitui crime eleitoral a arguição de inelegibilidade deduzida de forma temerária ou de manifesta má-fé, punido com pena de detenção de seis meses a dois anos e multa.

(A) Apenas as assertivas I, III e IV estão corretas.
(B) Apenas as assertivas II e V estão corretas.
(C) Apenas as assertivas III, IV e V estão corretas.
(D) Apenas as assertivas III e V estão corretas.
(E) Todas as assertivas estão corretas.

I: incorreta, vez que o art. 3º da LC 64/1990 dispõe que caberá a qualquer candidato, a partido político, coligação ou ao Ministério Público, no prazo de 5 (cinco) dias, contados da publicação do pedido de registro do candidato, impugná-lo em petição fundamentada; II: correta, pois o art. 3º da LC 64/1990, o qual arrola os legitimados a impugnarem registro do candidato, não traz a legitimidade ao eleitor comum. No entanto, bem como elucida a assertiva, o eleitor poderá noticiar o fato impugnante a um dos legitimados interessados para que então promova o que não lhe é permitido; III: incorreta, uma vez que o art. 18 da LC 64/1990 dispõe que a declaração de inelegibilidade do candidato à Presidência da República, Governador de Estado e do Distrito Federal e Prefeito Municipal não atingirá o candidato a Vice-Presidente, Vice-Governador ou Vice-Prefeito, assim como a destes não atingirá aqueles; IV: incorreta, pois o art. 22 da LC 64/1990 disciplina o assunto ao dispor que qualquer partido político, coligação, candidato ou Ministério Público Eleitoral poderá representar à Justiça Eleitoral, diretamente ao Corregedor-Geral ou Regional, relatando fatos e indicando provas, indícios e circunstâncias e pedir abertura de investigação judicial para apurar uso indevido, desvio ou abuso do poder econômico ou do poder de autoridade, ou utilização indevida de veículos ou meios de comunicação social, em benefício de candidato ou de partido político; V: correta, conforme art. 25 da LC 64/1990.

Gabarito "B".

(Ministério Público/MS – 2011 – FADEMS) Assinale a alternativa **correta**. Por força da Resolução nº 30/2008 do CNMP, O Promotor de Justiça Eleitoral será designado:

(A) pelo Procurador-Geral de Justiça, no âmbito do Ministério Público Estadual, considerando ser o Chefe da Instituição;
(B) pelo Procurador-Geral da República, devendo o ato ser publicado no Diário Oficial da União;
(C) pelo Procurador Regional Eleitoral, com atribuição junto ao Tribunal Regional Eleitoral;
(D) pelo Corregedor-Geral do Ministério Público, após indicação pelo Procurador-Geral de Justiça, mediante sistema de rodízio, no exercício da titularidade de função eleitoral, devendo ser observada a ordem decrescente de antiguidade no exercício da titularidade de função eleitoral;
(E) sendo o Promotor de Justiça o único titular na Comarca, não há necessidade de designação, considerando ser ele o Promotor de Justiça com atribuições em todas as áreas de intervenção do Ministério Público.

A designação de membros do Ministério Público Estadual de primeiro grau para atuar perante a justiça eleitoral de primeira instância será feita pelo procurador regional eleitoral (do Ministério Público Federal, que atua perante o TRE), com base em indicação do chefe do Ministério Público local (do estado), conforme o art. 1º da Resolução 30/2008 do Conselho Nacional do Ministério Público – CNMP. Por essa razão, a alternativa "C" é a correta.
Gabarito "C".

(Ministério Público/MS – 2011 – FADEMS) Analise as assertivas a seguir.

I. O Ministério Público Eleitoral pode requerer à Justiça Eleitoral a decretação de perda de cargo eletivo em decorrência de desfiliação partidária sem justa causa, ainda que a agremiação partidária interessada não o tenha feito.
II. É considerada infidelidade partidária a desfiliação do mandatário de determinada agremiação partidária para outro partido, ainda que se trate de novo partido.
III. A agremiação partidária interessada terá o prazo de vinte dias para ingressar com a ação visando a decretação de perda de mandato do infiel, contados da desfiliação (Resolução nº 22.610/2007/TSE).
IV. Cabe ao órgão partidário estabelecer em seu estatuto normas de disciplina e fidelidade partidária, por força de norma constitucional e infraconstitucional.
V. É de competência dos juízes eleitorais a decretação de perda do cargo de mandatos municipais cujo pedido tenha como fundamento a infidelidade partidária.

(A) todos os itens estão corretos;
(B) somente os itens II, III e V estão incorretos;
(C) somente os itens I e III estão incorretos;
(D) somente os itens II, III e IV estão corretos;
(E) todos os itens estão incorretos.

I: assertiva correta, pois, se o partido político não formular o pedido de decretação de perda do cargo eletivo em caso de desfiliação partidária sem justa causa, no prazo de 30 dias contados da desfiliação, poderá fazê-lo, nos 30 dias subsequentes, quem tenha interesse jurídico ou o Ministério Público Eleitoral – art. 1º, § 2º, da Resolução 22.610/2007-TSE; II: incorreta, pois se considera justa causa e, portanto, afasta a sanção de perda do mandato: (i) incorporação ou fusão do partido, (ii) criação de novo partido, (iii) mudança substancial ou desvio reiterado do programa partidário e (iv) grave discriminação pessoal – art. 1º, § 1º, da Resolução 22.610/2007-TSE; III: incorreta, pois o prazo é de 30 dias contados da desfiliação – art. 1º, § 2º, da Resolução; IV: correta, conforme o art. 17, § 1º, da CF e o art. 15, V, da LPP; V: incorreta, pois a competência é do TSE, em relação a mandato federal, e dos TREs, quanto aos demais casos – art. 2º da Resolução 22.610/2007-TSE.
Gabarito "B".

(Ministério Público/PR – 2011) A Lei 9.504/1997 estabelece normas para as eleições. Sobre o tema, assinale a alternativa incorreta:

(A) a doação de valores em dinheiro para candidatos e partidos políticos em campanhas eleitorais é vedada a entidades de utilidade pública e a organizações não governamentais que recebam recursos públicos, mas é permitida a entidades esportivas e religiosas;
(B) é vedada a veiculação de propaganda de qualquer natureza, inclusive pichação, inscrição a tinta, fixação de placas, estandartes, faixas e assemelhados, em ginásios e estádios, por exemplo, ainda que sejam de propriedade privada;
(C) até as vinte e duas horas do dia que antecede a eleição, serão permitidos distribuição de material gráfico, caminhada, carreata, passeata ou carro de som que transite pela cidade divulgando *jingles* ou mensagens de candidatos;
(D) é proibido a qualquer candidato comparecer, nos 3 (três) meses que precedem o pleito, a inaugurações de obras públicas;
(E) a nomeação para cargos de membros do Poder Judiciário e do Ministério Público não sofre restrições em quaisquer períodos do processo eleitoral.

A: essa é a assertiva incorreta, pois é vedada a doação também por entidades esportivas e religiosas – art. 24, VIII e IX, da LE; **B:** assertiva correta, pois os bens a que a população em geral tenha acesso, inclusive privados (como cinemas, clubes, lojas, centros comerciais, templos, ginásios, estádios), são considerados bens de uso comum, com vedação de veiculação de propaganda de qualquer natureza – art. 37, § 2º, da LE; **C:** correta, conforme o art. 39, § 9º, da LE; **D:** correta, pois reflete a vedação prevista no art. 77 da LE; **E:** correta, pois a nomeação para o judiciário ou para o Ministério Público não é conduta vedada, conforme o art. 73, V, *b*, da LE.
Gabarito "A".

(Ministério Público/RJ – 2011) No tocante às condições de elegibilidade e às causas de inelegibilidade, analise as seguintes proposições:

I. Enquanto as condições de elegibilidade podem estar previstas na Constituição Federal e em leis ordinárias, as causas de inelegibilidade devem estar contempladas na Constituição Federal e em leis complementares.
II. Nos termos da Constituição Federal, são sempre inelegíveis os inalistáveis e os analfabetos.
III. O alistamento eleitoral é pressuposto para o exercício do direito de votar, não sendo exigido, contudo, para que o cidadão possa se eleger, bastando para esta última hipótese sua prévia filiação partidária.
IV. Nos termos da legislação vigente, são inelegíveis para qualquer cargo aqueles que forem condenados por crimes eleitorais para os quais a lei comine pena privativa de liberdade, desde a condenação até o transcurso do prazo de 08 (oito) anos após o cumprimento da pena,

impondo-se, todavia, prévio trânsito em julgado da condenação criminal para configuração da inexigibilidade, em respeito ao princípio constitucional do estado de inocência.

V. Constitui crime eleitoral a arguição de inelegibilidade deduzida de forma temerária ou de manifesta má-fé.

Estão corretas somente as proposições:

(A) I, II e III;
(B) I, II e V;
(C) II, III e IV;
(D) II, IV e V;
(E) III, IV e V.

I: correta, uma vez que a Constituição Federal prevê em seu art. 14, § 3º, as condições de elegibilidade e no art. 14, § 4º e seguintes elenca situações de inelegibilidade. No entanto, por não serem esgotadas ali todas as situações que o constituinte julgava necessárias e, principalmente, por se tratar de assunto que demandaria complementação em razão da atualidade contemporânea aos pleitos, foi inserido o § 9º no citado art. 14, esclarecendo que lei complementar estabelecerá outros casos de inelegibilidade e os prazos de sua cessação, a fim de proteger a probidade administrativa, a moralidade para exercício de mandato considerada vida pregressa do candidato, e a normalidade e legitimidade das eleições contra a influência do poder econômico ou o abuso do exercício de função, cargo ou emprego na administração direta ou indireta; II: correta, conforme art. 14, § 4º, da CF; III: incorreta, pois o alistamento eleitoral é uma das condições de elegibilidade previstas no art. 14, § 3º, III, da CF; IV: incorreta, uma vez que a Lei da Ficha Limpa, como ficou conhecida (LC 135/2010), inseriu no art. 1º da LC 64/1990 a alínea 'e', item 4, dispondo que os que forem condenados, em decisão transitada em julgado ou proferida por órgão judicial colegiado, são inelegíveis desde a condenação até o transcurso do prazo de 8 (oito) anos após o cumprimento da pena, pelos crimes arrolados nos incisos subsequentes. Desta forma, de posse do que disciplina a legislação, não prescinde que inexista possibilidade recurso, basta que a condenação tenha sido proferida por órgão judicial colegiado ou que tenha simplesmente transitado em julgado; V: correta, conforme art. 25 da LC 64/1990.

Gabarito "B".

10. PROCESSO COLETIVO

Marcos Destefenni, Roberta Densa, Vanessa Tonolli Trigueiros e Wander Garcia*

1. INTERESSES DIFUSOS, COLETIVOS E INDIVIDUAIS HOMOGÊNEOS E PRINCÍPIOS

(Promotor de Justiça/GO – 2016 – MPE) Em relação aos interesses transindividuais, assinale a opção correta:

(A) Considerando a titularidade, os interesses transindividuais se caracterizam por pertencerem a um grupo, classe ou categoria de pessoas que tenham entre si um vínculo de natureza jurídica ou de natureza fática.
(B) Entre os interesses transindividuais encontram-se os interesses coletivos em sentido estrito que são caracterizados pela indeterminabilidade do sujeito, ligação dos titulares por um vínculo fático e a divisibilidade do objeto.
(C) Os interesses individuais homogêneos são aqueles que têm origem comum, relação jurídica idêntica, e, ainda, indivisíveis e seus titulares são passíveis de determinação.
(D) A aquisição de um produto de série com o mesmo defeito e o interesse dos condôminos de edifício na troca de um elevador com defeito são exemplos clássicos de interesses individuais homogêneos.

A: correto. Os interesses transindividuais compreendem os direitos difusos, coletivos e individuais homogêneos. Os direitos coletivos pertencem a um grupo, classe ou categoria de pessoas que tenham entre si um vínculo de natureza jurídica. Os direitos difusos e individuais homogêneos se caracterizam, entre outras questões, pela ligação entre as pessoas ter natureza fática. **B:** incorreta. Os interesses coletivos em sentido estrito são caracterizados pela determinabilidade do sujeito, por serem ligados por uma relação jurídica base e por serem indivisíveis. **C:** incorreta. Os interesses individuais homogêneos são aqueles que têm origem comum, relação jurídica que não precisa ser idêntica, e, ainda, indivisíveis e seus titulares são passíveis de determinação. **D:** incorreta. A aquisição de produto em série com o mesmo defeito pode, de fato, configurar a existência de interesse individual homogêneo. No entanto, o interesse dos condôminos de edifício na troca de um elevador com defeito não pode ser classificado sequer como direito transindividual, posto que se tratar de relação jurídica de consumo entre os condôminos e a empresa prestadora de serviços, devendo ser resolvido no âmbito da tutela individual. Neste caso, pode o condomínio, por ser o contratante, ingressar com ação contra o prestador de serviços. Gabarito "A".

(Ministério Público/SP – 2011) Considere as seguintes situações:

I. responsabilidade do fornecedor em relação a vício de qualidade na pintura de um modelo de veículo por ele produzido;
II. responsabilidade do Estado pelo fornecimento de um medicamento indispensável para um idoso;
III. responsabilidade do loteador pelo contrato de venda de lotes de um loteamento popular clandestino;
IV. responsabilidade do fornecedor em relação a vício de segurança nos freios de um modelo de veículo por ele produzido;
V. responsabilidade do empreendedor imobiliário quanto à cláusula de reajuste de um contrato de venda de lotes de um condomínio fechado de luxo.

Indique a alternativa que expressa corretamente a classificação legal do interesse envolvido e a afirmação quanto à legitimidade de agir do Ministério Público.

(A) I Individual homogêneo; não tem legitimidade (disponibilidade e falta de interesse social). II. Individual; não tem legitimidade (disponibilidade e falta de interesse social). III. Individual homogêneo; tem legitimidade (disponibilidade com presença de interesse social). IV. Difuso; tem legitimidade (indisponibilidade e interesse social). V. Individual homogêneo; não tem legitimidade (disponibilidade e falta de interesse social).
(B) I. Individual homogêneo; não tem legitimidade (disponibilidade e falta de interesse social). II. Individual; não tem legitimidade (disponibilidade e falta de interesse social). III. Coletivo; tem legitimidade (disponibilidade com presença de interesse social); IV. Difuso; tem legitimidade (indisponibilidade e interesse social). V. Individual homogêneo; não tem legitimidade (disponibilidade e falta de interesse social).
(C) I. Individual homogêneo; não tem legitimidade (disponibilidade e falta de interesse social). II. Individual; não tem legitimidade (disponibilidade e falta de interesse social). III. Coletivo; tem legitimidade (disponibilidade com presença de interesse social); IV. Difuso; tem legitimidade (indisponibilidade e interesse social). V. Coletivo; não tem legitimidade (disponibilidade e falta de interesse social).
(D) I. Individual homogêneo; não tem legitimidade (disponibilidade e falta de interesse social). II. Individual; tem legitimidade (indisponibilidade e interesse social). III. Individual homogêneo; tem legitimidade (disponibilidade com presença de interesse social); IV. Difuso; tem legitimidade (indisponibilidade e interesse social). V. Individual homogêneo; não tem legitimidade (disponibilidade e falta de interesse social).
(E) I. Individual homogêneo; não tem legitimidade (disponibilidade e falta de interesse social). II. Difuso; tem legitimidade (indisponibilidade e interesse social). III. Individual homogêneo; tem legitimidade (disponibilidade com presença de interesse social); IV. Difuso; tem legitimidade (indisponibilidade e interesse social). V. Individual homogêneo; não tem legitimidade (disponibilidade e falta de interesse social).

I: trata-se de interesse *individual homogêneo*, pois todos os compradores do carro têm direitos decorrentes de uma origem comum (art. 81, pará-

---

* **Marcos Destefenni** comentou as questões dos seguintes concursos: MP/AC/08, MP/BA/08, MP/CE/11, MP/GO/10, MP/GO/12, MP/MG/06, MP/MG/11, MP/MG/12, MP/MS/09, MP/MT/12, MP/PB/10, MP/PI/08, MP/PI/ 12, MP/RJ/11, MP/RN/09, MP/RR/12, MP/RS/08, MP/RS/09, MP/SC/08, MP/SC/12, MP/SP/12 e MP/TO/12, quando houver. **Vanessa Tonolli Trigueiros** comentou as questões do concurso de MP/SP/2013 e MP/MS/2013, **Roberta Densa** comentou as questões dos seguintes concursos: MPE/BA/2015, MPE/MS/2015, MPE/GO/2016, Procurado/AM/2016; **Wander Garcia** comentou as demais questões; **Roberta Densa** atualizou os comentários desse arquivo.

grafo único, III, do CDC), no caso, o problema na pintura dos veículos produzidos; o MP não tem legitimidade, pois os interesses envolvidos são disponíveis e o caso não envolve questão de interesse social, como são as questões relativas à saúde, segurança, educação e moradia; **II:** trata-se de interesse *individual*, pois diz respeito a apenas um idoso; todavia, o Ministério Público tem legitimidade, pois o direito relacionado à saúde de um idoso é considerado indisponível e revela interesse social; vale lembrar que o art. 74, I, do Estatuto do Idoso (Lei 10.741/2003) admite o ajuizamento de ação civil pública para defender interesse *individual* do idoso, desde que se trate de interesse indisponível; **III:** trata-se de interesse *individual homogêneo*, pois os compradores do lote têm direitos decorrentes de uma origem comum, no caso, a existência de um loteamento clandestino (art. 81, parágrafo único, III, do CDC); o MP tem legitimidade, pois os interesses dos compradores, apesar de disponíveis, dizem respeito ao direito à moradia popular, de modo que está presente o interesse social); **IV:** além do interesse dos compradores do veículo no saneamento desse vício (interesse individual homogêneo) a questão envolve, também, interesses *difusos*, já que pessoas indeterminadas, ligadas por uma relação de fato, estão sujeitas a sofrer danos por conta do problema no freio dos veículos; assim, o MP tem legitimidade, já que há interesse social e interesses indisponíveis em jogo, como o direito à segurança, e à preservação da saúde e da vida; **V:** trata-se de interesse *individual homogêneo*, pois todos os compradores dos imóveis têm direitos decorrentes de uma origem comum (art. 81, parágrafo único, III, do CDC), no caso, o problema no reajuste do contrato de compra e venda; o MP não tem legitimidade, pois os interesses envolvidos são disponíveis e o caso não envolve questão de interesse social, pois se trata de moradia de luxo, e não de moradia popular.

Gabarito "D".

(Ministério Público/MG – 2011) Direitos difusos são direitos metaindividuais, que, não tendo atingido o grau de agregação e organização necessário à sua afetação institucional junto a certas entidades ou órgãos representativos dos interesses já socialmente definidos, restam em estado fluido, dispersos pela sociedade civil como um todo. A respeito dessa categoria jurídica, é **CORRETO** afirmar:

I. Na conceituação de interesses difusos, optou o Código de Defesa do Consumidor pelos critérios da indeterminação dos titulares, existência entre eles de relação jurídica base, no aspecto subjetivo, e indivisibilidade do bem jurídico, no aspecto objetivo.
II. Um dos traços que distingue direitos e interesses difusos dos individuais homogêneos é a indeterminação dos titulares.
III. A relação jurídica base que liga o grupo, categoria ou classe de pessoas que titularizam os direitos difusos há que ser preexistente à lesão ou ameaça de lesão do interesse ou direito.
IV. A indivisibilidade que caracteriza tanto direitos difusos como coletivos implica que, satisfeita a pretensão de um, todos os demais titulares serão beneficiados, na medida do dano sofrido por cada um.
V. A veiculação de propaganda enganosa pode ser considerada ofensa a direitos difusos, uma vez que não é possível identificar as pessoas atingidas e, uma vez coibida a prática ilegal, todos se beneficiarão da mesma forma.

Apenas estão **CORRETAS** as opções:

(A) I, II e V.
(B) I, IV e V.
(C) III e IV.
(D) II e V.

I: incorreta, pois não há relação jurídica base entre os titulares; II: correta, pois, na hipótese de direitos difusos há indeterminabilidade dos titulares, enquanto nos direitos individuais homogêneos há determinabilidade na fase de liquidação da sentença; **III:** incorreta, pois não há relação jurídica base ligando os titulares de direitos difusos; **IV:** incorreta, pois a indivisibilidade referente aos direitos difusos não determina que, satisfeita a pretensão de um, todos serão beneficiados. A indivisibilidade diz respeito ao direito difuso (meio ambiente ecologicamente equilibrado, por exemplo), não em relação à satisfação das pretensões individuais, isto é, aos direitos individuais homogêneos que podem ser decorrentes do mesmo fato; **V:** correta, pois a assertiva faz referência a interesse difuso dos consumidores. Existe interesse difuso em coibir a prática enganosa. Após a lesão, surgem direitos individuais homogêneos das vítimas.

Gabarito "D".

(Ministério Público/MT – 2012 – UFMT) Leia atentamente as situações abaixo descritas.

Situação A: Divulgação de propaganda enganosa sobre determinado produto ou serviço.

Situação B: Cobrança ou aumento ilegal de mensalidade escolar de um determinado estabelecimento educacional.

Em relação a essas situações, analise as assertivas.

I. Na situação A, o ajuizamento de ação coletiva objetivando a suspensão liminar e a cessação definitiva de divulgação trata-se de pretensão difusa; com base no mesmo fato lesivo (divulgação da propaganda enganosa), é cabível a cumulação de pedido condenatório de cunho patrimonial (devolução do preço, indenização) em favor dos consumidores lesados (pretensão individual homogênea).
II. Na situação B, o ajuizamento de ação coletiva objetivando cessar a prática ilegal ou inconstitucional e atender às exigências e parâmetros legais trata-se de pretensão difusa; com base no mesmo fato lesivo (cobrança ilegal), é cabível a cumulação de pedido de devolução da diferença ou do total pago indevidamente pelos alunos (pretensão individual homogênea).
III. Na situação A, o ajuizamento de ação coletiva objetivando a suspensão liminar e a cessação definitiva de divulgação trata-se de pretensão difusa; no entanto, com base no mesmo fato lesivo (divulgação da propaganda enganosa), não é cabível a cumulação de pedido condenatório de cunho patrimonial (devolução do preço, indenização) em favor dos consumidores lesados (pretensão individual homogênea).
IV. Na situação B, o ajuizamento de ação coletiva objetivando cessar a prática ilegal ou inconstitucional e atender às exigências e parâmetros legais trata-se de pretensão coletiva, em sentido estrito; no entanto, com base no mesmo fato lesivo (cobrança ilegal), não é cabível o pedido de devolução da diferença ou do total pago indevidamente pelos alunos (pretensão individual homogênea).
V. Na situação B, o ajuizamento de ação coletiva objetivando cessar a prática ilegal ou inconstitucional e atender às exigências e parâmetros legais trata-se de pretensão coletiva, em sentido estrito; com base no mesmo fato lesivo (cobrança ilegal), é cabível a cumulação de pedido de devolução da diferença ou do total pago indevidamente pelos alunos (pretensão individual homogênea).

Estão corretas as assertivas:

(A) II, III e IV, apenas.
(B) III e V, apenas.

(C) I, II e V, apenas.
(D) III e IV, apenas.
(E) I e V, apenas.

I: correta, pois o interesse à cessação da divulgação é difuso, podendo ser protegido pela imposição de obrigação de não fazer (arts. 3º, 11 e 12 da LACP e art. 84 do CDC). Pode haver cumulação de pedidos, conforme o atual entendimento do STJ, de tal forma que pode ser pleiteada a condenação dos responsáveis na mesma demanda; II: incorreta, pois a pretensão, no caso, é de tutela de direitos coletivos *lato sensu* (há uma relação jurídica das vítimas com a parte contrária); III: incorreta, pois é possível a cumulação de pedidos; IV: incorreta, pois é cabível o formulação dos pedidos mencionados na assertiva; V: correta, pelas razões expostas.
Gabarito "E".

(Ministério Público/PI – 2012 – CESPE) Com base no direito processual civil, assinale a opção correta.

(A) Na ação coletiva, vigoram os princípios da disponibilidade motivada e da obrigatoriedade da execução, em relação a todos os colegitimados.
(B) Na ACP, o princípio da máxima efetividade confere ao juiz amplos poderes instrutórios, independentemente de iniciativa das partes, além de concessão de liminares, sem justificação prévia, antecipação de tutela e utilização de medidas de apoio, destinadas a assegurar resultado prático equivalente à tutela pretendida.
(C) O princípio da adstrição da sentença, corolário do princípio da demanda, aplica-se à tutela jurisdicional específica das obrigações de fazer, não fazer e entregar coisa.
(D) Na atividade jurisdicional desenvolvida pelo STF em sede de recurso extraordinário, admite-se a invocação do princípio *jura novit curia*, ou seja, do princípio de que o juiz conhece o direito.
(E) Em jurisdição constitucional, no âmbito do processo de controle abstrato de constitucionalidade, aplica-se o princípio da demanda ou da adstrição das sentenças ao pedido.

A: incorreta, pois não há disponibilidade motivada e obrigatoriedade da execução em relação a todos os legitimados. Por exemplo, em relação às associações não há qualquer obrigatoriedade; **B:** correta, pois se trata de uma ótima definição do princípio da máxima efetividade da perspectiva do Poder Judiciário. Deve-se lembrar, ainda, o cabimento de qualquer ação para a tutela dos direitos transindividuais (art. 83 do CDC); **C:** incorreta, pois o art. 84 do CDC (art. 461 do CPC) autoriza o juiz a conceder a tutela específica, bem como, se for o caso, adotar providências que assegurem um resultado prático equivalente ou, ainda, a conceder a tutela genérica se for impossível a tutela específica. Ou seja, o princípio da congruência ou da adstrição é mitigado no caso da tutela das obrigações de fazer, não fazer e entrega de coisa; **D:** incorreta, pois o STF tem afirmado a inaplicabilidade desse princípio no caso de recurso extraordinário: "O brocardo latino que diz *da mihi factum, dabo tibi jus* não pode ser aplicado ao recurso extraordinário" (AI 68283 AgR/RJ). No mesmo sentido: ARE 639337 AgR/SP; **E:** incorreta, pois no caso de ADI, o STF não está vinculado aos fundamentos invocados pelo autor: "O Tribunal não está adstrito aos fundamentos invocados pelo autor, podendo declarar a inconstitucionalidade por fundamentos diversos dos expendidos na inicial" (ADI 2396 MC/MS).
Gabarito "B".

(Ministério Público/RJ – 2011) Sobre o princípio da indisponibilidade da demanda coletiva, pode-se afirmar que:

(A) não admite discricionariedade para que o autor coletivo avalie se é conveniente e oportuno propor a demanda ou nela intervir, podendo ser considerado um corolário da legitimidade concorrente e disjuntiva;
(B) não é absoluta a indisponibilidade da demanda coletiva, conjugando-se a obrigatoriedade com um juízo de conveniência e oportunidade para o ajuizamento da ação, ainda que o autor coletivo seja o Ministério Público, que deve avaliar o que melhor atende ao interesse público;
(C) impõe que o Ministério Público, quando não for o autor, deva intervir como fiscal da lei na demanda coletiva, bem como deva assumir e continuar no processo, no caso de desistência do autor originário;
(D) opõe-se ao princípio da disponibilidade motivada da ação coletiva, segundo o qual o Ministério Público pode deixar de propor a ação coletiva ou desistir de demanda infundada ou temerária proposta por outro, desde que o faça de forma motivada;
(E) impõe o dever de o Ministério Público recorrer no caso de improcedência do pedido formulado na demanda coletiva, bem como de propor ação de execução em caso de procedência, parcial ou total, dos pedidos formulados na ação coletiva.

A: incorreta, pois o princípio da indisponibilidade da demanda coletiva não é corolário da legitimidade concorrente e disjuntiva; **B:** correta, pois o princípio realmente não é absoluto, falando-se em indisponibilidade mitigada, tanto que o MP, por exemplo, não é obrigado a assumir a titularidade ativa da ação coletiva em caso de desistência por parte da associação autora; **C:** incorreta, pois apesar da redação legislativa "assumirá" (art. 5º, § 3º, da LACP), não se pode concluir que em caso de abandono ou desistência da ação por um colegitimado esteja o MP obrigado a assumir a titularidade; **D:** incorreta, pois não há oposição entre os princípios; **E:** incorreta, pois o MP não está obrigado a recorrer em todo caso. Imagine, por exemplo, a situação em que o próprio *Parquet* se manifestou pela improcedência de demanda.
Gabarito "B".

(Ministério Público/TO – 2012 – CESPE) Com relação à teoria constitucional e à tutela dos direitos difusos e coletivos, assinale a opção correta.

(A) São considerados interesses coletivos os transindividuais, de natureza indivisível, de que sejam titulares pessoas indeterminadas e ligadas por circunstâncias de fato.
(B) Direitos ou interesses transindividuais não possuem titulares individuais determinados e pertencem a uma comunidade ou coletividade.
(C) O interesse público secundário é o interesse social, o da sociedade ou da coletividade, assim como a proteção ao meio ambiente.
(D) Os interesses relacionados a condôminos de um edifício excedem o âmbito estritamente individual, constituindo interesses públicos.
(E) Direitos difusos e direitos coletivos distinguem-se pela coesão como grupo, categoria ou classe anterior à lesão, própria dos direitos difusos, e não dos coletivos *stricto sensu*.

A: incorreta, pois a definição corresponde aos direitos difusos (art. 81, parágrafo único, I, do CDC); **B:** correta, pois os interesses ou direitos transindividuais genuínos (difusos e coletivos) pertencem a pessoas indetermináveis ou indeterminadas. No caso dos coletivos no sentido estrito, a titularidade é de um grupo, classe ou categoria de pessoas (art. 81, parágrafo único, II, do CDC); **C:** incorreta, pois, no caso, a definição é do interesse público primário. O interesse público secundário é o interesse patrimonial do Estado enquanto pessoa jurídica; **D:** incorreta, porque não se trata de interesse público, que é o interesse de toda a coletividade. Pode haver interesse coletivo ou social; **E:** incorreta, pois a coesão anterior à lesão é própria dos direitos coletivos no sentido estrito e não dos difusos.

Gabarito "B".

(Ministério Público/PI – 2012 – CESPE) A respeito dos direitos coletivos, considerados em sentido amplo, assinale a opção correta.

(A) Os direitos transindividuais e metaindividuais, direitos coletivos em sentido amplo, abrangem os direitos difusos, coletivos, individuais homogêneos e o individual indisponível.

(B) Os bens que integram o patrimônio financeiro do Estado inserem-se no âmbito do interesse público primário.

(C) A lei confere exclusividade ao MP na defesa judicial do interesse público primário.

(D) O interesse público secundário é protegido pelos denominados direitos difusos, coletivos, individuais homogêneos e individuais indisponíveis, pertencentes à sociedade.

(E) Em regra, o MP tem legitimidade para a defesa dos interesses público e particular.

A: correta, segundo o gabarito. Todavia, a assertiva permite discussão. Ocorre que o direito individual, ainda que indisponível, não é metaindividual; **B:** incorreta, pois o interesse público primário diz respeito aos interesses da coletividade, em sentido amplo, relacionados ao bem-comum. O interesse público secundário diz respeito aos interesses patrimoniais do Estado, enquanto pessoa jurídica de direito público; **C:** incorreta, pois a legitimidade, no caso, é concorrente e disjuntiva, nos termos do art. 5º da LACP e do art. 82 do CDC; **D:** incorreta, pois, conforme mencionado nos comentários à alternativa B, a assertiva se refere ao interesse público primário; **E:** incorreta, pois o MP, em regra, não tem legitimidade para defender interesse particular.

Gabarito "A".

(Ministério Público/PI – 2012 – CESPE) Com relação aos direitos difusos, coletivos e individuais homogêneos, assinale a opção correta.

(A) Os direitos individuais homogêneos são indivisíveis, embora seus titulares sejam determinados.

(B) Os titulares dos direitos difusos podem ser individualmente determinados.

(C) Tanto os interesses difusos quanto os direitos coletivos são de natureza indivisível.

(D) Os direitos coletivos correspondem aos direitos metaindividuais, cujos titulares são pessoas indeterminadas.

(E) É vedada a investigação de afronta a direitos individuais homogêneos por meio de inquérito civil.

A: incorreta, pois os direitos individuais homogêneos são divisíveis; **B:** incorreta, pois os titulares são indetermináveis; **C:** correta, pois se trata da característica comum aos direitos difusos e coletivos no sentido estrito apontada pelo art. 81, parágrafo único, incisos I e II, do CDC; **D:** incorreta, pois os direitos coletivos são os transindividuais, de natureza indivisível de que seja titular grupo, categoria ou classe de pessoas ligadas entre si ou com a parte contrária por uma relação jurídica base. A assertiva, contudo, permite discussão, pois os titulares do direito material coletivo não precisam ser determinados; **E:** incorreta, pois o inquérito civil pode ser instaurado no caso da tutela de direitos individuais homogêneos, por força do art. 90 do CDC.

Gabarito "C".

2. COMPETÊNCIA, CONEXÃO, CONTINÊNCIA E LITISPENDÊNCIA

(Ministério Público/PR – 2011) Diante das disposições da Lei n. 7.347/1985, que disciplina a ação civil pública, é INCORRETO afirmar que:

(A) Considerando que as ações serão propostas no foro do local onde ocorrer o dano, cujo juízo terá competência funcional para processar e julgar a causa, está-se diante de competência absoluta, a qual pode ser declarada de ofício em qualquer tempo e grau de jurisdição;

(B) Poderá ser ajuizada ação cautelar na hipótese em que o dano é iminente, sendo que a tutela de urgência pode ser pleiteada antes ou no curso da ação civil pública;

(C) Os órgãos públicos legitimados poderão tomar dos interessados compromisso de ajustamento de sua conduta às exigências legais, no qual é possível a eleição de foro diverso do local onde ocorrer o dano, afastando-se, assim, a competência funcional para a execução do título extrajudicial;

(D) A ação civil pública poderá ter por objeto o cumprimento de obrigação de fazer ou não fazer, hipótese em que o juiz determinará o cumprimento da prestação da atividade devida ou a cessação da atividade nociva, sob pena de execução específica, ou de cominação de multa diária, independentemente de requerimento do autor;

(E) Na ação civil pública, assim como na ação popular, a sentença será ou não acobertada pela autoridade da coisa julgada dependendo do resultado da lide, de tal modo que, caso o pedido seja julgado improcedente por insuficiência de provas, qualquer legitimado poderá intentar outra ação com idêntico fundamento, valendo-se de nova prova.

A: assertiva correta, pois o art. 2º da Lei 7.347/1985, ao dispor que a competência, na ação civil pública, é *funcional*, está a dizer, segundo a doutrina e a jurisprudência, que se trata de competência absoluta, e não relativa; em se tratando de competência absoluta, o juiz deverá, em caso de incompetência, declará-la de ofício, em qualquer tempo e grau de jurisdição (art. 113 do CPC); **B:** assertiva correta (art. 4º da Lei 7.347/1985); **C:** assertiva incorreta, devendo ser assinalada, pois, em matéria de competência absoluta (art. 2º da Lei 7.347/1985), não há como, por vontade das partes, alterar a competência originária predeterminada de modo absoluto pela lei; **D:** assertiva correta (arts. 3º e 11 da Lei 7.347/1985); **E:** assertiva correta; em se tratando de interesses difusos, por exemplo, a coisa julgada, caso a ação seja julgada *procedente* ou *improcedente*, terá efeito material *erga omnes*, ao passo que, no caso de *improcedência por falta de provas*, a coisa julgada será apenas formal, possibilitando que qualquer outro legitimado ingresse com ação com idêntico fundamento, desde que se valendo de nova prova (art. 18 da Lei de Ação Popular – Lei 4.717/1965; art. 16 da Lei de Ação Civil Pública – Lei 7.347/1985).

Gabarito "C".

(Ministério Público/CE – 2011 – FCC) A ação civil pública será proposta

(A) facultativamente no local onde ocorreu o dano ou no domicílio do réu, mas sua propositura não prevenirá a jurisdição para as ações posteriormente intentadas, ainda que tenham a mesma causa de pedir ou o mesmo objeto, porque a hipótese se qualifica como de ações concorrentes.

(B) sempre no domicílio do réu e, havendo mais de um, no de qualquer deles, mas sua propositura prevenirá a jurisdição do juízo para todas as ações posteriormente intentadas que possuam a mesma causa de pedir ou o mesmo objeto.
(C) no foro do local onde ocorrer o dano, cujo juízo terá competência funcional para processar e julgar a causa e sua propositura prevenirá a jurisdição do juízo para todas as ações posteriormente intentadas que possuam a mesma causa de pedir ou o mesmo objeto.
(D) facultativamente, quando a competência for da Justiça Estadual, no foro do local onde ocorreu o dano ou no da Capital do Estado, e, quando neste último, prevenirá a jurisdição para as ações posteriormente intentadas que possuam a mesma causa de pedir e o mesmo objeto.
(E) no foro do domicílio do autor, qualquer que seja o domicílio do réu ou o local dos fatos, e prevenirá a jurisdição do juízo para todas as ações posteriormente intentadas que possuam a mesma causa de pedir ou o mesmo objeto.

A: incorreta, pois a ação deve ser proposta no foro do local do dano (art. 2º da LACP). A hipótese é de competência absoluta. Além disso, há prevenção para as ações conexas posteriormente intentadas; **B:** incorreta, conforme anotado no item anterior; **C:** correta, pois é o que estabelece o art. 2º da LACP; **D:** incorreta, pois, conforme mencionado, a competência do foro do local do dano é absoluta; **E:** incorreta, pelo que já foi comentado.
Gabarito "C".

(Ministério Público/GO – 2012) Em relação à competência em matéria de interesses transindividuais, é correto afirmar:
(A) de acordo com o instituído pelo artigo 2º da Lei 7.347/1985, a competência para as ações civis públicas que versem direitos difusos ou coletivos, é estabelecida em razão do local do dano, sendo, portanto, competência territorial relativa;
(B) como o artigo 2º da Lei 7.347/1985 refere-se, expressamente, ao local do dano, na hipótese de atuação preventiva na tutela de direitos difusos ou coletivos, a ação será proposta sempre na Capital do Estado ou no Distrito Federal, incidindo a regra do artigo 93, II, do CDC;
(C) na defesa de interesses individuais homogêneos, se os danos forem regionais ou nacionais, a ação será proposta, alternativamente, no foro da Capital do Estado ou no do Distrito Federal, aplicando-se as regras do CPC, nos casos de competência concorrente;
(D) considerando o microssistema de tutela coletiva formado pela integração da Lei 7.347/1985 com a Lei 8.078/1990, nas ações civis públicas fundadas no ECA – Estatuto da Criança e do Adolescente, a competência é do local do dano, conforme previsto no artigo 2º da Lei da Ação Civil Pública.

A: incorreta, pois a competência, no caso, é considerada absoluta; **B:** incorreta, pois a ação preventiva deverá ser ajuizada no foro do local onde possa ocorrer o dano, nos termos do art. 93, II, do CDC; **C:** correta, pois é o que estabelece o art. 93, II, do CDC; **D:** incorreta, pois, no caso, há regra específica no art. 209 do ECA, no sentido de que *as ações previstas neste Capítulo serão propostas no foro do local onde ocorreu ou deva ocorrer a ação ou omissão, cujo juízo terá competência absoluta para processar a causa, ressalvadas a competência da Justiça Federal e a competência originária dos tribunais superiores.*
Gabarito "C".

(Ministério Público/PI – 2012 – CESPE) Com relação à ACP para a defesa de direitos coletivos em sentido amplo, assinale a opção correta.
(A) De acordo com a concepção tripartite estabelecida legalmente para a caracterização dos interesses e direitos coletivos, os critérios identificadores desses interesses e direitos residem no pedido e na causa de pedir.
(B) O arquivamento de inquérito civil induz os efeitos da preclusão e de coisa julgada e impede a propositura de ACP.
(C) A legitimidade para a propositura da ACP é concorrente e disjuntiva, todavia, verificando-se pertinência temática do objeto litigioso aos fins institucionais de mais de um ente legitimado, forma-se litisconsórcio ativo necessário.
(D) Na ACP, admite-se a dedução de pedido reconvencional pelo réu.
(E) A ACP segue procedimento especial definido na Lei de Ação Civil Pública. Entretanto, se existir, para o pedido, procedimento especial definido no CPC, prevalecem as disposições da legislação processual civil, por expressa previsão legal.

A: correta, pois esses são os critérios adotados no art. 81 do CDC, que define três espécies de direitos e interesses transindividuais (difusos, coletivos no sentido estrito e individuais homogêneos). Para a definição da natureza do direito material tutelado é imprescindível verificar o fundamento da demanda (causa de pedir) e o pedido (se a favor da coletividade ou de determinados indivíduos); **B:** incorreta, pois o arquivamento do IC não induz os efeitos da coisa julgada, considerando que qualquer colegitimado pode ingressar com ação, bem como o próprio MP pode desarquivar a investigação, havendo novas provas; **C:** incorreta, pois não já litisconsórcio ativo necessário entre os colegitimados. Ao contrário, a legitimidade, sendo disjuntiva, é dada a diversos entes sem que a atuação de um condicione a atuação do outro; **D:** incorreta, pois a reconvenção não é admitida quando o autor demanda a proteção de direito alheio (CPC, art. 315, parágrafo único); **E:** incorreta, pois a LACP não trata do aspecto procedimental da ação.
Gabarito "A".

(Ministério Público/RJ – 2011) Cidadão, em pleno gozo de seus direitos políticos, ajuizou ação popular ambiental, figurando no polo passivo, entre outros, o Estado, o Governador e o Secretário de Fazenda. Nas respostas aos termos da inicial, os réus informaram que, poucos dias depois da propositura da ação popular, o Ministério Público, por meio de Promotor de Justiça, no exercício de suas atribuições ordinárias, ajuizou ação civil pública essencialmente sobre a mesma situação jurídica coletiva, com os mesmos fundamentos e pedidos, figurando as mesmas partes no polo passivo. Constatando-se a veracidade das informações sobre a identidade daqueles elementos, sabe-se também que as comarcas são distintas e que a ação civil pública foi despachada em primeiro lugar, mas a citação válida se deu primeiramente na ação popular. Diante desse quadro, é correto afirmar que:
(A) não há litispendência entre as ações em virtude de os autores serem entes distintos, inexistindo a tríplice identidade, devendo haver reunião das ações por conexão na comarca em que foi despachada a ação civil pública;
(B) há conexão de causas, inexistindo identidade jurídica entre os autores, devendo ser extinta a ação civil pública e prosseguir a ação popular no foro em que

foi proposta, podendo o Promotor de Justiça ingressar no polo ativo por meio de litisconsórcio facultativo unitário ulterior;

(C) há conexão de causas, mas não haverá reunião das ações em virtude de o Governador fazer jus a foro por prerrogativa de funções, além de não haver litisconsórcio entre indivíduo e Ministério Público em ação coletiva ambiental;

(D) há litispendência, estando presente a identidade entre as partes e entre a situação jurídica das demandas, mas, se não houver emenda da inicial, a ação civil pública deverá ser extinta por ausência de atribuição do Promotor de Justiça, sem prejuízo do prosseguimento da ação popular com intervenção do Ministério Público;

(E) a ação popular deve ser extinta, porque não se presta para a tutela ambiental e também, considerando-se a proeminência da legitimidade do Ministério Público, prevalece a ação civil pública.

A: incorreta, pois, no processo coletivo, é possível a litispendência quando há diferença formal de autor. Ocorre que o autor não defende direito próprio, de tal formal que o direito material tutelado é exatamente o mesmo. E o enunciado deixa claro que há identidade entre os elementos identificadores da demanda; B: incorreta, pois está configurada a litispendência, conforme mencionado; C: incorreta, pois há, no caso, verdadeira situação de litispendência pela identidade dos elementos identificadores; D: correta, pois há litispendência e o Promotor de Justiça não tem atribuição para ajuizar ação civil pública em face do Governador do Estado. Ocorre que a Lei Complementar n. 106, de 3 de janeiro de 2003, que institui a Lei Orgânica do MP do RJ, estabelece, em seu art. 39, VIII, ser atribuição do Procurador-Geral de Justiça *exercer as atribuições previstas no art. 129, II e III, da Constituição da República, quando a autoridade reclamada for o Governador do Estado, o Presidente da Assembleia Legislativa ou os Presidentes de Tribunais, bem como quando contra estes, por ato praticado em razão de suas funções, deva ser ajuizada a competente ação*; E: incorreta, pois a ação popular, após a CF de 1988, pode ter por objeto a tutela ambiental. E também não se pode falar em prevalência da ACP sobre a ação popular ou na proeminência da legitimidade do MP.
Gabarito "D".

(Ministério Público/SP – 2012 –VUNESP) Numa ação civil pública que tenha por objeto a condenação de loteador no cumprimento de obrigações de fazer e não fazer, e indenização por danos ambientais, quando a gleba se situa em diferentes Estados vizinhos, a competência é

(A) da Justiça Federal e o juízo competente será determinado junto à seção judiciária ou comarca em que tramitou o inquérito civil.

(B) de foro e será determinada pela prevenção, isto é, pelo juízo em que se der a citação válida.

(C) territorial e será determinada pela prevenção, isto é, pelo juízo que despachar a inicial em primeiro lugar.

(D) relativa e será determinada pelo foro do domicílio do réu.

(E) relativa e será determinada pelo lugar em que se situar a maior parte do loteamento irregular.

A questão foi anulada pela Banca Examinadora, sob o seguinte argumento: "Reconhece-se a existência de erro de revisão na elaboração dessa questão, pois não há uma alternativa correta. Com efeito, as alternativas (B) e (C) (que traziam o cerne da solução: a prevenção como critério de modificação da competência) não contemplam a hipótese do parágrafo único do artigo 2º da LACP que estabeleceu – diferentemente do que [ocorre] nas ações individuais – a propositura da ação como fato jurídico determinante da prevenção". De acordo com o enunciado da questão, pode-se dizer que, no caso, a competência é concorrente (existe mais de um foro competente) e será determinada pela prevenção, que decorre da propositura da ação, por força do art. 93, II, do CDC. O fato de o dano atingir mais de um Estado, por si só, não determina que a ação seja proposta na Capital do Estado. De observar que o dano é localizado, pois incide em uma determinada gleba. A ação, por ser reparatória, deve ser proposta no foro do local do dano (art. 2º da LACP e 93 do CDC), sendo que há consenso no sentido de que a competência é absoluta. Há divergência se a competência é territorial absoluta ou funcional.
Gabarito "Anulada".

3. LEGITIMAÇÃO, LEGITIMADOS, MINISTÉRIO PÚBLICO E LITISCONSÓRCIO

(Promotor de Justiça/GO – 2016 – MPE) Assinale a alternativa correta:

(A) Os interesses difusos, coletivos e individuais homogêneos, quando de caráter indisponível, não poderão ser objeto de transação/composição judicial ou extrajudicial, sendo irrelevante juridicamente a disposição do responsável pelo dano de se adequar às exigências legais ou de reparar os prejuízos provocados por sua ação.

(B) Proposta por algum legitimado a ação coletiva, que objetiva a tutela de direitos individuais homogêneos, estará obstado o ajuizamento de ação de caráter individual pelo particular.

(C) O Ministério Público, caso não seja o autor da ação, haverá necessariamente de intervir nas causas, coletivas ou individuais, em que a contenda envolva relação de consumo.

(D) O Ministério Público detém legitimidade ampla no processo coletivo. Assim, no mesmo cenário fático e jurídico conflituoso, com violações simultâneas de direitos de mais de uma espécie, poderá o órgão buscar uma tutela híbrida, por meio de uma mesma ação civil pública.

A: incorreta. O termo de ajustamento de ajustamento de conduta pode versar qualquer obrigação de fazer ou não fazer, no zelo de quaisquer interesses difusos, coletivos ou individuais homogêneos (veja também RMS 31064/GO), nos termos do art. 5º, § 6º, da LACP, "os órgãos públicos legitimados poderão tomar dos interessados compromisso de ajustamento de sua conduta às exigências legais, mediante cominações, que terá eficácia de título executivo extrajudicial". Ademais, é absolutamente relevante a disposição do responsável para se adequar às exigências legais ou reparar os prejuízos. B: incorreta. A propositura da ação coletiva não inibe a propositura da ação individual (vide art. 104 do CDC e tese de Recuso Repetitivo 589 do STJ. C: incorreta. Nos termos do art. 5º, § 1º, da LACP, o MP, se não intervier no processo como parte, atuará obrigatoriamente como fiscal da lei. No entanto, esse dever se refere apenas a tutela coletiva de direitos, não se aplicando nas causas individuais. D: correta. A legitimidade do MP está expressa no art. 5º da LACP. Caso haja violação de direitos ou interesses Difusos, Coletivos e Individuais Homogêneos, a mesma ação coletiva pode ser híbrida, significa dizer, é possível fazer mais de um pedido buscando a defesa dos interesses transindividuais. Veja: "Direito coletivo e direito do consumidor. Ação civil pública. Plano de saúde. Cláusula restritiva abusiva. Ação híbrida. Direitos individuais homogêneos, difusos e coletivos. Danos individuais. Condenação. Apuração em liquidação de sentença. Danos morais coletivos. Condenação. Possibilidade, em tese. No caso concreto danos morais coletivos inexistentes. **As** tutelas pleiteadas em ações civis públicas não são necessariamente puras e estanques. **Não é preciso que se peça, de cada vez, uma tutela referente a direito individual homogêneo, em outra ação uma de direitos coletivos em sentido estrito e, em outra, uma de direitos difusos**, notadamente em se tratando de ação manejada pelo Ministério Público, que detém legitimidade ampla no processo coletivo. Isso porque **embora determinado direito não possa pertencer, a um só tempo, a mais de uma categoria, isso não implica dizer que, no mesmo cenário fático ou jurídico conflituoso, violações simultâneas de direitos de mais de uma espécie não possam ocorre**r. 3. No caso concreto, trata-se de **ação civil pública de tutela híbrida**. Percebe-se que: (a) há direitos individuais homogêneos referentes aos eventuais danos experimentados por aqueles contratantes que tiveram tratamento de saúde embaraçado por força da cláusula restritiva tida por ilegal; (b) há direitos coletivos resultantes da ilegalidade em abstrato da cláusula contratual em foco, a qual atinge igualmente e de forma indivisível o grupo de contratantes atuais do plano de saúde; (c) há direitos difusos, relacionados aos consumidores futuros do plano de saúde, coletividade essa formada por pessoas indeterminadas e indetermináveis. (STJ, REsp 1.293.606/MG).

Gabarito "D".

(Promotor de Justiça – MPE/BA – CEFET – 2015) Sobre a ação civil pública, é CORRETO afirmar que:

(A) Sempre deve ser precedida de inquérito civil.
(B) Pode ser ajuizada para fazer o controle concentrado de inconstitucionalidade.
(C) Pode ser ajuizada pelo Ministério Público para combater abusos no reajuste de mensalidade de planos de saúde.
(D) Pode ser promovida por quem tem legitimidade para ajuizar a ação popular.
(E) Pode ser ajuizada pelo Ministério ou por qualquer cidadão para questionar o ressarcimento de contribuições previdenciárias indevidas.

A: incorreta. O Ministério Público poderá instaurar o inquérito civil com a finalidade de investigação (art. 8°, § 1°). **B**: incorreta. O controle de constitucionalidade não pode ser feito através da Ação Civil Pública. No entanto, é cabível o pedido incidental de inconstitucionalidade da norma. **C**: correta. A defesa do consumidor pode ser feita por meio da Ação Civil Pública, sendo o Ministério Público um legitimado nos termos do art. 4° e art. 5° da LACP. **D**: incorreta. Os legitimados para a ACP estão no rol taxativo do art. 5° da LACP. A ação popular pode ser proposta por qualquer cidadão. **E**: incorreta. Conforme entendimento do STJ, a ACP não pode ter como objeto o ressarcimento de contribuições previdenciárias.

Gabarito "C".

(Ministério Público/MS – 2013 – FADEMS) Analise as proposições abaixo,

I. O Ministério Público não tem legitimidade para pedir, em ação civil pública, a indenização do DPVAT (Seguro Obrigatório de Veículos Automotores Terrestres) em benefício do segurado, ainda que o caso se refira a diversas vítimas de acidente de trânsito que perceberam indenização inferior ao previsto em lei, pois apesar de ser hipótese de defesa de direitos individuais e homogêneo, tal não se reveste de relevância social.
II. Não possui legitimidade o Ministério Público para contestar o pagamento de impostos, contribuições e taxas mediante ação civil pública.
III. O Ministério Público não percebe honorários de sucumbência na hipótese de procedência da ação civil pública ajuizada.
IV. O Ministério Público tem legitimidade para ajuizar ação civil pública para a proteção do patrimônio público, podendo postular, inclusive, a reparação direta do dano eventualmente causado a ente da Administração Pública.

São **corretas**:

(A) Somente as proposições I e II.
(B) Somente as proposições I, II e III.
(C) Somente as proposições II, III e IV.
(D) Somente as proposições III e IV.
(E) Todas as proposições.

I: correta, pois nos termos da Súmula n. 470 do STJ, "o Ministério Público não tem legitimidade para pleitear, em ação civil pública, a indenização decorrente do DPVAT em benefício do segurado". Como noticiou o Informativo n° 359, decidiu a 2ª Seção do STJ: "Ação civil pública. Ilegitimidade. MP. DPVAT. Trata-se de recurso especial remetido à Seção sobre ilegitimidade do Ministério Público para ajuizar ação civil pública em desfavor de seguradora, ao fundamento de que as indenizações de DPVAT foram pagas em valores inferiores aos previstos em lei, fato que causa danos materiais e morais aos consumidores. Para o Min. Relator, na hipótese dos autos, os direitos defendidos são autônomos e disponíveis, sem qualquer caráter de indisponibilidade. O fato de a contratação desse seguro (DPVAT) ser obrigatória e atingir parte da população não lhe confere relevância social a ponto de ser defendida pelo Ministério Público. Além disso, tal seguro é obrigatório, sua contratação vincula a empresa de seguro e o contratado, relação eminentemente particular, tanto que, na ocorrência do sinistro, o beneficiário pode deixar de requerer a cobertura ou dela dispor. Ademais, os precedentes deste Superior Tribunal são nesse mesmo sentido. Com esse entendimento, a Seção, prosseguindo o julgamento, deu provimento ao recurso. Precedentes citados: AgRg no Ag 701.558/GO, DJ 14/05/2007; EDcl no AgRg no REsp 495.915/MG, DJ 05/09/2005, e REsp 629.079/RJ, DJ 04/04/2005". (REsp 858.056/GO, Rel. Min. João Otávio de Noronha, julgado em 11/06/2008); **II**: correta, pois a restrição encontra respaldo no parágrafo único do art. 1° da Lei n. 7.347/1985 e amparo no que tem decidido o STJ: "O Ministério Público não possui legitimidade ativa para ajuizar ação civil pública que tenha como objeto matéria tributária, uma vez que se caracteriza a defesa de direitos individuais privados e disponíveis, desiderato que refoge à competência reservada ao Parquet" (REsp 712.824/RS, Rel. Min. José Delgado, Primeira Turma, DJ 10/10/2005); **III**: correta, pois a proibição é constitucional (art. 128, § 5°, II, "a", da CF); **IV**: correta, pois a legitimidade foi consagrada pela Súmula n. 329 do STJ: "O Ministério Público tem legitimidade para propor ação civil pública em defesa do patrimônio público".

Gabarito "E".

(Ministério Público/MS – 2013 – FADEMS) Tratando-se de ação civil pública, é **correto** afirmar que:

(A) Um dos princípios que norteiam a ação civil pública é o princípio dispositivo.
(B) O Ministério Público não é parte legítima na propositura de ação civil pública para questionar relação de consumo resultante de ajuste a envolver cartão de crédito.
(C) É vedada a concomitância entre a ação civil pública e a ação popular.
(D) O Ministério Público não tem legitimidade ativa para ajuizar ação civil pública na defesa do patrimônio público e social, visando a extinção de carteira de previdência dos vereadores e prefeito.
(E) Os entes públicos desprovidos de personalidade jurídica podem ajuizar ação civil pública, desde que tenham como finalidade institucional a defesa de um

dos direitos objeto de proteção pela lei da ação civil pública.

A: incorreta, pois a ação é regida pelo princípio da indisponibilidade. Como decidiu o STJ (REsp 200.289/SP, Rel. Min. Vasco Della Giustina, Terceira Turma, DJe 15/09/2010), "nos termos dos arts. 5°, § 3°, e 15, da Lei n° 7.347/85, nos casos de desistência infundada ou de abandono da causa por parte de outro ente legitimado, deverá o Ministério Público integrar o polo ativo da demanda. Em outras palavras, homenageando-se os princípios da indisponibilidade e obrigatoriedade das demandas coletivas, deve-se dar continuidade à ação civil pública, a não ser que o *Parquet* demonstre fundamentalmente a manifesta improcedência da ação ou que a lide revele-se temerária"; **B:** incorreta, pois a legitimidade do Ministério Público já foi reconhecida pelo STJ: "A cobrança unilateral do serviço denominado 'proteção adicional' aos proprietários de cartão de crédito confere legitimidade ao Ministério Público para o ajuizamento de ação civil pública, na apuração de pretensa ilicitude, diante da existência do interesse coletivo, conforme estatuído pelo art. 129, III, da Constituição da República Federativa do Brasil, combinado com os arts. 81 e 82 do Código de Defesa do Consumidor, com o fito de salvaguardar os direitos (interesses) difusos, coletivos e individuais homogêneos. Precedentes" (REsp 556.618/DF, Rel. Min. Fernando Gonçalves, Quarta Turma, DJ 16/08/2004); **C:** incorreta, pois é possível a concomitância e, consequentemente, o reconhecimento da conexão ou da continência. A espécie de ação coletiva não é fator que impede o reconhecimento da conexão. Tanto que o Superior Tribunal de Justiça já a reconheceu, por exemplo, no caso de ação civil pública e ações populares que tinham como objetivo comum anular processo de licitação, como se vê do acórdão lançado no julgamento do conflito de competência n. 36.439/SC (Rel. Min. Luiz Fux, Primeira Seção, DJ 17/11/2003); **D:** incorreta, pois a legitimidade foi consagrada pela Súmula n. 329 do STJ: "O Ministério Público tem legitimidade para propor ação civil pública em defesa do patrimônio público"; **E:** correta, pois é o que estabelece o art. 82, III, do CDC.

Gabarito "E".

(Ministério Público/MS – 2013 – FADEMS) Em matéria de legitimidade e competência em sede de ação civil pública, é **correto** afirmar que:

(A) É competente a Justiça Eleitoral para julgar de ação civil pública que visa apurar ato praticado por prefeito municipal no decorrer de mandato eletivo, quando utilizou símbolos pessoais na publicidade de obras e serviços realizados pela prefeitura.
(B) Possuindo o partido político natureza associativa e preenchendo os requisitos da lei da ação civil pública, ele possui legitimidade ativa para ajuizamento desse tipo de ação coletiva.
(C) A legitimação das associações para propor ação civil pública é ordinária, em se tratando de representação de interesses ou direitos individuais homogêneos de associados ou não associados, exigindo-se, para tanto, esteja constituída há pelo menos um ano e que o objeto da ação esteja incluído entre suas finalidades.
(D) A fundação instituída pelo poder público não possui legitimidade para ajuizamento da ação civil pública, pois somente a fundação privada detém legitimidade ativa, desde que tenha em suas finalidades institucionais a defesa de um dos direitos protegidos pela lei da ação civil pública.
(E) Havendo litisconsórcio facultativo entre o Ministério Público Estadual e o Federal no ajuizamento da ação civil pública, a competência para julgamento é do juiz estadual do local onde ocorreu o dano.

A: incorreta, pois a competência, no caso, é da Justiça Comum. Não se trata de questão relacionada ao processo eleitoral. Assim decidiu a Primeira Seção do STJ (Informativo n° 203): "Competência. Ato. Prefeito. Justiça eleitoral. Trata-se de ação civil pública para apurar ato praticado por prefeito no decorrer do mandato eletivo, quando utilizou símbolos pessoais na publicidade de obras e serviços realizados pela prefeitura. Diante disso, resta incompetente a Justiça Eleitoral, pois sua competência restringe-se às controvérsias ligadas ao processo eleitoral e cessa com a diplomação definitiva dos eleitos, com exceção da ação de impugnação de mandato (art. 14, § 10 e § 11, da CF/1988). Com esse entendimento, a Seção, prosseguindo o julgamento, declarou competente o Tribunal de Justiça estadual. Precedentes citados: CC 10.903/RJ, DJ 12/12/1994, e CC 5.286/CE, DJ 04/10/1993" (CC 36.533/MG, Rel. Min. Luiz Fux, julgado em 24/03/2004); **B:** correta, pois os partidos políticos têm, de fato, estrutura equiparada à das associações; **C:** incorreta, pois a legitimação daquele que, em nome próprio, pleiteia direitos alheios, como é o caso, é extraordinária; **D:** incorreta, pois a legitimidade das fundações está prevista, expressamente, no art. 5°, IV, da Lei n. 7.347/1985; **E:** incorreta, pois a jurisprudência tem entendido que a ação, nesse caso, deve tramitar na Justiça Federal, considerando que o Ministério Público Federal é órgão da União. Assim, a hipótese é a do art. 109, I, da CF. A propósito, assim já decidiu o STJ: "Em ação proposta pelo Ministério Público Federal, órgão da União, somente a Justiça Federal está constitucionalmente habilitada a proferir sentença que vincule tal órgão, ainda que seja sentença negando a sua legitimação ativa" (CC 40.534/RJ, Rel. Min. Teori Albino Zavaski, Primeira Turma, DJU 17/05/2004).

Gabarito "B".

(Ministério Público/BA – 2010) Analise a veracidade das seguintes frases:

I. O Ministério Público possui legitimidade para ajuizamento de ação civil pública, quando houver relação de consumo.
II. O Ministério Público possui legitimidade para ajuizamento de ação civil pública que verse sobre tributos.
III. O Ministério Público não possui legitimidade para ajuizamento de ação civil pública destinada a requerer intervenção compulsória, de pessoa vítima de alcoolismo, para tratamento de saúde.

Assinale a(s) frase(s) correta(s):

(A) I.
(B) II.
(C) III.
(D) I e III.
(E) Todas.

I: correta (art. 82, I, do CDC); II: incorreta, pois o art. 1°, parágrafo único, da Lei 7.347/1985 estabelece que não cabe ação civil pública que envolva tributo; isso porque, normalmente esse tipo de questão envolve interesses disponíveis, com beneficiários individualmente determinados, o que afasta a legitimidade do MP para ingressar com ação civil pública que verse sobre o assunto; porém, se a ação não tiver sido proposta para assegurar o direito de determinados contribuintes, pode caber ação civil pública; um exemplo é a ação civil pública movida pelo Ministério Público questionando o deferimento de regime especial para apuração do ICMS (TARE – Termo de Acordo de Regime Especial), que, ao beneficiar uma empresa, pode lesar, em tese, o patrimônio público, notadamente o erário e a higidez do processo de arrecadação de tributos, institutos que envolvem interesses difusos (STF, RE 586.089, *DJ*. 17.02.2012); III: correta, pois o Ministério Público, salvo em matéria de idoso e de criança e adolescente, não pode, como regra, ingressar com ação para defesa de interesse individual.

Gabarito "D".

(Ministério Público/RO – 2010 – CESPE) A respeito dos direitos difusos e coletivos e da atuação do MP, assinale a opção correta.

(A) Os interesses coletivos são aqueles que abrangem número indeterminado de pessoas unidas pelas mesmas circunstâncias de fato.
(B) De acordo com entendimento do STF, as mensalidades escolares, quando abusivas ou ilegais, não podem ser impugnadas pelo MP por intermédio da ação civil pública ante a natureza individual do direito envolvido.
(C) Segundo o STJ, o MP possui legitimidade ativa para promover a defesa dos direitos difusos e coletivos dos consumidores, bem como dos interesses ou direitos individuais homogêneos destes, exceto no que se refere à prestação de serviços públicos.
(D) Na defesa dos interesses transindividuais, o MP não possui legitimação ativa para a impetração de mandado de segurança coletivo.
(E) Consoante o entendimento do STJ, após a constatação da importância e dos inconvenientes da legitimação isolada do cidadão, é de se reconhecer a *legitimatio ad causam* do MP para a ação popular, na defesa dos interesses difusos e coletivos.

A: incorreta, pois os interesses coletivos são aqueles que dizem respeito a um grupo, uma categoria, uma classe, de modo que envolve pessoas determinadas; além disso, nos interesses coletivos essas pessoas não estão ligadas por mera circunstância de fato, mas sim por relação jurídica base, entre si ou com a parte contrária (art. 81, parágrafo único, II, do CDC); **B:** incorreta (Súmula 643 do STF); **C:** incorreta, pois, no caso dos interesses individuais homogêneos, é necessário que se tenha direitos indisponíveis ou interesse social, sob pena de ilegitimidade do Ministério Público; **D:** incorreta, pois já houve caso em que o STJ reconheceu a legitimidade ativa do MP para o mandado de segurança coletivo (Resp 736.524, *DJ* 03.04.2006); **E:** correta; o STJ entende que há um microssistema de tutela de interesses difusos e o MP é legitimado para as ações coletivas respectivas; confira: "a Carta de 1988, ao evidenciar a importância da cidadania no controle dos atos da Administração, com a eleição dos valores imateriais do art. 37 da CF/1988 como tuteláveis judicialmente, coadjuvados por uma série de instrumentos processuais de defesa dos interesses transindividuais, criou um microssistema de tutela de interesses difusos referentes à probidade da administração pública, nele encartando-se a Ação Cautelar Inominada, **Ação Popular**, a Ação Civil Pública e o Mandado de Segurança Coletivo, como instrumentos concorrentes na defesa desses direitos eclipsados por cláusulas pétreas. 3. Deveras, é mister concluir que a nova ordem constitucional erigiu um autêntico 'concurso de ações' entre os instrumentos de tutela dos interesses transindividuais e, *a fortiori*, legitimou o Ministério Público para o manejo dos mesmos" (REsp 817.710, *DJ* 17.05.2007).
Gabarito "E".

(Ministério Público/SE – 2010 – CESPE) Com referência ao tema de legitimação para a tutela coletiva no ordenamento jurídico brasileiro, assinale a opção correta.

(A) É legitimado à ação coletiva o membro do grupo, categoria ou classe para a defesa de interesses ou direitos difusos de que seja titular um grupo, categoria ou classe de pessoas ligadas entre si com a parte contrária por uma relação jurídica base.
(B) O PROCON de Sergipe, Coordenadoria Estadual de Proteção e Defesa do Consumidor, órgão público destituído de personalidade jurídica, tem legitimidade apenas para ajuizar demandas objetivando a tutela individual dos consumidores.
(C) Em se tratando de legitimidade das associações para a propositura de demanda coletiva, somente pode ser dispensado pelo juiz o requisito da pré-constituição após a anuência do MP.
(D) A interação entre as normas da Lei da Ação Civil Pública, do CDC e da Lei da Ação Popular admite a legitimidade para agir do cidadão, em defesa de interesses individuais homogêneos de que sejam titulares pessoas ligadas por circunstâncias de fato.
(E) O MPE tem legitimidade processual extraordinária para promover a execução de título extrajudicial originário de tribunal de contas estadual, em caso de falha no sistema ordinário de representação da administração pública.

A: incorreta, não sendo possível, no Brasil, que um membro do grupo ingresse com ação para a defesa dos interesses difusos correspondentes, diferente do sistema norte-americano das *class actions*; no Brasil são legitimados para ingressar com ação civil pública apenas aqueles relacionados no art. 5º da Lei 7.347/1985 e no art. 82 do CDC; **B:** incorreta, pois o PROCON, como *órgão público* destinado à defesa do consumidor, pode ingressar com ação para defender interesses difusos, coletivos e individuais homogêneos do consumidor (art. 82, *caput* e inciso III, do CDC); **C:** incorreta, pois a dispensa não requer prévia anuência do Ministério Público (art. 82, § 1º, do CDC e art. 5º, § 4º, da Lei 7.347/1985); **D:** incorreta, pois o cidadão só pode defender o patrimônio público, a moralidade administrativa, o meio ambiente e o patrimônio histórico e cultural, todos interesses difusos (art. 5º, LXXIII, da CF); **E:** correta, nos termos da jurisprudência do STJ ("Pacificou-se na Primeira Seção desta Corte Superior o entendimento segundo o qual o Ministério Público tem legitimidade para promover execução de título executivo extrajudicial decorrente de decisão do Tribunal de Contas, ainda que em caráter excepcional" – REsp 1189576/MG, DJ 18/06/2010).
Gabarito "E".

(Ministério Público/SE – 2010 – CESPE) No que se refere à adequação e ao alcance atualmente conferidos pela legislação, doutrina e jurisprudência relativamente à ação civil pública e à tutela dos direitos difusos, coletivos, individuais indisponíveis e individuais homogêneos, bem como à legitimação do MP, assinale a opção correta.

(A) A ação civil pública é instrumento hábil conferido ao MP contra a cobrança excessiva de taxas que alcancem expressivo número de contribuintes.
(B) Ao MP não se permite a utilização de ação civil pública com o escopo de impedir aumento abusivo de mensalidades escolares por estabelecimentos privados de ensino fundamental de certo município brasileiro.
(C) O MP tem legitimação para, mediante ação civil pública, compelir o poder público a adquirir e fornecer medicação de uso contínuo, de alto custo, não disponibilizada pelo SUS, mas indispensável e comprovadamente necessária e eficiente para a sobrevivência de um único cidadão desprovido de recursos financeiros.
(D) A proteção da moralidade administrativa, objeto precípuo da ação popular, somente tem lugar em ação civil pública movida pelo MP em caráter subsidiário.
(E) O MP está legitimado a agir, por meio de ação civil pública, em defesa de condôminos de edifício de apartamentos contra o síndico, objetivando o ressarcimento de parcelas de financiamento pagas para reformas afinal não efetivadas.

A: incorreta, pois, segundo o STJ, "o Ministério Público não tem legitimidade para promover ação civil pública com o objetivo de impedir a cobrança de tributos na defesa de contribuintes, pois seus interesses são divisíveis, disponíveis e individualizáveis, oriundos de relações jurídicas assemelhadas, mas distintas entre si. Contribuintes não são consumidores, não havendo como se vislumbrar sua equiparação aos portadores de direitos difusos ou coletivos. Precedentes." (AgRg no REsp 969.087/ES, *DJ* 09.02.2009); tal proibição também decorre do art. 1º, parágrafo único, da Lei 7.347/1985; **B:** incorreta, pois a questão envolve interesse social, relacionado à educação, de modo que o STJ entende que "o Ministério Público tem legitimidade para promover ação civil pública na defesa de interesses coletivos da comunidade de pais e alunos de estabelecimento escolar" (REsp 118.725/PR, *DJ* 11.03.2002); **C:** correta, nos termos da jurisprudência do STJ, que entende que isso é possível quando se tratar de cidadão desprovido de recursos financeiros e quando se tratar de não disponibilização adequada dos medicamentos; vide o seguinte precedente – *Legitimidade ativa do Ministério Público para propor Ação Civil Pública em defesa de direito indisponível, como é o direito à saúde. É possível a fixação, pelo juízo ou a requerimento da parte, de astreintes contra a Fazenda Pública pelo inadimplemento de obrigação de dar, nos termos do art. 461, § 4º, do CPC.* (AgRg no Ag 1247323/SC, *DJ* 01.07.2010); **D:** incorreta, pois a proteção da moralidade administrativa é considerada interesse difuso, sendo o Ministério Público parte legítima para promover originariamente ação civil pública, conforme jurisprudência pacífica do STF e do STJ; **E:** incorreta, pois o caso trata de interesse individual disponível, não havendo relevância social para a atuação do Ministério Público.
Gabarito "C".

(Ministério Público/GO – 2012) No tocante à legitimidade para propor a ação civil pública na defesa dos direitos coletivos em sentido amplo, é incorreto afirmar:

(A) nas ações civis públicas o interesse de agir do Ministério Público é presumido pela própria norma que lhe impõe a atribuição;
(B) como o artigo 5º, inciso V, da Lei 7.347/1985 refere-se apenas à associação, os legitimados públicos não estão sujeitos ao requisito de pré-constituição há pelo menos 01 ano, de sorte que um Município ou autarquia criado há menos de 01 ano possui legitimidade para ajuizar ação civil pública antes deste prazo;
(C) a representatividade adequada da associação depende do preenchimento de dois requisitos: 1) pré-constituição, ou seja, que esteja constituída há pelo menos 1 (um) ano nos termos da lei civil; e, 2) pertinência temática, ou seja, a finalidade institucional da associação deve ser compatível com a defesa judicial do interesse. Porém, havendo manifesto interesse social evidenciado pela dimensão ou característica do dano ou pela relevância do bem jurídico a ser protegido, poderá o Juiz dispensar ambos os requisitos.
(D) para o ajuizamento de ações coletivas a associação deverá estar expressamente autorizada, seja pelo estatuto, o que dispensa autorização em assembleia, seja por deliberação da assembleia, e, independentemente de ser reconhecida como organização social ou organização da sociedade civil de interesse público.

A: correta, pois, como ensinam Nelson e Rosa Nery (*Código de Processo Civil comentado*, 12. ed. São Paulo: Revista dos Tribunais, 2012. p. 207), "quando o legislador legitima o MP para a propositura da ação civil pública é porque identificou previamente o interesse processual, que deriva da própria outorga da legitimação; **B:** correta, pois o requisito da pré-constituição é específico das associações e objetiva impedir o ajuizamento de ações temerárias; **C:** incorreta, pois o juiz pode dispensar o requisito da pré-constituição e não *ambos os requisitos*; **D:** correta, pois o art. 82, IV, do CDC é expresso no sentido de que não é necessária autorização assemblear para o ajuizamento de ação coletiva, mas exige o estatuto inclua entre seus fins institucionais a defesa dos interesses e direitos transindividuais. O ajuizamento de ação também não depende do reconhecimento como organização social ou de interesse público, que tem outros fins, como o recebimento de incentivos financeiros.
Gabarito "C".

(Ministério Público/GO – 2012) No tocante à tutela judicial de interesses difusos, coletivos e individuais homogêneos, pelo Ministério Público, é incorreto afirmar que:

(A) A legitimação é genérica, porque o órgão ministerial pode propor qualquer ação civil pública com praticamente qualquer pedido, quando atue em defesa de interesses transindividuais, desde que essa iniciativa consulte aos interesses gerais da coletividade.
(B) É vedada toda e qualquer atuação fora de sua vocação institucional e, no caso de interesses individuais, só poderá exercer a sua defesa se forem indisponíveis ou se tiverem expressão social, como se dá no caso de interesses individuais homogêneos de larga abrangência ou relevância social.
(C) A Constituição vedou ao órgão a representação das entidades públicas, mas seus membros agem como representantes da Fazenda quando propõem ações em defesa do patrimônio público.
(D) Quando a lei confere ao Ministério Público legitimidade para agir ou intervir na defesa de um interesse, está igualmente conferindo-lhe capacidade postulatória, a ser exercitada pelos seus órgãos.

A: correta, pois; de fato, o MP pode defender interesses transindividuais de forma genérica. Além disso, o art. 83 do CDC dispõe que são admissíveis todas as espécies de ações capazes de propiciar a adequada e efetiva tutela dos direitos e interesses metaindividuais; **B:** correta, pois o MP não pode, por exemplo, tutelar direitos individuais disponíveis; **C:** incorreta, pois o MP, quando defende o patrimônio público, atua em prol da coletividade, defendendo direito que é difuso. Não há atuação do MP como representante da Fazenda Pública; **D:** correta, pois, conforme já decidiu o STJ (1ª Turma, REsp 749.988/SP), "o Ministério Público está legitimado a defender os interesses públicos patrimoniais e sociais, ostentando, a um só tempo, *legitimatio ad processum* e capacidade postulatória que pressupõe aptidão para praticar atos processuais. É que essa capacidade equivale a do advogado que atua em causa própria. Revelar-se-ia *contraditio in terminis* que o Ministério Público legitimado para a causa e exercente de função essencial à jurisdição pela sua aptidão técnica fosse instado a contratar advogado na sua atuação pro populo de custos legis".
Gabarito "C".

(Ministério Público/GO – 2012) Quanto à ação civil pública, marque a alternativa incorreta.

(A) Para o Ministério Público, identificada uma hipótese em que deva agir, não poderá haver a recusa em fazê-lo, embora tenha ampla liberdade para apreciar se ocorre hipótese em que sua ação se torna obrigatória.
(B) O atual perfil do Ministério Público impõe a recusa de sua intervenção em hipóteses em que, embora exigida pelo ordenamento jurídico anterior, essa intervenção não se justifique, como nos direitos individuais homogêneos que não tenham suficiente expressão para a coletividade.

(C) Em regra, só oficia um membro do Ministério Público no processo, ressalvadas duas exceções: atuação conjunta, harmônica e integrada de membros do mesmo Ministério Público; e atuação litisconsorcial de membros de Ministérios Públicos diferentes.

(D) O Ministério Público, como órgão do Estado, não tem personalidade jurídica; logo o órgão ministerial e os demais legitimados ativos à ação civil pública não podem ser réus em ação civil pública ou coletiva, bem como naquelas que consistam em seus desdobramentos.

A: correta, pois a atuação do MP, no processo coletivo, é regida pelo princípio da obrigatoriedade. De outro lado, o MP, como instituição autônoma, pode decidir, internamente, se é o caso ou não de sua intervenção; **B:** correta, pois, mesmo no âmbito do Ministério Público, acabou consagrada a tese de que a intervenção não deve ocorrer em todos os casos, mas só naqueles em que haja interesse público evidenciado pela natureza da lide ou qualidade da parte. Em São Paulo, por exemplo, o Ato n. 313/2003, da Procuradoria-Geral de Justiça e da Corregedoria-Geral do Ministério Publico, trata da questão da *racionalização* da intervenção do *Parquet* no processo civil; **C:** correta, pois o enunciado bem retrata a regra e as exceções. A LACP admite o litisconsórcio entre Ministérios Públicos (art. 5º, § 5º); **D:** incorreta, pois o MP pode ser réu no processo civil. Além disso, é bastante comum o fato de o MP ser réu em Ação Rescisória de decisão proferida em ação civil pública por ele movida. Sobre a questão, vide Marcos Destefenni. *Manual de processo civil coletivo e individual*. São Paulo: Saraiva, 2012.
Gabarito "D".

(Ministério Público/MG – 2011) Em matéria de direito processual coletivo, afirma-se:

I. Em caso de desistência infundada ou abandono da ação por associação legitimada, o Ministério Público ou outro legitimado assumirá a titularidade ativa.

II. O requisito da pré-constituição, esteja constituída há pelo menos 1 (um) ano e inclua, entre suas finalidades institucionais a proteção a direitos difusos, poderá ser dispensado pelo juiz, quando haja manifesto interesse social evidenciado pela dimensão ou característica do dano, ou pela relevância do bem jurídico a ser protegido.

III. Fica facultado ao Poder Público e a outras associações legitimadas habilitarem-se como litisconsortes de qualquer das partes, porém inadmitir-se-á o litisconsórcio entre os Ministérios Públicos da União, do Distrito Federal e dos Estados na defesa dos interesses e direitos difusos e coletivos.

IV. Qualquer dos órgãos legitimados poderão celebrar TAC às exigências legais, mediante combinações, que terá eficácia de título executivo extrajudicial.

Apenas são **CORRETAS** as afirmativas:

(A) I, II e IV.
(B) III e IV.
(C) I e II.
(D) III e IV.

I: correta, pois é o que estabelece o art. 5º, § 3º, da LACP; II: correta, pois assim dispõe o art. 82, § 1º, do CDC, bem como o art. 5º, § 4º, da LACP; III: incorreta, pois art. 5º, § 5º, da LACP permite o litisconsórcio entre Ministérios Públicos; IV: correta, segundo o gabarito oficial. Porém, é de observar que só podem tomar o TAC os órgãos *públicos* (art. 5º, § 6º, da LACP).
Gabarito "A".

(Ministério Público/GO – 2012) Em relação ao instituto do litisconsórcio nas ações civis públicas é incorreto afirmar:

(A) em consequência da legitimação concorrente para as ações civis públicas, é possível litisconsórcio ativo inicial;

(B) se um colegitimado ingressar com ação civil pública já proposta por outro colegitimado, poderá ocorrer litisconsórcio ulterior ou assistência litisconsorcial, dependendo da alteração ou não do pedido e da causa de pedir da ação;

(C) em regra, a lei não legitima extraordinariamente o indivíduo a defender interesses difusos, coletivos e individuais homogêneos;

(D) em nenhuma hipótese será admitido o litisconsórcio ulterior após a citação do réu.

A: correta, pois a atuação em litisconsórcio pode representar maior efetividade, tanto que a LACP admite até o litisconsórcio entre Ministérios Públicos (art. 5º, § 5º); **B:** correta, pelas próprias razões da assertiva. A possibilidade de ingresso de colegitimado está expressa no art. 5º, § 2º da LACP; **C:** correta, pois o indivíduo só tem legitimidade para propor ação popular. Não tem para as demais ações coletivas; **D:** incorreta, pois, conforme mencionado na alternativa "b",
Gabarito "D".

(Ministério Público/MT – 2012 – UFMT) Quanto à legitimidade ativa *ad causam* do Ministério Público, marque a assertiva **INCORRETA**.

(A) A Lei n. 8.429/1992 atribui ao Ministério Público legitimidade exclusiva para o manejo da ação de responsabilidade pelos atos de improbidade administrativa.

(B) A Lei n. 10.741/2003 (Estatuto do Idoso) autoriza a atuação do Ministério Público como substituto processual do idoso, ainda que para a defesa individual.

(C) A Lei n. 7.347/1985 atribui ao Ministério Público legitimidade concorrente e disjuntiva para o manejo da ação civil pública, bem como a outros órgãos e pessoas jurídicas de direito público e privado indicados no art. 5º desta lei e no art. 82 da Lei n. 8.078/1990.

(D) A Lei n. 4.717/1965 atribui legitimidade ativa *ad causam* a qualquer cidadão, de forma concorrente e disjuntiva, impondo ao Ministério Público a assunção do polo ativo da ação popular, como legitimado subsidiário, além da possibilidade de interpor recurso de decisão desfavorável ao autor popular.

(E) A superveniência do prazo de 30 dias para o Ministério Público manejar a execução da sentença condenatória proferida em ação popular pode acarretar sanção de ordem administrativa ao representante do *parquet* e não a perda de legitimidade ativa do órgão ministerial.

A: incorreta, pois a legitimidade também é conferida à pessoa jurídica atingida pelo ato de improbidade administrativa; **B:** correta, pois o art. 74 do Estatuto do Idoso, em seus incisos II e III, estabelece competir ao Ministério Público promover e acompanhar as ações de alimentos, de interdição total ou parcial, de designação de curador especial, em circunstâncias que justifiquem a medida e oficiar em todos os feitos em que se discutam os direitos de idosos em condições de risco e atuar como substituto processual do idoso em situação de risco (art. 43 do Estatuto); **C:** correta, pois a legitimidade, no caso de ação civil pública, é concorrente e disjuntiva; **D:** correta, pois o MP, no caso de ação popular, atua como *custos legis* e é incumbido de assumir a titularidade ativa no caso de desistência infundada ou abando da ação, conforme dispõe o art. 9º da LAP. A possibilidade de recorrer está expressa no art. 19, §

2º, da LAP; **E:** correta, pois, conforme estabelece o art. 16 da LAP, *caso decorridos 60 (sessenta) dias da publicação da sentença condenatória de segunda instância, sem que o autor ou terceiro promova a respectiva execução, o representante do Ministério Público a promoverá nos 30 (trinta) dias seguintes, sob pena de falta grave.*
Gabarito "A".

(Ministério Público/PB – 2010) Analise as alternativas que se seguem:

I. A legitimação das associações para propor ação civil pública é extraordinária, em se tratando de representação de interesses ou direitos individuais homogêneos de associados e não associados, exigindo-se, para tanto, que o objeto da ação esteja incluído entre suas finalidades.
II. O sistema processual das ações coletivas possibilita também a tutela individual, entre outras hipóteses, pela habilitação dos interessados em fase de execução.
III. Os partidos políticos têm legitimidade ativa para a ação civil pública.

(A) Apenas I é falsa.
(B) Apenas I e II são verdadeiras.
(C) Apenas II é verdadeira.
(D) I, II e III são verdadeiras.
(E) Apenas II e III são verdadeiras.

I: correta, pois é o entendimento predominante, considerando que a associação não é titular do direito material que pleiteia em juízo e, portanto, atua como substituta processual dos titulares; II: correta, pois a possibilidade de liquidação e execução individual é afirmada pelo art. 97 do CDC; III: correta, pois os partidos políticos estão na mesma condição das associações, são uma espécie de associação. Vide, no tocante à legitimidade ativa para a ação civil pública dos partidos políticos: TJSP, AgIn 7891355900, Câmara Especial do Meio Ambiente, rel. Lineu Penteado, j. 09.10.2008, *DJ*. 17.10.2008.
Gabarito "D".

(Ministério Público/PI – 2008) Assinale a alternativa **correta**.

(A) A legitimação ativa para as ações coletivas é exclusivamente disjuntiva.
(B) São legitimados à ação civil pública o Ministério Público, a Defensoria Pública, a União, os Estados, o Distrito Federal, os Municípios, a autarquia, a empresa pública, a fundação, a sociedade de economia mista e todas as associações civis.
(C) Verificada a ausência do requisito implícito da *pertinência temática* entre as finalidades institucionais do autor da ação coletiva e o objeto litigioso, não poderá o Ministério Público assumir a titularidade ativa.
(D) Os interesses e direitos individuais homogêneos só poderão ser articulados em juízo por seus legitimados ordinários, em litisconsórcio ativo necessário.
(E) Em determinadas hipóteses, os órgãos públicos desprovidos de personalidade jurídica também são legitimados à proposição de ação civil pública.

A: incorreta, pois a legitimidade é concorrente e disjuntiva. No caso da ação popular, predomina o entendimento segundo o qual só o cidadão eleitor tem legitimidade ativa; **B:** incorreta, pois nem todas as associações civis são legitimadas. Só aquelas que estejam constituídas há pelo menos um ano e incluam entre as suas finalidades a defesa dos interesses e direitos transindividuais; **C:** incorreta, pois o MP pode assumir a titularidade ativa. No processo coletivo o MP tem as seguintes funções: a) autor de ações coletivas; b) órgão interveniente obrigatório nas ações coletivas propostas por outros legitimados; c) órgão incumbido de assumir a titularidade ativa; **D:** incorreta, pois, com o advento do CDC, os direitos individuais homogêneos se tornaram passíveis de tutela coletiva pelos legitimados do art. 82 do mencionado estatuto, que atuam, para boa parte da doutrina, na condição de substitutos processuais; **E:** correta, pois é o que estabelece o CDC, no art. 82, III.
Gabarito "E".

(Ministério Público/RJ – 2011) Sobre a defesa de interesses metaindividuais pelo Ministério Público do Estado do Rio de Janeiro, analise as afirmativas a seguir:

I. Não há legitimidade, por falta de interesse social, para fazer cessar a poluição sonora por uso anormal da propriedade, se ficar comprovado, no curso da investigação, que os ruídos lesionam interesses de um determinado grupo de vizinhos.
II. Não há legitimidade para tutelar interesse de classe de servidores públicos na obtenção de reajuste remuneratório, não lhe cabendo deflagrar ações que beneficiem titulares de direitos individuais disponíveis que possam se organizar adequadamente, ou mesmo atuar de forma individual.
III. Há atribuição para investigar o mau uso de verbas públicas repassadas, por convênio, pela União a um Município Fluminense, para a compra de ambulâncias, diante da possível prática de ato de improbidade administrativa, que, caso comprovado, deve seu autor receber a devida sanção punitiva.
IV. Embora disponível, o interesse dos consumidores de uma loja de artigos de luxo, que pratica cobrança abusiva e indevida de juros, traduz-se como interesse social, ensejando a atuação do Ministério Público através da Ação Civil Pública para o ressarcimento de danos morais e materiais.

Estão corretas somente as afirmativas:

(A) I e II;
(B) I e III;
(C) II e III;
(D) II e IV;
(E) III e IV.

I: correta, pois o MP não tem legitimidade para tutelar, em qualquer situação, direitos individuais homogêneos. Há necessidade, por exemplo, da relevância social, da verificação da indisponibilidade do direito. A hipótese retratada se aproxima de um conflito de vizinhança; II: correta, pois, como se disse, não cabe ao MP proteger direitos disponíveis, sobretudo pela inexistência de um número significativo de interessados; III: incorreta, segundo o gabarito oficial. Todavia, é decisivo saber se a verba foi ou não incorporada ao patrimônio do município ou se há obrigação de prestar contas a órgão federal ou se a conduta está sujeita à fiscalização do Tribunal de Contas da União. Como estabelece a Súmula 208 do STJ, *compete à Justiça Federal processar e julgar prefeito municipal por desvio de verba sujeita à prestação de contas perante órgão federal*. A Súmula 209 do mesmo Tribunal, por sua vez, dispõe que *compete à Justiça Estadual processar e julgar prefeito por desvio de verba transferida e incorporada ao patrimônio municipal*; IV: incorreta, pois não se vislumbra interesse social no caso.
Gabarito "A".

(Ministério Público/RJ – 2011) Tendo tomado conhecimento, através da imprensa, de que o município de Oba-oba comprou duzentos bebedouros para as unidades de ensino locais, pelo valor unitário de R$1.000, 00 (mil reais), sendo certo que o valor médio de mercado deste produto, segundo consulta realizada no sítio eletrônico do Tribunal de Contas do Estado, seria de R$ 200,00 (duzentos reais), a Associação de Defesa da Probidade – ADP ajuizou ação civil de Improbidade Administrativa em face do Prefeito municipal e do Secretário Municipal de Educação, postulando a devolução ao erário dos valores pagos a maior, assim como a aplicação das sanções previstas na Lei 8.429/1992. Antes de determinar a notificação dos demandados, o magistrado remeteu os autos ao Ministério Público para manifestação. O Promotor de Justiça com atribuição deve, em sua promoção, aduzir que:

(A) o juízo da comarca de Oba-oba é absolutamente incompetente para julgar ações civis de improbidade administrativa em face do Prefeito municipal, diante do foro por prerrogativa de função;
(B) o Ministério Público, quando atua com o fiscal da lei, manifesta-se após as partes, de modo que devem os demandados ser notificados para defesa prévia, retornando os autos posteriormente para a devida análise pelo Promotor de Justiça;
(C) a Associação de Defesa da Probidade não possui legitimidade para figurar no polo ativo de ação civil de improbidade administrativa, devendo o feito ser extinto sem julgamento do mérito, sem prejuízo de providências outras pelo Ministério Público;
(D) a petição inicial deve ser emendada para adir pedido de afastamento cautelar dos demandados de seus respectivos cargos;
(E) a petição inicial deve ser emendada para a inclusão no polo passivo da sociedade empresarial contratada pelo município de Oba-oba, na qualidade de beneficiária do superfaturamento.

A: incorreta, pois não há foro privilegiado, no caso de prefeito municipal, para a ação de improbidade administrativa, conforme tem decidido o STJ. O informativo n. 405 do STJ relatou julgamento da Segunda Turma, sobre a aplicabilidade da Lei de Improbidade Administrativa a Prefeito Municipal, consignando que o STF afastou a aplicação da LIA a Ministro de Estado em julgamento de efeito *inter pars*, "mas lá também ficou claro que apenas as poucas autoridades com foro de prerrogativa de função para o processo e julgamento por crime de responsabilidade, elencadas na Carta Magna (arts. 52, I e II; 96, III; 102, I, *c*; 105, I, *a*, e 108, I, *a*, todos da CF/1988), não estão sujeitas a julgamento também na Justiça cível comum pela prática da improbidade administrativa"; **B:** incorreta, pois o MP deve manifestar-se imediatamente diante da ilegitimidade ativa da entidade autora da ação; **C:** correta, pois predomina o entendimento no sentido de que a legitimidade ativa é restrita ao MP e à pessoa jurídica atingida pelo ato de improbidade administrativa; **D:** incorreta, pois, conforme mencionado, a autora é carecedora do direito de ação por falta de legitimidade *ad causam*; **E:** incorreta, pelas razões anteriores.
Gabarito "C."

(Ministério Público/PI – 2012 – CESPE) Assinale a opção correta a respeito da tutela em juízo dos interesses individuais homogêneos, difusos e coletivos.

(A) A multa indenizatória decorrente da violação a direitos difusos e coletivos do trabalho deve ser revertida ao Fundo de Reparação dos Bens Lesados, enquanto a penalidade decorrente do efeito da violação a direitos individuais indisponíveis deve ser revertida em favor dos próprios lesados.
(B) A ACP que vise à proteção de direitos difusos e coletivos induz litispendência para as ações individuais.
(C) Se a associação autora da ACP formular pedido de desistência, o *parquet* poderá assumir a legitimidade ativa extraordinária da ação.
(D) Em ACP cujo objeto seja direito difuso, coletivo, individual homogêneo ou individual indisponível, os efeitos da coisa julgada material são *erga omnes* e *ultra partes*.
(E) Segundo entendimento do STJ, o interesse patrimonial da fazenda pública identifica-se, por si só, com o interesse público a que se refere a lei quando dispõe sobre a intervenção do MP.

A: incorreta, pois o Fundo do art. 13 da LACP prevê que sejam revertidos os valores referentes às condenações por danos causados ao meio ambiente, ao consumidor, a bens e direitos de valor artístico, estético, histórico, turístico, paisagístico, por infração à ordem econômica e a outros interesses difusos e coletivos, mas não há referência expressa à reparação de danos causados ao trabalhador. Por isso, tem sido determinado, no âmbito da Justiça do Trabalho, o recolhimento ao Fundo de Amparo ao Trabalhador; **B:** incorreta, pois contraria o disposto no art. 104 do CDC, no sentido de que a ação coletiva não induz litispendência para as ações individuais; **C:** correta, pois se a desistência for infundada, cabe ao MP ou a outro legitimado assumir a titularidade ativa (LACP, art. 5º, § 3º); **D:** incorreta, pois no caso de direito individual indisponível o efeito é *inter partes* (CPC, art. 472); **E:** incorreta, pois se trata de interesse público secundário, cabendo aos respectivos procuradores públicos defende-los. Esse é o fundamento da Súmula 189 do STJ, segundo a qual *é desnecessária a intervenção do Ministério Público nas execuções fiscais*.
Gabarito "C."

(Ministério Público/PI – 2012 – CESPE) O estado do Piauí celebrou TARE com empresa privada, visando conferir regime especial de apuração do ICMS, para incentivar a instalação de empresas no estado. O MPE/PI, em sede de inquérito civil público aberto para investigar a celebração do contrato, constatou que o ajuste causara prejuízo aos cofres públicos, razão por que ajuizou ACP com o objetivo de anular acordos firmados com base nesse termo.

A partir dessa situação hipotética, assinale a opção correta à luz da jurisprudência recente do STF.

(A) O MPE/PI pode ajuizar ACP cujo objeto sejam as pretensões que envolvam tributos, desde que seja possível a identificação pessoal dos beneficiários do regime especial.
(B) Como o dano ao patrimônio público causado pela realização da avença repercute em toda a economia nacional, caberia ao MPF, e não ao MPE/PI, ajuizar a ACP.
(C) A defesa da integridade do erário público e da higidez do processo de arrecadação tributária consiste em direito metaindividual do contribuinte, o que legitima a atuação do MPE/PI nesse caso.
(D) Como a celebração do TARE pelo estado do Piauí é ato administrativo, a atuação do MPE/PI nesse caso ocorreu de forma contrária à legislação em vigor.
(E) O MPE/PI não tem legitimidade para ajuizar a ACP para anular o TARE, por simples ausência de previsão legal.

A: incorreta, pois de acordo com o parágrafo único do art. 1º da LACP (incluído pela Medida Provisória 2.180-35, de 2001), *não será cabível ação civil pública para veicular pretensões que envolvam tributos...*; **B:** incorreta, pois se trata de acordo entre o Estado do Piauí e empresa privada, de tal forma que não é o caso de competência da Justiça

Federal; **C:** correta, pois o STF decidiu que "o *Parquet* tem legitimidade para propor ação civil pública com o objetivo de anular Termo de Acordo de Regime Especial – TARE, em face da legitimação *ad causam* que o texto constitucional lhe confere para defender o erário. Não se aplica à hipótese o parágrafo único do artigo 1º da Lei 7.347/1985" (RE 576.155/DF); **D:** incorreta, pois o MP pode impugnar atos administrativos por meio de ação civil pública e, até, por meio de ação de improbidade administrativa; **E:** incorreta, pois o MP tem legitimidade por força do art. 129, III, da CF, além da legislação ordinária.

Gabarito "C".

(Ministério Público/PI – 2012 – CESPE) No que se refere à atuação do MP nos processos judiciais de natureza civil, assinale a opção correta.

(A) O MP, na fiscalização do cumprimento da lei, não detém legitimidade para oficiar ação de acidente do trabalho.
(B) Segundo a jurisprudência do STJ, é nula a sentença homologatória de acordo que resulte em redução de prestação alimentícia – em prejuízo evidente do incapaz – celebrado em audiência da qual não tenha participado membro do MP, tendo esse apresentado, antecipadamente, justificativa para sua ausência.
(C) O MP pode ajuizar ACP pleiteando, em benefício do segurado maior e capaz, a indenização decorrente do DPVAT.
(D) O MP não tem legitimidade para promover ACP cujo objeto seja a discussão da legalidade de reajuste de mensalidades escolares.
(E) Somente se houver recurso da parte, o MP terá legitimidade para recorrer em processo no qual tenha oficiado como fiscal da lei.

A: incorreta, pois o MP pode atuar, como fiscal da lei, em ação que envolva acidente do trabalho. Não confundir com o fato de que "compete à Justiça Obreira o julgamento de ação civil pública onde se discute o cumprimento, pelo empregador, de normas atinentes ao meio ambiente de trabalho. Precedente do C. STF. (RE 206.220/MG, 2ª Turma, Rel. Min. Marco Aurélio, *DJU* de 17.09.1999)" (STJ, REsp 697.132/SP); **B:** correta, pois, de fato, "é nula a sentença homologatória de acordo celebrado em audiência quando o representante do MP justificou antecipadamente sua ausência e dela resultou a redução de prestação alimentícia em prejuízo evidente da menor, pois cabe ao MP velar pelo interesse de incapaz. Logo, a Turma concluiu pela anulação do processo a partir da audiência em que prolatada a referida sentença, determinando que se atue nos moldes do devido processo legal, com a necessária intervenção do Ministério Público nos atos processuais. Precedentes citados: REsp 88.021-SP, *DJ* 27.10.1997, e REsp 299.153-SP, *DJ* 13.08.2001; REsp 1.058.689-RJ, Rel. Min. Nancy Andrighi, j. 12.05.2009"; **C:** incorreta, pois, nos termos da Súmula 470 do STJ, *o Ministério Público não tem legitimidade para pleitear, em ação civil pública, a indenização decorrente do DPVAT em benefício do segurado*; **D:** incorreta, pois o STJ admite a legitimidade do MP nessa hipótese: "*Agravo regimental. Recurso especial. Ação civil pública. Mensalidades escolares. Legitimidade do Ministério Público. Precedentes da Corte. Decisão agravada mantida. Improvimento.* 'O Ministério Público, como já está bem assentado em precedentes de ambas as Turmas que compõem a Segunda Seção, tem legitimidade ativa para ajuizar ação civil pública com o fim de impedir a cobrança abusiva de mensalidades escolares, presente o art. 21 da Lei 7.347/1985' (REsp 239.960/ES, Rel. Min. Carlos Alberto Menezes Direito, *DJe* 18.06.2001)" (AgRg no REsp 1.311.156/SE); **E:** incorreta, pois a assertiva afronta a Súmula 99 do STJ: *O Ministério Público tem legitimidade para recorrer no processo em que oficiou como fiscal da lei, ainda que não haja recurso da parte*.

Gabarito "B".

4. OBJETO

(Ministério Público/RJ – 2011) A Promotoria de Justiça de Tutela Coletiva de Salve-se-quem-puder instaurou inquérito civil para apurar notícia de despejo de produtos químicos em lagoa local por uma indústria de alimentos. No curso das investigações, foi apurado que efetivamente a investigada lançava efluentes sem qualquer tratamento, poluindo o referido corpo hídrico. Foi, ainda, verificado que a água contaminada era utilizada pelos agricultores locais para irrigar suas plantações, sendo que o consumo destes vegetais poderia causar sérios danos à saúde dos consumidores. Por fim, constatou-se que a mortandade de peixes havia acarretado enormes prejuízos aos pescadores, que, agora, não tinham mais sua fonte de subsistência. A empresa poluidora, ao ser notificada, afirmou não ter qualquer informação a prestar ao Ministério Público, vez que já havia firmado Termo de Ajustamento de Conduta com o Município, pelo qual se comprometera a fornecer alimentos aos pescadores pelo prazo de dez anos, a fornecer água para irrigação das lavouras vizinhas por meio de caminhões-pipa, bem como a isolar área da lagoa, evitando que desavisados pudessem vir a ser contaminados pelo contato com as águas. Diante de tal cenário, o Promotor de Justiça deve adotar a seguinte providência:

(A) arquivar o inquérito civil, diante da solução do problema investigado;
(B) ajuizar ação anulatória do Termo de Ajustamento de Conduta celebrado, vez que o município não tem legitimidade para tomar tais compromissos;
(C) executar o Termo de Ajustamento de Conduta, para garantir a entrega das prestações a que se obrigou a indústria poluidora;
(D) ajuizar ação civil pública para obrigar a indústria poluidora a adotar medidas reparadoras e compensatórias do dano ambiental;
(E) manter o inquérito civil em tramitação, até o cumprimento integral das prestações a que se obrigou a indústria.

A: incorreta, pois há necessidade de ação civil pública para, por exemplo, pleitear a reparação dos danos ambientais ao corpo hídrico; **B:** incorreta, pois a municipalidade, sendo legitimada à propositura de ação civil pública pelo art. 5º, III, da LACP, pode tomar o compromisso de ajustamento de conduta; **C:** incorreta, pois as medidas ainda são insuficientes; **D:** correta, pois, diante da recusa da empresa poluidora em atender à notificação do MP, é necessária a ação em relação aos danos ambientais ; **E:** incorreta, pois, como se disse, as medidas obtidas com o compromisso de ajustamento são insuficientes.

Gabarito "D".

5. COMPROMISSO DE AJUSTAMENTO

(Ministério Público/SP – 2011) Relativamente ao compromisso de ajustamento de conduta, assinale a alternativa que expressa corretamente suas características.

(A) Trata-se de acordo, de atribuição dos órgãos públicos legitimados para a ação civil pública, pelo qual as partes transigem quanto à forma e ao prazo para atendimento do interesse difuso, coletivo ou individual homogêneo, sem dispor do interesse em questão, revestindo-se de eficácia de título executivo extrajudicial.

(B) Trata-se de transação formulada nos termos da legislação civil, de atribuição dos órgãos públicos legitimados para a ação civil pública, pela qual as partes realizam concessões mútuas, para atendimento do interesse difuso, coletivo ou individual homogêneo, revestindo-se de eficácia de título executivo extrajudicial.
(C) Trata-se de acordo, de atribuição exclusiva do Ministério Público, pelo qual as partes transigem quanto à forma e ao prazo para atendimento do interesse difuso, coletivo ou individual homogêneo, sem dispor do interesse em questão, revestindo-se de eficácia de título executivo judicial.
(D) Trata-se de transação formulada nos termos da legislação civil, de atribuição exclusiva do Ministério Público, pela qual as partes realizam concessões mútuas, para atendimento do interesse difuso, coletivo ou individual homogêneo, revestindo-se da eficácia de título executivo judicial.
(E) Trata-se de acordo, de atribuição dos órgãos públicos legitimados para a ação civil pública, pelo qual as partes transigem quanto à forma e ao prazo para atendimento do interesse difuso, coletivo ou individual homogêneo, sem dispor do interesse em questão, revestindo-se de eficácia de título executivo extrajudicial quando assinado por 2 (duas) testemunhas instrumentárias.

A: correta (art. 5º, § 6º, da Lei 7.347/1985); B: incorreta, pois o MP ou o órgão público não podem fazer *concessões*, não podem dispor do interesse, de modo que não há que se falar em concessões mútuas; C e D: incorretas, pois não só o MP, como também os órgãos públicos legitimados têm atribuição para tomar dos interessados compromisso de ajustamento (art. 5º, § 6º, da Lei 7.347/1985); E: incorreta, pois não é necessária a assinatura de duas testemunhas.
Gabarito "A".

(Ministério Público/CE – 2011 – FCC) Os órgãos públicos legitimados à propositura de ação civil pública

(A) poderão tomar dos interessados compromisso de ajustamento de sua conduta às exigências legais, mediante cominações, que terá eficácia de título executivo extrajudicial.
(B) não poderão tomar dos interessados compromisso de ajustamento de conduta às exigências legais, exceto o Ministério Público ao qual a lei atribui essa competência com exclusividade.
(C) poderão tomar dos interessados compromisso de ajustamento de sua conduta às exigências legais, mediante cominações, que terá eficácia de título executivo judicial.
(D) poderão tomar dos interessados compromisso de ajustamento de sua conduta às exigências legais, mediante cominações, que terá eficácia de título executivo extrajudicial, exceto se houver interveniência do Ministério Público, quando lhe será atribuída eficácia de título executivo judicial.
(E) só poderão tomar dos interessados compromisso de ajustamento de sua conduta às exigências legais, em audiência de tentativa de conciliação prevista no artigo 331, do Código de Processo Civil e terá eficácia de título executivo judicial.

A: correta, pois o art. 5º, § 6º, da LACP, dá aos órgãos públicos legitimados à propositura da ação a possibilidade de tomar dos interessados compromisso de ajustamento de conduta, que terá eficácia de título extrajudicial. Se for homologado em juízo, o compromisso tem eficácia de título judicial; B: incorreta, pois a legitimidade para celebrar o compromisso é dos órgãos públicos e não apenas do MP; C: incorreta, pois a eficácia é de título extrajudicial; D: incorreta, pois, conforme mencionado, a eficácia de título judicial decorre da homologação em juízo e não da intervenção do MP; E: incorreta, pois o compromisso pode ser celebrado extrajudicialmente.
Gabarito "A".

(Ministério Público/MT – 2012 – UFMT) Sobre o microssistema processual coletivo, assinale a afirmativa **INCORRETA**.

(A) O compromisso de ajustamento de conduta, segundo a doutrina, possui, no mínimo, duas grandes vantagens sobre a via judicial; a primeira consiste em equacionar de forma mais rápida e efetiva a irregularidade e a segunda consiste na previsão de mecanismos de sanções exigíveis desde logo para o caso de descumprimento das obrigações.
(B) A multa imposta em sede de Ação Civil Pública só é exigível do réu após o trânsito em julgado da decisão favorável ao autor, ainda que seja devida desde o dia em que se configurou o descumprimento.
(C) O compromisso de ajustamento de conduta é uma negociação que se estabelece entre os órgãos públicos legitimados a propor a Ação Civil Pública e os descumpridores da legislação de regência da matéria.
(D) Em sede de improbidade administrativa, o Termo de Ajustamento de Conduta se mostra incabível tendo em vista a vedação expressa do artigo 17, § 1º, da Lei n. 8.429/1992 no que se refere aos agentes ímprobos, não sendo descartada a possibilidade de firmar compromisso na matéria estranha à improbidade, quando cabível.
(E) O compromisso de ajustamento de conduta, quando firmado no curso de uma ação civil pública, está sujeito à homologação do Conselho Superior do Ministério Público como condição de validade do próprio compromisso.

A: correta, pois se trata de um importante mecanismo de composição alternativa do litígio; B: correta, à luz do que estabelece o art. 12, § 2º, da LACP, embora o mencionado dispositivo legal seja questionado doutrinariamente por aqueles que defendem uma exigibilidade imediata da multa, que não comprometa sua efetividade; C: correta, pois o compromisso tem caráter negocial, é fundado no consenso. E só os órgãos públicos legitimados podem celebrar o Compromisso de Ajustamento de Conduta; D: correta, pois o citado dispositivo legal realmente veda a celebração de compromisso para a aplicação das sanções ao agente ímprobo. Existe reserva de jurisdição; E: incorreta, pois o compromisso firmado em juízo não está sujeito à homologação do CSMP e sim à homologação judicial.
Gabarito "E".

(Ministério Público/RR – 2012 – CESPE) Em relação ao inquérito civil, ao compromisso de ajustamento de conduta e ao dispõe a Lei Complementar n. 75/1993, assinale a opção correta.

(A) A assinatura do termo de ajustamento de conduta não obsta a instauração da ação penal, pois esse procedimento ocorre na esfera cível, que é independente da penal.
(B) O inquérito civil público, embora previsto como função institucional do MP, não pode ser utilizado como elemento probatório hábil para embasar a propositura de ação penal.

(C) É atribuição exclusiva do procurador-geral da República, como chefe do MPU, dirimir conflitos de atribuição entre integrantes de ramos diferentes do MPU.
(D) É conferido prazo em dobro ao MP para interpor recurso, inclusive na hipótese de recurso especial criminal.
(E) Em conformidade com o STJ, o MPE tem legitimidade para interpor agravo regimental perante os tribunais superiores, uma vez que a atuação perante essas Cortes não é restrita ao MPF.

A: correta, pois o STJ entende que "a assinatura de termo de ajustamento de conduta, com a reparação do dano ambiental são circunstâncias que possuem relevo para a seara penal, a serem consideradas na hipótese de eventual condenação, não se prestando para elidir a tipicidade penal" (HC 187.043/RS); B: incorreta, pois já decidiu o STJ: "Habeas corpus. Penal e processual penal. Crime praticado por prefeito. Inquérito penal. Inexistência. Inquérito civil público. Utilização para lastrear acusação penal. Possibilidade. Justa causa configurada" (HC 123.855/SP); C: incorreta, pois ao PGR cabe dirimir conflitos de atribuição entre integrantes de ramos diferentes do Ministério Público da União (Lei Complementar 75/1993, art. 26, VII). A atribuição, contudo, não é exclusiva, pois, nos termos do § 1º do art. 26 da Lei Complementar 75/1993, o Procurador-Geral da República poderá delegar aos Procuradores-Gerais as atribuições previstas nos incisos VII e VIII deste artigo; D: incorreta, pois, como decidiu a 5ª Turma do STJ (RMS 8021/MG), "na esfera criminal não se aplica ao MP o disposto no art. 188 do CPC"; E: incorreta, segundo o gabarito oficial. Esse entendimento, realmente, era o do STJ. Porém, o STJ, recentemente, decidiu que o Ministério Público Estadual tem legitimidade recursal no âmbito do STJ (AgRg no AgRg no AREsp 194.892-RJ, Rel. Min. Mauro Campbell Marques, j. 24.10.2012)".
Gabarito "A".

(Ministério Público/SP – 2012 – VUNESP) Com relação ao compromisso de ajustamento de conduta, é correto afirmar:

(A) Não se admite, ainda que em caráter excepcional, que seja celebrada sua novação nos termos da lei civil.
(B) Admite-se que seja celebrado com característica de ajuste preliminar.
(C) Admite-se a dispensa parcial das obrigações reclamadas para a efetiva satisfação do interesse ou direito lesado.
(D) Admite-se sua celebração em qualquer fase do inquérito civil, ainda que o fato não esteja devidamente esclarecido.
(E) Não se admite a dispensa de multa cominatória como garantia do cumprimento da obrigação principal.

A: incorreta, como o compromisso de ajustamento de conduta é consensual, nada impede que fato superveniente leve as partes a entabular novo acordo; B: correta, pois a celebração de Termo de Ajustamento de Conduta nem sempre encerra o inquérito civil, pois é possível que ele seja meramente procedimental, isto é, estabeleça conduta referente à apuração dos fatos, um compromisso do próprio investigado, por exemplo, à produção de determinada prova relevante para a formação de convicção. A possibilidade de ajuste preliminar está prevista na Súmula 20 do Conselho Superior do Ministério Público de São Paulo: "Quando o compromisso de ajustamento tiver a característica de ajuste preliminar, que não dispense o prosseguimento de diligências para uma solução definitiva, salientado pelo órgão do Ministério Público que o celebrou, o Conselho Superior homologará somente o compromisso, autorizando o prosseguimento das investigações. Fundamento: O parágrafo único do art. 112 da Lei Complementar estadual n. 734/1994 condiciona a eficácia do compromisso ao prévio arquivamento do inquérito civil, sem correspondência com a Lei Federal n. 7.347/1985. Entretanto, pode acontecer que, não obstante ter sido formalizado compromisso de ajustamento, haja necessidade de providências complementares, reconhecidas pelo interessado e pelo órgão ministerial, a serem tomadas no curso do inquérito civil ou dos autos de peças de informação, em busca de uma solução mais completa para o problema. Nesta hipótese excepcional, é possível, ante o interesse público, a homologação do ajuste preliminar sem o arquivamento das investigações (Pt. n. 9.245/1994 e 7.272/1994)"; C: incorreta, pois o TAC não representa disposição quanto ao direito material. Ele se refere a aspectos secundários como o prazo e a forma da reparação do dano; D: incorreta, pois a celebração do compromisso pressupõe que os fatos tenham sido devidamente apurados no bojo no inquérito civil; E: incorreta, pois a multa não é da essência do compromisso. Embora recomendável não é obrigatória sua estipulação.
Gabarito "B".

6. INQUÉRITO CIVIL E RECOMENDAÇÃO

(Ministério Público/SP – 2013 – PGMP) No Inquérito Civil:

I. Se o órgão do Ministério Público, esgotadas todas as diligências, se convencer da inexistência de fundamento para a propositura da ação civil, promoverá o arquivamento dos autos do inquérito civil ou das peças informativas, fazendo-o fundamentadamente, hipótese em que as peças de informação arquivadas ou os autos do inquérito civil serão remetidos, sob pena de se incorrer em falta grave, no prazo de 3 (três) dias, ao Conselho Superior do Ministério Público.
II. A promoção de arquivamento do inquérito civil será submetida a exame e deliberação do Conselho Superior do Ministério Público, conforme dispuser o seu Regimento, sendo certo que deixando o Conselho de homologar a promoção de arquivamento, determinará, desde logo, que o órgão do Ministério Público que promoveu o arquivamento, ajuíze a ação.
III. A Lei de Ação Civil Pública (Lei 7.347/85) prevê expressamente que o Conselho Superior do Ministério Público, ao tomar conhecimento em primeira mão de fatos que possam ensejar a propositura de ação civil pública, determine de ofício ao Promotor de Justiça, com atribuição para tanto, a instauração de inquérito civil objetivando o ingresso da ação.
IV. Nos autos do inquérito civil, ou procedimento preparatório, o Ministério Público poderá expedir recomendações devidamente fundamentadas, visando à melhoria dos serviços públicos e de relevância pública, bem como aos demais interesses, direitos e bens cuja defesa lhe caiba promover.
V. Diante de suficientes elementos de convicção extraídos de autos de inquérito civil ou procedimento preparatório, no tocante à deficiência de serviços públicos e de relevância pública, tendo em vista o princípio da indisponibilidade da ação civil pública, deverá o Ministério Público promover desde então a respectiva ação civil pública para a garantia de tais interesses.

Está CORRETO somente o que se afirma nos itens:

(A) I e IV.
(B) II e III.
(C) IV e V.
(D) I e III.
(E) I e V.

I: correta (art. 9º, *caput* e § 1º, da Lei 7.347/1985); II: incorreta, pois, deixando o Conselho Superior de homologar a promoção de arquivamento, designará, desde logo, outro órgão do Ministério Público para o ajuizamento da ação, em razão do princípio da independência funcional (art. 9º, § 4º, da Lei 7.347/1985); III: incorreta, pois não há previsão legal neste sentido. A lei da ação civil pública somente prevê que qualquer pessoa poderá e o servidor público deverá provocar a iniciativa do Ministério Público, ministrando-lhe informações sobre fatos que constituam objeto da ação civil e indicando-lhe os elementos de convicção. Ainda, no exercício de suas funções, os juízes e tribunais que tiverem conhecimento de fatos que possam ensejar a propositura da ação civil, remeterão peças ao Ministério Público para as providências cabíveis (art. 6º e 7º, da Lei 7.347/1985); **IV:** correta (art. 6º, XX, da LC 75/1993 e art. 113, § 1º, da LOMPSP); **V:** incorreta, pois o princípio que vigora quando da propositura da ação civil pública, em havendo elementos de convicção, é o da obrigatoriedade. Por sua vez, o princípio da indisponibilidade diz respeito à impossibilidade de desistência da ação já proposta, salvo motivo fundamentado.

Gabarito "A".

(Ministério Público/MS – 2013 – FADEMS) Tratando-se de inquérito civil, analise as proposições abaixo e assinale a alternativa **incorreta**:

(A) As provas colhidas no inquérito civil tem valor probatório relativo, porque colhidas sem a observância do contraditório, mas só devem ser afastadas quando há contraprova de hierarquia superior, ou seja, produzida sob a vigilância do contraditório.
(B) A abertura de inquérito civil não é condição preliminar ao ajuizamento de ação civil pública.
(C) A análise prévia sobre a necessidade das informações requisitadas pelo Ministério Público no âmbito de inquérito civil é da competência exclusiva dessa instituição, que tem autonomia funcional garantida constitucionalmente, não sendo permitido ao Poder Judiciário ingressar no mérito a respeito do ato de requisição.
(D) Em nenhuma hipótese poderá ser negada certidão ou informações requisitadas pelo Ministério Público para instrução de inquérito civil.
(E) Eventual irregularidade praticada na fase pré-processual não é capaz de inquinar de nulidade a ação civil pública, assim como ocorre na esfera penal, se observadas as garantias do devido processo legal, da ampla defesa e do contraditório.

A: correta, pois não há incidência do contraditório no inquérito civil. Assim, as provas nele colhidas têm valor relativo, podendo ser impugnadas no caso de eventual ação civil pública. Ilustra a questão a seguinte decisão da 2ª Turma do STJ (Informativo nº 440): "Na ação de responsabilidade por ato de improbidade administrativa, utilizou-se prova emprestada constante de inquérito civil público consistente de laudo pericial produzido administrativamente, sem a observância de contraditório e ampla defesa. Conforme precedentes, essa circunstância, por si só, não é capaz de nulificar a prova, pois se deve contrapô-la às demais postas nos autos. Sucede que esses outros elementos, com ênfase na prova testemunhal (genérica e sem convicção), não conduzem à conclusão de que possa haver prática de ato de improbidade pelos réus, solução também adotada pelo tribunal *a quo*, que não pode ser revista pelo STJ (Súmula n. 7-STJ). Precedentes citados: REsp 849.841-MG, DJ 11/09/2007, e HC 141.249-SP, DJe 03/05/2010." (REsp 1.189.192/GO, Rel. Min. Eliana Calmon, julgado em 22/06/2010); **B:** correta, pois o inquérito civil não é indispensável à propositura da ação civil pública. Como estabelece o art. 1º da Resolução n. 23/2007 do CNMP, o inquérito civil tem natureza unilateral e facultativa. Acrescenta o parágrafo único do art. 1º da Resolução CNMP n. 23/2007: "O inquérito civil não é condição de procedibilidade para o ajuizamento das ações a cargo do Ministério Público, nem para a realização das demais medidas de sua atribuição própria"; **C:** correta, pois se trata de trecho de decisão proferida pela 1ª Turma do STJ (RMS 33.392/PE, Rel. Min. Benedito Gonçalves, DJe 10/06/2011): "(...) 2. A requisição de informações e documentos para a instrução de procedimentos administrativos da competência do Ministério Público, nos termos do art. 129 da Constituição Federal de 1988, é prerrogativa constitucional dessa instituição, à qual compete a defesa da ordem jurídica, do regime democrático e dos interesses sociais e individuais indisponíveis. No âmbito da legislação infraconstitucional, essa prerrogativa também encontra amparo no § 1º do artigo 8º da Lei n. 7.347/1985, segundo o qual 'o Ministério Público poderá instaurar, sob sua presidência, inquérito civil, ou requisitar, de qualquer organismo público ou particular, certidões, informações, exames ou perícias, no prazo que assinalar, o qual não poderá ser inferior a 10 (dez) dias úteis'. 3. Tanto o Procedimento de Investigação Preliminar, quanto o inquérito civil, servem à formação da convicção do Ministério Público a respeito dos fatos investigados e o resultado consequente pode dar ensejo ao ajuizamento de qualquer das ações judiciais a cargo do *Parquet*. 4. A 'análise prévia' (conforme referiu a Corte de origem) a respeito da necessidade das informações requisitas pelo Ministério Público é da competência exclusiva dessa instituição, que tem autonomia funcional garantida constitucionalmente, não sendo permitido ao Poder Judiciário ingressar no mérito a respeito do ato de requisição, sob pena de subtrair do parquet uma das prerrogativas que lhe foi assegurada pela Constituição Federal de 1988"; **D:** incorreta, devendo esta alternativa ser assinalada, pois já se decidiu que "não consubstancia crime de desobediência a negativa de atendimento a requisição do Ministério de informações sobre o assunto protegido pelo sigilo bancário" (STJ, REsp 79.026/DF, Rel. Min. Vicente Leal, Sexta Turma, DJ 03/05/1999); **E:** correta, pois já decidiu a 1ª Turma do STJ que "eventual irregularidade praticada na fase pré-processual não é capaz de inquinar de nulidade a ação civil pública, assim como ocorre na esfera penal, se observadas as garantias do devido processo legal, da ampla defesa e do contraditório" (REsp 1.119.568/PR, Rel. Ministro Arnaldo Esteves Lima, Primeira Turma, DJe 23/09/2010).

Gabarito "D".

(Ministério Público/MS – 2013 – FADEMS) É **incorreto** afirmar que o inquérito civil no âmbito do Ministério Público do Estado de Mato Grosso do Sul pode ser instaurado por:

(A) determinação do Conselho Superior do Ministério Público, quando desacolher a promoção de arquivamento de peças de informação.
(B) determinação do Procurador-Geral de Justiça, na hipótese de delegação de sua atribuição originária.
(C) requisição do Poder Judiciário.
(D) representação formulada por qualquer pessoa.
(E) determinação do Conselho Superior do Ministério Público, quando prover recurso contra a não instauração de inquérito civil.

A: correta, pois cabe ao Conselho Superior do Ministério Público rever a promoção de arquivamento. E, nos termos do art. 26, § 5º, da Resolução Normativa n. 15/2007, que modifica e consolida as normas que regulamentam o Inquérito Civil no âmbito do Ministério Público do Estado de Mato Grosso do Sul, na área dos interesses difusos, coletivos, individuais homogêneos e individuais indisponíveis, as audiências públicas, os compromissos de ajustamento de conduta e as recomendações "deixando o Conselho Superior do Ministério Público de homologar a promoção de arquivamento, comunicará, desde logo, ao Procurador-Geral de Justiça para a designação de outro órgão do Ministério Público para o ajuizamento da ação (...)"; **B:** correta, pois, conforme o art. 17 da Resolução Normativa n. 15/2007, que diz respeito à atribuição para a instauração do Inquérito Civil, "o Procurador-Geral de Justiça poderá delegar, parcial ou totalmente, sua atribuição originária a membro do Ministério Público"; **C:** incorreta, devendo esta alternativa ser assinalada, pois a atribuição para a instauração do Inquérito Civil é do Ministério Público, órgão autônomo e independente, conforme determina o art. 129, III da CF: "São funções institucionais do Ministério Público: (...)promover o inquérito civil e a ação civil pública, para a proteção do patrimônio público e social, do meio ambiente e de outros interesses difusos e coletivos"; **D:** correta, pois qualquer pessoa pode representar ao Ministério Público para fins de instauração do Inquérito Civil; **E:** correta, pois cabe ao Conselho Superior do Ministério Público, conforme o art. 15, XXVII, da Lei Complementar Estadual do MS n. 72/1994, com redação dada pela Lei Complementar Estadual 145/2010, "ao Conselho Superior do Ministério Público compete conhecer e julgar recurso contra decisão que indeferir representação para instauração de inquérito civil".

Gabarito "C".

(Ministério Público/BA – 2010) Em relação ao Inquérito Civil e o Termo de Ajustamento de Conduta (TAC), identifique com V ou F, conforme o caso, as afirmativas verdadeiras e falsas.

I. O Inquérito Civil constitucionalizado é mero procedimento administrativo de cunho inquisitorial, sem imposição de contraditório ou exigência de participação obrigatória do investigado.
II. O Inquérito Civil é instrumento de investigação conferido aos colegitimados para propositura da Ação Civil Pública, configurando-se forte instrumento da tutela coletiva.
III. O TAC firmado pelo Ministério Público, que passou pelo crivo do Conselho Superior da instituição, ficará sujeito à imutabilidade.
IV. A subscrição do TAC irradia efeitos *erga omnes* e *intra partes*.
V. O TAC preliminar pode ter como objeto a obtenção de meios que viabilizem a continuidade das investigações ou obter parcialmente as medidas necessárias para o resguardo do bem jurídico ambiental tutelado.

A alternativa que contém a sequência correta, de cima para baixo, é a:

(A) V V F F V.
(B) F F V F V.
(C) F V F V F.
(D) V F F F V.
(E) V V V V V.

I: verdadeira, pois o inquérito civil está previsto na CF (art. 129, III, da CF) e se trata, de fato, de um procedimento inquisitório; II: falsa, pois somente o MP pode instaurar o inquérito civil (art. 8º, § 1º, da Lei 7.347/1985), não existindo essa prerrogativa para as demais legitimados para a ação civil pública; III: falsa, pois nenhuma lesão ou ameaça de lesão a direito pode ser subtraída da apreciação do Poder Judiciário (art. 5º, XXXV, da CF); assim, o lesado ou qualquer outro legitimado poderá ingressar em juízo com vistas à anulação de um TAC com problema de legalidade; IV: falsa, pois há uma contradição na afirmação; ou os efeitos são *erga omnes*, ou são *intra partes*; V: verdadeira; o instituto do "TAC Preliminar" é bem comum na prática; ele decorre das situações em que o órgão legitimado para tomar o TAC tem interesse em obter providências que não resultem, necessariamente, no encerramento das investigações, como ocorre, por exemplo, na celebração de TAC para a elaboração de um estudo de impacto ambiental, que irá verificar, v. g, se um empreendimento pode ou não ser realizado.

Gabarito "D".

(Ministério Público/BA – 2010) Sobre a ação civil pública e o inquérito civil, é correto afirmar que:

(A) O requisito da pré-constituição, há pelo menos 1(um) ano, nos termos da lei civil, exigido para a legitimidade de associação para propor a ação principal e a ação cautelar, poderá ser dispensado pelo juiz, quando haja manifesto interesse social evidenciado pela dimensão ou característica do dano, ou pela relevância do bem jurídico a ser protegido.
(B) Em caso de desistência infundada ou abandono da ação por associação legitimada, a titularidade ativa somente pode ser assumida pelo Ministério Público.
(C) Cabe recurso administrativo do indeferimento de pedido de instauração de inquérito civil, a ser protocolado, no prazo de 15 (quinze) dias, junto ao Conselho Superior do Ministério Público ou à Câmara de Coordenação e Revisão respectiva.
(D) Em caso de improcedência da ação, a associação autora e os diretores responsáveis pela propositura da ação serão solidariamente condenados em honorários advocatícios e ao décuplo das custas, sem prejuízo da responsabilidade por perdas e danos.
(E) A falta ao trabalho, decorrente de atendimento à notificação ou requisição expedida pelo Ministério Público para instrução de inquéritos civis ou procedimentos administrativos, autoriza desconto de vencimentos ou salário.

A: correta (art. 5º, § 4º, da Lei 7.347/1985); **B:** incorreta, pois a ação pode ser assumida por qualquer legitimado (art. 5º, § 3º, da Lei 7.347/1985); **C:** incorreta, pois o recurso deve ser protocolado no prazo de 10 (*dez*) dias, e não de 15 dias (art. 5º, § 1º, da Resolução CNMP 23/2007); **D:** incorreta, pois há isenção de custas e honorários em favor da associação autora, salvo comprovada má-fé (art. 18 da Lei 7.347/1985); **E:** incorreta, pois quem falta ao trabalho para atender a uma notificação ou requisição está no estrito cumprimento de um *dever legal*, não podendo ser sancionado por isso.

Gabarito "A".

(Ministério Público/BA – 2010) Sobre o inquérito civil e sua regulamentação pela Resolução n. 23/2007, do Conselho Nacional do Ministério Público, não é correto afirmar que:

(A) Durante a condução de um inquérito civil, o membro do Ministério Público que o está presidindo pode aditar a portaria ou determinar a extração de cópias para a instauração de outro inquérito civil, se novos fatos indicarem a necessidade de investigação de objeto diverso do que está sendo investigado.
(B) O Procurador-Geral de Justiça não pode deixar de dar encaminhamento a notificações e requisições do membro do Ministério Público endereçadas a Conselheiros do Conselho Nacional de Justiça e do Conselho Nacional do Ministério Público, sob nenhum pretexto.
(C) Mesmo tendo o Conselho Nacional do Ministério Público normatizado, através da Resolução n. 23/2007, o prazo do inquérito civil, cada Ministério Público pode, no âmbito de sua competência administrativa, estabelecer prazo inferior ou limitar a prorrogação mediante ato administrativo do Órgão da Administração Superior competente.
(D) O desarquivamento do inquérito civil, diante de novas provas ou para investigar fato novo relevante só pode ocorrer dentro do prazo de seis meses após o arquivamento.
(E) No caso de ausência de recurso administrativo ao indeferimento de pedido para instauração de inquérito civil, os autos serão arquivados na origem, sem apreciação pelo Conselho Superior do Ministério

Público ou pela Câmara de Coordenação e Revisão respectiva.

A: é correta (art. 4°, parágrafo único, da Resolução CNMP 23/2007); **B:** não é correta, devendo ser assinalada; o Procurador-Geral de Justiça poderá deixar de fazer o encaminhamento caso o ofício não contenha os requisitos legais ou não empregue o tratamento protocolar devido ao destinatário (art. 6°, § 8°, da Resolução CNMP 23/2007); **C:** é correta (art. 9°, parágrafo único, da Resolução CNMP 23/2007); **D:** é correta (art. 12, parágrafo único, da Resolução CNMP 23/2007); **E:** é correta (art. 5°, § 4°, da Resolução CNMP 23/2007).
„Gabarito "B".

(Ministério Público/MS – 2011 – FADEMS) Analise as assertivas abaixo:

I. Se os mesmos fatos investigados no inquérito civil foram objeto de ação popular julgada improcedente pelo mérito e não por falta de provas, o caso é de arquivamento do procedimento instaurado.
II. O procedimento preparatório deverá ser autuado com numeração sequencial à do inquérito civil, devendo ser concluído no prazo improrrogável de noventa dias (Res. n. 23/2007 do CNMP).
III. O conhecimento de manifestação anônima, justificada, não implicará ausência de providências, desde que forneça, por qualquer meio legalmente permitido, informações sobre o fato e seu provável autor, bem como a qualificação mínima que permita sua identificação e localização (Res. n. 23/2007 do CNMP).
IV. A nulidade de uma cláusula contratual abusiva invalida o contrato, uma vez que o legislador não adotou o princípio da conservação dos contratos no Código de Defesa do Consumidor.
V. O Ministério Público agirá em defesa do consumidor dependendo do interesse a ser defendido, fazendo-o sempre quando se tratar de interesses difusos, e, em se tratando de interesses individuais homogêneos, atuará sempre que haja manifesto interesse social evidenciado pela dimensão ou pelas características do dano, ainda que potencial.
(A) todos os itens estão corretos;
(B) somente os itens I e III e IV estão incorretos;
(C) somente os itens II, III e V estão incorretos;
(D) somente os itens I, III e V estão corretos;
(E) todos os itens estão incorretos.

I: correto, pois o caso já estará coberto pelo manto da coisa julgada *erga omnes*; II: incorreto, pois o prazo de 90 dias poderá ser prorrogado por igual período, uma única vez, em caso de motivo justificável (art. 2°, § 6°, Resolução CNMP 23/2007); III: correto (art. 4°, parágrafo único, da Resolução CNMP 23/2007); IV: incorreto, pois a nulidade de uma cláusula abusiva *não* invalida o contrato, exceto quando de sua ausência, apesar dos esforços de integração, decorrer ônus excessivo a qualquer das partes (art. 51, § 2°, do CDC); V: correto, pois, em caso de interesses individuais homogêneos, têm-se interesses disponíveis, de modo que somente se houver um manifesto interesse social por trás, é que se justificará a atuação do MP na defesa do consumidor.
„Gabarito "D".

(Ministério Público/PR – 2011) Nos autos do inquérito civil ou do procedimento preparatório, visando à tutela dos interesses ou direitos a cargo do Ministério Público, este poderá expedir recomendações administrativas no âmbito das atribuições inerentes às suas funções institucionais. Portanto, é correto afirmar que:

(A) A recomendação é medida eminentemente substitutiva ao compromisso de ajustamento de conduta, mas não afasta a necessidade da propositura de ação civil pública;
(B) A recomendação visa à melhoria dos serviços públicos e de relevância pública, bem como aos demais interesses, direitos e bens cuja defesa caiba ao Ministério Público promover, motivo pelo qual goza de coercibilidade;
(C) A recomendação poderá ser expedida apenas mediante o encerramento dos atos de instrução do inquérito civil;
(D) A recomendação pode ser expedida com o intuito de advertir o agente público acerca da violação de seu dever de probidade, hipótese em que a conveniência de sua utilização ficará sujeita à análise discricionária do Ministério Público;
(E) O Ministério Público, ao expedir a recomendação, deverá fazê-lo fundamentadamente, fixando prazo razoável para adoção das providências cabíveis, mediante cominação de multa.

A: incorreta, pois a recomendação *não* é medida substitutiva nem da ação civil pública, nem do compromisso de ajustamento (art. 15, parágrafo único, da Resolução CNMP 23/2007); **B:** incorreta, pois a recomendação, como o próprio nome diz, não se trata de uma ordem, de uma decisão coercitiva, mas de uma recomendação; **C:** incorreta, pois a recomendação é expedida nos autos do inquérito civil ou do procedimento preparatório (art. 15 da Resolução CNMP 23/2007); **D:** correta, pois a recomendação tem, também, por objetivo prevenir que agentes públicos cometam atos de improbidade; **E:** incorreta; de fato, a recomendação deve ser feita de forma fundamentada; porém, a recomendação não é uma ordem, não é coercitiva, não se falando em cominação de multa em caso de descumprimento da recomendação.
„Gabarito "D".

(Ministério Público/SP – 2011) Analise as seguintes afirmações a respeito do Inquérito Civil:

I. aplica-se a publicidade dos atos praticados, com exceção dos casos em que haja sigilo legal ou em que a publicidade possa acarretar prejuízo às investigações, casos em que a decretação do sigilo legal deverá ser motivada;
II. o membro do Ministério Público responsável pelo Inquérito poderá prestar informações, inclusive aos meios de comunicação social, a respeito das providências adotadas para apuração de fatos em tese ilícitos, externando, desde logo, seu posicionamento quanto aos fatos em apuração;
III. a publicidade inclui o direito de vista dos autos em Secretaria, mas não a extração de cópias, que poderá ser suprida por certidão a ser deferida mediante requerimento fundamentado do interessado;
IV. a restrição à publicidade deverá ser decretada em decisão motivada, para fins do interesse público, e poderá ser, conforme o caso, limitada a determinadas pessoas, provas, informações, dados, períodos ou fases, cessando quando extinta a causa jurídica que a motivou.

Está correto apenas o contido em
(A) I e II.
(B) I, II e III.
(C) I e IV.
(D) II, III e IV.

(E) III e IV.

I: correta (art. 7º, *caput*, da Resolução CNMP 23/2007); II: incorreta, pois o membro do MP poderá prestar tais informações, mas desde que não antecipe juízos de valor a respeito de apurações ainda não concluídas; III: incorreta, pois há até regulamentação da extração de cópias em inquérito civil (art. 7º, § 1º, da Resolução CNMP 23/2007); IV: correta (art. 7º, § 4º, da Resolução CNMP 23/2007).

Gabarito "C".

(Ministério Público/SP – 2011) Assinale a alternativa correta acerca do arquivamento do Inquérito Civil.

(A) Encerradas as investigações com a propositura de ação civil pública, quando esta não abranger todos os fatos e pessoas mencionados na portaria inicial do inquérito civil, deverá ser promovido, em decisão fundamentada, o arquivamento em relação a eles perante o Conselho Superior do Ministério Público.
(B) A designação de outro membro à vista da recusa de homologação de promoção de arquivamento ou de provimento de recurso contra o indeferimento de representação é ato exclusivo do Procurador Geral de Justiça, independentemente da decisão do Conselho Superior do Ministério Público.
(C) Recebida representação e obtida a satisfação do interesse por ela veiculado, no prazo de 30 (trinta) dias, e não havendo outra providência a tomar, o órgão do Ministério Público que a recebeu está dispensado de promover seu arquivamento perante o Conselho Superior do Ministério Público.
(D) Celebrado o compromisso de ajustamento, o presidente do inquérito civil adotará as providências para verificação de seu cumprimento, após o qual lançará nos autos promoção de arquivamento e os remeterá à análise do Conselho Superior do Ministério Público.
(E) Celebrado e homologado o compromisso de ajustamento de conduta, em caráter excepcional, poderá ser celebrada a novação, nos termos da lei civil, caso em que o presidente do inquérito civil deverá motivá-la, sem, no entanto, promover novo arquivamento do inquérito civil, pois, como no ajuste homologado, não poderá ocorrer disponibilidade do interesse objeto do inquérito civil.

A: correta (art. 92 do Ato Normativo 484-CPJ/2006, do Ministério Público do Estado de São Paulo); **B:** incorreta, pois é por conta da decisão do Conselho Superior do Ministério Público, no sentido de aceitar o arquivamento, que o Procurador Geral de Justiça terá essa atribuição de designar outro membro do MP para ajuizamento da ação ou prosseguimento das investigações (art. 100, § 2º, do Ato Normativo 484-CPJ/2006, do Ministério Público do Estado de São Paulo); **C:** incorreta, pois o art. 17, § 2º, do Ato Normativo 484-CPJ/2006, do Ministério Público do Estado de São Paulo estabelece que o órgão do MP promoverá o arquivamento, sem que haja, no dispositivo, dispensa de sua submissão ao Conselho Superior do Ministério Público; **D:** incorreta, pois a eficácia do compromisso ficará condicionada à homologação da promoção do arquivamento do inquérito civil pelo Conselho Superior do Ministério Público (art. 83, § 4º, do Ato Normativo 484-CPJ/2006, do Ministério Público do Estado de São Paulo); **E:** incorreta, pois, em caso de novação, o presidente do inquérito civil deverá submetê-lo à aprovação pelo Conselho Superior do Ministério Público, na hipótese de compromisso de ajustamento preliminar, ou promover novo arquivamento do inquérito civil, na hipótese de compromisso de ajustamento definitivo (art. 89 do Ato Normativo n. 484-CPJ/2006, do Ministério Público do Estado de São Paulo).

Gabarito "A".

(Ministério Público/GO – 2012) Em relação ao Inquérito Civil Público, assinale a alternativa correta.

(A) O Inquérito Civil é um instrumento de atuação privativa do Ministério Público.
(B) No Inquérito Civil serão colhidos os elementos prévios e indispensáveis ao exercício responsável da ação civil pública, devendo o órgão do Ministério Público acolher peças de contestação, indicação de testemunhas de defesa, pedido de alegações escritas ou orais e outros semelhantes, tudo em obediência ao princípio da busca da verdade real.
(C) É nula a homologação de pedido de arquivamento de Inquérito Civil Público destinado a apurar dano ambiental, pelo Conselho Superior do Ministério Público, à míngua de análise da inconformidade manifestada pelo compromitente quanto ao teor do ajuste.
(D) Ao rejeitar a promoção de arquivamento o Conselho Superior desde logo designará outro órgão do Ministério Público para propor a ação.

A: incorreta segundo o gabarito oficial. Atenção para o detalhe: a *instauração* é privativa do MP, mas não há *atuação* privativa do MP; **B:** incorreta, pois não há incidência do contraditório no inquérito civil e, por isso, não é obrigatório ao MP colher contestação, indicação de testemunhas de defesa e outros; **C:** correta, pois o direito de apresentar razões escritas ou documentos, que serão juntados aos autos do inquérito ou do procedimento preparatório, até a sessão do Conselho Superior do Ministério Público ou da Câmara de Coordenação e Revisão respectiva, para que seja homologada ou rejeitada a promoção de arquivamento, é reconhecido pelo § 3º do art. 10 da Resolução 23/2007 do CNMP. Assim, cabe ao órgão revisor, sob pena de nulidade, decidir fundamentadamente, isto é, analisar as razões apresentadas; **D:** incorreta, pois o Conselho Superior, ao rejeitar o pedido de arquivamento, nem sempre designará outro órgão para propor ação. É possível que o Conselho, por exemplo, entenda necessária a realização de alguma diligência. Ou seja, poderá converter o julgamento em diligência para a realização de atos imprescindíveis à sua decisão (Resolução 23/2007 do CNMP, art. 10, § 4º).

Gabarito "C".

(Ministério Público/GO – 2012) Assinale a alternativa correta

(A) Os motivos de impedimentos e suspeição previstos na legislação processual não se aplicam ao membro do Ministério Público durante o Inquérito Civil Público, já que se trata de procedimento pré-processual meramente informativo.
(B) Inexiste impedimento do membro do Ministério Público que arquivou o Inquérito Civil oficiar como *custos legis* na ação ajuizada por colegitimado, com base nos mesmos fundamentos de fato e de direito que embasaram o arquivamento.
(C) O membro do Ministério Público que promoveu o arquivamento do Inquérito Civil ou de peças de informações não está impedido de propor a Ação Civil Pública, se surgirem novas provas em decorrência da conversão do julgamento em diligência.
(D) No caso de necessidade para se apurar a omissão do Poder Público no controle da dengue na cidade em que reside o Promotor de Justiça com atribuições para o Inquérito Civil, haverá impedimento deste por atuar, devido ao seu interesse pessoal na solução do problema.

A: incorreta, pois é possível a verificação do impedimento ou da suspeição do membro do MP, ainda na fase do inquérito civil. Por exemplo, o Ato Normativo 484/2006, que disciplina o inquérito civil e demais investigações do Ministério Público na área dos interesses difusos, coletivos e individuais homogêneos, no âmbito do MP de SP, estabelece, em seu art. 25, que *o presidente do inquérito civil, havendo causa suficiente, declarará, em qualquer momento, seu impedimento ou sua suspeição*. Além disso, o art. 26 do mesmo Ato dispõe: *Em qualquer momento da tramitação da investigação, o interessado poderá arguir o impedimento ou a suspeição do presidente do inquérito civil*; **B:** incorreta, pois, conforme Hugo Nigro Mazzilli (*O inquérito civil*. 3. ed. São Paulo: Saraiva, 2008. p. 272 e 273), "aquele membro do Ministério Público que tinha promovido o arquivamento do inquérito civil ou das peças de informação estará logicamente impedido de oficiar: a) na ação civil pública que venha a ser ajuizada por um colega seu, em decorrência da não homologação do arquivamento pelo Conselho Superior da instituição; b) na ação civil pública ou na ação coletiva ajuizada por qualquer colegitimados de que cuidam o art. 5º, II, da Lei da Ação Civil Pública, e o art. 82 do Código de Defesa do Consumidor", No mesmo sentido o art. 11 da Resolução 23 do CNMP; **C:** correta, pois é possível o desarquivamento do IC no caso de novas provas, bem como esse fato não gera qualquer impedimento para o membro que promoveu o arquivamento. A questão do desarquivamento está disciplinada no art. 12 da Resolução 23 do CNMP; **D:** incorreta, pois a hipótese não configura interesse pessoal do membro do MP. O interesse, no caso, é genérico.

Gabarito "C".

(Ministério Público/MG – 2012 – CONSULPLAN) No princípio da década de 80, a Ação Civil Pública ingressou no ordenamento jurídico pátrio através da Lei Complementar n. 40/1981 que instituiu a Lei Orgânica do Ministério Público. Dentre as funções dos representantes ministeriais, foi inserida a promoção da ação civil pública disposta no artigo 3º, inciso III. Naquele mesmo ano, a Política Nacional do meio ambiente foi regulamentada pela Lei 6.938 e previa como atributo do Ministério Público, da União e dos Estados a propositura de ação de responsabilidade civil para reparação dos danos causados ao meio ambiente.

Porém, somente em 1985, foi publicada a Lei 7.347 que disciplinou a ação civil pública de responsabilidade por danos, inserindo no ordenamento jurídico o Inquérito Civil Público. Tratando-se do procedimento do Inquérito Civil, é **CORRETO** afirmar que:

(A) Os autos do inquérito civil ou das peças de informação arquivadas serão remetidos, sob pena de se incorrer em falta grave, no prazo de 10 (dez) dias, ao Conselho Superior do Ministério Público.

(B) Até 15 (quinze) dias antes da sessão do Conselho Superior do Ministério Público, na qual o Inquérito Civil seja homologada ou rejeitada a promoção de arquivamento, poderão as associações legitimadas apresentar razões escritas ou documentos, que serão juntados aos autos do inquérito ou anexados às peças de informação.

(C) A promoção de arquivamento será submetida a exame e deliberação do Conselho Superior do Ministério Público.

(D) Deixando o Conselho Superior de homologar a promoção de arquivamento, remeterá os autos do Inquérito Civil para que o órgão do Ministério Público que o presidiu, a fim de que ajuíze a ação.

A: incorreta, pois o prazo para remessa é de três dias (art. 9º, § 1º, da Lei 7.347/1985); **B:** incorreta, pois não há especificação de prazo para as razões, que devem ser apresentadas antes da sessão do CSMP (art. 9º, § 2º, da Lei 7.347/1985); **C:** correta, nos termos do art. 9º, § 3º, da Lei 7.347/1985; **D:** incorreta, pois se não for homologada a promoção de arquivamento, deve ser designado outro órgão para o ajuizamento de ação (art. 9º, § 4º, da Lei n. 7.347/1985).

Gabarito "C".

(Ministério Público/RJ – 2011) A recomendação expedida pelo Ministério Público:

(A) tem caráter vinculativo, na medida em que impõe a adequação da prestação de um serviço de relevância pública, podendo ser expedida para órgãos públicos e empresas privadas;

(B) tem caráter vinculativo, uma vez que é exarada por órgão que tem legitimação para o ajuizamento das ações coletivas e da persecução penal, podendo ser destinada apenas para órgãos públicos;

(C) não tem caráter vinculativo, pois sua finalidade é apenas notificar o infrator de que ele está sob investigação, como forma de garantia de seus direitos fundamentais, podendo ser destinada para pessoas físicas e jurídicas;

(D) tem eficácia apenas admonitória, em razão de sua natureza extrajudicial, podendo ser destinada apenas para órgãos públicos encarregados da regulação ou prestação de serviços de relevância pública;

(E) tem eficácia apenas admonitória, podendo ser destinada para pessoas físicas e jurídicas, públicas e privadas, cujas condutas que estejam em desconformidade com a recomendação serão, após o seu recebimento, considera das dolosas.

A: incorreta, pois não há caráter vinculativo; **B:** incorreta, pois, como dito, não há caráter vinculativo; **C:** incorreta, pois sua finalidade não é apenas a ade notificar o infrator, mas visa à melhoria dos serviços públicos e de relevância pública, bem como aos demais interesses, direitos e bens cuja defesa lhe caiba promover (Lei Complementar 75/1993, art. 6º, inciso XX, Lei 8.625/1993, art. 27, parágrafo único, IV, e art. 15 da Resolução 23 do CNMP); **D:** incorreta, pois a recomendação não se destina apenas a órgãos públicos. Nos termos da Lei 8.625/1993, art. 27, a recomendação pode ser dirigida aos poderes estaduais ou municipais; aos órgãos da Administração Pública Estadual ou Municipal, direta ou indireta; aos concessionários e permissionários de serviço público estadual ou municipal; às entidades que exerçam outra função delegada do Estado ou do Município ou executem serviço de relevância pública; **E:** correta, pois, como mencionado no item anterior, a recomendação pode ser dirigida a diversas pessoas.

Gabarito "E".

(Ministério Público/SP – 2012 – VUNESP) No curso do inquérito civil, o promotor de Justiça NÃO deve

(A) expedir recomendações e relatórios anuais ou especiais para que sejam observados os direitos que lhe incumba defender ou para a adoção de medidas destinadas à prevenção ou controle de irregularidades.

(B) sugerir à esfera de poder competente a edição de normas ou a alteração da legislação em vigor.

(C) apurar falta disciplinar ou ilícito administrativo e requisitar à autoridade administrativa competente a aplicação das sanções cabíveis sob pena de prevaricação.

(D) notificar a autoridade competente para que, em prazo razoável, adote as providências legais, no âmbito de seu poder de polícia, a fim de assegurar o respeito a interesses sociais.

(E) receber petições, reclamações, representações e queixas de qualquer pessoa, por desrespeito aos direitos asseguradas nas Constituições Federal e Estadual e ordenamento jurídico, as quais serão encaminhadas à autoridade competente para resposta e a devida solução, nos termos deste ato normativo e da legislação específica.

A: correta, pois assim estabelece o Ato Normativo 484-CPJ, de 5 de outubro de 2006, que, no âmbito do MP de SP, disciplina o inquérito civil e demais investigações do Ministério Público na área dos interesses difusos, coletivos e individuais homogêneos, as audiências públicas, os compromissos de ajustamento de conduta e as recomendações (art. 6º, I); **B:** correta, pois corresponde ao disposto no art. 6º, II, do Ato Normativo 484/2006; **C:** incorreta, pois o Ato Normativo 484/2006 estabelece, no art. 6º, V, que o Promotor de Justiça deve *propor à autoridade administrativa competente a instauração de sindicância ou processo administrativo para a apuração de falta disciplinar ou ilícito administrativo*; **D:** correta, pois assim dispõe art. 6º, II, do Ato Normativo 484; **E:** correta, pois é o que estabelece o art. 6º, IV, do Ato Normativo 484/2006.

Gabarito "C".

(Ministério Público/SP – 2012 – VUNESP) É correto afirmar:

(A) Quando houver representação, o inquérito civil não poderá ser instaurado enquanto não for identificado o representante, ainda que o fato seja determinado.
(B) Do indeferimento da representação caberá sempre recurso ao Conselho Superior do Ministério Público.
(C) A representação para instauração do inquérito civil deverá ser apresentada por escrito, não devendo o Promotor de Justiça aceitá-la se for de outra forma.
(D) A representação poderá ser indeferida sem necessidade de motivação, quando apócrifa.
(E) Quando a representação formalmente em ordem, e sem peças de informação, for manifestamente improcedente, deverá ser autuada e arquivada, remetendo-se os autos de ofício ao Conselho Superior do Ministério Público para homologação do arquivamento.

A: incorreta, pois a Resolução 23/2007 do CNMC, no art. 2º, § 3º, dispôs que o conhecimento por manifestação anônima, justificada, não implicará ausência de providências, desde que obedecidos os mesmos requisitos para as representações em geral. O Manual de Atuação Funcional dos Promotores de Justiça do Estado de São Paulo prevê, em seu art. 344, § 3º, que a representação incompleta que aponte fato concreto passível de atuação do Ministério Público, deverá ser analisada e, se recebida, deve ser instaurado o procedimento adequado. Por sua vez, dispõe o § 4º do mesmo Manual que: Adota-se o mesmo procedimento do parágrafo anterior caso a notícia encaminhada à Promotoria de Justiça, denunciando fato concreto passível de investigação, tenha sido de feita forma anônima. No mesmo sentido o parágrafo único do art. 12 do Ato Normativo 484/2006, que disciplina o inquérito civil e demais investigações do Ministério Público de São Paulo: O membro do Ministério Público poderá instaurar inquérito civil, ainda que não identificado o representante, tratando-se de fato determinado; **B:** correta, pois o cabimento de recurso está previsto artigo 107, § 1º, da Lei Complementar Estadual 734/1993 e no art. 5º, § 1º, da Resolução 23/2007 do CNMP; **C:** incorreta, pois o art. 2º, II, da Resolução 23/2007 do CNPM dispõe que o inquérito civil poderá ser instaurado em face de requerimento ou representação formulada por qualquer pessoa ou comunicação de outro órgão do Ministério Público, ou qualquer autoridade, desde que forneça, *por qualquer meio legalmente permitido*, informações sobre o fato e seu provável autor, bem como a qualificação mínima que permita sua identificação e localização; **D:** incorreta, pois toda decisão, ainda que administrativa, deve ser fundamentada. Além disso, todas as manifestações do membro do MP devem ser fundamentadas; **E:** incorreta, pois do indeferimento da representação, deve o órgão do MP dar ciência ao autor da representação para eventual recurso ao Conselho Superior do Ministério Público, no prazo de 10 (dez) dias. Se houver recurso, poderá o membro do MP reconsiderar a decisão recorrida. E se não houver recurso, os autos serão arquivados na própria origem, conforme o art. 5º, § 4º, da Resolução 23/2007 do CNMP.

Gabarito "B".

(Ministério Público/SP – 2012 – VUNESP) Com relação ao inquérito civil, é correto afirmar:

(A) Se o órgão do Ministério Público, esgotadas todas as diligências, se convencer da inexistência de fundamento para a propositura da ação civil, promoverá o arquivamento dos autos do inquérito civil ou das peças informativas, sem necessidade de fundamentação.
(B) Os autos do inquérito civil ou das peças de informação arquivadas serão remetidos, sob pena de se incorrer em falta grave, no prazo de 30 (trinta) dias, ao Conselho Superior do Ministério Público.
(C) A instauração do inquérito civil prescinde de uma portaria inicial que fixe o seu objeto e justifique a necessidade de sua instauração.
(D) A promoção de arquivamento será submetida a exame e deliberação do Conselho Superior do Ministério Público, conforme dispuser o seu Regimento.
(E) Deixando o Conselho Superior de homologar a promoção de arquivamento, determinará ao mesmo órgão do Ministério Público o ajuizamento da ação.

A: incorreta, pois há necessidade de fundamentação. Aliás, como já se afirmou, todas as manifestações do MP devem ser fundamentadas, razão pela qual o artigo 10 da Resolução 23/2007 CNMP dispõe que a promoção do arquivamento deve ser fundamentada; **B:** incorreta. O artigo 9º, § 1º, da LACP determina que os autos do inquérito civil ou das peças de informação arquivadas serão remetidos, sob pena de se incorrer em falta grave, no *prazo de 3 (três) dias*, ao Conselho Superior do Ministério Público; **C:** incorreta. A instauração de Inquérito civil pressupõe justa causa, isto é, a apuração de fato certo e determinado especificado na imprescindível portaria a ser lançada pelo órgão com atribuições e que deve conter os requisitos do artigo 4º da Resolução 23/2007 do CNMP; **D:** correta, é o que dispõe o artigo 9º, § 3º da LACP. O CSMP é o órgão de controle no caso dos Ministérios Públicos estaduais. No caso do MP Federal, por exemplo, o controle é feito pelas Câmaras de Coordenação e Revisão; **E:** incorreta. O artigo 9º, § 4º, da LACP determina que, "deixando o Conselho Superior de homologar a promoção de arquivamento, designará, desde logo, *outro órgão do Ministério Público* para o ajuizamento da ação. Isso deve em função da autonomia e independência do membro do Ministério Público.

Gabarito "D".

(Ministério Público/SP – 2012 – VUNESP) NÃO corresponde à definição e natureza jurídica do inquérito civil:

(A) procedimento administrativo.
(B) de natureza inquisitorial.
(C) de caráter obrigatório.
(D) de caráter unilateral.
(E) privativo do Ministério Público.

A: correta, pois conforme a Resolução 23/2007, alterada pelas Resoluções 35/2009 e 59/2010 do CNMP o inquérito civil é investigação administrativa a cargo do Ministério Público, destinada a colher elementos de convicção para eventual propositura de ação civil pública. Trata-se de procedimento administrativo e não de processo administrativo; **B:** correta. De acordo com Marcos Destefenni, *Manual de Processo Civil Individual e coletivo*, São Paulo: Saraiva, p. 536, "trata-se de um procedimento investigatório, inquisitivo, no sentido de que durante a sua tramitação não é obrigatória

a observância do contraditório". Se fosse processo, haveria incidência obrigatória do contraditório; **C:** incorreta, pois, como reconhece o artigo 1º da Resolução 23/2007 do CNMP, o inquérito civil tem natureza facultativa, isto é, não é imprescindível para o ajuizamento de ação civil pública; **D:** correta. Conforme o artigo 1º, da Resolução 23/2007 CNMP, o inquérito civil tem natureza unilateral e nele não se aplica a bilateralidade inerente ao contraditório; **E:** correta. Segundo Marcos Destefenni, *Manual de Processo Civil Individual e coletivo*. São Paulo: Saraiva, p. 536, "a instauração do inquérito civil, por força de norma constitucional (CF 129, III) é função institucional do Ministério Público". Não há previsão legal que confira o poder de instaurar o inquérito civil a outro órgão ou instituição. Interessante observar: a) para a propositura da ação civil pública, a legitimidade é concorrente e disjuntiva; b) a possibilidade de celebrar o Compromisso de Ajustamento de Conduta é conferida aos órgãos públicos legitimados à propositura da ação (não às associações, p. ex.); c) a instauração de IC é privativa do MP.
Gabarito "C".

7. AÇÃO, PROCEDIMENTO, TUTELA ANTECIPADA, MULTA, SENTENÇA, COISA JULGADA, RECURSOS, CUSTAS E QUESTÕES MISTAS

(Promotor de Justiça/GO – 2016 – MPE) Assinale a alternativa incorreta:

(A) Em ação coletiva para defesa de direitos individuais homogêneos, julgado improcedente o pedido com resolução de mérito, os indivíduos, ainda que não tenham aderido à demanda, não poderão ajuizar demanda particular com o mesmo objeto.

(B) Reconhecida a responsabilidade genérica do réu pelos danos causados aos consumidores, os indivíduos atingidos pelo efeito *ultra partes* da decisão ou seus herdeiros poderão comparecer em juízo, para execução a título individual da sentença coletiva, provando o dano sofrido, o seu montante, e que se encontram na situação amparada na decisão.

(C) Na ação coletiva para proteção de direitos difusos, a sentença fará coisa julgada *erga omnes*. Todavia, se o pedido for julgado improcedente por insuficiência de provas, qualquer legitimado poderá renovar a ação, com idêntico fundamento.

(D) Estão elencados entre os direitos básicos do consumidor: liberdade de escolha, informação, transparência e boa-fé, proteção contratual, prevenção e reparação de danos (morais e materiais), acesso à justiça, inversão do ônus da prova.

A: incorreta. O art. 103, § 2º, do CDC, prevê para as ações que envolvam direitos individuais homogêneos, que, em caso de improcedência do pedido, os interessados que não tiverem intervindo no processo como litisconsortes poderão propor ação de indenização a título individual. **B:** correta. A liquidação e a execução de sentença poderão ser promovidas pela vítima e seus sucessores, assim como pelos legitimados de que trata o art. 82 (art. 97 do CDC) (Ver também Recurso Repetitivo teses 480 e 887). **C:** correta. Nas ações coletivas que envolvam Direitos Difusos, a sentença fará coisa julgada *erga omnes*, exceto se o pedido for julgado improcedente por insuficiência de provas, hipótese em que qualquer legitimado poderá intentar outra ação, com idêntico fundamento valendo-se de nova prova (art. 103, I, do CDC). **D:** correta. São direitos básicos do consumidor: a informação, transparência e boa-fé (art. 6º, III); proteção contratual (art. 6º, V); prevenção e reparação de danos (morais e materiais) (art. 6º, VI), acesso à justiça (art. 6º, VII), inversão do ônus da prova (art. 6º, VIII).
Gabarito "A".

(Ministério Público/SC – 2010) Julgue os seguintes itens.

I. Está ainda em vigor a Súmula 183, do STJ, que determina competir aos juízes estaduais, nas comarcas que não sejam sede de vara da justiça federal, processar e julgar ação civil pública, quando a União figure no processo.

II. A transação, prevista no § 6º do art. 5º da Lei 7.347/1985, autoriza aos legitimados ativos para propor a ação civil pública disporem do objeto do interesse difuso violado, em virtude de sua natureza.

III. As multas cominatórias em ações civis públicas podem ser impostas pelo juiz tanto *initio litis* (em liminar) ou em tutela antecipada, bem como na sentença, independentemente do requerimento do autor. Contudo, elas só serão exigíveis depois do trânsito em julgado da sentença que declare procedente a demanda e a partir do dia em que for fixado na sentença, quando estabelecidas nas duas últimas hipóteses.

IV. O comerciante que pagar ao prejudicado reparação de dano causado por defeito no produto por ele comercializado, motivado por acondicionamento inapropriado pelo produtor, pode mover ação de regresso contra aquele que deu causa ao evento danoso, em processo autônomo ou prosseguir nos mesmos autos da demanda que acolheu a ação, sendo permitida a denunciação à lide.

V. Para a defesa de interesses transindividuais os colegitimados podem ajuizar ações civis públicas condenatórias, cautelares, executivas de títulos extrajudiciais, declaratórias, constitutivas e mandamentais.

(A) Apenas as assertivas I, III e IV estão corretas.
(B) Apenas as assertivas II e IV estão corretas.
(C) Apenas as assertivas I e V estão corretas.
(D) Apenas as assertivas III e V estão corretas.
(E) Todas as assertivas estão corretas.

I: incorreta, pois essa súmula foi cancelada, no julgamento dos Embargos de Declaração no CComp 27.676/BA, em 08.11.2000; II: incorreta, pois não é possível dispor de interesses indisponíveis; num compromisso de ajustamento só é possível ajustar condutas e tratar da reparação do dano; III: correta (arts. 11 e 12, § 2º, da Lei 7.347/1985); IV: incorreta, pois não é admitida a denunciação da lide (art. 88 do CDC); V: correta, pois, para a defesa dos interesses protegidos pelo CDC, que abrange os interesses coletivos em geral, "são admissíveis *todas* as espécies de ações capazes de propiciar sua adequada e efetiva tutela" (art. 83 do CDC).
Gabarito "D".

(Ministério Público/SE – 2010 – CESPE) Assinale a opção correta no que concerne aos ônus da sucumbência no processo coletivo.

(A) A responsabilidade por litigância de má-fé incide apenas sobre a associação autora e alcança, solidariamente, os diretores responsáveis pela propositura da ação civil pública.

(B) O MP está imune ao pagamento de custas, despesas processuais e honorários advocatícios. No caso de comprovada má-fé, apenas o membro que ajuizou a ação responde direta e pessoalmente pela condenação em perdas e danos.

(C) Na ação civil pública, no que concerne às associações civis, diversamente do regime da ação popular constitucional, não há dispensa de custas e adiantamento das despesas processuais.

(D) A condenação por comprovada litigância de má-fé da associação autora, independentemente do resultado do processo, consiste no pagamento de honorários de advogado e o décuplo das custas, além das custas judiciais e demais despesas processuais.

(E) Segundo orientação consolidada na jurisprudência do STJ e do STF, não cabe a condenação em honorários de advogado em ação civil pública proposta pelo MP julgada procedente.

A: incorreta, pois na ação popular, que também é uma ação coletiva, o cidadão também responde especialmente por litigância de má-fé; no mais, a responsabilidade geral por litigância de má-fé pode ser imputada ao réu e até a outros legitimados ativos, como a Fazenda Pública; B: incorreta, pois o agente público não responde diretamente pelos danos causados no exercício de função pública, devendo a ação ser promovida unicamente em face do Estado; C: incorreta (art. 18 da Lei 7.347/1985); D: incorreta, pois nos estritos termos da lei são devidos apenas honorários advocatícios, décuplo da custas e perdas e danos, não cabendo condenação de mais uma unidade de custas judiciais e demais despesas processuais; E: correta ("*Posiciona-se o STJ no sentido de que, em sede de ação civil pública, a condenação do Ministério Público ao pagamento de honorários advocatícios somente é cabível na hipótese de comprovada e inequívoca má-fé do Parquet. Dentro de absoluta simetria de tratamento e à luz da interpretação sistemática do ordenamento*, não pode o **parquet** beneficiar-se de honorários, quando for vencedor na ação civil pública"– EREsp 895.530/PR, Rel. Min. Eliana Calmon, *DJe* 18.12.2009 – g.n.).

Gabarito "E".

(Ministério Público/SE – 2010 – CESPE) A propósito da efetividade da tutela jurídica processual coletiva, assinale a opção correta.

(A) São aplicáveis ao regime do CDC as normas que disciplinam o mandado de segurança coletivo, na hipótese de ofensa a direito líquido e certo, individual, coletivo ou difuso, em face de atos ilegais ou abusivos de pessoas físicas ou jurídicas.

(B) Na defesa de direitos difusos, admite-se ação ordinária preventiva de natureza mandamental, objetivando tutela inibitória, de modo a compelir o poder público a impedir, em todo o território nacional, o uso ou o consumo de produto nocivo ou perigoso à saúde pública.

(C) Na sistemática brasileira de defesa do consumidor, é possível o controle abstrato preventivo de cláusulas contratuais gerais por grupos de pessoas ligadas pela mesma relação jurídica base.

(D) No processo coletivo, é permitida a ampliação do objeto litigioso da ação, mediante formulação de demandas de caráter pessoal e individualizadas de interessados, como litisconsortes necessários do autor coletivo.

(E) Na ação ajuizada contra a fazenda pública, em qualquer hipótese, são vedadas a antecipação de tutela e medidas cautelares satisfativas, bem como execução provisória da sentença.

A: incorreta, pois o CDC contém disciplinamento específico sobre a questão; B: correta, valendo salientar que o pedido de provimento jurisdicional *mandamental* é cabível diante do disposto no art. 83 do CDC ("Art. 83. Para a defesa dos direitos e interesses protegidos por este código são admissíveis todas as espécies de ações capazes de propiciar sua adequada e efetiva tutela); C: incorreta, pois um simples "grupo de pessoas" não tem legitimidade para ingressar com ação civil pública (art. 82 do CDC); D: incorreta, pois não é possível a reunião, para julgamento conjunto, de ações coletivas e individuais, tendo em vista que cada qual tem um regime jurídico processual próprio; E: incorreta, pois a antecipação da tutela é cabível, desde que nos limites do art. 1º da Lei 9.494/1997 c/c art. 1º da Lei 8.437/1992.

Gabarito "B".

(Ministério Público/GO – 2010) Sobre liminares em ações civis públicas ou coletivas podemos afirmar:

I. Poderá o juiz conceder liminar, mas após justificação prévia, observando o disposto nas leis n. 8.437/1992 e 9.494/1997. O efeito suspensivo se pleiteado no recurso de agravo, nas ações civis públicas ou coletivas, não é automático, dependerá de o juiz conferi-lo ou não, caso a caso.

II. Existe vedação legal para a concessão de liminares em ações civis públicas ou coletivas, nas mesmas hipóteses em que a lei também as proíbe em mandados de segurança (Leis n. 8.437/1992, 9.494/1997 e 12.016/2009).

III. Liminar sem a prévia justificação somente poderá ser deferida quando versar sobre interesses individuais homogêneos.

IV. A multa cominada liminarmente só será exigível do réu após o trânsito em julgado da decisão favorável ao autor, mas será devida desde o dia em que houver configurado o descumprimento.

(A) Todas as alternativas são verdadeiras.
(B) Apenas uma alternativa é verdadeira.
(C) Apenas uma alternativa é falsa.
(D) Todas as alternativas são falsas.

I: incorreta, pois a liminar será concedida após a audiência do representante judicial da pessoa jurídica de direito público, e não após a *justificação prévia* (art. 2º da Lei 8.437/1992). Aliás, o art. 12 da LACP estabelece que *poderá o juiz conceder mandado liminar, com ou sem justificação prévia*. A segunda parte da assertiva está correta, à luz do art. 14 da LACP. Não há efeito suspensivo automático em ACP; II: incorreta, pois a vedação à concessão de liminares *não se aplica aos processos de ação popular e de ação civil pública* (art. 1º, § 2º, da Lei 8.437/1992); III: incorreta, pois há o poder geral de cautela do juiz em ações que tenham por objeto a tutela de direitos difusos ou coletivos (art. 12 da LACP); IV: correta, se considerada a literalidade do art. 12, § 2º, da LACP. Porém, a própria vigência do mencionado dispositivo legal é questionado pela doutrina. Vide Marcos Destefenni. *Manual de processo civil coletivo e individual*. São Paulo: Saraiva, 2012.

Gabarito "B".

(Ministério Público/MG – 2011) É lícito ao julgador, diante de cada caso concreto, aferir qual é o modo mais adequado para tornar efetiva a tutela, tendo em vista o fim da norma e a impossibilidade de previsão legal de todas as hipóteses fáticas. Tratando-se da possibilidade de retorno da desídia do ente estatal frente a uma decisão judicial emitida, podendo resultar em grave lesão à sociedade por falta de assistência médica, a fixação de multa cominatória é medida que se impõe.

I. É facultado ao juiz determinar as medidas necessárias, tais como a imposição de multa por tempo de atraso para a efetivação da tutela específica ou a obtenção do resultado prático equivalente.

II. É defeso ao juiz modificar o valor ou a periodicidade da multa, caso verifique que se tornou insuficiente ou excessiva.

III. É lícito ao juiz conceder a tutela liminarmente com imposição de multa diária ao réu, independentemente de pedido do autor, sendo relevante o fundamento da demanda e havendo justificado receio de ineficácia do provimento final.

IV. É defeso ao juiz, ao impor multa diária ao réu, fixar prazo razoável para o cumprimento do preceito.

Estão **INCORRETAS** as alternativas:

(A) I e II.
(B) I, II e IV.
(C) III e IV.
(D) II e IV.

I: correta, pois assim estabelecem o art. 461 do CPC e o art. 84 do CDC; II: incorreta, pois contraria o § 6º do art. 461 do CPC e a própria natureza da *astreinte*, que é essencialmente modificável (cláusula *rebus sic stantibus*); III: correta, nos termos do art. 461, § 3º, do CPC, e do art. 84, § 3º, do CDC; IV: incorreta, pois é permitido ao juiz impor multa diária ao réu e fixar prazo razoável para o cumprimento do preceito (art. 461, § 4º, do CPC e art. 84, § 4º, do CDC da LACP).
Gabarito "D".

(Ministério Público/MG – 2011) No que tange à coisa julgada, nas ações coletivas de que trata o Código de Defesa do Consumidor, pode-se afirmar que

I. os efeitos da coisa julgada *erga omnes* e *ultra partes* prejudicarão interesses e direitos individuais dos integrantes da coletividade, do grupo, categoria ou classe.

II. na hipótese de efeito *erga omnes* da coisa julgada em ação de interesses ou direitos individuais homogêneos, em caso de improcedência do pedido, os interessados que não tiverem intervindo no processo como litisconsortes poderão propor ação de indenização a título individual.

III. a sentença civil nas ações coletivas de interesses difusos fará coisa julgada *erga omnes*, nos limites da competência territorial do órgão prolator. Havendo condenação em dinheiro, essa prejudicará as ações de indenização por danos pessoalmente sofridos, propostas individualmente ou na forma prevista no Código de Defesa do Consumidor.

IV. os efeitos da coisa julgada *erga omnes* ou *ultra partes* beneficiarão os autores das ações individuais, se requerida sua suspensão no prazo de trinta dias, a contar da ciência nos autos do ajuizamento da ação coletiva.

Apenas está **CORRETO** o que se afirma em:

(A) III.
(B) II e IV.
(C) II e III.
(D) I, II e III.

I: incorreta, pois os efeitos da coisa julgada *não* prejudicarão interesses e direitos individuais dos integrantes da coletividade, do grupo, categoria ou classe (art. 103, § 1º, do CDC); II: correta, pois é o que determina o art. 103, § 2º, do CDC; III: incorreta. A Corte Especial do STJ, no julgamento do REsp 1.243.887/PR (*DJe* 12.12.2011), decidiu rever a orientação jurisprudencial que aceita a imposição de limites territoriais à coisa julgada. No caso de condenação em dinheiro, o valor reverterá ao Fundo. Além disso, não prejudicará as ações individuais; IV: correta, pois é o que estabelece o art. 104 do CDC.
Gabarito "B".

(Ministério Público/MG – 2011) A exemplo do que ocorre com a ação popular, o mandado de segurança, a ação civil pública e o rito descrito no Código de Defesa do Consumidor, foi instituída a isenção das custas judiciais e dos ônus da sucumbência, salvo em face de comprovada má-fé. Em caso de condenação por litigância de má-fé, afirma-se:

I. A associação autora e os diretores responsáveis pela propositura da ação serão solidariamente condenados em honorários advocatícios.

II. A associação autora e os diretores responsáveis pela propositura da ação poderão ser condenados ao décuplo das custas, sem prejuízo da responsabilidade por perdas e danos.

III. Nas ações civis públicas, quando forem dois ou mais os litigantes de má-fé, o juiz condenará cada um na proporção do seu respectivo interesse na causa, ou solidariamente aqueles que se coligaram para lesar a parte contrária.

IV. Nas ações civis públicas, não haverá condenação da associação autora, salvo comprovada má-fé, em honorários de advogado, custas e despesas processuais.

V. O valor da indenização pela litigância de má-fé será desde logo fixado pelo juiz, em quantia não superior a 20% (vinte por cento) sobre o valor da causa, ou liquidado por arbitramento.

São **CORRETAS** as alternativas:

(A) I e III.
(B) I, II e IV.
(C) II, IV e V.
(D) Todas.

I: correta, nos termos do art. 17 da LACP; II: correta, pois assim dispõe o art. 17 da LACP; III: correta, pois a assertiva está, em sua literalidade, conforme o disposto no art. 18, § 1º, do CPC; IV: correta, pois assim dispõe o art. 87 do CDC e o art. 18 da LACP; V: correta, nos termos do art. 18, § 2º, do CPC.
Gabarito "D".

(Ministério Público/MT – 2012 – UFMT) Em relação à coisa julgada nas ações coletivas, analise as afirmativas.

I. A sentença fará coisa julgada *erga omnes*, exceto se o pedido for julgado improcedente por insuficiência de provas, hipótese em que qualquer legitimado poderá intentar outra ação, com idêntico fundamento valendo-se de nova prova, quando se tratar de interesses ou direitos difusos, situação em que a coisa julgada opera *secundum eventum probationis*.

II. A sentença fará coisa julgada *erga omnes*, apenas no caso de procedência do pedido, para beneficiar todas as vítimas e seus sucessores, quando se tratar de interesses ou direitos individuais homogêneos, situação em que a coisa julgada opera *secundum eventum probationis*.

III. A sentença sempre fará coisa julgada *inter partes*, exceto se o pedido for julgado improcedente por insuficiência de provas, hipótese em que qualquer legitimado que não tenha feito parte do processo poderá intentar outra ação, com idêntico fundamento valendo-se de nova prova, quando se tratar de interesses ou direitos difusos.

IV. A sentença fará coisa julgada *erga omnes*, apenas no caso de procedência do pedido, para beneficiar todas as vítimas e seus sucessores, quando se tratar de interesses ou direitos individuais homogêneos, situação em que a coisa julgada opera *secundum eventum litis*.

Estão corretas as afirmativas:

(A) I e II, apenas.
(B) I e III, apenas.
(C) I e IV, apenas.
(D) III e IV, apenas.
(E) II e IV, apenas.

I: correta, pois é o que estabelece o art. 103, I, do CDC; II: incorreta, pois a coisa julgada, no caso, opera *secundum eventum litis* (e não *probationis*); III: incorreta, pois a sentença não opera efeito *inter partes* (os efeitos são *erga omnes* ou *ultra partes*); IV: correta, pois é o que dispõe o art. 103, III, do CDC.
Gabarito "C".

(Ministério Público/MT – 2012 – UFMT) Em relação à coisa julgada nas ações coletivas, analise as afirmativas.

I. Com o advento da Lei n. 11.232/2005, foi extinta a discussão acerca da natureza jurídica da liquidação de sentença, que foi deslocada de lugar e se encontra em capítulo que antecede o cumprimento de sentença, como mero incidente processual da fase de conhecimento.
II. É possível a execução de julgado em Ação Coletiva proposta para a defesa de interesses ou direitos individuais homogêneos por Associação Civil, que, no caso, possui legitimação ordinária autônoma.
III. A decisão que julga a liquidação de sentença faz coisa julgada material, apesar disso, desafia o recurso de agravo de instrumento.
IV. Não há possibilidade de haver execução ou cumprimento de sentença sem que o título que o embase esteja revestido de todos os requisitos estabelecidos na Lei Processual Civil, quais sejam, liquidez, certeza e exigibilidade.

Estão corretas as afirmativas:

(A) I, III e IV, apenas.
(B) I, II e III, apenas.
(C) II, III e IV, apenas.
(D) III e IV, apenas.
(E) I, II e IV, apenas.

I: correta, conforme o gabarito oficial e conforme o entendimento dominante. Realmente, houve o mencionado deslocamento. Todavia, não é verdade que foi extinta a discussão acerca da natureza jurídica da liquidação de sentença. Há quem entenda que se trata de ação; II: incorreta, pois a legitimidade, no caso, é extraordinária, com substituição processual dos titulares do direito material; III: correta, pois é instaurado o procedimento respectivo, com cognição judicial exauriente, de tal forma que a decisão proferida na liquidação passa a integrar o título executivo judicial. O recurso é o de agravo de instrumento por força de expressa previsão legal (art. 475-H do CPC); IV: correta, pois o art. 580 do CPC dispõe que *a execução pode ser instaurada caso o devedor não satisfaça a obrigação certa, líquida e exigível, consubstanciada em título executivo*. Só uma ressalva: os atributos mencionados são da obrigação e não do título, como diz a atual redação do art. 580.
Gabarito "A".

(Ministério Público/MT – 2012 – UFMT) Quanto aos efeitos dos recursos, marque V para as afirmativas verdadeiras e F para as falsas.

( ) Nas ações propostas com base na Lei de Ação Civil Pública, os recursos têm o efeito devolutivo como regra geral, podendo o juiz conferir-lhes caráter suspensivo para evitar dano irreparável à parte.
( ) O recurso de apelação apresentado contra sentença em Ação Popular deve ser recebido no duplo efeito, ou seja, devolutivo e suspensivo.
( ) Nas demandas envolvendo relações de consumo, há incidência do sistema instituído pela Lei de Ação Civil Pública, inclusive no âmbito recursal.
( ) A sentença prolatada com base na Lei n. 8.069/1990 (Estatuto da Criança e do Adolescente) desafia recurso dotado de efeito devolutivo como regra geral.

Assinale a sequência correta.

(A) V, F, V, V
(B) V, F, F, F
(C) F, F, V, V
(D) V, V, V, V
(E) F, V, F, V

I: verdadeira, nos termos do art. 14 da LACP; II: verdadeira, pois o art. 19 da LAP prevê que a apelação seja recebida com efeito suspensivo; IIII: verdadeira, pois a interação decorre da referência recíproca determinada pelo art. 21 da Lei da Ação Civil Pública e pelo art. 90 do Código de Defesa do Consumidor; IV: verdadeira, segundo o gabarito oficial. Deve-se observar que a sistemática recursal do ECA foi alterada pela Lei 12.010/2009, que revogou a regra do inciso VI do art. 198 do ECA, segundo a qual a apelação deveria ser recebida em seu efeito devolutivo, como regra. Portanto, na atualidade, pela aplicação do CPC, o recurso de apelação deve ser recebido, como regra, no *duplo efeito* (devolutivo e suspensivo).
Gabarito "D".

(Ministério Público/MT – 2012 – UFMT) Levando em consideração o regime jurídico da coisa julgada no processo coletivo, marque V para as afirmativas verdadeiras e F para as falsas.

( ) Em se tratando de interesse ou direito difuso, sendo o pedido julgado improcedente com provas suficientemente produzidas, a sentença acarretará coisa julgada formal e material, impedindo a propositura de nova ação coletiva, bem como de ações individuais com base no mesmo fato lesivo.
( ) Se o interesse ou direito for coletivo *stricto sensu*, formar-se-á coisa julgada *ultra partes* para o grupo, categoria ou classe, salvo se o pedido for julgado improcedente por insuficiência de provas, caso em que poderá qualquer colegitimado propor nova ação, desde que se valendo de nova prova.
( ) Se o direito for individual homogêneo e o pedido for julgado improcedente por insuficiência de provas, poderá o indivíduo promover sua ação individual condenatória, mesmo tendo ingressado no processo coletivo como litisconsorte ou assistente litisconsorcial.
( ) O indivíduo que tiver proposto ação individual, antes do ajuizamento da ação coletiva, se quiser se beneficiar da sentença de procedência terá que requerer a suspensão de seu processo individual.

Assinale a sequência correta.

(A) V, V, F, V
(B) F, V, F, F
(C) F, V, F, V
(D) V, F, F, V
(E) F, V, V, F

I: falsa, pois, no caso de improcedência, não há impedimento para o ajuizamento de ações individuais (art. 103, § 1º, do CDC); II: verdadeira, pois é o que estabelece o art. 103, II, do CDC); III: falsa, pois aquele que ingressa no processo coletivo não pode, no caso de improcedência da demanda, propor ação individual (art. 103, § 2º, do CDC); IV: verdadeira, pois é o que estabelece o art. 104 do CDC.
Gabarito "C".

(Ministério Público/MT – 2012 – UFMT) A ação civil pública proposta com fundamento na Lei n. 7.853/1989 que for considerada procedente terá obrigatório duplo grau de jurisdição, subindo ao Tribunal de Justiça sem a necessidade de recurso

(A) apenas nos casos de carência da ação.
(B) em caso de carência ou improcedência da ação.
(C) apenas nos casos de improcedência da ação.
(D) em qualquer tipo de sentença, mesmo que procedente a ação.
(E) somente nos casos de sentença de mérito, de procedência ou não.

A: incorreta, pois a Lei 7.853/1989, dispõe sobre o apoio às pessoas com deficiência, estabelece, em seu art. 4º, § 1º, que *a sentença que concluir pela carência ou pela improcedência da ação fica sujeita ao duplo grau de jurisdição, não produzindo efeito senão depois de confirmada pelo tribunal*; **B:** correta, conforme mencionado no item anterior; **C:** incorreta, pois o reexame também ocorre no caso de carência; **D:** incorreta, pois o reexame necessário depende do tipo de sentença; **E:** incorreta, pois também ocorre reexame no caso de sentença processual (terminativa) que concluir pela carência.
Gabarito "B".

(Ministério Público/PI – 2012 – CESPE) No que concerne à ACP, assinale a opção correta.

(A) Se o MP atuar como parte na ACP, será dispensável a sua intimação para oficiar como fiscal da lei no processo.
(B) A antecipação de tutela, na ACP, não pode ser deferida sem a prévia justificação ou manifestação da outra parte.
(C) Constitui procedimento da ACP a realização de audiência de conciliação.
(D) Qualquer pessoa que causar dano ou impedir o exercício de direitos difusos, coletivos, individuais indisponíveis ou homogêneos poderá figurar no polo passivo da ACP.
(E) A ACP constitui instrumento adequado para deduzir pretensão de índole tributária.

A: incorreta, pois a atuação como parte não impede que o MP exerça sua atribuição de fiscal da lei. Ademais, não deve haver a intervenção de mais de um órgão do MP no mesmo processo; **B:** incorreta, pois o art. 12 da LAP é expresso no sentido de que as medidas de urgência podem ser concedidas com ou sem justificação prévia; **C:** incorreta, pois não é obrigatória a designação de audiência de conciliação (art. 331 do CPC); **D:** correta, pois qualquer pessoa pode ocupar o polo passivo de ACP; **E:** incorreta, pois há vedação expressa no parágrafo único do art. 1º da LACP.
Gabarito "D".

(Ministério Público/SC – 2012) Analise as assertivas a seguir.

I. O Ministério Público poderá instaurar, sob sua presidência, inquérito civil, ou requisitar, de qualquer organismo público ou particular, certidões, informações, exames ou perícias, no prazo que assinalar, o qual não poderá ser inferior a 5 (cinco) dias úteis.
II. Os autos do inquérito civil ou das peças de informação arquivados serão remetidos, sob pena de se incorrer em falta grave, no prazo de 3 (três) dias, ao Conselho Superior do Ministério Público.
III. Decorridos sessenta dias do trânsito em julgado da sentença condenatória, sem que a associação autora lhe promova a execução, deverá fazê-lo com exclusividade o Ministério Público.
IV. A sentença civil fará coisa julgada *erga omnes*, nos limites da competência territorial do órgão prolator, exceto se o pedido for julgado improcedente por insuficiência de provas, hipótese em que qualquer legitimado poderá intentar outra ação com idêntico fundamento, valendo-se de nova prova.
V. É correto afirmar que em se tratando de Ação Popular: Qualquer cidadão será parte legítima para pleitear a anulação ou a declaração de nulidade de atos lesivos ao patrimônio da União, do Distrito Federal, dos Estados, dos Municípios, de entidades autárquicas, de sociedades de economia mista, de sociedades mútuas de seguro nas quais a União represente os segurados ausentes, de empresas públicas, de serviços sociais autônomos, de instituições ou fundações para cuja criação ou custeio o tesouro público haja concorrido ou concorra com mais de cinquenta por cento do patrimônio ou da receita ânua, de empresas incorporadas ao patrimônio da União, do Distrito Federal, dos Estados e dos Municípios, e de quaisquer pessoas jurídicas ou entidades subvencionadas pelos cofres públicos.

(A) Apenas as assertivas I, II e III estão corretas.
(B) Apenas as assertivas II, III e IV estão corretas.
(C) Apenas as assertivas II, IV e V estão corretas.
(D) Apenas as assertivas III, IV e V estão corretas.
(E) Todas as assertivas estão corretas.

I: incorreta, pois o prazo que assinalar não poderá ser inferior a *10 (dez) dias úteis* (art. 8º, 1º, da LACP); II: correta, pois é o que estabelece o art. 9º, § 1º, da LACP; III: incorreta, pois a execução também pode ser promovida pelos demais legitimados, ou seja, não há exclusividade do MP (art. 15 da LACP); IV: correta, pois é o que estabelece, em sua literalidade, o art. 16 da LACP; V: correta, pois assim dispõe o art. 1º da LAP.
Gabarito "C".

(Ministério Público/SC – 2012) Analise as assertivas a seguir.

I. Os interesses individuais homogêneos, são interesses perfeitamente identificáveis, considerados divisíveis. Fazem parte do patrimônio individual de seu titular. São, via de regra, transferíveis, *inter vivos* e *causa mortis*, suscetíveis de renúncia e transação, salvo direitos personalíssimos.
II. Os direitos coletivos são transindividuais, com determinação relativa de seus titulares. A ligação entre os titulares coletivos decorre de uma relação jurídica base. São indivisíveis, insuscetíveis de apropriação, transmissão, renúncia e transação. Sua defesa em juízo se dá através de substituição ou representação processual, o que torna o objeto da demanda disponível para o autor.
III. A multa liminar é computada, desde o dia em que houver configurado o descumprimento, iniciando-se o somatório diário.
IV. A homologação do arquivamento do inquérito civil pelo Conselho Superior do Ministério Público não impede a reabertura do caso quando surgirem novas provas, tampouco prejudica o ajuizamento da ação civil pública por outro legitimado.
V. Segundo o Superior Tribunal de Justiça é cabível a declaração de inconstitucionalidade de lei *incidenter tantum*, em ação civil pública.

(A) Apenas as assertivas I, II e III estão corretas.

(B) Apenas as assertivas II, III e IV estão corretas.
(C) Apenas as assertivas III, IV e V estão corretas.
(D) Apenas as assertivas I, II, IV estão corretas.
(E) Todas as assertivas estão corretas.

I: correta, pois a divisibilidade do direito é sua característica marcante, tanto que a sua tutela coletiva tem regras e procedimentos próprios (arts. 91 e ss. do CDC). Além disso, são direitos subjetivos individuais, apresentando as características mencionadas na assertiva; II: correta, pois assim dispõe o art. 81, parágrafo único, II, do CDC. Os direitos coletivos podem ser defendidos pelos legitimados do art. 82 do CDC, em regime de substituição processual, ou, nos termos do art. 5°, inciso XXI, da CF, pelas entidades associativas, quando expressamente autorizadas, que têm legitimidade para representar seus filiados judicial ou extrajudicialmente (representação processual); III: correta, pois a incidência da multa desde o descumprimento da obrigação está prevista no art. 12, § 2°, da LACP; IV: correta, pois o arquivamento de inquérito civil não faz coisa julgada. De outro lado, como a legitimidade para a tutela dos direitos transindividuais é concorrente e disjuntiva, o arquivamento do IC pelo MP não impede que qualquer outro legitimado proponha a ação coletiva relativa aos fatos investigados, pois a atuação de um legitimado não vincula a atuação dos demais. Nesse sentido que se diz ser disjuntiva a legitimidade; V: correta, pois, conforme o STJ, "é possível, em ação civil pública, a decretação de inconstitucionalidade de normas, desde que esteja colocada como causa de pedir, e não no objeto da ação. Precedentes" (REsp 1.172.073/PR).

Gabarito "E".

8. EXECUÇÃO

(Ministério Público/SE – 2010 – CESPE) Acerca da sentença e da execução nas ações coletivas, assinale a opção correta.

(A) Julgada procedente a demanda coletiva, a condenação será certa, fixando a obrigação de indenizar do réu, o ressarcimento dos danos causados e dos prejuízos das vítimas.
(B) Em procedimento de liquidação da sentença coletiva, as vítimas e os sucessores devem demonstrar, em amplo contraditório e cognição exauriente, a existência do dano pessoal e o nexo de causalidade com o dano global, bem como a sua quantificação.
(C) O MP não tem legitimidade para promover a execução coletiva da sentença condenatória proferida em ação civil pública, na qualidade de representante das vítimas, quando as indenizações já estiverem determinadas em liquidação.
(D) Havendo concurso de crédito decorrente de indenização cumulativa pelos danos provocados e o ressarcimento pelos prejuízos pessoalmente sofridos, tem preferência a reparação coletiva em confronto com a individual.
(E) Os legitimados concorrentes à ação coletiva, após o decurso do prazo legal sem que haja habilitação dos prejudicados, podem promover a liquidação das indenizações pessoais, por amostragem, cujas certidões constituirão título hábil a embasar a execução coletiva.

A: incorreta, pois cabe condenação genérica, fixando apenas o dever de indenizar, quando se tratar de interesse individual homogêneo (art. 95 do CDC); **B:** correta, pois, como a condenação na demanda coletiva é genérica, fixando apenas a responsabilidade pela indenização, cada vítima deve promover a liquidação individual da sentença (art. 97 do CDC), demonstrando o dano pessoal, o nexo de causalidade com o dano global e a quantificação dos danos suportados; **C:** incorreta (art. 98 do CDC); **D:** incorreta (art. 99 do CDC); **E:** incorreta, pois, nesse caso, o legitimado para a ação coletiva promoverá liquidação em juízo, objetivando quantificar os danos o mais próximo da realidade, prosseguindo-se, nos mesmos autos, com a execução coletiva.

Gabarito "B".

(Ministério Público/MT – 2012 – UFMT) Com referência à *fluid recovery* prevista no artigo 100 da Lei n. 8.078/1990, é correto afirmar:

(A) Decorrido o prazo de 06 meses, contados do trânsito em julgado da sentença, sem habilitação de interessados, poderão os legitimados do artigo 82 do Código de Defesa do Consumidor promover a liquidação e execução da indenização devida, sem prejuízo dos créditos individuais das vítimas.
(B) Decorrido o prazo de 01 ano, contado da prolação da sentença de 1° grau e independente do trânsito em julgado, sem habilitação de interessados, poderão os legitimados do artigo 82 do Código de Defesa do Consumidor promover a liquidação e execução da indenização devida, devendo as vítimas buscar o ressarcimento do valor junto ao Fundo de Defesa de Direitos Difusos.
(C) Decorrido o prazo de 06 meses sem habilitação de interessados, poderão os legitimados do artigo 82 do Código de Defesa do Consumidor promover a liquidação e execução da indenização devida, devendo as vítimas buscar o ressarcimento do valor junto ao Fundo de Defesa de Direitos Difusos.
(D) Decorrido o prazo de 01 ano, contado da publicação do edital para divulgação da sentença coletiva, sem habilitação de interessados, poderão os legitimados do artigo 82 do Código de Defesa do Consumidor promover a liquidação e execução da indenização devida, sem prejuízo dos créditos individuais das vítimas.
(E) Decorrido o prazo de 01 ano sem habilitação de interessados, contado da prolação da sentença de 1° grau e independente do trânsito em julgado, poderão os legitimados do artigo 82 do Código de Defesa do Consumidor promover a liquidação e execução da indenização devida, não podendo mais as vítimas liquidar e executar os créditos individuais em decorrência da preclusão.

A: incorreta, pois, nos termos do art. 100 do CDC, o prazo é de um ano (e não de seis meses); **B:** incorreta, pois o prazo de um ano deve ser contado da publicação de edital que divulgue a sentença coletiva; **C:** incorreta, pois, conforme mencionado, o prazo é de um ano; **D:** correta, pois, o prazo de um ano não é prescricional, de tal forma que não ficam prejudicados os créditos individuais; **E:** incorreta, pois, como se disse, o prazo de um ano não é prescricional, de tal forma que as vítimas ainda podem promover a liquidação e a execução dos créditos individuais.

Gabarito "D".

(Ministério Público/PB – 2010) Avalie as proposições seguintes e assinale a alternativa correta:

I. Produto de indenização do fundo previsto na Lei de Ação Civil Pública jamais se presta à reparação de lesões individuais diferenciadas.
II. O Ministério Público promoverá a liquidação da sentença oriunda de ação civil pública ajuizada por associação civil que tenha abandonado ou desistido da liquidação ou da execução, desde que o objeto da ação não seja relacionado a direito individual homogêneo.

III. Na instrução do inquérito civil público não cabe, em qualquer hipótese, quebra de sigilo de dados telefônicos, porque constitui grave violência ao direito de privacidade e, por conseguinte, prova ilícita.

(A) Apenas I e II são verdadeiras.
(B) Apenas I é verdadeira.
(C) Apenas II é verdadeira.
(D) Apenas I e III são verdadeiras.
(E) I, II e III são verdadeiras.

I: correta, pois o Fundo previsto no art. 13 da LACP é destinado à reparação dos interesses difusos; II: incorreta, pois a liquidação, no caso, só pode versar sobre direitos individuais homogêneos; III: incorreta, pois a possibilidade de quebra de sigilo decorre dos poderes instrutórios atribuídos ao MP pelo art. 26 da Lei 8.625/1993. Se for o caso, o membro do MP pode requerer a quebra de sigilo perante o Poder Judiciário para que a prova produzida seja encartada no inquérito civil.
Gabarito "B".

(Ministério Público/RJ – 2011) Em matéria de execução, é INCORRETO afirmar que:

(A) salvo nos casos dos titulares de direitos individuais homogêneos, a liquidação coletiva pode ser buscada em uma fase específica do mesmo processo;
(B) na "indenização fluida" (*fluid recovery*), há hipótese de legitimação extraordinária subsidiária para a liquidação coletiva, cujo produto da execução se destinará a um fundo;
(C) as execuções coletivas cingem-se aos títulos judiciais, prevalecendo a reserva de jurisdição em virtude do interesse social subjacente à tutela coletiva;
(D) para a cumulação de demandas executivas, é necessária a identidade de partes, mas a unidade de título executivo não assegura a cumulação das demandas dele decorrentes;
(E) prevê o Estatuto do Idoso que a multa coercitiva só será exigível do réu após o trânsito em julgado da sentença favorável ao autor, mas será devida desde o dia em que se houver configurado o descumprimento.

A: correta, pois a ação de liquidação só é necessária no caso da tutela de direitos individuais homogêneos. Nos demais casos, procede-se ao cumprimento de sentença; B: correta, pois o legitimado à liquidação, no caso, não é titular do direito à indenização. Além disso, a liquidação subsidiária só é possível depois de decorrido o prazo de um ano sem habilitação de interessados em número compatível com a gravidade do dano (art. 100 do CDC); C: incorreta, pois é possível a execução do Compromisso de Ajustamento de Conduta, título executivo extrajudicial; D: correta, pois, conforme o art. 573 do CPC, *é lícito ao credor, sendo o mesmo o devedor, cumular várias execuções, ainda que fundadas em títulos diferentes, desde que para todas elas seja competente o juiz e idêntica a forma do processo*. Do mesmo título podem constar legitimados passivos diversos, como o devedor, o responsável, o sócio e outros; E: correta, pois é o que prevê o art. 83, 3º, do Estatuto do Idoso.
Gabarito "C".

(Ministério Público/TO – 2012 – CESPE) Assinale a opção correta acerca da ACP.

(A) A justiça estadual é competente para processar e julgar ACP por danos causados ao patrimônio público, nas comarcas que não sejam sede de vara da justiça federal, ainda que a União seja parte no processo, conforme vigente súmula do STJ.
(B) Os valores pagos pelo réu de ACP, como forma de indenização por danos, serão revertidos a um fundo gerido por um conselho federal ou por conselhos estaduais de que participarão necessariamente o MP e representantes da comunidade, e os recursos se destinarão à reconstituição dos bens lesados.
(C) Segundo o STJ, o inquérito civil, como peça informativa, não é suficiente para embasar a propositura de ACP contra deputado federal, sendo necessária, nesse caso, a abertura de procedimento administrativo prévio.
(D) Possuem legitimidade ativa para a ACP a DP, o MP, a União, os estados, o DF, os municípios, as entidades do terceiro setor, as autarquias, as empresas públicas, as fundações e as sociedades de economia mista.
(E) Compete ao MP pleitear, em ACP, indenização decorrente de seguro obrigatório de danos pessoais causados por veículos automotores de vias terrestres, em benefício do segurado.

A: incorreta, pois esse entendimento que embasou a Súmula 183 do STJ (cancelada) acabou superado por decisão do STF (Rext 228.955/RS); B: correta, pois é o que determina o artigo 13 da LACP; C: incorreta, pois o STJ entende que é desnecessário o procedimento administrativo prévio (REsp 1.028.248/SP); D: incorreta, pois, no caso das entidades do terceiro setor (associações, a LACP, no art. 5º, V, só legitima as associações que estejam, concomitantemente: a) constituídas há pelo menos 1 (um) ano nos termos da lei civil; b) incluam, entre suas finalidades institucionais, a proteção ao meio ambiente, ao consumidor, à ordem econômica, à livre concorrência ou ao patrimônio artístico, estético, histórico, turístico e paisagístico; E: incorreta, pois conforme o enunciado da Súmula 470 do STJ, "o Ministério Público não tem legitimidade para pleitear, em ação civil pública, a indenização decorrente do DPVAT em benefício do segurado".
Gabarito "B".

(Ministério Público/TO – 2012 – CESPE) Acerca da tutela em juízo dos interesses individuais homogêneos, difusos e coletivos, assinale a opção correta.

(A) O *fluid recovery* é um fundo de reparação de interesses difusos lesados destinado a reconstituir e reparar exatamente o mesmo bem lesado.
(B) Caso haja, pela associação legitimada, desistência infundada ou abandono da ACP ajuizada para a defesa de direitos coletivos, deverá o juiz extinguir o processo, sem o exame do mérito.
(C) É lícito à DP atuar como substituto processual de consumidores em demandas relacionadas a direitos individuais em sentido estrito, disponíveis ou indisponíveis.
(D) Na hipótese de tutela jurisdicional de direitos e interesses individuais homogêneos, o juízo que proferiu a sentença genérica terá competência absoluta para a liquidação e execução quando promovidas individualmente.
(E) Em sede de ACP, haverá a coisa julgada *secundum eventum litis*, por procedência ou improcedência do pedido, mesmo nos casos de exame perfunctório das provas.

A: incorreta, pois o valor pecuniário será recolhido ao fundo mencionado no artigo 13 da LACP, mas não fica vinculado à reparação específica, isto é, do exato bem lesado. B: incorreta, pois a assertiva afronta o artigo 5º, § 3º, da LACP segundo o qual o MP ou outro legitimado assumirá a titularidade ativa; C: correta, pois a Defensoria Pública pode atuar em prol do necessitado, como assistente judicial, isto é, sem ostentar a qualidade de parte, mas atuando na defesa da parte hipossuficiente; D:

incorreta, pois, nos termos do artigo 98, § 2°, do CDC, é competente para a execução o juízo da liquidação da sentença ou da ação condenatória. A liquidação individual pode ser pleiteada no foro do domicilio do autor, mais benéfico à vítima; **E:** incorreta, pois a assertiva afronta o artigo 103 do CDC. Se o fundamento for a insuficiência de provas, é possível novo ajuizamento da ação.

Gabarito "C".

9. AÇÃO POPULAR E IMPROBIDADE ADMINISTRATIVA

(Ministério Público/MS – 2013 – FADEMS) Sob o enfoque da ação popular, da ação civil pública e da ação de improbidade, assinale a alternativa **incorreta**:

(A) A ação popular é um instrumento de natureza coletiva e serve como instrumento de controle da administração pública. Referida ação visa anular ato lesivo ao patrimônio público ou de entidade de que o Estado participe, à moralidade administrativa, ao meio ambiente e ao patrimônio histórico e cultural.
(B) Em caso de ação civil pública, o servidor público deverá provocar a iniciativa do Ministério Público, ministrando-lhe informações sobre fatos que constituam objeto da ação civil pública e indicando-lhes os elementos de convicção.
(C) Tratando-se de ação de improbidade, a ação principal correrá sob rito especial e será ajuizada pelo Ministério Público ou pela pessoa jurídica interessada, na forma do que dispõe a lei especial que a regula.
(D) Tal como na ação popular, na ação que visa apurar ato de improbidade administrativa proposta pelo Ministério Público, as pessoas jurídicas de direito público ou de direito privado, cujo ato seja objeto de impugnação, poderá abster-se de contestar o pedido, ou poderá atuar ao lado do autor, desde que isso se afigure útil ao interesse público, a juízo do respectivo representante legal ou dirigente.
(E) Constitui crime, punido com pena de reclusão de um a três anos, mais multa, a recusa, o retardamento ou a omissão de dados técnicos indispensáveis à propositura da ação civil, quando requisitados pelo Ministério Público.

A: correta, pois a ação popular é considerada a primeira ação voltada à tutela de direitos difusos no direito brasileiro. Portanto, tutela direitos coletivos "lato sensu". Seu objetivo é a invalidação de atos ilegais e lesivos ao patrimônio público, bem como a condenação dos responsáveis à reparação do dano. Assim se depreende da Lei n. 4.717/1965, que disciplina a ação popular; **B:** correta, pois, nos termos do art. 6º da Lei n. 7.347/1985, "qualquer pessoa *poderá* e o servidor público *deverá* provocar a iniciativa do Ministério Público, ministrando-lhe informações sobre fatos que constituam objeto da ação civil e indicando-lhe os elementos de convicção" (g.n.); **C:** incorreta, devendo esta alternativa ser assinalada, pois, nos termos do art. 17 da Lei n. 8.429/1992, "a ação principal, que terá o rito ordinário..."; **D:** correta, pois é o que está previsto no art. 17, § 3º, da Lei n. 8.429/1992, que, no caso da ação principal ter sido proposta pelo Ministério Público, aplica-se, no que couber, o disposto no § 3º do art. 6º da Lei n. 4.717/1965, que regula a ação popular; **E:** correta, pois é o que estabelece o art. 10 da Lei n. 7.347/1985.

Gabarito "C".

(Ministério Público/MS – 2013 – FADEMS) Tratando-se de ação de improbidade administrativa, assinale a alternativa **correta**:

(A) Cabe agravo de instrumento da decisão que recebe a petição inicial.
(B) Caso inexistente a notificação prévia prevista na Lei de Improbidade Administrativa, a citação válida não tem o condão de interromper o prazo prescricional.
(C) A ação civil pública tramita sempre em segredo de justiça visando garantir proteção ao direito à intimidade, previsto na Constituição Federal, do agente público a quem é imputada a prática de ato de improbidade administrativa.
(D) O juiz determinará na sentença que decretou a perda dos bens havidos de modo ilícito, oriundos da prática de ato de improbidade administrativa, a reversão destes a um fundo gerido por Conselho Estadual, de que participa o Ministério Público.
(E) O juiz, julgando improcedente a ação de improbidade administrativa, deverá sempre determinar a condenação do autor ao pagamento das custas e honorários advocatícios de sucumbência.

A: correta, pois assim dispõe o § 10 do art. 17 da Lei n. 8.429/1992; **B:** incorreta, pois, conforme tem decidido o STJ, "a citação interrompe o prazo prescricional, retroagindo, nos termos do art. 219, § 1º, do CPC, à data da propositura da ação, mesmo nos casos em que inexiste a notificação prévia mencionada no art. 17, § 7º, da Lei 8.429/1992. Precedentes do STJ." (REsp 730.264/RS, Rel. Min. Benjamin Herman, Segunda Turma, DJe 24/03/2009); **C:** incorreta, pois, como regra, há incidência do princípio da publicidade (art. 37, "caput", da CF). O segredo de justiça é exceção; **D:** incorreta, pois, nos termos do art. 18 da Lei n. 8.429/1992, a reversão dos bens, sendo o caso, será em favor da pessoa jurídica prejudicada pelo ilícito; **E:** incorreta, pois a ação de improbidade administrativa é uma ação coletiva, que integra o microssistema da tutela coletiva. Assim, aplicável o disposto no art. 18 da Lei n. 7.347/1985, segundo o qual a condenação do autor só ocorrerá no caso de comprovada má-fé.

Gabarito "A".

(Ministério Público/MG – 2010.1) Em relação à ação popular, prevista na Lei Federal n. 4.717/1965, pode-se afirmar

I. Consideram-se patrimônio público os bens e direitos de valor econômico, artístico, estético, histórico ou turístico da União, do Distrito Federal, dos Estados, dos Municípios, de entidades autárquicas, de sociedades de economia mista, de sociedades mútuas de seguro nas quais a União represente os segurados ausentes, de empresas públicas, de serviços sociais autônomos, de instituições ou fundações para cuja criação ou custeio o tesouro público haja concorrido ou concorra com mais de cinquenta por cento do patrimônio ou da receita ânua, de empresas incorporadas ao patrimônio da União, do Distrito Federal, dos Estados e dos Municípios e de quaisquer pessoas jurídicas ou entidades subvencionadas pelos cofres públicos.

II. São anuláveis os atos lesivos ao patrimônio público nos casos de incompetência, vício de forma, ilegalidade do objeto, inexistência dos motivos e desvios de finalidade.

III. A ação será proposta contra as pessoas públicas e privadas e as entidades indicadas no item I, contra as autoridades, funcionários ou administradores que houverem autorizado, aprovado, ratificado ou praticado o ato impugnado, ou que, por omissão, tiverem dado oportunidade à lesão, e contra os beneficiários do mesmo, exceto se não houver beneficiário direto do ato lesivo ou se for ele indeterminado ou desconhecido.

IV. Caberá ao Ministério Público, ao oficiar obrigatoriamente no feito, se entender da legalidade, moralidade e/ou da eficiência da ação impugnada, ou mesmo dos seus eventuais benefícios à população, assumir a defesa do ato impugnado.
V. A pessoa jurídica do direito público, cujo ato seja objeto de impugnação, deve defender o ato impugnado, sob pena de omissão do seu representante, exigência que não se aplica à pessoa jurídica de direito privado na mesma situação.

Marque a opção CORRETA.

(A) I, II e III estão corretas.
(B) II, III e IV estão corretas.
(C) I e III estão corretas.
(D) II e III estão corretas.
(E) Todas estão corretas.

I: correta (art. 1º, *caput* e § 1º, da Lei 4.717/1965); II: incorreta, pois tais atos são nulos (art. 2º, *caput*, da Lei 4.717/1965); III: correta (art. 6º da Lei 4.717/1965); IV: incorreta, pois o Ministério Público sempre acompanhará a ação popular; cabe ao MP apressar a produção da prova e promover a responsabilidade, civil ou criminal, dos que nela incidirem, sendo-lhe vedado, em qualquer hipótese, assumir a defesa do ato impugnado ou dos seus autores (art. 6º, § 4º, da Lei 4.717/1965); V: incorreta, pois a pessoa jurídica de direito público tem três opções, quais sejam, contestar a demanda, ingressar como assistente litisconsorcial do autor da ação ou abster-se de participar do processo (art. 6º, § 3º, da Lei 4.717/1965).
Gabarito "C".

(Ministério Público/MG – 2010 – FUNDEP) O cidadão "A" propôs ação popular contra o prefeito, o vice-prefeito e os vereadores do Município "B", visando a anular a resolução e os decretos da Câmara Municipal que elevaram indevidamente os subsídios desses agentes políticos, bem como a condená-los a reparar o prejuízo causado ao patrimônio público. Também figurou como réu o assessor jurídico da Câmara Municipal que emitiu o parecer no qual se alicerçaram os referidos atos normativos. Esse cúmulo subjetivo no polo passivo da ação configura

(A) litisconsórcio facultativo unitário.
(B) litisconsórcio facultativo simples.
(C) litisconsórcio necessário simples.
(D) litisconsórcio necessário unitário.

Trata-se de litisconsórcio necessário, pois a ação popular deve ser proposta, necessariamente, em face de todos os envolvidos (art. 6º da Lei 4.717/1965). Porém, como a decisão não precisa, necessariamente, ser igual para todos os réus, o litisconsórcio necessário é *simples*, e não *unitário*.
Gabarito "C".

(Ministério Público/SE – 2010 – CESPE) Com referência à ação popular e às ações coletivas, assinale a opção correta.

(A) Na ordem constitucional vigente, as ações de tutela coletiva podem ensejar ao Poder Judiciário determinar, em situações excepcionais de políticas públicas definidas na CF, a sua implementação pelos órgãos estatais inadimplentes, observados os parâmetros de possibilidade no mundo fático.
(B) Na inércia dos legitimados concorrentes à propositura da ação civil pública, a ação popular constitui sucedâneo à tutela de direitos difusos do consumidor.
(C) O MP possui legitimidade para promover a execução de decisão condenatória em ação popular, proferida em segundo grau de jurisdição, apenas na condição de autor da ação popular, ainda que pendente a análise de recurso extraordinário ou especial.
(D) Devido à relação de complementariedade entre a Lei da Ação Popular e as normas da Lei da Ação Civil Pública, em se tratando de indenização imposta em ação popular por dano ao patrimônio público, o valor da condenação deve reverter para fundo de direitos difusos, destinado à reconstituição dos bens lesados.
(E) No caso de ação popular ajuizada pelo cidadão e ação de improbidade administrativa proposta pelo MP, com o escopo de proteção ao patrimônio público e com a mesma causa de pedir, o efeito da litispendência, ainda que parcial, determina a extinção da primeira, por possuir a segunda objeto mais amplo.

A: correta, servindo de exemplo as ações civis públicas com vistas a obrigar os Estados a oferecer vagas em escolas públicas aos interessados; **B**: incorreta, pois o ato lesivo a direito do consumidor não está previsto no art. 5º, LXXIII, da CF, como hipótese de cabimento de ação popular; **C**: incorreta, pois "decorridos 60 (sessenta) dias da publicação da sentença condenatória de segunda instância, sem que o autor ou terceiro promova a respectiva execução, o representante do Ministério Público a promoverá nos 30 (trinta) dias seguintes, sob pena de falta grave" (art. 16 da Lei 4.717/1965); **D**: incorreta, pois a condenação reverterá para o Erário Público lesado, e não ao fundo mencionado; **E**: incorreta, pois não há tríplice identidade no caso (partes, causa de pedir e pedido), necessária para a configuração da litispendência (que determina a extinção da segunda demanda), pois os pedidos não são inteiramente coincidentes; assim, o caso é de conexão ou, possivelmente, continência, o que determina a reunião das ações para julgamento conjunto.
Gabarito "A".

(Ministério Público/MG – 2012 – CONSULPLAN) A ação popular, nascida no Direito Romano, encontrou, pela vez primeira, assento constitucional no Brasil na Carta de 1934, disposta no n. 38 do art. 113, introduzindo inovação pela legitimidade do cidadão para pleitear apenas a declaração de nulidade ou anulação dos atos lesivos do patrimônio da União, dos Estados ou dos Municípios. Em 1965, foi regulada pela Lei n. 4.717 e, hoje, se encontra disposta no inciso LXXIII do artigo 5º da Carta de 1988 com a seguinte redação: "qualquer cidadão é parte legítima para propor ação popular que vise a anular ato lesivo ao patrimônio público ou de entidade de que o Estado participe, à moralidade administrativa, ao meio ambiente e ao patrimônio histórico e cultural, ficando o autor, salvo comprovada má-fé, isento de custas judiciais e do ônus da sucumbência". Em matéria de ação popular, é **INCORRETO** afirmar:

(A) A invalidez dos atos lesivos de empresas privadas subvencionadas por verbas públicas será limitada a repercussão que eles causarem sobre as contribuições dos cofres públicos.
(B) Poderá o processo correr em segredo de justiça, que cessará com o trânsito em julgado de sentença condenatória.
(C) É nulo o ato jurídico cujo valor real do bem dado em hipoteca ou penhor for inferior ao constante de escritura, contrato ou avaliação.
(D) O desvio de finalidade se verifica quando o agente pratica o ato visando a fim diverso daquele não previsto na regra de competência.

A: correta, pois é o que estabelece o art. 1º, § 2º, da LAP; **B:** correta, pois é o que estabelece o art. 1º, § 7º, da LAP; **C:** correta, pois é o que estabelece o art. 4º, II, "b", da LAP; **D:** incorreta, pois, nos termos do art. 2º, parágrafo único, "e", da LAP, *o desvio de finalidade se verifica quando o agente pratica o ato visando a fim diverso daquele previsto, explícita ou implicitamente, na regra de competência.* O erro está na parte em que a assertiva fala em *fim não* previsto.

Gabarito "D".

(Ministério Público/MG – 2011) A fim de garantir o resultado útil do processo coletivo, tem-se a aplicabilidade da indisponibilidade de bens. Ela não conduz à perda da posse, não retira os direitos de usar e usufruir de seu proprietário. Apenas impede o exercício do direito de dispor desses bens. Nestes termos, tem-se que:

I. O juiz poderá determinar as medidas provisórias que julgar adequadas, quando houver fundado receio de que uma parte, antes do julgamento da lide, cause ao direito da outra lesão grave e de difícil reparação, inclusive ordenar depósito de bens.

II. Quando o ato de improbidade causar lesão ao patrimônio público ou ensejar enriquecimento ilícito, caberá à autoridade administrativa responsável pelo inquérito representar ao Ministério Público, para a indisponibilidade dos bens do indiciado.

III. A indisponibilidade de bens recairá sobre bens que assegurem o pagamento integral da multa, ou sobre o acréscimo patrimonial resultante do enriquecimento ilícito.

IV. Desde que provada a prática de ato lesivo ao meio ambiente, justificável a concessão do Magistrado singular de medida tutelar de indisponibilidade de tantos bens quanto necessário à reparação do dano.

Estão **INCORRETOS** os itens:

(A) I, II e IV.
(B) III e IV.
(C) II e III.
(D) I, III e IV.

I: correta, pois se trata do poder geral de cautela do magistrado, previsto no art. 798 do CPC; II: correta, pois é o que estabelece o art. 7º da Lei 8.429/1992; III: incorreta, pois a indisponibilidade recairá sobre bens que assegurem *o integral ressarcimento do dano* (e não o pagamento integral da multa), considerando-se a literalidade do parágrafo único do art. 7º da Lei 8.429/1992. Também pode recair sobre o acréscimo patrimonial resultante do enriquecimento ilícito; IV: incorreta, pois a indisponibilidade de bens, nos termos do art. 655-A do CPC, tem por fim possibilitar a penhora de dinheiro em depósito ou aplicação financeira.

Gabarito "B".

(Ministério Público/MG – 2011) Sob o enfoque das Ações Popular e de Improbidade, afirma-se:

I. A ação popular visa anular ato lesivo ao patrimônio público ou de entidade de que o Estado participe, à moralidade administrativa, ao meio ambiente e ao patrimônio histórico e cultural. A ação de improbidade, diferente disso, visa apenas a aplicação de sanções.

II. A ação de improbidade administrativa poderá ser proposta mesmo já havendo sentença de procedência transitada em julgado em ação popular que anulou ato lesivo e determinou o ressarcimento do dano ao patrimônio público. Isso porque deve ser buscada a aplicação de sanções, observado o prazo decadencial.

III. Assim como na ação popular, na ação que visa apurar ato de improbidade administrativa proposta pelo Ministério Público, as pessoas jurídicas de direito público ou de direito privado, cujo ato seja objeto de impugnação, poderá abster-se de contestar o pedido, ou poderá atuar ao lado do autor, desde que isso se afigure útil ao interesse público, a juízo do respectivo representante legal ou dirigente.

IV. A ação popular prescreve em 5 (cinco) anos, assim como a ação de improbidade destinada a levar a efeitos as sanções. As sanções previstas na Lei de Improbidade Administrativa são: ressarcimento integral do dano, perda da função pública, suspensão dos direitos políticos, pagamento de multa civil e proibição de contratar com o Poder Público ou receber benefícios ou incentivos fiscais ou creditícios, direta ou indiretamente, ainda que por intermédio de pessoa jurídica da qual seja sócio majoritário.

Estão **INCORRETOS** os itens:

(A) I e II.
(B) I e III.
(C) II e III.
(D) I e IV.

I: correta, de acordo com o gabarito oficial. A primeira parte da assertiva, no que se refere à ação popular, é correta. Com relação à segunda parte, a questão suscita discussões. Afinal, a ação de improbidade, sendo uma espécie de ação civil pública, é compatível com a cumulação de pedidos (art. 83 do CDC), conforme entende o STJ (REsp 757.595/MG): "É cabível a propositura de ação civil pública que tenha como fundamento a prática de ato de improbidade administrativa, tendo em vista a natureza difusa do interesse tutelado. Também mostra-se lícita a cumulação de pedidos de natureza condenatória, declaratória e constitutiva nesta ação, porque sustentada nas disposições da Lei 8.429/1992. A cumulação de pedidos em ação civil pública calcada na Lei de Improbidade é adotada no ordenamento jurídico, nos termos assentados por esta Corte, *verbis*: 1. O Ministério Público é parte legítima para ajuizar ação civil pública que vise aplicar as sanções previstas na Lei de Improbidade Administrativa. 2. A ação civil pública é meio processual adequado para buscar a responsabilização do agente público nos termos da Lei de Improbidade Administrativa, sendo também possível a cumulação de pedidos". A possibilidade de cumulação é interessante para, por exemplo, pedir a invalidação de um ato administrativo; II: incorreta, pois o prazo para a propositura da ação de improbidade é prescricional e não decadencial. Afinal, a pretensão na ação de improbidade é condenatória; III: incorreta, conforme o gabarito oficial. Todavia, a assertiva corresponde ao que estabelece a LAP (art. 6º, § 3º) e à LIA (art. 17, § 3º); IV: correta, conforme o gabarito oficial. Porém, há uma observação importante: a prescrição, em ação de improbidade, nem sempre ocorre no prazo de cinco anos. Afinal, nos casos de exercício de cargo efetivo ou emprego, o prazo prescricional pode ser diferente (vide art. 23 da Lei 8.429/1992).

Gabarito "C".

(Ministério Público/MT – 2012 – UFMT) Sobre Ação Popular, analise as assertivas.

I. A Ação Popular, como integrante do microssistema processual coletivo, é regida não só pela Lei n. 4.717/1965, mas também pelo Código de Defesa do Consumidor e pela Lei da Ação Civil Pública, sempre de forma complementar.

II. A Ação Popular deve ser proposta sempre no foro do domicílio do autor popular, independentemente de onde ocorreu a lesão ou ameaça de lesão.

III. A coisa julgada na Ação Popular opera *erga omnes*, tanto em caso de procedência do pedido ou improcedência, mas nunca *secundum eventum litis*.
IV. Independentemente do resultado da Ação Popular, a eficácia da sentença proferida está condicionada à remessa obrigatória para o tribunal competente.
V. A Constituição da República de 1988 pouco inovou no âmbito objetivo-material da Ação Popular, pois com o advento da Lei da Ação Civil Pública em 1985, já era possível ao cidadão propor ação para anular ato lesivo ao patrimônio público ou de entidade de que o Estado participe, à moralidade administrativa, ao meio ambiente e ao patrimônio histórico e cultural.

Está correto o que se afirma em:

(A) III e V, apenas.
(B) I, apenas.
(C) IV, apenas.
(D) II e IV, apenas.
(E) V, apenas.

I: correta, pois há integração entre os diversos diplomas normativos mencionados, decorrente da referência recíproca determinada pelo art. 21 da Lei da Ação Civil Pública e pelo art. 90 do Código de Defesa do Consumidor; II: incorreta, pois em decorrência da própria assertiva anterior, é aplicável à ação popular a regra segunda a qual as ações coletivas devem tramitar no foro do local do dano. É sempre importante, também, verificar a origem do ato impugnado. A jurisprudência, em alguns casos, tem relativizado a regra a favor da tutela mais efetiva do patrimônio público, fazendo prevalecer o foro do domicílio do autor a fim de que não existam restrições ou maiores dificuldades à propositura da ação pelos cidadãos; III: incorreta, pois o art. 18 da LAP dispõe que a sentença não terá eficácia de coisa julgada oponível *erga omnes* na hipótese de improcedência por deficiência de prova; IV: incorreta, pois a remessa obrigatória só ocorre no caso de improcedência ou de carência de ação (art. 19 da LAP); V: incorreta, pois a CF de 1988 ampliou o objeto da ação popular, permitindo, por exemplo, a sua utilização para o controle da moralidade administrativa e para a proteção do meio ambiente. Além disso, o cidadão não tem legitimidade para a propositura de ação civil pública.
Gabarito "B".

(Ministério Público/PI – 2012 – CESPE) Com base na sistemática processual da ação popular, assinale a opção correta.

(A) No caso de decisão condenatória proferida em segundo grau de jurisdição, são partes legítimas, para a execução ou cumprimento de sentença, o autor popular, outro cidadão, o MP, após o transcurso do prazo legal para o vencedor da ação, bem como as pessoas jurídicas corrés na ação, no que as beneficiar.
(B) Para o acolhimento da ação popular, cujo objetivo se restringe ao combate da ilegalidade ou da lesão ao erário público, não basta o fundamento de afronta à moralidade administrativa como objeto autônomo do pedido.
(C) Na ordem jurídica vigente, por intermédio da ação popular, podem ser tutelados, além do patrimônio público, direitos difusos e coletivos, especialmente os relativos ao meio ambiente, ao patrimônio histórico e cultural e aos direitos do consumidor.
(D) A ação popular ajuizada pelo cidadão é excludente de ação de improbidade administrativa deduzida em data posterior com a mesma causa de pedir.
(E) Há, na ação popular, litisconsórcio passivo necessário entre o agente público e membros do tribunal de contas do estado, em hipótese de aprovação de contas objeto do pedido, sob pena de nulidade absoluta do processo.

A: correta, pois conforme o disposto nos arts. 16 e 17 da LAP; **B:** incorreta, pois a afronta à moralidade administrativa, que passou a ser passível de controle em sede de ação popular após a CF de 1988; pode ser o fundamento autônomo do pedido. De acordo com o STJ, "pode ser manejada ação popular assentada na contrariedade aos princípios da moralidade e da legalidade, independentemente de alegação e de comprovação de dano ao erário, com o propósito de anular contratações efetuadas sem concurso público por eventual descumprimento de lei. Precedentes" (REsp 1.127.483/SC); **C:** incorreta, pois a tutela do consumidor não é objeto de ação popular; **D:** incorreta, pois é possível, inclusive, a conexão entre as mencionadas ações, com fundamento por exemplo, no art. 5º, § 3º, da LAP; **E:** incorreta, pois, embora haja litisconsórcio passivo necessário em sede de ação popular, não há, no caso mencionado, conforme decidiu o STJ: "É cediço o entendimento de que os membros do Tribunal de Contas do Estado, que aprovaram o ato impugnado pelo *mandamus*, não são partes legítimas para figurar na demanda na qualidade de autoridades coatoras" (AgRg nos EREsp 14868/RJ).
Gabarito "A".

(Ministério Público/RJ – 2011) Durante as investigações em sede de inquérito civil, restam comprovadas irregularidades na aplicação de verbas do Fundo de Manutenção e Desenvolvimento da Educação Básica e de Valorização dos Profissionais da Educação (FUNDEB) por parte do Prefeito Municipal. Analise, diante de tal situação, as providências cogitadas pelo Promotor de Justiça em atuação nesse caso:

I. ajuizar Ação de Improbidade Administrativa, ainda que seja para veiculação de pedido isolado de condenação no ressarcimento ao erário, diante de sua natureza de ação civil pública, instrumento processual apto para o ressarcimento de danos oriundos da má gestão de verbas públicas;
II. verificados indícios de irregularidades, remeter, desde logo, os autos do inquérito civil para o Ministério Público Federal, com declínio de atribuição, diante da existência de verbas federais depositadas no FUNDEB pela União, o que deslocaria a competência para julgamento da futura ação de improbidade administrativa para a Justiça Federal;
III. remeter os autos ao Procurador-Geral de Justiça para a propositura de Ação de Improbidade Administrativa, diante do foro privilegiado que ostenta Prefeito Municipal perante o Tribunal de Justiça, de acordo com a Constituição do Estado do Rio de Janeiro;
IV. ajuizar a Ação de Improbidade Administrativa, se caracterizada a tipicidade formal e material do ato praticado, podendo ser cumulados pelo Ministério Público os seguintes pedidos de condenação: nas sanções punitivas previstas na Lei n. 8. 429/1992, na obrigação de fazer consistente em regularizar a aplicação dos recursos do FUNDEB, e no ressarcimento de danos, eventualmente, provocados ao erário.

Está(ão) correta(s) somente a(s) seguinte(s) providência(s):

(A) I;
(B) I e IV;
(C) II e III;
(D) II e IV;
(E) IV.

I: incorreta, pois a ação, no caso, não é de improbidade administrativa propriamente dita, mas sim ação e ressarcimento ao erário, que não tem rito especial. Vide Marcos Destefenni. *Manual do processo civil individual e coletivo*. 2. ed. São Paulo: Saraiva, no prelo; II: incorreta, pois o STF, sobre a questão, reconheceu a atribuição do Ministério Público Federal para apurar eventual ocorrência de ilícito penal e a do Ministério Público do Estado para investigar hipóteses de improbidade administrativa (ação de responsabilidade civil) (ACO 1.206/SP); III: incorreta, pois não há foro privilegiado, no caso de prefeito municipal, para a ação de improbidade administrativa, conforme tem decidido o STJ. O informativo n. 405 do STJ relatou julgamento da Segunda Turma, sobre a aplicabilidade da Lei de Improbidade Administrativa a Prefeito Municipal, consignando que o STF afastou a aplicação da LIA a Ministro de Estado em julgamento de efeito *inter pars*, "mas lá também ficou claro que apenas as poucas autoridades com foro de prerrogativa de função para o processo e julgamento por crime de responsabilidade, elencadas na Carta Magna (arts. 52, I e II; 96, III; 102, I, *c*; 105, I, *a*, e 108, I, a, todos da CF/1988), não estão sujeitas a julgamento também na Justiça cível comum pela prática da improbidade administrativa"; IV: correta, pelas razões já expostas e pela atribuição do Promotor de Justiça para propor a ação de improbidade administrativa.
Gabarito "E".

(Ministério Público/RS – 2009) A respeito da ação popular de que trata a Lei n. 4.717/1965, assinale a alternativa correta.

(A) Os servidores públicos, mesmo que tenham ratificado o ato nela impugnado, são partes passivas ilegítimas para figurarem no polo passivo da demanda.
(B) Se o beneficiário do ato lesivo for desconhecido, o autor deverá requerer a sua citação editalícia.
(C) Os partidos políticos, regularmente constituídos, são legitimados a ajuizar ação popular.
(D) São devidos honorários advocatícios em caso de procedência, mas não na hipótese de improcedência da ação popular, salvo, neste caso, comprovada má-fé.
(E) A sentença que nela for proferida terá eficácia de coisa julgada oponível *erga omnes*.

A: incorreta, pois a assertiva contraria o disposto no art. 6º da LAP; **B:** incorreta, pois a afirmação contraria o disposto no § 1º do art. 6º da LAP; **C:** incorreta, pois predomina o entendimento no sentido de que a ação popular só pode ser proposta por cidadão eleitor. Ademais, a legitimidade das pessoas jurídicas é obstada pelo Supremo Tribunal Federal, como se vê da Súmula 365: *Pessoa jurídica não tem legitimidade para propor ação popular*; **D:** correta, pois o art. 12 da LAP determina o pagamento de honorários a favor do autor no caso de procedência, enquanto o art. 5º, LXXIII, da CF, dispõe que o autor fica, salvo comprovada má-fé, isento de custas judiciais e do ônus da sucumbência; **E:** incorreta, pois a sentença não tem eficácia *erga omnes* no caso de improcedência por deficiência de prova (art. 18 da LAP).
Gabarito "D".

(Ministério Público/SC – 2012) Analise as assertivas a seguir.

I. No caso da Ação Popular, em se tratando de instituições ou fundações, para cuja criação ou custeio o tesouro público concorra com menos de cinquenta por cento do patrimônio ou da receita ânua, bem como de pessoas jurídicas ou entidades subvencionadas, as consequências patrimoniais da invalidez dos atos lesivos terão por limite a repercussão deles sobre a contribuição dos cofres públicos.
II. Segundo a Lei 4.717/1965, podem ser declarado nulos, atos ou contratos, praticados ou celebrados por quaisquer das pessoas ou entidades referidas na lei, que realizarem operação bancária ou de crédito real, quando o valor real do bem dado em hipoteca ou penhor for inferior ao constante de escritura, contrato ou avaliação.
III. As pessoas jurídicas de direito público ou de direito privado, cujo ato seja objeto de impugnação, em hipótese alguma poderá atuar ao lado do autor.
IV. Na Ação Popular, caso não requerida, até o despacho saneador, a produção de prova testemunhal ou pericial, o juiz ordenará vista às partes por 5 (cinco) dias, para alegações, sendo-lhe os autos conclusos, para sentença, em 3 (três) dias após a expiração desse prazo; havendo requerimento de prova, o processo tomará o rito ordinário.
V. Se o autor desistir da ação popular, serão publicados editais nos prazos e condições previstos na lei, ficando assegurado a qualquer cidadão, bem como ao representante do Ministério Público, dentro do prazo de 90 (noventa) dias da última publicação feita, promover o prosseguimento da ação.

(A) Apenas as assertivas I, III e IV estão corretas.
(B) Apenas as assertivas II, III e V estão corretas.
(C) Apenas as assertivas I, II e IV estão corretas.
(D) Apenas as assertivas I, II e V estão corretas.
(E) Todas as assertivas estão corretas.

I: correta, pois a assertiva corresponde ao art. 1º, § 2º, LAP; II: correta, pois conforme o art. 4º, II, "b" da LAP; III: incorreta, pois a pessoa jurídica pode: a) contestar; b) abster-se de contestar; c) atuar ao lado do autor (art. 6º, § 3º, da LAP); IV: incorreta, pois *o juiz ordenará vista às partes por 10 (dez) dias, para alegações, sendo-lhe os autos conclusos, para sentença, 48 (quarenta e oito) horas após a expiração desse prazo* (art. 7º, V, da LAP); V: correta, pois assim estabelece o art. 9º da LAP.
Gabarito "D".

(Ministério Público/TO – 2012 – CESPE) Com referência a ação popular, mandado de segurança, ACP e ação por improbidade administrativa, assinale a opção correta.

(A) O litisconsórcio passivo necessário é incompatível com o mandado de segurança.
(B) Na ACP por improbidade administrativa, o juiz pode impor ao réu pena diversa da postulada pelo MP.
(C) O MP não tem legitimidade para propor ACP em defesa do patrimônio público.
(D) A ação popular pode ser ajuizada por pessoa jurídica.
(E) Para a impetração do mandado de segurança coletivo é imprescindível que a pretensão veiculada interesse a toda a categoria representada.

A: incorreta, pois em MS existem casos de litisconsórcio passivo necessário. Conforme o enunciado da Súmula 631 do STF, "extingue-se o processo de Mandado de Segurança se o impetrante não promove, no prazo assinado, a citação do litisconsorte passivo necessário"; **B:** correta, pois na ação de improbidade o juiz não está adstrito ao pedido feito na inicial. Ver Informativo 0441 do STJ e REsp 658.389-MG, *DJ* 03.08/2007; REsp 631.301-RS, *DJ* 25.09.2006; **C:** incorreta, pois afronta o enunciado da Súmula 329 do STJ, segundo o qual o Ministério Público tem legitimidade para propor ação civil pública em defesa do patrimônio público; **D:** incorreta, pois, consoante a Súmula 365 do STF, pessoa jurídica não tem legitimidade para propor ação popular; **E:** incorreta, pois afronta o artigo 21 da Lei 12.016/2009, que permite a impetração a favor da totalidade ou de parte dos membros ou associados.
Gabarito "B".

10. MANDADO DE SEGURANÇA COLETIVO

(Ministério Público/SP – 2013 – PGMP) Sobre a ação de mandado de segurança, assinale a alternativa INCORRETA.

(A) Conceder-se-á mandado de segurança para proteger direito líquido e certo, não amparado por *habeas corpus* ou *habeas data*, sempre que, ilegalmente ou com abuso de poder, qualquer pessoa física ou jurídica sofrer violação ou houver justo receio de sofrê-la por parte de autoridade, seja de que categoria for e sejam quais forem as funções que exerça.
(B) A jurisprudência dominante do Superior Tribunal de Justiça admite mandado de segurança perante o Tribunal de Justiça respectivo, visando o controle da competência dos Juizados Especiais, exceto na hipótese de trânsito em julgado da decisão objeto da impetração.
(C) Quando o direito ameaçado ou violado couber a várias pessoas, qualquer delas poderá requerer o mandado de segurança.
(D) O mandado de segurança coletivo, atendidas as demais disposições legais, pode ser impetrado por partido político com representação no Congresso Nacional; organização sindical, entidade de classe ou associação legalmente constituída e em funcionamento há pelo menos um ano, em defesa dos interesses de seus membros ou associados.
(E) O mandado de segurança coletivo não induz litispendência para as ações individuais, mas os efeitos da coisa julgada não beneficiarão o impetrante a título individual se não requerer a desistência de seu mandado de segurança no prazo de trinta dias a contar da ciência comprovada da impetração da segurança coletiva.

A: correta (art. 1º, *caput*, da Lei 12.016/2009); **B:** incorreta, devendo ser assinalada, pois o STJ admite a impetração de mandado de segurança perante o Tribunal de Justiça, mesmo diante do trânsito em julgado da decisão objeto da impetração. Neste sentido: "Embargos de declaração no agravo regimental no agravo regimental em mandado de segurança. Omissão, contradição e obscuridade não verificadas. Mandado de segurança contra ato de Turma Recursal de Juizado Especial. Controle de competência. Decisão transitada em julgado. 1. Ausentes quaisquer dos vícios ensejadores dos declaratórios, afigura-se patente o intuito infringente da presente irresignação, que objetiva não suprimir a omissão, afastar a obscuridade ou eliminar a contradição, mas sim reformar o julgado por via inadequada. 2. A tese embargada – cabimento de mandado de segurança frente aos Tribunais de Justiça dos Estados para controle da competência dos Juizados Especiais, ainda que a decisão objeto do writ já tenha transitado em julgado – encontra-se em estrita consonância com a jurisprudência consolidada do Superior Tribunal de Justiça" (STJ, EDcl no AgReg no RMS 32632 ES 2010/0136296-9); **C:** correta (art. 1º, § 3º, da Lei 12.016/2009); **D:** correta (art. 21 da Lei 12.016/2009); **E:** correta (art. 22, § 1º, da Lei 12.016/2009).
Gabarito "B".

(Ministério Público/MG – 2010.1) Sobre Mandado de Segurança coletivo, nos termos da Lei Federal n. 12.016/2009, pode-se afirmar

I. Cabe Mandado de Segurança coletivo, quando o direito ameaçado ou violado couber a várias pessoas, ou para proteção de direitos difusos.
II. Pode ser impetrado por partido político com representação no congresso nacional, organização sindical, entidade de classe ou associação, observadas as exigências legais, e pelo Ministério Público.
III. Podem ser protegidos por mandado de segurança coletivo os direitos difusos, assim entendidos os transindividuais, de natureza indivisível, e ligados entre si ou com a parte contrária por uma situação de fato.
IV. Podem ser protegidos por mandado de segurança coletivo os direitos coletivos, assim entendidos os transindividuais, de natureza indivisível, de que seja titular grupo ou categoria de pessoas ligadas entre si ou com a parte contrária por uma relação jurídica básica.
V. Podem ser protegidos por mandado de segurança coletivo os direitos individuais homogêneos, assim entendidos os decorrentes de origem comum e da atividade ou situação específica da totalidade ou de parte dos associados ou membros do impetrante.

Marque a opção CORRETA.

(A) I, II, III e IV estão corretas.
(B) I, II e IV estão corretas.
(C) IV e V estão corretas.
(D) I, III e IV estão corretas.
(E) Todas estão corretas.

I: incorreta, pois o art. 21, parágrafo único, da Lei 12.016/2009, admite mandado de segurança coletivo para proteger interesses *coletivos* e *individuais homogêneos*, mas não admite essa ação para defender interesses *difusos*; II: incorreta, pois o Ministério Público não pode ingressar com mandado de segurança coletivo (art. 21, *caput*, da Lei 12.016/2009); III: incorreta, pois os interesses *difusos* não podem ser protegidos por mandado de segurança coletivo (art. 21, parágrafo único, da Lei 12.016/2009); IV: correta (art. 21, parágrafo único, I, da Lei 12.016/2009); V: correta (art. 21, parágrafo único, II, da Lei 12.016/2009).
Gabarito "C".

(Ministério Público/SP – 2011) Assinale a alternativa correta.

(A) A coisa julgada no mandado de segurança coletivo, na falta de regulamentação específica em sua lei de regência, deve observar o disposto na Lei da Ação Civil Pública e no Código de Defesa do Consumidor.
(B) A coisa julgada na ação civil pública para defesa de interesses individuais homogêneos é *erga omnes*, salvo se tiver sido julgada improcedente por insuficiência de provas, situação na qual não será oponível a quem tenha sofrido dano e venha a promover ou tenha promovido ação individual.
(C) A coisa julgada na ação civil pública para defesa de interesses difusos tem abrangência similar à da ação popular, ou seja, é *erga omnes*, salvo se tiver sido julgada improcedente por insuficiência de provas, embora a sentença, no segundo caso, esteja submetida ao reexame necessário para transitar em julgado.
(D) A coisa julgada do mandado de segurança coletivo, por se tratar de hipótese de substituição processual, aproveita apenas àqueles membros do grupo ou categoria ligados à entidade associativa impetrante.
(E) A coisa julgada na ação popular, como aquela proferida na ação de improbidade administrativa, segue o regime do Processo Civil, diferenciando-se dessa última por estar submetida ao reexame necessário para transitar em julgado.

A: incorreta, pois o art. 22 da Lei de Mandado de Segurança (Lei 12.016/2009) regula a coisa julgada no mandado de segurança coletivo; **B:** incorreta, pois a coisa julgada na ação para a defesa de interesses individuais homogêneas só é *erga omnes* para o caso de procedência da ação, e não para qualquer caso (art. 103, III, do CDC); **C:** correta (art. 103, I, do CDC c/c arts. 18 e 19, *caput*, da Lei 4.717/1965); **D:** incorreta; não concordamos com o gabarito oficial, pois a alternativa "d" traz disposição consoante com o disposto no art. 22 da Lei 12.016/2009; **E:** incorreta, pois, como se viu, a coisa julgada na ação popular se faz *erga omnes*, ao passo que, no Código de Processo Civil, a coisa julgada se dá *inter partes*.

Gabarito "C".

(Ministério Público/MG – 2012 – CONSULPLAN) O Mandado de Segurança tornou-se Cláusula Pétrea na Constituição de 1988, elencado como garantia fundamental. Eficaz na proteção de direito líquido e certo individual, passou a ser reconhecido como capaz de ser impetrado de modo coletivo nos termos do inciso LXX do art. 5º da Carta Magna Brasileira. Em matéria de Mandado de Segurança Coletivo, é **CORRETO** afirmar:

(A) É permitido, observados os requisitos legais, impetrar mandado de segurança por telegrama, radiograma, fax ou outro meio eletrônico de autenticidade comprovada.

(B) Será concedida medida liminar que tenha por objeto a compensação de créditos tributários, a entrega de mercadorias e bens provenientes do exterior, a reclassificação ou equiparação de servidores públicos e a concessão de aumento ou a extensão de vantagens ou pagamento de qualquer natureza.

(C) O ingresso de litisconsorte ativo será admitido após o despacho da petição inicial.

(D) Da denegação ou concessão do mandado, cabe apelação.

A: incorreta, pois a impetração só é possível, da forma mencionada, nos casos de urgência (art. 4º da Lei 12.016/2009); **B:** incorreta, pois não será concedida liminar nas hipóteses mencionadas, conforme art. 7º, § 2º, da Lei 12.016/2009; **C:** incorreta, pois o ingresso de litisconsorte ativo só é possível antes do despacho da inicial (art. 10, § 2º, da Lei 12.016/2009); **D:** correta, se a denegação for de mandado de segurança impetrado em primeira instância (art. 14 da Lei 12.016/2009: *Da sentença, denegando ou concedendo o mandado, cabe apelação*).

Gabarito "D".

(Ministério Público/MT – 2012 – UFMT) Em relação ao mandado de segurança coletivo, assinale a afirmativa **INCORRETA**.

(A) Os legitimados expressamente elencados no artigo 5º, inciso LXX, da Constituição da República de 1988, agem em substituição processual, razão pela qual não se exige autorização dos substituídos para a propositura da medida.

(B) Como o mandado de segurança coletivo não recebeu desenho específico, aplica-se na avaliação dos requisitos necessários para sua impetração a disciplina prevista para o mandado de segurança individual.

(C) Em relação aos legitimados ativos para a propositura do mandado de segurança coletivo, especificamente às associações, organizações sindicais e entidades de classe, vigora o entendimento de que somente em relação às associações é aplicável o requisito da pré-constituição há um ano.

(D) Em relação aos partidos políticos, é necessário que, quando do ajuizamento da ação, possuam eles representação no Congresso Nacional, ainda que essa representação venha a ser perdida no curso do processo.

(E) Para a impetração de mandado de segurança coletivo por partido político, entende-se que eles estão legitimados para a defesa de quaisquer interesses, não havendo necessidade de pertinência com sua finalidade institucional.

A: correta, pois, conforme tem decidido o STJ, o sindicato não depende de autorização especial para, como substituto processual, ajuizar ação coletiva a favor de seus associados. Todavia, para a atuação como representante do sindicalizado, na defesa de interesse individual, é necessária a autorização especial. Vide, por exemplo AgRg no REsp 1.107.839/MT. A Súmula 629 STF estabelece: *A impetração de mandado de segurança coletivo por entidade de classe em favor dos associados independe da autorização destes*; **B:** correta, pois a Lei 12.016/2009, embora trate do MS Coletivo nos arts. 21 e 22, não elenca requisitos específicos para a sua impetração. O art. 21 define os interesses transindividuais e o art. 22 trata dos efeitos da coisa julgada; **C:** correta, pois a exigência só existe, de fato, em relação às associações; **D:** correta, pois os requisitos exigidos por lei devem estar presentes no momento em que a ação é proposta; **E:** incorreta, pois o entendimento predominante é no sentido de que os partidos políticos não podem defender qualquer interesse. Aliás, Lei 12.016/2009, em seu art. 21, acabou por restringir a atuação dos partidos políticos: *O mandado de segurança coletivo pode ser impetrado por partido político com representação no Congresso Nacional, na defesa de seus interesses legítimos relativos a seus integrantes ou à finalidade partidária*.

Gabarito "E".

(Ministério Público/SC – 2012) Analise as assertivas a seguir.

I. Nos casos de Mandado de Segurança, a requerimento do Ministério Público e para evitar grave lesão à ordem, saúde, segurança e a economia públicas, o presidente do tribunal ao qual couber o conhecimento do respectivo recurso, suspender, em decisão fundamentada, a execução da liminar e da sentença, cabendo dessa decisão, agravo, com efeito suspensivo, no prazo de 5 (cinco) dias, e será julgado na sessão seguinte a sua interposição.

II. Podem ser protegidos pelo mandado de segurança coletivo, os direitos individuais homogêneos, assim entendidos, os decorrentes de origem comum e da atividade ou situação específica da totalidade ou de parte dos associados ou membros do impetrante.

III. Não cabe no processo de mandado de segurança, a interposição de embargos infringentes.

IV. Dos recursos arrecadados pelo FRBL, nos termos da Lei 15.694/2011, 50% serão destinados, para projetos submetidos à análise do Conselho Gestor.

V. Segundo a Lei 15.694/11, constituem receitas do Fundo de Reconstituição de Bens Lesados, FRBL, o valor dos honorários advocatícios fixados em ações civis públicas interpostas e vencidas pelo Ministério Público.

(A) Apenas as assertivas I, II e IV estão corretas.
(B) Apenas as assertivas II, IV e V estão corretas.
(C) Apenas as assertivas I, III e IV estão corretas.
(D) Apenas as assertivas II, III e V estão corretas.
(E) Todas as assertivas estão corretas.

I: incorreta, pois o agravo, no caso, não tem efeito suspensivo (art. 15 da LMS); **II:** correta, pois assim estabelece o art. 21, parágrafo único, II, da LMS; **III:** correta, pois a vedação está no art. 25 LMS, que incorporou o entendimento esposado pelas Súmulas 597 do STF e 169 do STJ; **IV:** incorreta, pois a Lei Estadual 15.694, de 21 de dezembro de 2011, de Santa Catarina, dispõe sobre o Fundo para Reconstituição de Bens

Lesados – FRBL. O seu art. 5°, inciso VII, dispõe que serão destinados 30% (trinta por cento) (e não 50%) para projetos submetidos à análise do Conselho Gestor do FRBL; **V**: correta, pois é o que estabelece o art. 3°, inciso VI, da mencionada lei estadual.
Gabarito "D".

11. OUTROS TEMAS E TEMAS COMBINADOS

(Promotor de Justiça/GO – 2016 – MPE) Assinale a alternativa incorreta:

(A) A Teoria Dinâmica de Distribuição do Ônus da Prova afasta a rigidez das regras de distribuição do *onus probandi*, tornando-as mais flexíveis e adaptando-as ao caso concreto, valorando o juiz qual das partes dispõe das melhores condições de suportar o encargo respectivo.
(B) Os princípios da prevenção e da precaução exercem influência na aplicação de regras materiais do Direito Ambiental, mormente no campo da responsabilidade civil, uma vez que o enfoque jurídico nessa área deve ser o da prudência e da vigilância no tratamento a ser dado a atividades potencialmente poluidoras, diante do risco de dano irreversível ao meio ambiente.
(C) Cominada liminarmente pelo juiz no bojo de ação civil pública, a multa somente será exigível do réu após o trânsito em julgado da decisão favorável ao autor, mas será devida desde o dia quem se houver configurado o descumprimento.
(D) O princípio da reparação integral do dano ambiental determina a responsabilização do agente por todos os efeitos decorrentes da conduta lesiva, mas não permite a cumulação de pedidos para condenação nos deveres de recuperação *in natura* do bem degradado, de compensação ambiental e indenização em dinheiro, posto que o primeiro é excludente dos demais.

A: correta. A Teoria Dinâmica de Distribuição do Ônus da prova, prevista no art. 6°, VII, do CDC e no 373 do NCPC, flexibiliza a regra sobre o ônus da prova. **B**: correta. A prevenção e precaução são pilares do Direito Ambiental, e tem orientação sempre evitar os danos ambientais. **C**: correta. Na ação que tenha por objeto o cumprimento de obrigação de fazer ou não fazer, o juiz determinará o cumprimento da prestação da atividade devida ou a cessação da atividade nociva, sob pena de execução específica, ou de cominação de multa diária, se esta for suficiente ou compatível, independentemente de requerimento do autor. (art. 11 da LACP). A multa cominada liminarmente só será exigível do réu após o trânsito em julgado da decisão favorável ao autor, mas será devida desde o dia em que se houver configurado o descumprimento (art. 12, § 2°, da LACP). **D**: incorreta. Em Direito Ambiental, a regra é pela reparação dos danos *in natura*, que pode ser cumulada com indenização em dinheiro. Veja: Direito processual civil e ambiental. Cumulação das obrigações de recomposição do meio ambiente e de compensação por dano moral coletivo. Na hipótese de ação civil pública proposta em razão de dano ambiental, é possível que a sentença condenatória imponha ao responsável, cumulativamente, as obrigações de recompor o meio ambiente degradado e de pagar quantia em dinheiro a título de compensação por dano moral coletivo. Isso porque vigora em nosso sistema jurídico o **princípio da reparação integral do dano ambiental**, que, ao determinar a responsabilização do agente por todos os efeitos decorrentes da conduta lesiva, permite a cumulação de obrigações de fazer, de não fazer e de indenizar. Ademais, deve-se destacar que, embora o art. 3° da Lei 7.347/1985 disponha que "a ação civil poderá ter por objeto a condenação em dinheiro ou o cumprimento de obrigação de fazer ou não fazer", é certo que a conjunção "ou" – contida na citada norma,

bem como nos arts. 4°, VII, e 14, § 1°, da Lei 6.938/1981 – opera com valor aditivo, não introduzindo, portanto, alternativa excludente. Em primeiro lugar, porque vedar a cumulação desses remédios limitaria, de forma indesejada, a Ação Civil Pública – importante instrumento de persecução da responsabilidade civil de danos causados ao meio ambiente –, inviabilizando, por exemplo, condenações em danos morais coletivos. Em segundo lugar, porque incumbe ao juiz, diante das normas de Direito Ambiental – **recheadas que são de conteúdo ético intergeracional atrelado às presentes e futuras gerações** –, levar em conta o comando do art. 5° da LINDB, segundo o qual, ao se aplicar a lei, deve-se atender "aos fins sociais a que ela se dirige e às exigências do bem comum", cujo corolário é a constatação de que, em caso de dúvida ou outra anomalia técnico-redacional, a norma ambiental demanda **interpretação e integração de acordo com o princípio hermenêutico** *in dubio pro natura*, haja vista que toda a legislação de amparo dos sujeitos vulneráveis e dos interesses difusos e coletivos há sempre de ser compreendida da maneira que lhes seja mais proveitosa e melhor possa viabilizar, na perspectiva dos resultados práticos, a prestação jurisdicional e a *ratio essendi* da norma. Por fim, a interpretação sistemática das normas e princípios ambientais leva à conclusão de que, se o bem ambiental lesado for imediata e completamente restaurado, isto é, restabelecido à condição original, não há falar, como regra, em indenização. Contudo, a possibilidade técnica, no futuro, de restauração *in natura* nem sempre se mostra suficiente para reverter ou recompor integralmente, no âmbito da responsabilidade civil, as várias dimensões do dano ambiental causado; por isso não exaure os deveres associados aos princípios do poluidor-pagador e da reparação integral do dano. Cumpre ressaltar que o dano ambiental é multifacetário (ética, temporal, ecológica e patrimonialmente falando, sensível ainda à diversidade do vasto universo de vítimas, que vão do indivíduo isolado à coletividade, às gerações futuras e aos processos ecológicos em si mesmos considerados). Em suma, equivoca-se, jurídica e metodologicamente, quem confunde prioridade da recuperação *in natura* do bem degradado com impossibilidade de cumulação simultânea dos deveres de repristinação natural (obrigação de fazer), compensação ambiental e indenização em dinheiro (obrigação de dar), e abstenção de uso e nova lesão (obrigação de não fazer). REsp 1.328.753-MG, Rel. Min. Herman Benjamin, julgado em 28/5/2013 (Informativo 0526).
Gabarito "D".

(Procurador do Estado/AM – 2016 – CESPE) Julgue os itens subsequentes, relativos a ação civil pública, mandado de segurança e ação de improbidade administrativa.

(1) Conforme o entendimento do STJ, é cabível mandado de segurança para convalidar a compensação tributária realizada, por conta própria, por um contribuinte.
(2) Caso receba provas contundentes da prática de ato de improbidade por agente público, o MP poderá requerer tutela provisória de natureza cautelar determinando o sequestro dos bens do referido agente.
(3) Situação hipotética: O estado do Amazonas, por intermédio de sua procuradoria, ajuizou ação civil pública na justiça estadual do Amazonas, com o objetivo de prevenir danos ao meio ambiente. Paralelamente, o MPF ingressou com ação idêntica na justiça federal, seção judiciária do Amazonas. Assertiva: Nesse caso, as respectivas ações deverão ser reunidas na justiça federal da seção judiciária do Amazonas.

1: errada. Nos termos da súmula 460 do STJ: "É incabível o mandado de segurança para convalidar a compensação tributária realizada pelo contribuinte". **2**: correta. A Lei de Improbidade Administrativa (Lei 8.429/1992) prevê três medidas cautelares específicas, são elas: a) a indisponibilidades de bens (art. 7°); b) o sequestro de bens (art. 16); c) afastamento provisório do agente público do exercício do cargo, emprego ou função (art. 20, parágrafo único). **3**: correta. Conforme Súmula 489 do STJ: "Reconhecida a continência, devem ser reunidas na Justiça Federal as ações civis públicas propostas nesta e na Justiça Estadual".

Gabarito 1E, 2C, 3C

(Promotor de Justiça – MPE/BA – CEFET – 2015) Analise as seguintes assertivas com base nas normas que regem os direitos transindividuais e individuais homogêneos:

I. A Ordem dos Advogados do Brasil (OAB), embora não tenha sido considerada ente legitimado para propor ações coletivas pelo artigo 5º, incisos I a V, da Lei 7.347/85, poderá ser autora de medidas judiciais propostas em benefício dos interesses difusos, coletivos, individuais indisponíveis ou homogêneos dos idosos, de acordo com o artigo 81, inciso III, da Lei 10.741/03.

II. Nas ações civis públicas propostas em prol dos interesses e direitos transindividuais e individuais homogêneos, a multa cominada liminarmente só será exigível do réu após o trânsito em julgado da decisão favorável ao autor, mas será devida desde o dia em que se houver configurado o descumprimento.

III. Em cumprimento ao princípio da publicidade das investigações, o membro do Ministério Público poderá prestar informações, inclusive aos meios de comunicação social, a respeito das providências adotadas para apuração de fatos em tese ilícitos, abstendo-se, contudo, de externar ou antecipar juízos de valor a respeito de averiguações ainda não concluídas.

IV. O desarquivamento do inquérito civil, diante de novas provas ou para investigar fato novo relevante, poderá ocorrer no prazo máximo de 4 (quatro) meses após o arquivamento e, transcorrido esse lapso, será instaurado novo inquérito civil, sem prejuízo das provas já colhidas.

V. Deixando o órgão de revisão competente de homologar a promoção de arquivamento do inquérito civil, converterá o julgamento em diligência para a realização de atos imprescindíveis à sua decisão ou deliberará pelo seu prosseguimento, remetendo-o para o membro do Ministério Público que atuou inicialmente na investigação.

Estão CORRETAS as assertivas:

(A) I, II e III.
(B) II, III e IV.
(C) II, IV e V.
(D) I, III e IV.
(E) II, III e V.

I: correta. A legitimidade para a propositura da ação civil pública pela OAB está prevista no art. 54, XIV, da Lei 8.906/94. Sobre a legitimidade da OAB para a Ação Civil Pública, veja o seguinte acórdão: "Ação Civil Pública, por falta de pertinência temática, importante esclarecer que o STJ possui a orientação no sentido de que a legitimidade ativa – fixada no art. 54, XIV, da Lei n. 8.906/94 – para propositura de Ações Civis Públicas por parte da Ordem dos Advogados do Brasil, seja pelo Conselho Federal, seja pelos conselhos seccionais, deve ser lida de forma abrangente, em razão das finalidades outorgadas pelo legislador à entidade – que possui caráter peculiar no mundo jurídico – por meio do art. 44, I, da mesma norma; não é possível limitar a atuação da OAB em razão de pertinência temática, uma vez que a ela corresponde a defesa, inclusive judicial, da Constituição Federal, do Estado de Direito e da justiça social, o que, inexoravelmente, inclui todos os direitos coletivos e difusos". (REsp1351760/PE, Rel. Ministro Humberto Martins, Segunda Turma, julgado em 26/11/2013, DJe 09/12/2013). Por outro lado, o Estatuto do idosos prevê a legitimidade da OAB para propositura das ações coletivas no inciso III do art. 81. **II**: correta. Na ação que tenha por objeto o cumprimento de obrigação de fazer ou não fazer, o juiz determinará o cumprimento da prestação da atividade devida ou a cessação da atividade nociva, sob pena de execução específica, ou de cominação de multa diária, se esta for suficiente ou compatível, independentemente de requerimento do autor (art. 11 da LACP). A multa cominada liminarmente só será exigível do réu após o trânsito em julgado da decisão favorável ao autor, mas será devida desde o dia em que se houver configurado o descumprimento (art. 12, § 2º, da LACP). **III**: correta. O CNMP, através da Resolução 23/2007, em seu artigo 8º, assim determina: "Em cumprimento ao princípio da publicidade das investigações, o membro do Ministério Público poderá prestar informações, inclusive aos meios de comunicação social, a respeito das providências adotadas para apuração de fatos em tese ilícitos, abstendo-se, contudo, de externar ou antecipar juízos de valor a respeito de apurações ainda não concluídas". **IV**: incorreta. O art. 9º da LACP prevê a hipótese de arquivamento dos autos do inquérito civil. As regras sobre o inquérito, sua instauração, arquivamento e desarquivamento estão fixadas pela Resolução 23/2007 do CNMP. Conforme disposto no art. 12 da resolução, o "desarquivamento do inquérito civil, diante de novas provas ou para investigar fato novo relevante, poderá ocorrer no prazo máximo de seis meses após o arquivamento. Transcorrido esse lapso, será instaurado novo inquérito civil, sem prejuízo das provas já colhidas". **V**: incorreta. Conforme art. 10, § 4º, da Resolução 23/2007, o inquérito será remetido a outro membro do Ministério Público: "Deixando o órgão de revisão competente de homologar a promoção de arquivamento, tomará uma das seguintes providências: I – converterá o julgamento em diligência para a realização de atos imprescindíveis à sua decisão, especificando-os e remetendo ao órgão competente para designar o membro do Ministério Público que irá atuar; II – deliberará pelo prosseguimento do inquérito civil ou do procedimento preparatório, indicando os fundamentos de fato e de direito de sua decisão, adotando as providências relativas à designação, em qualquer hipótese, de outro membro do Ministério Público para atuação".

Gabarito "A".

(Promotor de Justiça – MPE/MS – FAPEC – 2015) Sobre os aspectos da Constituição Federal de 1988 na Tutela dos Interesses Difusos e Coletivos, analise as seguintes assertivas e assinale a alternativa **correta**:

I. Podemos afirmar que foi o primeiro texto constitucional a trazer, de modo específico e global, inclusive em capítulo próprio, regras sobre o meio ambiente, além de outras garantias previstas de modo esparso.

II. Preceitua que a lei estabelecerá o estatuto da juventude, destinado a regular os direitos dos jovens, bem como o plano nacional de juventude, de duração decenal, visando à articulação das várias esferas do poder público para a execução de políticas públicas.

III. Os atos de improbidade administrativa importarão a suspensão dos direitos políticos, a perda da função pública, a indisponibilidade dos bens e o ressarcimento ao erário, na forma e gradação previstas em lei, sem prejuízo da ação penal cabível.

IV. Estabelece que a adoção será assistida pelo Poder Público, na forma da lei, vedada como regra sua efetivação por parte de estrangeiros, como medida de proteção ao tráfico internacional de pessoas.

V. É dever do Estado na educação infantil, atendimento em creche e pré-escola, às crianças de até 5 (cinco) anos de idade.

(A) Todas as assertivas estão corretas.
(B) Somente as assertivas II e III estão corretas.
(C) Somente as assertivas I, II, III e V estão corretas.
(D) Somente as assertivas II, III e IV estão corretas.
(E) Somente as assertivas II, III e V estão corretas.

I: correta. Até a Constituição Federal de 1988 a matéria era tratada por legislação ordinária. **II:** correta. A proteção do jovem foi acrescentada pela emenda constitucional 65/2010, alterando a redação do art. 227 da CF (veja art. 227, § 8º). **III:** correta. São as penalidades previstas na Lei de Improbidade Administrativa. **IV:** incorreta. A adoção internacional é expressamente permitida pelo art. 227, § 5º, e regulada pelos arts. 51 e 52 do ECA. **V:** correta. Conforme art. 208, IV, da CF.
Gabarito "C".

(Ministério Público/RN – 2009 – CESPE) No que concerne a litisconsórcio, providências preliminares, defesa do consumidor, improbidade administrativa e, ainda, com relação ao Estatuto da Criança e do Adolescente, assinale a opção correta.

(A) Ação proposta por acionistas que visam anular assembleia geral de sociedade anônima constitui exemplo de litisconsórcio facultativo simples.
(B) Admite-se a propositura de ação declaratória incidental em sede de ação possessória que verse sobre posse nova (menos de ano e dia).
(C) Na contratação de fornecimento de produtos e serviços levada a efeito no estabelecimento comercial do fornecedor, o consumidor poderá desistir do contrato, no prazo de sete dias, a contar da sua assinatura ou do ato de recebimento do produto ou serviço.
(D) Compete com exclusividade ao MP a propositura de ação de improbidade administrativa que inclua pedido da perda da função pública e suspensão dos direitos políticos do agente.
(E) A remissão pré-processual concedida pelo MP e decorrente do cometimento de ato infracional não é incompatível com a imposição de medida socioeducativa de advertência.

A: incorreta, pois o litisconsórcio, apesar de facultativo, é unitário, mesmo porque a pretensão é desconstitutiva; **B:** incorreta, pois não cabe, em regra, ação declaratória sobre fato (posse) e, além disso, não pode ser discutido o domínio em sede de ação possessória; **C:** incorreta, pois a desistência é possível sempre que a contratação de fornecimento de produtos e serviços ocorrer *fora* do estabelecimento comercial; **D:** incorreta, pois a ação também pode ser proposta pela pessoa jurídica atingida pelo ato de improbidade administrativa; **E:** correta, pois se trata do posicionamento do STJ: *"Recurso especial. penal. Lei 8.069/1990. Estatuto da Criança e do Adolescente – ECA. Remissão oferecida pelo membro do Ministério Público. Homologação em juízo. Cumulação de medida socioeducativa de advertência. Possibilidade. Provimento. Esta Corte Federal Superior firmou já entendimento no sentido de que, por força mesmo da letra da lei, pode o magistrado, ao homologar a remissão concedida pelo órgão ministerial, impor outra medida socioeducativa prevista na Lei 8.069/1990, excetuadas aquelas que impliquem semiliberdade ou internação do menor infrator. Precedentes"* (REsp 457.684/SP).
Gabarito "E".

(Ministério Público/MG – 2011) O direito de reclamar no processo que visa à defesa de interesses difusos, coletivos, individuais homogêneos e individuais de consumo submete-se à decadência nos seguintes termos:

I. Nos casos de vícios aparentes ou de fácil constatação, o direito de reclamar caduca em trinta dias, tratando-se de fornecimento de serviços ou de produtos não duráveis.
II. Tratando-se de fornecimento de serviço e de produtos duráveis, prescrevem em sessenta dias.
III. A pretensão à reparação pelos danos causados por fato do produto ou do serviço prescreve em cinco anos.
IV. As ações destinadas a levar a efeitos as sanções previstas na Lei de Improbidade Administrativa podem ser propostas até cinco anos após o término do exercício de mandato, de cargo em comissão ou de função de confiança.

Estão **CORRETAS** as alternativas:

(A) I e III.
(B) I, II e IV.
(C) I, III e IV.
(D) II e IV.

I: correta, nos termos do art. 26, I, do CDC; **II:** incorreta, pois o prazo é de noventa dias (art. 26, II, do CDC); **III:** correta, pois assim estabelece o art. 27 do CDC; **IV:** correta, pois o prazo está conforme os termos do art. 23, I, da Lei 8.429/1992.
Gabarito "C".

11. DIREITO DO CONSUMIDOR

André de Carvalho Barros, Gabriela Pinheiro Roberta Densa e Wander Garcia*

1. CONCEITO DE CONSUMIDOR E RELAÇÃO DE CONSUMO

(Promotor de Justiça – MPE/MS – FAPEC – 2015) Assinale a alternativa **incorreta**:

(A) De acordo com o STJ, aplica-se o Código de Defesa do Consumidor aos contratos de planos de saúde.
(B) De acordo com o STJ, o Código de Defesa do Consumidor é aplicável às instituições financeiras.
(C) De acordo com o STJ, as instituições financeiras respondem subjetivamente pelos danos gerados por fortuito interno relativo a fraudes e delitos praticados por terceiros no âmbito de operações bancárias.
(D) De acordo com o STF, o Ministério Público tem legitimidade para promover ação civil pública cujo fundamento seja a ilegalidade de reajuste de mensalidades escolares.
(E) De acordo com o STJ, o Código de Defesa do Consumidor é aplicável à relação jurídica entre entidade de previdência privada e seus participantes.

A: correta. "Aplica-se o Código de Defesa do Consumidor aos contratos de plano de saúde" (Súmula 469 do STJ). **B:** correta. "O Código de Defesa do Consumidor é aplicável às instituições financeiras" (Súmula 297 do STJ) **C:** incorreta. "As instituições financeiras respondem objetivamente pelos danos gerados por fortuito interno relativo a fraudes e delitos praticados por terceiros no âmbito de operações bancárias". (Súmula 479 do STJ). **D:** correta. "O Ministério Público tem legitimidade para promover ação civil pública cujo fundamento seja a ilegalidade de reajuste de mensalidades escolares". (Súmula 643 do STF). **E:** correta. "O Código de Defesa do Consumidor é aplicável às entidades abertas de previdência complementar, não incidindo nos contratos previdenciários celebrados com entidades fechadas" (Súmula 563 do STJ).
Gabarito "C".

(Promotor de Justiça/GO – 2016 – MPE) Em relação aos elementos caracterizadores da relação consumerista, é correto afirmar:

(A) É considerado fornecedor de produtos ou prestador de serviços, entre outros, a pessoa jurídica de direito público ou privado, a massa falida, o espólio, a sociedade irregular e a sociedade de fato, independentemente de serem ou não filantrópicas ou terem ou não fins lucrativos.

---

* **André Barros** comentou as questões dos seguintes concursos: MP/AC/08, MP/BA/08, MP/CE/11, MP/GO/10, MP/GO/12, MP/MG/06, MP/MG/11, MP/MG/12, MP/MS/09, MP/MT/12, MP/PB/10, MP/PI/08, MP/PI/ 12, MP/RJ/11, MP/RN/09, MP/RR/12, MP/RS/08, MP/RS/09, MP/SC/08, MP/SC/12, MP/SP/12 e MP/TO/12, quando houver. **Gabriela Pinheiro** comentou as questões dos seguintes concursos: MP/MG/14, MP/PI/14, MP/DF/13, MP/ES/13, MP/GO/13, MP/MG/13. **Roberta Densa** comentou as questões dos seguintes concursos: PGR – 2015, PDR – 2013, MPE/GO/2016, MPE/RS/2017, MPE/BA/2015, MPE/MS/2015, MPE/AM/2015; **Wander Garcia** comentou as demais questões.

(B) Os municípios e os estados federados podem ser fornecedores, mas não poderão ser considerados consumidores porque falta-lhes a qualidade de serem destinatários finais dos produtos e dos serviços.
(C) Segundo a teoria finalista, é caracterizado como consumidor o taxista que adquire da concessionária um veículo zero quilômetro para exercer sua atividade profissional porque ele é considerado destinatário final fático e econômico.
(D) O serviço somente será considerado objeto da relação de consumo se for prestado no mercado mediante remuneração, excluídos os serviços de natureza gratuita.

A: correta. Na forma do art. 3º do Código de Defesa do Consumidor, fornecedor "é toda pessoa física ou jurídica, pública ou privada, nacional ou estrangeira, bem como os entes despersonalizados, que desenvolvem atividade de produção, montagem, criação, construção, transformação, importação, exportação, distribuição ou comercialização de produtos ou prestação de serviços". A massa falida, o espólio, a sociedade irregular e a sociedade de fato são entes despersonalizados, portanto, são fornecedores. Por outro lado, a finalidade de lucro não é elemento essencial para caracterizar o fornecedor, razão pela qual as entidades filantrópicas podem ser consideradas fornecedoras, desde que coloquem os produtos e serviços do mercado de forma habitual e onerosa. Vale lembrar que a teoria da empresa exige a finalidade de lucro para caracterização do empresário, o que não se faz necessário para a relação de consumo. **B:** incorreta. Os entes públicos não são considerados consumidores porque lhes faltar característica essencial que é a vulnerabilidade. Por outro lado, podem ser considerados fornecedores se o serviço público for pago através de tarifa ou preço público. **C:** incorreta. Para a teoria finalista aprofundada (ou finalista mitigada) consumidor é quem adquire ou utiliza produto ou serviço como destinatário final para uso próprio ou fins profissionais, desde que haja vulnerabilidade. A teoria finalista não admite a caracterização de consumidor para quem adquire produtos para fins profissionais, sendo consumidor somente quem adquire produtos e serviços para consumo próprio, sem a finalidade de lucro. **D:** incorreta. Conforme redação do art. 3º, § 2º, serviço "é qualquer atividade fornecida no mercado de consumo, mediante remuneração, inclusive as de natureza bancária, financeira, de crédito e securitária, salvo as decorrentes das relações de caráter trabalhista". Para a doutrina, o legislador referiu-se aos serviços pagos de forma direta ou indireta. Assim, o serviço de estacionamento e manobrista pode ser gratuito no restaurante, mas ao pagar a conta de sua refeição, o estacionamento tem o seu custo embutido no preço da refeição, razão pela qual o seu pagamento é indireto, no pacote de produtos e serviços oferecidos pelo fornecedor.
Gabarito "A".

(Ministério Público/RR – 2012 – CESPE) Considerando as características do CDC, os princípios aplicáveis ao direito do consumidor bem como os integrantes da relação de consumo, assinale a opção correta.

(A) Segundo a corrente maximalista ou objetiva, consumidor é o não profissional, ou seja, aquele que adquire ou utiliza um produto para uso próprio ou de sua família.

(B) Consoante o que postula a corrente finalista ou subjetiva, o destinatário final é o destinatário fático, pouco importando a destinação econômica do bem ou a finalidade lucrativa daquele que adquire o produto ou o serviço.
(C) O STJ adota, em regra, a teoria finalista, mas, em casos em que reste evidente a vulnerabilidade do adquirente do produto ou serviço, adota a teoria maximalista, preferindo alguns autores denominá-la, nesses casos, de teoria finalista mitigada, atenuada ou aprofundada.
(D) Embora não previsto expressamente no CDC, o princípio da vulnerabilidade é considerado pela doutrina consumerista como um pilar do direito do consumidor.
(E) O direito do consumidor é sub-ramo do direito privado e, em razão da sua especificidade, todos os direitos e garantias dos consumidores estão exclusivamente previstos no CDC.

A: incorreta, segundo a corrente maximalista ou objetiva o destinatário final é aquele que retira o produto ou serviço do mercado de consumo, não importando a finalidade. Desta forma, admite como consumidor tanto não profissional como também o profissional (ex: a empresa que compra algodão para fazer toalhas); **B:** incorreta, para a corrente finalista ou subjetiva, o consumidor destinatário final é aquele que adquire produto ou serviço para consumo próprio ou de sua família. O consumidor profissional não é admitido pela teoria finalista (ex: o advogado que compra computador para fazer suas petições); **C:** correta, pois reflete a jurisprudência atualizada do Superior Tribunal de Justiça; **D:** incorreta, o princípio da vulnerabilidade está previsto expressamente no art. 4°, I, do CDC; **E:** incorreta, pois de acordo com a Teoria do Diálogo das Fontes as normas jurídicas não se excluem, podendo com isso ser aplicado outros direitos e garantias não previstos no CDC (ex: Lei de Planos de Saúde, Estatuto do Idoso, Código Civil etc.).
„Ɔ„ oʇᴉɹɐqɐפ

(Ministério Público/RR – 2012 – CESPE) De acordo com a jurisprudência do STJ, aplicam-se as regras do CDC a:

(A) contrato de locação, perícia judicial e serviços notariais.
(B) serviço de fornecimento de água e esgoto, contrato de previdência privada e contrato de plano de saúde.
(C) crédito educativo custeado pelo Estado ao aluno, relação travada entre condomínio e condôminos e contrato de franquia.
(D) contrato de serviços advocatícios, contrato de trabalho e envio de produto gratuitamente como brinde.
(E) pagamento de contribuição de melhoria, contrato de cooperação técnica entre empresas de informática e contrato bancário.

A: incorreta, de acordo com a jurisprudência do STJ o CDC não é aplicável aos contratos de **locação de bens imóveis**, por haver estatuto jurídico próprio, a Lei 8.245/1991 (REsp. 605.295/MG, Quinta Turma, Rel. Min. Laurita Vaz, julgado em 20.10.2009), à **perícia judicial** (Resp 213.799/SP, Min. Sálvio de Figueiredo Teixeira, Quarta Turma, julgado em 24.06.2003) e também aos **serviços notariais**, por ter estatutos normativos próprios como a Lei 6.015/1973 e a Lei 8.935/1994 (Resp 625.144/SP, Terceira Turma, Rel. Min. Nancy Andrighi, julgado em 14.03.2006); **B:** correta, segundo o STJ o Código de Defesa do Consumidor é aplicável ao **serviço de fornecimento de água e esgoto** (AgRg no REsp 1.151.496/SP, Primeira Turma, Rel. Min. Arnaldo Esteves Lima, julgado em 23.11.2010), aos **contratos de previdência privada** (Súmula 321 do STJ: *"O Código de Defesa do Consumidor é aplicável à relação jurídica entre a entidade de previdência privada e seus participantes*), e aos **contratos de plano de saúde** (Resp 285.618/SP, Rel. Min. Luis Felipe Salomão, Quarta Turma, julgado em 18/12/2008); **C:** incorreta, o CDC não é aplicável ao **crédito educativo custeado pelo Estado** (REsp 1.256.227/RS, Rel. Min. Mauro Campbell Marques, Segunda Turma, julgado em 14.08.2012), à relação entre **condomínio e condôminos** (REsp 441.873/DF, Rel. Min. Castro Filho, julgado em 19.09.2006) e aos **contratos de franquia** (REsp 632.958/AL, Rel. Min. Aldir Passarinho Junior, Quarta Turma, julgado em 04.03.2010); **D:** incorreta, o CDC não é aplicável ao **contrato de serviços advocatícios**, por existir lei específica, o Estatuto da Advocacia (Lei 8.906/1994) (REsp 1.134.889/PE, Quarta Turma, Rel. Min. Aldir Passarinho Junior, julgado em 26.04.2005). Quanto ao **contrato de trabalho**, o próprio art. 3°, § 2°, do CDC excepciona as relações de caráter trabalhista da incidência do CDC. Quanto aos brindes, entendemos que o CDC deve ser aplicado (art. 39, III, CDC); **E:** incorreta, pois de acordo com a jurisprudência do STJ, o CDC não é aplicável ao **pagamento de contribuição de melhoria,** (REsp 124.201/SP, Rel. Ministro Demócrito Reinaldo, julgado em 07.11.1997), **aos contratos de cooperação técnica entre empresas de informática** e aos **contratos bancários** (REsp 445.854/MS, Terceira Turma, Rel. Min. Castro Filho, julgado em 02.12.2003).
„8„ oʇᴉɹɐqɐפ

(Ministério Público/SC – 2012) Analise as assertivas a seguir.

I. O "interesse social" presente no art. 1° da Lei n. 8.078/90, Código de Defesa do Consumidor, visa resguardar a imensa coletividade de consumidores fragilizados em face do poder econômico dos fornecedores, bem ainda proporcionar aos primeiros os meios adequados para o acesso à Justiça, seja de forma individual ou mesmo coletiva.
II. O CDC, ao admitir a pessoa jurídica como consumidora, não o fez de maneira ilimitada, mas, ao contrário, impôs limites não apenas em decorrência do princípio da vulnerabilidade da chamada pessoa jurídica-consumidora, como também pela não utilização profissional dos produtos e serviços.
III. O parágrafo único do art. 2° do CDC, visa proteger não aquele consumidor determinado e individualmente considerado, mas a coletividade de consumidores de produtos e serviços, sobretudo quando indeterminados e mesmo potenciais consumidores. Essa coletividade dos interesses ou direitos do consumidor comporta a dos chamados interesses ou direitos coletivos propriamente ditos e interesses individuais homogêneos de origem comum.
IV. O CDC cuida não só das medidas repressivas, sejam judiciais ou administrativas, como também de medidas preventivas de aspectos administrativos de defesa do consumidor, por intermédio das autoridades incumbidas da fiscalização de certo setor produtivo, evitando-se que determinado bem ou serviço venha a ser produzido ou prestado quando o fator de risco seja suplantado pelo fator benefício.
V. À aplicação da inversão do ônus da prova de que cuida o CDC, para que o julgador possa acatá-la, dentre outras condições, há que estar presente a verossimilhança das alegações do consumidor. Contudo, um direito da parte lesada quando se tratar de propaganda enganosa ou abusiva.

(A) Apenas as assertivas I, II e III estão corretas.
(B) Apenas as assertivas I, III e IV estão corretas.
(C) Apenas as assertivas II, IV e V estão corretas.
(D) Apenas as assertivas III, IV e V estão corretas.
(E) Todas as assertivas estão corretas.

I: correta, com o surgimento de uma sociedade de massa passou-se a exigir uma lei específica de defesa do consumidor. Com a produção em escala, o fornecedor começou a deixar de lado a qualidade tendo em vista o aumento da demanda, preservando, portanto, somente a quantidade. Com isso, começaram a ser fornecidos produtos com vícios e defeitos. Essa mudança ocorreu com a revolução industrial do aço e do carvão, com a revolução tecnológica do período pós-segunda guerra mundial e a atual revolução que vivemos, ou seja, a revolução da informatização e da globalização; II: correta, de acordo com a doutrina majoritária não é toda pessoa jurídica que pode ser considerada como consumidora, deve ser excluída aquela que utiliza os produtos e serviços para desenvolver atividades profissionais; III: correta, de acordo com o art. 2º, parágrafo único, do CDC, "equipara-se a consumidor a coletividade de pessoas, ainda que indetermináveis, que haja intervindo nas relações de consumo"; IV: correta, os arts. 105 a 106 do CDC instituem o Sistema Nacional de Defesa do Consumidor conferindo ao Departamento Nacional de Defesa do Consumidor, entre outras funções, o dever de fiscalizar os setores produtivos; V: correta, está de acordo com os arts. 6º, VIII, e 38, ambos do CDC.
Gabarito "E".

(Procurador da República – 26º) No Estado-membro xxxxxxxx foi promulgada pela Assembleia Legislativa lei estadual que proíbe a cobrança da tarifa de assinatura básica de telefonia dos usuários do Estado e determina que as empresas prestadoras de serviço público de telecomunicações discriminem nas faturas todas as ligações efetuadas pelo usuário e o preço cobrado por cada uma delas, com fundamento na jurisprudência assente do Supremo Tribunal Federal, é correto afirmar que:

(A) A Lei estadual é constitucional pois trata do direito do consumidor à informação detalhada de sua fatura de telecomunicações e, por tratar de direito do consumidor, a competência dos Estados-membros e da União é concorrente;
(B) A Lei estadual é constitucional pois cabe aos Estados-membros legislar sobre a proteção dos usuários de serviços públicos;
(C) A Lei estadual é inconstitucional pois cabe à União exclusivamente a competência legislativa e administrativa para disciplinar a prestação dos serviços públicos de telecomunicações, incluída a fixação da política tarifária;
(D) A Lei estadual será constitucional se proibir a cobrança da tarifa de assinatura telefônica apenas do usuário que possa ser considerado consumidor, ou seja, a pessoa física que utiliza o aparelho telefônico em sua residência, excluindo do âmbito de sua aplicação as empresas que utilizam os telefones para a atividade profissional, como as empresas de rádio-táxi, ou as empresas de *call center*.

C: correta, o Supremo Tribunal Federal já decidiu que a competência legislativa e administrativa para disciplinar a prestação dos serviços públicos de telecomunicações, incluída a fixação da política tarifária, é exclusiva da União. De acordo com decisão do STF: "1. O sistema federativo instituído pela Constituição Federal de 1988 torna inequívoco que cabe à União a competência legislativa e administrativa para a disciplina e a prestação dos serviços públicos de telecomunicações e energia elétrica (CF, artigos 21, XI e XII, 'b', e 22, IV). 2. A Lei nº 3.449/04 do Distrito Federal, ao proibir a cobrança da tarifa de assinatura básica 'pelas concessionárias prestadoras de serviços de água, luz, gás, TV a cabo e telefonia no Distrito Federal' (artigo 1º, *caput*), incorreu em inconstitucionalidade formal, porquanto necessariamente inserida a fixação da 'política tarifária' no âmbito de poderes inerentes à titularidade de determinado serviço público, como prevê o artigo 175, parágrafo único, III, da Constituição, elemento indispensável para a preservação do equilíbrio econômico-financeiro do contrato de concessão e, por consequência, da manutenção do próprio sistema de prestação da atividade. 3. Inexiste, *in casu*, suposto respaldo para o diploma impugnado na competência concorrente dos Estados-membros para dispor sobre direito do consumidor (CF, artigo 24, V e VII), cuja interpretação não pode conduzir à frustração da teleologia da referida regra expressa contida no artigo 175, parágrafo único, III, da CF, descabendo, ademais, a aproximação entre as figuras do consumidor e do usuário de serviços públicos, já que o regime jurídico deste último, além de informado pela lógica da solidariedade social (CF, artigo 3º, I), encontra sede específica na cláusula 'direitos dos usuários' prevista no artigo 175, parágrafo único, II, da Constituição. 4. Ofende a denominada reserva de administração, decorrência do conteúdo nuclear do princípio da Separação de Poderes (CF, artigo 2º), a proibição de cobrança de tarifa de assinatura básica no que concerne aos serviços de água e gás, em grande medida submetidos também à incidência de leis federais (CF, artigo 22, IV), mormente quando constante de ato normativo emanado do Poder Legislativo fruto de iniciativa parlamentar, porquanto supressora da margem de apreciação do Chefe do Poder Executivo Distrital na condução da Administração Pública, no que se inclui a formulação da política pública remuneratória do serviço público. 5. Ação Direta de Inconstitucionalidade julgada procedente" (STF, ADI 3.343/DF, Relator Min. AYRES BRITTO, Relator p/ Acórdão Min. LUIZ FUX, julgamento em 01/09/2011, Tribunal Pleno); A, B e D: incorretas, pois referida lei deve ser considerada inconstitucional.
Gabarito "C".

2. PRINCÍPIOS E DIREITOS BÁSICOS DO CONSUMIDOR

(Procurador da República – PGR – 2013) Acerca dos princípios e direitos básicos do consumidor é correto afirmar que:

(A) O reconhecimento da nulidade de uma cláusula contratual abusiva que estabeleça prestação desproporcional, ou a torne excessivamente onerosa, invalida todo o contrato firmado entre fornecedor e consumidor, acarretando o reconhecimento de sua invalidade;
(B) É nula de pleno direito a cláusula contratual que determine a utilização compulsória de arbitragem para a resolução dos litígios entre consumidor e fornecedor;
(C) O Código de Proteção e Defesa do Consumidor – Lei 8.078/1990 veda expressamente a instituição de compromisso arbitral e a realização de arbitragem, mesmo que de comum acordo entre consumidor e fornecedor;
(D) Não caracteriza o dano moral passível de reparação a simples devolução indevida de cheque por instituição financeira, cabendo ao consumidor comprovar que o ato causou-lhe desconforto, transtorno ou prejuízo.

A: incorreta. A nulidade de uma cláusula abusiva não invalida o contrato, exceto na hipótese em que a nulidade decorrer ônus excessivo a uma das partes (art. 51, § 2º, do CDC). **B:** correta. Nos exatos termos do art. 51, VII, são nulas as cláusulas contratuais que determinem a utilização compulsória de arbitragem para a resolução de conflitos. **C:** incorreta. Nos termos da alternativa anterior. **D:** incorreta. Para o STJ "a simples devolução indevida de cheque caracteriza dano moral" (Súmula 388).
Gabarito "B".

(Promotor de Justiça/GO – 2016 – MPE) Considerando os princípios e direitos básicos que regem o Código de Defesa do Consumidor, assinale a alternativa correta:

(A) O conceito de hipossuficiência consumerista restringe-se a análise da situação socioeconômica do consumidor perante o fornecedor, permitindo, inclusive, a inversão do ônus probatório.
(B) O boa-fé objetiva é uma causa limitadora do exercício, antes lícito, hoje abusivo, dos direitos subjetivos, e, ainda caracteriza-se por ser fonte de deveres anexos contratuais.
(C) Por ser os princípios da hipossuficiência e da vulnerabilidade conceitos jurídicos pode-se afirmar que todo consumidor vulnerável é, logicamente, hipossuficiente.
(D) A regra do *pacta sunt servanda* se aplica as relações de consumo e encontra-se prevista expressamente no CDC.

A: incorreta. A hipossuficiência, elemento a ser analisado para inversão o ônus da prova (art. 6º, VIII), compreende a dificuldade de o consumidor fazer a prova em juízo, que pode denotar caráter técnico ou econômico. **B:** correta. A autonomia privada é limitada pelas regras de ordem pública trazidas pelo CDC, especialmente pela cláusula geral de boa-fé objetiva, que obriga os contratantes a agirem de acordo com um padrão ético de conduta. **C:** incorreta. Todos os consumidores são reconhecidamente vulneráveis (art. 4º, inciso I, do CDC), mas nem todos são hipossuficientes. A hipossuficiência é critério técnico para análise da inversão do ônus da prova nas hipóteses do art. 6º, inciso VIII, do CDC. **D:** incorreta. O princípio do *pacta sunt servanda* não é expresso no CDC, mas é princípio contratual que deve ser observado nas relações de consumo. Vale notar que a lei consumerista prevê expressamente hipóteses de não aplicação do referido princípio, podendo citar como exemplo o art. 49, que permite a desistência das compras feitas fora do estabelecimento empresarial e o art. 6, inciso V, que permite a modificação e a revisão judicial dos contratos.
Gabarito "B".

(Procurador da República –28º Concurso – 2015 – MPF) Sobre o princípio da vulnerabilidade é correto afirmar que:

(A) O fornecedor de produto ou serviço pode ser considerado vulnerável em relação ao consumidor no mercado de consumo;
(B) O princípio da vulnerabilidade do consumidor não está positivado no Código de Defesa do Consumidor, ele é uma construção doutrinária que foi utilizada pelo Superior Tribunal de Justiça para fundamentar as decisões judiciais favoráveis aos consumidores;
(C) A pessoa jurídica que adquire produtos no mercado de consumo não pode alegar vulnerabilidade técnica;
(D) Nem todo consumidor é hipossuficiente, mas sempre será vulnerável. A hipossuficiência é auferida casuisticamente e gera consequências processuais, já a vulnerabilidade é presumida e produz consequências de direito material.

A: incorreta. O reconhecimento da vulnerabilidade do consumidor em relação ao fornecedor no mercado de consumo é o que justifica toda a proteção concedida ao consumidor no CDC. **B:** incorreta. O reconhecimento da vulnerabilidade do consumidor está expresso no art. 4º, inciso I, do CDC. **C:** incorreta. A doutrina finalista mitigada, que tem sido aplicada pelo STJ, reconhece a possibilidade de a pessoa jurídica ser considerada consumidora caso seja comprovada a vulnerabilidade (informacional, técnica jurídica ou econômica) quando for destinatária final de produto o serviço. **D:** correta. Todos os consumidores são reconhecidamente vulneráveis (art. 4º, inciso I, do CDC), mas nem todos são hipossuficientes. A hipossuficiência é critério técnico para análise da inversão do ônus da prova nas hipóteses do art. 6º, inciso VIII, do CDC.
Gabarito "D".

(Ministério Público/CE – 2011 – FCC) A inversão do ônus da prova para facilitação da defesa dos direitos do consumidor no processo civil é:

(A) obrigatória quando o pedido se fundar em norma de ordem pública, porque o interesse privado do fornecedor neste caso deverá ser sempre afastado.
(B) obrigatória, sempre que o Ministério Público for o autor da ação e, nos casos em que, intervindo como fiscal da lei, requerer aquele benefício.
(C) inadmissível quando o objeto do processo revestir interesse exclusivamente privado, para não ferir o princípio da isonomia.
(D) admissível, a critério do juiz, desde que a parte o requeira, mediante declaração de pobreza firmada de próprio punho, porque ela firma presunção relativa de sua hipossuficiência.
(E) admissível quando, a critério do juiz, for verossímil a alegação ou quando for ele hipossuficiente, segundo as regras ordinárias de experiência.

A inversão do ônus da prova não é obrigatória no processo civil quando tem por objeto as relações de consumo. Trata-se de um direito do consumidor quando, a critério do juiz, for verossímil a alegação ou quando for ele hipossuficiente, segundo as regras ordinárias de experiências (art. 6º, VIII, do CDC). Todo consumidor é vulnerável, mas nem todo consumidor é hipossuficiente.
Gabarito "E".

(Ministério Público/MG – 2012 – CONSULPLAN) A formação dos Estados Democráticos, para além da conformação do monismo normativo, transformou a vida das pessoas no reconhecimento dos novos valores sociais e na convivência com as diferenças, propiciando novo corte na hermenêutica do Direito no que respeita ao pluralismo jurídico. Sobre a técnica de coordenação das diferentes fontes jurídicas, revelada na aproximação do CDC com o Código Civil de 2002, é **CORRETO** dizer:

(A) Pela dimensão da complementaridade, compreende-se que determinada lei sirva de base à outra, de forma que os conceitos básicos de uma codificação sejam utilizados por codificação congênere.
(B) Pela dimensão da subsidiariedade revela-se a adoção de *topoi* em determinada legislação que estende seu conceito à legislação afim.
(C) Pela dimensão coerência, para evitar contradições, os princípios de determinada norma são utilizados em caráter complementar por outra.
(D) Pela dimensão coordenação, há a possibilidade de transposição da reflexão doutrinária e jurisprudencial de uma codificação para outra codificação mais recente.

A: incorreta, a alternativa se refere ao diálogo de coerência e não ao de complementaridade; **B:** incorreta, a alternativa se refere ao diálogo de coerência. Os *topoi* são argumentos comuns amplamente aceitos, verdades que orientam o nosso pensamento; **C:** incorreta, a alternativa se refere ao diálogo de complementariedade e não de coerência; **D:** correta, pelo diálogo de coordenação e adaptação sistemática a lei deve ser alterada para contemplar a evolução doutrinária e jurisprudencial.
Gabarito "D".

(Ministério Público/PI – 2012 – CESPE) Assinale a opção correta acerca dos direitos do consumidor.

(A) De acordo com o CDC, o devedor poderá pedir a resolução do contrato de execução continuada se a prestação de uma das partes tornar-se, em virtude de acontecimento extraordinário, excessivamente onerosa, com extrema vantagem para a outra.
(B) Fornecedor é toda pessoa física ou jurídica, pública ou privada, nacional ou estrangeira, que desenvolve atividade de produção, montagem, criação, distribuição ou comercialização de produtos, excetuando-se o camelô, que não tem personalidade jurídica.
(C) Segundo a jurisprudência do STJ, a responsabilidade civil das companhias aéreas por má prestação de serviços subordina-se ao CDC, e não à Convenção de Varsóvia.
(D) Segundo a teoria finalista, embasada no conceito jurídico de consumidor, o destinatário final é somente o destinatário fático do produto, não importando a destinação econômica do bem.
(E) O reconhecimento da hipossuficiência do consumidor no mercado de consumo, a racionalização e a melhoria dos serviços públicos constituem princípios expressos da Política Nacional das Relações de Consumo.

A: incorreta, a revisão e a resolução previstas no CDC são direitos exclusivos do consumidor e não exigem que a onerosidade excessiva seja originada de um acontecimento extraordinário, bastando que seja superveniente; **B:** incorreta, até mesmo os entes despersonalizados podem ser considerados como fornecedores (art. 3º do CDC); **C:** correta, neste sentido o STJ já decidiu que "A jurisprudência dominante desta Corte Superior se orienta no sentido de prevalência das normas do CDC, em detrimento das Convenções Internacionais, como a Convenção de Montreal, precedida pela Convenção de Varsóvia, aos casos de atraso de voo, em transporte aéreo internacional" (AgRg no Ag 1.343.941/RJ, Terceira Turma, Rel. Des. Conv. Vasco Della Giustina, julgado em 18.11.2010); **D:** incorreta, segundo a teoria finalista a destinação econômica do bem é importante, porque não considera como consumidor aquele que adquire produto ou serviço para desenvolver atividade econômica, fomentando a cadeia produtiva; **E:** incorreta, pois o CDC reconhece a vulnerabilidade do consumidor e não a hipossuficiência como um princípio da Política Nacional de Relações de Consumo (art. 6º, I e VII, do CDC).
Gabarito "C".

(Ministério Público/RO – 2010 – CESPE) Assinale a opção correta com relação ao direito do consumidor.

(A) Segundo doutrina e jurisprudência pacificada do STJ, a responsabilidade civil objetiva estabelecida no CDC é a do risco integral, razão pela qual o caso fortuito e a força maior não excluem a responsabilidade do fornecedor.
(B) O *recall*, expressamente previsto no CDC, é um instrumento por meio do qual o fornecedor busca impedir que o consumidor sofra algum dano ou perda em função de vício que o produto ou o serviço tenha apresentado após sua comercialização.
(C) A Defensoria Pública, assim como o MP e outros legitimados, é parte legitimada para propor ação civil pública na defesa coletiva dos direitos dos consumidores, conforme previsão expressa do CDC.
(D) O direito à reparação pelos danos causados por fato do produto ou do serviço decai em cinco anos, a partir do conhecimento do dano e de sua autoria.
(E) A tutela específica em uma ação envolvendo relação consumerista, bem como o cumprimento de obrigação de fazer e não fazer, pode ser obtida por meio de tutela inibitória (astreintes), desde que requerida pelo autor.

A: incorreta, pois o CDC adotou a Teoria do Risco Proveito / Benefício, e não a do Risco Integral; assim, o caso fortuito e a força maior excluem a responsabilidade do fornecedor; porém, há algumas exceções, como é o caso de roubo de bens em **cofre** de banco; confira: "Civil. Recurso especial. Ação de reparação por danos materiais e compensação por danos morais. Roubo de bens em cofre de banco. Responsabilidade civil objetiva. 1. Conforme a jurisprudência desta Corte Superior, no caso de assalto de cofres bancários, o banco tem responsabilidade objetiva, decorrente do risco empresarial, devendo indenizar o valor correspondente aos bens reclamados. 2. Em se tratando de instituição financeira, os roubos são eventos totalmente previsíveis e até esperados, não se podendo admitir as excludentes de responsabilidade pretendidas pelo recorrente – caso fortuito ou força maior e culpa de terceiros. 3. O art. 166, II, do Código Civil não tem aplicação na hipótese, haja vista que trata de nulidade de negócios jurídicos por impossibilidade de seu objeto, enquanto a questão analisada no presente recurso é a responsabilidade civil da instituição financeira por roubo ao conteúdo de cofres locados. 4. Recurso especial não provido." (REsp 1286180/BA, Rel. Ministra Nancy Andrighi, Terceira Turma, j. 03.11.2011); **B:** correta (art. 10, §§ 1º e 2º, do CDC); **C:** incorreta, pois o CDC não cita expressamente a Defensoria Pública como legitimada para ingresso com ação civil pública (art. 82 do CDC); porém, como a Defensoria é um órgão público e tem como finalidade institucional a defesa desse tipo de interesse, esta é legitimada para a ação civil pública; **D:** incorreta, pois esse direito **prescreve** (e não **decai**) em cinco anos (art. 27 do CDC); **E:** incorreta, pois o art. 84 do CDC não dispõe que é necessário provocação para o juiz conceder esse tipo de tutela.
Gabarito "B".

(Ministério Público/SE – 2010 – CESPE) As ações governamentais destinadas a proteger o direito do consumidor incluem:

I. fazer propaganda de alerta sobre tema de interesse do consumidor.
II. apoiar, por meio de incentivos, a criação de associação representativa dos consumidores.
III. indenizar o consumidor por defeitos dos produtos que tenham provocado grave dano à saúde.

Assinale a opção correta.

(A) Apenas o item I está certo.
(B) Apenas o item II está certo.
(C) Apenas os itens I e II estão certos.
(D) Apenas os itens II e III estão certos.
(E) Todos os itens estão certos.

I: correta (art. 4º, IV, do CDC); II: correta (art. 5º, V, do CDC); III: incorreta, pois a responsabilidade por tais defeitos não é do *governo*, mas sim do *fornecedor* (art. 12 do CDC).
Gabarito "C".

(Ministério Público/SE – 2010 – CESPE) As formas de execução da Política Nacional das Relações de Consumo previstas pelo governo não incluem a hipótese de:

(A) criação de juizado especial para causas consumeristas.
(B) criação de delegacias especializadas em matéria consumerista.
(C) criação de promotorias de justiça especializadas em matéria de consumidor.
(D) criação de associações de consumidores para defesa destes nas relações de consumo.

(E) garantia de assistência jurídica, integral e gratuita para o consumidor carente.

Todas as alternativas trazem instrumentos previstos no art. 5º do CDC. Todavia, a alternativa "d" usa a expressão "*criação* de associações" (g.n.), quando deveria usar a expressão "*concessão de estímulos* à criação..." (g.n.).

Gabarito "D".

3. RESPONSABILIDADE PELO FATO DO PRODUTO OU DO SERVIÇO E PRESCRIÇÃO

(Procurador da República – PGR – 2013) Interpretando o Código de Proteção e Defesa do Consumidor, CDC – Lei 8.078/1990, a jurisprudência recente e predominante do Superior Tribunal de Justiça – STJ, entende que:

(A) O prazo para o usuário buscar a restituição de tarifa de água e esgoto pagos indevidamente é de cinco anos, de acordo com o previsto no Código de Defesa do Consumidor;

(B) O desenvolvimento de moléstia pulmonar imputada ao fumo configura o nexo causal necessário ao reconhecimento da pretensão de ressarcimento do fumante, já que o cigarro é um produto que não oferece a segurança que ordinariamente se espera de produto colocado no mercado e responderão pelo dano, solidariamente, o produtor, o importador e o comerciante;

(C) Equiparam-se a consumidor todas as pessoas que, embora não tenham participado diretamente da relação de consumo, venham sofrer as consequências do evento danoso, dada a potencial gravidade que pode atingir o fato do produto, ou do serviço, na modalidade vício de qualidade por insegurança;

(D) O vício oculto de produto eletrônico, não decorrente do desgaste natural gerado pela fruição ordinária do produto, deve ser reclamado dentro do prazo contratual da garantia entabulada pelas partes.

A: incorreta. Conforme Súmula 412 do STJ: "A ação de repetição de indébito de tarifas de água e esgoto sujeita-se ao prazo prescricional estabelecido no Código Civil". **B:** incorreta. A jurisprudência do STJ segue no sentido de afirmar que a medicina não comprova a causalidade necessária, direta e exclusiva, entre o tabaco e o câncer. Vejamos: "(...) Esses fundamentos, por si sós, seriam suficientes para negar a indenização pleiteada, mas se soma a eles o fato de que, ao considerar a teoria do dano direto e imediato acolhida no direito civil brasileiro (art. 403 do CC/2002 e art. 1.060 do CC/1916), constata-se que ainda não está comprovada pela Medicina a causalidade necessária, direta e exclusiva entre o tabaco e câncer, pois ela se limita a afirmar a existência de fator de risco entre eles, tal como outros fatores, como a alimentação, o álcool e o modo de vida sedentário ou estressante. Se fosse possível, na hipótese, determinar o quanto foi relevante o cigarro para o falecimento (a proporção causal existente entre eles), poder-se-ia cogitar o nexo causal juridicamente satisfatório. Apesar de reconhecidamente robustas, somente as estatísticas não podem dar lastro à responsabilidade civil em casos concretos de morte supostamente associada ao tabagismo, sem que se investigue, episodicamente, o preenchimento dos requisitos legais. Precedentes citados do STF: RE 130.764-PR, DJ 19/5/1995; do STJ: REsp 489.895-SP, DJe 23/4/2010; REsp 967.623-RJ, DJe 29/6/2009; REsp 1.112.796-PR, DJ 5/12/2007, e REsp 719.738-RS, DJe 22/9/2008". (STJ, REsp 1.113.804-RS, Rel. Min. Luis Felipe Salomão, julgado em 27/4/2010). Vide informativo de jurisprudência 432. **C:** correta. O entendimento do STJ quanto ao conceito de consumidor por equiparação segue no sentido de que são consumidores todas as vítimas do evento (art. 17 do CDC). Poderia gerar discussão a expressão utilizada na alternativa "vício de qualidade por insegurança", uma vez que a questão versa sobre defeito de produto. Vale notar que a afirmativa é do STJ, sendo o acórdão que vem sendo utilizado para os casos análogos é o seguinte: Processual civil. Ação civil pública. Explosão de loja de fogos de artifício. Interesses individuais homogêneos. Legitimidade ativa da procuradoria de assistência judiciária. Responsabilidade pelo fato do produto. Vítimas do evento. Equiparação a consumidores(...). II Em consonância com o artigo 17 do Código de Defesa do Consumidor, equiparam-se aos consumidores todas as pessoas que, embora não tendo participado diretamente da relação de consumo, vem a sofrer as consequências do evento danoso, dada a potencial gravidade que pode atingir o fato do produto ou do serviço, na modalidade vício de qualidade por insegurança. (grifo nosso).(STJ, REsp 181.580/SP, 3ª Turma, Min. Castro Filho, DJ 22/03/2004). **D:** incorreta. O prazo de garantia contratual (art. 50) é complementar ao prazo de garantia legal (art. 26). Por essa razão, os prazos de garantia contratual e legal são sempre somados, devendo, conforme doutrina majoritária, contar primeiro o prazo da garantia contratual para depois contar o prazo de garantia legal. Dessa forma, o consumidor pode reclamar dos vícios de produtos, nos termos do art. 26 do CDC, a partir do momento em que ficar evidenciado o vício, independentemente do prazo de garantia contratual. Vejamos: Recurso especial. Consumidor. Vício oculto. Produto durável. Reclamação. Termo inicial. 1. Na origem, a ora recorrente ajuizou ação anulatória em face do PROCON/DF – Instituto de Defesa do Consumidor do Distrito Federal, com o fim de anular a penalidade administrativa imposta em razão de reclamação formulada por consumidor por vício de produto durável. 2. O tribunal de origem reformou a sentença, reconheceu a decadência do direito de o consumidor reclamar pelo vício e concluiu que a aplicação de multa por parte do Procon/DF se mostrava indevida. 3. De fato, conforme premissa de fato fixada pela corte de origem, o vício do produto era oculto. Nesse sentido, o *dies a quo* do prazo decadencial de que trata o art. 26, § 6º do Código de Defesa do Consumidor é a data em ficar evidenciado o aludido vício, ainda que haja uma garantia contratual, sem abandonar, contudo, o critério da vida útil do bem durável, a fim de que o fornecedor não fique responsável por solucionar o vício eternamente. (STJ, REsp 1.123.004/DF, Rel. Mauro Campbell Marques, 2ª Turma, DJe 09/12/2011).

Gabarito "C".

(Ministério Público/MG – 2012 – CONSULPLAN) Indique abaixo o nexo de imputação mais adequado à responsabilidade pelo fato do produto com espeque no art. 12 do CDC:

(A) risco integral.
(B) risco criado.
(C) risco proveito.
(D) risco mitigado.

A banca considerou como correta a alternativa D, pois, ao contrário da teoria do risco integral, a teoria do risco mitigado admite excludentes de responsabilidade (art. 12, § 3º, do CDC). Entretanto, entendemos que também é correta a alternativa C, pois o art. 12 estabelece a responsabilidade objetiva para quem desenvolve atividade econômica e, consequentemente, busca lucro (teoria do risco proveito ou benefício).

Gabarito "D".

(Ministério Público/MG – 2012 – CONSULPLAN) A vigência do Código de Defesa do Consumidor possibilitou nova estruturação e funcionalização da responsabilidade civil. Atento a tal colocação observe-se:

I. A dicotomia clássica entre responsabilidade civil contratual e responsabilidade civil extracontratual não se mostrou apta aos dias atuais, sendo necessário romper esta *summa divisio* para a proteção do consumidor, permitindo a responsabilização direta do fabricante pelo dano ao destinatário final, bem como a proteção do *bystander*.

II. Acidente, ligado à teoria do vício por inadequação, é todo o fato capaz de atingir a incolumidade física do consumidor.

III. A função preventiva na responsabilidade civil consumerista prescinde o dano-evento e exige o dano-prejuízo.

IV. é na ordem pública procedimental – além da ordem pública de proteção à parte débil, ordem pública de coordenação e ordem pública de direção – que aloca a teoria da qualidade, ensejando, inclusive, a cobertura contra os vícios aparentes.

Faça a opção:

(A) as assertivas I e II são **INCORRETAS**.
(B) as assertivas II e III são **CORRETAS**.
(C) as assertivas III e IV são **INCORRETAS**.
(D) as assertivas I e IV são **CORRETAS**

I: correta, segundo Flávio Tartuce, "o Código Brasileiro de Defesa do Consumidor representa uma superação desse modelo dual anterior, unificando a responsabilidade civil. Na verdade, pela Lei Consumerista, pouco importa se a responsabilidade civil decorre de um contrato ou não, pois o tratamento diferenciado se refere apenas aos produtos e serviços, enquadrando-se nos últimos a veiculação de informações pelas oferta e publicidade" (*Manual de Direito do Consumidor*. Volume Único. Ed. GEN, 2012, pg. 115). A respeito do *bystander*, esclarece também o autor: "Consagra o art. 17 da Lei 8.078/1990 que todos os prejudicados pelo evento de consumo, ou seja, todas as vítimas, mesmo não tendo relação direta de consumo com o prestador ou fornecedor, podem ingressar com ação fundada no Código de Defesa do Consumidor, visando a responsabilização objetiva do agente causador do dano" (ob. cit., pg. 158); II: incorreta, pois o vício por inadequação nada mais é do que vício do produto, ou seja, trata-se de um problema que não gera repercussão além do produto (danos intrínsecos); III: incorreta, a função preventiva da responsabilidade civil trabalha com a noção de dano-evento e não de dano-prejuízo; IV: correta, está de acordo com o entendimento doutrinário quanto ao tema.

Gabarito "D".

(Ministério Público/SC – 2012) Analise as assertivas a seguir.

I. O fabricante que tenha colocado no mercado produto intrinsecamente defeituoso terá, com exclusividade, a responsabilidade civil por danos. A nocividade do produto resultante de sua má utilização, por falta, insuficiência ou deficiência de informação, também faz recair ao fabricante.

II. A responsabilidade pelo fato do produto ou do serviço decorre da exteriorização de um vício/defeito de qualidade que pode ser defeituoso sem ser inseguro e, ao mesmo tempo, ser defeituoso e inseguro. Nos vícios que não resultam insegurança, pode-se dizer que a perda patrimonial não ultrapassa os limites valorativos do produto ou serviço defeituoso, o que não acontece com os defeitos de insegurança que ultrapassam os limites valorativos do produto ou serviço defeituoso.

III. Se o produto adquirido pelo consumidor atender inteiramente sua necessidade e expectativa, em que pese nele (produto) inexistir informação regulamentar de apresentação, não será considerado impróprio e, assim, inviável ao consumidor solicitar a troca, devolução do dinheiro ou abatimento do preço.

IV. A vedação de denunciação da lide tem aplicação, na norma consumerista, apenas na hipótese relativa a fato do produto, sendo cabível, de outra banda, o chamamento ao processo.

V. O CDC não estabelece prazo fixo para que o consumidor possa reclamar pelo vício oculto. Nesse caso, o limite temporal da garantia está em aberto e seu termo inicial será o da descoberta do vício. Utiliza-se como parâmetro para evitar a "garantia eterna" a vida útil do produto, de forma a prestigiar o princípio da isonomia.

(A) Apenas as assertivas I, II e III estão corretas.
(B) Apenas as assertivas II, IV e V estão corretas.
(C) Apenas as assertivas II, II, e V estão corretas.
(D) Apenas as assertivas II e V estão corretas.
(E) Todas as assertivas estão corretas.

I: correta, a responsabilidade no caso de defeito intrínseco é imediata do fabricante (art. 12 do CDC). Já a responsabilidade do comerciante será subsidiária, ou seja, mediata, ocorrendo somente nas hipóteses do art. 13 do CDC; II: correta, no vício o problema fica adstrito aos limites do bem (prejuízos intrínsecos); no defeito haverá outros danos além do próprio vício que o bem traz em si mesmo (prejuízos extrínsecos); III: incorreta, pois o vício de informação também está previsto no art. 18, *caput*, do CDC e permite que o consumidor requeira qualquer uma das soluções presentes no § 1°; IV: incorreta, o chamamento ao processo somente é possível nos casos em que o réu houver contratado seguro de responsabilidade e não em qualquer caso (art. 101, II, CDC). Já com relação à denunciação da lide, o STJ já decidiu que é possível a sua aplicação nos casos de defeito do serviço (art. 14 do CDC), desde que sejam preenchidos os requisitos do art. 70 do CPC (REsp 1.123.195/SP, Terceira Turma, Rel. Min. Massami Uyeda, j. 16.12.2011); V: correta, está de acordo com o art. 26, § 3°, do CDC e também com a doutrina majoritária sobre o tema.

Gabarito "C".

4. RESPONSABILIDADE PELO VÍCIO DO PRODUTO E DO SERVIÇO E DECADÊNCIA

(Promotor de Justiça – MPE/MS – FAPEC – 2015) De acordo com o art. 19 da Lei 8.078/1990 (Código de Defesa do Consumidor), os fornecedores respondem solidariamente pelos vícios de quantidade do produto sempre que, respeitadas as variações decorrentes de sua natureza, seu conteúdo líquido for inferior às indicações constantes do recipiente, da embalagem, rotulagem ou de mensagem publicitária, podendo o consumidor exigir, alternativamente e à sua escolha:

I. o abatimento proporcional do preço.
II. complementação do peso ou medida.
III. a substituição do produto por outro da mesma espécie, marca ou modelo, sem os aludidos vícios.
IV. a restituição imediata da quantia paga, monetariamente atualizada, sem prejuízo de eventuais perdas e danos.

A esse respeito, pode-se concluir que:

(A) Apenas assertivas I e IV estão corretas.
(B) Apenas as assertivas II, III e IV estão corretas.
(C) Apenas as assertivas I, III e IV estão corretas.
(D) Apenas a assertiva IV está incorreta.
(E) Todas as assertivas estão corretas.

Todas as assertivas estão corretas nos termos do art. 19 do CDC.

Gabarito "E".

(Procurador da República – PGR – 2013) Com relação à prestação de serviços públicos é correto afirmar que:

(A) Os prestadores de serviço público remunerados por tarifas têm responsabilidade subjetiva pelos vícios e danos ocasionados por defeitos decorrentes da prestação dos serviços;
(B) O serviço de fornecimento de água, por ser universal e de utilidade pública, não pode ser tutelado pelo Código de Defesa do Consumidor;
(C) A cobrança indevida na fatura de energia elétrica, por culpa da concessionária, não enseja a devolução em dobro prevista no parágrafo único do artigo 42 do Código de Defesa do Consumidor, por se tratar de tarifa pública não contratual;
(D) A Agência Nacional de Energia Elétrica – ANEEL e a Agência Nacional de Vigilância Sanitária – ANVISA têm competência legal para atuar na proteção e defesa dos consumidores.

A: incorreta. Os serviços públicos remunerados por tarifa ou preço público estão sujeitos à aplicação integral do Código de Defesa do Consumidor. Veja o boletim 74 de Jurisprudências em Teses do STJ: "A relação entre concessionária de serviço público e o usuário final para o fornecimento de serviços públicos essenciais é consumerista, sendo cabível a aplicação do Código de Defesa do Consumidor" e "As empresas públicas, as concessionárias e as permissionárias prestadoras de serviços públicos respondem objetivamente pelos danos causados a terceiros, nos termos do art. 37, § 6º da Constituição Federal e dos art. 14 e 22 do Código de Defesa do Consumidor". Sendo assim, a responsabilidade civil das prestadoras de serviços é objetiva na ocorrência de defeitos decorrentes da prestação de serviços. **B:** incorreta. Conforme exposto na alternativa anterior. **C:** incorreta. Havendo incidência do CDC, há aplicação integral do art. 42 do diploma legal. **D:** correta. Em geral, as agências reguladoras têm a função de fiscalização dos serviços públicos e a consequente proteção do consumidor.
Gabarito "D".

(Procurador da República – PGR – 2013) Com relação aos produtos colocados à disposição dos consumidores no mercado, o Código de Proteção e Defesa do Consumidor, CDC – Lei 8.078/1990, prevê que:

(A) O pacote de arroz que anuncia em seu rótulo conter o conteúdo líquido de um quilo, ensacado pela empresa XYZ, mas que contenha apenas 800 gramas tem um vício de produto e o prazo para reclamar contra qualquer dos fornecedores que integram a cadeia de fornecimento solidariamente caduca em 30 dias;
(B) O pacote de arroz que anuncia em seu rótulo conter o conteúdo líquido de um quilo, ensacado pela empresa XYZ, que contenha excesso de pesticida nocivo à saúde humana tem um defeito de segurança, fato do produto, e o prazo para que seja efetuada a reclamação solidária contra o fabricante ou o comerciante é decadencial de 120 dias, a partir da data da compra;
(C) O arroz vendido a granel, pesado em frente ao consumidor, que contenha soda cáustica nociva à saúde humana tem um defeito de segurança, fato do produto, e o prazo para o consumidor que passou mal ao ingerir o cereal efetuar reclamação contra o comerciante ou o produtor é prescricional de 2 anos;
(D) O consumidor que sofrer dano irreparável ao consumir arroz ensacado pela empresa XYZ tem prazo decadencial de 2 anos para propor ação contra o fabricante. A responsabilidade por fato do produto que colocou em risco a saúde e a segurança do consumidor da empresa XYZ é objetiva não havendo excludentes de responsabilidade.

A: correta. O art. 19 do CDC prevê que é produto com vício de quantidade o que contiver quantidade inferior ao mencionado na rotulagem. O prazo decadencial de 30 dias para reclamar dos vícios de produtos não duráveis está previsto no art. 26 do mesmo diploma legal. **B:** incorreta. A lei consumerista distingue vício e defeito de produto. O art. 18, § 6º, do CDC, os produtos nocivos à vida ou à saúde contém vício e são impróprios ao uso e consumo. Vale lembrar que a doutrina majoritária caminha no sentido de afirmar a ocorrência de defeito de produto apenas quando houver o acidente de consumo, apesar de o art. 12 do CDC afirmar que o produto é considerado defeituoso quando não oferece a segurança que dele se espera. O prazo para reclamar dos vícios é decadencial de 30 dias para os produtos duráveis e 90 dias para os produtos não duráveis (art. 26 do CDC). **C:** incorreta. Conforme indicações da alternativa anterior, para a maior parte da doutrina estaríamos diante de um vício de produto, não de um defeito, por não ter acontecido o acidente de consumo. Ademais, o prazo para reclamar dos defeitos de produto é prescricional de 5 anos (art. 27). **D:** incorreta. Tendo ocorrido o acidente de consumo, o prazo é prescricional de 5 anos contados a partir do momento em que se descobre o dano e seu causador.
Gabarito "A".

(Procurador da ftRepública –28º Concurso – 2015 – MPF) O Código de Defesa do Consumidor prevê a responsabilidade civil pelo fato e pelo vício do produto e a responsabilidade solidária do causador do dano em alguns casos. Assinale o item correto:

(A) As concessionárias de serviços rodoviários respondem objetivamente pelos prejuízos decorrentes de acidentes provocados pela presença de animais na pista;
(B) O dano causado aos consumidores por defeitos decorrentes de acondicionamento são de responsabilidade exclusiva do fabricante, o qual só não será responsabilizado se provar que não colocou o produto no mercado;
(C) O complexo hospitalar e o médico-cirurgião, chefe da equipe que realiza o ato cirúrgico, respondem solidariamente pelos danos causados ao paciente em decorrência de erro médico cometido pelo médico-anestesista, mesmo que este trabalhe sem vínculo de emprego ou subordinação;
(D) Se o dano for causado por uma peça determinada que foi incorporada ao produto, serão responsáveis: o fabricante, o construtor ou o importador da peça e não o fornecedor do produto final.

A: correta. A responsabilidade civil pela prestação de serviço defeituoso está prevista no art. 14 do CDC, trazendo responsabilidade objetiva e solidária de todos os envolvidos na prestação de serviços. Em relação aos concessionários de serviços públicos, o informativo de jurisprudência em tese do STJ 74 consolidou os seguintes entendimentos: 1) "a relação entre concessionária de serviço público e o usuário final para o fornecimento de serviços públicos essenciais é consumerista, sendo cabível a aplicação do Código de Defesa do Consumidor"; e 2) "as empresas públicas, as concessionárias e as permissionárias prestadoras de serviços públicos respondem objetivamente pelos danos causados a terceiros, nos termos do art. 37, § 6º da Constituição Federal e dos art. 14 e 22 do Código de Defesa do Consumidor". **B:** incorreta. Nos termos do art. 12 do CDC, a responsabilidade por defeito de produto é do fabricante, construtor, produtor e importador excluindo, de fato, a responsabilidade do comerciante. No entanto, o fabricante somente não será responsável pelos danos causados por acondicionamento

do produto se fizer prova de uma das três excludentes: a) de que não colocou o produto no mercado; b) que embora tenha colocado o produto no mercado, o defeito inexiste; ou c) da culpa exclusiva do consumidor ou de terceiro. **C:** incorreta. A responsabilidade do profissional liberal é subjetiva (art. 14, § 4º, do CDC) dependendo sempre da prova da culpa do médico para a sua responsabilização. Sendo a responsabilidade do médico-anestesista, não há que se falar em responsabilidade solidária do médico-cirurgião chefe da equipe, especialmente na ausência de subordinação. Em caso análogo, já decidiu o STJ: "A divergência cinge-se ao reconhecimento, ou afastamento, da responsabilidade solidária e objetiva (CDC, art. 14, *caput*) do médico-cirurgião, chefe da equipe que realiza o ato cirúrgico, por danos causados ao paciente em decorrência de erro médico cometido exclusivamente pelo médico-anestesista. Na Medicina moderna a operação cirúrgica não pode ser compreendida apenas em seu aspecto unitário, pois frequentemente nela interferem múltiplas especialidades médicas. Nesse contexto, normalmente só caberá a responsabilização solidária e objetiva do cirurgião-chefe da equipe médica quando o causador do dano for profissional que atue sob predominante subordinação àquele. No caso de médico anestesista, em razão de sua capacitação especializada e de suas funções específicas durante a cirurgia, age com acentuada autonomia, segundo técnicas médico-científicas que domina e suas convicções e decisões pessoais, assumindo, assim, responsabilidades próprias, segregadas, dentro da equipe médica. Destarte, se o dano ao paciente advém, comprovadamente, de ato praticado pelo anestesista, no exercício de seu mister, este responde individualmente pelo evento. O Código de Defesa do Consumidor, em seu art. 14, *caput*, prevê a responsabilidade objetiva aos fornecedores de serviço pelos danos causados ao consumidor em virtude de defeitos na prestação do serviço ou nas informações prestadas – fato do serviço. Todavia, no § 4º do mesmo artigo, excepciona a regra, consagrando a responsabilidade subjetiva dos profissionais liberais. Não há, assim, solidariedade decorrente de responsabilidade objetiva, entre o cirurgião-chefe e o anestesista, por erro médico deste último durante a cirurgia" (STJ, AREsp 717381, DJ 11/09/2015). **D:** incorreta. Nos termos do art. 25, § 2º do CDC, "sendo o dano causado por componente ou peça incorporado ao produto ou serviço, são responsáveis solidários seu fabricante, construtor ou importador e o que realizou a incorporação".
Gabarito "A".

(Promotor de Justiça – MPE/AM – FMP – 2015) Consideram-se produtos essenciais os indispensáveis para satisfazer as necessidades imediatas do consumidor. Logo, na hipótese de falta de qualidade ou quantidade, não sendo o vício sanado pelo fornecedor, assinale a alternativa correta.

(A) O consumidor tem apenas o direito de exigir a substituição do produto por outro de mesma espécie, em perfeitas condições de uso.
(B) Abre-se, para o consumidor, o direito de, alternativamente, solicitar, dentro do prazo de 7 (sete) dias, a substituição do produto durável ou não durável por outro de mesma espécie, em perfeitas condições de uso, ou a restituição imediata da quantia paga, sem prejuízo de eventuais perdas e danos, ou, ainda, o abatimento proporcional do preço.
(C) É direito do consumidor exigir apenas a substituição do produto durável por outro de mesma espécie, em perfeitas condições de uso, ou, sendo não durável, a restituição imediata da quantia paga, sem prejuízo de eventuais perdas e danos, ou, ainda, o abatimento proporcional do preço.
(D) É direito do consumidor exigir a substituição do produto por outro de mesma espécie, em perfeitas condições de uso, ou, a seu critério exclusivo, a restituição imediata da quantia paga, sem prejuízo de eventuais perdas e danos, ou, ainda, o abatimento proporcional do preço.
(E) É direito do consumidor exigir a substituição do produto durável ou não durável, dentro do prazo de 90 (noventa) dias, por outro de mesma espécie, em perfeitas condições de uso, ou, a seu critério exclusivo, a restituição imediata da quantia paga, sem prejuízo de eventuais perdas e danos, ou, ainda, o abatimento proporcional do preço.

A: incorreta. Nesta hipótese o consumidor pode exigir, nos termos do art. 18, § 1º, as seguintes opções: i) a substituição do produto por outro da mesma espécie, em perfeitas condições de uso; ii) a restituição imediata da quantia paga, monetariamente atualizada, sem prejuízo de eventuais perdas e danos ou iii) o abatimento proporcional do preço. **B:** incorreta. Sendo o produto considerado essencial para o consumidor, ele poderá fazer uso das opções imediatamente, sem ter que aguardar prazo para conserto (art. 18, § 3º). **C:** incorreta. Conforme exposto na alternativa "a". **D:** correta. Nas hipóteses em que o produto é considerado essencial, ou em que o vício considerado extenso a ponto de não ter condições de ser consertado (art. 18, § 3º), o consumidor poderá fazer uso imediato das alternativas expressas no art. 18, § 1º, do CDC, sem dar o prazo para conserto previsto no *caput* do mesmo artigo. **E:** incorreta. O prazo para reclamar de produtos não duráveis é de 30 dias (art. 26).
Gabarito "D".

(Ministério Público/Acre – 2014 – CESPE) Considerando as disposições do CDC, assinale a opção correta.

(A) Considera-se defeituoso o serviço pela adoção de novas técnicas.
(B) Não há previsão de excludentes para a responsabilidade do fornecedor de serviços.
(C) Segundo entendimento do STJ, a regra geral insculpida no CDC é a da responsabilidade subjetiva dos fornecedores pelos danos causados aos consumidores.
(D) O fornecedor de serviços deve responder, independentemente da existência de culpa, pelas informações insuficientes ou inadequadas sobre a fruição e os riscos da prestação do serviço.
(E) É prevista a responsabilidade objetiva dos profissionais liberais.

A: incorreta, pois o serviço não é considerado defeituoso pela adoção de novas técnicas (art. 14, § 2º, do CDC); **B:** incorreta, pois há previsão expressa de excludentes de responsabilidade do fornecedor de serviços, quais sejam: I – tendo prestado o serviço, o defeito inexiste; II – a culpa exclusiva do consumidor ou de terceiro (art. 14, § 3º, I e II); **C:** incorreta, pois tanto a Lei como o STJ entendem que a regra geral insculpida no CDC é a da responsabilidade objetiva pelos danos causados aos consumidores (art. 12, "caput", art. 14, "caput", art. 18, "caput" do CDC). Neste sentido, segue julgado do STJ: Embargos de declaração no agravo interno no agravo de instrumento. Acolhimento para prestar esclarecimentos. Hospital. Responsabilidade civil objetiva. Ausência de nexo de causalidade. Não provimento do recurso. Manutenção. 1. A responsabilidade civil do hospital é objetiva pelos danos causados, na condição de fornecedor, aos consumidores, nos termos do art. 14, *caput*, do Código de Defesa do Consumidor. A exceção prevista no § 4º do referido dispositivo legal, cuidando da responsabilidade subjetiva, é restrita aos profissionais liberais, incluindo-se aí os médicos. 2. Com a exclusão do nexo de causalidade pelas instâncias ordinárias, fica afastada a responsabilidade civil objetiva da entidade hospitalar. 3. Embargos declaratórios acolhidos para prestar esclarecimentos, mas sem alteração do resultado do julgamento. (EDcl no AgRg no Ag 1261145/SP, Rel. Ministro Raul Araújo, Quarta Turma, julgado em 22.04.2014, *DJe* 15.05.2014); **D:** correta (art. 14, "caput" do CDC); **E:**

incorreta, pois a responsabilidade dos profissionais liberais é subjetiva (art. 14, § 4º, do CDC).

Gabarito "D".

(Ministério Público/ES - 2013 - VUNESP) Quanto à responsabilidade por vício do produto, assinale a alternativa correta.

(A) Poderão as partes convencionar a ampliação do prazo para a escolha do consumidor quando o vício não for sanado, que não poderá ultrapassar 90 (noventa) dias.
(B) O consumidor poderá pleitear o abatimento proporcional do preço pago quando não for possível a substituição do produto por outro da mesma espécie, ou a restituição imediata da quantia paga, se, pela extensão do vício, a substituição das partes viciadas puder comprometer a qualidade ou características do produto, diminuir-lhe o valor ou quando se tratar de produto essencial.
(C) Tendo o consumidor optado pela substituição do produto por outro da mesma espécie, em perfeitas condições de uso e não sendo possível a sua substituição, poderá haver substituição por outro de espécie, marca ou modelo diversos, mediante complementação ou restituição de eventual diferença de preço, sem prejuízo da restituição imediata da quantia paga, monetariamente atualizada e de eventuais perdas e danos, bem como do abatimento proporcional do preço.
(D) No caso de fornecimento de mercadoria in natura, será responsável perante o consumidor o fornecedor imediato, exceto quando identificado claramente seu distribuidor.
(E) Pode o consumidor exigir, caso o vício não seja sanado, no prazo máximo de 6 (seis) dias, a substituição do produto por outro da mesma espécie, em perfeitas condições de uso.

A: incorreta, pois a ampliação não poderá ultrapassar cento e oitenta dias (art. 18, § 2º, do CDC); **B:** incorreta, pois o consumidor pode pedir o abatimento proporcional do preço como uma primeira opção, e não apenas como última alternativa. O art. 18, § 1º, do CDC é expresso neste sentido. Ainda, se pela extensão do vício, a substituição das partes viciadas puder comprometer a qualidade ou características do produto, diminuir-lhe o valor ou quando se tratar de produto essencial, o consumidor não precisará sequer esperar os 30 dias previstos em lei para o conserto, podendo exigir imediatamente uma das soluções previstas no art. 18, § 1º, do CDC (art. 18, § 3º, do CDC); **C:** correta (art. 18, § 4º, do CDC); **D:** incorreta, pois no caso de fornecimento de mercadoria in natura, será responsável perante o consumidor o fornecedor imediato, exceto quando identificado claramente seu produtor, e não o seu distribuidor (art. 18, § 5º, do CDC); **E:** incorreta, pois o prazo é de 30 dias, e não 6 meses (art. 18, § 1º, do CDC).

Gabarito "C".

(Procurador da República - 26º) Considerando a jurisprudência do Superior Tribunal de Justiça e o Capítulo IV do Código de Defesa do Consumidor, que tratam da qualidade de produtos e serviços e da prevenção e reparação dos danos causados aos consumidores, é correto afirmar que:

(A) A ação de indenização dos danos sofridos em decorrência do consumo de produto alimentício adquirido com o prazo de validade vencido há mais de um ano deve ser ajuizada em desfavor do comerciante da mercadoria, já que o fabricante não pode ser responsabilizado pela venda do produto com validade vencida, por não ter o dever de guarda e manutenção da mercadoria;
(B) O Código de Defesa do Consumidor apresenta duas regras distintas para regular o direito do consumidor de reclamar. Nos casos de vicio de adequação os prazos são decadenciais de trinta dias para produto ou serviço não durável e noventa dias para produto ou serviço durável; e nos casos de defeito de segurança causados por fato do produto ou serviço o prazo prescreve em cinco anos;
(C) O taxista que adquire veículo para uso comercial não poderá requerer a inversão do ônus da prova se o veículo apresentar defeito na mangueira de alimentação de combustível do veículo;
(D) As instituições financeiras não respondem objetivamente pelos furtos, roubos e latrocínios ocorridos nas dependências dos estacionamentos que oferecem aos seus clientes, pois o caso fortuito é nessa hipótese excludente da responsabilidade civil.

A: incorreta, na hipótese retratada na alternativa haverá responsabilidade solidária entre o comerciante e o fornecedor. Neste sentido o STJ já decidiu que "a eventual configuração da culpa do comerciante que coloca à venda produto com prazo de validade vencido não tem o condão de afastar o direito de o consumidor propor ação de reparação pelos danos resultantes da ingestão da mercadoria estragada em face do fabricante" (REsp 980.860/SP, Relatora Min. NANCY ANDRIGHI, julgamento em 23/04/2009, Terceira Turma); B: correta, pois está de acordo com os artigos 26, I e II, e 27 do CDC; C: incorreta, quando for verossímil a alegação ou quando o consumidor for hipossuficiente o juiz poderá determinar a inversão do ônus da prova. Quanto à caracterização do taxista como consumidor o STJ já decidiu que: "A aquisição de veículo para utilização como táxi, por si só, não afasta a possibilidade de aplicação das normas protetivas do CDC. A constatação de defeito em veículo zero-quilômetro revela hipótese de vício do produto e impõe a responsabilização solidária da concessionária (fornecedor) e do fabricante, conforme preceitua o artigo 18, *caput*, do CDC" (REsp 611.872/RJ, Relator Min. ANTONIO CARLOS FERREIRA, julgamento em 02/10/2012, Quarta Turma); D: incorreta, "tanto a instituição bancária locadora da área como a empresa administradora do estacionamento são responsáveis pela segurança das pessoas e veículos que dele fazem uso. A exploração comercial de estacionamento, que tem por escopo oferecer espaço e segurança aos usuários, afasta a alegação de força maior em caso de roubo havido dentro de suas instalações" (STJ, REsp 503.208/SP, Relator Min. ALDIR PASSARINHO JUNIOR, julgamento em 26/05/2008, Quarta Turma).

Gabarito "B".

5. DESCONSIDERAÇÃO DA PERSONALIDADE JURÍDICA

(Ministério Público/SP - 2013 - PGMP) Consoante ao Código de Defesa do Consumidor (Lei n. 8.079/1990):

I. O juiz poderá desconsiderar a personalidade jurídica da sociedade quando, em detrimento do consumidor, houver abuso de direito, excesso de poder, infração da lei, fato ou ato ilícito ou violação dos estatutos ou contrato social.
II. O juiz poderá desconsiderar a pessoa jurídica da sociedade quando a sua personalidade for, de alguma forma, obstáculo ao ressarcimento de prejuízos causados aos consumidores.
III. O fato de a existência da sociedade representar obstáculo ao ressarcimento de prejuízos causados aos

credores, sem que haja prática de ilicitudes por seus sócios, ou simples má administração, é insuficiente para motivar a desconsideração de sua responsabilidade jurídica, nas sociedades por cotas de responsabilidade limitada.

IV. Se em detrimento do consumidor, os casos de falência, estado de insolvência, encerramento ou inatividade da pessoa jurídica provocados por má administração, por si só, bastam para que o Juiz decrete a quebra da personalidade da sociedade.

V. O Juiz poderá desconsiderar a pessoa jurídica da sociedade quando a sua personalidade for, de alguma forma, obstáculo ao ressarcimento de prejuízos causados aos consumidores, exceto na hipótese de sociedades por ações.

Estão CORRETAS apenas as afirmações contidas nos itens

(A) I, IV e V.
(B) III, IV e V.
(C) I, II e III.
(D) I e II.
(E) I, II e IV.

I: correta (art. 28, *caput*, do CDC); II: correta (art. 28, § 5º, do CDC); III: incorreta, pois, segundo o art. 28, § 5º, do CDC, "também poderá ser desconsiderada a pessoa jurídica sempre que sua personalidade for, de alguma forma, obstáculo ao ressarcimento de prejuízos causados aos consumidores"; trata-se da chamada Teoria Menor da Desconsideração, que não exige ilicitude dos sócios ou qualquer outra requisito adicional para que se dê desconsideração da personalidade; IV: correta, nos termos do art. 28, *caput*, do CDC; V: incorreta, pois no art. 28, § 5º, do CDC não há a exceção mencionada (para sociedades por ações).
Gabarito "E".

6. PRÁTICAS COMERCIAIS

(Promotor de Justiça – MPE/AM – FMP – 2015) Assinale a alternativa correta. Luana recebeu em seu domicílio a visita do representante comercial da empresa "Confort Line Ltda." oferecendo almofadas ortopédicas por preço módico. Interessada no produto, pois estava com fortes dores na coluna, Luana adquiriu-o, firmando contrato de compra e venda, pagando a quantia cobrada e, no mesmo ato, recebeu do representante comercial a almofada ortopédica. Porém, decorridos alguns dias do recebimento do produto, que não apresentava vício, Luana, não obtendo melhora nas dores em sua coluna, resolveu desistir do contrato. Neste caso Luana, pode

(A) exercitar o direito de arrependimento no prazo de 30 (trinta) dias, contados do ato do recebimento do produto.
(B) não exercitar o direito de arrependimento porque as declarações de vontade constantes dos pré-contratos vinculam o consumidor.
(C) exercitar o direito de arrependimento no prazo de 15 (quinze) dias, contados do ato do recebimento do produto.
(D) só exercitar o direito de arrependimento se a declaração de vontade que gerou o contrato tiver sido feita por telefone ou pela internet.
(E) exercitando o direito de arrependimento, receber em devolução, de imediato, monetariamente atualizados os valores eventualmente pagos, a qualquer título, durante o prazo de reflexão.

A: incorreta. Vide comentário da alternativa "E". **B:** incorreta. A oferta vincula o fornecedor e o consumidor que a aceita e efetiva negociação com o fornecedor. No entanto, como exceção ao *pacta sunt servanda*, o consumidor pode se arrepender da compra efetivada quando comprar fora do estabelecimento empresarial. **C:** incorreta. O prazo de arrependimento é de 7 (sete) dias contados do recebimento do produto ou da assinatura. **D:** incorreta. Qualquer compra feita fora do estabelecimento empresarial, incluindo aí a venda a domicílio, pode ser objeto de arrependimento por parte do consumidor. **E:** correta. O direito de arrependimento (art. 49 do CDC) somente pode ser exercido quando o produto ou serviço for adquirido fora do estabelecimento comercial, especialmente por telefone ou a domicílio, e independe da existência de vício. Nessas hipóteses, o consumidor pode desistir da compra dentro do prazo de sete dias contados da data da assinatura ou do ato de recebimento do produto ou serviço. Caso exercite esse direito, o consumidor terá o direito de devolução imediata dos valores eventualmente pagos, a qualquer título, monetariamente atualizados.
Gabarito "E".

(Promotor de Justiça – MPE/AM – FMP – 2015) Assinale a alternativa correta. A inscrição de inadimplentes pode ser mantida nos serviços de proteção ao crédito

(A) pelo prazo, qualquer que seja ele, da prescrição relativa à cobrança do débito.
(B) por, no máximo, três anos, salvo se maior o prazo de prescrição relativo à cobrança do débito, o qual prevalecerá sobre o triênio.
(C) até que o débito que lhe deu origem seja integralmente pago.
(D) por, no máximo, dez anos e, consumada a prescrição relativa à cobrança do débito do consumidor, não serão fornecidas, pelos respectivos Sistemas de Proteção ao Crédito, quaisquer informações que possam impedir ou dificultar novo acesso ao crédito junto aos fornecedores.
(E) por, no máximo, cinco anos e, consumada a prescrição relativa à cobrança de débitos do consumidor, não serão fornecidas, pelos respectivos Sistemas de Proteção ao Crédito, quaisquer informações que possam impedir ou dificultar novo acesso ao crédito junto aos fornecedores.

A: incorreta. O prazo máximo será de 5 anos, sempre condicionado ao prazo de prescrição para ação de cobrança. **B:** incorreta. O prazo é de 5 anos contados do momento da inscrição, independentemente da prescrição da execução da dívida (Súmula 323 do STJ). **C:** incorreta. Vide comentário da alternativa "E". **D:** incorreta. Vide comentário da alternativa "E". **E:** correta. O art. 43 do CDC, em seu § 1º, determina que os cadastros não podem conter informações negativas referentes a período superior a cinco anos. Essa determinação é corroborada pela Súmula 323 do STJ: "A inscrição do nome do devedor pode ser mantida nos serviços de proteção ao crédito até o prazo máximo de cinco anos, independentemente da prescrição da execução". Por outro lado, dívida prescrita para ação de cobrança não pode ser mantida no cadastro, conforme § 5º do mesmo dispositivo legal: "consumada a prescrição relativa à cobrança de débitos do consumidor, não serão fornecidas, pelos respectivos Sistemas de Proteção ao Crédito, quaisquer informações que possam impedir ou dificultar novo acesso ao crédito junto aos fornecedores".
Gabarito "E".

(Promotor de Justiça – MPE/AM – FMP – 2015) Acerca da publicidade, assinale a alternativa correta:

(A) A veiculação de publicidade é uma obrigação do fornecedor, pois o consumidor tem direito a uma informação ampla e adequada.

(B) A publicidade, desde que suficientemente precisa, não gera efeitos/obrigações e, portanto, não integra o contrato que venha a ser celebrado.
(C) Para caracterização da publicidade enganosa, é exigível que o consumidor tenha sido de fato e concretamente enganado.
(D) O princípio da identificação da publicidade significa que o fornecedor não pode veicular a publicidade de forma dissimulada ou que não permita que os consumidores possam facilmente perceber que estão diante de uma publicidade.
(E) É relevante para caracterização da publicidade enganosa a existência de boa ou má-fé por parte do anunciante.

A: incorreta. A função da publicidade é comercial, razão pela qual o fornecedor tem a faculdade de utilizá-la para divulgar seus diferentes produtos e serviços no mercado de consumo. Por outro lado, é dever do fornecedor respeitar o direito básico do consumidor em relação às informações adequadas e claras sobre os diferentes produtos e serviços inseridos no mercado de consumo (ar. 6º, III, do CDC). **B:** incorreta. Nos termos do art. 31 do CDC, a oferta (toda informação ou publicidade suficientemente precisa) vincula o fornecedor e é parte integrante do contrato. **C:** incorreta. É enganosa "qualquer modalidade de informação ou comunicação de caráter publicitário, inteira ou parcialmente falsa, ou, por qualquer outro modo, mesmo por omissão, capaz de induzir em erro o consumidor a respeito da natureza, características, qualidade, quantidade, propriedades, origem, preço e quaisquer outros dados sobre produtos e serviços" (art. 37, § 1º). Não se faz necessária a efetiva indução a erro, bastando que a publicidade seja capaz de induzir a erro o consumidor. **D:** correta. Nos termos do art. 36 da lei consumerista, a publicidade deve ser clara e de fácil identificação pelo consumidor, sendo proibida toda publicidade subliminar. **E:** incorreta. A publicidade e a oferta devem conter informações verdadeiras para os consumidores, pouco importando a boa-fé ou má-fé por parte do anunciante.
Gabarito "D".

(Ministério Público/BA – 2010) Identifique com V ou F, conforme o caso, as afirmativas verdadeiras e falsas.

I. Adquirindo o consumidor um automóvel novo no mercado de consumo, via internet, poderá exercer seu direito de arrependimento no prazo de 7 (sete) dias.
II. É a partir do sistema de remuneração que se define a natureza jurídica do serviço público como relação do consumo que se caracteriza quando ocorrer pagamento de tarifa ou preço público.
III. A onerosidade excessiva enseja modificação dos contratos, e dependerá da ocorrência de fato superveniente e imprevisível, conforme inciso V do art. 6º do CDC e entendimento do STJ.
IV. A contrapropaganda é forma de reparação para propaganda enganosa ou abusiva, cumulativamente com a indenização pecuniária, comprovado o prejuízo.
V. O corte de serviço público de energia elétrica por débitos pretéritos configura constrangimento, ou ameaça, vedado pelo Código de Defesa do Consumidor.

A alternativa que contém a sequência correta, de cima para baixo, é a:

(A) F V F V V.
(B) V V F V V.
(C) F F V F F.
(D) V V F F V.
(E) V F V F F.

I: verdadeira (art. 49 do CDC); II: verdadeira, valendo salientar que, se o caso envolver taxa (e não tarifa ou preço público), a questão será regida pelo Direito Tributário; III: falsa, pois o art. 6º, V, do CDC não impõe que o fato superveniente seja **imprevisível**; IV: verdadeira (art. 60 do CDC); V: verdadeira, vide o seguinte precedente do STJ: "Na espécie, o Tribunal *a quo* não autorizou o corte do fornecimento de energia elétrica, por entender configurada a cobrança de valores pretéritos (1994), pois, por não serem contemporâneos, não estariam sujeitos à prévia notificação. Assim, nesses casos, a companhia elétrica deveria buscar o adimplemento de seu crédito por meio das vias ordinárias de cobrança sem cortar o fornecimento de luz. Para o Min. Relator, correta a posição daquele Tribunal, porquanto o corte de energia elétrica pressupõe o inadimplemento de conta regular relativa ao mês de consumo, sendo inviável a suspensão do abastecimento de energia elétrica em razão de débitos antigos. Assim, embora a Primeira Seção tenha pacificado o entendimento segundo o qual a companhia pode interromper o fornecimento de energia elétrica se, após aviso prévio, o usuário permanecer inadimplente, no caso dos autos, de débitos pretéritos, não deve haver a suspensão da energia. Lembrou ainda que, quanto aos débitos antigos, o art. 42 do CDC não admite constrangimento nem ameaças ao consumidor. Com esse entendimento, ao prosseguir o julgamento, a Turma negou provimento ao recurso da companhia estadual de energia elétrica. Precedentes citados: REsp 772.486-RS, DJ 6/3/2006, e REsp 756.591-DF, DJ 18/5/2006. REsp 631.736-RS, Rel. Min. Humberto Martins, julgado em 15/2/2007. (Informativo STJ 310)".
Gabarito "B".

(Ministério Público/BA – 2010) Identifique com V ou F, conforme o caso, as afirmativas verdadeiras e falsas.

I. Costureira que adquire máquina de bordar para fins de trabalho, tendo como fornecedor empresa especializada, havendo cláusulas abusivas no contrato de compra e venda pode suscitar aplicação das normas contidas no Código de Defesa do Consumidor.
II. Segundo o Código de Defesa do Consumidor, para aplicação da desconsideração da pessoa jurídica basta a demonstração da insolvência para o pagamento de suas obrigações, independentemente da existência do desvio de finalidade ou de confusão patrimonial.
III. O fato do fornecedor, mediante correspondências e anúncios publicitários, comunicar o vício no produto, para possibilitar o conserto (*recall*), é excludente de responsabilidade civil pertinente aos consumidores que não atenderam ao chamado, apesar de cientificados.
IV. A publicidade deve ser veiculada de maneira que o consumidor a identifique, imediatamente, como uma mensagem publicitária, já que é vedada a publicidade clandestina, dissimulada e/ou subliminar.
V. Para a devolução em dobro, nas hipóteses de repetição de indébito de tarifa de serviços públicos, é necessária a demonstração da má-fé e culpa da concessionária, já que é indevida nas hipóteses de "engano justificado".

A alternativa que contém a sequência correta, de cima para baixo, é a:

(A) F F V V F.
(B) V V F V V.
(C) F V F F V.
(D) V V F V F.
(E) V V V V V.

I: verdadeira, pois o STJ adota a teoria finalista, mas com essa exceção; confira: "A jurisprudência do STJ adota o conceito subjetivo ou finalista de consumidor, restrito à pessoa física ou jurídica que adquire o produto no mercado a fim de consumi-lo. Contudo, a teoria finalista pode ser

abrandada a ponto de autorizar a aplicação das regras do CDC para resguardar, como consumidores (art. 2º daquele código), determinados profissionais (microempresas e empresários individuais) que adquirem o bem para usá-lo no exercício de sua profissão. Para tanto, há que demonstrar sua vulnerabilidade técnica, jurídica ou econômica (hipossuficiência). No caso, cuida-se do contrato para a aquisição de uma máquina de bordar entabulado entre a empresa fabricante e a pessoa física que utiliza o bem para sua sobrevivência e de sua família, o que demonstra sua vulnerabilidade econômica. Dessarte, correta a aplicação das regras de proteção do consumidor, a impor a nulidade da cláusula de eleição de foro que dificulta o livre acesso do hipossuficiente ao Judiciário. Precedentes citados: REsp 541.867-BA, DJ 16/5/2005; REsp 1.080.719-MG, DJe 17/8/2009; REsp 660.026-RJ, DJ 27/6/2005; REsp 684.613-SP, DJ 1º/7/2005; REsp 669.990-CE, DJ 11/9/2006, e CC 48.647-RS, DJ 5/12/2005. REsp 1.010.834-GO, Rel. Min. Nancy Andrighi, julgado em 3/8/2010" (Informativo STJ 441); II: verdadeira (art. 28, § 5º, do CDC); III: falsa, pois o art. 10 do CDC, ao impor o *recall*, não exonerou o fornecedor dos danos por este causados; IV: verdadeira (art. 36 do CDC); V: verdadeira (art. 42, parágrafo único, do CDC).
Gabarito "B".

(Ministério Público/MG – 2012 – CONSULPLAN) O adimplemento das obrigações pelos consumidores nas relações jurídicas de consumo está umbilicalmente ligado ao plano da eficácia (e efetividade) dos contratos massificados. O cumprimento da 'palavra dada' ganha *status* de informação em destaque na sociedade atual, desfrutando de relevante valor econômico, pois permite ao fornecedor proceder à segura análise de risco no mercado de consumo nas diversas operações de crédito do dia a dia. Para tanto, regulamentando o acesso e registro dessas informações, houve estratégia normativa no sentido de criar cadastros restritivos e cadastros positivos. Quanto aos últimos versados na Lei Federal 12.414/2011, é **INCORRETO** dizer:

(A) o consulente (pessoa natural ou jurídica que conceda crédito ou realize venda a prazo ou outras transações comerciais e empresariais que lhe impliquem risco financeiro) recolhe os dados da fonte (pessoa jurídica responsável pela administração de banco de dados, bem como pela coleta, armazenamento, análise e acesso de terceiros aos dados armazenados) sobre a vida econômica e creditícia do cadastrado (pessoa natural ou jurídica que tenha autorizado inclusão de suas informações no banco de dados).
(B) são informações excessivas aquelas que não estiverem vinculadas à análise de risco de crédito ao consumidor.
(C) são informações sensíveis aquelas pertinentes à origem social e étnica, à saúde, à informação genética, à orientação sexual e às convicções políticas, religiosas e filosóficas.
(D) dentre os direitos do cadastrado, encontram-se: a obtenção do cancelamento do cadastro quando solicitado; acesso gratuito às informações sobre ele existentes no banco de dados, inclusive o seu histórico; solicitação de impugnação de qualquer informação sobre ele erroneamente anotada em banco de dados e ter, em até 7 (sete) dias, sua correção ou cancelamento e comunicação aos bancos de dados com os quais ele compartilhou a informação; conhecimento dos principais elementos e critérios considerados para a análise de risco, resguardado o segredo empresarial; ter os seus dados pessoais utilizados somente de acordo com a finalidade para a qual eles foram coletados.

A: incorreta (devendo ser assinalada), segundo o art. 9º da Lei 12.414/2011, só é admitido o compartilhamento de informações de adimplemento se expressamente autorizado pelo cadastrado; **B:** correta, conforme o art. 3º, § 3º, I, da Lei 12.414/2011; **C:** correta, conforme o art. 3º, § 3º, II, da Lei 12.414/2011; **D:** correta, conforme o art. 5º, I a IV e VII, da Lei 12.414/2011.
Gabarito "A".

(Ministério Público/PI – 2012 – CESPE) Conforme o CDC, é garantido ao consumidor o acesso às informações sobre ele existentes em cadastros, fichas, registros e dados pessoais e de consumo arquivados, bem como as referentes às suas respectivas fontes. Considerando essa informação, assinale a opção correta no que se refere aos bancos de dados e cadastros de consumidores.

(A) Impedir ou dificultar o acesso do consumidor às informações que sobre ele constem em cadastros, banco de dados, fichas e registros constitui infração penal.
(B) O mandado de segurança é o instrumento jurídico adequado para assegurar o conhecimento de informações relativas ao consumidor constantes de registro ou banco de dados de entidades governamentais ou de caráter público.
(C) Os bancos de dados e cadastros relativos a consumidores, os serviços de proteção ao crédito e congêneres devem ser instituídos e mantidos por entidades públicas.
(D) É imprescindível o aviso de recebimento na carta de comunicação enviada ao consumidor que o avise sobre a inclusão de seu nome em bancos de dados e cadastros de maus pagadores.
(E) Segundo a jurisprudência sumulada do STJ, compete ao fornecedor notificar o devedor antes de proceder à inscrição de seu nome no cadastro de proteção ao crédito.

A: correta, conforme o art. 72 do CDC; **B:** incorreta, o instrumento adequado é o *habeas data*, por se tratar de garantia de acesso à informação – art. 5º, LXXII, CF/88; **C:** incorreta, "os bancos de dados e cadastros relativos a consumidores, os serviços de proteção ao crédito e congêneres **são considerados** entidades de caráter público" (art. 43, § 4º, do CDC); **D:** incorreta, de acordo com a Súmula 404 do STJ: 'É dispensável o aviso de recebimento (AR) na carta de comunicação ao consumidor sobre a negativação de seu nome em bancos de dados e cadastros"; **E:** incorreta, nos termos da Súmula 359 do STJ, "cabe ao órgão mantenedor do Cadastro de Proteção ao Crédito a notificação do devedor antes de proceder à inscrição".
Gabarito "A".

(Ministério Público/PI – 2012 – CESPE) Com base no que dispõe o CDC, assinale a opção correta com relação à disciplina normativa das práticas comerciais.

(A) Os fornecedores devem assegurar, durante um período mínimo de quinze anos, a oferta de componentes e peças de reposição quando cessadas a fabricação ou importação do produto.
(B) É vedada a publicidade de bens e serviços por telefone, quando a chamada telefônica for onerosa ao consumidor que a originar.
(C) A responsabilidade do fornecedor, por atos de seus representantes autônomos, é subsidiária e objetiva, sendo cabível ação regressiva contra o causador direto do dano.
(D) A informação ou comunicação de caráter publicitário inteira ou parcialmente falsa é considerada publicidade abusiva.

(E) Em regra, os exageros (*puffing*), em razão do princípio da vinculação contratual da oferta, obrigam os fornecedores, mesmo que não guardem a característica da precisão.

A: incorreta, a oferta deve ser mantida por período razoável de tempo e não por período mínimo de quinze anos (art. 32, parágrafo único, do CDC); **B:** correta, conforme o art. 33, parágrafo único, do CDC; **C:** incorreta, a responsabilidade é solidária e objetiva (art. 34 do CDC); **D:** incorreta, a informação ou comunicação de caráter publicitário inteira ou parcialmente falsa é considerada publicidade enganosa (art. 37, § 1º, do CDC); **E:** incorreta, o *puffing* consiste em simples exagero das qualidades de um produto e, em regra, não obriga o fornecedor.
Gabarito "B".

(Ministério Público/RR – 2012 – CESPE) A respeito dos bancos de dados e cadastros de consumidores, assinale a opção correta com base no entendimento do STJ.

(A) Cabe ao credor da dívida providenciar a notificação do devedor antes de proceder à inscrição em órgão de proteção ao crédito.
(B) É indispensável o aviso de recebimento em carta de comunicação ao consumidor sobre a negativação de seu nome em bancos de dados e cadastros.
(C) Para a abstenção da inscrição ou manutenção do nome do consumidor em cadastro de inadimplentes requerida em antecipação de tutela e(ou) em medida cautelar, basta que o consumidor demonstre que a cobrança indevida se funda em jurisprudência consolidada do STF ou do STJ e que ele não tem condições econômico-financeiras para pagar a dívida.
(D) O nome do devedor pode ser mantido nos serviços de proteção ao crédito até o prazo da prescrição da pretensão de cobrança ou, se ajuizada execução, até a satisfação do crédito.
(E) Não cabe indenização por dano moral em razão de anotação irregular em cadastro de proteção ao crédito, se preexistente legítima inscrição, ressalvado o direito ao cancelamento.

A: incorreta, conforme prescreve a Súmula 359 do STJ: "Cabe ao órgão que mantém o cadastro de proteção ao crédito a notificação do devedor antes de proceder à inscrição"; **B:** incorreta, de acordo com a Súmula 404 do STJ: "É dispensável o aviso de recebimento (AR) na carta de comunicação ao consumidor sobre a negativação de seu nome em bancos de dados e cadastros"; **C:** incorreta, segundo a jurisprudência do STJ: "Orientação 4 – Inscrição/Manutenção em cadastro de inadimplentes: a) a abstenção da inscrição/manutenção em cadastro de inadimplentes, requerida em antecipação de tutela e/ou medida cautelar, somente será deferida se, cumulativamente: i) a ação for fundada em questionamento integral ou parcial do débito; ii) houver demonstração de que a cobrança indevida se funda na aparência do bom direito e em jurisprudência consolidada do STF ou STJ; iii) houver depósito da parcela incontroversa ou for prestada a caução fixada conforme o prudente arbítrio do juiz" (REsp 1.061.530/RS, Segunda Seção, Rel. Min. Nancy Andrighi, j. 22.10.2008); **D:** incorreta, o nome do devedor pode ser mantido nos serviços de proteção ao crédito até o prazo máximo de cinco anos, devendo ser retirado antes se ocorrer a prescrição da pretensão de cobrança (art. 43, §§ 1º e 5º, do CDC); **E:** correta, reproduz a Súmula 385 do STJ.
Gabarito "E".

(Ministério Público/SC – 2012) Analise as assertivas a seguir.

I. O Órgão do Ministério Público, visando obstar o prazo decadencial por vício do produto e propor ação que diga respeito a lesão a direitos coletivos, uma vez que ainda não tem elementos suficientes para a propositura da respectiva ação, poderá se valer da instauração de inquérito civil para suspender o prazo decadencial, desde que, também para esse fim (decadência), na Portaria inaugural faça a devida especificação, a que alude o CDC.
II. A desconsideração da personalidade jurídica a que alude o CDC prescinde de provocação da parte, podendo o magistrado, uma vez verificada a hipótese a que alude a norma, mesmo sem a ocorrência de fraude ou abuso de direito, redirecionar a execução para atingir os bens pessoais dos sócios.
III. O Órgão do Ministério Público, como prova do efeito vinculante ao contrato estabelecido entre fornecedor e consumidores, independentemente de cláusula dissociativa constante do pacto, em caso de tutela coletiva, poderá valer-se do *marketing* utilizado pelo fornecedor na publicidade do produto ou serviço, posto que toma-se por base os princípios da boa-fé objetiva, da transparência e da confiança.
IV. Efetuada promoção pelo fornecedor com o intuito de estimular a venda de determinado produto em face de premiação a ser encontrada somente em alguns dos vários lotes daquele, com ampla divulgação publicitária voltada à coletividade de consumidores, verificou-se que houve falha em parte do material que identificava a premiação e que já estava em circulação. Nesse caso, para se esquivar da responsabilidade decorrente da vinculação publicitária com a falha ocasionada, pode o fornecedor alegar "erro" de terceiro.
V. O CDC reconhece que a relação de consumo não é apenas contratual; adotou, na especificidade, o princípio da vinculação contratual da mensagem publicitária. O art. 429 e seu parágrafo único do CC não possuem repercussão concreta nas relações de consumo.

(A) Apenas as assertivas II, III e V estão corretas.
(B) Apenas as assertivas I, II e V estão corretas.
(C) Apenas as assertivas III, IV e V estão corretas.
(D) Apenas as assertivas IV e V estão corretas.
(E) Todas as assertivas estão corretas.

I: incorreta, basta a instauração de inquérito civil para que seja obstado o prazo de decadência (art. 26, § 2º, III, do CDC). II: correta, nas relações de consumo o juiz pode determinar de ofício a desconsideração da personalidade jurídica com base na teoria maior da desconsideração (art. 28, *caput*, do CDC) ou com base na teoria menor (art. 28, § 5º, do CDC) que dispensa motivo; III: correta, a assertiva é baseada na correta interpretação dos arts. 6º, IV, e 30 do CDC. IV: incorreta, a publicidade obriga o fornecedor que a fizer veicular ou dela se utilizar (art. 30 do CDC). V: correta, pois o art. 429 e seu parágrafo único do CC, ao ressalvar que a oferta, caso os requisitos essenciais ao contrato resultem de circunstâncias ou de usos, não valerá como proposta, ou seja, não terá força vinculativa, é incompatível com o art. 30 do CDC, pois este vincula a oferta de forma objetiva.
Gabarito "A".

(Procurador da República – 26º) Considerando os artigos 43 e 44 da Lei 8.078/1990, Código de Defesa do Consumidor, que tratam dos bancos de dados e cadastros de consumidores, é correto afirmar que:

(A) Os bancos de dados sobre endividamento dos consumidores têm caráter privado de auxiliar do comércio e devem ser mantidos por entidades privadas que têm seu funcionamento autorizado e controlado pelo Banco Central – BACEN;

(B) O Sistema Nacional de Informações e Defesa do Consumidor – SINDEC é o cadastro nacional que integra em rede as ações e informações da defesa do consumidor. Ele representa o trabalho do Sistema Nacional de Defesa do Consumidor e dos PROCONs, e estabelece a base tecnológica necessária para a elaboração do Cadastro Nacional de Reclamações Fundamentadas que indica se as reclamações dos consumidores foram atendidas, ou não, pelos fornecedores. Aplicam-se ao SINDEC, no que couberem, as mesmas regras impostas aos cadastros de consumidores;

(C) A orientação sumular do Superior Tribunal de Justiça – STJ prevê que a anotação irregular do nome do consumidor no cadastro de proteção ao crédito por erro do fornecedor gera indenização por dano moral, independente de haver inscrição preexistente;

(D) É dever do estabelecimento comercial credor a notificação pessoal do consumidor devedor, por meio de carta de comunicação com aviso de recebimento, antes de proceder à inscrição de seu nome no cadastro de proteção ao crédito.

A: incorreta, pois os bancos de dados e cadastros relativos a consumidores têm caráter público (artigo 43, § 4º, do CDC); B: correta, o SINDEC integra, hoje, mais de 170 PROCONs e integra processos e procedimentos relativos ao atendimento dos consumidores. O SINDEC é de responsabilidade do Ministério da Justiça e deve seguir as mesmas regras aplicáveis aos cadastros de consumidores (fonte: <www.portal.mj.gov.br/sindec>); C: incorreta, a indenização por dano moral decorrente da inscrição indevida em cadastro de proteção ao crédito depende da ausência de inscrição preexistente (Súmula 385 do STJ: "Da anotação irregular em cadastro de proteção ao crédito, não cabe indenização por dano moral, quando preexistente legítima inscrição, ressalvado o direito ao cancelamento"); D: incorreta, nos termos da Súmula 404 do STJ, o aviso de recebimento é dispensável nessa hipótese: "É dispensável o aviso de recebimento (AR) na carta de comunicação ao consumidor sobre a negativação de seu nome em bancos de dados e cadastros".

Gabarito "B".

7. PROTEÇÃO CONTRATUAL

(Procurador da República – 28º Concurso – 2015 – MPF) Com relação aos contratos bancários e a proteção do consumidor, a jurisprudência do Superior Tribunal de Justiça o STJ se consolidou no seguinte sentido:

(A) A existência de cadastro de consumidores com base em notas (*scoring*), de acordo com a probabilidade de inadimplência de cada um, é ilegal e dá ensejo a dano moral;

(B) A cobrança da comissão de permanência exclui a exigibilidade dos juros remuneratórios, moratórios e da multa contratual e seu valor não pode ultrapassar a soma dos encargos remuneratórios e moratórios previstos no contrato;

(C) As instituições financeiras não respondem objetivamente pelos danos gerados por especialistas em computação (*hackers*) que pratiquem fraudes e delitos no âmbito das operações bancárias;

(D) A simples devolução indevida de cheque é considerada mero aborrecimento da vida civil/comercial e não caracteriza o dano moral indenizável.

A: incorreta. O STJ admite a utilização do *credit scoring*, nos termos da Súmula 550: "a utilização de escore de crédito, método estatístico de avaliação de risco que não constitui banco de dados, dispensa o consentimento do consumidor, que terá o direito de solicitar esclarecimentos sobre as informações pessoais valoradas e as fontes dos dados considerados no respectivo cálculo". B: correta. Esse é o entendimento do STJ (Súmula 472): "a cobrança de comissão de permanência – cujo valor não pode ultrapassar a soma dos encargos remuneratórios e moratórios previstos no contrato exclui a exigibilidade dos juros remuneratórios, moratórios e da multa contratual". C: incorreta. Nos termos da Súmula 479 do STJ, "as instituições financeiras respondem objetivamente pelos danos gerados por fortuito interno relativo a fraudes e delitos praticados por terceiros no âmbito de operações bancárias". D: incorreta. A simples devolução indevida de cheque caracteriza dano moral (Súmula 388 do STJ).

Gabarito "B".

(Ministério Público/MS – 2013 – FADEMS) Considere as proposições abaixo:

I. Nos contratos de planos de saúde, é proibida a cláusula que estabelece o reajuste das prestações pecuniárias motivado pela faixa etária de pessoas muito idosas.

II. É considerada prática abusiva nas relações de consumo prevalecer-se da ignorância do consumidor idoso, tendo em vista sua condição social, para impingir-lhe uma operação de crédito consignado.

III. Na hipótese de práticas comerciais abusivas, é desnecessária comprovar a lesão a direito individual, sendo suficiente a demonstração a potencialidade ofensiva de tais práticas para que incidam no caso concreto as disposições do Código de Defesa do Consumidor.

IV. Desde que expressamente prevista no contrato, de modo claro, permitindo a fácil compreensão, não é considerada abusiva a cláusula contratual de plano de saúde que limite no tempo a internação hospitalar do segurado.

São corretas:

(A) Somente as proposições I, II e III.
(B) Somente as proposições I, III e IV.
(C) Somente as proposições II, III e IV.
(D) Somente a proposição II.
(E) Todas as proposições.

I: correta (art. 15, § 3º, da Lei 10.741/2003 – Estatuto do Idoso: "É vedada a discriminação do idoso nos planos de saúde pela cobrança de valores diferenciados em razão da idade"); II: correta, bastando fazer uma interpretação teleológica do art. 37, § 2º, do CDC; III: correta, pois são equiparadas a consumidor, recebendo a proteção do CDC, as pessoas determináveis ou não, expostas às práticas nele previstas (art. 29 do CDC); assim, considerando que até as pessoas indetermináveis estão protegidas, de fato, não é necessário que se comprove uma lesão individual (a pessoa certa) para a incidência do CDC; IV: correta, pois o CDC é norma de ordem pública, não podendo ser afastado por vontade das partes, sendo que a limitação da internação é cláusula abusiva, que viola o art. 51, IV, do CDC, estando vedada pela Súmula STJ n. 302 ("É abusiva a cláusula contratual de plano de saúde que limita no tempo a internação hospitalar do segurado").

Gabarito "E".

(Ministério Público/GO – 2012) Assinale a afirmativa correta.

(A) Segundo entendimento do STJ, a inversão do ônus da prova é regra de instrução, devendo a decisão judicial que a determina ser proferida preferencialmente na fase do saneamento do processo.

(B) A garantia legal de adequação do produto ou serviço depende de termo expresso, no qual se explicitará o alcance da responsabilidade do fornecedor.
(C) Verificando no processo a existência de uma cláusula abusiva inserta em um contrato bancário, o juiz deverá declarar a nulidade da cláusula, quer a requerimento do interessado, do Ministério Público, ou mesmo *ex offício*, por se tratar de matéria de ordem pública.
(D) O Ministério Público, mediante inquérito civil, pode efetuar o controle administrativo abstrato e preventivo das cláusulas contratuais, cuja decisão terá caráter geral.

A: correta, o STJ mudou seu entendimento no ano de 2012 passando a decidir que a inversão do ônus da prova é regra de instrução e não de julgamento – REsp 802.832/MG, Segunda Seção, Rel. Min. Paulo de Tarso Sanseverino, j 13.04.2011 (Informativo STJ 469); **B:** incorreta, consoante prescreve o art. 24 do CDC, "a garantia legal de adequação do produto ou serviço independe de termo expresso, vedada a exoneração contratual do fornecedor"; **C:** incorreta, de acordo com a Súmula 381 do STJ, "nos contratos bancários, é vedado ao julgador conhecer, de ofício, da abusividade das cláusulas"; **D:** incorreta, a alternativa reproduz o conteúdo do § 3º do art. 51, que foi vetado quando da promulgação do CDC.
Gabarito "A".

(Ministério Público/GO – 2010) Por cláusulas gerais, pode-se afirmar:

I. São Normas que não prescrevem uma certa conduta, mas, simplesmente, definem valores e parâmetros hermenêuticos. Servem assim como ponto de referência interpretativo e oferecem ao intérprete os critérios axiológicos e os limites para a aplicação de demais disposições normativas.
II. A prof. Cláudia Lima Marques, comentando sobre as cláusulas gerais, afirma que existem três momentos em que se exerce o "direito dos juízes:" a) no caso da ocorrência de lacunas do direito, citando como exemplo o comércio eletrônico; b) no caso dos conceitos indeterminados; e c) no caso das cláusulas gerais, em que o juiz tem a chance de concretização do direito, citando como exemplo o art. 113, do Código Civil.
III. As cláusulas gerais valem-se de linguagem aberta, fluida, vaga.
IV. O CDC não possui cláusula geral, pois utiliza-se de outras normas para sua completude e integração.
(A) Todas alternativas são verdadeiras.
(B) Apenas uma alternativa é verdadeira.
(C) Apenas uma alternativa é falsa.
(D) Todas as alternativas são falsas.

I, II e III: corretas, pois representam o entendimento doutrinário sobre as cláusulas gerais; IV: incorreta, pois o Código de Defesa do Consumidor apresenta algumas cláusulas gerais. Podemos identificá-las pelo uso de expressões como onerosidade excessiva, vulnerabilidade, hipossuficiência, desproporcionalidade etc.
Gabarito "C".

(Ministério Público/MG – 2010.2) Nos termos do Código de Defesa do Consumidor, considere as seguintes assertivas.

I. O consumidor tem direito à revisão do contrato, no caso de onerosidade excessiva decorrente de fato superveniente ao negócio, não havendo necessidade de que esse fato seja extraordinário e imprevisível.
II. A nulidade das cláusulas abusivas pode ser alegada a qualquer tempo e em qualquer grau de jurisdição e não é atingida pela preclusão.

III. É vedada a inserção, nos contratos de consumo, de cláusulas limitativas de direito do consumidor.
IV. É permitida a cláusula resolutória nos contratos de consumo.
V. O profissional liberal, de nível universitário ou não, responde a título de culpa pelo fato do serviço, sendo possível a inversão do ônus da prova em favor do consumidor.

A esse respeito, pode-se concluir que estão CORRETAS

(A) apenas as assertivas I, II, III e V.
(B) apenas as assertivas I, II, IV e V.
(C) apenas as assertivas II, IV e V.
(D) apenas as assertivas III e IV.

I: correta, o direito à revisão contratual previsto no art. 6º, V, do CDC não deve ser confundido com o previsto nos arts. 317 e 478 do Código Civil que exige o fato seja extraordinário e imprevisível. No CDC basta que o fato seja novo (superveniente); II: correta, pois a invalidade, no caso, é absoluta, e não relativa (art. 51, *caput*, do CDC), pode ser alegada em qualquer fase do processo (não sofre preclusão) e não se convalida pelo decurso de tempo (não sobre prescrição); III: incorreta, pois é possível que existam cláusulas limitativas de direito, desde que tais cláusulas não contrariem o CDC e que sejam redigidas com destaque, tratando-se de contrato de adesão (art. 54, § 4º, do CDC); IV: correta, nos contratos de adesão é admitida cláusula resolutória, desde que a alternativa, cabendo a escolha ao consumidor (art. 54, § 2º, do CDC); V: correta, nos termos do art. 14, § 4º, do CDC, os profissionais liberais têm responsabilidade civil subjetiva pelos danos causados aos consumidores.
Gabarito "B".

(Ministério Público/MG – 2010.1) O Código de Defesa do Consumidor (Lei 8.078, de 11 de setembro de 1990), ao dispor sobre a proteção contratual, estabelece:

I. Os contratos que regulam as relações de consumo não obrigarão os consumidores, se não lhes for dada a oportunidade de tomar conhecimento prévio de seu conteúdo ou se os respectivos instrumentos forem redigidos de modo a dificultar a compreensão de seu sentido e alcance.
II. As cláusulas contratuais serão interpretadas de maneira mais favorável ao consumidor.
III. As declarações de vontade constantes de escritos particulares, recibos e pré-contratos relativos às relações de consumo vinculam o fornecedor, ensejando inclusive execução específica.
IV. O consumidor pode desistir do contrato, no prazo de sete dias a contar de sua assinatura, ou do ato de recebimento do produto ou serviço, sempre que a contratação de fornecimento de produtos e serviços ocorrer fora do estabelecimento comercial, especialmente por telefone ou em domicílio. Se o consumidor exercitar o direito de arrependimento, os valores eventualmente pagos, a qualquer título, durante o prazo de reflexão, serão devolvidos, de imediato, monetariamente atualizados.
V. A garantia contratual é complementar à legal e será conferida mediante termo escrito. O termo de garantia ou equivalente deve ser padronizado e esclarecer, de maneira adequada, em que consiste a mesma garantia, bem como a forma, o prazo e o lugar em que pode ser exercitada e os ônus a cargo do consumidor, devendo ser-lhe entregue, devidamente preenchido pelo fornecedor, no ato do fornecimento, acompanhado de

manual de instrução, de instalação e uso de produto em linguagem didática, com ilustrações.
Marque a opção CORRETA.

(A) I, II, III e IV estão corretas.
(B) I, II, III e V estão corretas.
(C) II, III, IV e V estão corretas.
(D) I, II, IV e V estão corretas.
(E) Todas estão corretas.

I: correta (art. 46 do CDC); II: correta (art. 47 do CDC); III: correta (art. 48 do CDC); IV: correta (art. 49 do CDC); V: correta (art. 50 do CDC).
Gabarito "E".

(Ministério Público/MG – 2010.1) No regime do Código de Defesa do Consumidor, considere as seguintes proposições:

I. Colocar no mercado de consumo qualquer produto ou serviço em desacordo com as normas expedidas pelos órgãos oficiais competentes ou, se normas específicas não existirem, pela Associação Brasileira de Normas Técnicas ou outra entidade credenciada pelo Conselho Nacional de Metrologia, Normalização e Qualidade Industrial (Conmetro), constitui prática abusiva.
II. O ônus da prova da veracidade da oferta publicitária cabe a quem a patrocina, salvo a hipótese de *invitatio ad offerendum*.
III. Nos contratos que envolvem crédito ao consumidor, este é titular de um direito potestativo à liquidação antecipada do débito, total ou parcialmente, mediante redução proporcional dos juros e demais acréscimos, sem se sujeitar a nenhuma espécie de taxa ou multa no exercício desse direito.
IV. Nos contratos de consumo, toda cláusula que violar o princípio da boa-fé é considerada, *ex lege*, como abusiva e, portanto, nula de pleno direito.

É CORRETO o que se afirma em:

(A) I e II estão corretas.
(B) II e III estão corretas.
(C) I, III e IV estão corretas.
(D) III e IV estão corretas.
(E) Todas estão corretas.

I: correta, está de acordo com o art. 39, VIII, do CDC; II: incorreta, pois o ônus da prova compete a quem patrocina a comunicação publicitária ou informação; a *invitatio ad offerendum*, que significa "convite a fazer oferta", ou seja, aquela comunicação feita, durante a fase de negociação, indicando a intenção de contratar, também vincula e cria o ônus da prova citado, nos termos dos arts. 38 e 48 do CDC; III: correta, art. 52, § 2º, do CDC; IV: correta, art. 51, IV, do CDC.
Gabarito "C".

(Ministério Público/MT – 2012 – UFMT) Em relação ao Código de Defesa do Consumidor, assinale a afirmativa correta.

(A) O Código de Defesa do Consumidor veda a utilização do contrato de adesão.
(B) Para fins de tutela contra os acidentes de consumo, consumidor é qualquer vítima, desde que destinatário final do produto ou do serviço, o que exclui a possibilidade de tutela do profissional que, ao adquirir um produto para revenda, venha a sofrer um acidente de consumo.
(C) O Código de Defesa do Consumidor, em todo o seu sistema, prevê uma única exceção ao princípio da responsabilização objetiva para os acidentes de consumo: os serviços prestados por profissionais liberais; nesse caso, a apuração de responsabilidade far-se-á calcada no sistema tradicional baseado em culpa.
(D) Em relação aos vícios dos produtos, o Código de Defesa do Consumidor estabelece a responsabilidade solidária entre todos os fornecedores que participaram da cadeia de produção e comercialização do produto (comerciante, fabricante, distribuidor etc.); no entanto, o comerciante que manteve contato direto com o consumidor pode se utilizar da denunciação da lide para garantir eventual direito de regresso contra o fabricante identificável.
(E) O reconhecimento da abusividade e a consequente nulidade das cláusulas inseridas em contratos de consumo não podem ser conhecidos de ofício (*ex officio*) pelo magistrado.

A: incorreta, o Código de Defesa do Consumidor regula os contratos de adesão no art. 54 não proibindo sua celebração, até porque, seria uma medida inócua; B: incorreta, para fins de tutela contra os acidentes de consumo, consumidor é qualquer vítima do evento danoso, ainda que não seja destinatário final do produto ou do serviço (art. 17 do CDC); C: correta, está de acordo com o art. 14, § 4º do CDC; D: incorreta, o art. 88 do CDC veda a denunciação à lide, permitindo que o fornecedor exerça o direito de regresso nos mesmos autos ou em processo autônomo; E: incorreta, as cláusulas abusivas devem ser declaradas nulas de ofício pelo juiz, por se tratarem de matéria de ordem pública. Conforme prescreve o parágrafo único do art. 168 do CC/2002: "As nulidades devem ser pronunciadas pelo juiz, quando conhecer do negócio jurídico ou dos seus efeitos e as encontrar provadas, não lhe sendo permitido supri-las, ainda que a requerimento das partes". Esta regra é excepcionada pela polêmica Súmula 381 do STJ que proíbe a declaração de ofício de cláusulas abusivas nos contratos bancários.
Gabarito "C".

(Ministério Público/RR – 2012 – CESPE) No que tange ao entendimento do STJ a respeito dos contratos bancários, assinale a opção correta.

(A) Nos contratos de mútuo bancário, é vedada a capitalização mensal de juros, mesmo que expressamente pactuada, pois o anatocismo gera prestações excessivamente onerosas ao consumidor.
(B) Em contrato de empréstimo bancário, pode-se prever a cobrança cumulativa da comissão de permanência e da correção monetária.
(C) Nos contratos bancários assinados após a vigência do CDC, a multa moratória não poderá exceder a 2%.
(D) Nos contratos bancários, cabe ao julgador conhecer, de ofício, da abusividade das cláusulas contratuais.
(E) É abusiva cláusula contratual que estipule juros remuneratórios superiores a 12% ao ano, ainda que a taxa contratada esteja na média do mercado.

A: incorreta, somente nas hipóteses em que expressamente autorizada por lei específica, a capitalização de juros se mostra admissível, como nos contratos bancários – Lei 4.595/1964 e Decreto 22.626/1933 (STJ, REsp 237.302/RS, Quarta Turma, Rel. Min. Sálvio de Figueiredo Teixeira, j. 08.02.2000); B: incorreta, de acordo com a Súmula 30 do STJ, "a comissão de permanência e a correção monetária são inacumuláveis"; C: correta, consoante prescreve a Súmula 285 do STJ, "nos contratos bancários posteriores ao Código de Defesa do Consumidor incide a multa moratória nele prevista"; D: incorreta, conforme a Súmula 381 do STJ, "nos contratos bancários, é vedado ao julgador conhecer, de

ofício, da abusividade das cláusulas"; **E:** incorreta, de acordo com a Súmula 382 do STJ, "a estipulação de juros remuneratórios superiores a 12% ao ano, por si só, não indica abusividade".
Gabarito "C".

(Ministério Público/SC – 2012) Analise as assertivas a seguir.

I. O CDC constitui-se de normas de ordem pública e de interesse social, não podendo licitamente ser afastadas ou limitadas por vontade das partes, exceto quando o próprio código estabelecer.
II. Para caracterização de cláusula(s) abusiva(s) nos contratos decorrentes da relação de consumo é prescindível o reconhecimento da má-fé, dolo do fornecedor. Resolve-se pelo princípio da boa-fé objetiva. O contrato firmado que teve cláusula abusiva declarada judicialmente poderá ou não ser preservado.
III. O Órgão do Ministério Público pode ajuizar ação para o controle concreto de cláusula contratual abusiva, a pedido de consumidor, não podendo, todavia efetuar pedido de indenização individual em favor desse mesmo consumidor.
IV. O direito penal do consumidor orbita uma relação jurídica de consumo e seu objetivo primordial não é o de proteger o consumidor como tal nem o seu patrimônio, mas a segurança e credibilidade das relações de consumo, a coletividade em seu todo.
V. A responsabilidade penal em virtude da prática de qualquer dos tipos penais do CDC pode recair, até mesmo, sobre pessoa formalmente desvinculada da pessoa jurídica fornecedora. A infração penal de omissão de informação a consumidores é crime de mera conduta, pois independe do resultado e são elementos do tipo a embalagem, invólucro, recipiente e publicidade.

(A) Apenas as assertivas II e III estão corretas.
(B) Apenas as assertivas I, III e IV estão corretas.
(C) Apenas as assertivas II, IV e V estão corretas.
(D) Apenas as assertivas II, III e V estão corretas.
(E) Todas as assertivas estão corretas.

I: correta, reproduz o entendimento doutrinário sobre o tema e o conteúdo do art. 1º do CDC; II: correta, pois o reconhecimento de cláusula abusiva não depende da má-fé do fornecedor e de acordo com o art. 51, § 2º, do CDC, "a nulidade de uma cláusula contratual abusiva não invalida o contrato, exceto quando de sua ausência, apesar dos esforços de integração, decorrer ônus excessivo a qualquer das partes"; III: correta, conforme art. 51, § 4º, do CDC; IV: correta, pois representa o objetivo do direito penal do consumidor; V: correta, pois a responsabilidade penal de pessoas formalmente desvinculadas da pessoa jurídica fornecedora está prevista no art. 75 do CDC. Quanto ao crime de omissão de informação, trata-se sim de crime de mera conduta, pois o tipo penal descreve uma mera conduta, não tendo resultado naturalístico, sendo elementos do tipo a embalagem, invólucro, recipiente ou publicidade.
Gabarito "E".

(Ministério Público/SE – 2010 – CESPE) Contrato celebrado entre empresa de telefonia e consumidor será considerado de adesão se suas cláusulas:

(A) tiverem sido aprovadas pela autoridade competente, sem que o consumidor possa discutir-lhe substancialmente o conteúdo.
(B) tiverem sido aprovadas pela autoridade competente, e não houver a inserção de alguma cláusula no formulário assinado.
(C) forem estabelecidas unilateralmente pelo fornecedor e não houver a inserção de alguma cláusula no formulário assinado.
(D) forem escritas em linguagem que dificulte o entendimento pelo consumidor.
(E) limitarem algum direito do consumidor.

A: correta, de acordo com o art. 54, *caput*, do CDC, "contrato de adesão é aquele cujas cláusulas tenham sido aprovadas pela autoridade competente ou estabelecidas unilateralmente pelo fornecedor de produtos ou serviços, sem que o consumidor possa discutir ou modificar substancialmente seu conteúdo"; **B:** incorreta, pois a inserção de cláusula no formulário não desfigura a natureza de adesão do contrato (art. 54, §1º do CDC); **C:** incorreta, pois a inserção de cláusula no formulário assinado não descaracteriza o contrato de adesão (art. 54, §1º, do CDC); **D:** incorreta, pois de acordo com art. 54, § 3º, do CDC, "os contratos de adesão escritos serão redigidos em termos claros e com caracteres ostensivos e legíveis, cujo tamanho da fonte não será inferior ao corpo doze, de modo a facilitar sua compreensão pelo consumidor"; **E:** incorreta, não são necessárias cláusulas limitativas de direitos do consumidor para caracterização do contrato de adesão.
Gabarito "A".

(Ministério Público/SE – 2010 – CESPE) Considerando que um indivíduo tenha contratado, por telefone, determinado serviço, assinale a opção que apresenta direito previsto para esse indivíduo no CDC.

(A) devolução parcial dos valores pagos por arrependimento.
(B) desistência da assinatura em até sete dias.
(C) indenização, caso não goste do produto.
(D) ação para ressarcimento dos danos, se o produto for perigoso, desde que ostensivamente alertado sobre o risco de danos.
(E) redução do preço, caso entenda que o produto não vale o preço cobrado.

A: incorreta, em caso de arrependimento a devolução do valor pago é integral (art. 49 do CDC); **B:** correta, pois a hipótese descrita no enunciado está enquadrar no art. 49 do CDC: "O consumidor pode desistir do contrato, no prazo de 7 dias a contar de sua assinatura ou do ato de recebimento do produto ou serviço, sempre que a contratação de fornecimento de produtos e serviços ocorrer fora do estabelecimento comercial, especialmente por telefone ou a domicílio"; **C:** incorreta, o fato de o consumidor não gostar do produto não gera direito à indenização; **D:** incorreta, a aquisição de produto perigoso pelo consumidor, quando ostensivamente alertado sobre o risco de danos, a princípio, não gera direito à indenização (art. 9º do CDC); **E:** incorreta, o consumidor não tem esse direito.
Gabarito "B".

(Ministério Público/SP – 2011) Assinale a alternativa correta.

(A) O Código de Defesa do Consumidor ampara o direito de arrependimento, podendo o consumidor devolver os produtos que tenha adquirido no estabelecimento do fornecedor no prazo de 7 (sete) dias.
(B) Nos contratos de consórcio, são nulas de pleno direito as cláusulas que estabeleçam a perda total das prestações pagas em benefício do credor, bem como o desconto da vantagem auferida com a fruição do bem quando da restituição das parcelas quitadas.
(C) Considera-se enganosa a publicidade discriminatória de qualquer natureza, a que incite a violência, se aproveite da deficiência de julgamento e experiência da criança, desrespeite valores ambientais, ou seja

capaz de induzir o consumidor a se comportar de forma prejudicial à sua segurança e saúde.
(D) A publicidade suficientemente precisa, veiculada nos meios de comunicação, vincula o fornecedor, podendo o consumidor, no caso de recusa do cumprimento da oferta, exigir seu cumprimento forçado, aceitar outro produto equivalente ou rescindir o contrato com a obtenção da quantia eventualmente antecipada, monetariamente atualizada, além de perdas e danos.
(E) Obrigações iníquas, abusivas, que coloquem o consumidor em situação de desvantagem exagerada, ou sejam incompatíveis com a boa-fé ou a equidade, são nulas de pleno direito, ensejando a rescisão do contrato e a condenação do fornecedor em perdas e danos.

A: incorreta, pois tal regra só se aplica nas compras feitas **fora** do estabelecimento do fornecedor (art. 49 do CDC); **B:** incorreta, pois nesse caso a restituição terá descontada, além da vantagem econômica auferida com a fruição, os prejuízos que o desistente ou inadimplente causar ao grupo (art. 53, § 2º, do CDC); **C:** incorreta, pois essa é a publicidade **abusiva** (art. 37, § 2º, do CDC); **D:** correta (arts. 30 e 35 do CDC); **E:** incorreta, pois a invalidade de uma cláusula não implica na nulidade de todo o contrato (art. 51, § 2º, do CDC).
Gabarito "D".

(Ministério Público/TO – 2012 – CESPE) Com referência às características e princípios do CDC, às relações de consumo, à defesa do consumidor em juízo e ao registro de informações em bancos e cadastros de consumidores, assinale a opção correta.
(A) Não se confunde, como faz o CDC, contrato de adesão e condições gerais dos contratos, pois o problema é de continente e de conteúdo, respectivamente, já que o contrato de adesão é instrumento que concretiza os efeitos das condições gerais, embora ele não contenha somente condições gerais.
(B) A exceção de contrato não cumprido é instituto diverso da *exceptio doli*, mas também se aplica às relações de consumo, por exemplo, nos casos de vício no bem e no serviço.
(C) Não é possível a incidência do CDC nos contratos de multipropriedade imobiliária e(ou) de *time-sharing*.
(D) O CDC trata da execução individual da sentença fundada em direito individual homogêneo, mas não contempla a execução por *fluid recovery*.
(E) Uma das hipóteses de *habeas data* trazidas pela CF consiste em assegurar o conhecimento de informações relativas à pessoa do impetrante, constantes de registros ou bancos de dados de entidades governamentais ou de caráter público. Todavia, o consumidor não poderá socorrer-se de tal medida para obter informações mantidas em banco de dados de pessoas jurídicas de direito privado, como é o caso da SERASA.

A: correta, a assertiva promove adequadamente a distinção entre contrato de adesão e condições gerais; **B:** incorreta, a exceção do contrato não cumprido é espécie de *exceptio doli* e o CDC apresenta outras soluções para as hipóteses de vícios do produto ou do serviço (ex: novo produto, desfazimento do negócio etc.); **C:** incorreta, pois o CDC é aplicável aos contratos de multipropriedade imobiliária ou de *time-sharing*; **D:** incorreta, a execução por *fluid recovery* está prevista no art. 100 do CDC que determina que após um ano sem habilitação de interessados para promover a liquidação e execução da indenização,

poderão os legitimados do art. 82 do CDC promovê-la; **E:** incorreta, pois de acordo com o art. 43, § 4º do CDC, essas entidades são consideradas de caráter público, podendo ser impetrado o *habeas data* em face delas.
Gabarito "A".

8. RESPONSABILIDADE ADMINISTRATIVA

(Promotor de Justiça – MPE/BA – CEFET – 2015) Acerca do Direito do Consumidor, previsto pela Lei 8.078/1990 e demais conjuntos normativos específicos, julgue os seguintes itens:

I. As sanções administrativas sujeitam-se a posterior confirmação pelo órgão normativo ou regulador da atividade, nos limites de sua competência, conforme previsto pelo artigo 18, parágrafo 3º, do Decreto Federal 2.181, de 20 de março de 1997, exceto as penalidades administrativas de apreensão do produto, multa e contrapropaganda.

II. Sobre as penalidades administrativas que podem ser aplicadas ao fornecedor, considera-se reincidência a repetição de prática infrativa, de qualquer natureza, às normas de defesa do consumidor, punida por decisão administrativa irrecorrível, não prevalecendo a sanção anterior, se entre a data da decisão administrativa definitiva e aquela da prática posterior houver decorrido período de tempo superior a 5 (cinco) anos.

III. As penas de: revogação de concessão ou permissão de uso; cassação de alvará de licença; interdição; e suspensão temporária da atividade, bem como a intervenção administrativa, serão aplicadas mediante procedimento administrativo, assegurada ampla defesa, quando o fornecedor reincidir na prática das infrações de maior gravidade previstas no Código de Defesa do Consumidor (CDC) e na legislação de consumo.

IV. A União, os Estados, o Distrito Federal e os Municípios, em caráter concorrente e nas suas respectivas áreas de atuação administrativa, baixarão normas relativas à produção, industrialização, distribuição, publicidade e consumo de produtos e serviços, bem como fiscalizarão e controlarão tais atividades, no interesse da preservação da vida, da saúde, da segurança, da informação e do bem-estar do consumidor, baixando as normas que se fizerem necessárias.

V. O Departamento Nacional de Defesa do Consumidor, da Secretaria de Direito Econômico, ou outro órgão federal que venha a substituí-lo, é organismo de coordenação da política do Sistema Nacional de Defesa do Consumidor, cabendo-lhe, dentre outras atribuições, representar ao Ministério Público competente para fins de adoção de medidas processuais no âmbito de suas atribuições.

Estão CORRETAS as seguintes assertivas:

(A) I – II – IV.
(B) III – IV – V.
(C) II – III – IV.
(D) I – IV – V.
(E) I – II – V.

I: correta. As sanções cabíveis na hipótese de descumprimento das regras do Código de Defesa do Consumidor são as seguintes: multa; apreensão do produto; inutilização do produto; cassação do registro do produto junto ao órgão competente; proibição de fabricação do produto; suspensão de fornecimento de produtos ou serviços; suspensão temporária de atividade; revogação de concessão ou permissão de uso; cassação de licença do estabelecimento ou de atividade; interdição, total ou parcial, de estabelecimento, de obra ou de atividade; intervenção administrativa; imposição de contrapropaganda. Nos termos do art. 18, § 3º, do Decreto 2.181/1997, somente as penalidades de multa, apreensão do produto e "inutilização do produto" não estão sujeitas a posterior confirmação pelo órgão normativo ou regulador da atividade. **II**: correta. Nos termos do art. 27 do Decreto 2.181/1997, considera-se reincidência a repetição de prática infrativa, de qualquer natureza, às normas de defesa do consumidor, punida por decisão administrativa irrecorrível, não prevalecendo, para efeito de reincidência, a sanção anterior, se entre a data da decisão administrativa definitiva e aquela da prática posterior houver decorrido período de tempo superior a cinco anos. **III**: incorreta. Toda sanção administrativa depende do processo administrativo para ser aplicada (art. 57 do CDC). O processo administrativo é regulado pela Lei 8.656/1993 e pelos arts. 33 até 55 do Decreto 2.181/1997. **IV**: incorreta. A competência para legislar em Direito do Consumidor é concorrente e está definida no art. 24 da CF, "Compete à União, aos Estados e ao Distrito Federal legislar concorrentemente sobre: V – produção e consumo; VIII – responsabilidade por dano ao meio ambiente, ao consumidor, a bens e direitos de valor artístico, estético, histórico, turístico e paisagístico". No entanto, a competência para legislar sobre publicidade é exclusiva da União, nos termos do art. 22 da CF: "compete privativamente à União legislar sobre: XXIX – propaganda comercial. Por outro lado, "a União, os Estados, o Distrito Federal e os Municípios fiscalizarão e controlarão a produção, industrialização, distribuição, a publicidade de produtos e serviços e o mercado de consumo, no interesse da preservação da vida, da saúde, da segurança, da informação e do bem-estar do consumidor, baixando as normas que se fizerem necessárias". (art. 55, § 1º, do CDC). **V**: correta. Conforme art. 106 do CDC, o Departamento Nacional de Defesa do Consumidor, da Secretaria Nacional de Direito Econômico (MJ), ou órgão federal que venha substituí-lo, é organismo de coordenação da política do Sistema Nacional de Defesa do Consumidor, cabendo-lhe: planejar, elaborar, propor, coordenar e executar a política nacional de proteção ao consumidor; receber, analisar, avaliar e encaminhar consultas, denúncias ou sugestões apresentadas por entidades representativas ou pessoas jurídicas de direito público ou privado; prestar aos consumidores orientação permanente sobre seus direitos e garantias; informar, conscientizar e motivar o consumidor através dos diferentes meios de comunicação; solicitar à polícia judiciária a instauração de inquérito policial para a apreciação de delito contra os consumidores, nos termos da legislação vigente; representar ao Ministério Público competente para fins de adoção de medidas processuais no âmbito de suas atribuições; levar ao conhecimento dos órgãos competentes as infrações de ordem administrativa que violarem os interesses difusos, coletivos, ou individuais dos consumidores; solicitar o concurso de órgãos e entidades da União, Estados, do Distrito Federal e Municípios, bem como auxiliar a fiscalização de preços, abastecimento, quantidade e segurança de bens e serviços; incentivar, inclusive com recursos financeiros e outros programas especiais, a formação de entidades de defesa do consumidor pela população e pelos órgãos públicos estaduais e municipais; desenvolver outras atividades compatíveis com suas finalidades.

Gabarito "E".

9. RESPONSABILIDADE CRIMINAL

(**Ministério Público/MG – 2011**) Os crimes previstos no Código de Defesa do Consumidor (Lei 8.078/90) terão a pena elevada, na segunda fase de sua aplicação, quando cometidos em detrimento de pessoas que apresentem certas condições subjetivas. Estão previstas entre essas circunstâncias, **EXCETO**:

(A) crime praticado em detrimento de operário.

(B) crime praticado em detrimento de analfabeto.
(C) crime praticado em detrimento de menor de 18 ou maior de 60 anos.
(D) crime praticado em detrimento de portador de deficiência mental, ainda que não interditado.

O analfabeto não está relacionado na lista do art. 76, IV, "b", do CDC, que dispõe que são circunstâncias agravantes dos crimes tipificados neste código quando cometidos em detrimento de operário ou rurícola; de menor de dezoito ou maior de sessenta anos ou de pessoas portadoras de deficiência mental interditadas ou não.

Gabarito "B".

(**Ministério Público/MG – 2011**) Considerando os crimes contra as relações de consumo, previstos na Lei 8.137/90, bem como no Código de Defesa do Consumidor (Lei 8.078/90), analise as seguintes proposições e assinale com **V** as **verdadeiras** e com **F** as **falsas**. Constitui crime:

( ) vender ou expor à venda mercadoria cuja embalagem esteja em desacordo com as prescrições legais, punindo-se apenas a modalidade dolosa.
( ) misturar gêneros e mercadorias de espécies diferentes, para vendê-las como puros, punindo-se inclusive a modalidade culposa.
( ) ter em depósito, para vender, mercadoria em condições impróprias ao consumo, punindo-se inclusive a modalidade culposa.
( ) deixar de entregar ao consumidor o termo de garantia adequadamente preenchido e com especificação clara de seu conteúdo, punindo-se inclusive a modalidade culposa.

Assinale a alternativa que apresenta a sequência de letras **CORRETA**.

(A) (V) (V) (V) (F).
(B) (V) (F) (F) (V).
(C) (F) (V) (V) (F).
(D) (F) (V) (V) (V).

I: falsa, de acordo com o art. 7º, II e parágrafo único, da Lei 8.137/1990, pune-se também a modalidade culposa, reduzindo-se a pena e a detenção de 1/3 ou a de multa à quinta parte; II: verdadeira, conforme o art. 7º, III e parágrafo único, da Lei 8.137/1990; III: verdadeira, está de acordo com o art. 7º, IX e parágrafo único, da Lei 8.137/1990. IV: falsa, como o art. 74 do CDC não prevê punição para a modalidade culposa, entende-se que somente pode ser punida a conduta dolosa.

Gabarito "C".

(**Ministério Público/RR – 2012 – CESPE**) Assinale a opção correta a respeito das normas de direito penal e de processo penal previstas no CDC.

(A) No processo penal atinente aos crimes cometidos contra as relações de consumo, é vedada ao MP a assistência, porém lhe é facultada a propositura de ação penal subsidiária, se a denúncia não for oferecida no prazo legal.
(B) Assim como ocorre no direito ambiental, a pessoa jurídica pode ser responsabilizada criminalmente se os seus representantes legais ou até mesmo empregados cometerem fatos tipicamente previstos como crimes no CDC.
(C) A conduta de impedir ou dificultar o acesso do consumidor às informações que sobre ele constem em cadastros, banco de dados, fichas e registros é expressamente prevista como crime no CDC.

(D) O sujeito passivo dos crimes contra as relações de consumo é o consumidor pessoa física, considerando-se fato atípico o crime cometido contra consumidor pessoa jurídica ou consumidor por equiparação, em observância ao princípio da vedação à responsabilidade objetiva.

(E) Considera-se circunstância agravante nos crimes tipificados no CDC o fato de o agente cometer o delito contra os consumidores de instituições financeiras, de saúde e de ensino privados.

A: incorreta, o art. 80 do CDC possibilita ao Ministério Público a intervenção como assistente; **B:** incorreta, a responsabilidade criminal incide sobre os administradores da pessoa jurídica; **C:** correta, a conduta está tipificada no art. 72 do CDC; **D:** incorreta, o consumidor por equiparação também pode ser sujeito passivo dos crimes contra as relações de consumo; **E:** incorreta, estas situações não estão previstas como circunstâncias agravantes no art. 76 do CDC.
Gabarito "C".

(Ministério Público/TO – 2012 – CESPE) A respeito da responsabilidade por vício do produto e do serviço, das implicações administrativas e penais associadas às relações de consumo e das ações coletivas para a defesa de interesses individuais homogêneos ligados às citadas relações, assinale a opção correta.

(A) Cometerá crime de consumo configurado no crime de *recall* o fornecedor que não comunicar à autoridade competente e aos consumidores a nocividade ou periculosidade de produtos cujo conhecimento seja posterior à sua colocação no mercado e não retirá-lo imediatamente de circulação, quando determinado pela autoridade competente. Nesse sentido, a ordem da autoridade competente para a retirada do citado bem do mercado de consumo deve ser pessoal ao fornecedor responsável, para fins de configuração do crime.

(B) A tipificação penal protetiva do consumidor, em regra e por conta da presunção de perigo que traz consigo, não exige, para a sua consumação, a realização de dano físico, mental ou econômico ao indivíduo-consumidor, sendo certo que o direito penal econômico protege primeiramente não o consumidor em si, mas a relação jurídica de consumo, pois esta é um bem jurídico autônomo, supraindividual e imaterial.

(C) A sentença civil não fará coisa julgada *erga omnes* nos limites da competência territorial do órgão prolator, exceto se o pedido for julgado improcedente por insuficiência de provas, hipótese em que apenas o MP poderá intentar outra ação com idêntico fundamento, valendo-se de nova prova.

(D) No direito do consumidor, vício e defeito dos bens possuem o mesmo sentido: relacionam-se com o fato de o bem gerar a responsabilidade civil do fornecedor por defeito ou por insegurança.

(E) A lei é a única forma de expressão juridicamente correta para se criar órgão de defesa do consumidor no âmbito do Poder Executivo.

A: incorreta, pois a ordem para retirada do bem não precisa ser pessoal para caracterização do crime previsto no art. 64, parágrafo único, do CDC; **B:** correta, em regra a caracterização do crime de consumo não depende da efetivação do dano; **C:** incorreta, na hipótese retratada a sentença civil fará coisa julgada, nos termos do art. 16 da Lei 7.347/1985;

D: incorreta, pois o defeito do produto causa prejuízos extrínsecos, como danos materiais, morais e estéticos enquanto que o vício do produto pode existir, contudo o problema fica adstrito aos limites do bem, gerando prejuízos intrínsecos; **E:** incorreta, pois podem ser criadas entidades privadas (ex: associações) de defesa do consumidor.
Gabarito "B".

10. DEFESA DO CONSUMIDOR EM JUÍZO

(Ministério Público/MG – 2014) Dentro do microssistema de tutela coletiva, o qual inclui as normas processuais previstas no Código de Defesa do Consumidor, pode-se afirmar, **EXCETO**:

(A) Na ação que tenha por objeto o cumprimento da obrigação de fazer ou não fazer, o juiz concederá a tutela específica da obrigação ou determinará providências que assegurem o resultado prático equivalente ao do adimplemento.

(B) A conversão da obrigação em perdas e danos somente será admissível se por elas optar o autor ou se impossível a tutela específica ou a obtenção do resultado prático correspondente.

(C) A indenização por perdas e danos se fará sem prejuízo das astreintes arbitradas.

(D) O juiz poderá, na antecipação da tutela ou na sentença, impor multa diária ao réu, apenas em caso de expresso requerimento do autor, se for suficiente ou compatível com a obrigação, fixando prazo razoável para o cumprimento do preceito.

A: assertiva correta (art. 84 "caput" do CDC); **B:** assertiva correta (art. 84, § 1º, do CDC); **C:** assertiva correta (art. 84, § 2º, do CDC); **D:** assertiva incorreta, devendo ser assinalada, pois o juiz poderá, na hipótese de antecipação de tutela ou na sentença, impor multa diária ao réu, *independentemente de pedido do autor*, se for suficiente ou compatível com a obrigação, fixando prazo razoável para o cumprimento do preceito (art. 84, § 4º, do CDC).
Gabarito "D".

(Ministério Público/DF – 2013) O Procon local encaminhou ao Ministério Público do Distrito Federal e Territórios reclamações de consumidores insatisfeitos, que compraram produtos nas lojas da empresa "X" do Distrito Federal, oriundos de fabricantes diversos e que apresentaram defeitos. A empresa "X" comercializa esses produtos em lojas físicas localizadas não só no Distrito Federal, mas, em todo o território nacional. A insatisfação estava fundada em dificuldades impostas para a troca do produto com defeito. O Promotor de Justiça instaurou inquérito civil público com os documentos recebidos. Atento aos aspectos processuais e procedimentais da hipótese, assinale a alternativa **CORRETA**:

(A) Avaliando tais reclamações, constatou o Promotor de Justiça que cada reclamação referia-se a produtos diversos e de fabricantes diferentes, concluindo que somente cada consumidor insatisfeito é que teria legitimidade para propor ação para fazer valer seus direitos de consumidor, previstos no artigo 18 da Lei 8.078/1990. Nesses termos, cuidando-se de direitos autônomos e disponíveis, o Ministério Público arquivou o inquérito civil público, já que ninguém pode pleitear em juízo direito alheio, nos termos do art. 6º do Código de Processo Civil.

(B) Ainda que disponíveis e divisíveis, o Ministério Público está legitimado a propor ação civil pública contra a empresa "X", em uma das varas cíveis da justiça comum do Distrito Federal, em defesa dos direitos dos consumidores, que estão sendo obrigados a se submeterem à política de troca de produtos defeituosos instituída pela empresa "X" e adquiridos em qualquer loja.
(C) A propositura de ação civil pública pelo Ministério Público impede que aqueles que se sentiram prejudicados proponham ação individual contra a empresa "X", não se admitindo sequer a formação de litisconsórcio facultativo desses prejudicados com o Ministério Público.
(D) Em caso de ação civil pública proposta pelo Ministério Público, a sentença que julgar improcedente o pedido, transitada em julgado, impedirá a propositura de novas ações individuais pelos consumidores insatisfeitos com a política de troca de produtos defeituosos da empresa "X".
(E) Ao julgar procedente a ação civil pública proposta pelo Ministério Público, não pode o juízo antecipar a tutela e determinar, desde logo, que a empresa "X" atenda as pretensões dos consumidores sem as restrições contidas na política de troca de produtos adquiridos com defeito. A imposição de tal obrigação somente valerá com o trânsito em julgado da sentença.

A: incorreta, pois trata-se de hipótese de interesse individual homogêneo, que, portanto autoriza a atuação do Ministério Público. Embora haja interesses disponível e divisível, o caso traz significativa repercussão social, pois um grande número de consumidores foi prejudicado, logo, o "parquet" possui legitimidade para agir. Trata-se de uma atuação compatível com sua finalidade. (Art. 81, III, 82, I do CDC e art. 129, IX da CF); **B:** correta, pois o Ministério Público terá legitimidade para agir por tratar-se de caso em que haverá tutela a interesses individuais homogêneos. Assim, levando em conta a repercussão social do caso, e a finalidade para o qual o Ministério Público, sua atuação está autorizada (art. 81, parágrafo único, III, 82, I do CDC e art. 129, IX, da CF); **C:** incorreta, pois a atuação do Ministério Público não impede a de terceiros, sendo permitido o ajuizamento de ação individual pelo consumidor, havendo como opção a formação de litisconsórcio facultativo com o "parquet" (art. 129, § 1º, da CF e art. 94 do CDC); **D:** incorreta, pois a sentença de improcedência na ação coletiva ajuizada pelo Ministério Público com fulcro em interesse individual homogêneo apenas faz coisa julgada *erga omnes* se for procedente. Se for improcedente, os consumidores podem tranquilamente ajuizar suas ações individuais, desde que não tenham intervindo como litisconsortes na ação coletiva (art. 103, III e § 2º do CDC); **E:** incorreta, pois o juiz está autorizado a conceder tutela antecipada na sentença, determinando assim a troca dos produtos com defeito (art. 84, § 3º, do CDC).
Gabarito "B".

(Ministério Público/MS – 2013 – FADEMS) Nas ações coletivas de que trata o Código de Proteção e Defesa do Consumidor, é correto afirmar que:

(A) A sentença faz coisa julgada *intra partes*, quando a hipótese versar sobre direitos individuais difusos.
(B) Sendo o caso de interesses ou direitos difusos, na hipótese de improcedência por insuficiência de provas, não há coisa julgada material, podendo, qualquer prejudicado, intentar nova ação com os mesmos fundamentos, valendo-se de novas provas.
(C) Quando for caso de interesses ou direitos difusos, a coisa julgada ocorre *ultra partes*, mas limitada ao grupo, categoria ou classe, salvo improcedência por insuficiência de provas.
(D) É *erga omnes* a coisa julgada quando for caso de direitos individuais homogêneos e sentença for de procedência, mas somente aproveita aquele que se habilitou até o trânsito em julgado.
(E) A coisa julgada é julgada *ultra partes*, de modo excepcional, na hipótese do grupo, categoria ou classe que não haja intervindo no curso do processo, intentar ação concorrente com mesmo objeto e diversidade do pedido que trate de interesse coletivo e homogêneo.

A: incorreta, pois, envolvendo interesses difusos (art. 81, parágrafo único, I, do CDC), a coisa julgada é *erga omnes* (art. 103, I, do CDC), envolvendo direitos individuais homogêneos (art. 81, parágrafo único, III, do CDC), *erga omnes* (art. 103, III, do CDC), e envolvendo direito individual puro, *intra partes*; **B:** correta (art. 103, I, do CDC); **C:** incorreta, pois envolvendo interesses difusos (art. 81, parágrafo único, I, do CDC) a coisa julgada é *erga omnes* (art. 103, I, do CDC); o efeito mencionado na alternativa diz respeito aos casos em que há interesses coletivos (arts. 81, parágrafo único, II e 103, II, do CDC); **D:** incorreta, pois a sentença de procedência, no caso, aproveita todas as vítimas e seus sucessores (art. 103, III, do CDC), salvo se alguém promoveu uma ação individual e, intimado a se manifestar sobre ação coletiva em curso, não pedir a suspensão de sua ação (art. 104 do CDC); **E:** incorreta, pois um mero grupo, categoria ou classe não é legitimado para intentar com ação civil pública, de modo que não se vai ter os efeitos da coisa julgada típicos de uma ação civil pública, previstos no art. 103 do CDC; por outro lado, se um grupo, categoria ou classe se organizar numa entidade legitimada para uma ação civil pública (art. 82, IV, do CDC) e fizer um pedido para defender interesse individual homogêneo (art. 81, parágrafo único, III, do CDC), a coisa julgada terá efeito *erga omnes* quanto a esse pedido (art. 103, III, do CDC).
Gabarito "B".

(Ministério Público/ES – 2010 – CESPE) A respeito do direito do consumidor, assinale a opção correta.

(A) Ao tratar da desconsideração da pessoa jurídica, o CDC estabeleceu que as sociedades integrantes dos grupos societários, as sociedades controladas e as consorciadas são solidariamente responsáveis pelas obrigações decorrentes do diploma legal já mencionado.
(B) Omitir dizeres ou sinais ostensivos sobre a nocividade ou a periculosidade de produtos ou serviços corresponde ao tipo penal de um crime próprio ou direto previsto no CDC, cuja pena é de detenção de seis meses a dois anos, acrescida de multa, não sendo admitida a modalidade culposa.
(C) A demanda coletiva, ajuizada em face da publicidade de um medicamento emagrecedor milagroso, visa tutelar os denominados interesses difusos, também denominados transindividuais, de natureza indivisível, de que sejam titulares pessoas indeterminadas e indetermináveis, ligadas por circunstâncias fáticas, não se devendo falar em relação jurídica anterior entre os titulares desse tipo de direito.
(D) Caso o consumidor tenha proposto uma ação individual de responsabilidade civil em face do fornecedor, mas queira se beneficiar dos efeitos de uma ação coletiva proposta com o mesmo objeto, deve, no prazo de trinta dias, a contar do primeiro despacho proferido na ação coletiva, requerer a suspensão do processo individual.

(E) Nos termos da legislação consumerista, o consumidor cobrado judicial e extrajudicialmente em quantia indevida tem direito à repetição do indébito, por valor igual ao dobro do que pagou em excesso, acrescido de correção monetária e juros legais, salvo hipótese de engano justificável.

A: incorreta, pois apenas as *sociedades consorciadas* são responsáveis solidariamente (art. 28, § 3º, do CDC), ao passo que as *sociedades integrantes dos grupos societários* e as *sociedades controladas* respondem apenas subsidiariamente (art. 28, § 2º, do CDC); B: incorreta, pois se admite a forma culposa (art. 63, § 2º, do CDC); C: correta, nos termos da definição de interesses difusos, prevista no art. 81, parágrafo único, I, do CDC; D: incorreta, pois o prazo de 30 dias é contado da ciência, nos autos da ação ajuizada pelo consumidor, do ajuizamento da ação coletiva (art. 104 do CDC); E: incorreta, pois o art. 42, parágrafo único, do CDC, que traz a disposição transcrita na alternativa, diz respeito à cobrança extrajudicial.
Gabarito "C".

(Ministério Público/PI – 2012 – CESPE) No que concerne à defesa, em juízo, dos interesses do consumidor, assinale a opção correta.

(A) Na hipótese de não ser possível identificar o fabricante do produto, o comerciante será responsável pelos prejuízos sofridos pelo consumidor, sendo-lhe facultado denunciar à lide o fabricante.
(B) Nas ações de defesa de interesses ou direitos individuais homogêneos, se o pedido for julgado procedente, a coisa julgada será *ultra partes*, mas limitada ao grupo, categoria ou classe.
(C) Na ação cujo objeto seja o cumprimento de obrigação de fazer, sendo relevante o fundamento da demanda, estando presente o *periculum in mora* e desde que haja expressa manifestação do autor pela aplicação de multa, o juiz poderá impor astreintes, se compatível com a obrigação.
(D) Sendo constatada a litigância de má-fé na propositura de ação coletiva por associação que, legalmente constituída há pelo menos um ano, inclua entre seus fins institucionais a defesa do consumidor, a referida entidade e seus diretores serão condenados solidariamente ao pagamento do décuplo das custas e dos honorários advocatícios, sem prejuízo de condenação em perdas e danos.
(E) Associação legalmente constituída há pelo menos um ano e que inclua entre seus fins institucionais a defesa do consumidor poderá propor as ações coletivas de que trata o CDC, ficando dispensada do adiantamento de custas, emolumentos e honorários periciais se comprovada a sua incapacidade econômica para arcar com tais despesas.

A: incorreta, nesta hipótese a ação de regresso poderá ser ajuizada em processo autônomo, facultada a possibilidade de prosseguir-se nos mesmos autos, vedada a denunciação da lide (art. 88 do CDC); B: incorreta, na defesa coletiva dos interesses ou direitos individuais homogêneos, tratado no art. 81, parágrafo único, III, do CDC, a coisa julgada será *erga omnes* para beneficiar todas as vítimas e seus sucessores (art. 103, III, do CDC); C: incorreta, a imposição de *astreintes* não depende de pedido do autor (art. 84, § 4º, do CDC); D: correta, a alternativa está mal redigida, mas está de acordo com o que prescreve o art. 87, parágrafo único, do CDC; E: incorreta, de acordo com o art. 87, *caput*, do CDC, "nas ações coletivas de que trata este código não haverá adiantamento de custas, emolumentos, honorários periciais e quaisquer outras despesas, nem condenação da associação autora, salvo comprovada má-fé, em honorários de advogados, custas e despesas processuais".
Gabarito "D".

(Ministério Público/PR – 2011) Julgue as seguintes afirmativas.

I. É aplicável aos contratos de prestações de serviços educacionais o limite de 2% para a multa moratória, em harmonia com as disposições do Código de Defesa do Consumidor.
II. Em matéria consumerista, as ações coletivas em tutela de interesses individuais homogêneos não podem almejar a produção de efeitos para coibir danos futuros.
III. Quando forem fornecidos produtos adulterados ao consumo, cujo uso resulte em efetivo dano, incide cumulativamente à responsabilidade pelo produto viciado, a responsabilidade por fato do produto, tornando o fornecedor responsável por vício e também por perdas e danos.

Considerando as assertivas acima se afirma que:

(A) Apenas as assertivas I e II são corretas.
(B) Apenas as assertivas II e III são corretas.
(C) Apenas as assertivas I e III são corretas.
(D) Apenas uma assertiva está correta.
(E) Todas as assertivas são corretas.

I: correta, pois a prestação de serviços educacionais pode ser enquadrada como relação de consumo (STJ, AgRg no Ag 1.400.964, DJ 25/10/11); II: incorreta, pois os interesses individuais homogêneos não são definidos em função estritamente de danos já ocorridos, mas em função de interesses (relativos a danos passados ou futuros) decorrentes de origem comum (art. 81, parágrafo único, III, do CDC); III: correta, pois cabe aplicação do regime jurídico do vício (art. 18 do CDC), com os direitos ali previstos quanto ao saneamento do vício, e também do regime jurídico do defeito (art. 12 – fato do produto), com o direito de indenização ali previsto.
Gabarito "C".

(Ministério Público/RO – 2010 – CESPE) Ainda em relação ao direito do consumidor, assinale a opção correta.

(A) Embora tenha a atribuição constitucional de defender os interesses sociais e individuais indisponíveis, o MP não tem legitimidade para propor ação coletiva (ação civil pública) na defesa de interesses individuais homogêneos.
(B) O prazo de trinta dias para que o fornecedor promova o saneamento do vício do produto ou serviço aplica-se aos denominados vícios de qualidade e quantidade, bem como ao vício decorrente de disparidade com a oferta ou publicidade.
(C) Nas ações coletivas para a defesa de interesses individuais homogêneos, a sentença será certa e específica para cada vítima, ressaltando-se que sua execução poderá ser promovida pela própria vítima, seus sucessores e demais legitimados previstos no CDC.
(D) O CDC adota, como regra, a responsabilidade civil objetiva e solidária, e a subjetiva em relação aos fornecedores profissionais liberais, não havendo previsão legal no aludido diploma da responsabilidade subsidiária.
(E) A isenção de custas processuais prevista no artigo do CDC, referente à defesa coletiva do consumidor em juízo, não abrange as execuções individuais decor-

rentes de pedidos julgados procedentes em ações coletivas.

A: incorreta, pois, havendo interesse social, o Ministério Público tem, sim, essa legitimidade; **B:** incorreta, pois, somente em caso de vício de qualidade do produto o fornecedor terá o prazo de 30 dias para consertá-lo (art. 18, § 1º do CDC); **C:** incorreta, pois a sentença trará uma condenação genérica, e não específica para cada vítima (art. 95 do CDC); **D:** incorreta, pois a responsabilidade subsidiária também é mencionada no CDC, e incidem sobre as sociedades integrantes dos grupos societários e as sociedades controladas (art. 28, § 2º, do CDC); **E:** correta, pois o art. 87 do CDC, que trata dessa isenção, só faz referência às ações coletivas.
Gabarito "E".

(Ministério Público/RR – 2012 – CESPE) Considerando as normas de defesa do consumidor em juízo e o entendimento do STJ a respeito do tema, assinale a opção correta.

(A) O MP não possui legitimidade para promover ACP na defesa de direitos dos consumidores de energia elétrica, dada a vedação expressamente prevista na lei que dispõe sobre a ACP.
(B) É competente, sem exceção, a justiça local do foro do lugar onde ocorra ou tenha ocorrido o dano, quando de âmbito local, e do foro da capital do estado ou no do DF, para os danos de âmbito nacional ou regional.
(C) Aplica-se o prazo prescricional quinquenal previsto na Lei da Ação Popular à ACP decorrente de direitos individuais homogêneos.
(D) A defensoria pública não detém legitimidade para ajuizar ACP em defesa dos direitos difusos, coletivos e individuais homogêneos dos consumidores.
(E) É vedado ao juiz dispensar o requisito da pré-constituição da associação de defesa dos interesses e direitos dos consumidores para o ajuizamento de ação coletiva, mesmo quando haja manifesto interesse social.

A: incorreta, pois a Lei 7.347/1985 não contem proibição nesse sentido e a jurisprudência do STJ é no sentido de que "a relação jurídica do serviço público prestado por concessionária tem natureza de Direito Privado, pois o pagamento é feito sob a modalidade de tarifa, e não estando os serviços jungidos às relações de natureza tributária, mas, ao contrário, encontrando disciplina também no Código de Defesa do Consumidor, inexiste empecilho à defesa dos usuários via ação civil pública, cuja legitimação encontra na figura do Ministério Público um representante por lei autorizado" (REsp 591.916/MT, Segunda Turma, Rel. Min. João Otávio de Noronha, j. 27.02.2007); **B:** incorreta, de acordo com o art. 2º da Lei 7.347/1985, "as ações previstas nesta Lei serão propostas no foro do local onde ocorrer o dano, cujo juízo terá competência funcional para processar e julgar a causa" e o art. 93 excepciona a competência da justiça federal; **C:** correta, de acordo com a jurisprudência do STJ, "há lei definindo sobre o prazo prescricional para deduzir pretensão relativa a direitos individuais homogêneos, mediante o ajuizamento de ação civil pública, é de cinco anos, por força do art. 21 da Lei 4.717/65, de aplicação analógica; por conseguinte, à pretensão executiva decorrente incidirá idêntico lapso temporal, a contar do transito em julgado da sentença coletiva, não se encontrando acobertada pelo manto da coisa julgada material a referência nela existente a prazo prescricional diverso daquele que lhe haja sido fixado por legislação especial de regência" (AgRg. no AREsp 122.031/PR, Quarta Turma, Rel. Min. Luis Felipe Salomão, j. 08.05.2012); **D:** incorreta, a Defensoria Pública está legitimada pelo art. 5º, II, da Lei 7.347/1985; **E:** incorreta, o juiz está autorizado a dispensar o requisito da pré-constituição pelo art. 5º, § 4º, da Lei 7.347/1985 e pelo art. 82, § 1º, do CDC.
Gabarito "C".

(Ministério Público/SC – 2012) Analise as assertivas a seguir.

I. O art. 91 e seguintes do CDC leva ao entendimento de que a tutela de direito individual homogêneo diz respeito a um único fato, gerador de diversas pretensões indenizatórias. A origem comum poderá ser de fato ou de direito e não há que estar presente, necessariamente, unidade de fato e tempo.
II. Pode o Promotor de Justiça, em razão de ilegalidade praticada decorrente de propaganda enganosa, buscar por meio de única ação civil pública pretensões de natureza coletiva, difusa e relativa a direitos individuais homogêneos.
III. No tocante aos direitos coletivos, os efeitos da sentença de procedência do pedido irão atingir todos os que estiverem na relação de consumo indicada (pessoas determinadas). Nesse caso, se a ação foi proposta por associação, somente seus beneficiários poderão usufruir da decisão.
IV. O Órgão do Ministério Público poderá firmar Termo de Ajustamento de Conduta visando exigir a cessação de propaganda enganosa, bem como a fixação de indenização em favor de consumidores dessa relação de consumo.
V. O CDC, no que toca à prestação de serviço pelos profissionais liberais, abriu exceção ao princípio da responsabilidade civil objetiva ao admitir a necessidade de demonstração de culpa, contudo, não impossibilitou a aplicação do princípio da inversão da prova.

(A) Apenas as assertivas I, II e V estão corretas.
(B) Apenas as assertivas I, III e IV estão corretas.
(C) Apenas as assertivas II, III e IV estão corretas.
(D) Apenas as assertivas III, IV e V estão corretas.
(E) Todas as assertivas estão corretas.

I: correta, pois o art. 91 do CDC possibilita a propositura de ação civil coletiva de responsabilidade pelos danos individualmente sofridos em razão de um mesmo fato; II: correta, o MP tem legitimidade para tanto nos termos dos arts. 82, I, e 91 do CDC, e também do art. 5º, I, da Lei 7.347/1985; III: incorreta, segundo a jurisprudência do STJ, "a indivisibilidade do objeto da ação coletiva, muitas das vezes, importa na extensão dos efeitos favoráveis da decisão a pessoas não vinculadas diretamente à entidade classista, que na verdade, não é a titular do direito, mas tão somente a substituta processual dos integrantes da categoria, a quem a lei conferiu legitimidade autônoma para a promoção da ação. Irrelevante o fato de a totalidade da categoria ou grupo interessado e titular do direito material não ser filiado à entidade postulante, uma vez que os efeitos do julgado, em caso de acolhimento da pretensão, estendem-se a todos aqueles que se encontram ligados pelo mesmo vínculo jurídico, independentemente da sua vinculação com a entidade (Sindicato ou Associação). A extensão subjetiva é consequência natural da transindividualidade e indivisibilidade do direito material tutelado na demanda; se o que se tutela são direitos pertencentes a toda uma coletividade, não há como estabelecer limites subjetivos ao âmbito de eficácia da decisão" (STJ, AgRg no MS 13505/DF, Terceira Seção, Rel Min. Napoleão Nunes Maia Filho, j. 13.08.2008); IV: incorreta, o Ministério Público não tem competência para fixar o valor de indenização devido aos consumidores lesados por propaganda enganosa; V: correta, o art. 14, § 4º, do CDC, optou pela responsabilidade subjetiva ao determinar que a responsabilidade pessoal dos profissionais liberais será apurada mediante a verificação de culpa. E a inversão do ônus da prova pode ser deferida em qualquer espécie de responsabilidade no CDC.
Gabarito "A".

(Ministério Público/SC – 2012) Analise as assertivas a seguir.

I. Em matéria de interesses transindividuais de consumidor, diante de entendimentos no sentido de que o Ministério Público terá restrições para a defesa de interesses individuais homogêneos, será relevante a análise da omissão constitucional quanto à defesa pela Instituição desse tipo de interesse.
II. Na defesa de interesses apenas individuais de consumidor, não se justificará a iniciativa da propositura de ação pelo Ministério Público ou mesmo da sua intervenção na qualidade de *custus legis*.
III. Em relação à competência em matéria de interesses transindividuais do consumidor, a regra do art. 93 do CDC deve ser aplicada, se cabível, para a instauração de inquérito civil, bem como a natureza da competência poderá ser relativa ou absoluta para ações civis públicas ou coletivas que envolvam direitos difusos, coletivos ou individuais homogêneos.
IV. Pode-se dizer que a proteção do consumidor no direito civil através da teoria do vício redibitório muito pouco, ou quase nada, age de forma eficaz como instrumento de defesa do consumidor (econômica e a físico psíquica), seja por deficiência jurídica ou fática.
V. O CDC abriga o princípio da transparência da publicidade, com repercussão cível, administrativa e penal, em conexão ao princípio da inversão do ônus da prova. A inversão a ser efetivada, nesse caso, não está na esfera de discricionariedade do magistrado e diz respeito à veracidade.

(A) Apenas as assertivas I, II e III estão corretas.
(B) Apenas as assertivas I, IV e V estão corretas.
(C) Apenas as assertivas II, III e IV estão corretas.
(D) Apenas as assertivas III, IV e V estão corretas.
(E) Todas as assertivas estão corretas.

I: incorreta, a legitimidade do MP decorre dos arts. 81, 82 e 91 do CDC e do art. 127 da CF/88; II: incorreta, o art. 91 do CDC confere ao MP legitimidade para propositura da ação e o art. 92 determina que, se o MP não ajuizar a ação, atuará sempre como fiscal da lei; III: correta, pois a instauração do inquérito civil no mesmo local da propositura da ação facilita a atuação do MP. A competência poderá ter natureza absoluta ou relativa; IV: correta, as regras que protegem o consumidor do vício do produto ou do serviço são mais amplas do que as previstas no Código Civil. O CDC, por exemplo, estabelece responsabilidade solidária, prevê o vício de informação, confere mais opções etc.; V: correta, o juiz apenas analisa a presença dos requisitos exigidos na lei (art. 6º, III, do CDC).
Gabarito "D".

11. CONVENÇÃO COLETIVA DE CONSUMO

(Ministério Público/PI – 2012 – CESPE) Com referência às convenções coletivas de consumo, assinale a opção correta.

(A) As convenções coletivas de consumo tornar-se-ão obrigatórias a partir de sua homologação perante o Departamento Nacional de Defesa do Consumidor.
(B) As convenções coletivas de consumo obrigam todos os fornecedores que pertençam à mesma categoria econômica tratada no instrumento, independentemente de estarem, ou não, filiadas a qualquer entidade signatária.
(C) As convenções coletivas de consumo devem ser propostas pelo MP às associações de fornecedores e aos órgãos de defesa do consumidor.
(D) As convenções coletivas de consumo podem ser celebradas entre entidades civis de consumidores e sindicatos de categoria econômica, para estabelecer condições relativas ao preço de produtos e serviços.
(E) As convenções coletivas de consumo não poderão ter por objeto o estabelecimento de condições relativas à composição do conflito de consumo.

A: incorreta, a convenção coletiva de consumo tornar-se-á obrigatória a partir do registro do instrumento no cartório de títulos e documentos e não de sua homologação (art. 107, § 1º, do CDC); **B:** incorreta, a convenção somente obrigará os filiados às entidades signatárias (art. 107, § 2º do CDC); **C:** incorreta, as entidades civis de consumidores e as associações de fornecedores ou sindicatos de categoria econômica podem celebrar convenção coletiva (art. 107, *caput*, do CDC); **D:** correta, está de acordo com o art. 107, *caput*, do CDC; **E:** incorreta, as convenções coletivas de consumo poderão ter por objeto o estabelecimento de condições relativas à composição do conflito de consumo (art. 107, *caput*, do CDC).
Gabarito "D".

(Ministério Público/SE – 2010 – CESPE) Assinale a opção correta a respeito da transação em conflitos coletivos nas relações de consumo.

(A) Na convenção coletiva de consumo, são determinadas as sanções econômicas e as penalidades administrativas pela autoridade competente, aplicáveis em caso de inadimplemento pelos fornecedores de produtos e serviços.
(B) A obrigatoriedade da convenção coletiva de consumo tem início para as entidades signatárias a partir de sua homologação pelo MP.
(C) Inscrito no registro público o instrumento da convenção coletiva de consumo, o fornecedor que se desligar da entidade celebrante desonera-se do dever de cumprimento das cláusulas pactuadas.
(D) A convenção coletiva de consumo consubstancia meio de composição de conflitos coletivos, em que consumidores e fornecedores, por intermédio de entidades representativas, estabelecem condições determinantes das relações de consumo, incidindo sobre os contratos individuais.
(E) À semelhança do compromisso de ajustamento de conduta às exigências legais, a convenção coletiva de consumo pode estabelecer obrigações de dar ou fazer, com a previsão de cláusulas cominatórias.

A: incorreta, pois a convenção coletiva de consumo tem por objeto regular relações de consumo, e não aplicar penalidades (art. 107, *caput*, do CDC); **B:** incorreta, pois a obrigatoriedade da convenção se dá com o registro do instrumento no cartório de títulos e documentos (art. 107, § 1º, do CDC); **C:** incorreta, pois esse fato não o exime de cumprir a convenção (art. 107, § 3º, do CDC); **D:** correta, nos termos do art. 107, *caput*, do CDC; **E:** incorreta, pois a previsão de sanções na convenção coletiva de consumo foi vetada pelo Presidente da República, que não sancionou o que seria o art. 108 do CDC.
Gabarito "D".

(Ministério Público/TO – 2012 – CESPE) A respeito da defesa do consumidor, da convenção coletiva de consumo e da responsabilidade pelo fato do produto, assinale a opção correta.

(A) Caso a ofensa tenha mais de um autor, todos responderão solidariamente pela reparação dos danos previstos nas normas de consumo. Tal hipótese é exemplo de

litisconsórcio alternativo em uma relação de consumo.
- **(B)** Há, na doutrina brasileira, a análise de pelo menos cinco teorias do nexo causal – equivalência das condições ou do histórico dos antecedentes; causalidade adequada; dano direto e imediato ou teoria da interrupção do nexo causal; *causation as fact; proximate cause* – para fins de demonstração da vinculação entre o dano e o fato danoso, inclusive nos casos de responsabilização por perda de uma chance em uma relação jurídica civil e de consumo.
- **(C)** A convenção coletiva de consumo é espécie de negócio jurídico em que entidades privadas de representação de consumidores e de fornecedores regulam relações de consumo, no que toca a condições relativas a preço, qualidade, quantidade, garantia e características de bens e serviços, assim como a reclamação e composição de conflitos de consumo. Dessa forma, por ser um ajuste entre particulares concebido sob a égide do princípio do consensualismo, tal convenção tornar-se-á obrigatória tão logo se estabeleça o consenso entre os convenentes.
- **(D)** A facilitação da defesa dos direitos do consumidor, inclusive com a inversão do ônus da prova a seu favor, no processo civil, quando, a critério do juiz, for verossímil a alegação ou quando for hipossuficiente o consumidor, segundo as regras ordinárias de experiências, caracteriza um exemplo de inversão do ônus probatório legal ou *ope legis*, ou seja, a inversão vem expressa em lei e sua aplicação não torna necessária qualquer decisão judicial determinadora de tal inversão.
- **(E)** Decorrido o prazo de dois anos sem habilitação de interessados em número compatível com a gravidade do dano, poderão os legitimados coletivos para a defesa do consumidor em juízo promover a liquidação e execução da indenização devida.

A: incorreta, o art. 7º, parágrafo único, do CDC consagra hipótese de litisconsórcio facultativo ao dispor que "tendo mais de um autor a ofensa, todos responderão solidariamente pela reparação dos danos previstos nas normas de consumo"; **B:** correta, pois são inúmeras as correntes sobre nexo causal; **C:** correta, está em desacordo com o art. 107, § 1º, do CDC; **D:** incorreta, trata-se de inversão *ope iudicis*, pois cabe ao juiz analisar o caso concreto para que o ônus da prova seja invertido; **E:** incorreta, em desacordo com o art. 100 do CDC, pois o prazo é de 01 sem habilitação e não 02 anos.
Gabarito "B".

12. TEMAS COMBINADOS

(Promotor de Justiça – MPE/RS – 2017) Assinale a alternativa **INCORRETA** quanto ao Direito do Consumidor.
- **(A)** O direito de arrependimento na relação de consumo é de origem legal, e o prazo de arrependimento é de sete dias no caso de compras realizadas pela internet ou por catálogo.
- **(B)** Aplica-se o princípio da conservação contratual ao contrato de consumo, ou seja, considera-se somente a cláusula como nula, aproveitando-se todo o restante do contrato.
- **(C)** Nos contratos de consumo será nula por abusividade a cláusula que impõe a utilização compulsória da arbitragem.
- **(D)** Determinado fornecedor ofereceu mediante publicidade vários objetos de consumo, estabelecendo o respectivo preço. O consumidor efetuou a compra, pagando o preço das mercadorias anunciadas. Posteriormente, o ofertante desonrou a proposta e recusou-se a cumprir o anunciado. O consumidor pode, no caso, somente demandar a tutela específica da obrigação nos termos da oferta.
- **(E)** A publicidade é enganosa por comissão quando o fornecedor faz uma afirmação, parcial ou total, não verdadeira sobre o produto ou serviço, capaz de induzir o consumidor a erro.

A: correta. Na forma do art. 49 do Código de Defesa do Consumidor, quem adquire produtos fora do estabelecimento empresarial (internet, telefone ou catálogo) pode se arrepender as compras no prazo de até sete dias a contar da data de entrega ou da assinatura. **B:** correta. Nos termos do art. 51, § 2º, do CDC: "a nulidade de uma cláusula contratual abusiva não invalida o contrato, exceto quando de sua ausência, apesar dos esforços de integração, decorrer ônus excessivo a qualquer das partes". **C:** correta. Nos termos do art. 51, inciso VII, do CDC. **D:** incorreta. Na forma do art. 35 do CDC, o consumidor pode exigir, na ausência de cumprimento da oferta por parte do fornecedor: I – o cumprimento forçado da obrigação, nos termos da oferta, apresentação ou publicidade; II – aceitar outro produto ou prestação de serviço equivalente, ou III – rescindir o contrato, com direito à restituição de quantia eventualmente antecipada, monetariamente atualizada, e a perdas e danos. **E:** correta. Nos termos do art. 37, §§ 1º e 3º do CDC. A publicidade será abusiva por ação (ou comissão) quando houver afirmação falsa sobre o produto ou serviço e será abusiva por omissão quanto deixar de dar informação considerada essencial quanto ao produto ou serviço.
Gabarito "D".

(Ministério Público/Acre – 2014 – CESPE) A respeito da interpretação dada pelo STJ aos direitos básicos do consumidor, às práticas abusivas e à cobrança de dívidas, assinale a opção correta.
- **(A)** É lícito à seguradora negar o pagamento da indenização decorrente de furto simples de veículo automotor, caso o contrato preveja limitação da indenização aos casos de furto qualificado e roubo, ainda que o consumidor não tenha conhecimento técnico-jurídico, haja vista que a ninguém é permitido descumprir a lei sob a alegação de não a conhecer.
- **(B)** O dever de o fornecedor informar, adequada e claramente, os consumidores a respeito dos diferentes produtos e serviços, com especificação correta de quantidade, características, composição, qualidade, tributos incidentes e preço, bem como dos riscos que apresentem, não incide nas fases pré e pós contratuais.
- **(C)** Responde por vício de quantidade o fornecedor que reduzir o volume da mercadoria para quantidade diversa da que habitualmente fornecia no mercado, quando não informar na embalagem, de forma clara, precisa e ostensiva, a diminuição do conteúdo, ainda que reduza o preço do produto.
- **(D)** Caracteriza venda casada a contratação simultânea de prestação de serviços de telefonia móvel e de comodato de aparelho celulares, com cláusula de fidelização, independentemente do prazo mínimo estipulado para tanto e de eventuais benefícios concedidos ao consumidor.
- **(E)** O consumidor cobrado em quantia indevida tem direito à repetição do indébito, por valor igual ao

dobro do que tenha pago em excesso, acrescido de correção monetária e juros legais, desde que prove ação dolosa do fornecedor.

A: incorreta, pois a cláusula contratual que prevê cobertura de seguro em razão de furto apenas se este for qualificado é abusiva. Conforme a Terceira Turma do Superior Tribunal de Justiça (STJ), a diferenciação entre as modalidades de furto exige conhecimento técnico jurídico específico, que viola o direito do consumidor à informação. "*A condição exigida para cobertura do sinistro – ocorrência de furto qualificado – por si só, apresenta conceituação específica da legislação penal, cujo próprio meio técnico-jurídico possui dificuldades para conceituá-lo, o que denota sua abusividade*". Neste sentido: Recurso especial – Contrato de seguro – relação de consumo – Cláusula limitativa – Ocorrência de furto qualificado – Abusividade – Identificação, na espécie – Violação ao direito de informação ao consumidor – Recurso especial provido. I – Não há omissão no aresto *a quo*, tendo sido analisadas as matérias relevantes para solução da controvérsia. II – A relação jurídica estabelecida entre as partes é de consumo e, portanto, impõe-se que seu exame seja realizado dentro do microssistema protetivo instituído pelo Código de Defesa do Consumidor, observando-se a vulnerabilidade material e a hipossuficiência processual do consumidor. III – A circunstância de o risco segurado ser limitado aos casos de furto qualificado exige, de plano, conhecimentos do aderente quanto às diferenças entre uma e outra espécie de furto, conhecimento esse que, em razão da sua vulnerabilidade, presumidamente o consumidor não possui, ensejando-se, por isso, o reconhecimento da falha no dever geral de informação, o qual constitui, é certo, direito básico do consumidor, nos termos do artigo 6º, inciso III, do CDC. IV – *A condição exigida para cobertura do sinistro – ocorrência de furto qualificado – por si só, apresenta conceituação específica da legislação penal, cujo próprio meio técnico-jurídico possui dificuldades para conceituá-lo, o que denota sua abusividade.* Precedente da eg. Quarta Turma. V – Recurso especial provido. (REsp 1293006/SP, Rel. Ministro Massami Uyeda, Terceira Turma, julgado em 21.06.2012, DJe 29.06.2012); **B:** incorreta, pois o dever de informar incide em todas as fases do contrato. Neste sentido: Processual civil e consumidor. Oferta. Anúncio de veículo. Valor do frete. Imputação de publicidade enganosa por omissão. Arts. 6º, 31 e 37 do Código de Defesa do Consumidor. Princípios da transparência, boa-fé objetiva, solidariedade, vulnerabilidade e concorrência leal. Dever de ostensividade. *Caveat emptor*. Infração administrativa não caracterizada. 1. É autoaplicável o art. 57 do Código de Defesa do Consumidor – CDC, não dependendo, consequentemente, de regulamentação. Nada impede, no entanto, que, por decreto, a União estabeleça critérios uniformes, de âmbito nacional, para sua utilização harmônica em todos os Estados da federação, procedimento que disciplina e limita o poder de polícia, de modo a fortalecer a garantia de *due process* a que faz jus o autuado. 2. Não se pode, *prima facie*, impugnar de ilegalidade portaria do Procon estadual que, na linha dos parâmetros gerais fixados no CDC e no decreto federal, classifica as condutas censuráveis administrativamente e explicita fatores para imposição de sanções, visando a ampliar a previsibilidade da conduta estatal. Tais normas reforçam a segurança jurídica ao estatuírem padrões claros para o exercício do poder de polícia, exigência dos princípios da impessoalidade e da publicidade. Ao fazê-lo, encurtam, na medida do possível e do razoável, a discricionariedade administrativa e o componente subjetivo, errático com frequência, da atividade punitiva da autoridade. 3. Um dos direitos básicos do consumidor, talvez o mais elementar de todos, e daí a sua expressa previsão no art. 5º, XIV, da Constituição de 1988, é "a informação adequada e clara sobre os diferentes produtos e serviços, com especificação correta de quantidade, características, composição, qualidade e preço" (art. 6º, III, do CDC). Nele se encontra, sem exagero, um dos baluartes do microssistema e da própria sociedade pós-moderna, ambiente no qual também se insere a proteção contra a publicidade enganosa e abusiva (CDC, arts. 6º, IV, e 37). 4. *Derivação próxima ou direta dos princípios da transparência, da confiança e da boa-fé objetiva, e, remota dos princípios da solidariedade e da vulnerabilidade do consumidor, bem como do princípio da concorrência leal, o dever de informação adequada incide nas fases pré-contratual, contratual e pós-contratual, e vincula tanto o fornecedor privado como o fornecedor público.* 5. Por expressa disposição legal, só respeitam o princípio da transparência e da boa-fé objetiva, em sua plenitude, as informações que sejam "corretas, claras, precisas, ostensivas" e que indiquem, nessas mesmas condições, as "características, qualidades, quantidade, composição, preço, garantia, prazos de validade e origem, entre outros dados" do produto ou serviço, objeto da relação jurídica de consumo (art. 31 do CDC, grifo acrescentado). 6. Exigidas literalmente pelo art. 31 do CDC, informações sobre preço, condições de pagamento e crédito são das mais relevantes e decisivas na opção de compra do consumidor e, por óbvio, afetam diretamente a integridade e a retidão da relação jurídica de consumo. Logo, em tese, o tipo de fonte e localização de restrições, condicionantes e exceções a esses dados devem observar o mesmo tamanho e padrão de letra, inserção espacial e destaque, sob pena de violação do dever de ostensividade. 7. Rodapé ou lateral de página não são locais adequados para alertar o consumidor, e, tais quais letras diminutas, são incompatíveis com os princípios da transparência e da boa-fé objetiva, tanto mais se a advertência disser respeito à informação central na peça publicitária e a que se deu realce no corpo principal do anúncio, expediente astucioso que caracterizará publicidade enganosa por omissão, nos termos do art. 37, §§ 1º e 3º, do CDC, por subtração sagaz, mas nem por isso menos danosa e condenável, de dado essencial do produto ou serviço. 8. Pretender que o consumidor se transforme em leitor malabarista (apto a ler, como se fosse natural e usual, a margem ou borda vertical de página) e ouvinte ou telespectador superdotado (capaz de apreender e entender, nas transmissões de rádio ou televisão, em fração de segundos, advertências ininteligíveis e em passo desembestado, ou, ainda, amontoado de letrinhas ao pé de página de publicação ou quadro televisivo) afronta não só o texto inequívoco e o espírito do CDC, como agride o próprio senso comum, sem falar que converte o dever de informar em dever de informar-se, ressuscitando, ilegitimamente e *contra legem*, a arcaica e renegada máxima do *caveat emptor* (= o consumidor que se cuide). 9. A configuração da publicidade enganosa, para fins civis, não exige a intenção (dolo) de iludir, disfarçar ou tapear, nem mesmo culpa, pois se está em terreno no qual imperam juízos alicerçados no princípio da boa-fé objetiva. 10. Na hipótese particular dos autos, contudo, a jurisprudência do STJ, considerando as peculiaridades do caso concreto sob análise, é no sentido de que o anúncio publicitário consignou, minimamente, que o valor do frete não estava incluído no preço ofertado, daí por que inexiste o ilícito administrativo de publicidade enganosa ou abusiva. Desnecessário prevenir que tal conclusão soluciona o litígio apenas e tão somente no âmbito do Direito Administrativo Sancionador, isto é, de punição administrativa imposta na raiz do poder de polícia, sem que se possa, por conseguinte, fazer repercuti-la ou aproveitá-la em eventuais processos reparatórios civis, nos quais a análise da matéria ocorre à luz de outros regimes e princípios. 11. Agravo Regimental não provido. (AgRg no AgRg no REsp 1261824/SP, Rel. Ministro Herman Benjamin, Segunda Turma, julgado em 14.02.2012, DJe 09.05.2013); **C:** correta, pois consumidor tem o direito a informação ostensiva e clara. Nesta linha: Administrativo. Consumidor. Procedimento administrativo. Vício de quantidade. Venda de refrigerante em volume menor que o habitual. Redução de conteúdo informada na parte inferior do rótulo e em letras reduzidas. Inobservância do dever de informação. Dever positivo do fornecedor de informar. Violação do princípio da confiança. Produto antigo no mercado. Frustração das expectativas legítimas do consumidor. Multa aplicada pelo Procon. Possibilidade. Órgão detentor de atividade administrativa de ordenação. Proporcionalidade da multa administrativa. Súmula 7/STJ. Análise de lei local, portaria e instrução normativa. Ausência de natureza de lei federal. Súmula 280/STF. Divergência não demonstrada. Redução do "quantum" fixado a título de honorários advocatícios. Súmula 7/STJ. 1. No caso, o Procon estadual instaurou processo administrativo contra a recorrente pela prática da infração às relações de consumo conhecida como "*maquiagem de produto*" e "*aumento disfarçado de* *preços"*, por alterar quantitativamente o conteúdo dos refrigerantes "Coca Cola", "Fanta", "Sprite" e "Kuat" de 600 ml para 500 ml, sem informar clara e precisamente aos consumidores, porquanto a informação foi aposta na parte inferior do rótulo e em letras reduzidas. Na ação anulatória ajuizada pela recorrente, o Tribunal de origem, em apelação, confirmou a improcedência do pedido de afastamento da multa administrativa, atualizada para R$ 459.434,97, e majorou os honorários advocatícios para R$ 25.000,00. 2. Hipótese, no cível, de responsabilidade objetiva em que o fornecedor (lato sensu) responde solidariamente pelo vício de quantidade do produto. 3. O direito à informação, garantia fundamental da pessoa humana expressa no art. 5º, inciso XIV, da Constituição Federal, é gênero do qual é espécie também previsto no Código de Defesa do Consumidor. *4. A Lei 8.078/1990 traz, entre os direitos básicos do consumidor, a "informação adequada e clara sobre os diferentes produtos e serviços, com especificação correta de quantidade, características, composição, qualidade e preço, bem como sobre os riscos que apresentam" (art. 6º, inciso III). 5. Consoante o Código de Defesa do Consumidor, "a oferta e a apresentação de produtos ou serviços devem assegurar informações corretas, claras, precisas, ostensivas e em língua portuguesa sobre suas características, qualidades, quantidade, composição, preço, garantia, prazos de validade e origem, entre outros dados, bem como sobre os riscos que apresentam à saúde e segurança dos consumidores" (art. 31), sendo vedada a publicidade enganosa, "inteira ou parcialmente falsa, ou, por qualquer outro modo, mesmo por omissão, capaz de induzir em erro o consumidor a respeito da natureza, características, qualidade, quantidade, propriedades, origem, preço e quaisquer outros dados sobre produtos e serviços" (art. 37).* 6. O dever de informação positiva do fornecedor tem importância direta no surgimento e na manutenção da confiança por parte do consumidor. A informação deficiente frustra as legítimas expectativas do consumidor, maculando sua confiança. 7. A sanção administrativa aplicada pelo Procon reveste-se de legitimidade, em virtude do seu poder de polícia (atividade administrativa de ordenação) para cominar multas relacionadas à transgressão da Lei 8.078/1990, esbarrando o reexame da proporcionalidade da pena fixada no enunciado da Súmula 7/STJ. 8. Leis locais, portarias e instruções normativas refogem ao conceito de lei federal, não podendo ser analisadas por esta Corte, ante o óbice, por analogia, da Súmula 280/STF. 9. Os honorários advocatícios fixados pela instância ordinária somente podem ser revistos em recurso especial se o "quantum" se revelar exorbitante, em respeito ao disposto na Súmula 7/STJ. Recurso especial a que se nega provimento. (REsp 1364915/MG, Rel. Ministro Humberto Martins, Segunda Turma, julgado em 14.05.2013, DJe 24.05.2013); **D:** incorreta, pois não constitui venda casada caso haja algum benefício para o consumidor. Ademais é possível a estipulação de prazo mínimo, desde que de acordo com as normas da Anatel. Neste sentido: Recurso especial – Ação de rescisão de contrato de prestação de serviços de telefonia móvel e de comodato de aparelhos celulares – Exclusão de multa por inobservância do prazo de carência – Sentença de improcedência – Acolhimento do pleito recursal da autora pela corte *a quo* – Reconhecimento, no aresto estadual, de nulidade da cláusula de "fidelização", por configurar "venda casada". Insurgência da concessionária de telefonia. 1. Contratação simultânea de prestação de serviços de telefonia móvel e de "comodato" de aparelhos celulares, com cláusula de "fidelização". Previsão de permanência mínima que, em si, não encerra "venda casada". 2. Não caracteriza a prática vedada pelo art. 39, inc. I, do CDC, a previsão de prazo de permanência mínima ("fidelização") em contrato de telefonia móvel e de "comodato", contanto que, em contrapartida, haja a concessão de efetivos benefícios ao consumidor (v.g. custo reduzido para realização de chamadas, abono em ligações de longa distância, baixo custo de envio de "short message service – SMS", dentre outras), bem como a opção de aquisição de aparelhos celulares da própria concessionária, sem vinculação a qualquer prazo de carência, ou de outra operadora, ou mesmo de empresa especializada na venda de eletroportáteis. 3. Superado o fundamento jurídico do acórdão recorrido, cabe a esta Corte Superior de Justiça julgar a causa, aplicando o direito à espécie, nos termos do art. 257 do RISTJ e da Súmula 456/STF. 4. Em que pese ser possível a fixação de prazo mínimo de permanência, na hipótese dos autos, o contrato de "comodato" de estações móveis entabulado entre as partes estabeleceu a vigência por 24 (vinte e quatro) meses, distanciando-se das determinações regulamentares da Anatel (Norma Geral de Telecomunicações 23/96 e Resolução 477/2007), de ordem a tornar tal estipulação, inequivocamente, abusiva, haja vista atentar contra a liberdade de escolha do consumidor, direito básico deste. 5. Recurso especial desprovido. (REsp 1097582/MS, Rel. Ministro Marco Buzzi, Quarta Turma, julgado em 19.03.2013, *DJe* 08.04.2013); **E:** incorreta, pois consumidor cobrado em quantia indevida tem direito à repetição do indébito, por valor igual ao dobro do que pagou em excesso, acrescido de correção monetária e juros legais, salvo hipótese de engano justificável (art. 42, parágrafo único do CDC). Não é necessário provar ação dolosa do fornecedor. Neste sentido: Administrativo e processual civil. Agravo regimental no agravo em recurso especial. Fornecimento de água. Ilegalidade da cobrança da tarifa mínima, multiplicada pelo número de economias. Existência de hidrômetro. Súmula 83/STJ. Ofensa ao art. 535, II, do CPC. Inocorrência. Repetição de indébito em dobro. Indenização. Danos morais. Redução do valor. Súmula 7/STJ. Agravo regimental improvido. I. Não há omissão no acórdão recorrido, quando o Tribunal de origem pronuncia-se, de forma clara e precisa, sobre a questão posta nos autos, assentando-se em fundamentos suficientes para embasar a decisão. Precedentes. II. Quanto à legalidade da cobrança da tarifa de fornecimento de água, no valor referente ao consumo mínimo, multiplicado pelo número de unidades existentes no imóvel, quando houver um único hidrômetro no local, esta Corte Superior, em julgamento submetido ao rito do art. 543-C do CPC, firmou entendimento no sentido de não ser ela lícita (STJ, REsp 1.166.561/RJ, Rel. Ministro Hamilton Carvalhido, Primeira Seção, *DJe* de 05.10.2010). Incide, na hipótese, a Súmula 83/STJ. III. Não prospera, também, a alegação de que a recorrente não é obrigada a devolver, em dobro, os valores pagos indevidamente, de vez que, como consignado na decisão agravada, a jurisprudência desta Corte já se pacificou no sentido da obrigatoriedade de restituição, em dobro, do valor indevidamente cobrado, independentemente da existência de dolo ou culpa, nos termos do art. 42, parágrafo único, da Lei 8.078/1990, exceto no caso de engano justificável, circunstância afastada, pelas instâncias ordinárias. Nesse sentido: STJ, AgRg no REsp 1.229.773/SP, Rel. Ministro Napoleão Nunes Maia Filho, Primeira Turma, *DJe* de 05.02.2013; STJ, AgRg no AREsp 192.989/MS, Rel. Ministro Herman Benjamin, Segunda Turma, *DJe* de 11.09.2012. IV. Quanto à suposta contrariedade ao art. 186 do Código Civil, por inexistência de nexo de causalidade entre a atuação da agravante e os prejuízos sofridos pela recorrida, quanto à ausência de prova de danos morais e ao valor da indenização, fixada a tal título, que seria excessivo, a Instância *a quo* decidiu a matéria com fundamento no conjunto fático-probatório dos autos, sendo que a inversão do julgado, no particular, encontraria óbice na Súmula 7/STJ. V. "Somente em hipóteses excepcionais, quando estiver evidente que os danos morais foram fixados em montante irrisório ou exorbitante, é possível a esta Corte rever o valor arbitrado pelas instâncias ordinárias com esteio nos deslindes fáticos da controvérsia" (STJ, AgRg no Ag 1.408.221/RJ, Rel. Ministro Napoleão Nunes Maia Filho, Primeira Turma, *DJe* de 19.06.2012). No caso dos autos, a indenização por danos morais foi fixada em R$ 3.000,00, valor que não extrapola os limites da razoabilidade. VI. Agravo Regimental improvido. (AgRg no AREsp 197.944/RJ, Rel. Ministra Assusete Magalhães, Segunda Turma, julgado em 01.04.2014, *DJe* 11.04.2014).

Gabarito "C".

(Ministério Público/Acre – 2014 – CESPE) Considere que a queda de um avião de empresa aérea nacional, em via pública, cause a morte de centenas de pessoas, entre passageiros da aeronave e moradores do local do acidente. Nessa situação hipotética, de acordo com as normas do CDC e o entendimento do STJ,

(A) o prazo prescricional a ser observado para o requerimento de ressarcimento dos danos materiais e morais causados pela queda do avião é o previsto no Código Civil de 1916, por ser mais benéfico às vítimas.
(B) a responsabilidade civil da empresa aérea é subjetiva, ou seja, a empresa somente responderá se houver a comprovação de dolo ou culpa.
(C) a empresa aérea será compelida a indenizar as vítimas, ainda que se prove que o acidente foi causado exclusivamente por culpa de terceiro.
(D) as vítimas moradoras das casas atingidas pela queda do avião são consideradas consumidores por equiparação, ou *bystanders*.
(E) prescreve em dois anos o prazo para requerimento de ressarcimento dos danos materiais e morais causados pela queda do avião, conforme previsto no Código Brasileiro de Aeronáutica, em razão da especialidade da matéria.

A: incorreta, pois o STJ tem posição consolidada de que se aplica o prazo prescricional do CDC. Nesta linha: Responsabilidade civil. Acidente aéreo. Pessoa em superfície que alega abalo moral em razão do cenário trágico. Queda de avião nas cercanias de sua residência. Consumidor por equiparação. art. 17 do CDC. Prazo prescricional. Código Civil de 1916. Inaplicabilidade. Conflito entre prazo previsto no código brasileiro de Aeronáutica (CBA) e no CDC. Prevalência deste. Prescrição, todavia, reconhecida. 1. *A Segunda Seção sufragou entendimento no sentido de descaber a aplicação do prazo prescricional geral do Código Civil de 1916 (art. 177), em substituição ao prazo específico do Código de Defesa do Consumidor, para danos causados por fato do serviço ou produto (art. 27), ainda que o deste seja mais exíguo que o daquele* (Resp 489.895/SP, Rel. Ministro Fernando Gonçalves, Segunda Seção, julgado em 10.03.2010). 2. As vítimas de acidentes aéreos localizadas em superfície são consumidores por equiparação (*bystanders*), devendo ser a elas estendidas as normas do Código de Defesa do Consumidor relativas a danos por fato do serviço (art. 17, CDC). 3. O conflito entre o Código de Defesa do Consumidor e o Código Brasileiro de Aeronáutica – que é anterior à CF/1988 e, por isso mesmo, não se harmoniza em diversos aspectos com a diretriz constitucional protetiva do consumidor –, deve ser solucionado com prevalência daquele (CDC), porquanto, é a norma que melhor materializa as perspectivas do constituinte no seu desígnio de conferir especial proteção ao polo hipossuficiente da relação consumerista. Precedente do STF. 4. Recurso especial provido. (REsp 1281090/SP, Rel. Ministro Luis Felipe Salomão, Quarta Turma, julgado em 07.02.2012, DJe 15.03.2012; **B:** incorreta, pois a responsabilidade da empresa aérea é objetiva, em razão do risco da atividade (art. 14 do CDC). Neste sentido: Agravo regimental no agravo de instrumento. Transporte aéreo internacional. Atraso de voo. Código de Defesa do Consumidor. Convenções internacionais. Responsabilidade objetiva. Riscos inerentes à atividade. Fundamento inatacado. Súmula 283 do STF. *Quantum* indenizatório. Redução. Impossibilidade. Dissídio não configurado. 1. A jurisprudência dominante desta Corte Superior se orienta no sentido de prevalência das normas do CDC, em detrimento das Convenções Internacionais, como a Convenção de Montreal precedida pela Convenção de Varsóvia, aos casos de atraso de voo, em transporte aéreo internacional. 2. *O Tribunal de origem fundamentou sua decisão na responsabilidade objetiva da empresa aérea, tendo em vista que os riscos são inerentes à própria atividade desenvolvida, não podendo ser reconhecido o caso fortuito como causa excludente da responsabilização. Tais argumentos, porém, não foram atacados pela agravante, o que atrai, por analogia, a incidência da Súmula 283 do STF*. 3. No que concerne à caracterização do dissenso pretoriano para redução do *quantum* indenizatório, impende ressaltar que as circunstâncias que levam o Tribunal de origem a fixar o valor da indenização por danos morais são de caráter personalíssimo e levam em conta questões subjetivas, o que dificulta ou mesmo impossibilita a comparação, de forma objetiva, para efeito de configuração da divergência, com outras decisões assemelhadas. 4. Agravo regimental a que se nega provimento. (AgRg no Ag 1343941/RJ, Rel. Ministro Vasco Della Giustina (desembargador convocado do TJ/RS), Terceira Turma, julgado em 18.11.2010, DJe 25.11.2010); **C:** incorreta, pois se restar provada a culpa exclusiva de terceiro, o dever de indenizar estará excluído (art. 14, § 3º, II do CDC); **D:** correta, pois equiparam-se a consumidores todas as vítimas do evento (art. 17 do CDC). Vide a jurisprudência transcrita nos comentários à alternativa "A"; E: incorreta, pois aplica-se o prazo quinquenal do CDC (art. 27 do CDC). Neste sentido: Direito civil. Recurso especial. Responsabilidade civil de transportador aéreo perante terceiros em superfície. Pretensão de ressarcimento por danos materiais e morais. Prazo prescricional. Código Brasileiro de Aeronáutica afastado. Incidência do CDC. 1. O Código Brasileiro de Aeronáutica não se limita a regulamentar apenas o transporte aéreo regular de passageiros, realizado por quem detém a respectiva concessão, mas todo serviço de exploração de aeronave, operado por pessoa física ou jurídica, proprietária ou não, com ou sem fins lucrativos, de forma que seu art. 317, II, não foi revogado e será plenamente aplicado, desde que a relação jurídica não esteja regida pelo CDC, cuja força normativa é extraída diretamente da CF (5º, XXXII). 2. *Demonstrada a existência de relação de consumo entre o transportador e aqueles que sofreram o resultado do evento danoso (consumidores por equiparação), configurado está o fato do serviço, pelo qual responde o fornecedor, à luz do art. 14 do CDC, incidindo, pois, na hipótese, o prazo prescricional quinquenal previsto no seu art. 27*. 3. Recurso especial conhecido e desprovido. (REsp 1202013/SP, Rel. Ministra Nancy Andrighi, Terceira Turma, julgado em 18.06.2013, DJe 27.06.2013).

Gabarito "D".

(Ministério Público/MG – 2014) Antecipando-se ao novo Código Civil, que resgatou a importância do abuso de direito, qualificando-o como ilícito, o Código do Consumidor adotou a palavra "abuso" como um de seus conceitos-chave.

A propósito, é **CORRETO** afirmar que:

(A) O reconhecimento do abuso de direito exige demonstração do elemento subjetivo (dolo) na conduta do fornecedor.
(B) Há publicidade abusiva quando o fornecedor apresenta dados total ou parcialmente falsos e induz em erro o consumidor
(C) Nos contratos e nas práticas comerciais, a noção de abuso constitui ao mesmo tempo limite e medida para o exercício dos direitos subjetivos.
(D) Prevalecer-se da fraqueza do consumidor exigindo vantagem manifestamente excessiva constitui prática abusiva que exige demonstração de vulnerabilidade.

A: incorreta, pois o abuso de direito configura ato ilícito, e o fornecedor responde, independentemente de culpa pelos danos que causar ao consumidor pelos vícios e defeitos dos produtos e serviços que colocar no mercado (art. 12 e art. 18 do CDC); **B:** incorreta, pois neste caso a publicidade é enganosa (art. 37, § 1º, do CDC); **C:** correta, pois a regra do abuso do direito na conformação que lhe dá o artigo 187 do Código Civil, estabelece como limite para o exercício dos direitos subjetivos, o fim econômico ou social, a boa-fé e os bons costumes. Protegem estes limites, tanto os interesses legítimos *inter partes* dos sujeitos da relação jurídica, quanto da própria comunidade; **D:** incorreta, pois já há presunção legal de vulnerabilidade do consumidor (art. 4º, I, do CDC). Logo, neste contexto a prática já é considerada abusiva.

Gabarito "C".

(Ministério Público/GO – 2013) Sobre o Código de Defesa do Consumidor, analise as proposições abaixo:

I. o consumidor terá direito à informação adequada e clara sobre os diferentes produtos e serviços, com especificação concreta de quantidade, características, composição, qualidade, tributos incidentes e preço, bem como sobre os riscos que apresentem.
II. é enganosa qualquer modalidade de informação ou comunicação de caráter publicitário, inteira ou parcialmente falsa, ou, por qualquer outro modo, mesmo por omissão, capaz de induzir em erro o consumidor a respeito da natureza, características, qualidade, quantidade, propriedades, origem, preço e quaisquer outros dados sobre produtos e serviços.
III. é abusiva a publicidade discriminatória de qualquer natureza, a que incite a violência, explore o medo ou a superstição, se aproveite da deficiência de julgamento e experiência da criança, desrespeite valores ambientais, ou que seja capaz de induzir o consumidor a se comportar de forma prejudicial ou perigosa à sua saúde ou segurança.
IV. o ônus da prova da veracidade e correção da informação ou comunicação publicitária cabe a quem a patrocina.

(A) todas as proposições estão corretas.
(B) todas as proposições estão incorretas.
(C) apenas as proposições I e IV estão corretas.
(D) apenas a proposição I está correta.

I: correta (art. 6º, III, do CDC); **II:** correta (art. 37, § 1º, do CDC); **III:** correta (art. 37, § 2º, do CDC); **IV:** correta (art. 38 do CDC).
Gabarito "A".

(Ministério Público/MG – 2013) Sobre as cláusulas gerais tão comuns nos microssistemas, é *INCORRETO* dizer:

(A) Caracterizam-se pela adaptação diacrônica.
(B) São normas-tipo dúctil.
(C) Caracterizam-se pela adaptação sincrônica.
(D) São técnicas legislativas de reenvio intrassistemáticas.

A: assertiva correta, pois por meio da adaptação diacrônica faz-se o estudo de um objeto ou um domínio ao logo do tempo, retraçando-se sua evolução anterior e posterior. Essa é uma das características das cláusulas gerais; **B:** assertiva correta, pois norma tipo-dúctil significa normas flexíveis, a qual pode subsumir-se aos mais diferentes tipos de comportamento. As cláusulas gerais são dúcteis, pois seu significado somente surgirá na hora da aplicação dessa hipótese aberta ao caso concreto; **C:** assertiva correta, pois por meio da adaptação sincrônica faz-se o estudo de um objeto ou um domínio ao logo do tempo demonstrando suas relações com outros acontecimentos ou estruturas num determinado instante; **D:** assertiva incorreta, devendo ser assinalada, pois são técnicas legislativas de *integração* (e não de reenvio) intrassistemática, na medida em que permitem a migração de conceitos e valores entre a codificação civil, a Constituição Federal e as leis especiais.
Gabarito "D".

(Ministério Público/MG – 2013) A macrorrelação ambiental e consumo pode ser geradora de responsabilidade civil pós-consumo. Neste sentido, assinale a alternativa *INCORRETA*:

(A) A interdisciplinaridade entre o Direito do Consumidor e o Direito Ambiental, de extensa comunicabilidade na sociedade pós-moderna com outras áreas científicas que não a jurídica é referencial à passagem da metodologia sistemática do Direito para a metodologia sistêmica.
(B) Além do reconhecimento normativo explícito do chamado dano moral coletivo, também é possível verificar a ocorrência de danos sociais, os quais darão azo à indenização dissuasória quando por culpa grave o agente diminui o nível de segurança da sociedade ou à indenização punitiva considerando o ato do agente que diminui a qualidade de vida da população, podendo a indenização ser vertida à instituição de caridade, conforme parágrafo único do art. 883 do CCB. Trata-se da "função social da responsabilidade civil".
(C) Os danos ambientais não são danos comuns, pois se apresentam: despersonalizados ou anônimos, implicando a dificuldade de indicação do causador; em gradação elevada quanto à extensão (rua, bairro, cidade e país); originários de atividades especializadas que utilizam técnicas específicas desconhecidas para as vítimas; graves ao meio ambiente e às vezes sem repercussão atual ao ser humano.
(D) Os danos ambientais complexos caracterizam-se pela invisibilidade do risco (que demandam tecnologia de ponta para apuração, nem sempre conclusiva), pela dificuldade temporal de sua reparação e pela irresponsabilidade organizada (a partir da própria indiferença do Poder Público).

A: assertiva correta, pois a metodologia sistemática define sistema como a soma de partes unitárias. Já a metodologia sistêmica entende que o sistema continua sendo mais do que a mera soma das partes, mas a perspectiva da relação parte/todo é substituída pela perspectiva da diferença entre sistema/entorno: o sistema é um conjunto de elementos que se relacionam entre eles mesmos e com um ambiente. Enquanto o pensamento sistemático compreende o sistema como uma ordenação unitária interna de elementos, o pensamento sistêmico concebe o sistema como a mesma ordenação unitária em um contexto de relacionamento externo com um meio (www.sociologiajuridica.net.br). Assim, é possível justificar a relação interdisciplinar entre o Direito do Consumidor e o Direito Ambiental; **B:** assertiva incorreta, devendo ser assinalada, pois não há reconhecimento normativo explícito seja do dano moral coletivo, seja do dano social. Temos apenas precedentes jurisprudenciais: A 2ª Turma do STJ decidiu recentemente que é possível que a sentença condene o infrator ambiental ao pagamento de quantia em dinheiro a título de compensação por dano moral coletivo (REsp 1.328.753-MG, Rel. Min. Herman Benjamin, julgado em 28.05.2013). Na seara do Direto do consumidor, a 3ª Turma do STJ decidiu que o banco pode ser condenado a pagar reparação por dano moral coletivo, em ação civil pública, pelo fato de oferecer, em sua agência, atendimento inadequado a seus consumidores idosos, deficientes físicos e com dificuldade de locomoção. (STJ, 3ª Turma, Resp 1.221.756-RJ, rel. Min. Massami Uyeda, julgado em 02.02.2012). Quanto ao dano social temos o caso do TRT-2ª Região (processo 2007-2288), que condenou o Sindicato dos Metroviários de São Paulo e Cia do Metrô a pagarem 450 cestas básicas a entidades beneficentes por terem realizado uma greve abusiva que causou prejuízo à coletividade e ainda o caso da loteria fraudulenta no Rio Grande do Sul, Recurso Cível 71001281054, *DJ* 18.07.2007, o qual determinou, de ofício, indenização a título de dano social para o Fundo de Proteção aos Consumidores; **C:** assertiva correta, pois, de fato, o dano ambiental possui características específicas: neste passo, nem sempre o seu autor pode ser identificado, pois devido à sua grande extensão é possível que o prejuízo se manifeste a quilômetros de distância de onde ele foi causado e também algum tempo depois. Logo, a causa e o efeito não necessariamente ocorrerão no mesmo lugar nem de maneira imediata. Além disso, é comum que o dano não seja pontual, mas de grande repercussão, atingindo extensas áreas de rios, matas, atmosfera. Por isso ser classificado como dano difuso. As consequências podem ser sentidas ao longo de gerações, razão pela qual a CF no art. 225 "caput" protege não somente a presente, mas as futuras gerações; **D:** assertiva correta, pois é comum o dano ambiental ser imperceptível aos sentidos num primeiro momento, sendo que a existência do dano é indicada apenas pela ciência e, mesmo assim, ainda não determinação sobre sua real natureza (ex: amianto, acidente nuclear em Chernobyl). A questão temporal também é outro aspecto, na medida em que a ocorrência do dano gera consequências indeterminadas no tempo, não só quanto a sua duração, como também no que diz respeito ao momento em que hão de manifestar-se. Por fim, a irresponsabilidade organizada vem no sentido de que ainda impera no Poder Público a impunidade, fiscalização precária, processos de licenciamento imprevidentes, burla da legislação, sonegação de informações sobre riscos, permissividade ambiental das agências públicas, o que contribui sobremaneira para a ocorrência alarmante dos danos ambientais.

Gabarito "B".

(Ministério Público/MG – 2013) Temas como superendividamento e responsabilidade civil ambiental são recorrentes na sociologia e epistemologia da contemporaneidade que tentam compreender o quadro da hipercomplexidade social e as causas de tantas patologias que exigem atuação combativa do Ministério Público. Edgar Morin e Zygmunt Bauman são grandes pensadores que enfrentam essa linha de pesquisa. Assinale abaixo a alternativa que não corresponda ao pensamento de Zygmunt Bauman:

(A) Complexidade é sinônimo de transdisciplinaridade, sendo necessário unificar duas culturas (exatas e humanas), conservando a capacidade analítica das ciências exatas juntamente com a capacidade sintética das ciências humanas.

(B) O indivíduo consumidor vive em estado de perene incerteza, pois deve adequar-se aos padrões de grupo para não ser excluído, o que o difere do homem do mundo moderno que encontrava na produção sólidos esquemas de referência.

(C) Uma sociedade pode ser definida como líquido--moderna se as situações nas quais os homens atuam se modificam antes que seus modos de agir consigam se consolidar em hábitos e procedimentos.

(D) A visão pós-moderna do mundo é a de um número ilimitado de modelos de ordem, cada qual gerado por um conjunto relativamente autônomo de práticas. A ordem não precede as práticas e, por conseguinte, não pode servir como medida externa de sua validade.

A alternativa incorreta é a assertiva "A", pois complexidade não é sinônimo de transdisciplinaridade. *A um primeiro olhar, a complexidade é um tecido (complexus: o que é tecido junto) de constituintes heterogêneas inseparavelmente associadas: ela coloca o paradoxo do uno e do múltiplo. Num segundo momento, a complexidade é efetivamente o tecido de acontecimentos, ações, interações, retroações, determinações, acasos, que constituem o nosso mundo fenomênico"* (MORIN, 2006, p. 13). Já transdisciplinaridade é uma proposta de 'epistemologia da convergência', uma articulação de novas compreensões da realidade entre e para além das disciplinas especializadas tradicionais. Trata-se de uma abordagem que passeia por, além e através dos campos disciplinares, em busca do entendimento das complexas teias epistemológicas e práticas que perpassam os fenômenos humanos e do mundo circundante. As demais assertivas estão corretas por seus próprios fundamentos.

Gabarito "A".

(Ministério Público/MG – 2013) A importância do Direito Romano decorre não apenas da fixação das estruturas do sistema *civil law*, mas essencialmente da influência das técnicas da 'interpretatio' de grande valia até hoje aos operadores do direito, inclusive nas questões relativas aos microssistemas. Assinale a alternativa *INCORRETA*:

(A) A regra *ambiguitas contra stipulatorem* ou *ambiguitas contra proferentem*, verdadeiro guia de interpretação no direito contratual de massa não encontra positivação no direito brasileiro.

(B) Regras de favorecimento têm por escopo a inversão de ônus ou a proteção de interesses privados de acordo com as partes envolvidas; dentre elas destacam-se *favor debitoris, favor debilis, favor defensionis, favores libertatis, testamentii*.

(C) O maior legado da *interpretatio* romana no direito privado atual refere-se à boa-fé, enquanto para o direito internacional prende-se à valorização dos direitos humanos.

(D) Regras de flexibilização *humanitas interpretatio* são ensejadoras do combate à usura, de fixação dos limites do mandato, exceção de dolo, proteção da confiança e da boa-fé.

A: assertiva incorreta, devendo ser assinalada, pois esta máxima de interpretação está positivada no art. 47 do CDC e art. 423 do CC. Neste sentido: Embargos infringentes. Plano de saúde. Exclusão de cobertura. Interpretação. Limites. Resgate do voto minoritário. Impossibilidade. Embargos rejeitados. 1. Embora imprecisa a previsão contratual, sua interpretação não pode se desgarrar completamente do sentido do texto, sob pena de se deturpar a declaração de vontade ali inserta. 2. Uma vez que a cláusula limitativa da cobertura é clara ao estabelecer o aspecto temporal dos riscos cobertos e tendo em vista a ligação reflexa entre a moléstia surgida e o tratamento que se pretende ver custeado pela operadora do plano de saúde, não se pode acolher o pedido formulado pelo usuário. Embargos Infringentes Nº 1.0024.10.057323-7/002 – Comarca de Belo Horizonte – Embargante(s): Luciano José Romagnoli Rios – Embargado(a)(s): Unimed Belo Horizonte Coop Trab Medico Ltda.; **B:** assertiva correta, pois tais regras visam dar maior proteção à parte mais fraca da relação. A regra *favor debitoris* significa que em caso de dúvida frente a uma obrigação, dever--se-á decidir em favor do devedor; a regra do *favor debilis* significa que na interpretação de situações em que haja direitos em conflito, deve-se levar em consideração a parte que, em uma relação com a outra esteja situada em uma condição inferior, isto é não se encontra em pé de igualdade; o *favor defensionis* e *favor libertatis* são princípios da fácil visualização da esfera penal, em que garante-se fortemente o direito a defesa e à liberdade, na medida em que o ônus da prova pertence à acusação; por fim, o princípio do *favor testamenti* é aquele que busca efetivar o cumprimento do testamento da forma mais próxima fidedigna à vontade do testador, e dá prioridade a manutenção dos seus efeitos; **C:** assertiva correta, pois tanto a boa-fé como a proteção dos direitos humanos tem sido a base de ambas as ciências, devido mudança de posição do homem frente à norma, No início do século passado as normas eram protetivas ao patrimônio, mas ao longo dos anos essa tendência se modificou e, atualmente o homem e sua dignidade são o centro das relações; **D:** assertiva correta, pois essa regra tornou o rígido *ius civile* em um sistema flexível, pautado na comum natureza racional humana. Busca-se maior temperança na aplicação das normas, a fim de evitar abusos.

Gabarito "A".

(Ministério Público/SP – 2011) Assinale a alternativa correta.

(A) Considera-se consumidor, para os efeitos de proteção legal, as pessoas jurídicas ao adquirir bens e insumos para seu processo de produção na condição de destinatário final.

(B) O Código de Defesa do Consumidor atribui a responsabilidade pelo fato do produto ao fabricante, ao produtor, ao construtor e ao importador, mas não ao comerciante que será responsabilizado apenas em circunstâncias determinadas, expressamente previstas pelo Código.
(C) O Código Civil vigente previu a desconsideração da personalidade jurídica de maneira mais ampla do que o Código de Defesa do Consumidor. Assim, essa matéria, considerando o chamado diálogo das fontes, deve ser regida pelo novo estatuto civilista.
(D) O Código de Defesa do Consumidor prevê três tipos de vícios por inadequação do produto durável ou não durável: vícios de impropriedade, vícios de diminuição de valor e vícios de disparidade informativa. Todos esses vícios se resolvem da mesma forma que os vícios redibitórios previstos no Código Civil vigente.
(E) A pretensão à reparação pelos danos causados pelo fato do produto ou serviço prescreve em 30 (trinta) dias, no caso de produtos e serviços não duráveis, e em 90 (noventa) dias, no caso de produtos e serviços duráveis.

A: incorreta, pois o STJ adota a teoria finalista, excluindo do conceito de consumidor aquele que adquire bens como *insumo* para seu processo de produção; **B:** correta (art. 12, *caput*, do CDC); **C:** incorreta, pois o diálogo das fontes não se aplica quando um microssistema tem regra específica, regra essa contrária à prevista no outro microssistema; no caso, a regra do Código Civil (art. 50) é nitidamente diferente da regra do CDC (art. 28, § 5°, do CDC); **D:** incorreta, pois a regulamentação dos vícios no Código Civil reclama que estes sejam ocultos, regra que não existe no CDC; além disso, há outras regras diferentes, como as referentes aos prazos de garantia; **E:** incorreta, pois a pretensão à reparação pelos danos causados prescreve em 5 anos (art. 27 do CDC). Gabarito "B".

(Ministério Público/TO – 2012 – CESPE) Assinale a opção correta a respeito das relações de consumo e dos integrantes dessas relações, da qualidade de produtos e serviços e da prevenção e reparação de danos deles advindos, bem como de aspectos diversos associados às práticas comerciais.

(A) É pacífico no âmbito do STJ que o CDC seja aplicável nas atividades notariais e registrais.
(B) Segundo o direito consumerista brasileiro, o consumidor cobrado em quantia indevida tem direito à repetição do indébito, por valor igual ao dobro do que lhe tiver sido cobrado em excesso, acrescido de correção monetária e juros legais, salvo hipótese de engano justificável.
(C) Não há uniformidade doutrinária quanto à existência de distinção de significado entre os termos publicidade e propaganda: há os que defendem essa existência e os que argumentam em favor da existência de sinonímia entre referidos termos.
(D) Para o STJ, as instituições financeiras respondem subjetivamente pelos danos gerados por fortuito relativo a fraudes e delitos praticados por terceiros no âmbito de operações bancárias.
(E) Para o CDC e para o STJ, somente há danos à saúde do consumidor a partir do momento em que este consome o bem viciado em sua qualidade.

A: incorreta, segundo a jurisprudência do STJ, o CDC não é aplicável aos serviços notariais e registrais por existirem leis específicas regulando os mesmos, como a Lei 6.015/1973 (Lei de Registros Públicos) e a Lei 8.935/1994 (Lei dos Serviços Notariais e de Registro) (REsp. 625.144/SP, Terceira Turma, Rel. Min. Nancy Andrighi, julgado em 14.03.2006); **B:** incorreta, pois o art. 42, parágrafo único, do CDC, determina a repetição em dobro do valor que foi pago e não do que foi cobrado em excesso; **C:** correta, há forte divergência doutrinária sobre a questão; **D:** incorreta, há julgado do STJ dispondo que *"As instituições bancárias respondem objetivamente pelos danos causados por fraudes ou delitos praticados por terceiros – como, por exemplo, abertura de conta-corrente ou recebimento de empréstimos mediante fraude ou utilização de documentos falsos –, porquanto tal responsabilidade decorre do risco do empreendimento, caracterizando-se como fortuito interno"* (REsp 1.199.782/PR, Segunda Turma, Rel. Min. Luis Felipe Salomão, j. 24.08.2011); **E:** correta, a banca gabaritou como incorreta a assertiva, mas entendemos que a mesma está de acordo com a jurisprudência do STJ: "Responsabilidade civil. Produto impróprio para o consumo. Objeto metálico cravado em bolacha do tipo "água e sal". Objeto não ingerido. Dano moral inexistente. 1. A simples aquisição de bolachas do tipo 'água e sal', em pacote no qual uma delas se encontrava com objeto metálico que a tornava imprópria para o consumo, sem que houvesse ingestão do produto, não acarreta dano moral apto a ensejar reparação. Precedentes. 2. Verifica-se, pela moldura fática apresentada no acórdão, que houve inequivocamente vício do produto que o tornou impróprio para o consumo, nos termos do art. 18, *caput*, do CDC. Porém, não se verificou o acidente de consumo, ou, consoante o art. 12 do CDC, o fato do produto, por isso descabe a indenização pretendida. (REsp 1131139/SP, Rel. Ministro Luis Felipe Salomão, Quarta Turma, j. 16.11.2010)". Gabarito "C".

13. OUTROS TEMAS

(Promotor de Justiça – MPE/AM – FMP – 2015) Assinale a alternativa correta.

(A) Os direitos difusos são transindividuais, de natureza indivisível e não pressupõem uma relação jurídica base, sendo titulados por pessoas indeterminadas, ligadas por circunstâncias de fato.
(B) Os direitos difusos e os direitos coletivos *stricto sensu* são acidentalmente coletivos e de natureza divisível.
(C) Os direitos individuais homogêneos são de natureza indivisível e decorrentes de origem comum.
(D) Os direitos difusos e os direitos coletivos *stricto sensu* são metaindividuais, de natureza divisível e pressupõem uma relação jurídica base.
(E) Os direitos coletivos *stricto sensu* são transindividuais, de natureza divisível, de que sejam titulares grupo, categoria ou classe de pessoas ligadas entre si ou com a parte contrária por uma relação jurídica base.

A: correta. Conforme art. 81, parágrafo único, I, do CDC, são direitos ou interesses *difusos* os transindividuais, de natureza indivisível, de que sejam titulares pessoas indeterminadas e ligadas por circunstâncias de fato, ou seja, não pressupõem relação jurídica base. **B:** incorreta. Os interesses ou direitos *coletivos* são essencialmente coletivos justamente por serem indivisíveis. Isso significa dizer que a decisão judicial não pode ser cindida (dividida) entre as pessoas do grupo. Se julgada procedente para um, é procedente para todos. **C:** incorreta. Os direitos ou interesses *individuais homogêneos* são divisíveis e acidentalmente coletivos, tendo em vista que a sentença pode ser cindida entre o grupo, podendo favorecer uma parte do grupo e cada uma das pessoas pode ser beneficiada de forma diferente, conforme a extensão dos danos e o nexo de causalidade comprovado. **D:** incorreta. Apenas os direitos *coletivos* pressupõem relação jurídica base. **E:** incorreta. A natureza dos direitos *coletivos* é indivisível (art. 81, parágrafo único, II, do CDC). Gabarito "A".

(Ministério Público/GO – 2012) Com a expansão dos modernos aparelhos celulares e serviços disponíveis pelas operadoras, dentre eles o de internet, através da banda larga móvel, tem gerado sérios problemas para o consumidor, principalmente a cobrança de valores indevidos. Em relação a estes, analise as proposições abaixo, assinalando em seguida, a alternativa correta.

I. O consumidor pode contestar valores cobrados em até 90 dias, a contar do vencimento da fatura nos planos pós-pagos, e em até 30 dias, a partir do recebimento do relatório detalhado, nos pré-pagos.
II. A prestadora deve responder em até 30 dias, por escrito ou outro meio escolhido pelo consumidor. Até lá, o pagamento do valor contestado fica suspenso.
III. Em caso de contestação parcial, o pagamento não se suspende, devendo o consumidor efetuar o pagamento da fatura no vencimento.
IV. O que foi pago indevidamente tem de ser devolvido, com juros e correção monetária, em até 30 dias após a resposta: para pós-pagos, na fatura seguinte ou outro meio que o consumidor tenha escolhido; para pré-pagos, por meio de créditos com validade mínima de 30 dias ou outro meio escolhido.
(A) Apenas as proposições I e II estão corretas.
(B) Apenas as proposições II e III estão corretas.
(C) Apenas a proposição IV está correta.
(D) Todas as proposições estão corretas.

I: correta, está de acordo com os arts. 69 e 70 da Resolução 477/2007 da ANATEL; II: correta, conforme art. 68, § 3º, da mesma Resolução); III: incorreta, nos termos do art. 69, § 2º, da referida Resolução "havendo contestação de apenas parte do débito, a suspensão dos prazos prevista no parágrafo anterior só ocorre se o usuário efetuar o pagamento da parte incontroversa"; IV: incorreta, "a devolução de valores cobrados indevidamente deve ocorrer em até 30 dias após a contestação da cobrança indevida" (art. 71, *caput*, da mesma Resolução).
Gabarito "A".

(Ministério Público/MG – 2012 – CONSULPLAN) A passagem da história econômica na sociedade divide-se em três grandes etapas: a troca imediata, a moeda e o crédito. Esse último, prevalente na sociedade pós-moderna, vai além do valor, contemplando prazo, volume de operações e expansão nos setores de produção. Contudo, a utilização desenfreada do crédito pode gerar o flagelo do superendividamento. Aponte a alternativa incorreta sobre o tema:
(A) A boa-fé objetiva amolda-se como ferramenta jurídica essencial para a prevenção do superendividamento, pois exige a partir do empreendedor os deveres de informação, lealdade e veracidade quanto ao compromisso assumido pelo devedor.
(B) Para evitar a crise da efetividade do processo de execução e ao mesmo tempo proteger o patrimônio mínimo do consumidor endividado, o legislador brasileiro permitiu, através do art. 655-A do CPC, penhora na modalidade dinheiro caso em que o juiz poderá requisitar informações da autoridade supervisora do sistema bancário determinando indisponibilidade parcial em conta-corrente, respeitado o percentual de trinta por cento nas hipóteses de vencimento, subsídio, soldo ou aposentadoria;
(C) O superendividamento passivo decorre de fatos inesperados que oneram excessivamente a situação econômica do devedor observado certos acidentes da vida (desemprego, morte, divórcio etc.); o superendividamento ativo decorre de abusos intencionais do consumidor (conscientemente) ou porque iludido pelo sistema de *marketing* que o leva a contratar de forma reiterada (inconscientemente);
(D) Os titulares de benefícios de aposentadoria e pensão do Regime Geral de Previdência Social poderão autorizar o Instituto Nacional do Seguro Social – INSS a proceder aos descontos em seus estipêndios, bem como autorizar, de forma irrevogável e irretratável, que a instituição financeira na qual recebam seus benefícios retenha, para fins de amortização, valores referentes ao pagamento mensal de empréstimos, financiamentos e operações de arrendamento mercantil por ela concedidos, quando previstos em contrato, sendo vedado ao titular de benefício que realizar qualquer das operações referidas solicitar a alteração da instituição financeira pagadora, enquanto houver saldo devedor em amortização.

A: correta, o princípio da boa-fé objetiva (art. 4º, III, do CDC) impõe um dever de bom comportamento ao fornecedor, representado pelos deveres de informação, lealdade e veracidade. Por estão razão pode ser considerada uma ferramenta essencial à coibição do superendividamento; **B:** incorreta (devendo ser assinalada), de acordo com o art. 649, IV, do Código de Processo Civil, são absolutamente impenhoráveis os vencimentos, subsídios, soldos, salários, remunerações, proventos de aposentadoria, pensões, pecúlios e montepios; **C:** correta, está de acordo com o entendimento doutrinário sobre o tema; **D:** correta, reproduz o conteúdo do art. 6º, *caput* e §3º, da Lei 10.820/2003, que dispõe sobre a autorização para desconto de prestações em folha de pagamento.
Gabarito "B".

(Ministério Público/RN – 2009 – CESPE) A respeito do Estatuto do Torcedor (Lei nº 10.671/2003), assinale a opção correta.
(A) A entidade responsável por organizar competição não é obrigada a disponibilizar médico e ambulância para os torcedores presentes a partidas.
(B) Os ingressos para partida integrante de competição profissional devem estar à venda para o torcedor partícipe até 48 horas antes do início da respectiva partida.
(C) O torcedor tem direito à divulgação, durante a realização da partida, da renda obtida pelo pagamento de ingresso e do número de espectadores pagantes e não pagantes.
(D) Os estádios com capacidade superior a cinco mil pessoas devem manter central técnica de informações, com infraestrutura suficiente para viabilizar o monitoramento do público presente por imagem.
(E) Não é direito do torcedor ter os árbitros de cada partida escolhidos mediante sorteio.

A: incorreta, está em desacordo com o art. 16, III e IV, da Lei 10.671/2003; **B:** incorreta, pois de acordo com o art. 20 da Lei 10.671/2003, os ingressos devem ser colocados à venda até 72 horas antes do início da partida; **C:** correta, conforme o art. 7º da Lei 10.671/2003; **D:** incorreta, os estádios com capacidade superior a 10.000 pessoas deverão manter central técnica de informações, com infraestrutura suficiente para viabilizar o monitoramento do público presente por imagem (art. 18 da Lei 10.671/2003); **E:** incorreta, o art. 32 da Lei 10.671/2003 prevê o direito do torcedor em ter os árbitros escolhidos através de sorteio.
Gabarito "C".

12. DIREITO AMBIENTAL

Alice Satin, Arthur Trigueiros, Fabiano Melo Gonçalves de Oliveira,
Fernanda Camargo Penteado e Wander Garcia*

1. CONCEITOS BÁSICOS

(Ministério Público/SP – 2013 – PGMP) Para os fins da Lei n. 6.938, de 31 de agosto de 1981, que dispõe sobre a Política Nacional do Meio Ambiente, entende-se por

I. meio ambiente o conjunto de condições, leis, influências e interações de ordem física, química, estética, urbana e paisagística que permite, abriga e rege a vida em todas as suas formas;
II. poluidor a pessoa física ou jurídica, de direito público ou privado, responsável, direta ou indiretamente, por atividade causadora de degradação ambiental;
III. poluição a degradação da qualidade ambiental resultante de atividades que direta ou indiretamente, entre outras, prejudiquem a saúde, a segurança e o bem-estar da população e criem condições adversas às atividades sociais e econômicas;
IV. degradação da qualidade ambiental a alteração, adversa ou não, das características do meio ambiente;
V. recursos ambientais a atmosfera, as águas interiores, superficiais e subterrâneas, os estuários, o mar territorial, o solo, o subsolo, os elementos da biosfera, a fauna e a flora.

Está CORRETO somente o contido nos itens

(A) I, II e IV.
(B) III, IV e V.
(C) II, III e V.
(D) II, III e IV.
(E) I, IV e V.

I: Incorreta. O art. 3º, I, da Lei 6.938/1981 menciona "condições, leis, influências e interações de ordem física, química e biológica", não mencionando, nesse ponto, "estética, urbana e paisagística"; isso não quer dizer que não existe o meio ambiente urbano e cultural, mas que a definição no ponto mencionado não traz os elementos "estética, urbana e paisagística"; **II:** correta (art. 3º, IV, da Lei 6.938/1981); **III:** correta (art. 3º, III, da Lei 6.938/1981); **IV:** incorreta, pois degradação ambiental é a alteração "adversa" (e não "adversa ou não") das características do meio ambiente (art. 3º, II, da Lei 6.938/1981); **V:** correta (art. 3º, V, da Lei 6.938/1981).

Gabarito "C".

2. PATRIMÔNIO CULTURAL BRASILEIRO

(Ministério Público/MG – 2013) Sobre o patrimônio cultural, é INCORRETO afirmar-se que:

(A) A responsabilidade civil decorrente de danos ao patrimônio cultural é de natureza subjetiva, uma vez que a responsabilidade civil objetiva somente se aplica aos danos causados ao meio ambiente.
(B) As coisas tombadas, que pertençam à União, aos Estados ou aos Municípios, inalienáveis por natureza, só poderão ser transferidas de uma à outra das referidas entidades.
(C) A proteção do patrimônio cultural poderá se dar através do instituto da desapropriação.
(D) Constituem crime a destruição, a inutilização ou a deterioração, seja na forma dolosa ou culposa, de bem cultural protegido por lei, ato administrativo ou decisão judicial.

A: assertiva incorreta, devendo ser assinalada, pois a responsabilidade ambiental prevista no ordenamento jurídico pátrio não pressupõe a análise de dolo ou culpa, por quanto se diz que a responsabilidade civil ambiental é objetiva (§ 1º do art. 14 da Lei 6.938/1981, art. 3º da Lei 9.605/1998 e art. 225, § 3º, da CF). De igual modo não há restrições a este ou àquele patrimônio ambiental, todos, inclusive o cultural está resguardado pela responsabilidade civil objetiva pelos danos causados; **B:** assertiva correta, conforme determinado pelo art. 11 do Decreto-Lei 25/1937; **C:** assertiva correta, pois é dever do Poder Público promover e proteger o patrimônio cultural brasileiro, por meio de inventários, registros, vigilância, tombamento e desapropriação, e de outras formas de acautelamento e preservação, conforme descrito pelo art. 216, § 1º, da CF; **D:** assertiva correta, de acordo com o descrito pelo art. 62 da Lei 9.605/1998.

Gabarito "A".

(Procurador da República – PGR – 2015) Lei estadual conferia a proteção, guarda e responsabilidade pelos sítios arqueológicos e seus acervos aos municípios em que se localizassem.

(A) Essa lei foi declarada inconstitucional porque a competência comum para proteger os sítios arqueológicos não pode ser afastada do Estado e da União.
(B) Essa lei foi declarada inconstitucional porque a competência legislativa sobre responsabilidade por dano a bens de valor histórico e paisagístico e privativa da União.
(C) Essa lei foi considerada constitucional porque o Estado possui competência legislativa suplementar exclusiva para cuidar da proteção ao patrimônio histórico-cultural.

---

* **Fabiano Melo** e **Fernanda Camargo Penteado** comentaram as questões dos concursos: PGR – 2015, MPE/MS – FAPEC – 2015, MPE/AM – FMP – 2015, MPE/BA – CEFET – 2015, MPE/GO – 2016, MPE/RS – 2017; **Marcos Destefenni** comentou as demais questões da Magistratura Federal e todas as questões do MPF; **Arthur Trigueiros** comentou as questões dos seguintes concursos: MP/AC/08, MP/BA/08, MP/CE/11, MP/GO/10, MP/GO/12, MP/MG/06, MP/MG/11, MP/MG/12, MP/MS/09, MP/MT/12, MP/PB/10, MP/PI/08, MP/PI/12, MP/RJ/11, MP/RN/09, MP/RR/12, MP/RS/08, MP/RS/09, MP/SC/08, MP/SC/12, MP/SP/12 e MP/TO/10, quando houver. **Alice Satin** comentou as questões dos seguintes concursos: MP/MG/14, MP/PI/14, MP/DF/13, MP/ES/13, MP/GO/13, MP/MG/13. **Wander Garcia** comentou as questões dos seguintes concursos: Magistratura Federal 5ª Região/07, 1ª Região/09, 3ª Região/10, 5ª Região/11, 5ª Região/09, 4ª Região/10 e 4ª Região/08 e as demais questões. **Fabiano Melo** e **Fernanda Camargo Penteado** atualizaram os comentários desse capítulo.

(D) Essa lei foi considerada constitucional porque se trata de competência dos municípios para legislar sobre assuntos de interesse local.

A: Correta. A competência material é comum entre a União, os Estados, o Distrito Federal e os Municípios para os sítios arqueológicos e seus acervos (art. 23, III, da CF). Desta forma, lei estadual não poderia se excluir da responsabilidade de proteger e guardar sítio arqueológico localizado em seu território, e, tampouco poderá atribuir responsabilidade a qualquer outro ente federado. B: Incorreta. A questão não trata de competência legislativa, mas sim material. Contudo, a competência é concorrente entre à União, Estados e Distrito federal para legislar sobre responsabilidade por danos ambientais, nesses inseridos os danos a bens e direitos de valor artístico, estético, histórico, turístico e paisagístico (art. 24, VIII, da CF). Ressalta-se que a competência legislativa dos municípios é suplementar (art. 30, II, da CF). C: Incorreta. Não existe competência legislativa suplementar exclusiva, ou a competência legislativa será suplementar, ou será exclusiva. A competência exclusiva legislativa é da União, está retratada no art. 21, da CF e é indelegável, ou seja, não pode ser transferida a outro ente federado. Diferentemente da competência legislativa privativa da União, regulada pelo art. 22, da CF, que poderá ser delegada, por exemplo, para os Estados, quando estes poderão elaborar lei específica sobre matérias que seriam de competência única da União. D: Incorreta. A questão reza que lei estadual que conferiu a competência material aos municípios para proteger, guardar e se responsabilizarem por sítios arqueológicos, localizados em seus limites territoriais. Tal competência é comum entre a União, Estados, Distrito Federal (art. 23, III, da CF) e Municípios (art. 30, IX, da CF), e, portanto, não poderá haver transferência dessa competência do Estado para os municípios. Outrossim, a questão versa a respeito da competência material, e não legislativa conforme previsto na assertiva.

Gabarito "A".

(Procurador da República – PGR – 2013) NO tocante à proteção do patrimônio cultural brasileiro, analise os itens abaixo e responda em seguida:

I. Há forte interrelação entre cultura e ambiente, de tal forma que os bens de natureza material e imaterial, dotados de valor cultural, compõem o meio ambiente em sua concepção alargada, estando juridicamente protegidos mediante o instrumento do tombamento.
II. O ordenamento jurídico prevê a possibilidade de proteção dos bens culturais de natureza material apenas numa perspectiva individual, haja vista a necessidade de identificar precisamente o bem merecedor de especial tutela.
III. Como regra geral, o tombamento de um bem revestido de valor histórico é instituído de forma gratuita, mas se houver o esvaziamento de seu conteúdo econômico em decorrência das restrições impostas pelo Poder Público, configurar-se-á desapropriação indireta, gerando para o particular direito a indenização.
IV. Embora a reserva extrativista seja uma categoria de unidade de conservação da natureza integrante do grupo de uso sustentável, deve ser também compreendida como um instrumento de proteção do patrimônio cultural brasileiro, tendo em vista seus objetivos legalmente instituídos.

Responda, agora:

(A) Apenas os itens I e III estão corretos.
(B) Apenas o item II está errado.
(C) Apenas os itens III e IV estão corretos.
(D) Apenas o item III está correto.

I: Incorreta. O tombamento não serve de instrumento à proteção do patrimônio cultural imaterial, mas somente do material. II: Incorreta. O art. 216 da CF, prescreve que "Constituem patrimônio cultural brasileiro os bens de natureza material e imaterial, tomados individualmente ou em conjunto, portadores de referência à identidade, à ação, à memória dos diferentes grupos formadores da sociedade brasileira (...)". Desta forma, os bens culturais de natureza material podem ser protegidos de forma individual ou coletiva. III: Correta. O tombamento não retira a propriedade do bem, mas apenas limita o seu exercício, contudo, se o ato administrativo do tombamento esvaziar economicamente o bem imóvel, de modo total, a transformar-se, por si só, de simples servidão administrativa em desapropriação indireta, gerará ao proprietário o direito a indenização (STJ REsp 220.983). IV: A reserva extrativista é uma área ocupada por populações extrativistas tradicionais, e tem como objetivo proteger os meios de vida e cultura dessas populações, assegurando o uso sustentável dos recursos naturais da unidade (art. 18, Lei 9.985/2000).

Gabarito "C".

(Procurador da República – 25º) Em relação à proteção do patrimônio cultural, analise as assertivas abaixo e responda em seguida:

I. A Constituição Federal em vigor apresenta nítida ampliação da concepção de patrimônio cultural, valorizando a pluralidade cultural, num contexto de busca de concretização de cidadania e de direitos culturais.
II. O multiculturalismo se faz presente nos dispositivos constitucionais que tratam da proteção da cultura, a exemplo da previsão concernente à obrigação do Estado de proteger as manifestações culturais dos diferentes grupos sociais e étnicos, incluindo indígenas e afro-brasileiros, que formam a sociedade brasileira.
III. A deterioração de bem cultural protegido por força de decisão judicial transitada em julgado constitui infração administrativa, sujeitando o infrator a sanção imposta pela Administração, independentemente da obrigação de reparar o dano causado.
IV. A Constituição Federal realiza, direta e expressamente, o tombamento de documentos e sítios detentores de reminiscências históricas de antigos quilombos.

Pode-se afirmar que:

(A) somente os itens I e II estão corretos;
(B) os itens III e IV estão incorretos;
(C) somente o item III está incorreto;
(D) todos os itens estão corretos.

I: correto, pois é o que se depreende do art. 216 da CF; II: correto, pois a assertiva está em conformidade à proteção do patrimônio cultural decorrente do art. 216 da CF; III: correto, pois assim estabelece o Decreto 6.514/2008, em seu art. 72. A aplicação da sanção se dá sem prejuízo da obrigação de reparar o dano, conforme dispõe o art. 225, § 3º, da CF: "As condutas e atividades consideradas lesivas ao meio ambiente sujeitarão os infratores, pessoas físicas ou jurídicas, a sanções penais e administrativas, independentemente da obrigação de reparar os danos causados"; IV: correto, pois assim estabelece o art. 216, § 5º, da CF.

Gabarito "D".

(Procurador da República – PGR – 2015) Identificada e reconhecida a área tradicionalmente ocupada por uma comunidade quilombola, verifica-se que parte da área compreende imóveis registrados em nome de particulares. Qual das afirmativas é correta:

(A) São nulos e extintos, não produzindo efeitos jurídicos, os atos que tenham por objeto o domínio das terras ocupadas por povos e comunidades tradicionais.

(B) A identificação, reconhecimento, delimitação, demarcação e titulação da terra ocupada pelos remanescentes da comunidade quilombola cabem, em âmbito federal, à Fundação Cultural Palmares, vinculada ao Ministério da Cultura.
(C) A inscrição cadastral e a expedição de certidão dos remanescentes dessa comunidade como quilombolas cabem ao Instituto Nacional de Colonização e Reforma Agrária – INCRA, vinculado ao Ministério do Desenvolvimento Agrário.
(D) O procedimento para identificação, reconhecimento, delimitação, demarcação e titulação da propriedade definitiva da área prevê que inclusive para a medição das terras sejam levados em consideração critérios de territorialidade indicados pelos próprios remanescentes da comunidade.

A: Incorreta. Nos termos do art. 13, do Decreto 4.887/2003: "Incidindo nos territórios ocupados por remanescentes das comunidades dos quilombos título de domínio particular não invalidado por nulidade, prescrição ou comisso, e nem tornado ineficaz por outros fundamentos, será realizada vistoria e avaliação do imóvel, objetivando a adoção dos atos necessários à sua desapropriação, quando couber".
B: Incorreta. Compete ao Ministério do Desenvolvimento Agrário, por meio do Instituto Nacional de Colonização e Reforma Agrária (INCRA), a identificação, reconhecimento, delimitação, demarcação e titulação das terras ocupadas pelos remanescentes das comunidades dos quilombos (art. 3º, do Decreto 4.887/2003). **C:** Incorreta. A caracterização dos remanescentes das comunidades dos quilombos será atestada mediante autodefinição da própria comunidade, e será inscrita no Cadastro Geral junto à Fundação Cultural Palmares, que expedirá certidão (§ 4º, art. 3º, do Decreto 4.887/2003). **D:** Correta. A teor, dispõe o § 1º, art. 2º, da Lei 4.887/2003: "Para os fins deste Decreto, a caracterização dos remanescentes das comunidades dos quilombos será atestada mediante autodefinição da própria comunidade".
Gabarito "D".

(Ministério Público/MG – 2011) Tombamento é declaração, pelo Poder Público, do valor histórico, artístico, paisagístico, turístico, cultural ou científico de coisas ou locais que, por essa razão, devam ser preservados, de acordo com a inscrição em livro próprio. A Constituição Federal expressamente elenca o tombamento como um dos instrumentos de proteção do patrimônio cultural brasileiro. A seu respeito, é CORRETO afirmar:

I. O tombamento realiza-se por meio de um procedimento administrativo vinculado e compulsório, que conduz ao ato final de inscrição do bem num dos livros do Tombo.
II. Qualquer das entidades estatais pode dispor sobre o tombamento de bens em seu território.
III. Sem prévia autorização do Serviço do Patrimônio Histórico e Artístico Nacional, não se poderá, na vizinhança da coisa tombada, fazer construção que lhe impeça ou reduza a visibilidade, nem nela colocar anúncios ou cartazes.
IV. Pelo fato das coisas tombadas permanecerem no domínio e posse de seus titulares, o tombamento não é passível de indenização.
V. O tombamento tanto pode acarretar uma restrição individual quanto uma restrição geral.
A análise permite concluir que estão CORRETAS

(A) I, III e V.
(B) I, II e III.
(C) II, IV e V.
(D) Todas.

I: correta. De fato, o tombamento consiste em um procedimento administrativo vinculado, posto que tem suas bases disciplinadas em Lei (Decreto-lei 25/1937), com fases bem definidas, resultando, ao final, na inscrição do bem no respectivo Livro; II: correta (art. 23, III e IV, da CF); III: correta (art. 18 do Decreto-lei 25/1937); IV: incorreta. De fato, o tombamento não implica na transferência da propriedade ao ente que o tenha instituído, razão pela qual, como regra, é incabível a indenização. Porém, se demonstrado que o ato produziu restrição efetiva ao exercício da propriedade, ou que trouxe prejuízos concretos, será possível que a pessoa atingida busque indenização (STJ, REsp 401.264, de 05.09.2002; REsp 1.129.103, de 2011); V: a assertiva foi considerada incorreta pela banca examinadora. Contudo, na docência de Hely Lopes Meirelles, "*O tombamento tanto pode acarretar uma restrição individual quanto uma limitação geral. É restrição individual quando atinge determinado bem – uma casa, por exemplo – reduzindo os direitos do proprietário ou impondo-lhes encargos; é limitação geral quando abrange uma coletividade, obrigando-a a respeitar padrões urbanísticos ou arquitetônicos, como ocorre com o tombamento de locais históricos ou paisagísticos (...)*" (*Direito administrativo brasileiro*, 6. ed., São Paulo: Revista dos Tribunais, p. 589 e 533).
Gabarito "B".

(Ministério Público/PI – 2012 – CESPE) Conforme a CF, constituem patrimônio cultural brasileiro

(A) os bens de natureza material e imaterial, tomados individualmente ou em conjunto, portadores de referência à identidade, à ação e à memória dos diferentes grupos formadores da sociedade brasileira, entre os quais se incluem as formas de expressão e os modos de criar, fazer e viver.
(B) os bens de natureza material por meio dos quais as criações artísticas, científicas e tecnológicas dos povos tradicionais expressem o *ethos* nacionalista da sociedade brasileira.
(C) os conjuntos urbanos, as áreas de grilagem, os sítios de valor histórico, paisagístico, artístico e arqueológico, de natureza imaterial, portadores de referência à identidade, à memória e à ação das gerações passadas, formadoras da sociedade brasileira, entre os quais se incluem as zonas de uso estritamente industrial, as áreas habitacionais, as áreas de proteção ambiental, as reservas da biosfera e os parques públicos.
(D) os bens de natureza material e imaterial que veiculem as formas de ação, criação e existência das diversas raças formadoras da sociedade brasileira, em suas dimensões antropológicas, etnográficas, deontológicas e sociointeracionistas, tais como a culinária, a música, o folclore, a indumentária e as prosódias.
(E) as manifestações artísticas e culturais de natureza exclusivamente material que expressem os posicionamentos políticos dos grupos formadores da sociedade brasileira, por meio dos quais os valores, crenças, ideologias e mitologias dos grupos minoritários que representam a identidade nacional interagem com a cultura hegemônica.

A alternativa "A" está correta, pois reflete o disposto no art. 216, *caput*, do CF, ficando as demais excluídas.
Gabarito "A".

(Ministério Público/TO – 2012 – CESPE) Integram o patrimônio cultural

(A) todas as formas de expressão, modos de criar, fazer e viver, bem como as criações científicas, artísticas e tecnológicas, desde que registrados no Ministério da Cultura e(ou) no Ministério da Ciência, Tecnologia e Inovação.
(B) os conjuntos urbanos e sítios de valor histórico, paisagístico, artístico, arqueológico, paleontológico, ecológico e científico, se reconhecidos e tombados pela UNESCO.
(C) as manifestações identitárias de natureza coletiva da nação brasileira e suas derivações históricas, antropológicas e etnográficas, bem como suas estruturas discursivas e sua semiótica.
(D) os bens de natureza material e imaterial, tomados individualmente ou em conjunto, referentes à identidade, à ação, à memória dos diferentes grupos formadores da sociedade brasileira.
(E) as obras, os objetos, os documentos, as edificações e demais espaços destinados às manifestações artístico--culturais, desde que tombados pelo Instituto do Patrimônio Histórico e Artístico Nacional.

De acordo com o art. 216, *caput*, da CF, "*constituem patrimônio cultural brasileiro os bens de natureza material e imaterial, tomados individualmente ou em conjunto, portadores de referência à identidade, à ação, à memória dos diversos grupos formadores da sociedade brasileira*". Incluem-se no conceito de patrimônio cultural: I – as formas de expressão; II – os modos de criar, fazer e viver; III – as criações científicas, artísticas e tecnológicas; IV – as obras, objetos, documentos, edificações e demais espaços destinados às manifestações artístico-culturais; V – os conjuntos urbanos e sítios de valor histórico, paisagístico, artístico, arqueológico, paleontológico, ecológico e científico. Incorretas as alternativas A, B, C e E, visto que vinculam o reconhecimento do patrimônio cultural a formalidades, tais como, reconhecimento pela UNESCO, registro no IPHAN ou Ministério da Cultura.
Gabarito "D".

(Ministério Público/TO – 2012 – CESPE) No que se refere ao tombamento, assinale a opção correta.

(A) O tombamento definitivo dos bens de propriedade particular deve ser, por iniciativa do órgão competente do Serviço do Patrimônio Histórico e Artístico Nacional, transcrito, para os devidos efeitos, em livro a cargo dos oficiais do registro de imóveis e averbado ao lado da transcrição do domínio. No caso de transferência de domínio desses bens, o adquirente deve, dentro do prazo de dois anos, contado a partir da data do depósito, fazê-la constar do registro, ainda que se trate de transmissão judicial ou *causa mortis*.
(B) As coisas tombadas poderão, se o proprietário ou possuidor efetuar a compensação patrimonial do bem atingido, ser destruídas, demolidas ou mutiladas sem prévia autorização do Serviço do Patrimônio Histórico e Artístico Nacional.
(C) As coisas tombadas pertencentes à União, aos estados ou aos municípios só podem ser alienadas por intermédio do Serviço do Patrimônio Histórico e Artístico Nacional.
(D) As obras históricas ou artísticas tombadas pertencentes a pessoas naturais ou jurídicas de direito privado não se sujeitam a nenhum tipo de restrição.

(E) A coisa tombada não pode ser levada para fora do país, senão por curto prazo, sem transferência de domínio e para fim de intercâmbio cultural, a juízo do Conselho Consultivo do Serviço do Patrimônio Histórico e Artístico Nacional.

A: incorreta, pois, nos termos do art. 13, *caput*, e § 1º, do Decreto-lei 25/1937, o tombamento definitivo dos bens de propriedade particular será, por iniciativa do órgão competente do Serviço do Patrimônio Histórico e Artístico Nacional, transcrito para os devidos efeitos em livro a cargo dos oficiais do registro de imóveis e averbado ao lado da transcrição do domínio. No caso de transferência de propriedade desses bens, deverá o adquirente, *dentro do prazo de trinta dias* (e não dois anos, como consta na assertiva!), sob pena de multa de dez por cento sobre o respectivo valor, fazê-la constar do registro, ainda que se trate de transmissão judicial ou *causa mortis*; **B:** incorreta, pois segundo o art. 17 do Decreto-lei 25/1937, as coisas tombadas *não poderão, em caso nenhum ser destruídas, demolidas ou mutiladas*, nem, sem prévia autorização especial do Serviço do Patrimônio Histórico e Artístico Nacional, ser reparadas, pintadas ou restauradas, sob pena de multa de cinquenta por cento do dano causado; **C:** incorreta. As coisas tombadas, que pertençam à União, aos Estados ou aos Municípios, são *inalienáveis por natureza*, só podendo ser transferidas de uma à outra das referidas entidades (art. 11 do Decreto-lei 25/1937); **D:** incorreta. Nos exatos termos do art. 12 do Decreto-lei 25/1937, a alienabilidade das obras históricas ou artísticas tombadas, de propriedade de pessoas naturais ou jurídicas de direito privado, *sofrerá as restrições constantes da referida lei*; **E:** correta, conforme dispõe o art. 14 do Decreto-lei 25/1937.
Gabarito "E".

3. DIREITO AMBIENTAL CONSTITUCIONAL

Segue um resumo com dicas sobre Direito Ambiental Constitucional:

1. A Constituição previu um capítulo para a proteção ambiental, que se materializa no art. 225, cujo *caput* apresenta a seguinte redação: "Todos têm direito ao meio ambiente ecologicamente equilibrado, bem de uso comum do povo e essencial à sadia qualidade de vida, impondo-se ao Poder Público e à coletividade o dever de defendê-lo e preservá-lo para as presentes e futuras gerações"

2. Para a **efetividade do meio ambiente ecologicamente equilibrado**, cabe ao Poder Público: (a) preservar e restaurar os processos ecológicos essenciais e prover o manejo ecológico das espécies e ecossistemas; (b) preservar a diversidade e a integridade do patrimônio genético do País e fiscalizar as entidades dedicadas à pesquisa e manipulação de material genético; (c) definir, em todas as unidades da Federação, espaços territoriais e seus componentes a serem especialmente protegidos, sendo a alteração e a supressão permitidas somente através de lei, vedada qualquer utilização que comprometa a integridade dos atributos que justifiquem sua proteção; (d) exigir, na forma da lei, para instalação de obra ou atividade potencialmente causadora de significativa degradação do meio ambiente, estudo prévio de impacto ambiental, a que se dará publicidade; (e) controlar a produção, a comercialização e o emprego de técnicas, métodos e substâncias que comportem risco para a vida, a qualidade de vida e o meio ambiente; (f) promover a educação ambiental em todos os níveis de ensino e a conscientização pública para a preservação

do meio ambiente; (g) proteger a fauna e a flora, vedadas, na forma da lei, as práticas que coloquem em risco sua função ecológica, provoquem a extinção de espécies ou submetam os animais a crueldade (Art. 225, § 1°, CF).

3. Aquele que explorar recursos minerais fica obrigado a recuperar o meio ambiente degradado, de acordo com solução técnica exigida pelo órgão público competente (art. 225, § 2°, CF)

4. As condutas e atividades consideradas lesivas ao meio ambiente sujeitarão os infratores, pessoas físicas ou jurídicas, a sanções penais e administrativas, independentemente da obrigação de reparar os danos causados (art. 225, § 3°, CF)

5. **Macrorregiões:** a Floresta Amazônica brasileira, a Mata Atlântica, a Serra do Mar, o Pantanal Mato-Grossense e a Zona Costeira são patrimônio nacional, e sua utilização far-se-á dentro de condições que assegurem a preservação do meio ambiente, inclusive quanto ao uso dos recursos naturais (Art. 225, § 4°, CF). Cuidado com a inclusão de outros biomas, tais como o Cerrado e a Caatinga, que não obstante a relevância, não são considerados "patrimônio nacional".

6. São indisponíveis as terras devolutas ou arrecadadas pelos Estados, por ações discriminatórias, necessárias à proteção dos ecossistemas naturais (Art. 225, § 5°, CF).

7. As usinas que operem com reator nuclear deverão ter sua localização definida em lei federal, sem o que não poderão ser instaladas (art. 225, § 6°, CF).

(Procurador da República – 20°) Assinale a alternativa correta:

(A) as usinas que operem reator nuclear terão sua localização definida em lei complementar;
(B) as terras devolutas indispensáveis à preservação ambiental, assim definidas em lei, pertencem à União;
(C) levando em consideração a necessidade de proteção do meio ambiente, o Estado não favorecerá, de modo algum, a organização da atividade garimpeira;
(D) nenhuma das alternativas está correta.

A: incorreta, pois, nos termos do art. 225, § 6°, da CF, "as usinas que operem com reator nuclear deverão ter sua localização definida em lei federal, sem o que não poderão ser instaladas". Portanto, a definição se dá por lei ordinária; **B**: correta, pois, conforme o art. 20, II, da CF, são bens da União as terras devolutas indispensáveis à preservação ambiental; **C**: incorreta. Conforme o art. 174, § 3°, da CF, o Estado favorecerá a organização da atividade garimpeira em cooperativas, levando em conta a proteção do meio ambiente e a promoção econômico-social dos garimpeiros; **D**: incorreta, pois a alternativa "b" está correta.
Gabarito "B".

(Ministério Público/DF – 2013) Quanto ao meio ambiente, NÃO É CORRETO afirmar:

(A) É um bem de uso comum do povo.
(B) O direito à integridade do meio ambiente constitui prerrogativa jurídica de titularidade coletiva, dentro do processo de afirmação dos direitos humanos.
(C) A criação de reserva ambiental pode ser realizada por decreto. A sua alteração ou supressão, entretanto, necessita de lei.
(D) As usinas que operem com reator nuclear deverão ter sua localização definida em lei federal, sem o que não poderão ser instaladas.

(E) É da competência também dos Estados proteger o meio ambiente e combater a poluição em todas as suas formas; não, porém, legislar sobre responsabilidade por dano ao meio ambiente.

A: assertiva correta, por força do art. 225 da CF; **B**: assertiva correta, conforme corrobora a jurisprudência do STF. MS 22.164, Rel. Min. Celso de Mello, Pleno, de 30.11.1995: "o direito à integridade do meio ambiente – típico direito de terceira geração – constitui prerrogativa jurídica de titularidade coletiva, refletindo, dentro do processo de afirmação dos direitos humanos, a expressão significativa de um poder atribuído, não ao indivíduo identificado em sua singularidade, mas, num sentido verdadeiramente mais abrangente, à própria coletividade social"; **C**: assertiva correta, conforme art. 225, § 1°, III, da CF e art. 22 da Lei 9.985/2000; **D**: assertiva correta, por determinação do art. 225, § 6°, da CF; **E**: assertiva incorreta, devendo ser assinalada, pois o artigo 24, VIII, da CF indica a competência concorrente entre União, Estados e Distrito Federal para legislar sobre "responsabilidade por dano ao meio ambiente, ao consumidor, a bens e direitos de valor artístico, estético, histórico, turístico e paisagístico".
Gabarito "E".

(Procurador da República – 22°) A propósito do regime jurídico dos recursos minerais, assinale o item incorreto:

(A) por serem bens da União, a competência legislativa para regular os recursos minerais e seu aproveitamento é federal, muito embora, no que concerne à competência material, a Carta de 1988 tenha-a conferido aos outros níveis de Governo;
(B) as jazidas e demais recursos minerais e os potenciais de energia hidráulica constituem propriedade distinta da do solo, para efeito de exploração ou aproveitamento, e pertencem à União, garantidas ao concessionário e ao proprietário do solo partes iguais do produto da lavra;
(C) de acordo com o texto constitucional, é lícito afirmar que juridicamente há intensidades diversas entre recursos, reservas e riquezas minerais;
(D) entende-se por jazida a massa de substâncias minerais, ou fósseis, existentes no interior ou na superfície da terra e que sejam ou venham a ser valiosas pela indústria, enquanto a mina corresponde a jazida na extensão concedida.

A: correta, pois os recursos minerais, inclusive os do subsolo, são bens da União nos termos do art. 20, IX, da CF. A competência legislativa, portanto, é da União. Assim estabelece o art. 22, XII, da CF. Todavia, a competência material, definida no art. 23 da CF, é comum entre a União, os Estados, o Distrito Federal e os Municípios. O inciso XI do mencionado artigo estabelece, em termos de competência material concorrente, "registrar, acompanhar e fiscalizar as concessões de direitos de pesquisa e exploração de recursos hídricos e minerais em seus territórios"; **B**: incorreta, pois o proprietário tem um direito de participação nos resultados da lavra. A garantia está no art. 176, § 2°, da CF: "É assegurada participação ao proprietário do solo nos resultados da lavra, na forma e no valor que dispuser a lei". A regulamentação está no art. 11, "b", do Decreto-Lei n. 227/1967; **C**: correta, pois os conceitos são distintos. Pode-se dizer que os recursos minerais pertencem à União (CF, art. 20, IX). O recurso mineral transforma-se em um bem jurídico quando se transforma em reserva, uma reserva de recursos minerais. O recurso mineral, extraído das reservas, será transformado em riqueza pela exploração; **D**: correta, pois é o que estabelece o art. 4° do Decreto-Lei 227/1967.
Gabarito "B".

(Ministério Público /ES – 2013 – VUNESP) Determinado Estado--membro da Federação brasileira editou lei ordinária que introduz a exigência de autorização prévia da Assembleia Legislativa para o licenciamento de atividades utilizadoras de recursos ambientais consideradas efetivas e potencialmente poluidoras, bem como capazes, sob qualquer forma, de causar degradação ambiental. Considerando as normas constitucionais relativas ao tema, é correto afirmar que essa Lei Estadual é

(A) inconstitucional, porque a referida lei implica indevida interferência do Poder Legislativo na atuação do Poder Executivo e usurpação de competência da União.
(B) inconstitucional, porque a espécie normativa adequada a veicular a referida matéria é a lei complementar e não a lei ordinária.
(C) constitucional, tendo em vista as disposições constitucionais protetivas do meio ambiente, bem como aquelas que estabelecem as regras de repartição de competências entre os entes da Federação.
(D) inconstitucional, pois essa exigência não poderia ser feita por meio de lei, mas somente por meio de Decreto do Governador do Estado.
(E) constitucional, uma vez que está em sintonia com as normas da Constituição que visam proteger o meio ambiente como bem essencial à sadia qualidade de vida, que impõe ao Poder Público o dever de defendê-lo e preservá-lo para as presentes e futuras gerações.

A: correta. Neste mesmo sentido o STF julgou em 2004 Ação Direta de Inconstitucionalidade 1505 do Estado do Espírito Santo, tendo como relator o Ministro Eros Grau: "Ação Direta de Inconstitucionalidade. Art. 187 da Constituição do Estado do Espírito Santo. Relatório de Impacto Ambiental. Aprovação pela assembleia legislativa. Vício Material. Afronta aos artigos 58, § 2°, e 225, § 1°, da Constituição do Brasil. 1. É inconstitucional preceito da Constituição do Estado do Espírito Santo que submete o Relatório de Impacto Ambiental – Rima – ao crivo de comissão permanente e específica da Assembleia Legislativa. 2. A concessão de autorização para desenvolvimento de atividade potencialmente danosa ao meio ambiente consubstancia ato do Poder de Polícia – Ato da Administração Pública – entenda-se ato do poder Executivo. 3. Ação julgada procedente para declarar inconstitucional o trecho final do § 3° do artigo 187 da Constituição do Estado do Espírito Santo."; **B:** incorreta, pois a inconstitucionalidade não está na espécie da lei mas na interferência do poder legislativo em atividade do poder legislativo; **C:** incorreta, pois a repartição de competência entre os entes federados não alcança a referida matéria e ainda que assim o fosse, não poderia divergir dos termos constitucionais; **D:** incorreta, pois não é a lei ordinária que invalida o ato, mas o desrespeito aos artigos 58, § 2° e 225, § 1° da Constituição Federal; E: incorreta já que a referida lei padece de inconstitucionalidade por usurpar matéria de competência da União.
Gabarito "A".

(Ministério Público/MS – 2013 – FADEMS) Em relação ao direito ambiental, é correto afirmar que:

(A) A Constituição Federal, para assegurar a efetividade ao direito ao meio ambiente ecologicamente equilibrado, determina que cabe ao Poder Público exigir, na forma da lei, para a instalação de todas as obras ou atividades potencialmente causadoras de degradação ambiental, estudo prévio de impacto ambiental, a que se dará publicidade.
(B) O Plano Diretor é um dos instrumentos básicos para o pleno desenvolvimento das funções ambientais da cidade e garantir o bem-estar dos seus habitantes, sendo obrigatório quando o município possui mais de vinte mil habitantes.
(C) É obrigatória a realização de audiências públicas precedendo a implementação de qualquer um dos instrumentos da política ambiental, como modo de garantir a participação da sociedade na política de proteção ambiental.
(D) A localização de usinas que operem com reator nuclear deve ser definida em lei federal e estadual, sem o que não podem ser instaladas.
(E) Para a defesa do direito ao meio ambiente ecologicamente equilibrado, conjuntamente com os demais interesses difusos e coletivos, a Constituição Federal prevê, entre outros: a ação direta de inconstitucionalidade, ação civil pública, ação popular, inquérito civil e compromisso de ajustamento de conduta.

A: incorreta, pois esse estudo é necessário apenas quando as obras ou as atividades são potencialmente causadoras de **significativo** impacto ambiental (art. 225, § 1°, IV, da CF); do contrário, bastará que se faça um licenciamento ambiental simples; **B:** correta (art. 182, § 1°, da CF); **C:** incorreta, pois não há essa determinação na Constituição Federal e também nos artigos correspondentes da Lei de Política Nacional do Meio Ambiente (arts. 9° e ss. da Lei 6.938/1981); **D:** incorreta, pois a localização em questão deve ser definida apenas em lei federal, e não em lei federal e estadual (art. 225, § 6°, da CF); **E:** incorreta, pois o compromisso de ajustamento de conduta não está previsto na CF, apesar de os demais mencionados estarem.
Gabarito "B".

(Ministério Público/RR – 2012 – CESPE) Considerando o direito ambiental constitucional, assinale a opção correta.

(A) Ao estabelecer que todos têm direito ao meio ambiente ecologicamente equilibrado, a CF atribui ao direito ambiental o *status* de direito humano fundamental, sendo, portanto, equivalentes às emendas constitucionais os tratados e convenções internacionais, em matéria ambiental, aprovados em cada Casa do Congresso Nacional, em dois turnos, por três quintos dos votos dos respectivos membros.
(B) A função social da propriedade rural é alcançada quando ela atende, alternativamente, ao requisito de aproveitamento racional, ou à utilização adequada dos recursos naturais disponíveis, com preservação do meio ambiente, ou à exploração que favoreça o bem-estar dos proprietários e dos trabalhadores.
(C) A defesa do meio ambiente é dever do poder público e da coletividade, aos quais compete promover, respectivamente, a educação ambiental em todos os níveis de ensino e a conscientização pública para a preservação do meio ambiente.
(D) A competência legislativa para tratamento dos temas ambientais é privativa da União, como, por exemplo, a criação de normas de direito processual civil coletivo, a desapropriação de imóveis para criação de espaços protegidos, os usos múltiplos de água e a geração de energia e extração mineral.
(E) Constituem patrimônio nacional os sítios de valor ecológico, tais como a floresta amazônica, a mata atlântica, a serra do Mar, o pantanal mato-grossense e a zona costeira.

A: correta. É inegável a natureza de direito humano fundamental do direito ambiental. Afinal, sendo o meio ambiente ecologicamente equilibrado um bem de uso comum do povo, indispensável à sadia qualidade de vida (art. 225, *caput*, da CF), não restam dúvidas quanto à sua natureza jurídica. E assim sendo, os tratados e convenções internacionais em matéria ambiental, aprovados na forma disciplinada pelo art. 5º, § 3º, da CF, terão *status* de emenda constitucional; **B:** incorreta, pois a função social da propriedade rural, nos termos do art. 186 da CF, somente será alcançada quando atender, *simultaneamente*, segundo critérios e graus de exigência estabelecidos em lei, aos seguintes requisitos: I – aproveitamento racional e adequado; II – utilização adequada dos recursos naturais disponíveis e preservação do meio ambiente; III – observância das disposições que regulam as relações de trabalho; e IV – exploração que favoreça o bem-estar dos proprietários e dos trabalhadores; **C:** incorreta, pois é incumbência do Poder Público (e não da coletividade!), nos termos do art. 225, § 1º, VI, "*promover a educação ambiental em todos os níveis de ensino e a conscientização pública para a preservação do meio ambiente*". Frise-se, porém, que é dever do Poder Público e de toda a coletividade a preservação e a defesa da qualidade ambiental para as presentes e futuras gerações (art. 225, *caput*, parte final, da CF), mas, como visto, a educação ambiental, por óbvio, é dever daquele primeiro; **D:** incorreta, pois não é verdadeira a afirmação de que é competência privativa da União legislar sobre temas ambientais. Em verdade, a "proteção geral" do meio ambiente é, no plano legislativo, de competência concorrente da União, Estados e DF, conforme dispõe o art. 24, VI, VII e VIII, da CF; **E:** incorreta. Nos termos do art. 225, § 4º, da CF, são considerados patrimônio nacional a Floresta Amazônica brasileira, a Mata Atlântica, a Serra do Mar, o Pantanal Mato-Grossense e a Zona Costeira, não bastando que haja valor ecológico para que assim sejam considerados. Em outras palavras, a CF, no dispositivo citado, elencou, exaustivamente, quais são os biomas brasileiros tidos como patrimônio nacional.

Gabarito "A"

4. PRINCÍPIOS DO DIREITO AMBIENTAL

Segue um resumo sobre Princípios do Direito Ambiental:

1. **Princípio do Desenvolvimento Sustentável:** é aquele que atende às necessidades do presente sem comprometer a possibilidade de as gerações futuras atenderem as suas próprias necessidades. É através do desenvolvimento sustentável que se compatibiliza o desenvolvimento das atividades econômicas com a proteção ao meio ambiente.

2. **Princípio da função social da propriedade:** o uso da propriedade, urbana ou rural, somente se legitima com o cumprimento da função social. Os critérios para o cumprimento da função social da propriedade urbana encontram-se nos planos diretores (art. 182, § 2º) e da função social da propriedade rural no art. 186 da Constituição Federal.

3. **Princípio da Prevenção:** o princípio aplica-se ao risco conhecido, interpretado como aquele identificado através de pesquisas e informações ambientais ou conhecido porque já ocorreu anteriormente. O direito ambiental é eminentemente preventivo.

4. **Princípio da Precaução:** esse princípio aplica-se ao risco ou perigo em abstrato, desconhecido, decorrente da ausência de informações ou pesquisas científicas conclusivas sobre a potencialidade e os efeitos de uma intervenção no meio ambiente. Tem-se aqui a incerteza científica. Adota-se *in dubio pro ambiente*.

5. **Princípio do Poluidor Pagador:** é um princípio de natureza econômica, que compreende a internalização dos custos ambientais, que devem ser suportados pelo empresário/empreendedor, afastando-os da coletividade. Impõe-se ao empreendedor adotar todas as medidas para evitar as externalidades negativas (gases, efluentes, resí-duos). Ainda que adote todas as medidas de prevenção e o dano ocorra, será o empreendedor obrigado a repará-lo.

6. **Princípio do Usuário Pagador:** o princípio reconhece a necessidade de valoração econômica dos recursos naturais, como, por exemplo, a cobrança pela sua utilização. É caso da água, que é um bem dotado de valor econômico.

7. **Princípio da Informação Ambiental:** é direito da população receber e ter acesso às informações sobre todos os procedimentos, públicos ou privados, que intervenham no meio ambiente. Assim, a população tem o direito de ser informada sobre a qualidade dos bens ambientais, sobre a realização de obras e atividades efetiva e potencialmente poluidoras etc.

8. **Princípio da Participação Comunitária:** é através desse princípio que a população participa (a) das políticas públicas ambientais na esfera administrativa (audiências, consultas públicas etc.); (b) propõe ações judiciais no Poder Judiciário ou (c) votando através dos mecanismos legislativos (plebiscito, referendo e iniciativa popular de lei).

9. **Princípio da obrigatoriedade da intervenção estatal:** *impõe ao Estado o dever de garantir o meio ambiente ecologicamente equilibrado*. O princípio impõe ao poder público a utilização de diversos instrumentos para proteger o meio ambiente, que serão vistos em capítulo próprio.

10. **Princípio da educação ambiental:** *impõe ao poder público o dever de promover a educação ambiental em todos os níveis de ensino e a conscientização pública para a preservação do meio ambiente*. A educação ambiental deve estar presente em todos os níveis de ensino e, que, além do ensino, a educação ambiental deve acontecer através de programas de conscientização pública.

11. **Princípio da ubiquidade:** *impõe que as questões ambientais devem ser consideradas em todas as atividades humanas*. Ubiquidade quer dizer existência concomitantemente em todos os lugares. De fato, o meio ambiente está em todos os lugares, de modo que qualquer atividade deve ser feita com respeito à sua proteção e promoção.

12. **Princípio da equidade geracional:** *princípio que determina que as presentes e futuras gerações têm os mesmos direitos quanto ao meio ambiente ecologicamente equilibrado*. Assim, a utilização de recursos naturais para a satisfação das necessidades atuais não deverá comprometer a possibilidade de as gerações futuras satisfazerem suas necessidades. O princípio impõe, também, equidade na distribuição de benefícios e custos entre gerações, quanto à preservação ambiental.

(Promotor de Justiça – MPE/MS – FAPEC – 2015) Em atenção à proteção do meio ambiente, assinale a alternativa **incorreta**:

(A) O princípio da solidariedade intergeracional busca assegurar que não só as presentes, mas também as futuras gerações possam usufruir dos recursos naturais de forma sustentável.

(B) O princípio da consideração da variável ambiental no processo decisório de políticas de desenvolvimento, com assento no art. 225, §1º, IV, da Constituição Federal, impõe seja levado em conta a variável ambiental em qualquer ação ou decisão, pública ou privada, que possa causar impacto negativo sobre o meio.

(C) A defesa do meio ambiente, inadmitindo o tratamento diferenciado conforme o impacto ambiental dos produtos e serviços e de seus processos de elaboração e prestação, caracteriza-se como princípio constitucional a ser observado pela ordem econômica nos termos do art. 170, VI, da Constituição Federal.

(D) O princípio da participação comunitária na defesa do meio ambiente pressupõe o direito de informação.

(E) O princípio do usuário-pagador caracteriza-se pela imposição ao usuário do conjunto dos custos destinados a tornar possível a utilização do recurso ambiental e os custos advindos de sua utilização com fins econômicos, evitando-se que sejam suportados pelo Poder Público e tampouco por terceiros.

A: Correta. O princípio da solidariedade intergeracional consiste na solidariedade que deve existir entre as gerações presentes e futuras no sentido de preservar o meio ambiente, atuando de forma sustentável a fim de que as próximas gerações possam continuar usufruindo da mesma qualidade ambiental presente. Tal princípio encontra previsão constitucional no art. 225, *caput*, da CF. **B:** Correta. Preceitua tal princípio que seja considerada a variável ambiental nas decisões e atividades dos setores público e privado que tenham o potencial de impacto ambiental negativo. **C:** Incorreta. Nessa assertiva o examinador quis confundir o candidato, já que o erro se encontra na expressão "inadmitido". Dispõe o inciso VI, art. 170, da CF, que é admitido o tratamento diferenciado conforme o impacto ambiental dos produtos e serviços e de seus processos de elaboração e prestação, no meio ambiente. **D:** Correta. O princípio da participação comunitária pressupõe o direito de informação e educação ambiental. **E:** Correta. Nesse contexto, prescreve o inciso VII, art. 4º, da Lei 6.938/81 a respeito da possibilidade de imposição ao usuário, de contribuição pela utilização de recursos ambientais com fins econômicos.
Gabarito "C".

(Procurador da República – PGR – 2015) Qual a alternativa que corresponde ao princípio da prevenção e não ao princípio da precaução em material ambiental:

(A) A falta de certeza científica quanto à provocação de dano ambiental sério ou irreversível por uma atividade indica que esta deve ser controlada, restringida ou proibida.

(B) O dano ambiental conhecido ou provável deve ser corrigido ou evitado na origem, tratando-se desde logo suas causas.

(C) A ausência de certeza científica quanto à possibilidade de dano ambiental não é suficiente para afastar a exigência de medidas para evitá-lo ou restringi-lo.

(D) É ao responsável pelo empreendimento que cabe demonstrar com antecedência e razoável segurança científica que a atividade não provocará dano ambiental insuportável.

A: Incorreta. Reza o princípio da precaução e não o da prevenção que a falta de certeza científica quanto à provocação de danos ambientais, não pode ser escusa à não adoção de medidas eficazes a fim de impedir a degradação. **B:** Correta. O princípio da prevenção impõe à coletividade e ao Poder Público a tomada de medidas prévias para garantir o meio ambiente ecologicamente equilibrado, incidindo nas hipóteses em que se tem certeza de que dada conduta causará dano ambiental. **C:** Incorreta. O preceito que o meio ambiente deve ter em seu favor o benefício da dúvida no caso de incerteza (por falta de provas cientificamente relevantes) sobre o nexo causal entre determinada atividade e um efeito ambiental nocivo, é previsão do princípio da precaução e não da prevenção. **D:** Incorreta. O princípio cabível nessa assertiva é o da precaução e não o princípio da prevenção. Isto é, a inversão do ônus da prova é corolário do princípio da precaução.
Gabarito "B".

(Procurador da República – 26º) Analise os itens abaixo e responda em seguida:

I. A previsão do direito ao meio ambiente sadio e ecologicamente equilibrado, na Constituição brasileira de 1988, identifica-se com a concepção de uma Constituição dirigente. Segundo a qual o Estado deve desempenhar um papel primordial na promoção e na realização de direitos e benefícios titularizados pela coletividade.

II. A concepção econômica de externalidades negativas encontra-se na estrutura dos princípios do poluidor pagador e do usuário pagador, traduzindo a necessidade de internalização dos prejuízos sociais nos custos de produção, de forma a atrair para o empreendedor o dever de adotar medidas de prevenção e controle de possível deterioração de recursos ambientais decorrente de sua atividade produtiva.

III. O princípio do poluidor pagador tem índole exclusivamente reparatória ou ressarcitória, traduzindo a ideia de que o empreendedor que polui deve arcar com os ônus daí decorrentes mediante a adoção de medidas de correção ou reparação do ambiente degradado.

IV. O princípio do poluidor pagador não tem força normativa, representando apenas uma expectativa de entronização no sistema jurídico, despida de carga de coercibilidade.

(A) Os itens II e IV são falsos.
(B) Todos os itens são verdadeiros.
(C) Somente o item III é falso.
(D) Os itens I e II são verdadeiros.

I: verdadeiro, pois se trata do clássico conceito de José Joaquim Gomes Canotilho, na obra *Constituição dirigente e vinculação do legislador*; II: verdadeiro, pois, como ensina Antonio Herman V. Benjamin ("O princípio poluidor-pagador e a reparação do dano ambiental". In: *Dano ambiental: prevenção, reparação e repressão*, Coord. Antonio H. V. Benjamin, São Paulo: Revista dos Tribunais, 1993, p. 229), "o objetivo maior do princípio poluidor-pagador é fazer com que os custos das medidas de proteção do meio ambiente – as externalidades ambientais – repercutam nos custos finais de produtos e serviços cuja produção esteja na origem da atividade poluidora. Em outras palavras, busca-se fazer com que os agentes que originaram as externalidades 'assumam os custos impostos a outros agentes, produtores e/ou consumidores'"; III: falso, pois, como se disse acima, o princípio não tem apenas índole reparatória, sob pena de criar um direito de poluir; IV: falso, pois os princípios têm eficácia normativa. O caráter normativo dos princípios permite que sejam invocados na solução de casos concretos, de tal forma que adquirem, com o pós-positivismo, eficácia normativa.
Gabarito "D".

(Ministério Público/MG – 2013) Assinale a alternativa *INCORRETA* quanto ao princípio da precaução de larga utilização no Direito Ambiental e de Consumo:

(A) Apresenta como requisitos a probabilidade (de que condutas humanas possam causar danos coletivos) e a incerteza científica; portanto serve para enfrentar a crescente subordinação da pesquisa científica aos interesses das corporações conformando a ciência à objetividade, neutralidade e autonomia.

(B) Constatada a existência do risco, cabe realizar uma simbiose ainda desconhecida, não explorada atualmente, entre as ciências naturais e as ciências humanas, entre

a racionalidade da vida cotidiana e racionalidade dos peritos, entre o interesse e a realidade.
(C) Na operabilidade do princípio da precaução, exige-se a conjunção de demais princípios como a proporcionalidade e não discriminação, sem a necessidade de alcançar risco zero, pois se trata de gestão de riscos.
(D) Os elementos psicossociais do princípio da precaução são: incerteza, ignorância e medo.

A: assertiva incorreta, devendo ser assinalada, pois o objetivo deste princípio não é servir de instrumento para enfrentar a subordinação da pesquisa científica aos interesses das corporações, em verdade, a precaução consagrada pelo princípio 15 da Declaração do Rio e a Convenção sobre a Mudança Climática (ECO 92) tem como objetivo evitar a degradação do meio ambiente diante da incerteza científica.
B: assertiva correta, conforme os ensinamentos de Édis Milaré: "a invocação do princípio da precaução é uma decisão a ser tomada quando a informação científica é insuficiente, inconclusiva ou incerta e haja indicações de que os possíveis efeitos sobre o ambiente, saúde das pessoas ou dos animais ou a proteção vegetal possam ser potencialmente perigosos e incompatíveis com o nível de proteção escolhido. (**Direito do Ambiente**. Revista dos Tribunais, 2013. p. 264);
C: assertiva correta, tal qual determina o princípio 15 da Declaração do Rio: "com o fim de proteger o meio ambiente, o princípio da precaução deverá ser amplamente observado pelos Estados, de acordo com suas capacidades. Quando houver ameaça de danos graves ou irreversíveis, a ausência de certeza científica absoluta não será utilizada como razão para o adiamento de medias eficazes e economicamente viáveis para prevenir a degradação ambiental". **D:** assertiva correta, pois o risco do dano, a incerteza do resultado e o receio da não reparação justificam a aplicação do princípio da precaução.
Gabarito "A".

(Ministério Público/MS – 2013 – FADEMS) Analise as proposições abaixo,

I. O princípio da precaução somente estende o conceito de prevenção na perspectiva de uma sociedade de risco, como é a sociedade contemporânea, o que significa que se deve precaver contra todos os possíveis desdobramentos de atividades que causem impactos ambientais já conhecidos e mensurados pela ciência.
II. O princípio do usuário-pagador fundamenta-se num instrumento que busca o uso racional dos recursos naturais, compartilhando a responsabilidade social pelos custos ambientais derivados da atividade econômica e impondo aos que usam recursos naturais a obrigação de pagar pela sua utilização.
III. A função social da propriedade rural e urbana é atendida quando cumpridas as exigências expressas no Plano Diretor.
IV. A Constituição Federal incluiu o princípio da defesa do meio ambiente na ordem econômica, revelando, assim, que o desenvolvimento não pode ser dissociado da proteção ambiental, pois ele sempre produz algum tipo de impacto ao meio ambiente.

São **incorretas**:

(A) Somente as assertivas I e III.
(B) Somente as assertivas II e IV.
(C) Somente as assertivas I, III e IV.
(D) Somente as assertivas I, II e III.
(E) Somente as assertivas II e III.

I: assertiva incorreta, pois há de se precaver não só dos desdobramentos de atividades cujos riscos são conhecidos e mensurados pela ciência (certeza científica – princípio da prevenção), como também dos riscos em que não haja conhecimento ou mensuração precisos pela ciência (incerteza jurídica – princípio da precaução);
II: assertiva correta; princípio do usuário-pagador é aquele pelo qual as pessoas que usam recursos naturais devem pagar por tal utilização. Esse princípio difere do princípio do poluidor-pagador, pois o segundo diz respeito a condutas ilícitas ambientalmente, ao passo que o primeiro se refere a condutas lícitas ambientalmente. Assim, aquele que polui (conduta ilícita) deve reparar o dano, pelo princípio do poluidor-pagador. Já aquele que usa água (conduta lícita) deve pagar pelo seu uso, pelo princípio do usuário-pagador. A ideia é que o usuário pague com o objetivo de incentivar o uso racional dos recursos naturais, além de se fazer justiça, pois há pessoas que usam mais e pessoas que usam menos determinados recursos naturais; **III:** assertiva incorreta, pois a função social da propriedade urbana é que é atendida quando se cumpre o Plano Diretor (art. 182, § 2º, da CF); já a função social em propriedade rural é atendida quando se cumpre os requisitos do art. 186 da CF (aproveitamento racional e adequado, proteção do meio ambiente, respeito às leis trabalhistas, bem-estar de proprietários e trabalhadores); **IV:** assertiva correta (art. 170, VI, da CF).
Gabarito "A".

(Ministério Público/MT – 2012 – UFMT) Qual princípio impõe ao autor potencial a obrigação de provar, com anterioridade, mesmo diante da ausência de certeza científica do dano, que a sua ação não causará danos ao ambiente?

(A) Da precaução
(B) Do poluidor-pagador
(C) Da prevenção
(D) Da equidade intergeracional
(E) Da informação

A alternativa "A" está correta, ficando excluídas as demais. De fato, o enunciado trazido na questão se refere ao princípio da precaução, previsto no princípio 15 da Declaração do Rio ECO/1992, segundo o qual, quando houver perigo de dano grave e irreversível, a falta de certeza científica absoluta não deverá ser utilizada como razão para postergar a adoção de medidas eficazes para impedir a degradação do meio ambiente, cabendo ao interessado o ônus de provar que as intervenções pretendidas não são perigosas e/ou poluentes.
Gabarito "A".

5. COMPETÊNCIA EM MATÉRIA AMBIENTAL

Segue um resumo com dicas sobre competências constitucionais em matéria ambiental:

1. A competência administrativa do art. 23 da CF é comum. Nesse sentido, conforme o art. 23 da Constituição, é competência comum da União, dos Estados, do Distrito Federal e dos Municípios: (...) proteger os documentos, as obras e outros bens de valor histórico, artístico e cultural, os monumentos, as paisagens naturais notáveis e os sítios arqueológicos; IV – impedir a evasão, a destruição e a descaracterização de obras de arte e de outros bens de valor histórico, artístico ou cultural; VI – proteger o meio ambiente e combater a poluição em qualquer de suas formas; VII – preservar as florestas, a fauna e a flora; XI – registrar, acompanhar e fiscalizar as concessões de direitos de pesquisa e exploração de recursos hídricos e minerais em seus territórios.

2. O parágrafo único do art. 23 da CF dispõe que "leis complementares fixarão normas para a cooperação entre a União e os Estados, o Distrito Federal e os Municípios, tendo em vista o equilíbrio do desenvolvimento e do

bem-estar em âmbito nacional". A primeira das leis complementares foi editada com a LC 140/2011, que regulamentou o parágrafo único e os incisos III, VI e VII do art. 23 da CF.

3. A competência legislativa do art. 24 da CF é **concorrente** entre União, Estados e Distrito Federal. Destaca-se que os municípios não estão incluídos no art. 24 da CF. Conforme o art. 24, "compete à União, aos Estados e ao Distrito Federal legislar concorrentemente sobre: (...) VI – florestas, caça, pesca, fauna, conservação da natureza, defesa do solo e dos recursos naturais, proteção do meio ambiente e controle da poluição; VII – proteção ao patrimônio histórico, cultural, artístico, turístico e paisagístico; VIII – responsabilidade por dano ao meio ambiente, ao consumidor, a bens e direitos de valor artístico, estético, histórico, turístico e paisagístico".

4. No âmbito da legislação concorrente, a competência da União limitar-se-á a estabelecer normas gerais e não exclui a competência suplementar dos Estados (Art. 24, § 1°, CF).

5. Inexistindo lei federal sobre normas gerais, os Estados exercerão a competência legislativa plena, para atender a suas peculiaridades. A superveniência de lei federal sobre normas gerais suspende a eficácia da lei estadual, no que lhe for contrário (Art. 24, §§ 2° e 3°, CF).

(Procurador da República – PGR – 2013) Assinale a alternativa correta:

(A) Tendo em vista a repartição de competências prevista na Lei Complementar 140, de 2011, somente a União pode instituir unidades de conservação na região da Amazônia Legal.
(B) A delegação de competência da União para o Estado-membro no tocante ao licenciamento ambiental retira do ente delegante a atribuição de fiscalizar e punir atividades nocivas ao meio ambiente, relativas ao objeto do licenciamento.
(C) Por força do princípio federativo e da autonomia político-administrativa dos entes federados, são indelegáveis as competências relativas ao licenciamento ambiental.
(D) De acordo com o ordenamento jurídico em vigor, o licenciamento ambiental dá-se em um só nível de competência, sob a responsabilidade de um único ente político, sem prejuízo de que outros entes federativos eventualmente interessados se manifestem, sem força vinculante.

A: Incorreta. A Lei Complementar 140/2011, não limita tal competência à União. A competência para instituir unidades de conservação na região da Amazônia Legal, segue a regra geral, ou seja, é do Poder Público, nas 3 esferas, União, Estados e Municípios, respectivamente, art. 7°, X; art. 8°, X; e, art. 9°, X, da Lei Complementar n° 140/2011. **B**: Incorreta. A competência de fiscalizar e punir atividades nocivas ao meio ambiente é comum da União, Estados, Distrito Federal e Municípios, a teor do art. 23, VI, da CF. **C**: Incorreta. A delegação de atribuições de um entre federativo a outro, é um dos instrumentos de cooperação institucional, com previsão no art. 4°, V, da Lei Complementar 140/2011. **D**: Correta. Assertiva em consonância com o art. 13, caput, e § 1°, da Lei complementar 140/2011.

Gabarito "D".

(Procurador da República – 20°) Assinale a alternativa correta:

(A) o combate à poluição, em qualquer de suas formas, é da competência exclusiva da União;
(B) situa-se no âmbito da legislação concorrente a competência para legislar sobre proteção do meio ambiente;
(C) tendo em vista o princípio da descentralização administrativa, é da competência exclusiva dos estados-membros a preservação das florestas;
(D) nenhuma das alternativas está correta.

A: incorreta, pois, nos termos do art. 23, VI, da CF, é competência comum da União, dos Estados, do Distrito Federal e dos Municípios proteger o meio ambiente e combater a poluição em qualquer de suas formas; **B**: correta, conforme item anterior; **C**: incorreta, pois o art. 23, VII, da CF, dispõe que é competência comum da União, dos Estados, do Distrito Federal e dos Municípios preservar as florestas; **D**: incorreta, pois a alternativa "b" é correta.

Gabarito "B".

(Procurador da República – 21°) Examine os itens abaixo e assinale a alternativa *correta*.

I. É inconstitucional o estado-membro editar lei proibindo a comercialização ou estocagem de produto químico nocivo ao meio ambiente quando existe lei com idêntico conteúdo, em nível federal.
II. Lei estadual poderá dispensar o estudo prévio de impacto ambiental no caso de áreas de reflorestamento para fins empresariais.
III. A aplicação de sanção administrativa pela prática de ato lesivo ao meio ambiente não afasta a obrigação de reparar os danos causados.
IV. No exercício da competência concorrente de legislar em relação a meio ambiente, pode o estado-membro legislar sobre localização para instalação de usina nuclear de maneira a preservar o equilíbrio ecológico.

(A) Somente um item está correto;
(B) dois itens estão corretos;
(C) três itens estão corretos;
(D) todos os itens estão corretos.

I: correta, pois assim decidiu o STF, no julgamento da ADI 2.396/MS: "Ação direta de inconstitucionalidade. Lei 2.210/2001, do estado de Mato Grosso do Sul. Ofensa aos artigos 22, I e XII; 25, § 1°; 170, *caput*, II e IV; 1°; 18 e 5° *caput*, II e LIV. Inexistência. afronta à competência legislativa concorrente da União para editar normas gerais referentes à produção e consumo, à proteção do meio ambiente e controle da poluição e a proteção e defesa da saúde. Artigo 24, V, VI e XII e §§ 1° e 2° da Constituição Federal. Não cabe a esta Corte dar a última palavra a respeito das propriedades técnico-científicas do elemento em questão e dos riscos de sua utilização para a saúde da população. Os estudos nesta seara prosseguem e suas conclusões deverão nortear as ações das autoridades sanitárias. Competência do Supremo Tribunal Federal circunscrita à verificação da ocorrência de contraste inadmissível entre a lei em exame e o parâmetro constitucional. Sendo possível a este Supremo Tribunal, pelos fatos narrados na inicial, verificar a ocorrência de agressão a outros dispositivos constitucionais que não os indicados na inicial, verifica-se que ao determinar a proibição de fabricação, ingresso, comercialização e estocagem de amianto ou de produtos à base de amianto, destinados à construção civil, o Estado do Mato Grosso do Sul excedeu a margem de competência concorrente que lhe é assegurada para legislar sobre produção e consumo (art. 24, V); proteção do meio ambiente e controle da poluição (art. 24, VI); e proteção e defesa da saúde (art. 24, XII). A Lei n9.055/1995 dispôs extensamente sobre todos os aspectos que dizem respeito à produção e aproveitamento industrial, transporte e comercialização do amianto crisotila. A legislação impugnada foge, e muito, do que corresponde à legislação suplementar, da qual se espera que preencha vazios ou lacunas deixadas pela legislação federal, não que venha a dispor em diametral objeção a esta. Compreensão que o Supremo Tribunal tem manifestado quando se defronta com hipóteses de competência legislativa concorrente. Precedentes: ADI 903/MG-MC e ADI 1.980/PR-MC, ambas de relatoria do eminente Ministro Celso de Mello. Ação direta de inconstitucionalidade cujo pedido se julga parcialmente procedente para declarar a inconstitucionalidade do artigo 1º e de seus §§ 1º, 2º e 3º, do art. 2º, do art. 3º e §§ 1º e 2º e do parágrafo único do art. 5º, todos da Lei 2.210/2001, do Estado do Mato Grosso do Sul"; **II**: incorreta, pois o STF decidiu que é inconstitucional lei estadual dispensar o EIA nesse caso (ADI 1.086/SC): "Ação direta de inconstitucionalidade. Artigo 182, § 3º, da Constituição do Estado de Santa Catarina. Estudo de impacto ambiental. Contrariedade ao artigo 225, § 1º, IV, da Carta da República. A norma impugnada, ao dispensar a elaboração de estudo prévio de impacto ambiental no caso de áreas de florestamento ou reflorestamento para fins empresariais, cria exceção incompatível com o disposto no mencionado inciso IV do § 1º do artigo 225 da Constituição Federal. Ação julgada procedente, para declarar a inconstitucionalidade do dispositivo constitucional catarinense sob enfoque"; **III**: correta, pois o art. 225, § 3º, da CF, estabelece que as condutas e atividades consideradas lesivas ao meio ambiente sujeitarão os infratores, pessoas físicas ou jurídicas, a sanções penais e administrativas, independentemente da obrigação de reparar os danos causados; **IV**: incorreta, pois o art. 225, § 6º, da CF, estabelece que as usinas que operem com reator nuclear deverão ter sua localização definida em lei federal, sem o que não poderão ser instaladas.

Gabarito "B".

(Ministério Público/Acre – 2014 – CESPE) Considerando a divisão de competências ambientais, a Política Nacional do Meio Ambiente e os instrumentos de proteção ambiental, assinale a opção correta.

(A) Para o cumprimento dos objetivos da Política Nacional do Meio Ambiente, o CONAMA deverá estabelecer normas, critérios e padrões relativos ao controle e à manutenção do meio ambiente, considerando a capacidade de autorregeneração dos corpos receptores e a necessidade do estabelecimento de parâmetros genéricos mensuráveis.
(B) Em se tratando de empreendimentos potencialmente causadores de poluição ambiental que já tenham sido implantados irregularmente, dispensa-se o procedimento de licenciamento ambiental normalmente exigido para o seu funcionamento, exigindo-se em contrapartida indenização civil ambiental pelos danos causados.
(C) A criação de espaços territoriais especialmente protegidos e a servidão ambiental poderão ser instituídas de forma onerosa ou gratuita, temporária ou perpétua, desde que mantido, no mínimo, o mesmo regime da reserva legal.
(D) Para a aprovação de projetos habilitados a financiamento e incentivo governamentais, é facultado ao poder público exigir o licenciamento ambiental e o cumprimento das normas, critérios e padrões ambientais determinados pelo CONAMA.
(E) No âmbito da cooperação entre os entes da Federação, o exercício das competências ambientais legislativas e materiais pelos estados, DF e municípios sujeita-se às normas gerais da União e às determinações do órgão ambiental federal.

A: correta, conforme disposto no art. 7º, XIX, § 3º do Decreto 99.274/1990: "§ 3º Na fixação de normas, critérios e padrões relativos ao controle e à manutenção da qualidade do meio ambiente, o CONAMA levará em consideração a capacidade de autorregeneração dos corpos receptores e a necessidade de estabelecer parâmetros genéricos mensuráveis"; **B**: incorreta, pois não há a dispensa do licenciamento. **C**: incorreta, pois a criação de espaços territoriais especialmente protegidos não segue o mesmo regime de criação da servidão ambiental (art. 9º-A e 9º-B da Lei 6.938/1981); **D**: incorreta, pois não se trata de uma faculdade do poder público e sim uma obrigação, conforme art. 12 da PNMA: "Art. 12 – As entidades e órgãos de financiamento e incentivos governamentais condicionarão a aprovação de projetos habilitados a esses benefícios ao licenciamento, na forma desta Lei, e ao cumprimento das normas, dos critérios e dos padrões expedidos pelo CONAMA. Parágrafo único. As entidades e órgãos referidos no *caput* deste artigo deverão fazer constar dos projetos a realização de obras e aquisição de equipamentos destinados ao controle de degradação ambiental e à melhoria da qualidade do meio ambiente"; **E**: incorreta, pois embora o art. 23, VI e VII, e parágrafo único, da CF determine como competência comum entre União, Estados e Municípios a proteção do meio ambiente, o combate à poluição e preservação das florestas, fauna e flora, no que diz respeito a competência legislativa sobre proteção ambiental, esta será concorrente somente entre União, aos Estados e ao Distrito Federal, (art. 24, VI, VII e VIII da CF).

Gabarito "A".

(Ministério Público/MS – 2013 – FADEMS) À luz da competência para legislar em matéria ambiental, é correto afirmar que:

(A) Em matéria ambiental, não há competência legislativa privativa e suplementar do Município.
(B) Os Estados, no âmbito da legislação concorrente, não podem legislar sobre matéria ainda não tratada pela União.
(C) Compete privativamente à União legislar sobre floresta, caça e pesca, com fulcro no princípio da predominância do interesse.
(D) As normas gerais no âmbito da competência concorrente são atribuídas à União.
(E) Mesmo que exista atuação normativa por parte da União, o Estado-membro também pode tratar das normas gerais que não atendam somente suas peculiaridades.

A: incorreta, pois, em matéria de interesse local, a competência é privativa do Município (art. 30, I, da CF); ademais, o Município pode, sim, suplementar a legislação federal e estadual, no que couber (art. 30, II, da CF); **B**: incorreta, pois, nesse caso (de a União ainda não ter legislado sobre alguma matéria), os Estados podem legislar para atender às suas peculiaridades (art. 24, § 3º, da CF); naturalmente que, uma vez editada uma lei federal geral superveniente sobre o assunto, a legislação estadual correspondente terá sua eficácia suspensa no que for incompatível com a lei federal (art. 24, § 4º, da CF); **C**: incorreta, pois essa competência é concorrente da União, Estados e Distrito Federal (art. 24, VI, da CF); **D**: correta (art. 24, § 1º, da CF); **E**: incorreta, pois, nesse caso (de a União ter produzido normas gerais), o Estado não pode produzir outras normas gerais a título de atender a suas peculiaridades, pois isso só pode acontecer na hipótese de inexistir normas federais (art. 24, § 3º, da CF); porém, nada impede que os Estados suplementem a legislação federal (art. 24, § 2º, da CF), ou seja, tratem de aspecto não abordado na lei federal ou criem normas com vistas à aplicação local da lei federal.

Gabarito "D".

6. LEI DE POLÍTICA NACIONAL DO MEIO AMBIENTE

Segue um resumo de dicas sobre a Política Nacional do Meio Ambiente:

1. **Objetivo Geral:** a Política Nacional do Meio Ambiente tem por objetivo a preservação, melhoria e recuperação da qualidade ambiental propícia à vida, visando assegurar, no País, condições ao desenvolvimento socioeconômico, aos interesses da segurança nacional e à proteção da dignidade da vida humana (art. 2°, *caput,* das Lei 6.938/1981).

2. São **instrumento**s da Política Nacional do Meio Ambiente (art. 9°):

(a) o estabelecimento de padrões de qualidade ambiental;

(b) o zoneamento ambiental;

(c) a avaliação de impactos ambientais;

(d) o licenciamento e a revisão de atividades efetiva ou potencialmente poluidoras;

(e) os incentivos à produção e instalação de equipamentos e a criação ou absorção de tecnologia, voltados para a melhoria da qualidade ambiental;

(f) a criação de espaços territoriais especialmente protegidos pelo Poder Público federal, estadual e municipal, tais como áreas de proteção ambiental, de relevante interesse ecológico e reservas extrativistas;

(g) o sistema nacional de informações sobre o meio ambiente;

(h) o Cadastro Técnico Federal de Atividades e Instrumentos de Defesa Ambiental;

(i) as penalidades disciplinares ou compensatórias ao não cumprimento das medidas necessárias à preservação ou correção da degradação ambiental.

(j) a instituição do Relatório de Qualidade do Meio Ambiente, a ser divulgado anualmente pelo Instituto Brasileiro do Meio Ambiente e Recursos Naturais Renováveis – IBAMA.

(k) a garantia da prestação de informações relativas ao Meio Ambiente, obrigando-se o Poder Público a produzi--las, quando inexistentes;

(l) o Cadastro Técnico Federal de atividades potencialmente poluidoras e/ou utilizadoras dos recursos ambientais.

(m) instrumentos econômicos, como concessão florestal, servidão ambiental, seguro ambiental e outros.

3. A PNMA possui como **objetivos** e visará:

(a) à compatibilização do desenvolvimento econômico--social com a preservação da qualidade do meio ambiente e do equilíbrio ecológico;

(b) à definição de áreas prioritárias de ação governamental relativa à qualidade e ao equilíbrio ecológico, atendendo aos interesses da União, dos Estados, do Distrito Federal, dos Territórios e dos Municípios;

(c) ao estabelecimento de critérios e padrões de qualidade ambiental e de normas relativas ao uso e manejo de recursos ambientais;

(d) ao desenvolvimento de pesquisas e de tecnologias nacionais orientadas para o uso racional de recursos ambientais;

(e) à difusão de tecnologias de manejo do meio ambiente, à divulgação de dados e informações ambientais e à formação de uma consciência pública sobre a necessidade de preservação da qualidade ambiental e do equilíbrio ecológico;

(f) à preservação e restauração dos recursos ambientais com vistas à sua utilização racional e disponibilidade permanente, concorrendo para a manutenção do equilíbrio ecológico propício à vida;

(g) à imposição, ao poluidor e ao predador, da obrigação de recuperar e/ou indenizar os danos causados e, ao usuário, da contribuição pela utilização de recursos ambientais com fins econômicos.

4. Os órgãos e entidades da União, dos Estados, do Distrito Federal, dos Territórios e dos Municípios, bem como as fundações instituídas pelo Poder Público, responsáveis pela proteção e melhoria da qualidade ambiental, constituirão o Sistema Nacional do Meio Ambiente – SISNAMA (art. 6°, Lei 6938/1981). Na verdade, o SISNAMA é o conjunto de órgão e entes responsáveis pela proteção ambiental no país.

5. O SISNAMA possui a seguinte estrutura:

(a) Órgão Superior: O Conselho de Governo, com função de assessorar o Presidente da República na formulação da política nacional e nas diretrizes para o meio ambiente e os recursos ambientais.

(b) Órgão Consultivo e Deliberativo: o Conselho Nacional do Meio Ambiente (CONAMA), com a finalidade assessorar, estudar e propor ao Conselho de Governo, diretrizes de políticas governamentais para o meio ambiente e os recursos naturais e deliberar, no âmbito de sua competência, sobre normas e padrões compatíveis com o meio ambiente ecologicamente equilibrado e essencial à sadia qualidade de vida. Possui poder regulamentar em nível federal.

(c) Órgão Central: O Ministério do Meio Ambiente (MMA), com a finalidade de planejar, coordenar, supervisionar e controlar, como órgão federal, a política nacional e as diretrizes governamentais fixadas para o meio ambiente. **CUIDADO**: O art. 6°, III, da Lei 6.938/1981 consigna como órgão central a Secretaria de Meio Ambiente da Presidência da República e foi o entendimento da questão 01 desse capítulo. Contudo, essa Secretaria foi transformada no Ministério do Meio Ambiente através da Lei 8.490/1992.

(d) Órgão Executor: o Instituto Brasileiro do Meio Ambiente e dos Recursos Naturais Renováveis – IBAMA e o Instituto Chico Mendes de Conservação da Biodiversidade – Instituto Chico Mendes, com a finalidade de executar e fazer executar a política e as diretrizes governamentais fixadas para o meio ambiente, de acordo com as respectivas competências.

(e) Órgãos Seccionais: os órgãos ou entidades estaduais responsáveis pela execução de programas, projetos e pelo controle e fiscalização de atividades capazes de provocar a degradação ambiental.

(f) Órgãos Locais: os órgãos ou entidades municipais, responsáveis pelo controle e fiscalização dessas atividades, nas suas respectivas jurisdições.

(Ministério Público/MG – 2011) A Lei n. 6.938/1981 dispôs sobre a Política Nacional do Meio Ambiente, seus fins e mecanismos de formulação e aplicação. Dentre as questões normativas inseridas, tem-se:

I. O IBAMA é órgão executor, com a finalidade de executar e fazer executar, como órgão federal, a política e diretrizes governamentais fixadas para o meio ambiente.

II. Compete ao CONAMA determinar, quando julgar necessário, a realização de estudos das alternativas e das possíveis consequências ambientais de projetos públicos ou privados, requisitando aos órgãos federais, estaduais e municipais, bem assim a entidades privadas, as informações indispensáveis para apreciação dos estudos de impacto ambiental, e respectivos relatórios, no caso de obras ou atividades de significativa degradação ambiental, especialmente nas áreas consideradas patrimônio nacional.

III. Mediante anuência do órgão ambiental competente, o proprietário rural pode instituir servidão ambiental, pela qual voluntariamente renuncia, em caráter permanente ou temporário, total ou parcialmente, a direito de uso, exploração ou supressão de recursos naturais existentes na propriedade. A servidão ambiental aplica-se às áreas de preservação permanente e de reserva legal.

IV. São alguns dos instrumentos da Política Nacional do Meio Ambiente: o estabelecimento de padrões de qualidade ambiental; o zoneamento ambiental; a avaliação de impactos ambientais; o licenciamento e a revisão de atividades efetiva ou potencialmente poluidoras; os incentivos à produção e instalação de equipamentos e a criação ou absorção de tecnologia, voltados para a melhoria da qualidade ambiental; a criação de espaços territoriais especialmente protegidos pelo Poder Público federal, estadual e municipal, tais como áreas de proteção ambiental, de relevante interesse ecológico e reservas extrativistas; o sistema nacional de informações sobre o meio ambiente; o Cadastro Técnico Federal de Atividades e Instrumentos de Defesa Ambiental.

Está INCORRETA a afirmação:

(A) I.
(B) II.
(C) III.
(D) IV.

I: correta (art. 6º, IV, da Lei 6.938/1981). Atualmente, o Instituto Chico Mendes também é um órgão executor; II: correta (art. 8º, II, da Lei 6.938/1981); III: incorreta (antiga redação do art. 9º-A, § 1º, da Lei 6.938/1981, alterada substancialmente pelo novo regime jurídico dado à servidão ambiental pelo Código Florestal de 2012 – Lei 12.651/2012, que alterou a redação do art. 9º-A e inseriu os arts. 9º-B e 9º-C à Lei 6.938/1981; IV: correta (art. 9º, I a VIII, da Lei 6.938/1981).
Gabarito "C".

(Ministério Público/MS – 2011 – FADEMS) Para os fins da Lei 6.938 de 31 de agosto de 1981 – Lei da Política Nacional do Meio Ambiente é **incorreto** afirmar que:

(A) a degradação da qualidade ambiental é toda alteração adversa das características do meio ambiente;

(B) o meio ambiente é o conjunto de condições, leis, influências e interações de ordem física, química e biológica, que permite, abriga e rege a vida em todas as suas formas;

(C) a poluição é a degradação da qualidade ambiental resultante de atividades que direta ou indiretamente, por exemplo, afetem desfavoravelmente a biota.

(D) a poluição é a degradação da qualidade ambiental resultante de atividades que direta ou indiretamente, por exemplo, prejudiquem a saúde, a segurança e o bem-estar da população;

(E) o poluidor é somente a pessoa física responsável, direta ou indiretamente, por atividade causadora de degradação ambiental.

A: assertiva correta (art. 3º, II, da Lei 6.938/1981); B: assertiva correta (art. 3º, I, da Lei 6.938/1981); C: assertiva correta (art. 3º, III, "c", da Lei 6.938/1981); D: assertiva correta (art. 3º, III, "a", da Lei 6.938/1981); E: assertiva incorreta, pois a pessoa jurídica também pode ser poluidora (art. 3º, IV, da Lei 6.938/1981).
Gabarito "E".

(Procurador da República – PGR – 2013) No tocante aos instrumentos de incentivo à proteção do meio ambiente, analise os itens abaixo e responda em seguida:

I. O ordenamento jurídico admite a adoção de mecanismos de incentivo à conservação ambiental, tais como pagamento ou incentivo a serviços ambientais, com vistas à promoção do desenvolvimento ecologicamente sustentável e à implementação de práticas produtivas sustentáveis.

II. O pagamento por serviços ambientais fundamenta-se na função socioambiental da propriedade, estimulando a produtividade agropecuária e florestal e, ao mesmo tempo, a redução dos impactos ambientais dela decorrentes.

III. O pagamento por serviços ambientais fundamenta-se nos princípios da prevenção e do desenvolvimento sustentável.

IV. Tendo em vista a competência para instituir a Política Nacional do Meio Ambiente e os \amplos reflexos na Economia, somente a União pode autorizar a criação e a implementação de instrumentos econômicos destinados a incentivar a conservação de recursos ambientais.

Responda, agora:

(A) Todos os itens estão corretos.
(B) Os itens III e IV estão errados.
(C) Somente o item IV está errado.
(D) Somente os itens II e III estão corretos.

I: Correta. Inclusive é instrumento da Política Nacional do Meio Ambiente " os incentivos à produção e instalação de equipamentos e a criação ou absorção de tecnologia, voltados para a melhoria da qualidade ambiental" (art. 9º, V, da Lei 6.938/1981). II: Correta. O pagamento por serviços ambientais (PSA) é um tipo de incentivo econômico para quem gerir ecossistemas para melhorar o fluxo de serviços ambientais que prestam. Desta forma, tem-se que o PSA se fundamenta no princípio da função socioambiental da propriedade, no sentido de minimizar os impactos negativos sobre o meio ambiente natural agrário, através da intervenção do Estado no direito de propriedade mediante a promoção de políticas públicas que estimulem a mudança de comportamento do produtor rural a partir da exploração da atividade agrária de forma a respeitar a função social do imóvel. III: Correta. A reparação do dano ambiental, quase sempre é insuficiente. Desta forma, é importante que

a atividade a ser exercida seja pautada em critérios preventivos. De outro lado, o princípio do desenvolvimento sustentável busca ordenar o crescimento com o desenvolvimento, em observância aos limites dos recursos naturais. Desta forma, o PSA fundamenta-se nos princípios da prevenção e do desenvolvimento sustentável. **IV:** Incorreta. A utilização dos instrumentos econômicos não se restringem tão somente a União (art. 9°, da Lei 6.938/1981).
Gabarito "C".

(Ministério Público/PI – 2012 – CESPE) Considerando os princípios e instrumentos da Política Nacional do Meio Ambiente, assinale a opção correta.

(A) Deliberar e normatizar as diretrizes de políticas governamentais para o meio ambiente é função do Conselho Nacional do Meio Ambiente, órgão superior do Sistema Nacional do Meio Ambiente.
(B) Impacto ambiental e dano ambiental são expressões do mesmo aspecto: a degradação do meio ambiente.
(C) O MP exerce sua função judicial, em relação a matéria ambiental, por meio do ajuizamento de ações de responsabilização por danos ambientais e por meio da celebração, com agentes degradadores do meio ambiente, de transações, termos de compromisso e ajustamentos de conduta.
(D) A audiência pública, que antecede o licenciamento ambiental, pode ser solicitada pelo MP, por entidade civil ou por um grupo de, no mínimo, cinquenta cidadãos, sendo possível a realização de mais de uma audiência pública relativa a um só projeto.
(E) A servidão florestal, que tem natureza de direito real sobre coisa alheia, não precisa ser registrada imobiliariamente, apesar de representar uma renúncia do particular quanto ao uso dos recursos naturais do prédio que lhe pertence.

A: incorreta, pois é função do Conselho Nacional do Meio Ambiente, que é órgão consultivo e deliberativo do SISNAMA, e não, órgão superior (art. 6°, II, da Lei 6.938/1981 – PNMA), a de assessorar, estudar e propor ao Conselho de Governo, diretrizes de políticas governamentais para o meio ambiente e os recursos naturais e deliberar, no âmbito de sua competência, sobre normas e padrões compatíveis com o meio ambiente ecologicamente equilibrado e essencial à sadia qualidade de vida. Não se confunde com o CONAMA com o Conselho de Governo, este sim órgão superior do SISNAMA, com a função de assessorar o Presidente da República na formulação da política nacional e nas diretrizes governamentais para o meio ambiente e os recursos ambientais (art. 6°, I, da Lei da PNMA); **B:** incorreta. De acordo com a Resolução CONAMA 01/1986, considera-se impacto ambiental qualquer alteração das propriedades físicas, químicas e biológicas do meio ambiente, causada por qualquer forma de matéria ou energia resultante das atividades humanas que, direta ou indiretamente, afetam: I – a saúde, a segurança e o bem-estar da população; II – as atividades sociais e econômicas; III – a biota; IV – as condições estéticas e sanitárias do meio ambiente; e V – a qualidade dos recursos ambientais. O art. 6°, II, da precitada Resolução, ainda menciona a existência de impactos positivos (portanto, benéficos!), fator suficiente a demonstrar que não se confunde com o dano ambiental, este, sempre, de qualidade negativa, causando, pois, prejuízo (de ordem material e até mesmo moral); **C:** incorreta, pois o Ministério Público não poderá transacionar pura e simplesmente com os degradadores da qualidade ambiental, visto que a transação implica mútuas concessões entre as partes, o que seria inadmissível. Afinal, o meio ambiental é bem de titularidade difusa, e, portanto, indisponível. O que se pode aventar é a transação da forma de cumprimento das normas de proteção ambiental, mas, jamais, o conteúdo. Frise-se, ainda, que seria impossível que em um termo de ajustamento de conduta o Ministério Público "renunciar" a

busca da reparação ambiental, que deverá, como é sabido e ressabido, ser integral; **D:** correta (art. 2° da Resolução CONAMA 09/1987); **E:** incorreta. A servidão florestal (ou servidão ambiental), disciplinada no art. 9°-A da Lei 6.938/1981, com a redação que lhe foi dada pela Lei 12.651/2012 (Novo Código Florestal), consiste no fato de o proprietário ou possuidor de imóvel, pessoa natural ou jurídica, instituir, por instrumento público ou particular ou por termo administrativo firmado perante órgão integrante do SISNAMA, a limitação do uso de toda a sua propriedade ou de parte dela para preservar, conservar ou recuperar os recursos ambientais existentes. O termo que instituir a servidão ambiental deverá ser averbado na matrícula do imóvel, consoante determina o art. 9°-A, § 4°, da Lei da PNMA.
Gabarito "D".

(Ministério Público/PR – 2011) Tendo como base as seguintes assertivas:

I. É competência concorrente da União, Estados e Distrito Federal legislar sobre florestas, caça, pesca, fauna, conservação da natureza, defesa do solo e dos recursos naturais, proteção do meio ambiente e controle da poluição, bem como, sobre responsabilidade por dano ao meio ambiente;
II. Para assegurar a todos o direito ao meio ambiente ecologicamente equilibrado, bem de uso comum do povo e essencial à sadia qualidade de vida, as usinas que operem com reator nuclear deverão ter sua localização definida em lei federal, sem o que não poderão ser instaladas;
III. São considerados patrimônio nacional a Floresta Amazônica brasileira, a Mata Atlântica, a Serra do Mar, o Pantanal Mato-Grossense e a Zona Costeira, os quais somente podem ser utilizados, nos termos da lei, dentro de condições que assegurem a preservação do meio ambiente, inclusive quanto ao uso dos recursos naturais. Consideram-se integrantes do Bioma Mata Atlântica as seguintes formações florestais nativas e ecossistemas associados, com as respectivas delimitações estabelecidas em mapa do Instituto Brasileiro de Geografia e Estatística – IBGE, conforme regulamento: Floresta Ombrófila Densa; Floresta Ombrófila Mista, também denominada de Mata de Araucárias; Floresta Ombrófila Aberta; Floresta Estacional Semidecidual; e Floresta Estacional Decidual, bem como os manguezais, as vegetações de restingas, campos de altitude, brejos interioranos e encraves florestais do Nordeste;
IV. Poluição, na definição legal, é a degradação da qualidade ambiental resultante de atividades que direta ou indiretamente: (i) prejudiquem a saúde, a segurança e o bem-estar da população; (ii) criem condições adversas às atividades sociais e econômicas; (iii) afetem desfavoravelmente a biota; (iv) afetem as condições estéticas ou sanitárias do meio ambiente; e (v) lancem matérias ou energia em desacordo com os padrões ambientais estabelecidos.
V. Fazem parte da estrutura do Sistema Nacional do Meio Ambiente (SISNAMA), dentre outros, o Conselho de Governo, o Conselho Nacional do Meio Ambiente (CONAMA), a Secretaria do Meio Ambiente da Presidência da República e o Instituto Brasileiro do Meio Ambiente e dos Recursos Naturais Renováveis (IBAMA).

É possível afirmar:

(A) Todas as assertivas estão corretas;

(B) Somente as assertivas I, III e V estão corretas;
(C) Somente as assertivas I, II, IV e V estão corretas;
(D) Somente as assertivas I, IV e V estão corretas:
(E) Todas as assertivas estão incorretas.

I: correta (art. 24, VI e VIII, da CF); II: correta (art. 225, § 6°, da CF); III: correta (art. 225, § 4°, da CF, c/c art. 2° da Lei 11.428/2006); IV: correta (art. 3°, III, da Lei 6.938/1981); V: correta (art. 6° da Lei 6.938/1981).
Gabarito "A".

(Ministério Público/RR – 2012 – CESPE) Com relação à Política Nacional do Meio Ambiente, assinale a opção correta.

(A) Compete ao Instituto Brasileiro do Meio Ambiente e dos Recursos Naturais Renováveis estabelecer normas, critérios e padrões relativos ao controle e à manutenção da qualidade do meio ambiente com vistas ao uso racional dos recursos ambientais.
(B) Devido ao princípio da segurança jurídica, é vedado ao poder público exigir que o empreendedor atenda, na elaboração do estudo de impacto ambiental, outras exigências além daquelas expressamente listadas na legislação de regência.
(C) A criação de estações ecológicas federais depende da edição de lei em sentido estrito, oriunda do Poder Legislativo.
(D) Um dos objetivos dessa política é a imposição ao poluidor da obrigação de recuperar ou indenizar os danos que ele causar, devendo arcar com os custos advindos da recomposição ambiental, conforme o princípio do usuário-pagador.
(E) A servidão ambiental é um exemplo de instrumento econômico dessa política.

A: incorreta (art. 6°, IV, da Lei 6.938/1981). Compete ao IBAMA e ao Instituto Chico Mendes de Conservação da Biodiversidade – Instituto Chico Mendes, considerados órgãos executores do SISNAMA, executar e fazer executar, como órgão federal, a política e diretrizes governamentais fixadas para o meio ambiente, não se confundindo com as competências do CONAMA, traçadas no art. 8° da sobredita lei, dentre elas, a de estabelecer normas, critérios e padrões relativos ao controle e à manutenção da qualidade do meio ambiente com vistas ao uso racional dos recursos ambientais, principalmente os hídricos (inciso VII); **B:** incorreta. Em atenção ao princípio da prevenção, poderá o órgão licenciador buscar do empreendedor outras exigências além daquelas previstas na legislação de regência (art. 10, § 2°, da Resolução CONAMA 237/1997); **C:** incorreta. As estações ecológicas, assim como as demais espécies de unidades de conservação, poderão ser criadas por ato do poder público (lei ou ato infralegal), nos termos do art. 22, *caput*, da Lei do SNUC. Assim, a criação de uma unidade de conservação não exige a edição de lei em sentido estrito, mas a sua extinção ou redução de limites a exigirá (art. 225, § 1°, III, da CF e art. 22, § 7°, da Lei 9.985/2000); **D:** incorreta, pois a busca pela recuperação dos danos ambientais provocados pelo poluidor, ou a indenização correspondente, não são facetas do princípio do usuário-pagador, mas, sim, do poluidor-pagador; **E:** correta (art. 9°, XIII, da Lei 6.938/1981).
Gabarito "E".

(Ministério Público/SC – 2012) Analise as assertivas a seguir.

I. A Lei n. 7.661/1988, que Institui o Plano Nacional de Gerenciamento Costeiro, considera Zona Costeira, o espaço geográfico contemplando o ar, o mar e terra, incluindo seus recursos renováveis ou não, abrangendo tão somente a faixa terrestre, definida pelo Plano.

II. O Plano de Gerenciamento Costeiro, para evitar a degradação ou o uso indevido dos ecossistemas, do patrimônio e dos recursos naturais da Zona Costeira, poderá prever a criação de unidades de conservação permanente.
III. Compete ao CONAMA, segundo a Lei n. 6.938/1981, homologar acordos visando à transformação de penalidades pecuniárias na obrigação de executar medidas de interesse para a proteção ambiental.
IV. De acordo com a Lei n. 6.938/1981, cabe ao CONAMA, estabelecer, privativamente, normas e padrões nacionais de controle da poluição por veículos automotores, aeronaves e embarcações, mediante audiência dos Ministérios competentes; bem como, ainda privativamente, estabelecer normas, critérios e padrões relativos ao controle e à manutenção da qualidade do meio ambiente com vistas ao uso racional dos recursos ambientais, principalmente os hídricos.
V. São instrumentos da Política Nacional do Meio Ambiente: as penalidades disciplinares ou compensatórias ao não cumprimento das medidas necessárias à preservação ou correção da degradação ambiental e instrumentos econômicos, como concessão florestal, servidão ambiental, seguro ambiental e outros.

(A) Apenas as assertivas I, II e III estão corretas.
(B) Apenas as assertivas II, III e IV estão corretas.
(C) Apenas as assertivas III, IV e V estão corretas.
(D) Apenas as assertivas II, IV e V estão corretas.
(E) Todas as assertivas estão corretas.

I: incorreta. Segundo dispõe o art. 2°, parágrafo único, da Lei 7.661/1988, considera-se Zona Costeira o espaço geográfico de interação do ar, do mar e da terra, incluindo seus recursos renováveis ou não, abrangendo *uma faixa marítima* e outra terrestre, que serão definidas pelo Plano; II: correta (art. 9° da Lei 7.661/1988); III: incorreta, pois a competência referida na assertiva, constante do art. 8°, IV, da Lei 6.938/1981, foi vetada quando da sanção da Política Nacional do Meio Ambiente; IV: correta (art. 8°, VI e VII, da Lei 6.938/1981); V: correta (art. 9°, IX e XIII, da Lei 6.938/1981).
Gabarito "D".

(Ministério Público/TO – 2012 – CESPE) A respeito do SISNAMA, assinale a opção correta.

(A) Somente o governo federal possui direito a voto na plenária do CONAMA.
(B) Não compõem o SISNAMA as secretarias de meio ambiente dos municípios.
(C) O CONAMA, órgão colegiado do SISNAMA, possui funções consultivas e deliberativas.
(D) O IBAMA não é mais o órgão executor do SISNAMA desde a criação do ICMBio.
(E) A presidência do CONAMA é exercida pelo ministro chefe da Casa Civil.

A: incorreta, pois outros integrantes do Plenário do CONAMA também têm direito a voto, dentre eles, os governos estaduais e municipais (art. 5° do Decreto federal 99.274/1990); **B:** incorreta, pois as secretarias municipais de meio ambiente são órgãos locais integrantes do SISNAMA (art. 6°, VI, da Lei 6.938/1981); **C:** correta (art. 6°, II, da Lei 6.938/1981); **D:** incorreta. O IBAMA é, sim, órgão executor do SISNAMA (art. 6°, IV, da Lei 6.938/1981), ao lado do ICMBio, também órgão executor do SISNAMA, autarquia federal criada pela Lei 11.516/2007; **E:** incorreta. O Presidente do CONAMA é o Ministro do Meio Ambiente (art. 5° do Decreto federal 99.274/1990).
Gabarito "C".

(Ministério Público/TO – 2012 – CESPE) Os instrumentos da Política Nacional do Meio Ambiente incluem o

(A) licenciamento ambiental, o zoneamento ecológico e o plano de manejo econômico das florestas.
(B) estudo de impacto ambiental e o manejo seletivo das espécies endêmicas.
(C) relatório de impacto ambiental e o desenvolvimento de pesquisas biotecnológicas.
(D) zoneamento ambiental e o projeto de desenvolvimento de pesquisa biomarinha.
(E) licenciamento ambiental e o zoneamento ambiental.

A: incorreta, pois não se incluem entre os instrumentos da Política Nacional do Meio Ambiente, indicados no art. 9º da Lei 6.938/1981, o plano de manejo econômico das florestas; **B:** incorreta, pois o manejo seletivo das espécies endêmicas não é instrumento da Política Nacional do Meio Ambiente (art. 9º da Lei 6.938/1981); **C:** incorreta, pois o relatório de impacto ambiental não é, propriamente, um instrumento da Política Nacional do Meio Ambiente, mas, sim, uma decorrência da avaliação dos impactos ambientais, estes sim, instrumentos (art. 9º, III, da Lei 6.938/1981). Também não se inclui como instrumento da PNMA o desenvolvimento de pesquisas biotecnológicas; **D:** incorreta. O zoneamento ambiental é instrumento da PNMA (art. 9º, II, da Lei 6.938/1981), mas o projeto de desenvolvimento de pesquisa biomarinha, não; **E:** correta. Licenciamento ambiental e zoneamento ambiental figuram, expressamente, como instrumentos da PNMA (art. 9º, II e IV, da Lei 6.938/1981).

Gabarito "E".

7. INSTRUMENTOS DA POLÍTICA NACIONAL DO MEIO AMBIENTE

7.1. LICENCIAMENTO AMBIENTAL E EIA/RIMA

Para resolver as questões sobre Licenciamento Ambiental e EIA/RIMA, segue um resumo da matéria:

O **licenciamento ambiental** pode ser **conceituado** como *o procedimento administrativo destinado a licenciar atividades ou empreendimentos utilizadores de recursos ambientais, efetiva ou potencialmente poluidores ou capazes, sob qualquer forma, de causar degradação ambiental* (art. 2º, I, da Lei Complementar 140/2011). Assim, toda vez que uma determinada atividade puder causar degradação ambiental, além das licenças administrativas pertinentes, o responsável pela atividade deve buscar a necessária licença ambiental também.

Há três **espécies** de licenciamento ambiental (art. 19 do Decreto 99.274/1990):

a) **Licença Prévia (LP):** *é o ato que aprova a localização, a concepção do empreendimento e estabelece os requisitos básicos a serem atendidos nas próximas fases*; trata-se de licença ligada à fase preliminar de planejamento da atividade, já que traça diretrizes relacionadas à localização e instalação do empreendimento.

b) **Licença de Instalação (LI):** é o *ato que autoriza a implantação do empreendimento, de acordo com o projeto executivo aprovado*. Depende da demonstração de possibilidade de efetivação do empreendimento, analisando o projeto executivo e eventual estudo de impacto ambiental. Essa licença autoriza as intervenções no local. Permite que as obras se desenvolvam.

c) **Licença de Operação (LO):** *é o ato que autoriza o início da atividade e o funcionamento de seus equipamentos de controle de poluição, nos termos das licenças anteriores*. Aqui, o empreendimento já está pronto e pode funcionar. A licença de operação só é concedida se for constatado o respeito às condicionantes das licenças anteriores.

É importante ressaltar que a **licença ambiental**, diferentemente da licença administrativa (por ex., licença para construir uma casa), apesar de normalmente envolver competência vinculada, tem prazo de validade definida e não gera direito adquirido para seu beneficiário. Assim, de tempos em tempos, a licença ambiental deve ser renovada. Além disso, mesmo que o empreendedor tenha cumprido os requisitos da licença, caso, ainda assim, tenha sido causado dano ao meio ambiente, a existência de licença em seu favor não o exime de reparar o dano e de tomar as medidas adequadas à recuperação do meio ambiente.

O **licenciamento ambiental**, como se viu, é obrigatório para todas as atividades que utilizam recursos ambientais, em que há possibilidade de se causar dano ao meio ambiente. Em processos de licenciamento ambiental é comum se proceder a Avaliações de Impacto Ambiental (AIA). Há, contudo, atividades que, potencialmente, podem causar danos *significativos* ao meio ambiente, ocasião em que, além do licenciamento, deve-se proceder a uma AIA mais rigorosa e detalhada, denominada Estudo de Impacto Ambiental (EIA), que será consubstanciado no Relatório de Impacto Ambiental (RIMA).

O **EIA** pode ser **conceituado** como *o estudo prévio das prováveis consequências ambientais de obra ou atividade, que deve ser exigido pelo Poder Público, quando estas forem potencialmente causadoras de significativa degradação do meio ambiente* (art. 225, § 1º, IV, CF).

Destina-se a averiguar as alterações nas propriedades do local e de que forma tais alterações podem afetar as pessoas e o meio ambiente, o que permitirá ter uma ideia acerca da viabilidade da obra ou atividade que se deseja realizar.

O Decreto 99.274/1990 conferiu ao CONAMA atribuição para traçar as regras de tal estudo. A Resolução 1/1986, desse órgão, traça tais diretrizes, estabelecendo, por exemplo, um rol exemplificativo de atividades que devem passar por um EIA, apontando-se, dentre outras, a implantação de estradas com duas ou mais faixas de rolamento, de ferrovias, de portos, de aterros sanitários, de usina de geração de eletricidade, de distritos industriais etc.

O EIA trará conclusões quanto à fauna, à flora, às comunidades locais, dentre outros aspectos, devendo ser realizado por equipe multidisciplinar, que, ao final, deverá redigir um relatório de impacto ambiental (RIMA), o qual trará os levantamentos e conclusões feitos, devendo o órgão público licenciador receber o relatório para análise das condições do empreendimento.

O empreendedor é quem **escolhe** os componentes da equipe e é quem **arca** com os custos respectivos. Os profissionais que farão o trabalho terão todo interesse em agir com correção, pois fazem seus relatórios sob as penas da lei. Como regra, o estudo de impacto ambiental e seu relatório são **públicos**, podendo o interessado solicitar sigilo industrial fundamentando o pedido.

(Promotor de Justiça – MPE/AM – FMP – 2015) Sobre o licenciamento ambiental no sistema jurídico brasileiro, analise as assertivas abaixo:

I. O estudo de impacto ambiental e respectivo relatório são imprescindíveis para toda atividade potencialmente poluidora.

II. De acordo com a lei complementar que rege as competências em matéria de licenciamento ambiental, a atuação supletiva é a ação do ente da Federação que se substitui ao ente federativo originariamente detentor das atribuições, ao passo que a atuação subsidiária é tida como a ação do ente da Federação que visa a auxiliar no desempenho das atribuições decorrentes das competências comuns, quando solicitado pelo ente federativo originariamente detentor das atribuições definidas na mesma lei.

III. Compete ao órgão ambiental federal, dentre outras atribuições, promover o licenciamento ambiental de empreendimentos e atividades localizados ou desenvolvidos conjuntamente no Brasil e em país limítrofe e nas unidades de conservação instituídas por qualquer ente estatal.

Quais das assertivas acima estão corretas?

(A) Apenas a I e III.
(B) Apenas a I e II.
(C) Apenas a II.
(D) Apenas a II e III.
(E) I, II e III.

I: Incorreta. O estudo de impacto ambiental e respectivo relatório não são imprescindíveis para toda atividade potencialmente poluidora, mas somente àquelas consideradas efetiva ou potencialmente causadoras de significativa degradação do meio ambiente (art. 225, § 1°, IV, da CF); II: Correta. Nos termos do art. 2°, II e III, da Lei Complementar 140/2011, respectivamente: "atuação supletiva: ação do ente da Federação que se substitui ao ente federativo originariamente detentor das atribuições, nas hipóteses definidas nesta Lei Complementar"; e "atuação subsidiária: ação do ente da Federação que visa a auxiliar no desempenho das atribuições decorrentes das competências comuns, quando solicitado pelo ente federativo originariamente detentor das atribuições definidas nesta Lei Complementar"; III: Incorreta. A teor do disposto no art. 7°, XIV, "a" e "d", da Lei Complementar 140/2011.
„Gabarito "C".

(Procurador da República – PGR – 2015) Atente para as seguintes afirmações relacionadas à audiência pública:

I. As audiências públicas são uma forma de assegurar a participação popular na condução dos interesses públicos, ainda que as deliberações, opiniões, sugestões, críticas ou informações nela emitidas não sejam vinculantes para o Ministério Público.

II. Quando a realização de audiência pública referente ao estudo prévio de impacto ambiental e respectivo relatório for requerida pelo Ministério Público, a rejeição precisa ser devidamente fundamentada.

III. O Ministério Público poderá receber auxílio de entidades públicas para custear a realização de audiências públicas, mediante termo de cooperação ou procedimento específico, com a devida prestação de contas.

IV. Audiências públicas correspondem ao princípio republicano, inclusive porque buscam a adoção da melhor alternativa, e ao princípio democrático, pois permitem a participação popular.

V. Estão previstas audiências públicas em âmbito municipal em relação a implantação de empreendimentos com efeitos potencialmente negativos sobre o meio ambiente natural ou construído.

Assinale a alternativa certa:

(A) Corretas estão apenas as afirmações I, II, III e IV.
(B) Corretas estão apenas as afirmações I, II e V.
(C) Corretas estão apenas as afirmações III, IV e V.
(D) Corretas estão apenas as afirmações I, III, IV e V.

I: Correta. As audiências públicas tratam-se de instrumentos do princípio democrático, que asseguram ao cidadão a possibilidade de participar das políticas públicas ambientais. II: Incorreta. Nos termos do § 2°, art. 2°, da Resolução CONAMA 9/1997: "No caso de haver solicitação de audiência pública e na hipótese do Órgão Estadual não realizá-la, a licença concedida não terá validade", ou seja, uma vez requerida a realização de audiência pública, por qualquer dos legitimados (art. 2°, da Resolução CONAMA 9/1997), ela deverá ocorrer, sob pena de invalidade da licença se concedida. III: Correta. Trata-se de transcrição do § 2°, art. 1°, da Resolução CNMP 82/2012. IV: Correta. Dispõe o § 1°, art. 1°, da Resolução CNPM 82/2012, que "As audiências públicas serão realizadas na forma de reuniões organizadas, abertas a qualquer cidadão, representantes dos setores público, privado, da sociedade civil organizada e da comunidade, para discussão de situações das quais decorra ou possa decorrer lesão a interesses difusos, coletivos e individuais homogêneos, e terão por finalidade coletar, junto à sociedade e ao Poder Público, elementos que embasem a decisão do órgão do Ministério Público quanto à matéria objeto da convocação ou para prestar contas de atividades desenvolvidas". Desta forma, têm-se que as audiências públicas correspondem ao princípio republicano, já que este implica no estabelecimento do bem comum do povo sempre acima de interesses particulares, e também correspondem ao princípio democrático, pois encontra-se assegurada a participação dos cidadãos. V: Correta. As audiências públicas do Poder Público municipal e da população interessada na implantação de empreendimentos ou atividades com efeitos potencialmente negativos ao meio ambiente natural ou construído, trata-se de uma das diretrizes gerais das políticas urbanas (art. 2°, XIII, da Lei 10.257/2001).
„Gabarito "D".

(Procurador da República – 26º) Analise os itens abaixo e responda a seguir:

I. O licenciamento ambiental constitui procedimento administrativo submetido aos princípios da publicidade e da participação comunitária, sendo a audiência pública, cujo resultado vincula a Administração no tocante à fase decisória, uma das importantes manifestações desses princípios.

II. As atividades cujo licenciamento depende de realização de estudo prévio de impacto ambiental são definidas em lei ou ato regulamentar, de forma taxativa, ficando a Administração vinculada a essas hipóteses, e não podendo dispensá-lo, sob pena de configuração de improbidade administrativa.

III. O licenciamento ambiental constitui procedimento de índole preventiva, com o objetivo de gerar um ato-condição para a construção, instalação, ampliação e funcionamento de estabelecimento ou atividades que utilizem recursos ambientais ou que sejam potencialmente causadoras de degradação ambiental.

IV. Em se tratando de atividades ou obras potencialmente causadoras de significativa degradação do meio ambiente, a ausência de estudo prévio de impacto ambiental vicia o procedimento de licenciamento, sujeitando-o a nulidade

(A) Os itens III e IV são verdadeiros.
(B) Todos os itens são verdadeiros.
(C) Os itens II e III são verdadeiros.
(D) Todos os itens são falsos.

I: falso, pois O art. 2º da Resolução CONAMA n. 9/1987 estabelece quem pode solicitar a audiência pública: "Sempre que julgar necessário, ou quando for solicitado por entidade civil, pelo Ministério Público, ou por 50 (cinquenta) ou mais cidadãos, o Órgão do Meio Ambiente promoverá a realização de Audiência Pública". O erro está no fato de se afirmar que administração ambiental deve acatar as conclusões da audiência pública, no que se refere ao deferimento ou não da licença. Afinal, todo o processo de licenciamento ambiental fornece informações para a decisão final da autoridade competente, que será fundamentada; II: falso, pois os critérios para a exigibilidade do EIA/RIMA estão previstos no art. 2º da Resolução CONAMA n. 237/1997: "Art. 2º – A localização, construção, instalação, ampliação, modificação e operação de empreendimentos e atividades utilizadoras de recursos ambientais consideradas efetiva ou potencialmente poluidoras, bem como os empreendimentos capazes, sob qualquer forma, de causar degradação ambiental, dependerão de prévio licenciamento do órgão ambiental competente, sem prejuízo de outras licenças legalmente exigíveis. § 1º Estão sujeitos ao licenciamento ambiental os empreendimentos e as atividades relacionadas no Anexo 1, parte integrante desta Resolução. § 2º Caberá ao órgão ambiental competente definir os critérios de exigibilidade, o detalhamento e a complementação do Anexo 1, levando em consideração as especificidades, os riscos ambientais, o porte e outras características do empreendimento ou atividade"; III: verdadeiro, pois a Constituição Federal consigna a exigência de licenciamento PRÉVIO para as atividades efetiva e potencialmente poluidoras (art. 225, § 1º, IV). Portanto, fica evidente o caráter preventivo do licenciamento ambiental, que também é um instrumento da política nacional do meio ambiente (Lei n. 6.938/1981, art. 9º, IV); IV: verdadeiro, pois a exigência de estudo prévio de impacto ambiental consta da Lei Maior (art. 225, § 1º, IV). Por isso, pode ser impugnado o processo de licenciamento ambiental se não forem realizados os necessários estudos prévios (EPIA) e o respectivo relatório de impactos ambientais (RIMA).
Gabarito "A".

(Procurador da República – 24º) Após a concessão de licença prévia pela secretaria de meio ambiente estadual, para a construção de uma usina hidrelétrica, o instituto brasileiro do meio ambiente e dos recursos naturais renováveis (IBAMA) e a fundação nacional do índio (FUNAI) notificam o empreendedor para que complete o estudo de impacto ambiental em relação à população indígena que pode ser afetada. Antes do término do prazo para a complementação, a secretaria estadual concede ao empreendedor licença de instalação.

Sobre esta situação, qual a alternativa correta:

(A) o órgão estadual não poderia conceder licença de instalação antes da licença de operação;
(B) eventuais deficiências do estudo de impacto ambiental não se discutem mais, a partir do momento em que se concede a licença de instalação;
(C) é possível invalidar a licença prévia mesmo tendo sido concedida a licença de instalação;
(D) não se pode fazer exigências relativas a interesses da União, pois o empreendimento foi submetido a órgão estadual.

A: incorreta, pois a licença de instalação antecede a licença de operação, nos termos da Resolução n. 237/1997 do CONAMA; B: incorreta, pois a autorização emitida pelo órgão ambiental não é absoluta e nem imutável. Conforme Paulo Affonso Leme Machado (*Direito ambiental brasileiro*, 8ª ed., São Paulo: Malheiros, 2000, p. 243), a licença tem natureza jurídica de autorização: "Além do art. 10 e seu § 1º da Lei 6.938/1981, (Redação dada pela Lei Complementar n. 140/2011) (...), é de se apontar também a redação do art. 9º, que, ao tratar dos instrumentos da Política Nacional do Meio Ambiente, previu, no inc. IV, 'o licenciamento e a revisão de atividades efetiva ou potencialmente poluidoras'. Assim, tanto o termo 'renovação' como o termo 'revisão' indicam que a Administração Pública pode intervir periodicamente para controlar a qualidade ambiental da atividade licenciada. Não há na 'licença ambiental' o caráter de ato administrativo definitivo; e, portanto, com tranquilidade, pode-se afirmar que o conceito de 'licença', tal como o conhecemos no Direito Administrativo brasileiro, não está presente na expressão 'licença ambiental'". Acrescenta Paulo de Bessa Antunes (Direito ambiental, 5ª ed., Rio de Janeiro: Lumen Juris, 2001, p. 101-102): "A licença ambiental não pode ser entendida como se fosse uma simples licença de Direito Administrativo. Assim é porque as licenças de Direito Administrativo, uma vez concedidas, passam à condição de direito adquirido para aquele que as recebeu". E é evidente que não pode existir um direito adquirido de poluir, considerando que o bem ambiental é um bem difuso, de uso comum do povo e que a defesa do meio ambiente é dever de todos, administradores e administrados. Assim, o ato do administrador não poderia prejudicar a comunidade, gerando um direito adquirido ao empreendedor, pois estaria o administrador dispondo de coisa que não lhe pertence, de um bem de uso comum do povo. Aliás, a legislação é expressa no sentido de que a licença segue a cláusula *rebus sic stantibus* e não a *pacta sunt servanda*. A propósito, o artigo 19 da Resolução CONAMA 237/1997 estabelece que o órgão ambiental competente, mediante decisão motivada, poderá modificar os condicionantes e as medidas de controle e adequação, suspender ou cancelar uma licença expedida; **C**: correta, conforme as ponderações feitas em relação à alternativa anterior; **D**: incorreta, pois, nos termos do art. 5º, parágrafo único, da Resolução n. 237/1997 do CONAMA e art. 8º da Lei Complementar n. 140/2011, "o órgão ambiental estadual ou do Distrito Federal fará o licenciamento de que trata este artigo após considerar o exame técnico procedido pelos órgãos ambientais dos Municípios em que se localizar a atividade ou empreendimento, bem como, quando couber, o parecer dos demais órgãos competentes da União, dos Estados, do Distrito Federal e dos Municípios, envolvidos no procedimento de licenciamento".
Gabarito "C".

(Ministério Público/GO – 2012) Sendo o licenciamento ambiental instrumento preventivo de proteção do meio ambiente, é incorreto afirmar:

(A) extrai-se da Lei Complementar n. 140/2011 dois princípios básicos: 1) o licenciamento ambiental é uno, sendo absolutamente vedada a duplicidade de licenciamento do mesmo empreendimento ou atividade; e, 2) somente quem licenciou o empreendimento ou atividade possui competência para lavrar auto de infração em caso de infração administrativa ambiental;
(B) na definição da competência da União para o licenciamento ambiental, o legislador utilizou 03 critérios: o da titularidade do bem; o da abrangência do impacto ambiental; e, o critério da natureza da matéria a ser licenciada. Logo, é competência da União o licenciamento ambiental de empreendimento localizado ou desenvolvido: a) no mar territorial; b) em dois ou mais Estados; c) que disponha sobre material radioativo ou utilize energia nuclear;
(C) quanto à competência dos Estados, o legislador utilizou um critério de exclusão para defini-lo como competente para licenciar os empreendimentos que não são de competência da União e dos Municípios, associado ao critério de titularidade do bem quando se tratar de empreendimento localizado ou desenvolvido em unidades de conservação instituída pelo Estado,

exceto em relação à Área de Proteção Ambiental que observa critérios próprios;

(D) compete à União a aprovação do funcionamento de criadouros da fauna silvestre, haja vista a definição da fauna silvestre como bem exclusivo da União.

A: correta (art. 15, 16 e 17, da LC 140/2011); **B:** correta (art. 7º, XIV, da LC 140/2011); **C:** correta (art. 8º, XV, e art. 12, parágrafo único, da LC 140/2011); **D:** incorreta, pois cabe ao Estado a aprovação do funcionamento de criadouros da fauna silvestre (art. 8º, XIX, da LC 140/2011).
Gabarito "D".

(Ministério Público/MT – 2012 – UFMT) Sobre licenciamento ambiental, analise as assertivas abaixo.

I. O prévio licenciamento ambiental apenas é obrigatório nos casos em que as obras e atividades sejam consideradas efetiva ou potencialmente poluidoras, cabendo ao órgão licenciador definir, discricionariamente, se o Estudo de Impacto Ambiental é necessário ou não.

II. Pode o órgão ambiental competente, mediante decisão motivada, modificar as condicionantes e as medidas de controle e adequação, bem como suspender ou cancelar uma licença expedida, quando ocorrer superveniência de graves riscos ambientais e de saúde.

III. O licenciamento ambiental de empreendimentos e atividades de impacto ambiental local compete ao órgão municipal, ouvidos os órgãos competentes da União, dos Estados e do Distrito Federal, quando couber.

IV. O critério da dominialidade incidente sobre um recurso natural tem o condão de definir a competência para o licenciamento ambiental, de modo que a atividade de mineração deve ser licenciada pela União.

Está correto o que se afirma em:

(A) I e IV.
(B) I e III.
(C) II e IV.
(D) III e IV.
(E) II e III.

I: incorreta, pois dependerão de prévio licenciamento ambiental a construção, instalação, ampliação e funcionamento de estabelecimentos e atividades utilizadores de recursos ambientais, efetiva ou potencialmente poluidores ou capazes, sob qualquer forma, de causar degradação ambiental (art. 10, da Lei 6.938/1981, com redação dada pela Lei Complementar 140, de 2011 e art. 1º da Resolução CONAMA 237/1997), sendo que não há discricionariedade quanto àquelas expressamente previstas no Anexo 1 da Resolução CONAMA 237/1997; II: correta (art. 19 da Resolução CONAMA 237/1997); III: correta (art. 9º, XIV, "a", da LC 140/2011); IV: incorreta. A Lei Complementar 140/2011 regula as competências ambientais comuns entre a União, os Estados, o Distrito Federal e os Municípios, especialmente no que concerne ao licenciamento ambiental, devendo a Resolução CONAMA 237/1997 ser interpretada de acordo com tal diploma legal. Cumpre observar que dois são os critérios definidores da competência material para promover o licenciamento: o critério da dimensão do impacto ou dano ambiental e o critério da dominialidade do bem público afetável (art. 7º, XIV, da LC 140/2011).
Gabarito "E".

(Ministério Público/SP – 2011) A respeito do licenciamento ambiental, examine as seguintes afirmações:

I. compete ao CONAMA estabelecer normas e critérios para o licenciamento de atividades efetiva ou potencialmente poluidoras, bem como a distribuição da competência entre os entes federados para o exercício da atividade licenciadora;

II. o licenciamento ambiental caracteriza-se como um procedimento administrativo composto por etapas determinadas e obrigatórias, entre as quais a realização do Estudo de Impacto Ambiental (EIA/RIMA);

III. a realização de audiências públicas no procedimento do licenciamento pode ser determinada pelo órgão licenciador sempre que entender necessário, ou quando for solicitada por entidade civil, pelo Ministério Público, por cinquenta ou mais cidadãos;

IV. as licenças ambientais dividem-se em três modalidades, correspondentes às etapas do procedimento de licenciamento, quais sejam a licença prévia, a licença de instalação e a licença de operação, mas há procedimentos especiais de licenciamento nos quais há outras modalidades de licença.

Está correto apenas o contido em

(A) I e II.
(B) I e III.
(C) II e III.
(C) II e IV.
(E) III e IV.

I: incorreta; o MP costuma ter tese no sentido de que o CONAMA não tem competência para distribuir competências para os entes federados; porém, a CF, em seu art. 23, atribui competência administrativa ambiental a todos os entes políticos, o que impôs que o CONAMA, por meio da Resolução CONAMA 237/1997, expedisse esse ato com o objetivo de evidenciar a competência de cada ente político para o licenciamento ambiental; hoje, a questão está superada, pois a Lei Complementar 140/2011 acabou por regulamentar essa distribuição de competência para o licenciamento entre os entes políticos, fazendo-o com mais detalhe do que o fez a resolução do CONAMA, mas acolhendo as linhas gerais do que já estava previsto na Resolução CONAMA 237/1997; II: incorreta, pois o EIA é um estudo eventual para um licenciamento ambiental; o EIA só será necessário nos casos em que a atividade puder causar *significativo* impacto ambiental (art. 225, § 1º, IV, da CF); III: correta (art. 11, § 2º, da Resolução CONAMA 01/1986); IV: correta (art. 8º da Resolução CONAMA 237/1997).
Gabarito "E".

7.2. UNIDADES DE CONSERVAÇÃO

(Ministério Público/ES – 2013 – VUNESP) É objetivo do Sistema Nacional de Unidades de Conservação, conforme Lei 9.985/2000,

(A) proteger paisagens naturais e pouco alteradas de notável beleza cênica.

(B) buscar proteger grandes áreas por meio de um conjunto integrado de unidades de conservação de diferentes categorias, próximas ou contíguas, e suas respectivas zonas de amortecimento e corredores ecológicos, integrando as diferentes atividades de preservação da natureza, uso sustentável dos recursos naturais e restauração e recuperação dos ecossistemas.

(C) buscar conferir às unidades de conservação, nos casos possíveis e respeitadas as conveniências da administração, autonomia administrativa e financeira.

(D) oferecer apoio e a cooperação de organizações não governamentais, de organizações privadas e pessoas físicas para o desenvolvimento de estudos, pesquisas científicas, práticas de educação ambiental, atividades de lazer e de turismo ecológico, monitoramento, manutenção e outras atividades de gestão das unidades de conservação.

(E) assegurar a participação efetiva das populações locais na criação, implantação e gestão das unidades de conservação.

A: correta. Das cinco alternativas apresentadas na questão, apenas a letra "A" inclui um dos objetivos descritos pelo art. 4º da Lei que institui o Sistema Nacional de Unidades de Conservação: "VI – proteger paisagens naturais e pouco alteradas de notável beleza cênica;". As demais alternativas são em verdade diretrizes descritas nos incisos do art. 5º da mesma Lei 9.985/2000; **B:** incorreta, art. 5º, XIII; **C:** incorreta, art. 5º, XII; **D:** incorreta, art. 5º, IV; **E:** incorreta, art. 5º, III.

Gabarito "A".

(Promotor de Justiça – MPE/MS – FAPEC – 2015) Nos termos do art. 8º da Lei 9.985/2000 (Lei do Sistema Nacional de Unidades de Conservação), o Grupo das Unidades de Proteção Integral é composto pelas seguintes categorias de unidade de conservação, **exceto**:

(A) Estação Ecológica.
(B) Reserva Biológica.
(C) Parque Nacional.
(D) Floresta Nacional.
(E) Monumento Natural.

A: Correta. Vide art. 8º, I, da Lei 9.985/2002. **B:** Correta. Vide art. 8º, II, da Lei 9.985/2002. **C:** Correta. Vide art. 8º, III, da Lei 9.985/2002. **D:** Incorreta. Floresta Nacional é unidade de conservação de uso sustentável (art. 14, III, da Lei 9.985/2002). **E:** Correta. Vide art. 8º, IV, da Lei 9.985/2002.

Gabarito "D".

(Promotor de Justiça – MPE/BA – CEFET – 2015) De acordo com o Sistema Nacional de Unidades de Conservação, instituído pela Lei Federal 9.985/2000, examine as seguintes assertivas:

I. O Monumento Natural tem como objetivo básico preservar sítios naturais raros, singulares ou de grande beleza cênica, podendo ser constituído por áreas particulares, desde que seja possível compatibilizar os objetivos da unidade com a utilização da terra e dos recursos naturais do local pelos proprietários.

II. O Refúgio de Vida Silvestre tem como objetivo proteger ambientes naturais onde se asseguram condições para a existência ou reprodução de espécies ou comunidades da flora local e da fauna residente ou migratória, dependendo a pesquisa científica de autorização prévia do órgão responsável pela administração da unidade.

III. A Reserva de Desenvolvimento Sustentável tem como objetivo básico preservar a natureza e, ao mesmo tempo, assegurar as condições e os meios necessários para a reprodução, a melhoria dos modos e da qualidade de vida, a exploração dos recursos naturais das populações tradicionais, bem como valorizar, conservar e aperfeiçoar o conhecimento e as técnicas de manejo do ambiente, desenvolvidos por estas populações.

IV. A Reserva Particular do Patrimônio Natural é uma área privada, gravada com perpetuidade, com o objetivo de conservar a diversidade biológica, constando o gravame em compromisso assinado perante o órgão ambiental, que verificará a existência de interesse público, e será averbado à margem da inscrição no Registro Público de Imóveis.

V. As unidades de conservação, exceto a Reserva Particular do Patrimônio Natural, devem possuir uma zona de amortecimento e, quando conveniente, corredores ecológicos.

A alternativa que contém a sequência CORRETA, de cima para baixo, considerando V para verdadeiro e F para falso, é:

(A) F V F V V.
(B) V V F V V.
(C) F F V F F.
(D) V V V V F.
(E) V F V F F.

I: Correta. A assertiva encontra-se em consonância com o art. 12, *caput*, e § 1º, da Lei 9.985/2000. **II:** Correta. A assertiva segue a redação do art. 13, *caput*, e §4º, da Lei 9.985/2000. **III:** Correta. De fato, assim dispõe o § 1º , art. 20, da Lei 9.985/2000, confira-se: "A Reserva de Desenvolvimento Sustentável tem como objetivo básico preservar a natureza e, ao mesmo tempo, assegurar as condições e os meios necessários para a reprodução e a melhoria dos modos e da qualidade de vida e exploração dos recursos naturais das populações tradicionais, bem como valorizar, conservar e aperfeiçoar o conhecimento e as técnicas de manejo do ambiente, desenvolvido por estas populações". **IV:** Correta. Trata-se de transcrição do art. 21, *caput*, e § 1º, da Lei 9.985/2000. **V:** Incorreta. Além da Área de Proteção Ambiental, a Reserva Particular do Patrimônio Natural também deve possuir uma zona de amortecimento, e quando conveniente, corredores ecológicos (art. 25 da Lei 9.985/2000).

Gabarito "D".

(Procurador da República – 25º) Analise os itens abaixo e responda em seguida:

I. Nos termos da Constituição da República, a Floresta Amazônica constitui patrimônio nacional, sendo, pois, bem público de uso comum do povo, integrante do patrimônio da União, cuja utilização por particulares está sujeita a regime especial de fruição, de modo a assegurar a proteção do meio ambiente e o equilíbrio sustentável, em benefício das presentes e futuras gerações.

II. Zona de amortecimento é o entorno de uma unidade de conservação onde atividades humanas sujeitam-se a normas e restrições específicas, com o propósito de minimizar impactos negativos sobre a unidade, não se exigindo tal delimitação em relação a áreas de proteção ambiental e reservas particulares do patrimônio natural.

III. De acordo com a legislação infraconstitucional, uma unidade de conservação de uso sustentável pode ser transformada em unidade de conservação de proteção integral por instrumento normativo do mesmo nível hierárquico do que criou a unidade, devendo ser realizada, antes, consulta pública.

IV. A perpetuidade constitui característica da reserva particular do patrimônio natural – RPPN, devendo constar de termo de compromisso firmado pelo proprietário da área, perante o órgão ambiental, e averbado à margem da inscrição no Registro de Imóveis.

Pode-se afirmar que:

(A) todos os itens estão corretos.
(B) somente os itens II e III estão corretos.
(C) somente o item I está incorreto.
(D) somente os itens II e IV estão incorretos.

I: incorreto, pois se trata de bem de uso comum do povo, nos termos do art. 225 da CF. Não se trata, necessariamente, de um bem público, no sentido de ser propriedade da União. Por isso, não se pode entender, por exemplo, que a CF impôs uma desapropriação a todas as áreas; **II**: correto, pois assim dispõe o art. 2º, XVIII, da Lei n. 9.985/2000: "zona de amortecimento: o entorno de uma unidade de conservação, onde as atividades humanas estão sujeitas a normas e restrições específicas, com o propósito de minimizar os impactos negativos sobre a unidade". O art. 25 da Lei n. 9.985/2000 exclui a necessidade da zona de amortecimento em algumas áreas: "As unidades de conservação, exceto Área de Proteção Ambiental e Reserva Particular do Patrimônio Natural, devem possuir uma zona de amortecimento e, quando conveniente, corredores ecológicos"; **III**: correto, pois é o que estabelece o art. 22, § 5º, da Lei n. 9.985/2000; **IV**: correto, pois assim dispõe o art. 21 da Lei n. 9.985/2000.
Gabarito "C".

(Procurador da República – 24º) Analise atentamente as seguintes afirmativas:

I. As Unidades de Conservação da Natureza são instituídas por ato do Poder Público, mas somente poderão ser desafetadas por lei especifica.
II. A obrigação de que o autor de empreendimento de significativo impacto ambiental apoie a implantação e manutenção de Unidade de Conservação da Natureza é aplicação do princípio "usuário-pagador".
III. Os Refúgios de Vida Silvestre e as Reservas Extrativistas são incompatíveis com a presença humana.
IV. Aeroportos, distritos industriais e experimentos com organismos geneticamente modificados devem estar restritos às zonas de amortecimento.

Quais as afirmativas corretas:

(A) I e II.
(B) III e IV.
(C) I e IV.
(D) II e III.

I: correta, pois os espaços territoriais especialmente protegidos, conforme o STF, no julgamento proferido pelo STF da Medida Cautelar na Ação Direta de Inconstitucionalidade 3.540/DF, em que foi relator o Min. Celso de Mello (Julgamento: 01.09.2005), só podem ser suprimidos por lei. Conforme consignou o Pretório Excelso, "a alteração e a supressão do regime jurídico pertinente aos espaços territoriais especialmente protegidos qualificam-se, por efeito da cláusula inscrita no art. 225, § 1º, III, da Constituição, como matérias sujeitas ao princípio da reserva legal"; **II**: correta, pois o princípio está relacionado à necessidade de que o usuário dos recursos naturais compense a coletividade pela exploração do bem de uso comum do povo, evitando-se o seu enriquecimento indevido, isto é, à custa da exploração de um bem que não lhe pertence; **III**: incorreta, pois a reserva extrativista é uma unidade de uso sustentável utilizada por populações extrativistas tradicionais (art. 18 da Lei n. 9.985/2000); **IV**: incorreta, pois dispõe o art. 2º, XVIII, da Lei n. 9.985/2000: "zona de amortecimento: o entorno de uma unidade de conservação, onde as atividades humanas estão sujeitas a normas e restrições específicas, com o propósito de minimizar os impactos negativos sobre a unidade". Assim, os empreendimentos citados são incompatíveis com as zonas de amortecimento.
Gabarito "A".

(Ministério Público/MS – 2013 – FADEMS) O Sistema Nacional de Unidades de Conservação – SNUC é composto pelo conjunto das unidades de conservação federais, estaduais e municipais. Referido sistema estabelece dois grupos de unidades de conservação, as de Proteção Integral e as de Uso Sustentável. NÃO é Unidade de Proteção Integral:

(A) Parque Nacional.
(B) Refúgio de Vida Silvestre.
(C) Estação Ecológica.
(D) Área de Proteção Ambiental – APA.
(E) Monumento Natural.

A APA (Área de Proteção Ambiental) NÃO é Unidade de Proteção Integral, mas Unidade de Uso Sustentável, nos termos do art. 14, I, da Lei 9.985/2000. Já o Parque Nacional, o Refúgio de Vida Silvestre, a Estação Ecológica e o Monumento Natural, esses sim são Unidades de Proteção integral, nos termos do art. 8º, III, V, I e IV, respectivamente, da Lei 9.985/2000.
Gabarito "D".

(Ministério Público/SP – 2012 – VUNESP) Considerando o disposto na Lei do Sistema Nacional de Unidades de Conservação da Natureza – SNUC – (Lei n. 9.985/2000), NÃO se encaixa no grupo das Unidades de Proteção Integral:

(A) Estação Ecológica.
(B) Parque Nacional.
(C) Floresta Nacional.
(D) Monumento Natural.
(E) Refúgio de Vida Silvestre.

A: incorreta (art. 8º, I, da Lei 9.985/2000); **B**: incorreta (art. 8º, III, da Lei 9.985/2000); **C**: correta, pois a Floresta Nacional pertence ao grupo das unidades de uso sustentável (art. 14, III, da Lei 9.985/2000); **D**: incorreta (art. 8º, IV, da Lei 9.985/2000); **E**: incorreta (art. 8º, V, da Lei 9.985/2000).
Gabarito "C".

(Ministério Público/SP – 2012 – VUNESP) Considerando o disposto na Lei do Sistema Nacional de Unidades de Conservação da Natureza – SNUC – (Lei n. 9.985/2000), entende-se por

(A) Conservação da natureza: conservação de ecossistemas e habitats naturais e a manutenção e recuperação de populações viáveis de espécies em seus meios naturais e, no caso de espécies domesticadas ou cultivadas, nos meios onde tenham desenvolvido suas propriedades características.
(B) Preservação: manutenção dos ecossistemas livres de alterações causadas por interferência humana, admitido apenas o uso indireto dos seus atributos naturais.
(C) Proteção integral: conjunto de métodos, procedimentos e políticas que visem a proteção a longo prazo das espécies, habitats e ecossistemas, além da manutenção dos processos ecológicos, prevenindo a simplificação dos sistemas naturais.
(D) Zona de amortecimento: o entorno de uma unidade de conservação, onde as atividades humanas estão sujeitas a normas e restrições específicas, com o propósito de minimizar os impactos negativos sobre a unidade.
(E) Conservação *in situ*: o manejo do uso humano da natureza, compreendendo a preservação, a manutenção, a utilização sustentável, a restauração e a recuperação do ambiente natural, para que possa produzir o maior benefício, em bases sustentáveis, às atuais gerações, mantendo seu potencial de satisfazer as necessidades e aspirações das gerações futuras, e garantindo a sobrevivência dos seres vivos em geral.

A: incorreta (art. 2º, II, da Lei 9.985/2000); **B**: incorreta (art. 2º, V, da Lei 9.985/2000); **C**: incorreta (art. 2º, VI, da Lei 9.985/2000); **D**: correta (art. 2º, XVIII, da Lei 9.985/2000); **E**: incorreta (art. 2º, VII, da Lei 9.985/2000).
Gabarito "D".

(Ministério Público/TO – 2012 – CESPE) No que se refere ao SNUC, assinale a opção correta.

(A) No SNUC, o regime jurídico mais restritivo é o que trata da unidade de conservação denominada reserva ecológica.
(B) A reserva da biosfera é uma unidade de proteção integral cuja instituição depende da edição de lei.
(C) A categoria unidades de uso sustentável inclui área de proteção ambiental e área de relevante interesse ecológico.
(D) O SNUC é formado por duas categorias de unidades de conservação definidas por seus atributos bióticos e abióticos. As unidades de proteção integral, considerando-se a diversidade de seus biomas, classificam-se em unidades de proteção integral megadiversas e unidades de proteção integral multimodais.

A: incorreta, pois sequer há unidade de conservação denominada "reserva ecológica". Há, sim, a reserva biológica (art. 8º, II, da Lei 9.985/2000) e a estação ecológica (art. 8º, I, da Lei 9.985/2000), ambas subespécies de unidades de conservação de proteção integral; **B:** incorreta. A Reserva da Biosfera não é uma subespécie de unidade de proteção integral (vide rol do art. 8º da Lei 9.985/2000). Constitui, em verdade, um modelo, adotado internacionalmente, de gestão integrada, participativa e sustentável dos recursos naturais, com os objetivos básicos de preservação da diversidade biológica, o desenvolvimento de atividades de pesquisa, o monitoramento ambiental, a educação ambiental, o desenvolvimento sustentável e a melhoria da qualidade de vida das populações (art. 41 da Lei 9.985/2000), podendo ser integrada por unidades de conservação já criadas pelo Poder Público (§ 3º, do mesmo dispositivo legal citado); **C:** correta (arts. 14, I e II, 15 e 16, todos da Lei 9.985/2000); **D:** incorreta. Não existe a classificação das unidades de conservação contida na assertiva em análise, bastando, para tanto, a leitura do art. 7º, §§ 1º e 2º, da Lei 9.985/2000, que nos traz os objetivos da criação de unidades de conservação de proteção integral e de uso sustentável.

Gabarito "C".

8. PROTEÇÃO DA FLORA. CÓDIGO FLORESTAL

(Ministério Público/MG – 2014) Leia o texto a seguir, extraído de ementa de Acórdão do Superior Tribunal de Justiça:

"Objetivamente falando, a vegetação ripária exerce tarefas de proteção assemelhadas às da pele em relação ao corpo humano: faltando uma ou outra, a vida até pode continuar por algum tempo, mas, no cerne, muito além de trivial mutilação do sentimento de plenitude e do belo do organismo, o que sobra não passa de um ser majestoso em estado de agonia terminal. Compreensível que, com base nessa *ratio* ético-ambiental, o legislador caucione a APP ripária de maneira quase absoluta, colocando-a no ápice do complexo e numeroso panteão dos espaços protegidos, ao prevê-la na forma de superfície intocável, elemento cardeal e estruturante no esquema maior do meio ambiente ecologicamente equilibrado. Por tudo isso, a APP ciliar qualifica-se como território *non aedificandi*. Não poderia ser diferente, hostil que se acha à exploração econômica direta, desmatamento ou ocupação humana (com as ressalvas previstas em lei, de caráter totalmente excepcional e em *numerus clausus*, v.g., utilidade pública, interesse social, intervenção de baixo impacto). Causa dano ecológico *in re ipsa*, presunção legal definitiva que dispensa produção de prova técnica de lesividade específica, quem, fora das exceções legais, desmata, ocupa ou explora APP, ou impede sua regeneração, comportamento de que emerge obrigação *propter rem* de restaurar na sua plenitude e indenizar o meio ambiente degradado e terceiros afetados, sob regime de responsabilidade civil objetiva. Precedentes do STJ". (REsp 1245149/ MS, Relator Ministro HERMAN BENJAMIN, 09.10.2012)

O juízo mencionado se ajusta com precisão e pode ser invocado para afirmar a ocorrência de dano ambiental, independente de perícia, no seguinte caso:

(A) Imóvel rural localizado no Município de Uberlândia, com área de reserva legal averbada no Município de Januária, em imóvel que integra outra microbacia.
(B) Abertura de lagoa artificial medindo 80m2, por meio de derivação resultante da abertura de um canal de 25m a partir do Córrego Lucas, sem autorização.
(C) Desmatamento em 2,00ha em área comum, sem licença prévia, com extração de 240 st de lenha, apreendida depois de transformada em carvão vegetal.
(D) Queima indiscriminada de canaviais, com risco de incêndio, inclusive em áreas de reserva legal indevidamente utilizadas.

Das alternativas apresentadas a única que descreve uma área de preservação permanente em conformidade com o art. 4º do Código Florestal – Lei 12.651/2012 – é alternativa B: "Art. 4º Considera-se Área de Preservação Permanente, em zonas rurais ou urbanas, para os efeitos desta Lei: (...) I – as faixas marginais de qualquer curso d'água natural perene e intermitente, excluídos os efêmeros, desde a borda da calha do leito regular, em largura mínima de: (...)". Deste modo, a abertura sem autorização de canal a partir de um córrego caracteriza dano ambiental, por violar expressamente área de preservação permanente e conforme argumentos trazidos pelo julgado, independem de comprovação por perícia para admitir a responsabilidade pelo dano causado.

Gabarito "B".

(Promotor de Justiça – MPE/AM – FMP – 2015) Tendo em vista o disposto na Lei 12.651/2012 bem como as recentes decisões do Superior Tribunal de Justiça sobre sua respectiva aplicação, avalie as assertivas abaixo:

I. As atividades de pesquisa e extração de areia, argila, saibro e cascalho, outorgadas pela autoridade competente, são consideradas atividades de utilidade pública para fins de realização em áreas de preservação permanente.
II. O poluidor que celebrou termo de ajustamento de conduta sob a vigência da Lei Federal 4.771/1965 (anterior Código Florestal) fica obrigado a cumpri-lo, ainda que a metragem adotada em cláusula do acordo tenha tido por base o artigo 2º desse diploma já revogado.
III. É admitido, para a pequena propriedade ou posse rural familiar, o plantio de culturas temporárias e sazonais de vazante de ciclo curto na faixa de terra que fica exposta no período de vazante dos rios ou lagos, mesmo que isso implique a supressão de novas áreas de vegetação nativa, e desde que seja conservada a qualidade da água e do solo e seja protegida a fauna silvestre.
IV. Embora a obrigação de revegetar a área de preservação permanente tenha natureza real, a obrigação não se transmite ao sucessor no caso de transferência de domínio ou posse do imóvel rural.

Quais das assertivas acima estão incorretas?

(A) Apenas a I, II e III.
(B) Apenas a II, III e IV.
(C) Apenas a I e II.
(D) Apenas a I, III e IV.
(E) Apenas a III e IV.

I: Incorreta. Nos termos do art. 3º, IX, "f", da Lei 12.651/2012, as atividades de pesquisa e extração de areia, argila, saibro e cascalho, outorgadas pela autoridade competente, são consideradas de interesse social para fins de realização em áreas de preservação permanente, e não de utilidade pública como descrito na assertiva. II: Correta. Inclusive o termo se ajustamento de conduta é título executivo extrajudicial. III: Incorreta. Será admitido, para a pequena propriedade ou posse rural familiar, o plantio de culturas temporárias e sazonais de vazante de ciclo curto na faixa de terra que fica exposta no período de vazante dos rios ou lagos, desde isto não implique supressão de novas áreas de vegetação nativa, seja conservada a qualidade da água e do solo e seja protegida a fauna silvestre (art. 4º, § 5º, da Lei 12.651/2012). IV: Incorreta. A obrigação é *propter rem*, ou seja, tem natureza real e é transmitida ao sucessor no caso de transferência de domínio ou posse do imóvel rural (art. 7º, § 2º, da Lei 12.651/2012).
Gabarito "D".

(Promotor de Justiça – MPE/BA – CEFET – 2015) Com esteio no Novo Código Florestal, instituído pela Lei Federal 12.651/2012, verifique o teor dos seguintes itens e assinale a alternativa INCORRETA:

(A) Nos imóveis rurais com até dezesseis módulos fiscais, é possível a prática da aquicultura e a infraestrutura física diretamente a ela associada, nas áreas admissíveis, desde que: sejam adotadas práticas sustentáveis de manejo de solo, água e recursos hídricos, garantindo sua qualidade e quantidade, de acordo com norma dos Conselhos Estaduais de Meio Ambiente; esteja de acordo com os respectivos planos de bacia ou planos de gestão de recursos hídricos; seja realizado o licenciamento pelo órgão ambiental competente; o imóvel esteja inscrito no Cadastro Ambiental Rural – CAR; e não implique novas supressões de vegetação nativa.
(B) É livre a coleta de produtos florestais não madeireiros, tais como frutos, cipós, folhas e sementes, devendo-se observar: os períodos de coleta e volumes fixados em regulamentos específicos, quando houver; a época de maturação dos frutos e sementes; e técnicas que não coloquem em risco a sobrevivência de indivíduos e da espécie coletada no caso de coleta de flores, folhas, cascas, óleos, resinas, cipós, bulbos, bambus e raízes.
(C) O manejo sustentável para a exploração florestal eventual sem propósito comercial, para consumo no próprio imóvel, independe de autorização dos órgãos competentes, devendo apenas ser declarados previamente ao órgão ambiental a motivação da exploração e o volume explorado, limitada a exploração anual a 20 (vinte) metros cúbicos.
(D) O transporte, por qualquer meio, e o armazenamento de madeira, lenha, carvão e outros produtos ou subprodutos florestais oriundos de florestas de espécies nativas, para fins comerciais ou industriais, requerem licença do órgão competente do Sisnama, formalizada por meio da emissão do Documento de Origem Florestal – DOF, que deverá acompanhar o material até o beneficiamento final.
(E) O órgão ambiental competente, ao tomar conhecimento do desmatamento em desacordo com o disposto na Lei Federal 12.651/2012, deverá embargar a obra ou atividade que deu causa ao uso alternativo do solo, como medida administrativa voltada a impedir a continuidade do dano ambiental, propiciar a regeneração do meio ambiente e dar viabilidade à recuperação da área degradada.

A: Incorreta. A assertiva pretende confundir o candidato, já que tal possibilidade se limita a imóveis com até quinze módulos fiscais, e não dezesseis como previsto no texto da alternativa (art. 4º, § 6º, da Lei 12.651/2012). B: Correta. Nos termos do art. 21, da Lei 12.651/2012. C: Correta. Trata-se de transcrição do art. 23 da Lei 12.651/2012, a saber: "O manejo sustentável para exploração florestal eventual sem propósito comercial, para consumo no próprio imóvel, independe de autorização dos órgãos competentes, devendo apenas ser declarados previamente ao órgão ambiental a motivação da exploração e o volume explorado, limitada a exploração anual a 20 (vinte) metros cúbicos". D: Correta. A assertiva encontra-se fundamentada no art. 36, *caput*, e § 1º, da Lei 12.651/2012. E: Correta. A assertiva é cópia do art. 51, da Lei 12.651/2012.
Gabarito "A".

(Promotor de Justiça – MPE/RS – 2017) Nos termos da Lei Federal 12.651/2012 – Código Florestal –, especificamente no que tange ao Regime de Proteção das Áreas de Preservação Permanente, assinale a alternativa **INCORRETA**.

(A) A intervenção ou a supressão de vegetação nativa em Área de Preservação Permanente somente ocorrerá nas hipóteses de utilidade pública, de interesse social ou de baixo impacto ambiental previstas nesta Lei.
(B) A supressão de vegetação nativa protetora de nascentes, dunas e restingas somente poderá ser autorizada em caso de utilidade pública.
(C) A intervenção ou a supressão de vegetação nativa em Área de Preservação Permanente de que tratam os incisos VI e VII do *caput* do artigo 4º da Lei poderá ser autorizada, excepcionalmente, em locais onde a função ecológica do manguezal esteja comprometida, para execução de obras habitacionais e de urbanização, inseridas em projetos de regularização fundiária de interesse social, em áreas urbanas consolidadas ocupadas por população de baixa renda.
(D) O proprietário da área, possuidor ou ocupante a qualquer título, tendo ocorrido supressão de vegetação situada em Área de Preservação Permanente, é obrigado a promover a recomposição da vegetação, ressalvados os usos autorizados previstos nesta Lei, vedada a transmissão da obrigação ao seu sucessor.
(E) É permitido o acesso de pessoas e animais às Áreas de Preservação Permanente para obtenção de água e para realização de atividades de baixo impacto ambiental.

A: Correta. Trata-se de transcrição do art. 8º, da Lei 12.651/2012. B: Correta. A teor do § 1º, do art. 8º, da Lei 12.651/2012: "A supressão de vegetação nativa protetora de nascentes, dunas e restingas somente poderá ser autorizada em caso de utilidade pública". C: Correta. Segundo dispõe o § 2º, do art. 8º, da Lei 12.651/2012. D: Incorreta. Tendo ocorrido supressão de vegetação situada em Área de Preservação Permanente, o proprietário da área, possuidor ou ocupante a qualquer título é obrigado a promover a recomposição da vegetação, ressalvados os usos autorizados previstos na Lei 12.651/2012 (art. 7º, § 1º, da Lei 12.651/2012). Contudo, a obrigação de recomposição da vegetação tem natureza real e é transmitida ao sucessor no caso de transferência de domínio ou posse do imóvel rural (art. 7º, § 2º, da Lei 12.651/2012. **E:** Correta. A assertiva está disposta no art. 9º, da Lei 12.651/2012.

Gabarito "D".

(Promotor de Justiça – MPE/RS – 2017) No que tange à delimitação da Área de Reserva Legal disciplinada na Lei Federal 12.651/2012, é **INCORRETO** afirmar que

(A) os empreendimentos de abastecimento público de água e tratamento de esgoto não estão sujeitos à constituição de Reserva Legal.

(B) não será exigido Reserva Legal relativa às áreas adquiridas ou desapropriadas por detentor de concessão, permissão ou autorização para exploração de potencial de energia hidráulica, nas quais funcionem empreendimentos de geração de energia elétrica, subestações ou sejam instaladas linhas de transmissão e de distribuição de energia elétrica.

(C) não será exigido Reserva Legal relativa às áreas adquiridas ou desapropriadas com o objetivo de implantação e ampliação de capacidade de rodovias e ferrovias.

(D) a supressão de novas áreas de floresta ou outras formas de vegetação nativa, após a implantação do Cadastro Ambiental Rural – CAR, apenas será autorizada pelo órgão ambiental estadual integrante do Sistema Nacional do Meio Ambiente (SISNAMA) se o imóvel estiver inserido no mencionado cadastro, ressalvado o previsto no artigo 30 da Lei Federal 12.651/2012.

(E) o poder público estadual poderá, nos casos da alínea b (35%, no imóvel situado em área de cerrado) do inciso I do artigo 12 da Lei Federal 12.651/2012, ouvido o Conselho Estadual de Meio Ambiente, reduzir a Reserva Legal para até 50% (cinquenta por cento), quando o Estado tiver Zoneamento Ecológico-Econômico aprovado e mais de 65% (sessenta e cinco por cento) do seu território ocupado por unidades de conservação da natureza de domínio público, devidamente regularizadas, e por terras indígenas homologadas.

A: Correta. Trata-se de transcrição do § 6º, art. 12, da Lei 12.651/2012. **B:** Correta. Assertiva em consonância com o § 7º, art. 12, da Lei 12.651/2012. **C:** Correta. A assertiva segue a redação do § 8º, art. 12, da Lei 12.651/2012. **D:** Correta. Nos termos do § 3º, art. 12, da Lei 12.651/2012: "Após a implantação do CAR, a supressão de novas áreas de floresta ou outras formas de vegetação nativa apenas será autorizada pelo órgão ambiental estadual integrante do Sisnama se o imóvel estiver inserido no mencionado cadastro, ressalvado o previsto no art. 30". **E:** Incorreta. Esta possibilidade se restringe a imóveis situados em áreas de florestas e não de cerrado conforme disposto na assertiva (§ 5º, art. 12, da Lei 12.651/2012).

Gabarito "E".

(Procurador da República – PGR – 2013) Analise os itens abaixo e responda em seguida:

I. A reserva legal tem natureza jurídica de limitação administrativa, sendo imposta ao proprietário ou possuidor de imóvel rural com o objetivo de assegurar o uso econômico sustentável dos recursos naturais naquela área, auxiliar a conservação e a reabilitação dos processos ecológicos e promover a conservação da biodiversidade, bem como o abrigo e a proteção de fauna silvestre e da flora nativa.

II. A reserva legal é uma categoria de unidade de conservação de uso sustentável instituída em área pública ou particular, com a função básica de compatibilizar a conservação da natureza com o uso sustentável de parcela dos seus recursos naturais

III. A obrigação de recompor área de preservação permanente é de caráter real, transmitindo-se ao sucessor em caso de transferência de domínio ou posse do imóvel.

IV. A reserva legal constitui um mínimo ecológico do imóvel rural, sendo imposta pelo Poder Público de forma geral e gratuita, mas, em caso de desapropriação, o proprietário tem direito a indenização referente à cobertura florística nela existente, desde que fiquem demonstradas a existência de aproveitamento econômico da vegetação da reserva legal, autorização ambiental e regular plano de manejo aprovado pelo órgão competente.

Responda, agora:

(A) Todos os itens estão errados.
(B) Somente o item II está errado.
(C) Somente os itens I e III estão certos.
(D) Somente os itens I e IV estão certos.

I: Correta. Nos termos do art. 3º, III, da Lei 12.651/2012, reserva legal trata-se de "área localizada no interior e uma propriedade ou posse rural, delimitada nos termos do art. 12, com a função de assegurar o uso econômico de modo sustentável dos recursos naturais do imóvel rural, auxiliar a conservação e a reabilitação dos processos ecológicos e promover a conservação da biodiversidade, bem como o abrigo e a proteção de fauna silvestre e da flora nativa". **II:** Incorreta. Reserva legal não é unidade de conservação. Reserva Legal trata-se de limitação administrativa a propriedade imóvel rural, regulada pela Lei 12.651/2012 (Código Florestal). **III:** Correta. A assertiva trata-se de transcrição do § 2º, art. 2º, da Lei 12.651/2012. **IV:** Correta. A regra geral é da não indenização pela cobertura florística existente na reserva legal. Contudo, se ficar demonstrada a existência de aproveitamento econômico da vegetação da reserva legal, com plano de manejo devidamente confirmado pela autoridade competente haverá o direito do proprietário em pleitear indenização (STJ REsp 867.085).

Gabarito "B".

(Procurador da República – 18º) Para a produção de lei que regule a preservação de uma área de floresta, situada no estado X e no município Y (que tem nela sua mais importante área de lazer) distante três quilômetros e meio da margem de um rio de médio porte:

(A) edição de lei federal impede a edição de lei municipal;
(B) edição de lei estadual impede a edição de lei federal;
(C) podem ser editadas leis federal, estadual e municipal;
(D) a edição de lei municipal impede a edição de lei federal.

A: incorreta, pois o Município pode legislar sobre assuntos de interesse local (CF, art. 30, I); **B:** incorreta pelo motivo citado; **C:** correta, pois, nos termos do art. 24, VI, da CF, compete à União e aos Estados legislar concorrentemente sobre florestas, conservação da natureza, defesa do solo e dos recursos naturais, proteção do meio ambiente e controle da poluição. O Município, por sua vez, pode legislar sobre assuntos de interesse local, nos termos do art. 30, I, da CF; **D:** incorreta, conforme o exposto no item anterior.

Gabarito "C".

(Procurador da República – 26º) Assinale o item verdadeiro:

(A) De acordo com a legislação ambiental, o regime de preservação permanente pode incidir em áreas públicas ou particulares, rurais ou urbanas.

(B) O regime de preservação permanente não pode afetar áreas existentes em espaços já submetidos a outro regime de proteção, sob pena de superposição de limitações administrativas.

(C) De acordo com a jurisprudência do Superior Tribunal de Justiça, nos processos de desapropriação de bens imóveis, a vegetação sujeita a regime de preservação permanente ali existente pode ser computada para efeito de indenização, independentemente de ser, ou não, suscetível de exploração econômica.

(D) Tendo em vista a competência concorrente em matéria de proteção da flora, Estados e Distrito Federal podem reduzir em caráter suplementar, as áreas de preservação permanente instituídas por legislação federal, desde que o façam por intermédio de decreto do Chefe do Poder Executivo.

A: correta. Uma área de preservação permanente (APP) tem a função ambiental de preservar os recursos hídricos e de proteger o solo, além e outras funções. Pode incidir em áreas públicas ou particulares, rurais ou urbanas. Assim já decidiu o STJ (AgRg no REsp 664.886/SC): "Ambiental. Ação popular. Mata atlântica. Área urbana. Balneário de Camboriú. Código Florestal e Decreto da Mata Atlântica. Área de preservação permanente. Aplicação da legislação ambiental federal a zona urbana dos municípios. 1. A legislação federal de proteção do meio ambiente e da flora, independentemente de referência legal expressa, aplica-se à área urbana dos Municípios. Precedentes do STJ"; **B**: incorreta, pois o regime de preservação permanente pode afetar áreas submetidas a outro regime. Por exemplo, é muito comum o fato da existência de APP em Área de Proteção Ambiental; **C**: incorreta, pois o STJ admite a indenização nos casos em que constatada a presença de vegetação suscetível de exploração econômica: "Na linha dos precedentes desta Corte, a cobertura vegetal somente deve ser avaliada e indenizada, em separado, quando demonstrada a efetiva exploração econômica dos recursos vegetais" (REsp 1.107.884 / SP); **D**: incorreta, pois o já revogado Código Florestal estabelecia, em seu art. 3º, § 1°: "A supressão total ou parcial de florestas de preservação permanente só será admitida com prévia autorização do Poder Executivo Federal, quando for necessária à execução de obras, planos, atividades ou projetos de utilidade pública ou interesse social". A Lei n. 12.651/2012 estabelece, nos art. 7º e 8º, as regras para proteção das áreas de preservação permanente. Gabarito "A".

(Ministério Público/Acre – 2014 – CESPE) Assinale a opção correta em relação ao Código Florestal (Lei 12.651/2012) e a seus dispositivos.

(A) Permite-se o acesso de pessoas às áreas de preservação permanente para a obtenção de água e para o exercício de atividades de exploração agroflorestal sustentável de baixo ou médio impacto ao meio ambiente.

(B) Na hipótese de posse do imóvel rural, a inscrição da reserva legal deverá ser feita mediante inscrição no cadastro ambiental rural do órgão ambiental competente apenas quando houver delimitação por lei do perímetro da zona rural, facultando-se, nos demais casos, a averbação gratuita da reserva legal no cartório de registro de imóveis.

(C) Objetivando o desenvolvimento sustentável, o legislador fez constar no Código Florestal o princípio da responsabilidade comum da União, estados, DF e municípios, em colaboração com a sociedade civil, na criação de políticas para a preservação e a restauração da vegetação nativa e de suas funções ecológicas e sociais, tanto em áreas urbanas quanto nas rurais.

(D) Todos os reservatórios artificiais e as acumulações naturais ou artificiais de água devem contar com áreas de entorno consideradas de preservação permanente, salvo na hipótese de dispensa expressa pelo órgão ambiental.

(E) Em se tratando de transmissão da propriedade rural ou urbana, admite-se a delimitação de novas faixas de áreas de preservação permanente junto ao órgão ambiental competente para fins de regularização de exploração econômica mediante manejo sustentável.

A: incorreta, conforme art. 9º do Código Florestal a permissão é concedida apenas para atividades de baixo impacto: "Art. 9º É permitido o acesso de pessoas e animais às Áreas de Preservação Permanente para obtenção de água e para realização de atividades de baixo impacto ambiental."; **B**: incorreta, pois o cadastro não é facultativo nos termos dos art. 29 e 30 do Código Florestal; **C**: correta, por força do art. 1º, parágrafo único, IV do Código Florestal: "Parágrafo único. Tendo como objetivo o desenvolvimento sustentável, esta Lei atenderá aos seguintes princípios: (...) IV – responsabilidade comum da União, Estados, Distrito Federal e Municípios, em colaboração com a sociedade civil, na criação de políticas para a preservação e restauração da vegetação nativa e de suas funções ecológicas e sociais nas áreas urbanas e rurais;"; **D**: incorreta, já que o art. 4º, § 1º, do Código Florestal dispensa as APP no entorno reservatórios artificiais de água que não decorram de barramento ou represamento de cursos d'água naturais; **E**: incorreta, por força do art. 18 do Código Florestal: "Art. 18. A área de Reserva Legal deverá ser registrada no órgão ambiental competente por meio de inscrição no CAR de que trata o art. 29, sendo vedada a alteração de sua destinação, nos casos de transmissão, a qualquer título, ou de desmembramento, com as exceções previstas nesta Lei.". Gabarito "C".

(Ministério Público/Acre – 2014 – CESPE) Considerando o disposto na Lei 11.284/2006 acerca da gestão de florestas públicas para a produção sustentável, assinale a opção correta.

(A) Desde que previamente à publicação da concessão florestal em diário oficial, faculta-se a realização de audiência pública para a elaboração dos termos do edital de licitação de cada lote a ser concedido.

(B) A competência para legislar sobre gestão de florestas públicas é privativa da União.

(C) Recursos florestais são definidos como elementos ou características de uma floresta potencialmente ou efetivamente geradores de produtos ou serviços florestais; serviços florestais se definem como os serviços prestados através do beneficiamento e comércio de produtos madeireiros e não madeireiros gerados pelo manejo florestal sustentável.

(D) A gestão de florestas públicas para produção sustentável compreende três modalidades: a concessão florestal, a destinação de florestas públicas às comunidades locais e a criação e gestão direta de florestas públicas nacionais, estaduais e municipais definidas como unidades de conservação da natureza.

(E) A concessão florestal, em regra, destinada a pessoas jurídicas com fins econômicos, poderá ser formalizada de forma gratuita aos possuidores de comunidades locais quando estiverem em áreas já ocupadas e utilizadas no interior de reservas extrativistas ou de projetos de assentamentos florestais.

A: incorreta, por força do art. 8º da Lei 11.284/2006: "Art. 8º A publicação do edital de licitação de cada lote de concessão florestal deverá ser precedida de audiência pública, por região, realizada pelo órgão gestor, nos termos do regulamento, sem prejuízo de outras formas de consulta pública"; **B:** incorreta, já que o § 2º do art. 2º da Lei 11.284/2006 descreve que Estados, Distrito Federal e Municípios, nas esferas de suas respectivas competências e em relação de florestas públicas sob as respectivas jurisdições, poderão elaborar normas supletivas e complementares e estabelecer padrões relacionados à gestão florestal; **C:** incorreta, pois o conceito de serviço florestal é na verdade turismo e outras ações ou benefícios decorrentes do manejo e conservação da floresta, não caracterizados como produtos florestais (art. 3º, IV, da Lei 11.284/2006); **D:** correta, conforme art. art. 4º Lei 11.284/2006; E: incorreta, pois a concessão florestal é onerosa, conforme art. 3º, VII, da Lei 11.284/2006.

Gabarito "D".

(Ministério Público/MG – 2014) Proprietário do Sitio Boa Vista, em Pitangui-MG, José da Silva foi autuado pela Polícia Florestal porque desmatou 5ha de área de preservação permanente (APP), suprimindo totalmente a cobertura vegetal em torno de três nascentes e do Ribeirão Soberbo, além de utilizar sua água para irrigação, sem autorização. O fato foi confirmado em perícias e depoimentos colhidos no inquérito civil. Composição amigável do dano foi tentada, sem sucesso. Como consequência, a Promotoria prepara-se para elaborar a petição inicial de ação civil pública, deduzindo pedidos que decorrem dos fatos comprovados.

Dentre as seguintes, a única pretensão impertinente, por fugir ao suporte fático amparado na prova colhida, é a seguinte:

(A) Imediata cessação das intervenções não autorizadas na APP.
(B) Imposição da obrigação de realizar a recomposição vegetal.
(C) Obtenção de outorga para utilização dos recursos hídricos.
(D) Instituição, demarcação e registro da área de reserva legal.

As três primeiras alternativas trazem obrigações do proprietário ou possuidor relativas à Área de Proteção Permanente, todavia a alternativa "D" trata de outros instrumentos de proteção ambiental que não se confunde da APP, conforme art. 3º, II e III, do Código Florestal: "II – Área de Preservação Permanente – APP: área protegida, coberta ou não por vegetação nativa, com a função ambiental de preservar os recursos hídricos, a paisagem, a estabilidade geológica e a biodiversidade, facilitar o fluxo gênico de fauna e flora, proteger o solo e assegurar o bem-estar das populações humanas; III – Reserva Legal: área localizada no interior de uma propriedade ou posse rural, delimitada nos termos do art. 12, com a função de assegurar o uso econômico de modo sustentável dos recursos naturais do imóvel rural, auxiliar a conservação e a reabilitação dos processos ecológicos e promover a conservação da biodiversidade, bem como o abrigo e a proteção de fauna silvestre e da flora nativa". Instituir, demarcar e registrar a área de reserva legal não é uma obrigação decorrente do dano ambiental, mas sim da posse ou propriedade da propriedade rural, conforme art. 12 e 18 do Código Florestal.

Gabarito "D".

(Ministério Público/ES – 2013 – VUNESP) É correto dizer que o novo Código Florestal enuncia que

(A) a assinatura de termo de compromisso para regularização de imóvel ou posse rural perante o órgão ambiental competente, mencionado no art. 59, suspenderá a punibilidade dos crimes previstos nos arts. 38, 39 e 48 da Lei 9.605, de 12 de fevereiro de 1998, enquanto o termo estiver sendo cumprido.

(B) é indispensável a autorização do órgão ambiental competente para a execução, mesmo em caráter de urgência, de atividades de segurança nacional e obras de interesse da defesa civil destinadas à prevenção e mitigação de acidentes em áreas urbanas.
(C) a exploração de florestas nativas e formações sucessoras, de domínio público ou privado, ressalvados os casos previstos nos arts. 21, 23 e 24, dependerá de licenciamento pelo órgão competente do SISNAMA, mediante aprovação prévia de Plano de Suprimento Sustentável – PSS – que contemple técnicas de condução, exploração, reposição florestal e manejo compatíveis com os variados ecossistemas que a cobertura arbórea forme.
(D) nos casos em que a Reserva Legal já tenha sido averbada na matrícula do imóvel e em que essa averbação identifique o perímetro e a localização da reserva, o proprietário será obrigado a fornecer ao órgão ambiental as informações relativas à Reserva Legal previstas no inciso III do § 1º do art. 29.
(E) o manejo sustentável para exploração florestal eventual sem propósito comercial, para consumo no próprio imóvel, depende de autorização dos órgãos competentes, devendo ser declarados a motivação da exploração e o volume explorado, de modo a não ser alcançada a limitação de exploração anual de 20 (vinte) metros cúbicos.

A: correta, por força do art. 59, § 5º, do Código Florestal; **B:** incorreta (art. 8º, § 3º, da Lei 12.651/2012); **C:** incorreta já que o art. 31 da do Código Florestal fala em aprovação prévia do Plano de Manejo Florestal Sustentável – PMFS e não no Plano de Suprimento Sustentável; **D:** incorreta (art. 30 da Lei 12.651/2012); **E:** incorreta, já que o manejo sustentável da Reserva Legal para exploração florestal eventual, sem propósito comercial direto ou indireto, para consumo no próprio imóvel, independe de autorização dos órgãos ambientais competentes, ademais, o material retirado deve ser de 2 (dois) metros cúbicos, e não 20 (vinte) metros cúbicos, conforme art. 56, § 1º, do Código Florestal.

Gabarito "A".

(Ministério Público/MG – 2013) Sobre o novo Código Florestal (Lei Federal 12.651/2012), é *INCORRETO* afirmar-se:

(A) Os empreendimentos de abastecimento público de água e tratamento de esgoto estão sujeitos à constituição de Reserva Legal.
(B) O proprietário, possuidor ou ocupante a qualquer título de área de preservação permanente desmatada sem autorização anteriormente a 22 de julho de 2008, poderá obter novas autorizações de supressão sem a condição de prévia recomposição da área ilegalmente suprimida.
(C) Para a implementação de reservatório d'água artificial destinado à geração de energia ou abastecimento público, é obrigatória a aquisição, desapropriação ou instituição de servidão administrativa pelo empreendedor das Áreas de Preservação Permanente criadas em seu entorno, conforme estabelecido no licenciamento ambiental, observando-se a faixa mínima de 30 (trinta) metros e máxima de 100 (cem) metros em área rural, e a faixa mínima de 15 (quinze) metros e máxima de 30 (trinta) metros em área urbana.
(D) É permitido o uso de fogo na vegetação em locais ou regiões cujas peculiaridades justifiquem o seu emprego em práticas agropastoris ou florestais,

mediante prévia aprovação do órgão estadual ambiental competente do SISNAMA, para cada imóvel rural ou de forma regionalizada, que estabelecerá os critérios de monitoramento e controle.

A: assertiva incorreta, devendo ser assinalada, pois de modo contrário o art. 12, § 6º, da Lei Federal 12.651/2012 isenta os empreendimentos de abastecimento público de água e tratamento de esgoto da constituição de Reserva Legal; **B:** assertiva correta, pois o artigo 7º, § 3º, fala que será vedada a concessão de novas autorizações de supressão de vegetação para os casos da supressão não autoriza ter ocorrido após a data de 22 de junho de 2008, por isso, em análise contrária a afirmativa está correta; **C:** assertiva correta, art. 5º do Código Florestal; **D:** assertiva correta, art. 38, I, da Lei Federal 12.651/2012.
Gabarito "A".

(Ministério Público/PR – 2013 – X) Assinale a alternativa *incorreta*. Nos termos da Lei nº 12.651/2012, o poder público municipal contará, para o estabelecimento de áreas verdes urbanas, com os seguintes instrumentos:

(A) O exercício do direito de preempção para aquisição de remanescentes florestais relevantes, conforme dispõe a Lei nº 10.257/2001;
(B) A priorização de projetos que contemplem a utilização de espécies nativas do mesmo bioma onde ocorreu a supressão;
(C) A transformação das Reservas Legais em áreas verdes nas expansões urbanas;
(D) O estabelecimento de exigência de áreas verdes nos loteamentos, empreendimentos comerciais e na implantação de infraestrutura;
(E) Aplicação em áreas verdes de recursos oriundos da compensação ambiental.

A: assertiva correta (art. 25, I, da Lei 12.651/2012); **B:** assertiva incorreta, devendo ser assinalada, pois este não é um instrumento do poder público municipal para o estabelecimento de áreas verdes (art. 25 da Lei 12.651/2012), mas de providências para a supressão de vegetação para uso alternativo do solo (art. 26, § 3º, da Lei 12.651/2012); **C:** assertiva correta (art. 25, II, da Lei 12.651/2012); **D:** assertiva correta (art. 25, III, da Lei 12.651/2012); **E:** assertiva correta (art. 25, IV, da Lei 12.651/2012).
Gabarito "B".

(Ministério Público/PR – 2013 – X) Assinale a alternativa *correta*:
Nos termos da Lei nº 12.651/2012, considera-se Área de Preservação Permanente, em zonas rurais ou urbanas:

(A) No topo de morros, montes, montanhas e serras, com altura mínima de 200 (duzentos) metros e inclinação média maior que 35º, as áreas delimitadas a partir da curva de nível correspondente a 2/3 (dois terços) da altura mínima da elevação sempre em relação à base, sendo esta definida pelo plano horizontal determinado por planície ou espelho d'água adjacente ou, nos relevos ondulados, pela cota do ponto de sela mais próximo da elevação;
(B) As áreas no entorno dos reservatórios d'água artificiais, decorrentes de barramento ou represamento de cursos d'água naturais, na faixa definida na licença ambiental do empreendimento;
(C) As áreas no entorno das nascentes e dos olhos de água perenes, qualquer que seja sua situação topográfica, no raio mínimo de 150 metros;
(D) As faixas marginais de qualquer curso de água artificial, perene e intermitente, incluídos os efêmeros, desde a borda da calha do leito regular, em largura mínima de 50 metros, para os cursos de água de menos de 15 metros de largura;
(E) Em veredas, a faixa marginal, em projeção horizontal, com largura mínima de 100 (cem) metros, a partir do espaço permanentemente brejoso e encharcado.

A: assertiva incorreta, pois o art. 4º, IX, da Lei 12.651/2012 menciona altura mínima de 100 metros (e não 200 metros) e inclinação média de 25º (e não 35º); **B:** assertiva correta (art. 4º, III, da Lei 12.651/2012); **C:** assertiva incorreta, pois o art. 4º, IV, da Lei 12.651/2012 menciona raio mínimo de 50 metros (e não 150 metros); **D:** assertiva incorreta, pois o art. 4º, I, "a", da Lei 12.651/2012 menciona que 30 metros de largura mínima (e não 50 metros) para cursos de água de menos de 10 metros de largura, sendo que "menos de 15 metros" inclui situações de menos de 10 metros; **E:** assertiva incorreta, pois o art. 4º, XI da Lei 12.651/2012 menciona largura mínima de 50 metros, e não de 100 metros.
Gabarito "B".

(Ministério Público/CE – 2011 – FCC) Para os efeitos do Código Florestal, consideram-se de preservação permanente as florestas e demais formas de vegetação natural

(A) desde que situadas em altitude superior a 2.000 (dois mil) metros, ressalvadas as hipóteses em que, mesmo abaixo dessa altitude, a área se considere como de reserva legal.
(B) localizadas no interior de uma propriedade ou posse rural, necessária ao uso sustentável dos recursos naturais, à conservação e reabilitação dos processos ecológicos, à conservação da biodiversidade e proteção de fauna e flora nativas, quando a lei as definir como de reserva legal.
(C) exclusivamente as situadas no topo de morros, montes, montanhas e serras, ou nas restingas, como fixadoras de dunas ou estabilizadoras de mangues.
(D) situadas nas áreas urbanas ou nas regiões metropolitanas e aglomerações urbanas, independentemente do que dispuserem os respectivos planos diretores e leis de uso do solo.
(E) situadas ao longo dos rios ou de quaisquer cursos d'água desde o seu nível mais alto em faixa marginal cuja largura mínima é, também, estabelecida na mesma lei, em função da largura dos referidos cursos d'água.

A alternativa "E" está correta, pois reflete o disposto no art. 4º da Lei 12.651/2012, ficando excluídas as demais.
Gabarito "E".

(Ministério Público/SC – 2012) Analise as assertivas a seguir.

I. Para o Código Florestal, área de utilidade pública é aquela que compreende: as atividades de segurança nacional e proteção sanitária; as obras essenciais de infraestrutura destinadas aos serviços públicos de transporte, saneamento e energia e aos serviços de telecomunicações e de radiodifusão e as atividades imprescindíveis à proteção da integridade da vegetação nativa, tais como: prevenção, combate e controle do fogo, controle da erosão, erradicação de invasoras e proteção de plantios com espécies nativas, conforme resolução do CONAMA

II. Consideram-se de preservação permanente, segundo a Lei n. 4771/1965, as florestas e demais formas de vegetação natural situadas: ao longo dos rios ou de qualquer curso d'água desde o seu nível mais alto

em faixa marginal cuja largura mínima será; de 30 (trinta) metros para os cursos d'água de menos de 10 (dez) metros de largura; de 50 (cinquenta) metros para os cursos d'água que tenham de 10 (dez) a 50 (cinquenta) metros de largura; de 100 (cem) metros para os cursos d'água que tenham de 50 (cinquenta) a 100 (cem) metros de largura.
III. Consideram-se de preservação permanente, segundo a Lei n. 4771/1965, as florestas e demais formas de vegetação natural situadas, em altitude superior a 1.800 (mil e oitocentos) metros, qualquer que seja a vegetação.
IV. A supressão de vegetação em área de preservação permanente somente poderá ser autorizada em caso de utilidade pública ou de interesse social, devidamente caracterizados e motivados em procedimento administrativo próprio, quando inexistir alternativa técnica e locacional ao empreendimento proposto.
V. A supressão de vegetação em área de preservação permanente situada em área urbana, dependerá de autorização do órgão ambiental competente, desde que o município possua conselho de meio ambiente com caráter deliberativo e plano diretor, mediante anuência prévia do órgão ambiental estadual competente fundamentada em parecer técnico.

(A) Apenas as assertivas I, II e III estão corretas.
(B) Apenas as assertivas II, III e IV estão corretas.
(C) Apenas as assertivas III, IV e V estão corretas.
(D) Apenas as assertivas I, II e V estão corretas.
(E) Todas as assertivas estão corretas.

I: incorreta. O art. 3º, VIII, do Novo Código Florestal (Lei 12.651/2012), trata do conceito de utilidade pública, e não *área* de utilidade pública; II: incorreta. De acordo com o revogado Código Florestal (Lei 4.771/1965), consideravam-se de preservação permanentes florestas e demais formas de vegetação natural situadas ao longo dos rios ou de qualquer curso d'água desde o seu nível mais alto em faixa marginal cuja largura mínima era: 1 – de 30 (trinta) metros para os cursos d'água de menos de 10 (dez) metros de largura; 2 – de 50 (cinquenta) metros para os cursos d'água que tinham de 10 (dez) a 50 (cinquenta) metros de largura; 3 – de 100 (cem) metros para os cursos d'água que tinham de 50 (cinquenta) a *200 (duzentos) metros de largura* (e não 100 metros, como trazido na assertiva); 4 – de 200 (duzentos) metros para os cursos d'água que tinham de 200 (duzentos) a 600 (seiscentos) metros de largura; 5 – de 500 (quinhentos) metros para os cursos d'água que tinham largura superior a 600 (seiscentos) metros. No Código Florestal vigente (Lei 12.651/2012), as faixas de preservação permanente vêm definidas no art. 4º; III: correta (art. 2º, "h", da Lei 4.771/1965, atualmente prevista no art. 4º, X, da Lei 12.651/2012 – Novo Código Florestal); IV: correta (art. 4º da Lei 4.771/1965, correspondente ao atual art. 8º do Novo Código Florestal); V: correta (art. 4º, § 2º, da Lei 4.771/1965, sem correspondente no Novo Código Florestal, mas com disciplinamento no art. 13, § 2º, da LC 140/2011).
Gabarito "C".

9. RESPONSABILIDADE CIVIL AMBIENTAL

Segue um resumo sobre a **Responsabilidade Civil Ambiental**:

1. Responsabilidade objetiva.

A responsabilidade objetiva pode ser **conceituada** como o dever de responder por danos ocasionados ao meio ambiente, independentemente de culpa ou dolo do agente responsável pelo evento danoso. Essa responsabilidade está prevista no § 3º do art. 225 da CF, bem como no § 1º do art. 14 da Lei 6.938/1981 e ainda no art. 3º da Lei 9.605/1998.

Quanto a seus **requisitos,** diferentemente do que ocorre com a responsabilidade objetiva no Direito Civil, no qual são apontados três elementos para a configuração da responsabilidade (conduta, dano e nexo de causalidade), no Direito Ambiental são necessários apenas dois.

A doutrina aponta a necessidade de existir um **dano** (evento danoso), mais o **nexo de causalidade, que o liga ao poluidor**.

Aqui não se destaca muito a conduta como requisito para a responsabilidade ambiental, apesar de diversos autores entenderem haver três requisitos para sua configuração (conduta, dano e nexo de causalidade). Isso porque é comum o dano ambiental ocorrer sem que se consiga identificar uma conduta específica e determinada causadora do evento.

Quanto ao **sujeito responsável pela reparação do dano,** é o poluidor, que pode ser tanto pessoa física como jurídica, pública ou privada.

Quando o Poder Público não é o responsável pelo empreendimento, ou seja, não é o poluidor, sua responsabilidade é **subjetiva**, ou seja, depende de comprovação de culpa ou dolo do serviço de fiscalização, para se configurar. Assim, o Poder Público pode responder pelo dano ambiental por omissão no dever de fiscalizar. Nesse caso, haverá responsabilidade solidária do poluidor e do Poder Público. Mas lembre-se: se o Poder Público é quem promove o empreendimento, sua responsabilidade é **objetiva**.

Em se tratando de pessoa jurídica, a Lei 9.605/1998 estabelece que esta será responsável *nos casos em que a infração for cometida por decisão de seu representante legal ou contratual, ou de seu órgão colegiado, no interesse ou benefício da sua entidade*. Essa responsabilidade da pessoa jurídica não exclui a *das pessoas físicas, autoras, coautoras ou partícipes do mesmo fato*.

A Lei 9.605/1998 também estabelece uma cláusula geral que permite a **desconsideração da personalidade jurídica** da pessoa jurídica, em qualquer caso, desde que destinada ao ressarcimento dos prejuízos causados à qualidade do meio ambiente. Segundo o seu art. 4º, *poderá ser desconsiderada a pessoa jurídica sempre que sua personalidade for obstáculo ao ressarcimento dos prejuízos causados à qualidade do meio ambiente*. Adotou-se, como isso, a chamada **teoria menor da desconsideração**, para a qual basta a insolvência da pessoa jurídica, para que se possa atingir o patrimônio de seus membros. No direito civil, ao contrário, adotou-se a teoria maior da desconsideração, teoria que exige maiores requisitos, no caso, a existência de um desvio de finalidade ou de uma confusão patrimonial para que haja desconsideração.

2. Reparação integral dos danos.

A obrigação de reparar o dano não se limita a pagar uma indenização; ela vai além: a reparação deve ser específica, isto é, ela deve buscar a restauração ou recuperação do bem ambiental lesado, ou seja, o seu retorno à situação anterior. Assim, a responsabilidade pode envolver as seguintes obrigações:

a) *de reparação natural ou in specie:* é a reconstituição ou recuperação do meio ambiente agredido, cessando a atividade lesiva e revertendo-se a degradação ambiental. *É a primeira providência que deve ser tentada, ainda que mais onerosa que outras formas de reparação;*

b) *de indenização em dinheiro:* consiste no ressarcimento pelos danos causados e não passíveis de retorno à situação anterior. *Essa solução só será adotada quando não for viável fática ou tecnicamente a reconstituição. Trata-se de forma indireta de sanar a lesão.*

c) *compensação ambiental: consiste em forma alternativa à reparação específica do dano ambiental, e importa na adoção de uma medida de equivalente importância ecológica, mediante a observância de critérios técnicos especificados por órgãos públicos e aprovação prévia do órgão ambiental competente, admissível desde que seja impossível a reparação específica. Por exemplo, caso alguém tenha derrubado uma árvore, pode-se determinar que essa pessoa, como forma de* compensação ambiental, *replante duas árvores da mesma espécie.*

3. Dano ambiental.

Não é qualquer alteração adversa no meio ambiente causada pelo homem que pode ser considerada dano ambiental. Por exemplo, o simples fato de alguém inspirar oxigênio e expirar gás carbônico não é dano ambiental. O art. 3º, III, da Lei 6.938/1981 nos ajuda a desvendar quando se tem dano ambiental, ao dispor que a poluição é a degradação ambiental resultante de atividades que direta ou indiretamente:

a) prejudiquem a saúde, a segurança e o bem-estar da população; b) criem condições adversas às atividades sociais e econômicas; c) afetem desfavoravelmente a biota; d) afetem as condições estéticas ou sanitárias do meio ambiente; e) lancem matérias ou energia em desacordo com os padrões ambientais estabelecidos.

Quanto aos lesados pelo dano ambiental, este pode atingir pessoas indetermináveis e ligadas por circunstâncias de fato (ocasião em que será difuso), grupos de pessoas ligadas por relação jurídica base (ocasião em que será coletivo), vítimas de dano oriundo de conduta comum (ocasião em que será individual homogêneo) e vítima do dano (ocasião em que será individual puro).

De acordo com o pedido formulado na ação reparatória é que se saberá que tipo de interesse (difuso, coletivo, individual homogêneo ou individual) está sendo protegido naquela demanda.

Quanto à extensão do dano ambiental, a doutrina reconhece que este pode ser material (patrimonial) ou moral (extrapatrimonial). Será da segunda ordem quando afetar o bem-estar de pessoas, causando sofrimento e dor. Há de se considerar que existe decisão do STJ no sentido que não se pode falar em dano moral difuso, já que o dano deve estar relacionado a pessoas vítimas de sofrimento, e não a uma coletividade de pessoas. De acordo com essa decisão, pode haver dano moral ambiental a pessoa determinada, mas não pode haver dano moral ambiental a pessoas indetermináveis.

3. A proteção do meio ambiente em juízo.

A reparação do dano ambiental pode ser buscada extrajudicialmente, quando, por exemplo, é celebrado termo de **compromisso de ajustamento de conduta** com o Ministério Público, ou judicialmente, pela propositura da ação competente.

Há duas ações vocacionadas à defesa do meio ambiente. São elas: a **ação civil pública** (art. 129, III, da CF e Lei 7.347/1985) e a **ação popular** (art. 5º, LXXIII, CF e Lei 4.717/1965). A primeira pode ser promovida pelo Ministério Público, pela Defensoria Pública, por entes da Administração Pública ou por associações constituídas há pelo menos um ano, que tenham por objetivo a defesa do meio ambiente. Já a segunda é promovida pelo cidadão.

Também são cabíveis em matéria ambiental o **mandado de segurança** (art. 5º, LXIX e LXX, da CF e Lei 12.016/2009), individual ou coletivo, preenchidos os requisitos para tanto, tais como prova pré-constituída, e ato de autoridade ou de agente delegado de serviço público; o **mandado de injunção** (art. 5º, LXXI, da CF), quando a falta de norma regulamentadora torne inviável o exercício dos direitos e liberdades constitucionais e das prerrogativas inerentes à nacionalidade, à soberania e à cidadania; as **ações de inconstitucionalidade** (arts. 102 e 103 da CF e Leis 9.868/1999 e 9.882/1999); e a **ação civil de responsabilidade por ato de improbidade administrativa** em matéria ambiental (art. 37, § 4º, da CF, Lei 8.429/1992 e art. 52 da Lei 10.257/2001).

(Promotor de Justiça – MPE/RS – 2017) Nos moldes da Lei Federal 9.605/1998, assinale a alternativa **INCORRETA**.

(A) O recolhimento domiciliar baseia-se na autodisciplina e senso de responsabilidade do condenado, que deverá, sem vigilância, trabalhar, frequentar curso ou exercer atividade autorizada, permanecendo recolhido nos dias e horários de folga em residência ou em qualquer local destinado a sua moradia habitual, conforme estabelecido na sentença condenatória.

(B) Os órgãos ambientais integrantes do Sistema Nacional do Meio Ambiente (Sisnama), responsáveis pela execução de programas e projetos e pelo controle e fiscalização dos estabelecimentos e das atividades suscetíveis de degradarem a qualidade ambiental, ficam autorizados a celebrar, para o cumprimento do disposto nesta Lei, com força de título executivo extrajudicial, termo de compromisso com pessoas físicas ou jurídicas responsáveis pela construção, instalação, ampliação e funcionamento de estabelecimentos e atividades utilizadores de recursos ambientais, considerados efetiva ou potencialmente poluidores.

(C) Deverá ser desconsiderada a pessoa jurídica sempre que sua personalidade for obstáculo ao ressarcimento de prejuízos causados à qualidade do meio ambiente.

(D) A multa (pena criminal) será calculada segundo os critérios do Código Penal; se revelar-se ineficaz, ainda que aplicada no valor máximo, poderá ser aumentada até três vezes, tendo em vista o valor da vantagem econômica auferida.

(E) A pessoa jurídica constituída ou utilizada, preponderantemente, com o fim de permitir, facilitar ou ocultar a prática de crime definido nesta Lei terá decretada sua liquidação forçada, seu patrimônio será considerado instrumento do crime e como tal perdido em favor do Fundo Penitenciário Nacional

A: correta. Trata-se de transcrição do art. 13 da Lei 9.605/1998 (Lei de Crimes Ambientais). **B:** correta. Trata-se de transcrição do art. 79-A da Lei 9.605/1998 (Lei de Crimes Ambientais). **C:** incorreta. O erro está na expressão "deverá", enquanto o art. 4°, da Lei 9.605/1998, usa a expressão "poderá". Nesse sentido, "Poderá ser desconsiderada a pessoa jurídica sempre que sua personalidade for obstáculo ao ressarcimento de prejuízos causados à qualidade do meio ambiente". **D:** correta. Trata-se de transcrição do art. 18 da Lei 9.605/1998 (Lei de Crimes Ambientais). **E:** correta. Trata-se de transcrição do art. 24 da Lei 9.605/1998 (Lei de Crimes Ambientais).

Gabarito "C".

(Promotor de Justiça – MPE/AM – FMP – 2015) Ao ajuizar ação civil pública para proteger o meio ambiente, pode o Promotor de Justiça

I. inserir no polo passivo tanto a pessoa jurídica como a pessoa física responsável direta ou indiretamente pelo dano ambiental.
II. buscar a reparação de dano ambiental causado há mais de vinte anos, devido ao caráter imprescritível do dano ambiental.
III. pleitear medida cautelar inibitória com o escopo de evitar a instalação de atividade lesiva ao meio ambiente, em atenção ao princípio do poluidor--pagador.
IV. demandar, na mesma ação, o ente público que autorizou a atividade poluidora e o particular beneficiário da autorização.

Quais das assertivas acima estão corretas?

(A) Apenas a I, II e III.
(B) Apenas a III e IV.
(C) Todas.
(D) Apenas a I e III.
(E) Apenas a I, II e IV.

I: Correta. O art. 3°, IV, da Lei 6.938/1981, define poluidor nos seguintes termos: "a pessoa física ou jurídica, de direito público ou privado, responsável, direta ou indiretamente, por atividade causadora de degradação ambiental". Desta forma, em ação civil pública promovida pelo Representante do Ministério Público, poderá estar inserida no polo passivo, a pessoa física ou jurídica, que direta ou indiretamente tiver contribuído com a ocorrência de danos ambientais. Ressalte-se que a responsabilização civil é objetiva, e baseada na teoria do risco integral. **II:** Correta. Segundo jurisprudência consolidada do STJ, é imprescritível a pretensão reparatória de danos ambientais. **III:** Incorreta. O princípio cabível nessa assertiva é o da prevenção e não o do poluidor-pagador, como constou. O princípio do poluidor-pagador tem aplicabilidade após a ocorrência de danos ambientais, já o princípio da prevenção visa prevenir a ocorrência de danos ao meio ambiente. **IV:** Correta. A ação civil pública poderá ser proposta contra o responsável direto, indireto (art. 3°, IV, da Lei 6.938/1981), ou contra ambos, já que havendo mais de um causador do dano, todos responderão solidariamente (art. 942, CC). O Estado tem o dever de preservar e fiscalizar a preservação do meio ambiente. Na hipótese, o Estado, no seu dever de fiscalizar, deveria ter solicitado Estudo de Impacto Ambiental e seu respectivo relatório, e até mesmo realizado audiência pública acerca do tema (art. 225, § 1°, IV, da CF), ou até mesmo determinando a paralisação da atividade que causou dano ambiental (art. 19, III, da Resolução 237/1997 do CONAMA). Assim, independentemente da existência de culpa (responsabilidade objetiva), o poluidor, ainda que indireto (Estado), é obrigado a reparar o dano causado ao meio ambiente.

Gabarito "E".

(Promotor de Justiça – MPE/AM – FMP – 2015) Analise as assertivas abaixo envolvendo a responsabilidade civil e administrativa ambiental:

I. De acordo com doutrina e jurisprudência majoritárias, a responsabilidade civil ambiental é objetiva, baseada no risco integral, não sendo aceitas as excludentes do caso fortuito nem da força maior.
II. Aquele que repara integralmente o dano ambiental causado estará isento da multa derivada da infração administrativa correspondente, salvo se for pessoa jurídica de direito privado, quando, então, haverá a dupla responsabilização.
III. Em termos de reparação do dano ambiental derivado do desmatamento, não há primazia na reparação específica, podendo o poluidor optar entre indenizar ou executar um projeto de recuperação do ambiente degradado, desde que firmado por profissional tecnicamente capacitado, com Anotação de Responsabilidade Técnica (ART).
IV. Aquele que causa dano ambiental amparado em licença ambiental válida e eficaz não pode ser demandado em ação civil pública para fim de reparar dano derivado dessa atividade.

Quais das assertivas acima estão corretas?

(A) Apenas a I, II e III.
(B) Apenas a I.
(C) Nenhuma.
(D) Apenas a II, III e IV.
(E) Apenas a I, II e IV.

I: Correta. A doutrina e a jurisprudência, quase que de forma unânime, afirmam que a responsabilidade civil por danos ambientais é objetiva, e baseada na teoria do risco integral, não admitindo caso fortuito e nem força maior, como excludentes de responsabilidade. **II:** Incorreta. As responsabilizações civil, penal e administrativa são autônomas e independentes entre si. Desta forma, ainda que o poluidor (pessoa física ou jurídica) tenha reparado integralmente o dano ambiental na esfera civil, haverá a possibilidade de ser responsabilizado na esfera administrativa, com o pagamento de multa (art. 225, § 3°, da CF). **III:** Incorreta. No que diz respeito a responsabilização por danos ambientais, a princípio deve-se buscar sempre a reparação *in natura* dos danos, e somente se não for possível a indenização. **IV:** Incorreta. Não se averigua se a atividade praticada pelo poluidor que deu ensejo ao dano ambiental é lícita ou não, bem como, se houve culpa. A responsabilização civil é objetiva e pode ser fruto de uma conduta lícita ou ilícita. Assim, diante de um dano ambiental, legitimados estarão os ofendidos a pleitearem a reparação de tais danos, bastando a comprovação da conduta (lícita ou ilícita) do poluidor, o dano e o nexo causal entre os dois últimos.

Gabarito "B".

(Procurador da República – PGR – 2013) No que se refere ao compromisso de ajustamento de conduta, analise os itens abaixo e responda em seguida:

I. É juridicamente inviável a formalização de compromissos de ajustamento de conduta relativamente a situação caracterizadora de dano ambiental já consumado, pois, sendo indisponível o bem ambiental, o único caminho legalmente admissível, em tal caso, é a propositura de ação civil pública para promoção de responsabilidade civil.
II. A previsão de advertência, no compromisso de ajustamento de conduta destinado à tutela do meio ambiente, no sentido de que, se não cumprida a obrigação avençada no Termo, incidirá multa ali

fixada e será proposta ação civil pública com vistas à promoção de responsabilidade, configura coação, eivando de nulidade o ato jurídico.

III. Sendo um negócio jurídico, o compromisso de ajustamento de conduta deve preencher os requisitos de existência, validade e eficácia, razão pela qual é inválido o TAC com vistas à tutela do meio ambiente firmado sob a direção de órgão do Ministério Público que não detenha atribuição em matéria ambiental, ressalvada a possibilidade de sua convalidação judicial, mediante a propositura da ação de execução.

IV. É obrigatória, como requisito de validade do ato, a participação do ente ou órgão ambiental do Poder Executivo na formalização de instrumentos de compromisso de ajustamento de conduta que tenham por objeto a tutela do meio ambiente.

Responda, agora:

(A) Todos os itens estão corretos.
(B) Os itens I e III estão corretos.
(C) Apenas o item IV está errado.
(D) Todos os itens estão errados.

I: Incorreta. Nos termos do § 6º, art. 5º, da Lei 7.347/1985: "Os órgãos públicos legitimados poderão tomar dos interessados compromisso de ajustamento de sua conduta às exigências legais, mediante cominações, que terá eficácia de título executivo extrajudicial". Mostra-se oportuna a distinção entre transação e compromisso de ajustamento de conduta. A transação é figura característica de direito civil, destinada aos titulares do direito patrimonial privado, que mediante concessões mútuas terminam ou previnem um litígio (art. 840 e 841, do CC). Portanto, a transação mostra-se incompatível com os direitos coletivos, já que estar-se-ia conferindo faculdades ao legitimado autônomo, para dispor do direito de titulares coletivamente considerados. Na defesa de interesses transindividuais (difusos, coletivos e individuais homogêneos), os colegitimados ativos à ação coletiva não agem em busca de direito próprio, ou não são os únicos titulares do direito lesado. **II:** Incorreta. Há previsão legal para fixação de multa por descumprimento do compromisso de ajustamento de conduta, a teor dispõe o § 6º, art. 5º, da Lei 7.347/1985: "Os órgãos públicos legitimados poderão tomar dos interessados compromisso de ajustamento de sua conduta às exigências legais, mediante cominações, que terá eficácia de título executivo extrajudicial". A multa fixada tem natureza jurídica de *astreinte*, cujo objetivo é compelir o compromissário devedor a cumprir a obrigação. Por outro lado, a coação é vício de consentimento, que torna o negócio jurídico anulável (art. 178, I, do CC) e não nulo como descrito na assertiva. Não se configurando coação a ameaça do exercício normal de um direito (art. 153, do CC). Portanto, a previsão de multa por descumprimento do Termo de Ajustamento de Conduta não configura-se coação, capaz de eivar de nulidade do ato jurídico. **III:** Incorreta. A promoção da ação civil pública e do inquérito civil para a proteção do meio ambiente é função institucional do Ministério Público (art. 129, III, da CF). **IV:** Incorreta. Todos os legitimados do art. 5º, da Lei 7.347/1985 são competentes para firmar termo de ajustamento de conduta com os interessados, não havendo necessidade de participação do ente ou órgão ambiental do Poder Executivo.

Gabarito "D".

(Ministério Público/PR – 2013 – X) Consideradas as disposições legais e doutrinárias sobre danos ambientais e sua responsabilização, assinale a alternativa *incorreta*:

(A) Se for julgada procedente a ação civil pública proposta por associação civil, a indenização pelo dano ambiental difuso será revertida à mesma, desde que tenha sido constituída há mais de um ano e que inclua entre suas finalidades a defesa do meio ambiente;

(B) Segundo o princípio do poluidor-pagador, os custos de reparação de área degradada devem ser impostos a quem a danificou, permitindo assim a imposição de tal ônus a novo adquirente;

(C) Na responsabilização civil por dano ecológico, não há necessidade de se provar a culpa do agente;

(D) O poluidor é obrigado, independentemente da existência de culpa, a indenizar ou reparar os danos causados ao meio ambiente e a terceiros afetados por sua atividade;

(E) O órgão ambiental competente, ao tomar conhecimento do desmatamento em desacordo com a lei, deverá embargar a obra ou atividade que deu causa ao uso alternativo do solo, como medida administrativa voltada a impedir a continuidade do dano ambiental, propiciar a regeneração do meio ambiente e dar viabilidade à recuperação da área degradada.

A: assertiva incorreta, devendo ser assinalada; a indenização, no caso, será revertida ao fundo de direitos difusos (art. 13 da Lei 7.347/1985); **B:** assertiva correta, tratando-se do aspecto repressivo desse princípio; **C:** assertiva correta, pois se trata da responsabilidade objetiva (art. 14, § 1º, da Lei 6.938/1981); **D:** assertiva correta (art. 14, § 1º, da Lei 6.938/1981); **E:** assertiva correta (art. 51, *caput*, da Lei 12.651/2012).

Gabarito "A".

(Ministério Público/MS – 2011 – FADEMS) Assinale a alternativa **correta**. Acerca da responsabilidade civil ambiental na legislação brasileira, pode-se afirmar.

(A) É subjetiva, nos mesmos moldes da responsabilidade civil, ou seja, é imprescindível a investigação e a discussão da culpa, embora não seja necessária a prova do nexo causal, vale dizer, da relação de causa e efeito entre a atividade do agente e o dano dela advindo;

(B) É considerada como de natureza objetiva, em razão de previsão constitucional e do regime adotado na Lei n. 6.931/1981, que afastou a investigação e a discussão da culpa, embora não tenha prescindido do nexo causal, vale dizer, da relação de causa e efeito entre a atividade do agente e o dano dela advindo;

(C) Na apuração da responsabilidade do poluidor, o Ministério Público ou qualquer legitimado, autor da ação civil pública, além da aplicação da teoria do risco integral quanto a culpa, ainda tem a vantagem da inversão do ônus da prova, como acontece na seara da defesa do consumidor;

(D) O poluidor não será responsabilizado civilmente caso o evento danoso tenha sido causado por motivo de força maior (da natureza) ou caso fortuito (obra do acaso), sendo estas circunstâncias, uma das exceções na aplicação da teoria do risco integral;

(E) É mista, ora assumindo características objetivas, ora demonstrando subjetividade, cabendo ao Juiz, na análise do caso concreto, decidir a prevalência de uma das duas e a justa indenização.

A: incorreta, pois a responsabilidade civil ambiental é objetiva; **B:** correta, pois tanto o texto do art. 225, § 3º, da CF, como o do art. 14, § 1º, da Lei 6.938/1981 não exigem o elemento "culpa" para a configuração da responsabilidade do causador de um dano ambiental; **C:** incorreta, pois a jurisprudência dos tribunais superiores não adota a teoria do risco integral (responsabilidade sem excludentes) em matéria de responsabilidade civil ambiental; essa teoria se aplica à responsabilidade civil ambiental em caso de dano nuclear; de qualquer forma, há um acórdão do STJ que também adotou a teoria do risco integral, com a observação de que essa posição só valeria para aquele caso concreto e não para formar teses gerais em matéria de responsabilidade civil ambiental; trata-se de um caso de colisão de navios, com vazamento de nafta em águas, em decisão que não aceitou a exclusão de responsabilidade pela excludente "fato de terceiro" (STJ, Resp 1.114398/PR, *DJ* 16.02.2012); por outro lado, há outro acórdão do STJ aplicando sem ressalvas a Teoria do Risco Integral; trata-se do REsp 1.346.430 (*DJ* 21.11.2012), cuja decisão é fundamentada na ideia de que se adotou a teoria do risco integral em matéria ambiental, argumentando que quem explora atividade econômica coloca-se na posição de garantidor da preservação ambiental e os danos que dizem respeito à atividade estarão sempre vinculados a ela, descabendo, assim, a invocação, pelo responsável pelo dano ambiental, de excludentes de responsabilidade civil; **D:** incorreta, pois a teoria do risco integral (ainda) não é adotada como regra geral em matéria de responsabilidade civil ambiental; mas caso seja, essa teoria é no sentido de que não se pode alegar qualquer tipo de excludente de responsabilidade, inclusive as excludentes caso fortuito e força maior; **E:** incorreta, pois a responsabilidade civil ambiental não é tão duvidosa como a alternativa faz parecer que é; a responsabilidade civil ambiental é *objetiva*! A única exceção é a responsabilidade do Poder Público quando está na posição de fiscalizador do meio ambiente; nesse único caso, o Poder Público responde subjetivamente, devendo-se averiguar se o serviço público de fiscalização ambiental foi ou não defeituoso (culpa anônima do serviço); em sendo defeituoso, o Poder Público responderá solidariamente com o efetivo causador do dano ambiental.

Gabarito "B".

(Ministério Público/SP – 2011) Assinale a alternativa correta.

(A) Em decorrência das regras constitucionais em matéria ambiental, as responsabilidades civil, penal e administrativa por danos causados ao meio ambiente são de caráter objetivo.

(B) O caráter objetivo da responsabilidade civil por danos ambientais fundamenta-se na teoria do risco, que faz recair ao causador dos danos a obrigação de repará-los, independentemente de culpa, admitindo-se apenas a aplicação das excludentes de caso fortuito e força maior.

(C) O Poder Público pode vir a ser responsabilizado solidariamente por danos ambientais causados por particulares em decorrência de deficiências na fiscalização, sendo sua responsabilidade, a esse propósito, de caráter objetivo.

(D) O caráter objetivo da responsabilidade civil por danos ambientais fundamenta-se na teoria do risco, pois aquele que exerce uma atividade deve responder por eventuais danos dela resultantes, independentemente de culpa, ainda que a atividade danosa seja lícita.

(E) A responsabilidade civil em matéria ambiental é de caráter objetivo, prescindindo, para sua caracterização, do elemento da culpa e do nexo causal entre a conduta e o evento danoso.

A: incorreta, pois, das três responsabilidades mencionadas, somente a responsabilidade **civil** ambiental é de caráter objetivo; **B:** incorreta, pois, pela jurisprudência prevalecente, admite-se outras excludentes de responsabilidade, pois não se adotou a responsabilidade civil pelo risco integral em matéria ambiental; de qualquer forma, há muitas correntes nos órgãos do Ministério Público no sentido de que se adotou a responsabilidade civil pelo risco integral em matéria ambiental; para quem pensa assim, a alternativa também está incorreta, pois, se o risco é integral, não se admite excludente alguma; não bastasse, há um acórdão do STJ que também adotou a teoria do risco integral, com a observação de que essa posição só valeria para aquele caso concreto e não para formar teses gerais em

matéria de responsabilidade civil ambiental; trata-se de um caso de colisão de navios, com vazamento de nafta em águas, em decisão que não aceitou a exclusão de responsabilidade pela excludente "fato de terceiro" (STJ, Resp 1.114398/PR, *DJ* 16.02.2012); por outro lado, há outro acórdão do STJ aplicando sem ressalvas a Teoria do Risco Integral; trata-se do REsp 1.346.430 (*DJ* 21.11.2012), cuja decisão é fundamentada na ideia de que se adotou a teoria do risco integral em matéria ambiental, argumentando que quem explora atividade econômica coloca-se na posição de garantidor da preservação ambiental e os danos que dizem respeito à atividade estarão sempre vinculados a ela, descabendo, assim, a invocação, pelo responsável pelo dano ambiental, de excludentes de responsabilidade civil; **C:** correta, pois, nesse caso, a responsabilidade do Poder Público é subjetiva, devendo-se averiguar se houve ou não a chamada culpa anônima do serviço; **D:** correta, pois, em sendo objetiva a responsabilidade, não se discute se há conduta ilícita ou não, se há culpa ou não; **E:** incorreta, pois, sem nexo de causalidade entre a conduta e o dano, não há que se falar em responsabilidade civil ambiental.

Gabarito "D".

10. RESPONSABILIDADE ADMINISTRATIVA AMBIENTAL

(Ministério Público/MA – 2009) Assinale a alternativa cujo enunciado expressa o sentido de norma constitucional que trata das sanções previstas para os autores de condutas e atividades consideradas lesivas ao meio ambiente.

(A) Os infratores, pessoas físicas ou jurídicas, estão sujeitos a sanções penais e administrativas, independentemente da obrigação de reparar os danos causados.

(B) Os infratores, pessoas físicas, estão sujeitos a sanções penais e administrativas, somente às pessoas jurídicas é imposta a obrigação de reparar os danos causados.

(C) Os infratores, pessoas físicas, estão sujeitos a sanções penais e administrativas; e as pessoas jurídicas a sanções administrativas, independentemente, em qualquer caso, da obrigação de reparar os danos causados.

(D) Os infratores, pessoas físicas ou jurídicas, estão obrigados à reparação dos danos causados, a qual, uma vez satisfeita, constitui causa de extinção da punibilidade.

(E) Os infratores, pessoas físicas ou jurídicas, estão sujeitos às sanções administrativas e à reparação dos danos causados. O cumprimento das medidas constitui causa de extinção da punibilidade.

Art. 225, § 3º, da CF.

Gabarito "A".

11. RESPONSABILIDADE PENAL AMBIENTAL

(Promotor de Justiça – MPE/AM – FMP – 2015) A respeito da responsabilidade penal ambiental, não é correto afirmar que

(A) a responsabilidade delitiva exige sempre o dolo em qualquer tipo de crime ambiental, perpetrado por pessoa física ou jurídica.

(B) os crimes ambientais prescrevem, de acordo com a pena prevista para o tipo penal.

(C) a responsabilidade penal não é objetiva, ao contrário da civil.

(D) todos os crimes ambientais são de ação penal pública incondicionada.

(E) a responsabilidade das pessoas jurídicas não exclui a das pessoas físicas, autoras, coautoras ou partícipes do mesmo fato.

A: Incorreta. Há previsão na Lei de Crimes Ambientais (Lei 9.605/1998) de diversos tipos penais puníveis por culpa, por exemplo destruição ou danificação de floresta considerada de preservação permanente (art. 38, parágrafo único, da Lei 9.605/1998). B: Correta. A prescrição dos crimes ambientais segue a regra geral de prescrição do Código Penal que leva em conta a pena prevista para o tipo penal. C: Correta. A responsabilidade penal é fundamentada no princípio da culpabilidade do agente, portanto, impossível falar-se em responsabilização penal objetiva, ou seja, independente de culpa. D: Correta. Todas as infrações penais previstas na Lei 9.605/1998, são de ação penal é pública incondicionada (art. 26, da Lei 9.605/1998). E: Correta. A assertiva encontra correspondência com o parágrafo único, do art. 3º, da Lei 9.605/1998.
Gabarito "A".

(Ministério Público/TO – 2012 – CESPE) De acordo com a Lei dos Crimes Ambientais, constituem penas restritivas de direito

(A) o recolhimento domiciliar e a prisão simples.
(B) a interdição definitiva de direitos e a prestação pecuniária.
(C) a suspensão parcial ou total de atividades e a interdição definitiva do direito de transitar em unidades de conservação.
(D) a prestação de serviços à comunidade e a interdição temporária de direitos.
(E) o recolhimento domiciliar e a obrigatoriedade de participar do curso de educação ambiental.

As penas restritivas de direitos definidas na Lei 9.605/1998 são: I – prestação de serviços à comunidade; II – interdição temporária de direitos; III – suspensão parcial ou total de atividades; IV – prestação pecuniária; e V – recolhimento domiciliar. Assim, apenas a alternativa "D" contêm espécies de penas restritivas de direitos, nas quais não se incluem a prisão simples (alternativa "A"), a interdição definitiva de direitos (alternativa "B"), interdição definitiva do direito de transitar em unidades de conservação (alternativa "C") e obrigatoriedade de participar de curso de educação ambiental (alternativa "E").
Gabarito "D".

12. BIOSSEGURANÇA E PROTEÇÃO DA SAÚDE HUMANA

(Ministério Público/MG – 2013) É *INCORRETO* afirmar-se que:

(A) Encontra-se entre as competências da Comissão Técnica Nacional de Biossegurança – CTNBio, instância colegiada multidisciplinar de caráter consultivo e deliberativo que integra o Ministério da Ciência e da Tecnologia, estabelecer normas para as pesquisas, atividades e projetos relacionados com organismos geneticamente modificados e seus derivados, e estabelecer, no âmbito de suas competências, critérios de avaliação e monitoramento de risco de organismos geneticamente modificados e seus derivados.
(B) Constitui crime, punível com reclusão de dois a cinco anos e multa, realizar clonagem humana, conforme o artigo 26 da Lei Federal 11.105/2005, que dispõe sobre a Política Nacional de Biossegurança.
(C) Toda instituição que utilizar técnicas e métodos de engenharia genética ou realizar pesquisas com organismos geneticamente modificados e seus derivados deverá criar uma Comissão Interna de Biossegurança

– CIBio, além de indicar um técnico principal responsável para cada projeto específico.
(D) É permitida, para fins de pesquisa e terapia, a utilização de células-tronco embrionárias obtidas de embriões humanos viáveis produzidos por fertilização *in vitro* e não utilizados no respectivo procedimento, desde que estejam congelados há menos de três anos e haja consentimento dos genitores.

A: assertiva correta, conforme texto expresso do art. 14 da Lei 11.105/2005; B: assertiva correta: tal qual descrito na Lei 11.105/2005: "Art. 26. Realizar clonagem humana: pena – reclusão, de 2 (dois) a 5 (cinco) anos, e multa"; C: assertiva correta, conforme art. 17 da Lei de Biossegurança; D: assertiva incorreta, devendo ser assinalada, pois a pesquisa para fins de pesquisa e terapia, a utilização de células-tronco somente é autorizada com embriões humanos inviáveis (art. 5º, I, da Lei 11.105/2005).
Gabarito "D".

13. RESÍDUOS SÓLIDOS

(Ministério Público/ES – 2013 –VUNESP) A Lei da Política Nacional de Resíduos Sólidos, Lei 12.305/2010, ao prever a responsabilidade compartilhada pelo ciclo de vida do produto,

(A) criou como instrumento de sua implementação o Cadastro Nacional de Operadores de Resíduos Perigosos, no qual devem ser, obrigatoriamente, incluídas as pessoas jurídicas que operam com resíduos perigosos, em qualquer fase do seu gerenciamento.
(B) identificou como um de seus objetivos compatibilizar interesses entre os agentes econômicos e sociais e os processos de gestão empresarial e mercadológica com os de gestão ambiental, desenvolvendo estratégias sustentáveis.
(C) pretendeu que o mercado desenvolva produtos com menores impactos à saúde humana e à qualidade ambiental em seu ciclo de vida, inclusive utilizando produtos, cuja matéria-prima seja nacional.
(D) teve como um dos objetivos proibir a importação de resíduos sólidos perigosos e rejeitos, bem como de resíduos sólidos cujas características causem dano ao meio ambiente, à saúde pública e animal e à sanidade vegetal, ainda que para tratamento, reforma, reuso, reutilização ou recuperação.
(E) impôs ao poder público estadual a instituição de incentivos econômicos aos consumidores que participem do sistema de coleta seletiva, na forma da lei.

A: incorreta, pois embora o art. 38 da Lei 12.305/2010 tenha criado como instrumento o Cadastro Nacional de Operadores de Resíduos Perigosos, ele não está relacionado com o instrumento de responsabilidade compartilhada a que se refere o enunciado da questão; B: correta, conforme determinado pelo art. 30, parágrafo único, I da PNRS; C: incorreta (art. 42, II, da Lei 12.305/2010); D: incorreta, muito embora o art. 49 da lei imponha a referida proibição, não se trata, contudo de um objetivo da Política Nacional de Resíduos Sólidos; E: incorreta, já que a lei não impôs ao poder público estadual a instituição de incentivos econômicos, de modo diverso, art. 35 em seu parágrafo único faculta ao poder público municipal tal iniciativa: "Art. 35. Sempre que estabelecido sistema de coleta seletiva pelo plano municipal de gestão integrada de resíduos sólidos e na aplicação do art. 33, os consumidores são obrigados a: (...) Parágrafo único. O poder público municipal pode instituir incentivos econômicos aos consumidores que participem do sistema de coleta seletiva referido no *caput*, na forma de lei municipal."
Gabarito "B".

(Ministério Público/GO – 2013) De acordo com a Política Nacional de Resíduos Sólidos, instituída pela Lei 12.305110, é correto afirmar:

(A) logística reversa é o processo de transformação dos resíduos sólidos que envolve a alteração de suas propriedades físicas, físico-químicas ou biológicas, com vistas à transformação em insumos ou novos produtos, observadas as condições e os padrões estabelecidos pelos órgãos competentes do Sisnama.
(B) na gestão e gerenciamento de resíduos sólidos deve ser observada a seguinte ordem de prioridade: não geração, redução, reciclagem, reutilização, tratamento dos resíduos sólidos e disposição final ambientalmente adequada dos rejeitos.
(C) são princípios da Política Nacional de Resíduos Sólidos: a prevenção e a precaução; o desenvolvimento sustentável; a responsabilidade compartilhada pelo ciclo de vida dos produtos; o poluidor-pagador e o protetor-recebedor; o reconhecimento do resíduo sólido reutilizável e reciclável como um bem econômico e de valor social, gerador de trabalho e renda e promotor da cidadania; a razoabilidade e a proporcionalidade; a ecoeficiência.
(D) a existência de Plano Municipal de Gestão Integrada de Resíduos Sólidos, por sua abrangência e eficiência, além de ser condição para que os Municípios tenham acesso a recursos da União, exime o Município do licenciamento ambiental de aterros sanitários e de outras infraestruturas e instalações do serviço público de limpeza urbana e de manejo de resíduos sólidos.

A: incorreta, já que a alternativa aborda o conceito de reciclagem, e não o de logística reversa que foi definido pelo art. 3º XII da Lei 12.305/2010 como: "instrumento de desenvolvimento econômico e social caracterizado por um conjunto de ações, procedimentos e meios destinados a viabilizar a coleta e a restituição dos resíduos sólidos ao setor empresarial, para reaproveitamento, em seu ciclo ou em outros ciclos produtivos, ou outra destinação final ambientalmente adequada"; **B:** incorreta, já que a ordem correta vem descrita no art. 7º, II, e impõe a reutilização antes da reciclagem; **C:** correta, conforme art. 6º da PNRS: "Art. 6o São princípios da Política Nacional de Resíduos Sólidos: I – a prevenção e a precaução; II – o poluidor-pagador e o protetor-recebedor; (...) V – a ecoeficiência, mediante a compatibilização entre o fornecimento, a preços competitivos, de bens e serviços qualificados que satisfaçam as necessidades humanas (...) VIII – o reconhecimento do resíduo sólido reutilizável e reciclável como um bem econômico e de valor social, gerador de trabalho e renda e promotor da cidadania; (...) XI – a razoabilidade e a proporcionalidade.";
D: incorreta por força do art. 19, § 4º: "§ 4º A existência de plano municipal de gestão integrada de resíduos sólidos não exime o Município ou o Distrito Federal do licenciamento ambiental de aterros sanitários e de outras infraestruturas e instalações operacionais integrantes do serviço público de limpeza urbana e de manejo de resíduos sólidos pelo órgão competente do Sisnama".
Gabarito "C".

14. LEI 7.802/1989 – LEI DOS AGROTÓXICOS

(Ministério Público/MG – 2013) Sobre os agrotóxicos, podemos afirmar o seguinte, **EXCETO**:

(A) O usuário tem a obrigatoriedade de efetuar a devolução das embalagens vazias dos produtos aos estabelecimentos comerciais em que foram adquiridos, de acordo com as instruções previstas nas respectivas bulas, no prazo de um ano, contado da data da compra, ou prazo superior, se autorizado pelo órgão registrante. Pode a devolução ser intermediada por postos ou centros de recolhimento, desde que autorizados e fiscalizados pelo órgão competente. As empresas produtoras e comercializadoras dos produtos, seus componentes e afins, são responsáveis pela destinação das referidas embalagens após a devolução pelos usuários, com vistas à sua reutilização, reciclagem ou inutilização, obedecidas as normas e instruções dos órgãos registrantes e sanitário-ambientais competentes.
(B) A venda de agrotóxicos e afins aos usuários somente poderá ser feita através de receituário próprio, prescrito por profissionais legalmente habilitados, salvo casos excepcionais que forem previstos na regulamentação da Lei Federal 7.802/1989.
(C) Quando organizações internacionais responsáveis pela saúde, alimentação ou meio ambiente, das quais o Brasil seja membro integrante ou signatário de acordos e convênios, alertarem para riscos ou desaconselharem o uso de agrotóxicos, seus componentes e afins, caberá à autoridade competente tomar imediatas providências, sob pena de responsabilidade.
(D) O fracionamento e a reembalagem de agrotóxicos e afins com o objetivo de comercialização poderão ser efetuados pelo comerciante, desde que devidamente registrado no órgão competente e obedecidos condições e requisitos exigidos em regulamentação conjunta da Agência Nacional de Vigilância Sanitária (ANVISA) e Secretaria Nacional de Defesa Agropecuária, órgão do Ministério da Agricultura.

A: assertiva correta, conforme texto do art. 6º, § 2º da Lei 7.802/1989; **B:** assertiva correta, por força do art. 13 da Lei 7.802/1989; **C:** assertiva correta tal qual art. 3º, § 4º, da Lei 7.802/1989; **D:** assertiva incorreta, devendo ser assinalada, pois o art. 6º, § 1º, da Lei 7.802/1989 não autoriza o comerciante a reembalar agrotóxicos e fins: "O fracionamento e a reembalagem de agrotóxicos e afins com o objetivo de comercialização somente poderão ser realizados pela empresa produtora, ou por estabelecimento devidamente credenciado, sob responsabilidade daquela, em locais e condições previamente autorizados pelos órgãos competentes"
Gabarito "D".

15. QUESTÕES PROCESSUAIS, OUTROS TEMAS E TEMAS COMBINADOS DE DIREITO AMBIENTAL

(Promotor de Justiça – MPE/AM – FMP – 2015) Avalie as afirmações abaixo, tendo em conta a legislação ambiental brasileira.

I. A Floresta Amazônica é patrimônio nacional e unidade de conservação de proteção integral.
II. As áreas de preservação permanente são espécies do gênero espaços territoriais protegidos.
III. O patrimônio cultural brasileiro é formado somente pelos bens móveis e imóveis tombados.
IV. Proteger o meio ambiente e combater a poluição em qualquer de suas formas é competência comum da União, estados, Distrito Federal e municípios.
V. As unidades de conservação da tipologia "reserva biológica" admitem posse e domínio público e privado.

Das afirmações acima pode-se dizer:

(A) Todas estão corretas.
(B) Estão incorretas apenas as afirmações IV e V.
(C) Todas estão incorretas.

(D) Estão incorretas apenas as afirmações I e III.
(E) Estão corretas apenas as afirmações II e IV.

I: Incorreta. A teor do § 4º, art. 225, da CF, a Floresta Amazônica é um patrimônio nacional, e a sua utilização far-se-á, na forma da lei, dentro de condições que assegurem a preservação do meio ambiente, inclusive quanto ao uso dos recursos naturais. Contudo, a Floresta Amazônica não é unidade de conservação de proteção integral. II: Correta. Os espaços territoriais especialmente protegidos abrangem as áreas de preservação permanente, as reservas legais, as unidades de conservação, dentre outras espécies. III: Incorreta. Segundo o art. 216, caput, da CF: "Constituem patrimônio cultural brasileiro os bens de natureza material ou imaterial, tomados individualmente ou em conjunto, portadores de referência à identidade, à ação, à memória dos diferentes grupos formadores da sociedade brasileira (...)". Desta forma, além dos bens materiais (móveis ou imóveis), os bens imateriais também fazem parte do patrimônio cultural brasileiro. O tombamento não é o único instrumento de proteção ao patrimônio cultural, neste se incluem os inventários, registros, vigilância, desapropriação, dentre outras formas. Assim, independentemente do tombamento o patrimônio cultural existe. IV: Correta. Nos termos do VI, art. 23 da CF, proteger o meio ambiente e combater a poluição em qualquer de suas formar é competência comum da União, Estados, Distrito Federal e Municípios. V: Incorreta. Na reserva biológica a posse e o domínio são públicos, sendo que as áreas particulares inseridas em seus limites serão desapropriadas (§ 1º, art. 10, da Lei 9.985/2000).
Gabarito "E".

(Procurador de Justiça – MPE/GO – 2016) Assinale a alternativa incorreta:

(A) a Lei da Política Nacional dos Resíduos Sólidos (Lei 12.305/2010) estabeleceu uma série de obrigações aos envolvidos na cadeia produtiva – o poder público, o setor empresarial e a coletividade, impondo, inclusive, uma responsabilidade compartilhada pelo ciclo de vida dos produtos, a abranger os fabricantes, importadores, distribuidores e comerciantes.
(B) Na ação civil pública ambiental, o reconhecimento da inconstitucionalidade de lei ou ato normativo poderá ser invocado como causa de pedir, operando-se o controle difuso/*incidenter tantum* de constitucionalidade pelo juiz de direito.
(C) A ação civil pública para defesa do patrimônio cultural pode ter por objeto evitar o dano, repará-lo ou buscar a indenização pelo dano causado, sendo viável a pretensão de condenação em dinheiro, do cumprimento de obrigação de fazer ou não fazer, bem como a declaração de situação jurídica.
(D) O direito fundamental ao meio ambiente equilibrado insere-se dentre os direitos indisponíveis e, embora não se admita direito adquirido à devastação, a pretensão de reparação do dano ambiental prescreve em dez anos, a contar da data do fato ou ato danoso.

A: correta. A assertiva está em conformidade com o art. 30 da Lei 12.305/2010, que instituiu a Política Nacional dos Resíduos Sólidos. **B:** correta. Conforme o STJ no REsp 930016 DF: "É possível a declaração incidental de inconstitucionalidade, na ação civil pública, de quaisquer leis ou atos normativos do Poder Público, desde que a controvérsia constitucional não figure como pedido, mas sim como causa de pedir, fundamento ou simples questão prejudicial, indispensável à resolução do litígio principal, em torno da tutela do interesse público". **C:** correta. A assertiva está em conformidade com o art. 3º, da Lei 7.347/1985. Conforme cartilha do Ministério Público de Minas Gerais: "A ação civil pública, regulamentada pela Lei 7.347/1985, poderá ter por objeto evitar o dano ao patrimônio (ex: evitar a expedição de alvará para demolição de um casarão histórico), repará-lo (ex: restaurar uma igreja colonial em estado de abandono) ou buscar a indenização pelo dano causado, sendo viável a pretensão de condenação em dinheiro (ex: quando não for possível tecnicamente a recuperação de um bem cultural mutilado), do cumprimento de obrigação de fazer (ex: efetuar reparos emergenciais em bem tombado) ou não fazer (ex: não instalar empreendimento minerador nas imediações de um sítio arqueológico), além da declaração de situação jurídica (ex: reconhecimento do valor cultural de determinado bem)". **D:** incorreta. A pretensão de reparação do dano ambiental é imprescritível. Consoante Fabiano Melo (Direito Ambiental, Editora Método, 2017, p. 381) esse é o entendimento do STJ, *in verbis*: "(...) 5. Tratando-se de direito difuso, a reparação civil assume grande amplitude, com profundas implicações na espécie de responsabilidade do degradador que é objetiva, fundada no simples risco ou no simples fato da atividade danosa, independentemente da culpa do agente causador do dano. 6. O direito ao pedido de reparação de danos ambientais, dentro da logicidade hermenêutica está protegido pelo manto da imprescritibilidade, por se tratar de direito inerente à vida, fundamental e essencial à afirmação dos povos, independentemente de não estar expresso em texto legal. 7. Em matéria de prescrição cumpre distinguir qual o bem jurídico tutelado: se eminentemente privado, seguem-se os prazos normais das ações indenizatórias; se o bem jurídico é indisponível, fundamental, antecedendo a todos os demais direitos, pois sem ele não há vida, nem saúde, nem trabalho, nem lazer, considera-se imprescritível o direito à reparação. 8. O dano ambiental inclui-se dentre os direitos indisponíveis e como tal está dentre os poucos acobertados pelo manto da imprescritibilidade a ação que visa reparar o dano ambiental" (REsp no 1.120.117/AC, *DJe* 15.08.2011).
Gabarito "D".

(Promotor de Justiça – MPE/AM – FMP – 2015) Tendo em vista o ordenamento jurídico ambiental brasileiro, considere as seguintes assertivas:

I. A responsabilidade ambiental é orientada pelo princípio da tríplice responsabilização do poluidor, o que significa dizer que, além de reparar "in natura" o dano causado, sempre incidirá indenização pelos danos morais e materiais causados pela ação lesiva e multa administrativa.
II. Aquele que explorar recursos minerais fica obrigado a recuperar o meio ambiente degradado, de acordo com solução técnica exigida pelo órgão público competente, na forma da lei.
III. A cobrança pelo uso da água é um dos instrumentos da Política Nacional de Recursos Hídricos instituída pela Lei 9.433/1997 e tem por escopo custear pessoal para desempenho de funções de fiscalização.

Quais das assertivas acima estão corretas?

(A) Apenas a III.
(B) Apenas a I e II.
(C) Apenas a I e III.
(D) Apenas a II e III.
(E) Apenas a II.

I: Incorreta. O princípio da tríplice responsabilização por danos ambientais, reza que o poluidor pessoa física ou jurídica estará sujeito a sanções penais e administrativas, independentemente da obrigação de reparar os danos causados. Ou seja, o poluidor se sujeitará a responsabilização civil, penal e administrativa, pela prática de danos ambientais. II: Correta. Assertiva em consonância com o disposto no § 2º, art. 225, da CF. III: Incorreta. Constituem objetivos da cobrança pelo uso de recursos hídricos: o reconhecimento da água como um bem econômico; incentivar a racionalização do uso da água; e, obter recursos financeiros para o financiamento de programas e intervenções contemplados nos planos de recursos hídricos (art. 19, I a III, da Lei 9.433/1997).
Gabarito "E".

(Promotor de Justiça – MPE/BA – CEFET – 2015) O meio ambiente ecologicamente equilibrado, de acordo com o artigo 225 da Constituição Federal Brasileira, é direito de todos, bem de uso comum do povo e essencial à sadia qualidade de vida. Assim sendo, julgue as seguintes proposições:

I. Com esteio na Lei 11.445/2007, que estabelece as diretrizes nacionais para o saneamento básico, a interrupção ou a restrição do fornecimento de água por inadimplência a: estabelecimentos de saúde; instituições educacionais e de internação coletiva de pessoas; e usuário residencial de baixa renda beneficiário de tarifa social deverá obedecer a prazos e critérios que preservem condições mínimas de manutenção da saúde das pessoas atingidas.

II. Em consonância com a Lei 5.197/1967, que trata da proteção à fauna, dentro de 2 (dois) anos a partir da sua promulgação, nenhuma autoridade poderá permitir a adoção de livros escolares de leitura que não contenham textos sobre a proteção da fauna, aprovados pelo Conselho Federal de Educação, bem como os programas de ensino de nível primário e médio deverão contar pelo menos com duas aulas anuais sobre esta matéria.

III. A utilização, perseguição, destruição, caça ou apanha de espécimes da fauna silvestre são proibidas, dentre outras situações, com: visgos, atiradeiras, fundas, bodoques, veneno, incêndio ou armadilhas que maltratem a caça; armas a bala, a menos de 4 (quatro) quilômetros de qualquer via térrea ou rodovia pública; e armas de calibre 22 (vinte e dois) para animais de porte superior ao tapiti (*sylvilagus brasiliensis*).

IV. O grupo das Unidades de Proteção Integral é composto pelas seguintes categorias de unidades de conservação: a) Estação Ecológica; b) Reserva Biológica; c) Parque Nacional; d) Monumento Natural; e e) Refúgio de Vida Silvestre.

V. A Estação Ecológica tem como objetivo a preservação integral da biota e demais atributos naturais existentes em seus limites, sem interferência humana direta ou modificações ambientais, excetuando-se as medidas de recuperação de seus ecossistemas alterados e as ações de manejo necessárias para recuperar e preservar o equilíbrio natural, a diversidade biológica e os processos ecológicos naturais.

Estão CORRETAS as assertivas:

(A) I, II e III.
(B) II, III e IV.
(C) II, IV e V.
(D) I, II e IV.
(E) II, III e V.

I: Correta. Dispõe o § 3°, art. 40 da Lei 11.445/2007: "A interrupção ou a restrição do fornecimento de água por inadimplência a estabelecimentos de saúde, a instituições educacionais e de internação coletiva de pessoas e a usuário residencial de baixa renda beneficiário de tarifa social deverá obedecer a prazos e critérios que preservem condições mínimas de manutenção da saúde das pessoas atingidas". II: Correta. Assertiva em consonância com o art. 35, *caput*, e § 1°, da Lei 5.197/1967: "Art. 35. Dentro de dois anos a partir da promulgação desta Lei, nenhuma autoridade poderá permitir a adoção de livros escolares de leitura que não contenham textos sobre a proteção da fauna, aprovados pelo Conselho Federal de Educação. § 1°. Os Programas de ensino de nível primário e médio deverão contar pelo menos com duas aulas anuais sobre a matéria a que se refere o presente artigo". III: Incorreta. Dispõe o art. 10, "a", "b" e "c", da Lei 5.197/1967 que: "A utilização, perseguição, destruição, caça ou apanha de espécimes da fauna silvestre são proibidas. a) com visgos, atiradeiras, fundas, bodoques, veneno, incêndio ou armadilhas que maltratem a caça; b) com armas a bala, a menos de três quilômetros de qualquer via térrea ou rodovia pública; c) com armas de calibre 22 para animais de porte superior ao tapiti (*sylvilagus brasiliensis*)". O erro da assertiva está na distância em que é proibida o uso de armas de fogo. IV: Correta. A teor do art. 8°, da Lei 9.985/2000. V: Incorreta. A assertiva não trata de estação ecológica, mas sim, de reserva biológica. A estação ecológica é área de posse e domínio públicos, sendo que as áreas particulares incluídas em seus limites deverão ser desapropriadas, e tem como objetivo a preservação da natureza e a realização de pesquisas científicas (art. 9°, *caput* e § 1°, da Lei 9.985/2000).

Gabarito "D".

(Procurador da República – PGR – 2015) Qual das alternativas abaixo é correta?

(A) Consórcios públicos são instrumentos de desenvolvimento urbano integrado de regiões metropolitanas e de aglomerações urbanas.
(B) O direito de superfície de terreno urbano não abrange o direito de utilizar o subsolo.
(C) Terras tradicionalmente ocupadas por índios situadas em município podem estar sujeitas ao IPTU.
(D) A União não cabe promover programas de construção de moradias urbanas.

A: Correta. Trata-se da transcrição do VI, art. 9°, da Lei 13.089/2015, que dispõe que serão utilizados no desenvolvimento urbano integrado de regiões metropolitanas e de aglomerações urbanas, entre outros instrumentos, os consórcios públicos, respeitada a Lei 11.107/2005. B: Incorreta. Segundo o § 1°, art. 21, da Lei 10.257/2011 (Estatuto da Cidade), "O direito de superfície abrange o direito de utilizar o solo, o subsolo (...)". C: Incorreta. Em tese incidiria ITR e não IPTU, já que este último recai sobre propriedade, domínio ou posse de propriedade predial e territorial urbana, e em regra as terras ocupadas por índios não são áreas urbanas. As terras tradicionalmente ocupadas pelos índios são bens da União (art. 20, XI, da CF), contudo os índios têm a posse permanente, a título de usufruto especial (art. 231, § 2°, da CF). Essas áreas são imunes do ITR, a teor do art. 3°, II, do Decreto 4.382/2002. Cabe à União declarar essas áreas para efeito do ITR, pois a imunidade não desobriga o contribuinte de apresentar a DITR. D: Incorreta. Consoante art. 23, IX, da CF, é competência comum da União, dos Estados, do Distrito Federal e dos Municípios promover programas de construção de moradias urbanas.

Gabarito "A".

(Procurador da República – PGR – 2015) Assinale a alternativa correta a propósito de recursos hídricos, aquicultura e pesca:

(A) Num quadro de escassez de água, a prioridade de seu uso obedece à seguinte ordem: consumo humano, dessedentação de animais e uso industrial.
(B) A clássica inalienabilidade das águas ficou superada em face da limitação dos recursos hídricos e de sua sujeição à outorga.
(C) Embora limitado e com seu uso sujeito a outorga, a água e um recurso inalienável, insuscetível de valoração econômica.
(D) O desenvolvimento sustentável rege a utilização da água, mas não das atividades econômicas da pesca e da aquicultura.

A: Correta. Trata-se de um dos fundamentos da Política Nacional de Recursos Hídricos: "em situações de escassez, o uso prioritário

dos recursos hídricos é o consumo humano e a dessedentação de animais" (art. 1º, III da Lei 9.433/1997). **B:** Incorreta. Dispõe o art. 18, da Lei 9.433/1997: "A outorga **não** implica a alienação parcial das águas, que são inalienáveis, mas o simples direito de seu uso". Logo, não há que se falar em superação da "clássica inalienabilidade das águas". **C:** Incorreta. Nos termos do inciso II, art. 1º, da Lei 9.433/1997 " a água é um recurso natural limitado, dotado de valor econômico". **D:** Incorreta. O desenvolvimento sustentável é um dos objetivos da Política Nacional de Desenvolvimento Sustentável da Aquicultura e da Pesca, nos termos do art. 1º, I, da Lei 11.959/2009: "o desenvolvimento sustentável da pesca e da aquicultura como fonte de alimentação, emprego, renda e lazer, garantindo-se o uso sustentável dos recursos pesqueiros, bem como a otimização dos benefícios econômicos decorrentes, em harmonia com a preservação e a conservação do meio ambiente e da biodiversidade".
Gabarito "A".

(Procurador da República – 23º) Analise as proposições e assinale a alternativa incorreta:

(A) Interesses difusos são aqueles que abrangem número indeterminado de pessoas unidas pelas mesmas circunstâncias de fatos e coletivos aqueles pertencentes a grupos, categorias ou classes de pessoas determináveis, ligadas entre si ou com a parte contrária por uma relação jurídica base;

(B) O que caracteriza a concessão patrocinada prevista na Lei de Parcerias Público-Privadas é o seu regime remuneratório, que deve incluir tanto tarifa cobrada aos usuários como contraprestação do concedente em forma pecuniária.

(C) É inviável a constituição de aqueduto para aproveitamento das águas, no interesse público, por meio de concessão por utilidade pública;

(D) Sem prévia autorização do IPHAN, não se pode fazer na vizinhança de coisa tombada construção que lhe impeça ou reduza a visibilidade nem se pode afixar na referida área anúncios ou cartazes.

A: correta, pois é o que estabelece o art. 81, parágrafo único, incisos I e II, do Código de Defesa do Consumidor; **B**: correta, nos termos do art. 2º, § 1º, da Lei n. 11.079/2004: "Art. 2º. Parceria público-privada é o contrato administrativo de concessão, na modalidade patrocinada ou administrativa. § 1º. Concessão patrocinada é a concessão de serviços públicos ou de obras públicas de que trata a Lei 8.987, de 13 de fevereiro de 1995, quando envolver, adicionalmente à tarifa cobrada dos usuários contraprestação pecuniária do parceiro público ao parceiro privado"; **C**: incorreta, pois a assertiva contraria o disposto nos arts. 117 e seguintes do Decreto 24.643/1934, que decreta o Código de Águas; **D**: correta, pois assim dispõe o art. 18 do Decreto-Lei 25/1937.
Gabarito "C".

(Procurador da República – 23º) Assinale a alternativa incorreta:

(A) Das sanções previstas na Lei 9 9.605/1998 para as infrações administrativas ambientais, somente a multa simples utilizará o critério da responsabilidade com culpa, enquanto as demais sanções utilizarão o critério da responsabilidade sem culpa ou objetiva;

(B) As multas terão sua exigibilidade suspensa se o infrator obrigar-se a realizar medidas para fazer cessar ou corrigir a degradação do meio ambiente, assinar termo de compromisso perante a autoridade e apresentar projeto técnico, quando exigível;

(C) O Ministério Público pode expedir recomendações para a elaboração do Estudo Prévio de Impacto Ambiental ou sua reformulação; para que o órgão público ambiental não expeça a licença, a autorização ou a permissão enquanto o inquérito civil não termine;

(D) A legislação ambiental brasileira consagra o princípio da responsabilidade objetiva, impondo ao poluidor a obrigação de indenizar e/ou recuperar o dano ecológico, independentemente do nexo de causalidade, quando houver multiplicidade de focos emissores.

A: correta, pois o art. 72, § 3º, da Lei 9.605/1998, expressamente dispõe que a multa simples será aplicada sempre que o agente atuar com negligência ou dolo. Nos demais casos, não se exige culpa; **B**: correta, pois estabelece o § 3º do art. 79-A da Lei 9.605/1998 que, enquanto perdurar a vigência do correspondente termo de compromisso, ficarão suspensas, em relação aos fatos que deram causa à celebração do instrumento, a aplicação de sanções administrativas contra a pessoa física ou jurídica que o houver firmado; **C**: correta, pois, conforme Marcos Destefenni (*Manual de processo civil individual e coletivo*, 2ª ed., São Paulo: Saraiva, 2013, p. 683). "É possível ao órgão de execução do *Parquet* expedir recomendações, fundamentadas, a autoridades públicas ou a particulares, no que se refere à necessidade de ajustar suas condutas aos ditames legais. Dispõe sobre a recomendação o art. 15 da Resolução n. 23 do CNMP: O Ministério Público, nos autos do inquérito civil ou do procedimento preparatório, poderá expedir recomendações devidamente fundamentadas, visando à melhoria dos serviços públicos e de relevância pública, bem como aos demais interesses, direitos e bens cuja defesa lhe caiba promover. Parágrafo único. É vedada a expedição de recomendação como medida substitutiva ao compromisso de ajustamento de conduta ou à ação civil pública; **D**: incorreta, pois, embora a responsabilidade civil ambiental seja objetiva, por força do que estabelece o art. 225, § 3º, da CF e o art. 14, § 1º da Lei 6.938/1981, é necessária a configuração do nexo de causalidade.
Gabarito "D".

(Procurador da República – 26º) Analise os itens abaixo e responda em seguida:

I. No atual sistema jurídico-normativo brasileiro, as infrações administrativas ambientais encontram-se exaustivamente descritas na lei, em estrita observância ao princípio da reserva legal.

II. O Ministério Público tem legitimidade para promover responsabilidade civil por danos ambientais patrimoniais ou extrapatrimoniais, de forma isolada ou cumulativa.

III. Por ser de natureza objetiva, a responsabilidade penal da pessoa jurídica por danos causados ao meio ambiente caracteriza-se mediante a demonstração de nexo de causalidade entre a ação ou omissão e o evento danoso, independentemente de culpa.

IV. De acordo com o sistema de responsabilização previsto na Lei 9.605/1998, a imposição de multa por infração administrativa ambiental, por ato da autoridade administrativa competente não impede a cominação de multa, a título de sanção penal por parte da autoridade judicial, pelo mesmo fato, desde que tipificado em lei como crime.

(A) O item II é verdadeiro e o item III é falso.
(B) Todos os itens são verdadeiros.
(C) Somente o item II é verdadeiro.
(D) Somente o item I é falso.

I: falso, pois o Decreto 6.514/2008 dispõe sobre as infrações e sanções administrativas ao meio ambiente, estabelece o processo administrativo federal para apuração destas infrações, e dá outras providências. O mencionado Decreto elenca infrações administrativas a partir do art. 24; **II**: verdadeiro, pois a legitimidade do Ministério

Público está expressa no art. 129, III, da CF, no art. 14, § 1°, segunda parte, da Lei n. 6.938/1981, no art. 5°, I, da Lei da Ação Civil Pública. E a possibilidade de pedido de reparação de danos materiais ou morais decorre do art. 1° da Lei 7.347/1985; **III**: falso, pois a responsabilidade penal não é objetiva, conforme noticiado, por exemplo, no Informativo 438 do STJ: "Crime. Meio ambiente. Pessoa jurídica. Conforme a jurisprudência deste Superior Tribunal, nos crimes que envolvem sociedades empresárias (nos quais a autoria nem sempre se mostra bem definida), a acusação tem que estabelecer, mesmo que minimamente, a ligação entre a empreitada criminosa e o denunciado. O simples fato de ser sócio, gerente ou administrador não permite a instauração da persecução penal pelos crimes praticados no âmbito da sociedade, se não se comprovar, ainda que mediante elemento a ser aprofundado no decorrer da ação penal, a relação de causa e efeito entre as imputações e a função do denunciado na sociedade, sob pena de acolher indevida responsabilidade penal objetiva. Na hipótese, foi denunciada, primeiramente, a pessoa jurídica e, por meio de aditamento, a pessoa física. Em relação a esta última, o MP, quando do aditamento à denúncia, não se preocupou em apontar o vínculo entre ela e a ação poluidora. Só isso bastaria para tachar de inepto o aditamento à denúncia. Contudo, soma-se a isso o fato de haver, nos autos, procuração pública que dá poderes para outrem gerir a sociedade. Daí que o aditamento não se sustenta ao incluir a recorrente apenas por sua qualidade de proprietária da sociedade. A inépcia do aditamento também contamina a denúncia como um todo, em razão de agora só figurar a pessoa jurídica como denunciada, o que é formalmente inviável, pois é impossível a responsabilização penal da pessoa jurídica dissociada da pessoa física, a qual age com elemento subjetivo próprio. Precedentes citados: RHC 19.734-RO, *DJ* 23.10.2006; HC 86.259-MG, *DJe* 18.08.2008, e REsp 800.817-SC, *DJe* 22.02.2010. RHC 24.239-ES, Rel. Min. Og Fernandes, julgado em 10.06.2010."; **IV**: verdadeiro, pois não há proibição de *bis in idem* no caso, tendo em vista o que estabelece o art. 225, § 3°, da CF: "As condutas e atividades consideradas lesivas ao meio ambiente sujeitarão os infratores, pessoas físicas ou jurídicas, a sanções penais e administrativas, independentemente da obrigação de reparar os danos causados".
Gabarito "A".

(Procurador da República – 25°) Assinale a alternativa incorreta:

(A) a proteção dos recursos naturais necessários à subsistência física e cultural de populações tradicionais é um dos objetivos do Sistema Nacional de Unidades de Conservação, constituindo traço característico do sócio ambientalismo brasileiro;

(B) a fauna silvestre constitui bem de domínio público, impondo-se ao poder público adotar medidas de controle de atividades de caça, sendo admissíveis, desde que mediante prévia outorga administrativa, a caça de controle, a caça científica e a caça profissional;

(C) antes da realização de concessões florestais, as florestas públicas ocupadas ou utilizadas por comunidades tradicionais serão identificadas para destinação por meio de reservas extrativistas e reservas de desenvolvimento sustentável;

(D) independentemente das medidas de tutela estatal sobre a fauna silvestre e do consentimento do poder público em relação a atividades de caça previstas em lei, a utilização, perseguição, caça ou apanha de espécies da fauna silvestre podem ser proibidas em terras de domínio privado, por ato de seus respectivos titulares, cabendo a estes a adoção de medidas de fiscalização de seus domínios.

A: correta, pois, nos termos do art. 4°, XIII, da Lei 9.985/2000, um dos objetivos do Sistema Nacional das Unidades de Conservação é "proteger os recursos naturais necessários à subsistência de populações tradicionais, respeitando e valorizando seu conhecimento e sua cultura e promovendo-as social e economicamente"; **B**: incorreta, pois o art. 2° da Lei 5.197/1967, que dispõe sobre a proteção à fauna, afirma que "é proibido o exercício da caça profissional"; **C**: correta, pois é o que estabelece o art. 6° da Lei 11.284/2006, que dispõe, dentre outras coisas, sobre a gestão de florestas públicas para a produção sustentável; **D**: correta, pois assim dispõe o art. 1°, § 2°, da Lei 5.197/1967, que dispõe sobre a proteção à fauna.
Gabarito "B".

(Procurador da República – 25°) Analise os itens abaixo e responda em seguida:

I. Somente a União tem competência para instituir unidades de conservação da categoria parque.

II. É comum a todas as pessoas políticas, com exceção dos municípios, a competência para proteger bens de valor histórico, artístico e cultural, haja vista a abrangência da expressão "patrimônio cultural brasileiro".

III. Os aquíferos subterrâneos formados pela ação da natureza constituem bens de domínio público federal, cujo aproveitamento econômico depende da outorga de declaração de reserva de disponibilidade hídrica, a cargo da Agência Nacional de Águas.

IV. Consoante jurisprudência do STF, os estados federados, no exercício de sua competência concorrente para legislar sobre fauna, podem regular práticas esportivas envolvendo aves de raças combatentes, desde que o poder público vistorie e autorize os locais destinados às atividades e que médico veterinário ateste as condições de saúde dos animais que participarão dos eventos, sendo vedado, porém, submetê-los a disputas que culminem com sua morte.

Pode-se afirmar que:

(A) somente o item III está correto.
(B) somente o item IV está incorreto.
(C) somente os itens I e III estão corretos.
(D) todos os itens estão incorretos.

I: incorreta, pois os parques podem ser criados pelos estados ou municípios, nos termos do art. 11, § 4°, da Lei 9.985/2000; **II**: incorreta, pois os municípios também podem proteger os bens mencionados (art. 23, III, da CF); **III**: incorreta, pois, nos termos do art. 26, I, da CF, incluem-se entre os bens dos Estados as águas superficiais ou subterrâneas; **IV**: incorreta, pois a orientação do STF é oposta, conforme se depreendo do julgamento da ADI 3.776/RN: "Inconstitucionalidade. Ação direta. Lei 7.380/1998, do Estado do Rio Grande do Norte. Atividades esportivas com aves das raças combatentes. 'Rinhas' ou 'Brigas de galo'. Regulamentação. Inadmissibilidade. Meio Ambiente. Animais. Submissão a tratamento cruel. Ofensa ao art. 225, § 1°, VII, da CF. Ação julgada procedente. Precedentes. É inconstitucional a lei estadual que autorize e regulamente, sob título de práticas ou atividades esportivas com aves de raças ditas combatentes, as chamadas 'rinhas' ou 'brigas de galo'".
Gabarito "D".

(Procurador da República – 24°) É membro do comitê de bacia hidrográfica (e, como tal, participa da aprovação do plano de recursos hídricos da respectiva bacia) representante:

(A) do Município;
(B) do Ministério Público;
(C) do Comitê Gestor de Hidrelétricas;
(D) do Tribunal de Águas.

A alternativa A está correta, pois, conforme o art. 39, III, da Lei 9.433/1997, os Comitês de Bacia Hidrográfica são compostos por representantes dos Municípios situados, no todo ou em parte, em sua área de atuação; As demais alternativas estão incorretas, nos termos do mencionado dispositivo legal.

Gabarito "A".

(Ministério Público/MG – 2012 – CONSULPLAN) A Lei Federal n. 12.305/2010 tem expressiva importância no contexto ambiental brasileiro. Neste sentido, é **INCORRETO** manifestar:

(A) os padrões sustentáveis de produção e consumo são exigíveis considerando a produção e consumo de bens e serviços de forma a atender as necessidades das atuais gerações e permitir melhores condições de vida, sem comprometer a qualidade ambiental e o atendimento das necessidades das gerações futuras.

(B) os materiais, substâncias, objetos e bens descartados resultantes de atividades humanas em sociedade, a cuja destinação final se procede, propõe-se proceder ou se está obrigado a proceder, nos estados sólido ou semissólido, bem como gases contidos em recipientes e líquidos cujas particularidades tornem inviável o seu lançamento na rede pública de esgotos ou em corpos d'água, ou exijam para isso soluções técnicas ou economicamente inviáveis em face da melhor tecnologia disponível, gozam de proteção jurídica difusa já que reconhecidos como de valor social.

(C) o gerenciamento de resíduos sólidos consiste no conjunto de ações voltadas para a busca de soluções para esses resíduos, de forma a considerar as dimensões política, econômica, ambiental, cultural e social, com controle social e sob a premissa do desenvolvimento sustentável.

(D) a destinação final ambientalmente adequada consiste na reutilização, na reciclagem, na compostagem, na recuperação e no aproveitamento energético de resíduos ou outras destinações admitidas pelos órgãos competentes do SISNAMA, do SNVS e do SUASA, observando normas operacionais específicas de modo a evitar danos ou riscos à saúde pública e à segurança e a minimizar os impactos ambientais adversos.

A: correta (art. 3º, XIII, da Lei 12.305/2010); **B:** correta (art. 6º, VIII e art. 3º, XVI, ambos da Lei 12.305/2010); **C:** incorreta (art. 3º, X, da Lei 12.305/2010); **D:** correta (art. 3º, VII, da Lei 12.305/2010).

Gabarito "C".

(Ministério Público/MG – 2012 – CONSULPLAN) Em 1953, Watson e Crick descobriram a hélice dupla do ácido desoxirribonucleico, o que possibilitou a incorporação no genoma de uma espécie de genes de outra espécie, sem o concurso da reprodução sexual, originando os organismos denominados transgênicos, o que mais tarde redundou em regramento normativo no Brasil. Nesse viés, é INCORRETO asseverar:

(A) desde que não impliquem a utilização de OGM como receptor ou doador, não haverá incidência da Lei Federal n. 11.105/2005 quando a modificação genética for obtida por meio das técnicas de: mutagênese; formação e utilização de células somáticas de hibridoma animal; fusão nuclear (inclusive a de protoplasma) de células vegetais, que possa ser produzida mediante cultivo tradicional; e autoclonagem de organismos não patogênicos que se processe de maneira natural.

(B) é da competência da Comissão Interna de Biossegurança, no âmbito da instituição onde foi constituída: manter informados os trabalhadores e demais membros da coletividade, quando suscetíveis de serem afetados pela atividade, sobre as questões relacionadas com a saúde e a segurança, bem como sobre os procedimentos em caso de acidentes; estabelecer programas preventivos e de inspeção para garantir o funcionamento das instalações sob sua responsabilidade, dentro dos padrões e normas de biossegurança, definidos pela CTNBio; encaminhar à CTNBio os documentos secundariamente exigidos, para efeito de análise, registro ou autorização do órgão competente; manter registro do acompanhamento individual de cada atividade ou projeto em desenvolvimento que envolvam OGM ou seus derivados; notificar à CTNBio, aos órgãos e entidades de registro e fiscalização e às entidades de trabalhadores o resultado de avaliações de risco a que estão submetidas as pessoas expostas, bem como qualquer acidente ou incidente que possa provocar a disseminação de agente biológico; investigar a ocorrência de acidentes e as enfermidades possivelmente relacionados à OGM e seus derivados e notificar suas conclusões e providências à CTNBio.

(C) a autorização normativa para pesquisa e manipulação genética tem assento no art. 225, § 1º, inciso II, da Constituição Federal, no entanto, mediante fiscalização do Poder Público para assegurar a efetividade do direito ao meio ambiente ecologicamente equilibrado, sendo certo que o princípio da prevenção – já que ausente certeza absoluta científica de ameaça de danos – ganha destacada utilização.

(D) referente à manipulação e pesquisa do OGM, são vedadas as seguintes condutas: implementação de projeto relativo à OGM sem a manutenção de registro de seu acompanhamento individual; engenharia genética em organismo vivo ou o manejo *in vitro* de ADN/ARN natural ou recombinante, realizado em desacordo com as normas previstas; engenharia genética em célula germinal humana, zigoto humano e embrião humano; clonagem humana; destruição ou descarte no meio ambiente de OGM e seus derivados em desacordo com as normas estabelecidas pela CTNBio, pelos órgãos e entidades de registro e fiscalização; liberação no meio ambiente de OGM ou seus derivados, no âmbito de atividades de pesquisa, sem a decisão técnica favorável da CTNBio e, nos casos de liberação comercial, sem o parecer técnico favorável da CTNBio, ou sem o licenciamento do órgão ou entidade ambiental responsável, quando a CTNBio considerar a atividade como potencialmente causadora de degradação ambiental, ou sem a aprovação do Conselho Nacional de Biossegurança – CNBS, quando o processo tenha sido por ele avocado; a utilização, a comercialização, o registro, o patenteamento e o licenciamento de tecnologias genéticas de restrição do uso.

A: correta (art. 4º, I a IV, da Lei 11.105/2005); **B:** correta (art. 18, I a VI, da Lei 11.105/2005); **C:** incorreta, pois é o princípio da precaução que se funda na incerteza científica da ameaça de danos de determinada atividade ou empreendimento (princípio 15 da Declaração Eco/1992); **D:** correta (art. 6º, I a VII, da Lei 11.105/2005).

Gabarito "C".

(Ministério Público/PI – 2012 – CESPE) Acerca da proteção ao meio ambiente, assinale a opção correta.

(A) O pagamento, pelo poluidor, de indenização destinada a reparar dano ambiental condiciona-se à comprovação de dolo ou culpa em sentido estrito.
(B) Não é admitida a intervenção do MPF em demanda na qual se discuta a nulidade de auto de infração ambiental, já que a questão se limita ao interesse patrimonial no crédito gerado.
(C) É obrigatória a intervenção do MP nas ações de desapropriação de qualquer espécie.
(D) É de competência da justiça federal o julgamento da ACP ajuizada pelo MPF, ainda que o objeto da ação seja dano ambiental.
(E) Em matéria de meio ambiente, vigora o princípio da precaução, segundo o qual todo aquele que poluir tem o dever de reparar o dano causado.

A: incorreta, pois a responsabilidade civil ambiental, em regra, é objetiva, não havendo que se analisar a existência de ato ilícito (dolo/culpa), nos termos do art. 225, § 3º, da CF e do art. 14, § 1º, da Lei 6.938/1981; B: incorreta, pois nos casos de competência federal (art. 109 da CF), caberá ao Ministério Público Federal a tutela do meio ambiente; C: incorreta, pois é obrigatória a intervenção do Ministério Público nas ações de usucapião especial coletiva de imóvel urbano (art. 12, § 1º, do Estatuto da Cidade), cujo objetivo é a regularização fundiária, bem como a recuperação de áreas degradadas. Trata-se de direito coletivo urbanístico. Todavia, poderá haver atuação ministerial, nas ações de desapropriação, caso existente interesse público que assim justifique (art. 82, III, do CPC); D: correta (art. 109 da CF); E: incorreta, pois o princípio transcrito na alternativa se refere ao princípio do poluidor--pagador, segundo o qual este deve suportar as despesas de prevenção, reparação e repressão dos danos ambientais. Por sua vez, segundo o princípio da precaução, previsto no princípio 15 da Declaração do Rio ECO/1992, quando houver perigo de dano grave e irreversível, a falta de certeza científica absoluta não deverá ser utilizada como razão para postergar a adoção de medidas eficazes para impedir a degradação do meio ambiente, cabendo ao interessado o ônus de provar que as intervenções pretendidas não são perigosas e/ou poluentes.
Gabarito "D".

(Ministério Público/PI – 2012 – CESPE) São exemplos de monumentos arqueológicos ou pré-históricos

(A) os sítios identificados como locais de pouso prolongado de espécies exógenas nos quais se encontrem vestígios de grandes répteis e que apresentem resquícios de trilhas de evasão, tanques de contenção e(ou) sistemas de irrigação de plantações.
(B) as incrustações antrópicas das grutas, lapas e abrigos rochosos com ou sem tratamento de superfície dos metais ferruginosos e temperados, bem como os revestimentos de polímeros exsudados.
(C) as jazidas de metais nobres e pedras preciosas que representem testemunhos de cultura tolteca no Brasil.
(D) promontórios escavados, veredas remanescentes, diques, concheiros, sambaquis, edificações portuárias e trilhas de evasão.
(E) as inscrições rupestres ou locais como sulcos de polimentos de utensílios e outros vestígios de atividade de paleoameríndios, bem como os sítios nos quais se encontrem vestígios positivos de sua ocupação, tais como grutas, lapas e abrigos sob rocha.

A alternativa "E" está correta, pois reflete o disposto no art. 2º, alíneas "b" e "d", da Lei 3.924/1961, ficando excluídas as demais.
Gabarito "E".

(Ministério Público/PI – 2012 – CESPE) O pedido de permissão para realização de escavações arqueológicas por particulares deve ser dirigido à

(A) Diretoria do Patrimônio Histórico e Artístico Nacional.
(B) Presidência do Conselho Nacional do Patrimônio Histórico e Artístico do Brasil.
(C) Diretoria-Geral de Jazidas Arqueológicas do Ministério de Minas e Energia.
(D) Secretaria Nacional de Cultura Paleoameríndia do Ministério da Cultura.
(E) Presidência do Conselho Nacional de Meio Ambiente.

A alternativa "A" está correta, já que reflete o disposto no art. 8º da Lei 3.924/1961, ficando excluídas as demais.
Gabarito "A".

(Ministério Público/RR – 2012 – CESPE) Acerca da proteção ao meio ambiente em juízo, assinale a opção correta.

(A) A perícia de constatação do dano ambiental produzida no inquérito civil não poderá ser aproveitada na ação penal, dada a inexistência de contraditório no inquérito.
(B) Conforme previsão constitucional, qualquer cidadão pode propor ação popular para a defesa do meio ambiente, sendo vedada a condenação nos ônus da sucumbência.
(C) A legitimação para propor ACP em defesa de interesses ambientais é concorrente e disjuntiva, ou seja, pode ser ajuizada conjunta ou isoladamente por qualquer dos colegitimados, que assim exercem representação processual.
(D) Por ser solidária a responsabilidade por danos ambientais, não se exige que o autor da ACP acione a todos os responsáveis, ainda que o possa fazer.
(E) Não cabe intervenção do MP em ação de usucapião especial urbana entre particulares.

A: incorreta. A prova pericial realizada durante o inquérito civil, caso não possa ser repetida, poderá ser "contestada" durante a ação penal, à semelhança do que ocorre no inquérito policial, adotando-se, aqui, um contraditório diferido; B: incorreta, pois o art. 5º, LXXIII, da CF, dispõe que "*qualquer cidadão é parte legítima para propor ação popular que vise a anular ato lesivo ao patrimônio público ou de entidade de que o Estado participe, à moralidade administrativa, ao **meio ambiente** e ao patrimônio histórico e cultural, ficando o autor, salvo comprovada má-fé, isento de custas judiciais e do **ônus da sucumbência***". Em outras palavras, não haverá condenação do autor popular em honorários sucumbenciais em caso de improcedência dos pedidos por ele deduzidos na inicial, desde que não se constate – e comprove – má-fé na promoção da demanda; C: incorreta. De fato, a legitimação para propor ação civil pública é concorrente e disjuntiva. O rol de legitimados ativos consta no art. 5º da Lei 7.347/1985. Diz-se que a legitimação é concorrente e disjuntiva, pois, cada um dos colegitimados poderá promover a ação coletiva sozinho, admitindo-se eventual litisconsórcio, de natureza facultativa. Frise-se que os entes legitimados exercerão um papel de "condutores do processo", não desempenhando mera função de substitutos processuais. Nas palavras de Celso Antonio Pacheco Fiorillo, "... *observamos uma superação da dicotomia legitimação ordinária/extraordinária, passando-se a conceituar o fenômeno como uma legitimação autônoma para a condução do processo*" (Curso de Direito Ambiental Brasileiro. 10. Ed. Ed. Saraiva, p. 433); D: correta. Tratando-se de responsabilidade solidária, o autor da ação civil pública que objetive a reparação dos danos ambientais poderá incluir no polo passivo um, alguns ou todos os degradadores. Aqui, é bom registrar, o litisconsórcio é facultativo; E: incorreta, pois é obrigatória a intervenção do Ministério Público na ação de usucapião especial urbana (art. 12, § 1º, do Estatuto da Cidade – Lei 10.257/2001).
Gabarito "D".

(Ministério Público/TO – 2012 – CESPE) Com relação aos bens de natureza arqueológica ou pré-histórica, assinale a opção correta.

(A) O proprietário ou ocupante do imóvel onde se tiver verificado o achado arqueológico ou pré-histórico será responsável pela conservação permanente e definitiva da coisa descoberta.
(B) É expressamente proibida a divulgação do local, do tipo e da designação da jazida de natureza arqueológica ou pré-histórica, bem como do nome do especialista encarregado pelas escavações e dos indícios que determinaram a escolha do local.
(C) Nenhum órgão da administração federal, estadual ou municipal pode realizar escavações arqueológicas ou pré-históricas, sem prévia comunicação à Diretoria do Patrimônio Histórico e Artístico Nacional, responsável por incluir no cadastro de jazidas arqueológicas o registro das escavações.
(D) A posse e a salvaguarda desses bens constituem direito público subjetivo da nação brasileira.
(E) A descoberta fortuita de quaisquer elementos de interesse arqueológico ou pré-histórico, histórico, artístico ou numismático deverá ser imediatamente comunicada ao Ministério da Cultura e à Diretoria do Patrimônio Histórico e Artístico Mundial da UNESCO.

A: incorreta. De acordo com o art. 18, parágrafo único, da Lei 3.924/1961, o proprietário ou ocupante do imóvel onde se tiver verificado o achado, *é responsável pela conservação provisória da coisa descoberta*, até pronunciamento e deliberação da Diretoria do Patrimônio Histórico e Artístico Nacional; **B:** incorreta (art. 16, parágrafo único, da Lei 3.924/1961), visto que deverá haver comunicação da Diretoria do Patrimônio Histórico e Artístico Nacional, constando, obrigatoriamente, o local, o tipo ou a designação da jazida, o nome do especialista encarregado das escavações, os indícios que determinaram a escolha do local e, posteriormente, uma súmula dos resultados obtidos e do destino do material coletado; **C:** correta, nos exatos termos do art. 16, *caput*, da Lei 3.924/1961; **D:** incorreta, pois, nos termos do art. 17 da Lei 3.924/1961, a posse e a salvaguarda dos bens de natureza arqueológica ou pré-histórica constituem, em princípio, direito imanente ao Estado, ou seja, integra a sua própria essência; **E:** incorreta. Nos termos do art. 18, *caput*, da Lei 3.924/1961, a descoberta fortuita de quaisquer elementos de interesse arqueológico ou pré-histórico, histórico, artístico ou numismático, deverá ser imediatamente comunicada à *Diretoria do Patrimônio Histórico e Artístico Nacional, ou aos órgãos oficiais autorizados*, pelo autor do achado ou pelo proprietário do local onde tiver ocorrido (e não à Unesco!).

Gabarito "C".

13. DIREITO DA CRIANÇA E DO ADOLESCENTE

Eduardo Dompieri, Vanessa Tonolli Trigueiros, Roberta Densa e Wander Garcia*

1. CONCEITOS BÁSICOS E PRINCÍPIOS

(Ministério Público/TO – 2012 – CESPE) No que se refere aos princípios gerais e orientadores do ECA e aos direitos fundamentais das crianças e dos adolescentes, assinale a opção correta.

(A) A aplicação do princípio da prioridade absoluta previsto no ECA deve ser integrada aos demais sistemas de defesa da sociedade, como, por exemplo, o Estatuto do Idoso. Assim, no caso, por exemplo, de o administrador ser obrigado a optar por construir uma creche ou um abrigo para idosos, deve ele dar prioridade à construção do abrigo.
(B) Em decorrência do princípio da centralização previsto no ECA, as normas gerais e específicas de atendimento às crianças e aos adolescentes editadas pela União são hierarquicamente superiores às normas editadas pelos estados-membros e pelos municípios.
(C) O reconhecimento do estado de filiação, direito personalíssimo e indisponível, pode ser exercitado contra os pais ou seus herdeiros, sem qualquer restrição, observado o segredo de justiça e o prazo prescricional geral de dez anos, contado a partir da maioridade civil do postulante.
(D) Deve-se dar preferência à inclusão da criança ou do adolescente em programas de acolhimento familiar sobre o seu acolhimento institucional, observando-se, em qualquer caso, o caráter temporário e excepcional da medida.
(E) A aplicação do princípio do melhor interesse limita-se ao público infanto-juvenil cujos direitos tiverem sido ameaçados ou violados por ação ou omissão da sociedade ou do Estado, ou por falta, omissão ou abuso dos pais ou responsável.

A: incorreta (art. 227, da CF; arts. 4º e 100, IV, do ECA). "O caráter absoluto da prioridade, expressamente consignado no art. 227, da CF e no art. 4º do ECA, refere-se à impossibilidade de supressão de uma especial proteção às crianças e aos adolescentes em situações comuns. O fato de o dispositivo ponderar a respeito de outro interesse, também de especial relevo no caso concreto, não retira do metaprincípio da prioridade o seu caráter absoluto. Ao contrário, a inovação legislativa encontra-se na esteira da doutrina mais vanguardista de autores como Ronald Dworkin e Robert Alexy, que afirmam não existir hierarquia entre princípios ou direitos fundamentais, cabendo solucionar uma possível colisão de direitos, por meio de ponderação" (Rossato; Lépore; Sanches. Estatuto da Criança e do Adolescente, editora RT); B: incorreta, pois segundo o princípio da responsabilidade primária e solidária do poder público, a plena efetivação dos direitos assegurados a crianças e a adolescentes é de responsabilidade primária e solidária das 3 (três) esferas de governo, as quais devem respeitar os direitos previstos no Ordenamento Jurídico, em especial no ECA e na CF (art. 100, parágrafo único, III, do ECA), não havendo que falar em hierarquia de normas jurídicas; C: incorreta, pois o reconhecimento do estado de filiação é imprescritível (art. 27 do ECA); D: correta (art. 34, § 1º, do ECA); E: incorreta, pois, segundo o princípio do melhor interesse, a intervenção deve atender prioritariamente aos interesses e direitos da criança e do adolescente, sem prejuízo da consideração que for devida a outros interesses legítimos no âmbito da pluralidade dos interesses presentes no caso concreto (art. 100, parágrafo único, do ECA).
Gabarito "D".

(Ministério Público/SP – 2012 – VUNESP) O Estatuto da Criança e do Adolescente (Lei 8.069/1990) e o Estatuto do Idoso (Lei nº 10.741/2003) destinam-se a regular os direitos assegurados à criança, considerando-se a pessoa até:

(A) doze anos de idade incompletos; ao adolescente, considerando-se a pessoa entre doze e dezoito anos de idade e às pessoas idosas com idade igual ou superior a sessenta anos.
(B) doze anos de idade incompletos; ao adolescente, considerando-se a pessoa entre doze e vinte e um anos de idade e às pessoas idosas com idade igual ou superior a sessenta anos.
(C) doze anos de idade; ao adolescente, considerando-se a pessoa entre doze e dezoito anos de idade e às pessoas idosas com idade igual ou superior a sessenta e cinco anos.
(D) doze anos de idade incompletos; ao adolescente, considerando-se a pessoa entre doze e dezoito anos de idade e às pessoas idosas com idade superior a sessenta e cinco anos.
(E) dezesseis anos de idade incompletos; ao adolescente, considerando-se a pessoa entre dezesseis e vinte e um anos de idade e às pessoas idosas com idade superior a sessenta anos.

A alternativa "A" está correta, pois reflete o disposto nos art. 2º do ECA e art. 1º do Estatuto do Idoso, ficando excluídas as demais.
Gabarito "A".

2. DIREITOS FUNDAMENTAIS

2.1. DIREITO À VIDA E À SAÚDE

(Promotor de Justiça – MPE/AM – FMP – 2015) Considere as seguintes alternativas:

I. O Estatuto da Criança e do Adolescente dispõe que o poder público, as instituições e os empregadores propiciarão condições adequadas ao aleitamento materno, sem mencionar expressamente a situação

---

* Vanessa Tonolli Trigueiros comentou as questões dos seguintes concursos: MP/MG/14, MP/PI/14, MP/DF/13, MP/ES/13, MP/GO/13, MP/MG/13, MP/AC/08, MP/BA/08, MP/CE/11, MP/GO/10, MP/GO/12, MP/MG/06, MP/MG/11, MP/MG/12, MP/MS/09, MP/MT/12, MP/PB/10, MP/PI/08, MP/PI/ 12, MP/RJ/11, MP/RN/09, MP/RR/12, MP/RS/08, MP/RS/09, MP/SC/08, MP/SC/12, MP/SP/12, MP/TO/12, MP/PR/13, MP/RO/13, MP/MS/2013 e MP/SP/13 quando houver. Roberta Densa comentou as questões MPE/GO/2016, MPE/RS/2017, MPE/MS/2015, MPE/AM/2015; Wander Garcia e Eduardo Dompieri comentaram as demais questões.

dos filhos de mães submetidas à privação de liberdade.

II. Ao poder público incumbe propiciar apoio alimentar à gestante e à nutriz exclusivamente no período em que a mulher estiver internada em hospital ou estabelecimento de saúde.

III. O poder público deve proporcionar à gestante e à mãe, no período pré e pós-natal, assistência psicológica como forma de prevenir ou minorar as consequências do estado puerperal.

IV. Os hospitais e estabelecimentos de saúde de gestante, públicos ou particulares, são obrigados a manter registro das atividades desenvolvidas, através de prontuários individuais, pelo prazo de cinco anos.

V. O Estatuto da Criança e do Adolescente, ao disciplinar o direito à vida e à saúde, não menciona a obrigatoriedade da vacinação das crianças.

Quais das assertivas acima estão corretas?

(A) Apenas a III e V.
(B) Apenas a II, III e V.
(C) Apenas a V.
(D) Apenas a III.
(E) Apenas a III, IV e V.

I: incorreta. O poder público, as instituições e os empregadores propiciarão condições adequadas ao aleitamento materno, inclusive aos filhos de mães submetidas a medida privativa de liberdade (art. 9º do ECA). II: incorreta. Na forma do art. 8º do ECA, "é assegurado a todas as mulheres o acesso aos programas e às políticas de saúde da mulher e de planejamento reprodutivo e, às gestantes, nutrição adequada, atenção humanizada à gravidez, ao parto e ao puerpério e atendimento pré-natal, perinatal e pós-natal integral no âmbito do Sistema Único de Saúde". III: correta. Nos exatos termos do art. 8º, § 4º, do ECA. IV: incorreta. O prazo para manutenção dos registros das atividades desenvolvidas, através do prontuário individual, é de 18 (dezoito) anos (art. 10, I, do ECA). V: incorreta. Nos termos do art. 14, §1º, é obrigatória a vacinação das crianças nos casos recomendados pelas autoridades sanitárias.
Gabarito "D".

(Ministério Público/PR – 2011) Analisando as seguintes assertivas:

I. A garantia da prioridade, da qual gozam crianças e adolescentes, compreende a primazia de receber proteção e socorro em quaisquer circunstâncias, a precedência de atendimento nos serviços públicos, destinação privilegiada de recursos públicos, e a preferência na formulação e na execução de políticas sociais públicas;

II. É obrigação do poder público e das instituições de saúde particulares, ainda que não conveniadas ao Sistema Único de Saúde (SUS), fornecer assistência psicológica à gestante e à mãe, no período pré e pós-natal, até mesmo para prevenir ou minorar as consequências do estado puerperal;

III. Os hospitais públicos e particulares são obrigados a proporcionar condições para a permanência integral de ambos os pais ou do responsável, durante a internação de criança ou adolescente;

IV. O lapso temporal máximo para a permanência de criança ou adolescente em programa de acolhimento institucional é de 01 (um) ano, salvo comprovada necessidade que atenda ao seu superior interesse, devidamente fundamentada pela autoridade judiciária;

V. Os hospitais, tanto públicos como particulares, são obrigados a manter alojamento conjunto, possibilitando ao neonato a permanência junto à mãe.

É POSSÍVEL AFIRMAR:

(A) Somente a assertiva I está correta;
(B) Somente as assertivas I, IV e V estão corretas;
(C) Somente as assertivas I, III e V estão corretas;
(D) Somente as assertivas I e V estão corretas;
(E) Todas as assertivas estão corretas.

I: proposição correta (art. 4º, parágrafo único, do ECA); II: cuida-se de incumbência do Poder Público, na forma prevista no art. 8º, § 4º, do ECA. Assertiva, portanto, incorreta; III: deverão os estabelecimentos de atendimento à saúde proporcionar condições para que um dos pais ou responsável permaneça em tempo integral com a criança ou adolescente que se encontra internado (art. 12 do ECA). A assertiva, que faz menção a ambos os pais, está, dessa forma, incorreta; IV: incorreta, pois o prazo máximo durante o qual a criança ou adolescente permanecerá no programa de acolhimento institucional corresponde a dois anos, salvo comprovada necessidade que atenda ao seu superior interesse (art. 19, § 2º, do ECA); V: proposição correta, nos moldes do que preceitua o art. 10, V, do ECA.
Gabarito "D".

2.2. DIREITO À LIBERDADE, AO RESPEITO E À DIGNIDADE

(Ministério Público/PR – 2011) Tendo como base as seguintes assertivas:

I. É proibido qualquer trabalho a menores de 14 (quatorze) anos de idade, salvo na condição de aprendiz;

II. Aos responsáveis por estabelecimentos que explorem comercialmente bilhar, sinuca ou congênere ou por casas de jogos, é vedado permitir a entrada e a permanência de crianças e adolescentes, salvo se acompanhados dos pais ou responsável legal;

III. Em se tratando de viagem ao exterior, nos termos da Lei nº 8.069/1990, a autorização judicial é dispensável se o adolescente viajar na companhia de um dos pais, autorizado expressamente pelo outro através de documento com firma reconhecida;

IV. Dentre as diretrizes da política de atendimento à criança e ao adolescente, está a criação de conselhos municipais, estaduais e nacional dos direitos da criança e do adolescente, órgãos deliberativos e controladores das ações em todos os níveis, assegurada a participação popular paritária por meio de organizações representativas, sendo os seus membros remunerados de acordo com leis municipais, estaduais e federal;

V. Em caráter excepcional e de urgência, as entidades que mantenham programa de acolhimento institucional poderão acolher crianças e adolescentes sem prévia determinação da autoridade competente, comunicando o fato em até 24 (vinte e quatro) horas ao Juiz da Infância e da Juventude, sob pena de responsabilidade.

É POSSÍVEL AFIRMAR:

(A) Todas as assertivas estão corretas;
(B) Todas as assertivas estão incorretas;
(C) Somente a assertiva V está incorreta;
(D) As assertivas III e IV estão corretas;

(E) As assertivas I, II e IV estão incorretas.

I: o trabalho de aprendizagem só é permitido a partir dos catorze anos, na forma estabelecida no art. 7°, XXXIII, da CF; II: o ingresso nesses locais será vedado ainda que a criança ou o adolescente se faça acompanhar pelos pais ou responsável (art. 80 da ECA). Assertiva, portanto, incorreta; III: a viagem ao exterior, tanto de criança quanto de adolescente, encontra-se disciplinada na Resolução 131 do Conselho Nacional de Justiça, que revogou a de n° 74. Sendo a viagem autorizada por um dos pais para que a criança ou adolescente viaje na companhia do outro, não se faz necessária a autorização judicial. Basta, neste caso, autorização do outro, com firma reconhecida por semelhança, nos termos do que estabelece a Resolução 131 do CNJ; IV: incorreta, pois não corresponde à redação do art. 88, II, do ECA; V: correta, nos moldes do art. 93, caput, do ECA.
Gabarito "E".

2.3. DIREITO À CONVIVÊNCIA FAMILIAR E COMUNITÁRIA

(Promotor de Justiça – MPE/AM – FMP – 2015) É correto afirmar:

(A) O Estatuto da Criança e do Adolescente, ao disciplinar o acolhimento de criança e adolescente, afirma tratar-se de medida provisória e excepcional, fazendo recair a preferência no acolhimento familiar.
(B) A colocação em família substituta, através da guarda, tutela e adoção, exige o consentimento da criança e do adolescente, colhido em audiência.
(C) A guarda, a tutela e a adoção passam a vigorar a partir do compromisso prestado pelo responsável de bem e fielmente desempenhar o encargo, mediante termo que deverá ser juntado aos autos.
(D) A guarda e a tutela não exigem prévia suspensão ou destituição do poder familiar, ao passo que a adoção exige sempre a destituição do poder familiar.
(E) Em caso de adoção por pessoa ou casal residente e domiciliado no Brasil, o estágio de convivência será de, no mínimo, 30 (trinta) dias, período em que os adotantes não poderão se afastar do país.

A: correta. A Constituição Federal e o ECA sempre privilegiam o direito à convivência com a família natural. Por essa razão, o art. 19 do ECA é expresso em seguir a manutenção dos vínculos familiares: "é direito da criança e do adolescente ser criado e educado no seio de sua família e, excepcionalmente, em família substituta, assegurada a convivência familiar e comunitária, em ambiente que garanta seu desenvolvimento integral". Mais ainda, o art. 92, I, do ECA, esclarece que as entidades que desenvolvam programas de acolhimento familiar ou institucional deverão adotar, entre outros princípios, a preservação dos vínculos familiares e promoção da reintegração familiar. B: incorreta. O consentimento é exigido apenas do adolescente, sendo certo que a criança e o adolescente serão ouvidos e suas opiniões levadas em consideração (art. 28 do ECA). C: incorreta. Ao assumir a guarda ou a tutela, o responsável prestará compromisso de bem e fielmente desempenhar o encargo, mediante termo nos autos (art. 32). A adoção surtirá efeitos apenas após o trânsito em julgado da sentença constitutiva (art. 47, § 7°). D: incorreta. A tutela exige prévia perda ou suspensão de poder familiar (art. 36, parágrafo único). E: incorreta. O estágio de convivência para a adoção nacional será definido pelo magistrado no caso concreto, podendo esse dispensar o estágio se o adotando já estiver sob a tutela ou guarda legal do adotante durante tempo suficiente para que seja possível avaliar a conveniência da constituição do vínculo (art. 46 de ECA). Por outro lado, a adoção internacional (casal residente fora do Brasil), o estágio de convivência terá prazo mínimo de 30 dias e deve acontecer em território nacional.
Gabarito "A".

(Promotor de Justiça/GO – 2016 - MPE) Quanto ao direito à convivência familiar e comunitária previsto no Estatuto da Criança e do Adolescente, assinale a alternativa correta:

(A) poderão ser utilizados recursos federais, estaduais, distritais e municipais para a manutenção dos serviços de acolhimento em família acolhedora, obrigando-se o repasse de recursos para a própria família acolhedora.
(B) toda criança ou adolescente que estiver inserido em programa de acolhimento familiar ou institucional terá sua situação reavaliada, no mínimo, a cada 6 (seis) meses, devendo a autoridade judiciária competente, com base em relatório elaborado por equipe interprofissional ou multidisciplinar, decidir de forma fundamentada pela possibilidade de reintegração familiar ou colocação em família substituta, em quaisquer das modalidades previstas no art. 28 desta Lei.
(C) a adoção sempre produz seus efeitos a partir do trânsito em julgado da sentença constitutiva.
(D) a União apoiará a implementação de serviços de acolhimento em família acolhedora como política pública, os quais deverão dispor de equipe que organize o acolhimento temporário de crianças e de adolescentes em residências de famílias selecionadas, capacitadas e acompanhadas que não estejam no cadastro de adoção.

A: incorreta. Poderão ser utilizados recursos federais, estaduais, distritais e municipais para a manutenção dos serviços de acolhimento em família acolhedora, mas é facultado (não obrigatório) o repasse de recursos para a própria família acolhedora (art. 34, § 4° do ECA). B: incorreta. A avaliação deve ser feita no prazo máximo (não mínimo) de 6 (seis) meses (art. 19, § 1°). C: incorreta. A adoção produz seus efeitos a partir do trânsito em julgado da sentença constitutiva, exceto na hipótese de adoção póstuma, caso em que terá força retroativa à data do óbito (art. 47, § 7°). D: correta. Conforme art. 34, § 3°, do ECA.
Gabarito "D".

(Promotor de Justiça/GO – 2016 - MPE) Sobre a colocação em família substituta, assinale a opção INCORRETA:

(A) O consentimento do adolescente é necessário para colocação em família substituta e deverá ser realizado em audiência, o mesmo não se exigindo quando se tratar de criança.
(B) O ECA admite a colocação em família substituta estrangeira desde que seja adolescente e que se realize através de tutela ou adoção.
(C) Somente em relação ao guardião e ao tutor exige-se o compromisso, mediante termo nos autos, de bem e fielmente desempenhar o encargo.
(D) Em se tratando de colocação em família substituta de criança ou adolescente indígena é, entre outros, obrigatório a intervenção e oitiva de representantes do órgão federal responsável pela política indigenista e de antropólogos, perante equipe interprofissional ou multidisciplinar que irá acompanhar o caso.

A: correta. Para a colocação de família substituta deve haver o consentimento do adolescente (art. 28, § 2°) e, sempre que possível, a criança ou adolescente deverá ser previamente ouvido por equipe interprofissional, respeitado seu estágio de desenvolvimento e grau de compreensão sobre as implicações da medida, e terá sua opinião devidamente considerada (art. 28, § 1°). B: incorreta. A colocação em família substituta estrangeira constitui medida excepcional, somente admissível na modalidade de adoção (art. 31 do ECA). C: correta. Ao assumir a guarda ou a tutela, o responsável prestará compromisso de bem e fielmente desempenhar o encargo, mediante termo nos autos (art. 32 do ECA). D: correta. No termos do § 6º do art. 28 do ECA, para a colocação de família substituta, em se tratando de criança ou adolescente indígena ou proveniente de comunidade remanescente de quilombo, é obrigatório: (i) que sejam consideradas e respeitadas sua identidade social e cultural, os seus costumes e tradições, bem como suas instituições, desde que não sejam incompatíveis com os direitos fundamentais reconhecidos por esta Lei e pela Constituição Federal; (ii) que a colocação familiar ocorra prioritariamente no seio de sua comunidade ou junto a membros da mesma etnia; (iii) a intervenção e oitiva de representantes do órgão federal responsável pela política indigenista, no caso de crianças e adolescentes indígenas, e de antropólogos, perante a equipe interprofissional ou multidisciplinar que irá acompanhar o caso.

Gabarito "B".

(Promotor de Justiça/GO – 2016 - MPE) Em relação a adoção de crianças e adolescentes, assinale a alternativa correta:

(A) A adoção atribui a condição de filho ao adotado, com os mesmos direitos e deveres, desligando-o de qualquer vínculo com os pais e parentes sem qualquer exceção.

(B) Não podem adotar os ascendentes e os colaterais até o terceiro grau do adotando.

(C) O adotante há de ser, pelo menos, dezoito anos mais velho do que o adotando.

(D) A adoção produz efeitos a partir do trânsito em julgado da sentença constitutiva, exceto na hipótese de adoção póstuma.

A: incorreta. Os impedimentos matrimonias são mantidos: "a adoção atribui a condição de filho ao adotado, com os mesmos direitos e deveres, inclusive sucessórios, desligando-o de qualquer vínculo com pais e parentes, salvo os impedimentos matrimoniais" (art. 41 do ECA). B: incorreta. Os impedimentos para a adoção afetam os ascendentes e os irmãos do adotando (art. 42, § 1º), sempre com vistas a não permitir a alteração na linha sucessória. C: incorreta. O adotante há de ser, pelo menos, dezesseis anos mais velho do que o adotando (art. 42, § 3º) D: correta. A adoção produz seus efeitos a partir do trânsito em julgado da sentença constitutiva, exceto na hipótese de adoção póstuma, caso em que terá força retroativa à data do óbito (art. 47, § 7º).

Gabarito "D".

(Ministério Público/Acre – 2014 – CESPE) A respeito da adoção, da guarda e da perda do poder familiar, assinale a opção correta de acordo com o disposto no ECA e com a jurisprudência do STJ.

(A) A observância do cadastro de adotantes, ou seja, a preferência das pessoas cronologicamente cadastradas para adotar determinada criança, deve ser absoluta.

(B) Para as adoções post mortem, exigem-se, como comprovação da inequívoca vontade do de cujus em adotar, as mesmas regras que comprovam a filiação socioafetiva, quais sejam, o tratamento do menor como se filho fosse e o conhecimento público dessa condição.

(C) Falta ao padrasto que pretenda adotar a criança com quem convive legitimidade ativa e interesse de agir para postular a destituição do poder familiar do pai biológico.

(D) A guarda confere à criança ou ao adolescente a condição de dependente, para todos os fins e efeitos de direito, inclusive previdenciários, independentemente da previsão em sentido contrário em norma previdenciária específica.

(E) É juridicamente impossível o pedido de adoção unilateral de criança feito por companheira da mãe biológica do adotando que seja fruto de planejamento de casal que vive em união estável homoafetiva.

A: incorreta, pois, excepcionalmente, poderá ser deferida a adoção em favor de candidato domiciliado no Brasil não cadastrado previamente, desde que comprove o preenchimento dos requisitos exigidos para os demais interessados e esteja presente uma das seguintes hipóteses: I – se tratar de pedido de adoção unilateral; II – for formulada por parente com o qual a criança ou adolescente mantenha vínculos de afinidade e afetividade; III – oriundo o pedido de quem detém a tutela ou guarda legal de criança maior de 3 (três) anos ou adolescente, desde que o lapso de tempo de convivência comprove a fixação de laços de afinidade e afetividade, e não seja constatada a ocorrência de má-fé ou qualquer das situações previstas nos arts. 237 ou 238 do ECA (art. 50, § 13, do ECA); B: correta, pois a alternativa está de acordo com o entendimento jurisprudencial, in verbis: "Civil. Processual civil. Recurso especial. Adoção póstuma. Validade. Adoção conjunta. Pressupostos. Família anaparental. Possibilidade. (...) A redação do art. 42, § 5º, da Lei 8.069/1990 – ECA –, renumerado como § 6º pela Lei 12.010/2009, que é um dos dispositivos de lei tidos como violados no recurso especial, alberga a possibilidade de se ocorrer a adoção póstuma na hipótese de óbito do adotante, no curso do procedimento de adoção, e a constatação de que este manifestou,em vida, de forma inequívoca, seu desejo de adotar. Para as adoções post mortem, vigem, como comprovação da inequívoca vontade do de cujus em adotar, as mesmas regras que comprovam afiliação socioafetiva: o tratamento do menor como se filho fosse e o conhecimento público dessa condição. (...)". (STJ – REsp: 1217415 RS 2010/0184476-0, Relator: Ministra Nancy Andrighi, j. 19.06.2012, Terceira Turma, DJ 28.06.2012); C: incorreta, pois o "STJ já decidiu que o padrasto tem legitimidade para a propositura de ação de destituição do poder familiar do pai biológico em relação à criança ou adolescente que se pretende adotar" (Rossato, Lépore, Sanches. Estatuto da Criança e do Adolescente. São Paulo: Ed. RT); D: incorreta. Antes da alteração legislativa trazida com a Lei 9.528/1997, o art. 16 da Lei 8.213/1991 previa como dependente para fins previdenciários a criança e o adolescente sob guarda, de modo que havia discussão na doutrina e na jurisprudência a respeito da possibilidade de a guarda ser concedida para fins exclusivamente previdenciários, em razão do princípio da especialidade. Todavia, após tal dispositivo ter sido alterado, entende-se que a guarda – uma das formas de colocação em família substituta –, confere à criança ou adolescente a condição de dependente, para todos os fins e efeitos de direito, inclusive previdenciários, de modo que este não pode ser o único fim almejado, ainda que comprovada a falta ou carência de recursos materiais dos pais. Assim, se no caso concreto não existir uma situação de risco que justifique a retirada da criança ou do adolescente do convívio com a família natural ou a guarda não se destinar a regularizar uma situação de fato, não é possível o seu deferimento para fins exclusivamente previdenciários. Neste sentido é o entendimento jurisprudencial: "Guarda de menor pela avó. Fins previdenciários. Precedentes da Corte. 1. São inúmeros os precedentes da Corte no sentido de que a "conveniência de garantir benefício previdenciário ao neto não caracteriza a situação excepcional que justifica nos termos do ECA (art. 33, § 2º), o deferimento de guarda à avó" (REsp 82.474/RJ, de minha relatoria, DJ de 29.09.1997). 2. Recurso especial não conhecido". (STJ – REsp: 696204 RJ 2004/0147424-0, Relator: Ministro Carlos Alberto Menezes Direito, j. 21.06.2005, Terceira Turma, DJ 19.09.2005 p. 325); E: incorreta. Para a adoção conjunta, é indispensável que os adotantes sejam casados civilmente ou mantenham união estável, comprovada a estabilidade da família. Assim, não há exigência de que as pessoas sejam de sexos distintos, mas também não há previsão legal de adoção por casal homoafetivo. "Não obstante, já vem sendo reconhecida a possibilidade de adoção por casais formados por integrantes do mesmo sexo, desde que tal união possa ser reconhecida como entidade familiar, com suas características próprias (estabilidade, ostensibilidade e traços afetivos sólidos). (...) A possibilidade de adoção por casais homoafetivos agora está firmada, pois em 2011, tanto o STF quanto o STJ finalmente reconheceram a legalidade da união estável entre pessoas do mesmo sexo" (Rossato, Lépore e Sanches, Estatuto da Criança e do Adolescente, São Paulo: Ed. RT). Neste sentido é o entendimento jurisprudencial: "A adoção unilateral prevista no art. 41, § 1°, do ECA pode ser concedida à companheira da mãe biológica da adotanda, para que ambas as companheiras passem a ostentar a condição de mães, na hipótese em que a menor tenha sido fruto de inseminação artificial heteróloga, com doador desconhecido, previamente planejado pelo casal no âmbito de união estável homoafetiva, presente, ademais, a anuência da mãe biológica, desde que inexista prejuízo para a adotanda. O STF decidiu ser plena a equiparação das uniões estáveis homoafetivas às uniões estáveis heteroafetivas, o que trouxe, como consequência, a extensão automática das prerrogativas já outorgadas aos companheiros da união estável tradicional àqueles que vivenciem uma união estável homoafetiva. Assim, se a adoção unilateral de menor é possível no extrato heterossexual da população, também o é à fração homossexual da sociedade. Deve-se advertir, contudo, que o pedido de adoção se submete à norma-princípio fixada no art. 43 do ECA, segundo a qual "a adoção será deferida quando apresentar reais vantagens para o adotando". Nesse contexto, estudos feitos no âmbito da Psicologia afirmam que pesquisas têm demonstrado que os filhos de pais ou mães homossexuais não apresentam comprometimento e problemas em seu desenvolvimento psicossocial quando comparados com filhos de pais e mães heterossexuais. Dessa forma, a referida adoção somente se mostra possível no caso de inexistir prejuízo para a adotanda. Além do mais, a possibilidade jurídica e a conveniência do deferimento do pedido de adoção unilateral devem considerar a evidente necessidade de aumentar, e não de restringir, a base daqueles que desejem adotar, em virtude da existência de milhares de crianças que, longe de quererem discutir a orientação sexual de seus pais, anseiam apenas por um lar". (REsp 1.281.093-SP, Rel. Min. Nancy Andrighi, j. 18.12.2012, Informativo n.513, STJ).

Gabarito "B".

(Ministério Público/Acre – 2014 – CESPE) Em relação ao acolhimento institucional e familiar e à colocação de criança ou adolescente em família substituta, assinale a opção correta.

(A) Diferentemente do acolhimento familiar, que pode ter caráter definitivo, quando instituído em favor de parentes da criança, o acolhimento institucional é sempre provisório e excepcional.
(B) O prazo legal para que a criança e o adolescente possam permanecer sob acolhimento institucional é de dois anos, podendo, contudo, ser prorrogado, mediante decisão fundamentada da autoridade judiciária, que deve demonstrar que o excesso de prazo atende ao melhor interesse do infante.
(C) A colocação em família substituta estrangeira constitui medida excepcional, somente admissível quando ausente alternativa viável em território nacional, podendo ser concedida nas modalidades de tutela e adoção.
(D) A colocação de criança ou adolescente em família substituta pode ser aplicada como medida socioeducativa, no caso de cometimento de ato infracional leve ou como medida de proteção à criança e ao adolescente em situação de risco.
(E) O acolhimento familiar pode ser determinado pelo Conselho Tutelar e pelo MP, ao passo que o acolhimento institucional é da competência exclusiva da autoridade judiciária.

A: incorreta, pois tanto o acolhimento familiar como o institucional são medidas de caráter temporário e excepcional (art. 34, § 1°, do ECA); B: correta, pois a alternativa está de acordo com o disposto no art. 19, § 2°, do ECA; C: incorreta. De fato, a adoção internacional é medida excepcional e somente será deferida se, após consulta ao cadastro de pessoas ou casais habilitados à adoção, mantido pela Justiça da Infância e da Juventude na comarca, bem como aos cadastros estadual e nacional, não for encontrado interessado com residência permanente no Brasil, após esgotadas todas as possibilidades de colocação da criança ou adolescente em família substituta brasileira (art. 50, § 10 e art. 51, § 1°, I, ambos do ECA). Todavia, a colocação em família substituta estrangeira somente será admissível na modalidade de adoção (art. 31 do ECA); D: incorreta, pois a colocação em família substituta é uma medida específica de proteção – e não medida socioeducativa – aplicável quando se verificar que os direitos da criança ou adolescente estão sendo ameaçados ou violados, encontrando-se em situação de risco (art. 101, IX, do ECA); E: incorreta, pois o afastamento da criança ou adolescente do convívio familiar e consequente aplicação das medidas de acolhimento familiar, institucional ou colocação em família substituta é de competência exclusiva da autoridade judiciária (art. 101, VII a IX e § 2°, do ECA). Oportuno registrar que ao Conselho Tutelar é cabível a aplicação das demais medidas protetivas (art. 136, I e parágrafo único, do ECA). "Na redação anterior do Estatuto, o Conselho Tutelar poderia aplicar a medida de abrigamento e encaminhar a criança e o adolescente diretamente à entidade respectiva, comunicando o fato posteriormente à entidade judiciária. Contudo, de acordo com o atual regramento, a inserção de criança e adolescente em medida protetiva de acolhimento institucional e acolhimento familiar está condicionada à autorização judicial, de modo que não consta mais das atribuições do Conselho Tutelar. (...) O Conselho Tutelar deixa de atuar de forma ativa na inserção da criança e do adolescente em abrigamento, para apenas acompanhar a situação e fornecer subsídios ao magistrado, a quem competirá a palavra sobre a necessidade efetiva de manutenção da medida". (ROSSATO, LÉPORE E SANCHES. Estatuto da Criança e do Adolescente Comentado, 3ª edição, São Paulo, Ed RT, 2012, p. 302). Em contrapartida, as entidades que mantenham programa de acolhimento institucional poderão, em caráter excepcional e de urgência, acolher crianças e adolescentes sem prévia determinação da autoridade competente, fazendo comunicação do fato em até 24 (vinte e quatro) horas ao Juiz da Infância e da Juventude, em virtude do princípio da intervenção precoce (art. 93 do ECA).

Gabarito "B".

(Ministério Público/ES – 2013 – VUNESP) Assinale a alternativa correta quanto à adoção, segundo o Estatuto da Criança e do Adolescente.

(A) É possível o deferimento de adoção de criança ou adolescente por pessoa não inscrita previamente no cadastro de adotantes, quando esta for parente do adotado.
(B) A manutenção e alimentação do cadastro de crianças e adolescentes em condições de serem adotados e o cadastro de pessoas interessadas em adoção tornaram-se atribuição do Ministério Público Estadual.
(C) Para evitar o rompimento definitivo dos vínculos familiares, é permitida a adoção de irmão, quando os genitores de ambos forem falecidos.
(D) O termo inicial para o exercício do direito ao conhecimento da origem biológica do adotado dá-se apenas com dezoito anos completos, com o intuito de preservar sua condição psicológica enquanto pessoa em desenvolvimento.

(E) Para a desburocratização do processo de adoção internacional, é facultado aos organismos de adoção, nacionais ou estrangeiros, o estabelecimento de convênios ou contatos com dirigentes de programas de acolhimento institucional, sob fiscalização do Ministério Público.

A: correta. Em regra, a adoção de criança e adolescente será precedida de consulta ao cadastro de pretendentes, previamente habilitados para tanto. Todavia, excepcionalmente, poderá ser deferida a adoção em favor de candidato domiciliado no Brasil não cadastrado previamente, desde que comprove o preenchimento dos requisitos exigidos para os demais interessados e esteja presente uma das seguintes hipóteses: I – se tratar de pedido de adoção unilateral; II – for formulada por parente com o qual a criança ou adolescente mantenha vínculos de afinidade e afetividade; III – oriundo o pedido de quem detém a tutela ou guarda legal de criança maior de 3 (três) anos ou adolescente, desde que o lapso de tempo de convivência comprove a fixação de laços de afinidade e afetividade, e não seja constatada a ocorrência de má-fé ou qualquer das situações previstas nos arts. 237 ou 238 do ECA (art. 50, § 13, do ECA); B: incorreta, pois a atribuição para a manutenção e alimentação dos cadastros é da Autoridade Central Estadual, a qual deverá comunicar posteriormente à Autoridade Central Federal Brasileira (art. 50, § 9º, do ECA); C: incorreta, pois não podem adotar os ascendentes, nem os irmãos do adotando (art. 42, § 1º, do ECA). Oportuno ressaltar que, de fato, os grupos de irmãos serão colocados sob adoção, tutela ou guarda da mesma família substituta, a fim de se evitar o rompimento definitivo dos vínculos fraternais (art. 28, § 4º, do ECA); D: incorreta. Conquanto ao adotado tenha, como regra, o direito de conhecer sua origem biológica, bem como de obter acesso irrestrito ao processo no qual a medida foi aplicada e seus eventuais incidentes, após completar 18 (dezoito) anos, excepcionalmente, a seu pedido, poderá ser deferido o acesso ao menor de 18 anos, desde que assegurada orientação e assistência jurídica e psicológica (art. 48, caput e parágrafo único, do ECA); E: incorreta, pois como se trata de medida excepcional, a adoção internacional observará o procedimento previsto nos arts. 165 a 170, do ECA, não havendo que falar em desburocratização, além de não ser permitido aos organismos de adoção, nacionais ou estrangeiros, o estabelecimento de convênios ou contatos diretos com dirigentes de programas de acolhimento institucional (art. 51, § 14, do ECA).
Gabarito "A".

(Ministério Público/GO – 2013) Com relação à Lei 8.069/1990 (Estatuto da Criança e do Adolescente), é incorreto afirmar:

(A) a colocação em família substituta não admitirá transferência da criança ou adolescente a terceiros ou a entidades governamentais ou não governamentais sem autorização judicial.
(B) não se deferirá a colocação em família substituta à pessoa que revele, por qualquer modo, incompatibilidade com a natureza da medida ou não ofereça ambiente familiar adequado.
(C) os grupos de irmãos serão colocados sob adoção, tutela ou guarda da mesma família substituta, ressalvada a comprovada existência de risco de abuso ou outra situação que justifique plenamente a excepcionalidade de solução diversa, procurando-se, em qualquer caso, evitar o rompimento definitivo dos vínculos fraternais.
(D) a colocação em família substituta estrangeira far-se-á mediante guarda ou adoção.

A: assertiva correta, pois a alternativa está de acordo com o disposto no art. 30 do ECA; B: assertiva correta, pois a alternativa está de acordo com o disposto no art. 29 do ECA; C: assertiva correta, pois a alternativa está de acordo com o disposto no art. 28, § 4º, do ECA; D: incorreta, pois a colocação em família substituta estrangeira somente é admissível na modalidade de adoção (art. 31 do ECA).
Gabarito "D".

(Ministério Público/GO – 2013) Sobre a doção é correto afirmar:

(A) nos processos referentes a pessoas capazes é dispensável a intervenção do Poder Judiciário.
(B) a adoção internacional pressupõe a intervenção das Autoridades Centrais Estaduais e Federal.
(C) Autoridades Municipais em matéria de adoção terão acesso integral aos cadastros, incumbindo-lhes a troca de informações e a cooperação mútua, para melhoria do sistema.
(D) poderá ser deferida adoção em favor de candidato domiciliado no Brasil não cadastrado previamente nos termos da Lei, quando se tratar de pedido de adoção bilateral.

A: incorreta, pois mesmo a adoção de maiores de 18 (dezoito) anos dependerá da assistência efetiva do poder público e de sentença constitutiva, aplicando-se, no que couber, as regras gerais previstas no ECA (art. 1.618 do CC); B: correta, pois a alternativa está de acordo com o disposto no art. 51, § 3º, do ECA; C: incorreta, pois terão acesso ao cadastro o Ministério Público, o Conselho Tutelar, o órgão gestor da Assistência Social e os Conselhos Municipais dos Direitos da Criança e do Adolescente e da Assistência Social (art. 101, § 12, do ECA); D: incorreta. Em regra, a adoção de criança e adolescente será precedida de consulta ao cadastro de pretendentes, previamente habilitados para tanto. Todavia, excepcionalmente, poderá ser deferida a adoção em favor de candidato domiciliado no Brasil não cadastrado previamente, desde que comprove o preenchimento dos requisitos exigidos para os demais interessados e esteja presente uma das seguintes hipóteses: I – se tratar de pedido de adoção unilateral; II – for formulada por parente com o qual a criança ou adolescente mantenha vínculos de afinidade e afetividade; III – oriundo o pedido de quem detém a tutela ou guarda legal de criança maior de 3 (três) anos ou adolescente, desde que o lapso de tempo de convivência comprove a fixação de laços de afinidade e afetividade, e não seja constatada a ocorrência de má-fé ou qualquer das situações previstas nos arts. 237 ou 238 do ECA (art. 50, § 13, do ECA).
Gabarito "B".

(Ministério Público/MG – 2013) Quanto ao instituto da adoção no Estatuto da Criança e do Adolescente, analise as seguintes alternativas e assinale a assertiva INCORRETA:

(A) A guarda de fato autoriza, por si só, a dispensa da realização do estágio de convivência.
(B) Poderá ser deferida ao adotante que, após inequívoca manifestação de vontade, vier a falecer no curso do procedimento, antes de prolatada a sentença.
(C) O adotante há de ser, pelo menos, dezesseis anos mais velho que o adotando.
(D) É recíproco o direito sucessório entre o adotado, seus descendentes, o adotante, seus ascendentes, descendentes e colaterais até o quarto grau, observada a ordem de vocação hereditária.

A: assertiva incorreta, pois o estágio de convivência somente poderá ser dispensado se o adotando já estiver sob a tutela ou guarda legal – e não de fato – do adotante durante tempo suficiente para que seja possível avaliar a conveniência da constituição do vínculo (art. 46, § 1º, do ECA); B: assertiva correta, pois a alternativa está de acordo com o disposto no art. 42, § 6º, do ECA; C: assertiva correta, pois a alternativa está de acordo com o disposto no art. 42, § 3º, do ECA; D: assertiva correta, pois a alternativa está de acordo com o disposto no art. 41, § 2º, do ECA.
Gabarito "A".

13. DIREITO DA CRIANÇA E DO ADOLESCENTE

(Ministério Público/MS – 2013 – FADEMS) Avalie se as frases a seguir são falsas (F) ou verdadeiras (V) e assinale a opção correta:

I. Conforme o Estatuto da Criança e do Adolescente, à data do pedido de adoção, em não estando sob a guarda ou tutela dos adotantes, o adotando deverá contar com a idade de no máximo dezoito anos.

II. A guarda destina-se a regularizar posse de fato, podendo ser deferida, liminar ou incidentalmente, nos procedimentos de tutela e adoção, exceto no de adoção por estrangeiros, podendo ser revogada a qualquer tempo, mediante ato judicial fundamentado, ouvido o Ministério Público.

III. As crianças ou adolescentes inseridos em programa de acolhimento familiar ou institucional devem permanecer no programa por, no mínimo, dois anos.

IV. É vedada a adoção por procuração.

(A) V, V, F, V
(B) F, V, F, V
(C) V, V, F, F
(D) F, F, V, F
(E) V, F, F, V

I: correta (art. 40, do ECA); II: correta (art. 33, § 1º, e art. 35, ambos do ECA); III: incorreta, pois as crianças ou adolescentes inseridos em programa de acolhimento familiar ou institucional devem permanecer no programa por, no máximo, dois anos, salvo comprovada necessidade que atenda ao seu superior interesse, devidamente fundamentada pela autoridade judiciária (art.19, § 2º, do ECA); IV: correta (art. 39, § 2º, do ECA).
Gabarito "A".

(Ministério Público/SP – 2013 – PGMP) Sobre o direito à convivência familiar e comunitária garantido pelo Estatuto da Criança e do Adolescente e as medidas de proteção aplicáveis à criança ou adolescente, é CORRETO afirmar:

(A) A colocação de criança ou adolescente em família substituta, mediante guarda a terceiros, impede o direito de visitas pelos pais e os dispensa do dever de prestar alimentos.

(B) A colocação da criança ou adolescente em família substituta, em qualquer das modalidades previstas em lei, será possível exclusivamente após decisão judicial definitiva acerca de pedido de destituição ou suspensão do poder familiar.

(C) A colocação de criança ou adolescente em família substituta será precedida de sua preparação gradativa e acompanhamento posterior, realizados pelo Conselho Tutelar.

(D) A inclusão da criança ou adolescente em programa de acolhimento familiar tem como pressuposto legal a impossibilidade de seu acolhimento institucional.

(E) A manutenção ou reintegração de criança ou adolescente à sua família de origem terá preferência em relação a qualquer outra providência.

A: incorreta, pois o deferimento da guarda de criança ou adolescente a terceiros não impede o exercício do direito de visitas pelos pais, salvo expressa e fundamentada determinação em contrário, da autoridade judiciária competente, ou quando a medida for aplicada em preparação para adoção (art. 33, § 4º, do ECA); B: incorreta, pois é possível o deferimento da guarda provisória ou do estágio de convivência, no caso de adoção, mediante termo de responsabilidade, antes de decisão judicial definitiva acerca de pedido de destituição ou suspensão do poder familiar (art. 167 do ECA); C: incorreta, pois a colocação da criança ou adolescente em família substituta será precedida de sua preparação gradativa e acompanhamento posterior, realizados pela equipe interprofissional a serviço da Justiça da Infância e da Juventude, preferencialmente com o apoio dos técnicos responsáveis pela execução da política municipal de garantia do direito à convivência familiar (art. 28, § 5º, do ECA); D: incorreta, pois a inclusão da criança ou do adolescente em programas de acolhimento familiar terá preferência a seu acolhimento institucional (art. 34, § 1º, do ECA); E: correta, pois a alternativa está de acordo com o disposto no art. 19, § 3º, do ECA.
Gabarito "E".

(Ministério Público/SP – 2013 – PGMP) Relativamente às regras para adoção de crianças e adolescentes que estão dispostas no Estatuto da Criança e do Adolescente (Lei 8.069, de 13 de julho de 1990), com as alterações legais que a ele foram introduzidas, considere as assertivas a seguir:

I. Será obrigatório, em qualquer caso de adoção, que se cumpra um período de convivência entre adotante e adotando, o qual deverá ser acompanhado pela equipe interprofissional a serviço da Justiça da Infância e da Juventude, que terá a incumbência de apresentar relatório minucioso a respeito.

II. Cada Comarca ou Foro Regional deve possuir um cadastro de crianças e adolescentes em condições de serem adotados e outro de pessoas interessadas na adoção.

III. O cadastro nacional de postulantes à adoção e o de crianças e adolescentes em condições de serem adotados são alimentados pela autoridade judiciária, pelo Conselho Nacional de Justiça e pelas autoridades estaduais e federais em matéria de adoção.

IV. A inscrição de postulantes à adoção será precedida de um período de preparação psicossocial e jurídica, preferencialmente com apoio dos técnicos responsáveis pela execução da política municipal de garantia do direito à convivência familiar.

V. Poderá ser deferida adoção em favor de candidato domiciliado no Brasil não cadastrado previamente, se formulada por parente com o qual a criança ou o adolescente mantenha vínculos de afinidade e afetividade.

Está CORRETO o que se afirma apenas em:

(A) I, II e III.
(B) I, III e IV.
(C) III, IV e V.
(D) II, IV e V.
(E) II, III e IV.

I: incorreta, pois o estágio de convivência poderá ser dispensado se o adotando já estiver sob a tutela ou guarda legal do adotante durante tempo suficiente para que seja possível avaliar a conveniência da constituição do vínculo (art. 46, § 1º, do ECA); II: correta, pois, de fato, serão criados e implementados cadastros estaduais e nacional de crianças e adolescentes em condições de serem adotados e de pessoas ou casais habilitados à adoção (art. 50, § 5º, e art. 101, § 11, do ECA); III: incorreta, pois cabe à autoridade judiciária providenciar, no prazo de 48 (quarenta e oito) horas, a inscrição das crianças e adolescentes em condições de serem adotados que não tiveram colocação familiar na comarca de origem. Por sua vez, compete à Autoridade Central Estadual zelar pela manutenção e correta alimentação dos cadastros, com posterior comunicação à Autoridade Central Federal Brasileira (art. 50, § 8º e § 9º, do ECA); IV: correta (art. 50, § 3º, do ECA); V: correta (art. 50, § 13, II, do ECA).
Gabarito "D".

(Ministério Público/PR – 2013 – X) Sobre a colocação em família substituta, examine as afirmações que seguem:

I. Em todas as suas modalidades, sempre dependerá do consentimento expresso do adolescente;
II. Quando da colocação de criança ou adolescente sob a guarda de terceira pessoa, o juiz deverá, em regra, fixar o direito de visitas aos pais, salvo quando entender desaconselhável, por decisão expressa e fundamentada, ou quando a medida for aplicada em preparação para adoção;
III. Com a instituição do Cadastro Nacional de Adoção, pelo CNJ, tornou-se desnecessária a manutenção dos cadastros de adoção em cada comarca;
IV. Qualquer parente, ainda que não inscrito no cadastro de adoção, terá sempre preferência para adotar criança ou adolescente destituído do poder familiar;
V. O juiz não está obrigado a homologar a nomeação de tutor efetuada por testamento, podendo deferir a medida a terceira pessoa, ainda que não guarde relação de parentesco, que demonstre melhores condições de assumir a função.

(A) Apenas as assertivas I e IV estão corretas.
(B) As assertivas III e IV estão incorretas;
(C) As assertivas II, IV e V estão incorretas;
(D) Apenas as assertivas II e V estão corretas;
(E) Todas as assertivas estão corretas.

I: correta, pois em todas as modalidades de colocação em família substituta, tratando-se de maior de 12 (doze) anos de idade, será necessário seu consentimento, colhido em audiência (art. 28, § 2º, do ECA); II: correta (art. 33, § 4º, do ECA); III: incorreta, pois cabe à autoridade judiciária providenciar a inscrição das crianças e adolescentes em condições de serem adotados, bem como das pessoas ou casais que tiveram deferida sua habilitação à adoção nos cadastros estadual e nacional. Por sua vez, compete à Autoridade Central Estadual zelar pela manutenção e correta alimentação dos cadastros, com posterior comunicação à Autoridade Central Federal Brasileira (art. 50, §§ 8º e 9º, do ECA); IV: incorreta, pois a adoção será deferida a casal não cadastrado quando, dentre outras hipóteses, for formulada por parente com o qual a criança ou adolescente mantenha vínculos de afinidade e afetividade (art. 50, § 13, II, do ECA). Oportuno ressaltar que, de fato, a colocação em família substituta é medida excepcional, já que será adotada quando esgotados os recursos de manutenção na família natural ou extensa. Assim, a manutenção ou reintegração de criança ou adolescente à sua família terá preferência em relação a qualquer outra providência (art. 19, § 3º, do ECA); V: correta (art. 37, parágrafo único, do ECA).
Gabarito "B".

(Ministério Público/SC – 2012) Sobre a adoção:

I. Não é possível, em nenhuma hipótese, a adoção em favor de candidato domiciliado no Brasil não cadastrado previamente nos termos do Estatuto da Criança e do Adolescente.
II. Existe cláusula impeditiva na Lei 8.069/1990 à adoção por irmão e pelos ascendentes do adotando.
III. A morte dos adotantes restabelece o poder familiar dos pais biológicos.
IV. O adotado tem direito de conhecer sua origem biológica, bem como de obter acesso irrestrito ao processo no qual a medida foi aplicada e seus eventuais incidentes, após completar 18 (dezoito) anos.
V. Para os fins do Estatuto da Criança e do Adolescente considera-se adoção internacional exclusivamente aquela pleiteada por estrangeiro residente fora do Brasil.

(A) Apenas as assertivas II e IV estão corretas.
(B) Apenas as assertivas I, II e IV estão corretas.
(C) Apenas as assertivas II, III e V estão corretas.
(D) Apenas as assertivas II, IV e V estão corretas.
(E) Todas as assertivas estão corretas.

I: incorreta, pois o ECA admite, excepcionalmente, a adoção em favor de candidato domiciliado no Brasil não cadastrado previamente (art. 50, § 13, do ECA); II: correta (art. 42, § 1º, do ECA); III: incorreta, pois a morte dos adotantes não restabelece o poder familiar dos pais biológicos (art. 49 do ECA); IV: correta (art. 48, do ECA); V: incorreta, pois se considera adoção internacional aquela na qual a pessoa ou casal postulante é residente ou domiciliado fora do Brasil (art. 51, caput, do ECA).
Gabarito "A".

(Ministério Público/SC – 2012) Analise as assertivas a seguir.

I. A guarda de criança ou adolescente somente poderá ser revogada, após decisão judicial, para transformação em tutela ou adoção.
II. O acolhimento familiar consiste em medida judicial em que a criança ou o adolescente permanece com seus genitores, sob supervisão constante do Conselho Tutelar.
III. Os institutos da tutela e da guarda se diferenciam porquanto no primeiro há a necessidade de que a criança ou o adolescente possua bens ou rendimentos administráveis.
IV. Os membros do Ministério Público com atribuição para acompanhar a execução de medidas socioeducativas devem inspecionar, com a periodicidade mínima bimestral, as unidades de semiliberdade e de internação sob sua responsabilidade, ressalvada a necessidade de comparecimento em período inferior, conforme Resolução n. 67 do Conselho Nacional do Ministério Público.
V. Entende-se por família extensa ou ampliada aquela que se estende para além da unidade pais e filhos ou da unidade do casal, formada por parentes próximos com os quais a criança ou adolescente convive e mantém vínculos de afinidade e afetividade.

(A) Apenas as assertivas I e V estão corretas.
(B) Apenas as assertivas I, II e V estão corretas.
(C) Apenas as assertivas I, III e IV estão corretas.
(D) Apenas as assertivas IV e V estão corretas.
(E) Todas as assertivas estão corretas.

I: incorreta, pois a guarda poderá ser revogada a qualquer tempo, mediante ato judicial fundamentado, ouvido o Ministério Público (art. 35 do ECA); II: incorreta, pois o acolhimento familiar é uma medida protetiva, "nos casos em que for necessária, de forma excepcional e transitória, a retirada da criança ou adolescente de sua família de origem (natural ou extensa) e entrega aos cuidados de uma família acolhedora, que pode ter a supervisão pedagógica e direcional de uma entidade de atendimento, que é responsável pela execução do programa" (Rossato; Lépore; Sanches. Estatuto da Criança e do Adolescente. Ed. RT); III: incorreta, pois a tutela não pressupõe a necessidade de que a criança ou o adolescente possua bens ou rendimentos administráveis (art. 36 e seguintes, do ECA); IV: correta (art. 201, XI, do ECA e Resolução n. 67, do CNMP); V: correta (art. 25, parágrafo único, do ECA).
Gabarito "D".

(Ministério Público/SP – 2012 – VUNESP) A colocação em família substituta, além da tutela, far-se-á mediante

(A) guarda, curatela ou adoção.
(B) guarda compartilhada.
(C) guarda ou adoção.
(D) curatela ou adoção.
(E) curatela especial.

A alternativa "C" está correta (art. 28, caput, do ECA), ficando excluídas as demais.
Gabarito "C".

(Ministério Público/RR – 2012 – CESPE) Assinale a opção correta a respeito dos institutos da guarda, tutela e adoção.

(A) A tutela será deferida, nos termos da lei civil, a pessoa de até dezoito anos incompletos, na hipótese de falecimento dos pais, na de estes serem julgados ausentes ou na de os pais perderem o poder familiar.
(B) Admite-se que apenas um dos companheiros da união homoafetiva adote criança ou adolescente.
(C) Para adoção conjunta, é indispensável que os adotantes sejam casados civilmente ou mantenham união estável, comprovada a estabilidade da família, sendo vedada a adoção ao casal divorciado.
(D) A adoção internacional pode ser deferida, independentemente da existência de interessados com residência permanente no Brasil e inscritos nos cadastros local, estadual e nacional de pessoas ou casais habilitados à adoção, desde que o período de convivência com o adotando seja superior a três anos.
(E) Em regra, o deferimento da guarda de criança ou adolescente a terceiros impede o exercício do direito de visitas pelos pais, assim como o seu dever de prestar alimentos, que serão objeto de regulamentação específica, a pedido do interessado ou do MP.

A: correta (art. 36 do ECA); B: incorreta, pois não há vedação expressa no ECA. De acordo com o art. 42, parágrafo 2º, do ECA, para a adoção conjunta, é indispensável que os adotantes sejam casados civilmente ou mantenham união estável, comprovada a estabilidade da família. Assim, não há exigência de que as pessoas sejam de sexos distintos, mas também não há previsão legal de adoção por casal homoafetivo. "Não obstante, já vem sendo reconhecida a possibilidade de adoção por casais formados por integrantes do mesmo sexo, desde que tal união possa ser reconhecida como entidade familiar, com suas características próprias (estabilidade, ostensibilidade e traços afetivos sólidos). (...) A possibilidade de adoção por casais homoafetivos agora está firmada, pois em 2011, tanto o STF quanto o STJ finalmente reconheceram a legalidade da união estável entre pessoas do mesmo sexo" (Rossato, Lépore e Sanches, Estatuto da Criança e do Adolescente, editora RT); C: incorreta, pois os divorciados, os judicialmente separados e os ex-companheiros podem adotar conjuntamente, contanto que acordem sobre a guarda e o regime de visitas e desde que o estágio de convivência tenha sido iniciado na constância do período de convivência e que seja comprovada a existência de vínculos de afinidade e afetividade com aquele não detentor da guarda, que justifiquem a excepcionalidade da concessão (art. 42, § 4º, do ECA); D: incorreta, pois a adoção internacional somente será deferida se, após consulta ao cadastro de pessoas ou casais habilitados à adoção, não for encontrado interessado com residência permanente no Brasil (art. 50, § 10, do ECA); E: incorreta, pois, salvo expressa e fundamentada determinação em contrário da autoridade judiciária competente, ou quando a medida for aplicada em preparação para adoção, o deferimento da guarda de criança ou adolescente a terceiros não impede o exercício do direito de visitas pelos pais (art. 33, § 4º, do ECA).
Gabarito "A".

(Ministério Público/MG – 2012 – CONSULPLAN) Em 13 de julho de 1990, foi publicada a Lei 8.069 a qual instituiu o Estatuto da Criança e Adolescente que veio regulamentar o artigo 227 da Constituição Federal. Fundado, dentre outros, no Princípio da Proteção Integral, concebeu as crianças e adolescentes como pessoas em desenvolvimento, sujeitos de direitos e destinatários de proteção física, mental e moral. A Adoção, um dos institutos do ECA gera vínculo constituído por sentença judicial, a qual será inscrita no registro civil mediante mandado, do qual não se fornecerá certidão. Frente a tal assertiva, assinale a alternativa CORRETA.

(A) A adoção produz seus efeitos a partir do trânsito em julgado da sentença constitutiva, exceto quando o adotante que, após inequívoca manifestação de vontade, vier a falecer no curso do procedimento, antes de prolatada a sentença, caso em que terá força retroativa à data do óbito.
(B) O novo registro somente poderá ser lavrado no Cartório do Registro Civil do Município em que foi proferida a sentença de adoção.
(C) Apenas a observação sobre a origem do ato poderá constar nas certidões do registro.
(D) A sentença conferirá ao adotado o nome do adotante, sendo defeso a modificação do prenome.

A: correta (art. 47, § 7º, do ECA); B: incorreta, pois a pedido do adotante, o novo registro poderá ser lavrado no Cartório do Registro Civil do Município de sua residência (art. 47, § 3º, do ECA); C: incorreta, pois nenhuma observação sobre a origem do ato poderá constar nas certidões do registro (art. 47, § 4º, do ECA); D: incorreta, pois a sentença conferirá ao adotado o nome do adotante e, a pedido de qualquer deles, poderá determinar a modificação do prenome (art. 47, § 5º, do ECA).
Gabarito "A".

(Ministério Público/CE – 2011 – FCC) O consentimento dos pais com a adoção do filho, de acordo com o que dispõe a lei,

(A) é uma das hipóteses de perda do poder familiar decretada por sentença.
(B) é retratável até a data da publicação da sentença constitutiva da adoção.
(C) só terá validade se prestado perante a autoridade judiciária competente ou se formalizado por meio de instrumento público.
(D) só será válido após minuciosa investigação que ateste a relevância de seus motivos.
(E) só terá valor se manifestado após três meses do nascimento da criança.

A alternativa "b" está correta, pois está de acordo com o art. 166, § 5º, do ECA, ficando excluídas as demais.
Gabarito "B".

(Ministério Público/MT – 2012 – UFMT) Segundo o Estatuto da Criança e do Adolescente, o tutor de criança ou adolescente, assim designado por qualquer documento hábil, terá quantos dias para ingressar com pedido judicial nesse sentido?

(A) 05
(B) 60
(C) 15
(D) 45
(E) 30

Art. 37, caput, do ECA.
Gabarito "E".

(Ministério Público/MS – 2011 – FADEMS) Analise as assertivas abaixo. À luz do Estatuto da Criança e do Adolescente:

I. Ao ato infracional praticado por criança, caberá ao Juiz aplicar-lhe as medidas de proteção previstas no art. 101 do Estatuto da Criança e do Adolescente.
II. Em caso de adoção, podem adotar os ascendentes e os irmãos do adotando.
III. Os divorciados podem adotar conjuntamente, contanto que acordem sobre a guarda e o regime de visitas, e desde que demonstrado efetivo benefício ao adotando será assegurada a guarda compartilhada.
IV. A regra do Juízo Imediato, para fins de competência do Juízo da Infância e da Juventude, é fixada pela residência dos pais ou responsáveis, e na ausência destes, a competência é definida pelo local onde se encontra o menor.
V. A adoção depende do consentimento dos pais ou do representante legal do adotando, sendo dispensável o consentimento deste se contar com mais de 12 anos de idade e não tenha atingido a maioridade.

(A) todos os itens estão corretos;
(B) somente os itens II e V estão incorretos;
(C) somente os itens II, III e V estão incorretos;
(D) somente os itens II e V estão corretos;
(E) todos os itens estão incorretos.

I: assertiva correta. Cabem, aqui, alguns esclarecimentos acerca do tema. Além do magistrado, o Conselho Tutelar também está credenciado a aplicar, a crianças e adolescentes em situação de risco ou a crianças que cometeram ato infracional, as medidas de proteção a que alude o art. 101, I a VI, sendo-lhe defeso (Conselho Tutelar), dessa forma, aplicar as medidas de acolhimento institucional, inclusão em programa de acolhimento familiar e colocação em família substituta. Isso se dá porque, em vista do disposto nos arts. 101, § 2º, e 136, parágrafo único, ambos do ECA, é vedado ao Conselho Tutelar aplicar medida de proteção que implique o afastamento da criança ou do adolescente do convívio familiar, o que somente poderá ser determinado pelo juiz da Infância e da Juventude; II: são impedidos de adotar os ascendentes e os irmãos do adotando (art. 42, § 1º, do ECA); III: correta, nos termos do art. 42, §§ 4º e 5º, do ECA; IV: assertiva correta (art. 147 do ECA); V: incorreta (art. 28, § 2º, do ECA).
Gabarito "B".

(Ministério Público/PR – 2011) Assinale a alternativa correta:
(A) Para a colocação em família substituta, sempre que possível a criança e o adolescente serão previamente ouvidos por equipe interprofissional, e o seu consentimento obrigatoriamente colhido em audiência;
(B) A colocação em família substituta estrangeira é medida excepcional, sendo admissível nas modalidades de adoção e tutela, vedada a guarda;
(C) Em se tratando de criança ou adolescente proveniente de comunidade remanescente de quilombo, é obrigatório que a colocação em família substituta ocorra prioritariamente no seio de sua comunidade ou junto a membros da mesma etnia;
(D) A tutela será deferida, nos termos da lei civil, a pessoa de até 21 (vinte e um) anos incompletos, e pressupõe a prévia decretação da perda ou suspensão do poder familiar, implicando necessariamente o dever de guarda.

A: incorreta (art. 28, § 1º, do ECA); B: incorreta, pois a colocação em família substituta estrangeira somente é admitida na modalidade adoção; C: correta (art. 28, § 6º, II, do ECA); D: segundo a disciplina estabelecida no art. 36 do ECA, a tutela será deferida àquele que tenha menos de 18 anos.
Gabarito "C".

2.4. DIREITO À EDUCAÇÃO, À CULTURA, AO ESPORTE E AO LAZER

(Ministério Público/ES – 2013 – VUNESP) Assinale a alternativa correta.
(A) Os pais ou responsável têm o direito de ministrar ensino domiciliar em caso de discordância com processo pedagógico ou com as propostas educacionais da escola.
(B) O dever do Estado de oferecer ensino obrigatório e gratuito estende-se apenas de forma progressiva ao ensino médio.
(C) A guarda pode ser deferida a terceiro para atribuição da condição de dependente, para todos os fins de direito, inclusive previdenciários, à criança ou ao adolescente com família natural em que se verifique a falta ou carência de recursos materiais.
(D) A eleição para conselheiro tutelar é organizada pelo Ministério Público, e a data da sua realização é fixada em lei municipal.
(E) Atribui-se ao Estado a guarda de criança ou adolescente submetido a acolhimento institucional em entidade pública de atendimento.

A: incorreta, pois os pais ou responsável têm a obrigação de matricular seus filhos ou pupilos na rede regular de ensino, sendo inadmissível o ensino domiciliar (art. 55 do ECA). Inclusive, a criança e o adolescente têm direito à educação, visando ao pleno desenvolvimento de sua pessoa, preparo para o exercício da cidadania e qualificação para o trabalho, assegurando-se-lhes igualdade de condições para o acesso e permanência na escola (art. 53, I, do ECA); B: correta, pois é dever do Estado oferecer ensino obrigatório e gratuito apenas de forma progressiva ao ensino médio, ao passo que o atendimento deverá ser imediato em creche e pré-escola às crianças de zero a cinco anos de idade(art. 54, II e IV, do ECA e art. 208, II e IV, da CF); C: incorreta. Muito embora a guarda confira, de fato, à criança ou adolescente a condição de dependente, para todos os fins e efeitos de direito, inclusive previdenciários (art. 33, § 3º, do ECA), não será ela deferida a terceiro pelo simples fato de a família de origem não possuir recursos materiais, caso em que deverá ser obrigatoriamente incluída em programas oficiais de auxílio oferecidos pela rede de proteção (art. 23, caput e parágrafo único, do ECA); D: incorreta, pois o processo para a escolha dos membros do Conselho Tutelar será estabelecido em lei municipal, realizado sob a responsabilidade do Conselho Municipal dos Direitos da Criança e do Adolescente e com a fiscalização do Ministério Público, sendo que ocorrerá em data unificada em todo o território nacional a cada 4 (quatro) anos, no primeiro domingo do mês de outubro do ano subsequente ao da eleição presidencial (art. 139, caput e § 1º, do ECA; E: incorreta, pois não se atribui ao Estado a guarda de criança ou adolescente submetido a acolhimento institucional, ainda que seja em entidade pública de atendimento, tendo em vista que o guardião será o dirigente da própria entidade (art. 33, § 3º, do ECA).
Gabarito "B".

(Ministério Público/SP – 2012 – VUNESP) A criança e o adolescente têm direito à educação, visando ao pleno desenvolvimento de sua pessoa, preparo para o exercício da cidadania e qualificação para o trabalho. A educação abrange os processos formativos que se desenvolvem na vida familiar, na convivência humana, no trabalho, nas instituições de ensino e pesquisa, nos movimentos sociais e organizações da sociedade civil e nas manifestações culturais. Em relação à educação especial, considere:

I. É modalidade de educação escolar, oferecida preferencialmente na rede regular de ensino, para educandos portadores de necessidades especiais.
II. Os sistemas de ensino assegurarão aos educandos com necessidades especiais terminalidade específica para aqueles que não puderem atingir o nível exigido para a conclusão do ensino fundamental, em virtude de suas deficiências, e aceleração para concluir em menor tempo o programa escolar para os superdotados.
III. A oferta de educação especial, dever constitucional do Estado, tem início na faixa etária de zero a seis anos, durante a educação infantil.
IV. As famílias poderão optar pelo atendimento da criança e do adolescente com necessidades especiais em classes, escolas ou serviços especializados, diversos das classes comuns de ensino regular.

Está correto o que se afirma em

(A) I, II, III e IV.
(B) I, II e III, apenas.
(C) II, III e IV, apenas.
(D) I e IV, apenas.
(E) II e IV, apenas.

I: correta (art. 4º, III, da Lei 9.394/1996); II: correta (art. 59, II, da Lei 9.394/1996); III: correta (art. 58, § 3º, da Lei 9.394/1996); IV: incorreta, pois o atendimento educacional será feito em classes, escolas ou serviços especializados, sempre que, em função das condições específicas dos alunos, não for possível a sua integração nas classes comuns de ensino regular (art. 58, § 2º, da Lei 9.394/1996).
Gabarito "B."

2.5. DIREITO À PROFISSIONALIZAÇÃO E À PROTEÇÃO NO TRABALHO

(Ministério Público/CE – 2011 – FCC) Conforme estabelece o Estatuto da Criança e do Adolescente, ao adolescente empregado em regime familiar de trabalho é VEDADO trabalhar

(A) no meio urbano externo sem prévia autorização judicial.
(B) com jornada superior a 30 horas semanais.
(C) em atividade cujos aspectos produtivos prevaleçam sobre as exigências pedagógicas.
(D) em jornada que não permita descanso aos domingos.
(E) entre as vinte e duas horas de um dia e as cinco horas do dia seguinte.

A: incorreta, pois o ECA não traz a vedação mencionada na alternativa; B, C e D: incorretas, pois tais vedações estão previstas no art. 7º, XIII e XV, da CF/88 e não no ECA; E: correta (art. 67, I, do ECA).
Gabarito "E."

(Ministério Público/MT – 2012 – UFMT) O trabalho noturno, ao adolescente empregado, é vetado

(A) em qualquer horário.
(B) após as 22 horas.
(C) após as 20 horas.
(D) após as 21 horas.
(E) após as 19 horas.

Art. 67, I, do ECA.
Gabarito "B."

(Ministério Público/ES – 2010 – CESPE) A formação técnico-profissional do adolescente deverá obedecer aos princípios

(A) da garantia de acesso e frequência obrigatória ao ensino regular e da atividade compatível com seu desenvolvimento.
(B) do desempenho e da produtividade.
(C) do desempenho escolar e da compatibilidade funcional.
(D) do mérito e da disciplina.
(E) do construtivismo e da proteção integral.

Art. 63, I e II, do ECA.
Gabarito "A."

3. POLÍTICA E ENTIDADES DE ATENDIMENTO

(Ministério Público/SP – 2013 – PGMP) Relativamente às entidades de atendimento a crianças e adolescentes, assinale a alternativa CORRETA.

(A) São responsáveis pela manutenção das próprias unidades, assim como pelo planejamento e execução de programas de proteção e socioeducativos destinados a crianças e adolescentes.
(B) Seus programas em execução deverão ser reavaliados pelo Conselho Municipal dos Direitos da Criança e do Adolescente, no máximo, a cada intervalo de 12 (doze) meses.
(C) As entidades governamentais estão dispensadas de proceder à inscrição de seus programas no Conselho Municipal de Direitos da Criança e do Adolescente.
(D) Constitui um dos critérios para a renovação da autorização de funcionamento de qualquer entidade, dentre os previstos em lei, a aprovação de suas contas pelo Conselho Tutelar, Ministério Público ou pela Justiça da Infância e da Juventude.
(E) O registro junto ao Conselho Municipal dos Direitos da Criança e do Adolescente para as entidades não governamentais que desenvolvam programas de acolhimento institucional ou familiar terá validade máxima de 4 (quatro) anos, e para as que desenvolvam outros programas a validade máxima é de dois anos.

A: correta, pois está de acordo com o disposto no art. 90, caput, do ECA; B: incorreta, pois os programas em execução serão reavaliados pelo Conselho Municipal dos Direitos da Criança e do Adolescente, no máximo, a cada 2 (dois) anos (art. 90, § 3º, do ECA); C: incorreta, pois tanto as entidades governamentais como as não governamentais deverão proceder à inscrição de seus programas, especificando os regimes de atendimento, no Conselho Municipal dos Direitos da Criança e do Adolescente (art. 90, § 1º, do ECA); D: incorreta, pois a aprovação das contas não é um dos critérios exigidos para a renovação da autorização de funcionamento da entidade de atendimento (art. 90, § 3º, do ECA); E: incorreta, pois a validade do registro da entidade não governamental é de 04 anos, independentemente do programa que desenvolve (art. 91, § 2º, do ECA).
Gabarito "A."

(Ministério Público/SP – 2012 – VUNESP) As entidades de atendimento da criança e do adolescente, governamentais e não governamentais, serão fiscalizadas pelo Judiciário, pelo Ministério Público e pelos Conselhos Tutelares. Nos termos do Estatuto da Criança e do Adolescente (Lei 8.069/1990), são medidas aplicáveis às entidades de atendimento que descumprirem obrigações nele contidas:

I. Às entidades governamentais: advertência, afastamento provisório de seus dirigentes, afastamento

definitivo de seus dirigentes e fechamento de unidade ou interdição de programa.
II. Às entidades não governamentais: advertência, suspensão total ou parcial do repasse de verbas públicas, interdição de unidades ou suspensão de programa e cassação do registro.
III. Às entidades governamentais: afastamento provisório de seus dirigentes, afastamento definitivo de seus dirigentes, intervenção administrativa e fechamento de unidade ou interdição de programa.
IV. Às entidades não governamentais: advertência, suspensão total ou parcial do repasse de verbas públicas, interdição de unidades ou suspensão de programa e intervenção administrativa.

Está correto o que se afirma APENAS em

(A) III e IV.
(B) I e IV.
(C)   IV.
(D) II e III.
(E) I e II.

I: correta (art. 97, I, do ECA); II: correta (art. 97, II, do ECA); III: incorreta, pois está em desacordo com o art. 97, I, do ECA; IV: incorreta, pois está em desacordo com o art. 97, II, do ECA.
Gabarito "E".

(Ministério Público/RR – 2012 – CESPE) A respeito das entidades, dos programas e da política de atendimento a crianças e adolescentes, assinale a opção correta com base no que dispõe o ECA.

(A) Configura diretriz da política de atendimento a centralização do atendimento, mediante a criação de órgãos públicos federais responsáveis pela regulamentação das ações a serem tomadas nos níveis estaduais e municipais.
(B) Após a inserção da criança ou do adolescente em programa de acolhimento institucional, o dirigente do estabelecimento deve assumir a tutela dos infantes, para todos os efeitos de direito.
(C) É vedado, em qualquer hipótese, às entidades que mantenham programa de acolhimento institucional acolher crianças e adolescentes sem prévia determinação da autoridade competente, sob pena de responsabilidade.
(D) Os recursos públicos necessários à implementação e manutenção dos programas de proteção e socioeducativos destinados a crianças e adolescentes serão liberados pelo gestor municipal, de acordo com os critérios de conveniência e oportunidade.
(E) As entidades de atendimento são responsáveis por sua própria manutenção, assim como pelo planejamento e execução de programas de proteção e socioeducativos destinados a crianças e adolescentes, incluindo-se os que estejam em regime de internação.

A: incorreta, pois uma das diretrizes é a municipalização do atendimento (art. 88, I, do ECA); B: incorreta, pois o dirigente de entidade que desenvolve programa de acolhimento institucional é equiparado ao guardião, para todos os efeitos de direito (art. 92, § 2º, do ECA); C: incorreta, pois as entidades que mantenham programa de acolhimento institucional poderão, em caráter excepcional e de urgência, acolher crianças e adolescentes sem prévia determinação da autoridade competente, fazendo comunicação do fato em até 24 (vinte e quatro) horas ao Juiz da Infância e da Juventude, sob pena de responsabilidade (art. 93 do ECA); D: incorreta, pois não há discricionariedade quanto ao repasse dos recursos públicos nas áreas relacionadas com a proteção à infância e à juventude (art. 4º, parágrafo único, "d", do ECA e arts. 3º, VIII; 4º, III e X; 5º, III e VI, da Lei 12.594/2012); E: correta (art. 90, VIII, do ECA).
Gabarito "E".

4. MEDIDAS DE PROTEÇÃO

(Ministério Público/SP – 2013 – PGMP) Relativamente às medidas específicas de proteção previstas no Estatuto da Criança e do Adolescente (Lei 8.069, de 13 de julho de 1990), com as alterações legais que a ele foram introduzidas, o princípio da prevalência da família significa:

(A) Na promoção de direitos e na proteção da criança e do adolescente, deve ser dada prevalência às medidas que promovam sua integração em família estruturada do ponto de vista econômico e emocional, ainda que sem vínculo biológico.
(B) Na promoção de direitos e na proteção da criança e do adolescente, deve ser dada prevalência a medidas que promovam sua inserção em programas de acolhimento familiar.
(C) Na promoção de direitos e na proteção da criança e do adolescente, deve ser dada prevalência para medidas que viabilizem a adoção internacional.
(D) Na promoção de direitos e na proteção da criança e do adolescente, deve ser dada prevalência para as medidas que permitam sua inserção em família de situação econômica de padrão superior ao da família de natural.
(E) Na promoção de direitos e na proteção da criança e do adolescente, deve ser dada prevalência para as medidas que os mantenham ou reintegrem na sua família natural ou extensa, ou, se isto não for possível, que promovam a sua integração em família substituta.

A alternativa "E" está correta, pois está de acordo com o disposto no art. 100, parágrafo único, X, do ECA, ficando excluídas as demais.
Gabarito "E".

(Ministério Público/TO – 2012 – CESPE) Considerando que o conselho tutelar de determinado município tenha recebido via telefone denúncia anônima consistente no relato de que três irmãs adolescentes estavam sendo obrigadas pelos pais a se prostituir, à beira de rodovia que passa pelo município, com os caminhoneiros que trafegam por essa estrada, assinale a opção que apresenta a medida a ser tomada pelos conselheiros tutelares nesse caso.

(A) Após constatar in loco a veracidade dos fatos denunciados, o conselho tutelar deve determinar o acolhimento institucional das adolescentes e o seu acompanhamento psicológico, além de advertir imediatamente os pais e enviar ao MP e à autoridade judiciária relatório circunstanciado do ocorrido e das providências tomadas.
(B) Cabe ao conselho tutelar, nesse caso, instaurar inquérito civil público para a apuração dos fatos, ouvir os pais e as adolescentes, e, após a conclusão das investigações, remeter os autos ao MP, para a tomada das providências cabíveis.
(C) Os conselheiros tutelares devem enviar ofícios à autoridade judiciária, ao MP e à DP, comunicando o recebimento da denúncia, para que tomem as medidas cabíveis ao caso, e aguardar ordens de atuação.

(D) O conselho tutelar deve propor, no juízo da infância e juventude local, ação de destituição do poder familiar, com pedido liminar de afastamento provisório das adolescentes do lar familiar e encaminhamento para instituição de acolhimento.
(E) Diante da gravidade do fato, os conselheiros devem determinar a apreensão provisória das adolescentes, que devem ser encaminhadas a instituição preparada para receber adolescente em conflito com a lei ou, na sua falta, à delegacia local, onde devem permanecer em cela especial.

A alternativa "A" está correta, ficando excluídas as demais. Em regra, as medidas protetivas de acolhimento institucional e familiar, bem como a colocação em família substituta são de aplicação exclusiva do juiz (art. 101, § 2°, do ECA), sendo que todas as demais podem ser aplicadas pelo Conselho Tutelar (art. 136, I, do ECA), ao qual também cabe atender e aconselhar os pais ou responsável, aplicando as medidas previstas no art. 129, I a VII (art. 136, II, do ECA). Sem prejuízo, em caso urgente e excepcional, o Conselho Tutelar poderá encaminhar a criança ou o adolescente à entidade de atendimento responsável pela execução de programa de acolhimento institucional, comunicando o fato ao juiz no prazo máximo de 24 horas (art. 93 do ECA) e ao Ministério Público, prestando-lhe informações sobre os motivos de tal entendimento e as providências tomadas para a orientação, o apoio e a promoção social da família (art. 136, parágrafo único, do ECA).
Gabarito "A".

(Ministério Público/RR – 2012 – CESPE) A respeito das medidas de proteção a crianças e adolescentes e das medidas pertinentes aos pais ou responsável, assinale a opção correta de acordo com o que dispõe o ECA.
(A) Os acolhimentos institucional e familiar somente podem ser determinados pela autoridade judiciária.
(B) Verificada a hipótese de maus-tratos, opressão ou abuso sexual impostos a criança ou adolescente pelos pais ou responsável, o juízo da infância e da juventude deverá determinar, como medida cautelar, a prisão preventiva dos agressores.
(C) Em situações excepcionais e gravíssimas, devidamente fundamentadas, a autoridade judiciária pode determinar a internação compulsória dos pais em clínica para tratamento de alcoólatras e toxicômanos.
(D) As medidas de proteção podem ser aplicadas isolada ou cumulativamente, bem como substituídas a qualquer tempo.
(E) O acolhimento institucional e o acolhimento familiar, em razão de acarretarem privação de liberdade, devem ser medidas provisórias e excepcionais.

A: incorreta, pois as medidas protetivas de acolhimento institucional e familiar, bem como a colocação em família substituta são de aplicação exclusiva do juiz (art. 101, § 2°, do ECA), sendo que todas as demais podem ser aplicadas pelo Conselho Tutelar (art. 136, I, do ECA). Sem prejuízo, em caso urgente e excepcional, o Conselho Tutelar poderá encaminhar a criança ou o adolescente à entidade de atendimento responsável pela execução de programa de acolhimento institucional, comunicando o fato ao juiz no prazo máximo de 24 horas (art. 93, do ECA); B: incorreta, pois caso seja verificada a hipótese de maus-tratos, opressão ou abuso sexual impostos pelos pais ou responsáveis, a autoridade judiciária poderá determinar, como medida cautelar, o afastamento do agressor da moradia comum (art. 130, do ECA); C: incorreta, pois a hipótese contida na alternativa não traz uma das medidas que podem ser impostas aos pais ou responsáveis (art. 129, do ECA); D: correta (art. 99, do ECA); E: incorreta, pois o acolhimento institucional e familiar não acarretam a privação de liberdade (art. 101, § 1°, do ECA).
Gabarito "D".

(Ministério Público/CE – 2011 – FCC) O plano individual de atendimento da criança e do adolescente em medida de acolhimento institucional, segundo disciplina o Estatuto da Criança e do Adolescente, deve ser elaborado
(A) antes da expedição da guia de acolhimento, na qual deve constar, desde logo, os compromissos assumidos pelos pais ou responsáveis.
(B) e remetido ao juiz no prazo de até seis meses contados do início do acolhimento institucional.
(C) pelos profissionais que compõem a equipe interprofissional de assessoria ao juiz da infância e juventude.
(D) pelas partes e definido pela autoridade judiciária na decisão, provisória ou definitiva, que decreta o afastamento da criança ou do adolescente do convívio familiar.
(E) imediatamente após o acolhimento da criança e do adolescente.

A e B: incorretas, pois o plano individual de atendimento deve ser elaborado imediatamente após o acolhimento da criança ou do adolescente (art. 101, § 4°, do ECA); C e D: incorretas, pois o plano individual de atendimento deve ser elaborado pela entidade responsável pelo programa de acolhimento institucional ou familiar (art. 101, § 4°, do ECA); E: correta (art. 101, § 4°, do ECA).
Gabarito "E".

5. MEDIDAS SOCIOEDUCATIVAS E ATO INFRACIONAL – DIREITO MATERIAL

(Promotor de Justiça – MPE/BA – CEFET – 2015) Com relação ao Direito da Criança e do Adolescente, julgue os seguintes itens:

I. Com base na Lei Federal 12.318/2010, o perito ou equipe multidisciplinar designada para verificar a ocorrência de alienação parental terá o prazo de 120 (cento e vinte) dias para apresentação do laudo, prorrogável exclusivamente por autorização judicial baseada em justificativa circunstanciada.

II. Em conformidade com o artigo 18 da Lei 12.594/2012, que instituiu o Sistema Nacional de Atendimento Socioeducativo (Sinase), a União, em articulação com os Estados, o Distrito Federal e os Municípios, realizará avaliações periódicas da implementação dos Planos de Atendimento Socioeducativo em intervalos não superiores a 3 (três) anos, objetivando verificar o cumprimento das metas estabelecidas e elaborar recomendações aos gestores e operadores dos Sistemas.

III. O Plano Individual de Atendimento (PIA) será elaborado no prazo de até 45 (quarenta e cinco) dias da data do ingresso do adolescente no programa de atendimento, sendo que, para o cumprimento das medidas de prestação de serviços à comunidade e de liberdade assistida, tal documento será confeccionado no prazo de até 15 (quinze) dias da data em que o infrator adentrou no citado programa.

IV. Nas adoções internacionais, quando o Brasil for o país de acolhida, a decisão da autoridade competente do país de origem da criança ou do adolescente será conhecida pela Autoridade Central Estadual que tiver processado o pedido de habilitação dos pais adotivos, que comunicará o fato à Autoridade Central Federal e determinará as providências necessárias à expedição do Certificado de Naturalização Provisório.

V. As entidades que mantenham programa de acolhimento institucional poderão, em caráter excepcional e de urgência, acolher crianças e adolescentes sem prévia determinação da autoridade competente, fazendo comunicação do fato em até 48 (quarenta e oito) horas ao juiz da Infância e da Juventude, sob pena de responsabilidade.

Estão corretas as seguintes assertivas:

(A) I – II – III.
(B) II – IV – V.
(C) III – IV – V.
(D) II – III – IV.
(E) I – III – V.

I: incorreta. O art. 5º, §, 3º, da Lei de Alienação Parental prevê que o laudo deve ser apresentado pela equipe no prazo de 90 (noventa) dias. II: correta. Nos termos do art. 18 da Lei 12.594/2012. III: correta. Nos termos dos arts. 55, parágrafo único, e 56 da Lei 12.594/2012. IV: correta. Nos termos do art. 52-C do ECA. V: incorreta. O prazo para comunicação ao juiz da Infância e da Juventude é de 24 (vinte e quatro) horas (art. 93 do ECA).
Gabarito "D".

(Promotor de Justiça – MPE/RS – 2017) Assinale com V (verdadeiro) ou com F (falso) as seguintes afirmações, relativamente às medidas socioeducativas previstas no Estatuto da Criança e do Adolescente.

( ) A medida de internação pela prática de ato infracional, antes da sentença, pode ser determinada pelo prazo de quarenta e cinco dias, prorrogáveis por igual período, por decisão fundamentada, demonstrada a necessidade imperiosa da medida.
( ) O cumprimento de medida socioeducativa é declarado extinto quando o adolescente completa dezoito anos.
( ) Ao adolescente, internado para cumprimento de medida socioeducativa, é vedada a aplicação de sanção disciplinar de isolamento.
( ) A execução das medidas socioeducativas reger-se-á pelo princípio da legalidade, não podendo o adolescente receber tratamento mais gravoso do que aquele conferido ao adulto, e proporcionalidade, em relação à ofensa cometida.

A sequência correta de preenchimento dos parênteses, de cima para baixo, é

(A) V – F – V – V.
(B) F – V – F – V.
(C) F – F – F – V.
(D) V – V – V – F.
(E) F – V – F – F.

Falsa O prazo máximo e improrrogável para internação provisória será de quarenta e cinco dias (art. 108 e 178 do ECA). Falsa A execução da medida socioeducativa pode se dar até os 21 anos (art. 2º, parágrafo único do ECA). Mais ainda, conforme art. 46 da Lei 12.594/2012 (SINASE), medida socioeducativa será declarada extinta: (i) pela morte do adolescente; (ii) pela realização de sua finalidade; (iii) pela aplicação de pena privativa de liberdade, a ser cumprida em regime fechado ou semiaberto, em execução provisória ou definitiva; (iv) pela condição de doença grave, que torne o adolescente incapaz de submeter-se ao cumprimento da medida; e (v) nas demais hipóteses previstas em lei. Falsa. É vedada a aplicação de sanção disciplinar de isolamento a adolescente interno, exceto seja essa imprescindível para garantia da segurança de outros internos ou do próprio adolescente a quem seja imposta a sanção, sendo necessária ainda comunicação ao defensor, ao Ministério Público e à autoridade judiciária em até 24 (vinte e quatro) horas (art. 48, § 2º da Lei 12.594/2012). Verdadeira. Os princípios para a execução das medidas socioeducativas estão previstos no art. 35 da Lei 12.594/2012. São eles (i) legalidade, não podendo o adolescente receber tratamento mais gravoso do que o conferido ao adulto; (ii) excepcionalidade da intervenção judicial e da imposição de medidas, favorecendo-se meios de autocomposição de conflitos; (iii) prioridade a práticas ou medidas que sejam restaurativas e, sempre que possível, atendam às necessidades das vítimas; (iv) proporcionalidade em relação à ofensa cometida; (v) brevidade da medida em resposta ao ato cometido, em especial o respeito ao que dispõe o art. 122 do ECA; (vi) individualização, considerando-se a idade, capacidades e circunstâncias pessoais do adolescente; (vii) mínima intervenção, restrita ao necessário para a realização dos objetivos da medida; (viii) não discriminação do adolescente, notadamente em razão de etnia, gênero, nacionalidade, classe social, orientação religiosa, política ou sexual, ou associação ou pertencimento a qualquer minoria ou status; e (ix) fortalecimento dos vínculos familiares e comunitários no processo socioeducativo.
Gabarito "C".

(Promotor de Justiça – MPE/AM – FMP – 2015) Considerando as disposições da Lei 12.594, de 18 de janeiro de 2012 (SINASE), é correto afirmar:

(A) Para o cumprimento das medidas socioeducativas de prestação de serviços à comunidade e liberdade assistida, o Plano Individual de Atendimento (PIA) deve ser elaborado no prazo de 30 (trinta) dias a contar do ingresso do adolescente no programa de atendimento.
(B) Exceto expressa autorização judicial, o acesso ao Plano Individual de Atendimento se restringe ao adolescente, seus pais ou responsável, ao Ministério Público e ao defensor.
(C) Os Municípios inscreverão seus programas de atendimento e respectivas alterações no Conselho Municipal dos Direitos da Criança e do Adolescente e, a sua falta, no Conselho Tutelar.
(D) É direito do adolescente submetido ao cumprimento de medida socioeducativa, sem prejuízo de outros previstos em lei, ser incluído em programa de meio aberto quando inexistir vaga para o cumprimento de medida de privação de liberdade, exceto nos casos de ato infracional cometido mediante grave ameaça ou violência à pessoa, quando o adolescente deve ser internado em Unidade mais próxima de seu local de residência.
(E) A autoridade judiciária dará vistas da proposta de Plano Individual de Atendimento (PIA) ao defensor e ao Ministério Público pelo prazo sucessivo de 5 (cinco) dias, contados do recebimento da proposta encaminhada pela direção do programa de atendimento.

A: incorreta. O prazo para elaboração do PIA para o cumprimento das medidas de prestação de serviços à comunidade e de liberdade assistida, será de até 15 (quinze) dias contados do ingresso do adolescente no programa de atendimento (art. 56 da Lei 12.594/2012). B: incorreta. O acesso ao PIA está restrito aos servidores do respectivo programa de atendimento, ao adolescente e aos seus pais ou responsáveis, ao Ministério Público e ao Defensor, exceto expressa autorização judicial (art. 59 da Lei 12.594/2012). C: incorreta. Os Municípios inscreverão seus programas e alterações, bem como as entidades de atendimento executoras, no Conselho Municipal dos Direitos da Criança e do Adolescente (art. 10 da Lei 12.594/2012). D: correta. Nos exatos termos do art. 49, II, da Lei 12.594/2012. E: incorreta. A autoridade judiciária

dará vistas da proposta de plano individual ao defensor e ao Ministério Público pelo prazo sucessivo de 3 (três) dias, contados do recebimento da proposta encaminhada pela direção do programa de atendimento (art. 41 da Lei 12.594/2012).
„Gabarito "D".

(Ministério Público/DF – 2013) Examine os itens seguintes, assinalando a alternativa CORRETA:

(A) A imposição de internação definitiva pressupõe a cumulação dos requisitos legais da prática de infração com violência ou grave ameaça contra pessoa e da reiteração infracional grave.
(B) Extingue-se a medida socioeducativa imposta ao adolescente quando, já adulto, é condenado à pena privativa de liberdade a ser cumprida em regime fechado ou semiaberto.
(C) A liberdade assistida somente poderá ser estabelecida como medida socioeducativa quando ao menos um dos genitores do adolescente evidenciar capacidade para acompanhá-lo, auxiliá-lo e orientá-lo.
(D) A internação definitiva de adolescente é incompatível, durante o prazo de duração, com a realização de atividades externas.
(E) A imposição de qualquer medida socioeducativa pressupõe a existência de provas suficientes de materialidade e de autoria da infração.

A: incorreta, pois não se exige a cumulação dos requisitos legais para a imposição da medida de internação. Importante salientar que o Estatuto da Criança e do Adolescente prevê três modalidades de internação: 1) provisória, que é aquela decretada pelo juiz, no curso do processo de conhecimento, antes da sentença, com prazo limitado de 45 dias quando, pela gravidade do ato infracional e sua repercussão social, deva o adolescente permanecer sob internação para garantia de sua segurança pessoal ou manutenção da ordem pública (artigos 108, caput, 174 e 183, todos do ECA); 2) com prazo indeterminado, que é aquela decretada pelo juiz quando da prolação da sentença, com prazo máximo de 3 anos, quando se tratar de ato infracional cometido mediante grave ameaça ou violência à pessoa ou em razão da reiteração no cometimento de outras infrações graves (art. 122, I e II, do ECA); 3) com prazo determinado ou internação-sanção, que é aquela aplicada no curso do processo de execução, em razão do descumprimento reiterado e injustificável da medida anteriormente imposta, a qual não poderá ultrapassar o prazo de 3 meses (art. 122, III e § 1°, do ECA); B: correta, pois segundo o artigo 46, III, da Lei 12.594/2012, haverá a extinção da medida socioeducativa imposta ao adolescente quando, após atingir a maioridade, for condenado à pena privativa de liberdade a ser cumprida em regime fechado ou semiaberto. Isso porque, eventuais medidas socioeducativas que poderiam ser aplicadas ao jovem não teriam mais a eficácia pretendida, em razão da perda da finalidade ressocializadora, ante a prática de novo crime; C: incorreta, pois a liberdade assistida será adotada sempre que se afigurar a medida mais adequada ao adolescente, que deverá ser acompanhado, auxiliado e orientado por pessoa capacitada e que tenha sido designada pela autoridade, podendo ser recomendada por entidade ou programa de atendimento (art. 118, caput e § 1°, do ECA); D: incorreta, pois será permitida a realização de atividades externas, a critério da equipe técnica da entidade, salvo expressa determinação judicial em contrário (art. 121, § 1°, do ECA); E: incorreta, pois para a imposição das medidas de obrigação de reparação do dano, de prestação de serviços à comunidade, de liberdade assistida, de inserção em regime de semiliberdade e de internação em estabelecimento educacional, exige-se a existência de provas suficiente da autoria e da materialidade da infração. Todavia, para a aplicação da medida de advertência, basta haver indício suficiente da autoria, além de prova da materialidade (art. 114, caput e parágrafo único, do ECA).
„Gabarito "B".

(Ministério Público/DF – 2013) Na Justiça da Infância e da Juventude NÃO SE APLICA o seguinte enunciado:

(A) Se o adolescente estiver internado provisoriamente, o prazo máximo para a conclusão do procedimento para apuração de ato infracional é de quarenta e cinco dias, em caráter improrrogável.
(B) O adolescente privado de sua liberdade tem direito a advogado, a ser ouvido pessoalmente pela autoridade competente, a solicitar a presença de seus pais ou responsável durante o procedimento e à igualdade na relação processual.
(C) Dados os efeitos deletérios e a excepcionalidade da medida socioeducativa da internação, a lei condiciona sua decretação à prática de três atos infracionais graves.
(D) A regressão de medida socioeducativa está sujeita às garantias constitucionais da ampla defesa e do contraditório, configurando constrangimento ilegal a sua imposição sem a oitiva prévia do adolescente infrator.
(E) A remissão, antes de iniciado o procedimento judicial para apuração de ato infracional, pode ser concedida pelo representante do Ministério Público, como forma de exclusão do processo.

A: assertiva correta, pois a alternativa está de acordo com o disposto nos artigos 108 e 183, ambos do ECA; B: assertiva correta, pois a alternativa está de acordo com o disposto no art. 111, incisos III, V e VI, do ECA; C: incorreta, devendo ser assinalada. O Estatuto da Criança e do Adolescente prevê três modalidades de internação, que está sujeita aos princípios da brevidade, excepcionalidade e respeito à condição peculiar de pessoa em desenvolvimento: 1) provisória, que é aquela decretada pelo juiz, no curso do processo de conhecimento, antes da sentença, com prazo limitado de 45 dias (art. 108 do ECA); 2) com prazo indeterminado, que é aquela decretada pelo juiz quando da prolação da sentença, com prazo máximo de 3 anos, quando se tratar de ato infracional cometido mediante grave ameaça ou violência à pessoa ou em razão da reiteração no cometimento de outras infrações graves (art. 122, I e II, do ECA). Cumpre ressaltar que para o STJ, são necessárias, no mínimo, duas outras sentenças desfavoráveis, com trânsito em julgado, desconsideradas as remissões (STJ – HC: 280550 SP 2013/0356735-7, Relator: Ministra Marilza Maynard, j. 11.03.2014, Sexta Turma, DJ 31.03.2014); 3) com prazo determinado ou internação-sanção, que é aquela aplicada no curso do processo de execução, em razão do descumprimento reiterado e injustificável da medida anteriormente imposta, a qual não poderá ultrapassar o prazo de 3 meses (art. 122, III e § 1°, do ECA); D: assertiva correta, pois, de fato, a regressão da medida socioeducativa deve observar o devido processo legal, mediante decisão fundamentada em parecer técnico e precedida de prévia audiência e oitiva do menor (art. 43, caput e § 4°, da Lei 12.594/2012 e Súmula 265, STJ); E: correta, pois antes de iniciado o procedimento judicial para apuração de ato infracional, o representante do Ministério Público poderá conceder a remissão, como forma de exclusão do processo (art. 126, caput, do ECA). Por sua vez, iniciado o procedimento, a concessão da remissão pela autoridade judiciária importará na suspensão ou extinção do processo (art. 126, parágrafo único, do ECA).
„Gabarito "C".

(Ministério Público/ES – 2013 – VUNESP) Assinale a alternativa correta quanto às medidas socioeducativas.

(A) Na falta de vagas em entidade exclusiva para adolescentes, a medida de internação poderá ser cumprida integralmente em estabelecimento prisional, desde que em área separada dos presos maiores de idade.

(B) A aplicação da medida socioeducativa de advertência dispensa a existência de provas suficientes da autoria do ato infracional.
(C) A maioridade penal afasta a possibilidade de manutenção da medida socioeducativa anteriormente imposta, quando esta for cumprida no regime de semiliberdade.
(D) De acordo com o princípio do melhor interesse da criança, o juiz está adstrito ao parecer psicossocial emitido pela equipe técnica, quando favorável à liberdade assistida ao adolescente submetido a medida de internação.
(E) Pelo critério da gravidade da infração, a prática isolada de um único ato infracional análogo ao tráfico ilícito de entorpecentes requer a imposição de medida socioeducativa de internação do adolescente.

A: incorreta, pois a internação jamais poderá ser cumprida em estabelecimento prisional. No caso de não haver entidade exclusiva para adolescente, em local distinto daquele destinado ao abrigo, obedecida rigorosa separação por critérios de idade, compleição física e gravidade da infração, o jovem deverá ser imediatamente transferido para a localidade mais próxima. Em não sendo possível pronta transferência, o adolescente aguardará sua remoção em repartição policial, desde que em seção isolada dos adultos e com instalações apropriadas, não podendo ultrapassar o prazo máximo de cinco dias, sob pena de responsabilidade (art. 123, caput e art. 185, caput e §§ 1º e 2º, do ECA); B: correta, pois para a aplicação da medida socioeducativa de advertência, necessária a prova da materialidade, bastando haver indícios suficientes da autoria (artigo 114, parágrafo único, do ECA); C: incorreta, pois o Estatuto da Criança e do Adolescente não se aplica aos maiores de dezoito anos, salvo em casos excepcionais (art. 2º, parágrafo único, do ECA). Dentre as exceções previstas no estatuto temos a execução das medidas socioeducativas de semiliberdade e de internação do jovem com até vinte e um anos de idade, nos termos dos artigos 120, § 2º e 121, § 5º, ambos do ECA; D: incorreta. O juiz aplicará a medida socioeducativa ao adolescente de acordo com a sua capacidade de cumpri-la, bem como em razão das circunstâncias e da gravidade da infração (art. 112, § 1º, do ECA). Por sua vez, aplicadas as medidas socioeducativas de liberdade assistida, de semiliberdade e de internação, estas deverão ser reavaliadas no máximo a cada 6 (seis) meses, por meio de relatório da equipe técnica do programa de atendimento sobre a evolução do plano individual elaborado ao jovem, sendo que o pedido de reavaliação se justifica quando se verificar o desempenho adequado do adolescente com base no seu plano de atendimento individual, antes do prazo da reavaliação obrigatória; pela inadaptação do adolescente ao programa e o reiterado descumprimento das atividades do plano individual; e pela necessidade de modificação das atividades do plano individual que importem em maior restrição da liberdade do adolescente (art. 42 e 43, da Lei 12.594/2012). Portanto, o parecer emitido pela equipe técnica é um dos elementos de convicção para que o juiz possa reavaliar a medida socioeducativa aplicada ao jovem, podendo mantê-la, substituí-la (regressão ou progressão) ou suspendê-la, de acordo com as necessidades pedagógicas do caso. Todavia, oportuno registrar que, para a regressão da medida socioeducativa aplicada, ou seja, para a substituição por medida mais gravosa, deve-se observar o devido processo legal, mediante decisão fundamentada em parecer técnico e precedida de prévia audiência e oitiva do menor (art. 43, caput e § 4º, da Lei 12.594 e Súmula 265, STJ); E: incorreta. Nos termos do art. 122 do ECA, a medida de internação só poderá ser aplicada quando: I – tratar-se de ato infracional cometido mediante grave ameaça ou violência a pessoa; II – por reiteração no cometimento de outras infrações graves; III – por descumprimento reiterado e injustificável da medida anteriormente imposta. Assim, inicialmente, conclui-se pela inaplicabilidade da medida socioeducativa de internação ao adolescente que praticar o ato infracional equiparado ao crime de tráfico de drogas, já que não basta a infração ser grave. Neste sentido é o entendimento jurisprudencial noticiado no Informativo n. 445 do STJ: "ECA – Tráfico – Internação. O ato infracional análogo ao tráfico de drogas, apesar de sua natureza eminentemente hedionda, não enseja, por si só, a aplicação da medida socioeducativa de internação, já que essa conduta não revela violência ou grave ameaça à pessoa (art. 122, do ECA) (...)". Todavia, pode o magistrado determinar a internação, em razão da prática do ato infracional equiparado ao crime de tráfico, diante de sua reiteração. Para o STJ, são necessárias, no mínimo, duas outras sentenças desfavoráveis, com trânsito em julgado, desconsideradas as remissões. (STJ – HC: 280550 SP 2013/0356735-7, Relator: Ministra Marilza Maynard, j. 11.03.2014, Sexta Turma, DJ 31.03.2014). Atenção para o novo posicionamento do STJ, admitindo a possibilidade de internação na hipótese de internação caso tenha o adolescente praticado apenas uma infração grave: "a depender das particularidades e circunstâncias do caso concreto, pode ser aplicada, com fundamento no art. 122, II, do ECA, medida de internação ao adolescente infrator que antes tenha cometido apenas uma outra infração grave". (STJ, HC 347.434-SP, Rel. Min. Nefi Cordeiro, Rel. para acórdão Min. Antonio Saldanha Palheiro, julgado em 27/9/2016, DJe 13/10/2016) (Informativo 591).
Gabarito "B".

(Ministério Público/GO – 2013) Com relação à Lei 12.594, de 18 de janeiro de 2012, que instituiu o Sistema Nacional de Atendimento Socioeducativo-SINASE, é incorreto afirmar:
(A) referida lei regulamenta a execução das medidas destinadas a adolescente que pratique ato infracional.
(B) o SINASE será coordenado pelos Estados-membros e integrado pelos sistemas municipais responsáveis pela implementação dos seus respectivos programas de atendimento a adolescente ao qual seja aplicada medida socioeducativa.
(C) é assegurado ao adolescente casado ou que viva, comprovadamente, em união estável o direito à visita íntima.
(D) as entidades que ofereçam programas de atendimento socioeducativo em meio aberto e de semiliberdade deverão prestar orientações aos socioeducandos sobre o acesso aos serviços e ás unidades do SUS.

A: assertiva correta, pois, de fato, a Lei 12.594/2012, que institui o Sistema Nacional de Atendimento Socioeducativo (Sinase), regulamenta a execução das medidas socioeducativas destinadas a adolescente que pratique ato infracional, bem como altera alguns artigos do Estatuto da Criança e do Adolescente; B: assertiva incorreta, devendo ser assinalada, pois o Sinase será coordenado pela União e integrado pelos sistemas estaduais, distrital e municipais responsáveis pela implementação dos seus respectivos programas de atendimento a adolescente ao qual seja aplicada medida socioeducativa (art. 2º da Lei 12.594/2012); C: assertiva correta, pois a alternativa está de acordo com o disposto no artigo 68, caput, da Lei 12.594/2012; D: assertiva correta, pois a alternativa está de acordo com o disposto no artigo 61, caput, da Lei 12.594/2012.
Gabarito "B".

(Ministério Público/MS – 2013 – FADEMS) Acerca do Estatuto da Criança e do Adolescente, considere as seguintes preposições:
I. Necessariamente a remissão implica no reconhecimento ou comprovação da responsabilidade do ato infracional, mas não prevalece para efeitos de antecedentes.
II. Mesmo alcançando o adolescente dezoito anos de idade depois da prática de ato infracional, é possível a sua inserção em qualquer das medidas socioeducativas previstas na lei.

III. O prazo máximo e improrrogável para a conclusão do procedimento de representação, remissão ou arquivamento, estando o adolescente internado provisoriamente, será de quarenta e cinco dias.
IV. O abrigo é medida provisória e excepcional, sendo manejado como forma de transição para a colocação em regime fechado, não implicando privação de liberdade.

São corretas:

(A) Somente as assertivas I, II e IV.
(B) Somente as assertivas I e III.
(C) Somente as assertivas II e III.
(D) Somente as assertivas I e IV.
(E) Somente as assertivas I, III e IV.

I: incorreta, pois a remissão não implica necessariamente o reconhecimento ou comprovação da responsabilidade do ato infracional e de fato não prevalece para efeito de antecedentes (art. 127, do ECA); II: correta, pois, mesmo atingindo a maioridade, o agente responderá por ato infracional, desde que tenha praticado a conduta quando ainda era inimputável, conclusão que se extrai da adoção da teoria da atividade para o tempo da prática, considerando-se a idade do indivíduo no momento da ação ou da omissão. "É certo que o procedimento de apuração se prolonga no tempo, e pode ocorrer de o agente completar os 18 nãos e o procedimento de apuração do ato infracional ainda não ter chegado ao fim. Nesse caso ele ficará aguardando a decisão judicial" (ROSSATO; LÉPORE; SANCHES, Estatuto da Criança e do Adolescente Comentado, Ed. RT); III: correta, pois o prazo máximo para o procedimento, quando o adolescente está internado provisoriamente, é de fato 45 dias (art. 108 e art. 183, ambos do ECA); IV: incorreta, pois o acolhimento institucional e o acolhimento familiar são medidas provisórias e excepcionais, utilizáveis como forma de transição para reintegração familiar ou, não sendo esta possível, para colocação em família substituta, não implicando privação de liberdade (art. 101, § 1°, do ECA).
Gabarito "C".

(Ministério Público/SP – 2013 – PGMP) Relativamente à internação, medida socioeducativa prevista no Estatuto da Criança e do Adolescente, é CORRETO afirmar:

(A) O prazo deve ser expressamente determinado pela autoridade judiciária quando de sua imposição, mas poderá ser prorrogado a cada seis meses, dependendo do comportamento do autor do ato infracional.
(B) Em nenhuma hipótese o período máximo de internação excederá a três anos.
(C) Atingida a idade de vinte um anos, deverá ser reavaliada, sendo possível a colocação do adolescente em regime de semiliberdade como forma de transição para o meio aberto.
(D) Poderá ser determinada provisoriamente, antes da sentença, por prazo máximo de três meses.
(E) Poderá ultrapassar o prazo de três meses apenas quando for imposta em razão do descumprimento reiterado e injustificável de outra medida anteriormente aplicada.

A: incorreta, pois a medida socioeducativa de internação é imposta ao adolescente por prazo indeterminado, devendo sua manutenção ser reavaliada, mediante decisão fundamentada, no máximo a cada seis meses (art. 121, § 2°, do ECA); B: correta, pois a alternativa está de acordo com o disposto no art. 121, § 3°, do ECA; C: incorreta, pois a liberação do adolescente internado será compulsória aos vinte e um anos de idade (art. 121, § 5°, do ECA); D: incorreta, pois a internação, antes da sentença, pode ser determinada pelo prazo máximo de quarenta e cinco dias (arts. 108 e 183 do ECA); E: incorreta, pois a internação decorrente do descumprimento reiterado e injustificável de outra medida anteriormente aplicada não poderá ser superior a 3 (três) meses (art. 122, § 1°, do ECA, cuja redação foi alterada pela Lei 12.594/2012).
Gabarito "B".

(Ministério Público/PR – 2013 – X) Sobre a Lei n° 12.594/2012, examine as afirmações que seguem:

I. A Lei n° 12.594/2012 adota, dentre outros, o princípio da excepcionalidade da intervenção judicial e da imposição de medidas, favorecendo meios de autocomposição de conflitos;
II. A gravidade do ato infracional, os antecedentes e o tempo de duração da medida não são fatores que, por si, justifiquem a não substituição da medida de internação originariamente aplicada por outra menos grave;
III. É vedado ao juiz determinar reinício de cumprimento de medida de internação já declarada extinta, ante a comprovação da prática de ato infracional diverso, ainda que de natureza grave, caso ocorrida antes do início de sua execução;
IV. Em razão da unificação de medidas, um adolescente sentenciado a 04 (quatro) meses de prestação de serviços à comunidade em cada um dos 03 (três) procedimentos que respondia, efetivamente cumprirá, quando de sua execução, no máximo, 06 (seis) meses de medida;
V. Aqueles que, mesmo não sendo agentes públicos, induzirem ou concorrerem, de qualquer forma, direta ou indireta, para o não cumprimento da Lei n° 12.594/2012, estarão sujeitos, no que couber, às penalidades da Lei n° 8.429/1992.

Assinale a alternativa correta:

(A) Apenas as assertivas I e V estão corretas;
(B) As assertivas II, IV e V estão incorretas;
(C) As assertivas I, III e IV estão incorretas;
(D) As assertivas III e IV estão incorretas;
(E) Todas as assertivas estão corretas.

I: correta, pois a alternativa está de acordo com o art. 35 da Lei n° 12.594/2012, o qual elenca os princípios que regem a execução das medidas socioeducativas; II: correta (art. 42, § 2°, da Lei n° 12.594/2012); III: correta (art. 45, § 1°, da Lei n° 12.594/2012); IV: correta (art. 45, caput, da Lei n° 12.594/2012); V: correta (art. 29 da Lei n° 12.594/2012).
Gabarito "E".

(Ministério Público/PR – 2013 – X) Sobre as medidas socioeducativas, assinale a alternativa correta:

(A) De modo a evitar que o adolescente receba um tratamento mais rigoroso do que receberia se adulto fosse, sua aplicação deve obedecer aos parâmetros estabelecidos pela Lei Penal para dosimetria da pena a imputáveis;
(B) São consequência natural e obrigatória da comprovação da prática de ato infracional por adolescentes;
(C) Sua imposição a crianças autoras de ato infracional jamais deve importar na privação de liberdade, que somente é admissível quando da prática de atos de natureza grave por adolescentes;
(D) Podem ser revistas e substituídas a qualquer tempo, mesmo após o trânsito em julgado da sentença que as aplicou;

(E) Sua execução pelo Conselho Tutelar pressupõe a existência de programa específico, devidamente registrado no CMDCA local.

A: incorreta, pois segundo o princípio da legalidade, não pode o adolescente receber tratamento mais gravoso do que o conferido ao adulto (art. 35, I, da Lei nº 12.594/2012), levando-se em consideração o sistema de garantia dos direitos humanos de crianças e adolescentes, o qual se funda na defesa dos direitos e na promoção de políticas públicas, voltadas a programas de proteção e de atendimento, considerando a intersetorialidade e corresponsabilidade da família, da comunidade e do Estado; B: incorreta, pois é possível a aplicação de remissão, cumulada com medida socioeducativa, a qual não implica necessariamente o reconhecimento ou comprovação da responsabilidade, nem prevalece para efeito de antecedentes, sendo que a medida atenderá às circunstâncias e consequências do fato, ao contexto social, bem como à personalidade do adolescente e sua maior ou menor participação no ato infracional (art. 127 do ECA); C: incorreta, pois não será imposta nenhuma das medidas socioeducativas à criança que praticar ato infracional, devendo ser aplicadas ao caso medidas específicas de proteção, previstas no art. 101 do ECA; D: correta (art. 43, caput, da Lei nº 12.594/2012); E: incorreta, pois a execução de programas de proteção e socioeducativos destinados a crianças e adolescentes cabe às entidades de atendimento devidamente registradas no Conselho Municipal dos Direitos da Criança e do Adolescente – CMDCA, local (art. 90, caput e § 1º, do ECA).
„Gabarito "D".

(Ministério Público/SC – 2012) Quanto aos atos infracionais, tem-se que:

I. São penalmente inimputáveis os menores de dezoito anos, só cabendo a aplicação de medidas protetivas para os adolescentes que pratiquem conduta descrita como crime ou contravenção penal.
II. A internação, antes da sentença, pode ser determinada pelo prazo máximo de quarenta e cinco dias.
III. Apenas o membro do Ministério Público pode conceder remissão, em qualquer das fases processuais.
IV. A medida de internação poderá ser aplicada, entre outras hipóteses, quando se tratar de ato infracional cometido mediante grave ameaça ou violência à pessoa.
V. O período máximo de internação é de três anos, devendo, porém, haver liberação compulsória, assim que o internado atingir a maioridade penal.

(A) Apenas as assertivas I e V estão corretas.
(B) Apenas as assertivas II, III e IV estão corretas.
(C) Apenas as assertivas II, IV e V estão corretas.
(D) Apenas as assertivas II e IV estão corretas.
(E) Todas as assertivas estão corretas.

I: incorreta, pois aos adolescentes que praticarem ato infracional serão aplicadas medidas socioeducativas, cumuladas ou não com medidas protetivas (art. 104 do ECA). Por sua vez, quando o ato infracional for praticado por criança, somente caberá a aplicação de medida protetiva (art. 105 do ECA); II: correta (art. 108 do ECA); III: incorreta, pois iniciado o procedimento, a concessão da remissão será realizada pela autoridade judiciária, que importará na suspensão ou extinção do processo (art. 126, parágrafo único, do ECA); IV: correta (art. 122, I, do ECA); V: incorreta, pois a liberação será compulsória aos vinte e um anos de idade (art. 2º, parágrafo único e art. 121, § 5º, do ECA).
„Gabarito "D".

(Ministério Público/SP – 2012 – VUNESP) A medida socioeducativa de internação só poderá ser aplicada quando se tratar de ato infracional cometido por

(A) adolescente, mediante grave ameaça ou violência à pessoa ou equiparável a crime hediondo.
(B) criança ou adolescente, mediante grave ameaça ou violência à pessoa, por reiteração no cometimento de outras infrações graves e por descumprimento reiterado e injustificável da medida anteriormente imposta.
(C) criança ou adolescente, mediante grave ameaça ou violência à pessoa ou equiparável a crime hediondo.
(D) adolescente, mediante grave ameaça ou violência à pessoa, por reiteração no cometimento de outras infrações graves e por descumprimento reiterado e injustificável da medida anteriormente imposta.
(E) adolescente, por reiteração no cometimento de outras infrações graves e por descumprimento reiterado e injustificável da medida anteriormente imposta.

A alternativa "D" está correta, ficando excluídas as demais. De fato, a medida de internação só poderá ser aplicada ao adolescente quando: I – tratar-se de ato infracional cometido mediante grave ameaça ou violência a pessoa; II – por reiteração no cometimento de outras infrações graves; III – por descumprimento reiterado e injustificável da medida anteriormente imposta (art. 122 do ECA). Cumpre ressaltar que à criança que praticar ato infracional serão aplicadas as medidas de proteção e não as medidas socioeducativas (art. 105 do ECA).
„Gabarito "D".

(Ministério Público/SP – 2012 – VUNESP) Na apuração de Ato Infracional, o Estatuto da Criança e do Adolescente (Lei 8.069/1990) estabelece formas de remissão. Dentre elas, a concedida

(A) pelo Juiz, como forma de suspensão ou extinção do processo e a concedida pelo Ministério Público, como forma de exclusão do processo.
(B) somente pelo Ministério Público, como forma de extinção do processo, e homologada pelo Juiz.
(C) somente pelo Juiz, como forma de exclusão, suspensão ou extinção do processo, ouvindo-se previamente o Ministério Público.
(D) pelo Juiz, como forma de suspensão do processo, e a concedida pelo Ministério Público, como forma de extinção do processo.
(E) somente pelo Ministério Público, como forma de exclusão do processo, independentemente de homologação do Juiz.

A alternativa "A" está correta, ficando excluídas as demais. De fato, antes de iniciado o procedimento judicial para apuração de ato infracional, o representante do Ministério Público poderá conceder a remissão, como forma de exclusão do processo, atendendo às circunstâncias e consequências do fato, ao contexto social, bem como à personalidade do adolescente e sua maior ou menor participação no ato infracional (art. 126, caput, do ECA). Por sua vez, iniciado o procedimento, a concessão da remissão pela autoridade judiciária importará na suspensão ou extinção do processo (art. 126, parágrafo único, do ECA).
„Gabarito "A".

(Ministério Público/RR – 2012 – CESPE) No que tange aos direitos individuais, às garantias processuais e às medidas socioeducativas, assinale a opção correta com base no que prevê o ECA.

(A) O regime de semiliberdade, que não comporta prazo determinado, pode ser determinado desde o início, ou como forma de transição para o meio aberto, possibilitada a realização de atividades externas,

independentemente de autorização judicial, sendo obrigatórias a escolarização e a profissionalização, e, sempre que possível, utilizados os recursos existentes na comunidade.
(B) Em razão dos princípios constitucionais da presunção de inocência, do devido processo legal, da ampla defesa e do contraditório, é vedado à autoridade judiciária aplicar qualquer medida socioeducativa sem provas contundentes da autoria e da materialidade do ato infracional praticado por criança ou adolescente.
(C) O MP poderá conceder a remissão, como forma de exclusão do processo, desde que o adolescente em conflito com a lei confesse a autoria infracional.
(D) Tratando-se de procedimento de apuração de ato infracional, a ausência de defensor na audiência de apresentação do adolescente acarreta nulidade do processo, desde que comprovado o prejuízo à defesa do menor.
(E) A medida de internação, decretada ou mantida pela autoridade judiciária, não pode ser cumprida em estabelecimento prisional, salvo se não houver, na comarca ou em todo o território do estado, entidade que preencha os requisitos previstos no ECA, não podendo a internação ultrapassar, nesse caso, o prazo máximo de quarenta e cinco dias, sob pena de responsabilidade.

A: correta (art. 120 do ECA); B: incorreta, pois para a aplicação da advertência basta a prova da materialidade e indícios suficientes da autoria (art. 114 do ECA); C: incorreta, pois para a concessão da remissão não se exige que o adolescente tenha confessado a prática do ato infracional, já que a remissão não implica necessariamente o reconhecimento ou comprovação da responsabilidade (art. 127 do ECA); D: incorreta, pois a ausência de defensor na audiência de apresentação do adolescente acarreta nulidade absoluta, independentemente da comprovação de prejuízo à defesa do menor (art. 184, § 1°, do ECA). Neste sentido: "a presença de advogado é indispensável já na audiência de apresentação, como forma de assegurar a ampla defesa (defesa técnica e autodefesa)" (Rossato; Lépore; Sanches. Estatuto da Criança e do Adolescente Comentado, ed. RT); E: incorreta, pois a internação, decretada ou mantida pela autoridade judiciária, não poderá ser cumprida em estabelecimento prisional. Todavia, inexistindo na comarca entidade com as características adequadas, o adolescente deverá ser imediatamente transferido para a localidade mais próxima, sendo que, na impossibilidade da pronta transferência, o adolescente aguardará sua remoção em repartição policial, desde que em seção isolada dos adultos e com instalações apropriadas, não podendo ultrapassar o prazo máximo de cinco dias, sob pena de responsabilidade. (art. 185, caput e §§ 1° e 2°, do ECA).
Gabarito "A".

(Ministério Público/GO – 2012) De acordo com a nova sistemática referente às medidas socioeducativas, estabelecida pela Lei 12.594/2012, em vigor a partir de abril de 2012, a medida socioeducativa será extinta:
I. Pela morte do adolescente.
II. No caso de maior de 18 anos, ao ser condenado à pena privativa de liberdade, a ser cumprida em regime fechado ou semiaberto, em execução definitiva.
III. Pela condição de doença, que dificulte ao adolescente submeter-se ao cumprimento da medida.
IV. No caso de o maior de 18 anos, em cumprimento de medida socioeducativa responder a processo-crime, caberá à autoridade judiciária decidir sobre eventual extinção da execução, cientificando da decisão o juízo criminal competente.

(A) Apenas os itens I e II estão corretos.
(B) Apenas os itens I, II e III estão corretos.
(C) Apenas os itens I e IV estão corretos.
(D) Todos os itens estão corretos.

I: correta (art. 46, I, da Lei 12.594/2012); II: incorreta, pois a medida socioeducativa será extinta pela aplicação de pena privativa de liberdade, a ser cumprida em regime fechado ou semiaberto, em execução provisória ou definitiva (art. 46, III, da Lei 12.594/2012); III: incorreta, pois a medida socioeducativa será extinta pela condição de doença grave, que torne o adolescente incapaz de submeter-se ao cumprimento da medida (art. 46, IV, da Lei 12.594/2012); IV: correta (art. 46, § 1°, da Lei 12.594/2012).
Gabarito "C".

(Ministério Público/CE – 2011 – FCC) O adolescente, pela prática de ato infracional, segundo o Estatuto da Criança do Adolescente, pode receber medida socioeducativa de:
(A) semiliberdade cujo prazo, fixado na sentença, não seja nem inferior a seis meses e nem superior a três anos.
(B) internação em estabelecimento terapêutico ou hospitalar, desde que seja portador de doença ou deficiência mental e o ato infracional tiver sido praticado mediante violência ou grave ameaça à pessoa.
(C) internação provisória por até noventa dias, desde que presentes os requisitos da necessidade imperiosa da medida e indícios suficientes de autoria e materialidade.
(D) liberdade assistida cumulada com medidas de orientação, apoio e acompanhamento temporário e de inclusão em programa comunitário ou oficial de auxílio à família.
(E) acolhimento sociofamiliar sempre que identificada a incapacidade dos genitores de prevenir a reiteração infracional.

A: incorreta, pois a medida socioeducativa de semiliberdade não comporta prazo determinado (art. 120, § 2°, do ECA); B: incorreta, pois os adolescentes portadores de doença ou deficiência mental receberão tratamento individual e especializado, em local adequado às suas condições (art. 112, § 3°, do ECA); C: incorreta, pois o prazo máximo da internação provisória é de quarenta e cinco dias (art. 108, caput, do ECA); D: correta (art. 112, I a VII, do ECA); E: incorreta, pois o acolhimento familiar é uma medida transitória e de proteção à criança ou ao adolescente que se encontra em situação de risco, com vista a sua rápida reintegração à família de origem ou, se tal solução se mostrar comprovadamente inviável, sua colocação em família substituta (art. 50, § 11, do ECA). Por sua vez, caso se identifique a incapacidade dos genitores de prevenir a reiteração infracional pelo adolescente, será possível a aplicação de uma das medidas previstas no art. 129 do ECA.
Gabarito "D".

(Ministério Público/PR – 2011) Assinale a alternativa incorreta:
(A) Dentre os princípios que regem a aplicação das medidas de proteção a crianças e adolescentes está o de intervenção mínima, consistente em ser a intervenção exercida exclusivamente pelas autoridades e instituições cuja ação seja indispensável à efetiva promoção dos direitos e à proteção da criança e do adolescente;
(B) Constatada pelo programa de acolhimento institucional a impossibilidade de reintegração da criança à família de origem, e encaminhado relatório fundamentado ao Ministério Público, subscrito pelos técni-

cos da entidade, descrevendo pormenorizadamente as providências tomadas e recomendando expressamente a destituição do poder familiar, o Promotor de Justiça terá o prazo de 30 (trinta) dias para ingressar com a respectiva ação, salvo se entender necessária a realização de estudos complementares ou outras providências que repute indispensáveis ao ajuizamento da demanda;

(C) Somente o adolescente pode ser considerado autor de ato infracional, dependendo a aplicação de medida socioeducativa da observância de garantias, dentre as quais a igualdade na relação processual, o direito de ser ouvido pessoalmente pela autoridade competente e a defesa técnica por advogado;

(D) A liberdade assistida será adotada sempre que se afigurar a medida mais adequada para o fim de acompanhar, auxiliar e orientar o adolescente, e será fixada pelo prazo mínimo de 06 (seis) meses, podendo a qualquer tempo ser prorrogada, revogada ou substituída por outra medida, ouvido o orientador, o Ministério Público e o Defensor;

(E) No regime de semiliberdade, que pode ser aplicado desde o início, ou como forma de transição para o meio aberto, é obrigatória a escolarização e a profissionalização, devendo, sempre que possível, ser utilizados os recursos existentes na comunidade. Tal medida não comporta prazo determinado, aplicando-se, no que couber, as disposições relativas à internação.

A: correta, nos termos do art. 100, parágrafo único, VII, do ECA; B: correta (art. 101, §§ 9º e 10, do ECA); C: incorreta (devendo esta ser assinalada), pois a criança também pratica ato infracional. Ocorre que esta não se submete a medida socioeducativa, somente se sujeita a medida de proteção (art. 105 do ECA); o adolescente infrator, ao contrário, se submete a medida socioeducativa – art. 112, I a VI, do ECA, bem assim a medida de proteção – art. 112, VII, do ECA; D: correta, visto que em consonância com o teor do art. 118 do ECA; E: correta, visto que em consonância com o teor do art. 120 do ECA.
Gabarito "C".

(Ministério Público/SP – 2011) De acordo com a legislação vigente, a medida socioeducativa de internação

(A) em nenhuma hipótese pode exceder o período máximo de 3 (três) anos, devendo sua manutenção ser reavaliada, em decisão fundamentada, no máximo a cada 6 (seis) meses.

(B) poderá ser superior a 3 (três) anos se houver descumprimento reiterado e injustificável1 da medida anteriormente imposta.

(C) poderá ser aplicada em face da prática de qualquer ato infracional, ainda que o adolescente não registre antecedentes.

(D) não comporta prazo determinado e, durante o seu cumprimento, não será permitida a realização de atividades externas, salvo expressa determinação judicial em contrário.

(E) poderá ser aplicada pela autoridade judiciária competente, em havendo requerimento do Ministério Público a respeito, ainda que haja outra medida que se revele adequada.

A e B: 121, § 3º, do ECA; C: a internação somente poderá ser aplicada nas hipóteses listadas no art. 122 do ECA; D: embora não comporte prazo determinado, a realização de atividades externas será permitida, salvo expressa determinação judicial em sentido contrário (art. 121, § 1º, ECA); E: por se tratar de medida privativa de liberdade, deve ser reservada para aquelas hipóteses em que não caiba outra medida mais adequada (excepcionalidade – art. 121 do,ECA).
Gabarito "A".

(Ministério Público/SP – 2011) Está correto afirmar que a medida socioeducativa consistente na obrigação de reparar o dano

(A) pode ser aplicada ao adolescente que tiver praticado qualquer modalidade de ato infracional.

(B) não pode ser aplicada aos adolescentes que registrarem antecedentes.

(C) pode ser aplicada ao adolescente apenas quando for possível a restituição da coisa.

(D) não pode ser substituída por outra medida, ainda que a reparação do dano ou a restituição da coisa se revele impossível.

(E) pode ser aplicada ao adolescente que tiver praticado ato infracional com reflexos patrimoniais.

Pela disciplina estabelecida no art. 116 do ECA, somente tem lugar a medida socioeducativa consistente na obrigação de reparar o dano quando se tratar de ato infracional com reflexos patrimoniais.
Gabarito "E".

(Ministério Público/SP – 2011) Com relação à medida de semiliberdade, prevista no Estatuto da Criança e do Adolescente, é correto afirmar que:

(A) será sempre fixada com prazo determinado a critério do Juiz, tendo em conta a gravidade do ato infracional.

(B) somente pode ser determinada como forma de transição para o meio aberto.

(C) admite a realização de atividades externas, mas sempre com autorização judicial.

(D) admite, no que couber, as disposições relativas à internação.

(E) não exige escolarização e profissionalização durante o seu cumprimento.

A: incorreta, visto que esta medida, a teor do art. 120, § 2º, do ECA, não comporta prazo determinado; B: incorreta, já que o regime de semiliberdade também pode ser determinado desde o início (art. 120, caput, do ECA); C: incorreta, na medida em que a realização de atividades externas prescinde de autorização judicial – art. 120, caput, do ECA; D: correta, nos termos do art. 120, § 2º, do ECA; E: incorreta, pois contraria o disposto no art. 120, § 1º, do ECA.
Gabarito "D".

6. ATO INFRACIONAL – DIREITO PROCESSUAL

(Ministério Público/ES – 2013 – VUNESP) Assinale a alternativa correta.

(A) Em vista da garantia constitucional do devido processo legal para a perda da liberdade, nenhuma criança ou adolescente pode ser admitido em entidade de acolhimento sem prévia determinação da autoridade competente, ainda que em caráter de urgência.

(B) Por ser compulsória a liberação da pessoa submetida à medida de internação aos vinte e um anos de idade, conclui-se que o prazo máximo de internação fixado pelo juiz pode ser superior a três anos.

(C) Por prevalecer para efeito de antecedentes, a remissão está obrigatoriamente sujeita ao contraditório e à ampla defesa e não pode incluir aplicação cumulativa de qualquer outra medida socioeducativa.
(D) Não se reconhece como ato infracional o ato equiparado a crime ou contravenção penal praticado por criança, por esta não estar sujeita a medidas socioeducativas.
(E) A internação, antes da sentença, pode ser determinada pelo prazo máximo de quarenta e cinco dias, mesmo que o adolescente tenha praticado ato infracional com violência ou grave ameaça.

A: incorreta, pois as entidades que mantenham programa de acolhimento institucional poderão, em caráter excepcional e de urgência, acolher crianças e adolescentes sem prévia determinação da autoridade competente, fazendo comunicação do fato em até 24 (vinte e quatro) horas ao Juiz da Infância e da Juventude, em virtude do princípio da intervenção precoce (art. 93 do ECA). Nas demais hipóteses, o afastamento da criança ou adolescente do convívio familiar e consequente aplicação das medidas de acolhimento familiar, institucional ou colocação em família substituta é de competência exclusiva da autoridade judiciária (art. 101, VII a IX e § 2º, do ECA). Oportuno registrar que, ao Conselho Tutelar, é cabível a aplicação das demais medidas protetivas (art. 136, I e parágrafo único, do ECA). "Na redação anterior do Estatuto, o Conselho Tutelar poderia aplicar a medida de abrigamento e encaminhar a criança e o adolescente diretamente à entidade respectiva, comunicando o fato posteriormente à entidade judiciária. Contudo, de acordo com o atual regramento, a inserção de criança e adolescente em medida protetiva de acolhimento institucional e acolhimento familiar está condicionada à autorização judicial, de modo que não consta mais das atribuições do Conselho Tutelar. (...) o Conselho Tutelar deixa de atuar de forma ativa na inserção da criança e do adolescente em abrigamento, para apenas acompanhar a situação e fornecer subsídios ao magistrado, a quem competirá a palavra sobre a necessidade efetiva de manutenção da medida". (ROSSATO, LÉPORE E SANCHES. Estatuto da Criança e do Adolescente Comentado, 3ª edição, São Paulo, Ed. RT, 2012, p. 302); B: incorreta, pois em nenhuma hipótese o período máximo de internação excederá a três anos (art. 121, § 3º, do ECA); C: incorreta, pois a remissão não implica necessariamente o reconhecimento ou comprovação da responsabilidade, nem prevalece para efeito de antecedentes. Ademais, a concessão da remissão pode ser cumulada com a aplicação de qualquer das medidas protetivas e/ou socioeducativas, exceto a colocação em regime de semiliberdade e a internação (art. 127 do ECA); D: incorreta, pois a criança pode ser autora de ato infracional equiparado a crime ou contravenção penal, mas a ela somente poderá ser aplicada medida protetiva e não socioeducativa (art. 105 do ECA); E: correta, pois a internação provisória, que é aquela decretada pelo juiz, no curso do processo de conhecimento, antes da sentença, terá prazo limitado de 45 dias e será cabível quando, pela gravidade do ato infracional e sua repercussão social, deva o adolescente permanecer sob internação para garantia de sua segurança pessoal ou manutenção da ordem pública (artigos 108, caput, 174 e 183, todos do ECA).

Gabarito "E".

(Ministério Público/GO – 2013) De acordo com o Estatuto da Criança e do Adolescente, assinale a alternativa correta:

(A) a internação de crianças e adolescentes, antes da sentença, em razão de flagrante de ato infracional cometido mediante grave ameaça ou violência a pessoa, pode ser determinada pelo prazo máximo de 45 (quarenta e cinco) dias.
(B) o Conselho Tutelar tem legitimidade para aplicar medidas de proteção à criança e ao adolescente, sempre que seus direitos forem violados por falta, omissão ou abuso dos pais, podendo determinar a matrícula e frequência obrigatórias em escolas, inclusão em programas comunitários, requisição de tratamento médico, abrigo em entidades e colocação em família substituta.
(C) a remissão somente poderá ser concedida pelo representante do Ministério Público e não implica necessariamente o reconhecimento ou comprovação da responsabilidade, nem prevalece para efeito de antecedentes, podendo incluir eventualmente a aplicação das medidas socioeducativas, exceto a internação.
(D) a prestação de serviços comunitários consiste na realização de tarefas gratuitas junto a entidades assistenciais, hospitais, escolas, por período não excedente a seis meses. A liberdade assistida, por sua vez, será fixada pelo prazo mínimo de seis meses, podendo ser prorrogada, revogada ou substituída por outra medida.

A: incorreta, pois as medidas socioeducativas, dentre elas a internação, somente serão aplicadas aos adolescentes e não às crianças que cometerem ato infracional, às quais serão aplicadas medidas protetivas (art. 105 do ECA). Oportuno ressaltar que a internação provisória é aquela decretada pelo juiz, no curso do processo de conhecimento, antes da sentença, com prazo limitado de 45 dias quando, pela gravidade do ato infracional e sua repercussão social, deva o adolescente permanecer sob internação para garantia de sua segurança pessoal ou manutenção da ordem pública (artigos 108, caput, 174 e 183, todos do ECA; B: incorreta, pois o afastamento da criança ou adolescente do convívio familiar e consequente aplicação das medidas de acolhimento familiar, institucional ou colocação em família substituta é de competência exclusiva da autoridade judiciária (art. 101, VII a IX e § 2º, do ECA). Ao Conselho Tutelar é cabível a aplicação das demais medidas protetivas (art. 136, I e parágrafo único, do ECA). "Na redação anterior do Estatuto, o Conselho Tutelar poderia aplicar a medida de abrigamento e encaminhar a criança e o adolescente diretamente à entidade respectiva, comunicando o fato posteriormente à entidade judiciária. Contudo, de acordo com o atual regramento, a inserção de criança e adolescente em medida protetiva de acolhimento institucional e acolhimento familiar está condicionada à autorização judicial, de modo que não consta mais das atribuições do Conselho Tutelar. (...) o Conselho Tutelar deixa de atuar de forma ativa na inserção da criança e do adolescente em abrigamento, para apenas acompanhar a situação e fornecer subsídios ao magistrado, a quem competirá a palavra sobre a necessidade efetiva de manutenção da medida". (ROSSATO, LÉPORE E SANCHES. Estatuto da Criança e do Adolescente Comentado, 3ª edição, 2012, São Paulo, Ed. RT, p. 302). Em contrapartida, as entidades que mantenham programa de acolhimento institucional poderão, em caráter excepcional e de urgência, acolher crianças e adolescentes sem prévia determinação da autoridade competente, fazendo comunicação do fato em até 24 (vinte e quatro) horas ao Juiz da Infância e da Juventude, em virtude do princípio da intervenção precoce (art. 93 do ECA); C: incorreta, pois antes de iniciado o procedimento judicial para apuração de ato infracional, o representante do Ministério Público poderá conceder a remissão, como forma de exclusão do processo (art. 126, caput, do ECA). Por sua vez, iniciado o procedimento, a autoridade judiciária também poderá conceder a remissão, que importará na suspensão ou extinção do processo (art. 126, parágrafo único, do ECA); D: correta, pois a alternativa está de acordo com o disposto nos artigos 117, caput e 118, § 2º, do ECA.

Gabarito "D".

(Ministério Público/Acre – 2014 – CESPE) No que se refere às medidas socioeducativas, à remissão e ao procedimento para a apuração de ato infracional, assinale a opção correta de acordo com o entendimento do STJ acerca do que dispõe o ECA.

(A) É atípica a conduta infracional análoga ao crime de furto simples de uma lâmpada, cujo valor é ínfimo, em razão do princípio da insignificância, aplicável ainda que se trate de adolescente contumaz na prática de atos infracionais contra o patrimônio.
(B) É aplicável medida socioeducativa de internação no caso de condenação de adolescente pela prática de ato infracional análogo ao delito de tráfico de drogas, desde que o juiz fundamente sua decisão na apreciação das condições específicas do adolescente e das circunstâncias do fato.
(C) O assistente de acusação, em processo de apuração de ato infracional, possui legitimidade para a interposição de apelação, quando não interposta pelo MP.
(D) Configura constrangimento ilegal o ato do MP que conceda remissão cumulada com medida socioeducativa de liberdade assistida.
(E) Para aplicação da medida socioeducativa de internação com fundamento na reiteração, exige-se a prática comprovada, com trânsito em julgado, de, no mínimo, três outros atos infracionais graves.

A: incorreta, pois em caso de reiteração de atos infracionais equiparados a crime de furto não se aplica o princípio da insignificância. Neste sentido é o entendo do STJ: "Penal. Habeas corpus. Ato infracional equiparado ao crime de furto (artigo 155, caput, do CP). Princípio da insignificância. Não aplicação. Reiteração de condutas infracionais. Semiliberdade. Fundamentação idônea. (...) A despeito do pequeno valor do bem subtraído – uma lâmpada –, a conduta do adolescente reveste-se de reprovabilidade que não é irrelevante, uma vez que se trata de paciente contumaz na prática de atos infracionais, motivo pelo qual não se aplica o princípio da insignificância. – O disposto no art. 120, § 2º, do ECA, não impede a adoção de medida socioeducativa de semiliberdade desde o início, quando esta for compatível com a gravidade e as circunstâncias do delito. Assim, a imposição da semiliberdade deve estar pautada nas circunstâncias peculiares do caso concreto, quando o julgador reputar imperiosa a adoção da medida para a proteção integral do adolescente. – Na hipótese dos autos, a semiliberdade foi imposta ao paciente em perfeito acordo com a legislação de regência e em atenção às peculiaridades do caso, uma vez que se trata de reiteração de condutas delitivas, inclusive lesão corporal, registrando outras passagens pelo Juízo menorista, bem como o paciente já foi condenado a outras medidas mais brandas (advertência, liberdade assistida e prestação de serviços à comunidade), motivo pelo qual não há nenhum constrangimento ilegal a ser sanado. – Habeas corpus denegado". (STJ – HC: 183934 DF 2010/0162065-8, Relator: Ministra Marilza Maynard (desembargadora convocada do TJ/SE), j. 02.04.2013, Quinta Turma, DJ 05.04.2013); B: correta. Nos termos do art. 122 do ECA, a medida de internação só poderá ser aplicada quando: I – tratar-se de ato infracional cometido mediante grave ameaça ou violência a pessoa; II – por reiteração no cometimento de outras infrações graves; III – por descumprimento reiterado e injustificável da medida anteriormente imposta. Assim, inicialmente, conclui-se pela inaplicabilidade da medida socioeducativa de internação ao adolescente que praticar o ato infracional equiparado ao crime de tráfico de drogas, já que não basta a infração ser grave. Neste sentido é o entendimento jurisprudencial noticiado no Informativo 445 do STJ: "ECA – Tráfico – Internação. O ato infracional análogo ao tráfico de drogas, apesar de sua natureza eminentemente hedionda, não enseja, por si só, a aplicação da medida socioeducativa de internação, já que essa conduta não revela violência ou grave ameaça à pessoa (art. 122 do ECA) (...)". Todavia, pode o magistrado determinar a internação, em razão da prática do ato infracional equiparado ao crime de tráfico, diante de sua reiteração. Para o STJ, são necessárias, no mínimo, duas outras sentenças desfavoráveis, com trânsito em julgado, desconsideradas as remissões (STJ – HC: 280550 SP 2013/0356735-7, Relator: Ministra Marilza Maynard, j. 11.03.2014, Sexta Turma, DJ 31.03.2014). Diferente, portanto, de reincidência. Atenção para o novo posicionamento do STJ, admitindo a possibilidade de internação na hipótese de internação caso tenha o adolescente praticado apenas uma infração grave: "a depender das particularidades e circunstâncias do caso concreto, pode ser aplicada, com fundamento no art. 122, II, do ECA, medida de internação ao adolescente infrator que antes tenha cometido apenas uma outra infração grave". (STJ, HC 347.434-SP, Rel. Min. Nefi Cordeiro, Rel. para acórdão Min. Antonio Saldanha Palheiro, julgado em 27/9/2016, DJe 13/10/2016) (Informativo 591). C: incorreta, pois o assistente de acusação não possui legitimidade para interpor recurso de apelação. Neste sentido é o entendimento do STJ: "Ato infracional. Estatuto da Criança e do Adolescente. Assistente de acusação. Interposição de recurso. Impossibilidade. Ausência de previsão legal. Aplicação das regras do Código de Processo Civil. Precedente do STJ. Recurso especial desprovido. 1. A Lei 8.069/1990, em seu art. 198 (capítulo referente aos recursos), prevê a aplicação subsidiária das regras do Código de Processo Civil, motivo pelo qual não cabe estender a aplicação dos arts. 268 a 273 do Código de Processo Penal, que trata da figura do assistente da acusação, ao procedimento contido no ECA. 2. "Considerando o caráter de lei especial do Estatuto da Criança e do Adolescente, na qual não há qualquer referência à figura do assistente da acusação, ele é parte ilegítima para interpor recurso de apelação, por falta de previsão legal" (REsp 605.025/MG, Rel. Min. Gilson Dipp, Quinta Turma, DJ de 21.11.2005). 3. Recurso especial desprovido (STJ – REsp: 1044203 RS 2008/0069408-2, Relator: Ministro Arnaldo Esteves Lima, j. 19.02.2009, Quinta Turma, DJ 16.03.2009); D: incorreta, pois é possível a concessão de remissão, como forma de exclusão do processo, cumulada com medida socioeducativa, exceto a semiliberdade e a internação (art. 127 do ECA). Neste sentido também é o entendimento do STJ: "Habeas corpus. Furto tentado. Estatuto da Criança e do Adolescente. Remissão cumulada com medida socioeducativa de liberdade assistida. Possibilidade. 1. A remissão prevista no Estatuto da Criança e do Adolescente pode ser aplicada em qualquer fase do procedimento menorista, uma vez que prescinde de comprovação da materialidade e da autoria do ato infracional, nem implica em reconhecimento de antecedentes infracionais. 2. Não ocorre violação dos princípios do contraditório e da ampla defesa quando a proposta oferecida pelo Ministério Público é homologada antes da oitiva do adolescente, como é o caso dos autos. 3. Não há constrangimento ilegal quando a remissão é cumulada com medida de liberdade assistida, pois esse instituto pode ser aplicado juntamente com outras medidas que não impliquem restrição da liberdade do menor, nos exatos termos do art. 127 do Estatuto da Criança e do Adolescente. 4. O art. 128 do ECA o qual prevê que a "medida aplicada por forçada remissão poderá ser revista judicialmente, a qualquer tempo, mediante pedido expresso do adolescente ou de seu representante legal ou do Ministério Público". Desta forma, que não se trata de medida definitiva, estando sujeita a revisões, de acordo com o comportamento do menor. 5. Ordem denegada" (STJ – HC: 177611 SP 2010/0118982-0, Relator: Ministro Og Fernandes, j. 01.03.2012, Sexta Turma, DJ 21.05.2012); E: incorreta, pois se exige a prática comprovada, com trânsito em julgado, de, no mínimo, outros dois atos infracionais graves. Neste sentido: "Habeas corpus substitutivo de recurso próprio. Descabimento. ECA. Ato infracional equiparado ao delito de furto qualificado, na forma tentada. Ausência de violência ou grave ameaça. Reiteração no cometimento de duas outras infrações graves. Medida socioeducativa de internação. Possibilidade. Art. 122 do ECA. Precedentes. Habeas corpus não conhecido. – Este Superior Tribunal de Justiça, na esteira do entendimento firmado pelo Supremo Tribunal Federal, tem amoldado o cabimento do remédio heroico, adotando orientação no sentido de não mais admitir habeas corpus substitutivo de recurso ordinário/especial. Contudo, a luz dos princípios constitucionais, sobretudo do devido processo legal e da ampla defesa, tem-se analisado as questões suscitadas na exordial a fim de se verificar a existência de constrangimento ilegal para, se for o caso, deferir-se a ordem de ofício. – Nos termos da orientação deste Superior Tribunal de Justiça, a internação, medida

socioeducativa extrema, somente está autorizada nas hipóteses taxativamente elencadas no art. 122 do Estatuto da Criança e do Adolescente.
– A gravidade do ato infracional equiparado ao furto qualificado, por si só, não autoriza a aplicação da medida socioeducativa de internação.
– A jurisprudência desta Corte firmou a orientação de que, para resultar em reiteração de infrações graves, nos termos do inciso II do art. 122 do ECA, são necessárias, no mínimo, duas outras sentenças desfavoráveis, com trânsito em julgado, desconsideradas as remissões.
– No caso dos autos, porém, constata-se que ao paciente foram aplicadas duas outras medidas, de semiliberdade e de liberdade assistida, reiteradamente descumpridas, em razão da prática de atos infracionais análogos ao delito de tráfico de drogas, a evidenciar a ausência de constrangimento ilegal na aplicação, nesta oportunidade, da medida de internação. Habeas corpus não conhecido" (STJ – HC: 280550 SP 2013/0356735-7, Relator: Ministra Marilza Maynard, j. 11.03.2014, Sexta Turma, DJ 31.03.2014).
Gabarito "B".

(Ministério Público/PI – 2012 – CESPE) Com relação às regras de apuração, processamento e julgamento de ato infracional atribuído a adolescente previstas no ECA, assinale a opção correta.

(A) Em casos excepcionais, em razão de grave abalo da ordem pública ou de reiteração infracional, é permitido ao juiz manter o adolescente internado provisoriamente pelo prazo máximo de noventa dias.
(B) Compete concorrentemente ao juiz e ao promotor de justiça a aplicação de medidas socioeducativas ao adolescente representado que tenha praticado ato infracional.
(C) Ainda que o adolescente representado confesse a autoria da infração, o advogado de defesa não pode desistir da produção de outras provas, sob pena de nulidade desse ato.
(D) O juiz pode decretar a regressão da medida socioeducativa sem a oitiva prévia do adolescente e de seu defensor.
(E) O prazo prescricional para aplicação de medidas socioeducativas não corre para os que são absolutamente incapazes, em conformidade com as regras de prescrição previstas no Código Civil.

A: incorreta, pois o prazo máximo da internação provisória é de quarenta e cinco dias (art. 108 e 183 do ECA); B: incorreta, pois compete exclusivamente ao juiz a aplicação de medidas socioeducativas ao adolescente representado (art. 182 do ECA); C: correta (súmula 342 do STJ); D: incorreta, pois é necessária a oitiva do menor infrator antes de decretar-se a regressão da medida socioeducativa (súmula 265 do STJ); E: incorreta, pois segundo o STJ, as medidas socioeducativas prescrevem de acordo com as regras previstas na Parte Geral do Código Penal (súmula 338 do STJ).
Gabarito "C".

(Ministério Público/CE – 2011 – FCC) De acordo com o que prevê o Estatuto da Criança e do Adolescente, o Ministério Público, no procedimento de apuração de ato infracional atribuído ao adolescente,

(A) deve ouvir informalmente o adolescente, salvo se, desde logo, optar pela aplicação da remissão como forma de exclusão do processo.
(B) pode oferecer representação independente de prova pré-constituída de autoria e materialidade.
(C) deve funcionar como curador especial do adolescente cujos pais ou responsável estejam ausentes.
(D) pode promover o arquivamento dos autos sempre que as circunstâncias do fato, a personalidade do adolescente e seu grau de participação no ato infracional sugerirem a desnecessidade da aplicação de qualquer medida socioeducativa.
(E) pode, a qualquer tempo, apurado que o ato infracional decorreu da ação ou omissão dos genitores do adolescente, postular a conversão do pedido de aplicação de medida socioeducativa em pedido de aplicação de medida pertinente aos pais ou responsável.

A: incorreta, pois apresentado o adolescente, o representante do Ministério Público procederá imediata e informalmente à sua oitiva (art. 179 do ECA), a fim de formar a sua convicção a respeito dos fatos e embasar uma das seguintes providências: a) promover o arquivamento dos autos; b) conceder remissão como forma de exclusão do processo; ou c) oferecer representação. Discute-se quanto à obrigatoriedade ou não da oitiva informal do adolescente, tal como uma condição de procedibilidade. "A respeito do tema, o Superior Tribunal de Justiça decidiu que a ausência de oitiva informal não é capaz de gerar nulidade da representação e dos atos subsequentes, se os elementos existentes nos autos já bastarem à formação da convicção do magistrado" (Rossato; Lépore; Sanches. Estatuto da Criança e do Adolescente Comentado. Editora RT); B: correta (art. 182, caput e § 2º, do ECA); C: incorreta, pois se os pais ou responsável não forem localizados, a autoridade judiciária dará curador especial ao adolescente (art. 184, § 2º, do ECA e art. 9º, I, do CPC); D: incorreta, pois quando as circunstâncias do fato, a personalidade do adolescente e seu grau de participação no ato infracional sugerirem a desnecessidade da aplicação de qualquer medida socioeducativa, o Promotor de Justiça poderá oferecer remissão própria (perdão puro e simples) como forma de exclusão do processo (art. 126 do ECA), ao passo que promoverá o arquivamento dos autos, caso verifique que o adolescente não foi o autor da conduta; que o ato praticado não é equiparado a crime; dentre outras causas; E: incorreta, pois caso se verifique que o ato infracional decorreu da ação ou omissão dos genitores do adolescente, deve-se postular a improcedência da ação socioeducativa. Quanto à aplicação de medida pertinente aos pais ou responsável, cabível uma explicação mais aprofundada. Vejamos. O art. 129 do ECA traz um rol de medidas pertinentes aos pais ou responsáveis que descumprirem com seus deveres em relação à criança ou ao adolescente sobre o qual exerçam poder. "Por força do inciso II do art. 136 do Estatuto, a aplicação das medidas pertinentes contidas nos incisos I a VII do art. 129 (...) constitui atribuição do Conselho Tutelar, não obstante, subsidiariamente, também possa haver a determinação por parte da autoridade judiciária (...) já que não importam em alteração de situação familiar da criança ou do adolescente, mantendo-se a pessoa em desenvolvimento sob os poderes de seus guardiões, tutores ou pais (...). A seu turno, a competência para execução das medidas pertinentes dispostas nos incisos VIII a X (...) é exclusiva da autoridade judiciária, conforme diligência dos arts. 35, 164, 24, e 155 a 163, todos do Estatuto. Ainda, oportuno ressaltar que "as medidas previstas nos incisos I a IV do art. 129 (...), por serem de cunho eminentemente protetivo, dispensam qualquer procedimento e podem ser aplicadas incidentalmente mesmo em feitos destinados à apuração da responsabilidade por ato infracional, em que os pais ou responsáveis não são partes processuais. Entretanto, o seu efetivo cumprimento depende da aquiescência dos destinatários (pais ou responsável), já que não há medida coercitiva a ser aplicada em caso de descumprimento (...). Por sua vez, as medidas dispostas nos incisos V a X do art. 129 (...) exigiriam procedimentos próprios, isso porque, imporiam deveres ou sanções relativos à liberdade, e integridade física e psíquica dos pais ou responsáveis. Sendo assim, exige-se que os interessados possam se manifestar ostentando a posição de titularidade de um dos polos de uma contenda, sendo, pois, credores de exercício do contraditório e da ampla defesa exarados em um processo próprio" (Rossato; Lépore; Sanches. Estatuto da Criança e do Adolescente Comentado. Editora RT).
Gabarito "B".

(Ministério Público/SP – 2011) De acordo com o Estatuto da Criança e do Adolescente, a internação provisória do adolescente, antes da sentença pela prática de ato infracional:

(A) só pode ser determinada pela autoridade judiciária de ofício e por um prazo não superior a 30 (trinta) dias.
(B) pode ser determinada de ofício pelo Juiz ou a requerimento do Ministério Público, não podendo ultrapassar o prazo de 45 (quarenta e cinco) dias.
(C) poderá ser determinada pelo Juiz, bastando, para tanto, a presença de prova da materialidade do ato infracional e por prazo nunca superior a 5 (cinco) dias.
(D) nunca poderá ser determinada em face do princípio da presunção de inocência, constitucionalmente consagrado.
(E) poderá ser determinada pelo representante do Ministério Público, desde que o autor do ato infracional registre antecedentes.

A internação provisória – art. 108, ECA – constitui medida excepcional que somente poderá ser decretada diante da demonstração imperiosa de sua necessidade. Além disso, a medida não poderá durar mais de quarenta e cinco dias, prazo em que o processo deverá ser ultimado (art. 183 do ECA). Findo esse prazo, o adolescente deverá ser imediatamente liberado. Há decisões, contudo, que entendem que, a depender da particularidade do caso concreto, é possível estendê-lo, notadamente quando é a defesa que dá causa à dilação. O descumprimento injustificado deste prazo configura o crime do art. 235, ECA. De se ver, por fim, que o magistrado somente poderá decretar a internação provisória de adolescente desde que já tenha sido oferecida representação pelo Ministério Público, isto é, não cabe esta medida privativa de liberdade em procedimento apuratório, pois, se o representante do MP já dispõe de indícios suficientes de autoria e materialidade, deverá oferecer representação.
Gabarito "B".

(Ministério Público/SP – 2011) Assinale a alternativa incorreta.

O adolescente que "estiver privado de sua liberdade poderá

(A) ficar incomunicável excepcionalmente se o interesse público assim o exigir.
(B) peticionar diretamente perante qualquer autoridade.
(C) receber visitas, a não ser que tenham sido suspensas pela autoridade judiciária no interesse do adolescente.
(D) avistar-se reservadamente com seu defensor.
(E) entrevistar-se pessoalmente com o representante do Ministério Público.

A: assertiva incorreta (devendo esta ser assinalada), pois não reflete o disposto no art. 124, § 1º, do ECA; B: assertiva correta, pois em conformidade com o art. 124, II, do ECA; C: assertiva correta, pois em conformidade com o art. 124, II e § 2º, do ECA; D: assertiva correta, pois em conformidade com o art. 124, III, do ECA; E: assertiva correta, pois em conformidade com o art. 124, I, do ECA.
Gabarito "A".

(Ministério Público/SP – 2011) No que diz respeito à remissão, prevista no Estatuto da Criança e do Adolescente, não é correto afirmar que:

(A) poderá ser concedida pela autoridade judiciária, depois de iniciado o procedimento, sendo que sua concessão importará na suspensão ou extinção do processo.
(B) poderá ser concedida pelo representante do Ministério Público, antes do início do procedimento judicial para a apuração de ato infracional, como forma de exclusão do processo.
(C) implica necessariamente o reconhecimento ou comprovação da responsabilidade do autor de ato infracional e prevalece para efeito de antecedentes.
(D) poderá ser concedida pelo representante do Ministério Público, tendo em conta as circunstâncias e consequências do fato, o contexto social, a personalidade do adolescente e sua maior ou menor participação no ato infracional.

A: correta, pois reflete o que estabelece o art. 126, parágrafo único, do ECA; B: correta, pois em consonância com o que dispõe o art. 126, caput, do ECA (remissão ministerial ou pré-processual); C: incorreta, visto que não reflete a norma contida no art. 127 do ECA; D: correta, pois em consonância com o que dispõe o art. 126, caput, do ECA (remissão ministerial ou pré-processual).
Gabarito "C".

7. CONSELHO TUTELAR

(Ministério Público/SP – 2013 – PGMP) O Conselho Tutelar, órgão permanente e autônomo, encarregado pela sociedade de zelar pelo cumprimento dos direitos da criança e do adolescente, possui várias atribuições expressas na legislação vigente. Assinale a alternativa que apresenta CORRETAMENTE uma dessas atribuições.

(A) Aplicar a multa cabível diante de fato que constitua infração administrativa contra as normas de proteção aos direitos da criança ou adolescente.
(B) Apresentar emendas à proposta orçamentária elaborada pelo Poder Executivo local para planos e programas de atendimento aos direitos da criança e do adolescente.
(C) Representar ao Ministério Público para efeito das ações de perda ou suspensão do poder familiar, após esgotadas as possibilidades de manutenção da criança ou do adolescente junto à família natural.
(D) Providenciar a expedição de guia de acolhimento institucional quando a medida for aplicada pela autoridade judiciária ao adolescente autor de ato infracional.
(E) Examinar periodicamente a documentação contábil das entidades não governamentais, oferecendo relatório ao Ministério Público.

A: incorreta, pois o Conselho Tutelar não tem atribuição para aplicar multa, devendo encaminhar ao Ministério Público a notícia de fato que constitua infração administrativa ou penal contra os direitos da criança ou adolescente para que sejam tomadas as providências cabíveis (art. 136, IV, do ECA); B: incorreta, pois uma das atribuições do Conselho Tutelar é assessorar o Poder Executivo local na elaboração da proposta orçamentária – e não apresentar emendas – para planos e programas de atendimento dos direitos da criança e do adolescente (art. 136, IX, do ECA); C: correta, pois a alternativa está de acordo com o disposto no art. 136, XI, do ECA; D: incorreta, pois a Guia de Acolhimento é expedida pela autoridade judiciária e não pelo Conselho Tutelar (art. 101, § 3º, do ECA); E: incorreta, pois a alternativa não trata de atribuição do Conselho Tutelar (art. 136 do ECA).
Gabarito "C".

(Ministério Público/PR – 2013 – X) Sobre o Conselho Tutelar, assinale a alternativa incorreta:

(A) Foi instituído na perspectiva de desjudicializar e agilizar o atendimento de crianças, adolescentes e famílias em risco social;
(B) Possui plena autonomia funcional, não estando subordinado ao Prefeito, ao Ministério Público e/ou ao Juiz da Infância e da Juventude;

(C) Pode promover diretamente a execução de suas decisões sem necessidade de recorrer ao Poder Judiciário, tendo a prerrogativa de requisitar serviços públicos nas áreas de saúde, educação, serviço social, previdência, trabalho e segurança;
(D) Sempre que entender necessário, pode promover o afastamento de criança ou adolescente de sua família de origem e seu subsequente acolhimento institucional;
(E) Tem o poder-dever de assessorar o Poder Executivo local na elaboração da proposta orçamentária, de modo a assegurar que esta contemple, em caráter prioritário, recursos para planos e programas destinados ao atendimento de crianças, adolescentes e famílias.

A: correta. De fato, desjudicializou-se, como regra, o atendimento inicial das situações de violação e ameaça de violação aos direitos da criança e do adolescente, reduzindo o âmbito da discricionariedade do juiz na proteção dos direitos da criança e do adolescente. Isso porque, a partir da vigência da Lei nº 12.010/2009, não mais se admite, em princípio, o processamento de procedimentos verificatórios, sindicâncias ou pedidos de providências para a apuração de fatos trazidos pelo Conselho Tutelar. Na nova sistemática proposta pelo Estatuto da Criança e do Adolescente, ao verificar a existência de situação de possível ameaça ou violação de direito de criança ou adolescente que demande apuração, deve o Conselho Tutelar requisitar, junto à rede municipal e/ou estadual, o serviço especializado para atendimento, aplicando à criança ou adolescente e aos pais ou responsável as medidas previstas nos arts. 101 (excetuando-se os incisos VII a IV) e 129 do Estatuto da Criança e do Adolescente, respectivamente. Uma vez aplicadas as medidas, cabe ao Poder Público, por meio das redes de atendimento social, de saúde e de educação, a tarefa de acompanhamento, orientação, apoio e tratamento das crianças e adolescentes, ficando o Conselho Tutelar com a incumbência de monitorar todas as ações tomadas. Só mesmo em caso de não atendimento dos encaminhamentos feitos, seja por parte da criança ou adolescente, dos pais ou responsáveis ou da própria rede, é que o Conselho Tutelar deverá representar ao Ministério Público ou ao Poder Judiciário, fazendo-o de forma articulada e documentada; B: correta, pois o Conselho Tutelar é um órgão autônomo, com total independência no exercício de suas funções (art. 131 do ECA); C: correta (art. 136, III, "a", do ECA); D: incorreta, devendo ser assinalada, pois o afastamento da criança ou adolescente do convívio familiar é de competência exclusiva da autoridade judiciária (art. 101, § 2º, do ECA); E: correta (art. 136, IX, do ECA).
Gabarito "D".

(Ministério Público/RR – 2012 – CESPE) No que diz respeito aos conselhos dos direitos da criança e do adolescente e ao conselho tutelar, assinale a opção correta.

(A) Se, no exercício de suas atribuições, o conselho tutelar entender necessário o afastamento da criança ou do adolescente do convívio familiar, o referido órgão deve requerer autorização ao MP para adotar as providências cabíveis ao caso.
(B) O Conselho Nacional dos Direitos da Criança e do Adolescente bem como os respectivos conselhos municipais e estaduais devem fixar critérios de utilização das doações subsidiadas e demais receitas, por meio de planos de aplicação, destinando, necessariamente, percentual para incentivo ao acolhimento, sob a forma de guarda, de criança ou adolescentes órfãos ou abandonados.
(C) Os recursos financeiros necessários para a manutenção do conselho tutelar dependem das doações da comunidade local e do repasse de recursos financeiros do estado e da União.
(D) Em cada município deve haver, no mínimo, um conselho tutelar composto de cinco membros, nomeados pela câmara municipal para mandato de três anos, permitida uma recondução.
(E) A atuação do conselho tutelar restringe-se às crianças e aos adolescentes cujos pais ou responsável legal não possuam condições econômico-financeiras de garantir o mínimo existencial ao infante.

A: incorreta, pois o Conselho Tutelar não precisa pedir autorização ao Ministério Público, mas deverá comunicá-lo (art. 136, parágrafo único, do ECA); B: correta (art. 260, § 2º, do ECA); C: incorreta, pois constará da lei orçamentária municipal e da do Distrito Federal previsão dos recursos necessários ao funcionamento do Conselho Tutelar e à remuneração e formação continuada dos conselheiros tutelares (art. 134, parágrafo único, do ECA); D: incorreta, pois em cada Município e em cada Região Administrativa do Distrito Federal haverá, no mínimo, 1 (um) Conselho Tutelar como órgão integrante da administração pública local, composto de 5 (cinco) membros, escolhidos pela população local, para mandato de 4 (quatro) anos, permitida 1 (uma) recondução, mediante novo processo de escolha (art. 132 do ECA); E: incorreta, pois o Conselho Tutelar é encarregado de zelar pelo cumprimento dos direitos da criança e do adolescente, independentemente de sua situação econômica (art. 131 do ECA), pelo princípio da proteção integral.
Gabarito "B".

(Ministério Público/PI – 2012 – CESPE) O conselho tutelar de uma cidade do interior de determinado estado brasileiro recebeu denúncia anônima, por telefone, em que se relatava que o diretor da principal escola pública municipal teria praticado abusos sexuais contra várias crianças.

Nessa situação hipotética, dadas as atribuições do conselho tutelar previstas no ECA, os conselheiros tutelares devem:

(A) ajuizar contra o diretor, perante o juízo local da infância e da juventude, ação de exoneração do cargo, com pedido liminar de afastamento provisório.
(B) instaurar, com urgência, inquérito civil e criminal para ouvir o diretor, as crianças, seus pais, funcionários e professores da escola, para apuração dos fatos.
(C) comunicar, com urgência, o fato ao prefeito municipal, a quem cabe tomar as providências necessárias.
(D) ouvir reservadamente o diretor, as crianças e seus pais e, confirmados os indícios de abusos sexuais, enviar ao MP e à autoridade judiciária relatório circunstanciado do ocorrido e das providências tomadas.
(E) proceder à investigação do diretor, de forma sigilosa, e preparar um flagrante a fim de prendê-lo.

A alternativa "D" está correta, pois reflete o disposto no art. 136, I e IV, do ECA, ficando excluídas as demais.
Gabarito "D".

(Ministério Público/CE – 2011 – FCC) O Conselho Tutelar, segundo o Estatuto da Criança e do Adolescente,

(A) deve integrar-se operacionalmente ao Judiciário, Ministério Público, Defensoria Pública, Segurança e Assistência Social para o fim de agilizar o atendimento inicial do adolescente a quem se atribui autoria de ato infracional.
(B) é composto de cinco membros, escolhidos pela comunidade local para mandato de três anos, permitida uma recondução.

(C) exceto em casos de delegação expressa pela autoridade judiciária competente, não pode expedir autorização de viagem nacional para crianças e adolescentes.
(D) para executar suas decisões, pode requisitar a condução coercitiva dos genitores que, embora notificados, não comparecerem para atendimento.
(E) tem seu local, dia e horário de funcionamento, remuneração de seus membros e suas atribuições definidos por lei municipal.

A: incorreta, pois o atendimento inicial do adolescente a quem se atribui a autoria de ato infracional será realizado pela autoridade policial ou judiciária (art. 171 e 172, ambos do ECA); B: correta, de acordo com o gabarito à época da elaboração da questão. Com a alteração do art. 132, do ECA pela Lei n. 12.696/2012, em cada Município e em cada Região Administrativa do Distrito Federal haverá, no mínimo, 1 (um) Conselho Tutelar como órgão integrante da administração pública local, composto de 5 (cinco) membros, escolhidos pela população local para mandato de 4 (quatro) anos, permitida 1 (uma) recondução, mediante novo processo de escolha; C: incorreta, pois somente a autoridade judiciária expedirá autorização de viagem nacional para crianças e adolescentes (art. 83 e 84, ambos do ECA); D: incorreta, por falta de previsão legal (art. 136, do ECA); E: incorreta, já que as atribuições do Conselho Tutelar estão previstas no art. 136 do ECA.
Gabarito "B".

8. CONSELHO MUNICIPAL DA CRIANÇA E DO ADOLESCENTE

(Ministério Público/PR – 2013 – X) Sobre os Conselhos de Direitos da Criança e do Adolescente, assinale a alternativa incorreta:

(A) Sua composição será sempre paritária, compreendendo igual número de representantes do governo e da sociedade;
(B) Detém a competência deliberativa quanto à política de atendimento à criança e ao adolescente, tomando decisões que vinculam o administrador;
(C) No que diz respeito à elaboração e execução orçamentária pelo Executivo, sua atuação está restrita à definição da forma de destinação dos recursos captados pelo Fundo dos Direitos da Criança e do Adolescente, cuja gestão é de sua responsabilidade;
(D) Em âmbito municipal, é responsável pela coordenação e condução do processo democrático de escolha dos membros do Conselho Tutelar;
(E) Em âmbito estadual, deve promover o registro dos programas socioeducativos de internação e semiliberdade.

A: correta (art. 88, II, do ECA); B: correta (arts. 52-A; 88, II; e 101, § 12, do ECA); C: incorreta, devendo ser assinalada, pois os próprios Conselhos Municipais, Estaduais e Nacional dos Direitos da Criança e do Adolescente fixarão critérios de utilização dos recursos captados pelo Fundo dos Direitos da Criança do Adolescente, sendo que a definição das prioridades a serem atendidas se baseará nas disposições do Plano Nacional de Promoção, Proteção e Defesa dos Direitos de Crianças e Adolescentes à Convivência Familiar, bem como nas regras e princípios relativos à garantia do direito à convivência familiar (arts. 88, IV; do ECA); D: correta (art. 139, caput, do ECA); E: correta (art. 90, § 1º, do ECA).
Gabarito "C".

(Ministério Público/MT – 2012 – UFMT) Os recursos decorrentes das multas aplicadas pelo descumprimento de ordem judicial prolatada em ações fundamentadas no art. 210 do Estatuto da Criança e do Adolescente serão

(A) revertidos ao fundo gerido pelo Conselho Estadual de Direitos.
(B) revertidos ao fundo gerido pelo Conselho Nacional de Direitos.
(C) revertidos ao fundo gerido pelo Conselho Municipal de Direitos.
(D) divididos em partes iguais entre os Conselhos Municipal e Estadual.
(E) divididos em partes iguais entre os Conselhos de Direitos Municipal, Estadual e Nacional.

Art. 214, caput, do ECA.
Gabarito "C".

9. MINISTÉRIO PÚBLICO

(Promotor de Justiça/GO – 2016 - MPE) Sobre as funções do Ministério Público no âmbito da Justiça da Infância e Juventude é incorreto afirmar:

(A) O Ministério Público será titular exclusivo da ação socioeducativa relativa às infrações atribuídas a adolescentes e, de igual forma, será legitimado exclusivo para propor ações de alimentos, suspensão e destituição de poder familiar, encontrando-se a criança ou adolescente em situação de vulnerabilidade social.
(B) O Ministério Público está legitimado a impetrar mandado de segurança, de injunção e *habeas corpus*, em qualquer juízo, instância ou tribunal, na defesa dos interesses sociais e individuais indisponíveis afetos à criança ou adolescente, tendo, no exercício de suas funções, livre acesso a todo local onde se encontre criança ou adolescente.
(C) Compete ao Ministério Público inspecionar as entidades públicas e particulares de atendimento e os programas de que trata a Lei 8.069/1990, adotando de pronto as medidas administrativas ou judiciais necessárias à remoção de irregularidades porventura verificadas.
(D) O membro do Ministério Público será responsável pela utilização indevida de informações ou documentos que requisitar, nas hipóteses legais de sigilo.

A: incorreta. O Ministério Público é o titular exclusivo para propor a representação para aplicação de medida socioeducativa (art. 201, II) mas não é o único legitimado para as ações cíveis. De fato, prevê o artigo 201, III, do ECA, prevê entre as atribuições do MP a de "promover e acompanhar as ações de alimentos e os procedimentos de suspensão e destituição do poder familiar, nomeação e remoção de tutores, curadores e guardiães, bem como oficiar em todos os demais procedimentos da competência da Justiça da Infância e da Juventude". No entanto, conforme § 1º, do mesmo dispositivo, a legitimação do MP para as ações cíveis previstas neste artigo não impede a de terceiros, nas mesmas hipóteses. B: correta. A legitimidade para impetrar mandado de segurança, de injunção e habeas corpus, em qualquer juízo, instância ou tribunal, na defesa dos interesses sociais e individuais indisponíveis afetos à criança e ao adolescente está prevista no art. 201, IX. Do mesmo modo, o "representante do Ministério Público, no exercício de suas funções, terá livre acesso a todo local onde se encontre criança ou adolescente" (art. 201, § 3º). C: correta. Entre as funções do MP, está a de "inspecionar as entidades públicas e particulares de atendimento

e os programas de que trata esta Lei, adotando de pronto as medidas administrativas ou judiciais necessárias à remoção de irregularidades porventura verificadas" (art. 201, XI). D:correta. Na forma do art. 201, § 4º, o "representante do Ministério Público será responsável pelo uso indevido das informações e documentos que requisitar, nas hipóteses legais de sigilo".
Gabarito "A".

(Ministério Público/TO – 2012 – CESPE) Com base no que dispõe o ECA, assinale a opção correta em relação à proteção judicial dos interesses individuais, difusos e coletivos das crianças e dos adolescentes e à atuação do MP.

(A) O MP possui legitimidade para promover e acompanhar os procedimentos de suspensão e destituição do poder familiar, nomeação e remoção de tutores, curadores e guardiães. No entanto, com a criação da DP pela CF, o MP perdeu a legitimidade para ajuizar ações de alimentos.
(B) O MP não possui legitimidade para propor ACP para obrigar plano de saúde a custear tratamento quimioterápico, em qualquer centro urbano, a uma única criança conveniada a empresa prestadora do serviço de assistência médica.
(C) Em razão da ausência de previsão expressa no ECA, a DP não possui legitimidade para a propositura de ACP para a proteção dos direitos metaindividuais das crianças e dos adolescentes, possuindo, tão somente, legitimidade para o ajuizamento de ações individuais.
(D) Compete ao MP, entre outras atribuições, conceder a remissão, como forma de exclusão ou de suspensão do processo, e promover e acompanhar os procedimentos relativos às infrações atribuídas a adolescentes.
(E) As ações coletivas ajuizadas em defesa dos direitos das crianças e dos adolescentes devem ser propostas no foro do local onde ocorra a ação ou omissão, tendo o juízo do local competência absoluta para processar a causa, ressalvadas a competência da justiça federal e a competência originária dos tribunais superiores.

A: incorreta, por força do disposto no art. 201, III, do ECA; B: incorreta, por força no disposto nos art. 201, V e art. 210, I, do ECA; C: incorreta. Muito embora a Defensoria Pública não esteja como colegitimada no art. 210 do ECA, o fato é que ela possui legitimidade para a propositura de ação civil pública, em razão do disposto no art. 5º, II, da Lei 7.347/1985. Todavia, quanto a tutela for de direitos coletivos ou individuais homogêneos, a legitimidade ficará restrita aos interesses dos necessitados. Por sua vez, se a tutela for de direitos difusos, não haverá restrição, já que os seus titulares são indeterminados. Neste sentido é o entendimento jurisprudencial: Ementa PROCESSUAL CIVIL. AÇÃO COLETIVA. DEFENSORIA PÚBLICA. LEGITIMIDADE ATIVA. ART. 5º, II, DA LEI Nº 7.347/1985 (REDAÇÃO DA LEI Nº 11.448/2007). PRECEDENTE. 1. Recursos especiais contra acórdão que entendeu pela legitimidade ativa da Defensoria Pública para propor ação civil coletiva de interesse coletivo dos consumidores. 2. Esta Superior Tribunal de Justiça vem-se posicionando no sentido de que, nos termos do art. 5º, II, da Lei 7.347/1985 (com a redação dada pela Lei nº 11.448/2007), a Defensoria Pública tem legitimidade para propor a ação principal e a ação cautelar em ações civis coletivas que buscam auferir responsabilidade por danos causados ao meio ambiente, ao consumidor, a bens e direitos de valor artístico, estético, histórico, turístico e paisagístico e dá outras Providências. 3. Recursos especiais não providos. Acórdão Origem: STJ – SUPERIOR TRIBUNAL DE JUSTIÇA Classe: RESP – RECURSO ESPECIAL – 912849 Processo: 200602794575 UF: RS Órgão Julgador: PRIMEIRA TURMA Data da decisão: 26/02/2008 Relator(a) JOSÉ DELGADO; D: incorreta, pois, antes de iniciado o procedimento judicial para apuração de ato infracional, o representante do Ministério Público poderá conceder a remissão, como forma de exclusão do processo (art. 126, caput, do ECA); E: correta (art. 209 do ECA).
Gabarito "E".

(Ministério Público/PI – 2012 – CESPE) A respeito da proteção judicial dos interesses individuais, difusos e coletivos das crianças e dos adolescentes prevista no ECA, assinale a opção correta.

(A) As demandas judiciais previstas no ECA deverão ser propostas no foro do local onde tenha ocorrido ou deva ocorrer a ação ou omissão, cujo juízo terá competência absoluta para processar a causa, sem exceções, em atenção ao princípio da proteção integral.
(B) Na hipótese de a associação autora não promover a execução da sentença condenatória no prazo de sessenta dias contados do trânsito em julgado, deverá fazê-lo o MP, facultada igual iniciativa à defensoria pública.
(C) No curso do inquérito civil, se o órgão do MP, esgotadas todas as diligências, se convencer da inexistência de fundamento para a propositura da ação cível, ele deverá requerer, em petição fundamentada dirigida ao juiz da infância e da juventude, o arquivamento do procedimento.
(D) O MP não possui legitimidade para propor ACP para obrigar plano de saúde a custear tratamento quimioterápico em centro urbano a uma única criança conveniada à empresa prestadora do serviço de assistência médica.
(E) A proteção judicial coletiva dos interesses individuais, difusos e coletivos das crianças e dos adolescentes restringe-se aos direitos taxativamente previstos no ECA.

A: incorreta, pois as ações as serão propostas no foro do local onde ocorreu ou deva ocorrer a ação ou omissão, cujo juízo terá competência absoluta para processar a causa, ressalvadas a competência da Justiça Federal e a competência originária dos tribunais superiores (art. 209 do ECA); B: correta (art. 217 do ECA e art. 15, da Lei 7.347/1985); C: incorreta, pois os autos do inquérito civil ou as peças de informação arquivados serão remetidos, sob pena de se incorrer em falta grave, no prazo de três dias, ao Conselho Superior do Ministério Público e não ao juiz (art. 223, § 1º e 2º, do ECA); D e E: incorretas, pois estão em desacordo com o art. 201, V, do ECA.
Gabarito "B".

(Ministério Público/PI – 2012 – CESPE) No que se refere à atuação do MP no âmbito do ECA, assinale a opção correta.

(A) Compete ao MP conceder a remissão como forma de exclusão ou de suspensão do processo e promover e acompanhar os procedimentos relativos às infrações atribuídas a adolescentes.
(B) Com a criação da defensoria pública pela CF, o MP perdeu a legitimidade para a propositura de ações de alimentos.
(C) Compete ao MP impetrar mandado de segurança, de injunção e habeas corpus, em qualquer juízo, instância ou tribunal, na defesa dos interesses individuais disponíveis, indisponíveis, sociais e difusos afetos à criança e ao adolescente.
(D) Cabe ao representante do MP que atua perante a vara da infância e da juventude conceder entrevista pessoal ao adolescente privado de liberdade.

(E) No âmbito administrativo, compete ao MP instaurar inquérito civil e, para instruí-lo, requisitar das instituições financeiras a quebra de sigilo bancário dos investigados por crimes de sequestro praticados contra crianças e adolescentes.

A: incorreta, pois antes de iniciado o procedimento judicial para apuração de ato infracional, o representante do Ministério Público poderá conceder a remissão, como forma de exclusão do processo, atendendo às circunstâncias e consequências do fato, ao contexto social, bem como à personalidade do adolescente e sua maior ou menor participação no ato infracional (art. 126 do ECA); B: incorreta (art. 201, III, do ECA); C: incorreta, pois ao órgão ministerial cabe impetrar mandado de segurança, de injunção e habeas corpus, em qualquer juízo, instância ou tribunal, na defesa dos interesses sociais e individuais indisponíveis afetos à criança e ao adolescente (art. 201, IX, do ECA); D: correta (art. 124, I, do ECA); E: incorreta, pois a alternativa não traz uma das hipóteses de atuação do Ministério Público (art. 201, VI, do ECA).
Gabarito "D".

(Ministério Público/CE – 2011 – FCC) Ao fiscalizar as entidades de atendimento responsáveis pela execução de programas de proteção e socioeducativos, age de acordo com o Estatuto da Criança e do Adolescente o representante do Ministério Público que

(A) postula ao Conselho Estadual dos Direitos da Criança e do Adolescente a cassação do registro de entidade governamental que desenvolve programa de acolhimento familiar e não estimula o contato dos acolhidos com seus pais e parentes.

(B) representa ao Conselho Tutelar para a aplicação de multa à entidade não governamental que desenvolve programa de proteção social especial e não mantém serviços de apoio e acompanhamento de seus egressos.

(C) aplica, ele próprio, medida de recomendação e advertência à entidade governamental que desenvolve programa de acolhimento familiar e não observa a rigorosa separação de seus usuários segundo critérios de gênero e compleição física.

(D) representa ao juiz para a interdição de programa de internação executado por entidade governamental que descumpre a obrigação de oferecer atendimento personalizado, em pequenas unidades e grupos reduzidos.

(E) postula ao Conselho Municipal dos Direitos da Criança e do Adolescente o afastamento temporário de dirigente de entidade não governamental que desenvolve programa de semiliberdade e não oferece profissionalização aos adolescentes atendidos.

A alternativa "d" está correta, pois está de acordo com o art. 97, II, "c" e art. 201, X e XI, ambos do ECA, ficando excluídas as demais alternativas.
Gabarito "D".

(Ministério Público/CE – 2011 – FCC) Compete ao Ministério Público, segundo o que prevê o Estatuto da Criança e do Adolescente,

(A) conceder remissão como forma de extinção do processo.

(B) promover a oitiva informal de crianças e de adolescentes aos quais se atribui a autoria de ato infracional.

(C) requisitar, de qualquer pessoa, informações sobre fatos relevantes à defesa de direitos indisponíveis de crianças ou adolescentes, assinalando prazo não inferior a dez dias úteis para a resposta.

(D) aprovar o plano de aplicação das doações subsidiadas e demais receitas que integram o Fundo Municipal dos Direitos da Criança e do Adolescente.

(E) exercer as atribuições dos Conselhos Tutelares enquanto eles ainda não tiverem sido instalados.

A: incorreta, pois compete ao Ministério Público conceder remissão como forma de exclusão do processo, o qual nem sequer será iniciado (art. 126, caput, do ECA), e não como forma de extinção do processo; B: incorreta, pois a oitiva informal tem por finalidade a apuração de ato infracional praticado por adolescente (art. 179 do ECA), cabendo ao Ministério Público adotar uma das providências previstas no art. 180 do ECA. Caso se trate de ato infracional cometido por criança, caberá a aplicação de medida de proteção e não socioeducativa (art. 105 do ECA), a ser executada, em regra, pelo Conselho Tutelar. Neste sentido: "às crianças será possível a aplicação única e exclusivamente de medidas de proteção, conforme decisão do Conselho Tutelar. Contudo, dependendo da medida, a criança será encaminhada para o magistrado, como, por exemplo, quando for necessária a inserção em acolhimento institucional" (Rossato, Lépore e Sanches. Estatuto da Criança e do Adolescente Comentado. Editora RT); C: correta (art. 223, § 3º, do ECA); D: incorreta, pois cabe tão somente ao Ministério Público fiscalizar o Fundo Municipal dos Direitos da Criança e do Adolescente (arts. 260-I, VI e 206-J, do ECA); E: incorreta, pois enquanto não instalados os Conselhos Tutelares, as atribuições a eles conferidas serão exercidas pela autoridade judiciária (art. 262 do ECA). Ademais, em cada Município e em cada Região Administrativa do Distrito Federal haverá, no mínimo, 1 (um) Conselho Tutelar como órgão integrante da administração pública local (art. 132, do ECA). Assim, extrai-se do ECA a obrigatoriedade de o Município criar o Conselho Tutelar e o Conselho Municipal dos Direitos da Criança e do Adolescente (art. 88, I, II e IV; art.132; art. 134 e art. 139, todos do ECA). Neste sentido é o entendimento jurisprudencial: "AÇÃO CIVIL PÚBLICA – CONSELHO MUNICIPAL DOS DIREITOS DA CRIANÇA E DO ADOLESCENTE E O CONSELHO TUTELAR – ECA – CRIAÇÃO E FORMAÇÃO. A Ação Civil Pública é eficaz para compelir o Executivo municipal a criar e formar o Conselho Municipal dos Direitos da Criança e do Adolescente e o Conselho Tutelar, conforme determina o Estatuto da Criança e do Adolescente – ECA. Em reexame necessário, sentença confirmada" (Processo nº 1.0297.05.000699-0/001 (1), Rel. Des. Nilson Reis, p. em 24.03.2006).
Gabarito "C".

10. ACESSO À JUSTIÇA

(Ministério Público/DF – 2013) É dever da família, da sociedade e do Estado assegurar à criança e ao adolescente, com absoluta prioridade os seus direitos, que se afiguram indisponíveis e que faz do Ministério Público um legitimado natural à sua defesa. E, o ordenamento jurídico processual está posto para ser instrumento dessa atuação. Assinale a alternativa CORRETA:

(A) O órgão do Ministério Público que atua perante a Justiça da Infância e da Juventude, ingressou com ação de destituição do poder familiar contra o pai de uma criança. No curso da lide, o órgão ministerial requereu a antecipação da prova oral, mas seu pleito foi indeferido pelo juiz. Irresignado, o Ministério Público terá o prazo de 10 dias, para interpor o recurso de agravo de instrumento contra esta decisão judicial.

(B) No mesmo litígio citado no item anterior, a sentença foi prolatada por juiz que não presidiu quaisquer das audiências de instrução do processo, tendo ele julgado procedente a ação. O pai da criança formulou recurso suscitando a nulidade da sentença, por violação do princípio da identidade física do juiz. Necessário,

portanto, que o recorrente demonstre eventual prejuízo que a situação lhe proporcionou, o que não se presume somente por ser ele a parte vencida no processo.
(C) O juízo de retratação é uma oportunidade que a lei dá ao juiz de rever o que já decidiu. As sentenças proferidas pelo Juízo da Infância e da Juventude não são, de regra, passíveis de retratação, uma vez proferidas somente podem ser modificadas pelo órgão fracionário a que for dirigido o recurso pertinente. Apenas no caso de decisão interlocutória, acerca da qual foi interposto recurso de agravo de instrumento, é que a autoridade judiciária poderá retratar-se.
(D) A competência do juízo da infância e da juventude é absoluta para processar e julgar as causas que versam sobre interesses de crianças e adolescentes, seja no plano individual ou no coletivo, mesmo que a parte contrária seja a pessoa jurídica de direito público, e que exista o foro especializado de fazenda pública.
(E) O Conselho Tutelar é um importante órgão do Estado, encarregado pelo juiz da infância e da juventude para zelar pelo cumprimento dos direitos da criança e do adolescente, definidos na Lei nº 8.069/1990, podendo, por exemplo, requisitar certidão de nascimento de criança ou adolescente, quando necessário e a quem de direito.

A: incorreta, pois, como regra, das decisões interlocutórias caberá agravo, no prazo de 10 (dez) dias, na forma retida, salvo quando se tratar de decisão suscetível de causar à parte lesão grave e de difícil reparação, bem como nos casos de inadmissão da apelação e nos relativos aos efeitos em que a apelação é recebida, quando será admitida a sua interposição por instrumento (art. 522, caput, do CPC); B: correta, pois, de fato, a infringência ao princípio da identidade física do juiz não gera nulidade absoluta, devendo ser provado o prejuízo pela parte que o alega. Neste sentido é o entendimento jurisprudencial: "Recurso especial. Processual civil. Civil. Omissão não caracterizada (CPC, art. 535). Princípio da identidade física do juiz (CPC, art. 132). Ausência de prejuízo. Mandato. Liberação de valores. Ausência de poderes. Súmulas 5 e 7/STJ. Recurso não provido. (...) 2. O princípio da identidade física do juiz não possui caráter absoluto. Se não ficar caracterizado prejuízo às partes, sobretudo no tocante aos princípios do contraditório e da ampla defesa, não é viável reconhecer-se a nulidade do decisum apenas por ter sido prolatado por julgador diverso do que presidiu a instrução do feito. (...)" (STJ, Relator: Ministro Raul Araújo, j. 03.04.2014, Quarta Turma). "É cediço que o princípio da identidade física do juiz não tem caráter absoluto (art. 132, parágrafo único, do CPC). No caso, não se vislumbra qualquer prejuízo a alguma das partes, dessarte é forçoso reconhecer como válida a sentença proferida pelo juiz que não presidiu a instrução, mas a prolatou na qualidade de substituto eventual em mutirão (...) AgRg no Ag 624.779-RS, Rel. Min. Castro Filho, j. 15.08.2005 (Informativo STJ 327); C: incorreta, pois uma das características dos recursos interpostos das decisões proferidas na Justiça da Infância e Juventude é o juízo de retratação, inclusive, no recuso de apelação, podendo o juiz modificar a sua sentença, antes de determinar a subida dos autos à superior instância (art. 198, VII, do ECA); D: incorreta, pois a competência do juízo da infância e da juventude não é absoluta para processar e julgar todas as causas que versam sobre interesses de crianças e adolescentes, devendo existir situação de risco que justifique a fixação da competência. Neste sentido é o entendimento jurisprudencial: "Conflito de competência – Juízo da vara da infância e juventude – Juizado especial da fazenda pública – Ausência de situação de risco do menor – Resolução 700/2012 – Matéria diversa – Incompetência reconhecida. 1 – O caput do artigo 98 e o parágrafo único do art. 148 do ECA, cuidam de regras de competência

absoluta e, diante da alteração de estado de fato afaste sua aplicação, não se pode considerar o Juízo da Infância e Juventude competente para processar e julgar a ação de guarda de menores. 2 – Aplica-se o art. 8º da Resolução 700/2012-TJMG para fins de limitação da competência dos Juizados Especiais da Fazenda Pública, enquanto subsistir a autorização do art. 23 a Lei 12.153/2009" (TJ-MG – CC: 10000140105750000 MG, Relator: Jair Varão, j. 03.07.2014, Câmaras Cíveis / 3ª Câmara Cível, DJ 14.07.2014); E: incorreta, pois o Conselho Tutelar é órgão permanente e autônomo, não jurisdicional, integrante da administração pública local e não estadual (art. 131 do ECA). Oportuno ressaltar que uma das atribuições do Conselho Tutelar é requisitar certidões de nascimento e de óbito de criança ou adolescente quando necessário (art. 136, VIII, do ECA).
Gabarito "B".

(Ministério Público/ES – 2013 – VUNESP) Assinale a alternativa correta acerca da perda ou da suspensão do poder familiar no ECA.

(A) Considerando o prazo máximo de cento e vinte dias para conclusão do procedimento de perda ou de suspensão do poder familiar, deixou de ser obrigatória a oitiva dos pais, mesmo quando estes forem identificados e estiverem em local conhecido.
(B) O consentimento dos titulares do poder familiar para colocação em família substituta é irretratável, quando este for manifestado em audiência presidida pelo juiz, com a presença do órgão do Ministério Público, e na qual a equipe interprofissional tenha prestado orientações e esclarecimentos acerca da irrevogabilidade da medida.
(C) São obrigatórias a nomeação e a intervenção de curador especial da Defensoria Pública em qualquer ação de destituição do poder familiar formulada pelo Ministério Público no interesse da criança ou do adolescente.
(D) A apelação da sentença que destituiu ambos ou qualquer dos pais do exercício do poder familiar será recebida apenas no efeito devolutivo.
(E) O acolhimento institucional justifica-se como medida liminar requerida pelo Ministério Público no interesse superior da criança, nos procedimentos de perda ou suspensão do poder familiar, ainda que sem motivo grave.

A: incorreta, pois é obrigatória a oitiva dos pais sempre que esses forem identificados e estiverem em local conhecido (art. 161, § 4º, do ECA); B: incorreta, pois o consentimento é retratável até a data da publicação da sentença constitutiva da adoção (art. 166, § 5º, do ECA); C: incorreta, pois a autoridade judiciária dará curador especial à criança ou adolescente, quando os interesses destes colidirem com os de seus pais ou responsável, ou quando carecer de representação ou assistência legal ainda que eventual (art. 142, parágrafo único, do ECA); D: correta, pois a sentença que deferir a adoção produz efeito desde logo, embora sujeita a apelação, que será recebida exclusivamente no efeito devolutivo, salvo se se tratar de adoção internacional ou se houver perigo de dano irreparável ou de difícil reparação ao adotando (art. 199-A do ECA); E: incorreta, pois para que haja o afastamento da criança ou do adolescente de sua família natural, imprescindível que haja motivo grave para tanto (art. 157 do ECA).
Gabarito "D".

(Ministério Público/GO – 2013) Nos procedimentos afetos à Justiça da Infância e da Juventude, inclusive os relativos à execução das medidas socioeducativas, adotar-se-á o sistema recursal da Lei 5.869, de 11 de janeiro de 1973 (Código de Processo Civil), com a seguinte adaptação:

(A) os recursos serão interpostos com preparo, salvo quando partes o Ministério Público e a Defensoria Pública.
(B) em todos os recursos, salvo nos embargos de declaração, o prazo para o Ministério Público e para a defesa será de 15 (quinze) dias.
(C) os recursos terão preferência de julgamento e dispensarão revisor.
(D) antes de determinar a remessa dos autos à superior instância, no caso de apelação, ou do instrumento, no caso de agravo, a autoridade judiciária proferirá despacho fundamentado, mantendo ou reformando a decisão, no prazo de 10 (dez) dias.

A: incorreta, pois os recursos serão interpostos independentemente de preparo (art. 198, I, do ECA); B: incorreta, pois o prazo será de 10 dias (art. 198, II, do ECA); C: correta, pois a alternativa está de acordo com o disposto no art. 198, III, do ECA; D: incorreta, pois o prazo é de cinco dias e não de dez dias para o juízo de retratação (art. 198, VII, do ECA).
Gabarito "C".

(Ministério Público/MG – 2014) Sobre o procedimento previsto na Lei 8.069/1990 para a perda do poder familiar, é CORRETO afirmar:

(A) O procedimento para a perda ou a suspensão do poder familiar terá inicio por provocação do Ministério Público ou por qualquer pessoa.
(B) Havendo motivo grave, poderá a autoridade judiciária, ouvido o Ministério Público, decretar a suspensão do poder familiar, liminar ou incidentemente, até o julgamento definitivo da causa, ficando a criança ou adolescente confiado a pessoa idônea, sem necessidade de termo de responsabilidade.
(C) O requerido será citado para, no prazo de dez dias, oferecer resposta escrita, indicando as provas a serem produzidas e oferecendo desde logo o rol de testemunhas e documentos.
(D) Não sendo contestado o pedido, o juiz decretará de plano a revelia do réu.

A: incorreta, pois o procedimento para a perda ou a suspensão do poder familiar terá início por provocação do Ministério Público ou de quem tenha legítimo interesse e não por qualquer pessoa (art. 155 do ECA); B: incorreta, pois havendo motivo grave, poderá a autoridade judiciária, ouvido o Ministério Público, decretar a suspensão do poder familiar, liminar ou incidentemente, até o julgamento definitivo da causa, ficando a criança ou adolescente confiado a pessoa idônea, mediante termo de responsabilidade (art. 157 do ECA); C: correta, pois a alternativa está de acordo com o disposto no artigo 158, caput, do ECA; D: incorreta, pois não sendo contestado o pedido pelo requerido, a autoridade judiciária dará vista dos autos ao Ministério Público, a fim de que requeira as provas que entender necessárias. Ademais, a própria autoridade judiciária poderá determinar de ofício a realização de estudo social ou perícia por equipe interprofissional ou multidisciplinar (art. 161, caput e § 1º, do ECA). Isso porque, na ação de suspensão ou destituição do poder familiar, não se aplica o regular efeito da revelia, qual seja, o de presunção de veracidade dos fatos alegados pelo autor, haja vista tratar-se de causa que versa sobre direito indisponível.
Gabarito "C".

(Ministério Público/MG – 2014) Com relação ao sistema recursal previsto no Estatuto da Criança e do Adolescente, assinale a alternativa CORRETA:

(A) É o mesmo previsto no Código de Processo Civil, garantindo, todavia, o juízo de retratação pelo magistrado de primeira instância.
(B) É híbrido, pois trata de questões civis e penais, aplicando-se no primeiro caso o Código de Processo Civil e, no segundo, o Código de Processo Penal, sem a garantia do juízo de retratação pelo magistrado de primeira instância.
(C) Não há sistema recursal, uma vez que o magistrado de primeira instância não está adstrito à legalidade estrita, motivo pelo qual as decisões não fazem coisa julgada material.
(D) Todas as alternativas anteriores estão incorretas.

A alternativa correta é a "A", pois está de acordo com o artigo 198, caput e inciso VII, do ECA, ficando excluídas as demais.
Gabarito "A".

(Ministério Público/SC – 2012) Segundo o Estatuto da Criança e do Adolescente:

I. O procedimento para perda ou a suspensão do poder familiar terá início através de portaria expedida pelo Juiz de Direito, após prévia comunicação dos fatos pelo Conselho Tutelar.
II. O prazo máximo e improrrogável para a conclusão do procedimento para apuração de infração administrativa às normas de proteção à criança e ao adolescente é de 45 (quarenta e cinco) dias.
III. Da sentença nos processos afetos à Justiça da Infância e Juventude cabe apelação no prazo de cinco dias, contados da intimação da parte sucumbente.
IV. Compete ao Ministério Público promover o inquérito civil e a ação civil pública para a proteção dos interesses individuais, difusos ou coletivos relativos à infância e à adolescência.
V. O afastamento da criança ou adolescente do convívio familiar é de competência exclusiva da autoridade judiciária e importará na deflagração, a pedido do Ministério Público ou de quem tenha legítimo interesse, de procedimento judicial contencioso, no qual se garanta aos pais ou ao responsável legal o exercício do contraditório e da ampla defesa, sem prejuízo da tomada de medidas emergenciais para proteção de vítimas de violência ou abuso sexual e das providências a que alude o art. 130 desta Lei.

(A) Apenas as assertivas II, III, IV e V estão corretas.
(B) Apenas as assertivas I e V estão corretas.
(C) Apenas as assertivas III, IV e V estão corretas.
(D) Apenas as assertivas IV e V estão corretas.
(E) Todas as assertivas estão corretas.

I: incorreta, pois o procedimento para a perda ou a suspensão do poder familiar terá início por provocação do Ministério Público ou de quem tenha legítimo interesse, por meio de petição inicial protocolizada no juízo da Infância e da Juventude (art. 156 e 157 do ECA); II: incorreta, pois o prazo máximo de quarenta e cinco dias é para a internação provisória e não para a apuração da infração administrativa (art. 108 do ECA); III: incorreta, pois em todos os recursos, salvo nos embargos de declaração, o prazo para o Ministério Público e para a defesa será sempre de 10 (dez) dias (art. 198, II, do ECA); IV: correta (art. 201, V, do ECA); V: correta (art. 101, § 2º, do ECA).
Gabarito "D".

(Ministério Público/GO – 2012) Analise as proposições abaixo, assinalando em seguida, a alternativa correta.

I. O princípio do juízo imediato estabelece que a competência para apreciar e julgar medidas, ações e procedimentos que tutelam interesses, direitos e garantias

positivadas no ECA é determinada pelo lugar onde a criança ou o adolescente exerce, com regularidade, seu direito à convivência familiar e comunitária.
II. O princípio do juízo imediato, previsto no art. 147, I e II, do ECA, desde que firmemente atrelado ao princípio do melhor interesse da criança e do adolescente, sobrepõe-se às regras gerais de competência do CPC.
III. Embora seja compreendido como regra de competência territorial, o art. 147, I e II, do ECA apresenta natureza de competência absoluta.
IV. A determinação da competência, em casos de disputa judicial sobre a guarda – ou mesmo a adoção e tutela – de infante deve garantir primazia ao melhor interesse da criança, mesmo que isso implique em flexibilização de outras normas.
V. A aplicação do art. 87 do CPC, em contraposição ao art. 147, I e II, do ECA, somente é possível se – consideradas as especificidades de cada lide e sempre tendo como baliza o princípio do melhor interesse da criança – ocorrer mudança de domicílio da criança e de seus responsável depois de iniciada a ação e consequentemente configurada a relação processual.

(A) São corretas as assertivas I, III e V e incorretas as assertivas II e IV.
(B) São corretas as assertivas III e V e incorretas as assertivas I, II e IV.
(C) São corretas as assertivas I e V e incorretas as assertivas II, III e IV.
(D) São corretas as assertivas I, II, III, IV e V.

I: correta (art. 147 do ECA); II: correta, pois o CPC se aplica de forma subsidiária (art. 152 do ECA); III: correta. "Embora seja compreendido como regra de competência territorial, o art. 147, I e II, do ECA apresenta natureza de competência absoluta. Isso porque a necessidade de assegurar ao infante a convivência familiar e comunitária, bem como de lhe ofertar a prestação jurisdicional de forma prioritária, conferem caráter imperativo à determinação da competência (STJ – CONFLITO DE COMPETÊNCIA Nº 111.130 – SC 2010/0050164-8); IV e V: corretas. "COMPETÊNCIA. ADOÇÃO. GUARDA. INTERESSE. CRIANÇA. No caso de disputa judicial que envolve a guarda ou mesmo a adoção de crianças ou adolescentes, deve-se levar em consideração o interesse deles para a determinação da competência, mesmo que para tal se flexibilizem outras normas. Logo, o princípio do juízo imediato, previsto no art. 147, I, do ECA, sobrepõe-se às regras gerais do CPC, desde que presente o interesse da criança e do adolescente. Assim, o art. 87, do CPC, que estabelece o princípio da perpetuatio jurisdictionis, deve ser afastado para que a solução do litígio seja mais ágil, seguro e eficaz em relação à criança, permitindo a modificação da competência no curso do processo, mas sempre considerando as peculiaridades do caso. A aplicação do art. 87 do CPC em oposição ao art. 147, I, do ECA somente é possível quando haja mudança de domicílio da criança e seus responsáveis, após já iniciada a ação e, consequentemente, configurada a relação processual. Esse posicionamento tem o objetivo de evitar que uma das partes mude de residência e leve consigo o processo". (STJ, CC 111.130-SC, Rel. Min. Nancy Andrighi, julgado em 08.09.2010. 2ª Seção).
Gabarito "D".

(Ministério Público/TO – 2012 – CESPE) O ECA prevê que sejam adotados, na justiça da infância e da juventude, procedimentos recursais previstos no CPC, com algumas adaptações. A respeito das normas recursais específicas previstas no ECA, assinale a opção correta.

(A) No caso de apelação e de agravo de instrumento, cabe ao juiz, antes de determinar a remessa dos autos à instância superior, realizar o juízo de retratação, mediante decisão fundamentada.
(B) Cabe recurso de agravo de instrumento contra as decisões proferidas pelo juízo da infância e da juventude que disciplinar, por meio de portaria, ou autorizar, mediante alvará, a entrada e permanência de criança ou adolescente, sem a companhia dos pais ou do responsável, em boate ou congêneres.
(C) Contra a sentença que deferir a adoção nacional ou internacional cabe recurso de apelação, que será recebida exclusivamente no efeito devolutivo e produzirá efeito desde logo.
(D) A sentença que destituir um dos genitores ou ambos do poder familiar fica sujeita a apelação, que deverá ser recebida no duplo efeito.
(E) Em todos os recursos, o prazo para o MP e para a defesa será sempre de dez dias.

A: correta (art. 198, VII, do ECA); B: incorreta, pois em tais decisões o recurso cabível é o de Apelação (art. 199 do ECA); C: incorreta, pois, em regra, a sentença que deferir a adoção produz efeito desde logo, embora sujeita a apelação, que será recebida exclusivamente no efeito devolutivo. Todavia, se se tratar de adoção internacional ou se houver perigo de dano irreparável ou de difícil reparação ao adotando, o recurso será recebido no duplo efeito (art. 199-A do ECA); D: incorreta, pois a sentença que destituir ambos ou qualquer dos genitores do poder familiar fica sujeita a apelação, que deverá ser recebida apenas no efeito devolutivo (art. 199-B, do ECA); E: incorreta, pois em todos os recursos, salvo nos embargos de declaração, o prazo para o Ministério Público e para a defesa será sempre de 10 (dez) dias (art. 198, II, do ECA).
Gabarito "A".

11. INFRAÇÕES ADMINISTRATIVAS

(Ministério Público/ES – 2013 – VUNESP) Assinale a alternativa correta acerca da multa decorrente de infração administrativa no Estatuto da Criança e do Adolescente.

(A) A pretensão para a cobrança da multa prescreve em dois anos, nos termos do art. 114, I, do Código Penal.
(B) É aplicada ao transportador de criança ou de adolescente entre comarcas contíguas, acompanhado de ascendente ou colateral maior sem autorização expressa do pai, mãe ou responsável.
(C) O produto da arrecadação das multas é destinado ao funcionamento do Conselho Tutelar do respectivo município onde foram aplicadas, para fins de remuneração e formação continuada dos conselheiros tutelares.
(D) Por se tratar de penalidade administrativa, pode ser fixada de ofício pelo Ministério Público ao lavrar o auto de infração em que se constatou a irregularidade.
(E) Pode ser cobrada pelo Ministério Público, quando não for paga em até trinta dias do trânsito em julgado da decisão que a fixou.

A: incorreta, pois em se "tratando de sanção administrativa, a multa prevista nas infrações administrativas tipificadas no Estatuto segue as regras de Direito Administrativo, sendo, por assim, quinquenal o prazo prescricional" (ROSSATO; LÉPORE e SANCHES. Estatuto da Criança e do Adolescente Comentado. 3ª edição, 2012, São Paulo, Ed. RT). Neste sentido é o entendimento jurisprudencial: "Em se tratando de sanção administrativa, a multa imposta por força do art. 247 do ECA segue as regras de direito administrativo e não penal, sendo quinquenal o prazo prescricional. Precedentes da seção de Direito Público" (REsp 894.528/

RN, 2ª T., j. 14.04.2009, rel. Min. Eliana Calmon, DJ 08.05.2009); B: incorreta, pois a hipótese descrita na alternativa não configura a infração administrativa prevista no art. 251 do ECA, segundo a qual é vedado transportar criança ou adolescente, por qualquer meio, com inobservância do disposto nos arts. 83, 84 e 85. Em princípio, nenhuma criança poderá viajar para fora da comarca onde reside, desacompanhada dos pais ou responsável, sem expressa autorização judicial. Todavia, a autorização não será exigida quando: a) tratar-se de comarca contígua à da residência da criança, se na mesma unidade da Federação, ou incluída na mesma região metropolitana; b) a criança estiver acompanhada: 1) de ascendente ou colateral maior, até o terceiro grau, comprovado documentalmente o parentesco; 2) de pessoa maior, expressamente autorizada pelo pai, mãe ou responsável (art. 83 do ECA). Por sua vez, o adolescente poderá viajar sozinho, em todo o território nacional, sendo desnecessária a autorização judicial, a qual somente é exigida pelo ECA, caso se trate de viagem internacional. Nos termos do art. 84 do ECA, em caso de viagem internacional, "a autorização é dispensável, se a criança ou adolescente: I – estiver acompanhado de ambos os pais ou responsável; II – viajar na companhia de um dos pais, autorizado expressamente pelo outro através de documento com firma reconhecida"; C: incorreta, pois os valores das multas reverterão ao fundo gerido pelo Conselho dos Direitos da Criança e do Adolescente do respectivo município (art. 214 do ECA). Cumpre consignar que deverá constar da lei orçamentária municipal e a do Distrito Federal previsão dos recursos necessários ao funcionamento do Conselho Tutelar e à remuneração e formação continuada dos Conselheiros Tutelares (art. 134, parágrafo único, do ECA); D: incorreta, pois o Ministério Público poderá representar ao juízo visando à aplicação de penalidade por infrações cometidas contra as normas de proteção à infância e à juventude, sem prejuízo da promoção da responsabilidade civil e penal do infrator, quando cabível (art. 201, X, do ECA). Inclusive, o juiz poderá impor multa diária ao réu, independentemente de pedido do autor, se for suficiente ou compatível com a obrigação de fazer ou não fazer, fixando prazo razoável para o cumprimento do preceito (art. 213, §2°, do ECA); E: correta, pois as multas não recolhidas até trinta dias após o trânsito em julgado da decisão serão exigidas através de execução promovida pelo Ministério Público, nos mesmos autos, facultada igual iniciativa aos demais legitimados (art. 214, § 1°, do ECA).

Gabarito "E".

(Ministério Público/RR – 2012 – CESPE) A respeito das infrações administrativas e do respectivo procedimento de apuração, assinale a opção correta.

(A) O procedimento para imposição de penalidade administrativa por infração às normas de proteção à criança e ao adolescente terá início por representação do MP, ou do conselho tutelar, ou por auto de infração elaborado por servidor efetivo ou voluntário credenciado, assim como de ofício pela autoridade judiciária competente.

(B) Constitui infração administrativa exibir, total ou parcialmente, fotografia ou vídeo de criança ou adolescente envolvido em ato infracional, ou qualquer ilustração que lhe diga respeito ou se refira a atos que lhe sejam atribuídos, ainda que as imagens não permitam a sua identificação direta ou indireta.

(C) O requerido terá prazo de dez dias para a apresentação de defesa, contado da data da intimação, que poderá ser feita por oficial de justiça ou funcionário legalmente habilitado, que lhe entregará cópia do auto ou da representação, ou a seu representante legal, lavrando certidão.

(D) Apresentada, ou não, a defesa no prazo legal, a autoridade judiciária dará vista dos autos ao MP, por cinco dias, decidindo em igual prazo, sendo vedada a colheita de prova oral, em atenção ao princípio da celeridade.

(E) Comete infração administrativa a pessoa que deixa de apresentar à autoridade judiciária de seu domicílio, no prazo de cinco dias, com o fim de regularizar a guarda, adolescente levado de outra comarca para a prestação de serviço doméstico, exceto se houver autorização escrita e com firma reconhecida dos pais ou responsável.

A: incorreta, pois não há previsão legal de o procedimento para imposição de penalidade administrativa ser iniciado de ofício pela autoridade judiciária competente (art. 194 do ECA); B: incorreta, pois para a configuração da infração administrativa trazida na alternativa, é imprescindível que as imagens permitam a identificação direta ou indireta da criança ou do adolescente (art. 247, § 1°, do ECA); C: correta (art. 195, II, do ECA); D: incorreta, pois não há vedação de colheita de prova oral (art. 196 e 197, do ECA); E: incorreta, pois há infração administrativa, mesmo que haja autorização dos pais ou responsável (art. 248 do ECA).

Gabarito "C".

12. CRIMES

(Ministério Público/CE – 2011 – FCC) Como estratégia para prevenir violação de direito da criança e do adolescente, bem como responsabilizar os violadores, o Estatuto da Criança e do Adolescente tipificou como

(A) crime exibir filme classificado pelo órgão competente como inadequado às crianças e adolescentes admitidos ao espetáculo.

(B) crime deixar o médico responsável por estabelecimento de atenção à saúde de comunicar à autoridade os casos de que tenha conhecimento envolvendo suspeita de maus tratos contra criança.

(C) infração administrativa deixar a autoridade competente de efetuar a inclusão de crianças em condições de serem adotadas no respectivo cadastro.

(D) infração administrativa deixar a autoridade policial de comunicar a apreensão da criança ou adolescente à família do apreendido.

(E) infração administrativa a venda de fogos de estampido ou de artifício a criança ou adolescente.

A: incorreta, pois a alternativa trata de infração administrativa e não de crime (art. 255 do ECA); B: incorreta, pois a alternativa trata de infração administrativa e não de crime (art. 245 do ECA); C: correta (art. 258-A, parágrafo único, do ECA); D: incorreta, pois a alternativa trata de crime e não de infração administrativa (art. 231 do ECA); E: incorreta, pois a alternativa trata de crime e não de infração administrativa (art. 244 do ECA).

Gabarito "C".

13. TEMAS COMBINADOS E OUTROS TEMAS

(Promotor de Justiça – MPE/AM – FMP – 2015) Considere o sistema recursal previsto para os procedimentos que tramitam no Juizado da Infância e Juventude:

I. Tratando-se de adoção de criança e adolescente, a apelação será recebida exclusivamente no efeito devolutivo, salvo nos casos de adoção internacional ou se estiver presente perigo de dano irreparável ou de difícil reparação ao adotando.

II. O prazo para o Ministério Público e para a defesa, em todos os recursos referentes a ações que tramitam no Juizado da Infância e Juventude, salvo nos embargos de declaração, será sempre de 10 (dez) dias.

III. A sentença que destituir do poder familiar ambos ou qualquer dos pais estará sujeita à apelação, recebida apenas no efeito devolutivo.

Quais das assertivas acima estão corretas?

(A) Apenas a II.
(B) Apenas a I e III.
(C) Apenas a I e II.
(D) I, II e III.
(E) Apenas a II e III.

I: correta. Conforme art. 199-A, do ECA. Terá efeito apenas devolutivo a apelação nas hipóteses de adoção nacional, de perda de poder familiar ou nas hipóteses em que o juiz entender que há perigo de dano irreparável ou de difícil reparação. Nos demais casos, o efeito será devolutivo e suspensivo. II: correta. O art. 198, II, do ECA, determina que os prazos recursais são todos de 10 dias, exceto para os embargos de declaração, que tem prazo de 5 dias. III: correta. Vide comentário ao item I.
Gabarito "D".

(Promotor de Justiça – MPE/AM – FMP – 2015) Considere as seguintes alternativas sobre as disposições previstas no Estatuto da Criança e do Adolescente:

I. A convivência da criança e do adolescente com mãe e pai privados de liberdade, por meio de visitas periódicas promovidas pelo responsável ou, nas hipóteses de acolhimento institucional, pela entidade responsável, deve ser antecedida de autorização judicial.

II. A competência territorial nas ações que tramitam no Juizado da Infância e Juventude será determinada pelo domicílio dos pais ou responsável ou, à falta dos pais ou responsável, pelo lugar onde se encontra a criança ou adolescente.

III. As entidades, públicas e privadas, que atuem com atividades de cultura, lazer, esportes, diversões, espetáculos e produtos e serviços, dentre outras, devem contar em seus quadros com pessoas capacitadas a reconhecer e comunicar ao Conselho Tutelar suspeitas ou casos de maus-tratos praticados contra crianças e adolescentes.

Quais das assertivas acima estão corretas?

(A) Apenas a I.
(B) Apenas a II.
(C) Apenas a I e II.
(D) I, II e III.
(E) Apenas a II e III.

I: incorreta. Independe de autorização judicial (art. 19, § 4º). II: correta. Nos exatos termos do art. 147 do ECA, que deve ser lido à luz da Súmula 383 do STJ: "A competência para processar e julgar as ações conexas de interesse de menor é, em princípio, do foro do domicílio do detentor de sua guarda". III: correta. Nos exatos termos do art. 70-B do ECA.
Gabarito "E".

(Promotor de Justiça – MPE/AM – FMP – 2015) Segundo a Lei de Diretrizes e Bases da Educação (Lei 9.394, de 20/12/1996), é correto afirmar:

(A) Comprovada a negligência da autoridade competente em garantir o oferecimento do ensino obrigatório, considerado direito público subjetivo, poderá a referida autoridade ser imputada por crime de responsabilidade.

(B) É dever do Estado garantir à criança e ao adolescente, a partir dos 4 (quatro anos), vaga na escola pública de educação infantil e de ensino fundamental em instituição de ensino localizada à distância não superior a 5 (cinco) km.

(C) O poder público, na esfera de sua competência federativa, deverá recensear semestralmente as crianças e os adolescentes em idade escolar, bem como os jovens e adultos que não concluíram a educação básica.

(D) Os estabelecimentos de ensino, respeitadas as normas comuns e as de seu sistema de ensino, têm a incumbência de notificar ao Conselho Tutelar, à autoridade judiciária e ao representante do Ministério Público, a relação dos alunos com infrequência superior a quarenta por cento do percentual permitido em lei.

(E) A educação infantil terá carga horária mínima anual de 800 (oitocentas) horas, distribuída por um mínimo de 300 (trezentos) dias de trabalho educacional.

A: correta. Nos exatos termos do art. 5º, § 4º, "comprovada a negligência da autoridade competente para garantir o oferecimento do ensino obrigatório, poderá ela ser imputada por crime de responsabilidade". B: incorreta. O dever do Estado com a educação escolar pública será efetivado (art. 4º) através da educação infantil gratuita às crianças de até 5 (cinco) anos de idade e da educação básica obrigatória e gratuita dos 4 (quatro) aos 17 (dezessete) anos de idade, divididas nas seguintes etapas: pré-escola; ensino fundamental e ensino médio. É ainda garantida a vaga na escola pública de educação infantil ou de ensino fundamental mais próxima de sua residência a toda criança a partir do dia em que completar 4 (quatro) anos de idade. C: incorreta. Nos termos do art. 5º, § 1º, é dever do poder público, na esfera de sua competência federativa, recensear anualmente as crianças e adolescentes em idade escolar, bem como os jovens e adultos que não concluíram a educação básica. D: incorreta. Os estabelecimentos de ensino devem notificar ao Conselho Tutelar do Município, ao juiz competente da Comarca e ao respectivo representante do Ministério Público a relação dos alunos que apresentem quantidade de faltas acima de cinquenta por cento do percentual permitido em lei (art. 12, VIII). E: incorreta. A carga horária mínima para a educação infantil anual de 800 (oitocentas) horas, distribuída por um mínimo de 200 (duzentos) dias de trabalho educacional (art. 31, II).
Gabarito "A".

(Promotor de Justiça – MPE/MS – FAPEC – 2015) Assinale a alternativa correta, referente ao Estatuto da Criança e do Adolescente (ECA – Lei 8.069/1990):

(A) A configuração do crime do art. 244-B do ECA (corromper ou facilitar a corrupção de menor de 18 (dezoito) anos, com ele praticando infração penal ou induzindo-o a praticá-la) independe da prova da efetiva corrupção do menor, por se tratar de delito formal.

(B) Na medida de internação aplicada sob o fundamento do "descumprimento reiterado e injustificável da medida anteriormente imposta", o seu prazo poderá ser superior a três meses, desde que devidamente justificado na decisão judicial.

(C) O Superior Tribunal de Justiça já firmou entendimento no sentido da impossibilidade de aplicação do princípio da bagatela às condutas regidas pelo Estatuto da Criança e do Adolescente, pois o referido diploma busca acima de tudo a proteção integral do adolescente infrator.

(D) De acordo com o STJ, o ato infracional análogo ao tráfico de drogas (por ser equiparado a hediondo) conduz obrigatoriamente à imposição de medida socioeducativa de internação do adolescente.

(E) Consoante pacífica jurisprudência do STJ, compete à Justiça Federal processar e julgar acusado da prática de conduta criminosa consistente na captação e armazenamento, em computadores de escolas municipais, de vídeos pornográficos oriundos da internet, envolvendo crianças e adolescentes.

A: correta. "A configuração do crime do art. 244-B do ECA independe da prova da efetiva corrupção do menor, por se tratar de delito formal" (Súmula 500 do STJ). B: incorreta. O prazo máximo para a internação-sanção é de 3 (três) meses (art. 122, § 1º, do ECA). C: incorreta. O STJ admite a aplicação do princípio da insignificância nos procedimentos que apuram a prática de ato infracional. Veja HC 243.950/PA. D: incorreta. "O ato infracional análogo ao tráfico de drogas, por si só, não conduz obrigatoriamente a imposição de medida socioeducativa de internação ao adolescente" (Súmula 492 do STJ). E: incorreta. Para o STJ, compete à Justiça Comum Estadual processar e acusado da prática de conduta criminosa consistente na captação e armazenamento, em computadores de escolas municipais, de vídeos pornográficos oriundos da internet, envolvendo crianças e adolescentes. Veja CC 103.011-PR, Rel. Min. Assusete Magalhães, DJe 13/3/2013.
Gabarito "A".

(Promotor de Justiça – MPE/MS – FAPEC – 2015) Sobre o direito da infância e juventude (ECA – Estatuto da Criança e do Adolescente – Lei 8.069/1990), assinale a alternativa incorreta:

(A) O ECA adotou a Teoria da Proteção Integral, na linha do que já estabelecia a Constituição Federal, no qual as crianças e adolescentes são considerados pessoas titulares de direitos fundamentais e esses direitos devem ser tutelados, abandonando-se a Teoria da Situação Irregular, pela qual o menor era considerado um objeto de proteção.

(B) O ECA considera criança a pessoa até doze anos de idade completos, e adolescente entre doze e dezoito anos de idade. Nos casos expressos no referido Estatuto, aplica-se excepcionalmente às pessoas entre dezoito e vinte e um anos de idade.

(C) De acordo com o entendimento do STJ, no procedimento para aplicação de medida socioeducativa, é nula a desistência de outras provas em face da confissão do adolescente.

(D) De acordo com o entendimento do STJ, a prescrição penal é aplicável nas medidas socioeducativas previstas no ECA.

(E) De acordo com o entendimento do STJ, é necessária a oitiva do menor infrator antes de decretar-se a regressão da medida socioeducativa.

A: correta. O ECA, com fundamento na Constituição Federal e na Convenção Internacional dos Direitos da Criança, adotou a teoria da Proteção Integral, em contraposição ao então vigente Código de Menores, que adotava a teoria da Situação Irregular. B: incorreta. Criança é a pessoa até doze anos incompletos. C: correta. Nos termos da Súmula 342 do STJ "no procedimento para aplicação da medida socioeducativa, é nula a desistência de outas provas em face da confissão do adolescente". D: correta. Nos termos da Súmula 338 do STJ "a prescrição penal é aplicável nas medidas socioeducativas". E: correta. Nos termos da Súmula 265 do STJ, "é necessária a oitiva do menor infrator antes de decretar-se a regressão da medida socioeducativa".
Gabarito "B".

(Ministério Público/Acre – 2014 – CESPE) No que tange aos direitos fundamentais das crianças e dos adolescentes, conforme previsão do ECA e entendimento dos tribunais superiores, assinale a opção correta.

(A) Embora o ECA garanta, de diversas formas, os direitos fundamentais da criança e do adolescente mediante a proteção da gestante, não há previsão de garantia do aleitamento materno aos filhos de mães submetidas a penas privativas de liberdade.

(B) Como forma de impedimento à adoção comercial de bebês, o Estado é proibido de proporcionar assistência psicológica à gestante ou à mãe que manifestarem desejo de entregar seus filhos para adoção.

(C) Admite-se a veiculação de imagens com cenas de espancamento e tortura praticados por adulto contra criança, ainda que constrangedoras, em razão da prevalência do direito à informação prestada pela impressa à sociedade.

(D) É obrigação do Estado criar e manter centros específicos para adolescentes portadores de doença ou deficiência mental em cumprimento de medida socioeducativa, não sendo suficientes a existência de programa psiquiátrico terceirizado e a utilização da rede pública para o atendimento de casos agudos.

(E) A CF e o ECA asseguram o ingresso e a permanência de crianças com até seis anos de idade em creches e pré-escolas, desde que comprovada a hipossuficiência dos pais.

A: incorreta, pois dentre os direitos fundamentas previstos no ECA está ode que o poder público, as instituições e os empregadores propiciarão condições adequadas ao aleitamento materno, inclusive aos filhos de mães submetidas a medida privativa de liberdade (art. 9º do ECA); B: incorreta, pois o ECA prevê que ao poder público incumbe proporcionar assistência psicológica à gestante e à mãe, no período pré e pós-natal, inclusive como forma de prevenir ou minorar as consequências do estado puerperal. Ainda, a assistência psicológica deverá ser prestada a gestantes ou mães que manifestem interesse em entregar seus filhos para adoção, com o fim de evitar o comércio ilegal de bebês, na medida em que, caso a mãe realmente não queira permanecer com o seu filho, a criança será imediatamente acolhida e entregue a um casal previamente habilitado no cadastro de pretendentes à adoção (art. 8º, §§ 4º e 5º, do ECA); C: incorreta, pois a divulgação de cenas de criança sendo espancada violaria o seu direito ao respeito à inviolabilidade da integridade física, psíquica e moral, que abrange a preservação da imagem (art. 17 do ECA), prevalecendo sobre o direito à informação; D: correta (art. 112, § 3º, do ECA); E: incorreta, pois é dever do Estado garantir a educação infantil, em creche e pré-escola, às crianças com até 5 (cinco) anos de idade (art. 54, IV, do ECA; art. 208, IV, da CF/88). Ademais, como a Constituição Federal erigiu a eliminação das desigualdades regionais e o acesso universal à educação básica à categoria de garantias fundamentais, disso resulta que independe de comprovação da hipossuficiência dos pais para que a criança tenha assegurado o seu direito de ingresso e permanência à creche e pré-escola.
Gabarito "D".

(Ministério Público/DF – 2013) Julgue os itens a seguir, a respeito do direito da criança e do adolescente:

I. O Conselho Tutelar é um órgão público, permanente e autônomo, encarregado de zelar pelos direitos de crianças e adolescentes que se encontrem em situação que configure violação de direitos, e suas decisões poderão ser revistas somente pelo Ministério Público ou pelo juiz.

II. O Conselho Tutelar é um órgão jurisdicional e tem como atribuição a imposição de medidas de proteção às crianças e aos adolescentes, inclusive a colocação em família substituta ou em acolhimento institucional.
III. A responsabilização por multa decorrente de prática da infração consistente na ausência de indicação da faixa etária permitida no local de eventos alcança tanto o organizador do evento quanto o responsável pelo estabelecimento.
IV. Família extensa é aquela que se estende para além da unidade pais e filhos ou da unidade do casal, formada por parentes próximos com os quais a criança ou adolescente convive e mantém vínculos de afinidade e afetividade.
V. Toda criança ou adolescente que estiver inserido em programa de acolhimento familiar ou institucional terá sua situação reavaliada, no máximo, a cada 6 (seis) meses, devendo a autoridade judiciária competente, com base em relatório elaborado por equipe interprofissional ou multidisciplinar, decidir de forma fundamentada pela possibilidade de reintegração familiar ou colocação em família substituta. Estão CORRETOS os itens:
(A) I, II e IV
(B) I, III e IV
(C) I, III e V
(D) II, IV e V
(E) III, IV e V

I: incorreta, pois o Conselho Tutelar é órgão público (já que integra a administração pública local), permanente e autônomo, não jurisdicional, encarregado pela sociedade de zelar pelo cumprimento dos direitos da criança e do adolescente, não somente quando em situação de risco, sendo que suas decisões somente poderão ser revistas pela autoridade judiciária a pedido de quem tenha legítimo interesse (artigos 131 e 137, ambos do ECA); II: incorreta, pois o afastamento da criança ou adolescente do convívio familiar e consequente aplicação das medidas de acolhimento familiar, institucional ou colocação em família substituta é de competência exclusiva da autoridade judiciária (art. 101, VII a IX e § 2º, do ECA). Oportuno registrar que ao Conselho Tutelar é cabível a aplicação das demais medidas protetivas (art. 136, I e parágrafo único, do ECA). "Na redação anterior do Estatuto, o Conselho Tutelar poderia aplicar a medida de abrigamento e encaminhar a criança e o adolescente diretamente à entidade respectiva, comunicando o fato posteriormente à entidade judiciária. Contudo, de acordo com o atual regramento, a inserção de criança e adolescente em medida protetiva de acolhimento institucional e acolhimento familiar está condicionada à autorização judicial, de modo que não consta mais das atribuições do Conselho Tutelar. (...) o Conselho Tutelar deixa de atuar de forma ativa na inserção da criança e do adolescente em abrigamento, para apenas acompanhar a situação e fornecer subsídios ao magistrado, a quem competirá a palavra sobre a necessidade efetiva de manutenção da medida". (ROSSATO, LÉPORE E SANCHES. Estatuto da Criança e do Adolescente Comentado, 3ª edição, 2012, São Paulo, Ed. RT, p. 302). Em contrapartida, as entidades que mantenham programa de acolhimento institucional poderão, em caráter excepcional e de urgência, acolher crianças e adolescentes sem prévia determinação da autoridade competente, fazendo comunicação do fato em até 24 (vinte e quatro) horas ao Juiz da Infância e da Juventude, em virtude do princípio da intervenção precoce (art. 93 do ECA); III: correta, pois a alternativa está de acordo com o disposto no artigo 252 do ECA; IV: correta, pois a alternativa está de acordo com o disposto no artigo 25, parágrafo único, do ECA; V: correta, pois a alternativa está de acordo com o disposto no artigo 19, § 1º, do ECA.

Gabarito "E".

(Ministério Público/RO – 2013 – CESPE) No que concerne aos direitos da criança e do adolescente, em especial aos antecedentes históricos, aos direitos fundamentais, à política de organização e atendimento, ao conselho tutelar, às medidas de proteção e à atuação do MP, assinale a opção correta.
(A) O MP possui legitimidade para tutelar os direitos coletivos lato sensu das crianças e dos adolescentes, prerrogativa que não se aplica à proteção dos direitos individuais homogêneos.
(B) A revolução trazida pelo Código de Menores, de 1979, colocou o Brasil no seleto rol das nações mais avançadas na defesa dos interesses da criança e do adolescente, titulares de direitos fundamentais.
(C) O ECA ratifica a CF com relação à política de atendimento dos direitos da criança e do adolescente, indicando a responsabilidade de todos os entes da Federação e da sociedade com as questões infanto-juvenis.
(D) O estabelecimento do conselho tutelar como órgão permanente, autônomo e não jurisdicional indica que essa autonomia é funcional e implica a subordinação desse órgão, na escala administrativo-hierárquica, aos órgãos da função executiva do Estado.
(E) O MP, em caso de omissão do conselho tutelar, tem a atribuição, imputada pelo ECA, de aplicar diretamente medida de proteção.

A: incorreta, pois a legitimidade do Ministério Público para a defesa dos interesses individuais de crianças e adolescentes não se baseia tão somente no art. 210, I, do ECA, já que decorre de sua ampla atuação, com fulcro no art. 129, I, III e V, da CF/1988. Neste sentido há diversos precedentes do STJ (AgRg no REsp 800.657/SP, 4ª T., j. 05.11.2009, rel. Min. João Otávio de Noronha, DJe 16.11.2009) e do STF (AgRg no RE 472.489/RS, 2ª T., j. 29.04.2008, rel. Min. Celso de Mello, DJe 29.08.2008); B: incorreta, pois o Código de Menores de 1979 disciplinava as medidas judiciais que deveriam ser aplicadas em face de crianças e adolescentes em situação irregular. Com a elaboração do Estatuto da Criança e do Adolescente (Lei nº 8.069/1990), o Brasil se tornou uma das nações avançadas na defesa dos interesses da criança e dos adolescentes, em razão da adoção da teoria da proteção integral, segundo a qual a criança e o adolescente são reconhecidos como pessoas em desenvolvimento, sujeitos de direitos e garantias, independentemente da situação em que se encontrem; C: correta. Nos termos do art. 4º do ECA e do art. 227, caput, da CF/1988, "é dever da família, da comunidade, da sociedade em geral e do poder público assegurar, com absoluta prioridade, a efetivação dos direitos referentes à vida, à saúde, à alimentação, à educação, ao esporte, ao lazer, à profissionalização, à cultura, à dignidade, ao respeito, à liberdade e à convivência familiar e comunitária". Ainda, o ECA estabelece que a "política de atendimento dos direitos da criança e do adolescente far-se-á através de um conjunto articulado de ações governamentais e não governamentais, da União, dos estados, do Distrito Federal e dos municípios" (art. 86 do ECA); D: incorreta, pois o Conselho Tutelar é um órgão autônomo, com total independência no exercício de suas funções (art. 131 do ECA); E: incorreta, pois a aplicação de medidas protetivas é atribuição primária do Conselho Tutelar (art. 136, I, do ECA), cabendo ao Ministério Público zelar pelo efetivo respeito aos direitos e garantias legais assegurados às crianças e adolescentes, promovendo as medidas judiciais e extrajudiciais cabíveis, inclusive em caso de omissão do próprio Conselho Tutelar (art. 201, VIII, do ECA).

Gabarito "C".

(Ministério Público/RO – 2013 – CESPE) Assinale a opção correta acerca da proteção do direito da criança e do adolescente preconizada pelo ECA.

(A) Pelo princípio da prioridade absoluta, o ECA garante a exclusividade na formulação e na execução de políticas sociais públicas direcionadas à criança e ao adolescente.
(B) O juízo da infância e da juventude, como todo órgão jurisdicional, possui órgãos auxiliares, diferenciando dos demais juízos, por possuir, como órgão auxiliar, equipe interprofissional.
(C) Ocorrendo a prática de infração por inimputável de doze anos de idade e não havendo flagrante, a autoridade policial deverá embasar seu julgamento na presença de indícios mínimos de autoria e materialidade do fato e na necessidade imperiosa da medida.
(D) O promotor de justiça, durante a oitiva informal de adolescente a quem seja atribuída a autoria de ato infracional, deverá assegurar a presença do advogado que representa o menor, o qual deverá inquirir o adolescente sobre os fatos a ele imputados na presença do promotor.
(E) O procedimento para imposição de penalidade administrativa por infração às normas de proteção à criança e ao adolescente terá início por portaria da autoridade judiciária, representação do MP, representação do conselho tutelar ou auto de infração lavrado por servidor efetivo.

A: incorreta, pois a garantia da prioridade absoluta compreende: a primazia de receber proteção e socorro em quaisquer circunstâncias; a precedência de atendimento nos serviços públicos ou de relevância pública; a preferência (e não exclusividade) na formulação e na execução das políticas sociais públicas; e a destinação privilegiada de recursos públicos nas áreas relacionadas com a proteção à infância e à juventude (art. 4º, parágrafo único, do ECA); B: correta, pois a alternativa está de acordo com o disposto no art. 150 do ECA; C: incorreta, pois para a imposição de uma das medidas socioeducativas previstas nos incisos II a VI do art. 112 do ECA devem existir provas suficientes da autoria e da materialidade da infração (art. 114, caput, do ECA). Por sua vez, para a aplicação da advertência, basta haver indícios suficientes da autoria, além da prova da materialidade (art. 114, parágrafo único, do ECA). Outrossim, oportuno salientar que, nos termos do art. 112, § 1º, do ECA, o juiz levará em conta a capacidade de o adolescente cumprir a medida, além das circunstâncias e da gravidade da infração por ele praticada; D: incorreta, pois é dispensável a presença de advogado quando da oitiva informal do adolescente pelo Promotor de Justiça. Todavia, caso o adolescente seja representado, é indispensável a defesa técnica, já que nenhum adolescente a quem se atribua a prática de ato infracional, ainda que ausente ou foragido, será processado sem defensor, devendo estar acompanhado de advogado, inclusive, na audiência de apresentação. Se o adolescente não houver constituído, o juiz deverá nomear um defensor para a oportunidade (arts. 184, § 1º e 207, do ECA); E: incorreta, pois o procedimento para imposição de penalidade administrativa por infração às normas de proteção à criança e ao adolescente terá início por representação do Ministério Público, ou do Conselho Tutelar, ou auto de infração elaborado por servidor efetivo ou voluntário credenciado, e assinado por duas testemunhas, se possível.
Gabarito "B".

(Ministério Público/SC – 2012) Analise as seguintes assertivas:

I. A autorização judicial é dispensável, quando a criança ou adolescente viajar para o exterior acompanhado de ambos os pais ou responsável.
II. Os programas de execução de medidas socioeducativas para adolescentes autores de ato infracional se estruturam e organizam sob forma de um Sistema Nacional de Atendimento Socioeducativo, SINASE, conforme Resolução n. 113 do CONANDA.
III. Os Conselhos Municipais de Direitos da Criança e do Adolescente tem entre suas competências a de acompanhar e avaliar as ações governamentais e não governamentais dirigidas ao atendimento dos direitos da criança e do adolescente.
IV. O Conselho Tutelar pode, excepcionalmente, ingressar com ação de destituição do poder familiar, nos casos por ele atendidos.
V. Todas as medidas de proteção podem ser aplicadas pelo Conselho Tutelar.

(A) Apenas as assertivas I e V estão corretas.
(B) Apenas as assertivas I, II e III estão corretas.
(C) Apenas as assertivas II, IV e V estão corretas.
(D) Apenas as assertivas I, II, III e IV estão corretas.
(E) Todas as assertivas estão corretas.

I: correta (art. 84, I, do ECA); II: correta, de acordo com a Lei 12.594/2012, que instituiu o SINASE – Sistema Nacional de Atendimento Socioeducativo; III: correta (art. 90, § 1º, do ECA); IV: incorreta, pois, caso o Conselho Tutelar constate a impossibilidade de reintegração da criança ou do adolescente à família de origem, após seu encaminhamento a programas oficiais ou comunitários de orientação, apoio e promoção social, enviará relatório fundamentado ao Ministério Público, no qual conste a descrição pormenorizada das providências tomadas e a expressa recomendação para a destituição do poder familiar, ou destituição de tutela ou guarda (art. 101, § 9º; art. 136, XI; e art. 201, III, do ECA). Assim, o procedimento para a perda ou a suspensão do poder familiar terá início por provocação do Ministério Público ou de quem tenha legítimo interesse e não pelo Conselho Tutelar (art. 155 do ECA); V: incorreta, pois ao Conselho Tutelar cabe a aplicação das medidas protetivas previstas no art. 101, I a VII do ECA.
Gabarito "B".

(Ministério Público/CE – 2011 – FCC) O Estatuto da Criança e do Adolescente

(A) consagrou o princípio da proteção especial, segundo o qual os direitos fundamentais da pessoa humana em geral não alcançam crianças e adolescentes, cujos interesses são resguardados por direitos ajustados a sua condição peculiar de pessoas em desenvolvimento.
(B) substituiu a expressão "menor em situação irregular" presente no Código de Menores pela expressão "criança e adolescente em situação de risco pessoal e social".
(C) desjudicializou, como regra, o atendimento inicial das situações de violação e ameaça de violação aos direitos da criança e do adolescente e reduziu o âmbito da discricionariedade do juiz na proteção dos direitos da criança e do adolescente.
(D) deu nova institucionalidade ao Comissariado de Menores, cujas atribuições passaram a ser exercidas pelos Conselhos Tutelares.
(E) estabeleceu a responsabilidade primordial ao Poder Executivo Federal na formulação, financiamento e execução da política de proteção à criança e ao adolescente.

A: incorreta, pois a criança e o adolescente gozam de todos os direitos fundamentais inerentes à pessoa humana, sem prejuízo da proteção integral de que trata o ECA, assegurando-se-lhes, por lei ou por outros meios, todas as oportunidades e facilidades, a fim de lhes facultar o desenvolvimento físico, mental, moral, espiritual e social, em condições de liberdade e de dignidade (art. 3º do ECA); B: incorreta, pois o ECA adotou o princípio da proteção integral, segundo o qual toda criança e adolescente terão seus direitos protegidos e não apenas aqueles em situação de risco (art. 3º do ECA); C: correta. De fato, desjudicializou-se, como regra, o atendimento inicial das situações de violação e ameaça de violação aos direitos da criança e do adolescente e reduziu o âmbito da discricionariedade do juiz na proteção dos direitos da criança e do adolescente. Isso porque, a partir da vigência da Lei 12.010/2009, não mais se admite, em princípio, o processamento de procedimentos verificatórios, sindicâncias ou pedidos de providências para a apuração de fatos trazidos pelo Conselho Tutelar. Na nova sistemática proposta pelo Estatuto da Criança e do Adolescente, ao verificar a existência de situação de possível ameaça ou violação de direito de criança ou adolescente que demande apuração, deve o Conselho Tutelar requisitar, junto à rede municipal e/ou estadual, o serviço especializado para atendimento, aplicando à criança ou adolescente e aos pais ou responsável as medidas previstas nos artigos 101 (excetuando-se os incisos VII a IV) e 129 do Estatuto da Criança e do Adolescente, respectivamente. Uma vez aplicadas as medidas, cabe ao Poder Público, por meio das redes de atendimento social, de saúde e de educação, a tarefa de acompanhamento, orientação, apoio e tratamento das crianças e adolescentes, ficando o Conselho Tutelar com a incumbência de monitorar todas as ações tomadas. Só mesmo em caso de não atendimento dos encaminhamentos feitos, seja por parte da criança ou adolescente, dos pais ou responsáveis ou da própria rede, é que o Conselho Tutelar deverá representar ao Ministério Público, fazendo-o de forma articulada e documentada; D: incorreta, pois as atribuições do Comissariado de Menores e as exercidas pelos Conselhos Tutelares são distintas; E: incorreta, pois a plena efetivação dos direitos assegurados a crianças e a adolescentes é de responsabilidade primária e solidária das 3 (três) esferas de governo, sem prejuízo da municipalização do atendimento e da possibilidade da execução de programas por entidades não governamentais (art. 100, parágrafo único, III, do ECA).

Gabarito "C".

(Ministério Público/SC – 2012) Segundo o Estatuto da Criança e do Adolescente (Lei 8.069/1990):

I. A criança e o adolescente têm direito de organização e participação em entidades estudantis.
II. É expressamente vedada realização de termo de ajustamento de conduta em relação às questões referentes aos direitos da criança e do adolescente.
III. Em regra, a criança e o adolescente não devem permanecer mais de 3 (três) anos em acolhimento institucional, garantido o direito à educação.
IV. A perda e a suspensão do poder familiar só poderão ser decretadas judicialmente.
V. O reconhecimento do estado de filiação poderá ser transacionado pelo Ministério Público, desde que garantido à criança e/ou ao adolescente o pagamento de pensão até os 21 (vinte e um) anos de idade.

(A) Apenas as assertivas II e V estão corretas.
(B) Apenas as assertivas I e IV estão corretas.
(C) Apenas as assertivas II, IV e V estão corretas.
(D) Apenas as assertivas II, III e IV estão corretas.
(E) Todas as assertivas estão corretas.

I: correta (art. 16, V e VI, do ECA); II: incorreta, pois os órgãos públicos legitimados poderão tomar dos interessados compromisso de ajustamento de sua conduta às exigências legais, o qual terá eficácia de título executivo extrajudicial (art. 211 do ECA); III: incorreta, pois a criança e o adolescente não devem permanecer mais de dois anos em acolhimento institucional, salvo comprovada necessidade que atenda ao seu superior interesse, devidamente fundamentada pela autoridade judiciária (art. 19, § 2º, do ECA); IV: correta (art. 24 e 155 e seguintes, do ECA) e V: incorreta, pois o direito ao reconhecimento do estado de filiação é indisponível (art. 27 do ECA).

Gabarito "B".

(Ministério Público/GO – 2012) Analise as proposições, assinalando em seguida a alternativa correta.

I. A remissão, como forma de exclusão do processo, concedida pelo Ministério Público, quando inclua medida socioeducativa não privativa de liberdade, implica transação, negócio jurídico bilateral, resultante de acordo de vontades, de um lado, o Ministério Público, e de outro, o adolescente apontado como autor de ato infracional, sujeita a controle de legalidade pelo Poder Judiciário, de modo que, não implica inconstitucionalidade.
II. A alegação de menoridade, desacompanhada da certidão de nascimento ou outro meio probatório, não é suficiente para que sejam adotados os respectivos procedimentos previstos para apuração de ato infracional, bem como recolhimento do autuado em flagrante em estabelecimento destinado ao cumprimento de medida socioeducativa em lugar de estabelecimento penitenciário comum.
III. De acordo com a nova sistemática referente à execução das medidas socioeducativas, em vigor a partir de abril de 2012, as medidas socioeducativas de liberdade assistida, de semiliberdade e de internação deverão ser reavaliadas a cada 6 (seis) meses, devendo a autoridade judiciária designar audiência, no prazo máximo de 10 (dez) dias, cientificando o defensor, o Ministério Público, a direção do programa de atendimento, o adolescente e seus pais ou responsável.
IV. Embora os Municípios detenham competência legislativa suplementar à da União, dos Estados e do Distrito Federal (artigo 30, da Constituição Federal), à luz da repartição constitucional de competências, não pode haver a edição de lei municipal que disponha sobre a duração do mandato dos conselheiros tutelares de maneira diferente da normativa federal.

(A) Somente os itens I e IV estão corretos.
(B) Somente os itens II e III estão corretos.
(C) Somente os itens III e IV estão corretos.
(D) Somente os itens I e II estão corretos.

I: correta. Antes de iniciado o procedimento judicial para apuração de ato infracional, o representante do Ministério Público poderá conceder a remissão pura e simples (própria), como forma de exclusão do processo (art. 126 do ECA). Importante esclarecer que o Ministério Público poderá oferecer remissão cumulada com medida socioeducativa não restritiva de liberdade (remissão imprópria), a qual deve ser homologada pelo juiz (súmula 108, do STJ) e desde que haja concordância do adolescente. Neste sentido: "Parte da doutrina entende que a remissão imprópria tem natureza jurídica de transação, pois pressupõe a aceitação do adolescente" (Valter Kenji Ishida. Estatuto da Criança e do Adolescente. Ed. Atlas e HC 67.826/SP); II: incorreta, pois se o adolescente não for identificado civilmente, por meio da apresentação de documentos pessoais, será submetido a identificação compulsória pelos órgãos policiais, de proteção e judiciais (art. 109 do ECA); III: incorreta, pois as medidas socioeducativas de liberdade assistida, de semiliberdade e de internação deverão ser reavaliadas no máximo a cada 6 (seis) meses, podendo a autoridade judiciária, se necessário, designar audiência, no prazo máximo de 10 (dez) dias, cientificando o defensor, o Ministério Público, a direção do programa de atendimento, o adolescente e seus pais ou responsável (art. 42 da Lei 12.594/2012); IV: correta (art. 132 do ECA), pois a lei municipal deve estar de acordo com o ECA, o qual traz normas jurídicas de proteção mínima.

Gabarito "A".

(Ministério Público/RR – 2012 – CESPE) Em relação ao que estabelece o ECA, assinale a opção correta à luz do entendimento do STJ.

(A) O ECA não é aplicável à pessoa que já tenha completado dezoito anos de idade.
(B) Em ação judicial na qual se discuta a guarda de criança ou adolescente, o interesse do menor é irrelevante para fins de determinação da competência para a apreciação da causa.
(C) É possível o pedido de alimentos do adotado a seus pais biológicos, ainda que seja irrevogável o vínculo de adoção.
(D) Constitui dano moral a conduta de companhia aérea que impede a viagem de menor sem a devida autorização exigida no ECA.
(E) Em ACP ajuizada com o objetivo de assegurar o direito de crianças frequentarem creches, o MP não precisa demonstrar viabilidade orçamentária em relação ao pleito.

A: incorreta (art. 2º, parágrafo único, do ECA); B: incorreta (art. 147, II, do ECA); C: correta. Não obstante a destituição do poder familiar dos genitores em relação à sua prole, tal medida não importará em benefício e premiação a esses pais desidiosos e negligentes, a ponto de livrá-los do dever legal de alimentar os seus filhos. É direito público subjetivo dos infantes receberem os alimentos de seus pais, ainda que aqueles tenham sido destituídos do poder familiar, uma vez que nessa hipótese apenas os direitos/poderes são eliminados, extirpados, jamais os deveres dele decorrentes, notadamente, o dever alimentar. Essa é a lição da doutrina e jurisprudência mais atualizada e sensível, visando sempre ao melhor interesse da criança e do adolescente, com o fito de lhe conceder a proteção integral. Neste sentido também é o entendimento do STJ (REsp 813604 – SC, Terceira Turma, Superior Tribunal de Justiça, Rel. Nancy Andrighi, j. em 16.08.2007 e Informativo n. 405). Outrossim, de igual modo entende Cristiano Chaves: "Importante registrar, por oportuno, que a suspensão ou destituição do poder familiar não libera o genitor sancionado do dever alimentício, permanecendo vinculado à satisfação das necessidades do filho. Nada mais lógico. Se assim não fosse, a desconstituição ou suspensão do poder familiar deixaria de ser sanção civil, passando a funcionar como verdadeiro prêmio obtido por genitores desidiosos e inescrupulosos, alcançando exatamente o fim pretendido, ainda que à custa da miséria do próprio filho. Até mesmo porque, em casos tais, se o genitor tivesse algum sentimento para com o filho, sequer haveria necessidade de discussão sobre o percentual alimentar, pois os prestaria como uma obrigação de consciência"; D: incorreta, segundo o entendimento jurisprudencial: "ADMINISTRATIVO. VIAGEM DE MENOR AO EXTERIOR. NECESSIDADE DE AUTORIZAÇÃO ESCRITA DO PAI AUSENTE. PREJUÍZOS MATERIAIS. CULPA EXCLUSIVA DA VÍTIMA. AUSÊNCIA DE DANOS MORAIS" (TRF, Apelação Cível nº 542.767-RN, processo nº 2009.84.00.009952-6, Relator: Desembargador Federal Sérgio Murilo Wanderley Queiroga); E: incorreta, pois não se trata de entendimento do STJ, mas da aplicação das regras do ônus da prova previstas no CPC, já que cabe ao Poder Público demonstrar a insuficiência financeira (STJ: REsp 575.280-SP, DJ 25.10.2004, e REsp 510.598-SP, DJ 13/2/2008. REsp 474.361-SP, Rel. Min. Herman Benjamin, julgado em 04.06.2009).

Gabarito "C".

(Ministério Público/PI – 2012 – CESPE) A respeito dos direitos fundamentais das crianças e dos adolescentes, assinale a opção correta com base no estabelecido na CF e no ECA.

(A) É obrigação do Estado fornecer educação infantil, em creche e pré-escola, às crianças de até três anos de idade, e ensinos fundamental e médio gratuitos dos quatro aos dezessete anos de idade.
(B) O adotado, após completar dezoito anos de idade, tem direito de conhecer sua origem biológica, bem como de obter acesso irrestrito ao processo no qual a medida foi aplicada e seus eventuais incidentes.
(C) Os direitos fundamentais das crianças e dos adolescentes são enumerados, especificados e regulamentados de forma taxativa no ECA.
(D) Toda criança ou adolescente tem direito de ser criado e educado no seio da sua família e, por esse motivo, é vedada, sem exceções, a permanência da criança e do adolescente em programa de acolhimento institucional, por mais de dois anos.
(E) O reconhecimento do estado de filiação é direito personalíssimo e indisponível, que pode ser exercitado contra os pais ou seus herdeiros, no prazo decadencial de quatro anos, observado o segredo de justiça.

A: incorreta, pois é dever do Estado assegurar à criança e ao adolescente: a) ensino fundamental, obrigatório e gratuito, inclusive para os que a ele não tiveram acesso na idade própria; b) progressiva extensão da obrigatoriedade e gratuidade ao ensino médio; c) atendimento em creche e pré-escola às crianças de zero a seis anos de idade (art. 54, I, II e IV, do ECA); B: correta (art. 48 do ECA); C: incorreta, pois a criança e o adolescente gozam de todos os direitos fundamentais inerentes à pessoa humana (art. 3º do ECA e art. 5º, § 2º, da CF) decorrentes do Ordenamento Jurídico de forma expressa ou implícita; D: incorreta, pois a permanência da criança e do adolescente em programa de acolhimento institucional não se prolongará por mais de 2 (dois) anos, salvo comprovada necessidade que atenda ao seu superior interesse, devidamente fundamentada pela autoridade judiciária (art. 19, § 2º, do ECA); E: incorreta, pois o direito ao reconhecimento do estado de filiação é imprescritível (art. 27 do ECA).

Gabarito "B".

14. DIREITO DO IDOSO

Ana Paula Garcia, Anna Carolina Bontempo e Vanessa Tonolli Trigueiros*

1. DIREITOS FUNDAMENTAIS

(Promotor de Justiça – MPE/RS – 2017) Com base nas Leis 8.742/1993 (Loas) e 10.741/2003 (Estatuto do Idoso), sobre o benefício de prestação continuada (BPC) em favor de pessoa idosa, assinale a alternativa correta.

(A) Para fins de acesso ao BPC, considera-se incapaz de prover a manutenção da pessoa idosa a família cuja renda mensal per capita seja inferior a meio salário-mínimo.
(B) O BPC já recebido por outra pessoa idosa da família e que vive sob o mesmo teto deve ser computado para os fins do cálculo da renda familiar mensal per capita a que se refere a Loas.
(C) É vedada a acumulação, pelo idoso, do BPC com pensão especial de natureza indenizatória.
(D) O BPC deve ser revisto a cada 6 (seis) meses, para avaliação da continuidade das condições que lhe deram origem.
(E) Para efeitos de concessão do BPC, a legislação determina a aplicação do conceito de família assistencial, abrangendo o requerente, o cônjuge ou companheiro, os pais e, na ausência de um deles, a madrasta ou o padrasto, os irmãos solteiros, os filhos e enteados solteiros e os menores tutelados, desde que vivam sob o mesmo teto.

A: incorreta, pois considera-se incapaz de prover a manutenção da pessoa com deficiência ou idosa a família cuja renda mensal per capita seja inferior a *1/4 (um quarto) do salário-mínimo* (art. 20, § 3º da Lei 8.742/1993); **B:** incorreta, pois o benefício já concedido a qualquer membro da família *não será computado* para os fins do cálculo da renda familiar per capita a que se refere a Loas (art. 34 da Lei 10.741/2003); **C:** incorreta, pois o BPC pode ser cumulado com assistência médica e pensão especial de natureza indenizatória (art. 20, § 4º, da Lei 8.742/1993); **D:** incorreta, pois o BPC deve ser revisto a cada *2 (dois)* anos (art. 21 da Lei 8.742/1993); **E:** correta (art. 20, § 1º, da Lei 8.742/1993).
Gabarito "E".

(Promotor de Justiça – MPE/RS – 2017) Sobre a Lei Estadual 10.982/1997, que determina benefício relativo às passagens rodoviárias intermunicipais no Estado do Rio Grande do Sul, assinale a alternativa correta.

* **Anna Carolina Bontempo** comentou as questões dos seguintes concursos: MP/AC/08, MP/BA/08, MP/CE/11, MP/GO/10, MP/GO/12, MP/MG/06, MP/MG/11, MP/MG/12, MP/MS/09, MP/MT/12, MP/PB/10, MP/PI/08, MP/PI/ 12, MP/RJ/11, MP/RN/09, MP/RR/12, MP/RS/08, MP/RS/09, MP/SC/08, MP/SC/12, MP/SP/12, MP/TO/12, MP/MS/13, MP/PR/2013, MP/DF/13, MP/ES/13, MP/GO/13, MP/MG/13, MP/RO/2013, MPE/RS – 2017, MPE/GO – 2016, MPE/MS – FAPEC – 2015, MPE/AM – FMP – 2015, MPE/BA – CEFET – 2015 quando houver. **Vanessa Tonolli Trigueiros** comentou as questões do concurso do Ministério Público/SP/13. **Ana Paula Garcia** comentou as demais questões. **Anna Carolina Bontempo** atualizou todas as questões desse arquivo.

(A) Essa lei assegura a gratuidade do transporte coletivo intermunicipal a idosos com renda mensal igual ou inferior a cinco (5) salários-mínimos.
(B) O benefício é concedido a aposentados e pensionistas com idade igual ou superior a sessenta (60) anos de idade.
(C) Para obtenção do benefício, basta que o idoso apresente qualquer documento pessoal que faça prova de sua idade.
(D) O benefício previsto nessa lei é limitado a dois passageiros por viagem.
(E) O benefício previsto nessa lei abrange passagens para viagens dentro da região metropolitana de Porto Alegre.

A: incorreta, pois assegura desconto de 40% (quarenta por cento) no valor das passagens aos aposentados e pensionistas que comprovem renda mensal igual ou inferior a *3 (três)* salários mínimos (art. 1º, II, da Lei 10.982/1997); **B:** incorreta, pois o benefício é concedido aos aposentados e pensionistas com idade igual ou superior a *65 (sessenta e cinco)* anos (art. 1º, I, da Lei 10.982/1997); **C:** incorreta, pois a lei exige credencial emitidas pelas entidades filiadas à Federação dos Trabalhadores Aposentados e Pensionistas do Estado do Rio Grande do Sul – FETAPERGS e Federação dos Trabalhadores na Agricultura do Rio Grande do Sul – FETAG no que diz respeito aos trabalhadores rurais aposentados e pensionistas. A referida credencial será emitida à vista de cópias autenticadas do documento de identidade do interessado e de comprovante atualizado dos valores por ele recebidos a título de aposentadoria ou pensão, que serão retidos pela entidade emissora (art. 2º, *caput* e § 1º, da Lei 10.982/1997); **D:** correta (art. 3º da Lei 10.982/1997); **E:** incorreta, pois o benefício *não* será concedido na aquisição de passagens para viagens dentro da região metropolitana de Porto Alegre e para viagens interestaduais (art. 3º, parágrafo único, da Lei 10.892/1997).
Gabarito "D".

(Promotor de Justiça/GO – 2016 - MPE) Quanto à Lei Federal 10.741/2003 (Estatuto do Idoso), assinale a alternativa incorreta:

(A) nos programas habitacionais, públicos ou subsidiados com recursos públicos, o idoso goza de prioridade na aquisição de imóvel para moradia própria, observada a reserva de pelo menos 3% (três por cento) das unidades habitacionais residenciais para atendimento aos idosos.
(B) Ainda que não haja legislação local, ao idoso com 60 (sessenta) anos fica assegurada a gratuidade dos transportes coletivos públicos urbanos e semiurbanos.
(C) o acolhimento de idosos em situação de risco social, por adulto ou núcleo familiar, caracteriza a dependência econômica, para os efeitos legais.
(D) as unidades residenciais reservadas para atendimento a idosos devem situar-se, preferencialmente, no pavimento térreo.

A: correta (art. 38, I, do Estatuto do Idoso); **B:** incorreta (devendo ser assinalada), pois o referido direito é assegurado aos maiores de *65*

(sessenta e cinco anos), conforme art. 39 do Estatuto do Idoso; **C:** correta (art. 36 do Estatuto do Idoso); **D:** correta (art. 38, parágrafo único, do Estatuto do Idoso).
Gabarito "B".

(Promotor de Justiça – MPE/MS – FAPEC – 2015) De acordo com o Direito dos Idosos, assinale a alternativa **correta**:

(A) A assistência social será prestada a quem dela necessitar, estando dentre seus objetivos, mediante prévia contribuição à seguridade social, a garantia de um salário-mínimo de benefício mensal ao idoso que comprove não possuir meios de prover à própria manutenção ou de tê-la provida por sua família.
(B) De acordo com o Estatuto do Idoso (Lei 10.741/2003), as transações relativas a alimentos não poderão ser celebradas perante o Promotor de Justiça.
(C) De acordo com o art. 230, § 2°, da Constituição Federal, aos maiores de sessenta anos é garantida a gratuidade dos transportes coletivos urbanos.
(D) Em atenção às disposições constitucionais, é correto afirmar que os programas de amparo aos idosos serão executados preferencialmente em unidades de saúde.
(E) A família, a sociedade e o Estado têm o dever de amparar as pessoas idosas, assegurando sua participação na comunidade, defendendo sua dignidade e bem-estar e garantindo-lhes o direito à vida.

A: incorreto, pois o referido benefício será concedido aos idosos a partir de **65 (sessenta e cinco)** anos. Além disso, a lei não exige prévia contribuição à seguridade social para que seja garantido um salário-mínimo, nos termos do art. 34 Estatuto do Idoso; **B:** incorreto, pois as transações relativas a alimentos ***poderão*** ser celebradas perante o Promotor de Justiça ou Defensor Público, que as referendará, e passarão a ter efeito de título executivo extrajudicial nos termos da lei processual civil (art. 13 do Estatuto do Idoso); **C:** incorreto, incorreta, o direito à gratuidade no transporte somente é concedido aos idosos a partir de **65 (sessenta e cinco)** anos de idade e a gratuidade não é para qualquer transporte público: não terão gratuidade nos serviços seletivos e especiais, quando prestados aos serviços regulares (arts. 230, § 2°, da CF e 39 do Estatuto do Idoso); **D:** incorreto, pois os programas de amparo aos idosos serão executados preferencialmente em seus ***lares*** (art. 230, § 1°, da CF). Não obstante, o Estatuto do Idoso prioriza o atendimento do idoso ***por sua própria família***, em detrimento do atendimento asilar, exceto dos que não a possuam ou careçam de condições de manutenção da própria sobrevivência (art. 3°, parágrafo único, V, da Lei 10.741/2003); **E:** correto (art. 230, *caput*, da CF).
Gabarito "E".

(Ministério Público/ES – 2013 – VUNESP) É direito do idoso, conforme a Lei 10.741/2003,

(A) obter desconto de até 50% nos ingressos para eventos artísticos, culturais, esportivos e de lazer, bem como o acesso preferencial aos respectivos locais.
(B) a gratuidade em qualquer transporte coletivo público urbano, semiurbano e interestadual.
(C) ter um acompanhante quando estiver internado ou em observação, independentemente de justificação médica.
(D) obter do Poder Público, gratuitamente, medicamentos, especialmente os de uso continuado, assim como próteses, órteses e outros recursos relativos ao tratamento, habilitação ou reabilitação.
(E) perceber alimentos do familiar que tiver melhores condições para tanto, diante do equilíbrio entre necessidade e condições econômicas/financeiras, podendo ser celebrada a transação perante o órgão do Ministério Público que a levará à homologação judicial.

A: incorreta, pois o desconto deve ser de *pelo* menos 50% (art. 23 do Estatuto do Idoso); **B:** incorreta, o direito à gratuidade no transporte somente é concedido aos idosos a partir de 65 anos de idade e a gratuidade não é para qualquer transporte público: não terão gratuidade nos serviços seletivos e especiais, quando prestados aos serviços regulares (art. 39 do Estatuto do Idoso); **C:** incorreta, pois a lei exige autorização do médico para direito a acompanhante (art. 16 do Estatuto do Idoso); **D:** correta (art. 15, § 2°, do Estatuto do Idoso); **E:** incorreta, pois a responsabilidade alimentar é *solidária* entre os membros da família, isto é, independe da condição financeira dos familiares. Contudo, pode o idoso optar entre os prestadores (art. 12 do Estatuto do Idoso). Contudo, as transações relativas a alimentos poderão ser celebradas perante o Promotor de Justiça ou Defensor Público, que as referendará, e passarão a ter efeito de título executivo extrajudicial nos termos da lei processual civil (art. 13 do Estatuto do Idoso).
Gabarito "D".

(Ministério Público/GO – 2013) Sobre o Estatuto do Idoso – Lei 10.741/03, é correto afirmar:

(A) foi instituído o Estatuto do Idoso, destinado a regular os direitos assegurados às pessoas com idade igual ou superior a 65 (sessenta e cinco) anos.
(B) a obrigação alimentar é solidária, proibindo-se o idoso optar entre os prestadores.
(C) no caso de entidades filantrópicas, ou casa-lar, é proibida a cobrança de participação do idoso no custeio da entidade.
(D) o idoso tem direito ao exercício de atividade profissional, respeitadas suas condições físicas, intelectuais e psíquicas.

A: incorreta, pois Estatuto do Idoso é destinado à regular os direitos assegurados às pessoas com idade igual ou superior a *60* anos (art. 1° do Estatuto do Idoso); **B:** incorreta, pois o idoso pode optar entre os prestadores (art. 12 do Estatuto do Idoso); **C:** incorreta, pois no caso de entidades filantrópicas, ou casa-lar, é *facultada* a cobrança de participação do idoso no custeio da entidade (art. 35, § 1°, do Estatuto do Idoso); **D:** correta (art. 26 do Estatuto do Idoso).
Gabarito "D".

(Ministério Público/MG – 2013) Sobre a proteção constitucional e legal aos idosos, é *CORRETO* afirmar-se que:

(A) Aos idosos, a partir de 60 (sessenta) anos, é garantida a gratuidade nos transportes coletivos urbanos e semiurbanos (exceto nos serviços seletivos e especiais, quando prestados paralelamente aos serviços regulares). Aos de mesma idade, que não possuem meios para prover sua subsistência, nem de tê-la provida por sua família, é assegurado o benefício mensal de 1 (um) salário mínimo, nos termos da Lei Orgânica da Assistência Social – LOAS.
(B) Ao idoso internado ou em observação, é assegurado o direito a acompanhante, devendo o órgão de saúde proporcionar as condições adequadas para a sua permanência em tempo integral, segundo o critério médico, sendo que caberá ao profissional de saúde conceder autorização ou, na impossibilidade, justificá-la por escrito.
(C) Os casos de suspeita ou confirmação de violência praticada contra idosos serão objeto de notificação

facultativa pelos serviços de saúde públicos e privados à autoridade sanitária. Contudo, deverão obrigatoriamente ser notificados os seguintes órgãos: autoridade policial, Ministério Público, Conselho Municipal do Idoso, Conselho Estadual do Idoso e Conselho Nacional do Idoso.

(D) Apesar das diversas atribuições do Ministério Público na defesa e proteção do idoso, não está entre elas a de promover a revogação de instrumento procuratório do idoso, mesmo que esteja ocorrendo ameaça ou violação dos seus direitos por falta, omissão ou abuso da família, curador ou entidade de atendimento, pois se trata de direito personalíssimo.

A: incorreta, pois os benefícios da gratuidade no transporte (art. 39 do Estatuto do Idoso) e do recebimento de um salário mínimo mensal (art. 34 do Estatuto do Idoso) somente são concedidos aos idosos a partir de 65 anos de idade; **B:** correta (art. 16, *caput* e parágrafo único, do Estatuto do Idoso); **C:** incorreta, pois a notificação é *compulsória* nos casos de suspeita ou confirmação de violência praticada contra idosos (art. 19 do Estatuto do Idoso); **D:** incorreta, pois consta no rol das atribuições do Ministério Público promover a revogação de instrumento procuratório do idoso, nas hipóteses previstas no art. 43 do Estatuto do Idoso, quando necessário ou o interesse público justificar (art. 74, IV, do Estatuto do Idoso).

Gabarito "B".

(Ministério Público/MS – 2013 – FADEMS) O Estatuto do Idoso assegura, de modo geral, direitos a pessoas a partir dos sessenta anos de idade. É **exceção** a essa regra geral o direito:

(A) Aos maiores de sessenta e cinco anos, a gratuidade dos transportes coletivos públicos urbanos e semiurbanos, exceto nos serviços seletivos e especiais, quando prestados paralelamente aos serviços regulares.

(B) Ao benefício mensal de um salário-mínimo, conforme a Lei Orgânica da Assistência Social, ao idoso, a partir dos setenta anos, que não possuir meios para prover sua subsistência, nem de tê-la provida por sua família.

(C) Ao desconto de 50% nos ingressos para eventos artísticos, culturais, esportivos e de lazer, bem como o acesso preferencial aos respectivos locais.

(D) A partir dos setenta anos, a prioridade no recebimento da restituição do Imposto de Renda.

(E) É assegurada, a reserva, para os idosos, nos termos da lei local, de cinco por cento das vagas nos estacionamentos públicos e privados, as quais deverão ser posicionadas de modo a garantir a melhor comodidade dos idosos.

A: correta (art. 39 do Estatuto do Idoso); **B:** incorreta (devendo ser assinalada), pois o benefício é concedido aos idosos a partir de 65 (sessenta e cinco) anos (art. 34 do Estatuto do Idoso); **C:** correta (art. 23 do Estatuto do Idoso); **D:** correta (art. 3º, parágrafo único, IX, do Estatuto do Idoso); **E:** correta (art. 41 do Estatuto do Idoso).

Gabarito "B".

(Ministério Público/SP – 2013 – PGMP) Considere as seguintes afirmações, tendo em vista a Lei 10.741, de 1º de outubro de 2003, que dispõe sobre o Estatuto do Idoso e dá outras providências.

I. O Estatuto do Idoso, quanto aos contratos celebrados com operadoras de planos de saúde, proíbe o reajuste de mensalidades aos que contam com mais de sessenta anos de idade.

II. Necessitando de cuidados à saúde, não estando o idoso no domínio de suas faculdades mentais, de molde a prejudicar o seu direito em optar pelo tratamento que reputar mais favorável, esta decisão será tomada preferencialmente pelo médico, em razão do conhecimento técnico.

III. Ao contrário do que prevê o Código Civil quanto ao dever de prestar alimentos entre parentes passivamente legitimados, haverá solidariedade entre eles quando o credor for idoso.

IV. Discriminar pessoa idosa, impedindo ou dificultando seu acesso a operações bancárias, aos meios de transporte, por motivo de idade, é conduta criminalmente atípica, mas se trata de um ilícito civil ou administrativo, no último caso se praticada por agente público.

V. Nos programas habitacionais, públicos ou subsidiados com recursos públicos, o idoso goza de prioridade na aquisição de imóvel para moradia própria, incluindo-se a reserva de 3% (três por cento) das unidades residenciais para o seu atendimento e critérios de financiamento compatíveis com os rendimentos de aposentadoria e pensão.

Está CORRETO apenas o que se afirma em

(A) III e V.
(B) II e III.
(C) II e IV.
(D) II e V.
(E) I e III.

I: incorreta, pois o Estatuto do Idoso veda a discriminação do idoso nos planos de saúde pela cobrança de valores diferenciados em razão da idade (art. 15, § 3º, do Estatuto do Idoso) e não o reajuste de mensalidades; **II:** incorreta. Em regra, ao idoso que esteja no domínio de suas faculdades mentais é assegurado o direito de optar pelo tratamento de saúde que lhe for reputado mais favorável. Todavia, não estando o idoso em condições de proceder à opção, esta será feita: a) pelo curador, quando o idoso for interditado; b) pelos familiares, quando o idoso não tiver curador ou este não puder ser contactado em tempo hábil; c) pelo médico, quando ocorrer iminente risco de vida e não houver tempo hábil para consulta a curador ou familiar; d) pelo próprio médico, quando não houver curador ou familiar conhecido, caso em que deverá comunicar o fato ao Ministério Público (art. 17, I a IV, do Estatuto do Idoso); **III:** correta, pois, de fato, a obrigação alimentar é solidária, podendo o idoso optar entre os prestadores (art. 12 do Estatuto do Idoso); **IV:** incorreta, pois a conduta descrita é tipificada como crime, nos termos do art. 96 do Estatuto do Idoso; **V:** correta, pois a alternativa está de acordo com o disposto no art. 38, I, do Estatuto do Idoso.

Gabarito "A".

(Ministério Público/RO – 2013 – CESPE) A respeito dos direitos dos idosos, assinale a opção correta.

(A) Ao idoso que comprovar não ter meios de manter sua própria sobrevivência é assegurado, mediante requerimento, o recebimento, pelo Estado, de um salário mínimo mensal, a partir da data em que completar sessenta anos de idade.

(B) O MP pode promover ação de alimentos de que necessite o idoso, mas não pode atuar como substituto processual nesse tipo de ação.

(C) A prioridade na tramitação do processo judicial, caso faleça o idoso, poderá estender-se em favor do cônjuge sobrevivente.

(D) Embora se garanta ao idoso proteção à vida e à saúde, não se considera o envelhecimento um direito personalíssimo.

(E) As transações relativas a alimentos celebradas com o promotor de justiça têm valor de título executivo, depois de homologadas pelo juiz.

A: incorreta, pois o benefício em tela é concedido aos idosos a partir de 65 anos (art. 34 do Estatuto do Idoso); **B:** incorreta, pois o MP pode atuar como substituto processual do idoso em situação de risco (74, III, do Estatuto do Idoso); **C:** correta (art. 71, § 2º, do Estatuto do Idoso); **D:** incorreta, pois o envelhecimento é um direito personalíssimo, conforme art. 8º do Estatuto do Idoso; **E:** incorreta, pois não é necessária a homologação do juiz para as transações relativas a alimentos terem valor de título executivo, consoante art. 13 do Estatuto do Idoso.
Gabarito "C".

(Ministério Público/GO – 2012) São direitos das pessoas idosas, exceto:

(A) proibição da discriminação do idoso nos planos de saúde pela cobrança de valores diferenciados em razão da idade.
(B) benefício mensal de 1 salário mínimo para aqueles que, com idade igual ou superior a 60 anos, não tenham meios para prover sua subsistência por si ou por sua família.
(C) duas vagas gratuitas, e desconto nas demais, para o transporte coletivo interestadual.
(D) reserva de 5% das vagas em estacionamentos públicos e privados.

A: correta (art. 15, § 3º, do Estatuto do Idoso); **B:** incorreta (devendo ser assinalada), pois o benefício é concedido aos idosos a partir de 65 anos, conforme art. 34 do Estatuto do Idoso; **C:** correta (art. 40, I, do Estatuto do Idoso). O Decreto 5.934, de 18 de outubro de 2006, em seu art. 6º prevê a documentação necessária para a solicitação do "Bilhete de Viagem do Idoso"; **D:** correta (art. 41 do Estatuto do Idoso).
Gabarito "B".

(Ministério Público/MT – 2012 – UFMT) O envelhecimento, segundo o Estatuto do Idoso, é um direito:

(A) pessoal.
(B) coletivo em sentido estrito.
(C) social.
(D) personalíssimo.
(E) difuso.

A alternativa D está correta, pois reflete o disposto no art. 8º do Estatuto do Idoso.
Gabarito "D".

(Ministério Público/MT – 2012 – UFMT) O art. 38 do Estatuto do Idoso reserva uma determinada porcentagem de unidades residenciais em qualquer programa habitacional público ou subsidiado por recursos públicos. Essa porcentagem, de acordo com a mesma lei, é:

(A) 3%
(B) 2%
(C) 1%
(D) 4%
(E) 5%

A alternativa A está correta, pois reflete o disposto no art. 38, I, do Estatuto do Idoso.
Gabarito "A".

(Ministério Público/SP – 2011) A proteção legal e constitucional ao idoso permite:

(A) para fins de intervenção do Ministério Público no processo civil, em suas atribuições de *custos legis* equiparar o idoso ao incapaz.

(B) ao Ministério Público adotar as medidas judiciais cabíveis para garantir aos idosos a gratuidade dos transportes coletivos urbanos, independentemente de lei regulamentar.
(C) o reconhecimento, no processo criminal, da redução de metade dos prazos prescricionais para os maiores de 60 (sessenta) anos de idade.
(D) ao Ministério Público adotar as medidas judiciais cabíveis para garantir o pagamento de um salário mínimo de benefício mensal ao idoso carente, independentemente de lei regulamentar.
(E) ao Ministério Público adotar as medidas judiciais cabíveis para proteção de qualquer interesse do idoso.

A alternativa B está correta, pois reflete o disposto no art. 74, VII, do Estatuto do Idoso. As demais alternativas não estão descritas no rol de atribuições previstos na legislação.
Gabarito "B".

2. MEDIDAS DE PROTEÇÃO

(Ministério Público/SP – 2013 – PGMP) Sobre as regras dispostas na Lei 10.741, de 1º de outubro de 2003 (Estatuto do Idoso), a respeito das medidas específicas de proteção ao idoso, é INCORRETO afirmar:

(A) As medidas de proteção previstas em lei poderão ser aplicadas isolada ou cumulativamente.
(B) A inclusão em programa oficial e comunitário de auxílio, orientação e tratamento a usuários dependentes de drogas lícitas ou ilícitas é medida aplicável à pessoa de convivência do idoso que lhe cause perturbação, mas não se aplica ao idoso em respeito ao princípio da dignidade da pessoa humana.
(C) São medidas aplicáveis ao idoso, dentre outras, o encaminhamento à família ou curador, mediante termo de responsabilidade, abrigo em entidade, abrigo temporário e a requisição para tratamento de sua saúde, em regime ambulatorial, hospitalar ou domiciliar.
(D) O rol de medidas previstas no Estatuto do Idoso não é taxativo, tendo o legislador estabelecido a possibilidade de determinação ou aplicação de outras medidas.
(E) Nas situações de ameaça ou violação aos direitos reconhecidos ao idoso, o Ministério Público ou o Poder Judiciário, a requerimento daquele, poderá determinar qualquer medida de proteção ao idoso.

A: correta (art. 44 do Estatuto do Idoso); **B:** incorreta, devendo ser assinalada, pois o art. 45, IV, do Estatuto do Idoso prevê a medida protetiva de inclusão em programa oficial ou comunitário de auxílio, orientação e tratamento a usuários dependentes de drogas lícitas ou ilícitas, ao próprio idoso ou à pessoa de sua convivência que lhe cause perturbação; **C:** correta (art. 45, I, III, V e VI, do Estatuto do Idoso); **D:** correta, pois o art. 45 do Estatuto do Idoso traz um rol exemplificativo de medidas específicas de proteção, já que é possível a aplicação de outras, além das expressamente previstas em lei; **E:** correta (arts. 43 e 45 do Estatuto do Idoso).
Gabarito "B".

(Ministério Público/SP – 2012 – VUNESP) As medidas específicas de proteção são aplicáveis sempre que os direitos reconhecidos no Estatuto do Idoso (Lei n. 10.741/2003) forem ameaçados ou violados:

I. Por ação ou omissão da sociedade ou do Estado.

II. Em razão da aplicação das medidas socioeducativas.
III. Por falta, omissão ou abuso da família, curador ou entidade de atendimento.
IV. Em razão de sentença penal condenatória.
V. Em razão da condição pessoal do idoso.

Está correto o que se afirma APENAS em

(A) II, III e IV.
(B) I, II e IV.
(C) III, IV e V.
(D) I, II e V.
(E) I, III e V.

I: correta (art. 43, I, do Estatuto do Idoso); II: incorreta, pois não há esta hipótese na legislação; III: correta (art. 43, II, do Estatuto do Idoso); IV: incorreta, pois não há esta hipótese na legislação; V: correta (art. 43, III, do Estatuto do Idoso).
Gabarito "E".

(Ministério Público/MG – 2012 – CONSULPLAN) O Estatuto do Idoso, aprovado em 2003 sob o n. 10.741, ampliou os direitos dos cidadãos com idade acima de 60 anos reconhecidos anteriormente pela Lei 8.842/1994. Verificada a ameaça ou violação dos direitos reconhecidos aos idosos pelo Estatuto, o Ministério Público poderá determinar medidas, com **EXCEÇÃO** de:

(A) Encaminhamento do idoso à família ou curador, mediante termo de responsabilidade.
(B) orientação, apoio e acompanhamento temporários ao idoso.
(C) internação do idoso para tratamento de sua saúde, em regime , hospitalar.
(D) inclusão em programa oficial ou comunitário de auxílio, orientação e tratamento a usuários dependentes de drogas lícitas ou ilícitas, ao próprio idoso ou à pessoa de sua convivência que lhe cause perturbação.

A: correta (art. 45, I, do Estatuto do Idoso); B: correta (art. 45, II, do Estatuto do Idoso); C: incorreta (devendo ser assinalada), não existe esta medida na legislação; D: correta (art. 45, IV, do Estatuto do Idoso).
Gabarito "C".

3. POLÍTICA DE ATENDIMENTO AO IDOSO

(Promotor de Justiça – MPE/AM – FMP – 2015) Em relação à atuação do Ministério Público na proteção dos idosos, considere as seguintes assertivas:

I. O Ministério Público tem legitimidade para a defesa dos interesses individuais disponíveis de pessoas idosas.
II. A legitimidade do Ministério Público é limitada aos interesses difusos ou coletivos das pessoas idosas.
III. A legitimidade ministerial abrange os interesses difusos, coletivos *stricto sensu* e individuais homogêneos das pessoas idosas, aplicando-se a Lei 7.347/1985.
IV. O Ministério Público tem legitimidade para o ingresso de ação civil pública referente às cláusulas abusivas dos planos de saúde de pessoas idosas.
V. Em caso de necessidade de internação para tratamento de saúde de pessoa idosa, o tempo de internação é determinado pelo respectivo plano de saúde e não pelo médico, segundo a jurisprudência do Superior Tribunal de Justiça, carecendo a ação civil pública do Ministério Público de interesse de agir.

Quais das assertivas acima estão corretas?

(A) Apenas a II e V.
(B) Apenas a III e IV.
(C) Apenas a I, III e IV.
(D) Apenas a II, IV e V.
(E) Apenas a II e IV.

I e II: incorretos, pois compete ao Ministério Público instaurar o inquérito civil e a ação civil pública para a proteção dos direitos e interesses ***difusos*** ou ***coletivos***, individuais ***indisponíveis*** e ***individuais homogêneos*** do idoso (art. 74, I, do Estatuto do Idoso); III e IV: corretos (art. 74, I, do Estatuto do Idoso); V: incorreto, pois está consolidado na Súmula 302 o entendimento do STJ de que "é abusiva a cláusula contratual de plano de saúde que limita no tempo a internação hospitalar do segurado", tendo o MP legitimidade para propor ação civil pública. Nesse contexto, vale trazer à baila, julgamento do Resp 326.147 da Quarta Turma que decidiu que os planos de saúde não podem limitar o valor do tratamento e de internações de seus associados. Acompanhando o voto do Relator, Min. Aldir Passarinho Junior, a Turma concluiu que a limitação de valor é mais lesiva que a restrição do tempo de internação vetada pela Súmula 302 do Tribunal.
Gabarito "B".

(Ministério Público/RO – 2013 – CESPE) No que concerne às regras relacionadas ao Conselho Nacional de Direitos do Idoso e aos mecanismos para a aplicação de direitos estabelecidos no Estatuto do Idoso, assinale a opção correta.

(A) Compete ao presidente da República designar os representantes que atuarão perante o Conselho Nacional de Direitos do Idoso.
(B) Não se admite a celebração de convênio, para fins de capacitação de recursos humanos, entre ministério envolvido na Política Nacional do Idoso e entidade não governamental estrangeira.
(C) O Conselho Nacional de Direitos do Idoso, órgão de natureza consultiva, tem competência para apoiar os conselhos estaduais e municipais dos direitos do idoso, de modo a tornar efetivas as diretrizes e direitos estabelecidos no Estatuto do Idoso.
(D) Sendo o bilhete de viagem do idoso documento intransferível, a empresa prestadora de serviço de transporte interestadual não pode admitir o uso de bilhete concedido pela pessoa idosa que o tiver adquirido a outro idoso de sua família.
(E) Enquadra-se como modalidade asilar de atendimento ao idoso a denominada casa-lar, destinada ao atendimento do idoso que não disponha de renda suficiente para a própria manutenção.

A: incorreta, pois compete ao Secretário Especial dos Direitos Humanos da Presidência da República (art. 3º, § 3º, do Decreto 5.109/2004); B: incorreta, pois "para viabilizar a capacitação de recursos humanos, os Ministérios poderão firmar convênios com instituições governamentais e não governamentais, nacionais, estrangeiras ou internacionais" (art. 15, parágrafo único, do Decreto 1.948/1996); C: incorreta, pois o Conselho Nacional do Idoso é órgão de natureza deliberativa e tem por finalidade elaborar as diretrizes para a formulação e implementação da política nacional do idoso, observadas as linhas de ação e as diretrizes conforme dispõe o Estatuto do Idoso, bem como acompanhar e avaliar a sua execução (art. 1º do Decreto 5.109/2004); D: correta (art. 3º, § 6º, do Decreto 5.934/2006); E: incorreta, pois a casa-lar é modalidade não asilar de atendimento ao idoso. Trata-se de residência, em sistema participativo, cedida por instituições públicas ou privadas, destinada a idosos detentores de renda insuficiente para sua manutenção e sem família (art. 4º, III, do Decreto 1.948/1996).
Gabarito "D".

4. ACESSO À JUSTIÇA

(Ministério Público/PI – 2012 – CESPE) No que se refere à tutela de pessoas idosas pelo MP, assinale a opção correta, considerando a jurisprudência pertinente ao tema.

(A) O MP tem legitimidade para propor ACP cuja finalidade seja obter provimento jurisdicional que assegure internação hospitalar a pessoa idosa acometida de grave doença.
(B) A ACP não figura entre os instrumentos aptos para a defesa de direitos dos idosos pelo MP.
(C) O MP não tem legitimidade para propor ação judicial destinada a garantir o fornecimento de medicação para suprir a necessidade de idoso carente.
(D) A intervenção do MP em ação que envolva o benefício previdenciário do idoso é obrigatória.
(E) O fato de pessoa idosa figurar na demanda torna imprescindível a oitiva do *parquet*.

A: correta (art. 74, I, do Estatuto do Idoso); **B:** incorreta, pois conflita com o art. 74. I, do Estatuto do Idoso; **C:** incorreta, pois não existe esta obrigatoriedade na legislação; **D:** incorreta, pois não há exigência legal de oitiva do *parquet*.
Gabarito "A".

(Ministério Público/GO – 2012) Quanto à atuação do Ministério Público na proteção das pessoas idosas, é incorreto afirmar que órgão tem atribuição para:

(A) Zelar pelo efetivo respeito aos direitos e garantias legais assegurados ao idoso, promovendo medidas extrajudiciais, inclusive.
(B) Promover a revogação de instrumento procuratório do idoso em situação de risco, se necessário;
(C) Requisitar força policial e a colaboração dos serviços públicos de saúde, educacionais e de assistência social para instruir procedimento administrativo .
(D) Promover ação para defesa de seus direitos ou oficiar em todos os feitos que não tiver intentado na qualidade de fiscal da lei.

A: correta (art. 74, VII, do Estatuto do Idoso); **B:** correta (art. 74, IV, do Estatuto do Idoso); **C:** correta, (art. 74, IX, do Estatuto do Idoso); **D:** incorreta (devendo ser assinalada), pois não existe esta atribuição na legislação.
Gabarito "D".

5. TEMAS VARIADOS

(Promotor de Justiça/GO – 2016 - MPE) De acordo com o Estatuto do Idoso (Lei 10.471/2003):

(A) O Ministério Público tem legitimidade para a promoção da tutela coletiva dos direitos de pessoas com idade igual ou superior a sessenta anos, mas não poderá atuar na esfera individual de direitos dessa parcela da população, uma vez que a senilidade não induz incapacidade para os atos da vida civil.
(B) O idoso, que necessite de alimentos, deverá acionar simultaneamente os filhos, cobrando de cada qual, na medida de suas possibilidades.
(C) O Poder Judiciário, a requerimento do Ministério Público, poderá determinar medidas protetivas em favor de idoso em situação de risco, tais como: requisição de tratamento de saúde, em regime ambulatorial, hospitalar ou domiciliar; encaminhamento à família ou curador, mediante termo de responsabilidade; abrigamento em entidade.
(D) O Poder Público tem responsabilidade residual e, no âmbito da assistência social, estará obrigado a assegurar os direitos fundamentais de pessoa idosa, em caso de inexistência de parentes na linha reta ou colateral até o 3° grau.

A: incorreta, pois o MP pode instaurar o inquérito civil e a ação civil pública para a proteção dos direitos e interesses individuais indisponíveis, nos termos do art. 74, I, do Estatuto do Idoso; **B:** incorreta, pois a obrigação alimentar é solidária, *podendo o idoso optar entre os prestadores* (art. 12 do Estatuto do Idoso); **C:** correta (art. 45, III, I e V, do Estatuto do Idoso); **D:** incorreta, pois no caso de o idoso ou seus familiares *não possuírem condições econômicas de prover o seu sustento*, impõe-se ao Poder Público esse provimento, no âmbito da assistência social (art. 14 do Estatuto do Idoso).
Gabarito "C".

(Promotor de Justiça – MPE/BA – CEFET – 2015) A defesa das pessoas idosas é uma das atribuições do Ministério Público, competindo-lhe zelar pela efetivação da Política Nacional prevista na Lei 8.842/1994 e pelos direitos assegurados no Estatuto da categoria (Lei 10.741/2003) e nas demais normas vigentes. Nesta senda, examine as seguintes proposições:

I. O direito à saúde do idoso engloba atendimento domiciliar, incluindo a internação para os que dele necessitar e estejam impossibilitados de se locomover, inclusive para os abrigados e acolhidos por instituições públicas, filantrópicas ou sem fins lucrativos e eventualmente conveniadas com o Poder Público, tanto no meio urbano, quanto rural, incumbindo ao Poder Público fornecer, gratuitamente, medicamentos, especialmente os de uso continuado, assim como próteses, órteses e outros recursos relativos ao tratamento, habilitação ou reabilitação dos senis.

II. Os casos de suspeita ou confirmação de violência praticada contra idosos serão objeto de notificação compulsória pelos serviços de saúde públicos e privados à autoridade sanitária, bem como serão comunicados por eles a quaisquer dos seguintes órgãos: a) autoridade policial; b) Ministério Público; c) Conselho Municipal do Idoso; d) Conselho Estadual do Idoso; e e) Conselho Nacional do Idoso.

III. A participação dos idosos em atividades culturais e de lazer será proporcionada mediante descontos de pelo menos cinquenta e 5% (cinco por cento) nos ingressos para eventos artísticos, culturais, esportivos e de lazer, bem como o acesso preferencial aos respectivos locais.

IV. Todas as entidades de longa permanência ou casa-lar são obrigadas a firmar contrato de prestação de serviços com a pessoa idosa abrigada e, para as de natureza filantrópica, é facultada a cobrança de participação do idoso no custeio da entidade. Contudo, o Conselho Municipal do Idoso ou o Conselho Municipal da Assistência Social estabelecerá percentual que não poderá exceder a 70% (setenta por cento) de qualquer benefício previdenciário ou de assistência social percebido pelo idoso.

V. No sistema de transporte coletivo interestadual, observar-se-ão, nos termos da legislação específica, para idosos com renda igual ou inferior a 2 (dois)

salários-mínimos, a reserva de 3 (três) vagas gratuitas por veículo e o desconto de 50% (cinquenta por cento), no mínimo, no valor das passagens, para os idosos que excederem as vagas gratuitas.
Estão corretas as seguintes assertivas:
(A) I – II – IV.
(B) III – IV – V.
(C) II – III – IV.
(D) II – IV – V.
(E) I – II – III.

I: correto (art. 15, § 1º, IV e § 2º, do Estauto do Idoso); II: correto (art. 19, I a V, do Estauto do Idoso); III: incorreto, pois é assegurado desconto de pelo menos **50%** nos ingressos, conforme disposto no art. 23 do Estatuto do Idoso; IV: correto (art. 50, I, do Estatuto do Idoso); V: incorreto, pois a reserva é de **2 (duas)** vagas gratuitas (art. 40, I e II, do Estatuto do Idoso).
Gabarito "A".

(Promotor de Justiça – MPE/BA – CEFET – 2015) Sobre a proteção dos idosos, analise as proposições abaixo registradas:

I. Aos maiores de 60 (sessenta) anos fica assegurada a gratuidade dos transportes coletivos públicos urbanos e semiurbanos, exceto nos serviços seletivos e especiais, quando prestados paralelamente aos serviços regulares, bastando a apresentação de qualquer documento pessoal que faça prova de suas idades.
II. Nos veículos de transporte coletivo serão reservados 15% (quinze por cento) dos assentos para os idosos, devidamente identificados com a placa de "reservado preferencialmente para idosos".
III. Nos programas habitacionais, públicos ou subsidiados com recursos públicos, o idoso goza de prioridade na aquisição de imóvel para moradia própria, observada reserva de pelo menos 3% (três por cento) das unidades habitacionais residenciais para atendimento desses cidadãos, implantando-se os equipamentos urbanos comunitários necessários, eliminando-se as barreiras arquitetônicas e urbanísticas, para a garantia da sua acessibilidade, e estabelecendo-se critérios de financiamento compatíveis com os rendimentos de aposentadoria e pensão.
IV. As entidades governamentais de atendimento aos idosos serão fiscalizadas pelos Conselhos do Idoso, Ministério Público, Vigilância Sanitária e outros previstos em lei, sendo que, havendo danos para os abrigados ou qualquer tipo de fraude em relação ao programa, caberá o afastamento provisório dos dirigentes ou a interdição da unidade e a suspensão do programa.
V. Na ocorrência de infração por entidade de atendimento, que coloque em risco os direitos dos idosos, será o fato comunicado ao Ministério Público, para as providências cabíveis, inclusive para promover a suspensão das atividades ou dissolução da entidade, com a proibição de atendimento a idosos a bem do interesse público, sem prejuízo das providências a serem tomadas pela Vigilância Sanitária.

A alternativa que contém a sequência correta, de cima para baixo, considerando V para verdadeiro e F para falso, é:
(A) F V F V V.
(B) V V F V V.
(C) F F V V V.
(D) V V F F V.
(E) V F V F F.

I: incorreto, pois o direito à gratuidade no transporte somente é concedido aos idosos a partir de **65 (sessenta e cinco)** anos de idade (art. 39 do Estatuto do Idoso); II: incorreto, pois serão reservados **10% (dez por cento)** dos assentos para os idosos (art. 39, § 2º, do Estatuto do Idoso); III correto (art. 38, I a IV, do Estatuto do Idoso); IV: correto (arts. 52 e 55, § 1º, do Estatuto do Idoso); V: correto: (art. 55, § 3º, do Estatuto do Idoso).
Gabarito "C".

(Ministério Público/DF – 2013) De acordo com o Estatuto do Idoso, assinale a opção **INCORRETA**.
(A) As transações relativas a alimentos para os idosos poderão ser celebradas perante o Promotor de Justiça ou Defensor Público e têm efeito de título executivo extrajudicial nos termos da lei processual civil.
(B) O idoso tem direito a receber gratuitamente do poder público os medicamentos, as próteses, órteses e todos os recursos necessários para manter ou reabilitar sua saúde, independentemente de sua situação econômica.
(C) O procedimento de apuração de irregularidade em entidade governamental e não governamental de atendimento ao idoso terá início mediante petição fundamentada de pessoa interessada ou iniciativa do Ministério Público.
(D) Nos processos e procedimentos e na execução dos atos e diligências judiciais em que figure como parte ou interveniente pessoa com idade igual ou superior a sessenta anos, será deferido o benefício da prioridade na tramitação, anotando-se essa circunstância em local visível nos autos.
(E) Às pessoas acima de sessenta anos, independentemente de sua situação econômica, será concedido o benefício da justiça gratuita, em qualquer fase ou instância, nos processos em que figurem como parte ou interveniente.

A: assertiva correta (art. 13 do Estatuto do Idoso); B: assertiva correta (art. 15, § 2º, do Estatuto do Idoso); C: assertiva correta (art. 65 do Estatuto do Idoso); D: assertiva correta (art. 71 do Estatuto do Idoso); E: assertiva incorreta, devendo ser assinalada, pois o benefício da justiça gratuita é concedido a todos que não considerados *necessitados*, para os fins legais, independente da idade, ou seja, terá o benéfico todo aquele cuja situação econômica não lhe permita pagar as custas do processo e os honorários de advogado, sem prejuízo do sustento próprio ou da família (art. 2º, parágrafo único, da Lei 1.060/1950).
Gabarito "E".

(Ministério Público/PR – 2013 – X) Assinale a alternativa *incorreta*:
(A) A natureza jurídica dos conselhos de direitos das áreas do idoso e da pessoa com deficiência diz respeito fundamentalmente com os princípios constitucionais da democracia participativa assegurando, por conseguinte, a participação popular na gestão, formulação e controle das políticas públicas;
(B) Os serviços de transporte coletivo rodoviário urbano devem priorizar o embarque e desembarque dos usuários em nível em, pelo menos, um dos acessos do veículo;
(C) É correto afirmar que a deficiência é um conceito em evolução e resultado da interação entre pessoas com

deficiência e as barreiras devidas às atitudes e ao ambiente que impedem a plena e efetiva participação na sociedade em igualdade de oportunidades com as demais pessoas;

(D) Sob a pena de interdição, toda instituição dedicada ao atendimento ao idoso está obrigada a manter identificação externa visível;

(E) A obrigatoriedade da inscrição de programas junto à Vigilância Sanitária e Conselho Municipal da Pessoa Idosa e, em sua falta, junto ao Conselho Estadual ou Nacional da Pessoa Idosa, especificando os regimes de atendimento, é adstrita às entidades não governamentais de assistência ao idoso.

A: correta (arts. 203, I, IV, V e 204, II, da CF); **B:** correta (art. 42 do Estatuto do Idoso); **C:** correta (Preâmbulo, alínea e, da Convenção sobre os Direitos das Pessoas com Deficiência – Decreto 6.949/2009); **D:** correta (art. 37, § 2º, do Estatuto do Idoso); **E:** incorreta (devendo ser assinalada), pois a obrigatoriedade da inscrição de programas junto à Vigilância Sanitária e Conselho Municipal da Pessoa Idosa abrange também as entidades governamentais (art. 48, parágrafo único, do Estatuto do Idoso).
Gabarito "E".

(Ministério Público/SC – 2012) De acordo com o Estatuto do Idoso, Lei n. 10.741/2003:

I. Os Conselhos do Idoso, o Ministério Público e a Vigilância Sanitária estão legitimados a fiscalizar as entidades governamentais e não governamentais de atendimento aos idosos, estando ambas sujeitas a advertência e multa, além de outras medidas como fechamento de unidade ou interdição de programa.

II. O procedimento para a imposição de penalidade administrativa por infração às normas de proteção ao idoso terá início com requisição do Ministério Público ou auto de infração elaborado por servidor efetivo e assinado, se possível, por duas testemunhas.

III. Compete ao Ministério Público promover a revogação de instrumento procuratório do idoso, nas hipóteses previstas em Lei, quando necessário ou o interesse público justificar.

IV. Os valores das multas reverterão ao Fundo do Idoso, onde houver, ou na falta deste, ao Fundo Municipal de Assistência Social, ficando vinculados ao atendimento ao idoso, sendo que as multas não recolhidas até 60 (sessenta) dias após o trânsito em julgado da decisão serão exigidas por meio de execução promovida pelo Ministério Público, nos mesmos autos, facultada igual iniciativa aos demais legitimados em caso de inércia daquele.

V. Decorridos 60 (sessenta) dias do trânsito em julgado da sentença condenatória favorável ao idoso sem que o autor lhe promova a execução, deverá fazê-lo o Ministério Público, facultada, igual iniciativa aos demais legitimados, como assistentes ou assumindo o polo ativo, em caso de inércia desse órgão.

(A) Apenas as assertivas I, II e IV estão corretas.
(B) Apenas as assertivas I, III, IV e V estão corretas.
(C) Apenas as assertivas II, III e V estão corretas.
(D) Apenas as assertivas II, III e IV estão corretas.
(E) Todas as assertivas estão corretas.

I: incorreta, pois as entidades governamentais não estão sujeitas a multa, conforme art. 55, I, do Estatuto do Idoso; **II:** correta (art. 60 do Estatuto do Idoso); **III:** correta (74, IV, do Estatuto do Idoso); **IV:** incorreta, pois conflita com o art. 84, parágrafo único, do Estatuto do Idoso, que prevê o prazo de 30 (trinta) dias; **V:** correta (art. 87 do Estatuto do Idoso).
Gabarito "C".

(Ministério Público/SC – 2012) De acordo com o Estatuto do Idoso, Lei n. 10.741/2003:

I. Aos maiores de 65 anos fica assegurada a prioridade na restituição do recebimento do Imposto de Renda.

II. As transações relativas a alimentos poderão ser celebradas perante o Promotor de Justiça ou Defensor Público, que as referendará, e passarão a ter efeito de título executivo extrajudicial nos termos da lei processual civil, destacando-se que a obrigação alimentar é solidária, podendo o idoso optar entre os prestadores.

III. Compete ao Ministério Público atuar como assistente do idoso em ações individuais que tratem de direitos indisponíveis, sendo que nos processos que envolvam interesses e direitos de idosos previstos no Estatuto do Idoso, a ausência de intervenção do Ministério Público acarreta nulidade que será declarada de ofício pelo juiz ou a requerimento de qualquer interessado.

IV. Nos programas habitacionais, públicos ou subsidiados com recursos públicos, o idoso goza de prioridade na aquisição de imóvel para moradia própria, observado o seguinte: reserva de 3% (três por cento) das unidades habitacionais residenciais para atendimento aos idosos.

V. No sistema de transporte coletivo interestadual observar-se-á, nos termos da legislação específica: a reserva de 2 (duas) vagas gratuitas por veículo para idosos com renda igual ou inferior a 2 (dois) salários mínimos; e desconto de 50% (cinquenta por cento), no mínimo, no valor das passagens, para os idosos que excederem as vagas gratuitas, com renda igual ou inferior a 2 (dois) salários mínimos.

(A) Apenas as assertivas II e V estão corretas.
(B) Apenas as assertivas I e V estão corretas.
(C) Apenas as assertivas I, III, IV e V estão corretas.
(D) Apenas as assertivas II, III e IV estão corretas.
(E) Todas as assertivas estão corretas.

I: incorreta, pois a prioridade é aplica-se às pessoas com idade igual ou superior a 60 (sessenta) anos (art. 1º c/c art. 3º, parágrafo único, IX, do Estatuto do Idoso); **II:** correta (art. 13 do Estatuto do Idoso); **III:** incorreta, pois conflita com o art. 75 do Estatuto do Idoso; **IV:** incorreta, pois a reversa é de **pelo menos** 3% das unidades habitacionais residenciais para atendimento aos idosos (art. 38, I, do Estatuto do Idoso); **V:** correta (art. 40, I e II, do Estatuto do Idoso).
Gabarito "A".

(Ministério Público/TO – 2012 – CESPE) Assinale a opção correta com referência ao Estatuto do Idoso e ao que ele dispõe.

(A) Entre os direitos reconhecidos legalmente ao idoso no domínio de suas faculdades mentais inclui-se o de ele optar pelo tratamento de saúde que julgar mais favorável.

(B) Apesar de exercer uma função protetiva em relação ao idoso, o referido estatuto não define um sistema claro de defesa dos interesses da pessoa idosa na condição de pessoa humana.

(C) Todos os direitos reconhecidos ao idoso, incluída a gratuidade nos transportes coletivos urbanos e semiurbanos, aplicam-se aos indivíduos que alcancem sessenta anos de idade ou mais.
(D) No tocante à defesa dos direitos dos idosos em juízo, guardam competência subsidiária em relação ao MP e à OAB a União, os estados, o DF e os municípios.
(E) Associações particulares podem figurar em juízo na defesa dos interesses dos idosos, desde que autorizadas por assembleia convocada para tal finalidade.

A: correta (art. 17 do Estatuto do Idoso); B: incorreta, pois o Capítulo III, do Título V, do Estatuto do Idoso traz um sistema de proteção judicial dos interesses difusos, coletivos, individuais indisponíveis ou homogêneos; C: incorreta, pois embora o Estatuto do Idoso regule os direitos assegurados às pessoas com idade igual ou superior a 60 anos (art. 1º), alguns direitos somente se aplicam às pessoas com idade igual ou superior a 65 anos, como no caso da gratuidade dos transportes coletivos públicos urbanos e semiurbanos (art. 39 do Estatuto do Idoso). No caso das pessoas entre 60 e 65 anos, ficará a critério da legislação local dispor sobre as condições da gratuidade; D: incorreta, pois a legitimidade é concorrente entre esses entes ou órgãos, de acordo com o art. 81 do Estatuto do Idoso; E: incorreta, pois é dispensada a autorização da assembleia, se houver prévia autorização estatutária, de acordo com o disposto na art. 81, IV, do Estatuto do Idoso.
Gabarito "A".

(Ministério Público/PR – 2011) Analisando as seguintes assertivas:

I. Os alimentos serão prestados ao idoso na forma da lei civil, podendo as transações relativas ao tema ser celebradas perante o Promotor de Justiça ou Defensor Público, que as referendará, e passarão a ter efeito de título executivo extrajudicial nos termos da lei processual civil;
II. Nos termos do Estatuto do Idoso, aos maiores de 60 (sessenta) anos de idade fica assegurada a gratuidade dos transportes coletivos públicos urbanos e semiurbanos, exceto nos serviços seletivos e especiais, quando prestados paralelamente aos serviços regulares. Nos veículos de transporte coletivo suprarreferidos, serão reservados 10% (dez por cento) dos assentos para os idosos, devidamente identificados com a placa de reservado preferencialmente para idosos. Para ter acesso à gratuidade, basta que o idoso apresente qualquer documento pessoal que faça prova de sua idade;
III. No transporte coletivo interestadual, é obrigatória a reserva de 02 (duas) vagas gratuitas por veículo, comboio ferroviário ou embarcação do serviço convencional de transporte interestadual de passageiros para idosos com renda igual ou inferior a 02 (dois) salários mínimos, bem como o desconto de 50% (cinquenta por cento), no mínimo, no valor das passagens para os idosos que excederem as vagas gratuitas, com renda igual ou inferior a 02 (dois) salários mínimos. A comprovação de renda será feita mediante a apresentação de um dos seguintes documentos: (i) – Carteira de Trabalho e Previdência Social com anotações atualizadas; (ii) – contracheque de pagamento ou documento expedido pelo empregador; (iii) – carnê de contribuição para o Instituto Nacional do Seguro Social – INSS; (iv) – extrato de pagamento de benefício ou declaração fornecida pelo INSS ou outro regime de previdência social público ou privado; e (v) – documento ou carteira emitida pelas Secretarias Estaduais ou Municipais de Assistência Social ou congêneres;
IV. Constituem obrigações das entidades de atendimento ao idoso, dentre outras: (i) celebrar contrato escrito de prestação de serviço com o idoso, especificando o tipo de atendimento, as obrigações da entidade e prestações decorrentes do contrato, com os respectivos preços, se for o caso; (ii) manter arquivo de anotações onde constem data e circunstâncias do atendimento, nome do idoso, responsável, parentes, endereços, cidade, relação de seus pertences, bem como o valor de contribuições, e suas alterações, se houver, e demais dados que possibilitem sua identificação e a individualização do atendimento; e (iii) comunicar ao Ministério Público, para as providências cabíveis, a situação de abandono moral ou material por parte dos familiares;
V. Compete ao Ministério Público, dentre outras funções, (i) promover e acompanhar as ações de alimentos, de interdição total ou parcial, de designação de curador especial, em circunstâncias que justifiquem a medida e oficiar em todos os feitos em que se discutam os direitos de idosos em condições de risco; (ii) atuar como substituto processual do idoso em situação de risco; (iii) promover a revogação de instrumento procuratório do idoso, nas hipóteses em que este se encontre em situação de risco, quando necessário ou o interesse público justificar; e (iv) inspecionar as entidades públicas e particulares de atendimento e os programas de que trata o Estatuto do Idoso, adotando de pronto as medidas administrativas ou judiciais necessárias à remoção de irregularidades porventura verificadas.

É possível afirmar:
(A) Apenas a assertiva II está incorreta;
(B) As assertivas II e III estão incorretas;
(C) Apenas a assertiva III está incorreta;
(D) Todas as assertivas estão corretas;
(E) Todas as assertivas estão incorretas.

I: correta, pois a assertiva reflete o disposto no art. 13 do Estatuto do Idoso; II: incorreta, pois é assegurada a gratuidade dos transportes coletivos públicos urbanos e semiurbanos, exceto nos serviços seletivos e especiais, quando prestados paralelamente aos serviços regulares, aos *maiores de 65 anos*, no caso daqueles entre 60 e 65 anos ficará a critério da legislação local dispor sobre as condições de gratuidade (art. 39, *caput*, do Estatuto do Idoso); III: correta, pois a assertiva reflete o disposto no art. 40, I e II, do Estatuto do Idoso e art. 6º do Decreto 5.934, de 18 de outubro de 2006; IV: correta, pois a assertiva reflete o disposto no art. 50, I, XV e XVI, do Estatuto do Idoso; V: correta, pois a assertiva reflete o disposto no art. 74, II, III, IV e VIII, do Estatuto do Idoso.
Gabarito "A".

15. DIREITO DA PESSOA COM DEFICIÊNCIA

Anna Carolina Bontempo, Leni Mouzinho Soares e Vanessa Tonolli Trigueiros*

1. ESTATUTO DA PESSOA COM DEFICIÊNCIA

(Promotor de Justiça – MPE/RS – 2017) Quanto aos direitos da pessoa com deficiência, assinale a alternativa correta.

(A) Terá direito ao auxílio-inclusão, nos termos da lei, a pessoa com deficiência moderada ou grave que receba o benefício da prestação continuada e que passe a exercer atividade remunerada que a enquadre como segurado obrigatório do Regime Geral de Previdência Social-RGPS.
(B) O Cadastro-Inclusão, criado pela Lei 13.146/2015, será administrado pelo Poder Executivo estadual, podendo esta administração, mediante convênio, ser delegada aos Municípios.
(C) Acompanhante, segundo o conceito trazido na Lei 13.146/2015, é a pessoa, membro ou não da família, que, com ou sem remuneração, assiste ou presta cuidados básicos e essenciais à pessoa com deficiência no exercício de suas atividades diárias, excluídas as técnicas ou os procedimentos identificados com profissões legalmente estabelecidas.
(D) No caso de pessoa com deficiência em situação de institucionalização, ao nomear curador, o juiz deve dar preferência ao representante da entidade em que se encontra abrigada a pessoa.
(E) Na tomada de decisão apoiada, é vedado ao terceiro, com quem a pessoa apoiada mantenha relação negocial, postular que os apoiadores contra-assinem o contrato ou acordo, tendo em conta que este instituto não restringe a plena capacidade da pessoa com deficiência.

A: correta (art. 94, I, do Estauto da Pessoa com Deficiência); **B:** incorreta, pois o Cadastro-Inclusão será administrado pelo **Poder Executivo federal** e constituído por base de dados, instrumentos, procedimentos e sistemas eletrônicos (art. 92, § 1º, do Estatuto da Pessoa com Deficiência); **C:** incorreta, pois trata-se do **atendente pessoal**, nos termos do art. 3º, XII, do Estatuto da Pessoa com Deficiência); **D:** incorreta, pois o o juiz deve dar preferência a pessoa que tenha vínculo de natureza familiar, afetiva ou comunitária com o curatelado, consoante art. 85, § 3º, do Estatuto da Pessoa com Deficiência; **E:** incorreta, pois é **permitido**, na tomada de decisão apoiada, ao terceiro com quem a pessoa apoiada mantenha relação negocial solicitar que os apoiadores contra-assinem o contrato ou acordo, especificando, por escrito, sua função em relação ao apoiado, de acordo com o disposto no art. 1.783-A, § 5º, do Estatuto da Pessoa com Deficiência.
Gabarito "A".

(Promotor de Justiça/GO – 2016 - MPE) A Tomada de Decisão Apoiada, modelo protecionista criado pela Lei 13.146/2015 (Estatuto da Pessoa com Deficiência):

(A) destina-se a proteção de pessoa vulnerável em virtude de circunstância pessoal, física, psíquica ou intelectual, restringindo-lhe temporariamente a capacidade, a fim de que receba auxílio para decisão sobre determinado ato da vida civil;
(B) configura novo instituto jurídico, ao lado da tutela e da curatela, vocacionado para a proteção de incapazes ou relativamente incapazes, devendo os apoiadores nomeados pelo juiz, após oitiva do Ministério Público, seguir fielmente o termo levado a juízo, considerando as necessidades e aspirações da pessoa apoiada;
(C) será determinada pelo juiz, em procedimento de jurisdição voluntária, a requerimento da pessoa com deficiência que indicará pelo menos duas pessoas idôneas, com as quais mantenha vínculo e que gozem de sua confiança, para fornecer-lhe apoio na tomada de decisão relativa a atos da vida civil;
(D) é um modelo protecionista criado em favor de pessoas interditadas, em razão de deficiência física, sensorial, psíquica ou intelectual, com objetivo de que o juiz, ouvido o Ministério Público, indique duas pessoas integrantes de equipe multidisciplinar para prestar apoio ao interdito na tomada de decisão relativa aos atos da vida civil.

A assertiva C está correta, pois reflete o disposto no art. 1.783-A, do Estatuto da Pessoa com Deficiência. As demais alternativas não correspondem à *Tomada de Decisão Apoiada* previstas na legislação.
Gabarito "C".

2. ACESSIBILIDADE

(Ministério Público/ES – 2013 – VUNESP) Com relação à acessibilidade, é correto afirmar:

(A) a língua brasileira de Sinais (LIBRAS), meio legal de comunicação e expressão, pode substituir a modalidade escrita da língua portuguesa.
(B) os parques de diversões, públicos e privados, devem adaptar, no máximo, 5% (cinco por cento) de cada brinquedo e equipamento e identificá-los para possibilitar sua utilização por pessoas com deficiência ou com mobilidade reduzida, tanto quanto tecnicamente possível.
(C) a Lei 10.098/2000 visa a garantir que os empreendimentos públicos futuros venham a utilizar-se de normas técnicas da ISO que prevejam condições adequadas aos cadeirantes.
(D) os semáforos para pedestres instalados nas vias públicas deverão estar equipados com mecanismo

---

* **Anna Carolina Bontempo** comentou as questões dos seguintes concursos: MP/AC/08, MP/BA/08, MP/CE/11, MP/GO/10, MP/GO/12, MP/MG/06, MP/MG/11, MP/MG/12, MP/MS/09, MP/MT/12, MP/PB/10, MP/PI/08, MP/PI/12, MP/RJ/11, MP/RN/09, MP/RR/12, MP/RS/08, MP/RS/09, MP/SC/08, MP/SC/12, MP/SP/12, MP/TO/12, MP/ES/13, MP/GO/13, MP/RO/13, MPE/RS – 2017, MPE/GO – 2016, MPE/BA – CEFET – 2015 quando houver. **Vanessa Tonolli Trigueiros** comentou as questões do concurso de MP/SP/2013. **Leni Mouzinho Soares** comentou as demais questões. **Anna Carolina Bontempo** atualizou todos os comentários desse capítulo.

que emita sinal sonoro suave, intermitente e sem estridência, ou com mecanismo alternativo, que sirva de guia ou orientação para a travessia de pessoas portadoras de deficiência visual, se a intensidade do fluxo de veículos e a periculosidade da via assim determinarem.

(E) os banheiros de uso público existentes ou a construir em parques, praças, jardins e espaços livres públicos deverão ser acessíveis e dispor, pelo menos, de dois lavatórios que atendam às especificações das normas técnicas da ABNT.

A: incorreta, pois a Língua Brasileira de Sinais – Libras – *não* poderá substituir a modalidade escrita da língua portuguesa (art. 4°, parágrafo único, da Lei 10.436/2002); **B:** incorreta, pois os parques de diversões, públicos e privados, devem adaptar, *no mínimo*, 5% (cinco por cento) de cada brinquedo e equipamento (art. 4°, parágrafo único, da Lei 10.098/2000); **C:** incorreta, pois a Lei 10.098/2000 estabelece normas gerais e critérios básicos para a promoção da acessibilidade das pessoas portadoras de deficiência ou com mobilidade reduzida, mediante a supressão de barreiras e de obstáculos nas vias e espaços públicos, no mobiliário urbano, na construção e reforma de edifícios e nos meios de transporte e de comunicação (art. 1°); **D:** correta (art. 9° da Lei 10.098/2000); **E:** incorreta, pois os banheiros de uso público existentes ou a construir em parques, praças, jardins e espaços livres públicos deverão ser acessíveis e dispor, pelo menos, de *um sanitário e um lavatório* que atendam às especificações das normas técnicas da ABNT (art. 6° da Lei 10.098/2000).

Gabarito "D".

(Ministério Público/RO – 2013 – CESPE) Considerando as condições gerais da acessibilidade dispostas no Decreto n° 5.296/2004, assinale a opção correta.

(A) Ajuda técnica consiste na concepção de espaços, artefatos e produtos que visem atender simultaneamente a todas as pessoas, independentemente de suas características antropométricas e sensoriais.
(B) Definem-se como barreiras, nas edificações, as existentes nas vias públicas e nos espaços de uso público.
(C) Considera-se elemento da urbanização o conjunto de objetos existentes nas vias e espaços públicos adicionado à edificação.
(D) Edificações de uso público são aquelas destinadas à habitação, classificadas como unifamiliar ou multifamiliar.
(E) As edificações destinadas às atividades de natureza comercial e hoteleira são de uso coletivo.

A: incorreta, pois entende-se por ajuda técnica "os produtos, instrumentos, equipamentos ou tecnologia adaptados ou especialmente projetados para melhorar a funcionalidade da pessoa portadora de deficiência ou com mobilidade reduzida, favorecendo a autonomia pessoal, total ou assistida" (art. 8°, V, do Decreto 5.296/04). A redação da alternativa "A" descreve o conceito de "desenho universal", do inciso IX do art. 8°; **B:** incorreta, pois a assertiva traz a definição de barreiras urbanísticas (art. 8°, II, a, do Decreto 5.296/04); **C:** incorreta, pois elemento da urbanização consiste em "qualquer componente das obras de urbanização, tais como os referentes à pavimentação, saneamento, distribuição de energia elétrica, iluminação pública, abastecimento e distribuição de água, paisagismo e os que materializam as indicações do planejamento urbanístico" (art. 8°, III, do Decreto 5.296/04). É importante mencionar que o Decreto 5.296/04 considera as "edificações de uso privado aquelas destinadas à habitação, que podem ser classificadas como unifamiliar ou multifamiliar" (art. 8°, VIII). ; **D:** incorreta, pois edificações de uso público são "aquelas administradas por entidades da administração pública, direta e indireta, ou por empresas prestadoras de serviços públicos e destinadas ao público em geral" (art. 8°, VI, do Decreto 5.296/04); **E:** correta (art. 8°, VII, do Decreto 5.296/04).

Gabarito "E".

3. ACESSO À JUSTIÇA

(Ministério Público/MG – 2012 – CONSULPLAN) Os portadores de deficiência somente no século XX passaram a ser vistos como cidadãos detentores de direitos e deveres como os demais. A impulsão desse movimento inclusivo se deu pela Declaração Universal dos Direitos Humanos em 1948. Nas ações civis públicas destinadas à proteção de interesses coletivos ou difusos de pessoas portadoras de deficiência, é **INCORRETO** afirmar que:

(A) Para instruir a inicial, o interessado poderá requerer às autoridades competentes as certidões e informações que julgar necessárias.
(B) As certidões e informações necessárias deverão ser fornecidas dentro de 15 (quinze) dias da entrega, sob recibo, dos respectivos requerimentos, e só poderão ser utilizadas para a instrução da ação civil.
(C) Somente nos casos em que o interesse público, devidamente justificado, impuser sigilo, poderá ser negada a certidão ou informação.
(D) É facultado a qualquer cidadão habilitar-se como litisconsorte ou assistente do autor da ação.

A: correta (art. 3°, § 1°, da Lei 7.853/1989); **B:** correta (art. 3°, § 2°, da Lei 7.853/1989); **C:** correta (art. 3°, § 3°, da Lei 7.853/1989); **D:** incorreta, pois é facultado apenas aos legitimados ativos (art. 3°, § 5°, da Lei 7.853/1989).

Gabarito "D".

(Ministério Público/GO – 2012) Sobre a tutela dos direitos das pessoas com deficiência, pelo Ministério Público, marque a alternativa incorreta.

(A) O órgão ministerial oficiará em qualquer ação proposta por pessoa com deficiência ou contra ela, esteja ou não em discussão problema relacionado com esta especial condição
(B) Por meio da ação civil pública, podem ainda ser ajuizadas medidas judiciais relacionadas com educação, saúde, transportes, edificações, bem como com área ocupacional ou de recursos humanos.
(C) O órgão ministerial deve zelar para que os Poderes Públicos e os serviços de relevância pública observem os direitos e princípios constitucionais de proteção às pessoas com deficiência, como o acesso a edifícios públicos e privados destinados a uso público ou o preenchimento de empregos públicos.
(D) Pela lei, na ação civil pública ou coletiva que verse interesses ligados à defesa das pessoas com deficiência, havendo carência ou improcedência, impõe-se o duplo grau de jurisdição.

A: incorreta (devendo ser assinalada), pois somente é obrigatória a intervenção do Ministério Público nas *ações públicas, coletivas ou individuais, em que se discutam interesses relacionados à deficiência das pessoas*, de acordo com o disposto no art. 5° da Lei 7.853/1989; **B:** correta (art. 2° da Lei 7.853/1989); **C:** correta, (art. 2°, inc. III, alínea *c* e inc. V, alínea *a* da Lei 7.853/1989); **D:** correta (art. 4°, § 1°, da Lei 7.853/1989).

Gabarito "A".

4. APOSENTADORIA DA PESSOA COM DEFICIÊNCIA

(Ministério Público/SP – 2013 – PGMP) A Lei Complementar 142, de 08 de maio de 2013, que regulamenta o § 1º do art. 201 da Constituição Federal, no tocante à aposentadoria da pessoa com deficiência segurada do Regime Geral de Previdência Social:

I. Considera a pessoa com deficiência aquela que tem impedimentos de longo ou médio prazo de natureza física, mental, intelectual ou sensorial, os quais, em interação com diversas barreiras, podem obstruir sua participação plena e efetiva na sociedade em igualdade de condições com as demais pessoas.
II. Dentre outras providências, dispôs que a pessoa com deficiência, conforme seja o grau dessa deficiência, grave, moderada ou leve, necessitará de períodos distintos de contribuição e idade, para fazer jus à aposentadoria, estabelecendo também distinções de períodos de contribuição para homens e mulheres.
III. Determinou também que, qualquer que seja o grau de deficiência, a pessoa portadora de deficiência terá assegurada a sua aposentadoria aos 60 (sessenta) anos de idade, se homem, e 55 (cinquenta e cinco) anos de idade, se mulher, desde que cumprido tempo mínimo de contribuição de 15 (quinze) anos e comprovada a existência de deficiência durante igual período.
IV. Dentre outras providências, desconsiderou o fator idade quando dispôs que a pessoa com deficiência, conforme seja o grau dessa deficiência, grave, moderada ou leve, necessitará de períodos distintos de contribuição, para fazer jus à aposentadoria, estabelecendo também distinções de períodos de contribuição para homens e mulheres.
V. Considerou o fator idade e o tempo de contribuição para todas as hipóteses de direito à aposentadoria, para a pessoa portadora de deficiência física.

Está CORRETO somente o contido nos itens:

(A) III e IV.
(B) I, III e V.
(C) II, III e V.
(D) I e IV.
(E) I e V.

I: incorreta, pois se considera pessoa com deficiência aquela que tem impedimentos de longo prazo de natureza física, mental, intelectual ou sensorial, os quais, em interação com diversas barreiras, podem obstruir sua participação plena e efetiva na sociedade em igualdade de condições com as demais pessoas (art. 2º da LC 142/2013); **II**: incorreta (art. 3º, IV, da LC 142/2013); **III**: correta, pois a alternativa reflete o disposto no art. 3º, IV, da LC 142/2013; **IV**: correta (art. 3º, IV, da LC 142/2013); **V**: incorreta, o art. 3º, IV, da LC 142/2013 não considerou o fator idade e o tempo de contribuição para todas as hipóteses de aposentadoria para a pessoa portadora de deficiência física.
Gabarito "A".

5. CONVENÇÃO SOBRE OS DIREITOS DAS PESSOAS COM DEFICIÊNCIA

(Ministério Público/SP – 2013 – PGMP) Relativamente à Convenção sobre os Direitos das Pessoas com Deficiência, aprovada pelo Decreto Legislativo 186, de 2008, e objeto de promulgação conforme Decreto 6.949, de 2009, é INCORRETO afirmar:

(A) É propósito da aludida Convenção o de promover, proteger e assegurar o desfrute pleno e equitativo de todos os direitos humanos e liberdades fundamentais por parte de todas as pessoas com deficiência e promover o respeito pela sua inerente dignidade.
(B) Constitui, dentre outros, compromisso dos Estados Partes o de promover a capacitação de profissionais e de equipes que trabalham com pessoas com deficiência, em relação aos direitos reconhecidos na Convenção, para que possam prestar melhor assistência e serviços garantidos por esses direitos.
(C) Dentre outras medidas a serem adotadas para conscientização de toda a sociedade, inclusive das famílias, sobre as condições das pessoas com deficiência e fomentar o respeito pelos direitos e pela dignidade das pessoas com deficiência, encontra-se expressamente previsto o fomento em todos os níveis do sistema educacional, incluindo neles todas as crianças desde tenra idade, de uma atitude de respeito para com os direitos das pessoas com deficiência.
(D) Para realizar o direito das pessoas com deficiência à educação, constitui obrigação dos Estados Partes, dentre outras, a de assegurar que as pessoas com deficiência não sejam excluídas do ensino fundamental gratuito, que deve ser prestado preferencialmente em escolas concebidas e previamente aparelhadas para lidar com os diversos tipos de deficiência, especializadas no atendimento dessa parcela da população.
(E) Constitui, dentre outros, compromisso dos Estados Partes o de realizar e promover a pesquisa e o desenvolvimento de produtos, serviços, equipamentos e instalações com desenho universal que exijam o mínimo possível de adaptação e cujo custo seja o mínimo possível, destinados a atender às necessidades específicas de pessoas com deficiência, a promover sua disponibilidade e seu uso e a promover o desenho universal quando da elaboração de normas e diretrizes.

A: correta, pois a alternativa traz o propósito previsto no art. 1º da Convenção sobre os Direitos das Pessoas com Deficiência (Decreto 6.949/2009); **B**: correta, pois a alternativa traz o compromisso previsto no art. 4º, item 1, "i", da Convenção sobre os Direitos das Pessoas com Deficiência; **C**: correta, pois a alternativa traz o compromisso previsto no art. 8º, item 1, "a" e item 2, "b", da Convenção sobre os Direitos das Pessoas com Deficiência; **D**: incorreta, devendo ser assinalada, pois é obrigação dos Estados Partes assegurar que as pessoas com deficiência não sejam excluídas do sistema educacional geral sob alegação de deficiência e que as crianças com deficiência não sejam excluídas do ensino primário gratuito e compulsório ou do ensino secundário, sob alegação de deficiência, nos termos do art. 24, item 2, "a", da Convenção sobre os Direitos das Pessoas com Deficiência; **E**: correta, pois a alternativa traz o compromisso previsto no art. 4º, item 1, "f", da Convenção sobre os Direitos das Pessoas com Deficiência.
Gabarito "D".

6. DIREITOS DAS PESSOAS ACOMETIDAS DE TRANSTORNOS MENTAIS

(Ministério Público/SC – 2012) Analise as assertivas a seguir.

I. A Lei Estadual n. 12.870/20/2004 considera pessoa portadora de necessidades especiais a que se enquadra nas seguintes categorias: deficiência física, deficiência auditiva, deficiência visual, deficiência mental, deficiência comportamental e deficiência múltipla.

II. De acordo com o regramento que instituiu a Política Estadual de Promoção e Integração Social da Pessoa Portadora de Necessidades Especiais (Lei Estadual n. 12.870/20/2004), a deficiência comportamental abrange, entre outros lá elencados, os distúrbios psicológicos temporários e permanentes adquiridos por enfermidades relacionadas à conjugação de outras deficiências, em especial as de categoria mental.

III. De acordo com a Lei n. 10.216/2001, a internação psiquiátrica compreende os seguintes tipos: internação voluntária, internação involuntária e internação compulsória.

IV. Consoante a Lei n. 10.216/2001, a internação psiquiátrica involuntária deverá, no prazo de setenta e duas horas, ser comunicada ao Ministério Público Estadual pelo responsável técnico do estabelecimento no qual tenha ocorrido, devendo esse mesmo procedimento ser adotado quando da respectiva alta.

V. Conforme a Lei n. 10.216/2001, somente a internação psiquiátrica voluntária independe de laudo médico circunstanciado que caracterize seus motivos.

(A) Apenas as assertivas I, II e V estão corretas.
(B) Apenas as assertivas III e IV estão corretas.
(C) Apenas as assertivas I, III e IV estão corretas.
(D) Apenas as assertivas I, III, IV e V estão corretas.
(E) Todas as assertivas estão corretas.

I: incorreta, pois a referida lei não considera a deficiência comportamental (art. 4º, I ao V, da Lei Estadual 12.870/2004); II: incorreta, pois a lei não define a deficiência comportamental (art. 4º, I ao V, da Lei Estadual 12.870/2004); III: correta (art. 6º, parágrafo único, I, II e III, da Lei 10.216/2001); IV: correta (art. 8º, § 1º, da Lei 10.216/2001); V: incorreta, pois qualquer tipo de internação será realizada *mediante laudo médico circunstanciado que caracterize os seus motivos* (art. 6º, caput, da Lei 10.216/2001).
Gabarito "B".

(Ministério Público/SP – 2012 – VUNESP) Com relação à proteção, aos direitos das pessoas portadoras de transtornos mentais e ao modelo assistencial em saúde mental, é correto afirmar que:

(A) a internação de pacientes portadores de transtornos mentais em instituições com características asilares é legal;
(B) a internação, em qualquer de suas modalidades, só será indicada quando os recursos extra-hospitalares se mostrarem insuficientes;
(C) a internação psiquiátrica será realizada mediante simples indicação médica, sem necessidade de motivação, garantindo, assim, a acessibilidade ao tratamento;
(D) a internação compulsória é aquela que se dá sem o consentimento do usuário e a pedido de terceiro;
(E) somente o médico assistente poderá determinar o término da internação voluntária.

A: incorreta, pois é proibida a internação de pacientes portadores de transtornos mentais em instituições com características asilares, de acordo com o art. 4º, § 3º, da Lei 10.216/2001; B: correta (art. 4º, caput, da Lei 10.216/2001); C: incorreta, pois o art. 6º, caput, da Lei 10.216/2001 dispõe que *a internação psiquiátrica somente será realizada mediante laudo médico circunstanciado que caracterize os seus motivos*; D: incorreta, pois a internação compulsória é aquela determinada pela Justiça (art. 6º, III, da Lei 10.216/2001);

E: incorreta, pois o término da internação voluntária também dar-se-á por solicitação escrita do paciente (art. 7º, parágrafo único, da Lei 10.216/2001).
Gabarito "B".

7. TEMAS VARIADOS

(Promotor de Justiça – MPE/BA – CEFET – 2015) Acerca da proteção às pessoas portadoras de deficiência, verifique o conteúdo das seguintes proposições:

I. Na área da educação para os portadores de deficiência, os órgãos e as entidades da administração direta e indireta, no âmbito de sua competência e finalidade, devem providenciar a inclusão da Educação Especial como modalidade educativa que abranja a educação precoce, a pré-escolar, as de 1º e 2º graus, a supletiva, a habilitação e reabilitação profissionais, com currículos, etapas e exigências de diplomação próprios.

II. Os órgãos e entidades da administração direta e indireta devem também propiciar a oferta, obrigatória e gratuita, da Educação Especial em estabelecimento público de ensino, bem como a matrícula compulsória de pessoas portadoras de deficiência em cursos regulares de estabelecimentos públicos e particulares, desde que sejam capazes de se integrarem no sistema regular de ensino.

III. Os repasses de recursos do Fundo Nacional de Assistência Social (FNAS) em prol dos portadores de deficiência para os Municípios, os Estados e o Distrito Federal exigem a efetiva instituição e funcionamento do Conselho de Assistência Social, condição considerada suficiente para que tais transferências ocorram.

IV. Em conformidade com a Convenção Interamericana para a Eliminação de Discriminação contra as Pessoas Portadoras de Deficiência, não constitui discriminação a diferenciação ou preferência adotada pelo Estado-Parte para promover a integração social ou o desenvolvimento pessoal dos portadores de deficiência, desde que a diferenciação ou preferência não limite em si mesma o direito à igualdade dessas pessoas e que elas não sejam obrigadas a aceitar tal diferenciação ou preferência.

V. A internação psiquiátrica involuntária deverá, no prazo de 48 (quarenta e oito) horas, ser comunicada ao Ministério Público Estadual pelo responsável técnico do estabelecimento no qual tenha ocorrido, devendo esse mesmo procedimento ser adotado quando da respectiva alta.

Estão CORRETAS as seguintes assertivas:

(A) I – II – IV.
(B) III – IV – V.
(C) II – III – IV.
(D) I – IV – V.
(E) I – II – III.

I: correto (art. 2º, párágrafo único, I, *a*, da Lei 7.853/1989); II: correto (art. 2º, parágrafo único, I, *c* e *f*, da Lei 7.853/1989); III: incorreto, pois conflita com o disposto no art. 30, I a III e parágrafo único, da Lei 8.742/1993, segundo o qual "*é condição para os repasses, aos Municípios, aos Estados e ao Distrito Federal, dos recursos de que trata esta lei, a efetiva instituição e funcionamento de: I – Conselho de Assistência Social, de composição paritária entre governo e sociedade civil; II – Fundo de Assistência Social, com orientação e controle dos respectivos Conselhos de Assistência Social; III – Plano de Assistência

15. DIREITO DA PESSOA COM DEFICIÊNCIA

Social. É, ainda, condição para transferência de recursos do FNAS aos Estados, ao Distrito Federal e aos Municípios a comprovação orçamentária dos recursos próprios destinados à Assistência Social, alocados em seus respectivos Fundos de Assistência Social, a partir do exercício de 1999."; **IV:** correto (art. 1º, 2, *b*, da Convenção Interamericana para a Eliminação de Todas as Formas de Discriminação contra as Pessoas Portadoras de Deficiência); **V:** incorreto, pois o prazo é de *72 (setenta e duas horas)* para comunicação ao Ministério Público Estadual.

Gabarito "A".

(Ministério Público/RO – 2013 – CESPE) Em relação ao direito das pessoas com deficiência, assinale a opção correta.

(A) A sentença proferida em ação prevista na Lei nº 7.853/1989 sempre terá eficácia de coisa julgada oponível *erga omnes*, dada a natureza da referida ação.
(B) Nos termos da Lei nº 7.853/1989, o MP, ao instaurar inquérito civil sob sua presidência, poderá requisitar informações de qualquer pessoa física.
(C) Nos termos do Decreto nº 3.298/1999, considera-se pessoa deficiente o indivíduo portador de qualquer espécie de deformidade congênita ou adquirida.
(D) Consoante o disposto na Lei nº 10.098/2000, para a viabilização da acessibilidade das pessoas portadoras de deficiência, deve-se adaptar, no mínimo, tanto quanto tecnicamente possível, a terça parte dos brinquedos dispostos em parques de diversões públicos.
(E) De acordo com o disposto na Lei nº 7.853/1989, não pratica crime aquele que omite dados técnicos indispensáveis à propositura de ACP, quando requisitado pelo MP.

A: incorreta, pois a sentença não terá eficácia de coisa julgada oponível erga omnes no caso de haver sido a ação julgada improcedente por deficiência de prova, hipótese em que qualquer legitimado poderá intentar outra ação com idêntico fundamento, valendo-se de nova prova (art. 4º, *caput*, da Lei 7.853/1989); **B:** correta (art. 6º da Lei 7.853/1989); **C:** incorreta, pois conflita com os conceitos trazidos nos artigos 3º e 4º do Decreto 3.298/1999; **D:** incorreta, pois os parques de diversões, públicos e privados, devem adaptar, no mínimo, 5% de cada brinquedo e equipamento, de acordo com o art. 4º, parágrafo único, da Lei 10.098/00; **E:** incorreta, pois trata-se crime previsto no art. 8º, VI, da Lei 7.853/89.

Gabarito "B".

(Ministério público/PI – 2012 – CESPE) No que se refere à defesa das pessoas portadoras de deficiência, à proteção ao patrimônio cultural e à ordem urbanística, assinale a opção correta.

(A) O conceito de ordem urbanística, reconhecida como direito coletivo em sentido amplo, abrange o direito à terra urbana, a moradia e a saneamento ambiental, mas não a transporte e prestação de serviços públicos.
(B) Não podem ser objetos de ação judicial de natureza coletiva a reparação do dano nem a determinação do cumprimento da lei em caso de violação ao direito do portador de deficiência de ter assento preferencial em qualquer meio de transporte coletivo.
(C) O direito urbanístico é difuso, ainda que se trate de dano que atinja apenas alguns bairros.
(D) Segundo a jurisprudência, é obrigatória a intervenção do MP como *custos legis* na ação judicial que tenha por objeto a defesa do interesse de deficiente físico cuja nomeação em concurso público tenha sido negada.
(E) Como o valor cultural do bem é anterior ao seu tombamento, é cabível a proposição de ACP para responsabilizar o particular pela conservação do patrimônio, independentemente de qualquer ato do poder público que estabeleça a necessidade de sua proteção.

A: incorreta, pois conflita com o art. 2º, I, da Lei 10.257/2001, já que "transporte e prestação de serviços públicos" integram o conceito de ordem urbanística; **B:** incorreta, pois conflita com o art. 1º, IV, da Lei 7.347/1985 c/c. 3º da Lei 7.853/1989; **C:** incorreta. Nesse sentido, Carvalho Filho, diferencia os Direitos transindividuais e coletivos na defesa da ordem urbanística: "Dentro da categoria dos interesses transindividuais, os relativos à ordem urbanística podem qualificar-se quer como difusos, quer como coletivos. Serão difusos quando tiverem maior generalidade e abrangência no que toca aos componentes do grupo; além disso, não haverá qualquer relação jurídica entre eles, sendo meramente circunstancial o agrupamento. É o caso, por exemplo, de ação para impedir construção que provoque gravame urbanístico para todo o bairro. Podem, no entanto, configurar-se como coletivos; nesse caso, os indivíduos serão determináveis em tese e entre eles próprios, ou relativamente a terceiros haverá uma relação jurídica base. É a hipótese de ação que vise a tutela de interesses urbanísticos de um condomínio, ameaçados por algum tipo de ofensa oriunda de ações do setor público ou privado." (Carvalho Filho, José dos Santos. *Comentários ao Estatuto da Cidade*. Rio de Janeiro. Lumen Juris, 2006. p. 47.); **D:** correta. Vejamos julgado do Superior Tribunal de Justiça: "Agravo regimental. Recurso especial. Processo civil. **Concurso público. Negativa de nomeação. Deficiente físico. Direito individual indisponível. Intervenção obrigatória do Ministério Público, como custos legis.** Nulidade. Ocorrência. Retorno dos autos à origem. 1. A intervenção do Ministério Público fundamentada na qualidade de parte dotada de capacidade civil deve envolver direitos indisponíveis ou de tamanha relevância social que evidenciem a existência de interesse público no feito (art. 82, III, do CPC). **2. Nas causas que tratam da negativa de nomeação de portador de deficiência física com fundamento na ausência de capacitação física indispensável ao desempenho das funções inerentes ao cargo pretendido, que envolvem exame de ofensa a direito individual indisponível de deficiente físico a ingressar no serviço público, é obrigatória a intervenção do Parquet.** 3. Agravo regimental provido, para dar provimento ao recurso especial e declarar a nulidade do processo pela ausência de intervenção ministerial em primeira instância, determinando-se o retorno dos autos ao Juízo de 1º grau para regular prosseguimento do feito. (AgRg no REsp 565084/DF, Rel. Ministra Maria Thereza de Assis Moura, Sexta Turma, julgado em 24.08.2009, *DJe* 14.09.2009)" (grifo nosso); **E:** incorreta, pois inexistindo qualquer ato do Poder Público formalizando a necessidade de proteger o bem tombado, é descabida a responsabilização do proprietário pela não conservação do patrimônio, sendo este o posicionamento do Superior Tribunal de Justiça: " Processo civil. Administrativo. Ação civil pública. Tombamento provisório. Equiparação ao definitivo. Eficácia. 1. O ato de tombamento, seja ele provisório ou definitivo, tem por finalidade preservar o bem identificado como de valor cultural, contrapondo-se, inclusive, aos interesses da propriedade privada, não só limitando o exercício dos direitos inerentes ao bem, mas também obrigando o proprietário às medidas necessárias à sua conservação. O tombamento provisório, portanto, possui caráter preventivo e assemelha-se ao definitivo quanto às limitações incidentes sobre a utilização do bem tutelado, nos termos do parágrafo único do art. 10 do Decreto-Lei 25/1937. **2. O valor cultural pertencente ao bem é anterior ao próprio tombamento. A diferença é que, não existindo qualquer ato do Poder Público formalizando a necessidade de protegê-lo, descaberia responsabilizar o particular pela não conservação do patrimônio. O tombamento provisório, portanto, serve justamente como um reconhecimento público da valoração inerente ao bem.** 3. As coisas tombadas não poderão, nos termos do art. 17 do Decreto-Lei 25/1937, ser destruídas, demolidas ou mutiladas. O descumprimento do aludido preceito legal enseja, via de regra, o dever de restituir a coisa ao **status quo ante**. Excepcionalmente, sendo manifestamente inviável o restabelecimento do bem ao seu formato original, autoriza-se a conversão da obrigação em perdas e danos. 4. À reforma do aresto recorrido deve seguir-se à devolução dos autos ao Tribunal **a quo** para que, respeitados os parâmetros jurídicos ora estipulados, prossiga o exame da apelação do IPHAN e aplique o direito consoante o seu convencimento, com a análise das alegações das partes e das provas existentes. 5. Recurso especial provido em parte. (REsp 753534/MT, Rel. Ministro Castro Meira, Segunda Turma, julgado em 25.10.2011, *DJe* 10.11.2011)" (grifo nosso – ver Informativo 152).

"Gabarito "D"."

(Ministério Público/PR – 2011) Assinale a alternativa incorreta:

(A) O benefício da prestação continuada, previsto no artigo 203, inciso V, da Constituição Federal, consiste na garantia do pagamento de 01 (um) salário mínimo mensal à pessoa portadora de deficiência e ao idoso com 65 (sessenta e cinco) anos ou mais e que comprovem não possuírem meios de prover a própria manutenção e nem de tê-la provida por sua família, devendo ser revisto a cada 02 (dois) anos, para avaliação da continuidade das condições que lhe deram origem, e cessa no momento em que forem superadas referidas condições, ou em caso de morte do beneficiário. Considera-se incapaz de prover a manutenção da pessoa portadora de deficiência ou idosa a família cuja renda mensal *per capita* seja inferior a 1/4 (um quarto) do salário mínimo.

(B) No Estado do Paraná, o provimento de cargos e empregos públicos, nos órgãos e entidades da administração direta, indireta e fundacional, obedecido o princípio do concurso público de provas ou de provas e títulos, faz-se com reserva do percentual mínimo de 5% (cinco por cento) para pessoa portadora de deficiência.

(C) Os locais de espetáculos, conferências, aulas e outros de natureza similar deverão dispor de espaços reservados para pessoas que utilizam cadeiras de rodas, e de lugares específicos para pessoas com deficiência auditiva e visual, inclusive acompanhante, de acordo com a ABNT, de modo a facilitar-lhes as condições de acesso, circulação e comunicação.

(D) A internação involuntária da pessoa portadora de transtorno mental é aquela que se dá sem o consentimento do usuário e a pedido de terceiro. Somente será realizada mediante laudo médico circunstanciado que caracterize os seus motivos. A sua autorização é dada por médico devidamente registrado no Conselho Regional de Medicina (CRM) do Estado onde se localize o estabelecimento, com prévia manifestação do representante do Ministério Público, que de posse do laudo médico circunstanciado, terá o prazo de 72 (setenta e duas) horas para tanto.

(E) Constitui crime, punido com reclusão de 01 (um) a 04 (quatro) anos e multa, recusar, suspender, procrastinar, cancelar ou fazer cessar, sem justa causa, a inscrição de aluno em estabelecimento de ensino de qualquer curso ou grau, público ou privado, por motivos derivados da deficiência que porta.

A: correta (art. 203, V, da CF; art. 34 do Estatuto do Idoso; arts. 21 e 20, § 3º, ambos da Lei 8.742/1993); **B:** correto (art. 37, §1º, do Decreto 3.298/1999); **C:** correta (art. 12 da Lei 10.098/2000); **D:** incorreta (devendo ser assinalada), pois conflita com o disposto no art. 8º, *caput* e § 1º, da Lei 10.216/2001; **E:** correta (art. 8º, I, da Lei 8.742/1993).

"Gabarito "D"."

16. DIREITO SANITÁRIO

Ana Paula Garcia, Anna Carolina Bontempo, Vanessa Tonolli Trigueiros e Henrique Subi*

(Promotor de Justiça/GO – 2016 – MPE) Nas decisões dos Tribunais Superiores acerca das ações judiciais em que se postulam o direito à saúde e a educação, tem prevalecido o princípio:
(A) Da reserva do possível e da separação dos poderes.
(B) Da razoabilidade e da disponibilidade financeira.
(C) Do mínimo existencial.
(D) Da responsabilidade subjetiva do Estado

O STJ consolidou sua jurisprudência no sentido de que o princípio da reserva do possível deve ceder espaço a outro mais importante, o do mínimo existencial: "Informa a doutrina especializada que, de acordo com a jurisprudência da Corte Constitucional alemã, os direitos sociais prestacionais estão sujeitos à reserva do possível no sentido daquilo que o indivíduo, de maneira racional, pode esperar da sociedade. Ocorre que não se podem importar preceitos do direito comparado sem atentar para Estado brasileiro. (...) Nesse caso, qualquer pleito que vise a fomentar uma existência minimamente decente não pode ser encarado como sem razão, pois garantir a dignidade humana é um dos objetivos principais do Estado brasileiro. É por isso que o princípio da reserva do possível não pode ser oposto a um outro princípio, conhecido como princípio do mínimo existencial. Desse modo, somente depois de atingido esse mínimo existencial é que se poderá discutir, relativamente aos recursos remanescentes, em quais outros projetos se deve investir" (REsp 1.389.952/MT, j. 03/06/2014).
Gabarito "C".

(Promotor de Justiça/GO – 2016 – MPE) Considerando o disposto na Lei Federal 8.080/1990, que dispõe sobre as condições para a promoção, proteção e recuperação da saúde, todas as alternativas a seguir são corretas, com exceção:
(A) a iniciativa privada poderá participar do Sistema Único de Saúde (SUS), em caráter complementar.
(B) não está incluída no campo de atuação do Sistema Único de Saúde (SUS) a colaboração na proteção do meio ambiente, nele compreendido o do trabalho.
(C) são vedados, em todas as esferas de gestão do SUS, o pagamento, o ressarcimento ou o reembolso de medicamento, produto e procedimento clínico ou cirúrgico experimental, ou de uso não autorizado pela Agência Nacional de Vigilância Sanitária – ANVISA.
(D) o atendimento e a internação domiciliares só poderão ser realizados por indicação médica, com expressa concordância do paciente e de sua família.

A: correta, nos termos do art. 4º, § 2º, da Lei 8.080/1990; B: incorreta, devendo ser assinalada. O art. 6º, V, da Lei 8.080/1990 expressamente inclui a proteção do meio ambiente, também o do trabalho, no campo de atuação do SUS; C: correta, nos termos do art. 19-T da Lei 8.080/1990; D: correta, nos termos do art. 19-I, § 3º, da Lei 8.080/1990.
Gabarito "B".

(Ministério Público/SP – 2013 – PGMP) Tendo em vista os dispositivos da Lei 10.216/2001, a qual estabeleceu uma nova política pública no âmbito da saúde mental, assinale a alternativa INCORRETA.
(A) O legislador estabeleceu três modalidades de internação psiquiátrica, sendo requisito imprescindível em todas elas a existência de prévio laudo médico circunstanciado que caracterize os seus motivos e recomende o tratamento hospitalar.
(B) O legislador considerou os seguintes tipos de internação psiquiátrica: voluntária, involuntária e compulsória. Relativamente à internação compulsória, a lei prevê expressamente a obrigatoriedade de prévio laudo médico circunstanciado que caracterize os seus motivos e recomende o tratamento hospitalar. Quanto aos demais tipos de internação, a legislação citada é omissa a respeito da exigência de laudo médico.
(C) A internação voluntária ou involuntária somente será autorizada por médico devidamente registrado no Conselho Regional de medicina – CRM do Estado onde se localize o estabelecimento.
(D) A internação psiquiátrica involuntária deverá, no prazo de setenta e duas horas, ser comunicada ao Ministério Público Estadual pelo responsável técnico do estabelecimento no qual tenha ocorrido, devendo esse mesmo procedimento ser adotado quando da respectiva alta.
(E) A pessoa que solicita voluntariamente sua internação, ou que a consente, deve assinar, no momento da admissão, uma declaração de que optou por esse regime de tratamento.

A: correta. Há três modalidades de internação psiquiátrica, a saber: a) internação voluntária, que é aquela que se dá com o consentimento do usuário; b) internação compulsória, que é aquela determinada pela Justiça; c) internação involuntária, que é aquela que se dá sem o consentimento do usuário e a pedido de terceiro (art. 6º, parágrafo único, I, II e III, da Lei 10.216/2001). Oportuno registrar que a internação psiquiátrica, em qualquer de suas modalidades, somente será realizada mediante laudo médico circunstanciado que caracterize os seus motivos (art. 6º, caput, da Lei 10.216/2001); B: incorreta, devendo ser assinalada, pois como já mencionado na alternativa anterior, em todas as modalidades de internação psiquiátrica é indispensável laudo médico circunstanciado que caracterize os seus motivos (art. 6º, caput, da Lei 10.216/2001); C: correta, pois está de acordo com o disposto no art. 8º, caput, da Lei 10.216/2001; D: correta, pois está de acordo com o disposto no art. 8º, § 1º, da Lei 10.216/2001; E: correta, pois está de acordo com o disposto no art. 7º, caput, da Lei 10.216/2001.
Gabarito "B".

---

* **Anna Carolina Bontempo** comentou as questões dos seguintes concursos: MP/AC/08, MP/BA/08, MP/CE/11, MP/GO/10, MP/GO/12, MP/MG/06, MP/MG/11, MP/MG/12, MP/MS/09, MP/MT/12, MP/PB/10, MP/PI/08, MP/PI/12, MP/RJ/11, MP/RN/09, MP/RR/12, MP/RS/08, MP/RS/09, MP/SC/08, MP/SC/12, MP/SP/12, MP/TO/12, MP/PR/13 e MP/RO/13 quando houver.
Vanessa Tonolli Trigueiros comentou a questão do concurso de MP/SP/13. **Ana Paula Garcia** comentou as demais questões.
Henrique Subi comentou as questões do concurso MPE/GO/2016 e atualizou todos os comentários desse capítulo.

(Ministério Público/PR – 2013 – X) Sobre Sistema Único de Saúde (SUS) é incorreto afirmar:

(A) Quando as disponibilidades do SUS forem insuficientes para garantir a cobertura assistencial à população de determinada área, é possível recorrer aos serviços ofertados pela iniciativa privada;
(B) São diretrizes do SUS a descentralização, o atendimento integral e a participação da comunidade;
(C) Compete ao SUS executar as ações de vigilância sanitária e epidemiológica;
(D) No orçamento da securidade social destina-se ao SUS, de acordo com a receita estimada, os recursos necessários à realização de suas finalidades;
(E) Os recursos financeiros do SUS, depositados em conta especial e única, são movimentados sob a fiscalização dos respectivos conselhos de saúde das esferas federal, estadual e municipal.

A: correta (art. 24 da Lei 8.080/90); **B:** correta (art. 198, I, II, III, da CF); **C:** correta (art. 16, II, c, d, da Lei 8.080/90); **D:** correta (art. 31 da Lei 8.080/90); **E:** incorreta, devendo ser assinalada, pois os recursos financeiros do SUS serão depositados em conta especial *em cada esfera de sua atuação* (art. 33 da Lei 8.080/90).
Gabarito "E".

(Ministério Público/PR – 2013 – X) Quanto à vigilância sanitária e epidemiológica, analise as alternativas abaixo e aponte a **incorreta**:

(A) No âmbito do Sistema Nacional de Vigilância Sanitária, na forma da lei, entre outras atribuições, cabe à União atuar em circunstâncias especiais de risco à saúde;
(B) O Código Sanitário do Paraná (Lei Estadual nº 13.331/2001) não proíbe o governo paranaense de participar das ações de vigilância sanitária em portos, aeroportos e fronteiras;
(C) Entre as atribuições legais da ANVISA está a de impedir a comercialização de produto, em caso de risco iminente à saúde, mas não a de proibir a fabricação do referido produto;
(D) Vigilância sanitária é conjunto de ações capazes de eliminar, diminuir ou prevenir riscos à saúde e de intervir nos problemas sanitários decorrentes do meio ambiente, da produção e circulação de bens e da prestação de serviços de interesse da saúde;
(E) Ações de vigilância sanitária e epidemiológica também se prestam a resguardar a saúde do trabalhador.

A: correta (art. 2º, VII, da Lei 9.782/99); **B:** correta (art. 12, V, da Lei Estadual 13.331/01); **C:** incorreta, devendo ser assinalada, pois compete à ANVISA "*proibir a fabricação*, a importação, o armazenamento, a distribuição e a comercialização de produtos e insumos, em caso de violação da legislação pertinente ou de risco iminente à saúde" (art. 7º, XV, da Lei 9.782/99); **D:** correta (art. 6º, § 1º, da Lei 8.080/90); **E:** correta (art. 6º, § 3º, da Lei 8.080/90).
Gabarito "C".

(Ministério Público/PR – 2013 – X) Assinale a alternativa **incorreta**. Nos termos da Lei nº 11.346/06, a Segurança Alimentar e Nutricional abrange:

(A) A ampliação das condições de acesso aos alimentos por meio da produção, em especial da agricultura tradicional e familiar, do processamento, da industrialização, da comercialização, incluindo-se os acordos internacionais, do abastecimento e da distribuição dos alimentos, incluindo-se a água, bem como da geração de emprego e da redistribuição da renda;
(B) A conservação da biodiversidade e a utilização sustentável dos recursos;
(C) A implementação de políticas públicas e estratégias sustentáveis e participativas de produção, comercialização e consumo de alimentos, independente das características culturais do País;
(D) A promoção da saúde, da nutrição e da alimentação da população, incluindo-se grupos populacionais específicos e populações em situação de vulnerabilidade social;
(E) A garantia da qualidade biológica, sanitária, nutricional e tecnológica dos alimentos, bem como seu aproveitamento, estimulando práticas alimentares e estilos de vida saudáveis que respeitem a diversidade étnica e racial e cultural da população.

A: correta (art. 4º, I, da Lei 11.346/06); **B:** correta (art. 4º, II, da Lei 11.346/06); **C:** incorreta, devendo ser assinalada, pois deve-se respeitar as múltiplas características culturais do País (art. 4º, VI, da Lei 11.346/04); **D:** correta (art. 4º, III, da Lei 11.346/06); **E:** correta (art. 4º, IV, da Lei 11.346/06).
Gabarito "C".

(Ministério Público/RO – 2013 – CESPE) Com relação ao SUS, assinale a opção correta.

(A) As ações e serviços públicos de saúde integram rede regionalizada e não hierarquizada cujas diretrizes básicas são a descentralização, a participação da comunidade e o atendimento integral, com prioridade para as atividades de controle das doenças e endemias.
(B) Para financiamento do SUS, os entes federativos deverão aplicar um percentual mínimo na saúde, que, no caso dos estados e dos municípios, deve ser definido em lei complementar de iniciativa de suas respectivas casas legislativas, não podendo ser inferior a cinco por cento da arrecadação dos impostos de sua competência.
(C) As ações e serviços de saúde são da competência da União, dos estados, do Distrito Federal e dos municípios, cabendo à União a responsabilidade pelo seu financiamento, com recursos do orçamento da seguridade social.
(D) Embora a assistência à saúde seja livre à iniciativa privada, instituições particulares não podem participar do SUS, salvo se forem entidades filantrópicas e sem fins lucrativos.
(E) A direção do SUS é exercida, no âmbito da União, pelo Ministério da Saúde e, no âmbito dos estados, do Distrito Federal e dos municípios, pela respectiva secretaria de saúde ou órgão equivalente.

A: incorreta, pois a CF não prevê como prioridade as atividades de controle das doenças e endemias (art.198, I, II, III, da CF); **B:** incorreta, pois conflita com os arts. 198, §§ 1º e 2º, I, II, II, da CF; **C:** incorreta, pois conflita com o art. 198, § 1º, da CF; **D:** incorreta, pois a iniciativa privada poderá participar do SUS, em caráter complementar (art. 4º, § 2º, da Lei 8.080/90); **E:** correta (art. 9º, I, II, III, da Lei 8.080/90).
Gabarito "E".

16. DIREITO SANITÁRIO

(Ministério Público/MT – 2012 – UFMT) De acordo com a lei que dispõe sobre o modelo assistencial em saúde mental, quais são os tipos de internação psiquiátrica?

(A) Voluntária, involuntária e compulsória.
(B) Voluntária e involuntária, apenas.
(C) Voluntária e compulsória, apenas.
(D) Involuntária e compulsória, apenas.
(E) Somente involuntária.

A alternativa A está correta, pois reflete o art. 6º, parágrafo único, I, II, III da Lei 10.216/2001.
Gabarito "A".

(Ministério Público/MT – 2012 – UFMT) De acordo com a Lei n. 8.142/1990, os conselhos de saúde terão representação paritária, o que significa que serão compostos:

(A) por 50% de integrantes representando entidades não governamentais e 50% de integrantes do governo;
(B) por 25% de integrantes representando os usuários, 25% representando os profissionais de saúde e 50%, o governo;
(C) por 50% de integrantes representando os usuários e os outros 50% representando o governo, prestadores de serviço e profissionais da saúde;
(D) por 25% de integrantes dos usuários, 25% de prestadores de serviços, 25% de profissionais da saúde e 25% do governo;
(E) por 25% de integrantes dos usuários, 25% de profissionais da saúde e 50% do governo.

A alternativa C está correta, pois reflete o art. 4º, II, da Lei 8.142/1990. c/c o art. 3º, I e II, do Decreto 5.839/2006.
Gabarito "C".

(Ministério Público/PI – 2012 – CESPE) Acerca da política de saúde mental no Brasil, assinale a opção correta.

(A) A legislação prevê a internação de pessoas portadoras de transtorno mental, resguardado o direito de sua livre vontade ou a de seu representante legal, sendo prescindível, nesse caso, laudo médico circunstanciado.
(B) Como estratégia para se proceder à reforma psiquiátrica no Brasil, criaram-se os centros de atenção psicossocial, concebidos como extensão do modelo de internações em hospitais psiquiátricos, para o acolhimento dos pacientes com transtornos mentais.
(C) Dada a dimensão da saúde mental no mundo e no Brasil, as ações de saúde mental devem ser concebidas em âmbito federal, de forma centralizada, cabendo aos municípios complementar a gestão da política de saúde mental no país.
(D) O modelo de atendimento psiquiátrico adotado no Brasil privilegia a assistência centrada no atendimento hospitalar.
(E) O Poder Judiciário reconhece, em suas decisões jurisprudenciais, o caráter fundamental dos direitos sociais, bem como a dimensão coletiva e a concretização do direito à saúde mediante políticas públicas, mas admite a possibilidade de sua efetivação pelo próprio Poder Judiciário em demandas específicas.

A: incorreta, pois *a internação psiquiátrica somente será realizada mediante laudo médico circunstanciado*, nos termos do art. 6º, *caput*, da Lei 10.216/2001; **B:** incorreta, pois os Centros de Atenção Psicossocial (CAPS) não visam internações e sim "oferecer atendimento à população, realizar o acompanhamento clínico e a reinserção social dos usuários pelo acesso ao trabalho, lazer, exercício dos direitos civis e fortalecimento dos laços familiares e comunitários." Uma das funções do CAPS é "prestar atendimento clínico em regime de atenção diária, evitando as internações em hospitais psiquiátricos." Saiba mais em: [http://portal.saude.gov.br/portal/saude/visualizar_texto.cfm?idtxt=29797&janela=1]; **C:** incorreta, pois conflita com o art. 198, I, da CF; **D:** incorreta, pois *a internação apenas será indicada quando os recursos extra-hospitalares se mostrarem insuficientes* (art. 4º da Lei 10.216/2001). Além disso, as ações e serviços públicos de saúde devem priorizar as atividades preventivas, de acordo com o art. 198, II, da CF; **E:** correta, pois recentemente o Ministro Gilmar Mendes, em seu voto proferido no julgamento do AgR-STA 175, ratificou o caráter fundamental dos direitos sociais, destacando que, diversamente do que ocorre em outros países, a Carta Magna de 1988 não deu a estes regime jurídico distinto de outros direitos fundamentais. Apesar de ser imprescindível o cauteloso exame do caso concreto e de ter o constituinte conferido prioridade *prima facie* à concretização do direito à saúde em sua dimensão coletiva e mediante políticas públicas, admitiu-se a possibilidade de sua efetivação pelo Poder Judiciário em demandas específicas. Além disso, ressaltou que a dimensão individual do direito à saúde já havia sido enfatizada por aquela Corte no AgR-RE n. 271.286, que teve por relator o Ministro Celso de Mello, no qual se reconheceu o direito à saúde como direito público subjetivo.
Gabarito "E".

(Ministério público/PI – 2012 – CESPE) Para a fruição do estado completo de bem-estar físico, mental e social preconizado pela OMS, cabe aos países signatários do Pacto Internacional de Direitos Econômicos, Sociais e Culturais, entre os quais se inclui o Brasil, a adoção de medidas dirigidas ao maior número possível de pessoas. Acerca desse assunto, assinale a opção correta.

(A) A prestação de serviço ao paciente com transtorno mental deve ser realizada pelo gestor municipal sob supervisão e mediante financiamento do gestor estadual.
(B) O princípio bioético da universalidade do direito à saúde manifesta-se no utilitarismo, que consiste em proporcionar a cada indivíduo o indispensável às suas necessidades básicas.
(C) De acordo com o modelo de política para pessoas com transtornos mentais adotado no Brasil, a tarefa de coordenar e implementar a aquisição de medicamentos essenciais para a saúde mental é, prioritariamente, dos gestores estaduais.
(D) O MPF atua como defensor dos direitos fundamentais da coletividade, como fiscal da aplicação adequada das verbas federais e do cumprimento da política nacional do SUS, bem como do dever de garantir o direito à saúde.
(E) Embora o combate ao suicídio esteja entre as recomendações da OMS aos países-membros do pacto, o Brasil não desenvolveu ações efetivas relativas ao tema.

A: incorreta, pois a lei estabelece que "*é responsabilidade do Estado o desenvolvimento da política de saúde mental, a assistência e a promoção de ações de saúde aos portadores de transtornos mentais*" (art. 3º da Lei 10.216/2001); **B:** incorreta, pois segundo o princípio da universalidade a prestação de serviço público de saúde deve alcançar a todos os brasileiros e estrangeiros residentes no país (art. 5º, *caput*, da CF) e manifesta-se pela gratuidade no acesso aos serviços através do Sistema Único de Saúde (art. 196 da CF); **C:** incorreta, pois cabe

ao Ministério da Saúde *implantar o Programa para a Aquisição dos Medicamentos Essenciais para a área de Saúde Mental*, competindo aos *gestores estaduais e do Distrito Federal a coordenação da implementação do Programa em seu âmbito* (art. 1°, *caput* e § 1°, da Portaria GM/MS n. 1.077/1999); **D**: correta, pois o Ministério Público Federal tem a seguinte função, dentre outras: *promover o inquérito civil e a ação civil pública, para a proteção do patrimônio público* (art. 129, III, da CF), *zelar pelo efetivo respeito dos serviços de relevância pública aos direitos assegurados nesta Constituição* (art. 129, II, da CF) e *zelar pelo efetivo respeito dos Poderes Públicos da União, dos serviços de relevância pública quanto aos direitos assegurados na Constituição Federal relativos às ações e aos serviços de saúde* (art. 5°, V, *a*, da Lei Complementar 75/1993); **E**: incorreta, pois o Ministério da Saúde instituiu diretrizes nacionais para a prevenção do suicídio através da Portaria 1.876, de 14 de agosto de 2006. Além disso, a Coordenação de Saúde Mental apresentou a "Estratégia Nacional para Prevenção do Suicídio" através do *site* "Portal da Saúde", saiba mais em [http://portal.saude.gov.br/portal/saude/cidadao/visualizar_texto.cfm?idtxt=25605].
Gabarito "D".

(Ministério público/PI – 2012 – CESPE) Com relação ao direito sanitário, assinale a opção correta.

(A) O dever do Estado de assegurar a saúde por meio da formulação e execução de políticas econômicas e sociais que visem à redução de riscos de doenças e de outros agravos afasta a responsabilidade das empresas e das pessoas de garantir o direito à saúde.

(B) O direito sanitário não interage com o direito ambiental: enquanto aquele está relacionado com o direito à saúde, este está voltado à proteção do meio ambiente natural e cultural.

(C) Cuidar da saúde constitui competência material comum entre União, estados, DF e municípios.

(D) O direito à saúde caracteriza-se como direito fundamental difuso, coletivo e de terceira geração.

(E) O direito sanitário insere-se no âmbito do direito administrativo, dada a utilização da organização e das estruturas administrativas do Estado na promoção da saúde.

A: incorreta, pois o dever do Estado não exclui o das pessoas, da família, das empresas e da sociedade, consoante art. 2°, § 2°, da Lei 8.080/1990; **B**: incorreta, pois a Lei 8.080/1990 refere-se diversas vezes ao cuidado com o meio ambiente como atribuição do SUS e requisito essencial para a saúde, por exemplo, arts. 3°; 6°, V; 7°, X; dentre outros; **C**: correta (art. 23, II, da CF); **D**: incorreta, pois trata-se de direito social (art. 6° da CF) e de segunda geração; **E**: incorreta, o direito sanitário insere-se no âmbito do direito constitucional.
Gabarito "C".

(Ministério público/PI – 2012 – CESPE) Com base na Lei Complementar n. 141/2012, que regulamenta o § 3° do artigo 198 da CF, assinale a opção correta.

(A) Para a transferência de recursos do Fundo Nacional de Saúde para os fundos de saúde estaduais, destinados a atender despesas com ações e serviços de saúde, é necessária a celebração de convênios ou acordos jurídicos entre o estado pleiteante e a União.

(B) Não cabe à auditoria do SUS fiscalizar o cumprimento, pelo ente federativo, das metas para a saúde estabelecidas na lei de diretrizes orçamentárias, competência exclusiva do Poder Executivo estadual.

(C) Para fins de apuração dos recursos mínimos a serem aplicados anualmente pela União, estados, DF e municípios em ações e serviços públicos de saúde, considera-se como despesas com ações e serviços públicos de saúde o pagamento de pensões e aposentadorias, desde que relativas aos servidores da saúde.

(D) Integra a base de cálculo dos percentuais a serem aplicados pelos estados em ações e serviços públicos de saúde, o percentual mínimo de 15% referente, exclusivamente, ao produto da arrecadação indireta de impostos recebidos das grandes empresas.

(E) A transferência de recursos dos estados para os municípios deve ser realizada a partir de um rateio que obedeça à necessidade de saúde da população de cada região, considerados aspectos epidemiológicos, demográficos, socioeconômicos, espaciais, bem como a capacidade de oferta de ações e de serviços de saúde, de modo a se reduzirem as diferenças regionais.

A: incorreta, pois é dispensada a celebração de convênio ou outros instrumentos jurídicos (art. 18, *caput*, da Lei Complementar 141/2012); **B**: incorreta, pois cabe também à auditoria do SUS fiscalizar o cumprimento das metas para a saúde estabelecidas na lei de diretrizes orçamentárias, de acordo com o art. 38, II, da Lei Complementar 141/2012; **C**: incorreta, pois não são considerados como despesas, os pagamentos de aposentadorias e as pensões, a teor do art. 4°, I, da Lei Complementar 141/2012; **D**: incorreta, pois conflita com o art. 6° da Lei Complementar 141/2012; **E**: correta (art. 17 da LC 141/2012).
Gabarito "E".

(Ministério público/PI – 2012 – CESPE) Com relação ao SUS, assinale a opção correta.

(A) Entre as fontes de financiamento do SUS incluem-se, de acordo com a CF, os recursos de empresas ou capitais estrangeiros de qualquer natureza.

(B) Conforme disposição constitucional, compete exclusivamente ao MP a defesa do direito à saúde por meio de ações civis públicas.

(C) O Conselho de Saúde, órgão colegiado composto por representantes de diversos segmentos da sociedade, reúne-se, a cada quatro anos, para formular a política nacional de saúde.

(D) A rede de ações e serviços públicos no Brasil está organizada para fornecer atendimento integral, com ênfase nos serviços assistenciais.

(E) Constitui competência, em caráter complementar, da direção estadual do SUS a execução de ações e serviços de saúde do trabalhador.

A: incorreta, pois conflita com os arts. 195 e 198 da CF; **B**: incorreta, pois não trata-se de competência exclusiva do Ministério Público (art. 129, III, da CF); **C**: incorreta, pois a **Conferência de Saúde** reunir-se-á a cada quatro anos, nos termos do art. 1°, § 1°, da Lei 8.142/1990; **D**: incorreta, pois prioriza-se as atividades preventivas, sem prejuízo dos serviços assistenciais (art. 198, II, da CF); **E**: correta (art. 17, IV, *d*, da Lei 8.080/1990).
Gabarito "E".

(Ministério Público/SC – 2012) Analise as assertivas a seguir.

I. A Lei n. 8.080/1990 prevê um subsistema de atendimento e internação domiciliar, cujos serviços são realizados por equipes multidisciplinares envolvendo medicina preventiva, terapêutica e reabilitadora, sendo que tais serviços somente poderão ser realizados por indicação médica, com expressa concordância do paciente e de sua família.

II. De acordo com a Lei n. 8.080/1990, os municípios poderão constituir consórcios para desenvolver em conjunto as ações e os serviços de saúde que lhes correspondam.

III. A legislação que rege o Sistema Único de Saúde (SUS) prevê que à direção municipal do Sistema de Saúde, compete colaborar na fiscalização das agressões ao meio ambiente que tenham repercussão sobre a saúde humana e atuar, junto aos órgãos municipais, estaduais e federais competentes, para controlá-las.

IV. Na gestão do SUS, a Conferência de Saúde, em caráter permanente e deliberativo, órgão colegiado composto por representantes do governo, prestadores de serviço, profissionais de saúde e usuários, atua na formulação de estratégias e no controle da execução da política de saúde na instância correspondente, inclusive nos aspectos econômicos e financeiros, cujas decisões serão homologadas pelo chefe do poder legalmente constituído em cada esfera do governo.

V. Para garantir a atuação do SUS, as Comissões Intergestores Bipartite e Tripartite reunir-se-ão anualmente após convocação do CONASS (Conselho Nacional dos Secretários de Saúde) para discutir e avaliar a situação de saúde e propor aos Conselhos de Saúde as diretrizes para a formulação da política de saúde nos níveis correspondentes.

(A) Apenas as assertivas I, II e III estão corretas.
(B) Apenas as assertivas II, III e V estão corretas.
(C) Apenas as assertivas IV e V estão corretas.
(D) Apenas as assertivas II, III e IV estão corretas.
(E) Todas as assertivas estão corretas.

I: correta (art. 19-I, §§ 2º e 3º, da Lei 8.080/1990); II: correta (art. 10, caput, da Lei 8.080/1990); III: correta (art. 18, VI, da Lei 8.080/1990); IV: incorreta, pois trata-se do Conselho de Saúde (art. 1º, § 2º, da Lei 8.142/1990); V: incorreta, pois "as Comissões Intergestores Bipartite e Tripartite são reconhecidas como foros de negociação e pactuação entre gestores, quanto aos aspectos operacionais do Sistema Único de Saúde" (art. 14-A da Lei 8.080/1990).
Gabarito "A".

(Ministério Público/SP – 2012 – VUNESP) Considere as seguintes afirmações sobre a Lei Orgânica da Saúde (Lei n. 8.080/1990):

I. São objetivos do Sistema Único de Saúde SUS: a) a identificação e divulgação dos fatores condicionantes e determinantes da saúde; b) a formulação de política de saúde destinada a promover, nos campos econômico e social, a observância do dever do Estado de garantir que a saúde consiste na formulação e execução de políticas econômicas e sociais que visem à redução de riscos de doenças e de outros agravos e no estabelecimento de condições que assegurem acesso universal e igualitário às ações e aos serviços para a sua promoção, proteção e recuperação; c) a assistência às pessoas por intermédio de ações de promoção, proteção e recuperação da saúde, com a realização integrada das ações assistenciais e das atividades preventivas.

II. Estão incluídas no campo de atuação do Sistema Único de Saúde (SUS): a colaboração na proteção do meio ambiente, nele compreendido o do trabalho.

III. As ações de vigilância sanitária não abrangem o controle de bens de consumo ainda que, direta ou indiretamente, se relacionem com a saúde, enquanto compreendidos nas etapas e processos de produção.

IV. As ações de saúde do trabalhador compreendem um conjunto de atividades que se destina, através das ações de vigilância epidemiológica e vigilância sanitária, à promoção e proteção da saúde dos trabalhadores, assim como visa à recuperação e reabilitação da saúde dos trabalhadores submetidos aos riscos e agravos advindos das condições de trabalho, mas não estão no âmbito da atuação do Sistema Único da Saúde.

Está correto o que se afirma APENAS em:
(A) I e II.
(B) II e III.
(C) II e IV.
(D) I e III.
(E) I e IV.

I: correta (art. 5º, I, II e III da Lei 8.080/1990); II: correta (art. 6º, V, da CF); III: incorreta, pois as ações de vigilância sanitária **abrangem** o controle de bens de consumo ainda que, direta ou indiretamente, se relacionem com a saúde, enquanto compreendidos nas etapas e processos de produção (art. 6º, I, § 1º, da Lei 8.080/1990); IV: incorreta, pois as referidas ações **estão** no âmbito de atuação do SUS (art. 6º, I, c e § 3º, da Lei 8.080/1990).
Gabarito "A".

(Ministério Público/TO – 2012 – CESPE) O SUS é o sistema responsável pela implementação da política pública de saúde no Brasil, que visa cumprir o preceito constitucional de direito à saúde. Acerca desse assunto, assinale a opção correta.

(A) O princípio da hierarquização constitui-se na prestação do serviço por divisões territoriais que abarquem todo o território nacional.
(B) Se o órgão de fiscalização sanitária autorizar a comercialização de medicamento que contrarie norma técnica ou científica, a responsabilidade pela comercialização desse medicamento recairá exclusivamente sobre o fornecedor.
(C) A lei prevê que seja criado fundo de saúde na esfera federal, razão por que os governos estaduais e municipais dispensados de fazê-lo, já que recebem verbas do governo federal.
(D) A aplicação dos princípios da integralidade, da gratuidade e da regionalização visa assegurar o acesso universal e igualitário às ações e serviços de saúde.
(E) A descentralização, o atendimento integral e a participação da comunidade representam requisitos essenciais à formação do SUS.

A: incorreta, pois a hierarquização de serviços significa que os serviços devem ser organizados em níveis crescentes de complexidade, circunscritos a uma determinada área geográfica, planejados a partir de critérios epidemiológicos e com definição e conhecimento da clientela a ser atendida; B: incorreta, pois não existe previsão legal acerca da responsabilidade exclusiva do fornecedor; C: incorreta, pois o sistema único de saúde será financiado com recursos do orçamento da seguridade social, da União, dos Estados, do Distrito Federal e dos Municípios, além de outras fontes (art. 198, § 1º, da CF); D: correta, a integralidade significa considerar a pessoa como um todo e deverá ser atendido por um sistema integrado pelas ações que visam promover, proteger e recuperar a saúde; a gratuidade é garantida nos serviços públicos e regionalização estabelece que os serviços devem ser circunscritos a uma determinada área geográfica e com a definição da população a ser atendida; E: incorreta, pois são diretrizes que regem o Sistema Único de Saúde.
Gabarito "D".

17. DIREITO EDUCACIONAL

Henrique Subi, Robinson Sakiyama Barreirinhas e Wander Garcia*

1. NORMAS CONSTITUCIONAIS

(**Ministério Público/SP – 2012 – VUNESP**) A Constituição Federal, o Estatuto da Criança e do Adolescente (Lei n. 8.069/1990) e a Lei de Diretrizes e Bases da Educação (Lei n. 9.394/1996) asseguram o atendimento de crianças de zero a seis anos em creches e pré-escolas da rede pública. A propósito desse direito e de sua proteção judicial, considere as seguintes afirmações:

I. A repartição constitucional de competência impõe fundamentalmente ao Estado, ente federativo, o dever de atuar prioritariamente na educação infantil mediante a oferta de vaga em creche e pré-escolas.

II. É legítima a determinação da obrigação de fazer pelo Judiciário para tutelar o direito subjetivo do menor a tal assistência educacional, não havendo falar em discricionariedade da Administração Pública, que tem o dever legal de assegurá-lo, tampouco na teoria da reserva do possível enquanto arguição abstrata de tese de defesa.

III. O Município tem a obrigação de assegurar o acesso da criança à educação, cumprindo-lhe garantir vagas na rede pública, e, na falta destas, deve proporcionar, incontinenti, esse direito na rede privada, às suas expensas.

IV. O Ministério Público está legitimado, mediante ação civil pública, a tutelar esse direito, ainda que se trate de pedido voltado para uma única criança.

Está correto o que se afirma APENAS em
(A) I e III.
(B) II e IV.
(C) I e IV.
(D) I e II.
(E) III e IV.

I: incorreta. Tal incumbência cabe precipuamente aos Municípios (art. 211, § 2º, da CF); II: correta, conforme já decidido pelo STJ (REsp 511.645, DJ 18.08.2009) e pelo STF (RE 1.185.474, DJ 20.04.2010); III: incorreta. Não se pode impor ao Município custear o ensino privado. Seu dever jurídico consiste na abertura de vaga para a criança em um dos estabelecimentos públicos oferecidos (art. 208, § 1º, da CF); IV: correta. O direito à educação é um direito individual indisponível, sendo missão institucional do Ministério Público zelas pelos interesses dos incapazes (arts. 127 e 129 da CF). A par disso, o art. 5º da LDB autoriza a atuação ministerial nesse sentido.
Gabarito "B".

---

* **Henrique Subi** comentou as questões dos seguintes concursos: MP/AC/08, MP/BA/08, MP/CE/11, MP/GO/10, MP/GO/12, MP/MG/06, MP/MG/11, MP/MG/12, MP/MS/09, MP/MT/12, MP/PB/10, MP/PI/08, MP/PI/12, MP/RJ/11, MP/RN/09, MP/RR/12, MP/RS/08, MP/RS/09, MP/SC/08, MP/SC/12, MP/SP/12 MP/TO/12, MPE/BA – CEFET – 2015, MPE/MS – FAPEC – 2015 quando houver. **Robinson Barreirinhas** e **Wander Garcia** comentaram as demais questões. **Henrique Subi** atualizou todas as questões desse capítulo.

2. LEI DE DIRETRIZES E BASES DA EDUCAÇÃO

(**Promotor de Justiça – MPE/BA – CEFET – 2015**) No que concerne ao direito à educação, consagrado na Lei 9.394/1996 – Lei de Diretrizes e Bases da Educação Nacional (LDB), examine as assertivas registradas a seguir:

I. A educação infantil gratuita será disponibilizada para as crianças de até 5 (cinco) anos de idade, sendo assegurada vaga na escola pública mais próxima de sua residência a toda criança a partir do dia em que completar 3 (três) anos de idade.

II. Compete ao Poder Público a oferta de educação escolar regular para jovens e adultos, com características e modalidades adequadas às suas necessidades e disponibilidades, garantindo-se aos que forem trabalhadores as condições de acesso e permanência na escola.

III. O acesso à educação básica obrigatória é direito público subjetivo, podendo qualquer cidadão, grupo de cidadãos, associação comunitária, organização sindical, entidade de classe ou outra legalmente constituída e, ainda, o Ministério Público acionarem o poder público para exigi-lo.

IV. A educação básica obrigatória e gratuita será ministrada dos 4 (quatro) aos 17 (dezessete) anos de idade, sendo organizada da seguinte forma: a) pré-escola; b) ensino fundamental; e c) ensino médio.

V. O Poder Público deverá garantir atendimento educacional especializado gratuito aos educandos com deficiência, transtornos globais do desenvolvimento e altas habilidades ou superdotação, de modo transversal, nos níveis da pré-escola e do ensino fundamental.

Estão CORRETAS as seguintes assertivas:
(A) I – II – IV.
(B) III – IV – V.
(C) II – III – IV.
(D) II – IV – V.
(E) I – II – III.

I: incorreta. A garantia de vaga na escola mais próxima vigora a partir dos 4 anos de idade (art. 4º, X, da Lei 9.394/1996); II: correta, nos termos do art. 4º, VII, da Lei 9.394/1996; III: correta, nos termos do art. 5º da Lei 9.394/1996; IV: correta, nos termos do art. 4º, I, da Lei nº 9.394/1996; V: incorreta. O atendimento especial se dará em todos os níveis, etapas e modalidades (art. 4º, III, da Lei 9.394/1996).
Gabarito "C".

(**Promotor de Justiça – MPE/BA – CEFET – 2015**) Sobre o direito à educação, analise as assertivas abaixo registradas e indique a que se encontra CORRETA:

(A) Será obrigatório um acervo de livros na biblioteca de, no mínimo, dois títulos para cada aluno matriculado, cabendo ao respectivo sistema de ensino determinar a ampliação deste acervo conforme sua realidade,

bem como divulgar orientações de guarda, preservação, organização e funcionamento das bibliotecas escolares.
(B) As instituições de ensino fundamental e médio, assim como as instituições de educação infantil, ambas criadas e mantidas pela iniciativa privada, compõem os sistemas de ensino dos Estados e do Distrito Federal.
(C) A educação infantil, primeira etapa da educação básica, tem como finalidade o desenvolvimento integral da criança de até 6 (seis) anos, em seus aspectos físico, psicológico, intelectual e social, complementando a ação da família e da comunidade.
(D) O ensino fundamental obrigatório, com duração de 9 (nove) anos, gratuito na escola pública, iniciando-se aos 6 (seis) anos de idade, terá por objetivo a formação básica do cidadão, devendo incluir pelo menos 5 (cinco) horas de trabalho efetivo em sala de aula, sendo progressivamente ampliado o período de permanência na escola.
(E) Em todas as esferas administrativas, o Poder Público assegurará em primeiro lugar o acesso ao ensino obrigatório, contemplando em seguida os demais níveis e modalidades, conforme as prioridades constitucionais e legais.

A: incorreta. A exigência é de um título para cada aluno matriculado (art. 2º, parágrafo único, da Lei 12.244/2010); **B**: incorreta. As escolas de ensino infantil privadas integram somente o sistema de ensino do Distrito Federal, não dos Estados (art. 17, parágrafo único, da Lei 9.394/1996); **C**: incorreta. A educação infantil vai até os 5 anos de idade (art. 29 da Lei 9.394/19996); **D**: incorreta. A jornada mínima no ensino fundamental é de 4 horas (art. 34 da Lei 9.394/1996); **E**: correta, nos termos do art. 5º, § 2º, da Lei 9.394/1996.
Gabarito "E".

(Promotor de Justiça – MPE/BA – CEFET – 2015) A atuação do Ministério Público na seara educacional é de extrema relevância, visto que constitui bem jurídico consagrado pela Constituição Federal de 1988 e que visa ao pleno desenvolvimento da pessoa. Assim sendo, julgue os seguintes itens propostos:

I. Na educação superior, o ano letivo regular, independentemente do ano civil, tem, no mínimo, 180 (cento e oitenta) dias de trabalho acadêmico efetivo, excluído o tempo reservado aos exames finais, quando houver.
II. A União autorizará, reconhecerá, credenciará, supervisionará e avaliará, respectivamente, os cursos das instituições de educação superior e os estabelecimentos do seu sistema de ensino, assegurando processo nacional de avaliação, bem como baixará normas gerais sobre cursos de graduação e pós-graduação.
III. A União aplicará, anualmente, nunca menos de 18% (dezoito por cento) da receita resultante de impostos, e os Estados, o Distrito Federal e os Municípios, 20% (vinte por cento), ou o que consta nas respectivas Constituições ou Leis Orgânicas, compreendidas as transferências constitucionais na manutenção e desenvolvimento do ensino público.
IV. Os Municípios incumbir-se-ão de oferecer a educação infantil em creches e pré-escolas, e, com prioridade, o ensino fundamental, permitida a atuação em outros níveis de ensino somente quando estiverem atendidas plenamente as necessidades de sua área de competência e com recursos acima dos percentuais mínimos vinculados pela Constituição Federal à manutenção e ao desenvolvimento do ensino.
V. Os Estados deverão assegurar o ensino fundamental e oferecer, com prioridade, o ensino médio a todos os que demandarem, definindo, com os Municípios, formas de colaboração na oferta do ensino fundamental, as quais devem assegurar a distribuição proporcional das responsabilidades, de acordo com a população a ser atendida e os recursos financeiros disponíveis em cada uma dessas esferas do Poder Público.

A alternativa que contém a sequência CORRETA, de cima para baixo, considerando V para verdadeiro e F para falso, é:
(A) F V F V V.
(B) V V F V V.
(C) F F V F F.
(D) V V F F V.
(E) V F V F F.

I: falso. O ano letivo regular do ensino superior terá 200 dias, independentemente do ano civil (art. 47 da Lei 9.394/1996); **II**: verdadeira, nos termos dos arts. 9º, VII, VIII e IX da Lei 9.394/1996; **III**: falsa. A aplicação mínima dos Estados, Distrito Federal e Municípios é de 25% da receita resultante de impostos (art. 69 da Lei 9.394/1996); **IV**: verdadeira, nos termos do art. 11, V, da Lei 9.394/1996; **V**: verdadeira, nos termos do art. 10, II e IV, da Lei 9.394/1996.
Gabarito "A".

(Promotor de Justiça – MPE/MS – FAPEC – 2015) Em atenção à Lei de Diretrizes e Bases da Educação Nacional (Lei 9.394/1996), assinale a alternativa **incorreta**:

(A) O acesso à educação básica obrigatória é direito público subjetivo, podendo qualquer cidadão, grupo de cidadãos, associação comunitária, organização sindical, entidade de classe ou outra legalmente constituída e, ainda, o Ministério Público, acionar o poder público para exigi-lo.
(B) É dever dos pais ou responsáveis efetuar a matrícula das crianças na educação básica a partir dos 4 (quatro) anos de idade.
(C) O ensino é livre à iniciativa privada, independente da autorização de funcionamento pelo Poder Público, que poderá fiscalizá-lo.
(D) Os Municípios incumbir-se-ão de oferecer a educação infantil em creches e pré-escolas, e, com prioridade, o ensino fundamental, permitida a atuação em outros níveis de ensino somente quando estiverem atendidas plenamente as necessidades de sua área de competência e com recursos acima dos percentuais mínimos vinculados pela Constituição Federal à manutenção e desenvolvimento do ensino.
(E) Entende-se por educação especial, para os efeitos da referida lei, a modalidade de educação escolar oferecida preferencialmente na rede regular de ensino, para educandos com deficiência, transtornos globais do desenvolvimento e altas habilidades ou superdotação.

A: correta, nos termos do art. 5º da Lei 9.394/1996; **B**: correta, nos termos do art. 6º da Lei 9.394/1996; **C**: incorreta, dvendo ser assinalada. A oferta de ensino pela iniciativa privada depende de autorização do Poder Público (art. 7º, II, da Lei 9.394/1996); **D**: correta, nos termos do art. 11, V, da Lei nº 9.394/1996; **E**: correta, nos termos do art. 58 da Lei 9.394/1996.
Gabarito "C".

3. FUNDEB

(Ministério Público/GO – 2012) Em relação à atribuição para instaurar procedimento administrativo para apurar supostas irregularidades na gestão e prestação de contas dos recursos referentes ao FUNDEB, perpetradas por políticos ou servidores locais:

I. A sistemática de formação do FUNDEB impõe, para a definição de atribuições entre o Ministério Público Federal e o Ministério Público Estadual, adequada delimitação da natureza cível ou criminal da matéria envolvida.

II. Assume peculiar relevância o papel da União na manutenção e na fiscalização dos recursos do FUNDEB, por isso o seu interesse moral (político-social) em assegurar sua adequada destinação, o que atrai a competência da Justiça Federal, em caráter excepcional, para julgar os crimes praticados em detrimento dessas verbas e a atribuição do Ministério Público Federal para investigar os fatos e propor eventual ação penal.

III. As ações e procedimentos afetos ao atual FUNDEB, no âmbito criminal são de atribuição do Ministério Público Estadual, independentemente de complementação, ou não, com recursos federais, já que essa verba ingressa nos cofres públicos dos Estados e Municípios.

IV. As ações e procedimentos afetos ao atual FUNDEB, em matéria cível, contudo, a atribuição de cada um dependerá da presença, ou não, de algum ente federal, pois, nesse caso, a competência é *ratione personae*.

(A) As assertivas I, II e III estão corretas;
(B) As assertivas III e IV estão corretas;
(C) Todas as assertivas estão corretas;
(D) As assertivas I, II e IV estão certas.

I: correta, conforme posição adotada pelo STF no julgamento da Apelação Cível Originária 1.109; II: correta. Vide ACO 1.109; III: incorreta. Nos termos do parecer da Procuradoria-Geral da República adotado como razão parcial de decidir pela Min. Ellen Gracie, relatora da ACO 1.109, a competência nesse caso é do Ministério Público Federal; IV: correta, nos termos do parecer da Procuradoria-Geral da República adotado como razão parcial de decidir pela Min. Ellen Gracie, relatora da ACO 1.109.
Gabarito "D".

4. OUTROS TEMAS

(Promotor de Justiça – MPE/BA – CEFET – 2015) Ainda no que concerne ao direito dos cidadãos à educação, julgue as assertivas presentes nos seguintes itens:

I. A educação básica, nos níveis fundamental e médio, será organizada de acordo com as seguintes regras comuns: a carga horária mínima anual será de 800 (oitocentas) horas, distribuídas por um mínimo de 200 (duzentos) dias de efetivo trabalho escolar, excluído o tempo reservado aos exames finais, quando houver.

II. O Fundo Nacional do Desenvolvimento da Educação (FNDE) poderá financiar programas e projetos de educação básica relativos ao Sistema Nacional de Atendimento Socioeducativo (Sinase), desde que o ente federado solicitar o recurso possua o respectivo Plano de Atendimento Socioeducativo aprovado, bem como que as entidades de atendimento vinculadas tenham se submetido à avaliação nacional do atendimento socioeducativo, e que tenha sido assinado o Plano de Metas Compromisso Todos pela Educação, sendo elaborado o respectivo Plano de Ações Articuladas (PAR).

III. A educação infantil será organizada de acordo com as seguintes regras: carga horária mínima anual de 800 (oitocentas horas), distribuída por um mínimo de 180 (cento e oitenta) dias de trabalho educacional; atendimento à criança de, no mínimo, 5 (cinco) horas diárias para o turno parcial e de 7 (sete) horas para a jornada integral; e controle de frequência pela instituição de educação pré-escolar, exigida a frequência mínima de 60% (sessenta por cento) do total de horas.

IV. Irregularidades no Programa Nacional de Alimentação Escolar – PNAE e no Programa Dinheiro Direto na Escola – PDDE podem ser denunciadas por qualquer pessoa física ou jurídica perante o Fundo Nacional de Desenvolvimento da Educação – FNDE, ao Tribunal de Contas da União, aos órgãos de controle interno do Poder Executivo da União, ao Ministério Público e ao Conselho de Alimentação Escolar – CAE.

V. O Fundo de Manutenção e Desenvolvimento da Educação Básica e de Valorização dos Profissionais da Educação – FUNDEB, instituído no âmbito de cada Estado e do Distrito Federal, deverá destinar, pelo menos, 50% (cinquenta por cento) dos seus recursos anuais totais ao pagamento da remuneração dos profissionais do magistério da educação básica em efetivo exercício na rede pública.

Estão CORRETAS as seguintes assertivas:

(A) I – II – IV.
(B) III – IV – V.
(C) II – III – IV.
(D) II – IV – V.
(E) I – II – III.

I: correta, nos termos do art. 24, I, da Lei 9.394/1996. Vale frisar que tal dispositivo legal teve sua redação ligeiramente alterada pela Lei 13.415/2017, contudo, não houve mudança de sentido; II: correta, nos termos do art. 2º, § 3º, da Lei 5.537/1968; III: incorreta. O mínimo de dias de trabalho educacional é 200 e de turno parcial é 4 horas (art. 31, II, da Lei 9.394/1996); IV: correta, nos termos do art. 10 da Lei 11.947/2009; V: incorreta. O mínimo a ser destinado à remuneração dos professores é 60% (art. 22 da Lei 11.494/2007).
Gabarito "A".

(Promotor de Justiça – MPE/BA – CEFET – 2015) Acerca da proteção dos cidadãos em face do racismo, julgue os seguintes itens:

I. Nos estabelecimentos de ensino fundamental e médio, oficiais e particulares, torna-se obrigatório o ensino sobre história e cultura afro-brasileira, e os conteúdos referentes serão ministrados no âmbito de todo o currículo escolar, em especial nas áreas de educação artística e de literatura e história brasileiras.

II. De acordo com a Lei Federal 12.711/2012, as instituições federais de educação superior vinculadas ao Ministério da Educação reservarão, em cada concurso seletivo para ingresso nos cursos de graduação, por curso e turno, no mínimo 55% (cinquenta e cinco por cento) de suas vagas para estudantes que tenham cursado integralmente o ensino médio em escolas públicas.

III. As instituições federais de ensino técnico de nível médio reservarão, nos concursos seletivos para ingresso em cada curso, por turno, no mínimo 55% (cinquenta e cinco por cento) de suas vagas para estudantes que cursaram integralmente o ensino fundamental em escolas públicas.

IV. Em cada instituição federal de ensino superior e de ensino técnico de nível médio, as vagas para estudantes que cursaram integralmente o ensino fundamental em escolas públicas serão preenchidas, por curso e turno, por autodeclarados pretos, pardos e indígenas, em proporção no mínimo igual à de pretos, pardos e indígenas na população da unidade da Federação onde está instalada a instituição, segundo o último censo do Instituto Brasileiro de Geografia e Estatística (IBGE).

V. Com base no Estatuto da Igualdade Racial, o poder público garantirá a implementação de políticas públicas para assegurar o direito à moradia adequada da população negra que vive em favelas, cortiços, áreas urbanas subutilizadas, degradadas ou em processo de degradação, a fim de reintegrá-las à dinâmica urbana e promover melhorias no ambiente e na qualidade de vida.

A alternativa que contém a sequência CORRETA, de cima para baixo, considerando V para verdadeiro e F para falso, é:

(A) F V F V V.
(B) V F F V V.
(C) F F V F F.
(D) V V F V V.
(E) V F V F F.

I: verdadeira, nos termos do art. 26-A, *caput* e § 2º, da Lei 9.394/1996; II: falsa. A reserva de vagas nesse caso é de 50% (art. 1º da Lei 12.711/2012); III: falsa. Aqui também as vagas reservadas serão 50% (art. 4º da Lei 12.711/2012; IV: verdadeira, nos termos do art. 5º da Lei 12.711/2012. É importante destacar que a Lei 13.409/2016 instituiu igual reserva de vagas às pessoas portadoras de deficiência; V: verdadeira, nos termos do art. 35 da Lei 12.288/2010.

Gabarito "B".

18. DIREITO URBANÍSTICO

Henrique Subi e Jose Antonio Apparecido Junior*

1. NORMAS CONSTITUCIONAIS

(Procurador do Estado/AM – 2016 – CESPE) Com relação a meio ambiente cultural e ao Estatuto da Cidade (Lei 10.257/2001), julgue os próximos itens.

(1) Em cidades com população igual ou superior a vinte mil habitantes, é obrigatória a elaboração de um plano diretor e de um plano de transporte urbano integrado.
(2) Na CF, constam bens do patrimônio cultural brasileiro e alguns instrumentos para sua proteção, tais como o inventário e a desapropriação.

1: errada. De fato, o plano diretor é obrigatório para cidades com mais de 20.000 habitantes (art. 41, I, da Lei 10.257/2001), mas o plano de transportes urbano integrado é obrigatório somente para cidades com mais de 500.000 habitantes, devendo ser compatível com o plano diretor ou nele inserido (art. 41, § 2º, da Lei 10.257/2001); **2:** certa, nos termos do art. 216, "caput", e § 1º, da Constituição Federal.
Gabarito: 1E; 2C

(Ministério Público/MT – 2012 – UFMT) Quanto à discriminação constitucional das competências urbanísticas, a Constituição Federal de 1988

(A) elenca como competência comum da União, dos Estados, do Distrito Federal e dos Municípios a defesa permanente contra calamidades públicas, especialmente as secas e as inundações.
(B) atribui competência privativa à União para instituir regiões metropolitanas, aglomerações urbanas e microrregiões constituídas por Municípios limítrofes, para o planejamento, a organização e a execução de funções públicas de interesse comum.
(C) atribui competência privativa à União para legislar sobre responsabilidade por dano a bens e direitos de valor artístico, estético, histórico, turístico e paisagístico.
(D) estabelece como competência privativa dos Estados e do Distrito Federal a criação, organização ou supressão de distritos.
(E) fixa a competência comum da União, dos Estados, do Distrito Federal e dos Municípios para promover a construção de moradias e a melhoria das condições habitacionais e de saneamento básico.

A: incorreta. Tal competência é exclusiva da União (art. 21, XVIII, da CF); **B:** incorreta. Tal competência é atribuída aos Estados (art. 25, § 3º, da CF); **C:** incorreta. Tal competência é concorrente com os Estados e Distrito Federal (art. 24, VIII, da CF); **D:** incorreta. Tal competência é entregue privativamente aos Municípios (art. 30, IV, da CF); **E:** correta, nos termos do art. 23, IX, da CF.
Gabarito "E".

(Ministério Público/MG – 2011) A Constituição Federal de 1988 foi a primeira, no Brasil, a cuidar da política urbana, estabelecendo como seu objetivo ordenar o pleno desenvolvimento das funções sociais da cidade e garantir o bem-estar de seus habitantes. Analise as proposições a seguir.

I. A competência exclusiva para a execução da política urbana é do Poder Público municipal.
II. Compete exclusivamente à União instituir diretrizes para o desenvolvimento urbano.
III. O plano diretor, o instrumento básico da política de desenvolvimento e expansão urbana, deverá ser aprovado pela Câmara Municipal, e é obrigatório para cidades com mais de vinte e cinco mil habitantes.
IV. É facultado ao Poder Público municipal, mediante lei específica para área incluída no plano diretor, exigir, nos termos da lei federal, do proprietário do solo urbano não edificado, subutilizado ou não utilizado, que promova seu adequado aproveitamento, sob pena, sucessivamente, de instituição de imposto sobre a propriedade predial e territorial urbana progressivo no tempo; parcelamento ou edificação compulsórios; desapropriação com pagamento mediante prévia e justa indenização em dinheiro.
V. A propriedade urbana cumpre sua função social quando atende às exigências fundamentais de ordenação da cidade expressas no plano diretor.

Estão **CORRETAS** as opções:

(A) Todas.
(B) II, III e V.
(C) I, II e V.
(D) I, III e IV.

I: correta, nos termos do art. 30, VIII, da CF; **II:** correta, nos termos do art. 21, XX, da CF; **III:** incorreta. O plano diretor é obrigatório para cidades com mais de 20 mil habitantes (art. 41, I, do Estatuto das Cidades); **IV:** incorreta. A ordem de aplicação das sanções está invertida e também está errada a forma de indenização na desapropriação. Segue a sistemática correta: parcelamento e edificação compulsórios, IPTU progressivo no tempo, desapropriação com pagamento em títulos da dívida pública resgatáveis em até 10 anos (art. 182, § 4º, da CF); **V:** correta, nos termos do art. 182, § 2º, da CF.
Gabarito "C".

2. PARCELAMENTO DO SOLO URBANO

(Promotor de Justiça/GO – 2016 - MPE) No tocante à Lei Federal 6.766/1979 (Lei do Parcelamento do Solo), assinale a alternativa falsa:

(A) os espaços livres de uso comum, as vias e praças, as áreas destinadas a edifícios públicos e outros equipamentos urbanos, constantes do projeto e do memorial

---

* **Jose Antonio Apparecido Junior** comentou as questões dos seguintes concursos: MPE/AM – FMP – 2015, MPE/BA – CEFET – 2015, Procurador da República –28º Concurso – 2015, MPE/MS – FAPEC – 2015, Procurador do Estado/AM – 2016 – CESPE, MP/GO – 2016, MPE/RS – 2017. **Henrique Subi** comentou as demais questões. **Jose Antonio Apparecido Junior** atualizou todas as questões desse arquivo.

descritivo, não poderão ter sua destinação alterada pelo loteador, desde a aprovação do loteamento, salvo as hipóteses de caducidade da licença ou desistência do loteador, sendo, neste caso, observadas as exigências legais.

(B) A existência de protestos, de ações pessoais ou de ações penais, exceto as referentes a crime contra o patrimônio e contra a administração, não impedirá o registro do loteamento se o requerente comprovar que esses protestos ou ações não poderão prejudicar os adquirentes dos lotes. Se o oficial do registro de imóveis julgar insuficiente a comprovação feita, suscitará a dúvida perante o juiz competente.

(C) a infraestrutura básica dos parcelamentos situados nas zonas habitacionais declaradas por lei como de interesse social (ZHIS) consistirá, no mínimo, dentre outros requisitos, solução para o esgotamento sanitário e para energia elétrica pública e domiciliar.

(D) a lei municipal definirá os prazos para que um projeto de parcelamento apresentado seja aprovado ou rejeitado e para que as obras executadas sejam aceitas ou recusadas e, transcorridos os prazos sem a manifestação do Poder Público, o projeto será considerado rejeitado ou as obras recusadas, assegurada a indenização para eventuais danos derivados da omissão.

A: verdadeira, nos termos do art. 17 da Lei 6.766/1979; **B**: verdadeira, nos termos do art. 18, § 2º, da Lei 6.766/1979; **C**: falsa. A infraestrutura básica dos parcelamentos situados nas zonas habitacionais declaradas por lei como de interesse social (ZHIS) consistirá, no mínimo, de vias de circulação, escoamento das águas pluviais, rede para o abastecimento de água potável e soluções para o esgotamento sanitário e para a energia elétrica domiciliar (art. 2º, § 6º, da Lei 6.766/1979); **D**: verdadeira, nos termos do art. 16, "caput" e § 1º da Lei 6.766/1979.

Gabarito "C".

(Promotor de Justiça – MPE/AM – FMP – 2015) De acordo com a Lei do Parcelamento do Solo Urbano, Lei 6.766/1979, é correto afirmar:

(A) O desmembramento ou desdobro, enquanto forma de parcelamento do solo urbano, pressupõe a subdivisão da gleba em lotes destinados à edificação, com o aproveitamento das vias existentes.

(B) Constitui infraestrutura básica dos loteamentos os equipamentos urbanos de escoamento das águas pluviais, esgotamento sanitário, abastecimento de água potável, energia elétrica domiciliar e vias de circulação.

(C) A legislação municipal definirá, para cada zona em que se divida o território do Município, os usos permitidos e os índices urbanísticos de parcelamento e ocupação do solo, que poderão prever redução da área mínima dos lotes, dos coeficientes máximos de aproveitamento e das faixas *non aedificandi*.

(D) Constitui crime contra a Administração Pública dar início, de qualquer modo, ou efetuar loteamento ou desmembramento do solo para fins urbanos, ainda que em zona rural, sem observância das determinações constantes do ato administrativo da licença.

(E) Verificado que o parcelamento não se acha registrado ou regularmente executado, somente o adquirente do lote pode, suspendendo o pagamento das prestações restantes, notificar o loteador para suprir a falta.

A: incorreta. De acordo com o art. 2º, § 2º da Lei 6.766/1979, considera-se desmembramento a subdivisão de gleba em lotes destinados a edificação, com aproveitamento do sistema viário existente, desde que não implique na abertura de novas vias e logradouros públicos, nem no prolongamento, modificação ou ampliação dos já existentes. O desmembramento não pressupõe a subdivisão das glebas ou lotes, e sim as promove; **B**: incorreta. Nos termos do art. 2º, § 5º da Lei 6.766/1979, a infraestrutura básica dos parcelamentos é constituída pelos equipamentos urbanos de escoamento das águas pluviais, iluminação pública, esgotamento sanitário, abastecimento de água potável, energia elétrica pública e domiciliar e vias de circulação; **C**: incorreta. Nos termos do art. 4º, § 1º da Lei 6.766/1979, a legislação municipal definirá, para cada zona em que se divida o território do Município, os usos permitidos e os índices urbanísticos de parcelamento e ocupação do solo, que incluirão, obrigatoriamente, as áreas mínimas e máximas de lotes e os coeficientes máximos de aproveitamento; **D**: correta, nos termos do art. 50 da Lei n. 6.766/1979; **E**: incorreta. Nos termos do art. 38, "caput", da Lei n. 6.766/1979, verificado que o loteamento ou desmembramento não se acha registrado ou regularmente executado ou notificado pela Prefeitura Municipal, ou pelo Distrito Federal quando for o caso, deverá o adquirente do lote suspender o pagamento das prestações restantes e notificar o loteador para suprir a falta.

Gabarito "D".

(Promotor de Justiça – MPE/BA – CEFET – 2015) Sobre a Lei 6.766/1979, que dispõe sobre o parcelamento do solo urbano, verifique o teor das seguintes proposições:

I. Considera-se desmembramento a subdivisão de gleba em lotes destinados a edificação, com abertura de novas vias de circulação, de logradouros públicos ou prolongamento, modificação ou ampliação das vias existentes; enquanto o loteamento constitui a subdivisão de gleba em lotes destinados a edificação, com aproveitamento do sistema viário existente.

II. A infraestrutura básica dos parcelamentos é constituída pelos equipamentos urbanos de escoamento das águas pluviais, iluminação pública, esgotamento sanitário, abastecimento de água potável, energia elétrica pública e domiciliar, e vias de circulação.

III. Os lotes terão área mínima de 120 (cento e vinte) metros quadrados e frente mínima de 5 (cinco) metros e meio, salvo quando o loteamento se destinar a urbanização específica ou a edificação de conjuntos habitacionais de interesse social, previamente aprovada pelos órgãos públicos competentes.

IV. Verificado que o loteamento ou desmembramento não se acha registrado; regularmente executado; ou notificado pela Prefeitura Municipal ou pelo Distrito Federal, quando for o caso, deverá o adquirente do lote, no prazo improrrogável de 10 (dez) dias, suspender o pagamento das prestações restantes e notificar o loteador para suprir a falta.

V. A Prefeitura Municipal ou o Distrito Federal, quando for o caso, poderá promover a notificação ao loteador para a regularização do loteamento que não esteja devidamente registrado ou que apresente qualquer outra irregularidade, devendo ser ouvido o Ministério Público, pois estará presente como fiscal da lei.

A alternativa que contém a sequência CORRETA, de cima para baixo, considerando V para verdadeiro e F para falso, é:

(A) F V F F V.
(B) V V F V V.
(C) F F V F F.

(D) V V F F V.
(E) F V F F F.

I: falso. É exatamente o contrário: considera-se loteamento a subdivisão de gleba em lotes destinados a edificação, com abertura de novas vias de circulação, de logradouros públicos ou prolongamento, modificação ou ampliação das vias existentes, e considera-se desmembramento a subdivisão de gleba em lotes destinados a edificação, com aproveitamento do sistema viário existente, desde que não implique na abertura de novas vias e logradouros públicos, nem no prolongamento, modificação ou ampliação dos já existentes (art. 2°, §§ 1° e 2° da Lei 6.766/1979).; **II:** verdadeiro, no termos do art. 2°, § 5° da Lei n. 6.766/1976; **III:** falso. Os lotes terão área mínima de 125m² (cento e vinte e cinco metros quadrados) e frente mínima de 5 (cinco) metros, salvo quando o loteamento se destinar a urbanização específica ou edificação de conjuntos habitacionais de interesse social, previamente aprovados pelos órgãos públicos competentes (art. 4°, II, da Lei 6.766/1979); **IV:** falso. Verificado que o loteamento ou desmembramento não se acha registrado ou regularmente executado ou notificado pela Prefeitura Municipal, ou pelo Distrito Federal quando for o caso, deverá o adquirente do lote suspender o pagamento das prestações restantes e notificar o loteador para suprir a falta. O prazo de dez dias não é exigido pela lei, nos termos do art. 38, "caput", da Lei 6.766/1976; **V:** verdadeiro. Quanto à competência da Prefeitura Municipal ou do Distrito Federal (e mesmo do Ministério Público) para promover a notificação, vide o art. 38, § 2°, da Lei Federal 6.766/1979.
Gabarito "A".

(Promotor de Justiça – MPE/RS – 2017) Assinale com **V** (verdadeiro) ou com **F** (falso) as seguintes afirmações sobre o tema do parcelamento do solo urbano, na forma da Lei 6.766, de 19 de dezembro de 1979, com suas posteriores alterações legislativas.

( ) Os lotes terão área mínima de 125m² (cento e vinte e cinco metros quadrados) e frente mínima de 5 (cinco) metros, salvo quando o loteamento se destinar a urbanização específica ou edificação de conjuntos habitacionais de interesse social, previamente aprovados pelos órgãos públicos competentes.
( ) Não será permitido o parcelamento do solo em terrenos com declividade igual ou superior a 35% (trinta e cinco por cento), salvo se atendidas exigências específicas das autoridades competentes.
( ) A Prefeitura Municipal, ou o Distrito Federal quando for o caso, se desatendida pelo loteador a notificação, poderá regularizar loteamento ou desmembramento não autorizado ou executado sem observância das determinações do ato administrativo de licença, para evitar lesão aos seus padrões de desenvolvimento urbano e na defesa dos direitos dos adquirentes de lotes.
( ) São irretratáveis os compromissos de compra e venda, cessões e promessas de cessão, os que atribuam direito a adjudicação compulsória e, estando registrados, confiram direito real oponível a terceiros.

A sequência correta de preenchimento dos parênteses, de cima para baixo, é

(A) F – V – F – F.
(B) F – V – F – V.
(C) V – V – F – F.
(D) V – F – V – V.
(E) V – F – V – F.

Primeiro enunciado: verdadeiro, nos termos do art. 4°, II, da Lei 6.766/1979; **Segundo enunciado:** falso. A declividade máxima permitida será de 30%, salvo se atendidas as exigências específicas das autoridades competentes (art. 3°, parágrafo único, III da Lei n. 6.766/1979); **Terceiro enunciado:** verdadeiro, nos termos do art. 40, "caput", da Lei 6.766/1979; **Quarto enunciado:** verdadeiro, nos termos do art. 25 da Lei 6.766/1979.
Gabarito "D".

(Ministério Público/GO – 2013) A Promotoria de Justiça de Tutela do Meio Ambiente de Goiânia possui diversos Inquéritos Civis que apuram a existência de loteamentos clandestinos e irregulares. A este respeito, é correto afirmar que:

(A) somente será admitido o parcelamento do solo para fins urbanos em zonas rurais ou de urbanização específica, desde que não se trate de terrenos alagadiços e sujeitos a inundação nem de terrenos que tenham sido aterrados com material nocivo à saúde pública, como por exemplo os provenientes dos serviços de saúde e material radioativo.
(B) desmembramento é a subdivisão de gleba em lotes destinados a edificação, com aproveitamento do sistema viário existente e com a abertura de novas vias e logradouros públicos.
(C) a implantação da infraestrutura básica necessária compete ao loteador, que tem duas opções: iniciar a execução das obras e concluí-las antes de comercialização dos lotes ou apresentar um cronograma de implantação de infraestrutura básica, com a duração máxima de quatro anos, acompanhado de competente instrumento de garantia para a execução das obras.
(D) aprovado o projeto de loteamento ou de desmembramento, o loteador deverá submetê-lo ao Registro Imobiliário dentro do prazo de um ano, sob pena de caducidade da aprovação.

A: incorreta. O art. 3° da Lei 6.766/1979 somente autoriza o parcelamento de solo para fins urbanos em áreas **urbanas, de expansão urbana ou de urbanização específica**, não estando autorizado, portanto, para zonas rurais; **B:** incorreta. A abertura de novas vias e logradouros públicos é própria do instituto do loteamento, não sendo autorizada no desmembramento (art. 2°, § 2°, da Lei 6.766/1979); **C:** correta, nos termos do art. 18, V, da Lei 6.766/1979; **D:** incorreta. O prazo conferido é de 180 dias (art. 18, caput, da Lei 6.766/1979).
Gabarito "C".

(Ministério Público/SP – 2013 – PGMP) Assinale a alternativa INCORRETA.
Segundo a Lei n. 6.766, de 19 de dezembro de 1979, que dispõe sobre o Parcelamento do Solo Urbano e dá outras Providências,

(A) a infraestrutura básica dos parcelamentos é constituída pelos equipamentos urbanos de escoamento das águas pluviais, iluminação pública, esgotamento sanitário, abastecimento de água potável, energia elétrica pública e domiciliar e vias de circulação.
(B) considera-se loteamento a subdivisão de gleba em lotes destinados a edificação, com abertura de novas vias de circulação, de logradouros públicos ou prolongamento, modificação ou ampliação das vias existentes.
(C) considera-se desmembramento a subdivisão de gleba em lotes destinados a edificação, com aproveitamento do sistema viário existente, desde que não implique na abertura de novas vias e logradouros públicos, nem no prolongamento, modificação ou ampliação dos já existentes.

(D) considera-se lote o terreno cujas dimensões atendam aos índices urbanísticos definidos pelo plano diretor ou lei municipal para a zona em que se situe, bem como às diretrizes especificadas pelo loteador no que diz respeito à sua destinação.

(E) somente será admitido o parcelamento do solo para fins urbanos em zonas urbanas, de expansão urbana ou de urbanização específica, assim definidas pelo plano diretor ou aprovadas por lei municipal.

A: assertiva correta (art. 2º, § 5º, da Lei 6.766/1979), **B:** assertiva correta (art. 2º, § 1º, da Lei 6.766/1979); **C:** assertiva correta (art. 2º, § 2º, da Lei 6.766/1979); **D:** assertiva incorreta, devendo a alternativa ser assinalada (art. 2º, § 4º, da Lei 6.766/1979); considera-se lote "o terreno servido de infraestrutura básica cujas dimensões atendam aos índices urbanísticos definidos pelo plano diretor ou lei municipal para a zona em que se situe", tratando-se de definição que se completa exclusivamente com leis ("plano diretor" ou "lei municipal") e não com especificações dadas pelo loteador no que diz respeito à sua destinação; **E:** assertiva correta (art. 3º, caput, da Lei 6.766/1979).
Gabarito "D".

(Ministério Público/GO – 2012) Quanto ao parcelamento do solo urbano, é incorreto afirmar:

(A) a infraestrutura básica dos parcelamentos é constituída pelos equipamentos urbanos de escoamento das águas pluviais, iluminação pública, esgotamento sanitário, abastecimento de água potável, energia elétrica pública e domiciliar e vias de circulação;

(B) quanto à implantação da infraestrutura básica, o loteador tem duas opções: 1) iniciar a execução das obras e concluí-las antes da comercialização dos lotes; ou, 2) apresentar um cronograma de implantação de infraestrutura básica, com a duração máxima de quatro anos, acompanhado de competente instrumento de garantia para a execução das obras;

(C) de acordo com a Lei 6.766/1979, a diferença básica entre loteamento e desmembramento é que, neste, aproveita-se o sistema viário existente, não ocorrendo abertura de novas vias e logradouros públicos, nem no prolongamento, modificação ou ampliação dos já existentes;

(D) loteamento clandestino é aquele que possui aprovação do Poder Público, registrado ou não, mas que o loteador não providenciou sua execução ou a execução se deu em desconformidade com o ato de aprovação ou as normas aplicáveis. O loteamento é irregular quando não possui a aprovação do poder público e/ou o registro no Cartório de Registro de Imóveis competente, resultando inviabilizada a matrícula e individualização dos respectivos lotes.

A: correta, nos termos do art. 2º, § 5º, da Lei 6.766/1979; **B:** correta, nos termos do art. 9º da Lei 6.766/1979; **C:** correta, nos termos do art. 2º, §§ 1º e 2º, da Lei 6.766/1979; **D:** incorreta, devendo ser assinalada. Os conceitos de loteamento irregular e clandestino estão invertidos.
Gabarito "D".

(Ministério Público/MT – 2012 – UFMT) Em relação à lei Lehmann, assinale a afirmativa correta.

(A) Os proprietários podem fixar limitações urbanísticas distintas daquelas fixadas em lei, mas estas não podem ser mais restritivas.

(B) O proprietário não pode fixar restrições urbanísticas, porque, em atenção ao princípio constitucional da legalidade, apenas lei em sentido formal pode impor condicionamentos aos particulares.

(C) Os proprietários não podem fixar restrições urbanísticas com o poder de atingir terceiros, uma vez que as convenções somente podem valer entre as partes envolvidas.

(D) Os proprietários podem fixar limitações urbanísticas que podem, inclusive, ser superiores e mais restritivas do que as que foram fixadas pela legislação.

(E) As convenções entre particulares apenas podem ser fixadas quando houver lacunas na legislação.

Observação inicial: Lei Lehmann é como é conhecida a Lei 6.766/1979, que regula o parcelamento do solo urbano, em homenagem a seu autor, o Senador Otto Cyrillo Lehmann). É possível a instituição pelo particular de maiores limitações de natureza urbanística à propriedade, restringindo ainda mais o uso dessa. O que se proíbe é o abrandamento das regulamentações estabelecidas em lei, diante do caráter cogente do mencionado diploma (art. 26, VII, da Lei 6.766/1979). Vale dizer, ainda, que por se tratar de obrigações *propter rem*, elas alcançam terceiros que não tenham participado da celebração do contrato original.
Gabarito "D".

(Ministério Público/SC – 2012) Analise as seguintes assertivas:

I. O parcelamento do solo urbano poderá ser feito mediante loteamento ou desmembramento. Considera-se loteamento a subdivisão do terreno, servido de infraestrutura básica cujas dimensões atendam aos índices urbanísticos definidos pelo plano diretor ou lei municipal para a zona em que se situe. Considera-se desmembramento a subdivisão de gleba em partes destinadas a edificação, com abertura de novas vias de circulação, de logradouros públicos ou prolongamento, modificação ou ampliação das vias existentes.

II. Segundo o disposto na Lei n. 6.766/1979, aprovado o projeto de loteamento ou de desmembramento, o loteador deverá submetê-lo ao registro imobiliário dentro de 180 (cento e oitenta) dias, sob pena de caducidade da aprovação, que deverá estar acompanhado de diversos documentos, dentre eles: o título de propriedade do imóvel. Este título também é documento indispensável para os casos de parcelamento popular, destinado às classes de menor renda, em imóvel declarado de utilidade pública, com processo de desapropriação judicial em curso e imissão provisória na posse, promovido pela União, pelo Estado ou Distrito Federal, pelo Município ou, eventualmente, por suas entidades delegadas, autorizadas por lei a implantar projetos de habitação.

III. Nos termos do disposto na lei que regulamenta o parcelamento do solo urbano (Lei n. 6.766/1979), o registro do loteamento poderá ser cancelado: a) por decisão judicial; b) a requerimento do loteador, com anuência da Prefeitura, ou do Distrito Federal quando for o caso, enquanto nenhum lote houver sido objeto de contrato; c) a requerimento conjunto do loteador e de todos os adquirentes de lotes, com anuência da Prefeitura, ou do Distrito Federal quando for o caso, e do Estado.

IV. Os bens móveis e imóveis adquiridos por um ou por ambos os conviventes, na constância da união estável e a título oneroso, são considerados fruto do trabalho e da colaboração comum, passando a pertencer a ambos, em condomínio e em partes iguais. Segundo o disposto na Lei n. 9.278/1996, a referida presunção de meação dos conviventes é estendida para as hipóteses de aquisição patrimonial com o produto de bens obtidos anteriormente ao início da união.

V. O direito à participação da sucessão do(a) companheiro(a), disposto na Lei n. 8.971/1994, decorre das seguintes condições, a saber: a) o(a) companheiro(a) sobrevivente terá direito enquanto não constituir nova união, ao usufruto de quarta parte dos bens do de cujos, se houver filhos ou comuns; b) o(a) companheiro(a) sobrevivente terá direito, enquanto não constituir nova união, ao usufruto da metade dos bens do de cujos, se não houver filhos, embora sobrevivam ascendentes; c) na falta de descendentes e de ascendentes, o(a) companheiro(a) sobrevivente terá direito à totalidade da herança. Registra-se, que quando os bens deixados pelo(a) autor(a) da herança resultarem de atividade em que haja colaboração do(a) companheiro, terá o sobrevivente direito à metade dos bens.

(A) Apenas as assertivas II, III e IV estão corretas.
(B) Apenas as assertivas I e V estão corretas.
(C) Apenas as assertivas III e V estão corretas.
(D) Apenas as assertivas I e IV estão corretas.
(E) Todas as assertivas estão corretas.

I: incorreta. O conceito de desmembramento está errado. Para que ele se caracterize, não pode haver a abertura de novas vias e logradouros públicos ou prolongamento, modificação ou ampliação dos já existentes (art. 2º, § 2º, da Lei 6.766/1979); II: incorreta. O título é dispensado em caso de parcelamento popular, nos termos do art. 18, § 4º, da Lei 6.766/1979; III: correta, nos termos do art. 23 da Lei 6.766/1979; IV: incorreta. Dispõe o art. 5º, § 1º, da Lei 9.278/1996 que a presunção cessa em caso de a aquisição ser realizada com produto de bens adquiridos anteriormente à união estável; V: correta, nos termos dos arts. 2º e 3º da Lei 8.971/1994. Saliente-se, apenas, que para a doutrina majoritária essa lei foi revogada pelo Código Civil.

Gabarito "C".

3. ESTATUTO DA CIDADE E INSTRUMENTOS DA POLÍTICA URBANA

(Promotor de Justiça – MPE/BA – CEFET – 2015) Com relação às normas constantes no Estatuto da Cidade (Lei Federal 10.257/2001) e na Lei 12.587/2012, que versa sobre a mobilidade urbana, avalie os seguintes itens:

I. De acordo com a Lei de Mobilidade Urbana, caso o poder público opte pela adoção de subsídio tarifário, o déficit originado deverá ser coberto por receitas extratarifárias, receitas alternativas, subsídios orçamentários, subsídios cruzados intrassetoriais e intersetoriais provenientes de outras categorias de beneficiários dos serviços de transporte, dentre outras fontes, instituídas pelo poder público delegante.

II. As revisões ordinárias das tarifas de remuneração terão periodicidade mínima estabelecida pelo poder público delegante no edital e no contrato administrativo e deverão incorporar parcela das receitas alternativas em favor da modicidade da tarifa ao usuário, assim como o índice de transferência de parcela dos ganhos de eficiência e produtividade das empresas aos usuários, e aferir o equilíbrio econômico e financeiro da concessão e o da permissão, conforme parâmetro ou indicador definido em contrato.

III. O Estudo Prévio de Impacto de Vizinhança (EIV), para a obtenção das licenças ou autorizações de construção, ampliação ou funcionamento a cargo do poder público municipal, será executado de forma a contemplar os efeitos positivos e negativos do empreendimento ou atividade quanto à qualidade de vida da população residente na área e suas proximidades, incluindo a análise, no mínimo, das seguintes questões: a) adensamento populacional; b) equipamentos urbanos e comunitários; c) uso e ocupação do solo; d) valorização imobiliária; e) geração de tráfego e demanda por transporte público; f) ventilação e iluminação; e g) paisagem urbana e patrimônio natural e cultural.

IV. Dar-se-á a usucapião especial de imóvel urbano quando o interessado possuir como sua área ou edificação urbana de até 200 (duzentos) metros quadrados, por 5 (cinco) anos, ininterruptamente e sem oposição, utilizando-a para sua moradia ou de sua família, adquirindo-se, assim, o domínio, desde que não seja proprietário de outro imóvel urbano ou rural.

V. As áreas urbanas com mais de duzentos metros quadrados, ocupadas por população de baixa renda para sua moradia, por 5 (cinco) anos, ininterruptamente e sem oposição, onde não for possível identificar os terrenos ocupados por cada possuidor, são susceptíveis de serem usucapidas coletivamente, desde que os possuidores não sejam proprietários de outro imóvel urbano ou rural.

A alternativa que contém a sequência CORRETA, de cima para baixo, considerando V para verdadeiro e F para falso, é:

(A) F V F V V.
(B) V V F V V.
(C) V V V F F.
(D) F F V F F.
(E) V F V F F.

I: verdadeiro, nos termos do art. 9º, § 5º da Lei 12.587/2012; II: verdadeiro, nos termos do art. 9º, § 10º da Lei 12.587/2012; III: verdadeiro, nos termos dos arts. 36 e 37 da Lei 10.257/2001; IV: falso. A Constituição Federal, no art. 183, e o Estatuto da Cidade (Lei 10.257/2001), estabelecem área máxima de 250 (duzentos e cinquenta) metros quadrados; V: falso. O art. 10 do Estatuto da Cidade (Lei 10.257/2001) estabelece que a metragem mínima das áreas urbanas passíveis de sofrer usucapião coletiva é de 250 (duzentos e cinquenta) metros quadrados.

Gabarito "C".

(Promotor de Justiça – MPE/MS – FAPEC – 2015) Sobre Direito Urbanístico, assinale a alternativa **incorreta**:

(A) O Ministério Público tem legitimação ativa *ad causam* para promover ação civil pública destinada à defesa dos interesses difusos e coletivos, incluindo aqueles decorrentes de projetos referentes ao parcelamento do solo urbano.

(B) É inconstitucional a lei municipal que tenha estabelecido, antes da Emenda Constitucional 29/2000 (CF), alíquotas progressivas para o IPTU, salvo se destinada a assegurar o cumprimento da função social da propriedade urbana.

(C) Decorridos 5 (cinco) anos da cobrança do IPTU progressivo sem que o proprietário tenha cumprido a obrigação do parcelamento, edificação ou utilização,

o Município poderá proceder à desapropriação do imóvel, com pagamento em títulos da dívida pública.
(D) O Estudo de Impacto de Vizinhança (EIV), previsto no Estatuto da Cidade, que busca contemplar os efeitos positivos e negativos do empreendimento ou a atividade quanto à qualidade de vida da população residente na área e suas proximidades a ser implantado em área urbana, substitui a elaboração e a aprovação de Estudo Prévio de Impacto Ambiental (EIA), requeridas nos termos da legislação ambiental.
(E) O plano diretor, aprovado por lei municipal, é o instrumento básico da política de desenvolvimento e expansão urbana e deve ser revisto, pelo menos, a cada 10 (dez) anos.

A: correta, nos termos do art. 129, III, da Constituição Federal e do art. 1º, inc. VI, da Lei n. 7.347/1987; **B**: correta, nos termos do julgamento do Pleno do Supremo Tribunal Federal no Tema 155 de Repercussão Geral (AI 712.743 QO-RG, Rel. Min. Ellen Gracie, DJe de 8/5/2009); **C**: verdadeiro, nos termos do art. 8º da Lei 10.257/2001 (Estatuto da Cidade); **D**: incorreta. Nos termos do art. 38 da Lei 10.257/2001 (Estatuto da Cidade), a elaboração do EIV não substitui a elaboração e a aprovação de estudo prévio de impacto ambiental (EIA), requeridas nos termos da legislação ambiental; **E**: correta, nos termos do art. 39 e 40, § 3º, da Lei 10.257/2001 (Estatuto da Cidade).

Gabarito "D".

(Promotor de Justiça – MPE/AM – FMP – 2015) Em relação à política de desenvolvimento urbano, inaugurada no artigo 182 da Constituição Federal de 1988, cujas diretrizes gerais vêm fixadas pela Lei 10.257/2001, considere as seguintes assertivas:

I. O Plano Diretor disciplina a função social da propriedade e busca ordenar a cidade, sendo o instrumento básico, a englobar exclusivamente a área urbana, da política de desenvolvimento urbano e de expansão urbana.
II. O Plano Diretor é o instrumento de planejamento obrigatório caso o Poder Público municipal pretenda utilizar o parcelamento ou edificações compulsórios, o IPTU progressivo no tempo e a desapropriação com pagamento de títulos da dívida pública de emissão previamente aprovada pelo Senado Federal, com prazo de resgate de até dez anos, em parcelas anuais, iguais e sucessivas, assegurados o valor real da indenização e os juros legais.
III. Municípios que queiram ampliar seu perímetro urbano para o uso residencial, após 2001, deverão contemplar nos projetos áreas para habitação de interesse social por meio de demarcação de zonas especiais de interesse social.

Quais das assertivas acima estão corretas?
(A) I, II e III.
(B) Apenas a I e II.
(C) Apenas a II e III.
(D) Apenas a I.
(E) Apenas a II.

I: incorreta. Nos termos do art. 40, § 2º da Lei 10.257/2001 (Estatuto da Cidade), o plano diretor deverá englobar o território do Município como um todo; **II**: correta. A sistemática prevista nos arts. 5º a 8º da Lei n. 10.257/2001 (Estatuto da Cidade), determina que as áreas sujeitas a utilização de tais instrumentos jurídico-urbanísticos estejam definidas no plano diretor; **III**: correta, nos termos do gabarito oficial. É importante apontar que o texto da Lei 10.257/2001 traz o seguinte texto: "Art. 42-B. Os Municípios que pretendam ampliar o seu perímetro urbano após a data de publicação desta Lei deverão elaborar projeto específico que contenha, no mínimo" [...]. A referência ao ano de 2001, trazida na questão, parece referir ao ano da edição do Estatuto da Cidade, mas a inserção do art. 42-B ocorreu por intermédio da Lei n. 12.608/2012.

Gabarito "C".

(Promotor de Justiça – MPE/RS – 2017) Assinale com **V** (verdadeiro) ou com **F** (falso) as seguintes afirmações sobre o conteúdo do Estatuto da Cidade (Lei 10.257, de 10 de julho de 2001, com suas posteriores alterações legislativas).

( ) O direito de superfície não pode ser transferido a terceiros, sendo vedada por lei qualquer previsão contratual nesse sentido.
( ) O superficiário responderá integralmente pelos encargos e tributos que incidirem sobre a propriedade superficiária, arcando, ainda, proporcionalmente à sua parcela de ocupação efetiva, com os encargos e tributos sobre a área objeto da concessão do direito de superfície, sendo vedada disposição em contrário no contrato respectivo.
( ) Em empreendimentos de pequeno porte, a elaboração do estudo prévio de impacto de vizinhança (EIV) substitui a elaboração e a aprovação de estudo prévio de impacto ambiental (EIA).
( ) O plano diretor é obrigatório para cidades integrantes de áreas de especial interesse turístico.

A sequência correta de preenchimento dos parênteses, de cima para baixo, é
(A) F – V – F – F.
(B) F – F – F – V.
(C) V – V – F – F.
(D) V – F – V – V.
(E) V – F – V – F.

Primeiro enunciado: falso. O direito de superfície pode ser transferido a terceiros, obedecidos os termos do contrato respectivo, nos termos do art. 21, § 4º da Lei 10.257/2001, e aos herdeiros do superficiário, com a sua morte, nos termos do art. 21, § 5º da Lei n. 10.257/2001; **Segundo enunciado:** falso. O superficiário, de fato, responderá integralmente pelos encargos e tributos que incidirem sobre a propriedade superficiária, arcando, ainda, proporcionalmente à sua parcela de ocupação efetiva, com os encargos e tributos sobre a área objeto da concessão do direito de superfície, podendo tais condições, contudo, serem excepcionadas pelo respectivo contrato (art. 21, § 3º, da Lei 10.257/2001); **Terceiro enunciado:** falso. Nos termos do art. 38 da Lei 10.257/2001, a elaboração do EIV não substitui a elaboração e a aprovação de EIA, requeridas nos termos da legislação ambiental. É importante notar que o EIV e o EIA têm funções diversas: em empreendimentos de pequeno porte, normalmente o EIA não é exigível (o que poderia levar à equivocada conclusão de que o EIV "substitui" aquele instrumento), e, em grandes empreendimentos que exigem EIA (como, normalmente, as operações urbanas consorciadas), é possível que intervenções pontuais demandem a confecção de um EIV; **Quarto enunciado:** verdadeiro, nos termos do art. 41, IV, da Lei 10.257/2001.

Gabarito "B".

(Procurador da República –28º Concurso – 2015 – MPF) Qual das alternativas abaixo é correta?
(A) Consórcios públicos são instrumentos de desenvolvimento urbano integrado de regiões metropolitanas e de aglomerações urbanas.
(B) O direito de superfície de terreno urbano não abrange o direito de utilizar o subsolo.

(C) Terras tradicionalmente ocupadas por índios situadas em município podem estar sujeitas ao IPTU.
(D) À União não cabe promover programas de construção de moradias urbanas.

A: correta, nos termos do art. 9°, VI, da Lei 13.089/2015 (Estatuto da Metrópole); **B:** incorreta. Nos termos do art. 21, § 1°, da Lei 10.257/2001 (Estatuto da Cidade), o direito de superfície abrange o direito de utilizar o solo, o subsolo ou o espaço aéreo relativo ao terreno, na forma estabelecida no contrato respectivo, atendida a legislação urbanística; **C:** incorreta. Nos termos do art. 20, XI, da Constituição Federal, são bens da União as terras tradicionalmente ocupadas pelos índios, estando, portanto, alcançadas pela imunidade tributária prevista no art. 150, VI, "a" da Carta Magna (vedação à União, aos Estados, ao Distrito Federal e aos Municípios de instituir impostos sobre o patrimônio, renda ou serviços, uns dos outros); **D:** incorreta. O Estatuto da Cidade confere a competência assinalada à União, por iniciativa própria ou em conjunto com os Estados, o Distrito Federal e os Municípios (art. 3°, III, da Lei 10.257/2001).
Gabarito "A".

(Promotor de Justiça – MPE/RS – 2017) Considerando o Estatuto da Cidade (Lei 10.257, de 10 de julho de 2001), assinale a alternativa correta.
(A) Compete ao Município promover, por iniciativa própria e em conjunto com o Estado e outros Municípios, programas de construção de moradias e melhoria das condições habitacionais, de saneamento básico, das calçadas, dos passeios públicos e demais espaços de uso público.
(B) Lei estadual específica poderá determinar o parcelamento, a edificação ou a utilização compulsórios do solo urbano não edificado, subutilizado ou não utilizado, para área incluída no plano diretor, devendo fixar as condições e os prazos para implementação da referida obrigação.
(C) Em caso de descumprimento das condições e dos prazos previstos para parcelamento ou edificação compulsórios, o Município procederá à aplicação do imposto sobre a propriedade predial e territorial urbana (IPTU) progressivo no tempo, mediante a majoração da alíquota pelo prazo de 10 (dez) anos consecutivos.
(D) Decorridos cinco anos de cobrança do IPTU progressivo sem que o proprietário tenha cumprido a obrigação de parcelamento, edificação ou utilização compulsórios, o Município poderá proceder à desapropriação do imóvel, com pagamento em títulos da dívida pública previamente aprovados pelo Senado Federal e com prazo de resgate em até 10 (dez) anos, em prestações anuais, iguais e sucessivas, assegurados o valor real da indenização e juros legais de 6% (seis por cento) ao ano.
(E) Aquele que possuir como sua área ou edificação urbana de até duzentos e cinquenta metros quadrados, por cinco anos, ininterruptamente e sem oposição, utilizando-a para sua moradia ou de sua família, adquirir-lhe-á o domínio, desde que não seja proprietário de outro imóvel urbano ou rural, sendo que em caso de possuidor casado, o título será conferido necessariamente ao cônjuge varão.

A: incorreta. O Estatuto da Cidade confere a competência assinalada à União, por iniciativa própria ou em conjunto com os Estados, o Distrito Federal e os Municípios (art. 3°, III, da Lei 10.257/2001); **B:** incorreta. Tal competência é atribuída aos Municípios (art. 5°, "caput", da Lei 10.257/2001; **C:** incorreta. O prazo de majoração da alíquota é de 5 anos consecutivos (art. 7°, "caput" da Lei n. 10.257/2001); **D:** correta, nos termos do art. 8°, "caput" e § 1°, da Lei 10.257/2001; **E:** incorreta. O título de domínio será conferido ao homem ou à mulher, ou a ambos, independentemente do estado civil, nos termos do art. 9°, § 1°, da Lei 10.257/2001.
Gabarito "D".

(Ministério Público/ES – 2013 – VUNESP) O Estatuto da Cidade, Lei 10.257/2001, enuncia que
(A) se considera subutilizado o imóvel cujo aproveitamento não esteja em consonância com o estipulado no zoneamento ambiental, estabelecido na lei orgânica de cada município e registrado no cartório de registro de imóveis.
(B) a desapropriação será a primeira medida a ser tomada pelo Poder Público municipal quando identificar territórios que não cumprem sua função social.
(C) o plano diretor deve estabelecer as condições a serem observadas para a outorga onerosa do direito de construir e de alteração de uso, sendo que os recursos auferidos serão aplicados na construção de habitações populares.
(D) o direito de superfície é aquele que pode ser concedido pelo proprietário urbano a outrem, por tempo determinado ou indeterminado, mediante escritura pública registrada no cartório de registro de imóveis.
(E) o plano diretor é um instrumento de planejamento regional, necessário ao planejamento de regiões metropolitanas, aglomerações urbanas e microrregiões.

A: incorreta. Segundo o art. 5°, § 1°, I, do Estatuto da Cidade, considera-se subutilizado o imóvel cujo aproveitamento seja inferior ao mínimo definido no plano diretor ou em legislação dele decorrente; **B:** incorreta. Identificado o descumprimento da função social da propriedade, deve o Poder Público, inicialmente, se valer de outros instrumentos previstos no Estatuto da Cidade, na seguinte ordem: parcelamento, edificação ou utilização compulsórios; IPTU progressivo no tempo e, só então, se tais medidas não forem suficientes, procederá à desapropriação (art. 8° do Estatuto da Cidade); **C:** incorreta. Nos termos do art. 31 do Estatuto da Cidade, os recursos auferidos com a outorga onerosa do direito de construir serão utilizados para regularização fundiária, execução de programas e projetos habitacionais de interesse social, constituição de reserva fundiária, ordenamento e direcionamento da expansão urbana, implantação de equipamentos urbanos e comunitários, criação de espaços públicos de lazer e áreas verdes, criação de unidades de conservação ou proteção de outras áreas de interesse ambiental e proteção de áreas de interesse histórico, cultural e paisagístico; **D:** correta, nos termos do art. 21 do Estatuto da Cidade; **E:** incorreta. O plano diretor é um instrumento de planejamento municipal (art. 4°, III, "a", do Estatuto da Cidade), que não se confunde com o planejamento regional previsto para a ordenação das regiões metropolitanas, aglomerações urbanas e microrregiões (art. 4°, II, do Estatuto da Cidade).
Gabarito "D".

(Ministério Público/MG – 2013) É INCORRETO afirmar-se:
(A) Constam como instrumentos jurídicos e políticos que objetivam atender aos fins visados pelo Estatuto da Cidade, entre outros, os institutos das servidões e limitações administrativas, do tombamento de imóveis ou de mobiliário urbano, da utilização compulsória, da transferência do direito de construir e o da assistência técnica e jurídica gratuita para as comunidades e grupos sociais menos favorecidos.

(B) A política urbana, prevista constitucionalmente nos artigos 182 e 183 da Constituição da República, tem por objetivo ordenar o pleno desenvolvimento das funções econômicas da cidade e da propriedade urbana.
(C) Lei municipal definirá os empreendimentos e atividades, privados ou públicos, em área urbana que dependerão de elaboração de estudo prévio de impacto de vizinhança (EIV) para se obter licenças ou autorizações de construção, ampliação ou funcionamento a cargo do Poder Público municipal.
(D) O plano diretor, instrumento básico da política de desenvolvimento e expansão urbana, é obrigatório para as cidades com mais de vinte mil habitantes. O mesmo acontece para as integrantes de regiões metropolitanas e aglomerações urbanas e para as cidades onde o Poder Público municipal pretenda exigir, nos termos da lei federal, do proprietário do solo urbano não edificado, subutilizado ou não utilizado, que promova seu adequado aproveitamento, sob pena de parcelamento ou edificação compulsória, IPTU progressivo no tempo ou desapropriação com pagamento mediante títulos da dívida pública. Essa obrigação é também válida para aquelas integrantes de áreas de especial interesse turístico ou que estejam inseridas na área de influência de empreendimentos ou atividades com significativo impacto ambiental de âmbito regional ou nacional.

A: assertiva correta, nos termos do art. 4º, V, do Estatuto da Cidade; **B:** assertiva incorreta, devendo ser assinalada. A ordem constitucional da política urbana visa a garantir o pleno desenvolvimento da função **social** da cidade e da propriedade urbana (art. 182 da Constituição Federal); **C:** assertiva correta, nos termos do art. 36 do Estatuto da Cidade; **D:** assertiva correta, nos termos dos arts. 5º, 7º, 8º e 41, todos do Estatuto da Cidade.
„Gabarito "B".

(Ministério Público/PR – 2013 – X) Assinale a alternativa *incorreta*. Para garantir a gestão democrática da cidade, deverão ser utilizados, entre outros, os seguintes instrumentos:

(A) Órgãos colegiados de política urbana, nos níveis nacional, estadual e municipal;
(B) Debates, audiências e consultas públicas;
(C) Conferências sobre assuntos de interesse urbano, nos níveis nacional, estadual e municipal;
(D) Realização de referendos de iniciativa de entidades da sociedade civil organizada, devidamente autorizados pelas câmaras de vereadores;
(E) Iniciativa popular de projeto de lei e de planos, programas e projetos de desenvolvimento urbano.

A: assertiva correta, nos termos do art. 43, I, do Estatuto da Cidade; **B:** assertiva correta, nos termos do art. 43, II, do Estatuto da Cidade; **C:** assertiva correta, nos termos do art. 43, III, do Estatuto da Cidade; **D:** assertiva incorreta, devendo ser assinalada. Tal expediente não encontra previsão do Estatuto das Cidades; **E:** correta, nos termos do art. 43, IV, do Estatuto da Cidade.
„Gabarito "D".

(Ministério Público/PR – 2013 – X) Assinale a alternativa *correta*. A participação da sociedade civil no planejamento, fiscalização e avaliação da Política Nacional de Mobilidade Urbana deverá ser assegurada pelos seguintes instrumentos:

(A) Órgãos colegiados com a participação de representantes do Poder Executivo, da sociedade civil e dos operadores dos serviços;
(B) Controladorias e corregedorias dos órgãos de classe com atuação no setor de modais de transporte;
(C) Audiências e consultas ao Tribunal de Contas da União;
(D) Procedimentos sistemáticos de comunicação, de avaliação da satisfação dos fornecedores dos serviços dos modais de transporte, de aditamento de contratos de concessão e de prestação de contas públicas;
(E) Agências de controle sobre itinerários, frequências e padrão de qualidade dos serviços, mantidas pelas concessionárias de serviços de transporte público terrestre.

Os instrumentos de participação da sociedade civil na Política Nacional de Mobilidade Urbana estão previstos no art. 15 da Lei nº 12.587/2012: órgãos colegiados com a participação de representantes do Poder Executivo, da sociedade civil e dos operadores dos serviços; ouvidorias nas instituições responsáveis pela gestão do Sistema Nacional de Mobilidade Urbana ou nos órgãos com atribuições análogas; audiências e consultas públicas; e procedimentos sistemáticos de comunicação, de avaliação da satisfação dos cidadãos e dos usuários e de prestação de contas públicas.
„Gabarito "A".

(Ministério Público/MT – 2012 – UFMT) Sobre o direito de preempção regulado no Estatuto da Cidade, é correto afirmar:

(A) Exige que todos os particulares notifiquem previamente o município para que o exerça, uma vez que na hipótese, deve ser considerado o princípio da prevalência do interesse público sobre o particular.
(B) Assegura que o poder público municipal possa proteger imóveis de interesse cultural desde que estes se encontrem localizados na área de abrangência que tenha sido definida em lei, e que tenham sido consideradas as diretrizes fixadas no respectivo plano diretor.
(C) O município poderá exercê-lo perante os particulares visando à criação de parque municipal, desde que tenha origem em declaração de utilidade pública da área, assegurando-lhe o direito à indenização prévia e em dinheiro.
(D) Sujeita os proprietários que possuírem imóveis nas áreas que tenham sido reconhecidas por decreto de interesse público, e assegura que o município, após notificado para exercê-lo, faça-o em até cinco anos.
(E) Condiciona que os proprietários que detenham imóveis nas áreas assim reconhecidas em lei notifiquem previamente o poder público municipal para que o exerça no prazo de cinco anos.

A: incorreta. Apenas o proprietário é obrigado a notificar o Município sobre seu interesse em alienar o imóvel (art. 27 do Estatuto das Cidades); **B:** correta, nos termos dos arts. 25 e 26, VII, do Estatuto das Cidades; **C:** incorreta. É possível a invocação do direito de preempção para a construção de parque municipal (art. 26, VI, do Estatuto das Cidades), mas esse independe de declaração anterior de utilidade pública; **D:** incorreta. Lei municipal estabelecerá as áreas onde o Município poderá exercer seu direito de preempção e o prazo para tanto é de 30 dias contados da notificação (art. 27 do Estatuto das Cidades); **E:** incorreta. Mais uma vez, anote-se que o prazo para que o Município exerça o direito de preempção é de 30 dias (art. 27 do Estatuto das Cidades).
„Gabarito "B".

18. DIREITO URBANÍSTICO

(Ministério Público/MT – 2012 – UFMT) Sobre a função socioambiental da propriedade, é correto afirmar:

(A) O uso nocivo da propriedade é vedado por leis especiais, mas não possui previsão expressa no Código Civil de 2002.
(B) O uso compulsório do imóvel é obrigação que pode ser imposta ao proprietário sempre que, por meio de ato administrativo, o poder público considere que o imóvel é subutilizado.
(C) O uso compulsório do imóvel constitui um dos instrumentos que permitem viabilizar o atendimento da função socioambiental da propriedade.
(D) O Código Civil apenas exige o cumprimento de uma função social, mas não define uma função ambiental, matéria que foi objeto de regulação por leis especiais.
(E) A edificação compulsória, o IPTU progressivo e o parcelamento compulsório são instrumentos que viabilizam o atendimento da função socioambiental da propriedade, não sendo possível, entretanto, que o proprietário seja obrigado a utilizar o imóvel já edificado.

A: incorreta. O uso nocivo da propriedade foi abordado pelo Código Civil sob o título "Do Uso Anormal da Propriedade" (arts. 1.277 a 1.281); **B:** incorreta. A subutilização do imóvel deve seguir os requisitos especificados no plano diretor, que deve ser publicado por lei ordinária municipal; **C:** correta, nos termos do art. 182, § 4º, da CF; **D:** incorreta. A rigor, a função ambiental da propriedade não foi ainda regulamentada por nenhuma lei especial; **E:** incorreta. A utilização compulsória está expressamente prevista como instrumento do cumprimento da função social da propriedade no art. 5º do Estatuto das Cidades.
Gabarito "C"

(Ministério Público/MT – 2012 – UFMT) À luz da matéria urbanística, assinale a assertiva **INCORRETA**.

(A) É o Plano Diretor do município que estabelece quando uma propriedade urbana cumpre a sua função social.
(B) A realização de Estudo de Impacto Ambiental para determinado empreendimento supre a necessidade de realização do Estudo de Impacto de Vizinhança.
(C) Os planos diretores são obrigatórios para todas as cidades onde o Poder Público municipal pretenda utilizar os instrumentos do parcelamento ou edificação compulsórios, IPTU progressivo no tempo e desapropriação com pagamento de títulos, inclusive para aquelas com menos de vinte mil habitantes.
(D) A instituição de Zonas Especiais de Interesse Social (ZEIS) permite a aplicação de normas especiais de uso e ocupação do solo para fins de regularização fundiária de áreas urbanas ocupadas em desconformidade com a legislação de parcelamento, uso e ocupação do solo e de edificações.
(E) O art. 145, inciso II, da Constituição Federal prevê o instituto da contribuição de melhoria que nada mais é do que o retrato do princípio urbanístico da "afetação das mais-valias ao custo da urbanificação" concretizado no Código Tributário Nacional (arts. 81 e 82) e no Estatuto da Cidade (art. 2º, IX; art. 4º, IV, "b").

A: correta, nos termos do art. 39 do Estatuto das Cidades; **B:** incorreta, devendo ser assinalada. Trata-se de documentos com objetivos e requisitos distintos, que não se confundem ou substituem. Nos termos do art. 38 do Estatuto da Cidade, o EIV será elaborado independentemente da apresentação do EIA; **C:** correta. Tais medidas coercitivas somente poderão ser utilizadas se estiverem previstas no plano diretor (art. 41, I e III, do Estatuto das Cidades); **D:** correta, por transpor sem qualquer equívoco o conceito de zonas especiais de interesse social; **E:** correta. A contribuição de melhoria é realmente reflexo do princípio da afetação das mais-valias ao custo da urbanificação, ao lado do princípio da vedação ao enriquecimento sem causa.
Gabarito "B"

(Ministério Público/MT – 2012 – UFMT) Leia atentamente a situação abaixo descrita.

"A" possui um lote em área urbana. Na época em que ele adquiriu o imóvel encontrava-se em vigência lei municipal de uso e ocupação do solo que estabelecia um determinado coeficiente de construção. Passado um ano, ele resolveu construir no lote, quando, então, teve indeferido o seu pedido de licença para edificar sob o argumento de que nova lei municipal de uso e ocupação do solo havia restringido o coeficiente de construção do terreno pela metade. No entanto, o seu vizinho ³B´, utilizando-se de planta de construção similar, iniciou a edificação no seu respectivo lote, de acordo com licença para construir outorgada pelo poder público municipal antes da vigência da nova lei municipal, muito embora não tenha se valido de todas as possibilidades construtivas vigentes na lei anterior.

Sobre essa situação, analise as assertivas.

I. Assiste a "A" o direito de construir com base nos coeficientes previstos na legislação de uso e ocupação do solo vigente quando ele adquiriu o terreno e que lhe ensejava utilização mais ampla, pois a legislação superveniente não pode produzir efeitos retroativos e atingir direito adquirido de edificar no lote de acordo com as condições legais existentes quando da sua aquisição.
II. Assiste a "B" o direito de construir com base nos coeficientes previstos na legislação de uso e ocupação do solo vigente quando da obtenção da licença para edificar e que lhe ensejava utilização mais ampla do lote.
III. Como ainda não houve a conclusão da obra e em respeito ao princípio da função social da propriedade urbana, "B" terá que ajustar a respectiva planta aos padrões da nova lei municipal de uso e ocupação do solo, obtendo nova licença de construção.
IV. A revogação da licença para construir outorgada a "B", com base na nova lei de uso e ocupação do solo, equivale à desapropriação de direito, obrigando o poder público municipal a indenizar o proprietário.

Estão corretas as assertivas:

(A) I e III.
(B) II e IV.
(C) I e IV.
(D) II e III.
(E) III e IV.

As quatro assertivas versam, basicamente, sobre o momento de aferição do direito conferido pela licença para construir. Essa é ato administrativo que, como qualquer outro, não pode afastar-se da legalidade estrita. Assim, será concedido conforme a lei vigente no momento do pedido, não havendo qualquer espécie de direito adquirido intangível por conta exclusivamente da compra do terreno. Isso torna incorreta a afirmação I e correta a II. Após a concessão da licença, temos um exemplo de ato jurídico perfeito, esse sim protegido

diretamente pela CF (art. 5°, XXXVI) e pela Lei de Introdução às Normas do Direito Brasileiro (art. 6°). Nessa situação, não é possível exigir qualquer alteração na obra iniciada por "B" ou mesmo a supressão da licença, sob pena de inconstitucionalidade e ilegalidade do ato. Incorreta, destarte, a afirmação III e correta a IV.
Gabarito "B".

(Ministério Público/RR – 2012 – CESPE) Com base nas regras e princípios relativos ao uso da propriedade urbana em prol do bem coletivo e do equilíbrio ambiental, assinale a opção correta.

(A) A propriedade urbana cumpre sua função social quando atende às exigências fundamentais de ordenação da cidade listadas no plano diretor, cuja implantação é obrigatória para cidades com mais de vinte mil habitantes.
(B) A proteção ao meio ambiente refere-se não só ao seu aspecto natural, mas também ao cultural e ao artificial, incluído, neste último, o meio ambiente do trabalho.
(C) Desapropriado solo urbano devido ao descumprimento de imposição de edificação compulsória, poderá o poder público alienar o terreno a terceiros, mediante licitação, cujo edital deve estipular a edificação a ser erigida, se diversa daquela exigida do proprietário original.
(D) A usucapião especial urbana é forma de aquisição de propriedade imóvel por aquele que possuir, como sua, área urbana de até 250 m2, por dez anos, ininterruptamente e sem oposição, desde que utilizada para sua moradia ou de sua família, não podendo ele ser proprietário de outro imóvel.
(E) Para proteger áreas de interesse histórico ou cultural, o poder público estadual pode utilizar-se do direito de preempção, que lhe garante preferência na aquisição de imóvel urbano objeto de alienação onerosa entre particulares.

A: correta, nos termos do art. 182, §§ 1° e 2°, da CF; **B:** incorreta. O meio ambiente do trabalho não se confunde com o meio ambiente artificial. Aquele se refere às condições de trabalho dos obreiros, enquanto esse abrange os aspectos constituintes do espaço urbano. O meio ambiente do trabalho pode também ser rural, daí porque o artificial não está incluído nele; **C:** incorreta apenas na parte onde se exige, como condição do edital, a estipulação da edificação a ser erigida (art. 8°, § 5°, do Estatuto das Cidades); **D:** incorreta. A usucapião especial urbana ocorre no prazo de **05 anos**, verificados os requisitos expostos na alternativa (art. 183 da CF, art. 1.240 do CC e art. 9° do Estatuto das Cidades); **E:** incorreta apenas porque o direito de preempção compete ao poder público **municipal** (art. 25 do Estatuto das Cidades).
Gabarito "A".

(Ministério Público/CE – 2011 – FCC) Considere os seguintes dispositivos da Lei Federal n. 10.257, de 2001, denominada Estatuto da Cidade:

Art. 5° Lei municipal específica para área incluída no plano diretor poderá determinar o parcelamento, a edificação ou a utilização compulsórios do solo urbano não edificado, subutilizado ou não utilizado, devendo fixar as condições e os prazos para implementação da referida obrigação.

Art. 7° Em caso de descumprimento das condições e dos prazos previstos na forma do caput do art. 5° desta Lei, (...) o Município procederá à aplicação do imposto sobre a propriedade predial e territorial urbana (IPTU)

progressivo no tempo, mediante a majoração da alíquota pelo prazo de cinco anos consecutivos.

Art. 8° Decorridos cinco anos de cobrança do IPTU progressivo sem que o proprietário tenha cumprido a obrigação de parcelamento, edificação ou utilização, o Município poderá proceder à desapropriação do imóvel, com pagamento em títulos da dívida pública.

Diante da disciplina constitucional da matéria, tem-se que

(A) o disposto no artigo 5° é incompatível com a Constituição da República, que não autoriza à lei municipal prever a obrigatoriedade de parcelamento de solo urbano não edificado, subutilizado ou não utilizado.
(B) o disposto no artigo 7° é incompatível com a Constituição da República, no que se refere à progressividade do IPTU no tempo.
(C) o disposto no artigo 8° é incompatível com a Constituição da República, uma vez que a desapropriação somente pode ocorrer mediante prévia e justa indenização em dinheiro.
(D) as disposições legais transcritas são incompatíveis com a Constituição da República, por invadirem competência atribuída pela Constituição ao Município.
(E) as disposições legais transcritas são compatíveis com a Constituição da República.

A: incorreta. O art. 182, § 4°, da CF autoriza a medida por meio de lei municipal; **B:** incorreta. O IPTU progressivo no tempo está previsto no art. 182, § 4°, II, da CF como uma das sanções previstas pela não edificação, subutilização ou não utilização do imóvel urbano; **C:** incorreta. A própria CF autoriza a exceção à regra da indenização em dinheiro no art. 182, § 4°, III; **D:** incorreta. Tais medidas deverão implementadas por lei municipal nos termos da lei federal (art. 182, § 4°, da CF), o que denota que o Estatuto das Cidades não usurpou a competência dos municípios; **E:** correta, pois há a compatibilidade das disposições legais citadas com a CF.
Gabarito "E".

(Ministério Público/RJ – 2011) Certo Município desapropriou alguns imóveis antigos situados nas proximidades do centro da cidade, com o objetivo de implementar plano de reurbanização. No que tange a tais desapropriações, é correto afirmar que:

(A) as indenizações devem alcançar apenas parcialmente o valor dos imóveis, tendo em vista a antiguidade destes;
(B) o Município deve indenizar os proprietários mediante títulos da dívida pública, previamente aprovados pelo Senado Federal;
(C) parte do pagamento das indenizações deverá ser em dinheiro e parte em títulos da dívida pública;
(D) as indenizações devidas aos proprietários pelo Município devem ser prévias, justas e em dinheiro;
(E) os títulos da dívida pública indenizatórios devem ter prazo de resgate de dez anos, assegurados o valor real da indenização e os juros legais.

A: incorreta. A Constituição Federal exige a "justa indenização" do bem imóvel, a ser obtida mediante competente perícia judicial. A antiguidade dos bens pode influenciar ou não na avaliação imobiliária, a depender das características e estado de conservação dos imóveis; **B:** incorreta. O candidato deve ter cuidado para não confundir a desapropriação em geral, que sempre deve ser fundada no bem comum e no interesse da coletividade (que reflete a finalidade pública do ato administrativo), com a desapropriação-sanção pelo descumprimento da função social

da propriedade prevista no art. 182, § 4°, da CF e art. 8° do Estatuto da Cidade. A situação descrita no enunciado (desapropriação para fins de reurbanização) enquadra-se no primeiro conceito, razão pela qual não há que se falar em qualquer limitação da indenização ou pagamento em títulos da dívida pública. Afinal, seus proprietários não descumpriram nenhuma determinação legal ou regulamentar ou ignoraram o princípio da função social da propriedade. Tratar-se-á de indenização prévia, justa (ou seja, abrangendo a totalidade do imóvel) e em dinheiro (art. 182, § 3°, da CF); **C:** O pagamento em títulos da dívida pública caracteriza sanção ao proprietário, e não pode ser combinado com o pagamento da desapropriação ordinária, realizada em dinheiro, e previamente à transferência da propriedade; **D:** correta, nos termos do art. 5°, inc. XXIV e 182, § 3° da CF; **E:** incorreta. Os títulos da dívida pública devem ter prazo de resgate de até 10 anos, podendo ser resgatáveis em menor tempo.
Gabarito "D".

4. USUCAPIÃO ESPECIAL URBANA E USUCAPIÃO COLETIVA

(Ministério Público/SP – 2012 – VUNESP) Dentre os instrumentos da política urbana, previstos no Estatuto das Cidades (Lei n. 10.257/2001), figuram a desapropriação e a usucapião especial de imóvel urbano. A propósito desses instrumentos, é correto afirmar:

(A) É obrigatória a intervenção do Ministério Público nas ações de desapropriação e de usucapião especial de imóvel urbano.
(B) Na ação judicial de usucapião especial de imóvel urbano, o rito processual a ser observado é o ordinário.
(C) Associação de moradores da comunidade, com regular personalidade jurídica, é, por si própria, parte legítima para a ação de usucapião urbana.
(D) A aquisição individual de domínio pela usucapião especial de imóvel urbano só poderá ocorrer em imóveis não edificados de até 250 m2.
(E) Áreas urbanas com mais de 250 m2, ocupadas por população de baixa renda para sua moradia, por mais de 5 anos ininterruptamente e sem oposição, são susceptíveis de serem usucapidas coletivamente.

A: incorreta. A intervenção do MP é obrigatória apenas na usucapião especial urbana (art. 12, § 1°, do Estatuto da Cidade); **B:** incorreta. Deverá ser observado o rito sumário por expressa determinação do art. 14 do Estatuto da Cidade; **C:** incorreta. A associação de moradores regularmente constituída será admitida como parte na ação de usucapião especial urbana apenas na qualidade de substituto processual e desde que explicitamente autorizada pelos representados (art. 12, III, do Estatuto da Cidade); **D:** incorreta. Imóveis edificados também estão sujeitos à usucapião especial urbana (art. 9° do Estatuto da Cidade); **E:** correta. Trata-se da usucapião coletiva prevista no art. 10 do Estatuto da Cidade.
Gabarito "E".

5. TEMAS COMBINADOS

(Promotor de Justiça – MPE/AM – FMP – 2015) Assinale a alternativa correta.

(A) Na Regularização Fundiária de Interesse Social o Poder Público concederá título de legitimação de posse aos ocupantes cadastrados, exceto àqueles que, consoante projeto, necessitem ser realocados.
(B) O Estudo de Impacto de Vizinhança (EIV) é instrumento obrigatório a ser previsto no Plano Diretor e tem como função possibilitar que empreendimentos e atividades privadas ou públicas possam obter licenças construtivas, de ampliação ou de funcionamento a cargo do Poder Público municipal.
(C) No caso do IPTU progressivo no tempo, cumprida a obrigação de parcelar, edificar ou utilizar é possível ao Município a concessão de anistia ou isenções.
(D) O Plano Diretor poderá fixar áreas em que o direito de construir poderá ser exercido acima da taxa de ocupação adotada, mediante contrapartida a ser prestada pelo beneficiário.
(E) O direito de preempção conferido, por Lei, ao Poder Público municipal em relação ao mesmo imóvel fica assegurado, no prazo de sua vigência, por apenas uma vez.

A: O gabarito indicou esta questão como correta, pois repetia o texto expresso do art. 58, § 3° da Lei 11.977/2009. O dispositivo foi revogado pela Medida Provisória 759/2016. Na data de revisão desta questão (16/05/2017), a MPV 759/2016 já havia sido aprovada pela Comissão Mista de Deputados e Senadores (art. 62, § 9°, da CF), e aguardava deliberação pelo plenário das duas casas; **B:** incorreta. O EIV não está no rol de instrumentos jurídico-urbanísticos de previsão obrigatória no plano diretor trazido no art. 41 da Lei 10.257/2001 (Estatuto da Cidade); **C:** incorreta, nos termos do art. 7°, § 3°, da Lei 10.257/2001 (Estatuto da Cidade); **D:** incorreta. O plano diretor poderá fixar áreas nas quais o direito de construir poderá ser exercido acima do coeficiente de aproveitamento básico adotado, mediante contrapartida a ser prestada pelo beneficiário (art. 28 da Lei n. 10.257/2001 – Estatuto da Cidade); **E:** incorreta. O direito de preempção pode ser renovado após o seu termo de vigência, após um intervalo de um ano, e incidirá tantas vezes quantas forem as negociações realizadas no imóvel gravado (art. 25 da Lei 10.257/2001 – Estatuto da Cidade).
Gabarito "A".

(Promotor de Justiça – MPE/AM – FMP – 2015) Considere as seguintes assertivas:

I. A gestão democrática da cidade exercida por meio da participação da população e de associações representativas é diretriz e condição de validade exclusivamente para a formulação da política de desenvolvimento urbano, planos, programas e projetos, sendo instrumentos de sua realização a existência de conselhos nos níveis nacional, estadual e municipal e as audiências públicas.
II. Na usucapião especial urbana, o herdeiro legítimo continua, de pleno direito, a posse de seu antecessor, desde que já resida no imóvel por ocasião da abertura da sucessão.
III. Tem direito à Concessão de Uso Especial para Fins de Moradia todo aquele que até 30 de junho de 2001 possua como seu, por cinco anos, ininterruptamente e sem oposição, até 250 metros quadrados de imóvel público situado em área urbana, inclusive praças e vias, desde que para fins de moradia e que não seja proprietário ou concessionário, a qualquer título, de outro imóvel urbano ou rural.

Quais das assertivas acima estão corretas?

(A) I, II e III.
(B) Apenas a II e III.
(C) Apenas a I e II.
(D) Apenas a II.
(E) Apenas a I.

I: incorreta. Nos termos do art. 40, § 2° da Lei 10.257/2001 (Estatuto da Cidade), o plano diretor deverá englobar o território do Município como um todo; **II**: correta, nos termos do art. 9º, § 3º, da Lei 10.257/2001 (Estatuto da Cidade); **III**: correta. A questão foi formulada referindo-se à Medida Provisória 2.220/2001, que continha a expressa remissão à data de 30 de junho de 2011. O dispositivo foi alterado pela Medida Provisória n. 759/2016, que alterou a data de referência para o dia 22 de dezembro de 2016 (art. 66). Na data de revisão desta questão (16/05/2017), a MPV 759/2016 já havia sido aprovada pela Comissão Mista de Deputados e Senadores (art. 62, § 9º, da CF), e aguardava deliberação pelo plenário das duas casas.

Gabarito "B".

(Ministério Público/SC – 2012) Analise as assertivas a seguir.

I. Considera-se, para os efeitos da Lei n. 11.428/2006, *pousio* a prática que prevê a interrupção de atividades ou usos agrícolas, pecuários ou silviculturais do solo por até 05 (cinco) anos para possibilitar a recuperação de sua fertilidade.

II. Não será permitido o parcelamento do solo: em terrenos com declividade igual ou superior a 30% (trinta por cento), salvo se atendidas exigências específicas das autoridades competentes.

III. Os loteamentos deverão atender, área mínima de 100m² (cento metros quadrados) e frente mínima de 5 (cinco) metros, salvo quando o loteamento se destinar a urbanização específica ou edificação de conjuntos habitacionais de interesse social, previamente aprovados pelos órgãos públicos competentes, segundo a Lei 6.766/1979.

IV. Para a indicação dos beneficiários do Programa Minha Casa Minha Vida, deverão ser observados, comprovação de que o interessado integra família com renda mensal de até R$ 4.650,00 (quatro mil, seiscentos e cinquenta reais), e prioridade de atendimento às famílias com mulheres responsáveis pela unidade familiar;

V. Excluem-se do patrimônio histórico e artístico nacional as obras de origem estrangeira, que adornem quaisquer veículos pertencentes a empresas estrangeiras, que façam carreira no país.

(A) Apenas as assertivas I, II e III estão corretas.
(B) Apenas as assertivas II, III e IV estão corretas.
(C) Apenas as assertivas III, IV e V estão corretas.
(D) Apenas as assertivas II, IV e V estão corretas.
(E) Todas as assertivas estão corretas.

I: incorreta. O art. 3º, III, da Lei 11.428/2006 prevê a prática do pousio por até 10 anos; **II**: correta, nos termos do art. 3º, parágrafo único, III, da Lei 6.766/1979; **III**: incorreta. A área mínima do lote de terreno é de 125m², conforme art. 4º, II, da Lei 6.766/1979; **IV**: correta, nos termos do art. 3º, I e IV, da Lei 11.977/2009; **V**: correta, nos termos do art. 3º, item 2, do Decreto-lei 25/1937.

Gabarito "D".

(Ministério Público/SC – 2012) Analise as assertivas a seguir.

I. As atividades e projetos que envolvam Organismo Geneticamente Modificados e seus derivados, relacionados ao ensino com manipulação de organismos vivos, à pesquisa científica, ao desenvolvimento tecnológico e à produção industrial ficam restritos ao âmbito das de entidades de direito público, que serão responsáveis pela obediência aos preceitos da Lei n. 11.105/2005 e de sua regulamentação, bem como pelas eventuais consequências ou efeitos advindos de seu descumprimento.

II. Em caso de alienação do terreno, ou do direito de superfície, o superficiário e o proprietário, respectivamente, terão direito de preferência, em igualdade de condições à oferta de terceiros.

III. Segundo disposição do Estatuto das Cidades, decorridos cinco anos de cobrança do IPTU progressivo sem que o proprietário tenha cumprido a obrigação de parcelamento, edificação ou utilização, o Município poderá proceder à desapropriação do imóvel, com pagamento em títulos da dívida pública.

IV. As áreas urbanas com mais de duzentos e cinquenta metros quadrados, ocupadas por população de baixa renda para sua moradia, por cinco anos, ininterruptamente e sem oposição, onde não for possível identificar os terrenos ocupados por cada possuidor, são susceptíveis de serem usucapidas coletivamente, desde que os possuidores não sejam proprietários de outro imóvel urbano ou rural.

V. A Lei n. 11.105/2005 veda expressamente que as organizações estrangeiras ou internacionais financiem ou patrocinem atividades ou projetos relativos à construção, o cultivo, a produção, a manipulação, o transporte, a transferência, a importação, a exportação, o armazenamento, a pesquisa, a comercialização, o consumo, a liberação no meio ambiente e o descarte de organismos geneticamente modificados e seus derivados.

(A) Apenas as assertivas I, II e III estão corretas.
(B) Apenas as assertivas II, III e IV estão corretas.
(C) Apenas as assertivas III, IV e V estão corretas.
(D) Apenas as assertivas I, III e IV estão corretas.
(E) Todas as assertivas estão corretas.

I: incorreta. O art. 2º da Lei 11.105/2005 autoriza também atividades e projetos realizados por pessoas jurídicas de direito privado; **II**: correta, nos termos do art. 22 do Estatuto da Cidade; **III**: correta, conforme disposto no art. 8º do Estatuto da Cidade; **IV**: correta, conforme previsto no art. 10 do Estatuto da Cidade; **V**: incorreta. Não há qualquer vedação dessa natureza na Lei 11.105/2005.

Gabarito "B".

19. DIREITO AGRÁRIO

Henrique Subi

1. ASPECTOS HISTÓRICOS

(Ministério Público/AM – 2008 – CESPE) Pode-se dizer que, no Brasil, a história do regime jurídico da propriedade imóvel iniciou-se pela instalação de sistema fundiário com raízes feudais, baseado nos institutos das capitanias hereditárias e das sesmarias. Esse regime foi progressivamente substituído pelo sistema liberal de propriedade privada, que ganhou maior visibilidade com a promulgação da Lei de Terras – Lei nº 601/1850 – e se consolidou com o advento do Código Civil de 1916. A respeito da posterior evolução desse processo, ao longo do século XX, no Brasil, assinale a opção correta.

(A) A propriedade imóvel recuperou progressivamente seu caráter de bem estatal, em detrimento da autonomia individual que caracteriza o direito privado.
(B) O Código Civil de 1916, por estabelecer um domínio privado composto por *jus utendi*, *fruendi* e *abutendi*, finalmente permitiu que fosse instituído um registro geral de terras privadas e uma legislação sobre hipotecas, já que, antes do advento da República, inexistia lei que autorizasse a livre disposição dos imóveis para formar garantia real.
(C) A crescente percepção dos aspectos sociais e econômicos relacionados aos direitos sobre coisas levou ao abrandamento doutrinário do caráter absoluto do direito de propriedade privada, compatibilizando-o com a ideia de função social da propriedade.
(D) A propriedade privada progressivamente deixou de ser um instituto predominantemente disciplinador de direito individual sobre bens corpóreos e passou a designar o poder do indivíduo sobre todos os elementos de seu patrimônio, permitindo a titularidade de créditos, contratos e outros direitos similares sob tal regime jurídico.
(E) A concepção da terra como unidade econômica essencialmente voltada para a produção de bens agrários fez que a legislação a respeito de direitos reais sobre imóveis se dividisse em dois códigos, o Código Civil, para imóveis urbanos, e o Estatuto da Terra, para imóveis rurais.

A: incorreta. A Constituição Federal estabelece de forma clara e com *status* de direito fundamental a propriedade privada; **B:** incorreta. A gravação de imóvel por ônus real remonta a tempos anteriores ao Código Civil; **C:** correta. De fato, a legislação brasileira, hoje, incluindo a Constituição Federal, o Estatuto da Terra e o Código Civil, abranda o caráter absoluto do direito de propriedade, para que este seja exercido em razão e nos limites da função social da propriedade; **D:** incorreta. É fato que bens incorpóreos também se submetem ao regime jurídico da propriedade, mas isso não se relaciona com a evolução do Direito Agrário; **E:** incorreta. O Código Civil é aplicado subsidiariamente às determinações constantes do Estatuto da Terra, não havendo a dicotomia sugerida pela alternativa.
Gabarito "C".

(Ministério Público/RO – 2008 – CESPE) A respeito das fases que demarcam a história da estrutura fundiária brasileira, assinale a opção correta.

(A) O período de sesmarias caracterizou-se por legislação colonial feita especialmente para o Brasil. Nesse período, a Coroa mantinha o domínio das terras e concedia apenas o seu uso aos sesmeiros, que deveriam confirmar a efetiva ocupação dos imóveis, tornando-os produtivos.
(B) O período das posses, que se iniciou com a independência do Brasil, implicou a revogação do sistema das sesmarias, que, entretanto, não foi substituído por institutos que disciplinassem a atribuição de domínio das terras, apesar de a Constituição de 1824 garantir o direito de propriedade.
(C) Com a edição da Lei de Terras – Lei n. 601/1850 –, o regime de posses foi afastado, tendo-se atribuído a propriedade de terras a todos que demonstrassem título anterior ou posse, permitindo-se também a usucapião de terras devolutas ainda não ocupadas.
(D) O Código Civil de 1916 consolidou o parâmetro republicano, estabelecendo um cadastro geral de terras, públicas e particulares, e determinando que elas deveriam ser inscritas, sem distinção, no Registro de Imóveis.
(E) A Constituição de 1988 inovou, ao instituir a ideia da função social da propriedade no direito brasileiro, pela qual a posição do proprietário compreende, além de direitos, deveres que condicionam a manutenção e o exercício dessas prerrogativas.

A ordem correta das fases históricas da estrutura fundiária no Brasil é a seguinte: a) regime das *sesmarias* (a partir de 1531 – quem cumpria os requisitos, recebia o domínio útil da coisa); b) regime das *posses* (época de grande insegurança, prevalecendo a lei do mais forte); c) regime da *propriedade privada* (iniciado com a Lei de Terras – Lei 601/1850). Incorretas, portanto, as alternativas "A" e "C" e correta a alternativa "B". A letra "D" está incorreta porque o Código Civil de 1916 não trouxe qualquer disposição nesse sentido. A alternativa "E" está incorreta porque o conceito de função social da propriedade é anterior à Constituição Federal de 1988, já podendo ser encontrado, por exemplo, no art. 2º, § 1º, do Estatuto da Terra.
Gabarito "B".

2. CONTRATOS AGRÁRIOS

(Ministério Público/RR – 2012 – CESPE) Com relação a posse de imóvel rural, títulos de crédito rural e contratos agrários, assinale a opção correta.

(A) De acordo com entendimento do STJ, é permitida a capitalização de juros nos contratos de crédito rural, mesmo que não haja pacto expresso neste sentido.
(B) Havendo omissão do Conselho Monetário Nacional na fixação da taxa máxima admitida nos contratos de

crédito rural, a título de juros remuneratórios, incide a limitação de 12% ao ano, prevista na Lei de Usura.
(C) Em caso de inadimplemento da cédula de crédito rural, é permitida a cobrança de sobretaxa de inadimplemento, de modo a elevar os juros em percentual superior a 1%.
(D) O estrangeiro não pode defender a posse de imóvel rural em caso de turbação ou esbulho.
(E) Pode ser licitamente cobrada a comissão de permanência em sede de crédito rural.

A: incorreta. O STJ reconhece como válida a capitalização mensal de juros em contratos de crédito rural, desde que expressamente convencionada. Veja a respeito o EREsp 1.134.955, DJ 24.10.2012; **B:** correta, nos termos da decisão exarada no AgRg no REsp 836.886, DJ 12.04.2011; **C:** incorreta. A jurisprudência do STJ está consolidada em sentido inverso. Veja, por exemplo, REsp 67.649, DJ 15.02.2000; **D:** incorreta. Tal direito é conferido ao estrangeiro, mesmo em caso de grandes áreas, apesar de não induzir a usucapião (STJ, REsp 171.347, DJ 14.03.2000); **E:** incorreta. Nos contratos de crédito rural é inexigível a comissão de permanência (STJ, AgRg no REsp 804.118, DJ 18.11.2008).
Gabarito "B".

3. USUCAPIÃO ESPECIAL RURAL

(Ministério Público/AM – 2008 – CESPE) A usucapião rural constitucional
(A) não decorre do Código Civil, mas diretamente da CF, razão pela qual a ela não se aplica a concepção de prescrição aquisitiva.
(B) incidirá independentemente da natureza pública ou particular do imóvel.
(C) não será reconhecida ao mesmo possuidor mais de uma vez.
(D) decorre de situação de posse qualificada, em que se exige, além do exercício de poderes inerentes ao domínio, o fato de tornar o imóvel rural produtivo.
(E) pode ser exercida por proprietário de imóvel, quanto à terra rural de até 50 hectares, contígua a sua gleba, se ele a possuir como sua por pelo menos cinco anos, sem oposição, nela fixando sua moradia.

A: incorreta, pois, além de na CF (art. 191), a usucapião rural está prevista no art. 1.239 do Código Civil, envolvendo, como em toda usucapião, a chamada prescrição aquisitiva; **B:** incorreta, pois só incide sobre bem privado (art. 191, parágrafo único, da CF); **C:** incorreta, pois não há essa limitação no texto constitucional (art. 191 da CF), ao contrário do que ocorre com a usucapião especial *urbana* (art. 183, § 2º, da CF). **D:** correta, pois a frase "exercício dos poderes inerentes ao domínio" traz o conceito de *posse*, a qual é exigida, sendo que o art. 191 exige que a terra se torne produtiva pelo trabalho do possuidor ou de sua família; **E:** incorreta, pois a usucapião especial rural não se aplica ao possuidor que já for proprietário de imóvel urbano ou rural.
Gabarito "D".

4. AQUISIÇÃO E USO DA PROPRIEDADE E DA POSSE RURAL

(Ministério Público/RR – 2012 – CESPE) No que diz respeito à desapropriação para fins de reforma agrária, à delimitação de área de reserva legal e ao ITR, assinale a opção correta.

(A) O julgamento de ação possessória anterior, com trânsito em julgado, impede o ajuizamento de ação demarcatória.

(B) De acordo com a doutrina majoritária e a jurisprudência do STJ, não cabe desapropriação por interesse social, promovida pelo INCRA, de imóvel rural localizado em área urbana.
(C) A responsabilidade pela delimitação da área de reserva legal é do proprietário rural, incumbindo ao órgão ambiental somente a aprovação da sua localização.
(D) A invasão de propriedade rural por integrantes de movimento de sem-terra não afasta a legitimidade passiva do proprietário no que se refere ao pagamento do ITR, ainda que haja privação total da posse.
(E) A invasão de propriedade rural por integrantes de movimento de sem-terra não obsta a vistoria, avaliação ou desapropriação, pelo INCRA, do imóvel para fins de reforma agrária.

A: incorreta, por contrariar o decidido no EDcl no REsp 1.221.675, DJ 05.06.2012, pelo STJ; **B:** incorreta. Para fins de desapropriação por interesse social, aplica-se o critério da destinação do imóvel (que caracteriza como rural a área destinada à extração agrícola, pecuária ou agroindustrial), pouco importando sua localização. Isso foi levado em conta pelo STJ ao conferir legitimidade ao INCRA para promover desapropriação por interesse social de imóvel que não estava cumprindo sua função social localizado em área urbana do município (AgRg na AR 3.971, DJ 11.06.2008); **C:** correta, conforme posição do STJ estampada no REsp 1.087.370, DJ 10.11.2009; **D:** incorreta. Havendo perda total da posse e dos demais direitos relativos à propriedade, para o STJ há um total esvaziamento do domínio, de forma que não se autoriza a cobrança do ITR (REsp 963.499, DJ 19.03.2009); **E:** incorreta. O STJ afasta essa possibilidade com fundamento no art. 2º, § 6º, da Lei 8.629/1993 (AgRg no AREsp 153.957, DJ 05.06.2012).
Gabarito "C".

5. DESAPROPRIAÇÃO PARA A REFORMA AGRÁRIA

(Promotor de Justiça/SC – 2016 - MPE)

(1) Prevê a Constituição da República que os beneficiários da distribuição de imóveis rurais pela reforma agrária receberão títulos de domínio ou de concessão de uso, inegociáveis pelo prazo de 15 (quinze) anos. A lei deverá regular e limitar a aquisição ou o arrendamento de propriedade rural por pessoa física ou jurídica estrangeira, devendo estabelecer os casos que dependerão de autorização do Congresso Nacional.

1: errada. Os títulos de domínio ou concessão de uso serão inegociáveis pelo prazo de 10 (dez) anos, nos termos do art. 189 da Constituição Federal.
Gabarito 1E.

(Ministério Público/MG – 2011) A Reforma Agrária visa a estabelecer um sistema de relações entre o homem, a propriedade rural e o uso da terra, capaz de promover a justiça social, o progresso e o bem-estar do trabalhador rural e o desenvolvimento econômico do país. Nesse contexto, a função social da propriedade pode ser entendida como um limite encontrado pelo legislador para delinear a propriedade, em obediência ao princípio da prevalência do interesse público sobre o interesse particular. A função social é cumprida quando a propriedade rural atende, simultaneamente, segundo critérios e graus de exigência estabelecidos em lei, aos seguintes requisitos, **EXCETO**:

I. exploração que favoreça o bem-estar dos proprietários.
II. utilização econômica dos recursos naturais disponíveis e preservação do meio ambiente.
III. observância das disposições que regulam as relações de trabalho.
IV. elevada produtividade.
Marque a opção **CORRETA**.

(A) I está correta.
(B) II e III estão corretas.
(C) I e IV estão corretas.
(D) IV está correta.

I: incorreta. O bem-estar dos proprietários está incluído como um dos parâmetros da função social da propriedade (art. 186, IV, da CF e art. 2º, § 1º, "a", da Lei 4.504/1964 – Estatuto da Terra); II: correta. A CF exige a utilização **racional** dos recursos naturais disponíveis (art. 186, II); III: incorreta. A observância das normas trabalhistas é realmente um dos requisitos do cumprimento da função social da propriedade (art. 186, III, da CF); IV: correta. Conforme o art. 2º, § 1º, "b", do Estatuto da Terra, a função social da propriedade contenta-se com níveis **satisfatórios** de produtividade.
„Gabarito "D".

(Ministério Público/MG – 2011) Marque a alternativa **INCORRETA**. As desapropriações a serem realizadas pelo Poder Público, nas áreas prioritárias, recairão sobre

(A) os minifúndios e latifúndios.
(B) as áreas já beneficiadas ou a serem por obras públicas de vulto.
(C) as áreas destinadas a empreendimentos de colonização, quando estes não tiverem logrado atingir seus objetivos.
(D) as áreas que apresentem reduzida incidência de arrendatários, parceiros e posseiros.

O Estatuto da Terra, em seu art. 20, define propriedades que serão objeto preferencial de desapropriação a fim de viabilizar a reforma agrária. Todas as alternativas contemplam hipóteses ali previstas, exceto aquelas que apresentem reduzida incidência de arrendatários, parceiros e posseiros. Incorreta, portanto, a alternativa "D", que deve ser assinalada. É importante que o candidato não confunda "minifúndio" com "pequena propriedade rural". Minifúndio é a propriedade de tamanho inferior ao módulo rural, a qual, por essa razão, não apresenta, em geral, satisfatórios índices de produtividade.
„Gabarito "D".

6. TEMAS COMBINADOS

(Procurador da República –28º Concurso – 2015 – MPF) Identificada e reconhecida a área tradicionalmente ocupada por uma comunidade quilombola, verifica-se que parte da área compreende imóveis registrados em nome de particulares.
Qual das afirmativas e correta:

(A) São nulos e extintos, não produzindo efeitos jurídicos, os atos que tenham por objeto o domínio das terras ocupadas por povos e comunidades tradicionais.
(B) A identificação, reconhecimento, delimitação, demarcação e titulação da terra ocupada pelos remanescentes da comunidade quilombola cabem, em âmbito federal, a Fundação Cultural Palmares, vinculada ao Ministério da Cultura.
(C) A inscrição cadastral e a expedição de certidão dos remanescentes dessa comunidade como quilombolas cabem ao Instituto Nacional de Colonização e Reforma Agrária – INCRA, vinculado ao Ministério do Desenvolvimento Agrário.
(D) O procedimento para identificação, reconhecimento, delimitação, demarcação e titulação da propriedade definitiva da área prevê que inclusive para a medição das terras sejam levados em consideração critérios de territorialidade indicados pelos próprios remanescentes da comunidade.

A: incorreta. Não são nulos os atos, porque a o reconhecimento da propriedade para os quilombolas, garantida pelo art. 68 do ADCT, depende de prévio processo de desapropriação caso esteja sob domínio de particulares (art. 13 do Decreto 4.887/2003); **B:** incorreta. A atribuição é do INCRA, vinculado ao Ministério do Desenvolvimento Agrário (art. 3º do Decreto 4.887/2003); **C:** incorreta. A atribuição é da Fundação Cultural Palmares (art. 3º, § 4º, do Decreto 4.887/2003); **D:** correta, nos termos do art. 2º, § 3º, do Decreto 4.887/2003.
„Gabarito "D".

(Ministério Público/PI – 2012 – CESPE) Com base no que dispõe o Estatuto da Terra, assinale a opção correta.

(A) O poder público pode explorar imóvel rural de sua propriedade para qualquer finalidade lícita.
(B) A lei assegura às populações indígenas a posse e a propriedade das terras por elas ocupadas.
(C) O imóvel rural é definido como o prédio rústico, de área contínua ou não, cuja finalidade seja a exploração extrativa agrícola, pecuária ou agroindustrial.
(D) É vedado à União delegar aos estados, ao DF e aos municípios atribuições relativas à execução do Programa Nacional de Reforma Agrária, matéria inserida no âmbito de sua atuação exclusiva.
(E) Os bens desapropriados por sentença definitiva, incorporados ao patrimônio público, não podem ser objeto de reivindicação fundada em nulidade do processo de desapropriação.

A: incorreta. O art. 10 do Estatuto da Terra autoriza a exploração direta pelo Poder Público de suas propriedades rurais apenas para fins de pesquisa, experimentação, demonstração e fomento visando ao desenvolvimento agrícola; **B:** incorreta. O art. 2º, § 4º, do Estatuto da Terra, repetindo o disposto no art. 231, § 2º, da CF, estabelece que fica garantido aos índios apenas a posse permanente das terras que tradicionalmente ocupam; **C:** incorreta. O conceito de imóvel rural exige que sua área seja contínua (art. 4º, I, do Estatuto da Terra); **D:** incorreta. A delegação está autorizada pelo art. 6º, § 2º, do Estatuto da Terra; **E:** correta, nos termos do art. 23 do Estatuto da Terra. Isso significa que mesmo que o procedimento ofenda a legislação, o imóvel não mais sairá do patrimônio público, devendo qualquer prejuízo causado ser resolvido em perdas e danos.
„Gabarito "E".

(Ministério Público/RR – 2012 – CESPE) No que se refere a terras devolutas, usucapião, parcelamento e ITR, assinale a opção correta.

(A) Para o reconhecimento do direito à isenção do ITR, é necessária, conforme o entendimento do STJ, a apresentação do ato declaratório ambiental.
(B) A presença da União ou de qualquer de seus entes na ação de usucapião especial afasta a competência do foro da situação do imóvel.
(C) São equivalentes os conceitos de módulo rural e módulo fiscal estabelecidos pelo Estatuto da Terra para fins da impenhorabilidade da pequena propriedade rural, segundo o entendimento do STJ.

(D) As concessões de terras devolutas situadas na faixa de fronteira, feitas pelos estados, autorizam, apenas, o uso, permanecendo o domínio com a União, ainda que se mantenha inerte ou tolerante em relação aos possuidores.

(E) A ação discriminatória pode ser utilizada para a individualização e demarcação de quaisquer bens públicos territoriais.

A: incorreta. O STJ entende que não se requer o reconhecimento prévio da área como de preservação ou reserva legal para fins de isenção do ITR (REsp 88.953-7); **B:** incorreta. A afirmação contrasta frontalmente com o texto da Súmula 11 do STJ; **C:** incorreta. O STJ, no julgamento do REsp 1.161.624, DJ 15.06.2010, sacramentou o entendimento de que o conceito de módulo fiscal não se confunde com o módulo rural. Aquele é definido apenas para fins tributários (incidência do ITR), devendo, por força do silêncio da Lei 8.629/1993, ser complementado pelo conceito de módulo rural contido no Estatuto da Terra; **D:** correta, nos termos da Súmula 477 do STF; **E:** incorreta. A ação discriminatória presta-se somente para a individualização e demarcação das terras devolutas.

Gabarito "D".

(Ministério Público/RR – 2012 – CESPE) A respeito de terras indígenas, desapropriação de terras para fins de reforma agrária, títulos da dívida agrária, trabalho rural e aquisição arrendamento de imóvel rural, assinale a opção correta.

(A) Não padece de vício cláusula que fixe o preço e o pagamento do arrendamento rural em sacas de soja.

(B) A existência de propriedade devidamente registrada inibe a FUNAI de investigar e demarcar terras indígenas.

(C) Segundo o entendimento sumular do STJ, no âmbito das desapropriações diretas os juros compensatórios são devidos a partir da imissão na posse.

(D) Para fins de recebimento de benefício previdenciário, a carteira de filiação a sindicato rural da qual conste a condição de trabalhador rural e a prova testemunhal do tempo de serviço trabalhado não demonstram a condição profissional, nos termos do entendimento consolidado no STJ.

(E) Não incide correção monetária nos títulos da dívida agrária.

A: incorreta. O art. 18 do Decreto 59.566/1966 veda a fixação do **preço** do arrendamento em frutou os produtos rurais, a qual deve ser feita em dinheiro. Nada obsta, porém, que o **pagamento** seja realizado in natura, ou seja, pelo equivalente em frutos ou produtos da quantia fixada, desde que assim convencionado. Veja, a respeito, a posição do STJ no REsp 231.177, DJ 26.06.2008; **B:** incorreta. Conforme já decidiu o STJ, se assim fosse, restaria impossível a demarcação de novas terras indígenas, ao menos de maneira contínua, porquanto quase todo o território nacional já está nas mãos de particulares (MS 15.822, DJ 12.12.2012); **C:** correta, nos termos da Súmula 113 do STJ; **D:** incorreta. A assertiva estampa informação totalmente contrária ao entendimento consolidado do STJ. Veja, por exemplo, AgRg no REsp 652.192, DJ 03.02.2005; **E:** incorreta. A correção monetária é devida, sob pena de se desvirtuar completamente o conceito de justa indenização aplicável à desapropriação (STJ, REsp 931.933, DJ 20.11.2007).

Gabarito "C".

20. RECURSOS HÍDRICOS E SANEAMENTO BÁSICO

Henrique Subi

(Promotor de Justiça – MPE/BA – CEFET – 2015) Acerca da Política Nacional de Recursos Hídricos, instituída pela Lei Federal 9.433/1997, examine as proposições abaixo registradas:

I. Independem de outorga pelo Poder Público, conforme definido em regulamento, o uso de recursos hídricos para a satisfação das necessidades de pequenos núcleos populacionais, distribuídos no meio rural; as derivações, captações e lançamentos considerados insignificantes; e as acumulações de volumes de água também consideradas insignificantes.

II. Constituem infrações às normas legais vigentes, dentre outras, as seguintes condutas: derivar ou utilizar recursos hídricos para qualquer finalidade, sem a respectiva outorga de direito de uso; perfurar poços para a extração de água subterrânea ou operá-los sem a devida autorização; e fraudar as medições dos volumes de água utilizados ou declarar valores diferentes dos medidos.

III. Integram o Sistema Nacional de Gerenciamento de Recursos Hídricos: o Conselho Nacional de Recursos Hídricos; a Agência Nacional de Águas; os Conselhos de Recursos Hídricos dos Estados e do Distrito Federal; os Comitês de Bacia Hidrográfica; os órgãos dos poderes públicos federal, estaduais, do Distrito Federal e municipais cujas competências se relacionem com a gestão de recursos hídricos; as Agências de Água; e o Ministério Público.

IV. Sempre que da infração cometida resultar prejuízo a serviço público de abastecimento de água, riscos à saúde ou à vida, perecimento de bens ou animais ou prejuízos de qualquer natureza a terceiros, a multa a ser aplicada nunca será inferior a 70% (setenta por cento) do valor máximo cominado em abstrato.

V. Em caso de reincidência quanto às infrações contra as normas referentes à Política Nacional de Recursos Hídricos, a multa será aplicada em dobro.

A alternativa que contém a sequência CORRETA, de cima para baixo, considerando V para verdadeiro e F para falso, é:

(A) F V F V V.
(B) V V F V V.
(C) F F V F F.
(D) V V F F V.
(E) V F V F F.

I: verdadeira, nos termos do art. 12, § 1º, I, da Lei 9.433/1997; II: verdadeira, nos termos do art. 49, I, V e VI, da Lei 9.433/1997; III: falsa. O Ministério Público não integra o Sistema de Gerenciamento de Recursos Hídricos (art. 33 da Lei 9.433/1997); IV: falsa. O limite da multa é 50% (art. 50, § 1º, da Lei 9.433/1997); V: verdadeira, nos termos do art. 50, § 4º da Lei 9.433/1997.
Gabarito "D".

(MINISTÉRIO PÚBLICO/PI – 2012 – CESPE) Discorrendo sobre a regulamentação do uso da água, o ministro Luiz Fux sustentou, no STJ, que "o particular tem, apenas, o direito à exploração das águas subterrâneas, mediante autorização do poder público e cobrada a devida contraprestação". Acerca desse tema, assinale a opção correta.

(A) Exercem o papel de secretarias executivas dos comitês de bacia hidrográfica as organizações civis de recursos hídricos integrantes do Sistema Nacional de Gerenciamento de Recursos Hídricos.
(B) A outorga de direito de uso da água constitui ato precário, tendo o seu pagamento natureza tributária.
(C) Entre os instrumentos previstos na Política Nacional de Recursos Hídricos incluem-se os planos diretores, de âmbito nacional, empregados para fundamentar e orientar o gerenciamento da referida política.
(D) O fato de a água ser considerada bem inalienável reflete-se no pagamento da conta de água, o que constitui exemplo da aplicação do princípio do usuário-pagador.
(E) De acordo com a legislação atual, a extração, para consumo final ou para insumo de processo produtivo, de água de aquífero subterrâneo não se inclui entre os recursos hídricos sujeitos a outorga.

A: incorreta. Tal função é exercida pelas agências de água (art. 41 da Lei 9.433/1997; B: incorreta. O pagamento pela outorga do direito de uso da água tem natureza de preço público, já que ela é um bem público de uso comum do povo (art. 1º, I, da Lei 9.433/1997; C: incorreta. Os Planos de Recursos Hídricos serão elaborados de forma especializada, por bacia hidrográfica, por Estado e para todo o país (art. 8º da Lei 9.433/1997); D: correta. A cobrança pelo uso residencial e pessoal da água é um célebre exemplo do princípio do usuário-pagador, que reconhece a inalienabilidade dos recursos hídricos e seu valor econômico; E: incorreta. Tal uso da água deverá ser objeto de outorga por força do art. 12, I, da Lei 9.433/1997.
Gabarito "D".

(Ministério Público/RR – 2012 – CESPE) No que diz respeito à proteção dos recursos hídricos, assinale a opção correta.

(A) A proteção das pessoas e do meio ambiente contra os eventos hidrológicos críticos é um dos fundamentos da PNRH, sendo competência comum da União, dos estados e municípios planejar e promover a defesa permanente contra secas e inundações.
(B) Integram o Sistema Nacional de Gerenciamento de Recursos Hídricos representantes de ministérios e de secretarias vinculadas à Presidência da República com atuação no gerenciamento ou no uso de recursos hídricos; representantes indicados pelos conselhos estaduais de recursos hídricos; e representantes dos usuários dos recursos hídricos e das organizações civis de recursos hídricos.

(C) A pena prevista para o crime de poluição é agravada caso dele decorra poluição hídrica que torne necessária a interrupção do abastecimento público de água de uma comunidade.

(D) A execução de todas as garantias exigidas pelo poder público resguarda da obrigação de indenizar danos causados a terceiros o empreendedor beneficiado pela outorga de uso de água fluvial, remanescendo, contudo, a responsabilidade pela reparação ao meio ambiente.

(E) Independe de outorga pelo poder público, conforme disposto na lei que regula a PNRH, o uso de recursos hídricos para abastecimento de pequenos núcleos rurais e para aproveitamentos considerados insignificantes.

A: incorreta. É competência da União a promoção da defesa permanente contra secas e inundações (art. 21, XVIII, da CF); B: a alternativa foi considerada incorreta pelo gabarito oficial, porém é passível de críticas. Nos termos do art. 34 da Lei 9.433/1997, tais representantes compõem, na verdade, o Conselho Nacional de Recursos Hídricos, o qual, por sua vez, integra o Sistema Nacional de Gerenciamento de Recursos Hídricos. Ora, não se pode negar, portanto, aqueles representantes integram o Sistema Nacional; C: incorreta. Trata-se, a nosso ver, de mais uma pegadinha dentro da mesma questão. A rigor, não se trata de agravante, mas de circunstância qualificadora, como se pode ver no art. 54, § 2º, III, da Lei 9.605/1998; D: incorreta. Não sendo suficientes as garantias prestadas para a cabal indenização dos prejudicados, remanescerá a responsabilidade do usuário dos recursos hídricos pela reparação dos danos causados; E: correta, nos termos do art. 12, § 1º, I e II, da Lei 9.433/1997.

Gabarito "E".

(Ministério Público/SC – 2012) Analise as assertivas a seguir.

I. Entendem-se por educação ambiental não formal, as ações e práticas educativas voltadas à sensibilização da coletividade sobre as questões ambientais e à sua organização e participação na defesa da qualidade do meio ambiente.

II. Segundo a Política Nacional de Recursos Hídricos, a água é um bem de domínio público, um recurso natural limitado, dotado de valor econômico.

III. São instrumentos da Política Nacional de Recursos Hídricos, a outorga dos direitos de uso de recursos hídricos.

IV. Segundo a Lei n. 9.433/97, os Planos de Recursos Hídricos são planos de médio prazo, com planejamento compatível com o período de implantação de seus programas e projetos.

V. Estão sujeitos a outorga pelo Poder Público os direitos dos usos de recursos hídricos, para a satisfação das necessidades de pequenos núcleos populacionais, distribuídos no meio rural.

(A) ( ) Apenas as assertivas I, II e III estão corretas.
(B) ( ) Apenas as assertivas I, III e IV estão corretas.
(C) ( ) Apenas as assertivas III, IV e V estão corretas.
(D) ( ) Apenas as assertivas I, II e V estão corretas.
(E) ( ) Todas as assertivas estão corretas.

I: correta, nos termos do art. 13 da Lei 9.795/1999; II: correta, nos termos do art. 1º, I e II, da Lei 9.433/1997; III: correta, nos termos do art. 5º, III, da Lei 9.433/1997; IV: incorreta. Os Planos de Recursos Hídricos são planos de longo prado (art. 7º da Lei 9.433/1997); V: incorreta. Tal uso dos recursos hídricos está expressamente dispensado da outorga por força do art. 12, § 1º, I, da Lei 9.433/1997.

Gabarito "A".

21. DIREITOS HUMANOS

Renan Flumian

1. TEORIA GERAL DOS DIREITOS HUMANOS

(Procurador da República – PGR – 2013) A *responsibility to protect* (R2P), como conjunto de princípios orientadores de ação da comunidade internacional:

(A) diz respeito, apenas, à proteção da população civil em conflitos internacionais;
(B) diz respeito, apenas, à proteção da população civil em conflitos não internacionais;
(C) exclui a possibilidade de intervenção militar para proteção da população civil;
(D) inclui a possibilidade de intervenção militar para proteção da população civil como *ultima ratio*.

Os princípios que compõem a "responsabilidade de proteger" (no acrônimo R2P) possuem natureza jurídica de *soft law*, e se encontram positivados em uma série de documentos das Nações Unidas, como, por exemplo, a Resolução da Assembleia Geral da ONU (A/RES/63/308) e as seguintes resoluções do Conselho de Segurança: S/RES/1674, S/RES/1973, S/RES/1975 e S/RES/2014.

A e B: incorretas porque prevê a proteção da população civil nos dois casos, em conflitos internacionais e não internacionais; **C:** incorreta pois está previsto a possibilidade de intervenção militar para proteção da população civil; **D:** correta (reler comentário sobre a assertiva anterior).
Gabarito "D".

(Procurador da República – PGR – 2013) No atual estágio de evolução do direito internacional dos direitos humanos, a pena de morte

(A) é universalmente repudiada como grave violação do direito à vida;
(B) só sofre limitações quanto à sua execução em detrimento de menor de idade e de mulher grávida;
(C) embora não universalmente repudiada, sofre diversas limitações quanto à sua adoção, sendo vedada no sistema regional europeu;
(D) embora não universalmente repudiada, sofre diversas limitações quanto à sua adoção, sendo vedada, nos sistemas regionais europeu e interamericano, sua reintrodução por Estados que a tenha abolido.

A: incorreta pois não é possível fazer tal afirmação em razão da triste realidade de adoção de tal pena por um ainda considerado números de países, como, por exemplo, os EUA; **B:** incorreta, pois ela recebe outras limitações; **C:** correta. O Protocolo nº 6 da Convenção Europeia de Direitos Humanos proíbe expressamente a pena de morte; **D:** incorreta, pois não existe previsão do tipo no Protocolo nº 6 da Convenção Europeia de Direitos Humanos (sistema europeu), apenas no sistema interamericano (art. 4º, ponto 3, da Convenção Americana de Direitos Humanos).
Gabarito "C".

(Procurador da República – PGR – 2013) Os relatórios periódicos que devem ser apresentados por estados-parte a órgãos de monitoramento de tratados internacionais de direitos humanos

(A) são de limitada utilidade porque esses instrumentos conferem aos Estados ampla flexibilidade de formulação de seus esforços de cumprimento das obrigações convencionais, podendo omitir informações essenciais ou incorrer em autopropaganda;
(B) são, em regra, de relativa idoneidade, já que quase sempre contestados por relatórios-sombra elaborados pela oposição política ao governo incumbido de relatar;
(C) se destinam a aferir avanços na implementação de *standards* de proteção adotados por esses tratados e, por isso, costumam seguir formatos preestabelecidos pelos órgãos de monitoramento, de modo a permitir a quantificação de resultados;
(D) se destinam ao exercício de autocrítica por parte dos Estados-Parte, o que nem sempre é alcançado à vista dos relatórios-sombra da sociedade civil, que os contestam.

Os citados relatórios devem ser apresentados por Estados-parte a órgãos de monitoramento de tratados internacionais de direitos humanos e se destinam a aferir avanços na implementação de *standards* de proteção adotados por esses tratados e, por isso, costumam seguir formatos preestabelecidos pelos órgãos de monitoramento, de modo a permitir a quantificação de resultados (ex.: art. 40 do Pacto Internacional dos Direitos Civis e Políticos).
Gabarito "C".

(Procurador da República – 25º) O princípio de esgotamento prévio dos recursos domésticos, no direito internacional dos direitos humanos,

(A) é pressuposto indispensável para peticionar a órgãos de monitoramento dos tratados de direitos humanos;
(B) é pressuposto dispensável, no sistema interamericano, para as comunicações estatais;
(C) é pressuposto indispensável, mesmo que a violação apontada seja parte de ampla prática administrativa;
(D) é pressuposto dispensável, se demonstrado que os recursos domésticos são indisponíveis ou ineficientes.

Só serão aceitas, no Sistema Internacional de Proteção dos Direitos Humanos, as petições em que ficarem comprovados a inexistência de litispendência internacional e o esgotamento de todos os recursos internos disponíveis, com a ressalva de que a regra não será aplicada quando o indivíduo for privado de seu direito de ação pela jurisdição doméstica ou lhe forem ceifadas as garantias do devido processo legal e, ainda, se os processos internos forem excessivamente demorados. Cabe ainda frisar, segundo a jurisprudência das cortes internacionais, que o ônus da prova da existência de um recurso acessível e suficiente recai sobre o Estado demandado.
Gabarito "D".

(Procurador da República – 25º) "Eficácia horizontal", no âmbito da proteção internacional de direitos humanos,

(A) tem o mesmo significado de "*Drittwirkung*";
(B) se aplica à tortura como grave violação de direitos humanos no marco da Convenção da ONU contra a

Tortura de 1984;
(C) não se aplica ao trabalho escravo no marco da Convenção sobre a Escravatura de 1926;
(D) só se aplica à garantia de direitos humanos no âmbito do espaço público.

A eficácia vertical dos direitos humanos diz respeito ao fato de esses serem oponíveis contra o Estado. Todavia, deve-se apontar que os direitos humanos são oponíveis também entre os particulares, nas relações privadas, que caracterizam a eficácia horizontal dos direitos humanos. E essa eficácia horizontal é alcunhada, no alemão, de *Drittwirkung*.

Gabarito "A".

(Procurador da República – 25º) Em caso de emergência que ameaça a vida de uma nação, o direito internacional dos direitos humanos permite a derrogação de direitos, contanto que

(A) o Estado garanta o amplo acesso à Justiça, para a hipótese de grave lesão de direitos fundamentais;
(B) o Estado garanta alguns direitos fundamentais inderrogáveis, como o direito à vida, a proibição da tortura e da escravidão, a liberdade de crença e consciência e os meios (*"remedies"*) para proteger esses direitos;
(C) o Estado dê aviso prévio da derrogação, que pode afetar qualquer direito apenas pelo tempo necessário para debelar a emergência;
(D) o Estado se restrinja a suspender somente as garantias que possam interferir com a formação da opinião pública e apenas pelo tempo necessário para debelar a emergência.

A Opinião Consultiva (OC) 8/1987 foi apresentada pela Comissão Interamericana de Direitos Humanos com o objetivo de aclarar a devida interpretação dos artigos 25, ponto 1, e 7º, ponto 6, da Convenção Americana de Direitos Humanos relacionados com a última frase do artigo 27, ponto 2, da mesma Convenção. A Corte Interamericana decidiu, por unanimidade, que os procedimentos jurídicos consagrados nos artigos 25, ponto 1, e 7º, ponto 6, da Convenção Americana de Direitos Humanos não podem ser suspensos conforme o disposto no artigo 27, ponto 2, da mesma Convenção, pois constituem garantias judiciais indispensáveis para proteger direitos e liberdades que tampouco podem ser suspensas, segundo preceitua o já citado artigo 27, ponto 2, da Convenção. E a OC 9/1987 foi solicitada pelo governo da República Oriental do Uruguai com o objetivo de especificar o correto alcance da proibição de suspensão das garantias judiciais indispensáveis para a proteção dos direitos mencionados no artigo 27, ponto 2, da Convenção Americana de Direitos Humanos. Mais precisamente, o governo uruguaio desejava que a Corte opinasse especificamente sobre: a) quais eram essas garantias judiciais indispensáveis; e b) qual era a relação do artigo 27, ponto 2, da Convenção com os artigos 25 e 8º da mesma Convenção. A Corte decidiu, por unanimidade, que devem ser consideradas garantias judiciais indispensáveis, conforme o estabelecido no artigo 27, ponto 2, da Convenção, o *habeas corpus* (artigo 7º, ponto 6), o amparo¹ ou qualquer outro recurso efetivo perante os juízes ou tribunais competentes (artigo 25, ponto 1), destinado a garantir o respeito aos direitos e às liberdades cuja suspensão não está autorizada pela Convenção Americana de Direitos Humanos. Também decidiu, por unanimidade, que devem ser consideradas garantias judiciais indispensáveis que não podem ser suspensas os procedimentos judiciais inerentes à forma democrática representativa de governo (artigo 29,

c), previstos no direito interno dos Estados-partes como idôneos para garantir a plenitude do exercício dos direitos a que se refere o artigo 27, ponto 2, da Convenção e cuja supressão ou limitação comportem a falta de defesa de tais direitos. Por fim, decidiu, também por unanimidade, que as mencionadas garantias judiciais devem ser exercitadas conforme o princípio do devido processo legal, esculpido no artigo 8º da Convenção Americana de Direitos Humanos. É importante apontar que a Carta Africana dos Direitos Humanos e dos Povos (Carta de Banjul) não prevê a cláusula geral de derrogação (comum nos tratados de direitos humanos), que permite ao Estado se desobrigar dos compromissos, assumidos por meio de tratado, em tempos de "emergência". Exemplos de emergência são a guerra, o perigo público, ou qualquer outra situação que ameace a independência ou segurança do Estado.

Gabarito "B".

2. GERAÇÕES DOS DIREITOS HUMANOS

(Promotor de Justiça – MPE/MS – FAPEC – 2015) Para alguns autores, a segunda geração ou dimensão de direitos humanos fundamentais ficou exemplificada no art. 6º da Constituição Federal de 1988 através dos direitos:

(A) Ao trabalho e a igualdade.
(B) A reunião e a segurança.
(C) A alimentação e a personalidade.
(D) A educação e ao transporte.
(E) A previdência social e a liberdade religiosa.

A segunda geração trata dos direitos sociais, culturais e econômicos (também conhecidos como direitos "vermelhos"). A titularidade desses direitos é atribuída à coletividade, por isso são conhecidos como direitos coletivos. Seu fundamento é a ideia de *igualdade*. A título comparativo e para clarificar ainda mais os direitos considerados concretamente como sociais, cabe reproduzir o artigo 6º da CF: "São direitos sociais a **educação**, a saúde, a alimentação, o trabalho, a moradia, o **transporte**, o lazer, a segurança, a previdência social, a proteção à maternidade e à infância, a assistência aos desamparados, na forma desta Constituição".

Gabarito "D".

3. SISTEMA GLOBAL DE PROTEÇÃO DOS DIREITOS HUMANOS

3.1. DECLARAÇÃO UNIVERSAL DOS DIREITOS HUMANOS

(Procurador da República – 26º) O artigo 16, parágrafo 2.º, da Declaração Universal dos Direitos Humanos

(A) expressa norma de *jus cogens*, porque toda a declaração é norma peremptória internacional;
(B) expressa costume internacional, porque decorre de ampla prática nos estados centrais e de sólida *opinio juris* de todos os Estados-membros da ONU;
(C) expressa substancial consenso da comunidade internacional, ainda que – seja por razões formais, seja por seu conteúdo controverso – não possa ser tido como norma vinculante;
(D) expressa mera reivindicação programática de natureza política, de forte viés cultural e sem qualquer conteúdo jurídico.

É importante esclarecer que a Declaração é um exemplo de *soft law*, já que não supõe mecanismos constritivos para a implementação dos direitos previstos. Em contrapartida, quando um documento legal prevê mecanismos constritivos para a implementação de seus direitos, estamos diante de um exemplo de *hard law*. Portanto, a Declaração Universal dos Direitos Humanos não tem força legal (funcionaria como uma reco-

---

1. O amparo é uma ação adotada por inúmeros países, muitos da América do Sul, como também Portugal, Espanha e Alemanha. Trata-se de uma ação constitucional que tem por fito proteger todos os direitos fundamentais, menos os que tutelam a liberdade física e a locomoção (já protegidos pelo *habeas corpus*).

mendação), mas sim material. Mas alguns autores defendem que seria inderrogável por fazer parte do *jus cogens*. E ainda pode-se até advogar que a Declaração, por ter definido o conteúdo dos direitos humanos insculpidos na Carta das Nações Unidas, tem força legal vinculante, visto que os Estados-membros da ONU se comprometeram a promover e proteger os direitos humanos. Por esses dois últimos sentidos, chega-se à conclusão de que a Declaração Universal dos Direitos Humanos gera obrigações aos Estados, isto é, tem força obrigatória (por ser legal ou por fazer parte do *jus cogens*).[2] Todavia, do ponto de vista estritamente formal, a Declaração Universal dos Direitos Humanos é parte do assim denominado *soft law* ("direito suave"), não vinculante, mas mesmo assim importante para a regência das relações internacionais. O que nos leva a asseverar que sua violação, em tese, não deveria implicar a responsabilidade internacional do Estado, mas, por outro, sujeitaria o recalcitrante a sanções de ordem moral. Estas têm sua autoridade na própria dimensão política da Declaração, como documento acolhido pela quase unanimidade dos Estados então representados na Assembleia-Geral e, depois, invocado em Constituições domésticas de inúmeros países e em diversos documentos de conferências internacionais.[3]

Gabarito "ANULADA".

(Procurador da República – 25º) No tocante à Declaração Universal dos Direitos Humanos, é correto dizer que

(A) é composta integralmente de normas de direito imperativo internacional (*jus cogens*);
(B) não é formalmente vinculante, mas é indicativo de amplo consenso internacional, integrando o chamado *soft law*;
(C) é formalmente vinculante como direito costumeiro internacional;
(D) é expressão da universalidade cultural, sendo seus preceitos aceitos em todas as culturas.

A Declaração Universal dos Direitos Humanos foi aprovada pela Resolução 217 A (III) da Assembleia-Geral da ONU, em 10 de dezembro de 1948, por 48 votos a zero e oito abstenções.[4] Em conjunto com os dois Pactos Internacionais – sobre Direitos Civis e Políticos e sobre Direitos Econômicos, Sociais e Culturais –, constitui a denominada Carta Internacional de Direitos Humanos ou *International Bill of Rights*. A Declaração é fruto de um consenso sobre valores de cunho universal a serem seguidos pelos Estados e do reconhecimento do indivíduo como sujeito direto do direito internacional, tendo sofrido forte influência iluminista, sobretudo do liberalismo e do enciclopedismo vigente no período de transição entre a idade moderna e a contemporânea. É importante esclarecer que a Declaração é um exemplo de *soft law*, já que não supõe mecanismos constritivos para a implementação dos direitos previstos. Em contrapartida, quando um documento legal prevê mecanismos constritivos para a implementação de seus direitos, estamos diante de um exemplo de *hard law*. Portanto, a Declaração Universal dos Direitos Humanos não tem força legal (funcionaria como uma recomendação), mas sim material. Mas alguns autores defendem que seria inderrogável por fazer parte do *jus cogens*. E ainda pode-se até advogar que a Declaração, por ter definido o conteúdo dos direitos humanos insculpidos na Carta das Nações Unidas, tem força legal vinculante, visto que os

Estados-membros da ONU se comprometeram a promover e proteger os direitos humanos. Por esses dois últimos sentidos, chega-se à conclusão de que a Declaração Universal dos Direitos Humanos gera obrigações aos Estados, isto é, tem força obrigatória (por ser legal ou por fazer parte do *jus cogens*).[5] Todavia, do ponto de vista estritamente formal, a Declaração Universal dos Direitos Humanos é parte do assim denominado *soft law* ("direito suave"), não vinculante, mas mesmo assim importante para a regência das relações internacionais. O que nos leva a asseverar que sua violação, em tese, não deveria implicar a responsabilidade internacional do Estado, mas, por outro, sujeitaria o recalcitrante a sanções de ordem moral. Estas têm sua autoridade na própria dimensão política da declaração, como documento acolhido pela quase unanimidade dos Estados então representados na Assembleia-Geral e, depois, invocado em constituições domésticas de inúmeros países e em diversos documentos de conferências internacionais.[6]

Gabarito "B".

(Procurador da República – 25º) O art. 1.º, para. 3.º, da Carta da ONU, ao estabelecer, como fim da organização, a promoção e o estímulo do "respeito aos direitos humanos e às liberdades fundamentais para todos, sem distinção de raça, sexo, língua ou religião",

(A) incorre em potencial colisão com o disposto no art. 2.º, ponto 7.º, da Carta da ONU, que desautoriza a intervenção da organização "em assuntos que dependam essencialmente da jurisdição de qualquer Estado";
(B) não incorre em colisão com o disposto no art. 2.º, ponto. 7.º, da Carta da ONU, porque a agenda de direitos humanos não depende essencialmente da jurisdição de qualquer Estado;
(C) incorre em evidente colisão com o disposto no art. 2.º, ponto. 7.º, da Carta da ONU, mas esta fica afastada nas hipóteses de interseção da agenda de direitos humanos com a da segurança internacional;
(D) não incorre em potencial colisão com o disposto no art. 2.º, ponto. 7.º, da Carta da ONU, porque, ainda que agenda de direitos humanos dependa essencialmente da jurisdição de qualquer Estado, o art. 1.º, ponto. 3.º, não estabelece, como fim, nenhuma ação interventiva, mas, sim, o diálogo político.

A questão foi anulada porque nenhuma assertiva oferece uma resposta satisfatória à situação planteada. A situação é de não colisão, mas deve-se ponderar que a agenda de direitos humanos depende, sim, e muito, da jurisdição nacional e que também é possível a ação interventiva com base nos preceitos da Carta da ONU. Pelo dito, justifica-se a anulação da questão. Mas aproveitando o ensejo, faço algumas ponderações sobre o papel da ONU, enquanto estrutura, na defesa e promoção dos direitos humanos. A ONU é uma organização internacional que tem por objetivo facilitar a cooperação em matéria de direito e segurança internacionais, desenvolvimento econômico, progresso social, direitos humanos e a realização da paz mundial. Por isso, diz-se que é uma organização internacional de vocação universal. Sua lei básica é a Carta das Nações Unidas, elaborada em São Francisco de 25 de abril a 26 de junho de 1945. Essa Carta tem como anexo o Estatuto da Corte Internacional de Justiça. Uma das preocupações da ONU é a proteção dos direitos humanos mediante a cooperação internacional. A Carta das Nações Unidas é o exemplo mais emblemático do processo de internacionalização dos direitos humanos

---

2. Tal ilação pode ser adotada em prova dissertativa. Mas em prova objetiva deve ser apontado que a Declaração Universal dos Direitos Humanos não tem força legal, funcionando apenas como uma recomendação.
3. ARAGÃO, Eugênio José Guilherme. "A Declaração Universal dos Direitos Humanos: mera declaração de propósitos ou norma vinculante de direito internacional?" *Revista Eletrônica do Ministério Público Federal*.
4. Os países que se abstiveram foram Arábia Saudita, África do Sul, URSS, Ucrânia, Bielorrússia, Polônia, Iugoslávia e Tchecoslováquia.
5. Tal ilação pode ser adotada em prova dissertativa. Mas em prova objetiva deve ser apontado que a Declaração Universal dos Direitos Humanos não tem força legal, funcionando apenas como uma recomendação.
6. ARAGÃO, Eugênio José Guilherme. Op. cit.

ocorridos no pós-guerra. Aliás, é importante lembrar que esse processo recente de internacionalização dos direitos humanos é fruto da ressaca moral da humanidade ocasionada pelo excesso de violações perpetradas pelo nazifascismo. Dentro do organograma da ONU, o órgão com atuação destacada no que se refere aos direitos humanos é o Conselho Econômico e Social, o qual, segundo o artigo 62 da Carta das Nações Unidas, tem competência para promover a cooperação em questões econômicas, sociais e culturais, incluindo os direitos humanos. No que tange aos direitos humanos, o Conselho Econômico e Social tem competência para fazer recomendações com o fito de promover o respeito aos direitos humanos e confeccionar projetos de convenções que serão submetidos à Assembleia-Geral. Dentro dessas competências, o Conselho Econômico e Social pode criar comissões para melhor executar suas funções. Com suporte em tal competência, a Comissão de Direitos Humanos da ONU foi criada em 1946. Todavia, conviveu com pesadas críticas, sendo por fim substituída em 16 de junho de 2006 pelo Conselho de Direitos Humanos (CDH) por meio da Resolução 60/251, adotada pela Assembleia-Geral. Cabe aqui também apontar que a criação do CDH é uma tentativa simbólica de conferir paridade ao tema dos direitos humanos em relação aos temas da segurança internacional e da cooperação social e econômica, os quais têm conselhos específicos: respectivamente, o Conselho de Segurança e o Conselho Econômico e Social. O CDH é um órgão subsidiário da Assembleia-Geral e tem como principais competências: a) promover a educação e o ensino em direitos humanos; b) auxiliar os Estados na implementação das políticas de direitos humanos assumidas em decorrência das Conferências da ONU, como também sua devida fiscalização; c) submeter um relatório anual à Assembleia-Geral; e d) propor recomendações acerca da promoção e proteção dos direitos humanos. Pode-se afirmar que o CDH se insere no sistema global[7] de proteção dos direitos humanos como um mecanismo não convencional, destoando dos mecanismos convencionais de proteção instituídos pelas Convenções da ONU. A fonte material do sistema não convencional são as resoluções elaboradas pelos órgãos da ONU (notadamente o Conselho de Direitos Humanos, a Assembleia-Geral e o Conselho Econômico e Social). Sua composição é determinada pelo voto direto e secreto da maioria da Assembleia-Geral, que elege 47 Estados-membros, respeitada a distribuição geográfica equitativa. É interessante apontar que o respeito à distribuição geográfica possibilitou que países pobres e em desenvolvimento contassem com uma expressiva maioria. Outro órgão da ONU com grande atuação nos direitos humanos é a Assembleia-Geral, pois, consoante o artigo 13, *b*, da Carta das Nações Unidas, ela inicia estudos e propõe recomendações para promover a cooperação internacional nos terrenos econômico, social, cultural, educacional e sanitário e favorecer o pleno gozo dos direitos humanos e das liberdades fundamentais, por parte dos povos, sem distinção de raça, sexo, língua ou religião. Também devemos destacar o Escritório do Alto Comissário[8] das Nações Unidas para Direitos Humanos (EACDH), que representa o compromisso do mundo para com os ideais universais da dignidade humana. O Alto Comissário é o principal órgão de direitos humanos das Nações Unidas e coordena os esforços da ONU sobre essa questão, além de supervisionar o Conselho de Direitos Humanos. Sua criação é consequência das recomendações formuladas no seio da 2ª Conferência Mundial de Direitos Humanos (Conferência de Viena), pela Resolução 48/141 da Assembleia-Geral da ONU, em 20 de dezembro de 1993. De maneira mais detalhada, o Alto Comissário tem a função primordial de promover os direitos humanos e lidar com as questões de direitos humanos da ONU, além de manter diálogo com todos os Estados-membros sobre temas relacionados aos direitos humanos. As responsabilidades do Alto Comissário incluem: a resolução de conflitos; prevenção e alerta de abusos, assistência aos Estados em períodos de transição política; promoção de direitos substantivos aos Estados; coordenação e racionalização de programas em direitos humanos. O problema da Carta das Nações Unidas é que ela não definia o conteúdo dos direitos humanos. Assim, em 1948, foi proclamada a Declaração Universal dos Direitos Humanos com a função de resolver essa lacuna.

Gabarito "ANULADA".

3.2. COMBINADAS DO SISTEMA GLOBAL DE PROTEÇÃO GERAL

(Procurador da República – 25.º) O direito à autodeterminação dos povos:

(A) é mera retórica política, uma vez que o direito internacional só reconhece a autodeterminação dos povos como princípio (art. 1.º, para. 2', da Carta da ONU) e não como direito;
(B) se aplica indistintamente a povos sob jugo colonial e aos povos indígenas;
(C) consolidou-se, como direito, a partir da Resolução 2625, de 1970, da Assembleia-Geral da ONU;
(D) integra os direitos civis e políticos e os direitos econômicos, sociais e culturais, por força dos Pactos Internacionais respectivos, de 1966.

A assertiva correta é a D, pois o Pacto Internacional dos Direitos Civis e Políticos o prevê no seu art. 1.º, enquanto o Pacto Internacional dos Direitos Econômicos, Sociais e Culturais o prevê também no seu art. 1.º.
Gabarito "D".

(Procurador da República – 26º) Os procedimentos especiais previstos nas Resoluções E/RES/1235 (1967) e E/RES/1503 (1970) do conselho econômico e social da ONU

(A) passaram a permitir a então Comissão de Direitos Humanos investigar, por via de Subcomissão, graves violações de direitos humanos, quando constatado que estas se inseriam num padrão consistente de atuação do Estado violador;
(B) se limitam a abrir o caminho para a atuação do Conselho de Segurança da ONU e, por isso, não atentam contra o art. 2.º, parágrafo 7.º da Carta da ONU;
(C) transformaram as Nações Unidas em verdadeira corte internacional de direitos humanos, sendo, por isso, tidos por muitos Estados como conflitantes com o disposto no art. 2.º, parágrafo 7.º da Carla da ONU;
(D) concorrem, em termos de propósitos e eficiência, com os sistemas convencionais regionais e universais de proteção dos direitos humanos.

A assertiva correta conforme o disposto nas Resoluções E/RES/1235 (1967) e E/RES/1503 (1970) do Conselho Econômico e Social da ONU é a "A".
Gabarito "A".

(Procurador da República – 26º) O sistema de relatórios periódicos como instrumento de monitoramento de tratados internacionais de direitos humanos

(A) é inócuo porque estados podem escrever o que querem e distorcer a verdade;
(B) tem que ser articulado com outras faculdades do órgão de monitoramento que lhe permitam conferir a correção das informações prestadas pelo Estado-parte
(C) exclui, de um modo geral, a participação de outros atores, como vítimas ou sociedade civil, nesse mecanismo de monitoramento:

---

7. Também denominado Sistema das Nações Unidas.
8. O primeiro a ocupar o posto de Alto Comissário para os Direitos Humanos foi o Sr. José Ayala-Lasso, do Equador.

(D) se destina apenas a instrumentalizar a atuação do órgão de monitoramento na elaboração de comentários gerais sobre a interpretação do tratado.

O artigo 40 do Pacto Internacional dos Direitos Civis e Políticos assim dispõe: "1. os Estados-partes do presente Pacto comprometem-se a submeter relatórios sobre as medidas por eles adotadas para tornar efetivos os direitos reconhecidos no presente Pacto e sobre o progresso alcançado no gozo desses direitos: a) dentro do prazo de um ano, a contar do início da vigência do presente Pacto nos Estados--partes interessados; b) a partir de então, sempre que o Comitê vier a solicitar. 2. Todos relatórios serão submetidos ao Secretário-Geral da Organização das Nações Unidas, que os encaminhará. Para exame, ao Comitê. Os relatórios deverão sublinhar, caso existam, os fatores e as dificuldades que prejudiquem a implementação do presente pacto. 3. O Secretário-Geral da Organização das Nações Unidas poderá, após consulta ao Comitê, encaminhar às agências especializadas cópias das partes dos relatórios que digam respeito à sua esfera de competência. 4. O Comitê estudará os relatórios apresentados pelos Estados-partes do presente pacto e transmitirá aos Estados-partes seu próprio relatório, bem como os comentários gerais que julgar oportunos. O Comitê poderá igualmente transmitir ao Conselho Econômico e social os referidos comentários, bem como cópias dos relatórios que houver recebido dos Estados-partes do Presente pacto. 5. Os Estados-partes no presente pacto poderão submeter ao Comitê as observações que desejarem formular relativamente aos comentários feitos nos termos do § 4º do presente artigo". Conforme determina seu artigo 40, os Estados que aderirem ao Pacto se comprometem a submeter relatórios sobre as medidas por eles adotadas para tornar efetivos os direitos reconhecidos no citado Pacto e sobre o progresso alcançado no gozo desses direitos. O Pacto apresenta também um sistema, opcional, de comunicações interestatais ou *actio popularis*, por meio do qual um Estado-parte pode denunciar outro que incorrer em violações dos direitos humanos. Mas, para a denúncia ter validade, os dois Estados, denunciante e denunciado, devem ter expressamente declarado a competência do Comitê de Direitos Humanos para processar tais denúncias. O Comitê de Direitos Humanos, conforme determina o artigo 28 do Pacto, é o órgão criado com o objetivo de controlar a aplicação, pelos Estados-partes, das disposições desse instrumento. Essa fiscalização é denominada controle de convencionalidade internacional.[9] Deve-se destacar que o citado controle pode ser exercido até em face das Constituições nacionais,[10] podendo gerar as chamadas normas constitucionais inconvencionais.[11] Isto é, engloba todos os atos estatais, inclusive as omissões. O citado controle é assim definido por André de Carvalho Ramos: "O controle de convencionalidade internacional é atividade de fiscalização dos atos e condutas dos Estados em confronto com seus compromissos internacionais. Em geral, o controle de convencionalidade é atribuído a órgãos compostos por julgadores independentes, criados por tratados internacionais, o que evita que os próprios Estados sejam, ao mesmo tempo, fiscais e fiscalizados".[12] Em termos práticos, o Comitê vai analisar a conformidade dos atos estatais em relação às obrigações internacionais assumidas no momento da ratificação do Pacto Internacional dos Direitos Civis e Políticos. Por todo o dito, percebe-se que os relatórios periódicos são apenas um instrumento que possibilita o Comitê realizar o controle de convencionalidade internacional. Ou seja, quanto mais instrumentos o Comitê tiver em disposição, mais efetivo será o seu controle. Para finalizar, cabe destacar que o mecanismo dos relatórios periódicos gera suspeita, pois é o próprio Estado que o redige, o que leva a pensar que o Estado não ia "se autoincriminar". Essa colocação sublinha a necessidade de conjugar esse mecanismo com outros para que o controle de convencionalidade internacional seja bem realizado.

Gabarito "B".

(Ministério Público/Acre – 2014 – CESPE) No que se refere ao sistema internacional de proteção dos direitos humanos, assinale a opção correta.

(A) O Pacto Internacional sobre Direitos Econômicos, Sociais e Culturais e o Pacto Internacional sobre Direitos Civis e Políticos, adotados pela ONU, têm natureza jurídica de tratados internacionais, assim incorporados pelo Brasil.
(B) A Corte Europeia de Direitos Humanos, que compõe o quadro institucional da União Europeia, vincula apenas os países membros desta.
(C) O Brasil reconheceu a jurisdição da Corte Interamericana de Direitos Humanos desde que ela foi instituída, tendo apoiado os processos que deram origem ao sistema interamericano de direitos humanos.
(D) A Declaração Universal dos Direitos Humanos tem estatuto de tratado internacional e marca o início da chamada fase de universalização dos direitos do homem.
(E) O Tribunal Penal Internacional, importante instrumento de afirmação internacional dos direitos humanos, foi criado na década de sessenta do século passado.

A: correta. Pois ambos são tratados e foram incorporados pelo Brasil. O Pacto Internacional dos Direitos Civis e Políticos foi adotado em 1966 pela Resolução 2.200-A (XXI) da Assembleia Geral das Nações Unidas, mas, devido à grande resistência que sofreu, somente adquiriu as ratificações necessárias para entrar em vigor internacional no ano de 1976. No Brasil, o Pacto foi promulgado pelo Decreto 592, de 06.07.1992. E o Pacto Internacional dos Direitos Econômicos, Sociais e Culturais também foi aprovado em 1966 pela Assembleia Geral das Nações Unidas, mas, devido à grande resistência que sofreu, somente adquiriu as ratificações necessárias para entrar em vigor no ano de 1976. No Brasil, o Pacto foi promulgado pelo Decreto 591, de 06.07.1992; **B:** incorreta. A Corte Europeia compõe o quadro institucional do Conselho da Europa. O Conselho da Europa é uma organização internacional que tem por objetivo garantir a defesa dos direitos humanos, o desenvolvimento democrático e a estabilidade político-social no continente e foi fundado, em 05.05.1949, pelo Tratado de Londres. Atualmente é composto por 47 Estados-membros; **C:** incorreta. O

---

9. "Há ainda o controle de convencionalidade nacional, que vem a ser o exame de compatibilidade do ordenamento interno às normas internacionais feito pelos Tribunais internos" (RAMOS, André de Carvalho. *Teoria geral dos direitos humanos na ordem internacional*. 2. ed. São Paulo: Saraiva, 2012., p. 250).
10. Vide o caso "A última tentação de Cristo" *versus* Chile – Corte Interamericana de Direitos Humanos.
11. "(...) também é possível admitir que existam normas constitucionais inconvencionais, por violarem direitos humanos provenientes de tratados, direitos estes que (justamente por terem *status* constitucional) também pertencem ao bloco das cláusulas pétreas. Seria o caso daquelas normas da Constituição, alocadas à margem do bloco de constitucionalidade, ou seja, que não integram o núcleo intangível constitucional, que estão a violar normas de tratados de direitos humanos (as quais, por serem normas de 'direitos humanos', já detêm primazia sobre quaisquer outras, por pertencerem ao chamado 'bloco de constitucionalidade'" (MAZZUOLI, Valerio de Oliveira. *O controle jurisdicional da convencionalidade das leis* cit. 2. ed. São Paulo: RT, 2011. p. 149-150).
12. RAMOS, André de Carvalho. *Teoria geral dos direitos humanos na ordem internacional*. 2. ed. São Paulo: Saraiva, 2012., p. 250.

Brasil reconheceu a competência obrigatória da Corte em 08.11.2002 (Decreto 4.463). O reconhecimento foi feito por prazo indeterminado, mas abrange fatos ocorridos após 10.12.1998. Cabe lembrar que a Corte Interamericana foi instituída pela Convenção Americana, que, por sua vez, só entrou em vigor internacional em 18.06.1978 (quando atingiu as 11 ratificações necessárias); **D:** incorreta. Por mais que a natureza jurídica da Declaração Universal gere amplas disputas acadêmicas, não se pode compará-la com um tratado internacional formal, isso porque os tratados possuem requisitos para adquirirem vigência, como, por exemplo, devem passar pelo procedimento de incorporação em cada Estado parte. O que não ocorreu com a Declaração, que foi "simplesmente" aprovada pela Resolução 217 A (III) da Assembleia Geral da ONU; **E:** incorreta. O Tribunal Penal Internacional (TPI) foi constituído na Conferência de Roma, em 17.07.1998, na qual se aprovou o Estatuto de Roma (tratado que não admite a apresentação de reservas), que só entrou em vigor internacionalmente em 01.07.2002 e passou a vigorar, para o Brasil, no dia 25.09.2002.[13]

Gabarito "A".

4. SISTEMA GLOBAL DE PROTEÇÃO ESPECÍFICA DOS DIREITOS HUMANOS
4.1. CONVENÇÃO SOBRE OS DIREITOS DA CRIANÇA

(Promotor de Justiça – MPE/AM – FMP – 2015) Segundo a Convenção das Nações Unidas sobre os Direitos da Criança, é correto afirmar:

(A) Criança é a pessoa até 12 (doze) anos de idade incompletos, e adolescente aquela entre 12 (doze) completos e 18 (dezoito) anos de idade incompletos.
(B) Os Estados-Partes devem respeitar o direito da criança separada de um ou de ambos os pais de manter regularmente relações pessoais e contatos diretos com eles, salvo se tal mostrar-se contrário ao superior interesse da criança.
(C) Não há previsão de a criança e o adolescente serem ouvidos em processos judiciais, matéria regulada pelo Estatuto da Criança e do Adolescente.
(D) Os Estados-Partes reconhecem a importância da função exercida pelos órgãos de comunicação social e asseguram o acesso da criança e do adolescente à informação e aos documentos provenientes de fontes nacionais privadas, em especial aqueles que visam promover o bem-estar social e econômico.
(E) Os Estados-Partes se comprometem a apresentar ao Comitê dos Direitos da Criança, através da Secretaria Geral da ONU, relatórios sobre as medidas adotadas para dar efetividade aos direitos reconhecidos pela Convenção, sobre os progressos realizados nos dois anos subsequentes à data da sua entrada em vigor e, após a apresentação do primeiro relatório, deverão, de dez em dez anos, apresentar novos relatórios.

A: incorreta. "Para efeitos da presente Convenção considera-se como criança todo ser humano com menos de dezoito anos de idade, salvo se, em conformidade com a lei aplicável à criança, a maioridade seja alcançada antes" (art. 1º da Convenção); **B:** correta (art. 9º, ponto 3, da Convenção); **C:** incorreta (art. 12, ponto 2, da Convenção); **D:** incorreta (art. 44 da Convenção).

Gabarito "B".

4.2. CONVENÇÃO SOBRE OS DIREITOS DAS PESSOAS COM DEFICIÊNCIA

(Promotor de Justiça – MPE/AM – FMP – 2015) Considere as seguintes assertivas em relação à proteção das pessoas com deficiência:

I. A Convenção Internacional dos Direitos das Pessoas com Deficiência é o primeiro Tratado Internacional de Direitos Humanos que foi incorporado ao ordenamento jurídico brasileiro com *status* e equiparação às normas constitucionais, nos termos do artigo 5º, § 3º, da Constituição Federal.
II. Em função da eficácia horizontal dos direitos fundamentais nas relações jurídico-privadas, não pode uma escola particular negar-se a matricular criança com deficiência sob o argumento da falta de estrutura e de pessoal qualificado.
III. A Convenção Internacional dos Direitos das Pessoas com Deficiência, segundo a jurisprudência do Supremo Tribunal Federal, tem *status* de supralegalidade.
IV. O controle jurisdicional de convencionalidade somente pode ser feito pelos Tribunais e não pelos juízes de primeiro grau.
V. A obrigação de o Poder Público promover medidas de acessibilidade em favor dos alunos com deficiência é uma norma constitucional de eficácia limitada e programática, dependendo da ampla margem de discricionariedade do gestor público.

Quais das assertivas acima estão corretas?

(A) Apenas a III e V.
(B) Apenas a III e IV.
(C) Apenas a I e IV.
(D) Apenas a I e V.
(E) Apenas a I e II.

I: correta. A Convenção e seu respectivo Protocolo Facultativo foram internalizados, no Brasil, em conformidade com o artigo 5º, § 3º, da Constituição (regime especial de incorporação), isto é, têm hierarquia constitucional tanto pelo aspecto formal quanto pelo material. Em outras palavras, possuem hierarquia de emenda constitucional; **II:** correta, pois os direitos humanos são oponíveis também entre os particulares, nas relações privadas, caracterizando a chamada eficácia horizontal dos direitos humanos (ver ADI 5357); **III:** incorreta. Reler o comentário sobre a assertiva "I"; **IV:** incorreta. Devido ao caráter subsidiário do sistema interamericano e a obrigação de esgotar os recursos efetivos do direito interno conforme ao estabelecido na Convenção Americana e no Direito Internacional, fica evidente que os juízes e os tribunais ordinários sejam os primeiros a serem chamados para exercer o controle de convencionalidade (caso *Empregados Demitidos do Congresso* vs. Peru). No caso *Cabrera García e Montiel Flores vs. México*, a Corte ampliou o âmbito dos sujeitos responsáveis de exercer o controle de convencionalidade, pois definiu que não somente os funcionários de caráter jurisdicional como também os órgãos vinculados à Administração, em todos os níveis, devem exerce-lo; **V:** incorreta, pois se trata de norma de imediata aplicação.

Gabarito "E".

(Procurador da República – PGR – 2013) A Convenção da ONU sobre Os Direitos das Pessoas com Deficiência promulgado pelo Decreto 6.949, de 25 de agosto de 2009,

(A) pode ser denunciada pelo Brasil conforme previsto em seu art. 48, tornando-se efetiva, a denúncia, em qualquer caso, um ano após a data de recebimento da

---

13.. Dec. 4.388/2002.

notificação respectiva pelo Secretário-Geral da ONU, caso em que deixam de viger no direito brasileiro, os direitos ali reconhecidos;

(B) não pode ser denunciada pelo Brasil por meio dos mecanismos ordinários, pois sua promulgação, decorrente de aprovação pelo Congresso Nacional no rito do art. 5.º, § 3.º, da Lei Maior, lhe confere condição de cláusula constitucional pétrea (art. 60, § 4.º, IV, da Constituição Federal);

(C) pode ser denunciada pelo Brasil conforme previsto em seu art. 48, permanecendo, todavia, vigentes, no direito brasileiro, os direitos ali reconhecidos, em virtude de sua promulgação precedida de aprovação pelo Congresso Nacional no rito do art. 5.º, § 3.º, da Constituição Federal, o que lhe confere condição de cláusula constitucional pétrea (art. 60, § 4.º, IV, da Constituição Federal);

(D) não pode ser denunciada em virtude do princípio de não retrocesso da proteção de direitos, amplamente reconhecido no direito internacional.

Essa Convenção e seu respectivo Protocolo Facultativo foram internalizados, no Brasil, em conformidade com o artigo 5º, § 3º, da Constituição (regime especial de incorporação), isto é, têm hierarquia constitucional tanto pelo aspecto formal quanto pelo material. Em outras palavras, possuem hierarquia de emenda constitucional. Por consequência, uma eventual denúncia, em conformidade com o art. 48 da mesma Convenção, não retira a vigência, no direito brasileiro, dos direitos ali reconhecidos, pois possuem *status* de cláusula constitucional pétrea (art. 60, § 4.º, IV, da Constituição Federal). Portanto, a assertiva correta é a "C".
Gabarito "C".

(Ministério Público/Acre – 2014 – CESPE) Em relação à Convenção sobre os Direitos das Pessoas com Deficiência e a seu Protocolo Facultativo, que, assinados em Nova Iorque, em 30.03.1987, são considerados um avanço quanto à abrangência e à efetividade dos direitos humanos, assinale a opção correta.

(A) A validade da referida convenção no ordenamento jurídico brasileiro independe de procedimento formal de incorporação.

(B) Sendo a matéria da referida convenção prevista na CF, não é necessário que tal convenção seja invocada na ordem interna.

(C) Os dispositivos da referida convenção são aplicados, no ordenamento jurídico brasileiro, somente de modo analógico, já que o documento não foi incorporado formalmente ao ordenamento nacional.

(D) O Protocolo Facultativo da convenção trata da submissão dos Estados signatários à jurisdição da Corte Interamericana de Direitos Humanos.

(E) A referida convenção foi introduzida no ordenamento jurídico brasileiro nos termos inovadores da EC 45/2004.

A: incorreta, porque todos os tratados devem passar pelo procedimento formal de incorporação para terem validade e vigência dentro do Brasil. Somente após a incorporação, o tratado internacional começa a fazer parte formalmente do ordenamento jurídico pátrio; **B:** incorreta. Em determinadas situações ocorre uma sobreposição de normas (oriundas do sistema global, do regional e do nacional). Mas isso não se reflete em problema, pois o que se busca é a substancial proteção dos direitos humanos. Portanto, de modo geral, os sistemas protetivos global, regional e nacional interagem e complementam-se para melhor proteger o indivíduo dos abusos perpetrados contra sua dignidade humana. Esse exercício foi denominado, por Erik Jaime,[14] de o *diálogo das fontes*,[15] ou seja, os diversos sistemas de proteção (fontes heterogêneas) são coordenados para garantir a maior tutela possível da dignidade da pessoa humana – dessa forma, o sistema com maiores possibilidades de garantir a proteção no caso específico será o eleito, podendo até haver uma aplicação conjunta dos sistemas, desde que apropriada. A Constituição brasileira traz previsão expressa da "cláusula de diálogo ou dialógica" no seu art. 4º, II. Em outras palavras, os sistemas não competem, mas se completam; **C:** incorreta, pois o referido tratado foi sim incorporado pelo Brasil (Decreto 6.949, de 25.08.2009); **D:** incorreta. A Convenção e o Protocolo tratados nessa questão são instrumentos do sistema global de proteção dos direitos humanos e não possuem relação com a Corte Interamericana, órgão judicial de um sistema regional (americano) de proteção dos direitos humanos; **E:** correta. A Convenção e seu respectivo Protocolo Facultativo foram internalizados, no Brasil, em conformidade com o artigo 5º, § 3º, da Constituição, isto é, têm hierarquia constitucional tanto pelo aspecto formal quanto pelo material. Em outras palavras, possuem hierarquia de emenda constitucional.
Gabarito "E".

4.3. CONVENÇÃO CONTRA A TORTURA

(Procurador da República – PGR – 2013) O conceito de tortura no direito internacional dos direitos humanos

(A) se aplica exclusivamente à tortura perpetrada por agente público ou por sua instigação, sua tolerância ou sua aquiescência;

(B) se aplica à tortura perpetrada direta ou indiretamente por agente público no marco das Convenções de 1984 e de 1985, da ONU e do sistema interamericano respectivamente; e se aplica, também, à tortura perpetrada por atores não estatais no marco da Declaração Universal dos Direitos Humanos, do Pacto Internacional de Direitos Civis e Políticos e da Convenção Americana de Direitos Humanos;

(C) se aplica à tortura perpetrada por agentes públicos e por atores não estatais tanto no marco das Convenções de 1984 e de 1985, da ONU e do sistema interamericano respectivamente, quanto no marco da Declaração Universal dos Direitos Humanos, do Pacto Internacional de Direitos Civis e Políticos e da Convenção Americana de Direitos Humanos;

(D) se aplica exclusivamente à tortura perpetrada por agente público no marco do art. 7.º do Estatuto de Roma e, também, à tortura perpetrada por não combatente civil no marco do art. 8.º do Estatuto de Roma.

A Assertiva "B" é a correta. Artigo 1º da Convenção contra a Tortura e outros Tratamentos ou Penas Cruéis, Desumanos ou Degradantes (ONU), artigo 3º, *a* e *b*, da Convenção Interamericana para Prevenir e Punir a Tortura (sistema interamericano), artigo 5º da Declaração Universal dos Direitos Humanos, artigo 7º Pacto Internacional de Direitos Civis e Políticos e artigo 5º da Convenção Americana de Direitos Humanos.
Gabarito "B".

14.. *Identité culturelle et integration: le droit international privé postmoderne.* Séries Recueil des Cours de l'Académie de Droit International de la Haye 251, 1995.

15.. O citado diálogo também é previsto expressamente no artigo 29, *b*, da Convenção Americana de Direitos Humanos.

(Procurador da República – 26º) A expressão "tortura [...] praticada de forma sistemática" no artigo 20 da Convenção da ONU Contra a Tortura de 1984

(A) remete para a definição de tortura como crime contra a humanidade ("ataque sistemático ou extenso contra qualquer população civil");
(B) remete para a tortura como parte de um padrão consistente de grave violação de direitos humanos, nos termos das Resoluções ECOSOC 1235 e 1503;
(C) remete para a prática de tortura de forma não fortuita, mas habitual, extensa e deliberada, ao menos em parte do território do estado em questão:
(D) remete para a existência de uma clara política governamental que dá sustentação á prática de tortura, de forma extensa.

A Convenção Contra a Tortura, adotada pela ONU por meio da Resolução 39/46 da Assembleia-Geral em 28 de setembro de 1984 e promulgada no Brasil em 15 de fevereiro de 1991 pelo Decreto nº 40, tem por fundamento a obrigação que incumbe os Estados – em virtude da Carta, em particular do artigo 55 – de promover o respeito universal e a observância dos direitos humanos e das liberdades fundamentais. Ademais, o artigo V da Declaração Universal dos Direitos Humanos e o artigo 7º do Pacto Internacional sobre Direitos Civis e Políticos determinam que ninguém será sujeito à tortura ou à pena ou a tratamento cruel, desumano ou degradante. Os Estados-partes, atualmente 149, têm a obrigação de proibir a tortura, esta não podendo ser praticada nem mesmo em circunstâncias excepcionais. A Convenção Contra a Tortura e outros Tratamentos ou Penas Cruéis, Desumanos ou Degradantes estabeleceu jurisdição compulsória e universal para julgar os acusados de tortura. A compulsoriedade determina que os Estados-partes devem punir os torturadores, independentemente do local onde o crime foi cometido e da nacionalidade do torturador. A universalidade determina que os Estados-partes processem ou extraditem o suspeito da prática de tortura, independentemente da existência de tratado prévio de extradição. Sobre a Convenção Contra a Tortura, cabe esclarecer, com base em seu artigo 1º, que a tortura é crime próprio, pois as dores ou os sofrimentos são infligidos por um funcionário público ou outra pessoa no exercício de funções públicas, ou por sua instigação, ou com seu consentimento ou aquiescência. É importante também notar que a definição dada pela Convenção não restringe qualquer instrumento internacional ou legislação nacional que contenham ou possam conter dispositivos de alcance mais amplo – artigo 1º, *in fine*, da Convenção. Ademais, a Convenção define o termo "tortura" como "qualquer ato pelo qual dores ou sofrimentos agudos, físicos ou mentais, são infligidos intencionalmente a uma pessoa a fim de obter, dela ou de terceira pessoa, informações ou confissões; de castigá-la por ato que ela ou terceira pessoa tenha cometido ou seja suspeita de ter cometido; de intimidar ou coagir essa pessoa ou outras pessoas; ou por qualquer motivo baseado em discriminação de qualquer natureza". Pelo conceito, percebe-se que a finalidade é determinante para caracterização da tortura.[16] Há diferenças entre o conceito de tortura adotado na Convenção e o adotado na legislação interna. Por exemplo, pela lei brasileira o sujeito ativo da tortura pode ser qualquer pessoa, enquanto que pela Convenção somente pode ser sujeito ativo o funcionário público. Por outro lado, no que se refere à tortura motivada pela discriminação, a Convenção é mais abrangente, pois diz que essa pode ser de qualquer natureza, enquanto a lei brasileira aponta apenas a racial e a religiosa. Para monitorar o cumprimento pelos Estados-partes das obrigações constantes na Convenção e assim exercer o controle de convencionalidade internacional, foi criado o Comitê contra a Tortura, responsável por receber as petições individuais, os relatórios confeccionados pelos Estados-partes e as comunicações interestatais. O Estado-parte tem de declarar expressamente que aceita a competência do Comitê para receber as comunicações interestatais e as petições individuais (artigos 21, ponto 1, e 22, ponto 1, da Convenção), mas cabe enfatizar que sempre serão consideradas inadmissíveis as petições apócrifas (artigo 22, ponto 2, da Convenção). Ademais, o Comitê contra a Tortura poderá instaurar investigação, desde que tenha informações que levantem fortes indícios de que certo país está incorrendo em prática sistemática de tortura (artigo 20, ponto 1, da Convenção), entendida como prática não fortuita, mas habitual, extensa e deliberada, ao menos em parte do território do Estado em sob análise. A decisão do Comitê não tem força vinculante, mas será publicada no relatório anual, o qual é encaminhado à Assembleia-Geral da ONU. Cabe aqui sublinhar que essa Convenção trata de um tema específico de proteção, ou seja, no qual pode ser vítima (e, assim, necessitar de proteção) qualquer indivíduo, enquanto normalmente as outras convenções do sistema global de proteção específica dos direitos humanos cuidam de um determinado grupo vulnerável de pessoas.

Gabarito "C".

4.4. DECLARAÇÃO DAS NAÇÕES UNIDAS SOBRE OS DIREITOS DOS POVOS INDÍGENAS

(Procurador da República – 25º) A Declaração das Nações Unidas sobre os Direitos dos Povos Indígenas, ao afirmar o direito à autodeterminação (art. V),

(A) permite a secessão de nações indígenas, porque esse direito está afirmado na Resolução da Assembleia-Geral da ONU n.º 2625 (1970), segundo a qual o estabelecimento de Estado soberano e independente constitui "modo de implementação do direito à autodeterminação";
(B) não reconhece o direito à secessão, porque o direito à autodeterminação é mera retórica política;
(C) vincula formalmente o Estado brasileiro que expressou voto favorável, podendo qualquer povo indígena, no Brasil, se valer da declaração para pedir intervenção externa, no caso de desrespeito aos direitos ali expressos;
(D) não reconhece o direito à secessão e não vincula o Estado brasileiro, por se tratar de deliberação de órgão que não tem poder de vincular a ação de Estados.

O direito à secessão não é reconhecido pelo artigo 46 da Declaração das Nações Unidas sobre os Direitos dos Povos Indígenas. E por se tratar de uma Declaração não possui poder vinculante, logo o Estado brasileiro não está vinculado *prima facie*.

Gabarito "D".

---

16. O crime de tortura está assim disciplinado pela legislação nacional (Lei nº 9.455/97):

    "Art. 1º Constitui crime de tortura:

    I – constranger alguém com emprego de violência ou grave ameaça, causando-lhe sofrimento físico ou mental:

    a) com o fim de obter informação, declaração ou confissão da vítima ou de terceira pessoa;

    b) para provocar ação ou omissão de natureza criminosa;

    c) em razão de discriminação racial ou religiosa.

    II – submeter alguém, sob sua guarda, poder ou autoridade, com emprego de violência ou grave ameaça, a intenso sofrimento físico ou mental, como forma de aplicar castigo pessoal ou medida de caráter preventivo.

    Pena – reclusão, de dois a oito anos.

    § 1º Na mesma pena incorre quem submete pessoa presa ou sujeita a medida de segurança a sofrimento físico ou mental, por intermédio da prática de ato não previsto em lei ou não resultante de medida legal.

    § 2º Aquele que se omite em face dessas condutas, quando tinha o dever de evitá-las ou apurá-las, incorre na pena de detenção de um a quatro anos (...)".

4.5. COMBINADAS DO SISTEMA GLOBAL DE PROTEÇÃO ESPECÍFICA

(Procurador da República –28º Concurso – 2015 – MPF) Assinale a alternativa correta

(A) O Pacto Internacional de Direitos Civis e Políticos não prevê, expressamente, a proibição por lei de qualquer apologia do ódio nacional, racial ou religioso que constitua incitamento à discriminação, à hostilidade ou a violência.
(B) A Convenção da ONU sobre os Direitos das Pessoas com Deficiência determina que os Estados-Partes reconheçam o direito das pessoas com deficiência à educação. Para efetivar esse direito sem discriminação e com base na igualdade de oportunidades, os Estados Partes assegurarão sistema educacional inclusivo em todos os níveis.
(C) A Convenção da ONU sobre os Direitos da Criança exige que somente maiores de 18 anos possam participar de conflitos armados e desde que obedecidas as regras do Direito Internacional Humanitário.
(D) A Convenção da ONU contra a Tortura e outros Tratamentos ou Penas Cruéis, Desumanos ou Degradantes admite que, em casos excepcionais, a prova obtida como resultado de tortura possa ser usada contra o indivíduo torturado.

A: incorreta, pois o pacto prevê sim no seu art. 20, ponto 2; **B:** correta (art. 24 da Convenção da ONU sobre os Direitos das Pessoas com Deficiência); **C:** incorreta. A previsão correta está no art. 38 da Convenção da ONU sobre os Direitos da Criança; **D:** incorreta. "Cada Estado-Parte assegurará que nenhuma declaração que se demonstre ter sido prestada como resultado de tortura possa ser invocada como prova em qualquer processo, salvo contra uma pessoa acusada de tortura como prova de que a declaração foi prestada" (art. 15 da Convenção da ONU contra a Tortura e outros Tratamentos ou Penas Cruéis, Desumanos ou Degradantes.
Gabarito "B".

5. SISTEMA INTERAMERICANO DE PROTEÇÃO

5.1. CONVENÇÃO AMERICANA SOBRE DIREITOS HUMANOS

(Ministério Público/SP – 2012 –VUNESP) A Convenção Americana sobre Direitos Humanos – Pacto de São José da Costa Rica estabelece que a Comissão Interamericana de Direitos Humanos tem a função principal de promover a observância e defesa dos direitos humanos, com as seguintes funções e competências:

(A) Reprimir as graves violações praticadas contra os direitos humanos e apresentar relatório à Assembleia Geral da Organização das Nações Unidas sobre as providências tomadas.
(B) Determinar aos governos dos Estados-Membros que adotem medidas em prol dos direitos humanos e denunciar aos Tribunais Internacionais a ocorrência de crimes contra a humanidade.
(C) Receber petições de qualquer pessoa, grupo de pessoas, de entidade não governamental ou de Estado-Membro que contenham denúncias ou queixas de violação da Convenção por um Estado-Membro.
(D) Preparar estudos e relatórios sobre a situação dos direitos humanos na América e capacitar pessoas para atuar na área de defesa dos direitos humanos.
(E) Julgar os casos de violação dos direitos humanos na América e manter atualizadas as normas da Convenção Americana sobre Direitos Humanos.

A: incorreta. A Assembleia Geral da Organização das Nações Unidas faz parte do sistema global de proteção dos direitos humanos; **B:** incorreta. A Comissão pode apresentar certo caso de vilipêndio aos direitos humanos à Corte Interamericana de Direitos Humanos e não aos Tribunais Internacionais. Ademais, crimes contra a humanidade são de competência do Tribunal Penal Internacional. Cabe lembrar que o crime citado está disciplinado no artigo 7º do Estatuto de Roma, que assim o define: *crime contra humanidade é a conduta criminosa cometida no quadro de um ataque, sistemático ou generalizado, contra qualquer população civil, desde que haja conhecimento desse ataque*. O próprio artigo 7º indica os tipos de crime considerados contra a humanidade: **a)** homicídio; **b)** extermínio; **c)** escravidão; **d)** deportação ou transferência forçada de uma população; **e)** prisão ou outra forma de privação da liberdade física grave, em violação das normas fundamentais de direito internacional; **f)** tortura; **g)** agressão sexual, escravatura sexual, prostituição forçada, gravidez forçada, esterilização forçada ou qualquer outra forma de violência no campo sexual de gravidade comparável; **h)** perseguição de um grupo ou coletividade que possa ser identificado, por motivos políticos, raciais, nacionais, étnicos, culturais, religiosos ou de gênero, ou ainda em função de outros critérios universalmente reconhecidos como inaceitáveis no direito internacional, relacionados com qualquer ato referido nessas alíneas ou com qualquer crime da competência do Tribunal; **i)** desaparecimento forçado de pessoas; **j)** crime de *apartheid*; e **k)** outros atos desumanos de caráter semelhante, que causem intencionalmente grande sofrimento ou afetem gravemente a integridade física ou a saúde física ou mental; **C:** correta. Reler o texto inicial; **D:** incorreta. A Comissão não tem competência para capacitar pessoas para atuar na área de defesa dos direitos humanos; **E:** incorreta. Quem deve julgar os casos de violação dos direitos humanos é a Corte Interamericana de Direitos Humanos.
Gabarito "C".

5.2. CARTA DEMOCRÁTICA INTERAMERICANA

(Procurador da República – PGR – 2013) Segundo a carta democrática interamericana de 2001,

(A) a Assembleia Geral da OEA suspenderá, por voto de maioria simples dos partícipes, Estado-membro do exercício de seu direito de participação na Organização quando constatar que nele tenha ocorrido ruptura da ordem democrática;
(B) a ruptura da ordem democrática ou uma ordem constitucional que afete gravemente a ordem democrática num Estado-membro constitui, enquanto persista, obstáculo insuperável à participação de seu governo em órgãos estabelecidos da OEA;
(C) os Estados-membros são responsáveis pela organização, realização e garantia de processos eleitorais livres e justos, independentemente de partidos políticos existirem ou não;
(D) o financiamento de campanhas eleitorais deve ser feito preferencialmente com recursos públicos, a fim de realizar indistintamente o direito ao acesso ao poder como elemento essencial da democracia representativa.

A: incorreta. "Quando a Assembleia Geral, convocada para um período extraordinário de sessões, constatar que ocorreu a ruptura da ordem democrática num Estado-membro e que as gestões diplomáticas tenham sido infrutíferas, em conformidade com a Carta da OEA tomará a decisão de suspender o referido Estado-membro do exercício de seu direito de participação na OEA mediante o **voto afirmativo de dois terços dos Estados membros**. A suspensão entrará em vigor imediatamente" (art. 21 da Carta Democrática Interamericana); **B:** correta (art. 19 da Carta Democrática Interamericana); **C:** incorreta (ler os artigos 3º, 5º e 23 da Carta Democrática Interamericana); **D:** incorreta, pois a Carta não trata do financiamento de campanha.

Gabarito "B".

(Procurador da República – 25º) A Carta Democrática Interamericana, de 2001, expressa consenso regional sobre a democracia representativa como forma de governo compartilhada pelos povos das aiviéricas e, nessa qualidade,

(A) é apenas um documento de retórica política;
(B) corresponde a diretriz de *soft law* regional;
(C) é norma formalmente vinculante, porque se apoia na Carta da OEA;
(D) é norma formalmente vinculante como costume regional.

A Carta Democrática Interamericana trata-se de uma diretriz de *soft law* regional. Será exemplo de *soft law* quando não supor mecanismos constritivos para a implementação dos direitos previstos. Em contrapartida, quando um documento legal prevê mecanismos constritivos para a implementação de seus direitos, estamos diante de um exemplo de *hard law*.

Gabarito "B".

5.3. COMISSÃO INTERAMERICANA DE DIREITOS HUMANOS

(Procurador da República –28º Concurso – 2015 – MPF) Assinale a alternativa incorreta

(A) A avaliação das petições individuais, na Comissão Interamericana de Direitos Humanos, é feita pela ordem de entrada, admitindo-se a antecipação da avaliação, entre outras hipóteses, por decisão do membro relator na Comissão.
(B) A Comissão Interamericana de Direitos Humanos pode determinar o arquivamento de petição individual nos casos onde ficar provada a inatividade processual injustificada dos peticionários.
(C) O Estado requerido pode pedir à Comissão Interamericana de Direitos Humanos a suspensão do prazo de três meses para que a Comissão encaminhe um caso individual à Corte Interamericana de Direitos Humanos.
(D) A defesa de não esgotamento dos recursos internos perante a Comissão Interamericana de Direitos Humanos pode ser reapresentada pelo Estado no momento em que o caso individual for apreciado pela Corte Interamericana de Direitos Humanos.

A: incorreta porque não existe essa possibilidade dentre as previstas no art. 29, ponto 1, do Regulamento da Comissão Interamericana de Direitos Humanos; **B:** correta (art. 42, ponto 1, *b*, do Regulamento da Comissão Interamericana de Direitos Humanos); **C:** correta (art. 46 do Regulamento da Comissão Interamericana de Direitos Humanos); **D:** correta Como a regra do esgotamento dos recursos internos não é aplicada com flexibilidade no Direito Internacional Geral, a jurisprudência das cortes internacionais de direitos humanos desenvolveu vários entendimentos que mitigam ou estabelecem pré-requisitos para a plena incidência da referida regra, como, por exemplo, fazendo recair o ônus da prova da existência de um recurso "acessível e suficiente" sobre o Estado demandado, ou estabelecendo que o Estado requerido estaria obrigado a levantar a objeção no primeiro momento em que fosse chamado perante a Comissão Interamericana, sob pena de ficar impedido de invocar o não esgotamento no julgamento perante a Corte Interamericana (estoppel). E não é o caso descrito na assertiva, pois ela diz REapresentar, ou seja, não ocorreu a preclusão dessa objeção. O princípio do estoppel é uma espécie de proibição do *venire contra factum* proprium na seara do direito internacional dos direitos humanos.

Gabarito "A".

(Ministério Público/RO – 2013 – CESPE) Em março de 2000, tendo invadido a residência do adolescente Marcos, no município de Vilhena – RO, alegando a apreensão de drogas, três oficiais da polícia militar do estado de Rondônia executaram-no, sumária e arbitrariamente, na frente de sua mãe e de seu irmão, e, em seguida, fugiram do local. Em primeira instância, apenas um dos policiais foi condenado pela prática do crime. O MPE/RO, então, interpôs recurso de apelação criminal, que não foi apreciado até o presente momento, razão por que a mãe de Marcos decidiu procurar o MP para receber orientação quanto à possibilidade de adoção de outras medidas para que os responsáveis pela execução de seu filho sejam efetivamente punidos. Com base nessa situação hipotética, no Sistema Interamericano de Direitos Humanos e na regra do esgotamento dos recursos internos na proteção dos direitos humanos, assinale a opção correta.

(A) A CIDH, por ser órgão jurisdicional do referido Sistema, poderá condenar os oficiais da polícia militar pela prática do homicídio de Marcos.
(B) O promotor de justiça, mas não a mãe da vítima, tem legitimidade para apresentar à CIDH petição que informe a violação de direitos humanos pelo crime praticado contra Marcos.
(C) A CIDH não poderá receber eventual petição a ela apresentada, pois, embora esteja configurada a demora injustificada na apreciação do recurso de apelação pelo Poder Judiciário, os recursos internos na proteção dos direitos humanos ainda não se esgotaram.
(D) A CIDH deverá admitir petição a ela apresentada, ainda que haja solução pendente sobre a matéria em outro processo internacional.
(E) Tendo o Brasil feito declaração, reconhecendo a competência da CIDH, pode ser apresentada petição a essa comissão, na qual seja informada a violação dos direitos humanos decorrente do crime praticado contra Marcos.

A: incorreta. A Comissão Interamericana de Direitos Humanos é o órgão administrativo do sistema regional de proteção americano; **B:** incorreta, pois a vítima pode apresentar diretamente a petição; **C:** incorreta. Só são aceitas as petições ou as comunicações que comprovarem a inexistência de litispendência internacional, ausência de coisa julgada internacional e o esgotamento de todos os recursos internos disponíveis.[17] Ademais, o artigo 46 da Convenção Americana

---

17. Cabe apontar, consoante jurisprudência da Corte Interamericana, que o Estado-parte tem direito de renunciar a regra do prévio esgotamento dos recursos internos. Na decisão de 13 novembro de 1981 (caso Viviana Gallardo e outras), a Corte Interamericana, invocando precedente da Corte Europeia de Direitos Humanos (De Wilde, Ooms and Versyp Cases – "Vagrancy" Cases), apontou que, segundo os princípios do

de Direitos Humanos exige que a petição ou a comunicação seja apresentada dentro do prazo de seis meses, a partir da data em que o presumido prejudicado em seus direitos tenha sido notificado da decisão definitiva exarada no sistema protetivo nacional e a petição a ser interposta deve conter o nome, a nacionalidade, a profissão, o domicílio e a assinatura da pessoa ou pessoas ou do representante legal da entidade que submeter a petição. Importante destacar que *não é necessária a manifestação expressa de concordância* da vítima ou vítimas da alegada violação aos direitos humanos. O sistema americano impõe a mesma ideia de ressalva existente no sistema global. As regras de esgotamento de todos os recursos internos disponíveis e do prazo de seis meses para a apresentação da petição ou comunicação não serão aplicadas quando o indivíduo for privado de seu direito de ação pela jurisdição doméstica, ou lhe forem ceifadas as garantias do devido processo legal, ou, ainda, *se os processos internos forem excessivamente demorados*; e o ônus da prova da existência de um recurso acessível e suficiente recai sobre o Estado demandado; **D:** incorreta. Reler comentário sobre a assertiva anterior; **E:** correta. Um aspecto chave da competência da CIDH é a possibilidade de receber petições do indivíduo "lesionado", de terceiras pessoas ou de organizações não governamentais legalmente reconhecidas em um ou mais Estados-membros da OEA que o representem.[18] Entrementes, essa competência só poderá ser exercida se o Estado violador tiver aderido à Convenção Americana de Direitos Humanos. Percebe-se que não é necessária a expressa aceitação da competência da Comissão para receber petições, bastando que o Estado tenha aderido à Convenção.

Gabarito "E".

5.4. CORTE INTERAMERICANA DE DIREITOS HUMANOS

(Procurador da República –28º Concurso – 2015 – MPF) Assinale a alternativa correta:

(A) No Caso Escher e Outros vs. Brasil, a Corte Interamericana de Direitos Humanos condenou o Brasil, mas não aceitou a alegação de violação à liberdade de associação.
(B) No Caso Vélez Loor vs. Panamá, a Corte Interamericana de Direitos Humanos considerou que uma política migratória que permita a detenção de migrantes irregulares em locais de detenção penal comum é aceitável, pois tal decisão está incluída na margem de apreciação nacional de cada Estado.
(C) Na Medida Provisória "Complexo Penitenciário de Pedrinhas", a Corte Interamericana de Direitos Humanos, a pedido dos familiares das vítimas, ordenou que o Brasil assegurasse o direito à vida e integridade física dos detentos do complexo.
(D) Na opinião consultiva n.5/1985, a Corte Interamericana de Direitos Humanos manifestou-se contrária à obrigatoriedade do diploma universitário e da inscrição em ordem profissional para o exercício da profissão de jornalista.

Direito Internacional, geralmente reconhecidos, e a prática internacional, a regra que exige o prévio esgotamento dos recursos internos foi concebida no interesse do Estado, pois busca dispensá-lo de responder perante um órgão internacional por atos a ele imputados, antes de ter a oportunidade de resolvê-los com seus próprios instrumentos. Essa regra é considerada como meio de defesa e como tal, renunciável, ainda que de modo tácito. Essa renúncia, uma vez anunciada, é irrevogável.

18. Como exemplo pode-se citar o conhecido caso Maria da Penha.

A: incorreta. Nesse caso o Brasil interpôs três exceções preliminares; a Corte descaracterizou uma e rechaçou as outras, declarando-se, assim, competente para conhecer o caso. No mérito, a Corte decidiu, por unanimidade, que o Brasil violou o direito à vida privada e o direito à honra e à reputação reconhecidos no artigo 11 em relação com o artigo 1º, ponto 1, da Convenção Americana, pela interceptação, gravação e divulgação das conversas telefônicas; o direito à liberdade de associação reconhecido no artigo 16 em relação com o artigo 1º, ponto 1, da Convenção; os direitos às garantias judiciais e à proteção judicial reconhecidos nos artigos 8º, ponto 1, e 25 em relação com o artigo 1º, ponto 1, da Convenção; e, por fim, decidiu que o Brasil não descumpriu a cláusula federal estabelecida no artigo 28 em relação com os artigos 1º, ponto 1, e 2º da Convenção; **B:** incorreta. O direito à liberdade física previsto no art. 7º da Convenção Americana sobre Direitos Humanos é um direito de todas as pessoas, inclusive das crianças, dos jovens e dos **estrangeiros**. Quanto aos últimos, a Corte pontuou que o estrangeiro não é somente titular do direito à liberdade pessoal, pois encontra-se, sobretudo se é um imigrante ilegal, em uma situação de vulnerabilidade que exige proteção especial (Corte IDH. *Caso Vélez Loor vs. Panamá*. Exceções preliminares, mérito, reparações e custas. Sentença de 23 de novembro de 2010. Item 98 e seguintes da decisão); **C:** correta, pois o pedido foi feito pela Comissão Interamericana. A Comissão Interamericana, com supedâneo nos artigos 63, ponto 2, da Convenção e 27 do Regulamento da Corte, fez uma solicitação de adoção de medidas provisórias pela Corte, com o propósito de o Tribunal requerer ao Brasil a adoção, sem dilação, das medidas necessárias para preservar a vida e a integridade pessoal dos presos no Complexo Penitenciário de Pedrinhas (São Luís, Maranhão), assim como de qualquer pessoa que se encontre no presídio; **D:** correta. A Opinião Consultiva nº 5 foi solicitada pelo governo da Costa Rica com o objetivo de aclarar a correta interpretação dos artigos 13 e 29 da Convenção Americana de Direitos Humanos, tendo por base o licenciamento obrigatório dos jornalistas[19] e a compatibilidade da Lei nº 4.420/1969[20] (Lei Orgânica do Sindicato de Jornalistas da Costa Rica) com os artigos 13 e 29 do Pacto de San José da Costa Rica.

Gabarito "D".

(Procurador da República – 26º) As medidas provisórias, no âmbito da Corte Interamericana de Direitos Humanos,

(A) só podem ser concedidas quando o caso esteja tramitando na Corte;
(B) podem ser concedidas pelo Presidente da Corte *ad referendum* da mesma;
(C) podem ser concedidas pela Comissão Interamericana de Direitos Humanos em antecipação da jurisdição da Corte;
(D) podem ser concedidas pela Corte antes mesmo de o caso nela ter trâmite, se a Comissão Interamericana de Direitos Humanos assim lhe solicitar.

Um traço marcante é que a Corte só pode ser acionada pelos Estados-partes ou pela Comissão; o indivíduo, conforme artigo 61 da Convenção Americana de Direitos Humanos (Pacto San José da Costa Rica), é proibido de apresentar petição à Corte. Entretanto, pessoas e ONGs podem, excepcionalmente, peticionar à Corte, nos casos em que já sejam partes, para que esta adote medidas provisórias em casos de extrema gravidade e urgência, desde que verificado risco de dano irreparável à vítima ou às vítimas, nos termos do artigo 63, ponto 2, da Convenção Americana de Direitos Humanos. Se o assunto ainda não estiver submetido ao conhecimento da Corte, a Comissão poderá solicitar que esta adote medidas provisórias mesmo antes da análise do mérito do caso, desde que o caráter de urgência e de gravidade as justifique.

19. Leia-se diploma de jornalismo.
20. Essa lei estabelece o licenciamento obrigatório de seus membros para poder exercer o jornalismo.

De maneira mais ampla ainda (o que engloba as medidas provisórias citadas), o regulamento desse Tribunal admite a participação direta dos indivíduos demandantes em todas as etapas do procedimento, após a apresentação do caso pela Comissão Interamericana (artigo 23, ponto 1, do Regulamento da Corte Interamericana de Direitos Humanos).

Gabarito "D".

5.5. COMBINADAS DO SISTEMA INTERAMERICANO

(Ministério Público/MT – 2012 – UFMT) Sobre o sistema interamericano de proteção dos direitos humanos, é correto afirmar:

(A) Compõe-se de quatro principais instrumentos: a Carta da Organização dos Estados Americanos (1948), a Declaração Americana dos Direitos e Deveres do Homem (1948), a Convenção Americana sobre Direitos Humanos (1969) e o Protocolo Adicional à Convenção Americana em Matéria de Direitos Econômicos, Sociais e Culturais (1988), estando este último ainda pendente de ratificação pelo Estado brasileiro.

(B) Compõe-se de quatro principais instrumentos: a Carta da Organização das Nações Unidas (1945), a Declaração Universal dos Direitos Humanos (1948), a Convenção Americana sobre Direitos Humanos (1969) e o Protocolo Adicional à Convenção Americana em Matéria de Direitos Econômicos, Sociais e Culturais (1988), estando este último ainda pendente de ratificação pelo Estado brasileiro.

(C) Compõe-se de quatro principais instrumentos: a Carta da Organização dos Estados Americanos (1948), a Declaração Universal dos Direitos Humanos (1948), a Convenção Americana sobre Direitos Humanos (1969) e o Protocolo Adicional à Convenção Americana em Matéria de Direitos Econômicos, Sociais e Culturais (1988), estando este último ainda pendente de ratificação pelo Estado brasileiro.

(D) Compõe-se de quatro principais instrumentos: a Carta da Organização dos Estados Americanos (1948), a Declaração Americana dos Direitos e Deveres do Homem (1948), a Convenção Americana sobre Direitos Humanos (1969) e o Protocolo Adicional à Convenção Americana em Matéria de Direitos Econômicos, Sociais e Culturais (1988), todos em vigor na ordem jurídica brasileira.

(E) Compõe-se de quatro principais instrumentos: a Carta da Organização dos Estados Americanos (1948), a Declaração Universal dos Direitos Humanos (1948), a Convenção Americana sobre Direitos Humanos (1969) e o Protocolo Adicional à Convenção Americana em Matéria de Direitos Econômicos, Sociais e Culturais (1988), todos em vigor na ordem jurídica brasileira.

A: incorreta. De fato, são os quatro principais instrumentos do sistema interamericano de proteção dos direitos humanos. Todavia, o Protocolo de San Salvador (o Protocolo Adicional à Convenção Americana em Matéria de Direitos Econômicos, Sociais e Culturais) já foi ratificado pelo Brasil. O Congresso Nacional aprovou o supracitado Protocolo por meio do Decreto Legislativo nº 56, de 19 de abril de 1995. Mas o Protocolo só entrou em vigor internacional em 16 de novembro de 1999, momento que também passou a viger no Brasil, pois o Governo brasileiro tinha depositado o Instrumento de Adesão do referido ato em 21 de agosto de 1996. O Decreto de promulgação é o nº 3.321/1999; **B:** incorreta, pois a Declaração Universal dos Direitos Humanos e a Carta das Nações Unidas fazem parte do sistema global de proteção dos direitos humanos e não do interamericano; **C:** incorreta, pois a Declaração Universal dos Direitos Humanos faz parte do sistema global de proteção dos direitos humanos e não do interamericano; **D:** correta. O sistema protetivo americano está principalmente alicerçado em torno da Organização dos Estados Americanos (OEA), organização internacional que tem por objetivo garantir a paz e a segurança no continente americano. Por isso, diz-se que é uma organização internacional de vocação regional, considerada organismo regional das Nações Unidas. O sistema protetivo americano foi instalado em 1948 pela Carta da Organização dos Estados Americanos, que, por sua vez, foi adotada na 9ª Conferência Internacional Americana, que se reuniu em Bogotá, na Colômbia. Na mesma Conferência, foi adotada a Declaração Americana dos Direitos e Deveres do Homem, que foi o primeiro acordo internacional sobre direitos humanos, antecipando a Declaração Universal dos Direitos Humanos, escrita seis meses depois. O sistema protetivo americano não contava com mecanismo constritivo de proteção dos direitos humanos, mas apenas com uma declaração (soft law) de que os Estados-membros deveriam proteger os direitos humanos. Em 22 de novembro de 1969, na Conferência de San José da Costa Rica, foi adotada a Convenção Americana de Direitos Humanos[21] (Pacto de San José da Costa Rica), a qual só entrou em vigor internacional em 18 de julho de 1978 (quando atingiu as 11 ratificações necessárias) e é o principal instrumento protetivo do sistema americano. No Brasil, a Convenção passou a ter vigência por meio do Decreto nº 678 de 6 de novembro de 1992. Cabe destacar que o artigo 2º desse decreto dispõe sobre a declaração interpretativa do governo brasileiro: "O Governo do Brasil entende que os arts. 43 e 48, d, não incluem o direito automático de visitas e inspeções in loco da Comissão Interamericana de Direitos Humanos, as quais dependerão da anuência expressa do Estado". Tal declaração interpretativa funciona como uma ressalva que limita os poderes da Comissão Interamericana de Direitos Humanos[22]. Como órgãos de fiscalização e julgamento (controle de convencionalidade internacional) do sistema americano de proteção dos direitos humanos, a Convenção instituiu a Comissão e a Corte Interamericana de Direitos Humanos, dotando-o, dessa maneira, de mecanismos constritivos de proteção dos direitos humanos (hard law). Na Convenção só é permitida a participação dos países-membros da OEA. Ao longo da Convenção é possível identificar inúmeros direitos civis e políticos (ditos de primeira geração), nos moldes do Pacto Internacional de Direitos Civis e Políticos. A única menção aos direitos econômicos, sociais e culturais é encontrada no artigo 26, que se limita a determinar que os Estados se engajem em progressivamente implementar tais direitos (em sua dimensão negativa e positiva), ditos de segunda geração. Tal escolha (de só regular os direitos políticos e civis) foi direcionada para obter a adesão dos EUA. Essa situação modificou-se com a adoção, na Conferência Interamericana de San Salvador, em 17 de novembro de 1988, do Protocolo Adicional à Convenção, conhecido como Protocolo de San Salvador. A partir de então, tem-se uma enumeração dos direitos econômicos, sociais e culturais que os países americanos – membros da OEA – obrigaram-se a implementar

---

21. É de suma importância sublinhar que a Convenção Interamericana de Direitos Humanos é autoaplicável. Tal definição provém do Parecer Consultivo 07/86 da Corte Interamericana de Direitos Humanos. Assim, uma vez internalizada, estará apta a irradiar seus efeitos diretamente na ordem interna do país-parte, isto é, não necessitará de lei que regulamente sua incidência nos países que aderiram a seus mandamentos.

22. Todavia, deve-se apontar, como uma das consequências do princípio pro homine, que a interpretação das limitações de direitos estabelecidos nos tratados internacionais de direitos humanos deve ser restritiva – tudo para impedir ao máximo a diminuição da proteção da pessoa humana. Aliás, nesse sentido é o Parecer Consultivo 02, de 24 de setembro de 1982, da Corte Interamericana de Direitos Humanos.

progressivamente. Lembrando-se sempre da tripla obrigação dos Estados para com todos os direitos humanos: proteger, respeitar e realizar[23]; **E:** incorreta (reler o comentário sobre a assertiva C).

Gabarito "D".

(Ministério Público/MT – 2012 – UFMT) Sobre o processamento do Estado no sistema interamericano de direitos humanos, é correto afirmar:

(A) Cabe à Comissão Interamericana ou ao cidadão diretamente prejudicado propor perante a Corte Interamericana denúncias ou queixas por violação de direitos humanos, devendo a condenação da Corte recair sempre sobre um Estado-parte na Convenção Americana sobre Direitos Humanos.

(B) Cabe exclusivamente ao Estado de nacionalidade da vítima propor perante a Corte Interamericana ação competente de reparação de danos sempre que a violação aos direitos humanos tenha ocorrido em território de outro Estado, desde que este último seja parte na Convenção Americana sobre Direitos Humanos e tenha aceitado a jurisdição contenciosa do tribunal.

(C) Cabe à Comissão Interamericana, e não aos particulares, propor perante a Corte Interamericana ação competente por violação de direitos humanos e sua reparação, podendo também fazê-lo outro Estado pactuante, desde que o país acusado tenha anteriormente aceito a jurisdição contenciosa do tribunal.

(D) Cabe à parte especialmente prejudicada pela violação de direitos humanos a propositura de ação competente perante a Corte Interamericana de Direitos Humanos, porém, com o acompanhamento de técnicos da Comissão Interamericana, que também ficarão responsáveis pelo encaminhamento dos demais atos processuais perante a Corte.

(E) Podem propor uma ação de reparação de danos por violação de direitos humanos perante a Corte Interamericana de Direitos Humanos a Comissão Interamericana ou um Estado-parte na Convenção Americana, podendo fazê-lo contra outro Estado-parte na Convenção ou contra um grupo de pessoas (p. ex.: um grupo de militares) que exerça atividades de comando dentro da ordem estatal.

A: incorreta. A Corte só pode ser acionada pelos Estados-partes ou pela Comissão; o indivíduo, conforme artigo 61 da Convenção, é proibido de apresentar petição à Corte. Entretanto, pessoas e ONGs podem, excepcionalmente, peticionar à Corte, nos casos em que já sejam partes, para que esta adote medidas provisórias em casos de extrema gravidade e urgência, desde que verificado risco de dano irreparável à vítima ou às vítimas, nos termos do artigo 63, ponto 2, da Convenção Americana de Direitos Humanos. Se o assunto ainda não estiver submetido ao conhecimento da Corte, a Comissão poderá solicitar que esta adote medidas provisórias mesmo antes da análise do mérito do caso, desde que o caráter de urgência e de gravidade as justifique; **B:** incorreta, pois essa competência não é exclusiva (reler comentário sobre a assertiva anterior); **C:** correta. Reler o comentário sobre a assertiva A. Ademais, a competência contenciosa só será exercida em relação aos Estados-partes da Convenção que expressem e inequivocamente tenham aceitado essa competência da Corte (artigo 62 da Convenção Americana de Direitos Humanos). A declaração de aceite da competência da Corte pode ser feita incondicionalmente ou sob condição de reciprocidade, por prazo determinado ou ainda somente para casos específicos. Em síntese, pode-se dizer que a jurisdição contenciosa da Corte está limitada em razão das partes que intervêm no procedimento (*ratione personae*), em razão da matéria objeto da controvérsia (*ratione materiae*) e em razão do tempo transcorrido desde a notificação aos Estados do relatório da Comissão (*ratione temporis*). É limitada *ratione personae* porque só os Estados-partes ou a Comissão podem acioná-la; é limitada *ratione materiae* porque apenas pode conhecer de casos que tenham por supedâneos a Convenção Americana de Direitos Humanos, o Protocolo de San Salvador (somente em relação aos artigos 8°, ponto 1, alínea *a, e* 13), a Convenção Interamericana para Prevenir e Punir a Tortura (conforme o que dispõe o artigo 8°) e a Convenção Interamericana sobre o Desaparecimento Forçado de Pessoas (conforme o que dispõe o artigo 13); e, por fim, é limitada *ratione temporis* porque o caso tem de ser tanto submetido à Corte no prazo de três meses contados da data de envio do relatório, pela Comissão, aos Estados interessados, como também as alegadas violações devem datar de momento posterior ao reconhecimento da competência contenciosa da Corte pelo Estado; **D:** incorreta (reler comentário sobre a assertiva A); **E:** incorreta, pois a ação só pode ser proposta em face de Estado e não contra grupo de pessoas.

Gabarito "C".

(Ministério Público/SP – 2011) São características do Sistema Interamericano de Direitos Humanos:

(A) ser composto pela Comissão e pela Corte Interamericana de Direitos Humanos; ser voltado apenas para funções jurisdicionais; exercer a Corte tais funções jurisdicionais por exclusiva iniciativa da vítima da violação do direito; exigir o esgotamento dos recursos previstos no direito interno; poder impor ao Estado, que reconheça sua jurisdição, medidas reparatórias e destinadas a garantir o exercício dos direitos violados.

(B) ser composto pela Comissão e pela Corte Interamericana de Direitos Humanos; a Corte possuir funções consultivas e jurisdicionais; exercer a Corte suas funções jurisdicionais por exclusiva iniciativa da

---

23. Para ilustrar, segue um trecho da importante sentença da Corte Interamericana de Direitos Humanos exarada no caso Velásquez Rodríguez, ocasião em que foi explicitada a obrigação de os Estados-partes garantirem o livre e o pleno exercício dos direitos reconhecidos na Convenção Americana de Direitos Humanos: "Esta obrigação implica o dever dos Estados-partes de organizar todo o aparato governamental e, em geral, todas as estruturas por meio das quais se manifesta o exercício do poder público, de maneira que sejam capazes de assegurar juridicamente o livre e pleno exercício dos direitos humanos. Como consequência dessa obrigação, os *Estados devem prevenir, investigar e sancionar toda violação dos direitos reconhecidos pela Convenção* e procurar, ademais, o restabelecimento, se possível, do direito violado e também a reparação dos danos produzidos pela violação dos direitos humanos" (tradução minha). O caso analisado trata de um estudante universitário de Honduras – Velásquez Rodríguez – que foi detido por autoridades policiais hondurenhas, sendo, posteriormente, vítima de tortura até ser tido como desaparecido. Em sentença de 29 de julho de 1988, a Corte Interamericana de Direitos Humanos declarou, por unanimidade, que Honduras violou, em prejuízo de Velásquez Rodríguez, o direito à liberdade pessoal (artigo 7° da Convenção), o direito à integridade pessoal (artigo 5° da Convenção) e o direito à vida (artigo 4° da Convenção), todos em conexão com o artigo 1°, ponto 1, da Convenção. A Corte declarou ainda, também por unanimidade, que Honduras deveria pagar uma justa indenização compensadora para os familiares da vítima, mas não fixou os parâmetros para o pagamento, apenas ressalvou que, se a Comissão Interamericana de Direitos Humanos e Honduras não chegassem a um acordo, a Corte seria responsável por estabelecer a forma e a quantia da indenização.

Comissão; exigir o esgotamento dos recursos previstos no direito interno; poder de propor à Assembleia Geral da Organização dos Estados Americanos a imposição de medidas sancionatórias ao Estado violador.

(C) ser composto pela Corte Interamericana de Direitos Humanos; possuir funções consultivas e jurisdicionais; exercer a Corte suas funções por exclusiva iniciativa de um dos Estados membros da Organização dos Estados Americanos; exigir o esgotamento dos recursos previstos no direito interno; poder impor ao Estado, que reconheça sua jurisdição, medidas reparatórias e destinadas a garantir o exercício dos direitos violados.

(D) ser composto pela Comissão e pela Corte Interamericana de Direitos Humanos; a Corte possuir funções consultivas e jurisdicionais; exercer a Corte suas funções jurisdicionais por exclusiva iniciativa da Comissão; exigir o esgotamento dos recursos previstos no direito interno; poder impor ao Estado, que reconheça sua jurisdição, medidas reparatórias e destinadas a garantir o exercício dos direitos violados.

(E) ser composto pela Corte Interamericana de Direitos Humanos; possuir funções consultivas e jurisdicionais; exercer a Corte suas funções jurisdicionais por provocação da vítima da violação do direito, mediante denúncia a ser oferecida pelo órgão de acusação; exigir o esgotamento dos recursos previstos no direito interno; poder impor ao Estado membro da Organização dos Estados Americanos medidas reparatórias e destinadas a garantir o exercício dos direitos violados.

A: incorreta, pois a Comissão e a Corte têm função consultiva, nos termos dos art. 41 e 64, § 1º, do Pacto de São José da Costa Rica; **B, C e D:** incorretas, pois tanto os Estados-parte como a Comissão têm direito de submeter o caso à decisão da Corte (art. 61, § 1º, do Pacto); **E:** incorreta, pois o Sistema Interamericano é composto também pela Comissão Interamericana de Direitos Humanos. Pelo teor dos comentários percebe-se que não há alternativa correta, razão pela qual a questão foi anulada.
"Gabarito "Anulada"

(Ministério Público/ES – 2013 – VUNESP) Em relação ao Sistema Interamericano de Direitos Humanos, previsto na Convenção Americana sobre Direitos Humanos (*Pacto de San José da Costa Rica*), assinale a alternativa correta.

(A) Constitui atribuição da Comissão Interamericana de Direitos Humanos conhecer dos casos relativos à interpretação ou aplicação da Convenção Americana sobre Direitos Humanos e proferir sentença que será definitiva e inapelável.

(B) A Corte Interamericana de Direitos Humanos possui competência privativa para conhecer dos assuntos relacionados com o cumprimento dos compromissos assumidos pelos Estados Partes na Convenção Americana sobre Direitos Humanos.

(C) A Comissão Interamericana de Direitos Humanos compor-se-á de onze membros, que deverão ser pessoas de alta autoridade moral e de reconhecido saber em matéria de direitos humanos.

(D) A Corte Interamericana de Direitos Humanos, a pedido de um Estado-membro da Organização, poderá emitir pareceres sobre a compatibilidade entre qualquer de suas leis internas e os tratados concernentes à proteção dos direitos humanos nos Estados americanos.

(E) No Estado brasileiro, compete privativamente ao Ministério Público Federal ou Estadual apresentar à Comissão petições que contenham denúncias ou queixas de violação da Convenção sobre Direitos Humanos por um Estado Parte.

A: incorreta, pois a assertiva lista atribuições da Corte Interamericana; **B:** incorreta, pois a Comissão Interamericana também faz parte do sistema de monitoramento criado pela Convenção Interamericana; **C:** incorreta. A Comissão Interamericana de Direitos Humanos é o órgão administrativo do sistema regional de proteção americano. É composta de sete membros, que devem ser pessoas de alta autoridade moral e de reconhecido saber em matéria de direitos humanos (art. 2º, ponto 1, do Estatuto da Comissão); **D:** correta. A competência consultiva da Corte é marcada por sua grande finalidade de uniformizar a interpretação da Convenção Americana de Direitos Humanos e dos tratados de direitos humanos confeccionados no âmbito da OEA. Dentro dessa competência, qualquer Estado-membro ou órgão[24] da OEA pode pedir que a Corte emita parecer que indique a correta interpretação da Convenção e dos tratados concernentes à proteção dos direitos humanos nos Estados Americanos (art. 64, ponto 1, da Convenção Americana de Direitos Humanos). Ademais, a Corte pode fazer análise de compatibilidade entre a legislação doméstica de um país-membro da OEA e o sistema protetivo americano, com o intuito de harmonizá-los; **E:** incorreta. A Comissão pode receber petições do indivíduo "lesionado", de terceiras pessoas ou de organizações não governamentais legalmente reconhecidas em um ou mais Estados-membros da OEA que representem o indivíduo lesionado. Percebe-se que não existe a citada competência privativa do MP federal e estadual para tanto.
"Gabarito "D"

6. DIREITOS HUMANOS NO BRASIL
6.1. CONSTITUIÇÃO CIDADÃ DE 1988

(Procurador da República – PGR – 2013) Segundo entendimento do Superior Tribunal de Justiça expresso no voto do relator do incidente de deslocamento de competência N.º 1 – PA, a grave violação de direitos humanos que dá ensejo à iniciativa do procurador-geral da república para instauração do incidente

(A) deve ser articulada apenas com a ameaça efetiva e real de descumprimento de obrigações decorrentes de tratados internacionais de direitos humanos dos quais o Brasil seja parte, como condição de admissibilidade;

(B) deve ser aferida, como condição de admissibilidade, em articulação com considerações sobre a necessidade e a imprescindibilidade do deslocamento de competência para a garantia do cumprimento de obrigações decorrentes de tratados internacionais de direitos humanos dos quais o Brasil seja parte, em decorrência da observância dos princípios da proporcionalidade e da razoabilidade;

(C) prescinde de melhor definição legislativa, configurando, por isso, o art. 109, V-A, da Constituição Federal, norma de eficácia contida;

(D) deve ser articulada, como condição de admissibilidade, com a necessidade de se resguardar, sempre que possível, o juízo natural estadual, somente se justificando o deslocamento quando houver pedido das autoridades estaduais, dando conta de sua incapacidade de garantir a prestação jurisdicional em tempo razoável com todas as garantias processuais.

---
24. Os órgãos estão elencados no capítulo X da Carta da Organização dos Estados Americanos.

Com base na jurisprudência do STJ, o incidente de deslocamento só será provido se ficar comprovado que a justiça estadual constitui verdadeira barreira ao cumprimento dos compromissos internacionais de proteção dos direitos humanos assumidos pelo Brasil. Dito de outra forma e agora com ênfase na razão de ser do instituto, deve-se ter consciência de que um caso de grave violação dos direitos humanos previstos em tratados internacionais do qual o Brasil é parte, embora ocorrido no âmbito de um estado-membro da federação, é capaz de ensejar no cenário internacional a responsabilidade do Estado brasileiro, de modo que o deslocamento de competência para a órbita federal, em casos como esse, dá a oportunidade, no plano interno, para o órgão de Justiça da União examinar e decidir a questão, antes de arcar com o pesado ônus dessa violação. No IDC 1-PA/STJ, a linha jurisprudencial acima disposta foi inicialmente construída e no voto do relator desse julgamento ficou fixado a necessidade de se observar os princípios da proporcionalidade e da razoabilidade quando da efetivação do deslocamento.

Gabarito "B".

(Ministério Público/MG – 2013) A Declaração Universal dos Direitos Humanos, em seu artigo XXV, n°1, diz: "Toda pessoa tem direito a um padrão de vida capaz de assegurar a si e a sua família saúde e bem-estar, inclusive alimentação, vestuário, **habitação**, cuidados médicos e os serviços sociais indispensáveis, e direito à segurança em caso de desemprego, doença, invalidez, viuvez, velhice ou outros casos de perda dos meios de subsistência fora de seu controle". Expressamente, a Constituição da República Federativa do Brasil, em seu artigo 6°, por introdução da Emenda Constitucional n° 26, prevê a **moradia** como direito social, no mesmo patamar da educação, da saúde, do trabalho, do lazer, da segurança, da previdência social, da proteção à maternidade e à infância e da assistência aos desamparados. Com base no ordenamento constitucional brasileiro, pode-se afirmar, **EXCETO**:

(A) O direito de moradia possui aplicação imediata, uma vez que é direito fundamental social, fazendo parte do mínimo existencial, e a Constituição da República não o condiciona a nenhuma regulamentação específica, motivo pelo qual não pode o Poder Público se eximir de implementar políticas públicas para o seu atendimento, em face de obrigação constitucional.
(B) A política de desenvolvimento urbano, executada pelo Poder Público municipal, tem por diretriz geral, entre outras, a garantia do direito a cidades sustentáveis, onde está inserido o direito à moradia.
(C) Cabe à União estabelecer diretrizes para o desenvolvimento urbano, inclusive a habitação, mas somente ao município compete promover programas de construção de moradias e a melhoria das condições habitacionais.
(D) Pelo ordenamento constitucional brasileiro, a propriedade é um direito fundamental, mas não possui um caráter absoluto, pois deve cumprir uma função social, que se dá, entre outras formas, pelo atendimento das exigências fundamentais de ordenamento das cidades, expressadas nos planos diretores, podendo estes estabelecerem áreas para que o Poder Público municipal, mediante lei específica, exija do proprietário do solo urbano não edificado, subutilizado ou não utilizado, que promova o seu adequado aproveitamento, sob pena, sucessivamente de parcelamento ou edificação compulsórios, imposto sobre a propriedade predial e territorial urbana progressivo no tempo e desapropriação com pagamento mediante títulos da dívida pública.

A: assertiva correta, pois, de fato, a Constituição não o condiciona a nenhuma regulamentação específica. E não é possível contrariar o direito a moradia como parte do mínimo existencial, pois uma pessoa sem moradia fica extremamente vulnerável e sua dignidade humana ameaçada. Como exercício humano, pense por 30 segundos como seria sua vida se você não tivesse sua casa para morar; **B:** assertiva correta (artigo 182, *caput*, da CF); **C:** assertiva incorreta, devendo ser assinalada, pois é competência comum da União, dos Estados, do Distrito Federal e dos Municípios promover programas de construção de moradias e a melhoria das condições habitacionais (artigo 23, IX, da CF); **D:** assertiva correta (artigo 182, §§ 2° e 4°, da CF).

Gabarito "C".

(Ministério Público/RO – 2013 – CESPE) Determinado advogado, integrante da Comissão de Defesa de Direitos Humanos da Seccional de Rondônia da OAB, morreu, no município de Ji-Paraná – RO, após ter atingido por vinte disparos de arma de fogo efetuados por duas pessoas não identificadas. O advogado havia feito diversas denúncias relacionadas a supostos atos de corrupção e maus tratos aos detentos de determinado presídio localizado no referido município. A CIDH, então, expressando preocupação com a possível represália cometida contra o advogado, instou o Estado brasileiro a investigar o crime, esclarecê-lo judicialmente e punir os responsáveis.

Considerando essa situação hipotética, assinale a opção correta acerca do incidente de deslocamento de competência para a Justiça Federal nas hipóteses de grave violação de direitos humanos.

(A) Nessa situação, cabe ao Procurador-Geral de Justiça do Estado de Rondônia suscitar eventual incidente de deslocamento de competência para a justiça federal.
(B) O deferimento do deslocamento de competência para a Justiça Federal só será possível, nessa situação, de acordo com o STJ, se houver risco de responsabilização internacional decorrente do descumprimento de obrigações jurídicas assumidas em tratados internacionais, entre outros requisitos.
(C) O incidente de deslocamento de competência para a Justiça Federal deverá ser suscitado até o oferecimento da denúncia pelo MP.
(D) Na hipótese de deferimento do incidente de deslocamento de competência para a Justiça Federal, o caso deverá ser processado, de acordo com o STJ, no Juízo Federal Criminal de Porto Velho – RO.
(E) Nessa situação, deve-se deferir o incidente de deslocamento de competência para a Justiça Federal dadas a condição pessoal da vítima e a repercussão do fato no cenário internacional, visto que, de acordo com o STJ, a ocorrência do homicídio doloso, por si só, não justifica o deferimento do deslocamento.

Trata-se da denominada *federalização* dos crimes contra os direitos humanos, e um caso conhecido é o IDC 2-DF/STJ de relatoria da Ministra Laurita Vaz, pois o caso tinha como pano de fundo a atuação de um grupo de extermínio e o incidente de deslocamento de competência foi parcialmente acolhido.[25] É importante asseverar, com base na jurisprudência do STJ, que o incidente de deslocamento só será provido se ficar comprovado que a Justiça Estadual constitui verdadeira barreira ao cumprimento dos compromissos internacionais de proteção dos direitos humanos assumidos pelo Brasil. Dito de outra forma e agora com ênfase na razão de ser do instituto, deve-se ter consciência de

---

25. IDC 2-DF, 3ª Seção, j. 27.10.2010, rel. min. Laurita Vaz, DJe 22.11.2010 (Inform. STJ 453).

que um caso de grave violação dos direitos humanos previstos em tratados internacionais em que o Brasil seja parte, embora ocorrido no âmbito de um Estado-membro da Federação, é capaz de ensejar no cenário internacional a responsabilidade do Estado brasileiro, de modo que o deslocamento de competência para a órbita federal, em casos como esse, dá a oportunidade, no plano interno, para o órgão de Justiça da União examinar e decidir a questão, antes de arcar com o pesado ônus dessa violação.

Gabarito "B".

(Ministério Público/MT – 2012 – UFMT) Sobre os princípios da República Federativa do Brasil atinentes às relações internacionais, é correto afirmar:

(A) A previsão constitucional de concessão de asilo político restringe-se à ocorrência do asilo diplomático, que tem lugar quando a pessoa perseguida encontra guarida nas representações brasileiras no exterior, podendo dar-se em embaixadas ou consulados, ou, até mesmo, em unidades militares brasileiras acreditadas no país de origem.

(B) A previsão constitucional de concessão de asilo político é previsão-gênero, que alberga em seu conceito duas espécies de asilo, o diplomático e o territorial, sendo o primeiro o que se dá em embaixadas ou representações diplomáticas do Brasil no exterior, e o segundo o que ocorre com a vinda efetiva do asilado para o território nacional depois da obtenção de salvo-conduto no país de origem.

(C) A previsão constitucional de concessão de asilo político restringe-se à ocorrência do asilo territorial, cuja principal característica é tratar-se de instituição de caráter humanitário que não se sujeita à reciprocidade, podendo qualquer pessoa, de qualquer nacionalidade, sujeitar-se à sua efetiva proteção.

(D) A previsão constitucional de concessão de asilo político é expressão-gênero, que abrange o asilo diplomático e o asilo territorial, este último também conhecido por "refúgio", institutos que guardam idênticos fundamentos, características e motivações, a exemplo das perseguições por motivo de raça, nacionalidade, grupo social, religião, dentre outros.

(E) A previsão constitucional de concessão de asilo territorial tem por motivação a imputação ao sujeito de atos alheios a fatos tipificados como crimes, a exemplo de pertencer o sujeito a determinado grupo social ou cultural, ou de ter determinada religião que não aquela oficial do Estado de origem, ou até mesmo de ter manifestado uma opinião contrária à vontade do governo, o que faz com os pedidos extradicionais perante o STF não devam ser conhecidos pelo Tribunal.

A: incorreta, *pois não existe a mencionada restrição na Constituição (art. 4º, X, da CF). Logo, a previsão constitucional diz respeito tanto ao asilo diplomático como ao territorial.* O asilo territorial é o acolhimento, pelo Estado, em seu território, de estrangeiro perseguido em seu país por causa de dissidência política, de delitos de opinião ou por crimes que, relacionados com a segurança do Estado, não configurem infração penal comum. O direito do Estado de conceder asilo tem fundamento em sua soberania e deve ser respeitado pelos outros Estados. Deve-se lembrar, ainda, que o Estado asilante tem o direito de negar o asilo por motivos de segurança nacional. Esse tipo de asilo é concedido pelo chefe de Estado. Por sua vez, o asilo diplomático é o acolhimento, pelo Estado, em sua representação diplomática, do estrangeiro que busca proteção. É considerado uma forma provisória do asilo territorial, todavia, não assegura automaticamente sua concessão, a qual terá de ser processada para analisar o devido preenchimento de certas condições. Essa modalidade de asilo tem grande aceitação na América Latina, sobretudo em função de seu passado de instabilidade política. Os pressupostos do asilo diplomático são, em última análise, os mesmos do asilo territorial, isto é, a natureza política dos delitos atribuídos ao perseguido e a contemporaneidade da persecução. Por fim, os locais onde esse asilo pode ocorrer são as missões diplomáticas – não as repartições consulares – e, por extensão, os imóveis residenciais cobertos pela inviolabilidade nos termos da Convenção de Viena sobre Relações Diplomáticas; e, ainda, consoante o costume, os navios de guerra porventura acostados ao litoral; **B:** correta (reler comentário sobre a assertiva anterior); **C:** incorreta (reler comentário sobre a assertiva A); **D:** incorreta. Além da necessidade de releitura do comentário sobre a assertiva A para visualizar o erro da presente assertiva, cabe fazer considerações sobre o instituto *refúgio*, o qual é diferente do instituto *asilo*. O refúgio é o acolhimento, pelo Estado, em seu território, de indivíduo perseguido por motivos de raça, religião, nacionalidade, grupo social ou opiniões políticas. Deve-se atentar que o refúgio tem por base a situação de indivíduo que se encontre fora de seu país de nacionalidade e não possa ou não queira, por temor, regressar ou a situação de apátrida, que esteja fora do país onde teve sua última residência habitual e não possa ou não queira, por temor, regressar a tal país. Além disso, é possível considerar refugiado todo aquele que for vítima de grave e generalizada violação de direitos humanos; **E:** incorreta. Primeiramente, cabe sublinhar que a questão tem redação confusa. Mas pode-se afirmar que há uma confusão entre dois institutos, o asilo territorial e a extradição. Como vimos, o asilo é o acolhimento, pelo Estado, em seu território, de estrangeiro perseguido em seu país por causa de dissidência política, de delitos de opinião ou por crimes que, relacionados com a segurança do Estado, não configurem infração penal comum. Por sua vez, a extradição é a entrega de um Estado para outro Estado, a pedido deste, de indivíduo que em seu território deva responder a processo penal ou cumprir pena por prática de crime de certa gravidade. Os pedidos extradicionais passam por uma análise de admissibilidade do STF, assim devem ser conhecidos, mas apenas serão concedidos se cumprirem os requisitos autorizadores da dita concessão.

Gabarito "B".

(Ministério Público/MT – 2012 – UFMT) É possível afirmar que a Constituição Brasileira de 1988, no que tange aos princípios das relações internacionais, tem como característica:

(A) A de ser uma Constituição que até a promulgação da Emenda 45/2004 sempre fez tábula rasa do Direito Internacional Público, em especial do Direito Internacional dos Direitos Humanos, ao não prever claramente a hierarquia das normas internacionais em geral no plano do Direito brasileiro, bem assim por impedir a participação popular em matéria de política externa quando há encargos ou compromissos gravosos ao patrimônio nacional.

(B) A de ser a segunda Constituição brasileira (a primeira foi a Carta de 1967) a incluir expressamente em seu texto os objetivos da República Federativa do Brasil e os princípios pelos quais deve o Brasil reger-se nas suas relações internacionais, além de impor ao STF a competência para a decisão sobre a inconstitucionalidade de tratados.

(C) A de ser uma Constituição aberta e receptiva ao Direito Internacional Publico, à medida que contém certas "cláusulas de diálogo" ou "cláusulas dialógicas" como a do art. 4º, II, que permite a aplicação da norma de proteção de direitos mais benéfica ao ser humano, e a do art. 5°, § 2°, que não exclui do âmbito constitucional de aplicação as normas provenientes de tratados sobre direitos humanos de que o Brasil é parte.

(D) A de ser uma Constituição que mesmo depois da Emenda 45/2004 faz tábula rasa do Direito Internacional Público, eis que, embora permitindo a equivalência convencional às regras do seu próprio texto em determinados casos, fica ainda muito aquém de outros textos constitucionais latino-americanos que garantem equiparação convencional geral às normas constitucionais, como fazem as Constituições da Argentina e da Venezuela.

(E) A de ser uma Constituição aberta e receptiva ao Direito Internacional Público, à medida que desde a sua edição já contém normas sobre a inconstitucionalidade dos tratados perante o STF e sobre deslocamento de competência para a Justiça Federal nas hipóteses de grave violação de direitos humanos.

"Art. 4° A República Federativa do Brasil rege-se nas suas relações internacionais pelos seguintes princípios: I – independência nacional; II – prevalência dos direitos humanos; III – autodeterminação dos povos; IV – não intervenção; V – igualdade entre os Estados; VI – defesa da paz; VII – solução pacífica dos conflitos; VIII – repúdio ao terrorismo e ao racismo; IX – cooperação entre os povos para o progresso da humanidade; e X – concessão de asilo politico".

A: incorreta, pois tal assertiva encontra-se em total desacordo com a historiografia constitucional brasileira; **B:** incorreta, pois se trata de outra assertiva contrária à historiografia constitucional brasileira; **C:** correta. Em se tratando de interpretação e de aplicação das regras protetivas de direitos humanos, deve-se ter por fundamento o *princípio da primazia da norma mais favorável à vítima*, o qual determina a busca da maior efetividade possível na proteção dos direitos humanos. Portanto, de modo geral, os sistemas protetivos global, regional e nacional interagem e complementam-se para melhor proteger o indivíduo dos abusos perpetrados contra sua dignidade humana. Esse exercício foi denominado por Erik Jaime[26] o *diálogo das fontes*[27], ou seja, os diversos sistemas de proteção (fontes heterogêneas) são coordenados para garantir a maior tutela possível da dignidade da pessoa humana – dessa forma, o sistema com maiores possibilidades de garantir a proteção no caso específico será o eleito, podendo até haver uma aplicação conjunta dos sistemas, desde que apropriada. E como bem dito na assertiva, a Constituição brasileira traz previsão expressa de "cláusula de diálogo ou dialógica" no seu art. 4°, II. Além disso, nenhuma lei ou norma de direito interno, como as disposições de anistia, as regras de prescrição e outras excludentes de responsabilidade, podem impedir que um Estado cumpra essa obrigação, especialmente quando se tratar de graves violações de direitos humanos que constituam crimes contra a humanidade, como os de lesa-humanidade, pois são inanistiáveis e imprescritíveis. E as normas definidoras dos direitos e garantias fundamentais têm aplicação imediata (artigo 5, § 1°, da CF). Isto é, o juiz pode aplicar diretamente os direitos fundamentais, sem necessidade de qualquer lei que os regulamente. Tal regra tem por base o *princípio da força normativa da Constituição*, idealizado por Konrad Hesse, e "a ideia de que os direitos individuais devem ter eficácia imediata ressalta a vinculação direta dos órgãos estatais a esses direitos e o seu dever de guardar-lhes estrita observância[28]". O § 2° é enfático: "Os direitos e garantias expressos nesta Constituição não excluem outros decorrentes do regime e dos princípios por ela adotados, ou dos tratados internacionais em que a República Federativa do Brasil seja parte". Tal estipulação possibilita a ampliação progressiva dos direitos fundamentais, pois o Brasil poderá aumentar seu catálogo de direitos à medida que internaliza tratados internacionais de direitos humanos[29]. Assim, a comunhão dos §§ 1° e 2° permite-nos concluir que um tratado de direitos humanos internalizado pelo Brasil faz parte de seu bloco de constitucionalidade[30] e, assim, pode ser aplicado direta e imediatamente pelo juiz. Lembrando que o bloco de constitucionalidade é composto de todas as normas do ordenamento jurídico que possuem *status* constitucional[31]; **D:** incorreta, pois a Constituição brasileira, e principalmente depois da EC 45, não faz tábula rasa do Direito Internacional Público, pois, muito pelo contrário acena de maneira muito favorável para interação do direito internacional com o interno; **E:** incorreta, pois, por exemplo, o § 5° do artigo 109 da CF[32], que foi acrescentado pela EC n° 45 de 2004, trata da *federalização* dos crimes contra os direitos humanos, e um caso interessante é o IDC 2-DF/STJ de relatoria da Ministra Laurita Vaz, pois o caso tinha como pano de fundo a atuação de um grupo de extermínio e o incidente de deslocamento de competência foi parcialmente acolhido[33]. É importante asseverar, com base na jurisprudência do STJ, que o incidente de deslocamento só será provido se ficar comprovado que a justiça estadual constitui verdadeira barreira ao cumprimento dos compromissos internacionais de proteção dos direitos humanos assumidos pelo Brasil.

Gabarito "C".

(Ministério Público/SP – 2011) O princípio da dignidade da pessoa humana

(A) está previsto constitucionalmente como um dos fundamentos da República e constitui um núcleo essencial de irradiação dos direitos humanos, devendo ser levadas em conta em todas as áreas na atuação do Ministério Público.

(B) não está previsto constitucionalmente, mas consta do chamado Pacto de São José da Costa Rica, possuindo grande centralidade no reconhecimento dos direitos humanos e tendo reflexo na atuação criminal do Ministério Público.

(C) está previsto constitucionalmente como um dos objetivos da República e possui grande centralidade

---

26. **Identité culturelle et integration: le droit international privé postmoderne.** Séries Recueil des Cours de l'Académie de Droit International de la Haye 251, 1995.

27. O citado diálogo também é previsto expressamente no artigo 29, *b*, da Convenção Americana de Direitos Humanos.

28. MENDES, Gilmar Ferreira. **Curso de Direito Constitucional**. 6. ed. São Paulo: Saraiva, 2011, p. 671.

29. No mesmo sentido: "Trata-se de evidente cláusula de abertura do rol de direitos fundamentais, a permitir a inclusão de outros direitos e garantias àqueles já previstos na Lei Maior, desde que consoantes com os princípios constitucionais". WEIS, Carlos. **Estudo sobre a obrigatoriedade de apresentação imediata da pessoa presa ao juiz: comparativo entre as previsões dos tratados de direitos humanos e do projeto de Código de Processo Penal.** Defensoria Pública do Estado de São Paulo, 2011. p. 7.

30. O termo bloco de constitucionalidade já foi citado, pelo STF, nas ADIns 595 e 514, de relatoria do Min. Celso de Mello, mas nunca foi aplicado no Brasil.

31. De forma geral e conforme o artigo 5°, § 2°, da CF, o bloco de constitucionalidade é formado pelo texto constitucional, pelos princípios dele decorrentes e pelos tratados internacionais de direitos humanos.

32. "Nas hipóteses de grave violação de direitos humanos, o Procurador-Geral da República, com a finalidade de assegurar o cumprimento de obrigações decorrentes de tratados internacionais de direitos humanos dos quais o Brasil seja parte, poderá suscitar, perante o Superior Tribunal de Justiça, em qualquer fase do inquérito ou processo, incidente de deslocamento de competência para a Justiça Federal".

33. IDC 2-DF, rel. Min. Laurita Vaz, julgado em 27.10.2010 (Inform. STJ 453).

no reconhecimento dos direitos humanos, mas não tem reflexo direto na atuação criminal do Ministério Público.

(D) está previsto como um dos direitos fundamentais previstos na Constituição Federal, serve de base aos direitos de personalidade e deve ser considerado na atuação do Ministério Público, em especial perante o juízo de família.

(E) não está previsto constitucionalmente, mas consta da Declaração Universal dos Direitos do Homem, constitui um núcleo essencial de irradiação dos direitos humanos, devendo ser levado em conta em todas as áreas na atuação do Ministério Público.

A: correta. Fruto da redemocratização, a Constituição Federal de 1988 torna a dignidade da pessoa humana um dos fundamentos da República Federativa do Brasil (artigo 1º, III, da CF). Outros fundamentos que reforçam o *status* dos direitos humanos no Brasil são a cidadania, os valores sociais do trabalho e o pluralismo político (respectivamente artigo 1º, II, IV e V, da CF). Um dos objetivos fundamentais do Brasil, segundo a CF, é a promoção do bem de todos, sem preconceitos de origem, raça, sexo, cor, idade e quaisquer outras formas de discriminação (artigo 3º, IV). Outro objetivo que posiciona nuclearmente a dignidade da pessoa humana no Brasil é o que determina a erradicação da pobreza e da marginalização e a redução das desigualdades sociais e regionais (artigo 3º, III). E, ainda, o Brasil tem por objetivo a construção de uma sociedade livre, justa, solidária (artigo 3º, I) e desenvolvida economicamente (artigo 3º, II). O outro fator que sacramenta a nuclearidade dos direitos humanos no Brasil é o que dispõe o artigo 4º, II, da CF. Ou seja, as relações internacionais do Brasil serão regidas, entre outros, pelo *princípio da prevalência dos direitos humanos*. Outros incisos do artigo 4º da CF que corroboram a dita nuclearidade dos direitos humanos são: **a)** repúdio ao terrorismo e ao racismo (inciso VIII); **b)** cooperação entre os povos para o progresso da humanidade (inciso IX); e **c)** concessão de asilo político (inciso X). Ora, além de os direitos humanos fundamentarem a existência da República brasileira, são vetores para o estabelecimento da política nacional e externa. Ademais, podem-se considerar os direitos humanos até como limitadores do poder constituinte originário: "É fora de dúvida que o poder constituinte é um fato político, uma força material e social, que não está subordinado ao Direito positivo preexistente. Não se trata, porém, de um poder ilimitado ou incondicionado. Pelo contrário, seu exercício e sua obra são pautados tanto pela realidade fática como pelo Direito, âmbito no qual a dogmática pós-positivista situa os valores civilizatórios, os direitos humanos e a justiça.[34]" Outro ponto de destaque é a inclusão dos direitos da pessoa humana na lista dos princípios sensíveis da Constituição (artigo 34, VII, *b*, da CF), os quais autorizam, diante de suas violações, a medida extrema da intervenção[35]. Isso significa que se um estado federado incidir em grave violação dos direitos humanos e nada fizer para mudar essa situação lamentável, a União intervirá nessa unidade federada para restabelecer o respeito integral dos direitos da pessoa humana. O STF já se pronunciou sobre um pedido de intervenção federal que teve por base a grave violação dos direitos da pessoa humana (artigo 34, VII, *b*, da CF). Foi a IF 114-5/MT, ocasião em que o STF sublinhou que a gravidade do fato por si só (violação dos direitos da pessoa humana) não é motivo suficiente para intervenção federal.

---

34. BARROSO, Luís Roberto. **Curso de Direito Constitucional Contemporâneo**. São Paulo: Saraiva, 2009, p. 110.

35. "A intervenção federal pelo inciso VII do artigo 34 busca resguardar a observância dos chamados princípios constitucionais sensíveis. Esses princípios visam assegurar uma unidade de princípios organizativos tidos como indispensáveis para a identidade jurídica da federação, não obstante a autonomia dos Estados-membros para se auto-organizarem" (MENDES, *op. cit.*, p. 835).

É necessária a cabal demonstração de que o estado não pode dar uma resposta efetiva ao fato grave ocorrido, ou seja, somente será possível a intervenção federal nesses casos se o estado não possuir uma estrutura mínima que lhe permita responder ao fato danoso – na maioria dos casos, estrutura para movimentar efetivamente a persecução penal.[36] Cabe também mencionar a obrigação, preponderantemente atribuída ao Legislativo brasileiro, que o inciso XLI do artigo 5º da CF criou: "a lei punirá qualquer discriminação atentatória dos direitos e liberdades fundamentais". Para corroborar a importância de tudo o que foi dito, é mister asseverar que é regra básica da hermenêutica jurídica aquela que determina que a aplicação da lei deverá levar em conta os valores constitucionais que irradiam sobre todo o ordenamento jurídico. Vimos que os direitos humanos ocupam lugar central na CF (logo, direitos fundamentais), destarte, toda interpretação e aplicação de alguma norma do ordenamento jurídico brasileiro devem ser balizadas pela dignidade da pessoa humana. Assim, a interpretação que violar a dignidade da pessoa humana não é válida, ou melhor, é inconstitucional. Depois de todo o dito, ainda cabe indicar a leitura do art. 127 da CF; **B:** incorreta. Reler o comentário sobre a assertiva anterior; **C:** incorreta, pois a atuação do Ministério Público, assim como a de qualquer órgão público, deve observar o princípio da dignidade da pessoa humana, que é fundamento da República (art. 1º, III, da CF); **D:** imprecisa. O princípio da dignidade da pessoa humana é fundamento da República (art. 1º, III, da CF), enunciado entre os princípios fundamentais (Título I da CF). A rigor, entretanto, não é indicado como direito ou garantia fundamental

---

36. Cabe aqui transcrever a ementa da IF 114-5/MT, rel. Min. Néri da Silveira:

"Intervenção Federal. 2. Representação do Procurador-Geral da República pleiteando intervenção federal no Estado de Mato Grosso, para assegurar a observância dos 'direitos da pessoa humana', em face de fato criminoso praticado com extrema crueldade a indicar a inexistência de 'condição mínima', no Estado, 'para assegurar o respeito ao primordial direito da pessoa humana, que é o direito à vida'. Fato ocorrido em Matupá, localidade distante cerca de 700 km de Cuiabá. 3. Constituição, arts. 34, VII, letra *b*, e 36, III. 4. Representação que merece conhecida, por seu fundamento: alegação de inobservância pelo Estado-membro do princípio constitucional sensível previsto no art. 34, VII, alínea *b*, da Constituição de 1988, quanto aos 'direitos da pessoa humana'. Legitimidade ativa do Procurador-Geral da República (Constituição, artigo 36, III). 5. Hipótese em que estão em causa 'direitos da pessoa humana', em sua compreensão mais ampla, revelando-se impotentes as autoridades policiais locais para manter a segurança de três presos que acabaram subtraídos de sua proteção, por populares revoltados pelo crime que lhes era imputado, sendo mortos com requintes de crueldade. 6. Intervenção Federal e restrição à autonomia do Estado-membro. Princípio federativo. Excepcionalidade da medida interventiva. 7. No caso concreto, o Estado de Mato Grosso, segundo as informações, está procedendo à apuração do crime. Instaurou-se, de imediato, inquérito policial, cujos autos foram encaminhados à autoridade judiciária estadual competente que os devolveu, a pedido do Delegado de Polícia, para o prosseguimento das diligências e averiguações. 8. Embora a extrema gravidade dos fatos e o repúdio que sempre merecem atos de violência e crueldade, não se trata, porém, de situação concreta que, por si só, possa configurar causa bastante a decretar-se intervenção federal no Estado, tendo em conta, também, as providências já adotadas pelas autoridades locais para a apuração do ilícito. 9. Hipótese em que não é, por igual, de determinar-se intervenha a Polícia Federal, na apuração dos fatos, em substituição à Polícia Civil de Mato Grosso. Autonomia do Estado-membro na organização dos serviços de justiça e segurança, de sua competência (Constituição, arts. 25, § 1º; 125 e 144, § 4º). 10. Representação conhecida mas julgada improcedente".

(Título II da CF). Mas é preciso destacar, ainda assim, que os direitos e garantias fundamentais decorrem ou relacionam-se diretamente ao princípio da dignidade humana. Oportuno compartilhar o conceito analítico de dignidade de pessoa humana de autoria de Ingo Wolfgang Sarlet: "Temos por dignidade da pessoa humana a qualidade intrínseca e distintiva de cada ser humano que o faz merecedor do mesmo respeito e consideração por parte do Estado e da comunidade, implicando, neste sentido, um complexo de direitos e deveres fundamentais que assegurem a pessoa tanto contra todo e qualquer ato de cunho degradante e desumano, como venham a lhe garantir as condições existenciais mínimas para uma vida saudável, além de propiciar e promover sua participação ativa corresponsável nos destinos da própria existência e da vida em comunhão dos demais seres humanos[37]"; **E:** incorreta, reler o comentário sobre a assertiva "A". Ademais, é previsto expressamente no preâmbulo e no art. 1º da Declaração Universal dos Direitos do Homem – DUDH, entre outros.

Gabarito "A".

6.2. ARTIGO 5º DA CONSTITUIÇÃO FEDERAL

(Promotor de Justiça – MPE/AM – FMP – 2015) No que se refere à eficácia dos direitos fundamentais, considere as seguintes assertivas:

I. A saúde e a educação são políticas públicas de incumbência do gestor, não podendo o Ministério Público e o Poder Judiciário adotar medidas de controle em juízo, sob pena de ativismo judicial.
II. A judicialização da política significa o ajuizamento de demandas envolvendo direitos fundamentais relativas à omissão dos poderes públicos, em razão de fatores contingenciais, ao passo que o ativismo judicial é um ato de vontade de poder (judicial), com a adoção de argumentos de moral, de política ou de economia, com ofensa ao princípio da Separação de Poderes.
III. A justiciabilidade dos direitos sociais está adstrita ao mínimo existencial, o qual corresponde ao núcleo essencial ou "núcleo duro" dos direitos fundamentais.
IV. O mínimo existencial não se confunde com o mínimo vital ou o mínimo de subsistência, podendo ser dividido em mínimo fisiológico e mínimo sociocultural.
V. A ponderação é um princípio utilizado para a resolução de colisão de direitos fundamentais.

Quais das assertivas acima estão corretas?

(A) Apenas a II e IV.
(B) Apenas a II e III.
(C) Apenas a II e V.
(D) Apenas a I e II.
(E) Apenas a III e IV.

I: incorreta, pois o Judiciário e o MP podem sim acompanhar e controlar a aplicação de políticas públicas, notadamente as de grande importância para a sociedade como saúde e educação. O ativismo judicial surge diante de uma atuação sem suporte legal; **II:** correta. Pois traz corretamente as definições de "judicialização da política" e "ativismo judicial"; **III:** incorreta, pois diz respeito ao núcleo mais básico. O mínimo que deve ser ampliado progressivamente; **IV:** correta, pois deve ser garantido o mínimo de "existência", com reflexos no seu aspecto sociocultural; **V:** incorreta, pois a ponderação é utilizada para aplicação de princípios.

Gabarito "A".

(Ministério Público/Acre – 2014 – CESPE) Acerca dos direitos individuais, assinale a opção correta.

---

37. **Dignidade da pessoa humana e Direitos Fundamentais**. Porto Alegre: Livraria do Advogado, 2001. p. 60.

(A) A condenação, em âmbito civil, de cidadão italiano residente no Brasil por período superior a quinze anos ininterruptos impede a aquisição da nacionalidade brasileira.
(B) Constitui violação do direito à intimidade e à proibição constitucional de obtenção de provas por meio ilícito a gravação ambiental realizada por um dos interlocutores sem o conhecimento do outro, ainda que a gravação seja feita para fins de legítima defesa no caso de prática de crime.
(C) Segundo atual jurisprudência do STF, os tratados internacionais de direitos humanos possuem status constitucional, sendo possível, portanto, o controle judicial de constitucionalidade a partir de norma parâmetro prevista na Convenção Americana de Direitos Humanos, tratado ratificado pelo Brasil.
(D) A norma constitucional segundo a qual a prática de tortura é considerada crime inafiançável e insuscetível de graça ou anistia é de eficácia limitada, sendo necessária a atuação legislativa dos estados da Federação para que produza efeitos.
(E) Autoridade detentora de foro por prerrogativa de função estabelecido exclusivamente na constituição estadual que praticar crime doloso contra vida deverá ser julgada pelo tribunal do júri.

A: incorreta, pois apenas a condenação penal impede a aquisição da nacionalidade brasileira; **B:** incorreta, pois a posição do STF é sobre a legalidade da gravação ambiental como meio de prova (vide Informativo 568/2009 do STF); **C:** incorreta. Em 03.12.2008, o Ministro Gilmar Mendes, no RE 466.343-SP,[38] defendeu a tese da supralegalidade de tais tratados, ou seja, superior às normas infraconstitucionais e inferior às normas constitucionais. O voto do Ministro Gilmar Mendes foi acompanhado pela maioria (posição atual do STF). Portanto, todo tratado de direitos humanos que for internalizado sem observar o procedimento estabelecido no artigo 5º, § 3º, da CF, tem *status* de norma supralegal. A segunda parte da assertiva também está incorreta porque a norma parâmetro prevista na Convenção Americana dá azo ao controle de convencionalidade e não ao de constitucionalidade; **D:** incorreta, porque se trata de norma de eficácia plena, segundo a classificação tradicional de José Afonso da Silva. Ou seja, são de aplicação direta e imediata e independem de uma lei para regular seus efeitos; **E:** correta (artigo 5º, XXXVIII, *d*, da CF).

Gabarito "E".

6.3. INCORPORAÇÃO DE TRATADOS NO DIREITO BRASILEIRO

(Ministério Público/Acre – 2014 – CESPE) No que concerne à relação entre os tratados internacionais de direitos humanos e o ordenamento jurídico brasileiro, assinale opção correta.

(A) Os tratados internacionais de direitos humanos seguem a forma ordinária de incorporação de atos internacionais, conforme o modelo dualista adotado pela Constituição Federal.

---

38. Prisão civil. Depósito. Depositário Infiel. Alienação fiduciária. Decretação da medida coercitiva. Inadmissibilidade absoluta. Insubsistência da previsão constitucional e das normas subalternas. Interpretação do art. 5º, inc. LXVII e §§ 1º, 2º e 3º, da CF, à luz do art. 7º, § 7º, da Convenção Americana (Pacto de San José da Costa Rica). Recurso Improvido. Julgamento conjunto do RE 349.703 e dos HC 87.585 e 92.566. É ilícita a prisão civil de depositário infiel, qualquer que seja a modalidade de depósito.

(B) Os tratados internacionais de direitos humanos podem ser invocados, desde que tenham sido aprovados por decreto legislativo do Senado Federal.
(C) A aplicação dos tratados internacionais de direitos humanos no plano interno inicia-se a partir do ato de assinatura do Estado brasileiro.
(D) Cabe ao Congresso Nacional ratificar os tratados internacionais de direitos humanos, que passam, com a ratificação, a ser exigíveis.
(E) Os tratados internacionais de direitos humanos possuem regime especial de incorporação, nos termos da EC 45/2004.

A: incorreta. A CF não tratou expressamente da forma de incorporação de atos internacionais. E mesmo diante da omissão constitucional, a doutrina defende que o Brasil adotou a corrente dualista, ou melhor dizendo, a corrente dualista moderada. Isso porque o tratado só passará a ter validade interna após ter sido aprovado pelo Congresso Nacional e ratificado e promulgado pelo presidente da República; **B:** incorreta. No Brasil é necessário um procedimento complexo para proceder à ratificação de tratados. O Congresso Nacional deve aprovar o texto do tratado, e o fará por meio de um decreto legislativo promulgado pelo presidente do Senado e publicado no Diário Oficial da União. Em seguida, cabe ao Presidente da República ratificar ou não – lembrando que a aprovação congressional não obriga a ulterior ratificação do tratado pelo presidente da República; **C:** incorreta. O tratado regularmente concluído depende da promulgação e da publicidade levada a efeito pelo Presidente da República para integrar o Direito Nacional. No Brasil, a promulgação ocorre por meio de decreto presidencial e a publicidade perfaz-se com a publicação no Diário Oficial; **D:** incorreta. Reler os comentários anteriores; E: correta. Com a edição da EC 45, os tratados de direitos humanos que forem aprovados, em cada Casa do Congresso Nacional, em dois turnos, por três quintos dos votos dos respectivos membros, serão equivalentes às emendas constitucionais[39] – conforme o que determina o artigo 5º, § 3º, da CF.[40] Ou seja, tais tratados terão hierarquia constitucional quando aprovados por maioria qualificada no Congresso Nacional (regime especial de incorporação) e forem ratificados e posteriormente publicados pelo presidente da República. Gabarito "E".

6.4. PESSOAS PORTADORAS DE TRANSTORNOS MENTAIS – MODELO ASSISTENCIAL EM SAÚDE MENTAL

(Ministério Público/ES – 2013 – VUNESP) Assinale a alternativa correta no que diz respeito à proteção e aos direitos das pessoas portadoras de transtornos mentais, nos moldes da Lei 10.216/2001.

(A) A internação voluntária ou involuntária somente será autorizada por médico devidamente registrado no Conselho Regional de Medicina – CRM do Estado onde se localize o estabelecimento.
(B) A internação denominada compulsória é aquela que se dá sem o consentimento do usuário e a pedido de terceiro.
(C) A internação psiquiátrica denominada involuntária é determinada, de acordo com a legislação vigente, pelo juiz competente, que levará em conta as condições de segurança do estabelecimento, quanto à salvaguarda do paciente, dos demais internados e funcionários.
(D) O término da internação compulsória dar-se-á por solicitação escrita do familiar, ou responsável legal, ou quando estabelecido pelo especialista responsável pelo tratamento.
(E) A internação psiquiátrica voluntária deverá, no prazo de setenta e duas horas, ser comunicada ao Ministério Público Estadual pelo responsável técnico do estabelecimento no qual tenha ocorrido, devendo esse mesmo procedimento ser adotado quando da respectiva alta.

A: correta (artigo 8º da Lei 10.216/2001); **B:** incorreta. Internação compulsória é aquela determinada pela justiça (artigo 6º, III, da Lei 10.216/2001); **C:** incorreta. A internação involuntária se dá sem o consentimento do usuário e a pedido de terceiro. Já a necessidade de o juiz levar em conta as condições de segurança do estabelecimento toma corpo quando o juiz for implementar a internação compulsória e não a involuntária (artigo 9º da Lei 10.216/2001); **D:** incorreta. A assertiva diz respeito ao término da internação involuntária (artigo 8º, § 2º, da Lei 10.216/2001); **E:** incorreta. A questão diz respeito à internação psiquiátrica involuntária (artigo 8º, § 1º, da Lei 10.216/2001). Gabarito "A".

6.5. VIOLÊNCIA DOMÉSTICA E FAMILIAR CONTRA A MULHER

(Ministério Público/ES – 2013 – VUNESP) No tocante às disposições da Lei 11.340/2006, é correto afirmar que

(A) no atendimento à mulher em situação de violência doméstica e familiar, a autoridade policial deverá, entre outras providências, garantir proteção policial, quando necessário, comunicando de imediato à Procuradoria Geral do Estado e à Defensoria.
(B) nos casos de violência doméstica e familiar contra a mulher, caberá ao Ministério Público, sem prejuízo de outras atribuições, quando necessário, cadastrar tais casos.
(C) nos casos de violência doméstica e familiar contra a mulher, o juiz poderá aplicar penas alternativas, entre elas, penas de pagamento de cesta básica ou outras de prestação pecuniária, bem como a substituição de pena pelo pagamento exclusivamente de multa.
(D) em qualquer fase do inquérito policial ou da instrução criminal, caberá a prisão preventiva do agressor, decretada pelo juiz a requerimento do Ministério Público ou mediante representação da autoridade policial, não podendo, entretanto, ser a prisão decretada de ofício.
(E) a medida protetiva de urgência, aplicada ao agressor, consistente no seu afastamento do lar, domicílio ou local de convivência com a ofendida, poderá ser decretada, independentemente da oitiva do agressor, sendo facultado à ofendida entregar a intimação ou notificação ao agressor.

A: incorreta. O artigo 11, I, da Lei 11.340/2006 dispõe que a autoridade policial deverá comunicar de imediato ao Ministério Público e ao Poder Judiciário; **B:** correta (artigo 26, III, da Lei 11.340/2006); **C:** incorreta, porque o artigo 17 da Lei 11.340/2006 veda a aplicação, nos casos de violência doméstica e familiar contra a mulher, de penas de cesta básica ou outras de prestação pecuniária; **D:** incorreta. A redação correta do artigo 20 da Lei 11.340/2006 é a seguinte: "Em qualquer fase do inquérito policial ou da instrução criminal, caberá a prisão preventiva do agressor, decretada pelo juiz, de ofício, a requerimento do Ministério Público ou mediante representação da autoridade policial";

---

39. Mas não possuirão *status* de norma constitucional originária. Ou seja, é obra do Poder Constituinte Derivado Reformador e não do Poder Constituinte Originário.

40. Esse § 3º é denominado de cláusula holandesa pelo Prof. Francisco Rezek.

E: incorreta. O final da assertiva é totalmente absurdo, pois no âmbito da violência doméstica, imagine a situação da mulher entregar para o próprio marido, que antes a agrediu, uma intimação do juiz. Portanto, não existe a citada faculdade.

Gabarito "B".

6.6. CONTROLE DE CONVENCIONALIDADE

(Ministério Público/MT – 2012 – UFMT) Acerca dos tratados e convenções internacionais de direitos humanos ratificados pelo Brasil e seu sistema de controle, analise as afirmativas.

I. O instrumento utilizado pelo Congresso Nacional para aprovar conjuntamente, com equivalência de emenda constitucional, os dois primeiros tratados de direitos humanos pela sistemática do art. 5º, § 3º, da Constituição, respectivamente, a Convenção sobre os Direitos das Pessoas com Deficiência e seu Protocolo Facultativo, assinados em Nova York, em 30 de março de 2007, foi um Decreto Legislativo.

II. Paralelamente ao conhecido controle de constitucionalidade, há na sistemática da Convenção Americana sobre Direitos Humanos (1969) o chamado "controle de convencionalidade", que pode ser exercido pela Corte Interamericana de Direitos Humanos, bem assim pelo Poder Judiciário interno dos Estados-partes na Convenção apenas pela via abstrata.

III. É cabível a Ação Direta de Inconstitucionalidade ou a Arguição de Descumprimento de Preceito Fundamental para atacar lei federal ou estadual que, não obstante compatível com o texto da Constituição Federal, viola disposição de tratado de direitos humanos internalizado com equivalência de emenda constitucional no Brasil.

IV. O exame de compatibilidade das leis internas com os tratados internacionais de direitos humanos em vigor no país só pode ser exercido em relação a casos concretos pelos juízes e tribunais nacionais, mesmo tendo sido o tratado internalizado pela sistemática do art. 5º, § 3º, da Constituição, eis que, como já decidiu o STF, não pode este Tribunal usurpar a competência da ADI ou da ADPF prevista pela Constituição Federal.

V. A declaração de constitucionalidade de uma norma pelo STF impede que o mesmo Tribunal, tempos depois, controle a "convencionalidade" dessa mesma norma, declarando-a inválida para reger determinada situação jurídica, uma vez que o exercício prévio do controle de constitucionalidade pelo Supremo exclui eventual exercício posterior do controle de convencionalidade.

Estão corretas as afirmativas:

(A) I, II e III, apenas.
(B) II e V, apenas.
(C) III e IV, apenas.
(D) I e III, apenas.
(E) I, IV e V, apenas.

I: correta. No Brasil é necessário um procedimento complexo para proceder à ratificação de tratados. O Congresso Nacional deve aprovar o texto do tratado, e o fará por meio de um decreto legislativo[41] promulgado pelo presidente do Senado e publicado no Diário Oficial da União. Em seguida, cabe ao presidente da República ratificar ou não – lembrando que a aprovação congressional não obriga a ulterior ratificação do tratado pelo presidente da República. Por fim, o tratado regularmente concluído depende da promulgação e da publicidade levada a efeito pelo presidente da República para integrar o Direito Nacional. No Brasil, a promulgação ocorre por meio de decreto presidencial e a publicidade perfaz-se com a publicação no Diário Oficial. Tal procedimento também foi observado na ratificação da Convenção sobre os Direitos das Pessoas com Deficiência e seu Protocolo Facultativo, que seguiu a sistemática do art. 5º, § 3º, da Constituição; II: incorreta. O controle de convencionalidade internacional é assim definido por André de Carvalho Ramos: "O controle de convencionalidade *internacional* é atividade de fiscalização dos atos e condutas dos Estados em confronto com seus compromissos internacionais. Em geral, o controle de convencionalidade é atribuído a órgãos compostos por julgadores independentes, criados por tratados internacionais, o que evita que os próprios Estados sejam, ao mesmo tempo, fiscais e fiscalizados[42]". Em termos práticos, a Corte Interamericana de Direitos Humanos vai analisar a conformidade dos atos estatais em relação às obrigações internacionais assumidas no momento da ratificação da Convenção Americana sobre Direitos Humanos. No Brasil, o controle jurisdicional de convencionalidade das leis ganhou formato específico por obra de Valerio de Oliveira Mazzuoli. O citado controle tem a função de compatibilizar a legislação interna (objeto) com os tratados internacionais de direitos humanos em vigor no Brasil (paradigma ou parâmetro)[43] – o que difere do já mencionado controle de convencionalidade internacional, exercido pelos órgãos internacionais. Antes de analisar o citado controle, cabe mencionar que André de Carvalho Ramos considera somente o controle de convencionalidade internacional como autêntico, principalmente pelo fato da decisão nacional não ter o condão de vincular o juiz internacional (intérprete autêntico). Além dessa consideração, o citado autor deduz algumas diferenças entre os controles, dentre as quais destaco as duas seguintes: a) o controle internacional pode fiscalizar o Poder Constituinte Originário e o nacional não; b) o controle nacional fica dependente da hierarquia conferida ao tratado-parâmetro pelo próprio ordenamento jurídico. No caso brasileiro, temos três possibilidades: legal, supralegal e constitucional[44]. Para compreender a funcionalidade do controle de convencionalidade nacional, cabe entender como Mazzuoli concebe a alocação hierárquica dos tratados de direitos humanos no ordenamento pátrio após internalização. Em apertada síntese, os tratados de direitos humanos que foram incorporados pelo *procedimento simples* (artigo 5º, § 2º, da CF) terão *status* constitucional, melhor dizendo, materialmente constitucional. Por outro lado, quando o procedimento adotado para a incorporação for o *especial* (artigo 5º, § 3º, da CF), os tratados de direitos humanos serão formal e materialmente constitucionais (equivalentes às emendas constitucionais). E os outros tratados terão *status* supralegal (artigo 27 da Convenção de Viena sobre Direito dos Tratados) e servirão de paradigma para o controle de supralegalidade da legislação infraconstitucional. "Em suma, doravante se falará em controle de constitucionalidade apenas para o estrito caso de (in)compatibilidade vertical das leis com a Constituição, e em controle de convencionalidade para os casos de (in)compatibilidade legislativa com os tratados de direitos humanos (formalmente constitucionais ou não) em vigor no país.[45]" Em outras palavras, criou-se um controle vertical material de

---

41. Lembrando que as matérias de competência exclusiva do Congresso Nacional (artigo 49 da CF) devem ser normatizadas via decreto legislativo.

42. RAMOS, André de Carvalho. **Teoria geral dos direitos humanos na ordem internacional**. 2. ed. São Paulo: Saraiva, 2012. p. 250

43. É o controle de convencionalidade nacional, nas palavras de André de Carvalho Ramos.

44. RAMOS, André de Carvalho. **Teoria geral dos direitos humanos na ordem internacional**. 2. ed. São Paulo: Saraiva, 2012. p. 250-251.

45. MAZZUOLI, *op. cit.*, p. 74.

validade⁴⁶ da legislação interna. Em termos gerais, o citado autor defende que a produção normativa interna apenas será válida quando passar por dois limites verticais materiais. O primeiro é a Constituição (controle de constitucionalidade) e os tratados de direitos humanos que possuem natureza constitucional (controle de convencionalidade); o outro são os demais tratados que possuem *status* supralegal (controle de supralegalidade). Com maiores detalhes, o controle de convencionalidade e de supralegalidade será exercido de forma difusa, isto é, por todos os juízes e tribunais no caso concreto. Nesse caso, são aplicadas todas as considerações referentes ao controle de constitucionalidade difuso. Por outro lado, só existirá controle concentrado de convencionalidade na hipótese de o paradigma de verificação ser um tratado de direitos humanos formal e materialmente constitucional (internalizado consoante o disciplinado no artigo 5º, § 3º, da CF). Portanto, "o controle de *supralegalidade* é sempre exercido pela via de exceção, ou seja, é sempre *difuso*; já o controle de *convencionalidade* poderá ser *difuso* ou *concentrado*, neste último caso quando o tratado de direitos humanos for aprovado pela sistemática do art. 5º, § 3º, da Constituição e entrar em vigor no Brasil (entenda-se, após ratificado...) com a equivalência de emenda constitucional⁴⁷". Todas as ponderações sobre o controle de constitucionalidade concentrado são aplicadas ao controle de convencionalidade concentrado, inclusive no tocante à utilização das ações destinadas ao controle abstrato de constitucionalidade – ADIn, Adecon, ADO e ADPF⁴⁸ – e os respectivos entes/pessoas detentores de competência para seu manuseio (artigo 103 da CF). A razão de ser reside no fato de a análise de compatibilidade de legislação interna (objeto) ser feita com base em tratado de direitos humanos internalizados pelo procedimento especial (paradigma ou parâmetro), que é equivalente a uma emenda constitucional (formal e materialmente constitucional). O autor também menciona a possibilidade de lançar mão do controle de convencionalidade preventivamente, tanto pelo Congresso Nacional, quando julgar inconvencional um projeto de lei (especialmente por obra da Comissão de Constituição e Justiça), como pelo presidente da República, quando vetar o projeto de lei considerado inconvencional. Para ficar claro o objeto do dito controle de convencionalidade, o autor sublinha que ele entrará em ação quando a lei interna (objeto) estiver em sintonia com a Constituição, mas em desarmonia com o tratado de direitos humanos (paradigma ou parâmetro) – tanto no controle concentrado como no difuso. Do contrário, seria feito o controle de constitucionalidade. Dito de outra forma, se o paradigma de verificação de compatibilidade for a Constituição, estará em jogo o controle de constitucionalidade (difuso ou concentrado); por sua vez, quando o paradigma for o tratado de direitos humanos, entrará em cena o controle de convencionalidade (difuso ou concentrado) – desde que previamente se tenha atestado a compatibilidade da lei com a Carta Magna. Percebe-se que o controle de convencionalidade ocasiona o fenômeno chamado doutrinariamente de ampliação de parametricidade constitucional. Por fim, "ambas essas supernormas (Constituição e tratados) é que irão se *unir* em prol da construção de um direito infraconstitucional compatível com ambas, sendo certo que a incompatibilidade desse mesmo direito infraconstitucional com apenas uma das supernormas já o invalida por completo. Com isto, possibilita-se a criação de um Estado Constitucional e Humanista de Direito em que *todo* o direito doméstico guarde total compatibilidade tanto com a Constituição quanto com os tratados internacionais de direitos humanos ratificados pelo Estado, chegando-se, assim, a uma ordem jurídica interna *perfeita*, que tem no valor dos direitos humanos sua maior racionalidade, principiologia e sentido⁴⁹"; **III:** correta. Reler o comentário sobre a assertiva anterior; **IV:** incorreta. Reler o comentário sobre a assertiva **II**; **V:** incorreta, pois o exercício prévio do controle de constitucionalidade não exclui eventual exercício posterior do controle de convencionalidade, principalmente pelo fato de o paradigma de análise ser diverso, sendo a Constituição o parâmetro no primeiro caso e o tratado de direitos humanos no segundo.

Gabarito "D".

6.7. ESTATUTO DA IGUALDADE RACIAL

(Ministério Público/PR – 2013 – X) Sobre a Lei nº 12.288/2010, examine as afirmações que seguem. A participação da população negra, em condição de igualdade de oportunidade, na vida econômica, social, política e cultural do País será promovida, prioritariamente, por meio de:

I. Inclusão nas políticas públicas de desenvolvimento econômico e social;
II. Adoção de medidas, programas e políticas de ação afirmativa;
III. Modificação das estruturas institucionais do Estado para o adequado enfrentamento e a superação das desigualdades étnicas decorrentes do preconceito e da discriminação étnica;
IV. Promoção de ajustes normativos para aperfeiçoar o combate à discriminação étnica e às desigualdades étnicas em todas as suas manifestações individuais, institucionais e estruturais;
V. Implementação de programas de ação afirmativa destinados ao enfrentamento das desigualdades étnicas no tocante à educação, cultura, esporte e lazer, saúde, segurança, trabalho, moradia, meios de comunicação de massa, financiamentos públicos, acesso à terra, à Justiça, e outros.

(A) Apenas as assertivas I, II, III e IV estão corretas.
(B) As assertivas III e IV estão incorretas.
(C) As assertivas II, IV e V estão incorretas.
(D) Apenas as assertivas I, II, III e V estão corretas.
(E) Todas as assertivas estão corretas.

I: correto (art. 4º, I, da Lei 12.288/2010); **II:** correto (art. 4º, II, da Lei 12.888/2010); **III:** correto (art. 4º, III, da Lei 12.888/2010); **IV:** correto (art. 4º, IV, da Lei 12.888/2010); **V:** correto (art. 4º, VII, da Lei 12.888/2010).

Gabarito "E".

(Ministério Público/SP – 2012 – VUNESP) O Estatuto da Igualdade Racial (Lei n. 12.288/2010), destinado a garantir à população negra a efetivação da igualdade de oportunidades, a defesa dos direitos étnicos individuais, coletivos e difusos e o combate à discriminação e às demais formas de intolerância étnica, considera

(A) Desigualdade racial: toda situação justificada de diferenciação de acesso e fruição de bens, serviços e oportunidades, nas esferas pública e privada, em virtude de raça, cor, descendência ou origem nacional ou étnica.
(B) Discriminação racial ou étnico-racial: toda distinção, exclusão, restrição ou preferência baseada em raça, cor, descendência ou origem nacional ou étnica que

---

46. "Em suma, a validade das normas jurídicas, nesse novo contorno que o constitucionalismo contemporâneo lhe traz, não é mais uma conotação meramente formal, a depender somente da regularidade do seu processo de produção (conforme defendido por Hobbes, posteriormente por Bentham e Austin, até chegar a Kelsen e Bobbio). Tornou-se ela também (como explica Ferrajoli) um fato *substancial*, dependente dos *conteúdos das decisões*, as quais serão inválidas se contrastarem com os novos princípios positivos do direito internacional" (MAZZUOLI, *op. cit.*, p. 105-106).
47. MAZZUOLI, *op. cit.*, p. 136.
48. Podendo se falar também do Mandado de Injunção.
49. MAZZUOLI, *op. cit.*, p. 142.

tenha por objeto anular ou restringir o reconhecimento, gozo ou exercício, em igualdade de condições, de direitos humanos e liberdades fundamentais nos campos político, econômico, social, cultural ou em qualquer outro campo da vida pública ou privada.
(C) População negra: o conjunto de pessoas que se autodeclaram não brancas, conforme o quesito cor ou raça usado pelos órgãos oficiais de estatística.
(D) Ações afirmativas: os programas incentivados pelo Estado e pela iniciativa privada para a conscientização das desigualdades raciais e para a promoção dos direitos humanos.
(E) Desigualdade de gênero e raça: simetria existente no âmbito da sociedade que acentua a distância social entre mulheres negras e os demais segmentos sociais.

A: incorreta, pois a redação do art. 1º, parágrafo único, II, do Estatuto é a seguinte: "desigualdade racial: toda situação **injustificada** de diferenciação de acesso e fruição de bens, serviços e oportunidades, nas esferas pública e privada, em virtude de raça, cor, descendência ou origem nacional ou étnica"; **B:** correta, pois reproduz corretamente a redação do art. 1º, parágrafo único, I, do Estatuto da Igualdade Racial; **C:** incorreta, pois a redação do art. 1º, parágrafo único, IV, do Estatuto é a seguinte: "população negra: o conjunto de pessoas que se autodeclaram **pretas e pardas**, conforme o quesito cor ou raça usado pela Fundação Instituto Brasileiro de Geografia e Estatística (IBGE), ou que adotam autodefinição análoga"; **D:** incorreta, pois a redação do art. 1º, parágrafo único, VI, do Estatuto é a seguinte: "ações afirmativas: os programas e medidas especiais adotados pelo Estado e pela iniciativa privada para a **correção** das desigualdades raciais e para a **promoção da igualdade de oportunidades**"; **E:** incorreta, pois a redação do art. 1º, parágrafo único, III, do Estatuto é a seguinte: "desigualdade de gênero e raça: **assimetria** existente no âmbito da sociedade que acentua a distância social entre mulheres negras e os demais segmentos sociais".
Gabarito "B".

6.8. SEGURIDADE SOCIAL

(Ministério Público/SP – 2012 – VUNESP) As ações e serviços públicos de saúde e os serviços privados contratados ou conveniados que integram o Sistema Único de Saúde (SUS), são desenvolvidos de acordo com as diretrizes previstas na Constituição Federal, obedecendo ainda aos seguintes princípios:

(A) Universalidade de acesso aos serviços de saúde em todos os níveis de assistência, igualdade da assistência à saúde, sem preconceitos ou privilégios de qualquer espécie e participação da comunidade.
(B) Participação da comunidade e descentralização político-administrativa, com direção única em cada esfera de governo e a execução de ações de vigilância sanitária, de vigilância epidemiológica e de saúde do trabalhador.
(C) Integralidade de assistência, entendida como conjunto articulado e contínuo das ações e serviços preventivos e curativos, individuais e coletivos, exigidos para cada caso em todos os níveis de complexidade do sistema e assistência terapêutica integral, inclusive farmacêutica.
(D) Divulgação de informações quanto ao potencial dos serviços de saúde e a sua utilização pelo usuário, universalidade de acesso aos serviços de saúde em todos os níveis de assistência e o controle e a fiscalização de serviços, produtos e substâncias de interesse para a saúde.
(E) Organização dos serviços públicos de modo a evitar duplicidade de meios para fins idênticos, integração em nível executivo das ações de saúde, meio ambiente e saneamento básico e participação na normatização, fiscalização e controle dos serviços de saúde do trabalhador nas instituições e empresas públicas e privadas.

O art. 7º da Lei nº 8.080/1990 assim dispõe: "As ações e serviços públicos de saúde e os serviços privados contratados ou conveniados que integram o Sistema Único de Saúde (SUS), são desenvolvidos de acordo com as diretrizes previstas no art. 198 da Constituição Federal, obedecendo ainda aos seguintes princípios:
I – universalidade de acesso aos serviços de saúde em todos os níveis de assistência;
II – integralidade de assistência, entendida como conjunto articulado e contínuo das ações e serviços preventivos e curativos, individuais e coletivos, exigidos para cada caso em todos os níveis de complexidade do sistema;
III – preservação da autonomia das pessoas na defesa de sua integridade física e moral;
IV – igualdade da assistência à saúde, sem preconceitos ou privilégios de qualquer espécie;
V – direito à informação, às pessoas assistidas, sobre sua saúde;
VI – divulgação de informações quanto ao potencial dos serviços de saúde e a sua utilização pelo usuário;
VII – utilização da epidemiologia para o estabelecimento de prioridades, a alocação de recursos e a orientação programática;
VIII – participação da comunidade;
IX – descentralização político-administrativa, com direção única em cada esfera de governo:
a) ênfase na descentralização dos serviços para os municípios;
b) regionalização e hierarquização da rede de serviços de saúde;
X – integração em nível executivo das ações de saúde, meio ambiente e saneamento básico;
XI – conjugação dos recursos financeiros, tecnológicos, materiais e humanos da União, dos Estados, do Distrito Federal e dos Municípios na prestação de serviços de assistência à saúde da população;
XII – capacidade de resolução dos serviços em todos os níveis de assistência; e
XIII – organização dos serviços públicos de modo a evitar duplicidade de meios para fins idênticos.
A: correta, pois reproduz corretamente os incisos I, IV e VIII do art. 7º da Lei nº 8.080/1990 acima exposto; **B:** incorreta. A execução de ações de vigilância sanitária, de vigilância epidemiológica e de saúde do trabalhador não são princípios que regem as ações e serviços integrantes do Sistema Único de Saúde; **C:** incorreta. A assistência terapêutica integral, inclusive farmacêutica, não é princípio norteador das ações e serviços integrantes do Sistema Único de Saúde; **D:** incorreta. O controle e a fiscalização de serviços, produtos e substâncias de interesse para a saúde, não é princípio norteador das ações e serviços integrantes do Sistema Único de Saúde; **E:** incorreta. A participação na normatização, fiscalização e controle dos serviços de saúde do trabalhador nas instituições e empresas públicas e privadas não é princípio que rege as ações e serviços integrantes do Sistema Único de Saúde.
Gabarito "A".

(Ministério Público/SP – 2012 – VUNESP) A assistência social, direito do cidadão e dever do Estado, é Política de Seguridade Social não contributiva, que provê os mínimos sociais, realizada através de um conjunto integrado de ações de iniciativa pública e da sociedade, para garantir o atendimento às necessidades básicas. Um dos objetivos da assistência social é a garantia de benefício mensal às pessoas que comprovem não possuir meios de prover a própria manutenção ou de tê-la provida por sua família. Em relação ao benefício de prestação continuada, é correto afirmar:

I. Destina-se à pessoa com deficiência e ao idoso com 65 (sessenta e cinco) anos ou mais.
II. Destina-se à pessoa com deficiência e ao idoso.
III. Considera-se pessoa com deficiência aquela que tem impedimentos de longo prazo de natureza física, mental, intelectual ou sensorial, os quais, em interação com diversas barreiras, podem obstruir sua participação plena e afetiva na sociedade em igualdade de condições com as demais pessoas.
IV. Considera-se incapaz de prover a manutenção da pessoa com deficiência ou idosa a família cuja renda mensal per capita seja inferior a 1/2 (meio) salário mínimo.

Está correto o que se afirma APENAS em

(A) II e III.
(B) II e IV.
(C) IV.
(D) I.
(E) I e III.

I: correta, pois o art. 20 da Lei nº 8.742/1993 assim dispõe: "O benefício de prestação continuada é a garantia de um salário mínimo mensal à pessoa com deficiência e ao idoso com 65 (sessenta e cinco) anos ou mais que comprovem não possuir meios de prover a própria manutenção nem de tê-la provida por sua família"; II: incorreta, porque o Estatuto do Idoso determina que o idoso é pessoa com 60 anos ou mais e, como vimos no comentário sobre a assertiva I, o benefício de prestação continuada é conferido a pessoa com 65 anos ou mais; III: incorreta, pois a redação correta do art. 20, § 2º, da Lei nº 8.742/1993 é a seguinte: "Para efeito de concessão deste benefício, considera-se pessoa com deficiência aquela que tem impedimentos de longo prazo de natureza física, mental, intelectual ou sensorial, os quais, em interação com diversas barreiras, podem obstruir sua participação plena e **efetiva** na sociedade em igualdade de condições com as demais pessoas; **IV:** incorreta, pois a redação correta do art. 20, § 3º, da Lei nº 8.742/1993 é a seguinte: "Considera-se incapaz de prover a manutenção da pessoa com deficiência ou idosa a família cuja renda mensal per capita seja inferior a **1/4 (um quarto)** do salário mínimo."

Gabarito "D".

6.9. ATUAÇÃO DO MPF

(Procurador da República – 25º) Na fazenda Belmonte, no Município de Alta Várzea, em algum Estado da Amazônia legal, o fazendeiro Maurício emprega quarenta e dois empregados rurais, recrutados por 'gatos' no nordeste do Brasil e despidos de sua documentação pessoal, inclusive carteira de trabalho, que entregaram para efeito de registro de empregado, mas nunca lhes foi devolvida. Os empregados recebem 100 reais semanalmente e têm que prover sua existência através da compra de víveres no barracão da fazenda, de propriedade do fazendeiro. Como o dinheiro não é suficiente para cobrirem suas necessidades e o custo dos produtos no barracão sobe a cada semana, todos estão endividados, sendo o débito descontado dos ganhos semanais. Muitos não recebem nada e continuam a dever. Pedro, um dos empregados, tentou fugir da fazenda e foi baleado por jagunços. Depois foi gravemente espancado em frente dos companheiros, para deixar claro que 'o cabra que foge sem pagar, passará por isso', segundo o administrador da fazenda.

(A) O fato descrito é caso típico de servidão, sendo a atribuição tutelar confinada ao Ministério Público do Trabalho e ao Ministério Público estadual;
(B) O fato descrito é caso típico de servidão por dívida, com consequências para a atuação do Ministério Público do Trabalho e do Ministério Público Federal;
(C) O fato descrito é caso típico de escravidão, na forma da Convenção sobre a Escravatura de 1926, atraindo a atribuição do Ministério Público Federal;
(D) O fato não configura escravidão, mas grave violação de direitos trabalhistas, sujeita à atuação repressiva da Delegacia Regional do Trabalho.

O caso descrito na assertiva cuida da figura chamada servidão por dívida. A servidão se diferencia da escravidão pelo fato de a vítima só estar impedida de deixar seu trabalho ou lugar aonde trabalha enquanto houver dívida a ser quitada. Todavia, com um simples exercício empírico percebe-se que as vítimas dificilmente saem dessa situação que, aliás, é estrategicamente formulada para manter o trabalhador em dívida perpétua. E em alguns casos essa dívida é passada para outra geração, gerando o que podemos chamar de "herança maldita".

Gabarito "B".

7. DIREITO HUMANITÁRIO

(Procurador da República – 26º) Sobre a relação entre direito internacional dos direitos humanos e direito internacional humanitário, é correto dizer que:

(A) enquanto o direito internacional dos direitos humanos disciplina a proteção de direitos em tempos de paz, o direito internacional humanitário a disciplina em tempos de guerra;
(B) os dois âmbitos de regulação compõem regimes internacionais distintos que não se comunicam, podendo, todavia, apresentar objetos comuns de disciplina, tratando-os diferenciadamente;
(C) os dois âmbitos de regulação se interceptam quanto à disciplina do estado de emergência no direito internacional dos direitos humanos, em que se estipulam direitos mínimos inderrogáveis que coincidem, em grande parte, com as garantias mínimas do art. 3.º comum ás quatro Convenções de Genebra:
(D) tratam as pessoas destinatárias de sua proteção de forma independente, sendo possível que haja âmbitos de exclusão recíproca de proteção, com atores em certos tipos de conflito que não gozam de proteção de nenhum dos dois regimes.

A: incorreta. O Direito Internacional Humanitário e o Direito Internacional dos Direitos Humanos são complementares, apesar de serem dois conjuntos de leis distintas, pois ambos buscam proteger o indivíduo de ações arbitrárias e de abusos. Os direitos humanos são inerentes ao ser humano e protegem os indivíduos sempre, seja em tempos de guerra ou de paz. O Direito Internacional Humanitário se aplica apenas em situações de conflitos armados internacionais e não internacionais. Portanto, em tempos de conflitos armados, o Direito Internacional dos Direitos Humanos e o Direito Internacional Humanitário se aplicam de maneira complementar; B: incorreta. Reler o comentário sobre a assertiva anterior; C: correta. O artigo 3º, comum às quatro Convenções de Genebra, marca um avanço ao disciplinar, pela primeira vez, os conflitos armados não internacionais. Esses tipos de conflito variam muito. Eles incluem guerras civis tradicionais, conflitos armados internos que se expandem para outros Estados ou conflitos internos nos quais um terceiro Estado ou uma força multinacional intervém junto com o governo. O artigo 3º estabelece regras fundamentais que não podem ser derrogadas e funciona como uma miniconvenção dentro das Convenções, pois contém as regras essenciais das Convenções de Genebra em um formato condensado e as torna aplicáveis aos conflitos de caráter não internacional; D: incorreta. Reler o comentário sobre a assertiva A.

Gabarito "C".

8. DIREITOS DOS REFUGIADOS

(Procurador da República – 26º) Espancada regularmente por seu marido durante dez anos, a ponto de ser internada com graves ferimentos em hospital, a senhora Rodi Alvarado Pena, guatemalteca, fugiu de seu país para os Estados Unidos da América, onde pediu asilo. Este lhe foi concedido em primeiro grau e revertido depois. Somente após quatorze anos de litigância conseguiu ver reconhecido seu direito de permanecer nos Estados Unidos da América para se proteger de seu marido. Este notório caso é um exemplo de:

(A) aplicação, embora tardia, da Convenção de Belém do Pará;
(B) da limitação da Convenção da ONU contra a Tortura, principalmente no que diz respeito à garantia do *non-réfoulement* (art. 31);
(C) não aplicabilidade da Convenção das Nações Unidas Relativa ao Estatuto dos Refugiados de 1951;
(D) garantia, pela Guatemala, de eficácia horizontal do direito á vida e do direito á integridade física

O refugiado é o indivíduo que, perseguido devido à sua raça, religião, nacionalidade, opinião política ou por sua ligação com certo grupo social, se encontra fora de seu país de nacionalidade e não pode ou não quer, por temor, regressar ao seu país. Pelo conceito de refugiado percebe-se que poderíamos advogar a não aplicabilidade da Convenção das Nações Unidas Relativa ao Estatuto dos Refugiados de 1951. Essa inclinação ganha mais força quando lembramos que a Convenção só é aplicada a fatos ocorridos antes de 1º de janeiro de 1951. Ora, existe a possibilidade de aplicação da normativa internacional acerca dos refugiados a casos posteriores, para isso o país deve ratificar o Protocolo relativo ao Estatuto dos Refugiados de 1966. Todavia, cabe enfatizar que a assertiva foi precisa em apontar a Convenção de 1951. A assertiva "A" está incorreta, pois a Convenção de Belém do Pará define que os Estados-partes têm a obrigação de punir todas as formas de violência contra a mulher e de adotar políticas destinadas a prevenir e erradicar tal violência. Ora, o presente caso cuida do recebimento de uma pessoa por outro país. Por essa mesma razão a assertiva "D" pode ser considerada como incorreta. E a Convenção da ONU contra a Tortura estabelece que os Estados-partes têm a obrigação de proibir a tortura, esta não podendo ser praticada nem mesmo em circunstâncias excepcionais. Percebe-se que também não tem relação com a presente questão, ademais o art. 31 desta Convenção cuida da possibilidade que o Estado tem de denunciar a Convenção. Por todo o dito, e a despeito do gabarito oficial indicar a letra "B" como correta, apontamos a assertiva "C" como correta. Por fim, o princípio de *non-refoulement* ("não devolução"), disciplinado no artigo 33 da Convenção de 1951, define que nenhum país deve expulsar ou "devolver" (*refouler*) um refugiado contra sua vontade, em quaisquer ocasiões, para um território onde ele sofra perseguição. Estabelece, ainda, providências para a disponibilização de documentos, como os documentos de viagem específicos para refugiados na forma de um "passaporte".
Gabarito "B".

(Procurador da República – 25º) Entende-se por princípio de *non-réfoulement*, em acepção mais ampla,

(A) a proibição de deportar refugiado para lugar onde corre risco de vida;
(B) a proibição, para Estados, de retirada de estrangeiro de seu território, quando este corre risco de perseguição política;
(C) a proibição, para Estados, de devolver estrangeiro a lugar onde sua vida ou liberdade estão ameaçadas;
(D) a proibição de extradição de refugiado para Estado que possa vir a torturá-lo.

O princípio de *non-refoulement* ("não devolução"), disciplinado no artigo 33 da Convenção das Nações Unidas relativa ao Estatuto dos Refugiados de 1951, define que nenhum país deve expulsar ou "devolver" (*refouler*) um refugiado contra sua vontade, em quaisquer ocasiões, para um território onde ele sofra perseguição. Estabelece, ainda, providências para a disponibilização de documentos, como os documentos de viagem específicos para refugiados na forma de um "passaporte".
Gabarito "C".

(Ministério Público/RO – 2013 – CESPE) A respeito do direito dos refugiados no Brasil, assinale a opção correta.

(A) De acordo com o STF, o reconhecimento da condição de refugiado, sendo ato vinculado, não obsta o seguimento de eventual pedido de extradição baseado nos fatos que fundamentaram a concessão do refúgio, se esses fatos estiverem em desacordo com os requisitos previstos em lei.
(B) A lei brasileira prevê a possibilidade de que seja reconhecido como refugiado o indivíduo que, devido a fundados temores de perseguição por motivo de opinião política, esteja fora de seu país de nacionalidade e tenha praticado crime de guerra.
(C) Os efeitos da condição dos refugiados estendem-se ao cônjuge economicamente dependente do refugiado, ainda que se encontre fora do território nacional.
(D) O ingresso irregular no território nacional constitui impedimento para que o estrangeiro solicite refúgio às autoridades competentes.
(E) Não cabe recurso administrativo da decisão do Comitê Nacional para os Refugiados na qual se negue o reconhecimento da condição de refugiado.

A: correta. O reconhecimento da situação de refugiado pelo Poder Executivo não impede a extradição se o estrangeiro estiver sendo acusado de crime comum que não tenha qualquer pertinência com os fatos considerados para a concessão do refúgio (STF, Extradição 1.085, República Italiana, Pleno, j. 16.12.2009, rel. Min. Cezar Peluso, *DJe* 16.04.2010). Todavia, mesmo se os fatos forem os mesmos, não impedirá eventual pedido de extradição se esses fatos estiverem em desacordo com os requisitos previstos em lei; **B**: incorreta. Refugiado é (i) o indivíduo que, perseguido devido à sua raça, religião, nacionalidade, opinião política ou por sua ligação com certo grupo social, se encontra fora de seu país de nacionalidade e não pode ou não quer, por temor, regressar ao seu país; (ii) ou o apátrida que, perseguido devido à sua raça, religião, nacionalidade, opinião política ou por sua ligação com certo grupo social, se encontra fora do país onde teve sua última residência habitual e não pode ou não quer, por temor, regressar a tal país. Ainda, é possível considerar refugiado (iii) todo aquele que é vítima de grave e generalizada violação de direitos humanos.[50] Lembrando que apátrida é a condição do indivíduo que não possui nenhuma nacionalidade. Percebe-se que o fato de ter praticado crime de guerra impossibilita o reconhecimento do *status* de refugiado; **C**: incorreta. Os efeitos da condição do *status* de refugiado são extensivos ao cônjuge, aos ascendentes e descendentes, assim como aos demais membros do grupo familiar que do refugiado dependerem economicamente, *desde que se encontrem em território nacional*; **D**: incorreta, pois não constitui impedimento; **E**: incorreta. Em caso de decisão negativa, esta deve ser fundamentada na notificação ao solicitante, cabendo direito de recurso ao Ministro da Justiça, no prazo de 15 dias, contados do recebimento da notificação.
Gabarito "A".

---
50. Em consonância com a legislação nacional (art. 1º da Lei nº 9.474/1997).

9. QUESTÕES COMBINADAS E OUTROS TEMAS

(Procurador da República –28º Concurso – 2015 – MPF) Assinale a alternativa correta:

(A) A Convenção Interamericana para Prevenir, Punir e Erradicar a Violência contra a Mulher permite que os Estados-partes e a Comissão Interamericana de Mulheres requeiram parecer consultivo à Corte Interamericana de Direitos Humanos sobre a interpretação da Convenção.
(B) Os defensores públicos interamericanos são escolhidos pela Comissão Interamericana de Direitos Humanos, entre os advogados habilitados da própria Comissão.
(C) A violação grave da Carta Democrática Interamericana não enseja qualquer sanção jurídica internacional ao Estado faltoso, mas permite a adoção de censura pública pela Assembleia Geral da OEA.
(D) O Protocolo Facultativo à Convenção sobre os Direitos da Criança referente à venda de crianças, à prostituição infantil e à pornografia infantil não prevê, expressamente, o dever dos Estados partes de criminalizar atos relacionados à venda de crianças, à pornografia e prostituição infantis.

A: correta (art. 11 da Convenção Interamericana para Prevenir, Punir e Erradicar a Violência contra a Mulher); **B:** incorreta, pois tais defensores são designados pela Corte Interamericana; **C:** incorreta, pois não existe a previsão de aplicação da pena de censura pública; **D:** incorreta, pois esse dever está expressamente disposto no art. 1º do Protocolo Facultativo à Convenção sobre os Direitos da Criança.
Gabarito "A".

(Procurador da República –28º Concurso – 2015 – MPF) Assinale a alternativa correta:

(A) As resoluções do Conselho de Segurança da ONU referentes à proteção de direitos humanos são sujeitas a recurso ao Conselho de Direitos Humanos e, eventualmente, podem ser questionadas perante a Corte Internacional de Justiça.
(B) O Pacto Internacional de Direitos Sociais, Econômicos e Culturais prevê que todos os povos podem dispor livremente de suas riquezas e de seus recursos naturais, sem prejuízo das obrigações decorrentes da cooperação econômica internacional, baseada no princípio do proveito mútuo, e do Direito Internacional. Em caso algum, poderá um povo ser privado de seus próprios meios de subsistência.
(C) A Declaração Universal dos Direitos Humanos é considerada um marco na proteção internacional dos direitos humanos, mas contém tão somente direitos civis e políticos, também chamados direitos de primeira geração.
(D) Os "Princípios de Paris" consistem em regras internacionais de composição e conduta autônoma que as instituições nacionais de direitos humanos dos Estados devem observar para que sejam credenciadas como organizações não governamentais perante o Alto Comissariado da ONU para os Direitos Humanos.

A: incorreta, pois não existe a citada previsão de recurso (ler artigos 23 e ss. da Carta da ONU); **B:** correta (art. 1º do Pacto); **C:** incorreta, pois em seu bojo, como comentado, encontram-se direitos civis e políticos (artigos 3º a 21) e também direitos econômicos, sociais e culturais (artigos 22 a 28), o que reforça as características da indivisibilidade e interdependência dos direitos humanos; **D:** incorreta, pois uma instituição nacional de direitos humanos tem que ser independente e não vinculada ao Estado.
Gabarito "B".

(Procurador da República –28º Concurso – 2015 – MPF) Assinale a alternativa correta:

(A) O Comitê pela eliminação de toda forma de discriminação racial pode apreciar petição de um Estado-parte em face de conduta de outro Estado-parte, não sendo necessário o esgotamento prévio dos recursos internos, devido a peculiaridades das demandas interestatais.
(B) O Conselho Nacional de Direitos Humanos brasileiro, composto por membros do Poder Público e representantes da sociedade civil, pode impor sanções de censura, advertência e ainda determinar o afastamento preventivo de cargo ou emprego público de indivíduos violadores de direitos humanos.
(C) Não é cabível a intervenção de *amicus curiae* no processamento de incidente de deslocamento de competência, pela ausência de interesses privados e pelo caráter federativo do procedimento.
(D) De acordo com a evolução organizacional do regime internacional de proteção dos direitos humanos, o sistema europeu de direitos humanos passou a prever, a partir do Protocolo n.14, a possibilidade de adesão da União Europeia como parte da Convenção Europeia de Direitos Humanos.

A: incorreta, pois a exigência do esgotamento prévio dos recursos internos está presente tanto nas comunicações interestatais como nas petições individuais; **B:** incorreta, pois o Conselho Nacional de Direitos Humanos não pode determinar o afastamento preventivo, mas apenas recomendá-lo (art. 6º, III, da Lei 12.986/2014); **C:** incorreta, pois a Min. Laurita Vaz autorizou a intervenção de *amicus curiae* no Incidente de Deslocamento de Competência nº 2 (STJ), onde aconteceu o ingresso das organizações não governamentais (ONG) Justiça Global e Dignitatis Assessoria Jurídica Popular. Trata-se de caso de caso de intervenção atípica de *amicus curiae* por não haver previsão legal expressa; **D:** correta, pois , de fato, essa possibilidade foi criada com o Protocolo nº 14.
Gabarito "D".

(Procurador da República –28º Concurso – 2015 – MPF) Assinale a alternativa incorreta:

(A) O posto de Alto Comissário das Nações Unidas para Direitos Humanos foi criado por meio da Resolução 48/141 da Assembleia Geral da ONU, de 20 de dezembro de 1993, objetivando focar os esforços e incrementar as atividades das Nações Unidas na área dos direitos humanos, com o poder de impor sanções a Estados violadores contumazes de direitos humanos.
(B) De acordo com o princípio da interpretação autônoma, os tratados de direitos humanos podem possuir sentidos próprios, distintos dos sentidos a eles atribuídos pelo direito interno, para dotar de maior efetividade as normas internacionais de direitos humanos.
(C) De acordo com o estágio atual do Direito Internacional dos Direitos Humanos, os indivíduos têm acesso a determinadas instâncias internacionais de supervisão e controle das obrigações assumidas pelos Estados,

mas devem cumprir requisitos previstos para cada um desses processos internacionais de direitos humanos.
(D) Conforme o entendimento da Corte Interamericana de Direitos Humanos, o uso da Convenção n. 169 da Organização Internacional do Trabalho como auxílio de interpretação para dimensionar as obrigações de Estado perante a Convenção Americana de Direitos Humanos independe da ratificação da Convenção n. 169 pelo Estado em questão.

A: incorreta, pois o Alto Comissário das Nações Unidas não possui o poder de impor sanções a Estados violadores contumazes de direitos humanos. O Alto-Comissário tem a função primordial de promover os direitos humanos e lidar com as questões de direitos humanos da ONU, além de manter diálogo com todos os Estados-membros sobre temas relacionados aos direitos humanos. As responsabilidades do Alto-Comissário incluem: a resolução de conflitos; prevenção e alerta de abusos, assistência aos Estados em períodos de transição política; promoção de direitos substantivos aos Estados; coordenação e racionalização de programas em direitos humanos; **B:** correta, pois traz o teor correto do princípio da interpretação autônoma; **C:** correta, pois alguns requisitos devem ser respeitados para os indivíduos acessarem o sistema internacional de proteção dos direitos humanos, como, por exemplo, a exigência de esgotar os recursos internos disponíveis antes de acessar o sistema internacional; **D:** correta. A Corte e a Comissão Interamericana utilizaram a Convenção 169 da OIT como norma interpretativa, destinada a especificar as obrigações dos Estados estabelecidas por outras normas internacionais (como a Convenção Americana sobre Direitos Humanos e a Declaração Americana sobre Direitos e Deveres do Homem) quanto à sua aplicação aos povos e comunidades indígenas ou a seus membros.
Gabarito "A".

(Procurador da República –28º Concurso – 2015 – MPF) Assinale a alternativa correta:
(A) A jurisprudência da Corte Interamericana de Direitos Humanos admite, nos processos de redemocratização ocorridos na América Latina nas últimas décadas, a anistia total nos casos de graves violações de direitos humanos realizadas pelos agentes da ditadura militar, desde que tal anistia seja fruto de um acordo entre o regime militar e a oposição.
(B) O Pacto Internacional de Direitos Civis e Políticos prevê que qualquer pessoa presa ou encarcerada em virtude de infração penal deverá ser conduzida, sem demora, à presença do juiz ou de outra autoridade habilitada por lei a exercer funções judiciais e terá o direito de ser julgada em prazo razoável ou de ser posta em liberdade.
(C) A Convenção Americana de Direitos Humanos proíbe que seja imposta a pena de morte a pessoa que, no momento da perpetração do delito, for menor de vinte e um anos ou maior de setenta.
(D) O terceiro protocolo à Convenção da ONU para os Direitos das Crianças, que entrou em vigor em 2014, não prevê mecanismo de petição individual ao Comitê para os Direitos da Criança.

A: incorreta, pois no caso Gomes Lund e outros vs. Brasil, a Corte Interamericana de Direitos Humanos julgou, por unanimidade, que a Lei de Anistia brasileira era contrária à Convenção Americana de Direitos Humanos; **B:** correta (art. 9º, ponto 3, do Pacto); **C:** incorreta. A disciplina correta sobre a pena de morte está disciplina no art. 4º da Convenção Americana; **D:** incorreta, pois o mecanismo de petição individual está previsto no art. 5º do Protocolo Facultativo relativo aos Procedimentos de Comunicação.
Gabarito "B".

(Procurador da República – PGR – 2015) Assinale a alternativa incorreta:
(A) O Protocolo facultativo à Convenção da Organização das Nações Unidas sobre os direitos das pessoas com deficiência prevê que seu Comitê considerará inadmissível a comunicação de vítima sobre violação de direitos previstos na Convenção quando a comunicação for anônima ou quando a mesma matéria já tenha sido examinada pelo Comitê ou tenha sido ou estiver sendo examinada sob outro procedimento de investigação ou resolução internacional, entre outros motivos de inadmissibilidade.
(B) A Convenção Americana de Direitos Humanos dispõe que os Estados-partes comprometem-se a adotar as providências, tanto no âmbito interno, como mediante cooperação internacional, especialmente econômica e técnica, a fim de conseguir progressivamente a plena efetividade dos direitos que decorrem das normas econômicas, sociais e sobre educação, ciência e cultura.
(C) De acordo com o Protocolo de San Salvador, caso os direitos sindicais, o direito de greve e o direito a educação fundamental forem violados por ação imputável a Estado-Parte do Protocolo, é possível a utilização do mecanismo de petições individuais à Comissão Interamericana de Direitos Humanos previsto na Convenção Americana sobre Direitos Humanos.
(D) O Comitê pela eliminação de toda forma de discriminação contra a mulher já apreciou petição individual contra o Brasil, tendo recomendado ao Estado que, além de indenizar a família da vítima, também assegure o direito das mulheres a maternidade segura e o acesso à assistência médica emergencial adequada.

A: correta (art. 2º do Protocolo Facultativo); **B:** correta (art. 26 da Convenção); **C:** incorreta, pois o "direito de greve" não está previsto como direito acionável via o mecanismo de petições individuais (art. 19, ponto 6, do Protocolo de San Salvador); **D:** correta (caso Alyne Pimentel).
Gabarito "C".

(Procurador da República – PGR – 2013) No tocante à aplicabilidade, à proteção internacional de direitos humanos, dos *Draft Articles on Responsibility of States for Internationally Wrongful Acts* (esboço de artigos sobre a responsabilidade de estados por atos ilícitos internacionais) de 2001, da comissão de direito internacional da ONU, é correto dizer que:
(A) O documento é completamente inaplicável, pois trata de responsabilidade decorrente de ilícitos praticados na relação entre Estados e não na relação entre um Estado e seus jurisdicionados;
(B) o documento é parcialmente aplicável, pois pelo menos parte das obrigações decorrentes do direito internacional dos direitos humanos são *erga partes* ou *erga omnes* e, por isso, são oponíveis por Estados *vis à vis* a outros;
(C) o documento é aplicável em todos os seus termos, pois não existem obrigações de Estados *vis à vis* seus jurisdicionados no direito internacional;
(D) o documento é completamente inaplicável, pois o regime de proteção internacional dos direitos humanos não tem qualquer relação com a responsabilidade internacional dos Estados.

A única assertiva correta sobre a aplicação do Esboço de Artigos sobre a Responsabilidade de Estados por Atos Ilícitos Internacionais é a "B". O *jus cogens* (normas cogentes de Direito Internacional) é calcado no reconhecimento da existência de direitos e de obrigações naturais, independentemente da existência de algum tratado internacional. O *jus cogens* seria como um qualificador de regras consideradas basilares para a ordenação e a viabilidade da comunidade internacional (art. 53 da Convenção de Viena sobre Direito dos Tratados[51]).

Gabarito "B".

(Procurador da República – PGR – 2013) As regras de Brasília sobre acesso à justiça das pessoas em condição de vulnerabilidade dispõem que

(A) a condição de pertencer à comunidade indígena pode implicar vulnerabilidade quando seu integrante exercita seus direitos perante o sistema de justiça estatal;
(B) os integrantes das comunidades indígenas reclamarão seus direitos em sistemas judiciais comunitários próprios de sua cultura, devendo ser evitado obrigá-los a litigar no sistema de justiça estatal;
(C) os integrantes das comunidades indígenas terão sempre o direito de fazer uso de seus sistemas judiciais comunitários, ainda que se trate de litígio extraindígena;
(D) os integrantes das comunidades indígenas resolverão seus conflitos internos exclusivamente por meios próprios, dentro da tradição de sua cultura.

A única assertiva correta conforme as Regras de Brasília é a "A" (Seção 2 – Beneficiários das Regras).

Gabarito "A".

(Procurador da República – 26º) Entende-se por "direitos comunicativos"

(A) a liberdade de opinião, do ponto de vista do uso dos meios de comunicação;
(B) a liberdade religiosa, como direito de comunicar a fé;
(C) a liberdade de imprensa, como direito de divulgar fatos e opiniões ao público;
(D) a liberdade de expressar opiniões, pontos de vista religiosos e conceitos em ciência e arte assim como os direitos de quem sofre o impacto dessa expressão.

A correta definição de direitos comunicativos está disposta na assertiva "D".

Gabarito "D".

(Procurador da República – 26º) O direito à autodeterminação dos povos indígenas, no direito internacional,

(A) implica que estes determinam livremente seu "estatuto político, na expressão do art. 1.º comum do Pacto Internacional de Direitos Civis e Políticos e do Pacto Internacional de Direitos Econômicos, Sociais e Culturais incluindo o direito a formar estado;
(B) implica que estes determinam livremente sua "condição política", na expressão do art. 3.º da Declaração da ONU sobre os Direitos dos Povos Indígenas, incluindo o direito a ter suas próprias instituições políticas e judiciais e imunidade na justiça do estado em cujo território vivem;
(C) implica, na forma do art. 5.º da Declaração da ONU sobre Direitos dos Povos Indígenas, que estes estão, de um modo geral, desvinculados das obrigações que o estado em cujo território vivem imponha indistintamente a seus cidadãos;
(D) não autoriza, nos termos do art. 46 da Declaração da ONU sobre Direitos dos Povos indígenas, o desmembramento territorial do estado em cujo território vivem, nem a ação de outros estados contra sua integridade territorial.

Segue a redação do art. 46 da Declaração da ONU sobre Direitos dos Povos indígenas: "1. Nada do disposto na presente Declaração será interpretado no sentido de conferir a um Estado, povo, grupo ou pessoa qualquer direito de participar de uma atividade ou de realizar um ato contrário à Carta das Nações Unidas ou será entendido no sentido de autorizar ou de fomentar qualquer ação direcionada a desmembrar ou a reduzir, total ou parcialmente, a integridade territorial ou a unidade política de Estados soberanos e independentes. 2. No exercício dos direitos enunciados na presente Declaração, serão respeitados os direitos humanos e as liberdades fundamentais de todos. O exercício dos direitos estabelecidos na presente Declaração estará sujeito exclusivamente às limitações previstas em lei e em conformidade com as obrigações internacionais em matéria de direitos humanos. Essas limitações não serão discriminatórias e serão somente aquelas estritamente necessárias para garantir o reconhecimento e o respeito devidos aos direitos e às liberdades dos demais e para satisfazer as justas e mais urgentes necessidades de uma sociedade democrática. 3. As disposições enunciadas na presente Declaração serão interpretadas em conformidade com os princípios da justiça, da democracia, do respeito aos direitos humanos, da igualdade, da não discriminação, da boa governança e da boa-fé".

Gabarito "D".

(Procurador da República – 26º) Sobre a pena de morte, pode-se afirmar que, no atual estágio de desenvolvimento do direito internacional dos direitos humanos,

(A) embora não proibida universalmente, há sua abolição num âmbito regional e proibição de sua reintrodução quando o Estado a tenha abolido em outro âmbito regional;
(B) não há qualquer limitação a sua previsão legal, podendo Estados adotá-la livremente,
(C) tem sido regularmente adotada por tribunais internacionais, desde o Tribunal Militar Internacional de Nuremberg e o Tribunal Militar Internacional de Tóquio;
(D) tem previsão no estatuto do Tribunal internacional Penal para Ruanda por exigência do governo daquele país.

Em 8 de junho de 1990, foi adotado, em Assunção, no Paraguai, outro Protocolo Facultativo à Convenção Americana sobre Direitos Humanos, dessa vez sobre a abolição da pena de morte. Os Estados que aderem ao Protocolo ficam impedidos, em qualquer hipótese, de aplicar a pena de morte; assim, estão revogadas as disposições de direito interno que prevejam a pena capital. Esse Protocolo foi

---

51. "É nulo um tratado que, no momento de sua conclusão, conflite com uma norma imperativa de Direito Internacional Geral. Para os fins da presente Convenção, uma norma imperativa de Direito Internacional Geral é uma norma aceita e reconhecida pela comunidade internacional dos Estados como um todo, como norma da qual nenhuma derrogação é permitida e que só pode ser modificada por norma ulterior de Direito Internacional Geral da mesma natureza". Por exemplo, a proibição da escravidão é uma norma imperativa de Direito Internacional, pois é considerada inderrogável por toda a comunidade internacional.

influenciado diretamente pelo Segundo Protocolo Facultativo ao Pacto Internacional dos Direitos Civis e Políticos de 1989. Sobre o tema, a Opinião Consultiva (OC) 3/83 foi solicitada pela Comissão Interamericana de Direitos Humanos e teve por fito a determinação da correta interpretação do artigo 4º da Convenção Americana de Direitos Humanos. De maneira mais específica, foram formuladas estas perguntas: a) pode um governo aplicar a pena de morte para delitos que ainda não tivessem previsto a dita sanção na legislação interna, no momento da entrada em vigor da Convenção Americana de Direitos Humanos nesse Estado?; b) pode um governo, com base numa reserva feita, no momento da ratificação, ao artigo 4º, ponto 4, da Convenção, legislar depois da entrada em vigor da Convenção para impor a pena de morte aos delitos que não comportavam essa sanção quando foi efetuada a ratificação? O governo da Guatemala[52] apresentou objeção à competência da Corte em exarar opinião consultiva nesse caso, pois se trata de verdadeiro "contencioso encoberto" e sabe-se que a competência contenciosa da Corte só pode ser exercida em relação aos Estados-partes da Convenção que expressa e inequivocamente tenha aceitado essa competência da Corte (artigo 62 da Convenção Americana de Direitos Humanos). Mas a Corte Interamericana afastou tal pretensão e demonstrou que essa política decisória está em consonância com a jurisprudência da Corte Internacional de Justiça (CIJ). Cabe transcrever o trecho que caracteriza bem a jurisprudência da CIJ: "Com essa procedência, a Corte de Haia reconheceu que a opinião consultiva poderia eventualmente afetar os interesses de Estados que não tenham aceitado a competência contenciosa e que não estejam dispostos a litigar sobre o assunto. A questão decisiva sempre foi saber se o órgão solicitante tem interesse legítimo na obtenção da opinião com a finalidade de orientar suas ações futuras".[53] A Comissão possui legítimo interesse porque uma de suas funções é enviar recomendações aos Estados-partes da Convenção Americana de Direitos Humanos ou até mesmo aos Estados-membros da OEA. Por unanimidade, a Corte assim respondeu às perguntas formuladas pela Comissão: a) a Convenção Americana de Direitos Humanos proíbe peremptoriamente a extensão da pena de morte. Assim, não pode o governo de um Estado-parte aplicar a pena de morte a delitos para os quais não estava prevista essa sanção na legislação interna; b) uma reserva limitada por seu próprio texto ao artigo 4º, ponto 4, da Convenção não permite que o governo de um Estado-parte legisle posteriormente para estender a aplicação da pena de morte a delitos que não comportavam tal sanção. O juiz hondurenho Carlos Roberto Reina exarou opinião separada. Em seu voto, concordou com a posição da Corte, mas apresentou proposta de redação para a segunda resposta da Corte: "Uma reserva limitada por seu próprio texto ao artigo 4º, ponto 4, da Convenção não permite que o governo de um Estado-parte, como pretendia o da Guatemala, legisle posteriormente para estender a aplicação da pena de morte a delitos que não comportavam tal sanção". Também apresentou opinião separada o juiz costa-riquenho Rodolfo Piza Escalante, concordando com a posição da Corte e proferindo uma resposta mais completa e direta. Ele fechou seu voto afirmando que a reserva formulada pelo governo da Guatemala no momento da ratificação da Convenção somente permite ao país aplicar a pena de morte aos delitos comuns conexos com os políticos que já contemplavam referida sanção e não pode o governo invocar tal reserva para estender sua aplicação a novos delitos, independentemente da natureza que possuírem. A situação no outro sistema regional de proteção dos direitos humanos, o europeu, é a seguinte, conforme redação do art. 1º do Protocolo 6 à Convenção Europeia dos Direitos do Homem: "A pena de morte é abolida. Ninguém pode ser condenado a tal pena ou executado". Ainda sobre o tema, mas agora sob a perspectiva do sistema global de proteção dos direitos humanos, o 2º Protocolo Facultativo ao Pacto Internacional dos Direitos Civis e Políticos com Vista à Abolição da Pena de Morte, adotado pela ONU em 15 de dezembro de 1989, tem por fundamento a consciência de que a abolição da pena de morte contribui para a promoção da dignidade humana e para o desenvolvimento progressivo dos direitos do homem. Ademais, devem-se considerar todas as medidas de abolição da pena de morte como um progresso no gozo do direito à vida. Os Estados-partes têm a obrigação de tomar as medidas adequadas para abolir a pena de morte no âmbito da sua jurisdição. Por fim, é importante apontar que não é admitida qualquer reserva ao Protocolo, exceto a formulada no momento da ratificação ou adesão prevendo a aplicação da pena de morte em tempo de guerra, em virtude de condenação por infração penal de natureza militar de gravidade extrema, desde que cometida em tempo de guerra. Por fim, ainda em relação ao tema pena de morte, cabe esclarecer que esta é admitida no Brasil, desde que cumpridas certas condições (artigo 5º, XLVII, a, c/c artigo 84, XIX, ambos da CF): a) existência de guerra declarada em virtude de agressão externa; e b) a prática, por brasileiro ou estrangeiro, do crime de alta traição (disciplinado no Código Penal Militar – CPM). Logo, em tempos de paz não é possível a aplicação da pena capital no país, a qual também está abolida para todos os crimes não militares. A título de curiosidade, o CPM disciplina que a execução da pena capital será por fuzilamento. Por todo o dito, afirma-se que a assertiva mais acertada é a "A", a qual, aliás, é apontada como correta. Mas resulta, em função do que vimos, difícil afirmar que a pena de morte não está proibida universalmente. Creio que essa afirmativa do examinador está relacionada a não previsão da proibição da pena de morte na Declaração Universal dos Direitos Humanos. Ora, a Declaração Universal é o núcleo essencial do sistema global de proteção dos direitos humanos, mas o 2º Protocolo Facultativo ao Pacto Internacional dos Direitos Civis e Políticos com Vista à Abolição da Pena de Morte também faz parte desse sistema global.

Gabarito "A".

(Procurador da República – 25º) A expressão "tortura ou penas ou tratos cruéis, desumanos ou degradantes", usual na Declaração Universal dos Direitos Humanos (art. 5.º), na Convenção Europeia de Direitos Humanos (art. 3.º, sem uso do termo "cruéis"), no Pacto Internacional de Direitos Civis e Políticos (art. 7.º) e na Convenção Americana de Direitos Humanos (art. 5.º, para. 2.º)

(A) deve ser interpretada de forma integrada, sem que o significado de seus termos seja tomado isoladamente;
(B) foi desmembrada em seus diversos termos no caso irlandês (*Irish Case*, Corte Europeia de Direitos Humanos, 1977), para separar o conceito de tortura do conceito de outros maus tratos;
(C) não foi acolhida pela Convenção da ONU contra a Tortura de 1984, porque ali só se cuida de obrigações dos Estados-partes no tocante prevenção e repressão da tortura e não de outros maus-tratos;
(D) deve ser interpretada de modo restritivo, de modo a não incluir a violência no espaço privado.

A única assertiva correta sobre o tema é a "B", pois é importante a análise individual de seus termos como componente necessário do exercício interpretativo (razão da assertiva "A" estar incorreta). A expressão apontada foi, sim, adotada pela Convenção da ONU contra a Tortura, que é denominada Convenção contra a Tortura e outros Tratamentos ou Penas Cruéis, Desumanos ou Degradantes (razão da assertiva "C" estar incorreta). E a interpretação deve, sim, incluir a violência praticada em âmbito privado (razão da assertiva "D" estar incorreta). Por fim, o caso mencionado na assertiva "B" é conhecido exatamente por ter feito essa análise metódica e criteriosa de todos os termos.

Gabarito "B".

---

52. O governo da Guatemala apresentou reserva ao artigo 4º, ponto 4, da Convenção Americana de Direitos Humanos no momento de sua ratificação.

53. Trecho do ponto 40 da Opinião Consultiva 03/83 da Corte Interamericana de Direitos Humanos.

(Ministério Público – MPU – 2013) ASSINALE A ALTERNATIVA INCORRETA:

(A) Pela atual jurisprudência do Supremo Tribunal Federal, é cabível o *habeas corpus* impetrado para discutir os pressupostos de legalidade de punição disciplinar militar.
(B) É constitucional legislação estadual que crie taxa de segurança pública tendo como fato gerador a efetiva ou potencial utilização, por pessoa determinada, dos serviços ou atividades policiais militares, inclusive o policiamento preventivo, nas hipóteses de eventos privados abertos ao público, mesmo que sem participação paga.
(C) Em relação ao atual regime da declaração de inconstitucionalidade, é possível afirmar que a jurisprudência do Supremo Tribunal Federal não adotou a teoria da transcendência dos motivos determinantes, de modo que o efeito vinculante refere-se à decisão em si de inconstitucionalidade, mas não alcança a fundamentação ou razão que levou o tribunal a decidir daquela forma (*ratio decidendi*).
(D) Qualquer pessoa, grupo de pessoas ou entidade não governamental legalmente reconhecida em um ou mais Estados membros da Organização dos Estados Americanos pode apresentar à Comissão Interamericana de Direitos Humanos petições que contenham denúncias ou queixas de violação da Convenção Americana sobre Direitos Humanos por um Estado membro.

A: assertiva correta, pois a assertiva expressa, de fato, a atual jurisprudência do STF; **B:** assertiva incorreta, devendo ser assinalada. Segue ementa do RE 536.639/ RN, STF: "**1**. Tributo. Taxa de Segurança Pública. É inconstitucional a taxa que tenha por fato gerador a prestação de serviço de segurança pública, ainda que requisitada por particular. Serviço Público indivisível e não específico. Agravo regimental improvido. Precedentes. Dado seu caráter *uti universi*, o serviço de segurança pública não é passível de ser remunerado mediante taxa, atividade que só pode ser sustentada pelos impostos. 2. Recurso. Extraordinário. Inadmissibilidade. Jurisprudência assentada. Ausência de razões consistentes. Decisão mantida. Agravo regimental improvido. Nega-se provimento a agravo regimental tendente a impugnar, sem razões consistentes, decisão fundada em jurisprudência assente na Corte; **C:** assertiva correta. Existem duas teorias principais sobre o tema. A teoria restritiva defende que apenas o dispositivo da sentença possui efeito vinculante no caso de uma declaração de inconstitucionalidade. Já a teoria extensiva advoga que, além do dispositivo, os motivos determinantes (*ratio decidendi*) da decisão também possuem efeito vinculante no caso de uma declaração de inconstitucionalidade. O STF adotou a teoria restritiva, logo, apenas a parte dispositiva da sentença contará com efeito vinculante (conforme Rcl 11477 AgR/CE, rel. Min. Marco Aurélio, 29.05.2012 – Informativo 668, STF); **D:** assertiva correta. A Comissão pode receber petições do indivíduo "lesionado", de terceiras pessoas ou de organizações não governamentais legalmente reconhecidas em um ou mais Estados-membros da OEA que representem o indivíduo lesionado.[54] Entrementes, essa competência só poderá ser exercida se o Estado violador tiver aderido à Convenção Americana de Direitos Humanos. Percebe-se que não é necessária a expressa aceitação da competência da Comissão para receber petições, bastando que o Estado tenha aderido à Convenção.
Gabarito "B".

---

54. Como exemplo pode-se citar o conhecido caso Maria da Penha.

(Ministério Público/RO – 2013 – CESPE) No que concerne à Declaração Universal dos Direitos Humanos, à Convenção Contra a Tortura e Outros Tratamentos ou Penas Cruéis, Desumanos ou Degradantes e à Convenção Internacional sobre a Eliminação de Todas as Formas de Discriminação Racial, assinale a opção correta.

(A) De acordo com a Declaração Universal dos Direitos Humanos, o indivíduo, no exercício de seus direitos e liberdades, sujeita-se apenas às limitações determinadas pela lei, desde que não os exerça contrariamente aos propósitos e princípios da ONU.
(B) Para os fins da Convenção Contra a Tortura e Outros Tratamentos ou Penas Cruéis, Desumanos ou Degradantes, o termo tortura designa o ato de infligir, intencionalmente, a alguém sofrimento físico agudo, a fim de dela obter confissão, ainda que tal sofrimento seja consequência única de sanção legítima.
(C) Para os fins da Convenção Internacional sobre a Eliminação de Todas as Formas de Discriminação Racial, a expressão discriminação racial refere-se ao comportamento do qual resulte preferência baseada em raça ou cor, com o objetivo de restringir o exercício, em um mesmo plano, de liberdades fundamentais no campo cultural, mas não ao comportamento do qual resulte preferência baseada em descendência.
(D) A Convenção Internacional sobre a Eliminação de Todas as Formas de Discriminação Racial é aplicável às distinções feitas entre cidadãos e não cidadãos por um Estado-parte.
(E) A natureza jurídica da Declaração Universal dos Direitos Humanos é de tratado internacional.

A: correta (art. XXIV, pontos 2 e 3, da Declaração Universal dos Direitos Humanos; **B:** incorreta. A Convenção define o termo tortura como *qualquer ato pelo qual dores ou sofrimentos agudos, físicos ou mentais, são infligidos intencionalmente a uma pessoa a fim de obter, dela ou de terceira pessoa, informações ou confissões; de castigá-la por ato que ela ou terceira pessoa tenha cometido ou seja suspeita de ter cometido; de intimidar ou coagir essa pessoa ou outras pessoas; ou por qualquer motivo baseado em discriminação de qualquer natureza*. Pelo conceito, percebe-se que a finalidade é determinante para caracterização da tortura; **C:** incorreta. A Convenção, no ponto 1 do seu artigo 1º, estabelece que a expressão "discriminação racial" significará qualquer distinção, exclusão, restrição ou preferência baseada em raça, cor, *descendência* ou origem nacional ou étnica que tem por objetivo ou efeito anula ou restringir o reconhecimento, gozo ou exercício num mesmo plano, (em igualdade de condição), de direitos humanos e liberdades fundamentais no domínio político econômico, social, cultural ou em qualquer outro domínio de sua vida; **D:** incorreta (ponto 2 do artigo 1º da Convenção); **E:** incorreta. A Declaração é exemplo de *soft law*, já que não supõe mecanismos constritivos para a implementação dos direitos previstos. Em contrapartida, quando um documento legal prevê mecanismos constritivos para a implementação de seus direitos, estamos diante de um exemplo de *hard law*. Portanto, a Declaração Universal dos Direitos Humanos não tem força legal (funcionaria como uma *recomendação*), mas sim material. Mas alguns autores defendem que seria inderrogável por fazer parte do *jus cogens*. E ainda pode-se até advogar que a Declaração, por ter definido o conteúdo dos direitos humanos insculpidos na Carta das Nações Unidas, tem força legal vinculante, visto que os Estados-membros da ONU se comprometeram a promover e proteger os direitos humanos. Por esses dois últimos sentidos, chega-se à conclusão de que a Declaração Universal dos Direitos Humanos gera obrigações aos Estados, isto é, tem força obrigatória (por ser legal ou por fazer parte do *jus cogens*).[55] Todavia, "do ponto de vista estritamente formal, a Declaração Universal dos Direitos Humanos é parte do assim denominado *soft law* [direito suave], não vinculante, mas mesmo assim importante para a regência das relações internacionais. O que nos leva a asseverar que sua violação, em tese, não deveria implicar a responsabilidade internacional do Estado, mas, por outro, sujeitaria o recalcitrante a sanções de ordem moral. Estas têm sua autoridade na própria dimensão política da declaração, como documento acolhido pela quase unanimidade dos Estados então representados na Assembleia Geral e, depois, invocado em constituições domésticas de inúmeros países e em diversos documentos de conferências internacionais."[56]

Gabarito "A".

---

55. Tal ilação pode ser adotada em prova dissertativa. Mas em prova objetiva, com exceção da Defensoria, deve ser apontado que a Declaração Universal dos Direitos Humanos não tem força legal, funcionando apenas como uma recomendação.

56. ARAGÃO, Eugênio José Guilherme. "A Declaração Universal dos Direitos Humanos: mera declaração de propósitos ou norma vinculante de direito internacional?" **Revista Eletrônica do Ministério Público Federal**, ano I, n. 1, 2009.

22. MEDICINA LEGAL

Leni Mouzinho Soares

1. TANATOLOGIA

(Ministério Público/PB – 2010) Não é considerado como fenômeno transformativo conservador do cadáver a:

(A) Mumificação.
(B) Saponificação.
(C) Calcificação.
(D) Corificação.
(E) Maceração.

São sinais transformativos destrutivos a autólise, a putrefação e a maceração. a) A mumificação consiste na desidratação do cadáver; b) a saponificação consiste na etapa de transformação em que o cadáver adquire uma consistência menos resistente, mole, com aspecto de sabão. O fenômeno se dá em fase adiantada de putrefação; c) a calcificação, por sua vez, é o fenômeno transformativo em que o feto, quando interrompida a gestação, adquire um aspecto sólido, em razão dos sais minerais que nele se prendem; d) a corificação é verificada nos cadáveres acondicionados em locais vedados hermeticamente, como por exemplo, os caixões de zinco, em que o corpo fica livre da decomposição, adquirindo dessa forma um aspecto de couro; e) a maceração se verifica nos casos de cadáveres submersos em meios líquidos. Nos adultos, quando esse meio líquido está contaminado, quando é denominada maceração séptica; e, nos fetos após o quinto mês de gestação, sendo, nessa hipótese, chamada de asséptica.
Gabarito "E".

(Ministério Público/PB – 2010) Considere as proposições abaixo e, em seguida, indique a alternativa que contenha o julgamento devido sobre elas:

I. A esganadura é classificada como forma de asfixia mecânica-mista uma vez que se confundem e se superpõem, em graus variados, os fenômenos circulatórios, respiratórios e nervosos.
II. A falta de uniformidade nas lesões produzidas no sulco do pescoço da vítima é uma das características do estrangulamento.
III. Nos denominados afogados brancos de Parrot não se encontra fenomenologia imanente às asfixias.

(A) Apenas a proposição I está incorreta.
(B) Apenas a proposição III está incorreta.
(C) Apenas a proposição II está incorreta.
(D) Todas as proposições estão incorretas.
(E) Todas as proposições estão corretas.

I. correta. A esganadura é uma espécie de asfixia mecânica provocada pelas próprias mãos do agente; II. incorreta. A lesão causada no pescoço da vítima de estrangulamento tem sulco contínuo e uniforme; III. correta. O afogado branco é aquele que teve o corpo imerso em água, após a ocorrência de sua morte. Dessa forma, não apresenta necessariamente os fenômenos característicos de asfixia. Assim, portanto, apenas a alternativa II está incorreta.
Gabarito "C".

(Ministério Público/PB – 2010) Para se constatar a certeza da morte, urge a observação de fenômenos que surgem no corpo humano, representados por mudanças física, química ou estrutural, de origem natural ou artificial. Assim, considere as proposições abaixo e, em seguida, indique a alternativa que contenha o julgamento devido sobre elas:

I. Perda da consciência e cessação da respiração são considerados fenômenos abióticos (avitais) consecutivos.
II. Rigidez cadavérica e espasmo cadavérico são considerados fenômenos abióticos (avitais) imediatos.
III. Autólise e putrefação são fenômenos transformativos destrutivos.

(A) Apenas a proposição I está correta.
(B) Apenas a proposição II está correta.
(C) Todas as proposições estão corretas.
(D) Apenas a proposição III está correta.
(E) Todas as proposições estão incorretas.

I. incorreta. Os fenômenos cadavéricos abióticos consecutivos são diminuição da temperatura do corpo, rigidez cadavérica, livores cadavéricos, hipóstase e desidratação. Portanto, as características descritas não são sinais de fenômenos abióticos consecutivos, que indiquem a certeza da morte; II. incorreta. A rigidez cadavérica é um fenômeno abiótico consecutivo; III. correta. Além da autólise e putrefação, é fenômeno transformativo destrutivo a maceração. Assim, portanto, apenas o item III está correto.
Gabarito "D".

2. TRAUMATOLOGIA

(Ministério Público/PB – 2010) O exame no sulco do pescoço da vítima é de capital valor no diagnóstico do enforcamento, apresentando as características abaixo, exceto:

(A) Livores cadavéricos, em placas, por cima e por baixo das suas bordas.
(B) Infiltrações hemorrágicas punctiformes no fundo do sulco.
(C) Pele enrugada e escoriada no fundo do sulco.
(D) Ser necessariamente apergaminhado.
(E) Vesículas sanguinolentas no fundo do sulco.

Além dos sinais descritos, nos casos de enforcamento, os sulcos em geral são oblíquos e apresentam zonas violetas em suas margens, assim como no pescoço da vítima ficam aparentes marcas do laço da corda ou objeto utilizado para a constrição.
Gabarito "D".

(Ministério Público/PB – 2010) A respeito das lesões produzidas por projétil de arma de fogo, considere as proposições abaixo e, em seguida, indique a alternativa que contenha o julgamento devido sobre elas:

I. A apresentação de aréola equimótica no ferimento de entrada afasta a possibilidade de ter sido o tiro deflagrado a curta distância.
II. A orla de escoriação ou de contusão é um dos sinais comprovadores de ferimento de entrada nos tiros dados a qualquer distância.

III. O ferimento de saída terá forma irregular, bordas reviradas para fora, maior sangramento e halo de enxugo, não apresentando orla de escoriação e nem elementos químicos resultantes da decomposição da pólvora.

(A) Apenas a proposição I está correta.
(B) Apenas a proposição III está correta.
(C) Apenas a proposição II está correta.
(D) Todas as proposições estão corretas.
(E) Todas as proposições estão incorretas.

I: incorreta, a aréola ou auréola equimótica decorre da ruptura de pequenos vasos sanguíneos, que pode ser ocasionada ainda que por disparo produzido a curta distância; II: correta, a orla de escoriação ou contusão é um sinal comprovador de orifício de entrada de tiro a qualquer distância; III: incorreta, o halo ou orla de enxugo indica ferimento de entrada. Normalmente, tem coloração escura e é causado pelo atrito do projétil, que segue em movimento de rotação, com o corpo, onde são deixados os resíduos de pólvora. Portanto, apenas o item II está correto.
Gabarito "C".

(Ministério Público/PB – 2010) Nos itens abaixo, assinale a alternativa que contém característica não encontrada em feridas produzidas por instrumento cortante:

(A) presença de golpe de mina.
(B) forma linear.
(C) regularidade das bordas.
(D) centro da ferida mais profundo que as extremidades.
(E) perfil de corte de aspecto bisel, quando o instrumento atua em sentido oblíquo.

A: correta. A presença de golpe de mina ou sinal da câmara de mina de Hoffman pode ser observada nas lesões provocadas por instrumento perfurocontundente; B, C, D e E: incorretas. As lesões cortantes normalmente são provocadas por faca, bisturi, estilete, canivete e têm as seguintes características: bordas regulares e lisas, maior extensão que profundidade, ocorrência de hemorragia intensa, falta de região de contusão e existência de cauda de escoriação.
Gabarito "A".

23. LEGISLAÇÃO INSTITUCIONAL MP

Marcos Destefenni e José Augusto Marcondes Bernardes Gil*

(Ministério Público/MG – 2014) Conforme a Lei Complementar 34, de 12 de setembro de 1994 (Lei Orgânica do Ministério Público do Estado de Minas Gerais), são deveres dos membros do Ministério Público, entre outros:

I. Atender aos interessados, a qualquer momento nos casos urgentes, ou quando necessária a intervenção de membro do Ministério Público, e guardar sigilo profissional.
II. Encaminhar, durante o estágio probatório, à Corregedoria-Geral do Ministério Público relatórios trimestrais de atividades, instruídos com até 10 (dez) trabalhos, abrangendo as diversas áreas de atuação, na forma que dispuser o regulamento respectivo.
III. Fiscalizar, trimestralmente ou quando conveniente, as cadeias públicas, os estabelecimentos prisionais e os que abriguem idosos, crianças, adolescentes, incapazes ou pessoas portadoras de deficiência, registrando em livro próprio da Promotoria de Justiça: as observações que julgar pertinentes e as providências efetivadas.
IV. Declarar-se suspeito ou impedido, nos termos da lei, devendo comunicar os motivos, de forma reservada, ao Corregedor-Geral do Ministério Público, no prazo de 10 (dez) dias.

Somente está **CORRETO** o que se afirma em:

(A) I e II;
(B) I e III;
(C) II e III;
(D) III e IV.

I: correta, pois assim estabelece o art. 110, incisos XIV e XVI, da LOMPMG (Lei Complementar 34/1994); II: correta, pois assim estabelece o art. 171, caput, da LOMPMG (Lei Complementar 34/1994); III: incorreta, pois a fiscalização deve ser mensal (art. 110, XXVII, da LOMPMG); IV: incorreta, pois o prazo, no caso, é de cinco dias (art. 110, VIII, da LOMPMG).
Gabarito "A".

(Ministério Público/MG – 2014) É **INCORRETO** afirmar:

(A) São inelegíveis para o cargo de Procurador-Geral de Justiça os membros do Ministério Público que estiverem afastados do exercício do cargo para desempenho de função junto à associação de classe.
(B) A destituição do Procurador-Geral de Justiça prescinde de autorização da Assembleia Legislativa, desde que ocorra a expedição de expressa resolução pelo Colégio de Procuradores de Justiça nesse sentido.
(C) Os órgãos do Ministério Público têm asseguradas instalações privativas nos edifícios onde exerçam suas funções, especialmente nos Tribunais e nos fóruns, cabendo-lhes a respectiva administração.
(D) Poderá o Ministério Público expedir notificações para colher depoimento ou esclarecimento, facultando ao seu membro, em caso de desatendimento injustificado, requisitar condução coercitiva quer pela Polícia Civil ou Polícia Militar, ressalvadas as prerrogativas previstas em lei.

A: assertiva correta, pois assim estabelece o art. 7º, VI, da LOMPMG (Lei Complementar 34/1994); B: assertiva incorreta, devendo ser assinalada, pois "a destituição do Procurador-Geral de Justiça será precedida de autorização da Assembleia Legislativa" (art. 12 da LOMPMG – Lei Complementar 34/1994); C: assertiva correta, pois assim estabelece o art. 2º, § 2º, da LOMPMG (Lei Complementar 34/1994); D: correta, pois assim estabelece o art. 67, I, "a", da LOMPMG (Lei Complementar 34/1994).
Gabarito "B".

(Ministério Público/Acre – 2014 – CESPE) Se um promotor de justiça do estado X instaurar inquérito civil e o arquivar, o arquivamento poderá ser revisto, com base na Lei Orgânica Nacional do Ministério Público (Lei 8.625/1993), pelo

(A) juízo da vara competente para o caso.
(B) vice-procurador-geral de justiça.
(C) Colégio de Procuradores de Justiça.
(D) Conselho Superior do Ministério Público.
(E) presidente do tribunal de justiça do referido estado.

A: incorreta, pois a revisão se dá no âmbito do próprio Ministério Público; B: incorreta, pois a atribuição, nos termos do art. 30 da Lei 8.625/1993, é do Conselho Superior do MP; C: incorreta, conforme tópico anterior; D: correta, pois assim estabelece o art. 30 da Lei 8.625/1993: "Cabe ao Conselho Superior do Ministério Público rever o arquivamento de inquérito civil, na forma da lei"; E: incorreta, conforme comentários anteriores.
Gabarito "D".

(Ministério Público/PI – 2014 – CESPE) Considere que um promotor de justiça de determinado estado da Federação tenha requisitado a instauração de inquérito policial e que, no curso da investigação, o delegado constate indício de que membro do MPU tenha cometido infração penal. Nessa situação, com base na Lei Complementar 75/1993,

(A) os autos deverão ser remetidos ao procurador-geral da República para as providências pertinentes.
(B) o membro do MPU deverá ser indiciado, e o delegado continuará a investigação.
(C) o promotor de justiça deverá continuar a investigação.
(D) o procurador de justiça do estado deverá dar continuidade à investigação.
(E) o procurador regional da República deverá dar continuidade à investigação.

A alternativa correta é a "A", pois assim estabelece o art. 18, parágrafo único, da Lei Complementar 75/1993. As demais alternativas, portanto, estão incorretas.
Gabarito "A".

---

* José Augusto Marcondes Bernardes Gil comentou as questões dos seguintes concursos: MPE/RS – 2017, MPE/GO – 2016, MPE/BA – CEFET – 2015, MPE/MS – FAPEC – 2015, MPE/AM – FMP – 201. **Marcos Destefenni** comentou as demais questões.

(Ministério Público/Acre – 2014 – CESPE) Com base na Lei Complementar Estadual 8/1983, um membro do MP do estado do Acre só perderá seu cargo se condenado por crime

(A) cometido com abuso de poder, à pena privativa de liberdade.
(B) contra honra, à detenção por mais de dois anos.
(C) cometido com violação do dever inerente à função, à reclusão por mais de quatro anos.
(D) contra o patrimônio, independentemente da pena prevista.
(E) contra a administração da justiça, independentemente da pena prevista.

Assim estabelece o art. 35, I, da Lei Complementar Estadual 8/1983. Aliás, estabelece o citado dispositivo legal: "Art. 35. Depois de dois anos de efetivo exercício, só perderão o cargo os membros do Ministério Público Estadual: I – se condenados à pena privativa de liberdade por crime cometido com abuso de poder ou violação do dever inerente à função pública; II – se condenado por outro crime à pena de reclusão, por mais de dois anos, ou de detenção por mais de quatro anos; e III – se proferida decisão em processo administrativo onde lhe seja assegurada ampla defesa".
Gabarito "A".

(Ministério Público/DF – 2013) Com relação ao Ministério Público, assinale a opção **INCORRETA**:

(A) Não tem, entre suas atribuições, legitimidade para aforar ação civil pública com o fim de impugnar a cobrança e pleitear a restituição de IPTU pago indevidamente.
(B) O Ministério Público estadual não tem competência para ajuizar reclamação perante o Supremo Tribunal Federal. A instituição se faz representar, nessa circunstância, pelo Procurador-Geral da República.
(C) Apesar de o Ministério Público ser uno, é possível a ocorrência de conflito positivo e negativo de atribuições entre o Ministério Público Federal e o Ministério Público estadual, solucionável pelo Supremo Tribunal Federal.
(D) O Procurador-Geral da República é destituível por iniciativa do Presidente da República, desde que haja autorização concedida pela maioria absoluta do Senado Federal.
(E) É interditado à lei ordinária regular a destituição dos Procuradores-Gerais dos Estados e do Distrito Federal.

A: assertiva correta, pois, como consignou o STJ, no julgamento do REsp 827482/MG: "O Superior Tribunal de Justiça, em diversas oportunidades, já se manifestou no sentido de que não tem o Ministério Público legitimidade para propor ação civil pública com o objetivo de discutir a cobrança de tributos, uma vez que os direitos do contribuinte, porquanto individuais e disponíveis, devem ser postulados por seus próprios titulares. Precedentes". Vide, também, STF, RE 195056; **B:** assertiva incorreta, devendo ser assinalada, pois essa não é a atual orientação do STF: "É da jurisprudência contemporânea da Corte o entendimento de que o Ministério Púbico estadual detém legitimidade ativa autônoma para propor reclamação constitucional perante o Supremo Tribunal Federal (Rcl 7.358/SP, Tribunal Pleno, Relatora a Ministra Ellen Gracie, 03.06.2011)." (Rcl 9327 AgR/RJ, vide, também, Rcl 11055 ED/RS); **C:** assertiva correta, como se vê da seguinte decisão do Pretório Excelso: "Competência – Conflito de atribuições – Pleno – Deslocamento para turma – Jurisprudência consolidada. Compete ao Supremo a solução de conflito de atribuições a envolver o Ministério Público Federal e Ministério Público estadual – Petição3.528-3/BA, de minha relatora, Pleno, acórdão publicado no Diário da Justiça de 03.03.2006" (Pet 4885/

SP); **D:** assertiva correta, pois assim estabelece o art. 128, § 2º, da CF; **E:** assertiva correta, pois a matéria é tratada no art. 128, § 4º, da CF.
Gabarito "B".

(Ministério Público /DF – 2013) Ainda com relação ao Ministério Público e seus membros, assinale a **INCORRETA**:

(A) A atual Constituição veda aos membros do Ministério Público o exercício de atividade político-partidária.
(B) Aos membros do Ministério Público está vedado o exercício da advocacia, mesmo em causa própria.
(C) O Ministério Público não possui legitimidade para propor ação civil pública com o objetivo de questionar benefício de natureza fiscal concedido pelo Distrito Federal a determinada empresa.
(D) O Ministério Público tem o poder de instituir inquérito civil e não tem, nesse mister, de respeitar a ampla defesa e o contraditório.
(E) Entre as funções do Ministério Público inclui-se a de promover a ação civil pública para a proteção do patrimônio público e social, do meio ambiente e de outros interesses difusos e coletivos.

A: assertiva correta, pois assim estabelece o art. 128, § 5º, II, "e" da CF; **B:** assertiva correta, pois o art. 128, § 5º, II, "b", da CF; **C:** assertiva incorreta, devendo ser assinalada, pois, como advertiu a Segunda Turma do STJ, "o Supremo Tribunal Federal, no julgamento do RE 576.155/DF, submetido ao rito da repercussão geral (art. 542-B do CPC), decidiu que o Ministério Público possui legitimidade para propor ação civil pública com o objeto de anular Termo de Acordo de Regime Especial – TARE, em face da legitimação que o texto constitucional lhe confere para defender o erário." (REsp 871473/DF); **D:** assertiva correta, pois a atribuição é prevista constitucionalmente (art. 129, III). De outro lado, o art. 1º da Resolução 23 do Conselho Nacional do Ministério Público, que regulamenta os artigos 6º, inciso VII, e 7º, inciso I, da Lei Complementar 75/1993 e os artigos 25, inciso IV, e 26, inciso I, da Lei 8.625/1993, disciplinando, no âmbito do Ministério Público, a instauração e tramitação do inquérito civil, estabelece que o inquérito civil é de natureza unilateral, ou seja, não incide, necessariamente, o contraditório; **E:** assertiva correta, pois assim dispõe o art. 129, III, da CF.
Gabarito "C".

(Ministério Público /ES – 2013 – VUNESP) Conforme o que dispõe a Lei Orgânica do Ministério Público do Estado do Espírito Santo, o Conselho Superior do Ministério Público

(A) fará realizar a eleição dos seus membros, mediante voto obrigatório, plurinominal e aberto, na data da abertura do Ano Judiciário.
(B) será integrado pelo Procurador-Geral de Justiça, que o preside, pelo Corregedor-Geral do Ministério Público, únicos membros natos, e por três Procuradores de Justiça eleitos pelos membros ativos da Instituição.
(C) deverá indicar um Conselheiro e um Suplente para integrar a Comissão de Concurso de ingresso na carreira do Ministério Público.
(D) tem como uma das suas competências autorizar o afastamento de membro do Ministério Público para participar de pleito eleitoral, na forma da lei.
(E) terão seus integrantes eleitos para um mandato de dois anos, permitida uma reeleição consecutiva.

A: incorreta, pois a Lei Orgânica do Ministério Público do Estado do Espírito Santo (LOMPES), estabelece, em seu art. 15, que a eleição dos integrantes do Conselho Superior do Ministério Publico realizar-se-á, mediante voto obrigatório, plurinominal e secreto, na data da abertura do Ano Judiciário. As eleições serão realizadas conforme instruções baixadas pelo Procurador-Geral de Justiça (§ 5º do citado dispositivo legal); **B:** incorreta, pois o CSMP do ES será integrado por cinco Procuradores de Justiça eleitos pelos membros ativos da Instituição, além dos outros integrantes (art. 14, § 1º, da LOMPES); **C:** incorreta, pois, nos termos do art. 16, XII, da LOMPES, compete ao CSMPES "eleger os membros e suplentes do Ministério Público que integrarão a Comissão de Concurso"; **D:** correta, pois assim estabelece o art. 16, XIX, da LOMPES; **E:** incorreta, pois, de acordo com o art. 15, § 2º, da LOMPES, o mandato é de um ano.

Gabarito "D".

(Ministério Público/GO – 2013) Qual das atribuições discriminadas não pertence ao Conselho Superior do Ministério Público, segundo a Lei Orgânica Nacional?

(A) decidir sobre pedido de revisão de procedimento administrativo disciplinar.

(B) sugerir ao Procurador-Geral a edição de recomendações, sem caráter vinculativo, aos órgãos do Ministério Público para o desempenho de suas funções e a adoção de medidas convenientes ao aprimoramento dos serviços.

(C) aprovar o quadro geral de antiguidade do Ministério Público e decidir sobre reclamações formuladas a esse respeito.

(D) decidir sobre vitaliciamento de membros do Ministério Público.

A: correta, pois se trata de atribuição do Colégio de Procuradores de Justiça, nos termos do art. 12, IX, da LONMP (Lei 8.625/1993); **B:** incorreta, pois essa atribuição do CSMP está prevista no art. 15, X, da LONMP (Lei 8.625/1993); **C:** incorreta, pois essa atribuição do CSMP está prevista no art. 15, IX, da LONMP (Lei 8.625/1993); **D:** incorreta, pois essa atribuição do CSMP está prevista no art. 15, VII, da LONMP (Lei 8.625/1993).

Gabarito "A".

(Ministério Público/GO – 2013) A propósito das funções institucionais do Ministério Público, é correto, de acordo com a jurisprudência dominante do Supremo Tribunal Federal, afirmar que:

(A) sendo atribuição privativa do Ministério Público a promoção de ação penal pública, não satisfaz os pressupostos recursais de admissibilidade apelação interposta pelo assistente da acusação contra sentença que, acatando pronunciamento ministerial lançado em alegações finais, absolve o acusado.

(B) o Ministério Público, nas ações penais públicas condicionadas, não está vinculado à qualificação jurídica dos fatos constantes da representação que lhe haja sido dirigida, motivo pelo qual não se comina a pecha de nulidade à denúncia que incluiu outros delitos cuja perseguibilidade, embora dependente de representação, não foi nesta pleiteada por aquele que a formulou.

(C) o Ministério Público tem legitimidade para propor ação civil pública com o objetivo de anular Termo de Acordo de Regime Especial de apuração de LCMS, em face da que o texto constitucional lhe confere para defender o patrimônio público, não se aplicando à hipótese o parágrafo único do art. 1º da Lei Federal 7.347/1985, segundo o qual não será cabível ação civil pública para veicular pretensões que envolvam tributos.

(D) ainda que seja para obtenção de informações sobre nomes de beneficiários de empréstimos concedidos, com recursos subsidiados pelo erário, por instituição financeira com natureza jurídica de sociedade de economia mista, deve o Ministério Público, em observância ao direito à privacidade, consagrado pela Constituição da República, art. 5º, X, fazê-lo mediante pedido à autoridade judiciária.

A: incorreta, pois: "Constitucional. Processo penal. Estelionato. Alegação de ilegitimidade da assistente de acusação para recorrer da sentença penal absolutória. Improcedência. Ausência de recurso do ministério público. Irrelevância do parecer ministerial de primeira instância pelo não conhecimento do recurso. 1. A assistente de acusação tem legitimidade para recorrer da decisão que absolve o réu nos casos em que o Ministério Público não interpõe recurso. 2. Aplicação da Súmula 210 do Supremo Tribunal Federal: "O assistente do Ministério Público pode recorrer, inclusive extraordinariamente, na ação penal, nos casos dos arts. 584, § 1º, e 598 do Código de Processo Penal". 3. A manifestação do promotor de justiça, em alegações finais, pela absolvição da Paciente e, em seu parecer, pelo não conhecimento do recurso não altera nem anula o direito da assistente de acusação recorrer da sentença absolutória. 4. Ordem denegada" (STF, HC 102085/RS); **B:** incorreta, pois, embora seja verdade que o MP não está vinculado à qualificação jurídica, "a requisição e a representação revestem-se, em seus aspectos essenciais, de uma só natureza, pois constituem requisitos de procedibilidade, sem os quais não se legitima a atividade penal-persecutória do Ministério Público" (STF, HC 68242 / DF); **C:** correta, pois: "Ação civil pública. Legitimidade ativa. Ministério Público do Distrito Federal e Territórios. Termo de acordo de regime especial – TARE. Possível lesão ao patrimônio público. Limitação à atuação do parquet. Inadmissibilidade. Afronta ao art. 129, III, da CF. Repercussão geral reconhecida. Recurso extraordinário provido. I – O TARE não diz respeito apenas a interesses individuais, mas alcança interesses metaindividuais, pois o ajuste pode, em tese, ser lesivo ao patrimônio público. II – A Constituição Federal estabeleceu, no art. 129, III, que é função institucional do Ministério Público, dentre outras, "promover o inquérito e a ação civil pública, para a proteção do patrimônio público e social, do meio ambiente e de outros interesses difusos e coletivos". Precedentes. III – O Parquet tem legitimidade para propor ação civil pública com o objetivo de anular Termo de Acordo de Regime Especial – TARE, em face da legitimação que o texto constitucional lhe confere para defender o erário. IV – Não se aplica à hipótese o parágrafo único do artigo 1º da Lei 7.347/1985. V – Recurso extraordinário provido para que o TJ/DF decida a questão de fundo proposta na ação civil pública conforme entender" (STF, RE 576155/DF); **D:** incorreta, pois: "Mandado de Segurança. Sigilo bancário. Instituição financeira executora de política creditícia e financeira do Governo Federal. Legitimidade do Ministério Público para requisitar informações e documentos destinados a instruir procedimentos administrativos de sua competência. 2. Solicitação de informações, pelo Ministério Público Federal ao Banco do Brasil S/A, sobre concessão de empréstimos, subsidiados pelo Tesouro Nacional, com base em plano de governo, a empresas do setor sucroalcooleiro. 3. Alegação do Banco impetrante de não poder informar os beneficiários dos aludidos empréstimos, por estarem protegidos pelo sigilo bancário, previsto no art. 38 da Lei 4.595/1964, e, ainda, ao entendimento de que dirigente do Banco do Brasil S/A não é autoridade, para efeito do art. 8º da LC 75/1993. 4. O poder de investigação do Estado é dirigido a coibir atividades afrontosas à ordem jurídica e a garantia do sigilo bancário não se estende às atividades ilícitas. A ordem jurídica confere explicitamente poderes amplos de investigação ao Ministério Público – art. 129, incisos VI, VIII, da Constituição Federal, e art. 8º, incisos II e IV, e § 2º, da Lei Complementar 75/1993. 5. Não cabe ao Banco do Brasil negar, ao Ministério Público, informações sobre nomes de beneficiários de empréstimos concedidos pela instituição, com recursos subsidiados pelo erário federal, sob invocação do sigilo bancário, em se tratando de requisição de informações e documentos para instruir procedimento administrativo instaurado em defesa do patrimônio público. Princípio da publicidade, ut art. 37 da Constituição. 6. No caso concreto, os empréstimos concedidos eram verdadeiros financiamentos públicos, porquanto o Banco do Brasil os realizou na condição de executor da política creditícia e financeira do Governo Federal, que deliberou sobre sua concessão e ainda se comprometeu a proceder à equalização da taxa de juros, sob a forma de subvenção econômica ao setor produtivo, de acordo com a Lei 8.427/1992. 7. Mandado de segurança indeferido" (STF, MS 21729 / DF).

Gabarito "C".

(Ministério Público/PI – 2012 – CESPE) À luz da CF, assinale a opção correta a respeito do MP.

(A) O MP é, conforme se depreende do disposto na CF, nacional e unitário, caracterizando-se, ainda, por possuir individualidade.

(B) O julgamento do Procurador-Geral de justiça do MPE, em se tratando de infrações penais comuns ou de crimes de responsabilidade, cabe ao Poder Legislativo estadual.

(C) Em sua atuação, o MP vela somente pelo interesse público secundário.

(D) O presidente da República não consta do rol de legitimados para propor ao Congresso Nacional projeto de lei que disponha sobre normas gerais de organização dos MPEs.

(E) O dispositivo constitucional que considera o MP uma instituição permanente e essencial à função jurisdicional do Estado não é considerado cláusula pétrea.

A: correta, pois o enunciado está de acordo com os arts. 127 e 128 da CF, que reconhecem a existência do Ministério Público, órgão permanente e essencial, mas também reconhecem a existência de pelo menos dois Ministérios Públicos: o da União e os dos Estados; **B:** incorreta, pois, conforme o art. 128, § 4º, da CF, os Procuradores--Gerais poderão ser destituídos por deliberação da maioria absoluta do Poder Legislativo. O julgamento do PGJ, por crime comum, é de competência do Tribunal de Justiça, conforme o art. 123, III, "c", da Constituição do Estado do Piauí; **C:** incorreta, pois o MP vela pelo interesse público primário; **D:** incorreta, pois, nos termos do art. 61, § 1º, II, "d", da CF, o poder de iniciativa é privativo do Presidente da República; **E:** incorreta, pois o caráter permanente e essencial do MP indica que se trata de cláusula pétrea.

Gabarito "A".

(Ministério Público/PI – 2012 – CESPE) No tocante aos princípios institucionais do MP, assinale a opção correta.

(A) De acordo com a doutrina dominante, com fundamento no princípio da independência funcional, não há óbice a que um membro do MP assuma posicionamento contrário ao adotado pelo seu antecessor na mesma relação processual.

(B) O caráter dos princípios institucionais do MP consagrados na CF não é normativo, em razão da sua abstração e da ausência dos pressupostos fáticos aptos a delimitar a sua aplicação.

(C) O princípio da unidade, segundo o qual o MP constitui uma instituição única, autoriza que integrantes do MP do trabalho exerçam, em situações excepcionais, atribuições inerentes aos MPEs e vice-versa.

(D) Se dois membros do MP assumirem posições divergentes em relação ao mesmo fato, o princípio da unidade cederá lugar ao princípio prevalente da independência funcional.

(E) Segundo a jurisprudência do STF, o MP que atua junto aos tribunais de contas, em razão da sua peculiar natureza jurídica, não está sujeito ao princípio da unidade.

A: correta, pois, de fato, o princípio da independência funcional garante a liberdade na formação da convicção dos membros do MP; **B:** incorreta, pois os princípios institucionais têm caráter normativo. Existem normas-regras e normas-princípios, todas dotadas de força normativa; **C:** incorreta, pois a unidade significa que "os membros do Ministério Público integram um só órgão sob a direção de um só chefe" (Hugo Nigro Mazzilli. *Regime Jurídico do Ministério Público*. 7. ed. São Paulo: Saraiva, 2013. p 132). E referido princípio não autoriza que integrantes de um MP exerçam atribuições de outro ramo do MP ou de outro MP; **D:** incorreta, pois se houver divergência entre membros do MP, originando um conflito de atribuições, caberá ao chefe da instituição dirimir o conflito, de tal forma que não se pode dizer que o princípio da unidade cede lugar ao princípio da independência. Na verdade, há uma independência do ponto de vista funcional, mas não do ponto de vista administrativo. Por isso, cabe ao chefe da instituição dizer quem tem atribuição, embora não possa determinar a forma de atuação do membro do MP; **E:** incorreta, pois o STF (ADI 789/DF) reconheceu a existência de um MP *especial*, junto ao Tribunal de Contas. Portanto, o MP junto ao Tribunal de Contas integra um só órgão *especial* e está sujeito ao princípio da unidade.

Gabarito "A".

(Ministério Público/PI – 2012 – CESPE) Assinale a opção correta a respeito das funções institucionais do MP.

(A) Quando a atuação do delegado for incompleta, o MP poderá presidir inquéritos policiais.

(B) As funções institucionais do MP podem ser exercidas por pessoas não integrantes da carreira mediante autorização expressa do respectivo Procurador-Geral.

(C) O MP é o titular da ação penal pública.

(D) Entre as funções do MP não se inclui a defesa judicial e extrajudicial dos direitos e interesses das populações indígenas, incumbência essa a cargo da AGU.

(E) É taxativo o rol das funções institucionais do MP previstas no texto constitucional.

A: incorreta, pois o MP pode realizar investigações, mas não presidir inquéritos policiais; **B:** incorreta, pois as funções institucionais do MP não podem ser exercidas por pessoas não integrantes da carreira (CF, art. 129, § 2º); **C:** correta, pois é o que estabelece o art. 129, I, da CF; **D:** incorreta, pois a assertiva afronta o disposto no art. 129, V, da CF; **E:** incorreta, pois o rol do art. 129 da CF tem caráter exemplificativo, como aponta o inciso IX do mencionado dispositivo constitucional.

Gabarito "C".

(Ministério Público/PI – 2012 – CESPE) Em relação às garantias dos membros do MP, assinale a opção correta.

(A) A garantia da inamovibilidade do membro do MP é absoluta.

(B) De acordo com a Emenda Constitucional n. 45/2004, é permitido que membro do MP se dedique à atividade político-partidária.

(C) Segundo a jurisprudência do STF, é constitucional lei complementar estadual que estenda o auxílio-moradia a membros aposentados do MPE.

(D) Segundo a jurisprudência do STJ, é ilegal ato do Procurador-Geral de justiça estadual que negue a membro do MP a acumulação de férias por mais de dois períodos de trinta dias consecutivos.

(E) O membro do MP que atua perante o juízo de primeiro grau de jurisdição, seja no âmbito federal, seja no âmbito estadual, não tem legitimidade para oficiar em tribunais superiores.

A: incorreta, pois a garantia não é absoluta. A inamovibilidade é excepcionada por motivo de interesse público, mediante decisão do órgão colegiado competente do Ministério Público, pelo voto da maioria absoluta de seus membros, assegurada ampla defesa (CF, art. 128, § 5º, I, "b"); **B:** incorreta, pois a CF, no art. 128, § 5º, II, "e", proíbe o membro do MP de se dedicar à atividade político-partidária; **C:** incorreta, pois o STF decidiu pela inconstitucionalidade, conforme Informativo n. 619: "Membros inativos do Ministério Público estadual e auxílio-moradia. ADI – 3661. O Plenário, por maioria, julgou procedente pedido formulado em ação direta proposta pelo Procurador-Geral da República para declarar a inconstitucionalidade do § 3º do art. 3º da Lei Complementar 24/1989, introduzido pela Lei Complementar 281/2003, ambas do Estado de Rondônia. O dispositivo adversado versa sobre a extensão de auxílio-moradia a membros inativos do Ministério Público rondoniense. Verificou-se afronta ao art. 127, § 2º, da CF. Ademais, asseverou-se que nem todos os benefícios concedidos aos servidores em atividade seriam compatíveis com a situação do aposentado, como seria o caso da gratificação paga durante o exercício em locais adversos. Na linha dessa jurisprudência, mencionou-se o Enunciado 680 da Súmula do STF ("O direito ao auxílio-alimentação não se estende aos servidores inativos"). Reputou-se que o auxílio-moradia seria devido apenas a membros do *parquet* que exercessem suas funções em local onde não existisse residência adequada. O Min. Luiz Fux ressaltou que a Lei Complementar 281/2003 valer-se-ia da Lei Complementar federal 93/1993 para estender aos inativos o auxílio-moradia nela disposto como se eles estivessem em exercício. Vencido o Min. Marco Aurélio que mantinha o preceito por entendê-lo constitucional. Precedente citado: ADI 778/DF (*DJU* de 19.12.1994). ADI 3783/RO, rel. Min. Gilmar Mendes, 17.03.2011. (ADI-3783)"; **D:** incorreta, pois o STJ considerou o ato legal, conforme noticia o Informativo 354 "A Turma negou provimento ao recurso por entender que é legal o ato da Procuradoria-Geral de Justiça estadual que considerou não ser possível a acumulação de mais de dois meses de férias e cancelou os atos que deferiam o gozo de períodos excedentes a esses e determinou a permanência dos promotores de justiça em serviço no mês de setembro de 2003. A Lei Orgânica do Ministério Público disciplina que as férias dos membros do Ministério Público sejam iguais à dos magistrados, cabendo a cada lei orgânica estadual regular a concessão. Assim o Estado-membro aprovou a Lei Complementar 19/1994, que, em seu art. 168, dispõe de forma análoga ao art. 66, § 1º, da Lei Complementar 35/1979 (Lei Orgânica da Magistratura Nacional). O ato da referida Procuradoria-Geral de Justiça apenas aplicou a legislação cabível e corrigiu o vício de atos anteriores que deferiam fruição de férias atingidas pela caducidade. RMS 20.361-PB, Rel. Min. Jane Silva (Desembargadora convocada do TJ-MG), julgado em 06.05.2008"; **E:** correta, pois, de fato, cada membro do MP tem suas atribuições, sendo vedada a atribuição para atuar perante os tribunais àqueles que atuam perante a primeira instância. Atribuições do PGR junto ao STF – artigo 46 da Lei Complementar 75/93

Gabarito "E".

(Ministério Público/PI – 2012 – CESPE) Com base nos precedentes judiciais do STF, assinale a opção correta em relação ao MP.

(A) O MPE não dispõe de legitimidade ativa *ad causam* para ajuizar, originariamente, perante o STF, reclamação destinada a fazer prevalecer a autoridade de enunciado constante de súmula vinculante cujo teor normativo tenha sido concretamente desrespeitado por ato emanado do Poder Executivo ou proferido por qualquer órgão do Poder Judiciário.

(B) Segundo a jurisprudência do STF, o MP tem legitimidade para impetrar mandado de segurança contra ato do CNMP, quando o ato impugnado desafia violação a direito subjetivo, disponível e individual de seus membros.

(C) É constitucional lei estadual que fixe prazos e determine obrigações ao MP no que se refere às conclusões das comissões parlamentares de inquérito instauradas no estado.

(D) O STF não detém competência originária para processar e julgar ação popular proposta contra ato do presidente do CNMP.

(E) O STF entende ser inconstitucional dispositivo de constituição estadual que permita a participação do MP, na condição de membro-convidado e sem direito a voto, em conselho de defesa da criança e do adolescente, órgão do Poder Executivo.

A: incorreta, pois decidiu o Pretório Excelso que "O Supremo Tribunal reconheceu a legitimidade ativa autônoma do Ministério Público estadual para ajuizar reclamação no Supremo Tribunal, sem que se exija a ratificação da inicial pelo Procurador-Geral da República. Precedente: Reclamação n. 7.358" (Rcl 7.101/SP); **B:** incorreta, pois a assertiva é contrária ao entendimento do STF: "*Agravo regimental. Mandado de segurança. Percebimento de gratificação. Ausência de legitimidade do Ministério Público do Estado do Rio Grande do Sul para atacar ato do CNMP. Defesa das suas atribuições funcionais não caracterizada. Direito individual dos membros da instituição que compõem o Órgão Especial e o Conselho Superior, cuja defesa compete exclusivamente a estes. Agravo desprovido.* I – A legitimidade do Ministério Público para interpor mandado de segurança na qualidade de órgão público despersonalizado, deve ser restrito à defesa de sua atuação funcional e de suas atribuições institucionais. Precedentes. II – No caso, trata-se de direito individual dos membros da instituição que participam de órgãos colegiados, que não pode ser defendido pelo Ministério Público, enquanto instituição. III – Agravo regimental a que se nega provimento" (MS 30.717 AgR/DF); **C:** incorreta, pois o STF entendeu inconstitucional a lei estadual, como relatou o Informativo 647: "ADI – 2622. O Plenário julgou procedente pedido formulado em ação direta, proposta pelo Procurador-Geral da República, para declarar a inconstitucionalidade dos artigos 2º, 3º e 4º da Lei 11.727/2002, do Estado do Rio Grande do Sul, que dispõe sobre a prioridade, nos procedimentos a serem adotados pelo Ministério Público, por tribunal de contas e por outros órgãos a respeito de conclusões das comissões parlamentares de inquérito instauradas naquele Estado. Reputou-se que os dispositivos impugnados, ao fixar prazos e estabelecer obrigações ao *parquet* e ao Poder Judiciário, no sentido de acelerar a tramitação dos processos que versem sobre as conclusões dessas comissões locais, teriam invadido a competência privativa da União para legislar sobre direito processual (CF, art. 22, I) do que decorreria inconstitucionalidade formal. Asseverou-se, ainda, que qualquer atuação do Ministério Público só poderia ser estabelecida por lei complementar e não por lei ordinária e, sempre, por iniciativa reservada aos respectivos Procuradores-Gerais dos Estados-membros. Por fim, aduziu-se que a norma local, ao impor deveres e sanções aos magistrados, o teria feito em desacordo com o que contido na Lei Orgânica da Magistratura Nacional – Loman e nas leis de organização judiciária, diplomas de iniciativa privativa do Poder Judiciário. ADI 3041/RS, Rel. Min. Ricardo Lewandowski, 10.11.2011. (ADI-3041) Repercussão Geral"; **D:** correta, pois assim decidiu o STF (Pet 3.674 QO/DF): "Competência originária do Supremo Tribunal para as ações contra o Conselho Nacional de Justiça e contra o Conselho Nacional do Ministério Público (CF, art. 102, I, *r*, com a redação da EC 45/2004): inteligência: não inclusão da ação popular, ainda quando nela se vise à declaração de nulidade do ato de qualquer um dos conselhos nela referidos. 1. Tratando-se de ação popular, o Supremo Tribunal Federal – com as únicas ressalvas da incidência da alínea *n* do art. 102, I, da Constituição ou de a lide substantivar conflito entre a União e Estado-membro –, jamais admitiu a própria competência originária: ao contrário, a incompetência do Tribunal para processar e julgar a ação popular tem sido invariavelmente reafirmada, ainda quando se irrogue a responsabilidade pelo ato questionado a dignitário individual – a exemplo do Presidente da República – ou a membro ou membros de órgão colegiado de qualquer dos poderes do Estado cujos atos, na esfera cível – como sucede no mandado de segurança – ou na esfera penal – como ocorre na ação penal originária ou no *habeas corpus* – estejam sujeitos diretamente à sua jurisdição. 2. Essa não é a hipótese dos integrantes do Conselho Nacional de Justiça ou do Conselho Nacional do Ministério Público: o que a Constituição, com a EC 45/2004, inseriu na competência originária do Supremo Tribunal foram as ações contra os respectivos colegiado, e não, aquelas em que se questione a responsabilidade pessoal de um ou mais dos conselheiros, como seria de dar-se na ação popular"; **E:** incorreta, pois o STF declarou constitucional referido dispositivo legal ao julgar a ADI 3.463/RJ: "*Ação direta de inconstitucionalidade. Parágrafo único do art. 51 do Ato das Disposições Constitucionais Transitórias da Constituição do Estado do Rio de Janeiro. Conselho Estadual de Defesa da Criança e do Adolescente.* 1. O rol de atribuições conferidas ao Ministério Público pelo art. 129 da Constituição Federal não constitui *numerus clausus*. O inciso IX do mesmo artigo permite ao Ministério Público "exercer outras funções que lhe forem conferidas, desde que compatíveis com sua finalidade, sendo-lhe vedada a representação judicial e a consultoria jurídica de entidades públicas". 2. O art. 51 do Ato das Disposições Transitórias da Constituição do Estado do Rio de Janeiro não confere competência ao Ministério Público fluminense, mas apenas cria o Conselho Estadual de Defesa da Criança e do Adolescente, garantindo a possibilidade de participação do Ministério Público. Possibilidade que se reputa constitucional porque, entre os direitos constitucionais sob a vigilância tutelar do Ministério Público, sobreleva a defesa da criança e do adolescente. Participação que se dá, porém, apenas na condição de membro convidado e sem direito a voto. 3. Inconstitucionalidade da expressão "Poder Judiciário", porquanto a participação de membro do Poder Judicante em Conselho administrativo tem a potencialidade de quebrantar a necessária garantia de imparcialidade do julgador. 4. Ação que se julga parcialmente procedente para: a) conferir interpretação conforme à Constituição ao parágrafo único do art. 51 do ADCT da Constituição do Estado do Rio de Janeiro a fim de assentar que a participação do Ministério Público no Conselho Estadual de Defesa da Criança e do Adolescente deve se dar na condição de membro convidado sem direito a voto; b) declarar a inconstitucionalidade da expressão 'Poder Judiciário'".

Gabarito "D".

(Ministério Público/PI – 2012 – CESPE) Em relação ao CNMP, assinale a opção correta.

(A) Segundo a jurisprudência do STF, o CNMP pode, por meio de resolução, fixar novo teto remuneratório para membros e servidores do MP, passando-o de 90,25% para 100% do subsídio dos ministros do STF.

(B) O presidente do Conselho Federal da Ordem dos Advogados do Brasil é membro, com direito a voto, do CNMP.

(C) Compete ao Senado Federal processar e julgar os membros do CNMP acusados da prática de crime de responsabilidade.

(D) Compete ao CNMP escolher em votação aberta, entre os integrantes das carreiras do MPU e dos MPEs que atuem perante o segundo grau de jurisdição, o corregedor nacional do MP.

(E) O CNMP é composto por dez membros nomeados para um mandato de quatro anos pelo presidente da República, depois de aprovada a sua escolha pela maioria absoluta do Senado Federal, sendo admitida uma recondução.

A: incorreta, pois o STF entendeu inconstitucional a resolução que fixa teto remuneratório (ADI 3.831 MC/DF): "*Ação direta de inconstitucionalidade – Resolução n. 15, de 4 de dezembro de 2006, do Conselho Nacional do Ministério Público – Afronta ao art. 37, inc. XI, § 12, da Constituição da República.* 1. A Resolução n. 15, de 4 de dezembro de 2006, do Conselho Nacional do Ministério Público, cuida dos percentuais definidores do teto remuneratório dos membros e servidores do Ministério Público. 2. A Resolução altera outras normas de igual natureza, anteriormente vigentes, possibilitando a) ser ultrapassado o limite máximo para a remuneração dos membros e servidores públicos do Ministério Público dos Estados até agora fixado e b) estabelecer-se novo padrão remuneratório para aqueles agentes públicos. 3. Descumprimento dos termos estabelecidos no art. 37, inc. XI, da Constituição da República pelo Conselho Nacional do Ministério Público, por contrariar o limite remuneratório máximo definido constitucionalmente para os membros do Ministério Público dos Estados Federados. 4. Necessidade de saber o cidadão brasileiro a quem paga e, principalmente, quanto paga a cada qual dos agentes que compõem os quadros do Estado. 5. Possível inconstitucionalidade formal, pois a norma expedida pelo Conselho Nacional do Ministério Público cuida também da alteração de percentuais a serem aproveitados na definição dos valores remuneratórios dos membros e servidores do Ministério Público dos Estados, o que estaria a contrariar o princípio da legalidade específica para a definição dos valores a serem pagos a título de remuneração ou subsídio dos agentes públicos, previsto no art. 37, inc. X, da Constituição da República. 6. Possível não observância dos limites de competência do Conselho Nacional do Ministério Público, que atuou sob o argumento de estar cumprindo os ditames do art. 130-A, § 2º, da Constituição da República. 7. Suspensão, a partir de agora, da eficácia da Resolução n. 15, de 4 de dezembro de 2006, do Conselho Nacional do Ministério Público, mantendo-se a observância estrita do quanto disposto no art. 37, inc. XI e seu § 12, no art. 39, § 4º, e no art. 130-A, § 2º, todos da Constituição da República. 8. Medida cautelar deferida."; **B:** incorreta, pois, nos termos do art. 130-A, V, da Constituição Federal, o CNMP é integrado por dois advogados, indicados pelo Conselho Federal da Ordem dos Advogados do Brasil; **C:** correta, pois é o que estabelece o art. 52, II, da CF; **D:** incorreta, pois, de acordo com o art. 130-A, § 3º, da CF, a votação é secreta ; **E:** incorreta, pois, de acordo com o art. 130-A, *caput*, da CF, *o Conselho Nacional do Ministério Público compõe-se de quatorze membros nomeados pelo Presidente da República, depois de aprovada a escolha pela maioria absoluta do Senado Federal, para um mandato de dois anos, admitida uma recondução.*

Gabarito "C".

(Ministério Público/PI – 2012 – CESPE) Com base na Lei Nacional Orgânica do Ministério Público (Lei n. 8.625/1993), assinale a opção correta.

(A) A propositura de ação civil para a decretação da perda do cargo de membro do MPE/PI depende de autorização prévia do seu Conselho Superior.

(B) A Corregedoria-Geral qualifica-se como órgão de execução do MPE/PI.

(C) Na hipótese de o chefe do Poder Executivo omitir-se no exercício de seu direito de escolher o Procurador-Geral de justiça, tomará posse e entrará em exercício, perante o Colégio de Procuradores de Justiça, o membro do MP mais votado na lista tríplice.

(D) Ao Colégio de Procuradores de Justiça compete designar membros do MPE/PI para integrar organismos estatais afetos a sua área de atuação.

(E) Compete ao Procurador-Geral de justiça decidir sobre o vitaliciamento de membros do MP.

A: incorreta, pois, de acordo com o art. 38, § 2º, da LONMP, *a ação civil para a decretação da perda do cargo será proposta pelo Procurador-Geral de Justiça perante o Tribunal de Justiça local, após autorização do Colégio de Procuradores, na forma da Lei Orgânica*; **B:** incorreta, pois a Corregedoria-Geral é órgão da administração superior (LONMP, art. 5º, IV); **C:** correta, pois é o que estabelece o art. 9º, § 4º, da LONMP; **D:** incorreta, pois a mencionada atribuição é do PGJ (art. 10, IX, "c", da LONMP); **E:** incorreta, pois a competência é do CSMP (art. 15, VII, da LONMP).

Gabarito "C".

(Ministério Público/TO – 2012 – CESPE) No que se refere à abrangência do MP, às suas funções institucionais e às garantias de seus membros, assinale a opção correta com base na CF.

(A) O exercício de atividade político-partidária é permitido aos membros do MP, mas é vedado aos membros da magistratura.
(B) O MP dispõe de autonomia funcional e administrativa, podendo propor ao Poder Legislativo a criação e a extinção de seus cargos e serviços auxiliares, provendo-os por concurso público de provas ou de provas e títulos.
(C) Vitaliciedade é uma vantagem instituída pela CF em benefício dos membros do MP, admitindo-se, contudo, a sua remoção por motivo de interesse público, mediante decisão do órgão colegiado competente do próprio MP.
(D) O MP abrange exclusivamente o MPF, os MPs dos estados da Federação, o do DF e o dos territórios.
(E) Os membros do MP são inamovíveis, salvo por motivo de interesse público ou administrativo e mediante decisão, devidamente fundamentada, da maioria simples dos membros do Conselho Nacional do Ministério Público.

A: incorreta, pois a CF, no art. 128, § 5°, II, "e", proíbe o membro do MP de se dedicar à atividade político-partidária; **B:** correta, pois a Constituição Federal (CF, artigo 127, § 2°), ao garantir ao Ministério Público a autonomia funcional e administrativa, permite-lhe editar atos relativos ao seu quadro de pessoal. A autonomia também é garantida pelo art. 3°, VI, da LONMP; **C:** incorreta, pois a alternativa descreveu a *inamovibilidade* prevista no art. 128, § 5°, I, *b*, da CF, e não a vitaliciedade, a qual é uma garantia; **D:** incorreta, pois afronta a organização do MP dada pelo art. 128 da CF. Por exemplo, o MP abrange o MP da União, MPU, MPT e MPM; **E:** incorreta, pois a garantia da inamovibilidade só é excepcionada por motivo de interesse público, mediante decisão do órgão colegiado competente do Ministério Público, pelo voto da maioria absoluta de seus membros, assegurada ampla defesa (CF, art. 128, § 5°, I, "b").
Gabarito "B".

(Promotor de Justiça – MPE/BA – CEFET – 2015) Marque a alternativa INCORRETA:

Compete ao Conselho Nacional do Ministério Público o controle da atuação administrativa e financeira do Ministério Público e do cumprimento dos deveres funcionais de seus membros, cabendo-lhe (Artigo 130-A, § 2° da Constituição Federal de 1988):

(A) Zelar pela autonomia funcional e administrativa do Ministério Público, podendo expedir atos regulamentares, no âmbito de sua competência, ou recomendar providências.
(B) Zelar pela observância do artigo 37 e apreciar, de ofício ou mediante provocação, a legalidade dos atos administrativos praticados por membros ou órgãos do Ministério Público da União e dos Estados, podendo desconstituí-los, revê-los ou fixar prazo para que se adotem as providências necessárias ao exato cumprimento da lei, sem prejuízo da competência dos Tribunais de Contas.
(C) Receber e conhecer das reclamações contra membros ou órgãos do Ministério Público da União ou dos Estados, exceto contra os seus serviços auxiliares, que estão submetidos a regime jurídico disciplinar próprio, sem prejuízo da competência disciplinar e correcional da instituição, podendo avocar processos disciplinares em curso, determinar a remoção, a disponibilidade ou a aposentadoria com subsídios ou proventos proporcionais ao tempo de serviço e aplicar outras sanções administrativas, assegurada ampla defesa.
(D) Rever, de ofício ou mediante provocação, os processos disciplinares de membros do Ministério Público da União ou dos Estados julgados há menos de 1 (um) ano.
(E) Elaborar relatório anual, propondo as providências que julgar necessárias sobre a situação do Ministério Público no País e as atividades do Conselho, o qual deve integrar a mensagem prevista no artigo 84, XI.

A: assertiva correta, conforme inciso I, do artigo 130-A, § 2°, da CF;
B: assertiva correta, conforme inciso II, do artigo 130-A, § 2°, da CF;
C: assertiva incorreta, devendo ser assinalada, pois conforme inciso III, do artigo 130-A, § 2° da CF, cabe ao CNMP: "Receber e conhecer das reclamações contra membros ou órgãos do Ministério Público da União ou dos Estados, inclusive contra os seus serviços auxiliares (...)";
D: assertiva correta, conforme inciso IV, do artigo 130-A,§ 2°, da CF;
E: assertiva correta, conforme inciso V, do artigo 130-A,§ 2°, da CF.
Gabarito "C".

(Promotor de Justiça – MPE/BA – CEFET – 2015) (...) O Fundo de Manutenção e Desenvolvimento da Educação Básica e de Valorização dos Profissionais da Educação (FUNDEB) foi criado pela Emenda Constitucional nº 53/2006 e regulamentado pela Lei nº 11.494/2007 e pelo Decreto nº 6.253/2007, em substituição ao Fundo de Manutenção e Desenvolvimento do Ensino Fundamental e de Valorização ao Magistério (FUNDEF), que vigorou de 1998 a 2006. 2. O referido fundo é formado, na quase totalidade, por recursos provenientes de impostos e transferências dos Estados, Distrito Federal e Municípios, sendo composto, ainda, a título de complementação, por uma parcela de verbas federais, sempre que no âmbito de cada Estado seu valor por aluno não alcançar o mínimo definido nacionalmente. (...). (Habeas Corpus nº 218.921/PI (2011/0222389-5), 5ª Turma do STJ, Rel. Jorge Mussi. j. 25.03.2014, unânime, DJe 02.04.2014).

Tendo como parâmetro o trecho do escólio acima transcrito, bem como o entendimento destacado pelo Supremo Tribunal Federal –STF no HC 100.772/GO, rel. Min. Gilmar Mendes, assinale a alternativa CORRETA:

(A) A propositura da ação penal, no caso de desvio de recursos do FUNDEB, é atribuição do MPF (Ministério Público Federal), ainda que não haja repasse de verbas da União, sendo julgada pela Justiça Federal.
(B) A propositura da ação penal, no caso de desvio de recursos do FUNDEB, é atribuição do MPE (Ministério Público Estadual), desde que não haja repasse de verbas da União, sendo julgada pela Justiça Estadual.
(C) A propositura da ação de improbidade administrativa, no caso de desvio de recursos do FUNDEB, é atribuição do MPE (Ministério Público Estadual), independentemente de haver repasse de verbas da União, sendo julgada pela Justiça Estadual.
(D) A propositura da ação de improbidade administrativa, no caso de desvio de recursos do FUNDEB, é atribui-

ção do MPF (Ministério Público Federal), ainda que não haja repasse de verbas da União, sendo julgada pela Justiça Federal.
(E) Todas as alternativas anteriores são incorretas.

A: assertiva correta, devendo ser assinalada, pois conforme o julgado citado no enunciado: "(...) várias decisões monocráticas orientam-se no sentido de que o texto constitucional atribuiu à União função supletiva e redistributiva em matéria educacional, bem como o interesse na universalização de um padrão mínimo de qualidade do ensino. Assim, esta Suprema Corte tem adotado o entendimento de que a referida atribuição da União no que tange à educação é condição suficiente para caracterizar seu interesse nas ações de natureza penal concernentes a desvios do FUNDEF, independentemente de repasse de verba federal"; **B** e **C:** assertivas incorretas, vide trecho do julgado acima transcrito; **D:** assertiva incorreta, pois conforme o julgado citado no enunciado: "No mérito, o Tribunal, também por maioria, reconheceu a atribuição do Ministério Público Federal para apurar eventual ocorrência de ilícito penal e a do Ministério Público do Estado de São Paulo para investigar hipóteses de improbidade administrativa (ação de responsabilidade civil)"; **E:** assertiva incorreta.
Gabarito "A".

(Promotor de Justiça – MPE/BA – CEFET – 2015) Em se considerando a atuação do Ministério Público, como "custos legis" (fiscal da lei), assinale a alternativa CORRETA.
(A) O membro do Ministério Público não se submete a prazos.
(B) O membro do Ministério Público não pode interpor recursos.
(C) Não está obrigado a intervir em causas que versem sobre o estado das pessoas.
(D) Não está obrigado a intervir em causas que versem sobre registros públicos.
(E) Não está obrigado a intervir em processos de execução contra a Fazenda Pública.

A: assertiva incorreta, pois, apesar de, em algumas situações, ter prazos diferenciados, o Ministério Público deve respeitar os prazos legais (vide artigo 178, *caput*, do NCPC); **B:** assertiva incorreta, conforme disposto no artigo 179, inciso II, do NCPC; **C:** assertiva incorreta, conforme disposto no artigo 178, inciso II, do NCPC; **D:** assertiva incorreta, pois a Lei 6.015/1973, que dispõe sobre os registros públicos, prevê diversos dispositivos com hipóteses de intervenção do Ministério Público; **E:** assertiva correta, devendo ser assinalada, conforme disposto no artigo 178, parágrafo único, do NCPC.
Gabarito "E".

(Promotor de Justiça – MPE/BA – CEFET – 2015) Analise as assertivas abaixo:

I. É garantia do membro do Ministério Público estadual a vitaliciedade no cargo após 2 (dois) anos de efetivo exercício, não contando para tanto os períodos em que estiver de férias.
II. A atividade funcional do membro do Ministério Público está sujeita a inspeção permanente, visita de inspeção, correição ordinária, correição parcial e correição extraordinária.
III. A promoção de membro do Ministério Público em estágio probatório, ainda que por merecimento, não implica seu automático vitaliciamento.
IV. A idoneidade moral no âmbito familiar é requisito da conduta do membro do Ministério Público em estágio probatório, a ser avaliado para efeitos de vitaliciamento.
V. Os membros do Órgão Especial do Colégio de procuradores de Justiça poderão impugnar a proposta de vitaliciamente de promotor de Justiça feita pelo corregedor-geral do Ministério Público.
VI. O corregedor-geral do Ministério Público poderá recorrer ao Tribunal Pleno, do Tribunal de Justiça do Estado da Bahia, de decisão favorável ao vitaliciamento de promotor de Justiça, apenas quando esta for contrária ao seu relatório.

São VERDADEIRAS apenas as assertivas:
(A) I, III e IV.
(B) II, V e VI.
(C) II, III e IV.
(D) I, V e VI.
(E) IV, V e VI.

I: assertiva correta: o artigo 104, *caput*, da Lei Complementar 11/1996 (Lei Orgânica do Ministério Público do Estado da Bahia) fala em efetivo exercício na carreira; **II:** assertiva incorreta, pois a correição parcial não consta no rol do artigo 203 da LC 11/1996; **III:** assertiva correta, conforme artigo 104, § 3º, da Lei Complementar 11/1996; **IV:** assertiva correta, conforme artigo 104, inciso I, da Lei Complementar 11/1996; **V:** assertiva incorreta, pois se trata de atribuição do Conselho Superior do Ministério Público, conforme artigo 105, § 2º, da Lei Complementar 11/1996; **VI:** assertiva incorreta, pois o recurso deverá ser endereçado ao Órgão Especial do Colégio de Procuradores de Justiça, conforme artigo 106, § 5º, da Lei Complementar 11/1996.
Gabarito "A".

(Promotor de Justiça – MPE/BA – CEFET – 2015) Analise as assertivas abaixo:

I. O presidente de Comissão Parlamentar de Inquérito, em funcionamento na Assembleia Legislativa da Bahia, pode solicitar a presença de representante do Ministério Público em todos os trâmites da investigação, quando poderá este pleitear medidas de caráter probatório.
II. O Conselho Superior do Ministério Público, a Corregedoria-Geral do Ministério Público e o Colégio de Procuradores de Justiça são órgãos de execução do Ministério Público.
III. Compete à equipe de atendimento multidisciplinar da Vara de Violência Doméstica e Familiar contra a Mulher fornecer subsídios por escrito apenas ao promotor de Justiça, quando lhe for solicitado.
IV. Compete ao Conselho Nacional do Ministério Público receber e conhecer de reclamação contra psicólogo, servidor do Ministério Público, em razão de infração disciplinar, independentemente de apuração interna já em andamento.
V. Dentre outras, é vedação imposta constitucionalmente ao membro do Ministério Público: o exercício da advocacia no juízo ou tribunal junto ao qual exerceu suas atribuições, antes de decorridos 3 (três) anos do afastamento do cargo por aposentadoria ou exoneração.
VI. É possível afirmar que a garantia de inamovibilidade do membro do Ministério Público é relativa, tendo em vista a possibilidade de o mesmo ser removido compulsoriamente.

São VERDADEIRAS apenas as assertivas:
(A) I, III e IV.
(B) II, V e VI.
(C) II, III e IV.
(D) I, V e VI.

(E) IV, V e VI.

I: assertiva incorreta, pois não há previsão de presença de representante do Ministério Público, durante os trâmites de investigação, e sim que as conclusões serão remetidas ao Ministério Público, conforme artigo 83, § 3º, da Constituição do Estado da Bahia; **II:** assertiva incorreta, pois a Corregedoria-Geral do Ministério Público é órgão da administração, conforme artigo 4º, §§1º e 2º, da Lei Complementar 11/1996 (Lei Orgânica do Ministério Público do Estado da Bahia); **III:** assertiva incorreta, pois a equipe de atendimento multidisciplinar poderá fazê-lo a qualquer momento, conforme artigo 30 da Lei 11.340/2006; **IV:** assertiva correta, conforme artigo 130-A, § 2º, inciso III, da CF; **V:** assertiva correta, conforme artigo 128, § 6º, da CF; **VI:** assertiva correta, pois, de acordo com o artigo 128, §5º, inciso I, alínea "b", da CF, é garantia do membro do Ministério Público a "inamovibilidade, salvo por motivo de interesse público, mediante decisão do órgão colegiado competente do Ministério Público, pelo voto da maioria absoluta de seus membros, assegurada ampla defesa".

Gabarito "E".

(Promotor de Justiça – MPE/BA – CEFET – 2015) A correição extraordinária:

(A) Será realizada apenas pelo corregedor-geral do Ministério Público.
(B) Tem por objeto a elaboração de relatório visando ao vitaliciamento do membro do Ministério Público.
(C) Pode ser determinada pelo Colégio de Procuradores de Justiça.
(D) Pode ser realizada por promotor de Justiça, da mais elevada entrância, designado pelo procurador-geral de Justiça para este fim.
(E) Serve para a apuração de atos praticados pelo membro do Ministério Público que comprometam o prestígio ou a dignidade da instituição.

A: assertiva incorreta, pois a correição extraordinária poderá, também, ser realizada pelo Sub-corregedor-Geral do Ministério Público ou pelos Promotores de Justiça Corregedores, conforme artigo 208, caput, da Lei Complementar 11/1996 (Lei Orgânica do Ministério Público do Estado da Bahia); **B:** assertiva incorreta, pois conforme artigo 208 da Lei Complementar 11/1996: "A correição extraordinária será realizada, pessoalmente, pelo Corregedor-Geral do Ministério Público, pelo Sub-corregedor-Geral do Ministério Público ou pelos Promotores de Justiça Corregedores, de ofício, por determinação da Procuradoria--Geral de Justiça, do Órgão Especial do Colégio de Procuradores de Justiça ou do Conselho Superior do Ministério Público, para imediata apuração de: I – abusos, erros ou omissões que incompatibilizem o membro do Ministério Público para o exercício do cargo ou função; II – atos que comprometam o prestígio ou a dignidade da instituição; III – descumprimento do dever funcional ou procedimento incorreto.";
C e D: assertivas incorretas, vide comentários à assertiva A; **E:** assertiva correta, devendo ser assinalada, conforme disposto no artigo 208, inciso II, da Lei Complementar 11/1996.

Gabarito "E".

(Promotor de Justiça – MPE/BA – CEFET – 2015) Quanto à estrutura do Poder Judiciário no Estado da Bahia, é possível afirmar:

I. Integram os órgãos judicantes do Poder Judiciário: os jurados, os conciliadores e juízes leigos integrantes dos Juizados Especiais e dos Conselhos Municipais de Conciliação.
II. Os Conselhos da Justiça Militar são órgãos do Poder Judiciário Estadual.
III. São órgãos de apoio técnico-administrativo os Ofícios e as Secretarias do Tribunal de Justiça.
IV. Os juízes de paz, assim como os Conselhos Municipais de Conciliação, não são considerados órgãos do Poder Judiciário.
V. Os juízes de direito e substitutos são órgãos de correição.
VI. Os serviços notariais e de registros públicos são órgãos auxiliares, assim como as serventias da Justiça.

São VERDADEIRAS apenas as assertivas:

(A) I, III e IV.
(B) II, V e VI.
(C) II, III e IV.
(D) I, V e VI.
(E) IV, V e VI.

I: assertiva incorreta, pois há mais órgãos integrantes, conforme dispõe o artigo 34 da Lei 10.845/2007 (Lei de Organização Judiciária do Estado da Bahia): "Art. 34. São órgãos do Poder Judiciário: I – Tribunal de Justiça; II – Juízes de Direito; III – Tribunais do Júri; IV – Juízes Auditores e Conselhos de Justiça Militar; V – Juízes Substitutos; VI – Turmas Recursais dos Juizados Especiais Cíveis e Criminais; VII – Juizados Especiais Cíveis e Criminais; VIII – Conselhos Municipais de Conciliação; IX – Juízes de Paz; e X – outros órgãos instituídos por lei.; **II:** assertiva correta, conforme artigo 34, inciso IV, da Lei 10.845/2007; **III:** assertiva incorreta, pois os Ofícios não constam no artigo 37 da Lei 10.845/2007, como órgão de apoio; **IV:** assertiva incorreta, pois são considerados órgãos do Poder Judiciário, conforme artigo 34, inciso IX, da Lei 10.845/2007; **V:** assertiva correta, conforme artigo 35, inciso IV, da Lei 10.845/2007; **VI:** assertiva correta, conforme artigo 36, § 1º, da Lei 10.845/2007".

Gabarito "B".

(Promotor de Justiça – MPE/BA – CEFET – 2015) Assinale a afirmativa correta:

I. Cabe ao corregedor-geral do Ministério Público decidir processo administrativo disciplinar, na forma da Lei Orgânica Estadual, contra membro do Ministério Público, aplicando as sanções disciplinares cabíveis.
II. Aos Centros de Apoio Operacional, órgãos auxiliares da atividade funcional do Ministério Público, compete estimular a integração e o intercâmbio entre órgãos de execução que atuem na mesma área de atividade e que tenham atribuições comuns.
III. Compete ao Conselho Superior do Ministério Público: conhecer e julgar os recursos contra a instauração de inquérito civil; representar ao corregedor-geral do Ministério Público acerca da instauração de processo administrativo disciplinar contra membro do Ministério Público; deliberar sobre remoção, permuta, reingresso e aproveitamento de membros do Ministério Público em disponibilidade.
IV. São órgãos de execução do Ministério Público: o procurador-geral de Justiça, o Colégio de Procuradores de Justiça, o Conselho Superior do Ministério Público, os procuradores de Justiça, os promotores de Justiça.
V. O Órgão Especial do Colégio de Procuradores de Justiça é composto por 09 (nove) procuradores de Justiça eleitos por todos os integrantes da carreira para mandato de 02 (dois) anos, vedada a recondução.
VI. Compete ao procurador-geral de Justiça destituir o corregedor-geral do Ministério Público pelo voto de 2/3 (dois terços) dos membros do Colégio de Procuradores, em caso de abuso de poder, conduta incompatível com suas atribuições, ou grave omissão nos deveres do cargo.

São VERDADEIRAS apenas as assertivas:

(A) I, III e IV.
(B) II, V e VI.
(C) II, III e IV.
(D) I, V e VI.
(E) IV, V e VI.

I: assertiva incorreta, pois é atribuição do Procurador-Geral de Justiça, conforme artigo 15, inciso XII, da Lei Complementar 11/1996 (Lei Orgânica do Ministério Público do Estado da Bahia); **II:** assertiva correta, conforme artigo 46, inciso I, da Lei Complementar 11/1996; **III:** assertiva correta, conforme artigo 26, incisos XXV, XVIII e VI, respectivamente, da Lei Complementar 11/1996; **IV:** assertiva correta, conforme artigo 4°, § 3°, da Lei Complementar 11/1996; **V:** assertiva incorreta, pois de acordo com o artigo 19, caput, da Lei Complementar 11/1996: "O Órgão Especial do Colégio de Procuradores de Justiça é composto pelo Procurador-Geral de Justiça, que o presidirá, pelo Corregedor-Geral do Ministério Público e por mais 24 (vinte e quatro) Procuradores de Justiça, metade constituída pelos mais antigos, a outra metade eleita, inadmitida a recusa imotivada do encargo, para mandato de 2 (dois) anos, permitida uma recondução."; **VI:** assertiva incorreta, pois é atribuição do Colégio de Procuradores de Justiça, conforme artigo 18, inciso XI, da Lei Complementar 11/1996.
Gabarito "C".

(Promotor de Justiça – MPE/BA – CEFET – 2015) Diante da importância da atuação do Ministério Público para a proteção do patrimônio histórico e cultural, julgue as informações constantes nas seguintes alíneas:

I. Em consonância com as normas jurídicas baianas, na vizinhança da coisa tombada, não se admite que, sem prévia autorização do órgão ou entidade competente do Estado, sejam concretizadas construções que lhe impeça ou reduza a visibilidade, nem nela colocar anúncios ou cartazes, sob pena de ser ordenada a demolição da obra ou retirado o objeto, além da imposição de multa de 30% (trinta por cento) sobre o valor da obra ou do objeto.
II. Para o Registro de Bens Culturais de Natureza Imaterial, instituído pelo Decreto Federal 3.551/2000, são consideradas partes legítimas para a provocação da instauração do processo de registro: o Ministro de Estado da Cultura; instituições vinculadas ao Ministério da Cultura; o Ministério Público; as Secretarias de Estado, de Município e do Distrito Federal; e as sociedades ou associações civis.
III. Excluem-se do patrimônio histórico e artístico nacional, dentre outras, as obras de origem estrangeira que pertençam às representações diplomáticas ou consulares acreditadas no país; adornem quaisquer veículos pertencentes a empresas estrangeiras, que façam carreira no país; pertençam a casas de comércio de objetos históricos ou artísticos; sejam trazidas para exposições comemorativas, educativas ou comerciais; ou sejam importadas por empresas estrangeiras expressamente para adorno dos respectivos estabelecimentos.
IV. Nos estabelecimentos de ensino fundamental e de ensino médio, públicos e privados, torna-se obrigatório o estudo da história e cultura afro-brasileira e indígena. O conteúdo programático a que incluirá diversos aspectos da história e da cultura que caracterizam a formação da população brasileira, a partir desses dois grupos étnicos.
V. Os conteúdos referentes à história e cultura afro-brasileira e dos povos indígenas brasileiros serão ministrados no âmbito de todo o currículo escolar, em especial nas áreas de educação artística e de literatura e história brasileiras.

Estão CORRETAS as seguintes assertivas:
(A) I – II – IV.
(B) III – IV – V.
(C) II – III – IV.
(D) II – IV – V.
(E) I – II – III.

I: assertiva incorreta, pois a multa é de 2% sobre o valor venal do bem tombado, conforme disposto no artigo 15 do Decreto 10.039/2006, do Estado da Bahia; **II:** assertiva incorreta, pois o Ministério Público não consta no rol do artigo 2°, do Decreto 10.039/2006, do Estado da Bahia; **III:** assertiva correta, conforme rol do artigo 3° do Decreto-Lei 25/1937; **IV:** assertiva correta, conforme artigo 26-A e § 1°, da Lei 9.394/1996 (Diretrizes e Bases da Educação Nacional); **V:** assertiva correta, conforme artigo 26-A, § 2°, da Lei 9.394/1996.
Gabarito "B".

(Promotor de Justiça – MPE/MS – FAPEC – 2015) Aponte a alternativa **incorreta** referente ao Inquérito Civil:

(A) O Ministério Público poderá instaurar, sob sua presidência, inquérito civil, ou requisitar, de qualquer organismo público ou particular, certidões, informações, exames ou perícias, no prazo que assinalar, o qual não poderá ser inferior a 10 (dez) dias úteis.
(B) O Ministério Público, nos autos do inquérito civil ou do procedimento preparatório, poderá expedir recomendações devidamente fundamentadas, visando à melhoria dos serviços públicos e de relevância pública, bem como aos demais interesses, direitos e bens cuja defesa lhe caiba promover, sendo possível a expedição de recomendação como medida substitutiva ao compromisso de ajustamento de conduta ou à ação civil pública.
(C) Se o órgão do Ministério, esgotadas todas as diligências, se convencer da inexistência de fundamento para a propositura da ação civil, promoverá o arquivamento dos autos do inquérito civil ou das peças de informação, fazendo-o fundamentadamente. A promoção de arquivamento será submetida a exame e deliberação do Conselho Superior do Ministério Público.
(D) O inquérito civil não é condição de procedibilidade para o ajuizamento das ações a cargo do Ministério Público, nem para a realização das demais medidas de sua atribuição própria.
(E) Em cumprimento ao princípio da publicidade das investigações, o membro do Ministério Público poderá prestar informações, inclusive aos meios de comunicação social, a respeito das providências adotadas para apuração de fatos em tese ilícitos, abstendo-se, contudo de externar ou antecipar juízos de valor a respeito de apurações ainda não concluídas.

A: assertiva correta, conforme artigo 8°, § 1°, da Lei 7.347/1985 (Lei de Ação Civil Pública); **B:** assertiva incorreta, devendo ser assinalada, pois a parte final "sendo possível a expedição de recomendação como medida substitutiva ao compromisso de ajustamento de conduta ou à ação civil pública", não consta na redação do artigo 15 da Resolução 23/2007 do CNMP; **C:** assertiva correta, conforme disposto no artigo 9°, § 1°, da Lei 7.347/1985; **D:** assertiva correta, conforme disposto artigo 1°, parágrafo único, da Resolução 23/2007 do CNMP; **E:** assertiva correta, conforme disposto no artigo 8°, da Resolução 23/2007 do CNMP.
Gabarito "B".

(Promotor de Justiça – MPE/MS – FAPEC – 2015) Em relação ao compromisso de ajuste de conduta, de acordo com seu regramento legal e regulamentar para o MPMS (Resolução n. 23 do CNMP e Resolução n. 15/2007, do MPMS), assinale a alternativa **correta**:

(A) Tratando-se de direitos difusos, o acordo é de atribuição exclusiva do Ministério Público, sendo que em todas as hipóteses legais, terá eficácia de título executivo extrajudicial.
(B) As empresas públicas, tendo em sua finalidade a prestação de serviços públicos, poderão tomar dos interessados compromisso de ajustamento de conduta às exigências legais, mas tal título extrajudicial para ter validade exige a participação obrigatória do Ministério Público como fiscal da lei.
(C) O compromisso de ajustamento poderá conter, se for o caso, cláusula prevendo que o descumprimento das obrigações assumidas acarretará o ajuizamento de ação de execução para busca da tutela específica ou do resultado prático equivalente, e cláusula com cominação de sanções pecuniárias para a hipótese de inadimplemento.
(D) É vedada a inclusão de cláusula em compromisso de ajustamento tendente a afastar eventuais responsabilidades administrativa ou criminal.
(E) O Conselho Superior do Ministério Público de MS, ao analisar o termo de ajustamento de conduta, não poderá determinar que o órgão de execução promova a sua adequação visando conformá-lo às exigências previstas em lei ou na Resolução que trata a matéria no MPMS (Resolução n. 15/2007), sob pena de violar a independência funcional. Neste caso deverá o Conselho Superior do Ministério Público imediatamente designar outro membro do Ministério Público para assumir a presidência do inquérito civil e cumprir as diligências.

A: assertiva incorreta, pois não é exclusividade do Ministério Público, conforme § 6°, do artigo 5°, da Lei 7.347/1985; **B:** assertiva incorreta, pois não tem a previsão de participação obrigatória do Ministério Público, conforme § 6°, do artigo 5°, da Lei 7.347/1985; **C:** assertiva incorreta, pois no artigo 37 da Resolução 15/2007 do Ministério Público do Estado de Mato Grosso do Sul, prevê o verbo "deverá" e não "poderá"; **D:** assertiva correta, devendo ser assinalada, conforme disposto no artigo 37, § 5°, da Resolução 15/2007 do MPMS; **E:** assertiva incorreta, pois o Conselho Superior do Ministério Público, "sim", poderá determinar que o órgão de execução promova a sua adequação, conforme disposto no artigo 41, da Resolução 15/2007 do MPMS.
Gabarito "D".

(Promotor de Justiça – MPE/MS – FAPEC – 2015) O Conselho Nacional do Ministério Público – CNMP, conforme a Constituição Federal:

(A) compõe-se de quinze membros nomeados pelo Presidente da República, depois de aprovada a escolha pela maioria absoluta do Senado Federal, para um mandato de 2 (dois) anos, admitida uma recondução.
(B) escolherá, em votação secreta, um Corregedor Nacional, que necessariamente deverá ser Procurador da República ou Procurador de Justiça que integre o colegiado, vedando-se a recondução.
(C) pode rever, de ofício ou mediante provocação, os processos disciplinares de membros do Ministério Público da União ou dos Estados julgados há menos de 1 (um) ano.
(D) pode receber e conhecer das reclamações contra membros ou órgãos do Ministério Público, ressalvando-se seus serviços auxiliares, sem prejuízo da competência disciplinar e correcional da instituição.
(E) pode avocar processos disciplinares em curso, determinar a remoção, a disponibilidade, a aposentadoria com subsídios ou proventos proporcionais ao tempo de serviço, a perda do cargo, inclusive do membro do Ministério Público vitalício, e aplicar outras sanções administrativas, assegurada a ampla defesa.

A: assertiva incorreta, pois o Conselho Nacional do Ministério Público é composto de 14 membros, não 15, conforme artigo 130-A, *caput*, da CF; **B:** assertiva incorreta, pois não necessariamente deverá ser o Procurador da República ou Procurador de Justiça que integre o colegiado, conforme § 3°, do artigo 130-A da CF; **C:** assertiva correta, devendo ser assinalada, conforme inciso IV, do § 2°, do artigo 130-A da CF; **D:** assertiva incorreta, pois se inclui os serviços auxiliares, conforme inciso III, do § 2°, do artigo 130-A da CF; **E:** assertiva incorreta, pois não poderá determinar a perda do cargo de membro vitalício, o que somente poderá ocorrer por sentença judicial transitada em julgado, conforme artigo 128, § 5°, inciso I, alínea "a", da CF.
Gabarito "C".

(Promotor de Justiça – MPE/MS – FAPEC – 2015) Analise as proposições abaixo:

I. O Colégio de Procuradores de Justiça tem a função de revisar algumas decisões administrativas e disciplinares específicas, tomadas por outros órgãos da Administração Superior, inclusive oriundas do Procurador-Geral de Justiça.
II. Os Procuradores de Justiça que oficiarem em grau de recurso podem e devem avaliar o trabalho desenvolvido pelo Promotor de Justiça em primeira instância, podendo enviar relatório ao Corregedor-Geral do Ministério Público.
III. Compete ao Conselho Superior do Ministério Público indicar ao Procurador-Geral de Justiça, em lista tríplice, membros da Instituição enquanto candidatos a remoção ou promoção por merecimento.
IV. O Procurador-Geral de Justiça do Estado de Mato Grosso do Sul tem atribuição para promover o inquérito civil e a ação civil pública contra Prefeito Municipal para a defesa do patrimônio público e social, podendo delegar essa atribuição a outro membro do Ministério Público.

Assinale a alternativa correta:

(A) Todas as proposições estão corretas.
(B) Somente as proposições I e II estão corretas.
(C) Somente as proposições II, III e IV estão corretas.
(D) Somente as proposições I e IV estão corretas.
(E) Somente as proposições II e III estão corretas.

I: assertiva correta, conforme artigo 9°, incisos VIII, IX, X e XI, da Lei Complementar 72/1994 (Lei Orgânica do Ministério Público do Estado do Mato Grosso do Sul); **II:** assertiva correta, conforme artigo 20, § 2°, da Lei Complementar 72/1994; **III:** assertiva correta, conforme artigo 15, inciso V, da Lei Complementar 72/1994; **IV:** assertiva correta, conforme artigo 30, incisos X e XIII, da Lei Complementar 72/1994 (NOTA: apesar que a expressão "ação civil pública", encontra-se com seus efeitos suspensos, por força de liminar concedida pelo STF, na ADI 1916/01).
Gabarito "A".

(Promotor de Justiça – MPE/AM – FMP – 2015) O Conselho Nacional do Ministério Público vêm expedindo resoluções de cunho vinculativo aos Ministérios Públicos em diferentes áreas de atuação. Considere as seguintes assertivas:

I. Essas resoluções não podem ser vinculativas, pois ferem os princípios da autonomia administrativa e funcional dos Ministérios Públicos.
II. Essas resoluções devem ser compreendidas como meras recomendações.
III. São constitucionais as resoluções expedidas pelo CNMP e devem ser atendidas plenamente.

Quais das assertivas acima estão corretas?

(A) Apenas a II.
(B) Apenas a III.
(C) Apenas a I e III.
(D) Apenas a II e III.
(E) I, II e III.

A possibilidade de expedição de resoluções, pelo Conselho Nacional do Ministério Público, está prevista expressamente no inciso I, do § 2º, do artigo 130-A da CF, *in verbis*: "zelar pela autonomia funcional e administrativa do Ministério Público, podendo expedir atos regulamentares, no âmbito de sua competência, ou recomendar providências". Contudo, de fato, a CONAMP ajuizou ADI, registrada em número 5434, no STF para discutir a constitucionalidade da Resolução 126/2015 do CNMP, em face do princípio constitucional, dentre outros, da independência funcional. Até o momento, a liminar não foi concedida, estando em tramitação perante a Colenda Corte.
Gabarito "B".

(Promotor de Justiça – MPE/AM – FMP – 2015) Quem é legitimado a propor alteração na Lei Federal 8.625/1993, que instituiu a Lei Orgânica Nacional do Ministério Público?

(A) O Procurador-Geral da República.
(B) O Conselho Nacional do Ministério Público.
(C) O Conselho Nacional dos Procuradores-Gerais de Justiça.
(D) O Presidente da República.
(E) Nenhuma alternativa está correta.

Conforme disposição expressa do artigo 61, § 1º, inciso II, alínea "d", da CF: "normas gerais para a organização do Ministério Público".
Gabarito "D".

(Promotor de Justiça – MPE/AM – FMP – 2015) De acordo com a Resolução 26/2007, do Conselho Nacional do Ministério Público, que disciplina a residência na Comarca pelos membros do Ministério Público, considere as seguintes assertivas:

I. O parecer desfavorável emitido pelo Corregedor-Geral do Ministério Público impede a autorização do Procurador-Geral de Justiça para que membro possa residir fora da Comarca, por ser medida excepcional.
II. O ato do Procurador-Geral de Justiça poderá ser mais restritivo que os termos desta resolução, criando outros requisitos nela não previstos para a autorização de residência fora da Comarca.
III. Se a Comarca fizer fronteira com outro Estado, desde que o membro cumpra os demais requisitos da resolução, poderá a autorização do Procurador-Geral de Justiça permitir a residência do membro em Comarca de outro Estado.

Quais das assertivas acima estão corretas?

(A) I, II e III.
(B) Apenas a I e III.
(C) Apenas a II e III.
(D) Apenas a II.
(E) Apenas a I.

I: assertiva incorreta, pois está prevista a manifestação da Corregedoria-Geral do Ministério Público, no prazo de dez dias, conforme artigo 2º, § 7º, da Resolução 26/2007 do CNMP, não havendo previsão de que essa manifestação é vinculante; II: assertiva correta, conforme artigo 8º, da Resolução 26/2007 do CNMP; III: assertiva incorreta, pois há vedação expressa para a hipótese de residência fora do Estado, conforme artigo 2º, §6º, da Resolução 26/2007 do CNMP.
Gabarito "D".

(Promotor de Justiça – MPE/AM – FMP – 2015) Considere as seguintes alternativas sobre a Lei Orgânica Nacional do Ministério Público e sua interpretação:

I. É vedado o exercício da advocacia por membro do Ministério Público, sem qualquer exceção.
II. É garantia do Promotor de Justiça nunca ser indiciado em inquérito policial, mesmo em caso de prática de crime doloso contra a vida.
III. O Procurador-Geral de Justiça pode delegar para outro membro da Instituição sua atribuição originária como órgão de execução.

Quais das assertivas acima estão corretas?

(A) Apenas a I e II.
(B) Apenas a II e III.
(C) Apenas a II.
(D) Apenas a I e III.
(E) Apenas a III.

I: assertiva incorreta, pois, apesar da vedação constante no artigo 44, inciso II, da Lei 8.625/1993 (Lei Orgânica Nacional do Ministério Público), com respaldo no artigo 128, § 5º, inciso II, alínea "b", da CF, o artigo 1º, da Resolução 8/2006 do Conselho Nacional do Ministério Público, com respaldo no artigo 29, § 3º do ADCT, possibilita o exercício da advocacia por membros do MPU que ingressaram antes da CF/1988; II: assertiva correta, conforme prevê o artigo 41, inciso II e parágrafo único, da Lei 8.625/1993 (LONMP); III: assertiva correta, conforme prevê o artigo 10, inciso VIII, da Lei 8.625/1993 (LONMP).
Gabarito "B".

(Promotor de Justiça – MPE/AM – FMP – 2015) O Conselho Superior do Ministério Público é órgão de Administração e também de Execução do Ministério Público. Sobre a sua atuação, considere as seguintes assertivas:

I. É quem tem atribuição para a formação da lista tríplice para a promoção por merecimento, devendo o Procurador-Geral de Justiça acatar a sua indicação de lista.
II. É integrado apenas por Procuradores de Justiça, sendo vedada a participação de Promotores de Justiça.
III. Quanto à deliberação na análise de arquivamento de inquérito civil, pode converter o julgamento em diligências, que serão cumpridas pelo mesmo órgão de execução que promoveu o arquivamento.
IV. Pode funcionar dividido por câmaras temáticas e também com dedicação exclusiva por parte dos Conselheiros.

Quais das assertivas acima estão corretas?

(A) Apenas a I, II e III.
(B) Apenas a II e III.
(C) Apenas a I, III e IV.

(D) Apenas a I, II e IV.
(E) I, II, III e IV.

I: assertiva correta, conforme prevê o artigo 43, inciso III, da Lei Complementar 11/1993 (Lei Orgânica do Ministério Público do Estado do Amazonas); II: assertiva correta, conforme prevê o artigo 35, da Lei Complementar 11/1993; III: assertiva incorreta, pois o Conselho Superior deve indicar outro órgão para o cumprimento das diligências, conforme artigo 43, inciso XVII, da Lei Complementar 11/1993; IV: assertiva correta, conforme prevê o artigo 118, inciso XXI, da Lei Complementar 11/1993.
Gabarito "D".

(Promotor de Justiça – MPE/AM – FMP – 2015) Em relação à carreira do membro do Ministério Público dos Estados, está correto afirmar que
(A) na remoção voluntária por permuta, excepcionalmente, será devida ajuda de custo, desde que haja interesse da instituição na sua realização.
(B) a reversão será deferida preferencialmente no interesse do membro inativo que se arrependeu e quer retornar à atividade.
(C) a reintegração, com o retorno do membro ao cargo, dependerá sempre de decisão judicial com trânsito em julgado.
(D) a impugnação ao vitaliciamento de membro em estágio probatório acarreta a interrupção de seu exercício funcional até o definitivo julgamento.
(E) o membro aposentado compulsoriamente tem direito à reversão em caso de alteração das regras da aposentadoria.

A: assertiva incorreta, pois neste caso, não haverá ajuda de custo, conforme prevê o artigo 268, *caput*, da Lei Complementar 11/1993 (Lei Orgânica do Ministério Público do Estado do Amazonas); B: assertiva incorreta, pois a reversão somente ocorrerá nas hipóteses previstas em lei, conforme artigo 329, *caput*, da Lei Complementar 11/1993 e artigo 67 da Lei 8.625/1993 (Lei Orgânica Nacional do Ministério Público); C: assertiva correta, devendo ser assinalada, conforme artigo 328, *caput*, da Lei Complementar 11/1993; D: assertiva incorreta, pois não acarreta a interrupção e sim a suspensão, conforme artigo 60 da Lei 8.625/1993 (LONMP); E: assertiva incorreta, pois a reversão deverá ser regida pela legislação vigente ao tempo da aposentadoria: STF, MS 34407.
Gabarito "C".

(Promotor de Justiça – MPE/AM – FMP – 2015) Considere as seguintes alternativas sobre a atuação do Ministério Público:
I. A designação de Promotor Eleitoral é ato privativo do Procurador-Geral de Justiça.
II. Na fiscalização de casas prisionais, os membros do Ministério Público deverão fazer visitas aos estabelecimentos penais a cada dois meses, fazendo minucioso relatório.
III. As visitas ordinárias do controle externo da atividade policial deverão ser realizadas pelos Promotores de Justiça nos meses de abril ou maio e outubro ou novembro de cada ano.
IV. O membro do Ministério Público, nos pedidos feitos nos procedimentos de investigação criminal, durante a instrução processual penal e no acompanhamento do inquérito policial, deverá requerer ao Juiz competente a inutilização da gravação que não interessar à prova.
Quais das assertivas acima estão corretas?
(A) Apenas a I, II e III.
(B) Apenas a II e III.
(C) Apenas a I, III e IV.
(D) Apenas a I, II e IV.
(E) Todas estão corretas.

I: assertiva correta, conforme prevê o artigo 29, inciso VIII, da Lei Complementar 11/1993 (Lei Orgânica do Ministério Público do Estado do Amazonas); II: assertiva incorreta, pois as visitas devem ser mensais, conforme prevê o artigo 56, inciso V, da Lei Complementar 11/1993; III: assertiva correta, conforme prevê artigo 4º, inciso I, da Resolução 20/2007 do Conselho Nacional do Ministério Público; IV: assertiva correta, conforme prevê artigo 9º, § 1º, Resolução 36/2009 do Conselho Nacional do Ministério Público.
Gabarito "C".

(Procurador de Justiça – MPE/GO – 2016) Sobre a Resolução 11/2014 do Colégio de Procuradores de Justiça, que disciplina a tramitação dos autos extrajudiciais no âmbito do Ministério Público do Estado de Goiás, assinale a alternativa incorreta:
(A) em qualquer fase do inquérito civil, do procedimento preparatório ou do procedimento administrativo, ou ainda no curso de ação civil pública, o Ministério Público poderá firmar compromisso de ajustamento de conduta com o responsável pela ameaça ou lesão aos interesses ou direitos tutelados pelo Ministério Público.
(B) o procedimento administrativo deverá ser concluído no prazo de 1 (um) ano, prorrogável pelo mesmo prazo e quantas vezes forem necessárias, por decisão fundamentada de seu presidente, à vista da imprescindibilidade da realização de outros atos, sem a necessidade de cientificação do Conselho Superior do Ministério Público.
(C) é facultativa a cientificação do Indeferimento da notícia de fato caso ela tenha sido encaminhada ao Ministério Público por órgão público em face de dever de ofício.
(D) o desarquivamento do Inquérito civil, diante do surgimento de novas provas, poderá ocorrer no prazo máximo de 6 (seis) meses após o arquivamento. Transcorrido esse lapso, será instaurado novo procedimento, sem prejuízo das provas já colhidas.

A: assertiva incorreta, devendo ser assinalada, pois o procedimento administrativo não está previsto como hipótese para ser firmar TAC, conforme o artigo 49 da Resolução 11/2014 do Colégio de Procuradores de Justiça do Ministério Público do Estado de Goiás; B: assertiva correta, conforme artigo 42 da Resolução 11/2014 do CPJ-MPGO; C: assertiva correta, conforme prevê o artigo 45, § 2º, da Resolução 11/2014 do CPJ-MPGO; D: assertiva correta, conforme prevê o artigo 36 da Resolução 11/2014 do CPJ-MPGO.
Gabarito "A".

(Promotor de Justiça/GO – 2016 – MPE) Entre alternativas abaixo, aponte aquela que não contempla hipótese de inelegibilidade para o cargo de Procurador-Geral de Justiça do Estado de Goiás:
(A) Promotores de Justiça que, embora vitalícios, são substitutos.
(B) Membros do Ministério Público que se encontrem afastados do exercício das funções, pelo exercício de cargo de presidente de entidade de classe de âmbito estadual ou nacional, bem como de cargo de direção na respectiva entidade com função que exija dedicação exclusiva.

(C) Membros do Ministério Público que forem condenados por crimes dolosos ou ato de improbidade administrativa, com decisão transitada em julgado, enquanto durarem seus efeitos.
(D) Membros do Ministério Público que estejam cumprindo sanção aplicada em processo administrativo disciplinar.

A: assertiva incorreta, devendo ser assinalada, pois não consta no rol de hipóteses de inelegibilidade do artigo 7º da Lei Complementar 25/1998 (Lei Orgânica do Ministério Público do Estado de Goiás); **B:** assertiva correta, conforme prevê artigo 7º, inciso I, c/c o artigo 124, inciso I, ambos da Lei Complementar nº 25/98; **C:** assertiva correta, conforme prevê o artigo 7º, inciso II, da Lei Complementar nº 25/98; **D:** assertiva correta, conforme prevê o artigo 7º, inciso III da Lei Complementar nº 25/1998.
Gabarito "A".

(Promotor de Justiça/GO – 2016 – MPE) A respeito da legislação do Ministério Público do Estado de Goiás, assinale a alternativa correta:

(A) O Ministério Público elaborará sua proposta orçamentária dentro dos limites estabelecidos na lei de diretrizes orçamentárias, encaminhando-a, por intermédio do Procurador-Geral de Justiça, diretamente ao Governador do Estado, que a submeterá ao Poder Legislativo.
(B) Os recursos próprios, não originários do Tesouro Estadual, serão recolhidos diretamente e vinculados aos fins da instituição, podendo, em caráter excepcional, e devidamente autorizado pelo Conselho Superior do Ministério Público, ser utilizados, inclusive, para quitação de vencimentos dos membros e servidores da Instituição.
(C) As decisões do Ministério Público fundadas em sua autonomia funcional, administrativa e financeira, obedecidas as formalidades legais, têm eficácia plena e executoriedade relativa, dependente de ratificação judicial, ressalvada a competência constitucional do Poder Legislativo.
(D) A eleição para formação da lista tríplice, no Ministério Público do Estado de Goiás, será realizada na última sexta-feira útil do mês que anteceder o término do mandato e far-se-á mediante voto plurinominal e secreto de todos os integrantes em atividade na carreira, sendo permitido, como exceção, o voto postal e o voto por procuração.

A: assertiva correta, devendo ser assinalada, conforme disposto no artigo 3º da Lei Complementar 25/1998 (Lei Orgânica do Ministério Público de Goiás); **B:** assertiva incorreta, pois é vedada outra destinação dos recursos, conforme artigo 3º, § 3º, da Lei Complementar nº 25/1998 (Lei Orgânica do Ministério Público do Estado de Goiás); **C:** assertiva incorreta, conforme prevê artigo 2º, § 1º, da Lei Complementar nº 25/1998, *in verbis*: "As decisões do Ministério Público fundadas em sua autonomia funcional, administrativa e financeira, obedecidas as formalidades legais, têm eficácia plena e executoriedade imediata, ressalvada a competência constitucional dos Poderes Judiciário e Legislativo"; **D:** assertiva incorreta, conforme prevê artigo 5º, § 1º, da Lei Complementar nº 25/1998, *in verbis*: "A eleição para formação da lista tríplice será realizada no último dia útil do mês que anteceder o término do mandato e far-se-á mediante voto plurinominal e secreto de todos os integrantes em atividade na carreira.".
Gabarito "A".

(Promotor de Justiça – MPE/RS – 2017) Com relação às normas disciplinares no âmbito do Ministério Público do Rio Grande do Sul, considere as seguintes afirmações.

I. A portaria de instauração de processo administrativo disciplinar interrompe o curso da prescrição.
II. O recurso para o Órgão Especial do Colégio de Procuradores da decisão do Conselho Superior do Ministério Público que aplicou sanção disciplinar não tem efeito suspensivo.
III. Quando a infração disciplinar constituir, também, infração penal, o prazo prescricional será o mesmo da Lei Penal, contado da data do trânsito em julgado da sentença penal condenatória.

Quais estão corretas?

(A) Apenas I.
(B) Apenas II.
(C) Apenas III.
(D) Apenas I e III.
(E) I, II e III.

I: assertiva correta, conforme artigo 125, § 3º, inciso I, da Lei Estadual 6.536/1973 (Estatuto do Ministério Público do Estado do Rio Grande do Sul); **II:** assertiva incorreta, pois todos os recursos têm efeito suspensivo, conforme prevê o artigo 162 da Lei Estadual 6.536/1973; **III:** assertiva correta, conforme prevê o artigo 125, § 1º, da Lei Estadual 6.536/1973.
Gabarito "D".

(Promotor de Justiça – MPE/RS – 2017) Assinale a alternativa **INCORRETA**.

(A) A reincidência em falta anteriormente punida com censura ensejará a aplicação da pena de suspensão.
(B) A pena de multa poderá ser aplicada cumulativamente com as sanções de advertência e censura.
(C) A extinção da punibilidade, pela prescrição, da falta administrativa punida com advertência ou multa ocorre em dois anos.
(D) Em caso de reincidência em falta anteriormente punida com pena de advertência, será aplicada a pena de censura.
(E) A pena de censura será aplicada no caso de incontinência pública e escandalosa que comprometa a dignidade do Ministério Público.

A: assertiva correta, conforme prevê o artigo 118, inciso I, da Lei Estadual 6.536/1973 (Estatuto do Ministério Público do Estado do Rio Grande do Sul); **B:** assertiva correta, conforme prevê o artigo 116, § 3º, da Lei Estadual 6.536/1973; **C:** assertiva correta, conforme prevê o artigo 125, inciso I, da Lei Estadual 6.536/1973; **D:** assertiva correta, conforme prevê o artigo 117, I, da Lei Estadual 6.536/1973; **E:** assertiva incorreta, devendo ser assinalada, pois a pena de censura é aplicada em caso de descumprimento de dever legal, conforme prevê o artigo 117, inciso II, da Lei Estadual 196.536/73.
Gabarito "E".

(Promotor de Justiça – MPE/RS – 2017) Relativamente às atribuições do Conselho Superior do Ministério Público do Rio Grande do Sul, assinale a alternativa **INCORRETA**.

(A) Decidir com a presença mínima de dois terços de seus membros, sobre o vitaliciamento, propondo a exoneração quando entender que não foram preenchidos os requisitos do estágio probatório.
(B) Indicar ao Procurador-Geral de Justiça, com a presença mínima de dois terços de seus membros, a lista

tríplice dos candidatos à remoção ou promoção por merecimento.
(C) Opinar sobre anteprojetos de lei de iniciativa do Ministério Público.
(D) Indicar ao Procurador-Geral da República, membro do Ministério Público para compor o Conselho Nacional de Justiça.
(E) Apreciar pedido de reversão de membro do Ministério Público.

e providências relacionadas ao desempenho das atividades institucionais.

A sequência correta de preenchimento dos parênteses, de cima para baixo, é

(A) V – F – V – F.
(B) F – V – F – V.
(C) F – F – V – F.
(D) F – V – F – F.
(E) V – F – V – V.

A: assertiva correta, conforme artigo 27, inciso III, alínea "b", da Lei Estadual 7.669/1982, Lei Orgânica do Ministério Público do Estado do Rio Grande do Sul; **B:** assertiva correta, conforme artigo 27, inciso III, alínea "a", da Lei Estadual 7.669/1982; **C:** assertiva incorreta, devendo ser assinalada, pois se trata de atribuição do Colégio de Procuradores de Justiça, conforme prevê o artigo 8º, inciso XVII, da Lei Estadual 7.669/1982; **D:** assertiva correta, conforme prevê o artigo 27, inciso II, alínea "e", da Lei Estadual 7.669/1982 **E:** assertiva correta, conforme prevê o artigo 27, inciso VIII, alínea "c", da Lei Estadual 7.669/1982.

Gabarito "C".

I: assertiva falsa, pois admite-se a decretação de sigilo, mediante decisão fundamentada, apenas nas hipóteses em que a preservação da intimidade não prejudique o interesse público à informação (art. 93, IX, da CF), conforme dispõe o artigo 9º, § 5º, da Lei Estadual 7.669/1982, Lei Orgânica do Ministério Público do Estado do Rio Grande do Sul; **II:** assertiva verdadeira, conforme prevê o artigo 8º, inciso VII, da Lei Estadual 7.669/1982; **III:** assertiva falsa, pois se trata de atribuição do Subprocurador-Geral de Justiça para Assuntos Administrativos, conforme prevê o artigo 17, § 2º, inciso V, da Lei Estadual 7.669/1982; **IV:** assertiva verdadeira, conforme prevê o artigo 25, inciso XLIV, da Lei Estadual 7.669/1982.

Gabarito "B".

(**Promotor de Justiça – MPE/RS – 2017**) Assinale com **V** (verdadeiro) ou com **F** (falso) as seguintes afirmações.

( ) As sessões do Órgão Especial do Colégio de Procuradores serão públicas, assim como públicos serão todos os julgamentos referentes aos processos administrativos disciplinares, não se admitindo a decretação de sigilo.
( ) Compete ao Colégio de Procuradores de Justiça eleger, dentre seus membros, em votação secreta, os integrantes do Órgão Especial e dar-lhes posse.
( ) Compete ao Órgão Especial do Colégio de Procuradores de Justiça elaborar anteprojetos de lei de iniciativa do Ministério Público.
( ) Compete ao Procurador-Geral de Justiça decidir sobre as sugestões encaminhadas pelo Órgão Especial do Colégio de Procuradores acerca da criação, transformação e extinção de cargos do Ministério Público e dos serviços auxiliares, modificações na Lei Orgânica

(**Promotor de Justiça/SC – 2016 – MPE**)

(1) O Conselho Nacional do Ministério Público escolherá, em votação secreta, um Corregedor nacional, dentre os Membros do Ministério Público que o integram, permitida apenas uma recondução, cumprindo-lhe: a) receber reclamações e denúncias relativas aos membros do Ministério Público; b) exercer funções executivas do Conselho, de inspeção e correição parcial; c) requisitar e designar membros do Ministério Público, delegando-lhes atribuições, e requisitar servidores de órgãos do Ministério Público.

1: assertiva falsa, pois o artigo 130-A, § 3º, inciso II, da Constituição Federal, estabelece que o Corregedor Nacional poderá exercer funções executivas do Conselho, de inspeção e correição geral.

Gabarito 1E

24. DIREITO DO TRABALHO

Ana Paula Garcia e Hermes Cramacon

1. INTRODUÇÃO, FONTES E PRINCÍPIOS

(Ministério Público/CE – 2009 – FCC) A garantia constitucional de proteção à relação de emprego, assegurada pelo artigo 7º, I da Constituição da República,

(A) foi introduzida e permanece no ordenamento nacional pela ratificação da Convenção 158 da OIT, em 1996.
(B) depende da publicação de lei ordinária federal.
(C) tem eficácia plena, apenas para os trabalhadores da iniciativa privada.
(D) subordina-se à edição de lei complementar.
(E) já se encontra estabelecida, definitivamente, pela instituição do sistema do Fundo de Garantia por Tempo de Serviço.

Conforme dispõe o art. 7º, I, da CF, é direito do trabalhador a relação de emprego protegida contra dispensa arbitrária ou sem justa causa, nos termos de lei complementar.
Gabarito "D".

2. CONTRATO INDIVIDUAL DE TRABALHO

(Ministério Público/GO – 2005) Assinale a alternativa errada:

(A) o contrato de trabalho por prazo determinado não poderá ser estipulado por mais de 02 anos ou prorrogado por mais de duas vezes, sob pena de passar a vigorar sem determinação de prazo
(B) o contrato de trabalho poderá ser acordado tácita ou expressamente, verbalmente ou por escrito e por prazo determinado ou indeterminado
(C) considera-se por prazo indeterminado todo contrato que suceder, dentro de 06 meses, a outro contrato por prazo determinado, salvo se a expiração deste dependeu da execução de serviços especializados ou da realização de certos acontecimentos
(D) na falência, constituirão créditos privilegiados os salários devidos aos empregados e as indenizações a que tiverem direito até o limite de 150 salários mínimos por credor

A: incorreta (arts. 445 e 451 da CLT); B: correta (art. 443 da CLT); C: correta (art. 452 da CLT); D: correta (art. 83, I, da Lei 11.101/2005).
Gabarito "A".

3. ALTERAÇÃO, INTERRUPÇÃO E SUSPENSÃO DO CONTRATO DE TRABALHO

(Ministério Público/GO – 2005) Quanto às assertivas abaixo:

I. Nos contratos individuais de trabalho só é lícita a alteração das respectivas condições, por mútuo consentimento, e, ainda assim, desde que não resultem, direta ou indiretamente, prejuízos ao empregado, sob pena de nulidade da cláusula infringente desta garantia

II. Não se considera alteração unilateral a determinação do empregador para que o respectivo empregado reverta ao cargo efetivo, anteriormente ocupado, deixando o exercício de função de confiança
III. Ao empregado, afastado do emprego, são asseguradas, por ocasião de sua volta, todas as vantagens que, em sua ausência, tenham sido atribuídas à categoria a que pertencia na empresa
IV. O empregado que for aposentado por invalidez terá suspenso o seu contrato de trabalho durante o prazo fixado pelas leis de previdência social para a efetivação do benefício

Somente é correto o que se afirma em:
(A) I
(B) I e II
(C) I, II e III
(D) I, II, III e IV

I: correto (art. 468, *caput*, da CLT); II: correto (art. 468, parágrafo único, da CLT); III: correto (art. 471 da CLT); IV: correto (art. 475 da CLT).
Gabarito "D".

4. REMUNERAÇÃO E SALÁRIO

(Ministério Público/GO – 2005) Quanto às afirmações abaixo:
I. Compreendem-se na remuneração do empregado, para todos os efeitos legais, além do salário devido e pago diretamente pelo empregador, como contraprestação do serviço, as gorjetas que receber.
II. Integram o salário, não só a importância fixa, estipulada, como também as comissões, percentagens, gratificações ajustadas, diárias para viagem que excederem a 50% do salário percebido e abonos pagos pelo empregador
III. Incluem-se, também, nos salários as ajudas de custo, assim como as diárias para viagem que não excedam de 50% (cinquenta por cento) do salário percebido pelo empregado
IV. Considera-se gorjeta apenas a importância espontaneamente dada pelo cliente ao empregado

Somente é correto o que se afirma em:
(A) I
(B) I e II
(C) I, II e III
(D) I, II, III e IV

I: correto, pois a assertiva reflete o disposto no art. 457, *caput*, da CLT; II: correto, pois a assertiva reflete o disposto no art. 457, §§ 1º e 2º, da CLT; III: incorreto, pois a assertiva está em confronto com o disposto no art. 457, § 2º, da CLT; IV: incorreto, pois a assertiva está em confronto com o disposto no art. 457, § 3º, da CLT.
Gabarito "B".

5. AVISO-PRÉVIO, EXTINÇÃO DO CONTRATO DE TRABALHO E HAVERES RESCISÓRIOS

(Ministério Público/GO – 2005) No que se refere à dissolução do contrato de trabalho, não se pode afirmar que:

(A) o pedido de demissão ou recibo de quitação de rescisão do contrato de trabalho, firmado por empregado com mais de 1 (um) ano de serviço, só será válido quando feito com a assistência do respectivo sindicato ou perante a autoridade do Ministério do Trabalho

(B) quando não existir na localidade nenhum dos órgãos previstos neste artigo, a assistência será prestada pelo Representante do Ministério Público ou, onde houver, pelo Defensor Público e, na falta ou impedimento deste, pelo Juiz de Paz

(C) o pagamento a que fizer jus o empregado será efetuado no ato da homologação do contrato de trabalho, em dinheiro ou em cheque visado, conforme acordem as partes, salvo se o empregado for analfabeto, quando o pagamento somente poderá ser feito em dinheiro

(D) qualquer que seja a causa ou a forma de dissolução do contrato, o instrumento de rescisão ou recibo de quitação, que não trouxer especificada a natureza de cada parcela, será válido relativamente a toda e qualquer parcela devida ao empregado

A: correta, pois a assertiva está de acordo com o art. 477, § 1°, da CLT;
B: correta, pois a assertiva está de acordo com o art. 477, § 3°, da CLT;
C: correta, pois a assertiva está de acordo com o art. 477, § 4°, da CLT;
D: incorreta, pois nos termos do art. 477, § 2°, da CLT o instrumento de rescisão ou recibo de quitação, qualquer que seja a causa ou forma de dissolução do contrato, deve ter especificada a natureza de cada parcela paga ao empregado e discriminado o seu valor, sendo válida a quitação, apenas, relativamente às mesmas parcelas.
Gabarito "D".

6. ACIDENTE E DOENÇA DO TRABALHO

(Ministério Público/PR – 2008) Dentre as proposições abaixo, assinale a INCORRETA:

(A) É direito dos trabalhadores urbanos e rurais, previsto na Constituição Federal de 1988, a redução dos riscos inerentes ao trabalho, por meio de normas de saúde, higiene e segurança.

(B) A responsabilidade civil do empregador por acidente de trabalho sofrido pelo empregado, de regra, apresenta natureza subjetiva, posto ser necessária a configuração do dolo ou da culpa por parte daquele.

(C) O acidente do trabalho não proporciona ao empregado a possibilidade de acumular indenizações por dano material e dano moral, quando oriundos do mesmo fato e há a possibilidade de identificá-los em separado.

(D) Dentre os propósitos da política de saúde do trabalhador para o SUS, asseguram-se ao acidentado do trabalho, atenção integral à sua saúde, com articulação intra e intersetorial, estruturação de rede de informações em saúde do trabalhador e o desenvolvimento e a capacitação de recursos humanos.

(E) Responder pela prática do delito de homicídio pode ser uma das consequências impostas ao empregador que deixa de disponibilizar Equipamentos de Proteção Individuais-EPI's ao empregado e advém o resultado morte na execução do trabalho.

A: correta, pois a assertiva reflete o disposto no art. 7°, XXII, da CF;
B: correta, pois a responsabilidade civil do empregador depende de três requisitos: dano, nexo de causalidade e conduta culposa ou dolosa do empregador, respeitada a tese minoritária defendida por uma parte da doutrina que entende que a responsabilidade do empregador é objetiva, porém, sem fundamento legal a albergar referido posicionamento. A assertiva ainda encontra fundamento na Súmula 229 do STF; **C:** incorreta, pois a assertiva está em desacordo com a Súmula 37 do STJ: "Indenizações – Danos – Material e Moral – Mesmo Fato – Cumulação São cumuláveis as indenizações por dano material e dano moral oriundos do mesmo fato"; **D:** correta, pois a assertiva reflete o disposto na Política Nacional de Saúde do Trabalhador (http://portal.saude.gov.br); **E:** correta, pois pela regra de responsabilidade, aquele que, por negligência (o empregador deixou de fornecer o equipamento de proteção individual obrigatório ao trabalhador), der causa a morte do outro, responderá por homicídio culposo.
Gabarito "C".

(Ministério Público/CE – 2009 – FCC) A responsabilidade pela reparação dos danos decorrentes de acidente de trabalho será

(A) objetiva para o INSS e dependente de falta grave ou dolo do empregador.

(B) sempre objetiva, para o INSS e para o empregador.

(C) objetiva para o empregador e subjetiva para o INSS, desde que a autarquia não tenha agido com má-fé.

(D) objetiva para o INSS e sempre subjetiva para o empregador, mesmo na hipótese de dolo.

(E) sempre objetiva para o INSS e objetiva para o empregador cuja atividade normalmente desenvolvida implicar, por sua natureza, risco para os direitos de outrem.

A doutrina majoritária entende que a responsabilidade do empregador depende de três requisitos: dano, nexo de causalidade e conduta culposa ou dolosa do empregador. Assim, a responsabilidade do empregador é, em regra, **subjetiva**. Há, porém, que se ressaltar que em atividades de risco para a saúde do trabalhador, ou para a sua integridade física, ou seja, em que o risco de doenças ou de acidentes sejam mais acentuados que o normal, considerando-se o padrão médio da sociedade e as probabilidades de ocorrência de sinistros, como o trabalho em condições de insalubridade ou periculosidade, a responsabilidade do empregador é **objetiva**, em razão da aplicação da teoria do risco criado, prevista no art. 927, parágrafo único, do Código Civil. A lei não define o que é atividade de risco. Dispõe o artigo 927, parágrafo único, do CC: "Haverá obrigação de reparar o dano, independentemente de culpa, nos casos especificados em lei, ou quando a atividade normalmente desenvolvida pelo autor do dano implicar, por sua natureza, risco para os direitos de outrem". Como a lei não define o que é atividade de risco, caberá à doutrina e jurisprudência, pautando-se pela equidade e razoabilidade, aquilatar se a atividade é de risco ou não. Quanto ao INSS, se o trabalhador é segurado, comprovado o acidente do trabalho e a incapacidade, seja parcial ou total, fará jus à indenização, sendo o caso, portanto, de responsabilidade objetiva.
Gabarito "E".

(Ministério Público/PR – 2009) Dentre as proposições abaixo, assinale a INCORRETA:

(A) acidente do trabalho é o infortúnio que ocorre pelo exercício do trabalho, acarretando lesão corporal ou perturbação funcional que cause a morte ou a perda

ou redução, permanente ou temporária, da capacidade para o trabalho;
(B) o ato de imprudência, de negligência ou de imperícia de terceiro ou de companheiro de trabalho, durante a atividade laboral, deixa de ser equiparado a acidente de trabalho, para utilização dos benefícios da Previdência Social;
(C) os dependentes do trabalhador somente farão jus ao benefício acidentário caso o segurado faleça em virtude do acidente, ou por doença relacionada ao trabalho que desempenhou;
(D) o segurado que sofreu acidente do trabalho tem garantido, pelo prazo mínimo de doze meses, a manutenção do seu contrato de trabalho na empresa, após a cessação do auxílio-doença acidentário, independentemente de percepção de auxílio-acidente;
(E) a empresa é responsável pela adoção e uso de medidas coletivas e individuais de proteção e segurança da saúde do trabalhador, também devendo prestar a este informações pormenorizadas sobre os riscos da operação a executar e do produto a manipular.

A: correta, pois a assertiva reflete o disposto no art. 19, *caput*, da Lei 8.213/91; **B:** incorreta, pois de acordo com o disposto no art. 21, II, *c*, da Lei 8.213/91, a conduta será equiparada a acidente de trabalho para os efeitos da lei; **C:** correta, pois caso o segurado faleça por outra razão os dependentes farão jus à pensão por morte (art. 74 da Lei 8.213/91); **D:** correta, pois a assertiva reflete o disposto no art. 118 da Lei 8.213/91; **E:** correta, pois a assertiva reflete o disposto no art. 19, §§ 1º e 3º, da Lei 8.213/91.

Gabarito "B".

25. DIREITO PREVIDENCIÁRIO

Henrique Subi

1. SEGURADOS DA PREVIDÊNCIA

(Ministério Público/PR – 2011) Examine as afirmações abaixo e após responda:

I. São segurados obrigatórios da previdência social os empregados, entendidos como aqueles que prestam serviço urbano ou rural à empresa, em caráter não eventual, mediante remuneração.
II. São segurados obrigatórios da previdência social os empregados domésticos, entendidos como aqueles que prestam serviços de natureza contínua a pessoa ou família, no âmbito residencial desta, em atividades sem fins lucrativos.
III. São segurados facultativos da previdência social os contribuintes individuais, entendidos como aqueles que prestam serviços de forma independente, em caráter eventual e sem vínculo empregatício.
IV. São segurados facultativos da previdência social as donas de casa.
V. São segurados facultativos da previdência social os trabalhadores avulsos, entendidos como aqueles que, sindicalizados ou não, prestam serviços de natureza urbana ou rural, a diversas empresas, sem vínculo empregatício, com intermediação obrigatória de órgão gestor de mão de obra, nos termos da Lei 8.630/1993, ou do sindicato da categoria.

(A) todas as afirmativas estão corretas.
(B) as afirmativas I, III e IV são corretas.
(C) a afirmativa V é a única correta.
(D) as afirmativas III e V são incorretas.
(E) todas as afirmativas são incorretas.

I: correta, nos termos do art. 12, I, "a", da Lei 8.212/1991 (Plano de Custeio da Seguridade Social – PCSS); II: correta, nos termos do art. 12, II, do PCSS; III: incorreta. Os contribuintes individuais, que incluem aquele que prestam serviços de forma independente, em caráter eventual e sem vínculo empregatício, são segurados **obrigatórios** da previdência social (art. 12, V, do PCSS); IV: correta, nos termos do art. 11, § 1º, I, do Decreto 3.048/1999 (Regulamento da Previdência Social – RPS); V: incorreta. Os trabalhadores avulsos, corretamente conceituados na assertiva, são considerados segurados **obrigatórios** da previdência social (art. 12, VI, do PCSS).
Gabarito "D".

(Ministério Público/ES – 2010 – CESPE) Considerando a jurisprudência do STF e do STJ, assim como o que dispõe a CF e a legislação previdenciária, assinale a opção correta.

(A) Conforme a jurisprudência do STF, em se tratando de auxílio-reclusão, benefício previdenciário concedido para os dependentes dos segurados de baixa renda, nos termos da CF, a renda a ser observada para a concessão é a dos dependentes e não a do segurado recolhido à prisão.
(B) Consoante à jurisprudência do STJ, é devida a incidência da contribuição previdenciária sobre os valores pagos pela empresa ao segurado empregado durante os quinze primeiros dias que antecedem a concessão de auxílio-doença.
(C) De acordo com a jurisprudência do STF, a contribuição nova para o financiamento da seguridade social, criada por lei complementar, pode ter a mesma base de cálculo de imposto já existente.
(D) A perda da qualidade de segurado não será considerada para a concessão das aposentadorias por tempo de contribuição e especial, desde que o segurado conte com, no mínimo, o tempo de contribuição correspondente ao exigido para efeito de carência na data do requerimento do benefício.
(E) Entre os princípios da previdência social enumerados na CF incluem-se a universalidade da cobertura e do atendimento, a uniformidade e equivalência dos benefícios e serviços às populações urbanas e rurais e a descentralização, com direção única em cada esfera de governo.

A: incorreta. Deve ser considerada a renda do segurado para a apuração do direito à percepção do benefício do auxílio-reclusão (STF, AI 767.352, DJ 14.12.2012); **B:** incorreta. Para o STJ, o pagamento dos quinze primeiros dias de afastamento do trabalhador que antecedem o auxílio-doença tem natureza indenizatória e, portanto, sobre ele não incide contribuição previdenciária (AgRg no AREsp 103.294, DJ 08.05.2012); **C:** correta. Essa polêmica decisão foi dada no julgamento do RE 228.321, DJ 01.10.1998; **D:** incorreta. A perda da qualidade de segurado apenas não impedirá a concessão dos benefícios de aposentadoria se, quando da perda, o segurado já reunia **todos** os requisitos para a fruição do benefício (art. 102, § 1º, da Lei 8.213/1991 – do PBPS); **E:** incorreta. O princípio da descentralização da gestão da seguridade social impõe a gestão quadripartite, com representantes do Governo, dos trabalhadores, dos empregadores e dos aposentados (art. 194, parágrafo único, VII, da CF).
Gabarito "C".

2. BENEFÍCIOS PREVIDENCIÁRIOS

(Ministério Público/PR – 2013 – X) Desconsiderando-se as regras especiais de transição de regime previdenciário, qual das seguintes alternativas é **correta**, em tema de aposentadoria por tempo de contribuição, considerando a legislação previdenciária vigente?

(A) O salário de benefício consiste na média aritmética simples dos maiores salários de contribuição correspondentes a setenta e cinco por cento de todo o período contributivo;
(B) O salário de benefício consiste na média aritmética simples dos trinta e seis últimos salários de contribuição, multiplicada pelo fator previdenciário;
(C) O salário de benefício consiste na média aritmética simples dos trinta e seis últimos salários de contribuição;
(D) O salário de benefício consiste na média aritmética simples dos maiores salários de contribuição correspondentes a oitenta por cento de todo o período contributivo, multiplicada pelo fator previdenciário;

(E) O salário de benefício consiste na média aritmética simples dos trinta e seis últimos salários de contribuição, multiplicada pelo fator previdenciário, considerando-se no cálculo deste fator um bônus de cinco anos, ao tempo de contribuição, quando se tratar de mulher.

Nos termos do art. 29, I, do PBPS, tratando-se de aposentadoria por tempo de contribuição, o salário de benefício equivale à média aritmética simples dos maiores salários de contribuição correspondentes a 80% de todo o período contributivo, multiplicada pelo fator previdenciário.
„Gabarito "D".

(Ministério Público/ES – 2010 – CESPE) Com relação ao reajustamento do valor dos benefícios, ao tempo de serviço para fins previdenciários e à carência, assinale a opção correta.

(A) O reconhecimento da atividade exercida como especial é disciplinado pela lei vigente à época da prestação do serviço, por força do princípio tempus regit actum, passando a integrar, como direito adquirido, o patrimônio jurídico do trabalhador, não se aplicando retroativamente legislação nova mais restritiva.
(B) No primeiro reajuste da renda mensal inicial da aposentadoria concedida na vigência da Lei n. 8.213/1991, deve-se aplicar integralmente o índice oficial de correção, independentemente do mês de concessão do benefício previdenciário.
(C) O tempo de serviço rural anterior à vigência da Lei n. 8.213/1991 não será considerado para efeito de carência, mas poderá ser computado como tempo de contribuição, para efeito de aposentadoria, mediante o recolhimento das respectivas contribuições.
(D) As contribuições que o segurado contribuinte individual pagar em atraso não serão consideradas para efeito de carência nem serão computadas como tempo de contribuição para efeito de aposentadoria, ainda que comprovado o exercício de atividade abrangida pela previdência social.
(E) O trabalho infantil é repudiado pelo ordenamento jurídico brasileiro, de acordo com a CF, de modo que é inadmissível a contagem do trabalho rural em regime de economia familiar antes dos quatorze anos de idade, para efeito de aposentadoria.

A: correta, conforme julgado pelo STJ no REsp 414.083, *DJ* 02.09.2002; **B:** incorreta. Para a aplicação do índice de correção no primeiro reajuste do benefício previdenciário deve ser aplicada a regra da proporcionalidade, ou seja, como o reajuste é anual, a primeira correção do valor deve levar em conta o fator de atualização proporcional ao número de meses em que o segurado recebeu o benefício (STJ, AgRg no EDcl no Ag 797.532, *DJ* 15.03.2007); **C:** incorreta. Para o STJ, o tempo de serviço rural anterior ao PCSS será computado independentemente do pagamento das contribuições a ele relativas para todos os fins, exceto cumprimento de carência (AgRg no EDcl no REsp 848.144, *DJ* 18.08.2009); **D:** incorreta. O pagamento em atraso das contribuições pelo contribuinte individual será considerado para efeito de aposentadoria, desde que comprovado o exercício da atividade sujeita a filiação obrigatória na previdência social; **E:** incorreta. Segundo o STJ, a norma constitucional foi estabelecida e deve, portanto, ser interpretada em proteção ao menor, nunca em seu prejuízo. Logo, o trabalho rural em regime de economia familiar do menor de 14 anos deve ser considerado para fins previdenciários (EREsp 329.269, *DJ* 28.08.2002).
„Gabarito "A".

(Ministério Público/ES – 2010 – CESPE) Assinale a opção correta referente ao direito previdenciário.

(A) Suponha que Caio tenha requerido, administrativamente, em 10.08.2009, o benefício de auxílio-doença, que foi indeferido pelo INSS, motivo pelo qual ajuizou, em 14.11.2009, uma ação ordinária pleiteando o referido benefício, sendo que o laudo médico pericial, juntado aos autos em 20.02.2010, reconheceu a incapacidade de Caio. Nessa situação hipotética, o termo inicial do auxílio-doença a ser concedido judicialmente será o dia 14.11.2009.
(B) Para efeito de aposentadoria, é assegurada a contagem recíproca do tempo de contribuição na administração pública e na atividade privada, rural e urbana, hipótese na qual os diversos regimes de previdência social se compensarão financeiramente; entretanto, é vedada a contagem de tempo de serviço público com o de atividade privada, quando concomitantes.
(C) Consoante à jurisprudência do STJ, o requisito da renda familiar per capita inferior a um quarto do salário mínimo, previsto na Lei n. 8.742/1993 para concessão do benefício de prestação continuada, de caráter assistencial, consubstancia um critério legal absoluto, impediente de que o julgador faça uso de outros elementos probatórios para comprovar a condição de miserabilidade da família.
(D) As ações judiciais relativas a acidente do trabalho são de competência da justiça comum estadual, nos termos da Lei n. 8.213/1991. Desse modo, é correto afirmar que a ação regressiva, ajuizada pelo INSS contra o empregador, pleiteando ressarcimento dos gastos relativos a pagamento de benefício de aposentadoria por invalidez decorrente de acidente do trabalho, não é de competência da justiça federal.
(E) Considere que Pedro, que exerça atividade remunerada abrangida pela previdência social, tenha sofrido um acidente e, em decorrência disso, recebido auxílio-doença por 24 meses. Nessa situação hipotética, é correto afirmar que ele manteve a qualidade de segurado durante todo o período em que recebeu o auxílio-doença, desde que ele tenha comprovado a situação de desempregado pelo registro no órgão próprio do Ministério do Trabalho e Emprego.

A: incorreta. Nesse caso, o benefício é devido desde a data do requerimento administrativo, ou seja, 10.08.2009; **B:** correta, nos termos dos arts. 125, I e II, e 127, II, do RPS; **C:** incorreta. Para o STJ, devem ser reconhecidas outras provas da condição de miserabilidade da família para fins de concessão do benefício de prestação continuada da assistência social (AGRg no AREsp 221.213, *DJ* 27.11.2012); **D:** incorreta. A competência para julgamento das ações relativas a acidente de trabalho é da Justiça do Trabalho (STF, CC 7.204, *DJ* 29.06.2005). Além disso, cabe à Justiça Federal o julgamento de ações nas quais autarquias da União, como o INSS, figurem como parte (art. 109, I, da CF); **E:** incorreta. O período de graça, lapso em que se mantém a qualidade de segurado independentemente do pagamento de contribuições, em caso de gozo do benefício previdenciário, perdura por todo o tempo de pagamento do benefício, independentemente de qualquer outra formalidade (art. 15, I, do PBPS).
„Gabarito "B".

3. TEMAS COMBINADOS

(Ministério Público/ES – 2010 – CESPE) Acerca dos institutos de direito previdenciário e da jurisprudência relacionada ao tema, assinale a opção correta.

(A) Ao indivíduo que tenha sofrido acidente de trabalho e implementado todos os requisitos necessários à concessão de aposentadoria por invalidez, mas não possua salários de contribuição no período básico de cálculo, será concedida aposentadoria por invalidez com renda mensal no valor de um salário mínimo.

(B) Antes do Decreto Legislativo n. 4.682, de 24.01.1923, conhecido como Lei Eloy Chaves, não existia nenhuma legislação em matéria previdenciária no Brasil. Por esse motivo, o dia 24 de janeiro é considerado oficialmente o dia da previdência social.

(C) O trabalhador rural, na condição de segurado especial, está sujeito à contribuição obrigatória sobre a produção rural comercializada, que lhe garante, entre outros benefícios, aposentadoria por invalidez, aposentadoria por idade e aposentadoria por tempo de contribuição.

(D) A partir da Lei n. 10.839/2004, que deu nova redação ao art. 103 da Lei n. 8.213/1991, prescreve em dez anos, a contar da data em que deveria ter sido paga, toda e qualquer ação para haver prestações vencidas ou quaisquer restituições ou diferenças devidas pela previdência social.

(E) É vedada a filiação ao RGPS, na qualidade de segurado obrigatório, de pessoa participante de regime próprio de previdência, ainda que servidor ocupante exclusivamente de cargo em comissão declarado em lei de livre nomeação e exoneração.

A: correta, nos termos do art. 29, § 5º, do PBPS; **B:** incorreta. A Lei Eloy Chaves é realmente considerada o marco inicial da Previdência Social no Brasil, porém, não é correto dizer que antes dela não havia qualquer legislação sobre o tema. Cite-se, por exemplo, a criação do montepio geral dos servidores do Estado e a Lei 3.397/1888, que criou uma "Caixa de Socorro" para os trabalhadores de cada uma das empresas ferroviárias estatais; **C:** incorreta. O segurado especial não faz jus à aposentadoria por tempo de contribuição, exceto se contribuir no montante previsto para os contribuintes individuais (art. 60, § 4º, e 200, § 2º, do RPS); **D:** incorreta. O prazo prescricional em comento é de 05 anos (art. 103, parágrafo único, do PBPS); **E:** incorreta. É vedada a filiação como segurado **facultativo** de pessoa participante de regime próprio de previdência (art. 201, § 5º, da CF).

Gabarito "A".

26. DIREITO ECONÔMICO

Robinson Sakiyama Barreirinhas e Henrique Subi*

1. ORDEM ECONÔMICA NA CONSTITUIÇÃO. MODELOS ECONÔMICOS

(Procurador da República – 28º Concurso – 2015 – MPF) Considerando a competência constitucional para legislar e os princípios de direito econômico e do consumidor, analise as hipóteses abaixo e marque a correta:

(A) É constitucional lei estadual que proíbe o corte no fornecimento de energia elétrica por falta de pagamento sem prévio comunicado ao usuário.
(B) É inconstitucional lei estadual que fixa o tempo máximo de espera na fila de banco.
(C) É inconstitucional lei estadual que permite a comercialização de artigos de conveniência em farmácias e drogarias.
(D) É constitucional lei estadual que trata da comercialização de produtos em recipientes ou embalagens reutilizáveis, permitindo que sejam preenchidos por produtos de marcas concorrentes.

A: incorreta. A disposição é inconstitucional (STF, ADI 3729/SP); **B:** considerada incorreta pelo gabarito oficial, porém deve ser lida com ressalvas. O STF sacramentou a constitucionalidade das leis **municipais** que disponham sobre o tempo de espera nas filas (RE 610.221 RG, j. 29/04/2010), nada dispondo sobre a competência legislativa estadual; **C:** incorreta. A constitucionalidade da lei autorizativa da atividade foi reconhecida no julgamento da ADI 4954/AC; **D:** correta, nos termos do julgado na ADI 2818/RJ.
Gabarito "D".

(Procurador da República – PGR – 2013) Observando o artigo 170 da Constituição Federal que trata da ordem econômica, o Supremo Tribunal Federal entende que:

(A) Viola os princípios da busca do pleno emprego e do livre exercício de atividade econômica a exigência de admissão no exame de Ordem realizado pela Ordem dos Advogados do Brasil para o exercício da advocacia pelo bacharel em Direito;
(B) Viola o princípio da livre concorrência a lei municipal que estabelece o horário de funcionamento de farmácias;
(C) Viola o princípio da livre concorrência a fixação de metas de qualidade e de tarifas pela prestação dos serviços das empresas concessionárias de serviços públicos pelo Poder Público;
(D) Viola o princípio da livre-iniciativa e se caracteriza como empecilho ao livre exercício da atividade econômica a fixação pelo Poder Público de preços de produtos sucroalcooleiros em valores abaixo da realidade.

A: incorreta. A constitucionalidade do Exame de Ordem foi reconhecida em repercussão geral no julgamento do RE 603.583: "O Exame, inicialmente previsto no artigo 48, inciso III, da Lei 4.215/1963 e hoje no artigo 8º, inciso IV, da Lei 8.906/1994, mostra-se consentâneo com a Constituição Federal. Com ela é compatível a prerrogativa conferida à Ordem dos Advogados do Brasil para aplicação do exame de suficiência relativo ao acesso à advocacia."; **B:** incorreta. A Súmula 645 do STF fixa o entendimento oposto; **C:** incorreta. Não há qualquer posição consolidada do STF nesse sentido; **D:** correta, nos termos do julgado no AI 683.098 AgR.
Gabarito "D".

2. INTERVENÇÃO DO ESTADO NO DOMÍNIO ECONÔMICO

(Ministério Público/DF – 2013) Quanto à exploração da atividade econômica pelo Estado, é **INCORRETO** dizer:

(A) A exploração direta de atividade econômica pelo Estado somente será permitida quando necessária aos imperativos da segurança nacional ou a relevante interesse coletivo, conforme definidos em lei, ressalvados, obviamente, casos previstos na Constituição.
(B) Os privilégios da Fazenda Pública são inextensíveis às sociedades de economia mista que executam atividades em regime de concorrência ou que tenham como objetivo distribuir lucros.
(C) À Empresa Brasileira de Correios e Telégrafos, empresa pública, equiparada à Fazenda Pública, é aplicável a regra da impenhorabilidade de bens, rendas e serviços.
(D) Nas sociedades de economia mista, a constituição e o funcionamento dos conselhos de administração e fiscal há de observar a participação de acionistas minoritários.
(E) Não viola a reserva de lei para dispor sobre norma de direito comercial voltada à organização e estruturação das empresas públicas e das sociedades de economia mista norma constitucional estadual que estabelece número de vagas, nos órgãos de administração das pessoas jurídicas, para ser preenchidas por representantes dos empregados.

A: assertiva correta, nos termos do art. 173 da Constituição Federal; **B:** assertiva correta, nos termos do art. 173, § 2º, da Constituição Federal; **C:** assertiva correta, conforme decidido pelo STF no RE 220906/DF; **D:** assertiva correta, nos termos dos arts. 239 e 240 da Lei 6.404/1976 (Lei das Sociedades por Ações); **E:** assertiva incorreta, devendo ser assinalada. Para o STF, há violação da reserva de lei federal para dispor sobre normas de direito comercial nesse caso, conforme julgado na ADI 238/RJ.
Gabarito "E".

(Ministério Público/DF –2013) Ainda dentro do tema, assinale a **INCORRETA**:

(A) O regime de monopólio, ressalvadas as hipóteses previstas no art. 21, XXIII, da Constituição, é

---

* **Henrique Subi** comentou as questões dos concursos: 28º – 2015 – MPF, PGR – 2013. **Henrique Subi e Robinson S. Barreirinhas** comentaram as demais questões. Henrique Subi atualizou os comentários desse capítulo.

incompatível com as regras dos arts. 170 e 173 da Constituição, razão por que, eventuais normas legais que dispunham sobre sua concessão, sob a égide da Constituição pretérita não foram recebidas pela atual Lei Maior.
(B) O regime das empresas concessionárias de serviços públicos deve ser estabelecido por meio de lei.
(C) A atividade garimpeira será exercida sempre levando em conta a promoção econômico-social dos garimpeiros.
(D) São princípios que regem a ordem econômica: soberania nacional, propriedade privada, livre concorrência.
(E) A defesa do consumidor insere-se dentre os princípios gerais da atividade econômica.

A: incorreta, devendo ser assinalada. O STF julgou constitucional, e, portanto, recepcionado, o regime de monopólio das atividades postais pela Empresa Brasileira de Correios e Telégrafos instituído pela Lei 6.538/1978, não previsto expressamente pela Constituição. Para o Supremo, a natureza pública do serviço afasta qualquer ofensa aos princípios da livre-iniciativa e livre concorrência (ADPF 46/DF); B: correta, nos termos do art. 173, § 1º, da Constituição Federal; C: correta, nos termos do art. 174, § 3º, da Constituição Federal; D: correta, nos termos do art. 170, I, II e IV, da Constituição Federal; E: correta, nos termos do art. 170, V, da Constituição Federal.
Gabarito "A".

3. ATIVIDADE ECONÔMICA E SERVIÇO PÚBLICO

(Procurador da República – PGR – 2013) Com relação às empresas públicas, sociedades de economia mistas e entidades estatais a jurisprudência do Eg. Supremo Tribunal Federal – STF é no seguinte sentido:
(A) Os privilégios da Fazenda Pública são inextensíveis às sociedades de economia mista que executam atividades econômicas em regime de concorrência ou que tenham como objetivo distribuir lucros aos seus acionistas;
(B) A regra constitucional que submete as empresas públicas ao regime jurídico próprio das empresas privadas elide a aplicação a esses entes do artigo 37, II da Constituição Federal que prevê a necessidade de realização de concurso público para a investidura em cargo ou emprego;
(C) É competente a Justiça Federal para julgar as causas em que é parte sociedade de economia mista, cujo foro é o mesmo da Fazenda Pública;
(D) A Empresa Brasileira de Correios e Telégrafos é uma empresa pública que não goza dos seguintes privilégios da fazenda pública: impenhorabilidade dos seus bens, privilégios fiscais, prazos e custas processuais.

A: correta, conforme a posição consolidada no julgado do RE 599.628; B: incorreta. O art. 37, II, da CF é expresso no sentido de que é obrigatória a contratação por concurso para o acesso a empregos públicos, vínculo de trabalho típico das empresas estatais. Além disso, o STF reiterou tal posição no AI 680.939 AgR; C: incorreta. A competência para julgar causas em que seja parte sociedade de economia mista é da Justiça Estadual (Súmula 556 do STF); D: incorreta. Tais privilégios foram reconhecidos à ECT no julgamento dos RE 773.992 e 601.392.
Gabarito "A".

4. SISTEMA BRASILEIRO DE DEFESA DA CONCORRÊNCIA – SBDC. LEI ANTITRUSTE

(Procurador da República – 28º Concurso – 2015 – MPF) A Lei 12.529/2011, que estrutura o sistema brasileiro da concorrência, inovou o direito antitruste brasileiro ao prever que:
(A) O conceito de mercado relevante para verificação do abuso de poder econômico passou a ser definido objetivamente pela dimensão geográfica e territorial onde o produto ou serviço é vendido ou prestado.
(B) Serão submetidos ao Conselho Administrativo de Defesa Econômica – CADE os atos de concentração econômica entre grupos que detenham conjuntamente mais de 30% do mercado e faturamento bruto anual mínimo de R$ 100 milhões registrados no último balanço.
(C) O controle dos atos de concentração será prévio, impedindo a criação de fatos consumados que gerem dificuldades econômicas e sociais para o desfazimento do negócio e a sua reversão.
(D) Não há prazo preclusivo para o controle do ato de concentração pelo Conselho Administrativo de Defesa Economica – CADE, possibilitando a análise minuciosa de todas as variáveis e condicionantes da operação.

A: incorreta. Não havia na lei anterior e ainda não há um conceito objetivo de mercado relevante; B: incorreta. São submetidos ao CADE os atos de concentração econômica nos quais um dos grupos tenha obtido faturamento anual de R$ 400.000.000,00 ou mais e pelo menos um outro grupo tenha obtido faturamento igual ou superior a R$ 30.000.000,00 no ano anterior (art. 88 da Lei 12.529/2011); C: correta. Trata-se da função preventiva da atuação do CADE, visando a evitar danos irreversíveis à concorrência e aos consumidores; D: incorreta. O processo deve ser encerrado no prazo de 240 dias (art. 88, § 2º, da Lei 12.529/2011).
Gabarito "C".

(Procurador da República – 28º Concurso – 2015 – MPF) Com base na Lei 12.529/2011, que regula os procedimentos administrativos para prevenção, apuração e repressão de infração à ordem econômica no sistema brasileiro de defesa da concorrência, e correto afirmar que:
(A) O acordo de leniência é celebrado pelo presidente do Tribunal Administrativo de Defesa Econômica com todas as empresas ou pessoas jurídicas que possam colaborar com as investigações de infrações à ordem econômica;
(B) A Agência Reguladora poderá recorrer ao Tribunal Administrativo de Defesa Econômica contra a decisão da Superintendência-Geral do CADE que aprovar ato de concentração entre empresas que atuem no seu mercado regulado;
(C) No processo administrativo instaurado para prevenção, apuração e repressão de infração à ordem econômica, somente se admite a intervenção de terceiros titulares de direitos ou interesses que possam ser afetados pela decisão a ser adotada;
(D) O acordo de leniência não impede o oferecimento de denúncia criminal com relação ao agente beneficiário da leniência e nem suspende o curso do prazo prescricional dos crimes contra à ordem econômica e dos demais crimes relacionados à pratica de cartel.

A: incorreta. O acordo de leniência é celebrado junto à Superintendência-Geral (art. 86 da Lei 12.529/2011); **B:** correta, nos termos do art. 65, I, da Lei 12.529/2011; **C:** incorreta. Também está autorizada a intervenção daqueles legitimados à propositura de ação civil pública (art. 50, II, da Lei 12.529/2011); **D:** incorreta. Enquanto vigente o acordo de leniência, fica suspensa a prescrição da pretensão punitiva por crime contra a ordem econômica e formação de cartel, além de impedido o oferecimento de denúncia (art. 87 da Lei 12.529/2011).
Gabarito "B".

(Procurador da República – PGR – 2013) A nova Lei Antitruste brasileira, Lei 12.529/2011, expressamente prevê que:

(A) O Procurador-Geral da República designará membro do Ministério Público Federal para oficiar em todos os casos sujeitos à apreciação do Conselho Administrativo de Defesa Econômica (CADE), tanto em atos de concentração, quanto na apuração de condutas anticompetitivas;
(B) As decisões do plenário do Tribunal Administrativo de Defesa Econômica que imponham sanções administrativas por infrações à ordem econômica em processos instaurados pela Superintendência-Geral são passíveis de revisão no âmbito do poder Executivo, suspendendo-se a sua execução enquanto perdurar o recurso administrativo;
(C) A Superintendência-Geral do CADE pode promover procedimento preparatório de inquérito administrativo e inquérito administrativo para apurar infrações à ordem econômica e pode decidir pela insubsistência de indícios arquivando os autos de inquérito administrativo;
(D) O Superintendente-Geral do CADE é nomeado pelo Ministro da Justiça e pode ser exonerado ad nutum.

A: incorreta. O representante do Ministério Público Federal se manifesta somente nos processos administrativos para imposição de penalidades (art. 20 da Lei 12.529/2012); **B:** incorreta. É expressamente afastada a revisão das decisões pelo Poder Executivo (art. 9º, § 2º da Lei 12.529/2012); **C:** correta, nos termos do art. 13, III, da Lei nº 12.529/2012; **D:** incorreta. O Superintendente-Geral é nomeado pelo Presidente da República após aprovação do Senado Federal para um mandato de dois anos, permitida uma recondução (art. 12, §§1º e 2º, da Lei 12.529/2012).
Gabarito "C".

(Procurador da República – PGR – 2013) Sobre a legislação antitruste brasileira é correto afirmar que:

(A) A Lei 12.529/2011 instituiu o controle prévio dos atos de concentração, exigindo que todas as empresas aguardem a aprovação do Conselho Administrativo de Defesa Econômica (CADE) antes de implementarem os seus processos de fusão, sob pena de nulidade;
(B) O acordo de leniência pode ser celebrado pela Superintendência-Geral do CADE em qualquer fase investigativa, com pessoa física, ou jurídica, autora da infração à ordem econômica que colabore efetivamente com a investigação identificando os demais envolvidos na infração e fornecendo informações e documentos que comprovem a infração noticiada ou sob investigação;
(C) O termo de compromisso de cessação da prática sob investigação ou dos seus efeitos lesivos é um acordo firmado pela Superintendência-Geral do CADE que poderá ser realizado em qualquer fase do procedimento administrativo e ter caráter confidencial;
(D) A apresentação de proposta de termo de compromisso de cessação importa em confissão da ilicitude da conduta, impõe o fornecimento de provas acerca das práticas que o compromissário reconhece a priori como ilícitas e suspende o andamento do processo administrativo.

A: incorreta. Somente os atos de concentração que se enquadrem nos requisitos previstos no art. 88 da Lei 12.529/2012 deverão se submeter ao controle prévio do CADE; **B:** correta, nos termos do art. 86 da Lei 12.529/2012; **C:** incorreta. A **proposta** do termo de compromisso de cessação de prática poderá ser confidencial, não o termo em si, que sempre será público (art. 85, §§ 5º e 7º, da Lei 12.529/2012); **D:** incorreta. A proposta não suspende o processo administrativo (art. 85, § 6º, da Lei 12.529/2012).
Gabarito "B".

(MPF – 26º) Sobre a concentração econômica e o abuso de poder econômico é correto afirmar que:

(A) O monopólio natural no setor de infraestrutura com alto custo de produção representa prejuízo aos agentes econômicos e custos elevados para os consumidores e por isso, é combalido pelo sistema brasileiro de defesa da concorrência;
(B) O monopólio ocorre quando existe um grande comprador de determinada mercadoria, em geral matéria-prima, e o preço é determinado em grande medida por ele e não pelo vendedor;
(C) O cartel se caracteriza pela celebração de acordo vertical entre agentes econômicos que desenvolvem suas atividades em mercados relevantes diversos, mas complementares
(D) De acordo com a Lei 12.529/11, a possibilidade de impor preços não equitativos ao mercado é uma das características da posição dominante. Entretanto, apenas constitui infração à ordem econômica a fixação artificial do preço acima do custo, por ser prejudicial ao consumidor, a fixação do preço abaixo do custo, a contrario sensu não pode ser considerada infração à ordem econômica.

A: incorreta. O monopólio natural ocorre quando uma só empresa consegue ofertar um produto ou serviço a um mercado inteiro com custos e preços menores do que se houvesse vários fornecedores. São exemplos a distribuição de água e de energia elétrica. Esse monopólio, por suas características, é totalmente lícito, porque é uma consequência natural de determinados mercados e é benéfico aos consumidores; **B:** correta. Monopólio é o equivalente do monopólio, porém sob o prisma do consumidor. Trata-se de mercado onde existe apenas um grande comprador de determinado produto, o que lhe dá grande poder econômico para determinar as condições de oferta do bem; **C:** incorreta. O cartel é considerado uma concentração **horizontal**, na qual diversos fornecedores antes concorrentes celebram acordos para ajustar preços e condições de oferta sobre seus produtos, lesando a concorrência e os consumidores; **D:** incorreta. A parte final da alternativa está invertida. A infração à ordem econômica decorre da fixação de preços **abaixo** do preço de custo, prática conhecida como dumping (art. 36, § 3º, XV, da Lei Antitruste).
Gabarito "B".

(MPF – 25º) O conceito de "mercado relevante", usado no direito concorrencial:

(A) Faz referência à importância relativa de um mercado em comparação a outro, para efeito da imposição de sanção, como no caso do mercado de medicamentos,

que é mais relevante do que o mercado de brinquedos, por exemplo.
(B) É utilizado para referir-se ao espaço geográfico onde determinada conduta possa causar impacto.
(C) É utilizado para referir-se ao tipo de produto ou de serviço que teria sido afetado pela prática de abuso de poder econômico sob investigação.
(D) As respostas b) e c) estão corretas.

Segundo o CADE, o mercado relevante constitui-se de "um produto ou grupo de produtos e uma área geográfica em que tal(is) produto(s) é(são) produzido(s) ou vendido(s), de forma que uma firma monopolista poderia impor um pequeno, mas significativo e não transitório aumento de preços, sem que com isso os consumidores migrassem para o consumo de outro produto ou comprassem em outra região. Esse é chamado teste do monopolista hipotético e o mercado relevante é definido como sendo o menor mercado possível em que tal critério é satisfeito." (disponível em <www.cade.gov.br>). Do conceito podemos extrair a existência de um **mercado relevante geográfico**, constituído do aspecto espacial da análise concorrencial, ou seja, o território em que a concorrência é examinada; e um **mercado relevante de produto ou serviço**, que considera a existência de produtos ou serviços substitutos àquele que se analisa a situação da concorrência.
Gabarito "D".

(MPF – 25º) A prática ilícita conhecida como "venda casada", prevista tanto no art. 36, § 3º, XVIII, da Lei Antitruste, como no art. 39, I, do Código do Consumidor:
(A) É rigorosamente o mesmo ilícito, podendo ser punida alternativamente por uma ou por outra Lei.
(B) É distinta em uma e outra lei, pois pressupõe abuso de poder de mercado, na Lei Antitruste, enquanto que não tem tal pressuposto no Código do Consumidor.
(C) É distinta em uma e outra lei, em função da competência distinta das autoridades incumbidas de investigar e punir.
(D) Nenhuma das alternativas acima está correta.

A despeito de se referirem à mesma prática, as previsões sobre a "venda casada" têm pressupostos diferentes. No CDC, ela é punida objetivamente (independentemente de dolo ou culpa) e mesmo que não ocorra qualquer resultado danoso ao consumidor, ou seja, o prejuízo às relações de consumo é presumido. Já na Lei Antitruste, ela será considerada uma infração à ordem econômica somente se acarretar, real ou potencialmente, um dos resultados prejudiciais à concorrência previstos no art. 36, *caput*, da Lei nº 12.529/2011.
Gabarito "B".

(MPF – 25º – Adaptada) Se uma empresa, com faturamento anual acima de R$ 400 milhões, adquire uma outra empresa:
(A) Essa operação deverá necessariamente ser submetida à aprovação do CADE.
(B) Essa operação somente deverá ser submetida ao CADE se a empresa adquirida for concorrente.
(C) Essa operação somente deverá ser submetida ao CADE se a empresa adquirida tiver faturamento anual acima de R$ 30 milhões.
(D) Essa operação pode ser realizada bastando ser autorizada previamente pelo Ministério Público Federal.

Nos termos do art. 88 da Lei Antitruste, dependerão de prévia aprovação do CADE para terem validade os atos de concentração econômica nos quais, cumulativamente, pelo menos um dos envolvidos tenha faturamento anual igual ou superior a R$400 milhões **e** pelo menos um dos outros envolvidos tenha faturamento anual igual ou superior a R$30 milhões.
Gabarito "C".

(MPF – 25º) A competência do CADE:
(A) Compreende o poder de decidir conflitos intersubjetivos de interesse entre concorrentes, envolvendo questões concorrenciais.
(B) Não compreende o poder de decidir quaisquer conflitos intersubjetivos de interesse entre concorrentes.
(C) Não se aplica aos entes públicos estaduais e municipais, pois o CADE é uma autarquia federal.
(D) Também é exercida na solução de infrações ao Código do Consumidor.

O CADE é o órgão regulador e o guardião do princípio da livre concorrência no Brasil. Sua função não é resolver conflitos concorrenciais entre particulares, mas fiscalizar a atuação dos agentes econômicos para impedir e, se o caso, punir atos que consistam em infrações à ordem econômica, ou seja, que firam o direito difuso à livre concorrência. Sua competência envolve todo e qualquer ato econômico praticado no território nacional, inclusive em relação a entes estaduais e municipais (art. 2º da Lei Antitruste), mas não se imiscui nas questões relativas a relações de consumo previstas no CDC.
Gabarito "B".

(MPF – 25º) Indique a única alternativa correta:
(A) O CADE é o órgão de cúpula do SNDC.
(B) O DPDC reporta diretamente ao CADE.
(C) O MPF tem competência concorrente com o CADE para aprovar os atos de concentração econômica.
(D) Deter o monopólio de determinado mercado não é uma violação *per se* à Lei Antitruste.

A: incorreta. SNDC é a sigla para Sistema Nacional de Defesa do Consumidor, que o CADE não integra. O CADE é órgão inserido no SBDC – Sistema Brasileiro de Defesa da Concorrência, que integra juntamente com a Secretaria de Acompanhamento Econômico do Ministério da Fazenda (art. 3º da Lei Antitruste); **B:** incorreta. O DPDC – Departamento de Proteção e Defesa do Consumidor – reporta-se ao Ministério da Justiça, do qual faz parte, não tendo qualquer relação com o CADE; **C:** incorreta. O MPF não detém competência para aprovar atos de concentração econômica. Tal tarefa cabe exclusivamente ao CADE; **D:** correta. Há diversos tipos de monopólio na economia: monopólio legal (imposto pela própria CF – art. 177, por exemplo); monopólio incidental (resultado da maior eficiência de um agente econômico sobre os demais); monopólio natural (quando uma só empresa consegue ofertar um produto ou serviço a um mercado inteiro com custos e preços menores do que se houvesse vários fornecedores); e monopólio por abuso de poder econômico (resultado de atos de concentração econômica tendentes a eliminar a concorrência). Somente a última hipótese é considerada uma infração à ordem econômica.
Gabarito "D".

(MPF – 25º) Se determinada operação realizada por empresa causar restrição à concorrência:
(A) Essa operação será considerada uma infração antitruste.
(B) Essa operação poderá ser considerada lícita, dependendo das eficiências que ocasionar.
(C) Essa operação será considerada lícita, se realizada por uma empresa estatal em regime de monopólio legal.
(D) Essa operação será considerada lícita se não houver oposição pelos demais concorrentes nesse mesmo mercado.

Um ato de concentração econômica que cause limitações à concorrência, mesmo assim, pode ser autorizado pelo CADE e considerado lícito se as vantagens sociais dele advindas suplantarem os prejuízos à livre concorrência. Esses critérios estão estabelecidos no art. 88, § 6°, da Lei Antitruste e determinam a possibilidade de autorização do ato que: aumentem a produtividade ou competitividade, **ou** melhorem a qualidade de bem ou serviço, **ou** propiciem a eficiência e o desenvolvimento tecnológico ou econômico **e** sejam repassados aos consumidores parte relevante dos benefícios decorrentes.
Gabarito "B".

(MPF – 25º) Um acordo de preços entre empresas concorrentes:

(A) Será lícito, se se tratar apenas de preço sugerido.
(B) Será lícito, se for um acordo de preços máximos.
(C) Será lícito, se autorizado previamente pela respectiva associação de classe, por unanimidade.
(D) Será considerado ilegal, como regra.

A prática constitui, em tese, um cartel, repudiado pelo ordenamento jurídico como infração à ordem econômica nos termos do art. 36, § 3°, I, "a", da Lei Antitruste. Vale lembrar que a caracterização da infração depende da ocorrência, efetiva ou potencial, de um dos resultados danosos previstos no *caput* do art. 36, por isso está correta a alternativa "D" ao fazer a ressalva "como regra".
Gabarito "D".

5. DIREITO ECONÔMICO INTERNACIONAL. MERCOSUL

(MPF – 26º) Com relação ao Mercado Comum do Sul – MERCOSUL é correto afirmar que:

(A) Trata-se de um acordo de união aduaneira para a constituição de um mercado econômico regional formado por cinco países-membros com direto a voto (Brasil, Argentina, Paraguai, Uruguai e Chile) e ainda cinco países associados com direito a voz (Bolívia, Venezuela, Colômbia, Equador e Peru), que aguardam a aprovação do Conselho do Mercado Comum para se tornarem membros plenos;
(B) Por se tratar de um agrupamento regional formado por Estados soberanos, sem unidade monetária ou política, o MERCOSUL não possui personalidade jurídica de direito internacional e, por consequência, não pode realizar acordos comerciais com países estranhos aos seus membros plenos e associados;
(C) Ele está fundado na reciprocidade de direitos e obrigações entre os Estados-partes e no compromisso de harmonizar suas legislações para coordenar as políticas macroeconômicas de comércio exterior, agrícola, industrial, fiscal, monetária, cambial, de serviços, alfandegária, de transportes e comunicações;
(D) O Tratado de Assunção, que começou a vigorar em 2004 e atualmente regula o mecanismo de solução de controvérsias entre os países-membros prevê que os litígios sejam examinados pelo Tribunal Arbitral Permanente de Revisão do MERCOSUL, que é formado pelos Ministros das Relações Exteriores dos cinco países-membros com direito a voto.

A: incorreta. O Chile é um Estado associado ao MERCOSUL desde 1996, mas ainda não se considera membro pleno por não ter direito a voto. Além disso, em 2012 a Venezuela tornou-se um membro pleno do bloco e a Bolívia aguarda apenas a internalização aos ordenamentos jurídicos nacionais de seu Protocolo de Adesão para tornar-se o sexto membro com direito a voto; **B:** incorreta. O art. 34 do Protocolo Adicional ao Tratado de Assunção Sobre a Estrutura Institucional do Mercosul – Protocolo de Ouro Preto (Decreto n° 1.901/1996) – dota o bloco de personalidade jurídica de direito internacional; **C:** correta, nos termos do art. 1° do Tratado de Assunção para a Constituição de um Mercado Comum; **D:** incorreta. O Tribunal Permanente de Revisão – TPR – foi criado pelo Protocolo de Olivos, em 2002, promulgado no Brasil por meio do Decreto n° 4.982/2004, e é formado por cinco árbitros, designados cada um por um dos Estados-partes.
Gabarito "C".

6. AGÊNCIAS REGULADORAS

(Procurador da República – PGR – 2013) Com relação às características gerais das agências reguladoras é correto afirmar que:

(A) A autonomia administrativa se caracteriza pela exigência de que seus dirigentes sejam funcionários de carreira, concursados e com a garantia de só poderem ser afastados de suas funções motivadamente em sentença judicial transitada em julgado por atos de improbidade administrativa;
(B) Sua competência para expedir normas subordina-se aos preceitos legais e regulamentares que regem a outorga, prestação e fruição dos serviços e deve ser exercido nos limites impostos pela Constituição e pelas leis e regulamentos, em perfeita consonância com a legislação *stricto sensu* que rege a matéria;
(C) A autonomia financeira permite a realização de compras sem licitação e em relação às atividades-meio não é possível o controle dos gastos pelo Tribunal de Contas da União;
(D) No exercício das funções regulatória e de fiscalização devem atuar em consonância com os interesses conjunturais do Poder Executivo e as determinações do Ministério ao qual se vincula.

A: incorreta. Não se exige que os dirigentes sejam funcionários de carreira. A maior autonomia administrativa decorre do mandato por prazo certo dos dirigentes, ou seja, eles não podem ser demitidos *ad nutum* pelo Chefe do Poder Executivo; **B:** correta. Ainda que usufruam de maior autonomia e poder regulatório, as agências são integrantes da Administração Indireta e vinculadas ao princípio da legalidade; **C:** incorreta. Dada sua natureza autárquica, estão obrigadas a licitar e se sujeitam a controle do TCU na esfera federal; **D:** incorreta. A autonomia administrativa lhe garante o poder de auto-organização e direção, não se subordinando, no exercício de suas missões institucionais, a determinações do Poder Executivo.
Gabarito "B".

(Procurador da República – 28° Concurso – 2015 – MPF) As agências reguladoras foram criadas com a finalidade de normatizar os mercados econômicos e equilibrar as relações entre os agentes. Com fundamento na lei, na doutrina especializada e na jurisprudência do Supremo Tribunal Federal pode-se afirmar que:

(A) A independência das agências reguladoras é mitigada pelo controle de juridicidade prévio exercido pelas suas procuradorias, que são vinculadas à Advocacia-Geral da União; pela possibilidade de reexame *"a posteriori"* de seus atos pelo Poder Judiciário; pela vinculação de seu poder normativo à lei; e, pelo controle financeiro realizado pelo Tribunal de Contas;
(B) A autonomia financeira e administrativa das agências se caracterizam pela liberdade de gestão, sendo-lhes

permitido arrecadar receitas próprias e organizar suas despesas, sem ingerência dos Poderes Executivo ou Legislative nos aspectos financeiros e contábeis das despesas relativas às atividades meio e fim;

(C) O sistema constitucional brasileiro não adota o princípio da deslegalização. Nesse sentido, o Supremo Tribunal Federal declarou inconstitucional o poder normativo delegado às Agências reguladoras, impedindo-as de editar atos que normatizem obrigações a serem observadas pelos entes que compõem o mercado regulado;

(D) No plano Federal as agências reguladoras estão previstas no texto constitucional e foram constituídas como autarquias, integrantes da administração direta, vinculadas a Presidência da República, com subordinação hierárquica entre elas e o Ministério competente para tratar da respectiva atividade.

A: correta. A despeito de gozarem de maior autonomia do que as autarquias comuns, os atos das agências reguladoras sujeitam-se ao controle de legalidade interno e externo, além do controle econômico-financeiro exercido pelos Tribunais de Contas; **B:** incorreta. Por serem pessoas jurídicas de direito público, o orçamento da União, no caso das agências reguladoras federais, por exemplo, deve abranger as receitas e despesas das autarquias em regime especial (art. 165, § 5°, da CF); **C:** incorreta. A constitucionalidade do poder normativo das agências reguladoras foi declarada pelo STF no julgamento da ADI 1668-MC/DF; **D:** incorreta. As agências reguladoras são autarquias em regime especial, entidades da Administração Pública Indireta.
Gabarito "A".

(MPF – 26°) Sobre as agências reguladoras é correto afirmar que:

(A) Nos termos da Lei 9.472/97, a Agência Nacional de Telecomunicações – ANATEL é uma autarquia especial, administrativamente independente e financeiramente autônoma, que tem entre suas atribuições a outorga dos serviços de radiodifusão sonora e de sons e imagens;

(B) A Agência Nacional de Petróleo, Gás Natural e Biocombustíveis (ANP) é uma autarquia especial, vinculada ao Ministério de Minas e Energia, que tem por finalidade a regulação e fiscalização das atividades econômicas relacionadas à indústria do petróleo, inclusive a fixação do preço final máximo da gasolina aos consumidores;

(C) A Agência Nacional de Saúde Suplementar (ANS), criada pela Lei 9.961/2000, é vinculada ao Ministério da Saúde e tem por finalidade a promoção da defesa do interesse público na assistência suplementar à saúde, regulando as operadoras setoriais e podendo estabelecer critérios de aferição e controle da qualidade dos serviços oferecidos pelas operadoras de planos privados de assistência á saúde, bem como normatizar os conceitos de doença e lesão preexistentes;

(D) Nos termos da Lei 9.782/99, a segurança sanitária de produtos e serviços que envolvam risco à saúde pública dos consumidores nas áreas de portos, aeroportos e fronteiras não são de competência da Agência Nacional de Vigilância Sanitária – ANVISA, mas da Polícia Federal.

A: incorreta segundo o gabarito oficial, porém está correta nos termos da lei. A ANATEL é uma autarquia especial (art. 8°, *caput*, da Lei n° 9.472/1997), administrativamente independente e financeiramente autônoma (art. 8°, § 2°, da Lei n° 9.472/1997), que possui, dentre outras atribuições, a de outorgar os serviços de radiodifusão sonora e de sons e imagens mediante licitação (art. 83 da Lei n° 9.472/1997); **B:** incorreta. Não há qualquer previsão de fixação de preços máximos pela ANP (art. 8° da Lei n° 9.478/1997), o que, ademais, ofenderia o princípio da livre concorrência; **C:** correta, nos termos dos arts. 3° e 4°, IX e XV, da Lei n° 9.961/2000; **D:** incorreta. Tais atribuições competem à ANVISA nos termos do art. 2°, IV, da Lei n° 9.782/1999.
Gabarito "C".

(MPF – 25°) As agências reguladoras:

(A) São entidades ligadas ao Estado, tendo em vista sua independência.

(B) São entidades ligadas ao governo, considerando seu importante papel como instrumentos de políticas públicas.

(C) São entidades ligadas ao Poder Judiciário, tendo em vista o poder judicante de que são dotadas.

(D) São entidades ligadas ao Poder Legislativo, assim como os tribunais de contas, tendo em vista o exercício independente de seu poder de polícia, inclusive em relação ao Poder Executivo.

A: correta. As agências reguladoras, autarquias em regime especial, atuam com independência em relação aos órgãos da Administração Direta. Portanto, são considerados órgãos de Estado, pois sua atuação extravasa as pretensões imediatas da Administração Pública; **B:** incorreta. Conforme o comentário anterior, as agências reguladoras não são consideradas órgãos de governo porque não se submetem às decisões políticas da Administração Direta; C e **D:** incorretas. As agências reguladoras são criadas no âmbito do Poder Executivo.
Gabarito "A".

7. QUESTÕES COMBINADAS E OUTROS TEMAS

(Procurador da República – 28° Concurso – 2015 – MPF) Sobre o regime jurídico da energia elétrica e correto afirmar que:

(A) Como os potenciais de energia hidráulica são bens da União, a exploração do aproveitamento energético dos cursos de água independe de autorização, concessão, permissão ou registro dos Estados onde se situam os potenciais hidroenergéticos.

(B) Como os potenciais de energia elétrica são bens da União (art. 20, VIII, C.F), os recursos arrecadados pelo setor elétrico a título de *"royalties"* (participação no resultado da operação) e a compensação financeira pelo uso dos recursos hidricos para geração de energia elétrica são destinados, pela Agência Nacional de Energia Elétrica – ANEEL, exclusivamente para a União.

(C) O aproveitamento do potencial hidráulico de capacidade reduzida (ate 1.000 Kw) não dependerá de autorização ou concessão da Agência Nacional de Energia Elétrica – ANEEL, mas deverá ser comunicado à agência para fins de registro. Essa comunicação e registro não eximem o interessado das responsabilidades quanto aos aspectos ambientais e de recursos hidricos.

(D) Compete à Agência Nacional de Energia Elétrica – ANEEL, por meio de resolução, impor restrições, limites e condições para obtenção de outorga ou transferência de autorização para exploração de potencial de energia hidráulica de capacidade reduzida de até 1.000 Kw. E nos casos de Pequena Central Elétrica (PCH), entre 1.000 e 3.000 Kw, a outorga da concessão será sempre precedida por licitação.

A: incorreta, porque o art. 21, XII, "b", da CF dispõe que a competência da União para tais atividades se dará em articulação com os Estados onde se situem os potenciais hidroenergéticos; **B:** incorreta. A compensação financeira pelo uso dos recursos hídricos é destinada aos Estados, DF e Municípios onde se localizarem instalações destinadas à produção de energia elétrica ou que tenham áreas invadidas por águas dos respectivos reservatórios, e também ao DNAEE e à SCT (art. 5º do Decreto 1/1991); **C:** correta à época da aplicação da prova, mas deve o candidato atentar para a atualização do tema! Desde a edição da Lei 13.360/2016, consideram-se potenciais hidráulicos de capacidade reduzida aqueles com potência igual ou inferior a 5.000kW (art. 8º da Lei 9.074/1995); **D:** incorreta. A competência é da ANEEL, porém com articulação com a Secretaria de Direito Econômico do Ministério da Justiça (art. 3º, § 1º, da Lei 9.427/1996). Além disso, o aproveitamento dos potenciais de energia renovável de capacidade reduzida independe de concessão ou autorização (art. 176, § 4º, da CF).

Gabarito "C".

(MPF – 26º) A atual Constituição Federal elegeu como preceitos fundamentais da ordem econômica a valorização do trabalho humano, a livre concorrência, a existência digna e a justiça social. Com base nos citados preceitos, e nos princípios elencados nos incisos I a IX do artigo 170 da Carta Magna, é correto afirmar que:

(A) É inconstitucional lei que concede passe livre às pessoas portadoras de deficiências, por afronta aos princípios da ordem econômica, da livre-iniciativa e do direito de propriedade;
(B) É inconstitucional o conjunto de normas de comércio exterior que proíbe a importação de pneumáticos usados por afronta ao princípio do livre exercido da atividade econômica;
(C) É inconstitucional o privilégio da exclusividade no envio de objeto postal de uni remetente para endereço final e determinado concedido à Empresa Brasileira de Correios e Telégrafos – ECT, por afronta ao princípio da livre concorrência;
(D) É inconstitucional Lei Municipal que impede a instalação de estabelecimentos comerciais do mesmo ramo em determinada área, por afronta ao princípio da livre concorrência.

A: incorreta. O STF, no julgamento da ADI 2649/DF, DJ 17/10/2008, afastou a alegação de inconstitucionalidade da Lei nº 8.899/1994, que concede o direito de passe livre às pessoas portadoras de deficiência, afirmando que ela é "parte das políticas públicas para inserir os portadores de necessidades especiais na sociedade e objetiva a igualdade de oportunidades e humanização das relações sociais", além de atender à Convenção sobre os Direitos das Pessoas com Deficiência, assinada pelo Brasil em 2007, ratificada em 01 de agosto de 2008 e aprovada pelo Decreto Legislativo nº 186, de 09 de julho de 2008; **B:** incorreta. No julgamento da STA 118 AgR, DJ 29/02/2008, o STF sacramentou o entendimento de que é constitucional a proibição de importação de pneumáticos usados por conta da "grave lesão à ordem pública, diante do manifesto e inafastável interesse público à saúde e ao meio ambiente ecologicamente equilibrado", que prevalece sobre o direito ao livre exercício de atividade econômica; **C:** incorreta. O STF entendeu que o privilégio de exclusividade dos Correios, na atividade de envio de objeto postal para endereço final e determinado, é constitucional, por se tratar de serviço público (ADPF 46, DJ 26/02/2010); **D:** correta, nos termos da Súmula 646 do STF ("Ofende o princípio da livre concorrência lei municipal que impede a instalação de estabelecimentos comerciais do mesmo ramo em determinada área").

Gabarito "D".

(MPF – 26º) Com fundamento nos artigos 176 e 20, VIII e IX, da Constituição Federal, que se referem aos potenciais de energia hidráulica e aos recursos minerais, é correto afirmar que:

(A) O particular pode desenvolver trabalhos de pesquisa de jazidas mineral ou fóssil em terra de sua propriedade, mediante autorização por alvará de pesquisa do Departamento Nacional de Produção Mineral – DNMP;
(B) O particular proprietário da terra não pode se opor à pesquisa mineralógica em seu subsolo e, se apurada a existência da jazida, fará jus a concessão da lavra sem prazo determinado, que poderá ser cedida ou transferida, total ou parcialmente, por contrato particular entre as partes;
(C) A pesquisa e a lavra das riquezas minerais em terras indígenas só podem ser efetivadas com autorização do Ministério de Minas e Energia, após a oitiva da Fundação Nacional do índio – FUNAI;
(D) Compete ao Ministério da Defesa deliberar de forma vinculante e terminativa sobre a preservação e exploração dos recursos naturais na faixa de fronteiras.

A: correta, nos termos do art. 2º, II, do Decreto-lei nº 227/1967 (Código de Mineração); **B:** incorreta. Nos termos do art. 176, § 3º, da CF, a autorização de pesquisa será sempre concedida por prazo determinado e não poderá ser cedida ou transferida, total ou parcialmente, sem prévia anuência do poder concedente; **C:** incorreta. A autorização deve ser concedida pelo Congresso Nacional, ouvidas as comunidades afetadas (art. 231, § 3º, da CF); **D:** incorreta. A decisão compete ao Ministério das Minas e Energia, observados, contudo, os critérios e condições estabelecidas em lei específica (art. 38, parágrafo único, do Código de Mineração).

Gabarito "A".

27. DIREITO FINANCEIRO

Robinson Sakiyama Barreirinhas

1. PRINCÍPIOS E NORMAS GERAIS

(Procurador do Estado/AM – 2016 – CESPE) Considerando as disposições constitucionais pertinentes a finanças e orçamento, julgue os seguintes itens.

(1) Dado o modo como está constitucionalmente enunciado, o princípio da exclusividade não impede que a lei orçamentária anual do Estado contenha autorização para que o Poder Executivo realize operações de crédito.

(2) A competência legislativa municipal suplementar não se estende ao direito financeiro, uma vez que o constituinte, ao tratar da competência concorrente para legislar sobre tal matéria, não contemplou os municípios.

1: correta, pois, nos termos do art. 165, § 8º, da CF, a Lei Orçamentária Anual – LOA não conterá dispositivo estranho à previsão da receita e à fixação da despesa, não se incluindo na proibição a autorização para abertura de créditos suplementares e contratação de operações de crédito, ainda que por antecipação de receita, nos termos da lei; **2:** incorreta, pois os municípios podem e devem legislar sobre matéria financeira, dentro do exercício de suas competências locais, em especial publicando a Lei Orçamentária Anual – LOA, a Lei de Diretrizes Orçamentárias – LDO, o Plano Plurianual – PPA e demais normas complementares – arts. 30, I e II, e 165 da CF.

Gabarito 1C, 4E

Veja a seguinte tabela, com os principais princípios orçamentários, para estudo e memorização.

Princípios orçamentários	
Anualidade	A lei orçamentária é anual (LOA), de modo que suas dotações orçamentárias referem-se a um único exercício financeiro – art. 165, § 5º, da CF
Universalidade	A LOA inclui todas as despesas e receitas do exercício – arts. 3º e 4º da Lei 4.320/1964
Unidade	A LOA refere-se a um único ato normativo, compreendendo os orçamentos fiscal, de investimento e da seguridade social – art. 165, § 5º, da CF e art. 1º da Lei 4.320/1964. Ademais, cada esfera de governo (União, Estados, DF e Municípios) terá uma única LOA para cada exercício, o que também é indicado como princípio da unidade
Exclusividade	A LOA não conterá dispositivo estranho à previsão da receita e à fixação da despesa, admitindo-se a autorização para abertura de créditos suplementares e para contratação de operações de crédito – art. 165, § 8º, da CF
Equilíbrio	Deve haver equilíbrio entre a previsão de receitas e a autorização de despesas, o que deve também ser observado na execução orçamentária. Isso não impede a realização de superávits – ver art. 48, b, da Lei 4.320/1964 e art. 31, § 1º, II, da LRF
Especificação, especialização ou discriminação	Deve haver previsão pormenorizada de receitas e despesas, não cabendo dotações globais ou ilimitadas – art. 167, VII, da CF e art. 5º da Lei 4.320/1964
Unidade de tesouraria	As receitas devem ser recolhidas em caixa único, sendo vedada qualquer fragmentação para criação de caixas especiais – art. 56 da Lei 4.320/1964
Não afetação ou não vinculação da receita dos impostos	É vedada a vinculação de receita de impostos a órgão, fundo ou despesa, com as exceções previstas no art. 167, IV, da CF

(Procurador da República –28º Concurso – 2015 – MPF) Assinale a alternativa correta:

(A) O desvio na realização de gastos públicos costuma ocorrer mediante, dentre outros expedientes, contingenciamento de despesas;

(B) Constitui princípio absoluto previsto no Estatuto Político Fundamental a não vinculação de receita de impostos;

(C) O princípio da responsabilidade na gestão fiscal proíbe, em qualquer hipótese, renúncia tributária;

(D) A instituição de fundos, à vista da circunstância de emergência, pode ocorrer por intermédio de lei ordinária.

A: discutível. O contingenciamento de despesas é obrigação legal dos gestores públicos, nos termos do art. 9º da LRF, não constando ser expediente para realização do gasto público, pelo menos não usualmente. Os desvios atinentes a gastos ocorrem, em geral, nos procedimentos de contratação e recebimento dos bens e serviços, por conta de direcionamentos, propina e vantagens indevidas. Entretanto, como a assertiva se refere a "dentre outros expedientes", de maneira absolutamente genérica e aberta, é possível que o contingenciamento tenha sido utilizado para algum desvio; **B:** incorreta, pois o próprio art. 167, IV, ao vedar a vinculação, dispõe sobre as exceções; **C:** incorreta, pois é possível a renúncia de receitas públicas, desde que atendidos os requisitos do art. 14 da LRF; **D:** imprecisa. Todo fundo orçamentário, e não apenas em caso de emergência, depende de autorização legal, e a lei é ordinária, em regra – art. 167, IX, da CF e art. 74 da Lei 4.320/1964.

Gabarito "A"

2. PLANO PLURIANUAL – PPA, LEI DE DIRETRIZES ORÇAMENTÁRIAS – LDO E LEI ORÇAMENTÁRIA ANUAL – LOA

(Promotor de Justiça – MPE/RS – 2017) À luz da Lei 4.320, de 17 de março de 1964, **NÃO** integrará ou acompanhará a Lei Orçamentária Anual:

(A) autorização para a alienação de bem imóvel.
(B) sumário geral da receita por fontes.
(C) quadro discriminativo da receita por fontes.
(D) quadro das dotações por órgãos do Governo.
(E) quadro demonstrativo da receita.

A: correta, pois realmente essa matéria é estranha à LOA e não pode dela constar, por força do princípio da exclusividade – art. 2º da Lei 4.320/1964; **B, C, D e E:** incorretas, pois integram ou acompanham a LOA, nos termos do art. 2º, da Lei 4.320/1964.

Gabarito "A".

(Procurador do Estado/AM – 2016 – CESPE) Considerando as disposições constitucionais pertinentes a finanças e orçamento, julgue o seguinte item.

(1) De acordo com a CF, o presidente da República não pode propor alterações ao projeto de lei orçamentária em relação a matéria cuja votação já tenha se iniciado na comissão mista permanente competente para emitir parecer no âmbito do Congresso Nacional.

1: correta, conforme o art. 166, § 5º, da CF.

Gabarito 1C

(Procurador do Estado/AM – 2016 – CESPE) À luz da legislação e da doutrina em matéria de responsabilidade fiscal, julgue os itens a seguir.

(1) A LDO, tal como o parecer prévio do tribunal de contas estadual sobre as contas do governador, são instrumentos de transparência da gestão fiscal.
(2) Ainda que não haja vedação na LDO, é proibida a abertura de crédito adicional para destinar recursos à cobertura, direta ou indireta, de necessidades de pessoas físicas, ainda que por meio de lei específica.

1: correta. A LDO, ao indicar as metas e prioridades da administração, além dos demais elementos do art. 165, § 2º, da CF, é evidente instrumento de transparência, ao permitir a visualização do planejamento estatal de maneira clara. O parecer prévio do tribunal de contas dá publicidade à auditoria do órgão técnico competente, sendo também, nesse sentido, instrumento essencial de transparência – arts. 71, I, e 75 da CF; **2:** incorreta, pois é possível a destinação de recursos públicos para pessoas físicas, desde que autorizada por lei específica e atendidas as demais disposições do art. 26 da LRF.

Gabarito 1C, 2E

(Promotor de Justiça – MPE/AM – FMP – 2015) Tendo por base a Lei de Orçamento (Lei 4.320/1964) e suas modificações, considere as assertivas abaixo:

I. É lícito ao Poder Público, para atender aos serviços de assistência social, médica e educacional, oferecer subvenções sociais de suplementação a recursos de origem privada, ao invés de aplicar diretamente os recursos nesses serviços, se assim se revelar mais econômico.
II. É possível o orçamento prever subvenções econômicas, na forma de bonificações, a produtores de determinados gêneros e materiais relevantes.
III. A Lei de Orçamento denomina Restos a Pagar as despesas não pagas até o dia 31 de dezembro.
IV. Segundo a Lei de Orçamento, Dívida Ativa Tributária é aquela referente aos débitos ativos do Poder Público.

Quais das assertivas acima estão corretas?

(A) Apenas a I e II.
(B) Apenas a II e III.
(C) Apenas a II e IV.
(D) Apenas a II, III e IV.
(E) Apenas a I, II e III.

I: correta, desde que, no caso de assistência à saúde, a entidade não tenha fins lucrativos – art. 199, § 1º, da CF e art. 12, § 3º, da Lei 4.320/1964; **II:** correta, conforme o art. 12, § 3º, II, da Lei 4.320/1964; **III:** correta, são as despesas empenhadas e não pagas até o final do exercício, conforme o art. 36 da Lei 4.320/1964; **IV:** incorreta, pois dívida ativa refere-se à inscrição de todos os créditos em favor da Fazenda Pública, em contraposição à dívida passiva, que engloba as obrigações da fazenda em favor de terceiros – art. 39 da Lei 4.320/1964.

Gabarito "E".

3. RECEITAS

(Procurador do Estado/AM – 2016 – CESPE) Acerca de receita e despesa públicas no direito financeiro brasileiro, julgue o próximo item.

(1) A receita oriunda da privatização de empresa pública estadual não pode ser utilizada em obras de conservação de imóveis pertencentes ao estado-membro, mas não há óbice à sua utilização para a aquisição de imóvel necessário à realização de obra pública.

1: correta, pois é vedada a aplicação da receita de capital derivada da alienação de bens e direitos que integram o patrimônio público para o financiamento de despesa corrente, salvo se destinada por lei aos regimes de previdência social, geral e próprio dos servidores públicos – art. 44 da LRF.

Gabarito 1C

(Procurador da República – 25º) A verba repassada ao município, a título de fundo de participação dos municípios, caracteriza-se como:

(A) receita corrente;
(B) receita de capital;
(C) receita originária;
(D) participação no produto de impostos de receita partilhada.

A: correta, pois o recebimento de recursos financeiros pelos Municípios, advindos da União ou dos Estados enquadra-se perfeitamente no conceito legal de receitas correntes (Lei 4.320/64, art. 11, § 1º); **B:** incorreta, pois não se trata de recursos oriundos de constituição de dívidas e nem tampouco de venda de bens públicos, a teor do conceito legal de receita de capital (Lei 4.320/64, art. 11, § 2º); **C:** incorreta, pois quanto à origem, as receitas originárias são recursos oriundos da exploração, pelo Estado, de seu patrimônio, ou de atividade econômica; **D:** incorreta, ante a ausência de tal conceito na legislação.

Gabarito "A".

(Procurador da República – PGR – 2013) A compensação financeira de que trata o art. 20, § 1º, da Constituição Federal, classifica-se doutrinariamente como:

(A) Tributo;

(B) Receita corrente;
(C) Receita originária;
(D) Não há consenso doutrinário quanto ao seu conceito.

A: incorreta, certamente a participação no resultado da exploração de recursos naturais não tem natureza tributária, pois não corresponde à descrição do art. 3º do CTN; B e C: aceitáveis e não excludentes, já que determinada receita pode ser, ao mesmo tempo, corrente (art. 11, § 1º, da Lei 4.320/1964) e originária (decorrente da exploração do patrimônio estatal); D: correta. Essa é a melhor alternativa, considerando que há entendimento no sentido de ter natureza indenizatória.
Gabarito "D".

Veja a seguinte tabela com diversas classificações da receita pública, para estudo e memorização.

Classificações da Receita Pública			
Critério	Espécies	Definição	Exemplos
Previsão orçamentária	Orçamentária	Prevista (ou deveria) no orçamento	Tributos, transferências
	Extraorçamentária	À margem do orçamento	Depósitos, cauções, consignações, fianças, superávit, restos a pagar, operações de ARO
Origem	Originária	Decorre da exploração do patrimônio estatal e da prestação de serviço em regime privado	Recebimento de aluguel, preço pela venda de imóvel ou veículo da administração, juros em aplicações financeiras
	Derivada	Decorre da imposição legal	Tributos, multas
	Transferida	Auferida por outra entidade política e transferida para quem vai utilizá-la	Advinda dos Fundos de Participação dos Estados e dos Municípios
Regularidade	Ordinária	Usual, comum	Tributos
	Extraordinária	Esporádica, eventual	Doações, preço pela venda de bem, imposto extraordinário
Categoria econômica	Corrente	Listagem no art. 11, § 1º, da Lei 4.320/1964 – muito próximo das receitas ordinárias	Tributos, transferências correntes
	De Capital	Listagem no art. 11, § 2º, da Lei 4.320/1964 – muito próximo das receitas extraordinárias	Decorrente de operação de crédito (empréstimo), preço pela alienação de bens, transferências de capital

(Ministério Público/MG – 2012 – CONSULPLAN) O respeito às contas públicas (receitas e despesas) ganhou destaque no final do início do século XXI como medida de eficiência e de democrática repartição do tesouro federativo para as multifárias ações do Estado. Enquanto as leis tributárias cuidam em arrecadar, a Lei de Responsabilidade Fiscal tem o especial obséquio de distribuir os valores arrecadados, vinculando o administrador neste propósito. A propósito da Lei Complementar 101/00, é **INCORRETO** afirmar:

(A) a lei de diretrizes orçamentárias dos entes federados deverá conter demonstrativo de compatibilidade da programação dos orçamentos com objetivos e metas fixados no plano plurianual e lei orçamentária anual.
(B) a lei de diretrizes orçamentárias conterá anexo de riscos fiscais, onde serão avaliados os passivos contingentes e outros riscos capazes de afetar as contas públicas, informando as providências a serem tomadas, caso se concretizem.
(C) deve integrar o projeto de lei de diretrizes orçamentárias anexo de metas fiscais, em que serão estabelecidas metas anuais, em valores correntes e constantes, relativas a receitas, despesas, resultados nominal e primário e montante da dívida pública, para o exercício a que se referirem e para os dois seguintes.
(D) o projeto de lei orçamentária anual deve conter reserva de contingência, cuja forma e o montante, definido com base na receita líquida, serão estabelecidos na lei de diretrizes orçamentárias.

A: incorreto, pois é a lei orçamentária anual que será elaborada de forma a ser compatível com o Plano Plurianual e com a Lei de Diretrizes (LRF, art. 5º); B: correto, por expressa previsão legal (LRF, art. 4º, §3º); C: correto, por expressa previsão legal (LRF, art. 4º, § 1º); D: correto, por expressa previsão legal (LRF, art. 5º, III).
Gabarito "A".

4. DESPESAS

(Procurador do Estado/AM – 2016 – CESPE) Acerca de receita e despesa públicas no direito financeiro brasileiro, julgue os próximos itens.

(1) Não tem natureza jurisdicional, mas sim administrativa, o ato do presidente de tribunal de justiça que solicita ao Poder Executivo a realização de despesa com obrigação decorrente de sentença judicial condenatória proferida contra o Estado.
(2) O Poder Executivo do estado-membro se submete legalmente ao limite prudencial para despesas com pessoal, que é de 95% da soma das receitas arrecadadas no mês em referência e nos onze anteriores, excluídas as duplicidades.

(3) Classifica-se como subvenção social a destinação de recursos públicos para cobrir despesas de custeio de instituições de caráter assistencial ou cultural.
(4) Ao servidor público que já figure como responsável por um adiantamento é vedada a realização de novo suprimento de fundos.

1: correta, referindo-se ao ofício requisitório (precatório), conforme pacífico na jurisprudência; **2:** incorreta, pois atinge-se o limite prudencial quando a despesa com pessoal atinge 95% do limite estabelecido nos arts. 19 e 20 da LRF, conforme o art. 22 da mesma lei; **3:** foi anulada porque a frase está incompleta. Subvenções sociais são transferências destinadas a cobrir despesas de custeio de instituições públicas ou privadas de caráter assistencial ou cultural, sem finalidade lucrativa; **4:** incorreta, pois o limite são dois adiantamentos – art. 69 da Lei 4.320/1964.
Gabarito 2C, 3E, 4Anulada, 5E

(Ministério Público/GO – 2012) Nos termos da Lei de Responsabilidade Fiscal é correto afirmar:

(A) a despesa total com pessoal, não poderá exceder os percentuais da receita corrente líquida, a seguir discriminados: a) União: 49%; b) Estados: 60%; e, c) Municípios: 60%;
(B) na esfera estadual, a repartição dos limites globais das despesas não poderá exceder os seguintes percentuais: a) 3% para o Legislativo, incluído o Tribunal de Contas do Estado; b) 6% para o Judiciário; c) 49% para o Executivo; e, d) 2% para o Ministério Público;
(C) é vedado ao titular de Poder, nos últimos dois trimestres do seu mandato, contrair obrigação de despesa que não possa ser cumprida integralmente dentro dele, ou que tenha parcelas a serem pagas no exercício seguinte sem que haja suficiente disponibilidade de caixa para este efeito;
(D) a operação de crédito por antecipação de receita destina-se a atender insuficiência de caixa durante o exercício financeiro e estará proibida nos 02 últimos anos de mandato do Presidente, Governador ou Prefeito Municipal.

A: incorreto, pois nos termos da LRF, o percentual máximo para a União é de 50% (LRF, art. 19); **B:** correto, pois trata-se da exata distribuição constante da lei (LRF, art. 20); **C:** incorreto, pois a legislação impõe tal restrição aos dois últimos quadrimestres, não trimestres (LRF, art. 42); **D:** incorreto, pois tal operação é proibida apenas no último não de mandato (LRF, art. 38).
Gabarito "B".

Veja a seguinte tabela para estudo e memorização:

Limites para despesas com pessoal % sobre a receita corrente líquida		
União	50%	2,5% para o Legislativo, incluindo o Tribunal de Contas da União
		6% para o Judiciário
		40,9% para o Executivo
		0,6% para o Ministério Público da União
Estados e Distrito Federal	60%	3% para o Legislativo, incluindo o Tribunal de Contas Estadual
		6% para o Judiciário
		49% para o Executivo
		2% para o Ministério Público Estadual
Municípios	60%	6% para o Legislativo, incluindo o Tribunal de Contas Municipal, quando houver
		54% para o Executivo.

(Ministério Público/GO – 2012) De acordo com a Lei 4.320/1964, é incorreto afirmar:

(A) como regra, a execução de despesa pública pressupõe 03 fases: a) empenho; b) liquidação; e, c) pagamento;
(B) é vedada a realização de despesa sem prévio empenho, não sendo admitida pela legislação a dispensa da emissão da nota de empenho;
(C) a ordem de pagamento é o despacho exarado por autoridade competente, determinando que a despesa seja paga;
(D) a liquidação da despesa consiste na verificação do direito adquirido pelo credor tendo por base os títulos e documentos comprobatórios do respectivo crédito.

A: correto, pois trata-se exatamente das fases definidas pela legislação (Lei 6.430/64 e LRF); **B:** incorreto, pois a legislação autoriza casos excepcionais de pagamento sem prévio empenho (Lei 4.320/64, art. 60); **C:** correto, pela própria definição legal (Lei 4.320/64, art. 64); **D:** correto, pela própria definição legal (Lei 4.320/64, art. 62).
Gabarito "B".

5. LEI DE RESPONSABILIDADE FISCAL

(Procurador do Estado/AM – 2016 – CESPE) À luz da legislação e da doutrina em matéria de responsabilidade fiscal, julgue os itens a seguir.

(1) É vedada a aplicação das disponibilidades de caixa do regime próprio de previdência dos servidores públicos estaduais em ações e outros papéis relativos às empresas controladas pelo estado, mas não em títulos da dívida pública estadual.
(2) Salvo disposição de lei estadual em contrário, o estado deve depositar as suas disponibilidades de caixa em instituições financeiras oficiais.

1: incorreta, pois é vedada a aplicação também em títulos da dívida pública estadual – art. 43, § 2º, da LRF; **2:** incorreta, pois a ressalva pode ser feita por lei federal, não estadual – art. 164, § 3º, da CF.
Gabarito 1E, 2E

(Promotor de Justiça – MPE/AM – FMP – 2015) Assinale a alternativa correta em relação à Lei de Responsabilidade Fiscal (LC 101/2000):

(A) A Lei de Responsabilidade Fiscal (LC 101/2000) aplica-se somente à União, mas contém regra que obriga aos Estados e Municípios editarem suas próprias leis de controle fiscal.
(B) O Ministério Público, por gozar de independência, não tem seus gastos incluídos nos percentuais definidos na Lei de Responsabilidade Fiscal.

(C) No dizer da referida lei, entende-se por empresa controlada aquela que mantém sob estrito controle de responsabilidade fiscal as suas despesas.
(D) A Lei de Responsabilidade Fiscal admite a substituição de servidores e empregados públicos por contratos de terceirização de mão de obra, desde que considerados estes na despesa total com pessoal.
(E) Na LC 101/2000, é nos limites percentuais referentes ao Poder Executivo que estão incluídas as despesas com pessoal do Tribunal de Contas do Estado, por ser este órgão auxiliar daquele Poder.

A: incorreta, pois a LRF se aplica a todos os entes políticos, englobando todos os poderes, além de fundos, autárquicas, fundações e empresas estatais dependentes – art. 1º, §§ 2º e 3º da LRF; B: incorreta, pois o MP sujeita-se também à LRF – art. 1º, § 3º, I, *a*, da LRF; C: incorreta, pois controlada é a sociedade cuja maioria do capital social com direito a voto pertença, direta ou indiretamente, a ente da Federação – art. 2º, II, da LRF; D: correta, nos termos do art. 18, § 1º, da LRF, lembrando que a disposição é estritamente orçamentária, ou seja, não afasta a possibilidade de questionamento dos contratos de terceirização de mão de obra à luz de outras disposições constitucionais e legais (o que é muito comum, já que pode haver indevida burla ao concurso público), apenas que, havendo tal despesa, ela deve ser contabilizada adequadamente; E: incorreta, pois os limites de pessoal dos tribunais de contas estão incluídos nas do Poder Legislativo, a que estão ligados – art. 20 da LRF.
Gabarito "D".

(Promotor de Justiça – MPE/AM – FMP – 2015) Considere as assertivas abaixo:

I. Ainda que baseado em análise política e conveniência administrativa, não é possível ao administrador público de ente federado deixar de instituir tributo cuja competência esteja prevista na Constituição.
II. A isenção tributária não configura renúncia fiscal, quando inexistente, anteriormente à sua instituição, a atividade ou unidade produtiva favorecida, pois não se renuncia ao que não existe.
III. A fim de evitar favorecimentos, o débito do contribuinte não pode ser cancelado em hipótese alguma, ainda que seu montante seja inferior aos custos de cobrança.
IV. Em qualquer fase da execução de suas decisões, é lícito ao Tribunal de Contas do Estado autorizar o pagamento parcelado do débito.

Quais das assertivas acima estão corretas?
(A) Apenas a I.
(B) Apenas a II e III.
(C) Apenas a II.
(D) Apenas a I e IV.
(E) Apenas a IV.

I: adequada, pois, embora seja possível na prática, isso implica irresponsabilidade fiscal, nos termos do art. 11 da LRF, com sanção específica no caso de inobservância em relação aos impostos; II: incorreta, pois isenção é considerada renúncia fiscal em relação ao orçamento presente e futuro, ou seja, às receitas que deixaram de ser realizadas futuramente, embora, se não houver previsão de redução efetiva da receita não haverá necessidade de medidas de compensação, facilitando a aprovação do benefício – art. 14 da LRF; III: incorreta, pois a LRF prevê expressamente essas possibilidades – art. 14, § 3º, II, da LRF; IV: correta, a depender da normatização aplicável a cada tribunal de contas.
Gabarito "D".

(Procurador da República – PGR – 2013) A Lei de Responsabilidade Fiscal (Lei Complementar 101, de 04 de Maio de 2000) editada sob impulso dos fatores de ordem político-econômica, político-financeira e político-social, inova no atinente:
(A) À delegação de competência entre os entes políticos;
(B) À coordenação e controle entre Estados da federação com vistas a evitar a chamada "guerra fiscal";
(C) Às licitações e contratações públicas;
(D) À descentralização das funções do Estado para com os seus Municípios.

A: incorreta, pois não há disposição relevante nesse sentido; B: incorreta, pois a LRF não traz disposições específicas para isso; C: correta, pois as regras para geração de despesa (arts. 15 e 16 da LRF) trouxeram inovações importantes para licitações e contratos públicos; D: incorreta, pois não há disposições nesse sentido.
Gabarito "C".

(Procurador da República – 25º) De acordo com o art. 169 da Constituição, compete à lei complementar definir os limites para a despesa com pessoal ativo e inativo dos entes políticos. A lei de responsabilidade fiscal fixou percentuais da receita corrente líquida a serem observados pela União, Estados e Municípios, na realização das suas despesas no tópico pessoal. Nesse contexto, indique a alternativa correta:
(A) do teto estabelecido para despesa com pessoal não se exclui nenhuma parcela;
(B) na hipótese de os limites de despesas de pessoal serem ultrapassados, o ente federado corrigirá o excesso no exercício seguinte, abatendo-se da previsão orçamentária;
(C) a unidade federativa, se extrapolados os limites de despesa de pessoal, fica impedida de contratar operações de crédito, salvo se para refinanciar a dívida ou promover a redução de despesa de pessoal;
(D) extrapolado o limite fixado para despesa de pessoal é facultado ao ente estatal proceder à transferência de recursos de uma categoria de programação para outra, mediante ato da autoridade administrativa.

A: incorreta, há algumas espécies de despesas com pessoal que não são computadas para fins de verificação do atendimento do limite de gastos, ante expressa previsão na Lei de Responsabilidade Fiscal (LC 101/2000, art. 19, § 1º); B: Na hipótese de serem ultrapassados os limites de gastos com pessoal, a recondução ao limite, ou a correção do excesso, deverá ser promovida nos dois quadrimestres subsequentes ao excesso, sendo um terço, pelo menos, no primeiro quadrimestre (LC 101/2000, art. 23); C: correta, não corrigido o excesso no prazo de dois quadrimestres, o ente federativo incorre em algumas proibições expressamente previstas no texto da Lei de Responsabilidade Fiscal e, dentre estas, a contratação de operações de crédito, ressalvadas as para refinanciar a dívida ou para promoção das despesas com pessoal (LC 101/2000, art. 23, § 3º, III) D: incorreta, a transposição de verbas sempre deve ser precedida de autorização legislativa.
Gabarito "C".

6. FISCALIZAÇÃO E CONTROLE

(Procurador da República –28º Concurso – 2015 – MPF) Indique a opção considerada exata:
(A) Para assegurar o controle orçamentário, a Lei Magna adota mecanismos de rigorosa fiscalização cuja atuação obedecerá estritamente aos princípios da legalidade e da economicidade;

(B) Somente a União e as entidades da administração direta e indireta, no âmbito federal, se submetem aos atos fiscalizatórios;
(C) O que caracteriza o sistema de controle interno é o princípio da hierarquia que impõe as autoridades superiores o dever de exercer controle sobre os atos de seus subalternos, encampando ou revendo os atos por eles praticados, notadamente em tema de execução orçamentária;
(D) A Carta da República prevê apenas os mecanismos de controle interno e de controle externo.

A: discutível. A assertiva é bastante subjetiva ao utilizar o termo "rigorosa", mas, de fato, há previsão de amplo controle interno e externo da administração pública, observando os princípios da legalidade e da economicidade, entre outros – art. 70 da CF; **B:** incorreta, pois sujeitam-se a controle todos os entes políticos e toda pessoa, física ou jurídica, que utilize, arrecade, guarde, gerencie ou administre dinheiros, bens e valores públicos, nos termos do art. 70, parágrafo único, da CF; **C:** correta, pois, no controle interno há muitas vezes relação com o princípio da hierarquia, o que não ocorre no controle externo. Entretanto, o controle interno é mais amplo e com características mais complexas que a simples hierarquia. As controladorias, por exemplo, exercem controle interno sem necessariamente haver hierarquia em relação às áreas auditadas – art. 74 da CF; **D:** incorreta, pois entende-se que a CF em seu art. 74, § 2º, previu o controle privado, embora a atuação do cidadão ou entidade privada redunde em denunciar a irregularidade ao tribunal de contas, que auxilia o legislativo no controle externo.

Gabarito "C".

(Promotor de Justiça – MPE/AM – FMP – 2015) Em relação às regras de prestação de contas dos administradores públicos, considere as assertivas abaixo:

I. Cabe ao Tribunal de Contas do Estado, de forma independente, o julgamento final das contas anuais oferecidas pelo Governador do Estado sobre sua gestão.
II. O Governador do Estado e Prefeitos Municipais devem enviar diretamente ao Poder Legislativo a prestação de contas de sua gestão, após a organização interna dos demonstrativos pelo Tribunal de Contas Estado.
III. O Tribunal de Contas do Estado elabora parecer sobre as contas da gestão do Governador do Estado e as envia ao Poder Legislativo, a quem caberá o julgamento final destas.
IV. A conclusão do parecer do Tribunal de Contas Estado, aprovando ou desaprovando as contas, é vinculante para todos os demais poderes, devido à sua independência.

Quais das assertivas acima estão corretas?

(A) Apenas a I.
(B) Apenas a II.
(C) Apenas a I e IV.
(D) Apenas a III.
(E) Apenas a IV.

I: incorreta, pois o tribunal de contas apenas elabora parecer prévio que subsidiará o julgamento pela assembleia legislativa – arts. 49, IX, 71, I, e 75 da CF; **II:** incorreta, pois o chefe do executivo envia as contas para parecer prévio do tribunal de contas – art. 71, I, da CF e 56 da LRF; **III:** correta, conforme comentários anteriores; **IV:** incorreta, conforme comentários anteriores.

Gabarito "D".

(Promotor de Justiça – MPE/AM – FMP – 2015) Considere as assertivas abaixo:

I. No Estado do Amazonas, as contas do Governador devem ser apresentadas, de forma concomitante, ao Tribunal de Contas do Estado e à Assembleia Legislativa, no prazo de até 60 dias após a abertura da sessão legislativa.
II. Os responsáveis pelos controles internos dos Poderes do Estado do Amazonas têm o dever de informar diretamente ao Tribunal de Contas do Estado sobre qualquer ilegalidade ou irregularidade de que tome conhecimento, sob pena de responder solidariamente pelo dano.
III. A Certidão de Dívida Ativa configura título executivo extraído pelo próprio credor, gozando por isso de presunção absoluta.
IV. Na fiscalização de atos e contratos, é lícito ao Tribunal de Contas do Estado realizar inspeções "in loco", mesmo de ofício.

Quais das assertivas acima estão corretas?

(A) Apenas a I, II e IV.
(B) Apenas a II e III.
(C) Apenas a II e IV.
(D) Apenas a I e II.
(E) Apenas a II, III e IV.

I: correta, conforme o art. 84, XXIV, da CF e o art. 54, XVI, da Constituição do Estado do Amazonas; **II:** correta, conforme o art. 74, § 1º, da CF; **III:** incorreta, pois a presunção é relativa, nos termos do art. 204, parágrafo único, do CTN; **IV:** correta, sendo essa providência essencial no trabalho de auditoria.

Gabarito "A".

(Procurador da República – PGR – 2013) Indique, dentre as alíneas abaixo, no tocante à seção "da fiscalização contábil, financeira e orçamentária", aquela que encerra inovação inaugurada pela Constituição Federal de 1988:

(A) Controle privado da execução orçamentária;
(B) Controle prévio em relação ao controle externo;
(C) Princípio da unidade orçamentária;
(D) Princípio da anualidade.

A: correta, havendo entendimento no sentido de que o disposto no art. 74, § 2º, da CF é inovação embora a atuação do cidadão ou entidade privada redunde em denunciar a irregularidade ao tribunal de contas, que auxilia o legislativo no controle externo. É importante que o candidato conheça esse posicionamento, adotado em concursos, mas parece-nos evidente que o direito de denunciar irregularidades é inerente ao regime democrático; **B, C e D:** incorretas, pois são princípios e procedimento já existentes antes da CF atual.

Gabarito "A".

(Procurador da República – 25º) Assinale a alternativa correta:

(A) o Tribunal de Contas da União, no exercício das atribuições de julgar as contas dos gestores públicos, exerce, excepcionalmente, atividade jurisdicional própria do Poder Judiciário, tanto que a Súmula 347 do STF prescreve que a Corte de Contas "pode apreciar a constitucionalidade das leis e atos do Poder Público";
(B) enquanto coadjuvante do Congresso Nacional, no controle externo, o parecer prévio do Tribunal de Contas da União sobre as contas anuais prestadas pelo Presidente da República, é vinculativo para a deliberação do Parlamento;

(C) compete ao Tribunal de Contas da União aplicar aos responsáveis, em caso de ilegalidade de despesa ou irregularidade de contas, as sanções previstas em lei, inclusive promovendo, com o concurso do Ministério Público integrante da sua estrutura, a cobrança de valores apurados contra os gestores públicos ímprobos;
(D) a Carta da República prevê os mecanismos de controles interno, externo e privado para efetivar a fiscalização da correta execução orçamentária.

A: incorreta, pois a competência do Tribunal de Contas está definida na Constituição Federal, que se limita a enumerar suas funções técnicas, sem qualquer menção à possibilidade de controle jurisdicional efetivo (CF, art. 71) e, em que pese a redação da Súmula 347, em decisões recentes proferidas pelo Supremo Tribunal Federal, tem-se reconhecido a impossibilidade do controle de constitucionalidade pelo Tribunal de Contas; B: incorreta, pois o parecer prévio do Tribunal de Contas sobre as contas do Presidente da República tem por objetivo avaliar os gastos do governo, sem, contudo, julgá-las, pois esta última atribuição é conferida apenas ao Congresso Nacional (CF, art. 166, § 1º); C: incorreta, pois a cobrança de valores apurados contra os gestores públicos ímprobos não se enquadra nas hipóteses de realização de atos concretos por parte do Tribunal de Contas, previstas na Constituição Federal (CF, art. 71, VIII ao XI); D: correta, pois a Constituição Federal prevê os sistemas de controle externo pelo Congresso Nacional e interno de cada poder (CF, art. 70, *caput*), além do controle privado, em que qualquer cidadão, partido político, associação ou sindicato poderá denunciar irregularidades ou ilegalidades ao Tribunal de Contas (CF, art. 74, § 2º).
Gabarito "D".

7. OUTROS TEMAS E COMBINADOS

(Promotor de Justiça – MPE/RS – 2017) Em relação ao tratamento constitucional dado aos Municípios, é correto afirmar que

(A) o Município reger-se-á por lei orgânica, votada em dois turnos, com o interstício mínimo de dez dias, e aprovada por dois terços dos membros da Câmara Municipal, sendo após promulgada e publicada pelo Prefeito Municipal.
(B) o subsídio dos Prefeitos e Secretários Municipais será fixado pelas respectivas Câmaras Municipais em cada legislatura para a subsequente, observado o que dispõe a Constituição Federal, respeitados os critérios estabelecidos na respectiva Lei Orgânica.
(C) a Câmara Municipal não gastará mais de cinquenta por cento de sua receita com folha de pagamento, incluído o gasto com o subsídio de seus Vereadores, nos municípios que tenham mais de 300.000 (trezentos mil) habitantes.
(D) o controle externo da Câmara Municipal será exercido com o auxílio exclusivo dos Tribunais de Contas do Município ou dos Conselhos ou Tribunais de Contas dos Municípios, onde houver.
(E) as proibições e incompatibilidades, no exercício da vereança, são similares, no que couber, ao disposto na Constituição Federal para os membros do Congresso Nacional e na Constituição do respectivo Estado para os membros da Assembleia Legislativa.

A: incorreta, pois a lei orgânica do município é promulgada e publicada pela própria Câmara dos Vereadores – art. 29 da CF; B: incorreta, pois a referência a aprovação em uma legislatura para a subsequente foi excluída do art. 29, V, da CF pela EC 19/1998; C: incorreta, pois o limite é de 70%, nos termos do art. 29-A, § 1º, da CF; D: incorreta, pois, em regra, o órgão auxiliar que emitirá o parecer prévio é o tribunal de contas do Estado, exceto se no município houver tribunal de contas próprio – art. 31, § 1º, da CF; E: correta, conforme o art. 29, IX, da CF.
Gabarito "E".

(Procurador do Estado/AM – 2016 – CESPE) À luz da legislação e da doutrina em matéria de responsabilidade fiscal, julgue os itens a seguir.

(1) O fato de o estado-membro não poder celebrar operação de crédito com a União não obsta que ele aplique suas disponibilidades em títulos da dívida federal.
(2) Em operação de crédito firmada por um estado da Federação junto a banco estrangeiro com a garantia da União, esta pode exigir do ente mutuário, a título de contragarantia, a vinculação de receitas provenientes de transferências constitucionais, mas não de receitas tributárias diretamente arrecadadas, porquanto elas são indispensáveis ao funcionamento da administração estadual.

1: correta – art. 35, § 2º, da LRF; 2: incorreta, pois a prestação de contragarantia à União permite a vinculação da receita de tributo, inclusive de impostos, conforme o art. 167, § 4º, da CF.
Gabarito 2C, 6E.

(Procurador do Estado/AM – 2016 – CESPE) Considerando as disposições constitucionais pertinentes a finanças e orçamento, julgue o seguinte item.

(1) Ao tratar do direito financeiro, o constituinte de 1988 nominou de Sistema Financeiro Nacional o capítulo que reúne as normas que regem o que a doutrina denomina sistema financeiro público.

1: incorreta, pois o capítulo que concentra as normas constitucionais atinentes às finanças públicas é denominado "Das Finanças Públicas" – art. 163 e seguintes da CF. O capítulo denominado "Do Sistema Financeiro Nacional" refere-se ao art. 192 da CF.
Gabarito 3E.

(Promotor de Justiça – MPE/AM – FMP – 2015) Considere as assertivas abaixo:

I. Contas iliquidáveis são aquelas que, por culpa do administrador público responsável, não se tem como chegar a uma conclusão sobre sua regularidade.
II. As receitas tributárias transferidas pelos Estados aos Municípios, por ordem constitucional, não entram no cômputo da Receita Corrente Líquida do Estado.
III. O espaço temporal dentro do qual o orçamento é executado chama-se exercício orçamentário.
Quais das assertivas acima estão corretas?

(A) Apenas a I e II.
(B) Apenas a II e III.
(C) Apenas a II.
(D) Apenas a I, II e III.
(E) Apenas a I.

I: incorreta, pois contas iliquidáveis são aquelas cujo julgamento de mérito é materialmente impossível por conta de caso fortuito ou de força maior, comprovadamente alheio à vontade do responsável – art. 20 da Lei 8.443/1992; II: correta, conforme o art. 2º, IV, *b*, da LRF; III: incorreta, pois a expressão utilizada é "exercício financeiro" – art. 34 da Lei 4.320/1964.
Gabarito "C".

(Promotor de Justiça – MPE/AM – FMP – 2015) Em relação aos precatórios, considere as assertivas abaixo:

I. A Constituição Federal prevê que os pagamentos do poder público, oriundos de ação judicial, sejam feitos através dos precatórios, e que estes sigam rígida ordem cronológica de apresentação, não admitindo qualquer exceção ou mesmo classificação.
II. Além dos precatórios, existem outros meios não usuais de pagamento dos débitos do poder público oriundos de ação judicial, como é o caso do empenho.
III. Os precatórios devem ser apresentados até 1º de julho de cada ano, para pagamento até o final do ano seguinte.
IV. Caso o precatório não seja quitado até o final do prazo legal, por razões de força maior, outro deve obrigatoriamente ser extraído para substituí-lo, por razões de organização orçamentária.

Quais das assertivas acima estão corretas?
(A) Apenas a I e II.
(B) Apenas a III.
(C) Apenas a II e IV.
(D) Apenas a I e III.
(E) Apenas a II e III.

I: incorreta, pois, apesar da regra do art. 100, *caput*, da CF, há diversas exceções em seus parágrafos, como para débitos de natureza alimentar, idosos, portadores de deficiência, pequenos valores etc.; II: incorreta, pois o empenho não decorre de ação judicial, sendo fase do procedimento normal de realização de qualquer despesa pública – art. 58 da Lei 4.320/1964; III: correta, conforme o art. 100, § 5º, da CF; IV: incorreta, pois o precatório, que a rigor é uma ordem judicial comunicada ao executivo, não perde a validade por conta do final do exercício.
Gabarito "B".

28. DIREITO INTERNACIONAL

Renan Flumian

1. DIREITO INTERNACIONAL PÚBLICO
1.1. TEORIA GERAL

(Procurador da República – PGR – 2013) As normas de direito internacional peremptório (*jus cogens*)

(A) podem ser derrogadas por tratado;
(B) só podem ser derrogadas por costume internacional;
(C) pressupõem uma ordem pública internacional não disponível para os Estados individualmente;
(D) não guardam qualquer relação com o conceito de obrigações *erga omnes*.

As normas de Direito Internacional Peremptório têm por fundamento razões objetivas, que se encontram situadas acima do caráter volitivo dos Estados (caráter de *erga omnes*) e não podem ser derrogados por tratado ou costume internacional (*jus cogens*). O *jus cogens* (normas cogentes de Direito Internacional) é calcado no reconhecimento da existência de direitos e de obrigações naturais, independentemente da existência de algum tratado internacional. O *jus cogens* seria como um qualificador de regras consideradas basilares para a ordenação e a viabilidade da comunidade internacional.
Gabarito "C".

1.2. TRATADO

(Procurador da República – 25.º) Quando um Estado faz reserva a cláusula de tratado,

(A) está diferindo sua entrada em vigor;
(B) está declarando que não quer se vincular a esta cláusula;
(C) tem que contar com aquiescência de todas as demais partes do tratado com a reserva, para tornar-se parte deste;
(D) está exercendo um direito soberano que é inerente à adesão a todo tratado.

A reserva é um condicionante do consentimento. Ou seja, é a declaração unilateral do Estado aceitando o tratado, mas sob a condição de que certas disposições não valerão para ele. A reserva pode aparecer tanto no momento da assinatura do tratado como na da ratificação ou da adesão, momento em que o Congresso Nacional pode fazer ressalvas sobre o texto do tratado e até mesmo desabonar as reservas feitas por ocasião da assinatura do tratado. No primeiro caso, as ressalvas serão traduzidas em reservas no momento da ratificação pelo presidente da República e, no segundo caso, o presidente da República fica impedido de confirmar as reservas previamente feitas. E por razões óbvias, a reserva é fenômeno incidente sobre os tratados multilaterais. Cabe ressaltar que, de acordo com a Convenção de Viena sobre Direito dos Tratados, um tratado pode proibir expressamente a formulação de reservas1 (art. 19, a, da Convenção de Viena sobre Direito dos Tratados) e que, se ele nada dispuser sobre o assunto, entende-se que as reservas a um tratado internacional são possíveis, a não ser que sejam incompatíveis com seu objeto e sua finalidade (art. 19, c, da Convenção de Viena sobre o Direito dos Tratados). Por fim, a Convenção de Viena sobre Direito dos Tratados também traz um conceito de reserva no seu art. 2.º, I, d: "'reserva' significa uma declaração unilateral, qualquer que seja a sua redação ou denominação, feita por um Estado ao assinar, ratificar, aceitar ou aprovar um tratado, ou a ele aderir, com o objetivo de excluir ou modificar o efeito jurídico de certas disposições do tratado em sua aplicação a esse Estado".
Gabarito "B".

(Procurador da República – 25.º) A assinatura de um tratado sob reserva de ratificação, segundo a Convenção de Viena sobre o Direito dos Tratados de 1969:

(A) é ato de solenidade política, sem consequência jurídica;
(B) apenas indica o término da negociação;
(C) encerra compromisso de boa-fé, porque Estados não podem praticar atos que inviabilizem a ratificação posterior do tratado;
(D) não veda a governos que recomendem ao parlamento, incontinentemente, a rejeição do tratado, como o fez o então Presidente Bill Clinton, ao recomendar a rejeição do Estado de Roma.

A assinatura é o ato que finaliza uma negociação, fixando e autenticando o texto do tratado, mas, acima disso, exteriorizando preliminarmente o consentimento das pessoas jurídicas de Direito Internacional que os signatários representam. A assinatura não cria a obrigação de ratificar o acordado, mas é o primeiro passo rumo à ratificação. É necessário apontar que alguns tratados de importância reduzida não exigem a ratificação, bastando a assinatura para colocá-los em vigência (acordos executivos ou *executive agreements*). Aliás, essa é a prática adotada entre os países da União Europeia. É importante destacar que o art. 18 da Convenção de Viena sobre o Direito dos Tratados de 1969 prevê a obrigação do Estado de não frustrar o objeto e a finalidade de um tratado antes de sua entrada em vigor. Em seus estritos termos, o Estado é obrigado a abster-se da prática de atos que frustrariam o objeto e a finalidade de um tratado, quando a) tiver assinado ou trocado instrumentos constitutivos do tratado, sob reserva de ratificação, aceitação ou aprovação, enquanto não tiver manifestado sua intenção de não se tornar parte no tratado, ou b) tiver expressado seu consentimento em obrigar-se pelo tratado no período que precede a entrada em vigor do tratado e com a condição de esta não ser indevidamente retardada. Essa obrigação decorre do princípio da boa-fé que fundamenta o Direito dos Tratados. Portanto, o Estado não pode ser obrigado a ratificar tratado, mas pode ser cobrado para que não frustre o objeto e a finalidade do tratado.
Gabarito "C".

(Procurador da República – 25.º) O direito à legítima defesa, de acordo com o art. 51 da Carta da ONU,

(A) pode ser exercido preventivamente;
(B) só pode ser exercido quando o Estado é atacado;
(C) não comporta limitação pelo Conselho de Segurança, pois é um direito "inerente";
(D) é objeto do direito internacional humanitário.

A resposta correta conforme o disposto no art. 51 da Carta da ONU é a B. Segue a redação do dispositivo: "Nada na presente Carta prejudicará o direito inerente de legítima defesa individual ou

---
1. O Tribunal Penal Internacional (TPI) foi constituído na Conferência de Roma, em 17 de julho de 1998, onde se aprovou o Estatuto de Roma – tratado que não admite a apresentação de reservas.

coletiva no caso de ocorrer um ataque armado contra um Membro das Nações Unidas, até que o Conselho de Segurança tenha tomado as medidas necessárias para a manutenção da paz e da segurança internacionais. As medidas tomadas pelos Membros no exercício desse direito de legítima defesa serão comunicadas imediatamente ao Conselho de Segurança e não deverão, de modo algum, atingir a autoridade e a responsabilidade que a presente Carta atribui ao Conselho para levar a efeito, em qualquer tempo, a ação que julgar necessária à manutenção ou ao restabelecimento da paz e da segurança internacionais". Cabe mencionar que a legítima defesa é uma das causas excludentes de ilicitude, o que impede a configuração da responsabilidade internacional do Estado (art. 21 do Projeto da Comissão de Direito Internacional das Nações Unidas sobre Responsabilidade Internacional dos Estados).

Gabarito "B".

(Procurador da República – 26.º) Como parte do Protocolo de Kioto à Convenção-Quadro das Nações Unidas sobre Mudança Climática, o Brasil se compromete a:

(A) elaborar políticas e medidas de fomento à eficiência energética em todos os setores da economia nacional;
(B) implementar medidas para limitar reduzir as emissões de gases de efeito estufa não controlados pelo Protocolo de Montreal no setor de transporte;
(C) assegurar que suas emissões de gases de efeito estufa não excedam as quantidades fixadas para si, reduzindo o total de suas emissões a um nível inferior a não menos de 5% do nível de 1990 no período de compromisso compreendido entre 2008 e 2012;
(D) formular, quando aplicável e na medida do possível, programas nacionais para melhorar a qualidade dos fatores de emissão de gases de efeito estufa.

A única assertiva correta com base no Protocolo de Kyoto é a D (art. 10, *a*, do Protocolo de Kyoto).

Gabarito "D".

1.3. ESTADO, SOBERANIA E TERRITÓRIO

(Promotor de Justiça/SC – 2016 - MPE)

(1) A concessão de asilo político é um dos princípios que regem a República Federativa do Brasil nas suas relações internacionais.

1: verdade (art. 4º, X, da CF).

Gabarito 1C

(Procurador da República – 25.º) Na linha de raciocínio da decisão arbitral internacional no caso da Ilha de Palmas (*Island of Palmas arbitration case*, EEUU v. Países Baixos, 1928),

(A) a descoberta territorial é título aquisitivo mais forte do que ocupação pacífica e inconteste posterior;
(B) a descoberta territorial confere ao descobridor posse definitiva do território descoberto, por se tratar de *res nullius* e, assim, apropriável por quem o achar;
(C) a ocupação pacífica e inconteste por lapso de tempo expressivo é título de aquisição territorial mais forte do que a descoberta;
(D) a ocupação pacífica e inconteste por lapso de tempo expressivo é título de aquisição territorial que equivale ao da descoberta.

No *caso da Ilha de Palmas*, a Corte Permanente de Arbitragem definiu que a ocupação pacífica e inconteste por lapso de tempo expressivo é título de aquisição territorial mais forte do que a descoberta. Ficou definido que a descoberta desacompanhada da continuidade e do exercício da soberania sobre esse novo território não gera efeitos jurídicos. Com esse raciocínio, a Corte reconheceu a soberania da Holanda sobre a Ilha de Palmas em detrimento do pleito estadunidense.

Gabarito "C".

1.4. NACIONALIDADE, VISTO E EXCLUSÃO DO ESTRANGEIRO

(Promotor de Justiça/SC – 2016 - MPE)

(1) Ao tratar da nacionalidade, dispõe o Texto Constitucional que são privativos de brasileiro nato os cargos da carreira diplomática.

1: Verdade (art. 12, § 3º, V da CF).

Gabarito 1C

(Procurador da República – PGR – 2013) A convenção sobre a redução dos casos de apatridia de 1961, aprovada pelo Congresso Nacional por meio do Decreto Legislativo n.º 274, de 2007, estabelece em relação à perda de nacionalidade que:

(A) Não poderá, um Estado Contratante, privar qualquer pessoa de sua nacionalidade, se, com essa privação, vier a se tornar apátrida, ressalvada, apenas, a hipótese de a pessoa ter adquirido sua nacionalidade por naturalização fraudulenta;
(B) em hipótese nenhuma poderá, um Estado Contratante, privar qualquer pessoa de sua nacionalidade, se, com esta privação, vier a se tornar apátrida;
(C) não poderá, um Estado Contratante, privar qualquer pessoa de sua nacionalidade, se, com essa privação, vier a se tornar apátrida, ressalvadas, apenas, as hipóteses de aquisição fraudulenta da nacionalidade por naturalização ou de grave lesão do dever de lealdade para com o Estado;
(D) um Estado Contratante poderá declarar, no momento da assinatura ou ratificação da Convenção, que se reserva o direito de privar pessoa de sua nacionalidade, se esta tiver se comportado de forma a lesar gravemente os interesses vitais do Estado, ainda que a privação determine situação de apatridia.

A única assertiva correta confirme o art. 8º da Convenção sobre Redução dos Casos de Apatridia é a "D".

Gabarito "D".

(Procurador da República – PGR – 2013) De acordo com a Corte Internacional de Justiça, no julgamento de 20 de julho de 2012 do caso *"questões relativas à obrigação de perseguir ou extraditar"* (Bélgica v. Senegal),

(A) O crime de tortura é, no direito internacional, de natureza consuetudinária e, por isso, prevalece a obrigação do Senegal de extraditar ou promover a persecução penal (*aut dedere aut judicare*) contra o ex-presidente do Chad, Hissène Habré, para fatos que tiveram lugar antes mesmo da entrada em vigor da Convenção da ONU contra a Tortura para o Senegal;
(B) o crime de tortura não é, no direito internacional, de natureza consuetudinária, sendo sua criminalização resultado do direito convencional e, por isso, prevalece a obrigação do Senegal de extraditar ou promover a persecução penal (*aut dedere aut judicare*) contra o ex-presidente do Chad, Hissène Habré, apenas para fatos que tiverem lugar após a entrada em vigor da Convenção da ONU contra a Tortura para o Senegal;

(C) o crime de tortura é, no direito internacional, de natureza consuetudinária, mas, a obrigação do Senegal de extraditar ou promover a persecução penal (*aut dedere aut judicare*) contra o ex-presidente do Chad, Hissène Habré, somente prevalece para os fatos que tiveram lugar após a entrada em vigor da Convenção da ONU contra a Tortura para o Senegal;

(D) o crime de tortura é, no direito internacional, de natureza consuetudinária, mas, a obrigação do Senegal de extraditar ou promover a persecução penal (*aut dedere aut judicare*) contra o ex-presidente do Chad, Hissène Habré, somente prevalece para os fatos que tiveram lugar após a entrada em vigor da Convenção da ONU contra a Tortura para a Bélgica.

A alternativa "C" traz os contornos corretos sobre esse conhecido caso julgado pela Corte Internacional de Justiça, onde a natureza consuetudinária do crime de tortura foi declarada, mas fixou-se claramente que a obrigação de Senegal é temporalmente marcada em relação aos fatos que aconteceram depois da entrada em vigor da Convenção da ONU contra a tortura. Ou seja, a Corte Internacional de Justiça (*caso Bélgica vs. Senegal*) decidiu que a obrigação do Senegal de extraditar ou promover a persecução penal (*aut dedere aut judicare*) contra o ex-presidente do Chad, Hissène Habré, somente prevalece para os fatos que tiveram lugar após a entrada em vigor da Convenção da ONU contra a Tortura para o Senegal.

Gabarito "C".

(Procurador da República – 25.º) No direito constitucional brasileiro, a polipatria

(A) é vedada e sujeita, aquele que a detém, a perda de nacionalidade;
(B) é permitida excepcionalmente para aquele que detém dupla nacionalidade originária;
(C) é permitida, apenas, para portugueses, nos termos do Estatuto da Igualdade;
(D) não tem marco normativo expresso.

Polipatria é a condição do sujeito que possui mais de uma nacionalidade (polipátrida). Para analisarmos a questão temos que lançar mão do § 4.º do art. 12 da CF, que traz duas situações em que o brasileiro perderá a nacionalidade. Em uma delas (inciso II), a extinção do vínculo patrial pode atingir tanto o brasileiro nato (nacionalidade originária) quanto o naturalizado (nacionalidade derivada), bastando para isso que adquira outra nacionalidade, por naturalização voluntária. **Tal possibilidade admite duas exceções: uma é no caso de a lei estrangeira reconhecer a nacionalidade originária, e a outra é quando a lei estrangeira impõe a naturalização ao brasileiro residente em país estrangeiro como condição para a permanência em seu território ou para o exercício de direitos civis.** Na outra situação (inciso I), apenas o brasileiro naturalizado poderá perder a nacionalidade, o que ocorrerá quando a naturalização for cancelada, por sentença judicial, pelo exercício de atividade contrária ao interesse nacional. Nesse último caso, só é possível readquirir a nacionalidade brasileira por meio de ação rescisória, cabível somente quando a sentença judicial já estiver transitada em julgado. Ora, pelo dito, percebe-se que em algumas situações a polipatria estará justificada e, portanto, é permitida pela nossa Constituição. Vejamos um exemplo comum, um sujeito nascido no Brasil terá a nacionalidade brasileira pelo fato de o Brasil adotar o critério *jus soli*, apesar de existirem exceções que utilizam o critério *jus sanguinis* (critério misto). Esse mesmo sujeito tem ascendência italiana e esse país adota o critério *jus sanguinis* (nacionalidade de seus pais), logo o sujeito também terá a nacionalidade italiana originária. Por fim, cabe enfatizar que a nacionalidade será originária ou primária quando provier do nascimento – logo, involuntária –, e adquirida ou secundária quando resultar de alteração de nacionalidade por meio da naturalização ou em virtude de casamento – logo, voluntária. Por todo o dito, percebe-se que não existe uma resposta totalmente correta. A assertiva B diz respeito ao exemplo que acabamos de ver, mas como dito acima, também será permitida a polipatria quando a lei estrangeira impor a naturalização ao brasileiro residente em país estrangeiro como condição para a permanência em seu território ou para o exercício de direitos civis. Portanto, a questão foi anulada.

"ANULADA".

(Procurador da República – 25.º) A chamada "cláusula Calvo" (assim designada em homenagem a jurista argentino), usual em contratos internacionais de concessão de Estados Sul e Centro-Americanos com empresas estrangeiras,

(A) estipula que os investimentos de empresas estrangeiras não poderão ser retirados do território do Estado que as contratar;
(B) é o mesmo que cláusula de estabilização contratual;
(C) visa a afastar o direito de outros Estados à proteção de seus nacionais e das empresas de sua nacionalidade em tudo que decorrer da aplicação do contrato;
(D) visa a afastar pleitos de indenização por danos decorrentes de investimentos desvantajosos no âmbito do contrato.

Segundo Francisco Rezek, a *doutrina* ou *cláusula Calvo* fundou-se na ideia de que não deve o Direito Internacional prestigiar teorias aparentemente justas e neutras, cujo efeito prático é no entanto acobertar privilégios em favor de um reduzido número de Estados. Ministro das Relações Exteriores da Argentina, Carlos Calvo estatuiu, em 1868, que para os estrangeiros, assim como para os nacionais, as cortes locais haveriam de ser as únicas vias de recurso contra atos da administração. Dessa forma, o endosso deveria ser recusado pelas potências estrangeiras a seus nacionais inconformados. Desde o aparecimento dessa doutrina, uma cláusula se fez com frequência incorporar aos contratos de concessão e ajustes análogos, celebrados entre governos latino-americanos e pessoas físicas ou jurídicas estrangeiras, cujos termos as últimas renunciam desde logo, e para todos os efeitos, à proteção diplomática de seus países de origem em caso de litígio relacionado ao contrato. Trata-se da chamada *renúncia prévia à proteção diplomática*.

Gabarito "C".

1.5. IMUNIDADE – DIPLOMÁTICA, CONSULAR, DE JURISDIÇÃO E DE EXECUÇÃO

(Procurador da República – 25.º) Segundo a Corte Internacional de Justiça (caso Yerodia — República Democrática do Congo v. Reino da Bélgica), a imunidade de Ministro de Estado das Relações Exteriores,

(A) é relativa e só vale para viagens a serviço;
(B) é relativa e não prevalece para o crime de genocídio;
(C) é absoluta e se equipara à imunidade diplomática;
(D) é absoluta, mas não se equipara à imunidade diplomática.

Nesse caso ficou determinado que a imunidade de Ministro de Estado das Relações Exteriores é absoluta e se equipara à imunidade diplomática. E no âmbito da missão diplomática, tanto os membros do quadro diplomático de carreira quanto os membros do quadro administrativo e técnico gozam de ampla imunidade de jurisdição penal, civil e administrativa, esta última sendo a mais mitigada, que se estende aos membros da família quando estes vivam sob sua dependência e tenham sido incluídos na lista diplomática. São, ademais, fisicamente invioláveis e em caso algum podem ser obrigados a depor como testemunhas. Reveste-os, além disso, a imunidade tributária.

Gabarito "C".

(Procurador da República – 25.º) A imunidade de ex-chefe de estado, no marco do caso *Pinochet* (Regina v. Evans and another and the Commissioner of Police for the Metropolis and Others Ex Parte Pinochet — Reino unido, Casa dos Lordes, 1999),

(A) vale para atos da vida pública e da vida privada praticados ao tempo da investidura;
(B) não vale para atos de Estado que configuram ilícitos de *jus cogens*;
(C) vale somente para atos de Estado, inclusive os que configuram ilícitos internacionais;
(D) vale somente para atos de Estado, dentre estes não se incluindo crimes de direito internacional.

Ficou definido, pela *House of Lords*, no marco do caso *Pinochet* que a imunidade de ex-chefe de estado vale somente para atos de Estado, não incluindo nestes os crimes de direito internacional.
Gabarito "D".

(Procurador da República – 25.º) Os agentes consulares, no direito consular contemporâneo,

(A) gozam de imunidade plena, equiparável à dos diplomatas;
(B) gozam de imunidade quanto aos atos oficiais, dentro da jurisdição consular;
(C) têm que ser recrutados entre agentes da carreira diplomática;
(D) não gozam de imunidade pessoal, ainda que exerçam funções consulares em seção respectiva de missão diplomática.

Os cônsules e os funcionários consulares gozam de inviolabilidade física e de imunidade ao processo apenas no tocante aos atos relacionados ao trabalho (atos oficiais) e dentro de sua respectiva jurisdição consular.
Gabarito "B".

1.6. RELAÇÕES DIPLOMÁTICAS E CONSULARES

(Procurador da República –28º Concurso – 2015 – MPF) Assinale a alternativa correta:

(A) A proteção diplomática pode ser concedida a indivíduo polipátrida que ostenta a nacionalidade do pretenso Estado ofensor.
(B) O diplomata, de acordo com a Convenção de Viena sobre Relações Diplomáticas, pode renunciar à própria inviolabilidade, uma vez que se trata de direito personalíssimo outorgado pelo Direito Internacional.
(C) Cabe ao Estado asilante a classificação da natureza do delito ou dos motivos da perseguição para a finalidade de concessão do asilo diplomático, de acordo com a Convenção sobre Asilo Diplomático, de 1954.
(D) De acordo com a Convenção das Nações Unidas sobre Direito do Mar, o Brasil não pode exercer jurisdição penal em navio mercantil estrangeiro que realize passagem inocente pelo mar territorial, mesmo que seja para fim de repressão do tráfico ilícito de estupefacientes.

A: incorreta. A proteção diplomática é a assunção de defesa de nacional por seu Estado. Discussões surgem quando aparece a dupla nacionalidade ou a múltipla nacionalidade. Neste caso, qualquer dos Estados patriais pode proteger o indivíduo contra terceiro Estado. Contudo, o endosso não poderá tomar corpo se a reclamação for contra um dos Estados patriais; tal impossibilidade tem por fundamento o princípio da igualdade soberana dos Estados; **B:** incorreta. O Estado acreditante (o que envia o agente diplomático ou consular) pode renunciar, se entender conveniente, às imunidades de índole penal e civil de que gozam seus representantes diplomáticos e consulares (art. 32 da Convenção de Viena de 1961). Em caso algum o próprio beneficiário da imunidade pode renunciar; **C:** correta (art. 4º da Convenção); **D:** incorreta, pois o Brasil pode sim exercer sua jurisdição penal nesse caso (art. 27, ponto 1, *d*, da Convenção sobre o Direito do Mar).
Gabarito "C".

1.7. RESPONSABILIDADE INTERNACIONAL

(Procurador da República – 26.º) São formas de reparação do dano como decorrência da responsabilidade internacional do Estado:

(A) a persecução penal obrigatória, a indenização e a garantia de não repetição;
(B) a cessão da violação continuada, a satisfação e a persecução penal obrigatória;
(C) a garantia de não repetição, a restituição e a persecução penal obrigatória;
(D) a restituição, a indenização e a satisfação.

O responsável pelo dano deverá efetuar uma reparação condizente com a extensão do dano sofrido pela outra personalidade jurídica internacional, trata-se da chamada *reparação integral*. O retorno ao *status quo ante* é a melhor forma de reparação, destarte, é o objetivo primordial de toda reparação. Todavia, o que se observa na comunidade internacional é a reparação por indenização. Ou seja, resolve-se a reparação com o pagamento de valores monetários. Mas, segundo a jurisprudência internacional, tal indenização deve cobrir os danos materiais (dano emergente e lucros cessantes) e os morais, quando existirem. E é importante sublinhar que a reparação integral do dano inclui a possibilidade de impor sanções penais a indivíduos (arts. 34 e 58 do Projeto de Convenção sobre Responsabilidade dos Estados, da Comissão de Direito Internacional da ONU), as quais, por sua vez, nunca poderão ser aplicadas aos Estados. Cabe atentar às outras possibilidades de reparação, como a garantia de não repetição dos atos ilícitos. Por fim, o dano essencialmente moral deverá ser reparado por meio condizente com sua natureza, como, por exemplo, o desagravo público, o pedido formal de desculpas, a punição das pessoas responsáveis.
Gabarito "D".

(Procurador da República – 25.º) Segundo o esboço de artigos sobre responsabilidade de estados por atos ilícitos internacionais da Comissão de Direito Internacional da ONU ("*draft articles*"), na versão de 2001,

(A) as obrigações secundárias substituem as primárias, na hipótese de violação destas últimas;
(B) as obrigações secundárias serão sempre impostas por contramedidas;
(C) as obrigações secundárias se justapõem às primárias;
(D) a responsabilidade internacional do Estado só pode ser imputada a este quando o ato ilícito for praticado por seu agente.

Antes de mais nada, cabe aclarar que obrigação primária é aquela que impõe a todo Estado o dever de respeitar o ordenamento jurídico internacional (convencional e costumeiro). Ao passo que a secundária é a consequência do desrespeito à obrigação primária. Em outros termos, a obrigação secundária é o dever de reparar. Portanto, pode-se dizer que as obrigações secundárias se justapõem às primárias.
Gabarito "C".

1.8. CONVENÇÃO DA ONU SOBRE DIREITO DO MAR (MONTEGO BAY)

(Procurador da República – PGR – 2013) Segundo a convenção da ONU sobre o direito do mar (Unclos ou convenção de *Montego Bay*) de 1982

(A) as ilhas e os Estados arquipelágicos dispõem de zona econômica exclusiva de, no máximo, 12 milhas;
(B) a zona econômica exclusiva coincide com a plataforma continental, ambas com limite extremo de 200 milhas;
(C) Estados podem reivindicar soberania parcial sobre recursos do alto-mar, dependendo de acordo multilateral;
(D) a chamada zona contígua, de 12 milhas adjacentes ao mar territorial, coincide parcialmente com a zona econômica exclusiva que tem extensão de até 200 milhas a partir do limite do mar territorial.

A única assertiva correta sobre a Convenção de Montego Bay é a "D" (art. 33 da Convenção Montego Bay). No âmbito da zona contígua, o Estado costeiro também exerce soberania e, destarte, poderá exercer seu poder de polícia e, assim, proceder à fiscalização no que concerne à alfândega, à imigração, à saúde e, ainda, à regulamentação dos portos e do trânsito pelas águas territoriais, como também tomar medidas para reprimir as infrações às leis de seu território.

Gabarito "D".

1.9. TRIBUNAL PENAL INTERNACIONAL - TPI

(Procurador da República –28º Concurso – 2015 – MPF) Assinale a alternativa incorreta:

(A) A Convenção para a Prevenção e Repressão ao Crime de Genocídio impede a consideração do genocídio como crime político para fins de extradição.
(B) O Direito Internacional Humanitário é aplicável aos conflitos armados nos quais os povos lutam contra a dominação colonial, a ocupação estrangeira e contra os regimes racistas.
(C) Não cabe a Estado-Parte do Estatuto do Tribunal Penal Internacional (TPI) executar, de acordo com seu ordenamento interno, decisão do TPI que estabeleceu pena de perda de bens de determinado indivíduo.
(D) A interpretação do direito estrangeiro pelo juiz nacional deve ser feita tal como o fariam os juízes do Estado cujo direito seja aplicável.

A única assertiva incorreta é a "C" porque o Estado deve executar com base em seu ordenamento interno a pena imposta pelo TPI (art. 77, ponto 2, *b*, do Estatuto do TPI).

Gabarito "C".

(Procurador da República – 26.º) O ataque contra uma população civil, como elemento dos crimes contra a humanidade ou de lesa humanidade,

(A) pressupõe sempre alto grau de "maquinação" estatal ou organizacional no planejamento do ataque;
(B) pode se dar por simples ataque em massa, numa onda de violência, sem necessariamente ter conotação política;
(C) é qualquer conduta que envolva múltiplos atos criminosos definidos em dispositivo pertinente de acordo com ou em execução de uma política governamental ou organizacional contra uma população civil;
(D) deve ser sempre extenso e sistemático.

O art. 7.º do Estatuto de Roma define que o crime contra humanidade é a conduta criminosa cometida no quadro de um ataque, sistemático ou generalizado, contra qualquer população civil, desde que haja conhecimento desse ataque. O próprio art. 7.º indica os tipos de crime considerados contra a humanidade: a) homicídio; b) extermínio; c) escravidão; d) deportação ou transferência forçada de uma população; e) prisão ou outra forma de privação da liberdade física grave, em violação das normas fundamentais de direito internacional; f) tortura; g) agressão sexual, escravatura sexual, prostituição forçada, gravidez forçada, esterilização forçada ou qualquer outra forma de violência no campo sexual de gravidade comparável; h) perseguição de um grupo ou coletividade que possa ser identificado, por motivos políticos, raciais, nacionais, étnicos, culturais, religiosos ou de gênero, ou ainda em função de outros critérios universalmente reconhecidos como inaceitáveis no direito internacional, relacionados com qualquer ato referido nessas alíneas ou com qualquer crime da competência do Tribunal; i) desaparecimento forçado de pessoas; j) crime de *apartheid*; e k) outros atos desumanos de caráter semelhante, que causem intencionalmente grande sofrimento ou afetem gravemente a integridade física ou a saúde física ou mental.

Gabarito "C".

(Procurador da República – 25.º) A jurisdição do Tribunal Penal Internacional é desencadeada (*"Trigger"*) pelo princípio da complementaridade, segundo o qual:

(A) a jurisdição somente incide nas hipóteses em que o Estado-Parte do Estatuto de Roma falha na persecução penal de crime da competência material do tribunal, por incapacidade efetiva ou falta de vontade para a promover;
(B) o procurador do tribunal é independente e não pode ser impedido de iniciar uma investigação, sempre que constatar a falta de vontade ou a incapacidade efetiva de um Estado-Parte do Estatuto de Roma de promover a persecução penal de crime da competência material do tribunal;
(C) a admissibilidade de caso depende da falha na persecução penal doméstica de crime da competência material do tribunal, por incapacidade efetiva ou falta de vontade do Estado com jurisdição sobre o mesmo;
(D) o tribunal tem primazia na persecução penal de crime de sua competência material, sem prejuízo da jurisdição dos Estados-Parte.

A grande característica do Tribunal é sua *complementaridade*, isto é, a jurisdição do TPI somente será exercida caso a Seção de Instrução verificar que existem provas suficientes para o acusado ser levado para julgamento e concluir que algum sistema jurídico nacional tenha sido incapaz ou não tenha demonstrado interesse em julgar o caso. Esse último requisito pode ser verificado quando ocorrer demora injustificada no processo, falta de independência do Poder Judiciário e até falta de capacidade para realizar a justiça penal. Em outras palavras, a jurisdição do TPI tem caráter excepcional, isto é, os Estados têm primazia para investigar os crimes previstos no Estatuto de Roma. Cabe também destacar, consoante o que dispõe o art. 29 do Estatuto de Roma, que os crimes da competência do TPI não prescrevem.

Gabarito "C".

1.10. ATUAÇÃO DO MPF

(Procurador da República – 26.º) A atuação do Ministério Público Federal na Rede Ibero-americana de Cooperação Jurídica:

(A) decorre de obrigações assumidas pelo Estado brasileiro por força de tratado internacional;

(B) se faz em concerto com o Ministério das Relações Exteriores, sendo o Ministério Público Federal o executor exclusivo das medidas solicitadas ao Brasil, no âmbito criminal e cível;
(C) se faz através de Órgão de monitoramento do tratado que estabeleceu a rede;
(D) decorre de cortesia internacional, porquanto não há tratado internacional que a preveja.

A única assertiva correta acerca da atuação do Ministério Público Federal na Rede Ibero-americana é a D, ou seja, trata-se de uma cortesia internacional.
Gabarito "D".

1.11. QUESTÕES COMBINADAS E OUTROS TEMAS

(Procurador da República –28º Concurso – 2015 – MPF) Assinale a alternativa correta:

(A) O Comitê Internacional da Cruz Vermelha pode exercer, entre outras funções, a de auxiliar a supervisão e a execução das normas de direito internacional humanitário em conflitos armados internacionais, mas não pode ingressar no território no qual haja hostilidades sem a autorização dos Estados envolvidos.
(B) Se sobrevier uma nova norma imperativa de Direito Internacional, qualquer tratado existente que estiver em conflito com essa norma só será cumprido até o final de sua vigência, não podendo ser prorrogado ou renovado.
(C) O costume internacional e as resoluções vinculantes do Conselho de Segurança da Organização das Nações Unidas são incorporados internamente no direito brasileiro por intermédio de decreto presidencial.
(D) As obrigações *erga omnes* foram previstas expressamente no estatuto da Corte Internacional de Justiça, porém não autorizam o início de processo naquele tribunal contra determinado Estado que as tenha descumprido.

A: correta, pois traz a função da Comitê da Cruz Vermelha e acertadamente não pode ingressar no território dos Estados envolvidos sem autorização prévia. O Comitê Internacional da Cruz Vermelha pode relacionar-se diretamente com os Estados e as organizações intergovernamentais nas matérias abrangidas por seu campo específico de atuação; **B:** incorreta porque será imediatamente revogado; **C:** incorreta, pois o costume internacional não surge do procedimento burocrático de produção do direito; **D:** incorreta, pois não foram expressamente previstas.
Gabarito "A".

(Procurador da República – PGR – 2013) Forças militares de um Estado estacionadas em outro Estado

(A) gozam de plena imunidade de acordo com o direito costumeiro internacional;
(B) são beneficiadas pela imunidade parcial de seu pessoal militar, que, segundo norma costumeira internacional, não pode ser alvo de persecução penal do Estado hospedeiro em crimes praticados *propter officium*;
(C) podem vir a se envolver em crime de agressão (art. 8.º-*bis* do Estatuto de Roma), dando lugar à jurisdição do Tribunal Penal Internacional quando o Estado hóspede ou o Estado hospedeiro são partes do Estatuto de Roma;
(D) têm o estatuto jurídico de bens e pessoas definidos em acordos específicos denominados SOFA (*Status of Forces Agreement*).

A única assertiva correta sobre as forças militares de um estado estacionadas em outro estado é a "D", pois, de fato, o estatuto jurídico das forças é definido por acordos específicos denominados SOFA.
Gabarito "D".

(Procurador da República –28º Concurso – 2015 – MPF) Assinale a alternativa incorreta.

(A) Os cônsules não podem ser obrigados a depor sobre fatos relacionados com o exercício de suas funções, nem a exibir correspondência e documentos oficiais que a elas se refiram.
(B) De acordo com acordo vigente celebrado pelo Brasil e a Santa Sé, o casamento celebrado em conformidade com as leis canônicas, que atender também as exigências estabelecidas pelo direito brasileiro para contrair o casamento, produz os efeitos civis, desde que registrado no registro próprio, produzindo efeitos a partir da data de sua celebração.
(C) A Convenção Internacional para a Proteção de Todas as Pessoas contra o Desaparecimento Forçado exige que os Estados-partes estabeleçam, internamente, o crime de desaparecimento forçado, tornando-o sempre imprescritível.
(D) Compete ao Plenário do Supremo Tribunal Federal decidir, administrativamente, sobre o encaminhamento de solicitação de opinião consultiva ao Tribunal Permanente de Revisão do Mercosul, mediante prévio e necessário juízo de admissibilidade do pedido e sua pertinência processual a ser relatado pelo próprio Presidente do Supremo Tribunal Federal.

A única assertiva incorreta é a "C" porque não existe previsão no sentido de torná-los sempre imprescritível (art. 4º da Convenção).
Gabarito "C".

(Procurador da República –28º Concurso – 2015 – MPF) Assinale a alternativa correta:

(A) A Convenção de Nova York sobre Prestação de Alimentos no Estrangeiro dispõe que a lei que regerá as ações de alimentos e qualquer questão conexa será a do Estado do demandado, inclusive em matéria de direito internacional privado.
(B) A Convenção da Haia sobre Acesso Internacional à Justiça prevê que os nacionais ou domiciliados em um Estado têm o direito de receber assistência jurídica em processos judiciais de natureza cível ou penal em outro Estado, na mesma condição que receberiam caso fossem nacionais ou domiciliados daquele Estado.
(C) A Convenção sobre os Aspectos Civis do Sequestro Internacional de Crianças determina que somente Autoridade Central de Estado-parte pode provocar a Autoridade Central do Estado para o qual a criança tenha sido transferida ou retirada em violação a um direito de guarda, para que se assegure o retorno da criança.
(D) O Protocolo de Cooperação e Assistência Jurisdicional em Matéria Civil, Comercial, Trabalhista e Administrativa do Mercosul exclui, expressamente, a possibilidade de sua aplicação a sentenças em

matéria de reparação de danos e restituição de bens pronunciadas na esfera penal.

A: correta (art. 6°, ponto 3, da Convenção); **B:** incorreta, pois o correto seria caso fossem nacionais ou residentes habituais daquele Estado (art. 1° da Convenção): **C:** incorreta, pois qualquer pessoa, instituição ou organismo que julgue que uma criança tenha sido transferida ou retirada em violação a um direito de guarda pode comunicar o fato à Autoridade Central do Estado de residência habitual da criança ou à Autoridade Central de qualquer outro Estado Contratante, para que lhe seja prestada assistência para assegurar o retorno da criança (art. 8° da Convenção); **D:** incorreta, pois inclui e não exclui (art. 18 do Protocolo).
Gabarito "A".

(Procurador da República –28° Concurso – 2015 – MPF) Assinale a alternativa incorreta:

(A) O rompimento ou a ausência de relações diplomáticas ou consulares entre dois ou mais Estados não obsta a conclusão de tratados entre os referidos Estados, porém a conclusão de tal tratado, por si, não produz efeitos sobre as relações diplomáticas ou consulares.

(B) De acordo com o Tratado Americano de Soluções de Controvérsias (Pacto de Bogotá), os Estados-partes não podem acionar, de nenhum modo, a Corte Internacional de Justiça para solucionar controvérsias envolvendo a natureza ou extensão da reparação a ser feita em virtude do desrespeito a uma obrigação internacional.

(C) De acordo com a Convenção de Viena sobre Direito dos Tratados de 1969, as partes de um tratado são obrigadas a eliminar, na medida do possível, as consequências de qualquer ato praticado com base em uma disposição que esteja em conflito com uma norma imperativa de Direito Internacional geral.

(D) A Convenção sobre o Estatuto dos Apátridas permite que um Estado contratante expulse, por motivo de segurança nacional ou de ordem pública, um apátrida que se encontre regularmente em seu território.

A única assertiva incorreta é a "B" porque o Pacto de Bogotá prevê a possibilidade de acionar a Corte Internacional de Justiça (art. 5° do Pacto de Bogotá).
Gabarito "B".

(Procurador da República –28° Concurso – 2015 – MPF) Assinale a alternativa correta:

(A) Conforme a Convenção Interamericana sobre o Cumprimento de Sentenças Penais no Exterior, o Estado sentenciador conservará sua plena jurisdição para a revisão das sentenças proferidas por seus tribunais, mas cabe ao Estado receptor do indivíduo transferido a faculdade de conceder indulto, anistia ou perdão à pessoa sentenciada.

(B) O acordo de extradição do Mercosul não prevê a denegação da extradição por delitos políticos, em virtude do paradigma da confiança que deve imperar na cooperação jurídica internacional em blocos de integração econômica.

(C) De acordo com a jurisprudência atual da Corte Europeia de Direitos Humanos em matéria de extradição, não se exige que um Estado-Parte da Convenção Europeia de Direitos Humanos leve em consideração o risco de violação grave de direitos humanos do extraditando pelo Estado Requerente que não seja parte da Convenção, uma vez que os direitos protegidos na Convenção Europeia de Direitos Humanos não vinculam Estados terceiros.

(D) De acordo com o Acordo de Assistência Judiciária em Matéria Penal entre o Governo da República Federativa do Brasil e o Governo dos Estados Unidos da América, a assistência será prestada ainda que o fato sujeito a inquérito, investigação ou ação penal não seja punível na legislação de ambos os Estados.

A: incorreta. "O Estado sentenciador conservará sua plena jurisdição para a revisão das sentenças proferidas por seus tribunais. Além disso, conservará a faculdade de conceder indulto, anistia ou perdão à pessoa sentenciada. O Estado receptor, ao receber notificação de qualquer decisão a respeito, deverá adotar imediatamente as medidas pertinentes" (art. 8° da Convenção); **B:** incorreta (art. 5°, ponto 1, do Acordo de Extradição do Mercosul); **C:** incorreta, pois, muito pelo contrário, o dever de levar em consideração o risco de violação grave de direitos humanos é um imperativo (conhecida como *limitação humanística* da extradição); **D:** correta (art. 1°, ponto 3, do Acordo de Assistência Judiciária entre Brasil e Estados Unidos).
Gabarito "D".

(Procurador da República –28° Concurso – 2015 – MPF) Assinale a alternativa correta:

(A) O acesso a recursos genéticos existente em um determinado Estado é previsto na Convenção da Diversidade Biológica como patrimônio comum ambiental da humanidade, sujeito a fiscalização e registro na Conferência de Estados-Partes da citada Convenção.

(B) De acordo com a teoria geral da responsabilidade internacional, o Estado lesado pelo descumprimento prévio de obrigação internacional tem inteira discricionariedade para impor o conteúdo de sanções unilaterais, não devendo obediência, em nome de sua soberania, a nenhum limite ou restrição.

(C) O pedido de revisão de uma sentença da Corte Internacional de Justiça só poderá ser feito em razão do descobrimento de algum fato novo suscetível de exercer influência decisiva na decisão, a critério da Corte, desde que o pedido seja feito no prazo máximo de 15 anos a partir do descobrimento do fato novo pelo Estado requerente.

(D) De acordo com a lei brasileira sobre refúgio, os efeitos da condição de refugiado serão extensivos a todos os membros do grupo familiar que do refugiado dependerem economicamente, desde que se encontrem em território nacional.

A: incorreta, pois a autoridade para determinar o acesso a recursos energéticos pertence aos governos nacionais e está sujeita à legislação nacional (art. 15, ponto 1, da Convenção); **B:** incorreta, pois não possui total discricionariedade para impor sanções de forma unilateral; **C:** incorreta, pois o prazo correto para entrar com o pedido de revisão é de no máximo seis meses a partir do descobrimento do fato novo (art. 61 do Estatuto da Corte Internacional de Justiça); **D:** correta. Os efeitos da condição do *status* de refugiado são extensivos ao cônjuge, aos ascendentes e descendentes, assim como aos demais membros do grupo familiar que do refugiado dependerem economicamente, desde que se encontrem em território nacional.
Gabarito "D".

(Procurador da República –28º Concurso – 2015 – MPF) Assinale a alternativa correta:

(A) A jurisdição universal dos Estados não é mais aceita pelo Direito Internacional, após a criação de tribunais internacionais nas mais diversas áreas.
(B) De acordo com entendimento do Supremo Tribunal Federal, o ato de naturalização de estrangeiro como brasileiro somente pode ser anulado por via judicial, e não por ato administrativo.
(C) O auxílio direto consiste em espécie cooperacional na qual o juiz do Estado Requerido é provocado a proferir decisão sujeita somente a juízo de delibação e não a juízo de cognição plena.
(D) O reconhecimento de um novo Estado por todos os demais Estados já existentes na comunidade internacional é requisito indispensável para que o novo Estado possa exercer direitos no plano internacional.

A: incorreta, pois o tema, mesmo diante de grande polêmica, cada vez ganha mais espaço nas discussões doutrinárias; **B:** correta (RMS 27840, STF); **C:** incorreta, pois abrange o juízo de cognição plena; **D:** incorreta. Existe grande divergência doutrinária no tocante a esse tema. A parcela maior da doutrina defende que o reconhecimento de um Estado por seus pares tem natureza declaratória (é a posição adotada pelo Instituto de Direito Internacional), ao passo que a outra parcela defende que tal reconhecimento tem natureza constitutiva. O aclamado princípio da autodeterminação dos povos dá suporte à tese da natureza declaratória do reconhecimento.
Gabarito "B".

(Procurador da República – PGR – 2013) Em matéria de conflito de jurisdições estatais no direito internacional,

(A) o exercício da jurisdição territorial tem primazia sobre o exercício da jurisdição extraterritorial, independentemente do critério que legitime a extraterritorialidade;
(B) o exercício da jurisdição territorial tem primazia sobre o exercício da jurisdição extraterritorial pelo critério do sujeito passivo, não a tendo, contudo, pelos demais critérios legitimadores da extraterritorialidade;
(C) o exercício da jurisdição territorial, ainda que mais frequente, não tem qualquer primazia sobre o exercício da jurisdição extraterritorial, resolvendo-se o conflito pelo princípio *ne bis in idem*;
(D) a primazia do exercício da jurisdição extraterritorial só é admitida em casos excepcionais, sob pena de se incorrer em ingerência ilícita nos assuntos de exclusiva competência doméstica do Estado territorial.

A jurisdição territorial não possui primazia sobre a extraterritorial e em caso de conflito entre essas duas jurisdições, a regra a ser observada é *ne bis in idem*.
Gabarito "C".

(Procurador da República – 26.º) Na compreensão contemporânea da doutrina e da jurisprudência em direito internacional, no exercício de jurisdição universal, estados podem promover a persecução penal:

(A) contra qualquer pessoa sob seu império, não protegida por imunidade reconhecida por norma internacional, quando acusada da prática de crimes graves, para os quais o direito internacional impõe a obrigação *"aut dedere, aut judicare"*;
(B) contra qualquer pessoa sob seu império, independentemente de imunidade que se lhe atribua, quando se trata de crimes de *jus cogens*;
(C) contra qualquer pessoa, sob seu império ou não independentemente de imunidade que se lhe atribua, quando se trata de crimes de *jus cogens*;
(D) contra qualquer pessoa, sob seu império ou não, desde que não protegida por imunidade reconhecida por norma internacional, quando acusada da prática de crimes graves, para os quais o direito internacional impõe a obrigação *"aut dedere, aut judicare"*.

A jurisdição universal possibilita que os Estados processem indivíduo acusado da prática de delitos de grande gravidade. A justificativa estaria no fato de que tais crimes atentam contra a própria existência da comunidade internacional, ou, de outra forma, colocam "em xeque" a condição humana. Com base nessa ideia, um juiz espanhol poderia processar e condenar um indivíduo chileno pela prática de condutas nefastas. O exemplo dado não é hipotético, pois, de fato, o juiz espanhol Baltasar Garzón emitiu ordem de prisão contra o General Augusto Pinochet, ditador chileno, que se encontrava em Londres. Pelo exemplo acima, pode-se apontar a assertiva D como correta. Pois se a pessoa estivesse sob o império de certa jurisdição, estaríamos diante de um caso ordinário de jurisdição e não universal. Agora a questão de que a imunidade afeta o exercício da jurisdição universal é bastante discutível, todavia, cabe destacar que é mais aceita a tese que aponta a interferência, isto é, quem possui imunidade não pode ser atingido pelo exercício da jurisdição universal.
Gabarito "A".

(Procurador da República – 25.º) Na assistência jurídica recíproca em matéria penal, a reserva de especialidade:

(A) é prática amplamente disseminada, implicando o poder de todos os Estados de proibir o uso de informações e provas por eles fornecidas, quando entendam que o caso específico é lesivo a seus interesses;
(B) é prática adotada por muitos Estados, consistente na indicação dos crimes para cuja persecução podem ser usadas as informações ou provas por eles fornecidas;
(C) é prática em extinção no direito internacional, consistente em arrolar, nos acordos bilaterais, os crimes a que a assistência se restringe;
(D) é prática adotada por todos os Estados, que equivale ao princípio da isenção de crimes políticos no direito extradicional.

A assertiva correta com base na Convenção de Palermo é a B. O art. 18 dessa Convenção cuida assistência judiciária recíproca. Cabe reproduzir o ponto 1 desse artigo: "Os Estados-Partes prestarão reciprocamente toda a assistência judiciária possível nas investigações, nos processos e em outros atos judiciais relativos às infrações previstas pela presente Convenção, nos termos do Artigo 3, e prestarão reciprocamente uma assistência similar quando o Estado-Parte requerente tiver motivos razoáveis para suspeitar de que a infração a que se referem as alíneas a) ou b) do parágrafo 1 do Artigo 3 é de caráter transnacional, inclusive quando as vítimas, as testemunhas, o produto, os instrumentos ou os elementos de prova destas infrações se encontrem no Estado-Parte requerido e nelas esteja implicado um grupo criminoso organizado".
Gabarito "B".

(Procurador da República – 25.º) O dever de Estados cooperarem com os Tribunais Internacionais Penais para a ex--Iugoslávia e Ruanda decorre formalmente:

(A) de acordos de sede celebrados com os diversos Estados interessados;
(B) do princípio do dever de cooperar, de direito consuetudinário internacional, expresso na Resolução da Assembleia Geral da ONU 2625, de 1970;

(C) de regra costumeira expressa na máxima *"aut dedere, aut judicare"*;
(D) das resoluções do Conselho de Segurança que os estabeleceram, vinculantes por força do art. 25 da Carta da ONU.

A assertiva correta acerca do dever de cooperar dos Estados nesse caso é a D, ou seja, foi determinado pelas resoluções listadas na assertiva ora apontada como correta.

Gabarito "D".

(Procurador da República – 25.ª) Na guerra contra o terror,

(A) denomina-se "combatente ilegal" aquele que, a despeito de coberto pelas Convenções de Genebra de 1949 e por seus protocolos em sua atuação bélica, não carrega sua arma abertamente;
(B) tem aplicação o art. 51 da Carta da ONU, conforme previsto na Resolução 1368, de 2001, de seu Conselho de Segurança;
(C) sugere-se aos Estados criminalizar qualquer tipo de apoio a grupos terroristas, nos termos da Resolução 1373, de 2001, do Conselho de Segurança da ONU;
(D) "combatentes ilegais" têm estatuto normativo próprio.

A: incorreta. Com base na doutrina internacional, podemos dizer, grosso modo, que combatente ilegal se refere aos indivíduos que se engajam nas hostilidades sem estarem autorizados para tanto. Logo, não poderão ser classificados como prisioneiros de guerra se forem capturados e consequência disso é a falta de proteção jurídica. Essa é uma razão que torna esse conceito bastante criticável. Uma prova é que as Convenções de Genebra de 1949 não o utiliza; B: correta, pois, de fato, essa Resolução permitiu a aplicabilidade do art. 51 da Carta da ONU no contexto de guerra contra o terror; C: incorreta, pois essa Resolução da ONU não fez sugestão expressa no sentido indicado pela assertiva; D: incorreta, pois não possuem estatuto normativo próprio. Cabe reforçar o dito no comentário sobre a assertiva A, nem as Convenções de Genebra de 1949 se referem ao termos "combatentes ilegais".

Gabarito "B".

2. DIREITO INTERNACIONAL PRIVADO

2.1. REGRAS DE CONEXÃO

(Procurador da República – 26.ª) As regras sobre o começo e fim da personalidade, o nome, a capacidade ou o direito de família de brasileiro que tenha outra nacionalidade originária:

(A) são determinadas pelo direito brasileiro;
(B) são determinadas pelo direito brasileiro e pelo direito do país da outra nacionalidade, cabendo ao juiz dirimir as dúvidas decorrentes sobre eventual colisão normativa;
(C) são determinadas pelo direito do país em que for domiciliado;
(D) são determinadas pelo direito do país de local de seu nascimento.

As regras de conexão do Direito Internacional Privado são indiretas, pois não resolvem os problemas materiais nem as questões processuais, apenas o conflito de leis no espaço. Melhor dizendo, não solucionam o caso, apenas indicam a solução. As normas diretas preveem fatos e apontam soluções (resolvem diretamente o problema); já as indiretas não preveem fatos, mas indicam a lei a ser aplicada (resolvem indiretamente o problema). É premente observar que as regras de conexão são utilizadas nos casos que envolvem relação jurídica ou fato dotados de elemento estrangeiro, isto é, relações jurídicas que gerem efeitos em dois ou mais ordenamentos jurídicos (leia-se Estados). Feita essa breve introdução sobre as regras de conexão, cabe reproduzir a redação do art. 7.º da LINDB: "A lei do país em que domiciliada a pessoa determina as regras sobre o começo e o fim da personalidade, o nome, a capacidade e os direitos de família". A regra de conexão antiga era a da nacionalidade. Assim, aplicava-se ao estatuto pessoal a lei da nacionalidade do interessado. Esse critério era muito criticado, pois não resolvia o problema dos apátridas e fazia com que um estrangeiro havia muito tempo residente aqui continuasse a ter seu estatuto pessoal determinado pelas leis de sua nacionalidade. O critério atual gira em torno do domicílio da pessoa, ou seja, a regra de conexão é a *lex domicilii*. Assim, a lei do domicílio da pessoa determina as regras sobre o começo e o fim da personalidade, o nome, a capacidade e os direitos de família. A configuração do domicílio só é regulada pela Convenção Interamericana sobre Domicílio das Pessoas Físicas no Direito Internacional Privado. Em que pese a Convenção não estar ratificada no Brasil, nada impede que o juiz brasileiro a utilize como uma fonte de *soft law*. O art. 2.º da Convenção dispõe que o domicílio será determinado em tais circunstâncias e ordem: a) pelo lugar da residência habitual; b) pelo lugar do centro principal de seus negócios; c) na ausência dessas circunstâncias, considerar-se-á como domicílio o lugar da simples residência; d) em sua falta, se não houver simples residência, o lugar onde se encontrar. No art. 6.º, a Convenção determina: "quando uma pessoa tiver domicílio em dois Estados-partes, será considerada domiciliada naquele em que tiver a simples residência e, se tiver em ambos, preferir-se-á o lugar onde se encontrar".

Gabarito "C".

(Procurador da República – 26.ª) A sucessão de bens de estrangeiro situados no Brasil:

(A) é regulada pela lei do último domicílio em benefício do cônjuge e filhos brasileiros, ou de quem os represente, sempre que não lhes seja mais favorável a lei brasileira;
(B) é regulada pela lei pessoal do *de cujus*;
(C) é regulada pela lei brasileira em benefício do cônjuge e filhos brasileiros, ou de quem os represente, sempre que não lhes seja mais favorável a lei pessoal do *de cujus*;
(D) é regulada pela lei do último domicílio em benefício do cônjuge e filhos brasileiros, ou de quem os represente, sempre que não lhes seja mais favorável a lei pessoal do *de cujus*.

O art. 10, § 1.º, da LINDB assim dispõe: "A sucessão de bens de estrangeiros, situados no País, será regulada pela lei brasileira em benefício do cônjuge ou dos filhos brasileiros, ou de quem os represente, sempre que não lhes seja mais favorável a lei pessoal do *de cujus*". Funciona como exceção benéfica, pois a regra de conexão do *caput* será afastada para aplicação da *lex fori* sobre a sucessão de bens de estrangeiros, situados no país, desde que não seja mais favorável para o cônjuge ou os filhos brasileiros a lei pessoal do *de cujus*. Tal regra é reforçada pela mesma previsão insculpida na Constituição brasileira (art. 5.º, XXXI). Ademais, é um exemplo de aplicação do princípio da pluralidade sucessória, o que destoa da concepção unitarista adotada pelo Direito Internacional Privado brasileiro, que traz como regra de conexão a lei do país de último domicílio do defunto ou do desaparecido (*lex domicilii* do defunto ou do desaparecido) no que tange à regulação da sucessão por morte ou por ausência, qualquer que sejam a natureza e a situação dos bens (adotada nos países de tradição jurídica romano-germânica). O contraponto seria a concepção pluralista da sucessão, adotada

nos países de tradição jurídica *common law*. A título explicativo, a pluralidade sucessória prega que cada bem, individualmente considerado, deve ser regulado pela lei de sua localização (*lex rei sitae*).
Gabarito "C".

(Procurador da República – 26.º) Governos estrangeiros bem como as organizações de qualquer natureza, que eles tenham constituído, dirijam ou hajam investido de funções públicas,

(A) podem adquirir imóveis no Brasil, desde que destinados a suas sedes diplomáticas, consulares ou funcionais, sendo que, no caso das últimas, condicionada, a aquisição, à previsão em acordo bilateral de cooperação;
(B) podem adquirir imóveis no Brasil, desde que destinados a suas sedes diplomáticas, consulares ou funcionais, sendo que, no caso das últimas, condicionada, a aquisição, à previsão em acordo de sede;
(C) não podem adquirir no Brasil bens imóveis ou suscetíveis de desapropriação, mas podem, os governos estrangeiros, adquirir a propriedade dos prédios necessários à sede dos representantes diplomáticos ou dos agentes consulares;
(D) podem adquirir imóveis no Brasil, sempre que previamente autorizados pelo Ministério das Relações Exteriores.

O art. 11, § 2.º, da LINDB assim dispõe: "Os Governos estrangeiros, bem como as organizações de qualquer natureza, que eles tenham constituído, dirijam ou hajam investido de funções públicas, não poderão adquirir no Brasil bens imóveis ou susceptíveis de desapropriação". O texto traz uma proibição no que se refere à aquisição de bens imóveis no Brasil. Segundo o § 2.º do art. 11 da LINDB, o Estado estrangeiro ou a organização internacional ficam impedidos de adquirir bens imóveis ou suscetíveis de desapropriação no território brasileiro. O impedimento estende-se ainda às entidades criadas por Estados estrangeiros. A razão de ser de tal regra é a proteção da soberania do Estado brasileiro. Todavia, o § 3.º do art. 11 assim estatui: "Os Governos estrangeiros podem adquirir a propriedade dos prédios necessários à sede dos representantes diplomáticos ou dos agentes consulares". A regra estipulada no § 2.º é excepcionada pela permissão conferida aos Estados estrangeiros de adquirir a propriedade dos prédios necessários à sede dos representantes diplomáticos ou dos agentes consulares. Essa exceção é pautada no princípio da proteção do exercício das atividades diplomáticas pelos Estados. O princípio supracitado tem acolhida no Direito Internacional Privado convencional, consoante o que se vê na Convenção de Viena sobre Relações Diplomáticas, de 1961, e na Convenção de Viena sobre Relações Consulares, de 1963.
Gabarito "C".

2.2. REENVIO

(Procurador da República – PGR – 2013) No direito internacional privado, a remissão feita por lei estrangeira

(A) não é de ser considerada quando se tiver que aplicá-la;
(B) é de ser considerada sempre em sua aplicação, sob pena de mutilar o elemento de qualificação;
(C) é de ser considerada em sua aplicação nos estritos limites da Lei de Introdução à Normas do Direito Brasileiro;
(D) só é de ser considerada quando a remissão for de 2.º grau, não, porém, quando for de 1.º grau.

A remissão ou reenvio é proibida (art. 16 da LINDB).
Gabarito "A".

2.3. COOPERAÇÃO JUDICIÁRIA INTERNACIONAL – CARTAS ROGATÓRIAS

(Procurador da República – PGR – 2013) A Iber-rede ou rede iberoamericana de cooperação jurídica internacional

(A) é uma organização internacional típica, com seus órgãos convencionais congregando 22 países ibero-americanos na cooperação em matéria civil e penal;
(B) é uma ferramenta de cooperação informal em matéria penal apenas, não vinculando os Estados, cujos órgãos a compõem, a quaisquer obrigações que possam acarretar sua responsabilidade internacional;
(C) é uma ferramenta de cooperação informal em matéria civil e penal, não vinculando os Estados, cujos órgãos a compõem, a quaisquer obrigações que possam acarretar sua responsabilidade internacional;
(D) é uma organização regional atípica, congregando 22 países ibero-americanos na cooperação formal em matéria penal apenas.

A Rede Ibero-americana de Cooperação Jurídica Internacional (Iber-Rede) foi instituída em 2004, em Cartagena de Índias (Colômbia), após recomendação nesse sentido pela VI Cúpula Ibero-americana de Presidentes de Cortes Supremas e Tribunais Superiores de Justiça. Tem como objetivos aperfeiçoar a cooperação jurídica em matéria civil e penal entre os países membros, bem como estabelecer sistema de informações sobre seus diferentes sistemas jurídicos. A única assertiva correta é a "C".
Gabarito "C".

2.4. CONTRATOS INTERNACIONAIS

(Procurador da República – PGR – 2013) Entende-se por cláusula de estabilização em contratos internacionais com o estado

(A) dispositivo contratual que impede Estados de alterar unilateralmente as condições do contrato por via de alteração de sua legislação que dificulte ou onere, para o particular contratado, o adimplemento de suas obrigações;
(B) dispositivo contratual que determine, para o Estado, a submissão de qualquer alteração de sua legislação, que seja onerosa para o particular contratado, a prévia arbitragem internacional;
(C) dispositivo contratual que permite o uso de proteção do Estado de nacionalidade do estrangeiro contratado para impedir alterações unilaterais do contrato;
(D) o mesmo que *cláusula Calvo*.

A assertiva "A" traz corretamente o conceito de "cláusula de estabilização" e deve ser assinalada.
Gabarito "A".

2.5. CONVENÇÃO DA HAIA SOBRE OS ASPECTOS CIVIS DO SEQUESTRO INTERNACIONAL DE CRIANÇAS

(Procurador da República – PGR – 2013) De acordo com a Convenção da Haia sobre os aspectos civis do sequestro internacional de crianças, a autoridade judicial ou administrativa do Estado requerido poderá recusar o retorno de criança ao estado requerente quando:

(A) a seu ver, esse retorno não corresponda, em qualquer caso, ao interesse maior da criança;

(B) apenas se houver dúvida sobre se a pessoa, instituição ou organismo que tinha a seu cuidado a pessoa da criança exerce efetivamente o direito de guarda na época de sua transferência ou retenção ilícita;

(C) *inter alia* se a pessoa, instituição ou organismo que se oponha a seu retorno lograr comprovar que existe um risco grave de a criança, no seu retorno, ficar sujeita a perigos de ordem física ou psíquica, ou, de qualquer outro modo, ficar numa situação intolerável;

(D) apenas quando, expirado o prazo de um ano entre a data da transferência ou da retenção indevidas e a data do início do processo perante a autoridade administrativa do Estado requerido, se constatar que a criança se encontra integrada no novo meio.

A assertiva correta conforme o art. 13 da Convenção da Haia é a "C".

Gabarito "C".

2.6. QUESTÕES COMBINADAS E OUTROS TEMAS

(Procurador da República –28º Concurso – 2015 – MPF) Assinale a alternativa correta:

(A) De acordo com a Lei de Introdução às Normas do Direito Brasileiro, para qualificar os bens imóveis e regular as relações a eles concernentes, utiliza-se a lei do domicílio do proprietário.

(B) A Convenção Interamericana sobre Normas Gerais de Direito Internacional Privado prevê que as questões prévias, preliminares ou incidentes que surjam em decorrência de uma questão principal não devem necessariamente ser resolvidas de acordo com a lei que regula está última.

(C) De acordo com a Lei de Introdução às Normas do Direito Brasileiro, admite-se o reenvio até o segundo grau, salvo se o direito estrangeiro escolhido pelo reenvio for contrário a ordem pública doméstica.

(D) Conforme o Código Bustamante (Convenção de Direito Internacional Privado, 1928), a lei de regência do estatuto pessoal é a lei do domicílio da pessoa física, sem exceção.

A: incorreta, pois aplica-se a lei do local da situação dos bens (princípio da territorialidade) que está estipulado no art. 8º da LINDB (*lex rei sitae*); **B:** correta (art. 8º da Convenção); **C:** incorreta. O art. 16 da LINDB proíbe o juiz nacional de utilizar-se do reenvio (de qualquer grau); **D:** incorreta, pois o Código prevê a possibilidade de exceções (ex.: art. 27).

Gabarito "B".

(Procurador da República – 25.º) A Convenção da Haia sobre os aspectos civis do sequestro internacional de crianças, de 1980 tem por autoridade central no Brasil e por justiça competente para execução de suas medidas, respectivamente:

(A) a Autoridade Administrativa Central da Secretaria de Direitos Humanos da Presidência da República e a Justiça Federal;

(B) o Departamento de Recuperação de Ativos e Cooperação Internacional do Ministério da Justiça e as Justiças federal e estadual, conforme o caso;

(C) a Procuradoria Geral da República e as Justiças federal e estadual, conforme o caso;

(D) a Procuradoria Geral da República e a Justiça Federal.

A resposta correta está disposta na assertiva A. Para mais considerações sobre o tema, acesse o seguinte endereço virtual, constante da página da AGU:
http://www.agu.gov.br/sistemas/site/TemplateImagemTextoThumb.aspx?idConteudo=113473&ordenacao=1&id_site=4922.

Gabarito "A".